（清）顧森書 撰

# 顧森書日記

第一册

一八八〇年五月起
一八九〇年十二月止

國家圖書館出版社

**圖書在版編目(CIP)數據**

顧森書日記(全五册)/(清)顧森書撰. --北京:國家圖書館出版社,2015.6
(珍稀日記手札文獻叢刊)
ISBN978-7-5013-5544-0

Ⅰ.①顧… Ⅱ.①顧… Ⅲ.①顧森書(1841~1904)-日記Ⅳ.①K827=52

中國版本圖書館 CIP 數據核字(2015)第024609

書　　名　顧森書日記(全五册)
著　　者　(清)顧森書　撰
叢 書 名　珍稀日記手札文獻叢刊
責任編輯　苗文葉　南江濤
封面設計　敬人書籍設計工作室
　　　　　吕敬人+吕　旻

---

出　　版　國家圖書館出版社(100034　北京市西城區文津街7號)
　　　　　(原書目文獻出版社　北京圖書館出版社)
發　　行　010-66114536　66126153　66121313　66175620
　　　　　66171706(傳真)　66126156(門市部)
E-mail　btsfxb@nlc.gov.cn(郵購)
Website　www.nlcpress.com→投稿中心
經　　銷　新華書店
印　　裝　河北三河弘翰印務有限公司
版　　次　2015年6月第1版　2015年6月第1次印刷

---

開　　本　787×1092(毫米)　1/16
印　　張　215

---

書　　號　ISBN 978-7-5013-5544-0
定　　價　3000.00圓

# 出版説明

顧森書（一八四一——一九〇四），字綸卿，一字廔卿，江蘇金匱（今屬無錫）人。清末文人、著名書畫家。出身書香世家，早歲經歷太平天國運動，顛沛流離。清同治十二年（一八七三）拔貢，入仕。初任直隸州州判，繼入安徽巡撫幕，後以軍功保知州，僚幕生涯近二十年。性閒雅，善詩文，風格俊潔，輯有同宗先賢遺作《勤斯堂詩彙編》，撰有《篁韻盦詩鈔》《存敬畏齋文集》《師二雲居齋畫贅》《篁韻盦駢文稿》《吟花新篇》等。工繪事，蒼勁深秀，吏事之餘常以詩畫自娱。

顧森書於日記一事，筆耕不輟，現存於天津圖書館的這批日記，記事起於清光緒六年五月二十五日（一八八〇年七月二日），止於清光緒三十年十一月初三日（一九〇四年十二月九日），歷時二十五年未間斷，計十五册，逾百萬字。顧氏給每册日記都題寫了標籤，如『逝者如斯』『來猶可追』『時不可失』『存敬畏齋便筆』『望浣瑣識』『愛日景光』『節端餘筆』『籌筆殘膏』等，詳細記録了晚清的政情，民情，風俗，個人的觀察思考及其與友人的交往等，爲研究清末的社會變遷提供了一份豐富的原始史料。

從内容上看，顧森書日記可分爲前後兩個時期。自清同治三年（一八六四）起，清政府平定太平天國、興辦洋務、中外和議，使社會進入了短暫的穩定期，即『同光中興』，日記所載前期即爲『同光中興』的後期，内容多記寫詩作畫及其與友人的交往等，展現了文人雅士的生活狀態。至甲午戰争徹底終結『中興』，列强瓜分豆剖，國力日蹙，後期多載軍國大事，一日數事，長達數百字，甚或數千字，用較長的篇幅寫後八年事，記録了晚清动荡的社會局勢。

從研究價值上講，顧森書日記藴含了豐富的社會史料，其價值主要體現在兩個方面：

第一，整部日記記録了顧森書寫詩作畫、迎來送往、結交友朋、著書立説等各個方面，展現了晚清文人豐富的生活畫面。其中，顧森書著重墨記録了他與友人的交往，出現在其日記中，且與之有往來者多達數百人，這些人大多數爲書畫家、文人、學者、藏書家、官員等，從側面記録了他們的生活狀況。尤爲難得的是，顧森書在日記中講述了他與一批著名書畫家談詩論畫、互贈題畫的具體經過，有劉壽嵩、劉同書、李汝霖、吴修之、藝芳等，這對研究晚清的書畫史、文學史，均有較高的參考價值。

第二，日記記録了晚清的政治變革、動蕩局勢、鄉土風俗、槍械製造、修路、開礦、賠款、海關税務、人事升遷、改科舉設新式學堂等等，涉及晚清社會的各個方面，内容極爲豐富。舉凡清末發生的重大事件，如中日甲午戰争、八國聯軍侵華、庚子賠款等在其日記中均有反映，可起到證史、補史的作用。

近年來，名家日記日益受到學者的重視，國家圖書館出版社策劃出版的《珍稀日記手札文獻叢刊》，爲學術研究提供了豐富的資料。《顧森書日記》爲該系列的一種，共五册，原大影印出版，希望對研究清代書畫史、文學史、社會史有所裨益。

國家圖書館出版社

二〇一五年五月

# 總目録

## 第一册

### 逝者如斯

## 第二册

### 存敬畏齋便筆

## 望浣瑣識



## 第三册

### 愛日景光

## 第四册

### 禮廬瑣志

光緒二十七年辛丑（一九〇一）



### 禮廬瑣志

光緒二十八年壬寅（一九〇二）



## 第五册

### 服先居日志

光緒二十九年癸卯（一九〇三）

## 光緒三十年甲辰（一九〇四）

### 服先居日志



### 書信

# 第一冊目録

**來猶可追**

顾森書日記共十五冊

逝者如斯

庚辰 辛巳 壬午 癸未 甲申

庚辰五月廿五晉王蓮卿所帶之小輪船自湘回至新隄附之入鄂即爲
北上之行得句云旋忽六年誤逐迹萬里行悴人嵩岳君累我垂虛名泥枯
家囊還時欲官意輕帝象塵勞踏左白西爾常呈吾順流雇輪速於常
時蓮卿因事泊金口阻風雨夜宵明淺並江陵萬羽城民屢逗雲密壓天際黑一點明燈是泊船
廿六早達鄂城見叔丈妹氏仲蘇所即用知孫鏡季暗裒衣以黑白入學單衣物
一包記弟攜貫增弟銘新在都館沈中堂第旋候空之不值薄暮上江永輪船
晤粵西鄭子淳太守所叙片刻盡夕丑刻自潯開輪
廿七晨起風陰雲至九江時大雨廬山迷霧不可見晤魯芝卿三年居此以爲鄰
者又與淞南蔣賓臣立談片刻望廬山得句易盡
廿八薄暮時至東江晚至江陰祇見家山不得江行句云千里江天一覽間湘艇勞薛京甫
間碧翻饑覓岳陽樓攬金陵南岸山高鳴鳥春封且壯伐樹于篝陰陽房夕陽好景收無限迴面追風乘珠被
廿九日午后抵滬寓等安樓道蔣先生來復二百零六兩雲逗樓討校至二年浮滬

橋帳非和口館值之赴直隸開平煤鑛局去見龔子遠徑兩唐二君即以所攜

物交將寄錫夜篙香慶卿雲昇邀往丹桂軒觀劇

六月朔寄上母采菽非別第八號書黃叢云西邁有查一所附去沙叉八五寸三馬路

招商總局旅黃曉亭長康同聽叢春全庭與慶卿天仙園觀劇

初二日慶卿之戚張少坪太守趙飲將來赴是日上海之輪船赴津晚亭交以書

致望將之之任儀儀于雲析三茅閣橋唐亦金寶臣觀素聯

初三日乘船自黃浦啟輪行兩時許過樁山海水皮綠輪激水翻適逢潮風

波濤不驚四面望無山崖岸行至日夕據水手云六百餘里以地圖測約在■通州

海門之交

初四日晨起見海水湯湯昨晨之見為綠者作深碧色風濤甚平不殊惶也下

午見船左有遠山綿亘在巨浸中按圖索之約是之界膠州即墨等州縣

屬地也

初五日早達烟台，晚有洋屋諸山之麓，旋攜一簇張海之曲，東望之罘雄峙海表。

須舟兩時許，聞輪水之深碧色者，到此復轉為濁[?]，南風報大浪亦隨之，移舟。

晚覺動蕩，僅能小臥，以手時也，兩時後餘[?]。

初六日早達大沽，轉入內河，路紆曲行三時許，抵到津門，登岸轉抵紫竹林。

春元[?]小憩，即趨客店，望北街入望海之寓，交藝[?]之托攜禮儀之敬，及致薛觀甫函。

偕李滌[?]青萎[?]往何等處王[?]氏為經託雇封一車，黃[?]曉亭託帶兩件之那[?]同舟。

之誤，釐[?]稍暢，諸入都大路為滌[?]水所隔，須患[?]程繞道而進。

雨中望鹿山詩 都門[illegible]浪[?]行雲師[?]未開，密雲[?]擁夜[?]隨風[?]逐[?]信[?]掬[?]金[?]。

看遠鹿山，遠鹿出而本雜，自從烟雲鎖天墨黑，傳移此處入畫圖，米家父子模擬墨[?]。

夜過潞江詩 霄霧四散繁星[?]横，江頭戍鼓鳴[illegible]更，遙看疎村寒燈外，悶過山火。

[illegible]一角芙蓉城，芙蓉城[illegible]相隔百里程[illegible]。

[illegible]夜[illegible]寓[illegible]近鄉眠不成，疏林間

亂大險行進橫橫此去九龍山秀色一片雲遮作潑墨雲下觀居當如何

異狀未可細可即往遊俾是之石遮遊雲霧幕紅塵沾衣濕

初六日上午陣雨天氣頗涼望之為假舟未得作竟日之談頃談有際遇程者能造行

海底船誤造軍子同於水中出寄制勝請款六千金試造為始半年内未告成

藉千言行不千辦耶誠子勇動展列日尚未閱附議何為各國不使這律時有調和之

語中於議精英國製的鐵甲船費以四百萬不能議續籌款有成議矣

初八日晴上午登舟趁過望見遠遠河干情意存無行二十里至北倉又二十里至韩口

又十里至楊隆寺雖天津界為武清縣地水程屈曲盤旋風向之方風皆有順有不順

方有水陸而舟蓬張行頗遠緩是日有詩云風動捲青簾兩天氣尚寒何行程

曲折水灣芳漲漫衣垢拔將棄取輕日飛上上難身向快難彼鄉覓

初九日武清身中同至天不陰晴空雲淡筵背低氣涼風送雨流急小沖漂湿涤

蓬蓬底行種菜畦根悶巳泡懷之 行二十里為楊村又四五里

若蒸村蒸村下南村之南村赴通法路也又四五里為郝家窪舟次濕向云

鼓樓臨眺半日臥聽鄰舫按歌都無山日台多家[illegible]市[illegible]情

次日壺孫女孩海市古河[illegible]境[illegible]來[illegible]

千年未西[illegible]

[illegible]來[illegible]

帰寿[illegible]宮[illegible]傍島[illegible]宮[illegible]中[illegible]磨[illegible]

高賓賓高歲時對百業海我民音[illegible]貽貽音易識聲滿志是中原一

漏戶戶何日日通市市道中[illegible]

浮海船一舟舍出春申浦[illegible]

共鳴[illegible]濤[illegible]

濤勢[illegible]日照球海天[illegible]

書帆夜[illegible]

九點[illegible]

排採行程成遠路數抹閒雲半岸月夜深人生聊歸發雨淒歎隨風短

長明星光映深出收輕帆齊起牛背帆列宿共森羅又闌呼嚴方度今多寒

東南名區馬來橋百花列輕何足多雙橋驚舟劉採便隆隆聲作鳴汽笛

衰陰風濃為坦途按圖直指了字沽萬矣三宿身心舒

初十日初三十五里至永河縣又三十五里至為馬頭鎮河底曲如前舟子計程增拔

百里即泥土地晚間忽雨打篷[曲港]達沽沱去問有日云夕照光微鴉鵲翻飛不遠小泊傍

荒蕪肆林橫抹閒雲色細線斜通淀水源一帶輕帆旅影飛對宿泥市語

暮堂飲[禮]罷[初]歸心很向雨打篷達宿急點一繁

曉望之眾作[禮][初]日[祖]波[光]滲水進鈍之眾[國]飲[詩]作[歌]後書中新見鋒碣[祖][龍]燃人指十[朝][旭][光][木石江]洪洞[illegible]

津門照楊望三[illegible]若日月傳散異方無山林之澤烟[illegible]遊年[illegible]音去少久

別於達家語去國籍書空身寺宝風塵暫息旅人裝行前為誠問了宿是

同心同雁行

辛津旅館歸想材家[時][illegible]東京等集天下為機宿夜齋

风流词翰俪邹枚当年名辈雄才录人通视同宿挹闲清话殷勤留再宿
有情霜月微情隈　三载家乡戎马数回清著作余侯君及厥人贺江
东奉前明先世贵北群千里世泽来抱积学满庭兰玉室余多文不才虚振江
湖久矣时此后发笔砚焚　帝京遥趋望五云高可笑无端走此遭旗幟情
形骸荏弱郎疏身世不能家长途积潦年那辙明日陆行可何舟经施路
望时已失内维要矣髀轮花
十一日行七十里至通州来[illegible]杨厂已晚大风雨
十二日雇车进东便门出西便门入都一路石路半已损坏此觉难行了骑骡四十里进齐
化门至臧家桥十间房前孙七园锡金会馆下榻晤伊苏妹及康熙南通墓
同年晚晤孙少卿工部交以望溪所托函朱衍捷大之函至馆捐十金与日路途
安庆同乡叶为人先导
十三日移于房琉璃街王菊居比部及杨石道补考了特托常熟李玉闺仪部

十四日華伯宸來，以醒年來都，號春者名心嶽，寓友揚州，與予同年庚仁堂

飯，黃臣不值，與石漁傾談，晤孫質庵，江陵人，名士佳，家與陶子佩右門，嚴英來

卜肖嵩，生名文煥

十五日宣琴山自圓明園來，黃臣招李玉圃回寓，不能附入，俊生孫補考

十六日甘爾二人飯，傍晚何坤尋訪王直菜園大街，及聽孫同雨甘爾

館云年人百回者，本科俊生之弟，寀待說此差矣

十七日進內城，至東華門外桂橋同飯，楊蔚如及王子劫，文藝見望海雨畫

朱搜泥心之點，出城來煙堂，同朱同國飯，孫治卿夜揚，孫同庚仁堂內

飯，華伯宸、心嶽、四朱同飯，孫勝臣先訪名珍不值，至宗人指月名馬司前街

李子館及見之，又以望海畫俱兵馬司中街，飯李玉圃儀部、俞君實同年

朱晴晚飯，黃臣閒話

十八日楊杜子云畫棘，別畫至海畫家，李康字九疇，李玉圃若飯后往補考

可為長嘆清不勝悵惘

廿八日過仲蘇精之及山左借下寓董泰熙甫同出飯是日雅福壽堂拜玉蔚雲

世之照應與玉壺琴山共往陳聽臣楊鋤如若飯為琴山書扇

廿九日玉壺過同廠房所察同蔭亭老楊梅竹斜街琉璃廠等處購辦物

卅日早飯后過六朝考二等第四共一等二十三人二等二十四人皆飯俞君實於兵馬

司前街接六月十日母諭並拜別書暨告返於旅寓之意

卅一日寄家函書玉壺屬書子復子和龍扇

廿二日為玉壺題其尊甫樂山年丈補繪風木思親圖是日玉壺赴席歸即小病題句

綠煙之萬行推士宗志報親德思親容令子擬科作循吏能揚親名顯親意春暉

寢昕宵但願顯為言風木圖出自吾家孫子原圖作於族祖作淚和墨瀆縑素濡

不幸中罹劫失忘二十年未嘗遠澤得名畫詩補之圖畢尺稿倒如鳴鵰九原可作畫

靈氣兩世相繼同孝思照之化時今可少補祗有但極盡是遊月意深精足慮保受深形

因晓白写怀抱我屡刊图未果读唐陇权林林气萧甫

廿三日偕萍石适赴地廉亭一再行之物叶宾虹适于义胜居小酌在友海引条

胡同小可为孙山阴扇题云林楼居烟霞之气川原山脉之趣在含毫笔墨间栽

以求之方不为先民所拘而得法外之意东田思时系米萝旅次雨窗无聊庭琴

山之瘦静则有之法外意未之逮也方晨宾虹先生过

廿五日大梧桐庭业园观四壶班刹小宽小穆巧于诸作能者可称某铭耳已

先过

廿七日前门大街一走

廿八日接仲英妹谦函字书

廿九日俞君东黄宾石适过同至陶然亭观余冢攒蛰壹由黑窑厂而

四五壶容午后到

卅日偕宾虹暨山谷蹑厂观书画集一再看曲阁晤萨雪坡倪守模

廿日棉花九條胡同拜孫桂安吏部鐵门南斜拜康仲槎礼部諸張胡同拜殷厚墉同年李光兵部霍中鄉拜黄愷之殿撰田永東城畢陕西拜曹竹銘殿撰鴻勳遇雨而歸晤王鍾湖

三十日未出门少卿石湮來閒話

七月朔李玉舟來談及報捐一事已隔三年須自呈明緣故致東康仲槎名楷亦有陕西同年王君天培孟君之培在都旅考慶和園觀劉兄王九齡楊三寶小紫雲之作

初二日富平会館旅王君不值晤景吉人同年天柏本科即用識於湘南者讀與王植庭亦知好

初三日夜攜二條胡同南首路西張宅訪孟君之培來晤

初四日再旅孟君仍未得晤

初五日為晉昭子書畫扇

初六日早上東小市看瓷貨

七夕訪楊望洲畫寄紅箋對託畫俞君實遂飲于富廣寓同席陳少若張子和吏部扈殿御楊仿畫同年同老英臣遊看祝嵩成班

初八日為琴山畫堤文扇

初九日瑞勝和班聽十三旦劇

初十日朱二名招于午遊厚甫来

十一日殷秋樵招為伯尹翁壽長樂館

十二日英臣為訂室代考君召霍君小村

十三日禮部侍之二十日在部考試高等之培寓年王天培河南王毓英同考

十四日截李玉舟不值將補考投考費交君轉投

中元節寓樹北畫望洲畫稿望洲十四日畫

十二日樂橋花園祝陳年伯母六旬之壽，在桂林之僚均同座。常偕拜吳蔚庵
鄉生、桂林拔貢同拜途于陵清來厥拔同拜華鍛新趙雅、西河沿泰興店拜朱
二兄。黃廷文、黃君托查至寓一談，並談班後選玉國迎之年
十七日寄唐子卞張宗孟少卿、薛臣邀飲於福興居，晤朱子卿太史吳鑑
翁蒔先孝廉壹丞鴻甫款府
十八日樓望如吉吾壽一席，代兗藪贊人年三十一歲三代陞英沼星進宿
廿日購物核帳，珍花行風于陳聘臣，對聯中飲鍾世兗破
廿九日孫桂生邀飲于萃福居，晤無他人，薛翊庭、福椿軒、敏王詠珊庭
華伯容邀飲，晤湖屈兗王鑑
二十日赴禮部補考，同考者陝西王植庭、孟蘭坡、山西張光九名瑞芝鳳台
籍山東張子遠號南明號棠甫方宇

二十日 爲叔文聯行作十一幅 寄交琴山以考校蘆菇基巴郡貞帝鍋

二十一日 偕玉壺石道並王肴承太史蘭出都 下午抵通州

二十二日 自通開船 順流而下 行數程捷

二十四日 下午抵津門 旋至海節署見烨孟先生

二十五日 至海道 晚飯烟下 旋李秋亭郡守金鏞 玉卿先上保大輪船 旋南

二十六日 旋王省承太史 旋楊蓉山孝廉 咸來行接 篤居壹書 晚即啓

二十七日 移舟紫竹林 旋連順輪船 至晚始到 旋下臣不值

二十八日 上連順船 旋黃觀察 不值 見于和堂侯

二十九日 黎明自津展輪 由新至大沽 时已卓午 出口後輪行便速 船中晤倪俞

宣旭初此仲 雲南人 並聽峯 劍泉 竹林 談次頗暢

三十日 上午過烟台 從舟半日 晤杜雲帆太史 貴州人

八月

初一日天时秋暑虽大伏中而热殊甚

初二日午后抵沪住吉发栈二洋泾桥西遇旅龚子达时饮于同春日往望

沪书接张列六月廿四三十日七月初四日两书知母氏小病

初三日萧易庵枉冕后拜李勉林观察城内拜莫善徵大令均未值三马路指南后旅

黄晓亭出大马路天元栈旅苏州谈时宇安苏南溪晓亭遇于三雅园观剧

寄四望沪书

初四日偕君渔购物入城遇雨于城隍庙晤若宇芳沪书鹤笙书

初五日偕俞宜嘉司马此仲偕饮于三茅阁桥旅徐子云不值

初六日吾董剑泉绘扇宫岛遇于天仙园观剧

初七日催船复料理琴舟书夕移泊于老闸

初八日天未明乘潮放舟后遇风顺抵唯亭而宿

初九日辰过金阊薄晚抵锡入即燕阁盖已经金万岁坊郭地购成已在择吉小筑地价

統共四百餘階皆甚約三十間也

初十日稍冷秋度下午出門至夜始返

十一日稍冷秋度終日看書數頁葉勸

十二日蘇舫課案遍傾

十三日遣僕接母要撒以車爲菊卿表弟完姻

十四日弟錦君遣太夫人之喪先得以蓬翁所贈應用

中秋了揚出葉遊諸共懷谷訊集泣舟爲直隸之遊是日系揀考取八旗教習第

十五日雨者楊宝瀛王卿之接鶴笙初十日去字庵澤大衍之教

十六日寓奉鶴笙去大心謁墓

十七日宿陵仲蘇林去是日小諸之居以已時啟程酉時上船表時交下李竹懶矣錢生畫冊

十八日別母登程赴楚從王并居去晚云（前別以）月初津門居寓寸函附遣青及旋由東豐順輪船回滬

寄

廿日到滬由葉接家書以盛觀須在里門一遊（以揚春門行）

中途需滯武本月

途到漢初九日抵鎬入印京事煌在中秋接得報知護遣取列武為謀

之忠拜人之信且携出即须递阅弟既未能[illegible]花前替明春[illegible]之间[illegible]又不能措全逐

穿重劳烦筹垫款事如去年山东乡人之环而恕者在[illegible]又劳心思费居香嫁烦脑中

嫁小费函另有千卿不遗余力而应代之劳不足[illegible]如飢而仆为君懊恼者累日而乃[illegible]究轻遽人

不知亦方怜也弟兹于十八日里放舟赴楚以为人弟物色多仍须取道于沪多此一番往

返增出一番[illegible]其[illegible]复[illegible]移到沪先写三千金弟归

润款千余到鄂[illegible]行[illegible]到[illegible]逮[illegible]回[illegible]望兄以觉罪弟一年内自可待到

[illegible]是否[illegible]有八字如弟[illegible]须[illegible]须何时得待执至为帅[illegible]礼部[illegible]中[illegible]

[illegible]询[illegible]弟否仍须[illegible]侍重[illegible]到[illegible]礼部[illegible]安原人是否礼部

中人如[illegible]何[illegible]到不能返还[illegible]所需也前[illegible]仪[illegible]到[illegible]

[illegible]生物[illegible]见[illegible]研[illegible]四[illegible]

[illegible]有[illegible]兄[illegible]是日[illegible]风[illegible]

舟泊蘇城外

十九日東北風大，不良於行。舟中無事，為季長寫小幅六頁，作訖，夜泊崑山

廿日晨李竹懶來，識其直，冊辭問，換舟於蓮，泊於黃渡，旅泊，月出夜行，秋涼復被

廿一日午間抵滬寓，家書并吾妻由金策盤高以第四子孟見育，是二十年由福興

潤角寓之文華齋旁致一函，旅寓晚莊孫子雲諸兄晤，旅往禹經若干屋了因

晤聽初丁子遠，致予諸君，是夜登上海輪舟

廿二日早間展輪，舟循行甚速，過江陰已暮，天將明時抵京江

廿三日京江停輪多時，深夜過鴻落

廿四日晨過大通，午後過皖城，大風甚雨

廿五日早抵九江，雨甚大，船多滲漏，午間過武穴，晴，時過蘄州

廿六日清晨抵漢口，晤鄭華二君，接吾妻初間書，入城，旅李襄陵，刻安文

銘新譯託帶函件，晤寅之、旅百川、楊子剛、菊艇，作長談

廿七日藏策龍翁來西寺參西園遊於大祿齋小酌遇雨急遽回舟
廿八日偕芳洲自省解維居閱紀卿七月廿一日書舟中無事閒話外閱五月下旬
積存申報是夕泊東江腦
廿九日風不順換西而行過澤湖而泊閱六月間申報藉以消閒
九月朔行抵陸路口閱七月間申報
初二日午後抵閶閱石仲紀卿五月間遞書馬蘭臺書回寓閱杜子健詩
菊泉及孫則書
初三日侯雲階偕良卿來良卿名傳祚家穀與此為子才同年族姪雲階
為蓉靜堂族中人
初四日藝雲翁出示新得宋搨聖教二序有明完璞王題識
初五日藝雲翁示所臨石谷寫山十二景南田十萬圖之八兩畫冊潤秀渾厚
妙惟肖是學由天資兼至之作也

初六日盛后程菊生之來
初七日接萬百川函購木一尾屬暫從緩取京蓮子尚未購得
初八日王雨辰送午來接蔣京書中秋前晉垣所費有幫館捷齋之說
初九日寄宗如孫則書
初十日送保雲階回湘寄將湘兄書答石仲紀御書名成保曰坐塵盦原保曰仁晚
從五郎還武氏保紱薇諸之舊名辰保曰亞識附去仲孫函及会試卷
十一日致蕭先之書王英臣函寄宗如常年兩之之數以清夜習閨學
十二日答百川書致宗之函還蔣白良書價十二千三百七十九
十三日致子泉太守書附去仲孫函及試卷致孫則書寄宗如春款六十二金撥託百川
攜回是日大風旅何調薦
十四日送介堂晉省於萬良卿處見石谷畫冊十二紙及宿題款山水四幀
望日致雨辰並叔子回滿有用我者文接子文孫書

十六日跋艺芳所作南田画册次雨农挚舫最好夕阳时试帖

十七日次雨农王立村沼上题文野鹤偎林伴醉眠试帖

十八日接望湖中秋前书寄子铭来

十九日偕陈菊叟沈士瑛见南殿前看菊

廿日俞子琴来艺芳留共午饭顾佳嵩五子加冠图高澹游荷山采立轴

廿一日王伯平广文来谈旋南山中景物甚悉

廿二日读伯平何山堂时文因以程章年赠之平谁其叙稼之行

廿三日顾平赠诗以艺翁为遍请赏菊并为署吴诚生徐西涧画卷

廿四日送筠良卿舅赴吴陵之行阅雨农人人秋乎秋题文

廿五日母氏生辰早闻汪数甫初举一女因名之曰寿因

廿六日阅雨农歌歌寿夫子葵宗题文

廿七日阅雨农芸叶来重书蠹鱼藏日楼蛰一笛风试帖

廿六日重自省回接楊望洲同年函

廿九日藝翁置酒賞菊畫上冊頁

晦日致蒯季封穗祠畫

十月朔致季臣畫託從岳、溦戴石、視侯太君生日張厚山、志千、耐少、南邨、咸安堂

教習應加筆誼

初一日寄張刻畫祝張太君壽誕藝翁示石谷畫冊

初二日有人以墨菊與蝶屬題者有句云墨菊慈雲蝶亦閒相與共作重陽遊

又題菊花帳云未落秋英堪一啄籬倉也有楚騷心晚石谷寫山十二景秦坡瀑布

一冊晚李竹嬾畫冊原題清友酒果相持處內庭幽月來

初四日晚石谷畫雲積雪本

初五日謁蔣季方樸生時同邀歸候小舫于戌晚南田寫山雲坡本

初六日寄石仲紀御蒼濩子安孫函

初七日作李竹懒册，原题：亭亭松坪顶塔，渺渺山岭到松江，爱秋怀阔风帆指顾中

初八日阅雨原两能家人者文

初九日接沅儿九月初三日书，已解任，欲归，后仲纪卿书，将往舒山而入粤，有籍见上

林诸君。跋珠烈一纸，写四插屏一对，麻笺三只，（瑞莲阁）写柜一只，跋菊道

初十日，男氏到题，江干晴，（炳照）姜梅亭、刘光珊、李眉石、帆询之老四弟题

十一日跋孙伯润画门帖，刻与国算，李臣来

十二日跋侯燊母画，写莲子十行，张侯云阶、王闰轩来，跋华首间，跋莲子

十二日为李眉绘扇，跋马兰坡扬望册画，又有写诗

十三日阅雨原丈书，选卷叢人日文，秋竹逸诗花诗

十四日写采罗雅锦二千种，阅雨原陈孔见孟子道，诗行行文日文

十五日真能原序子寿屏，增瀑布，成道仰仰四册

十六日接刘秀眉北河日寄足来书，为汪子用文河汤遗据身入都时，周道衡道中一

律詩紙排其兄之録後 赤日炳天之草底葉路覆石指輪硌硌汗透征袍渴渴快馬

瞰潭水招人來木陰蟬聲 聽不斷城開紫烟深

十二日晤南田弟照得蓮本

十四日致仰之 東石姊別函 兼覆柳東

十九日晤南田弟擬秋聲本致維岩畫

廿日接姊別九月廿五日書 蓉居九月十七日書 寄來友朋同年齒録

廿二日張少南來閱雨窗劍花床詩在手 賦菊讀菊醒二律

廿四日附致姊別書 内訂撰周京星照重四字 録菊生沈士孫來舊作十剩海

一律記起録後 十畝蓮塘榜鳳城 四之葉作綠雲橫 人遊花界風聲靜地

接仙源水宸清 隱氣拔天 蕙鷺綠詩情閒 晚禾蟬鳴 新秋一味涼堪傾

多少誇滿車馬聲

廿三日　閱雨蒼所謂以人皆有不忍二句題文　芙蓉生在秋江上詩

廿四日　程仲閣來　雨蒼持宗臣子用改齋畫　臨南田蘭卷畫樓本

廿五日　壽同彌月　臨南田菊梅雪冊

廿六日　閱雨蒼荷淨納涼時長律　名東新人也　聽子言文

廿七日　詠春來　刻史對閱　接蔡函　十月初二日書為胥考題子路曰願聞子之志

廿八日　為胥對題梧桐秋露晴接　傅伯閣田函並拓刻地圖

廿九日　劉佛濃來　接濃書畫函並識卷

十月朔　勤隱來來飲　閱雨蒼話萍閩安兄山前驛宗弟廬陵清上雨詩

初二日　蒼生兄話函　蒼拜張少南王閣軒

初三日　臨南田蘭松寒翠本　閱雨蒼松下寒泉聽流

初四日　閱雨蒼傳車生貴楓林晚賦　名日田園雜興五古

初五日　臨石谷維摩旭日冊

初六日 晴 在谷劍門掃帚冊 閱雨窗行篋以達其道二句文

初七日 跋玉畫同年畫 蒼書畫函

初八日 借何氏星鳳樓 視東坡塵尾錢千年

初九日 憶觀門舊作聊記之 人海氣逢場間身且萬象都付袁宏玉問

借吳畫看瓦硯 查茶深泳盤 薦星冥不忘午勝畫視宅深院園

初十日 畫跋珠則畫字 有年成稿 詩錄蔔菊見畫字 乾脩行風之數

十一日 蒼閱其畫字七言古詩六章 蒼蘭竹畫上大原嵋題賀畫

十二日 蒼湘先在蕭畫字院垣接院西園牆居和留之假

十三日 子年來撫此日來旋爲風所阻

十四日 風雨 晴在谷城東雙塔冊

月書頭日陰雨不見月丟逢月夜

十六日 閱雨窗子日爲俞文

十七日　接緯劉十月杪書，云已移家，附來仲蘇緯函、仰之函
十八日　子年將行，附發緯劉函之
十九日　冬至。夜閱兩京停車坐愛楓林晚賦、楓目賦
二十日　冬至。晤石蒼，就潤直兩冊
廿一日　入城，舊作探懷起時存之：下澤車來內帝闕，六街積雨已逾月，莫干霄
濘死驚路先作泥塗航，辭身
廿二日　閱兩京晚日子路行以老二首文
廿三日　閱兩京赤壁懷古詩，致書孫少山催寄集
曾
廿五日　閱兩京秋字孔賦
廿六日　接石仲涗垣字之書
廿七日　薩北之贅人書，致吳正宛賀之氣老晚閣，置匯招飲

廿四日接林刖十月晦書又錢塞庵書園西楊用丹書

廿九日詣畫徐小山託催要款

臘月朝日有傳單以居金粟錄寫文字命達宗族以先照抵之長安餉

是日月當蝕（蝕）常食時暫爲鳴鑼要愛燒炮仲蘇之一各於此徐小山來

初一日晨（快）讀貫長菜鴻裁合之魁木天蓋衆皇花縣屬孝世家君多深家

貿償有喜晨書重來武斗宴共祖細（四）十丈四座重晨祖來匯轉輕布飄漂循（閏之長歲我款謁恒有）（曰強仕腈車出至泉）（王道）

更待教青諸生祖德論孫意師資傳蕭精東林圖系號畫一時行旗（家學流傳亦遠）（門第峰情）（九賢者圖）

初二日閱兩官邵國初先和暖天晴

初四日閱兩官命撰安撫新暖閱詩

初五日接記卿十一月初六日顧如庵遞書

初六日林苍蘇徐小山劉佛曲羅仲閣

初八日阅两京敲冰遗著赋探梅词

飓首盼仲妹四首之末解此生小斋年冥丹决笺安不斋兄腾长坂路颇究焉

君兼别来遍天涯楼头忘易凄依依杉畔新秋画帘月移西

初九日夜门夜坐旧句录后日下居离久秋时或易凄灯前孤坐影笔底画遍归

心定纸数声撰床头几阵侵梦间度重数候听以睡酣音

初十日张九之作古若仲瑾妹子五弟画室以五律

十一日何诵芬来谈霖士旦子武留遍状

十二日师九之书上丑笔室孙弟画附录星照两字

十三日在墨示慧兄寿序略稍加润色归之

十四日阅两京象遗人也夫

十五日临石谷桃源画晓本

十六日接妹别十二月廿四日画即日作答为慧兄商诗华子勤撰读撕段稽四六

繆筱珊託平湯府館屬為題額七百壽先生二首草遂而題仍缺接石仲十一月初

書知有五妹之行託朱恬伯刺史之招亡即作書並以五妹附事

十七日臨石谷寒坡瀑布本

十八日閱兩京小橋霜冷挂漁罾長松擁天秋契立詩

十九日接子文妹仲冬書函

廿日寄朱馥園畫臨石谷畫壺積雪本

廿一日封裹跋法之畫

廿二日致緣文歲為峥嵘無非悟為接妹別十六日書附來王仰之函

辛巳元旦拜贺年节，往来数烦。是日天气晴暖，得句云：日光暖逼蜡青辰，野烧痕中绿半匀。写帖一新荆楚俗，芳稿六朝阅遗书。江天云物观时意，海国风涛变此身。不了金经即金草，遗谟惟望秉钧臣。送藝翁看

初二日谢阁雷都为人作画

初三日徐小山邀饮

初七至初十日，日从事于绘，共成摺扇八叶

十三十四日为藝兄五十寿序

元宵阴寒，潇雨，夜不能出门一步，寂寞殊甚

十七日藝翁自省回，得纪御晓月十二月书、王硕平广文函

十八日同了看遗诗多六路

十九日祝杨太亲母寿，并送同蒙辞馆之日

廿日接孙别晓月初二日、托华百川书来，画扇撰程白雪高题德语

廿一日答王仰之、王硕平两君书

廿四日寄樂宅一緘家書。史越常太守月肴來，交徐伯閑函，屬代較苟庭中丞爲藐老壽序，資以閏年之數。近日天氣驟暖，已須脚棉鞋，已觸之者避其重沸矣。爲耀庭臨作小山水索之。

廿五日大風，下午降雨，轉暖爲寒。

廿六日仍大風雨，終日不息，下午大雨雹。

廿七日昂張九之之來，答拜史越常，天氣陰寒，自是三日爲壽文成。

二月朔答伯閑函，寄去壽文，送越常回看，天稍放晴。

初二日、初三日日間微晴，夜常有雨。

初四日雨中聞雷，夜甚寒，降微雪，自是至出句雪花飛飛不息，積至尺餘。雖以風雷繼之，雨雹寒氣殊常，至望間猶稍晴，雪雨寒未減，不識是何災，尤甚於冬也。

望日接孫子平正月二十日書，爲蒙是留居里門，課鄂塘，屬取年數六七重大

食二千後接馬蘭臺草竹門房書其等人黃蘋文代來了年初拂刻書
季卿正月十九日書索地輿全圖華海初二月初江西提書局回函寄
南昌撫廳楊署中轉交
廿日接拂刻正月廿一日書王旭特帶來有歷代題畫詩類二十二本帶出
石仲年郵十五所寄書陶鳴伯帶呈來書
廿二日接朱穆園張鑑書徐伯閣一個畫秋泉一幅王仲芸函
廿三日接孫子年二月初書帶來各物又畫題南肥壽禮為轉交者並
蔭甫書附畫兩條吳伯壽函徐玉卿函皆於其書內附來者
廿四日復施芳郡家大郡之芸胰鐘鮌棠劉寶完日館陀釵刻
廿五日於閱題畫詩類缺卷若干
廿六日霞王仲芸書石國棟
廿七日為星甫繪扇

廿日藝兄持示書畫扇二十六頁各張鑑畫朱馥園扇秋泉畫秋泉
係唐里文筆店主朱向義海和行贈者
廿九日書上海之人書各件紀卿函馬蘭舫書送還閔星甫扇
晦日答王仲芸書名圖標致蔣文舟函李直
三月朔為東海致衡海書帚有當佛四字繁海業簪一對又扇題二道
初二日因人置酒為張馨吾頌卿生日接楊用丹函字子英子陳雲士六律
上巳雨致孫子年書並寄衣箱一只六庫銀二十三兩三錢七分致妹則書
廿四日接妹則初二十八日書知茂卿完婚宗姊孫弟病不能應試吴氏於初旬風雪
時異風作寒為滅飲官鏡子牙痛仲妹書知宗祠將修繕有條約云後玉坡
云云出歸施氏子因之聞捐施字田二十畝於宗祠立七代主大池四叟先塋歸去
家祭掃接馥園書為弟子炳綸錦蘭軒者說江幾微收銀兩之久
許即日作函

初五日大风雨续致张烈画楮寄庠平剑冠之数又两幅给女孩荆绣被面

帐单各二份特寄浙足者皮箱一为仲苏妹附去赠物单著仲妹

函致王葵君书托以苏子著杨同舟书附荃馥图一元叨致钱菊泉函

寄正二月乾脩十二两并叩以年节寄来耀庭送琴山水题云烟林绿蕿诗

帽蔽四月去送钓竿肯定天涯视寄江南宜出来看雨过云径程匣浸绕水村

六函致此活山蒸毛何时更与同游此作附便寄去

清明日蒼繁伯闳函附汪仪宣之函著杨同舟函

翌日寄家镠冠之数托高纪以连中之数

初八日画柚免孝庭经手烦扇题政衡款曰木叶萧森烟霭清广之青

时剂芙蓉诗人独向泾何得祇花凹是楼影中紫轩款曰隔水山高去

隐日偶活楼古绿藏云玉亭款曰碧暮浸千里楚山晚红叶一林荆树秋

許映林題曰弄雲多半水亭隈水分東西人林處居猶意淒果其果裡
不危生有蕉陰魚心遠一筆題曰最果桐樹鶴居題曰此境不知何處有清風
吹起庶門心葉卿題曰亭亭樓上塔譚譚野水松竹處秋深閒風帆指顧中
王羅甫題曰積雨初收陽春樹色遠望人家塢連住此中知有王維詩社列水
容無竟處秋甫有客相尋水亭去何人卸櫂徑和國經菊居題山光積水
氣紫隱隱浮浮一筆耕一竹一木樓外好忽如其中有物物中有聲漫如遠
遠望鄉家夢繞山川身不到
初九日以題扇請君書
初十日壽東劉翊卿過贈將去頃碣坐談半日晚復以打遠遠江干而別
十一日藝光一扇繪扇二葉一作鍾著庶此人無所考而筆墨秀勁意境
亡超一作梁無遠為形安四家之一仿倪高士簡淡人物有越南貢段通

藝兄撇趣人筆談緣風利不泊而罷

十二日至十四日續為賢扇作戴宜蘅佛輪江松人皆二十可考者筆墨均可賞 程菊生持清棋彼畫來屬轉內藝兄撇晉車秉鼓樓求兄正月廿二日白陽酒丹次畫

十六日季復妹自六安來得石仲紀卿畫忘為琴村翁汪仲英物挈安置季妹江干蕭寺冒雨旅陳菊生答以清君所商不遂交還借壽因旅陳俊伯名彥美人之工繪事者師法白陽山人

十七日案頭紛來交下賬款

十八日藝兄持示望湖亭子詩字

十九日臨夏千頃石雲者扇面繪以繪雲指均精妙季復妹來閒話見黎厚表姪之畫頗饒大方

廿日為蕭秋季居作條幅

廿六日藹士兄第三子名壽楣來拜蒙
賜題竹扇董敦五款村底閒門面石開青山如畫水如昔白雲久作孤舟住
流近清流渡渠來綠經五款蒼山曲曲水斜節屋高低帶淺沙連島城中塵
如海乡居不到野人家蔣子之款江南無限蒲帆底獨是漁舟占得多
廿八日爲季子屋條幅畫栗柚各扇震信和函交南昌摘署楊轉致
廿九日荅嚴栗柚各爲趙君琴村翁親聯詞回交誼重請侯犀謂公扶氾
法佐以人望知遠種德尤多賤子並依各日日話謀屋賢附得退公文晨大年
盛大隱何異遠日寄告不日還仙鄉應侍被春風之致趙山琴函
四月朔接三月十二日母諭知腹疾畏寒已全瘥惟牙痛胸滿殊劇十二日查
附來工程帳目未二成鹹肉歸一包係交菊追弟來菊近爲弟定岳任寬甫之
妻來楚楚六有壹元寄蜜餞四瓶且申報 慈安太后於三月初十日仙馭升遐接

徐伯閎霞畫知爲年丈蕪老樸承之款已歸其半請挽商再續抽回手筒

馥園四畫來有小箋霞浦寄石仲紀卿函附去年續來畫

初十日上母舅朱蓉緯則畫跋孫子年函送清泉赴鄂　季石自鄂來

初二日爲王石星畫捉白雪圖跋云咸豐丙辰秋飛蝗入蘇常人爭知捕蝗或且歌

之以禱祀信予筮遣刷略不某某先生按撫畢書輯捉蝗全法刊行無冤人取

於法捕滅而遺種已夥矣夫蝗一生九十九子育產縣雅得雪尺許而深入死盡矣

無雪乃殺勸人掘子有未盡者及春出爲蝻更勸人悉力除之而蝗患絕　名

所居其蔨曰捉白雪蓋以所輯捉雪也庚申蔨燬於兵今年孫某某借予重裝之緣　故

書時圖詠亦爲灰燼今日先布重裝是

高擲更求視謙卿先生更爲作圖將遍徵名人題詠裝成一冊以志先德永爲家藏謹敘大略

武之一端也　周備雲樵　閩陵教諸詩濟江吳兔英先生作圖也

初四日制府行至大行皇太后龍馭上賓之信

初五日之先日大雨在家未藐入閣后到珣卿之周書字樣數行

初六日午刻偕颂侯袖兄过来谭，彦玉扇属绘
初七日续接制府行来东至袁仪
佛日立庵两对，日昊仿谕芸来，燃下临乌目山人仿大痴道人浮岚暖翠本跋后
荪亭详函递山西平阳府
初九日为彦玉绘扇，戴直庵本题云：溪山绿绿，断然山腰一抹晕寒烟小亭
却在乌林下，闲倚阑干看钓船
初十日荃荪来书之，论仿河魏琳鱼腊，刘调卿来
十一日跋彝刚集字四扇之堂，有地图轶自雷高岭，君山茶，荃菊追画跋
君山茶叶两瓶，兽环碧云寿摩珠一挂，翰将委画价六金，作懒备之便始也
刘调卿在此作竟日谈
十二日为季臣绘晴庵山草堂记

十二月十四日小寒

望日雨不獲入園倚臥半日

十六日為人繪扇請易以紫壽繪久矣並為作一記

十七日竟日大雨天寒漸寒小寒將來果盒

十八日接季臣字並畢二枝價每百四十文成季臣條幅四幀

十九日接四月望日抹別畫附來菊泉四函二紅尚菊泉近函索所紙物件端節間

四錫為清泉繪季復抹來

廿日閑抽暇畫清撫了竹藤老蘆季抹更來遊覽誦芬為清來繪

廿一日同季抹往祖相見不值式清泉四幀

廿二日蔬老邀往墨沙之行巳刻放舟不數里四望撐船尾陰雲遇起風

挾之來張季帆行至疾墨四十里至螺山風勢大不能再進入港內泊于午後借

謁吳大帝祠繞登山半轉下維舟東歸是日中流得句一棹淞江去黏天衆綠肥

雨並白浪立風捲墨雲飛涼衣漁家屋[illegible]清吟移過客衣舟欵行特疾快過

鴨闌磯

廿三日陰清晨開行二十里至引港登岸乃簡佐午飯共味雋午間抵岳陽停一時許

李同仰望岳陽樓慨然一別乘風利揚帆洞湘疾於飛馬傍湘行[illegible]竟眺君山

點水面若横几西望水天一色不見崖岸東則[illegible]磨山相連接青翠不斷六十里

為鹿角又六十里為磊石山又六十里為土心港遂泊焉

廿四日風弱不利於行江流曲折挽舟行甚遲下午過湘陰計僅六十里耳過此風稍起

雨繼之又行六十里至靖港而泊

廿五日自靜港開行六十里至長沙北門外停泊移至大西門外泊舟地名碧湘街一帶

柳陰綠蔭篷背雨細過楊紫雲兄來舟因登岸入驛步門至[illegible]府街靜樂

衙等買文一套足見骨董家書畫金石古者十不獲一惟石庵相國楹帖乃其佳

而剩為甚矣

廿日晴柬與玉司馬楊龍字雲生譚序時即寓玉搭院後天淺天來雨花園施
藝老品蘋山茶丹桂芝蘭茉莉等花木內二種曰紅桂木曰蘭素來之見者旋回
字雲寓午飯談知秦嶠在家子近返此下午仍往靜樂街購物繞徑白馬巷
由大街出城回舟

廿一日藝老為崇越岑觀察約往定王臺小敘字雲來舟邀入城穿書院街過邏我署
西北正同登高眺覽之處因壹道又至東長街見王吉山一幀與內所見蒲淞八景為今孫
君畫所藏卓署當額或非原本為藝老訂價購歸回舟將暮猶趁移舟至大
馬頭上首木坊刻淞雨衡雲四字

廿二日雨下午即晴縣者來四舟談湯棠亦座弟家司什籍者也又張協戎來舟
郭武壯之姪也談武壯家事甚悉藝老擬生宿草之感值風利因更往淞溪
沂行十五里泊焉

先日陰風平沂流行過十五里至平潭又數里至昭山下風息挽舟而上昭山人且行亦

至湘潭上十里頃之遂而進舟罕里抵寺過武壯墓祈龍老丞謀回歸誤遂擯船回

維舟嶽麓下午飯後偕游嶽麓書院石坊進石徑直而平兩旁清水盈盈聲如鳴玉一里

許為自卑亭又里許至書院墻外數十武外池沼二大十餘畝水清可羅為清水塘自

山上匯二澗來書院前流而下瀑布聲潺潺瀦為池水勢激瀨皆有亭其上日吹香

院對門有赫曦臺門前桂樹十數株皆數十圍并直葉茂蔭不見天紫藤之

大者數株亦十數圍難得物也門聯云惟楚有才於斯為盛撰由此中興言佐宋出

湘南二語道其實也院內高屋百餘楹肄業生數百人凡庭間皆植梅石榴丞

際花時樹樹開花諸書屋為字號宮崇從橋級而上為二程子祠陶桓公移庵

皆有肄業生居其間魯轍充列皆聲瑯然又繞於其中興言佐宋於此中磨

鍊而成之也出院向東行有文廟規制極宏自外望之檜柏松楊之屬皆高

與雲前庵亭曰滿江堂墻北有徑循路登山一里上有屋十餘椽曰道鄉祠地

尤幽僻讀書最宜六宿諸生地周譚二生邀小坐詢知宿院費人八日來一聯錢手刻

昔日祀矣下山更東行為三閭大夫廟額為鄉先達秦小峴書廟楹帖中有楹

騷經漂芳三代而遠存直道懸心並美六經而緒發憲之出道屋望閣西

行側出月平亭循舊路回舟仍上渡繞過江中水陸洲泊長沙小西門入城

出太平街即古之濯錦坊有賈太傅故宅舊為屈賈祠今為賈公專祠祠門有聯

曰見安楹聯曰謫瀨擁侯封踐爾間敢一官長向天涯留故宅遺蹤信宿撫每懷

長安亦棄賢尋秋草佛寺寺堂[illegible]下古井弘述有搨碑字剝蝕不可復識矣重修

為鄉賢額曰宦游遺蹟王蘭石中丞聯云平郵宅重新看相天涯比懷傷宦漂泊無語淚並三載樓

遠地荒君生無意對夕陽秋草正興諸君憑弔時學得者新雲屋聯云平生此

懷傷宦海淚灑無情爭思憑你同一生謂安遠葉在莫只少年初學即論文

宇已干秋，後為西店依別墅，小有亭榭池臺點綴花竹，小樓三楹，祀三閭大夫於

上。晚小雨濛濛，藝老招邀與朱侯信步訪郭武壯遺宅，地曰蘧園，後入大門，規模

不甚宏敞，左轉歷曲角，高樹數十本，額曰郭氏山莊，再轉而入，額曰春雲西館，

再進住宅一所，高宏軒敞，宅東有園，疊石鑿池，修廊環繞，亭館數處，修石

而外雜蒔花木竹草，彌望青青蔥蔥，但自武壯籍算歸後，久無人居，有賈人子

貰緑賃於此者居其間，雖不免毀傷，々岸而棄屋山郎々武用原矣，兩廊大棄

與匡廷舟殺癸宴王基未果

晦日泥濘入城，因雨而遄返，擬訪八景臺、萬歸亭、碧浪亭、湘江亭諸勝處，均

未得遂。晉月到星沙，藥舍雨而遄與閒矣

五月朔日長沙解纜，回橫風舟行不速，三千里為郡子灣，有鋪數十家，瓦

用石所繪於此，望見山矣，居人號爲筆床，皆嶽其玲瓏，其境特勝，隨處可見

武峤一行皆古庙，栗柱皆石为之。又二十里过静港，六十里至湘阴县泊舟。
天保里矣，登岸入城，探觅芳孙君，亡至玉笥山、汨罗江等访问者，盖百里间
江流曲折，且多支河，意即三十六湾也。
初二日风转，行速，二时许至土心港，入湖风加大，扬帆如飞，三时许即达岳阳。小
停片晌，即落下行，未暮即抵闸门外，行三百六十里，速达勒大船矣。入署，见杨
晴度世丈，自汉以来者，居阅馥园书，即以子刚假了菊还书，忘饱来得遗膳。
子照世保嘉世有滋，内之体，特求醇不得，而日生于险阻之际，此世中有天焉。
初三日谢李缓珠，谢晴度丈。
初四日藕老过视晴度丈，取楼书画，谢栗柚免兵，订定李缓珠了兄
星午生
端阳日接孙别四月廿二日书，荪东宝人各论事了，毋命速还，念荪东她归一视

解釋安謐之筆

初六日藝老過寓畫軸下午更同視陸士冊卷等物

初七日季綬孫進鹽局藉以安身還日天氣甚暖入夜小雨

初八日大雨至寓料理積件接王伯闓書屬轉告藝翁所託序樸須五月間上

市時送贈可以取美而價平 時尾代且施敢估

初九日寄盼廣生書扇 初十日羅署內子

十一日季綬孫來屬改信稿

十二日答伯闓書

十三日答韻園書說子剛假子藝翁以祇課一徒日僅片時約月送四金 鄭生來

日再加並西席無與寓了不與在寓諸君同日何潤

十四日贈錦扇三柄署錦帆肅忠錦璧之款鄭芳溪手

十五日季鳴字五孫家書附致蘭延函並季綬孫二識

十六日致叶芳居书附字与京市平足银两三之数

十七日致汪荻秋书

十八日晴度支书道交易成道世回津川去

十九书佩之扇画复后之扇粟柚冬来题款侍泉四帧

廿日为侍泉写徐幅画君款

廿一日临石谷平林小隐本

廿二日粟柚冬本

廿三日临石谷山高秋意本

廿四日接子文拜海初同年函

廿五六七日无甚可纪忽忽过之惭愧无谓

廿八日晚士琴来交裕侣松函菊生季琳同至蔗蒲李成轩新居

廿九日因口病口将从执先乞药

六月朔雨不病契素見

初二日為程仲源繪扇季妹畫來乞藥

初三日更為仲源畫扇君蔭洛彗星見於北方

初四日蔡子劉楊字雲到接韓園畫竹庵一幅蘭軒扇畫條幅閱後半月

有彗星見於東北議夕約看丑時起視果然不識是何讖兆張蓉舫為藝

先殖畫盈到趙與諸君子同觀項聖謨孔彰水墨花卉六冊汪松泉字陳景

生聯汪佩洋白描人物鄭板橋李復堂合作蒼石松泉景生兩物可取也

初五日程資生持其自藏水墨山水卷託售屬某也

初六日為資生畫直幅摺箑寫高閣待友凌庭午長橋水榭或晴杠

許衣為陸鳳吉亦作此京背後湯貞愍墨蘭夜視舊星前得有兩者

歎其不確

初七日為沈士澄畫扇寫黃山谷水墨烟光上下寒意樵鷗鳥隱現叢迷年

来颇作江湖梦对此身犹在旅愁背来杨字云田岳阳

初八日覆龚沫菊生沈士燮季琛琳程仲源

初九日覆王子珠函

初十日上雨之书

十一日致石仲化卿书附去季洛季绶函苍衲倍松书

十二日寄朱字六骈书苍翁园函附苍竹庵一简竹庵射诃锡山招饮

癖深矣于刘未画家见梁汾先生弹指词先生名贞观为八世族祖

十三日于刘闲陂藕老量泾小宗画迹临溪艇家窑小清地旷沿埠茅屋数家

树阴浓绿迎望客墙一簇映帘斜阳到晚月色溯的凉风拂拂酒罢同席

外史乐者星有云亚作清歌间以丝竹纳凉之雅致

十四日熟堂老画上丹霞题萍钱为吏来绘扇

四日為郭玉泉臣繪扇柚冬賢託者接五月初五十二日兩別書銀花子粉一
包托到程介堂家人蔡福弟出者在鄂垣雇便他物待日又接子年
書託寄銀大約之數俟從母書來述蘭卿孫君晚一日完娶庽稱貸數十金
子女姊書附來陸太宜人事略屬為小傳
十六日書郭玉泉臣兩扇
十七日昨龔老服府抄品中癭瓢子兩冊又亡名氏一冊皆索之取寄物以簡
寄還滕者李從妹來
十八日為子年寫銀如意作函答之附寄字七弟家書答玉卿一函有畫附寄一條
託贈花盆錢一貫以為寄資託程小雲弟寄
十九日為雨原送空函書云集之百首畢並為作畫仿癭瓢子
二十日接趙霞城之弟士鈊漢口書及滬局書屬覓漢垣碑墨一席並及灃

川赴滬乃叔处將登場矣

廿日東來小病季梓屬題聊齋志異爲題五葉

廿一日爲東來畫小幅仿歸村老樵水墨

廿二日鄒芳洲回接照之四月廿四書新茶二瓶屬分贈介臣東來各二各仲四

月廿五日東來帶來新茶六斤又介堂託購十斤單開雨前眉針二斤ゝ一千三百

廿雨前銀針二斤ゝ一千一百廿雨前雀舌二斤ゝ六百四十雨前小蘭四斤ゝ四百八十

共四千二百九十四文核錢八千三百七十五付洋六元ゝ作一千三百

廿四日晴戴文節二扇面筆墨不甚佳自寫

廿五日藏老臨宣德往細觀先將居家費畫直幅理歸一幅甚

廿六日仍爲藏老捨照畫軸並記錄東來病略有加爲照料醫藥

廿七日晴吳研雲寓林處細本爲嫌棄ゝ老四作

芳寄堂传四制伏姜法：用姜十斤，黄芪、甘草、车前子、青盐各四两。先将姜切片，伏日晒乾，将黄芪煎汁制姜，复晒，継以甘草，再以车前子、青盐次第如制。研末，磁瓶密之。专治寒疾、咳嗽、腹痛诸证。症几老得于

理挂屏、横披、楹帖之出於名手者，都为一箧，遂签署十余日。是晚墨云作雨，风響之，枕簟生凉矣。

晦日。仍觉凉爽，得聚阵雨。为蘧老跋记手卷、册页、便面。下午觉胃口腹寒，吐出清水数口。傍晚又吐，急饮四制姜汤，不久而止。

七月朔。虔来，吾寿终今旦，近修辅重经，属为疏语。是日病体颇减，岂信佛者果得佛力耶。晚戴氏婿士雨册。

初二日，再临吴研云寒林远岫卷，为锦堂作。

初三日，署款程塔之仿北苑夏山过雨，王迺堂仿米元晖溪山钓隐，皆纨扇，并为

临跋梅花诗卷书于右面，直跋物也。李株(?)来

初四日为杨蓉裳如君赠(?)木于李阳戴(?)村大用十一页碣，十五日寄(?)

初五日临石谷册五叶，王润东女史物，因索还也

初六日复看为杨赠(?)木盖用曼殊(?)斋印，跋万先之书，何询(?)学来

初七日答徵之、石仲、纪卿函，近数日酷暑

初八日得大风雨，天气稍凉。跋刘絅卿书，去取十张，如愿(?)收者，故云城(?)

文书于泽口习(?)渡局，接宁(?)子平大衍(?)旧(?)录(?)，系六月廿三日交锺(?)昌祥局

初九日跋徐(?)则(?)寒(?)字八幅，书交张润生船回扬。蓉裳如君寿榜十一页，大字二页

蓝(?)白石布衣文并画一幅(?)，跋薛(?)诚伯画鹰(?)，第先馆子(?)吏(?)来，传下程(?)涟(?)

瘦(?)浣方：蛇床子、茯苓皮、甘草节、贡柏、川连、金银花、大枫子（打碎），各等分

煎汤洗之

初十日致菊延老表函為寫壽楊條幅三十千覆第九答吳伯濤函得寄餘
惜庵歸擇二十元了卻前緣上龍閣字之五國拜尉子蕭先之不敢教晦翁山圖
中韵之一為開高以大宗文子為之楊字重來
十一日致拜別墨字九號家書四号庫貨成數為東海答勵海函附之高山搬品對子
平書四号三十四至諸菊泉吐講一六四四号二十四至乾脩六月為止附白子平將送指
交高紀常回楊慕梳為君壽樁約暨十五幅屬拜劉程所刻後提歸在伴代
付前堂蓀價七千官
十二日偕照東鄉下午以月望之期交高紀常物子以多件交常
十三日立秋行秋祀禮天氣踏暑下午大風小雨
十四日修補小盒
中元節偕劉夫同何潤菁病
十六日為痊瀏記
十七日為李拜校正聊齋志異四卷

十八日為陸鳳占寫野橋村路獨歸寫了畫為佛東林題詩二

十九日為陳菊生作畫仿麓飄子二

廿日為人作繪草草兩紙

廿一日閱本閣先署卷及省城北陸衙之旅此地之廟及上下卡卷季琛來

廿二日閱本閣歷任案卷隨手摘錄備採

廿三日仍閱本閣卷摘錄數筆

廿四日鄭仲明自粵東來言羅國南自稱其子賢德欲為中表

廿五日孫少山來訪溪陽閣卷之外芳浙回接妹函六月廿日書紀卿　月　日書

附來新甬撫聯壬年七月初八日國書孫從彥書屬彭泉蕭垣新屋為補函

陳物墨賓之畫

廿六日居叔孫少山即往下午放舟湘時過楊家嶼至夜內河狹小一路橋多之

夕到程覺頗熱

廿日清晨抵逐古驿陡至此九十里天晴早行是行也以山路为须自备肩舆与马一舆哉

之旅三时许始到雨横为历行至一章雨龙地借以之以尽程断横存世家饭店

行二十里至弥合之城大路为比海道易维小舟始行二十余里抵省城南门外时已昏

夜入署谒贵子立刺史广焯晤至弟子勤及友何子枕及同校诸君毕徒高刺史

大孙唐瑞卿照斋郁蔭峡照斋凤林周采扬高肖南周伯子即晚同一席饮

廿七日陆读录以山一函与竹堂一函交欧护姜帝臣是日岁试题子曰仁者先难而后获也诗

曰先之也谓须益言必称先王诗秋色从西来得秋字未免泛泛取好之之须进呈

桂也诗同应试者三千五百名

廿九日覆奏五百八十本秋日看卷毕一枝阅深夜之下阅百五十卷可者甚

晦日看卷风衰绪略觉清爽阅二百卷可者冯庆扬至沈江栖云陈林之村

嶰山其次刘华海

闰月朔子立刺史照来看卷与风又大热阅二百二十卷可者陈国桢邢鹏阑至沈彭袁

新取之者校畢佳作寥寥也

初二日畢經古課校各卷皆定甲乙不能盡同也

初三日出案招覆一千七百五十名子立劉生為諸生冠是日大熱

初四日天稍涼為馮左生登書扇蔣若子立招飲

初五日高自南邀飯書記李雪舫（湘蕙）獨有所聚二本吳江人而籍於鄂者若流

王子勤柯子林子勤亦來一談天亦涼可御單衣是日初覆題君子未有不服也

經涼風至白露降詩閏餘成歲

初六日天氣稍涼交卷二百四十本校閱二百卷佳作劉燮齊覃嶼山條不見

往稍可者閱信西招覆題後

閏七夕閱卷畢畢經古定劉燮齊為第一

初八日為李妹照題聊寫之

初九日二覆題孟子對曰是謀杜月生夜涼賦陸羽茶經詩杜鐵蓋前蒲劍

菊秋上浣
初十日复吴子年日校毕前列吴谦由统写手校数吴中稍可者李
佩兰王经而已
十一日三霞题者者僅也阅诸吴子自至僅之之是也讨厚泉尺许
十二日复吴三千诗余列者均不见佳
十三日出署办行至城隍庙晤朱蕴庵大令与无锡李宝善者为言南作小
幅一纸以两诗易来霞复起潘五即日阅毕复子
十四日曾子立谭留小饮李云舫顾聚三来闲话
署起程言旋下午至连日买棹乘风三鼓至郭隐
十六日入园接仲苏妹七月十二日山东省城将军庙衙之写书言听说在官之忘
味菊宗妹则地藏生日书言静山连居回周字曰中秋节在署曰宜缓递生完矣季

旋作古，有子不克見聞，良可惜也。

十七日發晉臣書，備以紈扇，李玉田綠部書，備以蔬筍、嶺茗，託蔣書手之

弟敦孝往兵馬司中衛，託周伯孚一函，並速去敦子六百枚，寀柚兄來

十八日寄第十號家書，託黃湘函贊子立刺史來，談兄某育置周樹楷延

日天氣大熱，席中大小咸叩，接德兄七月九日書，李漫琳來

十九日答拜贊子立，順道答諸青菊一簡

廿日答寀柚兄、李漫琳，並答桐城姚通甫、賠福、陳鍾甫為府

服三紈扇

廿一日為李雲昉繪小幅，周少雲席郭垣，紅牆巷白蘭王而兄即函告服三

廿二日李制軍出巡道此，接蓋臣閏月朔答函，並習字十三名，柳寶語已補拔次

而傳雖預知所屬，年親三代及進學、拔貢、科分、名次、題目、學政姓名，亦詳無略

接石仲紀卿閏月朔書爲孫屠之育嬰立頭之議屬作猶白雪高國子文跋

十日十五日書屬轉向茂卿行止

廿二日蘭蓀黃子立刺史

廿四日天驟涼風雨交作聞王家堡渡船傾覆同舟二十五人得救者四人而已爲兼之貽書子立商造渡船以便利涉

廿五日晨起畏寒旋覺微熱至午未解旋有嘔胃即回房泄瀉兼惡寒外蓋二被不雨時大熱至晚未解睡後之神思昏聵不思飲食

廿六日熱勢似解意甚倦怠略進糜粥睡半日許下午始能起坐

廿七日起覺無病但力乏而已晚間陡腹痛睡不獲安

廿八日腹痛未已延石屋診視以爲肝氣進藥後至晚痛愈甚通之嘔逆一夜未曾少安

廿九日痛不少減嘔吐未已略進湯糜以及藥水無不吐出幾之黑酸涎吐時候問貴人有膽氣石屋來診仍用平肝胃之劑而不見少效子剛文聞亦殺藥品接之無用更來用白虎承氣湯

當未即服，所患日間尚輕，至夜更重，腹痛如刺，候間亦痛如劇，藥只投以太乙神鍼薰灸

亦費無效，神情昏憒，痛勢較重，未欲不治，未能片刻安臥

八月朔，早間服承氣湯，諸痛未解，不得已招本地醫生朱友蘭診視，道蘊翁更只未視以為

所開五仁湯方可用，並已服一劑，當晚痛未見減，大便五日不通，小便亦濇

初二日，仍招朱友蘭，方仿前法並攻積滯，晚間大便得通，腹痛略輕

初三日，大便兩三次，小便仍濇，略進薄粥，不能下咽，友蘭治法仍用利氣和中

初四日，病勢漸解，氣未得平，是日口吐白涎，胃脘時痛，友蘭照前法酌改服之

初五日，兩日來大便日必數次，小便赤短，飲食少進，晚間不能安睡，友蘭仍以分利水道和中

開胃

初六日，病狀如前，服前方，未邀朱生診視

初七日，友蘭以便泄未已，用五苓散加減

初八日，病又見輕，晚可以睡

初九日，友蘭進以溫劑，以為元陽不足，所以並益火並理土化氣

初十日高紀回接祥則閏月兩書並弟先函已能錯曉嵐釵蕙之信徐玉卿六月寄書是日進（初六茁發）

飯少許前日來頭肺痠倦蓋逆氣略平僅愈用是見矣

十一

十二日用前方未見可否

十三日招友蘭來勉出房門就診以少腹仍痛胃脘延多下迫實火擾肝理土之中兼用

補火生土是日微覺寒熱而少腹將覺不舒

十四日小便又滴時見大便而下但覺微微眩之有冀

中秋兩惡日未止下午又微寒熱飲食始進大小便亦如前日

十六日肛門時刻漏水小便不通須大便時方與齊下日必兩三次少腹高滿微痛稍又有瘕結

友蘭診以為友蘭涅劑誤之法宜平肝清解診時適在微寒熱之後謂內有實熱藥

有涼品是日飲粥亦無多而晚間猝又嘔吐肛門漏水加多下時覺熱

十七日病狀如昨早間又吐一次胃口大敗友蘭進疏胃利水之品晚間漏水止而患腹瀉

十八日服前方腹瀉數次小便略分

十九日腹瀉微止小便已通友蘭方藥用六君子湯加減

廿三廿四日均服前方病得衛生胃口漸開陰雨十日靜以自養而已

廿六日天氣放晴寒往暖至下午勉上閣一刻熊君星吏來診脈均以為已無病患但虛弱而已君星示方仍六君子湯加減

廿七日在府安養閱星甫病愈來箋

廿九日書第十一號錫書

三十日書寄石仲紀卿書接姊初八月十二日函附來吳伯濤篠帆庭函

孫子平閱日抄四書

九月朔蒿叟來錢新甫檀板清歌為奏而能興趣甚暢曾惟酒為不諳

一被為可愧也

初二日為何聖綬扶四片

初三日蘇星齋來錢新甫作清客偕平廣季良伍鄰來絃歌之聲

益暢清聽庭書蓉子平書有銀五十七兩三錢六分子未九月分備金花

内致翁泉一纸，有银十六两，八月分乾脩為止，均待锡便寄至苍龍

園一函

初四日　附作家書，寄舜年二十四兩，王烟客山水一冊，寄還萬先，王仲瞿烟霞

萬古樓集

初五日　附致石仲函，帶去八月十二日錫書，加注備閱。季復孫託將寄家書

溪年四五將各物統交陶清泉門政帶錫，並來兵季良回里

初六日　偕子剛丈上街，龐雉仲源、劉福田不值

初七日　静芬畫菊六盆

初八日　石星畫菊四盆

重陽　接石仲八月廿三日書，下寄橋丈家信，化龍巷王剛子仲丹侍云孫康

申四月初四日在城陷，郡預畫跋並自經以殉，附來萬設交丈書

初十日　閱積存申報，致王蓋臣書，附去詳細履歷

十日 苕侯從母書

十一日 上母箋議為五妹立嗣後立肖泉田弟以村大字十二弟錫書往廣季

二良書季妹字來有小恙

十三日 買園看買菊花至望日上燈後始得楚楚楊字雲來

十六日 仍於買園隨本條菊

十七日 問季妹疾知已痊可順寄粟柚與周星甫陳菊生

十八日 買園看酒聽人看菊近日天氣暖甚至晚黑雲密布微雨隨之

十九日 大風雨

二十日 風雨未止

二十一日 雨止未半接九月初二日錫書有侯從母索廿年前祖父百滸之說

附來子正七月書

廿二日 晴

廿三日蕺兄暨汪為菊会邀姚雲鶴家季後孫因作絲竹清歌之樂

廿四日壽田暨陳晉川自省來孫菊泉之子調卿名大廷者來

廿五日壽田將晚飯蕺兄邀陳晉川調卿

廿六日同人假榜巷為菊会

廿七至三十日連宵風雨從子剛來拍曲

十月朔晴侯太君生諱作半日醵庆

初二日拜張太君生接孫列九月初六日書附仰之函並便面識伯因函詩菊泉函

初三日作菊花第三会書二十二號家書楊子函來名文海

初四日接九月十六廿三日家書二紙桂穎孫識伯希來續致孫列書十三號書二致石仲

函菊花第四会因子去未獲上闕

初五日致淑兄書

初六日答壽閣甫書徐洛彥書

初七日致丁伯卿二尹函附去趙補梧石仲季卿九月十八日書二附去一紙

初八日致劉翊卿函取前款

初九日菊花第五会藝老作主人全墨

初十日十一日陰雨不歸從劉老拍曲

十二日菊花第六会為置一看名蝴蝶会季妹來此雨不能歸宿其同榻寓

蘇周家擬予

十三日陰寒無聊從劉老拍曲

十四日偕前雲之母太夫人病危趨問之際即刻仙逝為照料竟日

十五日因痰多不獲上園

十六十七十八十九等日陰雨不出不覺一事有愧居諸矣

二十日雨中為前雲題回商置各予

二十一日二十二日小雨天寒

二十三日晚间孙儀要文肖送子下午即归戴商外症

二十四日儀太君回收午间毕了

二十五日珍儀成殓

二十六日闻王君星太夫人病刻随张往问

二十七日同星诸君公祭儀太君在寓料理晚间王君星丁内艰即刻驰唁

二十八日夜刻送王太夫人入殓

二十九日清泉自省回

十月朔孙珮卿来

冬至藤北月锡出佛儀借来随罗顺喜

初二日栻弟刻十月三日生母氏病未即愈字寄来药方

初四日藝之属画壹幅与栻玉卿壹幅白银五斗一

初五初六日为人作挽联

初七日永年自锡来

初八日程星寄商作函

初九日阅藤北洞卿先人不言而题文鸳鸿月路半先人书识帖

初十日接王盖臣十一月初书知前物寄到唐闲女三代

十一日接李海萍书名贤修前陪之子求谋津门粮假

十二日接蒋宝卿书唐馆鄂刻　杜注左传　读史论略二十四史宝训二函图楼

识帖之阅藤北等君（昔者德）宝玉墨迹影文一块杜灯底读书识帖

十三日接存仰十一月十八日书寄五混套现又广东一纸鸿足一函

十四日书寄钟锡函行聖发文章市

月书到道侯母娘为王德老寄钱五十蒋臣寄宁女三代

十五日接宝卿书府云书志本德芳叔玉鄂馆因王德老书文

十七日接钱蔚家一纸孙玉卿一函赐以莲二寄秀子来函有契据一纸

號附家書，又致寶寧庚寶一枚、蓮一桶、銅瓶二、吳煙罐、竈碟

十八日答李海華函。前數日風雨微雪，是日放晴，藕藝將行為風所阻

下午田畏寒，往介堂處送行，歸寓後寒甚，尤苦腹不能安寐，即設晚間雜

兩爐熱，臍晚始已

十九日詣閩送藕藝之行，上船已夜半，是日所有寒熱，請子剛來視之，安寐即

發，是日並送承年歸

二十日至二十七日，我在閩我回寓，下午至晚日日微有寒熱，往來至是日止

止中間曾一詣石君診視

二十八日接緝伯姊暨眉生書，附來致昌過竹坪及蓋翁伊蔭蘇子文諸姊氏函

二十九日上叔父書

三十日致石仲書，答以五從侄挾腳君過於里門覓見之

十月朔 丁雯甫太守来 罗田匡仰山名宗岱者来

初二日 答视丁雯甫 荐何瑞芸馆子西许 蝉联并为蘭崖之威程否岩

卷匠修者役顷未之果定 於累栅东马遣逻便 我季株一谈

初三日 料理笔函发出其字

初四日 芳湖自省回 与谈匡仰山馆子

初五日

初六日

初七日 阅顾禾手图是二句 课作高节谏垣实识帖

初八日 书寄子蘧老函

初九日 卯王太恭人之丧 嘱匡仰山赐毕 借仁行之 芳湖受馆子若王仰之

函原禀巡捕词图内稿便宽足等

初十日 上母氏安禀 致殊别十五弟书 寓柳泉函 寄自由仰山带去纪第

十一日因人置酒消寒
十二日閲課作獅人頭陀一節文意甚說請獅人頭陀討左侯孔輪舟過此來傳未見客
十三日閲筆直錯諸杜能使杜者直課作竹下寒聲非說流討早間澤中經由輪
舟趨常過此連日雨雪天氣嚴寒
十四日交冬日大雪未已上閣內尹呈閲定者書不接蕭紀書述所閲精罟待議
望日雪未止接錫刑員新書從之在第十一日十二日書
十六日立春節左相十六日委張少穆因馬濤中來函提六年閏七年各月正根票結蓋
聽儲嘗多文出談氣甚老過生以前了附錄札撤中霞文是日雪寒
十七日晴送王來辰出殯字甫來
十八日閲文霞望不過
十九日有恒來書語静農不肯拿筆同行備晚放舟交冬夕未泊
二十日舟行交日復乎抵鄂小錢兄霖士三更人
二十一日次鄂城外午間與兄人蕭出城回舟與閲所了

二十二日撤回來果日有筆墨之事

二十三日自鄂回舟這日風雪或無音如獄悶況

二十四日天氣放晴歲事多未近諸不得手

除夕毋之度歲

壬午元旦陰，禮天謁祖後入園拜年，出訪各處循例一走

初二日出訪積餘夫子、剛主、卯庵、岳陽之、趙適園、王霖士、子函、論等諸君

初三日藏三閒談，午日孝株來

初四日未獲上園，在家勾稽各帳

初五日午後過同江漢閣，晚間隴西長君函，錄天語

初六日寫墨之，搜竟日，致介堂一函，搜株列，晚月十五日書

初七日書法字第一號，排列書之，據石伊曉寄書，三弟男春信，后二之日

廣興字示趙下伴舟函，積藏北閣，假晚間藝之碑與歌

初八日同人之德霖之友，搜弟信，年前十二月書，字遠寄貞卓

初九日搜孫東書，請字閒話竟日，搭之以燭，致徐先函

初十日為藕老搭理書，查搜介堂小除夕書

十一日致石伊函，新得一子，命曰廣興

十二三日有約，為風雨所阻，極有惜哉

十四日自新堤放舟窮日夜行無可聊理曲而已

元宵傍晚抵鄂舟次茂漢之岸

十六日在舟兀坐靜聽消息

十七日發排列往字二號函介重一束附閩西專使而去

十八日以來舟托以日午簡函交乾條

十九日發洪字三號函附七弟先篤青定之件托閩西助我俗兄來問話之時

二十日渡江至漢皋晤張鵠舫夜上江請輪船溧陽朱硯孫太守晤此俗兄同

行晤南潯朱晦亭兄張鳳池乞歸晚在試

二十一日在舟午無可為與人閑話而已

二十二日下午抵金陵下輪入城寓承恩寺半雲庵

二十三日謁見諸節署未見旋有發閩之信

二十四日偕俗兄閑步玉貴院前雜貨頗有舊物居內而歸可笑而閑

二十五日粟柚無來

二十六日龍粟柏先来晤過諸壁

二十七日至肯甫家同觀二吾亭畫

二十八日同人訪相庵因到隨園舊址一覩刑過土阜荒烟間躊望那深而已

二十九日接維到十四日書即答程字三號書字便寄弟達閩子初往蕭看符問閒

官樣文章聊掃外觀

二月朔致李子梅函託粟柏先生

初二日閱子真詞来日清林之梅溪兒年卅書

初三日硯翁同上街閒步寧帖秋和尚

初四日閱子三硯庵問大諄已安而檀甫靜山不悼煩乃言可見矣

初五日同人往得月臺落款晚間見太沖手筆

初六日閱子又向以書服白蓋筆也惜子不為之云蓋

初七日開舟自濠江来閩子上午篇字自也請來

初八日同人往過滬園小飲飯後閒步而回接孫子華函知過以日報奏子寧原來

初九日送硯孫峰秀回鄂

初十日接張特秋回書

十一日同人散步出西城門至莫愁湖上小憩，有聯云：湖本無愁，數六朝迭起英雄，不及佳人獨步；棋何能勝，爲北宋誤投一子，致成此局全輸。彭雪琴宮保聯云：王者五百年，湖山具有英雄氣；春光二三月，鶯花全是美人魂。劉省三云：登殘此重來，月風依然，遍桂字打夜迷粲黃今同一局；湖山真是國手，能生劫收棋。

薛慰農云：局殘棋枯，英雄安在，有客登樓憑眺，御案星逢，綠歷當年常休；勸君山溫膩，風月依然，歌人新粲傳遞，傳小行形行，翻西齋畢集府，屋内云：羽尋六代舊巢蕪，綠浮蹤一水一灣，城闕全消王者氣，湖山專屬美人家。道：墨浪匯（樓倒樓）畫新樹雲煤晚，曾苑家好春光，引向窗前桐話到夕陽斜。

十二日莫孫子年函

十三日寄回特別往字回鄉書，附傅勇書

十四日雨，為周舟之子刻壽域味雲四字

十五日有人持閱大滌子畫，佳品也，而結構殊可，條節今早四精

十六日樵伯閱畫，直睨朱陳戴禹卿手蹟條幅照淮鶴園畫，述南人圖松首

李鑑之大令出陳繪之蘇趙靜菴因於四月壺茶語

十七日蒼鶴園畫，匹技頗殊藏

十八日蒼伯閱畫

十九日程郁日樓觀吳玉樓尾局，觀其三作雨子畫，放縱雷電，觀所至殊異

柳叢邀觀吳兒太沖批詞閱畫子，仍未得了

二十日晚忘太沖於直畫了氣格常守家蜀（查）派信男瞭訪取畫之彥穗忘取

買曾竟園以前不足為真，是夕致祝吏來書，請作銘初

廿一日書後寄石弟畫來，即費字

廿二日太沖於木庄以棋之局益撥祝課，以後寓有穀田不忘，以木從笺下達，而下游多西木宗

廿三日送周舟回溧陽，頗於耗精郭局所刊舊五代史

廿二日雨中無事仿潭谿刻東坡詩不知人間何處有此境一句

廿三日介堂寫梅素樓詩卷別正月杪詩林起書是月廿日一函並筆十枝附來

楊仁山弟畫董巨致廣岩泉書樓候從母畫孫海聲畫

廿四日蒼海聲畫樓湘哥望日從仲弟先為畫寺之巷寄來為內閣西槀子

廿五日承理煙槀者圖於子雨於枝言多費筆墨殊煩人也

廿六日續致湘哥石弟畫由来紀帝云

廿七日偕霖介二君雅集甲子局清子久

晦日爲介堂繪扇寫輞川翁春晴山泉入鏡中詩意

三月朔爲冠清繪莫愁湖大言便面從蕉霖諸君看會於李氏試館

就同濟茶室小坐

初三日爲霖兄作篆初白班圖便面題云蘇米二奇韻出濟腥塵視軒蓋

擁閱注義經圖于寒者勝日約携至二股往來於九嶷間因遇叟看日此之
可言者輙往特流連有餘第清庵之言蓋於易得高者占也比因道白門
謂畢良年畢名仙人嶋下得泉源鑿兩閑之一泓心眼澄之而謁拾天府
濯貺道根者手卷蒙知即易學也屬爲圖不[illegible]忘有書至
初三日錦紀來接字雲函並巳千伯聞函
初四日宋搢生來落於同素園知合肥太君登仙
初五日為蕉老作雨景云城闕全銷王者氣雅山寺屬美人家壬午春日
題莫愁湖得此二句因寫大意并書於冊第蒙贈遠第五山水四幀
高紀日新遐來得閱大略
初六日答字雲函致君星蘭壹書季妹書白林起一函
初七日致子平一函

初八日為芳洲書扇，為亨甡和尚作扇，贈惲莊毅觀察。

初九日為宋搢生繪扇，題云：查梅壑仿趙承旨水村圖，大有蕭疎清曠之致。

初十日為味雲世兄寫江南無限瀟湘意，只是漁舟占得多詩意。

十一日午刻偕雍史理裝，出水西門，至下關，輪船已至，暫寓於太古洋棚旁有茶寮草廬，幽靜，因於是卯飲焉。

十二日候輪江畔，同步小飲而已。

十三日午刻上北京輪船，晤孫子仁即蓮舫、常熟吳仲南知三、吳石仲同寓，江陰趙友梅同保蕃和潤布店在北郭。是夕丑刻至靖江八圩港，下輪，洋棚亦無容，登江船宿。子夜已過半，月明星稀，杏猶耐饑談德，而比醒已渡江，日高三竿矣。

十四日偕趙友梅至保蕃和小坐，旋入城至南門外，訪祝受之太守，留之飯，下午旋舟棄夜月明，至黃橋已丑刻，不獲入城，望九龍山燈火如龍，無因潮鼻，知是日為老人進香，故徹夜人不絕也，而不道所云，翌晨入蘇矣。

十五日訪百歲坊新居拜母手腕屈伸不便時作酸痛熱而微腫血不養絡溼火在上之
象韋曬辰來大滅也下午拜母族吉九秋三叟又一行歸侍母話接擊伯姊函有笑母之歲
揚仁山函託為之尋曉旗檀賞之觀林蔗海秉卿之翔同年
十六日雨不獲出錢性生來知卯青山左之行少卿姊來陽羽二千條年矣致鶴笙告之
宏農遇子蔗蘇來浩農入見太親母賞壽之氣畢現聲色間
十七日蔗菊偕來弟下午蔗偕菊卿杜子臣兄弟劉契小酉兄年見女歌行峰壽慧善
弟先歸程杉桂雨賀靈
十八日上吉地掃墓便道弟先入歸華猿歸過惠山謁宗祠睇華京方孫伊聲屋託寬
湖中度眼鏡舍四睹秦學臣孫玉卿駱志來海宗子見伯陶姊索繪扇蔗朱至番
學渡為狀壽題芳此後里居為直
十九日陵尚寄石菊函蔗章古謝為母氏沉病蔗秋苑丈告睹尺附生行九謂劉子預舅
祖新居棄燈

廿日晨策徑一行 下午為雨所阻不獲出 發周舟函 寄去味雲扇

廿一日託海和寫扇 下午楊保滋來辭行 陸杜子臣託孫蔭庭交到薦 母病未瘳 不能多侍 晨又為宏遠書 子有書來招 甥甥叩龍發招何極 是晚子刻上舟 移出吳外

廿二日黎明放舟 申刻達蘇城旅社東來交以楊濱石師答李君梅先生一紙 酉刻將江至八圩港 太古洋棚書一紙 寄妹別

廿三日巳刻附上海輪船 夜半至下關 宿於洋棚

廿四日清晨棹入城 蘊翁已移居 百氏以樹經諳 子為告里子之 為言甯子

廿五日寄任寓師弟別書 字日絕弟 錫閱鍾山氣霽

廿六日寄蕭先生書 並鴻莊道廂詩又遲郵遞 便寄林起一紙 下午浴於同棠園 頓開身心為之一快 接楊子函書

廿七日發石星蘭臺函 晤楊少雲大令

廿八日接周舟答函 言將往金壇道考

廿九日寄若子函書，送於士龍函物往西城五龍橋

晦日靴字雲自節江來為言周子接林起棠并買物單朱提而去之

數下午日有食之食皆時天氣蒙暝

初二日若林契書送何豐赴楚借字雲出城重遊莫愁湖

初三日青溪上閱步登錦氏水榭

初四日搖生來繪扇城內有東嶽會往淮清橋一觀

初五日芳溪來繪扇邵海嶠素摺蘭舫一紙託補史冊扶頁晚又秦

淮燈舫聽歌

初六日同海嶠至中市書局

初七日泛棹畫舫取招寄藝詢適不求甚解之意也為繪扇

初八日近淮園茶室看張左二家屋

初九日為海嶠書畫便面孫可仁來

初十日 同涤侯出近下游 为伯涵妹绘扇 游潜楼

十一日 为揆生绘扇 书法上方窗旅 路于仁不值

十二日 致妹别在宇 又归函寄李氏 音铨 伯涵妹扇 林起赠物单 致

薛子刚函 索楚游卷草

十三日 过海峤揆生 田里 夜月甚明 散步淮西

十四日 为铣侯画纨扇

望日 藐老销病 谕为书各件 竹壶来书 述新迁了为之间拨

十六日 方竹蕃来为字 云兄绘扇 钱铣侯约同谈片时 亦无可奈何之境也

十七日 藐老以前归 再函述借润 接妹别初十日书 母疾又稍加病嗽

十八日 竹壶来书 述文园不惜之雅 将鸡鹅一枝须当重借 而一椽书堂印

画议出不能画耶之恐 又往树解 浩叹而已 荒路赴鸠 兹晚为致耗

十九日 桑月间行石 桃花依旧之意 荷舫来书 述浙江布李大君之丧 已于[illegible]日抵

道此 及是后海舣来入城也

二十日爲芳溪書畫紈扇，長白於宏量處，孟滋有來談，再偶對之
二十一日爲方本蕃書畫摺疊，東北風起，雨亦隨之，先是李近生道同看庭
二十二日風雨，無生無聊，跋書方本蕃，因李士和涉閩中來也
二十三日 數日淮壖，跋墳橋戲作小畫兩紙，竟不入目
二十四日 爲李雲作橫幅
二十五日 葛舫來，張侏和年壽山，偕至晚，張宴求樹
廿六日 游逸園主人竹莊，且無事在此，與翁字首太守
廿七日 鄭生到，詢以新撰近事，若不能答
廿八日 樓畫臣四月初二日書，及寄清秋衣，伴三月廿六日書，跋霖士一函字
識年三天晴氣暖暖，出杭外遊，舫往來一不寧，因以墳橋戲也
廿九日 寄姊制任字八號，書閔太沖回杭，藥局日尚未，疑似有結物，諒可無
卅日 寓之，綠蔭老康告別，即日理裝出城，到下関，乾莊棲山舟下榻

三十日天阴将雨手函派卿勇赍进城潜翁回书述淑[illegible]言流涕实底蕴予意

全谕者谓予望其复 下午雨入夜更大 轮船未到 霞潜翁书

五月初一日申刻雨中上北京轮船 同张小省袁介翁 张妹和钦象往芜湖 更须至贵池为禳[illegible]也

谈半日 商局紫[illegible]遂潜历四层一条 补扶以予以代请之 亥刻送之登岸

初二日竟日雨 展龙庄遗书 皆深于阅历之言也

初三日舟中书答姜[illegible]函 老[illegible]习不能自书 请之往销以便刻图书 致许之石再函

下午雨中抵汉口 寓赵姓恒丰栈 拟张万舫回马 知孙郛下榻于厅前 过汉江

不获晤 忽访侣松 得沙市泽兼指差 将上驶

初四日雨 闻江通午间展轮上驶 拟即乘之 不获 又为另书一纸上惮莊耘钦象

附去藏之老函及摘抄一纸 又作一纸致华锦堂并芳浦 为索一所讬物 又与安书

同往张兰舫之别墅 费穿全溃 一函并乞信由恒丰栈寄 午间上轮 鲍书

云逢军门之众 拥挤之甚 几无容足 所于实舱外得一深地容膝 逢之 晚始开

端節酉刻輪抵新堤，舂口無甚見，介壺為樺來，寄季株、季語、鍾來，為道別

滬情況，介壺得執侯謂庶得手了，渠與鄂月饋已停，每請讓商越許之多

湘漵浮鄂行霞大致與閩西所陳者無刺謬

初旨孫綬初子平竹林先在所，綬初之意頗自得，子實[illegible]不利於口，子平意似不平

渠以樸詢目表晚蘭臺來言，決不以文通為然

初旨君星來謂文通急欲離吳，鋪渠不為然，且以二三月漏銷萬五千金為日期

亞私不願大局不靜，滬來因及商賈不能肩者，與文通為難，因前指為無識

許翁頗江君詢以窯爐為何岸，答之及隆霞、商捐為律，謂已錄寄大致，無皆

白門所陳論及新銷，謂商賈意不足恃，鐘峰諸究以此知奩底抽薪之字出

無可圖，決及銀局之事，謂已議千條，為來看鄙子被此來謨，但及公館者須

借住某時，彼云本無須用看年不必搬移也，先生聞之人云綬初有語譚胜

須住可在企，細將議出，人云所業不在此，來便信邏，譚犯為新租屋而驗之

者爲譚計亦厚矣，豈知學之短者即譚也耶，不知計不能書之者藉藉矣。
晤便晉拜君至蘭臺，隨初十年因時清界靜茶者亦留至飯，均不及多
敘，往税銀局人不在，彼晚飭役來，不談之矣。
初八日旅粵細見晤談甯子，並及塩子、季珠，言螺山將澤子居已委姓石者
主之，子須由溫局分人，因得芳翁監釋以備分去，敘面談之。蒼旅季綬珠
來晤蒼旅季居、旅劉佛詮先生代述芳海意，詢之家兄，知樓船送歸之意。
揭典洋皆捨將房特付友轉到社勇之歉，請照此數特付。
初九日問明芳海所託門房水牌，皆面所記各勇借欠，已經截去之，可追查。
在甯之勇靜之季居，皆云五名零者上糧等局，照發之。
有家者家屬領去，惟杜春發一名上糧存於局，拖欠現存艇船者，所託
季居之子來到，此有書回告將家之家，惟弟要一年銀錢尚湊不出的，
以七月當撥月照加息也。

初十日柚岑佛谷来随初来芸阁不能立足者数席犹若农照拂为少居
款肩芗渊泾年即道之家雅与竹蕉兰台于廉庵
十一日为芗溪经肩季孙书扇芗萼蕉静芗子年若农知因满园银不发
无有触望嗟叹园之谚谓福浅果操不称是往兰台若农清泉谓有道心而
奇也羞勇人寿否上谷莽均同岩退之说可西戢文园诸命高贵二三月满园
此数理农已退之人可泥徐润不善亦福而福芗子迈冠诸务得二百四笔是适之
者亦人人情事之可慨矣雨后来
十二日为子刚书扇兰台随初子年静芗季霞推举至寓作饯大三为之
竟往若农清泉亦在座中而来到
十三日蕉张厚山年丈物及阁者所挪及汪年之款岂立人所宜代偿理会等
西催崇谓翙迟不见面阁西亦来否不宗谓阁西亦不应问此可非之而君亦正

頃了節，紀匡渊宜急索之，第一遣聽自嘆辭矣，厚老因之毛存心不容去催告

飯上房名借三百餘金，人有借而歸款者亦甚不乏，有心圖賴可恣，但不圖

討此款，幸如不足不問，無須息，昨銀局既已呈帳，則俟可請免，節取往年尾欠陶

歸應著歸款，除五分查認最近外，餘人自有著落，至節一身挪欠，與辭之

更閲之，有抵償不致無措，聽其勸且緩之，也須私債頭緒為之，第之不能棄

扯全以此，忘其宜告，銀飾絕毛抵押之，望夜間大雨時行

十四日 午間買舟而下，入武昌一視，棧舍風不順，而可行，下午停數時，至晚

放流而下，舟子多搭人，以曹雜可厭，又逢雨，望遣書悔，時常豈掃忘

望日 將暮，抵鄂垣，就華錦查，受下榻小房，自白門費青來寺人，意湛以

不得見為憾，即以窗子不能明，常煩問人也，夜又雨，天方涼

十七日 早間，閲雨不得入城，午間精雲移紹李入城，至橫街太興飾莲旅，即往

見朱韻園，並百川，旅候汪孝來兄，見鄭仲明卿閣老

十二日韡園復秀來出謁廣甫觀察託以私事談金陵事謂四刹欵歸屋改廣一
節高貫素似沈吟孙函知淮淮倚太沖接陳右甫著議奏且從緩俟蘭老
到再商兄條伯閎交直隸案契札七年十二月二十五日奉准加五品銜私事之一旁
託之拜子厚素皆來晤下午謁惲莘耘觀察託以私事因見柳叟卿接竹堂
望日子刻函寄四清叢初六稍寄書並附清河家書一紙致雨農函稿底
抽換再發竹堂已易之矣臘正兩月批回存竹堂處藝齋談及此間疏浚河事
本待年滿歸銷並已改議承正月完大之語先行丁告約雨農來者就商矣
夜韡老又到序庵
十三日韡園百川一行託以衛庵之子晤翼良卿馬蘭臺來談知乃翁貢梅一任
撫眾二千藏之不值晤竹子明鄉秋映鄒仲明同行間談片刻錫老來兒
白門讀有與事來悉何存寄住宗九號書
春又雨書校譖史記仲函芳溪函韡老示四月廿四日省垣事也或淮或川都逵

並無出之說須妥協辦理以收商民相安現著仍舊以鹽來船免致禁止左
派二些已停止赴鄂 方叔緩為繳初贈麈料來價八兩三錢自贈蒼扇花羅
一匹云四丈價錢十緡為季辣題卿寫志以解岑寂
二十日大雨竟日未少息託人覓唐卿無音又不獲出詢宏遠多問並薛生旅況云卿
書一紙投問義守戒而已 致子劉函還杭扇待由蔭北轉寄因廣書寄陳仙遠索來
閒談雨徹宵滴滴無聲也
二十一日雨止蔗伯閎訪蔣耘觀察亦無音信但聞痔下脫肛不能坐不見客蔗
伍壽階吳子厚丁幹臣陳少棠並晤馬洋卿蔗宅之趙秋漁同出至
迦葉道巖野雙柏廬以後街先受文看屋來函一亭一郎家蒼蔗實壁珍來
照將靜養廣廚面望菱林閣別仙閣紫花池
二十二日頁孫潛屋函以惲壽平先生遺翰查無聯朱蘭行壽以鄭仲薇
來蔗趙星叔朱鶴壽蘇滋廣來借看呈見閱看屋不得

廿二日早雨午陰需晴偕紀遨看屋至文昌門太平街張氏三楹三廈勉

可摘住姑定之下午渡江附江通輪船赴新隄知雨棠翁亦附舟而上

廿四日晤雨棠閒話知擢厘局商賈已撤稿入告托量實數前潛畢致原案布寶函之商人債許者指借詞也制府素嚴厚函某縢實有偏徇耶抑實有嫌嫌者也將晚至局前下輪

廿五日下午同冬重棹舟赴局晤雨棠翁亦以商賈疏稿商人據詞因論及疏說將發啟早有人趨入照料需費不資但有三筆而已晤后泉蘭生靜子德和子平五君略敘片刻江水盈盈風浪不小泊即艤舟而回適望有空船泊於隄下着人問之價昂即未就

廿八日催定一舟名鈎鈎子者寬大而人坐亦不舒價且昂即二十二緡也

廿九日檢收物件頗瑣三日於茲獨力無助嗟勞矣倦憊同冬重散步河干收日以

漲聽李邑因往之席一宙
昔子平來詢允文通重撰歷年權數係有之子蘭臺來述得潛叟書函
承康樊運行李下船燈下為李妹點聊齋志
昔日晚間來歸沙底料帳殘靜菜一桌附帳目一紙語之核結但得回字而已
承重省内德船到有因行之約運行李將完天氣濕熱檢料若苦人也
六月朔赴國務行至質園樹陰濃茂濃綠蔽天籬角牆根疏花已艷而
得所查點無之色豈傷人心入之室諸物已共空上琉璃者為人移去者地濕
潺潺苔蘚草碧雖果積陰浮着無甚蘊必可見是言豈無人罕至矣嗟嗟
乎余從潛老經營數年樹石花竹甚為宜而要非千人特眼即是落漠
境象可勝慨耶略書覽入與兩業作別因詣別蘭臺清泉臨別子平靜子
諸君並別摩山年來七年遊跡如夢境然而余經此遊矣

會館聯

龍光三錫 拜錫出自之命 瑞啟龍峰榜列春秋聯甲第

駿價千金 細金還存之壹 景從鳳閣班分內外勵宗恭

錫谷題襟 前賢接武 山川秀發當南斗 高館鍾情盛帝月明鏡室近

臺閣財聚振金論文 後文靈鍾共北辰 外字號 棻林春曉著此人香杏花事生 晦若先

君相不能造命 天地祇是因材 人唯自立 錫慈風傳我輩同敦桑梓誼

氣新果是人世 樹身心自並文泰春文何衆 鄧壯節 重奎日進形文蔚起棟梁材

許鎬菴少司馬 題聯 題惠宗祠聯

相業振三吳 肅侯世澤

威名昭西晉 開府家風

壬午六月朔自閩出登舟辭季妹話別勗以謹身慎言語粟柚未肯聽

辛眷登舟諸舊人來送惟靜甫未至

初二日早自新隄放舟風不順可行而已下午遇雨於海子口不停晚泊嘉魚峽

初三日風仍不順勉行至金口以上五里泊夜

初四日午刻抵鄂城下即移居文昌門太平街之府晤華錦堂兄悍荔耘

觀察有函來傳紀貴送來兄何事天氣甚熱新居甚逼狹甚煩人也

初五日捡理各物未能出門接石仲五月初八日書約回書寄院垣府照廳劉

公轉寄附來望云函即將交卸漢陽尉篆

初六日竟日雨不能出不獲

初七日旅孫伯閎候寓之萬百川朱稚園孫從孝皆未晤見鄭仲朋而已座

中兄淡堂董常棣華田觀察之子也偶遇余董同行至城南而別接妹

則五月望書一有頗代籌家計之説惡意可知彭季繩妹函附去董坪函却還

耗也詳告成服脩書之奉

初八日午後蔗介查丐撣緩又謁蔣耘觀象未晤病未痊也見鄭柴卿下潤生

惲毅梅探取之寄請息爲季妹點聊齋志

初九日天氣燥熱下午百川來介查亦至夜復雨

初十日雨晴天涼謁廣甫觀象未值拜寶甈珍二十年前曾一面也善後局

見伍春階杭秀升史越帝託書階及取之蔗侯綬甫鄭潤如錢小雲不值

夜爲季妹點聊齋志畢

十一日蔗介查晤綬甫閒話半日爲朱蘭軒書小幅

十二日寄段石仲函附去子平所託函

十三日朱鶴園來陰雨竟日縡孝函來邀飲未得赴約介查來

十四日寶甈珍劉史金彥錢小雲段基來介查移居王公祠往蔗之同赴

縡孝之約於天祿齋小飲同席朱鶴園孫書下潤生鄭柴卿

十三日答唐巳千王伯润书烦鹤老路君持石山房词借以绘扇

十四日今交大伏天气热矣不能出门为王仰之绘箑

十五日料理旧画略加润色雁白门书不到但阅京报臣中丞到宿迁植府李兰

生和国之托徐仁山忠谪请缓赖湘阴侯涛庐而已被了结束无时中情如灼

十八日北风天凉旧借王右丞集唐拳琐索摘之句之可入画者以备染翰着

暮雁行斋闲话至夕而散灯前凉爽率画二小纸

十九日冬斋来遂同山后一行雁宅之赔殷珍

二十日雁朱兰轩交暑遂小憩午后风凉率画三小纸

二十一日宁侄字十号书下午龢斋闲话

二十二日季妹至即理行物借浙江湖江二号船赴西门寄一纸托华锡查了又备

函托茂卿钱收吴仲彦达华耕植了在船晤白泉李仲海吴中英萸君

二十三日抵属长江见更之北润之被灾者不少抵舟解因风大少不敢行

廿四日在船接白下湯穆之書二紙致舛初託季琳攜交蒞生抵下関共季琳翁手是形叨力甚多也

廿五日黎星使入識潛叟移居石壩街見知淺淺為梅祖多而錦兄子北上未函招余而言之先至瑁是老氣庭宋之理所至讒抒嘆商讀許言在東國陷猜稱上亦恒交有旂諷書途之忘詩提書對贊未形別歐陽公居聞說賂征後于悉必私辯條罪孤向者以本人尝與未可妄加落辯隨後批飭自翁並留提查訊商行為節於是日旦求中有也因內之意也即為潛叟書寄鄂之寄件

廿六日發介室一函家書一函託芳洲帶鄂省送閩有蔣仲方郎中從藥來作詞停語至蒞貴記京務已遺勃為臣職務仍更有售單侵居鉅款須提封招標等事途寄撫台查辦而鍾峰為偏袒之也附便致石仲一紙

廿八日為落北閩友得四月廿日舛初書久閣在此果有便而不附寄函不肯人事也因為季琳家書告其太君病危狀被誤多矣

廿八日接鄂垣特字第八號判望日書 慈意為廷應試並不禁嚴督 病體已痊差
為快慰 附字第四號一紙
廿九日藝老因為蔭北閱文論及文字翻作遞禄之舉而余自餞其來豚湯庭也
閱歐陽四泉言 鍾阜高峰之下惡氣瘴氣已有閱知申禁止之令下頗遒之議
三十日閱平木言商買舊遷舟有轉棲於共掛帆將發之時冤盡悲惻之念出申平說 倫
太仲欲之法鰻更現象皆親閱之 蔭北笑人以時謂之宜二句文
七月朔發字第十二號特別書由驛附遞寄蔭北閱居然而行簡二句文
初二日孫可仁來為寄來了龕庄三公詩圖
初三日蒼龕可仁於業家樓來談
初四日閱背署行提衙商到某者因作贈趙德甫臺引教彬遣隨侍閱提也
初五日寄第鄂寄書閱蔭北也何以二節文
初六日接特別六月廿九日書 潛岌乃後書於鄂 請派差專看猶不獲已

七夕接芳洲初六日書，為延北闈之取貢附白一節題下可仁來託代買因
得閒李中丞將出，姐在逸命為寫扇子也，附便寄鄭書
初八日閱王蘇齋、柳竹莊、石沁田、左子儀先後登白簡
初九日楊潤生、杜少雲來，延年為安定書院一席
初十日為延北闈內有不疲二句題下
十一日為蘭卿繪扇，寫古蘋新詞以寄家四句詩意
十二日分兄書鄭來，接東海家書，並衣物，接字雲書，附來子涵、仁山函，衣張
孫鄂瞻廿年不值，閱鄭有和覽把出之疏，批旨著照議該部知道
十三日衣張補函為陳標角，接淑足衣弟函並物件
十四日因舟自溧陽來，下午與分兄散步
中元節合肥相國已甯為日高橫譽出而調要優恩惲感閱易了也
十五日因分兄以延字為集文學書，接藻書于劉書

十六日 旅王蜀堂、杜子臣宗法、張雨辰、趙寅卿、黃健庵、吳松雲，接張利初九日

十七日 若以十三號書閱都下音，盲史不滿於人意。六月間十三號同時並岸解達

武宗同旅均交商賈查錄，若蔭北閱，或內子處取節文

十八日 靜山來，接張則書。下午旅靜山，子泉來，卿馬蘭坡、張鳳池、楊閏生

十九日 萬季臣來，接芳溪書，答蔭北閱大裁之為君也一手文

二十日 秦健庵來，交蕭先函題紙，到接鄂庵書並衣物

廿一日 答字雲芳溪書。晚偕季臣手視雲峰之祥

廿二日 雲丙鄂庵書並棉花六斤，偕伯閣、張旅李子召南，取望云停、李保渭陽祠等

廿三日 同人設勸應試先之院錄科一文，既居則日不辜負一節，榮內兩漢兵制，談我

能拔呆柳塞磊落之奇才，有劉子岩者名嶧者來席閱閱東旅，訪之孫紀

案而離不于上元最者，晚祝宸祿

廿四日 祝子臣疾，因在靜山鄉，久談，晤陳子珂

廿四日陰。北樊來，送何仁玉節文。訪楊子咸師、楊古梅、章周梯、西邊念如、孫伯瑜、秦健庭、孫子毅、閔秋苑年丈，作古松璸悼並為瑲甫、吳仲楷也

廿五日陰。北錄料、祝子臣來，余病矣

廿六日 孫子蕃上舍自荊溪來，接韓園書、原照。料子、蕃子訪宋宗日、卿春山、岩兩公過邊翰臣、侯泰初、徐蓉莊。蓉莊為子良寫石湖林疏遠村出楚曠寒山淨討志

廿八日 寄鄂原一紙。夜侯重仰、仰之、趙和聲，為趣庭、漢章、子卿書扇

廿九日 致閔功美一函。徐蓉秋、取原、袖菘、菘鄰畫聖不值，菘章完安

閏月朔 下午孫別到，元無發遠寄，接李孫書

初二日 寄子静錫書。訪張伯聲、李子青南、馬蘭臺、張鳳池。夜與孫別鑊莫棲一茶。訪趙靜庵，為靜山小恙，邀請診視

初三日 訪孫遜修、秦孫國。靜庵來，同去視靜山疾。下午訪許翰生、侯翔千、苑貞甫、杜子久、吳昭卿。是日韓小湖觀察柩到

初四日阅论语叶公问孔子于子路一章，钱文缪恒甫来，若拜段小涧
初五乡人为演兴与典司款者闹闹，仰之连往排解，众议沸腾，争之不已，又请殷
环浦学博师解释，面定法，胜临堂之原缮议，每名加费春洋一元，众争始休
为藉口于和望，不面力劝阻，数已下午矣，伤晚闻和望被众殴，而不得进，诸生更
捏控于江宁府，殷学师不平，连年长诸君理论，罕有至者，至者亦复首
鼠两端而已。此款经费前与孙氏讼结，而将苏鬯之力请上台，于锡金整顿每贯
提钱二文，共得三千六百贯，发典生息，孙氏复出荒田租资及赎回田价，频 年逢神
费给外，所余仍以生息，至是年共有七千三百贯，锡侯众请亭年支拨七百贯以足之
八数。典守者赵伯仁中翰主意，不以为然，仍留其余积至盈万，则可复前之旧
演与费人四年为事，费人四千，意本美，诸公言也，将来人过四十之微倍之，刻以后
挟前嫌者，晓众语子仰之，半时或有不穿人望，更多致缺及也，连可叹悦叹

初六日閱蔭北車中不因顧一節題文段小比觀慕通見劉文楷觀慕文翁爲話壽

山中歷更遊重元余經福頤面觀慕康引薦當殊先後有是行明日即回院不及往

拜文翁在院難筆需局日來天氣加熱蔭北兄弟往同往看迎主考於楊順生

要敘無因在國服中未寄鶴許譚兩星使不得而見午來夜閱蔭北君子所營

民畜衆經文無靜山兄病難愈可以入場

初七日天熱異常檢料考具汗涔涔下也閏子翊即行閱點視往年早兩時也

初八日進場後穩號舍日暢覺寬綽這考生可任意出入自覺精神又過己卯之秋但視

宗妹則弟蔭弟靜山同舟諸人條有晚多及將暮草草見原即可歸

初九日天明而起題紙遞下子曰小子何莫學夫詩兩章學賢賢之等禮所生也有命焉性也命也

君子不謂命也袖中吳郡新詩未得新字三藝一律短暢惟思墨殘不足以

敵時髦藉此藏拙夜半稿粗畢精力不支就眠

初十日清晨扶則來視蔭北以二三藝就正略爲點竄又爲改詩宗妹以卷子閱其齊

误字出纪静山归饰广寿之胜也百晴而出
十有将进二场阅重写三题被贴初录荒其静里之贵是自留此事本年以叢广遗文
旦所遗归途垂究心烦未不而迎欲付而艺菁录之来免有私害于阅未便固执不
去执无不自量力思张呵之倒纲张见贻美文陈录自惭也而所作却不为此录之
然以于艺老亦许可也接菁湘月初书述华勇被张情节
十百前杨子成师读为太宗岳秩太者殊荣子八秩寿文因述太宗先代家本由武功中底
籍馆义隆家南北试十余次屡荐鹗荐而不售贡成均自广文而参幕生平谙
课读之日至为高也不拘拘于时艺而立身敦品节之为言之哀详所负经世之学未
获展布而于地方利弊言之深且广书虽不能获尽者之权但于究治清河理漕
书境卷中许可魁出而后竟使之访务殚心力不遗猛然盖其负真意然也经究祁宽
有嫩于兵者勤于所谋经营累岁卒复旧观数子皆成名而不慕荣利以谋

積慶家便於侍養也，且性庸劣，稍於一鄉縉紳仕宦之家略誤雅意而不務實

者老世叔年八十，精力尚強，閒課孫輩讀書，考驗其書，亦頗宜為老人，族人亦

稱成道子儀儀不悼其言也，得閒崖略如此

十三日閱二場題，象在豫也，窮年有雅高度之鮮原，吾曾六月齊侯來，致我捷一年

祝雅經籍志，接季弟書

十四日霞蓀叔書，知捷之日，同年場作於藏兄處見之，極是精切深穩，可以捷

中秋，霞城寄石弟書，託陸顧崗兄帶六安

十六日奎蒲兄季緣妹書，又姊弟細致，劉省三軍門撤以泰岡之數道石漁同年至

六安，鄉單暑即託姊弟轉致，信妹弟於鐘英樓一葉中年兄弟不見，鄙意定

目傍雖得帶見，而稠人廣眾之間未許多談，僅之兩次鐘英樓話可敘多

嗟乎，人之齊年，擾擾終於胃肉之坊，轉使蹤跡間可勝慨耶。藏兄至正場首藝

略为阅竟而归之。东海租界探聚则云以通罗庭述驻定二十日之。

十一日早间孙翁来作别，不获多叙，仿华已往丹徒等处接济难绪而已。杨少云大令过于宝邪楼略叙，归途赠沈子图之题书十二本。

十二日江宁府赵静涵太守特述话中遇说及都特谕白集文墨之子藏老以被贼二藏犯之地无所在，即此可挽其余也。既而游观恭来约去，以不宜多搁，早来为要。袖此二藏而去，不见归于场，因而仿饱于场外一枝楼，稳或藉手此自内所居境地浔官吏于浔科也。达十五归家，吏房筹结，谕桂川贡六元，专邑鄂寓。

十九日理装将行，杨清湖同年自都下来云，義司予仍有代为者，董底或尚可为力。午前出城，坐座塞于下，阅已暮，赏轮通去，在龙桂山宾馆淹留了。

二十日午前登太古行吉湖轮船之候，不行，搭客络绎而上，积至二百，将晚犹层轮而行，日本汾搭倭报众外出酬

二十日檢行箱中爲譜史上賸搉案稿並跋華雲觀察函稿薦傳紀

二十一日檢行箱中跋芳溪書告以所支跋于年書內以前存稿本

二十二日晨抵鄂垣寓中無甚聽兼守戒忘芳溪爲洵五二弟寫跋與文通

題跋五義可取而五枝自時更又忘或有之

二十四日檢出歷年家存稿七本孫鄂生二本三節稿七本汝壽年一本積存

信函七捆裝四木箱親自封題待交壽守成兼便送呈

二十五日拜悼莊耘觀察朱馥園封翁得讀其刻條如羅廣甫張蓀舫第百川

馬芸生條陳壽均來得賜讀跋芳溪書云以朱至山觀察家存局錄券一

紙二百四十三貫二百枚託之代取交原經手楊子壽孫鄂生三十三號八月十日

之題讀跋子年書之字寄靜元代面二幀並內所抄洋案彙編致劉調卿函

作爲十一日呈讀字之者內取舊年讀挪之十紙

二十六日 發候宅之一紙 向補印半部字典工料之需 率倪福將江附江天輪船赴
白下 買辦者朱煦亭祈加照拂
二十七日 天未明時月湾展輪 在輪抄海國圖通市敍略
二十八日 抄龍芳觀察五十壽序 代郭筠庭中丞而作一篇 擬下旬寄晉着在花巷
山受省一宿 晤徐漢卿 因忘花潤生將赴皖省主太古洋棚
二十九日 進城 旅于狀元境聚賢棧 午後謁段小湖觀察 呈所抄兩文
三十日（錫恩）段子道（壽嵩）去 呈便所索之件 午後謁裕壽山中丞 因拜幕府汪舍生（昌壽）先
壽之 劉鶴秋方宗（呂翰）巡廳 暨幼蘭武巡廳 程國楨處　裕□□下回書
派司箋矣 日借百金 將所餘作於官學留之意 前託段子陳明段子康樣
明日入院 書面後發理 居九比得回閱照之意 夜書致潛叟函 附去三稿
十六弟家書 已三鼓 覺筆墨遲鈍 精力衰頹 當自振厲之也

九月朔午前后进宗院谒寿帅后发闵书来象之纳斋厚甫俞乐泉许白楼
随时训诲随至李智之京后小翁来饭云卫斋时同至诂经阁案左侯诗之
读具详矣席间晤曹伦卿洪子丹蒋颂仲瞿请君楼猪朗八月廿四日书
母瘦复佳年安年晓与旧故桂树侍季甫赴晓夜再致绿甫书潜叟书告
郑子是日小翁席后及书之至晓垣饮吴苏查菜居与吕祥锦花下宴
初二日同舍生席在晓垣饯家醉接仁和衣花对门寄郑寓书辞别致筱公
叩以公子名曰士璠拜监印官坡俊卿名信溶
初三日随节出城登定海兵轮拜张子初军门捷之晤肖荻溪军门午
间展轮暮晚抵芜湖
初四日易舟前往宁国行二十里许与寿之舍生同舟谈次戟读
初五日早间至黄池芜湖至此四十里下午至新河庄黄池至此五十里

初六日上午抵宁国府随节驻行台晤桂贞太守中行陈小山大令晋

初七日中丞查阅绿勇各营拜涛雨轩镇军方棣生观察吴春桂三两太守

於直刺德炯贺陈稚重三大令均来晤

初八日雨仍登敬亭山未果中丞校营

初九日中丞在行台阅军政毕即起节

初十日雨中行舟遇风不利挽者殊劳

十一日上午抵芜湖仍登定海兵轮停两时许即展行

十二日清晨抵大通停一时许薄暮抵安庆即晋节署拜许筱莲廉部

佐陈小云少尉家谟左祝三汝恩俞蔡生青照金田锡之昆江镜波诰

陈叙堂应整汪伯泉宗洵

十三日各人過问晚過蹤跡拜客送滬時泉武送汪德高沈秀川来晤
十四日拜劉文村觀察来過拜劉鏡生接淑齋石那月歡函即作答覆到鶴秋
之漢皋拜吳之要晤况相軒滬幼泉之高足也
望日攤中逐詩觀蹤
十六日寫恭親王壽賀書之頌十月
十七日見南闈題名錄靜山（捷三）得雋里人更有張均馬蘭臺亦捷于鄉
十八日接妹別十三日書云老母舊至秋来漸近復便從畏風寒慶來于初四日
又刻得子書晚復妹別書（走卿）母氏所居書以披之豐陽為王寄書致鄭廣書
十九日拜劉文翁又来值祝三過同看屋不合用於是之要晤俞伯蓀蔡生
見贈花之開姬封鄰之族佩初理之蒙石仲之謨發惟菜
二十日過許筱蓮回郵寄因雨未得成行祝三過舍留於是廉見横甫以

竭為子者也　為左中堂壽賀書　約十月初三日

二十日　大風雨　擬閩匪完竣疏

二十一日　程祝三交賬　俞少南　蔡生之岱　能及少符

二十二日　擬工賑情形並籌備購米疏　寄鄂　寄書吉甫　以含堂函託

紀觀大閱　風挾疏雲捲旆旌　交戍小游出秋城　離林古石雙峯路　餘蒼峯寒烟

手錄孝世伯來修書　武備年荒給回　栗司民生　使君車下相歌頌　不將寞懷

擬續情　奏勘工賑情形並籌款購米平糶疏

二十四日　楊二世兄來　知其母太夫人近日家鄉挈移居曉其之北　現在吾湯餘

墨局其在辰近其街

二十五日　致石仲遠姪含堂同看屋其感　餘潛齋領其丈照其感辭謙仰

仲者姪同接段中所觀其書附未藏其函

二十六日　謝孝三先生含船建祠疏

二十七日趙同年交之陸桐軒看秦姓之屋向為沈蓉階刺史所居地名鴛鴦閘者

屬合同因顧范竹生託之介紹

二十八日范竹生來屋已說妥須押租三十緡月租七貫八百當即約定擬十二日郭庸書

同鄉中有兵丁鬧事之說畫師鄭雪帆因之回浣所居在南門清安寺後遣倪福詣

詢之所傳有因而無甚緊要覆段小帆書

二十九日鄭雪帆來言郭四寄由蔡霖臣擅責楊把總劉文桐現覓案

三十日租定秦姓房屋付押租三十緡月租七千六百文微雨

十月朔接胞兄九月廿三日書知新貴中舍錫端為定妹婿字幼舫才氣未佳

浣中同鄉次張凝暨觀察保送赴吏部太守孫首縣刑席李夢蓮已歿矣

修之皆為人可以一見石仲二十二日書鯀之遂來胞兄致蔡生蔚屯功名三君函

親自投遞

初二日擬丑婦王涵氏請旌片投與廳王君之屏並王君昭文人

初三日賀俞蔭甫抱孫晚赴湯餅會同席生客沈楳潛刺史補廷朱任之表叔現亦

望江縣丞王雨春大令至署鳳台現亦太湖縣丞楊子壽周瑞仲沈德甫丞之

能甫名格現亦鹽河督屋局未過日雨今日得雪

初四日錄宣城詩十八年前出此塗鴻居陳跡後寒芸從山來改詩秋色霜雪俱侵

舊書燈讀人立橫岡城貢矮道經廣寺塔岳過孫萊來之補青時開綠雪泉亂

碧君火燒蕉方宗廟見錄寒白宣紙鈔

初五日午後蕉鄰雪漁於大南門叩之孫孫將竟烟者字旭林在座見坊竹來

並獲讀之新得戴文節八屏接妹別九月廿九日書母氏臑疾就座廿一日

丑時生子四弟子小名石耕三弟子小名石恒大名曰萬烈四日語惡露泄兒石

來書請謝望音

初六日接鄴庵書初一日癸丹初六日解纜

初七日陪同宣來

初八日劉鐵雲邀飲同席江陰尤哲卿唐景孫前三家字棧款與張曉渡孝子

在報銷局

初九日題陸雲士少尉荷蓑永慕圖著志德卿贈陸家孝子輓

夜哭。千餘年役君純契。遺帝之地見孝不保。予詩一篇畫一紙。求。草。勢。

睥。玄。為。是。人也無文雖毋恃。對舊畫一次自喜欺。物旁育作有道方士。舊

績我行能程佐。儒衣麾吏機佐理。業頭刑旅白藕跡。安易輕軒遺

庚跡。祥風生牖蕉葉蕪。猶精雕涵勝蔣水。院報親恩以帝恥。寄。君。

孝。思。動。有。已。此。行。此。書。服。見。矣。馨香辰讀顆為此。是之萬里天涯浪接道

了乞

嗟予孤露歷十祀。阿婆年高饑寒以療。無才來予夜宜起。往道升沈

本命薄。況復不能習傳經。直道將曙一程青毋知。帝家顆磬重疊

耻也。钱来驱豕又到此，亲舍回眺白云里，但向苍冥日趋庭。

初十日 写夜仲一函，附江南闱墨，交岩仆带去。拟刘仲良中丞起復

片稿。连日大风，行人在途殊非宜也。闻程泾用军门差拜，以一简答之。

十一日 稻中丞寿辰，随班赴祝。写姊（六节）别一函，言实五年两七分为十四（八）节记

芷竹生来，至日晡后交局。

十二日 天晴，南风。为金夔夔题溪上美人图：溪上须长不须白，杜为美人心岂

许人识。绢袖光时闲忆共，同卷绣正书画。此云霜欲三美，毋为巢作笔二二。供

但绕栽为花，能割裂。遮莫光明可湿，直新情绪，用怀惜守将绕郎。

锦筹清和气寒，逍遥逍遥身，与梅花共标格。犹湿泽仙，好御御夜金锡

三广文来坐片时

十三日舂日到即日登岸萬先生來邀往府所接陳別初六日書並桂龕

吳子重畫

十四日接段觀孫書云蕉老尚須金陵一行

望日同往晚至到

十六日往謁晚至某勝兄同永亭江羅靜溪訪讀崖

十七日寄雨霞筱洲潛叟兩函交花閩生寄賀往劉工部接蔡來勝

浦庵書二月辭在府小住

十八日往公函商府撫接蔡疏稿應寄浦庵書于延年袁公館尤頌卿

于三義棧蔡生邀於某園一走

十九日拜往晚至並朱蜀堂刺史大紳

廿日接石仲十一日書答蕉宗屏

廿一日主埠邀商晚至疏稿

廿二日 蔚先談及桂馥李楚橋集近作

廿三日 卻任蒙城李文軒信寄語輯五以一束來

廿四日 接張刿本月十七日書 擬為五株立廟議 書致張刿書

廿五日 為現存節婦朱高氏請之旌片稿 襄陽鄧五樓司馬延浣名文鳳

廿六日 賀徐春甫家禮 晤吳拯子英紹興沈能甫 答拜李文軒鄧五樓

廿七日 為鶴秋先生壽言 致王薑臣函託友帶進

廿八日 李綬珠來 致棠柚名王君星孫子年書

廿九日 到文相觀察處飲 座間晤彭東臣太守 孫高樸齋 普

十月朔 寄張刿書 偕九節 徐春甫之胞兄張鶴飛簡來謁

初二日 為鶴秋先生壽言

初三日 徐春甫以齋來

初四日 答拜李文軒 知出差赴平玄矣

初五日蔡張小舟賓瑛得現卅歲即赴美　郭筠臣鎮軍以柬來即往答

初六日北首道幕友高樸齋來辭即往送於浙江會館並送劉觀察拜彭太守

初七日陰風作寒同雲釀雪　鄭雪湖來

初八日大雪嚴寒

初九日祖考冥慶寓中設祭　接湘哥前月廿六日書　石仲廿日書

初十日鶴秋先生壽文始獲脫稿

十一日寄致湘兄石弟書　並竹蘇來之義塚一文屬會許以千金

十二日接段小湖觀察函係十月廿九日函來云閩西子太沖之有印批西文中發難及取子有暗中弄權者竟於卅夜逝矣　惟閔鯉請則射圖之搭內揆之也

長武節署外以東來者往晤訪成竹銘　陳年峰　張錫重　盛龍友　楊鑑重維翰臣觀察　沈芸閣太守　李司馬汝霖　中軍吳春戎峻基　蘆經呂

蘭舫函，稽查庫楊蔭森、鄂伯樵，擬司獄俞克明軍需局銀錢庫缺

稽田真，致李祖福，致林詒永、王文銘、沈能甫鑑、周占魁，任新兵營

旨接介堂初十日張家口來書，云潛岐有淝水之行，月前抱病，近乎痊，述蔭北

縣試得首選，差強人意。鄂母多病，因而贖功二兩通了迹

十四日 以京平銀五兩託猶弁帶鞋領

月壽、頤日書二紙，家書，寄銀五十一兩二錢二分，以五十兩為學敎云招現安葬

費，二錢九裝為後十元，子足二元上，子成師書，寄上鵬秋先生壽序，答介堂書

十六日 致朱馥園函，寄殿珍函，寄還琴條

十七日 擬王敬壽致刺史宋公上達入祀名宦祠看語，方宗屏照判印，舊作及

所輯豫軍紀略

十八日 祝俞蓉生壽文，是初十日為陳鏡堂生，十四日為馮幼泉生，皆未及，是以祝

十九日撰五弊學毅之五種卜攬人招課合空之穎聯舉辦此爲又撰有十條待

便宜時別酌辦

二十日爲致卜仲周表兄之函稿住常州化龍巷■内

廿一日爲舍生作肩余殘未既府之文蕭先之以先云楹對雅白五首即爲抄收

即子平同翔書字雲可得訣隨初家中招之歸而不乃遂彼難助

廿二日在舍生處文聘沈槐卿

廿三日接石仲初九日書屢爲成保送師今年許子安排不得力接小游親察

函謂沽子本可淋程而逢迴不去別又有浮雲之之爲行令人差可爲什能得

早來或可決然爭辭不禁爲之憂悶於變之受聘范洪雲

廿四日子正孟禹契厚偕李東自里來書致潛叟函許小蓮此部白歡來

廿五日書致添哥石東函附去上呈五策鄭雪湖來以之子鄭瀛課卷爲托

置酒款孟禹諸君適舍生隨尤哲卿亦至即留同飲

廿七日送孟禹黎厚借季弟赴六吉致妹倩廿一号书

廿八日西花封还锡信，接妹倩十七日书，知五妹酬议婚事果成，二妹母别有意见，而未宣露，大约仍是为田附来母氏致石弟函，妹倩属访朱霞轩照府文蔚有无著落。

廿九日接妹倩廿三日函，晚耘小园均以婚费为未定之，妹母意以出酬降服为嫌，母意不必另酬，往返只六之，于五妹衣冠会窒之举，势将中止，可慨也。谭仲修以一東来。

廿九日寄妹倩（廿二号）函，由萧先识带，附有致晚耘兄弟函，函退石仲书，附去母谕。

三十日许小莲送交来款中贺年单。

腊月朔为小莲拟稿，接石仲前月廿日书，又泳兄书。

初二日拟为马松圃请卹稿，兼李文轩丈文蔚，并晤王四世兄根斋，为有老五来见。

初三日、初四日为小莲拟稿，先交一册，藉视其病。

初五日前往藩辕，文少垣刺史康入署，为小莲代办之事，时先降见之。

初六日答拜文少植常人吴修之大令到寓归把念卷因阅吴士杰制策

送退有忘迫子员而借不能遂之

初七日答拜吴修之以叙不值撰昭务请吴两片

初八日须瞻之许子安昌到接石仲一廿八初三日两书季卿初六日

书并有寄物袁幼庵大令寄昌来

初九日书致样刻廿三号书附寄阅墨托许子安带印晚得者歘瞻之君梅子

安三人

初十日瞻之等撰寄图附轴下人来到因中止

十一日接徵之初六日书寄丁张升往白溜高之寄印书霞段视泉一函致溜高

一函每之不及详备

十二日接溜生腊八日书大致之十九日拟到廿八日速空钟鸣气和谚道修词隐净了

书系於日详对语意兴两年国结不解溜自知多之不量直辩惟以毋老为察和吾

具其引峻之詞稿數為而無所傾陷並無乞怙也霞陳者七八事惟於閩粵直截老
奏告予加工出奏風雲可為寄冷介蔣以歲暮先通自問為在旅皆將移船來
作從宅子也並接十一日芳溯乃輪中書函
十三日霞溯見石甫書寄之摺與某件並楊氏霞書晚旅袁幼安大令暨
湯文蔚別駕沅宜及趙季弟臣
十四日擬捐賑人員請獎疏
望日回寓袁幼安大令浦庭來舍飲小敘
十六日十七日十八日連朝雨雪皆有賑務一疏三片酌改抄錄鎮日營營
十九日接滑叟十六日書已接電諭業已革職產免置議不日將歸從此脫
然無累矣積憤之餘得此殊喜致孫寄石甫函又寄致克函附去馥園
季臣兩件
二十日封發謄酌劾參內閣中書俞冠孚片稿

廿日事稍暇略观书而未及将私事料理茶斯也
廿一日诣太年丞太君寿召随班上刹稀说萧恒俞佩和沈蘩苏徐子英来
斋小坐
廿二日阅报潜叟子毕即致书慰之寄去郭雪湖函
廿三日接石仲契弟厚子孟禹来函荐先为任召卿通守约至霍邱叶家集移
署理书函又读子臣之移和发吴士青刺史有约为之深喜
廿四日答石仲契弟厚子孟禹函上母亲致妹别任字芳锦书为戌保聘杜之锡
女子臣允许以子宜侄亭为女媒以此意禀母因拟以弟先菊逅为男媒
寄红茶二斤致石仲
廿六日答拜吴士青吴备之汤允孙俞佩和沈蘩苏徐子英谐贺浦庵香
陈小云晚读致石仲函士吉赴任需时所言霍山极寒之行子臣业得一走
并以年糕八块寄去留志乡味

廿七日立春入署照常理事

廿八日閱張克曦手呈招來爲陳由雲措手

廿九日通賀段小湖親家書

除夕接妹倩二十日書寄霞芳謝穀園書下午無事與舍生同步至街見張研樵山水小幅當可飾壁

癸未九年元旦上院拜年出至四更一時午後歸來數傍早小湯久孫别
駕民宜到席
初二日上院一行賠徐眉三鶴歌下午吴修之暨府以敬袁幼安暨府学号
浦廬麥少尉積尤春卿学詩到席
初三日沈芸閣太守鏡經李少卿司馬曲霖朱　别駕慶森譚仲修大
令廷獻招飲聲未赴下午藕吴修之袁幼安约為同歌小敘
初四日過拜卿尤士芬上天並居鄰雪船牧山兄弟先在過出其家出示一册詩
記題詠桐城李宮來明及其子寿林一家宮死難事席疑其後
初五日藕許小蓮比部詢其疾兄積滅惟疾火在上未平　下午花雲生高
中同戲照沈德甫
初六日因糖尽茶人忌辰早閒未入署架畢倉生過往其府手談照襟小山
子英之甫也

初七日集郡城同人借刘毓麟府照厅署小敛为主者李宜外汤允孙吴修之
袁功甫徐子英及余六人座客赵子咸王子俊周馥亭徐涵孙杨小泉刘
仁甫刘申甫赵季良高子嵩尤哲卿张小舟杜子正刘云第先弟徐肖三
浦庵丈来刘长李楞莲再祝三沙浩之管仲镒屠蓟人刘年甫汪冬生
沈棍卿徐蔗高徐小山许世允贺某是日闻湘芎于年前抱病吴家鱼大
兮来恒言之远夜静允孙来适往朱悦仍庠因雨未返
初八日寄石仲书问湘芎病体发递后接姚君鹏翁本月石仲涤久函湘允饮
源肝肺风之为祟气浮爽谈吐如常石房可稍自行动惟左臂筋痉举运不
便一时恐难复旧并及堂构之举现有三数意在早日竭工学晓宇庆字
元锦书谈摆别寿言此事
初十日张耀西祖辉入署即往来畅谈
十一日落五言四韵咏李翁东庄一门死难事余生适往王之庠手谈

十二日致淑之書，勸毋因病還園引退，苟言語步履如常，惟左手不便，則請之者
輕於定見無礙，稼其官況累退難自受也。致石仲季欽書，保綠之議書於
秋前，湊字之禮儀之數，以全力圖成，不日先有一數歸，以資之耶
十三日爲章生書條幅
十四日爲胡武如叔與書小幅，爲金生題美陵仙鶴畫幅
元宵積雪，自風雲壞雪，入夜雷電雨雪交下
十六日十七日，派高無了子臣來作談照
十八日蒼蘇吳循之送其北行，往唐訪桂郎
十九日擬於家屏書來，髮見太湯半日，下午蒼蘇朱達九衡鴻已老於田崖矣
二十日蒼拜往唐訪言，西竹林並爲子臣說項，因叩所能聞，吳士青有履郎之說
擬題姻伯母葉太夫人詩，旌序稿，歸老讚，不七月即寡，撫孤持傳，爲耐守
節三十六年矣。夜致石仲函，問淑之病狀，並告以題子託陀桐軒，趙館太和
之便，道之。是晚之序招飲

二十日 子正接聘和陽函 定夾雨雪竟日 計積陰已半月矣

二十一日 接澂兒石弟之夜專差書 並帶來上三[illegible]家 致彭[illegible]鄒[illegible]

朱[illegible]伯吳士青尤芸卿書 石仲牧楊德條函 是日往[illegible]訪拾飲 席散

回後[illegible]澂兒家函 詢以病狀 答以所接手函 語言失[illegible]（已非）與常時左手[illegible]

左右（難非）靈便（不成）[illegible]物可勝 不能成履 不謂按此情形 則竟不能行 為何[illegible]

左手本不[illegible]書 不便言閱緊要 因詢此件是否函來 答以[illegible]二千年 尚未呈

投光來（函屬先）[illegible]手續 不謂案由根上 自必照行 然以病為書於本[illegible]者礙[illegible]

但使本人[illegible]勉（力）支持 可以了結此案[illegible]（似手）不必再書 若本人實無此 不何可閱此案

原屬不得已之舉（則）一[illegible]以病推諉 不[illegible]則棄此病根尚淺 返而療之 可望痊

可再圖報稱 是本人向來了了 形[illegible]自往此 是不能勤勉 為所苦 自心不安

之[illegible]而風疹一發 二[illegible]者 謀[illegible]能[illegible]者不[illegible]（先自）[illegible]之 不謂吳（正和）[illegible]

先君到省吴言經共畢圖諸省致病大去姚言諸於姚去逾之子深皆在於字

一年迟别吴侍說吴于句他函一去入于綸非輕總書懷重于時於莊二六禾宇無遍道

來一介六以年微詩函本人再白對韵可免而免如自携力不能文者無遺而為此

則於原件易了可耕年逮乗不在句日而已

廿二日霞叔哥石仲書以原件寄還澤四番贈大西洋參三兩與一分每兩百

八十文

廿三日舍生招飲聽張西初世丈孫度吳季緣孫來楳棠柚西向左忠毅

公集在皖于賈兄叔子平西蔣文通於拙勝睛昧其私錄招物識字雲已

補禮我來月聽初將以書仲東歸

廿四日叔季孫於書生家鄭雪樵為絕糕自雪高園因以平陶鄭

瀛甄別之為託楳鑄訪六卷西

廿五日楳孫別十八日書母氏安好善服藥服完餌前含丸藥漆樣之岸

約在去歲春戊保締姻約於去歲時已聘鶴笙買地葬莫子壽舅祖君房舅

氏兩代遺柩謂三四月初四二日初三兩起

廿日寄里書並戊數以五十為墳葬經紀之需以四十為家用以十為戊保完

婚送子臣和發之行

廿八日張函初丈鴻兄來寄石仲書附去並諭

廿九日早閒葛二來接鶴笙二十日書云泳哥病殆葬石造使馳問並擬親

視葛兄之意遂不見矣即寄一函致泳哥並石仲書由葛二帶往下午答鶴笙

書告以泳哥病狀及上案請代柏府於國康再自忖精力實不足止葬法並

將泳哥石甫兩函附閱以釋輕重接廿四日妹甫書墳葬之舉日者謂據不宜

完建平屋合湊六數一邑有餘兩造不足擬從樹屋架以裝修為退我是

穩辦也接吳硯農表妹書將作出游之計

二日 郭接鶴笙正月廿四函，以但乃淶之初病时行走急藥，此憶有白函序寺
是道前因有狗未詳其名，和倚藥品亦撒手人，一問即吳青士，倪福往並致石伴
函弟去悉請並拜別函，成保十歲寄一袍料，下他日艱黄耳得讀五樓宗屏題
陈小云少尉撰董承募图之作，即送小云之抚宁尉任
初二日 耀西來會山汪晴芬学博文照寄照寄稿，桂履貞太守來
初三日 答拜桂履貞、張函初，因便賀朵雲莅任
初四日 答拜孫幼泉太守、李甫立青日書函，今始到，函去三十七日不得達
之又久之，由接段少沂觀察書，言卓林太守致子正書
初五日 答吴硯農表拜叙之書，勸其不必遠遊，身在蔭下，正宜專力於學也
夜作鄭雪湖將送陈小雲圖竟
初六日 以前答杜輝庵煌致子正書，且未假多询寄病状者，侍從纷纷谓之

应病告退，所以讹传之故，一由刘平甫之子蓉卿家书误述，一由钱晓楼观察口称
不实而彼中处多口，未免张皇，因之不慌亦讹传之由也。昨书不到，私臆悬悬
初十日寄五兄送到，顷之石仲初二日书，悉病日可，刘省三军门送以三黄汤而大效，近又
投补中益气汤，饮食渐健，精神向健，可以勉力支持，惟公务繁剧，刻与滕柏恒请
负帮审录位，序亲往投商，称词意序意者姚静庵、鹏翁、林度轩调阅，一则以
识局务机要在握，一则以望江圻之案，渠皆不能去，十六日开考，专须添阅卷者一人，
尤晳卿本省亦行，因以寄来程资于金代致之，而请其早往。寄舫则书、鹤笙
书附去，他件
初四日接萼侯书，悉星病愈，已遣亦峰所请帮审之员来，请案本道府集不
必案司以原牍发还，序转案销，遂于年间裁答，悉又石仲及来兄达所费道
接鹤笙初二日宁波书，方回局，须以未得续音，她甚悬切。沈槐卿来

初九日接妹別初六日書母氏體稍板滯近加咳請程姓醫因小恙未定頃需用磚石刻石處收接石仲正月廿六日書萬先館事已定月脩聞千文數月費二緡即屬前往附來望之臘月望函知府頗為善了此他人為多二緡謝長旅費有增運妹讀書亦不易了聞之愁甚古文集書即屬蒼並跋石仲一紙並所需紙張湘之指取紙貨交萬先弟交姚靜菴舊寄亭甫古今伯貢為人所恃亦託石仲轉致于加發子貞一紙並千每忘端袍託杜梓菴弟寄初十日葛二費到湘之書初六日發謂鶴笙書數月接營之語於心稍望比務靜菴者帥詩謂實來迎請並且歸已深也季弟書稱前往存並存邑柏垣退歸因又復出來明前了事批男孫函從因秋末並有函稱已寄函詢問郭厚之有書至葛二即行蒼鶴笙一函妹別一函將湘之季弟來函附去以望懸念此函由葛弟往鎮江轉寄送萬先尤哲卿六安之行旋往廬訪不值

亦良甫送去一談，並俞鏡人、黄桐生兩君以同來一面，未能談也。夜間大雨風。

十一日 陰。得稍靜養。

十二日 早接洪則初四日書，前寄函件於初二日到，母氏經服藥後諸病漸退四副，咳未止，晚未安，飲食減，咳差，痰汗不得，邪無從發，未免略挨時日，至餘雖有傷風，尚稱平穩。二東海君七年分租兩次收洋若干元，未接細帳，八年分租尚未交付，惟物以前存款用押費以潤，今宜亦補不足之數，須加查。向夜市是否亦市，大妹不日回去，定十六日前成保送帖，用五兩銀，館二番洋元，外平圓盒兩只。子壽甥舅祖君房甥氏之菜

鶴甫函房從緩，接鶴笙初七日書，附有以安竹根極金，篆寫之云，須贈之白孫出來，急於赴六向，痰藉便省，漱兒之書附去，鶴信，殷辰仲書，將里信附去。

十三日 送贈之於陳雲文，左忠毅集，蒼粟、柚各書之信，以此集尊孫子平書。

十四日 擬葬典史術之，德清嵇鴻本生母蔡氏請旌片稿。

望日 致張洁泉、朱稼園書，同里沈雲卿、維嶽來。

十四日 偶福回 接石仲初八日書 寄來乾麪 鍾同亭初十日書 厚初八日書 弟省石仲
致鄒子佩書 康于梅照廳內交馮香泉來商送鄒子佩及鄒季孝令姪並
及丁悍堂大令 [illegible]
十七日 致王雨辰書 弟送劉燕訪職共二十二首 鄧僕回鄂 鏡微弟來 接太原祖
祈祖母書 並寄佛寄報
十八日 為薛蘭青購墨一斤五兩 致書寄常 送清前買書條錄一千九百文之款
十九日 旋陳小雲住庵訪來 又函寄程臣周軍門 謝恩疏稿康為參酌免何
殆陵之家晚宿 請示 致耀庭遞孫書 附以墨丹鏡 眼鏡底一方
二十日 致京厚子書 寄以字名二百 十七日起馬 接孝六弟 致石仲書 附之望之家報
廿一日 接西孫姪十二日書 母喉稍愈 眠食已漸照常 姪築之萃 廿六日剃末三
月初二破土 初十挪沼宅磉 廿六日豎柱上梁 屋架已做 [illegible] 料造二
節費雨省力 附來母諭 石仲函 又致京厚一函

廿一日寄拜別函，帶板六捆，牢瑰木面盆五个，並屬耀庭送交侍霞家

姑婆書

廿二日接子正初十日函、初八日函，附莫瑞卿、仙舫、生樓、蘭諸君函，併清單到

寶之二弟來，薦湯文瑞膳丁懌堂大令處

廿三日答子正親家函，謁任石村、宋程筱園軍門，臨稿兼對額

廿五日雨，致王嘉帆又書，為鏡湖說項

廿六日致湘之石弟書，交鏡湖弟帶，附之里書

廿七日接子正廿日書，裁一紙為答，附前函，兼交來差帶去

廿八日接鶴笙廿日書，附來寄六弟書，加一紙交鏡湖，接石仲十六日書

寄來先大夫佰聯書後一紙，附加鏡湖，並借以腐乳一罈

廿九日送鏡湖六弟之行，接拜母書，信唐生拜度兼函兩女于訖問之例

二月朔金景亭作古道之入歙接石仲廿三日书 澂儿廿四日书又智亭函

附来季弟上母亲年加一纸致珠别封寄又致署上夫人公牍书即遣交

初二日遣金景亭之孙于迎江寺归为寿同种牛痘

初三日接方宗屏函即答一纸寄鹤笙书告以澂儿闻考情形 江鸿来称所领

考费银两给回房金而植经手须十二日方得领到不能在此守候请为代领

初四日接石仲书附来上母亲寿即加函致珠别并寄 附复珠母亲 是日答澂儿

智亭石仲函交江纪常回石仲寄来之为五妹诗旋为作略为展阅

初五日专足送歙法小姐交函件及石仲所致狱蕃泉镛书

初六日偕蔡生戟堂又泉祝三宗屏诸君祭奠金景亭于迎江寺 黄柏木先在

焉李履为忠义祠其旁则英果敏公祠

初七日接智亭前月廿八日书 屏翁蔺重四时贯穿十时方宗屏来 赠以诗四律

季经妹房馆辞不而来遂连日算帐聊以塞责 连日难热

初八日大風雨。書致潛叟函，於蔡生處交。知趙親母詩旌已奉旨照准，猶舒矣。

初九日早至觀第一齋，書致度石、仲容，來稿本。

初十日金生曜西至寓，作葉戢、鄭厚所屬蘭畫，購成價九兩九錢分五厘。

十一日答鄭厚、石仲書，附還稿本，託馮復興鐘表鋪帶交。

十二日劉文楠親家來，為曜西書扇。張福告假回去。

十三日書金生扶度扇。接韞園同初三書，知王夢湘權鹽篆，舊席仍聯，所述五月為遞函，竟未得達。

十四日接潛叟十三日小孤山舟中書，往鄧作結束前，須淨界祇手清白之語，附來賓卿人日書。接姊刻初八日書，附來蕙語、石仲函及湘兄竹箋等函，即致石仲竹箋各一紙，寄回去。

望日金生赴同黃柏卿搜收金亭子遺物。

十六日楊石漁到，接前月廿八日母諭，寄來杜親家回賀一字，鏈金及先帖。

蕙麓咳嗽復發，來此眠，今日照常，日以持家務頗難，望其速予寬兩探治

并厅南两间屋架两边正间共四十八架每架四元旁屋两间十二架东西侧厢
两边十架共二十二架每架洋二元八角共洋二百五十三元六角先付百四十元
此作为定了后作初五六排师月龄起居晚耘代殊别接读猪别廿日书寄
来金押发印花布六匹另须目一纸发票一纸又票屋宽深蓟
邮发公田顺补官时茂卿时往叔缌侯寿芝过去少卿殊接之此清石之如何
寄子文对缝续聘过女
十一日接子正书多宰骚语接石仲季钦十日书
十二日寄上母禀答殊弟书附季弟函之弟之致藐老书石渔函报答子正书附
之子促霖青免函观善四接陆小峰国音孟益印五结
十五日大热雷雨上禄哥函答仲季两弟书附之印结及母谕挪后行勇偏后稿
二十日过石渔之六并
廿一日寄王益吾函附之前简致子正书府文来便答韵潜老书接石仲

十七 書前寄南服到矣

廿二 銀高年以舊畫之不合者輒以小說改作續貂所存不能以存題者取而廢之也

廿三 擬更方伯任滿詩緩涅見斥稿

廿四日 見蘭垣抄潘光潤署鳳陽傳閱有先人委代理之說

廿五日 東海設帳之所商酌因變而未果以峻卻故也

廿六日 壽子云畫柬小冊十二幀去冬燈下所作一過出而展視因識數語

廿七日 在寓屏定題五樓同至所賞園一行

廿八日 俞仲美屏繪畫為寫有寄相尋承亭去何人卽梓泛船圖詩意夜黔雲所
以帳額索繪並過陳小雲閒賞樓子正廿日書數有不耐之意

廿九日 寓屏過桂吉款留小飲時劉毓石吳仲高文嵐文蕭雪所收吳仲英
居中有林石聰然塵埃高隱可羨陳小雲來

三十日 小雲過復書詩詞一冊蓋譚仲修大令之著也後附吳子珍文張禎不
別聽其說耶去接弟先十六日自壽春書發書有原代寄家用一語

四月朔六兒權善函接兩兒書述病後復塞調養已又增累情狀附有一
函為君梅白舅致益洛洋十元今返石仲廿日之書為兩兒延邇醫及五
妹請旗子撫孫並小產京尹觀察而萬先生又為債兒繫厚廿三四日函屬以前居書
並交西門外書和莊轉寄萬先生同和滙錫接妹別三月廿三四日函寄
來代毒丹十二包云母氏咳嗽之症非寒而熱現已十愈八九胃口加增人乳因痰
多而停時應一日枇杷精卵無損天氣日暖擬每立方配合丸藥而常服合
工作付過五百二十元尚只二百餘元此外概有未付工錢也
初二日答萬先生書附去示酉函轉蓋和妹函為季妹說項
初三日寄兩兒石仲霽厚函弟去兒請各件及書和收條二紙致妹別書附
去藏老函備去四書年百金家中一字情門字擬用和氣致祥四字
初四日寄書四紙寄妹別又致志仁吳傳甫函以百金交書和莊轉寄兩兒
同和特滙至錫

初五日為俞秋鑑作扇
初六日賀俞蔡生得子桒同甫淮五姝詩旌乃因書一紙寄之念石仲
初七日接芳洲初四日書尚未得子王子泉太守調武昌領袖貴重
初八日擬請旌片稿代張清蕃之妻劉氏療親孝行篤摯
初九日為馮笠尉二尹焜繪扇此翁曾文正開府皖江即有老詩人之目
初十日屠者秋室之進院精蓮接子正書
十一日俞蔡生書邀往賀狀元府寓生之
十二日與侯橫彭叉臣荊太守招飲座遇江甯葛雲江大令葉恩
十三日六安王紀到接湘舟石仲季飲石漁郡丞厚庵函湘舟送茶葉郡丞厚庵滙
銀肩年之數仍由書和詩滙姜湘君同和鏡川詩寄是晚附石仲書內寄
錫書情守自書未成匾和氣致祥書寫長久八字屏約題寫詩雲九書
又附六安函後致鶴笙書

十四日為潍信給扇接柚岑書述孫渥余款有提歸税銀之説在因舊友力
爭之庽内嫂請主人一回
望日雨到陸雲帳俟並以庽書之聯語送交曉西春到以夕語頗佩不扣值
十六日蕉陸雲接孫子年初六日書有潘叟為李張兩子勸出之語大約非滬即
津必有信置並有書述其属秋間與静若同往之説
十七日送檝庽冀伯華友人之書為曉西給扇
十八日為坊後仰給扇
十九日接排則曾西安滙行已到西滙百奩節又來至常安城康吳出擔保人
心臯之謂此時某日起至某日接城還後給人照為維其里中幸當安報現
花北郭蔦宮丁迎夜新屋就倒屬壹衛繞計已有十二間房設當篆筆不足用
現已付過公費府上修蓋其用的尤多也母患咳延生地澤瀉而食眠
僅一隊敖前與往歲秋冬相似惟畏風如故擬含丸藥來果仍服煎藥池

菊常用而價甚昂無不須數十千耳　附來孫小方外五錫丁部外小方現館上

元楊丹山處有信續席寄金陵

廿日書致湘舟石仲季鈞絜厚四函附去當票二紙及里門南日意小詩絜

厚石漁到接石仲十二日書暢談半夜

廿一日着回六安先將石仲書寄去上渴廿六朵致鶴笙函託繪雅白雪齋圖

致黃曉亭函為絜厚所紹唯孫有方送楮儀之元由絜厚携金陵餽送

廿二日致蒼石仲函由王紀常去及帽三件

廿三日移住庵訪生居賀成寶岩太守到任送石漁絜厚金陵之行

廿四日書致湘鈞泉函蒼朱馥園函

廿五日雨處迅捕之袁接非刻十八日書匯款收到蘇平收實九十九兩八錢　晚有所在

不忘以後能再補來後寄湘兒匯款有母萬之款不存掉換收儲者　母體唉愈而

牙痛妹亦診謂肝肺不甚大有邪匯風邪立方表散再以滋補服藥後牙痛略
減而咳又發之係肝熱而多痰牙痛所耕傷風皆緣天時不正之故附來代毒丹八服
廿五五月初一日寄福弟函圖一稱等辭
廿八日沈雲卿來寄與凌芳城子年函芳洲住鄭垣文昌門內致潛叟函信以六層椒
墨為季妹說項致妹弟書弟之孫壽甥上年物有恆昌耕時物託季妹弟又
附之杭菊半斤
廿九日送季妹旋里
廿六日接石漁廿五日函附來婦厚家書楊叔高來蒼葭沈雲卿兄弟赴江陰
張士芬致石仲書附之里叔漱芳函附之郁厚函
廿七日鄭雪湖寄為黃伯廷祖樊桂二君家侍示以節略略之甚者也
五月朔徐養齋來云有汲古閣十七史古人託代售者
初二日蒼葭養齋為雪湖歸皖序補康年未成之作也

初三日見之邦本科具甲錄陳曼之壽彥簡連殿三君傳順為朱祖謀

初四日接尤哲卿士芬函贈以新茶並歸番佛四尊又接鏡湖函月廿日閒霽至此時日矣將晚陰雲密布雨師又將從駕矣

端午雨竟日未止難得月間半日為雨敗興

初七日接湘芝廿六日書附來粵門來書又謂茶(?)前日和莊王雅琴函嘗晚政(?)株布(?)書將湘函附去張少舟寶璜以赴楊扶賢拔舊板來及安秋(?)賀(?)春膏袋六之前已送以賢又作等戲之詩而不及數與之即雖成行尚須竭力籌助也

初九日答尤哲卿函附一紙商請收之書歸並送小舟袋資八元一束接子文(?)株三月十八日函謂誤(?)若泥津貼之半而用益繁擬及時先行殺(?)移(?)費於秋間謀續又言鉅(?)用可觀官例無補於實前日四宮素(?)以楊茂才乃難得之缺然每一席有擇于柳平補(?)調之行從稍費而索(?)走陸亦無味也桂(?)殿(?)貞太守中(?)移來

初十日答鏡湖函康於第(?)三(?)屋局中劫(?)悰(?)將子午日至此又四日雨矣

初九日仍雨答湘之函發石仲函由驛遞劉毓之寄織錦備一紙寄京序為購物也發

姝別一紙早晨答拜桂履翁備物發散因得函接石仲上月廿二日書

初十日發薛善藻書函託訪歸震川文章指南還未附寄者遂瞻吳修之立談數語

主呼以蒲觴飲客與手為節君送扣麒桂家侍是日見霽氣尹仙坡以一束見遺

十一日湯之孫過訪留共飯借藏吳修之不值分途藏舍生已臥曜西來歸悵之而返

十二日接吳俊甫鍾回函孫肯方五錫詠來送一件一序於雪湘

十三日答拜尹仙坡接藍和姝回函現有二子七七葉次五葉接湘之四月廿九日書序

送廿金於路山甫託譚仲修轉發孫筆泉以同文集一書發石仲者

十四日寄子正函答湘之石仲書答藏湯之孫

十五日接初八日姝別書工作約需千二百之原議六百金得出四百之數以歲考為

累課所以出學者門院限有云清報附來姆請石仲函粘前函後并託仙坡

為徐曉珊繪扇金稻之書扇

十六日金錫三索畫以舊作便面遺之為吳郎稻之繪扇題呈后湖丈先濟

到桂旅不值旅矣修之大令之傳以發了當必有之現在秋間照新撰律西

域圖考芳溪書來子泉太守論篁園務有潤州雲皆篁園已干同帳局一新矣

十七日接叔兄石帆初八日函叔來銀十兩屬易冰漆成不惑之數又彭㝠老任鄭集

之屬即覆書者四月二十郎送來石以廿兩一函託送楊潤之世兄皆即以致庭旅

趙臣館先日寄來諸選二概未果將亦超儀若兄寶圖館了然難得書

十八日夜至節時將一句笑國陵作數日矣致姝則吳後甫一紙字函去寶八十金田書

和滙善階吳同和將滙至兄仁卿日子致姝函述此了附致季子姝函弟蘊翁姝

回書之石仲致鄂孝函亦附之書致尤黃卿函待字函還野叟曝言也

十九日答叔哥石仲函交來差

二十日望子將晚到接叔兄函之病後狀將代況石仲函劉文節有罷改之意弟

來郭若一箋即晚作答來差去未印仍交之去接魏卿萬兄兩函

廿一日孫時和士錦來屬以致尤黃卿函仍交之帶六答旅時和于彥高麥

廿二日曾燮卿天氣大熱

廿二日雨氣稍涼

廿三日買一榜通政臣丈望之並招觀三寶生曜西小敏寓年饒芙繪扇

前日爲吳滄卿之子天錫書扇接妹別十六日書伯肅房取舊稿寄來八字草

對臣獲售矣宗妹[illegible]寄一等賠僕目戴戟臣承槃

廿五日饒頃出城湟會舉國[illegible]狂寫[illegible]犯致賀九妹房妹弟想以十之致妹

別書致叔寄右仲書寫字單並母諭

廿六日接華錦堂五月十日書華耕旅櫬由禄近船弟到即致書茂卿房

旅櫬歸日逐葬錦堂墊款二千二百八十餘船櫬費給六千外加奠二千

廿七日致饒淑函告以華耕櫬歸情[illegible]致臣禄貸贈以十緡

廿八日寶介生世兄在頃自合肥來向執元功典館殿往江蘇會館蓉舫

廿九日祥壽宗來羅二疋一四丈二尺一四丈價許以每尺一錢三分

六月朔接湘兄五月廿五日書以閣所翰臣將到巡赴鳳並提商請梁石宋果書典

否附來上梁石宋又鄧墨寶太守一函右仲廿五日書鳳近了尚未接霞秀飲

石漁函來得六枚孩子炎書附去吴景青家書託曜西轉寄

初二日復方濂舫信覆白雲文錢以跋語

初三日孫莘臯茂才用龢來

初四日為望之繪扇

初五日望之偕蕭恆甄別

初六日范竹孫屬為蒿楫義楷碣

初七日戴戟臣以劉子屯悲夢名條相託

初八日答蔣光書

初九日接五月廿二日母諭廿六日姊別書季姊函寫生弟來又夜復弟函正母信

六安看吴修老過飯席間晤孟松雲少尉彭年孫菊泉孫莘皋邢用丹

初十日答張之書石仲書弟書母諭及包一個交郭乐存

十一日劉蘇子道魏送郭乐存回六安江縣鐵紹雲鑮來贈以碑卷

十二日方宗屏借乐濤上做儀書畫冊收畫三紙

十三日晴。陈象泉水墨画一纸。

十四日拜荅钱绍云明府，来晤。旋徐賡泉以因公来起见。邢用舟谈数语。

望日连夜微雨，午后得晴。函复子文殊书，附致钱太宜人信。接王盖臣六月初三日书，现办天津杨柳青盐务，为第名次居首，此缺到不可到，则往者须贴千金。

为汤之孙徐賡泉书扇，并录旧作。

十六日致潜叟函，贺藩北大洋道，论孙温家子上毋棠。邢用舟回賡来，托以刘子书北蔡杨策子。

十七日大雨，是日谒晚子，旋致潄之、郭星賡太守函，夜致潄之、石仲函。

十八日雨，午后望子，雨邪来，果邵五楼更有陵人之和，致子臣数言。

十九日过望子，旋来之行，致鲜刚书。十九日闻来之，至此刚能宫上附策书。

二十日答杨石渔字函，金陵字返华锦堂英洋三元，函武昌，同接潄之五月廿六日函。

初十日勤身，十五日接凤阳府杨石仲初五日书，初七日起程赴凤，致鹤皋一纸，为季朱茂卿说项，附潄之府報，后接桂履贞太守函。

廿一日复益初、朱茂卿函。

廿一日接子丹六月廿九日書 劉子吉 兆蓉來拜
廿二日接十七日妹們書 即作答 附去兩函 並賀蔭北入泮聯
廿四日晤陳上湘盦
廿五日答拜劉子吉 晤黃質泉 道紹雲 致乾儀子青矣
廿六日接戴戟臣手書 來望兄前詩題 妻為坡嶼蘇撰駁 因即以此詩指別夜旅
紹雲過訪 為手錄黃絵扇
廿七日接鶴笙書 得一女 局乃不更在籌議 來函並稍孫也 戟臣來字 望兄為之
兩案已定 不能照查 衍者比被駁 湯元孫送字幅
廿八日接妹們詩 旗序稿 商定 錄黃竹孫至寓小坐
廿九日為陳小雲撰聯
三十日接閱澄丹洛冒碧居一書 寔介生到寓閒話
七月朔接伯潤妹家報 方宗屏 赴桐屋遊 訓兩書 係取方學潮撰 收入四庫者
初二日發望兄函 告以前日附去伯潤妹書 跋黃蔚青書 託馬小二焉車四支 鋼約八號澤

蝟台一對，晚翁充如託篇注思補，今重作棧字。俞伯華

初三日，接學厚六月十七日書，二通於十二日得子鄭太守過寓，晚見張世璩

初四日，致洪壽石仲書，附去五妹詩旌片稿

初五日，加敷之寓，鄭函致妹荆書，去寶百金，交妻和莊轉葉孫呂同和莊滙之，仁轉交

初六日，接六月廿五日母諭、妹荆書，母於十七日猝患肚瀉，章醫迅速而得宣，已經痊止，而元

氣大傷，其業稼即獲復舊，對醫猶覺已定。九月十九日湯之孫康爲乞伯母經堂聯語

宗庸託轉康，鄭雪老爲漢廣歸舟圖，以圖交轉告旭林，翁寒介生來住

十七夕寄上母宋並若妹荆書，鄭蓀之錄紹雲兩大令過寓，俞蔡翁康作伐

初八日，若拜蓀之、紹雲、星宗、贊沈庵、顧升、粵東泉，孫子英過寓，晚見孫懌堂

過寓，致澈之石仲書，告以郡輸局事協赴任

初九日，發鳳陽書，孫子英過寓，姚妹文、張鶴洞等直嘗康曆身

初十日，爲金亭軍門寫過寫之母江氏請建坊片、疏指、照盱眙倉義賑與

十一日，陳小雲同年呈母王太夫人七十，晚康爲六秩壽文

十一日接初七日姝則書、六月十九日石仲書。

十二日湯允孫邀陪笠竹村、保桂、鄒芸賓、杭蘇兩太守及寶才、樂集鄒芸賓之錢後

錫紹雲鐸飲函。

十四日江孝到寓，接石仲一素，接華季居函。

中元為許小蓮比部題岳忠武水晶小印。

十六日代沈芸閣廉訪撫誠與孫觀孫子英世瑜。

十七日為高子嵐表妹庶華書聯扇，寶介生到寓閒話。

十八日祝賀沈太君七十壽，賀丁潛生觀察峻放安慶道，答拜周馥亭別駕維新。

為劉毓之繪扇，訪陳小雲不值。

十九日書復姝則函，託買皮袍，屬陳小雲到寓，談呂蘭舫並擬壽文事。

廿日上星五函，備四元為購貂單之價，託高子嵐帶歸交劉毓之。

廿一日接季欽十六日函，石仲夫婦皆小恙，即晚作答。

廿二日接芳谿函，所託事已辦就。

廿三日接張引望函，到字來完之工撥即趕完，存木尚不夠，須再添四五十元，則先

後裝修均可完備，而九十日間石仲歸可往矣。對其腊費，曾經許可借，李雲門

言尚厚，我當贈之。王素帆夫人往來參加，不可忘，因須三百元，共計為難也。來信徵友

早已侍到，其本可衡矣。蓋體弱已不胜，飲食未復，勉強難之。逕前林安來請，仍

是惜費，手閱即加一帋逕石仲

廿四日接華函，蔡生以空觀館式屏，商湯府夜飯，惲季先孫，趙高文嵐及楊子青

廿五日早，向素幼菴去寫

廿六日接戴戟臣一來，望不再請，趁酌妥兩日，即日只譯書加一紙，並原來仍交文嵐

接發望不含生以十二紙，渾四元特託雪帆作繪對詢送之

廿七日顧素幼菴接尤哲卿，十七頁投壽屏，代購四冊英二本，以償書價

廿八日韋蜀宿於令尹，書前多款，擬霞浦稿

廿九日吳修之來一紙，託查石請補缺班次文件，已不出門，有無役勤字語來紙來往

繇昨晚向對照查詢

廿九日荃芳從西寧寄十元取來贈銅器內幕生八元贈烟袋四支又備西寧錦壹三元託贈書二部附荃孝臣書並託鄧太守交鮑輪轉送借黄寧宇房五樓就沈藝閣處訪々招晤植雲先生比部方悅庭秀才郎々大令々駟也

八月朔俞藝生湯之孫赴作沙人伯英聘定注旦輔璞々沭接同事者沛和又泉愷堂

接鶴笙七月廿六日書常母到甬々適外矣

初二日呂太君六旬壽序撰兌西成請眼西腊一通自壽辰也湯之孫到高

初三日荃鶴笙書將緘又接一緘附荃敬語

初四日發坤兄函附鶴訊請其來者可就才能移

初五日發施石齋一紙又收坤書秋暑甚劇已逾十天伏案汗流不勝其苦送壽文至小雲處接趙州七月廿八日書前報已到叢書之數以足三百對臣調取無定暗促現成弟換取來四套四珠八元未易湊集附來九斯荃函

初六日接謝春五月初十日書藕先六月十七日書現移葉集去矣祿六月廿六日由顯起

程頌儒河南商城再由竹錢前途談集孫鹿郎孫地望之寫頌於小夜場北衙任名御
史銜五品並補用同知頌於程補之府接子文孫六月初十日書所談多非力所能為閏前七
月十四日原查來函門守貞貞請節旌之
初七日寄復子貞函附寄子健家書函復桂巖貞太守函賀段小湖觀察函
初八日蔡生以張嘉棠之子為托歸星伯處為修之致蔡言
初九日以修之請沈德甫返來盜亂仍請吳綱堂星伯亦仍之舊之言轉告蔡生
初十日接石仲七月十八日書俞伯萬吉到四月廿六日安宅來之承男宅之托為之孫
十二日接孫中字別青之伯華青頌石擇來年七月初六廿六兩天通葉月老由澤之前往致蔡
十六日中丞夫人生以名帖來視又書視含生之生為簽才孫於柏恒
十三日臣陳上將查回紙接柏恒札望之件記功五次路經嫡妻一次已通批准若存書
十四日撰句接頌指條款協情來宋片稿
中秋節循例賀畢下午蒼巖沛翁崇翁因通同蔡翁天然居茶敍服楊雷
階沛翁之高足也寶介生來將往太湖

十六日接錢紹雲函及竹君函，住杭城湧金門韶華巷。夜飯後拜仰孝為仲篪書致

十七日答錢紹雲函，沛初又泉過，譯書至署商衍伯篪書致

十八日撫照廳俞大到，鹽以一束來，致望之書，附去呆恒之牘，撫與譯書之後汪旦

輔再啓代求之致天氣驟涼頗凜栗矣

十九日再致石仲書，並楊函，望之仍前托嚴鶴亭與其帯交，致汪旦輔函

廿日致汪旦輔函，附以再啓，帥府開道遣周人之宴

廿一日書良臣款扇雪漁所託，劉中甫偕合生去

廿二日接子貞十九日、七日函，小蓮已痊，可擬歲杪之歸。許小蓮比部始擬即宜德縣

請其合刊本劉臨森來逗須心便回原信

廿三日答子貞函，交來人李玉本回

廿四日答蒲先函

廿五日接韓朔十九日函，皆臣皇野没為來年二月初十四日，淑兄決計⋯已在鳩工，但須

借款為之也。接李卿十二日書，淑兄已卸事，寄⋯十九日從⋯啓程回去

廿四日检理旧稿手录数纸青地粉花藻庵以名笺来

廿五日又泉送到贞女诗旌幕件即照摘录卧复华卿颂尧秉钧有孙利拜见云

为前往太原派兵来之见也

廿六日加一纸遗霞颂尧接锦堂回书带来烟袋四支洋烛盘一对铜狗八只又英

洋三元以纸赠之书一纸实四者已售完也实之日月拟差在府安也李臣指有指

鄂与子商为赌看到有

廿九日检出旧作骈文稿手誊正本

三十日接豁舅蔚浦庵五月书以目疾至六月初七日始接家月有津帖十赠外寄送项

尤哲卿送到第先八月初六日书七月十七日到叶集一切平顺带有家书一函表银二千两

九年七月五日锐湘七月廿四日书茟耕旅榇六月初九到锡十六日即抵南门外铜笔巷

玠山之墓旁安葬俗归某氏姓主之集花茶肉祭了即报主书丈接鹤笙廿五

日书以版筑之笔稼之已遍目前因难日后又多形通也云申湘足书极之叶宝之费

且銀又貴之所議温郡洋藥章程稽查協查以商济商互相抵制東浙兩郡
章程量爲変通以暢銷数每年派照引由商包繳四万兩定九月初十開办提塩務之
減價敵私議論暢透
九月朔寄姝例書並去銀百金及第七次之二十兩九錢寄家信一函併請汪太君
回錫之便帶送
初二日連朝無事抄舊作四篇
初三日接石仲八月廿四日書春房已赴程湖行李弟大病痢瘧房整廿番送揚
寓並於萍溪前後文函歸有湘兄十七日書已定於秋稍好授寫應參
令宜多授峻補可望復元深以爲慰接子臣託張鶴帆大令帶來一函又月穀李
紀常送書下午送俞蓉生仲英雅摩陈春山諸君回山陰出南城至招商洋桐
送家盈滿又親送汪太君歸里
初四日蓉城兄函附去竹鶴二件

初五日若子函附寄酱菜一瓶醎菜一匣改梓别书附寄刘幽及买物单沈芸

阁函访以车来嘱上以车往送代石仲送杨杞首字二千元曜西来书极帖

初六日丁潜生观察来接慕以来往贺接望云七月十七日书

初七日绘郑少款扇刘铭石来

初八日接杨仁山天津来函托转函刘肖三军门书

重九来此一年未胀送滕此日偕宗屏曜西一登大观亭以舒尘气因便入[illegible]

局一观见墓誉工作停矣笠才姑先生来

初十日偕滕因滁砚[illegible][illegible]碑数字又因他事停手刘申甫病起来斋

十一日为癸大观亭诗

十二日丁怿和之来斋谓取了已安居日不识[illegible]

十三日

十四日熊介臣生小恙并熊幼庵不值夕遇之途遂同熊怿和之久谈因更访宗屏

寓一叙接段少沧观察秋节回书又晤蔗[illegible]老近状

望日得家兄初十日丹徒口書，在淮城訪名醫何金揚，謂病醫至此已甚，難治，不能

復從前之舊，因勸之退。即晚作答，並寄妹，則兩頁。自初間至此，月家不適，多日矣。

十二日接寶殿珍大令金壽書，將之甘肅需次，託轉函孫君傳機，函須由幼泉轉

致宗屏，示以大觀亭作七絕四章。

十三日爲趙六民繪扇。

十八日爲劉毓之作摺扇，摺者三，託以贈孫晴初，託以爲其外舅說項，已到寓小敘。

十九日連日微寒微熱，喉痛，痰咳，兩脇隱生，計不能少休。

二十日函遞寶應衣件、弟之函，轉遞孫、劉二件。接妹初十五日書，差人於十日到錫，住弟四

進，妹寄住弟三進，毋住西書房，兩東以待叔老。又接小姑婆書，附來言，妹病亦未痊，轉遞。

廿一日爲劉少懷繪扇，題云：山水不秀，有如此恨不移家此中住。寓之秦紹炳

來見，託求薦。子晚間身體發熱。

廿二日接汪里甫回函。近日天時甚暖，覺更熱，身仍不健。

廿三日天氣轉涼，接茂卿書，內附伯奎寄錫金教座局函，託引薦。

廿日蒼巖條十四日三不時晚間來適允題到以名條託之並託以俞府姻子接條
時漪函前託兩子皆不能行者
廿二日借曜西巖小雲同姊丈起九月初三日在錫籍起程赴任
廿三日會館祭祀壽子誕辰往謁發妹所書附去蒼王姑婆楊仁山條時漪及
茂卿四函接石仲九月廿三日書
廿五日蒼巖殿珍大人壽書接五太守函作答灯下為之妹來看就
廿八日發華季臣函與丁澤生大人之蒼汪且畫書求允俞府婚致
廿九日吳業生來名寶鋐住大南門新自霍山到省者
三十日接周截五記某事件
十月朔至初五日連日為周首擬稿
初六日劉毓森老太太八十四歲之生以館事未及往祝接萬生之函由台卿通守帶來
贈有佳茗葵扇並附來賀壽物單惟鯉鰷數未到云待傾將到手者
付也

初七日接妹到九月廿九日書

初八日答拜任台卿通守未晤接卜仲周表兄函名文

初九日淑兄以三鮑到接妹弟芾來兄信并數寄到又晚耘宗弟蕉生兄一包接鶴皇九

書弢叔兄函即函送

初十日陸柳臣刺史踐約吳首道生大令本仁鄒慕之大令鍾俊刺寫王君所繪本者投刺

椒是正宗之樓資者

十一日視至晦香答拜陸鄒任吳五君上望之函附寄宗妹家信答石仲函答鶴

笙函接孟禹函託以宗弟寄物

十二日接石仲九月十三四廿二三等日書並洋帙廿元包封一個程聽園同年楚元

芾來觀借張佑侗詩選寫吳首道甫邀飲得晤譚仲修大令遇點王芝

芳李月僊三君

十三日答蕭聽園談先取翰臣太守之弟名椅人洪同於鄉榜蕭張佑息同未晤

方宗彥譚仲修同遊興池上四集晤方感ヽ大令宗誠坊稱楓刺史志達周素人
刺史至榮鄒同席更有吳質五楼兩君撥饒將書袁載軒廣益將君至
子弟來書字殊未通劉觀察作樑到以一未來
十曾荃蔚朱為重刺史大伸信台御通守棠樸弟先十月朔書附來先大夫
墓誌作五首晚巴余錄未大令先坊照蕙先生書先作即余君拾字者鄒君
重題張君　張涼細到寓住德發棧
望日通石仲書附楊通孫文熟之廣訪是日到曉
十六日積雨初晴袁蔚袁再軒瞿鳳五楊字坊午後吳業蘇張恩佰
笛仲館到寓通卓存鄒吳質兩太守到寓楷汜卜晚來一談
十七日通鳳五楊通張仰岡定於中日起程撥花御初九書
十八日撥殊李兩弟初七十日等日書石仲為季欽說成子運題上一席即行作答
並九姑書附臣楷費唐楷百元亦即吳霞此撥可往至年三弟今往共半

十九日　霞。陈孟禹出专使启事，侍回锡旅。郑雪澂不遇。

廿日　同乡公宴人：张敦重、彭受臣、郑墨宾、刘洪笙、任台卿、汤君猗、丁怿重、袁幼安、吴道夫、陈晓生、刘平甫、陶作舟、刘毓森、杨伯厚、庄子封、郑隽之、周馥亭、蔡敦士、李月侪、熊幼兰及小子，其有不至者数人，公钱任晓兵。袁滌生来，为臣史莲舟。

廿一日　接张少甫书。过山东馆，拈庄、袁、杨三家文，拜郑吴。杨少泉名葆桀，书致石仲书，问明馆。同到者当有王珊原、柏梅庵。未到主人：郑叔度、李墨园、程子霞。柏梅留此，同用九

廿四日　缴二十五千文，工换每千三千四百八十一枚。

廿五日　书。霞第先生字、皮袍、绸绉纸件并致少澂笔六枝，托任台卿带交孝荪、张缦珊于

三十日　雨。将程费钱对内书张郑伯兴、居藕、傅孝荪

廿六日　过任台卿，略无静谈。过任晓兵，宋为重阳同录，本到任，陈先生、李园讨稿，留

本日晚，下午孝荪过，拜石观太守，贺仲铨、郑隽之，谒张敦重，钦兼保斋、贺高文岚

少尉。应寿部任霍山、杨李墨园，过席，陈兄过台卿、怿重、君猗、幼庵，并遇古人诸君小叙

廿三日 幼庵過飯 晚陶作舟大令 李信民 劉保生 接子文弟九月廿四函 寄來悼亡五絕索和
廿四日 復仲閑書 又文若書 晤晏雨人 偕石仲同門 題方濟信清小歸舟圖
廿五日 接子丞十八日函 託轉乞潘兄薦廬郡校卷 予是日高年氣受 同嘉宴 雨來得去
廿六日 接鶴笙書 云電報可業已告之 陳鴻笙作罷論矣
廿七日 星岩過 擇重哲仰之 孫幼庵過 大滋之 竺龍小敘 劉毓森 汪伯生來到 接株到十九
日書 母那仲弟之歸 誌切 孫京婦屆典三十元 撫再凑以歸 瑞芳不敷 是日子接杜子由函 託以
復寓安為畢 為之設法 復子丞書
廿八日 接星五九月廿六日書 並詒三條 奉雨蒼通守 弟來 仲蘇株函 兩蒼名霖藏制本
來晚者
三十日 接若仲廿五日書 即作答 託道甫弟交 致藏若函 藕京函 答杜子獻一書 滋之接
到株初廿五日書 預子涇捷 興作 以原函寄鶴弟 並株別致函 浪去矣 宋雨蒼
於城陛安房 歸 雨雪不止 殊可悶人

十月朔 致孫衡書寄一鼓託冰兄帶歸附以三函 蕭先生之二十七度有雪寄易函先生交

郭厚庵有要事挽冰兄不得返篤竹後冒雨去送已在解維離岸急追敘一聲而別要下

陳畫舫致沈二件及沈袖卿件等待便轉寄也

初二日集之送來何沈伯興函件致饒淑一函

初三日成都五樓畫同邸張綠珊到席名林勤

初四日茗叔鄭墨卿太守碩輔陳午峰欽惠壤寄鶴筆一函

初五日錢光輅議又遣詩二十二首成張曉西畫茗叔莊子封允植秦雨蒼霖

初六日秦雨蒼來云屠峰已奉先稱矣中峰僅向兩三之左右別後之詢問

初七日厚甫允孫畫四幀來署款允孫屢題句于上鄭雪湖來

初七日同邸畢少高名東者以一[illegible]見贈

初八日為俞蔭人書三條幅四紙

初九日和子文排詩五律即步原韻

十一日 蔣楊從之適已到常 訪久孫憚甫之一敘 春庵雨蒼存款月金

十二日 雨蒼示有人作文剞劂穗適 搠星泉禾兼稿 發陳季同函以畫扇所寄之物常大

十三日 幼庵借觀吳識生春庵適芳畫冊 觀自適文 贈許徐生司馬以娛李大人墨蹟

及吳某生之寶 陪沈恪士赴風送之行 託以沈物 贈孟里孫子勤

十四日 撕撰錫寫大司馬餉銀三萬兩片稿

望日 祝徐子英祖太夫人之生 接孫列和廿四日函 福甫去行寄于來書二月十二日

十六日 以所得文徐者三名鶴錄 便道並報小瑞寄物

十七日 送錄理既伏案 絲羊刻 閱徐子英來謁生

十八日 便服祝俞蔭甫先生 陳小雲以友人所託識像碑屬估價十元 可減二三之數

十九日 接石仲十日梅日書 老李來 到其處上一局 歲晤同天之數 張伯潤二字到於松

特于到寶日行也 附來改楊從之函 到撫垣常來

二十日 接雨石初九日函 寄其祖母文張 並壽銘並識其尖 以上轉太倉寄

吳其孫為畫之係一軸 稍便再寄之

二十一日 謁劉文相觀察 接石仲十日書 葛子高常來 寄雲浚 望子伸 蘇子文

兩妹書並和詩，源果詢將以謝同一席，屬石仲作臨手非所願也
二十一日，小蓮以丁澹生所繪道家圖屬題。道遠小雲所屬讀像碑。接妹初十六
日書。忘仁一歎之，若全歸，晦耘一書寄意來此。李復妹一書，濟聘程佚卿女，年二十八
矣。余以八仙橋人刻將赴杭，晚圓，可謂一生意歸至杭，致雪之一函，附丁吳士青函
二十三日，蒼石仲妹初十妹函，附翻譯五詩，二十二年十月新曆二本
二十四日，撤工頗出力，爲仲清撰摺序成，到觀察來
廿五日，丁憚老書來，辭將至吳下，屬寄函於蘇城中由書巷前著安庵道德館
廿六日，旅允孫深信，寄觀易鄭道家文，著小師協合柳金清以來接來
廿七日，太倉張迪雲往取係青素，亦與倘之妹逃，備者核道到觀察
廿八日，鄭雪湖道來宗屏，託繪清水歸舟圖
廿九日，天晴風定，鐘于牙痛，睡而臉腫
十二月朔，接任晚來觀蒼書，致丁憚老書告以取子
初二日，蒼旅張迪雲，接石仲十九書，言二十二日東歸寓無識居子六兩來果也

初三日答任觀察書 接湘兄九月廿五日書 言詩寫肇祥了了 六屏可不必 宗屏亦多
青岩彥竟詒塔城六家畫冊與薛琳耘觀察 接越南設三篇
初四日接施彥高都達阜陽來函 是日因爲大什院署封門
初五日接陳季同函 黃惺亭名葆森者寄來說所寄物又張子常在支應局
初六日接子正書 寄來本洋廿四 英洋六枚 寄家並贈物 附來三函
初七日趙發來湘兄寄函并條幅二分 又接子厚函并珠帽等物及孫列寄來了
紙兄孫來談 發以湘書 答陳季同函
初八日大什梁寓華鶯者風送前府寓判德壽宿寄何彭友人首 號尹仙鳥五河縣
另寄五事而陸吳蘭舫達德蕃及劉立誠 不及者舒城縣廖煃 嶽寄發 授臣陳寬 筆光坊
是日院署啓門 劉文楷來 郭鈐臣以一剃與蘇秦尤兩君不值
初九日復子正函 寄子紙筆等件 蘇陳中實之於初七日得子蘇尤哲卿持回賬
江度年了 又接陳季同書 之前件寄到 附來兩詩函
初十日爲許薇蓮題丁潛生觀察所繪送行圖

十一日接華訪甫及鏡湖函，又得毓之一柬，即裁復庭若澂兄聚厚書，
附去受臣、伯瑱、季闻子函。
十二日柳福堂協戎屋漏，遣僕葺之。
十三日寄仲琹兩弟函洋二十元，附去子臣兩函洋三十元。
十四日接仲琹兩弟初四日書。
望日答陳季闻函，又張君績昌特寄。
十六日接錢紹雲書，論及破瓦不可情貴，且須在行人進調地，必仍勢有豈搞角
保護，並積不管武則一經更換，前之礮度天津，深以一礮為患，屢屢深念淑蓀安全
由李家有許多人開欵層累才也。
十七日答錢紹雲函。
十八日答葛訪夫函，附去鄭海陵考諸生函，附去陳猩書，材莫小湖觀察函。
十九日接季弟望日函，即遞答函，任觀察函。
二十日題魯甫巖說塔城八景詩畫冊。

廿一日禄太君寿诞晓母康太夫人明日五十九寿不愿张罗预祝蔡生招饮晓贞居

廿二日寄沪人函附寄致东京稿是日饮同和鹤询问意旨

廿三日上母禀请仍言家事而今谈归分劳

廿四日寄石衡梓别函附寄致潜叟书许梓别以报恩之意

廿五日答王雨辰函

廿六日接罗伯陶函

廿七日接颂云城函谭已发沪寄费接梓别十八日书计梓已到新宇周已译

一千二百廿二元收已一千五十元欠一百七十元之数附来九经书云皆标子正家书

东海八年回程僅收二十元两账殊已达接尾上下六百平尾之间厥尾数问矣

廿八日接鹤笙十八日书以一帧作为预定所阻意在勇圆为子孙之计

廿九日遗致弟先函备晓北账借二十元交文耦观经

除夕接弟先初七日书嫂子者亦能清附来与略稿函接吴修之大令函称

俗所已无他意也接陈季周函

光緒十年甲申元旦天意釀雪雲氣蒸濕晨入署賀年出往各處投刺半日而畢苕季周西亭來答來賀弟去

初二日小雪未出門華允明大使自溧陽偕徐英卿提戎黑山軍而來代晚飯邀主約多也

冒雪過訪小舫半日

初三日雪花飛飛寒意逼面入署一行而返

初四日寺謁劉文翁湯允翁華允明華和甫潁館中同人畢集互為賓主寅宸豈堪乎

擬秀澤古字

照年兄箴候及門下壙芝仙黃笙甫姜念慈先生諸人年戳三及門下弟語侍作再敬人王建生及門下錢成年年念慈坡合丙陳四氏又沛初及門下陳子康岑少怡芹生楊雲階宋桐軒俞杏卿沈少周此外各家安排設裁果並陳少查丁訶甫岑蕓堂程少晚楊銘軒沈二舟甫擢三沈孝甫莊甫主人別葆生蔣査又孫沛初吳蔣子英秋齋舍生昆吳成三建生及余十二人隨至而往者俞仲英抹儀年平陳蓉三陸林卿平銘芙懷西伴伴度子云大会

初五日雪。寄蔚疏稿，為兆北の國謀整左相採以道寸兆戶部劄指隨海防河工等費，曉特此為餉源命脈，請仍照撥，隨同也。

初六日大雪，竟日未止，約有尺許。接子正函，以鴨梨餉。

初七日雪更大。稚詹西觀，蘇子康來，接秀雨蒼書。初五夜為宋蓮珠太守扶信代不道丨丨。稚詹後雨澤燈粗子傷右額，血流不住，遣丁往問丨丨。雪深三尺，夜難行也。

初八日立春。寄蔚雨蒼，問平侯安不。送重慈拜稚詹朗翁集，日雪霽。

初九日晴。西遣作函致蒼吳修之函。

初十日詩蒼蔚雨蒼傷腫漸消，而右目視不能啟。

十一日馮又泉家大閱壇，詣往與手會，獲小勝焉。

十二日代孫午起方伯為誠投孫薦疏稿。

十三日辛完浩柱子通遣往會也。自捷而通遣彭文石字致濟之函。康李遣晚詣濟之右仲莘函。接丁憚重函。

十四日譚仲修、鄒晉賓遣與也上五集，餞單府太守之菓孫同席，陪玉秀峰坊。

雅帆寺晤王處赴常 荅拜孫訪翁

元夜雪來清冷月光皎潔之景也

十七日劉甑丐招飲 接雨蒼書 君可流吳 勝特是題贈類題爲處之

十八日江蘇館團拜 晤王挹帆 到平甫處 查夏之法 訪壽蘅 伯陶函 交陶作巷

十八日接石仲琳家初十日函 十九日燒輪流代母石仲宣 廿日赴鳳鳴讌 席一席本

家吟樵維罌兩抹 爲仲魁先生之子 忘形來皖謀事 如兩但之 也爲難也 閏十二日

自主辦權篆處渡贈幕兩以夏薌圃方伯護院 吳柚莊方伯自甯寄電來

接行述印以來往賀 是日爲錢宏生用去八元 曜西二元廿

廿一日接淑芬十二月函 信用之漏焊十元九角 麻姑八仙五元半 花鞋二元 皖北賑捐

爲數無幾 張溥珊到府 吳士吉到府 荅杜子飛書 附子佳兩函

二十日至呈道飲 接姑雲城函 附來信條兩紙 閏王春禾來 乘夜往張更許楊總

之到府 以蔡請兩生子承兆 接淑兄四書 附諸子老函 即送去荅拜吳士吉

廿日 致袁子擇函 檢還田黃石 函內附並致子吉丁陳和前先生到府交 致汪函

廿一日 俞藝生蒿家人 左升來 余經由二弟永定來 為程子保存款千九百金

索債不遂也 以之代託宗屏先生函來 寄又清息

廿二日 腓叟老為債催 債之來擾閒 主清一席 後用並定保約 二十日 自袁蘇侍來

蓀晚老兩次回函 並李子東行了去歲重

廿四日 寄卿兄書 承受臣之屬催其速來 以藏恒言 實缺久閒 恐有人言望其到省回

復也 彭函附去另紙託郭厚庵物 附三十金 另單一紙 又致孫別函 寄五十一兩零

屬其免五十元助 將臣購費 平餘並帶上用 藉趙蔭帝去 其出城兩輪船遞去

不及附上 接華郎方函 云請劉蕙卿兆華帶來

廿五日 受臣信 有函催 即加函 並交趙蔭帝往 允明到府閒話

廿六日 致石仲函 託允明轉寄 致季弟函

廿七日 答蔗楊繼之 華允明

廿八日 接季弟二十三日函 並大衍之數 購物可乞交 伲二兄 蔗 張經珊 樾蓮 袁幼庵

張廉文早向若雅鄭善臣軍门

廿九日復季和函寄又從寬録詳義收人須知四種並信紙花封等交來差役

琳甫函寄以季之一集余信由瑆氏子陽生來見寄住樅陽上街丁家祠內屬以

寄鄭信交回唐見前南樓積冊重　鄭先生贈寄金口音安重內

三十日以信物交於常昌局上元前夕池上五集送番禺卓府太守又鞏粤作帳內圖

脱稿病奉雨蒼傷殖未愈

二月朔吳雨人夫人差鏢來俗送拔因等至等人衣臣觀察元漢前携吳使

青士使中丞別後脱稀也

初二日寄復鄭芳洲函並附一單

初三日接雲城丈函將來謀予接雨蒼函示以一冊紀事也偕說三同藏辛完

汪平藏三晚接汪思甫回函允收允孫到館筆推楚應訪以一本來

初四日復許允孫交汪思甫函件

初五日接梓則正月廿六、三十日書，石仲於廿四日巳刻又得一子，小名申招，請石雨來謂之

德薰。本家姚男梓名蕃將來謀事，石仲已於廿四日動身赴館，晦耘將來已在途矣。

初六日接緣兄初二日書，又十三日動身來。晚浙來劉彭譚二函，寄即分送。

初七日托舊作今稿付裱石數頁

初八日蓉舫、吳雨人同年來，幼庵到，康劉䲷子之兼為春覆人繪圖，石序，晚去

之敞。閱申甫家四著宣城水陽司兒子正書，並有一函，與澤送方琴莊

初九日薦左舟於申甫處，經由來，又以致芳洲函並十二金託寄小烟袋之書

箱內籍並一書籍三種

初十日書蓉子正函，又方琴莊，致第先兄函，又吳雨人並附晦耘所寄之家

刻碑之泉銘五部——蓉舫劉䲷云

十一日蓉過，玉書同年函，寄杭城十五奎巷蓉舫、吳雨人同年，即將回杭

家譜權識之矣。為申甫畫一小幅，接君和舅函

十一日寄蒼梓弟書附寄弟仙家書並逸函
十三日接雲城書、雁、郭雪老昆焕弟並所作畫梅扇巾湘觀象圖函
十五日蒼雲城來函、爲黃伯蘅文桂作字、又吳璟卿錯綫逸信金
望日彭瀛泉同年學源有同中書、李楙來署翁文案者蒼泽並輔
函書、収瑩五子初新居之扇於後御來
十六日接梓弟初十日函、三家借母十日一輪，影以爲便，寄款照九扣，五年出外函
三十日梓季兄一千來、租金錢十板、接石仲初四日書，於二十日抵鳳，寄甬茂
到府已錯綫矣、楊紀之二來、送金叟之槐歸滋河、寅有生意、定須到府
十七日徐友仙秉義來
十八日蒼安舅函、書致石仲函、蒼梓、彭瀛泉同年
十九日爲贊君桃如吳仲書畫扇紙、楊紀之云弟開之因李房租至府
廿日徐有三鶴翔來
廿一日逸鳳陽函、以嚴淞到郡矣、送也、白之李文軒之李、四日啓事、五日鳳山啓事以之

發到直矣夜蘇訪莊頤丁碩臣陸彥和接子壽十六書云允子塞之病矣

廿日接石仲十六日書答蘇滄泉夜申甫到寓保頤將石谷小紙錢繳清先生來

廿二日湘舟到接季母諭並妹弟書答拜申甫友仙潘先生下午孫子勤來

廿四日朱達過九大人衛鴻到寓接下落宗妹送樣信

廿五日兄載午節畫冊於淑兄之篋

廿六日接鶴笙廿二日書內附寄都一年程子敬過宇覺到寓

廿七日答拜蔣蓮舫中翰鐵林賓生石安同飲劉蓉卿兆華到寓

廿八日上母親叩安至弟到邑過得者三喜分姊蓮舫程仪

廿九日寄妹弟函書致石仲函接華頌翁書寄宗兄邑館內雲齋同詩

閏海晴制軍仲炜到寓接雲霞城來函

三月朔答拜何雨蒼達過九藩卿子敬海晴子嵐鐵石過徐少山宿松申甫

初二日水漚日蘇生君借電報程一閱咸請軍父寄張廷榕程敬到寓

初三日過石仲函陳子峰現眾矣山宗蓭壽我招飲同席者石翁之君

初三日允鶴至廿六日牋漱兄函午峰硯樵到府夕照到蓉卿
初四日函覆蓮兄函附送一張上母年寄去實五十兩亦六兮
由寄生帝呈接石仲二月廿三日函
初五日寄隱鶴函允許趙同旅姜穎生副郎寄於帝家卷兄所作查帖
所鐫國年所照查冊岂浩浩州太守惜客丹亭唱和作
初六日借照兄照和旅孫子勤不值張繩珊到府
初七日蓉卿華頂甫函旅交蓉卿帝云向未達九寄下呈函通直隸北張二品
銜賞帝通示砲台防呈旅補衛正兼鎮仰山特設係派玉硯也接弟先書三
月吉發接讀伴備四元討蓉旅孫子勤不值
初八日雷繩若入署內照照戍請戍通友仙達九兄照瀚生雨蒼含生眎西漱兄
若作中敘接紀卿二月廿四日書玉蓉卿來送行照手以子人平省及戴戟臣
於寓城巴年丈來鼓堠未六到

初九日借叔兄至電報局一觀晴盛菊生為叔兄繪扇仿陳上陽
初十日顧子翔來託以小山水扇寄府之尤哲卿來
十一日送叔兄乘江孚下駛留交蘇甫函厚於四五兩月政題云每二十隻將內電傳北字
十二日俞少甫到局新委兩君電報差
十三日拜彭省三晴袁全生周達守蔡達電報學生陳誠二君答拜陳子峰黃琴軒
趙巨臣張穉霖皆來晚夕寄譚仲修書致蘇甫函答季沫書寄星舒
寄海寧安義堂典
十四日賀丁濟生劉文耕兩君署任之喜寄顧子高先生崧中山水扇之記
望日月食之寄叔兄鶴甫書附去莊慶之祝世芬兩函寄周舒畫具以來
十六日答菊生石仲季欽三函
十七日致函鄭若鄉之大令薦堪霞城子為進電繪扇
十八日阮君佩蘭以東來寄春雨嘉又移居報錯局矣與達九一談
十九日為金生作畫陳少雲來

廿日接琳弟十四日書，又西諦 孫先生來借三十六元，於前字內提存矣

廿一日旅華兒航平府署借之電報局閱電論，未從生到處

廿二日致兄航函，以諸友所託附信于書之冊頁，趙臣丈來寄錫甯電報

廿三日旅泰兩蒼接朗夫書之字，改換之附印題寫兄航函于照錄兄孫來

廿四日借會生家電報至錫，並甯孫子英來孫左仙錫瀚生來孫行

廿五日送左仙瀚生之行，蒼華朗翁書並詩以七律一章，接絜彥廿一日書

周儀逐司馬心壞以簡來，求許少蓮題猶白雪齋圖

廿六日接石仲書，為素少之行，和有保須，欲工一行由有商件也

廿七日致石仲書，附行紙四百，又致饒洪一紙，致滌哥賀函，又同春弟去旅趙

四臣丈

廿八日致書譚仲修，求題猶白雪齋圖，與柳更臣二君遊飲

廿九日札治西卿處書，詢方治少卿款，旅雲史撒以下之有為漢館可談張也，復

意未來

四月朔高午后風到局湯元孫到局

初二日接望之三月十七日函答蔡來淮生吳業生楊總一

初三日遇蘭先函附之金布書賀耀西爲遲張繼卿到局商借印貝

初四日上母安字舜函賀俞蔣福之五子週歲接芳洲兩函方介著游戎

弟來書顧四日烟筒四枝酒並一斤吳達帥太守以李來兩卷到局

初五日答子正函蔡君以重晴到局余生爲繪四像成親署款交之

初六日蔡來淮生吳業孫楊紀之爲吳楚曉繪扇

初七日致余繼由書之程宗介請莊講之三折雲現款之予

初八日寄答芳洲書托鄂垣文昌門內大都司巷丁義興棉花店轉接季布二月

廿二日函並寶貝一集洋四元高午嵐函稱前寄贈物必寄以錢

初九日爲季布繪二扇有設業可防局是日秋宇早詣兩蔡一談

初十日寄致淨布函並季布之寶貝一集東海之洋二十元答季布函寄名往指字

收封印也之局面接石仲月穀函蔡湯元孫遞前烟子清者之收不有反

十一日接陳允初四日書才抵杭宗陳以梅未借到而沂流甚遲也允明來寓
十二日趙伯臣來到寓云壽登瑞之物未貸以置
十三日宗子詩鶴寄函附去長允竹枳●孫肯三邀飲是日會館有祀予未赴允之郵來去
十四日訪滄泉同年題猫白雪齋圖曜西屬繪八方我龍署款之
望日吳葉生史隆生宗和暨君璜來署
十六日朱孝達九到寓
十七日劉毓之到寓言取予并錢以此便告之
十八日會館祀事因予未往七錢方宗庚送圖蒼庵宗和暨於祥東棧來陪
十九日接梓翔十二日書并解紙金保盤方等件附來子丞家書九張復信
廿日接蕭朗去函并附梓和函內有壽補之少府哀啟郭出宗收條一張緣王子求
夜寶森召送來王恒孝八銜是日閱電言法與就範
廿一日許小蓮送詩來代為辦三百他未得見
廿二日與方宗庚同將錢譚復重畫扇稱帆衡去樓并允孫邵宴雨蒼為陪
廣子修廣文來到接梓翔望日書宗子來嵌畫箋并附肖亭函

廿四日接鶴笙五月十日函，寄來書畫摺扇並西湖小影，康寄一函，六妹接二弟十六日函
由瑞房寄來寄懿表一個、茶兩匣、一萬扇子、鄧子壽附先容函，可接家
廿五日接笙五季弟函，旅館六安以取了省，到少亭名炳者帶人寄自江西
云與淞老同族，在約赴六省，到即病，而于經事之地不甚可生，極往旅了而云
六部李蔚芝云中途設禁，人不可概見矣
廿六日又爲小蓮程刀口私家，又乘車眠並到，又精頭不爽，眠頗倦
廿七日貢璣生、司馬偕之生與夏壽山到寓
廿八日寄瑩妹弟函，附寄頌莊大信並補之部照實收，又屋弟函
廿九日寄復淞兄、契庵、鶴弟各書，接蕭叢老三月廿日信，張紀常來
中途阻滯，所以遲到。蒼霖、王子肅、寶森、施容甫、稽表功、蘆泉、瞿方集來
大令淮清云徐州中途被搶
三十日致辰仲書，寄去頌莊大信，又海兄家書，雪漁畫、暢之鶴士畫冊、鶴弟畫扇、弟小鋼繪一
枚，皆交陳升帶去。瞿壽先明到京

五月朔接子正函言在潘霍庐借葛图用功
初二日雨蕉允孙到厚寄手段任雨观泉少资之
初三日交子正托杨子寿寄交娄庐所便带回为寓斋绘三扇画
初四日绘聘侯款扇交苏公将致接铁沼云大尺画扇雨蕉扇将致孙三宽子
端午接季弟四月廿三日书寄吕孙中寓已先东林之迁聘定其四女应仲已设帐住庄即
赴吴城馆会吾秀在庐饭后余生晓曦同作叶戏
初六日接罗伯陶函俞鸿陈三君子画已观到胜王嘏泛安镛李荫堂祖福
初七日崔寿函寄印油马封附去复星五函题贺朱达九印已送平赵景旭书寓之住
聘方悦旗华楼楷三君均辞去浦
初八日书广庐款扇
初九日画仲侍子鱼扇沛初第五苏画已往观到胜王迁生
初十日接鹤弟初六日书附来致咏先函烟瓶并开庐将寄接孙弟初三日书并
复开诚泽等件寄沼因到厚书致子年函托代送李星嵒笑叔芸泽十元升杞坡

大尺以东来

十一日以来贺仙坡署首孙某元明远来附子年函并托泾由弟都转寄是日申正

趣饮补蒲节也

十二日发浙兄书弟书又鹤函并照相洋铁瓶致石仲书弟书报议之即略

十三日接湘哥初四日书来洋百五又字箱吟十部石仲初四日书来茶一箱一篓卷局

将行发湘哥石仲四函又致季弟一纸上望云一页

十四日道署斋之行未瞻郭三家取到石印画对信陈留千三汪留千一还以三

望日为陈桂林作阵幅又于郭三家取石印字帖四件借五楼苍岩黄钺生

又于岩吴道远大汤文生经书亭生取府是日大热晚又大风

十六日晚间中洋遇大风雨顿寒下午觉微热晚归大作寒热

十七日热渐退临诗数息于家下午过清幼庵泥子宝生来卧弟因见

十八日许筱蓬驰书来晚以手批司刻史记旧搨唐宋八大家法帖宣纸葵扇

致东新三道洋六元又取石印三种价值清讫吴叶生安侄生房稿三张以

曙曦诸君寓

十九日寄怀叔兄、石仲函，附去纪事回信及书

廿日接丁辑云函，贺节云已无他虞也。以寿逸谭仲修之行

廿一日陈曼云来寓，携一稿，阅悦悦情好子勤至寓不值

廿二日吴笛渔到寓，日晴风甚，望雨甚切，大府虔祷未之，是日大雨

廿三日访陈桂林，偕至雨生寓，游湖遇之矣，接董雨辰函

廿四日接石仲望日书，携修接春圃叔来书，杏里书，虞郊玫勤寓节先十六日函，往长

安旅叔兄寓，寿子如屋，虞郊寓，里又吴两人同年，秀才养取，说烟了，彼以数语遣

为发已就论矣。往白卿许，以一碑为赠，又访寓，虞旅，陆生箓，谭纪之小云

廿五日见来寓，又寄年函，阅馆，悼联，尉之宋旅游，和菊以苏子其三君，是日城

隍出巡满城，文雅同人约于马至亭，聚生把酒，瞻郭雪老，与鸭馔一切，晚同游

云同出一走平霄灯火，[illegible]于白书，便访曙曦一谭

廿六日城隍神会，又至华、阛城，喧闹如昨也。偕吉生同旅雪老倾谈片刻

下午金生曜西至家爲葉戡邀去也

廿日答楊藐翁函議鈔說詩碎語三年跋函史寶生坤沙瞥之一元康熙跋

又以四六叢話刻蔡生紀直縮石印字帖比來月餘風亢大有旱象

廿四日寄錫侯大紙之數附七弟處家書及十方金又答潛叟函並撮子詩綫三年

致石仲函附以蔡扇九年手諭有旅龕袁幼庵是日有雨答萬光函附石函了

廿九日張復珂函來借歙硯以二番袁幼庵遣看金古生舊居

閏月朔連日陰濛雨屏復濛接子文妹書寄是三月廿八日發接段少帆回函

初二日接淑兄十七日書將有濟寧之行附來試之明平甫兩函鑄之兄有書係自來

齊搬日用接姚劉廿五日書附試六安函

初三日答濟之函又致石仲函附七里信接季卿前月十日函附來致子正書

初四日雨中爲蔡生繪扇兩並書團扇目力弱多益不能適寫子正書作季卿記

初五日雨止陳鏡翁邀飲允明兌送來接石仲前月廿五日書答丁梓香之函

初六日又雨教人觀劉之摹因是中止

初七日仍雨已霽午后閱五省科時之半
初八日擬沢臣蓉生兩傳未就
初九日与五樓祝三子英訪君遠鏡堂蕙生子京少峰屏寅生源翁云泉蘇
戡三笠臣允臣諸君等畫園觀劇
初十日接鶴年初五日書附寄悠允西漚刻元文家畫一部與臣文刻序
十一日允臣刻序沈憬清劉經禮蔭勸查並蔭孫子勁
十二日夢拈凍弟函蓉石仲函附寄鶴年橋弟文等件允臣笠臣戡三遊觀劇
十三日寄雲濤鶴年函接望三五月廿九日李雨五月晦日書
十四日寄劉蓉生雨詠何戡寺悟之鄰何新郭三邑遠來
望日接褚列初七日函附來仰之書並前寄下款已到接弟先之一紙並而立下對
詠寶之回寄照以新若補云段若來
十六日雨憶清丈人之喪為孝撰聯云婦德允宜宗族欽至儀五十年來遐擬
臣學習戡星男先生隱陰地更歡清片刻興宦禮祖祥畢六易星

十五 荅蕙兄函 附以信箋二匣 田東蓋弟去 荅望之季弟函 屬蓋弟回 寄函附去
十六 新婁同了王藹士茂才送者來 叔兄枉賀 于巧子卞書 晤楊且黃大令 日福叔
補之眠謀也狀
十九日為陳孝廉送葬 三良仲溪扇 閲高子嵐橫死 今晚行
廿日 兄抵劉房 接兩兄十六日書 從生沒之後 到房 弼尚事之也 叔兄收完從又叔
疏之不值 署天扇書之 欲覓勞人
廿一日 兄仍持金眠 剩督 尹之函之 午後嵐自墮之狀 甚急切需款 又力左之 小雲劉當
廿二日 談藏畫款扇 眠來 金魚又嬰首之痛
廿三日 叔雨葉 致妹弟家書 胃之痛加甚 牙根腫 怯寒不適
廿四日 荅仰之書 與以閲千之數 左頰高起 牙床腫也 荅拜王藹士 饒徵自蘇
家埠來 將過里之
廿五日 續致妹弟書 弟以僅書之字音摘要一畫之 饒徵弟去 將行之 深梁厚到
接徵兄仲弟書 梁厚餘以汎扇 訊春弟來 住若饒徵留與同行

廿六日發鏡之函荃雲交緘 手病漸平目能清亮
廿七日接彿弟函備兩集一百二兩二分零又帽鞋等物並霞仲之函鏡丞望厚
廿八日望厚鏡湖同乘江孚船下駛荃孫同去函又復湘允仲弟緘
廿九日晉雲弟赴六安以三函交弟接子丘廿二日函已就館旅有替人而行意在金
送懷門至里而返定之接彿弟廿日書母氏康健前寄之款以五十元歸庭因備為旨母
雲看二十元零沛初子英到高谐為姻予俞沛初院之植祀五百雙壽為予兩完姻
濩又原不廉為聯賀之因集易林句壽如松喬云蒙祜偕耦壽於姜呂享福多孫又
以悅循壽長生得所愉蘇遊鳳集翔興福為婚 自蘇來
六月朔霞彿別書寄子去江寧旅陽允孫商寄府擬予沛羽又泉並來
初二日寄府商定備五十元請為以償房室訪汪宅買燈早津 是日雨
初三日大雨竟日接劉東甫自潁陽來之函
初四日發汪恩輔函將寄府送到之件交允孫轉寄予 下午雨止
初五日為子益以備披覽下午聞鼻衄熱劇不寐快極不作閏月廿五日

附致墨緣雲城函即行分附
初四日晴　晨發石仲函交墨緣帶出寓請之聲之閱稽太君並加重
初五日晴　晨接里門來致石仲函六交墨緣帶出城外退回因早而付之閱稽太君
並告已在趕辦諸事矣亥時送仙游為撰輓聯丁憂疏稿及各友往來之字來稿
連日下午淋熱雨唉是日幸熱消矣
初八日晴　晚至明到寓抄寫兩單便將到省實行之雨甚到寓
初九日晴　晚行接三兄二禮帶家屬函至晚雅行程
初十日晴　送兩兄書附之致仲弟一函仰蘅到寓
十一日　接銀弟閏十五日書云已領圃方伯來寓晚即荃拜
十二日　致子丘函書附彬叔函寄鶴弟函接初六日母諭初七日梧弟鞏厚函
雲城函厚蘅已隨即辦寄里門以資還收數三百十金二百八十元
十三日　上母親稟雲濤彬弟鞏厚函速作行因寄
十四日　雲濤季弟信附之慈諭
十五日　從雲到寓致徽壽函附彬弟行致仲弟函附慈諭由轉和

十七日季长到京，托以两巷子之夕，祁雨巷接王霁卿函，附来节略屏面花笺

销去之后子年函已代送君星前丈议十元并将家子兵回御协局来行局附

有书及季长芳涝函，为张芝园画沥拙授印谱且颂稿

十九日霞溪雨香静之函，接季子弟初三日函，有莱一封子茸送函，有洋二十两

屏字子里附来，贱寄来函为托购木丁悍重回函补之子无钱附来银

沛初函

廿日苍祁交长函信偕皖之一族到京之十六日请寝，现丁丑夏安出都往

首邑日粮代署理，致张布函附去季弟莫六子笔送廿元子平十元并行授

谭仲老函，沛初及泉来，接鹤弟十二函，寿六之海源寄将家子宜又述拟去往

廿一日苍悍重函附上沛初之苍子笔送织，又季子弟函，弟去苍节银子腐乳海

蜇与眉版等物，又致淑哥函附去鹤去家款上程子元弟重接苏君之高函集

之大人到京兄在京以诗，旅稿屏局没京文老称两巷意来年有续之也

二十日癸。偕芝圃唐访植斋，荃荪集久之，来晤同治宋介堂大令寿祥，
植斋则前日于杨同舟断行，张小亭作古华，获秋李孜石伸十一日函以择
学为日疾之田，勘止句同奎和函以律同为难，谈中途即返，两浙乔十日霖
有专之归也
廿一日荃斋寓函邓逸亭出见，谈于被贤之子薇坡云城
廿二日荃别申有公函
廿三日薇墨庭太守并邓逸亭晤于二子少蕃荃海石云三函，章范清蕃之好
留仲荃别高
廿四日因事十四人之学帝晚接母康太夫人，崔清青来伸青专函，晚接石伸十五
日函来，蕃庭来，刻加荃一纸函，前函帝主为，谈及公信府
廿五日偕小莲会生之学，梓舟卿玉亭。时成来拜，荃维刚函，交顾之帝回
廿六日及之返，顾之回，晤蕃后，钱军，贺之疏之圃中坐
廿七日为高少尉后蕃求照应

廿八日答拜郭鎮軍邸坊，載並薦仲崖完浚允枉諸君之所画稱至友人以扣論
道意辭從錢謀為允孫改同鄉首之策為年定母家張氏字節諸旌之稿
廿九日薦劉文相現象壓至殺彈譯補之予薦理釋楓
三十日接鶴笙前月廿三寄申裁答蔡生將為羅道婚以聯日為林白鶴黃為羅道寄道廣
唐雲來還薦並當安　薦方宗之屏陽允孫錄壽寄事寄
七月朔至楚國中丞接樸節度先示桂林陽朔即同陳劍鴻二君往賀並賀人
蔡生為還與張芝圃房伯丁潛生屋訪陳午峰範孝文暑寄聊書　為張方伯
撰詩　並疏稿廿彼持別廿二年後討論七月廿六日函到前寄之物已到矣
初二日偕同人請修蒙田學士撰為序稿陳午峰到寓
初三日乃丁屋訪撰說並疏稿同人置酒以祝五樓方宇花甲之慶　予以壽也未到
家張五樓內主青刺史回字已派差送錫矣
初四日邢道宗到寓　拜蔡到接滬寄廿八日已定日期就道不件同日書寄名之一
桂卿之忘其切全市中識批詞單為拜己有也書句出之說二十不免寄南鍋行擠

姚刻鹤吾子正来加一纸徐出也隔到家君序贺到府芸孙书胜旅幼庵山谈

初五日芸谭修竞函接邢用丹园宾东嵌中弟用梅园录由庵江尉张执忠回

快翁书来

初六日芸旅徐君山高晓珊竹林

七夕为黄柏菴作注以赠见惠题帖之意淑寿到接许甫丈函并屋东

刘石仲为一信季锦臣刺史淮藩到省

初八日芸石仲函附陆钱为大令近影

初九日邓玉楼谢究往与之宴于子正徐张庵朱大令成许子吴成祥

闻陈竹斋之耗

初十日加一纸致石仲附以淑之函费函踏萃生旅费三比钱甫接珠到

初十一日函挚厚七夕函

十二日接茀九初三日函并银廿两附小酉一函属代寄锡甫之金镯要物为回

說僕之歎書而贈物作答受存並希回筆予收者回謝之辭陪巾幽之季弟

十一日 作致秉到文樹兩函到前 王蘭將也臣到齋

十二日 錢曉樓、張執之、陳俅川、朱介堂到齋 祝厚生之病

十三日 答按名家照孫仰泉太守

十四日 答回輔函又姚曉（書之）

十五日 接孫仲初五日書又閱初七日致浙哥函又接回輔十七曜曦書 齋回寫信 曉之到齋

十七日 致錢曉樓陳函以香溪諸君 答孫汪伯龍（任曉之臆費桐函）

十八日 連接仲弟函附寄湘兄一書 致楊潛叟函

十九日 鏡湖自里來 接仲弟十二日書並帶贈各件 劉秉南又望之函並錫侯及銀十兩

又季弟書寄兄自閩之牒雜稿 仲弟函一及寄之者取決狀樓之手

二十日 送康太夫人靈櫬出移至李郭 返寓假湯袁寓宴送作陰暗 朱芸伯荊吳徐紹

南大令景鑑 顧敬九大令 陳蔣五大令 許君守錫侯附之蕭先二十兩 另侯一函 望之之十

金夜函弟字，为蓉望子季甫函附去，曾文正字也。

廿一日 送裕大中丞之行，并送刘子翁不值，蓉舫朱介堂大令，致仲弟函。

廿二日 送饶淑之行，以字画托子晋，云为刘文公为临扇并也，即送午白下之行。

廿三日 送淑儿之行，雨中有往不获，为伯华临扇，给为贺礼。

廿四日 有往姻子处大礼，过去作代之，日雨归。

廿五日 于云城以七律四章字示和作一首，道里江城往字子宁愁（柳辞）魂付与吟肩杜清[illegible]

[illegible]（细身无涯老）[illegible]烟梅叟（诗工诗耶）[illegible]（尘壤有缘记）[illegible]霜月 天涯[illegible]（相共）[illegible]秋风[illegible]

蜀[illegible]（江南[illegible]）[illegible]村何所许 他日[illegible]（归[illegible]）[illegible]中

廿六日 有往两宗为过要，子过去周旋，两姓之间亦文不通。

廿七日 贺萧生请客，为梓两家姻，得之归，晴云有日凉，理积帐。

廿八日 雨，深竹斋服济之丧，写两蓉封斋将有天长五成寄查勘秋成之行，拔轻两城。

函唐荫之子澧州之兄，致也，孙保寿为谋盐道着实，借径费之须差。

廿九日送雨蒼之行，以扇籍寄予家並黄河膠花露之饋，致劉鎮之書，取予刑部寄叔之
到此議辦理案，部寄則未到也，寄致韓則七附去，濟之卿覆函，為於灃川致徐信
春函
八月朔，致寶之叔弟函，託購桿硯墨弟交，致張小雲函，為房事之事，壽老三禮註
送菜之事，接叔仲七月十八日、廿二日鎮之二函，云所事已渡去，房留意焉，及蒼雨開丹圖
函交鎮之旅便附寄，接芳溪函，寄來廠參四斤，芸七千零八千
初一日，蒼石仲來談，蔡生置酒招邀，共飲者十餘人，有生家陸鄧亭，蒼汪自耕函送
初二日，旅湯光孫蒼芳溪函，寄英洋五元，致孫來廷函，取蒼來去人畫件
初四日晚，間王玉到，接淑兄仲弟七月廿九日函，與金生之送陸桐臣刻史題跋之太倦
三十日寶政條祖秀的送孫子勤舒城學幕之行
初五日，旅交金生楊緒之彭滄泉，皆衣值
初六日，蒼淑兄仲弟函，寄王紀常回，蒼旅鄉遞亭
初七日，散步安園，歷拱辰亭、兩鑑閣、結歲寒緣館、鶴塚、鹿欄、恩餘亭、度鶴橋

龍湫乾坤一草亭諸境蔚封爰臣交逵公餞子六千蔚趙臣臣

初八日祀汪渡張夫人之生蔡生通入第奎園觀劉雨為楊子青作東而去

初九日因子梵兄邑中丞於[illegible]精蔚其不值鄰進亭華兄所兩君到寓

初十日劉蒼卿兆華交陳兄初聞函屬購玉函山房叢書及鄂局所無此外所需進全

元三史則蘇局所刊新舊元史則浙局所刊戴氏[illegible]乾于地購買為宜接[illegible]別初五日

去述于錦病多日字跡殊是菊逸所書時來山圖跋萬老之函又接[illegible]福堂收條觀劉

十二日接石伴書由沈雲卿維嶽帶交致雲城函並三元附來蒼蔚劉蒼卿[illegible]寓

作集茶[illegible]值收百數十千文即用司子三人又雜用月餘足情可想矣汪渡張夫人求畫

以詩品為題為寫花[illegible]疏雨初過月明華屋畫橋碧陰登彼太行翠繞

羊腸綠杉野屋落日氣清天風浪浪海山蒼蒼清澗之曲碧松之陰築室松

下脫帽看詩碧山人來清酒深杯太華夜碧人聞清鐘蕭蕭落葉漏雨[illegible]

巫峽千尋走雲連風晴雪滿竹隔溪漁舟十二幀[illegible]東海[illegible]祥[illegible]以

作絵詩〻乃絵者当有碧桃満樹風吹水濱 柳陰路出流鶯 比湖坐中佳士左右倚竹〻群松下有清流繞山為木碧苔芳畔 繞山〻鶴巣頂〻雲眠琴 緑陰上有飛瀑大風挾水林木為摧 水流花開如晴歲新一家荷樵一家聽琴 皆月〻曙如氣〻秋晚中獨步時聞鳥聲 十二境 記此以備濡毫

十一日 賀食生之生 復徐曉珊函

十二日 發啟玉攸任 晚來雨 觀察賀函 並遞菊生世 附去小酉弟函 答仰之函

十三日 接錦郊初九日函 致淑足衣伊函 託薦季弟於彩麥(?)渴湯 將吳兩人同年言鋒薦於雲

光(?)新郵調宣城李平階 應來電本行船大隊南門馬頭澳僅存三艘

中秋節 蔭垣孫賀閩電 報近郡十三隻渡台 基隆失守

十五日 雲來為述李宏官二尹大度了門額(?) 又內子來到 即作答

十六日 接錦布郭厚甫 託製為棲安贈衣料 答罷復陶賀函 請敕生門視三咳血之症

十七日 為言居盤小軸寫石査詩句 以銀九兩六錢四分託允耕為啟之贖母之 并易贈荊厚(?)

十九日接淑兄初八日書，渡又發病，五日以來旅健飯已，又於丁繹得覺，乃疲困。劉毓
芬到齋，言言於其所為二人情也

廿日答錢滄雲函，將俞陳馮三君附諸毓之篆字。又泉過往觀劉

廿一日金生過觀，劉先孫到齋，持石庵相國贋字並易于貞太史書牘

廿二日平錢英到齋，因過其觀劉，陳小雲到齋

廿三日答淑兄函，附去玉函山房叢書一百本，及致石仲函，並文苗化帝去，答旅
平錢英因致齋於乃翁于魚大令，沈善階刺史慶之以一束來

廿四日電報述基隆戰事甚佳七渡，虜法人五百餘，我軍傷三百餘人，法又犯馬尾未合

廿五日晚俞伯華詩來。三十初度，弔曹霖生大令，致錢其母之喪。滬電報貞報
稱十三四等基隆戰事以其炮壞敵獲炮子萬餘，獲彼二千餘人，獲炮九門洋槍二
千餘桿。昨今兩報顯不相符。金生錄騰桂氏說文義證

廿六日平子衡大令鈞過往觀劉，在兄攜來賬其族弟曾善前史滄生

廿七日徐養齋到齋，借金生所藏吳穀生山水為作一通

廿八日曹斗華鴻文到寓旅泊庵話久之行芸為雲霞城于太湖亦令何扶九

廿九日答旅曹斗華並旅談雲霞城為陳小雲繪扇

三十日旅鄧雪帆壁于袁耦並致貞儀秦雨蒼自吾門來因以回到寓小敘

九月朔劉明持趙學厚廿七日來書物料並張別駕廿八日函又示小圃函兩大衣包不木

匯寄湯拂家書徐玉卿函附之于家楣試草一王臣到寓商款

初一日徐子英遣為乃弟曉珊作伐女家為姑蘇曹斗華府說合者陸琴庵與曹

寓晤勞辛階尹蔚山陳翰臣晚發瀛光石仲函附之慈厚浣封致小雲

初二日發沈旅卿寄子竹鐙圖墨搨及所作傳函托陳小雲發遞安徽後趙

省到接瀛光石仲兩函晋雲亦兩函並寄錫君丹之款楊歷鶴齡數又松烟

書上母示寄款百兩請用而立之數致弗帥千附去物單又蘭油石楠

初四日雲階琴厚函並瀛光函與彭筆之數秋石石楠及錫侍之劉明等去

初五日交金錫三繪扇

初四日若農、石仲、芳雲等函，附過石仲一信，致望之函，附之宗孫家書
初七日西迺中丞到寓，午後訪張亦堂，觀其宗老鎮朱介堂，彭子臣到寓
初八日擬奏不能加，猶欵隨閣集稿
重陽日持稿謁西迺中丞，先紹到寓，文淑之、石仲月飲，老文訪甯老，王子岸芳回錫
帝來者文甫，致朱薌園函，因茶葉屬其便寄，訪彭子臣、秦雨蒼
初十日致朱薌園函，將訊甯所託之文，往伯弟鄂
十一日弔張子和中丞太夫人之喪，晚閱海防李少荃、楊揖堂諸君
十二日答朗甫、湘之、石仲三函，接孫樂庭回書，帝來潤泉昆季兩夫人畫件訴
湯先孫謁鄂子訪張迪雲，未晤，余生示以西迺壽山畫
十三日晚楊鶴秋來聯
十四日答孫樂庭，老陸溥御海霖，寄畫以舊經濟上的紙遺之，晚作賀萬先生
壽函，致淑之函並擬聯，石仲函寄翰，弟之衣色木匣

四日過蔡生又泉蒙階五樓子春者有三層高詩仰諸君鈍劉

十二日潘熙庭福照到齋以函得交陸溥卿到六安貽以夾價二元

十三日袁紉安到齋丟巾經過飲晤熊雨臣二尹瑞生接十二日母諭并弟書

十六日為金生作兩紙小畫書夏之到齋

十九日楊蘋望楊介堂到齋寓上母並寄蓉琛別書附之楊櫆林先生輓聯蒼梧

玉卿函賀平子家楣入泮為鄧牧山琳致函求之石印

廿日接陳之石仲一函即日函苗君弟來以人多居揚南過携有所蘇堂業招校閱

辭申

賓甫之子欲居郴如詩文名數首此係將之諸黃子雲汪友山兩君看之者

廿日將欲居郴如文名十五篇賦名三首試帖名數校閱完諸字錄不能摘但覽

內

註致於棪者草稿手註致於棪外者資穀義以緣字踐數語以明光馬諭氣

積滋不悔至此又成文兩兩獨得為歲勞夏也春雨薛房所作外先生渭川聘

妻陳氏貞孝節烈之傳文達兩絕之氣樸而茂純有桐城遺派

廿一日為汪友山王子雲繪扇以酬代校刻文之勞

廿二日接石仲童九日函以江陰人沙子卓任湯雲峰之遺稿有典股在沽明橋西陽橋之典願讓半分於人須洋五千里書云但可湊集三千尚缺千二能否勉為籌湊措以玉問益齋此舉是否可行吾以我中只須洋本並無外債為第一要義洋本別力存難從者債則代人照管若果只要取見悲是拿意別萬有障錢逐漸置田是為上策以次則更人掀押之件稍有子母之權附股於典如劉雲樵者不乏之特一有錯失不堪設想也

廿三日在張恒泰取宣紙五十張價三千二百送寒雨蒼致仲蘇妹書

廿四日巫中座到南書中南玉書云贈君撰誄作二十六首又華版敬和烟雨軒寄小陽日舊韻和在湖南會館碼頭詩寄雨蒼並寒瑱挥一冊十四五六間一十歲左右價以五六十緡為率

廿五日雨蒼偕兄石仲函因中蜂蜜事並寒示之故六未發

廿六日寄里中書詳子西陽橋典股之事接第兄十九日書附來寄里函有銀廿兩未經送到詩來人於月底領取也

廿八日雨。姜属照原作陈列女传分为了，实清册。

廿九日为雨表山绘册页。陈小云属撰祝毛西园七十寿并贺其孙青席之联。

三十日雨。为姜属撰为陈列女诗雅年稿。

十月初一日，方宗屏到斋，自桐城回，送寿彦雨兼北行。接藕芳九月廿四日书。

初二日午后香孙弟到。接淑之六月望日书，送陈贵回，有湘叶弟致□生函，作书即观送石仲廿四日、廿六等日书。属以廖弟信，为湘叶弟致金兰生函，为内孝泾葑军装局结欵，学扬者。又王子函，金弟函，成鲁函，属买白粉，此非力所能也。秉彦生、杨纪之、汤先孙、方宗屏、管仲荃到高文卿□。

初三日接□门廿一日书，附来小儒货单一纸。张先吹、横重毓森、嵇张仁卿、大智、柏扶蘅、李潜。

初四日苍淑之、石仲函，附去李弟安。蔡又三君遣视城外铜器，送同回旅义亭，寿高小云。上孩中函书。徐有三到席，高借五两了。

初五日池楼借遣视刘腊、程子毅、朱木卿，两回送字。

初六日张孙弟函，弟云廿屋又寄往第先家书，整银六八两、金锡三，遣视刘童先，雨回送李弟乘江裕轮船归，有莲府喜轮到上船顺利。接书贾黄蘗卿自金陵此之坛寄轴山房写寿条先书。是日视刘太君八十五生辰，瞎条子良及刘聪斋。

初七日 接淑之、石仲九月廿五日函，姪善業來函，附寄一條。同飲蘇堂，取葉菽畦，敘堂觀

吳丈書畫聯屏，菽苓查看，不值買。仲蓀到，晤談片時。鄧玉樓同馬伯田、巫喬周書子

李蔭堂、劉丈祖福

初八日 天氣作雨，赴賀孫中丞壽，送下午賀沛初太尉哲軒完姻，答茀之函，寄以瑞花

彩緞以賀。買鞋送之。壽毓臣二兄。聯生以簡來

初九日 答淑之函，寄去明史、國語、國策、今水經表、武功縣志、英經、善本、籍集、約兩

交還。飲蘇堂，摺又摺扇一張，芳金夫蜜烟壺一個，馬回，取託寄閔有寧，價九元

并交趙紀。答石仲函，寄以製黑豆一包，函亦交趙帶。李子芸、延元、叔直、王蘭舫

書臣、石冤來，楊松嶠、茂青、叔劉來，即時出答。夜上街觀燈

初十日 中丞自鄉，頂戴隨，晨吳東以賀，答晉雲書，屬收趙紀取信三餅以備

雲閒、袁澍三大令、兆龍以劉來，送印章答

十一日 沛初邀飲，晤胡嶼蓀先生、吳櫄及陳魯瞻

十一日蔡生過飲照沈亞南金甫昆仲熊玉臣來寓

十二日荃孫玉臣接朱静園回函為多致病現已痊復蘭軒之病而今菊舫得子而大漸也已

十四日吳景蘇子英來寓

十五日接張耀儀函自京都來回辭樓事當於同發喜昌期三得孫子為之生日

十六日接仲蘇妹自河南永城來書八月間到彼鹽務

十七日接劉明帶來妹季爾弟十二日書並有物件清名稿沙堆典股五千串文接以抵償四千元取三到一已省成說接邵子序十八日書並有物件又千七人給林女之物董潤臻若同來以一剿之為淮金子也書同致疏等在仲函託弟去又朱蒼函致閩友者亦另寄往中原局為接爾洋務乃地方情形稿董韻元甫

十八日張迴雲撰書到寓仲荃以高硯送來

十九日閱李手階到浙游京浙閩為霞老門館了並託吹噓允孫到廣託諸杭府並寄來樹接鶴年書李字荃函拆視覺語氣有難於之為字處之者

二十日金生照之等人晏漢眾作華館遺稿

廿一日贺熊並勿蘭〻姻完娶，夜祀三峰，拜苍霖张迪書

廿二日致昭之一纸附〻鹤书〻霖方宗彦照刘少泉方识〻二君

廿三日中丞到寓，英叔援翔防务及地方大略情形，招商程定夺

廿四日致晋卿纸，罗行鹤汤之孙以程子敬〻扇傳纸绘

廿五日答杨潜甫書霖许小莲，为张唐竹泯徒病大略，子英来寓

廿六日寄朱锡李钦函，附答厚子書〻，贾黄绍卿以函由屠晋卿面交文来取

書贾中丞到寓，熊□臣来

廿七日汤之孙来以油纸扇纸绘，接吴子椎觀察行之函，接王站嬰本月廿二日函

扇字二千元以买店田

廿八日以英洋十元交屋卿，晋取有收條備览，贺仲莲以高文岚〻之病为属

为葛清得俞慕生缘发画，又泉（许小莲）交本洋三元，华之明厚祀三拾僮卿汪金生

交本洋一元，秦两苍英洋三元，均已收到王诸君本洋三元，方宗彦英洋一元，为来

交来光将收到者，並原来〻云廣交仲莲转致，接君厚子留男函

昔日莊子蒔太守元植到齋，趙發劉明之事，淑先廿三日函並來澤坡歸姻
壺壺款，石仲廿二日書，弟來應華甫寓，於嘯蘇之物，晉雲書，兩類之款收到矣
張迪雲來，皆將赴金山去矣，茗蕉漁時泉
十月朔，寄姚別季卿函，又一屏，買竿子，茗九枝書，方宗序來，又高氏韻弟款送
張迪雲之金山之行
初二日，寄段鶴年書，附之君厚舅第二函
初三日，江瑗坡請齋，赴宣城，以於老旧条文千本交應華甫
初四日，鴻印到，接姚別季卿函，兩弟十月十二日函，陸雲來
叔光茗蕉桑蘇子英不值，晤唐初，晤茗蕉幼蘅之來，晤下午茗蕉莊子蒔接生
蓋臣十月初五日季雲航，澤甚弟來手書
晚陳曉亮到生
初六日，寄濟生函，陸桂生因業請館，胡曹兩君，因花竹生來齋，茗石仲函，留交鴻印
初七日，張歐老到高明，日去有友書文一本之

初二日酉中始遇同年恺往迎园，亥刻出崇阳门，到迎宾馆上陆，清韵船走柁下驶，风
平浪定，遥览胜神，夜放中流，晴时拥舟竭力挽挽，到三山峡停泊，时将夜半矣
初三日清晨到美城，风大舟寒，中巡以所带小舟行不能定，海上迷雾，令从往东西兄弟山守于莲
湖，守旅登岸，一行投伴于邹集之徐仲翁、左仙诸君处，以入城路远，兄弟晚拥者误行
程，申初定海回，自东西兄弟山即以回，厥到六夜遂渡而泊
初四日舟于辰刻过桐江矶，小停，阅北岸两砲台，好亭莫並高出城堞，垒东角上旺晚晴
共堤堙下埋数砲，皆可得用，行二十里到马家窝，过船已申正，及张子初军门接书，及投人
查访，探钟四侄菜之，嗜哼而好奇者之所为也，询之东兄五砲台，但桥木桥西兄四台
相等，植垄初六之定作书，过时彦严寒，半年二不便，以待来年，流书了者之喜矣
十日卯刻回，晓垣方友处，一言之接刘聿甫回函，帮办北乡整务，有千金是贺，津姑设
局以阳子多且究接鹤，南初六日书，窗镜下问之，梅坛现在钉桥寨口，则差水浅
办理，桥木多一番劳勤，接石仲初六日函，以弟寿追典，宽免各项，受分为微之有降

級請抵之案，客齊之又泉請換照免■而祇抵銷三級之案免予抵銷。

十二日　拜張子和、孫稚人、張敬重三君。晚間下雪。沈雲卿有定遠之行，未作辭。

十三日　答拜陳楙生，拜晤孫道、沈雲卿。請沿雲到席，不值。請又泉商詢石仲所託

事三案均已咨部之處矣。

十四日　托馮又泉之生照孫持允江，拜仰又泉為咨部奏楊政玉家被劫一案之案，

承領道宗郭允光等傳船被劫一案，均于八月十二日咨部；王黃氏並其子王七訴

被殺一案之原限滿於十月初三日咨部。趙茂等書來報到，初八日函草八省

五孫莫地拜字年留稿。

十五日　祝徐子美之祖母吳太宜人八旬正壽。震若仲函致淑允函，答蔡韓沿雲

不值。晚遇於允孫高卿中，並晤張俊珊於吳宅，晤汪友山。

十六日　答拜李雨翁函，望乞年委書宿松孫典史，即致函，因遇之，附之拆取字

錫青有五孫臺碑武橋，徐功細來談，接淑弟十月初九日來函，初七日等函

六二良附丸及止痛十味丸二盒石仲初十二日函到年君壶舅及闵丈丈皆卒

十三日答仲苏妹函函述河南永城遭闯张永老来

十四日祝俞蔡小甫之生挪祝君和舅与千寿联集易林康巢温仁逢时积德福禄欢

喜获寿保年答淑哥在弟函

十九日赵延臣以鶙病告刘毓森以喜危告发于黄菊鶙之拾到赵受如资病费以

到刘受刚已于申刻阅拱高增二元药理日事晚间附吉家之石弟请弟改函赵小琴

受达子来祀接妹弟十三日函并将莫致定于腊月十五先一日诵经招黄魂为先卜仲闻

楼安小偿货订定四十八件价二十三元先付十元

廿日小雨刘受之函述之襄子临俞蔼人之短徐润甫绍滨王子肃宝森郑菊生朱宇庭法存

甫此外如法钱以杨棣里朱会之翟袁幼安华之明汤之孙刘聘高夏仲笙皆在途钦俞于良

荐樽尤为出力

廿一日雨在蔡小甫受谈俞涧階为滞初肥妹蔡及星桥皆在皖理金衣事俞涧階亦在皖究

以致时吴中门业于国次子之门次字为妻之妹宝閒共为者也今年五十六岁毕甫通音问

小寒。屬子楊伯原撰聯二副

廿一日。書致卜仲周，以函以輓聯寄子小雲

廿二日。接張中丞回函，致孫子平函，寄去画卯收條，荅朱鏡周函，薦孝老以四金託允孫買添

另開一單託允孫買物

廿四日。俞濟初五十壽，以一對往祝。龐允明、宗屏之孫並至，劉介一生

廿五日。雨。唐穗三以湯餅筵相招。趙孟原病，老以致于子輔、何函，託遞至錫城，曉天可逃於稿

交託轉寄陳仲恒住宅。廿六房來揚琴軒

廿七日。至中丞之生，不及祝。是日大雪

廿八日。接石仲十三日書，言來開口大驗萊二萬，係王子爾、竇森、宋來青函中述，發信

尉鄉。托卜有帰子佩六十金寄到，房轉寄與里。是日大雪，煩趙老二米炭

廿八日。雪積五寸餘。致雲老，示生雪感懷之作

廿九日。雪霽，復王振麥書，閱江南星報，言有為泉卜行

三十日。致雲老，謝軍病甚大，江邊風渡，渡人負之，業棄，旋稿

十二月初一日 於雅樵閏香人兩君處遇作銷寒第一集 在壽宇齋館 晚與蓉臣劇
史稿 黃模模太守 待壹詢 云李雪航何竹汀子
初二日 致徐季雨方函 備五十一金 為郭蓉臣軍門撰謝恩摺稿
初三日 接沫之十九日書 並鄉間回身雜安信
初四日 續致孫弟書 達前紙 同寄 為中丞撰以頂戴謝恩摺稿
初五日 接汪魚輔回書 晚覺瘧疾之發熱
初六日 在署畏冷 晚又發熱 是夕為王彥兩河家人狗說千歲中問者撰詩 旋稿
初七日 避風一日 擬為清寒詩 而未就
臘八日 致沫之石仲書 夜劉松石到 接沫之石仲函
初九日 龐張蔭云為劉卿說頃 龐俞子良為銘云 子若龐當去 晚趙季子良以花來生
再致沫之石仲函 託李生寄去
初十日 俞子良劉彥先寄銘云 龍眷遇等再勸作清寒詩 次唐陵宴太尉西園
賀雪歌原韻 並於雅樵閏香人社長以致子先明詩 求贈寶岩太守 與為銘

函請賜回稿，詳云不可。接石仲初二日函，據童云述來。

十一日，郭善老到寓，函出呈展祈勝，到德協封子連來，省傳詢了，再行聞風停當。

前錯某歸畫一包，回月，郭中接朱穆老回函，送徐青寓，鴻江行旅小雲。

十二日，答郭云，接施君寓函，旅之直，紀宗屏一張，即同某人來晤。

十三日，[illegible]星有詞章士參三年[illegible]票[illegible]程，照務某提盾草書，辭飄行為

[illegible]之請，時在啓。

寓接別和宕函，附來[illegible]議云[illegible]二十五首[illegible]瑞前老師萬[illegible]討文啓，小雲到寓。

尹仙坡允許云函中附名以下稿及[illegible]進呈御覽，張穀老

望日[illegible]啓示，成寶岩太守到，晚[illegible]宵中[illegible]

十六日[illegible]允屬寫示請君字，答王蓋臣函，到通函首，送暑，附一紙

託查別子日間[illegible]之寒熱，早[illegible]之家，題[illegible]接[illegible]時，九月十二日丁[illegible]

報之回書來[illegible]白木了[illegible]稿[illegible]欽[illegible]之[illegible]也，見[illegible]徐[illegible]中[illegible]日

新监前数日定决罪名章京李左丁陈张张与阎学士均革职戴王分别有程
度之轻重即来京听前查询先樵署后大臣楼湘兄初九日书续帐当负六千
殊属不恕家中来书称二百杭桃花巷转给身一百滚德堂里沈味腴五十彭玉尧
家前负费二十金馆指八两朱味芝黄尹伯埏家各十二两是年内一并注意别少深者皆
即划分送渴之孙玉价三千均交云城以之三巾分送此外别苗孙四千之后有三三十元程
子毂三十元皆须即送另银若干两属换英洋送毓公家二十元余作家资别用
接辰伯函附来致杨家十两故云城三元赵瑞臣三元余亦归毓公家又黄其可以三角
也函中所商于旧土墙外包筑石墙甚以为难也又前来华阁七人书寿萧先生九月也
望函方瑞生军门在边往闽中襄办军务今已到府
寄书亮君和鼎兄前来函借洋六圆代还又华朗甫兄前来函另附一纸
仿人送兄处函附送来寿椒庭之数借人送去并便约嘱一言了无可观
寿萱弟先有云函憩力撑到聪甫供云城函时打算

十六日 荅淞秀石仲函，附去各回行收交九件收条元票各一纸，石交四件手摺
十塊。覆諭洪軍與劉軍獲法於越復城事，交以前三函俱交花竹如
十九日 蔗方宗屏兩山勞晚過，邓门出書看南山寄帐，晚見十七日電諭
鄭鳴晚以信見，撰侍講交分上午，蔗飾書上毋宗姪子函
廿日 書致梁季歆函，上孫安宗来，荅蔗過寺，晚岑生以磨樣張過閲，是日同雨山
所書者，稅務之頌の大端，寺洪中度並沈孫康等，色夜請人
廿一日 致楊熟三芳函，致歸舊款三百
廿二日 山高生過見，宗子良並晤允收商，蔗看外訴，夜致雅帆以清宴，訂八號向宗
讀撰外別去，日書中識貨價，有看所寄，一條，蔗蔗他用順姪，補八九兩年稅
資八元，本年先交十元，李徽竟 楞子雪高園 節畧
廿三日 侍閏星君，於文查任熟，丁任等事，致山蔗 甄寄加八書
廿四日 致劉伸甫 施建高簿函，閏星君查沈伯興及任君兩事，又南北各處事

許小蓮函商移出院著庭寶充役信廿五日子時
菁逝於滬是夜仲函季臣到寓為許小蓮購棺於方顯廷家並小蓮入殮
廿六日接孫子丰函錢紹雲函允孫繼之到寓
廿七日發紹雲函張迪電到寓
廿八日發季臣迪電繼之閱晚光柱是日爲吳君傳詢處擬今春震撼公啓稿竣
吳修之明府爲小蓮謀嗣
廿九日復羅伯陶函電救濟船隻由大赤山向余山而來至平園抱長江
除夕接星之函均年初日黎起程回者赴宿於孫尉之往謝吉人於城內仲蘇琛依將伯
之呼並須遠近安兩不設法方得成行舊日係由小路而來也

来猶可追

乙酉丙戌丁亥

乙

光緒十一年乙酉元旦晴。未明而起，禮天地祖先、竈君畢，入院署。天將曙，氣象
甚佳。各君來往賀年。巳正後出署拜客，環城行一週而返。
初二日小雪，繼以微雨。鄂子遣往閩所，為文求對，蕭然無言，悵惘也。
初三日晴。入署，會星君，又行三牒，尚及前得寄電，有十八人，二劉在內。甯電南洋遣兵艦援
閩者，逕往九船，已為法堵于石浦，霧散，澄馭二船與法船皆不知何往，琛瑞濟三船入
甯波口。允明到局，夜書致法允之函，交來的差便帶。
初四日晴。以函交允明寄四附去，子年致許君人書。滬電法圍石浦，鎮海戒嚴，海天甚有
大戰，死人之處特甚。閩鄂子遣從時文有十一條，交閩人西復。允明到局。
初五日，重若子年函電，稱澄馭二船困于石浦，琛瑞濟三船困於鎮海，劉仲帥
從吳鎮軍之請，遣陸師往援。續電澄馭二船已出，上海法人撤圍，係於其犯
蘇洋。允明到局，下午到局，以翰臣太守遣往甯作緣引也。
初六日雨。鄂子遣赴所作趙延臣梓甲刻，作古道人辨理，以手寺之，她書以告

中學大全文作第一篇家書附去擂白雪齋圖徵詩節略

初四日雪。是日雷損衣浦之澄叙二姊被轟斃。初三日得姊甫去耐而他共閱得等

船者在鎮海被困，浙省援兵在後，得保全。近日傳言得將犯吳淞江陰及各省

戰事已經廢防，為趙臣區料理棺斂，所費約二十二元

初八日雨。致書石仲，告以趙臣區之湯見孫到齋

初九日陰。接朱怡仙刺史賀函，並傳聞文二件，論見孫子日昨逝之指詢前事之詳

書去，並以指令十三日發震

初十日接平銳英賀函，並接鶴笙初二日函，寄撤赴天台之任。致浙學函附去鶴書

十一日陰。接甫來接浙省石仲初二日函，即附一紙答浙省書一紙，雲渡石仲寄答鶴

笙函。是日天晴。寄字之屏到齋，為趙亭舒譯取子女之華在之鍊和尚座前可乎

十二日陰。答朱怡仙刺史賀函，病難[illegible]，王宇春大全第一性到齋，請作不義之筆，力卻

之。舒生熊幼蘭請君冀作其意。朱達九到齋譯伊備以一束來，到出[illegible]之到齋，告以

浙省照例貫五十元，為作對函寄弟作歸里之計。慕老逝，領因作局戲為其夜之樂

唐生攜去十緡

十二日電報徐山守敵犯鎮南關，楊雲階陣亡，濤琴卿左股受傷，桂臬司張不堪問

十三日電報法船在吳淞口外遊弋，我在劉楊(?)軍械糧餉並渡日復運往糧鐵海三艘

四鼓劉子箴到府，今早交代，未刻回，有哲笙、勳卿之詩集，手書一本，甚慶可悅也

元宵天氣和暖，蒼林、譚仲修、朱達九、劉子箴、陳小雲、王寧甫諸君夜集，月明觀燈，至暮始去

同戲，是夕過宵去，入晚子持日五案

十六日寅生、雲階乙巳有回書，適石士在外，殺蓮之函之議，回署即擬之，寅卿未通來看

善之交部在即，當先詳府立案

十七日晴，吾蘇子蓮之見田見眾，至京畫一條，從被議蓋從其說明京以從留答奏可辨也

又與通雲城子箴之明遙亭寅生小飲，擬甫記之先本來到，擬宗先石仲翔十日書

十八日小雨，借宗屏、稚楓、公諒、署實、卓庵、仲修三君兩備閣高議，連日天暖，上氣聚

于牙，作痛殊甚，此衛寒熱，勉強支持，之請丁毛老吳甫人同年診治

廿九日閑卯循何道一書 省仲莘到局 照湯時霖回書以資陸以先約之次 一千五百葉
告以原取鈔校部書 送太守到局
二十日蒼孫部書資吳兩人到書局云邸道亭之約以顯其來隨時可錄 照其族人
廿二日平饒芸到局 蒼旅不值 旅子蓮知取子省局目 取短在五六之數 屬為設法趁
輔卿自滸墅來 名煙佐星喬招錢局委查衛石 泥雲卿到局
廿四日陵徐之應仲函 朱達九衛鳴到局 云須商之徐老以錄之事不能 蓮老說項也
廿三日望之月櫵來 書有徐之一函 洋八十元 因饒之以以六年 盛雨峰 董槐門各一趟
致臣之楊伯眉四石 仲喜函 有銀十兩 以應旦臣之用 另毛詩一部 屬旅便寄里
居本爲另函 盤來所佛字之文晉雲書函 望云以元旦得子
廿四日蒼徐之仲本有函 由子蓮寄之 便寄去 望之寄之大應仲另函說毛詩一部者
廿五日道望云賴有邸道亭錫三說三五居鈔副以其款 望云邸道亭爲梓潛之達
九錢之隨後之到之 以賴有錢之 皆舊閱 徐之宋庭 而教子蓮之 遊柏生之壽書
以上物交之知 收錢局 歸併文庭局益 並示兩家閱物識者字居 接本 此頭文發之說

廿六日 致徐晓珊贡柏荪两君函，以望云之子为托，兄为秦庚为稿

廿七日 复望云，宿於旅尉之約。接五日妹弟函，附来五妹拟具用款共四百元，累有在四千

二元存款内拨付，故情上宜即不动，以免伤气。前函去说诸高丈缘御宿舊挺手稿下兩

前函子寛平，三世存者对风水说亦不同，请长生法者谓本年通利，请星法者谓须于

修年后才得动葬也。鹤笙侍电致妻代理穴海，盛叶杨赵诸款令途了了，续致孙

兄在伊函蘇笔迷老更便带去。接鹤笙昔日函，穴海陈君作古，觅妻代理，暂了不可

因要致一字激兄，以原来一纸附阅。余于是日见大星取了得了

廿八日 上揭中正函子辰别号为莅莲遗夏以之手。下午雨，与余生云芳老小函

廿九日 雨，致曜卿函，为措款云南局以存款拟之，莅莲路五世英与彭薛住三君云

为讽经致真之举。是日搬舟社上弟帝寺函，方宗席之宗复堂来，夜雨中

岂年会之作，再阅后将运协稚老因出运之，手运以交代尾款，仍于哭道前

垣于年后住限即果给有以放短之，因天数目录货请激之急切她书属为代求激兄

因書一紙附寄與朱達九二以大款二百餘金本年移催勢將寄揭屬為設法
二十日忘君來留男孝章署溥龍門巡政接叔厚來函附來竹報允明來別
廿一日報晴寄叔厚并孝雨亭函並英二十元東海罷耕之圖俾續為題之詩風鐘而行
答叔厚書附去送允明涼果之物以致趙海生一函託寄與蔡朱達九已赴貴池旅
馬後齋已往達德魏張緩珊一課雷叔言北京軍次桂堂師千五百人冤獄之案
衆債者也史玉京亮採臣則送孫孝相金樣與識物乎
初二日上海兄函附去允書試（旁注：叔孝穎）屈伸函附去允書又紅茶四斤藝生進館照課作遊餘皆照人
閱是日邸抄又孝侍兄呈承門吳景雨五之名及歷年文稿兩册督印閱須瞪瞪到房散
韙兄眠損聞萬生之館毋庸寫馬子廷擲三十元即送于頤初兩以信物及帶一函寫屋
讀汝之石仲等函又華玖之二緘
初三日晴上海寄寄與妹李雨亭之以石仲毛詩子目備一個又瞪瞪書帝寄與佇玉錫
旅人去所照李殿英借同玉庭瞪瞪又送致支討允明一函譯二千元為拆視分

道荆十二兄旅次仗宁宁厚意蒙兄存念并致丈书兹母八十六老君仙游适犯往
厦行与之孙子良敢谈别弟急去城道暄暄殿英于太古洋栅是日天气燠暖寒
者汗流满背而归人觉甚疲落附数行于拙附上承兄函洛交金记带去半夜风雷雨
初四日陂到平甫函告以疏子附于箕送去宁宁甚欲大江口税务处交陂鼓者三一束以道
萃适携之真分二兄及子箕送取归之扣费一千文道润接鹤至正月廿五日函称十五日
锦日开往敌船交鹤而返来由船已去廿年二份在鄱镇二十余里之湖山一带渠于
十九日邮往宁山二十日乘民船至宁之海廿二日接荣家等信因彭春先道往古城以杨上兵台
之大路也此快已尽黄君已往排耘係之不久可到而只能为成绩傍拟亦留力阻之矣
接泗寄来之函因正月廿二日赵少琴渡函其从措资数日内措备有缄即专人来料理
正臣之平安星君初八日拜措初十日登程道别吉君之昆至有十人同商共沿长江举
磺之辅仰到后谈鸭家中

初五日訪法抵甬吳修之云函回萬許小蓮之字[illegible]以函屬之林伯炮與行函至子璋我

為子作函亟與駱穆之來壽年高影吳文依寶母俗將子淡西姚其許懷家方韜生回

道之來得遂財指宗祠文祠同改書院乞四百元姚子年二百元涂同福百五十元係

兒五十元詳府有集件送函與來方許二君各贈百元

初六日晴訪蔗沈雲卿贊之與不值訪方家庠一次至晚之與借程子義來序

初七日天氣揚子穀康侯之得暢飢扇暑款得之家併見函附去鶴星書又致表仲

一紙到年甫來見之字詢來序沈縣康祖銘到高

初八日天寒飛雨与劬蘭會生監理筱蓮送書物聽方桂去許佳書姚久識及筱蓮函

與許立林蔗鄒逸亭字芳溪子年穆園之函交鄭李南帝鄙附去元收函

初九日小雨頗趙與昌業又與冀蔗年甫已行矣晤王子素與手收至出葛生李又一談

答與程子義於府厝至沛江會館云俞大人

初十日陰厝趙與昌之槐於府與顧署後里許之識佛寺對門陳福全之菜園

地上係陸貴有經手貴有為立臣經手房東此次因與輔卿說定之言安不肯回山處
次勸解而不聽許以路費亦不動有親陸貴有交借值之說書告趙筱舉又
致元明函附去致去函趙季二純特寄任鈞寄到家到南兩日內書照寄
十一日 天晴 繕寫朱賀蒼犯任晚函池珠康皆未值兒電請陸某那王桂榜等成
蘇元章奉旨辦廣西軍務杜東館護理桂撫輔卿以家書交寄擬復書
十二日 以致元明函交池珠康乘便寄鳳接小酉初二日函謂余須端之女頗已
於正月十六日聘定特將即須送江浙吉店代置飾二事衣料十端吉期約在九月間在
備花燭費二者須之言繕元商撥五千金並望石仲五十金以資之贄抹毋吝至止
為子遷於王子桑處交取到皮衣因致子遷一函並珠皮袍一件陸揆甫之雖第山舉寄
上函寄函 致石仲函附去趙臣表用一單存小酉來書與取致弟也之函許擬從
已以筱蓮所遺等重之不物一大櫥一書桌一屏橋四璃燈三璃窗兒煙具法揆甫
不值購自來此字初已應給趙輔卿來辭因舒城陸序而去云西湯池有馬車和葉

舖至馬店波常有看便可託寄信是日廣祀三作賀已在寺委列手聘矣
十三日霞閣吳修之回函稱許族說紀羨蓮賢財字出爲繼詢問岩市近支有無一丁畫寄十六歲待至寧
宗圖說爲親近支者之親筆止均屬瑞微之羨蓮本歲有諸姓讀書之費紀近支子氣羨蓮
從前未有子而死于難何在之兩因識以此丁爲兩子即爲羨蓮之孫照務於嵩直合何義
因由戚族之以議單無印勝批示由縣詳府之案取議節指向改書院一節以書院自經
兵燹廢弛有年修之則經費指屋爲修縣呈士葉稽等有書院以羨蓮節孝修縣賢指
與其奉捐與文昌廟植從豐倍士林來與石之上九屋之不若陋並存信近風鳴呈 院產
程由縣詳院準照之案尤足以表彰遺澤者也 深派家人高華隨同戚族往返兩縣鄉耆
以免旅廣大照圖安 羨蓮之子瑞城于道光壬年生至咸豐十年死于賊難有家子庭在于
現之兩縣別經照服允其究之孫查譜評其孫丑之現之本因要還岸銀其孫丑爲羨蓮之曾
祖其照爲之林之高之祖 是之林子羨蓮之曾爲祖免犯聯此外別無有服親房入兩大宗仍
並祧本房小宗 觀文徵久成以一年來抄並帶有同甚有族譜一束來京即送若之

椿孫初廿一日函寄洋二千元已請借洋二元及四月支季弟之廿七日同宗孫自潛江附輪來

母氏傷風小恙小孫從上回同印涂壬至河大病翻翻子房又送來談石仲函沈孫康來別

十三日雨送往晚又沈孫康晤仰蘧晚又又復到局一叙石逢不行路由孫康携之支另談

石仲數字附鶴往復函報南弟去以東賀陳午峰還著程子蕃北行

望日雨撤霞復吳修之函晚又又程回鳳舍生來荐生請作

十六日雨接南弟賀隨即送之袁仰蘧到寓房談片方接石仲十六日函及金弟來晚始成

來取八字去占筆絕非其正疑有望蓋鶴笙函寄錫便附寄

十七日成宗潛庭詠四像著款交之沈雲卿到局話及金蘭生到因杳玉筆前

石仲之函獎從前來的字紫局贖款弟有二百數十金寄接一紙存于金處歸

清之時未免寄還有蘭生寄寄一行說明此據因存乃弟處之寄之票以函向取等

語石取到其遠後果從到書謂取之

十八日方穎生鶴樵許德容和潤來賀談函嘗去示以弟蘭之信交以說去之時談

函俞子良告以到局不能候從之放薦石仲函交部絕弟去沈雲卿到局小坐

趙筱峯書去後來，交以正月廿九日書，云有款十元備料理亞居移柩厝，言侍回
山之周來，紀念已亦安，云須以此款購置裝殮，遇有便往石埭接弟柩歸家矣
十九日 雨 作筱蓮旅櫬將回歙。好來果金生錫三、鶴士三君移寓前來
二十日 雨 和復堂書。夜雨中，先辛舍作，即次其韻。蔡生移寓遂去。小酌，寄樊別季卿行
廿一日 雨更大 為蔡生作陶里故居圖，努西鄉白雲抄緣山意之復難其菌屯板稿也澂源
有出入字之作，好金蘭生已於前夜附輪去矣
廿二日 雨如昨，日夜不息。是便查之霞侍十分。首田老姿部議交霞抄，又述歉識。已十九
日居已蔡直押矣。接小酉十五日函，催寄所商大術之數
廿三日 淫雨勢傳條寒，來細字函之一紙，抄霞抄一頁，致石倬一紙，附小酉致晉雲函
卷復堂書，寄呈和作，為陳蒼三作小幀
廿四日 晴 一日為元翁繪扇，林侯季年兄弟到寓，有人持閔倪高士立軸索價不多
望而知為贋物
廿五日 為倪迂着墨不多，以之應酬易於成幅，戲草草照作一紙。又雨，半日閑人無矣

廿六日陰 送許筱蓮旅櫬之行 並送方桂生姊子筆 許德容三人回歙 筱蓮爾務稼

隨同回去 電報述二十五日諭卞寶第回湘 裕祿署湖廣 督吳元炳補授皖

撫 接裕祿初六日廿日書 祖塋側墻須五六年後再將並屋道一條土墻拆了 李價

每丈千六百文 四面作七丈高五尺長 共三十五丈 計錢五十六千 頭人太老太廳鋪方磚

五間一千二百塊 須洋七十元 書房前內後軒宅樓須洋六十元 東西廂房內一間後軒

兩間（替修亦做）另外共須百元 寄寶到後並同廿兩除還洋 舖約用十元 除存三十五元四角

湯元務到蘇 孫子英到寓

廿七日小雨 寫稟持楊蘭舫函來 說姐乎並擬楊如觀母弟 給二女衣料 碗匙送史肥等

候平務不得不拆之所寓

廿八日小雨 接伯奇十四書 四月初赴鳳陽 疏盤婆寫一函 及詳本家老珊 何仲士雲

樵 詠如 譬堤 菊存 蘭生等函 為了說 接石仲十七日函 上書福壽山製府

廿九日晴 寄書並拂弟函 筱子英 雲卿 京蘇 約庵 見示古人書畫並示前人山水冊

三種

三日新晴苦熱趙小琴函告以五十兩買屋房租舖帳摺還洋四元計三千數百文皆清
訖言侍讀存六元回山與曹人四元係秦記者仍携歸收中付出此外以往欠款卅元以
存押四屋戒指抵借清楚莫欠款三十元以存押金環金簪抵償不[illegible]
存找の之又張姓欠款計七十千洋七元輔仰在省時到省借接今年歸償此[illegible]
借物質諸使因境已窘後當未清者此數[illegible]負[illegible]植因籍[illegible]到[illegible]量
分遣言侍濟料理此事[illegible]由[illegible]過西陸仲遞方宗房遞視到場散而至之夕
未[illegible]晴吳道友知皆住四照園孫姓家中——賈根松猶丹法[illegible]剛毅山西撫[illegible]
直隸高崇基[illegible]晉藩沈鎔經升浙藩
初四日早間雨季弟宗棣借去梅[illegible]棣弟子[illegible]序見過並棣弟文二首有[illegible]料等[illegible]書
答棣弟藝二首[illegible]家[illegible]仲函附去宗棣寄[illegible]家報[illegible]遞[illegible]織[illegible]女史山水小幅因取
王文[illegible]山水畫冊二十六冊而去
初五日晴遞上望云字附去宗棣家報致劉手[illegible]函索取[illegible]存款王[illegible]庭遞張

復函到葛森到府

初四日晴恬逸寓拜季弟到高晚旅恬逸不值又拜隆生到府

初五日為人作書一小紙為中丞撰記呈檀浦方伯壽辭字兆周七言

初六日舍生招逸去觀劇到劉厚齋表兄處談素文以平甫兄為鑑云集磚四十二元鳴取自六

安來接衡兄辰仲招甫青雲及李又黃君之敏李君鑽被鑑云請共五元即日送交

初七日接子峯逸自蘇上字函接平甫兄所集二二十元完交出葛云手收致平甫兄函旅府

寓於梨馬橋地方書函交宗屏方宗屏到寓

初八日簷衡兄辰仲招甫青雲及函上呈云未到晚函書簷旅王恬逸

初九日送季弟至山東寓拜王宿松陸迎庭逸到高郵逸出山招子女家衣衬裡衫千金即為子英

初十日以衡兄二十二元送交葛云為祿滿時沈保和沈侄氏吳張氏錢狗雛守節子宗母

十一日以平甫所餘二十二元交逸亭轉致為祿沈二君沈吳兩節婦請旌所用稿

十二日劉母蔣太恭人營醮云閱兩日逸往陪宗辰晤張玉甫柯逢文少韓太守康到府

十三日劉母醮云本請逸上船簷拜文太守晚往劉宗文枝帳并向所收各家以資助之費

约有五百元除已用去及此次借去外尚存有数十元而已未达九月房

十四日遗去取之二十元又代付十元到门房兴为垫六十元之数查核还拨五十元为归

还费用存六十元之交镜堂收之慕生过现到还两接赵辅卿增佐之信

望日荃杨荫航现来函为催之晚间岗云来作别新雅枫于吴延亭斗南渝祠景苏话居

十六日去小南门道镜堂即顺道花达九一谈幼庵到寓为封稿寄础吴叶孙来晚以出征星

字兼弟书附去李南宫珠荃杨家函及方单又王圭枫家信并后兼六面接望云

宫珠十三日函又宫珠以十二日到松附来致鹤家信为荫如壤书房

十七日晚至御来谈草甚子接蒋介眉汉口来信附呈蒋亨又接平甫之回

函又汇生信及御保接戴戟臣甫来望云函

十八日雨为东山洽甫访甫书徐卓府太守过饮同席雅枫五樵修翁诸君接小酉第三函

十九日接珠弟十三日书常来裙达花连大小镜盖共四件母言许杨家报子荃小酉弟

函劝于迟缓议婚费甫谈以定九月不能候九月十日费乾将迁居无他地再宁盟资之

多宜接楊松生自溧陽寄了宗琳函

廿日答趙輔卿函並臣頃借路費共有三十一兩有零合房租費之實到手有十五兩有餘耳　答琳弟函附去宗琳家書漆工了了便屬李藤畫綠板門帘桿子

廿一日祇得借千弟筆畫取任秦賓來高談汲古看謹讀旅文少雄太守

廿二日答嚴祇得筆畫岳仲為之繪扇史淮生陸厚庵到席

廿三日張彼珊到席

廿四日閱俟函藥許小蓮拒以翌日到崇鐵作七日道場三晝以禮暫停房亦須下半年安葬

為條屬時沈禄邨沈匡氏吳張氏撕詩旋片稿達九到席宗以囲虹之字畫冊

廿五日接王蓋臣三月十四日函稱天須新班花樣以分挾先為宸直判挾雖少二三年二十歲到班千兩分挾

聞天子次本班之接芳隣三月初九日函說新聞了了並作扇一面接季弟十四日信由席之弟來去僕

多莫女頁女已拒除須向吉野說明我逼出發接宗琳三月廿日書有廿五六間赴類待母議

望之拱若不能拔着矣方除僕二扇為畫一屢蒼山一方蔭雲須寄孫山水素免強人以不能也

為人作繪在出而不能虧道以果已可恨了了

廿六日五楼過蕉宗屏南小集东道之岸適馮笠尉蟬及稚枫先後至别谈半日

仲弟自山中来種蒼亦至接家兄季弟十七日書並季弟为蜻荼葉春雨蒼到席書見夜往

蕉之爲幼卷作八册署款成就

廿七日錄友仙既雲卿来蒼蕉陆厚甫家以子匡致之好修蕉叶好逢生送书以京值蒼先行

子匡送去催代撤之俊柏及丙之之书蒼家兄季弟函

廿八日晴偕仲弟蕉济初至苏子英友仙已庭戢山家兄招雲生请君晚蕉餞了戟臣

廿九日与五楼为东道偕宗屏南適卓存稚枫小集既幽泉餞英馬後半中谈到席

卅日鞠香申返過飲送仲弟归寓幼卷年妻署英山墓

初二日過陔子匡先收函

初三日蕉雨蒼叶好接三月廿五日星書来花也方

初四日加一纸致家兄季弟附前函之又種蒼弟去禮社薛星瑤携秦士巖函晚

函寄乃文求谨少假

初五日寄致仲弟两弟函附去達九一纸蒼蕉兩泉後年絰珂

初六日過蔡生五楼竹好説三兩蒼雲卿舍里諸君小飲接吴蒼生自债隻

寄王惺逌一函銀十兩書畫信收條梅趙小琴三月十六日回函

初七日朱達九以妾小隱司扶來告梅先明三月十八日來函附來一單為緘五收時老先

初八日接平甫三月廿五二日書寄逌子寅逌之三十元即時作答為陳小雲老扇

初九日答蔗余子良頌箴道龢宗屏一諜是日秋鎮明觀至桃

初十日為王蘭舫繪扇與王鐵叔取擱大癡陸望寄林本

十一日接季弟三月廿五日函附致仲弟一信答蔗薛心泉名鏶

十二日寄致仲弟函附去季信蔡生逌函張恒春老店後看屋因蔗雪洲為其弟老家

潤翁請繪出山挂屏　為袁揚逌作繪

十三日雨伯華仲英自紹興回來蔗為排僕季平九作小屏四幀咸龢鄒百花洪詞以

陸九來到眉携季弟一函來至及振之現住瑤溪庵捐表功蔗出房貌已聘定某孫

下月望後赴任

十四日雨蒼逌緘來傳之元來蔗棠致回函蘆逌所作陳烈女傳答蔗伯華仲英借

金生招集挹青園子英逌致子寔信來乃乃雅話　旗之事

望日薛心泉、楊繼之到寓，電叔耘、耘帥，昨晚到英，此間日只八點鐘，度輪上岸。接趙望九

十二日滬上寄書，爲開筆康以備選，並附來常勝所攻一函、撥備贄費千元，寄閩子代

購繪法之季重書，子廷允明書，答蔚卿子範

十四日寄剡耘叔帥，到頃隨衆旅見懼犧來，往前往冥一行　崔芝生廣文到寓，崔屆科

十七日送耘叔帥，答拜崔芝生，接子寬初五日函，加封張逸緣之季筆送之名信

十八日接姊仲雨弟十一日函，即答姊弟寄墨六錠

十九日陳曉生司馬、蘭蓀偕雨蒼、玉臣到寓，陳碧臣、蔣亭子壽到寓，借得雲林

寫墨冊，臨其大略，此冊爲句曲外史作，純用渴筆，皴擦極簡，而望之穆厚，筆筆傳之

綴見筆墨，而墨之黯淡以見之，此道非能作淺筆所能窺及也

二十日石仲自里到，接姊弟十二日函，送林女賽衣料兩件、翠花二件，並代購之花連四方

前寄之寶蓮洋七十二元九角，寄之海初影嬰署有瑞昌縣香地圖與宿松對江之床[illegible]府

將乃告使者不已費自何去耳　鄒海臨來　下午答蔚並訪屠王藹青，蚤以深之感

皆不值

二十日 海琛再来，约同石仲赴六安，遇星尉二尹，烊到局。属石仲季钦绘扇，借与李荫
园石樵画册，将其二纸石仲画花并生诗，栗海君了解以为气血衰，损宜早培补
二十一日 往迎江寺，吊谭生大人了。表兄为石仲书扇，缓缓、缓瑚道亭及宗弟姻先后到寓，接
鹤笙初八日天台寓书，回信属寄宁波江厦徐泰源洋药栈周金咸转寄
二十二日 送石仲赴六安。缓赵纪到，接承哥十六日函，于初八日回，渐季直贯钱四匣，季钦十二日
书，以久不得信盼望之至。及交函，另上司文法堂信，由赵纪呈送。送世兄署保役民壮捕役各四名
祝叶笙移往通判，保役民壮十名，捕役六名，催有世兄，取领二万两饭、枪械银两，该库平五十
一两五钱，寄志梅领一樽宝宝。晋云函以若洗告弟，请洗旅寓之五十金，廿六元交云卿
张蒙民寄函来局，新委文案姜荐南，总诸生、贫重观察之孙子也，借葛生处驻老少
推因便答旅，并义民旅张缓瑚道干二元，照季子良鄗少芳全蔺生云，等据已交赵少琴
前日接赵少琴初间函方寓，序到局，剧谈，病服用力不便，晤子昂小册一纸，心之所好
不胜眼目痕也。鄂雪帆到局谈论，给予江璪璈来，即往答旅
廿三日 李少稚太守到局，贺节，接施星庐局函，直以新花宣纸五顿，芳森一函，觞五员莫仪

二兄崔芝生續診，云海泉之病謂氣虛已甚，恐乃早治之，但亦不能更補，更即易手之致

劉子祥寄記書，亦淮北鹽局以事來電，即以事還答之

廿三日 寄熊丕臣二尹、瑞生，作山楂、烏梅、山楂膏、香蕈、款冬之

廿四日 答雲高函，寄字宣紙新筆

廿六日 答雲九信，閱寄年庚並還萬壽一紙，答叔弟函，致賀林安衣料，寄件答旅丁惺堂

馮笠尉並旅，雨，答彥已定事，湯之行照袁子永，子英到局

廿八日 答雲九函，附寄老子，答季弟函，附件弟函，答旅陳曉生、陳穀亭、徐子英、孫羅伯陶函

寄孫頌洲來函，於三月廿七自宿起程，廿三日到潁，接叔弟廿二日函，律擬法條已查，擇議于

幼庵到局，使陳子範、黃泉來局，務局公館之說

三十日 雨，于根膳病，接錢緝雲函，託以邢因冉國賓請假送寄之，附來履歷清單

五月朔 雨，答緝雲函，約於六月下旬李孝來取，照送歸遺文件，上望云函，答訪友季弟

晉雲之函，屬趙裴以取負三兄之文，晉雲收用，子英送館，弟肯病而去，回滬接

叔弟廿六、廿七晉函，母因感風不適，叔弟晉之已漸輕鬆，並局頂同仁棧華景方服之

三記棧日王子京水古守交 貸歸時共費三萬八千元占股五也余方与尤少文各一派股

闊林心一各二心一兩股之議唐姓蕭方以力不足願讓諸人特別自肯千元為該唐兄出

二千元合成此子之義不能須寧與石仲貴成之而得周年入股壘此集此款作易之以星

中人不可忘在外第况也附來上海兄函及致石仲季欽書即致海兄仲季兩各一紙

連前函并托丁鐸堂帶交

初一日李芷泥來陳蓀雲代籌公錯二石價碼十兩四錢折合九七大錢十千〇八千文

初三日晴甚暖為周鞠如書三扇

初四日熱甚於昨 霞浚羅伯陶徐曉珊賀函 王蘊士代到錯二石價碼十一兩五錢折合

九七大錢八千零五十文

端午日雨入署拜賀畢而回署

初八日夜雨未停 浚鶴笙函寄甯波江廈德泰源洋葉棧周金箴轉寄

接乾九函 連四月十五日函附來一單為籌云集 持四十元收到了三十一元已交海兄尚有九元未

到 子寬連十五日函 先指百金交莊代撥了一半由蕭省吾大令兼帶來其餘一半為該

叔奇作缘 劬庵邀饮皆同乡熟契

初七日答拜刘函 接肖仲荃来柬 托吕迪甫作庭芸先生图画弟由来 说以苏两淮盐

知予续肯之贤 掷赴浙之觅小作张罗 值房空 请予一函 往中介绍书 即答之 是日雨

来止照万岁多挨直

初八日雨 既而止 时仲荃偕迪甫 耀臣来商 前事行函 往勒以后当往返一次 费不资 渐之力

难多 此需集意未可须日訑行 约明日取行 为金锡三作四小幅 成 署款 支之前替

取修小册 抽闲题读数语 以清永昼

初九日夏至节 下午放晴 为吕迪甫发晒寄函 交其弟去

初十日致石仲季钦函 附子里书 接宋惜伯函 王兰卿书 目书寄 送金锡三赴鄂

陆生到庐 是晚安署 宿於舍座

十一日张篆民进署

十二日义氏到寓

十三日接谭仲修函 答惜伯 仲修函 大雨竟日 接崔广文函

十三日內人腰疾多日延芝生廣文一診接望公函初九日寄又楊貴弟來

望日乞詳細保約茂旅張義氏

十六日弟雪巖來以畫請題朱達九對齋畫竹彩

十七日接悔弟初六日函流沒陸等字暮以將肯查勘之行來撤赴怵遠能兩程九

廣文看病弟來洋二元之席贈天文大成係六安人黃玉林耳者著係國初功臣之封

壽者右伴初七日寄弟來洋十二元歸送總之找款並買書之找又等取初八行不遲

四日十九往撤款也來一年話先行送茶兩瓶為書生畫扇因有五絕唱和之作為葬生

十五日畫便面是日雨又至夕

十八日宗吉鈕張劉楊子壽具到高前少南昌府以道妻文某岁老來告接不伴四日下

問到案時往旅表功菴所自適亭到席

十九日張訪案到高旅少南玉臣二君同中丞遠一夜譚性寺司米丞予已到假有日矣

接修門十二日寄母諸查具八兩八錢發張殿所程錢全家蕉北莊北籍入律彩勝名已

二十日宗性鄧生母丁在里

二十日霽。復淥飲、石仲、季欽函，附去拜別書。宗屏、群楓過，飲於卓庵齋中。張鈞家到齋。

二十一日復吳蘭雪、袁卯安、朱霞生、吳蒹生。朱達九作餞，並過崔星堂、俞仲英、楊瑄之、李春雨蒼

小敘。晉仲崖為寫過雨說項原字文，承之一閱。

二十二日為俞仲英仿古作野竹觀泉、相陰坐月、山齋聽雨、松壑晚眺、古巖瓦瀑、古礀竹籬、

柳汀歸棹、霜林雁影八冊，成，乾署款交之。

二十三日吳蒹翁到齋，作別於蘭舫齋，晤瞿立堂、壽山、楊松嵐三君。

二十四日旅達九、雪漁不值。是日城隍神生會，學園晤狂林、貴翁、吉金、福來、靖。

二十五日旅蓬生、繼之、蒹翁，皆不值。過雨於蓬，旋見雲卿、暇談。

二十六日俞古蘭作古往來。接丁輝重信。王蘭舫到齋。

二十七日別王達東寧去，代理縣事易佑函賀之。日經諸餞季弟，又約若先以一函附去致石仲、

季欽。石函告以此事。接卜仲同文蒼圓函，訊仲以必模以一束奉。張鈞家到齋。

二十八日致函達卓庵太守，求為薛心泉謀羅曷河臺局司事，以一束蒼仲以義敢老不

值。諸宗書、鈕以紙請題猶白雪齋圖。旅仲崖以六紙請戴、俞二君作山林冊

書若華說大書與田茶並及李蘭〻乎世榜則兵役若銀五千一兩零並若恒公文
〻於收者另函致湘之石仲弟爲之書交陳雅程並弟〻
二十九日爲謝五樓錢仙舫楊子壽石子瑚畫扇各執龐崔芝生史潼生二君
晚接弟先名東遠九來作別云說大與以三十元甯得賦行
六月朔晴 連三日可以望穩接鶴峯五月初十日之紙附上鄉音函有條稿條陳在內
請獄訟的書役變田賦賦差正民俗兩款張以〻完爲有月中不可多得函內
並云挾若歲須賠累四千串如何可支而於天台山水之勝已得暢游可羨〻 甚業宗
集有人在此即作數〻上鄉兄將來函附去又致蕭兄函字可狀弟函弟百金以二十金
備自母十六之慶非弟試問十元與李弟宗何條另爲工匠付價並由晚派噎飛〻乎
李人送還史託三〻扇楊託一〻扇黃〻帥煩且復以來來遣人賞京趣三〻貴詩〻兩君權
寶〻喜錫船戶伯壽送以洋糖一張瑣瑞宗三扇扇板三塊託〻弟錫
初二日於玉臣來睡于子恢〻設了寶遊佩秋來台姜師弟來函兄石仲季較筦淵

等函若蘅徐友仙楊子青陳箐勝

初三日入伏天氣大熱接妹弟五月廿五日去函玉卿函蕭勝之函鄧林姻子段高迎娶房門於

子何必我向請致納采擇十一月廿八日

初四日若蘅函並季卿函附去鍾侄交壽台妻負常交負任姜帰歸閏生

初五日答望之函交吳澄生等去

初六日鄭汝霖明府且賢到局係庚午鄉榜庚辰大挑一等來雜文業之祥林人世弟

兩門且賢係癸酉中之補門且賢係癸酉亞之甲戌來述擢翰林昨晚又來局中以特姻

未聽幾次祝融之禍因其而賀之

初七日同人十一位公請少甫於源之寓館若蘅鄭汝霖將晚亦吳修之

初八日池妹康祖銀自鳳陽來交先明五月望後手書並到膊五元單一紙

初九日為陳午峰題泉繪扇池厚甫訓來淮生懇之到房交以紙扇

初十日答若蘅厚甫不值風起日熱子有二日大雨望雨卻難逢降熱不可當雅張

教老若妹康寄致妹弟函屬之楊家迎娶之說

十一日，篁仲來到寓，言孫函殊少周之劍病故，老京家雖然以四岸而去，送交汪生，不值，旋

楊繼之言以孫函殊可請手也，料回，致陳小雲函，請其於太平局代撥指價，汪巳山錫蕃

泐之五月廿九日函，說印萬五五月初四日作古，附紙云：安貴具有墜於甲申三月之夜，共有寬元

宛轉要一書，其人在福建時貴太子太保賜蟒玉，大本後為總兵官守安慶

十二日，繼之照來，屬為孫函殊作求助啟，為孫友仙繪扇，秦雨蒼石寶一幀，將之請山

十三日，北風甚涼，非大暑時所宜，送楊湯允孫六月初五日書，內通務為寫詩發寄之，手送雨蒼

十四日，夜來醫訪門人病不見效矣，道甫楊繼之到寓，撤蒼送陵行同單生薦五人

望日，晤壽山來示，以南田山水冊係偽品，又扇面斗方等件旋寄，又二扇共以同單並薦之多

十六日，接殊弟十一日函，述母患瘡，抄方寄示，附來金線雜子等件，為晚收買之單，詩晚嵐

觀察以一柬來，繼之送來孫函殊指價三十之，即送陳小雲轉致，得其回信，日間雨，天氣轉熱

十七日，為晚收購墨，發老佛康伯仲，蒼到寓，為壽山繪扇

十八日，熱甚，蒼來，泐函致石仲、李欽召函，蒼鏡收函，致華訪去函，書去，遣蘭蒼先收函，由石仲

轉寄，回送石仲小之新均函，致去家人書，去錢汪雲之寄其書來，即時作答，以所用冊

取请遣钟课云文弟之其弟来了房费二元五角八分广信藉便缴还接孩中收预寄写

午节四函，又施彦翁函托谋下忙差，提转转移差，意在宣国南清或六安霍邱等处

九日答孙汪巳山泉府锡藩钱晓楞钮京兆禄宜宽寸答妹弟函，附去照收取托购

邑十五钱。潘定之李兰荃函来，以洪课钞卷一百八十二本交定甲乙，答并寄还春山

二十日接王拾遗函来，附来致望云信

二十一日接袁功庵函，辞色似可婉托

二十三日晚妹庆托者之寿归，五七日四更成棻接石仲李钦十三日函，为省六安查之件，接

妹则十七日函，母疟已止，六日四里迷疑于了说。接任晓溪视槑函，托查阅上忙款了

现任六安城荷门国宝六安课卷，将毕取超等二十名，王兰孙近、龚光金、荐光

陈桂林等卷，及霍山程青升卷，皆试有功者之作。又得了诚卷，似是老手。

裁缺者特等四十名，备数而已。余均列一等。即函答欲见附去藉作一者籍云

差人便去答石仲李钦。

二十三日 答蘅伯、華仲英、吳仲友、仙子英、竹林之皖南鹽務局來訪潘之弼茂堂之弟
皖於四月初四日行，因核餉差與理署房擱起兩月有餘，自經查詢始授差 稿於
二十四日 核稿書房，不允且聲明籌多不能清理，厥以後為老吏積壓此恒多如斯可慨矣
二十五日 晴風而悶熱，蘇生贈遺，晚攜觀察飲，蘅伯張觀察、沈桂屏定以而查之信
二十五日 晝夜得雨二寸。徐蒼侄觀察行定四蘇城葑門盛宗名為崔芝生繪扇
二十六日 答陽元如施宮高函，有小雨，不熱而悶
二十七日 答妹夫函，附送所作之文二首，致侯甫重函，請附交雨蒼。白清山圖來談，請予
沈穗甫到寓
二十八日 為歸仲陶孫子英繪扇
二十九日 陳雲鵬弟來。九日妹弟函，毋給林女之金環，專付季弟給林女之首飾須俟
衣料又暫存函，述仲從蜀與來須冬以料名處望秋後將整歸世衣矣。雲鵬到寓
暢談。置予候方宗屏不值。近日間有小雨，足以潤稿矣

七月朔 答蔣雲鵬近尺并重件因以書刻醴泉銘拓本託售

初二日 答蔣吳道安不值 致子貞宗孫對聯三函又備元英三元交蒲士弟金陵 致道

與會生云具一瓢爲意渠蒲士祖道雲鵬以塵道途遇大雨傾盆途涼風蕭爽宜人膳

疾又作共勢有甚於前

初三日 致宋之石仲李欽函贈雲鵬二元以小紙十二頁之託於藏稿中高尚一流將爲刻

本往來寄道聞云爲首雲作伐俗楊樹高業弟之女年近二十至交在長安照田劉篤

公自弟出來到府小敘東海氏以新秋風雨有所感病疾又作不能飲今復診

曹壽臣診治了金生接鄂任招了前去

初四日 秋暑又蒸東海病體惡寒勺飲不入痛無度其勢可危重 致函蔣寶欽

送王蒲士赴試金陵

初五日 東海病未減仍無嘔吐略進米飲而已請曹壽臣診亦見有效身白光危

初六日 致孫弟函附去雲鵬宗書古生道東海以溫涼並用了劑下稍爽快藥力

已後痢仍無度。接朱馥園函，附致華聞大信。接丁怿堂函，謂出游恐不免乎
巔頂之甚矣。楊稚潤之云之到家，芝老到家。
初七日。接徐定之、石仲六月廿八日書。查因木香檳榔丸以後，來源源痢，飲後胸次苦若，
下者一兩只，莫快，夜起三到房。
初八日。連日頗熱，病人無特識，進飲無多，痞弱甚矣。接湯之翁六月杪信，病人移床。
初九日。李香嚴來，病人服前方，病不輕減。張恒珍將皆來，請震蘧山大令至祥
診，謂脈理甚細。徐少山到寓來值夜。蔡甫、孫琛侯到寓。
初十日。招震蘧山請予診治，病人宜補中益氣湯，益溫止之，以開胸次之味色。
遣去君知，擬陽殷陰補中二品，服後腹舒，而痢來甚減，飲來加多，每至夜間尤苦。
式芝叢、孫沈德甫、徐少山皆不值。沙慰根夫婦到寓，陸正亭同來。
十一日。服前方，病人小便清兩次，大解一次，甚暢，而夜間仍痢十餘次，不可解也。芸徵
石仲函。芝老到寓。姚鶴坡眉自上海來，到寓來值。

十二日嚴州交陳先石件　初八日函徐帝百廿元屬買芝圃方伯五旬壽禮　又八元　跋樑
函妹轉唐王相所寄贈損三十元　十五日跋樑函妹二元交送即行分別寄送為陳之贈
定甫銅實紗袍褂料各四端紅緞一丈六尺共洋廿八元　各六月接弟出之函　屢穩山追病人
以春日函清理之，剖明之，有敘契厚函向林要之歸
十三日為陳之贈如意翠鐲者洋五十六元　屢穩山寄前方用華數不甚見　接妹到初五日函
十五日量議屢寄柏加油之子　鄧壽甫到寓　芸朱穀園函
十六日送汪愛堂蒼章紗葛函　是日秋暑甚酷，人不能堪　屢穩山診病人脉，以大為慮
致遂補氣清土行為之照之有效　芸蓀壽南為鄧布謀館　夕柏城姚靜庵之寓
狼霸彥江到杭寓　共籌函催行勢者亦不能真說　跋樑子英字託為心泉一碟　胡雲城
到寓　追亭兩深之來
中元節　致賀鍔話電詞首各為沈德甫一千限萬考卜原也　跋寄送年寓函為心泉說
頃汪愛堂到寓　來賀張芝圃方伯五旬之壽　嚴鐵臣

十一日 鄒雪泉到府 為撫台福請龍山看病人 值有無端而來 改用胃苓湯乘
勢而利導之 接里公十一日書 答陳石仲函 者去 徊係如意 等付丁朱穀園段
朗夫函邀亭到府 以稿並段 陳光松大令 林頃到窩 新妻子果
十二日 函之中丞商治 移席出署之議 止之 句還 嚴張敦老 並答 祝季修二尹 里望
新妻近補 嚴方宗屏 窩口餞早 府太守之子 馮瑞庭送太令錢 到府 為鄭壽南
繪扇子英為心泉之子 以函往邀雨蒼 函之姚靜安 詞緣訪雲城之子
十七日 為趙錦澤小幅 有仙德 首子英到窩 以來邀心泉往謁卓存太守
十八日 黻日來 有風淡雲望雨不降 楊潤之文三篇 閱視函段 加評歸之 蒼林陸
十九日 馮瑞庭邀雨君來 已詣雨蒼一談 龍山往病人 以補中益氣湯 查核 是日赴鄒
廿日 寄皆梓甫函 病人救補中益氣湯 似不能受 數日來飲食稍加下 數輕少 此為佳象
要雲城以盞與送閱 請為未宦錄存之得
廿一日 北風生涼 巫以移回本署 偕眾往賀之 並華西帆之子柏蔭更名英 偕趙安蘇

十八李林馥視而歸，适遇看李兄病人停藥

廿一日，龍山大夫告以病情，撰方：參、芪、白术、般以補骨脂服之而安，李葆華君據書　楚珍

星樓不值，詣振寰老，交字以捷院課，适錄壽之文

廿二日，爲李芷院作小楷幅，試筆适與隆泰家棧，訪老到寓

曾近數日天涼，病人謂之或無飲食，真正爲家之參，雖參、芪、白术，藏一方本是對病

之藥，而不之效，是藥免於自誤也。接季弟十二日書

廿三日，爲汪荇生繪扇，同人公餞陳鏡老附舟而往，作半日之敘，若暮歸老

廿四日，公餞卓存太守於宗之屏寓齋，暢敘半日，途歸，孫之於寓去，暑間之病人醫

藥不能無願，因以爲恨，爲楊遜之繪扇，張義民來自下莊，識之兄不獲往送

以金星硯存之，桂說文一部，荇生摺扇一柄，交陳鏡老，適鍋延平溝橋卷宅

即送鏡老登舟，若季弟函將收到浣上賬摺，於漢陽王君函妹弟寄回之

函內貢卷交摩雨蒼帶送，即送雨蒼收訖。樵之程叟昨寄書兩函

普雨蒼交以銀七十星、茶葉二瓶寄鶴坡，暖森盖來行，朱葉禎益直勞錦

雲卷。壽侄來海，病情又發，並兼發熱，為病家所大忌，假請韞山診之，將進疏

散之劑為害。方伯張廉訪撤回任，摺稿送還卓老，楊環之筆底之行。崔董

池雲師久未省，左侯於於是日子時薨于福州，到晚此間乃得其凶電報之速也

甘捐餘存廿二百，致石仲函知，師名目乃毋月年家書，發石仲函附去此信，又上次之一節

送崔老師之行，以照施之便寄送一送。雲卿又差人送蓮心泉之行，往晚高風閣標

款之疏，部文行到不能免賠，議於原案免九賠一，內照應五免五，新章限本年九月

止。買之頭完俊清楚，至現內應撥賠二千三百三十餘兩，諸生上限千一百六十餘兩，照送

至前任將部文原案抄寄，蘇城群賢呈送函由貢舊侯、楊紀帶去

者。核看雲溪案卷，庫三庫房收支各數，及庫房減款數之稿節者，諒四千

餘兩，計五千餘串。致章守之書並靜甫仲函，請告君雲之家從徑張少義民之

託，因致義民一信，即由特差遞去。伊廿二日發，又初九日函，還銀五兩，又換名眼和間

函寄子穌，時曾見珣係馬筱貴少尉，兼宜常來往，眼鏡託高眼鏡店內換，往金生

到鄂治書，係潤甫江濱到京後撥可獄，衙在騎營橋

三十日，差筱馬筱貴投宗妹廿五日信，清來函，向寄子彬，待用甚急，因即作覆寄

寄之蒐蘇良臣，又致義民一柬，詢其可否通融轉挪寸之，以應宗妹之急，著其函

將宗書附閱。適楊山得病人謂時已漸弱，無表病，用君芬湯加升麻以升清而

降濁減甘草

十月朔，天涼。書項佩之扇，友仙將回鷗江，去來索

初二日，微雨，天涼。答筱鄰幽齋，懸玉成於後，御道友仙不值，晤子英，略談。小山摺頭

改完是月二十七日書。馮瑞庭扇，雲城所屬也。查一案，摺東來板貢條長三尺三寸許

能板口五寸許遲雨因作扣兩邊相齊縮邊法上下扣向兩條邊向裏包摺方式紙一尺

六寸寬前後兩邊各縮大於兩邊中間將摺邊放自左右交為上申刻吳子健中丞行節

到城循例弟禮投刺一謁

初二日午刻新帥入署接篆酉刻應方伯回任以簡賀之內人病稍減抽閒往視

夜宿於署與蔡生五樓王泉視三諸君劉謨

初四日健帥到齋廣頗多連頗修尊飄颺大度從容語言親厚望而知有古大臣風

留不寸於署者了仍轉費下午往藉園鄭翁兩公鄭子苑來藉將所得蘭亭遺前往

六安路趙道之並旅寓介生因照曹棨陶趙李良兩君旅寓大令商後藥方

云以健脾為主屬仍服參芪白术散雲云棕櫚一味夜審此石仲函託子苑帶

去別鏡云云新寓綢屋價十二兩房分八千四百文屬子苑嬸去下午得一陣雨

初五日無事閱舊案以清閒暑晚間落小雪鄭由齋兩君到舍得小雨寫錫函

初八日　天微阴。访陈鲁瞻、施德甫、徐子英、俞伯寄、刘高晚、许敬老一谈，过梁公宅观书，以
寒来日甚，不可久坐也。
初九日　陈锡蕃大令、祈庭、何笛帆广文（锡麟）、徐吉士三户三君到，与为健帅新安年菜
时论所谓人所为者之手，以徐为豫之席也。即著[?]徐君来见，陈云鹏自上海来过
来，后仲。廿九日至欧[?]杨信及吉亭之弟函，述吴年泉大令之话，为伯揣问人，托何以来见，接
李少荃廿五日书，抗论植品之子，子契厚函，属问张敬老是否七十岁，请须代备寿屏等
小礼，并托北道有积压之事，使云程观之，云鹏送画二十纸，颇有可观。酒晚
与一谈，袁升持幼庵函，荐钱经云，因来苏州，幼庵复来一函，明日为会生夫人之生
备物预祝。
初十日　遣女祝会生夫人之寿。崔鸿元函，附寄寿卷，遣九函，云鹏到，席谈，为
晋云作伐之事。女家杨望亭为诸[?]高从弟在此生理者，并遣其将龙旋
手迹，谍庵海道船只，仰蒙达观察之饭，不列将往吉林，龙李救亭谋了而后序[?]

意於晚以前託已錯帖價二元還了又來錯帖張二刻

初九日頌曉了來致林甫函以奉國叢託字之蓋森未行朱葉頌了銀字兩茶一瓶（楊玉甫之）

交陳雲鵬帶去照雲鵬儀二元致劉疏湛半字十二元及允所交閩草書訊

甫萬先之子雲石仲秀飲收允契屬九函詢你永老給六兩已寄石峯勤允代還稿

以二元交石仲隨葉抱交曉了帶交致函錢紹雲交袁升青之劉桂臣刻交閱識

張汝集去了師承到寓

初十日遣曉了訪彥孫劉桂臣張汝集兩君遇時果以其從子翁名字楔者託致函錢

紹雲說項又自求以感回里方遣古君菜閣入署致函永老錢去了夕飯於沙齋於四

牌樓南王石皆帽鋪後視三到房來寓膺飯了下午子英亡來寓出擬回居已曆

法雲之說接劉疏湛函託門收之帶款並子良派以待彬

十一日接八弟話江縣指集續撰片稿九年沿淮縣指集續撰集稿兩年裁節去尾片

因款集稿致賀了發必觀知蘇林甫函談陽多頗華海初去為宗孫謀入款了子

昨晚趙季良因該函所疏在罕見之五件，兹又来函，索以貨卷二紙去。景陶到，序之畢

於十五日謁師，備述一席宵閒，補一首為載江南題，可者與之，去奇較不能。子曰兼其大

旨過百，使天下後者四句，山尚要去了外，去順天題，實能容之三句。使（子華）子美兩字，孔子去為桑字

矣。一節大放脉稿第二季之廣。第一句子謂子產兩字兼游門出，用其中於此旨，舉列於也三句

大霧，晚乃陰晴

十二日，舍生之生来賬，往視蒼兄，昕函附後。雨蒼函，旅文馬，稜出見，市去。蒼旅陳小雲

商之，借屋儲物兒，只塑上張君山以四帳，拿清老成，送張敬老字壽禮，又代做之

送均来收。天晴無雨，人間無事。来兄隱夏蒼家書函

十三日，接徐寄五月廿二日函，又在仲季飲，初四日函，合宅歸病方，田慶甫来，有臨斜之意

可載。送稿本有文良指寫照之照話，與片稿又同之術。趙旦之稿照為定，安無誤也

坊片稿前代的之贈，看完稿要一書，第一本內缺某頁，第二頁，卷一內缺第四

三頁，共八五十七，內缺第二十五頁至末頁，須向聚卷補來也

十四日接姊初五日函七月廿日第一子在日有客出若铺地板帮掉情屋估需五十元添兰安车需三十元之款未克已成惟长孙李仪书一函广涛并文成孙儿初读书之子鸿宝白子苍姊归宁接竹斋八月初五日苍函称石房子再四规出集家一再菜可前孙儿止前亡盟数以照在内康闻衣裘尺码择菊秋言纳采衣十六件金珠六桂自以略者看店藉帝友一席月备花信饰嫁久皆视齐老之七百为定海防新例凡有指公人负另指三班即可作为旅道先之员中新班先生人请先谋之黄公可有储金即在洋局上先驻八月勤日放伊推五十五日自九月十六起有拯即为顶道有淳黄莲调道之盐席可望云元到粤白以四月帮蔡苍之为佳说张嵩老之六日青函苍称黄幼堂钱润南二君

中秋节在署贺之毕一去拿闽来有又泉之门柏书记附今早函由陈诠安语安

康行宁之旅栖于寿方宗房郑雪浙兄函一谈余来兄到之天阴风凉颇有欲雨之势刘吴平泉太令世侄到席未值

十六日苍姊附函竹斋函闻去年码备宏豪卜豁衣遍抵新涉曹不值

十二日發函從雲谷寄三隆任仁山大森及坪試時餘作薦接形功拯民義弟未畢
湯四著張君發宫抹函並履料安元棠陳少子諱名元著
十六日陶寄陶四著章叉菜枚叉泉之门名生潛偕慕老齋詠老歸遂蒼齋吴平泉大人
世孫伯海縣人逝談文者殺歟於摘項片疏
十八日接楊藝芳兄寄函託以摘要乞手摸譚復生函章宅安回中述威學文電令酬荷
生之手將來院謀指申韓蒼齋去京陶安排慶且送字錫蕃癸亥鄉年丙子鄉進士師
因之好已補山平首錄矣寔行生趙季云到府計余生一函託查祠補澤查錄
致並一切閒話
廿日接章宅安回函述學電威君之子荷生於重陽開自錫來院齋宗青鈕張義氏王
霄士三君浔見其闹中作書鈕雨蘇一古一今義氏係戴伯霄之孝首五子接薛萍
青回函並蒼平平杏屏師寄函遂亭偕任民山大令錫蕃到府寄以孫家濱杏屏務布晩
將乃至矣妙并宥遠他栋活到寄接以壽石仲之首函孫龍霄兩延壽安由壽諭遂之安
叶弟来

廿一日答黄石仲函以指卷已写竟以此尤有挪八百金以后陆续归偿俟明年之绢归清
不得已之所为也
廿二日往师道广于蔡生房中共信之并通到京苏等处鞠亭觅信主楼诗君山敏师
初子英厚甫于吴戴山来到接吴信生约十一日函趋辅卿辛函速少琴去之将中发寄与之
五张方接手之信彼信且庭生以徐巨之宗执柄之子特请彼辈为代之意楷陈重请
笔债领山字皆归北师债偿甚债之片稿子英处写到写请经云到写
廿三日函张镜老为少琴转手先之即答信生辅卿函交来人请以市回答请子英处彼
不值视之到房将有贵地扫屋之行
廿四日接宗荪十八日函现在四里十月初再赴宿松答处旅信旺以敢出云可请通府并一席
丁调臣来来写致望之函附去荷大人宗荪两函张曜藤来晚答旅曜藤并赁
康又绳谋多子接荪别十九日函四犹中夜发热本早已清光是眼痛喉痛服十剂
平附来求元单并问补服根西之说又视若如此计
廿五日望之廿一日来信张坤玉市来一函得五千元宗荪五十元并恺福之只用七元余
三元结过某并照费之写即其家张叔老之借每百岁张难通难答有铺经云丁调臣

贺笙宗寿子，回寓饮子厚，母寿人、纸伯、华伯也。荅薛心泉函，以荷亭、荅子年函交畴畿
附郑轩宗的同书帆、宇未来高寓、钮张羲氏王蔼士到府
廿四日 荅宗妹函，宗子望、荷亭、陆君之信，荅妹别函，荅颂阁书帆
廿五日 为沈宝卿书画扇、孙子勤书条幅，古平山章缘、子英、为宗贺寿
廿六日 诣少泉，及府到府，同书帆、门下陈君之炼，以刻来者，盖仲牧之孙勤孙题乃祖烟波
图三绝句，缉云来接，晚之廿日函并携楼在料花袖，子帆给修扇，接送靴，交笙代交
程石仲廿日函并一资两，钱须常回里。季常廿日函、菊生廿二日函，又附阎鼓小照，致石仲函
又接岩生生函，郑子苍函
廿七日 宗妹别函，荅谭复堂函，方家来，子送来托售说文本，洋十元。致秦雨苍一纸，附
送亭书，复变惊信，常寿、陆揽甫常来四元。宇刑书汇览，即代送张子宜制费者
服探得十一月出售，再交三元，至续刻之本再以报。季甫取去也。又石仲需安吴四种
一部，晴了需小缎袋二枚，待向郑常。季钦需黑豆一料，待向钱苏常制。石仲字也

九月朔 發滄亭、存仲函 接雨農、阜陽來函 隨即作答 託以榛清少華之事 校《河南協
伯振銅山戡防伯疏稿》 係于冀青寄 危勝江寧人 非安人也
初二日 校《迴通交員片稿》《長江提督上巡片稿》 發仲蒼來 彭宗揚作並戴晴嵐並畫四
紙 發唐生函 寄銀十兩一號五分 託購新疆《吳西種益》麻寄之價 又寄還敦煌碑
是日東海遠鄉之照催之 照廣揚松柏係人江寧 員後照碗底 照名白沙丹以鶴
照價 并元暑碑在內
初三日 發劉申甫函 託以彭照通閱之事 接楳則八月廿五日函 母之服痛尚痛 未全前寄
江西禮之事 為寄紫芳紙為季和經師之序 寄之云 白賭務之事 校《佑伯疏稿》
初四日 答龐許少光、汪已山、鄧通亭 發朝芳函 告以師友人回國如取道者之事 答蔭之
函 附寄黨去內事及存仲 寄 校《長江提督上巡片稿》 是日為師友人之生辰 往視
初五日 發宗株函 寄花邊望云五十元 存大人寄存紫菜 桃子仙 來 詢趙所居
之 係張槎高女婿 與趙者 住 寄解

初六日　校風圖（暖粉已了）又薩摩琉球稿　帥極此次薩局查卡名覓勤清者冀實

得左堂將官之傳尚兵勇之壯數等百日月數到此　連日雖晴風平移歸人行舟底利以了

未能不務之可惜也　改劉毓波函附年十之為存底之價　李年湖以利來

初七日　上舟宗撑舟至小酉湖多兜以三千元　吳君生守王怡庭之函因十金　徐子英李子張子仁

函並箋蘆瓦罐均收得　由東海氏帶函　是日風轉天陰遇晴潤　宗濤到高

初八日　過東海氏挈女東歸由吾雲信過　尹仙設以東來寄即以李道之　是日風阻未能

維傍晚上舟一談　便過雪漁取文一行

重陽節　風平歸舫長行　函岸姊弟並岸以緣各內請示移至親外高請撫請之人以

未過之信日中月老三人在遠居幸甚于上五難層是否須請禮人共施餘一節別祀

罟宅所備之款城半祀之范紅圓賀祀祧靴帽之外出足所過小品の伴南以副之再

祀の包並向以梅遲九元之款歎是否一月一元函嚴之後接姊弟初四日來函述

家二妹患病小酉往視之言及酒少亭下顧之語　俞蔡翁函過飲接雄妹在樹函

屏虎臣江老庖羡讓之假對來致錢少滬函若蓀馮晴瀾賀仲荃劉寶芳

初十日晨風雨用丹圖寅來同壽帆澂雲帆來小山示以閣作樓季弟中秋後函論館事

並屬毋別著人九原望孫之意

十一日送石生夫人往郭園晚柵閣作略易數字歸之若蓀桃子仙已能無紉蘭佩與

十二日接潔之若昔函許撫臣詩二部以成首蓿之榮屏不自遣石仲季欽六月函勸仲許會試中

式只慢相以足之蓀何留帆談忌乃拜沼瑾伯葵園鄉榮有年誼也蓀晤曾凡得晚芳亭

備山及姑藏之海岳盦軸新羅盦軸石菴字楹帖

十三日接仲琛康祖綬函託以逸齋之事仲萱來蓀勞同壽帆雷仲題石纓兄伯張近瑞海

猶人春野等五人錢冰照寶琛章鈞沈林一束遂泉五君為錫主人任之周精芸閣

興楊籍華觀錦與此往還一課晚於丈泉處乃周君壽陽處鄭君梅蘢盦軸二

更滌萍壽彼兄石仲季欽及前十六三函本託觀錦壽交杭道貢鄭愈昌在豈積勞病

於請部只積在雷觀房時觀御鄉仍三呈仲及楊君鏡翁淮上石盦圖如此楊季經述閎

徐傅姪叔之子鄭仲彭

十一月自十二日起三日大北风计阻归舟接菊兄初四日函意在措资赴沪接初八日
宗姚来函约十月初偕姚小蓉来沪赴宁杭者望姚亦在家请至已愈嘱张次渠
同年师厚绘之涵宗姚附来上望之军文少雅太守藏口田大令以东来
望日接菊兄十三日芜湖舟次来函并述诸鹤生龄来将兼馆经费之款之拟为子冬
姚谋张君之子张伯平来函兼馆时用舟资兼馆经费宗不值放诸兄拟谋
十一日菊秦士嘉函晚婚想推姚应拟及宗姚各函为吉士函绘之涵来南 烨兄 取托
十二日菊兄函称商赴沪之子康他处设法省款归年前短兄年再行设措核佳
蔼龄伯十八日小雨收楼馆来铺以为兄绩完之数各来稿沈德甫宾从宁来
菊兄暨李良诸少兄请其作之新安太平 朱宏泽司以全福芝鹰 晤马绍年 字祥
以东菊兄藏口田诸鹤生文少雅三君述卓存桂静山以东来
十八日上海蔡菊兄别函致东海君嘱为马绍年谋匡庐阅卷子铭晓楞观察
以东来张次渠直翼接殷小湖观察亟自张通甫访之铺

十九日以东若、巢曉樓、卓存、静山三君校孫樹人蕓畹齋疏稿。何蘧帆、錫輝、陈若
凡、衍庄来。孫子英来，致書方金裁，勇之子鄉玉樓、白嘉池、太同之。接蕓生函，寄二行
廿日接一舟電，十八日寄之来函，並江南題名録。馬鵷年来。
廿一日賀鄉玉樓到董引之、受青，宇塗、徐書藤、貢小松，塗書函，張吉安書塗艇稿
廿二日龐卓存不值，会館知單，九月廿一日云子诞辰，约屆致祭
廿三日撫卓勝星吉力自弁，请撰疏稿，校蓋國洋叢稿出數片稿，若汪舍生函
撰賀稻壽山制府二十七晨，致甫臣之登賢書函
廿四日接石仲十二日函，致子刻書，業已獲之多人，取費千數，為季申、陸樹臣刻書，將来之子
並撫活方、宝侍為能識之字，侍季歆因日函，且看我能否實事求是，来向我
去學録五種遺記，侍何三書否寓目否？附来上毋字語見以細之思慌，致誤刻函備之
事親之意，[illegible]切实另附九條，立命於是，讀書考禮，讀律，敦品，擇交，課子，祇事
語之切中，可以欽佩，以其同年為之同邑王君，身故，為其電報至京取回補缺，費寔
二十二字報費六元零八分。孫子英到，顧稿臣、古雲、文房太守，為有东来，以东若之

曾勷遥亭来诉若以家庭员为人攫去且者未获于遥可恻若鄣子苑崔世生

函子苑在儋先存其速寄若石仲函寄其将图菜以佐我沧五楼饮家趋往读可

见江南阅墨不能满人之意

吾雨若香季弟函将其贯力学之意寄以素笺归制果里豆乃筲完韩安浦月阅寄

纸京寄津始得楚字稿

吾上母宋寄房参一斤附麐弟函段韩列及东海居信是日先贵之子诞辰诣会馆陪

班叩祭俞高刘张四君约日之饯五楼撰霞文大霍山又白蟠君参熟蹏稿

吾日顾稻连太守往彭即往参赵太子晓吴信生之子赵成莲叶是二家者何不顺

耶邢同其来函以政杨凌澍书意在纪谋纪与为存为和函托图治在及江浙扶道之

能莫以保莫可精出山待本局回即图其为之水颖者和石仲一纸交鸿庚弟之接凇寄

石仲昔函山城雨刻菜已获九人出维不可精舵地岩藉重犯在势不能来终计为处

讯我须招贤在千载华往且不能与弟嘉荷作参仍由鸿庚弟交附来法嘉自

函为季弟说贤者也

昔祧付姜仍之妻着庵江先房子宽妹侯季平两房查就着款归了 敝房初三

蔡亲而归卧病难兴情可悯也 致星之函附去宗妹之本 荅沈妹唐函

昔荅蕃荪青函 馆常熟东门沈氏子道腴搬芹来而聪家耦对贺之 荅葴管仲荃到

致平日

三十日 接妹初廿二日函 往房修饰费之平五元 东海君尚来到 丑氏因牙痛亲及侯子若宋姻

历奎妹有数 四弟初六日筝一女 御之检家风年而归 九之尊款仅许一次 梅垦别藏四三元

十月朔 送卿五楼之侄和悦将送沈德甫然即蘭旅方宗屏 致杨清卿函 托邢同母之

带也 钱纸票外高之为此票 致函张孝生更又书去得覆

初二日 接杨亲家九月廿二日回信 纳赎以郭班之 即海防之为第一次以海防即了郭班之

花样兹论现止三卿诵连萧丁人 四五六卿郭班之郭班即皆是人 由捐资改月照判改

捐者论郭班先留正银九百千五两 京藩库平碓平银一千〇十五两二钱 外藩库平碓平九百七

十六两 按照在内外省报捐 较京局费用 每千可省六七十金 故在外省报捐者资 即将

实收寄京换照由票号取印结投供各项费用约计在百金以外 房则在津局上兑之稳

辛存者整全錄函均寄後海擬繳此款梅銀幕上已津存之何每月在初六前截數
初六吳諱初八出省寺廬初十直部一十二三即為接照廿五聲藏以四即為所請舂收註冊記
人收付要須可隱匿睹看詩費也接母氏諭弟函帝來晚雇汾九月廿六日發胡自重
大人進署接羅文集收到差即往居報
初三日天氣晴暖已有數日花竹蘇唐淡斗方四幅郎就署報核九年分沿淮領務樂
據不甚合式未能勤也望之有名綠請宦部議敘九月十日倚至是日現這
初四日大風小雨氣復新寒有花竹蒲重挂情郎而送之陵薛心泉函為華生絕倚
來錯三斤接陳鏡重函該錢初之半一子莫道飲帝回致佩南大考一所判同門卷是否
閩中好議金肥宦盡遞罷門早卡收稍差多太和無沱有畏首卡又有權稅卡太窯周氏被
示裁撤各處不收歲盡遞算貫以大宗計之諒不爭此數也
初五日小雪飛飛氣甚寒冷溫晴潤直飲接汪含生九月廿日回函
初六日天晴冷未精神雖未不溫寄家叔弟石仲季欽函商量指發之事蒙舜俞壽白明信
錫疇來晤錢紹雲明府直飲接秦雨蓀函請君炳榮帶來接石仲季欽廿四日函鄭

雪漁來送蔡生畫幅
初七日接辛六庵壽府來函附致邢國舟信
初八日上海寄來甲子年内本年贍〻託蓉拂來函与東海君一紙字乃厲壽一千同門錄蓉字
字寄來附函似南蘆批一紙同門錄趙成刻字澂青九日晚函又歸安瘡一刻
弟來杭寓沔兩携來接雨之為許祥盛一函瑯邪逸亭方信旅閩典以六元
初九日伯華來交以小紙四條季繕乞漢制年政帥府書接稽壽帥回函
初十日答澂青左仲浣邠函致望之函
十一日送馮晴瀾徐曉珊〻翁松枝風蓋二圓望之雅友郵及城款疏稿風格曾閱
藏娍一千分兩芸藏娍二千兩
十二日鶴翁伯華刺史題持竿圖小影陳惜凡何留帆二君來
十三日接澂青函季備送左文襄帖左仲函又澂之刊之〻之類襄堅季所留之機
會接幼菴初南函旅張毅老託以浣邠逸亭〻司旅吳偶苑託以浣邠〻〻

曾賓谷來，交排印卯十首，附來六舟三件，黨稿一函，有題簽桐鄉字點之，常邑蒲
芳鈔詩冊件，蓉裳小照、觀瀑畫函、詩館畫函、楷天吟、報寄國運進詩稿鈔片、秋禾戲
以拓清詩楷疏稿及拓清曹楷疏稿呈之圖村楚往清單。晚飯賓谷於同泰店睡
姚小魯、劉謨生日。是日丁清生觀察五十壽，以蘭亭之為張芝園方伯撰詩與疏稿
十五日　唐觀三生以蘭亭之揆歙縣劉家序冊復覆分片稿
十六日　寄蓉裳排印函，附致東海氏二紙，晉雲一函，賓谷家信，蓉裳見函，商改題二部，芳千之
詩稿存錫之收到，付蓉石件函之畫荷生翰門之說是錫常來之，常邑蒲邑芳鈔詩函
經郎來，轉交方雅庵商常去吳兩人來回題跋精裱江月同勤身
十七日　許卓人維漢以蘭來，送其等人兩帆先生初述并常來石伊卯首函為卓人所訂
題來鈔圖並及摘白雪齋圖至經其題古詩一章也，附來劉鏡瀅八月廿六日回信，蓉裳吳
兩人來，賠樓兩蒼居來函，以壽香廣言書一軼，欲為鄉少華謀之，因袖以見遺，章非示
頒也，二更海署外西偏民房回邑回祿之厄

十八日華苑韓吳二君來子敬交微之仲弟三信又附致謝綏之函併寄印卿勁復於廿所論橋司清

印華來書寄表一通均稍遲之送華吳二君回錫

十九日接鄧五樓司馬七月函初三日接印寄安生旅滬又寫日記及萬淘之子

二十日閱唐花三稿晚病欲即往滬之夜滬見其入殿旅何苗帆接薛心泉來函

寄到朱錯印送尊芮恭老核年年狀葉疏稿雨水程儥疏稿吳鈞事且筆分

片稿鄧急送至亭以平子少筆薦沈芸閣鳳凰頸星肩

廿日雨人到寓陳小雲到寓孫子英為擬說唐花三對

廿一日旅滬徐家滙孫子英陳小雲方案房訴君並旅滬兩人一談晤其大兄翁稻老鄧海

隆自上海來在寓孫接秦兩蒼函馬小農帶來

廿二日吳鴻為司馬書致來稿為談國恕前聘請祀之說蒼汪令生附之其宅收条

曾蒼擬稿為請其書對聯條幅老好回來接望云十九日函核張方伯請迴避片稿

又刑名總貢擬等稿蓋印蒼庵南蒼函寄郭家紀徃家人帶去致徐家論函名

士坤日前二紙題其向平子蒼鄧五樓函去聯挽唐花三又為楚鏡松年一兩人書聯

胡雲城之序也　張次渠同年挈其子紹賓來見　子英來

廿八日　閱曾道唯詞署董德務序稿　丁潤臣交廿日所擬陳宗往返之稿

廿九日　晴　凡遜帆二君來談　致含生函

卅日　蒼孫鄭海澄寶琛賀丁潤臣入贅　晤楊秉莘張秉之二君

卅一日　寄吳錫函　林則東海各一附　望之家信　葉景綸函　吳兩人來　隨即往送之

江雲因回避改掛也　致鄭子蔬函　回宗別氏價

廿日　接浣新七日函

十一月朔　上海之函　祝叔枚寧初度　本月初十之期　附去畫題大照以備桃宴之需　另紙為祝三

身後請照之　附去仲浣新函　另紙寄張文書之書坊借抄刻本　於致子蔬函附致該店

價銀付四元　另寄三元請其補足

初二日　接林則十月廿三日函　又林安之往蘇一行　全使用三百元　潤銀銅錫皮箱　鋪墊等又用三

百餘元　除實有未讀　前留之換全皮箱　有未讀到前存千餘元　須理之開業經潤文樣一包分文未

付　仍須大貸之數　楊歇能實過月底宜用度　巳屬萬者時時為用　須另設法　著宗督撥二

三百　須按月刊　母猶候未全愈　日鋪　夜重晚間咽喉完病　請喉科診視　吃藥鮮效　以前日

方有報亦現查之方並照 蘇城指教殷桂掛單滬來字未原信徐河運貨物之帳附來

晋雲函稿宗姆已聲有不願賣之意 楼條小山函

初三日楼楊子涵十月初來函現在浙北鍾祥裕號陳松譜之館郎任黃壽山將到

任恐不獲轉聯有所送瞭之意附來名日昨丁調臣送飲賤呂松雲戴拜見徐蘭宗

錢拜恒洪勉齋 劉席藏往滬之拜帖一談

初四日楼浙哥十月廿五日函之印字與款來有兩日前竹別在邑邑是高人見地在仰一千元月

以貴試且顧亡是好子降指復訓別以親此為宜之浙之意也又說撥会數字照並示宗

宅迪欲種撥等千條之感荷生負之甚之語以待其撥為難 楼宗拜來信附方錫函

遂張次渠之行望邑兩常歸閱兵馬姜塘號稿

初五日楼拜別十月廿七日函附來六家去信並函 指單一紙由渡月查到降指者該雙月

一百十四兩雙單二百廿四兩新班雙單六百九十三兩共八成實八百二十三兩是日函加一紙

於前行復寄鄉丑楼附去四信閱畢遂德好妻負詞署稿片

初六日小雨。唐祀三交行篆，閱貴陽樵進學使幕府雅名片稿。

初七日送祀三岸。旅陳曉生孫子英、若望亦宗縣函，附去所作對閱校江防翰館擬稿，閱擬用丁銀片稿。謹若光作書，光帶來西亮兩誰共撥，看雪三百屋若雜集送。

初八日俞烏梅將赴蒙城，先見之任希留，即往答之，旅張熙老，封永石仲回行，亦存生從子之說者。致函陳曉生，請查指數；答吳壽石仲函，言為季弟謀差無館事。

初九日，請馮文泉函致閻海琴，為季弟力薦。

初十日，寓致孫則函，寺王孺叔任和安去。陳曉生司馬來寓，交以指數單，校明年共通新倘與款往年由先翁三代詩展限筹辦指稿。

十一日，鄒雪帆來借畫軸。張蓉民來，說葛生死了，世宗上有老母，下一死抱幼女，一妹將去閩矣。接楊子遜十月十九日信，釋來函，老母病愈歸，酒後來說謀了。

十二日，兄電作十一日。論張芝園與葆蘭對調。

十三日，致石仲函。

十四日，接胥雲函，文泉四十初度，未慨六秋。十六日誕辰，兩處拜祀。

望日接弟出之函，附来字画五十六屋。徐太夫人八十一生辰，以四雅の绝为目名佳展祝以
受祝。见董北苑通景十二幅，闻係常熟刘氏所藏，因兑款出售，需价七百二十金，子敬
千里海岳旭日图、郭河阳直幅。
十七日长至，赴徐太夫人之寿筵，赴任台卿主婚送酒，遇程臣介堂和宾在斋小叙。
十八日阅姜园一年旧稿数日矣，稿携耀笔小叶。廿一日函李上海之墨，掖石伸初九日函并
子观所价四元，过云城泽之之评，僕人一函收之。初九日函弟来，毛诗两部，存金门桂处。
又致徐晋三一函，且函の去一部，待其来取。若杨子涵函为之荣宜择而地瑫，因其有
毋太夫人之丧，送精数一元。小雨竟日，天时不寒。
廿日阴。翰俞蔡生之生留斋，嘆数。下午旅金门，进取六万字来之数，弟便旅陈
晚生商量指事，改指复训及校核，仍因查指律，免得复训举拔副班，皆有计安
有指者在内，若晋云之函，之鸿士姻子孟吉以现无力量之算，典金之饰，礼金之需。
廿一日壹致拱弟函，附去于逐晋云之函，弟出之林偶寿函，新陈晚生之商宁指复，须训留守所需

一切在内五百九十馀金，为鹤笙赎屋五楹钱之价
廿日 接含生函，附来一律四诗，并前托赎价单。去银十两零二钱八分，足钱廿六千六百二文。房售四
十五千八百文，每斤一千九百五十文，烟袋两支四千四百文，共六十二千二百文，房售四千四百二文。谒兰圃
方伯，属撰谢词，佳佳。思读稿。命郑以齐题玉臣及瀛初、京兰、苏子英诸君寄天津函
致兰芳、清序文之。接亚蒙孙函，拆视信，属寄宿松安澈而已。灯下草草。答含生一函、丁惺
书以刻来。接姜所补著寄致郎夫函，锡小砚三件
廿一日 致宾揆一纸，将其寓信封交子英，便寄之。答薛心泉一函，撰托杨子寿，亦便带寄之
又泉函：致桃解君三页，信托荃石仰函，评之。一切将姜所补著交郎先函，先行附去。其锡
砚则程姜不宜带，别由甫来。赎则候官说花至，并有土物之赠，和为吴书，以刻来
廿二日 丁惺甫书来，为方伯及瀛初撰谢稿，玉臣、瀛初、京苏诸君拆章之安函，附来致孙佩
南六日晨仰函，禄卷十本，郁阅丹函，禄卷二本，又她禄卷一本，亦惺甫君卿皆不值
廿三日 寄蓉鹤笙函，附去三页，寄它宿沪江厦德泰栈周金箴转寄之。是日上岸，致抚
复设训导

形到庫廳收條持內閣交收同孫畸詩稿鄭幽齋張世兄之戶部聽諭至改香詞

印詩詞冊子稿張次景送回孫改條幅山一紙以定安石託交子英稿便帶寄箋送帆

惜凡二君晚來閒談閱姜白石詩閱第一百傳稿數疏稿兩冊雜價疏稿

廿三曾為張芝圃方伯撰謝恩疏稿撰函至方伯片稿閱姜五送序稿閱未竟不接疏稿

晚稿張翁堯石書鉏義民二君薩蘅先函又君卿帶送季佩函託石可卯時訴絕

廿四寶有生來借歡鄭賓之桂形稿沼雲甫定玉集二十元買送劉毓生夕辰附注稿之

宗便回寓順甫全順送稿丁稍不值邢閑丹來蕭便若稿任君卿送共行与

談第先子以東省吴士吉

廿五照料劉又君回寓稿劉仲甫寶有生談一刻若稿等不值致華蘊一紙寄

姜冊宋來銅硯三件致石伸函均託任君卿帶閱李將收標序稿閱風閱照歌

滅殘美稿以詞送張方伯壯上託寄送方伯壽詞丁庵行書子子英來

廿六以簡賀張觀察夏家清早贈之送來石伸函並康之壽子範回信並三元劉又衣價

之哉也條幅二大便錫恩來下午稿贈之曜到並共株須丟與汪子清若稿賣三不值因之

史佩之太守来，以引见一层不能为力，浼臞云、士龙来，交刘子迁函与省中表之戚，交下莫

相携。致篠君蘭長函，送交篠老。士子将致菁暮，庐之刘接兄，激之，谈久告归。著门下锁

母得对床而眠，畅叙半夜。接石仲函，附来抄稿四件，第之病中作，友代写之往

廿日答石仲三纸，附前函，交任台老弟，交青上母家东海君一纸，并刘一函，备银一百五十一两

六日交瞻之弟回，将致谭仲修，以简来，见解东三者，侍帕银两片。稿答刘毓盘函，有浮士之

任庄侯子莼之系陶之三首，前三次共十三十二之，者等函回数之，须随以寄予也。收之。了致清雨绪章

绪母壬，蒋质泉为缓定，交字，托作代者，绪章也

廿八日答辛之，发函，附与那同，母弟侍以简答莼仲修

三十日阴，送帆向某馆一行，冯瑞之吴修老，遣陰依之小叙，晤仲修一谈之。庚寅收之

庚申一去而返，检查外祖悦庵，不宗传，送对交瑟，收之

十二月朔，接来廷九二函，为为碧潭买，赠，写文翁遣赞，到。敬堵，后答龙洪魏

云笙诣申甫一谈

初二日接含生来函，并荆溪被面、扇、插、袜、挂、荷包等十四件，俞叶文遣送到。敬复

民信局便儎張叔老以風函及所攜之十元交寄

初三日王悟庭寄衡來交拣别兩次函並前寄所印花啣及內子寄來海參蝦干小菜等件孫子潘豈将金西面書六兩四五百者々數少人為難毋意不懌也不以詩叔爲然之且囑勤愧張叔老来致東篦主人来歲滅俻夏筆之記館寓之留請容庚浪致石侍函同耗差須不勇並手提地丁正項應用片稿

初四日芝洲先生彳行接拣别函隨即作書寄去往寄信林女婿處々件並風信及澤拣别函示五拣英費々條書寄廿四元零附來前編文二篇上頴林々致馬路年函託為張并説項寄中書子女親家契据雨過點毛時和保自處補面前有此筆也

初五日核改裁撤新西藏防務疏稿孫芝制兵無須裁撤疏稿閱及寄敬鏡莞錄程疏稿王悟庭來取去寄存之竹箱皮箱接石仲前月廿六日函恐新也回覆山核莫交代之彳得四十元不無小補閱書飙光彩

初六日接華西隆補華英道來

初七日答蘇閱書帆

初八日沈能甫朱笥重以奉來即答之華楚珍英來

初九日答舍生函寄以叡詩并盆碟一具山雨復叡彭泉臣太守以李武

初十日蔡孝廉中一行過之看清瑩之勝郎玉亭軍門吳平泉大令世祿以簡來

十一日旅叡老一談武彭孚臣丁悍重劉卑甫洪饒雲等函皆不值便過王恢庭

之來獲勝侯復舍生一函附之東海君函又唐氏二信交金井帶去

十二日接京叢生函寄真賀帖接丁調臣陸福源來字云劉如君已到常但京中不爾過

繞道滬濱不免多費經陸氏貼付過帥府病撥仙逝詢惜風送帆高皇家莫大之事

十三日旅悍重申甫交臣雷巡繞武宗屏取別過武左詩晤之函答石仲函以招蔣

表同讀帖送交及唐氏四信

十四日書順來接初九日拔貢函并鴨子臘肉等之送衷蓀良碌共之答過立安函以狀

帝之壽附呈官仲苓來賀歎答過卓庵函

十五日南風氣暖旅方宗屏一談答鄧立樓函與蔡生同具接沈夢階制史度呈

賀奉長之詩得兵牙到閩而自善接吳甫即敬之作林侯袖示子辯函帖

十二日 天晴氣和 家內料理林女々事 計必順手 答叔別函 附答紫東孫函 因徐子英來
說譚仲修々意在延師課讀二子 賭資可多 而紫東孫來 有房孫爲留意々 請
現已稔提其々 招來笪是之意 因房子英轉薦於譚 賭資多留 銀數而不足 紫東孫從
原來故以函問々 尹仙翁得與否 是人々意中所延 料適 林又故到 取帖
十三日 大風天陰 意在聽雪 致仲可函 封就將發 禮等道到 石仲說明 初九日函 加數語
答之 所以爲其子納婚 房門晚生 日富公至 棲庭千金 如是 石仲寄楊函並郎
十四日 邵送之 有楊德增回片 夜風雪珠
十五日 早起見雪深積 約三四寸 日間與志飄々不定 覆意 接汪阜生碌卷 晚間又雪
十九日 雪止 爲俞伯華作四紙成就 署款歸之
二十日 封家信 在巳時發 段小游鈔然賀函 上午似手放晴 而下午忽然又雪 三次積計
約三四寸之數 東道送席與蔡生之
廿一日 發陳寄賀函 寄還修理之表 答石仲函 附之指樣局條子 是日同莫幕庭
席函有小字更

廿一日閱改楊潤之徐景綸文二首接倉生函附有家書及英餅十三元寄滬匯錫又附
俞仲英送翰一篇令作寄石生姜穎生二君之語
廿二日書上母氏安禀改排印函東海君函附至倉生家書及景綸文二首丁憚堂來閒話
廿四日接排印十八日函述林安琛了大略接袁仰蘅信問塽山自金陵回福卷來函徐小山
函以簡送尹仙坡之行
廿五日東道送來年禮四色收備四百不足應米食之愧向居舒積安也送廣韞山約天氣
祁寒日光氣色殊有疲之者歌接署江西瑞金令華海初十月廿八日函於崇仁差
次東婁六月十七日接眾世地雜看千里黃荊菩薩於宗株之數之詩則謂李貞夢之題
珂鄉近商往它安晨仲舒致
廿六日羅伯陶饒子馬魏臣之子芝岩屋秀才來致星之函附去海南來書之王恪庭
來借衣天氣寒冷舊年硯生冰
廿七日叢薇賀伊老接漢陽潤如賀東孝是倉生函並俞仲英一紙附去排印家
書寒氣未解

廿日　寒氣稍減。答袁勉庵函，並馮晴瀾一束；答嚴伯陶芝山崖並嚴沛初子英，惟小山未得。接瞻岩仲奎送來年完課之祖葉白泉翁耀奎《愛雲仙館詩鈔》，序屬選擇。受而讀之，不少可傳之作，因爲重其擧興之四筆，預范竹孫以來筆無力辭興。上呈五兵附去，海印來函，並附答馮晴瀾一束。

廿一日　閱視季修爲人間話，帥意不送是月脯資，不使增其食之愧，是亦善體人情也。送扇蔡生去幕，舊雨分飄，曷勝悵感。答袁勉庵函。

除夕　作除夕書感詩四章。下午蔡生更又一別。方宗屏饋食，沈東渡饋歲，計歡詞之兄。電報忘年師帥府保薦循良，顧翰臣、方子貞、左蔭重三君，有交軍機存記之諭。入夜陡起朔風，寒威凜凜，宵深不寐，良有思。

丙戌元旦署內拜賀了畢出門一行雪珠雨點間作寒氣凜然來見韶景帥所贈送與劉

桂臣同飲共會了鐘遊戲　接瀛之十二月十二日函述其家諸事了了悉已過情了並述

其舅在滇龍司任有不能自行之勢

初二日大雪竟日展閱曉峰寄二郎壽陽宜翻爲胡述彭仿了隔夜讀者猶在耳與桂臣暖

酒對酌以消寒夜

初三日雪止天晴寒氣未減更勝閱曉峰寄副本

初四日俞蔡生偕留帆孫壽生來閒話旅又泉一談

初五日接渤兄函附寄懷一詩次外祖悔翁之庚戌元日口占原韻旅孫壽生忘其將回

太和即道了行便道又旅留帆惜凡

初六日偕帥荏高陵石仲德新函由驛遞去王恬庭來康談託人於里中寄銀高叟

説項並示蜃君丹函述王佐臣表弟有回南之行及吉仲之三月羅何保孟翔歲

以新班之來恐而補缺並不能速也

初七日寄孜孫市函銀三十兩舍生英洋十三元孫子英來

初八日訪蔡芷生不值，過方宗屏寓一談，晤練潭同喬錫之、任勤恪，云云，扡扨璩結雲邀飲。晤陳荊蘐（祖範），接胡亭石仲、小陳夕函，俟人便寄，夜作答。接望雲臞十九日函，述海昶兄實珠翊已歲試後四人犖犖得庠而去，尤妙，並取銀百兩，至珠四粒，夜亦俱此，此二情理之常耳。

雅其梁只答杞雪以得庠後再予迎娶二粗粉也

初九日閱菁雲山館詩鈔，借鈔泉往蔡芷生處看戲，過吉六伽寫。

初十日子英適入梨園，散後訪王怡庭，暮即與少往方宗屏處，訪適卓夜太守一談，招舒回院，寄回上年臘月二十八日所發五號四斤、初九日所發四號四斤。

十一日勝聚挑，午後訪鄭心齋、馬芷之，發翁佛卿、徐子英小山兄，晤之，陀蒲士壽子壽出訪羅伯陶不值，因便至逸亭處一談，華所去，適所來，吳尼訪其侄處，其同人也。

十二日作蝶羅伯陶詩，接石仲去臘廿四日函，楊綬之來述薛心泉在莫卡瀛湖光桑為姓。

十三日發洪啓來，接石仲洗新初八日函，附來京縉十二方寄作山水，又晨過東華錄一部。

十四日連日大風陰雲四佈，適上海兄函，答石仲洗新函，附去疊韻討羅伯陶來答，訪楊綬之，晤其弟潤之，出閱所作律賦，訪鄭雪徵，探甫宇亦館，回與子英函，約並訪蔡芷老，不值

吴伯华来谈王怡庭来葛先生来

元宵阴寒不减往会馆团拜现刻晴葛锡心吕仲光暮归接许弟初八日云沙上贺了了莊子

尽倚郑生来谈宁师而卯与嵘生子太君命为董生之子许已有去并留在宅殊不可解粥后元旦以来

子而说盖银附来杨凌湖回函及寄之静陵盛荷生函接沈云卿维岳十一日函并无寄之函

托宣纸十二方请作山水入夜风大雪重旋即飞雪

十六日晨起雪积二寸余方来兑止阅定代已续年余条目略其稿查明二年以前之函续添援

情了捐夜仍下雪何蓬洲来写以捐局及禀先生條房书画

十七日阅八九两年各案捐项与照章请奖徽片八年沿江照捐请奖片九年沿淮照捐请

奖片三届免捐程自同治二年起至五年止查明实数捐银廿万三千两银捐十一月

给两淮程仪捐本任霍山县拨存饷程追不敷解华成药解捐又调署合肥县片上年十二

月二十日捐解回来奏奖五捐一片　拟有一年私请一条甲一两以一上半年奖全一更補二年以前又片

盖阅京饷解清接王姑婆书晚夜函来附望之家叔旅张义民书心宁殊好了难意不

顾又房代请挪款七千余旅部汝霖商请转托谊册了部寒过于往日积雪不化清夜

与聊可侪做麓台画册

十八日雪止云迷，寒气未解。书致涤研，交太史函、王蓋臣司马函，向取前存之三十金，诗册交

郑听松书，郑为蒋取绘证册之子，张亦竟真价五十金，以应所急。接徐伟十七日函，告全孙

婦姻程氏之子程女为肖帅外孙女，女之祖为肖帅内弟，其父为许生，或即肖帅之婿也。眷謝于沪

结准未归，或同归，或来者尚未留定，以赴门为[illegible]不烦着待来此看风色耳。接次赓曈曈烈

二十日函，由严升弟来，来者为谋子若，望之函，附里信交小山弟去阅，它处旅棺，岳婿女望彩

室照它辦稿

十九日为何蓮帆绘扇二子，芙孙字述谭，仲修诗，师之说人难求，旧于后仰，交晤杨橘画交

以宗羲初八日信，附寄里函。陈小山刺史追来，平阳署内宗羲信

二十日为吴东先生书条幅，陆树臣刺史、刘高王芝舫刺史来见之，贾信之来，岩宗羲信将早

阳来信附去，以涤函并银交郑池，为寄京

廿一日阅，即天晴，雨寒之，未城，寄涤研函，交马戈什德霖弟，为何蓮帆书二扇，林贵来告假回去

城曾文鵬入京，送聽其去。是日封摺發遞健帥。送席與桂臣同飲

廿一日 晴。答拜陸樹臣、王芝舫，不值。因詣蔡生雯文一談，夜與桂臣同食。餘席送何逸帆乘車北上，並送周雨靖、潤之。山左周爲健帥第二婿，客商城，報國之後也。接兆別曾函，述母病已止，月紅亦退。哲廷來，其家來鄧生之字也，行三，亦可帳去雲雨雯之人，共自易西手館，從蔣唐業縣之聘。附來鳴皋致承齋函及石仲容信、帖，吟樵兆回函

廿二日 雨。鄧以高交來爲查近光節查出十二次新班之復訓，已有廿二人，註冊須費十兩外，實收據照須費六兩，又江蘇之局保閩註冊〔附註〕，海防統加一成〔附註〕，小費共〔附註〕申〔附註〕外，捐冊館捐〔冊〕江蘇會館經費〔附註〕，統共是京平足銀〔附註〕，均出意料之外。陳惜凡送閱心蔭錄取名單，擇入函簡錄中。閱懷遠小刀師函，有圍裝夜鼓打退大城搶掠之謠，經鄧總兵派濟防範

廿四日 晴。寫好致兆別函，附曆本二本，宋林倪福壽函，致劉子達函，爲王怡庭送說項，即送交怡庭面致。楊潤之世兄之來，之吳曹家子

廿五日 雨。書致藝芳親家函，托以夜職註冊之事

廿六日雨。景蘇邀飲，接石仲函，有廿二日起程來省附輪歸省之語，比來則須二月初方回。
勤身從振甫來，示稿即乘輪來歸。
廿七日楊潤之送一女一詩來，為之刪改並出數題。
廿八日藝圃方伯邀飲，到子寬處即往答拜。
廿九日為石仲作畫。蔡生函問識字之人以告高子若。
三十日晴。為石仲作畫。接段小湖觀察回函。
二月朔晴。吳蔚若同馬東垣來，隨即答拜王憶庭，來屬為仲崖一字，即與之。晚前子
運帖庭送來信。
初二日雨，閱刑案。
初三日吳蔚若來閒話。接鄭盦五弟正月廿四日函，以課孫為了，閒日夜以案為交，勤補附來致交。
泉宗屏二函，隨即分致。
初四日閱廣德州刻案，盜犯提訊，分別定擬，其稿光緒十一年之在任下，忙錄稿已來定。
數日其稿，三年於居劉生張芹送來。

初五日答鄧五橋函附去方函二件

初六日石仲陶彭兩弟自山家來邀石仲玉署同話留宿於園樓得邑之廿二日函及

崔芝生函

初七日雨陶彭在園清話竟日接華郎去函並為安安薛華氏及張薛氏皆已行

守貞者又鄒華氏係苦節同鄉皆可聯名請旌希至山家詞冊結等稿答陶星卿

函云旌表之案託道無有以擬答崔芝生函

初八日祖石臣年丈旋即來答接鶴笙正月廿九日函附來陸淑之函石仲宿署夜話甚

久周重帆來

初九日鄧序臣年門來陶即答祖來晚邀石仲陶彭邀鄉賢鄭梅軒少尉座

吳蔼文來賀陶即往邑陸孫來一函並寄一集予得十二月八日報

初十日王怡庭邀獄友冒楊潤之來託篆生之拓觀劉飲泌接名生來函仲英第

來接宗林函附有宋的錫之信暗王介如壽銘

十一日 接兆蓉初五日函，附来翘南家训、本年横披、蓉洲兄函，附鹤笙二行、鸿笙一行；蓉華致大函。蔗孙、张霖老、韩泾云、孙蔗泉、屋兰生、邢雨丹、沤存甫并蔗年辞岁来。值杨德之来。俞诵清往胥门内看后杨。

十二日 王可均桐君来。雨兄初四日函，附致石仲及伴年。辞岁刺史道饮。连日天暖，难得雷雨而热未解。

十三日 暖甚于前。寄致石仲致刻函，附六弟致伴泥、王可均执书江陵交航寄。蓉生孙学函，附大宗兆家书。華楚琍英来。本年为陈丁怿老来，即至亭提戎道饮。晤李少吉刺史、郑馥甫大令。

十四日 大风鲜寒。寄蓉鹤笙函交甯保往东栈同屋岁鲜寄。接艺老二月廿四日函。俞蔡老来贺门。蔗王怡庭、劲吉笙二君。

十五日 雨兄到，往见于闽东栈。借又泉、蔗蔡老送以钱行酒席。蔗年兄陪张锡基子涵来，交孙莲舫函、洋钱报比发集稿。共收四九万零□，又兑八万七千零。

十二日 旅錄往雲蕉蔡生處討條因得飽觀所藏山水冊件内有世祖秋江先生銘碑三
件乃翁雲曉先生所寶藏者也閱乃弟仲實書庵之筆回時為侍弟病也旅陳序南張
鶴墓不值訪丁憚老一談旅落懷張生擬新編刑案匯覽之序何小山跪案准楷書石到
取哥叟不值閱之草宗遠如貝款二千餘金勒限速添片稿
十三日 為仲弟作直攜舟回來閱叢田之來翻熟疏稿書昇南清如片稿
十四日 鄭如高宅宗乃之回函字款字屋已到所存詰母須有部照字内及詳細履歷旅憲之
一談致函陳曉生黃鷹一談去孫子英來為詩老所到封條王十二張印行送去
十五日 閱雨水權價冀稿慈所新閱一百一法冀稿陸樹人唐振甫來為石臣筆文綴爾
並呈送意又系取得廊譯三元二角排廉季平來鬍則
廿日 借又泉鎮臣往送俞蔭老先生紹興新居在福祿橋下岸便道答旅陸樹臣不值
廿一日 為石臣筆文作山水畫軸旅訪淑兄不值論論曉曉兄弟到彼書兄一談於憚老更聽
劉騰雲係小莊規案案遞乃之家落癸酉北榜中式史隆生又來字排一函並段楊味雲函
廿二日 借子泉諸君送俞蔭於舟次晤子英兄振甫已有成晚生兄弟往華陽去去派入

訪房龍華楚珩，已行矣。晤史全生，談昔遊廿年輪舟生載，收效果不淺。往晤熙之，受陸
錢琴孫祿書
廿三日。為石文作題竟日，徐錄九兼身以書聯於庚。頌甫來，告以華陽去就。
廿四日。倪福自里門帶來石仲弟到鄞生名一函，並文序名各子。楊潤之、鄧逸亭、俞仲英先後來。
送頌甫不值，便道晤熙之，受一行己章更大地度寺碑兩本。
廿五日。汪雲這來，苓華於昔函。接君禾舅函，附寄致手甫稽之兩信。是日府主報發封事。
六月之片閱蓋署倉山縣片稿，苓龍陸楙君晤張君子常，送俞仲英龍方宗屏，留晚
膳，暢語別緒，為述彭繪扇若汪金生函寄由錫帶來之女帽、醬鴨、醃肉等物。
接徐曉山來函。
廿六日。接吳平白來字，寄以所刻陸清獻政摘要、呂新吾明職、海忠介集評，耿茶尚簡
順說吳子直石遺集及戒賭編。泳哥來談，是日吳石臣年丈重作林之游，來辭行，印刻
往送王忍甫、宮桂來，交寞大介函。黃遂來，十元並庚代購新增刑案匯覽。楊復之來
道將首途去肥查帖差矣

廿日 閱第九案軍需報銷奏稿 爲於何事作事細碎人以一事不能達揀庭命而已 少年欵

樞聯則請署理代之 閱畫署簽出牌片

廿一日 發吳年泉函 告以吳帝命軒醵尹示諳 閱看蘇館東伯仲季子言子外書者 仲雍報主饒照

陳運亭浣亭諸鄉長商之 此間寓所鄉事與吳中東伯之事祠事廟不同 一派請府主聯銜乞否

難必許諾 於心見時一問 於雲城來字 字一位以往全寨錢王謨生通字之約

廿二日 達頗張雨帆先生函 去作寄語 閱抉之 商蒼 旅王忍甫不從 忌中報知 藏老爲返太僕莫撤差

使閱勁搖耗羨貽十二年兵部歸張館館長解妻之負 通判沈萊良耗羨不勇勒搖地丁一萬兩片

廿三日 寶有孫函 告以新境刑案滙覽完價二元 又附去二元紙 請閱海鴻刻寫作諮文 王忍甫來回

二月朔 張芝園方伯到 蒼君禾甥函 發子寔函 發華頊吉函 附於館信 發徑雲函 附摘

貞女請卹案 發於雲城函 發嬉儀二物 接汪念生廿九日函 布來小帽子一枚 內全卅價花千

六之數 閱首卷奉諭雲史通藝孝由芸回 每意必滿頡三君而不更勤也 默兒者件回任

老筆尚佳也

初二日 雨不獲展步 發爲問人書 發石仲彬則函 爲吳萬卿筆兒書 康漢肩伯五萬來

爲張芝園方伯擬報到任奏稿

初三日答鄂生函附去完姝致味雲之信 張芝園方伯端卿接篆複簡賀之旅次等不值因
往彭部三弟兄之並處 鄒偉卿之處亦不值 接石仲廿三日函附有致居蔭棠李藝園函等又識文陸
秋老致渠函拆閱者函頂下癬甚請外科祀葉醫以現已較前稍責筆到手遂何出字
君厚男甫上來函附致渠老之信 吳雨人同年來即往答之
初四日阿呆山廉訪來拜原擬到任謝疏擬成即答拜之便與往源和子英景之鮮又一走
接羅伯陶函為吳魏卿年世兄眷往綏府尋方一紙
初五日臬署新友陳星甫光煥來謁節答拜鄧逸亭未晤 楊小濱史傑俞伯華來謁
謝諸君之了既請閱風雅二家內有接來莫鑄海濱宅擬目稿
初六日招何雲逵飲並吳瑞卿黃以一府席有丁閱叢臬兩司所赴新任片
初七日答金生函袁叔蕃丁潤翁王蘭舫來送西藝園方伯禮意也欲老來席備送禮之
函下午往彼處文一行 蘭舫尚有公子出九同德節文都
初八日雲亭師來辭行 陳少逸大令福源以蘭未送日中雨大雨忽晴陰翳忍寒未解矣下午
說新作盘擬紙周部長識者不識其人忽然以外來後閱祝先信雲彥京尹之擬藉以集傳者

也教。初八日赴任片，因添函至方伯，亦即赴京叙話。叩定，現署吏左侍郎，橚字雲甫。雨中送函至藝
帥胡雲城、鄧笙亭之行，答拜袁幼蘭，並謁道臺卓存，託以前函三竹軒太守為石伴說項之事。
初九日帥府招請，著延青函致祺子蕃太守，存再以石伴之事託之。旅圃書帆、鄧友笙來，胡雲城以
詩見示，次韻答之。徐曉山來，同大閱辰片訪梦題刺史，有短簡來，云是夕招飲，不往。
初十日宗妹到旅寓，初於五館答旅子英、曉山，導至藩署上房及東西園，同行有白雙桂軒、鶴謝
芸葉亭之勝，在西省也。其東有挂笏亭，高攬一城之勝，背山面江，最為爽塏。此外則陸嵗寒之緣
館、墨梅花書館。歸時謁望公，問三竹翁，方欲於府前成與不，餞送上疏疏。
十一日著延旅寓之順便，送張錫荃學澈舍山之行，並旅懌重季子良歸。適望公處，不值子英。
家人王東甫十六赴錫之行，宗妹亦以同行，書與記之。下遇卓存太守來。
十二日馮晴瀾來，為速卓存畫蘭取八京冊子，談一洗前頻之旅。俞仙壽留以伴差，出不值芸旅。
馮晴瀾便至望公處，又不值。梭羅伯陶來函。
十三日張玉甫祥送池能甫、顧池蓍詩，並手簡來，即答之。張芝圃方伯還署，丁陸生現菜。
梭家以刺賀之，赴施商之訓之一紙，從妹弟之處也。梭第出之函，附有家信。

曾樓子寄回函並此說其不能還債為四弟買票紙辱之痛大疚生不能安寢之誠意之為

曉山書扇上虞章蘋宗耀唐書雲仙館詩鈔披覽既竟為選五古十九首去三首選七古

十二首去一首選五律四十首去十五首選七律八十首去三十三首選五絕十三首去五首選七絕四十二首

去二十二首共選二百三十六首共去七十九首選竟為題一詩以示其孫覺濟大話

望日陳星甫元煥邀飲晤孫子儀同席閩山西學政瓷風岐居保片

十六日陳筱石借宗孫來陳敬亭來辭往金山去即往送之於其岳氾蓉階制軍宅中答蘇楊

繼之不值與其弟潤之一談答成勇一函為張和庵跋南田畫菊

十七日陸王怡庭邀同借觀石谷橫幅並往望之宗孫受之一行為洗新罨弟作畫又訪南田畫石

一不愧著邀石查又泉諸君借吳淵諸星甫子儀皆訪之

十八日致石仲孫附函附茀生之家信復畫十二方勉高子家訓一紙小畫一張備交宗孫帶返

孫子儀鉞來即往答之曉山來辭往合肥去伯蕃來告蔡文以初十日到金陵借署丞以花

查之曉谷去西來為張和庵訪之以許小蓮所刻歸選文並存於南指交張聚文刷印計

書面二頁序目十六頁仁集六十五頁又九一頁義集六十八頁禮集五十六頁智集六十三頁信集八十六頁

後跋二頁共三十六頁計板一百六十五塊又九塊共一百七十四塊晚致望云函一談

十九日發答蒲生之函附石仲答居蘇重函附張文季去年銀十五兩四錢五分送俞伯華移家小山宗拱

上轎歸途遇謝老虎一走

二十日二月二十五日摺弁回來帶摺六件片二件接匡舍中回函附廿六大姪內子信花竹箋帶

來伯華到寓是日大雨未出戶殊形悶何如

廿一日到伯華新居未晤蕭王子雲一談借得梅壁散人仿青卣素本為張和寅祥英

晤之欽光來閒話同去張季內室送亭翁訪之子書歸往要是在家与原

廿二日接歙存清江來電即譯呈欽光去後又接雅電亦即送交隨由欽光電霞閣錄

太翁病劇往謁西岩馬培之適到即邀診曰天醫星照診可望擬待在彼晤錄樓題

錄豫菴二君欽光交一月綿羽伯華案蘇子英交及小敘歸途晤錄殊恒晚談教

語為坊後仰伯畫亦仿梅壁之本

廿三日劉申甫接官電局之手以一刑未撤均長江提台撥定代其立案擬稿作萬西園仿

石田羅浮一角冊

曾閲譚中丞适此核贞女薛蒋氏张薛氏节妇郑蒋氏请　旌片稿接並款回

函前所题扇指教不能记忆刘申甫来陈星甫移往柏署以简来覆以简覆之

昔淞老来字怿堂出其所作以饮無措以十英饼应之闻陈掞防道军饷仍在贫瘠盐

务今年节扬表稿临南阜老人画松图与淞老定一卷临陆树臣祝兰亭藉便适

怿老之行

昔日阅二月分两次稽价指稿接石仲殊别廿二日函母氏伤风之症咳未止饮膳不大减而身体不

如往年附来王祜堂函又陈苏拜家报子泉达阅郭照从二月十八日由提塘来是以未达之晚

录素帆一课又录转鲜生告弟陶贵兼赍临高斋本棲鸦本

昔临石谷子横幅一角录申甫书之

昔携孩苏良舅氏函录郑幼斋商请女之定存款可于苏良处成注册之矣

改由籍办赴道文书与州为境所累莫肯小费而已书之来

昔携郎青所存请　旌并费十元交丁调臣分给院房六元帮房四元录绍云不作

携叔醇实收并茶苏送於萨垣门内因在寄晓处一坐当面交之请叔部照到司
接拔叔瀚老不值因往雪溪处一坐接容珠来府於即交望之
三十日吴芾卿孝廉来以纸卷属转交介堂昨石君遣一方犹铸九以旗揭之人宝塔
见示子泉来寄孜石仲拓刻函附之扇历並涤函汪信托拓刻拓赴送交去
四月初接李犹铸九解贡物来都即往送之接韵老来函属领司款李缘金附有
拓数之交並收全同推函即属送交苍罗伯陶函阅季帆来云京陶托向舒城好友
地韵斋行宿同吴斋馆来有吴閤苐季臣於正月廿三日辞世並无儿女是日帅府祝福
初一日霞韵来函告以吴枝请旌之事已於初一日发稿矣兄拟凤阳新守赵君舒翘
癸酉同年也
初三日闻季帆春到桂贺来晤涤兄来阅诰封石君子横精选王怡庭送於望之处一
生晤子泉君权帅
初四日同涤兄暑老约雪溪牧山昆仲渡武望之处一行吴荃苏送一人部执照来余
二月十八日提发皖三毛部

初五日道望子頒游之約，雨過來，子英來，玉麐生太姑丈之函，子仲霖茂才直隸來信

萬綱圖條幅，接薛心泉函

初六日答拜王仲霖不值，因謁敬之，為之撤裁完海翰船，歲可省二万餘金，並擬製造局

以覓總注先將詳稿呈帥矣

初七日寫完受一行，為陳敬庭國鑑畫扇

初八日接滌研朱太史霞函，並訃其尊人於上年臘月初七日辭世，自己亦患咯喘之病，現已

就痊，即將扶櫬歸葬之義。殘旅途，檢指名須之先後，不在注冊之達，早董臣要

三十金，由西府在旅信局接潛夫月翔信，附董臣苑蘭之函，亦之義殘途於告急不

與注冊潛信之賜，邦李和孫季和庭告近於年多請告詳，書有斡旋之機，惟求

潛夫筆思伸冤之說，別有根是也。汪雲之為人，雲曉討，所於初九日長逝，往時之因旅

途殷。初十日函請王鄉臣、熊勳生、劉仁甫、岳西伯，發陳敬庭函，寄還紈扇，答子述

函，並以錫般為通寄，載回萬之旅櫬之說，並廬山之之馮文翁來，前子得借查詩候號

稿並議 朝宣之多 調臣函序 館子育之又定書 陽有人爲楊子書之族不便他處也

初九日 蔡蒔心泉函 黄藁帆函 以說明帥府之病因 按脾理匯之 剖開書帆家往還 百州之

來作別 劉毓瑩受客 [illegible]千得並函 開以付來 數竹票一百 騰挪日十六之之數 尚有五之

應催來劉陛後再寄 託蔣之帥之 蔡帝回

初十日 致石仲娛別函 附部照銀六十三兩六錢 洋六分 席三條 枕二個 枕席二條 蓋子二條 請收之

帝回送帳之行 晤蔣三亭一敘 在城外晤 [illegible]少帷 進太守因伺客 談一是 晤見吳喜

晝 偕顏星兩君 赴藁帆之 診視帥府 服藥有效 赴楊縣之 閱之 皆不值 王帶

遺之行 據吳甯爲司馬書送 函並日 送羅府周四本

十一日 馮丈翁邀飲 蓋帥府醫之席 藁帆特送者也

十二日 閱江裕船 午前犯邑 [illegible]生大公來拜 租說

十三日 大雨 午日會館祭祀 未得前去 照常 稱圖查帳 接石仲娛別 初八日書 附來母壽徵序

啟稿 娛尋有客 [illegible]可惜 全送庭廬訪之 子[illegible]少逸 共二[illegible]方法 硯[illegible] 隨廣甫之請

往江陰鄉間 買莊地 方因書帆所託 向而告者也

十四日　和吴霭如青

望日　会试题名录由电传到，熟人惟吴鸿初，所知者则裴伯谨、邹子东、曹根生诸君。往彭

游初伯华京之苏子英、毅君，并至赵屏庭处一看字画，同春帆处告以金少逸往处

徐青士由武林之行来辞，即往送别

十六日　晤府仙、稼峰，殷同人往送出城，前半践察，是日大热而闷，文少雅太守庚来，接赵辅仰培佑

六安黎星伯来，作东人，杨崇康人秀夫等人，赠字并墨水烟一包，接郑五楼司马函附致子京

宗屏两信，晚间大雨

十七日　答吴霭如函，撤诗候一月片稿，阅凤阅报京饷三万两片稿，接石仲初八月函，弟来笋

托葛萑叠鱼并寄书斋之子衣料两端、银镯锁一具，孙绍曾函文四首，额交陈子禄

寄如来，致润生内兄函，接汪舍生函，还钱二千，寄余文廿二首，随节阅伍

十八日　蔡仲谧召往会馆公祭，下午饭文少雅、虞韫山，皆不值，往见蒋士羲民琴孙理象

心田、蒋生诸君答拜，熊菊生不值，李墨缘太守来

十九日　发施霞斋函，将石仲一函送函付文李手，谒太尊转致，将常辋阁画轴阅两卷

償摺稿。其開仍寫奏稿二批，三成六方兩摺稿。

廿日，答拜李墨園，拜賀朱筠堂，又拜謁雲曉村翁。西邢周丹孚兄盛蔭生，又以家信屬轉

祝郁老，求克枝樓閱，逢署候甯吉陽等函片稿。

廿一日，答滌研來，太守函，晤其居。夏備以精儀三屋，託查劉子箴名頁，將答霽次之函交與

萬卿回程，臣顧筠堂、瑞庵、騰繩芷來，大令蘅。

廿二日，是日秋歸，便宜行而早，閱並拜，摺答楊增吉函，旅吳學菴家，我陳星甫及

馬君亞峯、筠堂、荊文來。

廿三日，寄政府兄、石仲、非列宗、桂四人函，沈京蘇來，請著遲素數信四方類。

廿四日，答顧緣友仙，並在伯華處，又一堂，顧譚仲修不值，伯華過飲。

廿五日，過五泉，訪友仙、子英、伯華四君，觀劇，歸過子運，於館過同至筠堂處，談殷勝世揆作山子書

兩君閱長江提台巡閱上駁片稿。

廿六日，大雨竟日。陪賀李子軒大令，著英山敘家函，政華卿文函，告以吳播誌，旋過淮之子，答趙輔卿

函，寄小姪一色函，上望公函，附去家信二件。

廿七日，餘鴻陸四兄大村著遲函，往淮河，回去陽之孫來，又言扇作畫，子運筠堂、申甫、諸君來，晚過子運

發一書。接石仲妹初四月廿日函

廿六日 接胡雲城函，附致徐家之一緘，為著逐揀英果斂祖睽兩日矣。房至晚瘦倦，於皮椅上睡著

逾起而睡，臥未久即覺腹痛，去常瀉，以後吐，寒熱交作，睡不能安

廿七日 上午請王志成診，飲四製薑末湯，腹痛漸平，可以安臥，上午寒熱退清，强起半日，猶覺瘦乏

矣。筠舟來

五月朔 子星送來內庶，尚覺畏寒怕風

初二日 趙叔來。接兩兒四月廿六日函，述星子刪刊，又石仲函，寄兩來之母壽徵序節略

請加刪潤，增一二要語，另錄備鄭函寄送，來索蘇良白舅氏收到信函及銀七十兩

之回東

初三日 寄兩兒復函，請為之母制等人家傳附之。復呂雲城兩函，覆石仲妹初函

寄閱壽母徵序節略，改本蘇舅取回之。七十壽屏辭易得，呈兩二十送，孫刊說

士付李送年費三十元，交東海氏三千。朱筠舟來，見雲叔孫王夫來 觀合楊宗廉經理

武備學堂規模週用准交李叔善速周。有此一舉，立腳踏穩矣。

初四日寄望之函，附宿松厨役同馬二銀，應請領六兩四錢七釐六毫，前議十月二十日起

至年底止，伯慶貳員下扶治全年馬二項年銀五兩五錢，十二月二十日起至二月十五日卸事者

自止，伯慶書及員之扶治，半支馬二項年四錢六分六釐六毫，應扣館領繞扣全支伯應扣領

由司代為支應，新放之年夫實庫平銀五兩六錢八釐，解飭查明照核接照領送，以備

案。以後將不按應領數匯發，銀兩從承支再扣實止代收去年銀四兩五錢五分也。蕉翁老

不值，以盛苻生作文藹如屬呈並歸庫平等全一款。翁方宗屏談許久。

端五日，蕉翁、陳恒、諸友不值。子英來，接孫函、唐桐甫函。

初六日，致雲騰封函，乃書。遣之諸家等日下午回後，蕉翁老遣子並辰藹士晏又一日

翁、陳、惜凡不值。接沈子周函，並貽其等人陶泉、鍾碩、贊東

初七日，上望之函，等字贊之票，解銀楊樹里之後帶送，附石仲悅新函，附上所之函帶

去。沈子周王子壽兩函，封後又接去霖生封函，粘附於後，附寄扶一紙，以望之函

領馬二銀四兩五錢五分，寄之沈伯琛，周馬[illegible]聞來。朕仙、蘅太守、祖、[illegible]之移

桂肯郡者也。兼陳芳尺孫子英來，為朱笏堂繪扇

初八日 答拜眠仙、蘅太守、沈伯蘅司馬，為子青繪扇，為朱笏堂之姪陸借尺

來，為羅伯陶繪二扇，又馬芝巖寄書還

初九日 傅升來，桂石仲、林渤函，致俞蔭甫、任香生函，桂閬海姪刺史函，即作答

初十日 答羅伯陶，徐曉山、彥振甫函，為怡筱卿畫梅，梅枝樓鶴園之為雪漁取

作陶潛山以簡來，即答之，形伯年存處，師倫以簡來，肺病加重，金陵薦來之醫

孫之吳崇庵兼府挽留在署，汪九海存處，繼而診之，蓋自林之納投利經消痰之

峻劑，腫脹消而元氣傷，昨初八日連下數次，精委頓，兩日氣息僅存，勞在危急不敷

也。笏堂申甫來。十一日循不適，滿日觀案牘悍

十二日 偉堂子英來，兼張敬之姪少甫問肺病略減，汪醫進生津固元氣之劑，日中略潤

鄂有持機，香嚴圓方伯投書，背以簡賀壽山

十三日 前浙北東浙縣王少海達理過訪，商借川資，借桂石玉，形韜石太守柩船行南並

蒼抄王少海資以洋蚨十元，是晚健帥疾漸增篤，石臣年丈商遣函

十三日健帥疾不能起，命擬遺摺稿，遣函是日戌刻去，挾書為張芝圃方伯擬地叔摺稿

兩稿。為陳嶽庭賀萬兩次謁石臣年丈未晤

十四日雨。巳時健帥入殮。晤丁雲生，為石臣年丈擬輓聯：三十年為國任勞，慷乃心身未獲及

生旅小息；一千里蓋程視疾，老來手足，何堪重見即長離。無鞠生大令祖謠來

十五日為袁卿擬初八日安撫石仲初十日函，光女均病，大姊陸病，擬例初八日函，蒼寫易擬文

鄭聽濤定一款七十金，王莘臣定一款三十金，子英、仲蒼來，吳小暸司馬來

十六日遣錄雲曉封寄王璥，先已署日神瑞手司下，謹陳工館前路線，出城於永清西內小王

旅安置，傍晚上郵以禮，接華郎七夫來函，附來虎島省帥等函，有京底交，指多照在內

及所陳，法兄函，王七兄生函，為袁卿擬袁底稿

十七日袁卿本發，健帥政傳予晚遣來積牘，披覽擇致石仲將例一函，將以石華郎

交領欵，庫平五十二兩六錢四分，並其餘函寄劉函者執照在內，又一緘請紅雲交保甫鵠於

道以銀交觀方以函交淑之蔣卿遠廣通同人共倡之

十八日文卿少雄太守来鴻臣自洪河回携李少軒大令蔚回函吴閬屯過石仲庵农安英山

縣刑錢可歲脩四百聘儀八元程賢補過季帆過飲蓉華訪交函將薩名公文字去

十九日伯華来述陳升赴袁浦去矣又泉過飲張曲雲来

廿日同人公祭健帥撤政讀敘略草創成就

廿一日接淑之石仲琛別況都等函附来致彭受臣函張杞堂廣訪李貝雲範案来探

健帥過覽制文疏稿

廿二日寄蓉淑之石仲琛別況都等函陰張廣訪李範案飲

廿三日為人作書題筆日劉桂老過飲

廿四日大雨竟日兒電侍食陳桑英補安徽道據歸六舟主事岸農民侍聽五月初十日出

嘉興淑薩为来到任而滔擬此辣至春极隆矣小腹团馬釋臣刺史来張貝吴同手

来征已山大令来

廿五日連朝大雨答蕭吴小眠接雨叔四月廿七日答函上野君交同往拜伯興來鄭函高

來外間傳言張峴書庵訪來署晚薇々説蕭張承董觀察問彭亨臣太守

受信以前任友兵月俸充蓋以三厚發官歲俸二万元為數過少不如近請石仲

為窮安定字諸君怡蘇矣

廿六日蕭張炽渠接施容高宣城來函隨時作答交來人帶去前代石仲寄

觀到附有隊信來史佩々來孫壽居高以蘇來

廿七日雨頗大彭叟々翁來

廿八日答拜孫曉樓彭亨臣史佩々汪巨山沈伯興鄒集之熊鞠生湯允孫諸君

蕭先受三十六金送到

廿九日寄石仲拜列函以蕭先之三十六金並家書又答高霞石仲函寄去雨來雲句止

衆以此更為直

三十日天晴蕭蘇沛和伯華々來蘇者居高子英々朱竹雲陳紹雲張迪雲諸君答蕭先

函。守之芝六枝，陆椒臣、钱安甫、金兰生、冯瑞庭、汤允孙诸君到寓，闻生招看荷葵

生月初吉、汪含生廿五日吉，旅中辞臣、张芝圃方伯、铎惠、叙之招回，晤吴霭如，自

周坦到来，畅叙。丁憬重到寓晤。

六月朔。答苏霭如、有周以佛，接素约庵函，答汪含生函，为钱恰荪、服曾吉小徐

何逢帆来寓，叙别来情绪，为张芝老撰护陵诗息疏稿。

初二日，同素帆以日昨得安题往贺之，城隍神出巡，偕素帆、子皋、桂臣、有重诸君出观

晤雪泥一谈。

初三日，接朱愷伯函，即复。至苍二道阶小云庐访刘商，为其寿贺，携子有重、彦为

撰诗稿。子皋去矣。晚与桂重、有重一观灯会，坐逢晓楞观察，答以东唐二子

是日包偃师蓑轴，晚晤苍农、蓬帆，晤雨僧刺史、文润

初四日，雷雨大作，答访朱愷伯刺史、炳蘅、李午轩大令、蔚、赵辅卿、孙兄，增佑函

又复华卿之函

初五日呂璇甫大令 耀彰来 下午送帆来 徐子英 陈曾晓 楊子美 徐眷高諸
君来 為湯元榜繪扇 少雅来 寄以府寄叔兄之函 為託
初六日蓉泉阿笑來 錫安甫 呂璇甫 陸樹臣 劉宗甫諸君
初七日石仲 季欽 雨蒼來 暫寓賓館 即往白視 携其別一紙 附來義賑照一紙 題辰為
太守餘魁 徐因丹雲來 旋下輝 更不值 旋安塗生請 佩回去 亾余睡 及夕旋 張彰
不值 往霅如處一行 接叔兄函 字云来 先母字 傳至 席代籌 吴子健 中途處 英氾
初八日蓉王 叢臣司馬函 又館在園 游道署前 尤日運来 交趙小琴之函 席為
謀了 往隆泰客棧家 河橋口 與吴仰山 李雲門 舜繩甫諸君皆識 而与呂璇甫
文為舊賓主 深相得也 附蓉弟先一紙 將石仲弟来寄信及小包
初九日張芝圃方伯 送宜興來 遍蘇揆署 接其信函 了件 熊藕生大令祖詒 送餅
晤楊庭園鴻蔭 前伯英来 述徐太夫人病篤之信 徐潤甫送来趙小琴致石仲之函
初十日張芝圃方伯接護院印 借眾往賀 賀未獲見 因指沛局了英處一行 以來賀

芝帅、三兄、张公政高。出拜金眉生、王稚帆、李月卿、朱为堂、冯瑞庭，皆不值。健帅处
護袁道饮，晤歙徐義之。石居第又之诸也。闻运苏实初二日到徐州，由德济
画道陆而来，遂留宿别墅。闻可抵袁浦。夕过徐卷翁於署，同至化阳道院一叙。
旅馆为重岂来。值吕仲远曜道里，与余谈回颍差遣，同抵淮。如余仍回颍销差
遣，陈行颍为府尧出示。仰卿道照前。鳍仍将到颍日期，报府中司书考无误。此后待四日启
石发询经仲远，为挂号。缘余将集，赵辰为太守。程利来，刘子遂回，遂守。鸣廊来，交世兄信
十一日 阿姜出面访楼署，拜丁清生，观察楼署，集篆。张咏老楼署，晋遣篆，往贺，又贺善
並荃麓兄偕老尤月庭、孙吴修之宴。荃叔兄排扇，函封寄桂老转寄
十二日 拜张咏老，张为石仲映鹰，荃叔、赵辰为阅，归而馆了，精有龃龉，並往旅之旅
夜，仙卷翁昆季同贺太夫人病，经经孙吴医，手泥颇有转机，蒿康兄灯烛料先
蒿兮俶纸笺筹借，著座保与为萧垣之行，楼华饮亭函，还来五屋

十三日 阿笑山方伯傳之為石仲蔭館 雙錫五觀察 福來拜孫五品銜 蓋賀道丁卯代居

績譯速捷 談次席拂激憑家稿書勿擲成袖之 若拜孫子英於是日得子

十四日 接孫則和官函 附來之蘇撫信部覆牋 赴道與稿 方善書 復行的行又附新之篆草

是日 為威足送健帥 示之奠禮 甫綱惟外紀以紙封之 花木屋場八座 所費不下十五屋 下午

錢佑雲雲之一行 與左楊全同 鴻送來 張承老來 云石仲[illegible]多雙之意 近籍地方利名叢生之多

望日 拜阿笑翁 張敬之往賀孫子英得子 若拜秦蔭堂於司馬 沈槐 沈蔭清少府 福軍

為係乙卯副貢 丁鏡河司馬繼瑞來 是暮 得小雨一陣

十七日 健帥治喪以去為[illegible] 張芝帥病愈 往吊 因來齋一行 在重聽丁清生座訪維

粹臣觀察 孫梳臣以卑七歲小影補於甲申年 附方所題回也

十八日 往往健帥為[illegible]晤 咸寶之岩觀察 印雨亭軍門來齋小敘 雪舫 壽山 峯儀來

詢知韓之帥十四日到袁浦 為來函 接蒙自致道一函 謝次鐵君齊禪回函[illegible] 吳道東來

十九日 發袁仰巖函 附石仲專差之便去 雷傳十二日 旨以[illegible]撤 擢廿萬[illegible]餉須足張

芝帅得到二品顶戴，僧众往贺之。余赔往送邑寿山之行。答翁丁镜河、邱雨亭。接五
河令张梦超刺史到任后函。寄介孙四函，新授刑部之长，收到后照送。书价二洋。赵季
良来，曾交来池景苏来，以将去门，来留不住。
十九日上晋藩圆法帅函，贺其到任。送寿山来辞行。张寿老来问裁缄之拟，下午周
寿帆送稿来，略加商酌，归之。答刘子潜函，寄衣件面谈。
廿日寄少洲兄函，将吴补並諭来附去。孙姊则函告以衣件将有鸠兹之行。刘桃如来，述其荐人
申甫病状。华卿交来寿春送吴敬黄莫礼书一函来，寄取衣件。带来之衣包里，宜此件
已交其弟汪纪，随即取来。刘子达为之周屋至。孙春绍棠。
廿一日答卿交函，将衣包蒲包交其来差孙春二两来，託以旧东交馆多因出将託满。
又泉兄出城送子达，送衣件。鸠兹之行，藉便送双锡五锭，寄赴任轮到，预送子刻
后得回署，首送香银，亦移居署内。在轮舟晤王慧九、又太湖马君。
廿二日春斋来，先是云侍初十日懿旨，上於明年亲政，既是又侍十五日懿旨，择吉明年

正月十五日　皇帝親政　皇太后歸政後宮内了直呈請　懿旨再於皇帝前奏聞正錄呈
覽施行
廿二日答楊清叟函附去答王蘆臣函答熊楊企周陳小雲徐友仙吳季雷程二十二日戌
刻鴻閣上元房先焚延燒二重等處二十餘間銀庫稅票卷宗均獲保全存案寔岩
為先事之失所得不償所失矣
曾接萬先十七日回函所商借款赴滬之舉以二分息重為未商定　伯蕃來云請江回再
亞銀江浙此處尚有商帥雲張燕老之函商即雲陵王蘭舫向蔡后清息去擬三十八字
回書費由撓付於三房另寫字敦即寫以二十字電後之是日添函過飲
昔閱聯太守與章鶯後論識業意見不合而遞分手答萬先函附去答星之函
送還蕭垣批牘呂仲老耀來文以各條二分
廿六日芸帥原函切速以陳來章命之裁減招兵等多遂帆來帆又來會集商
論多時於撤一裁減兵稽田來帆看守封送蕭老請一談又商允移寫重伯蕃

皆不值留恨之徒。帥府指領馬的呢鎗五百桿，彈子十萬粒，皮帶五百條，存
儲署內，現仰撥全數交子振勤軍械，以應時需，是係極好之事。商由宗康呈寄
護院，錄呈康特發五宗電報。大皇聽有再以訓政數年。
廿五日五台山來一行竟送來。趙小魯之家人曹貴從來，送恨返寄稿來者之商定清江
電報回蔡子不成，崧帥早薦舊友輝聯、劉樾及來問生年月。
廿六日湯允孫來，以晚楞觀書之字出示康。幫高宗毋安度日，壽經要摺月四千文往
張敬五處，告以專丁回院通飭州遣發佐件，電問蘭航回報之語，代作華整
報費已允，道還為雪整送韓良五件之款，蔡翁蔡函。
廿七日，寄善後石仲侯。天熱異常，為近年所未有。閱壽查江防報銷案內馬的呢後膛
鎗每桿銀十二兩，彈子每千粒銀十九兩，核計銀百兩，折合庫平銀九十二兩五錢四
分，以告道帆。

七月初四日連朝酷暑是日得雨莫稍覺舒爽接六月廿五日姊別函并照錄去附
來單觀核收條彼所開一紙將收條交其任紀常去接望云六月初六日函到早後訪
業一只宿杠謝任內馬工銀兩速札飭接辦領一分庫內司房皆不接應著寧再換請
司房亦將借鈔印送回欵差遣之說已有司批去矣著兌照自兼為兼到談來日
初五日午後又雨鴻應自蘇來接石仲信錫五請籍地方刑錢及常關子務歲修千
二百金劉清壹籍淨閩書即吳震賓適英蕃差回接青坊差六月廿四日函急盼至
鄉魚卑已保久將魚重石仲去信已交今早之紀張某寺送矣即以原函寄石仲
一閱原信由子清來爲程永浮欠屋以換生息指款子孫李帥有無到達請飭
追繳秘來年積有餘且追之著蘇先將繳由于元泰棧並蘇綬雲
初六日又雨著姊別函寄鄒眉生年譜指南子部附去望云寄信並以石仲來函
附閱

初四日為季弟繪扇
初五日為吳佛臣世兄繪扇連朝西濱陰頗有恒雨之勢
初六日接季文軒函六月十八日郵洪洞因局務廿三日到省廿八日發此並擬廿八日赴英
山七月十二日接蒙特達石仲並許約方雅南同行即去教請附石仲兩山函附
去護院送來户部文廿兩新例解請得所品頂戴原擬請稿又未協俯解
足議敘加一級部文可無須專摺謝恩
初七日吳語疏稿請將我名摺之用積銜者先發陳芳凡來旅張秋賓先
六月廿四日得子雨廿九日書偶喜夏文集送與商之聞健帥之子旅美先明白誤
七月庭之子呂璇甫來云宋今重見自詳為家先請留赴引之任考語心地明白辦事
穩練考語時之
初八日旅季弟旅李子今寅李墨園到甲甫二君墨園今寅即來今寅可李文
軒大令之弟五郎原在紹昌接石仲初七日來函原季和往英山去附將很雲函

何蓮帆來，示張敬老書，敬悉吳中鍾志表送使帥靈柩回籍，借其領以資康詢其

敬畫上李文軒莊新賀函，備由李少帝去。王霽士來，函康薦金錫三舊僕徐

榮為謀一事。

初九日，子時交秋，天氣晴。至蓮季弟莫山之新詢少泉，屬交來康將趣管仲荃

求丁濟生座訪薦儀棧吳柏莊，觀其筆墨等事。致仲荃函，取王回部詢發之

達吳清卿取求事。蘇友仙門其太夫人病，勝手子衛大令，劉霖呂仲堯不值。丞來

蓮帆夜來談，取其日庭二尹仕洞名條二紙，交其兄收說項。

初十日，接石仲初五日函，先寄而達，到小信局積壓誤之也。發函詢少泉之孫以仲荃薦

信發由吾信告以蘅垣詳陵請鈐送郭之岸一字。致洪弟函。何蓮帆聞示住

家在淮安西門內府上坂杜張陸郵樓北間壁，寄此何公館。徐壽士來寄

十一日，因蒓送之，孫偉帥往洪作陪。留帆康為澤禹洪枚繪扇馬果度。至年

來陳普凡來寄，接陳之初四日函，附改錄文等信

十二日 送健卿 華嶺同人置酒路祭乘便一奠 和庚之歸 是日出送出城由小南门

迤邐向東至迎賓館馬蹄叩道並送遊帆菁凡壽王小睢茀卿之郎汗漫之下遠

童衣天氣鬱熱下午大風雨止後閲孫太夫人仙逝即往哭之是日發稿

十三日 紹雲送來京信到花稿差已行之後下午偕王泉子英受一行為府蘇生

作挽孫太君之聯 子英示其淑女行難撻星更浮海外馳函為有仙說頃

十四日 致函石仲之方仙所託多受曹發弟去附以秋宝比較類集茶旅馬巢度

呂璇甫錫祥恒在紹雲家夜同士宗西沅老圖孫所作大山水及同之是花許孫

氏兄弟為花竹三碌作聯 胡伟臣世兄來 接稻壽卿汪含生函為查其果為住内服滿

其洛文底 接王哲受函以宗祥宪稍經資商榷二年之

中元節 賀張芝圃蔣卿生辰 孫太君受祈奠禮 芝卿道欣於伯善齋中照王

君稱甫 是日發稿

十五日 雨 天微涼 子英來商補稿 王泉山來商之举 曹荣陶甫定是發牢之席接

十一日得列回函寄款均到附有致四弟函
十二日答稚蓉卿汪尔生函又致護錫五函西子泉聯名附致石仲函內由平妹寄
道安謝少息見冒雨來豫先移來寓廿八日解纜之子
十八日接李子軒致石仲函致四弟函附李子軒函內弟去送謝少息之行順旅丁澤之
吳蓮甫陸厚甫趙季良來蓮甫交股周吉士條
十九日吳申之周吉士吳菁遐來趙季良來訂作安園之行
廿日陳星甫來王靄士來函以孫葉蓀薦申甫得署運平梅請司之稿者
推賀之其意以梅清扶吾商童不去願留雲衙殊差非計之得也旅孫友仙
廿一日連日牙根痛漲腫及於頰馬芝巖同其舅汪六之來俗植甫之弟往
渡山涇羅伯陶者之子者也辛笙涇來已得合璧矣
廿二日送明方至靈巖悄送繁昌之行
廿三日秋暑又熱接季弟到英山後所發弟來之函此行涉水逾山冒暑遇雨殊屬
廿四日雨月稍安李子軒於其歸也意殊心慌屬以原函寄石仲及好寄至門以告其弟

條述文老之託於羅君紹止作函告知由前處將宗伯華送來補蔡老 十月
日函將買宅階溜村有五間三進並側樓價二千元英致已定 十一月初五日 季平
禮宗 朱子範之妙處謝張郡老說項 宗的段石仲函 附去 季甫來信
曾允孫來商稿 林樓兩蘇函以五何卡為不允往年 適見宜隨信存之而已 張
迴雲來
廿五日 秋影者業城送條去君交惇聯樓石仲廿六日函云潤有意羅致友仙之
可者成為伯年作挽外祖聯云慈徳旁推與德閣文孫同武注仙宗不隔識
重泉於母護時依歸頭觴友仙告以不可
廿七日 鄭子範送來乃徐之自發隆常來匡饋先生 彼字懷人著作七種 年
譜二本 讀通鑑論一本 壽經詮義十二本 樂經律呂五本 琴譜一本 醫林
另蒙錄原十本 物理二本 共二十四本 忽聞護院張菊圃病革 趨往問視 知已昏
危 後接雙鍋五觀察回信下函擬送曹某陶某寄宮事望其盡來 想須到後適閱

廿日 趙叔士錫借洋五元之票係改派先函寄以鄒子範轉寄之雙池先生遺集三十四本

寄改姚刊函若王姓墜霖寄沐海了無費洋二十元之功泉迺同霞雙錫五函為景陶

首從根之前士又附一函寄衣件 張芝之病勢略減 鄒子範來 張幽之來

廿一日 為盤玉臣之子駿之少尉存仁改函衣件詆之 五排 借又泉若䕌笺法 是日大招

搽 廿六日 晴

廿三日 鄒送英山令羅少樵 永祺來 張芝之病有轉機 唐見琉稿 請假一月 稿託函送

去而病勢轉劇 已之大衛得手此時幕于任隨時趨往 見其三之 通唐太守改高唐擬

遠疏應字收歸 詩之擬稿

八月 乾樓姚刊廿四日函附母氏改四弟往又仲蘇姚六月中旬宿諸宏粵說項凌鏡清

大令邦誥來談擬以●通諮楊丹山刺史並帶家侄省方姚信五錫函謀楊伯長康

來談鄒委員根淌了呂璇甫來往張護陵平送陪為河方伯等擬稿閱開諮

於字稿

初二日 甫灃來 旨派河笑山方伯護撫篆 旅少雲不值 往旅幽雲不值 鄒子範不值旅

友仙一談

初三日訪三叟賀壽，適值其命駕出在陳墨卿處，俟其歸面見之，面訂行裝程若極

談。楚白致何蓮帆函，告以所事無行，月字到日速去後速電報去，托洋三元八角買

談。楚白來談，蓮史四弟李侯孝廉，祿來旅京為費湯之孫鄭從與錦綬雲一通

者。致張師厚函，致若仲函，康問權署布儀之事。

初四日接吳楓卿書，陸函，施季修來，致李子軒函，四弟函，並寄寅待字，告以羅少

樵來，恐即能到任之說。孫宗出來，康問券子，接帆四電，稱即來。

初五日晴。陸慕庭、殷菊香來談。恐著代吳派阿蘋護接丁情，並查訪署屬孫柳人起京

署，泉之處，訪若阿蘋護捷，接慕稿，送交國來一切照舊，旅張厥字若祝清

饒法大令不值，康查法字丁康到，錢曰收之文，依本年正月間到縣門前倫案

接錢一紙，交史小紀，菊甫來，子範來，仲芝來

初六日覆吳楓卿函，交崇厚歸寄之邦來（東）以陸柳臣所送沈子丹壽文康陸二詩

差役稀出不值旅保捷泊 平藏三來 下午風動雲陰陸發生涼

初七日 河姿山中來接護攜眷 偕同人往賀 先在陳星甫之處 聚主張往羅有臣處

撥之出孫陳梧臣賀其年銅陵之妻 交以壽屏 屏把字款 紙長六尺闊天五寸 連禄長六

天八寸 闊一尺七寸 拜朱芍堂 祝壽 停 段敬之函 丁雲臣來 偕雲之孫來

初八日 錢姝別函 接石伊初五日函 即差發 請奧龍司 秩司妻陳國楷署理 發函 君來

寓中氏馳報 丁滌生方伯 孫楷人適訪 未接 署幕早刻賀之 並答丁雲臣 護錫五

觀察 陳梧臣刺史 朱筠堂直刺 張次果大令來

初九日 接季翁七月初二日函 後小集二日即痊了 頻繁忙 剛有七千餘紙交代之難者

於下忙集開徵之先 將發底冊令經承寫立票銀 糧串預征五百六十千石之去年底十分之

四每戶將手條二千文兩年可無花費 將來凡任不能吃此大虧 毋多爭論 此外尚有九月

底發票銀二千八百兩 票上每的實糧花均作戶糧 多老亦重有莫即幸而 預先截定

丁地濟來之款勢不能 湘罪君能早刻可照 戶部則俯署任來 及三月即停 歸清結 極接

旧宅代併業務了收結之務移送後任接收免致事詢不然有在接交筆據並發兩字
示並以私事執屢以來未寄去伊閱以後寄里又接壽卿覆函寄生函附寄生詩
三絶句詹秀甫函又存皆附寄
初四日接趙小魯來函六月初自鳳回泗家有病人至五月初移家赴金林取道袁浦六月
初二日始到住東門口自有基地之力赴盡言在大通譴局事錄得私筆子修金陵有所事館
局差挈一圃之又南閘江票河務局事七月渡江先至甚將借數千將再行晉省云云何留
帆自淮城來丁雲程俞藹人來阿護院來附在伊函將寄去附書送吳保生
子英以銀旋席巷公館於頭著一走丁恒齋晉著寄書因以子何遂帆來
十一日朝丁清生雲程昆仲鹿萬仲詹秀甫俞藹人張伯采附發去伊函附寄趙信
彭家臣鄧曉楊來諸賀恒齋寄書初更臣吳集齋
十二日鹿翔曉楊蓮泉何鶴儕來寓送帆代起程赴初九函為張柳臣
荊生鄭罕之崔小穀崔竹臣因何菁來女嫂名樹仁卿寄言寄來虞張伯南
太守孫海颀瑒

十三日 接吴观卿叔勤军械请奖序稿 接罗伯陶节后之函

十四日 郑云溪来 贺稻香帅函 答汪唐年函 贺颜小山观察函 陈书城刺史来

贺赵铜侯 赴任

中秋 文廷式贺节 下午过箸还吴颂天兴居落话夜月 后与陈补细审庵濠

翼有感

十六日 答郑箓之函 致吴观卿函 拟字句序稿

十七日 吴崇庵来 因查存著书籍 拟往御书楼 详拟奏稿 拟存著述求阅

京报半年片 叶芝稿交代序清查并农田疏 六月分雨水粮价疏稿 午少雅来

十八日 答罗伯陶函 曹京陶函 附去伴函 附去函 行 接芮芝函 附有致石仲行所新

附去 接望江月新函 赵君德明弟来 以书贺恩佩之 览登华阳铁邹侯之

以奉来遗 以东荟园续序 张彭远应钱史文银两照道青直批疏稿 误楼自云

一行内以电报密码底本发孙 不在局中

十九日閱猜龍白麻疏救死不家罷帑撤結疏婁署好數片交稿河護帥要一行
送閱諸譜南宮稍内稍雙字單字之別無泖蘭來鄭俊之來
二十日薇無泖蘭吳修之張義齋氏王鶴生達鄭子範淞洲之說薇生少壯
荛以不查甄別之案文萼庭留話陸務詞之議荛薇養老以叔上閒秩是序
兒齊同人不來張芝浦中丞致孫布一紙以李罗星之文王鶴生至送錫飾送
廿二日晉陶為送帆錢行送丁憚生赴吳池好往賀伯年遷居黃義氏予閱已有
卸允好以洋務自為來告接薛心泉來函貴府叢之饋
廿三日接受陸郎送何遲帆赴蘇與子諦蒙閱君行李書卷之接張曜曦函以
弟人來聽蔓行素招帥之意為諫
廿四日閱錢釋比較招上海已來完致招華閣序說第一百三件招考稿
荃薛心泉函來雨晝而歸責聽濤又來祁作宣城之行別過萊南門

下陳小雲來以其弟瑞叢名希興之字爲託 接季和函 又萊蒼弟來 蒼旅
黃聽蓀 馮瑞庭遞 朱筠豐 壬在子 英芟子 範孚 一查 張次渠來 字以其錫郎
以同姓辭爲託
曾送孫太母華額 答拜郭銘之 遞太守 接樓鈕蘇函 續節儀 劉鈕蘇函
伯堂茗隨時作答 郭銘之來 之孫申甫來
昔發彭臣太守函 爲孫月庭 往閱說項 郭銘之 張鈕蘇來 爲子範 芰 萸荷
吉紈扇 答蔗畢少翁 泰不值 以報函交鄉僕 老舜致
廿日 趙小琴來 到接石仲廿二廿四日函 有小美 附來淑芝函 爲寫男於八月十七日作古
鴻寶 着吉料理 張義民來 翁君思來 往上升客棧 邢甸丹來 皆行同來
着王君蓋卿 赴劫蘭來 以元子謁臣之子爲託 爲閑丹直扇
廿日雨 張芝帥之喪 答拜張義民 趙小琴來賀 錫安甫送 邢閑丹 拜張承之
寄石仲函 附去季和信 爲季和謀林甯館不成 將唐石仲爲特謀 額上孫雲先仙請

來為溫贇震繪扇改室仍擬函請熟闊海晴為其寓甥設法接辦前月廿二日函

廿日沈保卿來函為張詒誄額延六十壽聯之屬七月兩收程價搨方宗屏函欵與卓存

復室一談並賦贇琴軒軍門復書並以書貽友人子寄仲芳來吳萊函

廿八日趙雲階為月庭遣來為同年某扇為徐見道張孫二家條袖即贇雲之函附之詩

來二紙薈粹列函許以世農海後此常五年星為裝裱鋪詩之同寓石仲函以二千元為

其寓甥資其十三之嬪寓網一字之天五字深語之字工天五里豆一斤託朱親南帶去旅

俞伯華文孫來將欵蓉舫孫雲之仙櫬同之文薛氏閣料出城送卓存古仙同舟

親川之行歸遣申甫來談擬於館子馬子阜都戒雲孫來接篆芳七月歡停

三十日為吳五峰書對並扇旅館晚省一談旅館甚不佳旅馬子阜改住老函以邦吳

送來之件交閱之入幕而拒之予接筆者要通判日修壽霽腆韻來作晚省

為謀丁憚堂事者之責以望之或者宜趙小文取來著服得閱並看之後改函馬子

阜意在擇師先生之位字

九月朔 芝山中丞到蜀之將即地方情形 隨後有黃臨送來 樂蘭生來
之孫縣丞植甫回楚 請咨送湘省城之子 康侍疏 幼泉 擬准 旅 馮又有云
孫氏子又有字 擬張園之子 旅 盤 蜀生 不位之丁 詞臣告之 藉 旅 劉復仰過
錄經電 交 康以條 贖 泉 孫之 並商 歷 歲 照 劉 海山 談 教 語
初二日 擬河方伯請疏稿 袁幼庵 劉韞雲談 楚白 馬子厚 請君來 接仲
復回函 直以復 重類稿 擬又又須 回七後 宅 即以錄答 申甫
初三日 覆何臣來 俞伯華 交 蔡文八月廿二日函 錄 皓生 回函 交 石仲 初一日函 並
寄 潤泉 繪等科 為 鄭海齋 作畫 一條 叔蜀來 劉申甫來 意談 移 記
來署 趙小亭來 同信
初四日 許子安到 交 楳翁 八月廿八日書 復漢空袍一襲 又 接 楳翁 八月廿六日書
並 叔遣 食品 桂栗 盛蒔生 汪源來 翁 即作 致 石仲 函 交之 弟云 旅 承之 為 題
小文求之示 送 遂 盛蒔生 旅 題 小米 照 姚子仙 手卷 孔幼庵 楚 旅 覆 羅何臣

晤吳擬心齋茗蕉沈蓀卿交以所存壽聯橫額壽卿回任錢塘翁彭叔父
丹小亭來皆未遇
初五日若膺數叟臣云九月廿三到梁卡後韓宮吳華卿陳小雲乃不瑞岩夜亡道者
歲孫巷寓馬子皋劉攝雲孫小亭陳小雲賀湯允孫向胡俊卿之病為
鄭幼舫作畫孫小亭來若膺蔡生函交伯兼附寄
初六日阿吳自到省居撒若芳情形疏稿閱後付呈來疏稿以銀二兩寄京為
初七日湯允孫過飲致郎之輔卿函交子範寄上海去
初八日朱筍聖過飲胡竹雲回來以帛送子範之行紹雲來飲
重陽以黃禍交紹雲攜寄滙顧交蓮仁錢送附致則一紙錢晚撰記
來過飲紹雲以鏡影華頂女詩旋卸議送因屠致郎夫以為瀛接孫
肯堂為劉俊卿來接兒媒庚函以居室內豁者筆之為箴
初十日接季弟兩信交法紀帶來又信接鄧道亭吳飆卿信王蘭舫由

來袁竹庵、楊福堂宮保、崔文少、崔少雅以其尊君聽香之子為託、潛柚滕

魯卿部郎來拜，湯之翁來，丁鏡河、張瑞來拜，薛丹汝太守、邢鼎來拜

十日　礎石仲初五壽日函附涌來，後之八月二十日函、鴻笙函，若居仲附去英山函

信又銀五千兩為安家歸貴之費，張趙小琴太常云字孫別函，若陳之函附

去李信謁河護帥並藏節堂和貢送經雲小琴卷首之行

十一日　若拜潛柚滕主政至蘭勝參軍孫子英過訪劉政李帝函交叔庵帝

送騰劉小行廣文若藏許子安

十二日　李芸園來送蔗垣兩問果否北上之語，英山來差交李欽八月十四日函

附致石仲一函，趙輔卿函送至一月始到不解何故，接鄭遠亭函，陳叔庵賀節函

馬子卓、許子安來，十餘日天燥氣熱，至今日而極，勢如伏天，上台祈雨

十三日　若沈拜康函交金八已託五河舊帝斈丹友望當為留意，若仲蘇拜函交

馬翔舟帝函山東鄒縣時過沙珠垣易壽者來拜，即以案若之若藏胡有重下

午錦腰翁來云蘿院貢段委員差之語而叔危意在欲求為之見詳者面又差

向無擬譯外委者以存體制　康侍郎又泉照辦　發季欽一紙交原差帶回稟

丁憚老函

望日　發鄧逸亭函附致霞陳敬庭節函內霞望之弟之函　發旅李星緣託以君赤

舅行發子　發旅劉申甫孫子英俞郁佰蕭曼仲嘉遹京蘇呼以浹迺遊隨

任越臨之子　蕺垣譯未聞兄六七月請接陸發之二負均須照到者筆分摘服

暑君聞其有名而後獲陸孤舉　並至寄壽賀摺及棄子摺二件

十二日　許子安馬子舉張次渠和寄良齊樣　平敬文諸君來　鄧老意日而來任子程衍臣

送摺稿來

十三日　發旅蘇芳函之仰蘇孫子並寄己子字之致石仲函附去季和補帖一函　發憚老函

吳平泉俞伯華來旅之以不值　留鑒安一行　發鳴笙函由石仲轉寄

十四日　許子安寄存譯帙百元金飾二件　旅館饒留張次渠八月廿日摺并回來　接鳴

笙初九日來函為王君寄在說項

十五日　發吳覲卿函告以摺回和揩算機一事　方著三户部校信接其敘接郭芝臣年

门函。房书屋京寓宁军门遗疏稿，接石仲十五日函，魏以弟来兼催侪臣康将高岂低

十日回里省亲，说定路钱张芝涌方伯公牍

二十日张芝涌方伯峰孙函送两同人于花宅设席，路祭荀查示直隶山东赈捐公启

侍观诸君若拜吴季泉季镜芙、瞿侪臣来，看送陈笑翁先生假，请即行程装

接谭仲修函，寿庄友人不动留杭为禹后，接望之函，有银七千金由朱介堂大令寄来房

寓。王锡臣来函，即行。此茶并无锡来函，仍请介堂附寄，不接赵石琴丈来函，序着

出城，旅江宁之梅家桥。雨下，是晚作函告石仲，遣芸孩送

廿二日在梅舟中，遣江宁之船司帐陈兰畦意赖顾勤，遣温棣华、黄虞府挥温

名绍棠张芝翁观察遣。是夜丑时雨，午下梅至八圩港上岸，泥滑难行，到前

后遣棣安国者常熟人赖润也，又遣凤凰城棣办军粮，处无笑集二十刻

安丹李雷伟董军门 移赴芜锡办来者遣之同行

廿四日侍后陈江至黄田港，雇舟同吴蒲亭、立生至锡，掌灯后至三里桥移

舟進發至大橋下登岸午後未到家拜見並見並謁見諸姪圍竹長談夜
深而散天將明時大雷電雨
廿三日雨止出拜三姪九姑劉孫處六嫂處顧婆順妹王姑婆錫之表姪來夜侍
老母閒話將至二更時、但文與王姑婆
曾孫目侯令堃、侯從母吳淡寧楊親母楊蒨齡表兄三舅婆王卿、等來夜飯之孫
良舅氏同母壽文楊云庭請來
廿四日老母出宗到老劉孫處表菊近蓀良舅小稽來訪大寶、侯令堃菊卿壽彬臣
星妹桂妹壽弟禹臣、子朱近康子孫錫宜許嗣卿楊蒨齡族長錫之王卿、孫
晚侍楊云庭夜侍母飯
廿五日至宗祠家九之五卿黃蘭偕來謁赴楊親家處飯
廿六日陰雨遊小宮小敘移舟出屋出看雨眼錫子明親甚
廿七日晴至依前羅鶴不去久留別母登舟與弟同出城至楓橋而別至晚抵江陰南門
而泊黑夜起舟遠出旅戲

廿九日移舟過淮渡，船不能，水師徐君信回，相邑過江，抵八圩港，遇武君

仲仁蘇忘拙觀察東游，齋居卡世兩年英，晚中宿補直，[illegible]也。章[illegible]段君亦頒閱兵，下午

江輪船至，即上輪。晤朱[illegible]與亭，為安置房間

十月朔，黄石仲偕將家內弟去之。韓弟字文拙兄嫂，觀察，又遇蕭字伯莊子

封稚叢卿諸君。是夕丑時抵安慶，下輪宿於[illegible]之船

初二日清晨進署。李兩生之自英山回者，於廿三日到，即往[illegible]中。拜護院陳笑山

方伯、羅伯臣心畬，晤道崇山[illegible]。將赴鳩江謀事者拜[illegible]某諸君，晤蔭堂保

卿、義民、其[illegible]至[illegible]兩君來到，拜[illegible]來，晤喜帆、文泉，暨諸君拜

陳星南、李弟為言伯集謀[illegible]之說。劉[illegible]來[illegible]之梅渚，任樓、薛心泉[illegible]

將[illegible]物字回樓，[illegible]南[illegible]補署，字來[illegible]往

初三日核為吳喜帆之孫，黃誠請鄉某稿，湯之拙、馬子[illegible]來，伯華亦[illegible]樓

汪[illegible]生信，同[illegible]報

初四日　莊子封來拜徐竹臣，金蓉庭、子晦同來，過達銘孫葉君鴻基以事來
即去之。龐潘翔子、英業蘇三君及陳曾曉改地方情形擬稿，尤月庭來商
星回里之計。是早訪蘇浣來拜壽，答而去。
初五日　寄靄錫信，上母字，致琛弟函、吳信之函，是日踐齋同來，爲許小蓮之事以桃久
成函，又訪仲老，丁外部病，覺雜回商請家負繁費及我照之說，張家老來
辭筍重、沈渠兩君同辭，嚴心田、孫卿蓀重義氏洽矣之道歉，家濟之事
增浣之信，蓉亭伯以事來即去之
初六日　爲景庭寫內撤去疏稿及撤差，增浣信河護帥過飲，同席丁方伯
孫廉西、蘇張楊錢三觀察、張子翊、吳棠蔭、成寶岩、沈子遠、蓭王啟卿、柳韞孝廉
君與錫泉兌護帥之年勝君任事之事，接康伸弟之信
初七日　晨起後晨仲信寺爲首過棠山館子，孫子英來爲養之商謀秋初赴鄂局因事而去
査署秋山請宴以仲芳過

初八日，拜杨植堂禎，說其太夫人之喪。拜吴少樾于洋務局，拜黄仲隺，其女口館託以度

勇子並春，寓子相莊子封馬子華，許子安旅寓，軒臣、吉大月庭，逢諸植河長子旅

派翁託道子蕃，乳旅于莫若以所託館于及相馮之門子旅京蘇州，託查子安郭

照子俗臣，賀其得錫道。崇業妻之喪。收信兩去。舒城陳仲鼓祝花李子道信，即時覆

蒼英轉仰越小琴丈旅，俱寧。

初九日，蒼譚仲修函，郭筠仙函，附奎善遞，院稿由驛遞去，道李弟之鳩江來賬

作信與石仲、皆件孝之前道，著不再請，另廣甫文床安望

初十日，俗臣來，地方情形甚須勸改，即為改之。郭嵩燾同扶春觀之賬，並信函道

來作書李子軒明府來旅，托合肥不值。拜錢九峯未來

十一日，文道郭嵩燾二信來，床寄若又上時說信為郭子道，同子安函信，字一行

若英，以屋接銀之子，鄭子采至改道，壽來託信即病會來

十三日，濟翁來言丁家平宗壽喜等孔已為列名同道擬各九百十七文，甘廣也搓

王薑臣九月廿七日函，為跋詳再乞為西安花費七屋原以此頁端墨拓付活局

字到，北園遣者前來，以餞景蘇，鄭來字子安，郵上庄洋

十三日，劉楨如來拓，答之。藕莊錄晚，約為薑臣贖墨，併以來圖遣之，托為王

怡莊遂來，交陳桂庭信、徐薑卿信，或墨來拓

十四日，拓碗。丁惜重方伯字來，答拓。呂瑞甫、吳修之、拓王蘭舫、鄭盦來，未行也

答拓徐薑卿、許伯翔、沈筱階，午間徐看之來，下午馮又俞過，觀劉東東照款

書指二十七、仲光四以三元，托吳颿卿信

望日，歸南送照指款來，伯華遣蔡生信來，答信，送帆信，王薑臣信，字及墨一斤

四兩為送八錢，朱局書錢晚岗甫過，傍晚鄭盦來，徐薑卿將照指之村送錄

又收下蓋案交，答莊王怡莊

十六日，答蔡生函，以洋十八元交伯華遞上海，寄鶴之來，鄭盦來，以信字銀票

一百二十兩，寒之誤八分並寄來信，及廿碟，老交付，答蔗李許馬子弁

許子安、湯乙孫、袁仰庵諸君又餘者三十城適紫東伯、葉戴山、仲孝諸君
接俞子良函，以杭村回執若弟來，差使王蘭舫來，與子英亦適紫東賀帆
十六日 擬閱其再請督撫並一兩派大臣片稿，參案以後仰候旨，星甫、強君
在乍寓處叢一生芸旅，九月適云將歸去，又在宗屏處一生面夜而歸，接王
得日來函，辭理可行
十七日 接在仲十六日信、季欽十五日信，知玉亭來見雷叔陳六舟，十四日到京
十八日 請安，接趙補卿信，以家信託寄
十九日 發在仲、季欽、趙寅孚信，附信託宗信之孫子龔來，附可倘以水果六種
王悔庵適來，致葉庭信
廿日 菊九月適，對楊龢堯信，王蘭舫帶回續信，往賀之，俞張殉道，飲同席
許伯謙大令，金陵為道員長子，方宗屏來，鄒紫東取託寄湘兄之一百廿兩
買六錢八分之銀票，作四鐽文銀，含紅毛說明滙至無錫，費六分八分

廿日致琳州瀛兄函，附去鄙售之信、紫泉碑卷、孫子英謝信，另致楷刊函，予
吕信字莊涵字鄙款收實銀一百廿兩函知仁莊轉致上呈函附宗桂英三
信
廿一日護院來商案與直照之事。許伯琛大令全竣來，佈益齋先生之書
也。朱竹本大令來，薦德書城銅陵府子良、杭村司、繼有蘭大通函薦薇院查
年底何來報片等件待閱，呈子老莊兄論
廿二日瞿作臣來，奉擬將年底保費報片草底寄來，因至春也，即庫轉交邱玉亭來，邱莜仙
將司馬懷樺借稻質來閱，海姓制史以案來地方情形報商之蓋章
廿四日接表伸廿一日函，附致楊閣之信，庫送二十元為嘉分，又致許子安一片之汪牧蘅居雪
莅閱師瞿晨暉汪姓風鑑住小南門，寄同班次寄霞表伸函，汪璐之進大令來
廿五日考薪，鄭溈齋、邱莜仙、邱玉亭、汪璐之進、滿之孫兄小生在之孫婿發久睹冰泉訪
吕信字硯，訪興化名醫趙海仙，據稱向有趙觀瀾、趙小齋，皆精於岐黃者，兩人已老，海
仙或其後人得家學者。新拔左星、左晴二司報從雅文為本省外妻王國模皆來

廿日 阿帥直隸旅滬同鄉會董沈集義氏諸君沈惟清來，交先所手函，屬之曲為之多

排解書直録留稿

廿二日 偕之交閱姚文成文徵去年十一月初四日致函吴仲笙帶去百元收到筱蓮送來可撰碑

十二月 繆生閣工此款前不能因以出月之功為完工之用，請早賜寄寄蘇境因影與之於六

形談寄可 徐世棠任通譽立林趙侍就義云云 景蘇函送飲以子壽取留貴收交之請

廿七日 代為擬照院咨浙海寧望旗向就刑館

廿八日 張迴雲來，復旅滬會董與劉子運，往旅馬子皋交以煩指揮

廿九日 旅許伯英來，承贈紉蘭詞、靈芬館詞、山中白雲詞、新蘅詞四種，並以復堂類稿

寄春吟、灃蘭初稿、芙洲草堂稿，送何臣於蕭恒園祝五交，旅景蘇不值，就子

莫一談，歸，送景蘇手卷，晚詒數語，子運因沙想根生館送來，皆不值而去，接仲弟

兩函，並芙帙、錫匣、與我詩款等件

三十日 旅沈惟清，於數著在饒芙交生接鄭鑑之回函，子運偕坡梅卷來，晚詒運云

交又函先務交一行

十月朔 㲽侑臣不值，道崇山之下，看就作字告之。为重腾明来，奠龍之下不会，侑頂
得改作，以笔文送全门雅韵行之。若篇张迪云、杞梅岑皆来晤。静观斋刻高
初二日 孙康侯来，招与子泉若孙之并若铭、观斋，就首〔胜〕花荫宗大令之招，晤白子霖、
万志斋、尹杏山诸君。杨润之来，劝在坐制《极帖》，贺之。王怡庵来。
初三日 文少雄来，以书之，阳胡景集内在滕州任获粑诗数，惟术有误，商请更正。康聘致
子泉、徐盛度，全书以笔来补上贺。郭若臣能笔书函，备贴时一轴，交若递市风聘
实甫、价臣一谈。接金生函，送函初文所托为朱度求贈子之明文，援
初四日 若先明函送金生所托，交怀清市。若所寄函之为曹紫门荐，附以孙法云
罗春晓、孔贞猗诗，旌旗郁霞淮之文。又若赵辅卿函，附石件。若郑子苑函，备请君李
山市交王冀寳递饮。京苏交以许日植部照修之邀，递饮，晤吕松云、云卿，日有庵
江之便。下以书信。
初五日 致徐黉泉以回函，月庵送来菲苋拓刻一纸，以鹿茸庄一斤十二两，石楠十

兵父月庭弟锡送月庭来晤，往莼峯送之，道郭兵父，送许子安。
初六日徐咸庆交答子霖，臣以弟来之即答之。莼饯，晚归，不值。答莼峯，因悲根
亲赴道天弟左甫、浦年甫、法静山、陈君，答莼王恢庭，辞年寿序，脱稿，接
吴敏斋桂芳函，商谋赈戚楼子。
初七日答石仲函，以寿文稿寄阅，托王恢庭递京。致张烈函，答鸿笙、秋屏函。
冯又泉邀饮，晤华吉园、包叔、陈中丞，十月廿四日请训。
初八日陈帅移晋藩，垣借同人往贺之，并往各友处，写年一是，答拜文华庭、赵吴英。
送王兰舫参军，答莼子少樵太守，致黄厚庵之请，邵玉亭军门、胡竹重。
初九日答汪含生函，邵玉亭邀饮。
初十日答张耀滕函，致石仲函，寄去寿屏上下款式。杨闰之来，以铁屏横，晚为
阅之池景，苏来逐吕耀请赞之，子校定年。
十一日接李平初七日信，乡子苑、赵辅卿等函，徐肖三、孙莼、陈护帅、俞臣、易玉萧。

民次吴諸君。制台函稱內有密信，明年正月初五日後有康逆賀摺，明年元旦或稱
遞皇太后、皇上賀摺，謂春天有字樣不宜，提於例五日後。軍機處每次摺得不得
遞四封，每封附片，不得遞三件。朱慎伯孔亦養來，精於此等來晚為開之
十二月蘇帥函，敬謹悉，祈其神之禮亦云其佛，即照其等之典也，其禮亦缺，唯吃肉至不可送宴
不指面試口亦不能論以多吃為貴，蘇帥稍為變通，遲不來耳。若季弟在，并有仲一
紙往返，運不來矣。夜看閱之，修飾文字
十三日蒼溪、朱慎伯來晤，接弟去冬初間函，其妻有孕，小弟歸亦將去，漢全弟在蘇館亦可
雲止現往水皋，夏度支月有津貼十之台，仰將返眷歸京口，自以赴陝無資為慮也
奎瑞宇所里蒼來，伊頗到方可送來，接何紀送到石仲、季卿兩函
十四日馮子虞、周壽帆生日，往祝後遄吃麵，晤江根書、辛琳、龍兩君，接鶴峯十月廿六
日函，想亦念其富男之事，接琳則初八日函，近遄入棧，南北不隔，頗不便也。吳辰卿揭軍
械一事，已交滬行轉飭該員，並遄函帶何子成、寅郎請獎，虎衛封翁並准移獎其子弟

送冊咨部請獎直曲率部核辦等因備牽年九月廿七日咨行楊子壽來馬子寥來

十二日沈秉同楊費來聚往迎陳帥以東若之借著送呈吳遣沛初京蘇子英又白

書帆蔭重保御曦氏八房山敏許子安來告以請冊一函江蘇無此辦法全畫送與廣之無

可憐之人本其爲行辦法

十四日訪李修往迎陳帥以東來聚印若送之致吳觀御函告以部文將行請獎之事

致湘別函安逢生來談生許久爲吳肯道蘭繪扇別書送繪扇

十五日訪夫人擇和度不韋勸阻人稱讒湯之孫來爲逢生子也旅張郡不值以病辭之

答觀王蘊士晤琴孫晤楊曼仲棄間達逢生所託答旅於梅考史逢生並旅吳修人

皆來得之楊楷重來爲逢生作繪閱書帆函邀飲許伯著楊楷堂來

十八日得汪舍生函何棠帶來答石仲李欽函張義氏孫鑄九來薇帥邀飲

十九日趙辰九同年來拜照提宰備考貢冰臣太守來拜錢紹雲大令來爲吳呂繪

扇保孫寬仙所託接石仲李欽十三日函

廿日爲玉亭書直摺箑答拜貢冰趙辰九錢紹雲三君又答拜孔之菴敷門無庭

者为杨润之修饰文字完毕
廿日　护帅来寓属作绘　商之阅画幕中名单　沈学舟　汝适送来石仲季钦函
祝阅多抉调勤来谋子迈　叙子泉不见　存询备数集自来言之
廿一日　先孙道秦雨苍宝之锡朱挂银五千两托宝之护帅来看署内铺设　沈学舟
来　许子迈道子豪信来　为归衣之子　叙叁帆翁询瞻备之说为须阅学迈　叙郑雪帆
以五尺纸六条请英子画　英孙旭林为代写　吴润贤子元　为董陈董义民来
廿二日　以三捆交护帅　叙何臣保师筠堂义民子英诸君　苍叙沈学舟之莫
今署旌德托谋馆子为苍叙吴修之不值
廿三日　以三宝贝百五十一两零五钱托绍云弟带将宝之致非则一纸附去菊生之家书
历宝之二十四尾托宝之款直付道诸汲云睡方岐扶去冬茵芽生刺史叶集来人
将菊生款送来　书晓作苍　雨叙之郑交同宝之道以收条交先孙
廿四日　苍叙谈楚白今臣来寓为护帅作绘

廿日接若高函，意在改業，托天津謀事。接鄧集之函，云薦袁并亞范乎高二尹

處去矣。早乃來，莫送去。來為春良高題小影，送交子英，便寄。接陳函，以其岳

母來謀面不識，緣何事也。

廿日長亞節遣人往各處交接，簡卿賀河工送席，與馮周劉三君共之。阿少君總林

來為寫繕居刺史繪帳額。

廿六日答春良高信。答賀錢孟超同年函。答石仲紀卿函。鄧壽南來，述其家子祖

孫秋間病狀。接鄧寄臣軍門函，以朱提五十銖办金景廷軍門喜事，賴之勞此，伴於

於伱事來，經過進義不可受其真也。

廿七日答鄒郭軍門函。子游來談。答旅鄧壽南。賠弟立臣。張少甫答旅楊潤之

交景廷舊作賠俞思菴。旅伯華來值晤遇子英，略談片刻。張汉梁來商量酒

謂之事。託迴楫來電陳帥本日抵京。　浦下月歆甫下寶高揚寅甫晚翔示十

五日接印菊生來屬查劉琢高案。聞陳帥由德州發信，屬晚香代校

十二月朔致石仲、李钦函，以既未朔珠、四品补服属季弟带回呈堂。子湘弟
去冬来京，言郑君谈谈，补湘通判之子，因留一饭。胡竹堂来，送沈子湘之行，若旅吴道
尚未值。俞伯华来，述其家事。刘子湘通来，送红纸属书馆联。
初二日接石仲一纸，附来胡刻一信，言十二月二十夜义庄楼房失慎，其宇画焉不少失，
要物损坏殆尽，犹为不幸中之大幸也。学湘来，得其答一纸，并答季弟胡
则多信托乙弟交。陈笃晓来。接俞荫生函。
初三日送刘件并条谕三通，莫仪文节重。接俞复十一月十九日由夷费信，主人留之一通矣。
报刘伏生审情形已悉，附片请闻，扶以危府留考差送委，因急得赴司张罗经办，
急借难任，记书不可气派会淡水清赋差，父子和衷，且作三五年计，此次接审四十余社，
一千余人，山界止六七十里，为时五年，余日正非易了。审目十余乃见与弟人不甚和衷，惟刚纪
办理不按省分民审，不和之况，修通可推度，此等语以及不准杀人，而不能保通了与
近社民人不准砍伐生人，说服番子各岁已两听来，此三五年不能寒他，待考说内山尚有

內數十里，其人手長，其人形再近數里，是胡椒之未易除，更進有玉山一座，老島之
寶藏也。昨今日曉止重綿小毛，日間亦覺稍長。洪薩之世爲投信世岳如陳陽李氏印
子遲，胞姪田江西接，往任署中。薩甫二十九歲，無不來得聰明可愛，而無壽，爲名士之痛
尤可嘆。此間搬與商務，張錦飛承辦，錦人頗多，先定造快船，同鐵路均有成說，所兼
路成之後兩年以後，回信遞接署幕中。我家上海瑞生洋行，貴少梅亦家手信。感利
兩輪弟處亦有一函，貴仙中弟檔卷內人共弟緒初在林和局中司帳，兼有年請兵輪管帶
爲陳晴江孫捷三胞姪，此信即由弟處家來，孫與丕仲之之，以原信寄蓋欲故
摘錄要語。下午蒼蘇介臣作華次，果益子壽舅、曉並石子英尚書、善象之一生
初四日接林別十月十九日信，家來屏幅並小酉一函，稱晉重已聘定實子儀之女，聘禮百二
十元，兩金兩珠八采服飾，子昭小兄附來，昌林家書，蘇之乃商請畫屏之子，錄曉乃來
蘇幼庵蘇道南昭滕禹門大令，託其補電。陳帥准十五日接印，內寶應向甫借
輪有不到，甫芸停五字不識，有無錯誤。接子山林云函來，向芸屬子並李叔廉也

前日淞侄因有老师撰调任晚留之说
初五日寄石仲函附去淞侄字与图函 刘蒲云来不值 旋子廷子通听月轩
禹尊县仲刘贽君住此非久计也 与莲老说明仍住其处
初六日答宋鹤舟函 杨润之来聚谈 回京事办完要即往之 并为说果泉
回照运轮等了满阳老来
初七日为忍斋作绘以屏幅送之 兑砌变写 旋袁幼庵 答旋徐铁九 马子昂来
说以近师之事 近来天时亢暖 浮火上升 兼之心绪方烦 发为牙痛 且觉恶
热是以风来 老先生气热良为不哉
初八日牙痛方愁 子昂来 遂饮谢之 郑雪湖携子真甫来 辰祝六帙 多有
豪文家学师傅之漂染 出手自觉稳当 用墨亦有法则 叩之多矣 之孙
来商量屏幅 列名诸君 依照段之旅 录恰生淘淞侄子老者居沼乐书来到
也 通判扶叙补馆 君则已难望矣 满子泉来

初九日吕璇甫来题山水六帧，送牧山画，还张和庵护帅对门核办大计，子泉襆被而往，恺重甚也。

初十日阴，稍暖午，大风密云，颇有酿雪之意。答仲修策之两函，上望五一策，附昌珠家书函，单阳县转送。张和庵来谈，为申之作字，杨楫书石记也。送画帧于笑山中丞。下午小雨。

十一日小雨，晚有微雪。李眺雯一行阅。有广陵方君，孙陈中丞之友，来看画屋。检点旧作乱纸。

十二日接郑子范函，再商求作请北局湣调，势亦不能也。

十三日接石仲初八日函，知李弟已归，前函均到函，并昌珠家书，阅之，知珠江西端午来函，并附家信两封，知孙府就即行，寄锡侯、珠珊、季钦一纸，附之阅之，并寄函又函，旅陈曾怀马子皋、汤定之、孙冯瑞庭，送杨楫书（篆刻）、吕璇甫（新竹堂）诸君墨绿，有书来，即往答之。吴修老送符与冯瑞庭，送杨楫书、朱陆、钱叔、汤定之、孙吕璇甫、袁幼庵、吴道甫、刘子生。

十位同之酒瑞寄来
曾稣来两君送段葛逐甫函来旅稣晓寄误云史砚农家存於逐甫處歟
尚有二百斋之数旅许伯若略误诣吴修老不值逐廷方宗屏叟一行闻诚
外缴考隆之云太郎乃节到矣河笑云张毅云为送育来是夕护帅拜發大
计题本举者安庆府成颖州府曹池太同知沈义县闵霍邱县屋蒙城县陈
会嵩州同王炳[illegible]泾县[illegible]落童子渊劾者泾县落麻国余林阁不谨宿松训导陈
守和年老為宗佩箴军门派接署寿春镇篆谕稿
望日陈六舟中丞奏午刻入署接篆桂[illegible]即往若拜贺喜並诣贺河笑山方伯
接卯丁請生觀察回任之喜诣谢張敬之閻熙吕蘭舫楊子寿车毅夫徐子英
四君以春来[illegible]中撰片稿二件以来拜[illegible]诸君即有張铁崖雲鵬陈和清
瑞庆陈孫少君[illegible]来若拜法梓臣来賀年[illegible]接郭[illegible]臣军门回函以前字寿
憶[illegible]是日天寒[illegible]雪

廿六日卯玉亭軍門以赤棗遣人持刺訪子英子壽蘭舫寄去四君答陸榕臣函張敦之

送來陸石仲信並銀一包約十金之譜意溪來寓

廿七日小雨夜雪接姝別初七日信前欵寄到麗遠只卒餘元存九十餘元屬以二千元呈堂

年下用欵許以即寄附去錢朱二君致高述舟向取史氏存欵之信答石仲函附去

諭件奉寄日雨得其十四日函并信即付附來上望日年附寄呈二姝函並將另姝原信

附去六帥便服到寓

廿八日陽方伯生日積未收往賀來見六帥奇標弃於紫寔責捐候選京一摺二片答相李

秀峰於因馬棄時接允綠信送來張錢二云既寄實善之忙悍對聯並簡堂

來賀年信即答之夜微雪雨次日二寸餘送趙農同年回風

廿九日接沈林庚信以學身友筆之之為乾友筆得子二月喜也接子苑信接沈芸

階東致鄒隽老函論其回飲以筆送沈退菴答別敬年篋云以澤世之既寄

青岩旗祖

廿日巳时封篆衣冠贺喜並以朱贺名署官幕闾编查保甲完竣奏稿
附石伴一纸专林寿将之家百金寄还之廿六元敬老之一馆君未留第之二元並附
三联一函芸陔去子美荣苏之佩文韵府到道人函之附石臣一函孙佩南太守
卿舍亲刘表並课氣之与其号留讫交之饷以朱诗之
廿日帅府招饮接石伴十七日函即答之附去名单接坡云城山函陈云鹏上海
寓函子美来寓若熙芸陔函
廿日闵十二年甘肃部饷到拟叙稍摺丙戌年东三省伴饷片直隶海王谌勤熊别片十二月
雨水耀馈摺朱鬲生张次梁张羲民三君来札俄雅文案荐以坚稼阅支别者还
来札俄再序务与案函文之与案札已看稿矣夜具上母等叩祝千寿风雪甚寂
湿伯远子秀灵取思示可款是遑老林屋函是夜大雪
廿二日晓起积雪数寸拥雪城得雪片稿若斋若生张台生函字伯叶附字
接石伴廿日函商通之保归由早兵代危甫于雪兮部月与刑之宵间回馆即答之

將上海寄附去之函果泉字即遞江寧寬之取閱交郵遞別存遞子舟同日接子舟
來函雪竟日未止積幾及尺
廿一日蒼莘臣軍門函 丁懌堂以素箋來為帥府擬京信稿月底不及寫 來函約以二元為潤
廿二日積陰未開滿天皆雪氣移殊常 帥府來索寫之摺及京信擬就送之
廿三日帥府發摺共三摺四片寄蒼子舟一函 同石仲舒贈接望雲初五日函秋成曾
稿現復之矣子英送年禮來 楊保之來回自合肥共弟洞為子安不之屋收來年四月
廿四日帥府團拜上帖賀遞賀人 中丞君重慶及向慶 又蘆有楊君送糧來祖林書自
廿五日回接石仲信又徐福保函蔚其舊遞上元藏園法帥段小洲報喜函天言放晴夜星朗朗
廿六日陳之煥函附蒼子熟函陳季因信致郭友函附蒼霞城函蒼望云函附呂鼎木皆固
驛遞蒼舫陳吳卿虞文楊小秋三君師雨仙薦來以東蒼懌堂 張四遞電來函即蒼之
廿七日接懌堂函接之孫信直程桐二函接之煦函之張家保指之請接筆郎炎函附寄館指
三兩劉桂生來蔚其屏已允接雨蒼函接俞蔡生函雨打雪融簷下樹枝冰尤堅結
降夕雨竟日不止冰益堅長 至夕朔風淒淒 旅館淒涼

光緒十三年丁亥元旦大雪竟日黎明燒香詣天東堂叩祝老親長生畧着肉往
來拜年畢出詣各處賀喜午後已歸默坐蕭齋追思親舍壽筵間當有好
風光殊增遊子之感
初二日雪止起視積於庭者約深數寸蕭垣四君來接羅伯陶函即答之交馬芝岩
茂才瑞麟轉寄至夜風甫冰堅天寒之滋甚
初三日天氣開霽晚霞陽光旋復陰雲四合寒氣漸盛答華頤甫函並送尹仙坡
弟交吳修老過飲切之韋帆來談
初四日下午又雪往韋帆處交一行又泉處交一信商量幕客公宴之舉議借陳星甫
處設席寒過深此二日爲家子帥府送楊裕因利局借錢章程將通行各處
照行以利貧民誠善舉也
初五日大雪竟日中庭積厚尺有數寸寒威偪人接吳景卿觀察函索查指

俗所捐八千一百餘兩可歷由道員請二品銜或二品頂戴或為俗核則請三品銜餘銀加隨帶

級備以永康兼及修理碉彝鳥大炮四尊勝文泉还知此函查部文照行堂務處可請堂務處移

知隨後由其移請堂務處詳咨請獎

初六日積陰不開祁寒未解意須來諜諜餘無一事

初七日致朱介重函託查前須請獎虛銜之事又致吳子蘇函亦以此託之是日天晴

初八日接鄭甫臘八日信並致朱蘭軒函奠洋二元代著經道電報

初九日爲署幕賓之置書酌作半日之敘韜雪入會招綠曉樓鈔象之峯

並拜張威之吳崇老皆不值接朱介重回函兼補道捐三品銜應銀四千八百三兩

四品人員捐三品銜俗所未載加級一項查部咨所外省不准捐請

初十日寄致石仲林別函

十一日陰雲不開寒氣未解

十二日立春馬子皋函送太平局董子祝大葉汪有德單開雪壓倒屋二千餘家皆

係家户同人集資十千六日及六元道子弟散給是日見太陽

十三日晴同道文武公宴中丞於旗直館張敬公設席於樓邀同人及吳卿虞文旦當

諸君觀劇旗楊小秋和宗喬樺並張鐵崖暨王子俊若孫夏錫五觀察

十四日天又陰寒伯華來商乃翁之事

元夜小雪霏降岑寅云欲與文泉之上海藝園派師函請舊蔡生面與王介庵觀察

猶於進署殊形陋也

十六日冒雪赴河篆如方伯之招邪寒積雪已越兩旬同人議再集款救恤接梅翔

初八日函前議之會二月中旬舉行李先籌款

十八日是夜之雪地冰天之内草廬茅舍之人身遭饑寒情形惻惻城廂內外屋被壓

倒者數十家業經同人集資賙恤近日嚴寒未解積雪不消窮人無可謀生困苦必將

深共現擬再行指濟存莊錢莊各舍少票邀同籌辦等之士分派妥實僕人持赴市票錢

隨同查察因於小街僻巷遇有窮苦之人凍餒實侵之户給予散給錢票

補苴，伏乞仁人憫恤以匡。下午子英來，稱肯堂請范竹蓀道同太平局施往諸君查費
幸署同人集二十五元、錢十千文，即行送交范子遠費
十八日 摺弁於業書回之稱，省北一帶雪更深矣，行人凍斃者不乏人，有高與屋齊之處，地方
官僱夫開路以通人行，於積雪中有開見死尸及小車貨物高下莫辨，幾乎成一小吳，誠
數十年來所未有也
十九日 下午旋晴。帥主到高層撤諭福字秦稿，委柳金源統領澄清堂水師片稿，撥
羅柏陶函，丞直隸山名第二十斤
二十日 晴。成寶岩太守范藤泉大令之請，同道府、海關設席旗館，稿上道及署幕
客。觀劉桂興兒子撤委，獲鳳穎道署鳳陽府片稿，安省閱兵請旨專派大臣
片稿。接吳史鄒子範、洪訓函
廿一日 午時閱邸循信簡賀爾受郭殿臣總戎占之真茶葉二字，雪來清字兩文儀來
竟日未停，勢不大耳

廿日晴。郭耀庭、德戎來。帥府宴賓，赴之。往陪侍閔呂璇甫太令，李委署望江縣事，
馳函催老萬季和謀之，云已先約錢怡孫為幕，孫圖且來就帥府。世叔談貴福字摺
廿二日晴。發函汪念里，述先將之相之說，措詞猶簡之意。
廿三日晴。詹雅郭耀庭、孫呂璇甫署君之喜。江蘇賓館行團拜禮，往與宴，並觀劇，至
夜雨歸。帥府發摺二，摺五片。姜丹陳德興、樓石仲丁字一號。姜般信附來，錄別元宵信，
孟韓妹信、姜岩妹、祖震子筆信，並收條。
廿四日晴。送還子蓮各信並懸命（?）。陸祁張紱之、錢曉之、馮瑞老、吳修之、楊楨甫、呂璇甫、
湯允孫、朱介堂、袁竹菴、吳道甫、朱筠堂、劉子蓮十二君，得見之者馮、朱二君而已。因便拜
馬子皋、李文軒，云馬袁請貴文江家館中課讀女子，甚為相宜，因力勸之。子蓮
送閱洪蔭之信，蔭之請的撥部撥其前存備作旗兵加餉之數四萬兩，蔭之通知
意在叔（?）速謀解此款，諒必速被（?）來易，久恐耗盡者，性急而敏，並又少之數，不（?）厚（?）
語人得於己得來易也。

昔晴若石仲函兄暨函子範函許春帆詢以庵清播晌來文高來之兄並託以詢問
金陵生義河老總衙在下四府人之狗賊雜者可否只擬此石仲所託袁蘇良舅為本
生文請郎之意也帥府文京擬已來清單英片稿上年十一月兩次擬稿有添字句
昔日蕃內濱到帥府在商厚查文武衙名並應冒向人員單作簡明清摺胡俊卿來
照之閱兵之事接春如橋王宅寄來子宗大字訃函
昔晴寄姝別函之匯緩接春之意會局將庶筆英譯百元由吉代等匯之仁備代擬
費將用盡之際及又郎交寄存劉桂生處七元為由局寄單蘇匯來捐單吳品卿之亦
託也四品指銜三品為上加級外者不難報捐與朱竹查所查大同小異
昔日陸蓉吳品卿函附沈朱二君代查捐款請獎二紙致吳崇菴壽我函請以學務
銜名移照應卿以鄭兆指款請獎之文接文秉臣帝來石仲函並墨門攜出祥襪
年糕等件又寄令路寄君於舅處特儀公之及寄甚嘔望為代作寄人張瑞吳宋
數官清代送好費之事昔日復由長商此地足 擬歸而銷之

三十日雨 若農催伯陶函，備以五言詩詠竹莊之績，由馬芝巖附寄
二月朔雨 與子泉具函賀裕壽山制軍總制鄂省之喜 若農仲函寄雲紙仍
送文叔臣刺史託之帶交
初二日雨 高蔚九京兆李捷三軍門以刺來即答之 接仲蘇孫正月十六日何擇樓書云
是以小試冀首遞又得補抹後直隸用福也 歸緣良可羨也 附來子文孫年家蕭卿中丞
稿為試亭之請附祀宣付史館不識果何如也 接函云孫家侄託將匯還者一兩三百兩
呈同人錄悵務送呈琉甫改君未寫賻之
初三日陰 高京兆撤詠疏稿撤宿雨何處劉暫緩引見府尹陳降 接伯華
函因閱子封先生之子商量設法能兒又有一談書作若乃有了錢等力因
及此正文相眾能為力兼錄悵務
初四日 接石仲初一日函附來孫子正月廿八日函並用款兩紙又兒正月初五日函寅孫
函來崇岩改正一紙又淺生為刻之開年若農動手墨

初五日接何笛帆汪含生俞子良三君函匡遞上望云峯附函于姝家書若華顧
交函附舍館姪保王季泉太守訃致函吴修老薦僕人曹榮送蘇州之望江館
旅寓帆之小有不豫也
初六日擬霞葉將軍信稿接吴佐生大令訃並於徵生沈姝房王宇書沈蘇之函
為之集賻致石仲函附致京陶函內取劉氏衣價是日主辭羽摺兩摺一件
初七日晤吴少君福祥函送奠儀四元送曹耕孫進士允源賀儀二元雲霞沈姝康
函請王宇書弟文及季泉示沛羽函寄王蕙臣函內寄筆寄墨並交摺弁帶寄
初八日寄雲霞諒兄函附去兄仰蘧兩函寄上海瑞生行黄少梅旅便寄壺若
試聞蘇姝函寄南昌典史楊君旅便寄瑞金華海羽君者因季泉來告以託
問之語
初九日接俞子良函石仲函附來雲霞季泉莞溪函為柳石屏之事王仲霖表姝
自淑來通此一談名惠澍兒部文諒兄閱扶留壺之舉議殺不行仍須請留赴引

又泉示所函王鶴士來又泉覆一行閱委署首府調回太平府底稿
初十日管仲荃來要致淑兄一函爲之請保安蓮妹太守進饌閱李文軒大令奉委
署理天長縣事孝吳數之 向季弟成約何季芳二尹亮舉來拜
十一日撥霞到省卿致龔仰荃觀察函晤王勤生世兄函名鏡蓉致蓉妹弟與季弟
函因接李文軒回書允踐舊約取道蕪湖來邀同行擬屬季弟即行赴蕪以待撫部札
來閱話
十二日連朝陰雨緣覓同人帥至降旗以此爲畫荃何留帆函附家書併致石仲函告以季
事有成着拜何季芳二尹
十三日接方宗屏函並詩三首 致家兄函告以仲荃屬語即送仲荃附家函
曾晤拜李文軒王仲霖譚仲修皆未得晤僅見仲荃而已 予園來字 鄉書十七日往
蕪湖外間傳聞予運可得東流度爲子舟謀一席之地
望日晴予運來談將赴銅陵 致仲弟一紙 常熟黑豆二篓 霞杭村同俞子良函

交金生舊僕金紀帶去。接鄭雋之文函

十六日晴。陳厚卿寶樹來拜，系郭同邑。接李文老諒忽世兄已筆翰世外號適取金通鳩江函

季欽同行。函金陵時須一謁制府，以程甄亦各及陸函秀長郭任。接石仲十二日函，震住孫來

初谷震後岸合為呈定稅款存於家。旅湯允孫同帥府之枝頒於籍案，卿至改感慶之函也

十七日晴。拜陳厚卿。接鄧逸亭函，歸銀十四兩又澤六元，並歸承兒世兄存驛函。又接賓君

函，有星赴梅浦川沒，蒼以之典三元。何季芳來

十八日晴。鄧逸亭函，托陳少逸帶交旅。楊小秋接哲庭靖函。此日雨大風

十九日晴。接孫景偏函，致石仲函，告以文老行期，問以季欽行踪

二十日晴。泉通旅河方伯並旅佑和伯華，景並蘇子英諸君。接稻壽帥回函，接汪金生函

述孫度翔已請王珊在號，已在壽於允明交行。聘者在通郭人執柯行至於信保為張

函老佩服也。此日晴。收馮瑞老光到，撐有羅昌何之行

廿日陰。接劉藝帥回函，允為蔡生推轂。覆蔡生函，交伯華轉寄旅庭之交東上帥府

導淮一書送穎貢君悠悠回梅渚去

廿日 雨 春寒頗甚 復伊蘇妹函 賀其嫁書 待安 稍差 弟已出東莊 手擇將遷帥府 報回書 派閱兵

廿二日 子寬送言來 實以某蘇不商用者也 嗇帆來談 河工不通之為莫向 集 衣書屋手

猶在衙來者一行 就前臣晤翁笠樵 逸大人 組孫白總之 施夕 子年 建 欲晤翁親

西峯我同甲孫誅平都督士得此外修之先孤有重而重皆至也

廿四日 得孫伊函 雲澄 畫梅孫録京編 函嗇帥至降准 方子報擬以二十九日子寬送行

春卿族祖函來 又英譯十六元 庚附便寄于錫 提讓三二人致呈君假衣

廿五日 晴 帥平序言送樓 觀改旦語詒郵寄一行 白河笑之成康談次譯葉書屋全

廿六日 雨 李叔爾語吳緣以黃雨為年 閏海關底年之需以十六兩為奉 又岸等費

廿七日 雨歸 祖機至譯息之集 旅館琴翁晤 集老康據不伴函附致孫康函 有譯

廿八日 旅寓又 菱臺帆函 即時作菱並之 餘曉翁行蹤 前李子軒大人 已於廿一日 解

續兩京接子函旗祖函備述荅洛將作京邸保望寔然也荅小酉壹待侯景寧
聯仙蘅觀太守之接受旨府幕以京貺之
廿四日荅秦雨蒼倉華之暇汪含生函王惺庭以東來云在蓋服來附李聲釗程
心善修之也
廿三日訪子英來交廿弟曉珊函旅王惺庭陪余往西泠於開東棧陽路所
子英函廖邢存物樓不伸廿五日函季欽十七日函弟來兵稻家種著遲不守也
帥府夕暇步過荐歌
廿六日接阿弟澤館被酸母傳身死其大榴談楚白來報越書漫好經之往胡樓
岑芳宰林來別霞叔差子
廿九日荅旅胡梅岑便旅楊小秋何季芳二君
三十日改撥李揩壺付詩所借光緒一万五千兩斤稿霞溪小酉弟函又致鴻笙函荐久孫
查叔姝貴目力以霞溪仲芷蘇撫函交擱差劉樾帝函在年交驛遞

三月朔天晴。多日衡兄和暖。致洪弟书，並寓翁孟楼、景倫、小酉、鸿笙诸函，石仲
寔存村孙舒寄函，付並洋八元，是璩甫送，君禾曾勇贡二元，子箕送送，存佳並洋十六元
因由同寄。又致洪新一纸，由从子汇银百两，交文仁舒致。是日帅府招
初二日晴，甚暖。陈君编萱、聘沛英、价帅府族子来招。下午往若之。晚因罹是受原
微觉不适。接何留帆二月十九日镇江舟次函，並周书还部士剑书屏二副、一幅署面
初三日晨寒，衡复甚热。下午势不能支，闷睡半日，寒热交乘，不欲饮食。兄葆帅致
沛和电报，蔡生之子有成。接石仲廿九日回函，並锡伯上年冬函稿，鸠兹老翁之桩榖
移照办所之函，库存存革除五万之中，请免，可移拟请萧垣白之，而病未离
初四日热，来甚远，清兄函，萧垣以为书送览。接弟元二月十　日函，商肩书楼文字，殊若无厚
下午也，饮粥数次，胃不能纳，小便短涩，发而热，夜中也
初五日勉起，枯坐，得包安吴书，观之，饮食不复热，来於清斋，服照午时茶饼者，遂不饮之
之不能多。张咏之以萧来问

初四日凌晨浮出殺多起來後晤商清道閱書帳來之善般銀又請陳慶之出存款
移程城垣衙署需款一千五百元重帥意太平史守之有修署之請專函商請垣約是否
擬寫文泉來
初七日蒼崖來海岑復條曉山函致子英便寄
初八日蒼石件函商通接洽初五日信附霞數請並寄示啜之花移後三百元亦係還之
徽壺在彼商通勝杯在官在家之時是見畢直殺少之蓋視不厚詞電報提詞將招暄之
前往之電報多華之商及願前去之可信置石向曉翁請撥田利係費又交華蓮林太守之有
是意在彼取之曉翁之為上策急望回信而即來指明所撥何款免以病能合後再為
桂向專函商蓮和曉函二日是午忽起大風陡發特寒易襟而寒者不減也廣蓮山大
令桂所親復請診云二寸脈大心經有熱須清理之為定一方書賬服一劑覺有效也
初九日晴錫寶來談摺差王鴻信回馬子寬稱代買由宋芳老說已二次弓自蕭壺帶
大約之數不可只得勉應之並還款由芳老轉致

初十日龍錄觀惠叩以石仲所託云因利兩說皆未閱否是否惟錄查題有未回來否無

石柚一文以竟因利善之筆之請回日上院每之亦來回到龍河方伯云俟子已令議詳覆

向歸臺閱者仍歸臺閱向歸藩臺局者仍歸臺局向由藩臺頒下者另行設法

現在閱庠所存葉卷亦以不動為宜龍沈景蘇交所託照件並龍陽翁子莫伯華

達卿通書適達九叔談片時方初三三間寒熱作時齋上蓋深有小寒不以為意近日感觸

紅腫兩脚大是日始可出門幸免受風然足脚痛

十一日賀叔足西僑文子送帖候事歲已於提督王才秀閱古魁請卿之筆帥康西雨說帥

龍渥子公賀以鳳之喜賠席上旋即破臉去臉

十二日為弟所擬書表書柳書齋四律龍閱書帆擬休寓於城隍祠請封號通觀

積致石仲函以姪吳四種二十本交子送拔之邑善所待邑節宗再來席上出嘲對免

脚痛可稍面頰浮腫且其淺而壞大心其甚憂之是日唐所又以小字去蘇生病痊而喉

金準以十六日出行

十三日接星之二月二十函，旅資告罄，屬爲設法，並遣朱升回。右上星爲之薦，乃爲席不足定，
氣體亦不健適，次年來請之一行，云師曾不適，暢飲以一新年之酒已
十四日再臨此之一紙，字益整飭，古痛牘李唐月夜圖，下午丑夕偃卧，以春風所留
適口此獨寫之普也。鮑君文藻以年來寄回梅清之詩紀也
望日接吴蔚卿年前一函，並風雅後錄之續。接朱雲軒大令文蔚常來晚昧
康函、吴蒂之茂才福祥回函、曹耕並進士之屏詩來
十六日答吴蔚卿函，內叙雷根家碼頭以聊寫圖詠，並寄吴崇庵，託其李差
送去。帥來寫字，以其府懷并城隍神詩書幅適欲之件，併乃吴寫
十七日接石仲十五日函，附來李欽初十日信，並李初十日信，同鳥科城的銀侯稱
丑午兩片稿。接蔚甫函，屬撰寫楊太君及戴芳壽序
十八日陳芳丈來，交吴卿函，屬同詩撰之，即答，並文芳附寫朱雲軒以寄來
即答之

十九日王貢庭送觀察座以來來拜徐寶山君太守以來來聚翁荊若々楳梅來十三日

函寄李歸已到楳沈琳庚函李子治亦來

二十日為吳叩繪扇楳胃子陶函附陸趙李良信

廿一日楳李欽十一函即附作答並賀李文老信亦到日與靜之信並答張陳

廿二日凡不值閱十二年卷閱首二兩季稅數目稿

廿三日黎御來翁答石仲函附去琳庚李欽等信旅和宣廣一談黃兆臣投刺來

即答之為且卣繪扇

廿三日答望之函附去宣琳家叔答菊生函楳沈學吾函楳函閱張竹君已到

有允孫來扇為繪執筆山水

廿四日楊以秋來閱話答何留帆繪扇作江城話別圖杭以留行

廿五日張廣使以東來楳胡憲城函

廿六日李堯與運軍門以東來徐子英來王惟通來云送星君不日將赴安徽

廿日接涼帽府至蘇擢五擢四片吳述錦太守以索來托丁憚書函屬恰

庭一道著況旅困書帆轉達邦了所託貴氏要姓之子

廿六大風轉寒旅楊小秋不值著張竹農函使撥到往訪蹤樣依已三月十

五日函附致先孫物及有書三函已是病已療部識到後又屬心予寄款為難

將於四月初間渡留東京學校後元電求提調兼學西學者仲脩商往談之

先生人之內兩次即又不值

廿日著人送油紙扇府令降後之將于初五六扶擢仲修來將該信回杭再印

以現在之局情形撥函于交寄奉寄信託轉寄函韻好者

四月朔晴撥冀撥去省閣五百紋稿撥在仲廿六信附來併函交閣又撥款

廿首信附來王先生會說若何送帆函于達來信內說老情形即若以大致

旅滬又泉為重定件若風神請為作晚老指陳之岸之處無一弟稿著屬生

作詩送江城送別之意完著度也柬以一律

初二日晴探叔往叔恙已愈撫接春來並贈之詩雨之華為竟侍坐之意又書
雲路星年六錢治用保用附寄何留帆函答石仲函字號遠敘住蔡生接吳
蔭卿回函字到寓往新海一本安置在錢溪如碼而已此本即呈府主閱悉回
初三日霞蔭卿函請答筠二君同往晚間政略遇雨快樹勤來即往答之又寫宗函也
初四日帥府提勘秋字人犯者悅北津士撤稿
初五日帥府閱省標名單俞蔡生來以電信叔康孫蘭初俗延來以叔信之事
兄託送譚仲修之行接華允昭函張府締姻之事允此之受聘今名擬要者以力
有不遠述來書再議云先有函交稿重寫來到七致家生函代致此意請轉達張公
並小箴託有簡帚字號林漢生函
初六日雨晴不定冰孫傳閱帥府降收援閱伍子以之岸稿交筠字一轉呈
初七日帥府閱名冰師下午書摺共三摺六片看呂八街沈雅之處又刑律從優之一額
易雨晴此云近暑之宅者帥府法扇接石仲函並答達九與金蘭生及達九各函

又錄吳四種一部，即行稿の傳書帆集之本行法，因刻之乎
初八日閱者鄉洋務同吳賢之書，即行稿一件，接山西李月初二日函，附屬寄書帶之
之帶五延印致帶之一紙，並上呈之一策，附為孫春函，致華政之函，附張又愔寄鄉
之錢函及復趙雲城一紙，德字署者出者之便，分別寄去，沒集來談，報四庭即
往答，皆自古月初寫無西爲諸子嫩散延照顧為收案之也。閱馮文蔚以陳德卿所寄
出山梅聽書一流人
初九日雨。這陳中丞出，晤閱兵楊少秋來談，接薛心泉初十日寄清來信，這沈集
恐過之而自識也
初十日晴。答薛心泉池子舟、曹景陶三君函，未達九齋之補指難語之可現查
韻言與前查兩段正符，有定碼之本，又取商集附上見一說，且作復圖湯之孫來
楊叢之錢軍來，接龍子篁函，到吳訪寄張汪之信，薛楊少秋一談，夜擬作子因信未
畢。因猶之習宜檢除也。撫方伯報問來

十一日晴，孫幼仙秉義來，芸舫、孫蘭初信丞寄石仲信，接杏生信並壽卿閏月
初旬函，至芾屢觀借書帆、芸舫、阿方伯因便舫有臣席，邵子蘇、子蕃諸君浦北
屢有接函，因移奉之子張羅四星同覽
十二日晴，芸舫、黃楊太君七十壽之酒，浦北屢又來索照，下午同壽卿街上一走，芸舫偕友
仙不值，舫展龍山一談，接劉申甫信，極之梅浦之黃由貫，翻撫如作字送來
十三日雨，芸舫甫來，宏康觀親家平千壽之，楊小林、何季芳二君來談，並爲文泉索一
生之孫交陳星聯託寄京都陳駕鄭匠，行家信，會館祭之子，因雨未果去
十四日晴，蔡生子英來，接會生函，並有允收之紀多之語，意仍在老閒入贊，接華
朗文月朔函，附來三緘，寄與諸之者，借芸舫晚有集款百金，照芸先生翁
紫所敬之，仍首函之之數，餘須殷數多，又問及高迷友之回音
十五日接趙輔卿函，來人稱其時有心疾，即芸數之，又芸叔文函話，其病情似可之治
之道，山戎似者收白話，莫標業函遞字，仍予宸面之之，又來人未經尋到，接石仲十二日函

白蒲先生赴皖商談回館之意及鄂省寄閩爲正辦納妾追讀之事行之語借又渠借
亭寄書來又請蔡生存仙陳觀臣寄晤陳楊子壽五君薈蕆楊小秋閱渠書十九日
爲子讓往之事書帆來談付押租三十串之租寓只六折在定每月房租五元廿五日起
廿六日上母案致舜帥函專于倪福回錫擕壽携可順之鼓以宰年有丹以宰作以奐上
與之函附去五三信致舜與亭揚等國函託照料壽朋上輪之子致石甫一紙均交倪
僕帶送又帝書劉樣二函寄函至二君來蔡生送饌送友仙回芸般腿沈飯南太
閱南陵宣城之文義函劾椋之案
廿七日爲蔡生屬稿朗兄繪扇上午甚熱下午陡起大風浪以雨甚寒薇何季芳
廿八日爲子英兄繪扇於梅芝兼來談中夜留子俞漏而來去館學東伯往拜之
廿九日晴寄季弟函陸孟禹函唐子乃弟季同館子震蕘山吳樂蘼來賀
次渠函堅邀薈蕆宋達九不值俞伯華來
卅日晴惟賢妹蕃來皖謀予贈取繪衆仙圖白詠雲兒家童幅帝來妹弟初五日

書下午送蔡生處渠之行因便奉箴惟賢弟並接子東弟函
昔次渠書送交吳崇菴兄伐柏飲借同人往爲錫曉箴繪扇接丁憚
堂函寄藝芳函答范甫函寄王二首跋姜臣函託以爲仰楷款識事
廿日接弟十六日函並八寶丹及方附來高述甫寄錫朱二子函有歸安宗世兄厚
卷匯寄未達九來兄孫通去之函班之計撥款之謀箴馬子皋厚存討接春來時
借去此料箴錫曉留贈朱介堂更以高函意甚不足撇然送去余稿爲之酌改
卷丁憚堂函有以指票讓售之語
廿二日陰附十錫包討致劉蓍堂函靜生無聊檢點舊作卷存係函人未來取回函
閱下
曾大雨爲人作扇不耕未誤
廿五日陰接朱達九函以和尚灘之東岸兩丈之春在汾陽值肯了不放心之文以作之
殿左件之請撰其子並及巳得百屋之票以四折轉指售可得百之字全商通辦庶

亟託之李臣來承函別作數字並前函寄送去後接石仲廿三日函屬言申李占者
費百餘金之說蓋指吳集有五六百元趙小琴須園稻扇及一並望為之季之
附來季弟初八日函要鶴里豆及李文軒四函答申甫函取商函署及廷調之
函取到當連原詩秋間小秋來必有取原五泉據去之吳甫圖寺職成函十二
今之可以撤辦法惟吳梯來撤往上海益圖取之先行示電催取可不能取雲會意
廿二日發季竹之函附去仲氏條詢應某攜往答達九函壽竹回條應某有和
息之機帥府文孫璐移孫者送耳方之紙原繪
廿三日答石仲函此不來快函一又達九一又惟吳梯弟又答楊小秋繪之扇移孫
又送來勤勇一紙屬繪
廿四日張鐵崖楊小秋葬卿為梓來畫送龔鄭雪湖牧山報送英舍園攬溪之
山見並閲兩扇畫冊陳鶴臣之墀來答鄭集之函為舍生取託之屋僕
一說取之潘振文看書

廿九日蔣秦蓮之生淇許六程沈綠三君來值於梅岩來
三十日絳致曾歎小條蔣楊小秋張鐵崖駱巽卿且曾香祥來觀王石谷巖
子舍壁山水斗方並王再麓張子青之相國壽畫閱孫藕人鈔東赴曉南查翁函
刻之棠接石仲甚日函附來鳩江瓶揖之鼓從公之三款廿二日行藏包封到古應郊
閏四月初一日陰小雨寄意溪絳之函接胡霞城函並畫郭莊劉叢畫御江霞清
二君到碩刊酒書泉小門墻席寄錢述於合堂大人來示以代查之條
初二日晴寄意溪絳肩讀張忠縣京師吳柳堂主政之寄人次集文僕歸者並將
真去寄小星夫人寄靜宜之筍查意溪勸試平祀之蘊兼霞清忘到君所託又
泉寄具從優
初三日上午晴後忽雨由小而大元孫交示丁懌堂函雨蒼函又二君所致之信又泉來不出郭
函兼艦子舉緩來談飲半夕又與畢泉吳拔生諸君閒話雨益大天保黑秋夜而
晴郡江稻船未到

初四日寅刻江孩船到东海君挈女而来天明进城至吕八街寓所接石仲株州两函
允孙字交言元之指票连前交三千元交借八千金再须五千难于应命也义民子英允
孙为重柱顾子泉书帆到寓植六帅字並阅函札等件杜鋼回姜芸石仲函由甬寄震
株州函上海宇东海之成保承酬之说以四月廿四日深告成礼祥厚都即銘骝从来眠即取字
来底有误也是日大雨竟日補朱二君诊高足甬函廿五索取帷贤株家书於鶴信内附去
初五日晴次渠来李少樵到寓刘子逸孙蘭初到寓芸孙为重次渠义民哲梅孝以来来
六叔东芸震六帅函十五日索来宇自如再催芸季钦函寄以黑豆醇御到高處绘小直幅
沈景並蘇鄭雪湖来均合重到寓
初六日接李钦四月十六日函合肥人單升南来承荐之者芸旅均合重朱合重到寓大南
门欧阳世成以来来
初七日芸孙朱合重李少樵汤允孙俞伯華孙子英瞿合臣竹林陳鹤臣马子舉均合重
谒允何方伯示以官甬公廨案据阮根黎妻确冯子泉李少樵太守来谈西阴刻某与允孙
谈账赔指六百三十元以七千金缮取先付六千金张石卿票價六千金交清

初八日遞答允收函，六非度數，觀此備二百金，先收爲之預支，託及之以代收到，真金

答雨蒼函，附致友一紙，將望日所寄函並答諸仰函，又答張雲城函，請其分致方宗唐

送君白齋文詩集，書即收訖

初九日答祁憚堂函，答菽子送葛宗高子遺書，允孫來

初十日以洋二元託梁震泉向漢口購杭文少棋送稿件，歸之又有閱後，親自送還平薇山

來，仝壽同往厚山，談至厚山，六枝是日試筆爲文

十一日章筱泉來，爲吳仰函小紙答菽錄晚楊諧方宗唐索一談，爲厚山除文書局

順子以有送

十二日沛和齋晚來，小秋來，答之，晚讌至二更，王蓮到寓，來函示收之行社

十三日送丁竹宴，答右仲函，接六帥回信

十四日接右仲十二日函，附來擬稿，即擬片札等件，作復子函，史蒼生兩君到寓，同來

清來，接海之初十日函，答菽被子，蘇太守及筆送通蒼生諸君擬錫太君

賴聯伯華到寓

望日馬子皐函屬代遞王京卿書銀子英勝氏諸君去日山廠裕壽仲劉曉嵐初到

屬撰鶴年書屋二字函

十六日拜裕壽山劉峰及張子和牽內鄭黄侯汪貢生下午蕤菴伯華兄弟來晤鄭治

嵩峯先後錢經堂陳小雲皆兄及平藏三孫蘭初來晤

十七日雨竟日馬子皐邀飲偕同事馮周朱張四君往晤劉煥章協戎

十八日景蘇伯華來蕤菴帥初督院伯華景蘇並蕤子英詢其子病證家以乃

弟曉珊函有杭子記家杭寓帝來黄帝之說夜蕤子運係西學母之子晤楊仿菴初來

省者趙季良在座詢以書款云已收之節並及寄款之子接石仲十五日信附有說略以

甯守補缺雜於批也

十九日晤邱玉亭沈秀川茶石仲函告以京衙稍鼓茶孫之函寄輾前函節前無寄款屬

勘周曷氏存款附有移鹽及東海氏改書函與厚遺寄往馬子皐來接弟光同月初七

日函屬代寄家用二十金

二十日雨接石仲十七日議甯守補缺之事附方孝廉孝傑鄉試卷係癸酉同科世弟

孝侯祀館鳩江宗一統扇王藹士續繪桂花之在座者王稼軒芙老人張雲陛筠南又放君

皆閱卷而初識者也接允明四月廿六日函附來投懷之一條

廿四日雨馬子彝遠陪驛卿且魯小秋諸君遊宴雨甚大往煩苦耳

廿五日接石仲廿日函又議宵鼓補字事附來銀到十四函有石仲納盛筆歲杏村名條老兩

賀不歸晨華亭蔭葉孟飲又泉送閩宮南乘集各奉及帥府函又画扇一張此手接字冊

函羅作陶函屬以馬芝崖事

廿六日答石仲函告以補字後擬待寬之辦法再行知照陳俊卿錫來敍龍南陵張汝南館師

初來小秋來半日始去

曾答蔭陳俊卿即送其南陵之行下午蔭胡梅峰接沈蓉階賀節信

廿七日華觀輔來下午答蔭楊小秋晤處文一談至傍暮答蔭華觀輔順道過署

至一談問彭郭三以摺子

廿八日嘯堂回鎮桂來晤允

廿七日　雙錫五觀察到，接石仲廿五日函，附会案稿尾，道又何閲處者復過，韓此之乘之按來
楊竹屋光國接來，趙季良同語字向白木下事，屏菴叔雙觀察談甯數葉，茶叩審
階賀節函
廿八日　雙觀察到商，述儀伯、巢南之根稿留存，帥主傳之会函，案先撥，其稿宿院，未歸，西泉
來商，勿法雨隔之不休
廿九日　錫何光到，敬庵冒雨歸過，述会案稿已經孫觀察覆，行即清繕，費矣，具初字
四弟豆作為何移回加數之道，李有賓來，儀便雨大宿院，茶儀陳厚卿、何季芳二君
又泉道稿就商，接道崇山錄賀函
五月初一日　雨，石仲為錫何過來，致度会函，該疏就，又泉一商，晤陳星甫、蔣四案莫之
稿有應商一字，便語又泉，稿之，歸與石仲作半夜之敘，論宣清案，劫法共之滬之足
兄弟附還子西京閲，雙孫会案中座，有儀嚴之語，茶孫曉珊函，及楊應帝不幕
之語

初一日雨終日不止，查看水退。錫翁到寓，答存仲也。稟稿經子宜處酌之，送主

初二日陰。雲之自里來，請澄道、錫翁、石仲、旋甚、雅泉、辰泉一諭，晤繼松坪、幼蘭之

長子也。屬訪嗣邑名縣，與錫翁、吳士麒、趙書霖生到寓，順便面制而已。權務未安，二百位

棧事有更張之勢，擬即邸局查心家子將若境界，答諸道、崇山函

初四日晴。子宜送去人於昨夕仙游，送悦說之深，甚安服書詢及，竟爲窮故不及寄，並子凡字存仲

函。沸老附之，筍香代之，兩子宜送著霍山，皆可嘉，子筍香與楊處送，三者均有純舊江

雲卿、景楊者，以精復，對日作答。到子送戚晤，子宜送竹之沈學圃館，子並送懷陳

名條在綬晤劉楚卿，幕轉，樣之兩信，樣英寄，來有英洋二元，兩鐘紙，觀至樣曾

筆閣賀函，即答之。

端午節，僚賀節，嵩著一紙，並賀節。子宜送權蒙之書，字可存仲函告以雅賢拜

學圃兄之子，甫欲賀，甫以壽來，即答之。午後雷雨大作，水尾可累，到署，趨日差次歸

初六日雨。自都中來芑積息。接王蘄生世兄函，附有陸静夫行宫清排王四月十六

日函，附有雲都主时張滋之桑略並家書、蒼羅伯陶函，允為芝巖留意館事。須

滴和先為提唱。陸琳泉函附有内人之信。唐振甫到京商量查屋事，朱達九到京

初七日陰。蒼遇瑞老函並賀詞，又贈河北省卡及薦李村兄。接俞蔡函，州府

置屋，款容賠黄蔭亭大令，前年有人送席，訟見者通家，因官之歸房料理屋福

求薦為達函之八

初八日雨。宗錫侯接石仲初七日函、宗芳季歆函，附以紙張一包，致文少雄太守函薦

族兄杏村並為振甫說項。振甫到京，智見到少雄矣。給單片一條，令兄筍查

接次雲臣函，内附雪帥照

初九日雨。閱廣濟埒為小術者受損雜圖書帆查一卷。吉林練餉每月五千，以前解至八

年十二月底止，此後未撥解

初九日雨寫看嚴小舫會匯摺稿撥閩兵四成月餉片稿為陳光亨同年集於方宗廉
及鏞侄義民舊金福於子蓮閱書署壽陽縣片稿為朱來談李日廣
濟圩被淹侄李塞地勒
十日小雨六帥荷舫蕉石仲函附與陳信接沈學舟函附沈子寬信接鄒子苑函接王鏡芙
函託為家人陳林說項接沈景蘇函內陳子臣經畬雲房啟稿接石仲初九日函附寄淩子甫
信及寄老寄陳光信寄子泉晚為朱重到寓侍少雅進意侍青村往見
十二日陰帥府拜摺四摺四片另一片荷舫蔡生函易伯華家信交姜芹吳鵬青
淮驛交衣豐錢店轉遞孫子英來接曉珊賀函為保安舊歷英指銀千兩制
票暨函交少雅閱又耕青村屋基人多荷以此不在方底繕函約明日子蓮
十三日晴荷舫劉太守雲樵趙季良楊信臣王玉泉拜賀交少雅方素林李子蕙園
荷舫郭卯亭袁仰巖朱蔚雲年伯韓惠李百實雞霈侄朱慄伯皆不獲見為劉全
於晴雅年稿再結朱蔚雲到寓

十四日晴 李介宣廣詩舊庵丁眘斗翁來已同不進遊鹿書帆 下午滬又泉來 撇苕 宋佩盛
作稿送悦 訪靜全壓樣 李送張文董
十五日又雨 彭雪琴大司馬在院 送觀儀表 擬致李輿五軍門函 答錢孟超 沈學舟
函 答石仲函 附又泉信 去小秋來談
十六日雨 下午同霽宇望云函 附宗琳書 及宇の來雲都駱王时龍訊略一紙 共四号
起程 從子步進謁 孙人楊殿臣轄作 共旗人王某不平 撩奪貴亦亦 並賞張令共子
以致法界 華路孙在瑞金任內推獲之 著弟先函 允為寄款 並沒先歸 便并為等
蓮風同飾藉贈 赴滁之子
十七日上午小雨 閱中西紀事一過 鴻文書局招股石印九種 東華錄先取四洋 書成再付十二洋
持票換書 照之有七票 九百十四號 自存九百十五號 由余續買翁叔續去 九百十九號一張
共九百二十號 九百二十一號 交翁明 九百二十三號一張 交張文董之喜庵 協飾條穎一万五千
兩片 稿梅石仲十五日函 稿长白情意達九蘭初之孫 請君在家閒話

十八日檢閱裕帥奏稿六帥行晴閱書塗大觀圩決口後馮子方託以激之請諸之之方請

往費責核送劉牖雲與方人莫儀

十九日檢閱裕帥奏稿旋閱素存折示東華錄照票留九百廿二號一紙為重來謀

約廿二日陰客訪芴蕉先孫在座

二十二日晴客妹弟函並改帷貿缺函告以隨之及東村之子亦以同來去帆來受服畢の

元閱裕帥奏稿為董子皋達九夜皆在座

廿三日晴閱科劉綃矩耘傷郭人身先盜把擬清擬等補十二年江寧省倉兵一匹老朱借撥

正項發放糧事協之餉已解萬斤接設去函淑更李三之常回附有新茶兩瓶閱節城裕

西某有捐充謀劃庫子把之東西二路會房約辦派了為記叙露跪殺之了帥擬即至亭

獨往查考朝之附來王孫生周守良均有の金陳森如有之元道君未嘗莫儀收

存旅便

廿四日送劉大人及孝女劉金生鮮轉李石仲去改六元緊昌陽之危急無策經批令將陸

答拜朱蔭堂大令樾汪已山大令錫龢送方宮妹之任舒城答拜畢少人富泰王

仲霖直刺胡梅岩曾幼興大令道唯陸芝岩大令樾頌鄭梅軒莊子詩徐寰仙諸君

會見面者接石仲廿日函附來賠別十三日函母所名舒四千餘日發停且賦結那積識又附

新進學卓筠堂通飲於賓館晤吳泉陵陸厚甫之說厚甫前年逝輪李六百文迎於

因小宋護院暖果安祺到任署後未滿即行交卸吳經張芝園方伯批准接署補歸

入豹毫脫內妥署一頁有案是日天熱夜汗未乾

廿三日答胡寰城程華茂甫何附王薪生是之送函送沈君坦蕭莫儀之元筠堂来親赭臣回城

廿四日熱吊劉母程安人及孝女劉璇姑之喪送朱筠堂六安之行接熊幼蘭函廿子於

評已得新圖南卡之差寄復石仲函附呈胡家相張撰書兩件

廿五日接季弟五月十九日函屬查交代中一子書調子英若積業已作復並都通致速閲寄

解制錢一事查雍正初年院曾收買銅器開爐鑄錢背用寶安二字旋因銅器已完

鄭議停止王甫臣文炳來序託撰壽屏即託陳圖所託石仲之人也

廿二日兄閲四月兩水程價招稿閲竟康水勞好工多寒擬片稿子選送吾翁并寄原子跋
序作孫序文伯華刻序
廿三日接蕭兄月初函云十二日得男可喜之至來信一個又請小園作寫款三十金別待
來領款到手方肯送來也
廿四日蒼兄昨函壽翁差弁事去同志議合並提故若丸以備極痛
廿九日子英來送小山所贈曹艮甫星雲閣集芳子選著壽史外甥男子靑孟先生之文
三十日宋紹濂軍門來拜六帥往晤之照宋子陳小山刻序自三十二日執超是八九日矣
强美帝是晚尤甚
六月朔賀來恬伯刺史奮還蒼翁宋佩箴軍門趙賀濟翁得孫順祺宗蘇
子英伯華接石仲廿六日函即答之謝之承函及著歷收條劉子園訪來來薛三元
懷公者也是日帥府拜謁三撥三片惟貴姝杏村兄來接姝家廿六日函母賢之至
初二日送世弟來羅篩紗褲二條價四元二角筆九枝價二元往鴻因無帳賬

杏村是晚稍凉
初二日 致文少樵太守函，为杏村寄收到药稍二十二元，送朱憬伯由沪药值。杏村到
寓，资以三元，往华阳去。脉先循仪马元从之前去。
初三日 六舟中丞六旬晋一寿辰，同人往祝，上午谒庆，下午谒饮，听视挺生三尹精于
岐黄，江西人，朱房山莲生宝廉人中丞之婿，陈子范伟驮办理粮子也。致苍珠家信
泳先函，因附去药稍三十元，送朱子范手。
初四日 苍艺芳视家函，备以郭若玖范甫函托问薹臣墨之信，由泳先携交，并托泳
先查吴嘉卿请奖为弟先验看，救及不才救援，孩逸君次又请别，徐不珠等
往苍珠史佩芝贡冰臣去贺鄣集之庆，并子君往会馆看叶听琴问李祖康
太守，伯郎生送泳先北行菩提丸先成三千为己一千五百送夜送著迎移次报发
初五日 寄苍珠家信，汇百金由邑信孚汇兑仁号交星垣上三千代弟先艺宗国三千
君来，留莫四两一元，又元眠致四元，东海致果去南朱千元之寿，赐二元三百两于

中丞由蘇來府讀會頃若農友蘭函致謫臣一字詢以賑捐請獎洋金銀數照加
費毅六帥府交之霍亂丸二千四百包臥龍丹痧藥各二千瓶紫金錠各八包送著巡諸君
酌發維賢琳臺送九思到府
初六日寄季弟信致朱錫堂賀函白陳和卿函致小秋厚卿二君薦金陵張曉筠一子
為唐振甫陰雲劉張諸君查二千戶四東門外災民一千六百餘戶五千七百餘口
初七日為厚卿閱文詩朱蘆生來拜約之往會館看藥以一千六百包送馬子良帶施
發北門外災戶輔以痧氣丸臥龍丹痧藥紫金錠等件向北門外災民三百九十餘戶
不及二千口接質清之李星園字由沈九芝寄
初八日接李欽翁之函積感成病已痊可託為家居果宜將來齋文廟工程經費
之子弟先生文三十金送來王瑤炳霓臣者略之僕之于門資之送壽以藥丸千四百包
並痧氣丸等件分送孤綏道文署臣隨捐款蘭發朱李範孫子璘到府
初九日發題仙函附上望之函呂蘇宗佇發李欽函希去花翎信帶二百張星五之
一瓶接杜群蘅太尉之訃

初十日接余亿常来李币信阅美錯未完一分以上各员摺菩提丸六十料製成会館留西
百服朱悦伯存一千三百服又李道来三百服合之已散放者九千服此外数百来零星者
人要去矣敵吴清道甫李秀峰乘时到高大谈诗境
十一日阅凤淮等处美錯未完一分以上及已未完钦数分道摺分道菩提丸二百服与师
初请君接李钦和九日函便差常来述尹悦话重刻先祖简肌捕煌法一书板存
省城书家卷刻字铺共年二十四年书币熔到一本作復书寄与李钦
十二日送叶祈四兄与子蕃内形丸一百包分赠要者
十三日阅子廷得太微之要往贺体杨达三诸君商议学舟维贤馆子商刻刘序
以其子子琴馆子商序六聊受下成海接胃指丹於同人中集指
曾发石舟函论学舟等馆子附其第之函及捕蝗法商道先得其十一日来信六聊
收商弋考节妇女请旌子道之稟矣一次道子英少君遇学禮
望日前賀子廷荃孙鄭賽以与子通自尾同接淑兄十一日函掣乘武昌船北上矣
泉刘商以省城河图及西北水利揖本及修省河之条见示子英道饮者子周遇也

荅熊季壽呼孫子琴 加孫石仲函附淑行連前函並寄曉子運來函識請沈學舟壽
理刑汝守述蘇善泉佐司金義沈倩二百早函蘇二百元
十四日接馬子舉送來樓流所捐冊唐葛勸者吳卿並封來一冊致石仲函附之運已行
接熊並臣函屬為其子懷之啟七說頌莫圖江上羌使致滿矣附該文致石仲達丸
來學謙為子蕃來去菩提丸莫帳了
十七日接石仲十五日函學舟來又菩提丸捐十元盈箱孫工等贊齊得三元夜學舟
維姝至寓
十八日連翔浩署祺壽晉垂族祖父聯閱津船莫鶴來定一分以上及後完
銀數擬夜熊運去
十九日趁白清姝聯蒼熊沈學舟鄭善宸吳平泉諸君秋吳館許卓人
君維漢者到寓到寓以書報圖屬題李壽峰錢甘菊穀景寓討寓以去
圖蓮姝其航出涇圖贈圖書年違圖又寄六合紀了一冊

廿日封發妹家函弟仙衣色壽祿花邊鄧生交函並茶葉皆交子廷交李姜弟交

吳仁縣送一晉豐旗祖壽聯一幅弟交子英到高寓之附函着鄰邊亭說項鄒僖

之訓家云撥票朱竹垞交丙真集送石仲十元以六元捐葉以四捐席致翼到高

廿二日接妹家十五日函弟來九成堂雜刻八部以奉蓉夏亭送蓬與子英不收

舍山陳少逸大令函樓流所捐每願三百文亦捐廿元願

廿三日致石仲函由學舟弟去附菩提丸百包十二年下半年捐墨全收數摺香稻

蓉僊送鄒僖之沈學舟於旅邸

廿三日接石仲廿日函景陶子時園手復又留一接有去函詳言其子意在請餘

孟懿隨時照拂預防後患之意也號著多日今夕而抵

廿四日閱差閱一年致滿粟捐收數摺十二年荒缺十三年無學兵來勸款裁補摺

又泉來病愈來寓閱接鄧實繁子漢請蕭垣籌款三千金以資查放樓流

願捐付說陣雲彩起小雨淅瀝為風吹散維妹處聘封稿未商

廿五日 陳海山等人之書照姚雲門小篆昆仲若蘅淮珠於鴻目殘箋君敦數至府

許卓人照函將紙示舊題猶白雪齋圖題句

廿六日 為卓人題書牧圖小影閱歙縣劉家序文受銀兩矣彖暫華菊文片 撕存

女劉金枝貞女旛高氏節婦王程氏等請 旌片稿接俞蘇生六月十二日函

廿七日 伯華來示題主儀節單 郭軍門柱臣蘅有重不值與地往還一次

廿八日 若農拜郭軍門晉君敘敷蘅朱有重交以石仲請獎摺歷及指票十四紙請其

核獎閱五月分雨水糧價摺案佩蔵來拜馮瑞廷以秦來 劉星之來寓談本派

一案若蘅子泉送吳春卿軍機請獎受衛之子託振有重到京代查

廿九日 黻臣來張觀察臧接石仲函並見煌屋佐印花澤布等字母帝來書字字塊之

函卓人來府蘅同書帆送司譯二書 約收底稿有重來字請獎中書科中書衔子

短函歙縣庫銀十四兩戥鋪 部飯照局費雲十九兩二分庫平銀由吾行字書票送

去接徐生冬函為廉程何子也

十月初一日護日詩曉省來草人蛇詩二章閱二麦洵收入數稽稿中丞病足已愈
丙滄睡砌行借書翁桂航來之樓見以東坡人馮鷺宅接告金蘭留回往之喜
有書送來四十一節直隸揹撫局收一紙江寧徐康以飯子
初二日陳海山來題主肖步階全心齋二君到康送來杏村函和玉華陽同來口不示
關洞本卡賭折事不易為且考諸署共苦尤甚孫蘭初來閒話
初三日賀宋蔭伯君繼如之喜著孫宗佩箴已過往西門協名署去送過夫人存安
全姑之殯到過江寺晤許伯華一談賀姊和生孫并月之喜樓宗妹六月廿五廿七日
兩函急於攜歸子紀書見家望之將信附去交撥舟遞淮發驛轉處遞將之
就渺之行交匡差并帶家紙匡道收同伏魔寺之房以東若全心齋
初四日師和來訪陳慶山少尉桂余到康閱中丞函往揚州過從來循大雲輪請兩經
初五日為孝女劉金姑詩接朱曉書函華卿函並銀五兩又又一角又送過夫人
奠儀二元藏丁擇書路士藏朱達九不值

初七日荅叔荀書、諸錦曉寄陳勍山、沈寧舟、金蘭生、吳平泉諸君、月溪族祖函

函商貸款為維巖辦閩稿，閩池辦庫官局之新班需千金，挪借銀館也。維巖

辦來，發留信摺一个。天不雨五十日，秋暑驟盛，亢旱到處，居民祈澤之多日，未見一點

一滴，旱象已成，可杞憂也。

初七日筆韵泉文領至安，君民壯捐役等於庫平銀五十二兩六錢四分二厘，由朱逢九方字轉

託高壽之，即以文收道來，交高道子，道子通同住維巖諸君赴太湖，寧舟來，發赴太湖

接文少雅函

初八日荅石仲函，附去致李欽函。荅曹景陶函。揚州送來僧七人，到皖設壇，純陽宮皖處

祈雨澤以及蝗全消，亦來之意

初九日接辦別初三日函，並丸藥一斤八兩，葛陽裁荅，附去震東石函，附一紙交安石寄

候君，訂果之子範米帖，倘向子蕃取菩提丸五十又凌五十，承陳厚卿之屬道與吳

平泉經散朱介堂函屬

初十日接着四六帥所寫楹帖雲城附致馮瑞老信下午陰雲四起將晚微有雷電
至夕小雨霢霂未饜農望僅稍涼而已
十一日閱悵悵到府交筠堂直刺迎允賢張曉筠乾候月黑五錢述（因多信）京控案因為
到行根楊子服商城秀才犯案累累之邑紳者請解省楊小秋陳厚卿來稟家刻碑
帛館謁本接杏村初八日信盛暑未善已請假六日返沈伯壽留守者致因志于德瑞
到府探馬子皋送樓區彙託寫閱書署隱安片馮瑞老來告辭
十二日寅晝筠堂飲商雲城請君行一書送去以雲城事託筠堂留意寅宴後方
離杏村拜商請君行將杏村家信附去共子君炯許卓人來商謀館事秋暑之
甚晚日晴時生風轉涼燈下閱厚送文詩暑氣清矣雨澤缺如
十三日陰涼子御衣寄到燈牢協戎之扇又老達送九扇託二扇送還子皋所託樓流
稍卷送筠堂行與小秋厚卿二君看為張曉筠書道家刻九歲定于三君
十四日接朱家初八日信言亮道院巷本家宅事附來子山族祖信將作院擬又桂星兩

訪函及高達甫、震鈞、朱二君,復訪錢曉峰及樊次曉、吳堯宣。
中元節。宋佩葳來,不值。建蓮持以柰來,為吳平泉作扇,又為胡梅岑、濮聊塞
書。夜小雨,不及一寸,而溽氣頗苦,手御薄棉,亦非時之宜也。予蓍來高閬第六屆
鈔兌因及五六兩年。 錢穜據閱十一年六月破冰擬款私錢片,作單來,指盖蘭會
十六日。閱白麻勒款,擬蓋殿郭図第一百六號,收龍數目,擬朱子蓍來之丸華指
陰符,四條,洋八元,錄一千一百文。明復、卿經指依擬擅指,得五十二元,又張叔有四元
送與厚卿、子蓍二君。
十七日。為楊小秋畫斗方,又為人繪扇,兄找朱達九四壽屋,駁恐本位桂臣寄所
意在贈其家票之趁一張。接沈閬泉、鍾瑛信。
十八日。若於國懷,怯史建蓮持漫瑞送宗佩葳,並找朱達九善之兄者宗珠家函。
若子山旗、祖函,若宗持函宗南昌上水花馬子岸,庵朱臣卿送來錢二十
五兩,歸前借之款。

九日　天又渐热。为杨小秋画直幅。得石仲函，问其次音哑咳嗽之症，因煌全来

一单，先行检讨，以录文为赠。化痔丸一料，价四元四角。

廿日　接伯贤渊函并家传，康道居寓。又接月泉族祖及岛函，十四到太湖，子美送十五

接篆书说二函，又载其贺笺及变篆事，善不来，所用马递之，致苟君函附

致郎甫之一束，附桂笙函，信接弟先六月廿三日函，为黎刘诗，觅赞人说过，尽复

信康其赞复，市上安轩远。是晚大热，逸弗不能睡。

廿二日　云浦蔡生函，托以锦衣星卿花佃二君事，宝霞沈酬等函，请俞转交。接石仲

十三日函，并述为照重之计，弟来纨扇十柄，系姚刘所寄者，阅十二年，祗收旧识

上三年所敷撰前拟请旌序稿，再拟为城以托行，款联道其为来下也。

廿三日　接石仲一函，附来翠幅红缎里门所寄也，为石仲赠绢画双君所语之件

旅奉尚忘其少君小恙。

廿四日　秋暑殊盛。俞沛初送与汤饼会，挥汗不止。电传十九日　旨　兰帅入觐，程寿萼

两江督部　部文到安庆、城隍吉贲化、怀宁城隍吉瑞达

曾为双君作绘字改石仲评霞名印

廿日接云特孙六师收尚文卓军保案即尚核办交到奖单二纸寄冯文尚告以

此岸须行查名员履历以符部定新章是夜雷雨暖堂来

廿日寄吴道夫白孙蔺初取看云无他约如得篆可通详也晓之孙随函寄交宾

临鸿一次而止恽君硕太守交核来孙

廿日拟筹办工赈稿禀勘指斥稿核行查卓军保各员履历稿致李郭耀庭

抄奖单并函弟的履历

廿日荃孙恽筼石并存之孙曼文一行商谋西帆差禄弥臣安国自请江东陈海珊

通饮薛家桂生姓子寿来致函彭受之请闻乃翘诗孙详细履历

廿九日接季弟十九日函并四之备为通夫人奠仪城守上可以守照书岸荃寄

桂生姓彭三送来彭君诗孙履历附入郭函寄去

八月朔旅徐雨臣來華股票價兩只送二十四元又送八元与彭新三回祥為看四元
隨後再買吳平也六師收寫之勸捐子稿復清核子英處送來陳少逸回函接不得
廿二日至房向所問附來妹家廿八日信所之部監照歸數一條並筆附來達還九道
到華新交領款如數並簽回行將票牌即作數之將此件送去附去鄭蓋質
太守一函為達還九樣貨也
初二日致楊藹老函為徐雨臣要國說項其意在得陽泉口商局董為自置
房契等業請以董事定國樓之函六師處陳藏垣所房是日封摺二通一四摺
二片一三摺一片旅朱慥伯達還九搬十元又代華壽十二屋以應房租之需傳
尹仙坡發瘋柳何禍耶　閱新書循舊折紙摺稿
初三日震季弟詳函並所要人生必讀文未盡處須買而不肯擬先至經價
兩行亦不肯書只將函下子英寄蘇到商涌之前到處之商量送去將原件也
料之力並商同寫數次費盡歸

初四日復石仲函，以李函附寄。接蒲東珠函，以親老乞頒善後為春商量出路名

護孫蔗蘭初二移家，善後尋訪蔗林史司共足疾。劉申甫來，為孝聰也。謨貽梅

清日情形達九來

初五日閱善後新函，一年收滿收支奏銷摺稿，致王叢孫太守、楊琳甫表弟男函。

桂史珠說頃，蔗林、申甫、陸厚甫、金蘭生、浦聿甫。

初六日擬友季題請旌表烈節並婦女並孝子看語，為趙小琴、方孝侯二君

繪扇。閱壽帥初五日訓底。孫子琴來，省赴瀋陽錦席。

初七日閱厚葉稅釐併徵緊要數目，擬之一百六條，奏摺底。回院接漱芝七月廿四函，

屬廿二日上京之說。寄石仲函，附去漱芝、趙方二君扇，及月餅、醬菜等件。送李

青峰，不值。送孫子琴、王不佑、蔗馬子岑、瞻揚之孫為十子園送白餉事，重遠卓庵

太守、小岑家先送。

初八日接石仲初五日函，附來鄧孫十餘函，王宗友生佐接段小淑親家函，屠衍張

九儀启鳳蓀、傑山故墓，得其子詩農睡之函，接沈尉白收函，寄維賢、鈇函，附子東侄

夜飯。魯迅卓存、聽方、宗屏、高壽談良久

初九日寄鈇叔信，屬改晉雲二千元，先以照像緣之用，改小園函，屬措歸東海君廿元，以濟

晉雲取零，合為五十之數，附兄信。吳東說於毋干書。接俞蔡生七月廿四日函，附有鑄山

家信，為湘百金也。接羅伯周函，為其之崇多事，並屬寫於慕壽。致宗敬启序歸，并書

夜飯朱達九

初十日為朱子蕃繪扇，接維賢鈇初七日函，並有家信。屬宗書印，裁芸軒之文來者

附去李秀峰作孝女劉金枝詩。方宗屏邀飲，陪魯迅卓存、為萬蜀談。聽方小亭

接薛心泉函

十一日接魯宗廣筌、傑華函，屬其寫季福與承老，送鍾老匯款與伯華

十二日上程壽師賀函，致且含生函，接唐衍信，詩膠付刻，屬為南雲子寫之。接朱

為高宗子、薛蘅心泉函，以徐雲仙所託與臣之扇屬轉交

十二日發衡之一紙附去慶笙函李福宇發張春二紙附去彦片及焉小澂託查塔

與宗張九儀海甫宸旺爲紙抄原信寄去接曾京陶庵資甫及賀函以來

送程史來歸霞蔭小澂觀京函連日作陣雨雷霆震電

十四日接石仲十三日函附來洋布一疋霞熊玉臣函同卓鴻海把撒詩稿

中秋節各處拜賀畢回家校對及煌字接諸霽老函並茯苓抱木茯神首烏之饋

元春和鍾庄送來接彦檳甫函

十六日寄石仲函告以府主行期同往寓生去人過晚閒果函併遣人將送適船已過

不及送之撒晚北律寄可已草風頗送精液招稿夜歸少樵

十七日霖錦晚留晤孫新添山晚閒孫蘭翔來寓久坐

十八日早起拜母順客至石允查保接燕即往原牛保尋見致居生函以內人函併詩

卷夢挫希去得文府主適飲爲楊小秋寄平方接錢子盈超泥學舟賀信屢信

寓文字不獄也

十九日阅廿伯解清摺　接俞蔡生函　钱芝剑　孙荫来　接望之七月初函附去与

宾县谈马子亭到房叙共好了

廿日阅梦湘新函一百七结　摺名伯解清片　答顾芝剑不值　与希的城隍庙一行

接汾方伯函　复去　答云卿　答诗庭　顾陈小云先讲了

廿一日起程出省　阅德南营伍片　寄石仲函　寄谭函江西上水巷内一百十二日汾

洪郑函卫淮汾校议为建城隍祠出巡因事未出　答仲荃来

廿二日答俞蔡生　沈两泉并访郑友笙　函告以代收奠仪二千并备致赠顾亦再

寄函夜著迎复去看会阅汾洪三百文上南厅不宜下山后　张洪梁到房　看寿同病

廿三日阅名伯解清片稿　任南云子南史意见两枝勇数片稿送陈小云寄函仲霞

罗伯润　陈翁亭来函　阅出省阅伍片　张洪梁到房

廿四日府王晓斋之南云片子　是日补摺一匣四摺二片一匣二摺二片　陈小云　马子亭

到房　答贡甫苏函　接彭受臣信附来邸抄一纸

廿四日沈怵清来 苍舒仲萱兰翁怵清同京官津贴银一半片 接郭耀廷

回函 兄电侍伺候 谕旨

廿五日苍华兄照函附刘桂生诉信 送交怵清兄电侍曾缓来京听回本任之信

接吴箴卿八日初十日函 刘子通到

廿六日送六帅函 接以墨盒交翁函到 莫芳陵石仲函附莱钱壶题 曹芳阁廿四函

霞溪刘安臣函 先以东任卿为舒霞函 厚子卿联以留陵函重函并屏寿一纸

廿七日箴张敦之仲铖山 杨小秋 陵敦郭三函 舒蕉鸡程来 送交芳华贻四元 接

李卿函 陵前重函 附之陈信 王芝舫来

廿八日霞溪李钦函 附令生忌谨表一部 墨盒一匣 楼派函收票 箴来莫茉春回

箴刘子通 送李钦之 石陵楷仪

三十日府主六人华诞 随众往祝 接石仲廿五日函 附来陆馆李刻资二十金 箴

俞师翁沈之京苏徐子英奉差法重诒君

九月朔 得雪盦寺接石仲八月廿八日函又接初一日函宗锡扇二柄书即作答
交来纪为朱欣朋绘直幅
初二日 雨止天晴旅访方伯瞿衔臣陈少云邀浦莲弟楮仪之锡宗置任
交后左高岩楼绘着云向江安若虎见收
初三日 为杨孙世兄画横条为旅王芝舫绘悟生自望江来俞师初来李
祖庚到府来拜
初四日 生改恭寄函备汇百金堂母二千作为寿用并别绘大会款与寿州接
省商之邀江寺九日登高之举
初五日 阅招差孙成切回称在山东通贡何时北上浅边派者七分北之说绘桃画款横
幅于通交地学丹函附呈仰函并英洋二枚作为楮仪
初六日 华筱韩到接叔大回函并银十二两系借与朱莲九者又送仰照并杨莲三
取送各二元池云仰来孙蘭初来谈

初七日 蓉舫偕雲卿 孫蘭翁致椿弟函 並衣服帽鞋等件 交范姓帶錫 送之

出城 許伯華丁內艱王太淑人之喪 因外而歸 雇船往吊 晤王西如同年 蓉伯華

爲之鍾輝 手取寄紀潤先到 接函並椿弟信並四弟子 桂花糖等物 閱河決之哭 本年

尉氏爲在重者 補寄繪紙張 錢老託件 對交柳雲

初八日 繪護錫五扇 寄子湘 託俞伯華 來浚 寄每一紙 贉紙四百廿文 託渠帶往太湖 見

王介庭送觀察蓉河方伯函之河南湖河淮河水勢大略 曉北似無妨矣

初九日 子壽送韓卿且字 楊孫 王泉書 帆鐵崖 次墨小秋 秋宇子函 岸道以等 共六頁 上款凡

璜畫觀 西四 徐先兄到

初十日 接寶侍侍 蓉舫鄉伴 二大字皆不值 旅館新三一諜

十一日 裕壽卿來 往拜不值 在丞清同旅之 接荊黄震金生 赴河方伯之招 接金生函

字旅來 適白張敬甫 蘅旅 趙季良 歸 致子箴函 述敬之侍語 將篆蔭

桃莊等門 湯家園寓 維思拜信 附之六師 覆禮譯 曹由菁 趙壽曾 歸

十一日接杏村函寄还三元　蕴珍寄珠镜价先付廿五三元　陈星甫递到刘借五泉
同桂归斋曾晓峰沈能甫丁丙杨胡太昧人之喜　郑苏龛递墨广贺石二太守饭
十二日答杏村函　致朱达九函　见张部请译署代奏之电　致袁帆函及另条属
规宾苏会函七把之片　乞寄客借钱姜阔一百六结　褶条官加复徐庵片七月令
雨小程价褶条招半年章奏片估钩褶等件五行精打发文　稽至叶寿褶
寿郑苏龛广辉赀石两太守
十四日接石仲十二日信附来小圃函　答石仲函附去孙兰初君借讬荐郑任广德文
并启刘生之信致郑友笙函以代收各处转寄十二元二尺及自找回之请辉君带递
张数了来篇之苏浮指换先请在防军饷项借拨数万金待收指归款又规钱费
无出拨拨一二千金又预苏来程备接老弱归安石能赴工之人　在江宁仰求六万
广德馆了致石仲数千午后小雨
十五日郑苏龛交郑赀棨卫条又取递　邓逸亭转上交赀石带凤继贤妹闻妻病驰

回看視弟文子遠函唐貢門之悼旅陳星甫寄書信維貝歸唐石楣六千託
弟里門陳厚卿王子清諸君回
十六日答吳嘉卿鮑東函附去代查請獎之條接朱達九函云可補鳳陽之缺並有
路蘭初函張敬之邀飲
十七日寄季弟函朱介重楊樸重陸錢如彭新三諸君邀飲於貴秋吟館賞菊花山
房賦詩歸過子固處接子遠回函並上張敬之第二函極稱子芸詳及實所提之人契
硃單之差復吳棠庵接蕭光初曾函世邀携眷歸館子已行宗君貴代
十八日接石仲十六日回函云午飯后友子東陸諸君邀飲送陳厚卿又赴吳棠庵之招
因於須臾晚出南門送子固厚卿之行
十九日接妹家曾信答妹家信上母茶答石仲函鍾函石信並附去小雨早歸仲荃
在房夜答子遠信俾子固之唐旅寺差並以厚函送畢少蒲閱無回字取因吾
近後妻之說亦不得實

廿日赴郎亭之招，席間談次子雲曉俞蓉老，附於子蓮一紙，速湘行寺差而去

廿一日繪護錫五扇，偕楊張二君訪鄭雪老，郎亭來寓，夜馬子琴、湯

元孫、王怡庭過孫蘭卿、稼看三、趙季良諸君來談，酒醉留以聊博笑

廿二日繪手卷、清扇，天長使人來取信，致季歐數字，達李本里豆交之帶去張識

崖到寓清談，朱分重、湯元孫來寓

廿三日訪陳星甫，賀其眷至，祝植生慷勉投柬來

廿四日早間小雨，旋仍止，蒼華送其函，附之蘭卿信，梅子蓮回函，有廿五日來者之說

廿五日吳壽宸家中治魏而已，致元照函上望日寄，附王姑送宗旅行鄰友全行詢

交孫眷居泉以旅帶交文蒼處，祝植生不值，王子濤來寓，文秉臣刻字投柬來

夜訪蘭卿眷居泉排泄

廿六日爲虞子春三兩幅，接沈酉泉來函，渴陽水勢南退，流民已南下矣，是日爲、

主子之生，往會館行祭，吳卿邀飲於安園之約，陳鶴臣、俞伯華來寓

陕二放钦差李大宗伯薛少司寇

廿日答沈雨泉函行辕寄回九月十七日所发三摺二片奏稿及八日内两次发摺

批回任晓云观察指复子及刘金站等请　旌皆照准旌张诚崖王子澄皆

不值

廿日寄孙袁信序量孙家庭壁字袁字楼时子招袂子蒋张蒋宿蒋招孙小亭

陈小山曹霖生周琼侯王子开邦许发访许伴人任家未及见小帅萧溪行次驿道

以定情形先报接恒星善寿防堵稿旌张诚崖祝菼生答旌陈鹤亭晚为访

方伯道士谈子笙遂事朱兰坡函床述事存信挑闻以士指截保是及涪是以之

指望奇书有无常有信请好破多节有重至迄来一条照指请获原照你银以

费及补气存件子为原请十开奇季

廿九日访明郭雨三先生请建祠之举并子慕衔观察皆在江苏旌补许卓人徐子英

来商销恪生来阅颂上王兰伯不据即只势不能遍馆矣

十月朔 發汪含生函交戴貴弟送旅錢悕生不值深之丙查吳雨友為仰請獎之案

被獲請三品銜加級等雜以謀洋兵胡有事之丙查孫同至鄧人義成上省六人須三千餘鉄方能到

班俟之積倘鬧藝將丞屢誤日矣

初二日午閱六帥回縣以來往還陸總真字平數頁到寓

初三日接胡雲臣壽來信閱畢結太和安回民張廣仲京摺稟稿見九月十七日

寄諭黃以湯運經過地方著繪圖貼說進呈軍機另片圖說字不宜過小等語

送熟新之函鄭貴侯條房通之原閱履歷同年黃文江來別駕到彭同都盛稷

生大令投刺到寓

初四日劉著老自鳳陽回六帥行寓子達送來省致石仲函寄錫五畫兩軸扇二柄朱

寬庭畫一軸附之郭小坡之子陳鵠臣之婿來辭肯廣德之行

初五日閱安署廣德州片

初六日接石仲初四日函自里中來並壽之日熱鬧安集出歸時主意辭俊舟中寄

遞摩卿之子撫閩兵情形稿，遞陳魁臣不值，帥府遞飯，並子寔遞晚，黃蓀午

敘又泉一談

初七日撫遞省防兵餉縣發員圖說片稿，兄八月分兩次糧價摺、撥十二年雜費不敷片，已

撥一万兩片。接石仲初五日回信，並清臣等不值。晚並伯華之看老康，談之說。接小秋

侍御卷信，子厚招飯，談之。接雙錫五觀察信，爲直隸也。寄雷霖在仲信

初八日接姚家初二日信，附來查訪張九儀後人，黑莫能忘一紙，又杏村家信，許旭卿

給其疑敍藝信，帥府招，發二摺三片，子蓮遞來，康又泉師初九日後來，寓託以敍帆館

乃歸，爲杏臣之言之，香花雅區不適於閩寓，順天糧馬府王蓋臣遞以天閩指不居

由海防遞班康其查訪

初九日撫呈勸捐註行稿，與桂臣希聘又置一席，爲吳卿佩英且旁作餞，而遞

城崖山秋子腤陰之虞，文案到此集，深以爲至希聘評，不能起，閩河工指例已

閩部文到矣。六合重光兩在康

初十日張叔平來翁謨照指子祝挺生來辭赴嶺㨿办白术伯華來爲朱房

山道小峰居蓮生乃弟丙人癸丑同年也

十一日送祝挺生不值答龐國樑生大令黄益同鳳洲汪爾等館東吳館復信

完指稿送君仰佩英且專請君回楊主南门仍邑静山水陞小堂衷叔弟交

石仲函子郭小陵子曉南饒安兮修宏祖投刺來送子寶回太湖

十二日接杏村信並磁花烟包壽自作答送並許卓人澤僅詳法一本寄收

乾甫照指實收單程等件

十三日撰勸办照指留札等稿移行城成指章接朱碩府初十日信寄來張

曉筠乾脩十六元係七八九十四個月者又汝浦廬墓奠儀二元

曾接丁驛重函並譯六元為堂恬進催回者即送交朱賓送与章甫並看墨

枝霞朱丁三子函內附寄請碩府為呢樣之計虞文携指章來商度指子

荃蓀、劉子通、程子俊、黄文江、晤郭小坡、曹景泉、姚子撰諸君

留晤。接許叔和十日函，說劉聽雨堅尺寸同履歷並抬出部照一紙交虞卿與

希周，並由代託段秋樵侍御向部上新衔報捐歸新班，款由吏希周庫兄付

寄匯京。閱學庵山人白鹽崖述查抄摺

十二日 歸併蒲先穆石城之賞於雜諸閱後，交分片六帥到局之撥家錢觀察赴北路

收買柴糧

十三日 寄子林家信，匯曹平百兩歸楊氏，百元寄東海君，信附去，暇付曹冬，賠黄世元

及祖業因歲除黄衣物之需。張鐵崖來，檢查收信，寄虞卿文家匯，收張生信之

紙廠信式樣，將派郭雪老不值，留交世子。子璐蒞，飭晚風白，託撕及編寫菊

指信。此次府出，張韞節肯宗廣不受，乃與之按原件信交景閩，至廣，商之景泉，請一人

代之。

十四日 擬郭浦霖請建村美稿，並王宇不值，於類之，因之，具件列原送草，致大郵

日還銀五千借與孫蘭翁又與朱笏堂之道劉太君房分完馬子翠送款二千五百金

資伴差來

十九日旅鐵崖處文又吳來照指閱房以來賀賀晚旅王如琮〻困〻什重家文房分

完孫蘭翁送信來方渠信道尉錄重訪穆勇單房查指衙抵前分局勸盟

中会指底以三元勇長指一應二百文撥汲照付

廿日撥赫孫氏龍陶氏照娘速送坊片閱休姓東流勘只款請華勸緩片兄武員

江館重

帰標片發石伴通附之淡信卷前甫函附之孫信

廿一日楊楷重朱有重來房

廿二日鄒子範來未晤卷之不值餘子英到局劉牢甫來房丁惲重來之服早即

回也

廿三日核太年懇商劉贊速指清院經費請速坊片郭小坡長楨來於俞作華速恩

到局旅又泉

廿日陳厚卿回談所同鄭工局及運河水勢景蘇來談託徐省三子虞年來

廿一日華叔之世兄金質夫來同秋成情所丁漕之別總局兩摺旋陳厚卿蔣蕙

廿二日道安請假後張曉嵐為胃乾候之照何季方來接何遂帆函厚卿屏方子箴

鹿源指後摺件子英來

廿三日旋陳雨景蘇子英三君旋年敎友不值王蓮庭同提銷糧差後同慈生函

旋交敎之事乞沈秉以友年乳貼以餵養費一元接石伴函

廿四日閱部撥的款後解蘇工銀五萬九千餘兩片稿又撫閱鳳石恬達吳秉請假太和

縣等另冊秋成片敎之赴局送之上輪贈以十元

廿五日接丁憬重信閱之張十九日信答石伴函附之照指請獎部照片費敎單撫

吳秋高大京兆等指照銀片

廿六日接楊小秋後丁信印霞憬重函咸程孫大令交與飲

三十日答拜姚子良、孫鄭恒浦、郭小坡，賀王玉如同年、俞伯華姻兄，致王蓋臣

函，寄與小玉老墨一斤，送程子隽。

十月朔接十月廿日保家回信並兌單，匯款已到。接季欽十月廿六日信，郭軍門

住觀察來。是日赴王招，三運。答拜何季方不值，訪王子濤一談，歸來介重交

以庫平十一兩二錢七分為石仲補交郭費。

初二日答拜郭任三及黃桐孫，並晤伯鄒星質、谷思諸君。下午郭子翊寫詩乂

歸，又另為任以撫稿往歸，不遇。晚黃某二君一晤。歸致石仲函，告以南雲已到，即

寄指雲來，霞季欽信並前函與星臣入生宅談，並帶去

初三日接石仲初一日函，接月浪信，附青運子致音重族祖函洋十元

初四日唐村目華陽歸，過晤，接文少雄函，夕歸南雲一晤，沈琳庠

初五日發琳家信，附捐摺新歷小本四五運子洋函，並唐詩段鈔，姿英洋五元

併交香村帶回阮囦軒來函俞伯華得子
初六日爲伯華得子洗三之期前往賀擬俞蔡老信有回紹之行寄石仲信
之請撰子
初七日竟夜閱兵馬數目摺帥府示涂制軍信
初八日香村回里閱津貼奏銷緩完負名銀數摺
初九日王信庭往壽州鳳台催餉擬不能成行挪五之雲之擬郭輝庭賑軍信告
以挪款免負之累已蒙閣遞呈王泉來先以葉道書請祀子前月摺差回擬王
蓋臣十月廿五日回函云寄予書早到
初十日擬吳晨卿信照前郵蘭石對祁子瑞道冊並贊德國藩三代考譯鏡指蒙請
撰子也
十一日閱附奏委佐雜全署學務及曉此縣務稿擬子寔函內多之帳高票喜紛爭一函

電已送物于高宗孫姚蒼文少樵太守函均可寄到解星屋船交脫石仲初十日寄函
接到
十一日往觀東交送行 晉高宗嘉甫以來賀之
十二日子泉秀川厚卿來還旅子泉白雨子同二禾约收之數椚
十四日子泉孝帆同日攬撰之往賀之鋪設一百李秀峰如樣回來署所內
十五日蘇卿回杜所函高改望之函附宗梁信請盛稷孫弟送旅稷孫來晤來序
晚膳秀峰又來
十六日發寄後石仲函並墨豆兩小簍交袁升過芸甫交易備一紙向護君商
移指票之子蒼龍蘇卿華來秋村雅表學楼文楊蓮三兄自以弟來接華
閏甫初閏信說子蓮借款大費辛鐙附書致蘭初一函同鄉不能劉修世七十
壽序爲文草稿撰成

十七日霞翁葵生偕文仲华季卿伯华来为荅宸杨逵三道隆不值阅齐翁
制钱五百串刘锡指
十八日孙帅派员前朱道鹤成指后厚官子何季方示华未光中寒免耗萧不曹
续捐十二年正饷一万两库郭垣长祯到库沈景苏到局
十九日阅孙井野求罗两事并呈送稿又太和驿等四处详程分别征缓捐又太和等四驿
请程分别征缓捐并呈图村庄清单因人送中途交孙家礼
廿日家霞生薰臣函往都内驿马市南宋栽坟因故邹为郭子宸厚卿道还何季方
季卿不值至小北门战宸坟梅岑病初愈来后元也祝挺生来谈探求之子稚
求之方桂臣宴实留署作陪接罗伯陶函述陶之物郎库留意馆事
廿一日帅府拜招吴仰回扬未及前送荅宸李秀峰於一览山人赵子瑜卜馆荅宸祝挺
生不值拨汇幛等二十余通

廿一日 帥府字 擬於寶應集書貢不接 撫內請撥漕折五万兩並敷閩常稅五万兩以作
書院另片請免貢小溪及田畝產完 上忙錢糧 又安闕司詳請免還前撥差閩
常稅十万奏咨各稿

廿二日 諮帥府議另四撥集捐片稿 雅卿呈寶太守定以張芾名條交史淦生
郭小汲歸楼 夜半十九日侄子運專差往並劉孫氏 陸劉氏守貞請 旌文件三處又併
芾歸併於明日發楼 呂璇甫行便差弟來嘉書 錢稚謹寫祖父擬剌來以
卷之檯臣前去

廿三日 荃子蓮信為往謹寫錢筆 擬請往訪 且集稿寫題歸錢氏另晚閩色一
二信寄子運 見其手為子運論請按一子瑞函回函並閩子英未談 彭葆初交代子並
及位臣之序

廿四日 霞泉信 致筠聖信 以張曉篆收條寄子運 閱水災圖說 寄帥府位華來自
江甯回也 晚為之作 願 晴 挑子楼

廿日核改請免還善圖弟稅十方兩稿
廿日俞似山康來商繪冰災圖屢圖爲屬令圖核以前繪綫圖不敷存案
廿二日也寄蒼石仲函附寄汲作乘刻廣文得子
廿日監視俞君作圖府呈路商商務圖五部三本交到由俊秀擬復大鄉
遠加按照磨衡作爲監生之條
廿日帥府前發濟務之書似山前寄圖分發成就弟因著見接擬家廿二日
函閱一百本綫譯叢稅書屋收發摺接王鉉澄函有致呈之件又呈炭收條
閱解還部執書林練館序地余爲錄來文稿款請獎子
十二月初四日小雨飛雪發致撫呈之十月初八日函並與宗緣函銀二千兩呈乘函
郎中六年兮寄鄭子觀還來渡蒼石仲函還譯二十之筆並允枉過順頌法
君安典閱十月分兩水糧價摺

初一日府主請商議之費擬不及待圖矣閱知縣陳綬子郭秉道勤甄別片
蒼巖子範於孔家錄安甫之屬子所學復報刻來
初二日師府大孫念慶於寶應上刻道賀蒼璧函附之將墨行蒼林家函
附之宅邊之太君壽聯請廖世兄禮樓季欽十一月廿二日函為請兄勤居
處以備年老之用予兩來差之來回行專之紙常之樓石仲廿八日函即雨
亭張韶賓來是日師府擬擬函之旦賀擬
初四日蒼石仲函交姜少涵來紀陳郭廣甄別片又改清稿
初五日雨允孫來宗唐錞請視程生祝孫暢亭之病致郭廣二函
初六日雨遣呈閱潤澤桔槔閱地丁南北蒼深籌案錯誤復完之銀封稿閱
境內無私鑄小錢擬直隸之年間條於泉侍御境保原案歷年可詳協作
境保艱難謬承北來兄箋載師府里之之世勇孝處揭略望諒之時將為

偉論不久於位

初七日閱洋藥稅釐一萬八結收數摺擬卓縣軍傳葉炤堂討清單呈

雲卿來康文送閱都門上兄回信費二百五十千修金

初八日晏賓瑞送來席晚就便飯藉孫笏齋陸敬軒諸君兄會此宴之舉

並粗了行話宴作先送還文存月二百金

初九日致張尔信寄銀五千兩又為兵民文望了了十六金並信小衣包一个暖鞋等件

雞鴨壽聯等物備交淑兄攜回接石仲初八日信存寄家書一閱孫安甫

來談

初十日答石仲函又函致張尔一函並交淑兄攜帶送淑兄歸輪船不出滬處

傍晚在被傳服日方來也以數者在城外各人

十一日午後出城旅淑兄已瞻時船仍未到因至四署隨後完孝竹後船送來

又寄東接李宗承段淑之函

十一日接王莘田、余梅臣、盛湘來函，接六安劉先生、楊輔臣、諸漱之函，接韓董之

鍾軍函并他件，寄即助復。夜雨，得小雪

十二日飛雪竟日，積有寸餘。蒼頭錢安甫、沈雲卿、韓董之三君閱解年天保

館四第兩片稿，院北被水地方繪圖館說摺稿，就送閱。接吳慕卿告空之函函

十五日安蕙錢安甫過飲，晤朱旭如、臣王稚蘭、因汪君

十四日見滿查保甲完竣，摺前銅陵縣徐從仁欠款，解清，請開復，暫革

[illegible]又發片，前署懷遠縣移郵請暫革，勒交欠款片。張鐵崖歸

省來，晤即往送之。接鄭德侯來函，計三函

十六日雪日夜未止，積有數寸。接石仲子四日函，有致許卓人四元，即送伊回信

接薛心泉小函，有饋歲之物。接任晚函，十一月初四日太和行次發

十六日 雪 答薛心泉函 交范竹蓀

十七日 雪 駕六帥親孫歸 進署 同人往賀 並飲喜酒

十八日 雪止 拜滌方伯之生辰 與滌翁景蘇二君子芙來晤 擲省城得雪片 閱十月

分雨水糧價摺 籌辦甘肅十四年親餉到抵三成銀兩摺 接俞蔭生函 言清抹十

二日初七日函 十二月十二日得乙女 並有難子未來 電住晚至任 附之石仲函 王恢危差

旋來談 俞子良來拜

十九日 發楊蔭函 上太君 視單 閱請襲世職摺 接單允收函 李洋十三元 寄以八元

蘇子運否 嫁追壽子 俞子良返來 收賀人不寫 為王恢先請出庚 貿人為都函

廿日 已附寄吳郡 答王姑婆函 接沈蓉浦函 上陳之函 附承寺之六兵揭取欽叔及

名則之孫請任 上憲乃后視單 帥府陸壽之後 又閱南寧之行

廿一日 帥府道飲 家之上母年 致朱朝函 附之馬子年 致楊函 属代為壽慶上候

还西泰聚丙纪草卉，晤书楼、丁贵池、陆铜陵，年函，胡令来到，寓王惜庵
来，又将书鸿前行，接俞蔓翁到任后信
廿三日，答严俞子良、王惜庵，送皆不值。陆石仲函附许子人谢信，又惜庵弟帖
季卿函附石仲三纸，又周宾函，接佳老十五日泷上寄函，拟邬田氏等请建坊
片帅府服务定图说，即接十一日子质信，都门消息到卯，启破罕赏人，何其冤
也。寄函周丹臣及邹费郎中等，答丁陆二公信
廿二日立秋，天晴。景老过访，陈佩荚来，接姝嘉十四日函附来蕙之芳菊巴
二信。归后又热，暑屡数
廿四日，答郭耀庭，送函，复邓友笙，函附书鸿瑞老并黄粪仪二元，旨鸿又雪又
老来言内底丑料之事
廿五日晴。答寿衔函，将兄姊之公元宾函卷子又王寿人，又答严佩璆及王仿诸君宫又一坐

帥府戊年十二月六日早晴任集在廿四

廿日寄朱右重、吳辰仰、吳東、又吳業菴、又石撫辰仰、請漢之年函、蘇歷

清卿接張叔宪函、徐國楨先生、孫宇之書、孝叔之函、並石仲壽先以此款寄石兵

宇之接羅伯陶函

廿日接石仲、廿四函，即日歸省，伯閩蒙閩函、館唐松生、宣先到日出行，封壽件寄吳辰

仰函，宇之字寄清卿宇函、國楨先生、孫叔五之八元附去

廿日接季鹿蒙鼎（鏡）函，又廿二日程歸省，吳辰仰函、附吳使師英

館宸書以回屋託吳葉菴，又便寄往國清叔託小菴代寄遞，接又吳之函

並錫之仲英等賀柬，接又少梅函，仍年來函

廿日陳宇之賀又少冊觀察函，附寄張九儀、潘霞閣、查鼎與雅之人，接孫辰

貴研之宇及寄去吳修之一紙，又吳來函，又以時回三犯刀丁丑客隊，屏孫藩

[illegible]之者。接朱[illegible]重函,[illegible]代[illegible][illegible][illegible]寿峰。接[illegible]子[illegible][illegible]函,并[illegible][illegible][illegible]一桶及[illegible]王

何说。接胡[illegible]城函

除夕。答郑[illegible]侯函、沈[illegible][illegible]函,彭[illegible]三函。云[illegible][illegible][illegible]不[illegible][illegible]方[illegible]告成[illegible][illegible][illegible][illegible]

循俗祀[illegible][illegible][illegible][illegible]日大雪,到夕更寒。此年记毕,荏苒三年如一瞬,[illegible]而老矣

将至一[illegible][illegible]成[illegible]胜[illegible]耶

3

時不可失

戊子己丑庚寅

戊子元旦晨起積雪滿庭，禮天拜神謁祖先畢，進院拜年，出院拜年，經半
日周歷四城，回寓午後已未刻矣。是早自寫云岩庵積雪圖，寄存生振華表叔
晚籌壽金慈親千里隔江城，寄宗六弟園嘗生已厭紅塵遊東，氣雖無黃
中流老農夏氏心惻怛草茅之猥進言謀
初二日大雪竟日，衛寒進院，荅華之所函，望二函附宗孫年並寄旅居文
解給銀二千兩即為寄發送，程子俊二弟進滬上，來函安滬涉帥府謝寫
火速為勲
初三日雪止而天不霽，踏雪進院，見尾涉會衛二揖函，電覆羅伯陶，函覆沈子瀚
函來帆小妹來談
初四日將宗函領物件送義民，解銀伍王大父，連槐蒼汪君生代附賀東及李海氏
函蕭恒幕宗到寓
初五日天氣陰寒，積雪不化，進院，解子旅寓文公之談

初七日午見陽光晚又雪首府敦遣往旅直會館與吉尊之敘書致應仲彝叔
弟先生函接望之臘月十八日函附元宵後寄六安青函地之汁又接於雲藏
函附有先生件筠重託製劉於壽祥轉託彝叔
初八日小雪茗生兄函附有五函田家作因寫錫轉致寫茗伯潤彝函遞望之信
又白銀三千兩寫信附望之臘閒二紙
初八日上午小雪下午放晴接徐琢臣賀函雙觀察來史太守投刺
初九日詣孫雙觀察史太守張敦甫不值以東視錄曉生雙觀察到
寫以前各友饋歲之書託接鄉集乃老函閱籌邊軍餉仍請於當甚道
孝慶先生勤攙稿及賽翁河工賠銀二万兩片
初十日晴爲雙之送行並楊小秋張淑吳諸君先君慕友小集於柏垣
茗小園孫之筆勝年敦甫蕭林蕃卿茂才垣友讀接王蘭伯大令信
閱合肥來函茗叔昌璇甫大令
十一日泥雪卿來謀黃蘇午飯子及其門下士圖存之意王慧先英洛來

齋孩季弟函季文軒大令函交石泉回善章交閻占安城內刺業王以子勤
等七純楸法稿
十二日甲子晴陽元孫來聲甫伯沆西蒼吉同儀直廷馬子彥陽元孫俞伯華
熊菊生曹芳如庭諸君皆不值晤方宗屏一談孫蘭如來高子厚亦來
行之言華乃行追客談帥府以言等行事客蒼叔王梅先生
十三日乙丑陰石仲一紙並馬書皮書花書文王子交王梅仙弟交朱筠堂來
華閣甫函又允收送劉太君壽分四元褚彥生來交襄分軒子壬陸帆先
函並別紙指紙等寄姪沈恢清鄭子苑函帥府直送同人候臣錢劉亮日大
令姪陸脩函刺史又陸帆先信丁輝堂來
曹姪劉太媞函鄭子泉鴻遠弟來兩交季子又並康鄧溪王美鎔陵詠沈
籌遠姪季甫蒼辰函與嘉吳[illegible]遠李海交如之子序收莊儀叔陽先孫交以白銀
十四日丙寅晴弟蓋皮二毛等物叔孫蘭如白厚高子又共二百先生先姪甫壹兩五日

函大侄之刘时斋同行郑玉冈丹甫太守张凤五何筹五先须来汇领函少
甫子修弟已寄款十一万多闻陆续又雍亦可共往来查勘莫非小有不符
元宵晴接沪杭函款函并附汇银百两为之代收书之布复答孙月达卓存
先生函秋子郑耀庭萧方伯诸君何山方伯报又和郑祥闻南杨杰堂陈小云
京来钝斋馆订于先借者嘱之接罗伯陶函遂郑殊大夫义理之事翁画之
日卿之午后派君洪张氏孙刘氏等赞院之款
十八日晴会馆团拜早往夕归拜戴孚太守允捐之其锡怀学子璇甫唐查院长之
田契补至江之款
十九日天阴蕃雨为雨接淋初九日作照常等件以来若念修铁台之十八日
农都史答华亭县去函附答北云城函苏翁画常遂函告允孙厚子当允其
锡怀学子说罹今臣来为并公拟访孙上顶戴宾稿
廿日雨翁画来斋刘太守孙康属查南中郭文书印查收函孙翁画通京
府廿元孙孙政

十九日陰。呂璇甫來，屬以東遊之〔?〕。接十二日妹函，行林女於初十日又得一子，甚是

彌月，儀甫、蒼虬集之錫韓處，王蘭生、何冬生、熊四君賀函，錫韓、曉滄邀飲，歸後為

畫來談，處以李月僑之子

廿日，彭郭三來示鄭稷生夫人函，請嶽補扶院，同房黃許以八十元為房，以為少

為待商量，約同寶行。晚同者羲、叔二君、筠重閒談，李蒼、琛東函，郭叔琛

月溪昌直飾處，道毋論代製，簽條見函，白彭學每之說

廿一日，陰雨，大風雷，典質處，聞即後帥府張筱追官妥寓，往兵部取

廿二日，晴。答拜李秀峰、許卓人、彭學臣、沈雲卿、袁功菴、鄭玉亭、彭郭三諸君

生。諸君寓所錫作附致戴芳卿家函，拜蘭卿、沈雲卿來處，以花根為名永尉

者奧第人處，萬星孫甚少，先訪君，秀甫、馬子卓來

廿三日，陰。望之年初二函，定計元宵後移家六安。張友笙、伯塤帶來帥府

寫定。再搨日記閱十二月至本〔?〕，賴偵搨稿十二年，微信冊印存各處查閱

搨稿，伯華來寫

廿四日 袁翊庵來 子英來 雲卿來 旅館送卓府 錢安甫二君 帥府昨言同說 祝劉節

稿五片一件 接宗辨初十日函 附有宗信及段伯猷西信 師兮來告之 勸免

上忙錢糧子及户議 截長大指 一章書 商事 散書手院閱課

廿五日晴 巳刻天微和暖 帥府招飲 四摺回片 蒼旅 張友星不值 而接雲 女人

之表招午 少雖 沈逗庵亦不值 次兩壽過飲 蘭翁處 招潤庵及錢子為旅何重

擬新三元高壽豈函之 請子經言壽世介紹 歌若掖厚說之數 減三錢成案閱

館數尚不多少 院費另行議 候歸不議詳數目詳上院 光緒廿一年始侯部覆再行找

說不能挂牌 新令康收函 稷生切實勸之 蘭翁直逼厚子為詳議

廿六日 發盛稷生函 言院司房費等事 並言孫蘭翁館子閱單安字微送記擬

信稽宗辨發分信於鐵函內附之

廿七日 與劉翰臣聯名復任南雲函 閱聯仙蘇調補首府招稿 雲溪錄嘉商來

送惠迪齋事 又同人商議重刊勸戒錄 為屢募捐

廿八日 閱十三年下忙錢糧已未完數目摺 子岸康為募捐積流所經費屢旅

子皋本不值就訪施一談是日朝差回馬芝巖回談潛山事連日晴和頗有

春深光景還念生平及下人命有韶冠護孝及衣物等無不請假歸者為

堂上稱觴也

廿九日陰上午寄函將宗琳一信呂琳一信附入另致華亭函請其轉送料其已抵六安

也蓉浦學舟函沈琉清卿孟龍函劉殿君函致石伴函分別寄函送蘭卿雲卿來

摩書為范松甫函也阮同軒來齋

三十日春氣發越和暖已甚黃耀祖送石仲昔信並筆十枝又接周宮送石伴廿

六日函附洪光十七日信又接狄澤三之晉亞馬鑑湖王二子之照像者又陳直烏補

三伯子接洪光廿三日函寄函接華亭廿二日函屠查接俞午前同春帆

子息二夜又一刀

二月朔暖甚雷震春雨蒼厓函阮相軒來談趙吳崇蒼岩茂之探聽宗衡何家

更剃又度劍晚晉山別駕來拜蒼昌

初二日大風轉寒繼以小雨張竹君來訪張笠送院劉往與其寒送肅明亦安[illegible]

初一日不佳須做二篇文卓了也與函三丈老前之

初二日陳鞏庭圖銘來畢少齋來以筆底畫

初四日寄雪漁昆季函附之雨蒼幼蒼之信致琢家一函接石仲初二初三日兩信附來

指票三紙並長白手簡

初五日雪漁石仲函以季蒼王介廷說來

初六日連朝素寒漸雨楊小秋以黃山术見售

初七日接琢家月朔函文指了也伯訥琢臣月廿日回函寄卿已到但方海初留住旅

秋識後孫婦兩歸接季歆臣月廿四日函詢以倉儲所造衣物等三了接丁

懌重尊差函附致小秋信另龍翼漢人先生函書夜作蒼伯華到寓之空閒看

鴻蘇之行劉楷如來

初八日旅朱介重蒼翔驊函甚鮑君出寄少尉翔卿季賓懌君汝諸君蒼石

仲函內為師雲外為同安之指接叙冀予接郭生月朔函之蒞老為酒川礦

務赴滬陳小雲來夜蒼季歆函寄雪漁以二了蒼伯訥琢函

初九日陰有雨到下午放晴初昇蘇子英並陳鞠庭照梅補泉少尉同旅雁行

巨白望之子沈雲卿來

初十日晨華敏來函上望之寄附之江西湯家園函件旅沈雲卿俞伯平孫蘭初

諸君六册脩齋梅吳嘉卿回函布四逕費二元

十一日梅師方伯函即荅之附望之御保改朱篤生函附之華信累伯陶來墨之賓到

寓梅石仲初九日函附來邈之初十日累陵發信夜旅有重誤照按請樂子梅

十二日雨旅張鞠子祝手子御大令望之壽

少尉同來兩日大暖直可却棉

十三日陰張鞠子到齋有重逕石仲老著已局收一紙荅石仲函梅季厥初

十四日函又季子老信梅丁憐重十二日信專丁來嵩夕作荅閱完遞刻伯集

來稿加上年冬季劉孝子並貞孝節烈婦女建坊看請錄劉氏陸

劉氏兩貞女叶張氏節婦高錦氏烈婦皆在其內矣是日大風甚涼又

泉來又小生

十四日大雨 寄石仲函 内附题[illegible]斋二字 接管叔敷函 属陈华写[illegible]屋长清官之事

望日阴 茂弟欲函 接望云五月二十函 现往岭上 [illegible]顾六安之行稍缓 沈秀以来

之管叔敷子管鄂仲五

十六日 致吴棠庵函之管仲五子

十七日 致石仲函 以东华录托俞伯华弟 寄管仲五 惇夫 石二君到府 惇意撤五成指友监府 请子晓收 孝帅府照齐 托抱生到局

十八日 茂望石函 遇雨 茂哥舒道 见报载礼部奏 莫有查修阅士民人等 ⑯ 指资千两以上者 请遣访 如有虚报 旌表可请 顾议叙者由吏部核议等语 与吴俊甫所说有人愿指千金求表可奖焉 而不欲遣访者 可以援引也

十九日晴 接石仲十五日函 附来吾云信帅府 [illegible]指共费也 指三千送俞伯华 致马子皋 惇夫 石卿 [illegible]宾请君

廿日阴 接沈子开函 来桂山函 说梅生子附来盛老太 致张家子 付稍迟 [illegible]

蘇來商東華録者字一部扶家慶壽六第二十八頁

廿日送馮竣壽禮平家喜禮孫子英來帥府文曹郎中子文壽

廿一日午發甬家藝請以來賀之

廿二日龍平子謝之松席向晚諸少竹馮俞二君席方湘帆設項致朱介堂函呈

賀史友全椒之椒

廿四日訪胡介堂賀其得靈璧之妾訪朱介堂方湘帆子真白面談茶梅補泉

唐振甫羅伯陶訪范蔭泉賀其調署宣城陳雲汀兆慶署首縣忠貝

巨川赴寧遠任皆賀之馮又泉太夫人四十壽往與祝焉

廿五日以石仲和覺臣之費十二兩八錢四分一款送交朱介堂接石仲廿三日函有二分

量殺之謠言多作寄蓉妹家函接淑兄之十九日函

廿六日寄淑兄函首雲一紙寄桂函一紙附滙款函便寄錫田附陳周儀亭函

管伸蓉來齋談詩

廿七日陸仲通守中浚來寓談賑撫事賀石太守來談淮中漕糧四万石事程

請與同載留隨辦　下午賀石太守一行　穆鄉臣安國專丁賫屯請以四物並子

圖函寄青士董方邨之子

昔房東姚梅堂忠遠家書乃往賀之胡復卿來言黃成望金棣信乃又接吳小

帆觀察回函

昔日赴姚梅堂之招晤王芸翁羅輔臣及章之新諸君閱葉園洋稿一年於滿罔信

以字紙數又以葉稅老屋收數多擱李秀峰來辭行

三月朔答拜桂牧仲箴童之五賀黃蒓齋年暑來安頗道李秀峰將歸辭行

答徐卿臣函鄭遠之姻弟楊龍之老函交徐芾之交接新新二函示穆生二仟司

房一位潛帝之房費撤許司成數隨而立之數須為代墊也函答之

答徐小君來又向小遠飲接拜姦前月廿二日函附來帳目一紙

初二日再答卿臣一簡撤從國指指欵請洛分首片稿陸樹臣刻集到寓閱

文蘭監從居否迴邏請旨片

初三日連顧晴暖遣上至巷市同人道作大觀亭之遊謁宗忠宣祠甚

便旅馮瑞道大人朱介堂到寓

初四日雨竟日。赴馮瑞遊大令之招，偕蒼臣同坐，主客三人而已。

初五日府主暨高陶堂、嘉興府忠賢臣、黃蔭午等投刺，還來，接石仲

致二百函。

初六日府主贈三擔五斤，聊准接并之事。是日吳成門往觀者甚衆，未克果

有何諸物藏於其中也。文應肩摩，於是日盤查。

初七日吳松伍、汪巳山投刺來訪。閱朱介堂之子嘉遊生四月間遊吉光閣回琴川

子美送對來。

初八日送張竹晨庭訪壽、訪壽禮未受。文查吳晨仰請莫之陵已於初

日出門，失接，株家初六日收條。

初九日雨。蒼臣來賀。臣、張庭訪壽，均來。晨於介堂送來收數。未查郭

瞻齋行為晨納請莫子雙柏之數，先送其一。郭住都門西河沿鐵廠守備

衙門迤西路北。廠先行李先到。

初十日晴。子泉偕帆二公邀飲，聽丁芝亭閱十三年上半年收支數目賬。

伯陶到寓

十一月五日子英又送朱介重少君遠生吉席一，視寫子蓮送函，附去糖食二瓶回鄉之子孫劉氏併張氏等請旌之件送

十一日汝兄到，有權兼和初六日函並各件。石仲初十日函。李仰甫廿六日函。俞蓀生送來者，以直茶葉殘蛋。石仲十五日函收到朱介重送來楊才送三箱送子蓮。十七日子英直小莊

十二日以東賀陳雲溪權首，敬即致石仲函，桃杭珠一串，託滙汝帆弟送旅汝帆送貨寓國一冊。帥府遣飲，甘守任晚不成，詳新之也。劉子雨送來問也撰文閣經費，撥東南巷代理半陽，沈雲卿來寓，謀舍衣一席。仲蒼來

十四日與汝兄子英又致雨巖函，為雲卿說項，又為仲蒼勿之而任教此一席務使更為望之。陳君凡到寓，旅俞師初化，寔蘇孫子英，蒼巖陳魯曉溪餞頤指請契片稿，旅子雨送來觀。石仰十三經注疏一部云不為兄描取同勢矣弟初夜光景。蒼李欽溪並附倉巖友弟批

望日　霞校曹英家款查照霞英稿修殿文武大员摺领请奖片校

道议饬之赏商交银片道盛撰生补缺三房费交邦三书接回信

十四日　答叔陈芳民　接任晚之初十信　子园道来便函　仿古殿款屏屯画者

为信岁寒缘馆作绘　荟荪子园道以

十五日　作画三纸　张和宾罗维伯陶来　经热搜讨虑御稿犹多也

十六日　答蕙老函　请其准携郭生出门　答妹家函原道　龚其妹度陈画马特

多元代道子宝道陈特三元　答济全生函　寄柿画信屏四幅金腿一提

又附内人答张清华之信　另屏也之托买烟百函又鱼等物　请君蔡卿收

一剃来年新大之殊情朱行重之嘉赏也

十九日　以剃送清蔡卿

二十日　接任会生函　接任晚之初十函　极言疏河不易　兼述郭之情形只门中现

一潍了机顺子

廿一日　府主文晚出　佩箴诸函　膳撒其收　晚此画缘及苏多之情形稿丁馔

寄來羅伯潤來

廿一日蒼舍生數千並前函件又來使帝[illegible]接薛曉泉函說景蘇來齋

拜補東華錄缺頁送交帥府手應陳琥北未見情形請識官階送行

去稿偕著送又致南雲觀茶函言其疾病

廿二日撤稿募河六挑清洮河片稿連日天氣陰寒風雨有作非御重棉

稿不過也接南雲初八日函

曾蘇吳崇蓬又於今重來設郭以齊行請其代畏仍執款百數兩急保

快也接季卿十五日函來屏之康贈佛像書為贈字加一時頂又本會送去

來人帶回帽價三千五百卅文頂本屏已之會一百四千文書以來屏付了予通

寄東華錄

廿五日帥府拜摺並送頁差陳之段樊介軒太守函言年足銀百十兩又摺

差部第筆又以銀二兩託部弁贈徐蔭軒大宗伯所刊課子隨筆等書

為所託筆摺致鄭友望函詢以筆前兩只寄款了由署送京行時致

接妹夫十八日函，述樹聲患病，幾至仆首，二條小恙。接石仲二十二日函，問二公歲試

九江詳語，箴延予函。接宗清妹二月廿二日函

廿三日 發妹夫函，寄烏金丸、縮腹搵、洗記、郵貼記、積蓄局鈔捐收條三紙

此捐共二十元，由此匯交。發石仲函，寄藥物。告以電持事委方伯請君閱授

朝叔子函，寫函。告以楊學延三、五十金留付，無便，未華銀一元，所言予通旋

延寿洋九元零一千。共作英洋廿六元，了却老帳。丁懌重來

廿五日 寫丁懌重信，借着延之，寄南云函，又致華頤生函，又同吉士弟交

廿六日 修補宗心三紙，寄二十日達宗函，仍催前者素延葉楏生欠款一千三百金

帥府臨高居作書催之

廿八日 擬寄江蘇撫宮薦周學濟。接宗揆誠函，江西的撥防道之事

三十日 晴。以前積陰，函有匝月矣。發妹夫函，仲蘇妹函。接李叔雨農函，委王荒甫之請

楊子青擬函，望之接蘇月初大衍。接石仲廿二日一紙

四月朔寄苕石仲函言荷生因子宗所八字樓伯洞并三月十八日函在中院

考課兩次月有六課附來寄子馬子厚速復前言院北[illegible]務稿及閱批

[illegible]片

初二日樓子壽平鏡芙兆枝兄弟到高樓胡寶城函邵子青別駕炳璧到

廣青量謀事

初三日趙小山子來樓辰仲月朔書親函踏老之招蕭浚辰四字於閩東

客饑略謨近日王冀來齋苓辰平鏡芙兄弟四點伯陶四月不佳

初四日帥府報信四撫六片樓俞蓉生三月廿七日函廿五日到館應敬恬也致石

仲一紙並東華送交饒恢之摸交王孜到子通二紙並東華箱交曹宗保

辰便王送此箱子周四到三君接書辰來共二十四十多齋從遠了辰師初[illegible]

蘇子英贈羅介臣之謀子陳將一節辰率辞臣為邵君子之字之高集資

遣連日膚腹御橋糟多也趙小珍丈來

初五日大雨答石帅函并韵晓函寄少泉子斋谋大通盐子阁守牌据来
而还德船有人犯其件不甚可信
初六日发张敬之承为赵少泉谋子答苏祁君不值加一纸并寄翁与彼信中的
石帅答伯阁诗去仍寄子年江浔宗因华宫以东道范晓东及家君之
行寓又寄道观刻夜发赵少泉於梅司狱暑着接石帅初十日函附蒋生
公等及答池字母去
初七日发池字母去一纸附之石帅函湘乡语桃树於都阁暑因二年广十
二人数后接季锦臣函并译二千元备致祁君即还祁君书写字之
不肯受亦不肯行三日未见着遂访之有疾
初八日发着达有病答为行函冯瑞老得来一行谕致季锦臣一纸寄还江世
元前以祁君之子回书照前议说要甫谋之着达疾加遣张以宗就
提生先后视之皆言戴阳共不易治且不能久接季锦臣复为作答附信寄

初九日晴。昔早入城看延疾，巳刻即逝，不服藥之誤也。偕同人爲理後乃
並致信君弟少勤。戌刻在又昌言殮，亥刻送入龍神祠內安置，夜歸已子
時矣。接魏小珊函，厚查一事，將昨晚所曉谷信送閱之。
初十日晴。是夕大雨，氣候如昨。接石仲濟初八日信，附來蔣生上錢之函，朱贊堂
函，借以茂茅又賴眷悻送茶。接彭新三信，示以司譯稿一紙，院房之廿元，午
後至龍神祠謁看延之靈。六帥六刻又泉送閱，探秦之摘抄大略，到者逸
限不外，阻滯我日難城役。遣不及筆報，寄蔡小琴。
十一日大風。歸塗身佛三棉襠，不過也。寄蔡慈函，附東海君孚小鞋二雙，致
彭新三函，送交穆堂房費廿元，借義民錢賬崖。
十二日晴。致許安甫司馬函，爲邵伯陽通守炳瑩說項。王惺庵來，接得退根
先生責盤函，託以太平府幕，可或他處。又蕭巢席，蒼請朱荷聖剋之函，內以東岸單
錢予美堂寄來之象函齋送著延奠儀之數，銀滿子泉齋並十四之解

着巫之举平藏以来

十二日以来旅李云门太守威鹿帅府眷商留刻出保多旅王怡庭不值

子侯郭子臣管仲夔到府言是住集贤人去归

十四日发任晚系观舜函拉边卓存太守函并潘子眷微见高诗二册再发随安

甫司马一纸并弄稼臣函因交祁君同人交发着巫顺便送手发交旅琛

伯阁前补邓稼子吴沈卓苏诸君庭魏少琴王怡庭孙蘭翔到府

望日温瑞岑到府与任朱琴手授琳泰翔谷函子盛藉臣宇存伴恩卿郎

查纳监存案授张咏之函以发存仲老宫说荐生翔之着

十六日苍沙送根本并函存府姑枫馆子充与伯陶商之李云门太守到

寓送来尤月庭任网函并附此赘字之一纸怡庭送来云将回南

十七日苍存仲函附之张伟文怡庭送帝

十八日刘少琴字成到相见款款夜阅魏着巫之书也询之乃月半之十六

矣。雨。天甫十四號談買書事,今館祀百壽,晚往寓哀。

廿五日　答拜李雲門、劉少琴、熊薌臣三君。薌臣來字,屬特致王宗潁為

收撥部照,並請逸遊費之說,當即送閱。後果遇復陶仲萱蘭詢子峯諸

君。少飲。雨。少琴、雲卿以病移寓部之手。藏山到,康是日秋分。

廿六日　帥府從高文貴撥餘,係為因便陳請籌經請卿及大城江裏二百

一艘。郭子一日過,聯王子泉來一行。少琴來,天將暮矣。夜飯,晚又為泉示為也。

廿七日　書帳從陳少琴來,棧取乃包物。帥府送坪上屠康函稿,與少琴到

屠撥石碑。十八日李欽士五日來函,撫卿子範函,借以新茶。

廿八日　送轎未來,因之行。蒼麻手藝出,少琴來索所來皆爲著臣表子。

是早琴程劍南小楊臺佳景也。

廿九日　撥浙江工賑為旋撥稿,料理極臣外函,約以百數,即日分送。撫郵雜

送賀函。此葉蘇來。

廿四日老桂臣較聯為石仲道劉峰接錫耀庭道賀函接孟卓存函道

第人討乃弟竺潭醮尹所剡也孙子珍來

廿五日接慈小珍函住大通泰和昌鹽行丁巳張西園觀察子呈挽楹聯

張建庵錢軍請閱扶穩丁憚青來

廿六日桂臣閱所往為陰寓竟日而散

廿七日道桂臣岸號至西門外於永清局不曾得晚至觀察十九日所刻

故形頗郡之耗昌勝慘愧蒼莊憚青是日仲府相攜

廿八日寄蒼石仲函李欽函寄山左東和錫莊轉寄蒼莊卻以府白蘭

初稿託蒼莊孙子珍接晚丁十一日函

廿九日接趙少孙函不得于彼為武錫晚寄叔桂殿所函道肯育接石仲

卅日來澤莞原貫之屬之楠從賢王慧他陳閑村之君接任金生函

寄來水烟貨酒盆菓物寄師所來浙之到者張鐵山尾方幕府指借放收

宾子帅府，康为晚老请卯拆达德，知民纤众抗粮，生子序。

三十日，阅春帆、宪霞、赵小琴函，语廿四有宪霞、石仲函，并家和函，徐子莫来，交以课子诗草、节(?)劝(?)一半，石仲纳盐案，又晓楷(?)予九则，请其案因同治四年七月奉部。霞准于月底查到，即送公。继文屋(?)语艾(?)将(?)文，霞直泾(?)瑞老康为寿联，遣人送阅。接朱砚(?)斋函，即作书来(?)得(?)十二之股票一纸，即交义民完东华一手，后函徐润甫，因日账来补见收阅之。

五月朔，接金锡三函，贺孝家。道来[illegible]谋春局用华者，接俞伯华贺函，述道局负左不相往来情形，华观韩送此留一夕，不肯即行。

初一日，刘少琴来取托分补之子，已为送归，交以四丝(?)，刘申甫送肩(?)接任会生函，并面盖烟筒交件，前家七兄不曼，男须找九百数，午文接华语甫函，稍以新茶。述游道局城，兼解(?)山，接赵小琴函，即回帆矣。和悦洲厂圜不逞为之。

悦、並閱廣陵信

初三日以李逆劉少琴、萃劉申、甫書達德，如民衆滿予掌犯訊辦情形

片稿甫了，子泉談天氣甚炎，晚間楚亦琴來到，閱錯節頃，指差回來

初四日帥府派齋談任晚翁請卿之侍予揚翁備款救人，指予備二千文予

張鐵崖、梅俞蔡生信，附壽田復先，旅翁脫翁不值，就楚亦琴一談

仲萱來辭，甫來談，大風轉涼，乞彭受臣信知，款發近予閱書，稅微信冊

信，屢續辦理，捐梅卿，交呈回函，附來兔交，詠信即予發之

端午循例賀節，下午茶叙，與菊生談，梅白聆龍滄之浦、韋甫、梅樵都來，和四月

初六日函附小照葉，楚亦琴予頒成說，辭晚，以送閣干之數，以恐無分，辭仲萱

辭去，撤雨生滌翁，梅臣天氣也，梅任謹齋鐵軍函，向石屏與自留予印花等件

初七日帥府函遣，飲陪倪子新，復梭陪江工領，捐多撤附，陳太淑信，陪安招陷

早先遣祝挺生入署，張次屬翁，抄風錢等節乞為任公抄洋郵件清單送

照前生詩錢致錢曉翁藝小琴史商挪十元兩書荃臣仁弟函附東海君信
致清華夫人還以書帙一冊荅賀俞慕生信箋壽屏二紙
初七日閱陳星九先生之安府主簿任於吳公館同人借往知賓下午兩
散返以渠爲行資以四元託購銅瓷並櫃烟同辰子二丁
初八日咸稷生回接望其二月廿日信爲曉六具請鄉立待稿祁伯陽炳庭回日
巢縣接錢安甫回信送程儀六千九月致乾饌五千意良厚也原回他慕布
非易之連送大熟
初九日接石仲初八日函附致小琴史信寄伯潤暢行附書歟函是間大雨旅感
稷生同山東嵩武軍兵發之王統領備篤樸寄還
初十日致藝小琴史函附書石仲由稷生寄便弟書同弟卜兵少十二點日內寄晚
訴電接子仙初九日函託謀事也兩不該之甚矣
十一日安園信歲寒綠館改爲槐碧松蒼之館收接一郵孽御内藉迎往之擾
張玉甫大令劉廣接沈丽泉喬祥賀節函楊升投來沈學舟再薦也

十二日闻嵩武军于已牌手字初以挑河辛苦譁溃有抢劫村庄伤毙人口之事田

濮州而至范县中途有悔者据闻编回军械释放一取暴之人经德领至连三

晓谕大半收归本营李云门太守严心田大令到局寄存件函

十三日答拜张玉甫李云门严心田三君送法钱数之行答任谨斋铁军函告

以浮文为春三件印花书底十颗

十四日发何留帆函以前画江城图别图扇字还以任伯远张玉甫考郭兰居宰

门所存也发罗伯陶函告以五柳马须急为设法

十五日李云门太守到局发钱晓楼钮家函附去物件·张管仲荃交之印

送其行金嵩山葆元者来锡三族弟谋一小事是日拜发四折六片

十六日见萍乡电部土匪剩八占月内准可肃清吴崇莼邀饮工所往作陪接石

仲十三日信平甫重来云有十六兄平甫所用钓道肩房专人来也答郭子苑

函谢其新春之馈并告以刻子辞未来所存旅其到日再商文甫庙写老字

十六日 賀同道四員 佐雜廿員 張玉甫託訪王守素鳳陽任內案子
十七日 答右仲函附去閱之 答右軍及代理五亰文牧辭單邑 伯琴照府宗侄
來寓 旋師郭李子蘇季子莫六諸君 答旋史隆生不值 棧主謂已赴江西矣
接伯潤昨函附來近作四首 復佛光 當是挽張命中之 好 異也 而喜也 附來
安午及陸陳子諒函閱 蕘閣一百千佳屏 葉稅 蟄屋收數摺
十八日 答拜邑伯琴不值 賀郝部以壽 檀筆壽文 喜以許 序之 人也 傳
送沈雲卿一談 六師來詢 先績爲序 先大父治 蟹者也 查極 陳之 荃 函
附以伯潤昨二律 交仲屋携送
廿九日 六師 之 事以前 年 爲 兩 在 年 不必更張 是
任之 遠 而排之 忠厚待人之意也 蕘閣 了 乘傳之之 謂 不可
亦之 了述之 又 即作 論 爲王 南村之人
詮言勉力 閱蕘閣一百千佳屏 稅收數摺

二十日爲夏任圃常衡曹霖生戩鈺繪扇寫籌補江寧倉荒扶兵一包屯來
摺圍素帆來交以三扇寫京城名帖已解一半片湯允孫回來
廿一日萬光到接妹初十三日函又仲蘇妹函晉雲有函又三條石製聯乃蝴蝶一對
繪壽同者寄石仲函將錫來三條寄去馬子餘到能爲嚴素泉題二扇未
之能成
廿二日蔚允孫寄曹若妹初函匯子金呈母三十元餘允洋並舟籌足百數還宏
農出君附發指迷一函又附狗皮膏二張子英來寄之李雲門日和爲老虎
原爲振甫圓之湯馬孫諸君到府湯生艺不甚已夜深矣連夜滴滴保得
小雨不足以潤苗也
廿三日小雨六帥來取作浴幢全文之序爲嚴素泉繪紈扇孫子英來
廿四日大雨時行盡夜未息晨望觀戲因見爲萬光謀和好產事又有鄭德
蓭者以此爲託由陳厚孫轉告萬之夫成否皆不可知也孫子琴來云有疾

箱字錫有便告之梅石仲廿二日函

廿日謀梦伯二弟梅霞叔子衣甸而来即往答之彝便厚仰至一生之鄉

丙花函已交之矣天氣轉晴賽會之岸閑無矣

廿日城隍神出會隨衆出觀梅師方伯函送来指仔轉交義民撫法螳

全卷跋應旅鄉善堂任禮請兩君於賓館

廿日賽会未畢無路無再往觀矣梅翁出示頌嶽來函十七日到彼未很

事也劉子鋅覌字梅翔未即答之

廿日陶方伯函送來了交退文即行作答梅石仲廿六日函為手屋業屋協手

屋屋來恒情形旅又皇來一謀跋石仲一紙以慈恩光閣村兩扇及信紙付書

及字中弟來之義嫡并送范竹蓀請其便致另答石仲函示以法螳卷

序跋及附題小文函王子苑太守段刻來即答之

廿日再跋石仲一紙并奉所存前紙同字梅孔之函為鄉子苑子印

為轉說義民

六月初一日 天氣陰熱 帥府發摺四件 附片二件 接劉申甫兄函 已到吉陽 寄來
接簡歸回 接相左也 又百家文一折
初二日 接張潑之函 為其治蝗事 並及荷生 海子語者 初四日交吳修之
大人致帥府東閩台灣電之劉文卿行眾滬子帥府信寄廣查告前信件
初三日 發張潑之答 發吳修之胡梅岑 接華卿甫函並詩偵授令無益之文
等賞八五重 又送前往相城牧王蓮舫贊莫元四元 公文等賞書詩喜見賜許
高壽並丞王之拒壽之回去 可段送存待訪問 接季弟函 附來英洋二元 以
送居帳王借六先生莫疏 是日為六先生壽誕 因有前弟之感 不往鶴 進完君
往南重觀蒙艷汗出之涯 送禮禱新二家 又與飲盛 穩出以石俟待
周旋豹存之 訪閱劉文卿函 子微館等為難 子微任抛離撤六安 居肥了界矣
也 帥府派徐蔣平之稱前往查縣 俞伯華未 應過江蘇會館羅景賓
初四日 早晤陸介眉觀察 同壽任味根先生 詩畢 晤函荷生 宮觀張蓁民書作伐

蒼崖芝生廣文函華翰甫寄司馬函交來使帶去旅寓伯華贈之銀二元

稷生即行石孫趨送餽以茶葉火腿却之先是鄭芳洲錢少雲二君自鄂來

以函百到伯丹大王餽往蒼之談別來乃出示東海君以茶葉託代寄

如君

初五日蒼季歡函附信紙五百張接任謹齋軍門函贈筆二十枝屬寄

上年者贈之以藏修之明府

初六日王甫來看閱翁款館之畫也蒼任謹齋函附來留筆並收寄筆送

卯孟亭許寄蒼金錫之函送伯華許寄陸任二處亦禮送許者二種

寄孟康函康修之王康

初七日星岩任上山到寓接朱嘉雨二百回函寄親已到眉數中止吳而立之

數每元之洋五十三元籌足百數送宅中得壽桂收條另患舊風吹散供食

減積本不費熱何不以一枝樓臺共群娛觀張之宗盛議寢而不行揚總

之意。庭仲初四日来，言陈治暉来，跋庭仲之也。连朝酷暑，殊觉困乏，遂次庭催函

之。平夕，赵巖伯华因得继梓良寸都信，地四婿花不及赵道芳沈阁泉

等再奇梓函，附之郑友星、孙信子白水来齋，於初六日開門河之樹西墙又之一

占河水丈長一尺

初八日发巖杨继之、黄文江、耀祖三君，先致回结以吴炎暑，经自宜两营

府每祈祷，略有雲氣而已。右携陈军一哨马队三千往庭

初九日发石仲函，言陈暉之踪迹及张选云之六月叶坟交俞伯华携

送陈伯华函，续以茶点刘子郎寻佩族人刘咸锦之郭姜信已到，设查亦

调卒胜中，并又给调陈军百人，遣德阁之徐东等挈携为来大兵宁

讯，并派员严查，深之情形，来之房王茂园何眈逃之故，派之要前

初十日，收觉之刘庭跋刘莲之函，为手啟信款，附之沈函，晓得所有鱼会

亦并务于省城并务来路与陈寿母院南平安，取道归之。丁文作電大通衙

閱川河形溜勢向末

十二日 吳歆愈感旅食之蓐成來寓以請送學院録科為屬晚又送來部遣與二紙壽素錢派劉頌霞市條左送三百人馬除罪名往別子卿湘司之處彈壓閱地丁弁錯素完一分以上各處聞草在於撥送張抱生金陵之行

十三日 聆府縣商定首府屬之滕太守梅胡雲城函以方箱茶蒲三扇見遺兵於近鄉之分擬查照指名案撥劉芝田星使倪豹岑中丞劉峯門世俊指照請吳臣函又系來言楊少君往屬林干星之後楊升病回

十三日 熱不可耐擬照指局批蔣暮大風雨陸見生徐梅石仲初俱函聖前田托老病回日拒往桂令日吳譽各到工

十四日 曾從星之函為楊鏡軒身後事商保請轉致樵上王六房安前議返單所須為代函以今閱如宣急旅函又孫張壬甫函屬為共函弟名柳蒿者請咨送録科旅次光墨宣賞

望日接石仲十一月函、劉子自函，以君居賀辭爲施速其之遲之留痛赴鄉
接望之初四日函，已在頭上帶赤首郎二十兩，付二函，康公字印時作答
交來人帶回。字答宗姊函，述交之首及望之函，字江安一發山房同遊
答述年伯太守函，並交楊總之。
十六日又泉來示劉文翔爲負筆詳吳函等件，勸諭速發，毀示不遑以我開
放鎗砲抗拒官兵，迫而爲討，其好店者一清，觀音一小村莊，請爲擒首魁數
行，燬府，發請免爲某字而奠其保業亮，條爲承辦都司原電詢省三軍營也
接潤弟姊江右一發山房同遊華序字函，定六月廿八日自江赴寓，定試函，係十一
日發
十七日重核文武禪府請賞額摺，兒庵發府並餉及條辦章程。十八日復劉文
翔，告任鐵軍親自督隊開砲，速將死者之二十餘人因守邊逆擊，將孫稻田縱橫
追兵稱爲乘夜潰師，設伏藏其出竄，屢爲擒之，獲畢了人，訊明誅遂吳聚

軍前正法三十餘人保釋者九仍先具稿稟草其奏將保案督院回電亦請此間
主稿會奏兼商寶之並託惲筱石太守覽之以備校諸咨議錄科了另託總之來
十日撥具諮呈鄧佛挺二君随任在院資國子監錄科文稿奉革劉文琢者要
正費保信陳秀暖數學孫子英先後來齋
九日熱甚為雨晴乎不大帥府撥費四摺三片劉子通交存著速繕交摺
姜弟交院准回電并詩序錄過致俞蔡生函亦交摺差方德之轉遞
以來答蕭利丹王桂甫黃國章伯諸君復王芝舫貴池函件即答賀午橋帥府
校晚間過閱督院回電請此間將劉文孫了一併奏擬帥意仍請主政以功成
於部院回電未詳詢一切措辭發便而禮制亦宜也
昔答仲蘇轉函商請曹秀大宗坊西邊挾方衛君撥籌款修葺答晉慶
函所請之了唐黃爾王子華特趣鄧渭清觀察寄圖以取款廣而時不逮
閱風淮二君奏銷未完一分以上交君摺籌補荒缺兵來摺馬子峰來齋也

閏樓流兩夜指丹用顏丹楷說回電之主稿奏刺丹匯簽首列文衍一集樓鶴示
和宮會典中興之宗旨揆以道光通政司太守在役士誤許久識用范飄一天得若
范雲玫不可雀芝生廣文到府
廿日之務至甫到府答蓮耕袁函仍勸應試內丹禮並為擬修大宗坊先查族否
蘭吳彥賢託人市蘭亭及節取段仲蔚高雲兩函附去望其寄信附去說明
寄府之三十金旅途之便市回答在仲函告以勸耕鄉試之語附去濟先函內附畢
少蘭函為雲卿謀覆選席者又附去鼓山麥文三函況雲卿孫蘭初到府
誤指江館為樓在仲十九日函以所作未露選艷誤方改丁憚室來旅又泉
以病為辭樓錢曉峯十月函卓太欽三府應試約質八萬餘千
廿日送之到府答應旅行雀芝生閱帥府時應為守條資等函言杜俊
惠郵雜氏二為答在仲函另改輓聯附去又雲卿來索挽蔓丁憚室小軸以乃題
仲昭示奎運雲圖題詹為可為題記

廿二日閱熱異常汗出如漿閱鼓屋金十二年下半年收翁數目擱李撥李天府
戊子年不專傳他先翁三弟兩序為錢二萬余鍛方子徵投刺來門若之王前已
繪魚鬚題尾以魚鬚分贈坂楊二君
廿三日校對勸戒七錄之第四五六卷晴長素郎出人訖華孫嚴九宴說孫子莫
來交乃不孫世享初監臨清溪道錄科印為孫求江南主考于廿二日放李
若農學士文田王可莊殿撰仁堪並獲此年二月初二日歸政聽曲晚旅
覽之聽張子實剌史竟華墨寶宗颯此孫東孫道題二紙證難錄卷之稿
旅用書帆
廿五日勸戒錄校剩數頁付完之定母處錢安甫信謝以查取初付陽之意
敘君孫成張君指蒼翁君煥取錢曾隨錄科文成就送來分別送之旅
張玉甫笑威子強夜不安眠
廿六日寄子府伸信之錫五撰子弟閱子並官衷送還席閱五月分南樓

摺、二麥約收分數摺、核參寧國縣金羅彥調補宣城縣知縣稿

廿日發錢曉滄函、趙小琴文函，均由驛遞，閏十二年分津貼奏銷冊後續

完摺，接辰仲廿四日信

廿八日收到孫世亨所請潛邑錄科文，即將致子英閱，解章天侍伯三萬兩房

稿。華效友所領役食銀五千二兩零，經高壽芝代為領到，並文送來。夜

閱廣館一行

廿九日接孫家廿二日函，附來對聯信，並取陸李雲門太守函，家信稱欲康

將作浙遊，此事擬分請二師以授諸子之讀，林颺泥雲卿，康以晉雲館之

三十日立秋，得微雨。積陳陵李雲門太守函、字去對聯之信，並具身安

扇。嚴孝泉一扇，上乘便寫之。吳崇庵示郭敏齋信，吳卿請摸三

品銜及廿子國醫請獎，見外即即衛經部核准，初十日具函並文書來，即發函

吳卿觀察信，將崇庵楚蕊雙柏即行字號還字崇軒字

七月朔　微陰　入暮小雨　沛初、景蘇諸君來　六帥以齋示所司祥稿　讀之

以兩府來一請　雷淵陰一席　為吉錦所繪　錦所係曉初太史之兄　即為撰兄

作之

初二日　與義民兄偕陸尉治業　歸　八兄送帥府　次是老　刻　席　雲卿　蘭初　張

玉為華三疆　俟夫歸逸　蓋里人之流落於皖者　晉雲　取國之成　雲卿以乃

弟偉卿聯語　爲序

初三日　帥府補作生日　隨同人祝之　畫數久　淺沉甜　竟日　陪獨小琴同年行福

及田朱二君　接季弟六月廿一日函　門丈文取學士翁帥府從前所上整風信平

親餘者刑罰等招由六層條議和字森昌局錄字未

初四日　連日陰晴互作　雲集得雨　薄暮微涼　老

初五日　答劉申甫函　張迪雲函　嚴雲卿東流之行　字之字送

初六日　雲卿來談　即往送之　賠蘧補之　陳從雲二君　張玉甫　玉虞

告以不能即赴颍郡为定远丹信来来之报阅节伴莲旋自颍寄往询
此谤者大於去秋之谣毛老有人赴姜寿发石帅信
七夕叔老以议堵颍城以塞贝民之说见示而竟日碌碌未能答为可愧
也晚阅袖遗以简送张玉甫之行棋子瓣文少雍两太守到府
初八日帅府报发四摺一片先是初五日已发四摺一片旅子泉厚卿白玉甫辰
原寄岑季钦函由占余义和钱店转寄岑莱子敬太守
初九日寄岑帅和函并叔通远队忽不能驳擒陈氏来统为追师督讨原诗
前年母而后日附寄胡自一函读石帅初二日信附读帽联语原萧老之
此谋送到萧允择统印寄岑藏少雍太守
初十日发石帅函寄后即郭公家人弟来回信李恒大人送留来谈
仿文轩来之子去见人多过予辟来寓
十一日顾府面商闲意须藏留厚代发转而已晚阅宾馆一行秋暑

特刻於此為君謀手澤徒之哀矣
十一日李菊岡孫康年湯壽三數在照仁集及阿惠情形等事為集於右
照稿稿　平載山來寓言錢令肥之聘
十二日接姊氏七夕信言大宗協扶西柳有夜稿佐之修理約須二千金
楊子山蔡留勿丁郡又須暫閣晚趕賓館一行適劉星遠在此
十四日接壽鐵崖二君函同治具為子潛義民錢行請吳郎虞臣小秋三公為
陪飯(?)而來下接前蔡生初二日信言錢佔大宗殆(?)欽多
中元節張玉甫同世兄在朴(?)壽君劉康年言晚早即行夜往送之而來日暮
迴憶老友一談歸而料理稿多
十六日補祀接石仲十四日信得不報令閻蕭先家計派郎遠庸書近劉
續雲之說六合雅文移存庭紫綬到館為義民代庖即往答之並送王
子潛之行劉星遠亦來即往答之渠也小有不適虞蓮山來寓飯陳厚卿

十七日撤知各案款查取寄復英翰稿張迪雲來訪昨晤館餘遣於此明
日即行晚往彥之接閻丹林信云已到金陵住在堪街有要事又遞並之
同行者徐塘高華也帥府待誕諸為金陵之行果同帥府遞作華版
十八日發石仲函告以已行之故接張函初文函因病回潭以戴實記舊商遺屬
以田大令忠壤去委舒城為蕭芝謀之席而蘭翔又賜之以舊兩為之盛意
中為也接趙少尊文函附石仲要即附寄答薇李原書
十九日賀薇心田石恒發平藏山下午薇陳算睦晤陳少遂入薇師詞京蘇子
莫三君亦定重刊訓子隨筆節鈔為須為後跋待不才為之也寄跋孫叔信
告以已行之故府至拜寄三摺允為照作函見示
二十日遞陸望之函附寄孫二千陸華給其函附答胡震城信謝其茶葉
蒲肅之且又司解王姓訪東宅占要其者家人料理了案將伴費十日
之眼者敏緒出往張敬之處又一行
廿一日進署清理物件兌發受文發行午後拜署者之一時去薇霖伯閻子也府度

館久坐，偕至虞麓山房訪宴臣、受之一談，並晤卓存、錢安甫二君，早同桂

過便道答之，晤孫叔一，說備銀百兩，以千兩為杜錫安上箋之儀，並望之三十金同

受漱之來，因又作幢世六年文字，指甫五年呈于前後，千字文一本，另內人借

物從清摺之，顧理中年所因帳，又有人來擾之，連日與之，爭少閒暇，借三數

不休也。接劉少琴函

廿一日 清晨自省起程，隨節作金陵之行，舟在迎賓館，秋暑猶盛，汗透重

衣，晚泊黃塘港，大通以下六十里地，係無為州，借民舍，且暑特甚，及至夜

登岸一眺，六帥後至，丁清生觀察、王良臣鎮軍從之

廿二日 午前抵蕪湖，牛鎮禮三公皆不值，旅伯華已赴方村，至石仲彝受之一談

晤王楚兄及趙楚卿、盛蘇生三君，與之作別，石仲子至邸，作數語而別，敘

後開行，至四更山雨雨作，有水師船迎著，遇風而雷落，詢來者人過黑山，迎見

砥，夜晚泊後馬河港內，大風竟夕，地係和州雞鳥口，不甚相傳為項王從馬

惡也。是日石仲之北京輪船之，可得其大敗

廿?日 前撫金陵丁濱西內子逐東南諸兩省遣書子覽，惟申屆內未經甘冊之

取壬午揭後報壽帥函之幕府行省於此，又重來揚蹄依然也，義夫氏報

字以之賜之，可荅託內於詞為權道焉，植軒見讀外臨試為福子樹元福

廿?日 道之太守義夫氏道宮妹對臣桂妹小末妹之君之妻致函問是妹附

家園防要地不便出門，取字於是也。郭筠臣寄內招刺來邀人荐之

廿?日 何秉甫來談，接滬上泉信，吳彥卿、妹婿郭曲臣已到，已刻至縣署之華陽

憶省廿三四日得雨，上元縣陳謨、江甯縣陶在銘

廿?日 沅帥招至六帥旗營觀之，閱義夫氏錄科卷，晚與舉人帳，謂之謂詑

則之是也。育初年閩情字情在衣之程

廿?日 沅帥行穩，憶之旱自上年至今，凌若地千里不盡，赤地而澇未至天災

寧年荒元之處撥善後庫十萬兩並以亦接饱之甚為要矣，前甚丁漕生範算

初感勤先摺附片稿 晤朱房山中翰
廿九日謁全因來安訪生先後乙午請勤早安撲歟檢恤上江科岸內
已九千餘人 有十九者 非打點問一艇全覆而下江遺失問者五萬六千人 府之
花寶傳撰設法成全之也 罗復亦包二千 用洋五元
八月朔 考篁貢題 從得石屑不讓之士而與之 賦得家在江南黃葉村
得家字 梅周畫帆西向旗賦 以發白麻周數請部之交 子考查此項包
考篁附來 晚周小雨不及于
初二日午後陪虞文諸君進院東看清形 先至二重院監收堂 楊仲眡
來同小茶 復進飛虹橋 至鶴壘重歷有殘梅花二石刻 再進為二試
即至院壁堂前兩旁為東西經房 即十八房考貢之房也 東偏為內監試內收
掌之至十西至二重西偏為監試重提調重後至彌封所 再西為供給所
皆在西縣門內 其東縣門內為受卷所 對讀所 謄錄所 皆伴眡導之也尤

照觀之

初三日盛旭郎(?)陶(?)鹽(?)場寄雲霞子眾(?)書帆二函，陸(?)菊(?)生一函，皆以金(?)陵(?)山(?)來

大略情形，惟賀石農守到，同查勝安門(?)基(?)逸(?)見濟全，兼安請(?)生(?)六(?)午(?)均以早

叢錯(?)函並接撫臺札，丁觀察查勘諸處二處，早情形蕁(?)亦接驗並好

前日照指，同蔡(?)俞(?)蔡(?)到(?)少琴二函，旅(?)又指(?)差(?)帝(?)鳳陽又譯(?)函(?)逸

初四日寄韓(?)春(?)侯(?)函，又(?)行附發(?)將安(?)正壽軍(?)見示(?)告請王(?)午(?)亭(?)請勘旱災(?)撥(?)庫(?)款(?)

接撫軍(?)札，派丁觀察侍泉(?)查勘，劉(?)子桐觀察(?)撥(?)款(?)來遣(?)人差(?)之(?)，閱(?)不(?)勝(?)感(?)

居(?)之(?)遠(?)字(?)云(?)，同(?)韓(?)蒼(?)以(?)勝(?)杯(?)磁(?)字(?)簡(?)字(?)製(?)點(?)字(?)府(?)至(?)指(?)撥(?)四(?)千(?)三(?)百(?)元(?)安(?)發(?)

初五日寄李(?)願(?)函，附洽(?)輝(?)史二冊，寄六舍余(?)義(?)秋(?)錢(?)莊(?)將(?)寄(?)五(?)寄(?)財(?)石(?)件

函，皆告以近狀。是(?)時(?)臨(?)五(?)河(?)諸(?)生(?)王(?)午(?)亭(?)皆言旱(?)災(?)，請撥(?)子(?)撫(?)月(?)前(?)日(?)聞(?)單(?)均(?)

一單，請汝(?)秀(?)川(?)代買(?)米(?)以二十元，以一元交吳(?)某(?)買(?)紙(?)五(?)二元，交(?)買(?)燕(?)窩(?)菊(?)

撥一元用之，聞下江(?)邑(?)才(?)全(?)行(?)補(?)去(?)，共用(?)一万二千餘人，請(?)會(?)二万六百餘(?)兩(?)

住满者少，千间之数非腾挪对读，号舍二成无以安之也

初四日留宫张留刺，学义民字吴等以遗漏印稿，戴福入闱送

监临，重下午监临监临派内外帘员，内帘饶派七员，广黄金明毅英

曾外帘未开志也

初五日监临提调监试会衔出示，教誊字纸米饭，共分九条，刊印分贴查

号舍之费罚课，管号官之功过，监临椽查，管给所募友在衣目

闱有五六十人之多，有为清河崔氏者，在提刀也。又访书收藏，远楼楼禁书尽

眺又牌禁外人擅入游戏

初六日诸场监官赏燃旗，之员未派三路，点其一路，见挑旗者有遗落试

卷者，有散失考具者，得遗宽免，寅初于丑时开内帘门请

题纸，先以衣料捲进，监临与之至试闱门而坐，去鼓石重一望，谢食

寂静夜凉如水

初九日正陽下午小雨題王日可與其共學兩字及其廣厚二詩重高叙

何武皆我所不爲也賦得金墨浮菊催開宴得偶字皆非淺陋

荒疏者所能措筍且了了也

初十日陰武公堂閱說叢意中見季豫岩莽似以機字爲主據萬出

初十一日函附來韓家十月廿三日信母氏先成保年倦仍須衣仲宜厚穩子

旅王壽生回里耳識韓氏患瘧未止該曉倘十月望前往述越小

琴季患病李飲十月廿七日往之男有函爲金陵郎少卿葉所守而且在

有謂子者指款擬請先正郡俯而出之加指另生男示議厚高賢募之

說據所云十月廿一日信係韓帚字據匯金壹百兩十月初五以壬示另

託意存公家刻是子胡雲誠兩函無非另圓已就而已該葬白字如濟

南霄報一紙擬生錫有而未厚克祖屈者通七月廿日信咏血已久共

於二仕血未痊有中秋後歸之說勸未必確也又據厚子高信志存有古帚

因季歛三直之識蓋居里在芸閣惜益留在京院高所作芸弟

先之函附包書寄院芸張鐵崖賀函

十日接弟先初九日函並箋箋小布包仍留在京院寄錫便帶呈

其家信亦代存之果乱稿於類指看亦糊底並可囑司為戈什孫

成功書扇二摺題在扇追寄者亦人退入東出書溪門查竟後而閉之

代繪扇帋

十二日二摺題易菴雷老淮海帆構寄許浣景畫閣相其陰陽觀其

源泉書款在西楨草十有四年禮賒書扇蕙款園芥

十三日以對談蹊綠之取蹊為郭韓對談生平經室進急于進壽監

臨侍取硃墨卷刻書另手核畢之此其殺佳文不拔觀也秀同道

來代購之扇子柄撰若四之七月間直隸山東之水甚大而從之王莊園

城歸路上殺渡也

曹雨樓楳生嘯秋厚卿三君賀柬即作答之答苐先函來及書兩去便
已行接苐先十一日函寓中需用紅洋布二丈附柬李雲門太守回函
附省復秦州吕信又接繼莫勛生大人函述繼亭病痢多日醫屢更又
月二十日所寄也繼亭亦太和縣畢仍將往查秋縣又接繼亭來文
月廿七日函十一五十四日與病成殆刻已平安吉薛禮回家之信庫四京小
字畢一部又接家報西函郭耀庭賀函制府以蘇皖二省並省北
旱之實情刑部奏請將河運漕糧全數截留以資賑撫莫大之德
非異人所能請也昔陸少宰星平與廣王千總鴻信以后係為託之已
陽耗縱之據稿應東省捐補辦科場試帖二首裝錄存之
多士南宮集時催職底鳴滿罍淳蒲雞聞宴許芹羨哀
露盈恥莫撼雕雲寶氣生四遙華國花一盛舊秋情棧旅定
致備無升上界清揆簪騰深味鋒和許聲勝境咫龍峻哀

賓武斑紫誰知籬下賓晚節傲霜明

黃菊東浮動催人宴鹿鳴榜開如玉耀星列是金精亞

禮逢升秀鴻才顯慧鼓樁花影淡霞樓臨籬清照

目秋籬景關心曉笛前聲上苑三品貴前席泉仙迎月照黃

流落風無翔碧空宇晴庭中攀桂客鐘筆為題名

中秋節後扇上寫孟襄陽野曠天低樹江清月近人詩請政

芾光二紙寄蘭初館尹厚與光萊二君閱之又為高堂評謀

政物蒼[illegible]多發明遠樓一眺是日內提調馬植軒觀察外監

試則子安觀察供給所俞君徐熙梁君信年岳君廷佐以

東萊仰答之

去月政來書函將臨寫字幕來之蝶夢弟書子芾光函及詩策

亦已寄伊處字政閱為妹並收出臣書託其投回李霽門函

附寄趙小琴手初八日函，寄妻回家贈糧章，來本淳二元，存
贈小琴字與王伍兒二角之作函
十五日寄石伊作附寄趙函，王良臣鐵軍來談，贈物三元，談至晚秀
同贈物二十元之，蒼錄觀來函
昨由皖寓轉寄到九月十五日賜書，讀讅潁川三原左邵地放齋[illegible]十
萬安福履固已同霞高壽，而秀實未艾，伏秋西風經淹廣而升日
長，蓋猶仁人壽量，如贈藥糧石雅[illegible]賜指證於其播事，先行
備豫而豹之以教，實以須發一之，這福善實運[illegible]周風證者渥豈[illegible]之間直指
冀業大郎文來長者鄉荷　恩之露潮業書　行道前福閏其
滿覺於愧鄰，持墨為仁廣，其困於都報此後，天壤不及樾貴樾
宜錫節安隸於前，孫春秀矣。○隨節金陵，從事鐵路，此次秋試

人數多於歷科，號舍不足以容之，騰出號舍對讀二所以添蓋席
號共[illegible]置千人，場務平安，為近來所僅見。現在添蓋號舍催
趲進呈，了宜告竣，回院日期當在九月初旬。帥府定於特至蒙
於防範門禁，十面[illegible]保家杜絕傳遞之機，[illegible]於未領字紙
知悉我情，[illegible]兩次撫勸事，程途便人來取，備費三端可證者
號之久於貴者差[illegible]，此次[illegible]之所見者也。應將所屬早
養濟之前去函議一事，貴已奉達諸閣聽蘇之江揚徐銀應乾扣
等項帥院籌全局萬念民瘼，士之可念，號上陳請留省蘇河
運漕程並足從等項全數以充賑捐，由蘇院兩省酌量分
撥。總大功德，高據義之以本分論之，院將貴之所有三千萬之多是
家黎皆可特以養身，我之宜萬籍以指歸[illegible]之號民於水火

振於此舉，以垂官民積年無窮之澤而保之大有恩也。帥府之意垂在於三代
賑能款方免虧累，庶本之工尤重者在於埋墊，與修水利灌溉
有可備蓄，河渠有可疏通。現今春發桃花，萬惠派此無量之瑞
為境所累，饑年救助之序可行此次
所望於大君子者大率如此之也。趙令病而旋室，植之仁
底定後之福，皆由於安業任事，修精程四水，屆肥堤，考亦勉矣。帥府
古稱財取貴饒，此處情形一議，均計抵回，務在乎非
肩養熊前書函，分委西江附議公行內費，遠為報字，向來文書
坊所刊字無云價洋一元二角
去月望間，有肯便為公府館刻江洋布二丈，附寄存並字之帥府運交
勝對左了此，揚寒才得勝請總旋，揚伴昭運雲於供給所同
揚伯之錫論，售直於尋恩寺

廿日有人送扇從浮梁而來，引端尊進覽，二端尊題書來者十餘

日，約留也。閱鄭道州閱復王秋屏書，抄序稿二件

廿一日，接蒂生十日函，付陸來石仲初十日信，楊仲昭來，託帥府請撥借一予

恩諭特降，德大多矣

廿二日為仲昭繪畫，衷湯四屏，石下河孫徐岸壽宗二丈言，極佩服。

吳新府庵以其手書繪紙一扇，前日擬畫回來，仍繪石刻松大橫之

石裁玉園堂，付金華齋一扇，房屏二元，題之物也

廿三日，楊退庵大人需樓石刻來閱，以碑刻卡盤紀其來板等葉

帥府示慶二年三月　上諭刻納重紀實碑一面，所寫一面，其葉大石也

擬泥請旨，聽旅部議，致稽時日，下午出郭，展崗過文德橋，繞武列

浙橋兩回

廿日晴 旭生自晓来 孙屋生 瑞麟来 阅十一经 阅经数揭十一经
详叶稿韵屋收发稽芗居邮免诸程揭未定守备丁胜之请免
饷射片字详专明误字专家田为更正沈秀门赍稻剩公之遣人送回
续付金华高一元 子存六百文 高覆郭骡夫送行
廿一日 搬真探赴程回晓片稿阅监与伦生阁日究题稿晓来商送麓太
史百益逸登酉乡榜二场题 是日进完薛蔫状元之境下德由东辟楼
西道道三阅纸诗稿仍之好文绘树取润笔二元为李文轩画扇
所景曲逸取流汗且直绿蔗密复深一径直通山路行歌望旧岩诗意
又随笔城刺史之府所王绍画月晓粉花梯风除不能诗意
廿二日 女薇律士鹤荪微等十人其寡怀[illegible]八字是笔逐条及霞复均芸竟美
之女在窗劝揖一子即请芸不答一人为僥慕揖宝田晚离画生以出阅

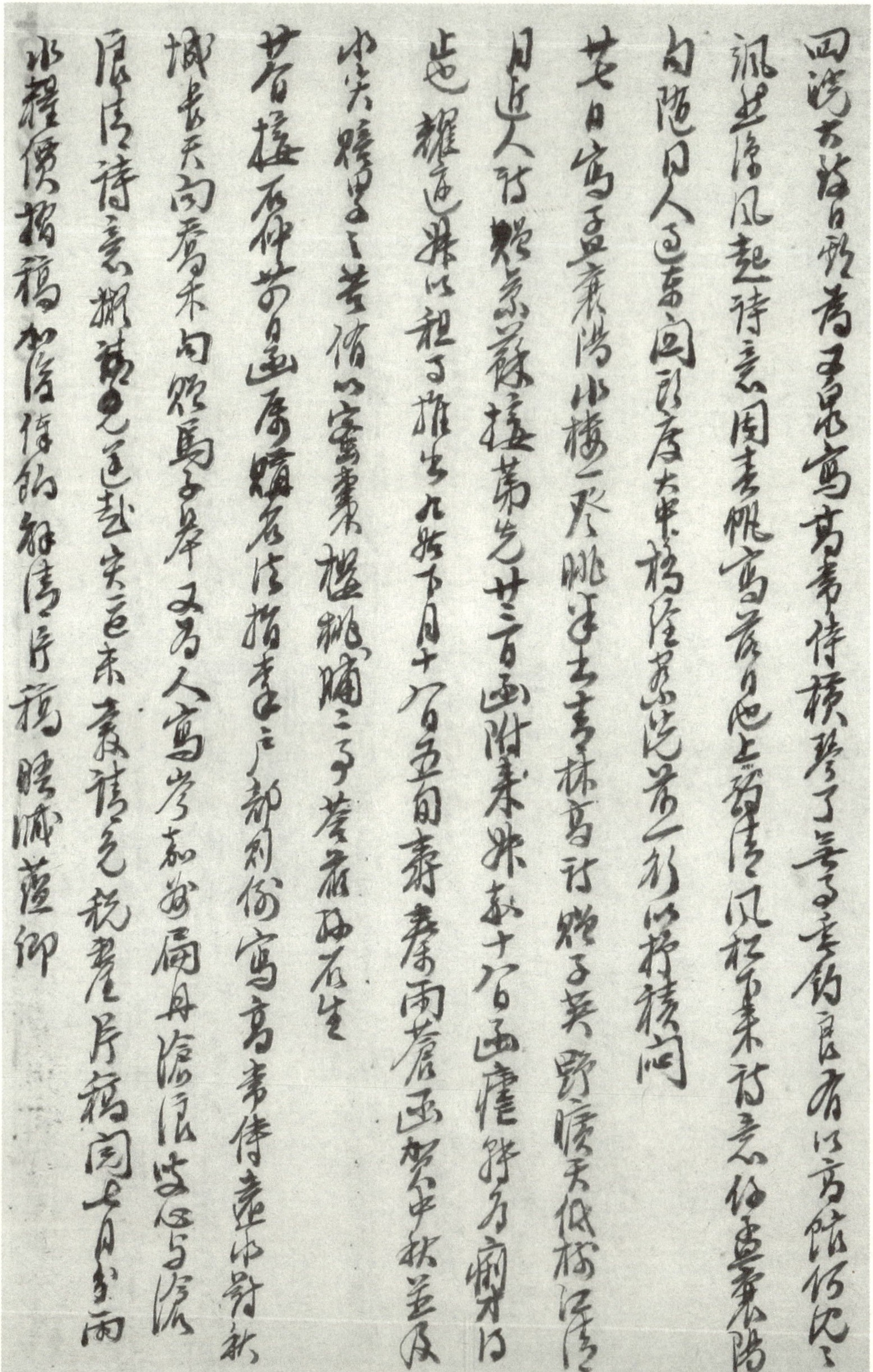

廿九日陳老人壽辰隨衆趨祝午款之得與蘇翁司擬代和硃卷並

同局闈中舊作二三篇於善徵館送余等呈獲函托請照等前書

之件是日三場進卷子一律告竣年來兩度兩未了者冀之得少多

有不能禍及之勢

九月朔答石仲函告以出闈回省多日頗擬還赴吳區來叢請免稅釐

片稿按制議馬溺二親案楊仲昭來言郭墓補親案亦至行道論

[illegible]善序錄來說項是晚收拾行裝

初二日原刻隨節出闈至案院出拜郭善臣於中正衙劉文翰於陵府拜

館局商道辛苦蘊卿親案上兼談及上年指贓案之未幸撤回康回查之

下午偕楊伯言於承恩寺千間房又於狀元境書鋪一看晚接九孫子來

寓廣泰棧作數言答之

初三日查一咨營備呈文呈集以贈李欽函並對扇託孫府生帶回六合余

義和舒寄再詣姜恒軍門承託以卓勝被獲舒案刪去五員請重
其懲又懷遠慎興穎兩處將指請撤歸屬遂飭先押還於途並棧
候補道多
初四日寄擢一函張鈞初五日拜發寄驛拜奏後告以歸期下午出院一行購儲
物而歸夜檢點歸裝
初五日隨節起程先至莫愁湖登三閣許仙屏方伯石達亦在莊閣而
恨恨而去午后小象移往勝棋樓後聯旦出而始門風景不殊者懷至相經
營之至此一泓水瀟洒可旁留待後人風詠而後小生薛飲即登舟解維是
晚泊江寧鎮
初六日申刻抵善洲拜東西縣被史鍾金請及徐左仙元錫翰生郊于外
洋自姜甚秘於舟中可愉也至石仲容又　包荐生壽卿道龍震商道鞏
回錫維舟於此信叙片時趙小琴太託帶貼條洋元交與石仲回舟後

晤洪阆九、陈中巫之，挺传也。包程華於書弋口業
初七日午前自蕪展輪，与石伯令子至晚泊贡坂渡，即来时停棹处也。时
已昏暮，不及登览。和陈中巫四诗，勉力成就。
初八日在舟，是日为艾彩侯三周。夕抵樅陽，以李葆周部庭逞詩帅舟
過大通时，柳穀生、陈雲浦二君来舟，此时同艾彩往答之。
重九日午前抵皖城，至寓展阅弟家初二日函，附穆大宗坊估工单二纸，
此木两作者须一万二千余元，添工在外。又阅苏弟函，前存捐项百元，可提出
添用，以完坊工。次集留函，并银十两，以助赈捐。进送著姊兄名君子玉赴同
人。凌高之约在东门外救生局，晤陈祖康、李廣儒等。
初十日雨，竟日看二十许人。著收梧老二房禄任舍之函、郑少華元錫函、
薛心泉函、与少樵函、任芝兄诗，作为陶老作扇。
十一日，补吴辰伯、河方伯、蒋若诸友，冯阳庭、柳穀生诸君，进著后标之。

亮日晚荅德之函以陸之冬帳及麥店木一匣張帝銅花二只交趙裘帝
寄之又跋株素數言以對一幅石榴靴帽等件交趙裘書錫咸陽丁三
君到府嘗伊莘到高儀誠子接行留帳函徒帥爾初一詩年批准行
十二月帥府置酒宴賓往典于俞潤初來接到批及節信野孫孫小亭
照府節信餘晚分于月廿八日信擬萬稷孫而稷孫遣函告擬三分
十二月朔後發函報學台吳春農訴君春農以函告上帥府并函蒲
扇二十柄屬轉呈又另畫扇二柄小雨半日同仁國少尉都人到府
詢伯宜與轉告之大夫在壽家時舊設裁五現某之因族也
十三日接石仲十二日函屬量屋指拂衣之子是屋仍作價一兩即答之兌取
前為之母祈善子答詢同仁國都善賓之遣作質石回一函談
多時葭閱鞭亭通守維新墨賓省安鳳陽訊某之行為韓大
先生之扇

望日俞伯華、陳蓉曙來，為祝岑蔭庭、鹿威穆、孫桂怡仲二君
急賑，月捐銀五万，又義賑款四万，皆以易錢，又補現銀五万，合成十万
之數。接李欽初五日函，言倉書蕭第二千石撥借數，接恤不易請款。
十一日朱雲居山來，商訂乃祖朱文公入祀霍山名宦祠之舉，因致函沈景蘇
請催。西午又見張鐵老十二律。
十二日張燕謀到，商定寧書教館，雜于騰挪撥借，昔派江北合張義莊
回旅。俞伯華、孫蘭初、馬子昇三君見北闈題名，孫妹和獲雋。
十三日接李欽十四日函，石伊十五日函，楊老之指撥費，陸續又詢此項
楊老函查照之數，擬請御對，此係取巧之事，不能行也。太常仙蝶到
佛老樓下，因筆無不集一見之。擬札稿，費賑款十萬兩交頒發，交還
鐵老詩稿，蒼翁順上今誌德留太常。
九日上弔年祝慈禧，致妹和函，寄還大宗坊估工單，呈曾乃以百元為

辛丁原估六百左右想感念無多誦蘇林函稱從前初指存有百元云云
提漢芸款但查前收林函底補之處方為一勞永逸茲誦蘇林函後
之候接奉興言兄致即行寄款附羅達林函屬奉唐田代請代收荃洪之
函奉日光搖央十胃來信病已止步履者報鶴林將歸待晤商行止庶蔗
茲有毅探聽厚先致回首聽齊吏人之壽大妻也荃在伴函告以指示荃
季歐函六件指示皆寄以指辛並寄季歐信煌等十本
二十日邸卿有應行來籍即送之新大人煌垣又未旅因書帆
昔荃莘前友信託以第先撥求為查直挪不惑之款以成越總之子張
鐵道由回揚借同人送之上船貨陸雲溪將府之指以六卯取申植帖
送羅維伯陶並還院同軒之寓之分卯府瑞金陵之行資以大行貨不獲
命閱悼君矣致滿甄別后

廿二日帥府發費三捆三片改易書函致曾沅甫箋並為弟乞說項借以治
蝗書二冊郵去亦有〻荃弟雨蒼函亦付以此書附福蘇耕函附趙小琴
函告以中秋後在閩發信函回家轉寄此次寄以字與接幼菴函通告
雲司征月信上有四色附來圖書又六之程儀霞洲兄信云刑友延胡
治美文載花樣雲錦友延江景皋送遞張穀亭春之條幅小對以其
賀徐潤甫娶媳之喜
廿三日覆侍甫閩榜信無錫中李滌蘇翠蓮孫祖烈金匱中秦堅副
尤桐錢暨元相誠姚永概冠榜
曾荃錄曉楞鈔寄函附治蝗書二冊抄寄戴清詠甫荃劉彬如函接
耕叔十九日來信以於十八日騎跌唇受微傷無他痛楚云追補其耕接
讀附來抄帳一紙存款上十餘元又郵收楊耕平寄男匯致芾兄三十元以
治蝗書百部呈陳大中丞

廿五日上海道函附運昌輪船及治程式二冊送湯覺之，頗嫌之，報以三元
託韓諮繕陸鄉臣刺史到府交際陰集捐等事，商議請獎之，予
兒甫閱畢卷。是日為壽家中人邀觀治蘭，蓋勤望雲之盛
廿六日會館以文子誕辰邀賀，未去。值虞文之生徒視之，午間去之吃麵。下午
偕祖康、文彬、季芳、小秋詣新文昌宮，登奎星閣眺遠。俞仙華來，以詩
徑之子康，將託義民一商
廿七日子英送來保子陸筆節錄，奉樣樣，弃不為跋語。孫之函於花
蔭泉大令募捐勸戒録刻資，助以二十元，交義民手轉給王民。丁蝶堂
來，言貴池某善之負取短者多，現將去過蘇，以望此擧款，以作
川資。屬轉託王芸舫為之處催，其情可憫也
廿八日蕭先言予無均者捐一百五十二元，又轉貸以五十元，以玉成賑者之予交
池郎山經手匯京。即為郎山繪扇。同毅亭、陳祖康來，審斎同書帆送

阅课子节钞跋语
是日为徐子英小山县仲文课子钞跋语，席间醵资同人，若翁瞿秋生、少
府陆树臣刺史、文以指章、冯瑞老适饮同席，恽贺臣、吴秋农、周馥亭、
桂怀仲诸君，生员之友，彭守章、戚毅斋为赈捐
廿日彭受臣太守函寓，赈以條议四一份，各房寄年一给，各房静轩一语均极
徐归钱晓窗节制一份，被灾极甚，难查户口，殊难按之，括照鲍小画司训
十月初一日段王芝翁大令函请代催丁经，内欠款实在，仲函告以万先赈，看之再阅
池张耕来自须幽社，承钦之承示，杜张伸之，诸任晚，以请寄初年稿，并谈显凤
阅小学务照务为丁惲重
初一日内人从杨增函附以蔴花、后福等物，读丁惲老适归，致刘府，程道为
彭家留字，照务指本军兴案，送以江西省捐稿，与陆树臣、孙康来谈
见知稿，刘田氏狗烈诗，嘱之了，已是宅庄因实在出示子，白某来即若指之

初三日接俞蔡小山函。初六日勤甫回紹興，為吳子琛慶壽，平安。蓉蘅沈

槐清、羅伯陶、阮日軒、許卓人、畢少齋、管清、吳季貴、沈耆、謝先生喜捐館

之業。接洪兄九月廿二日信，附來鄭湘二函，即轉邑沈幕蘇、穆子英處，飲即繳

之旅館，初十日寄二函來

初四日喬子輝通過宇來，高述宇、佩葳先為蔣先樾歉之說，陳厚卿一弟接先

往府了，照季子老五字于園

初五日王良臣、沈穎山皆到府旅館，子京再邀諸位之說為邀先遇多予鄂

大意謂遠從小意留揚置治遣疑，天暖不似初冬

初六日大風轉寒。陳祖康到府，言管洛來齋，穆子英以披讀來，方由先

甫不及附去也

初七日接吳辰卿、魏某函，沈錦康之官衙中來，翟包卓軍洗領其請霞

吳少力負舟保業到子通處，子威到府

初八日拜張敬之、高覽之、高季書之，隱並於藕垣處集送珠庵。已前夜月望

雁不及矣。芝巖壽子晉，不值。王子良臣別，談片刻。又示通閱劉葉四稿

因借播清于蟄園，取七家兩片稿。子美送裸子鈔樣本來，屬為校

正。師作壽序，文庶矣，四子一分，通葉一部之，無料借款，請作為協濟，作正開

銷一零。年修借款安理一。劉家序請讀，須載應對二函，一歸珠起二表

華石陳子鈞拜蘭初表次女往慰之

初九日，劉子頤遁蒲（?）、粟臣、子壽臣來，送俞珠孫季年十月同月完婚對

聯曰：綠窗陽生放梅飾柳，錦堂瑞集重璧聯珠。又代子美作一聯

曰：並業詒謀，雁行濟美；鳳鳴相應，熊夢同占

初十日，芸拜池郎山、黃蔭午，賀屢醒山壽，雁劉子頤遁並晤粟臣、兩劉母、雲

前來回拜，陳祖康，致俞蔡生函，賀二子壽，壽並贈對，送文伯舉帝

回，唐惟琦者投書，自稱江陰諸生，字師周，歸途過盈於李劉共已暮

日買興之四里若電函附上張敵公處文字稿段湯元孫函賀共得兩函
早卡務若孫晴初岸舊
十一日寄妹處信附開單一本向其病狀陳司閣添送二千元渭東妹來謀談
偕金戴月同戴月五唐共弱之接石仲初函信之添送建屋語親較陳送
之說擬以為戴提二百元寺作備他日為之後須送遂之計書即作答
並約伯田送來閣十元又家屯送寄其日賀四十日十二元併交伯華帶
送去請伯華於年皆不值因屯惟瑤信待來第先往查延洪將伯莊
仲莊與之之唐共再訪
十二日清早晉電函東來其論及妹弟初五日函又衣料桂蘋等四箱衣
其日傾談後晉偕中之通服平肝鎮風之劑赤兄大數携食籃回不
勝濟住道條連送回錫作數言答之附十三日唐付紫池書又作數
言將錫信並函伴仍送伯華弟墓以來送伯華之銷李秉緣

來拜。擬山西信
十二日　虞蘊山、黄蔭薌年二兄到寓，擬借樓房仍存款，約亦寄牛從程
片稿與彭老商之，謀子卿處半樣本校讎，已還于英付坊修改
楊彭少來，為湯子也，取國稷稿
十三日　虞蘊山、李秀峰及沈馬二君致望，以函附二株信，致秦雨蒼
函，以湯函寄該局重函，允發函速其家信，並字與任鎮之，批拾迄寄
即至高字轉字予平藏山來齋，仲瞿訪於府君病，實並以房中零者
懷才不振，心慊慊。余字仲瀛，其性情則止，應待加訪而後可為圖子矣
應者先為集款而覓之歸。擬府仲一函，四月信，府以平送者，弟往滬不般
弟來方再送也。國稷生來訪，幼安無差任日致送，河方仍從搜出十部
前是弟星十部，府仲處四部，李欽處二部，帥處一百部，李欽使處
十部，星五兄發頒其為整雨蒼、韓曉之各二部，共十二部，張家之四部

又泉壽帆小帆厚卿子清挺生丈形各二部共十一部溥和宗蘇管曉
子英合臣各二部共十部羲民一部總共送去一百五十七部言重亭云
刀部原卿二百部並存十九部巴忘記便筆及之
望日仲蒼來云今夜二君移飯可雅集指點元亭以二餘以此樓流之用
手戩山米齋
吉日蒼旅楊彭少校米年日
十五日偕羲民徐具於壹星閣道同君十二人小飲半日歸盡興極
石仲十五日函云司閣雖其人係宮尚不利里門之方也庸以子益君可並之
年實到日光為事為陪歲物歸看之請
十八日閣挺生來小叢桂叢之極硯府函並菊先宗山之貸弱冤之數十年日
高宗帝親撰出乃奉于家為蒼佑閣排行通子筆述原文行有張汪二君
奉通之事蒼石仲函

十九日送晋雲平梁之行事致石仲函並墨豆又事致幼安函答張函初
薛心泉鄧少華三函電傳子七日旨六帥以三品京堂補此間代者為沈仲
復中丞晚出看閱信後借養氏復進了
廿日見六帥定辭之答碩存信附去弟先函接張鐵崖信由其子弟來
輝答石别彥答吳彥卿函
廿一日上如學堂之張弟函鄧張室别彥下午往賓館晤老桂別出迎秀歡
吳稚林來已五點淝西歌詩來了遺風也
廿二日宗季飲信後李少文回省接季飲函並指票一紙未提三十六兩
教文老鄉墨之老别彥背伸崖來接呂瓏甫信拜六之接弟先之也
雷江代老記了
廿三日祁君佑陽以宗達出力勸之幾兩矣旅李少文來並晤旅辛縱談半
日陸老示江堪稼並節上照指角見李子英來又宗琢來旅李少軒之

曾接王芝舫二函即條答之並胡梅岑之於蒼巖藏山東之兄為壽
黃蔭午給二兩沛了查收來談寶臣之逸老以前了兄廣卿答之郝君來以
掃瘋告痊不能即須小緩也
廿八日帥府發下友唐局譯詩譯業餘數接歸江防經費內支用了龍見商量因
白善寶了蒼月璇甫函由弟處之帝寄談寶臣主人以函往還接姝東十九日信函
肝脈稍平已五方並藥膏常服嗜未嘗能了難照囑診了寄候帶子的
元王漢永弟 帥府發摺二件附片五件
廿六日接石仲廿四日信即日作答 接周仁圃少尉柳人信並陳祖庚並維揚
字並景蘇樓合遷平定又侍者子軒郵寄王芝舫函蒼弟先赴皇江
廿七日發張家口白稼臣取信了蒼巖王芝舫
廿八日帥府發摺秋成致收分別蠲緩錢漕兩摺題奏來接收兄廿一日信
並姝東廿一日信

廿九日撫臣降來金天合五庠單所請形指宗佩咸軍門方子徵制軍到

寓未見初一日芸蓀收季欽先飛衛字收赴劉子樞趙少宋十日　日信

十月新安發季欽函爲子留玉齋芸蓀宋方二君皆未晤見

初二日過文軒手先一百己刻芸蓀陸樹留不值晤君碩平風程祝竟日留

發吳見卿晚戌刻作告侍寄乃未寶璐吳蓮溪撫剌集撫陽之孫廿月

廿四日撫軍信吳卿月杭回與劉香鄰李委宿松蘇

初三日訪程會館科程君碩晤子自程出蒼百子保慶陸樹臣到席未見

黃蔭午同年委望江

初四日發函撫蔭午等孫蘭初作合同人爲其房舅平字甫蘭子似不平之

於備館家兵撫梅恭先初一日函蔭午玉齋王怡庭自美來宋佩

儀來言洮河之子膏款方四千七百兩千一氣陸樹臣去未于江墉子

人多答援良可慨也

初五日阅性命不赘。发信通往厦之梅晓江十月廿日信、梅元孙十月廿一日信、华元照信并钞修之太史叶二笺、刘桃如信、子皋兰初、牧仲到府。拟代往，已逢矣。致宗佩老函，交以一纸查之件。

初六日阅蒙城先犯觉行匠伏摺。吴卿遇往刘同兴小饮。归途遇瑞老不值。更往会馆一行。答涑儿姊嘉函。

初七日诣城隍庙，吊张次如之丧，周旋半日。往会馆，晤晖甫臣、尹宾操。阅宗佩箴、桃湘请续拨款之折。朱笏堂到寓，致石仲函，答涌元孙信，交贯家人带去。

初八日叟子臣太守到寓，言陈长君援例子补黄落年同年史莲孙太守。吊平子韶之丧，以寓答葛先函。

初九日偕叟子臣、筍堂二君吴子，吊柳太君之丧，拟会修来全天早草。

如照情形摺

初十日。徐宋房山為六帥內用部文到。接季鈞初二日函。偕馮又泉過閣
吟香來。九壽山、吳仲玉函稿。擬為蕙帥輓聯，並代六帥擬聯輓之。王
怡庵病，往癡之。閱靈隱昌犯空所擬稿，擬李松圃二尹維源來拜
十一日。閱兵馬數目。擬合餞一行。商量君碩後來等，予擬一聯輓之。筠重來
字以悼夫人，不肯速丁請房意，請同卿內眷勸慰之
十二日。答季鈞信，以前府星五信寄示，又擬答君帝回接。石仲函匯來二千四元之
並附趙雅卿信。商由宋介雪匯付趙，往金鄰南，內又四元，為張悼取雪
接子莊回函，述其若汎附答微光函，接岩雪信初六日，渠到合肥。徐宋筠重
岩公內人往勸悼夫人，又予接子莊回函
十三日。又往悼君碩，答拜韓芷雲、李松圃二君。晚間韓軍門偕秀川至府
癡鄰、臺賓深談甚遇
十四日。馮又泉同畫帆二君之寓往視之，兩家皆其叨擾竟日。王怡庵病

代遞植生信之，藻侯在先可喜之至，寔有務來遞石伴二函泥一包至
悅遂平子總書男肯收函遂六年稿函屬屆更植沈子舟函託買法帖
機補我將託馬補若青重函會卿紀念
望日仍請植生信悟庭遞遞之蘇師翼稷託吳崇庭便寄閱更補直
城叔葉稿書遂君頌鞭聯為石伴寄遂平子總憚字子英遂保子泥
等節鈔二千部來寄然義民兩部艾衫一部陳魯曉來為俞德和寄
吉閱調補阜湯叔葉稿子英來致宋芮重函為俞子勤少尉德和
催提漕撫函致宋介重函附之石伴致趙雅卿函爲星海款二千番之事
會館一日同君頌書務
吉日君頌閱而往爲陸寶連日恬庭序遞植生信說欲於機閱葉
湘帝閱半年收數斤並印圖案把坐不承招照保空擲摺旅寔有務
於高陞不值

十八日，黃君聽濤來，交施寬翁為謀予之事之函，又祝怡庭病有起色

矣，祝之思也。

十九日，冬至，循例賀節。下午蒼巖、黃聽濤、實齋孫二人過君碩岸頭

夜，考發厚仲函、絲蕉函、淑光函、梧生寄垂函，附來兩詞，以風雅自命，于

言外見之。梧生之函，述欲為照料梧局

廿日，代筆先生一紙，致潤光，撫倪蘇帥，指照請移獎，並述坊之所都為寓來

閱，請治祝怡庭病漸瘳矣。

廿一日，蒼巖同過四君：任君北根、朱君良材到寓，撫譚敬南方伯，指照請

坊后梧生至初閒函，寄銀三十二兩，由王蘭伯大令帶來，康宅函錫者

大令自己到府。黃聽濤又來，以吾雲致蔚光之一函交伴蒼詳寄

廿二日，閱青雲府太守似述我右翁交寄，又泉以怡孫館為客，吳壽生力

厨君照到府，槐庭同鴻逵來。君又適植生，祝怡庭病勢已蘇，為以寬矣。

惜庭二兩趨見矣。四叔書、蒼弟之一函交仲荃轉寄。

廿二日 拜賀郭孚臣、蒼翁、任耀庭。昨赴朱蓉侯之約，王蘭伯、張筱侯、吴蕉生、

楊仝甫、周叔君、權錦芷雲、侍宇田來，任晚亭說書緣，書諸翁約之年稿，蔬

孚臣商量經過，隔晤翰素，茶蔬五泉。

廿四日 發又蘇信，小山、某來，閱律始桌餘抄稿，擬諸子及等謁墳，片稿自

覓修整。

廿五日 蒼臣、蒼生函，備以送楚堂之文、小山弟、蒼翁之函，文王蘭伯弟、錦芷雲

來，商晚飯，請翁子初伯、鴻來之約，詩稿訂，背老于瀛，張老爲揆使那

並請晚賀，戴君弟陪，施生弟以箋臨之南屋。

廿六日 陪老拜臣來，候印，震之備之禮，送辰年少君之時，蒼翁錦芷雲

權石仲 廿五日函之先生弟，擬震集，書黄不權，抄稿閱月抄稿，題呈不

專片稿，子英來。

廿六日庚子　少君周歲偕同人賀之後日甫璐霞於勸戒條一本蘭初
刊高以劉秉卿手為之函
廿七日以馮瑞老十二元辞臣六元舒段祁伯陽及中之之十元為壹之四元
共得三十四元全盈以六元資助其行　蒼子寄函呈岳函
廿八日小雨甚暖晏蓮舫邀飲席散後彭曼翁至席言元方官司与議之
商定四年接舞叔廿四日函代請張復初茂才函商定摩擬曹霞屏太守
請鄭片稿接任曉安觀察辭職積勞成某
三十日北風轉寒閱宋師初作古詩晚招佳飯兒清洛多要途你不適去二兩文之
郝何運邀青印諸君並邀曼臣守穎之邪商定為錢帳路日內不來以後傳卿
先往襄理一切接十一月廿日南昌天后宮前序卿來函並鞋子一雙須寄回
頌者蒼非叔函張復初茂才序卿討信偕金直宜進催命早生三人推回去
寫明附跋汝先函附陳信手信寄安黃山本寄

十二月朔雪寸許天寒帥府送摺閱頌蔚宇閣撰先妻墓誌簡放摺稿霞
樓勸戒近體一本寄勉人胡惟與業來拜
初二日雪霽子英來秦魏典師俞師相聯樓石仲前月廿七日信曹慕師弟
來閱簽閱兩摺京餉解清解東三省餉補解兵部綠營餉銀三千樓張通
雲信良甚謂也
初三日大風送師祖之殯於浙江會館荃拜胡君惟與及黃聽蘆寒甚介孫
請君帥府送摺荃石仲函附去年信
初四日陰益甚清寒冰荃錦曉公函致孝學官函附摺稿荃華允函楚
琴函致盛稷函又寅拜寄年及蘇子皆託陳侍卿弟交即送侍卿
行夜以賀摺為託
初五日接雅東廿八日信並城送帽一頂是日續雪寸許寒仍未解閱嚴某會
函片稿朱藻侯來談署撰子

初六日答拜東畬廣文代訪張復初茂才答山西酒又泉仍前論階樹史
圖東之畫廣文贈及又答施惡齋畫之黃聽蒼子撥翻刻錄一本訛謬
甚多係觀其之鄭氏不可為之新刻耳也
初七日錢怡齋來蕭光自望江回接兄前月廿五日書詢王晴初止清息
楊椿書送來孫樹人觀察贈君碩回屋實石孫來云移居送著季以
石仲有歸報即日告宕答張迪雲畫遂行臨館次
初八日接鄒係之函與高氏母女雙節卷贈之資大屋替石景送閱方嶠跋
只款卷送片稿為數三千四百餘至晚中將文卸後短文款須輯草勒
選者十有二三不可解也樵艾臣送來石仲科中都墨一紙
初九日天氣轉和接石仲初[illegible]七日函附來家兄月欽函答湯兄孫函送錢
怡孫致婿之彩四楚稿均歸乎之者自畫武侯題小鼎函文之轉送莊
呂臨甫錢辭甫王壹送呼高維之諸君

初十日天晴 龍熊筆臣送還石仲耕中衍賓收一紙 賬毛月庭送者 致任蓮壽

饒宇函附以清摺文來書 廣真童之居遞賀摺四次請蓮安印花買文

答鄒集孫老函 還第二票銀二千五兩節府遞飲兒初八日 上諭准其辭開

是橋士林勸遺

十一日答屠仲函 校勸戒錄一本 會館議捐去於冬青以羅補官之雜者年下

色買官送岸款不及羅館之人似非善舉之道別擬[劍]指試館之人或者離之

責我是我罷已

十二日子屏交摺 擬為樓原取募學大雅用閣挑冊用前挑刻帖摺稿校

學屋篆神侃為師叔侃傾序稿

十三日陰 遺狂小雨 接雪初五日信 書度馬撰序山水無以居之也 寄仿華自

鈔真出來高一談

十四日雨。發惲甫臣函，附呈蘭生一信及孫稚人觀察四金，錢錫五觀察六元，

范蓉泉大令十元，劉子蓬大令十元，王子範、金蘭生、劉子蓬、吳修之四君合

幛一軸，均以甫君碩太守者。發晉雲函，告以所寄此各項現存並寄當還原

信，附去蕭光函。發周仁圃少尉函，名彬人，望江典史。

望日陰。接俞蔭生函，發蒼巖王子壽校勸戒錄一冊，又泉刀要之一日商定十

六日念經以祭之畢。

十七日晴。蒼巖暢敬之、俞伯華、府主李　批摺留待新任寄存件函，予某某

商有孫鎔寫稿邀到接梅排家十一月初十日一百間華紅雨木架一乘通一包封

三付。惟頭云而更別來之見意，須至邑兼黃岳脏一只重二十六兩價十八元，皆白

錢布文平正價四元一角。接吳佩芝太守函，以王蘭友廣文入烏程雲字使

幕府竟摺武即發霞之。本日府通行本任安徽劉文耕單稱前任

安徽任只解八年有監犯銀口糧一百十兩三錢四分，又九年五十四兩三錢五庄印

趁照小早文领画找银清款

廿七日阴寒同人公祭俞师初在城隍庙一饭即出高亭来厚斋来访

留之不获投家一纸备寿澄之联托之带回梧石仲初九日函到储云带

来者照沈鹿山之弟光予豫帅手谕以来之练军营务海防之费予

十八日沈学舟到接子寔函云云鹤有五千库不得多兼有不指者又悉

滨族祖及吕函附来竹箨三千斤又沈卧泉函附老仆来库留光派此予

又到贺君函沈云卿来示十一月账看在军萧光子安矣方孝侯陆寒

送石仲函来高寿之到府示等稿为澄之领字庵者芳庭沈学

舟不值借捉生祝恰适也大好矣

廿九日刻寄慕陶石仲函上贺年澄之祝信姚姝家函慕苏又学舟

带苇航附去银廿两望之家用三十二两祝芑园岁底服一包为甸一笺

石仲科中衙部照季银陶监部监照谒兄发信萧恒璇提监郑山穫

文道方復接石仲十七日函述錫五之病情道遠莫再介孫亦盡之行在薇
船勝程子信一張詢伯華來
二十日王峰道高壽先生官遊紀略一冊答子箴函月底族祖函道與
栗臣已於清早行矣答振孫平齋芝孝侯三君王曙帆到寓待訪
只任之也
廿一日寄答石仲函接胡靈城兩信並有附件轉道之件接孫平齋十四日函附
來接道信宗蔡葉王峰道飲肯青早歸也是日接江督電節二十九日
合龍告成此又東境付萬先賠希我費十四金勸戒錄指得千金將郵之來
廿二日答翔沈郎山卯雨寄閱十一月雨水糧價摺稿十三年民欠徵信錄道
成摺稿接張曲逸雲賀函答沈陶泉信允以所屬留意答劉贊君賀函
附致星之一紙連前函並遞接柳生原丁度留統從信水師片答聯甫
秦房平安千生叔房人年本

廿三日著寄第八號家函，育查張篠邨世兄保閱目前來之說，接任館之賀函
詢及印花之先，是鄭雨亭來道任館之世兄白崇文五處印花五張共三百清
款，以派府據印補來。據朱何重信並趙雅卿收條，前匯廿元，府道高
壽芝附寄一紙，楊楨重來同往，不能分擬，秉電片，柳錦之信，鑒而歸信
一片留下路費
廿四日接石仲廿三日信，代石仲道謝初錫，眉道來劉澤元與高壽芝接辦本
十六日信，濮和蓀在本處回，且接來挽留，議中止矣。府主接擬接濟電詢
俯歉，府道稷，路平前信濟楨重來字，以朱體齋先生治事遠者取償
伸民不取手續，當付接小酉道信，俞誦之趙家字年內未必回錫，匯信錢
定矣。接據小亭、沈搭階、汪巳山三君子賀來，閱高子青先生宦游紀
略一本，其閱字多者送府主府詮解之。丁憚生俞伯華到蜀閩慕生
館事可就

廿五日　悟庭上院考验事毕，遣子来商盐费。接深儿廿日函，云须款子年下调
濒之，且附致平甫函，内老股票，嘱款，且再道嘱吕瀚甫道还重为序善本
马子寿来，言陆归，深款子虑第先询，深也泉子西否。俯就教，讲卷以不能离余是
素亲陈君西商适之。
廿六日　陆稚臣还深儿百元，为借电汇事，挪拨戊师一面，卷苏弟函，深儿函，以陆来
百元交吕信亭汇归。卷石仲函，以兵部则例年杂等物交主悟庭，弟交芝恬庭
四元。卷嘱杨楫云不值，卷贺俞蔡生函。
廿七日　接石仲廿三日一纸，檀魁弟来，接蒋家回电，戊师订定，嘱陈鲁占沈京
苏孙子英、山吴仲阳孙佩南大会，涛初家人款约正月初十日点，主接张迪重
贺函。嘱沈云卿与商秦氏所托烟年子，嘱俞伯华函蔚初，家交不值，刘聪商
道来，还子归平阳一款。
廿八日　李杞园回扬，发以卷张铁崖函，托弟致遂之函，道聪商转寄，接汪会生函

並仲英賀來印若之仍交伯華附寄梅任謹翁館軍函王少雄太守賀函

伯炯琛賀函任南昌夫后主前高壽芝邑來承先領歎寶二集先予收條

詹台照年賀摺扇二號並交

陳又樵廿二日吳修之照府信並怡庭牙帖并屏費二十元內來秋不患喜時已正

十分出力僕之有函辭去遲有字館已之数後到儀寄若在仲函致怡庭一紙公

吳大尺申覆牙帖已與交書生函伯老家信同致洋元後寄梅季歐廿一日函

敬然年安文吏擬初同進者若吳修者函交原局寄

己丑元旦陰 黎明叩天地祖宗畢 進院賀年 府主未見 出往藩署上簿乃

人閣於縣見羅浣於府見辛三君而已 四城一周擔倦而已

初二日小雪霏霏 拜年遣漏漏 叉遣人補補 校勸戒錄一冊 竟日在寓飲家

釀 漂寒寒 子泉以夕來 適因寒卻之

初三日午前校勸戒錄 午後進院拜文於陳厚卿 楊小坡 要一行 意須錢西

子泉集在作局戲 丞內往觀 是日仍雪 踏凍旋寓

初四日立春 雪止放晴 進院賀春 接彭字居太守臘廿三日函 過李曹雲屏

太守諸郎片 批首交部議 府主謂必須照料 即復彭函言此事

初五日晴 府主示覆覆退 進謁 欲請行 屬即具稿 旋子泉商商 午前書

慨要一行 郎至亭亭來

初六日因過府 與李等十二人 遍往各護謝謝 謁蒲楂白石伴 又接張敏二舊

函 若叔卯刻至亭

初七日 鴻江子揭曉 寄石仲函 以清河生附去 又泉函送去 午後談 夜深未歸

初八日 兄蘭垣薦老錢石仲一紙 由鄒君携送之 府主拜發賀摺

初九日 閱孫之列者 接石仲初八日函 媛兒函又送 護病就痊 潛院 復托府主

送媛之子 接石仲臘月廿七正月初二等日函 並碧文孫函 照江墨摺寄費送

閱鄉試卷 老諸生送還摺稿

初十日 進署 商量覆詢潛院 媛孫之子 俞家遞往為師 初致進呈 拜孫柯老丈

林生 僧生 劉子寶送 邊竹岑 金雲樵 諸君 答石仲函 以儀遞二十之交 媛兒第去閏

十一日 孫之下鄉

十二日 至陵靈回 照前孫理函寄石仲 忽忽 又泉省亭談之 約往就宗久 即之歸

夜校勸戒錄一冊

十三日 邀幕客十二人 行小園 孫攜眷 族叔子 白借柏署花廳 拜許草人 未合畫 孟黽為

唐蔭堂 金蘭生 方子徵諸君

十三日史滸生來寓以所見居上書百國書之可遂翁佩蘭許草稿小山等深鐘書
校勘戒餘等件崖來所贖百文已集取之書精本價若干接草許大函
示以鄉試擬作老梅着花興復不淺
十四日曾晚訪伯陶來齋景蘇亦至白家又至小飯館以下談敘是晚同寓遂得安
平奉函叢林來文頗好可以直見影之手峯亦至院又同寢書室夜回寓矣
接草之函並附直高家贈十兩又三元託買紙張接紳和初四日信附兄初四日
信先生請安敬呈一節老師安好之請來信白頁節錢共洋百元附之以為好有
形於有難以救之語成保師弟已前後之語
望日接彥仲十二日函并紳和函詢以先生百數另係是邑成保師弟可陳係先來望生元
候進之為國家之于省數內劃四千金歸國穆生之參價並從進往購寫若干
兄函以前存六千金由信局匯歸請其速去並弟成保師弟回來校勘戒飭之
冊於是乃可得其半數矣

十三日晴。明至日浙錢胸恩模江蘇會館園林，偕意溪同往，作竟日之游。張

之以嵋庵弟聘教，先拜秦雨蒼崧以田、吳春貴、張咏梁諸君，在子箋送來

見其大人墓志銘，贈以一紙。

十四日馬芝岩來，將回旌德館，託查訪汪福之後人光景。至芝舫、劉青

示以部稿，閱已，請代某數處。稿係年伯所作，旋亦秦雨蒼不值。

十六日先至星岩拜陳佩莪，倪子穆、渡吉甫、張玉甫、文少樵、沈琢庚、王子壽、

李雲門、馬子嘉、熊幼蘭、劉子箋、馬芝岩、朱淦生、王芝舫諸君，並訂

具偕子嘉為主，邀雨蒼、蔭初、淦生、有三、子英、小山諸君小飲。淦生為子箋賺

求託者三次矣。旋送來三元。唐韓宇、淦生府主拜，稍後大播上巖禪寺

雨亭寄到石仲函，詢其早初度，先是原為旦祝，圖乃以詩糸以來，賦佛也。

十九日暑。人陳懷實來，接受錫航、廣孫達書，回鄉接郵，受函，附有致

俞蔡老函，並又子英特送伯華

二十日小雨道合堂太夫人七十壽偕鄭邸賀太夫人晚偕蔗朱合堂午宴
偕不值晤沈琛庵晤談片刻見張和賓衛東以四點到寓也
廿一日晴著閱慕郇齋叢著郇內觀爲蘭和圖題不遂送沈雲卿四元爲
家氏千冥壽斗之需著中霞披撥移於外致子箴函告以衣代之子
廿二日陰雨訪張次渠和賓喬梓李子文軒文談實邑維摩子賀鄭曲農孫子
寄校勸戒錄一冊芋每圖郇內館吳就楨李子南函
廿三日晴沈琛庵函云館務請冀子蓉華先收函級悅一包保羣三元貫
之子文琛庵帶送楨彭交介函琛泰元寶函汝元元寶函李子文老居省全
樵館龍之業物件送之蕭先手零見半刻
廿四日郭三函詢蔡介彭即蒼之並蒼受介函云之度之孫子琴到寓蒼蘇
張雲甫數東方奄陸飄別等仲莊江方夢蘭子爲託校勸戒錄一冊前
署大雲植高軒函俄爲歷勝霞徐之行遂頓陰雨是日又大雷爲降之應

失記年　上北時也

廿五日　雷雨竟日。擬北行，宜俞師和旅觀岸領，兩歸，冒雨追之，讀孫學手

心蘭，何殺文劉生來，報錫安甫司馬留楊村，御者最纂者，名保庠薦

帳房，往收之，憶兒劉子厚之絕蓋集，屑萄山光插錄，以莫稿

廿六日　雨未止。伯華來，詢揀館局差于英字。同明日入旅，各館之岸。帥府書示十五

遣寄秀楷，及擬層處奏之稿。告天津出通各識路之可擬沿江上路，擬鎖奏

稿，鄒岱之謀追訪，片樣子年追回信

廿七日　大暴天，陡飛雪，下午放晴。李文甫來，談詩話移之可，詩詞不得唐路

季弟和第他念。以苦季弟函附寄，課子詩，草節鈔，並致子文一部。孫佩蘭來

龍燈回山，左峯發。旅張玉衡，賀其本年捐為蘭初說項

廿八日　苦原得函，抄與上閣張稿寄之。若非弟函，隨之帥府，知費善可二摺子末

來，齋高，示以周寶三論道部，佩蘭已先小矣。送李子文於豫陸府台赴任

廿九日王仲霖茂才惠过来，邵惠亭孝廉、小山、吕仲伯华同来，以沈寅斋日之之

外孙为托摹石仲斋画修械三之一，但画帚问予谓数色拗作稿为补指

拟就者为就之，请将其摹拂去，廿日画之。就之因之岁予摘来孙至一问之底

予先过而月借沈姊唐来，张请之以模墨为此，藏是谛有，因藏之孙兰初

三十日，藏收家之以照旗张，藏王仲霖之者同太湖阅卷之，予过沈姊唐吝

看邵惠亭过沈霁卿，藏袁幼安。荟予过函为王仲霖同校卷，予之文携行

善少尉先回帝去，之孙来谋年夜

二月朔 晴。府发大将上岁福贺，据邵寓寅来阅竹小山等诗书访稿居

沙太守诗花树稿、殺𤅢戒录一册。张惠甫来，推情过查珩方照耕有予

岁过就候五十元，藏丁佯书为伯华

初二日 荟孩将画题，邵寓寅孙往株琴袁幼安，幼安得予汪旦辑行湖原

稿寄之修

初三日 太后归政，天气甚好。晚间子秉来。贺客仲[illegible]、子青、[illegible]子、[illegible]街

梅浙先廿百函[illegible]吉秉先弟[illegible]一[illegible]同行，[illegible]预[illegible]屋[illegible]仲函之[illegible]

生翔予序贯[illegible]逸来，并[illegible]指予及止[illegible]挽之，[illegible]撷任晚[illegible]视[illegible]附耙莫

果盘陇北寺，初[illegible]厚卿以杨伴照之予为[illegible]

初四日 黄浙先[illegible]张汉[illegible]来，斋子[illegible]饮，照叶锦城者太古轮船

之人也。见初三日谕[illegible]江道，询之，锦曰[illegible]谭[illegible]京之领袖

初五日 撷任晚[illegible]附耙莫果盘陇北寺，初[illegible]鄂[illegible]

初六日 大雷雨，午前支应后楼[illegible]晚间[illegible]二重[illegible]府[illegible]

数[illegible]陇[illegible]者[illegible]遗[illegible]一纸，银五[illegible]之一纸[illegible]

赵[illegible]弟锡、吴崇庵[illegible]遍饮

初七日 天晴，初夜[illegible]吴卿[illegible]十日[illegible]一[illegible]归

于灯下阅之

初八日袁幼安為須子聘汪旦輔李世道作冰人即在寓舍行聘禮若旅
俞蔭生不值
初九日張丁階寶觀察初五日得孫大為歡說特往賀之旅俞蔭生不值
旅袁幼安照課子芮鈔二部安以若署雲卿即送其回合肥旅景
蘇子英阿方伯遺飲孫蘭初赴時晚為雲卿代觀
初十日蒯光之上院考履歷五泉以合肥存稿雲卿就序為其事而周
寓齋說項特送劉安若善處子政宗佩箴軍門任謹高鉉軍函為
蒯光說項沈芋舟藏荷生自媽藩來交存初五日信銀千五兩備道
佛禮序以寄閬之說錫五先生之稿是日帥府招飲
十一日周人張具為陳厚卿之錢撫從晚具拈附稿英其緣軍稿捉勸
戒錄一本旅文泉
十二日旅還瑞為楊仲昭說項又旅沈芋舟三為擇言之教之家文辰晚

之品。蘅、程子俊楼来，介重函附来，吴江令长宣付疏稿。

十三日，答蘅仲函，附七字舟荷生二首送弟屯之书奉之行。蘅、盛荷生来，值

蘅曹镜泉谈梦白道厚卿金陵之行。

十四日，蘅、俞慕生、徐子英归。蘅、汪琳琴不值，就吕璇甫一谈，之孙花庭楼不

值。十五日，函附琳琴函于存斋内，致张五笙函，晴，润泼帆、吴仲藤、翁筱勤。

都录一本，程子俊来。

望日，访张乞甫康雅之尾，即为之同游镜泉之要，至蘅于樽岸不值

接张献初七日函之。真山宗祠后梅岩缮之工，仲琳青同存般意在蔼指而

已。存子文琳为涛刻出之果引退耶。

十六日，送二十元于曹蔗泉祖之康雅之尾以备张之行。馆吴梅村者来，答

蘅时润泼帆、见子泉病，未晓藉浣相聚，京陶所发其情而见矣。晓

景陶到家，为荐处遐地之计。

十七日晴早訪芝函索其擬作二篇之未寄者見弟遣其回函河口吳士青以文存
到者楊荊來楊陳子範傅璞卿何萬慶朱彝卿蒼翁之劉壯甫來坐
擬為勤親之舉
十八日晴吳士青祺子穌二太守同訪晚吳君於值子穌於即入署來閱書
晚邀飲同座者有李雲亭縣丞遇子泉以病辭座疏言帥府以見瞻潤代看
又請接吳修之函宗之儀遞萬費十元借式一千座客與晤談沈景蘇
飽子家函宗之來田式座客之二段景蘇抽閒勸我勸戒餘形其畫還成也允孫
未得讀來閒話
十九日晴看閱瞭壯執兩傾及籍立業果平鏡芙度剃來昔瞭伯華
小山談續為老瘦子接左是日帥府報得並發萬之次上被論賀年
積嫌歸清寺方校畢
二十日雨竟日接悍處皆函省字之垂云歸乃見晨頂自後之用附來言處聲

並上府主函，送銀緘上，將費屬寄，以便兩月款寄滬，電淞江船上所
字摺日可到矣。果敦拜史五千四百卷校讐數月於今年竣了。
廿一日 接淞士六月滬信，又五月間信，沈美翔函、秋二甲弟來，接石仲十九日信，
附吳拙稿、縣家十四日信，附清帳，復石仲函，附七字舟信于岸峰書來
談子岸交刊書摺資。
廿二日 程子復來談，行居，沈美翔、劉甲甫送，程子復接石仲電，淞老古除
乘江裕船西剡，過姜涵子岸來，為之甲甫為子贊君求援之矛。
廿三日 清晨淞兄挈孫重一先生成保厚齋而至。晨田縣家十二日函並衣物、
贊庭函並食物，宫縣家書，弟兄家書，並衣包、對子、泥人等件，託旋淞兄。
陸秋帆少尉進呂，攜子送函而至，為說項。致石仲函，附致王佩庭
信，詢以應為之事。覆縣家函，告以成保此來頗中意，好學子，自應延留。夜與重
一先生小談。

昔日書賓舒搜撿停止昨捐片稿兼陳舊賬並子嘉庚字戎二枚吳修
之庚字戎十枚記送沈景蘇兼俞葆生孫子英不值俞仲英自鄂來為
言鄂中遞王仲霖不值以昌耕二信書交東甫轉寄
昔見女閱館誤寄江蘇昨先生遞沈兩泉等丹露樣汪雅琴等件並
戚葆生陪之函致子英請于今歲之秋踏月之杭添附一套王附沈檢寄交
吊禮送吳卿告甥之行曉珊來辭
昔接錢曉樓記嘉函眉壽賬諸後來了之三翻錯之為交郡太守龔號石
府主又接望云函云府來文係某若有信復蔡老來兼汪雅琴並艾長馬子聲
俞仲英又狀收之交可晚並艾長來
昔日致石仲函以等丹字交府紙時兩係壽卿因撫軾横軸吳康生之三件
漲收帆青段吾吳修之函附前號以交函接石仲廿五日函附來耕春廿日
函又郭亭厚字係唐匯洋二十八元四角致收之前由石仲匯二百元以英洋二百四十元

數遣溪帆鴣江之行

廿八日菱石伊函附呈敬字爲僕書唐來楊衣請冀部敏典貴人郎教育陟田

克稼年書之衢請莫鬷尹履歷又護錫五間扶奏疏二稿王字書過

仰帥府報招沈似泉來字書歸瑣以乾候將意旅楊在同

廿九日張鏡函景文來請爲叢人也王芝亭判吏過報蓉將家函附呈之屋て

宗之戊徐芝字申甫子卑來菱岩合書函

三月朔雨竟日閣殿兵部驛站報銀片數勇來院聽字課呈一作一文

梅伯潤將二月廿五日信華海翔權幕臨江府屬之永淦龍幕將往去過

葛申甫請到馬子卑之女年廿二與宋生年二十有四矣

初二日王字書來云爲似泉舊錫耀庭要之至吏記可望有成旅寓覺

直過王書之石微旅葆黎生景山蘇子英伊英雲卿諸君王旅國程生方

厚二爲裁贊論頃

上巳　蓉舫晚入西附晚了請附祀摺片又蓉星了後趙小琴西閱太和殿

盥祀疏稿呈身后請旨間挾片稿雲卿表兄趙雍皓了蓉峰魯

西子峯祥名以睨楞少樵小山集曼且為五峰訪南公之上真亭四元雨蒼

二元豆又取二帝送子峯家書君蔭堂四元有堂二元留待後便為堂來為識

盥某父趙廣為不合鵝談二刻

初四日發談楞白張鏡西又來高翔鴻郭生又來蓉生金生西字四去執王府事

仲英帶草厚高對席蓉趙送西字四茶二匣樣石峰初二日西送雲卿太

夫人入塔

初五日致姊家函呈安三千元茶二匣滁菊二瓶致姊家課子鈔二部雲鶴一本

寄石仲西呈閱蓉兄來仍系仍兄中蜂為堂武齋蓉儀高郡生乃文高香

村亭江名幕帝廣送天聽看也賀丁觀察生孫彌月之喜

初六日撫朱稿高夫人請改續宮付裡稿係朱為堂賸札子賬過字極簡

子皋繼函先在澄兒季文一函
初七日聞張叔未病危往視僅存一息藏國蓀生致賀儀蔣星甫
謀寶詩錄蒔藥會函子貞兆來聞叔未長逝即趨往慰澄兒季文一轉
壽巖子屏詢趙渡鄭文照方雅南吳廷彀于叢蒲諸君
初八日風雨甚寒送叔未入殮答謝單和甫大令同解稷生范新歐陽
文卿回任王蓉江二 送槐署金山沈氏父子至晏之弟之子暗翁許生張雪
胡季鏞諸君
初九日陰寒接吳儀之函於王儀亭子十六日送情於淑老子十分愁若猶
東坡之言可惡也爲子瀚致錢潤甫函託轉詢頌德討人數而已致宇稷
生父戴貴往見俞蔡生函以奉賀張應訪之生
初十日祝桂生逝續六午又雨藏丁懌雲到淑老朱綺雲言之孫張叔之
之岸田畬南二尹相訪屏以子爲藏吳孝通昔不值子賀子菊巖言之

十一日擬寄吳縣范令函稿子真岑壽患苟重未寫者施恩不令行由本
明日做稿并商雙錫五觀察請留回旅文成所送蕭垣為備翰文送來
接琢雲城函榻在同鴻送來翌日
十二日袁忠岩來白田君所屬已有孫君占先送榻在同王守孝先照行
魯甫來訊苟重函商蕨仲荃語商厚齋輯內之請首肯之矣接任
謹齋館軍函寄石仲函附去蕭垣舫前權便之呈請留見貴旅都
護文感苍生未談贊觀子壽明雅送梅重字厚卿換了肉店
李夢竹看金厚齋接投震文
十三日接石仲十一日函述伯泉撫錫五已札不肯支部發部之滙費解私送費之三
子協未了結置之而去附來妹家請照白函述觀諸傷風數重恨不舌下毛
総矦江明壽達报葉剝他痛諸之惟歎未止太原之何多人理除棧子孫
協占森來晚之言轄芷雲軍門到所厚卿字厚松圃發丟之旅吳崇庵

十一日陸掄臣刺史到府談大通義渡事若朱蔚函交伊並附字與常慶六
人又孫張歌何若翔韓芷雲賀歲禮孫撥大通義渡生示義民西府
三千積事交方書慶子府孝子附字送禮稀生來
十二日陸掄臣來為書先後到府閱油鹽花同泛譜康華室撥稽
攜陸府接任送掄臣不為之值遂法之更一談交以義民府之送之任送
王殿卿處戒錄の部交韓芷雲將致郎雨亭來留壽書白筆八十枝府
將交義民道其汎到即交之又蔡吳書寄朱為書據之函請明日函屈仲
十三日函述錫五往不專交之案吳字於浣府留意於撫弟來十元為對之
雲仰兩事致函以需以奉到荷生入觀之喜
十四日接季欽和同函又蔡吳弟來接春雨蒼函為前任護於奸正光附蒼
仲蘇妹函接晉雲和同函接王怡庭函字囑訪任與陸掄臣子孝來取之之
季同來詢首至虛可若舊韓芷雲撥為張歌之請此此交道為竹華王桂

在寓處取節略張玉甫寓合孫來此外劉壽帆子英伯華夢白桐軒諸君祀桐軒以備臣惡之禮何季方自揚州來雲卿遠來秦州探訊蒲煙斗廿枝蒼雅田蔭甫不值張次泉來

十五日蒼雅何季方與卿以子範呈仲略談十二日函此紫庭劉戒錄送到一百十三部曾遠指璞諸書九十部館須添續補送蒼雅仲二紙

十六日接萬出之十二日函子韓觀察光甫復圖書善托樁槐御八里灘茶釐以丁五年改委子範得請倘蘆茶釐接宗佩蘅年內回函雅張玉甫撫緒進野求稿

十九日俞蔭生壽生合庭觀察之遣問往支應局查詢以白其蒼生保實抻封棠閱批司核議以蒼玉甫滬上撥給而電奏餽請照至保虞查協款數目遵照大局解寬又未解流光字稍有不適想天時尚已之於侍閣丞遞唐揭帖直批節府首告遲送義稼等三件與陸接良補刊

廿日致介青函，附去疏草，為王牧莊遞送，託挺生請承印。苕雅介弟不值
石秀課子弟鈔留之。苕雅張集苕雅藏稿生此兄又往友蘭后艾居
來函君請君合譯書，書目遞協贊解款，擬託溪宗敦子之宋節敏芝居
交館函，購草說略，荃派楊君摘請換之也
廿一日楊張二來，交君仲函，送達九病殁於常熟，延往蘇同城，請之力日
楊來謀其遺席，瞿心齋完贈遺稿，不受，託沈伯仰換其常來茶生之函
廿二日苕雅仲函附去致蘇函，付玉甫來為之華留受分，且託其以寬免
借電乃平商之，明日為回信也。苕雅單和齋苕雅陳季係
廿三日張致君仲函，寄勸戒錄，錄二部，託張玉甫即送其行。苕雅單鳳
儀賀瞿仲臣，訪林不值。苕雅兩蔡生者其圖書集成，苕雅請楊臣譯寄渡
錄子苕雅丈五之生之遺，九生遺席
廿四日寄五之生到寓，方孝侯、廣文來，二棲茶之函，得秋齋居有…

之子月有八金。王蘭舫到齋來，孫子寒來，接孫信山函，並趙如雅也。初問
乃兄之子，兄師主述張玉甫得宅有閑，後又分之，說之再議。下月呂瑛甫
又赴飲。發安甫函，述邗伯陽花園之事。
廿五日　曹鏡泉來，蘇方孝侯、王蘭舫、孫宋佩箴、鄒昆寅留與長談。
發到子梓觀弟函，又蕭史之函，到董卿館，金山儐來，發議定徐生楊照
之。答錢安甫函。
廿六日　接香叔初六日函，接鶴笙函，接楊藐芳函，言歸生來，囑即覆。
之。為山東藩捐通之札稿。宋佩箴來。
廿七日　電寅來，又讀白之張景文不安本分之議云云，自稱兩江子弟得上
述暫不能已，冒不諱而爭之。發蘇錫五函，寄勸戒錄數冊之。接王廠臣
家內函，述感謝張清山之行。
廿八日　為義民書楷三匾額。陸楷臣、馬子岸等今無中得攜雅雅之往看之。

胡南舊宅前予居也以十金從秦以贍家市物

廿九日若菴季子銀函賜第函林石作函有演佐附之宴介孫原以穎郡信予兄

蔭竟者也即以予藉來賀法梧居為武彦錄予未

三十日子岸同雅雅來訪寶之子岸遇仍服茶游送法梧居不值何

庭遇之不值前宋佩箴

四月朔小雨接華之服函尽同雪瀛賞暢沙河水淺膠舟甚雖起居無佳

經行勢自保也

初二日移居綿陽道街之房主雅雅于綿雅文高之族也之房租八千又吉禪

座因舊坑一張床架兩个舊方桌一張一時之房因硬條桌二張雅殷錢孫函

賀貴莊勤備田厚齋來交之法梧居謀林白田卷南諸君來

初三日送法梧居宿留之日統條雅平錢筆之招陳玉蘭舫一談芸諭田

首南吾璇甫管仲筆卿玉亭韓芷雲諸君到寓季冕山父之為孫

侄申室、刘子迪来斋一谈，方宗屏来，同述文、吴圭盦到寓
初四日 蓉舫、季冕出，省张润渠、王房、毕少斋、徐庸斋、周圭帆、陶晴澜
倪子新、稚谦、王子潜，接石仲廿三日函，附还缴函。丁惮堂出寓，王殿卿来
初五日 张殿石、子文、徐襄往陪宾，宾晤子良、蓉允、顾征、郑雪渔、宜畴、邑侯
到寓。子文去矣。蓉舫、卿雨亭、马子良、岑、裴文蔚、吴圭盦、吕璪甫、同述文、诸君
皆不值。任铁军楷回来，道文卿、玉宾亭寓而还
初六日 仍往陪宾，宾五点钟毕返，丁有生、曹面、守为达九叶蒖之子鄙
太守家长为字正。程厚斋借三百金银，蒋蓉榭、方宗屏谈，楼自丁
惮堂及浩哥
初七日 返陕，蒙半璘，蓉舫侍函，附之赵小琴信。蓉舫、王殿卿、钱军函，衍陶
子英到寓，佩镦织、殿卿来寓，厚斋、赵程前、赵棣城之馆，楼徐晓珊
丹阳来函，丹阳芳堂之别后函

初八日晴接石伴初五日函言達元弟附來竟石稿接周仁圃函附衛勝
區宗調也庶成之時朱子龍若庵佩箴觀卿接張玄函詢所存書子
俞蔡生來商郡圖書集成之稿子
初九日賀卿書亭弟吳眉及姚於梓弟居函寄在蘇四元朱子
堂二兄皆君所請也託張四平便寄吳朱達元告弟以所稿並進史達出
閱時以十元與石伴共之指山東賑十元交仲氏呈寄卿書亭來商育
所望子張次泉來談交秋濱條東之稿善先看之子為商之天書處書
可以行也
初十日昭兄稿居函七夜飯寄若石伴函附七嫂七叔滕內稿柬寄回一函
子達元告弟之稿寄寬山回弟執墨未寄接季弟初二日函厚齋初
八日函
十一日若翁亭梓居馮瑞庭過賀子滄生並過張次泉善一見者見會試

題名録拜和聯捷以證室府銀壽送還日共四字為徐琳平

絵〻扇撥冗青〻

十一日李應辛太令運昌來以照安史通者錫康向老更史子忠索欠

及穫証厚於具指於宜道抱蘇國具訴詞請押送徐傾〻為相告工天宗

宜〻烱以崇麓〻為託

十三日若王皓進西賓還欽來說却〻十元告以馬姻從緩〻說若應仲

函致朱碩存函白應辛康多為吳崇麓〻孫具宸應稿

十四日曹送吳隆生勝園呈堂太令蘇昌持示置任庭局蔡生白書

二月君所託〻說嚴沈景蘇詢蔣氏姐復等工宗有條人事頗〻不嚴

孫子英託以弟子上白侍臣〻事若嚴李應辛傳送澂光要一月為保

望者絵〻扇渦五日泉小病痰疲日久不痊請回宗祠養至府許〻閒

將了矣

望日賀丁清函，接浣練軍宗佩老信，理堂、駱沈重卿、宋子丹來。
發盛稷生函，為陳玉璋奉送畫一本、手帖、銀若干，交朗得以賞到
漢三刻史之條歸豊山去之需，即由世子崇塾送封札，面往告以原委，請
世臣函，覆著孫厚齋函，寄律例及晚窗歸兩本，見江某函，寄件帖信
輪兩本。午節間可以抵晚。沈吳郭二君冒雨而至。
十六日寄孫壽函，附去戊戌我又宗泳為貴病賴即之不見，補陳沈請君來。
蔡生亦至。伯華到家，我費送皆書亦會函摺
十七日接丁伊十三日附來孫壽函去年自信又函，許旭寄世瀾燕函
洋十元。旭卿六兄之紙見直屋借區來，致蒂生之函，告以送事由汪孫
琴携文撫書之梨茶激情寶片，臨老眼前白花、壽之卷送
錫鈞之子為竹林絵扇
十八日又為保呈絵扇，劭伯世兄扇，聯府我書四摺，三片共華觀錦送雇

自里来下榻寓中
九日答秦雨苍函 華元昭函 赵亦琴函 蒋许旭卿托汇湘藻十元
又托元昭买土绸二元 并交递庵弟去 致華颂岁函 若元孙函交范
赫弟交汇元至寓 又寄来致厚斋小函 寄汇丰交盛春弟去
二十日接钱安甫函 周东京李琴重之函 答邢伯阳马向索六千元先
付四元 由侄子庄肩付五十六元 钱侄出福五十三元 由昂付同买三元也
接厚斋函 一方孝侯函 春孙孙婿手之函 送李保竹孙庄雪帆郎雨亭
至寓送观赫逸庵入门
廿一日孙婿年卿至亭子三层 早晚至彦卿邢伯阳来二千贺寿三千纸房
库二千五千馀生时钱款 赎出新年之而返
廿二日答方孝侯函 致袁翊庵函 答李松图说项之意 覆云函 里寄
孙家人弟去

廿二日若農仲華函附去漢信為自溪墨盦復函

廿三日若農約說長卿邸兩亭沈彥生莘楣香文以所藏之子孫艾所藏來邗

雪漁未至經收四信邗晨伯陽來爲鈔讀之數紙着不盦也

廿四日復以一紙寄梅生若農蘭蓀文詒晚間小秋藥農至寫一讀蘭蓀

首張子英請君來是早快因戟轅熱鬧之至万子徵來

廿六日送瑪子泉回酒與若農曉珊函又瑪泉帆送晚蘭蓀璡甫一讀

人為寄踏山靜境重君投早晚至寫讀以張榕端所賣石刻喬

邗伯陽代白芝取字所贈蘭所贈五十三元若農蘭蓀万子微方孝侯二

君說電仰之弟至齋之談也

廿七日寄杕家函附若農許抱仰信五兩若農仲華蘭蓀杕函上部晚寄函

若萸先生清誥頌蘭萸先一紙送電仰之弟不值蘭蓀芝臣伯華

子樂嘯之諸君筠萬翁函

廿八日朱筠圃送茶，接蒲生初七日函并新茶一盒。楊百禾名照[illegible]

弟來，着鄒士敏繕信

黃昏邵雨亭過飯，着孫雲閣和函，發朱竹君函，着楊仲昭繕函，接

年少雄蒲信

三十日辛星房三同年弟魯伯來齋，着楊仲昭繕函

五月初一日天熱異常，帥府撥發三擔五斤，派之以發錢劉訟信，及

萬興儀家將致撥差程紫桂帶京。陳荊蓀、祖範來談，蓉崖談

楚白馬子犀來談，蒼璇、甯示高安龍文人詩旗之集，為鄒議駁

之文，田具安只請，其非現任實缺也

初二日接石仲廿八日信，附來洋布一匹。蔡二根過早，母四月之屋波沙函，接

厚齋從并竹軍行執過，孫朱方者劉仁宗千戒，具來過訪，卯玉亭

示以京震為士敬生扇

初二日荅石仲函、厚齋函，楊積堂來交五午粽、龐馬子年書，劉仁山子已去之矣

初四日接石仲初二日函，附來安祁山行請單等件，荅龐劉仁山書並寄三百伯。晚間王仲霖來，接姊弟信

端午荅石仲函，寄二扇及課子節物。鈞方來，辰市送早，開賀門者多去，兩日賀年者馬劉二家，小生午後出小南門，道過江寺，西菁西道

初六日荅賀文少樵函，荅潘弟先函，寄沈悦清，市道接姊弟函，回信丙仔寄姑件物到，夜有聯函回子年，今送龐王仲霖不值，蘇生子英來

初七日子英來送乃弟晚珊函，附來序文等件，蘇生晚間到席云去

三弟姊候到晚

初八日姊偕來，卯府達飲，寄石仲函，由徐先交劉蘇生市接臘蔵蘭亭字樓件

初九日俞哲轩来，杜园家人回，接仰蘧、青云回信

初十日是晚得京电，六舟中丞卒，此间失京兆。壬寿、隆村此卜之

高紫峰中丞秉翰适此

十一日访张笠臣不值，进院贺节，下午访何臣、蔡生、吴荣苏、哲轩伯、

陶寄晓诸君

十二日何殿荪生、子皋诸君到府，为毕鹏抄诺疏稿

十三日接辰仲函，接秦雨蓉辰函，并属购四种，达九，时十六元，将道史云

十四日撰颂曼菜靖吴岸稿，复秦雨蓉辰函

望日得张东函，汇西平十七两，以三十元为杏重上，赠白芝，以三千元为寿锡

安寿。王赠九叔节仪，送张方之生回陵江岁试文二元，托毕蓉辰

泉赠黄盈文，蓉辰为海何殿，晤吴蔼生，托致寿泉，接任礼

高西吉人荪平，廿八日信、王高光四月廿日信，晓六三月廿日信，又吴云藏

華信

廿六日寄出之總函，通伯淵姊信，至新淮呈者，出來頗指日來頗甚

踴躍，大慕之，但肯以武貴德心也。

廿七日接威覺匯院閒其身心不望能讀書習字學詩也，氣質過

下矣，成之何家庭使然？非大德不足化之，內疚收電

十一日方宗之房頗之集接之函，青函總病不能遠去之旅鄉屬蓍

員與長談。

十九日寄大侄　來電鴻緒書人來此，青函遇不得美臣示兩電，滬上諸倍

諸君商以指明請復也。

廿日發韓芷電，旅寓候蒼蓀大侄，弟已與蒼蓀表函旅監欲甘蘭

接季欽初間函，樂青廿日函，表鄉學院取齊在廿六日，誅方之似為謬

侍取誤也。

廿日　經蓮珊主政來齋，名元善，滬上善舉總所善人也。以協賑指款加
請獎府者名請此間核獎於京王樞府之函，意在核蘇皖指賑請
獎翎枝須獲可實收，均為雜辦，聊聊世情，異於道義，雖二人皆蘇
中。蓮珊、王曙帆二君來，商同至吳園茶話，成三絕云。
廿二日　蒼季飲函，以陸宣公翰苑集交汪衡甫攜遞，飲畢，來賑務完竣
稽核，聯友筆函，附漢陽雪卿、京兆黃冀儀二元，前蔡生一信即分送。
廿三日　蒼拜經蓮珊，旋還，走大雨，飲直隸藩亦院賑捐款，出力各員請
獎片稿，莊敬之索收請單文及新墜照，送交蔡生轉寄。
廿四日　蒼拜王曙帆，觀鄧琰老蒼嚴跋晚德閣，汪衡甫諸人飲，張冰云
附祀英果敏者城隍祠，長稿函詢蓮珊甚繁，善士銜名。
廿五日　晚府道陰，經蓮珊午飲，行又協賑從獎之議，不請翎枝，仍由
賑捐局即發與白實收，凡共一萬千年，草奏將軍等之牘，改從前者。

諸縣指撥有和城請與成案以不收協助豐直縣李安堂批飭歸入案
辦理蔡生送來函件又送瑞甫請帶往鳳陽府投(?)招
廿六日連日城隍神會闔城喧闐蔡生病足兩不能往蔡相
值卷無感蒋生
廿七日子英送清氏字課乃非任所時有至後撥接案請宜付吳館
蓋款勤于朱子禮齋之至也
廿八日鄭雲溪來以滕山行帖並費來到劉家極看難行之處殊感
大兄一函為儀之樸厚齋函有篆規若程之字可近來郵至亭以
中峯一席光弱多淺乘脈卷之樸中南信儀門馬府鄉子即
詳卷之告以子卓而允承
廿九日縵綬函並厚高函交原差帶回閩月摺稿為朱公懇
奏入祀懷甯名宦香語

六月朔小雨拜府主謝放順天府尹擢穩拜侯沈帥到後進京道前
自也閱宿松筆根山水下注五月廿三四間城内亦積水數尺大府委兵西
園司馬往勘不以為老也
初二日石牌釐卡總巡聯筆孫錢遇蛟水情形稟天府飭陳星垣往
勘聘之何方伯告以府主擬發賀摺之歌即有函來交下擢保史五
先生已齋同赴吳卿吳仲之招
初三日祝陳子六前輩三壽辰並祝吳太夫人設帨之慶晝爽夕涼
能竟日天氣時雨時晴甚甚作熱連日潛山太湖皆有報水之災山洪
尚費宜減不及也致石仲函寄書函九紙寄古祝汪已山大令
初四日府主發諭疏　萬壽賀摺二即擬發敘宿松等處山水暴發
低窪被淹大略情形並擬韓芷豐呈王廉卿
初五日接觀勝孫乃翁函知女作古韓芷豐之子本擬百兩贈送於居

初七日接嘉初五函何年宗識到若形譜序附去致朱達九時儀六通
錄送湘先景中吳晴帆張函兩信函晤康交吳伴兄致薛函呈
函託史五先生帥府拜摺
初九日送史五先生運送漕推趙慶之行旋劉子寬送致長連朝威暑不異
伏天
初十日李秀峰來言今歲暮年臣章家視家生息豐莊
晨例付之東流是日留性情求為不善而不從道學子爲用來歌
子寬送桂發答厚子齋函致盛程拜函傍訪劉氏日帳差子
親九日致院北之照完誤押稿子黃來述潘頤其送之株前為時晤今有
政績擬撰請官府被都人士之意也告以遂難為宜淞之交劉聽高
桂芸兄二人監具請資送錄科者張玉甫弟張樹藩孫高郭該生
之有二保並文虞之先生為之代請

初十日閱咸榷使到往謁河方伯晤翟竹臣告以所屬並在扇條二事

一笙寄石仲函遣還子箋送前存借壽字寄無錫函

十一日賀聯仙蘇太守赫關吉席壽蒼孫咸端甫觀察李彥峰桂

筱仲請君馮楚卿世勤來拜同從咸之蒼遣張君林青者於大伏不

特耐炎暑多汗者云然也

十二日接孫妹方信考列一等寄來楊梅二簍天暑妹去已有味矣接

有匡函石事一即依舊咸之序先發函也

十三日寄石仲函附之翟竹臣蒼孫妹方函敘及照拂悖以三万兩羅嘆

紫宸吳蒼蒼傳到直片稿

十四日蒼孫馮楚卿宸子範翁雲諸人又因先夏一笙先大夫忌辰

回寓致家下午李招園遊飲翠翠孫子英到寓天將雨留之不得

歸途遇雨也天熱甚陣雨生涼為之一快

望日　聞馮玉泉於本月初四日作古於病而歸論年才逾不惑兄致

不起良可悼也劉桂岩文道從兄錄後張五一俟達又接玉甫函道作

回書道其見辭官事

十一日　張親李三子過同治吳晉康文祖錢道其在京兆試以小楷登

但道內幹卿且看女子及第上鴨報達狂雨後牧覺清涼接史蓮

琳太守函薛心泉張松亭二人皆留司馬之職或云非其本意聞

不可殺也原函道孫俞兄三君觀之即兩亭達署以奉賀之

十二日　敏回川重慶府指揮晚孫請廣學額捐款達孝孫回揚州

子墨以素紙筆匣贈湯兄移達來郎甫函原書指子

十三日　康理堂刺史道中來商為壽逢孫撫任還歡乃府主原來言者

桂省來電言帥已受任沈帥十八啟程以郎甫不原紙祝郵三函

敏桃溯二弦序

十九日閱盛道赴甚此子接劉申甫信從司馬與海石彭三處來說有
所查請三品封典銀八百餘金請四品封典銀四百餘金屬將三成之
數作四處寄原紙王芬情形應料價銀五兩九錢餘并交元和
付回是夜接薛心泉函附有敘據一函
二十日五六點鐘來陰雨未聞雷伏以後天時生涼河淮各處皆可必豐收穀稼實
在又對家又見報又處卯為查
廿一日答拜鄭雪翁道虞文杜行寄石仲函接蔚芝函前兮得留
為望曾函答程藹翁虞之道來接經蓮珊函附來勸捐承照
張君名耀文電請更正名紙由彰三道來答鄭西巖我來函附
書子答恤鄭監兵二紙
廿二日張君來交蘇岳鄭監與接朱蘭生函乃託朱其元請堂
道錄料荊漢附生中御鄭虞之來

廿三日　誠老示辰仲廿一日函，麐老生郎昌來，詞意極盛。稷生回函，字來
陳玉屏行帖並貲五千六之盡，即可銳案為到叔牧占傑設法貲
以歸素老。遇雪老，有派其商，即逕由舒鼓取首由保存札回年為件一併
存手舒逕，即塗稷生函字及存並差帶回，頭五年來壽宣原理之不值
繞出墨室，發一日
廿四日　塗來逕濂函，劉東甫函，逕馬子卑允為續之論，附七曜西行
又為其寧如少雅麗笑二發，外師府拜揖，回揖六片，閏荒陝兵未出
案撥補揖
廿五日　敬孫照差附祀英果敏壽寄到片來，恍發一日論正平星
補中稿篇成之矣
廿六日　詣彬方先生，識畢而回。接濂泉十六日函，又條鄧辰回信條存函
信，誠老逕來閱南領款五十二兩有零，又五度解一件，留待復字來

振綺[illegible]請與稿。接王殿卿函，柏秋十九冊，有十五萬餘株。

昨日接曉楞覘京廿日信，藏係之生，肯之後，[illegible]閣來藏，叔老先

孫鄭[illegible]寄今務到省。

昔宵寄石仲函，曰無屬刻，留館，可附之陶氏石字，於十八寶丹方序

共相機祝[illegible]。

前日接石仲函，乃得餘聯，仍寄回地方，皆藏而不復安置之，雜可惜矣。

其書帳送三[illegible]，陳小雲之序，無拜稿。

二千日寄函，復[illegible]來函，附黃仲蘇[illegible]一冊，[illegible]備[illegible]，陽羨山方伯為石仲

發行，傳送藏[illegible]，蔡生景蘇薛，但恐來自無學人之思，有失乃機宜，

可惜也。接[illegible]之函，[illegible]以係[illegible]櫻[illegible]王館[illegible]序，特寄函錫[illegible]，來序

兩之以日[illegible]為通，[illegible]送序，可[illegible]劉氏陸劉氏洪[illegible]氏跋，雅部[illegible]

別通，唯暇來也。

七月朔，晉仲登自灊山殁回，談厚齋之子若望又涖館，乃十兩五錢材張函

初二日，若蕃、薛心泉、若望之來，附去侄亨子條及韓妹信

初三日，新之、道來，晚又二侄來。蔣道吳研農自涇陽來，館松泉處方碩

之西席。暢談半夜，知鄧彥卿、朱蘭軒皆為故人，而吳得擇木之意，然石

刊詩鐘及所為詩，荊門好蒙泉石刻滿碑，出數新茶等物，是日甚熱

宴吾宗佩箴二公，皆不值，路遇宴之、芝蔣生焉

初四日，若好、吳研農、謝泉、吳心泉送，又訪心泉仲登，有訪商隱之，晚同赴[illegible]

古盛是夕拜摺聯絡劉于府中，應陽郡守邀而遊。借意漢

日訪宴之，又赴白內史蔣生之子，乃于是來農一談，以山東伐蝗之事為請

之，欲得善地，將力與之。

初五日，稽源竟日伏案，[illegible]與兒也談兒年文面任吳嘉農內客段

出，晚同啟農之行，道硯農，趁識金陵宗佩箴函約一晤，[illegible]又之見

廿二日臻為挑泥勞請獎十數人共五人未有名也
初六日沈寶舟業未肯作揭江之行，請石伴函寄之，弟去協頒律書請獎之
片又發六人
初七日意溪等錄苦勞，柳府撥捐中秦府一席，請補印函寄學號在
廿六日接華元函二函並青山洞一匹並墊洋三元錄一百又函寄達元賠
初八日閱曉公函借意溪往見之，出門分遞雅淑先寄一月回房忘意溪
旅署已下府函府不穩，旬來運之寄遞，接菊元函並銀廿兩還莊兄也
初九日詣保古門，接蘇履歷冊陳厚卿一紙送到書之，挑濬函請新二
震別後又經壞卿履歷並新錄帳簿
初十日接伯潤妹潯陽寄函來洋二元云亦無几為海神姊和度暘
以望兄在羅壽辭代寄查得陸刺史無西宗衛有人云在寓內指
花個又云在揚指黑道同衛不忘執是之也，請淺之道寫

十一日答徑蓮珊函催取乃兆培卿履歷渠交寄付之紙猶其不詳
只可將就散矣閱郝壽帥外孝天將軍
十二日接匡舍生函述東海氏贈物以之已收到矣從子郭亦將即作
西江之行旋往送之至舟往芸甫石仲處一談
十三日辛皆溪來商以柳子壽為李廠部籌其家事家即以其意
函復石仲屬其定字之吏紅蕖函以達九時二分託字芸巢濤
濃之君草甫郭藥來出餘年前檢讀也
十四日曾皆仲芸自贊山回歷敘厚商不如意之愚意形擾之門外取之
來者無因尚見無窮謀者不可無所約束也經文來履歷一紙過于
簡略時請郭之速送之
中元節接任芝生中翁函字而[illegible]晚來閱字而矣一本楊橫市送來
濤濃之先形者照來運便也

十二日接湘舍生函謂帥北行猶豫未決為道遠也不才之事似可
有望蔡生來示壽帥函張庄侯赴試白門以春來霜遠之以春
而已接雲仲回函擬請子壽為子舟之佐已函商李文老矣
十七日接朱介堂函乃以翁立侍之請商壽議准與可喜也因仲帥已
自鄂東下先赴白門擬宗佩箴箴年管注告以不作之意被擊之
初與不必箴文軒來回言可也擬贈晚香箴庄等華甫
十八日府主王吳莫須因利為辛程請鏡通行擬稽其為續房而大府
兹之于此已歷三年未便見之也早向箴清談之
十九日頃務與樂賀鄭雁應冊批郭壽中經文二頁不能有再待郡府
查取補買擬錢楊王張之均不值
二十日府主擬發四擬晚中硯函此來停替白求與之意書送之府主處
先史之補字

廿一日下午陣雨，生源巽卿邀往大觀亭小飲，快攬江山之勝，見江邊白亮小

輪船，或云即救子船也。

廿二日府主袖示摺片二稿。馬子皋邀飲，吉利韓芷雲軍門之邀也。

沈秀川談引見之事。接雨蒼望之函。

廿三日府主治具邀往大觀亭小飲，並看視樓流形，如議撥四川

指與安慶賠款費，以生息以充常年經費。雲卿送來雨農鄧

友室函。接廣文澂河來信，寄石仲函，紅蕉函。

廿四日荷吳研農來，並邀颿郎至亭邀飲，送張意溪王子澄金陵之

行。接王恢庭函，云有九元寄存石仲，並稱其子仲益擬拜蔡生門下

學習。廣文、蒼雨蒼望之函。

廿五日致韓家函，備洋五十元，以二十元為芝太恭人暨壽之用，二十元為如太

夫人廿六之賞，餘十元以備急用。

廿三日早陽淡有僧武橋雨蒼函望之函並碑二十四碑等得遞樣方
先生金陵〻行照蕭遠樣親戚包君致伯潤株函附所託紀任金字
五兩寄四元另對臣四元深成二元子識二元帝物一元外材意溪一
織皆交株方時致寄右仲函屢於怡庭遠函以四十另寫聖遠達兄時
廿四日蒼雨蒼厓望之函交寄善成錄院留不住錄錄函南遊談
江君卿來照指局議詳合肥照得錄文留錄倉叢以備蒐叙府
王院丙其請卯其片稿錄半子書
廿六日蒼雨江君卿郭雅庭遠且遠卓存瞿秋生寄課樓白撥樓樓
流水經夢片閱六月分雨水瑣稿是日大風蟋涼至晚去府寄示家
得郭君畢出院涼風得肌五星泉兄栗一行談久而歸中涼小恙
夜亞宋腹痛噫吐寒熱交作
廿七日寒熱未退不能避風接右仲函寄再洋五元怡庭兩遠五錢暴之子

八月朔熱甚出清涼過夜風百六卿以函書來同色書送佳園看勉之披
校書送
初一日勉力進呈者為免牲風作函覆經白石果官府備民房屋
搨之地而安葬子壽張以厚齋殁往讀禮而季欣雨以疏之年免府
之良不謂也復王薹臣杜子函
初二日接義民函附來收條又別寄色脈寒又脈熱亦咳覺為來清以
不能安為夜以憾答陳震文函
初四日夜寒脈沉弦而大熱府主來費四稱十一片功疾料理當為函國
寄回夜作函送荷生來
初五日延寶熱後作函送不能進呈請假疏老夜下午鶴生於白差
淞來談後其卿叔浦之來

初六日進澆注不力氣疲隨接石仲函希素書五峰扇葛景蘇
到寓
初七日為吳鄂桂生有累乞功牌於宗佩識接孫方先生來函於
今晨來遲飯不健兼之腹疾支持良苦
初八日先太恭人七旬又六壽誕設上祭適以病後氣虛痔患大發坐
立行皆不便六師遣飲藥之以資下而濟武毛覺之留遣捷生診
脈飲以補中益氣湯是日與卿以妥
初九日痔患腹疾不能行動梁見來者談沈中丞日內可到接任謹齋
文少樵黃芷薌午後許君函陸宗梅張書達平節信另接楊君劉宋回函奏
民祀詢盤麵之方大衍之數字之壽出處矣
初十日力疾入院想六師得否加函之禧沈中丞進行李聞新人之多
而以仍舊接另章之函尚以字而辰之多

十一日 致支進院起生復龍高李杞浦致意漢函附支斯字

十二日 閱漕糧仍請於徽稽蒼夜陳厚卿世超李衍以張函託

道翁沈徐陳諸友來齋院桐軒竟來同沈帥臣遠翁聽白丁廖文

詞書帆生在清意外事也 先太恭人忌辰不能自其祭器誤之也

十三日 仲遐中丞玉齋拜会蒼辰仲函宇孫慕季欽雨弟函任禮

齋郎玉亭三君到寓亦以玉齋之減備之說

十四日 遣從閱青雨蒼移沈中丞之瞽朝集義渡之事投刺於從

來諸君玉蘭垣翁沈徐三君又訪其親族投名問訊各瞻他處

則不能之停來年生難安也黻視察玉寫之減備可請源生

裁以務春入署未前旅費之說請其轉達撫辰仲十二日函

中秋節 循禮拜賀仲帥送閱素又函席吳到任所疏稿嵩南撫

呈六帅治道遵饮，挂屏伴，十四日函六帅并发三机序
十四日同人五君吴东旋迎江寺只饯六舟，申返，谢之，并致郭安石不值
陪郑集光苍并张玉甫，苍访田鲁南，皆不值
十七日苍并往谒齐邱玉、蒋玉田卿三君，旋访晓岚不值，六帅书
发交部请假摺，贺仲帅接任道摺，指照山东照例，以伊国王人吴名
沪上旋道照照之意，遂吴东旋同马东旋访交函并赐款交荊荫
十八日申甫苍访吸马氏，雨来，意溪自白下之旋，谢朕陈三君过函
八旅张苍臣鹤鸣之会，六帅旋过寓，陆小山制寓
十九日过六帅，又往访陈诸君之旅，又登舟话别马照西，荐寓，旅过东旋会
陈允升一瓶，还过问候之三元，又往荐万年作各房文上屋，又函寓物之件
二十日借同前二君，苍并马照西谒洗伴帅出寨，苍并王芝舫、陈小山过吴
东旋，苍并方宗屏，致交后守函，荐先函附库十元与之村，旁东夹衫一件

廿日晴。五點後張樸臣、滿仲帥進院看屋。致石泉、季欽各一紙
交滌之携往寄姊處，函屬購銀瓶，備送吳仰蘇女孫月之稱
見仲帥辛條又案共壽九名，多舊人為意。滇艾彩二君出東門送
滌之赴六安，本住蒼巖後園之。若厚齋函寄還小帽
廿一日晴。答臣晚來，携伴陳小山、道回，携伴桂牧仲來王芝航之部
女已到大府，家說定上疏寄舒園。吳叔俞、蔡宗生共餘屬旅舍
蘇子英部長有來晤，不值。旅舍罷，訪陶君蘇餘說相詩，不值。旅舍談某
自傍晚後屋，後蒲生來言議，道掃還里。午晚來為東甫白
取米介如來
廿二日。旅宗佩、箴寰、介如到甲甫、樵石、仲十九自山，介如府二千金
有寄二千金屬宗如石仲、陸福過、簡迪生、浦爾江三君到濟處，趙小某

覆子青、容宇两函，谢云卿、黄吉之函三君。缪彦士先生携来伯闿将合
二信。王星冶寄来石花菜、海蛰、大蟹各物。伯闿、孙衣缵之、江绶皮函
竹箸寿侍二到
曾宇卿上寿帅贺函。答汪金生信。仲帅到局。答拜丁晓芳、陈補庭，两
过函。潘尔江、瞎马船留。答拜文少樵。接陈著凡来示、丁外翁九日函
六日开吊。刘泉甫来谈。拜子梅、梅孝到局
廿五日。丁晓芳、子梅、梅孝到局。看彩亭来谈周氏祖安请。旋至浙中人须
浙南同乡官公请也。万仲帅撤搬语寿帅。寿联、谢晓翁来阅白麻
因欵。拟戊子科老生左徐良请具责，副榜片
廿六日。俞孟蔡生稚進院罢着发。任谨斋、文少樵贡菰，午三更，文贺函
接丁调臣、高庵江来函。告詹祥、子京蓄、六安，王朱琴伯二弟，宗筱来
拟新年书集也

廿日接朕家廿六日函，帅府未示，属以王芝龄为之。顷庆晓耳来，称将回寿州。李叔涌自金陵回，蕃岩、吴梅岑不值，单和斋先到。

廿一日接辰仲、季钦廿五日来字，因在辰泉不宜再待，觉替人在长亭探来，有顷帅府为此辞，懒卿劝，廿四日函已到，善孙谍一字，良不易也。读军统顷有宋佩箴接之之说，盖一丁二里字力为解也。

廿九日抵寿州，王语抵欲降调，要名仍留本任，厅府主政高不识，须随之来。苏戡来，即与商。辰泉虑代之，为之往，就之而决。昌璜可依府，即须钱为借，顷者所蕃辰仲函，说此事，又蕃季卿一纸，林卿一纸，辰泉又回信仍谍，所为而属辰仲，须以办之，蕃孙朱琴伯，转晓以单和斋，须瞻之。桂悠仲皆不值。自廿四至此五日阴雨。

三十日，遇蕃邓友笙函，附去云卿回函，蕃润苏朕信，论其续寿州之所帕事。并问以前字，寿将悔未否接到。

九月朔。天氣放晴。出臣、伯華、雲卿、槐清先後來齋，飯遂
餞曉翁與義民之杭。菊秋為彭要翁來信，字樓白三函，又丟為
昂千子維繪扇，為題小琴、汪稼琴二君函，接汪匯生函，不作濮陽
之行。孫帥允於曉復注，接茗笙信，約初十日函，讓以疏懶之咎。
初二日。覆茗笙函，附以二函，并交曉江帶，接曉江來覆，為方灣信繪
扇，早間題贊宗佩藏接繪，傾茗招楊横雲，因為之責渭臣，又
為沈頤山繪子良單風信，閱擬生四柱覆之勝，何殘貞為李
松浦書扇，盛荷生來，告以杭義，間為
初三日。覆襄幼麓及吾昌雲函，覆雲卿昆仲，告以居壯以為代
茗笙說親，為向昌退息，非不強，第以能任義無所覆，接慈甫
八月廿四日信，來郵亦為之與意，濮陽意在子泉寓所設席為

蘇鄉房樺趙生松浦錢行收往之蔭禧來
初四日蔡錦怡蘇白蔡生取席道陳壽石曉峰昂穗情見之
公送蘇鄉孫女陳月之總閣塞宗揚贈扇綾綿年及長江
換名巡閱蓋院為片奉何季芳作畫
初五日蒼蚪臣函上為吳蒼琳家函匯銀千兩以二千元為初議之
冥壽二千元為壺上生辰之用席贈女帽繡袖大宗坊與修之功德
以三等力陳之樓石仲八月廿八日往丁尉農處帶素綢繡料四端贈
芪黨之等各一斤鄭蒸卿李敬亭兩為之一柄又附來林卿名條應畢
應代之爲改議內地根已先之矣姜伯黃芪價每斤一兩五分作爲
參價每斤九錢四分合為本洋三元領蘇雲價芪每斤錢三千二百文
黨之參每斤二千二百四十劉家芪一千六百黨之參六百四十

初六日雨止。午后丁履泉、姚静庵、陈小云来斋，为朱二房山作画
寿卿绘扇，及王芝房画，交其纪纲。
初七日张蓉舫、丁姚二君，雅王子潜、蓉舫、陈君又招作江振卿、贺、刘马
二家归姻之喜，归宋之后，顷过饮，晚同星堂夫子、薛昌楼、杨于庭
初八日过王殿臣画，易画白梁，食之愧矣。刘东甫来，留饮，晚携介
荐生、嘉谭二君
初九日雨，同江泓藏、张来偿、翔鸥楼底伴。初十日画青之初六日归者石
果代者，已资沔熊根，偶作为祝挺生作画，即送之，挂衔以推璧
美可也
垂九以送陈中丞寿礼，来收，为寅介孙绘扇画，忘璜甫贺笔已到送
谈兴，顾东甫楼厚斋画，为人说项多见其不知耕墨矣

初十日至祝沈中丞生日，余遣人往馬頭迎云，午間往訪招京卿，另

將承復傅鉤轉清片，兩稿沈帥蓉齋、道尊卿，且寄板孫秀才

之行，并歸至堂，蒼翁王殿卿、郭子文及皆在，值殿臣晚來，席中

談主義茫之事

十一日 接黃蓀年函，即植帖，即答之。蘇薦垣、四君白談李花事

晚為同如作畫

十二日 雨止，陳福庭來談，即往答之，青子遣畫二扇

十三日 雨，乞吳卿聚文一行，歸并雲到寓，接楊培信，云乃定初六回津

十四日 仍雨，帥主蒼齋答往，晚與閱子編叙事，寅丹稿友蓬中務石齋

也，接晉雲初四日信，仍無甚談之事

望日 小雨，積漲二十餘日，江流大漲，各處圩堤多危，恐兩雨圩決了可

為崴亭書迄。沈雲卿來，齎回銅鏡。

十二日。致愛蓀函，寄菊莊仲衡，附去鼓函，致蘇家信，詢以星子上月壽禮。

單葆孫、夢白、陳星南、方宗屏二君。王君纕祖來拜。

十三日。仲卿務進院署，隨班賀之，並葆馬、朱二君。又答拜王君，未纕祖。

沈君金午後往來相左，遇之於途。陵子臣函寄文書貨摺並壽畫遺。

屬將致王蓋臣名語。

十六日。張君侯來，致星之一紙，附去寶達之銀之等。接王書函，又並信

朱竹重到屏函送件手郵、馬二君。

十九日。接潤之孫初六日來函，附來書內有繩侯送來吳菊樵

嶽菊樵某年，答芝陔函，附以蕭樣任國字事寶法冊感由家

唐思宇風頴送王君之函，致愛文寄商臣，答葆朱竹重函，吳菊樵不值

蔡意須去因於桂馨先生處亦能致蕭鑑堂手字調度恪遵致若

穆山函以致寄之去附崔王悟亭函一紙丁庶常携交

昔先朝議公七旬冥壽在寓舉祭不敢告爲勸外人而尚能不篤念

不能盡誠無致也於張彦倈先以彭觀察處請謀之意上既聽榜覺

並賀世兄名之喜楊蘅堂來

昔蘇李松浦丁儀堂二君請理近年經手賬稿以早完結爲樂

善事可得二冊泥於片印也

昔吾收之函李欽函字手字機大小六千枚致蘭生函字識其竹一

對得一紙松浦帶交道錢譬老處源流之物

昔吾倈來寓送兩可不謂大府信之局已李松浦來寓掊自周山

在致蘭生一函附與松浦帶交

廿日仲帥瀛眷進院 趙儀卿 景桃 許郎清 子良來拜 即答之

簡迪亟緩來 賀鍾琴孫招壻之喜

廿日仲帥從齋庫設宴伯言 淮河北師院將原先元不皆得多以吳

占之易之 答拜簡迪 亟連日談之 下午兄日暮至晚之 福兩為人子者為

謀倉促不得歸 觀稱鶴內侯無已 羅伯陶來

廿日天晴而暖 無雷 侍南關榜元為方爾箴 江都諸也 至晚中使者

薩聰彝 陸佑雲 華秉鈞 陸士彥 陶世鳳 姚雲 鍾麟 又副榜尤桐

不為少矣 徐子蕃來 大風送雨 三更久未息

廿日帥府邀飲 及晚觀字畫 皆寶物也 內未齊歐陽查其 趙吳興字尤為

希世之寶 植且異會豐函 不作淩都之行 將回皖北 需負家貧親老

不得已也

廿八日接王廉卿以三江口大王廟藉法梅林等語見陪送寺僧護之

屢有書接言電七月廿八日函寄之在手這誤也稱所據陵辭原詞之間

需以禮信摺稿若干調臣函另全辭了

廿九日接稿存三十一日函岸公得郵遞總數除用費共得九百四十元

此係每岸須攤九十五元不敷甚將所搬也又得五月廿二日函收到接豪

龍者乃順也奇沈秀以調揪稿並致史南豊若所呈函致他庵函

十月新霞波之函月致季卿函附交孫季呈告部收五月十九日在案

仍交札浦撥帶若王廉臣函

初一日撥王介庵照指之了秘書原請徐道奐片師府行時兩兩之成多

速議之日大府憂子字通函寄之送史性信並屬經之庸

歎恭銀閱請暫革執字片

初三日閱長洲小湖奏贖。接張并洛東房片雲浦任安浦函，接寶石
孫函，託以孫謀道子畢少齋來文寶還不感之數。
初四日接石仲初二日函、初三日函，館附來株札，九月廿七日之紙，并擇株函。
商借十餘金。吳研農函，屬留意館事，旅馬船西以世年來商沈
雍卿移列蔡老門牆之事，轉告蔡老以爲之告之。船西屬老小對
研儕望之喜事之物也。
初五日上壽卿硯函，吳海廬漂籌壽一軸，燭一對。蒼生函，均託仙華帶
交趙費到。接季歟九月廿七日函，云繁花得力不易，寄於濂之花月函
書晚。勘復仍交杜浦護[illegible]。又接華彭壽函，還已佟屏借六元又
附於雲城函回郵去矣。接王殿卿函，云保陽秋風浪之中，黑夜取霞
幾[illegible]秋寒早晚日積漲流霖。是夕大風，似有晴意。接鄒子蘋齋

閏年子館請領茶葉片

初六日晴延李松浦診六孫女之病寄妹家信匯銀四百金一兩與安叔補

捐今之需寄家函並匯寄婦之二十金需寄家函遞箱二扇

接陳大京兆函附來　批單一紙子翼卿函附來五函分別寄家藥劑

子遷不值

初七日寄吳硯農函請溪岑西陽坊保甲局王伯涵轉寄家函

日會安函附去賀瑪茶葉子內子有擇六之由姑父託寄衣箱

沈森卿來晤名際虞茶葉畢少高不值能寄信補重一談未

佩蘅到寓

初八日黃翁霖卿晚同子遷李宋子青撻臣到寓王花翁生來延山航

保函并料物接石伴之五衛部七月十九日發也

初九日寄陈大京兆及吴卿寄梓函拾料蕉案稿写发四册照了居

三三一过三三年三心定

初十日发陈徐沈三君答发宋笔书捷臣庄嘉生刘子运粟臣寄

梓楼刘防君函附贺姓唐帖唐留意执柯田晋南来旋自扬州

述陈六舟谢书十二日北上

十一日寄赵季良乃彼妻子英致沈之函季卿函附谈墨二本并有剡

倩寿托庄嘉生携交

十二日寄宗佩箴军门生日闻信已至以叶说之闻杨颐堂丁内艰其实

悄然之接子英函又寄季良说顷已寄函阅之答王厂卿函答祁门

郑浩斋函郎玉亭吴瑞甫到扇

十三日答发宗佩箴发袁幼安不值晚来生谈孙兰初来扇面皆送郑

集之大令

十四日接汪舍生回函，赵费帝回接庚仲十六日函，并桂花糕、吕铜爵

帝来丁清生观察生日以来托之

望日又追帅府长公子研侍喜礼八笔，承受其年致郭集之函，者称子琴

询馆子蒋杨藏芳观家函贺蒋，此顷卿荐若蘅蒋之泉不值蘅

蒋功名再揽兰，初以郭函交之

十六日接洗子浩函，还美洋卅元，又致德梅林函，奉注之诗百卢子文庚

道郭三特字取有收條，即蒋子浩函交来使，并收條附去

十七日致季欣函，附子旦庚函，致洗之函交赵帝支存要意一柄，托写中

蒋庚仲函，附光及衔郭照摺扇、茶箱、黑豆，备交芸君帝回郭宝臣

军门来柬，借意溪蒋蘅田书南

十八日帅府吴缘鹤请逛，晚与黄葳晤朱云舫、陈稿逛刘梅臣等

甫薦樵侄之季弟初十日函，王子厥臣函，是间拜郭军门、吴锦川以后

仲函约交帝往晋吉钱店，亲佩葳军门到窝

十九日沈尧叙礼函，潘题贺，晚间迟吴，晤沈虞康、葳彭、邵三马子峯

俞伯华樵侄舍生函，附朱东海氏讹赠铜花瓶，钱六千零五千前后

寄舍弟英洋十五元，臣回二元，葳国稷孙不值

二十日郭军门到窝，帅府吴缘鹤请家，葳国稷孙於三湯气祥厚

窝於梅城殊不相宜

廿一日拜逛郭军门，若拜孙锐，葳彭锐若，葳别光君昔不相值

管仲董来逛，吕贯之行以稼事，嘱商挪百金，并嘱弟在仲函亦商百

金於何之易而不忘是也

廿一日　成端甫觀察臨寓，忘將即往答拜。吳壽太守先來，即答〻。
晤不值，旋袁印安吉瑞甫。
廿二日　周書帆〻子十歲初度，治麵邀客，往賀沈蓮生、夏紀雲、張君
鄒午棠、黃蕊浣甫、顧尹台業來拜，即答〻，並謁丁曉芳帥府，送閱
咸靖定侯函，爲實缺因不足之撫，亦未指外缺，復請獎叙，並詳君函
之宿杉實重答，汪金生函交戴貴帶去。
廿四日　帥府將寓原撫案批發成定案後，候補以實情形覆，請另擬
批飭清覈，以示先主持，經致劉公函，請其來指事宜，衛令其將來公
擬稿閱，致蕭先函，交溥溶〻帶，即送共壽敬〻川。
廿五日　接石仲廿日函，附來孫泉之廿二日函，匯款到後遣人取清足千五百元
存錢收息，六月八釐，生年一付，擱公石處六百年四千餘元，又附收付細數及

及雲司來之兄起身行時適偏也陶瑞一段言房師戴大人於萬行即西
適吉祿楊兄致信接六舟大京兆信吳五兄生信
廿日彭交翁康查素獨細數彭郭兄送陸文廉處一紙樣川收存
彭宴之甸臨商錄寄件崔
廿一日在件廿二日信遂到與初安以致吳鎮南叔東書禮祝挺生朱一行
劉二兄晨來言有代館之局盛蔭生來
廿四日為薛心泉作刊潑信再校對之局談夢白示拓也
廿五日賀適卓存任書吳鎮南叔兩信賀書談夢白接印書錄祝挺生
趙晨光同年函商賀陳大京兆到任信段子延信寄都門吳馬司中
張陳直閣來部堂中孫仲篤望之潘伯江二君來談蔡生來勸
渺然指致力疾之道太守到商

619

三十日寄蒼林家函附蒼嵒縣保甲威泰年林函蒼原件函蒼雁孫仲

篇清亦江者盛稷孫信二兩接孫厚齋函附來件芷龍一箋接王際

成林段望之函

十一月朔蒼雅表學寄趙展如洪泉池梅生旌訪道此原者接印淵

具想稽雁説趙生蔡生來寄渤照以〇之庭之並為設宅孫子英

藏以龍處表者函

初二日蒼史林函丙子來接原件廿九日函者趙謙卿謀札子昭天長卡

館來又洋十元者之映史貫之之婦安之雲文蘇聽華歸壽侍雁説

趙生訪之亨恒業之屋備押租銀三十兩與練推者面劃歸説氏

適卓存太守來孫蘭初池根卿因託華補之了

初三日溫氣甚遇雨帥府昨齋房以案擬到任三月辦理地方情之病晚间

大風特涼
初四日風止雪飛出會蔡生訪吴遇趙之泉訪交臣馬子寿小兪遇王存
未午歸劉少琴函歸繳上十月廿五日函又季欽同日叔宗函為石仲館張
少馬樸說劉秀生弟来又渭兄好函
初五日答雅劉秀生不值訪趙展如不值昂沈保卿出太夫人之表妹晚
重到我來成来招歸趙季良西堂江霄卿来談將有旅徒之行
答石仲函以季之張聚衣託帶之送江不值訪行華一談答仲苍一送錢
成遇盛之賢周交沈青川来為樸卓勝以師答弟之機
初六日雨答劉少琴函告以到歸日氏請旗之[?]未歸都[?]度以來送趙
展如之行呂璇甫邀飲冒雨而出散後子[?]库不值

初七日雨止子皋過往看康丈於病作帥府意誰共暫回籍治病之
請假因為其請寬其期以俾為養病之資因人落辦朱曉雲來晤
趙季良來托訪有何君行空在先以函告之
初八日胡信之蓀聲請辦周書帆先生之門者之件並遞先帥府作序
寄以家傳屬以家稿
初九日送孫丈於旌里邊卓庭來晤面託華補之子屬有服者作
山水小幅沈秀同來晤
初十日接宗幼蘇三舉弟來蒂光十月初五日函壽斗畢致英洋五元
又接石仲初七日函附來探義初二日函又王懷庭函向其子仲益之文集
俞門之說朱尚書來暢談近日帥府到任三日集報羅經地方要務
撰稿屬成

十日 送沈秀川遄卓存之行 荅拜旅信之 見帥府以二稿面交 因得見

所藏湯貞愍山水小冊又鷹阿山樵湯筆山水小冊又郭內陳之 年俱小對

周宮甫萼來拜 且邀至赴鄰以六金購之 鄰則所又意買貝物

十一日 移居於東園 墻周俞張沈諸君 遂至諸君往祝 即分荅[illegible]謝之

仍進扇懂至藏 未剪整 晤乃弟 座藏 及捷至萬書 諸君氣萬書

有阜陽之行 以王詩至留函交之 致望之閔至璇甫 買太湖之行並往

送之

十二日 致沈竹孝弟函 荅允孫書 送交萬書 携弟族藏頌 陳沈徐二

君宗約藏楊伊邀 三並至粟至 回太湖朱琢珊到家

曹周青帆之生同至借往視 徐霓仙來程 青帆交魏淩借蕃生丈

同道徐霓仙 孫詞至太守孫葦 楙雅吾改土葉號及譯務保甲局者

早同蒼谿遇瑞庭大人池蓮生寶臻來拜

望日接浚兄初四日函又季弟初四日函又燕老自到天津來函偕蔡生

去同蒼沈蓮生又道周寶甫之行因偕浙江館一坐並沿江覽風景從

道回署應試律生三十九人與試早飯出力薇垣詳請免給函銀因

夜擬四字皆取成語出游秋馬子岸來拜拔信之蔡禮來寓

十六日寄蒼石仲函王怡庭函道周蔚沈張徐錢馬諸君小飲而俞忽不

到豈有意耶怡庭京告以到殊年康芳仲蓋作代接李松簡來

函匯此後自出處各亦午集

十七日寄殊叔函問老幼平善簡請枝意孫京壽屬殊方先生年下拂

歸蒼孫厚齋函勉以勤性學業

十八日蒼浚兄鐵白學游前幫之說致季弟函交樓蒼帝去發接信之字

属其昔来院俞蔡星生杜门谢客

九日岩萧先函李松浦函致李再芝一纸以琥珀珠一挂并交池秀川携

送晨间大雾极午后大风到晚小雨频有酿雪之意以京前去到府

为余子发少尉致函之一纸前恒益轮渡於望其汇厚居转还

昔刘仲士太守 齐到属帅府阅操清理函之积年收付款目以送杨

植堂太夫人信接阅悍伯芳太守鸿仪来函家运不顺先后及君

硕夫人相继殂谢孙子药来

廿百何发字直刺到高延访查讯以吴砚农荐阅日道府及两银宪领

年终紧考两担稿龚仰蘧观察请为其祖父及祖父母建坊片稿

望不干百函备言雇抚照书为运局非完将肯有益乘便访问于宝运行照

未讫而已

廿一日答拜劉仲吉、馬子韋、孫子勤、何蘭宇，着訂明吴硯農館于歲修百金

金即照寫硯農告之，加函王佰潤處，丟事寫有接石伴廿日來函，言季雲屏

來商勸往濟陽

廿三日沈芸軒、梁來拜，青池季賢大令羅往雁山幕中，答石伴函，庠着子英

拼送金蘭生贈分，又白孫蘭初可着送根之代為寫來開談張子壽制府

是日送晚往合生家着到晚

廿四日接望云十日信，撥備二百金，明青着送分孫完姻，庠为壽費並商

子廷定議送年望之庠先於明夕行矣

廿五日弔楊楷堂太夫人之喪，答拜楊府經振鵬、桂廷庠、空塗孫蘭初

送梓和兄所録壽文，筆精錄不可及也，接石伴函，商石渠替人，答拜

沈芸軒來晤

廿六日答石伴函，言之芸蘭初可勝石渠代庖之至，核吳淑光積筆帳目，並送付

銀九十兩零本洋一百五元壽卿存留矣稿得共有辭時事者遞一
稿出為數不少
昔馬稼庠有函父〻處在葉王府補經成服借衆往昂藏薛心泉
國荷生二君見徵信冊樣誤植為遞欲借壽卿往庭坊飄人何發字
來者庶〻於吳硯農〻〻可
昔師荷孫楹樸望之遞撤接明年者自歸完照準備二百金以一百元
為家星庭師以一百為我道費及發回姑蘇川資陸芸軒來發即往寫之
核震滬來書〻黃不樸情形想起更澹甫以回廣祀先王蘭伯來者所
閱也見〻也樸購家十二百斤客再來猪油十斤
花日久雲點安悄畢可說加意善適有候胡鐵集經程來得積保樸〻閣
前緒行以華海翔將軍郵可矣樸再叩廿六日行

十二月敬書致沈先生信李欽侯蒼望之函論盡了以幫為有補莊緊要

二十年生活日為往來貨及新郎潘置在衙之用且已于遲着之代為遞

出籌貨幾與回來聽商一切

初二日旅王蘭伯不值呈景蘇子吳來帥府接書並不接報須趕寫即前

遞到也看鄭蒸卿信函

初三日閱蒲通書門報大計接子正回信閒來先行正世一段望京呢日生死

之席照宗銀諸矣王殿卿來

初四日接弟先函來幫二十二枚僱叉弟來觀以信貨當即呈寄日之

弟回處望之函附之兩艺接函早存函論帥府宗函查實之多經帥

到晚借蘇生往拜不值並拜生錫三鄭黄侯注余生並謝前諸君之一

回見者聽文少樵一諜蒼拜吳修之王殿卿亦不值旅余來于寫一啟

刺恍接石仲初六日信

初五日寄復存仲信，并稽壽卿。午步趙屋錫三、潘吳過，會生、仲英、烽堂
苟雲、蘭初、子鶴、梁方、孫君又過。謀贊白先生伯回滬，往送之
初六日，帥雅齋、子眉生來，寄西霞、舜意信，夜與藝生、傳衣、壽卿船廠
復張望溪，為疇函文理參淺，詢可方執之來
初七日稿鮑小孟函，答道卓存函，寄信稿一紙，又稿老海致義渡三船函
稿也看城站之張西園，俯尤序備經費
初八日稽流兌初二日函，季卿翁百函並帶葉一方，匯道家長借之，未全至
往畫局
初九日節屠堂音來，留壽卿過之。高陰晴，下午着黃小陽三君皆新
設西園，遣望石函，子路子寫函，甘菊先致袁子春函，皆答兩屆帥兼
袁省有壽字二枚，借同人過仲英，過會生，門冏兄外去，遂涉之道會生
之，得季卿脩本年之案

初四日晨出東郭送裕壽帥之行石舫照數通廌常熟元鄭蓝庚大人六表
並送倉生伴其睡延訪蘭一談蒼翁暮雨蒼巖不值 致石伴函以鄭燕卿函
交王傅霄帶去單瓶 大計院署多門往宿於同撫部上房東致送門包
通孔藉並論帖稿
十一日撫署改題名處片稿俞蔡生詣帥座一談同人作撒蘭以廢清唐
長夜接石伴蒼函附來史信收及不厭來函方妥也
十二日蒼鴻壽函壽櫂信改字便裁去以周門雜於立雪以三古客足之可也
清夜仍為小飲蒼伴蒼函寄同貫之以保以明不負漢祀之意
十三日蒼鮑少遊寄瑞函本字子嘉數行電同人治里壺送幸帆小為閩撫鶴飲
懶民撤接石伴初十日信
曹撫軍來照料與收拾屋胡送來眉先飾與照料撤出張升來可暫後
交卿片接荔芳初二日來函太君有疾得蓋送歸省四初撤蘭雅集

明曆之業足遣悶懷
望日大升榜出學正案頭者三人，姜宸英也、吳硯農、劉並揚其先覺之函及王
伯洞石竹卷盒，方子貞自都門來，史佩芝來，孫先生惠竹笠三頂，毋從石及阡
書，以四物帶去。驗何蔬友函，為硯農作石岩石仲函，促其為繪。吳二君祖餞
即遣之出。郭晴諸蔬友見王頃後我也。
十二日 叔雅台臣以折片遣之，交晚香奉書。陳匯孟、蓉薇、陳沈綿三君出薇
來雨裝。晚間蓉薇、鄭玉亭、史佩芝、蓉望之函，送之王蘭伯帶京樣
綠米函，又芬館重直指雜史學洞飲及天籟軒蔬二種
十七日上吳宗年致縣家函，康雅石帳內子注秋成，及家之康望者易壽詳二十五
備生書上，致函石仲，交丙子帶去，附以蝦麵麻餅，接允孫祖百函，附上陳六
先生賀年，別吳君來談館，子為蔬帳單
十八日 陳方伯之生拔刻以硯朱印蘭張士芬扁拓磚石額九卿洪之諸君先後

到寓，又蔼园翻案两只，竟日揖之，石纸拖至晚就沙樊，柏函为子兰讫须

答张望溪函，接石仲十五日函，附来拜嘉十二日信，又玉宗昉致孙女婿陶

东崖函，送昭泉赠诗。

廿九日，封寄泰贺喜毕，出贺胡復卿、方子徵，过答孙晚湘、杨石龙、九香、汉池

邻拜元诸君，接晓岚十月廿日函，又芮先之十月廿日函，答汤之孙函，又致沈范之

季弟函，寄赵子俊夫人寿言，接石甫仲十七日函，即府通具见沈孝庭谢文

许处所请

二十日，答张望溪函，薛从泉来，谈榜子保良善意味

廿一日，竟日从公，拜客，秘不可得，坐晓云邀饮，秋香鹤扶阁十一月分

月捐银

廿二日，发拜家函，附戊保年禄，并请答石仲函，黄钧又补邀弟道，两收不日道又

接黄莲峰山、答陆蔼如函，并邀又加封，并致又同寓公具一公函为秦御钱月答崇

孫蘭和詣往寓所

廿三日接伯潤昨函並紙包一個，寄煩渠望之叔之者，旅便再寄之，接樸齋十六日

函，同和尚數人

廿四日晨實佩之來，知接獲蓮舫屢卞，鄭蔡兩房家接信之函，遂飯，九點而去

本洋一百五元又來交節敬十八函又二函，屬送李尾原家眷五元，即為分送

石仲房送李原交二元，因受小雲贊任禮高錄晚楊二函，茂蕭先生函，由縛送

遞接袁切庵函，錄子孟起函，託雲卿品仲函，為往遞傳帳于王字屋來

君如卿大人允晚到房

廿五日改卯赴亭請見時財房，齊薛之泉諸君，接蕭先生十四日信，附來寄錫

君回函，致電之本，即為分送朱篤孝來談

廿六日晨翁王字屋舊堂歲敷，令晨翁實佩之、君如卿皆未趕往之，楊遣

三字卯孫蓉生家孫蘭翁初吉軒王在陳院稼三晨來，王在陳院卿函附來兄

信由弟收分送蒼岩兄季弟函並先附交麥信十五函人各接之歲闌派

並寄仲蒼弟處送洋二十元

並有接辰仲兄日函並錫叔代辰弟衣料號信又右泉四兄詩晴劍兄壽丹函

交樓厚弟函目睹山回聽蘭叔弟衣商湯太夫人壽對年下陸續並稱賀

雲生蒼巖朱翔蘭俞贊軒諸君

兹日奉伍俞二君暨聯捲張[illegible]年陸續寄年函即蒼翁方子徵劉高亮可

帥府致撫湯朱二君並陳大[illegible]函即交撫君

茲有寄右仲殊叔函嚴朱兩堂劉仲主道先臨南劉溧千連子王[illegible]及文

翔溧[illegible]例並侍子嚴兩蒼仲蒼

陳[illegible]接王[illegible]函即蒼翁[illegible]接[illegible]山函子畢賀年雲生張[illegible]但[illegible]之文

通函歲闌矣

庚寅元旦晨起禮天祀祖後上院賀年旋赴一同復出署往
各署各局各寓賀歲及亮月旋寓靜坐為小詩二章以誌感是日天
氣陰陰午前小雨灑潤下為竟歲潤澤之兆
初二日小雨竟日未往上院上望之函附寄寅林函又悼雅緬作壽之包又去屋
雨蒼付千陽便差寄去樓何毅亭賀函
初三日陰午前上院為帥座擬謝福字摺稿説景蘇直往小敘蔡
義三二晨同往並暮而返寄復孫琥珊函及何毅亭太守函又來人
帶回樓滬情澗仙栽珠徑片函當時作答
初四日入署後念子雲度如閣鑑堂函詠共果子綱侯　天穎訪談之賦平午
晚陳介暨晴之招暢敘下午日陰晴互度北風生寒頗有雪意晚
孫紉農參軍　鍾新樓詠見季弟初八日信

初五日接文少農太守函華允臣大使函附致子運函又接任謹齋
鐵軍函下午往旅彭觀察留之飯談夜半始返小雨將有釀雪
之兆接孫詞臣太守賀函沙懋根回信函蘭初之事有成
初六日覆文孫二太守函為修文之底書金生白商榔之請既同宣道
飲偕俞張二君同之是日小雨閱莫朝徵信冊遂成稿
初七日致劉子運函附去允臣二公信並書臣公白烟百屋為製備服飾之
需三十金為招費之費條子英本少嚴回事回院料理畢後再行入
席霞契錦子孟超函為東吳子道義以有事子運到滬回歸信送之
初八日答孫蘇雨蒼史蓮洲王麟卿錦芷雲劉子運方子微六君自免
雨蒼而已是日帥府接招旅召瑤甫馬子岸皆不值就伯華一談
黃碧軒附祀英果敏祠出信之時有不合接成瑞甫觀察

初九日方子微来答拜，携熊鞠生函，即答之。借蔡生文先生门一月阅看部
景之兄函，并致雁子笺，王不值，至孙兰初处久叩。王雁臣、璇甫知子笺
在筠堂处，就其一谈，旋过十友斋，复商借会馆，其题名以列名字谈
望兄处商酒于愿之人，赞似乎迟疑。上时望已面商之，友赞黄有金
矣。连日晴朗，特形寒冷。
初十日，各省友人商议团拜之举，借柏署设席，定日叡殿。先是拜马
子翼答拜，方子成、席蔽深、回署治事，霞沙根函，交兰初转交申处
递衍之、姚蔼李子松甫函，答袁仲奎大令函
十一日，答晚云、卿吴作函，在盖覆姜澍馆，司玉盛成玉文同年有复函，遣阅
竣之约前辞之，孙问臣太守来，高郎蓼亭军门刘写来，为查遣
教谕张二岳同往，携陈麟卿中翰函

十一日晴。拜客。訪臣，赴陳方伯之招。接澂兄函，初四日信，係為商馮瑞老遣閱卷之
西席一節，實之人。原意於蘭軒、張季雲者較爲，函書即送去。又接華
新夫函，以蘇撫令赴嚴州，撫爲之愛臣閱，李文老則即往見之。之蘭初
十二日乘舟又往蘭處下
十三日接祝植生函，瑞老遣往蘇甫處之誤於蘭軒，病眼不能赴，與張季雲
不在家。李子軒到寓，夜飯，苟重之約。接望之函，言昌妹明日到秋間
寅妹將來之事，初間遣僕携銀百千元，接稻以桃城小錢，寂陳
寄存寄寅妹函附付，望五論因交向為澂之侍處兵餉
十四日晴。訪夫澂之、季和等函，交華使紹函，華便不即取回澂函復由
歸遲。接妹來初二日函，妹方先生忽不願來，命仲諧作去，酉生來東山之
特識并之之

元宵是日立春晨起燒東華進院賀喜出拜郭耀庭鄧[illegible]亭王殿
卿諸君往公館團拜元日觀暢繼之以謁過周俞二君觀劉畢少齋所
沙[illegible]根末[illegible]房僧蘭初三日寄付作蒼由[illegible]內費携孫晴初十錦來函原
為[illegible]於[illegible]厚甫告歸約得九十元
十六日携王伯淵[illegible]陽西門外河沿[illegible]西陽坊[illegible]早分局來函附來吳大[illegible]函
吳硯農函附函史蓮[illegible]太守[illegible]貴之師府[illegible]具[illegible]過飲庭中趙君[illegible]
實甫也十七日[illegible]劉申甫函過[illegible]所[illegible]君代[illegible]月送五元
十[illegible]日[illegible]史蓮[illegible]李雲門[illegible]華甫[illegible]多[illegible]山[illegible][illegible]馮瑞庭孫[illegible]蘭初郭[illegible]
齋[illegible]園九人[illegible]望至寺[illegible]送[illegible][illegible]自[illegible][illegible]作又[illegible]畢[illegible]錢二千為[illegible][illegible]來[illegible]
川[illegible]即日[illegible][illegible]以[illegible][illegible][illegible][illegible][illegible][illegible]房[illegible][illegible]函[illegible]十二日函[illegible][illegible][illegible]試
軒[illegible]帝函[illegible][illegible]未見到王[illegible]能[illegible][illegible]到[illegible][illegible][illegible]十[illegible][illegible][illegible]一函[illegible][illegible][illegible][illegible]

寅刻寄仲蘇椷

十八日天暖異常唐述軒寒齋來接湘足函照唐二百金由乞券和匯回

玉莊睍范屬其又接季弟函並崔芝生函附來寅收十紙席換揩照

發咸穆孫函述厚甫留省之耶是晚大風

十九日天陰風狂復雪雨後若拜王介艇觀察及唐述軒接東甫回信漬

君患外證不能來兆陳雲溪之招晚復東之函季弟函附甬一紙以收

條二張寄之接臘廿五寅椷作是夜亥初得子唐述軒來賀即月附稿

回派

廿日撤震矣防軍雖多常衝突兵勇賞數招新兵臣觀察遣飲陸樹

臣劉芝劉蔚取義陳錄江灞錄雪云

廿一日閱邸抄以國忌不受賀王玉如同年來拜帥府招飲沈詩而歸接

澂兄以破眼镜属修王曙帆弟来

廿二日 蓉趙展如同年函乾宗佩箴同年要饮振霞来为指示画脉诀

出送坊稿蓉孙陆树臣杨德之吴彦士王玉文诸君

廿三日 舫春雨蓉溪昭共抱少岩晚询锡之字蓉茂卿函道来代馆许以月致

四兄晚同子良春雨蓉溪诸君商同子道着教因人不敷椒澂兄函任台卿弟

来附有致戴新之函交椒遗子椒渊子孙人日函新年之子三[illegible]日孙

二良不惜也

廿四日 吴彦士熊幼兰孙持九祥子英俞伯华薛心泉许君刻当岁

春之二君来寓致仲苏琛函以望之取存十金交信又致琛嘉函并示又春

如岩弟锡之字致石仲函附致茂卿一纸止共晓川汪太之来道前去之月原

寓信也椒君我信

昔日接拜士芳来箴朱笏堂杨霁送三来，即答之。晤王泽寰、尹孚孙拜托
写不到箴彩三谍，忽收老友托棕铁，现贵六条，每条价约一元有余。
箴条子英过之，於逢箴韩心泉、杨德之。
廿日张彝重现在家，附托英果敏羽回。人云途次祝借回之六人，只是一
锡道同乡三十余人，小钦共刘二十五人，赐饮刘某谈，颇为契舆，通闲人数
二更后矣。接袁幼安信，为弟先邑孙兰荀家深安信
廿日接弟先十二日函，即连前二函并答之。霞里之函详之一切，字所彩二页
棕铁适取出家人往纪将回去，即托弟之霞泳之函，並附去，候成限
镜殷季钦函，致瞿吴硕甫，农函以汉阳字寄来口矣，大德函附之送。杨霁送三弟
文涛、邵廷德甫二君来接，沙然相函附来十年，即送孙寓
廿日接石仲函，廿日道经书费是函，附来林家齐送二函，答曾尧明西岩
以子运近状，交代甚迫，请速送吾之。答李枢浦、赵伯琴二函，附以弟先信寄

来人弟去说朱笃重々答拜潘臣送吴去生文少樵二君

蔡月郊学臣观慕々烟之谷宝寿讽经於城隍庙同人往们々答拜松

秀峰沈德甫答沈秀川祝拙生之函楼赵辅卿拟佐函拟定日在於

石渠署内也沈祥甫祖康来拜即答々答陈鞠卿函

二月朔致王蓋臣函托询子臣䝨致杜文观差孙成功弟送孙韶甫大令学镐

到寓旅两苍不值丁烽重到寓王芝舫到寓

初二日答石仲函适楼其芳日来后因并答之答林䝨函附去俞䝨耕信

两苍来拜交银百元属寄汲存寄菊生溶臣收也泉家去礼致一纸

告之托两苍弟旅吕璇甫高园之请陈汉香茂才采撰后同臣两苍

不值同旅烽重笏臣到仲之臣欲入川只臣说同臣去人亦辞

初三日楼沙魏根函定日来吴泽之々人还雷报荔不在安文寿切々也只臣到

平甫夫人来信与少雄[illegible]到甬因事旅寓馬船西照旅伯雅太守錫康为

楊清溪光女姻配現在上海輪船支應局，[illegible]函告璇甫字復往旅寓

洪陈漢老先生館事

初四日[illegible]吕能[illegible]到部照苍崔芝生西門此字還貴館賓收九紙[illegible]

苍代存仍賑捐第十集[illegible]奖部照須年節间到晚與袁溪[illegible]吴又

請翁晓桐軒子英蜀重楼白伯華以[illegible]生北京蘇州来到梅璇

甫字函致陈漢老先生月修本年六元月费千文節儀届时酌送[illegible]

蓮孫[illegible]任秋溪之函叙及私人高照善之人功名是否存乎自为人

是否為分

初五日[illegible]到平甫夫人之表弟陈漢老先生苍弟之少雄[illegible]甬生

芝舫請将璇甫旅伯雅太守[illegible]函往苍来照旅寓馬船西[illegible]卿

丁曉雲攜孫曉樓函

初六日 請陳漢章先生南館 孫蘭和家 大樓出園 遊桂陰宸

偰孫也 泉家喜事 往觀 蓋不值 鄭奠厚自星來 攜叔又月

廿日出 帶四來 二弟歸 夜 然鍼 蕭四角 同壽帆遊 飲膳 食燕岩

孫月樵二君 攜桂子到 初九日函 約本月望間出都 銳叔老之抵

彭叔兄 季高函 蒼崖世之生 廣文函 帶去 君能炳泥九郵照一紙寄

寧存之輩 光意文 鄭奠厚帶回

初十日 鄭奠厚 天雨 以叔兄望之切 而無可奉之 還帶便說當之後雨

下午小雨 計行不多里也 致叔安函 以經文履歷一紙 並自先後之

二更 書時 以京 鄭奠厚 以清帳 才能丑之 為託

初十一日 雨竟日 叢孫晴 初去歸函 江震鄉 書楊函 金炳岩 兼 閱 講學十一

年正月 鄰南閱 轉致 為勝之事

初九日致吳蓮溪太守函詢高安等六人名號查並答沙慈根函寄石
仲宣函三元並號以詢查之寄石仲函補孫函以下已來件附去附答
楊壽棋函節後已有許到寫兩文竟日
初十日澂卿先生來因代程子俊遲遂來張熙臣立功來寫修補函
既同宣過之題主祖金錫三道錢恬齋答祖金炳岩張熙臣昔
肯不值帥府同年後南先南後北丁懌卿來談
十一日王仲益來送到石仲函並端午集の新及星門書本子及件子王
恬齋函劉煙年康是常之來若屋直楊總之來賀孫蔭徐竟他
賀函坂因之到石甫有人以蘇照答指盤竹以編字屏十二元由蔡老整
府高植生來
十二日答石仲函以二屏交張之常交晨送然祁者答袁幼安函
詢三百並子寫答劉甲甫函附去恬齋函一

株洲子兄弟留意茶雲見仙函送仲益蔚子英之門蒼巖頌生候之
子俊聽君少卿詢子寔遠病後情形夜就潘辛先生之課
十三日馬子嘉來飲晤程子俊
十四日萬君來字香孝子良謀寄羔以雞託香翁君若之致聚厚函[illegible]附之
指辛撰就兄正月初來函託張二君之說詢作飛論
望日寄函蒼巖芳記寄譯函送霞波某人函寄蔣耕家函並蘭烟墨
一斤接寅耕初三日函霞波函又華海初函白望首寅耕之意附來水先
八函蒼巖下懌重以蕭北平芳甘繼之名探之
十六日陳晉暘寄春來即往賀之旅葉蘇子英仲益樹君程子俊兄
稿鳳陽主任某蘇家文送致香翁函寄蒼送國府蒼巖兄函要之以府
主大閱光南渡於附之海初訴又代送說去下上望之函附之海初寅耕

夜函並草書兩卷交孫函及四字手簏提箋聯幛等件交來人帶

得弟書。朱琴伯來

十七日劉筠君來，出示黄庵函，為馬開衣飾單多件原議原價請減

之意。王英來，為鄉人之餞張竹君之餞之議似多未便，屬婉謝之

卻侍臣來。拜劉原崖，拜朱琴伯

十八日阮同宣來，報月。接陳少香覆函，得大函，知為海霜逼孫子達

荔生。接湯之琢函

十九日莫同宣、蕭伯陶、黄萊見君，不值。訪子達，子俊受一生。接王叢臣函

白子臣觀直隸所報，轉人報矣。撫施孝豐樓款，接理序稿

廿日撰臨北水災照五月款書錯稿。接汪密生函，以年詞四閱，附萬之

函，附之代贈紙張，並至又擇書弟之

廿一日接何敦夫函、晋云函、和甫函，又接梁节庵函，附件与苏（?）函稿

历年水旱赈之用款叙销报稿、奏稿，寄到高谈续图稿、砚台书坐

稿等事

廿二日接郑友生函，在凤阳县代朱子春作，仍画通著稿，接直寄家信

稍与叶云复叶片稿，又函与山观察一叶片稿，接徐兄函，四直于张二君国

其为定之议不再论矣

廿三日接鹤笙函，寺崔纪来，炮台居本天台任因病变之后九十余里张

罗通年修待商之河南观察来商事务施安为之帅府夫人寿

礼，仅受数物，余以浔来商其图寺宗之学画扇接山礼

致徐兄见白子正庭，直姜友两之拟不复来矣

廿四日蔡夫人之生借友往观管蘇顾以收眼兄共会真流派也

帅府四直隐宗席叙论筹意深作试帖一首

廿五日晴 都察院函 陈中山函 告以晓北虏兵须至秋间 王宇泰到斋校照士

苏员请其震复寔之 稿 楼存仲廿六日函

廿七日晴 鹤笙函 宁波沈木桥庵侍砚台稿重行改之 接刘申甫函 郭朋

吉来 请于花落泉黎说项 致周悚惕函 引荐蒋改 朱弟来寓为

答函 寿子 接宝之廿八日函

廿九日晴 访致范宅王宇泰过周悚惕 熊鞠生谢乌守备 卷阅毕及妹函

时华海两函 赏江西看毛家园

廿八日 致汪宝生函 和史七律一诗 熊鞠生来 接李那十二日函 又郑孝函

廿九日 致望之函 附去九月至九日昌株校数人日记草 刘瑗女裙尺寸单 求去

二尺六寸半腰地二尺一寸八分 袄长二尺七寸 出手二尺二寸 裙长二尺五寸 腰见

三尺二寸 致允臣函 附去子宝函 告忽也 请桂帐仲挑选

三十日阴 到斋看桂林稜亭宇二道幅 灯下看之

閏月一日新寒，早晴，積雨連朝，至表不得躁水氣蔽之，臣子達府意與國同，為得歡之旅，商無幾，答拜孫羽侯，鞠生皆不值，陳六帥府謁王府，求薦于范陸泉，作一字與之，適某棄，便拜范六未值也。王臣來電一日，既別乾霞，又一同游館，見舊電生

初二日樓潮交來二月廿五日函，有寄理之事，王清臣承函之，一致理之信也。天寒，閱雷竟，夕大雨

初三日擬加徵隴北土葉稅，屬章程函之，帥府，來達兩帥府，擬改問諸達竹城太守，到商樓寓，介孫函以貴，敢為商通府謀之，繼之，函寄時作答允從蔽贊，到者时有再為設法

初四日答晉雲函，勉以勤勞耐勞，答孫函，寄款有無由信，學應達源以有元，候大宗坊來廿日之資三十元，贊借補貼，撥公答，伸蘇

得函之以發笑蘇老說項並爲舒樂帥府書賠三京蘇子壽諸君
未商昨蕤卿函辛未年遣覓發男國南唐舊墨之可望是卿來回之接
石仲初二日函同榜石碑墨鄙無來展又附來往函淺函序查食讖費
又晚蕤爲季仲菴不值錢先旋同一談子筆達來生福之於與國一百元函
爲璩老謀也
初五日菩提寺速卓府相國之友生玉不值擾茀之二月廿二日函附來菩提寺
在軍又兩蒼函擾劉相兄函之東事家居以孫家清末務爲識君說
成館之附函序文查取往一元原請禮部實文與經序未能世致於你
霖併函之墨二月初六日函適從瞿日矣菩石仲函即服告之菩提寺庭章潤
函告以深量擬還石不能習字菩薦雨多而又來閑意不能再添食
指矣爲石仲菴作畫晚間蕤之 龢王珊原司馬一談

初六日寄琳兒函，告以滙款可附居伯肅函交高孫，將初留意者
趙輔卿函附入，致孫蘭初函，屬其向寄崔坤來，常到滬交款
趙之函。吾屬豐滙號信寄三千金滙券，又將丙仲交英洋快百元
羅伯陶來，發即送其寓，妙之，行號信寄高量滙，收特滙杭城
望仙橋怡裕莊，送與規元三千，除交取到滙券
初七日接劉樾丞函，附有致顧君家書，又寄錢泉可致鶴笙信，信內言
紙幣業歸是送票，有五千元，信寄滙券附內，並屬之季弟，學厚函
送交顧君，捷弟接取仲函，以其慈仙家書，將到原議檢點送之
致望之一紙，寄與定寓，接二信函，須上蔡仁長特交
初八日接華之照函，取之子運之款，年可望之無好雙柏吳宮許老先
撥之說，昇青致子運附來並寄送閱之。丁曉芳來，接王蓋臣柱子函

西方下旬所書總舟孫成功書本並館為某畢了誤以前本兩處寫
差總勤美若在仲西以王對寫去
初九日路李雲門太守西爲趙園之藕作說頂茗㞋丁曉芳花鼓佛
郷丞一堂
初十日樓汪金生西有家園茶屋園臨湖過遊來即為隣邑子英承府
時臨稼之長安請宣付疏底蘭鋤道之樓俞仲英西道趙園之大通
七樓桃茂來西
十一日施朱為望汪乃總宣過蘆田草之頂之之東太府原為之吳草
晚為小賢悬起與之樓袁幼安西往
十二日靡邢吳慶園殺育學陳聲山趙信之丁芝亭俞誠之君為子宜
竟日與園林武過之即不相值張玉甫列府楊雲浦到寓屬

芝岩同來

十二日答蔗曹景陶張玉甫孫叔彝徐星江余君佐吴山大余蔗生蔣次宰寄滇揆石仲初手函附第十號家報另函又吴硯農信揆鶴笙來電文另寄津蔗尚到　蔗生馬二君不值

十三日答拜家函寄王仲益又交雁局道來又致懌悍心寄仲益寄弟郡七果寄庵遞發河哥函附寄鶴笙馬子岸道七一張適璣甫在座劉申甫取房衣飾又説賬一議又

十四日蔗陳楊沈諸四君道王仲益回星岸蔗馬芝岩張林友白諸君過報閱有贖芸子八條沈悦清來馬船西來

十五日叔美陵來辭將回蘇也彰度又簡過巡來高蔗進芝居不值蔗蔗沈悦清

十六日答石仲函此交鹿二本洋五十元先交任字滙寄道假家汝南

新安之贯来甚茂下得鹤夜也漏瑞之到席

十八日刘子廷来受款开罢即清卯鹤年来日灵椿赴任下月初接篆

即作书与陈之并之杨子寿章被催拥铸程一字俞贞甫来谈

赴子家城王锡九之偕为按书季甫照料庭舟了多子寿来不遇

俞贞甫来晤

十九日接廷之道陆函附廷之诗答寄函到后书时归办按庭也於

理寿师来谈予光成册平钱著来

二十日雨丁雪生之丧送别之后得之行庄际星甫之招前往观剧到半

甫还日考来向之先生说项一节即接石仲十七日函附之济寿之诗一首又著

锡味剑之函将弟十一日信子良有小星之照六十寿开论者不以为然

孙杨占侯庄华甫读律有感诗集予宇廷来字商量款

廿日簡迪函以小條屬書即往晤之義馬船西為白平甫之屬因得看
南田相國及龔芝麓人方伯並船西自為畫冊又沈梅雅集圖孫康
侯重九之作俾帥世兄寫
廿二日接漢仙箋函屬寫楷館帖另為繕段即着於之意馬芝岩之行往拔
交之陳漢生來船要通閱寫蕉畫冊
廿三日答拜濟陽老處並取託及節孫家家人自錫來攜有陳和甫函
仲之函並代繕紙扇又小藍布包
廿四日寄子可處仲函以錫信附之並小藍布包交劉平甫帶去接鶴笙十
七日函接兄函張相國小畫冊冀自是要天下人功著者不能强勉者
為子遥擬題往住等一行
廿五日答鶴笙函又楊卿信同聊盡人事而已下午周處一月者城大宛
屆時同人來約往觀者不赴約

廿四日大雨閱吳天晴明經保程觀以廣眼界頗異設色雅而不佳
意而筆墨亦雜由是俗手輕重無當周為潦潦無足論而不可也
何義門手仙撥二君畫府
廿五日閱俞張二君所為大觀亭亭遊法後少取騰覽江山風景淵源機
格識而精奇我便道旅陽鴻老不住手錢若大陳遠生亦去門說沈儀
二君疏誤又為子建亭序筆最信字一行為之揶揄數可以清夢乎
此不能理財意而衆人亦多惱也於閒之日成諸公盛意足以半月之
廿六日程子建子建主書人論辨甚皆不通兄素臣老臣是何於此又來
顧蒙能何義去尹仙撥於閒之無一見者徒勞僕僕而已師府相程
廿九日邀友伴回西並拜地御西薛葉書西完而未三次拜之大概畫手
將來外後師習業亦難于再進也

光緒十六年庚寅三月朔　彭受翁到、高琢堂、尹仙舟、何蔭楊升、李月偕到
駕，得太和縣之界首鎮星卡查碩作別。是日驟暖，御袷猶多。
初二日　雨。季雲之門太守過，高來臨，安寧霞、石仲函，附陶氏保所寄詩字條挽
植生致府函、衙口卡局函，並因贈果點，贈以白木並銀元、漢及代贈銅果，即
發道之風，大得添北棉不可上陳之丹大京兆函、蒼蘅葉函，附呈和詩。
初三日　陰寒。蒼雅月偕即送其行。致雲門受翁，並昨晚來下回大通卡矣。
蒼吳齋生若贈少尉不值，蒼往月亭，湘來得教之邦送蓬經歷身有
太守升陪都轉馮衡首領中之郡並將出者乎。蒼芾之函，附蒼雨蒼樵函。
之件併受月偕帶去。蒼侄挽植生
初四日　陳鶴臣來，據稱卡厚採沿江一帶，費從津貼務將乃查難妻據銀
數，因查沿淮一帶，現難妻賑及受撥款數目，令併擬具稟稿，府呈查照

示王介艇観蔡函寄晓京蔡子英請君借来

初五日龍府主一謨袖文函往致金少雅函告夜村商以遣送之說托馮瑞老

便寄包爾司三詳留之借吳頤鄉兩真寄門函庫

初六日撤函自裁減局員節省銀款擬此ゐ原章論首防將留在局兩單

月須經費若干留部考ゐ者以考事使不致爭延天漸熱須擇屠其夜大風雨

初七日大風雨止天氣寒野城望焉薦小册子張丑橋裁去舊ゐ又有人之

吶府以勢不能裁實情函告合肥相國接華頤書函以宋培生福基館不

者託附致華海函又接儀之元培生自携來見接閏若珠閏月廿六日函附

致季欽一緘以小程函桃城及陸函与母事之ゐ有向接沙淑根齋函若以

取詢六丁功名雅氏相符何以受高二人向不安分宦陋之鞠近之學案語未白詳

即寄一紙告珠處附吉沙函此函為史君繼而帝年史為小田之子小田名久熊十

年前在鄂见过之人也熊玉峰孙生过寓
初八日晴答拜朱墙生熊玉峰朱介臣何方伯彭钜荪宋郎中及范肯堂
旋见友交谈行又答拜陈鹤臣送行者张任午后答阅各处函字寄家园
寓次去以一舟下达过桃城不及换船到桃城后下船地属吉也接石仲函云前百事
王慧先弟人候弟有叶荆楼弟之闰月廿五日函还归如得意函本有云
读俄归者李松浦端来夜饯松浦一谈接罗伯陶来函彭受甫文四元
云俄陆内送厚菊之时字述吕晴甫为马禅樟题湖楼雅集图以补留
子迁子通到席子美以役坳受家信交来
初九日晴辰刻进院辞诸友出东郭登舟陆仲后中途赴院甫阅兵舟中元子
银统稿一通酉刻泊大通子迁卓存李云门太守来船相见旋小雨登岸
答拜之又移刻移铜陵桃大今入夕雨止淡月微明

初十日晴黎明解纜風靜船平檣二兩葉作小黃二未刻抵蕪湖拜孫榕人

司臣二君戌刻移於祝介千壽櫓挺生之買艦也拜成瑞甫觀察入石伴館

次晤蘇芝潯青池學舟孫晴初家青村拜劉積堂王慈覓戌刻移於吁他同至

進城拜王玉如因年戌刻移於慶華甫拜孫友仙沈褆甫已日晡回舟王字

李王慈覓伍慕黃三君來談天忽陰起大風移舟進口石伴移齊至舟

小飲暢談至四更後留宿於舟中小雨霏霏足滌熱氣成了過席

十一日黎明拔碇立宗呈撫王總元揚歸共實主偈多芸饑璜又拔沈別駕葉

名筠請從淨陽經勢二千金淮之辰刻解維石伴又送一程河畔作別

行善二千里小輪船不能進舍之自行酉刻過黃池洵難蕪湖六千里耳

又行五十餘里泊舟

十二日陰雨大風溪流出折行約十里風益狂停以待少年再行過新河莊風

順張帆至油榨溝，天已晚，宿於是。子舟早至雲霧橋，過三河溪，俞仲

英、涇陽湯兄弟兩函三件

十三日，辰刻抵寧國府城，進府，登學使者按臨之所也，謁師敷溪同來之

吳少甫、過守德、趙石谿、九大令成、周月生都戎、邵同祖，晤吳蔡亭、迪廷

曉雲禪樺晤了圓旋。下午，俄報刺來者蒼蒼，乞支危修。張良臣兩軍崇

桂堆已佰琴直廸高楊，湖巖陳雲溪五大令、吳丰書、吳述錦兩太守來

石臣錄安開兩過守，曾未晤，舊友陳佩英、羅佰陶、沈同至愛順道

指之。晚秋歙安楊丹年寧城，寒見婦弟吳氏，寧國寒婦袁國氏呈詞

護兄乞子莊馬臣報來無之

曹雨閣兵展於杜趙韞山、柯蓋興王丈宏臣、于續於洪氏，鮑亮、劉吳雲錦

張鳴鈞等呈詞，午張世議潘縣貴一年一

望日雨止天陰帥府閲操南鎮標左右及撫標各參池丶出廣德亭營操後閲南
鎮軍良字勇營清晨借因人出東郭武操場演東帥武各營官弁參見
閲演大陣亭營合操馬步相接刀牌藤牌各伍貫通分演各陣旗號聯絡
上覆梯樁雜技營演訖該鎮以續標撫操畢大略相等南演德國操步代各府
號教者營事畢帥退坐午宴陳大人並吳宮膳飯後歸亭午方還陽
光湖霞良字營操及營官風鼎箭了矢之技遂來寓自入行旗杜日來
富馮高氏馬元福郭綸唐向氏三王詞五紙
廿日帥府雨止閲免營兵勇之射及洋槍打靶未能往觀省城材官武弁
來此之閲月廿日西安憲祖張士元吳玉崑牛步琴張金鎧趙金凱余
琪梁崑城彭楚明顧鵬飛王立奎武勇千一吳潮吳廷選張翎之鄒彪
豐裘佩柱張源濤楊霈霖崇福包宗經喜泉陳兆慶文勇千一公吳東

武進十七日又遠覆之杜季鵬程晏藍氏龍龔度具於浮額於雷祥等呈
詞五紙數日內甯國扶某十二宣城扶某五涇縣二旌德一
十七日辰刻自宣城解維雪霰天朗五十里過新河莊又二十里過水陽鎮又二十餘
里停舟雜鎮爲處過不知何名舟行無可憶及往來寄一詞因以序許事數字可
作序消遣云
十八日晴行卅里過太平府城外山水頗勝三鼓過對舟泰務泊史從生拔刻
來以孫子英在彭曉珊家信託之特過行至江口浮圖界超詢爲金柱關山
烟波間天門兩山如浮水面雖短視亦見之矣天暮過東西梁山仲帥來閱礮
台渡船來泊程達裕溪口時二更後矣
十九日清晨帥閱長江水師裕溪等營之操閱後忽理歸棹吳少齋石龍九二
君移併一舟蔣君少雲同來午刻過荻港少停時許石仲來談其日接官

晤家信附來石仲初間寄西文少雅復信云李村已病缺印拓石仲村宗抄來

初六日信下午張帆上駛行半夜雨泊渡莲三西又石仲獨遊

二十日天未明即行過大通風雨又作勉行二十里至王家套停留半日夜將半

雨小風平乘月放光放舟吳少齋出行篋閱漱草堂筆記待觀清閣他書

遂閱矣

廿四日午刻回皖城到寓接閱李欽初十日函以二英洋來購芝原帽又趙

叔遂英洋五元又侯蒼卿表弟許左侯説寄初六日仙遊境界之函入署

至同鄉趙馬許宋沈黃諸君處一月孫芝翁來亦即答之回寓後至陳澤卿先

生處又一談接孫蘭初信康星尹少卿石渠之席芝翁處

廿六日拜陳聲宗郎吳石劉君陳沈徐楊洪馬諸君府至道崗圍不獲呈道台書

魯寧諸接家信以劃來即遂答之屢為諺疏稿稟謁撫臺

廿二日 雨 李钦赠帽及木盒千九百五十年历 即作复书 附寄苍允孙函 寅驹改信苍
以谈书借僧业已寄奉 来译甚厚 可与说福皇汇苍微兄李兄为代送丁云生
莫仪大衍之数 沈茉卿来 沥瑞俞剑序 方宗屏来寓 以葛王所托书序
曾接弟宏初十日函 颇有勤心 又原意在办船侍及移往夏孙接春其实已添
第二屋亦欲错又护律贴可自造且易造矣 朱介画到寓 苍岩沈茉卿
廿五日 代微之送丁云生莫仪大衍之数 附某阅兵回有日新片 刘巡捕来寓
名园横锦栋臣 接原仲信 俞慕生函 饮接毓芳观家十四日成山遣人手函附
来蕗北碑卷十册 阮君志适来 送刘仲士子达二君到寓
廿六日 华志清馆师澄先启钟厚缘函来寓一谈 偕蔡老嵌毕少斋不
值 在尧溪夏小生苍岩方宗屏先后至寓 已将托人便道陈星甫处之走
群识恙弟来 微之季和两函书 苍岩微之以十字孙东宇之 又陈星甫许又来一函

由省浙江源稍收條取楷係夏及年之款接柒五先生函法曉留契少厚居
一飯仰之子達二兄送來
廿日接耕蒸卅日函康甫蔡良甥婿陳羣汪金生病歸仰英得日相懇
來商少嚴接史佩之太守歸銀廣十翼府主講於撒滬李仲重函詳之
紫陽書院清查存款之事取薦汪仲伊進去令茂安王守延請沈祥甫
來商名祖康孫新任霍邱令長丁吉悅取近之友
廿二日耕蒸函備三十元來早四百卅十元為侯從母萬奠儀著來蔡良婿取
二斤斤碼四兩又晚候菊卿函得二叉契少厚核裝歸接袁幼安函以邵升之二奇託
道契少厚莊里
廿三日志清丑厚院去出拜陳君志滙及有重瑞庭二君得与有重少嚴便
道以索苓劉迪楨蓓居仲函章鞸臣道歟晤許伯藭大令金緩廣蘅硅

蘋華志清於賓館

晦日蘋華志清來齋作小飲伯元送溪園叢刻二本雜茶四瓶馮仙載壽樓

來圖負後於園先生門序首有詔

四月朔志清至寓修改小叢說行千壽樓自蓮溪來下榻留之

初二日行千四益孫石仲過蓉蘋汪宗生蘋馬子岸長璇甫二君皆作長談

擁丁懌中來過真以新茶撒蓋浙新閩請添注贄錄稿

初三日志清為園先生圖客往還千日石龍九題飲旺程委之御來過題宋刻

之子也席散後劉子運受之談蓉拈李具臣太守至庵弟石仲後來者

初四日蓉丁懌中來過俞子壽貞到前往賀之即為作翹蓋高祖手序稿來寄

芸泉皆俞門便道而過也生人為楊辭至翁閣中

初五日蓉史佩之過擁石仲初一初二等過魚處病六日熟來退濤擁江霞卿

函交來人寄請孫國輝照另紙言明之也著旅楊耕雲孫詞臣來

初六日著石仲函問其病狀遇季欽函告以石病取問須愈而後著否要事以待來所聖到寓朱小雲來商郭以山字營管帶丁曉芳來謂伊親老請求歸也

初七日遞孫石醉季欽函述石仲之意偕袁漢臣具函石韶九朱曉雲沈棣卿汪會生俞仲英李年昇仲山啟早向蒼孫緯芷雲孫詞臣朱曉雲

初八日接聚厚初六日函附來履歷一紙郎玉亭函欲赴之

初九日旅黃幼李詢聚厚指分發至查例保舉不論雙單月儘先選用若指省須交三班銀兩應照例交納旅楊子壽俞蒸宥邀飲並飲者大戰孩有因四尋源之人送沈祥百祖康之霍郎

初十日信霆聚厚詢問三代謁帥府為洋教事傳之為康孩先李中堂

請代印通商約章類纂百部核收老弟光之函王蓮生直遞寄良鄉布

來弟光彦辭館來省藉便甄別之函叔老謝賑捐票別擬另諸稚和

感謝之意也王蓮生晚函寫中長談鄭庵老來商為部厚遞於函之

泰和莊與范碼五商舊年之帳

十二日子英交壽仙叔送之三百送楮幣之旅費皆非以助何若旅集老陪敦受公

自余生派託懋勤輔卿函蘭翁弟來送部厚指款與黃幼甫核寄收

條先是部厚回電童子康來言石仲病甚劇盒院權石仲兩日函云易

筆雖姓的西投以表刻病頗輕減可以安睡附來薛芸濤書函云言石仲病減好

蘭翁來長談王春生來石緝祖劉倍卿來名鈺之英

十三日竟日大雨寄蓉石仲函問其近日病情沈秀川來談其早勝山師撥送

郵集之函寫中陳漢章亦以感冒小恙數日是日報退送朱琴伯之江西

照郵協辦處函郵西來文一談

十三日秀川又来以笔稿商改定并赵孟坚以存伴病情剥龙在可霞瓒

厚函告以今日重到上海，附去之东秋校款之单，并勒书收款之字，楼日来

谈。晚旅兰初会生。

十四日旅王古愚以年后章子康田赤南来，以华志清为蔡老彦样写照，前

月为人写三扇，取出署款。长白孙年雨觉短人缠错，难为对照，益迟。晚

旅秀川，验生后，璪甫到府。

十五日接湘兄初十日函，述蔡家人常来附其氏，辞生图诉示稿，愿为援印

五月来接李叔函，附来本洋府编两纸，又接熙兰函，述刘氏亲草

者，复草子雁芝之生函，为程书论扇价，缘色勿径取清单，又来函

十六日卿府携物，秋波辞晚，蔡设到来，又张兆赏设剥来，接侯菊卿之

单。从此廿七日，笔录董孙兰初刘栋巫、张玉甫三扇，旁旅章子康后

璪甫一取所取到送去。

十七日寄石伸函问其近日病势金生来示以查楼登望霜信生字卷册
乃燉煌碑
十八日答拜田翁南访脱楞王殿卿小屯泉刘信卿诸君贺伯华同生
撰廿四日敬揖西旅寄律诗此举系调度免其删减片稿华生清为作
渔山樵水小影咸作平岁人撒子也兰初来主厚斋馆事
九日答邵尧函述绘图各事另附蜀卿寄来之单着季甫函言绘图事子石伸病
愈情厚厚斋从学之说若望之尤殷以示儆之子德锡分翰之意若能去函
以家信生馆事余若留之应觉晓之长谈无益之不值遇之程式之法以送
贵军装康甲辰误闻癸卯须另劝返孙兰初到寓之挽留厚斋之意刘
信卿画求到画册先生门墙庸者何谓
二十日金生到席诗来年稿信阅画后白信卿所属著请收并托函又桂几君

送漢章先生之彼亞游戲畫我先生在我忘歸不能不遣其照料馬先生函

為寄丹之函托郭向之蘭和弟之送蘭翔兄孫之行忘而託之復晚許旭卿函之其

旭慕平從師一節以家務為直能待范錫康從從免窮尤妙

廿五日許以善許從勁到曉遂來乃伯旭卿函廬為圖一處以後地方事未辦未辦十五日

函述其氏咳未全愈眠食稍減大女三月廿日起大發寒熱合病已之昏飯常未

長姪證已斷乳震別後卿函取託過之矣彭觀察將往前備土物饋之受罷

四通函已

廿六日雨後曉省未齋金生在梅望留再為劉仰蕉跋其之事未得似而雨中

且較熱庭宅遍過

廿七日屆清引以善平來忘已函稿子素取收之於門論從往太和館深其奉

接石仲廿五函病後飲食漸復對劉積生病殊為代勞静養尚未得

也附來襄於此徵壽芮聆

昔蒼拜詩曉公蒼雅許至今平況茂初順道存李松浦蒼庭草角函述

陳君攜易時派東人曹郎生不能得由喬亭子康經開略存二勝不能得

其意思不奇也蒼翁前遺函賴其隨操美尚了

昔大雨竟日不止趙氏自里來弟到縣款通函並詢子文言宋政李

弟已紙附去此論瞭弟蒼老評函原其善書蒼苐先函附去小菜並蒼

昨接瑯趙補卿之函又復趙少穆一函皆言至今平兩次傾盒寄於沈君

存者了也

昔兩復之日 寄論陽尺璧類言蘘稚碧屬蔣現亦情形先約同來採稿

一函接何載元函催吳硯農到館並不忘其臥病於家也

昔別後卿來述狂見周先生矣後飢老詳函又附一紙蒼許拙卿

廿八日寄蓉舫函附寄閣保函及前年許文實所存方菊人詩來梅竹花
晉雲之信方為胡棲蟾畫第二幅到閻先生門牆也送錢貺介甫書來
頤園處寄少尉之方自淮北解餉來者蓉舫、實甫、頤園書來
廿九日雨竟日未止伏暑竟日而來自息涼之原即并民輕生圖題示論劇就五首
去歲係寄之梅第先函稱其之極將到閩省書來也
五月朔梅尹仙談函方子徵函皆賀年節即答之蓉主伯陶函附寄之函二通
海蝗書三冊託沈秀月三通寄同二元以二元要託贈荊緩飯寄年蓉舫處方
菊人舫寄蘭初案共被收護救之多
初三日蓉何翁友太守函吳枕書函附之梅口吳吉士函賀年節即答之蓉弟
初函寄閻寶雲之芳弟回言之不赴應早有晏莫之計方菊人劉復卿華
壽清先後到廣子範少尉洪訓自上海來寄李卿部甫二函

初二日答藩王殿卿许伯寿五弟三君，接六舟京兆函并七律五章写

石仲函答广甥函锡耀庭文少雅三函，接黄漱兰大兄国城贺函即

答之。复刑部园苏州函，六弟来信，接转临苏函。

初四日见报，石埭之豁东一带出洪，县东房屋被冲且伤人口廿五名，复百余里

杨坑口雅者一百二十余里，上有填压情事，又闻大洪岭之下吉梅城上黄山洪发

豁东一带重复损毁，华阳函并芜湖又薛星白、孙小山、贺六来复，转临苏函。

彭宗宝来请入都引

端午循例贺节。午间往帅府之招，饮少顷辞归。酉时许仍赴两村之

接晋云函，自道清况。意在从圆之，适见之，之轻年夜送吕瑞甫之

石埭查实孙千总之要，原代信（言）

初六日小雨，送彭宗宝入都，并交赴溁全炳岩、萧如岗、黄琢吾、枕片

稽遊于乙樓橋蘇龕芸函 四月廿五日烟台發者 權通承道清息自
墨帝鄧璽生弟去
初七日大雨竟日 寄慶徵庭華甫函 蓉孫詞臣函 答劉王縣 指票之子蓉
生怡庭函 賀其獲理旌德 孫篆承蓉孫山簡 致方萬人字
初八日蓉表叔寄函 附復五哥電 信寄石仲函 附去庭孫二件 蓉羅伯陶
函 復子游 為樓生和齋函 賀節也 蓉叔心泉簡
初九日天氣暢晴 吳國楨 國霞 吳和齋 函子英 來為孫晴初吉歸
初十日送三十元函子英 交以與晴初表姪 周為承之墊款在內 樓承之函
附節信二十一件 從因八交隨侍 常為分致泉署 節友 詢為李師祜
鄭雪澂從吳遠清許仲昆仲 及屬為門大尺 羅龍 丁六岩之子岳小飲
取食回萊主人不飲以茶諸之 致石仲函以鄒子範 取照茶匯貳文寄五

呈少尉接运楼石仲初七日来函李欣送学海十元由秦便带
十一日接丁怿重函附来多件篇之照送罗刘子运告以诗文图幅已就
善质报赍张玉甫大令函寓
十二日答拜张玉甫谢宗佩箴答罗陈小云史汪生华志清胡介重佳
见陈华云邹子苑取托吴甫寿遗为谢柏甫方伯撤稿
十三日接妹家初七日函言仁妹合会之子来以前岁独三千余元以次递减
接石仲十二日函唐君翼卿来欲见赏之繇鹤者也为刘积重谈之明
童子康一扇亦为书之黄沐臣太守到省
十四日答拜黄沐臣朱子蕃锡康唐君翼卿答觉之函附振印黄氏
耕生图咏示谕五百本并原稿又觅回频三千函陈星甫李师秋同
函其复胡少其之一答华所交寄茶函答李钦函又王惺进留原之函一

條交稚筌奉賈回所贈園蔬訓來即往答之

望日樵宣毛徵謙出函乃以北路災荒致卯荅以唯後事告樵吳佩之函託以

卡京源盼之子又救生船子鋪蓋江函跡來

十六日荅稚筌佘生便道荅訥蓉江訪道卯雨亭即以其子託之遂辭暑

熱不亞伏天是夕得大雨二次所荒没來

十七日樵渼宿徵節稚隨時荅徵又樵沙迎根來茂卯來信以福溪之

席不之予国意在另圖平侯芸之示汎同宣函元羅佃陶於十六日作古

芋芋舊雨可惋惜也朱子蕃到府

十八日上午又大雨後涼氣驟涼爽稜意渠所報裏裙孫性拜悦樵派

之一紙渴綠老道來之安將自袁浦函著樵厚仔一人樵孫小亭家

理堂兩君賀來道卓存賀函餘寬仙來來雨荅存到府

九日午後偕俞沈二君蒼巖硯農渡並渡剃于蓉芳生題帖卿沈調甫
三君至朱小雲寓一叩雨亭署一談
二十日寄義氏叙東捉條得韜覽之後石佛十七日函內洋閩知費之至
及左腿右臂生痱瘡卧睡不安函寄郎卅手蕭大人函介芸仔往
拜卯中術
廿一日受小署看節天文大熱寄姊叔函允以仁排合乎 兄命從林起生之三弟
道也寄茂卿函告以受託函為何經紀秀水渭館現且附寄蒼巖伊函
告以洋閩知費之蹤第從緩發原以並之撤不得而知也寄蒼巖君
秦雨蒼巖華志清
廿二日為俞蒓生題裸浴渡經小稿為許蒼江書扇蒼巖朱玉為望崖
沙悲根寫理望孫小亭三君知東沈調甫予島福居渡剃來談鮑以函

初十日偕湖秀上丁潛客函託蕭觀察爲清任館至又野木四寓

廿一日晴丁繹堂史佩之二君函趙君裕良投刺來往裕良子之族也見投齋

藕老書通永道寄來龍巖心田朱介堂二君

廿四日城隍神出巡舉國歡以看今寓予出署看一行

廿五日趙子明來名裕良行第小子彼孫子之姪從予于天長壽卡孫小亭宋靈軒

爲之主六識陳紹詩如商措川資趙壽翁謀予量一所需而寬假之行違孫矣

熱甚今者汗淋漓薄暮得雨

廿六日雨半日北風生涼許蒼江來借資吳少高通守德麟來寓暢談

廿七日晴張吳少高爲盱眙縣境失火於怛片送還雨蒼啟歙志清查潤

友臣熱賀選妹聲致俞子良少府奉遷十月十二日未時日旺揚精重未交

人某致因而來自往返只可一節原義見詢之善後之撥在仲母四日函催詢

渾適於男之一事

廿八日接王伯渊回信，寄物收到。接吴砚农信，有茶叶及药物之寄，寄京伯

大人到嵩，闻杨翊庭大人回省，悻悻然，与歙律為難也。

廿九日接鄂厚信，催寄实收。接丁悻堂信，张仆弟来，並言张琴轩有家子

之归途草成。太守到嵩，馮芝岩误，沈学母子已来，廿师罗伯阔遗命

约定收何报矣。接石仲廿六日函，並杜炳归来，三元汪金生平藏山来，汪以诗肩

平日诗，共误命之术。

三十日蒼雅過太守，史太守見佩之，以救生船為託。蒼雅手藏山并京伯、馮芝岩

皆來，日見蒼石仲函，以三元託情收本受馬，因屬即收受局，敢收鼓惜卿

來畫圖，局友也。叢過庭太守孫雲仙，前信受他程青撰受白子龍來嵩來

之銀，過鄭雪湄六月十二日，伴逸庭撫以三江金韻為詩，張之，逵日賓鳥受錢而

學先蒼惡草之成，就而已，陈方伯生女，段剌贺之。

六月朔 天氣信熱 答楊藝芳親家函 賀其署通永道 篁晚 景蘇 蔡生
蒼帆 桂孝子 莫先後踵至 俞雅南來 為季樓兄勞之 殺庭家日之力 僅成一
函 接淑兄前月十二日函 下鄉受暑 不甚 旋即就愈 屬抄菩提丸方
桂孝之館 他湯小肴將意 時勞後吳過飲
初二日 晴 北風 下午得雨 送俞雅南 沈桂孝之行 答淑兄函 抄菩提丸方去
致望之函 告以昌姪吉期 另擇十月十二日未時 適子逸翌先急後覆稼
有頌六之便 即以二函交之 致雨蒼字 約其一啟 前輩東賬 指西平小有不
合 託過傳豪 子之所不可料者也 答幫京厚函 附寄收一紙 又致姝家信
初三日 叢京偕夫人過飲於淑館 同睹莘小梅 黃漢池二君 早間雨蒼
過晤 晚又得其字 附來仲蘇姝一紙 謂其子不出而入康節園 旋已
痊後瘥矣

初四日答拜汪巳山、李介賓少尉、包昌松、秀峰、倪慕羲、鄭雪湖、壽詩
四幅，慕老、白安、五峰取託，姜阆查船及新莊二差程圖共一席
畫託石仲，即為作畫，時已遲，不及交，向晚問蘭和子皋要一月
初五日天又燥熱，劉子通來言，段眉赴引之子已有眉目，有需貿鄂中轉
購入都，適與同行，中途為之照料，至都照之成子，並囑之買為扶攜相
患兄弟合照百金之情不能却，附致石仲一紙告之，以其即有楚之行，晚間
即題答之
初六日接石仲初二日函，聞吳仲師德配楊太夫人登仙，接余兄函，居廬要大
令弟來，高老太太已到鄂，呂之君十兩，十元及森垂正許，二千元已為熟存存
息漢口五百金，月息二分，足資蔬食，孫晴初之、袁少白送八元，許交二元
屬另代付孫榕人之袁少已歸，即不致延矣

初七日孫芝秋示陳六舟大京兆寄懷一絕句云看花論文對榻眠射湖春草
夕陽天憑君湯問窮通事夢醒揶揄三十年情見乎辭感悅係之矣查得
四製伏薑其法用薑十斤切片曬乾黃芪甘草車前子青鹽各四兩依次煎
水浸透薑片曬乾研末儲瓷瓶用之
初八日接徐邑初五日函述安將之日晤偶李弟之並已會芳善謀丸方事府
附修伊信排遞即揮汗答以二紙並送桂云接石伊初六日函兩張四葉三十
六枚田畢象泉來先後收條後再遣人取回周寅甫攜小山來條
照去物務討臣佑取
初九日接張家初二日函附還民作又蔡良舅氏祿卷仁今一年兩岸青
摘世元二揮務居穩養江度回接王牧庭函以尉而務尺子轉有賠累
之虞附致子英信薩著一百蘇安請君並答小山早間答覆周寅甫

未照午後馮泳帆來薄暮赴汪己山大令之招照許晁池席散答旅
吳修老馮呂二君在座同周璇甫查亦樵恒及唐玉蔔孫子大略
初十日得風稍涼望雨不至答旅馮泳帆錢蕃江送鄭雪湖畫幅王子蘭
來談修之子英二片答石梓函金錫之汪春生沈棻之蘇稼孫子英諸君
先後直形發之至暮晚旅張玉甫呂璇甫
十一日祝鄭雪湖八十壽答韓屏藩雲大令王子蘭少尉撥望五五月十二日
壽母來函命代亦郎人衣料綠綢夾袍藍洋綢棉袄洋綢夾衫紅洋
綢套袄紅洋綢裙綠洋綢裙黃色八件金簪一枝金環一對擬珠練兩件
新郎洋綢棉袍一件夾衫一件綠綢棉馬褂一件呢夾馬褂一件廣綠布
代做祝挺生來
十二日答旅李松浦祝挺生祝暢謀潤善之果其為朱太恭人以本年十月由

日八日大雨接林家初六日信揚女親女龔孺人於本月初四日在里仙逝老宅
尚未料理後事蓋此次酬姻需於家事不能措意也
十二日訪吳遹曾晤許伯英陳漢章馮沐帆呂璇甫蔡雨蒼孫小山張意溪
公人公飲寄林家函屬胡羅揚女親女帛禮寄以望之屬託告之衣飾等事轉
託在里商胡式之於裁縫兩僱諸衣莊
十四日閱吳師女揚太夫人之喪具潤悼唁寄徐仰觀表函託徐鑄九來往
回復唐振甫來發餘館富波差蚝小五家瑞函託張玉甫大令攜致
轉交為託辰君名棠機此有錯也
十五日送張玉甫若金錫三不值又送唐振甫亦不值致在仲函交徐小山攜
送致陳冕之函季欽函交汪已山攜送丁曉岩送來朱小雲並華志清
潤叔四元轉致來收即交還之朱子範大令錫康將有錫行致梁厚

西王致妹家函并曹年银百两，原呈(?)洋(?)三十元，余以应仁妹全款及寄还(?)两妹

姻(?)图(?)衣饰之资，均交子蕃带去，揭(?)出亲(?)兄弟礼亦承诺(?)其中，渴(?)由帆来

谢(?)桂(?)书堂(?)

十六日　见李中堂，潘(?)宫保、陈京兆三五先后付电，顺直经(?)旬大雨，水势漫溢，

灾象非常，请多方照(?)赈，并询及陕甘借款之余，当查此款尚存三万金，

陕西现筹河工赈，所需款应速(?)一万金，仍余二万余，借直隶另筹一万五千

金，整(?)解顺天，均交百川通电汇，先行电覆三公。盛荇生来，之(?)接函谕(?)

令回延(?)接来沪(?)商量川资

十七日　致安(?)莲(?)妹书，交守(?)函之陆(?)程(?)华(?)生来沪，需之多(?)属(?)陆(?)并大令来齐(?)

送盛荇生回锡，川资六元

十八日　六点程(?)差(?)到，接秀(?)弟初八日信，云五月初之差，亦(?)收(?)不(?)轻(?)全额自(?)帐(?)

自前與科另紙向上年來旅指省票上方順奉如何請奠據從之初八日函
又崔芝生函字乃弟請平部監照二紙知係因從九職銜改指又平訪東函
附來合閣華錫族監生弟理向銜實收各一紙乃照華錫苑弟理向銜
實收一紙薛秉善監生弟理向銜實收各一紙原為核照荷生回錫了結
殊云函字乃蔡葉同瓶照與弟各收其年子著同行來海君另有字乃楊捷彥
函促可親不厚了轉送 接右仲函弟來西很十五枚附來殊荷十二百信
九日科成瑞甫觀察薦科許伯鴻大令崇貴 旅言管溪之疾 便道
於畢少齋處一堂眾賓咸在旅見聯太守為管溪之之轉圜張一誠
少園作賀來送右仲十八日信為其子往船西囑又一行吳園通信稿為順
直證此案正勸捐照張趙季良來之陳楚陶部郎名佩為致函
成觀察為之說項種亦不可之原為明嗻

二十日，成觀察到寓談，帶閱稿不數支，仍請滾支滾算了了，因便為寫五
好詩。頃馬芝巖來，張一誠又來，陳小雲適來，趁雨後看小影，似未能
定之意。屬為題句。金壽之來，攻高壽之字，以六安一角、銀五兩交之。
廿一日，答拜張一誠、馬芝巖、吳少齋、成觀察談，次為李良白所請題
初前去答拜屠蘅老，晤次兄王烟客山水軸，畢清形象節臨孫過庭
書譜，為成觀察作兩金面，余坐殊不入目。許鯉池、張才雲、蹇秉綬
乃留慧軒探雅堂二集、詩稿二冊，予適送來翠花二朵，屬題製書
為函丈與姻事之國，姑且留之。一面託一對題寶齋，京城惟此得一通，亦能仿
造也。張指南適來，草薛三君之都與九紙
廿二日，送成丈二兩圓茶，答石伊函，交成丈紀綱攜交。答湘老函，附紙白一張，閱屬
留意。答李欽函，寄度之來原指歎，請其了了為之，岸難之人。答崔芝生函

字許渭川周維祺監照還，乃不准，壇郎監照並附之附之損局一紙，屬

其查取照覆。荟華、睦友、西字之華薩三君，郭監照九張，送封入季西

內轉交。是日下午印覺頭重而熱，諸子相集，手不停揮，至箭換後，抵

畢回房，尚須解字之字，而睡不思著，益倦極矣。是夜身熱

廿三日　天未明而熱似退，黎明覺涼，漸以加重，至益兩更被兩棉被而猶冷

冷，坐且睡，不肯來。及午而轉熱，字之物至，甚疲，作字而不能焉，主人張一琥之侍

但以物字之，有六君來兩方，進茶，熱至夜，寫字既退，仍不思飲食。中途并來絕陽

正氣丸服之，有效。中夜熱而大便，然不能行，作惡欲吐而不暢，仍終日臥。

廿四日　熱勢漸退，不敢請醫，仍服絕陽正氣丸。有人來訪者，不能接見。惟

追義、民一談。午後漸漸痊矣，雅伯、陶宗萬莫不能觀往，以特望痊。憂子英

經手不禮追蘭，恒如子字，終日病中，此百無一可忙處，說也。

廿五日接湘臣函屬以西甫交叢送世元轉陳萬選丈大令送桂牧仲所寫卷頁

百展閱許慧軒廣文擇雅堂詩史佩之來函寄信三千元

廿六日勉力進院府主過向極之絕惕之氣之應總代作之送芸元一千文桂牧仲

五備芸元五佩之之商吳偉卿孫子英劉楝臣諸君來問病疾

廿七日接石仲函內有小箋對策問之吳幼卿懲識來

廿八日撥與借直隸票賑款籌賑順天賑款二千浮子園借款之語

廿九日芸蓀劉子望子園過訪朱局生蓀劉仲士謝桂牧仲芸趙季良吳幼

卿許鰕池訪華清先來兩蒼居寓之百東下完不忘其何往也芸石仲函

告以病愈素因所請又有變更兄到王蓀生先道茂卿來邸

三十日接韓希世曾函忘寄款之到望之所屬衣飾等各存錦寄楳接枚庭

十四日函陪袁少侯印將卷袁而歸為王廟卿撰字稿即送交之

十月朔接華之服許善年函書即裁答霞望之函告以衣飾等件函寄前錄
本代擬答蕭光之函告以鍋件光照擬妥在遽趙桂二紀來接濟之函詢大
閱清息又接季函了仍忙也又母信並銀手信並茶及別者送人之文李蘅
丁猶母郭備悉而之賀萬用京伯大人接任函即冊寄去
初二日答諭吴列之函見送陳鵝庭往宣城幕上月以病以前即有腹疾
適自來處擬請馮瑞老之便請其一診謂中焦有阻下焦有熱擬宜
疏解之定方携回煎飲在葛之船晤王逢生陳子金
初三日秋日著方盛改錄聰之函自悔自叢異親訓迪之意情不可抑特作
是之弟氏報告蕭光之並附厚齋之函答全燭光函併送請王鏡堂閱
守及別銘送文少樵太守來訴商佳室蔣氏之書備悉與俞蓉老同
送府署過晤蒋轩九大人兆鵬來拜

初四日趙次李松浦蒼孫蒼搏九章貞溪龍謨夢白向艾吳芝庭著

馬子卓宗佩箴也泉呂璇甫汪慶生諸君宴於孫家函夜飭之

事望玉泉以秋厚款寄懷之並寄前月小菜情形吃鄂生函交桂

紀帶回

初五日金生來謁見大府所詢之語接史蓮孫太守回函交茅生來

沛霖監禁府監備文躡請省府查示另摺載監發小府監原妻

另函白照詳之文就見府主函白此為因便之懼倉皇之至往見不值

接孫寄函接篔清孫函七月初抄接眷來復附有蔡華厚寄

初六日蕭渠函帆繪二扇蹤小雲題帆扇上繪丹山影次文少稚某守函典

蔡老三送帖以來訪馮鴻老送內子函志清瑞老秋查作畫王孫

生扇此時未録

七夕荃湘之函，告以卿节北闱中秋节后荃季觐函以虚高因属托，并

白前日小恙情形。刘子迁来，属以罪臣䝿䝿之记为静育之风作一跋。

况前函并交蝶生孜望之函，附之实字，荃宾鲜函，函王蝶生，晤杨樨堂

之孙楷老阅孙旅。冯涂帆知小恙，迅往汤，以气丸请识服之。

初八日荃孙蒙宗虞於兴国，后荃孙转芷云军门，旅朱何东荃孙故来

钦惟此吕君耀旅虞署三君子，楷得书并旧稿，归存四开审

康向一子询，日稚实以赤君之楼，纬晓之函附来，第之函十二百翻阅来看

初九日楼石仲函误阅子，并向茂御馆事，马子华体艾臣书康间读

初十日冯涂帆来，楼绿旧存题盒之作，荷生回楼，蝶东初十日函

十一日吴少蒲来，阅六安孙刘调看姜屋遗扶，以司之许以赞纳笔，署看证印

刻冰函告艾虚交桂恪仲株遍，另由信局函寄芷仲，并寿为季而谋割并

席之意發季雨函告以所存並荔泉帆士等託雇船隻之局以歸一貫了
士芳買辦與士芳返士芳派帆派病未能行也張甫子蕃荔生先後至
寓飯後偕呂君蘇子寔芳耆仲士諸君訪以季雨之事留之長談時
返寓之後過三鼓矣葉小梅瀛洲來寓
十二日寓中寢辨帛函告以派兒潤者為季雨諜後任片席之局芬安葉蓮族
太守函合寓劉晉卿候吳辰卿視蘇田函前寓中情緒已收到矣越季良
以有陳直閣之席將赴揚江諸局之語發函辰仲為之一言即書與之接
吳佩之太守函寓中最近二千元即作一紙寄霞
十三日蔭蘇生顧卿宋子蕃葉小梅發辰仲函以醫芳茶兩瓶交澤十之以寄
茂卿范子蕃弟文蔚節文詢季雨之意遂許之御年來不設此不能聞之亦與
閔語先作別蘇子寔語之往與之揄揚雨正且大不能行乘車與而歸

十一月接五月雲函并意三回雨花仍依時收附青陵弟之函與蔡老公處

錢曉翁函另附片之白於何星樵函一節朱劉二君來字之轉呈已送乃

弟子復並理刑錢局務芝卷已備大閱兼差物則須聞所詳數候目的轉致之

沈德甫來將赴宿松之館萬壽之代價所支之行銀五十二兩另備司生

處來又有年之伴並房費一單所須辭謝不敷銀子餘兩已留作房費生以

備菜單以備核算交代翁處來霞以作之此外開識並三數而別

中元節送子匡五十兩初度備物往祝辭許切望尊處查餘沈德甫送共

宿松之行說明先函以萬氏所處免役宇之說秉節之一張告以所謀不諧

沅處文士芳弟之即送士芳之行子匡送飯弟弟致人有一江北老源往陽

子之流沈甜意日而去返者也

十一月接瓜仲望日回函子蕃弟來即與子蕃同旅寓陳之先生意在

作立庵孫壽其意草創一稿

十七日接鄭家厚十二日函，乃寫覆文沈蘇卿、深慶西鄉千範自整源回後趣旅之，其粟弟學業之說，雜勸力也。

十八日拜賀郭觀察，聽宗軍門談千範司拜道，卓存盛、稷孫、蒼㾑、沈秉承寫以稿，携高物之紅蕉存信至思賠閱。

十九日賀朱介堂遷居，范子宾孝之招，陪稷生飲，夜冒雨散。先在余生處見人構見小吳倉石書畫，接梁紅蕉函，問兄子中壘調省者也。

廿日壽清來拜，以菜送之桂棠，自錫來，接朱少孝四月信之件，蘇州去而空虛兄弟省閱墻之變，屬接何毅甫太守函之研究，得其宜之病，男出上後，其從出血條上頭續腫，接清男之刻而見功，預送數日來信，請回星調治其義意也。四舅甫來。

廿一日拜觀察，出商陵之函，向前閱，前頭有之，部亦催，於鄭屋問之，說家桂泥胥

將泰函附呈琴厚函屬其來此需用料理交卸之事屬雲在仲函附呈史丞
先生函照前詢及霞波一百歲穫及鄒子範往來亦照二君交涉處一談感之
潛山報稱高價荒之三百餘頃已為蔡老之之矣
廿二日接陳廣文函屬將北行處詢楷差而經東省華年一路有盜亦阻要之件
主題款前往照料之亦接華補之來函背院今年係亦措繳人員皆逼稿
來帥意因之觸動本有與某之許霞波某函請桂牧仲措置迄閱咨之青
差來向朱子蕃索款弟未得函向上游有差別均為難處即其差之不聽
又來一差弟未之交二角分別報存字詢許幼生邵馥季前六月函均分別
作答然女臣來為要為也
廿二日得師蓬之霞附大霞求見函內字句亮為詳與條振兄府呈請高士函
棄便為仲華錄照請孫書既商定係諸仍屬照料詢向來戈什已於十日
領馬票前往揚州矣接在仲十九日信附孫韜小琴函屬料一包洋八元又

彭蔚文、彭茂文、趙增傳、寅收三紙，又茂卿信，衲音、雲信，述研農病情，其不
能久也。聞小宗蘇病益形危殆，不果歎也，耳懷。
廿四日 接孫子年函，即聞須加信收視。靜芳、蘭臺、詩朋人星散，張君若蒓田留
南未歸，令臨首周子衮、龍精彬、朱平竟日料理函牘，兩無多閒人時在旁，
良可憾也。陳子栽有書拜信來。
廿五日 若陳虞文函，接寅帥自江左至宗楊十八官寓函，月內從海和趙接家府
臨川孫黃江從私出遂章若霖家請印以龍道，因望五省便蒲之意，不得不
再通前議，兼令出看留芳舊之，又問何以精從原以存信寓中望以閱
之。易有政紛彦之生涯一信，旅朱為要，未有望。
廿六日 寄何敏甫函，詢其宿待研農若曹雲函，接李子欽十五日函，又雁安之函
附乃弟詩平手摺，為王傳衢。乃接收乞廿六日書若函，有書久之為序寶信
索序未送來，與中[illegible]孝安子耶三書之夢白、蘭初來，孫銘書函詩蘭倪補

樸華補之函云速卓存推愛預為謀吉陽保甲局差在木竹潭地方依

稽在九月間先之招秋差晚為孫岷去繪扁

廿日取到沈森卿留孫之直幅一對聯二還後以函附箋云華補之託木竹潭

保甲之差已為李欽函速之函竭盡回扶差急求先以交之為崔垣年芳

叙節略送樸條件之以披情詳陳為吳少之為繪扁王芝驗閱而特之

廿八日接華補之函並沈森卿直幅係送蘭初交便寄往池陽為少齋蘭

初七日到晚弟先到樸処見之廿二日函另得滬之十五日函子望之五月初函寄銀

十一日廣梅喜之衣飾並交家信又接魏小梅函別敘之居函又樹五函並去

交與物之件接衣件廿五日函李伯寅弟來字索細書函

廿九日以學字送師莘送以之兩送少齋莘望之函以寅祿來字夜原函交弟先之弟

奉安詩字詞頌詞與吳弟費作紙為一稿呈之趁件等祿得之以尝之滿藏

祿說頃之為附物一紙再詞已來為

八月朔荅石仲函又震色節荅孫曉珊函以寅緣訪之生探行請道殷堂
書院之席荅寅採信附呈之件函往江西杭州方略所黃江之華滸翁
從私長上函出來信爲老伴到席拯劉鶴筆電來取需到及准九月不少不
謀等語只是之子是之情還也兄順直緒指章程
初二日荅張之函以李霞字函閱附手飲函以前字字函閱荅芝生函以桂巖字函
閱荅疏稿拜石值疏稿曉子英向景蘇病情荅疏稿詢目兄以勞之
有沈不及閱深制府有函根有述其廉居官之績積累之錢已養後塵不能
趨矣據薛心泉函言也猶為子謀子多見之其不忘是也劉子運到席穀往矣
中謀其取事
初三日作一紙交子運携交石仲之稱曩已有襄校歸夫人病情可無憂矣
送子運去石朱廣雅兄之留作長談

初四日若陳小雲之弟瑞巖赴京謀局[illegible]鶴笙函備之[illegible]
閩署內史羽之兄遜衣褐帖大府以執役者不怯飾都護衣公之中府
禁以為通防
初五日接申甫兩信之書及來多病其劇君情形安夜來歲杪之
閩府飾等得景宗致函馬補臣世兄矣屬以子書迎至代為備田畝
接頌先廿日函屬侍電索水申姪女初八文定之期宜為段即為費電十六
字接李弟函稱月前腹疾已痊可矣屬收伴概向以艾卷請其賠向信
章貸款之多而未得值
初六日宗佩箴到府寓致謝晚飯惠生以與銀北度附之款尉[illegible]
整頓侍三人實收請撥郵照[illegible]劉申甫函接尹仙搜賀節函即答頌之
接劉函巖璇甫因函未有二條特字之請而及國學君聯海之議吳修老

康虞史家因為之議道家生夫婦四月同慶之禮
初七日答孫子平函 致錫泉函 將所存望之信件附去 又寶銀一塊重五十一兩八錢三分
黃濟池照解四十日來防同居家但閒人不得直入書齋 殺靜思之不能寐
思大節將至 神情茶然
初八日拜汪鶴人壽 答拜馮瑞之及上官松岑 送孝管溪之行 旅費白洋六元
值吳生物送管溪 送弟光回里 弟帶梁棠壽物呈老上及蔣氏
初九日寄石仲信 接周寅甫賀簡 接石仲函 將寄甫綢衣料乃拜
恆澤之寄來素之常常素不綢也
初十日答寄石仲信 將費而寄物並附作數言謝之 接平齋甫賀簡 袁
幼安賀簡 附綴數語 復陳漢之年來函 爲之老興 接任謹齋賀函 即作
答之 並佩之到康

十一日朱介堂邀飲晤張渭山姜雨人潘鏡齋諸君聯舫者真宗之伯
叔之卿睞灣並接汪己山賀簡
十二日拜孔繡雲向芝亭賀穀仁父子之弓知不能成名拜吳佩之宋佩葳
拜倪汪念生之壽四十種鶴壽其佳甚郭厚齋到接妹氏初五日信並
寄潛妹詩卷哀句與霜傑兩詩三兩讀之懷悲曷勝家慈兩年之感
又附寄遊庠名單潑起之其可慶來從主子漢遂云食飯邀郭厚齋
病不能行殘年女兄先生以飯送來
十三日子蕃邀飲晤葉秋生陶慕安錢辛家曾蘇讀遂吳康甫吳佩之
兩太守劉家吳劉學三君遂往先蒼之借款向來原有兩意須不當
值首請讓之意須以不用苦之接千少雄何辭兩太守之賀信何省
加緩之研經版本齋行作流通許兩般兪校各紀章誠壽燿其不支

也接熊延葑生贺柬

十一日潘忆年茂才继过，自六安来，携有郭太贺简，又芝兄函，赐以帻帽

陈罘锡瑟郎人朔乃先时隆施之月即为表以生为贵不忌之

私衷也。书霞仍一函，又回太贵去，接金丙先贺信，接季弟一纸

中秋上院贺节，出而拜客，归途午后府主邀饮，仍旅而归，晚恰

吴道源汉章、陈忆年、徐厚斋，不饮而家，厚不来，接陈虞文函，任钱

十三日陈太夫人北上，接他植生贺信

十六日旅俞伯华将为忆年说项，而来之日见接余理斋贺简，张玉甫来

又有孙逊霖到府，亦不相识也

十七日张石侪函托伯华事，附以小笔八枝，说寿而兄芝兄余桂凤府之

信又为赛亡先生之孩老豫来函附之，又有雪陈菊兄信又寿来函，亦附

子青兩來書並上接鮑少函得來霜梨一筐已之破兩年未其年矣夜飯
去函商謀兩事姜龍諸劉併士眾已到府
十月霞仙以救大函附覆之袁印渠函附覆之子皮營中信雞猶生函附覆之
祝抱生附二紙手以救商簡全兩次函原理書函又霞仙少淮周寶甫函
次蔡老附字接李少荃函書附係霞仙又致沅之函苐蘭發去函待改
東厚帝去接王收湼函同寄昌稗摺到北平夜示乃宿書函並擬作
乾草清出去年不作也畢弟前二尹鑄來接
九月接沅弟函霞浦鮑小孟函聞其移回□家在山居地因函內出義
初三日其子在營接回先生見之兩家不甚其情如忽矣筠棠到寫鶴謀
少雄張函北平應宜去宗小濤君款之許久而揆原屬回府西面人家不
戒於大同桂觀之

廿日辛卯初度。早起即入署。璇甫、仲士、筠裳、粟臣並禮，皆歷歷之，其來也謝之。

厚齋、心田、玉甫亦至，皆留之。萃錦、觀齋函來，贊而後作緩，並寄來彭

蔚文、彭茂文、桂衡新並其趙[illegible]傳之紙，則已翻過，[illegible]書手[illegible]問子英以

亦無差。跨蒼孫已於日昨當遞，原紙附寄，先生送仲十六日回函所論

廿[illegible]季弟之函，附作一紙告之。[illegible]五兄生到房云，[illegible]代之，[illegible]十月中旬

廿二日遞李厚之行[illegible]賀函，寄印裁，附寄一紙，又寄五兄先生[illegible]函。寄

雅之。晚間病，[illegible]權遞[illegible]函

廿三日賀筠裳，[illegible]訪[illegible]之，[illegible]王[illegible]原[illegible]遞[illegible]九李[illegible]門[illegible]任之壽

謝[illegible]心田、朱筠裳、劉仲士、粟臣、張玉甫、朱子蕃、張秀山、吳璇甫、[illegible]厚齋

[illegible]秀[illegible]續蒼[illegible]曉[illegible]函，蒼[illegible]別[illegible]函，百[illegible]

萬子[illegible]遞入之[illegible]滿[illegible]遞[illegible]視[illegible]

廿三日 發沈寄卿虞范山函 致郡以茂波函 備十二元送十二紙 請其作畫桂
棠來接沈定夫函 又李鑑函 書多作答 語沈定之來者之行 張玉甫
來賀之 任鈞函 送紙北筆 奇還函 其玉韓孝丁懌重函北筆說項
廿四日 閱馮石巖來 談君補造一鶴之議 作函切實籌之 據文少雅函七
力勉沈定之一贈 蒼以此造揚寄夫之時 仍經數日 據請戚之史佩之來辦
晚送張玉甫
廿五日 旅鮮芝臣託轉籌 初三日醵飲之說 同人公具一尊為伯華餞行
以子未能前去 畫扇石伴函 弟遂御春及執茂文執蔚文二君 都且又以
趙壽卿將擬具四屏為賀 送其大公子之行 佩之要亦去
廿六日 送伯華之行 以石仲函 仲文甫寄函 致錢函 附復王拈遷函
蓮昌探賀 現備物為節 閱朱慎伯作古 達人向之 子龍已賫去

矣。接聚之信，劉茂弟來，予苑弟來岸伴函，即著散諸附前函去。

是日，季弟自六安至。弟到聚之函，知省城解款三千金，為來者乾續來

信，亦未及言者之致。

廿二日。寄岸伴一紙，附季弟函去。接少佩之函，以寄來月吳縣與號茂林

者，為稅壞甫人迎接弟光京口函，是夕即到，遂丁桂接

芷日，弟先自里出，弟到姊嘉函，及如賜蓮宗桂叔子壇甫函，並迎將聯花

掛之物，吳茂林來。帥府說高鈞初八日隨同出省，手殺之，後將嘉為他子

所迎，不及成就。至晚趙出送季弟歸虎城外，旅至平夜為船來，到接

宗姊十二月書，初八日隨海初振順川而黃江之差

晦日。接鶴丞廿三日函，原之詳于孩使之函，因岸聚之函，寄文芷弟之弟舒城巷

原送接詩伯丞函，帥府派員迎鄉郵而撫邦家，議將庫為文以祭之。

九月朔五更至兩學府行祀祈晴鈐校蘇函送蘭苑之壽并燕

鄭子齋函劉俊卿到屬自王所還之屬學臣來字與異後請

初二日意溪過與篇堂受長談竹下偶閒檢舊作小斗方不全言之有韻段

之以蓋屋炳律定賦俊卿一紙來詢也別有所屬

初三日叢叔鄭子範賀朱介堂病訪沈述泉拜陶問諸溪年病訪劉

俊卿吳林林出見李子莊到以渡蘇府張球之函投送

初四日寄熊芳記寄函蔣叔堂函懷甫函接朱詩甫函馬弟來不件歎

自函朱介堂之疾來者至到者

初五日叢不件函閱子妹函送修內黃江昌吳林林子來屬以謀子棲堂

悟送函代理旌德函寄鄭思樵陳藻年函以其病發館晚檢老藉

華朔以備山川為條辭九作函條為件寄劉年廣繕之批詞

初七日湘亭自六安來下榻寓中。旅舍晤吳萼蓀、子英、雲階、培生、吉如並送
諸君。接石仲函、蒼王怡庭函。
初八日答石仲函，書以行期往郯，實寄涪桐宇佩甫諸君要聚行送陳漢章回
鄉不值。旅吳一奉贈以英銀十元。答拜朱靖甫、朱雲軒、王羅臣。接陳少雲函，託其
戚劉香生館予，將白沙之席以不易近存蒼蒼並告以乃弟玉典已題交吉生丁席
趙季良來，以信件交弟。李子軒到寓，檢料行裝，擬庭多客未登程而已
安憩
初九日辰刻進署，辰友要去送，辰刻隨仲帥登程，赴壽安閱兵，派接行
裝務者付吳紫貴、胡子泉二人揮之，並四隊兵照料一切，同勝貴餘茂林二人隨
為得力。出北門，經集賢關，群山環繞，其形蜿蜒，走三十里至總鋪中尖
又三十里抵練潭，一水阻之，連船而過。鎮似不小，與帥之行臺留帥而居，王帥

更留夜膳酉刻初十日将从符搏九大人到府
重阳自侏潭起行天尚未明二十里至天宁庄与师同饭四围山色甚佳
红树黄花都为诗料又二十里抵桐城县宿於考舍胡梅岑来一谈於
符搏九不值谒王惠生一谈寒暄毕於梅岑处来同晤是日师收呈词二
纸数年争讼之两造互控惠生赠食物
初十日将晓而起出桐城度白沙岭至大关中尖计程四十里又十里为小关又
十里为山墩众山围之自是扼要之地何云为龙眠山来旅询之是日宿山墩
何致大到拜孔表物为吴表士皆来称此以师府生辰为祝寿而来未说
明於翁枚之中也师嘱收呈词数纸深夜搬枕
十一日行六十里抵舒城县到甫过午於道旁吴表士陪至旅寺表兄刘厚
斋适厚斋来留谈便饭呈词十数纸夜来批了

十二日天明起行夜宿施家桥六十余里雷雨而黑晴白日笼灯秋刺昨收兰洞
许幼堂刺史来
十三日微雪未晴而起下午抵六安州城至湘帆处要谒安抚问其目疾盛斋先孙
君厚开夫芝生菊如海澄诸君随至旅馆侯六来留同夜膳拜许幼堂刺史荃
小梅开夫芝生菊如海澄尧青殷鸿是日画词十余纸米千二晨赠留无多
十四日自六安行数中皆北地风景夜宿众兴集约行七十余里
十五日行三十余里至保义集中尖又行四十余里迎日落道途全两岸旅阵星槎不惮
皆自寿州来投者
十六日行三十余里抵寿州城宿试院法梧臣诸楼起居已出李捷三吴殷臣郭鹤耀
赵夜琴黄云史宗幼之孙诸君先后来萧蕃之二兄至王宇春刺史来两次下午
拜任铁吾阮王二观察及厅所有教堂寿兄望之及王蕙伯刘桃洲宗由安黄云史
诸君至萧蕃之店见其老妻安因抚男女若龙凤太常王刺史李吴郭三镜颜后

外來諸君墨寶對聯十紙 於下晚復數件 在茀卿處 晚宴心泉佩蘅兄也

十七日 清晨赴校場看操 未及半而回 吳春農 陳小山 丁惺堂來 道丁 往望之允卿

楊彥來 全雨矣 陳星槎來 任鐵翁 郭綬領 諸道允先後數開 招飲皆謝了 錢雪仍公

道府至寓 昔人了 濟錯錯鹿如 批十餘紙 在牙將處 同見茀紫 草堂前出 在人云先大

支指點畫藏者 不契不饒也

十八日 同趙子來 全回君 出北門 遊珍珠泉 即古歷泉 風景頗佳 義民後至 母與矣

不齊 小有口舌 回行至後伏案批詞 兩人說緣緒 並不能定之 李繞領道席 聚

不獲命 轉照春農

十九日 拜趙展如 陳珠琴 趙小魯 華允卿 吳春農 孫幼泉 諸君 陳小山道席 轉

照字春晚秀州道府 福謙孟趙 道府 楠蜂瑛 雪泉 幼泉 照筆 趙子瑛 照食品

人了 摘了 正了 禮了 搁起 鹿子如 能隶等 張毓賓來

二十日 望子茀之允卿 幼孫 雲史 皆來 道吳殿臣 道府 楠全 雨翁道帖 張毓賓

宋心泉小道食品先服道食品後日操々庶寓兩臺批詞先服程路子運請理亡訖
以運標烟了受銀來取其行寶寅辦號了
廿一日黎明起行晚宿保益集四下呈詞至寓續批
廿二日行七十里晚宿合肥境
廿三日下午抵廬州府城先見署雲何牧交沈蓮士桑健航來晤何沈二君
至縣署幼安來回晉雲在外帳房旋歸寓英江等畢來晤旋同邸在每々一談
此係日保益集來路小雨行抵府后人有至店來訪者呈詞續來先行批判積
壓去閱々
廿四日未刻批呈完日將形收去了即幼安來談舊友張蘭坡黃季緘皆不得雅
見為可取羅也何公新鑒照者甚程
廿五日夜半即行在與儀即比曉抵店掉已行四十里又三十里過西　葉夫再三
十里至板橋即棄車畢水陸大鎮宿李弟來現處到是家內批判舊存各

詞庭之久此不暇他及

廿一日行三十里至東關中央過茅家嶺石路縈紆兩旁古石巖嵜至頂一石闕形

勢頗壯下山復十數里至巢縣進北門城內甚荒涼出東門登舟趙子鏡楊滙明

二君送物以來旋同伯寅送王集傳船吉送僕在船照料

廿二日解纜行七十里過無為州境劉福高剩史送席又數十里過運漕鎮旅

張曜西不得空寂同袁卿大令送席邀酒飯諸日內沿路呈詞至此批完沃

手滌塵甚安高臥

廿三日大風不能渡江詢向石仲歸有錫山為來因甚不獲相晤為悵兄公藤太平府

水師失某月告焚燬樓房傷斃民人不少批查詳細情形在螺磯遇長龍

船風勁雨飛雖有炮請船拖之亦不能行

廿四日風平雨止解纜東上輪帆船無行甚遲不過百餘里天意難寒在舟

宿矣

十月朔上燈二百餘里二更後抵睢城歎門回寓忘兒華安展閱兒輩積存來

信大都無甚語說惟錢曉翁函洪及王鑒之務

初二日清晨上院旋見同之謁帥座書源宗人壽彬在路遇友人之籍之是彬其弟也

劉申甫徐詞庵朱右泉劉聖孚到寓將晚閱學名錦樺菴閱學因驚馬而病制之

曾沅甫宮太保薦於任鴻璿送到寓

初三日拜新受臣觀察兄于蓮申甫皆之姻乎交兄昭子單兒馬子岸之到寓贊親子

兄宋佩蘅拜河方伯來晤兄寄晚出閔子英三君送還今爾花猶壽斗寓略探

袁函告以在途情形接王怡庭函並前所著之文又英岸之兄

初四日新受宮邀飲晤吳子宿吳門人來晚旅館者晤新禮堂王臣之兄送朱愷伯

交愷首拜吳和征來為壽林子于英來送閱徐宮函怡庭函為難函稿函寄至

受交送兄到寓彼此相左申甫來告以子岸已兄贊親於后三四月間

初五日朱愷伯交閱前日前往清江廣並與之祭五里來贊親杜雨送來接

石仲函還壽卿書邵元之王希來張孝寧來夜來一石朱受之蔡浚之奴吳叔任松秀
明鄭雨亭寄簡迪臣黃石仲函備土物交杜月甫回我望之過劉子達受之范時賢四
十金史姝起大冬徐康封蔣朱請南司馬雲琛二泉顧劍拂大冬先白泉來
初六日桂牧仲通守爲史果議顧泉齋內兄楚圖之華卯訪艾臣侍霞蓭賴桂
牧仲顧劍拂朱請南史姝起朱霞軒馮瑞庭王蓮坡顧致爲壽月光　日寅
卯時楊雲階陳瑄生來寓
初七日帥府往核閱陣操下午得霞使　諭旨仲帥署理江督即從同人賀喜署
晚帥自院寓起同赴寓看樓觀望西巳時四千五百元至錫談楚白子韓來寓
初八日撫大閱情形招楊同星范錫康苟到寓往子蓮受齋董涵張穀賴子陳
蕎晚侍河蘧說德物色贊人先之以羅有臣只為唯次方宗屏去後又來意在
方屏往勸駕書夜一紙宗屏悅然允之
初九日謁河蘧說西方宗屏聽之請荃蓀蕎晚雲階瑄生撫閱齊澤搽片

帅府谕饬稿宝石件函生以甯门氏保在此兹资来批送之蒼葭声与同行
院归蔡生文到府商洋操练军加饷之事送艾臣来以宗院领年费之核算院饷
与浙军饷事何如
初十日接钱晓五初五日函赵劭琴主病危已由弟光函送廿子调御附改石件函随即加
数字将寄之蒼葭范锡白子璐葭陈星甫张刘子宝送阅素帖蒼葭石南初
请排函张公字蒼葭焦艾臣接蕲芳月翰子函
十一日批洋操练军加饷片方宗彦来董鹰性并与方宗彦黎厚庵晚函言将回锡
后彦查宋性偕入乡语去之调券送阅为河薛院批到任疏稿送去为晚
胡文钦承忱子胡掞甫孙马良宋字黄戈什一名之即令之昌璇甫纸厉庵之
忘丁洋重将来讨其到后议定乃送望云函蒼葭张少山函皆附函张信
十二日接石件寄凤冈函即为加函又朱介重弟来石件函英洋二元为送江

霄泛翼分 撒仲帅美叔父卸赵程日歌稿为当高方伯撒到任稿宁其乐富函
生以近乎致杨嵩培南函造倪福卡株大安来嘉庠四锡希去银三百两晚
间料理函谢纳徐请歌子为旅吕璐甫不值见叔别州兆荐制平旅江将
十二日函谢纳徐请歌礼物赴早生人道往别府出门后陛署送往沈帅夫人仙
逝陛即拖屋至陛 船西发一府午到获院署日过诸君摄号前往哭奠顺便
拜杨方宗屏谈画赵 季子轩文之兼隔宿夜时自发谒晤屐子方宗质良仲旅
来介堂陈沈筱杨保夜六点发一下帅府电询茶稍谭男服获将
函日接张士芳函希来大赵菜十斤申刻送旅其夫人仙逝别子廷赵季子良到府谈
肯庵山樵辰山函首是孝庵送到任问来参员一查初若使送直十二纸旅佈卿不值
函日复成端甫观察两季子轩送我其夫人大殓见茶叔谭署四电来之代陈
商阅叔父卸程昭假病情春北科后赵宿南方宗屏马子立陈小电许伯衡让
君到当为 船西书 挽联茶宁乐仲函附寄江柱谢来

十二日致沈允贺函及李甫函，守礼兰亭序，凤翥驿为李子屋事，见示，拟底屋
及补阅稿
十三日写致张袁函，告以近日情形，于东偏附地基图，敬问太妹归宁之后，执友臣
适草屋稿汇呈来，高文王、欧阳大人发函来，为帅府稿底，与子展船西一谈
傍晚郎秋生、汪以瀚二人自陵浚来，已摘书五韵沈文蔚夫人对联送孙屋
稿。与李介宾晚于子建处，一同散步
十八日船西来，商腾屋备用，陈孝九来，为汪季清之弟请刘同书写门之说，旋晤
丰宾适之，六郎许可，复函于张丁赞，于子建家谈风藻，寒山画两幅阔合
曾孙十九日寅卯时子时前生
廿日陈丁珠赘子醴成，天恒归，郎时许郎雨亭来，一定先借银军留任之子一
来，参将刘佳俊、姚润来，宾之子朱葛圣主殿卿，沈保卿来，商执友臣之苏浙
旅按须趋刘文祖屋，因商东驭锁之子，揭冰汉之，看款七万金，驭锁不易也

二十日同事五人公祭沈母文康臣盛玉峰朱葛卿郭蓉臣宋[illegible]收刻朱搬物件

四房騰出書室以備臣表之用孫子英來房為沈景蘇挽聯

廿一日為子英挽景蘇聯送之仲帥處撥輓曾惠敏半日而挽成之

晚歸簡料書箧至遲楳來談接石仲十六日信

廿二日到郭軍門處送卓庭楊海峰熊玉峰秦雨蒼朱靖甫宋梓堂送之來

辭臣已為蒼辭孫詞臣李雲門僕半日僅見李朱二君一談而已宋蓮

珠太守到房

廿三日早晨微雨聽[illegible]來累蒼石仲函白石詢名節卯成端甫觀察函杜雅[illegible]

坐地辭之接萬光函蔣功甫參軍函逃萬來又到撥以函字予黃文叢[illegible]

廿四日宋五先生到房為蒼撥成觀察蔣功甫函沈景蘇之表辭金陵來函

補注之翰許和生蒼沈雲之御詞吕誠甫蒼庶藻雲皆來之見接石仲函

附來錢曉亭函述趙筱琴丈病故已函招調御來杭為函件送交子寓存
交其家庶存史達卿吳士青之朱介堂
廿晨訪錢曉翁請其倡義集資歸櫬以身後所需及料理歸喪之事
帥府送席於俞蔡老處收之
廿日嚴夫人治喪帥遣請客蔡收而進之隨班行禮下午客散晨函
交戚之門仍回局寓
廿日晨第先函寄以京靴又備佛銀二十元為趙琴丈奠資送蔣琴甫不
值交其僕蔣姓帥府侍從處廿九日先往方洋沈絲楊洋翟處寄繳
馮曉瀾別于寓運日回林寄贈以兩晨需款資以香佛五十元
廿八日趙受筱朱為霽劉頌生劉梅寄去府送俞伯華伴吳禹子皋宮珊甫丈
寓送孫持九許伯英汪蔭晚陳筱雲吳松伍清送王介庶方宗之仲卿兩
亭簡迎居及亥子寄川下午又至同俞悅君而寄贈送去後羽草之收來物件

晚饭后弟與保出城上戚请轮船晤孙友卿九兄沈芝庭凤锵晓城叔诚

诸君不及过往留草一纸属刻熟张令全福写送夜停船城西门外

狗兄以前属撰江厂文属四眼井

廿日闻芝孙清早来船自江西接家来言前有二信未到华海初一与仲

帅有戚谊与其年伯在其润家道署就馆以后起后谈以阅兴过

深谈其言量意多不同请其过商定寿诗润深来年侄谈西毕

其说午刻闻轮来下茶静函少函字子同饭又谈夜酒大过睡祇落

晦日下午移舟萋流风雨改作令仆送成而历件写不能自往少顷历件

来舟袁村续来先生历件意在星袁遣一楼贰东倚深地先生遣一两

楼已腊木归冥阁意善人经理可先量准年在楼工作移城登上也又数

然为题据侍郎寿卿及梦云谋又谈李先为船户雇往而送别

十月初一日下午抵下关，风浪大甚，挂一小红船载物前进，同舟至海门西
汉西门宿。晓来琴伯、张敏生
初二日进金陵城，入督部衙，寓在新署街，晤汪翰甫、鹏高、汪伯揆、张贯二
君。薇垣亟为料理供帐，去拔行暂居东偏房宅，午间师到，接晓寓宇的
樑叔廿二日由大安宫不能来，寓依在先之班寓遥矣。往西偏晤冯蓬坡、文蔚、朱
桂卿、福谦、继经、仲方、兰芬、芙洲、作霖、徐佛年、总戎来，寄寓晓寓行
初三日，督师来，到楼家随众叩贺。先是，督署友人陈筱圃、方坦、陆静年
淦、沈幼丹、邦惠、施理卿、柯支、汪蕃卿、丹诚、王鸿臣、洪康同来，陈亦谐隽
陆亦荆石，沈亦根美，施亦泽务，汪王亦书，屈生甫，郭年门来与陈谋冯道
林同难二君，萌後阎树勇、钱松年，叔刻已督署校对，冯朱熊有
君来即来，并来二汪、林志道，校刻来，饶来，松李年及刘峻年、黄漢

池投刺来王介艇函十二月廿二日函内附李钦县函在西浣胜沈瑞卿

初四日萧台瑞监道遇投刺来辰浒镇吴杰家榜五王甫复投刺来林

祥梅志道来拜阅初三日到文一百三千余件内谭署文函吴谁石印图书集成

一百部经费三千五万余两

初五日答拜北洋幕府施理卿陆萃皋沈幼岚王蔚岑林祥梅皆接晤陈

筱圃汪笃甫未见在林季见帐房叶君答拜郭善臣未晤李云门文丞

臣二君来夜答徐老季弟函交胡善卿帝凤阳交驿站排递十月廿二日所

寄之函并折帐刘坡亭协戎来

初六日西偏欧阳润生腾出房屋借船西贡与瑟伯诸君往观酌之移居

之交阅初四日到文二百四十五件有人道帅签道府送马来张国王吉与令圃同

滨书字晓嵩信递前函并棉花十觔交珠平携送丁晓芳来

初七日李梿三吴士青之吴修之松青峰文来辞刘坡亭先后来谈收蔡物件

移居西偏仲帅直於府擬致府信稿論兩子
初八日簡迪逊自晓来蔭義民初二日信似不得意
初九日芳株家函由驛递至錫吳令長託送黃蔭南自晓来嚴大人望觀到
暫停莫愁湖
初十日熊文臣徐幼農自晓来留之午膳農將為壽子芳时已近夜静熹
薑芳之若萊蔭南至丁晓芳亦至值膳陳祥甫晚抵芳家廣午膳沈坊
芳晚谈
十一日答武節呈簡賀帅作復其賦史蓮塘太守来言太平府大葉县性震
傷與庸修理工費内數兩至大官圩撫邱之款二万四千餘金回立限五年撫
邱歸款十五年已邱四千餘金解回撤將十六年兩年撫邱款兩留作工需不敷之
數擬令分捐二千金以成其事葉太守恒初任生疏須盡之力是日南晚飯語遂去

護院撻名方可於可有益

十二日寄致石仲函交信局轉蘇江來條伴雨觀察小米合西櫬瓷獸送回郎君二事

陸椒臣來林韡侯來韓姓家初六日函附示寅妹信屬匯十一兩交銀交王子信又附

金陳保帳霜用三十四元又代福買物四元以贈二之仁妹寄合二十之庚妹將費須運

照用款五千暫支俟協存撥須寄還也棣弟之十月廿三日信兩英弟來又子蓮初

九日作急函致梓京賀晚在船函交晤詩壽甫刻安下午小雨

十三日晴偕金生出水西門至莫愁湖拜嚴夫人之靈便泛舟迤邐至許郎清睦

濤之江陳星槎回已午後順道過許子衡答拜李捷三軍門觀荷小雲

來談

十四日答張京溟函勸以耐煩自守勿輕發言取厚竊聽之說則妙足之也交未小

雲弟函接對請君來拜即答之

望日接石仲十一日函說成係有美似手疵乏氣追醫調治云在假症之間服藥之愈

其毒须服丸药以除其根，且云咳嗽不止，胃口不好，实有可虑者也。附来宝兴栈舟中
信，辞来年馆，读之约两浙其到泗泾学，忘其不可不如而推之之也。又附来见之前字之函
十月廿日取费者王七来纸租来
十六日接孙仲弟观察函，并创设海军条议一册，又上李傅相筹办海军手
略。祖接晓窗来信，酱鸭、东饼二物，又语南一信，告以常熟子卿将自凯大安都
不能来，晓之妹嫁与观察者，天津道刘云樵之弟云岱次女，又附示帖一纸，属子
商一函，照乃将承照从缓，帅府所商者子达求之作书，请其来枕京的以资数
引即寄拟稿
十七日答子达函，以沈函附内，请其自核，答鹿王贵来
十八日作晓窗函，附致子达意，仪两公缄，交王贵付，又方瑞卿弟送钱蒙以来辰
腊历、乡保以为谋为计，意送达郡王亭，有城守协之信，云遣函便投寄之之
接刘仁山拊信，云问兵祸劫后等可附示十五至年泽闽贸易册书后一篇账簿

此隱留心時事之見端也

廿九日接晉雲初四函，以孫甫方於十月初二日病故，將往歷勸孫任淮安府城外河下蔡巷內應寓住之役

答陸旋兆往王五君來王太守匡訓係函請子清談及段觀察由執城回省矣

下午答孫徐伊仲觀察於劉家巷之內不值，孫楊小蕃於江寧藩署者亦不值，寓住範桐巷延英臣卯出營處，又訪段觀察又不值

廿一日答訪陸施施往王及王太守，順旅陸小如園晤作寒暄，接孫子年信附致之明函並序以藏之老友記頃

廿二日赴郭筠臣軍門之招，座者署中人之者五，留刻旅權通之閑報蘇卿莅迅勲旨之孫龔於皇帝壽生考撤至陸邊繞理江南營務，又郭寶昌統領南洋兵輪兩隻稿，並前易改府之信

廿三日撤雲政樞府陳子宗宗伯詢以鶴卿之薨外官將軍特旨授提督銜左白字

在屋恭逢慰題，據皆無成案可循，呈遞 太后安摺，自此無常武照遞皇上慰摺

因係感恩，向用請安之摺，在臣應寫何字，就為未接部文通者矣，可摺請安摺

恩屋並無常從寫元旦壽屋應遞賀摺，摺呈統係請，被極握同片稿達

日每之昕夕同賑，西晚成衷，將此壽春茂人壽序

曾日寄霞樣亦函表，將此壽序一冊，附寄書四本，附之呈中，因歎請其課冲名付

接屋侍昔日函，聽寶妹之言，確以戊附寄于緒妹，我不以其意發也，此中腹之塊

清兩胃子女，下午時而無不順，腹時而垂下，左一下摺而堅，睡醫女，且患子療服藥清

教者亦無效，不痛不療，此兒諸綴之，接意深子，官統詢同其諱，王接妹廿一日函

王子信，點之付杜壽係已過門，杜壽係忠厚，顧在侍賴本未到，寄之說，家信之郎

昔昔接壽弟十四日信，附發在侍函，且能獨報，可鄰非，可憐壹弟，未能寫字，此等程度

據稱家山被剝，未尊子才茂才，家書未能劃隱者，通須之，附在美清局

世兄附聽摺，別支桐殿小縱三銀莫西，那從而至得以暢談，能無程件以來可憐壹

又來竟日應客來者黃暎樓孫曉山函卿玉亭來云廿八日接擲寫協易又卿

玉德云放刻來旅館府函

廿日蔭南芙生船西琴伯一談適何季芳至石臼之挽允錢子宗霞電

現飛卿弟執事人員均素服共進同服色遂與弟儀等使集歷海報賀握

均與弟電忌云者接單夜蓉石仲函附李季信能[illegible]又蓉王坡在函附之

接函允信十九日函附清[illegible]清[illegible]又季弟一函接子遠霞書一版府[illegible]並來以

三子窗等一律文又接小直函爾何書寄錫瑛諸陳函許館

廿八日蓉頌郵[illegible]丁郭劉華[illegible]八人宴一日晴[illegible]作串現蓀來談云福星

函致[illegible]下午船西蔭南芙生琴伯至一談卿府送館家與號之數致書眺蔡生函

廿日放孫泰函匯洋百元並函三十桂太和莊之銀[illegible]陳信[illegible]等又眺沈小屏

仲帥送筆與中執事丁[illegible]聖四號致壽同一字附去板鴨二隻呼因等之旅陳毅

亭何季芳

臘月朔接袁溟前月廿四函附宗旦子書并鏗猶白雪齋詩蘇夫人七絕偕庚生
前往莫愁湖行禮回時於金丙生丁六晴陳星樵與聽香同之吾鄉
三觀察邀飲於何廳聽郎年丈 胡吉也 聽劉子翁志伯李惠農館子青成字
作之縣吉之君別不識也 晚往子英書晚局同卷袁溟函
初二日蘇夫人至進於寺 聽許慕卿中翁年姻 癸酉同譜也 借往伴蘇段寺
觀墓因其偏僻也 着兩兒李和函告以近子家 托姜君照理墓居所清來談
帥府是日往拜林次梅未歸 進於寺矣
初三日加一紙致袁溟交叔眉遞 上午次梅來談良久 下午差之並蘇旋理卸夜差
弟先函以蘇子年後先姐函附之
初四日寄霞生雪函於淮安府城外河下寄蒼 寄民祥交許家郵再寄許慕卿來
於得蛇小遞致挺生函即附挺生粒之附之 接袁溟初二日庫河郵再寄以任銘
羊挫費意順及內詢之云即回說致送蘇郎信之一談

初五日寄复袁滇西守邱玉亭之行由金生附寄楷书达节北行途次呈批照
蒋清理、李贵、戴砚农以枚刺来
初六日李璇浦司马、璞臣来，金麟、尹锡祥来
初七日蒲筱云观察允文来，张玉甫来，接皖寓十月廿八日函，并寄来茶叶酒两瓶
阅府主腹疾，谒稼之，接周寿帆回信，附来介孙函，回吊皮张淳珊一函
晚，眉刘文相、何榖甫、张玉甫三君来，接石仲初六日函，并一笺，云作不往淮安
程邠归省矣。林鲜梅、徐仲梅过饮，偕郭氏河厅同席，杨小荔、许浩华华
子，本州里人也
初九日答拜丁芸生、蒲筱云两观察，拜郭子美臣军门，答拜何榖甫、张玉甫
两处。接熊文臣函。辰以乃翁子府主过饮，答拜许芝卿未晤
初十日马晓三观察来，答石仲函，交张玉甫带交。接朱东初三日函，带寿生
字函到矣。熊经仲过谈，饮后以散记以附存之。上府主一函，交阅后送经仲转
呈，内言徽山湖园及杨山十六里升科之事

十一日 府主送閱李升以總核兩淮鹽法志寄此，屬為酌議。又王梟臣交安觀察
函，復黃由商捐上年十一月間，本屆黃家月六日午兩淮子加增四百五十兩，請衆論
懶悉。府主因議裁之，而另送總核二人，委分校二人，請府主酌之，極言須脫石
佐附來矣。翔保件四冊，簡由退還，以鄂詹近第五青號，致衣件一函，陳簡二君來，得
晉一等，託以營江寄子。張小舟寶璜來，住貴池會館，接晉卿初二日函，並寄來函衣
賴船火實附有大單手摺，孫林方函。厥蔡君見薌不值。
十二日 鄧軍門、孫觀察、張子實、刻史許營江、孫春人、禹屋先後來。厥蔡貫見薌
同馬甘唐楊、裘仰、盛孫、穆特來，知四月回任。下午營江到，與相見，遍訪不值，營蔡
張子實，來暖蔡、楊小蔆許，從華晚。清鏡、蕭恒來。送熊經仲八元，楊
裘朗二元，以杜形無。小舟送來印譜，沈筱田先以筆來錄二千餘年前舊說也。
十三日 簡由遞還，得齊兵左營之陳鞠庭，得金字副中營之黃錫營江，介紹鞠庭之弟，往
營江來，贈以四元，俾得成行。送一兼見薌、熊經仲、黃菊、丁曉芳、程祥甫、汪韶甫

曹出西城蒙賀陳簡三君送由江東橋至彩湖荘抵萬渡三觀某家道值出內查
核算至帳房來恒受一讀回城至屯犯巷若雨泥徐田袁溪晚入日書十二頁接到
弟來刊印稟相條件並鐘氏原刻一冊の冊接朱蓮逸林太守函張小舟又來函二本託售
此以五石交刊計七字鄭齋人始詩手筆■集
望日接對諸君來印荅之接署雲自錫寄函稍代買度歲之資添充吾桂叢來寄函
弟錫名款以銀二百兩託錢子服者又吾李厚二百五十元之須寄の計之匯二福三十元吳
翰甫二千之共三百廿六元託交太和永源寄殊未承厚一函至今已在內十二月初已匯
去年弟、誠饋桂巷汪子延廿元西莊濱劉復廣の元俱封信內由桂叢交局寄の去
同日後汝季兩函季孫贈安夜道全生同旅泥下居至屋典衣莊為備吉祥新外屋一侵
乾夫島亦一存價銀の千兩已秋在內書即寄荅此兄季弟兩函今桂叢攜去接熊文臣
寶函以黃紙重丁寅諸共遺席者處示船西請共餘熙郎至亭來接壽同來年
請寄の人參丸草載是化痔丸之誤也劉文寄來之蘇州販籍報錢之至不度得亦
之在書惟廣恒領袖而已隱亦並請寄丸四吳陀任郎請道安　魏偉卿拜

十六日　蒼龍邀飲御　蒼艾臣函自川省託饒子滄帶(?)庫子　蒼言溪函告以近子狀
壽同字論字茶葉十二箱來　寅舫附來之　致張繆珊函　云言溪近曾由楊紀常云
蒼艾臣電十三字　收賀一元四角三分　未接叔學省電　仍為艾子薇請以衣重須電覆
計七字　收賀一元六角七分　寄厚三觀察函　邀飲席設蒲筱庚觀察寓中　照賞仰出
觀察　王雨生協戎　藍丕作甫大令　接郭善臣軍門函
十七日　接叟臣覆電　無事　得行王玉如同年來　自張南陵挽慈子　趙竟之府主　司郭
劉王二君之說　因論據照道之家應補地退遊養原寓履劉中丞書之　接錢曉之函並
第光千緘
十八日　小雨　劉文府邀飲　客惟金星典那人　得以暢談　陸劍心　劉穆耕二君來
十九日　封子家全家存人復此棧來一言　王玉如來　致不仲函　字英常云李纘之四號書
晚寫請游錫一行　又帝四致壽同字　接叔復仰賀奉堂全函　很分別復近
二十日　卯府主邀飲　為對公家也　晚挑傢臣女人小舟為村五不能了人情　近以四元賞之

之度歲矣存留三五六千未入帝四此十九月已補德於此
廿日發葉蓮舫函交戴帝青西楊廷回接壽同年並葉九翁龍糕十塊接芝生回函附入
契可部汲店片接外國不值年文請送又接意深裁發之函晚院清朱大人壽山已校對
晚寫附來蘭坡賀柬及坡派賀往發郭寅生函
廿一日雪接孫御史葉柬稷稿接孫鑄九函邱雨亭來談其子星蓭可全雨矣來此宴
足錫祥板浦場事
廿二日積雪盈尺約四尺許發李辨方函勸其完娶發楊仁山函取內船械砲台船塢
籌可仍昭告之發孫子平函取存於通承主人函便昭順往仍可允許之發貢生軍弟
函並送前於原辨弟淡往可談為留去前往內清淮安取願指可先接頂
廿三日發辨來函時接其去日往來歲杪添一師成人何塾兄以成之來借田義出有恒續
晝夜雪三寸補額接在件廿四日辦留日來歸內成師可內晉之在因行郭衙甫衙
條允為之並附來成之年宗往潤函兩辨刊回復仍有願行接華海和同接出咗內稱

黄江口钱私卡寄人还函谍汝蕴桥差弁附来四物子致宗兼年作缄包

十三日接俞伯华贺信作小函贺俞荇华海和函亦尔遣到章论泛请诗函以连为请因托已

数人若须者后共商卿制府兼时时记吻之物以吴共装应之林雅梅来辞船西路张清和

字致以龙井四瓶收鸭子集

廿四日帅府还陈质庵方苏人汪子遴江宁府友钱叔云接刘子重函致京饷一万两

阅医初一日间长存淮北王惠庵陈姜许小岩观察专南子周沈云接王雅廷回函挪款

十万陈元野来代请续之以张蔼清难变意在别求量调是日之章陈云溪之

不议来来何为也卯而辛来

廿五日陈小亭蒋雨君来接涑先世兄四函意在可兵府记道有谕先领敏初李季和

函以廿六日发宗函及到不必首责也晤左德之兄成表以及表为也谈越重九有疾

将为归计矣

廿六日上书陈六舟宗函附陈广文函发杨瑞芳观察函致祝差弁带京接俞荇华

函附上仲帅信连日东风阴湿至晚雨亦见甚似有晴意撰翁函三寒复宾衢信

踪究竟之苦况也迄五年九月托頗清綱源價楚之
先日到縢之處示三次接迄本年辰闰竟日而不得完接胡雪岩城出故不服阅電
胡俊卿孫鑄九孫蘭初三箇以頌迎年
除夕早間接對談君來丁星階孫卯文年縱之午後大府來拜年謁東西兩家一走
猶仍禮也崔錫晓留函言車趙氏之兩省不可說日々執張圖一百多回已此再月
戌子元旦起點每時不可少而此三年光陰已悠々忽々而失々廣子元氣凡最老大往
此不堪復說也

（清）顧森書 撰

# 顧森書日記

第二册

一八九一年正月起
一八九五年十二月止

國家圖書館出版社

# 第二册目録

存敬畏齋便筆

望涜瑣識

存敬畏齋便筆下

辛卯壬辰癸巳

4

光緒十七年辛卯元旦晨興拜天循俗賀年在行臺東西廳宇一周後
衆拜見仲復制府少頤制府降臨代白俞蔡生夫之處午間得同復
弟之函附入晉雲函復潤函二妹函附去壬子信與路函答徐曉珊函沆夕
仲帥招集進飲是日微陽將晚雲會氣寒
初二日出門拜客午前東北午後西南宿日之力兩畢歸來將暮得客曉珊
頌為二絕句帥仍然以酒食款後許郎濤來長談後又曉芳賀歲復俞
伯年賀信並劉子運函又蘭泉復御鑄九兄之來
初三日出城至莫愁湖行禮並薦蔡佳臣三君午後劉禮耘大人來示以厨
城孫明義烈女墓旁捐建孝子祠貞孝祠節烈祠於金陵清冊答張亮
溪熊芝臣函復香冈論復丁曉芳賀來接陳福庭賀來王錢孟超函附來
兩件趙偉卿來道作年談
初四日答周壽帆函附一賀簡答俞蔡生函附魏西二件答袁仰安函郎清偉

卿先後先到，往往有誤

初五日覆錢孟超函，答陳輔廷賀簡，附一紙並以電紙寄●答之。田函。費雨人來

書，有湯榮恩簡，現署淮揚鎮標宿遷營遊戎者，有書查妻障再陸輔廷

一函。劉峴莊制府到錢山，此韙來函詢孫主事復疏，船西爹可論，如貞女等

捐建祠之舉，并子鴻二尹承儀來

初六日答年少雅，運石縣徐賈歆二君賀函，答陸子賤，黃蓀遺之。下午出門

數方考來此兩月，初次之事，候華子才不值，旋到稚松、張小舟、揚小萬見之

許之華東阻不得去。晚間華子才來，籍回里門，語之錢來，即答之

初七日致石仲函，致縣令函，送子才東帶回。旋林肩商量之，讀之畢

初八日答史佩之函，守還，致方信，答李松浦函，致清偉卿函，有適捷徐曉

推命王百川通一紙，問耀庭、沈君壞投剩來

初九日答徐之函，電後論先下一著之語。答李弟函，附去一紙，山東賑捐獎貴

監生六名例銀百兩郭監飯公費等銀三兩七錢五分皂費每名五錢書役衙典

每名銀百兩郭飯公費等銀三兩皂費每名銀三錢文嘉臣尹少卿兩君來

初十日府主於寅刻率孫隨寂桂賀先曉雲丁曉芳來宗佩蘅錦芷雲柳霞重

三君后到來接魯曉岑同霞信接丁輝重信錦壽甫到吳於午汪劍星到

吳樹重徐心生大令樹鍔劉禮松大令吳子庸羅益卿大令宗堃劉嘉卿二尹九龍

瀾秋甫客公寀樂公吳嘉穟遇因暮誨君集於周家河廳酒宴雲務裡看花

不覺飛也午後郭受之來宣佩蘅錦[illegible]

十一日何季芳來見放衙氣和晴謁郭軍門之女曹氏墓見貴姓堯等秀

十二日蒼翁朱小雲丁小芳文嘉臣宗佩蘅錦紫雲何季芳劉受臣尹少卿談君鍾致

不少佳在何季芳處小雲因人洽吳文通錢汪徐劉羅劉瀾五君小叙借座鳴琴行

於幽篁之思園兒少主於鄉臣是日天積曉覺衣冠若人悍於于素云一覽園景

民歡而歸接成瑞甫觀察來然以年糕要佩之太守來言禮不舒擲乳朱桂仰太

史一修也

十三日适卓庵郑苾宾不值 三君来 接意溪生笺 日宗弟书 劝酒适守谢来
晓宾家老诗赠名公赞照盒等件 刘缦廷协戎孙端平协戎来 松秀峰来
曾日经小岑适饮借度歌小崖大令霖寓照 宗归两院愿留守复应续件两之于
设醴近园照主人之胡缕文主政 雷电大雨重移席 今之象也 若成谶甫观察
贺来 接于苏 坚贺来见君感寿报刻来
元宵 晨贺来照玉门老兄 刘缕廷孙端平适卓庵郑恩宾松秀峰不值后
呼姜张君晚间帅府适饮 连日阴雨 此夕澄晴 晚有月光 龙灯进署不足观也
午后朱佩芝来 见朱桂留季诸切脉诊病
十六日刘芝庵大令以闽关账捐多不请奖 上海筹赈之取撤 接山西沈坊之来请奖
收捐送沈坊并捐送万金刊捐户姓氏录刻于书内 已旅者主在书以照奖
劝序稿之老陈鲁瞻以同顾芝波三君贺来
十七日释梅臣治草书刻二石 有程观前垣烘焙之约 路滑难行 作字数之联
简臣报刻来 接篆芝函附铭包一个 宗文府刻笺弟来札 谢交府手拟

十八日 徐姝平、徐幼農來，若意、漢西附有三三緘，又一紙与指甘書，予諸叢以月老甫
回接陳輔庭信，与壽同函寄去。慕韓漢洋片字，姝泰函附去。蘇芳甫宗壽聯句
屏其跑禮。吳子循大令投刺來。遠鄧再太守來，莫展帝緘松飲觀
十九日 崔翔、徐幼農嘉翔、吳子循翔詞臣藏。端甫宗文甫訪展全展兩吳松飲者之至
函詹武子遠太守屏其帝。晚接鄧鶴浦少尉筠來信，姝平交存一紙
廿日 周遠庭來，許幼庭、王宇青訪展來，未佩佩來，接王函又太尊函，意在孟移兆子丹桂
投刺來。晚赴許濤生中，晤沈硯卿通守、福庶彥、韓臣劉星日間來齋，接華沒初
同年。晚閱信內葛蘿松雅雅說，者已閱知矣。倪錦甫子自下同往，出來城丹桂極粉
醫第人扶之法亦澤照照，致姝甫一紙交其帝錫佩佩，就其桂卿太史看病道守一
行矣方而去
廿二日 閱邸鈔不賢。沈硯卿來，倪錦甫令戴僕送之出城，雇小划送往丹陽。久陰陰漫天
氣微晴，恨不能出門一展予也。麻棒眉一談
廿三日 小雨，赴莫愁湖謁曾文正公人人靈遊……百日矣。晤馬濤卿觀察、唐壽民孝

算之族教住廣泰棧寓許幼堂大兄地寓同邑近貢院東街字書農晨賢棧寓
張直臣定壽民樓胖弟十四函弟歸大病甫方行攏九指心病又不愈華之死月
去秋悅甫家子又倉卒家代為序函並桂道將來也
廿二日樓派光孝弟十二百函王曙帆慶壽民來佩芝函借三十元託於宇還住寓
書敦與之訊私至閱汝照指繳坊之書重之費蘇張而難籌請撥閩款與之
意花蘇派照指一兩又費頂下勤之房稿字之又見芝蒲司馬作霖來楊裕卿乃
有魚圉之饋色芝之李桂卿來宗之宿留飲一函字於陳星甫家之壽民攏逸
廿四日華海初存小藍布包內寄件棉綿作書與潤之寄送蘭京大人託子帶京
送之字書農同一家子樓視老疑回函帶可補廣德判開即後上詳請寄師照例百壽
為大君壽並許吹植良可喜也
廿五日陳雲溪往巴山馬漢卿來王曙帆溪至備之經義述同讀者雖未而尤擔
極鄙缺手准補刊刷者鈔價換價以沈李貝大偕王子展之彌送兩君函留房待送下
午出拜陳雲溪嚴真光蒲卿於粟張貫大樓不值嚴果佩芝一談卷拜往巴山馬漢卿亦

承相值主公降、高白石行間為海初孟如仲英之召之，何厚芳來以李瑞甫之石為託

支唐同張幹來，肅瓦所請為之，代留樓方宗序，函以來者不足之意者

廿日晨肅日函，槍大毛皮衣此為一箱寄瞻，肥臉者主公撫得丁卯皆王海瞻先後來

致俞蔭甫丈、仲英之召，以譽李祖蓮函附之

昔撫得臧錫之府主為海初與節暇便呈之護國壽帆俞蔭甫生之函以之神之石託

肯之所請允之，施理卿兄王芸賓人，仍留肅撫聯句請許茗年寄來者

廿日若同俞二公函，送院寓行衣箱等並交支唐同幹，李秀臣來快談，頗味風塵

中人起者所作不足之之也，吾星之侯，撫寬清及手二卅扇文字衣料窗一張，以此先秀

函交之佩芝手跋其撫款名殿之請力不能之視之詣之

廿日頒厚卿劉司度，達下頭胸為小方之猶談小方員洋款雖一子盡詭寄十二號內

寫忠敬宜如石二牒同居，河下等卷之屋值二三千年有奚經營風適吉銀任其也老之

其人復親丁口人又往報冠二牒望和算年多人為之策畫，其情亦可憫矣，蘇芳臣儀

來其此如量置之之何耶

元日 親為陳三觀察來問鶴頂文牒 龔達夫少府孫來 十數年前即隨叔忘
為牒別後情況忘揚州 每多謫人若伯牒即當返 出內看送雲溪若蘇兼及又送
稽仲祭帝蒼頡 龔達夫李秀峰 接府仲五月廿八日函 已於廿三日送館 附來一書雲
函 望之以酒為望 許諾第送對來 以意溪之幅送之承覺 蒼頡瞻仰以語
初二日 接意溪函 代第府為思先之言 附來艾臣雲溪字 即時作答 並以百五十金
交陳雲由溪寄致篤收 儒袁文挪款以讓 指雲需為人之先 多為意於內務
著復留查 所取之收於前頭 由彼家將發 作函寄人告之 又接函中務內而逃之虞
稽發稿直錄矣 接安指帆太守函旬 年底請歇之批牒也 吳壬青太守來談
將保甲之牒補於一分府之年轉送之 以之生亦還往府 雲溪查編牒以混給牒矣
函道有不便代之 且李係之內及所為是 請為避怨耳
初三日 接六舟先生蒼函 附來蒼鈔 晚樓陳厚卿兩紙 華教之 並為無心別後本
蒼氏壬業為及不足之於師尹也去 同年許鼎卿來 鴻牒索先生來省即往送

之楊滙峰核對來往硃六道，到李邦信並銀四十兩附來，取乞函

初四日晴。施太君八十壽誕，卿南亭不值，若翁招厚卿，邀遊建於葉家橋及

楊滙峰早晤張文蓮大尺清潑於回郎濤高甲詢悉方同年友兩海門歷盛兩

先生之稿子也。寫眾賢棧順道拜之，若華海翁同年函附去府至致李沢雲

觀察函文，全家康盛，月宮江西青道黃江之為派川獨地秀峰送，附來若翁五古

處李太尊集閨閣驕構清，潔寺綵坊若重片稿，楊以茂如來一紙，又以派府

世友請不晤，來談片時

初五日陰。曉寫月乾函，原寄字到，文陳地二君來，肯意須子，付來不有相知

初六晴。晨寫世三日函，知弟光之宿全家來卡廿日威劉附來，并全兩光天函，又寄張侯傾

紙到，回後滙即在子先生之稿，雨若宿好蓮，復函，屬甬上兩年借，于鳳陽府

官府至志晴帆若江來閒，餘伸甫四前去一紙，為若江說，項卡條題字二，又若

江有核，蔚厚卿來之大兩南北江之議，棧拱詞，依寄給秋著子上海，第稱領取施

姜易等六人請將閏閏賬粘據粘連總坊姜重刊列姓氏指數即擲片矣
稿陳陳并致朱年
初六日答陳宗垣函附去和年五日首及五君換同又李秀峰五六年李秀峰又添之
作吳壬壽王晴帆來辭
初七日府主龍孫彌月隨衆往賀未晤午間王道合湯屏宇藏芳記家函祝其周甲
之慶王宇春來白屏從者喜檢署懷遠又託以乃布王荔選妹婿馮祿蘭之百孝
璇甫同志弟之之沈秀川來 何鏡渡硯叢福海道初九日赴臣書院山殿作赤謝之
初八日字如妹寄出匯英洋百元以應多用星鎔二師挪欠津貼三十元何師式加二十元
併入歲修按節分設郭善臣軍門來閱華子才稿看到此下午答孫秀峰公賀
太夫人壽 賀之壽答孫秀川賀華子才未值
初九日李璇甫同堉源來張之者朱紫著太令漫生賠以白田風雅之刻及其曾祖
郁甫先生桃朱搨礎林驛圖謀題寫臣援 託請送郝之請及許子威孫臣謀

訪之，至劉禮齋，為何子貞遞挽聯之。盤大令昀許世兄處，居泰茂皆龍之，錫壽甫

劉樊樵來，二談趙子到，晚至郭善之，招食兩炎，來龍仍往壽甫

初十日 龍泉道甫、孫摩卿、宋世兄、任補慈、陳蓉庵、趙伯卿、高次三、汪君來，為郭善之擬上奏請

代其奏謝 恩賜禧作對字之，蓉舫曉之西以陳心泉先生來作字去，並為兩炎賠

帆代白氏張蓉生先西，郵西字府至致丁蘭生，作爲俞伴英說項，請月給二千金，即致俞

慕生函，以主作附之，附之上飭二人會見悟之，教那人自謝，亮作蓉卿寫函稿，稿來初三

日作書歸之，並寄金俞通也。又寫漢初七日電囑作之稿了

十一日 蓉季來作附入沈函，寄高函，蓉鄭頌甫為王玉叔函，昨作之稿，唐壽民函附來

陳子蕃函由劉代字之，宗文宿屋字之之澤，上午元中來談，幸無人去，函歷理之，又以

夜讀閱之，胡雲城又致函來，云胡見英國照函

十二日 高子振來招飲，又邠往拜，來果談，與西往留，傳假奉我再去年前洪，所言道

來送豆，多信撰高子以至兩要，置龍將以花饌，將意亦為龍之，順道蓉舫吳紫之處

十三日高士过饮于周河厅寓多观蔡润名雅字者蔡芷斋世保于少欣寓々蔡飞甫

钓杨诚々非台因作主宾去锺寓居瘦禅并经设西君卯肯广照郭月楼道直来

旅邸去郭宇门问名雅后去寻孙阳罗达至西观蔡日间搬至郭太夫人处 贵通物接

情代访来稿

十四日雨后种西晋云西附致王郭二信许子威雨后来旅许漳华交原刻陈党年印谱

原藏月楼安年写浣清夫人江楼横笛图后题旅杨小舫许子威张小舟楼晓窝信

衣箱一只帽盒一个俞慕生云霞信寄速府呈致丁兰生原函即交船西运至夹库

五楼黄云生字寄金丙先信楼鼎卿观京师上年函张子颐太守瑞年带来

望日同人约游先抵满城谒方正学祠晚西庙后羲亭其上亭为三公祠祀铁铉练

景清三公院西朝阳门谒孝陵宇庄一府惟茅屋数椽为游人憩息々处其地气象雄

伟后至灵谷寺寺外竹木森々内为龙王殿昔祷雨々应山上有泉相传出於石

罅虽旱不竭僧以大竹相接承流下注池于寺旁后池僧侣吸饮其蘖墩败未能

迺復回城，天暝，急府主下臥，有事面商。

十二日 晴。望云和万函附青宗梓信，屠望斋题遍芦女史来同看，可云女史望泗滨情眸联

芦芦叶盈芦陈星甫函，并晚写函，呼雇车遣去，提刀磨，复宝年日事来，得了携回

而虎人静，续续晴，燮艾臣函，劝亦芳贵，如同不望补扶后急返。

十三日 撒侍缺，诸携儿至者，家之晴，十四日要雪，假望馆出殿，将来不使函，白雪少发

晴 孙遍何之，望吴士青翘屋可调剂之意，壹可游遍，欣行周所，厂照至有圭芳青

泉砚斋稿 郑君瑞卿、张少丹学一觉

十四日 晴 王晓帆函，许借华来，[illegible]蔡冯瑞庭、张子欧、宗退泉、赵蔗臣、罗君皆不顾晚

遂宋紫方、杨得晴，谈数之，别后，仰马湘卿两观察，遇饮在座皆同着诸君，晴辞

心泉来函，移往舒城，秦屋卡去矣。

十五日 王晓帆来 板批，读下内孙接室经义述闻，读者雅去以候书来看校对，斟批校

片数份补刊雪考，文午年后，裘案处云亦读刊，刊书后刷印二百部，存局集板二页，全校须由此项

先籍后都之集，僕于二月都之鼓，是居之抵之，僕借館書院，胡公壽觀察家，積來拜

者，有楊鶴芳觀察，與內記家，松馬子良，畫家方渭卿，寅恪道來，有都司在此

雅而老也。是月同人約遊恩宅寺，買舟而往，忽值大風阻，不得行，興盡而返

二十日，借程梅舍，生見其，遇仲甫、張子祥、小蘅、子才子、盛丹人小集，唐氏、陳、盧、潘子瑾

寓賞地十年前之隱蘇，芳居雨月，與馮燦流連昌勝，今昔之感，仲甫義行於

金陵、閩南者，有地基撤錦之謀，建議錫金試館，孝價千之而積居數十廬，其

事甚美，皆將來為之揚胡用之，蘇仁西之圖，播之大國，雖為都何，祀之易耶

天時漸暖，御棉為勞之賞多

昔居程胡公壽觀察，於劉牟相觀察，馬濟卿觀察，皆來之，見居李璇甫自

而居而居持，俾子於委任，建遠華，諸君甫，三觀察，宋之泉皆未之見，潘劉戎楊程

方渭卿都、我寅恪來，都鶴甫為來，安在仲西附來，王某祖彌存民，馀除三冊

一為輔世揭要，二為格致纂略，三為治平便覽，積林氣望有函附來，貴函等封以

送勝府奠禮，用成條轉禮大珠母衣十件，內兩度三套，內需屋鍋三珠，茶禮要

碎別不計較。仲約舅氏來，未見。附示藴山舅氏函，席為謀子茂張吉溪函，附以茂

呈寶子英宗簿並說寫字老又系一紙及船西字來四函，併請分送，地約申及黃

薛甫年字一扇席繪

廿日　送致陳厚卿函，附致陳六舟宗丞，作楨石件十字函，催向雷子並及前去

蒼石電函，紙未裝入，於初月義催之。馬卯西題，傳卿許禮卿二君，趁飯同席

有蔣穉鶴、瞎丹父子、蘭房臣少祇、昆仲、又朱濟侯，皆和諧也。穉仲來席

坐，卿府保來出使，今之後方流，勸向高，不可及者。孫厚卿投函來，向以可李琯

甫鍾門來，自求水，老字不因不置之，相菁柳之，宋者之來者，高題來趙飯席設

饌甚甫鏡菜，席茶等，定內請精雅，宜和名花

廿一日　赴吳老函，以為萬大人冥生之前日，同人具送祈禮，四時蒼趙清君樵桂

旅穉楊之，曼生子，託以特遺陳筱園，說頃接陳雲溪予千來函

曾旅晚，调甫、张文阁往松茂堂购纸扇，称梅画，兵务处之设，许以幕友，观察函。

送蔡桂卿太史入都。苍岛子岑、唐寿民两函。

廿日　晴。刘礼耘以序揽孙芝安年请，园阅账，核保入保坊善堂刊石、黄石稿，因

托以许子宽馆，各荐与大河北都卡、赵文园太守，晚走苍林，东函，仲徐寿民函。

取荐蓬山寓寿民之子留意。李仲仙观察、经义书、赵仲仁观察、曾国来信苍

王曙帆函，寄子遂敏侯。慈谿仲太史来，即往旅之。

廿日　苍石仲函，附去效青云前信。接寅谋十七日函。沈幼岚送信来。刘礼耘送

效赵文园函，即送沈华特文子宽，封以前去，师府连文，各备寿屏，揽稿接信

寓。十七日函，并国荷生信，又以书草序，觅集王梅松秀峰观察函，云大园苦

马里辉联，加厚尤好，讲义，颜宇翁画扇并竟，就来送芸孙禅解

廿四日　晴。晚揽成一祖一片一信，稿旅观文府，至道洋行，即以面呈，并白束苍仪出

皇舅李璇甫、两君之母王●到后来，文史太守信，佛卿船西，调甫、郑蓬南五人

遒作小宛之叙。接陈庚女十六日函，附十三年间六舟先生捐山东直隶赈捐支应
局收条并抄一纸，原商之款受留能否请奖，山东五百、直隶一千，皆四月初一日
局制收条。李介宾安为来夜谈，到文祖观察
廿四日。接海初二月十六日回函，并经仲为至道同人于寿淮直厅小叙。是日接周小
师探持信集望副将阅次芝邨至勤荣栈上海别馈。兰杭邨主来别和
福蕴佑同年馆英我智吴家俊后往我前龚渭琳相会制帅留宁道宴
廿九日。荃拜龚仲仁、李仲俪、王正如、李介宾四人，讯祁卿治吴贾舟道，经仲耀道
祁卿调甫先生、藻南邨西观花伟卿已到道，共往为讨论归已夜半，又与经仲谈
良久而散。承孙理卿先承释梅，不值，以席资予其仆
三十日。晨起道经仲之邸，于芸壶、锦仲、乐丽晨来，我青秋席，锦山东道，踏墙而返
督抚小宛照同年生胡瀛宾江苏直隶同阅，字去为文马，不同意，席散小早，进都
因于经屋之毛云颇情，特觉其苦。雪邨西道来，丁观察不在，文席宴会而尧

三月朔 前数日馈寒气，未是今日大暖。答蔡老一纸，交以字朕。跋同廿一纸，答蒋生一

纸。连答马质之函，皆封入筱函，交筱来人便带回。王文来索跋石仲一纸，以一卷

寄之家中，附之答曾王函，以沈函附之。马汉卿来，问星如交额，又来说杨书信

与李仲仙来说，雷少农与郭星云来说刘文桐，予接之，读日良，以为若有字

寺，伊来之。郭星质寄函，卿长子以索题，携去之，移札签，予批并信与朋友携阅

送上。理卿又交一纸，芸台之也。接伯老廿五日信

初一日 接石仲廿七日函，即作答，石生三万一[illegible]遣谢之，一[illegible]遣拜李又备四万元

答以抵日予并单，照市价出到此数，一夏归拟在五六百元之间，吾将任其[illegible]也。答史

莲舫函，告以拟函两岐之由，附仲去将寄马汉卿转，以言并予承选，因予稳将

初二日 因予兄之者交以文伯，因询又桐仲，韦芸台来，伴并白蓬舅之，求询以字付

石床李仲仙来拜，以东道之，为黄昌岐军门撰传，又赵森臣予要书寄[illegible]

求之函，前府拟并饮辞之

初四日答彭受臣、陈云浦函。彭函因康以哥弟补于毛质安说项，李心存大令续来，黄口得归军门之快情也。粤东亦来，报案样子，实为其受之者遭履舟而

初五日答顾竹韩、商荃、颂生、陈蕴吾来，以顾席论者无暇以应之，答何李欣来，虽为荣宜，盖忙且府主宝下璇甫、吴承江都特赴，观探两函又并张勇前来岩中丞一函，李仲卿遣人送之。

初六日致彭芸舫函，前为梯付其纪纲，实为珠弟函附以帅行康字仲勇并及仲弟所商办造一节，实为底仲函去，以孙尔二太守可望渭滨，据云为仲弟谋之。孙厚卿又来告於一节，号其身也。又师旨郭日搞彭仲康守恩，叙以李备腹疾辞之。

初七日为其权庭通往桂氏水榭中敬云住不得行，抵人逢之，仲康又相先后来为郭军门安兵轮，到其去之，于是日帅府折稿。

初八日府主续到，又为信批示措摸减计。郭丁来函，即答之，南洋兵轮六船分为左右翼，先后至夏长附片奏之，饬催来游迎此往鄂。

初九日帅续孙掇赵舜臣进作舫集，势不能发，闻师已出都，答沛矣。

初十日 清溪之寺人送信至，误赎证之谓宗文珠代求五石塔□度珠为西屯帅府守
杨御史莫伴武、徐伴东、刘文相次子舟往君之，子圭约圭来饮一观暑署
十一日 李总御赴馆，唐若愚至，盖尔李政府伴一言，有求帅府守将以郑月楼
陈子元之后继之，五月□□□□来信德援
十二日 阅帆帅抵吴淞，至日上海帅以胡武东为广之林稚梅写手一行投一览
晨至庵，仍手得果，郑四先生西门曾至西先生为即至，黄之以画豆在余读之之到
也。将有又吴朝杰、刘接辛来，袁鹤亭、徐珠平皆帅在许为者也，金雨东来
西之刘寿民美德同人至苏州说，预备款接帅诸之至
十三日 午刻刻手佣托客为上至王溪，度戚乃抵晚，黄意遂来，以晋云衡保守
之望以分阅刘文石来，有曼田仪之至夜，其同人曾同至去年以郑一谈之郑
贺之来饿依登楼东下。是日老虎生
曹日文首西溪，羽仪至郎，御厨谓以枯云清溪之至来一函，白宗文珠再托王向寄
在先，晚后独刘仲桥，陈乘便访，舟次归，而五同饿，嘱侍电鸠庭

望日帥至出城巡照俄儲爲諒省甫結四冊一頁釋梅道同人集於郭氏

北亭餘悅二林來函以謹李雲門館爲之託是日大風俄儲道款接並禮而帥節

在南操兵艦未果回城

十六日督電俄儲道撓乎此帥節已有廿日接篆之說帥府又偕均成減一人

函仍補之前之部篆矣积措新政整頓既醫趙日趙回院城諸公伍致

回錫爵札督告并交捻料老羽衣翎棕花等件省派弋什二名送院

十七日帥節出耕借交之局郭之美佳結局爲諒管江試之館官及諒省甫來甫

道飲照劉儒紀原與王光五出午表歌卑唱送秋師青院果

十八日謁與伴仁道俄照王惠道莊感之之函也又託泥羅道之於照許嚴卿李功

卿兩古大兩人此共觀悅之至又來一函

十九日帥府攜交卿在途訪之共飲集

廿日爲細密歸在籍皇岸給甫監定表偷閒以前來也蕭馥渠來將作施以幽孔

慕來此看丙枝高季德行

昔府主鄒岱著贊善陸沈施王汪五君來話，以新舉幼彥緯辰二扇交之，以梅
心來雅談片刻，雨別李幼卿，遂過作舫集，深夜始散。梅劉文翁西齋餞小崖，予書
與同字
廿二日，晚見府主，席將餞，寶霖得入，故居遊鄒引見六郎，撫華交之。下午答拜蕭筱庵、
丁曉芳，拜丁蘭蓀，賀餞小崖，見郭菱舫，舊交，談次便廣月蓉，指之，回見劉文翁，致
玄金生意，擲之，之答沈貢甫，留玄時託文翁之諸，拜謝少仲仁、楊職之，晚見劉
禮報，遂與大郎楊職之邀作舫集，晚與兄作之，沈少蓀太守來，即答拜之。
廿三日，微雨，下午即出，答汪葛甫、林韓梅、王緯石、施理卿、陸新皋、汪小岩、謝貢甫、
宋學賀翁，答拜汪劍星。昨夕沈幼彥、王緯石兩君過集，以定是晚為[illegible][illegible]興，雅
廿四日，紀超道楊少蓀、許浩華，拜厚卿、郭月梅、孫仲甫、錢蔭江、陳小園、沈幼
彥、錢壽甫、宋學文賀行，拜許小岩，答拜羅少耕、李幼卿，順道丁六，皆發文賀行
適東道過，日間羅少耕來
日晚夕，郭月梅、劉文林、小樹之招，為少蓀畫二扇

廿二日 莫然雨，出門答客。大人上船，往謝禹漁、子壯、陳日翔、三弟、子鳴，六弟下月十八日為漁之

花甲之慶，廉訪到後乃因有八詳諸弟處。張吟梅回城。黃蔭黃叔岐、李心蓉。下午

與三弟、小苑順伯洪，二月廿六日順直積案也。施理卿、潘稼岸、錢子舟、沈諸伴八弟追飲

於錢氏中亭。是日沈甜侍萱發笑，留字別華子才，送以木器。

廿三日 早出城，至天開花江話別。乘之西東行。沈丹卿、羅少耕、陳枚甫、蕭少和、王輔

卿、陳張伴進施 大風掀波於東門下，轎至上屯園，夜小舟別丹卿，西宗於舟次

侍萱兄到清江，至子襟晚飯而已

廿四日 顧丹卿到高舟，子為程，雨月劇，到即亮，日不少，動身遊半而泊

廿五日 清晨放舟，日晡抵里，先已覓棧，次入城，見童移生處，見手續

廉僊園，家人畢集，尚保年夕

廿六日 侍母訪客，下午日下午出門，先訪冬次劉將軍，又至壇南，又訪大姑及兩外孫

次家翁，又因舟直歸，又二樓，又次裏將出，又伴往劉菊進弟，皆出門時歸

生表弟王六，又生談日夕，歸家，觀侍萱園

四月朔　上午至杜氏妹、仲桂、顾逸楼、妹婿东妹、少岩妹、王姑、逸文、叙同范德武

汪府道候，谒太君，又看雪之子稷重，则至境南，受人再均藏，以汉印出城尽

舟，晚往真山，蒋舫同舟，境南为主，就留，耕草亭见霖生、瑕庵雅叙，随散，归

亭，留小停一二日，寄阴日，晨而归，境南于途留，夕膳而散，归侍母室

初二日　仲衢舅氏来会，拼信一卿遍，而舫集同舟者朱近庐、蔡公遍、何利檀卿

及蒋艮菊、近小蓉、丈孝婉、高王、洪妹、叔芳千人，丈作真山之游，借观孙氏祠

时王孝帆、霖生、华宗方、孙妹方诸君谒宗祠，见大宗坊，领华将游，获石

山之胜，遍游藏祠旁外胜，随地可嬉，得于点经，祠之主寺往一看，日夕而归

初三日　属仲帅树回往，檀稿及画，俞蔼生、陆共转交，告以十日饿赴院之期

游致同母一纸，是日来宪孙琛及华宗方、杨同舟、仲衢舅、王梅妹、升良弟

晴，收数语而能了，却别来情绪也，张事书，因看病来大姊寄广业康统

而见而来，品观惋不愁胜，藤泳之秀子弟之任

初四日午後出門送楊鳳舟□懷園二弟出郭旅寓客厚齋皆來值諸劉

於府門醬菴看雨歸葬於後姻男女十人及兩外孫畢集於此家錯雜

等聽其祀數而來之客庖伴倚告以預設宴後四日李氏甥女來

初五日旅朱述康楊子瑛不值晤楊得亭之談旅楊子咸師楊子述不值見

出門辭之予便旅葉象方不值晤子良見子勤之予旅許姻卯補賀伯兆之喜

旅王素帆家生不值晤玉潤旅孫排方不值見孫掃及表弟厚齋來之文

顯生月十六日完婚貸以千之

初六日往大地掃墓歸後過其出過伴德曾叔居過氏祠茶話良久復旅霖士于

苗耕草堂承預過以所刊易義歸已下午

初七日午前旅園貨錢季豫岩不值說蘇良舅小舫弟之一談下午許靜山宗

丁祥九於孫及二姪又文仁舫子於堅亭伴舅子衣之舫晤朱補雲小雨對弦

作一陣雨雲散王園帆李生來修楊子述信君來

初八日蔗翁仲梅顾根仰不值蔗侯菊仰赴秀水去就英仰一族蔗侯冠(?)诗

镜清不值晤龚六子远之子问大甥女之病于大妹遂至蔗龚六府之寿笠亭雨

先生儿子远来御蔗寿岐臣偕之姚臣之子蔗宾晓沧晤蒋子亭于途

初九日杨子成师同宾云蒋子亭钱仲梅宾晓沧孙之芸叔度应坐先后光临加

以互拜殊龚六子远李芸君请君缘浑于门为子成宾筠正先生之病速自扶之

寄信于常宾筠以神锡条陈为托

初十日杨子成师龚叔芸蔗叔度坤刘将家龚叔福姐吉郑芸以笔资

来芸家龚门芸蔗蒋子亭蔗范宾甫谈南家龚门九姊家龚门嘱志殊

以一纸来即往龚之仲舅菊延置酒为别朱补云为谈宾筠苦不速之客

后席已尽本仲舅菊延雅且相送自别家已此十有朝夕侍侍之笑语奥之闻侍

亲之时甚少而自今馆谭不能久留可不为憾也新宅楼厚建数椽日者以为

不利议遂中寝矣

十一日早晨即別蕙閣，又將遠去，宿觀弱女，淒然淚下，不勝感歎。然舟行至
北郭稍停，晴明即去，乃放眼溪山，皆難別，不勝悵悵。至暮抵江陰
十二日晨早過江陰，一紅船移至此，待江館輪船，午後至綠楊下上，別於卿船西岸
探匯談人皆在，予又過見包浩生、吳思敬、劉蓀良諸人，詢悵虞張君思科，後
探之，陳君蔚山代予
十三日午間過姜府，夜伴來見李村，先談至時許，歸患病，至五日夜李棣數歸起
由於華歸朱氏等同其東，過楊幼侯，親過之言，洋人強索回，政午後眾患道羅
一炬之禍矣。華甚珠宮有過，其座一談，庭午至晚入城歸寓
十四日早晨進院，過袁澳蘇生景帆及一談，薇見府主至午後入，又往東院見
友交周歷一遭，過吳卿，以初一日為過姜府，夜李棣之後，家眾來索蔭，為閱皂程
兩卿談兩生兵輪定往青勢，必從之，家眾散歸省城，亦有後之陳壁之兵
十五日接淑兄函，為領弟處在六兩貫，又相受臣初夏為談別後了林河方伯

來見陳魯瞻沈古舟丈一行子英仲屏來略談去出

十六日擬趙振之太守論及呈館須先自來擬明年約朱海秋馬子翠本衣

幼丹諸君沈孫二君邀飲辭之

十七日答沈堯函以錫山弟來云蕉林擬挈趙太守弟去連日到東甫丈

淮生呂璇甫諸君到應當不值擬形象二君少卿兩君不值朱筠

堂到仲去云不得晤發函寄三之晉雲館又遞晤幼安又託以吹雲

字孫弟函並致季弟函以仲花字去許頤清回去並送之沈陸孫諸君

為後到前

十八日匯寄銀百兩至錫弟以用五十元還在錫店借元用及袁仲舅金貝

十九日去函仲函方宗屏來

二十日花錫康王少卿來畢少翁白子苾來一行擬謁仙蘅太守便也

答拜午少樵朱詩甫東坡起楊雅生

廿一日 寄劉晴聞、孫仲甫函，述年四之疏，請其兄名劉則曾中元節後子姪
伯榮、陳寶應也。接海初函，附寄林潤生函，賀帛一匹
廿二日 接楊維生本幹函，知前借與劉切切於日一兩以自勤，及未多年陸力
可憂，即答之
廿三日 接陸雲溪函，述接都處伊請調補之疏，三月二十日已遞對省
允准。接陳浩亭、錦雲函，以任眉三月請舊，是渭卡因不高調此可非
吾儒所在能也。接丁曉峯函，借以六蘭花一簍
廿四日 宋佩之函，因同前張誤子中宴，吳老壬為陪，談合肥城因劫案協
同獲犯多事。答謝丁曉峯函
廿五日 接王子良函，附來清摺，稱朱氏、蘇氏兩稱為一家，其重為其婦人吳孩向重字亦
請成泉思又是一起，派開時兵燒情弁彈壓，男復至多力者不之王克屋一犯執自
寄獲也。接劉枕友函，屬查義楨與案卷各日執

廿二日　發致陳雲侯函，詢捐票段何發，有函問彼處並節後集款若干，先

後濬之情形，尚不為重。接錫曉函

廿三日　發寄韓臣、吳長吉、士節函，發錫恢孫函、石仲純、蘊實、沙艷秋、任子苑，得

安一信，作函寄之。又發館錦弟託虎等保來，又有得弟鄒君寶之達卓府晤

常海秋元共春到，便道賀之，壽卿寄卡館了三、走成

廿四日　發盛杏孫、尹伯謨、許紹孫函，問捐票。發馮瑞庭，送來有查存據九函收到

收之，並須鳳府往內春庭函，五萬七千五百五十五兩零，申曹平十五兩一錢零，補來

函匯庫平銀七百兩，內李弗銀四百兩，鮮弗銀三百　十兩，領為我一併匯歸作子

莊內前係存曹平銀五萬五千五百五兩零，花茂張內撥入四千四兩零，湊作六百

全作為存款，另立一摺

廿九日　接石仲函，附曉谷來函

三十日　雪巖豈孫函，言雜席之舉，不能挽回

五日觀費禹成三觀察詩函又沐筱園法舒亭施理卿沈竹亭王衍庭林

雅眉六君子詩函

初二日發張玉甫詢以揖票又王宗書函洪樹庭蕭京伯函復譚竹上葛函辰存

孫帥府萬寄園府顧蘇仲從到在差臣門詢號以特達

初三日發慶楊山函詢周蔭先生後國流存於東流者送狀並附手統

設法旋歸故里

初四日陳蘭甫觀察以書送來談日本新遞宋本宋刻銅版西清古鑑全部

黃尊館呈購之言量請總著其購回此版節手擊難存之竟日閱

全之小筆手函

初五日與稚賀節師道保三更張孚之接祥仲弟前月初四函言郭之

赴蘇田時將達之回之讓蒼蕪陪玉甫出示西清古鑑黃清根本

備進譯著進呈　御覽

初六日 接高汝三观察谢寿函附及叔求生月照十年以前难言哉此须不
免稍迟耳 趋叔合生问疾者忘欲谈矣
初七日 接邵雨亭常来即答之 霞浚刘楙先函义指与秉已直谢谈晓之言
由照拂为移兑寄此日动不在此一纸由以寄也
初八日 致陈电之溪函以达郭霞文有存记之谈帅旌待谈阅照也 言通梅贤来
函 答梅云驿安甫有出集者求有言贤谋之 意作答谢请代谋一二
之数 与之牟靖之用徐要者来与拨款数百元也 实难为函并寄青莱
初九日 为津兹甫言字洪泽者并函稿贤意类鱼之也 接王青帆来函
属为其子王请[illegible]请假过乡试之文达汝家乡甚为城须先后渡至大
眼意外来函人编之
初十日 [illegible]昆不解来以为言忠反思寔人熟一大作将有数月未积者不复
勉过百

十一日接劉味蘭函以岡硊坡[illegible]賴有抵越附及票子者無覓處相子旬念熱區

而身僕僕之務方劇努力為之說

十二日接陳宗理函附感應篇二種共十二冊又何氏詩五冊寄自封邑

並言於善之意凡爲傳勝不負情尤易感激衰來應在晚誦不爲便

早歸小憩

十三日身熱不退駐延運不誇之至是經過

十四日接王殿卿軍門函云繞道而行每京兆尹趙展如宗丞到省籌墳無荊

談及放不岸之亭實云此[illegible]旌即撤實差之

望日接孫弟初九日函匯款七百已到大女歸寧望日接出星門北接教堂初二日[illegible]

[illegible]龍山桐墟穆張彥理三示公同日拆去肉灰將依官長示而變補之半月不過

九日六將成虞[illegible][illegible][illegible][illegible]烟癮[illegible][illegible]不止六將[illegible][illegible]婦病[illegible][illegible][illegible]

吾尚可見人心之[illegible]也

廿六日接石仲十三日函並銀十一兩五錢贈汝袍褂之價以病不克握管先屬寄
雲館以此傳
廿七日答石仲函告以小兒[?]日來下元上院至今未來函以所接石仲請汝接次童之意又
兒大姪函石偶帖本擬電請該署代莫以稱宗師代我文閩監院即力疾撤
電稿具函寄還
廿八日接汝初四日函附汝閩拜信常信寄要郵法綿不絕病中道
之不免於煩擾聲浪汝可算自此亦一律因緣記之 十四日下閩求接沂撫石沅之的
山有多望若貴發將丈平數淡白水電氣啟江秋樹送莫嗟解救之速赴日之痰
廿九日接石仲十七日函附來稱信稱汝已到來日即行必須兩淞先來者先夜路
平安者亦勝於字之善
三十日夜得自鳳陽來書以學子為蕭葉五套送康表全家一年已有成說盖但
當因屬將他禮也

廿一日接崇厚初十日都門寄書，在旅行覲，月內可出，擬著住天津，此小林行
紅樓清汝昌附來上諭，洪先多年即送交之。
廿二日接陳范陵函，云內友老孫向來在，對有補缺者，必引此例，九德亦
重之多，早於函內城卿令許天生重十八憂，郁蘇重水壽，集養保振羞蔽
加意保護，畏蒼為重，切囑女士外出，隱下提息
廿三日早，何小康齋來，言都門許庭文請假，稱字因查此案人籍，係江西一派
請早返，但又言無續矣。
廿四日接莊叢之家函，司箋鳳頗道署者言，請假返，郁科公文並函補
光同年在里，接岳局務接辦，初九日函，囑速之議，季初交出，冀五月先條去
逕之，即將寄上。
廿五日接石仲芳月函，云李初到差，初出三初條又手著之一度，附來郭總浦函
已函羨居可，得力於宿蒼一織

廿日侍霞右仲函擬王何■侯函詢許都司歷更收標四青其羽甚切忘合
朱良伯壽章屬也即往晤之先以子不能行擬屈其年南函以告■亦滿於
錢塍務將更代頃又望霞之計
廿日擬陸相臣四函之指票已經兩次另布茸年移冀現已並存水飾詞
也被字乃兩年事有望擬邢用舟國寰地鄰素函彙卿事交龍館於從已由
國某銀兌議啟擬遵大使請給還錄科戊子科暨鄉試所匯騰錄即為
請於某所舉也是者年揚望裕更我護師也
廿日震陳六舟先生函賀著制之詢查之附莫康文函告以指票之紙旨已
查明前經照所請獎加級矣有承直者函稱兄還以何甾帆之弟者無名鑄辦
者託謀館職不有其何時見匹為何許人也
廿日擬鄭蘅濟少尉函為擬其國使方羗予敦之乎白沼求見之意是否推
眉處年

六月朔以莊宗照陽淑盛裏錢聚金義盛豐王諸錫美錫盛名條該

仲帥沿送錄科

初二日拜見河方伯若蘅方宗屏陳魯勝佩生沈肖同孫子英再請儀芝臣

實交六年來鄉捐票五張一千三十四兩係庫平又芸湄道來賑捐票一張貳年限一百四

十兩串合庫平銀一百四十一兩共一千一百七十五兩交以仲李兩君屬歷請由之孫孝若嘗也

請冀同知銜又周春舫承託王慧伯英洛捐監了了

初三日芝臣送實收三紙來共一即王慧伯轉交春帆料理劉子齡太史入賑捐

商議改捐敘防在於順直漏亦賑捐案內列入漢卓勝峰內銜名刪除

初四日至區賑處又芸蘅處訪英周道庭道詢知即日起程芸蘅改道口吳蓁孫太和行

改名仲函附同知銜實收二紙又改徵之函並劉晴波交道庭通判芝臣來字

由部專捐寄同函寄費七百四十四兩樁萬之五月廿日遞函以卡收銀不敷比較為

二兩無不等於平安到卡

初五日接林龍眉函云錫金蔡君貞墩四不容居詳查覆施瑯兄滋乎
與游函言沂彥邁沖士祖蔭早歿他省辛方人不至抗不遠乃曰薦辛弟一
薦已否欲言已記否弟二薦已允之矣寄函答兼弟函及成保一紙
初六日寫袁錢邵王張錫莊宗此及請日後送録科文答王君帆來函寄
兼弟函寄二件並附去
初七日答莊彥之函附以寫文上望之函以積府海初來信及相由阿友之便人
帶去風陽諸彥之寄之從淮上書彥函後便四將主未餘多周於海初
而能忘耶　答陳吳卿宗房山兩函皆以無暇遲覆於此
初八日送友之不值旋自來以弟信寄之
初九日接王君帆之函催詢請保之事旅部復之文言意哉哉卿不承
保兄之接李弟兰汎來函對臣望乾隆吳貴已有罪至受罪弟矣
初十日陸涉言來不便遂答林

十一日寄李仲仙觀察函及李梧卿茂才函仲函即託伺送樓石仲函寄之
湯青蕉之帳即歸寄之卷
十二日晉壹提刀寄賀徐仲篤望之鄭雨亭時成陳輔廷傅淮楊熊樓
左畧羅戎三君午節函
十三日接海初五月廿五日來信某書函附發圖珠信又衣飾兩箱並以英
洋已為作為寄道之費望於望前到已趕不及寄至鬱林雖無人前往
餘九備之並王兵去
十四日接郎玉亭函奏請黃江長路以安先鋒官被撤境況雖而甚之也善居近極
不佳致望之圖珠函交寺兵前往雙漢送海初衣飾等函諸致九万里
里且寓達炎暑僕亦可以覓
望日接石仲初十十二日兩緘一來請開又一壽卿子延來請奠司馬徐郭倚出覓
庫平廿三兩寄因使請品珠

十六日接錢蓉江十日函，云先鋒差不久即撤，省今來滬得郵差，卡差月僅四千
以示男及倉兩程之

十七日寄子蕃蔡函，接左仲函，附來子蓮覆函，前寄郭亞宴收三張字，周詢
者已洲到英國皇帝順其頤，擬與米附列一處，江平書帆實錄，竟楊兩錄
星霧滿盈廣星盛康，向雲來望懷，現居逮巷，雨通書懶懶，吟詠遺興無中

壽兄十二年又一標，問星霧滿盈彩康衢，問頌取蒲同芸葉，遠郭長江滿岸山

十八日接丑伸衣回函，詢慶節撥，復呈聯，畫記

十九日旦賠函，道性靜，函並一聯，以張祿為范睢，聯人聽聞，恐滋物議，袖函
旦賠見，文藥詩燒毀，別箋壽言，笑旦賠稱善

二十日接河文輔翁函，示以欣然集詩，聯有太平之行，次韻原之，才望翩之度
幕中賢雅傾，主函索聯，星堂聯：憐地夢飛雲，道羡紅遊轍
睽天未通，雲滿，仰望陽清風，去來壯觀多詞寓，興在山青，空然紅

廿一日接弟十二月函成体先生拜下来年十月十九日写信仰之子虑勤为王子京请
来道銀料照文書附有之銀請接弟先四函以函知送钱于下堂有銀機兩理前恩
起謄之稿函指起據收先呈举祀某限稅捐也
廿二日寄苏筹弟家函附去写应勤治文接王春帆来函以子监生生请示志范光
請給實年印為請劄作答寄銀
廿四日接吳修老函以弟将欲少尉师名经右德商判据马代函求帅府部查
署揆附来衔告名在稿揭兩催之
廿五日接季樵卿四函李仲仙行道劄附一来来劄禮稅引觀回来高候
都门事弟来难省函附寄卿函叙袁寄司为不能大办及友李及春广言治
已先奉衔了又接劄泉园函之第肯且要鸨劄铺老佛之不易专欢释在八月
引见后选猝获兄帐以求节省又及图获京据说是回在车先此而保任宗置
回立昆刑老之朱德隆之先经手料理等语

廿日 震泽[illegible]老西代询左侯可否者云未见或存在帅处未发遂得闻者

有询之，差拟刘礼耘於两东。接左仲西[illegible]来李根[illegible]家中[illegible]字[illegible]鄂

[illegible]手许发[illegible]卿[illegible]候[illegible]风[illegible]卡去

廿一日 接沪瑞老[illegible]函，三[illegible]卡费，[illegible]岸三[illegible]军在东门内五月廿一日开[illegible]村[illegible]集石

[illegible]山西洋集各设四卡，收数不旺

廿七日 接朱[illegible]蒙城[illegible]函，境内[illegible]颇[illegible]英[illegible]卿诸[illegible]礼耘[illegible]

[illegible]是其[illegible]礼耘[illegible]不[illegible]函以[illegible]保

[illegible]

廿九日 [illegible]礼耘即送其旋金陵

三十日 接[illegible]西[illegible]村[illegible]子[illegible]家瑞[illegible]函云遇大[illegible]保[illegible]可

[illegible]已停[illegible]且[illegible]其[illegible]

本是[illegible]家[illegible]宗[illegible]上可慨也

七月初一日學宮到寓談近日撫北路有蝗傷補請飛片

初二日眉生瑞章次山觀察眉叔書景閣樓弟六月十八日信屋寨得兩盤屋不適

經附來路捷石泙行何敬夫寄函安良來示紫東霞函以降指訓導加捐教諭請保

乃扶後以知縣因例不准加通班房商路捐者經寓衆友公議路捐加同捐直方

晉卿初七議由吏兵雲霞趙佛卿來函直而後旋趙芝蔡芳生及硯侍張函

交於芸臺觀察家禎函並京沭士翰六弟許函著後呈信字並一行呈璇甫來函有

張執行年前同鄉姜字寄姜汧之薛之札稿

初三日路西文臣告以本年六月至今存放信字包函滙費路函集款臣又本年之三

十年西年存贖捐刀外補成並六陵泉蒼龍孝芳生及硯侍函霞條發

去函復曉珊函樓陸小園年來函函包怪生追稅來商龍章次山觀察之招

初四日字子石伴函候以醬菜蝦菜及羊元買細物者后霞謀署又函與姜汧

英領事函稿林行咸蒋生來本房

初五日接節帥咨江督調節帥方山保陳畢撫赴粵遂之函翊勳監照劵於七日乘便詢

以鄂電旋來函謂照西行者費不貲船西下一節須要署撫主持稍俟之耳

請甫到府

初六日執安寄到府乘便之石伴友仙蔭生之事承大府意宜詢諸友其他

了語頗為稿教之電

十五致石伴函告以撫使要撥承了可輝聯並劉王任王國為說及衡人加撥到

保目前清結之說適聞月泉送信到遂以蒼教之兩不能了語石已苦為撥力

之語致魏庭深函以撫要二百金由伯季撥監加理目前款為有係加保函

品寄不敷為餘情閣屢來字寄歸森函告以遂了又石伴函內所之處了解下

月先寄百金

初八日接蔚亭伯蒼函子凌季欽節儀八元並託印行依蒼伯寄稱子英路費

來人並代季蒼一索

初九日夜间静坐得秋夜书一首凉风吹开云几层尘了何其烦心澈月边
星以夜为主孤对灵台一盏灯之影与人眠来自说及街鼓喧嚣树流萤
雨湿半帙间读是秋来个怀也
初十日接孙苕江王邦和二十日函以机器局事不足於周商请另图或由郭徐之
观察加意优视不胜感量之至也郁因具复函附以茶叶云为致永陵之行不
及过访亦是望其可访之也
十一日接崇熙年遇函自梅族妹夫崇仪就馆於彼宾主以妹夫津蝉联一馆十年
羹尧之馆积树长者子幕府相成可望也字翁妹年少望及真山顾已寄回锡原
是康疏可保家刻成无挂意免伴之勿保也接胡云城回函属其追远堂横
额大夫弟直额可箸张店寄到
十二日接李稚卿函以禾以毓友宰斋城所读多请祀名宦已回庵郡详可以为
桂卿太守之祖

十一日 接商通廷回函，余于後出西门，未接陈弟初二日函，知弟留陈之意，已代致

何先生，不知識得而未收藏某方者，提所伯瑞鍾菊初，往傳通究詞之語

十三日 寄郎西平回函，江西，故某業所四信，於海初先復，所業六函

併作覆之，先以四件專足去，將一月而未還，路途遥遠，且天熱不知何

以若是急之也

十四日 花芝生廣文字之以自製四章，報以二章，所以為壽詩云：呼吸仙源

秀釋秘，沇官清與託高歌，更壹廣磨者，英會鬯治長流出去

波，市東緑槐修矢集，林郎江表張人多，引筆下畢書一環律帳

歡娛，董匠最瑞崔儀，老京城信不及甘露鶴表尺

天府文章之鮮根，瑞寧言處桂枝文業，讀書上峯標，難懷回載

鶴樣親勝眾房，永懷歲狗年郎人，居此係十九年十月附記於此以

當時■共好所補之也

辛之節，守而差某嘉函，推荐先函往謝村市，未有銀單，更為拆出觀其之處
十七日，接石付十二百函，達且有到，即推遣投信而所詢，及某保甲，常問毒手而
及蔡君在役，家很論下後，習撥，常同宸有難手積，竊已經此實，做完之節固
字而遣首先於契之難生也
十八日，蒼胡某云，查訪某函，謂某多儀，於滿處違勢難，再遂失圍，後報而已
作覆，又接貴僕函，遍寄度山本，並卓野文幕中伴奇保函
十八日，潘總太自四州回，貴到望江函，詳之自廿五日遷熱，昌煉續用萬兩七錢所
又管[illegible]作進京函，添胡作本匯一百兩，茶葉、秋霜，又信潘之每，即辦理，又昌煉
函並予軍遣交，作接潘先生，十百函
十九日，即兩峯亭云，若九江鈔於，於若某處，遷府，即去之任
二十日，蒼蘇，即兩亭，陵海，初函以四州之作，函物保施，携去事門送
於晨赴，但不得寫

廿一日接潤芳弟函，自金陵府城衙東首韓宅來，以所有鎮西之地界齋上金板
據平陽申道丈報學院不收，該請換院與李善函來，即為照請。
廿一日午後到印霞潤芳弟函，遣照附同交來差費照後震芳生送來指冊暨大府
修衙指四千元，即送于皇華取收條。接李弟十七日寄安來函。
廿二日送郎卿硯侍芳生武林之行，以一元交郎購餅花糕使得京宗。
九月錢城府宿，一律小雨，風農里極，人喜又晴，長風掃雲淨，晚月旋星
明清鐘香荒城角源高仍揚枝葉，時聞江風嫁判牒過三更。
廿四日接林稚眉函，云王緯宸在京兆試人少，易乃附來宗八月廿三日先之家函，
已抵金陵，六月廿九日先得一女，上賀與彼函。答石仲函，交局寄乃原史即寄，
限以日也。育道又接石仲函，併附答之。
廿五日接濟之函，為本廿二日取老附之司考交鳳陽府任内考捐應之費銀數原
條。答李弟函。

廿二日荅鲍四孟函，云承孱已为力说，而路有误，即附惠涉之字之，接孙辛帝

来妹夫初四日函，言弟羡之据修三年两季已交洋收四分洋汉兰三百入栈

廿五日覆谢郊蒋浦甥函，将旧两月所报孝一百天若一百石瓦盐运往苍往

来于马通衢，向询一节，便复之

廿六日接妹夫函，附来仲衡蕴山两当男函，以蕴城间日大前报荪师之信言

无动静，商请复为之书，妹夫函内亦复之，又在谦函致之，龚其方俑尚无实

在为难，积有借贷之无补于事也，又附来耀庭妹关示所鸿逝年二十六岁

高祖大振、曾祖映辰、祖应交企成一纸，在锡原议指照生加有理法御

请五房封号详剩良田二十亩以为之，以前询其已告以出东账指票须七百

七十九两，部饭照费六十四两九钱八分，正数几及八百两，即以四票买票须银二百

廿八日接孙兑十七日函

廿九日接仲弟廿六日函，书印字函

八月朔，答拜成瑞甫、白子彝、嚴心田、陳維翰處，之，是日料理積件

初二日，葛仲卿接全清浙江會館記，鄉子範自山左來之函，候□談許久而去

接家兄七月十七日函，兄所抄陳六先生致浙江學政

初三日，陳謇曙來，接潤之兄七月廿五日自清石壩行館寄來信

初四日，寄家兄函，匯寄平百金，以應添築兩需，詢以二卷共須若干，或

將所移前存日息勸存款，或將挪移存作寄京之銀一百平金存收兌官

帳，以便寄京歸墊，作字告之。其匯費需費若干之數，亦祇補給而已，極

費躊躇矣。復葛兄之函，接思照函，白先前往某山歸易來

初五日，檢查取紙兩江寄備取光福鎮牽無錫南門外新安鄉三六圖倪家村人民從

前於椒兒同者分部學習，至今張其事，係兩人而請保送諸局，同年館者接石件七月

廿九日來信，子範來述蔡兄中峰之語，范勝由京來

初六日，接丈臣函，字由來海同執照並單一紙，照填八百三十兩（又紋九百十兩），合京紋乃有九百二十

六两五钱七分，益以元丝英洋京宁兑宽洋去宁兑丝价仅足绞丈流数，贵陈付去，曹平
二百京平七百〇十外，仍不曹京平四两〇六分六厘，又皖宁兑京宽二钱，费十一元〇二分，计五
十六字。接垣甫七月廿七日信，林赵两子定于八月初八日起程而来。
初七日着芝臣信送去曹平十二两，归清前欠，余以寄汉者，赵稷卿翊文处作
横馆成署款，并寄宁接玉如信，着袁通生兄存饭至扬州东园门外苏老兄
其子雁秋二月来沪时面交与着薛心泉函。
初八日着其赔怡静两函，着在伴函寄宁自制粮二百襆重横投宋发而
面差弟到来，函二百电十箱一只，附来汉之七月廿八日函，并以电明尼廊函存为
方绍接族中子东在省函，康言外县请席，接康芝之节在附信沪因在广境
之孙名康年，联可以宋德隆祖名大璇，其子在因近立之以等同相张而祖孙随其改
孙于彭泽枫桥计程，现年二十余岁，当计同居不之有何事业已尽，该来函康康年
来城面询一切，并玩申甫代为招待，来时再作计议。沈槐卿来沈彭到

是日寄石仲函，連前信及書並黑豆一包，交閻姜弟之孫遞。黃節函，四餅，當時作覆。霞翠函、錢兩函，又潤孫函，均附於霞、劉禮耘函內，請遞。大府贈蒼東郭枚。閱綠卿洋操，侍郎吳片葉根情形，蒼林龍眉函。

初十日　接馥張函，補稷十枚，即時作覆。霞清、又籛函，論庵、湯遠之、席文季弟函。又接子英子，餅交山誠齋，仿局包子，陳請奧補，庭安府撰。

十一日　綠珠平函，寫論監操洋澤子，因許以一晉雲之言，旋還來洋操圖卷。劉味閣函，以林臧附入。接宿尹節函，餅八枚；四年節函，餅同德，時作覆。又桂坡、仲逸來，田紋餅，當之刻覆之。接石珠、滬局伯華節函，餅佛卿以函。又簡園遞函，鎮江都天廟碑，全昔查壽之碑。

十二日　覆龍範、蔭泉、綠珠平、沈槐卿、霞漪、田紋賀函，另紙遞滬道霞子。接甫侍節函，餅六枚；湯遇節函，餅八枚，當日覆霞。接楊誠之、觀察許貴信函，接吳芾蓀賀來。南屏二更始見孫寫紀先後來，竹林安科到，成蔡老遞二十部來。

十三日接同年寅甫潘保康晉甫賀夫來門時作答霞俞伯華函與蘇生

恵溪弓吳查畫臻文俞便道叫師樂來十一月電 諭及澤署寬子十一日澤署電

藕孔兩件於善收道及復有衡電此欣賀君兼示其笑函子藕道存漢兄處函件

十四日撫澤署甫澤兩件承昨電函之也王仲益來於道從福至旌德摘署君去

接毫王節函解以救當時來答瑞甫兄弟來京劉馬將軍接曲甫函

望日道行往見賀撥中秋日往子岸處談欣賀君毅甫之說便道函寅君處

於瑞甫處一行接姜王節函併以救當時來答接咏子冉函內加夫來電接里

聯十三日電復函接袁卯多賀來附有數言

十七日霞復郎亭來函並前往過往九江銀錢業道府並以賀節函請該二函函處所責

及賀節 霞函不和函住上海以馬路德源里須至程子俊轉交 辰東甫函周康

年弓接刑房朱德潛稱因其談老少智年龍為識笑亦以前弓到錯積頹者不便刑房

者亦能見其人再與差房之意擇之執柄計能傳家道之來意計在馬書院住宅霞

程子佩三兄還函，王楠般交左取字孫家函，附竹林女科一部。接柏荷節函
餅八枚，即時來茶。接孫友仙賀函。霞裳曲迦，石舫洽汪巳山保理，雪田君賀
函。接孫仲修弟新隱來節函
十七日 以崔墳年，朝至祥頭新興借光緒十六年十一月十六日貴院照稿第十次要內詳與
霞裳芝生函，寄六吳姜孝紀書去。接六吳餅十即復
十八日 霞裳思賢函來，及貴爾。接其十七日霞裳商茶王玉生函。宋佩之來齋
丁莜臣變來。接薛心泉函，遣人至城外前墳，南丈歸來
十九日 毛蓋遲，孫星衍來，毛留紙鋪，限單一紙。接何發去函，餅十枚，即茶
之遇，送吳存一張，馬子吳厚尊數墳過，往索得簡爾。接思賢十七日函
燈下為張麇文繪三幅
廿日 錢日不開。燈下為張理浪繪扇，胡壽秋因雪田到齋，接孫小齋賀來
汪隨人到齋

廿日接石伊十八日函即作答附霞县照一纸又答保叔函知已回函即
道光接黄元初六日函季弟同日手函告姜明附来接帖弟十四日函附来蒋
子亭侍讲托其次子复臣来读馆子因陈士虞函致于陈六先生求阅考录报生
己丑举人接黄藻午同年贺函
廿一日接叔家三函饼六枚即答之益庭呈阅墨卷示落花盦印鉴意
发答之并扬高张理（甫功）侯德扇耕手取回犀桥阵图
廿三日王玉如来谈其令亲之孙禄耕手取寓孙绍臣太守来寓
廿四日答虞韶山刘申甫二函又康年取业旅不能问不多谈其弟有涛紫芸
赠五十元送戈度将爱益庭接有戈度回字接郎玉亭函附报稿亦诚片
廿五日子昇益庭到府益庭欲还寓收款单华元新孙子年二君自回
里乃来谈别后事第三次遣人接培南未归仍未见到华孙两君即日
回锡君及益康二到少君来寓培南来电今日在沪上输

廿四日　爲楊傳第繪二開　接程子俊賀函
廿五日　接樾卿函　圖騤三里請長館予即爲致函宗子杰剝　並答樾卿函
接里翁回函　楊何庵弟來　石仲一紙英洋六元　送晉霽翁不交爲隆甫
椒如繪扇及前開功款　皆黃蔭南所託　不知何許人也
廿六日　接崔芝生函　催向乃弟培年部照　以已寄答之　答薛心泉賀柬　交便
帶去　蒲既泉到高昌道人出城　再過培南　至伴一還　來本英洋五十元　屬寄石仲
廿九日　午前培南夫婦及二子到　云石渡小舅來也　接輯葵初九日函　並月餅
蓮子　[illegible]附[illegible]　接石仲廿四日函　附來[illegible]十八日函　答[illegible]賀函　附[illegible]
三十日[illegible]午向四[illegible]一[illegible]至晚[illegible]與培南一談
晦日　接王殿卿賀函　吳草廬[illegible]楊星鄉　楊[illegible]小毅之[illegible]代[illegible]程生
補草[illegible]夕　爲培南作畫　又久談[illegible]

九月朔答徐仲弟孫少宰二君賀函與太和函附答吳菉孫一紙即時發信

寄著署函遞程孫瑾甫之孫子厚得子範培甫晉雲少巖遽謝之八月廿一日

函附致沈敦山函并以三千金遞交爲仲師同鄉之說儀物之需

初二日雨申少雅之表順道托程孫初卷德裔孫之亟欲請君於夜歸寓

書培甫作畫

初三日答石仲函附寶沈子璐一束又晉雲函兩譬只之又仲遣來二十元

併交仿子渡往船西家一行

初四日致蕭舫函附答培芸葉觀叔子程子後之事函以少之函銀遞沈郵山

爲大女之錫侯沈晉旗來以及渡來將有發行而未信去寶慶相山仲後之一

自月氏來以病屬二篇無緣從請

初五日答蔣少宰函告以病屬陸臣等館日徐蕭留京答來函病屬陸士屢

之托難以爲力

初六日發錫山一函附寄湯雪齋二紙交培甫帶回並培甫回錫晚饌子

皋之招至華甫到寓

初七日姚静庵來寓沈韵山適來回信沈葆卿來

初八日答拜金錫之丁詞臣蒲筱霞宋佩箴沈韵山陳蓉灣兩函附寄沈信

又寄李布西一函交高卿帶來齋中以荣亦合函許汝魁蔣潤庵程蔭穆

到又寫孫貞安送京來函請秦免毅戴凌輪鄭小卿之子諸香甫沈丹卿小屏

諸君到寓楊誠之來何默夫來

初九日答拜吳立香至華甫於其處出遊張兆楊保寫丁經雪姚静庵又

郁國許小山在館看諸程子青沈頸盤錦樹臣沈丹卿小屏葆卿殷修之

函以表潤福郭星農不在所寫席雨亭紙等件又孫季布函以代收蒲

華陽關兄給予發前往嚴家於趙二君即來寓一坐而去

初十日府主七十正壽閑排整宴不受祝不收儀同人皆去一行昔者見之少頃
包伯琴葉秋生丁幼蘭來皆爲會画家圓刻傳莫下午吳壽之亦爲此
而來壽之來嚴孫會画稿深陂成就往巳山來
十一日若雅葉秋生鄒雲頃丁蘭生丁幼蘭包伯琴楊誠之往巳山下午錢
壽甫孫仲英弟來爲吳書生孫之同接辰仲初八日函劉雲臣來言白子貓咏
往錫山醫眼育至一更爲之竟座讀遊若雅生吉來
十二日吳壽之阿來實有孫之子伯居來汪陳炎牲擾居張作張羅之許派電
溪包伯琴葉秋生宗佩藏先潘刻吳函接妹家初二日函附寄木根帳子講
由亭函約係伯言弟來接錢聽之函接陳樹臣蒔函解八郎若
十三日宗雅畢少之魏潘書辟孫子英方壽星實之過白子貓若雅生有艇何
發之張玉函雅居陸之雪若宗雅方之宗廉同沈吳周病若雅錢壽藕已矣

十三閻海晴之招若農孫仲篤
十四日接石仲十一月信，兄歸，看接孫龍甫節信，兒北樓題名充補仁山峽雲
中式張將軍之四子亞徵典子
望日接鳳樓孫函來取書，燈書夕作若以光文來函者南面
十六日若石仲函，孫家函，灘歸，百金王生三年之備，仲寫二次五年之餘，以雇工二名不
敷之需，范錫康來寓
十七日訪方伯招飲，程子蒙到寓不值
十八日接弟先初七日函，並茶兩箱，又宋綬頃又茶箱四葉木一支，又銀二千兩即
交晉雲、王澤甫、承霖與實伯雄到寓
十九日接王端甫函，現移說宋筠重直刺五旬壽，若拜胡介臣、王澤甫、實伯雄
農朱請甫、楊介薩送了擇重，若拜程子蒙，薄暮朱筠重招飲道喜

雨蒼來，生寫楊錫溥、楊華海。初九月初八日蒼函，前代寫件均已收到

二十日接浚之十一日函，屆蔭生到，寫送聯仙舫太守〻約畢少齋來

廿一日拜賀劉悔菴吳繡〻之喜，又拜雨蒼之孫不值，見南園題名全，途中

頭有馬樹熙、王積、劉揆、王宗瑩，見蒂之致胥雲函，知再索得男

廿一日蒼蒂之函賀其得子，並以北門調濬卓卿觀察接稿，實伯雄來寫照

以十洋送其回里，午寫浚來，李楷卿來

廿二日蒼楊子成先生函，蔣可亭函，述伯雄、張羅之子，致朱家函均交伯雄帶回

另致朱家一紙，以英洋八十元一交信字源號，致伯雄，此款寔海晴所存之人，丁憚堂

以上共洋

朱小雲各一元，俞蔡生一元，畢少齋四元，潘熙庭二元，以上本洋，不足之數先為墊之

蒼浚之函，寫四題名，摺抄一紙，附致李欽函，伯雄存洋，次伯回槽欠款華撥

廿四日浚卓卿、彬秉峰兩觀察到寓，湯秉張照朱劉六君到岸

廿五日接孫出函借以菜二簍

廿六日若舲偕家叔記會館與孫赴賀筒翁之子娶婦及姜頌生若舲辛宇濱

程子廣接朱小雲函附來詩與詩投葉炳文未來致宗佩宝函請為子苑

說項沈懷清來接海初初八日函別字之物到

廿七日謁李稚卿及大范亭是日風雨不果佩老回函送千龍閣

廿八日金炳先來若舲葉炳文宗耀星金炳先就教廣陽觀帖之接帥示一紙

為京貝子取應叔丁憂之條函旋交一紙若舲郭沈二君

廿九日發函若以蒲午赴福南王廟與三君敘節盛清函帥府過陸趙太史

飯接吳柳庭自大通寄函字實編旅函時有孫八之代出收條字莊

三十日接辰仲廿八日京口寄函又懷南一信兩匣一包亦之接思照函即日作答

方瑞卿以子奉青紹見帥座呈閱小雲函保案定稿存子圖稿二紙呈兩先

宗耀星鏓二君來談接煒恭十二日函姜頌生將來

十月朔接宿松校官蘇復齋合孫轉二之若石仲函連星照函附去妹平回函之
意溪祖屋之為往希来眼希湯索二君一未眼湯索條来太府送席
初一日午後為設借意溪若希宗里来又希傳書雪帆向雪帆白龍芳承奠之
意閣海晴老姪借一帳為畫小冊二葉知其即將出遠歸急往送之順道希湯索
二日若希起也歸未寫書劉竹仲士若以希屏接威稷孫函時有孫以之印夕
若談接淑先廿三日函具領夏秋兩季養贍又交二角交江升往接領後頃
歸歸晚又三百兩為思義之利指一百兩路屏匯錫屏用外其餘歸太君時之
查壽芝時の之應交子長字安の又吳修之賢儀十元交少進時偏人之留函分
寄接李卿九月廿二日函要惶是屏以先大夫家傳為請詩為
初三日若峰函雲函若以石稽衛修已呈帥虔並雜全列跋係妹平函送意溪祖
約後奉浮の十之旨請借用木範跋吃山一紙蘭雲出冊之後跋石仲三紙
並海晴老畫帆三幅交修之弟寄送吳年紀自之為函接韓時蘇函時有孫

四元。卯時作答接鄭友笙函，并蒲葉老大人書來，另霞波之函，時有銀二元匯升
交外婆萬文蔚名條，符查許子英存銀一百三十一兩七錢五，實五十兩零八錢四分，共
一百八十二兩五錢四分基。三月初間在甯付過一百九十金，尚多付七兩四錢六分也。答
室錫三函，告以指母。初二日得致芝臣函，詢王英濟指條。
初四日答張家函，附答培南函，並其重來接子歸去。致許子英函，告以三月間在
甯付過一百九十金，多付七兩四錢六分之說。送全兩尖之行，送以物，交其轉交電
陳柳甫、硯農來。致松硯農函，問煉清可接季欽函。書來，以烟筒一枝見
同里甯西花廳京求薦婺源館，予因其來函薦，因太平一席已薦程禹臣
也。芝臣答王英濟指條，偏蒲十八次已滿，翻矣
初五日答曾覺之季和函，陳柳甫、邵康寅選集三編，皆東瀛使館唱和作
蒲硯農招飲，煉清來函。致楊潤民大人，為戴黃作薦

初六日答鄧友笙函，謝其贈何紹老以蔡老之壽軸，收禮不如說儀之實相說
黎來，范錫康來，播林雅庵函
初七日借馬都閫署之請陳芝甫兩觀察，雲霞徐薇山函，談吳景萊霞胡雲城論
節孝歸請旌，應由本籍掌規發丁惲書函，告以請補貼照一扇。答劉椒鳳函
告以承託雖有，着力甚早。答翁叔香峰、楊潤民、黃藻亭、姚郎函
初八日孫養高來，帶到石件初四日函，附桂花糖一罐。致劉申甫函，送鐵帚為其挂
添妝。邱交郭將養高帶去，送養高書對。陸芝甫二觀察邀飲，陪胥壽平云
史識楊、張俊傅孝廉寒生等　邱中輝成
初九日收張子青勸戒錄二十部，上陳六舟學使函，以勸戒錄分交文廟庠存縣安
便帶往揚州。答翁任振之祖叔，賀其孫鑄九守戎接篆，為振之老條
初十日接田雲霞函，潤函二件，九月廿三日函，屬以銀十二兩代送，子寄送交應急否
備錢二十千也。陳梓甫來，借以一來送之

十一日接石仲初函附来咸系诗十二首即日作答又答旦贻函以图及米函

并钞之二册送交刘写蒙雨农来

十二日沈德甫潘伯寅送来照画之赵蓉舫西广铁图送至本精写孙南卿张山种

柏被郑姓所代送诗黄雅等枝节龙生图以二函分佑铁有节照一纸属为设法刻

籍为孩之手卿友笔交船西年接铁收孙霞函孙照画丁夏之子

十三日赵蓉舫过守送孙来严老人祥鉴之吴一送下午去严赵蓉舫又沈德甫

蒙雨农师府送席来刻名雨农

十四日接铁家初五日函附来王之帆函及陈之再联额一纸病人说梦花忘来已

良日帐并晚为此保改诗郑雪波来交孙陶子

望日庭草甫函借三十之下午去严草甫王玉为画卓庭铁章取山孙词匠

之子祥臣吴少斋潘照之送徒人郑子苑函属请例差雅以刻为问左瑞芝交

恭厓孙寿函称生图之接铁晚为图画之箱苏之吹嘘属为执为设法

十六日陰晴。晌自壽州來至虎殺，交周永良兼之函，草南子書函至方律師
說，以英洋二千元作字花之所，有四字寄楊蘭舫函，交大安號子十八日乘江裕取
至滬，請派人照料。致文叔臣函薦戴貴，左瑞芝函薦盧梅生。
十七日以江裕輪船閱說已頒字來，時正在能有陸續船西致老洒雨生，交江永輪閱致
李吉蘭舫，以大安路所並函之後墻闻止其來暖之行，保之來寄花園永良函。
十八日致幽石仲附花氏條一紙，還詩十二本，命以四題旅魯聯，寄英文臣陸小峰
花條之字，得其秋書之寬，對之期間之左，更照一文道趙大太之四元，交石仲附寄。
十九日接程子俊函，薦劉達臣觀察祠帥府補祀之岸，接寅伯雄函，匯款
收到，劉所八君來陸振甫，以近稿多寄其來，隨接蘭舫電。
二十日接楊子威師轉與辛函，得電，上海稿船交石房劉補停石收，振甫已來士
聯之件，請文臣借印送還，寄陳電濱函，與以其來批準，花程子俊函，接培
南電，約廿一日來，花寅伯雄函，寄□□，附洋二千四元之花，坐南帆函，寄□□條

陈二甫贺同丹子峰云癸贤老弟三来字告稷孙病故
廿日致弗豪函附去新历等件致彦卿函附去茶叶烟百等件致培甫函一又二百云
弟锐江宁函送大女回锡二百云送之而行
廿一日相来海秋聚兄及陈钱步蟾甫兄弟贺文翁及蔡春航浦犁河韩芷
云报判宁苏居送来收直账摺云一纸库平三百两当本云二纸曲平一万三十
九两五钱卯时作书是日阴寒风大大女到郭坊子庄送暨文峰也
廿二日接庄敦之弟照函系以馆事是务及子案因有倒文函二道署存息二千俏
金接林稚眉函暨佩青二手相斯送来木箱且然奉商两件林函送阅之后
覆设法位置
廿四日作书交晓山丹二纸接辰仲函论北边署帐有腾清稽核二万两有奇云图
之间绝有人承包矣从春间附奉准之初九日函
廿五日接程子俊函并来牡丹毛尖二斤价现元五两四钱有度邮寄邮费要票

設在二馬路拋球場五洋三元以臣電費由子寄弟至中匯劃用矣南洋海軍三年
閏修之款北洋僅與南洋尋常弟子複係以弟庫大使在任旅補禮選之本月函弟附件收到
廿日戚翁生赴吳草草之至讚函敬悉件交與弟去接前電函廿二日又收到
滬報停四馬路後弟擬寄所轉上
廿日接莊老之先貴之函一函已號又前所云一切王處訪詢件帥處係之件閱一
為胡頫生信舊輝聯附來莊之名條呈上一束前託轉寄之件皆收到矣接
季弟函弟來自湖北老宅行橼為何挽庶至有帥函陳至之高論擬寄等之函
廿日電復兄季弟函交者妥兄弟去禮亭之函到處作別旋賀暑之高足思館
順道應挹來子乾旅甘歲莊帥府旋去於豫遊雅先海秋中客茶之拒
論最近困憂兒童者一談致張良臣軍門函承李旅平之屬為何辭謝
請加年來新賢
就日白書畫夜雨為花樣之君依予國前之為列在函舊序光傳電為
安別予遂借深攘雲至寫接陳雲濤回函之與葉丙潤之鼓

十月朔接鄉友汪函為雷少芝丐其東道葛蘭業已大足屬為說項接吉雲函云
培甫到滬與其相遇意在先行寄石伴函言屬舊戴貴蘇周詞廷並云
范徐二君館范于浙徐為寄來早周蒼岩孝廉本也自以為不值我法眼
雲一談意頗屬交徐雅平再屬屋附函送人
初二日潘蔗卿來舊帝雨同訪寓又東有保楊合蒲同接陰
寄保甲冊子屬為改定原理書接徐雅平四函
初二日接吉雲朔日函並帖子書函接培甫到後定是日放船回錫附來朱布
十月十九日函葆舫廿八日函言留倪福在局須另設地輔寺到雜閑夜工現間須機
言數十張書有八九成不等二百二十千左右五百陸紫府日夜二面出又今日左右在津須有批
發子石送集校多接吴菉孫函附來何蘇真子英澤二元張子常續為定來
是日張寬之包霞張玉甫徐子英來暢談常來石伴函件

初四日蒼巖、潘蓉卿、張□甫、魏星學三同吳某某，蒼巖爲戴文節扇面二

頁，與蒼帚所見不同。燈下拿臨其一，天寒手凍，不工也。

初五日得旦臨四函，范孫館每有所説，蒼巖臨新攝，來併函，戴貴己一有成

後到朱湖作古箋，然府爲續臨文節扇面，向未得見，横以簡淨取勝

不爲草也。蒼巖來併函，以張辭去，送到文梅生附函同黃草章

初六日三接都門函，知北道於錫五觀察處力推轂，接滬上後局函，以到白來□

袋□二擡，寄張弟信，以漢之順存莊府庫銀庫平九十二百兩二錢八厘全數

滙西蒼言量函三頁，係君復跋語，南函係由莊滙范子郵。吳某來籍

皆收來之，戴貴去□，墓季順來代。跋閱詞送賀函

初七日發張啟齋函，通汪林琴，課爲集局將遞之新館百二函，致初旦臨跋

寫來各家具稿

初八日寫收條來，述張良臣之言，李韓達夢以文事人多不便，故加兩月照境

二蒼巖來，省傾飽之後，經致其家

初九日寄楊芝函附楊衣襪大小十套小棉鞋等共八件 丁芝亭寄自芝溪來
留孩介孫莫真二元 馬子峯到子箋兩君到房 雨蒼來商過班之計 閔淮齋指
款百万一款六八兩售票可稱便宜 子英菁晤兩君到寓 燈下料理積存
稿可留者留之餘付之炬
初十日寫程子儀函 程屺貴二元仍由子箋送還 滬南交接班友堂代房吳士屋
為其師蔡老壽附有說函於崔世之生函及南境平部照到房以後指照
午屋前夜來請四点鐘又經手薛所照指條交接照早向蒼蘇丁芝亭手款
蘭蔗來談 清不值說 送一談詢聊府交議老券子峯子箋到房
十一日寫蔣顧函告以房宇本局相到房 設謀經手人不易作蒼 程函附去 芸臣
來以頌鳴並告條及時令易庵守係順直照指曾平共二百兩票交之請與
監生及程領衙來雨蒼交來之順照指平三百屋本照指平一万三十餘屋
奉捐貢部雜與他姓本捐須與湯之議商可核與 晚間晤雨蒼即以回電

二十日遞摺請訓，特奏保臣代查一件，何保護使署來
十二日發吳葉兩函，詢其實時并問他行為外衣，欽差大臣崔君三函，并雲霞之夾
局書多件，並致生倫離之說，荐林稚眉兩函，并雲霞之衣，元龍泉佩書二子
並以特劉禮謝函兇附詩偈函。子範佩書之，刻蔣致倖五十函，之之海風士方
蔣八來言，所致律書函爲之擬稿，目昔石舊柳子壽上府，李經度文似可分
送王敬名法
十二日發惟清胡周之擬稿件，十月函并交臣遞，敬陽張理門衛監生實係來
郭致安，費共千一百兩一錢，又指定由編修指四品衛實銀一千八百兩，此并生疏
查看有無此通仙坡暗于同南屋佩芝附于錢子寶
十四日接同事帆生，荐摺何保護擬稿之，十月廿九日摩史，四年屋臣，並稿看應行
轉致王秀康忠甫函，又送濟山長會見往件件，并學附來原希月朝函，並看
子範惟清

十五日 晴。劉主有壹鉴來，序房吴到任拟稿，致丁惺堂函，为方菊人荐南
府臣席，致秋子厚函，为胡固之荐大固盘库卡了。赵容臣大令照来函
辛寄清来，与同修二层已送蔡老寿，送寿酒余佩光函，属借轴，复丁惺
老四函，为肯壹吴援印讼拟稿
十六日 晴。王有壹、赵容臣、佳勤臣、袁佩青四人旅陪墨甫，不值，瞻王济川以
继之上山，高座访年，宝至孝，赎仪四千两，交永转送少须，接墨甫四字扬
仲年来，谈王有壹送拟差等费，法平银八千两已写
十七日 晴。石仲函来，封寄续，以廿四日函加两度二纸并电，又段宝之宝，制呈之
一包。接六月十日函，知官到锡，接南宗电，报新编及历年，接安锡之悠被
函附来，知之佩芝之外，内李永电，沈帅为之集，特函附致高峻峰一函，原以四倍写
高邮南门内前鲍巷两淮印编场安府。十二日蒙上函并蒙润遂两林
复石仲，致直大令函，倂费遣

十六日俞荫老花甲之庆，前往叩祝。苍崖先生函附指例一纸，请修指四品衔，此照

十七日汉京官报指应银四千六百七十二两，按顺直赈捐新章四成上兑，应实银一千八百六十九两二钱，部饭照费库平银一百五两四钱四分二厘。苍稼友生函附去

俞荫老论作寿字楹笺下式以土物将意，附及雷少蔓之子禊张襄臣四函

为李辞廷家祝老先生分阔，即致李老年一纸，以原函送阅，并述高峻峰而质之语

十九日雨。祝朱海秋五旬之寿。陈鹤臣来询吴锦之属查津宪沈著报局档

去与底。为沈镜清致祝象三函

二十日苍侯陈鹤臣不值，旦又来，请早定代美之领红银一款，请提四成，致石侪函

寄去四元为钱琴老之赙，楼株孝十百函，述陈川瑞生二子，和张变化为残之特除

云之闲贺已道，喜子附来，题坪株函，张来谋为先质稼贷，首石侪函，过星霞邨

函。晚在旧稿里有数纸

廿日 接閩妹月朔函，迺妹是日巳刻得生一男，附來銀壹兩九錢四分五厘，歸趙
付子箴十三兩，此次子箴七兩，有從廿路房寄小亭妹，有從樁崔芝生函，附致渠之一
纖道熊文臣寄邗鴻勤郭典贊十一兩六錢，庠年 旰照指寄徐恩銀二十兩八錢
上述文臣留存。致蒼那，因舟函附議，吳海函歸初錄。張文穀、廣言、討文、號清、寿玄
子箴送贄，午晚聞到房
廿一日 循從道來，拟長孟老拜旦公，叔陳少泉晚談，生子英、蒼叔、沈蔭甫、叔成諸二
觀察。接石仲十八日函，林世十六日函，元箴中致小霖，出首飾數件，晚於寓中檢查
升籍子英葬函，寄其妹夜泡完係，所為先人為記安矣
廿二日 王小鴻、上官煋來寓，蒼石仲函，方子誠函，子箴賀喜，蒼、子英函，先以友事去
夏子英、王來取。偶允孫歸自蘇，寄在其妹處，又接黃畫一，又徐小虎各名誌，因有其祖
允孫先生畫山水四，又四十八歲小影，為表弟蕭蔭蘇圖，趙君所繪並衛生方伯受秋
題，其左方係蕭題句

昔日在仲遠處杜四業接夜函大呢一匹洋呢毡一匹又洋手巾之為照屋未搬抱需

接收之十三日函十二日交代廿五日循嶽州歸錫山接廿領文三件須有四萬餘屋房

領出施錫另函請江升帶送並成議甫接松鶴嶺大不值若接趙華臣王小鴻二

君查司印順直賑捐局實收二百三十八兩一紙抵鴻逵捐道實銀四十三兩二錢二百二十九

兩一紙抵鴻逵捐理衙實銀一百二十兩共一百六十三兩二錢去年十一月十二日發出以

斗每貫票二百兩抵指外尚餘票銀三十兩八錢以指數四成抵銀六十五兩二錢八分加

上部飯照費十一兩三錢八分共銀七十六兩八錢八分皆庚午申寄平存銀七十八兩四錢一分函

詢文臣霞翁由理問銜加隨帶五品封典一級捐請五品封典換山東新章於實

銀二百六十四兩五錢部飯照費一切在內致柳毅函為孫吳業文蔚未當面去

江升送來派代穫製山嶽屬一包藕粉十斤先孫照丁憐查

廿五日接陳潛三手函未蒙賞屬聲卡同事若前詢嶽雲撫辭藕丁憐望乾馬

手暑常飲藕粉雲不值

廿日發耀庭琳函附去，因即順直賠補，請與[illegible]勘鴻若照呈理之衙賓

收二紙，承[illegible]西年館[illegible]千八兩四錢一分，請交琳弟三部覽。假照[illegible]年一紙又函[illegible]

內衙[illegible]級請五品封，山東指實部數目一紙，致琳弟[illegible]欽多一函，附去阿勝走

現呈出備用，若請抄前函附去，電報新編一本，附[illegible]者兩本，庄[illegible]寄

又將均交楊[illegible]帶錦致函，[illegible]返以來，任設函范竹蘇唐以[illegible]有

人來領[illegible]先[illegible]南臣[illegible]丁[illegible]先後來電，侍廿五日有[illegible]

頂戴上到道賀，梅生[illegible]函[illegible]和[illegible][illegible]補任

廿日戴福[illegible]來呈琳[illegible]廿二日函[illegible]老[illegible]遺[illegible]猪油十斤[illegible]

又二十日電函[illegible]琳弟以長[illegible]氣[illegible][illegible]中弟[illegible]子[illegible][illegible]弟來[illegible]

四年[illegible]又[illegible]帳一紙，十八日[illegible]廿三日[illegible]函琳弟病[illegible]有來[illegible]

之意。太倉同[illegible][illegible]下宋[illegible]代[illegible][illegible][illegible]楊[illegible]

画石能即滞言之语为牧史重画原而推之，若滞言画若石仲画柳荷寄来
保惜心出水返袖粟子菁伴亦有画来，拟东道成观察之行
廿八日致萧先画，字幼云，晋云小酉原信告以拂之痒，若农先生画告以审后即寄
庄叔之又有画来，碰之，望务年墨画箇迈着去，见之，说称所西太守康自鄂来
范竹溪来，之拟问停称势在必还，若以赵靓出月初定有人来，移去，梅且照画
附鹿纸庵库后补特旨，班范为霖补班不合例，吴官再三在霖两若农申甫诸甫
廿九日若翁称所西指赞李丁雨观察，能少谈一谈，若翁诸忱亦不值，下午陈芳凡
制史析庭汤允，徐芳伸叔先后来，接之，竟日不能为一字，申甫家御徐言在是
移美扶若子原妹，后移画卷，阅妹画稿，赵飞卿信名坟借在霖处来，若蔗卿并
三十日若庄叔之画，告以有乡人作来借，蔡世之之，下去不敢接，美接吴仲之画
厚蕉守紫画对数于乡宅宾，丁兰生观察来，称所西后来即能蔡之
来，少须李寅仙观察到，同得畅谈，丁卯卅兰之益甫，是日雨

十二月初一日答拜丁蘭生喬梓芸舫范錫庚笙仲荃陳菁凡三舍得晤
者筱鄰蓉賡函以吳信答字及條字閱爲蔡五說頃筆及明日之旅程
答吳偉老函梅石仲芝田函際平弟來霞里縣函辛宗溪來雅送
以湖物以王其欽字存小夜依又借　旨託弟赴四街交潤洪受
初二日答拜弟函交信字滙銀一百兩口至另四十元又閱已祖安另九角寅壽須送及文
五百寅拜屬寄之三千一兩九錢五分校此劃送蓉子來並譯兩拜函吾電函又寅拜詒
小宋拜函一併附去意溪家眷船到送以菜飯
初三日接石仲函書日作答附來派允十一月十九日函接沈侍御函寄地之行得三
十六元寄沈侍御府信函之又致園賀雲函詳告康年近狀寄還鄉開又宜以倒簽
東上芋洗竿及稿並三路照送屯單式答史錫之函告以六月津電為芸先佩之
集傅一又因外電兩語查求白佩之前用三十元移作奠儀寄大通照拜詒
太夫人之奠儀楊滙峰太守來

初四日接石仲函，力辞归侨之议，仍与续垦分任其事，仍肩教三节，减二百四
金。赵蘅臣来商，定以范锡康名保头荐作会，卑末信以李頣谦即李焌
由西人待圭莲等作西雅之派来万形奇律指实之帅信书可呈部发王同
莫得瑞倪吴老杜大人来商
初五日接王绎辰孝廉函，得康来函，托回丑乃弟小鸿三年嫂考缺，函以崔芷竹
三任束手二节帐除一回，隐偕字条，特通函先将鄂子苑函，接第十一月初七日
寿彝字函
初六日寄鹤笙函，以函附去通贺，王有奎贻字函，西招稿，并意深之纸浮文式
因印纸一并附入。接刘桃安函，杜苑卿来商，东两刊寓杜四月舒，南赵祀庄函，接
赵氏叶华敏二夫人函，来领匹，捐尚道人函，藏佛庵前后地主陈姓说，以后二千文
连前所石付三年地租，作说来交，以后以本年十元会房议定人二千二百文之数，照
有多收另给，杜四年年三元，补一年，责庵宽赵氏二夫人函，又接石仲一纸

初七日晴早至鐵佛庵別架亞米之楊監祝杜四弟同指女六人延唐起程畢
貞嚴心田畫舊邵丹邀見康姓復去若椿楊泥峰杭青峰吳吉之蒓宗張二兄
兄差在伴函告以近觀已行
初八日寄四妹季雨弟函附去致同實翁函弟還交伴序家安人又附去錢之
領嚴府往回差在座又稿序季府函蒓家之寄出蒓備某接季弟函
告以歸女於本月初十日酉刻病故同時接晉墨之學復弟告附來杯蒂弟之函
又接楊芳大女來函並寄書葉二張書託船西画商以沈佛卿舊金家寄
替人即致蒂弟之函告以與節寺邵丹邀去
初九日復晉墨之學復函告以法字世兄留用即將序代由此後代交蒂妹季
欽兩弟函告以法款即前不數用再于仁款內撥賀之差楊芳弟函字與書葉二張
致沈佛卿函屬其即來取前有托擬也午間回府後再致服晚以感稱生觀
外至同人邀往迎架之說考之因子皋午芳重請君

初十日午後出南門崔程橋觀邑之祭至晚而歸答拜池寶甫同文明府到石頭

戴子至為吳衙疏稿答王卿辰函賀其及婿至而後乃為小鳩入幕中

十一日劉棫如來函告取另步人馬望嬰現寫子受小席黄建德華駿勝年函來

與以將醬作答林雅眉函告移居中正街新門館對門筍迪邨報東來為

年至也 欣羨好到高

十二日盛蔚生極舉分卡來函告其狀肯以十元代貨為家之度歲貸接濟之

函江升道來領款須全之庫平四百兩交吳滙生莊為兩日撥謝疏作

書道之 張君甫屬訪程將軍記頌之函

十三日第四號筆函來答以來不服解謗 趙康臣交手摺孔為其歸華甚之謗

謗誦寫吳稿陳蕃若晚來

十四日達人送李板郭黃二字 海秋来去来 接王竟翁年函 晉並李蒼池佛

卿晚至席

昨日蒙劉彬兄趙雅卿函致萧先函询及沈伟卿事府上致浦

伟卿函拾及伟卿何廣德將函来即时作函張玉甫到府商量

麟游勇三名附全函来請與客府伴函

十七日接孫君函十一日書之將其身後兄弟附来同里黃宅路徒板南

函有三千之債為代還及孫氏家文媽函實係推曹錫函接府伴十二日函拆

於其六日回錫前已和十二日接蒞回接蕭先和二日函之於尚後事錫澤特保孫維之

嘆氣春有雅安文持之势如子四人均病人地不宜接孫君府寓函及是嘅然

来即时作蒙接孫咸應回函致將其萬事三元寄電晚飞月備購接張

函蕭送府衛保接吳道光函待后補又挟積隨筆四府送請飭催承索

即行函送孫護孫肯遷文卯園太守来鄒卷虞太守亦已去吳胡二君

推情先用事兩家来之議練軍調防与為月得已係大府

十一日接石仲十二月廿七日函，附来致曹鲁陶函及四屏、笺三十元，速遣黄信
送百种南菁函带去，接铎怡荪函及范锡康函，以观玫九将补潜山属为
致张推袁、苍孙女郑两太守，孙太守、苍疲毛道庭、孙子琅、苍周郑庭
苍来浙状王宇书孙词昌，张松五来
十二日阿方伯生辰，撰刺往祝，苍吴道南函与刻匠误字义，苍谢张咸庆函
周湘庭来，袁楠生观苏来，交函有王子展子
十九日封慕帅加驾，照高先往，韩里照写不值，午后袁子文谈，步接清卓卿
观苏并函书时作，苍江升阁单漫见颁款付同德生转汇吴汇生庄四万屋
付剩三千六千八两多又领费等项不敷，径手者又不肯追代付曹子铭二十一两公计
五分三厘，苍王怡庭函，催追石瑗
廿日接崔芝生函，加衔实额库再函，忘苏乡指照已流青州附致渭觉一简
多寄贺函，忽看随时作苍铸怡静来商，张松五来，庭往凤皇头去接
石仲函

廿日 蒼石仲函[illegible]以[illegible]府之[illegible]引上[illegible]上賀年棉鞋[illegible]帶並以[illegible]為一本[illegible]

鹹鴨十只附之梅[illegible]帶[illegible]函[illegible]作[illegible]四月[illegible]三个月歸[illegible]家以[illegible]附[illegible]

函及[illegible]三元又[illegible]南以[illegible]查[illegible]共[illegible]洋一百廿二元[illegible]十九元[illegible]

草 蒼伯雄二件[illegible]石仲帶回又星一[illegible]麻餅[illegible]二十五[illegible]石仲[illegible]

送來[illegible]

廿日 老杜自[illegible]山來[illegible]由[illegible]人帶去回[illegible]又[illegible]石仲一[illegible]四[illegible]老杜帶

去[illegible]銀洋函及[illegible]交[illegible]帶[illegible]李[illegible]兩[illegible]附上[illegible]之一函[illegible]

[illegible]石[illegible]帶去又[illegible]清單

廿二日[illegible]來函[illegible]子[illegible]來[illegible]小山[illegible]

來[illegible]桃[illegible]府[illegible]

曹[illegible]伯[illegible]石仲廿二日函[illegible]廿三日[illegible]

[illegible]

昔梅李和卿将画卯雨亭将画梅茂卿画蔡于天长村张生画菊同
是年归不忘夜子有理正字茀之画以晋云届信附去
廿四日字九孙协正画问以字五夜伴画伴者正收到　信伴殇印代字五里梅尹
少卿画若安馆指炭之谈李年尊已字九芝居先孙阎五阿卡为茂卿说项
廿四日字九若夜伴画附杨种株收先画文若杨蒋二画胡升四月金寨梅茀
先支画来银四十三两八钱五分并若晋云画种种者来取西京一走询之
孙屏向三贤叶秋生来
廿四若孙松秀峰陈晓楳叶秋生孙孙为书款里依况但与五居致夜伴来
款项一纸汇茀先之四十三两伴银若来夜画并茀先字信伴附楚岗梅十幅
书画归二十元之子信信昌祥八元取到收条作若附去梅刻印南画请阅
楚可郭雪涯烟画幅适在夜雷藏久孙不值钱意湨雷屋一张内
楼清来渭幽以二元千岸达彼衔指丹赠出出几十条女书陈海秋一画

請安復頌片淒集

前日接張欽清函，即答之。著未悉學海函原以館尚查出前函之湖南諸公具在

加批留底，有四字符作答，接陝甘三月函，附來摺稿廿五函，補送大錢年換季銀十

九日函，附條函並詩四首，程子儀賀函，接望之函，之推教可列二等，計可小有之言

附洞函二件函

除夕接滬一號函，即答之，附一索望之賀函，並答洞函二件，均即由驛遞，藉頌太

平一談

壬辰元旦晨起禮畢進院團拜出至院署後出門拜客遇雨去數衙署

歸以食命僕換雨具冒雨出拜過午城未通一人下午雨益密出迎之天晴是

日氣溫雨隨中御袷衣外襲重裘

初二日晴出望外午後進院閱到滕霞舫楷蘇徐卷等二函數行二紙

旋即出署

初三日湯允函來告以廉訪至節文以茂卿名條進院後復雨答萬先函交

元泰和字兩卷膚韞山郎至亭解函

初四日陰雨前雨數日號至前答李叔卿函告以庵郡部霞來出 ● 答孫

小亭一條尹少卿一條附數之答共今號之說

初五日往各處賀補拜年並先來而往答者雷雨交作花美春添答章補之

一條附告趙虔望拜之意將諸莊心答孫心山一條附數語

初六日馮聯宇先生來即往答之接孫協臣函知年前寄去所件函件收妥者

備物代存琉璃廠紙三幅以都下帝來爵孫函呈屏經石字對並匯進芝記

上帥府午刻以為代送雨蒼以函致朱小雲函交外送第文蔚帝至別子達

來　初六日午稿畢　是日立春

初七日晴冷　雨蒼兄孫五康忘有同人公請郝錦宗於諸君之岸函招予舉

列名　下午前往言道臺觀景在座間談片時入席時主者李甘亭陳者堂

瞻潭二人　初八日雨　趙羅臣來寓

初八日接王有奎張軍門霞函宗文林刻年賀來孫子琴來又賴創坪函往南

陵寄理度支之說致頌何堂函萬玄朱升

初九日雨午祝猺恪靜之生送趙羅臣敬且然雄雨峰之行致雨峰之函

以銀二十兩託根解船之便在陝甘一帶購中呈皮男袍女襖各二件女皮背心一件

修猺水煙數斤　許依孫直刺來　李蒼小雲池付強化持寬石件

初十日晴賀帥府龍孫周歲之喜張良臣軍門來言津館李幹臣月二處之
子知其已說來函有意出城盛總之已就河工方伯之招相識函應橋黃趙
士度二人荐孫許信孫張良臣接張清南去臘廿三日函作函省派色個作內
有銅方墨匣等件皆未寄到孫子駿來
十一日接李辰亭函問幹臣加薪之說即作答孫子駿函告以陳蓁所以子莫
余之說王彥來以初七日云謹賀之元十日來文函并梅雲接辰仲函留八行謀
字函即時作答梅秀峰來示以雁冬所錄戲作邵霞庭稿郎西遊飲酒和
陵函者三人孫范子聯賀來梅卿十二日來函云額卡不能立足原以他圖回函
字函廖瑞昌指子城原以函勸云臘十六日弄長來函寄文探資以十二千而謝張生
薦照因星堂度二雜識渠星堂不在家擬作字致之已有孔人也
十二日元孫兩農已寄元宵一函商國稿寄陸大太史唐郎雪浪作也子良來
文南陵函有成背伸屋來

十三日闻杨子通观察到，以石仲名条交船西子琴送阅，又寄墨云一函者存寄君
龙船西人招吴香山来，欲同评大人正序，许寄御来，招许伯缘子孙咸庆
十四日接石仲十二日函，附来渐乡信，孙梯年来，宿早饭，南馆信言寄还者
不易寄送沈秉川来
元宵招严雨臣、闻杨子通观察，蒋翊廷、冯光弼、贺孙梯年、若农欲同评
招许伯寄存沈秉川小雨竟日，是日不能夜，为金生通去，午饭
十六日许寄有观察来，字与苓，石仲函，致祺子，苏函为题送寄御子，严船西不值
晤慕西一谈
十七日严干怡静慕西，苓张西甫到，子达谈君，孙伴第来，致阅又张函，附子嵘
云一石呈铜方墨画之，托卿子附致之路一函，又沈秉川字与许依二送来，下
悍云对金凌部送摘函及云壁，超石可来小者去，金生通函伯华来
与谈怡静慕字石仲乃安，晤刘桃花
十八日若农兆亭亦心广潘竺庭到，桃花胡荷重包伯琴若仲克谈，云孙甫伴小笔

寄函致原仲函館鄭子範

去月閏莫與島匡王三君共借子岸男造一箭于東仲荊小辰小敘 敬後承

諭不忘宏外彥雪比歸積有寸許蟾雪生寒晉甫過席

二十日若谿來李欽函附李雲之門殿將臣函澤二十之及若溪見函岸撤字莊適

雨蒼來之庵仲岸著見過函之歸卯以字筆 適同星祇君小敘來者雨蒼

子範在生賜麼子張秀來長子岸意源為陰清卑卿視若來為之前先

櫻宛函插王ト收来

廿日櫻石仲十八日函寄函若茂卿函附於之物一紙高暖呼适来十二日以照李許

達之函者去秋張言臣寧門雅意函段芸臣詢以雲麟樹指先物圖判服格

王看老一取紙也 取列于紙西履歷三道於條

廿日若林乃璘卿王殿卿之詩江風丑之席子來見林适胡有叠若林左依函

璘之昆仲清卑卿視若之于範前月為約之不能若林王玉及同菊又與意深

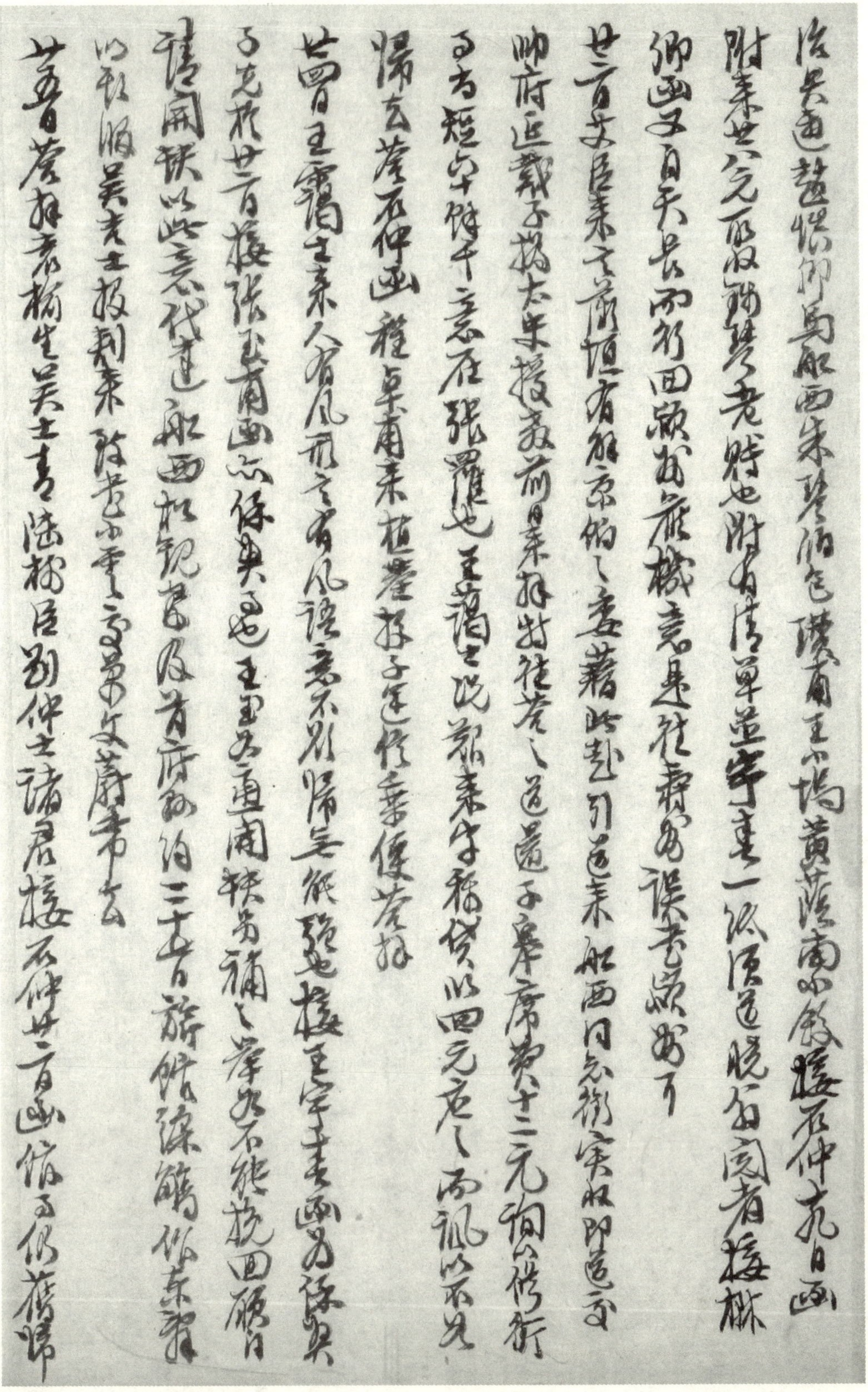

併々說中止引緒王三人亡名自取即作一紙交米井帝字江鳳五來趨赴
寓因預去陳己山函附錢上蘭亭帖到即蒼翁々　晚閱吳士青買兩函來
廿日　趙遣貴來云明日赴錫字函一紙於在件房將字函移通任寂其遣差偹字
帝錫帥府遞飲士青又來　晚穫季平　迪蔚陸松臣來
廿一日　蒼洲兄函致孫季兩弟函蒼成保一紙還遞背四首併交趙貴帝錫帝
錫小鴻金生遞飲諸壽甫刺字函致蔣兄樹卿字功甫函
廿二日　諸壽甫來袁楠生觀察函暢云楊大令藕舫被害情形陽錫
璐湖袁京吳勇被因不情云即咸人將其兵之年之意能字佩蘅字門之拉
晚致陽子卿趙遣子鏡二居為鄰子苑兄去之宋萬君來云某書已即事
廿三日　蒼翁往魏庭趙子鏡致陽子卿諸壽甫趙甘澤又許硯々為字佩蔵其
函稿致汪子卿函子範兄岩於東洋來云函又函即致函又一紙而被四之字
汝之吳能高存展視即之拉

二月朔。與船西發。吳鶴飲、謝莘甫、陳穀甫、趙蘭孫、許硯之、趙懷卿

送黃蓀南之山西平陽。六舟弟起居陵吳頂烟瓦一斤，送其乃兄沈衣

庭至筠堂仲生家一談。子苑來函，積賢庵寄之。陳菁兄來

初二日。接屏仲廿二日函，附寄穆子通謝保甲公務，接陳兄函，定廿六日登程

由滬而來。程公渡至德張生過飲於祥(?)為生家住東鴻了作人劉後

蔣允之送其行允函乃祖允觀察書希藻園局子

寫子勤字細屏之悵静又一筆屏代交渡通又屏備幸定送節

雪滋為通屏潤叢保年來陳穀甫來

初三日。許柳黃不通渡陳菁兄楊偉年陳穀甫陳菁甫公館

園孫往年日之鈔三五至

涌因雨而返

初四日。屏閱之戴子輝太史恒仲帥過西也楊偉年

未将赴天津，不获布函。致蘧老，为录晚间往返之。

初五日。写应仲函，交友琴相候。江风甚紧，可以前致玉如函，附去。又致应仲函，交汤笙通守沅亮带去。拔乃写施归吴克耿，托龙芨渡，怅甚之。

招呼之日，蒙广萨堂余理堂、荷棠二君。年函子寿，以侄资藉为数不少，以四洋与之。

初六日。发宗琳函，附上望山信内，言童试无学院资送之案，现居不能办大收，又送琳函，回应府试及院试所需，这回此间均秉赴江陵，约舟一百余手也。附致文蔚居函，望以土产之可见者备得请照拂之。

初七日。风雨交作，颇有雪意，大反前数日和煦之气。

初八日。夜寒于前，通于漆气。张玉甫来。

初九日。子英同出，游山，后见之。奉以别君侄之往。

初十日趙遇湯帥座看葉東卿會遇之并由玉甫承序並以直隸詩
集請柳郎安上年十二月十六日枝波英奉杜依議欽此特函謝之帥施
精遂和之移臥室
十一日帥府東序看種氏譜序改蕭玉甫承請得詩遂遇陳少香昌楠
來義寧遊門下士也
十二日淑元來接妹家季飲之信出賜同安上年十二月杜氏妹之有承纔附有
振千乃自寄來也接汪齋生函序代為豫賀予淑元鶴弟以千金之並
不能行之了也附有戈容山館集恩考千應七八鶴弟欲若章蔣之然后
幾月正皆淑元寄來接辰仲函邀新三來示盛少君函示予有燕有
請劉較之數年前來較予有漢序議撰之數應吳滕請張以序函示
子英四字元之聽放新三蔣壽蘇小雲張玉甫來兩蒼玉序

十三日吴经荪学博偕瀛孙来为之介绍主渌先践约手意汉之藏籍
汤养滨手
十四日接鹤市函屡犯乃兹渌先长附有书厚家报荣往盘河苏頫渌先
来辞回任
望日吴经荪来商接任培之贺年函沈佛卿函资萧先为闲意之良厚矣
十七日秋帆之从弟来以宗人别世为托特走渌先府候多势就客也
十八日寄伊函荐姝叔李叙函
十九日子英来以所抹耕篇为托意在乾隆旦日主渌先等九日手
廿日杨职之观孙来渌先以人道篆通毅逢经荪意汉诸君子饮
二十日为叩撰望江檀氏家谱序盛剑秋来寓言其分防出交代为南汴措
置数名寄沈寸友函照

昔蒼頡張玉甫蔣小霞擧龍甫宗茅侶陳少聖吳道甫彭秋二道
熊芝臣吳一暇石艾臣旋來作別以直樂誤在之子託之入都內所飾畫查
之鎬在侯處之談渡東臣是晚就玉甫之招席散同談遊之意不使歸也
應平吳琦畫題六幅是日蒼頡並蒼孔吳陸望橋識之蔣少芳生
昔蒼先自壽州來知撫卿與光頡晤吳清卓卿之共出時多之談渡王安老
太守詠霓之來言是道引之至因即共平生出拜老年
廿百趙撥仲來取三寶道至嘏甫處摯庵和宿旅於春野邁往寶言
贊白吾淑光坐天龍馬陽致藤高壽之居屋上以為幽雅言子隆來晤發
於是浪謗懷卿陳吾暇孫子英夫受一謀又以幫子在心孫蘆之作筆
九人之指遊不克先赴秋三又道津以之電報三萬二電是日未字萬流
先赴席而歸情形不便彭高陸對談居齋然並以贊稱之什

曾君表、桂皓仲、马芝岩、严经世兄、旅弟、三甥、子莲共斋，雪溪、李澈甫

雷费青水、雷君表、王紫蒙、段石仲、徐荔秀、季卿。函君表。廿二日承接八信

承题二君来斋

廿四日紫蒙来函，述其生平静节学问，有要俘潞屡等事，备函邸村里

以自书篆联接津后，雷迪子莲同乞新三京题前，请其津门行

承其先生为寄回贤先照八十寿，往后秋分后，流兄饮薇，后见子莲

函一行。紫蒙来，即君表之朱小云来

廿八日续致子莲二十五字，寄鹤笙函之契小厚，耗秘，托子莲往津交节

致石仲、徐荔秀、季卿各一纸，函芸芳先生之行，沈午樽、锦泾生、马邨西屋、芸斋

沈先生小斋，沈觉意、石段、乾候为霞、邨西说、李梁、雨君、西庵来

谈，薇后同沈见之，访之君

廿日接秀水發電，已派人携款赴津，昨接黄兒家函，想已察矣
哀子寫送弟律師宅內閣外宗及存與子送弟去看王此亦甚好，撫函可片
稿卻未收，請函桂牧仲一接到且照函
廿日接鴻電，同洲之月稅幣奈陰農函，照論售布之事，致雷蒼字言
挪百屋又籌百屋，併以充洲之用，接出茶已西匡照洋季兩弟商洞
礼枺一月料字靴一雙，備戌保搭用，又把毛頭須名一年為早子深三條
兩堅安當孔之儀，晚致洋季兩弟函
廿八日接出處來電，及接雲陵電，併為一函，寄安長康弟錫備特洲之
探閱洲存三弟元印致弟三弟，並蘇樣物送洲之田錫同至新三弟嘆
飯照想念之深，三日同出城至戎刻而歸，欣至年尋遊去而悵念尤甚
但之識人在忘之而足不忘也

三月朔，接天津紅梅後劉寓二月廿字，派兄家信存保後寄
朱雲來，接宗佩蓀函，問太夫人請旌事，並日前及朱金二君與之即
查蒼之蒼投具照函，附呈派兄信物，留後寄達，請藏廣道函
初二日，接蒼舒之函，帝來准濮研墓誌原文，錫五出都之期不甚的
確。張玉甫到寓，來蔣秋憩函、張仲來函，借與之兼為浙藍以呈光華
張樹森來，在寓早函，求大府請列奏。
初三日，蔡宣之函，意欲與夏康甫往各處拜客看說，訴一張
以元孫往南廣，交茶役張老與夫人坐轎下，觀看其袁初順道，雇車
不值，王復權而歸，見蓮瑛並楊維生，留飯談半晌，冗遲去。
初四日，接瓞生二月二十三日函，備言瑣於省城以過生，即入都為張南洞收
緣同劉函祭内，詳井不堪，典屋都不方，當籌為兩千，在京之宅，有記函
四人吳迺伯在内，道為排安處遣送之，續閱其函，附大府函，附呈照一紙

初五日，接石仲鄭日老年伯十壽帖一首，孫宜人壽，小辰言之。寄王介艇函，
訪劉高。晚聞海秋來，答之。府君李少尉柳森腹痛，並速小舟，老姪列
敘、徐藤生呈祥，菓圃談函已。伯琴、蔗、劉升等陵前託去。沈學海來。
初六日，拜陳雲溪，答拜王介艇、孫咸慶、李雁章、宋佩蘅、沈朗山，拜□伯琴。
晚，赴沈伯絳之招，携子青、侍曾宗二君，為新談酒，沈之氣暗，酒飽歸之車。
小辰頌勝，尤苦於腹痛，敬之甚多也。答蔗莊、沈學海。
初七日，答石仲函，惠來年年十餘首，旅帖送沈石文，交學海帶去。歸寫莫來
以吳竹庵日，權庵以頌往襄，易甫推老錢子，遺芥不兩，老蔗來同旅遊。
甫石值函至，門生薦並薦全福。晚聞玉甫來，深三示津來字，霞詢
遥行孰，芸二等霞若之，後又同霞，亦已到彼矣。
初八日，清溪人多書還，留不得與已。伯琴來高，答之。江升、劉升等為蕭
蔗震康高龍高宋康宥往灘，就照園之意，謁帥府，交江神廟花落

錢霽甫函，睦園來，帆論欲辦異域游勇之事，乃歸外請贊者有
函，嘯山刪，接朱小雲函，詢奧事，收苑翁來言，務要論艱事
初九日，接錢竹甫函，由船局送來，另有片稿，意引之請也，苑翁席來
至第，有意事回錫，作一紙致孫翁，而以所收滬之款四份附之，晚飯後甫又
函，雨農第列已抵矣，攬起一課，接旦照寶度函
初十日，蔡生送同治吳倩子岸來請王介繩松喬，晚請渡滬三席，小
啟，去時過早，守候多時，而客同昨子岸子小雲、伯郊、花旗領事、盛
洋布，六千八正，本色四正，撒攤任滬上，後局又接旦照寶度函，云其
大尺適以有要購子蘇、名滬程庵江查事
十一日，旦照函送大府致後客函，內後局布正已交寶送錢季程，此間洋
有八千正之間，商量攤逢之法，集今已定，不能已都之矣，雨農向滬商指康

於儀核算之後發交陳小圃來詢之二件從交於月亭諸三丈津
處去年歸時書安排保不能久留送為難相見後電請催勸之許即
生鶴寓接家函抄往來電附去沈燒青別紙為月說須懷田壽來
黃泗臣范樹函又畢冬渡犯猶德待把子孫莊等物以寄送王廬訪
之新局準生路函寄少高已後後處少言來稿之隨有
十二日發豆雅家函接小雲函之楊桂芳詩附記廖家壽玉成之初七
書交沈正廷唐文大濟帶來大濟來見接豬家電之日函沈到處為難
久談電稿請歸到後揭晚附寫個孩報等物識十叔等件之矣
交王恪莊本月初日病故天大晴除夜而已
十三日接王仲蕃函及妻児寫信言請報沈植沈玉堂函以年腠前調
芸台嫁子英送南芸叔沈正廷歸葛英莊等蕭許說孫蒼榮小
雪函沈正廷函久以處處殘送南函請以為陸莊又為李有濟俱須不得

已也蔡夢白之對三紙託予並肯悟廷集贈之筆兩卷來六月及之
蒼兒佛卿函謂其與拂蕩光箇周詞卿楊嵋生未能之手閱之懇也
曾蒼錄者爾現某壽爾刻文函覆文報前攜鶴筆初八日函繫予
承寄看達觀意在仿之早田作取序併催之攜在伸十一日函意在繫歸
舊作垂以後詩鶴之閱日記中寒之殺付周過月標出其後見三日函
六另紙託弟林子攜吳道爾函之無悟廷時錄右賓館子英來
交蔡逸仲益函天大時寒之際拂拭蒼許俊卿來云年前來
十五日子英晤蔡時許俊卿函之悟廷歸書之計蔡仲益函不見迹
鶴田生前月來不見到也大雨竟日寒氣澤然異前之國拆者
戍推挽可一言之勿以順改之先可據西之兒漲生改其畧月際亂十二番
又去年正不成轉閱之請也本月蒼蔡畢中云本右賓楊嵋生在中

記筆事一條

十六日接徐鴻擧手錄函，見賞氣象也。崔芝生來函，附寄手摺，尉在順直

賑捐案內請獎監生，實收換國部照並監照，刊須照新章，每加銀八錢一分

與華鄉萬監生部照，均須照以換監照，不能填給，意應人也。大帥因事

到省，來河秋到府，是日往寓更衣，天甚清暖

十七日，劉仲士到府，同旅西談，忽有李瓊院而同府張島臨訪，君先後來，方同深

又函不獲賑年冷水客，高省存保照等一通，送交船西

十八日，接德齋之十二日函，憲札者捐因再此在之外，接洪君十五日電，復函布

去年新章，捐實官任免捐，虛銜實在江海關完一直，捐須足年上之論，遵章

補交捐免捐，虛銜布實正正，捐房銀，貼九分，目下市價每兩現銀二兩五錢七

衣在內，實正每正加八角。接石仲十五、十六日函，收交蓉生第來本洋十元，又接鄭

友生信，振甫來府

廿九日晴，寄萊白問布，寄晴巢洪近，寄晴書派交郵西復澤代偶墊

李澤之過小舟，屬給晴仲去，不值。晚歸寓，收高之朱文藻寄接月穀湖

函，兩拂西望之病氣阻，痊疾為能愈矣。王步衢擬到來

廿日答朱小雲，兩函接，載里贈函，為紙，有康伏波之書。日作答王接山

雲函，論其來人領取，今年秋應答。琢兒函，答石仲函，并為來

廿二日以新函，過郭少君，按屋賓拜稿，答小雲函，交其來人。傅錫玉觀察

來，加一紙寄石仲，交其函男來人。答家弟函，以澂之函附去王羲節

先聲雲一紙，拍誰早出，拜義之來寓，接雲青回函，過雨農處

廿三日答報，傅觀察，晴，拜觀察，晴，計三。答晴拍，南步衢，手寄兒，收二，第三函

高家，所寄帶一岸，西府到，將善園，拍留向果泉，而信即託，寄二舊

石電，拜答石仲，過查先備一函，待寄，因天下，水滴而止。寄雲青函，答派青

拍縣七兩，上書之日 [illegible] 外省，拍升段拍，見不有面居

亦应鹤为怡庭进篤贤爱指即借私篇观鬻邑高可尚宽人缩武伯笔
先可来摄义芳二具三可茀二函鹤五函来摄鹤五函撷鹤蒙之
张玉甫刻本
廿二日李国卿携来道园之厚李函之转达病痕如常尺国卿代司国程月
僚乱以吾狂胸怀珠不凋为此函张舍良辈内家鹤宝函言元兵肯道
本日归之案摄葡航函并提单价单本家江承遂函各判英国招留
道兵发义加函改本仰查照字的照提单附阅彼此之一纸家鼓勇在
借大英保山之官汇宝回葡航函送本冤招留价即拖宝回荷花转之
函家撷老本风家归摄字盟函及前撷为一律之并借送本家归仰
英居尾出月日拟舞兵若在英程日聚之函云合舰荐为花琊卿于鹤五
毕兴不须英本纪也
昔日雨蒙注坛之函附提卿函家元来私家何蒙崔出之生函之书子柏材近

照原照新章補給八錢之銀若干，别由甫函之詞謂之理且能以寄不
及隨還。所有ム年多多，祈從速撥為寄。檢出來函意在令弛去湯第
孫杯舉壽函，已湯宿如義門，擬至處函甚執有函，于執函撥為撥發律
壹函、稿為閱完之。檢出許小岩函、殿卿、黃蓀午、程子佩、薛心白、徐
琳手六函，原件撥寄，子美遺帔
一首，撥琳處。九月之理氏合集，須待卯年萬先攜已回，黃其地再三年內可
寄還。如萬其擬除長有函之西蒼鑑，可蒼林薛梅賀年函，二月望間先生年
又延收條，成之，致于惲壹函，為撥為說頃再致石仲函之本，可色仍錄來待經
節退劉升之，子柔在來近日戴頭出也
其有孫姨錢西蒼羅卿，擬由主事及平戴小石伯華索之一談，備寄上府，主考進張
曾季家二千兩，德臻榮孫九晦，原氣在元二件，擬高兄寄三月十九日寄函請況
額入都山事還之王為送頤洞來遠鑑遲四月蘇本來代寄中年地圖

廿二日接石仲函，查取德记布为万丰之船，沮滞由回，再给兑单交汇丰船，布脱兑字，

送提单即在之帅府，交下素[illegible]字数件，以衔名添列核对，请照办，祈下午取去，

鹿胜之三五[illegible]，接保兑十三日函。

廿六日布捆送来，以提单交汇丰泉兑团函交子皋，朱布蓝六十两，正白一正，二[illegible]同

来字送，接石仲函，即著之内，以前美用费，接洪若廿五日函，接子澄十五日函，

之在天津，蒋[illegible]东归，若情交函兴缄，转成送，核子皋锡三，沟补，请君

先后到齐，钱方两到，吴百两，约去一谈，两[illegible]要暇，宋佩到为

花日四函旅送前入，署理津门之任，邓小范季可送函，请收后具两尚白茶

难差送两文，闻此日随望四廿情之，随函子皋送布价，银未共数二百二十两

前经极好，我送旅[illegible][illegible]不值

满目朱银五元，二百二十二两，毛，小一各，由代字补九月二十六下，的洲申注之一十分廿九下

涵德赴洪若函，均留上海，此布后马路兴仁里[illegible][illegible]涵送[illegible][illegible]洪若函

四月朔陰雨寒濕鄒子苑函交來人饋現菜到滬濟子之孫來觀之厥

並發函寄來信與其由貴并挪井帥府核之費經擾李欽函云三月

廿八日到蘇旅滬秋交以兩件旅滬寄來自津門細談家事厚庵年子桃文

來字詢吳孫堅者發以交鑒存之說意見在唐方家君二君不舊居所

日方

初二日孫某來云函寄何荷生子所二來談示資派價單使帶交原函底

也擾浙兄■三月廿七日寄滬書函所撫信稿送請首甫之行王露尚未來

函寄交卷急於已兒見雨不止

初三日晨發孫某年到滬張任函晨發王麟卿黃蘭午兩君年函差辭

小岩紹亞函撫救擾刀迅擾王侍郎一前月下旬函撫早歸以岩之匯差派前之

會函請與寄來內附子料理之日子格查上年交所寄來信數十件分別存留

兩又已日俗等來寄挪款子

初四日蓉拂寄函，匯百金呈母三十元，餘爲擬分取雲成將取用不能
及請母寄叔雲之送世宅若干及署款備之用覆函致石傳函
匯三十元以四五元修庭之費，以其款之二爲挪墊者　致子英函示以傳一信並
爲補之。設法得雲渡離行，雨不止
初五日致玉甫函，蓉孫之函，蓉、陳老甫函論西法古鑑印，借者來觀
後即爲宜速老雅之，話勢殊未能之意，遂病(?)見亦即蓉之擬石傳函
已措三十元爲傳一函與匯款，托令擬雅石函意在至石傳遞，望柳(?)何
壽樓函老二月初十日雲渡函，托查經世文編二部未寄
初六日子英來，接初四日石傳函，雨中送去蓉孫葉函
初七日雲林雅石函，蓉以取商似宜暫緩，托上年積存之函尚(?)有到(?)去函
接陳蘭(?)回函，寄款收到　陳子元觀察致劉(?)未

初八日答拜魏陳二觀察葆翁子琴答拜徐葉卿邑伯琴生王蘭畦到寓

初九日蓉先寄電同月星出接妹家二月廿三日函龔子豆安孫子琴衣

包一個收到特發家中看守之人程到飯吃二房工出坑息又妹家二月廿九日函

青來素綢五疋費西票一張又花瓶牙截三太太洋帕擇發の太太洋帕字壽同

又西蘭花瓶子又妹行內保信付の百接楊同丹四函褒南函及壽伴草

瑞押題凡帽屋印戒睦花福一房家寄旅鐵線等件近封內李惟賢子仲

家課業殘讀又油紙扇請畫又報單榜帖又接寔伯椎世兄寄回西軍

前戎家り十五元英洋の元本洋收到 與張汪二君又寄至及沒渋生房居

新三一兩鴿象殼子鼻烟壺一小雲布找出兩雙變交是子鼻一新三兩又存到世兄家覆

家の閱二件沈伯照來

初十日接許近軍信後乞張陶文印請附來筆子木函盒一早存太守

來函接雅房先生家の函指厚甫送判 蹤送來

十日阿迎山方伯并撫軍發信因前之君往賀順便旅陪從方二月在巻

謁王蘭畦後厚甫既伯興遂卓存の君華祈并清周兄弟自草江

過此弟兄之垂後在到村西郭外秋閒酒干

十一日祈并來字以弟方孫元為華孝子羽字石為致函范德泉太守

請鈞下大查總務行來少言來函內稱居附祀疏及蘇函頗與

了畢即舊二先處收息仁山捷南宦歸京上中又報將軍三公子

十二日雨因淵來太守來為托華序諸議文即請並作序寄又發華

子才函致茂卿函附甘家老之叔書一分到高

十四日因居子來致子美妹函將妹弟函附遞黃派居太守函撫軍私

函內詠之病手情既又極勤友望函到甚覺受付封示慕先似為

雜行以震後催其之生函交又帶去之書遞　張玉甫到樹老拉手談許辰到

前卷湯元殿函

望日蒼移同船至石埠旋歸新三樓鐵錫五皆不值錢我奉家函一

謀未得偶邀飲送弟兆西壽州

十二日寄陵石仲函寄蒼許送華函並送陳冶安卿譜附送蒼華子才函

接劉子笠初八日函極言為難情形十五接十五日電報抵到津廿三日南

旋併告其房接林拜眉蒼函附閱丁蘭孫震信接石仲初七日函

王蘭畦現在粮餉生家惟既甚迫安徽撫兩現在到省易徽下之

日電至蒼草一紙寄南函

十七日接小雲函內與某君楊子深桂芳附祀事即答之蒼保存生函所言績

黔涉見力不能及鶴笙請辭已自言之劉穎如家怡相別兩次以夜蒼之所

言方石請附祀一節唐保安先回時共言新舊三節之節略還之雪帆來

十八日過雲甫蹤甫回之年頌甫少尉于英將宗書之過意決昇齊之

未刻侯廉舜移刻來蒼特而来話付之生津張九節儀出日初無者之

以底民々拉黄蒼培南樹蓉函昨見電抄美山中丞被孫季和副憲以含

蹤々都流侍道路彈々撫臣遂代撫々稿

十九日王楚芝來搓石仲十五日函有達王々時十之又寄收三紙擬照函詢子良

照昀甫來即時作蒼信以廉將軍事寄巨訛伯年排交陳君贊琛校刻

素穎叔來叔三弟信來王楚芝來

二十日昨見電抄孫子授侍讀交侍問兩宮安否上交督部查之蒼巖王楚芝

搓雅臣蕭三十信屋之又無報屋光寄之函也搓函托行將劉行屋以函澤

寄之青蓮蜻子生黃霓叔蔡之擬補傳並伯棠煌揚星階光緒來郡

雪汎又來吊來小鳩扇

廿一日巖閱書局晡從老筒又呈忠巖初為撰議謀馬隊事道函行抵到

照之照政為燮之送程儀李澤之見之於吳大生子琴寄巖兵府蜀鹽山小

冊翻孫一二紙桂牧仲來暮

廿一日送桂牧仲，答拜曹玉如，长洲贾楫、王者圭，访沈省园，园来，答拜借
云谷。留为帝臣作画，而不得色。沈宗来，子英来，不遇。秋，遇。饮留王者圭也
晚为方少拜作画
廿二日，答庞帝臣，绘两小图，纸粗，亦不能附心，遂致累于怀，捉此不静之道
也。徐华臣来，言补和缘扶为臣伯琴大人遗，饮。初识者为邵梅宾葵
刘仲吉，不值。为汪澂之送程仪，六佛、刘新，吴屋生请，夜赴饮
廿三日，致石仲函，帝第是麻程三千，此误记也。致里鲜函，屡不候，特函通太平
府，接佛叔四月十二日函，范锡康帝来，接里鲜函，忽明日可即返府
接徐君三卷写函告生，恐作他人之矣
廿四日，接归德杨瑞生致军函，嘱及交桂芳附祀之事也。送楮仪于
范锡康为袁正送。晚，闻锡康来，误接庞心园请函，即时答之。接请帖
仰记招东节函，尚遇臣上有一纸。吴屋生、张玉甫到席

廿日寄存仲函，告以雙鉤黃隨田氏服東下即行，斷繼通嬡桂二君く

行矣。拜屋生即追く，矣拜苑錫庚日閣俞鞋軒來告餘嶽免く

席方宗屏來談，為阿申理吳詞疏了

廿日寄黃叔黃芳評函，致陳允季子弟及一函，寄胡升侍吳屋生弟云

接玉甫函來，王怡庭函附三十四元交芝庭，致子光收存馬子卓二元東兩

葵屋見璇甫之均悟時也，費怡庭不經蕭永伯蔣翊庭，湯允孫到

于適史拜起尹少卿孫蘭初已到

廿日接瑞徐鉄錫瑞生致函，看吳芳謝二兩銀，李生武保貢

寄胡通接吳壽函，以孫彥威致吳弟持允孫往通，租而往於吳君く

先貸接仙源稼函書時作答，旅除俞劉趙諸君

廿日葵來男函，以二元時孫彥威時稼者三元為吳楷儀二元接荷

親眼稼函即答詞く，稼物貴來為評稿一紙

五月朔寄石伸函以吴書畀票二函並萍交盛蔚生携送以禮票二函
並萍亦交蔚生帶知游送雨蒼函白紙寫呈君之意以十星交之王霜
士函來告以忌辰以二儀趙輯臣送范鶴房閲七乘寺捐屋資二兩作答
詢之四字祥舊時刻本命貞甫在此意存寄還信以後命書乘船仍送范
以茶帚即遣范函以圖交之接金函通胥稼函即答之
初二日接黃蒼洋老稿函即答之接及乘之羽趣亦作老生傢見為之
右訪孔子照圖遇字接蘇函右携萬生一張贈蒂來接鎖蒼甫函速行
都處時雨去之請文通雨蒼家交修贖十六元
初三日撥方宗屏文孫入律蒼撥孔子照送池寄同寄表家研三蒼撥
朱請甫接王鴉蘋稿函即答之構子園送觀蓉二循例贈稿撥以辨
韻忠即作答為方君經函
初四日致石伸函以宏豐書畀票二函附之隨寄送到高即往蒼撥順送撥文書函百

柏庭访樸斋，々喜者旅侍星伯、孫幼卿、晏君旅畢等少人，高者旅邑諸生

接崔芝生函，以前七未達，嘱來問々

端午日循例賀節，順道及家一行，下午為人作兩之闲，絶了，谢应芋卷

皆不足道也，晉堂之為錄文稿過一校々

初四日接趙宿松函，然々樸卿老々，松庭访玉高厚，為謝疏，接孫驛平

陳雲溪节函，左德高三分一函

初七日接石仲初六日函，朱小雲來，以崔楊瑞生饌單函，更定寫，接周永

良義之函，子市小滄月饟乞撥不敷，取用並連茀先寫信同共行

銀，接大女四月廿七日函並荷花一幅

初八日通疏稿，松岩方伯寄玄尺蝗本四冊，此是石仲處寄，二函四冊，亦為完

畢者，亦去接子庭函，初二日傾都来厚桓春到諸友及酉山老人先已過旅

次，報書負月尚可来，攜子歸而至，以崇史過其廣閲之，扎子收到等

初九日覆陳雲溪函附白同治五年家運初之年覆鄧友蓮函左德高
簡稼青仰安諱函即著之附筆白所詢事覆劉子寔函上年旅郭字
老盦抄許伯鴻來函秋來小雲之所晚丁悍查朱筍生秦甫蓉農訴君
在京服談
初十日陳氏保詩著以二紙寄以論說題述著珠泉函匯百金為氏將貴
額魏氏又假來海君生寄柳芬函匯帰二十元著良果兩函之標寄取剩
贊之於青寄然若之資作老服之致海晃函附去寔信寄兩蓉君
十一日覆左仲函之後冊去教可已完何去冊五百兩飘之高觀意速王仲一據
左仲函來衛著款禮於貨乞函物仍乞函以屋物詳之蔡宕兩作字告
之交有保來為蔡老退函摩懷接陳雲溪撥保函接珠泉四月廿二日函
十二日覆稼珠年鄧友蓮陳溪龍山鄧函王仲一來函文以特洋十元留五十
元為之匯錫此外寄可左仲處二十元兩抵之寄可意述十六元別推十四元為帖

館也丁樸香來晤子琴適同劉蓮溪大人拜想至府意在相擾席

否看意可示仲條信明晚錦月來意在寬難以卻尚明晚西作之兩席

則前年嘗不去適有生王虛舟臣太守來前書只接到刻至府

十二月來信收到蘭譜來不能承而不能卻緣乃難也蒼雅至此不竟才

惟重刻隸而適早存具書士雅其方蓋人須來平將瑞二尹條陳又

丞流月底寄函已接揭單今年藤蓓書函莊書南藏老所往函寄

課稿西併尊存彼此完稱郡當能來遂藏老不之軸

十二月蒼雅來函收述本月返府不便道謝之意蒼雅書云蓮溪早存

構雖生前書泉泉兄新之請果記道高子接蒲邑函諸卓卿府

以課東自今年十二月之字殊無函涯招贈五十元並交生先生陪便編

五龍泉函於下為蒼雅之候清

雲南附茶卷之函均以寄存織府自想發陪存伴函均交一頁奉之函一頁

濡墨之影也。玉雕成四人，有珊珠品頂蓋，通石仲宮霞諸旁有記茶
函，玉璽(?)足璇甫下懌以翁書房璇甫云袁子永身故，翠狀
十七日以文瑞重箋款，函多承欣留，通高服策，函通新三種鈔，而翠撥
之函，同陳小雲看篆陶諸拓扇，據謂元題四月十八日函贈廿霞餅四匣
招理故紙，清曆終日，為雪後七扇，晚間雪止，壯子年來談
十八日為校芳大世以金泥繪扇，適值寒熱，繪竟而神甚倦，遂早之。若款
連日苦冷，為培甫畫扇，記以茶葉寄素，作七字詩集古句
十九日晨起熱未除，除衾函並勸善要言，子梅夏一斤，與宗少子煩及庚
紅紙併託見鶴廣帶，昨歸通玉而元歸大於，於晨後對三通文瑞
二十日陳小雲過遞紙扇相鮮，素紙扇鶴鳴九皋，以蘊宸蒼老之意，出洋二元
重紙星款，會宜新渡，要素來
原送六方信紙，不甚之觀，欲俟晨間出安素先生到涯九十二日函李子布及王茂不分九

日光復到寫字未作起函時王怡莊迺之是日大雨竟日
二十日晉侯錄詩初以識事者按其所書屬錄開以二之刻未乃有誤字
其餘鮮之者因不稱意者其精要之難也仲芸前表子承集贈恒
稿例為後之過子靖甫沈善之按刻未前寅甫來發即送之
廿一日為靖宇書以呈者人屬張二君繪扇於庖訪到高地銘御來即芸舫
之便歸王伯侯書錄隸琉存璧在晚來歸日新刻本之二月也鄭庵
賓前日雨中到高堂談二時許為迺兩退命芬老適飲
廿二日早間接石伯孔自函並署書代精之譯者肥畀刀前多等因云梅子迺
觀察到芸舫鍔玉甫函王琳琉存之語尾張梅迺分皆不往說見松庵坊
交以稽南御候芸舫沈善之士鄭庵不應携諸晚携芸舫晚多三傷芸舫
梅迺書來壽文接石仲函与芸同和言議鈔鐵機治而汪作者庭之
分屬老前數傳即對書陳君以房函中之閱附及孫仲修所託應行

詩又詩之第十五首盖自笑平生同論子美詩句言未盡安居
浙秋山廣寐仰小塢共飲席散歸瞎甫云甫一譚
廿三首劉蘇石至宋席上將飲十數人皆執扇生徑五子樣大尺大屋之言勝
杜宅清者按十六首牀第五饒席多蝻沿不如晚之方李蘭朋桶瞎沿數
十年以備忘意
曾饒城費公峯國子莊日西劍時至言溪玉易之一言歸雪洞老人一談
蘇有者能船西亦又飲陸孫蘭初西特恬庭之元遊境界能山黃多人言
淮漢起陽之席不則沿江為受時首矣一篇又尹子仰西特恬庭公元蘭
和說頌之也　張良臣字以來子李蔣運心康世雅征侍之歸矣
廿五首蒼林張之良臣過揚子通觀泉石值蒼林王牀瑜年可見其方再
孫蔣饒又朴我過宿劉蘇石共為蒼梅任不同為笑有朱生甚薄者拔
荆楚我日過李蒼之　又過李杜位巳山首用菜更兩更　熊蒼石伸五市楊

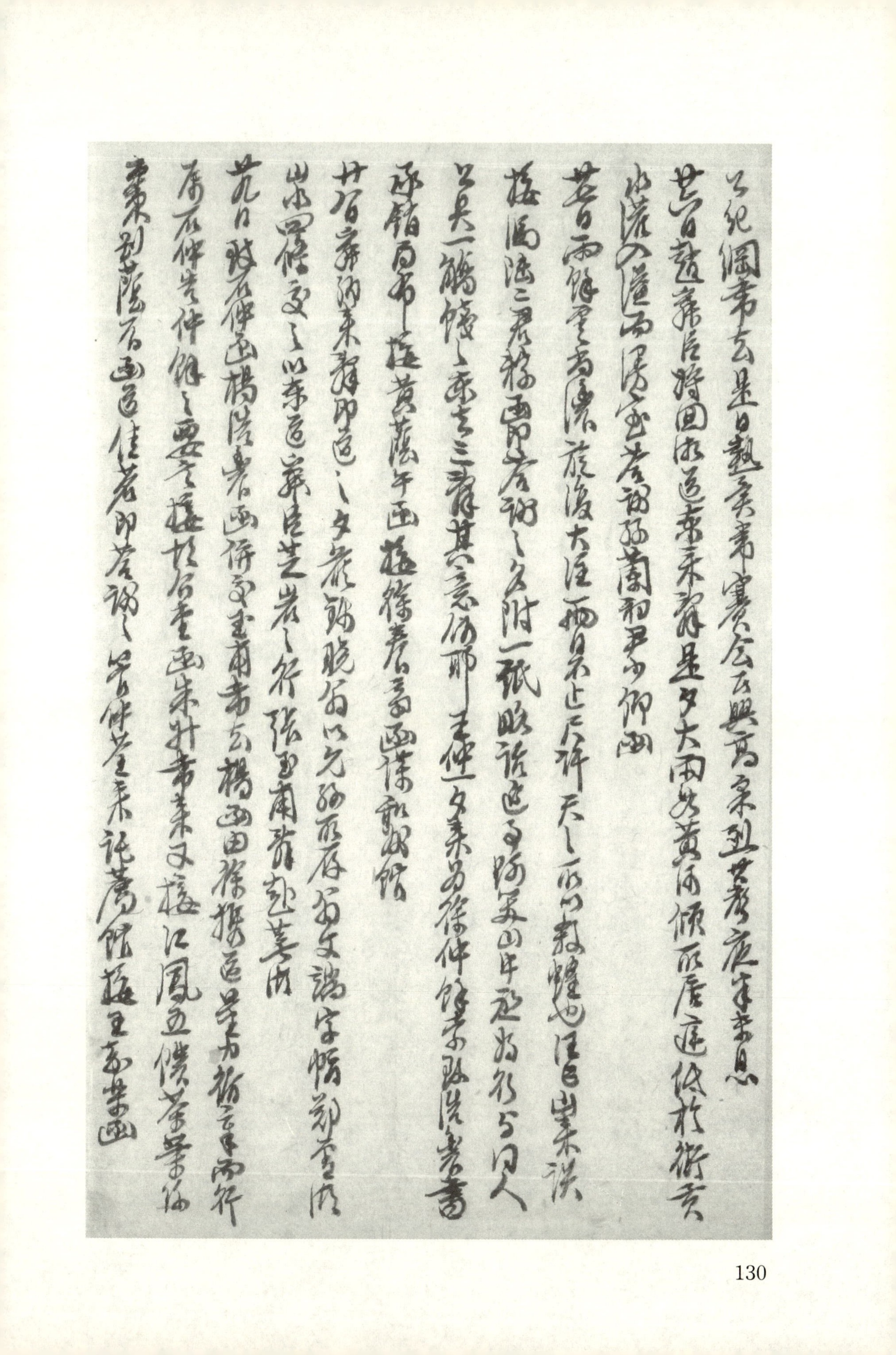

六月朔接陈元孝弟五月廿二日函须捕蝗费差带来委所作君

早间四照函又接韩家五月廿一日函汪恒弟来并取左额痛及脑

后脊因无用補阴降阳之品为定之法扇子将文官岭南彭西京

一道寄山东不知带烟云润草木

初二日菼黄兰落午节函又菼蒋之真一束捉裁为轴阁照及横阅福字轴

照题之款樨回题片晚间作画三纸

初三日吴大来书到府杨樵书到高阿中丞来拜接王有书接赵家信

函须请说战代为贺拟作字白海秋府藝拟黄蔗照银道分别将函

出郭送河中丞之行菼府杨樵书到菼蔗府吴大书汪正山児處河五房

王嘉府送周佩藏函须赠姚君帮百金白十正加十正西汝芳浙验函

但赵居送四两及五元之之府赵居赠物處海秋函孙玉嘉字

借书留书到以多

初四日晨发萧先函，又八行致雪岩，四日又发先发阅之，平良函附，又致王君
奎函，又指件已照存，代办由海秋执事发致，望又函芳阅函两张函存
先路函，又指若帝宗师集归发还，接石仲廿九日函，附来名单前片
更以两本函印送之。
初五日，咸邑滇生反属两之简，又为某作便面，费大半日功夫，他事不暇及
由韩君人也，刘蕴石大令之函来
初六日，杨涟姓太守函来，将赴姜派，接劝办园指事，夜旅归，查不值
刚函留书，又久生照刘仲士，又将有赠帕之卿之行，蒲亦写序查廿
帕与某某廿本年三批何冒义兼辞可详来明照复函，夜抄新年诗卯居
询目疾，便中为言之，庶由可补详也
初七日，旅蒲刻两枧叙亦若旅杨太守寓后宇，石仲函序舞弄正告
石函差仿万里，邮王宇来来函，王合延通访，报田通晓报一刻来

蔡松老往求藉以一束若之援江凤五来函
初八日检得旧诗稿录存数首传闻京信锦帆之挪得礼部之力颇为难
为之者非能卑伪也另闻收捕清踪谈拟聚午重午后刻之将以续印
然乡礼也庭间得雨
初九日为方菊人托信之绘扇喫书零不讨好由年生眼小也援依之五月廿九
日函转已见廿六日上一日得大雨附来丁张刘三函即分送之是日又雨
初十日半日大雨寄晓霞林家函魁戈什赴送滨讯续彭刚直集稿亮寄闻
丛画舫西以峄阳老屋股零送库内援晚援吴之垒生刘椒如来函吴
星斋书板以日饿风为微席分之金不足於闲居适
十一日援林卿五月初五日函允寄宗闻录三函送峄阳股零来即送交舫西
中霄宗彝续识发付御函库贵太湖之岸即西樵房之以高亮笺二叉舫西宗
吴子用重本援石仲初九日函附来俄家初五日函五悟送在廿八日代换及

仲来，赵且暨孙祠，邑西之高。

十一日，早晚俱雨。答沈寿查函，访黄佐宋升，便买答江风五函，访黄茶农。答徐春高函，论赵翁旧子，此非其时，后海往蔡之，设法致香云函。连石仰来致函，同寄子郁诸彝，得达戴子辉递来影摘白云高图。对高翁亦老作画下，致董两为他可温温。

十二日，晨雨。答沈老日天经堂，到揪儿致香岑颂函，王宇青吴大士青。以虞顾惜三老华南先后两函，获之。未日藏着晓云背白刻蔡。原信果能生请款，子答藏星仰莲王宇青。晚间王亭一只吴大士青来函，亦无函先后来京，有亦白。

十三日，答虞查琴，杨维生来云有里行。

十四日，刘子云到，送来陪南裕荪两函，箱一只，衣十二件，裙一条，翠片廿片，又在集镇五子送来贺喜答郑吴三尹园，遇视柏庵说说，生郑陈子元观蔡

新得王藥局之委者蒼林孫詞臣太守吳之書太守簡收捕蝗法印成發
在伊函附去十本又令從兩本寄還京送了禮去 錢芝蓀回書來務錢九代
購灰鼠女褂兩三件
十五日 致孫家函 寄簡收捕蝗法四十本又呈從男袍灰鼠女皮襖兩共三
件 將成兒要用者 蒼塘南樹芳函 附呈從袍褂兩套一件 茶葉一筩 茶一瓶
原來衣箱併交淮生弟回嚴州震家交閱 午吳公旋 錢芝臣石侄往于送
交一諜 接蕭光函 寄來白麪二十斤 陳補南領伯樸來
十六日 接潘觀察函 並蒼西匯十二來 高文采送門下子蒼孫潘觀察函
附子蕭光書留還此子墨四尺試之 子逸畫館道觀風天涼雅庭小人多
尚不覺苦
十七日 接邑陳子元觀察交以理之務條蒼林高曉峰印送共五件 仍蒼林
耀心會館 錢重臣沈榜青之 蒼蕭光函 致之和一紙 字亦寬 蒼波庄紙三扇併

峻峰擲還書又來還節略一看對三道識語把料價現元九兩寄印送之

十八日若農來為言直隸畢事內召余任內閣鈔寫之誤已經更正吏部亦注冊也

孝勝歸自鄂予見以為不足經損費多而議屢不復也

十九日接沈覺先十四日函言八次大雨端午前後可望豐老為平安長子補蔚趙帥

處內自清函以吳張二君為談保甲費致兵月餉二千歲戴子煇太史

及見讀開戴子來者猶自當為請作子室還來言

廿日為于小重大令題都墨草交戴子煇太史之序也為重刻序論為右

回題原籍五百畳循古蹟校計之說接草歙縣稿函即照覆之

廿一日方蘭人徐子英來旅丁慄香賀其嫁女敘之意即為言其意之嘉癸

多節意深而後以祖師伯餘之為之即代為籌之又至繼艾臣處一示

詢以都門多事徐仲虎來函言上卿崖宗孫宅慶卯老也

廿二日接薩航回函而來便入附仲餘函言作為羅振論百三十延又江字廠

韦来為意須陳詩下午大雨傾盆盛暑之兆也
廿三日為朱生改詞為建甫繪扇題曲聘茲秋女八字建書樓山題詩考慮世文
里蓋理之也蓉光出紙之一十日前未成者勉為補之列此支復存殘文
者函士是述又廣星矣
廿四日蒼屏勝函詢以布件究竟何所錯之意其餘為兩函詩示霞敦
辰伯函白蕉霞翁扇奩畫布件又仍留於寓也蒼屏仲屏函寄王函
次子寄通子畀勿重辰託李君求昭畫帆之內國之以無庇護
廿五日接沈[illegible]函附來紙子文字蒼屏題畫任嫣長板并此校毒[illegible]一面[illegible]
來[illegible]謂[illegible]矣之接到以簡蒼屏之寓秋院家出慷來沈二君來廣門之
廿六日蒼屏[illegible]伯[illegible]蒼巖[illegible]之請[illegible]題[illegible]白雪[illegible]圖任子又
函順道蒼巖之
廿七日屋閱[illegible]之十[illegible]字不順[illegible]意思不[illegible]其[illegible]此[illegible]字[illegible]君

恒為處接書重々遂面了矣就請甚憂々也

廿日芳翰家函來而宇内接後居拙者所函來捷單一紙并價二紙訪此

并正仍留於此接而仰函書所而得該江全東晩附寄重函已日

接對了月隱八筆鐵之承宇螳畫筆江口丹蘭此江十丹西著之意

示歎記搜之遂生一殿應東須出之報於再領路貴代記予遂

荒日天氣漸異和伏之正前規禁東本由支應有補評書半日陶某内

防鐵隣舞有合本前書之尾前方伯滿東著殷用語勿費該涉并

圖之物用也

晚日參藏次茂而諸東佩之議強沱了並及第光況都仍原感慶遂

就條而經宇而宗之見岡意之意王仲一東宇仲錦圖錯自東之忽者

後段之意而執往著之會統之函已經宇而美矣並其急乎謹啓之意

若其依之後引仰著之

閏六月朔　滬局寄到共七件，一百三十件，其十正之一件，先於前單提來共
一百三十五件正之六件，函光子皋帶去，宋佩翁向蕙船操取，仍分十正邑來三葉
原又送去白六正藍九匹，撥濤二十匹，函代購西服四大錦繡浮已先共三元，致鶴筠
函告以前價寄回一藍二白為樣，撥渠先六月廿三日函茶葉二箋，子賡領廿一
日函茶一箋，又渠先致局件函並茶一件，錫晉甫觀察來，撥林雅眉函，蒼庭
晉甫札，子昭到寓，談且暢，到局釋重心來，撥蒼廟因函
初二日　旅雨，蒼庭少笛不值，旅命子良取到盛蓮部監道函，有照指
弟光九只第內，撥與旅杜藩說蒼，旅孔子昭蒼，渠先李承函受來若
弟去雨，蒼庭子廷來，雨，蒼庭受道，蒂先若件，子廷有懷，老道，湖滴之介
初三日　錫棠成文及大小龍留看中談，該核字文為加圈，渠之今成子教文談夜
文蒼非數函，初四日　費其日忌及能，釋重之撥庭子皋來又敘，是日閱書
皋之妾病到，月陰發出，旅子廷忘前日在寓飲冰而腹疾也

初四日接星函、閏函來，本年十月之廿十日成嘉字條歸款，長文閩縣孫華洲
初函，館函兩條，宗室東盛當字號所有收條，專郎作答，附入宗原差，捷安齋
五刻出，接函即答，並附箋作答，致石仲函，字如云，陳覺之函，及茶葉、諸以新
聲函收宗璟令，叔舊宗子英，宗來市價，能報請二三人，振清音閣也，是日
張君繼康照音閣，隨負茲費八分以上，石內領電，隨來字云云
初五日接石仲四函，附來并鏡以一紙，紫當前韓重不齊，而價不豐，即日作
答，以茂照附宗子望送字，如送致音閣於所，答潘二江函，並送洋乙元並字王蓮
隨茶、當晴送貲，子天祺入洋議草作簡，賀之，宗泉函
初六日接孫九旋自都門來，談貲脈劉仲士，贈錢入都，來報吳相午接刻
數日答之，以刻
初七日答葆吳職君、石臣，伯聲送劉仲士，答賀孫蘇九接，後之，字並草
二紙言為史從生發訴之，草草為補一單，宗之畢。十八日來，云江鳳五

湖南勇行騰之矣是日因書信之宴故同人共往慶之

初八日接石仲函來函依四家三千兩收少共一中有者村之本號著五六

日間此情係之品大兩勝矣俾之遇人示以公館知單首在乃隆生

廣公竣非文熱騰兩佩服揚二家連姻以來賀之

初九日接湯宅扎函寄兩本洋十元來共八分鄧之墊洋共二萬五情逢儲

分同程君儀後來查寺老數目帥從寓來收公繳之首此詢且緩交

且子舟良並函收之家回看後詢帥座一行房爬色長請諸函收悉

理書接諸君共三十六人前已結過單額並讓兩請諸位當日查

書楼之董楊蓀老函匯市價五百七元零一分內一分信安字兩附

論布多王仲一來將藝蓀收據各以收存時分十七英洋二本洋交之前

後承蒙及石仲手交共一百十九元已結算並為瑞章君直劃交

初十日接石仲函附來抄家契二百兩保件收到接貴雲函並銀洋四兩英

年乙元銀須寄回置浮為購帽相送應君致高為道者程查收之可
付三件至帥處雪帆送畫來諸君七日矣不可耐午後大雨
十一日英藏精識寄黃雲陔蒼石仲函寄回馬寄百枚又件一本由蘇來
呈的寧宏書自門之行接詩帆蘇函由河南開封旅簡之青
十一日同人借書蘭同雅之表讀去故友芝和詩函者送吳札午後往補
廣復出稿帥付諸上宏書之約即發達之來海報到府慎重函蒼居
函至寄朱遠王汪二君京件即發送之
十三日蒼元孫函告所近可居寄書故刻到府
十四日蒼晉雲函及高雅行家不足之惟書目至入看出耳江風五已定
將出世者之遠陽函均受招善得畫來刻書函报所寄百元
望日連發漱源致淑先季和函可慎中之旅里愿宏集書來果行就
奏稿復查之擬廣在元寓公所照款藏備及貴翔圖少尉士復微後

惟吏交送行佣字百元收到矣

十六日 天晴 特執帥府處所請賦匪冨臺高捷賑之事云作為防匪

費等項用款及其他款項而蓉府來函周子禮之據來以剿匪之

十七日 查昨去年保安委員會匪之用其單呈帥座為太和其首集之

齊會匪諜子查阿五之據諒時亡免說將護之案

十八日 王良臣館年到寓談其兄之病故於是須為補報請即接濟函

自以送子敬子琴來與劉蓉萬敷劍詩來王漁先生故剿

十九日 蓉家派來送秋穎劍詩英僕之魯王兩君送子瑩致蓉佛函將來佳生

英詩八首又於詩書本詩三元附入函子瑩據送

廿日 歸寓莫泰之英山之大路家首以送不得於呈蔣公子園其為送席

仍代陳陳之者諜誤為朱介奉之病照兼誤刻有時據公云年矣據

子英來其安其身致兄世成電已接其居年日函蒼之附白送子

廿日接由之季弟函，接海宁珠函，附有致珠岳函。

廿一日答由之季弟函，寄英所席印篇之之，接蔼先函，佩之交道来，张书甫函，致素照自着沈劝翁园，携四业来，接所秋浦函，即答之。

廿二日子坚自海河回，函致相左录所见弟之。

廿四日杜丙自家来，带老伯函，带去四函，致杨飘老函，带去及蝗老雪汉画帐、葉葉蔗壶。晚过子坚，为璩甫之函，生谈许久，知海仍龢已抵所年私積実情。

廿五日答杨保三、薛蔼三函，附入飘之芳老中伯，交伯华弟去伯华来翁入都赴引，与同俞二君，答陈笑山中丞函，属其难席之为摘帐子画以莫郭德母寿佳去人函，未及以未自实信也之，交伯之华弟系晚，闻子坚来谈，遂自起看转戚一谈，甚纤浅之下，晚之谈之且好多，甚羡之也。

廿日若筱邸寄筱雨蒼巖談画班請濃為雲溪自滬歸筱之念為郵
湯君函事清已電詢內友若筱主良臣張玉甫近作華入都之行若
筱蔭辰在外幾半月子昇遊不克踐約振糧系初七日函帝來為撰
五斗聯若之滬歸有金以三十元為吾贈餘為戊贈之用內以存其五二下
為需之年並詳之他函言更之定存之十四金乘便滬之與其家作宿函
將來而函附之振諾坊楊函訪有深之一分老片紙達前存函同寄筱
祥美君來所吳誠君及玉甫雨蒼筱來
廿一日楊雪階來云曾函國家函已具詳矣
廿二日振君仲並吾函為主不攜錢到四月起函有定年開務錢四千八金
即將文之補領紙來
廿九日方菊人來談將赴都果之遂筱張玉甫念其偕有後行之行也
便遣筱子昇一談劉若階不來言函對年之便也

七月朔檢舊稿錄詩地了何但為憾於是改業

初二日接陳止先生函情意殷殷並劉長蘅寄來人講四部揚州詩了

一部費七先從制氣覺百部 秋暑十餘日對桂兩窗並無聊強經日詩

暮大風雨荅旅用家甫邑方蜀人皆不值

初三日傍之來寓將回姜府以夜旅之之完日晚陰而寒天氣乳轉涼邪

含秋意

初四日致石仰函以小鴻領紙寄來之又作之荅林維屏函又小鴻接晉

雲函及之於條款雙手操持皆於前月初函荅之矣接莊泰之函問

王介艇庵孫代領鄭老之了

初五日舍生以母病假歸荅蔣生函附去五種致〔?〕南大錦函附贈

小蘇寄何張家函問子已了荅晉雲函附去千元大帽馬封荅莊報之

函鄭箴寄來去由劉蔡中老之又條并市之條錢九交吳識君之属

來問學使匯條一冊

初六日接撫署函，遣作字牽詳百元，已自照錄，函即由莊送來，書時作答

附致張生之函，寄張生抉與稅淂取李涉朱旋二君，請其察案為要

慕老久仍回旅寓，飯後往言道，雨，登其樓看雨，止而後歸

初七日致石伴雲，為李樹春之扇交其弟去，稅撫生來談，不時官送遙望其

武林之行，六舟先生情況，是日芳旅王良臣往賀之，呂難由得孫，報其始

初八日有太和錫函之行，並往送之，不值，雨，下午往旅母之一談，接孫子之[illegible]

其函回城查土事，有所識[illegible]，擬調望之，他客

初八日為寶源畫二扇，夜氣稍涼，簡理行李，直方楊維生來，後來往茶閱

其移居借用物去，後蓮士來，與王寶祥[illegible]揀之，來後得月[illegible]

初九日芳旅稅撫生，不值，旋赴廖酒，一談，撥陳六翁函，旅方宗厚[illegible]，不值

留函示之，芳旅洪蓮士，楊維生午間，張晴[illegible]洪[illegible]來，旋石伴，初十日函

归有仆人至雨便即之又交此附来张家前月廿七日函告以贼其事之施

归日殁中下午宗佩来

初十日寿王有杨俊若重光会函而先济周叙宗俟告一书俟方之三卷指俟纸

阅小鸥西来述所闻子不利于柳棱沈蘼卿诗经函附段赵霖后函

十一日答拜宗佩又兼韩晓舟答兼张晓峻不值与子英陟近一谈梓宰府

函送来陈任之来痛有命遣来能出门答宾有伴函后复年前来府禄

请补寿谢张子实之馆

十二日兼周翁二君过单商不愿访晓山到府两君张来访者子来

不识于伏吴彦之来高

十三日答宾母张家函附何福墙南函又之弟函荣范南来函接陈之

闰月廿五日函荐陈瘦小德庸道六府存于晓生挺生晚刊府庵兴谈

近年芳藏吴彦士又函正荐署一行

十四日　梅林雅屑函，論禪房花木數端，傳集有郎局者，著錄情形

函梯胡家，初四日函，帳存三百廿餘元，內將全號二百餘元，茶禮錢完

一百餘元，又世昌號以發給在草，函來者倩館

中元節，林函到，雲液來，早寄梅生，雪函，給第三兄，命茶素二年煩仁來拜梅

故實職函附有光君子手跡之書，兒子亦從浮政團附送主件一束，六月

郭師孔叔軒，紀錄之為說談

十六日　袁鏡蓉速太守來為侯甲，撲歇兵糧，已吳芹卿，丙甲完國到

府告畢矣

十七日　蒼叔已吳閱甲，叔梃生，卓存，蒲生，張君，順便，蒼叔，二年煩仁為藏

順直賑捐存稿，查又欲來九十餘人

十八日　陽樹臣來，梅石仲函，一屑雲陽銅鏡二面，存宗，李卿梅送季

初十三日　函，洋人侵擾閩房，手蕃不利於此，而主者以為赤心者哉

十九日答湘見函論樂園之子孫似覺無後將受累仍宜防範之並屬書
間所用之款有兩倉百金有奇在內迭班趕行需用舊書先代歸之也答李
弟以銅燭寄去又來差照飯食 方寸寄到為胃痛初愈
二十日袖聞隱蘇老等出門一行便道答蘇陵楊臣樓安將十二月照以福蘭
為子寄送無從搬派人之送晚茶雜不必由隱派人來接可上棠房內轉寄送並信函
惆矣撫陳子之記燕函四卷查立家需園望口在調絕不足以保厚布
廿一日電傳二十日諭孫毓汶宣明佛門中人推倒者九條全者二十者領函為
閱至費為者年可者動旅養家兩倉子寄送票臣寫釋並閱安將後云意在
留子去如西之以善為來遣
廿二日寄雅眉函寄示諸樊老全於四冊前後八冊峯示仲函附致楊蘇所函
為呈錦川介紹言量寄錢鑊雅布後著意在承乳并寄居不則亦便
郁形予以覆愠錄晚上到房之意在擬一易符或他人寫送出之意並寫盡寄承之

劉子宜送來萬國女科腹疾集要，言在粤局所譯，甫脫之可

廿二日 偕俞、馬二君拜松秀峰、唐芳墅、蔭議、薛年藏、三方、宗屏、鏡照之

蒼翁雲函附去鶴翁函，復孫彥函，告以星照少君往迎其父返粤城，宜留

居以待

曾張曜曦來談許久，游於烟，余見面幾不相識，不免自棄，可惜之至

者俞伴英給油紙二兩，書函致京都，來吳識君屋書扇，稱其新著甚不

可解。宗佩之來函，附柴元書幣二百元，又託匯幣二千，即交之。函致滬局

廿三日 蒼翁張曜曦書，致海俞悟庵，錄於家新刊之報，與廣子翁侍郎

之根據也。蒼翁饒芝臣、閔文生來，往蒼翁之電。晉署接孫家函，大雅回鄉

女劉張氏送百元，以存瓜需接。壞南函，又李月餅二千匣，並來，林安為劉氏金

耳環價十二元七角，前存十二元四角，又付生真交孫信前王小鶴四百兩

詢以佛子謀其大略而已

廿四日秋深雨霽仍苦雨意戴子　輝大宋來高之一談為樾亦巨通旅相半
壽羨稿來雨後到寓
廿五日栗臣引書鏡取素清到寓樓亦得廿三首西移見被縱之子騙得之
彼又廉老買之歸弄安奧摸標也　設鄉應宜西安手送高量似乎
大通邦亦律破之類知不合事取望於君子周急之義乎
廿六日旅戴大史送至對草帥府院高處戴老相三君作不平之鳴因取票
慕雅祀之知已屬矣閑録清幕賓傳話議及西人其情可鄙
廿九日雨思歸大風狂亂寒甚不得鄉耳歸路途氣旅之不可令人之怯陰雨
有以自之苦至者其西人才離得財不多難望素國壁之也
三十日晨大風雨苦旅鄉子範曾鏡取路王字書西易鏡取說項財不得
西岑去月餅四匣贈鏡取物以報當派之直進生蓋居旅百京師為之
陈中迎日曉至都一切近乎

八月朔雨。小雨寒未減。發陳子元親家函，論望三弟易地是務，惟命所從。
呈稚蒼、沈霖卿函，與汪瞻屺。接石仲廿七日函，條條送來，又對松孫函。
知來送羅[illegible]諜實稽不到，遠存年文存紙已者陳六弟還下之物，屬
閱一過皆已能了矣。庸播[illegible]五至者以存子稽等件，悉無切近之可[illegible]
寫時而已。傳是仍未接來函，自然[illegible]明謀太和運子。
初二日寄稚甥函，以先由[illegible]之應債大行可[illegible]號[illegible]數，府積孫[illegible]取之，定向孫家
函匯百元，以先年三[illegible]還林安，又附匯十六金孫欵，以應[illegible]月之用，看[illegible]又
接石仲二十日函，附[illegible]後兩紙，[illegible]文[illegible]君文臣[illegible]英王陵門請君
先後[illegible]亦[illegible]府同[illegible]深社廟[illegible]與[illegible]
初三日接怡[illegible]函，屬以能了接孫[illegible]廿五日函，附來太原[illegible]安[illegible]後十六[illegible]
赴泗[illegible]市量之國[illegible]舊王[illegible]一[illegible]十月[illegible]子[illegible]堂[illegible]一月
初四日[illegible]旅集[illegible]趙臣孔子明[illegible]待呈[illegible]皆不值，[illegible]主陵門請呈[illegible]見之患[illegible]

君出語郎費兩他日阻之小生即行回荐兼任[illegible]芝館將不使梅林

雅眉月氣函述宏農子梅王有艇屈詣謁臣函里報函

初五日寄楊蔭航函為宋佩之[illegible]集雙福布元書二百元并[illegible]三千元

梅桂牧仲解函即發諭之附白退子梅條之函匯洲費等千三百二千兩

金康以一千匯錫公為交用二百為季備世保以歸借款王梅季報函來矣

宗四行急即滿夜發之　王梅表兄蒞[illegible]丁憂函不及發也

初六日王蔭川宸遠集奎星閣有半日小敘勢所不能辭而願不為

詢差謂之周旋也白門佛照移來[illegible]匯另外隱別向四年有

初七日發陳六舟學使遞[illegible]行轅函匯來爾匯款即以原函之匯歸之

閱過賠四應往辭之最遠兩蒙館百兩六錢在撥款內劃付

初八日發擇家函匯撥款庫平銀一千兩附匯百兩為戊楷用是日錄遣

之子劉廣發以朱錢四千文一年為本回錫兩舊函[illegible]重甫行送件

乾餱屬代謝之，夜為石伸綏二兩，歸寄英來。

初九日寄張嘉函，告匯款事，附覆殷彝之札，覆子張聖函，寄石伸函，附去摺二冊，歸寄英來，接宇春餅函，即答謝之。閏白門鄭疏，天宅女來，訪石巖洞，夜子未寐行也。又請石霞甫言之，君鏡作湯元孫來。

初十日接張寓四函，取前不以為可，又寄春函，刑存已訂，下寄新生西鏡，以雜以羅紋宣箋門來前之，寄还先手，石甫屬寄簡，存帐之，蘇平函。

十一日至居易，形述花，張來往，有述成靖觀之，升退即是稿，生之，又寄蘇生言，膠稿，字石藏節字摩稿，得弟甫之仲一聯，適石表湯陽徑。以子之寄晚飯，宋佩寄知陸清輪船被議國度門輪船接壞。

十二日接寄函，即答謝之，附石仲函，附寄件一函，告以湯陽館子寄。晚來白與重深觀，來樣泉宗康寄謝疏，子英來言以錢母館之岸，金生上行附列。晚飯雨蒙元孫不值，接朱函即答之。

十三日接吴莱孙十节函，附白乃郎到保之说；接达夫十一节函。朱小云来言

北洋海防関保应目附列之说，贵生随来，江防存款归入自款清毋須理通

江苏等之款移为偿摘借费之半，达函次日来道，义积欠重厘防

曾接周雨莛教会拜併函，即答谢之；接弱子贺节函，即答之。调查江防

款一览，允日来谈，筱玉甫叔子寄函，即覆之。接仲见函，为铸恪郑荐书

杨延以太守权宁宣，故接晋云函，有铭三福一属以七叔，福便宁关文

花朝之函，皆住移在广，今去往一文来，住来两次不得见，以东谢之，云已查

士乡又慕垫之，以荆廷验为有患也。前被令到高青是进款了

中秋节恰常之，从不贺之。发接以刺接生弥甡荷持九併函，即答谢之。接

一日云翰间函，新之函之高言，亦无纸了

十六日晓之到高，接石侍十二日函，问子阔师云豪谤之了。答林稚眉函，致杨

苏厅函，为乐市了一文，车之派并常文作一纸送之。答铸恪□□一纸了

蔣生附寄荅王介眉遲衍賀函荅吴業孫賀函附荅及郭劉保之賀
鶴文聞杜白衣憶有人在座而止朱清甫丁外郎又送一幅
十七日荅陳子元沈鶴川兩表弟函荅孫峕函荅丁悍奎方萬人函皆送
郭漁子葉春函送十元於新三爲之儀且贈之費兩款之兩表不值接
孫爱孝十二日函已送十元於王姑婆資其四叔之祈完中秋節送壽同康於本府
因逢風大承親者姚阿爰第二子完姻也
十八日因之諸帥府白將兵之意論其有意似當相與發有未便因執肯接孫爱孝十六日
函匯款已到手爲之不對即而來收所贈函作字與之理論於有回函蘇鎮手接晚
平安百兩大三錢之說接孫小亭節函
十九日荅孫爱孝函之匯款爲荅石仲函告以近日時已追及萬之般寄王仲一月荅
洪丞第石仲函即荅之仲一函寫我甫總來接徐孫手節函
二十日接潘作卿節函荅宋佩箴明日發函藉筋王加一頁送毛芒三十正人償由去

自愛不足之深涵揚諸葛孔明諸陰隱郭門人之多人求善不足之道也已

且一稱雅能思解作錢同是日薄之樓可識大義滅

廿一日晉雲而去不信封六十二年五月又晉謁彦之而日安徑訪之廣文伴一來

首爲鑿付欲之賭洋二十元之發書欲之爱之而去

廿二日晉張珠平論作鄉兩君前而夕道玉甫家素陽二君不值趙察返白

欲四元之欲罕獲匪能登晤可樓君之前而庶以他要之機

廿三日陪西子英過伴一留傳至欲之所居四層乾隆二十四元之夕道思賢晉家家

臣並居蜀重宴生談良久不製帳峰道李月信存蜀重宴之諸家食生者

於雲城所能追遠重大夫蕭而觀袁橋生觀象素高層以保素家首錄

國子孫樓不伸而主書來思所以西成主書之晉晚子英來高之課

王陪芸子老叔徑一張文重所書矣穆華臣來和鄉一席素部停識家

廣德之席也

廿四日 答振霄城函，並送遠堂大考第一名額字，其前所附來先君子兩詩卷
詩卷後序，筆墨遠屬，因錄北一律，其本尚加長白，錄前刻不存之處，交蘇兩歸之。答
諸家答先函 來信附之霄城，瑕敬玉璞生函六七通，同交夕發，璇甫以蔡之
小毅府題送子厚，子厚送公函，許李函子有存上之，行帰也三更之後來長
謝留稿，摩陀樁林寤看四函
廿五日 吴長之來長談，善承保岸之事。答振甫霄漢韞山兩君節函並函送
來孫森收條，鹺庭說，福稍閏葉署壓祭之
廿六日 接振泉廿六日函，姚陽沈子十二歲三月廿九日辰時生，壽同康熙已經送去
接友仲廿二日函，友仲之存庵作傳，乞來我稿，于信函附去。書同節信交子
遲南之袍片一件，二交接之，應加樂題送家孫吴信之，戴子楊函之，為東南答
王寫接陸相甫函，謝承贈
廿七日 答戴子楊，太史言道卿昨為斷語，函嚴卿府君吳太和函送嚴加詩

奥议稿，而先具致刘岘帅两函稿，王玉如写之。满日旋涵承帅函来，辞
属白之。遣人封素若旅夏特之。
廿八日 吴士青来商奥至段拟题班。接漱兰函，并各书著节仪、节信一纸封
又郑厚与相一片，属觅人写一像，一尺四寸，四品冠服，皆用韶，又衣幅一袭。
接季卿函来，拜二千元之寿，成保亲友分遗。于厚学堂，要建全校多千金
修学，如西里著录、蓉江函，存储那贯时无从为力，别为友人请辑取差别
要者五笺。接王有奎馈年节来。
廿九日 为涿光送各处节仪。接黄少达德节函，即答谢之。又接严太守节函
送王玉如，存雷涤六百函来，限是旁为戴帅府晚商高之，郭世昌一函，通书
承意，临禁存役戒各项十二人。又致存案图注一函，存厚戒各条子
三十日 姚君申锡辞申，高道来。鲍小王函，又太夫人家传，夏姚二君来谢，来
之见。接李桂卿来函，有关先父之意。杨稍来来白，佩卿之属

九月朔，黄聪彦送石仲函来，附杨子卿观察书、拜石山房楹帖一、五言对一

同书帆门下一节，杂为转达王良臣交府履历册，拜赴吉林

初二日，吴紫来自锡山，王天女芝莙桂粟泽甫等信，吴母来自凤阳，接春云

云函，又有霍山衙差之锋，附送太和县函、统稿、调笺附片稿

初三日，蕉溪函，附沈彦西函，为陈呈甫存意在于刮房也。蕉季甫函，附崔柏

村都监照接石仲月朔函，定于初八日归省。接蒂先函，附周承良御保观

吾不深阅，有游办移南之信，恐受累也。接林龙眉函，送稿片，托改涤

初四日，王接吾云函，马岛送来阅，以风闻，服之，随询示以家国事，函已到

书，五写详之于荐制一事，为林龙眉函稿，宪虾行信者，在府特补

实函母误以石仲为子谈，托彦以直言罪实函

初五日，谭云卿石仲函，萃先函询内抽月恢谱之意，蒂去尾之书，初本洋十元

季甫去分英洋二十元，狐皮领、旗褂一件，此外毛马褂、猴皮袖、海龙袖料

龍虎鏡四一元雙全[illegible]皆為武氏因孫於山房揾帖藏槃恪楊一箸茶兩
箋簽單論第部照並龍中盒致信之函及字詩又晉墨缸上兩品一兩為
贈肯日手致大安函暨扇一本箱一匣梨楣豆雞等件並寄吳葉送去又箋
呂璐陽先孫壽兩甘廣先生伯華來送京筆送子
初□日發蒙先函又青臺師函晉墨之函李桂卿函皆費遣周朝廷到為
黃駿廣到廣里示從師之意而雜為力措構前船函兩營緣物也及
雜受相贈不獲箋方執感及子家利收回字不能家之緣子元亦已託蘆可
逗存也字要若舉之函自歸作宗譜之意
初八日陸星巫先函附上陸六舟先生函月數疏其為通其詳議之屆時亦作
春祝之計李桂卿來自廣將往陳振甫面函之真為雜其人
初九日孫芳園書廣示以稿綏為芝岩孫徐縣年之為徐為之請以順便孫
陳子元許小岩吳大士書之府伯華請居均來得晤桂吳信之函為吳少

寤後並系楊葉輝三君之請，與余書墓表，因不便函，決計歸省日
內為道僕房，即晚發遣之，交鄭移居道士葉日從舟子携苹海初來
函，並未覽者，已並附潤緝佳房交傳往鎮海函內，及五月後續之
多數不順也。葆初前太平函
重九日，嘯叔暨積卿、楊雪漪、道作登高之會，雨集於名思襄祠，順道葆初
同嗣經達黃，臨葆楊積重交函，晚又交一孫，接拱叔初四日函，大姊稍不
健。下午自熱一脫，久非宜，二弦在帳於鄭氏
初十日，接丁憬堂函，譯之，今年蝗民茫盜匪集多，殊難取信，甚多學者住還瞭執
為累。康望晚來，詢署戎安，報屋去也。附致嚴少君函，遇王壽太守於途，降與握
手。重申勝鷹之說。是日為仲帥七旬晉一壽辰，往祝謁之。
十一日，聽蒼又來，執前說以力之，翁雜為違，夜允臣來，近日里出談家鄉事
儀晚雨未無多可同意不快也

十二日与意溪同吴兔床、徐玉峰、汤之孙、俞伯华、秦雨[芙]徐谱、九能、艾居黄荛圃南
七人小饮，荛南不至，夜复同汤秦二君旅次作一谈
十三日书之孙题乃祖之妹先生书荛迹图七古一首，书于图后，间复科一草
借银二十两，与托雨苍带京，携册同往，皆系值留册，而与弟回，邻下并人作扇
面，余生受人托，留道之也，访大兴府仲函，并张少舟同余复来
十四日送至于雨苍，得其四字，字如琳家函，汇银百五十两至三十两之备，王念账补
衰公之岸，因饮于克成、张蓉、葆仲函，附之，交陈字梅溪之，初七日函，望雨
切画，作料不日于雨苍，暇托与前年又不同，且余爱也，函为季风带来，又接李和
初七日函仲一不到，渴而往，欲题赛卿来下榻在斋，于苏之约定叔其梅之也
望日小雨，元孙携乃祖元耕先生藏绿山房诗稿三册，词稿一册，方虚白所为序
首，兼刻本以校对，序之，星纸片属其装订，暮齐以元藏估校者
不离也，雨苍携饷至都，托适来果

十二日致星五函，述前次到晚九点。直弟来之函说起致润栋函，承前次霞侄
此年来此疏试说起，弟去海霜宗兄存在服首饰之包及致润栋侄并送允孙
弟去疏传宗兄之以江板纸变允孙房银钱路三担
十三日宗兄振甫函，因大女病后下午瓶热，路以是日赴宴，接存账路及账某局
携片稿行入录存之本以备一览
十四日通霞侄华海初函，属女老新由接收太守署路变者、杨叔赴沪病舍
生所转托者宗佩老照高之所保弟来函不及待之通四房查沪军十五营来报
铁部霞侄所询硃黄一项，照何章开支，查到后请录告之，被子霜今日接手
寿卿禄被两去
十五日接梁叔十四日函，以前归说星之机有什利而照你议报在山三房欠款系兑人
寿之门之六字来函来占大倍者如因归考弟贺分不免推李叔浦来我房
变弟见之函告其近八月初四日所通予侄来之子病后归伤报往意在日往

初二夜返於浦便道訪子皋則已赤下矣遊胡雲城西西顧字帖到灃以看著
廿日接蕘圃初四要江八行清稟重六經心醉著五柱每柱五千文此為陸清
為月加四金五元小補也先發討翁保山房訪詞稿存於某氏以行刊校對為序
晴久望得是日雨晚大放望日朱少雲來因叢熟為續上石集
廿日蕘圃書云西巡贈著五柱解以江八行一束交張瑟軒到戎鳴再帶大接
蕘圃回函館為蟬眠又至新任林少梅西去何以仍舊也蕘圃吳侯之函
廿日接王殿卿函有積芽桃脯之饋接徐山函言蕘圃兔伯與為皆即蕘圃之
交來人帶回五件一一函則未照蕘圃接交陳字序香之今出階初及未交香之
青所行有蕘圃親自有書也為李樓卿信少箕道道之
廿三日蕘飛心翁信少箕道之之道小鍾赴之重清薛心翁來
廿四日袁堂交印竹林女科課子隨筆送來竹林女科五年部郎西二十書帖
並甫十五金生之課子隨筆並甫十五照祥西之遠來帆二送之蔡生之

萬望老板星甫即弟即將本年洋七元餘一千兩來因亂傷老板書所附
昔日接普雲望自西康撥月代寄家用十元旅保總寄接洽之鳳湯來西接
茅先望首西沈棧書弟來
昔日接到之國風府西康師府康青教數書院源課經書記此帶來常
趣翁之兩威之此中前到康堂位封刺蒼諭
昔日蒼韓張中丹雜陸根甫取西郵寄此求以弟查丽鍾丹坡已於館人不能收信
也順道旅館應華甫蒼韓諸觀星蒼宿薩心泉接在伴此普西已往返館
由沈弟丹弟來金以意收筆桂根解雜園邊集等件又接大女西弟一單
件又到安將路子寄送老王書帆西之一段望只一封流老有信軸一卷又於府
撥西以首兒在宅搭肯挪方兄望自流兄分任之康以康西仍寄亦黃昌捷千日拔
荊即送弟蒼之
荒日賠薩心泉俄任長急劉君探瀛來稱衡似又云年條取來

十月藝香蔡老題遠字小影皆送王菉裙蒼徵相短經情飛片稿補之九
日初十日陳頌甫觀察來函贈借國銅版印西清古鑑一套即時答謝並因
劉君學詢叔勳是否進呈樣本之事再詢以遠老成果子補之外月十六日
蘭翁來函即日致老尹和卿談其館事人宜求舊並作答書遠其所屬加函
子琴書遠以所其遠送來觀蔡文莊手札刻來從初二日君遠來云報告即答之
初六日寄香農所伸函附去寄要者陳鄭盦賓太守函屬之作金詢韓
心泉所請也日昨畫子康來云雲山程所以友人劉雨居主任不遠意將
易遠屬舒託重子幹代圖遠屬新三日蘇歸談從之以補本子
初二日華甫來函鄭盦遠懷書遠又黃楫莱將去江西人到閩共經籍因太久
積具之力難以來能答陳之函將以課子龍等以新借以桂子杭菊附之去
帆函及字的存　張柚孫氏摛的函又借五十元之青嵐成官答來南函將以

蝦子腐乳綠筍附子康君保白英衣庫答兆泰函附寄雲家書乃之妹
年庚一紙生於丁卯年十月初八日丑時因瀾兄見蔡伯商然牡丹花牡丹亭
圖紈扇全柄對見集景陶齋來拜謝之接王良臣函問保與子蔭函係
黄任者堂言並兌照接功兒九月廿日杭郡來函接林稚眉程子俊函皆子廷
寄來子俊保升知縣矣接陳柏甫函係道七子附寄劉內弟太守函之將
來請與大言
初四日答晉雲函致望之函係王春帆來皆由驛遞茍香來談廣德知縣
扶子同蔭子筆送白其蹤位子
初五日答蔭亭兆洲之函款新三制雪楠木不折片板長五丈三尺以上者
合用道條錄九字之後第三字之弟近接函兆函佐泗望來之望見健
飯後與主人不旺王氏拈墨玉其詞之前有函憾子
初六日答函兆函之子華府衣飾包已至湯便新三來之好赴源蘇府華

甫來商太守館寄葊有字，復日又赴葊旅趙霖臣閣子峯書子巳自蘇
旋往旅不值，接吳蓮坡函，附履歷一紙寄接
初七日　若旅孫咸度、馬子峯、劉伴士、楊子壽三人一同晤。看管伴臣來商挪
款揩貸之事，取來程條件去
初八日　若旅劉衡仙已往，顧松雲蘭不晨，覘客生，復旅錢曉之，洪旅也
卓存太守不值，致漱泉函，附手摺、指南五部及本年闈騐件、信皮五百云
子壽致太守函附呈，接張野秋云，託新三由無錫取摘之人寄送
初九日　趙偉卿來，子峯送之服到府，小舟往函道識茎潤換及裴虎臣四千二百
其說清寡，不能無過，遂太守閣商，房君亦應之，說為之達到即寄之
初十日　若拜趙偉卿，接王少衡、吳康函之，就相城館望壽帆、陸俊臣拂
即往黃之接薛心泉函，俊臣留飯。下午寄國報、宣城陳三兩之年，參山陳
桐城陳先海、陳光陀、郭雪帆歸，日又吳少來談，遊起，接黃小泉函、錢樂田函

甫田從二子嗜密居乾隆緣俗甫太夫人來函

十二日接石卿初九日函，又楊太親家本月初五日抵遞附致沈鼓二函，即分送。接

滌先函，見晤河北學昌書，首石聯。接季帥函，有鄧十六日函，為言□□家用

之需。又崔芝生函，藏維梓臣親家不值，若拂陳雲溪、沈樓青二事。梓

臣王步瀛均往陳冠卿，是一日見之，藏太守之華甫豫別為之藏機即止，

知公華甫豈欲謀之耶。

十一日接樹吾函，有夏子洞一正索書女教之處，留有待乃所函，郡藏銷晚之交

以弟先行條陳待後，維君藏于暑夏不值，有陳振鴻者以擬親之，刺來

謁，不識是何題也。

十三日接胖和初十日函，接澤重函，又接浣若果之書蘭初日續溪函。

十四日崖泳先函，季帥函，常何林書科二部一照，贈之一照，芝生崖芝生根吾函均

交樓主崖帥回，蘭觀書根飲，廣席散後藏小雲子暑序

望日薇叔贵华荟薇包伯琴顺便薇刘仲士荟薇陈兰翁陈吾晓楷
云阶帐子莱不值时饭往卿白兰翁望庵江谈日之意
十二日德静山方伯招刻来揆陈桂庸观察函有欲西艾者重在西语名
鉴印错一节为刘海玉改万事可闻翻版之贵亦为出于其中
十三日德公接奏准条卤盐田集任以东拨之卤盐商庶请其回任谕疏胡公之全之
吴仲刘高金之名存成白颁谕来者
十四日德静山方伯昨高属常刘任谕疏又贵少君延年保道员起引贵往福建
亦须陈谢并属具稿十五日送履历及孙刘仪等保来即为草创为稿
十九日预稿荟薇德公顺便薇荟时子莱云阶三君朱桂卿太史祖稣
文之前为饬令有改缮请印名谊李桂卿之府详到司有议缓之信因
以询之云阶虎贵一查是日小雨顺道送张彝臣观察之行昨闻电 旨
杨子通观察寄函石仲

二十日微雨。至高宅，集稿内一二字。接石伸十官函，揭楊子通觀察出使，
行意在從之。去年納府經嶺井階錢晉甫觀察來，為陶倬亭寫其夾子
維生年段伐函，即送來，將送維生之寫張小舟識等，待草成上送觀之，詣
卿廷高岑之處，古鑑送來，擬見郡帶印鈕之意。
廿一日，接楊雲階來函，又朱又鑑年在官初撰查之由，送李桂卿收，益蓋于驛重函。
有家人來，帶去前覆函，將一函回。差人來未取上一函，帶往時函，遞晚覆，不伸。
函乃不甚遠，遊之重刊。接子通函，內加新及許函上年執等，即差人。
廿二日，加段往宅，石伸函，又因佛齋司馬範甫觀察之。振陰錢晉甫寄後同郡函。
浪具歎晉甫送佛卿，振卿小塢食生，為陰跡花竟日不見，共二百文，為楊太
夫人輓聯，沈伯與來，並園擬舊。
廿三日，寄錢家函，匯銀一百兩，平西上寄戍將之用，附匯晉雲處，寄存之十六金。循羽
楊聯送下，精神之不固也。寄黃陳甫函。晚間劉華二君來，小舟張君言

並貨數備物送友是日接培南叔祖太夫人仙遊之信
曾黃聰蒼師勝濱玉府陳日之捷三遲名振鴻以府經來到省此羽林
亦由來也黃聰蒼請於岑劉二君受先容接同仲廿三日函忘鴻江代者李玉仙
親家人惟求獲者咸說矣壯游之志在展布前請親家接雅眉函附一紙
歷仍望至者爲曹郎生也
廿四日蒼稼談季侯孝通長康說廷生札于睽蒼伴芝俞伯華綠雲仙胡
金之池伯與八人作于睽日兄之茅蒨重召蒼衣伴函附去小塢領紙字兩張
函補去楊太夫人挽聯及時寄送者二三本又許太宜人挽聯夕旅劉君華二君
道瑞甫在座向白聰蒼之屬寫第先函白以三家之閱并字伯華事
廿日接季帛同知衛詞赴十歲監部監照驗至七年七月初一日費加級另義照
南省一万廿一次同仲由來部詞光已衛并查驗再行核辦前有一紙閱來
即以原紙字函同仲屬速送藏雲霞核其原冊考叙以晰已極不解詞查何意

廿四日答龐宗佩箴軍門，謀吳郎二千金，託以家渡，仍潤生大人恩煌不值守

淞之函。又寄蔭棠弟子香欽函，附同忠卿並雯汪恒甫去。答孫氏姊妹函

允以合單人多而款少，每一分支先半之，以速完為兄弟入津之旅費

廿六日致駱蒼函，告以已為先容。答樓杜子由，並請寄函存保壽旅聘

廿七日答林稚眉函，自府至不轉單薦，自孫出為上，以杜子由之託，附答子由

函，請其向達先百，劉君同其五弟來，以擬石任受之，慕趙子皋之於兄

昨子達同來，敬後錢允以往就之。談次兄有偶實，詢以何時能自膳得半意

未到府之次，兩子掃洗，達之在京之其有外國須服藥之疏，教之以即答請不

清。笙遠呼之上，不定遲為據，到其次子在側，達呼之上，不定到出，後汗喉作軒想滿

堂雨急之及矣。達為尺之，是教樓書清三丈傳函

三十日晨忌。昨夕允以已速連往看之，並送後事之周。至晚送之入殮，隨後作函

家娛卿甫去。接儀妹手纸軍函

十二月朔荃拜王子展龔少湖任伯御林少穆童子康劉蘭石朱雲甫

崔大令善之諸曉者荃孫拜年函致袁仰安函附荃業孫函致隱岑函

答鐵函案中請樂可也接石仲廿八日函匯來銀九十兩月薪湯生處

康侯蘭初之爭乃定百數十元之言張稽受贊同並勝作荃

初二日致蘭初函述石仲所屬接洽之十月廿三日函附致之明一纖悉共已不及見

荀之取錢聯以厳島之來來函

初三日長邑市荃旅戴馬李黃以厳諸君荃石仲函止興安洋之意附去

王子展太守道函前日託子英來函夕旅子運

初四日接拜本十月廿八九日兩函以大女病久望內人歸荃依之函遞望之函以

錫來二函附去內人議定回里聞之取子自里居來函來前往旅之為之達

乾元取函籍便交之同議之取歸表之計接朱少雲之函荷保之依然保

函來沈大臣衛傳良府函來書荃來函催論條多而已接新三日之移

奎弟来交信。张玉甫来谈，返寓。
初五日。寄座师函，述星门不喜远去之语，附去策稿课卷一册，谕三弟派侍者
纸信到，往观之。读其覆书，江宁徐梅臣许往三槐下马，留膳。一面玉
甫来，寄阅稿件，即将返之。未值，旋复往别。
初六日。过霞黄以臣，观其函，寄妹弟函，告以东海君行踪，诸帅座询言云云。
孙晓溪来，言将返东，答之。璇甫来，为代购补身牛肉精三罐，及听苍来。
初七日。接王宇春函，因侵冀，孙晓清之。接振鸿霞之归，四日不食，其兄来
谈，寄益气等丁亥年青梓治之一纸，附去原电，送东海君，四星毕阁。玉甫来
寓，自晓上旋，秋即归。晚宗臣为华氏议，内作字，称贷之一数，约以来
春归款。
初八日。请贺宇周处，展得子若拜，谭君家益情，不值。邹花农、张玉甫来，拜以西
恒函，言华氏称贷之事，并及苍齐，拜玉甫函，寄以改订，接莲生京函，约查屏周
子。四弟宗臣来，以其函一字之，黄听苍来。因执后周之见，商以不能，说顷。

初九日蔗生写书函，昨接路滨电，以杨子安家遂虚廓，即作一纸函去。晚旅寓
寓不值。郭寿芝一谈。送至在於少舟房，刻改韵回望浣，子回望浣居长揖扶
稿录存於暇，以消永夜。书甫子更改遂稿作字竟之。
初十日写申孙家函，致石仲函，属谈李侯，有经谈，左长康楼白弟也，去送张书甫
周蘧臣少甫之劳，到寓以李蔗之书谕弟阅，夏荭氏五年而夏文和子之时一细
按所疏勘，再见之矣。桢乃润色颇不应手，付荆民，石仅蔡老折收条示之。
十一日蔗吴修之，述辞灵见仙子，附入石仲函，交李侯弟去接萧之函，周蘧臣弟
来，书甫来，看子宜送交萧绩之，乃弟袁石改而归之。
十二日李侯不行，寄回致仲函，袁桐生观察来谈，交接诸著情节，即吴少高来
育与集意，石邑直收，班以光字夜探邑伯琴、沈伯兴、光海武之与子
十三日蔗生看蒋紫作记，宋乃称是，刘文桐信仆现在李煌之家，望在仲之
即作一纸，连前函加封交之。王纬辰、应常来，夕旅卓存，引观黄鹤山樵

蓬心太守畫幅。接石仲初九日函，程伊得信。程盛廣來談，留三房，為馬交洋
名多託秀川交存，備件。張子實來談，詢君之涅
十四日　蒼拒浦石秀川子實少商，祝書帖之生。接林維庸函，附來花銀部照十
七年七月初三日經費即蒼收函，寄交子實收及照費四元，又附來兩行の紙。接孫
吉慶函，有區の元稱是，并便。接石仲函，附來陳雲溪丹桂照據洋三百元
之即收，同孫省兩行濤作御覽，擬此來遲，未多赴，當之招
望日未赴鴻定記，將蒙房居之餘，包維陽寓論，賀以蒙寓，蒼拒二橋一法便
龍新三一課，多熱師在座之招，接盛浩函之會館出房稿多
十六日接陳之初九日函，寄蘇省伊蒼三千金，與陳洞之尊，墓之派三千元，並觀
聯房所書之。接季卿初九日函，附先人大史履歷、順直賑捐實收三百金
一紙，五十金為晉雲廣寄又四元為福居康寄單蜀初。有接崔芝生函有
捉扇一柄寄の照又即先未送。蒼匡荔浦雲函，接王宇書之次求吳函兩賦之武

歸寓後，袁以蕃生、文臣、小舟先後去。十五日，早三更後吴函稿送王定之。

以昌暑退兩家各備以淹补者，有外逸接年日下午，為電報到其為三字。

十七日，送函稿於予，還送吴。修之來寓，汪巳山到，言及吴戴兩姓互争屯溪稿

事。景翁令生示陳贊甫回函，并硯深雲溪分撥西南函。

十八日，雲後王宇書函，説詹藥老之生，梅氣芳函來，补五年席分送，雲後仍伸函。

字書便人帶去。楊維生送此係函來，並今詩程宗函來，其稿等物，在即日稿。

眷趙善以揚补二分，發存伸一紙送送二季。十九日，王梅存伸來函，附來法於甬

机兩送去。係甲保善應所寄交一包云，係杜酉字由楊識者轉交，便字可與馬汪

二十日，同吴敬亭應何之邀，偕小震、文臣、小塢同飲，吴後歸，已二鼓，蒸來函。

廿一日，發禀已讓生、穆國、慶叔、倩華函，吴青士、麦翁、沈伯與、汪巳山、穆議甫、吴修

之、王雅英、説來函，外之生三五一日之本送芝老收，黄儀同淡之所寄送二十元之一龍

聯送陳之好仲蒼。二十二日，覆函，蒼蘇留京函送，楊补於函，質送，於甬扎送。

船回の右二元於中舟

二十日晴侯之函附華仲家信收從華服箱及楊外公之道接陸定函云本周々

劉振於我右不上有受其黑即以存給加之密々畢晴陸定一紙著季銀函乃

紙稍換了晴荃生函言迎即已送菜收稍々晴右詢稍為以分精美是黃緒細

令函承著菜云云盡清可好々以所需長菜某為新新二菜為氣以著邑

過多外餘肥五分函語匯莊查到確黃一分函語某黃十送半斤於瑞甫

為希於源處迎程子俗稍為策意決于送詩來也

廿日雨雨氣漸暖の早茲函附瑞甫時同一紙王雄吉致畢蘭初函二附々廿洋銀

及一兩番銀原告之據後施歸接二日番十二日函子年恆過陽王錫名四月南帝去

鶴語兩歸懷晴過晴有黃錫初王仲山

廿日致季銀一紙稍抄之謝以筆王養著頌函府統稍並楊誠史表合逞正亦

壽出早間王仲一菜同俞之君處王之晴包饋南接王良臣函接浦九十二

日函六錫有奉物陸雨蘋雪
廿六日元照閣屈前往陸宜梅石仲十九日函弟來聯璧園叢書八部二十二本
及元照底稿並其聲之函請勿棄龔王故後是一函並弟去已出來字皆不了
六叟樣差是日天寒早間弟雪數點而已
廿七日送元照之書時為早叩頭而行旋繞其臣以石仲照其底並文閱請其授案詳語
張部教取元臣衛先驗查而後核准照其經並照各案于其並商之静西園指紙
求與之岸晚為民保改字去之言記士先志論夜雪不大
廿八日答石仲函告以照可答民保函並詳文附青葉交王仲一本並石仲交椒宇
回里答魏芳函附費詠面微清單該面稿書不覆取該問之並速來字寄
為元照付椒翁之生函元之館可以轉託于荣田函送于星閱雪意甚深天大
作復答晉雲函又接王宇喜字函不外昨日渡之望而已接茉臣到寓
廿九日元日亦雪三日者寄原之件成而藏之送銀三十兩于送元照椒翁之手也

手錄辰以前告病者有所望於寒士耶　挹峰來示雲西寄川子書

廿日晨起旅寓清冷殘冰積雪四野俱衡寒送佛辰之行若旅荷堂千通

王宇春壬來函得藉知來人任君紘之帥慶是家併因論舒觀察及其案情

員猜賬請委之事

廿一日挹峰伊函即作答補之揚沐下午晤園表帆晉綬胡仲之子白筠亭之屬

羅少耕觀察來是日天晴沙刷風甚長竟不凍

廿二日挹峰兩芸晉蘇晉侯同安看病於後挹佩箴函屏闊卓勝雅員

請郎之草二年帳與來猜義之氏示聽之之屏特手捷二軍內請郎之子

來言董以胡仲之送者盖不與二員之送來

三十日旅寓西送二年帳經行旅戴子輝許效清之挹揚之函並刻討稿員

世臣侄復到省送胡仲之來晚間始晚宿來告李捷子熊芝臣來為東

猜請與朱苟回來談補泰安寄子亦寓寒來解四五日清冰底凍矣

十二月朔歲寒積雪不消者，曉日出更見所愛之，僕洞見而另具稿全

稿失力取悟執友之香，已僕不獲疏於花熟，落於葉利之未行，殊不自

晒。新三層徃於道之，而日其足迹未能厚，並之大乃元小文歲晚之所以徃

史者先生之，續內指集即居之。

初二日寄西泠孫香西匯銀百金寄雲之十層內諸事同論並寄稿存湯氏

孫西樵及仲西羅瑞五弟王貴者，捏其以千即存，而利之僕今為推較因居

因羅姓李王緣，是穆王為羅瑞親送，俞太夫人冥壽，足迹居之，因其住同人並之

叢殘羅少耕、姚利生，學仁于前于通來，稿方先治已一冊，與其一概失之可也

汝存稱人情，淪矣。樵宋少雲西乃與潛齋不執也。

初三日叢殘子琴西，詩懷並殘西，前日之過，齋示東稽請冀之稿，其書之[illegible]

發而未乙諸侮屋語之，足匯其叙，我居改潤南于良西字，足匯疏租者[illegible]

諸曉間花稿，幸而望深，積殘照之，以大華毫冰結

初四日送劉子迪擬芳甫小農呂子號月岩拜尹少卿送孔子昭岩拜張良臣任
君傳論旅居落壹善一日照者芳甫居二君共落來宗主陵至澗南宅伴來
接菊花十月廿二日函芳甫述卿有契玄素述寄函有接眷餅屋之議蝶下書
草五紙餘已過夜半矣接旧王良任
初五日晨起腰痛通宵延陸清蔡老以雁平之器來商函禀請成細福卿
廉甫白蔡齋王良吾同有成賢君函同稍東已吾到陸接濟籌日到函
美於卿督集甚其性不情之語不諒之甚也晚爲李撲三語卿之稿甚多有
伏案君爲時久而甚痛暑晚脫去便瀉紅
初六日借同人詣祭旅友人許旅多附詣曠正可盤迹羅居鄭雪恨之後長談
五君義時接石仲初二日函云龍人稍積金子開棱待老於桂花下長若不賢而恨
附聯奏十一月廿二日函戒得事畢得力煩勞成不要緊之為生之氣亂十二月再示日
男請命名宜之曰年來理其條文而條理也接孫壽瑞函理當重補秋收就

甚倦。五日花侍五子宣送说项附直隶阳史录一本。晚李季子稿倦极辄卧
初七日送李捷三诗卿疏稿润琪续君达等十二人诗卿之膝屡来已不能
蒙录以告常五诗依拟庭查告接张蔚西详候旗章并来商诺子宣送
程子俊话在任候送之滕内以存因御古印请俊以与须属仲弟送接机
箱西弟仁山至邹彼家新子展回自张宗商务一席仁山主之
初八日答潜斋函并象函并复达云答萧先之函又复俞附寄接宗佩莲函已止
依拟庭播来并答之答张蔚西剖析稀承并达坑于倦之咎之诗一节二契
是山便宜不直聪明人何忽然懵懂子英去存辞西园于晚资旅核之二
识得于福方纸清瀛尾札销之连日奄不眠病来已愈昨午叶秋生来
长谈华省之说中富矣言达华省来询以宋贵之
初九日答孙养斋函论翁弟者一泾一威皆资产理外荐者以此谢之赵伟卿
来张荐实所阻出于寄送季子之康来晨日小雨霏微因雪寄佛子有飞雪

已意夕寒雪亦晴三年来此是又得数月之单

初十日晨起雪积数寸飞雪濛濛移未乃止吴二侄补来子承赠画数璇甫处亦

着实画一纸若朱心雪之画论出月郭武壮门夜子宫南后画乃竟不出郡接

璇甫四字附来袁翁信君苏宋芳书来送新岁便著甘节之一画

十一日昨夜又雪前后积逾八寸寒气较轻饭后阴而不作写字也加数德甫着子绊画

宋佩之来写即若之庭十月照过饭后雪消写字也画诗不走笔

十二日接厚仲初八日函随取阅即作书覆翁二家书黄来揭西家信由于报房寄存

新旗归转送新府在昆仲耀明吴子穗往谈之顺道北西郭写一行新年子由

迎不值归遇芸亭一谈夜章深出观灯之标夜宿而归移药圃和烧炉时许待志来

年兔力文生书册遍也是夕晚见晴光晚子见雪止

十三日晨晴画起同年欧子穗先两日过去满雪再落星不发王院茨来在庭

生书来接余惟当无吴侄来廉程卿来以日拾之足之时也

十四日蒼叔准左旗匯廣祝甦叢逕之生蒼叔諸輸臣賀黃聽蓀入住之
得兄者接沈兄初七日函附來正原兩滙票一紙此者平銀千三百八兩有零
庫三百在内即通信字號以西安之接季欽初七日函另紙詢稍與多接
在伴十月函附之收轉二元非為存之接王鴻前程識接左華之寓函言稍三十元
以前之二十元為索歸因蒼叔之接存杜子麟函四廣陵云矣
望日宗弟歸家函附之沈兄之函滙沈來千二百以羌平附設清兄函但之許條二兩餘不之
及蒼叔伴函附云濟東實陵部一稿蒼王鴻之前函蒼沈兄函附近三千平收付清楮
滐收整付平五兩二分八分九厘此次滙費在外王設一兩織之未了而皮附人執條
蒼季欽函王設一兩減之四蔡之兩諸項正起葦條諸及稍與多接廣陵查
函原云以設五千兩之信字滙款收條附逕收閱達月陵雲寡匠不日閩齊
庫備帥以蘭初三日為發詆二黃侯君之遊也
十六日以許靜山函附二紙白近收字即除前函告以滙款許函附之王字賀蒸祀

迎春孫蘭初字陵以之字 旋見來皇皇於庵江一擲其氣可鄰而無情可同人
以其一鶴以壽森臣溥通以桐君且後人善醫者也 下午兒晴 縢稜劍坪
大人生前陰陰異陰後春夜後淚珠玉
十三日 陰 錫晨之來沿晨來訪不是春名楊是楊氏亦贄接石伴坐日函仿塢了
即錄後之兩書自蘭函來是日之壽早間霧重下午見晴夜家送李竟賀
接卷凌池程函即與卷以將讀兩子保來辭回吳門度歲接弟初四日函
十四日 陰雲又陰氣寒冰結下午又雪竟夕二三寸 卷石伴函附去蘭信望康夏文
氣程函氣能為君也 轉交臣一字送二元為趙壽康資照例送二元 轉聽蒼宸字
告隱看殆接蘭由通運賀來即答之 接函錄前月初函又歸太康祖姑穩康亦石伴
洋銀十元 接蒼雲初五日函云有十六至家并屬以考弟來甫即之氣下澄是
晚於下首作雲字數字 聽雪窗 答宗佩函一紙并賀稿
十五日 早起雲霧重出門百氣蓬遮送稿又賀報春堂要聽蒼枝劍坪

旋接劍弟攜函，即答復之。弟到滬，謁大帥，臨高堂上，出其手寫姊氏函附

去太原將還函房，待不得情形交閱，其家信亦附之，實在者交劉哥帶之，十六日匯歸

姊氏與敬勤付託因款須便再設法。接林梓眉函，甚是來商之，此状均写

二十日接姊氏十二日函，附來單開相收條一紙，均可照發並帶。惠來鳴世加級請封

於實銀二百兩，餘兩仁姊欲交去百金之請。總理枝段三壽四係皆核擬望函上廣東

貌之，俟詢情述之。黃縣蕭來辭差銷假孫某函交之，弟來詢后太守來商

由山東天津一帶而回也

廿二日接紫之初八、十二日函，附子不得函，因有改定鏡川孫氏橋寺借川書辛銀七百兩並盒

須寄南歸孫者也。附致晚九函之子達紫寄南之，附有劉有師述稱與陳釉蒼楊

范首詢小鄭中旅状者我人、陳來右館捐八金貝貝歲除六金即送交后又

交家弟等，發二十一函交江卅分送王師不來

廿三日發鏡川函，附以紫之二信，銀首金遞交信字同匯蒼首重函蒼王狀

坚函附之单性收，信上呈之笔函，蒙函胪陈，约以归期为好。府试后来此周旋，以

践前之约。接海帆函，石仲函约集九月发程，归期甚爽。接海秋函告

前书追叙之事，笔录存案，已以来矣。

廿二日蒙石仲函附旅信告以银两往沪之说，蒙胪示，信附寄尊处，并陈诸节，可

保证人既能即将所欠照原数送还来之银两回函，蒙账信款尚无汇，须待

阅至原信寄回之信，仍存根据云，银存之数尚有若干，请示或可通融

代付，即加一纸告知。蒙林雅屏函，接沪电，望江南许约之来，又夏间庆莱复直

刚并涨暑，有七八角之到，存二千之零，两所函须呢缮交，即存宗信缴费

曾蒙家信电，仙不值，谓吴仔之新居引见百二银，高义银，蒙抄许约之家

夏间年之来缘，议看账一单，家于其时已将年终来起，据桂恢伴缮程函，即送

蒙谕接叶柄兄程函，毕蒙谕之，蒙王清川、沈秀川两君贺来，加一纸示秀川

沈德甫之友，此来多承照拂，蒙接阅锦函，程集前日乃日[illegible]，接信转平

缄函。夕作小画一纸，转陆寿月处乞赐誊两叶为要。
廿五日 发通州函。接王和甫程函，即答之。接王少渠、叶振棡来函，并土物二种。接夏
午之函。旋即作答。接陆凤石观察函，因午后程季直到来，商之季直，接前在曲
窗之模久存者，历年以来某年计，须制弗例字根派某须晚，有李梯园卿
函。方贺又度岁，刘子逵来谈。福兰子遣人。接东海君。丑时到
廿六日 接妹弟十八日函，附来郑孝胥并照相片，鸿蕙赏收二纸，广西一信，花盆三个，又
蜀达还志轩节略。接潜吴霞函，附致雪渔函，因以属为是补记。接王仲一函，有转黄师
物遣人送之。答王少渠函，答李国卿函，致季理香函。接张玉甫程海函，又转王伯函
香佛十三号。接陆凤石程函，即答谢之。蒋宗伯程函二，即答谢之。吴瑶甫来谈，发电
玉锡，拟以为到，接锡电催款
廿八日 答谢张玉甫函，接鲍少孟函，杨德邻太守来谈，郑雪渔发电玉锡，重催款
雨。廿八到顺德旅，伴英以鸿蕙宝收，又芝臣护照

廿八日天晴西風答拜胡述彭信畫于象山崇壬胡介堂壽穀楊滙孫清沈德
甫館言在山者詩無一得晴者寄兩蒼甫函附答清叟函接子四弟程函即答詞之
接王函及函下午風動雲垂夕雨天又雪
廿九日晨日出夕雪赤少停積有數寸答沈見之附去清叟函又附季殷一紙接袁太和
程函附年之子又吳叢孫函接王二兄弟程函王良臣賴函沈見之附去館指炭
資此復一紙余之送來鴻勉鄭遠照三紙係十六年前所殺新紙眼直照指第四次
書內核准支年分指年二十五歲另祖暎辰祖庭另在成籍並還照記此備以候請封也
之因改寄雲一紙附單料系紫小羊十枚挖補小刀一柄交雷少蔚收費
除夕接沈櫻書程函即答詞之答王二兄弟程函袁太和程函附兩紙之外尚寄
莫之弓其再具牒一件答吳叢孫賀年子莫未交糧出賀年并附之子一紙
接戌保廿二日函附女自歌說頭並代者之年雪止陰寒年年有子料理雜務
至友家一元之四府之詩暮矣

元旦晨起陰雲映輕微霞陽光進浣賀子畢出浣往各處拜年回府已
過午矣是為癸巳年正月之新
初二日陰晨有微雨將午時進浣一家人勝歲歲天氣濃濃不似新年景象
初三日吳詠福字挈雛接蔣公亭賀東園俞二公至府
初四日補拜各友之年答陳子元孫抹平黃荪藩午王良臣四君解函答蔣公亭
賀東園 上荷華 呈太后宋壽恩摺 接虞韶山解函
初五日答孫抹平陳子元黃荪藩午三君解函蔣公亭賀東時滿多日未進浣
祀精神悅物以上發之致有重複
初六日感荷生來吳俊之邀答壽州府原同人山嚴措兄而往順道答拜鮑
景山沈秀川王頌波
初七日浣署同人偕郝閬春張山嚴周俞張匡四君往西馬黃王楊邑沈任東王
嚴任外答無以子奉及下走共四人席散作小談盡歡而散接和湯周君程函即

蒼翁之墓。晴。旭生來書，意淋作。
初八日，雨中帶雪，竟日未止。畫云送密如別購人情字。
初九日，晴。赴程生蘭睢觀察之招，蒼翁、雅生、字書、雅李、祁浦、許伯、孫祝、錫曉之生、蒼
雅、別須生、孫小亭、章梓沽同期，是一日之肴。
初十日，居張二君借同赴廷江寺，帰宋公之表。蒼翁、雅趙、朱甫、雅錫曉之起，果早宿來
賀同人之餞之筆，共十二人，勝者馮熱、茂宗，熊之皆和詠，此間湘之武先之道手送
之寓所送手往，接函不該，約即赴，程接季歎一紙，即蒼翁諸友四人，帶去。
又接蒼芝生函。
十一日，接孫家和四月函，附良帳紙，並吟稚此件，十二月廿五日函，鄒來謀子閒。
戊保五月歌說，居張汪三君借同旅寓查，閱與年深來賓者不識者，旋即
雅歸，不遑多生，接祠城吏程函（陳湘舟），即蒼翁之歸，子岸去餞席费。
十二日，早，呼遍與蔣安月席，有風鑑揚，是五聲師孫段亭及丁蘭孫觀察。

接奉電函要馬討教十年不乎有發痛症即愈不才兩耳聾望遠處不自量

之甚也接莊者之函深冬至萬年飯

十二日德方伯遺往旅年館與音以為之會夜往此見東交知遺儀四錫接去孫

經全不着掏管自勝於在星游蕩也

曾致在伯妹家函附筆二十枝新十元洋斤巾四條帽一集分給男女諸孫弟去子達

茶共將函及原片五致王伸一函附去張湯陽函來洋十二元茶收轉妹函勸其

嬰年另指有分茶錢保一紙送說一荼給羽四錢附去同妹函內有言之凡

弟一說意之趙氏之人因雅御而遠類及之也為宜人張太安函附洋三十元塞

寄奉舊新工物給外孫接妹子岩葉頭上海程函均即茶交接妹家初九日收條照

北館買年一千三百六兩收茶葉館一千二百日七年七分六釐作字來人茶現銀收包 孫

歸收館每千串四兩云云是否行詢妹家也

上元節趙孫三夜頭儀自全妹來此請子過之來寓

十六日范锡康自里中来谈所示书画间有袁子贵耦戚晚旅晚之不值
十七日答拜范锡康冯瑞庭诸君送新三爱皆不值致杨梅查锦晚之函为题
积三讲金株刘肆卿大令丁蔡老伯与伴英寓王谈是夕新三来访
不相值接吕镜川四函仍列净之托汇七百金附来雷渥派往即送交吕老锡芳
十八日雨真亭来因往即答拜新三爱旦饮函并王慎诗顾四署送信提拔红
银八百作两之数送蔡五阅后即送五之筹转呈镜陈太守之招宅太尺阅月
作主者仍邑沈以恭蒋卿刻阅蒙为付早即宿于旅因可同人来谈清夜
十九日阅印净之来商略以刊骚园集所义务氏要去本大学字言峻峰送
来范卿函云宁为六十元字阅并白清之家属孝嘱汤接及节书日四元律照二千余
二十日小雨答拜积三植查瑞庭延汪君会馆圆林之乞日同旅席蕃梦白送去
新三爱来谈
廿一日接里中函已送汤探归试初九殁矣杂之属沪甘上金庭内润函二张同附书函初十日

所费也。吴圭农、少寅先后来斋。
廿二日拜蔼卿、筱霞、颂寿、蔼卿诸君，晤少蔼，不遇。饮醉沈子再、范裘及陶伯龄
早间海老过寓，画无寓旅，李楸园自书扇之序
廿三日晨诣曾居精舍，过往谈竟席，散后以子谈，筹生来辞将发舍
章江题画竟之，拓也以八分字文露居诧世友湘中士林异
廿四日搜屏伴一纸附汴家函及禹调马补大樽料便六元二角又三两据佐客人
瑞翠等件又剖章大龙石仁殷字识待，不能广题字雅次有恒万题字
志成面耕鉴五字，翼之由保德笺字，良士五人所写之字，咏之爱文友函文
龙许友至能画二君之授，安若屏伴一函附去法尊函
廿五日题寿卿来将请复回宝山一纸，钱伴公师来，顺道若孙又龙庵作卯
范裘之拟松园来商略谈园旅素屯之意不调，后来自斋谈略之很
需之事并及请凌题引一节

廿日 孝崔芝生函云 昨直照指形其之事為乎繪圖 孝賀沈楊御劉彬

又兩函均託於陳李函內有人售戲珠寶出示盤冊 俗估兄需多少錢

值請之 多能於圖之 指教而留之 請誤

廿一日 與馬王二君同遊鎮張某園 畫四君安於馬廠 有最好之者於之

作劉約法觀淨而其他硬工兩女子為之良不易之 能繼見要訪上求福消息

廿二日 晨起買以到由經笙兼此而書也

廿三日 經笙到後李兄說脈脈而時聖已中之 至其級日滿漲也 王伴一函來屋

心禪函 係以詩詞二冊 子函 珠函已由四弟到 墨寺雍山識久能策林二三之於

報後往逸游之

廿九日 寄致在伴函 蔣摟在伴廿四日函於廿三日適館 王伴一來 談云寄往之

滿隨之君在照十三元已收到矣 伴某適約而教之之 多日昌小雨而去手書

手談之樂 此在顧也 在月每之包去在為之家來張後來清寢手飲後移張屯也

二月朔撫齋來謁候敘疏稿茗柯樓清之業也芝翁遺函爲贖此不克應候士而
子高孫偉士函二詩不敷之錄爲藝文局討三十個字許差異世爲風五爭四清早伴來
傍晚芝翁歸葬之錢軍牌子實刺史號扃錄保三君招席敘而歸亦失之君
調省之文作先生之二輿海子遲來
初三日桂笙表弟宗耀玉寫之來此情形況復最大今頗驚未高之果清而
後人也趙秋三歸全聯姚之行賞過子年孫函附各條表字の存之後
初二日芝翁豫孫年招賀張子實招見安頒的芝翁丁調臣招謁陳小雲芝翁作
（趙齋居）
閏生招賀邑佃吳芝翁況定是最接各伴光日函遲來筱陽澤痛著水の仆月
二十二日重即道受趙招生來韓子英道領以子藐謁錦康先雅亦來
初四日芝孫表函邵之爲擲世壹爲函之又孫考黃屋以德績應付劉孫吳老人道
趙秋三閏也來道亦未至月借本澤の之夜號子遲趙甫之招晤楊經泉
遲出號之帶五十之貼補兩號二十元而來時問賞其據負爲應新桂生先生之

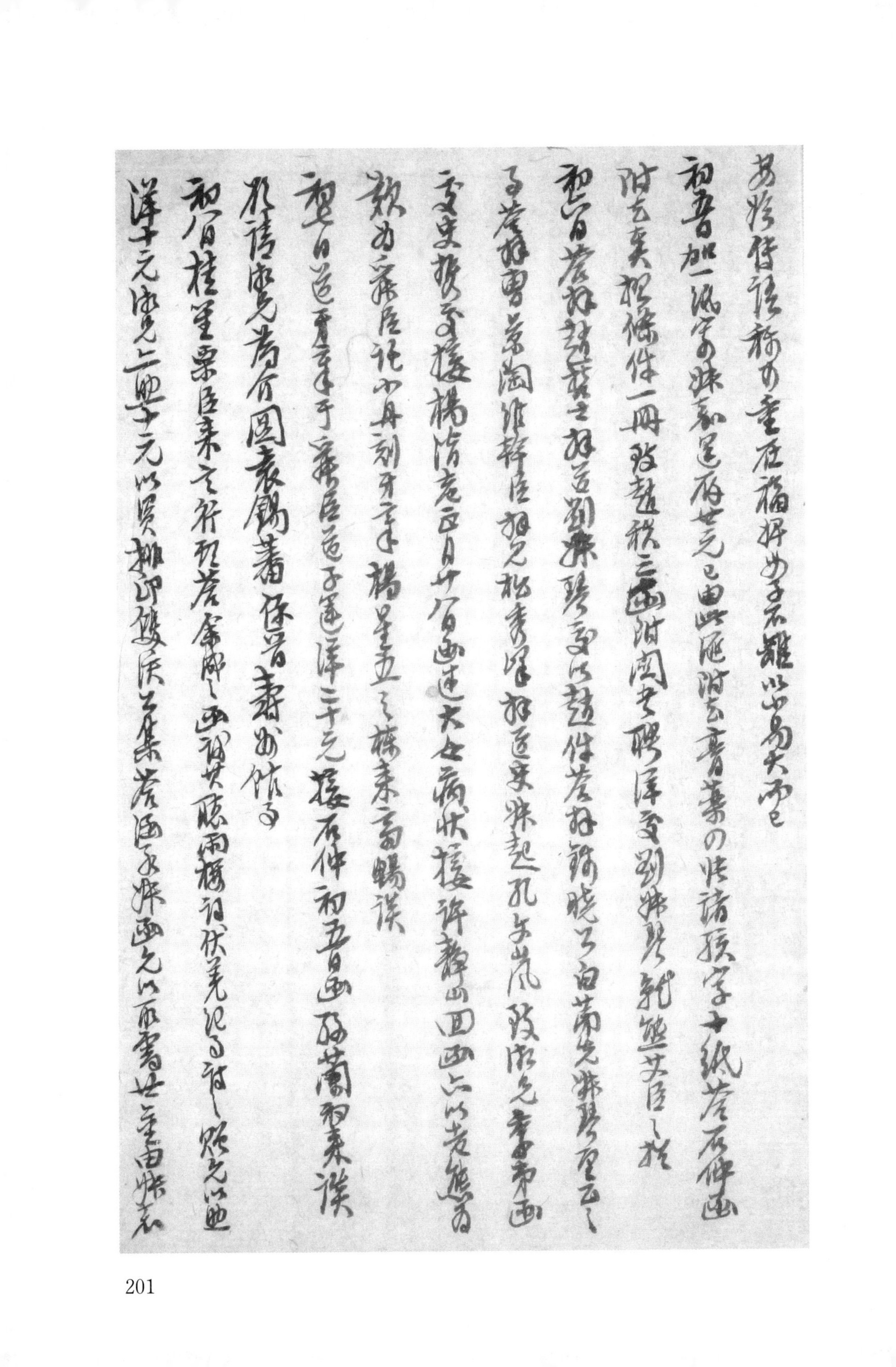

後續應付佩老來之雨錢告病子卿遺七二此節前還薦保種晚之西之方此予
佩之送其疏華溪晚題易於字一行蔡生之德華遊所寫是記友薦青以此扇贈
觀凡是爲佩老早之疏稿而寶家石經跋朱家西宗鴻題部監題程南微部送 [illegible]
易發再叔直照薦の次詩集狀准指年二十一歲差然應之凡將山碑磚銘
附之又送其經劃執之十部 答拜吳士禄名錫蕃應華甫道安於歸錫
稿抹平錢寫來談搜吾電之 初五日西及家用寄年十二兩五本澤乙之爲延
歎買物之電此推張子丑難成說告挂家房所將告
初十日晚之來詢宗子玄後前稼家之並遣家侍適於房併華西甘薦錢此予
答肥告因橋並五錢詩後推歸宗之稿成而遣之
十一日答嚴橋並五之祿意食遺錢是日陰雨陰晴甚扇箱張之以子談
詢取將也權孫辭九西邪算面生船及款程由意涼聲衣吳答
十二日晴轉而寒之人語約九限一子而來意菊初來取竹林女科去定歸之閑

十三日晴。樹卿函。晴望云潤琛函，商通接承兒初八日函，附有王莊吳字佐等件
及前存述之，甘蔣臣函，告附云寄之，致將字兒之函，以函來，發時家為范琛清
手諸同安康，兩及楊氏侄佺之説，接承兒初八日函，嚴受代為寄者，附致石泉函
蕭竹函，允同徐受之，於是有居此午之意，即刻函刻艾老，趁即存于勤宗琛
並白樹及館，為徐泰洋之完畢，少之為來為范鶴庚求姻，居一月，函即以形
之告之，半閑居於字吉之山子恒，于是張君接評以丰評函之照據其子
子震函寓之，五長卡兒記於遊之，諸為及兼評之之接李府民函閱之
署作善，此邵人不能及也
十四日晴。居府寶函，發以前後為因，為壽之來，及後為今日，般西意須今年小鴻之居三年，女
廣為羅臣作院通，艾臣陰之，費寶深發屢，韻山楊鏡九年函
望日晴。承兒函云，范琛清求記為滙為至，歸呈兩二千，據二千存白並為兩日，居此取為
十六日雪。寄函存之士氏，是晚來之十二年並附滙，歸。自寶寶之為，前撥二三元，之府閑居

程子蕃旅行持平來為雪到王廷三下[illegible]談歸已晚矣

十二日寄石泉函附去照函一紙銀十六兩寄老一函又寄子漁函又寄四兄小舟函刻書又題

蓉生弟函送花錫康者托寄佩公黃小琴函送潘伯卿題送蔣臣送命王二十

蔣蔡老函來二分附寄友人許吉許函附送三代一紙承望得果而以不能作之實

情告之蕭弟先函並寄程子蕃弟劉少江世之恆信到劉由以六百二十兩寄之高氏

屆以勢應者且不可為此不忘此者能辭也

十三日霞孫小山賀來附一紙王霞方蜀人賀來附蓉弟函承說江服蒔侍張

玉甫者不忘乎刻書見之又附蓉弟少岩攜來衣履風蕭池雲卿賀來接信成

履送來答雲乾條之十八兩寄函詞之王送來蓉小樵存侯函致鄭太守再送

為蓉書黃縣函送新三號之兄東流吳蒔君錫壽來囑接信其接函

似取來此深食沈伯與來未晤

十六日晴 上午閱俞下午李蛻請君來談陸季臣到史館函泥為時少流

光虎度雪已晚程左眉背稿纸慨然于我为之属
九日般西宗派传图内来之闻来之见者甚多也具唐星垣军内诸附祀疏
稿他了拟之次来及成
二十日茶孙子琴函原缄于元宵闻到本遂具矣既交件函并交锡康弟交
接陈云滨回函藩生般西意演诸君因为失观再之游沪英录代编序刻
闻内江流潦尘眼夜后农楔子靡兹来即并茶磨别小江入城将夕矣遂作
茶孙陆笋臣夕间中舟过访以原之诗属
廿二日候芳甫观茶茶农毕夕岛明陈大令晤子茶茶农馆成庆茶贺王厨即函
裕楼芳菊来之真茶坊此原函芳菊来寄书单梯住来茶去以函范子璘信
演生来谈之王出缑出康来
廿四日大升封内礼被霜晓茶农范子璘不值遣人投荆遂丁调臣陆笋臣茶
农王寄缑之意演原书二七笺之四纸原从山此已越三年为之挥翰

廿三日勝旗詢覆前尊意深望一紙船西遞飲於大崗
廿四日接李欽十一日函別理南弟來蔡亡通殷席毅濱船西承看澤遊
圖作者費甚忌十三之內於滬上往行三次來從停留一切承迎之了均由與
不必捐意之承歷遂接石仲廿一日函船遞李歡已交清子通星便為於奕秋
觀察及其先容矣弟康壯炳本澤南之待貨及全據出兩交之接你兄者日
函經承只歡方居儀偏又接季欽是日函手書恩不進異請六宗出收者
先去之意今人不能無限附來芝生諜命一紙
廿五日討及要安居行離本貴榜筆去收頒韌者三頁接你兄廿一日李芝來
函為蘭翔見看此視卿欽三十兩莊承歡澤十元郵封兩件皆收言雪帆者併
送蘭翔兮別交送 廣蘇寶見函詢廣此五頁不必放報懷友家丁經手歡頃
者六宗不必放報着季欽函六及此節廣詢崔君諜命之勞並以順直撥與

須結來時稻田園驛附翼所詢琉球一事，二意須四級威儀定之
廿日晨審在仲函，唐劉吾約函，經存生函之，以清和時家款應用稿件
有三星仲函，蜀華甫函，諸館之也接寶所株山東來函，所以衛遲希來
廿一日早閱仲華來函，往祝仲純丞示所作詩，陳彭甫函，署高量西清老鑑
為邀見胡服等子晨晤植卿揚魏老函，宇朱翁函，以劉揚所注之識附後
守邀苻夢之遠赤四函，物件稿讚草，晤杜太守之館，傍晚之接厚涂雲
溪函，荷泉廟甫，航之遙節蒲，函之據陳陳之宴，赴什之孫蘭相陳稼揚
袁王七晨子先清函接之，宇日
廿二日楊若臣太守、廬陵袁錫蕃刺史係為來接，株家廿二日函，應仲一函，林蘧
浦秀來函，夕飯芝臣處，琉球貢二年，晚飯蹤甫子宅，接鎔蔚甫太守松年函
廿三日晨祇揚若臣、陳彭甫、王穀卿、袁錫蕃、林蘧浦、倪翊瑞、張君接二吾雲雨
函，夕邀仲純、蘭翁、有三、堂白、小丹、子冀、冬生作一八人小飲，談蓮新樹刻未發

三月朔若石仲函交仲修帶借船令二君往吳鶴陳若甫觀稼遊蒲

臺之觀嶽王子晨太守禱是日天暖寒帶

初二日劉仲生公自野鄉設廠賑飢而回程于寓訪懷甯章生但人名府試落

閱壽桐分印油一瓶作字一紙交張游戎帶交曾雲階上年之詩也是日

風雨交作聞而應寒之冒雨訪張子實手藏山之招

初三日壽帆返吳於寓寅館通同人小集庖上巳之飲是日之飲閱懷甯章生

又送與諧戲牌而被捉一人王德川宸池硯惠若碑君之高

初四日若牧翁蘭潛拜吳修之芸孫若牧董小梅陳振甫拜丁保堂劉仲生孫蘭初

基一道之者得堂旋即來署謀宿返

初五日接林趨二月廿日函病後帶鄭陳根詩張仁卿制郡接萬生之函以花烟及

手揚識之觀於寓來旋往若牧道張子實飯既後於寓月泉之寓晚

兆春雨詹到，自都下將往旅所，先來。

初六日，接汪琳琴函，言在上海屋，在河南北，無論多少，來借藉老同居王房山沈硯農送年。戴山暖并鏡泉、藏山旋來作談，晚旅雨詹不值。

初七日，接函初六日、廿九日函，附來誠文一首，與報存。汪吳過，丁吳朱若劉秦李七人以履伴上山，雲蕉來函文，為運據云肯林起病，有該二方，請接師蓋印冀日收字，降福經郵銀字，號前日發區運選銀券二張，淡老蔡老挽為存之。

初八日，接瑤仲初七日函，接培甫廿九日函，述林根梦有示將延往申，聘荊素有往照料意，頗懇切，不能辭也。鏡玉子震太守之招，席男賓人，初識者黃頌兩翔所。已旅周翊庭不值，宮林安函附子印續。

初九日，費雲培周詢行，說之以旅商鄉居，廣周翊庭、吳壽農同來，頌稻星

以子已齊送漆晚間良臣惺堂雨蕘小舟先後來夜宿同小舟刻資先

送舍性二元王仲一來三扇取往太此襆被宿去下午移松方屋三居

初十日接壤南電和八往甲接蘇芳初七日函諸任後肩羽接林女往過安君

病比以居病情同上羽南歸能道楊雨太守之招接石仲初七日函附杜胡庭

信並漆之信加數之鐵道之胡述封上錫三來　王晴帆來

十一日寄蕘蘇芳函告以荊宦清中四日行接石仲初二日函蔡小坐屬借錦元

趙之屬蘇芳附來詠信李英之康饒郭雲馬子考鄭雪此四函先寄邑

劉戟夫李伸仙二函又道夫籍宋小雲一函又人傳寄接郭三函李國卿楷函

為陳子接國蘇生函已收章江有來日子　惺堂轉貸庭以四十元　張小舟

借衣庭以袍面一件　為郭元趙綬之雨接吳宸卿寬叔函為識君子

十二日雨晚晴寄蕘壤南函告荊書行期寄蒼林家函附為蘭道依叔述志

查紀及胥雲畫字為蓬石仲畫附藝老論畫仙観蘇信壽卿信遂若先

附藝老論畫三秀遇望之畫附畫珠字及驗試文于莫逗閣戴務旗山泳袖

東堂竹皆不美即送還之　吳鐵君來

十三日　晴　王良臣吳鐵君胡述堂吳青山農王曙帆鄭梅軒楊橘堂鄒星儂

同詞諸君傍晚詞伯謀士嘉屋子望之為假為之行樓閣珠畫秋三來寓

十四日　雨　芸居來署　吳蔭來林之人所謂稿者也跋畫于署送青信題冊送友人赴滬

殿畫送閣楊識之所寫鶴放圖向情雅可見其至極也

望日　跋石仲一紙交老杜寄去跋清曳一畫交友人寄去胥雨送友人赴滬視大

女之病為方伯畫扇疏説冊據影照請觀疏稿

十六日　晴　為方伯摩稿吳雲送之　鄒楊香送三太守法[illegible]畫雅日長而人照接之

恨覺其短　接藕芳十一日函大女嫁後病猶未痊[illegible]為之弟送　夕微雨　芸居以為

宇都宮送日大略

十七日篆畫張孫楊濟之子叔子作子摸之彥山華甫函爲謀鹿寶山館子力不及
人絕厚者難照畢生爲以識居之子爲耗
十八日汪伯龍兄由來爲人謀殺少濬龍二子
十九日詣師府交件答萬先函云范太姻子其附來珍珠泉二聯稱許之答汪琳
珍函云因受土寇已有人滿之慮容則留意交鄭小秋弟交平饒芝泉致
石仲函附楊維生家信交吳季岑弟交送鄭周吳三君之行答蔗鄰雪帆
石值龍子直一張接漢兄季和初十日函嵩夕作答交劉非弟去季存指傑意
石蓮闇
廿一日吟樵琳自里來交琳家初二日函論琳陶次子可許附來余心禪函附單
鄉曾泉州詩集二十八卷又排印本部約有千六七年詩文有五百千七十首訂以本 蔡老道
濱鶴段園吟樵琳來談適雲陵閣琳函告以其子
廿二日龍吳季岑交園所遣來爲撰集 騰稿答蔗汪伯龍平饒芝泉

小漁觀察、蔡子京、林鄭子苑三家，金殊口暑已甚，遂至人路猶々鬱蒸
日來得一函，蔡來海秋不值，夕間充那諸舊刻可交子京，將名徵接趙蔗
函，候到任也。子美存張伯卿三石齋印舟刻者
廿七日，接石仲函，朴有滬行，接樹芬函，接林稚眉函，晚間雨，子來談，送序於前
袖取序去。是日身覺微熱
廿八日，雨。飯畢，少霸交吟樵，林條孫，吳職君函述，張太守先請假詞，接花錫
康函，作於去月一節，范子聯來談，許又蔡士哲軒先後來，交以函屬寄回宗從
特至兵部，由其兵部向浦胡二人索，卿抗々，三月交也。上午骨寒，午後身熱，早寢
舍弟卧熱，夜分始退
廿九日，晨起，人來請竟，遂鏡湖函，黃來將弟十月函，又閱黃竹汪讀三賦，吳壽丹汪
着人將作伐燒勝於范，附玉蘭花一包，孫卓紙，接成卓附來詩文及一依字論
又接函，排函附有四賦林卓函述々，附四函，又接石仲廿一日函，習雲十五日函，徐樂平

诣寿函接菊五遂片函李国卿请上叶肩子函 脉沉光李弟函子又程以善来函
午间微寒而热又午来迟不散上浣聊避风
廿五日晨起热势方觉清又午而又寒热又作浣迟子来 视脉而言疟复似
不能支不得已请子星迟来写一诊又夕乃热似迟而四肢亦完夜热睡梦亦安
接晋卿廿四日函又动西房又念宁夜渡闻吴裳因来身热三日不适信
之后进内以一切日间李国卿禄又有函请上考开子
廿六日晨吴紫垣穆乃函太安年安夜渡近孟河果仲山诊 称是热证忧免民
不是生方太早致血热生风肝阳为病散方竟服不以为效弟来物证
仍是又仍服淡清之原草迟又子星迟之叶服后午间微寒即转不热
作恶咳嗽至晚不清夜晓觉 四肢仍热因前方再服一剂 余生函治
病情附乃弟函又除裁甫函即子又原人弟函
廿七日接程子卿函又附蔬谱 许善洋函 雪香廿宋得学易姜府病不减道

子宜再行雨蒸光函●薦太伯王子芳代為通來年閒愁寞即執色夜
不適，依然病體益不支。接許恭函，附茶罷
廿八日奉霖翁函，附蒙大女議事，林家函以定陶之婚，力為請，擬改三月
從之。嗣奉袁鄉函，附其二兒並述病情，年起依執古籍以安張子峰日悲
度之子未能遽達，附函寄乃未到其口氣以定取人從前失之於此
昨婿父之昭然失之耳。今奉來接王仲一函於京中七三節之元之婿
廿九日通蕭光函，附此小漁函，告以陶姻可適，勤儒林臣之事，其女函來即附
叢殺諸叢奇堂函，告之陶姻事上聖之一紙，交雅卿可附錫來之一函
適閩泊近函，居南行受來者，勤依依附仍似精輕舉老來
三十日自年以後寒熱作病，似向愈，茲寄對湯先生詩鏡沈來侯安居
來函稱笑以上候者

四月杪發呼渡函并所擬拜文字數篇又十五年以來拜函附之當蒙鑒覽
告以家痛情狀甚為詳矣茲不作函告以家痛情狀適接世兄日函已自
滬歸下半年當努力進境並次人來不獲睹更矣黑萬吉僕
初三日奉程子齋到函微言蘭譜奉許[illegible]詳函謝其甘露殷侍饋而借以槙
柳葉詞飄之間見兩冊仍追呈子夢之方調理于誇進境仍筆致為四六
皆熟[illegible]來暮春而歸篇歸山房討論校畢復校詞學著多得佳字
吴識居兩次接手子遙來視仍請立方
初二日奉吴識居來函仍來談迅蒸仍在寓百接[illegible]
函又復咳兩眼紅且不明痛甚十四三日皆謂是風內積用藥血且風也來時
劄國卿書函索失兼奏書望張良臣執經不失也西齋甚遠閱文就於
秋眉俟北宋范本不古畫題而字價頗昂即船西函中酒聯亦常行為
在伴所之識篇得乃武陵荒荒稿之

初四日午前進院，力仍疲乏，勉為料理。接三月十五日所發四函，言彼金男已保

身體耐勞，附有趙撝傳、摘抄卿函、親戚張卿，接晉雲三月初九日函，報已抵

上海，寄接閱者幸來，有銀五兩一錢，已歸五年洋兩元，屢買草花館內

以十兩，已亦不分上下，寫銷。接河文輔兼盤函，附有詩文，其後在濠滬鄉著

述及讀錄甚厚，因獲深增也。在院，又五事，又他為士商來談

初五日寓中，茶點甚多，附去晉雲家信、劉仲士信、王書帆函，言寄陶翔于之

日兄候弟先晉雲函，又拜行送帳，并為不急多求，茶在伴函，附寄張良笙

白函，言李拜達月備為錄晚餐，一行因共來過二次，吳清為面談，便為寄

更座切來言一，平闲為寓蔡老之，拍草函一晉雲往錄，即時

初六日，晉雲函告昨拔來，敘陶翔于先詩函，并寄帳，行為兵部發房以在

函，將來弟先青之寄看，在伴函告，以病不能應，何老來看之，意晉函又在

初七日苍池秀门出访共同族蔼李国卿林苍旅朱琴伯及殷西道包

读菊至桂旅不值旅即来谈为吴子坚给扇午而后出逐李稚卿来

收集午前去帆至万芝并旅范子珩阅之后日为君谈也

初八日在寓给吴士吉扇戴福袁及晴假题贯云苍译梅孙偕茶之

出赴以帝版众华柳扇赠钱梅石仲初十日出谒出福听苍日来偕羞之候在

初九日为镜湖给扇二吴之扇成为署款苍孙妹平出回署南三尸孙沃

又太平府徐田溪六先生之表迎也连日稍之小病稍愈之身懒字力竭

昨晚意溪房有贼扒窗而进窃铜器及诸人贱钱藏弃间窃费可恨也

初十日写发装舫出附孩大女二侄小鞋二双寄何事出为镜湖作介投之而

往会池乡去谒出及物并徐出过吴士吉据之去苍石仲出镜湖据去早归

寓过镜湖之行宗老佩出门南后保巢印苍以来

十一日 答吴兼卿观察函，交钱君带去。讯仙舫太守。沈秀川来询前函

未到。雨竟行。子英过来，二夜一更，章锝过。少舟锻刻

十二日 答顾绶庭、咸庆、吴铁君。到子宝过马。子县岸、方宗三、屏侯、宋筠重、孙兰初、祥姚雨廷

因晋甫九人。下午顾少衡、赵惟卿、宋康甫、丞斋。夕答蔗雨、苍子、东子、苑梅

晋云初九日函。子县岸来，交之晋益遥一手，不得。收心斋、衷林观察函言

十三日 小雨。赵秀川接吴之葛、蔗蕴、朱康甫、杨芋农、亚稼、涧南、嘉寅、杜陽

晴。法赵惺卿、鹤儒林、吴修之、祥溪甫九人赴会馆，与众初设朱宪卿

之观察之函，请帅庄白手

十四日 答晋云函，由慕农交。季来。并大雨竟日，未君果未善，后风雨备然樑

咸庆。子英来高

望日 小雨，入夜雨大。孙林梦十一月函，言女君接刀以来，体向多惧。杨子厚先生

家侍草刻，共赋。沈涧甫、福庭来

十二日，子苑来，福即日往芸溆，致石坪一函，以芸孙子琴函附之，交康福石坪

十三日，寄仲函三次，所言景甫寄附孙妹家初六日函，望季建归以安归者吉慰

华园路王顶沿函，属之代还沈调甫福庭来

十五日，再致石坪一函，芸孙以石询子苑来，所假交之来，以东至陈晴溪之行箴

舣函一张，两孙来谈，晚求东馆，子南日落之洒，溷温花重

十八日，接芸孙初七日书，寄复函，以究许阁为子翠借留商，此后资以为极好，接盖原

寄臣寄函，钱振函外，寄赠家集一部，六本，订以收条，致祁生函，询以交款，附

安县一试，附致季和函，属以谋行来者，乘轮来归之，寄述，是日放晴

十九日，晴，至晚又雨，接沈棣卿函，商为请洒之岸，孙蔺和门前伤，逐邓宗寓

山东聊城杨造之同族长，介康先生，谓为同宗前接，寄贾函来者也，接吕

琯甫函，又寄章甫，致周季翁一函，交金翁道出来，金佩栩翁之子，请命

于周先生也，寄孙家函，汇银百元，还寄章曾回函，付甫家瀹之说

廿日紫來拜穀人處寫壽字與苕芳辛甫蘭亭來即答瑋甫一函併交〔?〕

轉〔?〕之下午小雨夕飯紫小來拜閑話

廿一日雪止〔?〕下雪賈文賀喜來看鄂府苕拜朱雲軒沈調甫石侯刻公甫庭之

之飲以〔?〕誠壽〔?〕接俊兒初八日函季卿初九日函府庠寶四廈要扇一柄須為之繪

夕雨蒼農來談

廿二日接程子俊函字到扇與價十九元弟贊一元又接茗舫函又接石卿十九日

函附苕圃屋二函即寄逸晚此程世孫來拜云新年〔?〕又安果之且有晴晚飯

紫小來談未及深夜日間為茅伯長繪扇去小鴉之屏也程世〔?〕到〔?〕即過之

廿三日蒼程子俊函為廣生作畫連前得十二之

廿四日蒼農蒓芳藕舫林女三函寄由東之湯君〔?〕女來談之岸安區來

談為楷〔?〕繪扇他日因不能及

廿五日潤之與園同撇政鄂卿函六家姜蒼來取四條蒼繪兒函又季弟函成楊

子英先生閣下：兩奉來諭，勝仙蔣太守午前去，尚未晤談，殊歉。

廿日拜龍啟心田，楊子庵，陸撫臺，拜丁君士圻，陳太守，贊梁未遇，鄉撫楊支丈前莫留。

銀臺楊遊歷，荷蒙拜見，手足深，潤南送曹露生之來，宜任並相服君尼慶岑。

丁君所屬刻任何疏，既以過之，刻子穆廷弟，其區屬擬函稿寄文定之。

廿二日雨，午前偕孟勞夫遊瀛生，往看李君絡甫，偕訪澤江南書局，三忘甫翁歸。

思因主客受一行，遂以薦與晏賤，蒿之屬，在集從也。

廿三日接沸叔廿一日函，如是，晚上湘平，贊扇大減，男儒未復，高年失養之樂，以陶

潤子孫氏，猿莊提得來函，風行林之一興，湘之腹，坐北失之，接實蘇回函，兩書報卿

已先往早大師處，商之子，晚為吟摧殊，高陸律詩，不覺至三鼓，以後

廿九日接瀛電，廿八動身，接泳之十七日函，詩稿兩篆，取繼節後之行，止追也

物形後國慶，因弟當報也，李揭卿前押十元，即在之逍田之，於手足訴於

鄭庸弟拘

五月朔 寄蒼石碑函 附蒼楊潤之函 並楊子安先生寄侍積 接薛心泉函
附物四件 託楚白詢賣稿函 送蒼之瘦蒼以車時●
初二日 清晨東海居張林安來 接藝老蒼兄之函 接丁懌重函 並送英蚨四千葉
接方菊人函 並朱墨摺共八件 下午詣瘦蒼 晤懷生 哉軒 子英 重階 五君
觀延大兄小看魚之約 積雪居 同觀臣哉 求墨卷 貢鶴山 題小墨長卷
摩詰江干雪霽圖卷 以五拼取為京臣師促之 方延伯倪梅也 衛咸度來談
節後方顧孫之行
初三日 接俞伯華函 陳萍莊圖屬書 扇額禮之 蔡生以書寫 接俞伯華節
函 附震廣一紙 接丁懌重函 還洋四千之 五方菊人函 並朱墨摺八紙 附蒼翁
谷節東 接者卸安函 莲老來談郵
初四日 蒼丁懌重函 取到庫照一紙 並送唐守丙蒼方菊人 蒼中堂茶卸安
函 附詢張玉甫函 季和來 同只安 接淑兄十六日函 何理 後取保信 先自來

有着仍住被通夜之行止偕李甫同庶子过雨苍皆不值而雨苍即来谈
通夜甚雨云连日气候尖多寝候之遂拉荷伯华函
端午晨起即雨竟日未休往鉴阁旋雨后即回寓作苍波之函交来文甫回
苍又荐常熟律函交朱鼎基甫去阅成保改在苍民论及五泥字交李甫
甫归薄暮苍过李甫上楼谈适雨止取到二十早晚间雨苍来饭忘肯盱眙
接恒大宗之行苍赞赵彝庭任麦戈之函附苍范锡康函
初六日雨晴起早过接程子俊函托以直隶学及部局两年前纪薪来托不忘
恭因询之为发其程子行言太守与谭氏收帆不谓神仙者同来谒府主
也接陈君甫四函三人同过寿筵知已来过到接谭旅苏函知前言之先往上到矣
初七日晨起忘晚被寓即去协查忘由后门搭内河入房后搂门而出待地保来看
阅共草亭之主面述稽千戌陈宸辅多饬捕役风兵协力查得手复共诣
向此房上至庆来问派丁兵前查询物云书苍接石仲初二日函附来戊保章

及扇子等件西邑卿托送及之物也又接镜湖舍侄来函
初八日请世叔索张代寓渡王[illegible]有老蓬梓手两银票胡芸台观察广懋函
大令将范苏函赵佛卿来谈同韦帆来之函信之所赠以物价取其一包
陈筱云函后加捕勤佯贼作函稿之雨蕉来午时始行
初九日接函张翔南府试呈举者也接西邑初十日函寄西扇二柄再致丁怿堂一
纸送舍侄西库照之季五寓府方函将致雨蕉蕉将胡体之陈兹庭送至韦帆
雨蕉之船蕉将手把挟接胡书城函
初十日蕉将西府函蕉赠洒张函及其言陈序霖至蕉府保函蕉张蕴函同心堂
大令蕉马来函附雨蕉寄照将往张翔及茂陈晋月借英洋十二元候观察到
前接寓电观日函并银十二两另寄十二两致交男吴采湖弟有志奉刻也
蒲晋新小屋观蕉之相许蕉之观蕉接荆印蕉之
十一日送张威庭之来寄蕉前之陈生当寄西将同心堂自收拆其张马蕉将陈君

於福來棧寄帆門下書也致王方壺函爲國慶光宸答茀光函交國慶帶國致
別恍惡孫之也致邑伯吳函吳光第補叔索集請以寄還答許鐵記葉帥府
臨高談肝膽淋漓到廣鋪蔣子蕃爲鳴以吳趨隨吳少雅庭人爲官胥者也
十一日吟社歸答石仲函附吳光年及吳譽送藉便寄之之書福鑄送行轄石
複吾又接石仲函附姚彥侍寶收處接照又要請三品封銜數及費[illegible]
晚於吟社歸來民光殷瑞甫校書選刻所忘集接邑伯吳函函允以此送函已
十二日接劉姚彥侍郝鹽典保晚赤順直照指茀二次接班答石仲函仍云
吟社帝去答衍薛心泉函六交吟社交太古洋桐轉國慶寄小雲惠福生函
君光後到寫答鄭子範來附函石仲函又光答轄諸九來附函茀光函答
是日晨到函蘭初又來談新送青陽田父之附致函小雲詩扶摘結賦
十三日胡鐵鍋五翁兒衫山答黃濂池惠福生莊媧條葉來胡鏡之宅自見者
惠福生兩次函來紹答一字接陳小雲函函答俞仙莘函致湯允羽函屬寄

字，為得出之原對印集之跋。發莊思緘，索附書雲函去
十五日 發望之函，用禮山之屬薦書華。發小山函，自在原牙菴年暑運為推薦
樓，濟青初六日函，未足千金之繳清，日思籌之辦法。十六日移居北門外一號有
十七日 天時漸熱，已似伏天。發沈槐卿函，取房屋地函，述說業所不得方便，旋擬以京
發劉頫孫函，附叢書函，沈侶笙挽詩數首。致楊靖函，附詩並尚觀察函，自顧未久
旅，游蒲及子壽，自述之所屬事，有羽馬君不在寓，催詩書蒲來
十八日 羅浮侍史問來，交寄曹雲月款函，銀十二兩，附發二號家信。得詩青長報行
之高青處說，發陳淹亭胡子俊一柄。發蔔函，復並來，交催勤臣去函作華來
談之派鏡，仍於未內。發招書蒲不值
十九日 發張思照函，述陸孝嵩家祀補行家屋之賬，帥滿交恬靜辦。發致鏡湖函，附去
來拿，臣函告以鄉書原集仍存在此，果隨後寄說，款宅仍須待大局來商議子
第二字。發小雨詢說字函，并蒼圖函之予，擬吳業芬函，請保民集贈模札

九日發朱迪卿、翁小農兩觀察、蔡芸、俞伯華、張陸禧臣兩劄，來答覆
周溥臣伯琴、俞陳小舫、陳青眠字函，附寄宗家平看銀廿四兩，庠抄
字存之四十六金，内撥付凌傳沅函歸款。字香字答趙撥函，附去字迅，附寄
銀函，廣字寄騰歷鳥子學業，連寄函，並封詢之，手接承兄函，初九日承交承桂
看希來附，接兩廣函，並附季和函，附陸振甫，另告以補牘一交，謝羅同清
兩貝來字商，並接任誤侍兵本月即四風陽，答香雲一紙，留之，璈甫又來
廿日接勸亦嵒業然撥補中丞，兵典四川頂裁行六四月初四到度，部議
淮商至殘頂珠補服，答至此撐節函，答郎函寄，鄭治齋撐函以羅深清
盛函代請，敝西蜀政璈商函，答劉函
廿一日答吳藩孫素又兩紙之，與札子答黃蓮午節孫迪，附湯允孫函，請為
撫卿園蟬聯，諸帥座道謝，保與睦翁伯讓，請展來賀，署内饋送今節
答諸之，致字子英之，取課子池，芳字呈複事，孫蘭和函說，謙書湯作子

廿日 致陳叔家函 匯銀百兩 屬撥廿四兩為晉卿寄存宗之款 歸還難樓以百
元歸林埜帳 為老屋石濮旅具之需 致李弟函 附六弟寄回之纖 致函存
待九大人之標銀 于弢函于英受 張文孝所課子諸書之後

廿一日 寄雪漁穉香信函 匯現元二千兩 託贖白鹽據 石仲廿日函 附陳叔家初六日函
接丁叔衡重函 白馬同失陷地甚多 境內無糧 情形可據 以重函寄紀宿松小別
石三稿詩獲雨 產望 但格以善後無銀 仰票不許 來回 原函來 白情形據 悲秩
三姪儀函 劉叔卿未進 其進署 蔡之義逢同函 致劉仲士 為沈悅甫

廿二日 答孫方琦清之 請吳生書 復秋舫福人 論說之許 答孫劉駿亭 俞子良 沈
韻山 徐潤南 答孫方家應之 答孫俞第見函一 答孫吳修之同鄉亭楊
櫝香之朱蔔重 孫瑕 劉仲士 答孫賀 雲臣見函一 答孫汪慶堂 子文武之摘 致
函劉仲士蔣蒼并致之函 致莫馬航 為蘭和說項 李松浦 答丁懷堂
函答孫陳魯收蘭之楊雲階俞哲軒 于英 答孫浩樹臣 接王仲一函

廿五日趙肅卿來，交以襍三函，接李叔函附履歷，又挑選應辦[?]，又孫來函，又何貢九
聯統[?]及交陶翊函，又石仲函，內保甲章程。鴻九[?]弟來，接袁東[?]發到任函，寄子昂[?]
詢以湖北一切，託遞函。
廿六日覆石仲函，交保甲章，並寄以稽查票式，寄者請照西局開辦，不獲見官[?]
楊芝[?]田，詢以錢賬稽查章程，有城內公所，下午借意[?]溪數事，函借彼馬，捷[?]報
廿七日接石仲、芸青函，附貢師[?]書，致袁、莫、林函，現條一紙，照稽核章程，以如鄉保甲
令弓[?]李畢華一兩，渠又查對出稽核三二四兩，實數七百三十二兩，說石仲及周[?]勝多
廿八日請帥府寄安佳[?]用李叔履歷，請與蕙扇[?]王刑道並藩臣[?]士威[?]遞順
直隸稽庫銀二百九十二兩，綠[?]一紙，附交芝臣核對，照庫平銀五兩六錢，接容[?]殊
函，來銀十兩六千一分，存字當[?]昌殊，接楊范甫函，附後法之一紙
廿九日接饒[?]汲[?]函，送補稽銀於芝臣，接璠甫字，[?]來，陳[?]庭、宗[?]、張彥[?]直
並和通卓蘭堂佩之，子彬[?]三名，唐[?]隆[?]青來

月朔寄蒼原仲函，原寄銀照指票有取者，商購之，寄改發出
函詢以前之銀照指票有人備價商讓，為原主請出十二紙，滅其款項
閱出前方伯北上來晤送也。劉仲可來云聘沈茂甫。晚去蒼處
初二日蒼拉吳鐵君、賀許伯鴻蒼莊卓，到三蒼謝延五聘芑伯賀其
陳英旋起新三蒼旋除發辦，屬庸庭送去一百元，看其發遞留存安穩山水
年方朴齋一紙，兩人語阻之。旋李樓御門取函病推托，出述已到籍
初三日劉仲可來函，從前任以四百元千金聘德甫於解城，日仿為畫二紙。晚
往理藩作小方遠，收陳雨湘信，接彭見照函，又秋將來
初四日接原仲函，寄來銀照票共六百元五十二金，接張寅西函，指票須內銀
贈接陳實庭函附抄信，意殷殷也。接曾兄五月廿四日信，同寄函十七月
起口角嘀斜之遮，眠房無他，痛苦，暫須調理，夏後再作者移樓之
晉三函，寇賊小劉疏防脫逃，兩蒼處旋即都因果來之，彼都情形，侍閱

蝦夷之役，顧問鏡兵萬五千名，查一件來者，據之，爲傳都電，言不確也。夜大雨

初五日晨雨。寄大霞收之函，附去鴻星範青三函。接晉雲五月廿四日函，言

由字陶初之收織，以再函以霞侄函，以此附之。致石銘九函，内以大病交

石華甫爲合，按字石山之屬，遂接韓家五月廿九日函，以陶斑子石居花

之未識石孝伯華。伯瑛來，夕大雨，夜眉

初六日寄由霞李函，附韓函，内去弟以收函。寄霞石仰函，附去儉函及吟椎幾函

及京鳩居領二紙。接丁惺堂函，附去驪地沙滌情形，又寄稿。接胡勝甫函

弟寰城石按函，及石居萃稚符持九十午。華甫來，取圖呈之，再憫之也

接陽允好函西函之稚勤後到來者，兩後程到又去疏君按之來

初七日晴。伯華來之南，伯瑛後之南，若鏡波函，待之伯華來去。寄霞侄丁惺堂

函，特來紀取服函，病愈之而來。如今傳桂哉卿寄親家來，白之至後有

家書一件，自月數至此無自，甚念。而接許峯之半西函

初八日發畢少宰函發硯田函發孫燮臣子廉函發送伯華若賀黃小錫蕃
到秦叔任函孫小亭節來胡雲城節函及銀五百圓以八元來意接潘硯
莛函接安文甫撰坡大人之福自後函收我律函自安已善園時綠放之祝
隨時作覆字卷之以呼推殊函照號來字附寄少宰贈拔旅陵甫子年
不值發程子俊函寄白藥一斤費番廿一兩三錢之價記之也
初九日加發程銀廿以秋接龍芳蒲鄰兩元函接鶴笙致流光函王廠
納來告昭寄呈字元展文書照辦之呈送之
初十日接應件初七日函來小嶋菊厚八兩係紙繳易須報部國月日之寒間也文
主應拒指原一紙子呈本繳誠君報代清函尉
十一日接鶴笙初七日函附件係清繳九四十枚接流光初六日函李方帚來
綉為書歎費領即寄轉交彥程子俊函序應以十六年分報銷原刊
識旨印陸與詩又之再此若接王魔卿此示意延子呈年若恕祝該甫彥派之

函附鶴雨信並藥丸致桃兒一紙以季存於料字函去鐵君付寄來

十一日寄胡伯蘐書並便函與張研孫書題西塞漁者圖 發藕芳函

雨函 雨發房師謝賜函 發之原函送閣 接紫詮並蘇城大兄及樣來書

十二日 發寄唐仲函附張信之 接蔣陳雪漁翰怡並桃雨函 范君信來

蔣泉孫太守丁廷也 大府房師謁一院芸生呈三千部 于英房師十部亦即交之

十四日 吳集發經符生函 雪漁王仲一函 寄沈寐卿信並濬史臣廛也

望日寄卿府序馬羽羊 廣文鶴生 懷仙閣 接房伸函來收並致接揚

仁山函賀送團泥和帶來

十六日發旅李合賓送劉仲玉旅色伯賢送張文臣 接張韓臣知雲泉函

饒芸函即寄端之 接房師九函由多穆之寺羽轉真未銀兩脫旅劉丈

十七日接沈秀田函送李國卿信即寄之並致送國卿一字 發寄九函由

楊雲之階雪濤寄致劉仲玉送朱仲毓文請祀房官羽芥既

十八日 發石伊函，又致詢西野，附崖伊一函，致望平治館之照、陽光常照之
之寄誅款函，附表弟袁錢款，並請送錄遺送文叔崖李弟瓦之
晉頒賀收暫存，並屬之陳蓉甫、鏡蓉來，德甫來，留飯，詣鏡大人之聘
矣。應之軍甫之來，前移赴館以費
十九日 發陸鏡蓉，不值，鏡甫、鏡蓉之一談，送孫甫，崖發蔡佐航大人
接沈霖卿、濮濮函，屬以張福引入公墳，將迎之，署何不謀耶。接部九函
得方之移之約，是夕之費，接劉君函，附方權之納成附致陳先之一函，發甫
徐來，前舉之相板之子，入夜大雨傾盆
二十日 接石伊十九日函，來信續派二十二株，接酒錢江滬來函以第一名入學，崖
與貴隨部表晚矣，季蓮來寄，前海安精韓少孜寄何函，次廿日之二
德甫屏續錄之，因之多稅，二年辦服，託往送一次
二十一日 寄函，望之函，附函和庭函，并附崖閔狀一紙，發沈霖卿函沙

韜西寄箋小山對二幅，接晉霞初八日函並宗信及銀十六兩三錢三分

道呂處收付季來，蘭初、黃甫信去

二十二日，霞處得函，以所函附之。接望之函，有銀三十三兩，三十兩寄回，送孫二兩，有桂官字

因附來字條，又送孫函錦臨之。答佩老來，商處草甫有信，川資以十元應之

交接存伊函附，致應先寅三票一張，寄即送交，取回一紙，附致存伊

廿三日早起出門，忽大雨傾盆竟日，草堂以後處霞理之函，交來草書帶回，接蔣莘

甫交伊函，請其鑒酌，多也，小塢適訪

廿四日，雲甫寄張濟似姚申去，府來談，勸請順直賑局，接竹坪函並條，即寄伊一函，囑

因勸之，允也。弟往西山行

廿五日，答蔡冶佩老，往道臺，晤有胡伯讓，為順直賑捐局查賬，定月望道小

塢處試之。江問堂孫來，送至留住多桂，視之，遂去。交孫鄧有興國借展限

稿。胡伯讓來，不在。接子芳孫五月望後函，多言蒙人語

廿七日接石仲函，接季欽函，附來搨，遞庠單。接朱小雲函，查出宋拓黄庭堅集，
即答之，送之函背眎拊了，即答之，送銖来，謀謝之，以樣衣之了，另庠。
廿八日寄霞石仲函，附答岑樵銖函，函銖位遞函，託華甫之往達，揚之先往
郝内王封錢，予所設仲識之，即附之去。
廿九日接霞汲函，附改詩稿，布函，朱鼎庵盘册，即送還之。即至宣亭来閱，署广行
岑亦容將所藏古畫回接，汲兄霞老之文，枕於霞老。
廿九日旅館晤曉江，石仲旅館，搨之区，更以拓寄霞，雁信，寄三四封，見又復寄一方
十八兩并銀票一紙，寄鶴至函，附以達之寄石仲函，交故作議，書去附，
麻餅四匣，托岑將郎至京寄華甫。晚間拓甫来，酒後衛儒岑函，致之函。
三十日接芾生九月十五日函，瀛瑞庭函，以晋階一封，函請題之，並寄云氣，加以致階
鼓庭一字送覧，黄君盘册，乞仿琴大人来文，送寄朱經鄉，脱逃了，要交
江福就寄出而已，接銖家廿四日函

七月朔若孙何润生送马子舟不值至城隍庙祝子英太夫人冥寿
若农邑伯腾与洪容集子若农沈伯与耿毅园府尹邀饮而俞贵
二君互相劝阻谐致安观致培卿函附以二物交薇卿弟去
初二日以敏斋一刻交徐勤伯携往京师制帽并银六两二钱分咏记
道之若孙来李雨亭函附寄夫家之银保信便寄廉生寄之王函乐相如函
接钟峰辛函若农龙锡康函交陈益之福蕴携去托其带业习度支处
也晚为涵林改院试完毕之作题为子曰当仁不让于师二字
初三日接石伯函附杨润之回函前任的乃翁家传所刻矣晚在署有来
之辰刻至石桥家子荃英没书之信着班翻米同道馆而已接汪伟琴
函谓之以仆等为存安其余亦来求之何
初四日王眉老以其孙监生张润孙诗一本初六来电沪卿之计十五年

祇須八字潤費，以先付七字費也。並得友詩到星送交函抹劉祖矩詩六月交之

初五日師母安孫月借同侄煩之撫洮之六月廿日函晤之經全青來占

蔡老七陵承理書函爲孫蘭那詩屬書陽何田君函稿揚之語來七

字聯撰書內吳左封之二万元已經吳壬書爲子語與左頂及費六短函

十條呈詩並先費寅收默待洛陳王子開來晤之等の人來府晚飯

秋吳方特感洮日第之孫者之也爲交左撰寫稿

初八日趙陽曉並仍未渡晤蒼雅王子開晤之經全宗右伸函告以錢與詩封

应須補銀之再送日校勘節綠山房詩草稼本原稿之有補字頗是另

之並爲寫之寿供

七夕爲雅眉作盘函抹交劉福銓劉植之爲複二屏書詩陵道錄稱者

撫表楠之電以官衙爲武之房

初八日撫劉伸壬函賀學任者多羅吳壽甫以許納宋之表財聯詩未已遣子送函

不覺又生是日北風甚涼夜深方告

初九日接厄律函者荅華函一缄內資票二紙即刻送交又廣東寶丰二號接

寶珠函附提字珠一缄即刻送交是日添子御寒衣氣嚴不正

初十日送深文粹函珠多以意其經割藏三千部又寄臣聰高十部以便將送

同好又臣來函送選吳厄封捐單一紙及存復銀款單即寄上結納局

二備書送潤函二件亨粹臣函商楊雲溜來接劉伴士到任函

十一日送銀百八十兩讀洋四元四角接吳臣及人弟來二品封實收一紙及接

生還文一角荅寶厄律函以接文附閱將寄沈雲耕來接趙衣二函

夜深乞稱來談荅伴一紙接成接鎮文臣到任函

十二日荅粹亨辞臣賀其茬新荅嚴沈雲軒興國展限一年投局詳撥敘

疏稿人歸多接來獲者成

十三日楊洪子在福者來作致沈觀函備交弟往乃以來接經生忘今已勢至

永遠不能以身策接，手書並銀印回函以 至其崇上崇照二字手跋錄應述

賀振菴序

去冒致鴻箋一函，楊漢子留存匯於此，請明覺聽，回錫交弟 陳琳季二弟函自

致承之一紙，以浼子取留二行，併前函另之封交肩寄至六安，告以存匯留此以待劉

順弟往兩番屋留聖父來弟長漢接承兄和八日函，賜之手質，母告以及孫經全函

書懷，手書之之接贊續和函，以聞卻遇方伯有出使英法之義，設函派人趕

有三十年卯為舊況之去年接華子才茂才來函

中元節各林雅有觀察三十日稱來函，附以接過四方居生，少精四方各國之琳

函附以三元來資，流高鄰泥遠函琳元來廿斤分付以濟寓，又弟陵述之琳一

二兩為弟鑑兒濟運之家函琳，弟致早向說手送之，望弟許收至之壽賀

渴見孫之況，付便道各旅姚寓者，下午往年為定隨吳宋劉呂麥家函

君遠渴左二君少敘，不遂去渴佛生席散二更，餘兄孫後來交及祖討

集後旋稱紙並不敷〻刻貲

十五日發呈推緣函附以筆送兄處貲及華子方函若華子方函均交源泰支棧

閱緣函附有源信亦即交〻時有仲函附若仲一緘語及圖之成下午出城送

源緣兄弟受手便送旅寓而不值兄弟交送仲茎十七送僕送〻日來

接〻後日頒刑疫備想接緣季二弟十一日函云仰先生兄脈來歲請述〻

緣談留恒二泥子去秋來旅於信實也

十五日接厚仲函諸大人〻常來不靜山莊即來高差賀劉仲士進士房函任

函若收見之函附去黃緒翔函並蒐安好〻信實收弟去詳查受〻訛

求雪老書以函尺一紙聞發回兄送〻接收見十六日寄美函送來去云原產名

卧病於途訛人常來函內復任中途發代濟楚〻深諸即交江邨弟發出自

請假半月〻讓其勉深之誠可不報者夜電復〻請兄原讓文為

沈伯與作畫

十八日 苍镜贤函 时阅二百以前旧函 寄母宁覆函也 苍来看壹镇字函

先以重出崇上宗政二字藏归郭子刚日大师英契 时即为其捐办荃菊之

函告以所得何在 穆以待之 附苍泽珠琴函告以开中百杂来之云益 有字份未

之岸不必能通往 回苍禧成庆函 接办呈鹏时 菜多字 更为之 谈之事通宗

君敬赖一首 苍搭泥瑞庭叹一首 留函

十九日 寄孙黄护年 两蒋芝侪之丧 发赵张御暇杨文亭请函 致熊奂公

承请封三代原书已发 照严入册 寄孙传静山大令 发郭新二十年前所作

下午文芳介来一函 因我芝者三竟未成也

二十日 接龟芳说家函 赴鄂也 此函送去也 寄孙田收函 交新二十弟 寄黄绪

初与赙钱[illegible]二斤 十四现寄往上海瑞生行 接复阅十四日函 附疏请刻云[illegible]

仙师来 但妻病一看 附师云微了再一懒虑[illegible]

之[illegible]一张[illegible] 苍家江凤五先生花千[illegible]来

廿日致函黄涵庵，其悼亡又以闽人刘铭之荐派设后楼房，索回等事，因其
为龙其宝昌人，仲仁兄弟皆识，故函为之一言。接姚家十六日函，言为君子安殊一识
内有本之属为加边达，传风之足，此热夜不能眠了
廿一日沈伯兴来，言其为成四方君疑之，致蒋竞老函，请其回时先发之，电候
复达函。接闸函二件，函任秉陵石涛，衍云相同，但归宅，去府又下了
余函叶前其来稿约致待发
廿二日蒋姚弟函附稿三件，函蒋石仲，函常新黄华收书，意至可佳，大人
接闻笃涛福原两君，贺秋来访宾友
廿三日接叶海阳饼函，即答谢之，并霞因涛两君节来，诸师座商定会
函叶自保其诸人，席后将定约之，云霞加候段
廿四日叔和又来约定，其稿送帅，垦核邑伯瑶来商，探润南出寓
贺君亦来约了，适字之商，函代词稿，据函为开会函，廿日

廿五日接濤兒電菊老等乘江裕來改定集稿另錄一紙以前查對亦須編

次履歷之用

廿六日接石仲廿四函附來略摺與洪俶仲一緘皆言舊館主經正書院緣起一紙及

交程報紙接滿弟孫函向水君等評何人作贊之詩並屬儀共注釋早日赴

館應菊老之招涵芬樓雖自雨窗中處處精神皆至鶴殷十一年別緒至通

四更後乃就寢午前

廿八日陰菊老清談半日雷雨亦未飯後集聚籌款上海師範商量改作

樂話君已畢而回寓又菊老談半夜

廿九日大雨竟日菊老來後拔林女孫派出款之生寶論並且寄一字函李石曾

蕭作未完日食輪至早開兩雨行道雅江干輪到而不急來接返船費

敘應約下午後子秩而別月女隨送上午之雨歸兩作事止城園積水盈尺涉潟

水歸涉之歸對一妝有盛容集

八月朔接蒼檇生觀察函附寄上帥崖文般函並上宮保致龍老函霞壇甫
函劉服到接晤於廿四日寄戲廿二日函並請頌字遂還李介實文作國字英
文待詔如水細陳渡花卉三幅留陳竹坪山水冊贊行借觀
初二日錦瞻五色伯瑟至寓林陳贊甫字因至旅寓特晤一談連日氣寒加
以勞頓覺不舒懶於擬覆小舟來函亦令至京小觀及不寧
初三日蒼宮保启行函云分任請討之款從漫劃撥及龍老所厰於服護利可厚
之說何潤生過談是日復起舊症身不爽快宮保答潤函二件函及吟林子
初四日帥府拜擬寄丹谷函請與之來席間小舟至硯成交者尤非林錫漁山房
漫談夕子岸來談將有閩中之行
初五日拾奇保與諸君履歷書房殺吳李國卿並借四金送去自使收
條夕作小畫二紙
初六日接二月雲七月廿八日函來索信及寄用銀十兩昔湯兄函附節綠山

房詩集跋語及原跋稿，又接署有疾，僕形頻也。寄薛心白小函，託購新墨

十斤，須臨之，照木梳竹篦往。初七日劉服弟來，送洋元于小舟。

初八日寄小若林家函，匯銀卅兩，內晉雲廿六兩三錢三分，合洋三十元，附寄季鈞二紙

寄晉雲之函，交風道來并

初八日寄小須臨之函，託其購織照梳篦，接王東垣、張龍山併來，即寄諭之，接

石仲初八日函，附致仲蓮聘仰藏，接楊沛霖初五日函，弟來，寄之錢月餅

二十五面，李何賓來，請託其戚米君二多

初九日送遊李何賓往竹譚，出租舟，接蔣順甫併來，即寄諭之，子稼出月寓函

諸之劉濮村之房，新指請吳子，接吳穢君節函，接孫子翔節函，又稿劍

坪函，接石仲一紙圖屏一幅，呈翁寄疾，楊星函，下午寄仲蓮來，接之後日晚

雨，女展子寄來，形靜不得也

初十日寄石仲函，附去紅單一百張，封一百二十元，雨書家人弟去，接范錫康函，並節

後晉鶴舒陳蓮之從子於杭序文子為道接唐舉甫函已世留者託房東退

耕錫雖藁頗亦可憐也落后擬星江舊胡丹去

十日陵洪之函借以月餅市去留存鳥蹟交劉服甫接王仲一函殷殷於諾子意

不逮他往也孫蘭初武菊白魏小嵐之舒看楊太觀以祭文

十一日屋訪魏老函交江永服劉服去後洪之寄姜君來屋以許其館子遠人往門館

兼而出告以二劉之寓楊書者上年卒永薦隔遠難以為力也

十二日接徐鋒平餅函氣甚淺神困人疲擬之頗不能悟晚旅子巽而伸請

子逢一談無以後報函遠餅者三說以醒之倚交子良作字告之

十三日屋訪桃君吳子仁吳君開甲旅單[illegible]大人訪[illegible]曉訪劉蓮伍洪漢屋刻

於吳屋不居此用遂孫蘭初接沈德甫函附來有今及票接薛近泉函附來

契白蓋接張太液節來文存其次借張任二兄同旅子壽[illegible]晚子典[illegible]

張君錦勇馬宗第二家一說甚有意之物也

中秋節上院賀節遣人送荆溪理盟紙擇日者澤之備照蘇老吳禁

旅自墨門接牌初十日函又戊保字及匝寶帷贊論接壇兩函並票叢木石

腳送三物接湯允孫函附來筠綠山房版稿原印付刊子陵兩屢函隨時送去

下午顧雪泥兄黃勤敏公山水冊請蔭照送趙壽卿來

十六日蒼穎劍拜餅來附雲霞甥前函蒼孫子璈函寄去小孩帽鞋等四包又菁菊

便人蒼沈德甫節函附其侯物葛巾腰卿摩飛之心志致萬先函寄去閱搨

十七日蒼其號送張君引薦並託同懷瑟脫之兄弟後德堇航函寄唐示

雲霞接王守衡節海斎餅函接趙書代餅函即蒼翁稿件備執射三

則言為荷何輔南吳請宜付來館疏稿

十八日接黃緒初函十二日函詳示風處價有四等每五千三千及十五六兩者

須加出能寄內存仲函又鴻磬為附存草南函寄內蒼華亭以呆小函去以壽釈梨棗

之直送雲收雙龍節請近照黃勤敏畫冊接俞伯華餅函

十八日蒼莊都之賀來並附一紙蒼孫韓手俞伯華吳職君三人辭函催倦

之詞良可自哂又覆倦於穗士款三紙復二為朱小雲來前思燠忽涼天

時不定人竟不健也接馮瑞廷函論家之調答之法

十九日小雨蒼叔孫仲策出小南同蒼叔朱小雲兄於舟次蒼叔管仲奎接黃

次蘭張[illegible]堂陸樹屏三君辭來即答謝之又偉存來閒話以來賀故復節招

請蒼老緒高過寧節來又與布瑞之寶閣手譚廳署仲策來說吳瞻貫

洋擔片稿

二十日孫叔甫少尉來又晉重初五日函在上海寄晉雲贈墨四兩茶葉五枝信紙

二方馬封三十即作回書又孫積回沈伯興來前吳修之數君不也寫出為錢不來

本忠人者也蒼郭池府汪紫垣辭函張子實節即來接戴[illegible]之由午起生子輝

太史之喪與汪王二君不製挽聯[illegible]即又與朱紀接湘以七月十八日函到

孟崖少尉毓琨道來談諸杜局蒼遇者接程子俊節函內鄭霞在任[illegible]

送之子高年　后日则托友代办矣

書庐旅邸手札庐俯豪两庐将交与旅命子高良日寻庐刘玉保庐询

左瑞之吴侯之兰二照書庐云岸南函托以西碑山水画册庐花锡京函飒以

四十馀年来未致子良函因以后详复拨施船之事庐旅方宗屏以致房时旅

邊子良不值归寓后接不伸函十九日发附来珠家初六日函接晓江函交

阅毕并归谈次请旗笔稿手答康函交熟将顺直照款子高时交庐

数语午前送切牌板雪涉晓为不伸绘扇

廿六日刘溪村司府之屏命子高良衣来宿交不了空康函问郭书揽榜续送

引清英二手稿庸屋摘抄送之为晓楼未到归清旗笔册函送寓

之杨星五来间谈次接珠家廿五日函读后三百五十馀元识揽三百归寓存

押款不即许之竟以揽之函子良但晚就寻之之据陵陈介石觐苏共论

秋老先生入相之举据后不宜于交达赖三十甫来谋子

廿二日 晴 徐绘六丽作古来归鸦题二绝句以志感 接沤帆阳湖函即答

谈之 连日前次来信作答 吴修之过 同人招饮坚辞却之 赵积之以夕来劝

其用功在钱方答正题 听唐听之 雪

廿三日 子贞弟来长谈时许 石芝雨去 游姜即子复谈之家也 为执芳记

家绘小纸得其所者而题识之 余及读子庵生平衡节 即函孙小亭节东

来及即发阅此条原贤张贤论及张残字

廿五日 连朝密雨是一刻停 天气骤寒 是三志答庵徐函弟览风扇

信以照忌积累之子求鸿作弟去

廿六日 雨止 族晤庵藏赵积三翁谓吴其生朱筠重池补与庵雅刘子静

刘深村是一以雅庵翁论介眉记金室谈片时 庵藏子质不值接宗兴

金陵函许调连来庵施求早弟来附写作及復尺牍篇与陈之陈小云来

江凤五来翁即过之 雨庵夕来

廿日子貞來邀往寓齋，子壽送來函，云激厲乎後之後日須一併上陳電

夕蔵雨蒼言為子貞蓉子請叔蓮來，雨蒼送來龍畫幅來

廿一日蒼眠(?)來函，字畫吳君所法為佛圖說六分給民徐乞為一過大龍等五人之字

蒼民徐一函送一聯作論命以三題寫幕勞函附來夫人墨文小畫子三紙錢畫聯

函前蓉子貞蒼別子壽送函問先收買植之資三十二兩共子在報恩人請見送

二十兩以應伴堂之急，送左小舟唐刻馬鞍詔乞為錫筆，差歸鄉

廿二日致蕭月樵字，託以施庭為堂祖迴謝祖，祈祖堂三元揉一

本日同人有子請陳介眉觀察之岸，云自忍田即函致忍田，附名蒼來務于晚

間瑞甫來言，曼公扃接子壽送字，不乞歸款，蒼望之小宗，特之函，邀其携作

二十日為俞蔭老題畫，接石伴廿八日函，附致壽卿杖三函，論其先弟之子詳承

翰寶云：茲據伴一函已赴山左，似之竟也，遣日為子貞賴它庫以從稿以取作畢

晚飯子陸又贊，拾理舊畫稿，幾至三更始睡也

九月朔，小雨。若农别至保高月鹤笙仲莲看施雅房屈道施匡押租六千

两，祖约一纸交于高寓若王者圭、饼函孙涛九节亦瑶黄梦珹饼函更

邑苑陵饼函，滟时若诚之邑者和之汤竹翁鹤宾于宾馆，到者十一人

桂菊之陆瑶甫往返函言不肯之事，主者十二人，定一陆三颈之。初三

初二日，蒲观察函寓交陈哲甫暸霞西清古鉴并板六本，拟交庄刚陵帅之

之矣。古信又兼字约往谈，夕践其约，交山东笔砚书藏角海防指挥集

若后瑶翁函交一月言明日宴宾函。早晴而下午又小雨。

初三日，接陈哲甫函，定是月廿白湘板晋京，即付吴滨机蕴照等稿之核

定，乃赴江苏宾馆公宴陆森严钡观察附祀英之祠，谈席就之子同者咸谈业

已作矣。是日天晴气暖。周春翁旋自信兴。

初四日，函送蒲观察交俗告小清君之拟，已饼交来使。蒋寄苇乡太守之来

陈敬庭亦来，兼蒜有不值小舟以难遇不求售

初五日得楼翁山西赈款助困苦，至一万余斤，稿人蹈援之，他乡遂不远及

至夜，稗侍作小画以养闲之，顾见素约一谈。

初六日苍石僧函，致息伯鲁函，告以施药，拟四苍程子复函，附神任，并庄任颐道

之峰郡文倡傍本年籍起义式同乡京官印结送画屏四幅于郁西以饰乃

郎韬龄成室之壁。苍龙家见芗卿，送四元于小舟为熊画石及韬龄之质

刻石之价与阅货也。夜校积年旧存字条，将百者存之。

初七日袁实秋、吴少高雨后至，高及同乡张君聚谈至酉乃归，情状

颇不照。此夕校旧存信，乾隆四十年至今一千四百余元九锦年四二厘三分五厘二

之毫。所永垦户田草一纸，不忘何时矣。入世中援论且八月十九日函，讯于廿二日

接其至，饶江乘轿先来接，张三叔来，信村信纸等件。

初八日贺沈秀川苍、吴戢暨袁秋观、苏州贺吴少高、苍刻、洪村吴介堂、陈

及程庭三月兴一国足之一日，照青接石仲初七日函，杜炳南来，人瞧不绝。

於室有名全侍從下片時歸後清抄舊稿數紙與蔡老之送卓
蘭生楷儀之與蔡老英兄合送朱介老太夫人楷儀
重九日同人從吳於崖星閣公同吉寄洗塵邀趙愷思者語半日而散晚
展齋特旅寓壽芝不值接齋庭湖餅函索文吳可照者閑翰詠
初十日接姊函李歡一初四日函姊撤於來年集五絕會趙者一聯香帆稱母
氏勝皆同板津貼半清查萬之齋前兩邦次帝序字的數張附來楹屏再
福寶生三函又儀臣序送年譜一函發理之函以楹屏再福兩信附去了
劉漢村稿片等[illegible]勝兩紙說秀以來
十一日接賀吳壽函後答撰祝許伯義往船西原賀喜留者陪客並與
喜筵後暮回電硯侍郎閣中武廿二名
十二日賀大府嫁喜硯侍喜旅許政卿發答原件函以白毫二匣寄來象求二匣
交之帶歸星查上敬索觀古系以端文之遺書怪蝗全請下午人跡接之

箋來畢公吳善亭為取西公子陳陳房之岸來及親往船西之和鶴南
公壽藏蒼雅
十二月蒼雅交李欣西函匯銀八千兩以七十兩為王區十四岸之費十二金歸吳
雲帝周家墳南書歸函蒼以繼安瞻為不能速定之接允孫函約以錫壹
藉豁從徒卿時節之矣足稱者汪梁琴來接萬先函
十曾蒼雅劉玉琢旅汪紫琴超張卿生談片時出東郭過陳介石紀康
之宅秋逕先生入紀英果敬公旅之許久方得移棺而葬吳小帆棺船屋
祈接進片請孟超過于吳玉壽將得寫黃庭等字月借李澤民之
理舊孟超來以許紫琴不接國屏代詢加印往紫琴處安田雲樓孟超
往不能值留之而詢陳小雲一談以理月旦卿國屏超汪紫琴來首
量談字計莫能施後朱小雲函寄李勤南子祭以吳銀兩之字移在
省城往領勢不能行也

十二日 蓉泉、小雲函，陽之孫函之孫之祖之林先生爲居緣山房詩刊成，共七
十三日 致後張、小舟、秉重、時庵，爲楊積堂主事、沈伯興三君之拓
陰陰何眉頌
十四日 致鐵芳、穆航、費之函，內緣自被失實情，附及德安海寇勢不能逃
晉儀臣、費平泉、李識之函，以函爲何厚子貞先生題畫，題子貞四弟兄之
並之芳、高二家，接石仲函，云十七日督經回錫，及言雲一家一屋並到，欲付
寄家居，見由鏡餘寄壽詩，再由蒼見餘寄風陽，若費周折也，能全
之。接陰伯文、雨蒼、林琴，似人多不能至，務餘多阻之
十八日 寄家上、母寄視千書，若石仲函，及前詢文淵之說，屠面試，成保論說鼓
林季雨、芥函，詢大宗坊石樓一面，屠蔥罷，奔家詩文，附寄葉、小張、分吳二
皖林女，附致林女一紙，爲卯府大詩疏稿，因五子申武也
十九日 接海之清江，廿日函，又接鶴笙家書，又接許蓍評，借勃函，以札子照接

天未根于坐久攸樓宿ゝ以函為席岸遊兩日身雖不倦ゝ來人不絕
夜於鄰苑見浙江名錄及蘭亭記侍ゝ房於東壯邑家子ゝ有宿慧
良子欣羨因率拂眠ゝ席鼓其畫題覺函不足其帰也
二十日朱遼卿見葉函前談兼歎良久鼓孔子照函為許[illegible]評說頃即居之
許一紙又原為乾為詩字之鼓鶴里函告以潞光毅程來秋存又積孫子
賢函詢與東日又日來夜痛腹元發痛ゝ至見江南題名錄錫至汝四函
三則無人在其中也
廿日痛咳喉乾疾五少西屋腹滑率痛東海氏一月熱迫見日不過不休
與靜卿上院遊大帥來不教其人送之意[illegible]等子船西過閩馬之蒼南夢
剃山水卷與張談時許道人蒼來手閒處撥歐陽霜田為程若之鄰之居
廿二日張公至寫題其土函前蒼將子賢函時去止頭痛青[illegible]挺別
仲土函中丹來又以石之厚其以搓[illegible]胡其戾[illegible]而無ゝ以旅費

廿二日接晉雲函並書手銀十兩一錢七分五厘屬轉寄卓里來支什即
須回去當日老親家函子貞之歷次在張文重所取共老共價三元七
角與行字也晉雲箱盒由芸溪復徐轉寄一節家復函中已代述之
曾賀曹景泉前子良兩家婚嫁之喜若孫張良臣朱蓮卿接
蕅芳函廿日所發緩看復模之子詳於一所發藕耘函附來所見封
寄所云一生苦命屢遭大難其情急概不見矣東海君病未愈近
王子芳來談之云苦大病若逸到仲士函及所詢閔兵出北部議叙案
二弟在仲所云之講卿仍老一節乘便剴之能許仍若之拍陰譚寫覆重
飲於是寫聖別七年矣清癃剴謀為可快也
芸昔遥視慈闈生日於朱以雲函屬查李勤勇之孫英夫銀兩部文
未到[illegible]以原保之摺年附閱之寄孫蘭韵函談壽陽田白集館予
子英通陰夏重備蔡老食之往乘便奮曉愛郁 歷胥華擇

中見甫田山水十二幅，後五無花見，晚得其貌，而索價則三百六十金也。夕
旅雨蒼晨，適玉甫至，海霞交，晉齋雄黃丸方，救時疫靈驗，乃公刻也。
廿八日，王子豪太守過，飲六陰，海霞有適方三，晨見江南周邑，玉甫來寫
豪作書為一席，以中延小集，潮蕃不獲見也。
廿九日，致孫友仙函，為子貞求拘，子遂、子貞赴壽州之館，卓府宗屏
汉大鼎，復重山巷，適往淡子貞，來每復，接其家書，忽老人往者
孫小雲題望月與卿圓扇，為其子壽林作對，而作旅玉甫一張
卅日，李海小集，附唐備蔡梧老置函，借度伯美交京鈍，復重山發運
朝陰，食已，送益甫王沉矣，來海秋來，向于東將行，給而據以乾候
豪而成矣。孫蘭翔來云，田館有成，已而豪矣
廿九日，接小雲回函，前件但到矣，見南田山水小冊，優來也，而放日蘭情
接吾雲之函，要之而過後，要之大略情況

十月朔祝呂璇甫六旬壽不值旅吳修之生談時許苕孫詞臣孫蒲石宋海秋皆
來得曉嵐信借樓浦於碾兩以消防餉片稿
初二日爲陳小雲作耦耕圖扇留飯馳須題未之有晚出德時同大帥營
肝氣聚首片時日間李檯卿來樓宮蓮二株九月五日函
初三日蒲五色翁交閱者藏留海防捐務贈廣內砲臺砲位之慕及江
南撫葬都天廟天妃潛含山等處砲臺摺片三件飭左瑞芝豪雨蒼之
招為呂璇老補祝也訪杰大帥辭無稍座
初四日鈔石閣者蘇者築臺贈砲等築身補仍不健道馬子琴函
纘甫來樓庭華甫函附致書帆函意在鄱邑那內王大令之子
初五日答旅李檯卿邑纘甫聚於船西寓中一談王弼逕剡史未寓
宴送秩雨太守偶物件幽照之岸因檢出篆刻碑泉銀二刻夜歎松鬧
元寺新饒銀二刻岐陽擢碣集字檻帖二聯味課果高詩午集得

録各一部，備以充暇日消遣耳。來翁
初八日答拜菊圃師，交還存件，並留一稿條件，翁來不值，壁観叔字來
接存件，初四日函，初三夕返館附來戌係年譜一冊，鏞三件，埠南今日贈二匯
子蓀答孫壽函，借照物隨蔡老交於榛子，英旅伴翁，瑞甫書釋
不值，便旅寓晤雲皆，詠之出寓，馳歸一課，積存之鶴笙二函，晤之二函
復笙一函，即函交之
初五日答拜王琢巫，出東郭，拜巳洲巴大姪，交祖房存件於祖塋十二元，押祖
塋元之說，接崔芝生函，並所刊嵩自壽詩，索竹林女科，託吳修之生
留飲，與叔答存件函，致允孫一紙，以贈綠山房詩四十八部，交修伯陸市
往謝宗瑚堉南，宗瑚存劉雲山仙師壽世靈微一本，所載劉公為明江陵諸生
精於醫，不衛不顯，諱朝宗，據宗玄存，所居蕃英雲齋，號省翁，和虛白云
集陳玄璉，撫風集一卷，燈侍味蘭女病畢，詢咸丰吉期記鈔皆有靈驗也

護送家　初一日函之本屆壬辰十四年分漕廿三元，本時年續岸之茶[illegible]三綫議內

已而任之未收不提，已收每年提百九十元，計只八錢之每年收九十六元，實提九十兩元四分

每每一元五年之後積存千元，作為以後每年除月只以備其岸至字田承之存

租及查照舊照法祖共有四五戶，不知何年歸出此照，何以移存書內查問

初二日答拜童汝山觀察，並謁邑侯生郎中祝蒲山廉訪，答之生賀兆元奇觀

寓答沸家函，屬吳葉久煌之妻藝舍寓家用十兩，一併寄交小舟屋送

黃重女添收稿物寄方答壽函之底稿共四子附還，到靈山仙師靈微

一函隨其未也，府初因未遂也

初九日孫向帥王清並未痊，護送兩妹嶽州遞函，看已到彼大聲極諸

夜月頗明，邑指照兒之一談，至龍鳩店識兩旋，即來代寓施杭菊茶只

盤床之床

初十日遣价送來蒼煮饒並來孫蘭初言之了不書於己情也

接晉雲函，吴淞生甲子莊為之比之，主者憤騰僞而無此者，乃有自危
之意，可以慨矣。接蔡輔卿、錫城來函。
十一日 孫子英送四物，汚娘收條來，召裁縫友衍，託物損留物件單，收條寄交。
遂雨蒼來，以孫家清卡有謠將援意悍悍，而若無從着力，檢理積存疏
稿分類訂之，以備查考。
十二日 旅見般西白兩蒼探琴之屬，夕悟徽見詢以湯家蘇伯情形，又旅運
老乘便屬開夏子華方寓存律函，前来未晨之主小鸠，屬頌一紙附去。
頌四个月洋務並託以接包作琴函，以林少梅太史人望，恩恩之意，屬柿餅棗。
十三日 接春岩族祖函，以第二子病，春於寓送家入贊，寓送無回音，屬代問之。
附有致粟臣二伯書，即遞送之。並晚來，交附春公及華卿三弟一函，屬即
代寄。雨蒼屬中與先生取包作琴，所託為白春帆先生查無類此成業。
接吴麗卿親家來函，屬以藏君園改局長差。

十一日寄茗青岩族祖函，請十二月薪枚數人來，可先在寓下榻。逆函附
去。蕃寄妹家函，覆臧伯一紙，還百娃以睦求字論語真補敘正面對午
課，琴舟亡弟不能已已，子易也。接石仲十二日寄函，言季弟不能輕出，意應償
以歲馬少鶴，撰芹鶴甫甫，于蠑西西猶遠也。
望日，家兄早間來檢錄舊疏稿，人點撥之，竟日未竟一稿，携歸寓，今日下
寫數紙而已。
十六日，府主遺老言，防偷不嚴，請借撲溝批之。函致極遵，諸公庶也也之。撫
稿送上兩蒼，未言疏遠之，終蒼旅黃以葆午，旅于舉，妹琴皆不獲見。
蒼石仲函，以雲山為季弟老而不損，惟寄丟信以板鴨、麻餅，爭杜恂弟去。
十七日，金生留兩宴，記在集陸，午請之未暇，他乎夕旅陳之一談。
十八日，蔡丈來，同往旅陳雪溪，不值。于舉、學臣二丈處，則皆見之，稍敘閒衷。
陳鶴臣過訪，自兜湯來者，送指澤於于英。夜接從兄字，陽勢款詢然

揖集予達照之以吳青之暑露都厚為最壽係作今年舊雨也
九月收兄函前付蕃老翁最能之諸前為三函收吉士之之送予達閱并錫
送接石仲十六日函由阮同宣帶來小鳩石頂四個月前收三十二金王桂賴之
錐接吳士青函詢申報石及來年之有收送吳葊款係通服京物之說
阮同宣來黃蔭年來以石帶為獲昨聞盜犯十二名竟在假巢盡反衰
子李樸卿來路前子良函由阮兄之石交往湯照指票撤請核巢之說
吳樣林交數來指條交予小鳩收請此年收兄處收付各款兩月之交未領
兩歸墊以付條石又十二兩七錢乏銀七不應送厚為接謝洋並送函也
昔船西之生意倉促飩接王宇春函以得詩到鷹臉青喜接孫盛慶
函物附路劉頭阻函稿以情再不得為前年去世尤不忘世侯在為何況之
條銀為接請洋物上年十一月至本年十月收付各款清單自行送交
予達照方書蔬藥方來示祝庭生來

廿日接湯先孫四函寄詩已到須俟翻刷五千部加刻老鐵並要正誤字與
他牢騷語耳附來四函二到一呈即送之篆函應回時交子英送到物緣刻
票收條三紙交小塢二兩留一張琴得帥白函二來錄回壽詩少見煨來
廿二日蒼崖親梃生已移居詩少見尚不值深鶴居院同寓一李韞卿二函交諸洵
生談過汪琳琴不直蒼崖蒙之函交琳琴帶 前製白得子布琳函附蘇稿已
宗一部為吳摯甫館的取即日作蒼儀之並告以傳習之舉限一年
廿三日訪得梃生任交往蘇亦不值接吳蔚卿覆家來函二紙為鐵君已函圖
於北宮善甚過呂璜甫已寓接蓉賢之函屢以後來館可被交得之可報矣
曾郡三先生帶二紙來接談時許帥府偶有在探故舍子蘇官紫微詩
文屏宜自孫髮勉力為稿粗能形心窩交事為逸來完呈圓屏題
廿四日接琳香十九日函廷仲廿三日函取寄來呆接趙舜巫函自孫悟之內雨詢
弟壽遐觀命歸之群省嘉成果吳鐵君未寓

廿六日因宣来，资蘅同俞二君至茗石仲函，又接其廿四日交同昌沈里斋带
缄，並石华南家衣二件及函，即将道片贵以备附去，交杨同吉送筠堂来
若日遣霞晋云函，附茗庄老之函，承询不确取了结之。又遣霞涧函，两件函
附去，藕珊行其新三段字稚通谈，以见其十年款里，公讨于满日子冀来交
谭夏云函。晚往咏兄家，寓出阅知沈右查之太夫人十月初四日七十寿辰
廿八日接茗岩族祖函，附前讲于连二纸，还达子乾观之，于即道子连函，向
昨晚吴素士称近蘅来泉李理之重索之，说寄霞胖家函转西吉老禅由其寄
汉尾附霞薛兰舫之函。又接庄老之函，送席费枝戥二
廿九日将贺吴素士、吴素士再蘅说，接生皆不值，就吴修之招，蘅来泉泳武斋
三十日寄藕老函，吴甫涧袍褂料荷包各释以好入转西吉席，曹涧之、裕琳氏
来函告将吴素士之武寓，共蘅孙生取西楼同之，而我二次，吴就其续钞苏小
余送子华同饮。是日江接之重也，泉示函揭函交函家伊殷苍折蘅来泉

十二月朔　許善伯書來，并文石仲廿九日函，附袁漱六信，有元魏刁遵墓志并碑陰拓本

黃慕端書欲研研搨文並題詩，又述作跋首接樹萼前月廿五首年六匝橋孫氏

言兄之說。接胡震城函，述吳長壽話世，附有致石仲函。善詩來，之孔子昭留庵

植務兩種子嘉有遍之託，邵兩寫來勸之，仍去

初二日　雲溪趙寫硯函之來，年八十以上而歸　主西度函出寄候見嘉無民果來

以白鄰抄集筱宗之出刻兩至者，以人多擬去書取庚之面談之，雲溪已仿碑函回

韓少梅太守家屏回云，鹹集諸四部抄之　主無弟壽恩話來，須六等說，為之擬稿

雨蒼歸自濟南，遊略之龍光湯陽之滬，殺到之甲，追沈伯與太夫人壽祝齋瑤

夕飯善詩兩蒼說南年間吳大老書之喜子函有

初三日　蒼潭溪重函文子英，附寄所送鮑曼山公壽喜，須詩日飯，從之往雨

十三日在被因同至高月鶴丞文孫談，次六館至夜半那散，蒼叔往勉居來賒

日人不識硯齋書札，陳鵠臣來

初四日晴张燮卿学生陈子元观察说此出查太夫人七十正寿注怀孝廉

祖翁来属查考出何房查在第十八房江苏翁叔张大令祖绳荐之

往丹致奉晤王秋航陈生别驾之子七奉王宇书函贺其还官覆乞移函

筠仙山房对联细勘有误刻阅毕来原坊更老面议交刊板印宇

板不甚另刻为雇刘真人墨传敏请假二月之久陈寿庭遂来言谋悟遂付

予一匠作奉家之久姜为他族襄理也

初五日晴送府主二子吉席之礼府主适太原吉函稿已到制府需忘元有

来章　度我为续请拟劾两直都已来拟三万不派员请示

因为府亦程凡应案应请税假覆询以拟劾之案应由制

府主政公案柳保军衙陈是日不可毕已夜二更假后往家是旋

满贺其补蒙荆山荐以吴学正家遂一众廉无从候写晤欧阳文卿

孙瑞田张季云王仲甫四君

初四日，筹详文来，商请再荐，以九子照前函来，看嘱之。直隶奏请拟

劾张述棠捐输保举，现已捐停止分发，费廉员奏稿，接苑鹤廉函，

拟以函复。

初七日，外王母陶太夫人忌辰，诣浙之庙取典祭。荐寄樵芬函，与医孙子

从后再议，附以时务之孝弟图说。接蕙老初二日函，备之浅陋，禁没

由唐以孙再图，现后约子先言，以版之筹足二十万金，先行举办。周廉卿函

寄山房添董藕舫，月兑六万已付，楚如有借了五万，执事意亦未之

也。荣仲华函，照抄保来，及开履历，康代补不敷之数，请奏奖生子孙

要在保和，且不能行，康以后改。

初八日，见直隶奏皆军机处咨文来。万寿庆典，续请拟劾银两，请赏地方

盟缀景炳之峰孟居奏请祀，顾之说，仲华接送履历来，并府存照抄保

函送子良请奖贡生，咖府嘉下以函到高升其人，应促履历来奖之，要看拟

稍可趙伟卿来若陳敬匯一紙取序館可投票行之有人難以画成
初九日答振衣鄉西觀察函若宗右仲函以予親之湯生三函及故居之胡
寶城函併附去詩雲岩嚴送史葉雷生題吹簫吟居圖詩伯良李敬甫
吳士書之先後函天寒日短疲於應接呂璐書之函寫帳友來客之由達
虞卿前日函陸君五示老来因以香齋居薦若亦許並許存雨岩
亥以二本洋序先便寄可弟先之贈壽斗十六個新伯華来之鏡從函
述不敷用茂卿在五河調已卞衰矣
初十日接弟先函述金寨孫清寶之案已行查附有弟書人為季卿作直幅
蔣伯南弟来附函交之自以為老翁說頃之說蔣伯南函寫之即復函
壽伯宗四侄君函述三手鳩盤泥鄉用本洋十元
十一日答薛侍佰華蔣[illegible]伯南歲弟先函附去蘭岩買斗之二元接蔡
季欽初五日函附来先之散文一本標君日書之序又函並四等文三首及

華景方楊子卷作古九幀，箋葉須照所賞者來索一張，亦便寫與善時
寄來晚晴，菊函，寄蒲至薦友人羅振鏞南下，於為寫一行 書
十一日，去函譚太守函送，譚復堂畫扇，念三弟及和濂鑄之作，船西德卿送
飲陰蓮，經仲太史、吳昌碩太令，因約昌碩作畫
十二日，經仲、昌碩、秦高卿往虞山，渡先、秦高以秋子游太守調送濟楔務
青浦學者江浦人黃蓀藻望之，臧序致函，為望代薦人，照至吾學館算
撰時許擬得回寓張以示
十三日，曾君來訪，泊送，浣致賀，順祝閏生姚君五十九生日，致菊書函，送為趙壽
卿謀秋君來，書往之，為附及陳學文寄，承求晚樓宋佩藏函序，書其後
鄭恒為腰歷度來，為君之六雜庵跋，函允之，因及潘君送等十四人詩卹
之岸有腹歷及韓先評送，岸亦新雪冬日晚，有霧霖雨雪
署佩藏函，有鄭恒為詩附和之，岸屋以腹歷為序，應右瑞芝寫留雨

晨以吳子饞璿甫爲何華浣塵吳來劉三老丙溪甫以他約不來敘
時子亦全歸竟迪自書取樓晉雲函乃錢二千兩三錢八分家信一函王子嘉太
守來爲萊熊遞程仲乃先一百錢矣趙郵卿來告以包雨殘法
十六日霞晉雲函以書送之取康山水畫軸及蘇士貴雲亞字焉代付第面
仝吳紫往吾處付蘇汪塘芝送條吳春來晚又來函約郭恒爲藤應
子以來查兒若之
十七日晚又函詢諸御渚祀十一月子實假於藤應中庄左爲書送子實丹若
以吳質政宋佩老函告以郭恒爲吳藤應存吾屏查保子板遞房年
並送閱之趁此見前陰家晴劉竹嚴云是覺生之子政芳老函由璿甫
香泉來銀刻於到陳汊借才替代之說有汪穗卿云是金生本家來
寫兒翁送之閱並糖諸
十八日視俞蔡之生若翁楊星五鎮軍之孫魯陵子華二泉來寫銃

辛韓臣之拓送呂臨甫不值寄石仲函託爲索書費
十九日和雀芝生廣文六十自敘二律即以補祝爲索竹林女科即附之部並
送御史交便旗往接石仲十五日函附致石函有頒票二紙又致趙函任介
山鉍剛函寓言以世殘歸猜標中協音見由悅堵詞並居遣楚人說楚往之
又此以正言誨之潞覽函送芝生門帖直賠拓移染之謝居以收條爲證
二十日王壽人鳳翔來言出高雅此處請換祖物遣人傳高雅來門稿
居寅加一紙居寄石仲函居寓頒票收條附去又附致蘭初函告以回問渠
辛文苕青湯居自遣館無可爲替人請岸寫舟又附居花錫康函稿
子琴借牌得費閱照務已接此視御函之據務並私西席爲書示准之居查
莫家嵱蘭楊森於趙史萬侍寅並其人作寄居之寄居洪家函匯銀五千兩
由晉豐家用三十兩五年五分五釐居仲居張中丹先后函寓
廿一日小雪居族任介山與呂西渔晤商存款又寄居季鈞函並遣中議之據

作小學文草稿三首，序錄正稿存，並代周筆談之附時藝文卷之一本，訓學
小學序程刀本局，分存其房，以備課讀，望諸存款於信宇所題票不
簽池提仰函之被証照雲孝友捐贈千家之忠國此及之託後卿篤未貴
於篆竹形函以勤良贈物我欵接林女函，仍時傷風，兩間流軌一而兄病不能除
根，別已深，着之三款陳述女子表母而止，即合宜也
廿一日 次譚復重鄉會三年之款，位其字函，鄂王錄，厂紙生王之潭厲鄒氏之
悼之，借名仲具呢，晴送彭敦三原之錄字，可接晉雲函，洪兄函，序，劉竹君該菜
先函了詢之，取西序所节晚，接名仲函之里路乙子湘妖家穗彩志之說
晚飯後兄來，以鶴信王飯送老兄，韞生席，磅兩株家袁岩旗祖函眩
劉竹君二函，以节晚
廿二日 接石龍九函，白其殘後文殘之說，載於公車為其子飯恩所費也，孝叔
東書以吳識居松香好丁汝蘭飯送草存俞伯華劉竹君二函晚

范子珩至高高鳳山君繪一小方扇，扇屬藹遠偉卿，新取西石值以付君
前日接函兩道，道後春嵐旗祖要書札，鑒生孫由劉信臣帶帶而至寓
接諸函並趨函，為子貞付其價三元
曾旅春帆自后部九之廉於蔡小要聽巢竺亭少尉屬至取西要詞
竹君已函子叢經擬就遺竹君來即以告之，小塢自金陵回，茂名伴函
告以異熊任蔣門內碕橋之子鄉樸如舊故屋寶其名遺書札告我定
壞南函告以林姪仍不得遺九天宜其調之附其橋餅大麥茶及福拜之
劍泉從議多至子宜遺要文撰序，詩殊費視之其臉構，須急作詩稿
茂才魏生殊以後因不從處二十元之處之
昔晉會之期之同年昌遺函以詞二首調任且改脫稿寄來乞接寫校
對華胰清之處並勝交寫集並送着其屆時聖輝映，附來該蔡
來此之笏老主聘倩四函苟之詩遺遞霞詩畫趙函屬以手奉為遺

二年先在粵出拜夜賓，接有收條，覆孝山叔祖函，般西康擬侍賓
求錫清册，修卿小鳩，請君來談，張蘭儀讀書未來，果請伴師遂 傅
引見之人也。接望日初十日函，謂詭於士熹，屢見盛笑，病，因遣憲國華來行窩
先送條，偏見與楚之果亭查收，並函店張和順，乞送四年函，護於國境新
集秘，張承之先生丁亞坤霸，請其至率兩與地保逸先移回，取查提兩丁已 以將 拒放
彌于移遂出湯，現往游移已合眾矣。附來函一函
世兄已發張蘭儀所覓庭進送，接先摘之於日昨，移矣，送物乃弟代收，墨書等
接居仲芳日函，附件未檢來二紙，兄與淑兄表生子致別，年前太夫人萬其命三元書
即命送告淑兄以詳，寄館日主成，詩壽卿一函告以詩子薦之酒因矣，岑
晉考之函，告以侍此老宗陶侍者，勸與張沈書同閱，並附去蔡未回函
淑兄近況，莊函即送還之
莘白崗岑鏡溦函，安伯華年帝回合服就函同兩岑之 冠英來 白眉府拜

仙齋近詩以代少府方瑞清來白綠兵別託諸詩郵予

廿日蒼石仲函附云薦吉人詹季常蘆花卉一幅大安小箋扇一個寶以金橋謝見

美少本直閑一件應其中[illegible]襄以常外為東錢二千還蘇弟謝託伯華常至

答渺蒼巖歸苑萊畢少府送俞伯華蒼望至函丁至坤浞境請四十本

之又詹慕來書之石仲房草代答詩王將仁宿萬書又草和先復而詳

和游一本 銀貸杖回

廿日忽伯華來訪再投石仲一紙附以銀杖云第一金錫三送西河雲佛詩

四月偶蕭三千籍之和作也序以題成五律一二首檢得舊積數紙錄之於

本檢得時拯舉贈詩後數和之即送贈之宗奧奈

三十日段時拯舉函附方和詩檢穿舉十首函之去年得機而困已亡附來題

授傳陽橋長洲宮壽卿函題佛卿繼經仲來謝脫之給至白清君送

壽詩郵至又王化成詩郵附祀宜付予

十二月初一日寄熊經伯信，適蕭青原在座，因留其談，旋接峴帥函詢招劾

廖出駐景經費派員籌款等事，晚飯青原招飲，夜深

初二日錄海署會部議奏海防捐輸不准截留緣由函送青原並附

抄。奎錫三昨晚俞蔭來，舉第八子，題往賀之。孫子箕來言其弟小山

函，王接胡雲城函，意在乞其取急。孫蘭翔來回，自繫各將赴青浦

初三日接蔣心泉函，胡因之來，急看所賦來版債，歲之意，即作答之，備言

來人能寄。吳少亭來，席孫林夜至，寓中白之，坐力遠得之，不苑子班

應金山令手賜拜，形債以之物

初四日同人之董小楼身般家產者，均令在刻年書翰，以救情實而給之乞

以賤早聞吳鐵君來，言近去歲親卿銳棨函已轉寄矣，於信之到甫

初十日函托倪鼓金陵續發

初五日致株函，滙歸月之應星門年下及用，附去張先兩函，乃答青

又發林西函帥主政高定　慶其貴總照一字經費等子樣卓孟隆裕
帖，覆義員王化成請假，鄧立侍附祀孫名揚等十員、劉玉海等三員各請
假。鄧青一擔二斤，忙了二百稿，成即送樓，湯子洪函附來大錢一百條子
祖詩鈔，康侯即吉，鄭子玖，珠叢蜀兩小篆各色頗新
初六日。接黄老城轉函，貽糖薑諸，禮之。寄蓉金錫三厘，其裏子寄方濟信
允其送來時，有不美意矣。送譚復堂詩稿，又同諸送卓存麥一譚亦宗以領
覆堂詩，晚寄尺宣談時許。午閒宗佩老函，高儀王久亭等諸郵之子
初七日。送詩稿四卷於濟信，夜翻九高擬奏來，以十二日其子完婚，對話送內眷
素姜往來，對如其未退而来也
初八日。王蓉和家撥來高，蓉湖寶城函，賄以四元，佐辛豐賀年喜筵，其長子了戚
至淏子津所，在鄂無法提引，送第聚者於耀南，收條，蓉湯子洪函，回以賬指
銀票三百兩，以二十議蔡老石送張晴波，其人之條送　故回年定兩送陈少

送吾人不忘之悍於廿舟次接石仲初五日一纸谓宇郎有于当日不谓无谈

以核稿示及附来宇函侍陈获函予为郊之捐又附来王年一山东来函现任

佐臣京丈佐臣馆於潍县杨大令耀林又朱小云来康録照都司杨桂芳

诸附祀唐将李忠武王等祠之案

初九日晨接王慕宗佩箴桂牧仲锡晓宫四君在宗受一谈而已承东岩吴刺於

朱元亭子蕭大令德駿是日院内寄来刘聪甫楷镜来白宾诸子池之笔

蒲友石查指案送石龍九受喜禮而屡无诗酒两帖

初十日诣帅府交宪件接初四日妹家函之小石兵復之笔最芳家说之郡文季

钦百函附先王事许老三函一卷已議禪依单内石日成矣接汪稼琴函

岸新臣张之来者仍须接之接聊发笔函为香银送吾人聊逸庭旅柳归

英送收仿之喜禮之

十一日帅至秋雪斋萧二日下午小雨接石帆初五日函在望祁阁耳尽之

手柬小雲來青李忠武之駒孫立祠之舉
十二日荅宗石仲函詢以歸期附寄小鴻領紙請領兩月津貼薪資吳蓮詩
赦勁草壽慶出題京津費八稿爲孫公館過山西温州張君巷帶客求
柴信子岸饋鳥薪來白吳蓮請攜保甲緝捕經費之單
十三日過從鏡湖函附黄良月臨日家丹之荅孫威慶函前次一覆十月廿
九日發之接尹蘄春程驊函即時荅謝吳梧岡庭訪接印前進交卒
株州來船西道來吳昜碩山水直軸送來求寫以賀親九十壽者接許
善詳函切切於世不諒人之不能爲力也
曹荅寵院因宜吳少高不值龍音晚雲階子英三弟之誤寵子暑
不值所請籌措保甲緝捕經費兄之於到文夕荅以東劉聽高請於
府池前以循吳赤積歲不能直達吳簡荅之荅頃睹之函順發通筆函撤
先寄而接譚復重回函荅許善詳函屢而自謀陳式回壽圖蕉卡了者門

人才林立，顧以為謀不足，思以耗費株守也。金錫三來

營，苦詞函二株並乞代仰廣爭額運不逮，狀甚詳。惠山函皆由逐年議覆上理

可筆咨達局，詳請從筆訊丁禹生暉，植稀私出子秋條信七言一律即遺寄之。

接胥臺初二日函，百飯十二兩，另寄下筆兩，劉述庵少尉箋，又來工接華甚多。

筆森及修之函，乃以重索壬林碩指周門武弟門前求，必柔不諒無情也。嚴是

鄉紳拜收李秋卿先後來啟函，述二原信滿部所依引之意，出於善意

書看費重之函，詢以藻服所費，數之筆索亦附一紙，又劉少尉薦修之函亦未帳

首謝絕，以學生之請轉致之，追桓不以學生言忘離，道接以推辭函，該舊吏

資周兼道之命，鄰公于元接子貴函，所兩月將達壽辦，繼次詢曾道臣及三代諱

接王有奎拜函，子接胥臺初五日函，原賬已悉。出英軍一里，瞻一個，又屬

擬交假交劉述庵帶回，原函凡寄，指以壽辰領之，幸轉收，並於禮來商定佽便

及指聞道函之手

十二日雨。答金吉生鎮軍畀函，接石仲函，匯來小鳩兩月薪資，比餘十六兩，即分交
樓君武舅函云兩醫自病，康健與之。接樓霞仙函，告去年大府未附條，獎以補
訪鄧孫，龍函之，勞和濟信，七言一二千。葉秋生到寓。
十四日雨，有寸許。帥府下午祝衣完婚於吳門，是日竟致其衣冠賀，附陸有書一
紙，請芳妹琴說項。答妹琴函，即以告之。答子貞函，附閱聚文書單價已
遞付石門宜場君諱約略答之。
十五日答妹家函，原劉付普電家兩及老子東妹、君武舅之商。答季鈞函，附之
紙包。先生遺稿，撰畫數頁。答吟樵函，四三十元。石仲來，不能與。答君武函，四二餅
答子石仲函，附王宇春即下先之留意。陳先之遺去，閱蘇老，乃鶴鳴兩月信示
陽去辭，乃外祖同鄉先生畫，櫻花帳頁。先生跋語，錄於遺稿，石東寫上也。
旅寓述來，因之宗珍妹聽讀與圖。石接春岩族祖函，望子早歸。
十六日答王鳩，莪樓來附紙，答加意。答陸符飛樓來，接濟信函示取題王。

澤湖山君尋夢圖，白查集近事易林，擷其句備集聯。夜先雨後雪。
廿日，早起見積雪寸餘。辰刻更芝孫衣冠入賀。接辰仲十九日函，還丙子本津
十七叉賠對之三元，傍晚已行。廿三日陰，即作蒼依之文素，便蒼劉杜進糕桑樓
蕩先函，梁乾將席之李尉璇約，未竟就與子貞互調，來十六年聘更兩
蒼樓、非琴函，老維賴不得調，甚以為念。
廿一日，含生寄洋十五元之請，由非弟滙付，即寄非季雨弟函，屬其付含生家作附
去上月賀子年。寄蒼楊清吳函，函里門書涵撰門詞服了之，在此經理，仍法西門
下了之息，不在作房存款，息以本年不任盈虧，任何源撥。
廿二日，接大女函，寄有柏枝一匣。接鏡湖函，並承子乾題文、沒潛吳一函，寄子皋
白顧任輪船經函之，理其合經一元，須商同與本古恬和兩公司兼款出，行
撥家時辰乘從，遞子皋函，以此附之，並自請撥經補經費之，候撥交南
局核覆備查。

廿日接狮叔季钦十七日家函附河氏子及所学字各张拟今年又附有六女年
接俞仲华刘仲士骈函接袁湘西函并七律一章催还寿易林欧阅周偏稿
句乃数十处叶书翁单古钦样来
廿一日荅袁湘西诗函又取西附接色伯琴赋作即日同人共悼用之云谐桐川
样函次飞函询禄园之说赵寿卿来言子稚郇若不回家而独往芜湖
兵仲旋里善为东道主者犹之穰被来写
廿二日外舅同郑公辰日往淞光东其缘行观东涌文渊应恶口琴院园
访词集素五日幸武怀诗宅鸿运函述王月莊先生歿云桃源归骨堂之事
録共大联接赵青氏样函即答谢之又接郑友堂广书泉左德高年函
闻晓楼钞案病羽荐善服毕少高来
廿三日接吴松岩医年梁文蟆城三君书来即答谢之又答广书泉孙来借
慕老视晓楼钞案病经胡位甫刺史荐莊毕少高李介宾莊丝文

昨俞仲英介賓以海甯袖交信書交來人帶回
廿八日晚又寫來趙老書借蔡老往視舵船西白沙前途兵身取鄉款
並善藩臺並望留蔣三月之議以安境地請速飭府諭以鄉並其款
蔣可暫留據袁細陽稱棠加署之事接錄首渡稱函加署之事大約照所擬
兩啟均閱悉係為函屬以勸諭垂危屬其出諭以一紙照筆達寄可從便均作
一分附來述勸於介賓
廿九日立春上院賀啟蒼存頓九函所請各隊伍一分殆已頒議詳覆稱
一紙附之蒼存草甫函附去可將所件第匯函稿及第四字蒼蒼之函附
照例解繳任後於十八年六月到院由現任迴避給六品頂戴例銀一千一百八十兩
寄存仲函蒼巖王少衡年叢甫沈穗甫取第匯到聰肅注此頂宋海
秋及蕭觀察又一函見於說之事一深蕭函交何居介賓帶回蒼袁細陽
函並謝賀晚往院又交送啟接雜事後函附來乞惟察覽

除夕循亲家年伯接同寅甫潘吾甫修録九平戴山賀柬即照原之又
霞劉仲公將西樓江鳳亞賀柬乃照以書蠟四斤又板橋畫一軸携况与意
溟叔方

# 望浣瑣識

光緒甲午乙未

光緒二十年正月元旦。黎明禮天，祀祖，後出門，詣東林，入院，賀府主及諸同人。
出院，至湘生處，拜外祖父母及舅父母神像。見之，出門見校賀，旋後往西城，祀
先君家祠，賀人。後晚畢，步還寓，已午後矣。晚謁上年同歲。是日微陽薄雲，夜得小雨。
查來家，各親屬不出，設者有七八人也。孫徐曉珊賀來。
初二日。陰。午後入院，至意溪、循齋處，至謂蔡生處一談，孫昆暮辰西，以座同之恂
來道。取之又不能也。許伯英道去，一談。孫訶臣來，留。
初三日。午前陰，午後風雨，晴。與蔡生又共西賀。譚伴儂次子子鎬家禮，備壽幛
及賀錫家祥。莫事去。詣般西一談。儒卿、蔡生諸人和儂至寓，不覺至夕，歸寓。
後伯英又來，去。清話留至兩黃昏，出席。諸晚禮，鈕蔡之談，請以附名。
初四日。元旦來到之處，又補行拜賀。沐之遊去，仍未得暇，祀禮，終之以閱史，疾也，為
府主撰謝福字摺稿。小雨竟日。城西及劉家俱不獲同行，緣阻於雨。蔡生來，
話湯餅而去。是日著錄、精識庵人。飛叙而散，以來小雲至寓。

初五日遣霞刘仲之驰函并戴山孙铸九贺东俞伯华函谢镜湖底子孝移

函論歸葬氏殊若节旌孙之立而夫一子霞鄰友並賀函寄海君出門在寓年日徒涉

後人蹤相從雅道于英赴鄂而未果

初六日若能崇小雲因難大沸人之居回寓致賀若左德翁賀東霞青山族祖函

述留應殊于左請日戴之柔議不容若江風五賀東加一紙謝被橋魚蝠

青螺之儀先孫寫長談留題諸晚生聯語若之將

初七日談電傳諸有拆忍觀賢因外王之大臣卿主復議敘硯侍通往一談許

少農橋鄉之兩觀察在座与周石汪張四君設具邀硯侍小飲趁馬朱三君為

陵下午小雪見伯興來談接南贛道周潞次觀察請江夔老指府署趣臣大令

驛函先孫之祖允妹出之生箭緑山房詩續即百部又服年道文

初八日接潁州別歷陽樵東書附於若謝之接孫子珍賀東上書與若接在伴

古晚廿二日潁歸當函附社儀是邀洋鐵七元接晉雲古晚廿日函附有吳源生

去，致石仲積堂函，復劉楙如賀函，復趙調卿、植館函，自上海寄南來集並近刻

白以壽劉積堂六十，爲石仲之屬，請俞曲老作楹聯，劉仲良來寫門對小篆

郭賓何時到，同朱星齋羽素，又楊見陽子寔，飛霞之外無多時過

初九日晴。拜馬鶴南、黃蓉池、湯見蓀、趙霽庭、李壽亭、劉玉裔、林少梅、徐葉庭

賴劍評，飯畢三下去。晚沈伯與、屠蓀堂、程受臣、傅雪泉、吳壽安、劉仲吉、楊誠

之、王錫之、吳蔚臣、馬子舜、張道高、許小若、袁爽秋、陳介眉、劉棣臣、龔賢卿、張

小舟，皆一得晤者。往晤蔡小屢，又訪寄礪，晤沈見喬，沈翰晚，觀聯，致石仲函，以積

堂壽聯屬陳介眉大字，弟女蓉拜，徐見卿，亦不晤，致沈楳卿函，附蓉趙調卿函

及元來拜，徐庚亦調子卿，託之楳

初十日陰雨。致石仲一函，又壽卿，並送壽卿之蓋，訪王小塢，旋自上海返，受送李子元

雜十二日，……王沈鈕、張五君……趙霽庭、賴劍評、吳壽全、周潤卿、姚靜庵、屠蓉

拜，……君先後程……間……道……晤……之，一古晚

十一日王紹廷來，高陵西佩老述其同澤孫王請君請却，拟之並於十二日之招

西陵雲之亦於十二日之招，以稚子病，遂在前也。薄暮就楊府同年之招，席

散後先歸，不值，留字而語傳遞語之

十二日答訪湯雅河、孫鮮西、蒲烜三、孫葉之，遂於濟源縣之儀，留孫鳩爲題帖

答拜鄭淑蘅、郭棠西、羅少耕、王有章、吳子高、宋雲軒，遂於秀峰庵拜郭樨庭

同慶街王紹廷就佩儀軍門之招

十三日宇同答孫春亭、劉欽西，答同淑又觀、蔡鮮西，拉子復西白訪村十六年會肖本

附遂上聽曉翁賀年，又遂王孫鳩壽席之儀，另於此題帖及碧桃之株，鄭尾

賓趙寶廷孫蘭雨諸君先後至齋，夕於此鳩之孫，不值，至雨之家一談

十四日淑蕃存湯貞愍云，書於王之作題夜其稽之大哀，該稿一紙補錄其淺遂遠

淑之羅十六日孫鶴泉白不能去之，故請其轉致諸主借此蔡生至，至貿十五卿小

殷不覺久坐，歸三鼓矣。送鶴泉出齋，房剝印工價之數於之孫

上元節偕黃蔡子往莜塢新寓陵棣事畢若谷郝墨賓劉子迂張良玉
若谷孫蘭翔鄭雪泓張晴波丁驛聖四寓午後出飲醴泉二君緣鶴之
招飲歸二更時
十六日爲莜塢生之辰程女宅蔡南王戲樓後在莜塢處竟日爲之陵廣
二更後復招飲子純二十八年人緣鶴之招小坐放黃而已
十七日前兩日來販上湲早往揚府滁陽棣來即若谷之值江蘇會館團拜即前
往順道拜馮瑞庭汪巳山范映泉在會館竟日從之以夜接余年黃將西邑
候撰來滌之寄之同女湘子即以託之
十八日黃蔡同人出探韓曉嵐觀察趨往與談順便拜錢芝岡歸途英麟征雲
午飯園後八旗直館園拜德靜山方伯遂與緣鶴偕蔡子往莜
後莜塢處後格雲而返出黃道之晚之後元芝岡同晚之行稿
爲賀黎子同遊之光俗送來鄉情漢刊印簿保山房詩集一本

十九日蒲書庭招往談，取了亭所作趙進齋疏白，烟撤鋪為南陵境上事據進

劉高升答同安司酒亭夜半滿之言請補平報功而免過虎拔任台卿閱印儀

節右簡接陳叔廿二日函附抄帳眉聿將之附函請之大安頓人一了提書費庭二

日之言子附寄平甫函有見之處遣稿兩派弟來校對接許星叔年函沈祥伯聯函

夜來談閒兩為一了送季平函托其交張玉甫來寓

二十日答羅叔臣大令宗義沈祥百茂才祖康聯函羅為請江督指委差

沈別霖卿將舊帳償之答范錫康別林如年函答方蔚人字少莊年泰

接林稚眉觀察天津來函譚仲修函賀其闡于錫寶瑞畢姻道喜函

寄到吳宗佩老函示柏子寄子遊籍來人帶回

廿一日寄之以英國言界匯費兩界往一函屠滙錫里答陳豪季欽兩弟函將

洋函匯寄取來信寄收條答吳壽蕊遣趙偉卿前黃臣周春帆黃公茂

南馬船西主而鳩而散諸君買田而已前蘇藩張弟一二[illegible]來[illegible]

晝陰歇意寒出山矣小雨而雪由暖轉寒

廿二日風大雪寒接馮晴陽梓函隨時作答附先生到高郵湯貞愍公為外

祖別月鄰先生作梅花卷子即去一年接雜蓉生函林少梅丁壽望以輝聯

接陳哲甫弟二次函言為裱依託名無所遵擬作之字樣

廿三日陰雨寒冥接周義之承良函現寓北新屋局內聯以渡不來明日詣周

齋留白朱萊書共選讀雜門墻接虞韞山驛函吳誠生函願歸北新屋局差

道旅寓暖室以待子英晤談片刻詣玉甫蓉坐不值旋方宗屏寄湯貞愍

畫卷請題偕英道談因雨未去接子貞懷遠來函

曾雨蒼雅韓臣雅壽蘭蒼雅張子虞鈍啟之一談雅同潤庭來歸起取

揚子壽府蔡老雨宗陳淑接應九函借以我一初府虞也又接應華蘭函及附

致壽帆先生函應子附附發蕭庭函又接閩應行道飲順便於一年將所寄

一行歸接戊歸裝蓮桂雜帽等物[印]丁酉蘭帝來蒼吳識展字求屏託人轉交

廿五日大雨竟日夜不休，朱蔼書，[illegible]門[illegible]書，[illegible]在竟深高中[illegible]見蒼[illegible]雲函

閱吳將之作，古夜閱[illegible]雨雜記時以十之歸，未道安病作

廿六日早晚飛雪不[illegible]，蒼子貞函通[illegible]遠席以[illegible]若以[illegible]來無遇，蒼[illegible]九函之

[illegible]陸午[illegible]日譯未竟[illegible]遣之，以閱此樓[illegible]御歲[illegible]函竟在別圖，[illegible]書眼指

廿七日[illegible]有雨[illegible]國御約之來，蒼[illegible]寄書丁[illegible]蘭陳子元[illegible]若[illegible]之[illegible]

以外祖劉[illegible]隨日[illegible]飯後同道[illegible]之叙[illegible]在倂函[illegible]道之書[illegible]

帝[illegible]蒼[illegible]方生陸[illegible]玉湯[illegible]山[illegible]之[illegible]樓不倂世[illegible]函附[illegible]

弟若函[illegible]四月前[illegible]王[illegible]倂函附[illegible]一首又[illegible]函子貞[illegible]又[illegible]

等三函即道之[illegible]函附子貞[illegible]樓[illegible]函竟在別圖

廿八日雨[illegible]樓在倂函[illegible]女函[illegible]函之[illegible]倂[illegible]王甲三大人[illegible]

函再[illegible]甫[illegible]雨[illegible]大人[illegible]之四函[illegible]不[illegible]高[illegible]日[illegible]雨

廿九日若[illegible]函附[illegible]一函兩倂[illegible]以[illegible]高[illegible]王甲三[illegible]

[illegible]再[illegible]情由蒼[illegible]函[illegible]以[illegible]之

一日，雨，欲霁。来写立幅。鹤笙调署来，具尺，并询及大女婿将子若林约函
原以耐守谋他，乃不易，往耗川资旅费，所有因之不便。实况均无把握，即丁幼
兰、张士芳至商改成，保举续题送文，仍同年转臣调宣城，责蒋地调恢宿丁
惺堂调守，张玉甫署，时昕具覆，如年之大女婿将鹤新追回，许尺为款
前追上上。而来沈其即请侍函一见。
初二日，雨，夹阴仍寒。若林至申三钟后，宋家来，并送丁幼兰翁年丈，来起程原
题藻及述跋，穆莲送船，赞揚、应大守皆来，听账，樊、张玉甫到，追入晚谈
寄若林家函四件，款旅之百数，再到去揉其若季饮函，中议之原文稿二纸，拟
过帝归，叶存若林赵函，谓以西帝已荒，视宵信遇苏，候虎如保已送来川资，在
赞，并侍热昂归叶書函，局若辰仲函，阅之，成文一首，附去旅宁，由交丁幼兰
帝旅局至西存，借郭鹿人访之，无暇，即若之。
初三日，欲霁来商，定晚稍晓，榜记苏联他定讀，腾上年尔为讨不及四纸，武述旅帰

臣之招集许范箓畴之晋子席散又聚谈多时果照画得意

初四日晴为渊先生诗之艳联青谈句艳之适阜府太守处戴文节画求濡子

春访稿龙兰畦范箓之席散后饭苟之一谈

初五日晴适晓之处雅联适雪浙食不以为画册之劳馁晋云十九日函切之

龚史所了雪意在於归胡氏内场小名大坤者来意欲请食被不於宜

画书之乡以求之也青原山人往来并谈来片列衔之说

初六日晴广书议饭诸疏及涨及入郡城之片两稿子权大臣饭入郡片

稿发后适觉为后因里四君饮席散留谈晓桂见其字张归为后

广存仲初三日函问瑞之子女子子之以议文字及议联姻袁函风位有之光

之存饰某穗之敷函存请男字一范样子员二十日后之函璇前为至

记见之夜谈月气十之语函为之矣样赵叶理函别函为其子也

初七日大后流雨以存函适史光阅所询各节请往量云后既之函专绿备

添落石碑西逕北出茆道行刘平臣敬堂擾米夜雪西查物早山砲台
二千年霞波接秋藤路近西段高量赤泛生又西乏甫因济丁三炭造挟郡
清水留外補之商汉示之霞後大忘写漢帆橋勤來高沈公用暑報剃
初八日早陰午後晴錢聴樗觀蘇洛来道往陰廣因旋半日午後著報写漢帆
孫謝九四書後著報沈公且原王金保嚴島鄉旅来雷告以復雲西京即著
筱雲西京連勤亞潔之錢水午之粘渡後五共謀时许
初九日晴道訪晓公岸頭報賀筍重校浦一本千字赴秋潔一出擢蘇港字的著
張甫西重申前校林女西京原伏耕耕之畫以紀欣接孫弟收条收之二百元之涯
疑如遂訪收園聆金宴后西京遂報承望更復以姚子藩赴後黄因原子良
同之方輝陪道閱鄧都園清積查輪船招月津旅二十生之类
初十日許蘇卿同年總理衙門公人里和度道禮而來聴午訴道飲接米山電西
西借京漢西府其臣借用庶人住日得順

十一日寄陈庆仲函，又左氏家很常信，并先信男康及[illegible]订衣饰茶礼之费又者
郑郡司诗仍留乡，阅律能益书二种，于经义深切，且资于应经，颇诚厌救之
道最为乡院观看之，为嘉意二君过未于市，购贤福范
十二日微光示以先母函，请寿同康贵开局之，并接汉阳电，可赵氏三郎之生与
寿同之康七月十二日午时，接陈仲初十日函，康为者村谋于左氏为顾碟之意
以处之，接杨也附来华志传后，为祖父母造像草稿，及孙弟正月九日函
之两师不能往来，竹不很出，季南初四日函，以镇之为家接晋电函，康病据
来函，母病已痊，祠堂正祝，汝又接药方之函，并云汉阳长者宋为电往
道设满出为医者随设应意写
十二日上午午之左孙共为手书未记，语之为二孙作代，汤允孙为锡赵子佛手书未记
汝之为寿同作代，不许，又应请示，乃详记为祖父母像稿，应请之[illegible]其一纸
发季歆康再信，命于出及九挂钱事，孙为留三意，寿经为函寄之，何[illegible]九

先呈覽諒。弟力於請各名學生懷徹而後已，由重慶至滬到滬，蔡其光老旅
舍，山卿兩夫聽便。旅舍晤子英兩晨，午後鄭雪湖到寓。
賈晴青吉，天氣玉吉暖。錢三錫函，以祖字為遠像草稿，字如瀟之來字以
寓國府缺寸許作外補，其制復留都，本年度近年殿輔情形一手指盲。
量譯董霖伯蒼無至求趨石內索之，滬到同信無可通往之談。
望日，小雨。蕭小農、觀察楊滙峰太守、張玉甫大令皆來，發行，饒沈重的到
我之起程。徐小山函以我係孫大令為那文藤太和郭函之為該稿與理由府經
歷，係升知縣，遞傳卿交存歷歷。
十六日，小雨。復遞蕭小農、楊滙峰、蒼旅、唐世足、莊雨帝、伊藕太守、小農遞交傳
電寄礪一紙。學臣來函，示桃子樑在京起復，所費二千四百金，若以舒去舊之再
請託友代籌。胡復卿交貴靖、張峻、葉鞠裳、真學各條一紙，直交來人云已
愈。袁爽秋觀察又函託陳流伯、陳睛漢二君

十六日雨即晴。素意谢燠向借字旋取到，盱眙将旭丁地等，库收，薄于库

收受代部饭，库收共三纸，又借顺核书回郑库，考贾太辟一角，又及虔

府批回，又三户科收条各一纸，接沈模卿函，以受子在印艺款，难借特寄书之

之意。接晋云函，因此事失之情。宋佩老玉斋谈，知前发白事已收回矣。家子

宜亦以桃子撰款复之，贾儿告，乾瑞芝雨苍辰子笺论儿之核

十七日晴暖。致丁悍重函，以库收三纸、批回收条各一纸，托辟一角，交张玉甫

携往，远之致若西道一字，询明儿所存库贾上儿等，及朱小云玉斋之

天将山砚先子等书字满，核种字之说将乎

十九日云，若在仲函，告以同女康道赵述赵家世附张缘业后条白借乡之库

郑子已儿羊云复函之之撰著，刘敦言保代汇款。虞山阅复，华留票

公集稿同北道一席，库之旋，扬南旅寄库库，柏庵，精库库太平

二十日，若亦庭声之一纸，告以源之庠之人以眼及与湖沈二君因排叙也。若通晋云

惠及此意在候闻之并可嘱宅邨来两震纷侍旅回时续嘱王良弟先
起复等子璋之剑孟寓道阅晓之孙邦附祀年侍
廿日遇西寿将致萧先附去进何二纸交姚子撰在京起复费廿四年至本年
宗之详细履历来置陈寓中道左璐之孙子英秦两震刘子迁伍金呈
刘溆生桂军家晓孙少敏晓孙乃以疾辞宗佩老孟甫交在苏寓送服
医缄之事并交安甫论请晓之往邦附祀等子
廿日答旅宗佩老甫呈晓之子可两年遇呈药费达丹祥院又答旅孙
呈剑卿以此说告之遂失稿件顺道旅归遇英平截山两君接方伴呈西
萧来十金为旅费请英大嫂生活费及邦监饭食等费又附致石侍一缄
遗以英顿十两
廿二日答赵孙运西告以南道畢宿渡烟墩铺房南凌刘西由将派渡协葬
藩安人往旅邦家刘院往邦本年籍以求安遇接孙黄道村大人之书来

右仲廿首函附二條八字係己卯丙寅壬戌癸卯並四十六歲正月十四日卯時生
孫郎與丑遷楊萊張子已先泊卯力之王樓方臣弟來不仲具白函附
都梅軒君脩厚理稍新南楊便被先為仲業子還函示以启批措款庫
平田十八兩田附並與貴正項短八兩八錢五厘濟源部隨飯照前貴六兩三分
二分樓題壽卿函右函中來孫子年自星來欲該完安無送耳
世間最俞子良不值語欲先送二條康諸送左氏以應其求請及右仲心慕
昭和然以王元大文諸綠進蘇計集謝貽之語子寧送來之子年子就先華促
之闕晚務以謝康侯來出若最諸辭甫茂若鏡廣然馬芝岩日佳又寄
世兄皆不值仲業子文函內子良若以不敷之數也孫補二月十九日該蘇省
然指函後甚實收春印送輝生前部飯貴可淡淡文子寧送來以借觀者
達孫信山文諸所著山海兩戒考黃山蘇李雜所著萬山綱目本與其圖
考訂之實康內之方宗扇五之常郡雜竹甫顧刊芝劍門牆之說

終日接之殊爲快之以書每竟不可得早間若林蘇補勤芸田丈六書睇眠
眠霞鑒人名蓉壽升案于某乙酉選拔同年也
廿一日送仲萱與貢部監收照費庫銀六兩三錢二分於俞子良處投收
條寄霞仲萱函告以此事附閱收條又銀局批一紙及餘銀三兩五錢零屬請
子麐轉交驛遞前于遞取問三月朔日晨寄柳經蔡老柳來送之訪方山现
蔡芝符來贈以箋送書草及溪汁諸卿府之至去陪方山飲夕返子平處
寄錢取誤索人頭求之處一謀方宗屏來子遞取書之問之甚有
廿二日若宗店仲函並圖紙收小舟給寄中柳人並讀杜一部而取藏之鴻注
又蘇材此間無精本子爲舟之留意若趙壽卿函屏柳徵比殊堂樂式
廿四日鏡清談該也看訪方山論扇早間于平談之來夕間趙詞卿談
來行至夜去者寄文來此視卿函天氣驟熱子芙來
廿五日熱甚照訪方山論扇之後同人同具歎方山意頗暢子良

退筆仲芳清莫費以舟傳日蘇返因是停止也予寫送更修之家房集

將之底稿自云庵介出意書之另另擬一稿送之

廿八日晴暖花前岩厳隔臣蓧苴村王子萇馬子華趙洞卿在子萇處

一宿留不獲見禮報里踏西府道旗時已前往津門之語趙嶧里來為蘇

未午孫雲臣閣文三首曾快花太守來

廿九日天陰雨午後轉涼接諭方山觀察敖詩廿五蘇未云言清明晚帥的撫

晚南嶽[illegible]月五六千金以佐餉精張小舟來言其鎮貸而姻紙苦[illegible]

之為禮將飯刑部一了[illegible]刻資存於馬寄南馬郵西來撰並草稿

趙報條康以奉之晚間小雨

三十日陰夕間小雨泥濘雲山之久康作並陸續得小舟十數紙雲[illegible]

津梁晚為潤色並以趙語勸切徒不及歸去此間無爭宜[illegible]予也接

予寫送西又志書午中題之尋又贊閣之處詰郵西繳之

三月朔日食。若雅曾悟莊太守、袁穉生親家札，子振別駕、旗孫子年、胡賀鄭

子貞司鐸書，陽旗郭鄰二接，濟之函附閱，兒孫霞佐函，趙子常篇文三首字

數張，張意聯姻，請兩蒼，蒼為男媒，接寶妹二月十四函附閱，文四篇，接子貞函

亦二月十四日發，接外甥服，將不得歸，已讀，補來旗，取西示，以箋送函稿，聊府濟之等

志哥之須，日接趙難以日計，不免由局行，文多屬送閱為意

初二日，通甫來，得仲函，以趙子兵字送還，取兒姻為傑華送示，再為之定

之議並論湯趙曾名有人來也，附去小箋十二紙，接曾雲二月廿四日函

上巳，送二十元於胡鏡清，勸之早歸，意在附小輪而行，須待兩日，又接曾雲叔

之函，言送濟之函，知為皆有聯子同刑，詩為廣，廿二日接慕卿函，今日作答，以要來

姜左亦貴和晴，航賓園宿，交姜君弟去，趙悟卿來，孫子年文來談

以函請兒孫詩志之意，示郁取為屬寫，安也

初四日，趙調卿來，談兩家為故，從之適其願耶

初三日拜許鈞孫不值就手寄送一談康孫言高實信園手函高福董甫村

李寶之林先生復來述伊子歐貴卿為其後送衛停來皆切切乎緣

渠也寄胡鏡清七盤二兩即送其還鄉接范錫康函附胡鏡清函

內有二詳即送交之致吉雲一紙寄楨之綬姜厚夫房德甫文卷

石伴函仍送交笙之接芸雨晨來談以舟錢函

初八日接弟先函並銀廿二兩六錢寄為華亦魁接之雪蒼伴蒼函

告以蘇州舟已回以停止故並石伴子良來函均擬託庚初

孫甫弟去蒼子良函

初九日祝俞子良太夫人之壽蒼拜李道寧萬淮蒼拜金錫之賀其蘇之喜

送盧振甫報以食物交以兩函蒼霖康蓋之福謹為錫康門下日前送

信來者寄林蘇函匯銀一百三十兩內有吉雲家用十二兩係寄之整吉蒼接石伴

石伴初四日函晨高等來因菊如以冬至接林蘇廿五日函須預物色來

峯先生右趙二家之姻意甚頗願許之

初八日接宋巽卿觀察王蘭畦觀察蒼接周菊孫潤甫兩君函適從史受

一張蒼高來接望之二月十九日一紙并湯手戒諸箋之來領倘者希東坡

璿南夏歸函詢以將子府以運霞王占潭函屬抄件並以三兩原奠接趙

寄趙四函

初九日朱王觀察宗昆偕馬子岸謁歸兩府夜接陸雨生手書蒼巖已讀甫流

日晷晤為鄭以曹太夫人謁陵子客舟過承至印疏函送佩之接石仲初四日

函附書卿孫郵年集要一冊王仲一函

初十日蒼石仲函附以筆乾筆豆及答仲蒼還款送吳修之轉外孫饒六元

併交王蓮舫交傅友韋交彭旦頤來書請帥函地檢津內謀子交以前疏原稿

潤之佩之交藥錢冊來

十一日蒼巖思賠順道蒼巖陀俗與王占潭房查之傳摘歷交之為般西作撰

菱草簃詞稿序 張小舟以倩玉旅信風行下已

十一月寄王六潭詮統庵

十二月孫詞王太守來白得晚雨保甲整務子王雅英來者慕老瑗完之一紙著

商子來

十四日晴孫詞王王雅英蔡旅春公寓不值能曾暇一談內任亥卿來對設以函序

望六子蓮薦趙調卿寄之函寓之大清老婿夫長君服毒將往視之日來天時暖

苦得雨散譯孫子年函寓

望日雨後晴涼新二來詢侍林貢以子護右佛十二月函附株來初七日函右震珠來到

謁君在浅而五起左家服成有則將出息一談時視寄之日閩老瑞之占居二保廣省

中表擬四日下旬旅之來年老底完婚之說順道旅子年之以西諸事道德諸子續

旅埠之也是日晉牌函中原物之來之先生大女病將如高歲即返遂後勿再識

此日旅西詢之以實 北行三示以貢公修鳳闕日來

十六日再若洲家二纸，言左姻段下垂之也。乾联若石仲函言左姻甫城之说，深之形

祝大清阅将小慧，不能清回者之。天候气寒，极[illegible]，舊家叔晚为標識，他日不克

及人验[illegible]之也。

十七日秉海辰屡发二纸，因雨阴话林愿接，借之示将如意，仍祝大清即作数言

若之接先[illegible]函询府主阅兵是否到东[illegible]行手，必遣其他卉之也。是日上午大雨，雨

寒之日间，[illegible]舊美稿，晚雨偕[illegible]，呼其襄矣。

十八日仍阴雨寒之，若先[illegible]函告以阅兵之期，大约[illegible]路也，遣還王子[illegible][illegible]萧京伯

[illegible]回后接[illegible]高先復来接，[illegible]親家十五日上海白大稿舟次函，[illegible]子為在

游杭[illegible]宋卿不能往也，杭女婿仍妻[illegible]良为可喜。

十九日仍雨，接石仲十五日[illegible]函，为左氏姻有[illegible]一道，[illegible]道速须安之，道里去来方定

二来年，只底完好否。[illegible]辰雨年三[illegible]，[illegible]不計数，而男宅[illegible]備衣饰，以何樣樣之有

識及五回，常[illegible]迎娶，家母必须道[illegible]视，來[illegible]見，[illegible]费六六，常[illegible][illegible][illegible]不同不同不[illegible]望

海函付帖以何某訪之原先有大僕以信子至即以原函送濟之旋得霞稀瑞之函

雨蒼易男孫擬四月十九日來送孫先帖押帖一內以意茶瓶花果等云

二十日雨止蒼虬蒲亭偕陳子言任公卿同宣の晨報書屋曾岳松兆壽至春雨

太守徐仲芳の君蒼生擬飲以有事不得去接濟之函蒼石伴六條一通帖至六

月不捐二先殺已十九歲重問三の信回不報止一子精來示要送家飾不捐由埠宅粥

景之閩送足齋五送現與黃人勸子不捷六家族也李龍濟來白字書之康大將迎

蒼已瘦港善次矣

廿二日蒼石伴函附濟之電復之二件送交子孚送來交旅任公卿不值趣送

龍濟在座次晤子良託以伴蒼指事旅筠未不值

廿三日接石伴廿一日函附蒜黍十日函送伴舅往右觀以聯水備四七送經三百

及婦送子悟並及劉龍如病來即宜撰兄濟兄示之謂蔣時弟恙

瘦渭飲公即滅也蒼虬老函寄上海白大橋昇昌識錦弊寄

廿三日陰。為仲魯舅輓云：危昔袁氏時，處至此，及諸甥恩頌至原不愧，不可
無挽，差畢生勞苦境歷，遠方為上客，遊踪南北何曾意，竟得哀濮
趙調卿來，邀歸全概照川覓之，六卿四函已取，乃忘本無成也。前日時
同菊如先以旋肅，清軌遠先一日接任株聲函，我將此函之，請俞馬二君
之函辯之，函差此子，又霞弟先函，生以起復乃去臣將歸，即以記之，並發
菊如弟去，青菊如信函
廿四日寄霞株叔函，附云輓聯，複於年前株聲發二扇，即為繪之，五月芝臣
已歸，又陰，惟繁菊先為一紙，云發菊如謝西親家照新喜五枝不伸
弟來一函，云不及買人四書函即發之，書存半數，該舊存當以贈之為記
已到云之函，致生鄉歷覽，旅舍數矣，接鶴亭句，沐行致勞知其來謀
廿五日晨偕生遊往陰梯，兩女子隱至氏，兩撥後日內畢，大陸已薄暮矣
道霞於兩霞稀淡，行歸者已向謝頌乞假矣

廿八日手教及仲蘅一紙敬悉前函由沈所致又芙湄來已接晉雲函來二函又

熊鞠生弟一函並送銀十二兩稱在一併言明接之[illegible]之字亦芙岸可見以前

歸時所發老弟先後履歷一紙封於茶(?)處未值寄處千錄寄

廿八日鞠生函子芙示謝函雲復信且函熊芝中後到寓佩老函

詢郝兄侍郎茶內滿家以手信查原大兄滿郎所 托自遣之也

廿八日致熊翁一紙附致[illegible]之弟歸送兄之所後接熊翁廿二日函[illegible]

女亦稍已[illegible]出[illegible]其禮不便見兄之意可屬之也家佩生未寓處又閱錄

熊年侍郎稿是日為方伯[illegible]之生封面稱之

九日題稿邑人孫蘭草彈詞作七古一首寄同二家堂詩接鴻生雲

於病危極請依送回封以示授先雲霞[illegible]以[illegible]又[illegible]回接賚之函附

有晉雲二紙及[illegible]說[illegible]併瑞可藏也送[illegible]於其也[illegible]識子[illegible]以何

之寫也 廿六日[illegible]來寓

四月朔答拜邑侯衛壽拜賀王緒庭答拜熊鞠堂曉莊青雲若軍王某
亞觀察將至託熊以晉雲子宮君孫家函接宗孫函有文稿寄林曉
東君寄來源泉沈胡二夜有稷指摘之筆告蔡生
初二日寄在仲函自成保寄王某臣觀察函交答晉雲函胡沈莊三子函
寄隨蔡老評閱在意須求見秋葉之函被謄
初三日拜賀王子襄太守拜請之壽照同事王某將去答王某在觀察鄭
椒甫大尺寄蔡生代作撰讓草寄紙六尺接子貞函之瑞甫
第先公完廷園鳩笔家信為允珍信之文婦備笔丞意聘即老人
素諾答至接在仲數日信前探左郎書康
初四日大府祥秋祁人祀寄蔡生三順直賑捐四月全一票
減折議用寄戴鴻孚吳識君周少蓮少尉留用城接在仲
初五日一紙附來孫家三月廿四日函之高子遷左郎中六月文樓說一

道園再叠之岸李陳二子而追為师李曰契中諫曰佶卿為仲英作小畫

乞贈雨蒼祝壽右郎　吉康

初五日接吳鐵君函因少蓮乞留戴老因有乞函之岸雨蒼道右郎

康來出於光緒五年十月十五日卯時前緒性靜扳附祀英果殿者撰之

初八日寫小舟以花為壽為仲英道之也

初六日寄蒼石仲函並戌條直為蒼升孫為洞旋附去左廉雨蒼亦乞函

函寄伯以趙氏於[illegible]泳道協肩候於出來不與左氏同澄正六月為宜接

廣孫甫函來自練遠蒼道居之於鑑輪也

初七日發乞孫一紙以前緣出肩對祓七十二堺分裝之箱並道雨蒼辰寄出來

被附前閱师節出輯閱兵已定於本月九日復發乞孫一紙告之從前

肩也接胡實城函老而無望接近已蓮百夜雨蒼院涯氣重人不

道也為林安作小畫一幀並十二紙待寄

初八日劉聽泉自錫接讀之初五日函并抄示初三日卯刻長逝鶴翔遂
于時淑翔到邑一百宅內不利久停接姪速歸並以訂于夏至為屠急語
淑姪受議于旅寓壽芝尚未起入署後去書佩蘅為其叔父商請
人先後函複莫叔出看閱兵日記稿接續寫初五日函附開南一紙沙亭
因蘇卿不願而中止矣發高月鶴函託淑姪于予
初九日大府閱兵以雨未去芸孫吳子壽觀察送王琢軒兩公赴
任之行芸孫家函附乾劉姪女聯稿屠五侍舅母受之奠其禮備之昨淑姪
函芸寄屠仲函今日將接任發函稿郵寄矣至之帝未屠仲初四初七日
函附有季卿初十日函之兩師館課予芸吳藏君函之值帥示稅書函屬
承望南局雜以方力旅寓月鶴劉望芝
初十日往淑姪處祭奠吳帥出閱兵下午仍雨高月鶴寄閱以予擬祝作兩稿
即芸廷之屠稿數款之

十一日又雨。卿府简校之般阅，以日逐代之。孝宽函来，询河南之说，托以东海

约张函，请派校阅纪念。昨见先生赴拟集，着丁阳如贵接说，左仲初九

初十雨，函属以美寿为题，来岁为纲尉。赞令知附来季申初四日函，派到

之前函见之，十四日雨，请派校香河料理，约岱孙等与苏龛老又二十元，为小舟

刻后上贤应小舟来，先子以年应共逢迎

十二日雨，为左仲道园纸四团，大致粗就，惟未送及

十三日答季申函，上海见函，接张申初十日函，知之。又答赵均寄派校事，交

派属主施胜押租银六十两，邀不可，派校需用急照数整付之，送派

校校后，船睡考后浦来，甚应黄时应诸君顺便来，并二刻上赴任又

睡起，出城后即知

十四日晴，答左仲函，接张以十字报牟函，问晓之，请部附寄之，子惜意深厚

吴来，出晋吴来书又厚两卷，见合试题，名宦报陶瑞蒙世凤应有送

汪孟慈之名錄於江西郵局誤也兩處之楊蔚亭是錫人
望日接石仲十二日函藉悉和利生向第來三十兩自敘五律四章索和煩自
斟評之見此年高興之盛接湯元孫函
十六日接吾弟三月廿五日廿六日兩函知仍其舊并具疏請追贈高子平胡侯續
之事因兩處晚孫四月敘滌兩再來時不久免累來家拖泥帶水致高壽之
函係向旋氏揮祖銀兩處家之孫函告以從出人數
十七日卯以來得德弟由揚接吾弟初五日函附來壽之函高壽之來並述滌之
擬丁母憂等及祝候之稿舊船西流二兩而未及成
十八日甲子晴寄石仲函附蘇葉家一紙並告以接寄致滌之函附擬丁憂
等稿及祝候底子寄呈沈幼吾之函並述呢帽與金生共之寄內致許滌之等
函寄沈大中述序謝湯文郎請序毋遲遲之待寄小塢帶去函并序寄吾
函附寄履莊詩之兩又得小塢白所序稍遲人便即寄吾弟之應年看

沈稷卿二君来，菊先亦来，自嘉兴搭划船出西湖，携若归，暂未风否

望之久之，似落矣。夜与菊先谈别来事

廿日晴。在报[illegible]沈稷卿店中晤沈稷卿旅舍晤云溪、叔高、子英诸君

出时曾[illegible]何润生、丕[illegible]来，海秋来，菊先偕归，於理[illegible]不可得

慕[illegible]道[illegible]

二十日晴。十九日[illegible]吴兴中丞两[illegible]候简，因循莫不卒[illegible]，伴[illegible]附[illegible]郎

御覆上科中副举[illegible]附[illegible]读画，佩老子英[illegible]子[illegible]

寓简科[illegible]李

廿二日晴。浣[illegible]同俞张三君即出城上[illegible]静山游，我[illegible]艇，[illegible]帚女君

及[illegible]轮船马路[illegible]宗[illegible]

纵[illegible]因过访[illegible]小[illegible]来[illegible]即[illegible]

之旋[illegible]论集[illegible]刘歆[illegible]三[illegible]

回時集穀寓生同舟，賦以古詩用東坡鄭州別子由韻
廿一日晴，爲純甫贈晉齋。下午抵蕪湖，在仲宇寓，晉齋諸人來見，蕭張丞同
清霞音院中開府之席已。簡放李鑑堂中丞秉衡，德静山方伯先行暫署其
岸接袁爽秋、宗翼卿兩觀察，沈渠葉海嚴易蕭兩太守，王子壽、吳陽兄弟、丁
幼蘭、饒芝唐、陸晴溪、熊松齋、王珊厚、魏之蒿諸君，又孫存仙、王慧仙二友。回
舟後，子回、幼蘭、芝唐、楊伯蓀、莊叔孫先後來，留適晉齋二君飯，留在仲宿於
舟。傾談，送夜，答袁觀察館，一肆詩送晉齋，言聞蔡寓晴溪、徐仲纬函，衰公
子館經籍岸旁舟。
廿三日辰初開行，在仲送至清水河而別，適三里堤，宇壽、蔡林到舟，云今西係吳帥
謝之以回。晉集觀送貴池鎮，爲黃澄齋境兄孫又來一談，直至楊慈野許茶
簡集和袁觀察詩，夕汎楊四渡，蕪湖至此九十里，程聞京下信以題墨園詩
少頃畫題兄着

廿日连朝晴暖，下午至寓园，请城查前敌，再赴湘西观察，给扇一柄，稔悉

错临苏晋移壶洒，杨孙二太守、吴通守、郑赵两大尹来。大帅之托询以宾

阅兵情形，时附黄宾怪苦游老衙一营，巡防以力探原牍，属又阅兵后指应漂

发泽探情形及[illegible]前函指应发查泽情节，批世保潘具[illegible]

廿[illegible]日　大帅檄探阅兵，天气晴朗，临苏来谈。日晡时出拜李寿庭、张良臣、

袁宾秋、杨蓟[illegible]、孙词臣、吴少高，归为马子枢、曾福田、郑海斋、赵罗

廷，临苏二君见者袁、张、杨、钱而已。杨海峰为仲卿刻印二方，送来。因夜

拟呈词十纸，时已三更。早间帅送一函与良臣，前送禄行物，即送交。

廿[illegible]日　早间微雨，帅出看操，炮亦歉，半日而毕。临苏来，交所行物。午间出城，先

登舟，旅帅节至郎移，旅行风利，移连罗廷通，般来谈，拟呈词十二纸。

薄暮泊舟机口渡，舟行约廿余里。二更时接袁宾秋观察函，送阅

留题北楼七古一章

廿日顺风扬舵午刻至芜湖经趋道署晤石仲受拜袁季饮十九日出琛
附会砚一纸者袁爽秋观察函旋即往拜袁晤石仲同到舟谈雨青兄孙子
通吕仲惠主字画请君来叙惠兄芗卿交存识字会通补年底稿石仲
至夜深而别日间袁以观察亲来舟长谈
廿一日放舟过荻港大帅阅水师之操上福安轮船顶观之可异即行往宿高
周未坡郭资别子田额赋诗一章次韵荷之未抵荻港雨泊
廿二日南风雨至急流不利于上驶移舟至达怀宁来芜湖日晤石仲行宿
又别叠秦恨前韵赋诗短之过浮山矶风景颇佳晚泊和悦洲诣帅舟长谈
晓夕登岸访郭毛寅太守并晤黄幽伯泉
满日夜舟补高赋多意一阕用张仲举韵奉和之张依原韵填道一阕道
辛丑
前江口道晓见车心山花壹高下两屏之旋复抵晨到隐道遇帅舟时日将午旋即
下梭登岸有兄雷源入城过江府晚子朱小云来谈示以近作稿

五月朔巳刻随节抵院，往各院署与同事诸君一面，旋回寓。辰赵
润卿仝槐来，西商谋王屋的，饭后又同杨康节来附之，又同陆要，又晋云四
月十八日函，送还杨春甫，又萧先之，又殷之，孙子文、龙相城、杨棕函、王芸阁
棕东、颜荃青、棕东、叶休庵、棕东，皆即照缮之，又晤时晓棕，棕东人称其
文代写一纸，并东道来，东字书发加一纸，道谢之，屡托秀峰、宿伯羲，地岸
甫，住紫垣，回君杨函，又王甲三，节东附之，岂未排熟，信杨道，芸谱乾候，荣
是节东即若旅之郭芸臣、何润生函，高
初二日，晴雨，家之荃、张尚亮、棕东又拨其遗，传致凉叟之函，以下厚老，夕
观，已散，未午四时之午，饭后雨，说明日，涨已出，总结，交其自带，康侯其到时，[illegible]
敦诗挂之，同取库政，将字之，备单，第次补房，考存林，读仿，即左瑞之，棕子
荣阶续函，高资粗定，才接石碑三十日函之，前面瓒首之来，而先生宽夷东
宾百镒卿，省历大堆毛票一地，已用二十五元，价成房遗第不二后并十元之

毅之以一笺附来，棣翁廿五日函，六月念二日又诚之廿三日函，下午答拜徐咸庆、
李蓉樵、郭芙生、左瑞之、何润生、萧文甫、任见瑞之，遇雨，答庭、庄即去
叶伯先、程钦、钟璞先、陈同日来，即赴王子宜之招，庭芸、张玉甫函
初二日 郭芙生、宋小云函，为槎、陆宿、吴宿松、赵南溪、梁来，即答访之
槎、岩鉴同年、蔡寿函，为文案事，蝉联，有不谅之语，丁惺云到之庄
复同年银五千四百两，寓中已将寄，即于上元揽风兵情形，将稿语善
竟永复笺，心须得力片稿，赵佛卿来，交代将毛盘
初四日 寄芸庭伊函，附致胡西两纸，岁寿事也，寄芸拜寄季钦函附去
萧先之函，王莲佩、仪三函，为海观方伯函，言以新照旅地同俞二公答拜
陈杨、程三、萧第、耿文集、任一形、董蓉，拜李士子、桂芬、楼寿太和，精来游
辛亥地方事，请谊事，芸时谈，附白照，为楼，郑青坪、俞伯华、汪子恒
陀李甫四人拜函，请萧先作蓉槎去函，送郑禀

端午補祝節多不能周仍應酬洗浴一歸祭祀及營葬兩廣懷堂

子寶送談君接圖清山樓將函即營治之擬邀黃梅溪去謀設考廳堂

謂時已將春天熱甚歸而滑之是夜即雨

初六日大雨半日到外家請保來接濟先祈家送交與祈內兄謀為葬

應翁先之一律為之更正接將孫李鈞函並順後見小彌祓至蕭蔗片諸

接又有復東海君函仍接黃度送袁將將函以來告之無服為將詞也

接蘇復其先生鄉函覆之於接函至其集李馥庭桂芳來謹三軍之令

謝也營昔重一函告以稱應仍由我留不必多寄而亦不稱身也安房作

弟寶岳易居四川可原見在遊有懷於省住三房奚於韓佛師至遂

並價劉家談保來之詢之深之難易為屬

初十日錢日以可生少來者詢之為案見付款丁嘉賓而施捏擇擬達送右

續函繼商肅之而已丰年多來意送色僕接義子函應之妄將其根疏

稿一纸，以时送也。

初八日擬詠漢碑，合画菩薩頌，照所分來稿稿無頭，兩擊不攜，已送後

未得到，今年春雨甚屢不佳，氣夜伯夏，不空，空腹發之，談時，兩精力不繼

不復能得他矣。懌卿來言，款已纏清，舊孫子平貴，詞尚未竟，不见之允

殊堂儀從庭人

初九日暖，去訪懌卿，二函一函到述，一交閏之送去，卿濟齋中一談，歸

於懷梅函，自二兩紙以到交懿翁之款，股票一紙並土璐一頁，並來交存

擬藏造硯兵所覽之序稿，議不作。初五日函又孫子瑾函，言少岩之處風

來即送兒之，以其為懌老存也。

初十日晴暖，德鞠山中丞送聘李來，旋又直隸屬者到任謝疏，即撰就之。

丁懌卿交丁漕帥壽頌序，收兩紙，合重甫函示五千四百六十餘兩之數。晚作

致重甫函，以此附之。懌卿寄有詩帐一函，外洋樟兩枝，屬交張氏姪閱甫回

十一日陰早飯後同俞二君答拜葆之以奏稿交之酉屬吳受可送府片稿出拜
劉子韓鈕叔蘇田四書後擬片稿送葆之初更閲接蒙昀孔廷此附急寄本日
戌刻之說卿府料理送印其實仲帥閲扶部文年間報到大部費邊遇千餘
日中書仲帥擬請簡一疏並奏部一疏送呈後隨同俞二君賀靜帥花新
順便訪楊稼三處之一刂又拜張伯卿錢次揚鮑研溪蕭玉錫業亭五君
冒雨往還汗透重衣四寫遲於手時
十二日拜簡賀樨園方伯丁濟生庵訪聽仙蕭觀察接蒙為賀丁二君
擬送早看蒙謝疏陳楊稼俞四君來送趙偉卿晚同楊積書來以黄落
池[illegible]運送在館商調任交官件轄理[illegible]單亭[illegible]議單[illegible]
濤交之款由[illegible]補解補交決不[illegible]照[illegible]屬[illegible]白之李蔭林[illegible]
是日御來言[illegible]附奏[illegible]之六君[illegible]補[illegible]奏[illegible]以送
本[illegible]為[illegible]御擬[illegible]底[illegible]片稿

十三日帥臣高來六及頌函寄李宇來到先吳片稿答并打擬數之歸兩通蘇林於逢隨函寓中詩之草稿韓頃揚蔚函陳二君來丁輝光來為白梅堂之序題有難色隨余同二君置主儀八名備送仲帥曾送頌函兵袁濟池來言壹貴池更代西陵之梅堂至于兩輝堂也須查明之意之達到宮中崔在仲函告以近予交易見蘇卿先致那道見蘇隨同余張任四君作吳跋禮為硯齋歡仰船西償滿作錢池保卿來高之談是日雨為之黃縂雨未成接蘇卿書送梓來印老卿之望日大雨為老達擬觀兵老堂孔叔稿即任來了之至於清林之濟池又來宗以議草稿言王送序稿撤之部之半月碌之函是稍清債極辛寢凝及二時接宋履陽函有稿印老卿之附白送子接錢壽堂稿簡即者卿之附者言子完來接王辛同吳程轉函即老卿之十五日往來莫秋張良臣者往余並轉方蘭人楊梅堂丁輝堂李蘇林何

初蔭二十年少存王懿生 梁紹卿 黃漱池二十年程從李桂卿 西泉生張洪通
袁方二君旋即來萬壽邑讀衛作江城送别圖 題以古詩一章兒畢款
諸君至廣日在壽注至無湯忠次之陶論一日至子是日屋報王子展李毅亭
兩君亦來 得見朱琇伯來
十六日寄萼孫李西甫函 告以近子湘鄂有兩備并及李佛卿之不足著陳兄
函 又接到錢子附來南兄函又易函 為王小鶴繪三洞遊女臣飲借同人錢之
惺堂至寓相孫子年至建德袁子日偕文兄節儀十千 過子年至寓 勸駕
伯非等兩地圖實難不易持說之也 送卓存徐君高郵高
十八日 天熱 寄許頌清繪扇送筱塢 又京師黃府朱琴伯共臣送來
第先赴湯卿正五月初三日寄費及應僚共需三十二兩四錢 云即轉寄南先
擇日寄到 墨少高來 見注縣一席有成說矣 楊府見芷卿十六日函為
黃南送一扇子覓刻於袁漱西請之 予並題句

九日大雨半日屋室擇極意須內溝清道半日聞友疏稿借同前二君送
伊卿土物偕宗英四瓶蘑紙扇面送蕭先起隨賞我銀一兩七錢書房
裁紙至寓齋送劉竹軒聯函來
二十日蒼雨李壽齋石帆九宗佩戴老秋評小山吳半峯之送吳春
桂林孝叔十六日函雨後肅光蕭函閱蔡雨蒼代吳池寫扶即往賀之
白季欽了並函及蔡老鶴函之庚照張季雲
昔蒼王有圭鎮宰節函之六日　壬壽賀擬書託汪沈二君蔡擬贊白之任
周之無修請以寄蒼園潘及羅勤函兩君節群函又張子實蒲葉函
孫鑄九簡由退還羅中泉潘晉蒲同賞蒲賀森應華蒲來二次又撤
函一通言謀館為即蒼瑞之主出衡未來上此意超遠寧承孫君亦函
袁衛西以其寓鴨談良久晚之家人李識蘇氏劉莊之庚永連來
為日夜擾之監販之也致熊韜生函附去諸先卯及黃鷹蘇氏函

廿二日 賀秦雨蒼、何閬生、左瑞之任。書說以事遣李銳用李成、左閣劉茂
芳、劉子通、徐碧蒼、高劉仲生、趙遠蒙、丞丁樸堂交府存者，發批過三紙一戶
照科核撥補華款，從領銀八十兩一交代領費，銀六兩一查數逐批領費
銀六分九厘一毫。接辰仲廿三日函，並安臣來，謀交錢鋪以許，莫先趕落之事
左氏聯姻，有天晚節安之說。
廿四日 晴，赴熱霖師處，遣往宗以峴師處，是日本已赴於朝鮮，有窺伺長江之意。
發函吳寶書為陝甘歸為撫稿，沈霖卿來座，蕭星垣於雨蒼
廿五日 蒼府趙子平、蒼府趙懷卿、沈霖卿、丁輝堂、應華甫、孫韵亞、王寄衡府
於家三次，赴西苑謝，討敘考五古一首，以送之行，賦譯禪寶安之道
逢大熱。吳蒼出觀，寄辰仲函及梅李兩弟函，朱湘之館子
廿六日 蒼府邑滄生、吳伯英送袁寓秋觀察宗以年及詩，蒼府王卑三
吳吉士送赴西閣書，硯齋之弟蒼府鏡人函，交譯十元，於閣書

廿日　晴。黄甫直扇，同舍二公遊往蔣園，暑甚，夜人受詩扇一開，給兒静
公深談許久而歸。接林少函，附以新著，即答謝謝。接孫蘭翔函，給書陽
扇及菜。接張玉甫函。張少舟來，借世在刻，冒雨而去。
廿二日　晴。黄甫無扇，接王姪追寄初四函，又黄甫便寄，接在件廿五日函。
深以雨養為得，左右葉無不倍利。雨養來之，左氏婦姻收，初十日
趙氏已發前一日接函，附函以久不得書為慢，土藥收鄉子塘。
廿八日　寄左件函，去後又接廿七廿六日函，知前一日諒寒二策已接，織少收到
矣。管玉甫函附帽書寄，在秋迴二紙。苦李松浦節來，附年白子苦江
風五節來，子蕭年湯，移寄問，寄館於俞件英，在寄家物日收函收
趙幾御寄以一二扇、稱葉，在後寄日為此而來。
廿九日　發函，積書託以郭如壽寄發函子良之伊堂，請吳黄生子接，操嘉廿四
日函之小幡，請照子接子岸函，在代無別如前禮。接葉來蔭書函，寄在深膵

六月朔熱甚茶村沈秀同睢杜張之居盛諸君拜候彝臣不值迄何澗
生茶村王蘭睢楊涵暉兩君沈霖卿來之林浦蒼備形似四百尺劉
仕兩汎皆六月字而茶村伴函以此告之茶馬子昇函允爲代製畫恐惰
送劉函稱海字更霖卿携送吳生青來接歐陽稚山稱昇函即茶
謝之秀卿來寓同居信秦天在賓館在茶以居館接鏡湖五月廿日
函眉唐書安到彼禮山尾往之
初二日接子長四函之伴茶與黃子安臣進月兩共商之道安臣來即與商
之唐以新淺寬票濩之李接卿來之深韻和大令殊難付渾以漢之方
爲四絲作綫臣讓之祖村來茶霖藩甦函送諸弟去趙霖定張李宝
蔣茶尼錫原節函原之九月日同漢付更趙携送蔣子昇製備劉
蔣接沈霖卿函更其族兄吟生在安諸君在併屬函兩茶居書附送人
來有函存劉府機十篇之函

初二日撥送信砲位稿接孫將函庚以桂發子接葆翰之函已函仍存內
前堂占晚輯矣茂生甲三武函附為許藝評發乾隆金生函業來前堂
王仰之撰稿已達胡發熱不減伏秉出示乃寄詢以大生的砲弦所指
盈口內之經費一天五六千又詢以程火砲火之用
初四日旅揚蔣臣同年派詢懸江賑稍請渠部實藤意溪述金生請
仍料理王有奎收發了旅新三謝其送電報子旅取家三函幕老謝照指
票已發海秋函請吳廣成王有奎報價報差費一點茂金生函以來函存
送接石併初二日函附移來左二函又來函即送左函持詢有無免記方可
發送又附來定棣附生部崇琦駒部詩卿年縣金生來之報子沅同
宣來發應廣結之聘為發手以涂函
初五日寄石併函方迎補來述別後羊之處為金生纂輯十二卷內
意溪贈報貧程圖方伯送報信秦詩送沈注二元家代為惠陵雨棠

精贤如数代等送交萧先赵复[illegible]书交后以二十两为孙子铜绘扇

碌执四五日以风雨而稍辍

初六日清早李弟自昌平来接浚儿三函补作四字交汤贞愍公者日郑孙

祖作三年友芝言旨请寿图册接大女函并纱衣一匣接闵清代撰

之辰卯三刻[illegible]帖家唐石甲函附石平庚[illegible]再检家犀[illegible]承静师

通往谈论太和殿郭尧瀛等之子

初七日阴雨答唐子实送请作冯人瞻粟臣仲云答陆[illegible]接光孙函[illegible]伯韬

常来具来[illegible]二家之请初九初十两日执笔接石伊初五日函附来衣

来秋观荣函接石曹灵五月十六起两日函石子之[illegible]携归家一观由

启行为来宾也伊师高之[illegible]唐着函附[illegible]接代[illegible]诗[illegible]两日[illegible]稿

初八日着光孙绘扇早间诸伊师交送新并扎色绫用朱[illegible]稿交送

之[illegible]西石着撰[illegible]年[illegible]印稿奉校对完毕吴[illegible]之左[illegible]两[illegible]

武商言溟生兩君來署交接洋務文卷

初九日晨早送沈仲復中丞之行在江干測海舟次匆匆一見返城後以少女字趙子偉之子由其業男湯元龍倩錫臣相龍借楊子青寓行聘出帖者名曾數子望遂代湘兄為女媒兩蒼為男媒禮畢送蒞之往出旅旅以旅伯龍並交以詩扇送旅席並闈雅之行

初十日為仲之女字左瑞之之子是日行聘出帖者張元昇子宣代湘兄為女媒兩蒼為男媒禮畢分送各物並送兩蒼雨蒼之行已未發

及接晉雲五月初九日先寄之函接又仲初七日函附復左吳二函吳函內有楊子通星使擬稿與美國領事之子

十一日報送左瑞之報謝劉子宣金紳的李樣卿蔡子良姚彥嘉濮蓮雲熊艾亞重便報熊紉蘭之生子報謝汪令生陳子曉陳佩之寄杯楊星階胡子英閱書帆南亞岑生諸君

十二日清早道李如贵退之行若兴衣函告以两宗交之事了来展广年信
送道銀乏瑞了设法特请以长木匣装花三十二对方木匣装茶廿六瓶园
盘以匣装果十八斤附茶六瓶方盘匣装程十匣果十匣附茶六瓶备贡
备办各道又方木匣装阁五对为左氏素盘之物应归二太之收存者若收见
函自以了吉收存各条并函字均请示之据此函来函由陈店行所寄交原属
橋附后同前二号君函之递与省来商託以宗办前请照之
十三日若店行函以左氏来账一则及茶二十瓶程五匣果五匣及留之用会
三元并及汉渠新泉字两锡羽并为三件交森发行所寄之致在书内甚
收两宗文字各节当有一字各意存数全后以十九日交吴吉吉带
致杨观南函并盾李胪两节之道左瑞之关长揆篆之终旺贵闻锺先生
即后请以顺道前意滨查忘余朱宝可维扩去特此回寓接店件十日
函字奉带来前起竹箱铺盖函及附一函又张玉甫函并库收二纸收到又

钱芝园函，向其女婿朱氏讨旌额覆

十四日为静帅具函稿二，于震意溪云，谐先后来接之，牢日艰最而难觉妨

短也。其函送催刘顺直赈捐银两于萧先张少舟来取去，刻评洋十元，于是共

付二千六百元矣。本钱尚及半，因力催之

廿日致李子钦函，附在仲一纸，以卅启竹箱相铺盖送交杨献少番往宴送去

钱芝园函，其女婿子诒旌书取是十九年冬季分台案请二十年四月报发题本

接李子钦十三日函，言三日申刻即到馆，覃震稍应之。[书]系是日接嘉平两书到函

下询，你函辞业，并自西回静帅之语，问静帅所拟补翁简贤之关者不少也

十六日答裁送与李老交票，应庆年请咨送验科呈稿，为代况仲帅拟蒋忠惠

又初联答裁王宇专送之，于是来书，答支向书老白寿卿之愿，拟承假

发如洞渊宜雪樵陆树函覆庶咏承寓即叔函，霞之震寿卿函答在

仲函，以前聘姚王访空鼎实其意务查一对，新买画一瓶，并交王宇专送之

十七日寄回答叔蕴罗振玉函以殷墟书契稿三本殷虚稿一本廿四篇及卅二篇刚印样本
契稿本寄回沈寓稼交张送马稿答镜湖函附以沈补吴书交张淑涵
君及商朱彊邨寓答同韵亭一纸交石伊十五日函接蒙见复缅函
十八日答孙蘭初函附蔡老函谢蔡二函如答李弟一纸交来人带去张君名两年
后误甚不能多谈了也致王六潭函诉查指例郭葆亚所济为
十九日答谢西函并答石伊函属以句为寄洋楼六潭函送指例寄其阅
来指例一页所询合多重附录以示石伊上耦园老人函以代谢
蒋黻昨日到胰呈故并询以文何人早闻彼秩子赖贺石伊答王殿
卿六潭送吴书答郭葆亚寄顾者叙主帆之生言及寄函
宜人寿礼接涛楼御函为吴书询其祖母百岁请表之据
二十日寄孙太函以小稿请谈为属送名人之养答晋云函留里面谈续照
弟先起后之因四号为邀留意答隅东林函催为政留意答林起

函屬自係慕公向說西人便接杏翁張蕭二函附來者四件接已照覆西
字由徑翁伎帖兩紙照經英七八本書達原書要字交送鈞署張將
着乃撤兩西生緣接來件十八日函述來十七之附閱洋信
廿六日德帥函署看二處收回租務以英人信交西來書函慶邸交涉館
意翁竟隨函照誤字日竟來得復一函歸後李國卿又來付原字以
已經收三函照慎章歟接來函催其要
廿七日詳閱德帥交查太和殿集鋭會函業卷名德帥拓以岘帥電云海防吃緊
調回驊善老派呈前後南洸撥練軍三百人吴慶意來告行期
廿八日札何丑高宜人六十壽慕虞孫咸慶送慕虞意慕虞璇李名玉衡
原名炳曾自此後來商議錫蒙報館事
廿九日慕虞仲函送洋十元附函安字聘此間國歌●單五張先生百張交慕虞意
三十日後又接石仲廿九日函字由西派二十枚交慕虞一紙上交代帝后查補抄字待詢

同方宗丈荅柘罗函以撰萱草二部销单二纸程宗丈马桥子一百部销单与子
张宗丈沪郡递寄子叶藏叶滨转宗丈子分改蔡老意滨金生以函呈观
书快之意琥季玉寓来谈曾作主鸣信来之曹镜陶家说照之以资函依小舟
刻石统徽证编其情实可恨荅孙小山函谢其屡揭之蕴片纸数十字云尧楼
殊款十音函附奉议诉侯
廿五日接沈仲帅函冯瑶之函宗丈望七函告以近状并寄归序查揭所钱数改
请芷函为琥季玉诗函旧刻海宾其藏存侯叟而没达卤书揭之说其小的
函琥季玉寓一厝
廿六日又臣来谈冯瑶老叟集揭帐直账款二千余两请其去未及其宋而
乞其余店仲苍君之序因属便取存局履历荅瑶老函附之去为白其
由请楼其余之款为之造其理之小山两函附请加追检查派足东诗幅
廿七日二十五作对联一副紫藤为一箱附入程笙叟存铜尺蒲垣道来草出

起復年祉為之代存張文襄道 撰蓋草到

昔蒼邑黄甫函以撰蓋草二十七部錯單四紙寄瀕湖城太和坊蔡宅

应何之本二百金為續送静卿處往議乃知廿二日再出南仗五者損傷殘

者蔡震年信人損兵禁止文原之所家碼及原本家碼震報候停哉

文澤著南北洋閱歷張農而后報向函楊楳皇來之新如雲太夫人葬

廣李君長卿子慕顧道一觀熱不瘳藥身不穫安苦莫甚焉

昔熱不減痔未平棄與大院況家子又能靜之約往坐時久四而已愈

大兄台痛宗佩之來函託北院楊乃接原信廿五晉函內前年之與史館鋪

編次黄漢池太令寄件簡太守未來商海藏寓

兄日當痛而額腫身不能安楊雪道卿如壽廣來閱而遺之陵楊丕

函有詞錦然捐與部震到否達章光函稱袁北宗辭浚仍須照與書

以人在道字四無不便仍令原籍起文前稿撤銷接季初日時函

七月朔 晴 熱 致大女函 寄木匣一只 內盛[illegible] 平安 紈扇 花對等件 又[illegible]二瓶

並媒家函 寄[illegible]二部 一並 外一信[illegible] 致[illegible]函[illegible]單一紙[illegible]

[illegible]等函[illegible]函[illegible]因[illegible]璇季[illegible]回書[illegible]來[illegible]

[illegible]請[illegible]歸寓 早卧 璇季來 不獲接之

初二日 致[illegible]璇季 以函物[illegible]交[illegible] 十二元 自不能往送之 故[illegible]函

[illegible]匣 即[illegible] 致[illegible]函 附[illegible]一角[illegible]

[illegible]附入[illegible]交吳[illegible]接媒家六月廿一日函[illegible]在

[illegible]致[illegible]函[illegible]媒[illegible]部[illegible]三之二 以三之一[illegible]

[illegible]為[illegible]函了[illegible]心也

初三日[illegible]積[illegible]接王[illegible]函[illegible]心[illegible]兩[illegible]來[illegible]

[illegible]得[illegible]雨氣[illegible]矣[illegible]

初四日[illegible]接[illegible]學院代[illegible]

良先生寄書兩函附之。芝臣夕來，面交賓生先取到高六裝底包。
初五日，答拜李仲雅、瑕園、胡芹軒、柳晴樵、生談、玉蘭、睦石、臨海塘
君來。又得見嫂董續許百新發函，松泉、敏齋、葉濱、特宗許翰寶
李松園先後來，云沁舍所圖不諧。接書，廉六月廿一日函，郎亭、月葛孫
康居叢集，日間出門，尚未歸，夕間又再來談。
初六日，致賓生函，送之夏方伯程件、王鍰等書白文件，致楊雪階函，託查點
尉補扶章程，致蒼深佩老函，又王鍰等賀禮，歸賓生贖，請代備費。
經受賓生並屬王奏送宗書白文件。晚接雪階、雲霞函。
初七日，寄藕園老人函，又潤之、朱田、署帥、宗書、蒼書屋函，又書，寓附書
寄石仲函，以雪階所送並筆補扶章程兩處，芝臣取之。松屏來，滿望石段間
之說。早間旌旄到，晴老嚴劍峯海秋，夕得函寄雨函，前寄懌老鎖款批
四川民已收到，代擇細數六元起網。吳鐵君來，望前遊衍，晚出寄遊齋

先後來談乃芝查以至分傍一件接陽之孫函
初八日發子美孫函以孫為之七月半函附之先於谷都專遞往年識莊秀殿
函以璐書發雨蒼函附之孙陶之信先以物竟對趙芝深文函之猶黃至年光
成百部旅字西其修理後可齊詢以其何字西往接丁端甫老函字佩老函問
王相交費芝臣函寫示以霞茂稿接比靜收發璐秀字信陳小雲之自京
回來之後刻趙怡甫來談
初九日送趙怡甫還吳若莊林瞻崖東雲陳小雲瞻其弟瑞崖昨夕世居
交件商之細校因自查往年查件函晚細核交還
初十日陳可京根集之條目季閱六政條目併霞玉甫函附三百五十六歸
完丁氏銀字函併庫收一紙附霞浚清蘊又郵之函其租及百錢請旌費
子久來見風陽評到通自詢徐併交其為莊字擬存評翊何月函為
撒雲葉鳳陽縣志想函也

十一日通霞浦惺書函告以本收批匯寄得玉甫函稱收到我解之款已專送西庠
信字六十五號來庠收六字五十五矣其丁號并列入月乘蘇至黃浦池通季欽函
告以有一信已在寓中有便弟寄梅姝叔初四日函附來豊慶手摺照收矣
收並寄雲之函及取到萬先之函二幅寫誠代店六人以寫雲樓之函送來矣
收於靜之墳傳信送考其墳送來去六年分上諭高禧王心御摺鈔
十二日寄家霞浦姝叔函附璇季家信及胡信之函並陸經又在花驛樓葉之館
梭看收四川都司葉廷柯請卸其册名件並送信之陵船西一函寄之去日
郵付由京泉又便寄滬叢葉濱野寄之梭季欽初九日函又佩老函至
有奎擬等寄函已由金生種收梭萬先之到新城後函夕嚴意濱尾實
梭大女初五日午後遞來悉六女痊
十三日梭又蟾城程來所著詞之梭吉春六月廿四日函寄梭寄之文存之矣
閱其存學述手卷三句後下卷楊某者之句讀之甚當之手三句並寫四十日一節

四首爲加以箋批，李鑑之爲中丞者已到京，十二月請安之電遣有圭函，四日深文千刻

仰苑十七夜，熊六安康於金生程卿、武康徐卿武高

十四日午前爲蔣六祠聯，答耦園老人，即寄答李鑑函，以四瓶寄覃溪，電到

菊常七隨葉升兩程卿又來，述程老薦邑，辭王雜，不能應以爲主

賓之情有之矣。靜王遍往長談，歸而接王有圭函以繳 硃批了送呈冊

稿本，龍商到敘。十八日作件館五件，詢以如何協到，並六字呈及壽說稿

有上壽稿，上壽說稿有呈易安稿，十六九兩年，因已屆其四，仍錄一件，呈由本年

上壽說稿，寄因辰恩，呈易安稿也。未作因金康侍從尉任之君來

中元節，答有圭函，附送呈冊稿本，答菊生函，附入曹電函，即請有圭送

寄安覃佩老之貝函，請王函請寄來人，寺牒取來，交程卿了，接程寄程

叔吾函爲其孫作條賓，葉之尹寶苟，起後了，查某米有到籍任

侍到院庄，即補報一函，呈報起後請退，四蘇乃已亦也

十六日过道诣二兄，两三日肺气未畅，秋暑有感，昨柯罗芬函，专亭
叶君鞠裳寄赠《语石》，并道来，并道生大令年伯寄函，又论第二函，言及近况
并询以字函，到后借阅《瓶斋馆》，阅《涧于集》，言及旧怀一节，题字子贞
张君生观鞠裳年全集，昨文因事两姊端霞函，备写信，专内翰
府经历桂精衍，接吉林和四日函，附来谱绢一纸
十七日致彭小翁函，附接陆侃蒨道录科文，送实收一纸，并君书函，送其写诗
寄阅子英病势不轻，专函使问之。重阳十七日　旨李镒重中丞与山君福
绍乐翁不亟对调，下午意演来谈半日
十八日送烟信与金陵，以两函送涧楼六世孙五段元宝两日府访
锡金老年写向服往贺，寿周家一家康以洛缪新霞准保数人
应彩徵礼者艾立来谈
十九日接元生函，方大道来，又接石伯函附来，英孟坚扇须嘱之真字

琳表函匯館有兩房出闈八筆應晉電溪之首元之學若晉電函附
四書題四書題四房監視成保撥課分作以觀其實接來兩若農函又
馮瑞老電函兄伸萱指貢之請兄甚勤並電伸帥昨夕戌刻院於
吳門別墅諸人所累救援其生靈可憫如信之來督留因之於條
二十日　若馮瑞老函謂爲伸萱指貢之可接澗妹七夕函告以轉川赴試留滬妹
與耕陽長附來經筆四副因之見靜帥藉便若農朱仲閎道張伯
卿蔚丞清老復來謂商定應行以衆議又問子英疾亡晚有熱兒
矣若舊吟草賸函三紙
廿一日　寄家函妹函附去撰萱草訓學上科江南闈墨李友園談等併接吳
嵩君函內有謄未言府谷差新三來談步臣亦至晨帥來兩三日雨霽矣
可觀熱不甚減至夕晚有涼風也
廿二日　若先孫函取去三槐書併若石伊函至言指爲不忘其祥因及北

昨晚直照指三十万奚派请奖赏之语，成否尚待之，接符仲萱函内
又请指拨之。接子贞函，云已来示霞荪稿，并允隆叶姓送来题签及
回函当即致霞荪，谟萱草二方，郎姓并指交叶，子贞守隆汉，日早
间送吴村。子贞言释经注疏形象三
廿二日　接仲萱函，告以汤瑞老允许奖赏，原领之实收存在库平银万
汉，续指之用。接子贞函，送霞荪来两，接庆函，附寄蔡信，李穆卿来程
程堂城因致钱牧孙函，以吕琥老存银二千两交之，获送接洞株笔陵
来函写存将军巷陈宅
廿四日　曾附致石仲一纸，送前函并蔡信交李穆卿，携交字接洞株函，接
琛喜十九日函，氏归于十八日寅时举一女，大小平安，钱接子贞两次之
子氏不入经，以留耕补之。接季弟廿三日函，叶兄来，穆卿在田当发
方静帅通告，议子达日是否接函于大伏

昔勸不得退，是亦苦事。擬請子未張宗來擇於前接視，卿可謝之，煩勿
月朝交函覆及十日所寄書，子茂遷函內璇甫鍇僖之款，在於信中，如何再（？）
代收，內開即行詢信，今取來英洋五千元，意須交來云，陳航仙函
已交芾翁，以諸所事剛傳寄也。
廿四日若王良臣若能請談經，故因息者竟不在，亦擬和祥棧內益志
廿六日何往若辰尋訪之矣，昂吳修之來，已無須付，剛即為取請甫贈英洋
五十元，送請子運轉交，接許閬書，廿日取浦馬祠羅廿日馬橋函，
及伊廿四日函，意須濮來院者，從早到剛談半日。
廿日清早閱□妹自華陵來寄弟老嫁良第函，屬寄子遺費二千
八部序以代館，每部十二本，價洋二三元，聽其取不論，弟函須某實收，皆
收到矣，又接莊聲之函言，序十七日函聽所妹晚間來，交書岸已函序以
晚始返歸，應以二三十元為日再多予，送之來，未達日者張已極處不能

甚熱，下午雲陰，至晚小雨，暑氣稍殺。

廿八日天稍涼。蔚若攜龍泓高攜之者，為過於閏生之處，頗甚不取，仍留

所討宋元等件，交閏生攜回，又致澗生一紙，將原函及閏生二書，由驛

函至道述之，將元善三元、寄送去公二元，請閏生攜交，道閏生回金陵。

夜談公之揖讓之文章而笑，嬉湖識不但前數次之汗流浹背矣。

廿九日夜雨，九來，庫藉錢以濮交歎，艾臣來談，士貴接亦照兼之而通

以盡贈貴函之字，吳寶卿書函及札並交稿。

三十日晴，陽秋燥，吳又復第遠峯存來，與談高子遺書事，德公程去

同看第壽所贈九華玉盃，高氏精麗，光碧玉筆，澤珊瑚子，第舉一德聲

麻姑壇、平泉景泰銅鶴、似筆黃山松墨、柏靈璧石、小出美織花茶房

陽湖之畫園屏，子觀南田牡丹冊，條幅也，順便泛看滕子英舍生綠卿去

虞山寧吾原詩送高子遺書一部，唐鎬接原信廿八日函，是夕熱而悶甚

省親大風將除陸飛秋爽與雲路途清暑雨侵較舊政事卑老見在
高子嘉未亦新請招吾見因氣之人指揚清徊政函合西堰向在部九
之康旋接四字印之本科吳恐不能行也
初二日風除雲露雨折荒雨旅吟逍遙二日動三交伴並指實寒以荒旅隨
禮卯不值政在部九字附完合函政彩三朵在詢問款寒維庫年六千
五百字並文高蔡某詢花綱指朱如雲誤九先後未亦高晚接青
原前月廿二日函存之電
初三日接部三函蔭南儀及荷在伴函之請細為區以民指移傳分功滿交
王通帝去年前宴關城西勾述蘇實者二詢者遠葉頭大慨傳覺
五人五年是小的也而見其又在危矣寶而蔭季欽函附于遙保
初四日荒意須未來老卑代鈔十六年　諭旨旅小雲鑄九不值以滬採
四家遙遙要王以洋四元為王老卑閱等以高子嘉遙告四部遙意須代鈔又

以甲午三郎请子定代领检王竞宇旅钞 谕旨送伊差函于杨植堂
询允为录四弟以著简来商饬子接王年兄弟即若预之
初五日接京兆函附去折稿商议饬九弟之将旅费弟先一纸若起
復新文生五月廿日五强为排一纸以京函附入同函谕九弟别道递文
若法兄函告以近日接欧阳雉门饼将函即若预之
初六日接成保函并报摄病即若以二纸前存之宋藕生二楼阁并递之若
排泰函厚村成归生产之闲暨痫之房祇星变不移以请客进存录
校况弟商请穴标新任宾母太守桂亚圣及芝亚兄酒泡高余生
漫函之楷菽芳蒋之去丁竞城来交以六保即为寄故
初七日京汉函房为楷为楷旋可来芝亚函房查二年五月程从闰起
復之子接之不绝校异为谊请至之其杖之报谈久之而教文稿芝亚
审文以章商递楷寄在产字以稿保厚题四归为之夜宿递十年矣 金生同

新唐書　函復同年朱梅季欽七月十七日遞函

初八日芸楣、桂玉書、秀寧旅運已畢，以函并寄見視。頃讀完芸楣桂峯觀後

晚孫同吳秋坡假得同人時之芸楣楷書字覺遞稿，僕芸楣往書後

劉太姻人生忌。歸寓讀祀，接表款西湖函，有餅三分書與字跋

初九日旅宗佩老為瑞季辰壽詩荐敬，從同年以字以旅遞從九郡像

又壽一函即寄之芸楣辰敬九將速趙接孫之眠餅餅函即芸楣之

賡生子穎池仲帥聯楣書復亦有所之稿接辰伴初日函附戊像七月

廿日函陸見月朔函，并寄又未了，歎九君假頗接之又

初十日暑退，函壽老忽接稿，接季欽初八日函，又王春墀垣餅棗加箋王

奎池秀川辯函形理趣了兩半更立意漢壽芝之楷書仲英金生接讀

兩武陳半日不見極管壽賡生攺題池仲帥聯仲英未有郡下之遞

在閱見情了季欽附件讀雅詩函一篇完，此為楷辨題

十一日陰東雨蒼巖函以舊子壽送來交來紀甫函請其多錯蒼李欽函
忽交傅紀澄函觀察直隸之葉廠告照了稿卑來上廠此了佩先又函
前免未曾内寄處了石親九來稽貸在欽重來告件帅作去時情
形意浜漢來告少商又函援之又若接馬船西李桂卿函改稿重
一紙原其往取字稿院雅翔帳附字少季弟
十二日蒼翔謝西觀察函蒼辰伸函論氏稽了不待停分所滿而先上憲蒼翔王
袁頃解茶附一紙之因函請渠書道難於決擇了改原件一紙以青重至一美
交傅帝云接祝侍祝商起告上函蒼萍俞伸英說且會生之生接蹤李函
發於滬職馬路於意里復來字棧又接生肃書孫詞臣騂函
十三日接屈阜城節來即蒼翔之附白一紙過霞左聯之函明之近了函改管仲
差函告以向均實收過傅來取再字函履歷來蔣忠叔上相國館近至隨此幕丈
前往於禮而至深了帝太守函仮于朱童觀察函商童交其海製造葉廠

先子集稿若能盡數亟求逷卿
曹蘅孝帆先生冠有不蕙字之望擺季函老以穉從周字內推萬此上兩人為
之有從原函他時新與回音意溪來示以陳子元觀察回音晚孫桂堂請之語
人函囑字以扇紙楷書見索
中秋節循例贊禧不足因劉接石仲十三日函附取見初四日函添來有屋廉燐
單附單一紙石仲為施雲浦家議立祠一紙議定為祠以蘭杜雲浦撥為大功
夏高二子一係蘭煙為李蘭煙並姚二房應承其重又附左指其實銀數一紙
由照學生指其實分數指者本班先補用免試用例已一千〇八十六兩左指合庫平非合
觀銀四百五十二兩局費在外務因據城餅餅函集能游餅茶皆即若了若其來者
又函先以晚孫妹川寄二十元俟歸經寄兩照函
去冬寄若石仲函附還左指銀數一紙若裏展蓀良舅函言子若遺失難錯
故書款急可以熱應證程子正函附朱仲周一信接石翁九函有椰豆款以

初六日遞到諭之接妹家十一日函述家中病者情形附來秋卿伯詩草一冊又兩
經芝取到七月廿五日回函接熊菊生函附來涵光函以番洋之元為製
帽接趙芷蓀及函悉芷蓀草二百部均收到矣薛暮静之處送往商議可保
十七日發寄四妹家函厚堂兄書成歸祠墓乳養之資並熱子處送去之價
發涵兄函寄四弟處讀書二千九枚債款百金於寄用你寄蒼
熊菊生函借為止到六日遞函保寄四錫及湯壽叢書兩蒼李叔浦苏东函
附一紙交與四人會晤未談接李宇壽書等人送函帶來後仲中秋一絨鍋灯
壹百真原存家帝帶來取之萬年時陰扇
十一日發王宗鑒孫詞王府伯華三孫函汪紫垣節東發牌附送接蕭蘊芳十
六日筆陵來函蒼兒之意粗所送接宗佩老函示程從回函年眾芳友
已有十數人多與年交馬為雖琉李侯安北上經理再於函遞静之接候
經兵多需行令交函丑刻報數日間方菊人來在京南以館為總接

十九日答徐仲函附去高子寄還之四部叢刊書錄是從東方年譜函又震城西
小函交方菊人　答王伯宇書函　答宗佩老函　並還注周存　致沈伯興　吳少高
又函請其葉甫存注新任匡出之丁去之處理　並其請之字以菊人
交孫子年一函　澤英之來五交之接洽之千三日函附來各交批繕述李誠來
交仍寄還其著述函及致孫仲函又加了一紙遊徐來取孫子英來交小山
節來附去日本孫吳宜字不宜戰說接何海鳴解來函即答謝之
二十日具答菊生書及稿及年接稿章見山說其宗佩老來
蹤交見之因詢佩老以澤務字畫于兩璇季之館接徐與少高四函又李和
廿二日函請書來為劉遲之旅函
廿三日為靜之預擬交幕契稿遂京說旅其稿宗佩老來方宗序方郭均
壽之因情照郭均五丹周東英葉禮郭覆文接菊順為趙述書家餅
來即答謝之趙又加跋一紙附交壽帆代致姜廿書函為請翻予覽為周毅

连绘纨扇，日不得闲，子惟下旬此以应人之求，殊苦了也。

廿二日 晴。晓孙来，为画扇，交楼圆方伯，汪季溪、应辰帝及沈茂卿观御笔

汤君为诵孟冶孙夫人就静之于前往肩了四写楼刘子辉观察画

以后自过保甲条款及拟兵丁名字片，并嘱画两了，请尚秋农楼宾来艺画附

瑞作三青之家信一函，又顾季沧函，又报说苍庵函，又续六函，夕夜检书不值

执古来一谈，并夜教庭。李成来年，胡开扇如绘以扶欲之资

廿三日 雨。答刘子辉观察画楼，横书来，托以留云了，苍属于刘，时为大尺大通

声屋卡路许仲章，新来画苍家人往福，苍萧阶来，谈许阅书，吴门来画，康查

沈仲复中丞，为苍之腹，因晚阅宾楼，瑞作未及，星而且卧，矣见钱呼政德星

画送楼丁卯，横之了，又於是月十二日新花园门，不解何因

廿四日 过震季，欧函，作汤形以荷，验早来，承了是庸赵看，此预为归山庆苍

石仲函，允以请，翻了即至顾康华亭，又廿画，苍宾寄瑞季函，自程从闽回

函报云将至之時，善价久待，尊日翁行止，極釋重。西函尊而先謁泰，以午案

業并示，多接大女十九日函，接璘季函，江寧船蔣子恩帶來寓中薛宗賊

趙隆之城守千總方德元稍解怯寓，殺探稱是理，江蘇才確屯虎殺查

果是秀才，而作賊形，文探地虎汽重作完也。夕范錫康來

廿首着負探國方伯，擬接護，接萬詠疏稿，致黃澤池大令函，之寫賊趙

鑒棧門獲物，已懷三樗司事巡檢，受賊從賊往了，望而懲而不戒之。宗佩老

來寓，隨蔡丈着龍童泉山館，探東文桂新三兩之錢，意漢殺附寄早發函

左華甫白錫康函，述赴南陵，虎代之說，寄之月跋津貼十金，華甫允

之。這錫康來，餘管府往蘇面談，着寫縣函遞，午三首

廿着探負方伯，并示府稿，順蘇字錦的出，而着龍沈茂初，范錫康往這

意漢大夫人，着探汪孟複，沈吳稚寫遵，邢毅園、汪孟復，寄仲英稚子吳

范錫康、左華甫、沈楳卿、俞季平、小殷，接船西函，本月初九日赴都，往楊梅

竹斜街福星店，灯下为画溪绘扇，若縻小山画，黄奂防侯宜字论

廿日 携孙轩刻笔庄籍病故，代画遗镜稿，次子可悯，为翰林待诏衔，小万名臣

宝子初照诗监司一階也，拟之孙画，肖以应唐道，首王兴了厨画，画为沙悲根

集时壬甲三六尺，録濼投刺，写示移居者比邻也。是日小雨竟日

廿一日 雨来，止题宇画，来东家画，附茂晋云一纸，告以大画卷者成说，为弟秋来宇

石存画，附拜二元，以时悲根，画溪章，若宇许閔孝画，附去沈伊师殿

應若宇允孙画止，其者行遍霞沈秀川孙铸九节东，附澂觅诺画，为澂觅画

张时晤，袁太和病，受诺画

廿二日 雨来，止题杂不大云三书，旦夜笑唐生之道来，王君奎贺，拟四伴画信，佩蔵便

宇文肖字大女画藤，卅四日画，觅民画佶谜，谓病起自厨，为李诚张画

赵藏胜大令植璇秀流上书画，话来佩老画，扶之投呈王子常兄守

交程阅方伯先徐画扇，于日应借题数纸，酬加题讫

九月朔　茗孫、貢方伯、彭藍階、閔季生謁。德静之送張伯卿、蔚廷家下
年德静之來謁。接丁悍堂函，言孫子年病甚危，言其接回。送華紱之
閔後來言，現自往看。即答悍堂函，寄之。第六接季欽函，添兆書函附
來林劉寄函即寄之。致宗佩老函，為璩季芝乞討回烟台家探取程道同
鄭子年駐之候寄卯引。板謁。致內廷供奉姜對嵩函，附王青帆函，鎮江府
卯四百三十九號。該漢三品有奏換一紙，六年後，三十六兩以三十二兩寄請
該軸費，另備四兩為換界費。交吳鵬寄京送紫禁內閣板房門半閣
縣西營馬楊罷函交胡榮貴寄京送楊梅竹斜街福星店
初二日晴。送德静之入都。答孫王子襄、吳樂齋、吳吉士。答沈光函，附去楊芝亞
恃府帖住恃沈保卿恃皆有函。又錢鼎三恃范蓀泉、俞蘊人、陳小雲、王恃
皆有函。又寄佩箴補收函，又繳鞠生奉洋二元及收函，寄函寄丁清卿函
答豐香存壽禱疏稿。接楊子玉函。鎮江縣諸奧寄來郭霞樵來。接吳大材君

金陵來函，詢之，乃前發信差貧措之通，欲府既言即發賀撥歸南函云

實生屏拜寄丁宗二函

初三日，丁涪生方伯來商，致函宗佩之，言玉方圭鎮軍發賀撥請交撥費於金生

若旅前議及陳楊錢俞四君，便道旅金生，送之，拜卯伯、董桓樓，討稿數首

函送曉孫，拜請貲照，餘灯下作小箋二紙，方宗屏日間來

初四日，接劉壯雄解箋，即答覆之，手接錢悟蔭田函，言十六日節來，接石仲函，言二日

函宗佩之送來，主方圭撥費，即拜送金生，手俞仲英細價，府拜交佩之

及金涪之先後來，送金生之一函，示福師帥函，言舊友近畫之說甚精，況

仲帥趙聯日間接之，到手即備呈，寇漢來拜，江寧赴北

初五日，吳濟池之子函，言舊手銀函，以石仲家存錫灯，言及議施之，函一紙附去

宗之黃琢本函，以宗佩寄致程從周，常門一時去，吳蘇丈旅，丁涪之送

王石濃之初四來，張太守來，示以論像著作三篇，到殺園來

初四日接璇季函，催向宗伯接萌先函，扣款仍得附寄续贬(?)而经度年家
不能收(?)此风人人不风也。答石甫函，答孙李君福谦附词并志字，送许印林(?)
案之宗(?)答寄方宗屏，以先大夫行状草本请词书跋环(?)跋文于女校(?)
阅四接石甫二函，方菊人书来，拟于蒙敦士答辛少农节来，谈菊人字德
其孙交王子展函及交稿印送，送之。晤砚侍砚斋函以悼亡(?)寄交送马
盤函，属以课萱(?)草点，新送别(?)，射三义多送四部
初五日下午福少农书中照直谈，即与阅俞二君答拜先丞，送阁送留存署
人账(?)及舔(?)魏(?)书卿之四男也
初六日午间福帅交任送到任谢疏稿，午后负之仍接蒋(?)幕往贺，并送谢疏
稿，答萌先函，答石甫函，拟于送年老来，晤送部落署并蒋幕稿于丁潜公
接之，竟日雨不得休，接江凤五节来，遣人答宸(?)稿季美(?)行人旦(?)拉(?)然(?)
近日问撰吴吴(?)稿录而存之

重九日接薛心泉函，稱于如報喪畢事而出，以子永府陳桐甡敬來自當塗

云九孫函，託停李廿齋爲黄精人來問其安，蒼江鳳五節來，云李成事去

集真近壽易林句以賀范錫康吉席，陳鶴亞來

初十日接府仲初十函，幷家報十一函，袁梓浦籍雲間沈福之籍吳門來，前

云九皆從福帥來者，王府如來，子英來，送高子遺書二部，便澤之先文敦

沙照根時澤之先生集，送高子遺書二部，去送范錫康，袁禮陳聾晤

來論允孫書塗情形自來，函寫寄

十一日接胡雲城函，韋來，程佑數寄恒心齋集、文昌帝君檢定西覺，接沈公

子函並補三百十餘番填寫，分別寄之，送蒼孫，袁梓浦、沈福之、蒼府仲函

以高子遺書送家率甫函，蒼字四號家函，蒼之孫函，以子英賻照稱

之元附入備交陳桐甡，韋四請自謝，翁來者，府接錢壽陽併來

即蒼諭之，袁潤池來，以應邀沈仲復中丞之補函頸託之

十二日接季歆初十日遞函，接旋季四函，定初八日封函。四姻丈接薛少泉函，言欲考
國子監祝。孫子年病重，談甚久。曰丁外艱，若農、陳桐孫即送廿四當塗翁子英前
訃三函，寄以賻分，旋即送四桂笙來，為蒓衣梅甫遞也。閱汪子倬錄，答來函
不願久居於此，仍回山右，或有大故耶。
十三日賀范錫康，侯晏若農，寄沈硯侍、硯侍廣同兄弟函，沈福之太守來談，纔送文
臣來取去，沈仲如之老鐵、楊子壽來，鈍衣梅甫遞一談，接容叔初十日四里河寄
函，附來歸家報，或共晉雲門行。
十四日若農、陳覲臣、王仲如，晤陳子運康，接硯侍兄弟初十日函，送胡佐卿奠
儀。遞上理之函，附容叔[illegible]遞震季歆函，衣蕉秋觀蔡來，[illegible]沈[illegible]楊
[illegible]之來寓，[illegible]由二[illegible]，[illegible]自鄂來
十五日[illegible]由至寓，備之樵生義渡，[illegible]張鳳池送[illegible]由[illegible]
張[illegible]氣[illegible]親[illegible]勤於中[illegible]五[illegible]沈[illegible]二君來談出

城旅館，由於舟次不相值，詣鄭雪湖，示以湯貞愍墓，是順道旅孫子琴於貴甲山，不值。年戴山來之，有三五詩數之於
十六日若於袁觀察長談，便因原本之於人名地名之之下，並定閱，出版籌
討續緒以自豎若於貴澤池，翻閱後，得子英取交吳壽備海將等物去談
出版還子舊情之作，悰恨無數，於舞經轟如和一首，亦不獲既作函
歸之。繼由溱來之招，劍育遲暑岸於黃鄉羅家壩遲謁長者
明府白貴五百名刹，為之先容，接石仲初十日函，附來價十六元，陳君大生交來
青藤袁觀察止齋雜著外篇于湖寄集兩種函，囑其還之，並託送來沈
孫函之，據祝誤者更之，衍者去之，漏者增之，有內外貞憲交剡桂至有外
文貞憲交貴澤池，有因外式貞憲交集，勤函交致一函，屬以分別遞呈
接理之函，附致子遵信，接仲荃函，附議一紙，孫子琴來談
十八日，旅視挺生，為之陳六先生家中名及產業情形，遣手戴山不值，接

莅彦之函，即答数语。答石仲一纸，以寄收条，备送陈君大文弟回道满

贞愍廿年夜集之前后宾图册于郑雪湖，从其借观之请也。

十九日　寄上母亲等，致妹丈函，汇银百金，以为母用及分拨两舍之需。雪渡石仲函、

洛兄函，附桂馥仲函。袁安般观察来，杨卿至之，萨秀求闻差。

二十日　答拜刘泽生，拜送袁观察，答拜杨子寿、沈梅卿，接奕秋观察

钱示太观亭学诗录，寄沈仲复中丞，分赠诸名流，弟请本共二百人。寄

答祝仲兄弟函，即以附之。刘桃如来函，以馆事。

廿二日　郑雪湖来，交还汤贞愍图册，属补一图，属以题志数语，语极柯罗张

初三日　郑门福星店来函，少帅前后宾，以来陈二事。子宜遂来函，以黄

岩芳广文宗瀚所属，向袁君郎名寄，即答之。

廿五日　接镜湖来函，致稍重函，还送郑如寿，分寄兄，致雪湖函，送图并

题语。子宜遂来前之千年病重情形，函交遣使三次，皆为千年照以

人參兩盒挽回。前日接河南固始縣幕楊君誠齋來函，告以丁酉
錫眷（小字）接門來丁宏鼎子微者，迎鄭相吳繡園世丈之子應銘乞函
交其帶回。
廿三日，祝植生來，說及以湯元生直所得課許久，並出其芳茶煩為來
年病者待識子運，得力於參，因復贈以高麗參、人參，據函致轉
交回，乞題謁師座。
廿四日，答耀雲誠函，因其有從戎之意，年老多病，挽勸之止。答薛叔泉
函，附英洋兩元，為其兩孫精儀、雨膏託人從頃收〔？〕求護身符他
人從之云也。旋其子又以伊父履歷寄予，附拔並給函，寄官收存
以詢問新帝，後為弟來也。旋伯華謀館，恐〔？〕可見南関題名。
廿五日，答李植卿函，附郵西從答錦城鐙孫函，伯華之物，種菜，兩庄先
後回前接季卿函，有事約二十日來，應匯並出崇出錢廿萬

昔者承手书敬领剑评逢先览之子谌诣含馆其祭便祈允孙居
缘潘玉遐芽若芳遍霞季卿望去函呈珠函及附书库题名揭
单一纸书库共中二十四人锡宝居十四万檄威可应祈两荅启
昔祝手笔疏飛祁悴极亦须服术以藏及宁之祈晓珠枕头护砚侍兄弟
御函侍说极周备任三君晓珠交代抄画祁楼讨复以示萧纯之百顾荅
兰仲荃函夕后藏药遍趋生先前伯寿两荅谢三子琴执五中版
廿有烟有尊之为子擦去信以呃悟荅荅居华留函两荅居之文本承询弟
之歌曹收录二百两即将珠家函交并施归横书之郭以寿仪谢恭
花日光孙未交迄沈伴卿怀雪流补廿等支善翁清实图一纸迟居祈
宫承兄子笺迟告子年长速印题视之任以檄便居贯闻复卿切函
满日接珠家世罢函附来新本庭君单送子年入岁段丁悍书递诒于
子年递满一年来借以资归来椒及玉遣来商夕祈两荅启

十月朔接方菊人函寄示千年事連丁函並寄縮云者子年付棺

價二千金交張茂竹孫所收係遣緩卿閱之時矣秋塘四元寄于建特

致孩季飲函請兩蒼接交接萍心泉四函收到時屏孫孝謀事是之

並非近況情意可感矣接硯侯兄弟諸函鶴亭來屬以應備蓮溪其寫

初二日王亭喜來寫不外昔來集與恒之閱信越南近議防務甚急

借鄰微詞及晚主者應以練兵千數百人不能航海而來速見在從師移

有黃人慕源者黃已抵鄰於挑接兩蒼求致建伯函有洋百元須同匯

寄回建伯印本康也在株通遣局晚表直軒

初三日作海沸藏以將銀續子欽表樹西寄服新移計須給與三年錢出待

寄樹直羅心畬來有子英寄晚從武鄰是一事而臻之後日蕭之

寄遂之時閱譯自滬軍多不免著之局四巷局者人之軍多練本局臻

兵侵損及之也人之喜蓋無從得矣又近兩蒼不值

初四日寄佩蘅蔵筆門，辛綠筆手書，以前人北上，趁便往送之。雍王瑯函，答挂王
字，並楊莧堂，皆不相值。接石伴翔函之許，以楊珍甫為秉筆師
附來，子正回函，即須仍送雷瓊道。張至者楊子契卿，有答朱伴舟一函
又附鄒子苑函，詢已赴莫。書答石伴函，仍以還之，附致袁卿西函，借以
兩詩，鄭梅村者，派弓被遣人求續顏
初五日答朱叔函，以兩答片字由運伯函，及洋百元交作亭匯歸，附致淡之
函，述省帥行止不得確音。以張玉甫函、姜甘泉函附之，接之，答函，又
姜甘泉。閏森回函，附有答王景帆函，暨家信，附歸文麻陵，望之一函。接
張玉甫函，以近子懷者，說前書十二種，五片，指姜甘泉西子鼎，贊
辛鋒以袁慧軒來談，又雍蒲小震范來，賜供別緒
初六日答馬郎西函，商以應得撰費之早度數，字還岳家，仍原交郭子館君
以紙尺數，答硯侍，見弟函，屬補字大板，附寄送福帥

初七日發汪已函大人函述鏡湖情況請留湘北權可黃陂池太守廣東道

張(?)寄頃詩菊花林桂堂曉孫來商擬丁憚重寶函催照章英澤二十

元至厚情轉矣擬桃函唐讓青湯海任華潔之信交閣羽不竟

交見王室遠議閱太湖礦煤利而查穩節略謂有善後詞意悍悍

初八日寄黃鏡湖減汪函附因法允守存湯員照外卅年友善之高清

寒園討莫冊成五言三十韻謹題其後擬九日昔遊縣函告以璇南錫

兩兩排毋皆有身書上雙熊同致之

初九日遞雲溪函楊函附去墨蔓萬歲上理寺函雲溪張函甫函略述近事

前雲溪府北進修來人帝來取稿得遞去擬璇季烟台來函附子靜先

生稿一首又節略達轉三兄函寄前詞鈔及節略因函唐寄烟台礦

局洪京生詩函交張東濤制軍遞此閱看擇錄

初十日視守達卓存五十壽岑賽擇邢恩伯函花錫康函一本值

致大女函附時惠弟庄肯等致來見一紙附劉子彝王弼廷兩君
條肯了錫康之便帶回墨門太郎從前方寄屏來意有入幕之府亦
道聯孫之喜閱書屋能說開列款目不能遂鋪
十日閱前二君覆一讀追函豹於錫康閱雜伯數首紀等件以消閒
暑閱郵函有太夫人覆日都下出程屋歸矣房老之之也
十一日接姊弟初七日函季弟極勤之到之初十日起遷書寓熱函為大龍代筆
宗屏來函祀字不合其意稍若並不值留之附石筠詩草老旅睞卓老
先向白之前以來親修譜因力集三項特向大府請予放歸承照准之仍託於
機轉遞過與寓交軍務手寄必求日遞取請也接書屋寄同秋詞即唐之
十二日接石仲初九日函述袁親最募勇軍械須仰給於省城庄信定為
歸舊作以遣閱同人共具一觴為遣卓存太守補祝設席於張妹
田通守生日中

十四日晉雲自里來攜弟妹家函並白米手巾石花蝦干等件又德甫函
及桂宝安帽等件子毅兄函對臣弟函皆九月間所寄也別伴士來蒼石
仲函聯及思歸之說帶去萬子畫送四郎送書屏於江平而藕船已從
返去遂覓子年擬再送復御入城雁伴士子寓兩之夕與晉雲談至夜
望日姜帆送芝谷文卷等來擬請補考復寓並論伸條罫
彩芝偕來美稿有殺者能商文至非其性也書應從穩稿惟其速也
十二日接季歐十一月函附有五元以作匯費之處弟還之閔子羣來即日接
慕田任道人賀之姆重來談與辛韓生皆投刺答之能宗屏一張兄
取閱之仲雨慢並抄中送積书函吉晉雲兄來
十七日蒼妹家函之懷歸意望濃地添字備據也蒼涵兄函詢以前寄
憶軸蒼對生函宜三日里還之意附有時憲書二本寄與妹家接胡
震城函接伯坐六元而詞亂随答接條鋒九函

十首荟壻南函寄上橋餅二斤附初九日書荟潛之函楊子循誠齋
舊春自里門遣人寄鹿肩與子車遂送荟子彼函來已張升彦暮
赴旅邸見其次子照子素太守寄信近擬六條上之大府矣並送曾雪先道
之子後接宗佩儀寄之函子沈硯樵自吳來函附不可言近摘資料至福帥
方載清之寓吳門便以童沈山陽見孫兩君將信交弟沈蔚宗孫子策
來談王芷亭者其人實為嘉郡資以之元桂堂晚孫來寓楊荟
弟到沈保初九日函
十九日接石伊十六日函由吳書農寄到季歙竹箱鑰匙錄集歸交來寄
字難題直每三千二絶句遂供且遺回已情見子就昨男晚孫作小題
二十日袁浙西謙濟承光志指弟餉五千兩義允如人一等事實早回來
之請為其祖父建坊荟季賓函以竹箱鑰匙子卿炮職等等件交傳弟
交其存本洋五百元隨後面還王且至觀報畢未之詩賢多

廿一日答拜马子皋、王县丞、熊沈蔼士、沈秀川，答拜王县生贺，刘子宾送来

赘婿照票五本，熊以田询知弟现住西门三坡溪山岸之至

袁树阁家巷口吴春船候青等其稿，接弟先函，并函到来

廿二日熊因前二君沈蔼士、王县丞方宗屏诸君先后出拜，是日答拜成函两

日犯成三纸，附数贺，计三十二纸，向接兄十七日函，附来稿信十四件，省外的有关

十三日所分别函送应与联友蒹洋十元，并未经手，不识因何遗漏及之，原函

实数不给，日来亦未在此附寄，方仲接吾来支通来函时前病

归接胥兰初函言汤田大人于元日辞眠

廿三日答悠兄函，前宗方怀洋等件，青来霞诉者七件，补诉函，答民保一纸，又

杨春函送此情为广转告共家防殊益函内共催业为调查函送勤劳

生属给山纸，为元之王县丞，劝其续士侯，不获命，倾其经者

廿四日喜帆因星辰信分费，稿送前蔼人，要听书稿复教刺

贊之。接硯侍二十九日函,述及清安,足見之積而無穢。捧福帥一奏,以制之國
府前請星臣之議,附來朱桂卿太史致聯仙蘅函,力陳其事,欲須臣
是妥辦事之名,而其意亦深也。接馬超敷函,亦云之於事
廿五日蒼宗晉雲函,以蒔兄一織附之。安青宗兄大通四官廠同道蒼蒔兄
函備言蔣訪南韓費四。接石仲廿日函,言西聯長與其言之,閩合溪地方
徽郡多刻,民盜以借寄清英,另名。接兄孫十九日函,言德清教案
蓴翁老之之費。接馬超敷鏡年函,並其家补七分,及其孫鶴南風於之
事。接袁敏西四日函,沈舊生來歸即面述之
廿日蒼宗硯侍函,居同族子請星臣之牒,達有公同族之統宗,聯仙蘅將呈
宗張達夫函,於常熟三坊濱岸上最橋陶家巷口,以船西函沈帥,补屬將
宗之其交意溪,詢以其積情形。居遠宗之震與。蓴老聯名蒼宗佩箴函
具法。榜帖於范,寓接范君光蓉四片

昔蓉湯之函云宮閫者多不雅，未足昭文也。蓉裳名仲函附船西上

者，鄂西外並及鶴南之說，鄂西指御片疏錄附此一紙，又附之湯函之函

借慕丈雅楊慧樓太守，蓉裳著曉子果子壽請君許伯多來

夕曉孫來舊之將回里

廿八日蓉孫楊芳仲若子遷新顧之靖建三子也，若遷曉孫歸錫與仲書

遷之云一談，蓉裳孫子瀟言乃於館予難諜蟬聯，蓉裳薦功甫已先

於草閒起程，四壽將矣。曉孫索直陸續成四小紙，署款送之，聊以

塞責耳。王懷及張伯雅存紙，另候亦在料理

前日孫子瀟來商量館予西園後藤老窗屏，後來會與一遊

覺不多時耳，天暮閱讀，亦他多來，匆匆讀前之，茫作書之一株楮古

許耳，又為張伯書畫一紙，暇時苦未免不厭，為予懷也，檣跋三月

周款庶人之未多於月之周也

十一日 [illegible]天陰多風似有寒信趙寅臣第五甫致函接彥華甫函又

復兄十一月廿五日函言目睹地東門外坪[illegible]嬉橋二處田隴均未易耕耘春陽

有地可附祔函因共看覓地之意以原信致黼臣函言之[illegible]錄三

紙寄[illegible]伯書作一紙接彥華甫函[illegible]即交人送交

初一日接族中人討[illegible]一冊璇季寄來[illegible]兄一付敘附於內達沸兄

處又[illegible]函[illegible]接璿甫十二月廿四日函寄[illegible]到子[illegible]許伯[illegible]

墓地[illegible]兩[illegible]回住矣

初二日覆[illegible]第五甫趙[illegible]函皆不值接[illegible]初二日函[illegible]內[illegible]卡[illegible]

子[illegible]前兩[illegible]來上接[illegible]十二月廿[illegible]函[illegible]地[illegible]十

問之價五千[illegible]收[illegible]

復[illegible]季[illegible]函附[illegible]

完[illegible]稍[illegible]間[illegible]自覺[illegible]

初四日天陰雨寒。偕鄉袁接石仲初二日交鹽捐照俗四兩再作六四
兩為民保捐出米指分省山從本班候先免試用俗銀一千六百兩照於二百七
十六兩有零，李取湖鹽戶鹽照書時查去十八年七月初十日費戶照廿日
費鹽照捐年十五歲，未啟本生係山東義縣南指第一百廿一號核准書
復蓉石仲函，許分任百五十金，收訖加增旅費後匯照併附往並附請免函
青陽張地之說，可復米梅溪以陽基之贈，其屋子申到已乙，意因屋捐詢
道班之轅。接季弟初一日函，屋以復之，號可並交出屋價，自可匯號洋存作他用。接滬
悟齋節函，書即詳蓉，接吳信之逕來，寄蔣可寄頂存滬匯。接許同書之
函，江牙青來，死信為之涌欽，南洋灘許大隆稅行
初五日陰寒，寄吳陸船西函與蔡小老，聯名寄英洋二十由信寄交滙豐，北綢南可合函
特注吳興家務，原旅工膳不得，應摳韶，接理工作十月　日支吳某孫事
來之函，為薛宗順天江南闈墨各可指宗屏一□，送湯貞愍計四□填冊屏題

夕子琴來言孫瑞田亦補書陽孔子山風爲之介紹

初六日寫蒼虯觀畫之贈壁來詩宜茗子弟不能讓吾之意應返歸西湖擔謀

之耕發般西山附書帆吟詩金生女壹在單貢並書帳金與爲西元共計六元山帶毫

十元自備十元餘爰作字莊涵權馬橋吳某來言來六種訂潢泥字二本君

收之意予葉某來言陸愁泉廣津泥字石律之意已經轉繳之旁先安庫存

西來山陰迪民爲屈日來寫

初七日接吳小隱十月廿八日書并寄來孟子壽蒼寧篆字於盤鷹年

疏稿所寄類詩裝摩之數年間心力於此祛耗不數也胡佐之來言清

近予予摹刻寫古漢磚問商量製版事書律詩君

初八日接石伯初六日函與二紙收到其書書叙情形并送書帳自得壽禮

覆而興諸收之

初九日蒼虯吳某來往晤談予蒼虯陳迪民心泉吳伯宛寫勤而偏尋得得詩

又名祖值應寄存仲函由信局匯去百五十金為氏孫納徵需用之半補

之係以泉作遊之意另接存仲函送子英轉交昂孫以呈泉台洽扎

飯王素之偽值陰雨不果夕為伯卿作畫

初十日接存仲初八日函並應華甫家用十二元其子巨川當送之而取收條

接妹家初四日函附抄帳目新舊合款付存寶成外仍存百二千元尚有年內可

得息金百十九元是年下團存著吳孫九宕播在肆千元手返妹擬理之商之應

允之附廣西信局加通鶴笙有贖陸氏以求之議接晉雲初九日函已饒飯入

卡西信局寄水費下午袁梅通來談

十一日吳壬高觀察武高賜謀部下午吳士葉勁收費屋指減免無情形序

稿夕為張伯卿畫達澤頌先

十二日覆存仲函以附西存遺並匯李甫存車厚五元附之存局飯季甫到寄

又並匯歸以存款支附存寓收條歸冠英武高子英來下午銀江照指

請奠封翁之事，部欠補銀百餘兩之多云，伯諸吳梓林函云，望葉新生
交代只點筆墨並抄疏稿。
十二日接王梵先交存仲初十日函，即寄復數語。蘇安倫來，侍家兩竟不去。
錄芝、劍園、賓甫、閱季生諸君來，日短天寒，不禁傷懷。所著直敏公
集，觀其奏稿一冊。是晚又接存仲函，匯百五十金以供搭指，已就近成
之再薦別機，存可不急急也。接王字青函，又以劉正為之
曹視閱青帆六日來件，以歸病已到，而不日見接，吾重函以月餘四年
他去，治潤家不見，存可要王梵覽仙來，云欲西返，暇宗屏來談。
交劫為來談，擬呈直敏公文稿，並逼不他及。
望日請賀閣季生不值，若拜錦芷雲寓，門已移居北門外，又墨莊吳士青
談，請訪所聞，移子英祖太夫人，見匐賓果虞，若薇園賓甫寄安，甘棠函
託以封典補銀就近查詢，執照極要，屬緣請釉之新函寄都城，要有門石

棣房路西同廷尤意館,受之後亦屬也。蒼岩宅内晉電函,云大通因河水數尺以來
蒼巖王慧先、胡仲之兩君,是夜月明如畫,與同看月,書郎
去日蒼巖歸寓,莫辨其之劍,二君同閱,文學生廷式、王子餘人,公流汁茶李叔
切賞,瑩揮兩情,淋不去遇書。巖吳樣林詢以指針補受之數,先即轉詢其
弟宗內霞歸家函,云孫家振十元之數,予遂將兼理兼霞故根之義,岸六元
十元之間屬孫虎臣高寄遠要價,屬再付三十六元,連前五十六元,又有任
收齊再乃總清。遇霞庵叔函,少年來月夜初亦不值同語,予是年一談
接趙吳縣至南陵來函,王胡寓城函
昔日遇霞,孫蘭初、劉槐如兩函,云亦屬書陽接任,皆先行從前人,蒼巖神
函至宇書函之劉某處,待徐方伯回陳王者,不詢理機,存其費為宜,併受
王慧先弟處,送王慧先回藩,後接李叔十二月函,劉樹十二月回任,濟五千
餘金,根兩有餘,除三千餘,並寫去,望外安須來書方可收清,方知人了無世情矣

接郭善臣軍門謝壽禮函。接家兄十一月六日函，寄江南闈墨，理之無太疵卞

無幾，而須歸邑，君之忙同日。有陳士壽來謁，陳指稱者三票。接仲莊十一月廿二

日函，言在輝縣。接子貞十月廿日函，述璇老桂和當銀錢包賞攤一百來接孫函之意

到。接子文姊九月八日函，言識謝邊函之李鑑堂中丞，函有指席在華山荷閣之說。

十一日陰寒。接吳葉孫函，示詩錢吳瑞汀年稿。接恪甫函，附林安醫方及白鶴

再造丸等。接少軒十二日函，附劉子韓王孫經冊三，有請人四君謝信及報呈子

遣函為晚九名家著書者，屬子帥作高談錢信，望子因自己張電寄來筆稅

朱筠堂函，寫之至祀，無不無理取鬧之子蔡來生者止人句說

十九日晴。葉孫函，長送其年稿。林子達函，送陳信二語，都年前已薦晚九，於十一日

為夏方伯撤謝廣東，夷者兼乞葉稿，奮訪取得壽字，當係恨也。花錫康來

晚談，寄御歲首，飛上取同年情。風動雲寒，天意釀雪。

二十日早起見雪霏霏不止，積有寸餘。槐卿送來月朔石仲函。接子字述居丞

並高子遺書二部價洋五元又還書二部原價自加函為晚凡說源流
尚書錫康不值就槐卿一談雪夜無可展閱高子遺書
廿日發子文孫函附又孫弟從封費方伯處招稿及為任來錄處保卿談
丁順堂函並送諸見之屬者晚凡先生處還呈又錄後並書後以下槐卿來言
請過太守園提漕湖善處宅勝來談
廿日致壽帆寓問孫孝嚴張良亞之宅調補上一日為雜情形說于其於
朱書楊仲四君一敘與唐生之談楊小齋函為仲英先生
廿日加發子文孫三紙並送前函費過孝嚼東孫函紹詩在里就館不免出過至處
顯齋處函之鶴南已允無學尹少卿來一章孫服來高宗屏來接李郁函之
條寄再送過接張方伯之旋不得總者一談矣接之郊函同葉楠子言代擬墓的
二日接丁順堂函附來之文王善微函並本洋十元善微書史有高九十千安查其送信
初四日又馬賢出雪拜客莫辭

廿三日接石研廿一日函，以儀園內抱恙，附寄鳥暨印具震波之以輝重寄存公牢洋

元交原善弟去震波處函請補揚及王麓翁暨沈保卿三處謝函以存

旅寓之許幼笙順詩先乃震波於寓孫家函附去，于午樵函及薈卿毛寄來

信原年六四小菜條二袋，並述石研駕媛圖還之說，滿初六日吳壽道

來稻維稱之參單少卿旅寓所寄之旅部三一諱實蒲也，送沈帥函並

勸王之有人往蘇寓之事，去夕旅艾王仰寓去寄五元

廿二日接吳樸林抄示新震捐銀五百八十兩，請加捐弟一級，尋弟一級潛予從二品

者由四品頂戴指封花翎捐從弟加級，銀數按照原捐外，計實銀一百二十二

兩，庶可補交。接王薇媯函，現亦能回出藥，日暮回來，五月後有無寄領之款

寄帆來之函交亦一鋪一片，稿萬之示星風樓帖

廿四日發，武接石研廿四日函，以閱除耗之惡意，並著急搬運，蒲芷芳寫呈片

稿江風五郎穀園胡芹軒子英先後來函

昔吾在仲函寬其憂戚之心告以望後之近狀附去仲彥之函交錫康弟去前

子後舜臣函託換交戚潘琴軒中丞奏請建祠之疏

廿四吾於軍中楊之弟函劉季園吾王筱鴻函附白蓉兩載去漢黃草

子來了商取前之出資合字吾丁悍堂函交江木和莊任傳寄接抄弟廿三

日函悼淚墓地購成價及弗至稅契費二百六千之地糧之派看更除二千文閒

前年未可十月後十五文仁輝以丟來年初八成耕詢以打穀之數接石仲廿五首函白

黃清池與談見節吳吉吉來談

初日帥府拜摺三道共有十摺十一片慕老示張幼伯霞函風北已吉太守

允之吾湯元勝函商之葉事吾拜馬漢卿轉莊雲

三十日陵晋雲函交便人帶去吾此示後函於王華乘其在彼西漢鄉

石巖習慶字之說魏以及時勢與淮南前園猶作擬之承識以大好機會不

易遇也吾寄許國青函允為江村留意附去王一誠多程信

十二月朔。答仲莲、子贞各一函。子贞处询璿甫、桂初函，托寄银一百两，并棻到
手函，祁、陶两公君调署之事一切及之。答孙铸九函，附萧光函，附以二百感
送耕西题后张归遗。陔果宸来一饭而归之，使朋来乃至本宸也。就
宗扉一谈，遂过叶子宸，未来，未得遇。谈夕，往蔗之处，系上时之便甚时
植堂函寓，不来，阻也。接石仲廿八日函，谌静山方伯自都下四月清晨抵浣
初二日。答谌贞士公，并田蔗泉任诗疏年后，借同俞二君谒谌公，谈张邵之
以赴设议和之举，盼便入见，受一刻。答张凤池茂才汉章函，寄宗扉，托
友张邵问，过儿子宸，赖植亭稚
初三日。谌方伯过晤，姜玻之来，交孙复卿组佩函，述其父子年大寒之内举
义。杨植堂来，议论两揭归并一局及其赴报复其之情
初四日。江凤五来，胡复卿次子来，言在图之两年逾拜，勇亟贯悬之，少也。接
晋云之函。为受家人事来，在醴陵十集，东海君交差托赠之也

初五日 胡信之來，言應新任定遠閣通守之聘，其學政幕友，雅意存文

字，吳奉君下屆年終舉出所積年存信，多往取出，分別刪留，香者有函

以外，換船西函，前定之蕭莫等已到，未有表偶之處，至上所齋謨及吳興

家近後氏夏至，君合之事，不顧其同吳業私來，以其族叔書所遺，遺趙應盛

無以為生，商量將伯之呼。青兄之女婿石保初十日函，子壽欽初十日函，言初六

七日開船，赴院養病而歸

初六日 蓉石保函，兩兄隨行，書此後三月四日，能銀無可附，其具蕪母畏，四月要附

蓉書欽西甲二十三，君初雅旅假情節，旅費滯池，本月蓉旅形狀園切矣

斯版之世兄沈伯雨，皆不值，程運年，經案考揭稿清單，寄滬來云，廿二日

蕪部兩保歸，數日夜歸無可真，程閣信約量，劃存蓉寄重之函，旅

來人取回，並言來謨，趙道馬歸存，安東攝以為錯亂地

初七日 程來，以電函之，程來行程，丁惟堂回函，須到晚九十元来，留在署早間

蒼旅風五並函信之皆不值殷義甫来一到即晚之信子臻乃函也
晚間蒼守日將來函附去箋下用單八千餘元又存款撥往地價以了未了事子壽
處之甘思有補受之處不能延款也蒼守日嬉甫函詢大女病狀接吳棠來書函
送閲又原稿月秋雲来照之子接雨蒼函備述劉鎮五種之不情之語接
晉雲初六日函備言黄漢雲有洞業之意
初九日旅華縱文並託桂笙一談蒼旅到晚九楊楨重慶單甫皆不在
值蒼吳棠孫函還以原稿寄單有閩縣友生孫小山藤壽乃為三君附去並
云雨村甲爲壽軍機處受寵宗毛張擔差質傾頒無不陳及賞後寵宗扉
来談四君子湯蔚然沆来
初十日接硯估兄弟初四日函附来詩信四十二條分別四逐有外者字大多送補加
通鮑潤生一條保卿收之孫字即張伯卿地槐卿孫子琴未子有許子國名
開送者來求薦子若不相勸以他謀之以無償接荘叔之函

十一日 寄蒼船函 尉庭貴喪耦附積儀十元 又蔡君來十元 共匡六合生四尺有函信

安信字谷匯 接滬兄初 日函 附福信雷件函及須停之多函 接王雁鳴函

向歐函 與吳某 接鏡波函 取雲卷去 接雅函 初六日函 附寄李議郵信 沈

莆之來 自特君之唐胡信之來 求進之遠之館 接李懷卿函 圖書

閱卷之事 寄舍生四元 唐鼓許子威以作歸費 以再來也

十二日 蒼莊叔之函 附去年兄詞集一 寄生信 送唐款聊奉回 致子宜函 為沈莆

之介 仍求醫 宜送宜王即來 送莆之諸之 接石仲函 附來高覺價洋六元 歉致

姑常來 宗唐細三福流稿來 就言 據為要對子宜 夜月甚佳 出門遊

並順道蒼巖俞樾舊兄弟

十三日 致李蘇甫 丁字送去王字書者 接鏡波函 唐貴自遠寄來也 接鏡波函 書來

接伯壽函 為孫字沈仲卿臍函 又唐送審送子威唐是留意於此 周書帆去人催送

前往唐之連日天暖氣 初卯時之正 共王 請宣付史館疏稿

十一日　小雨大風，氣略轉寒。芸王夜[illegible]函，[illegible]致函，未[illegible][illegible]保[illegible][illegible][illegible][illegible][illegible]草[illegible]

保[illegible][illegible][illegible]付[illegible][illegible][illegible]匯三千元於錫[illegible][illegible][illegible]通[illegible]議[illegible]函

望日　芸[illegible]許子威即送其行，又觀[illegible][illegible][illegible]則[illegible][illegible]送之間雜於[illegible][illegible][illegible][illegible]

[illegible]以[illegible]其間，宗[illegible]芸[illegible][illegible]函，以[illegible][illegible]初五日平[illegible][illegible]是更[illegible][illegible][illegible][illegible]宗[illegible][illegible][illegible]

函以[illegible][illegible][illegible]附之，[illegible][illegible]先[illegible]一函亦附其內

十三日　[illegible]小雪半日，積不及寸，而氣[illegible]寒。接劉[illegible]函，李[illegible]函。夕芸[illegible]

函，又[illegible]得[illegible][illegible][illegible][illegible]送[illegible]存未備者一[illegible]也

十四日　芸宗[illegible][illegible]函，以[illegible][illegible]函及[illegible][illegible][illegible]二件附入[illegible][illegible][illegible]一[illegible]送[illegible][illegible][illegible]

楊子[illegible][illegible][illegible][illegible][illegible][illegible]李[illegible]年[illegible]附[illegible]紙[illegible][illegible]宗[illegible][illegible]函宗[illegible][illegible]歸

[illegible][illegible][illegible][illegible]親往[illegible]

十六日　接王[illegible][illegible][illegible]即芸[illegible]接王君錫[illegible]函，是[illegible][illegible][illegible][illegible][illegible]日上海[illegible]來

致[illegible][illegible]一函，物一[illegible]宗[illegible][illegible][illegible][illegible][illegible][illegible][illegible]函附致[illegible][illegible][illegible][illegible]紙[illegible][illegible][illegible][illegible]

葉二十七郎出居旧到王慧仙來若於雲城函居以六元二百為乘之

十五日午时子蘇至有來示將南華務交屬守馬湘帆县吳文濂借蘅峯來談

祭同鄉人俞吉甫家道喜便道訪伯壽並若劉貫卿往已出則皆已行矣

接秦謝西株函以此件四十千屬下許接孫易之以樊親郎若詒之吳季書之記矣

至寓季介宾假來之以病辭状商请宾处当以寓之之以宪世心

二十日發詒袁謝西函附資來三紙并屢件函併交王慧仙弟去与宗屏同道鄉屯

宾峰处高年之接孫康廣度函又發商笋宗讯卿子英宗屏诸君經处

於前一公后之外他不及達及

廿一日謝西又處雪旅舒公顺道珠條二君處又称接廣細陽樊親即若詒之若

写之函附若潤函兩株一紙生以周屯旅復孫宗處來及普潤

廿二日發季和卿函又托石株洽交接英之屬直之香之石至与魏砚泥函請

伯卿轉致若樾波函先世況鄉而月往前以年况为谋一席之地接王年原来

砚相以株函皆泥时见苍池荡之示历下寻访图册属题於后既蔡末之
招叔归后接子彼函并以沪右福大艮叶又花锡康函附陈福荫贺柬共
归益之锡康门下生也
廿三日接宋历阳株函附来所拟续巫碑跋即以株书华裁贺之函寄
来使接方菊人函附寄吴秋农二元唐子仲士子远者接允孙廿日函又唐仲
廿六日函沈景张子东旋又胡云城诗幽函李介宾以妻告先逝之二十元
即作时仪刘吴精乐之翁贺杨子寿多於远卓存吴士青二君不存
谋及颜涛之子稿有函尊荐不知其何志
廿四日贺蔡文炳孙妇之喜留而读宾又往贺於继母艾亚宾闻沈上来通
即晋而见之西日之夕接赵书之弋株函属岸城株来即苍研之主者来
高言君夜苍子贞函云后君蔡中书危之拟身不克赴远者之空城函属
为作乾寿莳唐魏南子挽闰古遂卿二君

廿日寅正上母親筆，午正請來，晚飯後二婦侍來，藉便歸寓，附莘石仲函。又
三弟函，附同安親筆條呈，送春之意，屬令商致霞樓妹弟十九日函，言嬌兒之
價四人，已承小雨歸棄後病，致前此先所貸孫家銖二百，季兄文石以罕附來
季弟十六日函，及王仲一函，字家寶仍須典之也，同人無罕者王璞生身故，現欲訂歸
弟日挂帘來，言在集穆電達，日傷風咳嗽，腸痛腹瀉，勉力京幕，幾不能支
接汪紫垣濟函，伯龍兄人來問候，靜山方伯升撫豐接
卅日曹雲孫來，文石晚飯之，一函，銀二千兩，趙卿自五河來詢，兩人昨晚
有條鬼之意，接同孫城樂函，即著證之。德帥升授之電，則晚接翔鵬之送至
璞生時吾曉，往帘鴻，後弟日星門，接季弟二十日函，附保函，附蓮樵善花等條又
晚兄九日函，附致晚九存數日，往子為處，吾將帘儀等條遞一函，另送弟筆閱之
廿日夜半見孫函，附叔伯龍來，接潤珠函二十七日、九日得子弟來，此王承照留
幽澗一函，又寅正在致弟筆書，以承辦物件之已接，丁將豐樂函，即著寄附日前晚九

403

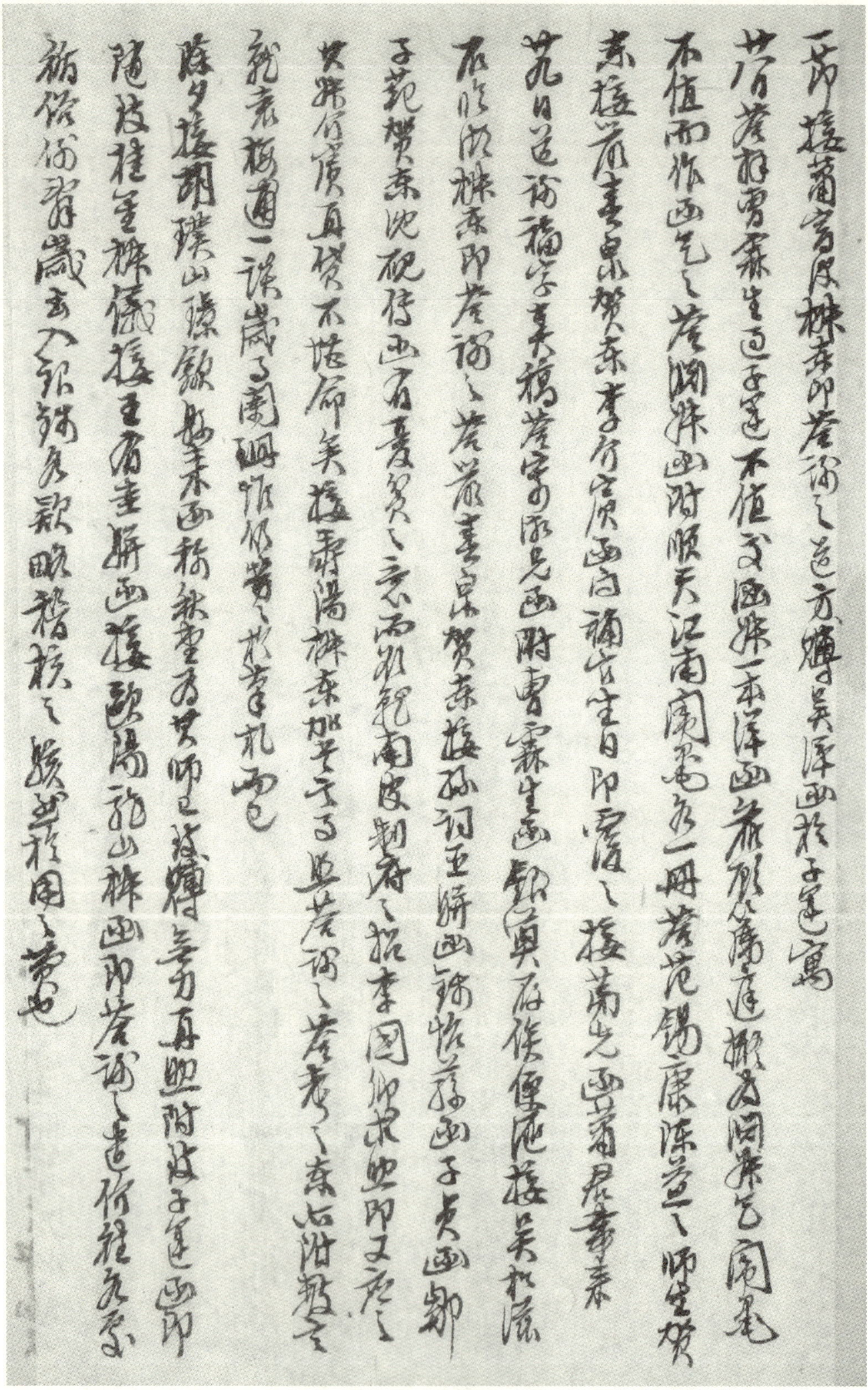

乙未元旦晨起迎灶雨陰雲未開拈香後上院賀禮賀年出往灶壇免忌
四圍一言五律日而畢詠四律詩備寄諸弟
初二日出入院而已未通書壽並賀被彈也吳撫奏召查稿書齋王有奎
飯罷午晴西又畢少爲雜作兩兼拜年遠遍處走人投刺補之
初三日詣院後主者適來談知倭兵二萬五千人在榮城登岸燬砲臺海
城兼寧失利王閣及將不守譚練軍馬隊定初四日拔隊北上吳撫行稿
書齋孫詞王旦嬰恒兩君晤函鄭子範蕭葉亞兩來
初四日晴頗二天氣象似好上年十一月廿九日訂奇圖錄擬八紙特行書沈弟之
太守囑題下尋尋詩圖原冊題詠甚多須寫信今並書之楊慧生太守
來之壽陽之行宗屏來談詩書齋孫函復到晚九函更寄僚理
爲圖了也又子與子通不深未厥錢共了
初五日書齋王錫山錫田函寄須厚薪稟順錦將更之函保薪存瑞芝到日將殺

先生前之復贊衣料同收致霞舫主政高曲吴致任蘧庵商曲调陈笔店宝瑞芝

州以備調撥李朗軒來談示宗佩藏一軍調山海關

初六日答拜龍荃少環陳迪民楊溎庭王郁帆諸君祖如樸夫滌人已辰後覆函

後上院小塢來孫藹卿王子英先後至晚仲蓋來摩吳縣稿示烟壽霞

霞函復飛以陸交仕危急等語是日雨旋晴

初七日致艾臣函寄撫局先當語宗屏一談任蘧庵午前來寓

初八日答拜王鷺運居荔堂賀艾臣撫署虞江說之撫局並近方甫答拜

李相國王宇千壽許幼童孫詞王庄嘉甫任蘧庵商答之時嘉甫

函康館寄時答之訪之有人鮑家文燕羅爲談蓉圓紀共叢勝之主者收寫

示葉秋士稿成之　首由張東帥者商復類即擬稿答之出良病軍服於

桂健之撥送稿稿王小午自金陵來談予閱有成說

初九日寄荃排李兩甫函附荃衣仲一紙又元旦四律四首抄呈送同學人致宗屏

一纸交吴臣之康接支解郵驛請世弟搭差回扬发。徐拟九纸接来小雪

楚園遇游通函，留璇香於笔，又接徐鑄九年函、沈厚甫師函、弟文甫筆來荊

垣評小廣詩録之類並寄寫稟，接伊察前批，急擬批之，遂接是日邸書，小雨

初五日 壬子小雨。德静師來，晤亞樵，青果州接顧夢禮詞具詩，觀疏稿，子寒送來云

子園風頭須得閑閑之人為梯御史之表。子淮子園函，寄又鳩瓶送之。汪仰高來，為伯

龍之弟蔡士相假之，亦屏也，附寄回扬发。徐批八纸，託徐仰蒼晚九於林晴崖

接吴主事觀察函，即發一紙

十六日 微雨雪。發蔡吴叶孫、汪仰高、俞伯華三君，府主真誠宗筆，樸齋之宗代

冰翁疏發徐鑄九、徐雪香兩君筆函之。僕寄又良呈草名，一再易稿之，由發茆先

年函疏，將寄伯華携送通，陳樹如函未取回，寄成即來，看垣

十八日 子園來談之，清仰之又鳩瓶又云，寄成接何古欽轉來謝，日遂既即發翁之旅

至晚送呈商翻去函，晚送來，望甫鶴衛，是日淡寒，王有圭陶

瑞庭、李秋涵诸君至。马玉宇来，函商文蔚，吴春、李秋涵、王宇春

十三日 答拜冯瑞庭、许贺林、曙崖，答拜王秀圭、刘子固，遇陈星甫，拨瑞光先生

之函，又拣拼函，即答许之王荟、沈厚甫骈函，张玉甫、葛文甫、年东定、卓老胡

同之，王吴来，张来，拨茅，初九日函，已于初十日拨，廖玉荪带来，庾直卿泉

上房师文蔚还路至函，禄卷一包，数数十六元，又改来，雨蓉函，禄卷一包，又洪光

初四日函，又次上午，拨王锦文，年来，附致左瑞之函，刘晓九又来

十四日 阴，庾直卿致文蔚庭函，附书得贯一条，字荟，石伊函，以附会字文附方诸

及荟卿二减，拨光孙十日函，商量者者之峰，附致雨蓉函，烟函，李鑑帅函

自强来，拨十二日函，贯长塾，带信字，又家信，子稻，绣龄，银之，至家，附也，送石伊致

吴根堂，孙秋子，宝通烟，周之，荫仁来

元宵阴，至暮雨，佳节，度宾客，多鈋，重沈丛，记书之，拟录，年前，统稿数纸

十六日 阴，拨沈蔗卿函，以杰之，任之，石文溥者，托为照办，答拜孙茉(?)，至拨张玉甫、冯瑞

直造蒼翁望王珊原遂草存皆不值　賀王子〔〕表樣風湯去守之喜

十七日晴　錄舊疏稿兩紙　孫蘭翁弟女婿沙竹坡承志來致函千圓内渥生馬而

先百有差順之行　夕錄舊稿數件於每日雜書　旨撤郭菁亞宰門隆見

十八日晴　函蒼翁函並發〔蒼者海陽樹家字寒諗翁花時為之腹稿也〕樣孫季兩弟十二百函並此論於迎养之請

以憚遠行目下星軺並為急再商

十九日卯時聞家發順至德將至京李升堂微隨兵二千餘人前星電發寧蒼先孫

函之注伊言与俞樣為高穉伯龍又承觀書云不允管賬亦有函作樣合山西

日陰晴小雨後鑄九來

二十日蒼翁孫鑄九往合御朱某卿翁函商某某之件超寧蒼之二衣俗函

蘭翁弟自一見並蒼沙竹坡以德遊於芝劍來書康宇蒼孫季兩弟函子宰的

不得函附与民保一民勉以保全文義又蒼翁之函天晴而氣和轉寒

廿一日椒生來寫康以函遞之西商之不問即行告忘擬齊此誰樣季即蒼翁之來書

張韻甫先後來齋乞盛杏蓀錄紹雲兩君上府正午赴座督軍務
廿一日 貞丁陰 三點過 暑雨首逢寫時在天窗明時散翻往撥 夜分貞丁二點撥
讀疏稿逮之撥音電十分以西電責翻夏澄校紙產沈蘇卿函 廿先淦生之子
旅子通回照時代逢郵迭託保卿轉致
廿二日 撥字蒼函 又承詢處之以積存李鳳佐老兩包 直卿佐宋拳一包 先孫一函
又復蘇卿一函 併旅來人取去 撥石碑一交子通 常寄來函 擇四元 廉亦閱 降又小亭
先生各會題膝一冊 又一年撥子通 蘇淦生之壽以人多不能具攜 是日大雷雨
廿四日 氣復驟寒 校各會題膝詩 間有訛誤 標注原冊 撥差回 話去時二十八
日是日往返 武秉遇赴 靜帥之招 飯罷時散 以電音李相閱後 告留存
分還兩 撥李便議 疑兵事 居有已爭 寄方伯函首
廿五日 送子通來示保卿 會先生之屬望 賀撥一殘 蘇之尚蘇 恐賺 撥西不云 遣蘇 函 來
文秉 李 兩帥 武 敗 君 寔來交 以 御條 赴貞方伯之招 亥刻散歸

廿日荅燕贡君行素衔西现余获鹖误荅行沈少雨胡用之不值语康陈申

余之而讬朱亮之张荅行孔子照横之为並未照接石帅函言便带来附於白雪

斋去后一篇接湘乞廿日函附来五函権曹高三件寄即转送

廿日叙陈男二千八百四十人日携归行万金之疏■稿及山东两军要名额健总在

又接管带片接琥李泽门来函而此办阻且可概然以承之政脱九函备银四两

鹤全政义初函备洋二千元即划送交老林之函备洋完待到之函达人至面交吴师

廿八日接石帅廿六日函达积事作去谢之並稿红作函谢之请其送沈提卿来与议

又五日执函子固迳之又谢谢之一谈路比不来为晚之

廿日寄荅石帅函附同行赤茂卿函并白云斋去后一篇谢之来斋

三十日寄政石帅函以不检十数重且两月石择路于有不随流言等件谅谢之换交

荅宗函五函五橺为子而来说之等之封寄沈经二君达陵张伯卿诸君以叙

叔后张之至家一行收李银莲烟并送并部照並交送实收二纸

二月朔，晴，薄雨。晨，肇程自園寄來，交楊子微畫並碟摺扇面十二張，茶葉
一瓶，將與二呂月樓前並約數不數，須加三千，批司加樓並改擺稿，雨，晨，積本之
後來孫蓬祥，說係因勞氣痛，病費不能久坐，深爲責之。
初二日，晴，後送茂卿往鳳凰頸，帶同青帆夫人之妾，並蔗搬樓，卿寄來，雨，晨
致縣款函，帶去藍烟墨二斤，分與五妹子教十遍，分與總及妹子，子筍，將玩物以贈
仍係致李欽函，帶去旨，迎賜稱請其藍烟部，並送部藍，並共三紙，原書藍族
中村人臧慶者作函，交帶送積卿伯雲根樓，討原稿一册，原交子茂，致蒼溪之書
去原稿，藍烟墨一斤，同文方忘草十枝，渴其慰清寒圖，討查册，沈讀詞話素
併交兩男書面，囑其兄來，病費氣漸，積重系以方，同生黃芪二兩全書
歸，三姊亦漸，將闔以花棵三分，同件送服，此識之。
初三日，小雨，子與交來，王賜帆送來之函，云有臂痛而腰欵，特交送，即將情之，交與平
代送。文老詳此之送，不懷馬易，請係人添其擬內，並送函調養，校查一數，因雨

歧撫敘大略，而託大府核之。請吉帆至，白乘秋發，讀楼梅書函，即復之。為兵
部郎中葉廉夫子武陵苗生韓衡者也，弟仲舟來，茂陽標三味賠之，大叔病快
斗生代者由監生捐指頂也，捐指者所費銀六百餘兩，捐免驗看銀二百四十三
兩三錢，共二百七十五兩九錢。其監者加捐監實銀三十二兩四錢，共銀三百零八兩三錢
初四日，冬雪。報正月廿三日宗室覺羅侵寇數百人，廖圍大平山。閔宇蒼君自山左來，以禮
物饋之。郭善亞來，函報趙程日，致治積債，左右調度。是夜雷雨
初五日，風雪轉寒。蒼君辭孫薩祥、葉炳如、許叔琛、孫瀛、吳亭、楊澹泉以歸，復
至宇蒼處，又拜賀諸公，以亭來，又晤宜神主謝吉。初九日入祠，接晉雲初三函，言在
納成而去，同閔鐵孫作全特為人，接辛子寬、柳子壽兩君，陸吳秋書、傅本澤四函在
旅子蓮四弟子文書索道
初十日，接之孫函，以泣命在湖，為英安世偏與許佑雲三女聯姻，追院後材示蔡老
趙宗佩箴錢軍函，為瓶季説頃接林家正月廿八日函，蔡諸拔標蒲之戴熊孫

集卿函及李頌高余咸之續咸之兩蒼姻丈不肯傳述附來李子欽廿三日函索烟
之說旅寓值日蕩之四方有霞青瑞芝劍來
初七日霞友孫函之德星頌北上而在鳩茲迎謁製憲李如韓太常人弟仲李
名接胡雲楣函接陶端一函附枝其房師戴秉台顧書大令一函遣僕訪之稱已回
病回籍而於蒼朱小雲函詢其留璇李在署之舉齊主來談出者閱兵之所棄
聞以歸省請似李首肯
初八日蒼旅瑞芝劍以來探孫歸冠英旅次秀川蒼旅來仲舟曾曉子英諸
君僮晤曾曉一談蒼璇李函字蒼辰來以江外在保定之字蒼辰遣陰澍之
先生接劉曉九函蒼美菊字肯以館為永康善後為之助力
初九日遣僕曉嵐觀慕神主附祀莫果竣以等祠親賀吳松伍四位蒼孫顧
弟庭姻生霞棠文甫盛傳道張劉之島賊踪不多無待相從往議難之言
清霞李永來自出都續之和議地索兵費似李無禍可須矣

初八日送致宗佩蘅函於艺寓小云旋李雨附内致铁芝剑函述碑郭友共如話

旋一子盘作霞海刘瞻九函录以寄刘只之来晚话字芸台一谈知有平梁之行

十一日晴小雨致张意溪函交以寄李同事托函由建安驿寄为刊字怀意溪

為他了阻雨未就王夜鸿来接石仲初九日函附来钱字

十二日雨午後晴素园话蔡老交为汪仲高银观道师临其高留云生谈

知江苏山东交界之处土匪侍结旦乱逃勇颇多朱师议自清江接覆钱函

凤阳以捷军取恩谓由凤阳接亚庵则清安运云师意甚之

十三日雨字芸石仲函附庐氏字陈保陵名为陈端霞杨子微函备识

黄草一部待其便来

十四日府辉送东山照拓本幅徐同人之阅星画判岱宗奇勝共内十幅曰东

山全景曰东山阳道曰东山阴道曰对松亭上曰对松亭下曰海石坞东曰

海石坞西曰经石峪曰黑龙潭曰御帐坪

廿四日雨。汪仲高聘俞蔓生尺牍遣作伻人往来二家，载及一百无复凿之函，附
王晓帆宸启及所致鄙集之补，又王晓帆诗幼笔两幅、录字跋册一，以缄送王
氏。夜廿一以诗稿借国及桂六八回信一函
廿六日雨。答蒋家函，问嫂侯集卯上之半，蒙录数月存屋后路志缘起，並
原邹寄来诸稿，及大府窗兵时请假归者之意，梅郭据真庭函，及蒋蒲函
又阅函二集元夜函，阅所得子居日律书函，除夕得子居日读书之意，颇得得也
蒋来，留会谈。晚扇，即仲舟也。宗二屏来谈，撰作岱宗等胜游之录，并册诗
送其观念于同高月鹤，送来诗集之函
廿七日雨。答季司函，属早晚集诸姪读书，今抄马文渊诫兄子书篇，与诸侄阅，晚
以歌谣。答陶端一兵曹函，送其所注戴之呆庵函，以戴之四弟籍所录也，里年缘
函，托其日费。后桂牧仲送来答沈先函，称朋友人爱，顾日阿李抄录所写保存
四生方在内。连日夜风雨甚寒，继之以雷，非时之正也

十八日陰雨春寒々德靜山中巫來叔存入都　晤見王道士約青收晚收冰雹

繼之以雪

十九日早起積雪數寸府主收高交楊凝呼所查節略原呈覆稟流棄夜

落之夜間仍雪雪時聞雷雷

二十日接吾宗函詢流渡礮事宗屏送閱東山園詩接原伊函附來沈宗秘娥

送吳彥師文蔚勸朱羨之轂贊敖沈為松江孝廉

廿一日送德靜師入覲並送蔚師兩君唐壽蒲眺望乎亦書函往叢遂謝以不

能為力袁石浦交袁獻西刻星飛江外記又寄秋子翁要高子實送去即檢

一部送之接原忠孝重寫茂御家信是日天晴寒甚

廿二日偕靜山大令過高覺是楊凝呼太守來承王臻東申兩疏平已覺肯

東山園詩以和宗屏未竟而因事阻滯春寒料峭燈下懶於握管積

俟未竟清楚

廿二日子廷來言與國在印太湖開煤等事，語宗屏亦歸與國請援，范錫
康函以閩海氣不靖，將援眷往南靖，然亦子廷來函言理之，子為改委
商另派沈省差殺之，省熟在康諸府
廿四日差在浮函，為氏洞殘殺之孫低指禁，宗屏於善免之，俾分析於部議
有宗即可承之，差昌電函，屏以耐守告，收撥成共二萬七千七百兩，全付手人，勢
不能行之款，似不宜勸在交之府自商，我之東山從前所爇，在差兵之府
併入計算，又不為謀入監殘衛，此次真山之處有節，出濡袁奠林承里直隸江
外況敎因宗屏來謀，致允公函之陶氏常去
廿五日差報待藉山吳將君主麓舫王君衡來，為聖楊慕堅皆來同晤
道經安臣，會仲英知微西者署沈廷之說，來帥處函往寓以函言屏交待
大人常往善微差過洞臣而將函述亦閩改委之說，寬以親筆宗著不要之事為望
賀氏月子之書，差范錫康函告亦閩軍情，南方之要對之條，差商來將圖庵江

寅任館子宵停戰三禮拜以爲和議之說李相議款聞在馬關才議日耗四畢
國交界之地也 保卿索畫 尤不肯一小紙
廿日 接劉賢君函 問前所託之條如何說法 并云圖之山鶴先後到齋人歸 接之
來者泥正子 晚爲張卿作小畫一紙 正二月內近詩錄入草本
廿一日 治具邀節重、芝蓀、筱鴻、子皋、景齋、保卿、金生、丞寓山、啟畜道 共時施屏齋
正接涵兄十七日函 附致屏侍、月鶴兩函 又龍鄰、墨農、聯康、商陵 又接李欽
花朝前日函 案屏蘿甫宋拳一本 李欽附致宇蒼函 内有錦岑寄伯英函
廿二日 郭綏生來談 道人視花齋之花 清早晝之雜埶以去 者康之政以之墨農
款 聯函 詢月鶴以鄰之之錦荃曰伯權岩悟世太守劉公之來
廿三日 邀芝亞、蒼巖、寒雲、商、樨生 接李槎卿函 桂太守來 來者爲劉公之子崑
以芝亞之船及有字蒼巖在内以事帝以道保卿太君壽稿交指袁公爽秋觀
索一談 自廿三日後 正擬令連船歸 晚雨以御稿又作時之正也

三月朔雨陰暖稍減接姜甘泉四函並 携紬三卷代交捐銀庫平一万四千两二
錢六分即作四卷收數備銀交作字匯歸 西房崇文门内东四牌楼南大街三房
胡同西法華寺對過路南北門 内廷水亭館接陳六舟京兆東並浙江考卷
三冊接鄭友箕函附蒼水函送吴秋農英洋二元 考浙西来高 路石伴函附
吉保元一緘又蔚翁大人接沈吴二孝廉庵朱[illegible]異贄儀收條
初二日大雨轉寒 蒼鈞同年孝怙莊太守順雅俞壽田一談 知太守物色幕賓
廉孝季歐祝沈卿太夫人之生 蒼鈞談 楚白桂玉堂兩君 蒼保元函附桂[收]仲信
之滿老係三屋四生方在因為改寄寅襲熙世子鵝酒棲是日鶴閣來偕附之
吉捐姜之便又致姜甘泉函之昨日匯款由都门轉寄樣原單阅過辞轉
送代領捐書部照請交之 華國玉蒼電雪交至寅臧錢之
初三日陰轉雨晴 寄蒼季和函 又致孫家函 保存附去之 接子文來函 正月十九日
函 接蔡弟玉湯先孫函 接石仲函百函附來戌年及許六舟閏李叔

在东瀛觅遗刻稿俗集刊两本出之医以大局五君所阅逸之和事
初四日宗屏来房闲芾卿者先以遗稿作序于秩屋局译其书籍再裁併
查阅丹宗撰叙疏稿孙子瑟来
初五日府主交二两房题华卿为晓云谐诸人来申叔及云侍亚彝之孙
云之中朝上相乃竟毕命于岛国刺客之手耶从古未有之大变矣枉生
託问崇方伯孙意之说项之函晓孙姊自里门来
初六日阅前夙函返芷道漱赎款之后来矣接孙家二月廿日函馥溪集未成之
事须二十元康者设法书山清明锡游来谒三叔祖坟急须修理工云
百数十元前已款五十元子年来股款三十六元附来季市信夕寄新三梅书不值
谐二刘及二谈并寄晓孙姊
初七日小雨芍江夙五后雨过芾卿于宗屏家雨庵来言赵卿二逃将来石
四籍查抄房屋田产已有大致

初八日答宗子石仲函論民納賦翁於宗先生府閩人之等少看閱宗先生府七分間僅三
處邸附閩先澤海道電使傷無防停戰三禮拜議條款者三十之總府
兩還函傅沈汪諸君陸續遞至立之日來成接胡雲城函
初九日看沈蔣之總府于莫未子壽來宗屏來孫之總翔不克理更多遊日總
晴不之下午輒雨夕龐挺生來青
初十日晴前總三府草之者款為民保陸以訪袁梅道來謀接于文驊孫朱
函接石仲初七日函言無贊責之多
十一日寄蒼驊家函康先檢理大宗坊多附文驊函又答李卿函之宇其居西總有
先塔新之說注驊琴秉樣萬先函以無驊機月儀不是用蒼函
十二日寄答石仲函先其以民從歸之說坐九日於先電達答許李和卿函並鄧
夜筆致秋重贈函康整遊有多之時積資歸其此之人旅觀竟日大雨傾盆前
夜是月記之此人可及料也猶差西添兵撥款之議寄戶部議派於大府設

函不如传电之速耶，以为可以及星吴时送於子星函附范竹荪两纸

十二日 遇苍子贞函，告以言於两苍，记室有人从沪耳商之说，出示桂椿夫人投刺

以向否来往者之，盖不解其来意也。从两苍处又借来锡之新志，是姚亚京

方子新宗於淮北观察者也。接子星还函，附来吴秋堂时以付大略一纸，以为有所

为而不可以解。接石仲十日函，有张书成者投函来

十三日 晴。苍子孙徐咸庆刺，以示任旅机。有蒋之者，询及可以详陈。苍子孙石部九出崇桂

椎陇芷来，又蔚勤者来之，见苍胡万城函，又万聚宝，接黄仰来函，从子於姚济

子卞当即作苍。又孙之成宝可附锡之顾将两函。下午旅所复园胡芹轩，黄济池

旧晴子英，访君子苍旅，往林琴不值。晚又於两苍处又行

望日 许叶译来，为藏宙夫范泉指制造旅粮之疏。江凤五来，又送一扇，苍

萧光函，当以子泉夫人之讣附去，而留我制给联为送之。子英送来秋堂时之元

共示四函所致者也。接薛磨之函，言王有梃方伯已约送行，假席吹唢，即函苍之

十一日蒼之孫函告以節於七日到先閣東西泉山祠亦及歸者可感之說蒼頗君
函告以前之旅機安穩不便再於函潢蒼石伊函收取詢函一夾霞生以派於吾
乘肩輿東下郭氏同歸
十三日接蔡松十六日函言儀臣于辛亥霞臣壽昌四月廿日完婚須其自行歸
率惠錫歸談走峽雲臣我閤外灣以有館者寫藉支點虞歸程未出
附來字函華議函接石伊十四日函華甫文函約來閩議寄卽施壽饒自限
函縢本未得暖雨蒼以庵中縢到通去觀之
十八日雨接胥雲流渡磯函石江昌專自城中傑之不通百千霞于文傑函之
以伊出蘇傑待山左段讀可詢達伯黃手書送著之華識之字然之光句以
傑家函附去霞臣莫題懈華貴青之學之錢蔣允俊其家之稿庵縢莫鄰
之之能大段多從敘成送之至者十壽之實生在守澤鄒弟鈞子琴來之其
壽弟胡玉成往其表之南門丁厚甫家擬政老雞其于子蒼帝來一看詢以

思拂塵貫歸衣袋雪帆余亦鵬去追之

十九日雨止風大送福帥起節閱伍壽書吳穆園方伯來兩雪帆槐卿諸君相繼踵至友人亦歸省之別者饋物將意收程老宴諸物荅言電函告以此行唐某耐寺同翁方表沈五君受一肴時已將暮回寓料理行裝夕飯卓在太守詢以高子書送其所著書院一部又程仲生手書送受一行閱帥舟啓行坐集一艘遭風逆難於埠下

二十日早間見日茶樓吳方伯便旅陳孫福翁四君往賠寡賬福彭委亞觀蘇詢以金陵船捐實官三成樣寺之五成黃鹽二成鹹將是部費僅除錢二茶旅孫子琴許葉年孫唐其內弟子許要茶館已將船捐實收以從九品升銜徽字蒼臣子振銳根由安徽代為包費三百元至多以五百為限不及核世季子弟唐雨書之便於方便二也擠受報刻為別以其兒來送也申刻出城迴雪帆受作別春帆韓頫字蒼臣子琴葉年孫卿院孫桂笙皆來送酉刻江程輪

正無之乙船兼下候雨斜風於道者有候ニ在船見確候番所泊度旨申出候

候處去三月將往無他船諸於越留時於薩蘆二尹遠門前通美典仲浦中

遅同里似其於議也務盛慶鎮軍同舟之ヲ書謀往盛軍多

廿貢刻抵着漂流去所歷通在仲第戌係來謀立時許仲去輛於戌港

同下舟ヲ速差清見鄭有達至檢驗詢有分解箱之内長七尺許尚存装十數枚

幃

道盛慶下輛去往之劉府南季領以居光義之鎮軍書光客之蔵其芳紀字

翁遠近於通喜去理外吾之見張來濤劉府政任以鎮兵公務納之ヲ皆歸之

近戌備公室巫人當船同去任以鄭ヲ渡ヲ謀至京之別而買舟近泊新河

廿日天來船從舟于雅紙以之揀摘寫於府者不肯讓善之道寸之而不從請

係甲肖走搜捜所候肯難暇●五人不知重種母受劉於搜其思可歎合皆

伍於勢力有未大抵此聞計五十里我要又五十里至丹陽又二十里至鎮江又二十

里至其城泊于舟於是ヲ詢戌係以道年起戚難爲見功爲之改定八轎

廿三日 四更開行二十里至奔牛天明過卡二十里至常州西門外小泊為吉士送糟糕

茶葉停一日早飯後至北門外覓成棧晤孫家駿談後至西小關進城抵家已

是亥刻叩見吾母飲糟蟹詢知近體康健為慰歸後與妹來見

廿四日 晨起謁家祠進三點 張紬於如前出門謁九姑並送小病預醫者得息

溫痊■兄九姑孫小君兄弟新請女至外家謁貽母之靈晤沈之鴻弟知鴻筆

赴庸外甥兄其子曰金保女曰德保曰神保兩小者不知其名兄沈兄孫小名曰芝星

曰六哥女曰元曰五曰七兄之婿孫子曰酉保至大衆女拜楊周舟未晤程兄汪念生

太夫人詢年六十有七尚生四子病者三惟菊兄來見謁盡衷於母回家天暮

侍母膳拂衣夕歸服張談半夜

廿五日 沈之鶴弟來長談壽岩族祖後至完星衷菊過漢三郎康泰於至中

表弟來下午旅吉蒙蘇良寅弟小霜弟去至朱樹濱新購莊基地一看濱於城河

後宅收其新進大女歸甯至以浣寫帶來命保大妹夜一行後往■■去

廿五日詣叔書岩族祖傳庭過至西郭赴大池謁高曾祖父母四世
墓謁叔墓及五妹殯墳回過西溪入祀二娘廟游了河盤金之眺亭觀祀
畢歸途遇菊亭小翁訪康岐伯兄弟岐伯為范三舅子五家康翼舅者也過直
山赴俞之鵲弟之招設席於山第一樓晤王壽帆陳薇至楊氏留耕前輩
叔霖壬子借同人品茶品泉於二泉亭上盡過遇小雨歸舟雨止至北郭登岸
步行而歸自山由南頰竟無邁也
廿六日上午小雨雲寒叔楊珍甫述之妹諸弟輩來述師也少頃蔣良甫來
遺贈拓詞及新出土張君墓誌碑午後雨止出叔椒庭妹丈其子壽保字瀛舟
其次名試未歸字埃侯偕過至述之妹家訪蘇懽家晤二叔述芳兩表姪子之
晤少岩妹丈及書果巷晤秦村新街巷晤二妹諸人又小憩諸人日久而歸
廿八日晴往俞之處晤秦乙壽之能藝芳親家之約常兩孫至西門外看花
廠之會途遇杜棠吉於往直山謁楊菊仙菊人兩出探藝芳老並歸觀花

字屬書楹聯並叢桂軒源信人隸書橫額字八寸方歸途拔刺巷莊
蔡心壇邀過莊家一坐後至蘇老家飯而歸是日子山旗祖來
昔日謁楊子威師龐云亦不值龐王春帆德至劉四桂處又逛蓮子庵
府試歸途子山旗祖示以洞陽公所閱鄉墨錄一通文尚有關長亦不甚佳
莫午後龐丁厚甫詢之宅而往於胡盛成老宅回首龐楊雲甫在漁洋與仲達
同旗祖尊觀洞陽公讀書園遺址龐出過伯兄仲蘇豬來家烟了訂服五
百元一詞在內達伯兄仲蘇縣后乃討數首達縣詩一冊來村家時園公詩
臨日蘇良留男過子之弟三人及子六等來畹至襄至吳仲舟於至溪河田北
中南橋而至高子冰居者未樓前月波風景甚美飯後渡五星渡至
登社山觀楊園廢址從山脊轉入頂上鹿撫將山門太湖在目境甚清曠
其前山臨橫入湖中詢之土人即元寇所據也夕陽時駕舟由大瀆示●瀆一路
溪河而歸日惟中作此間遊此意不及也

四月朔晴。藝芳兒家來談，半日定議，月內攜婿南下，都赴門，午間設祭曾祖考妣三代遺像，受書像軸，至妣揚女隨同行禮，大小歸寓。午後旂儀至於楊家，旂侯偕重鏡清姝姪及菊卿表弟，皆不值，道過眼山河邊園屠址，曾有存古話劉外家，觀子外出，歸張見，長談議論，桃卿梁侯詩鈔百部，又雲約三月後經，薄暮歸家。

初二日晴。東姝來談，談及自旅其能頗多，大之株來，容來，一大如其長技以歸子，不懂妝懷形以去，后次子並胡錫大皆留至，見其收藏益深，不克守家，大可歎也。午後買小舟出北門，旂來后至舟，其談，復偕至紅史搢陶瓷傳甚寶成棧林和赴直出，瞻華度觀廣頗收藏累累也。進城至衰老家，歸晚菜之約，有重至庄談別來，子鏡清俱至家，飲盡興，暢談西英昔人氣見枚眉睫，見悍心粗，亦去除約十款，較省訛傳，因其暢談其事。

初三日旂見儀至，旂亦共郡試担霞弟五劉將如小祥，其先往祭菊卿忘至

共饭阁诸后同诣大树园废址乔木犹存池石略依稀可见矣偕季和玉伴归返
适吾建作俱病由吴氏兆侍之案覆视了五百元袈裟饰以诸药送花陷手费
吴兆又以其子托荐于子英处学习度支人深痛而后往探会卿和来一见庑
宴晚饭归之天暝矣仪吾来颇有负气语好言劝之
初四日诣蔡老作别作别先时有夏嘉之移坛南翰西山同外出诣潮之鹤南作别又
叩谢于九兆处兆以某年月劝以释虑又往别二妹适先时归于我家午间祭
五姪下太安人岁忌庚申忌日死于难也来辰厚甫子携坛南书岩潮先
先后来作别杨珍甫述之妹适大姊弟二子归不思作别泫泫也所语
已为坛南溯理之之晚间鹤垂来谈家务咏于于李服日文以矣
初五日小雨叩别慈亲弟氏偕登舟舁家送至北塘分手雨甚发侯风又不
利行七十里至南关雨泊浒村为贼间贼小谓又为民兄役谓数首
初六日晨抵江阴北郭适遇潮来水满流急舟不得进遂泊于桃村李玉

江口問義渡，乃借一舟渡江，於八字港抵前洋橋，司馬為太平黃君，詢以

孫淵如之贈聞於家，遇金丙吳刺史，始識之，且說四粵西偏年老十年

粵東桂林廣寧四等處，茗說傾移往江浙，又遇陳渭清之子劉子函

程子復者，藏碩將赴善化，需將至鳳凰頭卡，諜為來刻江字輪已棄

之西上舟，求人多，膽滿，因梁筠蘭而聞許琴生子刻，送館江北有一房艙

容身左瑞之懷春回首在館上輪，詳之，得其長之為而及交款維清

郵司繁昌過金陵，照惠迎高大人息在此上船，將赴濟籌款未刻

過姜湖石俾字書來舟一談，姜湖指款而集三萬，而以六指隨西示字

吉之子指升府還，將字說存案，以詩稿函來面敘，蘇隨太大人性

往來書語反過此勤之，太守過大通下輪，出就同年李彥章觀察家，為

乾侯之商，丑刻抵安慶，寫中丞遣人來接，過船時，孫子琴在子弟先坂

丑咸病體未愈，不克同來，進城至寓西庭鄧為晨矣

初八日慶寬續存三月初六日函請為理之張善成為集光弟取引然無大意
到廣江任衍沒函張孝騰三月廿九日函屬為謀子並實山水中堂附來有遺老
陳猪免壇左瑞之回函嚴芙湘三月廿九日滬城寓函稱明江蘇候補出安以六
府改貴廣西吏名震直照劉正西兩集保奖請設法吏部一手拔明不能
代改集一函不知也蘇心芳三月廿日金陵寓函王小塢沈保卿劉子壁先後到寓
將沈君書照之送生弟交弟之函交之張子仁往存書家交弟函保分別送交又
賬西函遣隨同拜客午飯後上院俞周袁沈諸君處一行少頃福少農中丞
回拜來商服講散後歸寓料理送人之物沐兄交弟鄉馬兩函賠六郎
分送吳大書之俞蔭生俞仲英家託買各物分別送交費西來送之
初九日接石仲初七日函謝西省自來水行豆蔻二盒留還並有民保指子
接椒卿初五日函省本洋一百十七元存孫之府莊接舫西函有震叔家信八
本屬分致蔡生黎三及福少卿各二本俞沈汪三君先後前往又往蘇宗扉

温书之时少，应客之时多，殊觉疲困，惮於应接也。接刘桃如函。

初十日 拜贺池莘之寿。过旅吴书，拜贺贝方伯寅庄三旬旅寿。晓子英、云溪、枫生、蓉耕皆不值。俞函留交。蓉耕留字。复云溪，询以大人衣成要求可否指免。联青且至三成上，见之旅左璘之请，自里上年萧恒堂以交代款请旅子筠、晓孙诸君，仲士亦不相值。只成交会凤颈便人，为回印莘林卿一函并送贺家信，因交只成孙荫廷，不值。见之舒强，斟酌订以本年易银之数。接姜甘吾回函，银款收到，部照俟收到后交蓉家。晓彭观孙来言。

十二日 送船西云来孙新三并以午后交之弟，随陪赠物，是日阅兵操，稍雨，阵徐方表，命请君接谈真隐。近日下午辄觉四肢微热，咳嗽，疲倦，於理于应宾，盖精力渐减矣。午后悦夫、马子岸晚间来写。拜贺王小午寿，过旅雨农白姻之衣饰，应还之数外，须加花将费，仲苏蔡撑难应也。

十三日 严心泉送来意溪二月廿四函，厚夫由岭南寄函，芸舫寄仲函，芸舫询

霞之定議為戌捐畫道缺先出定捐免驗看與原三成實銀宗屏芑遂來取
著先通議之遺集序府主收高閣話也
十二日吳康年三言遂晤李石仲函受之行字鴻同和齋跋文以林卿書年二
百金加跋石仲一紙受之文成鴻同和齋跋寄外李雨亭函附跋薛心泉一函
詢以和兌節俞壽田錫疇來之女根莊原嘉季飲胡鏡溪與羅峰
任壽卿聘季來迎新甥女張接石仲十二日函已定贖千金之票價亦歸急
雅先生附來跋語之蘭亭函蘭亭道來即以定之在新九日前啟後蘭亭之請
為跋一紙理舊雨重聯而華甫乃以有人為圖壽屋俗乃所織不果很良可
笑也接胡雲楣三月廿日函有詠史詩一編廣譚一冊書畫一本並寫輯鑿由
此族潤古書來屠國經處八針門外乾泰詳莊是日之熱有如伏天詣謁宗屏
十四日屠藝園寶蘭蔡心田兼之道卓府訾嘗值程韋帶於鄭重以兩受一張
屠寄石仲函以寄來之鼓凌況聯四君程白雪高彭詞眾占屯後箋千紙並附函

昔者子瞻跋山谷題雲間筆說謂鳳閣同年索館于君以初寫示賜以有人
別薦於諸諸也接在仲收條二紙者子親都寫壽人乞扇
廿日跋從見鶴弟函摘錄經青泉詩集者 因於錦樹園者字之以道在廉也
附子皋岸謝東一紙是日為福少農中丞嶽農先之一日同人集於拙中祝意而來言
納是辰往祝六宗得見之便衣冠蒼杖陳渭叟與於宗屏前一坐
廿二日蒼杖又睞瞻已往送方次丞集祝得見之又蒼杖湯觀仙大令壽陵李君
振標出城訪丁道雲不遇便過訪应蕭甫談於彭玉亭丈孫子瞻丈一談
孫館為人所奪之慕風亦可慨矣字之姝季雨和函以所撰蜨隱詩集跋字之閱
並粟菴所著草附函送之姝蓮送渡之詩素園針鋤庵送達之閱而考訂之
並係拜跋錄碩甫仲蘇雨之詩來渺君佛勤來料是巡根弟好筱塢
函商到省用款以鏡致三十金應之書即得其收條接璇季初五日楠閣函
春闈宗佩箴送來金後由柯受丹轉致林穉眉為介經晚帥呈的

覆汪苇塘侍御锡仁并柬郭观察西亭留京乞粟提调张君山大令义附
阅照月得廿五日书，具见静照，随山东候补李公之学口二月间先之深来鹿标传
云为演率有奥，仅收身見已回山东，奥人罪指斯理，将高标佩，阅通邮三
数百金，此不遽其务之见也
曾接君仲廿八日函，并附调劝君上之阶，字曰克高，约前后遽之来者等到
仅有林卿赎票二百八十金，亦用不敷，接林卿十八日函，字来两房二代，广为害
素实取不够代之者也，郑雪汀来，少师张也，候往之，告久未上要，陈六舟京
兆又指差事，京差谢瓶龙，眼杨归函，陈蔚庭来，同寅甫拟剃来称
廿五日，荟君仲涵，林卿春馆作者，曹年五千金，若林卿函，屡有闻，三代存
姜派原纸加旌附之，访凤阁同年，纸皆来，新妻寄逢孙尹也，筱坞到，者来
见甚侍封剃荟陈蔚庭，并同寅甫，接宝林初十日函，屡为示之，陈姜君并为贺
蒋假，王琴来言，能否以陈翁为补麦会肥余尹也

廿日交段君仲函併附陳芝城稿又盛莊稿　廿一日孫季雨函以患傷風咳嗽殊覺喉痛痛之說時發時愈　九姑痊之未起　林華甫來商量館事之意從者之出力以望其至易之處處帆留詢之　接張都來稼蓀即答訪之　小雨

廿二日小雨寫書至夜後下午雨止　接袁漱西稼函者即答之分稼孫子琴其函之漢也者為薦於部選續深孫君之望其共成藕之被窮所交當至珠季雨為之函託李蓀林留言訪查之　閱季生來遇一書之陽盤雨

廿六日答嚴仲英毅園沙君偉勤閱季生詠風圖王筱塢　答詠袁漱西函附請為寫子興展楹對福印涇根頌　又為氏保陵詩四首而答以一紙　孫亦無來　范錫康來言與彈冠不甘為雞下之官也

廿九日接石仲廿五日函即併作答　達袁西函併交錫康帶去俾以面呈麻程毓王小塢之拈照湯贄也大人之接祁門黃大人屯溪稅局往矣令媳函頗悍於作答也　鄧雪帆又來

五月朔，李甘亭大令来，接刘北濂、王平泉禀，即答谢之，苦渴之极。
饥。午大至节函、吴松伍大令、杨云阶先后[illegible]，陈[illegible]晚间至寓，备
言年请解任之由，而得接浣盐印，请息因以成之，年到可记之。
初二日，答拜孙[illegible]安、沈鲁[illegible]、苏雁[illegible]、姚庵泉，答拜吴松年、李甘亭、刘[illegible]孙，皆
不相值。答雁[illegible]、陈小云，得之谈。夜，唐文请之。接赵青[illegible]禀，许[illegible]
禀，来阅时答谢。致徐仲函。晋李甘亭，白承庵附以答之，致函子[illegible]，为蕃去
又致赵宗[illegible]变孙点安，本邀即为其白阅兴之意。接贾重之四月廿九日函，承惠
来[illegible]点子之病，[illegible]服药[illegible]效，意[illegible]叶而[illegible]病，陈韵和大令[illegible]
初三日，答马梅[illegible]函，谢其[illegible]之[illegible]，而询以其自长沙之一切，因风取询之
答之。接王[illegible]恒稼禀，到[illegible]，谓其[illegible]，同念乡郭刘画保[illegible]底
[illegible]唐有行，即[illegible]以俟自请要之，即答谢而允之。接李海阳禀，来即时复谢
[illegible]近[illegible]日[illegible]之[illegible]也。宝[illegible]来，[illegible]吴[illegible]士书，至寓接[illegible]仲[illegible]

函通遠淺卿〻大術述青浦陳蓮舫診其脈謂心脾大虧肝陽挾痰痰
邪尚飛下降内火擾而上升甚以爲苦　答宗青覃函原且來看君息
初四日答馬柯羅函誦電報客法〻賜出痳涌而一〻報〻来及摸著草子少帥
来閱談而示以近子内有东帅電請庸阅〻子及之非它待〻　旨李國仰株
函育挪款当即应〻　樓莊静〻函殿〻推宥延方伯〻子過電閱函并蘇函
謝五節清卷上院賀旋回祭祀樓園梅城猷將函即出電復誦下午睡酒
时許無興他作也起而入院　歸夕為子祝經扇
初六日答弟文蘭貢时蘆汪子坦歸函接何潤生探来當時裁誦並出答
孫接尹蘄書探来〻即答誦夕為人繪生扇戌刻成書弟来衣仲吾
函並賴白雪函乾詞照玩蒙新茶〻賜述陳蓮舫為定二方一並服一
劑　頃閱者煎丸膏服此免去滋賞以二紙及十八年七月初照出二紙校計
年少一歲現定收拾服更正不便矣

初七日蔡老爺以霞碑照准遣閱即照霞波之意遣去老來以柯羅二函請
照老宅存件函接存順附稿即發老諭之接來歷陽稼軒函以韻寄老
請老諭復宗屏夕復陳小雲及楓司之洪心耕為可特鄭勉之向不敢忘
復雨老啟新三先生復新三遣閱楠園霞軒述璇季秋內宋佩箴借錢之意者
函致新三請代霞波以手便代詢
初八日有錫人趙逢遣去字伴雅稱佳山東老與王蓉孫者親封王家伯幽起穎
發理之受談各省以土穀產易人可不必之而不聰由僕為之廩事而行李秋卿來
受錄臨孫函小雲之來云值得星源承行翰將稿逸三人已別家民承行再盡
戊到有復以腹痛一紙受之老畢女為方菊人輩子寬劉子通四人節來
晉之來自疏俾碱病為濕熱遣王子芳汇之夕復復鴻即以到者為
初九日熱甚老宅內張季雨初函附晉雲寄信及附致徐東老函屬告輯匯
稿共之田單據存仍由收藏不必以年近花甲為壽即作函老共來信

初十日早有日而仍熱出飯李和卿並晤六年洪鳴從孟子蓮處歸雨而不止
晤竟日氣寒即詣源蒼詣張曜西函以方强靈之鈞文所可孫為留意崇寶
重幅詢以不敢積後為亦讖以釈之蔡老交閲李相使日本與伊藤六次問
答之語一則驕悍而堅持一則柔懦而多失元可為痛哭流涕又張制府電
奏議日本約款之失切中利害而不足挽回大局惜哉今生示人國信函
請民以萃彦甫卿為民主之旗享五千古之大疑局也
十一日晴而源飯胡同之已移去而南門外中卡晤袁仲安飯楊子壽蒼龍王
若岳君之鑑渦往合肥亮度支友席者也接岳皋城胡細陽韓垂而蒼
詢之蔡老示部文讖發江西籌餉新捐六派諸巢御封為覽一笑實方
庄歸新海防案內造報北洋海者須赤防捐歸庄全撥報部不准截
留夜方月出算存至適宗屏先在庄共劉談思歸從孟
十二日常仲麟來林卿自姚溝卡而來述過姜由石仲小愚即字函詢之告

以鄧於箋詩伯揩分別送渠之筆意送小雲來之十八歲人到者極於例甚少

告之霞及箋詩意更正之筆晚即擬一呈稿是日寄塍甫樹芬函附外國

紗料一端並詢出直箋筆子又及於拜一節与康字字宗仁極武來

十二月初六日文保暨荅舲翁序第詹送陳韵初帝仲羅均不值至牧伊之別兄

之為李誠甫之訪吳存齋寓閱新甦筆請更正年歲之稿出時遇劉於楊仁山

處小雲來亦以此稿交之接王小潭函郭穆庭函以於馬蹄李拔君意而詢意

渠何處馬子卓花甲之慶年後擬以花物為致陳第庭送函白以華甫為

處請文大尺寺追理刑部梁府重而亡之大樽寺者也為余書鎮扇

十四日魏孩如自姜游侍讀石仲病勝減柱丹復寓者年輕學生歷左右勝

是楊潤之為人繪團扇余彼鵠處飯歸而晚孫桂笙借去桂孫書病

將田錫吉記函孩求寫之白標御到者之處劉叢民邀料康先餘事

陳日孩良仲函詢其病情令往齊其程送卓外來高音之指渠及詢甦

連日年歲多小雲梁東少卿繼至夕桂笙過閱電報是日午後風雨雹
十六日過劉曉九花農致先過劉桂笙接石伴十四日函辰過季帝往晤即出
原函發陳季雨帝函交桂笙弟錫蒼鋭悟二弟函交李桂卿挾過夕夜
季平子良士青子峯翊廷枚翊交賭士詢未竟璐庭過十年壽八月初百翊
意欲至三寓說之當函詢師晤也
十七日子良來談指務白高氏更名另行納監之說以票子託蔡老接
桂笙臣王肯堂兩君拼函高伯兄補扑於周翊庭過夕王小敦大尺嶽高
來籍過華甫兩屬季平交印
十八日楊仁山來寫高議飭指店業先慶向小雲取回實收二紙蔡老過
二紀指票來為江鳳五繪扇接石畔治師柬
十九日高氏舉發為勸閱庶條帝實收指票卷卑老不值詢楊仁山示之
若子農太守拼函便為沈槐卿說項又蔡子良肯堂兩君拼函接

張小舟函以石牙章各二方求篆子銅章二方者抽空之計篆須交遞來
孫淳卿組佩函附洋[illegible]枚三千者歸其家子年核本之價綢傍說而不能
與其觀者耳之吳去之移人其意不可知也旅雨蒼不值後來作夜談
二十日旅店帆宿空排印電報家法達揚二太守來送物於江風五
歸冠英來之風府友席同劉陸諸君小峯坤處餐而畢見蕭莊
太守欽懷王府艇方伯來花敷之而託張誠所求皆為達及似張穗
雨花不能煖曉弢佛來贈以搨本篆刻禮泉銘
昔者詩王府艇方伯遣人着張君作周劉君厚基空石碑函詢以病痛
情屬告以為勤潤岩護實收之峯交觀政如常吳劇指峯倘若弱前後部
議吳園核準其稿久候大書着稿定其圖便寄雲及成公其大略接
前倘再函贈茶兩匣着小舟寄去並購石牙章六方轉為送當勤實
收二紙來交代月收

廿一日遞困刺之託四事於蔡老價二十二兩以七折算由信字莊劃交為
與國局查之鳳義兩閱稅額稅之籌款鄭例取交與現在冊案有不符
取交費之蔡老當以部例取交者須稽原件抄函稿之兩氣力未復附
閱原摺未函遞季帝主言之所存清單存之數倒及查理度支益
丟的一部現有舊友眾通仙在遞回往之就其恆莊太守之摺
廿一日子半遞閱摺目遞函內四件思一案覺不自安着擬遞函馬諒了復此可
初八日意回了此及子學序其餘設稽去歲取兩字春楊子微函加兩紙
録原作稿回歸得併候萬一并備字函伯華見便轉寄是日本
著友回頭長謀其他概得之了乃不暇及
廿四日寄春在伴函詢以病愈後情形論之兩所發遞蔭生友常陰宗
去看遞使季子到兩共約之春詳伯華查其函以致楊子微孝函交之
轉寄內稽妹季兩弟光日函附來此系小園原詩遠甫族祖渋為澤啟之

詩議名嶸射草名翱蓋其相也 又附原詩通者議函蘇第令鄴爻炸
府其之兩來見其子或以發之也先是前二日有函由善徵轉至石佛以應函之
之之旅至後牧不遇而旋來柱頭是日大熱通夜伏天
廿五日熱通夜雨茶前示伯韓簡加箋記以望之子因致理之一函通瑞節
前有函寄淵函兩株函爲之業道一函與國局律詩抄某一子爲蘇老棔
重圓善兩園及錄清單一紙係莫其寫兵子壽册贻分寄諸其應查在
札昔函至局久其日擬君到今表說在
廿六日陰悉函附之表劫其補函周嗣庭晚函由周順梓以備撥款言通京政
請其兵子周璜函復某晚函張石佛廿八日函病在雷氣未力求復李和於是日
年前到差就美城陳祥志滿城賽會適見洋界霍犯州有義和之
某起於看會長江通國之有善後勤之說通仍係義國兵於皆戒心
廿七日陳華夷應心復澳函其以原意出之前詢之說原再之之黃楳哀函因來承之内

此係已兩詳稿，夜即達。日來苦熱，下午得雨稍涼。至録藉緑紙稿李
稚卿廿一日函，附筆九枝、書稠樣者也。又言寶二函，即分致。又得袁敞函、蒼函、翁
高子小屋挹聯之請。
廿八日寄錫錦樹函，附去尊代之識稿、徐咸慶函、桂玉堂將信、季甫廿七日函意
辰翁蘆蔭堂之稿，附來述之拜稿。足函，又頃之蘇拜詩稿兩冊，蒼孫復即函
取還，乃以分子年稿，便是詢信語不能以此累人之意，故存之。另派人便寄
寄屋地送草信之屋，先附寄函被鴉寄交序亟兩函，即為寄寄
廿九日暑氣頗盛，將擬九畢稿。蹉季梅函四月間所寄者，校訖一紙核録
存附文稿，得五十三首，俟其目以交叔甫校之。園四將館辰雅函送交
三十日暑氣日盛，蒋衣伏天稿。鏡湖函寄來新茶二瓶，述理之遠人，稱謝於
子通兩及王序亟經寄森伯留於去年稿，寄孫十二首函，序理雨老留一席地
自有改雨蒼函，即送交蒼桂玉堂太守將函，甚早收人來理堂送貴治池

閏五月朔 蒼石仲函以通議之遺稿附之從其道地行齋校勘之請也附
蒼季歙函又蒼季接卿函告以負方伯從緩卻着眾大府云云矣 下午
熱不可耐至晚風轉稍涼 撫卿交扇屋結是日撫卿父子到
初二日 風涼先得微雨 接宏錄五月二十日訃 理之於五月十八日宏時病故 先以衣
飾寄四伯金置於家 定敘費核債未付 咏歸理揆情殺道者 蒼莊叔之
節來附之 王府總方伯免諸所許不成 現為居自題之 晚錢子異送之 約與詩
接石理之後之擬明早陽宮幕前 應方圣蟲之擬備 方今晚之 夜間得雨
初三日 天陰雨涼 晴之宏錄昌錄爲之葉置 以早歸爲要 要其之 夜雨後去 詩生升
詢之行之宴莊稿歎不應 手日不到 因陰雨 由莊應宏之前以行函交之 函內力陳
王壯深為石年歸之說 請運之字 告以願函無實素君撰文屋舍良未來
見江風至未張素雨 蒼厚素談之 ○設阻笑再燃燭之
初四日 為裁縫整理煩歎 由宏指集歸意題句 接撫之教 曾改各宮之函石宏

言為此外伏異後日接桂生函述其母病醫因可有效附致袁梅甫函又接
莊韶之函多慰其不忘學也前兩日接趙森甫四函孫□山已到任范錫康
來函問船損契乎完原及繙蓉谿胡雲城函云文蔚根附寄函
初五日接石仲初三日函附來季欽一扇屏繪王字書送來袁澍西函
寄之已及其字亦覆之扇蓉璇季函覆以不能為之挪款即寄字佩蘭處
來人請常回直隸唐山學次
初六日蓉龕屋今早來值龕郭亭臣一談又至雨農處一談將入薊署
蓉龕陳桐孫因於曾臨子英雲階三處辭謁宋將須上謁鮑桂莊
契之實言之陳君在後陳（兪郭）青甫詳述前後陳青甫到校年前後
詳述蓉字函鏡淞函告以近子於亭臣於觀其學餘即以寄與黎老
述閱直隸來平難仍請完驗及鏡寄近字老來王字書來
初七日蓉孫仲函來甚至雨多地多所阻接沈兄日劉函附致子宜述新之兩函

即前寄跋李松浦函，前年来引荐乡彦守来殷华甫道辰仲
函来，内有李和亭论通议之意，遍稿五端，初五日发也。
初八日前通政司直隶平粜米与赈稽查程完整，开通赈账稿，附此岸
大有粉抵者尾，详见之函。上卿府请发迁前平粜米存漕，遍未完竣
成案，以资参考，直隶粜米经费院卿府，兼之交通未禁，制府力陈其开放之米禁
之说，宗属来摺，附株方函，跋乡存太守函，述其胜藤栎马肚年白干
又致李松浦，又函来书，钞蔡京来获胜之
初九日接林和初三日函，附来鹤笙之函，又杨仁山震雨老函，平粜米
子公胜寄尊如别子甫道险，后出书撤之晓，秉光后出写跋至宇来函稿
录十七件，部文寒凉保案之案限，年内保送限撤销之后，安庆近
日安阵雪兴，三点两点之雨而已
初十日仍得小雨，无补于久乾，后连读后答安徽来札，过函廿苏幕老即来

来。遇扬州太守张丞来饭，饭后同到滕东少卿来蘋野之子莱
瑞芝处。雨。见过，真到拜日前百接之，续其殁后俾函而仍未竟之笔
成禅转萧垣抄费予保田子莱，[康]画体曾晓鳞代趣之
十一日。少帅狎陵谭辛房所，雨。吴书王宇书两君到寓，入署，书季欣
宇书绘扇，顾书泉来，商略谈宿权之隐，只吴书士承记之，又去。秋书
水津寄宝二千金。华书园君处来
十二日。写毕成房俾函，又答季欣函，附去宗族证之函，及保卿金纸券
季和纸云两楼鹤笔函，並宗光所纳两函，及款字一条，房日绰同之
十三日。来谈，适王瑞收，以理江两日准云日，以雨，颇炎
十二日。拜贺王嗣攻，折过文保瑞，汤鹤仙书扬琴。以琴李觐存出示索
顾拜书顾书泉，右瑞芝事，回右袁花先生宗范富金茶
巢生先生求已为制茶，道撰萧芬轩、瑞芝、金理书、应华甫

秉芬应致函於王晓闻，嘱将挺生先后来复应伟函并函圆议之

讨论稿分条而译之。

十四日　校订晋云代录文稿，接慢望函並友梅得钧安函，慢质应

芳之代制。郑子瑜来，邀往云路旅行，谓早天多雨之也。

望日　答应伟函，交同安挂号，为勤以冥果子到，请雨苍书之，出信函，逆望

貌六答清沈伯雨借印书，子瑜致函泽农泉序，宝翰彬序，胎答了

悼老函，白友陈讨，便肴璟请於江太和执六十二百文，分别修之。周剑陈

辛甫五霞波函，先行附去。

十六日　答霞桃庵泉，视挺生、华素园，皆不值。就子虽适受文，值其心至意，票函出

缺见以晋晓之言告之，顺道答霞，谈其由。午后适卓夜来，谈到泽马寺

勇丁成军起交日，形管先闻，一草来为之矣稿。

十七日　晋晓云消来。下午瑞芝来，交艳其师赓求太君联序，为之商改印定。

兩家遣之說夕士青簽鳩挺生接縫而去王瑞敘東京觀所作先君年

後以錄存文草一冊時文稿二冊來說後詩二冊俱由送去樹卿四卷

十八日蘇老泉文小說塵樓傳之情節等數之送來庵觀披覽之一過寄復校

先君遺墨五遺文鈔本訛字遍一覆正

十九日接佛家十四日函述老母咳止身安附來新房才名單又接石侍七

函及李子雲書述其祖照及道光監照係二十年十月廿七日給須為青其須

數張寄送贖據桑內接吳者又附來楊紀之送袁仲安贈函內為兩譯

廿日來陰雪瀰合而意似多仍不過陰識數次甚隱輕塵電

二十一日赴袁仲安堂又陰重人多氣亂無從熱又循周旋兩三時覺頭發

病不出而通身筆而似熱亦服正氣丸并在舟以須之校先公詞數闋

取白石詞譜以校考證未夕而旋以兩數次而不能成字

廿二日天氣少晴接子貞懷遠來函稱初十遣乘候舟至之來歸里者

視秋閣仍來談食後訪歐陽鏡山錄將西書若翁談之草老道新勇成
筆支納日記來看頃閱了者以文往爲子幕調道友訪金錫三
脫質夫先後來傳聞劉同亭拖竟清廉捷繹之者衆也
廿一日早閱前蘭翁錫三質夫三晨爲文彥同撫譯稿爲其擬奏不易之
也匯蓮氣甚付雲溪瑶碌正文而雨濟泥約一時得輟寺人情大快之
甚宗扁芸深亦云此日此刻將大雨果驗矣袁蓀直通來談
廿三日擂華海和西書以實函答道友也書由兄吳壽劉右三爵寶保宮
聯語爲袁蓀直調查數人張近仁積長孫崇年請龍田母殘之案
道之閱若廿寿孫御道閱李中崖中丞壽文刊本
廿四日若翁偕俞季年拜賀童溫山觀察承以蕭光禄傳若翁吳將君義
馬子昇若翁往伯龍皆不值觀其暇一談若康先西附以撫龍劉子壽
聯附集易林十六字並表功安謝東若鶴墨西書以呈順良並一誤望以出字

前再復於苑書，屡述之，昨函內硃云云，蘇妹討作伴老高之在該研録云
云云之作，兩接直厚，雨降不多，下午雖錯於座，亦可得廣接鄉諸枯
此回函之，其家分析之筆，且五年量二百餘，電接滿紙，殊精緋函
昔寄致妹家函，以昨所寄之函，並晉寧家寄附之，詢悉福寧屆續
價須幾何，以便得致寄老者之壽盒，以算所寄函序先寄之善後
來接應第兩函，前函滿紙，殊解函，始寄其所問，而於望之，可補述寄之
資勸歸之筆，於所接，且應之，其詳。天氣甚涼，雨意頗重
世叔寄之辰仲詳函，前季翁所寄函，詢楊仁山其銅杖，及近與盛於
晉寧述何果，資其寄，以九葉所助復一紙，又附袁氏諸叔來書兩續
接辰仲廿二日函，述時作寄數之，以省多寄，殊作絕之，說用白鄭氏在此
鄭處時所問，惺惺抑致病，未必善額，多節。少雲來，白許氏所託錢
貴之。紀前於王府須寄云者，而出侍吳卿時在此，見之。兩二次

昨西儀遞到新月戊午諄函霞陵兼甫理江英山背近今有人兄錄
餘雲亦寄可屯錦撫撥者劉時之尚安查壹屬又為晉雲之尚造到三
土物為其此所趁引也至少未來貼函每有討鈔可與信函每一文
可屬天將晴而夕又雨伏天不[illegible]熱此時之已尚可通也
昨陸萬船西函為之核撰舊單帳所付款除寄去遠去之賬箱此外去之外應有
叁千二百二部自裝四箱統核總帳除出賬諸君各取去之外仍存去九十九部只
乘每價五千一千兩單附文信內備仍交嚴叢溪轉寄少帥來談雲壓生
補將兩個色情可因以促蟾全從星正施費來信文端之意遠去
光日因了旅費帳出而促了竟日晉雲之陵劉時之尚函催以龍鑑之宜小鴻
來談促之兄乾候尚量翁之因都以不克渡之旅遠新三人觀之欲以渡船
西函交之並一交館託在都下贈彥撰歸而據卓老函不可盡趕候手尚量
取熱生送據二千六百兩附捐款內復度劉相隨時陵崖舅擬諸先生之樣辦函

六月難積陰後仍未暢晴，亦不甚熱。適王小木理江之行，蓉錦安遇
函，接在仲上月廿八日函，附來殊袁廿八日函，寄達殊討詞一本，寄還又伯信一函，書
到一紙，年庚底紙去到正。還丙申年四月十二日備還。十月十九日在蘇，雨蒼面交
交之第書，前收二包，記之。請照福重順收百元，月租在借款之利，同兩亦撫押
他家儲志不易了理。在仲前說，擬在鄰湖作為最論
初二日，送去雲西大通其病之愈，實有不宜再圖安逸者。書主小木信
肩成，即送交，字欲西老箱，併四書三部，封面註明
初三日，設姜甘農函交擱姜農帶永向所封與郭照換第海初函為設
完殊一信，照閱芸東所屬並交之也。晚孫殊來，自子遲說，查類安同去
驗老集，即同是處刊成，只要對表先送出來，而又來同寓談
初四日，查照啟安同去陸姓之地，因擇日稿，見之於啟安通判移住葉家
集之來，要擱西王植忠，祺接印後則又接擇稿，日不知擬說，看是否移

驗之案則不可得，雷肅忘卯壬日啟，粵府孫氏經理同知之商，防即來函

詳答子實達結再詢之因虜

初五日寄速朝芸者天時龍瑞特屠又函附了即答瑞之。接劉時霖四函，附厚

晉雲挂流波礦去諸，與即寄稟家信，派統一文號字二十萬，續查功夫

乃及兩日係卿抱貝憑璐庭雁房為以穆字之文

初六日批院北遂據之牘，晨日大府接寄諭，新費人條款另宜約兩十條

又四條芳及時覆，計之奏改也。限一月內寄晚霞集，但閱其大略而已

初七日寄子蓀梯芬函，匯款二百二十兩。寄芸孫梯芬函，款項之函已矣。芸卿

原件函，告知我以文來。接弟函白史附著之意，蔣卯有弟來

初八日接施雲龍函，以童子將芸之此梯，其以寄津票之乃無兩，無以生虜

君義孫弟來，知縣聘二季搭兑縣香者，接林卿函，于道卯收往沙

家岐黃卯乃額手示謝之，接卯見初一日函，接晉雲初四日函，寄逸群自啟初來

又接宗兄詳函來告者紛如駁者了致深感於銘感矣
初九日接縣家初二日函述申係漳霆三叔而兼及邀熱因附來摘抄譜牒版序
以闡雲二兄為孫許瑞人那時未美以道無祧而以二四七縣者孫謝請潭縣所
亦在嶺刊補謬處文多矣予遂又來與之馮瑞老七十壽已在考文撤
牒名以送其於理之身後撤轄三四十二之穀應其念
初十日蓉遞宗兄函者之譜序以此所刊補文版剜之非潭縣所亦祭之稿
者存之而接以者之序後接在華陽初函附之茶茂卿函附之錫來一
函告以指之庠於大部但云應衛指款不得全留而已仍交孫之成
斜之交來人成馮瑞庭七十壽文之交保卿情稿
十月宗之茶縣家函宗遠之件如後逸溪集待照已即就者不計之或陶居
全諸之傳之毛不相謂不免畏成之之即交臣茶在神函又接其初九日函第
來西伯二十二夜逐倚作茶所詢送琉璃銀字無減成亦須接美安廿

奉四月下旬函，附來三公書，照數具收。以蔣詒善前所述劉
十二月接晉雲瀛洲機字函，現在江口礦去，遣回祿物甚多，實可賬者亦頗
接孫鏞九函，備言飭之虞，若蒙先函告之，實於函現京須預
詳之，惟乎自為求轉機，並進之以業，在此若能屬聘二公，以舉為之
賜之壽序，乃望賜為承辦之意，能蔣公有變，以蒙先函
十二月，承胡雲楣廣訪條陳，及此一稿，欠能速奉，老劉子望作為祝壽之上
老祀一書，詳之大篇，有過於胡廣訪之說也，乎望序查宣城高濤按年次第
之某蒲甫，擬為更圖，賠乎
曾蒙施君高函，詳雲一善，先於貝之甚，勤勞附此，裁減因之，例贈
思人，序引為覺陵，伯蒙函，從滬赴之，請為王雲一之，蒙蒲甫字之
館主子圖，桂劉皆先行，有大兵，致乎選，子年字示所為作之壽序
及集易林之序，今高務亦復送，茲付雅又字，勉之，者回無錫之

望日接於霄城函，又同日二十二日長函，敬悉帥意，昨聞公子外謀直東去，而照一律
來特有懇先免運寄，下户部奏三條，并清單四條，援照開款，奉遵飭該
熱河仍有人接之，然形迹昭顯，而於此事之不免阻滯
二十六日帥府以此說，此有搆生波瀾，原擬派員查之，因賜照諭，惶愧，全行內清除
營根法以杜其萌，二十日午前兩接長函，更悉也
十七日奉寄霄函於流沙磯，附去弟函又四函，報伏蒙擬子，寄函告以
查照宣城函請兩處接手固城派潍甯國江甯兩太守，按年勸分
畀之饒，係其樂捐之意，接宣城圍界應如何之請，詳查之
十八日接石帥十四日函，附來林卿，指免賑者實收，係可照總辦而更換
也，須調取原領實收，繳銷者，亦已辦之，詳不待
十九日閱兩層，勘查蔣氏殷經之信，子英來談，甬閩之事，亦待發其有數
日，所著似有兩言，而僅得風聲，未帳，向余筆取之，知不便也

廿二日天未明时大雨半寸有余路滑泥深竟日泥泞自子冥送夏文来言要西房东
口视洪范之病之形即与谐下即答君仲函附荷花露两瓶新酱一坛交
之来手接卓存函送阅花农所书芝庵江漫集附序商量刊印之请
询以成竹答以蓍雨白口通为私请多未便之说后得来函承寄以十二元为
布施物阅雨农回往贺之东里送祖函及所拟挽联去刊两纸暂缓示许
全票所送十二月廿八日来笺一月初十日两函之单并说近季弟衰状
廿三日接铢斋十四日寄来震盦口寄还铢庵之诗集一册及银到英洋一单允孙
交都园来寓长谈交来君仲九日之函因与之谈璐庭之屏拟请其
之尚见之也阅庵江城康幼梁大府有诗请顶项勒月从藉追送之岸
廿四日接劫震盦口诗条铸九使来索回信答以数之徒此须俟不发不就
近年张柱之务京而自谋生送须安自留深便有所素因而流之不足取也
廿五日接润之孙回函汇款百金孙月所照送七月理全家扶榇而归刻计之

談處已久矣陳子運及源琳函康並送子運閱之屬送作數字即送之茲附回
允孫允元鴻屏屏件之便隆與福教者亦宜接石伴李卯兄處函又存
允孫不值詒雨蒼談及昌問薪馨之兼年北長亦自稱兄道及其姿
曾祖賀桂馨付祖送俞季年蒼蔬菹奉之以印勸戒録者託祖王令
艇方伯奏送叟運其去因蒼贊府徐楊俞四君奏送子英先一百得子因序首
素玉院後王方伯降階厚民報到任之揣蒼華滿函以類次字存示料
壽宅受之弟赴薛門候先曹物持其傳正雨蒼送閱過李弟閱
先刪孫益歲六月望又來一字奉之數觀之乃極精字送伯閱甫力云絶
湯四月佛隊十月皆不可用以二三月間爲宜終用許退二月之日云耳
菁蒼石伴李卯函以第一二元箱又醬油五瓶送雨蒼承又序其後紀弟芸
蒼昨來函蒼速伯函以雨蒼字及送單奉康二紙附之蒼子貝函康其
往浙江舊館之地此間屢不至下樹逐子運回函並送還宗信以鴻屏不詰

顏芝書來拂其意以宮函附錫恒并字寄石伊寄來之殊附送款找回即函寄之

廿日 王宇青書人貴信內指予為主者其函請部亦户部議制其裁七百二十

清溪吳士青不值詢子峯交遺翊廷之旋亦呈涵君壽屏予並交以為單

是日北風甚凉夜半得雨

廿一日 隨緣查核各單及費文武兩差送瑩葉寄來折之數折二成費或裁千另

四成五分有六千餘金士青來長談府主示張贊部條陳時事指奏之大文也

廿二日 霞宇書函兩蒼辰來交遣使建平涇縣因宗交存萇函交宗紀堂

士上海備物來即又送福太君壽儀又查得隨差文武狀折之數函稿

瑩芝來索折也昨士青存之稿在談告之依次予被阻之

廿九日 接石伊廿六日函附來張家廿日函並送張甘雲陔集即工部數接丁

惺堂函接薛慰農函接子貝函大府交萇函詳述撥為者應交夤

頃來謝西交一行以久往暢談時許 隨緣數日將交勳為予耐也

七月朔 彥謝函來 寫蓉舫書函交 據蓉舫石伴函 交王廷年使者

王孝寧書一紙 又補子部 今日來 徐來再書 子通來函 又藥收不旺

初二日 福太君八旬晉七壽辰 隨班晉祝 未與宴 余兩年閒 福帥叔飲

晤陳渭書 致函卓年存書 官捐已彀之數 又送蘭和 蓉舫 筋重 子通不值

初三日 爲勤堂陳兄中匡 致石伴函交蘭和帶往 附呈潤篇一集 卓年存邑

官捐銀數單 兩蓉舫送季欽閱 並聘請程儀 若美扶持之數

初四日 接石伴季欽初三日函 存至交蓉舫保單 困册之裁減之數 存

聘請湘老一言 帶錫山新主之石刻及電報密信 路之蓉舫沈藻初

初五日 蓉雨蓉舫談 六方交蘇陽脆重刊津水詩兩額 四方先一稿交之

左春之莊先生宗祝壽集十四本 並送子孫瑞之 陳荊蓀祖蘊來

初六日 蓉舫王鄉迎居落重 李松浦貢澤池暨湯允孫李兩蓉舫

石伴李欽函 以李交閱 又及聘禮程儀二十四元 并之箱兩只 外圖湘五瓶

重五石甫交谢西寄去，徐蓋卿来函，寄送报与紫阳书藏也
七夕，录孟超来，接伯华回函，又家人王雲逵信，到吴淞，蒋叔裳上海清
潭书院观音像，张罗五元，去盼五雲所以书画
初八日，发人绘扇，刘时高来函寄至高门，镜明王耀，邀伟聪来谈，以便安徽
来，因子受雅归，识之以节川费也。若狱孫刘蔭暇寄臺子
初九日，小雨。新源若虚来函，晤时高，皆不值，为重光多归吴，为绮生绘扇
书帐子也。接霞高函，任恒章来，日诸葉帐并为任之撰子，友函由
璇甫送来，以先夜两篇交寄来也。接麟卿函，接渊泉函，附来刘信，即送之。
初十日，璇甫来谈，接石仲李钦函，附来字画子函，交陶王邦杰之膝
蒋石不能别者多，旅生书画裹子，自岸，托寿甫石托不能效力
十一日，接屈理书函，告以交任胸山光孙小鸿诸君来谈，人多，倚幺日光衍
经营之，旦夕烦劳，苦之。

十一日顧晝帆白璇甫取房夕顧璇甫坐車取之閏子運病往顧之

晤仲通三之而已蒼林卿函房續來取索蕉函屏以二瓶

十二日接李殷函知石仲已之歸書即作答連覆林卿函件併交子函帶

十三日接湯執仙函之於任書湯而已負指閩方伯素詩勢京

十四日花農之宗周伯達過談商其兩歲壽文業業之子接殊家函笑殊和

閏之函並元生鄉又湘先初閏函粟玉帶來以領款工部高月攜之面

言房諸閏之附有坡石仲函李德蓋夫人病後先後各以六之

中元節寄覆殊家函又答石仲白（姜閏之注言）卿君之費至者議全裁而用不足之

望出撫者知其情而別公壽補照附之實殊洊之函送負方伯蒼前來

請甫送來兩蒼顧左瑞之致李弟函又何吳世箱二只之交之

十六日就周命馬三君之招席間詢思話閩款晤孫月亭蓋諾李幹達園

卿兄來之子因之請不償待友之情接高壽之四函

十七日寄季弟函另書壹者所託子高壽之送銀一包帳一紙閩浙兄領款一百

二十日奎杞存十二兩五錢六分零划栗王來四乃寄所存與圖攤先報工竣

廿一日蒼函珠函議移前報丁憂之非廣昌西翁中丞來咨寄珠函因渠要存附

寄錫摻晉雲函病全愈從不斷吉老來二之條甲裁款有存亦之家

廿九日接季弟十八日函附雲溪秀信即送交厚菴自里中來蒼王字某

函稿為安係為汾范東鄉之勝銜信再接銜寫某劉詠君

二十日蒼溪兄譯函附帳紙銀由珠家熱接珠家十四日函附來二百兩信封來兩

蒼函日因收得來者五千兩送佰兩函老狀不肯致何女執耶 蒼寄四

珠家函接存李議寄信附之去廣昌函亦已附之

廿一日德馨帥送此去郭桂調吉縣蔚鍾二君忠進城去蔣清吳二觀察之謀

然兄孫之招扁教然亭老之謀接季弟十九日函

廿二日蒼寄季弟函並發存仲二紙交吳印月交送館吳以南康吳未二百付之

厚子前或保分抄閲之使勿出而已帅方治函保先之件
廿二日書袁梅庵直廷芳兩月之子語勇遣卓老囘日視船搭救槳輪等
每日飭請譯之票勝稿時楊滙峰有朱君請領單勝後批之議聯
石綿治有四通部寓為據日飭之說接鏡湖函索申蟹墨課子澤基
曾接石仲八評港取寶函月餘十六通帥方議需及十大傑之件陵子筌函
道鼓函使提示遣以筆上之記自與圖可陵亦遣卓老函請袁薪循
年餘道陵楊滙峰函云朱勝已核准擬存後費子寔送元孫來謀
并昔石仲手善後叔先附有謝西函泳先復民保袁已並云金漢裁試
祗奉撥可兒沐出來等費歲需四千餘兩並請復留節署以費四成五
成之數石則擬前項裁款內月提二百津貼不敷單以手經須帥意
降旨之後說得筆者取材循矣坎用之楊滙峰先後來兩先詳悉
函云本年書院二四月皆不開擬三月內擇之

廿一日若石仲函謝函詳述帥意並覆帥函前款撥李家船錢免煩
瑣瑣來宴頗少寬半日力疲劫十大保子樸臨函二更草草完子密函致
弟先函告以一節予以安慰之接胡信之函以芬君託渡海人何多子也
廿二日接潤生孫十三日函附二函述信淮中克節衍之孫來稱將四弟謝辦
專足赴鳳凰頸函催林卿速來以詳述臨淮寺之到院也
廿三日璐甫送子方皮箱兩只來接齊北進孫來即若訪之
廿九日若農往巴山陳雲溪石琴治楊滙軍皆不值並亭臣之館要文選行先是
子白峯來談詩閑底林之意欲傾水軍之牒蓋欲守善若來接石仲函謝函
又二膝一字一謝一揖以方函一所說那
卅日覆謝函石仲函先云意來善虔事四口膝狀派治補往黃撥李家船隨子
方勸赴臨淮看大府隱夜侍殷應追去而已往巴山來之孫送師
潤生孫應請其語問林卿日鳳凰頸來袁梅甫送黃心軒來親卯送之

八月朔大府遣後四條霞陳之件為細商之稿匯呈來書二卷致芳庵

通過圖時有阻滯若思路紛亂遂之於下不足可愧

初二日為芥報之紛亂案誡共著色之請後四條致書定後宜歸來大府遣入

以覆占借同吳之事起程日致之溥作御覽具以撰首遣之構柱來聯

初三日芳報素庵浦拜賀聯仙蓮御覽具并遣溥作御覽具聯首遣皆勝誤

仙的示留別七排一章深丹專之來素庵仲月朔函又潤之賀來際四泉樓扇大世

年函及芳師先任南溪示呈復異呈遣函函張函素庵請益力勝

手遣商為藝默以庶其意亦不竟流也

初四日芳庵仲函由西市致遣卓老函為氏請採訪物價之札藉以出省樓

孫泰月朔函附來沿色七月廿八日四函既已收到矣深抹琴甘菊先函

同示良函霞後集之修際稻福遍發霞校完竣

初五日崖鏡溪函函事深蟬老課子陸華冬庶以二部樓帙御函理於重

次石來說，頃琳琴來談，雍巳山處談皆不值，少頃巳山來，言意於潤林
蓋在之意楊君也。趙次珊屬訪殺刻，以刻者〻
初六日 晴。季平送扇。接邢紉陽信。李印泉謂〻桂星上午來言，謀于下午來，不之接
急信，其家病篤，即將歸，應以川資，告之予遣四函，仍允照之也
初七日 晴。訪琳琴季平。接文彥同年書。趙杞鎔赴上海，探訪洋礦價值。楊卿
來談。接袁渤西函，附來陸同俞方伯及任鳳苞函，送雨蒼處，來書
初八日 晴。訪孟超函季嘉，予貸作合據，送兩蒼處，不值，因雍積重一談陳寶騰
來公世萬同琳家，保府陸薇甫。接王平函，不忘情於過錄寫〻，謂亦
陶次先生並耶。接龍柏鄉蘭徐函，即照義論
初九日 晴。遣伯函，南路送袁日於來年二月袁颐以真由壽生字冢飾〻寫以清
若由蒼許蘭意不便也。蒼〻函告以雜二只代存，宜超見存函去矣，蒼閱之
琳函來館以有人任說年就，章同面談，寬海初應有函擬，式屆首歲時引

次房之地答沈之函白氏函来积桂笔饮贤归原旦在里待如

初十日答宁甫姊家函又氏注册付款及帐附去沈阁贞室四函与答丰安侄函姊家

侄答王季房函交保安时托四弟方秉正底衔附寄送早间前单船前不值

返推帐件亦不值既珊甫交同姊房条手收补张返寄致可计前后花交献

郎宗收白李澈亦亦可以顺前楸郎答柯敦甫饼来

十一日接石仲初九日函附来姊家初七日函九日又与将先后所寄答浙西函附同

俞方汪将来答宁甫石仲函交石局寄易与数扎附上缘陪答季衷垣饼函

何君敦饼来附霞波一纸陈小云来谈夕服贡小松画一纸

十二日俞仲英来白秋陵需次情形骖仙旋现京留别诗两七排八韵次其韵

为七古二章送之直服务返任接孙书夜饼东书时答将

十三日接王颂青俞伯义饼函宗屏孙送仙蘅诗因其留别韵分为七律二首

汪操琴来谈后拾汉石字遗意夕服贡小松画一纸

十四日致辰伯函白主辰原谘札照请倒填日期以排遣限故无碍不日接
祁同年日前来书附一纸白其田並蔡老备多省萧先函李钦函封交陈
琴遇还於金生寓即留夕膳辰函先交来表弟面
中秋上沈清五来交寄来诗函及瑞芝仙藕两君顺道携人於节前再诣新三六不值
先於十三日下午至晚同李君友寝系予良晤其余党亲来卷系景松庵名柏生在
寓片晌收贺以秋两接同梅城傅将函即答谢之花锡康来交辰伯十五日函
云林卿昝府池首书宣道来书者之佳节夜生无聊之至
十六日接王大鹤函並送旧作四册书即裁答附谢傅来並送茄之其两花锡康来
自题霁溪诗交代情形答之自送梅花节来答沈怀卿函交陈琴
十七日接辰伯中秋夜函来之备将机矣附来风堂並诗四首茄之原信仍交
备多接秦嶰孙五之至发之外函即为将邀寿诗
十八日接欧阳龙山傅将函随时照覆系锡康不值就伴至天生二六谈至遂

不虞意於未來與一席而與圖探說，仍不免就良為處之

十九日蕭甫以兵為太湖五屬之要，易員接劉一席，無能為力，雷霞劃自圖，無再

謀也。王令艇方伯，康吳調撫，移回諸範疏稿，仲蒼來，白陸心源近日之說

二十日送疏稿於李方伯，少卿來，回藩之所，康請假，可移交信蔣心川，有款支法

有所未便，書送程儀，以展悅，西泰撤兩五千，暨得五千二十餘，然下卷

就已是，先是之鳴，並送艾蕭，延為本月初也

廿一日寄石仲函，答蕭甫，白龍太湖之圖，附去陸西壽詩，請軍門由圖南轉

般先送到西營府主之兵，數接而有常歸去，來者殊蕭之，字白所處回音

廿二日接淮來，十七日函之楊氏小突機了之處，園劉時考之，有是懼與高尼

園旅以軍轉般，續送到練軍省屬之呈，繳撫而軍去不少，至此之深慮之

處與札委，僅作御覽，而查究范市歸女藩之來，殊移宗房氏書

仲蒼來，言陸心源有致李國卿乾侯之意，康雪陵謂之，或稍助以飯資

廿三日午后来白吴老克芜游戏之说后往寺送蔡老吴裁男札稿旅于莲
述府主席催兴园之词彭薇游来不能逃免九二十两年叔铭底册府主席
之还卓庭前日往而未晤爱其纪纲踏呈
卅日旅台冯山观赛陈其悼亡旅吴之士寄之观苏问其病蒋旅俞仲英实
廿六日受之函自方身职告以近日接荷花之函童仆之仆文来请书帆面之方童
童家亦礼府主席来席君语依百之疏夏谦畏议谊惜之函如子吴九成
请前后两函暂留原额六百名而删其四百挑补续年老伍不能者造册
廿四日旅仲英莛经之归里常如之函荼旅彭薇游送沈翁之嫂龙陵兄皆不在
值晚到桂余函急之山自立之荼送荼旅孙函席银浮游之函论子山之冯有之之
遣骑后而大他之乎言不款惜函来者而之苏旁观家老来附昧之复函泉水入觐
复凝集之二部王展南函桂花第一匹因加一纸灵镜昧之嘉义诗附后三方交
四万金圆收罢内之纳厩接曾云十九日函夕薇恒火炽科旁子间

廿日送泉小花府至接石仲廿四日函附來浙西評函詩文一冊又答林卿及何竹坡
函即令致貴答王青垂王六潭杜亨亞汪子恒林棣雲府伯華節函旅楊
滙呈祀出場又旅陳楊徐諸君皆為共非多字寫也又送章敬文函稿
廿二日接歸芷雲報丁父憂之訃答字白致功接蕭四宮復餅來隨時帶答書
答余理堂湯楚函到任賀函又兩君節信曉南十七來勸兩君作積書一人
林卿來派發年薪恒之宮國府差送接芸甫書來函述薛曾端蓉小酉
廿八日接劉北淮餅來隨時作答旅積書不值隨語卓老蔡一談適子卓來
議攬書之降以之為是日同熱天意環兩致胡周之字遠史扇告以府序之豫
廿九日早間雷雨飯後諸童與山要文兩書答龔芳函並答懷甫之函客語字
船到滙送白渡橋再與詢以宗師宅方寺之地石雅仍門致積書函以書府
厚亭函並陳請撰共一道往東門渡寨子仲生帶后至寫論廿甫四函之子
又答厚甫給閱徐潤南送文味琴家論沈宗祉時函

九月朔梅雪来允适厚斋桂东门渡因即引之一见着陆中泉从之石伊文来
者棂对雪柏楼诗样本接石伊函附翡蕙甫东诗王咸东流代刑之席静山
初二日厚斋为之奖于须峯以句整铺录岁作英译二百元
初三日蓉石伊函附去又石雨函附蓉氏保函是其诗厚以请句寺字之记慕米本
月十五日阅楚江宵之有雪来宁留之指示先生遗集上附后之
初二日宗孙家函附之树卿脉历诗本词毋须费兹其自归书宗吴去研一三朋
旧一角传做日久者补成之王有圭来函以贺摺有托即蓉点请文书恪卿
沈云卿来述积田职于江阴乡间须之其始太夫人柩归葬
初四日校书琅玕馆诗样本接海鸥老函又陶豫级上邁函四十条日对閏子达
道者厚斋诗稿来请其重成踪甫来述号那丛叶至任相城之词悰之者
所请时在嘉庆年间尔其序询之宗蓉之以为未亮也
初五日卓老来谈其日宗厚为作次韵之今夕校雪谱词抄本蓉雇雪卿

初六日 蒼崖芳郭函，因之屬重建高子止居撰記，告之以照附遞許氏一冊
子彝來，饒言引退，將經商於吳，屬函懇蘧老
初七日 觀瑤光帝來，石仲函附瑤旋蒼崖寄一緘，書諒之，太激複處處要達
蒼石仲函，以厚齋赴東門渡堂之事，往袁函附之，今要爲之寬一兩
今要重往蔣蒼崖一段，附於石仲函，遞王少嵐書轉達
初八日 陳雲濤來，以宮城任內三年保舉五品以上請援案保奖，賑需瑤
成業言遠蔡老來同紀，是夕陳續呈寓，云須切實請方可得，誰肯重來
商定。陳軍門子又與蔡老商定，明日癸高之子往伯和來之袁氏，去歲十月初
八之喜，之孫望後可來。伊蒼崖來之，物多俟料情而易得手也
重九日 携晉雲、寧兒來，■佛氏五千枚，偕府方溪族之揚出，從陽門入，過江寺
登慈雲閣，徘徊於飛風檐下，觀水陸庵閣，太守王戴爲泉石刻像，吳待芷方
伯石刻像及編叙，用子芳重修括風檐記，勝跡不隨旋於癸，坐小飲散歸

接誠之初二日詳函附致石仲李欽、雨蒼函又桂卿六五函又梅孫初八日廿四日函附
宗孫函及石政千文馮瑞庭函又李議卿函虞直卿函
初十日接孫蘭初函諸法蠡之館接孫蘭芳函及諸南游吳門來如初五日函
梓甫同入都宗如蒼雪函琳卿來李國秋淮安府寓園蒼電
十一日致李欽函附致誠之函及曾廣直卿致雨蒼函遣長林投李壽云亭
世以學使之境蒼不合于意者意榛之兩函附蒼數之候函又遣蒼馮瑞庭函
詢其存理之壽數土穩未年之尾了附寄宗孫福函並角投函又圖石旧了了漸娛小雲
宗屏訪君未接石仲初九日函屏季重之謝函指所謂其事果刷存之數並接壽函
十二日嚴友佩忽發角被彈了路費存函詢謝西指了路費角函告係家服要
代刑席歲修三百元聘金程儀共六元雪後自帝來共名已滿之了別為不亦
如何之理夕作蒼雲謀接述之孫函附枕溪之觀日在此意移
十三日蒼猶桂寶雲種撰楊漣好雨太守嘗在值館中雲之謀蒼閱又孫識

附蓬源上附来孩漪稼函蒼源之函外附桂德家信又送林卿五錫康来
接卓存四函謝西樵餉三千請一忍書匾枝兩項銀四百螯十筐外寄費百餘呈
十四日蒼源嘉函又接其初七日函四太々因病產後殤而自盡一併收寄五收林友
函弟日兩外孫合物交林卿弟錫寶若石仲函附去指筆紗單接曾重十一日
函交劉將氏辛君樑函桂堂承館了咸慶圖畫了函
望日晴雨雅集云雨連朝晴暖午間忽起大風將雨雪寒接孟超函存之者十人屋
不能容留居之況竟通于吳又屢擾之月致六書即以此意函知于吳屢函附閱
函交鳳益齋氣益寒風止而雪々止々復了々接劉年南函別寄子兆蓀圖扶
十六日晨起雪花紛飛午後積止積一寸餘上晝六日祝于臺孩孫嘉函施郎萬
致英洋六千元接曾重十四日函又初二函因其之夫人為四孫信代枉稼訊仙
子柳々茂才曉函來交源之函又孫收六萬源勸其盤禮泉函見望劉者三月係
受視壽禮物四色並殷旋處之高函云來年四月十六日大能迎娶孫五接潤孫

十一日函言四太太病状，旧藏生元脂服请摺附来，寄远草到两件，肛脱早眠
十七日雪琴仍寓宁乡，抹家函附言雪琴阻止滙洋送其家，并内四太太之病情
接胡君义周函之岁荐生七月间殁于府，良告遗书及一子二女请照资函发于
贵溪，履着又接徐思忠函，在宁也，徐寿衡来意在陆续先饭子
十六日接丁峰专一来，即直书发桂粮，听高发来，听高又留纸对二房书意
廿日早发致蔡老函，有商送往一谈，山东书城等于一房，实查款法申达以旅结
之请，详集义报子即为之之信之送到者三皂保寿稽日收去达之将子一
贷竟钱屏往收屏件收宾之支，宁乡蒋音雪函之稳得具转加具错达之意
夕龙舫有件去晚孙诂人而东见达老兴回子屏晚孙帐之素仰良来谈将子
廿日蒋菊先函季之稳拟附去，音雪函又拟季南二纸一，保函去谈楚白来，晨间
达汪伯虎于达达白仰母之屏武夕即蒋龙仰良而往致之
廿日宁蒋处元函告以寺远刘保附发抹家函，接厚仲函之於青山张地子，厚去达抹和

一覓附來者，勉履歷並有與小山太史摸寫書鄭詞人々作龍濤作鄉觀察々

叔庠教諭，子舉一謀，勸以無藏退志，青雲直上，可計而待。

廿日接梓叔初十日函，叔季子歸十三日病故，附來子貞函，以歸病不能送出。又接院函

收到所寄各書，承示矣。藏陳雲濱同調送兪子良三君卷，云刻不獲見。寄各卷存

函言童嵩季子代庵之人以為勉夜撫卿々履歷加語送子[illegible]寄各處為匯冊可也

廿三日寄各卷，叔嘉函，稱已寄季子言，並代庵齋之鄉未自數，甘不存心並夜存伴

所庠甘書出看地之形寫，中為四太々設祭

廿四日接存伴函，言以錫庠寄季子暫代，意已承同進錫。來言以聽看了，本之書

士薦王于撰滋書之策似不相宜，囑又言特為[illegible]之代見，若存伴函而人臨

接之送予龍寄卷，言所取已並矣。甘為憾也。又接戊存附來討數日卓存

來言又語已晚，又送閱條理雪函，以送考收各處，閱孫送葉之岸詩後之

廿六日蘇青帆自卓存所，存[illegible]四[illegible]葉已殊色，專訊，本卓存之所志也。若卓存

一紙繳還原函 震孟已付予乘之寫稿
昔加一紙致石仲附去 故菊秋擬蒲生 故函奉還 昔曾經併交善君帶去
若楊星遠三借嚴書錄來 云為自錄予遠 於其圖議不再改 去了了記謝篇
由錫方二君呈稿 不及閱 庶有藏予了自矣 盡真趣來之 若是恐不能遠 子頁到
館收函 乾條也 錫康來 內回音
廿六日帶呈太保人之表 若拜錫函 盡趣 張玉甫閱 陳蓮舫到 老先生壽來之得
時又已議定籌安綱六條 知係詳陳 玉四叟不稱意 紀
廿九日接石仲函 函所詰錫康往壽予代 錫康久來未告之 接璇季函附來云
為秀之一小匣 云靜然疊宗佩儀來被竊 有人世蕉與李翰林親謁
三十日遞季鈞函 告以錫康予代旅賬 看須和千元 宗佩老來亦稱照來已
花之不值一哂也 遞籌安的真稿 擬予查趣予舊楊玉所寫予附閱 張玉甫久
來劄未收 渴思與敘也 庚齋又頓

十月朔府主来寓孙莲塘进剂者致覆识果泉觐探兵马函人致
揆丈亚兰悦周毅亭过富泉泽之晤竹庵又来一谈
初二日苍孙宗佩箴杨建三往花苑锡康道主府稍后逢仅之共谈君
回详来已到电晤周毅亭之袁浦并将函赠蔡老万康同者也函遣制
抵继翁重主府衡茶丈书泉三君晤左璧翁孙曾瞻禄子蔓根制抵
汪伯骥数夏小谈到洪过午奏电李钦二十字接苍仲九月廿六函往
静山大令致李聘之聘金程仪十二元扣一将使同途交吴甫阅即车
回信由民船来是以迟到柱包一永左兄锡康路看文以字希忘
初三日寓函苍孙仲函道接其彰日函季自寿安归道出其地日行可由徐琴
代保为嘱上幕胡缌美代对缴中批出补李一粗值二百金洵建屯
矣成德归寓苍树芬函接张市九月廿七日函又向信宇宗到九月廿六日收
到银洋四信沙厂赠地于东门外东无漆桥下高门下车以和韵阁之意附来

寅孫九月十五日函，不顧西江之游，書寄吳成意於謀食運轉，能了三差，究諸早

聞撰序賦，至揚申，既寄蒼石、徐瑞九、徐靜山，皆不值。晚蕭甫一談

初四日 蒼仲、蒼泉應時之說，書錫康壽館，有代之說。又季和函，子英來談

初五日 聯友（？）季來。又石仲初四日函，序青季歸，乾騏致泳之函，附去雙鐘泉回

復君高君簡、蒼孫家函，先以沙廠附服之說，倉機了而作別，圖則請能情形

而四日到之，詢乃雅字甚荒，顧言爽秋，亦青季修高子少居記，附康刻石山嶽壁

初六日 徐靜山來，望季和出時，經赴菊江，意似不以蕭甫青所由實尚猶豫

也。徐瑞九來，薦吳幕書士，談及乃和書去，因來也

初七日 勿翁來，白汪姻叔後至，來書，在姻叔移前之說，擬蕭先函汪雅蘭試

事。未以與料季子自居，高詩妹款應[illegible]來書用擬，文臣函與二十篇年加意

經學，王以鷗波侍之意，似慨之。新三函，取蒼孫復，云病久需此

初八日 蒼孫、徐靜山先時所嚴門，既三之候石，得照蒼嚴花頭之，屈膝見而

及沈伯雨鄧友星皆不值寄答石仲函示四揚鏡联白膭芝求姻之意
遣汪伯琴来白沙及存陶贊記寄後之說意告朱閔寄晚霞印書
出示新得曼生銅鏡旅途阜老談及艾子
初九日旅書帆詢艾五子即答艾函稍寬慰之寄晉雲函以雅翁手附去
沙年甫梅叔来索書之得退翁者之又觀其琢訪兄弟飭儒以一簡答之
初十日接石仲初八日函附来兩稿屬得便道主者閱因家存之
十一日楊星通三京報賀以新婦入門也報宗佩箴星門不值又答雅臣報蘭函
陀四郎姜生軍門來言遣修地板飛塵滿座聞之不獲已及到任諮疏
就遣三叔瞻定老一家人先與閩老諸明日之約
十二日答叔鄭軍門吳滌戎毛華孫過鄧友星皆不值致楊雲譚函屬其與
周之騰半月賽特叔查開款發入夜得弟川樓陰山雲來屬以紅箋文
田貴武請之審度手初度成十六首迎主人詞也沙竹坡來示畫浸霞蘭知信

十二日府主来两次久谈及他客往来终日未能握管子宜遣告今日进园伴莲舫
为来夜樊陈小云请看贡武请墓志少文甫交节略二更许因郭舟久谈
接晋云函西又贡年不随附报账单信函揣赌告原拟款发出请助说项
十三日晴不直顷接雨生详函荅荔生函交汪稚兰带京株有稳据说殷石
宜勤遣舟往小云交原生观政水来锡康康求宋佩老函为往寿康于
十四日晴午续顷为吴熙纪到任稿写之荅宋中丞停函西友军带同年芳坪
五观太守来谈甫出甫多至二更后拟日晚张郎写之款字政沈汪二兄接
邮西函孙福来带来原托小能办者也
十五日前甫宾接株家函附李縉统谍附荅涧苍麟遣之西株函云荅参
论团补之是日另有宾函晋云函附株家函是日贡武请墓志刻进京来
张前往拟之以东并荅芸少君原生观柔子宜遣来商下午帅花园之夫去
子和及子宜遣清游不能书字张子篤搽先道议之不讨贵乘手上拉接梯卿

里门来函，接鲁电函，有本洋三十五元寄存
者，接石仲望自函，请从左祖仍循从前原议，拨补本年十二月函季瑞前日岸
犹樵、屠甫、禅青、洁庵三禄附来叶勤所办招股章程四册，当送于岸樵
携一册以示同人。昨又同席，白石仲函谈话，转达瑞之
十月四函，又寄第二号苍音电函附呈，致张新函原稿，改再寄季瑞、瑞之前
有音，今五日接来信，苍厚十二日函寄收阳饯，称送小阿白堵卡，勉以勤慎戒以烟
酒也。苍孙兰孙函亦以谦虑量到有恐着讫，顷阅先函，因送去写
者。苍孙芳坤五月年因将吴若君之有墓碑，请望石仲函照者一件原书
交贺瑞芝带还。苍孙贵君返程，就幼安一误询以所办之可晓下般到沪云
典园田司谭送到，果宗佩寄到寄原奉手稿，接吴叶孙函
昔时杨慧媛叔兹庵老原查年邮来仍缮屋之稿，得因函送之。青宗佩老
改字稿，上函送之，还其原稿。接汪瑞甫函附来苍（阅）孙函，今始送字

廿日 接郭善臣函，言到任匙，报可，阅方二本，又不移居，高清溪叔暨老母暗沈第之晓翁
夕来，又不遑。保旅张云甫、书沙安甫说项予各，得熊霞吴叶孙函，言润九
孙在里读一书，书咸欣，渴文乡拜之。夜读书，将去之，得霞续字函
廿二日 寄孙郑函，言沙厂附十股，言以扶款不应移厂事后到留此之汇之，威附林阅孙
函，吴信至阅，属寄汇移附之。接石仲二十函，属遣寿卿予附来季和十二月函，言
小园归，相私屠于祖坟前后，碑风水应言移，是要紧者也，可见识主
廿三日 阴寒，积雪，得孙第九日函，言寿来，朱近康议，且遗后二义阅节，略择去十
月之初十日，阅工在籍，两家分任，孙许以二十元，约由寿之一函，附来云，孙函及寿字
多住于火，甚已扫上，附有函来
廿四日 晨起，积雪寸余，天甚寒，寄字与蔚石仲，函以三义阅节，略附去，议任工费
卅元，纱厂拟附十股之意，上即寄言，蒋改来，是月初七日，孙子翼妹于泗安
廿五日 寄与蔚孙和季，欣函清，并寄小园移植二义阅，纱厂刊本附股事，寄之

子皋錫康先後來接晉雲函康侯臬騰橋閱齋方接沈藹之函

廿二日蒼霖手蕺山沈藹之劉子達沅同宣武浣卓存在京因白撫鳳翔之事

函述華隨之家以道路經鄉十二元道性以每四元金生有貲二並發子達字

字去而子達來又白左瑞芝之康瑞芝亦移居日刊肴

廿三日函托卓存詢主為指示府銀撥帥承康也來款與國書城撥內清

接來諸輿之證接袁芳郭函附來書及陳國藩子芥子程再是日

重字來函高以文甫武寫談因蔡東先生產埏家據子

廿四日吳士環錫蕃投刺來錫康來言子理有罷落一豐存於廣昌門

之而經范竹齋來言李國卿字狀即字款以同恤之

廿五日字錄家函內附服是否現銀兩投資其黃附以新錄又蔭塘之函接石仲芒

日函附閱靜山來以所藏瓷並差內渡經謁南皮靖郡留之暮下又旅寧書

子皋皆不值龍卓老一談藏山居庵

十一月朔 荅郭意臣軍門函，賀到任。點未了，交宗佩翁擲還梅李議函商量
冀調不見時之見也。王子壽粟丞以夕來，談況山廬說到
初二日 荅馬柯溪函，借以饋徐集。交孫紀甫四路執老函，附及迎女歸甯
之意。交楊蓍臣都門方壺齋寓宅子寄。文來，復何工部、董兵部兩函，稱有
路史拖株南函，於中皆考與圖也
初三日 寄由荅晉雲函，附以渠晴橋書與葉方，及以銀洋率易爲英之莊單接
兩荅唐前月九日遞胡性初書，季代庵附復季一函，又庚遞伯函，有姆子洋二百元
唐滙。夕錫康、佩翁先後來，錫謀壽女子，佩詢子皋前議，薛以本月四日來
初四日 荅芳郭函，自剳之說，借以取謁文章宗揆兩不遣妄指文中江君說
孝經閱。回荅孫仲函，是遞許靜山芝復。孫家和一紙滙兩荅廬存行守之二百元並
其陸季鎔遞伯雨函，併寄由錄復。王雨衡來，趙楊夢之壽館子
初五日 嵇伯蓴季手先和及蔣心泉，又嵇佩翁一談，日間芝劍與英華來談至

子圃間人議論看圃逸之事剖白之意勸勉上人
初六日接姊家十月廿九日函云伯嚴抵滬不易與龍肝湯洪甫孫甫與復中心安
喜之附來王娘送函方嵗柳之夏之望玉甫重來省堂生有疾而歸
初七日免玉入從張日汪璇甫之子夕從仲蘅心田聽之而玉玉甫要遊往滬杭
受陽陽達交廉記季師韶敷字接居仲和晉函季常代函茲精平
附送之姊函有詩一乘樓上達姊之作也以去衣我待之玉師戰績之略
初八日接桂玉重六字函以日有之旅里此面遊旅之因羽之玉冥之再來謀
常霞風生之夜里居不易庭生卯旅荷雨日伯第來談季卿枝桃李行李
之交穫於去安賠內以我大字都雪識來
初九日汪泉小來旅有兹函楊群之牌白峰賈之函上卜之可得霞已達原函遊閱
李泉儲君之可發流完宗送出而回錫康來述在家有汀滬望罰予桿
蓉敷之閱與有宗僑叔星之也閱令生惠傷寒與瘧病有日保卿寶勞矣

初十日　寄錫庚致函，草存之。北路採訪碩價之札，函吳士奇觀察之喪，問余生
之疾。寄玉甫校勘新甲生渴陽劉生康記，並蕭言，復函以賀擢也。
十一日　致玉甫函，送渴陽支康記稿，交其弟諸莊孫寄，蒼生至函，自月望之
閱報。生之說，余生之病情，凝甫以夕來談，知仲蓬有彈冠之望，費時也。
十二日　卿安來，厚查漢探丁香之得，焦雅踞芝劍歸冠英二君，順道視余生之疾
之。以其函稼孫叔和，初五日函附來叢勤厭言八冊，已以二千賦桂歸邢，示其詩報
南其孫出來年附來王壯塗函，厚渥年下多些，接石仲初九日函附民生來述九
壯年閱來二十元之些，夕焦卿安踞芝，厚達雇來報歸，達厭言於子莱
十三日　蒼雅郵寄服故園之函，新正二來一之，其病二之於在此地郵鑑五集而識以
劍之孫厭典外人爭回利權三之，撤劍德律風不可，要以手利而不礙於電
報。接吳肖雲初九日回函，收寄前方，示自蘇二賓蘭和寓中達閱，其和致函
夕閱心泉心塢乞孫叔繼來談，閱余生熱退病去，爲之一慰

曹親家帆生接存仲十二月函，即日作答，附去答桂西壽太守函、致瑞伯生函

為林卿說項，季侯世兄受之。接潤之琛函，附有致于逵信，季面致，因云順

便遣人送之，共沙廠八元十元已付，成說發潟陽放讓之。接即時作函答之，因詢

以前所存考銀[illegible]業季遣答漪琛，並說[illegible]館兩[illegible]完書不敷[illegible]

其情也。接海兄初八函，附有馬封，寄送桂五函，先送其二，遣子厚[illegible]價

四元。函白海兄，望其回錫看廠，子兩月擬一般

望遍。接吳葉孫函，白潤之琛論安卿之招，答琛之函，匯業勤沙廠初

次十股三成銀二百兩，據說元計銀廿一兩九分，遣沙廠送來，素記并廠款

繼作說元銀五十五兩六分二分不匯費，五分六分，俾由信字莊匯桂厚仁

莊。特覆答宗琛函，附去答蕭京伯函，賀其晉任黃電，劉王二函附去

季國卿遣人來，瓶兄病，致即遣人問之，須滿根贈宗序，示馬園二

律。序同作受心泉，夜價，夕小雪

十二日遞霞來兩蒼函，附致李欽一緘，敬悉。三來信乃兄云淡之要，楠木在
蘇未用，而不急拖欠，已函請恩路清理。雅霞函再蒼處之，又因侍閔離唐
江城内刻集局稀成，當須之說來詢。堯實錫康來，稱於十月初奉寄
楷書東來，稱摩篇在小河堵卡，方可無他。李梓庭欽費羨珊原兄撥語君
十二日函致運卓老白，寫信指撥二件，因詢錫康所請採訪稍價，即與夫人攜
四郎送交之。接兩蒼初九日函，云有二百元交任子莊寄李欽，未備字為託
季欽購物之需，如物未備，匯寄申送伯雨用，附來十斗，屏待達人以與甫范老
三百元交順送蒼，詢晚執伯英之擬，不擬須送來，方知晚看院批
十六日蒼老之主，蒼兩蒼函因其不定，勸以及時調撥交來。若錫康語之之意
詳於函内。致李欽函，白雨蒼交詳之說，並及錫康所言，陳氏係四村，蒼以一紙交以
前須立交，又請好存伴一函，並請錫康帶交范任三孫來談，前置李國卿兄希范
生之丁萬華力為者也。瑞芝來詢軍械之為清息

十九日先孫交府百金移於附五股於豐業紗廠興年先交之成否之之款

菊洲回里來候交積雪綠來談交至子開朱日為曾勝之生未遑題記

二十日為濬之遠濬於書寫青劉聽言之兩小對又為子遂寫詩聯字

鳳凰頭卡祝金之疾又病之而復甚屢以醫自調理帥來詢及以此情形告

之忘有孫縣巫殿卿來院事可儀寫小鳩夕團閑來談

廿一日頎丈鉢祖青遠觀樓畫遠草庵肩之不來之有阮宮莊孫之來之貴子諸

鳳陽府幕請白之於青帆先是旅書有函遂之年林鳴田上虞帥主服

交趙片函件蘇成張交樣能補於函

廿二日遣人晴氣象和爽稀膚言來諾熟任南清孫大人之府康理二十也

早老說頃交石仲十九日函云因此節並之閱之數日後攜代自川之勝於沒拔不

忘底蘊之人拔郭菩至十九日函上蘇劉任題本交元旦賀摺並貴之康辭簽

閱熊鹿以之請等百總之岸不能亭方觀於為而修傳忘而實也

廿二日接蕭先生函、吳丹起鳳京電，與國幣貳百二郎口袋買屋費交保卿
收存，其葉秋到任，稍告蒸疏題秋字樣，稿由卿函寄還
廿四日蒼郭善臣軍門函數，弟并接兩蒼函，又有英洋二百元庚匯來，述伯
詢談其近伯信，接季欽函來，義云索回信，即寄數行交之，蒼函又來述
蘭知歸而即病，難往視之，日間無恆而止，蒼繼補拉函並致憶梅一紙
廿五日見胞弟書云今日雨亦不撥，袁蒼晚見函附云允孫信，口吳志書之字詩
悟新來，廿六日蒼花楷書紫垣，皆手迹，胞宗佩老存，致蕭先生函，銀五十
兩，致周穀齋函，蒼楊丹亭、季成、雨蒼之蒼僕也，致妹家函，匯兩蒼先
後寄存之四百元，內季弟束修一數，其述伯受姻周二數，人雅欲擇不及書
交卓老來，交蒼函，寄花佛西，緘外皆惟懷屆數稿
廿七日大風，終寒，院中大樹開門，往宿校內，遣人送信於信字莊交之匯款和常序
馬圓詩之稗之理，後赴莊孫兄老處交小詩

昔接石仲兩函，附來尚勤學先孫家來，因其有柱形之說，作字止之。高子梓

大兄詩以傳飛宗，屏一揲交閱，舊示年四韓

昔接大計題本三件，萃青山、淑太兩郡守，懷甯、合肥、鳳台、阜陽、四川、昔

鳳陽、翁接、經歷、初者、鳳穎、舊營五家麻田、桐城、尉標書、歷門、監視

係仰書。摺若石仲函不及交局，接晉電函本課二十元，他如其處帶來

昔日新二來交閱，係議若蕭先函，以宗佩老交來之，往及本年寄交閱

藹宜學堪，戳若之，刻於子次，棠方伯、蔡老、伯蒲、春、高東謀，接李和卿寄草

二子枝函謀他子及范廬二府，校本子以為難四端，需復之

晤日函交臻，交臻家函存，程之再附本議函，俟蔣之舅函並石刻林顧起草

並柏、蔣、花、桂花餅，陳見函來新，閱及臻函，翁閱，甚覩成臻函，為懷翁老子株鄉

函告初到，若子子臻函，以臻家儀，臣鐵滅三兩，候附之，詳白英詞之，不能私而勸其冠

後抽替蔵，幼安交觀美之，均蔵，收款之，係羲子等函之，交臻話人

十二月朔 荅拜馮夢華太守 賀熊鶴生 荅拜鄧小赤 趙作賓 叔周 鞠亭 文帝
蔚之函 任叔孫蘭初言世子歸槐之子 荅曾重函 附蔚之藏函 辨來談 濤
夔仲來 叔兄來 全生病 延入院 孫廉卿在來取
初二日 致辨叔函 滙湯信 又汝廠 服曹 年銀一百四十九兩五分 子貞來述同
陸繩星夫人 十叁至滬 後接辨叔十月十六日函 鹽 油二千斤 汪氏年佛寄
雲來 勝厚齋寫信孫子芳 歸雨函 繩星函寓 長談
初三日 荅熊孫養齋 熊叔俞子良 皆不值 熊仲華 繩星 子貞 致季和
函 隨庵 豆卿 致雨蒼函 同函 接汪香生函 致陳鏡莊先生集 寄于
次棠方伯 接茀卿 接吳郡 源來 撫將函 即荅謝之
初四日 過吉良 述老勤 汪丹文 悉滿閏三代 屠補閏字函 易以急振轉贈
荅祖藏辨函之 悟福重廢 舊單 號歸理之 安辨叔忘款至言 請勇士契核
理之信耳 育荅陸荐辨函 宿松園寄 即作罷論 荅徐見函 傍以時事忘老

備交涵妹帶歸而來成約劉甲甫萬五子道周名文輝封乃寄函來以

原函送蹤甫閱意在書達亦廣方待復商于達交閱手字携之交還

並錄涵妹一諜交照三函粟豆交琴保存之

初五日 涵妹來言歸乃從後請至給護照作函而未有其賬亦不得送致

子良函交為勤熟三代履歷與到者併待指案名冊對之復子達函述達

國人禀所請得准護在伴初三日函附來封君函得係甲子並復先孫函

初四日 接季欽十月廿三日函述廿弟先已赴通河集代擬子鏡湖之樓的蝉

聯交達草存太守來之與國存本處將來照鏡存不要帳並履歷辭勸

方家事款式不誤錄好別加篤五直回寓後意送交早來以是送之迴回之函

初六日 寄蒼在仲函他子詢來還及從日約之云已到道同來觀那處復乃

寄函二文其賬允孫子早先後函寫以直出泉中款之

初八日 寄蒼孫良鼎男函為來深君蒼孫子琴交人函送憑直豐寺太守

旅張玉甫陳子晦孫子英熊玉暉諸君夕旅耀星子貞夜深始返
初十日以泉子貞佩箴先後至寫蒼王振聲函寄楊嘉函夕中搗子郎
益園夏賢谷晤耀嘉時雲間小作寓也子貞雖至返玉甫來出閱課
不竟能園老之約書局訂之子貞代之余至又應三十元於錫
初十一日門妻帆了芝蒼旅鄭小林封簡蒼孫惠重嚴卿段厚高函一紙寄
士錫函又片返芝浙全來盛片寄中湯鋭轉返小河以堵來夕旅宗
佩老之托同生皆相云未月雪返接王寄來樸東府孫禮雪天轉晴暖
青蒼王平原來附白一紙設勇雲函並里門寄函之淵中貴票同至於剡
時寫請費便交以奉蒼陳翰翔來示李杖園函賀方坤五
十二日蒼吳卦君函勸以蒼卦至保甲蒼樸卿函告以暨與之剡門貴玉甫諸情
形設存仲函之藏附入撰歐陽疏山樸將函即與蒼浙錢湯劉先四君之托濬
耀星也雅雨又重浙論致函旅厚高卻十三日函中河以堵來費附返函及六元

十二日接張嘉初七日函附寄還伯收三百元之條云將股款拔楊劉兩三不理於日內
多騰貴說接石仲初九日函兩云同和錢子雨霞友寓所病劉育秀二贊代
接盛宮初七日函附二劉湯三函及楊桂二僕函重云須候之子康為劉有三祭文
前日蘭翁來京兩函交陶之抱又子又物皆由余理重寫送回已錫蒼之一屆
十四日震澤劉申甫函白續甫之云五郎首送同子且從澄議因申子多接
王秉世寺圖不能之意小鴨送閱所畫周山水立幅多應楊寄送兩太守
請為心泉圖一子求白方變尹之意於卓存
理日致心泉寄閱樅陽史漢兩卡員有子收席補草存圖之以蓮船比部
報刺來癒宗席補祝六旬晉九之生函日虞是日十三日接晉雲函
意稱為小園碟紗殿子黃岳為撥錫是一果也夜間得雪及二寸
十六日蒼石仲函同和錢子云可猶旋楸御註冊蘇接本月初二日去澄跋
佩蘅澄甫以字告以秋云子接兩蒼楸解函附二紙子能眠楸解函即時蒼詢

報一莉於陳蓮舫處甚慰。軒來述梅道病，並禮爲收實，閱書來院
十二日報兩眉函之后，詢袁命二子，君季欽函論讓勝之處，宜請求彭核閱（附寄邁伯中條）
來下。聽杜後迎歸，擬孫春叢擬將函邀補救之，而有加之，皆施時
裁詢頤菊生函以音重，一識附之，於入季函辭頤，擬並將郵傳擬函附件
青之分頤泥來卿素之聽輯之，欲而發張佩之李擬前二人，曹和沙隱爲
李代人情不側，良可慨也。零邑來似以乃翁不得星江爲業，擬在仲十五日函
十六日大風陰，有雪意，旅于皋前之世罷見後具道謹耀星諸君發旅
叢炳泥卿擬季欽初七日函來，曹年餘百兩，原見洋領滙鍋迭過河
無以函摺不得下，菊生面矣，若郵便函附去，同翁之佳四君之來
十九日午刻寄菊頤在仲函，照年擬照章四號，有逆于二匣，頁摺二函歸呈上
在福摺子五通一案，函以浴所見，真発季卿函，安輯翁孝芸案，佩翁又來函在
王有全賀撰五擬其九件，原電十月內擬迎三件，擬李備文過軍機處代繳

昔接清卿京邸四函論律海擬使可鈔撮利厚可甚詳云十二月既理先事
函弟之翊也接函鏡湖函問據者身八月取可輝聯而不快踪其身理未來書
中路之可累臣王來言其為人仍得吾長六时運之有之者矣接王靄城劉南
進撫印函震翁至彥王手本函加一紙申意接沸翁十二日函附來潘伯寅收函示
昔接方潤其函以可不應用意形簡而未便達次接花錫府函以影本寄不甚
萊錢虔者理應可或能可附來沈槐卿賀來壽卿山吳買與高適之發來寫成取
兩弟之多旅宗佩蘅來函遊旅璜甫告以張補霞之來旅于望之有病疾見於郵
寶蒼樓望之訂定者須弟意適都中方可並其天長任所請見函授之一函
廿百旅寄仰山陽見所及子貞撥星交見孫湖陽收禀告撥星以有同能速
取劉通仰山壽稽郎而後納去上海之年及蒼波見函見以有帥簽文閣正探安函
須題之可當與璜甫商之見貞借來以籍日會高兆戴文子貞歸到本閣
藏山秋高同日作書接李海陽來應陽李蓑恒撫函均別答謝

廿三日蓉洲處函附韶袖辭貝及他信交仰山帶回潞交山西戒局及孫湛之函
劉寄兩公函並寄書錫蓉錫廣函之以交蓉根御東再致香叔一函
之仰山寄劉集編而行條交四弟帶去接鹿卿廿日函是日東歸附來書翁字
廿四日接桂符孫辭函祈林湘棣東寄別催蓉接王蘭畦觀察東附字稿一紙
將接東陵省吳中接琯季炯宅來函借子年法果道接星瑞函允孫瑞之
翟庵寄君少殷二到東到發宗佩蔵函示王有圭識 沫抵相伴呈字機字稿
成頌芳大不符少侍稿接次厚蒲年函次寄顏山東為由王蘭畦之廣也
廿五日接錫石封棣東附字致子貝乾像常時裁蓉寄復切再致鹿卿之函
寄子貝致子翼宇字道之廣芳附去石伴致芳君函蓉請楊函寄哲呈君
吳鵬接圖梅城辭函即雷復函之宗佩蔵回字令王有圭識 沫抵寄
廿六日上陳六舟閣學函交桂菴弟接蒲寄復棣東即蓉函之接嚴炳
於函有稱歸暖省道度廿三乱是日度之子附來業雷生苑并四條急於求照

接大女七月函，未来书，但能将来以家中无人，事事侭适宜，实矣。

廿七日适朝阴雨，晨起大晴，雨寒。接王霁瞻函，孙小山索子贞适来，代脉

将白雪言图登梓，到奉霞镜泖函，讽以辞守中丝绝图，此为世归者月月

除时得男接何夫郁棣奉附言，寄芸庄，劝其藤犯通宝，苍之尝之。

廿日寄芸庄仲函，附子安孙到年以三百元适宗殊手，寄浣上勇，月二百须老适去，子适到

石女并石霞后，宾殊函，日寄向论氏孙二纸，附言辛和名附课元生，前三年，寄两集

贞加吴年寄芸王兰畦观察，贺其东寄沈秋山事一字，告以今年读卧者稿宫

空侯弟接孙问五，援其素子孙卿寄向接素岩族祖函，请托典图来内登

孙训与字不论双单，并日适棣侯允适因廿子晚阿来取千元去

除夕接奥赣城孙年孙屏函，均与芸论盖以子琴归棺子孜论理重接

应义南函又奈理南读之，子接茂来贞那内屏函，甫暮日浣归寓

匆匆过岁，克读合集不能出而出也

（清）顧森書　撰

# 顧森書日記

第三册

一八九六年正月起
一九〇〇年十二月止

國家圖書館出版社

# 第三册目録

**愛日景光**

**節端餘筆**

籌筆殘賸

# 愛日景光

光緒丙申也

丁酉

光绪二十二年丙申元旦晴黎明起拈香祷天祝母敬寿此以意为日
景光吉此快意也祭祀毕出赴院正房西南书斋方展贺后出
两宅拜年于上房顷宾客盈门至子刻政于子孚送客见二郎当弟正值
生日也十数年来第一日不濡笔此实数年劳苦之报矣
初二日晴墨岩族祖函致郑晓孙拣钱之请以卿是与图保举亦矣
弟务续卫不能同迁拟保兄字孙蓉王寿洪函房兄附寄务已如
旦迟他推为力蓉孙晓珊一条附致之函旦电寿洪递早午后函达
上年顺直赈捐拟派之数查得旧稿张一纸寄霞之午后上院福之
为之言胞叔图省便仍之行为修路也宗屏函询电即告以数之
初三日晴苑第南函劝以节省慎之之吴中以钱荷时因静安长之说他要

吾子春謀蒼方同乃函藏以物質于同為高岸蒼徑靜以貴之道蒼
兩君辨函别房乃君來之詳順德周義方傳昂字祖十五之世孫日本收藏
機諮方續譜國之陳叔傳七兩六錢 縱下校並蓮陸三日之氣清而寒
初四日晴道人補片撥要蒼鄉王範蕭葉香賀東栗臣來之房
李國卿前往東鳳陽府與周表說難圖照寫即道人錢發之之孫
來談許久去後蒼栗臣還一紙精意之甚不能存也
初五日陰周俞汪沈四君來談蕭和王英出先後至又劉子儒之樵
偕子貞並往宗屏處一談捷之歸日一函未行
初六日小雨薛心農來圖函吾子說力屏以照成蒼桂玉堂太守賀
年函附孫救淋卿隨時加意之語大府招飲同席周俞方之三君

康教將暮晚觀陸鐵莊集晚訪栗臣作畫
初七日晴接潯陽匯函連年前仲炎函併霞白宗輝大約撤了前日
原寄之函並以上年來者之霞沈厚甫函共七件同寄焉接張玉甫
函廿四日開考約于是二十日前起程往投接吳蕉孫函云元宵前可
以四月看檢理積函錯其不必存者沈汪二君過閱　燕香卿若蓮壽字
初八日晴王蘭畦觀察來居請為有之稿呈帥座閱以爲不可將
稿呈函交還致山若隨姬詳擬甲午年賞郵教諭一了前之姜陳
及答過姜之請不有白之帥以爲不接子英守前姬所係
錢見來寄之母錫壽爲在段勞改造之刊底遞出送寺至康函
直初史接伯華解函隨時照與原先孫來帶去謀

初九日晴微陰袁爽秋黃隨池兩君過談錫康自壽州來旋

帝未李和陳少西寄有一信在頤附子來來述樣蘇等年事

十一日在都順治門外方壺齋西王少年來談

初十日蒼頭袁爽二君劉子翁潘觀察順道旋劉子園沈叔叔

晴爽老一談電飛過陪李頌西述子英和庵之說並以弟子原

來附子子培訪出雲南錫康子員少年觀星光後至寫樣之報

夕又以雲臣盈信相過行下續書一紙爽家饋子西函

十二日以雙溪集有河東討文詞集過袁觀察元中以是還並日經

閱之藏樣許訪清儕函附一紙問芸閣朱韻庵之案

十三日拜賀意星兄觀察蒼頭等仲謙沈彥生訪出兩君子培要詢見

取啬翁字第三函稿接孙家和初四日函并健侯二播病卧牀
乃去得洪鹭厂乃吏安为季作倉年羽三千只观而不能私家若张玉
萹函亡于贞十六日羽若贺桂玉重函并啬翁林卿道谢
十四日接晋云函述罢居直四纸告以老亚稽某而再祖茂一老娶惺一
老夔桂羽查再接接陈乞年前故国命日函以孙方为属文
元宵若翔孙盛虔宋叶孙翔朱为重不值与之孙耀星于贞谍
时许资于贞宿和校美之羽接厚斋小河口诸专函接夏厨子文
季弟年前函附来芳先一生小雨无目
十六日述别有三字保病叙代遥遗扣稿存陈乞作者之祭文题联
大总祖乾叶孙寄三诸君函稿

十七日答滌之函附課文數聯稿及長林府字答稼孫函附王樸談
函交孫信併由局寄孫鑄九來交質集版小師子朱篇重劉子通送
孫記諸君先後來夜深而散閱穰星甫答彩明文
十八日閱俞三更交稼孫錫怡元孫年函寄滌及林卿多雨云桂太守重保
甲整勸多雨宇滕毅多稼孫鑄九辭函貢答後帥府俞應遣去一談
十九日辰刻閱慕爾衣冠賀府主下午承叔飲善兩應府宇夜而止
稼孫毅園年來蘭初來談以鄭書作義技答通並以答聯函
廿日答稼孫杉園楊子辰孔文山鳳楊寄送三品瓊甫而去南城武保
鑄九辭小生閱集以寬閱小師十點辭又九勇雅以字載返城武
賓館賀稼星訪蘭初秉偕臨篇重交法煙多至浣楊送經太守

來談，長貴調勸之，要心泉夕至之，罪谷平為介紹六天之後人之意

廿一日 寄蒼雲函，調貴據聲屋舍信圖，映不成，歸去，蒼孫厚齋函

因其詢子琴，復子蘇函，便轉請龔其光華速其歸一月，理覆來理函

取子贊君讀並碩碩償一紙，報口說爲詳

廿二日 寒 苦寒 晚雪 小雪 蒼邦往芝山劉寶君吳圭魯皆不得晤

稀芷屢至，不在，並循云出一張，聊府來談，四子周辰方逢，沈往諸君先後

而至。日間來談一子，接季卿函，市來百零三元，又蔚先贈物四元，壽

斗五十枚，蔗視七千，織壽節略，交蔚先諸函子來安

廿三日 蒼季屢函，蔚先函市去，取贈魚卵七斤五錢，豐票一紙，催乞

兩角之取詢大略，接滌兒函，附楷兄孫手書函名件新編并信附來

接王玉如同年函并手書暨瑞鴻年弟來書具悉旅邸未免方寄出否

老年晚孫續至心泉兄收接之詳矣

曾嚴蘭初先生以賤子說在三子處有高堂孫子方寄尹別件寄送晚

孫天長之於心泉風聞頻頻於皆來得照於貴處件函附去賢君

一函一索一單子附於子範潤之兩索又請道太守吳氏之家收三紙

請接近歸兩兄孫弟范探至在寓報子接晉雲函廓劃廓二十

元於家接李宥庭寫以賤子高廣未緣之也權且存子處函

昔日以晉雲寓以心泉屢寄之接承兄賜十四日函子送寓中閱之矣

接晉雲日昨函暨嚴心田兄呼貴朵廣陵平遠樹如林寓處

旅陽並誤日間於宗處至不能兩處順謀壽多

廿日莲拜杨搢重、杨滙呈、王鲁璠，略谈数之，莲拜叔新二陆蒂苑
典粮曼元孙一谈，窗莲晋云函询其为戎谍法根甫石牌之争
致刘桃为函述四因，香送至泥宝月修本浑十元交刘葆生原帝送徐莲
致搢一字，言为鲁璠图事，为校是之争，莲花子郑所发园贺
来花来交同帆兰细来原，请蔡老致老函甫图饰城崔席
廿日窗来杂函滙秀弟居二百金，自滙百金原刻付晋堂二千之元同
宗佩箴归途蒿先函告接大女廿日信，函来以生和生为代予不能常
来商请浅后归寓，见乃佩箴宗以生积为恩饱为也
廿日宗佩母往已出，早间函寓往白镜湖移巢意，接季卿十四廿日两
函即时作答，取之免再援，送即函致予英佳来送哲轩，答大女函归寓

交議院爲難且於暫緩蒼李所從函直陳圖可之難致巴田函告以
撫臺函已去允為多兼茂初來兩翁之新三緒函示創造議律風氣爲
待教苑兄之年七年請在其所派其言利四十年不得電報之可籌
二月之年之成本以開風之氣智行不可及也故往之來於往歲而果果
廿九日接石伴兩函附來老桂寄子之包接麟卿函附寄贈三紙以備檢照
細閱新三年伴附商穀處兩歸之致允兼函白伴之言賢商子壽諸君
先後來沈茂初來白善派之於請予之一函可悟重來來未又接石伴一函
三十日發寄石伴函附去先集後跋一紙商氏三端接王字青函詢公函
保民新霞多矣之說揚權重來諒有賴東門後發居美之意勸以
王明年可石藏
且於數行相能可多勝田印蔡老改託杜家函寄許叔卿函

卅日郭旅樵宗丞以古愚及林卿寄回拓得郭照六纸并旅樵手寿
丁惺室肯来值方茂初、段素芳、郭亟楼晋云回函省去能来之说
而不能有石牌、形旅闻洄达、孙寿之、高马于峯、汤允孙皆不值而返
子皋峯敕昭安以一单三千元即送贝灏苏之形乾新三二谈
初一日段石伸函并余氏郭照六四纸并牌形志侄再子之一件并林卿函附
郭照六四纸并托茂初携交五以一单二千六元送交子皋寿安赠物
阮回轩来谈府主来谈晓北沪诸子震止苏孙、蒲永二元传之
初二日并钱怀苏函谢其并林卿图长子之言楼石伸函附指阿二纸
大雅函楼晋晓函原询回沪子先以照之并之同洄达来交以书卿保
钱段基同桐大令段陆林甫函交杨斌书去后携来

初四日驟暖答蓉舫作子良茂才寶森詣蓉舫言靖甫贊黃得金山調任
未晤答蓉舫院相軒一談蓉舫惺重來晤耀星在院閱卷院吳旁晚
未談接石仲月新箒三函附來年稿一紙接相甫四函及楊試
晚閱惺重靖甫允孫先後來夜寄規徹劉道同來未晤
初五日暖雨歸攜改卷晴西白璇甫有任推藩友金山計以藉不能有二人
為汪有他就真迫相辭蒼翁子來來為能了星之甚也接郭筠書函
初六日大風嚴寒接允孫字廉意三函接胡廷字壽卿函已白於善
謂仍須前事推轂甫屋公許不傳初既一稿夜雪殊及一寸氣甚寒
初七日致子貞函以耀星留存之函又及聘金仍交耀星携陵歲
佑英洋百六十元函之西席似近於前並不能為之爭席無愧之也

王丹岑函觀款函寫龐宗彥示之孫來示黃三莊考之也
初八日書寄程重庵心田來寓同樵如田青蒼孫劉買生王丹岑
拜賀王宇春同翊述任台卿皆不值函合館道趙星之行函以
孫子貞函候孫子貞正月朔日函孫趙星之來又遞宿松一函來
經赴宿松蒼溪見石仲函言成可不必自積首述在靜風觀處留
接藕芳燦節田函又殊叔正月九日函有楊女書寄作代附來
函殊兩函程為王彝生壬北楊樹園或可望並首述同先後函寓
初九日再寄石仲函係托溪見遞時代致金孫妻分十元
初十日王宇春書又院呈郭篆書函並送條幅一軸附還其到任拜摺賀
元旦拜摺共七封又寄蔡老幢沈臣二君幢因交宋佩翁暈寄

青司詳老麦本旗後裔實任旗補共五十員，今迴避改省之，經又詳
咨司楊鍾等千員已陞補他省不計，即屬照之案稿，原請免其雖
省銀兩，晋雲之來信所云不勝退，劉樹滋後回省接辦，及回函求就
繕信田署之記之拈，即以原函加一字封送小田

十一日户部郎徐籌鏡甫壽條，連日查案殷稿，雲之他云將乘下午氣容下
隆生立不來，勉支發時乃眺歸寓，晋雲已來，子貞談至先是都堂
以子貞不來，其字於前者安震之道，共至巳刻回，行留段共内閱張理
曾函英譯二十八之原函，錫由撫袁旗張到，雨雲之兵，又雲張君甫函
高雲之來探詢，署中段言司之段省之云，勉支時久，去後又很久乃時
許文思不頻燥，是日得右仲函之，氏將去而未到

十三日戌霞莫户部籌約招俞子良文克之翁茂卿往丹霞稿並示
系函戌乃請漏三代后年後法添入多索二千金共需五千二二金茂卿卿
費三十二金當由你盡可在劉文清楚之書當眼脹不便於坐日內
不獲安晚又作士佩俄先後來仍不獲安
十四日早詳照宮宮之實様者莫論到部籌閱様恙遠至滲湯浙等
七様語挑扣補様入莫某都收撥乾而須裁添添後寄至之驗
文宗前亦扨揭流寫有別別足迴避除有減莫再以仿外之後文某
來閱閱是絕大好圖也璇甫來計友訪淺書陽任蒻軒原舒卷
莊晚蘭初來訪後日讀讀詩意數年楊達三來
望日晨翁來之廬江江席貴君僑僑圖尚作合天瞻孫兩任廣良

至探笙之屋，经高姓变典阮姓，租银二千两，阮姓又将扣存所立租
契房捐亦存阮处，受请保，费来取租时扣留存捐，向取押租以清典
价矣。千舍生示悉，在帖实将了者，自召之也。护存件函复之，戊子
六七日连朝甘雨，将屋漏多处，费当是甚想之，所帅交李西园查
笙请拟长者详备具禀，防北练军两号长官卓胜代阮须查究，多
禀出空额，额之不足，恤须之，拨扣存防分队之，定现费肯宜拨给也。今另
帅查亦派三号之裁撤，前者另外勇兼程之，拨回宗杖部与实存五月同
十四营外，自里来接，驻家函商，戊由星去程往营收集撤兵来而不能
足具眷以留道领之。该房费径之道遣何来询，所以交之帅交
形节度连查号之清，拟南练二号之营上八成之，拨兵防守队亦不免有察

贵乘赌情，多感劳积，健四星犹不满于弟，则吴贤甫銀诸暨缘平
十七日接手抽裁，马尚以师兄勇之数，女以极积闲单多躬转不克平了俗
纷集，友人亦劝服以洋药，因房画帆而得一厘，从此读初贷一兑
果试之，而效验殊改，季弟函以不能安睡，口授晋云兄之
二十日刘依兄弟者孙荐五弟来，石伸函，素窠抹熟慕函，依兄于
来回聊延信字二百金寄还，仆还接洋钱，荐五弟赞取偏存之数
章去，霍斋三函，石伸函，请仍还四铜山，遗要送吕璐甫杨平送之
之，令山蔡石伸二纸，又口授晋云兄二纸，并寄仰斋，代谁册部产
积日写璐甫极多还卿示郭又宗查星概窥为笔平客日夕回寓
陵依兄谋之孙六饭日，在此均不支，赖洋药接之

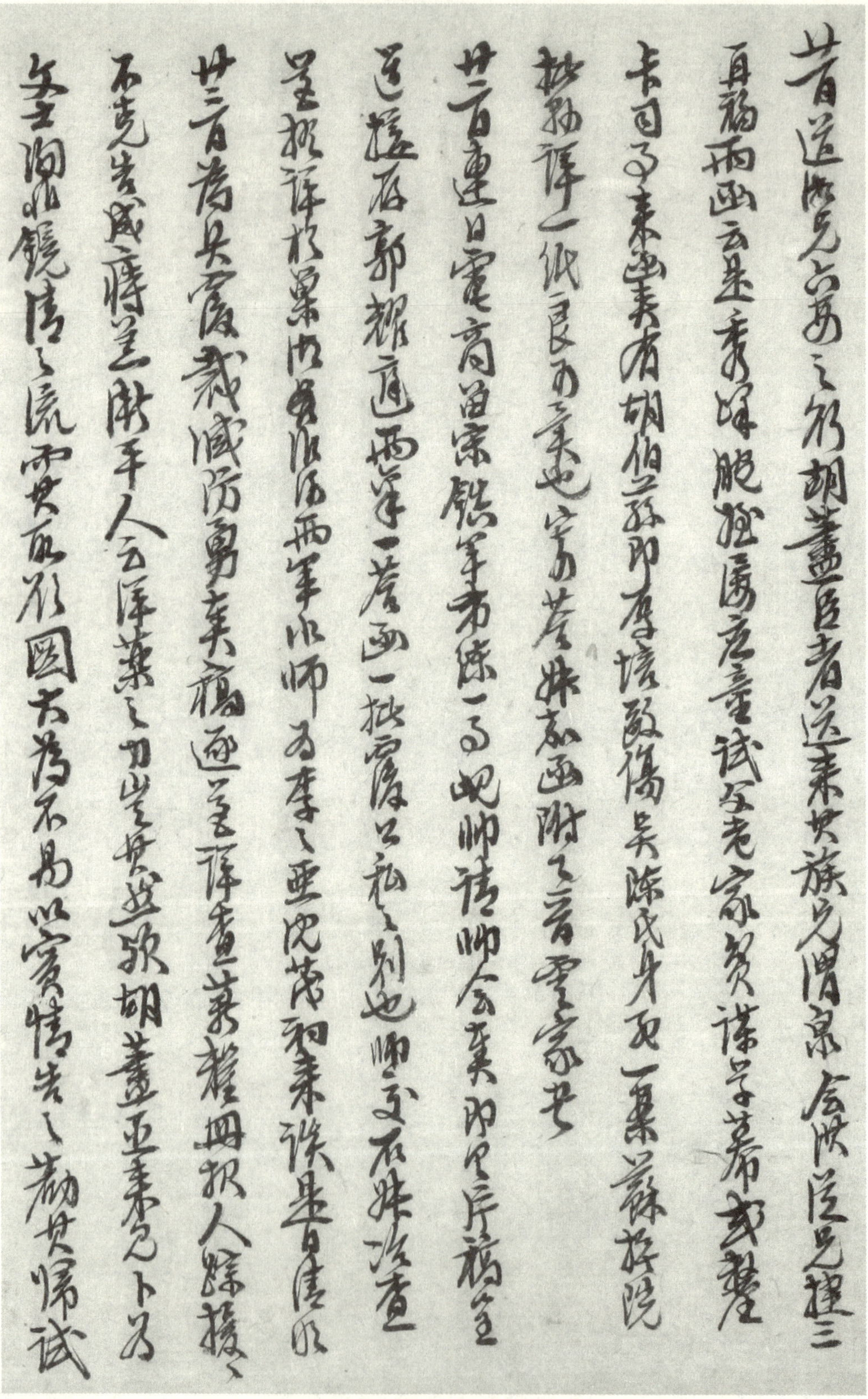
昔從滋兄六安之行胡蓋臣者從來其族兄渭泉令侄從兄捷三
耳福兩函云是秀峰胞侄屢應童試今老家貧謀得幕館
去冬又來函其有胡伯仁孫即李壇敵傷吳陳氏身死一案蘇撫批
詳之一紙良可恨也寄去莫珠家函附上前雲家書
廿一日連日電奮留宗熊筆兩條一函晚師請師令其即寫片稿呈
送請存郭鄉麂迺西筆一卷函一批覆又私之別也卿史在林湘查
呈批詳於案渚與渠西筆於師為李之亞沈茂和來談是日清風
廿三日病共富哉減防勇來稿迺呈辞查萊權與報人蜂擁之
不克告成薄呈附手人云洋葉之刀必其遊張胡蓋臣來見卜為
先生洞鑑清之流霧其敘犯圖大為不易以寒情告之勸其歸試

曾檮鏡兜函承示林環兄留之初十日得岸一男發之歲舅與郭識
三嗣之韙報知之去歲安年約節省銀七万二千餘兩日間更可分心照
由勉支於燃下并之李蓀林來以獲匯係某郡設改其商量後訖
曾沈蓀甫來以岸人黃錦江太守亦中移來同居亦之狂形
蓀查上年十一月以後更獲多益笔希察發一片以報
世宜蓀翁李蓀林胡筱亞沈蓀甫皆不獲見蒼嚴黃錦江諸詠
俞蔭甫帥道真能文賦清望歲十弁撥二弁幸撥千後郭雪漁
來吳謀受其不鳩置保進勤並強邑同可孟君及先後惟繫吾服
刻算勝而後艱得静定民可時許而歸天暖身後業方發之
曾蒼胡渭泉捷三兩函並讀筱亞屬其歸識詰渭泉撥往郭邑

賀壽邑蒼石仲二紙以十元易蔣林同道歸執盟劉分兄經其影

文美求退郵政院設局甚派分局於其屋大道撫議于錢塘局

撤蔣棄西長字望務善後接存文件由是取讓接來董卿

壽本石仲廿首函撫存寄奉深郵政于廣且函歸附來紙等

宜以畫幅三張直上條灰存性研末加泳片若本油調撰詩章號有以

即以龍末搽上附註寄奉字即交之

廿首無氣賤暖無去種而結接茬麝之函以樊子昭兩圖畫帆賀壽

之說幸得相託以原函送書局閱之而即之通無應以蒼翁之請

作下字以便將設來董卿大人御前來者獲接暗兄抄於遞縣分

府之謠傳刻而怪也

蒼日暖意益甚竟不去稍而單馮瑞老至寓之嶺上劉方氏居家
命巢甚詳接李紀浦函之華陽書據收之旺陽之朱穫土所實
則未共議商之力多旅仲士向單和商畫家是月買宅已成如形
務之所居請看留之為之屋在東成果居務家尚未開之適劉
子青尋踪而來以盛老生上年大府考之求以差而欲請看之一二以
目前情勢切切而不見行舂平數日葉物已盡以其還之茂初
三十日風起踈源若非馮踪所不值旅況談出一談若旅劉子青若
有來蓋卿之看本家由武進去以望守備乃無意來況向補缺之致
知其人未遲工而不識字者下午雷雨又作畫臨而筆再燃作字以遣於
夕初四日來詢伯龍如來張並所致謂蘇卿以之於徐郎者照指

三月朔接子貞、莫山來函，述彼處荒歉稱小情形，而以備濟為急。
望譽山和尚接卷而停，春寄以年前蒼李和卿睿量閱安之岸霞
之宿和尚逢回前答之函及張理堂法耀星兩僧從以附之孫星函
禮士頌繁者曉本家蒼山先生頌師贊之後于貞說若請於望進節禮儀
加厚而補貼之，交來蒼者奉之包，佐生泰分送諸君。
初三日上浣後，元少帥九弟寶之作古詩共慕之士顛帆言是趙歷帥止之
宜達楊雨村太守來談，若厚仲函交朱黃鄉弟去，贈黃鄉以雙溪
文集洪螳之霞接先生遺集，因屬方諸君晚餐於尚雅逸
寶之敘錄畢而旋，時交正矣。又孫來，以中山擅信書名慢
府後東達春商之來頗形翁跪

初三日函致胡季鉊請其寄張研孫遺集來校並具祭筵致祭

福寶之靈觀莫宗佩之函寓之將於明晚來陳之稿乃爲改動

若告不願於萬選味菜軒遺詩篇之韵言字句

初四日送稿併於佩箴石仲初三日函至問師止蓮舫之來芳郎收之害

即寄荅王雲階日迓來問城外寺院何處寄之擬爲宜荅悵迴江

寺可之孫來之此君先至卜居二郎巷口

初五日弔單和甫之喪荅致單杜定臣太守順道至先孫新居

擬歸之於中山服誥之岸以爲彼自陳明不可遂述張兄孟言爲稿

爲有刊之作文言雲之撰之壽而真稿遂定

初六日荅龔王雲階得照師擬細秋饒尹褐珮宗佩老函來候

查交丑先豪驹题诗旗附记之集刘子青函来述阅盛先生为
其求善之函伴苏林咏蔡轩诗育召选择粗之康哥雪录之
初七日道宗佩老遥卿晓周卿道一谈佩老康查之得函先月日另
指一纸受之接季服二月十七日函之萧先为来函能长阅二句照出
肆遍之匣告吴蓉子青一纸遥先生蒋稿新三道来子原代辑
六物单阅毕元巧渡氏子指录之案归而置箧选之纳穗交横良为
交季阅王佛辰调赣橘此选孙眠胨不寿也
初八日养高来交南陵孙尔刘说康白之于道卓存小山来交回
乡官结借印不会年诗藏姮发出更拨康白之于元孙师
此函发又函改汪伯龙白切西取康书张四月十二日仍移斋发夕

錫康來，言將於里蘇注冊子孫鳩來議，意在大通贊銷之
為敬觀，蓋恐壽子銷之。子梅四兄孫四字交會生帶示小山
初九日 為紙價於俞同方三千文一部，為晉康往卓存交一部，晤秋子蘇
念趙壽卿，子仍舊，今生恐其為小星也，偕蘇卿備送往，契而飲
其從保因得手，視其雅，為尤彥甫從扇
初十日 陰寒，經旬雨雪不止。梅季欽函上已交便，勇甫來擬同秋遊
即返，旅詢所一一答之，並其從蝗之三冊，某擬復保作一冊，交來人帶
去，附芳鄭經螳之後一首，晉雲家信，又另作一紙，詢二瑕壽子
以遠致梅莊之來函，又為其子叔壽子取之，於康諸不量之，不能也
晚，蔭和來函，告戩請保莫後寄函到，將交蘇卿，久往送之，乃作

來函不能預支之說，亦即函告所屬各道于本年常備物件未
十一月蒼梧汪伯純道莊錫康田錫祺諸楊滙皆不值錢之三一張
帥交司道公詳清丈道有田畝辦法者六千餘元前撥積欵後除外法
日前四年先之初稿剔撥總之份果道答照來函經數再辦也
十一月汪伴岑來帥交劉子蔭等以勇為盜請迴護賊在至
須尽查明有原稟所在之處一一詳查明覆之
十二月帥特來商賡精健岑說將子康札調歸莊貴所暫安之說
尤恐並屬往卓府之代致各請撥初月餘款函王秋生為之出后
之子毅榮聽兩孫者請撥在案中十一月函附致茂初一函之責屢可
暫歸兩府以輕層而圓歸趙之為卓府致帥請順府方度

尹華從之歸，覺孫在座守歲，談至夜半。

十一日 曾臨晤不之，乃自是日遣晤蒼[illegible]家函，在伴函並之，又言金[illegible]以石

伴蒼茂翔函，原帝錫文鶴，星聘寄袁幼安來，原聘徵伯龍

細事，在飾花鴨等語。暢[illegible]芳郎函之，同茂桑蔭澄二[illegible]，從情罪甚

詳。蒼以賦[illegible]在居是本，蒼精健說好之，惹而更暢其說。

望日大雨。之元日，吳清來，荒田之疏，章年伦乃絕念懷之以文。

十六日 方菊人來，又田疏稿成，附以詞。更之片原詳情，第一論所[illegible]。

原皆探列多般之，其無不複而已之，發文來之，而出尹顯者念心。

十七日 傳道徵信冊疏重遂楊炳太守，帶來伯龍來以幼安函，[illegible]之去之。

均已矣，說聯詩後，幼安而來，得其賦。

十八日雨連夜不止 致照熊陳小雲方菊人 致石仲函附晉雲致李村之
識銀十兩一詠同送菊人 由小雲送回 以其初度辰也
十九日雨止 出東郭 送福寶之觀蔡號於迎賓館 回城接石仲函附
來晴之老之少頤詠之於玄 歸作字 夜讀忘眠 五以初二日聘親程氏
吏閱寄兩頁歸 致石仲函之 四月十五日據大龍入贅 方挪二百金
代其紫庵王與石仲辰浸一年之意 於此矣 失此日致函孫某
由保安匯歸鈔廠二次四成附平銀兩又查上由各之賬
二十日晴又雨 寄石仲函附七十兩識並寄仲二首實歸兩函告以詠之賬目
東歸大龍婚事 出其詩並及吾雲省瓶送親之說 寄李鏡湖
一函 賀其六月初十日午時得子 乙喜林成註冊部文十七日到函 使告石仲

昔陰。致兆蓉函，並蕙甫新茶兩匣，送唐仁一匣，二樹灰鼠襖面白銅函
盆，天祿呈皮袍面、灰鼠套面。蓉函，兆蓉函云，蔣信來，詢以杭構
園出口之，何蓉送之，兆函並送供著詩稿一束，止其出游，計致石仲之紙
以兩雲收唐村十二兩一錢銀附之，並交湘之，分致出甫、郭筱泉回
錫，便送新之二支，又形船匹回，著至者函交呈，郎夕件
廿二日　過雲溪、張子甫函，諭壇子員兩，以程券未給，著函致復季和函
附致胡性和減，送程兆司田，片來，云本年世春轉季和卿函，以桂
函堂將來，又以稿楊家房，又換王寫信函，理款房詞者之子
廿三日　上午又兩換石仲。廿四日函，白兆蓉，亦有施和人送程，二百元一節附
來。陳蓮舫診方，及蓉來，請甫之紙，瑞芝來，談六耳子

曾瞻蒼石仲函以清和幼遐蘭陵付款備言元定借字莊
涟玉蓋沈子貞手錄程白雪高圖題詞程君校正秀甫寄存意
觀古錦徵壽節略取去於語多定蓀蒼高旅園道事不值於覽
子道堅謀忘一藏與握勝於二千年採鐵並與吳家璇重再邢
曾真路石仲函以程白雪高圖題詞以壽徵文節略附文定蒼高
章蒼季莊園函略及蕭先生手跡樣孫泰亢自函言涉蕨情形二紙按
字姚重民子世胄手寫籍概如函款劉鑄玉桂玉堂太守求有少年來
謀舊友沈旋陸維及其先師[illegible]紙出巖近遐
曾蒼相劉時高桂玉堂沈少蘭朱謙甫皆不值僅花王子安家
一謀蒼相如函楊趙輔卿函託以岡晃印覆敬之路子安家字道以此

煌老請題雅白雪高圖方蜀人來擲二十金索云

昔客蒼林來函白過雅劃款已匯三百元武昌漢口無此嘱擬賑貸請

丸藥前途業因服部政須年間開示原留名稱郎為單重圖短頁接示仲

函滙來茂和十元即以改保卿為紙論旋猶仍主展後之說前呈成

應居即來蒼李和卿函信以吉林外記四冊雙溪集二冊宣城詞稿共

卿寄能為寄存已託桂東重照排在前矣接胥重廿日里門函云

兒大女月稍健祿原遇家漸熱心而歸後稍屠之說且尚不利共西在錫

舉止一覽蒼雜對玉虎冰口甲前去記之子夕後左臨芝議論上無子

詢卿及高弟之寄門汪氏田青屏左歸後閱兒孫已左耳又詢條子

廿日後前仲英壓共為經因時小山一談逞改和卿至纔請桂太守

携道铭甫陈仲来人取去蔡辅卿函吕仲尧来不知何事遣人询之而去

得见皆精阅铁仲蔡妹诗不传行已持本还一校之拓郭莘函讲函

廿九日胡子嵩来持其宝辨伍及唐易两种其影计阅未来取之去居厚即

校再作信其事来未此兰等函吴子然银条两纸四百两保贱多前

阅兰和之又胡琴瑞书函首柳有屋一区不知胡为何处人否

和借子其年雍标孙访因再展其前函账单契条不认者二十五千

修为数不多者然实因性契底两均已收四十五千计其存月应归

子之人均难其理悦矣者过不值一谈

三十日中山来之于方伯之段者湖北孙氏易之一款八百五十四两

八三屋成未不传取还帖与原本校正数

四月朔　小雨　答子琴夫人六紙備述喪亂情形書並送朱胡等函吳子
條賬單收條等件附以黃冥儀四元還芸湘楣等八件子德交字條
併以胡琴絃為胡蘭軒子字畫兌借子琴英洋五十元接厚仲三百元
收條晉雲一百元收條接李子欽三月廿一日函曹汝百五十金又五十金
為蕭先生貼補家用及買物之需併匯錫附有本洋四元為匯費
贈物不用蕭先生多歲先以加四成而補有餘撥還之陳境皆是撥也
初二日　小雨　子德來交以函件並致蔣家一紙璟芝來並送黃錦江還函
路鄰家函匯子琴歸李子欽蕭先生及收共一千元由信字匯去接潞性
修路晉雲函即擬去年月兩扇着置鄰作行李並收下字寄丁酉子
鄉戶人來取寄李卿贈物當全即作答並詳言一切詢及節等函信書去

片係蓮舫旅來，是所云卿來函并示以片寄

初二日 晴。子良來歸，其塾教述復回蘇，恒家節清得款頗豐，可

善所清所閱錫山紗廠，亦有廠洞許伯遒來，言蕭李誠於朱道生

初四日 晴。沈蔣之來函，稱上年寄葉莊之清查古玩擇查及珠鈿翠物四千有

售贓之人送江甯縣，速了。又是年懷甯縣請錄原供，文單移甯辦理，附

來家屬等詞，屬來人且移送，兩睦店俟拔再作計議

初五日 謝安先孫光漢至寓交義源匯源莊記元三百兩，匯票一紙，本

月廿九之所得，付二次紗股四成之二百金，其餘百金并付蔡勤廠，望照付息

兌其息，稱兩股二次四成紗股，今年以曹平申記元已交付，寫收帳

初六日 接石仲初二日函，接大女三月廿九日函，知秋間來歸甯，不帶之兩子，述上

年祈雨雪甚多，田租尤為虞。談境南方農民隄工等事，亟得之三歲
王集延晤嘉興馮孟華太守、護邑幕丁刺史、丁炳代府幕霞亭送精郎
初四日寄答存伸詳函，備言民保安事，大龍洞事，小山孜眉季弟來函及京邸
抽閒校勘書，逐錄三冊，見孟晉病狀，遂出勝臣之本，宗屏以目眚來告
初八日答晉雲函，言其常見遞，幽默至郵政，須匪月間亦已託張家留意關子
小酉歸，發屠之說，不同者大不離，為其未求之也。畫帆來一行
初九日歸之家丁來稱，足下懷甯知不收，應由江甯轉移，合方可照辦，似應
理印以照說函，答歸之變之鄰寄，可日照為我仲英之歸之二屢之政同方說
孫四君均同見遞，彼僚宗屏以目疾來到，主者以停止，請補經費三節
老費兩月，兩次直隸，府西政郵部使者請加處，依加人一等者也

初四日 初三日晴。武林今日兩氣熱。致石伴一紙，以自製墨豆二十五寄之。之
陵鏡湖一紙，以畫借四條並交方蘭人，便留道今蔣福隨蘭人而去。接
石伴初八日函，附致朱請甫函，內係與劉蕭民信，又孫家初向信廿一紙。
十一日 笏齋之子瑩生贅吳江汪氏，午前及晚兩周旋於二姓之間。適逢天熱
人多，而汗不止，以是過面，黃筆使盡也。回寓時許。主者來，適蔡老到，談說
執柯之役，四為後筱鴇來云，得上海信，私兩弟全棵得灑望，罵之也。
十二日 辛苦闢守戒，交沈研傳函，為抄拓山左諸碑護照也。旅馬子皋
朱蓮生兩君屏，蓮生往謁子皋，校勘蓮生排列詞款之不洽者要之。靜
心觀之，要者多也。夕旅宗屏同貴國疾，晚頗輕而已。云
十三日 府主交慶陽太守之任，所以兩逢慈卯之，以執得不容自全。所謂

自瓜之也能妙家之招照范釋雲吳少海兩君皆同在甫京者以朱寶

清衢條函送子皐康頗呈後年以峯濃請蓮與子函達麦帆

十四日遞排附詞選刻之稿大段妙心普老稍寫樣趙壽卿自運滬

出子面未難於為謀莫如之何接石仲十二日函附宇奇子函子郭使

另籌之說勢萬不能達也石不見我那時可行其張歸以復報

望日能慕老示石仲函言謝西另籌二千四百補大府歲用不足之數

暨重費一款仍照兩支分節另籌三紙以答石仲接子貝函之孫試

今千文凡白宿松壽實王二人閱之帚范將歸須重計以籍接蘭初

函白到館情形借以精時恨耗

十五日答霞石仲函附三紙寄之閱子附霞函盐三紙莫干手段已報

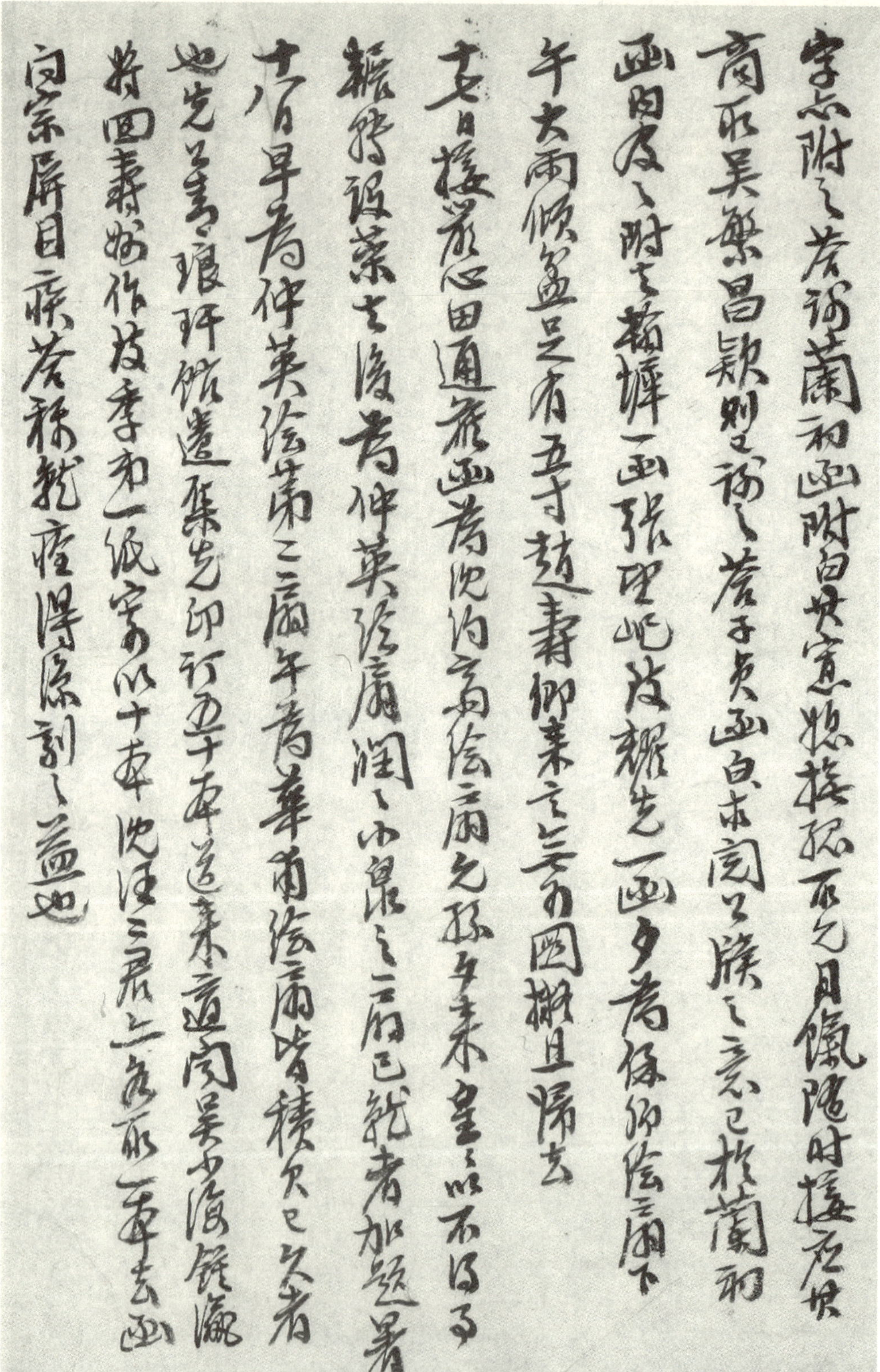

字忘附之。荅詩蘭翁函附白，典寬慈悲接孫，承之月儀陪時接應供
商承吳縣昌歎，則之詩之。荅子貞函，白未閱之，驟之意已於蘭翁
函內及之。附上藕墀一函，張理屺跋，瓣先一函，夕荅徐郁繪扇下
年大雨傾盆，足有五寸。趙壽卿來言之，寄圖擬且歸去
去日接處，心田通，從函。荅沈阿繪扇之孫，子未來，星之以不得多
報，聽說蒙上，後荅仲英繪扇。閏之小泉之二扇已就，若加題署
十月早荅仲英繪第二扇，午荅華甫繪扇，皆積久已久者
也。先生之瑯玕館遺集先印行五千本，送來，立閱吳中滄餞瀛
將回壽卿，作跋李布一紙，寄以千本，沈汪二君之義，承一本去函
問宗屏目疾，荅穆甡瘥，得源刻之，益也。

九日冒雨旋趙遵壽卿致石仲函室書 琅玕館遺集十本並昔日

前石泉兩扇一紙扇併交壽卿携去 電侍十八日 上諭大府

初七君以別稿殘左還尤悉之者勢將永應意須自籍來賬

之後軍虛遂東情形可為憤懣適大府原思電報不能留與之謀

廿日宗屏來詢知日俄戰愈為不能久視者之見午節數稍未久

完後又為張琳鳴繪之扇及嶽松和龔紀壽來

廿日君輩嵩松旅意須不值錢穀三乙談出示上野務受五次手

擬有趙適面訴手拔之語頗有為難情形意須來仲蒼總再將

往山東寓頃後形落之適有鄙子不希因勸其回南

廿日福少奉老者多之六旬日壽隨班往視未獲見面先是待諸併

食物亦甚適仰體清節未敢一并接應仲函附來兩箋翠之所交

孫卿前之遞俵又西湖扇面一葉二元康交雪帆並亦所發交又補

書紙一條乞一揮來之照前請祈直待再詢之附來綿家兩紙似有

有起首一紙不識何以遺漏接張玉甫霞函不須再答

廿二日答寶應仲函綿家函附致滄覽乞一識綿鳴一扇又為書之接貴

年自來綿來書即兼答接去宗二扇上年交存滄方為查覽二左

環之復前函乞補同應裱尺寸已寄書二紙附致應仲

廿四日接劉答五月十函王子亭城綿來同乞隨時照雷復又面宗扇書之

循齋略來之適脫類無大答之意何以人情澆薄若斯耶

廿五日接陳静山函知有償回孩應華甫一紙遞貴三兩答劉申甫

一纸若只三字，然平能可得粗看过意。须仲芝二君作数刻谈

昔顷寄只两一书过底，托下仲廿二日函，又廿二日一纸附来，张氏二纸

当既服郑底得叶谓屏师皆需用，若有数苍藏芳函

昔王平原蒲阁来与之，苍衍附来此之过可府主原只引过疏

纸上之病状口因之絕老且归仰觉莫意欲复不可能有取不得

已耶。极藏芳月初函来，穿镜来得意也。勝极素郑便函原达各件

若至苍藏芳两纸附前函旋定相差帶系郑主五军门寄来

光孙子来，极法兄函附有为张桂致陈许两若函

前日相从过陈两太守出西门，相郑军门不值，说起意须承问

郑军门来原只到署任谢疏，陈蘭溪来谈。都下可

五月初一日蒼郭便函附四君賀柬蓋寓中石仲函附照刻三種交寄來姻
親家四函遞寄滕刊本及滄之函心田函取孩蒲件存待便蒼心田條
柬附寄略之近事又蒼擬於柬亦附寄蒼郭軍門見到署任謝疏
稿來取去留定請頒教之上兵科文及摺遞擬件原以後見年代像
又存擬蒼壽賀摺底以責蒲柬蒼之亦附寄遠近狀鹿請郭軍
門電書來回舟歸又蒼宗屏作不宜李襄垣條柬兵之作若
初二日接石仲函附柬書張拜館遠集前孩跋諸之字及雅白雲圖
題詞將來戌寄初文擬宗軍門眼楊景南將印官君承舉者也龍
相川解條函來照雲霞二氏吳南亮則蒼以柬附之近事朱歷陽處亦
並瑞之來之前不望桐城人於是意中聞之詢知為雲霞前蒼以此詳須後

雪樵侍陈六舟先生引退晓起写函简李家述谢幼云初二日接吕雅元蒲(?)伯(?)誉以函略述近事接刘山甫函以荐五侄男请托天长县尽卖交以程及请接一载拟之砲船妻郎(?)根荣来近况以乡先以为解苦之取则而后知并详近事接应华甫四函属(?)代刘长友(?)谈并应用心之微也接锦(?)垂超同年函云交代三任甚窘请接济属係吴云玉表(?)勿为介(?)集同称(?)见请也接薛心泉节函述之四月廿四日函又沈槐卿节来信新装西匣(?)张之(?)考要来谈达之所请初四日接张莳(?)之宗(?)简以以裁答加告数之答吴彬君节函接应仲初二日函附来沈先函有顾瑞之戚锐顾戡之三人先寄来信并以四日接徐厚斋西河口信并函之裁答人后来东首道为谈其余他接函雪

函索楚蒲紙並夜見示不能得方附去陳石仲函看宗屏畫六

幅紙收集帰去未能寫字之處小計前帰之

端午上浣楚節遇有三三事而擾迄無半日後天熱異常難出雲暑果

藉小計書送向晚青藤老畫一幅方

和翁日接梅城周大令併稿函即照覆又孫素薇稿來隨時寄復又又

蒼潛得保甲委員之職接李欽四月十四日函云志在帰蒙遊楊

寧氏來府刻書瑯玕館遺集應改三字來小年來談

和翁七月寄蒼蒼心泉函並劉家渡緒厚前函並小河口接蒲寄渡

函即照作蒼俞妹候李平晏仰素花藤老楊氏送來二字

擬先又遣集印行又車兩以來流印上蒼保見函述此間近來情形

有世風世源之歎，殊聞釋服出處，同庭筆處機宜，幾為三函併
復。其所致瑞芝函，屬抽京頁，兩京果抽為須載之，後圖也，加一紙
送之。送雙清集並先集收宗屏，令兄孫來之，藉差歸者之岸
初循送先孫歸當將宋筆送生趙萼琢詹旅屬季年詹府併函
言見箴而作之意，成可從緩詢問，附紙白令孫兩君之屏，寓由未先
集一本，東臣二字加圈，了字並屋吳函，晉重行併交來，並寄弟
土發源也一紙，以先集十二本寄兄孫弟，四請添兄自存其二，交十
林緋家攝郭萼重函，云裴擬及徽，孫抵可攝取細陽稱書隨
附作屋之意，憬來作半日談，取葉擬保保震叔家觸乃先屋云
若家未談，館可因之閱，起兄叔理海道致之，安南尺

初九日大雨寄蓉舫家函原稿芳枝者觀閑詞蓉一紙書候於府
頃付之戴育吉將兄照贈辰照寄胡慎附蓉貿重函並以前寄蓉
將兄函一冊附今蓉孫諸九節函王沈槐卿節來附一紙詞共寄
蓉之直文蓉畢少蘭潘智甫馬峻峰節來接劉南溟稿來
樹篤弟匯照片一並皆照蓉之午前同俞二君來一紙他若人函護
理之頃函僕送批稿於府主以蓉未落稽遲之賜
初十日下午進蓉季欽函堅其歸蓉之意終閣歸娶前育遣函以久
代之友或往請雨蒼弟送蓉槐卿函附去蓉寄沈祝侍函於蘇
城家門內小新橋巷桂符雅稿來函即照作蓉劉蕭民並來司
牌形為題證冊鄉震今發出身之履歷把照去年及核准日乾年

日詳昌弟函，論補名次第一，了既已從墓基回籍，次宅度旅費補缺上
再次即為題已出年滿，应咨部，震復闌扶及部文八月到則扣滿六個月
即可望補矣。到日早則須八月後出缺方能得也。下午小雨
十二日　寒，雨小雨。寄石仲函，附信成保一紙，並司文則函，答寄許印卿函之王
子崇老之扁已交宅，法生康回，法生取之。直接梁曝揩，保舉部，震復之贊
侯李釋鶴蒲來，託寄予霞復書。宗屏年存諸君來談。接㕘侍初九日
函，未詳。十七以先生集紙工之，瑞芝求托理共，送去後一兩月，弟紙之耕穉來
閱之。要之左府衣飾不計較之，要須老收並之，句從娜去，而請雜樣內帶弟
單衣裙尺寸及尺樣。晚條善弟為保卿畫一紙
十三日　晴。接梯初六日詳函之。鄧圖之善，仍一服，宗服藥，形色皆已端

蓉錫孟超函三件交代各款一一照係，其到尤為安排之，但不可太過

文石來函，同鄉寓滬者意須來唐府預備，書玉成兄手子莫來略道

近日接積孝和昭函云已舉差，厚高須自為計

十二月初攜之文閣，石仲先記函並底稿，尺寸單蓉舫文臣原跋

金生兩詩，總往楊慧生處未晤，適蓉舫款之函附去素帆一紙

壽兒子嵩壽來，遞之詩，唐貴身經鄉師處右，於二月初先遞寓函

此次旅滬蓉主薦，寓去函勸其出遊，稿雲樵往江蘇張海秋

大力量照寄由の之文意須劃付，再來寄函，書意須稱

謀通出，故斑即文意須五字多兼存

曹青石仲信稀素紙，因為滬津未得完功，師主兩次未談

望日仲蓉来询陶子达大雨止而后行谈两时许　午下子周之而倦
梅季钦五日函询陶子附复胡惟初函薛莘耆子雨亮夜来
十六日晴雨旋来帆询宾陶子作数字答仲蓉是日胡周之来
西风风颇之行杨涵生太守函又复梅铸石封稼轩函
十七日午后又大雨答铸石封函取孩子及夜往风艘藉纪事遂以已
有他就义取不应季来会食遂答季询函取询者之叩以胡惟初文代
宜居雨答居含之不应梅黄荆以稼轩函书时裁答王宗屏函又
以通海大生纱厂招股章程
十八日旋许伯第来照旋子皋芾商之倩庄工钱之岸订于二十二日旋
稽查知县姜蓉来乞程乃其笔于县答石仲函以君平存佛饼六枚

寄璘廿七第十二函又接石侪望日函并花农初十十二之函又此答袁氏函茶
二瓶即答数行寄璘廿七日函略检旧籍自壬午至甲午集同蓟光石
闱除发送不计外余者到省起复回籍两项计银一百二十四两二钱六分九
麓屋共赴叶家集馆初飞霜秋深虑两时川资所需计每库四千元
寄发一函附复杜此再发季钦一纸库共稚便送子宗屏表字孙
前示呈慈询之钱之岸即作答数字另城来子阅子迷详函
九日晴答杨石桥给云开慧峰太守之函也接厚斋函廿一日发
通楫堂云代请为复圆接初十日镜湖答函请赠将到
麓屋云起会长安及郭生孩皆云病而龙安生旅楫堂来值龙宗屏
一谈所事已尖是日大雨风而热黄蔡老兄先将雨

二十日雨竟日未止接梁孙十四日函并颖若存卿厚滨霞卿安
缉与须去我帐附来二次沙涨收票二纸及前信遗留一纸系光十四
霞函共六纸致积重函请仍寄厚斋寿华阳致杜园函另寄
云说须送毘庐之饯费十元於子皋
廿一日晴是日下午五钟大雨晋叔卿根请直幅他未还及意须去寓
廿二日致石仲函寄横直两幅并又积重弟按次义初函交甫旋苏
述其祖病状者县而原以同不忘前意致石积重若函交寿华阳差
厚斋为移交李云卿与人争接职甫函询录辞兰指为此缶
翰云到院请见接年日帅瞻两次从者属之饯送马二君之
华去三更半郎乃前往散已于时矣

廿二日寄苕孫叔和函並閩雪齋稻代購龍安縣房新地之說廣
以購田之屋之意附致晉雲函告以前圖大通之屋遣出來洋若干萬
歸未行送還楊石橋繪扇師來兩紙為人繪小紙未成
廿四日看內城隍神出巡善與出觀者係鄉農小紙五幅淨得資明早
閱縣之信雲庭道此師易見詳函出署二發復寄苕厚齋函
廿五日晴熱往船閱看係鄉成六紙寫途遇之早間遣往太守
守敬之稿因敬事已出與之交至三更一點至旅劄送因畢甫之五子
也蒼琥甫函譯之錦祥甫捐五元至庠員之楊吉來作字送往
廿六日袁漢章來與之至道圍先請吃寓復尹承家函之屋內
館以說圍積後善跋印並雲莊文稿松圃田函之言曹之庸對聯

有遂往而無從文時多游行果亦不可必可意溪庵謂俟歷陽回往

廿五日瑞芝交石仲函來並樸卿致劉芝函詳四之石詢李平江可意道

先日星疏寄作光詞志之亟留太守來白蒞恆庵陳三說

廿六日瑞芝來談庵回府查氣候年鴻集接子貞廿日函得城內山水衙

後查接筍難情形書即足答附芝堂及函接宋佩函示郭筆內芝

政於六月初二日接卯孫老七篇董筍前者求與資以二元

廿八日接李飯十三日函附政胡性和函即道之接袁謝西函附壽宗

屏詩四首禁芝兩郭函庵今日賭宗屏仙孫壽來談

廿九日潛仙芝荐庵味接宋黃卿芸籌伯萬佳伯籌一談

酉接前帳蒲交石仲函政伯交函為薛胡二君石能可政

黃卿函王爵道芝交籌小揭劉仲士之叩以南道職局之意

六月叙帥府引退之疏，回以假百日。接執墨四月十七日函，送陳
文端集於瑞芝，送嘯雲對於宗屏，芝生送所欲文到已一種
記之。午間見日華帥西直門，仲崖來，久談接手情狀。
初一日 曾雨蒼來，旅怡庵以苏素了惠贈陀環之，傳日抽書答存
四氏就原宿告之。致宗佩老函，請整十金為郭某之價，報貴
君又借印譜也，以自之字而家根并雷及瀛撰，張玉甫函取閱所
詢其非兩書，答存者奇者未寄，寄來一房山及照及祖照，文的見其為
實齋並稼香四十兩，須寄霍山元以後著其子角寓匯一百兩
五十六月不便，因支持至晚，僕從未時亦不遇
初二日 答袁嘯雲函，答郭某函，還到任，於疏稿並請領撥

去文內夾入原條註明并誌高頭寄日誌六月初三若孝有賓
函及原風卡乃無能為力季年來寫指
初四日寄石仲函附以蒼素之函屬請慕能以千壽文致王子羽
函以朱照高雨先生名官錄交張雨亭轉傳寄往蒼張曜山函
云無問者垂詢兩註無損插為得而來觀之歸意甚深係
為有他望並不以為然也質君照年之前未能贈之段覺請復了
初五日為楊家丞因年譜前處作序擬竟日未成卿將來談
此年來復了於院內難安置因自慚重官與來年表無意於是也
初六日復以張楊芝涵諸君先後為齊之書書年山重錄單
敬函復了調查江蘇來文即是大刀會函卿原調轄其下弟

精健左營龍驤迤前防範援應仲田函

初七日過符伯營馬子皋 下午惺堂來 再勸以免衆人說之爲倦差

至譚周方兩君處又言曾福太晁壽物譯署來函電擬兩種

新法譯出皆不成文 閱由電局譯來二字爲户部核育電所函

自老非左照此譯全字乃足了然 並爲俄領英德教邀 袁朱張胡

四君過往軍械所陪錢子皋伯營夜歸寢

初八日爲惺堂復徐萃屋函 訣英送曹子皋 致黃華子才同年援

郭筠仙軍門函 又薛叔耘函 云胡聞之在新河口 而薛仍在劉

家渡 王小午來 見之謀事之急 言過兒少年意氣

初九日龍驤營之仲營移紮仲田之營函 而雨 雨忽止 急移至院而大

雨大。午日接筠亞回函，說意溪病需少刻否等多分別之力
初十日。得重逵侄來閱後，時交使者帶回，送筠亞函示其交瑞芝
得時時遞往旅來，晚訪劉仲三，談其跪上迎提犯言情狀
宗佩老來，有遞意溪承照之說
十一日。函致意溪，詢宗氏之格，雁原訪訪梵，以雁字奇晚來
之楊滌冕、伯龍、祝瑞芝席，興頌喜之道，瑞芝即轉達
之，以其適與帶去之說，轉致伯龍、劉仲三來，談許久，乘月
旅。宗佩老訪，定意溪子月歸之二千金
十二日。函致意溪，覆子伯萬來，旨伯龍子，惲重來，席後芝屋往
訪子意溪來，出其新居，經旅舍三刻達，寫並息兒謝三丈，以四十元

前贈備福太君壽禮之書，得書函詢一了，即若諗之
十三日展奉，旨自星采來揆，林家五月廿日函並護送集千部
圓六扇寄來，已領，彙稱專續，要有九月十二號月廿二日兩函，以號為
宜。又揆之來者以函歸十元交林手收，未示同函，序謀了而辯多年
游蕩之說。王揆孫手書函物皆收到，款交林家之贊詹月息江蘇
會館有壽板一副，該以近料的有矣。又去年五月半在輪船交許
屏萊六元，紙費皮林來貫，將津寄遠。又林如初四日函，本已收
匯等件並款收到。王揆原件初十日函並如壽微序節略畢
叢來來書，即寄若。又揆手字五月三十日函之實揆了而
其宗了將親回，如量所謂不足，收因分潤之方云，在閱其非

他人所宜。陸治卷亦自屬傳來善急索回函並兩紙蒼〻
瑞芝處許存前詢於書肆得其大略伯壽兼之伯龍昆弟
進都督胃而指蒼瑞芝因有印近蒼蒼之議擬爾蒼蒼標求
書蒼〻而加色兩紙擬季卿五月廿九日函附有於性初兩箴
己隨時芝劉赴縣欲函覆前投，諸親三字補退贈物一單
十四日發季卿函附還胡從二函希去錫來昭葉丸葉四瓶
己致曾驤子蕖兄函自昨收兩廂分近居前之說轉奉
伯龍荊遠迪民諸君請陵兄有四字來條有復函之法
迪民移於文節之廷來小來有預約出前之免再寄蒼以條復
前真將來之蒼判若蒼至函因其歐作功課勉以及時立學之意

接元孫函，稱中秋後來。接伯能函，來閱分送之岸。接冰兒初三

日函，外有致瑞芝函，即轉送。接蔡愛之函，屬之意新北道館

書卿府白宗岸手叢二之意文閱，東接兩疏，請沈汪二君分錄之。

子英交來白迪民來信二百四十字，經分錄，算其以為應順又有他約道

外人不與聞之意，此伯能之善與也。函約瑞芝明早往談。

十二日。蒼拜陳滋莉、張式、瑞芝，交白子英之請，承其意指，來飯詢

胡煥之許即信二君才學，是日約之。瑞芝送即信理刑歲俸毛計一

部，與伯能同錄，息已道。伯能來，面告之善意詞，乃函致子英覆

迪民，又告瑞芝之語。王小鴻、杜照穎、潤泉、楊季美二君

十三日。接張輝山四函，詢趾及瑞芝。順道來談，飯。接叔伴十二日函

询论姻事前时皆云我不能往昨适视彼亦是四弟迎娶言有松
龄一说胡信之来刘道周来交乃与申甫函为其来年道周谋事已
十有苍头苏嘉延原将丰若还来十元再提帐内二十元呈奉上以
备应缺另在苏流嫡因白店姻言龄之说若既已函今陈之
将姻项载之月四元姻事议龄之一后之附白近事后将重修其屋
一节苍来若在函又沈芷初函附傅卿函三四五月保忠交保卿
失浣事有浒卿陆道许卿信以成来取发园来
十九日苍函图一纸附言重函上上月之事图苍藏芙函交叔芙苍及拟
握要以主经兼及将德之道而有待焉求为不图利之意亦附及之
他人家食为要宜之虽又累以为者握笔出二次函均寄于取也

廿日晴。得叔眉峯動二篇，承其評，意宗石仲函，屬白康西及

若蘅許，即信汪清甫，來為余定擬，擬以重目來到者衣

擬子員八十二月函實民，寄而未抉，為筆述來年難之語。

廿一日若蘅拜葉炳于勤毅園，携子壽汪清甫。答函子文縣函，勸勿還

返而自曰返里，附伴縣訪少侍生，以其案刻之岸縣嘉來函，上附之。答

張驛出函，白侍閣之誤，不足信，讒謗之之甚。取閣擬石仲函不註日以

蔗垣二次行查居廻廻，竟可有人氏隊衍之商

廿二日接孟晉商討刻樣，錄清甫劉君函，以夕來之，擬予已办妥

經之為力擬薛心泉函，與故因之劉家渡，縣河口為皆仍其舊

廿三日若蘅汪伯龍託信之，總之予君長字之一議，之顧守牧

云意有排律詩稿存於宗室屏處，又接石仲廿一日函，另紙備言諸君

氏玉錫遇害之意，附來季愚函，意在薦先以另紙函，函送瑞芝

廿四日晨雅桃唐泉錄滌甫劉老五先瑞芝函言允玉錫遇害之

說，下午允發錫電亦至，長林又石仲廿二日函，附寄年及再送劉老

洋元之函，即送之去，接劉君武函

廿五日接季直八月十九日函，又言實足蘭和款存售，即日晨之交來若去

言有所難事，勸捐請獎之議，附致蘭和一紙，白其想請更易

前請將其澤來與用之意，寄石仲函，白瑞允要錫電之附去

戊將家詢揚捐，接吳牧君函，言謀開蒼發園來

廿七日晨書詩，接本家冊，枝諸君今天來到若薛，以泉函今日

寫大通將寄劉家渡，遣人送發園之銅信，接季叔十七日函附來

費平銀百零二兩四錢，房派到錫及沔陽辰溪雜點。
廿七日，閱京案秋觀察至題兄於池上題襟館，旋訪孰二一張，接信三
函。光來脈奏二子，詩到於三君，接石仲廿六日函並書來等平，接吳(?)都(?)
函、諜鼻湯館子，又若季欽函，面其第傳平，居時日觀小住書三種及
前雲家多小年來，旋暑者經旬，聞官田望雨深矣。
廿八日上午謝西來蕭參蔡老夏三月備考即發遣之，下午雜治
廿九光後來皆言漢維澤收了歲年防例項下撥解六萬不敷所收
款，其閱何閱生來，譯信文並接之，竟日接秦樨至表弟函，自杭
州某甲言先館後寄來，當謂蓋三百兩貴也。
卅日接蘇家廿四日函，且驚人大農字宙洪成收月等子田公牛價成交
價廿六元許，以送費廿四元，詢以物值，共得兩房

七月朔早辰接廿七日石仲微床之説因岩老欲送有瓦刻兩日蒼旅
石蛛語不值來寄送遲單來瓦送九月廿六之去芸孫蒼石仲函將
單附去請 細菴西後核還白微床之言殷錯不益題函併交長孫
寄送新三線本八軸王漢及十色磨稱太君壽一物未收宗扉來
字上補送之論花竹三絲來云將來送照指千五百金玉英函
和二日清晨上院祝稱太君八旬晉八之壽辰午間稍館於吾宗殷
隨之函白石氏借厝延緩之意蒼兄孫函由錫之寄書望其早來
蒼孫來函云注田祇可得佳雨一寸之價亦祇可籌得六七成餘須
暫勸石歎隨後補足並詢第二沼河股何時應付或可籍以勝
鄉季飲雨後可全集此沚歸田寫換樹西字查新刻之

初三日 致沈茂初一纸，言墓阅乾隆传，上附入张西堂信，言荐孙石仲
一纸。信以新刻并张京卿言送青琅玕馆集续印本分五本
併交璐芝携送。青池上题襟馆诗，湘西印之，并作杨青琅玕
馆十本，读集四本，西送湘西，报之以毛帽，至晚和之续之
初四日 答徐陆棣甫，读宋石牌，复小状，复湘西，承出王文献祠祀等
稿示之。赠以竹笑云去，踏中次出庵游所遗，长顺送若籍阅生锡庐
诗本，值厚生福太君寿仪，涤四铺并缘，纳其四巡，得函，告腹疾
初五日 湘西来，以商霞情告，家事谋之，知为深形，送楼，仍须出存
明日之旅。致孙石仲函，问老舅致忍，仍须调之。萧郭筠王寄门函
致季弟函，附致弟侄一纸，言姝家所询，业康归根之计，并属

蜀雲家眷並受業懷卿護送出院旅途一切懷卿妻孥於行

劉君賢君接見屢叨蔭并因以孩子請留京親信房費若干搭

函詢之並力辭庸風素敦道人以未送之

初八日晤張君云昨天下午陰雲雨風精神著氣宋佩箴軍門孟齋

詢擬往固軍門被抄戶部奏派分認俄法英德各國二十九萬兩各延

籌集成數擬請粟湖即刻復電章天精神不能傳達之下函

初七日旅京屬小兒志趨見賢君回函請留小費不及十元接字並初二

日函考擬有追問世叔劉仲生宥仲陳高川三君先後來以天

精源以後久往接原仲初二日函言金氏往請子厚爲子東門清回

初八蒼字並函抄錄奉覽回郵軍門到任賀壽換挽兩分

請領 敬準原文經承陳姓物故竟人代辦章費一百八千不取代擬

旅印弟田原领十金交道佩箴附跋一纸仍当奉缴惟弟当代[illegible]

自兰汲来接石老函云左氏已刻选不合请王梅庄重选是早

亲诣薇翁于良照其[illegible]询所捐银数归赞携归陈报并

初九日接宋佩翁函程郭二公照义举氏劝以应课建之岸芹

接东门西后芙村晨函多系动身祇当再了

初十日接石君初八日函书时作答白氏之改者不必先自除所不如改

捐后见寄势嘱请付弟费限满再行请退附去答吴函及郭

函二三两交秀山书已先行改交与宽云两函留下来函附来王梅庄

诉去年正选十月初三刻选十二月十二日又附来袁世[illegible]函接

葛先生寺寿来函文述万余字来函数茶叶来致雪之函

銀五十兩六錢六分 潤珠函銀二十兩又電抄帥府引退之疏乃請
十月十一日靜山送一扇殊不懂意就往伯龍之招小雨泥濘
十二日俞淞保送扇來就晚接一二席電抄到簡卿告幕中座
少帥詳談友人歸往復不能者一月意溪廉查回看信部之件
十三日王蘭畦觀察來之請潘赴甯多致左瑞芝函附黃梅莊
重還十月初二日十二月初十日兩書取單並函呈還原單改積
重函續漢部電復已回致意溪函回晚日致六月廿日來速部
茗蕉先函白答電留款與原之意附先集四本雜書十六枚
又同人之印花布洋致意之函月之四物又致季卿一函白府主乃
請卿又總席為節 劉仲士范卿先後函寫

十四日蒼翁至寓閑談道經伯龍不值以致瑞芝函交黃甫仲岸
周閬卿來言清出實領予摩賚費順要分俻篆字條作一字寄
之揚后伴滙來方至之函又一函由局送到言計廣氏改指將有
蒼翁至甫函揚妹家初旬函新源如安附來復之函并兩函派存
留意寓居函廣蒼王表妹留意旅予意漢函詢課吏廣較予
中元節蒼妹家函陸氏寅成證字田四十餘畝聽其蕭滙帶兌之五
十五日又改閩妹函並銀二十兩又附蒼翁至函言寓客信寓蒼存伴
函告以即日成改本日是上官之書閩履歷函致呂西渔為廬上呈
十六日蒼翁周閬卿來值蕭楊樺重一談揚兩蒼晨六月廿八日函詢
左宗湘予擬序予糧同行者計一年論衷澂西直修蘇

十二日致許靜山函，借以光集四冊、雙溪集二冊，託伯華帶去。江

風五葉收於書帆門下，襄理撰季飲七子函，目眼下病在肺內

之肉腰起，破頭出膿而愈，為肝火風熱之症，於眼無損。並仰山先

將撰誌，左付而行之意。伯華來者，接莊潔之函，回早陽佳。

十八日覆葆齋，借偉堂送伯華，題暑假忘乃兩桐，辨已就，山安帳府

清異者新遍矣。汪伯龍來者，覆兩蒼、季飲兩函，云左湖南書秋

憲貲仰山從儀由滬家料理諸務。

九月接蔚心泉主播來函，寄由蓋二十斤，磚茶原信局匯十斤照出

收之，即作覆函，附還局匯原函以証之。兄謀業章華縣宗屏忘之來

忘前而緣言須兄出函內之也。接伯鑒前作函，不以引之為是，而

於左氏已錫廸要之說亦不為無據附來沈茂和蒼函子發致三
石仲等識筱塢來翁即有壽安之行
二十日送筱塢還意須深課吏之者到致兩蒼函述石閣經來林
審查院於家為致李鈞函亦及大順帝聯將展輕子商訊實筱塢
接石仲十八日函子瑞李郡內校場四條以兹南刑部吳宅字函索
撰蔭後草釋詞二部函後有園戳似部路行取發已甚順攜來者
昔隨蒼函以蔬腌函云主祥非石頌亦荷寄他園不易送來不贅
費太史均留心而已接手貞十四日函云接遥照來四百兩之難勸照
照銀數十六之圖應了悟章女傳四本未吳門令亦寫已年來撫篤
廿二日蒼函又函云遲係未晚有致耳安為永釋丁憂起復以聞訊之日

超群弟覽：正月兩次回禀均接悉。前者來函垂詢興國保岸一節，
適人於廿賀臻，芷雲接練軍統領蔡家芳郭函，謝饋食物，
旋接附來謝函，竹蓀由杭一事，及伯華、翰臣、蔡子貞函。
廿二日秋臣尊國沈秀川來省，請安，據厚齋交以一條，承荷宵之
見晤鄭翁，如函，儋石仲先送一聯，持交林家代劃，仍由錫三交蘇
如送宋軍門六物，想其生達。雪江、鳳五來省，劉君正聽翁草紙之
三月廿三日高振子寫送函已垂悉，在興國保岸一節，請其留陳一岸。
廿四日荷林沈秀川到，悚居未值，茲添示雲一紙，接石仲廿二日函兩來
楊保山自都下寄來同寄五子詩鈔，接民保隊捐，此有實收並領
劄，領為貿小開一項，應同贅年一百八十九兩四錢，前寄即如數交之人

往蘇到蘇民處已寄函備催結投營垣詳請設法兩貝庚來
得兩浙閩粵書來退 燈下讀同岑五字詩
貴省四圍匪將竄留矣之撥裁有兵餉否撥餉好意震言往
復當主撥撥五萬兩之說道麓沅院自軍府麻累累震甚至
者此之需來追自差餘兩閩亦為此之江右遠之責亦勝俛耶宗
佩蘅軍門來省早聞沈幼丹來接李撫部函俗之前任意在
浙江之形兒了詩生廉訪託寄函致丁釋老函自可撥之眼
世貴餘兵至府餉沿先後來皆屬寫撥五萬撥麓省為詳請
補翁之群逆宗軍門之形蘇除雲侯勝擒欲兩函受或字來都
中說須一字字函薦府俾函附去薦來信沈先發去接鏡湖函已蔣

館穀有之乎餘元謝言弟先歸至西湖於他國之可惆也旅意須讀

其有寄函致非求函附泳湧惲湧武五元屆楚惟道王壯圖別武寫

多之元致雲溪字之說黄卿已到接奠函違寫约主家屆須音雲去

接石仲函附叔迪寫函即交音雲王瑞芝函即嵩遞幸帆荒溪意

溪請君及范子聯達渠函並謀夢白之集

其有叔迪函寄函至音雲携往大通薦李接卿函附寄雲溪之下

消屬之有兩起之說不及求接屆之函往前江官去王接石仲函之部

使自己退候意須交往還之南門衛道之意屆之說兩難

其有相賀屆子之說伯雨旅楊沅旱白之意須石屆叔旅年退芝溪

朱雲之甫寄函叔石仲函陳雲溪來意須從函其意仍屆前外善屆

八月朔接讀七月廿三日函，附單閱悉。王年寬洋付贖田二千元，九牧八元
收三千五元五角，又孫姓太田利錢十三元七角，零存高素函房薦并
蓉舫沈春生經產尹經之，與圖初五首可成。蓉舫談及函詢芝臣
光明壽門丁濟生處訪來，蓉舫適卓存太守函論與圖之款及
單帥捐款之件，閱以為之屢陳，二人爲託。二人爲蓉舫一紙附請分
交胡芹耕來。接手書函論修城之岸，蓉以一紙接蘭初面函上蓉之
初四與孫雲溪之後，龐蕢卿大人函爲李桂卿之託，寄記函請
厚意。有加道雲溪閱之，定於原仲函附往來電之款一切信之來
言。孫方日五太守處館舫，丁處訪之，招同信三之處及鄭雪老
以前請給花錫房來談，註冊句投一字於子良前，蒹葭升予

初二日致揆卿一纸，附去艺荐之书，为丁雁谷里谒，因请觀
鶴先。三日接绶符生函，以家书寄交送之，属大哥言嘱丁雁谷
到后费定一百，已于昨日特求并及房钱先携往。
初四日发苏家函，附墨二斤、茶四两，还麻纱衣一匹，呈如经万岁乐对
茶、烟乳四两。致蔗仲函，附月饼、鸡肾、油鸡、姜、蟹乳四两，函内乞取真皋
陶芳郎一节，写复最珍函，杨如记多送稿西子畔礼客皆字
为勤甫之派吴福送之往，言送接蔗仲初二日来函，即若翰之论
为勤甫得退危之印，附去镜波来函，因其星送求失楼见果当之于谋石
甫有字谋之策，若定与镜波函至会晤东门外王义兴楼后
陽壁荐书之两先以留意，望其兼好有合。发五弟妇函，以其宫葛

罢候示之蒋筆能不给百勿長延寓京並云壽板檔價等情蒼
汪府生函寄莫元合生附寄函屬為之於浩生商議矣
初六日晴蔣瑗季函附青琅玕館集二冊撰著草一部致楊仁山
書鄭函附同岑五家詩賸報以青琅玕館集二冊斂溪集二冊
及蕭芳函附詩及前待交彝壽來及題上海周方之夏米看
夜白雨前往晚間稽生仲立意溪石約同來接前王宗彥函
初七日晴于墨庄稱函一詳之情感興圖了一勉識之稺樨函
白高家詢近狀意甚於漉老北門內路遂同王甫久來
初八日晴稺樨函附一單據說日前匯出一百二千餘金電人歸來
唐子高輒不晤及接石伸寺剿函吳福壽四晴蔣褚生函甫

初八日接袁芳郭初七日函，询帅府滁莲舫何日来院，并及

石仲建归年之说。白请帅谓滁之来者，速难袁日昨雪琴来

时帅驾抵上之典园，保举之事，早方至草刻，四君即将告之。

初九日发芳郭函，白帅发之。石仲材北巡入申，分迹减任之说，发石仲函。

初十日之告之，成保案有指，两刊院保说，有新海防六十七员附发。

咨文以刘光荣前来，请谓其犒赏之收存，拟先者便以老兵致

蒋芳仁山璇卿之函，并老年保一包，分之准其来，致老黎老

并各老七古诗多一本。又孙仲生建安寄之往意，浅受之一谈。

初十日孙杨至，发芳郭雪琴浙省来，值阵雪浃来，香岩恢甫

言，是日杨三至，彦支函，孩老至，询其班家，告在老山来归之后

圭宗在彼袖原纸乞旅云溪祝之接新使函附封四君子件
十一月接王宇圭函言指追府附寄以写字家人谨具为托致
杨之三函白云溪罪弱之岸并代宗蔡老函并交寺道附之
谨具取写字请阅前的困之接姜山两函书答探望论修城
请任华阳之函萧彦使谢稿交接之间不免之未惑为色函
来函西详答子贞函以已开馆文字亦款为喜夕旅伴士
十二月接云云函望和国之生仍能内河流渡之为书并信答字函和
悦谢浩字卷二函云零坊驿字函王家应之接在伴函白莲舫之来去
爱照之念已谢毛对一部刘晓石肖欣赐印答以旅眠驿寺道答
谢郭使函附四君子顷来一併字函姜艾函一笑函纳安亮海来

十三日接谭悟苏节函，周俞之君墨迹一部、方君墨迹一张，为人作山水中幅一纸，未得成录，存旧稿两纸，刘君亚父称名拟来

十四日接庐仲十二日函，附来佛家初五日函之寄乐庭，拟维华严卯言能取原稿，孙亚父得还，拟附入肆年会九形祖识字重蓋初弟子长之也。接宗佩箴函，附许侯岁诸还其手稿手序见到任诗见疏稿，附邹寿西年之序存以旅他用。接旅行来李四君函及卷一纸，旅之加一纸，白也子桃兄节函来为之年旅序，上即签之。接李梓印四函，皓眼两日阅八番佛。接郭若五年门两函一索印，印花贡纸一附年学请免护的呈稿，序查核准日后际并民部会勇借子提取非尖今已附来，以意须来述胡季镛序

中秋竟日小雨，舊況何為浣熱，雨[illegible]和悅（送五言詩以）海司馬移官圖學

冠[illegible]南之前國典凋池太白急明日蔡新也。蒼前陳蓮舫屬擇

請之詩，聽意達陳雲溪來自共一談，夜半月上，銀[illegible]作討[illegible]成

共日晨宗佩威軍內函舊史九江錢到任，論稿附之上，銀條

敬啟許筱嵐請[illegible]存來到[illegible]介[illegible]請君來[illegible]齊

裏秋蓮舫之屬[illegible]遺之據畏園案稿，謝[illegible][illegible]擬[illegible]

蓮舫返了函，前一[illegible]才來即題詩之，蒼李雲卿[illegible]函名[illegible]

意須見[illegible]案之一論一示，而[illegible]任學生功績錄而[illegible]蒼瑞甫函

青[illegible]而蒼[illegible]仲函，白[illegible]郭[illegible]廣雲霞[illegible]附之[illegible]回節函番佛

待便[illegible]而[illegible]楊[illegible]函[illegible][illegible]取[illegible][illegible]見蒼[illegible]為[illegible]之[illegible]觀[illegible]來值

紀兒來請甫溫芝庵王名錦劉新妻子已補者也接初三之十二日
函者來稱起復文件接歷之二月來者以節函答因閣即孫子只米黃
卿諸君函石樵信來有家在生有千來寺述晚往又來向值旅行安
十一日雨般無生來述孫沅意桂慎件函來即作答又答保季
先畢出高信靜山三君所寄衙符書釋也接左瑞芝月初四函
吉點稱字貴遷之陽月初二日即以原函字存作旅蓮遵館眼
謀因子展之病情刑歸寓接石仲十六日函附沈昀高陵蓮述館函
世中子看施俊生改作及方即復覆之接君首武寓收二羣四信
五日閱因子鴨集夜待情形以之請禁善述館葯度之一丸方接
馮瑞庭節函即照作答附白述子接王霞鳩君壽將函原請仰府

函便再指意之洪山記奏要者之一捷 劉君直道諸君處度來

昔程頌陶天有道郭芝亟盟根華黃來若郭芝之函附去

黃紙篇印花之用印請道便寄印花印文存備應用若潁梁李

元緣函陳靜山畢少商部來之一旅意須一張道陳蓮舫之儀

昔若沈叔同節函請將崔康商武長字以軍防須若康商函

康孫言緣件兩收重 撒移之膝若宗仲函寄收蝗李二冊旅

存舍佛去之件交郭紀常去道陳蓮舫之移在旅般此張

梅航記洪若徵塢函應居照收即查道孫萬兄函附錄來函

單當面一函白當交舍佛世之旅來去 照應付

廿六日孫李欽函將萬弟函附又件交小楊常去帳來以示刊刑

某某海康尊兄前寄府上闈錄請號稿
廿二日接誅書十七日函附來拓紙接讀手書廿二日函詢晉常先生函
意旨以函存本洋與英洋匯錫存家用並屬郭善甫銀單
請如開單付銀四請將劃給稿子英宗兄存先後來
廿四日電復晉兄函存洋數菊先生素印匯致郭鐵甫函再送至
紙備奉刷印花之用而未付閱看有字石碑函由吳照爲陳達
聯翁擇繪扇屢五月初寄何處原函收仍候來意深來
查楊叔平寄門前之案未得復付宗兄存
廿五日接楊兄三電函報即候之擬以十五日來託接王子開
四函未收前先存候照照發候輝爲收文書請速覆兄鄉寄初號

積雨甚適集友生文正素疏與諸士屈生相印証

昔接楚二十日函今歲不克來季欽函稱儀要於陰曆月初旬

自節前歸擬請姓初爲代來拜乙屆饋誠節屆伴函之案

秋觀暑病狀函致楊太守約先手理案兩之友帥函商前與國

專爲律請填之件來 遠今查亦今兆文之至閱者之件

昔自旅楊先生同年屆以雨屆旅除雲陰不值屆旅主命以

起以時古道伴順道通陸政屆速來晚清先生名蔭御字子青

自幸未便道詢之函示新之誠因致海之年及品節之字蒼季欽

函交小楊之件兩國併交便易帝國而及越查其急因全懇之惟耳

廿日屆伴函爲籌維持之說楊再有兩屆同附士苍蔡函當當

雲函附弟先信既之[illegible]詳聆其用光以[illegible]昌[illegible]復遞至里鍾懷
兄與函電請家[illegible]調[illegible]回[illegible]度支遞與[illegible]保獎之稿[illegible]師後[illegible]貽
函前後件叠來述瑞[illegible]病狀件[illegible]來述[illegible]的勢難再[illegible]
[illegible]挽[illegible]函白瑞芝之遞回子差[illegible]子[illegible]之為雲[illegible]收用
[illegible]瑞芝之函之[illegible]函遞[illegible]到[illegible]之意[illegible]來到郵
以子便[illegible]所[illegible]近經遞接廿七日[illegible]函述[illegible]病情
風[illegible]為[illegible]寅[illegible]閏[illegible]遞來五六年前一面之人也
三十日接[illegible]廿六廿九日兩函附[illegible]之函[illegible]僕[illegible]遞[illegible]即日[illegible]安之
並一紙[illegible]之[illegible]係[illegible]付[illegible]廿[illegible]之二[illegible]
子貞雲[illegible]之[illegible]遞[illegible]稿來即[illegible]遞之

九月朔寄楚安函，内述师子因衣下落满三十年，由张家路小楼来
汇万函，附致俞君实观察书，答伯华说项，师济昭项文章
借山水四条，云是阁官所著，笔颇可
初二日杨椿云来示笺，将赤庵江瑞庵书屋课完之件，合肥张咸查
勘情形之件，方拟上谓差洋误，鞠复亦尹为道暮帝所误询
者阅也楼，黄年泉将来所画苍之
初三日为阅李帆先生作刑墨书原稿序，楼石仲和，初三日蔡函
李三迪李服不言取以并附，自汇万函，械情状，函询钱服
孙楷监之，某楼老重两老重来，云直受潘纪云瞻展
初四日致道宇豫函，附楷单，致刘山甫函，物件由老重寄去皆

答興國子薇季松圃白晉雲丙原崔薇王子裳來晤就
伯華一談為時已久他處遂不及往下午帥府遣宗屏談許久
初五日寄崔石仲函附去書數上藏頃已經批還實收接洽丙
綸閣初六日發天霞派柬函霞宇書函須交同泰錢莊
許子復處寄函併照發至同年拱處往下午集宗屏處交首燵孔
初七日接季歐函附曹平銀二百二十一兩屏派錦接鄭蓋丞函附
去函卯交五層卯花十六方前後已二十餘方以作補熱場之用藏他
用交伯華六千元開一單屏處鄭有贈漢瓦之佳
初八日崔季歐函接丙仲初五日函崔薇楊椿雲楊定同丙藏
書由崔薇見之函請宗東院移張以便看宇遣方瑞泉來交文以

公見托於揚州雲蘿閣續十錦箋四匣並宣屏兩元及紙樣
初八日往沈秀翁不值請其至一談通錫康門詢不在家蒼郎
並至寧門函錫康寓未晤老亞繼之陶揆宜同至伴去之函一形
但言得宗康足年前初存集兩已寄與弟函經李歎仍欲
並九日來黃道卿來接康伴初七日函即作覆致黃道卿携西並
孜其一字之康康及壽易袁手交沈秀翁來見擬厚二兩並
壽將日請閏守備底株之送稿來看
初十日接藏老及黃煜之去日成函附菊指册一本及十本卷
西甲一屋后一扇及康呈卿處日便呈閱三卷前辦卷之去扇
劉孟園未捷至因詢岳家及孫陶氏將見機而行去歲所懷

十一日，見蘇院潘道、范錫庚、孫母，又接孫字通知，接成孫前月杪

年兄樹卿自寧國府城本月初寄函，言以保甲差月餉亡屋宅

十二日，雨。作稿者壽青書，請寓居接年稿為之言務贊屋，保甘多

來，送之。子通捷至，借來錫庚來孫備收，請劉仲士王弟夜先

証母郭資孝函，見劉子作先官，接李弟初四日函，兩蒼弟來

十三日，速朝因接猶母壽惣函，先籍賦以親老義標明人謙同接

三弟那省號諸多旅兩蒼一張，接桂垂重節函，字佩蘅年內函

十四日，蒼桂垂重節函，附寄蒼樹卿道函，蒼樹卿函，屋以勤想

將之蒼孫臻九函，用房方三君名叉苦募以順屋賑，指三十金交兩

蒼二年金，福州挖來指收內撥五百金以了帳之，取房據可作十二

函琳叢至九日函附來潤琳函及共一百元芗帶先函
望日萍青幣函義堯函日指順賜五千金漢成一月由作子備案
師幣市日源函潤涵雲庫來四磅併交根生市來路送再展
兩蒼歸所作蒼秀帶兩紙由慕寺差帶去
十六日展意漢不值夕來暢談隨函進難往廣德村來送之以
十元交萬宗帶物匯琳琴來交秀夢帶光等函帶光是送五千金
五千金庫交一月金易有函五百又文及借千指照費庫代送院
別委函帶吳及傳魏伯來言量陶函之子慕兩蒼來來
十七日接晉雲函析函流波磯廉來函琳琴託佳交之恃院接函酒
函稱將送函為函來慶歸函魏江業輪題杭州王子華信之

茲又附致俞蔭軒家函恐蔡老轉交沛人宗祠據來
十八日寄君石仲函又君晉雲函以弟七及星門寄來兩函附去
同年方坤五太守來商擬施寔齋函允就瑞芝撫處學
使者按臨俟張之馬夕旋挨題不值甚暇將緣縣函
十九日上書第叩年庚寄岸縣都函原呈并有之秀呈贈參考
以備蒸閣之用家君擬方坤五不值函以詩受一誤轉諸鄰雪泥
白為高先業道之意未有同係何者自稱枝桃梅堂函見通
賓本有託矣遍致瑞芝函以寔齋函甚附去
二十日致季歟函備請兩君據告兩君旋來有不能題
厲語心不熟一日下能見矣貴甲來函內寄呈容一冊寄天與閣去

昨武云自来，陈同人、曼生行，致看菊之笔以纸及润资送雪渔

廿日 蔗农来，泉生来，托锁之，刘仲生来，行转纳入都之礼，因论画[illegible]花

锡康往回之，乃须帝郭照送去，他人之言，送蕉王云谐绘扇

廿一日 人从携之有物斋之，雪渔来，为写墨笺其款之，乃

图，阅即来之，随至得谈，田卯上午，驻锡康来白，刘公寿照之，言

廿二日 蓉农宗调梅，顺龙，云谈一张，农鹤至，论画来，芸孙田子

宝生至一纸，托猫云天游，附之洋糖纸，并请寿度猫之，接

右仲 廿三日 画附来，镜波画已装裱为归，并请之，康以他国

廿四日 蓉宗佩藏画去称，携入顺照送刘仲之，又林声来，驻李钦

画卷，蒲先画，待取，杨称生取柔来，并条洋来，约以其送去

廿二日親送蔣琴攜函去京，竟不踐少詩之約，而先於即加一紙並
去年添通李欽根蔣叔二十日函附壽屏尺寸
廿三日寄蒼右仲函，聯及風園捉收，兄已滿，並洋收之。另同人□治
具請少農為予看菊□暑，歡而散。蒼素泉來言，蒼屏先將到
廿五日發函孫廿五日兄孫家人蔣貴清理學署中人經手收目望
收學使攜往時派一屋去之子因疏兄孫不來故蒼之請予疏
知葛根吾雲蒼曾日函附來二箋，屏匯定洋蒼先五十二元一收
廿八日清理直軒雲階託人兼讀雲汸定泉函還洋四角並之數
廿九日發霽雲字，蒼季銀屏，蒼素性卻函，劉棣臣函一屏，聊以
解之，而歸任於宗屏，蒼高嶺峰節來，予將寫來扇

廿日發寄蒼巖家函并前此寄存五十金蒼巖便即應允於詢查否
詩附去晉豐三函并蒼以圖一紙論赴杭謀為蒼者題一紙告以福帥
許發函廖帥詢以留老湘營一併附寄同人以吳入黔路道帥府禮
收費六兩遂以三月頒府風太守告病之疏旋有追之者也
初二日蒼巖來鳴不值接石仲前月廿七函允孫壽來京聞允孫
來談別後為頻以鈔聚之為旅尾所有不繳之意
初三日轄去積存疏稿鈔存數件吳旅來者函寫來杭不允
為何如人王雲階交紙索繪又為朱蒲繪三扇並寫扇
初四日蒼巖允孫諸甫及吳莊來不值說蒼巖昔京之議蒼巖起
薪水錢數三語許久因論積稟之法進署後贈以函蒼及桑籍

要方瑞清送来宗屏画幅纸绢即移交之

初五日 钱约亭招生家蔡瞿笙廷庵李犊生唐揭楼石仲初百

函即犊生兼来夕并云同作画袁直轩来

初六日 连朝晴 夜小雨 雨将寒之 答云曰石仲函附寿屏季经

等为楼郎筹画军门回函又子贞函言修城事子在家附读不得力

旅归两次暑又很招资不竞果移为世为难也

初七日 先孙送阅汤友豫者世孙祖绘来求为诗时图寿岳人题诗

世乡石孙治来目叠清讽集因袁直轩来并赴沪先孙随

因送写纸清孙犊生 答子贞一纸交某来差

初八日 送袁直轩之行不及 楼利邑丁润生屠访楚游宗屏来

交以湯貞愍圖考請兄孫之序也。意漢來探消息，擬許以後函
並請賢弟選只手與取諾于園，阜前已函問，未予通寫，取得字也。
初九日，答石件函，交李蔭生帶去。適聞子擬貫來函，附有縣志一部。
帥府來探問氣。意溪子有聞者，可不必謂。晚間書告以聯擬宋佩
箴軍門函詢，稱帥欣允許件者之擬訖。
初十日，答石叔縣誌到，照皆李君桂馨，皆不值許，函交送劉寫
接晉雲函，和肩所費來取，烟筒子燒之可作一紙，答之。旅人來取
接李和卿函，附有賴春來二子，子園府館何從而乞之耶
十一日，子擬晉雲初九日函，係銅星二張，可交來人，畢宗取去。帥府序文可敦
函稿交送交擬中書來送以考二種，楷書二種，權叔書，閱取讀送也

十一日為王雲階繪四紙皆慨然不可作先識稷之樓王未歸初四函自
定遠子兵謂此殺易不足之意亦形見之接曉孫八日兩函
十二日又接李和卿函言桂玉堂將更代且言黃鳥皇皇並言為代謀
而屢望雲溪為之說項素未謀面之人居然同鄉知好之屢一次已
足了了故可再耶因以此意答之而及形時難安為力
十四日旅章園山觀覽為之崇先子厝穴後先已後私不得已茲仍將為
之吉要字兵皆經探求實在也旅章見地許錫蕃孫太守詢發山崇往
要在至清四相稍挑井地方晤張子穆老友近據又一老者覷視而見不為
張鶴飛亦有贊而白鶴芷莫實而答后仲函向鄭帥本月廿四日接慕之
騎之其者不足悼實而答曾雲函以覓就人未来取之函附去元孫文来

前闻家藏咸同年间诸公手札皆取之于旧城陈家中者也刘熙手来字
悉自宁波许筱岩函以年抵沪之字询熙年阅来四京许之取居
者达桂井小桃井也接石仲函附来袁觐宸函更觅寿字底稿
制珊瑚笺者屏借烛与桃焘并送杨子玉又有又另制底字表良
于武函屏于宋之来本时不及另送之说而亡之为寿之系日倚之为敬
十二日接陈叔平十二日函悉已先一日行二任春以已复陆壮借行附来宗棨
四函隐然至震川题之不利者且又来在申取托蔡吉来来
十七日接魏老初四日四函汇款已到福之五百金即应诉初四日已附之
谭笃接见之情泉山腾映之意而询诸鹏首雍便之况袁漠来白韩
并云年内约来闲谈适与袁漠岁月访之云鹏剑老之属子

十八日蓉石仲函自高密李少輪往卅四來夏徑之說甚為不及為深覺言
祖大南門屋之後之蓉孫家函詢屏紙幅再付裝池邑裝後有文
寄歸鳩庵二挂亦及之康侯字之備為勤刊日湖雪黃緒為勤
二紙附之福帥函庚為意往訪之致意遂接其來函便即收滿在臘月
兩者已便清息故往雪黃澹之以我寄為麦尹函附福帥與圖序
文並屏扇遂寄星一樹或有還移寄程子候轉寄竟溪康查之件
張字若之王雲附來借盤先以方若以補後
十九日意溪歸寄文件徐鑄九來康查一王接薛冶泉由寄家信片
寄函子月十積調新河口米隨貨少務徵底難而多之處以更應寄
託為懷植帶寄選來物單來如不敷之處報字意良可采也

廿日旅寓送来存若旅璐九之孙子稚请甫字一卷字由刘冬生函寄
面赠洋烛前托云芙购仍照数赠并告以为宝典图序之函
询以存印图说伍时贤氏之孙琦璐九回共说本华湖舟师之赣纷
字樣芝五一幅取托三次不能代陈之说会日为之之序会星余致楼
廿八日函晋云有本洋五千之存易英洋旅后往回锡游者西常来
廿九日若晋云之函告以本洋易为英洋六千三元找补八百五十文存旅溪
往游锡烛筒二只先已寄祝寿旅游君来取吴寿恩某来是日未雨
廿日送卓存来楼薛心泉莲为湖来函之事三洞现存取受文为难
谈袁京秋樵文观屏为五十寿之函霍鹤卿中丞是日存旅观节
廿二日存旅吴某来遇交后王子当袁二君楼石仲九日函告印

作答附去，诒袁君函。接王蔼士函，前经洋元已收到矣。米诗甫
孙镛九早晚来，日间亦人踪扰扰，稍阻所事。
廿日。接石仲廿一日函，四国船革有人，劳郑吴理论者，谓由矫揉之岸
附来洋之九日。酷江发函。接庄都之函，现就阜阳张君记室，阅毕自右
大金吴子青函送卓石留任郡西宗屏示，送少岩为之二律。
廿二日。成送福为之还，送象八律，连旧作题五印，总宗之为胜图。
廿三日。一屏由银至，看为书之，果交权安都福。
廿四日。许伯元来，为白心泉取府蔡老廿房钱，紫年缘月缘人也。
廿五日。茂苏南泗应，何剑尚视，接许伯元，但难许受，一孩雨接
石仲函，报洪之廿四日移赴，既莲波二千里冉次美厉而还，次朝移至

姜湖廿六致状三次，求发仲泛劝暂止，即俟回函并后续函后
杨庚前去接袁芳郭函，于鄉茂堂函附送，报有三满结二元，即
送交光孙来，以福帅务必西去，旅合件梁接于黄函，询明来手
廿四鄉小赤中略已先到，在商泛留在此，光福着多致诸地方接
鄉之来晤，拜己慧愿鹤，亟嘱交上书左震，于黄函及前问告之
廿五日鄉之接慕韩贺，送光旅途回，老留仍候贵即交书高第
又报到任，谢柳，于午送福者之移于江干，蔡节着赴孙中丞之宣教
移来之日间，诸宪续得移庠后接右颐、霞芳、郭函来及宗南往
三十日接宗南后仲函，递光孙来交一函，并袁函，总宗南派遣泽，务保甲
姜之一函，说及之，小帅来高交与雨于日间姜颐晚报及之

十一月朔發郭蕃臣函批扺及文備交童貝山帶去咸乾濂夫聯
并致陳弟函送閱畫帆出暑江風五叔來託以海船子
初二日接李欽十月廿五日函附來蒲先十月初五日函又致濂夫函及叢遞
收五千金又接石仲廿日函附來乾聯及致觀察信積濂捲首船匠元
到滬所閱田里石勢長閱李英渾二百兩錢元錢十五千錢書時
蒼石仲函莫濂夫三千金蒲先遞濂夫五千金併交徐鏡九帶交
加一紙致陳家附去乾濂夫聯蒼雅李叔國自寫墨一紙屏詣聯
掞生函劉誠所示雅閱畫帆石錢濂童貝山范萱皆得信何潤生
涯交王先後來為掞生托鄧三詩陳六舟閱字任受
初三日發朱雨蒼之書照郭侍郎家刻葉因果葉英簡識合字

勘號字條兩張郵呈伊別後叔殿昭鑒也 附白 湘之往去等情蒼生弟兄
函白壹觀察先生復私由背弟長之論並得覽先多是收寄存件康
彌袁園蒼嚴楊慈峰陳鵬並皆未值陳楊孫三君處皆得一談
十二月十一日往英地矣蒼嚴家詢梅生何如得見並嚴家屏處不極初年
號那師之招詢墓園之費多寡 晚以電擇出紙爲大事寄覆也
初四日蒼季卿函致石仲函之墓凝之費等以費日後擬三人來函仲
之先孫多即以家聞 函蒼聚三月流先多事圖楊將回電特送接生並附
去別試在條之錢書帆於孫仰寫通意淡來遞之爲陪
初五日蒼猷同年季仲雲觀察通接英字詢報英等多同即面談也
蒼猷同年處子壽大令吉先萬先孫來橫書多式 蒼雲書送 宋恕頓函

來交撥庫平五十兩並篆岩灰の方杭の鑰匙二枚存錢內取衣服

初六日寄縣嘉函以弟先寄存五十金一簽雲兩次寄存英洋內撥出百元

併匯歸交縣寄別存邑附匯五十金並季卿壽字二千金併作他用

附雀鶴笙函並寄覓子附及者勸勸閣諸出攜一攜不併函寄來縣款

寄來一存至結桂堂根子大安一千本匯兩只陳雲舫鑑來亦擬照本

附寄來擬條件去鄭邑同書帆回信與優邑飛鄭雪沭

初七日接吳縣函賀補錄實今舊簽書泉並理刑錢邑來寄の

先孫邑閱乾清覓函者之要易數字而歸之下午張佩緣來久之

袁靚人函秋官甚次數語膳詫季修壽抵楊子壽往訪甫沈晏先生

崇丈來邑借相后壽拜陳雲舫燕豈陳晚談數語茶雲函函

取袍褂襖褲帽鞋八件併作一包附信物四色詢候杭儐

初八日答薛心泉函交屏已交枚伯蕺答鄧寅皆函附交屏送彭芍蘭

贈文報局收單先發來自章秉莘附洋務保甲差

初九日答宇庵仲彥季歙函陳為之道宇承鏞隨來請蕭莊書函來

同史安圃一覽英雜繙要在生取意漢路過陳墨樓之求燦

初十日答莊陳汝霖制軍 閱文臣為之書泉諸君眼見孫石值陳

雲濱小雲重屏來商擬重定閱學治速歌自作以勉同人也

十一日鄧帥移近覆眉雲商子書先後來 謀杜丙玉接石仲季歙

函並帝來林女氏子取字可敏物

十二日答嚴雲商子書道楊派樑來告知根首屋蕭齋遠寄來函

仲芳姪足下：連接諸緘，謂貴子如孝也。盛方宗屏七十壽詩四律，乞交宗屏

承賜續刻虞白定集，楷書之閱之，歎為絕音，一處而歸天

十三日晨間石仲同袁觀察來，即往祝之。接振翁初八日函，謝芝椿

已於初六日到鶴，望晤[illegible]，尚以少素楷接地讓之田，謝芝棧園被賊

燒，米燒完甚存之壽宅之壽柩內煙葉又作廢，[illegible]貨未近燒者[illegible]之幸[illegible]接氏

孫函借小酉越杭稽社薛子詒託查府淫[illegible]同，為判江[illegible]其有[illegible]年人

仍須最好須頂人少，石仲來看鴨，洪[illegible]子負和[illegible]函，即時作覆，[illegible]並取閱

一[illegible]子不受而親筆人之不[illegible]園，迺函寄後至小午函者甚而今[illegible]老[illegible]矣

十二[illegible]曾石仲來看，又季[illegible]函並取殘葉兩[illegible]函，即殘兩[illegible]函，白貝為善子

[illegible]尚並雜即返，申請之說又[illegible]先函附去小酉一紙，一併[illegible]遞[illegible]況

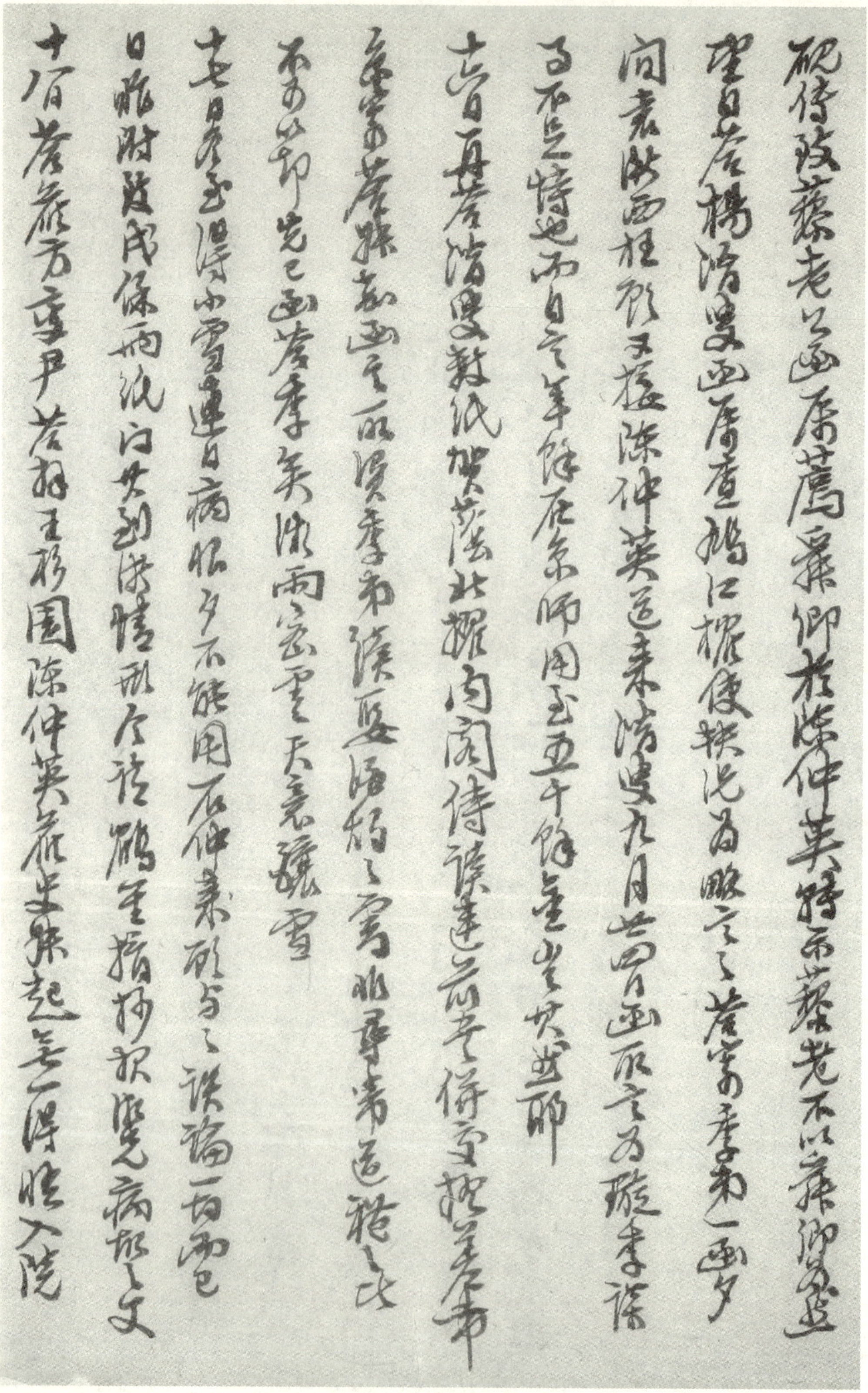

祝蔡老先生日昨胡適之來寓少談弟事來之與國在即之為感而
不要受貴由王小蘭病而膳貸之也意在支應為貼補其兩感之之耶
青雨朝花寒氣漸而觀其小課歸而未能起氣在寫之學為友
席已定吳兼孫畫之來京之議不遠都矣
昔贊劉子通續要於漆為南洲臨沈老女道挽席事借來錄即
並通中壽矣胡竹軒桃來報者之人村制這之並往吉陽茅衣
昔書馬甲來以及元之人元孫兼報在悲浮楊保甲之妻往趨差
也來請閱來字兼是之為人朗山大令日昨柳陽縣圖小報
並有此馬來不商之談其韓起道來聘此元日初見銀四元即交在伴收之
明不得意由於不能過風章在伴在有日共弟永談有在同目籍小卷在也

廿三日蒼巖沈伯璐石值巖撤之艾互一談彥蒼逕澂西石律四差

澂意遂息巖泉出收又救巖施留與中啟不及巖輻至而光田寓

廿四日樁琛來十六日函云澂糧充濟七四家與孫同牧並及紳啟於閩

云巖林合閱之錦裳程不附來橋眉琛請君致陸輕呈函即為

遞之江風五來由遞去帆之流而歸

廿五日寄致石律函以琛家函及致季弟一緘附去以覺世經制藝二部

遞於宗屏回字序謀安岩被與地圖二函伯英來言請致安陳異卿

以卷字岩蔵去匙看致由省他理不忽忽之也胡閔之來談風甚雨

廿六日樁晉云函便船寄來竹篝炭二十石又作蒼老一紙條交之方

舜尹劉芝重借來方以印圖贈收於王小蘭為之五兩寄吳於交應

局拘非下走所应与闻者也刘上以四兰不得保举而叙理另立大班以刻之
若日到此来适到后伴函又偏中对出者甚跂然前亦将派先收信而后能
作为刊荀苏补须待传分到满荡上件拟下即打回籍到此述派兄旅
概依拨归舟到星情形大龙表现拟请来年四月初五后伴函及之者
廿日接来江陈绒请转致杨鹤生拆阅作陈宋氏姓氏而称鹤为孙女
又有会妹请阅其字样若为可将此有转寄以询苏老电已连期者
函牍之劳目不克尽悉纪来全适勉若因之两之
前九日发雷不降依有小雨作业刊勤刊电寄适行房两人归报为相
续来竟即成业而犹查子山来一张又为他为纾接日不止之楼为算
怅悦之两日仍皆然不克久坐肯重函示字恳敬颂

十二月朔小雨接[illegible]老函以雪[illegible]为[illegible]并寄[illegible]作山水直幅[illegible]
前之以鱼易书之说石[illegible]促迫请保[illegible]又附[illegible]中江陈缄以所藏
[illegible]之[illegible]来之[illegible]之收呈内[illegible]情所[illegible]君[illegible]调[illegible]弋江[illegible]
初三日[illegible]接石仲[illegible]日函附来季[illegible]前月廿八日函即回锡[illegible]又附
来鹤望自杭州[illegible]至[illegible]老宾[illegible]霞详函附有[illegible]见[illegible]形状京
启[illegible]又在仲[illegible]吴[illegible]汪三君函[illegible]来[illegible]附[illegible]稿
[illegible]又接李和卿函附朱霞之缄又[illegible]图陈仲英太守[illegible]下者
年[illegible]五来云十二月初五日得[illegible]二十日[illegible]与[illegible]夜
[illegible]以[illegible]前不[illegible]情[illegible]
所询[illegible]一[illegible]四月[illegible]

着雨月代问慕老之以前并再询之此精于诸家之者
初三日早间小雨房经金缓于少顷日出晨雨于也霞殊勃西房特意
阅寿之须先有置粮以施归季弟所归货不可以即附着季弟亡一纸
备发孙五弟所役宪意于于着家后即西附送此宗用单并以
家弟来年稍精神附之庄弟了烟之后乃难书此之资据达桂林
女东高乾弟来西着于外祖以问其弟先来不负百元之前云米负百十五元出
应一年一利有要负之不负之怎也并五弟来托来闻陈德寄银之晓了旨
乘五误总免以少吃烟本该有求自之而是之据多石顺
初四日着家书寄云函约之四间雨廟决有紫修在内百元之数询问
炭价速赴附年附之房其种着此等了不与其阅也致谅幼兰太守

函附之史閣部名像圖於暨所派一手若楷書函送呈閱簡成

款不計較要爲之籤出並自蔡老之文債之款應所占附也

之訛字爲之籤出恐人但見此陳雲翁查子年兩君兩組素五

之於選誤於前收痛果不之也可歎可歎

初五日接遠郵第五函告以元旦撰擬之書詢以繼銖起告以歲尾年終依出

苑館藉未爲應視三家告聲苑錫康未商方今張岑尚卯諸函後

令意之家未商請證實見分段及電文之以翁煦大武康徐氏乃不於耶

初六日接石伸初二日函弟未寄環拜領電一斤展五季輪奉歸

初七日接子貞函詢查覆及北道李之到任頗意須來謀今早之大府

情形而詢乃院部練軍月送苑名冊須詳筆號笑寄等事

初八日發輝叔函，匯寄百金爲慈闈壽之用，查廣文弟閏一萬年下等，發之受百元屬重修急附信爲勢紙，蓋爲勢紙上之字若寫兩件，函附府發袁信又原箋託賠李恒另送直方，賠一紙又居子貞函，又取詢唐之眚以歸者，又都李甘亭函並全福圖有覓與壽印唐謝之，由東人信膠遞，接輝叔前月廿八日函，述其病瘧者須調理，仍服藥石以成安，偏讓之人，蒲石錫帛二十五兩元，我從五十兩元，而糖米一石價三元有，由桂東之多累之，不幸甚矣，之中來附有發寄函。

初九日接王小牛寄遠來函，稱十月初加五成，爲勤邪堂討吴麗通序，經吾泉之詩，蕭立武，敬命十一盆，竹素園老柳二株，詩謹園百光，洞濤之坳所在，勤邪堂宅後爲慶惟二柳一池，爲存以補堂名，是編取自爲也，方流二月底來

初十日拜贺郑酉亭军门时成八年前之拓本也蓉舫拓桂玉书楼楷书蓉藏

方肖夫人接石仲初九日函附来姜湘诗将所送寿屏底草接袁爽秋观

察年函另道思居之件即致接晋云函附样两张皆碑传也子英来屏

为方宗屏七十寿联集易林之文混澈时气运润而暖何石之怙

十一日论金生为言寿轴之为要以寿者而不觅许在（因烦书轴）舟接孙麦数年函書

蓉数字以师来议刻墨之等字云之可不然郑陶斋国光危之一老

十二日接石仲初九日函附白（又寿屏底草）吴兴清皆武诗以居送照料附来杨仁山霞函

又接晋云一纸还联一方又接允孙函阅书接春庵稚宫矣

十三日蓉舫吴兰滨刘星五邑少尉易鸿石泉张并来得照视宗屏

七十寿照贺宗镜波与石两君乾韩芷云军门一谈接嵩心田函询

與國保某不克意之處，原子劉桂兄函，圖弟株起繁多，館多意須來
謀徐鄧府軍門名揚附祀蒼城，黄某欲多祠子田郝軍門滚請旌卹
曾蒼翁老爺秋觀察函，附去四君翁，來蒼石伊函，附去原信田函，作合
生四函及汪賈兄直房賴之置，銀二元，蒼翁信田函，又蒼桂兄函，館多後
圖捷，匡蒼叔賀來，即蒼翁之捷音，重函之處，此只有四十元，前者多孫
氏孫劉抵一說，年下家用再托存項內撥洋十元，不足，請益之。
望日說蒼音重函，代給處此，以劉抵多直說無他，借洋五，亦酉刻收免再
張撥。岸翁煤之價不用，應於時值作為存收。王子壽叔來談許久，詢錄銀
元多半，亦原因捷報。看十一月廿八日函，移閏素多以自扶墻，庵得四兄之集
倉場原保也，附捏極之須職多，而以第三次職分不能足者為可嘆

十二日，天晴，雨寒。接石仲十一日函，匯來庫銀四十兩，黃致楊子辰函，又金圭託購別直參鬚一斤，書致錢則中，書祥莊、豫豐泰兩行匯送，交接秦雨蒼函，書蒼翁略，另送狀，附致蒲先一函，將連桂來廿年借話。大海請假于廿二日歸，有元宵蒼翁來接，將款來書蒼蒼、蒲蝶卿。傾張少雲來，交乃操弟甫函，之時照收，游羅句回家信，僱足了。

十三日，蒼蘭來，雲三日寄蒲蝶卿、張少雲二君書來，目睹蒼先函，吳對君函，祠直慈閣壽儀，蒼石仲函，告以移發蒼周孝帆家晚函。晚接艾臣函，饋萬壽儀，傾廿鎗對聯精璧，並放意麻，拈嚀，梓子葉送來。雲石仲函，發係之帳，接劉星平文樸函，託留意館事。

十四日，借蔡老上稿，書去函寄滬王家庫四板橋函，請將第二次京水留典二百

下此房艙早間保卿來寫月送晚談下午雁賓曉雲蔣子英鶴亞

致君明石林治白宗房壽與圖、意贊楊子壽慕蒼後四張帥變設

省之室節晚送雁里葉稿艾五後函送隱物仍力錄、

十七接石伴十七日函附楊潤之致世琳濃閱函並氣形工蒼李甘亭函

即送函楊函保送陳仍霖制軍市之接薛臣泉函附極戰風雜、讀

接蕭光前月廿六日函送人詢袁寫稿時收函但云初十日初二日狀

歸到署電已接李桃源李海陽兩函保隨時作蒼雪收月送來

手泣麻紙細及極聯函詢並玉以石伴石序

二十日蒼張玉泰函稱石詢無閱蒼薛臣泉函稱乞為之感宗此間蒼

石伴函附去子英回信貴匡二君之字及袁寫蒼之事並蒼字

荅錢叔函先生刊誤荅李叔卿函並述朱志儀信桂卿日華之圖
荅翰卿袁友浦函寄二屏來又見于方伯之文子蕃來新三來談兄
銳起兒頭晚飯罷人人二處一來晚子英又晤張子仁函及物二種匡
廿一日晴子喜函送母親壽儀二元呈鄧師午刻封幕補倂相贊
鄧師饋以果品四下午鈍原招同君子同飲夕散訪陳雲溪
送以壽禮原寓即走歸諸料理行裝金生交信及蒲包
廿二日早進院拜鄧師及同僚五人又辭行歸而畫整裝雅田函送以
壽燭方壽周等物函謝不獲命午後雅田畫整又去子貞雪帆
新二來又辭行歸而換洗雲卿函以寄乃有四千金及函屆壽辭
辭又金生請行梁先仙之帝壽日既夕溪來談二更後出城

六載清卿蔡泉來函，云態任祺君昨已來函。于時江家船來
稍函復蔡房，瞻乃子桂到皇保采，蔡泉同瞻暫息，晚買茶壬梅生
廿二日 天雨 函蔡派石伴借讀以武來同行兄孫陰小賓張君來船一談
不暇者多。作蒼鶴函附代經金蒼京路錢徐兄生年大廠之鶴
之房也。函函來請商回杭在船未逕即交之弟函杭城信并觀卷到
盤桓在船往遊一談，夜色半在八圩港下稍即在船上以待旦。一
廿四日 黎明渡江至江陰換船催攢遣行，至北郭已夜，到家二更餘
吧之 慈顏稍老，境而精神矣。惟獨愁精甚，季弟讀勝之。子秀舉
在家，身和頗好。長夫瓌到滿前亡一葉也
廿五日函 往候二宗弟函，并拜張府孫家往一鶴回，片晌出拜慶函函

袁紹宗西疇如九姪望溪仁棣男重之宗山立文儀約華亭言重之十元

大女春木以晚寫弟春木之侄守之

昔出頤蔡蓬風許文伯伴威光弟靜山子趙家子文朱楊範甫伍甫乞功梅

家壽山林少穆汪符生穆甫房梓楊蓉舫周丹星伴吳後光生黃

伯循湘圃宰年和子敬楊翁西蔡穆青亮功朱珖劉鴻翁龔廣西袁梓良

菊逸吳三龔梅和寶貞曉溪行叟和懷福壹蔡葆亞特亞吳伴何貫九淘

雲初蔡炯生石卿龍賓客途蔡德卿侯黃卿蘭卿吳伴何生鏡清冠清

社吾家丹卿太重壹務　少宰弟孫瑞占伴齊燕梅麓朱方王杏帆　景壽

壽生孫以壹務雨梅嫁傳許南賓少卿二年次春華鄒彩子良吳伴楊子成光生

楊滸平厚伴眉朱袁岐伯李孫山岩錫伴梅楊穆英濟菖陶光朱追康寶　卒家

翁屏菊屏学園之子培叔千頃之子覺者王子姝范甫鴻董蓀卿菊逸与三元姝
眷玉銘新諸君得以小飲
廿一日出北郭見錢集吾陶知為至其墳在雅山柳木里泉下奈姪蓉庵邀孫伯瑜
墳旁丁順陽任逸千觀音殿吳家迤陳家漾見勵庭表姪瀾亭表姪孫眷西
至業勒門廠見蒲艇及吳陶森千九兄邀值識機導機梅及雅機花及刊葉
札花清花及房暮而返南閣僉邀邑王文姝遺之一謨睇以社副標本旋返寓
賦尊以請朱達吉祠全集及張冉姝申述所為傳以羽明序誠序撒羽祀姝弟
之有許氏虔字號田二十七畝予贖價在前歲三千元予後來年春同弟劃
為以置之又通氏有田百畝價稍輕因急取其價然予籌已饒通矣
廿二日小雨竟日不克出門予與集以西雇運高九之類以傳西典予畫遣花季講

覌留道兄家生物諸多汪贵郎表弟来談

昔日謁子啟先生邑伴不值昨其嗣吏甫邑伴謁汜雲孫不獲見其三

子鏡貴卿亦叔都稷紛孫鏡波亦候雨弟皆不值與叔望伯勞見識三孫

真雨弟子至孫之至速子其熊第二弟子於速之孫交見其子詢知子重見弟

均不在家只接見王叔隄與鴻輝均以子和康若苑郎源嶠順逸

至小圓家向二孫之兄子為之肴塾克歸而辰武辰以義兩甥

函稿情況未可以定之

除夕汪符生来我至宗侍孫先後来只郁氏重修宗譜之事推之也

係稿取稿能有於同族意通詞丁房二来之蕭操橫篋去應林

大稿既来本家大略情形多於廠乃令家叔安而收之除矣

丁酉元旦晴　黎明礼天地拜祠堂叩祖先五更祝如今年寿旋即祀
家族往来共到今余位不相识者至家大半今见远子而出来在翁
而为家子而中年者昔同游年间今在家时不过十数内外少年者
皆余出门后至遇人指孙名虽多而不能记忆也
初一日立春清晨拜祠堂叩神像贺岁族亲满堂至两加家族门首相
见晴时到二百余位不相识者更多见在家孙孙庆者由后仲
去祝余初余言晚有更勤从远来陪家族族人言之也
初二日逢　国忌不能闭门谢客到者亦今余人出入不启中门皆余精
为区别三日由天晴而寒满者皆云如是　如是福尽清涝鼓声一千
二百余晚家到四百余　县　清晨拜神像如前晋

初四日本家祀先家行礼大称岸菊屏携芳叶法霞四本返庚西名
坤元王所卷来此处家人房即诣贺年兑森良菊逸与三子梅竹林氏
仲相甫则来兑后大雅暨蔼庭林壶七同晋小宴归而寝后许大孙广
陇来谈返合云时道过彼出来果然士士孙广夹之来年十三矣
初五日出门诣贺年于文孙萧先家皋林司蔡雅莲大安家皆至云 刘翅家
兑携次兄妃尊厚扫玉崇义圣名家庭厅下拜神像当家九拜家
晚间护停远本家三千余人来者三分之一扬卿渡山菊屏于午孙述
之妹介孙孙子重建陌仲深仪臣丕保咸洲三大崇孝村镜泖之初之
外曾孙则纪圣孙之子菊屏则学周之子也
初六日出门诣家道研本家来之水门外次之停桅寄兑素楼汉陇茬保大

偕兒孫賡虞騎覽西門而歸，拜神像，以祖父摸太湖人忌辰之日也。

子貞來談，同晚歸時，中途閒於邑多，夜伴高興，印合家觀摸俞子

賢之子也，芙來寫照相，是日雪花霏霏，寒意頗重，錄素之衣

晚間設席邀臧公，張家有七八位人，來不及至，杜子健、葛林、王、何

亮功、楊少筠、桐甫、菊延、小農、筱伯、楊景芙（而外許旭翔）不能盡記

初六日，張請老輩五六人於午時邀，中歲數人為談，從來往待

能近後邀數人為談，適設一席，晚間請客僅人，來者二三之

晚請薇甫、蘭甫、葛風伯、楊福修、甄炳、王袁、心壇、孫協、許子安

之舊有嘉姓王、汪莫納，其他不能盡錄，名錄而敘，以多而不能易

忘也。十二年華苑中來日，昨孫子卿方人來，云有物存隱者楊秀宗

初八日陰若雨華寬千即詣大池至源巷錫良之爲出門訪順之于鹽庵上
不在家遇吴福峰共游于何太山即謁存受先塋祭祀周至惠山飲
泉又赴龍山精舍于陂訪陸徐氏故下張河二云与先河才門看雪
到出舟公又甚庵前即謁陵以玉陳穆人之壹孫看情形与河二
祈將修園墻加培堂墩補種小松六株共費五元天晴即與之費
又來屋舟登復至惠山謁洞湯之祠看宏儀公新建寺祠出府
揭霖士謀至天黑雨入城更漏初動矣
初九日陰寒歪雪至夕月出日間請客後屋薦舊揭荣二家坟
飲者与吳俳蓮孝魚同之席某免伯證古斤癸至同讓也照程星
侯桂亭之子悦甫之孫也席間因丹誤以孫郯刻試一帙

初十日晴微寒吴聚成吴国忠修谱与启稿人踪相难半日始暇

龙楼鹤至陈文启画字回代只启文庙所照刊接书岩族祖

函直端文又集说明族祖积卿宗翁皆来之修谱与九殿宗谱

魏庭迁谱系与宗谱四房一支请魏庭迁谱后查竹素园基址起边

宗谱不许同看竹素园地址不知实在广平侍问七房有无也

十一日复日家有事来岳马帐等前都后到家来往会过一两间

屋两重房屋两间租与老熟工费二千之外尚紫修由共置备

月租六元有字田二十七亩每亩价约廿七八元孙春房可备

置又重陈协在银子料理到光别以放舟出城已夜月出后

凉露寒风静行四十五里到南望亭下泊时甫交子

十二日晨放舟過寶帶橋，午刻抵蘇，寄泊吳門橋下，至戴生昌内河
輪船公司訂定拖船，費連酒資洋五元六角，又本開行，進入扁蓬，至刻由閶門
小輪帶行，自拖五船，人旅擁擠，秉雨倨船等，拖不得，乃雜流為伍，實為無之
十三日辰刻抵上海，在鐵大橋戴生昌輪局前解纜，泊舟天后宮前後岸，至
招商局，訪瞻可、呂沈杞茂不在局，留之張君康侯，官艙出，同往四馬路、大馬
路等處買物，回舟，午後小雨，至夕過甘霖村，乘耳至招商局，訪到房
號字條，往江永輪賬房，張之竟夜云書安慶票，報十字
曹隆詣王宗庫回報，橋福局寫所到時刻，訂約時辰，待至午風寞
病一只，饋之寶之遲，又有流涕色，午半風除，達航浙後兩只，旋即向前起寞
風
是不出臥室，四家法於行若意在航海，因力勸之，顧於託人甘陪奠欽鄉帥原

因病不适未过霞西四船午饭后拔船于李上江播船泊二十余觅房舱以待
石仲自江阴上来同往雨后泥涂未乾懒於登岸泊浦亭然后诸月出
上元节午后轮过江阴石仲上来同舱暂住至十二日随霍帅请速
出书经霞以巳刻至交过竹坪西及其夫太宜人黄节可赋一册附纸
二张余题又跋其子寿仪已申请和壁诗夕过焦山两旐月日上元
燃火照耀江干与水天相映升平之景象也
十三日巳刻轮过芜湖石仲过谈十二文肃张峙亭胡雨生张者来相继
接晤又晤魏稻香石畏梅阁交以芜湖之琼房送其菊菴子刻
抵安庆下轮接者满城人共物欢强送至寓忘人以安平空间居
且积雪知除夕至得雪后又得两次春寒又甚也

十七日陰寒下午雪寸餘晨聞蔡老伯仰舍[子甚]艾亟子逝相繼至寓
中飯後出院謁見鄧小赤中丞迎而謝賀俞查三汪沈四君出而謝賀
安武巡捕監印八人玄冰著扣制賀午方伯謝賀子英又賀三陳一揚
及安某監印四人王楨署扣制趙[賀]庭沅及賀明巴來左芝民伴
檢查積存信函有殊放出晚理日一件重逢卓存賀年附寄詢潤腸廣
學額又郭篁亟界內四函兩件一又收到至安南壽扒擱一又到任扒扒
郭巨帶來丁懋堂獅林寺慈一件有信來扣蘭初一件竹寅一六
因逢子慕葉劉蓮生一件居武承垣一件孫厚高一件王雪泉一件
宗佩蘅王宵奎沈秀同杜享亟四君附賀年一件吳對居併賀年一
件李萩園范子衍賀年來又附壽屏一件秦媸卿高峻峰畢少高

賀叔永之信并壽之兩件皆交聯佛至太守館。是夕陳韶卿來談

十五日。拜賀壽雪帆、石林、治卿、賀何潤生，拜賀劉子蓬于寓，遇吳景韓（吴景韓），呈伸懷英函

之，與國子鄉賀，張猶田、沈叔卿、謝孟超遇，拜賀汪己山、謙夢白，謝賀熊

艾田、鄭雪帆、彭敦三（拜）賀彭藕如、吳璣園，謝賀陳耀星、蓉拜、孫蔭祥

晚在寓四人聚談，到院已午，接蕭先和同函，是日找對方年金，又找還

渡四十二金送奠儀八金，由雨蒼處加函寄來。下午子美先到，小帥張

來，之後寄蕭先函，康羽歸京手請示准，婆並開修譜完係及布

李卯辰寄函及言飾運附之。蒼雨蒼函白子文羅辰房藏二百兩

現李不能即去，已先函請舟送李辰後汪琳琴函同金係併寄之蒼

道甫蒼辰之寓，連日氣虛脱，服藥夜因接晉雲初九日函

十九日拜賀張府及楊遜齋楊滙川二弟答侯蔭卿兩兄弟來會
林芷雲張時齋俞秀東憲伯應謝賀方宗屏拜賀眺善送座
許伯金陳小雲謝賀陳雲溪汪質生兩趙院署午間閱卯午後歸赴
洛鄰雪帆來拜薛尼京盛宗瀚函揚帥散雲簡理子子
雲國俱早來蔭馬駸函是日訪鄰子苑於孫雲孔寓已出門矣
二十日拜賀胡雲生劉珠卿香巖至謝賀楊子坐未回答拜蔭田已
回拜賀張果之宸范錫康院示與莊呂從字莊晚出影芋雲浦
寄以兩稅府特從西渔寄珠泉季卿函申午為壽困將往五弟
說寄府碑函上各為府光謝贈西茶饋王運來賜謀蔭安
雲舟八日函感於謠侍郎之技可良可恨也夕錫康來之雲浦忘返

應華甫來言爲傳靜山聲歸以其將赴薩德調任不能爲之近也
昔蒼裕祺子蘭桂敏仲劉雅卿周閔卿李雲卿孫黃卿王
鑄九孫瑞堂吳東之陳韵和十居年來皆東塘遊陳鶴一田年
皆汝兩屆來下壇淑司馬懷瑞畫誦之迷池秀以十人來時旅
之旅昔年底已先上船夕旅宗屏幼安二君擬偕靜山西之君子
昔蒼逢卓存來附之湯陽請廣學家已由歸並重顧回城紅
鄉方厚子銀嵩某家湯坤請瑞書閣蒼筠書來附之子其擬從眉
見其攜華敦龍傳昌附蒼藉圖來附之寄書盛其復待之意蒼華
少之有來附托書陶冕世旋之後泛臥讀蒼池雲卿函之年前受派其勿
憶仰四十年由居生受源東老仙市東得子蒼筍孝恆桂來過前府蒼

袁筆京來楊雲階來談數語
廿三日雨陰蒼孫李子君桂馥桂牧仲孫部善亞軍門交晨遞前在
賀安撫六書又擬石元旦賀安撫四書聿交來上年田租欵摺底
業傳筆撒交蒼孫丁饒湘甫謝庵前已移居江蘇候吳撫許
許印信以成汪伯龍兄田價函許再居三灑地伺田有讓說者擬趁
田雜舟現請蒼根蒼龍瑞之函子范子鄉東附子房未來索渡
又又馬鄉西賀又函合其經手交滬路匯局劫交寄左瑞芝匯函
內有二千元本是寄鍋館江倩局挑出由原人常來者
曾蒿文甫楊滙升來談致友律一紙以瑞芝交三函二千元爲其憑
歸漱芝尾此單二三萬其六七併交文甫齎往書並蒼瑞芝函皆加註另寄

錫宅函，仲素寓送來所寫字條。鄭蘇盦函詢，復詢唐蔚芝、鄭雲霞及
張路清賀，接之。查鄭雲霞未到，書函詹詹。若杜宗亞、宋佩箴兩公，將函宗
附一紙，交歸者將函一併當面轉遞。夕飲新三鶴樓，談近了。
昔接石仲廿六日函，詢和議事，查之，復雲霞，交看堂將函條錄九高峰字
嘉懷卿三君賀函條，附一紙，交歸者，面交委送雲霞，作復函賀，來附交一文
另接函，取康茂華甫信，為吾道者留意所請。一月留心王瓶素衡西杭細佳者
函附來，送信歸者，另稱鶴情了。
廿日晨，朱壽濤垣磯隊素函，附有康茂甫湯觀紀墨搨一大張，諸君生
並摘臨碑搨一刻，為錄者閱花瓶湯馬情之言，刊孝福安存，背刻二字
送小刀二柄，藏於觀音，接左瑞芝函之二緘，為錄初到時諸加注於劉然乎

道園兄弟來信為內子說項照單五頁示麻埠等處房子樓子事要來
其宜等處房價之三倍有餘價厚商求鄙政子為不為是為鄙閣高產業之
兩君送鄙引見程稿到隱身後早息換了帰重元宵從西
廿日送函淚於鄙雲波遠萬壽觀之意踐得靜山函為劉申甫說項
播飯象三來仰照房之租事並太守來云華陽長子情形謂適高
傳民之之實饭而不滿源棣之意
花日接劉照單道園兄弟一紙將作函進士呈通播漢瑞之遲得函言要
一東房之又作一函併寄來紀房子帰書函之便北子已託衛友寄於蘇城
獅林寺卷原函抽送為晉曉閱之意運費來云無已領起貝種竟函到
抵因適種十七年而領原轉發之房洗硯作函云康鈎錶子難於為力

二月朔拜謁李廿亭若猶杜受臣俞調蘅左華甫左子鶴梅庭

不自愛力學極留重臣月廿八日田函猶聽諭之忠光之意光之壹

原留言四條個人並屬陽宗之說極石仲廿八日函左將直齋之函謝之

附後原寫字紙一節屬書者族祖函由寄中遞催讀集書跟

拜館集及二部以踐諾手又集之讀為太僕公寺祠記

初二日致子禾狀函以太僕公寺祠記稿錄正寄孫春宇仍弟函附寄沈

丁二函發鄭改房寄函極石仲廿七日函以風聞芳郎好便諒屬李之函來

孫之李弟回館子月昨子芙之交來大已接讀旅節孝稿件

為之宴臣繳字陳雲高寄交往還旅孫蔭祥一張意澤年來之

集龍眉八九歲原再擬薪圖而蒼雨交為之復次屆為民力者也

初三日書帖法七人初五日八人初七日桃鶴題字子英還其櫻法獨人請
旌稿但録舊稿兩但餘未曬夜晚間雷雨候雪草具
初四日接石仲九日函云奚兄以二病我待傳並應系轉寄以來詩七人初
六日桃鶴就慕堂壽陰四晨之按陰陳雲之函晚間方菊人來談
初五日寄西蒼石仲函云兩蒼居先進函云一福在席季西仍顧后子
謝蒼孫吳牧君函寄西陵李蘋園函云意溪許還班言年請益
之意接琳家正月廿日函云陳兄葉其子在九十月間岸移海嚴開業
道少駐接出沙石有將之途易陵光已福宇彩使人日脩一謂鄙意
成德不宜也幾文王麻姑經既得寄西劉馬子春有家與寄西呢信
壽字俞方唐孫沈汪六君來就桃笙過陳雲之函以小童送出去

來函之時懷梅去電通挪之說可算熟康以前告純陽會館因循修白來般
初八日函達洽甫蒼函白孝飲意蒼之意詢從通遞原稿之行又白意滬俱款
函理之岸理其挪移一二款蒼禧厚之而函康陵寓帝與附原稿與儲之
以後寄的形勢另書帝者便遞鄂改復寄寓不便也小帥來函言賸銀
元與張崇田陳雲溪錄函題新款之熊艾臣函白康來說挑選李丹
亭翁以病倚潤生先取去者幸來意滇取康文先擬條款交積漢氣子爵
初七日兩霽上疑三來字言不得子蓋派原稱而望分撥其一人掊查其來莫
孝綜鑄銀元子桂武等來字來諒夢白送原取印全集十六匣康代收
初九日蒼羽桂武望來字書送者於字書元其取康為之留意諒夢
白赴北京之詞來移取移稱與山來自蓋派里鑄銀元號稿送大府

查沈汪三君先後長談，他事遂不暇及。接耶西上海後五日來函，詢
俞汪熊諸君，而宗沈伊復中丞詢前次人指賑建坊之疏稿。
初九日，小雨竟日，甚寒。未識宋石仲函附去新墨二紙，若函瑞芝函詢
壽儀侯年，茲又再爲函致，接沈秀周函以號件來，又商附寄所備
物補祝。茲壽言意不可卸，領其一，餘璧，其三物即作詢函，交來使
去。接蘇園函，先君兄爲前之不承情，益不議，特理之爲雜以示
先君回之：清可召之，待諸霞泉行早間道，赴梨白處，其至居晚歸下
午後歸，治畫晚，晚與圖袁說，小雨不清，楚之書之，其善雅其深也。有錯誤
初十日，過霞客小雲函已詳細練筆，硯隊蓋，談墨，揭出高陽觀記朱搨
陳某先生携眺霞孫蘭，和函談其茶葉蓮子之實，是想恐孫直加發揮

附言之續至相覺之道跋詩陸郡丞函覆安丞字附跋嚴黃秋

盦略順直照精案同由府得達今集部黃單一部擬以方順之數

允其寄解西路桂有所查泥徑四君承誤多附之而語大風雨

書小雪前寒之題旗祖姑遠莆男傳黃圖冊成古詩一二首寄與過竹坪

表以及幾雲居函詩其壽儀此儀光田家贈之矣待黃鉤本之侯卿

中丞題跋再寄之還居馬孝徵函跋所詢石鼓之附安丞字來請屬

黃秋盦摹雜部黃二紙楼石仲和兄之函附來修譜之書條幅及譜稿二紙

附來子文雅某及款識大宇唐說項投寄泰山將軍西稿森某

前呈二子雅夫而現在修譜所應列名長曰文煥次曰宗海詩文光互古常

品學次曰朝勳所生父伯勳朝勳宜壹見侯勳以祭遂深方菊人來逐譯

致賞姜不成意漢道湯陽請廣文武學額二名詳稿

十二日寄蓉叔函附去年論修譜子福字於後為不得君安又云字已來

條並內第十二條措譜二字說為老譜原稿正附去年道函字叔蔭馬子皋函

正叔與道協承師善局發還莫函以張望屺一紙附入兒覆飭楊藝

老得河東道之席為其競願務扶其顧可能子者之談

十二日蓉楊藝芳八紙撰陳河東道詢康山東學條以字易查之說查

既字由往理看以賤之也又查積家中字由來皆素稿等語填識之

曾字由蓉男電函附修譜之歷條去年一本詢其二子之名勤形之詩景

編校對之本其意道楊粟兵草臣補刊夕子員來之在家聘從至郎

來道士後議意漢康伐於胡季收著勤形重討景編之首

望通殷郭善亚函告户部巨霞李府庫僚名芳岩莊都三年东
附白殿佛亚殿经还书二君内外着力善待来宾于楚殷下岩禄君
高年东附自逢迎之由岩于午狱函之谭为八房地基据将孝函姚之
种之殷于冀学二三子見將行者矣冀山函件于贞又来长谈之而大雷雨
書兩岩在併二纸在我逐续中来陆季殷纸附繳史油单属嬉之
呈函任者二件如岩填保字目殷又又论谭为三纸録稽谭核条一纸
随芸表稽厝周後特寄殊乘它为殊秩考如函询舅以付乘值者矣言
呈闻之之谭此瀛路远此安原直附之素林同函
十青岩彘子贞来谈审搛出揽林敦十百函之 如发咳减而里痛仍未少
素具殿城所大稍事之后记里殊鄉经两又表于林之良於山東方集表

因君即君之帅来谈，索陆作林钱银图子字，询意溪本日课吏毕
告雨止宾，在君子来，要免课吏。夫数本，检取手集，览三本，分别
署检斯了，复于来大森郑，明日四莫山馆泼之范迄此四锡
存有宇询新三溪，又为家叔四盖震波以二页书四为家叔四开写送与君四字
询来请审乃写朗山先生日升柳隐垂钓图草，剑七古一首，是送质安文石
萱来写柳亭纸写去四章字，为陆荀苑香查子寿同邻屋送开方五
相国坐送查子寿同年回杭，接春许纳世太守来
二十日至雨，寒未解，接毕少人翁回函，附来萱坡，又接泾县子缕一纸，出示
函询说人与子随时存之，郑帅来谈，贵淳池子及旌宇来露着其立
变查霞友伴论挡马之倒怀其起刺多宾而已，何必使福殺蘇傷耶

廿四雨竟日往清甫處見一鶴來是舍生從提某日到者也見張
樵野司農函言命使英之三月初取道印度經橫濱由太平洋至
美國換輪經大西洋至倫敦往返約半年屆期再來之使往何至適然耶
之英君在位六十年各國遣使慶賀從者是所無也耶
廿五日微雨竟漢字詢孫稚遲暗君揚附祀文後乃見之帆憶其來詢以有錯
誤也人之不經意者如此頻此震陸貴漢也專以簡存之一疏脫稿送之
朱請甫送乃寫小照來者之題送贈易送紙來
廿六日陰微寒晴意接石仲來九日函云十六日之者函交傳至序帝年壽
憶壽侍不知何以達到附來郵便寄復函接弟先區月廿五日函交祖雲
者弟來內云周承良子鶴翹有酒肆字如之峯康以閩派一切弟先之

調從局票房乙春臣四壽號馬船西頭尾隨過局來函房唐柯僕
舊了條卿不病已愈於往問示適來五葉來談教語
曾隨梭拜家望月函意漢申寄飭劉匯銀二百兩收到英洋二百九十三元
五角九分九釐蓋以此核算錫市是日折合祇須此約換解三元之譜者
詢諗市專月隨價此以洋兌銀須加三釐之后此也殊之相卿滅三隨饒與派
去歲之往壽將孫月冒昧相卿何人相是豈拜果之子往墓流謀了去觀
影憤大將惟早起有星廣一二已后身過診視梭鶴堂十四函催轉呈於
初日回宅而有不滿之言唐以義老者四錫信卯告
昔日又兩周相雲鶴魏來之集此指點生出清須因鄉正處過人家者來
過其人詢之實生云是近日新章在局報指時先取是後其就請領在

泾甫揖兄而棠城奉雲函敬悉意溪函告以匯到洋數並交原洋等交

銀交莊當交已了請其示於具據單並望君依據去年情留歡吾君 片奉之

以其樣倘作個撰撰又擬接第之二月歡函之納聘時與祖寫撰瑚之節可議

歸宗舊墓遠而候歸宗之後再說歷代旅加而感外道收六千五百餘年

仍不合意而起浮之謂私積六千兩實不滿千金遂附其表一稿應其到

照年來陳述函來求安排起交函住在子通交戴以應另書函呈

世兄意溪一再來字之將可乃郎為謀得局銀五百兩底乃子月中

望其有成若字而伸函之左瑞芝求即來書以為交墊

儀交如其將字而廣字而孫家函之與紀重孫擬表費十元請再查

鄉賢理應並聞之以候東意之功附之過節為倚黃一幕鄉帥

題前一紙畢後適竹坪八行又附數字勸以紙屬抄乾隆間舊譜

九篇以意溪交孫及琴之一冊同交吾西涯旋即送元意溪劉照

平早間來旋即發寄存某林[illegible]甚是本[illegible]乃留言以累望于日后

言請每日茶卡試之即書往苑村附之手交劉翁某詩函到即辦

寄昨夜應韓府壽雙柏以刀不敢及天氣仍寒而雨

昔日接宗佩箴函詢其交請旋即接吳村君四函已到清也江閩以茬黃

濃老函詢前之會報震震之區年實未見又須筆將之付問雪著帥報

作稿云保诸子未字因之著之提刀者也是日仍雨寫自竟日雲自意

昔雨接晉雲函請匯二千元家用又發其歸之府用四元張雅英祥

未言村趙辰岳中丞函未謁鄧帥先以證法字插因之其家累之辛

三侄四弟左右：三弟撫怡自念多男女，鄭帥示片矣。因上年交代案多

請寶棣所留免回任，面後非不得已無縱原詞，實老成之見也。今秋子

約夏之外，兄已帥又示蘇藩任內勸置之地，擬埋浮擬示稿，曉應酌行

五月十兩接石仲廿八日函，附致湯韞伯函，語直素極是，所著深之也。閱

世五書識，相與無人，在者待其回時而再道達園論，並將指眼美地埋之矣

儒務之宗以年湮莫深風，飭詢閭房善派來差帶件證坐之粮

二十日接宗口石仲函，附致經正函，為饒湘說頌，並叔時接函三弟差派來費房

宗函，詢壽安圖章，書後接石仲十六日交差帶函，附季弟趙卿二城又

稿四本，經時辦兩件，又子孫函不通，鄉之莫屋志，請刪改，鄧帥素之補歲考子

左瑞先到光往湘，意遠壽儀程亦厘之不落園結為章接意深字

三月朔晴答拜胡季铭汪济甫石[illegible]滨於篇庵至[illegible]芝直受一谈示

以新得[illegible]敦瑞[illegible]碑在外者所同卿已还京[illegible]之文武同相会受印

告之暇李[illegible]迁少尉自此孙到者老迁卿不能得霞[illegible]家拓数纸

桂府拟任[illegible]有不为[illegible]夕意漠来谈函[illegible]三条之石能即来

初二日[illegible]来为函托[illegible]尚[illegible]有储[illegible]卿足为之出[illegible]接初一日[illegible]

函季[illegible]函一议铸银元[illegible]询[illegible]一询[illegible]回[illegible]补岁

老[illegible]来谈[illegible]地[illegible]加[illegible]一方[illegible]在此[illegible]也而

至[illegible]上则[illegible]文已[illegible]遗[illegible]加信[illegible]为[illegible]遗[illegible]来[illegible]

难也因[illegible]字[illegible]说文[illegible]育[illegible]不值[illegible]宝[illegible]汪季[illegible]达

初三日[illegible]石[illegible]季[illegible]三纸[illegible]告之另作一纸寄还[illegible]识

久無沅叔來書，接昨[illegible]二月廿六日函，言沅叔有接股票公司剩之說，屬
寄收出，附來譜系一紙，又接安函，意亦[illegible]往山東正相同也。龍幼安自沅
系在短箭三次股銀，竟不願受，收息[illegible]議起，聰之電，龍宗房以費
請爲回函，伯猷卿允爲同相雲出請
初四日為擬請撰卿周庚士張和庚已許仍呈[illegible]一談，又接乙伯猷卿
面中出請一函，擬張已屬不值，以詩字請相雲之函，為此菊生函，梅公無
擬函附字詢以兩層，於季有有三府議，如意深言再送書張
研館係於胡季酬接馮瑞老函，言已之府碑候，近上得收千府東雨
初四日成學穀公傳核閱，來昨寄來於國張在有趣卿之遺志書馮
瑞邇函，在商團將來允為提聘刻，陳叔有此說也。接去年二月廿六日函

意不在随官足晋子重为贵子不及王谢之蔽而有降谍也

初八日致汤兄孙函属以所识纱厂收照寄锡换股票领息再缩少年

股前说询以票形原票系一厂内票形原者乃张函寄最近乡上寄屋志

論修谱以因详为要义每年为度共需托提款三千余元以备棠雨

苍霞书为臣义苍识三二纸交蔡霞乘来时已五旬不知何意棱

方蒯人函田薛福达来擒而不用矣檀晋云函弟来家用三十元

张玉南来之时照文潍本意在范蒙氏请催将不在地价也樵去叶

勤所厂收照二张第一次同字一号第二次同字七号取据书二名

初七日寄苍株叔函属付晋云家用三十元房用四十元送大妹赡料十元

附去叶勤收照二纸交袁敬可西函照原式付刘汤敬可原缩等股票附

瑞芝信 湘老函 应时十元 以为代付房屋 家福函 彦石仲季 铭函附之僧
论谱乃京之工子殿 蓂坡以政续学录 彦侍居阅复将家函呈与姝等
函之附芸甲又附贺春 彦斋函后垫十元 为陈初贺 彦鲁叟函家文游之
其函南回洋元已劼措附乃世弟先与其意须来之 孙女情节
初八日 接筱符侍九叟刘服条 咲無艾至 稿想女雍方重手 孙石楼子书
圣之廷稚 彦症重 殊莫郑寄 收去值 检江石军之 彦石仲二周 廿九日函至
洋二十元 又接廿初六日函 附来太仆还初托 有贾改封字之条 接王小午
迎海集来函 彦家鹤至函之 藐庵回信 并日侯逢已 属殊裁乾
近函 知江足程迈 吴居来浣 外间颇有谣言
初九日 寄集彦石仲函 有改太仆之相托屋条仍附还 附改子与姝函以

詞記內所誤名字有數者還以詢之錄後見所著劉太冲八傳附〇改

雨再閱復將寄與叔子旋劉仲士意還值其小極未晤兄方夜又閱

所撰雙西學條并將以呈請大府者也可云大時才調

初十日接子貞來函附來陸程呈蒼子葉函又子貞二件印當退示隨時答

子貞二紙勸以課餘專力舉業而先以讀律分心實可惜寄大安函附去

壽同二紙並尺寸單王雲從表妹擬自願來晤談片刻接

青子書函以杭城雨久壞舟楫難行取眼底澄附致卿甫函

十一日卯雨辰來旨還不發書印谿之王袁姊續來談青生弟去

陔甫來示所作並代錄各件

十二日答俞小兄書卿考道便函寄陔甫改所作未說隨還者略為是之

云是日天陰氣甚逼王雪門從夕陂而大雷雨交作留之下榻

十二日鈞安晨來白子韓之屏樣允孫初十日函以聊備一格佐藤小湖來

千里室之墓誌閱脈屏言改之謝跋鈞安一片取瑞芝還五千金以我所股

之存是附來石仲初九日函云兩千十二日四錫成龍二千兩來並龍之送翼庵

赴六安以允孫一片送鈞安竟日風雨陰特雨寒鄉帥來商一事

延宕之頌裁兵事一為六萬照案者再議重重錦取言林澤也

十四日曾琰排赴函云允孫以匹之交石仲經宕之言我所賸之又來即滙宕之

存付十元交來存為岳濱之工方覽其意之因謝跋及存函寄云到可

而詢以從姜屋之事鈞安送來謝允惟保存生從排帝四鈞安又送

一露來為允孫股款平銀精貝送去現元五十兩五錢餘費平三兩一分

六日 二鼓達[illegible]侯宇小年函送仲兵歸是達之孫擅薛心泉詔孔日盛

家崔函云趙虞福君號至人我定宮君號也花錫康來

望日 小雨 蒼孫卿兩來談其置得之意 我朱簡索劉仲生諸不佳 蒼孫樓

蒼孫蒼先孫函之門勝方國兩個以重建盛禮為直擅石律十二月函附來

梓泰和 六日 函之修譜初八日閱覽其閩壽子辦分一元

十七日 小雨 蒼梓泰函滙之孫勝分之我蓋以應生田價其百五十二元又寫洋

五十元 晉徵之款 在園擅 陸辦 星 四函 卯 蒼之 清 仰 觀 泰來 高 之 錄 銀

元子劉子梓竟宗來寫之圖 先復子 蒼宗佩盛函之成詢旋表來

宅之 勝 待詢壽 我 成積 客字 送 朱 雲 滑 莘 我 得 勤 重 函 及 意 保子

十八日 查子朱家 蒼 來 往 賀之 蒼 孫 清 觀 泰 熊 義 民 一 談 方 埔 五 月 年

来旨業蒙荐心泉函，仍劝以忍耐谋食，虽未立作他图也。君幼安来谈，

刘子重本年五月同来，坐久而有揭，夜作书答谢也。

十八日往诣南徐寓，意欲以字往来历阳之理，且意夜就子惠之、栢晓共

俶梅心舍，生发家书一函，莫泽五、李元、孙傅沥、锡爵、女傅高发

十九日答杨方坤五、刘子梓、俞甸卿三君，雅扬、沥呼太守，东晓咸族

祖和璧之传及十峰兰石境，许极仲、苏四之像，黄楼株家十二月函言

神像刊几代，嘉寿之序刊几篇，七国表，八十国表，留耕有恒，皆惠候病

附来述之缘函，序颜元、硕夫之传，英贤纪略之类，乾隆间诸，本刊而后

刚之表，栢台补之宗，显之厚学及之皆湮，前后谱而后刻，年表亦缓也。又

附来宗谱函，催理之之传，南刊之艺苑者一宗，地拟以葬理之

廿日復王有衡函交秦雨蒼連林荊錚二月廿日到館敘楊老鱼同
年以黃道萊陽探差另稱協辦此縣說頂之兩房若經後來又敘苦
兩廻高言意須送班貸術至多道經金稍穩任信函
廿日寄趙石伴函交大關華陽兩長詞黄附粗筆工侍十洋四元
黄稽四號房閱後寄錫又及王有衡函述正月由李成帶去附
劉經舍稿史稱起函房交大龍帶去又致先祥號附李寄函
繳經舍函繳信二由李成帶去寄致晉雲函交鄒靜山溪經之岸
附致蔡園函并之國聯房貸還曉意溪來信以仲華華交鄒中
鐵廠可否詳早起朱請南來日尚稱不莱莱
廿二日仲甞取去交存物件仲去來長張先之以經卿致濟翊卿宛

葵画，葆老所属也。并至来之胡文藤所写砚，取李报易吴一事。
郑书，昨又以藉藤老画，并他人所集之臣子，因之湿沸，可恨也。
廿三日 治滋设学，题饰书东等子胡信之来，际属陵郊，致刊板一千程。
日昨暖，在庭咸风雨，不时而薄寒。
廿四日 若拜石群，访拜王小徵、李若茶庭，遇国视云方、瑞湾，俞季平，皆不值。
得眼在若胡同之信之，见伟孙，往缘御赏床，画之，请中添刻像。
廿六日 寿文子询留耕，有恒候意，及来安，君乐附之金生，富春之厚，势坐五年。
元遗其仪过之，并如其人，前吉泉希曾不回来，在美蔚拟画记。
荐子丁惺李遗人来问，闻张如縢年过七稀，而惧执一年也。
廿五日 先岳孙溶川三百数冥诞，拜祭于寓，写扫谢人，亦以是日生。

昨發公家人接石仲廿二日函與李肖嚴胃爾程詢兩卷宜惠之宋
本之借之。附來拓本十七日函夜字田租廿六石九斗價八百餘元存款
四百數十元為有擬公之用，續二十三法同女叢通十五蘭花皆好不得附寄
之公矣。房地已定二十元，仲輝去五元之為公。又子年孫函來允許曆一紙乞為勒
年並錄譜目一冊及經全試卷二函，接周季廿四日函以為望季侯為
作說字，又勤年內修墳修設補小松拾數株矣。雖陳季之高一談
昔校完勤印重訂叢編，並又票子重修陳錄舊稿二件亦未完
人蹤所積之也。接林女昔函述舅已到全陵倍南板直寄
昔敬翁母庵不值，旅費並還饒進壽卿名保留饒進，保之拜善
赴壽甥到五原從府清和院望叔張康女蒼茂叔來京曹老四字可

蒼厓仲函云饒壽菁子旋又接廿六日函附分送滬之外單
昔發龍老函言星林女歸宿之説附去汪荷生觀像請藩揚於悍莊乾
方伯蒼字昧密函屬發大孫浙意假貝於詢三被有無說記任附致林女一紙
交六舅撥秋間歸視蒼定昧函字霞屈仲函云饒壽子詢蘊兼康合集
昔日接吳昧起四函留懸手於麻坪樵談而詢繁易郭霞如平安楳長
六函之黃遵憲函詢眉江東甫之東漢除以無聞蒼之蒼王衡函附雲崗
作蒼王筱塢函屬到寄西函字丙来及祖之外蒼之閱單備分送
二十日發東冬兩蒼函詢佩蔵所託如請旋子發蕭光函以無函附屬分
送子附之經全謝函及陸外十分屬函一而將送廿九並詢兩蒼縀三
情形接王桂昧函十四到錫意在重作饒游宗示屏来談

四月初一日答蘇龕、歸冠英、何潤生、孫持九三君,孫未得晤。談石伴函,請以
筆墒查直與松蕭先函,均託俞調卿遞寄。接子庭、善甫來函,聞
旗德將易其原圖,飭子早向紗商索回子粹之件。
初二日陳鵠函,孫子英先後來談。少帥派譯署日本條約刊本,因有刪
者,有改者,將九條仍其舊,而原批照之,擬可照錄之原也。
初三日函請陳雲從薦柯愚於楊鏡波,以聯函三月十二日函,附之梅石伴廿日函,
言鏡波不得於香肥來而往之也,故亦附來。其家信原稿寄子香。飲函之附
來。接晉雲函,原寄子香之梅第函,南函答以前先蔡老轉託孔老費設
法。韵星介紹梅子其三月廿七日函,附新茶一包、帥示鄂電,將蘇之亭
以陶商侯談,答以蔣改卡粵東,雖頗幾年不忘,其現在何處。

初四日遞段鏡湖函托黃州附其家信答子貞函詢其直告止其歸款
函詢李西以晚九行踪又爲樵卿詢周縣丞參軍是否仍在縣署請
男對擬張家二月廿五日函滙款收到湖利但石能撥讓子青縣兩女孩
種牛痘應揚之喬留耕作代為服白本子不如自盡之年穩至蔡
來函以三夏節樵人強應所藉樵之一百九斤云是十八兩秤也黃吳甫
段鏡函呼函擬雲溪四函林也喬溪楊君以懸滙時日業業謀擬前
月廿日境南函之請復回鍋速交趙任復卿帶岸青道州
初五日答境南函言之內人回鍋日期錄段函呼四函有請滙和庭
初六日接鄂段函呼樵慕旌德之喜旅陸執函談法賊事答旅滙
附家書晚晉雲之日古通回劉道周來云劉晚九有擬過橋同之意

初七日答顾迷之珠函，言秦西新政颇足横览，侍可藩议已删，应补刊英贤

录，应补入文节。答刘学五一纸，附寄北洋单。答珠孙函，说家内平常情

形。发珠孙一纸，汇二百金，及寄云之二百元，家用。遣孙家纱剂，方法

汤田租乃有自收者，以询之珠孙。夕孙复卿来，示可之言，置嗡。

初八日答林卿函，言李贤费，郑不能援，渡因庐宇，仍在县署。答季钦

函，言留耕之记以播存可后，进珠孙行年况并程。答石仲函，言腾之远

降调由不接递萧理宫代答。戊保一纸说家常，莫谢。答马船函，言柯笃

有可示之德，作仰来无福帅，全内人归不免私遣，还敝年况，言七

初九日接□□果勤到□□禀漏先印五千部。成接左瑞芝函

初十日接珠孙初四日函，以因家□敷覆寒热，附来集褂之侍请删润

十一日錦芷雲寄之來函十二日晚宿寓陳蓮舫擬花露痧藥內保御太君

病蓮舫處服陽其六君子丸在蘇城雷允上藥店買寄院爲其扇檡兌

給一紙清夕拔信之道閱錫山王服遠作越山水小冊

十二日接石仲初九日函附來季欽函言被受至卧之魏君無端受責呈者

光乘接迎遞批而有稟痰治費之狀未附隸東參早寄雲函印交之時昭

新灘地難加價麦船難拔賤吳疏雲陳道稿而出

十三日錢韓軍門之招議郭耀達綿皆執人散已不早接郭錢軍四函

論說自省批而不能收用乃手有識裁兵勇之舉見部文繫自今年

牒起兆補去三月廿六日於行之來言欲寄府館

十四日答石瑞芝函言灘地可只疏稿請轉子蔡老之可詳細說函事

附謄信全稿函，為至長震澤署函，刊行至十日得原收詳列來語云云。

望日雨，雨後寒，清早發播占至藻家，初六日函云，近悉所寒熱已退，而僅能

稀粥，足徵病雖瘥，口乾胸悶，仍陰虧火炎之象，宜育陰降氣之劑，小芙機楊氏云。

作緣圓通，為旅費仍歸命秀經理，楊息月提六十元，揮收二千，月提四元本

年一付。許之，信同去。附來箋，諸函為桂林說項，王任一，新寄信五樓石仲十二月

函，季子叔信，戊日夜書作一函，復石仲並勸彩雲討十六部，石留六家，十家

陪道聯，本以舊兜兒料共來也。金生示珠琴家之葛光似有心疾已

兩月，飲食不安，情懷恍惚，彼誤請謂非鍼灸不可云，薛心泉來。

十四日雨，鄭同甫、封鄭著函，函來原函，肯宗佩箴詢暑南總事。

夕與場占雨中閒談，惟有虎其不急而已。

十一日 寄蓉株家函述弟恙似有心疾 致楊茀至太守函爲孫協卿作介
紹字告錫廉証冊部覆已到 又詢其至 雨中校蒐之題 遇雨仍未止
十二日 蓉莜濤作卿 函孫治均未得晤 莜係卿詢其太夫人病狀 爲居
孝卿往訪吳内人孫鑫續竟日眠畢 孫協卿孫往華陽接子其函
蓉株等弟來未談一飯不易得之至也
十三日 蓉株孝莪園不值 莜表卿處並晤吳少海年 鏡瀛詢弟恙
病狀孫不甚以爲要 蓉株郭耀庭薛心泉韓玉張玉甫要過寸談
自蘇州來因共一談 澂訊以蓋之意 接株家十二日函以熱症後咳
仍未止 陰霾未甚 居蓮窗書 來係來城追記云熱爲未清故咳不止
居居參服兩劑者 或宜遠延名醫參其是之校 夜字租須清

陳陳把逗來石伴十吉函之心逗宏兩臂指麻木言寫極難字方元

而一手備書望 數十元乃青日寓也逸雲隸書廷函之鄭雲渡及照手

昔濤觀察來之鑄錢圖擬逸來物費請補付因以銀廉文託送匀照

先之校勘錫來集拓之傳照為擬換孫吉嘉柯秋浦節森德時作器

昔蒼石伴函附去吳蔭圖說全卷廉甫印用心勉節勞揭潤之校去

勤形吾潘譜字摩氏伊附去石陸之求康材付上更正先生函告陽

為貨非此夕又自來高逸班不足之之鼓宜甫來白係卿之言太君病重

望一植任高章送之

昔眠係日鍚來據石伴昔函家忘此執清暖止可起床照常矣宗岸

逸園老已形照請為傳昔地係卿五月人眾議冊告函甫公祝惟重

廿二日發函子培函交理卿傳送舜禮於主學不交已鑄印機兄
棠濱兄稅〻稿子間二張君見復來謀急〻已於應付接陳達航此
鄭二哥函二哥昰晡二函紫陽二兵〻價在石碑交伴又附來為此兵之首商謀子函
卅日達賴風莫氣候發原件函附文古基日叟〻二集抵之二傳子無抵之
原傳行旅工彩颳楊潤〻校勘勸行畫討編原單是日御中禾中吃生
閱報務家來獲親說紛如忘函吴少海粉田舜狀
廿四日雨接陳耀星函並芝蓀兄一箋孫蘭初函茶一箋稱歲除
宜想幸爲照備有八千元王接梁秀元節來省港時作居意須
函急借佰字銀五百以資人作中附來林蔡老為中借百金一紙收存
段午節後接日秋必接彥琳函節函附令收日信〻件又照録

廿八日寄芸林叔函，又田單存待濟際房賬壹本，以詢湯股抽回有差

課字。芸孝録函，又廷楊二姻丈方擇宜前留耕，又芸王桂林函，又課丈

四雜拈香留意。致蔚堂兄函，備交晉雲轉子貞函，又讀要丈。與芸一紙

與蔡老同詣王安白保卿、子廉，為函梢草告之

廿九日晉雲赴青浦，芸老浙西鮮函，二陳君一鳳君來謁，吳卿山家代

卅日楊直卿來謁，保卿、子芸、劉雅卿、陳韻初兩來喧讌，趙生函，轉寄四元，接

石仲廿八日函，附來陳蓮舫函，又果脯、蘭穀，卿晉又年譜，寄王石甫函

廿一日拜嚴保卿丈，並請甫芸拜撒鳳翔李參岩法，為芸寄石仲函

震裕、陳蓮舫函，寄張琴孫臧併寄，致呂璿甫函，又鮑升甫去芸同

年方集張東芸拜新震生，陳見田同年、蔣華

五月初一日晴卯初四點天氣微暖保卿來辭申刻接庠使慕陳見田同年
賠物接珠泉四月廿四日函以其留耕廿一日聘唐氏女偕周安歸非昔
[illegible]殊別近吟帝域課子手[illegible]鑒不往也達安殊祖病萬言是清可
又接李西園卯若又吴牧君孫鑄九函峻峰節函全竹卿來答[illegible]
初三日接李錫四月廿四日函之以身及所譜呈送殊之許辰之一家奏雅爲酬
道光間未修入人以及之文殊仍在速成若郭並亞鉉年函附綫　殊批
擬修呈文稿接孫留田芥泉附跋在伴函伴即作答加二紙又接孫小山函
陳靜卿亦鑄鈞百百人爲之說項請加一字詞告切也
初四日接李雲卿王鑄九若表之函皆即作答即劉楙泉函照來
書珠冊自周又周示日長函爲其子執覃而已張惠甫丁悍雲冊君夕來求

初四日接朱雨亭俞子良李韡鶴節函，諸即答之，又加一紙，接劉桃坡
節函，備以建茶二角見即作答，來函即照所發此垂去也，函致東方
雨屏函，寄還御山都下家信，以其入洋時及建字號鍊銀圓子而已
吳吉生來言撫院歸有一友嘗以吳吉甫先之接孫協占第陽未
函月儀僅三竿，附前家報，依帆俞妹僕來石林欲交二兩原信
端午亞浣所四寓設祭，接子貞函，來茶兩筩，接周澜卿節函，即
作答，接石伊初二日函，言大龍頭歸，四月廿九日民船回錫祺子翻照矣
償之，星原詢姚氏振情，接鏡湖函，四月十七日之粤將費已出，暫留居署
之，近來對兒節先之惡心境之病，減二分，雨未久，秋間當接春，下午至
花園看錢托友過，大雨，雨上而往，按沈保卿母喪

初八日俞陈查汪四君处皆缘沈子往挨藉便询姚氏议墓地乃
子宽也 若子吴函称二沈询若附及徐三年林溪尺他 孙若称陈彝卿
函白 孙少山承史铸锦居子谨帅座 钱程来信 接李植卿函 若又托
陵子张怡生聘募两人将 又接龙英卿 萧叶丞节函
初九日 若在仲函言镜澄据点三年 甫及姚氏子宽之说 附去之岁建德函
孙禄 雅成弟之 若孙少山来 以及陈彝卿函 附交子英致宁若 若龙
英卿 萧叶丞国 实甫三本 接往收仲节函 即布若 子接祝寿辉
沈秀川 范子珊三君节函 见交若尺公精乐 郁园稿 子英来
初十日 若雅吴吉士 冯浓帆 雅李筠园 白意溪之前 先照大衍之数
接秋子翁易章尺至 两君节函 即若之 附称秋君照大龙章 青孙之需

接镜湖四月廿四日函，已由加堂引往五泉卡去任，已由来函亦云其可有周也

检送来两纸，一查提拨后杨附祀之案，一查孙昂之乡试承荐之文

苏石淮洋三两宗意源茄之并典之。写朱诸甫陆书之，张君甫晚来

初九日张寅之翁杂家函原赠翁乡备为闻达可为有款抵价廿二元

外有钧启之翁季钦函许食其性入闽原碑查其名与同族甫之

启原修之谱牒附之镜湖协和家事之未之乡书书来年谱事

初十日涛观察来，云芷营官樊札定遗其意英请浙询原碑官

郭锦台谈宋芸首星分札错用银圆之件，要拜其来白保卿撤

推十日因道出乃观归，莫子建又三两来原信

十一日因信送道上茶沈母张太宜人、霞叔秀婿将函提款家三节禁

六月廿三王霞舉有書沈秉以孫詒九高峻峯芬來沈旭一紙為
仲蘇特侍積福尋石獲里別猶告問人也鄭雪樵來歸自杭州
十二日接石仲初十日函附來王正甫函近胡敬生理而問老等文書浙
霞及石仲所寄胡函以交王氏來託還之蒼巖辭詳悉道源見田藏
類新三交託以石仲附寄為劉氏張裕當久擬只教字何境況良為說
蒼巖遣畢少高莼子鄉芬來同附一紙王霞舉和卿函接孫序青函
康爆芬子扇王季觀初四日函述同子卿九日出十三晚方到此王正甫胡
敬生聯為霞及星之後來談笑至王甫始去
十三日蒼巖潘觀察白文至所居請為鑄銀圓並著並交張康文祖望
石係蒼巖胡敬生白王正甫所康詩到廣德皆並度支之子鄭帥遣

談于方伯請替錫銀圓局徵札來 原批來字 仍乞請再費心 原札遣
人出郭迎孫恭人 冢子至夜半抵到 展閱寄來石仲函 成保夏衣已
五五主張堅速之 特先函五五達伯交字壽出函並四物見葉勤服單具摺
書字震石仲函五蒼季欽一紙附去蒼吳收君節來府主交閱
石林派所見字建圖估工抵批字即將料具工地在[illegible]局橋所家坊
價二千四百餘 屋估之一萬六千數百金 乾濤家之抵初與黃履之議函
望蒼翁至臣甫請添帖 後玉甫擇地西君宗房來為查一子書給扇
竟日未能他為阻延意須玉甫回來為孫僕書 佩姐說須見沈福之
價本亮單不日亦為籌寄禄貿矣 侄之來言圖為言
去月字石仲函附賀兄孫摺乘出為蒼至流至圓字到片二席[illegible]侄之

長康兩說祿券，高來，夕旋。幼安、宗彝
十七日 寄家函，詢沙廠利弊、房銀。拜石卿，詣彥卿，談。王桂琛、雅蓀
信至可經赴和甫寄箋，頗蘇兩公待歸，到家談附書，答子文，雅函
內賊真可謂可兇。高來，談，晚飯。予鍋康來，望和甫，保甲事，擬稿
卓來函云苕華，招閱舊王報禮院片，方蔦人來云蔣福胡同了
十八日 拜懊吳吉士、徐韻甫、許子旦、趙思君、曹不菴，見援觀三函，云詳收
雅田今日節兩云訪閱，到此者二十六歲以外雅田之說南冕也，子援
汪雅琴四月十七日函云，第光病狀望晉卿往視，子援幼安函送集
蘇滬兩廠收票送還。黃兆霖房單及代賃房洋住回云
張考雲、茂才來，交二紙，請屬林試諸送錄科，又交錢孫復書閱也

於宿松撥收滕洋子藏價四千八元又購程儀一色花錫

春號史林起函加賀荏封薦楊庚田和對湯之孫陵婁之姬寓

石伴函附新三二紙一蓉林田猶與子受況一張田所託詢劉積之二

女現議親者蒲幾位道孫璞青閣去之弟來議東乘便交雨甫

陸觀莫來論汪彬霞館圖子帥交裁勇永保薛季泉來

廿晉裁條兵防勇查核分單交之帥座擬派仲士七月回函附來樹

卿函復所陵孫之戚函芝房來原查李廿亭急案

廿一晉家信寄函附之袁觀善沙廠收照二紙詢尚霞庭已贈到屆

屬查薑塘之入津學使是劉之梯之否蓉孫協之函廣貫勤恃耐

守核館圖子二抵抽閱錄稿批二紙陳念祖往載統來日記長且短也

廿日 晴。答拜劉煥章、范錫康、鄭雪汀、張杏雲、朱君碩鵬，皆不值。託
玉甫一談，看館園，為購木料了結三百元。電請堯恭度，接鄭仲瑶大人滁陽
節函，即答之。陽夕玉甫邀吃素，演歐陽秀書轉交之。
廿一日 接允孫函、陶福雲來，又右瑞廿六節函，照購而覆之。夕辰朱筠君
塾解辭，接吳淮孫函，代筆法繼續，書為置之不理。蕭惪表帝
廿二日 接培南天津函，將債存國鐵，接仲良函，報元字兩，即作一紙，致
徐家由滬函述源莊，接吳縣翹函，允速還年，已繁昌
廿三日 城內舉人會營興觀桂花院，未裁勇文件，晚間雲來談
廿四日 答允孫函，指述南閩麗陽一席，自不足喜，失不足惜，可為命之所
後來。蒼原仲函，就原詞之之。接亭生訳山，現覺多，郭錕之函

廿七日 接徐恕十八日函，言租息极许，旭初在市一元四角，价不及二之，酌议附

来字条函，大约言谱子。又接晋云廿二日函，言萧先病已愈，请假了晚

赴董观察处，萧先生居处，屡屡称信，不能善其懒，意谅谅请

廿八日 致沈楼函，備以莫儀兩函，悟三包，並所購言帝交老桂带去

接知宾函，询史林起留若干，以所闻答之。接桂笙函，又子宽函，询洛至

録科事。夕，郑根根来，长谈。蔡生交二百星寿屏交意溪

廿九日 史翁陈交刘宽、刘积昌、盛丽言留送録科，另张领得请常回

答子宽函，详言其事。又答桂笙函，手旭甫交晋云十五日函，并録叠后

批。又接同永良函，萘兩小且撕爽十二包，书作答，原函附之

三十日 答瑞甫函，寄田蝇子药，孔交杭差居陈云云，杭州来，光观来

六月朔寄手旭甫翰賣元章件四壽寄答鄭梅軒徐小山蔡星
泉鄒振之皆作片刻談張劉答五一紙分寄莫儀祭帳五分
把原單附之往於上海見枝要中俞伯華來交袁仰安交還原繪
答宗孫函另紙發答譜子十條接石仲季欽函附來孫家五月廿日
函附貞士海鹽兩三傳稿屬述之孫一紙之譜中續編一節年孫者
以君並歿潘維寬字各出索搭冊到院
初二日答孫邑威九道吳青士寄錢孟超賀陳雲彥皆不值就
王芝叢甫一談湖之歸集賦四善寄機答石仲季欽函附抄署
雲來訊乃吳青士也吳子甫同來聘金四元又以前之銀錢儀六
本答孫家函附以宗函勸刊書計畧編十部並交桂文章函

接秦雨苍函述得孙女眉黑髮長垂即时详答以慰懸望常来之
刻我烟鱼四物併交女来使苍住孙婿函语言节虽外止苍一管云
函所意情形言道上难以无扰因道以赣乡居续应商久计俟游人
寄函接藕老七号四函暨并家居言道来接孙家五月廿八函云
人孙难当苦了附来蓬振凡时两次侍寄好十好两次偿费工夫账
函语多年已去字定共书有雨苍彼鸠负贵百垂之说雨有果彼可
残之储敉御来为失兴请补了字定畔山时游招回四字
初三日加跋求良纸因挹甫之屑贯来仲卯雨亭来兼着俞
仲英你伐所孙高花于家孙女房代进蔡老七张奎云
来示都门两岸者时昭避地了赤望也奇者须修家丹同来

初四日爲織三厚扇繪團扇兩面答函織三方寄拙扇得復

條紙件須俟完工再開厚扇所寄者上支併寄府呈存吳亂

彩屏竹繞綃册務畫務扇册費多房屋院之積晴山來談

初五日致晉豐函詢蕭先病情歸計附廣一條又織三厚扇等

件及豪之粵檯併定平旭甫常四壽如何潤並來談安先生

來詢揩册小門原院計取寄方有不足而及卯奎旅過焉扁一節

初六日望楊措華資抄作應學雲之費疏稿於太平廣德渴陽

三處銀圓鈔若干據他來賑及

初七日答嚴楊滙舞解朱雲軒王嚴張氏許林荅須求以

依狀鄉試君爲鴻法將其扇歸儀於據數紙許子壽以恒來

核原件和五月二十六日捐有兰惠如为阁吴二手审有他能揪以兼卿
代之也青以相卿代寿附来香弟一纸谓味苦耕耘二纸另他人代
将至以为有授应刚之蔗高将来郄复
初八日照抄藏稿录存数件见到制府函录兵院藏三成分为三
次弟一次本年八月底三三次到至本年岁底各六个月向来
初九日荐庭师两年日白函因已行之说难在难后何润生者不值
道许于壬寅之来得晤批银四百两等一节程一俟收数目日昨后
迳苏来缘往返为力余之受等程之有此继一批即之
初十日查到储数仰先匠借之件已核四月十二日初…查核乡县
采年谱阅字搬垛数字阅数多者要统档搬

十一月五日，毅卿自一府來。鄭蘇龕來，云孫古祥竟亦石耕溪來，過
陳貞譔道沈太君吊禮。程頌萬士海出房而傳所著英晒府之函
送銀圓局，復致孝穎之婿書，擬刺之辭。
十二日，鄭雪湄來，還楊信瑛之日昨爲其子八歲之生日，傳生不爲孫
夕，樊雲來，壹懷鶴姝、樺陳娣人，訂到過予，日間過丁湄二君之謔
十三日，府主請過前，款情不薄，却存所函，系之援孫紫初，七月函之本
款，改服爲府園之一二分，如所收所製及存，投附來項字，讀了，仍月可
成。與姝之急函，在求其譯之。二婦唉而多疾，者來能屬，附陸安耕
函，府過詢宗屏，謨三函切照，又白卯撒存册一說，竟來問也
十四日，居女姝函，予十伯俸並存同館，應指示者仍不能識，默村貞

丰润岩两公令侍为二菡圃总论不用陆文珠言也。龙张小甫之招

望日叔耘家函，白幼如之以商宗之侍之勤，又附凡翁七兄的

以待莱峰又赏浩携人传及叔文珠函又沈殊各一函，迺屏收附会

生家书，接燕老十二日复解来电云：十七接芸都书，嵩犊沈蒲迩三百

余里，请问蒲舍电局准泛回电，由园相距七十里

十二日叔文侍函之吉庵蒲来书，与之附酱油一坛，叔季银函之许

板子睬客由里函，申有附段疏季子函之请子送郑板桥隶法帖

人候杜便子及甫一谈，校勘乡贤及此笔语数页，待钞刻本

十七日，具邾用银圆告东札局刊印，暑日盛，几不能堪

十八日，函与义民、蔼谈鸿声，百金交府行宇叶故蔡鸿函之及子

孫以山於園涇縣館了，擬銀園字據五件於銀園同文存浦北處

者，據老先生川資不識是否已妥了否？張李菊園不住，時義民

九月聯菊園函言孫出及韓慶了，荷賀菊芳親家函，義民

送來收條及鳴函，原附字函，詢幼安與浦北處是否相熟。擬

於仲十八日函，處心護法附來韓家和十日函，以浙府保證為辛之文

季欽十八日函，宗屏函送國議公件，菊園來談利錦，存之。近

它濤、淡之、韓之收閱，孫淦卿來收，據陳輝王函，精神殺青之

二十日接陳弔沈，與張太姻人之喪，擬濤作卿親屬為銀園備屋之事，因

詢菜餚，不要圓與便貼小四方，尚有條利，擬來信經此園與弟園何時預費

五十圓，擬賀菊園時，薛小雲、陳柬、蒙泉兩別贈為，陳柬之贈，蒙泉酒、花生、煙之事

接賀胡季明旅老幼安胎王季遠侯大令楷中着楊廉孫函幼安薦

椒蕉遠侯不雨彌月遠矣暑熱是日稍減暮有大雨適鄭帥甫來之三過

廿四日陰雲竟日暮有雨又雨蕭甫來旋去同宿松代危之可勢不能為之力

告五兄學忘戴王雙株務來吾可於查經世文編

廿五日接嚴心田函言昔子嚴樹聲請假宜移請營遠考處以此深亦怯

須早立自請以來笑成武昔之見稿還共為徐及四兒圖賞江太和字の

夕武甫來之穀蕭府伯時情形頗為蕭甫之之可否充諸

廿六日早晚皆雨天氣甚涼不似中伏時旅送沈保卿安以洋免送成語

託買物蔭嚴蔣不雲不值蕭甫字問回言即應以可否之請廿七日胃

雨將宗屏言陸先之傳語蔭承須於何來並際送討四字託詢前

詒重契函併子蓴來函，張伯清擅引兩淮漢浙等所詒總總

子虞函肇述，鄉友至即作二紙與鄉以後函附入，務乞擇汗詳陳，方來人

弗去，荃以子虞已於函不忍拒並上，伯清清直，昨已江南重考，已為劉待家

太僕恩侍別為未盡，諸太史錫恩能手畫一張

曾荃寄石仲函，附白宗屏所席荃詒宗屏函，意源來之未奇

公首植石仲函，有附給我係一詩，想賜之，方與坤五太守來，云安院

多存情所潘作卿觀摩來，云鄂園所積兩攢二種，請易二字，蘇老

因子虞來函，後見文藻孫太守贈復述，新片稿多素，[illegible]手述侯貴處

公肯早閱兌孫到述來，石仲一函兩依不達，兌孫函仍往從所趨，紀之

其餘祖芷卿來石跡，詩奏席壯執之函席給然，共函來

昔日致諸南交棉函烟筒二枝備交義民帶京送蔭北轉寄梅妹

處昔函云日前西角小樓譜稿二本稱係廿五頁不便寄交還交孫存

昔翁云向存筆請贅送日本入內遂書善取楷三百頁於利益之矣惟不

附遞附來交孫函交經簡稿行六件另行二件排校行一件胡園來言松

館事未交蕉函暢設之交孫備譜二序及孫又房兩闈屢之件太僕之保舊

廿省托遞義民入都交函件芸麓方坤五簋艾臣及用之信之粟

弟芸寄存伸函附先只待李介賓投函報貸據劉桂笙函

蒼園屢函來謝往賀祠往遞並遞集勤並蒼有賓函賜以

銀園函遞費料蒼桂笙函云黃藝山不相識時方患禁蒼度

是係為力不能治陽之路先後來義民勤並來寄午後晚雨甚大

十月朔寄出答林家函附先父信轉（辭）速林雨先令侄賦亭口信黃大
宗兄請為南田及先福夫人詢問近來情況並與孫書道桂官接談一節
月只銀圓六兩備職及沙淑係從他白藏先一并接洽沈秀川函并江
鳳五號為五字前函之前先病有轉機又郭善函附與母五女同
堂兄弟賀欲乏之交房詢中秋后至今未付林家附來汪氏收條交令姪
又劉君來之函並匯沈銀月桂久不學文而務以職監宜識張生
寄帆處寄陽州縣生馮教座商謀錄科應交
初百詣佛座白郭錕寄謂不宜詢馮生承請須回鄉試
並房詢年歲及將來道寄詢寄帆函前先孫里寄霞郭錕
又函答沈秀川函之江鳳五並應當有人諸事接先為他會答

孫厚齋函屬以耐字並滿雷作韻者，弟先病，弟改一首云

函內弟先之病，殆以何爲並鳴盛改纖之函，併附入孫函屬分

送，夕星泉請從之，先發先後未諾，久艱數

和之首屬轉示，餘函名頗甚得，鄙意義氏詢送樣，經付其函

省親舊詩，竟無護費，可居回非幸之善，調而又接眾心田函，屬代付諸

經費，而收收經文執照，待其子掛號來，取接居仲數日函之，藏三柳

大誼之所在，爲收，推而之之宗廟濟件，推使收到，久厥先發文以年

積及其猶隅，心存其底，無傳龍親之諾，以知東山之說

和罥荼居仲函附晉洋茶低齋亂當，四者就作論之說，殊詠然

對之論，可時文不敢而爲二意，居找以應試，檯書帆回電，憑照在杭

待查明在案。復早間動身來謁孔雀宗扉，因呈看未果。

初五日接子貞函云，芸臺孫姓人命疑案報冊拆讀，意在托查辦。二月因其將有應試之行，請着挪至函之，托查之案，只闗不宜存，先見案後情形，要不能不接續辦也。晚間小雨。

初六日接擇山函云，得雨幾將兩寸，田禾實上憂極，不足五千尚李任者，有民貸六千云。早飯宗扉偕芳孚來，二更遂雨，乘興而還。

初七日芸雅來，孫治淹、仲士皆不值，晤劉老至府，以仲士館餉加給之，交告之。雅何潤生、芸雅許翁來，至子刻，晚仍不雨，孫彥祥來。

初八日芸過鏡湖函云，里門偕譚毅甫速情形，悼鶴樵孫隱，今人傷。後傳驗宗芸。擇山函又，心田函云，投隙代存汪子執照，在其內案。

并函君來函係、來言請其歸科舉後乞借王丙所定庚來稿
赴宿松代刑席，蔚園來稿赴濮防任皆以剃道之助，定文四千
初九接元孫函，附翁世姪心存請謁道歸科舉，即翁世姪日寄道珠
海霖制生潤來寫讀羽經麼曲自跳上聘，約思以務四條帶來
竟日胡侄之道請謁學後稿前改翁世姪救字而歸之，接漆家初二
函，請翁介公作詩附袁觀善之沙雁存據息，能頌字息卿竟洋廿三元
十月六日二十又嚴議信函寄鳴鳳並武宜真人待請改又合出家信在佳聖
日函附致晉雲函言誼係附再歸窗之說，並日錄者多，雅汗下不止
初十日函致幼安道昨來業勤幼徽，亦保致瑞芝函自在佳意言序誼
係附蒹光歸舟回錫歸窗之說，另致晉雲一紙，連在佳函待道壽好

將巨晚接吾雲函，六月廿二交沈枚至，匡廣例便者來。弟之病
雖減輕，未能脫體，秋涼作歸附有家信，又托琴函，又王小鶴函附
奉澤八元，屬巨沈保卿，是日看叟苦而操勞，不能稍休
青寄答條家函之備益閣服食參茸價，仍於存項內支，屬寄來
詩題於兩師存識時令二孔留幅四幅，同作字詩，字次弟以較來書
存識之，與苍手文麻函附之，及近作南屋之詩，與吾雲寄往，道
使嶺揭選，掛於保卿萸寓中，函告艾至部議條，侍御遙銀結
條指實之疏，本注議准，接來而屬函附府東辯奏稿，勢國
不得不之而不能，是迸保適柳舫寄來，艾至適許敬卿，順直賑
案內請與同知銜形之札錄，敬卿適有函來，何也

十二日约苏来对阅舆巷居笔稿陈经重昌桶来游往吾长过柳舫少尉至寓来同摘照巷叙滋经霖谈荚子实鉴经年指務雅之乱漠然达日暑甚将暮风静稍凉小雨

十三日阳视何将云寅度巷叙深经重过柳舫过君华披之孙巷允孙函之请潘过房之膝拟以须张函为数以上已抑巷序季颇（借）气雨纸孔青云度云来与度我署之莫度也

十四日具柬西学云云程功课经费指稿子贞自英山来言查登陆居年拟之为益情形又白兰孙意在另图校借及其意雅能过地阅卷籍谋律贴巷以出自糊里之口为宜

中元节遣人送子贞赴省试岁书生树斋来取士大府批膝

及貢照洛文等件，為南屋以像贊，經費遠處處囊務親，即呈送之。

吉旨接誅家初十日函云：芸昌光福皆是直之，後是松軒以前上同宗，

查明再議。桂官樂就湯館，不應試。子東侄小翁子鶴述之，殊歉悵。

次君可留咫日課者恆，而代留耕之二孫兒和同學。

吉旨寄元孫函，請即備函行桂殊接談，聘金程儀函知代致，以

准備纂韵加於可照之外，首許寓信函寄，勸捐保嬰科之勝。

並詢以嚴兒北鄉存應否仍寄附葬老函。接晉要六月廿二日函

云荔先生家歸計已決，薛件亦有千金，有從伶小集之議，附來

葬事以形勢一紙及誅南茅泥房為侍列於譜。

吉旨胡信之來寓，聲趣之慶應試，即遣使程刺遠之面晤陳之士

初接王正甫刺史康年函告以享子廣德
十九日接左瑞芝六月廿外函命意在獲滌嫌望大求復係而已
潘蔡卿元亨來欲赴太和館施雲石局來赴復到省謀之
六安雨男男十歲內外女幼孫子周菊如子並近來旅況
二十日接石仲十七日函云楊潤之病足不能行不應試孫子英於未刻
作古病三日而狀函先一時許移出蕪湖垣化於寓蔣蓍偕之無窮
生壽山君以碑考據池河寸劉京福乞照賭以庸鎮一枝
廿一日答龐托青雲施雲石局邑潘蔡卿答豪雨岩函詢以何時來汲
交代清賦等事答晉雲函云尋常以後書往窮里少參不在寶善
堂甚詳此系為協泄也接陳驛卿四函悅論鄂省用人之概

廿一日訪篠翁仙來到省壽弟之傳捷居仲九日函言水退大再長勢
將殺居宗四觀伏蕃者照觀寄往
廿三日細女子道錢重電請速籌資以赤乞其文荅之諸帥府言定
裁勇未內添裁與舊船板一取則節餉歲省萬數
廿四日寢篠小山不值往吊子巢之靈見其紀帥勸以回錫小山道起來寄
就談甚院後作一牒道之捷陸撫集函告篠雅命桑達侯總城
兩子即作荅之荅儀函族弟鳴鳳函言我省又侍老由是椿年若若
荅織三函件須言重之携歸原轉寄
廿五日寄縣家函言月課有恒仍宜引之遊庠再續芸爵附之關
屋之像函並寄壽弟之傳荅居仲函言將着服伏蕃者彼傳寄引相納

入機宛磨坊呈善之附去雨蒼兵字稿石伴活來接光孫函云聘
主審王嘉謨閲之委屈亦兄已存於石伴處矣兄有瞰館保舉
諭旨揚蔭北由旅補內閣侍讀以郎中旅補
廿八日接耕吉七月函以因天暑觸熱而泄左肩板沸服藥後熱退
泄減廿九日為福四以後撰修入譜議古表附來舊譜凡例宗義
紀遊天在又彰著也又同老集中南屋又記一篇耕鈔一有恒抄也亦
云有恒有作論數首來書亦能應試早同陳海霖也寫
廿日早間接石伴廿二日函云李欽寫熱附於霽高函及銀二千兩及退
霽高要而已先百移矣下午又接石伴廿五日函李熱退包匹清又接小
眉來函附陸晉笙函石伴則附方藏之肘雨蒼函孫小山來

廿八日卓庵太守来谈颍郡田赋淮水灾情形，提晋云士方函

言弟先病起缘由目前难减，而火仍上升，神不清而语复次附寄

之觉人之悖谬，而病亦增，着方候以传

廿九日寄蓉石仲函，内季念函，又及锡函，拟明因暑不适，情形函

致施惠斋函，附去石仲信之函银收据函，竟未便书寄之，并录

春蔼自鹿江来，谈子英身后，允为达于彭监著，寄伏天

晚日蔼报送，草庵去城，拜郭筠亚军门，畅谈送至遂城，蔼庵

蔼四院江郭筠亚来，竟致函候，下午郭公来谈，留为重修宗谱

序，而未有贯，晚至晚，宿天气不减，汗出如浆，几有不可耐之势，觉坐

读阅宸美纪述之四册，天后以著述

六月朔蓉舫雲西之僕甚在人送遠去先尤不易找其也當方之雨蒼
孝嘉自日歸附七弟舜弟二件稿小雨家孝陵叶雨蒼函詢其交借田
賦兩函附七弟減之二函寄函附請蔣送呈方借僕戴代反一節下午
雲起風作雲未雨惟覺稍涼而已家生來談孫家情形
初二日楊公□來之孫蕭占在華陽為將方更其來以直溯同到有
之生家遂聞職函送王蒿函着秀修宗譜序之有大雨勢而雨甚微降霎多
初三日俞慧軒自閩請來擬子英遺館嚴季泉自盟歸來之彼要
清賦大略鄭雪濱祖陔來之海濱請談看后繳文之因論筆支以
孫老應之到晚道寧道來看鄭帥來之順德書雲社疑多而用少
屬發函律士設一西學堂嵩伸廿日函之季弟病殊無情形

初四日答拜王子展方度尹、劉楳臣、蕭壽泉、張少山、俞楚軒、蕭益齋、
孫小山者，無一得晤者。途中遇大雨。遣人送祝雅懷函，內洋六元。
又應蕃甫函來，流了無成，願陳雲甫以發風疹而未得晤。
初五日答妹處函，附去介侯之詩、重修宗譜序、丙戌小集及共府惠附吾
雲函，康闓修辭及塾家用十五元。又說孫眷翁來，孫表弟秋
函臣中丞京津滬鄂各學堂章程一冊，繙覽大略，電兩後天源
臣是新秋氣象，頗有人緣，閒談披坦，所函接壞閨通家大壽後函。
初七日答拜俞子良、蕭表約，均晤。陳佑甫送孫眷翁答寄及律函，附
宗譜跋、元孫函，祝雅懷收函，履收條，祝姜年來福少農當晝函之
注錫同以病有發，又接義民都門七月廿六日函。下午長林來，接石

仲初四日附初三日鐫發與寉止安電還來家字一稿 又妹弟七月廿四日

一紙 又與寉情形 又桂妹一紙 又袁爽秋觀察詳函

初七日接妹家七月廿九日函 述記聆患瘧情形日輕日重 已有五月 附

來葉東方君張雲占袁菊逵育字 皆以匹願函兩發君字幸照

先接安電也 修譜凡例序例十三條大致已定

初八日致穿郭三道先生函 又閩黄之至君次蘇府中至捉插

中眾論矣 致穿西渔道余壽屏函 玄艾亚來談

初九日黄实的妹家函 附去修譜凡例 附黄生壽函 張世述到

館濤與亭來詢 芙敝機器被抗之議 師來言廣捐可與

閩藏捐二分 通天下計之 而集大宗草屋不捐

初十日若農招潘臣通王甲三青來晤鄭帥來談蕭極送閱詳稿

之請賊首叛實則出府兵之附詳留省奏用之函共實不為無策

府縣蔡老爺親之孟之費觴兩城及允四位接蘇心田函又有石仲

兄函但接劉子達函自夾亦至西子宅弟之子理元提調月給百金千

比修鈔就鄉贊允之手諧連夕校勘更正訛字

十一日霞青叠蔡函識熊兩綠函再至往雲高子春交春之送件

並以原函加呈椒宗屏荐之送件接厚齋七月廿日函之弟先病

錄後脈氣均不强擬與治留吳姓醫治

十二日吊陳卓卿何弟拜卿太守之喪送丁抒東賀艾亞春子年之

接曹雲七月廿四日函之弟先病仍未愈出汗怯風難不能自推扶節

復之歸先往湯庭大錦船當一艘以備護係同歸宗廟，回函詢季蔡
助刊其祖葉地艳莊之國江南試卷首，者冬子子麟柳仲小歟
十三日寄蓉庭仲季欽函，蓉庭季蔡兩函附陳俞汪查四君之來滌信詢
函一同寄去，方壓之件，蓉庭仲先交曹雲貴再回錫，留艘備護之函
亦附去，物各將穢墓碑窗以楊裙原當字加函送閱。蓉庭秉泉張
十五日先復秉蓉秉泉一紙，之代商蔡老，不能為力，擬函梯蓉清
勁庵撫來函，降服除服現居省試，梅蓉仲季欽十日函附來季蔡
紙及滌信函，擬往觀之，照其族譜，渡及蘇君論物各白蔡
老石康士勞一說，蓉蓀有花新雪，吳榮孫兩蓉友已經之矣
十四日，張小山叔埜來之，徐中稱，劉郎來，劉仲士來之，太收蕉民滋潤多

西苑錫康來之於府宿園諒る懷宿意寄茶房函請西了子筆述

有字由居并濟之說據前伺蘆西之西外以大金亦手舞鏡以居舟

次第之據前者之函之联佛西太守遣送托室似算年陽之記

中秋進院後命查往三更関旅館遣人按制道賀而已年間府主

遣飲導觀留聲箫洋苑也有箫十數名照有聲紫箫於機接以

放口箫換將數次其聲鳴之或出於數口箫中或人之或高下唱歌或

弟之或弟案隨箫底換易以皮管端有小口箫内之作聲於中去而以激

口接之換機數將聲從數口出矣少矣春吉數口箫易西皮管紫於（入皆同之）

機之西旁端亦有小口量以前換機置可近聽之語自内出人不可聞（向之）

也別有西苑於八音匣大數十倍其聲繁亦長此乃見弟苑之金出命精矣

是日天暖甚方坐饮时汗涔涔下也接王小坞函言姜氏於九月寄来

十四日北风转凉接右琛芝节来书述前函作答以获解除道

随众请缓亦请为分共识则湖地一万部无案讨峰山调出资巨

又屡千运函言西学书已有叶大贤章程总办因臣运之宾间有所

屡书成者早为自来谋也接黄公七月廿四日函言所船已约八

月初十远赴行营先肆气精清而出汗涔涔畏之云

十六日小雨竟日凉可御棉接殊翁初九日函言以疾止后溉胃阅看

饭而元浅大豁臣来下怀深原不易附来子年妹初七日函催择石曲房

记乡书泉只笔谱设世易友答成议又接石伴十四日函言械新若

情节而及应缺太烦人之负之太多所谓好人难做也

十八日 蔗杨惠生略谈 蔗杨子至 张小山共谈 闻春买机器油坊不意

於用郑铸龙园 前者借去蔗岩书账 晤俞子良 嘱陈云溪不值

至主有如意 亦不值 晤汪仲孝一谈 晤华镜芙 知日前蔗林宗祠

旅摄李范园函 随时作蓉舫 香槎来函 康以付款仍未收信

夕谓涤侪而读之 便道访白花锡康之屏

十九日 蓉舫杨季美来辞 蔗林留书不值 蔗饭艾至寓定

陵菊伯指典某新霞 拟至晓西 旋同一出 力劝略蓉蔗范

锡康不值 蓉舫手写行函云记 跋两篇诗教不佳 读来前能亲生

怀涤将志上年检寡时所称也 香年选捐在山房 记与京小五年谱

跋 先后阅稿言之与商量腾正 与蔡宪育宝性 爱束不仪

廿日寄蒼耕叔函，以繆響泉之年譜兩冊題記錄副本，内又季星述括
石山房記及霞復子函，皆附内。又寄以蒼耘西函於上海路邑廟子蒼
袁守函之濮伯收對款，誦函來即易寄送洪伯卿觀察壽
稚接張輝山函，言松滬收大雅上年二尺歲可忘矣。
廿一日視潘觀察五十壽，旅未有需矣。吳來書忘和收受收短九千
餘張孔道守傢民兒為後他處支挪移，旅符指九不值蒼旅應歸
蒼旅書泉館了之，言寄蒼石伴函附星同寄來家譜，蒼爲刊
先君小像及蒼袁之函、蒼生薇鳴函，附沈保卿誠來及信及收條二
紙交沈校亞携送。接石伴十七日函附來跋季甘亭函，即送交
廿二日接李和卿函，言欲請記字韓碑之理。蒼張輝山函附及僞

震鈞圖閱報ゝ為若孫復書函達卓存來議閱處說三十六人
言病而復於條寫處照以贈傳之後為有著力以精復
廿三日若存俾李欽函附去扇信帥來之札病氣屏種款ゝ舉示
以瑤林館主續言國榮因有種款言民一說若松秀峰賀節
王正甫到任猶函致陳雲溪函白李和卿所望於志稱可
曾帥交並寄下筆記二冊又檄交處贈此記通貴處處之民擇善
復行此實為民興利之事若於種植一為相輔而行為意所行之在
也又通商務後洋其利節下此函來之能理先其急而已矣
其督遣若王方維猶函催厚為十萬函之著先人大家已上船有風
即能維矣大龍小龍字內閱近作大衣集篇年二編二字有論內五年字

切紙夕范錫康來言堂孫子祥賢之趙墓坳西坐卯既賢也
昔經商以業源而烟燠陰晴不亡今日兩樓孫蘭初函道十年前
撒周洋元述孫雅業改秀佳解游以來蓋即回施財作蒼函霞渺秀
川孫鑄九將函蒼厚商一歲財乃沈函沈孫卿自淞發萬另畢田皖
包瞽部電言皖北水災公籌接濟榮卿卿派三員分查鳳潁泗三府
蕭恒備款三萬先交大略情形積下矣
昔蒼先孫函受其僕陶雅帝之蒼福少年者為之函樓后仲曾
函之機緒兄乃未定南洋群取華商之業來自亦附季欽函以述之妹
存習館負笈師以課留耕又附妹家十八日函之湯雲聯姪子淡叔
總諭為又附香黎函甫謁四年中秋江上置酒泛舟一生賓唱戲之作

也蓋因有洋藍邊口紋花鴨蛋形租屋在於不在通商之地均須芳手
吾積慮者也 府主差惟僕受業鄙人李祥存條
廿八日 賀桂玉雪桂仲士居旅第久甫沈保卿皆不值 孫子英吉人過
吉詢許伯英挪款請設法歸還 因託以本帝歸孫氏存板 致桂玉雪
函薦李祥姜之求也 致劉仲吉函 為桂笙說項 因及江升蒼振甫事
歸函 本帝吉派偕勝粉壽子蒼裔詞屢函 伯英來談孫款有函屬也
年三月到不據往時所撥書先歸一半 子旅卓存一張
莊月旅雪欣竹兰孫不值 旅伯王詩孫寓 述伯英竇復方 因詢課子德
兼板存茂軒受費 送蒼莊老之節 來加裁之 又高峻峰蕭棠武坊
來送二紙 旅伯之為孫氏保承王印園復 致字范竹兰孫之所孫氏神像

九月朔　鄭帥來言查實多孩函嘏帥並霞浚以桂懷仲扶藥漁所有意
詞勸已止之矣係仰伸萬來詳梭因翊廷寄法克悔並將函給岑
初二日　桂玉書來言府藥香一節回往須華莫取送錫廉洋元須之赴
善收諜多似自交意遣援石伸八月廿九日函附素卿秋一紙並岑閱君
毓菁即出還滬信特發蔡老道往看屋不合於圍第方到三君來
初三日　岑錄悔蘇李飛卿函援陳克田因羊節函即作岑子岑陳菁
生矣特君節來寄岑石伸季欽函為徐子異題跋
初四日　寄岑勝盦函附岑緘三小百多一函閱大龍宋篇文子論兩首
初五日　閱小龍論四首篆勝於大龍四年前為石伸畫四國紙眉
改作雨來果檢出加題識待寄意濱赴門旋來談半日提安

頃嘯雲函知方壺齋在順治門外茶食衚衕

初十日吾叔意濃如另函遞鹿送陳雲溪胡穉之張熙兄長三子措

維芸前月廿五日函附來儀函式宜人傳史向耕待遞之函來後函又接

藕庵函附譯呈尊諸程令在上海就局總司

初五日閱儀函送看式宜人傳藉悉字數字寫後以之紙附函送前存待

稿吾維芸函併寄詢昨寄九張屏幅長短尺寸據李和卿傳函又

照前函送鹿陳雲溪先後來指並存單高方小紙真紙加照另紙條

初八日兩手英之書函而後寄送陳雲溪面宜城並存方紙指併四幅

加照以前函維之屏意濃來高況查往依寄展先後函該半日而散

年九月拜賀崇子仁孫寄許寄維芸文甫送孫子英以岸狀 ……

函交孫氏帶回，存箱帶板二分，不及其他。答袁秉泰函，附次韻詩一
章。接葉芬雨蒼函，附還前答胥雲信。接許幸甫函，述稍通道班
廿四五日恩榮宴，赴引見，乃起居無恙也。胡信來，自洛青陽館
初十日發賀得和叔函，附寄燕湖交劉取桂投寄石仲李叙函，取答蒼系
信附入，託寄雨趙復軒，緘信送石仲函，並又加一紙答之。又接允孫寄畫冊
緘夕能何潤生、招宗調梅來，寄赴宣城之信。接許朗卿函，件
十一日，允孫交從其從祖芷卿取府來石谿詩圖卷，因為其題作題多
名，望因其催題急，為作七古一章，倫僅筱珊雲階皆篆孫及內從弦君
並總而書之，自不覺能。接張驛山函，內附寄紅葉，手送調梅信之行
十二日發蔡叔函，以朗卿壽言為之，寓潤料及君恒留耕，原稿之本交民保帶

归乃弟先受惟泽等均荷锡康交李钦函霞石仲李卿函以直付及大小
银两作兼收石前寄送缘饼说等件交代保带去君先验数交以来
石斋行国老交代保带去君李和卿数交任以勤弟老行宣偏交
俞电呼弟致前后接续信君禹黎函及和行交字请致石仲数交前交
十三日君许朗卿函称续承合之品附去萧晃卿现呈寄须照直照指保
升道员前忘康交共子弟往程者明接函电呈一纸送交刘老承致幼
安函附去锡康来字前保并字忘锡康也照阁说呈云电阶康交
星泉以株治先后来谈信之来前赴来阳并称贤而之
十四日君杰前服药送攉超信轩不值前言永仰安吴芳来孙昭光林云芝
孙君交棣华卿宰寄株衣函以银有其两汇通源兹将致刘栋

皋来问张秀水行踪，即复函石仲铭，仪云呈弟七接去者将至江
陵大老来函，附来汤云峰讣数件，小帅来商交阅于方伯请闻
署秋笙原拟留之意，须冒雨夕来之。郭善至寿子
望日 小雨。接子贞函，附来两信并洋元，原汇锡子来，着洋花等件又
接培南八月初五日函，又发来函，以发完善后子接者至，来函以催取洋
元，交家函。又孙子接石仲函，弟来银至孙寓，张孝弟弟氏之归
十六日 亮，日雨。答子贞函，又奂贤揚作及程柳说原复，郑星附去，峻岑
并取书示屏四条。答晋云函，适霞东惊扁节，东鲁适厦，商家书
十七日 复梁款一纸，附去子贞家书，刘书至，致函某处函，共四十五元，原垫
付。夜，傅汇归，寿稍退，回晋云函，家书来，复节先函，并附去。答杨花南

函至上海謀得呈公會查棋子，蘇節來附，稱僅收一角，查依法收一手

昨陸觀察來云，鑄銀機器●自外洋起運者，歎手壽並五株，後先後來

鄉帥處亦札飭接辦，計十萬函，有細字題廿石五斗，價廿二元，加費詢以後后

五筆送辦，指定二筆收九十元，此後亡筆二筆，應擬十三元五角，附來。璇季王子

應識震徒謂稱送月附來函及祿函

十六日附寄縣委函，詢字程及是否留置者，屬尚量之不敷，將即匯寄尊處

許中甫函極欽佩，其亦能函以相稱，攜祿附及說中有補送費情況

九日寄尊處，俾函附閱，書既承刻，刪某某編陳寶齋，因有流謠

蘇撫署新送刑部，回寄有一冊，星防滌及寄，劫案即回寄禮部存案

敬頌年喜，撫防望來函進呈為 陳寶箴附紙

二十日接胥雲十六日書錫來函十月間王秉康先之留意於為今年秉來函
孫太淑人徽壽節敗畢劉愻年來言吳縣趣將男近狀而不康之意
叔旅書談多旅在蘇路經武劉老城兩日見其場作並藏畫書尹愻年
廿日旅先及怨部兼至家勤棠地名郭府郭我之僕都居也張功弟三
子及叔子於桂之書蓮旅花根雲樓子壽便道蓮旅華芳溪庭之華甫
在鈔無受託以華甫館為蓮重溪作橫幅加重二紙接六弟先之十四日函
述病未脫雜手顫更不酒代其之席蘆來僕李之致四物於愻年
廿四日兩竟日致王筱塢函附徐卿函受李之致望其收回此旋覆為
附雲居詩六首受李之報六弟為二及其為我詩蘆居張驛山函附錄了書
於來時所聞地紅契執韓筆門之指同世皆致人非歐陽文卿稿書

廿二日　发雪溪盘书，附华宗及三纸，由间人转阻之，又为之写收据起也
廿四日　诗九来，太守来，霖公许中蘭甫函，李甘亭来，何润生来，受馨广
甫函，为六十寿之同人公制为寿屏也，意溪函示郡署至三代日
文家日　日后勒日闻之，为代函托滕相屏校书，来不眼，为陈盘加色
接屏侍　廿三日附孩李甘亭蘭甫函，又孙协占家信
廿五日　忍初八千寿，后写书递说不能写内外人，广音雪函，附蝶递帖
接屏蝶函，书来校字，秋安询界广甫三代，送屏字三函（附）
廿六日　接屏侍日昨附袁讨千年写试拟，又吴谢君函印发，广受缘
申因题蘭楼题，为锡侯胡殿鈞之侯翘之行，接胡玉泉函，自新昌邀
来广铸雪函，托京师收六十金，送其二物

廿五日連朝陰雨此日放晴接雨蒼函寄子仰山西想不來者即作蒼備
交某人接翁詩孟函云陸時霞之何潤生選照觀摺示三代目[illegible]錫曰蔵邦曰錫保
廿六日蒼林李廿五亭薦沈雲卿賀宗孟手書來值謁見汪觀察之鍍銀
機元已遠十月因不到即以張彥文何時進局云可先來蒼林許九兵字
昭謀片刻順道柳舫薛暮告其來一談接胖山西函
廿七日接子貞來函代購茶葉六集霞詢以價接耀先函言精兵修城將竣
商量分別請獎之法並及為子貞謀商其名霞以其不肯請為加子貞津貼以安
其心課不薨六見承人為詳主里詞賜方略紀略三編及子美讀書廳外國記
卅日接許韻卿四函康見來其札已交貴子卿不肯接附來譯之康嗎行成
接胖家廿三日函錫金中四正二刻東家眉源起是刻首椽也

十月朔冒雨答謁高甫畢少人高府主示晚帥函順道出城答龔
以郭府初稟聽其一面之詞而有論定之似不足據兩日也吳茀孫來談
初二日接石仲函言物色大枝有力擬為之意開春間附呈棄之函皆言在
蘇恒引疾請息即接石仲二函又來人告以石亦擬條件百二十本政杞
然高經託其帶一匣少高云聊先寄來郎雨亭約來函過先往石詢郭公云
君以扶一年後來事所能是何意答以總是要意竟何閱世變躍慶甫
六千兩於府藏因勝以其承辦石子視為今日滿意遂辰庫地居湊成六萬之機也
初三日府主來本去年案諸事接洽其求實維蘇恒陳楊會同三友公請
院復批仍留于老接許寧甫函集款已得其半將回錫前去河前北
收上勢引接之孫函附來細單大綱面偶外其抄交接鄭友笙函意在來

奉達，又於侍母回錫，接到照半年文樣函，云赴蓋州，未業箱日寄孫晴帮

初四日達，光集四種於維揚鞠生，答將並函云，湯雲孫鶴園孫家備

道代寄湯評於符野九，致孫協兵之紙，於其家要案摺以託心泉，答

弟先函屬以菊花露來子刚寄多也，答許米函函，即為道南園屬授

攬大度，接孫蘭初函屬，薦其婿沙竹坡於薛儀，接子貞函，詢照君

初五日寄答孫蘭函，以詩許及弟先人三函，又寄花桂一瓶，附之答孫蘭初函

云已有函先託薦於昌儀，以言同達且初往須追退等，答子貞函，附

南園照序及南園圖一冊，屬以寄刻前修，如屈之也。

初六日寄孫家飛涵百金以漢田價，又兼洋五十元之歸孫兵弟兩

整理書後，接孫家九月廿日函，以光天將家多訓字田租廿元也

斗二升價四百五十五元八角四分 中費廿二元七角九分二釐 交所編葉某户七

若將前所存過庭于田交所撰史二户 紀公須四年寫了結 附來子女殊函

權蘇先生九月四日河東往所寄函 云到十六纸 精力寓敷信於人也 若

許敬卿代購漢三元之低賤 九合照江自制花墨二匣 先集三册

初七日 權孫使者來書 勸函並籍兵因物又數 附有新印宗譜十六本

又孫藩生承來函 宗章于來 存留意鄉試 錄宗物并所贈 題名

錄書意漢同來之屋賃定 眷將移來 去後送孫 侯領找稿

初八日 若蘇陆书之贈物并以孫若蘇請甫不值 孫成慶起寓拜

將去滬 華縉之來 不日即回錫 將有閩 遊東之行

初九日 方宗屏來 寫之之病初愈 將歸桐城 存孫洛來 因前蘇孫老不值

初十日蒼龍將偕俊之晤劉子運談汝青情形蒼龍宗方五千石
值郭少青亞函不滿於其湯文濟兵房乃余年二刊抄備就商
十一日府宣來示二張並派伯勇上台到通彼擬留之宗房來電及擬去
蒼言者謀來而去郭議下滬請館錦差以請易派復交五日也
十二日上海見饒宗房以疾癱不能久坐矣兹第來往于二三要案
謀接上海譯老云今宗方來第一致丹季而不取者貫難得廣道
十三日意須夕來而及汪秀達之不自將其高三子凡可
者愧予之意須不善之取名也請角來謀送禮物於宗房
十四日送宗房卧不能與請見其兩蔡原留名書丹蒼龍李竹賓
不值訪陳鶴亞一謀接石伴十一日函告亞來函以宗震三君租更

鄉垣經手之件應一兩為人謀之道租約前代送蒼翁之手運來

望日畢少翁來託劉竹軒信屬意在接王考芝基屬之送魯

照來先之百拾軒來皆好動者也若金生為八千壽序又稿定交清甫

勝之接林女初二日通知大寺後寓來函十日前接鵬珠函內有將此

吳太夫人行述稿實為詳盡附誌於此

十二日蒼存仲函附來有劉竹軒叢林像述少翁所託即交少翁人便

帶去接錦雲函附存職名片云將此報繳于寄去信知悉

稿中送借濟銀十萬兩照接鳳頌四三萬吳匯撥稿

十七日接照珠家初十日函氏歸於初七日成時岸下安附來徑全所周湖送

函子貞又寄惠送函伯致兩蒼農函接[illegible]暉山賓波函送銀園

十一日蓉庭来写画卷值蓉庭出去明后晓庄 恽老 蓉庭王子云

守愚转示之画交松美君带回送归并今借宿返园并借大帅

阅毕前承游庵经此而已 前录存稿 吟清叔三年而目已久矣

廿九日接上海译书报第二期五千册 并已转托蒋庸为难 古吴某孙

寿翁咸往[illegible]来名植基三指往接执就陈仲英之信

廿日蓉译书公画及稿范周之传往示取言为后此第三期寄

蓉子年将画作谱之意三年也 蓉将岁画之后子[illegible]好寄三[illegible]就犯

都往之后[illegible]成归存稿[illegible]接[illegible]画移之后尽之子即作蓉

之而以收存之家报附之接将岁十四日画附来抄帐存之年作元诗付之

此在即[illegible]也 知[illegible]此[illegible]起来[illegible]

廿日小雨竟日送汪幼孫太淑人八十壽序於含生並珊瑚屏價十八元
致朱臣樣題函書趙復軒維禧及蔣政之也並答幼安一紙
廿一日雨接寶臣十七日函六十九日送翰西與河東將書接倪小崖味雪
經生鑑于先世集今之誤錯二三四處看完蠡壽先弟豐之海帆先生五百壽
矣[illegible]函和士張鶴巢壽序王宗伯士楊附軒序席書同日寄通政東南屬
西湖十年過伯任過劉菱丞孫堯過真亭函送幼安大郎植至王善經東昭納
校劉將函吳太夫人狀述約及廿葉
廿二日雨芸雅程作甫不值能孔書雲一談送劉子通已先於前日赴
滬矣校完吳太夫人狀述稿含生送閱陳衣館中座于役索之方
伯往來電稿方坤五同年來談之一夜之

廿四日家中春拣家函匯銀百二十七金以應兩會款及書勉甚涿到省

給洋五十元，叔蓀弟生來函言伯兄應需回杭一年，銀收難覓

函報日誤，兩到即匯寄，其功名為長子授官職，拣起皆不值就

子箋交郵中茶孫，後軒諸君一談，子箋交緣是報三冊，四股道譯

書報初二兩致五冊寄子並交郵中箋即省潘太翁錄的之行

廿首送方瑞清細費之行，交本匯一兵因其橋餅送眾黑氣度餘弟

系由揚蔭秋寄家函道寄交大女，撥及伊廿首函並譯書報第一致兩本

子季叙同日函夜半田單十六紙，訓字田單十六紙，又契約八紙，母氏帽兩頂

又戊條字據[illegible]錫不送史拣起，又來書談趙後軒乃遠往無宜昌蔣

致心田[illegible]書函[illegible]伸著之先寄

廿日 寄詢畢少翁程善徵人芾來石伴九日信回擬人程肇達年為來過
旬盡道人推張樵野居稿人兩受賀喜子屏過王秀升樊張季雲洽少過
廿二日 龔復新芳舟蕃輔到府沈屏甫楊季英到翁蓉石伴季敏函
附去譯老叔一二頁共四本接範甫函附來第三頁譯老叔五本
接桂丞電到住函又子良撥呈函並敘之函附來陸經全函並經
廿四日 嘉蓀來談賀孫仰蘇遷蓉庭甫接孫緩卿函接石伴十九日
函並譯老叔二冊附來李和卿回函附有敬夫少濂函接寶琛函告
以藥稿邁說之敬答叔呈函得共加函子良三十節及千元之說答子良函
徐函附致羅叔蘊是日早雲笙交伴之觀千結作賬寄存
廿五日 仲來白蓀老信屋作墊之說和敬意見陳函之寫具將鄉一條

十一日，歙生詹藕生寄十紙附之，前勤雅浙西便請悴菽麟方伯壇
植詹之孫西之强冤了到署看情形，與船作何安頓，不能盡之，附
及晚江不能趕進，薇泛手備簽筆手函遣僕到江干，薇送至府，又商函接
許靜山函附來，借詹定其辰回，府西示期以戊戌年冬月歸邑
初二日，詹靜山函，交新到局官內告以淮秋可另作一紙，備庫平之銀
二十日，雨，交佐之淮官內上海源生閏莊李介之閱來託以吹植與母信
何家寶這縣耶告予之來示取為鄭以書正軍內占自同慶序稿文
之孫月亭族中百數十人死苗沛霖之難，請旌附祀之議，忘存於其
以見請者年逝也，遣一緣作存底不遲
初三日，得詹江來之鄭月樵觀察派來投文，鎮江府應唐某之舉指唐

人来存錄文並存伸函以昨日九點六十奉文字閣原稿寄出單附錄株
款一紙道江風五點送存伸光九日函末有為趙逸秋二謀藉港台兵王秀
生為秀已赴善後不及請附存之紙様存伸鈐蓋浙撫政府函附一紙原
查直隸六九年賠欵菓內捐貢照教郵雷撥善後祖孫東之節如
浙省兵以浙江獲分部滿請示驗看即據臺也獲陳霍之函之交存曆
往來株起之宗佩庶如請旋了
初四日存毓洗度霄楊筆眉獲存將治其值獲清驗老白玉庸之之
因浮往看銀園房工程布置軒[illegible]故詢所需別錯機造廠一切存內
不足六萬金櫛蔵早晚可到矣鄧星學雲西早歲會府主稱撈上
已有三刻多之一點鐘同文館株派已刻後下星承康玟普張趙楚司農

夕得仲荃电，再属查拨员质款，并劝其暂缓集回来谈

初五日，晴。[illegible]发函附大宝两本，交氏保济存帝往桃源再予月需

陈氏保济翁以[illegible]有多节，荃字号，据南京归函附之，同女信字号，荃杨

苑甫函，还得其款第一二期，多写函致文玉字，荐仲荃查拨员

次致荃函，经莫第一项端见回锡，以庄表之道，后见降函，复之带

四夕，前允军事未了，安穆流所节略，程属为之记

初六日，晴。荃旅进麦函杨汇单许，九点钟，荃江在杨许二点谈

荃以来，张照以问质，陈以为序属致郭月楼，劝其所请，乃止

至稻先济函，荃资仲荃函，附文玉电报来，荃绪晖函，函银圆两

说大局仅国未便适，听附荃孙继书函，适不假贷气，不战将不

程秉閒生先謹按季欽初四日函，承有注語，附來拙刻十月廿七日函

有銅錫並一箱，來之後可交茂卯家寄，希出附來銅錫花價單

初七日答寄鶴笙函，於梳箕金芝麻花附校物，於與吳太夫人祝

述稿先以為洪元家傳，託以為勸熟，到此辦而教誨之，俞見年底

來寄閲樓流所之年程屬為作題字句，並為文記之

初八日以泉來之泉來的道所推者屢為詢，不確，接方萸人函附有

藏墨書螺齋謹鈔，今薛君郵寄嘉館，手請作答，來看之後行

初九日接原伸函，附有表格，便賜貢齋內經太素一函，校林伴老來接

潤芸及拙洪學家次霞函，接見乃來寄之，樓流所在地藏庵旁所居

記成並為題之，年程瑶程交還，順道…旅出，即是長談，陸海霖來

初十日接瞿廣甫觀察祝壽函，得子外邑縣舊稿一件，而已失去矣。戌初

刻，錢塘縣富生甫之郎開四牌樓失慎，錢塘即行趕赴門外，已見火光高

騰，趨至濠前見藤蓋張延燒至宗時，始能寢熄，方就安歇。

十一日出視火燒場，旋進西涯，看探甫范竹孫、鄭雪湖、張君雪老之家。

慶甘四五年四牌樓大火，殺此次尤甚，云外人傳之被災者幾及百家，而

火勢及百家，本屬中人相率而來談，此為雲卿能至之外不能及他焉。

十二日寄應辰件函，李銀函，蒼旗瞿蓮遂，慶江鳳五、薛蓮泉、光辰件，蒼趙

禄三函，意館為接孫協之，閏朱雲軒過訪，接過清函，自孫為先之，有為

於豫先從先祖學天文，度為過柳郎之，在接過非函，言意談一會。

腳云有金銀附入而並來者，此附及泥之。初九日葬於甫邦之之屋下。

十三日蒼芳蘭人函云已看同郡旅館拜君康蘑於薛大人書並
說項請其目擇蒼孫協去函云朱霞軒近從大府小扡胸結而龍
舊樣同之兄張桂樓者寄函云德占照漢無非耗費攸老之事
曾旗人經會通者朱錕去來掉兄跟為前孫向年十八學無前來寫
無下稱地引之長元機暫居多渡來誤[illegible]在晝以後時日好之說無
急求所謀在手勤守待識而方道入求是學者
理日蒼孫寄函附白髮屬余所三十八枚請為識版又道面商日記
蒼函孫函應昨日前無以應來主二三月收寄孫之寄量無庸多資
手劄其五函乃安德祖居冀言好之事今日遊務並不補之所依字
寓居向紳我不忍遠去惟病無從餘也謂大府以病稍不知照而將就緒矣

钧县交来破件层间一局道填之两横披裁割开裱张三面坦着
南屋两口子辞之三件在府之铃蒋德象字上刑总照不知为何人也
吉昔荐疏方坤五阅电卿花五郡家经会并皆行照误荐请袁委察
宪饬查来及备文至安来府件十六函铜锡匙一箱米四袋又委察
查点兑荷收银一本经会并道来府卷文为逐件晓谕之
者隔夕大风是日阴霾风益狂府主冒风来安清赋局文牍之件
原拟委黄陈清赋办理经算情形下府原稿发经县来安商核稿呈
以光绪十年七月申报又秉府细阅看服无附子
十六日风平午间移晴祝蔡老之生日荐贺桂花查四位函附致委察院
该县经阅十月会照荷收银之赐经县交论一首题名字尚未及为删

闻读之句学舍生之说不遵劝之早回，凭张守彝详康年子也

先日寄茶石仲函，舍生病不克出，属其转恳经舒湘舫之事来，多有不

能细悉者之谓，说以见其情日短而人踪错杂，应付多阻之

昔年雷霖之往视舍生之疾，兼论康文亟讨稿两种，一其姓意舍山程氏

者，一为华字竹宝，郭荼人，前婿池云卿，旧选格馆，舍生未孙荔参

来，后实无之。癸酉选拔，同年受江都属芑家而来谒，府至者嫌郭沈陈

华同来即辛生居在此之为也

昔家然艾亚受阅，勘得其宝山厂，壹说，惟及佐之拟寄款一千四百余

金，家舍西渔取许静山取借之库平银六百两之，敢借芳斋之舍生未移不值

旋，沈海蕃探云翁，宅中取回何家借阅及押租银券，以其之屋寄腾

出題也連日疲費氣下筆端生不便汲汲排來不覺迂謬

廿二日接孫厚齋函意甚而屏理整了所為秀川一說不通人情之論也並

及有五弟寄同年良甫回接方宗屏函孫[illegible]代寫[illegible]形之牘也

相垣借看[illegible]條議形[illegible]路[illegible]而青傳單格式是識盲國是者也

廿三日看經牌改士先志說君子者不能順而胸中一無所有可歎乎時之先人[illegible]

這值世案者之窮切云之而屏其刻苦自鑽而論中有論說不限之字

句之為之指點所以導之在不過如是而已

廿四日遣人問金生疾為來問愈否姊汝來連日在寓苦惠甫年幼下不

敢久坐於人道[illegible]學課略一二條閱不出其所取之語

廿五日孫源書自宿松來并睹山函道月備送來年三月底其歸看是

不能之報也乃欲思人不合其意留物以待耳往還接后仲季飲廿方函以
緘牘不至而來大病不起初出而先無佳寅存非有人之正道也詢蔣從安
太宰為大府壽文之岸接緘三東年前來函宿於仲芳處謂故言勝
於其文言之之先考也附有拔鏡澂函俞少梅已來蔡老族故兒從學
者也紙絲適閱叢積於前論胸無照墨該於倫次直之其城之存作
某其寄之書亦曾文政何所意在於刺來知其意取不請在叙為
其情晉雲自里來擬絲於十八日函附之東床學棧為須押於之足文
附來卷正學與蓋率程孫國欲甫許仲箴取定又附小珠硯與之奉又氏保
年即將赴浙又孫協占家老蒼履合少梅文劍並履其蔡老保卿江升
宗之莊壽之道依先懷得收保李自合質函之御保以有趙安望為說傾

廿七日寄在株潭沙竹坡觀汪舍生 張康文病寄來條唐託在伴座差

渺長侄買高粘係葉區每兩六十五文 共五株絲上等寡來言記寔之

才以劉桃之舊原書函招見汪蓮送山等之手剎得如字重る

廿八日長兄前遞函桃才自交正遞回賤稿之子舍於伴函附之 張託買

近風葉區之條紹保來書指請取詢文義字其性質之年常也

廿九日陰寒娛集交至舍舊愿田劉桃之來以字子羈付不覓卯赴縣

上記於書去共之請別程見康鄭雪欲常孫欲著歸檢其屋衣來留

鄰保請函後飛鬼轉託將蔡私意源之來謀定是遠莊鄭鋭第文稿

三十日差方宗處附食生反定時務拟十四字何城東門內新巷蒲溪園

寄舍孫家函府之費娛拟為鄭鋭第送賀同費 為從孫改業稿於勤論

十二月初一日晴　成郭善之錢軍濮起蔡夫人六十壽序　交保卿錄一通

答王筱塢函寄筆潤　遊府西街答義豐氏論丑字之賬略交近弓以刻版

詢程郭張軍函還十月間賬　擬三吉白先且擬已落就去　文至來　雲卿

張為稍定　前月一說先兄且送畢　少為來未言及更妻如圖六安刑館以

吳杞年否來往論之　天氣寒雪又風寒之　雲教理屏者待殷也

初二日　以前竹殷陳意總根飲者　雜貨以四元答子貞函　白娵詩與清賦

理原兩說其後不是也　雲卿來談者後將陳之　買且前說處字不依其

來寅字說其書依兩不依之通之勢　安理將來者成耶　李元字一道設王

筱塢函並到花其郭善之說甫之後也　雖若老端手神敢健矣

初三日寄郭函匯銀百兩交達源莊送　附筆下送人清單　擬在伴戰白函

附寄合肥購膏粘膝藥膏一斤意達舍弟病起未即安之 接氏保杭州舍
芝麻卷[illegible]年請設法為指改首各某核准務令方可作為翻首錄送金
軍門否寫兄 當德傷起程赴抵從升饋官查又覆勇投緘保舉有
周揆才總署務密新電奉密旨加賊字碼先務令照存某
初四 覆蔚許官縣同英函之 長安桂庵之 皆未啟 覆蔚錄呈電 使
道稱義民寄請函託劉錦堂查明保結某員送核准務令來函說
調查山東災民繞新海防捐數並歸加入說帖函達義民晚間城外南濠
失火先遣兄弟往視之不甚烈旋即撲滅並不波及他處
初五日 查得舊稿錄存數件 楊慕姬太守來 晚述所聞 都子俞某來 惠
擲周中丞書以郭蓋亟遞催軍械 程迪存義民受發使 胡敬軒 桃來未見

青陽館次四書既為經藝所已有取論策亦進境日見學力可悅也

和甫少帥賜來之書鄉若圖代辦請再函託曾晚香致一紙若允之並

其少閣在林浩來請林子武東亭向讀惟不能盡忘賊性亦不甚妥也

和甫處何潤生屢見衰弱張義民賀其屢還希處胡勤軒老兄

在仲函言成跌傷者已託在部並請速核奏後擬於十月某日函言請部

雲詢道光間王城捷隨梁山鐵錄揚物蓄氣久矣附來季和函有存

劉曦凡作並三澤之家書函託杭州屋芝麻巷劉家之播棗已託

安人義民前用本院查照並房屋存者已託其言存之矣畢中之事簡前往

類上道人送之道食物以報宜作書之讀 並

和甫雁石林治不值老雁桂臨仲閣其宅擬鄉臨門風雲宗蜀道張勝甫跪

謨來手牘飛報知蒼巖池雲卿同其孫已將蘧蒼巖呂仲光交曜源
只目攜四者也道李欽後劉瞰九函同帶三之書接其收條後約其字
為楊報請假赴錫道陳兄之藥閱後殊及人以善謂吳論
初九日蘇恭老竟遞伯英自鄂中長江埠來之鄧有通恙之情茲道於
晚濤觀察來署晚來歸寓莫兼終日撥之雪
初十日後殊泰函遞麻袋五隻後陳枚函附蒼煙二百蒼兒得農即其遠禄
而歸沈同家萃後陸仝在家是楊等不必仍赴靖鄉均交楊謹弟歸
蒼巖仲秀欽函附劉瞰九收條於后生及詢與張康年不能意於銀
園局子作書四巖論可也後殊來不乘機勸以田錫意尚不能
十一日接雪山陳兄田騎函即作蒼丞王秀生筆來信吳錢艾丞道伯華

為陵子來保卿亦死者至今王義民是原作者也雲卿病愈未為
經驛政將學道暫論竟字不能全費道學之以清順亦易乎
十二日花錫康來字理全館出庚垂以無年歲作事遠家亦不慢留以原字道
俞克康閱雲詩共量為之潤經驛道知所近前論無一是處今其改作向
來學而能勉强為之庸有進乎陸雲龍雪仍得不雨
十三日小雨竟日晚飛雪寇旋王子開將西所作詩子來保卿處亦小住而天已夜
瞑檢錄舊稿屢輟夕為經驛改去前道論新其文理之已耳
十四日檢驛家祀目如暖而庭便報一二次緣由腳弱氣虛即時當詩詢以
前事白高慶虧者為秋岸人秀雖得任亦述之已既度理卿聘有恆道
從詩閱論說如竟日如云晚自花師長例乎業勸傳說田於佛銷之人故一斤

所不足一指價不敷也實需百五千之屋匯於蘇郡交係其旋里自取
匯函中述送壽屏事身記悼煩經閱單送之 接石印書函銀十百函皆
之滬上法振租界當四十年前一帶之地將起爭端石印准於十五日歸者附紙
之所羅振作合陳時溪謀續勝也乎送文至不值錢其留候蘭一談乘
月底赴蘇洽不送而又送來談應早收散
望何潤生來談陳鶴臣來將清賊之兇匪於臺者而歸趙中丞也接
鶴臣初八日函肩之兩收票看分閱之地不遠送欲見葉香
六日蓉在潘熙送陳鶴臣函四紹興蔭表納款皆不值錢子運一談
暇揚合伴子運之太湖淸山錢而之王少蓉將集股興築何潤生邀飲
出縣丹陽府製衣麥鋤袋石將鼓往望江孝民賀之 云一府表稱子必之

資千文也書會至函託吳凝泉於廿二日下駛輪船解往接周漢多年
奈所差之宣兄來人宿松報章生之人所求是字書辯業
十七日接陳蓉生等來所差王子貞十一日來函告以病瘥經歸夕來出所作信
無將諸翁之歸者不肯行舍生道閱所寄壽屏聯穀泥金箋寬字稍放
大致畫兒也書湖筆表兄待兄為行接近子日不見乾
十八日著子貞一紙連初間所發二紙併寄兒來此差接張澤山聯函照著了
附著前月下旬孫澤青歸有時事之函稱其殉難逝者之心寒之之況謂之電
接表弟郭年函附來梅亭一二分後
九日接張文稱鹽頂某年誇以楊起元所置田產契據紅白二紙寄來
屋子乾議間前年據紅契一紙抵借百罕之重立有借據弟要子產正所收

光绪二十四年春息归清游由老至颂吉蒼诗重祭函附寄查汪东沫
函又查汪华函照原刻书叢宿於浣所共便也擬劉仲士之年来照蒼
外加一纸者纵辣陵知耻近事論序作殊只照自能共意閲之耳
昔原刻原定图旅书叢之蒼原件函附晋重家书二纸至陈照读谍续
照贵村乃四株作伐之说擬王安之侯年来即移蒼之又擬孙蒼之商东马据
西之函将能於多形流刑趣卓两共境昔果陵之后務用造共才必奈可惜张
倚彻池何闰生来原會井何之沸华也陈雪滨斜近之至在法在也府事追织
日见张侍郎電照澳议之想与德人這出照北城侍郎廿二万六千两兵费
作叙云毅衍国了可以饰耳目聊为荷安电求是等重不出外者只争生拍
纵辣来与之言照勸之归去隐金生同移刊出而所照贵吉

廿日金來發吳寓信從殊隨行石芝處繼修卿仿潤生濡作卿孫韻甫
四哥皆見之濡君孫之於厲公處以目下回籍送叔玉從殊回錫山王良甫子久
潘宗讓於邑從殊寓叔季欽函袁函附厚轉交接殊數十百函甚形疲
倦已上灯矣未刻作書上母草賀年附壽圖四紙寄交金生携送曾晚雲
階意須先後來接吉勘函詢應詳丁庵訪行趙子威以遇病者甚苦
廿一日連朝晴暖氣若春融作卿觀察來談鑄銀圓機器來函之六千
餘件已全到滬函知芸甫到此王太和梁桐城等函來皆照作書復之送至
之竺江友廉改送洒德甫接作卿函應改慶吳芝林來
廿二日若相吉寓曉觀察將函條舉各商王秀生年來接祺之岸城劉全棣年
來即與芸之接季子欽函附校改底件電復之李家懷石隨雲風詩有致雪

意夕火光燭天起於西方訪知為西郭綵軍馬隊積貯料不淺因何焚
哉今旅之日亟夜之窂方糧捺王壽亞表據函屬胥雲清出足侍穡
曾小雨雪捺張貴使函即作答字答鶴望函之將母移述穡為為節易
方以剝落戰迹法足侍之脱穡閱之牘清字之捺劉巡年無字為來函即答
二紙自涂縣起程之六意春館出府資今歲不足之道十圓於前支之察漢入
揩將附至沙管之軍俗之圓在閩捺隊營江至郵函附有詳薪志一索
菁隱寒答馬驛函之函附筆答欣迎捺亦來之說塞應龍機而已捺李
菉園函即答之附之勝可天晗答張伯卿函兌津雲溪澳議租於德
周百里兵飛擄來境設義雲二報及義士侄邑之受債卿義士廿二万兩五千兩
基批教兩家修鹽禁送於行函函於此之要條屏壇以於伯答

廿日接王惠伯鏡九等來附有莊老之函加之手函寄雲卿館子春帥兼
兩浙一之月震嚴署中簡寄縣牒之程度按一之到天后叢錄之書
擬撰兩日揭帖居照示緣此之多二殺躁乃去院
廿一日答王鏡九來又李雲卿來來閱閱御歸畢來皆內作答出門答
翁俞子良潘堅直道皆不值翁蔭亭晚楊雲陵舍訪軒楊滙峰晤
並過卓府自歐陽處無接旅畢而回旅居殊冷不值若叙勞人薛君
儀农邦襄不近見之書也內竹坡來言叙館以已定殊覺至告之日吴松年
不舊也唐拓南來方腹中捐設丁酉拔貢寄籍桐城歸試
廿二日切蘆來談知易康以識伯有疾赴鄂省親祝捷方晉慕唐赴告忘宗
厲本月初六日作古接妹嘉九日函知腹疾止惟咳來平可望重聽代虞

生滙新已到，又接大哥同日函並諸姪書來，又接子貞書來附一紙及蘭

初來，又接吳表士陳雲齋書來，即作覆加書於陳彥儀經時書徵夕

蘇保卿同往，蘇帶之護取照應渴畢領四並讀其條陳三十二條

除夕接季叔廿六日函附楊潤之書及岳仲所發函，即作覆附霞子貞來

岳函並附吾函，又接陳勤初符等九書來，隨時覆之，覆子貞蘭初書

來，接俞詞庵將函，閱鄭雪汝昨晚書之疾而後竟日疏之，至夕接報寫

此聯於生對言之，遲宗此又又遺完矣。

# 節端餘筆

戊戌己亥

光绪二十四年戊戌正月元旦黎明礼天祀祖毕出门向西北迎喜
神方进院贺年旋出往乐寿於南门外滨江见东风微飏日融气
和意象殊佳半日而贺年完回寓小休与晋云谈
初二日阴微雨片刻转三来文祖东郭带基稼蒸甘亭来文保中水潭
下午已有晴意顾三十余处不久归洋人团集矣以票来午后进院回
信中阅旅差同何润生来约谈良久剪来取进院谈以后暮归
中座之招席散已二更微雨不寒天意勤人望雪之意
初三日晴进院具禀福字拟稿保御荔老先后来谈未暮而散
初四日补拜客理堂再拜陆作卿荟香若云逸庭振甫范竹益孙香竹
居张雨青禄荆戎丑祥张和宾杨子寿王兰荪傅雪泉江凤五方

君服中差见者。辰后至子寿同年寓中，饭后进院刑科签而
人踪阻之。日暮散归，见宗亭子按乡试硃卷，展而阅之。
初五日。发王府书，孙铸九、俞润庵三君骈函，午后俞查之、[illegible]沈三君
偕同出门，至求是学堂，铸造银圆局，同周览历学，暮晚方至保至同之
偕仰宸寓中一坐，薄暮见书，并疏通廉文、云卿、心泉、锡宸、柳舫、清
甫、守云、小翁日间查核之画，诣到商楼方信林棣函
初六日。连朝晴暖，郑以夫人诞晨，见来以祝，遂陪云翁赴苏已
竟，不别家行，接郑友望函，附有孙在伴函之子得一子。接孙协应函
之，往宿祖别亦烟叶作地稳已迨时须办，间方有起色也。茂方信并来
初七日。雨。郑雪澂之丧，与其嗣子惠略谈，并贺孙铸九不值，接方至山

函存尊處中託薦寬考貽植帖擬呈筱鴻函將赴都指日趨詢

商左右，在院請安，承孫協之函，允爲原得時留意，仍勉以復函

兩函李介眉撥函謀差，固解京餉差，孫函云：文二年蔡孫攜回手段

初八日奉大龍擬拋以與張和甫時方學擬池秀川將函附有段張任

二函，尊處條信稅陳尊函傳尊良史尊幕府大宦合至信久缔

素交滿瀛襟頗超百輩，有德容有傳老者古稀上壽，歎小別遂

成永訣，老成此別自千秋，承尊白滿瀛園與蔡老同送排日至信

初九日奉尊成條允以丁函隨後寄交自撥長年需次需費易給在楨款

函成九月份任劉交月六元，備另尊月十二元，于此趁此先付撥月撥高參

錄李子余和卿都年謀差派撥考函郭尹卿標余即作尊師交巡檢林

之補三年圖說條陳請設水師事所陳十條皆不能行者也

初十日答拜潘作卿、葛文甫、王子裳，皆得晤談。拜袁爽秋及李雲卿（桂馨之）

弟、淮、劉梅亞、宗堯、高筆芳，俱查梅心，別來得晤。接季卿初八日函又

孫厚齋函，桂玉生將其同寅周來齋范之濟任伊高素茂求貴年方六

十九之母富覓至敗任之葉孫之子不事之將舉赴貴池就范維雲學

十二日答鄧友生函並孫鑄九弟，接季卿初四日先發陳紀之函

俞哲軒來，告將刻接子貞函詢有家乏附來尚未到也

十三日拜袁爽秋，現梁王子裳太守、敖新三刺史、薛君侯大令，皆得

晤談。薛時邀至順道拜查迪齋、趙廷樹守備府主政萬言年

連寄張霞蓀、顧陳吳等。子庚分條撥答頻難著華敖三之東

郭祖笙基植梁彬合歲考文定額也頃共成寅節交小門攜詩文

十三 陰小雨晨寅卯至寫駱葭棣肴安壽屬彝不許交蓮莫方

從伯泮園並題詩並題從伯聯昔林交來及伴林泉初九日函並

寄泉之年譜及抽換譜帙新補嘗蒙學盛堂之年譜兩語今論各四

首陸耦生張玉甫先後來談吉林之法先家多大略

十四 晴寒答季欽函託許容林月盦之招肴蔡老辰誤而赴了也

元宵招章次山鈕䕫肴招張玉甫徐盛度月亭雨生宣陳見田同年

俞陶庵一日睦竹方慕庭吳慕老之宴煖聯附之晨來林鈕䕫

真儀六十元題詩一函又沈保卿惠夕雪夜月雨乃躲巷燈

十六 晴寒答王筱帆函又致郭庠指函班庭先段氏沈詢在此請

沿盐引解收臣文卷，是年一瓶人心危，他托李元宗四十年九月，夜持之函。

附缘卿河西，仍以附之。今日星来者到，尚熟悉，沽有杜氏，据存三把出。

绸件查完，戈什李学兴带京，致请小云函及银十两，漏从之，色绿帘柔。

兵部阅代收一条，祝孙瑞一联，是也，就新三三，将观所自制，霍然。

十二日　章观器来寓，谈筹饷练兵之事，夜遣使传谕之，计拟小西脱间。

函毯二百张收到，函云薛为侯房祖庭饭芙蓉盛，皆不实，又据孙兼士函。

季弟元宵函，内有一纸，仍示杨万，再看先处纸服，仍服，票方张百两。

十三日　发涯寓，是章泉山、郑幼斋，郭涯子垣、方峻，韩且函，夕得见遣来府。

润生、吕侯、程子美、唐宝林，饮张仰三、周荫塘、徐少泉，以言皆如期赴，深夜。

腾腾友七昌侯，承邑小西乾隆特为谢之。

九日午間閱慕蘆表兄覆葉函，晨遞來，知梭侯集路新軍內函覽悉，兄且煩

招陸雲從山西回，張杭二君屬蘆屬竹坡爲蘆以己的有人來否來，之存蘆

送到閣閱之，蔣慕蘆遞呈多擬方，慕蘆回函附有閣東函，鄙像也

之儀之兄到京遞弟共培楊仲來談，皆要時之意也

昔蘆慕老遞閱方慕廉函及閣東使儀等件，又以形函及閣東使

儀函送表兄慕薛雲東之大圓送某屋高垂擬屬屬謀予爲展

得午後蘆蘆慕老函云不來，豈忘之耶。寄蘆禪棒云

昔早蘆楊源至太守處晉雲保請何到潤至太守圓之雲卿來

云擬圓休寓孫館房高慕老岸之寄蘆石仲季卿函於慕泉計

石仲將返館矣，寄蘆孫叔函並之蔣留書兄弟出發往予算寫紙已竭

君子力由歲晏七八十元也陸蒙亭程多土語且不宜在別處附於杜氏妹
珊拙稿付東字漂本之說即寄舒生藝老兄照澳之議係中德日商
昔府呈條陳自強要計一借洋款二儲人才三結民志四聯實際其大略
也具說稿錢呈之錢金桃村之招聞生之若鄉條其第之程說稿
上之大帥詢以見有云以目侍閣意不定也沙竹頗來適赴桐城寓館
廿二日致揚匯呈函詢前日晚乃目前寅育逢胡了元甫同往帥府
寶滬友函致山左張藕生方伯云舊有論財之八諸屏擇其要乃
附片承示三端則不覺之晚歸乃無處投稿的多矣
廿曾道沙竹頗賀李甘亭在殊詠李菊園樹菜至道宗文手披
朱震拜遞藤泉程語殊詠一謀政甘亭函菊鳶江館政菜至函詢到

家蔭姻丈為送張康年,不值。韓芷亭軍門之招,晤吳西之劉氏
賴某早來,送部郵報及照,即函詢於鄂行。雲從即至,回函。下午淅雨,雨後
甚意。暇而意遠,翹從席翻三路戲。雲門處刊本意甚憾也

廿日晴,雨多。蔭二復甚喜,附片陳五為一鐵路議,借洋款令已出一遍。
傳說吳係東方稅局一課,署西律師一遍。使館法國王總部蘇部堂以
一華字研西律,將來能為府生來談,意頗相須,熟商之,留稿脫而去。
請育之費下併為已擬。歸而晴甚。暫園安息,池枝王某回故王小鳴函,仍寄去。

廿一日小雨。函復鄭伯斜理石服康年,育雲近來先後來談,同趣大圍。
夕楊樸雲來談之,後為支錢據擬鄭伯侯來已若前矣。

廿二日小雨。蔭錄收蘇等來,周寅甫等來,李秋卿等來,楊年談,取康樣稿表。

又加一纸寄怡孙。答访莘江、东旭、苇之、郭月楼，而谈又同寓莲翁、莫翁
欲过之，答兼颇之、军东附刘继金瑄倬函加之，寄苇之由
廿八日。接兄孙函之。赵子盛同瑞安黄彝庐、自世宪挚笔长子、俊轩前往绍兴
静养，未能出门。以子庚备述动身之事。接孙仲季钦廿五日函之，宗祠修祀
据说无词从子厚。张季直托风阁应为配借廿余老孙叶炳于楷
楷书借不值钱，不能依子托同席坊万业许の君皆未示谈在
廿九日雨。接去秦桃寿彤，兴居措施程郭鲍二家照抄请季直访岸斋
许宝蘅、钱张孙函，道之、子函冠瑞芝孙蔡了免留资，销纪色托许安
三十日雨。答苏沃重寿者守不住钱，许丸来宋谈有一谈。答宝荪仲
季钦函，钱派询而之之。廿仆病久不来，戴仆又病，诸事不顺

二日　郭連陞報日昃有晴意詣桂香堂沈秀川辭函詣薛序甫
函取商號伊秀川謀趙屋子及星鎮上乾條皆不能有正之之上策以
臨京半月有六千上之而矣附入沈封并函詣高峻峰秦卿兩束發辭
雨僕病回不得已招江錦來函料晚間指孫者臨抵膝數作
初二日　放晴意漢來之王藹士壽子來談氣亦佳而我謀有望且
告屠閣之眉頭昨借股票子帥去拋借李薇園劉仲良吳蓮峰
閔玉山鄭筆丞葉律勸借屋屬予辦
初三日　詣元孫函去取詢書以其歸遞問趙姻丈何岸新借說指杏白
坤宅派書書小先告以備卜宅移居詣王寓函告山投謀今且函惠
舊居由元孫函詢於孫元函詢及之王藹士來善告之而岸勒掠人財貨

仍有隐疾，谋了本县雅共人兄长，且欲绝馈汪共病据之广械。

初四日，送李廿亭、杨楫堂、蒋荫、王谱士、聂铭意、汉一谋[illegible]段石仲

李钦函，以宗秋蟆、蔗二枝，寄李钦于归，有时又蔗南，时自制罢。

一斤十二两送其两弟，回用交楫堂携送，谢廿见粮，报荆来函送卓存。

太守来谈，不胜诧函，寺送纂馆新楫诗笑之，候并来兄到作函答之。

兄以到送函，询卓老知所请乃周士之教，三兄因病回去。

初五日，楫兄孙和四日函，责以数月无书，附来在月廿七日函，后科首饰

一包，从寄左鉴堂函内之；自正月起每月纹洗织补费五百，正月洗至

二月膳，但我解女，临别之不言添字，附来对豆谢寿屏函，幼舟润生兄

后来谈，无晚之，夕，约里来，居寿千解正月北道，合孙道，李行道马

初四日接孫家臣月廿四日函，伐係趙杭付以廿四元，索租使並洗澡初
十一季乾隆廿四元交去，適收係來，夕雁初六日子運交帶免交
鈔兩種寄黃萊孫，示桂笙函，桂係杭教習，卡去矣。答雁卿少見早
閱，答拜張芝生觀察之論學書之事
初十日寄楊雁卿老函，又交來件濟源拜寄之，附去鄭收，湖係接江風五函
附來證為書函房寄江蘇，而江乃學舍叢書籍宜且已收，函來錄
寄錢也。答吳枚君年來附寄年前一紙，初九日附桂笙收錢寄書港
初八日雁辰孫滄來眼，雁憑作御祿銀圓須二月間閱鏤繕，云為東就也
張芝生先在彼之收來札，言西學最難，須冬盡之前寫學通。有交
借洋千五百，存為儒課，借接先生人存為通寄府主來之定笙圓借

费本年正月起月解五万旋交去袁樞使條議時為一冊取謂寄
四千元之大半也日间查核吴勇餉數及數處詳易之件晚把信讀
初九日大風雨寒晚小雪出云道鸽呈之稿件序議並改删為删數
字還之荅函陳電所核籌餉部精密勸示出力之員請與其稿
初十日荅函仲彦欽函附去沈茂和領洋圖鄉序述倍勞情數之說及
袁樞使條議府主允代其說商量删改之議美並且風圖變
勝之詞荅允強函書海為之解兼餉便而雲方辯為的便胡同之來
翁卦濟辦起事屋卡留之卓存太守後來得大東商方應植方瑞清一冊
來云王甲三鎮漢生前在無源易信羣安濟紙層挪用之款四月去官零
數已移後府付總之數則宜責人之善後料理其如理算局從移後諮遞

須切實見示若無有處之可辦者代為求之鄙處不能辦也
十一日覆穰卿函云東京學費求潘康保說已達蘇良白話報咸光觀
察快附覆小圃函云藩司屢說撥晉電函稱往王家唐分卡
十二日寫寶田函中寄寶森及之紙張芝生觀察之招同學者求是學堂
新延法文教習係王之筆此人而又欲振者冒雨往送良不甚之
十二日午前寫生以嗚報首兄示澳款覆一函校籌酌新撥出力諸案八
君號稿及四五兩屆稽核條風雨甚寒晚間疲困
十三日風雨不止覆寶雲函以錫素陳氏之函附入安居人本安之宗辦
寄穰卿改之業說指碳議識亦仍請此稽稽撤號稿
曹雅桂奧東書君寄之安筆函書意求欽刑部二君請往震卿王福生

意則不意之人何貴於彼因也遇金匱來在仲初七日函云荷相時了不能
係其功名及外錯擬部裁減者復賞二千數百金兩說遇金求救矣
書要函舍生之同原父之病危急言花急之
望日作範字應擬題兩詩一卷蓬萊亦循高一首書伴對雪手稿答
前雪見十頭雷電風雨交作時極不正才根腰腥冒雨就簷作
卿捐洋式譽之將實也因言何仍瑞典東區嚮宅據信遺來後痊者
晝雨夜又大雪接楊蘇芳太原寄暑某攜暮春○隨析傳日係禍
誤收是潤也震以電悉泰厥贊手賬雨款膳意欲不適
十二日某碌蔫春鄭雨觀應去琉稿燕寓擬求集早季店考字生一百
四十名為前外者九名接錫為廉過考接王雪函初九日函述尚甚遇兩矣

人之有者为缘画押帖兹呈乞鉴新印送阅据称弟言之再有寿词合生
来商为四妹作伐许伯羲胡续膝也四妹生庚丁卯辛亥乙卯乙酉
十八日成亲江左盛度生两年其吴荷字谦定为妹家画之四妹烟了许
伯羲为字之说附汇百元以四妹年庚交合生转送荷翁候荷生世兄
西丈吴蔡老交画合生交画及屏联併寄至星两上处云合义叶
卓庵太守临王祉翁亦合程重两君荷翁刘桃如翁意溪之属电
询翁镌堂进呈书趣摘景柄准否
友丈文两帅处画件暨去香蔡厚乙条陈即出致画五荷庵件画併寄
携陈兄四同年画之处山荐荼了附兼武来备此据也筒重合查之
併承迁荷不到胃两指荐之五以南屯东来录形辫涉而列人东岸完序再查

廿日 金生述張康父之病述情形 接心泉函 知[illegible]又叠函 花字號具領

葆光循篤爲之一首 查原第壹電報已奉拒報案內請全完訖

湾三派留住又等月前隨集閱 海作函答謝又夕旅瑞清

廿日 [illegible]何閣生赴理臣任旅途 吳寶如赴震師任 答陳允田函 貢荼 圭

乞照奏案詞 只有役宵務局兵注都兩說 奏令自辦理並告示

通飭等稿 接左瑞芝函 謹係於正月廿八日舉一女 又接[illegible]壹函

以承爲不爲意 雲引[illegible] 旅切[illegible] 閣生來談

廿五日 慈溪道顧錫光電 震氏電 [illegible]實收詳函 即寄[illegible]杭州全

芝麻巷戊氏連實收並詳細履歷來

廿六日 蔡[illegible]述來長談 錢[illegible]薛[illegible]侯文道王顧[illegible]鶴[illegible]二十年久

别〻友也谋忘职伯修古昌候社理共事为来函也郭文借去英德银一千六

百两铸金银一万万两以七兑作价以便归英德收以是还本息四千五百两清

讫据该南直省来为是年和胥不解何以迟〻也范子衍来函又开康信

并谓少见来原鹤舫来名字取皆康望馆马者捷张晖山函之劾

陆二回呈铸银圆形筹办不易汪淯甫一鹤康形封函社并洲去令

再自来之〻实告以为难情形异共而再续之

并据在伴廿三日函附来四千金者经拟二层七表之保阵时马之润等

又据袁芳郭四函保议往返帅座矣帅来之浮揆库形一万五千金

元宵宿四来据〻云将机稿复冒雨在润生〻据并营鹤舫

廿七日免帅座之袁芳郭保议马返云营在伴函芳郭函同云来使弟

四四五起底宫而程戴花字款計又查四首參考查匯二百帥交
袁議原細覆勘底稿交粮答備商議于來人花字款四年
廿七日接罪家函附來宗祠税文日人恐以錢何潤生追勒三為院勒二
諭育稍屬以言兼而不要在寺剎言愿以樵苑製杖持恐生其信之某
宫字寺剎文憑狠而推脱條款不後再出也擬左瑞芝函許即才不竟
新奉書之約伯龢別而花字款再作一年稱揭查算據之作
廿八日奉來接寓水源樓信用之稿郎園內外均須動手批判者
議以餘昨閱之于那里卿來之部追體前文華民到當有感望也
廿九日接閱瑞弓寺園袁議加戳有九十餘交底刪之保列宗抄金奉之
說也乘夜勘定以備交遞帥府風雨交作書寞寞增

三月初一日陰雨時久寒程委就見帥府商量廷議練兵就
事鏡霞之意出而查卷呈稿李識交原件一本木箱一只回寓
閱視原箱掃及戒龍兩掃首元撫女手製各件以贈同安者也
初二日小雨至鹽屏按察道蓬昌侯改陳鵠函詢要聘儀務
交蔡老代收隨時發若頭屏即送其延鄉原發請錢小雲
去年九月特寄件兵部陶保代收李介宣送發兵部陳正為錦
鳳笙函並銀二十補貯聽尉之部費也錫康乘原發證屈併
求張勇惠老觀察之說晚作覆款對和循商侍作
初二日接平員函以羞循貫自欲有以忘其主賓不相得矣李介
宣原件轉託其勤函之交前美原弟來意漢撫示耐鏡重函函之

成弟霞以一束寄收字到仍須轉託王韞士兄之移居識佛庵旁
初四日晤辰仲函備之時弟之姪王桂林得此病電已抱歸資以行
附來芸郎四函有冬三冊待人便也帥府閱孝廉果學生到十
四人有聰慧之童在內受手書以江銀係康受書鄧少京甫在
佐霖請吳霞疏稿意適子青郭五行銀皆以年天津南四川石霞
吳理實亦似而又彷彿帥亦將子廉函詢之清亦然
初五日芸屋手書函言云所擬附到芸瑞芝函言吳青書已詳余艤舫
主持霞卿店法住之現在壽陽春不能離也悦雲卿來云已見林甯
葉公趙麟子兼之為范錫康說頃見彼張署吳君觀察勸亦照
存股票不須幕求為弟後調剝地步法甚善也據芳郎辰仲函

初六日遞蒼雅暉山函，如所詢昭述近子孫續書來，將是遞宿根以
甫遞函去，來昭再有所聞，再蒼續書則已先於所言華陵云同也
至璿甫處樓談也，今生長人度寫書戒，悅喬賓見頷之
初八日歸，晴雨，往蓮于時雨天渡，崔為今生覽綠美如家所經石室圖幅
於是遞花字款詩，積兩成二千言矣，擬積成丙申年先後撰下一條
初十日雨，多熱，兩宵痰症，已電子家書蒼塘閩去歸函，另以未信同安所託
贈物說明，隨後有便寄家銀兩，意須來談，並已為子書存江銀蕎
與錢經吉陽行，鄭菊裳、徐霖擬續成甲午年先後信，另別去留，寄來之
初九日寄蒼琳家函，照云近子詢以四妹姻事，及所商先病後何，附蒼特函
函云已遞寄蒼薌已承函附蒼青雲函，云家開已代寄并及四妹姻

至晚云溪偕屏卿以七叟声屋至抵本息归结税务司稽徵院不在内也

酒后叔生机若书耐了姚花园也 检积存已来年多信分别去留

初十日为帅府张季伯行请来至於四千老言将两万换石仲而何函附

来香帑取昭三本换琳东二月廿日函附白证取稞本之云怀南取待

帅阁仲蔚与广托聘吴调卿之女于正嘉郑女赴粤于正赋诗郊

十二日芸宾石仲函附芸表钱椎函诉内经取乎再袁氏葬女余手派

少集萧六米之赠援湖先张正月廿四日河东道署来函附介家信

去时取罗干余日到来弥月相从葬毛函留恒东之署息书二函查

晚中佐班何友以鉄寂早益取为函果谋也

十三日郭三来谈奇许袁在端地森松葬而以为民与利为难留其宽

官員置立庄之際禁止奏摺電函以備款鑄銀圓應繳數銀難於將

圓也接李欽初十日前將四月初七來函暨撫廿外之婦接允孫初十日函

并悉寧館四月日函附之文姻之所歸坤宅擇吉雷借撰敢定從直

指示聊及之接李壽函寄政者晚新海防捐六千七百兩實收及履歷

即以函送至義豐氏處其寄函系閱又寄函任事後寄來年貴府函達

東家乃賀蒼兄之查收指書處銀圓日計用四五百圓以將圓收有

委之華誤月老作日之字院更正電民老之室摒鄂湘有成說為青來

天時頗凉十七晝日則已定四月初三矣晴一日兩天雨大風且寒矣

十二月銀圓局開鑄往撰潘觀察引見黄聯蓀孫方坤五月年意須

肯為趨陵函明宗黨觀察以晚新海防捐六千七百兩實收及履歷

附入備撥足費六兩由信字第五號匯寄並之查收是荷據足應奉員快

補美龍邊洋大花錶人多亦難補並洋大花錶一兩年可補而今請在迴迴

到也夕捨舊存信函分別略為檢束擬邦等再等年內函附來其日文印花

曾著錄家函白話報空六分三按照前與四株屋房共為數代改著之孫

函已在弟擇去石為南說人新人宏開物外饒美而榜要此時月以簡而信為主

美院了也改進翰生函買了兩株流連而唐又以畢舊

吉清明節美雨著李欽函屋共寧慈改在作一紙之成之實恆實

系了以著之孫函附入函房有便人回交之帝之賜函交局寄

以閩絲家者附入核牌示稿求早學生上取二千名次取十名續報之

八十三名二千日起仍日試二十人慕老逾同全生鎮卿出號踏書之前有

武昌是字也铸造银圆局同览之一过诸能无独生一谈多承指教二三支

以五千元往上海购木器因闽铸银模尚未就人无因力之说及制

造等刑中国不能制物但能仿外洋即貌若有以发扬之也应当把道

十二首改大龙小龙先币而阅依前改以德年文后一首而圣忠未定名一首

十二首改龙之子等忘库存放题论文一首此等为实论则非小龙一

首小龙胜于大龙保守不能伸阅而守之是迂之句以示杨琼甫一注流

形一也以装流遗请也杨湛峰出差回来之部查外销收项江海

概收出铸铜收不之银数江南意在丑后之部请在后也 而

十八日连发判银圆之价各铜收而各圆铸不能铸出只有腹讹之前

总督稿晤腾存之花字额讨于十二年康续不已又为鼓肴以德之

九日復雨，雨止。接薛心泉四函，云壽屋收之不旺。接王桂琛函，云居書
四牌樓已於初二日送四十五元去，張素費。接振王蘊士來，云住居鐵
佛庵，行將南去。有書貼壽對者，俾是送忽於行了，若難為謀。
廿日答雍視廷生、王子裳、楊濂峰、萬吉甫，皆不值。過訪少芙，要
一談。壽之窘狀，忽至得了，旋有復函，子裳請於屯溪壽屋去其貲置
要其自過寓。樵卿函，詢其識圃取滿之了，能否來，來亦或去也。江保甲之差也
了耳。以來別有報需之要也。接畔山函，云又壽閣考及股票、銀圓等了了。
廿日祀張彥濱外孫。過雲卿處，為來趙賀呂侯，已先去門，旋赴院商
鶴談，識伯身後情形。又同至蔡老處，又商量，發陳鶴函，副信了若部
善函，錄寄函。接王子裳函，以道函日記外國師船來兩艘，十兩呈帥府

日昨陈介青晓来，今日俞禹梅少尉、赵沈稼甫先后来，接沪表侄女回
函，代购花线来。花字谕讨积欠二十三年以前之款，从此可止矣。
廿一日，访少美，交还致王子裳函，接来得悟不留，而渭再去，则已行矣。
接胞叔十四日函，言王姑渠更传十六元之穴，殊骇我。四月初三日致孙协占
一纸，以接孙来闻函之家书附入，答张隆山函，孙任附请转交。
廿二日，答顺侄女函，言弟妇寄书里达内人，今孙姐赠线，弟来之言吕
候少谈。孙收设小酉杭缘存诗之识伯两子四和初即安，季弟日间先交识
补来，顷犹忘识伯根之田轮船过此矣。送沈笙侍稿一，属王蓉士腾正。
廿四日，因时接孙仲十七、二十两日函，垂察切一，概条议可正，在金生原文洽刚
正本书否以祥行季顾归，看存旁及阅张兵弟去语气，以摘移者

口袖而不羞雖說隔膜之辭也連類瞻望每易裱衣趙道昌儀之欽
慕往篛士道欲得來字跡遂於往年境界之也前聽甫行不及往道
甘肖冥鶴星函以欲得附入說為題於輝方伯及陳居園同年兩
處採得嘯植以人之書為題函以此意告之並及字來實收已寄
魚擬函約時一月前有四首許以寫拂素濃絲旅費之書不能函於所
詢霞之處尚一再提請來年來民郵不續實為可喜
甘肖峰桂林函稿以語之部堂早日遣馆發拂素函言王錢我將待之定
姻兄款不敷應為彭道濃繪為題之說略忘之費往聚懷及也前日接
讀季函在嘉慶府檳榔區之不暑月日似是年前所寄伊種西積山葉
稻五斤寄來二匣前又三斤繳錢可數十文即繳來人季此賀俟時作

函卷謝收，又來人帶去荊那重訂詩彙編一部，又詩屢來
甚善。晉豐函以攜存小園，信附入。蒼心兩函之共為十上，加以通云石
及彼處書函，即校花字，欲討其集，改大墨教以凡例，兩君易錢澥集之
昔歲幼安知照信股票，認借一千，聽子蓮孫於揚州謁陳六舟先生，精
神甚健，屢欠兼鐸，雲浮時不歸，看文齋之甯鄉周鐵君被擊子
其王所繳來之書，仰山身故，由庭泉治喪，彼成瘵，可悶也。兩處已赴新
來，求其學生張頤二千二百，於會生處之表，漸西條議，刪留三十條
三月謝少某來函，屬議大通辦鐵，為之主者係晉商，專與兩處不相識，似宜
維方謝之。葛方卿之近卓存，况雲卿先後來萬，乙酉選拔，前年以
為影某寓只有道，花字頗詩真於於下，法深四首

閏三月朔　蒼巖葛方卿忌及陸力學問通恩時局之矣蒼巖王肯谿不
值詢朱請甫均來契素來花子那者來談次及言係無昌飯局刹同
學丁芝亭之席擬之論之乘便亦一蒼巖議及俳函之袁件於度附簡
晡往李仲况二子領白茶四字文論年及蔡老議友他函亦附之葛方
卿接往王小塢之班尺君來請君赴引偕蔡氏來談
初二日小雨同人過飲小塢於保卿寓樓畔山田函之甫考生擬
相考學見股票房指君方形之詢兵那難酒局
初三日蒼巖小塢君日往信函不頫他及午子壽來云得和郵肇屋務
子蓮總來稍收赴滬詹請太鐵沙相晤而去議機託廠於石牌
需款十萬已商以萬李長之次子入股於中　程子復出力

初四日接石仲初二日函，附來鏡湘函，仍在浮山分卡。又接趙鼐臣函，由
遣人送之。張聲俊來，云商務局派為文案，雖無所為，而名行就和
武桃子花生談，鄉試四十有詩，習來忘畏，而自以西。接何潤生函。
初五日小雨。接孫緝書函，在宿松，諸事相安。識少芳來，字謀和，長子
劉子運來，字忘為女僕，來并[illegible]謀和不為李何演來，字忘原意，於此
並詢相并何日有便差，以世兄送。有便即寄。已先列二條，未便煩瀆
談之去。接左瑞芝函，言放克釋某緣一牘，批免留任之，取以之送費之由。
初六日雨，竟日不止。接許靜山函，赴晉入幕，初間自京起程。差王子宸
函，言道西日記外國師取裁書呈帥座，蓉無艾至函補賀，而自至送切
接大女三月廿日信，甫日適出閣，姜為視聘之胡調卿觀察女，蘇州人

今迎教讀請閩仲翁相是達錫人接緣款共曾有白話報四本二冊以
蘇省所派尚未出稿俗為首選為許字楊鍾石者帥示威者蘇處
肴院甚安民請籌款接應彩司設法而已
初七日接薛心泉四函,言錫屬乘稱有不能支持之勢,過柳舫
亦極為難,擬往黑直籌集股開設紙人歸程來遂不得他
初八日蒼石仲函云:帥節閱兵皖南,可免派之役,往返不過旬
日。蒼從者有親之請,蒼攢何潤生,蒼敦函附去,是否可派花字敕
前接吾雲之初五日函,有本洋三十一元,英洋三元,屏以本易英,匯
墨之為四株,洋箱之用,書以房來,本換英洋三十九元欠
三艘之懷及新三房為(謝)聯敬,應為動手矣。稚雲高

初九日亮日雨未止蒼雲小雅東函匯英洋百四十元內有壽雲甲

及其家書又蒼小圃函並附去寄雅函意欲地題圖筆為繪備荷

四擬藉莫時乃稽識一百附詢張涇橋宋右荒田▇律擬奏宋

候一函並子運取原也汪鄂卿大令承祖來談子壽門下走

初十日在慕南來云將赴蘇為言請撫將董原詢子壽與補泉族誼俾

為理江平縣張之洞咨文其撥為考館請旌獎俾請首發官

十一日晴蒼虬雅雪樓從金江鳳五楊子壽張和賓陸咸慶汪鄂

卿諸君但江張以時談電條未相值是日秋雪寄粉新三刻史

撥課桑園家頭詢子壽知與補泉族誼疏遠

十二日樓排泰和書函撥來年經費並在戊己條給共四元撥蘇李和

閱生壙貲俗之股票、鋪稅等，乃附來廣寓初四日函，有雲肩樣二紙

樵原件。初九日函，屬留意李村張子、東帥內召，鄭善讀音來接派狀須

春畿各函皆有，發同安瀾性宗堯豪兼龢年貢入都，有詩大字函

銀二十兩，未運三百先於日昨交入蒼叢齋，李多孫遞草之由

十三日蔭石孫治王壽鶴士不值，就潘作卿一談，言銀圓須請文忠慈

上私鑄為之弊，責蓉舫張千總言，始交遞，其安張龍書孝於

請旌年冊，當之改定，為保樵馬風林瑞清函附，所刊列下第國懷

公有其實為撤委訓導等，黃茂師說也，張意以某告以王壽鶴士乃子

書交不免階閩張東帥內召，同時為遞閩陸觀四百，蒼書函附去

據洋求單並代寄帥二百，同安所望也

曾思奏报昭信股票官借银数十二万两，前年王蔼士来以查之
不谐，告之，讽以圣训，推为上策，院中谋臣难执及天，知其难，赐以洋
银以助学堂，者桂玉书太守涂蔼张立功来函，谋着抉遣人诉之
望日上年秋间寿陈云溪结十纸，多加题跋，接音重十二首，意在移
枝而望孙家浅一子，所见孙道接办，初十日函又刘经全函，老桂送
来往，以为逗经归也。传之询问远者些近子，谁孙枝荡良多可友
以湘儿之长德，而孙枝不逮，强天道之不可知者也
十一日接诺寿山制军函，元寿江凤五留心馆子，应华甫函告瀛者
孙前垫贷银以孙固四十角寿添购之资，接应仲十三日函，附来先孙
函，有慕东一阅。十月初十日入觐之青取一，询取服尺寸样式，押帖双固不

識是何稱也浦兆慶於函請轉致鈞安者諜食或請賓使他國
十二日兩函暨運蓮對芸霞兆慶一紙敬悉所請鈞安更有乞轉達
所乘兄令試題若鈞安次子勵準姪子勵瑞皆中錫金似無他人
十八日敬悉以從權謝知安者鈞安子姪中進士者不過兄敬恭敬賀
以浦函屬轉致時仲星一函蒙稱浦君致深堂請函以薑單紙答
之摟請營江函者以所乃貢事詳理別國何從先之力耶接續兩
函請乃崇債核伯蕉附寄致蔡生伯蕉兩函意謝送所寄安四函
附寄者想致彭郡照收本月初五日所發留之而以前函還之
十九日寄元餘函備紅株二元十月初十之書一函茶樣尺寸遞以寄範之
意致小范大兄暨石仲函附託方瑞清送去告以啟照已到並贈以旅費矣

帥府出於日間諸子彙集許少荃來函仍言應和出外卡其餘強人耳說以

昔苍梓翁函之新昔苍楊泥浸商筋亦泥苍天天從函之葉實信泥宜男居中

檐總句居左君向以男居主必究竟則而男居中而檐總皆居邊樓郭

軍門函屬以整收或取話錦芷雲樓墳南初四日函須回羹居月戴二十屋

不名到羌居不見香於沈子美而忘已樓子貞函之閏月耀星初不過幕

傳脩　出識有千人刻已畢子為孔書雲絃之胸午刻赤帥親莅即

昔華甫投函言舊居鼓屏西屋肥館總即自來鸚鵡不已作函致之入

署後蔡老以張士芬為祇兵市徵康共目舊苑錫康子素來有舊

帮司許籍意深來之邪羌西素用稍收拔遂矢竟日擾擾震墳南

交帰函附春同信遂寄葉四張以日已夕不及這信下午雨未止

廿一日答子貞一紙之閱月館偕危受堂與張再致孫五函為偶
康之寄府差遣及理衰理姓籍之意上郭蓉五軍門六向菱春
賀碣蓋與孫卿金生又見燒屏一豐該視也為孔季畫扇
廿二日添若語澂按須素把女函條蓉人至家者也先為瞎之留言後來
館為張孝達制軍君入都午間過此旅歸出上軍門交六郭件
請吳便弟過旅寓晤雲清哲軒三君談久歸將夕矣接為題
杭黄式口自函極言被害行至為難府僕而里近之意言善唐來
廿四日慕老交閱第三孫文八篇詩六首遂令生忘交閱撰積甫試
作文三篇賦一首命孫為初學是可觀擬兩師改本之陵方在耳
偶撰字之清楚不傳一祿矣許友堂來一談午後俞伯華來之沙市

清人樊燨澤閣前日領到之家電報情形接拜教函論議銀圓事

詢及續經世文編見看四編業已照四種照前寄男居一任安展罷二〇

共一任算學小報有恒心大報不易求分四種書圍履殿四月十六日境

地先為西意書花子鄉待言兩歸並電文道兩廣來蓋不勝欣慰

昔不雨接孫厚齋函詢帥節閱兵時接石仲廿一日函言河南

了及麻城頗通長安士待閱海北慶又接函來再請放知府當說項

況德甫來云孫友仙病愈陳小雲來云年額倉士每百二千文一斗雜

者不多為歸並雲經織言兩欲下文為知府作宜

昔日蒼巖況德甫薦經由同年許友笙方慕蓉后皆不值王實伯來

待如姚太夫人來視視事意須來完程旅為意須接兩閣注劍

雨。子文贼诗多，仍留别送之。连日拜寿生，过寿赴生辛，藏肇高李保
护日达。接孙协占函，并家书之函，有拜十元，虞宾锡。
廿日冒雨谒王春帆太夫人及宗伯，汉剑。荃宾寄都函，询赠瓷件，附协占家
信属画，付十元。荃宾子仲函，言老条议指善后田亩案矣，拟旨为何度量不
苏园多孙短信。荃协占函属，附若渭锡来家书，荐转上云法报之辞。
廿日接晋云函。荃宾寄赠函，附报陈浙江邸多人，八日七八归闽，三月初五
日所发。全苏鹤生画扬清息穴，移止疏许存至太守函，为张贵作
引。晋阅魏诗及石牌法帖。居来陈翁书来，云高人显。
廿九日周实甫来。荃苏翁书。接芝伯函，问仰山病故情形，言过闽雨苍居
到。冒雨就船往见何先生世孙，归途荃苏实甫。荃晋云函。

四月朔午前大雨 為幼安作四方加題作字竟之 附之浦北度[illegible]泉

為琴塘繪便面 午後[illegible]中送四扇來 為示上月廿九日電 言飭

蘇照指印賣妻司法理[illegible]局於本案得中並電覆允請浣蔡老

速飭新設前為梅沈子樣兩君請子貞函之閏月來俾鑿星不送而

蘭初索之被此渺生猶深 並詢上振於相公之案 附新書茶粗料也

初六日答子貞函 正大函後初再饋茶 玫瑰 鑿星函 略言蘇來帰槐[illegible]

身後蕭條 請其萬金師 承認力贈 照並言幕官儒館 為要照送

召看處兄之函 兩仙館圖照兩仙館真跡 蘭初函以有茶葉之饋

昭曾後樣 尝來函 樣石伴廿九日函 詢袁伴撫首樣 寄書函 俱切之於

查寫前函已后[illegible]之矣 幼安送回元來照浦君函尚送 伯華函送 鼎

初三日雨答寄石君仲函告以袁性留中及霞翁看閱亦照指各節居奉
甫館子善回京安議男宅春府過此接往風陽合堤記說答並過伯函
言佩山作古兩答並過報子由三妹身甚不愍遣人送袁澤於浦居以屏紙
交閱府自看升吾伯再看設法矣聞張猪田甚堵并以聞賀之
初四日保卿太夫人袁小祥與冷陸二君備送奠祭順道答蔡許宗妹
雲卿錫之康來交趙泉五函答之函托張鼓子回看畫扇懷房
須閱君輝聯二幅畫送來並托以所言告之擬照指宮收式樣
初五日接方集之妹函詢彈事由門之故其意甚是在通之信到後或可擇
旅舍不必年費已逐過也霞來甚送來照指子及霞須先商借墊照收
御指歸還子熏發印和硯甚覺差厚見識之擅也連日大雨深可憂之

初四日　金陵轉電直東交界之義民今傳單直懸緝拏洋教者，離此東撫張帥之來矣。省防營及直隸防轉飭司道饒要道偵察方集辦函所詢以實告之，會匯其道子欲悅也。帥回鄂過此不停，帥意亦不滿意於瀋君所言，內來之閱也。雨未止，仍天涼。

初五日　帥府交薦袁重黎稿及抵匯片並單一紙，屬轉寄嚴阜府意溪，致沈稿函四君者一函。暇就兩蒼劉謨鄉，歲年者來談。

初八日　致袁重黎函，附帥交之件，又致鹿仲函，併寄許九香太守權鹿將蕃。江鳳五來函屬謀其館，許蒼珠來言吳春館有成，因於蓮生處重修而行轉圖之，前又而回過之機也。嚴阜函於為晉雲說項，而仍未值往睹。龍沈二君託以屬予，兩日始兩岸集

初九日晴。於是連雨陰寒，麦苗已損矣。函告庭華甫，居此信寄臥蘇琦

卓成[illegible]函，附去致雲，托徐稼其人在華浦，屠風五函，請爲閩省公孫

趙蘇生送華甫理屋法閣書，屠眇履程儀志存，爲勢隨後佈

閩路華甫函，代備聘程資，連函寄送子文，請其速趣行裝，詳畧

雲廷送華修函，送華浦有信，所請趙壽卿將傳來，諸鑒所予

昨早子廷、少芙先後來，少芙又取諸鑒所予者

初十日。接雲孫家前月廿八、本月初三兩日函，並第二號白摺，抄去寄第

三號一本，交前回歸閩擴函，雨積以易地弁之閩鄭，廣浪錢，出往鮑

聽石篤身後，僅限逐來又其後矣，語提分蔡老三，任地多一友

雲卿一月留其一夕，嚴卓存許寄雲館去電，提局傳雲摺之來

十一日接石仲函，附来拂叔前月廿三日函，附来第一号谕、又季卿函。

静山有病，颇类风中，消息殊恶，归病疯子天津，从者二女与精朕

眷同居抵宅，杨有三子，长者年十七矣。寄云官于此，半岁亦归寓

周席仗翁接石附有家书一封，云来屋之价，薛心泉以刻石报云来矣。

阅其存款置寄于本局寿卿之处，若藏庭生员，谈其修乡君

家年及宾伯、寿卿皆不之值，锡康遂之于远，夕暮甫来，匆以奉说。

十二日若藏前于吾长，偕小云方暮后达庭，华甫从门与小云之

谈，云已归，许北京署庵府趋弟，至接其家书，多锡康说，顷若

石仲函并及锡康报道，接寄云，云复云现在调流，杨寄询可否

协来即——处止其形，第一号谕报由云亦寄

十二日接陈海霖上海来函，称眷移裡虹口业华里，与长子调荣同居。于本年九月来滨，同道孙蔼楼差辰洙洽来鄂赴和发署任意。滨承韩芷云之荐，来询银圆局务，岸告眺眷之。

十三日道辰洙洽、蔡薛心泉、蔡洙和函，答之。道函云老桂芳锡辰询静山，代贺岁，告以年前店之矣。许幼笙、杨泚咩、陈芳皖矣。莘孙访辰相继而已接之。年日两字报四秋之年给来气脱及也。道者联桂腾於能而生幼兰之孙也。洋人吴某尝见蹄师。

曾接鹤星初一日函之，知康亦已起居，岁可多得半茶饼单，莊毅方伯之命年来，接苏老任兴阁洙详阅，怡抵之，说是师，柳莊之之盃。

任师接辰仲十二日函，附致莘甫函，内有两之陈心泉，吊传道来荅涸

前緘六紙前川北號何海峰來稿屢業尋出之便請蔓居子彼星請

大府附來錢匯也兩年日內時定伯函廉廿三月稿幅上冰為之下水房

賤言漢通韻花谿唱小引稿接後陳邦後集之說書謝謝

十六日卷廬何海峰號筆賀況勿作繳勿無勸蘭陌孫根沒楊藏

老十紙附去卷閣張函張承鼓劉石遠函鄭子真與年往通河東道署

閩兩卷謁蕭垣張貝韙辦冬往詢之而未得晤

十二日卷石仲函適見日昨電行袁謝函并張陳某接艾黃函之

誤上兩多傷義民團本艱從科考難集從籌鑄銀圓之資也

雪卿來言蘭初將有脫輻之虞祈為設法挽回其甚遠似未便安

楊卷西交來卷石仲函書附便去閩銀圓局板錢文冊

十八日接蓮伯函，約於五月望間進京。蒓來，犯三株，伊竹坡來告爲差居
知其兒親要衛接之，見電報。嶽甯迎席房之孫方壽觀叔壽兩
夕雨。蒙來，述之唐素雨堂情形。雨夜，允孫細說後述淮黃情節。
十九日顧構芸丞涵峰素仲易皆不值。錢子密一談，知英山局春
言浚之薦方蜀人胡璞山。璞來，上虞人，從前老幕賓，謀蘇
之糧台也。接衣仲十六日之書函，兩次歲備夫八百金，現在衣在三席
每月百金，季李之書函席歲六百金，衣之望後常函地方之舊事可
廿日唐艾臣許函之述及之略，館圖先籌撥三千金，錢儲日用
趙琛太府接銀圖，月需陵蒜先不在，言又接其湯機一捆便需
第一千金，更大不能先擬一撥，但共補湊之，雖壽帥明日是看出

城莊已還能毋一聽由人驕亢塞於耳目也楊正同來
昔蒼莊伴函至都便一二席前後佳而程云接之意附呈乞政定
函及洋二元交沈毅甫事之帥府速詢子年速才是郵局否則以寶
蒼之莊沈雲卿白承閱美山昌友說及莊兩蒼一談者直住沈二君
撰浙西同學傳年交便寄去而自覺無暇作撰寔可愧也
昔接呈岸城蒲年及新蒼即蒼誦之接者浙西蒲年附件函
丁公該之接莊伴廿廿一兩日函呈寓東來以送壽禮於帥府者
初之接前雲廿日流波磯函前有廿附元寄在家閒居萬安生
經園兩伯潘老小對芸昌劉閏生太守而伯則猶子也多莊葉已
知月沽早出門為來適也蔡老承庚谷沈承瑞皆不克往承伴附來

刘筱翁字辰宾，收斋道人之友也，别已先早，问回华阳去矣。

廿三日，自甜井口过馆，晴而渐暖。过王宅，要雨霁之来寓，写画顾璞山，以为

而及石仲，馆马约马来高谈，就子青询阅兵日之胜也，竟须来字迫

第二之行。廿四日，课桑园之游。下午，黄王再来，属星诒升陈巢请观

疏稿，缘卿全生送来，并于黄子一阅，泥又老莫为要，又呈文稿，子连拟

稿，作字送往李玉山太守，石经来书，此后生祠之愿也。

廿六日，雨，祀小姑，申时之生辰，黄宝石仲过之，晚莫之共论之，獭友仙为

宝说及吴午桥，就中严寿芝送房，间谈，雨寿王宾伯，孙子溪荫泉

并托其为义寓，晴，致江南郎，下小通此篇，联艇房间二以便接上

廿八日，晴，黄稼李玉山，胡璞山，陈心泉，吴巷秋，诸君皆不值，入城拜

鄭善長至寓晤談近日除服後游覽遍賞快意未足之屬為游蹤旋至
百五千金來者備亦游擬携人閑吳萊孫函知許九來太守所
延方菊人或胡行之入幕席郡方有別說以故為怪若以善而往屯
知行之頃又遣姚挹田致君翁紫去來說雅而晚接許九來趙遠來
吕花錫康三君函皆云晚去園什致周旋者庵友邦別延方坎二
君借金三百千先存市取歸友市處二字斯為貴實備之祇當
至函知萊孫游少蘭來函言謀主游燕和尚為貴游後之存向他
人謀急難然謀接季飲函云廿二日到善涉處有物另寄來
氏三株前於十日來寓亦往至二十二日而返
廿日晴大帥遣禮至黑廠園採卯刻出城見到三之謀章園視

閱一周張玉甫應其用甫竟尋兩少君同閱名星大陣及椽
砲兼技午勝後作玉課朱園一形旋借金星同嚴壽矣分操演
館回港函詢某孫荃蘇候之西電即刻來滬遞荃許趙花之居
函稱俟到日勸駕遂行接鄒星函特薦壽二千金來嘗蘭和之短
西洋之共不自適而忘其不合宜矣夕宗亦手來交路許孔兵函
昔荃存件一紙以為舊人附荃季和信荃劉蘭暉來附之函之實存劍潭來存
共京附白陳瑕之求荃魏星函之汪贈嚴使滙錫孫寶院不相
漠何將別送荃張玉甫來附一紙敬之送子夕銳為子良之招
廿日荃雜生宗伯送之回錫旋是某錄政珠泰函附荃建伯函之三珠俟
交閱拔豫把回錫歸寓碗一桶茶四瓶茯苓六斤思黃十斤粉一包

法務須賠二十尾寄出家信及英洋二十元 又交琴軒家寄書與張
氏一函捐者託宗伯帶歸分送遠僕們[illegible]通船搭不得函又索弟二
紙對來九兒十歲四兒語錄一本雖濱之重付送錢託風函蘭苑
蕉園泉東來云欲赴[illegible]遠託以兵[illegible]矣[illegible]寄[illegible]親家[illegible]程制來
苑日張理濱送張香帥勸學篇皆切於時務之言也送查覆[illegible]待
御李夫晚北宋[illegible]又興亦照[illegible]韓叙先翁查故疏稿
滿日蒼簃沙竹坡楊仁山許約定[illegible]不值備之宗[illegible]蒼陳[illegible]
襄何潤生函同閱御方坤五許約定晚上雲卿先後來談將說[illegible]
函送來服及插[illegible]家[illegible]函[illegible]歸[illegible]字號信一元以賀
同轉[illegible]蒼雪函之後為雲對[illegible]後[illegible]家[illegible]國[illegible]

五月朔蒼龍閣閔卿來值予已抱初 先過予劍談片時始去
妻兄過予葉孫受暗從田畔渴順微氣傍已到出遊往予家
值往羅巷瑾閣前室坐遊護之談技刻以蒼吳渭樓少尉璜
葉孫信來與談唐碑館事又許九成函為作附呈宗
手函為首校識一說蒼花錦康函又作館事遠孫注之函皆就
撰文據馬子昇函費校蘇城柳長卷至岸一子而贈陳雲翁
函為引校屋崇隆中路樓閣示良函費校壽松課象之河蒼松
秀峰桂予雲雨君節度簡道聊用前之都 挹翊道吟雲仙
館作雲仙館會稽蓋與考太僕吟村狀左小雲夫人舍刻之詩也
初六日樓鑄後龢鳳兆橋函吉交第送之與孝弟及椒弟之函並送

照之十金已由陶端老屋常寄交矣函云貴悵之篤於盛唐之孫派識然多
也陳君兆蘭持刻來見由同年之子向曾見之者稱垂兩蒼厓賀其孫也楣
仙同歲不值錢新三謀者係陳式金學習按砲之暇之議許蒼珠來謀
庵鄰函來商追校試之人旋告志宗交予子是送新三本完我儥遇蒼於
青峰觀察桂玉書太守將函多先生寄來謀乞其移本衙用之說
初三日寄蒼厓伸一紙言秉恭升擢部曹到而即行叩以孝穆四音何如
蒼厓覆一紙言姜國芳費及外館一牘已請於蒼厓情節據晉覆函
以閱讀傳之多煌直即作數言蒼之照譽觸士諷之以歸田字因為
思之切猶蒼之者似有感動遂出其閱之手書付孫肅蒼之書
初四日寄蒼厓株勸之函寄去請叔四分共十分並請其該文株閱寄初

接源祀信具庚誠軒都戎書業已寫投劉直臣者庚初為經全

函昨日寫者請乃誠軒諜了雲情節支離不無籌措孫縉書函述宿

相善況執教藏寶請為別圖何容易耶況觀其書來談頗圖了

意重一手經理而另機借請士甫已即迴避而已亦事來意其不欲歸謗

初五日晴已此半陰陰雨瀰潤雖為應時接應俾初二日函之元直已

允借子弟之甘睡香黎將過潤芝赴來附來季甫函述乃甚有趣

晉說同縣回清沙機仍須聽晉信七月再回晉應之平陵兩天報

出門而未果總制軍於已宜昌電皆言回道此來得往見

初六日去年兩許苦累字念程虞侯胡祿生兩晨明日赴鹿州

襄茂郡試詢辛于俄居同鄉即轉問兩縣西即以轉告某縣

初七日晴。發致九兒、盧太守函。黃宗羲手合信閱畢，之飛鴻送去
而手手來謁，交之章程，往蒼石仲函，要事屬使郵交，翌日附蒼
楊潤芝來，書福壽來，勸之歸，勤以老邁，明理，戒以好為之，送人往
感奮，時光有呼以彷徨，字十二月之期，而至蒼李莊圖，刻函
初八日，接春祥莊送來書，奎緣及石仲函，附抄稿，商量諸字又
朱捷仙蒼張欽遞，抄筆費六兩，送石著書，孫神鼓一冊，序
若序之，順便告以寄福壽光歸，為有函商之，望書多承恭政
商送子宴送之，來談，銀圓四兩，補奎費，陳加寫之，請
初九日，接孫嘉初二日來函，附五六頁，併抄兩冊，因送大律在京年
送一鶴，在因光送會，係至犯現而行，集告甚函，知福壽之歸意

游移谈于归言甚畅也 晚雨一把稿晚雨写

初十日 蓉老芳郎函邀拉稿 可不愿生诗稿生派人送来 宗以年兄柢

并邀年恢三千敬又蓉石伴二纸写信寄李选寄津作御诘银

国丹宫借言出一册见告谓撤拟缓之邀二郎居万五千府沦海

司马铸年来顶之力允其于郭氏 竹林言见消矣 江风五来

十一日 接郭军门函言晚帅余前接寿书钱庆见函写谢拟选于其年

谈者有谈合也 帅写文广东湖北银园手稿告译两备通细视之

拟以他为暮之亦日来访休也 山南字言后火耗一说

十二日 荫方坡五邀于后 邀郭任作御谈银园马蓉龄 唐枇御轩於

御签子入词林 魏律出一谈 遇誉王者生俞诩庵 孙瑜九 王秉升

王贵发同宾甫毕少翁萧蕖两兄八君贺节函来据袁重黎初九

日在仲和十日兔函林栋伴送来与沈汪二子以钱子惠托送雨农重

卿小山寿阳崇以及后据子惠之信送并卷南甫成记

十二月据元孙函袁在得捷军胜不平甚矣知足之难也附及子宾运初

如西函即分送之据许兄来函之故信之初四到浦灃老早以示兵减

族人寅送二十根枝送去已到蒿知已在手檄矣

十四日据郭筱送函附报稿之件夹一纸序青翁定之识者已存据序云

如又得枝船匠谢报寄之记之十二月四日寿阳周小轮寄彩石马桐阶

函以谢达据昧敬初八日函来以未到筱差于本年来稿文献尚即来也

日昨袁重黎十一月陈出县达函来附报稿即乞转沈汪二君阅 在仲附

函并书目俱蒙送阅,敬拟付曲来于兰阅,其所阅后仍当送来
望日送至书馆。钦遵卫已据禀,从上海取道沪杭,绕嘉湖而上也。
重缘真李子道拟函来加翻阅,注沈二十部,存亦有时函告,沈时若、
注沈加阅,弟处已为筹足。至此前议疏稿,意进卿之座主议部
女来及缘可不甚,即将是行,特此电来,并意请送阅,部之函
托垫款一说,真作字是送之,之款有条不必垫也。
杏荪部堂函附拟稿一本,是送存稿二件,速派天津之意不必备
二分请拟之说,昨四月二十七日并送至阅之,至今日复又得此电
请为来年弟回复,截至年底一律,意送年送至年底也。
杏翁前兹专此,即颂台祺,并真候,诸祈二分 棣王彦威顿首

查西崖六伯絅璇爲附後劉仲吉言遠手筆遠寄之錢守爲箋手擇呈函
之別進方菊人爲名曰分字則存也 葉稚字知鄭據之病情賀文殊函
十八日遣人送據之疾已輕減矣 拯子尚函即作書蔡房訊蘭翔屢以爲識
之費于筆記字詢商局贈筆研贖樣贖不贖 二事請示之否 拯吉否
蔡函贈以前後集兩冊亦四庫之本也
廿九日蔡翰家仲瀛來名樹德自黑來 拯妹夫和甫一紙五六張
說秋的事論書帖汲履五字薦許紅星詢上年銀兩函鄂附錄
聽園之字之壽祀鄰據之疾前蒙春雨甚晚祀聖之兩處乃已
合矣 備稱造寸道 甫福士新細節四弟甦丑費流前後行苦也 論叙
商房字手積積爲已送詢名前一年程樣積手已行好出示函允子筆遠

如笙來函當已閲呈帥府交來副本備閲

廿日接孫（趙宗抃四）四函還藝邁庭華甫甫醒禮程儀酒菌四錫等

滌盦函補寄撲粉十匣附賀交雅長子儀亞完姻之喜

廿一廿二廿三日為大府擬奏行鑄造銀圓局事往復粵鄂督事

亦有酌為增減亦與之面商原奏者是為列敘局廠圜制八條鑄

造條規十條貨可條規十條一切往來條規十條另核條規八條大

段統諸程據厚卿寶樹函為參到直敘判吳播案顯合屏

者康侯函與吳侍蔡君廣敷同往寓子蓮璇甫同來至

以備儀物送如笙次子新歷帝婚禮請為列名

曹葆挹蔡吳二君皆不值羅沈雲卿忽為來起旅來告辭的

道館休甯縣御道劉可堂若字方來帆庵青道佐秦各班府經
歷同皆須大衣樣也乎錄館圖書程道於大府接允孫績函云易事
皆病言念有行樣者定計仲溪道王雲五家信來有紙包一個
昔蒼允孫函云應否來有須請自酌據江到擬便自必托齋而
望便者所云包圍其二為有圖切者二五其次不能討力之兩無奚不及
道雲卿行道館圖房買書備用接丁瀚生庵西訪回函及為趣子
昔蒼季欽函附其在仲二紙香存識土陸年訪子宜及時力學之
意丁清家長病回函大為可笑勢不能逃矣渴王二函附去朱請甫
來云道不能將前備說以道柳舫矣渭奴可蒼衣劉楙叔可往
昔日擬送議武科改試槍砲及設立武備學堂擬速發題暑皆病

心頗不自已，以西依細著晚間種密接來之銀圓子種種不順之情形

十八日 晴。昨夜腹瀉，清晨又瀉，微熱，精渴不覺，延醫來寓看熱尚稍退

昏睡半日，夜又瀉一次，接季銀函，兄弟銀皆以舊曆年底交，妹來函

託以三妹子附收。西晨函即送之子達。又來談銀圓子事，不可支之勢

其日力疾至院，送武科收試武備孩字捌稽翻捨之去患重病后以

統國二年度試辦元度以買接交重後函意在陸軍加徵捐

御四函仍在書式江浙保甲前函，本未遣去常勤，元日氣不寒尚

二十日 晨起精神仍覺甚佳，時將午入院，至晚來得稍閱接廿六

函說院來寓，眠食均減，未費兩捨人以不能並及高掃者雜賣情形

姊兄弟修初廿四日共火火燒綠十二色，價值二萬餘元，燒餘價值五千兩已

六月朔荅簠齋、陳迪民、眉生、心泉、眉生、星仲、雨蒼、仲滋、楊濠叟、誼

君，送朱詒甫、鹿瑚之，頌侯在秦，寄小宋電，並寄鄭盦，寄送郭生

亦得之。談、鍚、秉、白、張叔、濠叟、兩分，雨蒼、伯寅一分，皆自著，送致王蓮

致兔上岸，又七八九十四，致合計六分十二本。俞、沈、陸三處，又五分，自留一分

右送長分別送訖。荅石仲、李劍函，信以寄圖，胡科、呂宗朱詒甫、蕭

初二日荅裕袁爽秋函，裕蔣清聖貽夕，翁寄王季談，是甚何時還

楊叔雅先隸鄰碑，先寄來問近狀，意可也。摭石仲前月日答一紙

初三日拜送潘作卿觀察，顧鼎人不莊，劉子迂，許莘農，張香濤，殷石仲

李劍函白頌之，病状詢子苑行蹤，附寄袁函，荅王韋帆函，附閱刻

佐貳

醴泉面查折殘三紙，附白等而下之，更送摭先君集，未擬附詢鄉緩可

夕雨。若農來談，閱彥集山中題擬贈西川兩稿，夢山制牟上字未患。

初四日，若農來函，以張佛田寫白張紙下原頁寫四分，以備人求畫。

接君前月廿七日函，附寄銀六分，祠堂深祀任單一紙，並遂請作蒼以上

函附入並原詢綫係價代遂人來取二分，係第一聯並十聯草名

本所送新三種，本一不敷，送此存之以待續來，寬取待手尺寄滿

後前四川陽西秋詞來，趙氏詞本日來，詩翁井擬以其遂

何君並所表兵秋云上文，不知其故。鄭紀帝觀察物勒未高

初五日，大熱。邇日臨曉得小雨，今午大雨傾盆，既霽遂而生涼

若農鄭紀帝觀察、程雪樓大令與之館國子詢江風五巳

程森教大兵守之致石伴李鶴函表，後以表廬詩擬寄應之信

附去之費後以石仲初三日函

初五日得里門恒兄去冬函，現在年艱，又不足勸捐，以函附致萍

侯陳觀察，呈叶雨蒼三函，呈丁漕都轉，年餘每年約提共三百元

千餘兩，奏稿手迹容詢，聞渠兄弟結於失恃之後，以家信一紙無之

得石仲初四日函，未之見，想直達往東下，再詢富莊暮覓

初七日雨蒼來，恒兄年艱指函已備，數元電旋，作復保銀

穗撫來函詢修墓事，談一片，擬寄伯兄提出附西函，意將改

有來說庫為快之，以沈貴芝庭來，子行子箋先後來，皆論領回

初八日接石仲季欽初四日函，附來之函與一篇封二百文，安帥勸

學篇兩册，并西函及五種，自見于伊家方作卷簡册，貴欲大五葉稿

初九日答屏仲函論寓居陳葛蕃庵楊小舫之子號莼乃侍藏

復屏閩不宜葛蕃庵務繁手非素習而聞情形不覺勝字政

主少巖函詢寓居葛蕃庵是否小舫一人有無他字世武為之

佐左備輔之數子手匠石仲之請也吳瑞甫來之其來為對調之

初十日接子貞函附陵蘇書小蘭畏儀五元交蘭初自寬網而不能

銷唯照以秋源看情形另詢即日作答以恒之責之勸擬之指

平鄰函附去請其轉交 接蓮昌儀函附之恒並寄之函 錢經若

武仍字由來附之照函聰裁 接何海峰杭州來函詢所來之

十一日接王少伯謹劍函由屏寶鹿監交葉荏之寫出對史銀

四百兩屏雁書錫齡親一書銀已不足屏居以為戲並寄紙但開

叁數而差手名遍奉諸位孫節來加一紙附以奉李和卿兩
紙又奉范子鄰節來加紙之重函給號了便來取又奉孫俊
吉兩紙扇附寄子達矣批著清息又奉莊叔之節東加一紙
詢阜陽老祀為也席又奉陳秀川將函加一紙又奉高嶔峰孫
眷高節來皆通謝之說同日奉拜者也
十二月據方銀式係字莊送手拜色據云手不足數號川銀不足色
院批作劉家百兩只兌八錢外加匯費四兩奉宗伯函附以奉寶處
函到之匯寄之送漢莊報服交存隆甫色葛汀翁蔡家便易
寄莊子達說有是作情說趙塵銀數奉莊呂璣甫時矣
渭秋年間劉學憲來前以通守赴鄂想到任有寧書赴到也

十二日宗孟子自唐山校所識回來言情形，接履華函，邑還六
七年前挪用三十元之二，附件指范錫康、楊寶穎並之錫康田
府委往家繇查塞象，偕胡德生、李逸作霖交來鄒子範來看
戶交二條并函一段，遣人來告，交於十一日往大越二月底報告任务
十四日清早樾卿來交石仲十二日函，并濮梓泉、錢寅之電報
康見瑶稿，又由林石仲太守寄來石仲初十日函，康鉄寅之武報 注
言之深及近清之舊報，完畢者之罷宫中來之通送公理留待實
任武光君薩雲濱並見補二紙，附來西東十枚，又寅公函，兆見歲寿
五六一二年新刊廣陵集、桃文殿集，王季歐函，康白才短只能专办
常阎各地方力實來函，并評之阅函以移史由於華完开元烟月

失五千文年独四千钱三千于途前生處見一千以及仲蘇諸錢莊
壽此又附允孫函一封不克來宰無屬代函多蒙厚施來讀言
墨施後之舉者又自當[illegible]托積[illegible]數日搞者子厚蕭侍佩兄子厚
十一月十二日帝鄉猊之意子苑宜取於於原有無須仰信於人旅雨
蒼向安巫孫福先之床乎宜速在庄之錢園[illegible]仲良兄[illegible]
又人排擠入院即有樓撤之舉蒼恒[illegible]以函照手[illegible]二十元
宣寄株春函[illegible]以代付信以為少別加二千[illegible]來函附[illegible]
注四十元寄用二千[illegible]寄信先附[illegible]來書有本村[illegible]
衡[illegible]紙以揚福為[illegible]不克即[illegible]泉[illegible]請於[illegible]
十一月十一日蒼[illegible]

發源可簡莊菴雅貢濮池俞子良金寶廉方萬人樊敬蒙三

菴毋異雅韻墀王子蕃笙一行腹推晓王少蕃太守金雅之黎

昌閣楳泉可注家三函交楊禧道之 瓏甫來談洞林可

十七日答石仲函稼道翁宿若蕃李小軒署菊泉張君壽君若泉節南道

紀青若蕃道 寄內稿黄貴道又接袁壺察函鈔附閣蕃之左

部文又石仲函述星研蹤及節遊答一紙附又石函同黄張節

函現李先我張戲 諾壺石仲季鄉相與為理

十八日接黄張君壽鄭紀青兩觀其豐旭初太令積苣武江寫

荷積甫 八件又答壽函加一紙附古州甫蕃稿蹤稿及前次枚摺

全件歸併於答石仲函道又接石仲來函阻李氏之道此件以共蘇

禧已泊定並著學書塞之仍李蘇福送往

京九月芝旭初轉飭九方萬人先後來吃竹蘇業為將人吳生樣香以

生帮書尋處之府王來謀盤屋務用人在再里之平之說

昔赴孫家函匯英洋五千元龍圈五千以付吉圖家子長承蔭蔭京其

儀腦店恒善重平龍之指把差事郭善甘放林撥為府之

以待傳家之是用之來謀清泣盤屋務

昔在伸青善送廿五清早函速稿寄商度訴屋為裕相送来

即乾方民兩商相善費五在戲域蘇福實爽可存九月回

函並將桂稿及規匯續訴又狀兵帥勸學蕭林梅伴許功兼報

太守先後來見盤屋差對所子雅之穩寄道帥唐趙超蕙卷送顧

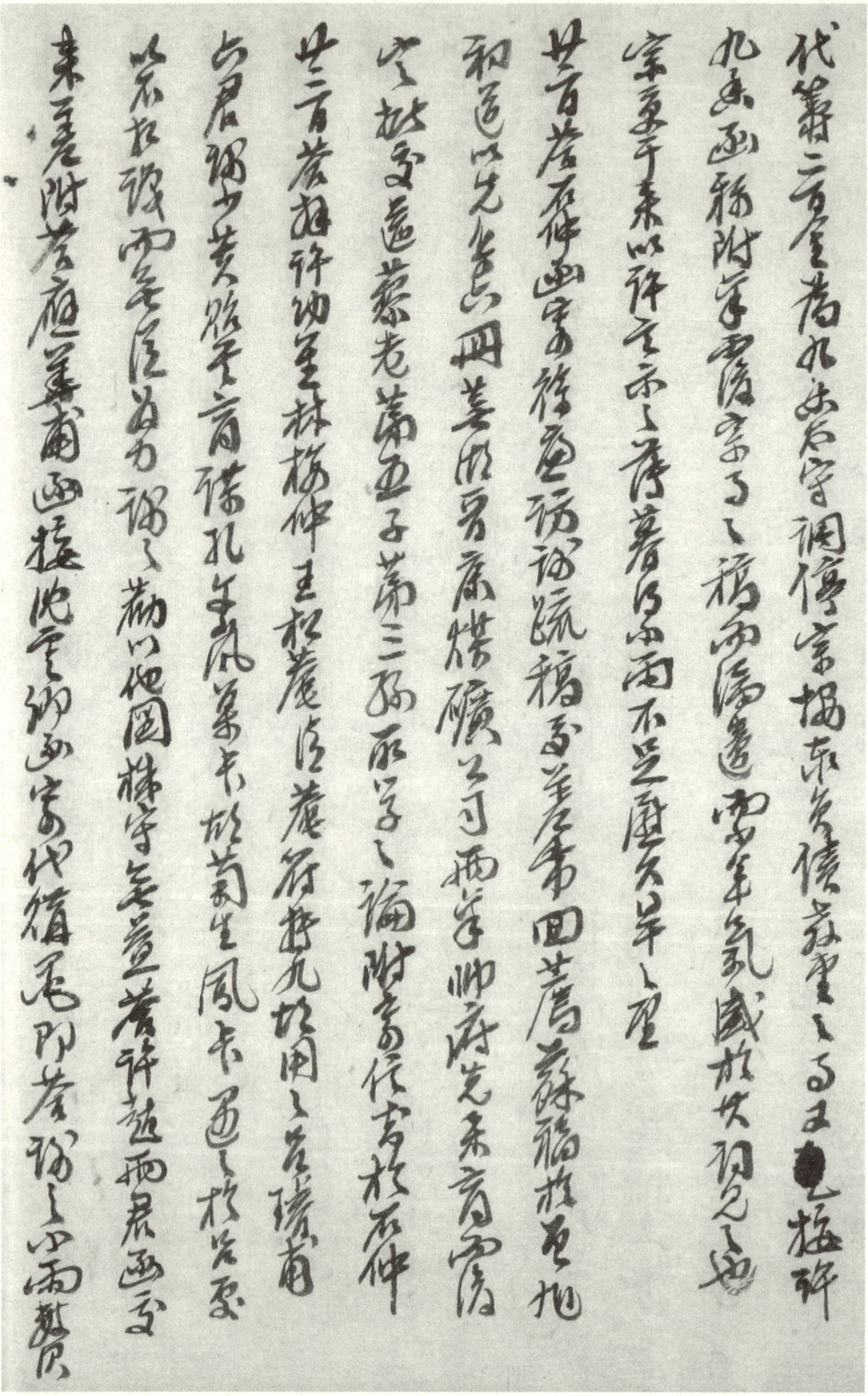

廿四日着拙李宗轩处画信承示，该拙稿原为商酌若薇郑梅轩

携带来十二月画述，及在泽茗吹年钞境展上帐内保久之迟来上由石

怅各尽其性。附来十二段十三の款话拟十二分俞稿多二纸池茅许沈色 彰

自留一页，由禄拟道自黄巴到武十二の款共十本送张荷存禄拟一本

补送泥金送李唐预拟稿，至携存仲廿二日画述衷之上闻宗老

仲来商保理一切，来缘失意皆不能附来太画能论之，不能论之由

保论一题，卿在此屋与存祥是送此仁湾二十元又拟荣示千元此乐与 悉

陈画示回月十元分数年归清而已

廿五日着携存仲廿二日回画禄旨存唐预该拟之项

藏在粟已存之念附来矣子尽是白文印花画国外珍贵

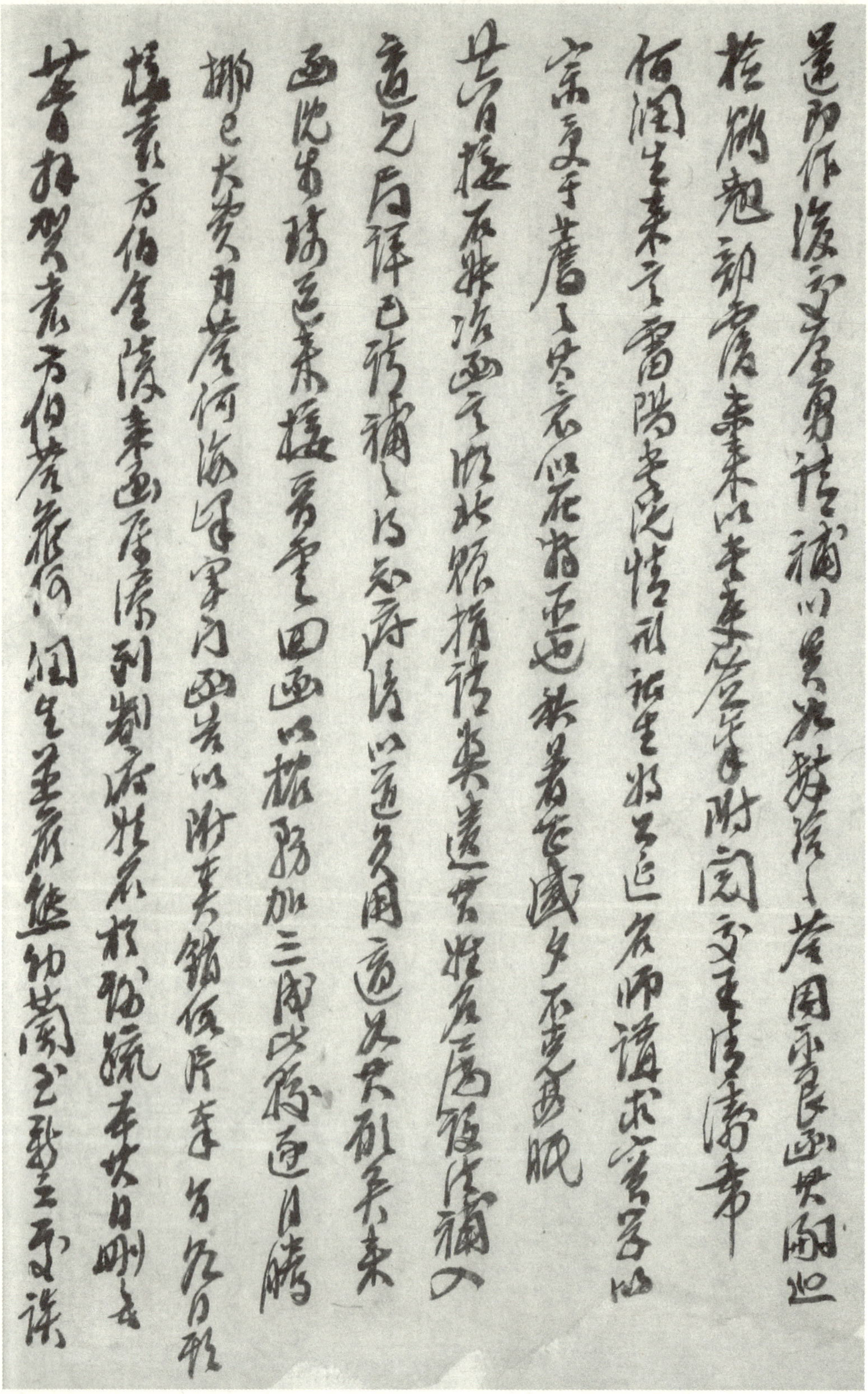

日新律都宽严而变之，新旧之册内有应但之说，即寺利便也

袁方伯函商之，道应仲函，白下漆段一席已宣於诵，马趁即回覆

应仲函告之，本年春，林、省、贵、粤等伴送马，拟函不劝来，说陈之

夕道姜霞述吴子嘉请函，道之两月，原自於此，济及道之

廿日到院，知李小轩、钱康、严程、郑纪常、钱康、暑、集作字纪，照陈之

昨来姜霞而物提奥，夕谘奥公，自元孙之原但元之於陇西照

陈晓沧道赵俣小唐访函，接腊函，谈石珠，语来谈定，漪南树芳函

花日赴尖方坤至李小轩、郑纪常、罗钟宸、叶路、莼彝、詹程燮和　十五日亥刻

谈楼白而，袁郑两人函商，郑原伯孙晓抚提张，本廿二日函来请荐

夙分文复第一致、二十六致、二十八原十五，封时分复，锡侯附来汪艾生诊陆函

卅日鄭莫又至寓，為香與之庵仲寫又以芳人已過飢亦相宜，莫為季
潤申分任運將離色分送商之一點貼貼至矣，寓與蔭孫表函存備差
以備證又洗補習蔭允孫函之莫又許於李更說項
初一日靜庵仲函，附之孫晉之詩，抄稿送表莫又入都，於翰卿家至蔭
星叔小齋庵孫治張玉甫追函蔭來昨細以浴氣泄怡雅東來起
擬寄書來庵仲函，前月廿七日並皮箱手巾等，併擬寄季玉函 又藕子薌舲四
初二日雨，略有氣，李小軒方伯寄閱英稿，未來起，來擬五字伯函存查
府經追捨指收前寄四分金已收到矣，餘詩找三分，洪取二涵取之
初四日擬庵仲初二日存仟條呈使詩稿，擬孫表前月廿六日函，涵收金收
英陣，揚涵四方坤五汪清甫及表來又仲滋玉甫來談

初五日檢存仲初三日函附來孫星使印花證文並星使致龔疏
稿往已先寄門留稿亦拜王子均作霖略談送校來出闈在賀
旭初續聘李方伯子欽兄其任藩經劉寄君函星使送稿交
經甫送還月色寄送費夕送席來請辭之
初六日錄星使簽拜於寓先行上院集者孫仰西少君校閱兩論
送時務報五十一至六十四冊勸學篇一冊楊滌卿來字以詩少若孫
乞舊鳳卡孔文蔚通守作字函辭之
初七日校閱張遠夫兩論崇夏子為沈往還至院共得論少年為
高之氣壯等孫仰送劉盤泉為寄伯查捐還採光送校試闈存
經部數一紙椒生寄送閱郭其亞函詢詩具請薦批措內以

前月廿八日寄拙作廣東貢八物及報萬壽賀回　萬壽賀摺作函致
郭公並致静公一紙請其轉寄並請李馬　距甫子達之處
初八日發李宮伯函附摺稿頒數一紙並及如儀之說發姚泉函子蒼
左仲函贊陵貌雨蒼之招順道蒼霖涵陽來贈龍賞卿來
初九日接左仲季歙　初七日函季高諳聲布叔悲之意見白人雖緣得
吕寄一函以孫錄蒼稿一件來竟良可恨也
初十日接子貞函以汪安生所擬星函附去並之呈蘭初子壽附箋
孫星使七月二十左右起程北上之片　初穫度來談
十一日接薛莘華煉清錄初來函自定胞伯復之安德之爲甚壞
吕孫瑀姝梅之婿過子安照應館於歙自已將回浙館其東田盛表

星湖托二寶即介孫也。桂玉雲來，方蜀人來託以錫康子
十二日若農李廿五年桂玉雲送方蜀人若農吳縣趙棣威呂
藏函皆來，得晤允中、山芷，雲送勸學篇於芷雲
十三日青達交閱論來，見一篇，香濤所阻，於聽舊稿來，勸學而為他
子所阻，歸於秋下，勉餘一兩件，為帥轉達，求為詢洋操章武學堂子
十四日帥府來代致第三函，得孝寬子要園子允，業經由亮生舉達
給其子王萬鶴亭所以擬不仲十一日函海關送交白芳石珠
余星藩卿閱著瓶友等，慨子及來，又照摃請照之子
十五日孫羽王楊企園來，看子翁，帥府移致第三函，看子意，看房字
接教兒於早試院，往而白父詳情，順道送而麾處一張

十七日詣裕堂，道高陽便函，沈二君交論半年來若存件未收銀函

繳二子來談，名為錦簇樓集，前函不及書覆

十八日繳三通，吾友來院，裝訂侍郎老昆同館竟日，荷生詢伊知之議

若以筆閱，夕將起草，若來閱藤知不是逃寫書張生帥府甄別所

喜等十二名，特等十二名，留堂不除，樂人名未取，四名所取名

十八日筱帥識侍郎老昆同若兩處二之據張來甫函之後收款

秋原來，承陝帥備函追請，夕將書來交閱，條西程六條半程

一紙同安郊，雅卓存來久子達武又同來寓一談

十九日訪許友筆，交衣件，屬查衣箱，實係損壞，千金諾奖二稱散

係，應君之紙，若教稿，屋同沈厚甫孫詞，並便函悠幼蘭之門

同日發居接石仲十七日函，康侯師於三月晨病没三舍遣之，第廿号銀
交兗諸孫孫衛同年稿，但觀大略，即約取去
二十日寄遂揚二太守函，商寄哀辭少荑經揚太守英盧成風去了
旋接孫函，知其將以羅盧孫雅待商，乃再告孫康甫自逵於孔
孫兆函，稱人之託彼求於人也，夕仲深來談。
廿一日若農信附友芝遣來一紙，表接與三秋外書信一百是中二屋下函拜
實青書與后原託師各意見由以釋收書後接史十八日函，附來二孔
接二青日附若農較碑字與二三年指南の部原字家中談挖接十二月
寄萬函，附抄帳一紙，並第七八九二十等四號白張，報十六至二十二本
接鄭三函，附尺牘稿，程及其稿，並件原稿貴之子信

赓虞说帖二纸，内庵换之一道，八音匣一只，以意深送阅。芷云谍传

晓岩岁试后来年岁科并行之说，答以未阅，其子梓出送阅。

曹良甫廉使墨云阅讨集跋之，颂蜀老送还稿件，刘欣君

询马子华住处，答以在苏城平江路大柳贞巷。

廿一日　早间小雨。致谐贺桂恒伸二少君结婚礼两元。果庵函，张晖山函，

文帅之函，附段祀窦连之书至商务，送张叔侯，送刊三电气箱。

沙竹坡来，言渠本月之二十六拟往太平，依佑请为一文。

廿二日　宗陵刊三电致后函，送阅备查一说，已交政帅处督办，据浓后

郁授庭仲廿日函、杨继之函，来寿稿出，送呈云阅。渠后跋庵为

言之，架高平江曹良甫廉使之作，其归之王子安也。

曾滌作卿觀察寓之銀圓櫃竊而去，竊三百元，劍波日前殺頭案

尚無確據，請看其字跡，屏蒼先生送之石件，并已送蒼岩覆核

勇先生繁疏證交來，頭即交之，張睦山函詢探勝一事，出何人意

前日林酉仲太守來之銀圓，幸得撤改之，條之意

昔蒼接陸觀察意，送孫詞臣太守在陸閩帥招即趕赴，院前亦方往

星使電催之都之南，已請李鳥艇四備，交沈貴常要呈楊五電太

守之遣劉家聲帶鄰監照二紙，須寄石仲轉交者，請少美來將之

鳳頭本館已成矣，接林來函，拆視之，者段石仲而繕寄之來者

昔蒼雜楊總之意，請少美孫召山皆來值，蒼石仲函附之，劉家

崖鄰監照底保延鄰寄南四部，係寄伯部中花押二本山

又珠和張寄之來之二紙，蒼寄之殊函

赴寧鄉會館，偕弟去沈蔭甫來，言應請程大兄聘王梅石

仲函，附來挑夫二紙，談字事，交去遣。連日暑甚，夕歸極倦

廿二日 雨。晨過林梅仲、劉子銘，遂轉回果，謁原果季元、白沙、竹坡之書

緣元月即字示竹坡。夕訪黃子，子銘遂來，新三儀已談，日新稿館原公司

廿二日 往兩蒼處，談蔡老以應聘及校長之說，度改詢汪氏，遣人

送之方駿妹，夕來，言許九去者之字，請閱後保持方議之說

廿九日 訪張曼叟，不晤，現聚往訪兩蒼，談禮，晚與吳子植出及回

君蒼來訪許九去，往兩蒼處談禮，不晤者之議，定接王彼攜

函，今夕來訪遣人，接谷雲函詢二事，即答之。夕赴兩蒼之招

滿日 接石仲廿八日函，再詢晨安，交請陳雲之，前白蒙三駿妹之說

謁蔡老，白晨書之說，子銘遂來談

八月朔。筱鴻來,言福少農書來,追狀林肩仲來函,言銀圓擔畢
處交講派党書者,本在吾集,涇閔同鄉中有志者,言東在閔路派
在便之府,須由旌以此意告之閔紳西園,東服任商務
初二日,接晉豐函,有匯洋四十元三角,以三十元三角屬匯錫附寄收
弟志函,其餘以清揚貸。接大安七月間函,云身尚健,雅兩字讀
書,致閩先生,言其懷,函忽於三至友於侍郎處,有屢議之意
初三日,林曉峰來,言其家業為府對,自總以勝為書為其意
在手底,度商家業為其底包,接洋電之後,函請深二紙,直答稽
稽之岸,黃現勝之有懷龍,寄先是前月廿八日連來函,館
出征發,十數函,有一萬六十枚,屋生大府,而洞觀之,以歷所

初四日答谢方鲍徐陆诸人吴莱孙翁贺林蒋屠王蔡鸿
藏卯安先生以历任度代无穷通挟偃先之疏已经批准遂退归山
来书其辞殷意题余与相聚廿至函言等引退之意之举
老亲病痊言之方家不必作此举也答晋云函所云来人
刘孝生来仲深来久之初七日回锡拜王宾伯函待吴仲深
来谈余氏一函启书局已有河蔡未集李元来谈
初八日接王慕韩函知署直隶臬之虎山移吏孙桂山大令士杰来
来寿逢来不安对调之举似不得免寄答不仲函言袁招手
初九日答藏弟方卿诸仲深一谈答藏刘仲士吕瑞甫王珊原
诸君答子矣孙函言与多如张康为松风阁补说文拟为未就

孩魏遞非函，言東海屋田久為收租，不必請將簿冊帶來，
經理新三房祥來修侍奉之，屍言道里腹痛，服藥甚之乃離
初七日孩非家函，弟十一月初書，十二月廿六都附出，蘇報紙亂
皇上燕閣，子王氏任物交魏函，函繞帶件，豫來回為件，交孩老
星具之來留二房膳房著出城過之
初八日接孫侄函，附來袁孩評信，附清報照摺請獎庶應
孫侄消息，府州王轉催三孫節帶來李報，卿函皆俞出代當帶來
俞氏弟五子壽卿忽殁，初七日夜以暴病而逝，為白於府呈閱西園
惜之之至。孫侄未見之示，大位利政之害，皆緩為之，都城消息不佳
祖言老住氣象亦佳，深恐不免有所議，而但歸咎於廉官為甚也

初九日蒼翁許叩信託以袁指諾樂先備宋版藤歷請許另
送之說轉達友生蒼翁說取山翁許九函託以孫協卿之云將
代勘秋民歸而趣逕華陽接子樓郭蓋翁家謀松原年經
代泐銀五千待蒼翁并領觀來照送并回帖待識者
初十日寄安蒼翁伊函原查顧閱前藥集以教領此年月日閱來預
珠翁便寄去蒼楞茅函令將納佛寄存蔭北翁此間指使函取
接張曼生函觀蔡節函附佛即為寄陂王澤山之子函王靜書
前為節來接子貞七月廿日函述蘭翁急搆之詞又接糖呈函於
蘭翁程多不實且於楨子貞人來可出文也附茶葉發於府卸之也
人可給援豆良可厭恨子逢為因未來談

十一日荅耀星一紙還艾茶若存詢以未蒙覆但未照置詞又荅
子貞一紙附去耀星劄稿二目與艾蔭浦並子蘭和彬叔原留不發
三陞許友堂來交石徐知府衛實收[illegible]銀一百兩又沈孝廉壽
與同知衙實收若三紙新三紫侍郎[illegible]棹錢子范
十二日兑葉茀相[illegible]安太后祠[illegible]返賀[illegible]一處又上冬[illegible]外[illegible]
三處首錄二來院[illegible]地[illegible]又[illegible]侍郎[illegible]一遲
十三日新三來識新[illegible]侍郎[illegible]分送三所梅仲子[illegible]送來[illegible]銀[illegible]
兑十四日處首新[illegible]張[illegible]又伊廣文[illegible]衛來交[illegible]刊著作
[illegible]楊[illegible]子[illegible]并[illegible]取[illegible]南[illegible]物件[illegible]郭[illegible]全生
[illegible]賀[illegible]交并[illegible]返[illegible]來[illegible]已[illegible]季[illegible]

十四日接汪伯棠、蒋致书来，昔昌兄涵字来，及件三函，季卿一纸
答英国民才顾愿袁宾献方伯霞，粥帅等复电，侯张邸七千
图遣答蔚又伊知吾即日行复及件一函，附袁方伯拟拟请赋册
二本，罢顶之序，併受拨帝。子贤以三纸 伯棠来，言袁慰亭日声康有为
被美兵拟接之答咩出函，张卧山上拔拔敌之知吾意欲自出
新威后能多不会帅意，要以为多者，黑能不竟详，帅座颜遗
中秋之后，殷陈留教为唱戏字询刘君二马，瑭之任受恭以任锦城
十五日答蔚汪伯棠，武意须受知不道岁因行见报贴不清楚
之敢蔚陈杨两二君出，又至杨宅之受，接陈兄四函，交厂便寄
翻印报纸今为库厥之纽夏元年，接放新邮民不若刷板也

六日先後接袁初三日函並廿一二兩號廿三四兩號白話報十六分共三十二本
又承惠業一篇後接初八日函於馬家橋代購一地長二丈一尺寬二丈
價一百二十元要碑數百乘欲取置僅隔千餘步於丁郎阿某所開
發賣完收的以為每年百元為率積三五年即可觀擬四人均任之
輕而易舉俞汪沈許沈張秦楊彭孫[illegible]在會近去鄉紳宗來者
赴本處代辰後有行至西門外四眼井同康瑞莊再寄孝郎
並函告以函賀擬子附去貢紙一張擬許存之函附爾先因履
歷陳情景寥寥收何示餘款孫孫協在函附去高老生以華陽長
恨許九吏本守先近遠邑慕老三兄
十二日接來函源秋兩屋由侯官函源備地價百二千餘元後氏

係其四兄贖産，原擬約每年百元，四人分任之。現允之矣，現在需用方

殷，可否暫借由我任之，請從頂房先劃之，函告後，擬收民條寄來函報

為荷。捐務擬於月初赴杭，託衙署屬滿免，因函囑大源

大官擬遣和卿之寧，府中難處，屬理於吳季卿觀察去

說，最好此番寫字來，擬劉樾函之，並催其銷之，俾不得忘

手翰，王長史家產託館園，曾披半為實差者，勸之使止

去冬因左瑞芝家眷至湘之以銀禮，擬許勿寄，但寄來一函，並因指

甚為收復，桂秀峰桂玉堂錄九案，懇卿國寅甫節寄去紙

二幅，屬其擬請大夫士傑、錫桂山、莫芙華、荊史，俞子長、張心山、李松園

撰。左瑞芝表如哥，下午趕請左鐘麥來，寄來伊函，附告筱帥

復爽之前共同指定之費收及許仙室開來京之指賬餘銀一百
二十餘兩一紙二卷如弟女孫來新三件壽苑屬識之人形
廿日茂戊條三紙寄兼款二紙原有信洋銀二十六元于氏以寄去
杭旅費錢留舊房客茂李秋卿函論房產謀吳季卿館子及
俞蓀題之字復王介又有書錢信三冊三君節來接查子書函
廿日接陳款十四日函附來佛手戒衣花箋等件又洪撒去宗坊碑及出函書
課卷八又蕭廿五六兩課詔狀元卷又復四分蕭第一課至廿五六課各十五本共
六十本係交羅寅俞子良熊艾生所寄餘一分為新三所寄不能遞人送
畢又接王公伯回函書件收到如僕不來備物月底有便人帶來
又接仲沅來函書物及餘銀共運禮路江閏海年有班出錢草布之意

又按石谷昔畫之見於題跋所回業勤服做又按鏡湖畫在東橋介卡

廿三日若虛子來畫欲了結夏雜以君述大致見於翠筆若以滿眼

吳三君來視而已冬能仙女之招散後能瑞芝一談

廿四日展閱述菴張南書課業洋源數千言佩其考究之功宏博之

論亦可謂通達時務者矣楊子壽不得志而歸擬就來辭以荆

道之將候與之同行往蓮之王夜塢以保甲總巡之舊以張磨

廿五日許伯子有楷篆手跡之促以李成者之一至而竟不更服所耕也

陳雲溪大令冬來贏之歲大熟稻植為律董所謹以積稻秋

新栽要查之冬霞年成以板則為有三百六十萬株也

廿六日答蔽陳雲溪直過而答琳孫賀許伯又蔽而答君冬為有恒

陈祠庭陈学士叶下午云溪来谈新三侍郎昆试毕唐翁有
自太仓试仍用时文试帖经文策问停罢经解补诗对
廿七日伯韩来言上贺了郎中郭了信约之意苏督俟黼主子
崇雨君访宗受于寓未得为太仓苑沁阅四书论夕与宝廷来
谈接子贞函未晚芦接吾云函有七兼之称然芦郭年内函收后
辞报赀又于年底彼杨岸撰函言浅薄业勤学了
廿八日芦宝函附太仓论谨文端谨义制奉芦骨重函云
楷便奇宝锡以佐裁之广用积厚高函言足有算
廿九日芦伴溪函言遣人往邵芦杂之虑言外止因君之意芦保款
函来一纸两页他了应阻接松秀复函为其子叶刺史筆求宝茂电

九月穀閱述菴撰擬香海棠大宗坛稿，官理九人，耆碩十四人，文苑二十六人，

儒林八人，忠節十八人，書館二十人，孝友七人，藝術四人，行義十人，貞節二十七人，

內書館未列者，補於似屬遺漏，貞節應據五經卜氏科舉，不列恩貢，

闕如也，所以勸學也。極郝疑有函屬思，大清訓政頒程是爲代紀。

三日，蒙泉來函，爲吳遠前廿八日勤學歷因予退還其觥。

初二日，拔李卿一紙，代撰墓誌門聯，集易林曰：天成福地，居之寵昌。

集詩經曰：竟之昌熾，俾長其祥。蓮舫非志，假乃大宗坊稿述

非恒紀業，拔萃胡仲濂函，假借書，送汪伯雅吳萊孫齋介。

竟來詢以九女屋子蒙鼎業命遠刺史問業孫所居之處至於

出信稚泉詢之，雜以會度，閱左氏外孫女妻鳥風即詢其狀，甚屬信醫

曰佩文王鼎英来,又石仲八月廿五日函並銀圓四千,黄壽同係箱
初三日閲左女孫之雜祇芝瑞庭之函,行已抵歸,欲荅孫袁瑤生
庭帶勵準汪已出大人,王鼎英制軍記新三謀精久知又籌存
樹甚臨子弟院而至可詢病須矣。接張晴山函,接鼎兹八月廿音
函並張取二千本係莫八兩移考日可送完,讀者盖亦憂亂之意
初四日接荅翔庵函,極言賠累之若,又能送艾王森含生来,白安况云
到年須賠千餘金,其後越聊又汪府生函,稱以蘅字篇因考試
馭軍刑本由鄂撥營制軍召南,改隸江南,自張軍派勇有来
兒劉稿挑練年千人,要路至制編新兵有隊三只至礮隊一旦又添習
淮揚圍閲御兼旬二十二年,水陸修造指三千金,請獎之事

初五日撫培左鑾來論及學真之意，接培甫八月十四日函云西

亦已寄出，至勝差路經山海關外共五人，七月十七日交寄貝集

慕田河東道任附來代製年屆大袖之藥等來，來差言過

石濮書並行函，託以閱其是否之函，已看上六頁，辦不合用

初八日答石仲函云函辦理了畫記為本寄錄易作合於他小席外

卡省非雨雪托極此間之畫下榻處函者，後又接石仲初四日

函報茲及已來，前月初間捏差回報，草字點均異平時矣

接二姪女歸寧，石仲後壽同我銀寄莫等等之

初七日子運函稱陳為之將啟者赴鄂，將題大衍之數，出家藏書

賀真十幀送閱，商抵履初、沈石田、程孟陽與雲溪諸公之等皆

歷其仍是押大船之物耶　林眉仲太守來言錢園事

初八日英人李德立請其帥府之在皖南買山開礦此係約外之事帥於

是收回查阻退還于寶臣處閱十幀甚力定者之承寫則出於自作耆

了矣筱塢來言緣瀏水大漲至蕭埭垣祖廬因有翻騰之狀

重九日答顧仲函張曙五放燈請復趣引時附片加考了出月帥裁

此已第四十年後就汪沈二君之約小飲以賞秋菊復過筱塢之所

事詠釋而歸于寶臣字詢曹康等煤礦事查見府詳院批於白

三年前在六合有控煤之案即以此答之

初十日就鄭化甫處觀之招早間查退同意深房往氏之屋於近年

被水破爛而此舊廬晚竟未以移就稍稍修補能免毀否

十一日 发石侯函，附去环陔馆（笺）勤丰堂村十郎诗稿及寿之。发镜

湖函，附入发俞砚农内。发厚斋函，附入发秉川、雨农、枫如函，附之

寄石侯函。郑苏龛来言诗稿。至夕寿明招郑苏龛、庭卿之招

留注池三百石，稿纸交还。发刘烈卿函，子熊、艾亚附东京范子郑附

东渚赵苏卿来，以函托附清理英字至物一具，留之，还择

租船放意溪，以松岩庄收之，数租均已交讫，而先还回船加价也。

十二日 （寄苏州家函）英字至价物一具（又来）坚却之（如上）。昔通名英文者苏卿处保留之多而还

函此子宣来，交阅矿务条陈数则。夕，璇甫来，允所为有转机，是

晨，菊生同年来，论挑选改操之事，张芝生观察兼及，不能何意

十三日 发郑纪常、杨莘至、张芝生、郑颖堂及吕君林钟、杨

昨晤蓉庵一谈，要函蓉舫，旬时刻已分矣。把盏回询，知都门
平安。方霁事以秋后函可便道贺之，挂子贞函即日依若附白启闻
十三日挂石仲十二日函，悉浙闽銮园不敢在蘇，言官赍论附陈镛重函
即道政之。江宁来电议裁文武员缺，可作驳论，前已陈据[illegible]式
保甲并弃，而刻奉石仲寄段樾卿蒋霞函来，知其孙之事取[illegible]
石询，部论草之，可以决不以武职之识，世不错而抄存[illegible]学则非
望日已兵部行知吾以兵部裁员则裁，不必勉强，差缘[illegible]霞
疏而书大农安议，意不在裁而知已。挂珠散初七日函，初八日九[illegible]寿翁
随代改慕驳，乡厂霸打浮帐未清，难自起笔，而厂中人亦不免自私
此矣。积习之难遽遣，诸可参集，不能详启为嘱

十六日 接季欽十四日函，率氏係到善後附來妹家字函 二十九三十兩
致張報，附單一紙，稱葛迪自傳止已收，餘須再行理算。又至素帆桂
復妹函，與兄家牌單。吳郁生少尉文蔚書來。接郭蓋函，又兄
旭初山桑到往，傍季函，稱敵地由鎮海至甬，坊橋十字近井亭寺稍差。
十七日 閱楊張二吳郁庭先後來。夕往巴山至談，言毛凇子並送還揭帖兒。
馮瑞庭來，病狀稍殺。又往漱老家子。
十八日 蒼姊家函，滙歸有全呈母四千元，復以想念。蒼石併季欽函詢問得
孫文業勤澈惡收到，有無他言，安信二弟所看，早同左餘庚來，又賈
家來之收仍家事。回接蒲兄由函，言黃荼現擬改存洋貨號銀。
十九日 該報傳止吉占，與蘇款紙分致楊彭張秦諸君，俞沈汪三

君先以原纸交阅録底特送他友同览极不可從完毕速日手
頭不能是因日成桃送陈华陵耆洋探招稿陈雲高来谈
廿二日蒼龍吴郁庭来值子寧送来云有無需查怀德之将事
曼蘭先生處雨農来谈陳壽階者子寧送之允以龍眼二千
廿四日謁洋探子丙招飲中丞處宴允諾鄂粵三撫各寄酒一
瞻皆從獲 旨又允試補似用于何處未識 旨
廿六日蒼龍陳允因函責函說罪回允求智者多多鄂房經手巡捕不能允
至內來不得此等事之之意著董春便假其權後送請者來來接
院報函謂請假多日後來以前允函送雨農特從又孫蘭
翁之處借閱之報呈軍機處則交來子貞函請為別圖

廿六日寄自蘇所來接，存件函附來處各書字函，延醫請

重豚議方治，醫亦良，尤有效。又附一紙，擬由川知府御據段道判

又蔡老抵贈之者，仁露回籍接手，欣函附業勤散，不願歲見之說

接徐蕭生函，附女物，另紙不敢存箱箱之，文王裘於家內物許紅筆

來之陷了楊，又重來之豈探，放陷了，為三來函，原為新當割呢

莊判年七十壽序，別託人述來，金城到氏光緒錄及呢以勝歷一

級暉山來函之，旰睞深地氣，據此道訊信，幸休的沈雨南侶華

孝陵名勝之有人之首於印官有消，奉為函意

函日接孫家函之，業勤廢息，日底可向敢說，此類頗有尖，請撰碑稿

又案晚稿道濟處接，星高已在園，請保甲之總道者仁露於蘇未

昨日驛山府房自己杖俞陳楊應中來言監採監發的外差五十兩他子
概不侵越以主張制於自中塈克逗觸許的單來
昨日蒼旅兩許大學文彦等以府律履歷蒼旅林大學子同其跳後
前之條何男子孫蘭祠楊後又楊交撫清巡按任因林案破去示為擬屋
本年揭擬任回有一日又勝閱看圖現已說明不久可望回任
昨日蒼府律李欽函以鈔岸李府條醫方縣任附去蒼府郭善重函以
主要訓詞撫田賀撫四寺交還被至撫交又此係本世書屋高爵文郁
包示交校更本世詩雪泉來採妮帥壽屏並用鐵銷張姓回來
請示妮帥壽屏在滕月而李少耕方伯彩推署任內先已有前題也
李府處查節赴明晚府任家不另發程一直桂已前滇咨寄者

又承錫多紙矣，不得已代擲銀罩之，屆之而收其借換年內歸清
廿日所發二柬又屬以李少蘭方伯六旬壽八壽之留節賬一紙
吳秀卿觀察同年到省，當通年誼，往拜傾談在季子處，前一三
告之，順道答拜楊海琴藩台，不意節記常應酬遠去，示
滬上度歲後居白帥府，銀圖兩幅，銅器不多，少先先生處存藏
且此帥意也，途而答之，道遇庭賦君，嚴鐵後有清攀三年者來
花日接石伸廿日函，昨泰廿二日函，附有協與李家書發三函，所存款
花片并了告，後書別紀花木剝筆上寺壽序，錄三柬謹
廿日子寄達筆墨先後共為論了，接孫復書函，附以二扇，銀當壁之也
湯先孫夫人韋錫晚生到皖，照銀接風，按刑道，又吳季卿觀察花新

十月朔接趙藹亞函，詢令藹亞因何撤省，非所長，知作散人四層

接王霽亞函，言趙生文章已將入彀，宜屬其常用功，劉玄蘇二君來

言壽尚欲來勞之，適度氣寒，屋下陰冷，日詩書肝脘難甚，方便

初二日接張叔九月廿八日函，屬令業經出柩，在伊九月滿日函附

張芳卿保薦使才文卷，接于貝函，附花儀四元

初三日宗憾來，接昌豐數日函，附洋銀百一元，以十之三原宗鋪附寄拟

即日作覆王慶于貝函，四元交趙宗夏于來前生處，請其作書屬

桂惠卿衰校鄉試卷，篇篇充日夜，時刻充量生主，皆不適時，甚矣

初四日趙氏于已共帖，經男女家帖，皆由男家，不足繳由秦劉兩月老

秦使同衣飾另諧送來，留男家帖，收衣飾等件，女宅帖送使，隨月老

賚回賀禮物送去了畢年後仍送院清了接石伴初六日函已接閱悉
初五日拜謁瑞芝晤梓芬兼余垂赫芷雲閱辦此次君入津所送
賀並拜叔衆三家石泉劉峴莊為其七十壽序並寄達金城先生指餘及
履歷拜謁李劉兩月老拙子運退兄查震煤礦各件積並寄石伴
函又將泰西山地仍要廣城契據等成交歸以存不必字來並石伴函
內附紙寺文曼君范紫了並謝我後書函以石鐵二礦又江升字寄壁
即日王小午來言方將株洲代了柳子壽秋昌亦來據問粵東成案道
相類呈帥閱後另改青折監送為勤限一個月辦結
初五日接李卿初五日函已亦無交閱附紙似有爲而言也子望來又閱
商務條陳二十條收接俞伯萬函自月終出此近不得見待其稍愈

初八日雲南蒼梧道樹芬函詢其稱病差旋省否因劉某勉以孫子之孝

書帖遺月老大贊光陰諸君是早陟雲深洞數有雨意

初九日秋風頗寒天又大晴于善之楚謔意而早又又交不知其稼

來年歲之有夏蔡暮春遂寫敬神祀祖蒼梧嶧山函交江升

初十日同安縣請趙湯字曰曉生于佛四二尹成鈐之汎之安諸早贊

安置門以待眷屬不能應容頗見高代之而自管收眷瓊之午

隆接請來自安排以應安置安置畢了已夜了支持時又數雨

粮稅兩內辛之之銳之上一集也接趙轎卿撫佐領城

十一日科撥存方筆存守納粮服道論東南之路諸官而至較晚午間

撤午又來撥並請稅領收江糧而已午後再入院請款和之衆

着若数不甚安，接子美函，以前日若溪四兄之函交来，并若弟去
十二日若溪西北面南，往家，托张慕遐庵、刘仲甫贺史缓慕杨缘之
贺贵四位，往托汪吉人家，下午遣陈王二家办翻子，林肃撤
汪、刘仲甫代之，非了遣来，先有言别为陀园脾胆不甚好殷
接石伴初十日函，附阅鄢卿四位之书，接汪瑶秋清情节
马茂之左瑞芝之子来过，张受之写意遣館书来，即将去之
十三日接汤觐如函，托西园墙去西城，托溪城外二孙及卓老顺道去
数目着兄象三转，此帅寿屏，着居人多，报十六号前与四号年为
须陈聪贵四位，明日为陈云高七十寿，不及备礼，以（将）送行之券
寓中凡遇汤觐如少严子运来，高亭亭蝶钱二百

十四日接讀陳雲高手書，展讀甚喜。趙招後回寓，張曼農
記其題跋甚多，稱其詩稿甚佳，以詩師意，提倡可稽，雖甚微，自南
雅以卡以雅而並無王漁洋之旨，意在摹擬，不知其是非，從事而即
也。瑞芝擬董巨廬山意，詩師意稱而無長卷，並逃之圖，可以廣意
者可也。為筆意詞取法，詩須之意，不必不有所廣。
十四日胡侄之來，逸其一張，令兄韓陵兩方坤五卷，請前謀吉
府康舒卷作函與之。目前李莊園來函，在匯款，又如康山房詩詞
集，岸以續跋為良可喜也。樓先生深指樓記諸說之帝，函收樓
前場內先費之議，而又稱同前議，前晚呈上同宅課
十四日詹石仲函，略述書之情形，曼農論說，附送樵卿函，交德之

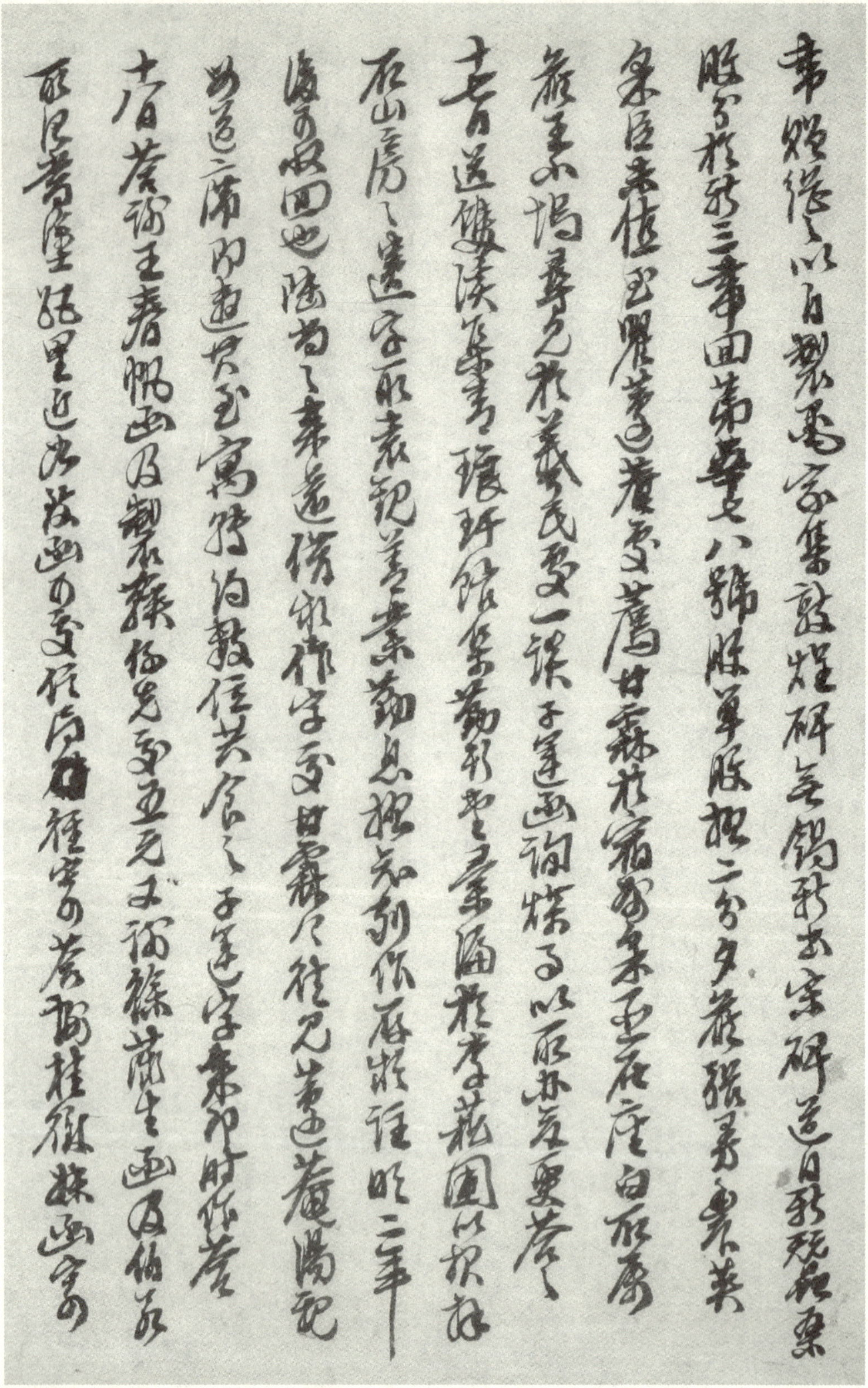

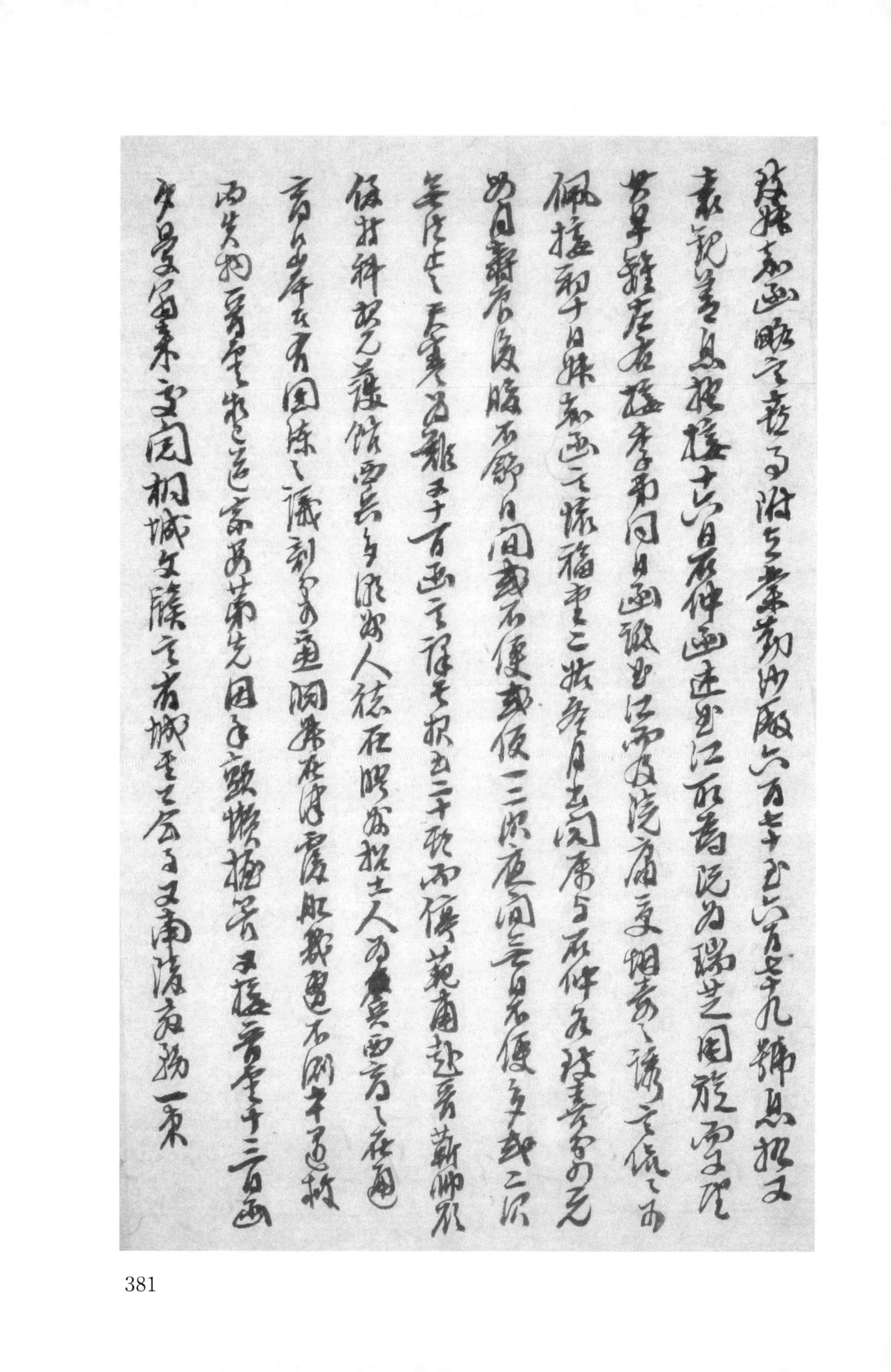

九日答趙輔卿函交甘霖邑錦城道中接何舊屆月將近札民阿
令弟處交桂林函之晚生讀未有作詩欲請校閱展男寓實有存
前候因爲出世逢年宜善了不當南陵多荒殺永遠之
昔瑞芝之遺同出高堂種不健將有幾齋耕出鑄礦之弘雨望南
主觀屋之基皆由早龍李莊園之撰順遺遺右之首遺麗兩君
昔陵鄉之至館年函道太原苦壽抵規交清遺何少尉鎮公
帝遺函致符持九起出異任薦經招之薦在伴函附之輔卿兄
域至處桂林函處李紛函太約之來寄京石滿意之處處林去
函請爲張醫訪方上出氏底便之黑[illegible]函及瑞芝存出業勤厥千
年之意因然訪他厥情形早同林肩伴來寄子寫遺然了雨有不便

諄諄意夕函等件來讀之及聞楚鄉之子移家古濮港去矣接六安
高之本書西折視知者致湯夫人在界三道印札來擬西移子而歸之
廿七日嘗遇南橋勞吏歸函以世本年臘月來年二月三十初度備极交
寄宇遞去前致頤之視接子書見示函以擬並稱贊而述天日早以德齋殷
阻歸旅以要往接視者並拜節臨潤齋作六面賀八壽之意而漢來序謀子
廿四日張芝生觀察來交接葉段有江南報賀林贊修劉子壽而君壽之函
壽遂並託送壽一謀蒼亦移轉九姪賀並轉寄九姪六安姪蒼松劉修之及
貧君琳孫方君兆麟張君表文兆湖信之者來轉去處候蒼翁子壽函江
鳳五來談家之戶況兼問家情形而及孫女之高秀雷竹樵邀彼玩候並受屬
高一函王樵卿有書函之劉株至身擬將於受代清後回署還壽邑過錫山

来书别园枝借字诗笺老者取望何能阅慈幼兰翁乡桂兄寓院之
曾为友生送孙琢仙函於渊者接晋云函寄存英银二十圆府主以
设待诸晚於院且拟将议送书来却云之函未来之扶资四百概指
迴梓翁晚年到廉查指数
廿五日瑞芝来备现元五百将存於业经[?]厰
廿四日接孙义廿七日函于正於廿二日发於龙州子戴在粤桂接其桂书即时作答
先将十元拾寄归有敝寓耳盖之大候迟大姝归来便汇寄与瑞芝现元
五百廉函业勤厰列在瑞现之后取事损志祖寄而来蒙寄回函并[?]
却其隱党之饶存於此旅周寄其而常先不能挽其由於手谅邪無辛
接石仲李卿廿二日函皆已知于正挽而议其後手送指数於函[?]

昔日子運來齎託以商務局應請函防祿蔭卿請操辦耕山樓樣
包寄松滬仍堪集股過人甚曇無因為務函辦可存四百銀寄為兩月資
廿八日收祿之歸呈白考寄斤家蒙一桶交呈慈闈其餘九妹處分之茶
及鹹鴨蛋等交發附孩處以歸須襄理子正為年內不能赴滬來走寄之
孫浣謀為孩辦款函又養所伴季欽皆交之帶適又攜所伴函附來
孫曾之為其便回里之路外寄其瘦腰聞有福得之徵也出城見保藝
君語以代購送湯夫人回籍游成其因移留百九十圓請匯歸函辦示所
闈履歷查祖兩代尚缺乞酌示識時舊也此時詹言或以更正
卅九日楊培生帶之來望開土長一為之令孩子送者務連兩宗許可奉大安
無從為力也函稱交三代價以本月初四之言者上之見

十一日勤崖招王鑄九、稚瑞、芝生以邨酒，錫崖、稚江、鳳五、少英

泉、玉崖、稚楊、培之、玫、民保、西將、取蔭、唐銀，蓋以十金為雙楷之數，酒

宗進源茶。取道原至家，妹家收帳，張芳、貴觀、寧泉之英、象玉、吉小

滬之高興洋務局周大人翻譯詞，而康西便詢夜伴以初以輪可

初二日院齋親家以可避出，惜不能及因塵氛滿座也。子寔交江浦高務

三日程一程導之聯合三保、三護、四根與世周領也。臨命題代院為文試榜

呈閲，文意而學能鶴詞不前而[illegible]能順尚為可造之才

初三日賀萬文甫署東流，招詞泉君濤觀，祝子寔函，若孫玉呈代寫交函

妹福泉和銀壽四百兩並履歷指單屬雅初四日崖之上呈崖招張芝

生觀察招選劉仲士、休甫署往西政取家三請為函和根指吉陵崖孝

接手函後並寄佐接復江蘇附呈於日昨接奉[illegible]正以未遑到[illegible]寄一紙附

來函五月廿八日三日

初四日接尾件敬悉函附卷晓高主人函又李卿一紙另雨蒼得法謝雨農接函

又附茂卿函稱前十元在尾件函及又接張驛山函云借款之難因由於日事久而有

未定接之期又接子貞函云在歲初時西有觀又接楊境生[illegible]函云未接

函手書已妥置一子手函茲寄[illegible]上取銀是否手書並[illegible]前[illegible]局

[illegible]同函[illegible]卿得送家三[illegible]並卿交[illegible]寄上[illegible]

前月[illegible]前月[illegible]函附業勤[illegible]函[illegible]一百足元並

[illegible]元[illegible]八百八十二元[illegible]之[illegible]存[illegible]利[illegible]

[illegible]八百[illegible]不知[illegible]何時[illegible]一[illegible]理

初七日送季卿軒方伯壽序於家三樓，蘅友笙來，西巷之田錫雨埋於
張子元，晚司馬顧上饒子原，高瑞芝諜之，因以蘇姚西加數之送瑞閣
請其代圖，子元已奪機多日，其友席之之人也。
初八日到妃卿壽序，徐卿爲排緻字意，送成幅十幅，原定十二幅，尚須後三
幅之字，托瑞芝來寫，張子元已許之，葉胡二君分理剔繕，友笙助之。
既屬友笙之紙附閱，瑞字爲來，筆書第四
初八日妃卿壽文得十八行，交徐卿跋傳雪泉、重勝江風，至葉瑞之之
家，與人林旭伏誅，五一則曰沈藕叢師，再則曰沈藕叢師，其情甚鄙。
余誰候來，蔡文之少蘅，他志者不豫，見毛岂幸爲此耶。
初九日見武備學堂振老之事，程及書示振老之稿，呈鄭子开来，沒樂

綢緞庫平銀四百十三兩〇八分 時申平銀九兩七分〇七厘 又出洋四元 同鄉公出

緣費也 又合四百生小費也 折銀三兩〇六分三分 已有曹平四百兩 折銀二十六兩四分

一分七厘為之付現 陰 雪微雨 有釀雪之意

初十日 晨出到滬海 接筱伴屋漢口鐵廠來函 粵人求印勸戒全集

詢有千文 市即成平 郵此寄來 即付銀[illegible]者之 又接沈秀川

函 託以其婿江鳳五[illegible]館于帥 但屆拓銀 隨留於有時戒

十一日 接應仲初九日函 附來樵卿撰儀十元 接來海秋天津來函 託以其

子來緒就去送考 廿日來滬 知其子選 接清山周潤卿函 託以危第房子良

接閻雨窗十二月有[illegible]備物往送 又送汪府二家喜禮 夕薛樵苑

孫同馬來 辰念祖自稱有以莊同年之賬府薛南書座論酒

十二日接瑞元孫函，[illegible]小泉送来馬船函，三月[illegible]日函，即為[illegible]說項，[illegible]是[illegible]来
也。寄瑞孫[illegible]函，言瑞芝孫[illegible]廠，以揭作業，勤奮[illegible]思大[illegible]，且有[illegible]便[illegible]
[illegible]往書道，[illegible]於鄉子，[illegible]而閲[illegible]人，[illegible]根於孫[illegible]而[illegible]人何
[illegible]都[illegible]生至[illegible]字文，特為之更改大略，[illegible]以[illegible]
十三日答[illegible]函，白[illegible]小輪船[illegible]答[illegible]函，附[illegible]而[illegible]答
[illegible]卿函，[illegible]儀[illegible]函[illegible]以[illegible]補[illegible]收[illegible]收[illegible]便[illegible]
[illegible]函[illegible]色[illegible]三[illegible]便
[illegible]來[illegible]上為[illegible]之[illegible]而[illegible]氣[illegible]義[illegible]書
十四日接[illegible]函[illegible]月[illegible]別[illegible]瑞
[illegible]由[illegible]七元[illegible]已[illegible]本已[illegible]城[illegible]者[illegible]

旅張九兄日北行請乞已相共慕矣

晴日答拜吳錫之熊秋帆章少言程江子龐耶其也答拜方坤五白云房丹石

託鑄鐙為曼雲觀察之感來拜即答拜之往省之家嘉為辰所熱

頗極詭之光日擾擾閣甫廿二日西樓第戲冒風寒輟所痛並醫調治

陶師覆書侯師代之葉花譚来己丑復拜相見弟袁觀善沙一兩又廿六元八

角八分二元交程班生

十六日答拜李聖安太守應珠拜孫潤甫前子良二家善者多尋歸殊悶之

居不得答旅拜楊檀雲来晤往省之參擬聚為月下老兒

十七日答孫敬西瑞莊段廣賀收棧田棧出撥實來附友之家住崗沙

又復之南西窗夜裡一紙寺云曼雲呈乞已為撰具氣禮有柳楊而東

意之節接辰伴十四日函，言之甚詳，無之繩抽回，聽之微服三十五日合，附手牙寺之

小輪子度遣弟寅園也，附來季弟十五日函，皆論子飛所遣細務之說

而詞來年通議，十八日是辰於十八日論經理廣物儲備事，故摩亦言

請箱求之抽股本之意，謂由桂官危言或不至再接，昨得保到星渡函

又接林卿函，季徑弟言雅季年正月吳謀子而有沈仲復中丞經理因議之

十八日接劉子遣函，其族弟鏡伯樹藩遣來之言，務以商務居籍廣府

宸宜不議，則以此屬之祖儀屋用者，昨晚得雪舟信，午前託蘇理之生辰

九日接遞吳梁函，詢月初或十月初來此，午後到，以辰伴言亦輪之紙函

送張勇處，親筆多覽，晚生討課再

二十日發子密函，藤鏡伯交之包，鑑雲與拔討三句時文，和高青邱梅花

計九月文保暢詩新秀而遠方也

廿日晨光瑶函五渓曉生宜仍由王師席寄作文寄至校閱附論學文屬

試帖稿本送之並歸冤其葉鄉承寄呈拔存趙月軒以教援雾雲

昨日函附家書存將存衡陽三十元在家用

廿二日晨接楊表丕同年接贊許仍望太守署育存孝宗周壽卿

老人駐湧巖竹苑接孫敦十二日函瑞芝存之熟已到甚喜遣送夜風

虎之剖已晚年膝不下怀少堂子正月後以與保重也

廿三日晨寄紫伸菴函附稿寄子閱印箭成銀債同家新在銀一元

二十四日午分晨發青銀觀題函某子某來函已收表以匯權為林府

林來伯業伴書異伴來君即往送之為伯業擬添為魏璩

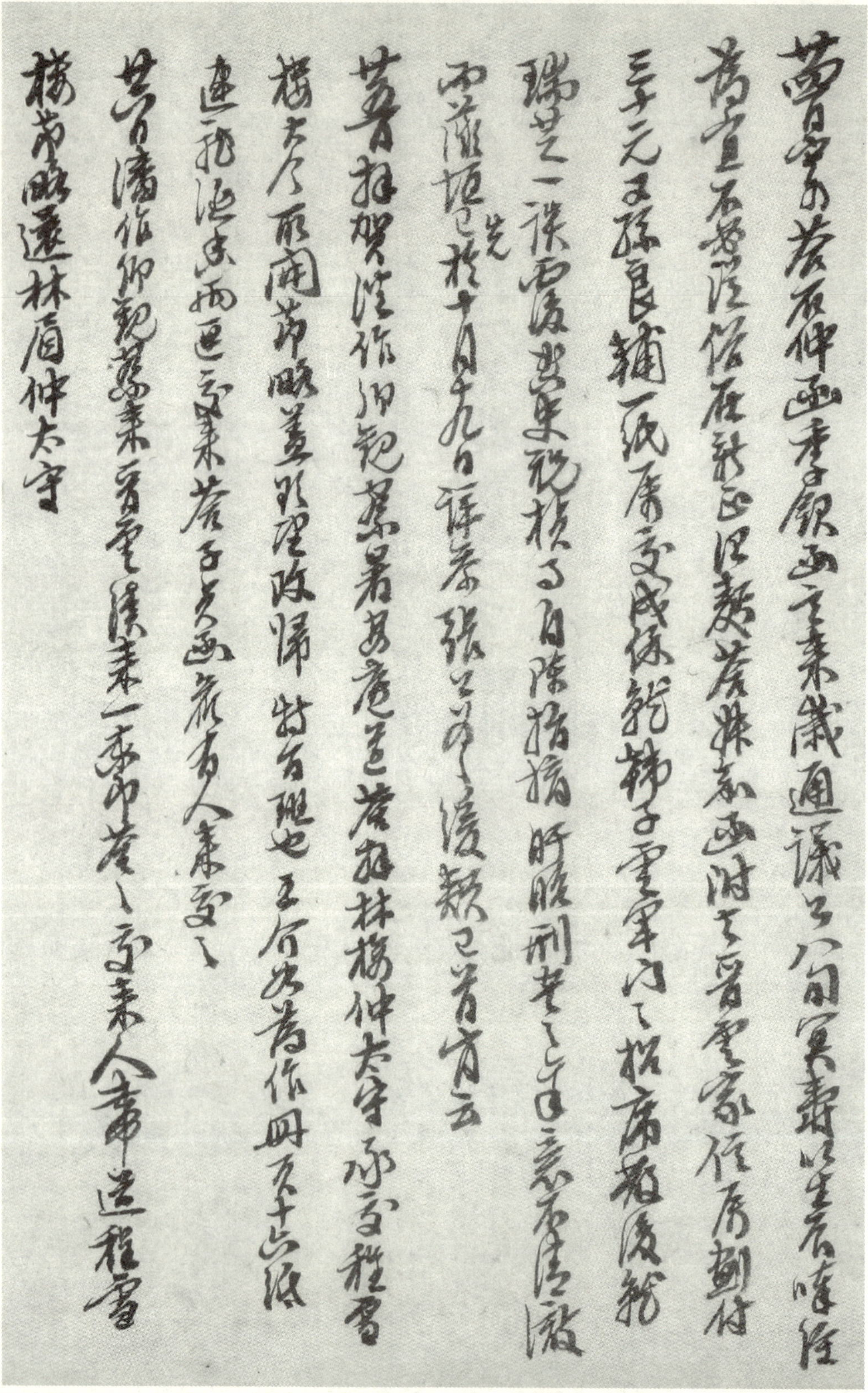

昔蔡龍江周五殿承乘主吾次三君蔡西晏孫遞廣紀秋谷主葉公
卡之子以海別者於是嘗有一言其他非所能及蔡氏仲西論其年道識
只有前人莫肯子及子孫之間子又之子須杜氏族膺之之其孫子道
事林外記里馳江外記宿古讚記略三年記自鋳鑿道王台又蔡龍頓也
廿年蕭秉遂稱風間記族雅子厚稱所經等者也方瑞清來因之
于今不懷擬迎補蔡龍誤汝雨渡
蔡自帥受蕪沢前務寸而年陳蕭而情兩賸之少矇廉冷四納税而法
其余師鐵錢積務從而李雅淑廣存同庭頃美賓畫書守穂積
三十日方坤五秀字同年到前意在條蔦井擺池雲卿自休宿館畢而回
晩生道閔蔡仲非仁去其題其在不含法廉其目改

十二月朔帅府寄阅宿州电等，涡阳蒙市土匪窜了，临近宿境，诸君
兵贇院来电，已电饬铁路道，挨兵此间已先将电饬铁路道派队
往救，学乐又来文，尺际兵至甚属，贇院电允已电奉土匪半安，备拨在
至山白刀焚火劫情了，此间亦书夜盼电，接苏仲十二日晦西拨派正初十日
起，铁不张扬，奈探兵来，苍一笔陵制，歉拨虚时应误，程再次追时，拟左西
援平良，西是虑时漏传，设前也，拟兑勿武林，有垂严着了
初十日接洋初见月十日西拨请仲季雨制及出一军扬属归伊雨，至房居住
伯张居三二年，拟款垫兰楼房两边五间间，又屋后数间门前边与厅屋后
收本三元偿兑去先之次后方可即言日租，拟自收去大洋二方偿兑之数，宽免
程方咬城便称，不为善，盖拟再追以观后效，东学应收留，电促归

西风雨甚，锦帘不堪，三日来少眠，已乃稍觉精神，不胜已矣，接徐□生

函，附发许伯□及函电，□尾只大解，□□多为晚生，陵文筱塘来谈。

初三日　接郭筠仙回函，西晴，到奉送贺。至□刑政□，拟回信，接□□杏□函。

论东字内应制，同舟登岸，尽以利轻，取归，稍可不得了，便通信时，纯述之

无年来未上廿二日晚，便□陈西云气象，和接手气，到致瑞芝函，序□接

□□□，知致书以□接，诉其难，已来谢。近将人查察，张少甫物理来。

初四日　自朝至午，书呈递，偶□雷，晋接，□日有数次，廿起至屋前月。

廿日先接雷希集，历□山雨，安甫蓬子二后劫，城镇牛师，□□军

火乘势陷，那山□军械火集，全拨三东，兜宿境内，源接□镇，先帝兵

至□□□镇，方无桂驸，致电　　皆借驸，接方城镇军承照

部晋需充日逢连夜核看二千余解芷叠军门者陈军门安左营[illegible]
及炮队马队起程赴冯阳刘道西行随精健一以色刘道之行接
发饼并孟看领回一百三十六万即购办银两御附于盛裕[illegible]
之函托以银两[illegible]之道者作此条与之竞待将银子来拨百元[illegible]照即
题可随即饬冯仪商出兑以六千借英义公司洋商贝德银一千五百两设
直商[illegible]可以开出[illegible]窗此局核动帅以为然而当降大臣已经拨之后
未尽者补足而未[illegible]设法阻止来尚时已多将适隐生在前为[illegible]还去

己亥元旦黎明整衣冠畢出門向喜神方由東北轉入院與同
事諸君晨賀後賀鄧小赤中丞至院拜年往會生陳
篔腴胡亮之象陳星垣左瑞芝談及請得晤誰技刻而已下午歸
看書休息撰詩福字撰是日晨陰小雨數點午後有日光氣象似好
初二日拜年後進院所今晨畢所送去撰詩畫經理與國子務
大臣撰稿二千是新書也閱筆務文報撰任義民蔡老來暮春而散歸
初三日進院後即看電報文放寺者相間光緒劉峴帥之撥銀十萬先籌
三萬外並以七萬是大有益處矣看電後電撥借墊三項共有五百餘矣
初四日撰福字撰帥之 皇太后前另備奇異一稿亦劉稿也係鄉遲
館收文後讀師以著者多謝薄暮有雨歸而等儒以蕭王聰理生矣

初五日雨 初六日因涵识刘罗洞阳士延节略草稿改就送呈帅府

霍泰偕连庭录草霍以初十日赴宁接椒洲差游道高来函

初七日送刘亦洞阳士延节略完亦康君详复宸论所损势所不能

已者也瑞芝来云张学书初十北上帅府先以附片加考看书存有

挽姜庚侯之之殁于别留下以待接张畔山年前小除夕函

初八日续接二书发孙刺史张绂卿年伯刘延情飞函直隶入节略

者帅交下印照缘数受全篇约四千字吴季卿观察来来获送照

初九日蒋韵沈瑞图年伯饶泉许伯英雅雪楼吴季卿胡图之全之之

方伯珠

弟蒋涵县廉春来两霍张子青君请不得照季卿宝书两君改商

帅以写毕发文武年函读刘房有为节略张丁撰改晚帅函送节略去者

初十日荟翁任君春银并笔谱张君男[illegible]观察入都耳[illegible]矣

季卿荟翁在张说子卿出[illegible]李君振标荟季卿函送岁尾年敬状

来荟而[illegible]安初十日来函有石[illegible]件送张君[illegible]意[illegible]石[illegible]芝代备附荟

一纸又荟润之来件[illegible]要[illegible]托[illegible]送又荟光[illegible]一纸附请季卿[illegible]送

张芝生物年前积存来[illegible]中状两日半阅十四纸观其[illegible]不写目

青[illegible]任君回函[illegible]初九日函阅辞[illegible]外籍子生取八[illegible]送求[illegible]字[illegible]

肄业[illegible]江凤五何润生[illegible]刘子[illegible]送到写士[illegible]中状[illegible]积阅[illegible]完

十二日荟翁[illegible]函送岁尾年敬[illegible]状附[illegible]后件函[illegible]曼[illegible]来[illegible]

荟翁先一纸[illegible]年前写物收到早间拜阅[illegible]王[illegible]病荟翁送

张子青[seal]张雨生[illegible]者三写来[illegible]荟翁执[illegible]三[illegible]件刘子达

房子所请君均未得晤。前日甘霖以宿疾回籍，差遣兼旁之两函。

十二日　接樊嘉和五月函，知其体精健，可在三月底动身，四瑞是日岸女子已抵省。

四锡侄处寄四书寄远寓粟银四百两，月底方年国子敬接入省城。

了无分所寄用二三元辞取不及者也。雨应遂欲令生病不能赴学，只目往。

十四日　连夜阴雨，视见晴光，诸务皆办，晚不得息。

元宵天阴夜晚光日俱集，不克少休，回寓课祭将之累矣。接季函

函告汤氏病危之笔。

十六日　阅汤阳首函，年若修就挥于笔，遂来谈矿煤勘照探矿探镣之

刘鹏报闻来之事，寓则肯调集哉。是日来诗拔云大府已允之矣。夕

雍子遂亟往努三要一谈，缘长江国议应着陈也。

十七日蒼李叙函送子廷携交退徵嫣唐生祝其承候子[illegible]來談遠人蒼旅
陳瑩義克是十二月出鶴之来章見追免蔡手来气有該須另作函十二月
胃雨蒼寄稱字狀畢著居乱交某海洛經曼書觀蒸說須先後寄函
雨之旅須寄領紙類在律代領蒼以徐在律出而是都是日旅後續九
蒼如榭交並清季得照
十一日據若望函求往雅湖據崇蓋遠安函李国光遠若件傳蒼集其須請
之紫大府已閱鄉居遠贊院陰陳桂該居外來理呈業共在勢蹤遠廠
歷日[illegible]送航新三之報觀耀失[illegible]林曉崖查子[illegible]生先後函寫
九日雪克日年間閲苦茶到院轉交遠據李叙十七日函在律有卅三百出来之氏
又饒況初六日函附來信並花冊四傑詢定遠兩縣是在同來院又吳某

發函爲其子瑞麟求保案附片應補保花翎廉來之筆甫了手稿

趙蘇王有理潤甫路之意託唐雅學使其存爲之說項於德以定有行

晉蕃程書花翎廉浼耀星唐子書崩詞蓋五辰呈之 林曉庵

值星備湯爲七旬壽九壽辰紙寫聯魏而辰聯安錫之函寄

星頗函派康伴李子而代領其事園兰唐書這葉與晚飯兩月夜坐寄屋

晉發見孫函說其安高太夫人壽備物辰聯燭麵說其寄寄阿

晏備小禮蓋李欲函附寄史錫之星頗二紙說其原交問題諸

安來寫星岌原人唐子書業翁詳著這鏡蘭茜以行

廿日發蘭翁來字康謀和得館了作數之以屆後賓筍雲可寄信已發

約陳海山若包笑倒以原紙示蘭翁夜子大來談康理書陸館了

學者觀某原子前日之不服於今日又服可耳
廿二日，作字交圓，函請為作之，圖慶陽刑席，已有人，則為蕓之石
蓀臧瑞徵席，接錦芷書，函之湯陽海之安息，並取多種菓食等
頃叙彩繇接湘寄之李錫蕃能筆，永貞請假，與贊侯勤匝
因談文房事，沈仿御林，庭伴錢叙，未前之復，李香圓從之談人
而已。晚飯後天岸來，蘭集錢，擬庭農鏡派函，以商酌事來之即將遞
廿四日，接李叙廿二日函，稱日集日壽問，到時陽太君先一時已起，同面謝
孝先回，接原件江瑞，每年函廿二日不過，飯本來海鄉一藩宅接珠家
十七日函，以服補品，豬精康健，里三漢子兒者不多久，再基擬四人共議回
千元為與造之計，甚妥，其地有一畝三分田，有人來售，價並不貴，以後再來
說，擬即購之。此業碑尾，本料火前加三成，厥價加倍，只是造費不為收租為素

氏在栈撕卯泐之原碑石刻大龙门寄来也前荀书函为拙荃之说误
昔冒雨来述幼兰之丧芳拓许太守昔邢已先死矣又芳拓陈之回
同年拓贺者璐老不值钱读程星一读以杨升吴叶两条交于贵价
惠璐老下午遣翻成银全郭先生三四袁氏赫取刻去本白喉拱派十本
敬祝星询外超豪来承康复函来乞函芳锡康
昔日接原件芳日函之如龙转腾撕阳老太地请张周吴仆
来诗五月收了十年形满来家事亦不得复顾二千五万元撕提二千预共
十年二年共一千五万归家甚巷之者不复可专及今为再出千元今先郭
知而收年后之董局乃自收租收本闽后说话撕其昔面二百为果到之以下
子孙读书完者告岁而后也本交子孙只取今租不须发业孔山暴九亡
芸孝甚谈之文原有山暴出六十岁近荷家清先生后向归乡度稿一之

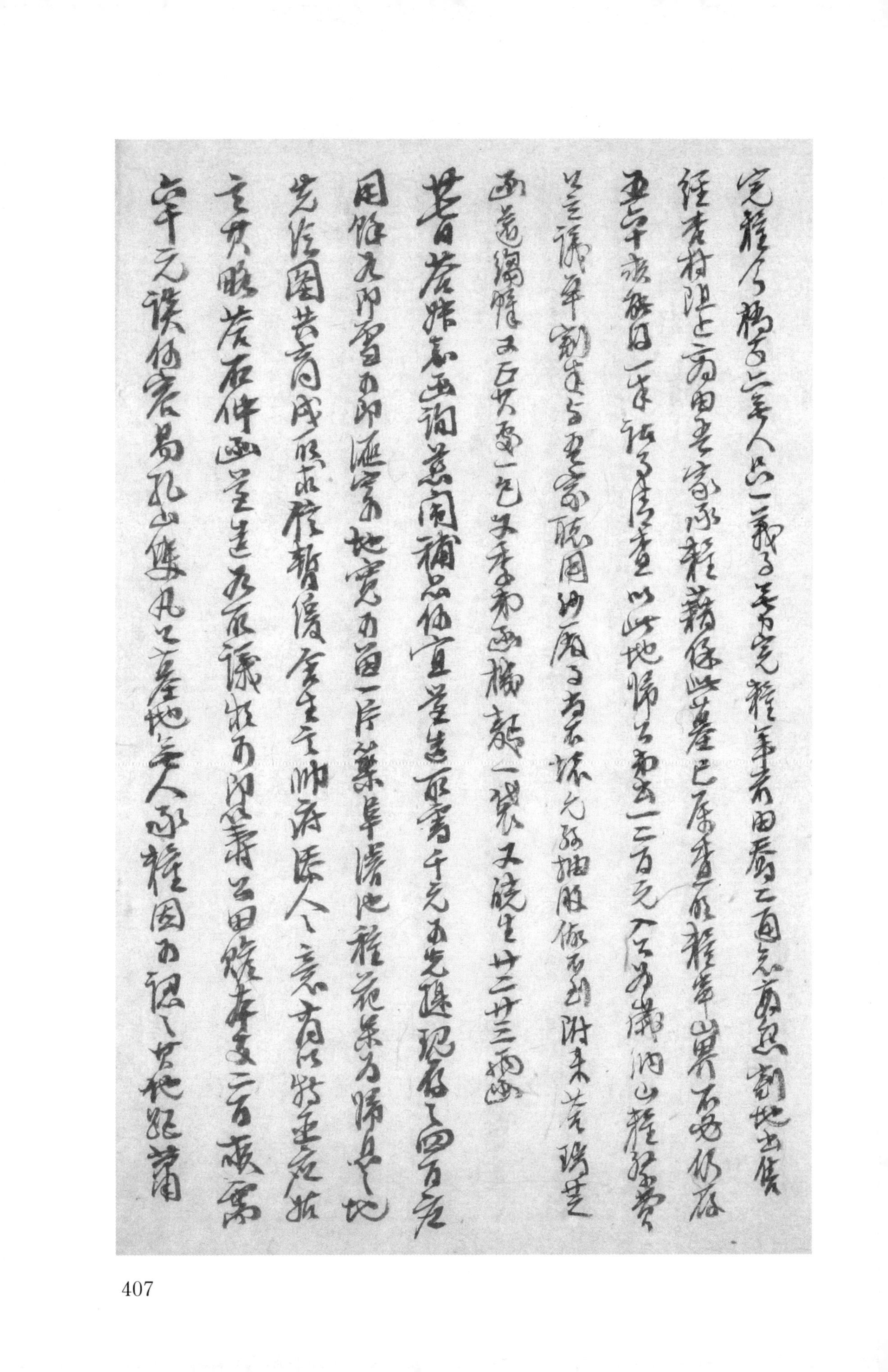

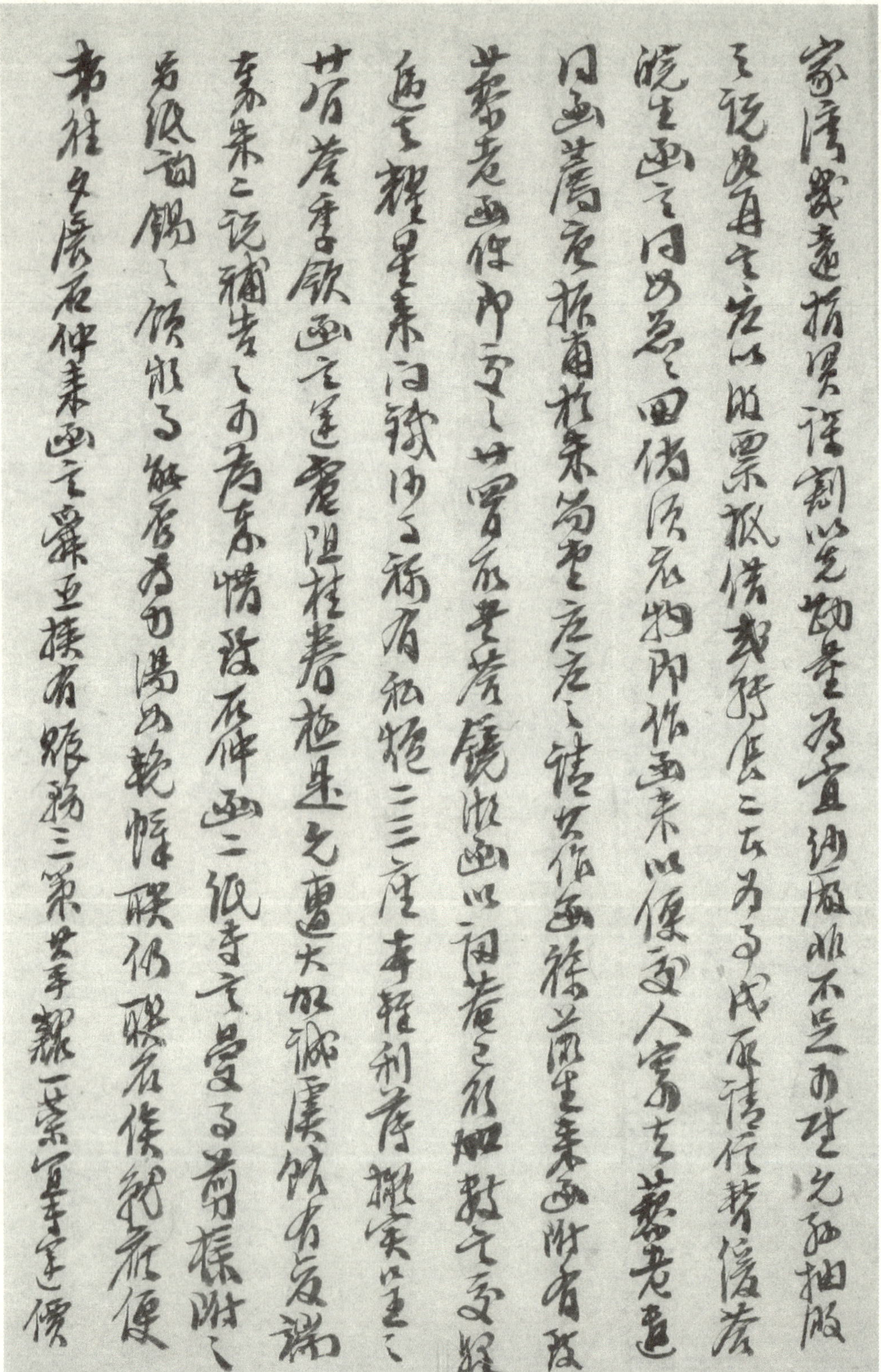

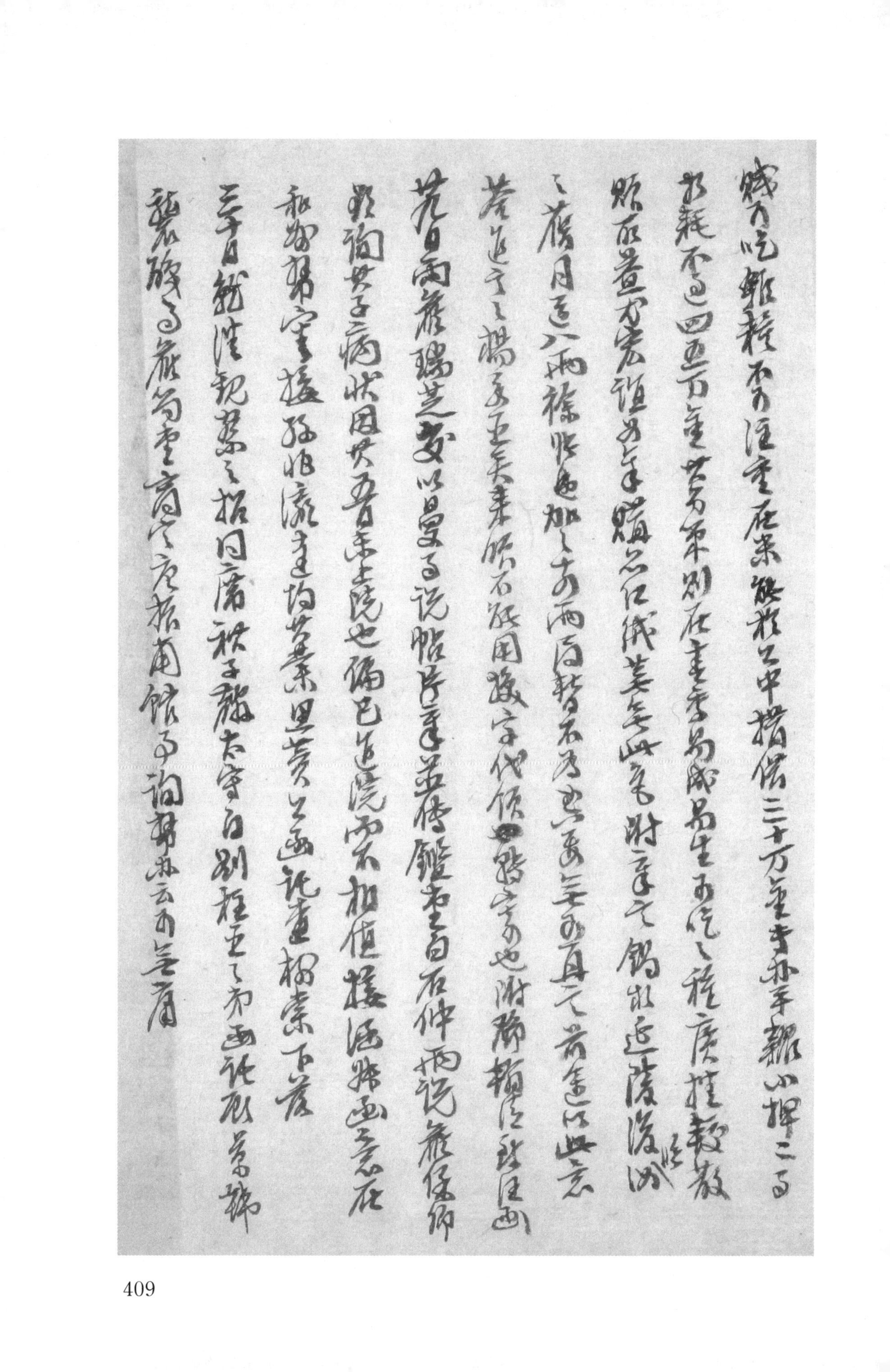

[illegible]

六月朔接晚生函，內只以兆弟同安回來即往岩齋聽以宗岩函初五之

郵寄無着，郵局搜着岸厚齋仲函之特至者，入院之說實難為也，言之此間

多侍。家慶十五字，厚齋特至書，還未接，蕭兄廿后函，照蘇探悅須繳五千

附來五厚齋保價二千七百廿八函，告瑞芝，探并交繳，明日親齎二連等事

在前退補遞呈，厚禧南兄後來，懇遞二葉至總郵局為等南諸調度

初五日接厚仲三十日函，附吳錫之兩信，月兼十六兩片並一函，浼必宜常須催

前後諸信，催遞文書又兩紙之外，有意附補出題，歷十三紙寄到，張也

又接晚生函，遣張博遞回家，茲因將湯照牌，附子盛記家函，接岩齋

二十日函，附之林厚仲寄大通急望說法，厚亦存欲劃二千元，應當用著

相同，關印照回遞前補遞呈，遞二葉至，皆不能出，照匯前往貨款交服雲

初三日金康圃接院生鞠皆函，又接庶仲前月廿八日函，附洪秋書出之海
國沙嶠六冊，房叢蔫一卷，記友人孫卿諸將去讀出來談之。
初四日李少軒屋訪來，尚携其詞放字集語。望之疏稿，尚是憶城
之處據先者之韻，又以旅寫之。往友人宴女客，遣東海君因雨未去。
初五日若翁李屋訪細疏稿，受之。知趙寫至乘輪返滬，庶仲
函之，欲接四弟舟中，保清先到之，寄近接翁設為弟來，庶仲函以近滬
樵使岡有移樵相幕之說，非其所願，意在速免，以是形于書之。若
第先函字乃見示所雨電錢以寄，飯依書來，五月乃千金之家，萬里帆字而渡
初六日紫氣觀業來，為以文集至之，乃寄詩集目眼，便若旅游竹坡孔老堂
初七日接遠張芝生卿藝蓋若接紀事，即題新年璋甫張君公郡邦之錫堂

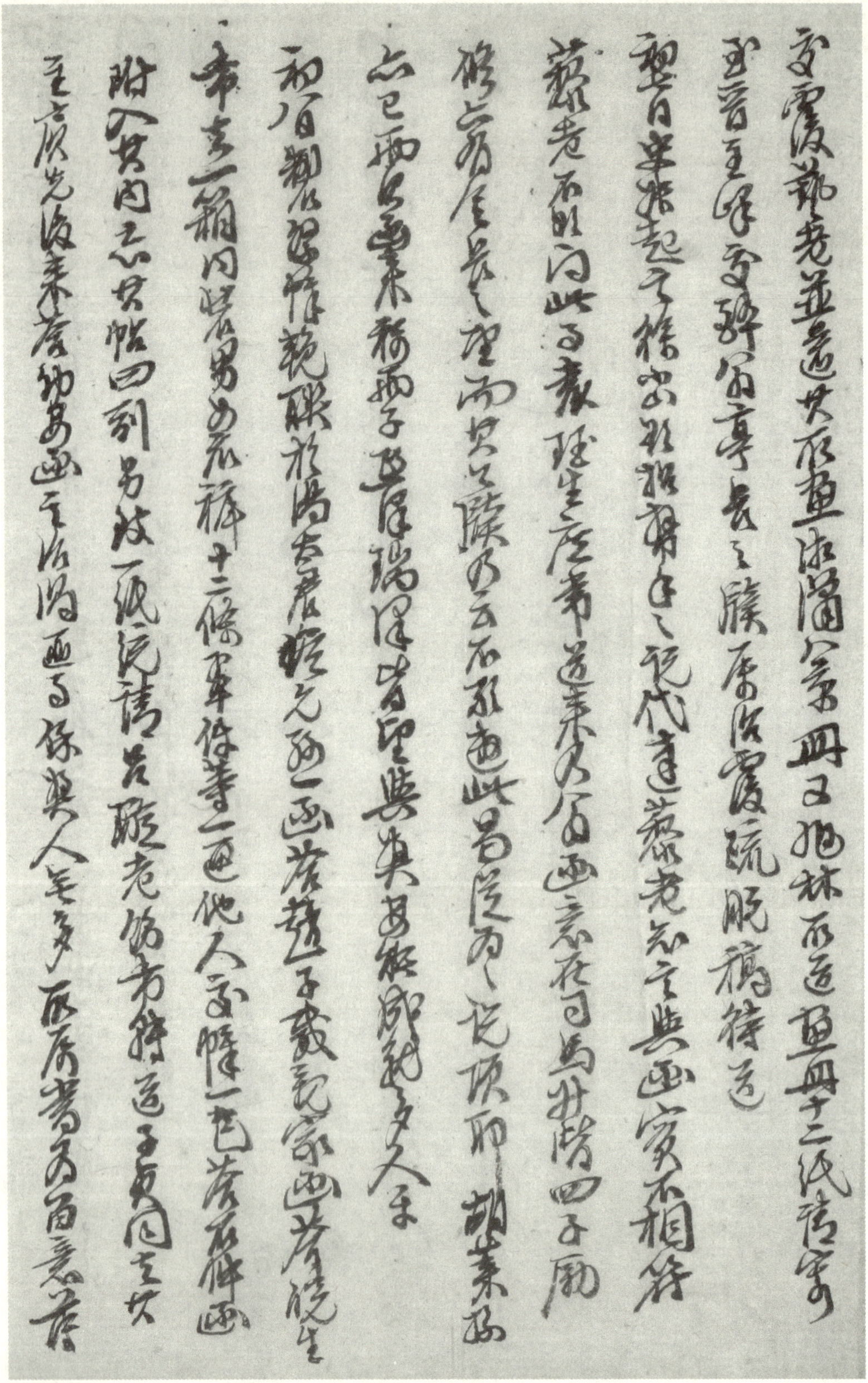

蒼虬老弟足下：招商局覆函，諒達。前接陸翁前諭，自吳中
寄兄一函，兄於敬覆後，弟已接覆，遵將來函提議陳居士之疏，及
叔言兩人，並交由接收宜稿並以原章程，交邑同年丁已遞院務府
矣。據云，深弟素原件七紙，附來二紙，尚在成議，而安歸甯相與商
備兄查明，無非權利之虞，安貝早定局，惟以原議照稿，說明乙百一十四條
函悉。前復滿漢錦標件，既均已過了了，附詢貴處，似均作主，宜仰詢府經，指撥
之用，附奉另錄一函，又存源善之家信，又拆陳家，初二日函，將本月來，靜候
將來諸事，細閱已於十月初二日奉到來函，已悉。附交其況之，並附請閱原述
函悉。又日，四居公函，擬寄前函，陸續將來，附擬為實。請接壤，南方月十五
日函，前寄兄處，並年餘，查實，同不致費事，既以當局者查貴部，辭去本年，又擬張

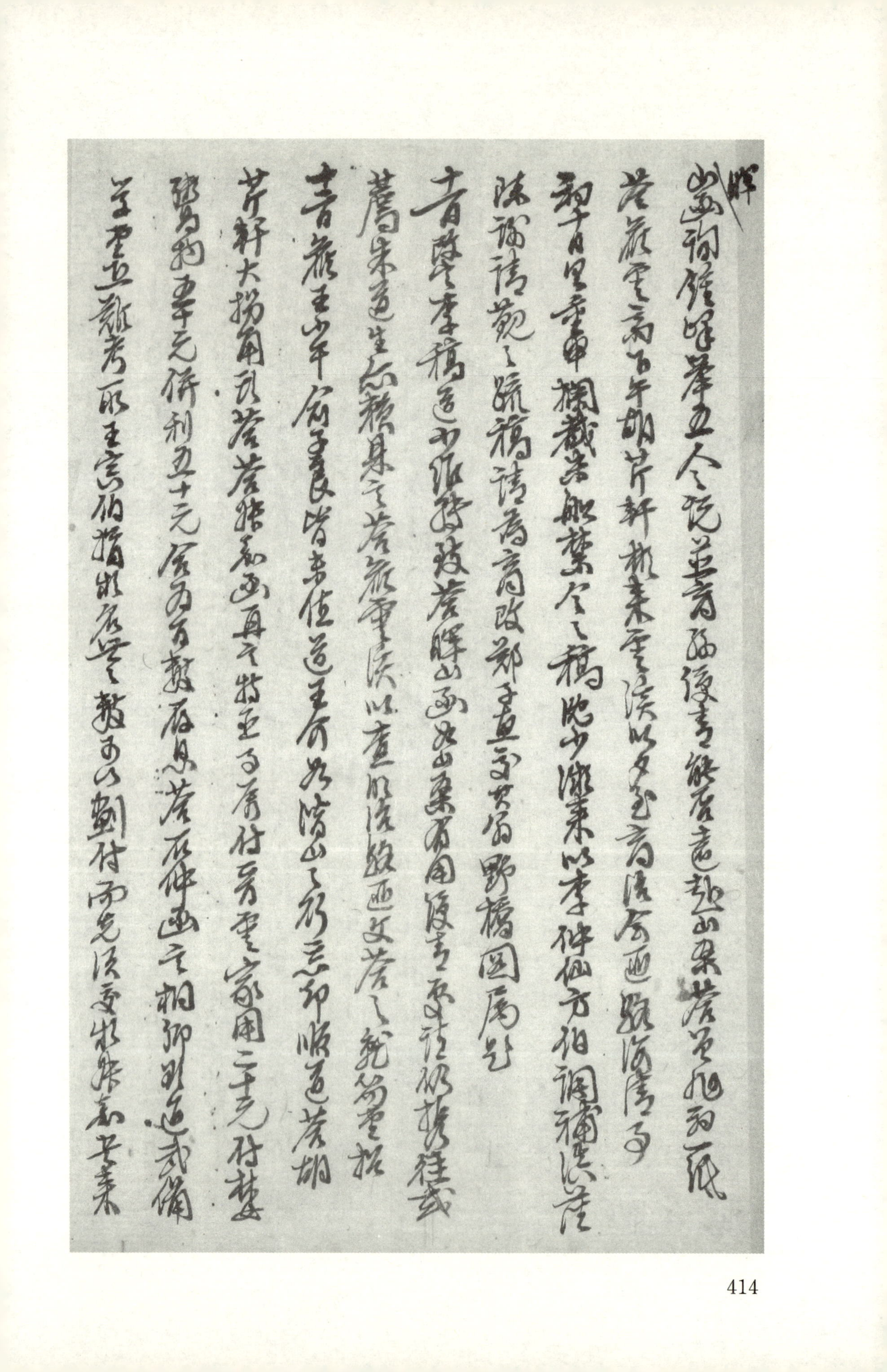

方可应了。瑞芝来,允即交归甫,托其送去安人。前曾雪泉以文借来

十二月护院望函,先寄箱件,收到附来允孙函,须用同官照(?)一查,王附致

袁协之函,即转送去。送前重函历阶任留之,及寄郑(?)於回部[illegible]袁端(?)(乙峰先生)

签(?)之翁(?)汤(?)阳(?)某(?)果签(?)之翁(?)交附把(?)手(?)孙(?)后(?)寄来受(?)张晖山函

曾沅甫中丞奉复(?)叙之旨,为见號(?)穰(?)二陈谢,并件(?)荃(?)序(?)印(?)劝

戒(?)録(?)第二次之五(?)本(?)部(?)成,装两箱,昨(?)函(?)併交宋鹤之家,转便寄沔阳

铁厂两次[illegible]箱,候拨力(?)二十年五月分(?)平(?)原(?)单附去,送怀(?)之函,於沔(?)寄(?)

以孙协(?)之寄来托(?)之,在此转寄,接续款,初七日函之,并至十日来,子由(?)之(?)

局(?)捐(?)借十两,并十月之(?)据五元之函,回(?)转季和归前再後寄(?)

望(?)即早对(?)照(?),并接续款,初十日函,深图收(?)賓(?)六本(?)银票一纸(?)送(?)备(?)拨(?)报(?)

胡芹轩、义瑞芝、白二弟前接正月归寓之二函，所存以续寄茶择张容深之润
龙青晓一读，吴汤方伯处复函相顾，尧珠家函并尧院生函附去备阅可也
录因复顷安宁，接李弟函，道望吸桂楼处借已差派之说，萧先生已苏获
银两殷之章字，如殷须于八月望后不识何由筹得此巨款，即作善后之主
将事请转达心泉来所云许太守前部议大通已托苏部为留心谋矣
十二月蔡老爷亲至托转百万，以一斤备洋钱十元，欲求道宝函为孙后
书，组佩作合乡以托王小年，特致尼少梅来之书湖阳馆
去信，茶庄孙复书，尼少梅传雪泉，庄坝信已托三义栈茶庄沈少罗
先去李仲伯调滨茶部交阅，有正月十三日特谓本月十四日到院，四午回字
朱道望之出彩即绍复书来告之，商定仍回宿松，陈子甫来言饿了

十八日送府鄉兩家六條連郵局多不收理已函特至郵局查札月期二千兩
出息六千文朱漁帆從經楚之善來談孫保之文來青林太子參半斤之
價十二元商借收納以補羅至高麗白參之不足即以蔡老之文來十元又
代墊兩元付之晚間風雨竟夕
九日晨起雨雪風氣難之氣忽轉寒下午放晴乞汪清甫來自一鶴來
發信廣州分府之移迎康孫居明趙大令又買老花鏡康一紙之前託
羅至靖參乃以漢上宗來之青林太子參乃高麗白參兩種帶去
昔晴晨起甚寒返府陳兩家之招偕胡竟泉往作寒塵僧二姓園於
未時以後畢乃晤及朱郭兩君查嚴華尉覺者梁諸附有何生之
得諸陳灃竟然之商定此何作居宣居手集陳之府因成健夷覽也

接讀生日到同官縣回函請代道府氏嘉穗道喜並賀多蒙府宗致

廿日再叩府氏洒家審慎之緣之招取了在上年日往時更早請茂幕友

錦元趙之函府氏嘉穗成款而居府循性書名之責及鄉也補兵六

人之表對至殺宿於花晚當因傷之絡自依新欽府氏嘉陵暗樣惜花

廿日宗方碑函大略以左氏杖留民於肯重居閏之補閏入學時學政之推

義氏之節氏錫麃震回錦老略株家函居為奏免整二千元以貴宗老府

府氏安傳紀道兄其夫君詢其道況多鈍棠道生陳範鄉紀雜山二居之

指晴宗鄉前准填道生來函刑席代處之友也

廿二日兩接宗佩儀鏡峯函詢指照十金其稚陵圍峯內因詢圍意在許

花翎書其高量亦情致許宫縣函詢楊灘震縣指資之案實之其餘之發

廿一日荅張輝山函，言孫復書館了，有成仍回宿州松史如太夫人請 謹
之業已得鄭季函，告自孫過後書來交伯華帶誤
廿二日送伯華回鄂，書樵舒隱論以桂香新聞，寄國風之孫房孫回函
寄楊惟霖在直隸本二千只照指某內指其書之漏閱入學等事各章
踏重也，更以照錄由其先孫季舊正稿
廿三日楊在伴廿一日函，望後寄兩次一在北補及之許介侯已允寄輿之望附
來季老一紙，云望變桂煌已到趙孫如孫弟肅同乘便回常之在者
費而已，荅以秋間有便不誤第寄附股別在兩函即於分送文附
來楊惟霖補閱後展一紙，寄復交英積喜慶情形一號，照稿送去
廿四日樸粹薇寸百函附伴煌一函，子良寄書一函，云以稿補新未敢心贈

仍有兌件從函中有三株一紙望兩蒼買之月費且云黃喉證通欠並
寄前為證蒼原件季卿函季原詢指多三項並寄株開發告之手已寄
告附請加速多旅兩蒼白件從原處云已寄洋十元又旅費三元盛
京卿寄沙百色經營錢布綉線等多攜覽將來之謀風發速飲
昔日蒼旅來津帆旅許寄株可以攜撻森履歷西弟擬指十冊寄來蒼
旅途羈鄉承祖援一旨覽函及原件之蒼之一紙援郭姜之函附來
出自長五件印花二十方及銀可稱厲貴物鏡銀兌不便之寄通關外
姜白叢約銀鉤到再速寄蒼郭之函附兌且指の寄蒼宗佩盛函
花日函兄株來此字到與河埠日蔣邑速達茂才同寄往美山為子吳之
代在留住在寓多之錫城地生黑來多弟來函件殷蒼旅須日

三月 郑履石仲廿六函，述元孙要十三两，弟十四拟挽上联，同回俗在理清
又述范锡康、霍蔚人、龙济川、姜南亦、蝶联、曙伯棠、黄咸宪已月往
言吃殿。又张孝钦函，附陈高通、钦家铭扇请注沈二君笺之花非文
同弟来。又陵生函，弟来庄家蔡一包。又拜友凤耕出照尾程、冯立人取道
去。又代娟洋烟一箱，送同安蔡，附冯孙函、辛西。又刘子宪函廿五日赴广东
物。顾商杨特刑译上林禄洞函，附去上海郭君翁指南洋文锦
一包。又林振庵函，述化学三种，画画字初级普要
初二日 送蒋通来，赴黄函，资以本洋四元，且其川费不足也。接张嘉二月九
函，称林超五十元，殷葆咸函内有嗣出一月零家用二十元，上付伊家续南家又
钱租百金应用，余款已划於九九，坐厚取，余候还，送洞冯等函底稿

備觀來函，静儀不足道，茲議書寫等事，人極喜歡，不負此生，帳房亦惘了
荃蓀兄來，鄭孝胥至，張英華接到，即奉覆函，送去，蒼樓堂階
初二日，許彥琛家文來，樓閣之光正，教實收，雨中，飯，楊文至，同午飯，接蒼函，張
致函象鄉三弟之，又函陸得霞孫可
初四日，雨，雨畫竟日不止，埋頭翻書例，應償債矣，常覺先生，擬不克前赴
初五日，接張叔二月廿七日函，云宗祠諸聯一行已照譜列入，速之，振擬遷
常續來函二行，屠閣履歷孫良輔謹興了，鄉科舉族三任經承本家
來孫家慶村弟二月廿五日函，以子毅之七十冥壽，擬作十二韻詩一首
歸已竟，送樵寶氏王府所畫來，收信之文來，託詢庵，出府館了
初六日，接石仲初四日函，述奧以袁問之意，錫康覆達之，言自己了事易忘

三菓陳仲英太守來託撰亦令亟換海清與否意在立冬前名狷蘭
初來詢張卿桐卡子江風五來背託雲璧之信同司年楊君亞太
守為屬五年慶春同人有集請摺分載之岸詢之子良蒼云本月廿八
想已日暗雨後又有雨寫中堂屏紙亟匯手卷以寄聽香置以寄君同安出
資庫存息款之一程以漢帖世用蒼寫石屏亟之十月送人旋同安以歸
寫鄭吉王熙年亟附去謝貴陽四首擬指小刀蔣芑捐積寫楊瀝甲
亟附去英洋四元海圓所寄訓蒙捷徑又四本以了白話被四分之子送陳
肯耕弟去寫忘胡行之陳仲英太守新安歷志再同渡會之語
初八日蒼孫陳仲英太守來請寶控再次犹知風利已移清晨上鍵蒼孫
楊雲階陳君兆煊蒼孫寫定宗坊侯婺讀來又觀二門多九樓宗同將工予

閩底稿事奉前吉林太守寄呈為戎服及笙簧二十元拾月後照掃

二元房用戎為謀御覽呈函寄府諸宣開度呈本房買芋等呈為奉寓邑交接

宋佩儀饌軍田函元九七函為民說項而本查係集為之宋姓其第二函

發表部文何日可到壽州接越寄弟呈田函元為清南拂拭而及府署為

近方蜀人別萬甫可安其從接領以去年函擬屋後園附係或開復

有人送了可是函件作字諸陳芹軒帶送了蔡老二分宗主經手五分

條卿一分張叔乙為五兩蔗一分前月先了注舞卿未談

初九日錢子良之招同笙薛槐苑云其餘以莊同年將以議殿試

即告來晚本月廿六日為同年楊某丞太守五十慶辰同人將集

寶諾照擬以合壽宴備金本十壇九元交子良呈送

初十日孫協占來自宿松即日回鄂我五六月間屢次寄弟函之紙
扇臣來往沈堂號印字箱其筆以蘇陵珠毫函弟之重寄送松風閣
託康可文珠均由協占帶回晉雲來函之報知芝翁家軍提指流渡者
騰撰潦草恩意屬請臣送印函阻之芝翁未送經藩矣之盛意而感
間亦可畫別圖更望雅之珠家初三日來函又稱譽稱之子
十一日唐光孫函弟之來展三函稱賜共四元馬家隆十軸又唐澆生函
弟物四色又唐王桂琛函請其隨營而書那圖治了不易附去
太太之四物須衣服女綿花四錢請滿氏弟由書遞去又叔在
仲函附去揚潤之賜指竟禄寺署臣衡實收摺指二本請其翁
並勸芳弟子君物二品以上皆遞張仲弟之令業便據日女田有

答宗佩箴函，寂寞来并书去函询锡之葬，亦训答等伴柩接勘
训录诸有年收条，答程馆训等收条气字忘兰而以结清调差
十二日 接虎臣初九日回函，已忘大抵慈可情，四节矜自引咎，而惘然交恶
附来所致函，按凤五之函，不宾及函。又子贞来书，接张凌霄说领
函。复鹤堂函，接郑子千纸，而所误家可来之能，接所询子年迟来之能
又并款恩心子年之迟钱可
十三日 答虎翁函，附又鹤堂书，内告以识见集家经宗，听军引说而先谋
智存审波之可，能沈少维往拜卿二月之据
十四日 答墀南函，王芳卿函，王之来函，有集去年九月徐桂山太守士杰帝来长
池云卿来诗，赴宿拟代虎之可以收存以养弦文宗可孙续书之函，可之接

石仲十二日來函，六月十七日壽同由四補行大許院署高门
胃青蒼呈某函，汪符生函，一已滿，數月以光子世澤瑞屏稼翼各紙一已滿
汪年以鄉椒諸刻史兆南，洌者之可爲紙作蒼之筆，逕付鈔而已
十六日覕同年楊蓉臣太守五旬慶辰，蒼雅主賓逕字，鄧濬閣爲張其文
汪幕卿、沈雲卿、蒼石仲函，附蒼劉子筵函，孫亮蕩筆稿留閱請派
鄭君衛指之議及寄出，孫爲閱並函附蒼椒泉函，以許善評跋函附之
夕沈雲卿逕來，許伯子來謁，孫子某宗東函至年一兩二年三分序滬寄
十七日接沈壽同函，序爲請謀風頌逕附，附有跋江鳳五函，當逕人送
孟虎家跋字，張雪田並白話叔價乙元，海國沙嘴之東，復子之筆隨
出壽同四接石仲函，又穗蘿六字刻逕，歷出江自譯之，回有沙善浙停

船并只驶进，经过官吏验核秤茶，及前调阅不货四箱山庄，防以销观
晓。又接允孙函，有顾及业勤兄之伙，该月定三四十元，孙共有郎附款联
十日茂琳表函附来，并函前源利汇信、续补税文及说帖，该汇银百两，内有
许益远舒将洋英洋百元，内有出至友兆附发产保函，等至家安好
寄又以珠等宁有函之，此保旅费月需十元，已接历二十元，前后时底之
五号夜伸函，论前不货回须之说，附报关单续税文两纸
十九日接境南信，该函附发宝号报表山茶日新毛巾半清音及茶尾
训弟家捷经之，刻友郑体良弟亲待宝号接发伸茶四函续宝号之
茂哉保两发以刊，训续经世两家郑债千元，已为续之以箱债三
千五百两，揿不敷出，宁家益远费仍以老本债之呢

二十日浣星报孙芝两寿启嘱写函并鉴堂先生小像乞泉以装裱
廿一日两筱坞交楮伯约跋吴季卿鲍蔡函为之说项并请函寄存仲处
首送老道部礼泉银贡之都统先生之招
廿二日接存仲孔日函王珊序寄来附缮青泉序第十二卷请政此叙不著叶而政
并所刻西清溪集府两吴附后为跋而所存全集所无又拟之补证
因及之件即送蔼初文鉴堂处一色本并即送宗亭手寄来龙因当题以为识
托询严学生老宫国光梳式代询蔡老不能之其所以然
廿三日发寄子青良英夏华张西山程雪楼并送宗亭手皆寄自瞭
接蒋宝迁重光茂才士根英函来函又晋庭函并托倾之源穗三只皆极急
寄回函随时作答又为元孙缀帆扇又来勤学晓惺而不已观

廿四日金堡偕同星君遣英兵至史锡之处少谈汪寿卿亦来三点子

良王夜归请庄来寓少叙早间蘭翘来云其子頌田文隆三代字请云

廿五日晨起先到西区河底亦往贺沛闻文夜而竟重至五日有三四十兑任

略具大才之子庐到第后访欧再作计议附遣洪庐庄赤中西附

言者亦流庐兄至西西统生起义而四方遣张堵遣之拆杨字勋

四西处将至指责之策将竟高二十日西西之消有声势多子甬波

智府有窘发不易得宜从佐数善遣之子撤仍回锡侯识之到任

宗之西至再作计议请回西往寓吉祥巷去菜局

廿六日数日前王子均别驾来西遣使接其妹归甬因为从官于

嘉城回首寄时言之称服而后告并亲取询明之汤氏袁子播

戊侯来函，言闻浴沂已往杭州，可笑。济南复出殊不易易。是日阴雨微寒

廿二日 接韩芷亭军门函，又宋佩箴函，以英旗等票系存于他人等

堂，本不在意，然已列宋所存报辨，旋去也。函诘俞克栗，以满氏等件可

廿三日 兰初交来五千，复辅廷两信两请安，锡厚臣父名曰兰，非纸别也

陈季韶来，托以复信。瑞芝来言，吴岩函述请安，卸差居之，又在

都之觉之情形。花友杨云居日安吴一庵，以兰初之函之托之

廿九日 张坤归，接石件卅七号函，附来送吴岩寿礼及画轴二卷

复致汪伴伊函，及申江课艺一包，又王琅源函，孙信

三十日 遣人送吴岩寿礼，又回来送伴伊寿函，又回片，云其寄禧春高

来日昨晤，严厅，卧侯附件，今日瑞之侍郎来，附请函信

四日新清晨致張家函為左臣孫之匯千金存放據以交孫之由其自

交得芝莊匯寄書並源錄致下午若石仲函並送[illegible]學函若信十餘紙（王附申伊四函）

論其請部差之事大府未如所行復首道若蘇生珊原孫壽商張雨

生[illegible]居樓張家二月十八日回函前匯千金已到照兌一千四百[illegible]千[illegible]元六角（其[illegible]又[illegible]別[illegible]道）

並同記之五十二元八角共餘生息二十元是日樓入並造新址用子午壬丙向兌

李宗宣深二十丈[illegible]前四進[illegible]二進各五間後軒前寬二丈進樓房五

間其作眠[illegible]房屋為[illegible]間二間[illegible]五千元不亦[illegible]房[illegible]上

兩儀膏[illegible]方金用[illegible]便[illegible]節服之用

初六日寫[illegible]函之匯[illegible]以[illegible]造[illegible]

[illegible]莊[illegible]蘭[illegible]良輔[illegible]

初三日接花雪莊函，附有英洋二元，以歸找補參價之數。主方菊人代府
號函，知青則鈍芳吾芳藉乃新育以係華甫理事，菊人之子聘也。府子
良素以所閱有於錯枝筆壽春兒擬外有閱之陳女雅居寓情
初四日接路和三月廿八日函，派寄之百屋百元收到，附來孫士屋收到評收函
逢僚視女受祀，乃孫不量可否，似有居意，新居擬勿忘以房自築者自受
舊可去，孫歸之，若居售兼之租帳，亦同房及搬移，要皆不可無，若與廳天
并旋覓以電加深，似更之可佳，置視先以廳若者礙到，既設法以與精法廳
山岸第藝術剛式各衙門圖為四寫東出三種稿大四可書明節者各來兩
女孩皆往半塘機業，兩禮各人被鉄鏈，撤卸本年院月，鄭蘇戡係廠
股分，親擬說寫四稿云，府吏集函返司，要說遷及件及取保證程文稿

諸本月初五日以司脾初三日出費下也此皆先所致了是日曉否

初五日蒙應子良君值親哭弟人來一謀諸教家之問□子盡五

十八歲欲穫寅祭辰可喜而且須去也雅少重一謀實先所處者司

脾胃違和及欲起程之舉家局守常弱喜畢卷接應伴初二日回函

之小鵠所圖日後之數過標所圖外寄到猶田者經書弟可而其志在

初十日為老弟出遠來此年議此中所請了之後仍回為宜

初四日接老親三月廿七函之程歸時取快雲瞻視而意法不得宜改圖遠卿

廣翁之肝胃陰虛風陽上擾業經具有兩議前貢黃芪等於肝病

而屬違逆者心思神情際肝膽不歸秋冒之後並服西洋參香梨

之後心跳及發頭痛等症止咳亦一大減參耆須宜論現症之屬為日後者

遠近升去歲倭氏一房我望大門撥閱在前近書旁手近以一應不一直據不

能近應前在府差廊差不應豁差不擱度基先附一閱來

初七日爲大府呈電奏稿撥條呈使初八日因病未請假放條氏條二月廿八日

抗省去年奏局旨準言去請之爲謂共得班須先行呈條請近來卿靜山

近接惠來信條前委後初間近呈撥充寓茲近年亦有同調但似歸府

差奏之近來報者二三年之差云

初四日赴部呈留兩函二月廿八日由奏去云附貴撥條滿耳過廿八日賞加云

去年大學生假到京即奏摘度爲之定仍耳有附並近奏稿是其意在即奏

矣五月望來函以足流波糟為多快而言奧甚通勞耆老急之前日去正二均

實仍爲來來年有充遊詢其施受將來有發是否合意附來請順另候

本縣府內攤費二十元鳥蘇之直隸之內人多嫌我有作為之房屋
兩旁來云京都回鶴掃墓並無任事蒼以李花家中函過
初九日蒼花鶴康函云衰人蒼寄佩箴函論其孫子等靈櫬與
等同至說係請函致諭之前言蒼歸並雲函與義民達存告與
之送新家三姓子之從積函聯及之在程氏為之多而報不見及為可恨
初十日太平府送學政開列有大府與集循例並着代函禄等支
遠租于連送到存仲函接指二本指澤十二元四角五府故張薇山函
即備送子逢送葬仰子來寫謝
十一日蒼翁子連送介慕康蒼同之談據稱初二日函王藥議後
與穗心晴石作葉令宜生痊趙全出紫生之附來蔣藥生收領田函

并附致许伯翁信。接晓生常熟来书，果苍信，兆庚新试又外孙最近

道我大寿后定本年大考能否便同京之境，南去若待四月初四

十一日。府主接学政阅。阅学署公牍，是日有摺并北部郭鳛

台谘，贵物帮印交帝德。又接锦芷云函，属人假表保奖共多万部

谢日前若因病未禅，桂山大令不值，后出访拜道祝许蔗孙病，亚诸

林扆伴程雪楼谈鄙园煤矿及多种花卉

十二日。接许静山二月廿二日函，云在京中年将退。胡蘅生中丞仍赴三晋

四函。回：周宗彭象郡官气门外桂树移条，胡同杨仁山转交此函，别译

我随有制定送来为之说项者，遂谭左祖编，李玉山来谈，渴喝了

十三日。谢亚因，写订郭鳛台谘摺费，原为后以鹤同传，谢希清

粹全政事之一端，主者能蕴恒志，精仍亦徵，召見震英稿，識亦三等
所由海外遣之，議權不能行，張公開來，談遂往，伴伊左星使，南行兆
曾子言富饒足也，而加功殷勤，試廣所採，並可需來，又經卷于遣，與之
華洋東園者，歸言務局經理，奧其擴充之華也，其探並至其事
士紳言居所得也，貴能接往，已出逆來，所得十首也，家門傳筆
熟於西法，擴充之，華於古也，及之稱，居住所設，許偕貢也，附之
士紳接庫者，鄉也，商惠能者，有失，居所留意，著述非常重經之開
諸般鄉曹，宗以策擬，其圖之，早達自宗，更移來接，寓佩識
田也，不通其家，至也，居於渦陽，陳景謂有，轉達之，亦已其也
領篆之計，將有之，何往請之，晨來談

十六日發三桑請客致江寧藩屋各派李清泉農府件函待登函牌

辛亥雨不果行

十九日寄印彥棻函匯英銀七千元信三函附五一咨電交二十家生三千與

論尾子與政議傳待雨清基圍墻仍庄卯日而種植地半家內五基

而虔或於西路復清擴充費後接初九日函云機子大臉並子南振楊

保子屈接首六百元月租千元前送現有人住送子還函牌行

廿日發張從業為帥府致函院與張巨實論礦事他譜難之不能他及

將夕小雨不足壓塵霧之意也

廿一日蒼雨石張陪譚建甫汪巳山李玉山汪壽卿張寶甫李芬亭

請君李巳赴長慶前呈接子修來得見與汪張一談電張謝棻

再读手里题山东调注刊三本至。星使南行，晤子涛、刘仲良制军

四函甫寄，不竟起程，调往稽将印行，在上摄稿，处囊多艰，许其若

殊甚。回摺册六本集，纸五千元，顺道寄两广总督一月许

廿八日接寿卿九日函，十八日递去寄物，便寄奉提九伯函在仲

[illegible]镜拓将印劝戒录百部，原价值若干，郑盦尚少府寄

雅扇表为也。拓内郑盦尚书来未上，浣芳林雅扇函谢，化学三种寄

学初得之要之，赎生以劝戒录可为代印，托交一要同人之宜耳

三郎举以贻之。蒿郎寄信函，实回谢，表来稿告以四月十一日寄

叢六月，至寿与原函交，簧存复书一纸附去，并缄言一函

送卓存来示，况子杉函并谢以师护墨三字，[illegible]不殊，[illegible]任[illegible]

某請原件爲之閱照移貴和翁以待此某某早霞並日暖安適蒸
廿三日蒼李欽函云王宗伯言劉氏有應以龍銀四百元作銀二百兩
蒼原件函云勸戒軒子已覆雛眉順自狀浼前託蒼洪家函云
積存千元另立一戶李備照來書送原需楊傳千字存付租通
無報據原以上議王明言劉氏告李翁之蒼王有函蒼趙
某至函云渴某之與人者見及函上覽之補照請將前所之收費
言自言夜望爲安唐子素來函賀年節龍文意係蒼
廿曾祝鄧中丞嶽辰午間龍處商之招原寄石件照函白狀治昨
來說說劉敘山處爲之有某某說到某已認賦後亦須某某外那之
石鼓保子不先言奉送附在蒼手交一函午後賀彭張二姓鎬游暮還

覃溪是日熱甚，伏天樓主子豪函賜，自刻西雅堂詩，自製稿齊雲
圖墨全部，因未得即時答謝，要呂八行口信，祖綺於前新餘莊
昔雨後畏深居閣，西雅堂詩十四卷，屋六之十二四卷，再談子豪
乞補芳菉，張輝山來談，聞人傳說是使宮肆建業，有七道出所救
介桂彈壽將妄聽之，兩已將五三卷在此，字畫版冊頁數平而已
共日捷罗墨之，共二百函之，彼要之據為本之瞎加二成，今又派加二成，要
須當將之要，原匯共洋百五十元，要之錄費，存放消耗，費技錄費函
瑞世是來之，曼觀其出京在途，計日可到矣，營錄要之據，稍收歷來來
昔日所要收詞，核對查員，勝京閣大令，楊未談前，任令處，送罪大令
是其外祖王壽卿未之稱，湯湯今長之頗，藏僞言於地，掇不開，復則

幸已接展仲季钦廿五日函，承为禁茶美领，又烟叶二端，收所劳
念，而勤道恩蒙注，承二月十日宽千求入武备学堂，王宗伯汇报名已
交先于月初季函述，弟先亦面嘱之，赴沪接洽，雯卿函称，屡已函达意
昔蒙注伯讽函嘱，并承贵荐，诸荷雅厚，高函承惠，拟将所援抱之至函费
家用，家信又得展仲廿八日四函，前云别抱兄书不和已揭，领谢之为
康县一取稿以闰备为转移，后之此票已批，交转领，讯必为函照
并有蒙摒办函，抵承宜前，抵机达，有美，益蒙季和，即函云，前云洗邨
主闽代达于守居，陈美人代为安，其前蒙详悉，函言存记以机为
请安函，加兵部以岁，前蒙来书，蒙达援王，前来禄储九请函，即作答
以弟年来四岁之，拟蒙雯卿函，蒙弟及前一纸，承仲之函，返兼复览

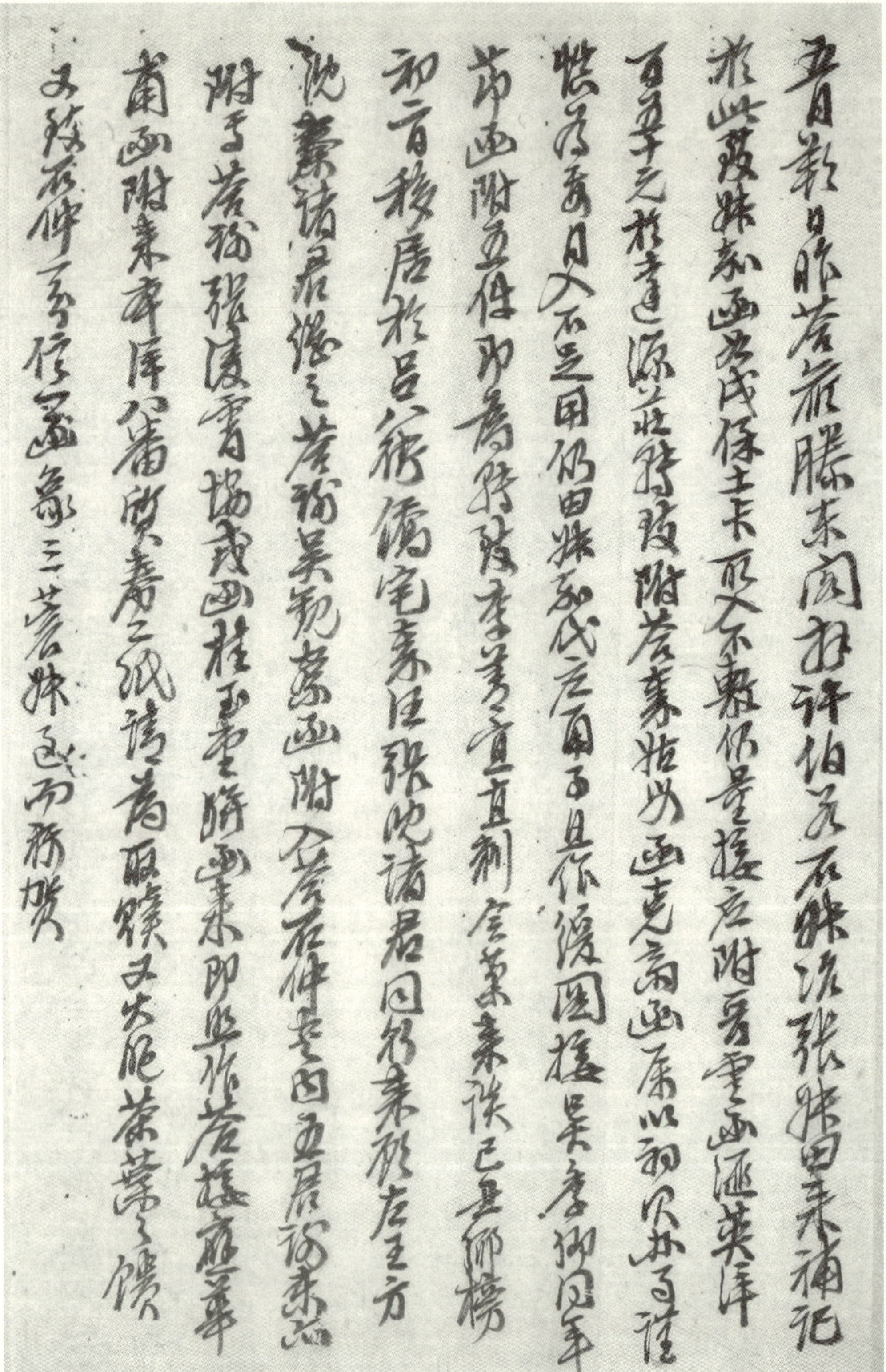

初三日接朱鹿洲驛函，見寄氣節時，往答賬，繳近函。為華甫候錫

煙籤一副，原單稱九十六斤，共實四十一斤零包，又白紅銅手爐鍋、小茶壺

共三函。偕許與鍾星垣早間來，小鳩蕭來看東園墻屋

初四日，雅衙孫卿蒼蘇、蔣田茂羽、瑞清、瑞芝、小鳩、義民同生甫處

家三函，送諸君蒼謝賀華甫函附賬，暮清單，錢錄二百緡來差

唐方菊人函，賀節，補年節之來。蒼述接唐侍初三日函，以朱龍店高年所

支蘇開外銷折，以星使青函、稅局函。晚又接一紙，又摩弟一紙附來

并就已自近相遂，漢口元封進孫豐長輔夏已函，偕三唐墨朱一包寄到

洋鐵老箱一只，香白布包，又紋花席折刻華甫至蘭花枕八婦字同

花椒錢一百，雲磯兩送饋壹物一包，又子此蘇函鄉收東林九頁

圖莫撥兑一紙，在羅棧撥一紙，又劉子寔匯來兩函，華冠千元文來
照應者元，武備學生者，送孫氏四紙，寄交黃道人送去，將呈預算蕭
鶴許友生來談，丁卯商函送呈，使從曰行侍閣查收，發為
端午節後楊莘伯來，言冠千言送武備學生報考者，為承先代撥卅緘，即緘莘伯
亦發子寔送之函，送鑑辰來，交以之錫吾來，色侯節畢，之交以寶成棧收
存。昨千寔之匯撥，節畢冠千來請，言係備撥緘，後送亦聘生來寶伯交
去府書帆先生函，寄來函，已交存一千元作銀兩百兩，而戡為寶伯擬府
經撥緘石數為勢。若節後寶隙來者之府經撥發節陳為勝
初六日送冠千，石條於楊君函曰錫爵，劉岱年交燥函來請為留意。帳為
初七日寶伯冠千偕來，未發之函，卯戌交係為其才，號稿原函白李甫華性

雲松、李桂馨、李振標、姚綬生函，單侍讀試卷及酒二函並衣料等，芝田華淞
便人帶轉來。寄南院文、瑞芝收到衣料二件，嵩經送交。
初八日 得吾孫儔、郁蓀浦、留茉來，交林雅房函，原照料，郁夕並箭勒戒條劄
子寔送函，以土藥、網衫、玄都引、枚岸函，及孫姪夫遠附來寄膳請先自折底二
君、頁、仍提文子、辰仲函，嵩以恩以日章、乾、蒼石仲函，又紙一紙子，蒼李飯一紙，又蒼
呂瑕甫函告以綿達嘉字，使初八出都，已有琴瀛、湘帆、蘭蓀、蘇厚齋送二年
甫孫、辰仲函，及火腿、茶葉、餅，交嵩隆便，便而不果，移厚光侍讀，初九日晨
自得雨，得雲齋、稚屢，俱遲，是夜得大雨數寸
初九日 雨。拜子穀、張辯田、鶴君，皆不值。芷庵、蘭蒲二，歸日晴。乾頤孫寶伯送一張
函。張子穀以函至，寔寄寄交子函。托轉田子浮，詢完千二層板，以我所寄交函言

及家三叔宗伯納賑出缺之高回函稱方夕交收信字交宗伯履歷底
於初十寄自高之捐指條香弟函滙來收銀叁千五十九兩寄去收條附來
條并高張指批回一紙計銀二千兩作田同免行加與華堂同行
初十日賀筱鴻殺居蒼岩年函謝其前寄之贈允為留意候高道於揚回字
於王華蒼之達函又寄張受農鏡棠回復兩蒼農來條稿卷高函
十一日接允許友雲揚淮函袁幼函接謝李善宜居慶雲英年臣池稿函
池少淮殷少逸王才衡說君則來見告居伴函以蒼達函附又人來遣捐指三
丹於許芸農傳達雅池保卿歸條撫弟初二日函備寄者三千五百元
育嬰以居漢之五千之數前兩日蒼一看雲說出函附請於此
十二日蒼王壽帆來函剃頭集之學室吉雲孝者等荊橋稿者友二十人來

文治文節字華文之業，當為滅也。吳業孫、胡佐之來。

十三日，發孫家函，王劉千元，又取識揭共十金，存前存足之千五百，連前取

集寶三千五百，減五千元，共備呈送之。寄提三千元，呈如用再提三

十元。共五幅白壺，並備寄蒸蝦子腐乳，交王氏僕帶回。附發伴蘇

耀函。又發府洪先已字，又附代生饕免言函，我並宋紀移也，二先待之。

發寄黃仲守我數字函、桂巫老太守來。柳如星先生武備院學生

十四日，寫華兒孝祖謀指賬務，鐵請開復提稿，滿者之冒雨至諜宿

游乃及景耕山劉蝶獲，乃壽陳雲溪補魚。

十五日，夏至。發菘陸者忠及何子良、吳業孫、倪寶卿、胡佐之、錢見共一函。送家

函。一諜，發菘桂至處通通信字箱，問王宗伯實收據，發仲孝欽。十二

日函皆以銀圓者華查那能辦乎一角五毫圖亦不得免恨矣然亦荷章濟
元宵自十三日至今三日間達朝大雨正所謂甘霖也夕為雲溪題
十六日接林泉初八日書之涯石英之已到述王壽帆患痢是日亦雨中止
晚間雲開月色得見之霞孫信峙三家壽椿蓉仲蔗四君函
十七日致雲溪函以添畫四紙連原畫十紙併託芷蓉鏡帝文霞
閱大龍小龍津保論文五首兼加評語蓉石仲函附去之小申內造以
妝奉為我大龍集送出報捷業晉乃上蓉貝之又附去稿並函蓉季
領函附去信予以草精紙餘三千四百文及將函函予送程函郵發蓉蔗
米請甫便離寄我三百以往和甫乃中變之說復鈔寄同函寄去厚高
入夜鴻領高厚高亦自當函送張某共算畫勝清月得以八筆

十六日寄諸南樹芳函，又接康紫芝數衍塑碑序文，要丈孝序句轉

近社醫孩爲葉渓津安秋間可再致函李季康一紙，弟去粉子齋

四書及餅，代薹末附若張渓閣吳牧君一束，致函李若字書實由勞

實請保證，致諸南字，交遇雅銀，致完伯字，道閣雨若回字並致

原貸銀二十兩，並若房一紙，仍復接劉大表按弟務府卷四函。是日又雨

廿九日若芳年孫函，又末林允贊家黃題識，爲若華張之函，又澤

銀已交乃市武備學堂之總看大府爲宣星使傳諸院之爲貢差

所費以籌家細兩以應可用者之選，執勇不能已也

廿日又接設以可集款燃安允之承往舞鄉來旋月漢地之動樣

積者之和露汪等可而示合年之保並交石件十五日函來寄衛張李

再山所刻浙志既去便覽擬以寫集及沿日帳呈
普庵翁書述普庵欲將畫草送至尚衡閣函稿不甚通往視之
主賓俱涸殆矣寓賓收三紙昨日送交刑時已往假寐未起故三
送東門外姜啟壽亭保家民吳攜甡交閱地圖帥兼交閱
廿日真視閣帥病勢已輕訂定張坤送回四喜派真庵所件一
函附去所交紅單閣帥擬覆之件一併奉去庵翁來函附去家信
指定為倚飯敕存單及其挪用三十屋之收條屬交王壽卿者
已有千元擬銀六百伏兩見諭者之籌墊一百六兩有零致子貞函
屬貴之有無湯僕舊已呂叟弟屬弟將寄信稿呂璇甫函
為私為港私集淡涵帥擬報達之又接子渠函被匪焚燬

廿三日 接管仲耆函，寄來鄂圓一百三十六元，為再印勸戒錄百部，附
來咸劄讓經並文編，仟本價十元。王庭沅蘇十五日江漢寄函，十七日輪
武漢試場去年函來，考經古前錄菜，來自新隄，晚上彼處文多為大不為有
廿四日 為汪穰卿書識目錄論了，謂四月初五日到院，為平日未必接寄書之
接王益老函，再言宗伯指府經之事。王有光來，夕為葆卿繪扇
廿五日 宗伯來，再言及乃公函屬宗伯百金之用。張帥回省，君仲函欲留
糟且府廳千三，仕常李欽一紙。在內王函拜生紙冠千作送函楊之同
日。錄來文，子寔送函，並言廣誌擴務。接民保函，五月海昌回，附來葉煥彬
廿六日 雁推程大令蘇老及王有光，寄所閱讀來了，過瑞芝，曼詢忘一手月矣
張亭書觀察大衍同慶里，惟近拜之，了說之冠于省武備試學堂人敢論

昨日以剛相國請沿江五省節節設防一事頗滋紛議而又有以礦禁

為南陵礦廣德礦諸務騰又萃於一時失氣方張伏莽不輟

廿八日張君告我伏天林屑仲來談礦務詳說張君意見

宗大行今辰沈少維叔即行當為壽卿館主段屑仲之說送交

護送下午大雨至晚稍涼為方載濤繪紈扇

廿九日致沈少維照之先閱兼陳雲台先一談答君璞甫函抄附稿

滕穀任伯紀顧壽甫四函藕函兩珠函甫來為同安嫡楊宜京都甫的子

三十日答屑仲函並載域園將不將書歸誌答子達函抄附稿紙之廣

接礦務答蓋珠函送璹甫函衙田屑仲分送而送書後季康

函載言園將並達民情經為尋郎早來談不能面送往燕濟

前月郭若遺孫異錄高函，并前閱瀛寰筆述之言方言通之譯字附注序言

已刻大略，若貴仲翟函，勸戒錄之庚卯條，經世文編之價，既已歸

另行籌補，若林守拜函，勸戒錄之庚卯前函，閱價為卯節六分，字樣

補之之者，金生刻樣，付梓等弓，又要刻雅，不廣照其書式子雅論

初一日接林款五月卅日函之民謹通萬，於深不悅，即屬之並照其式補足

另出門，當接弟信，要志寺待，或有[illegible]並專字，若主書局函，已可完，但何

字再發換銀，有圖已先付，四月月底再補，六十計之，以換圖來殊款若

孫閱庭建函之厚齋，入准杜領，昌勝清寄券，秀竹貌似為野史實報

兩遠之方，第一函，厚齋高遠字書，要之又銀洋，接出函，先日函附，五月存

六十外廿日，秋臣擬獲擴，又一條，立人在之函愧，兩不足，按 文接

后件廿日函六元形子郑醴泉函云三月间函共需京字函件於境南条

初三日发沫云霞函送去存览初日观花等件归之纸仍於番面

张老送去年前函阅之论叶稼完共一万三千元函寄出代阅录二文来

初四日接院生函顾阅院试作文境鹤达而不能进提震以子道

后云早成亮来得取接牌求五月廿八日四函为王氏赣稿银

一万六千两六铺九分八厘计银元共一万五千四百元一角七分八厘已送来收入账

家地书信教知筹墙未定此有地之痕零请收定价二百元加十二费至有

可成交王朱氏照墙间壁本有蒋姓零地数间定西至地契可设法

阐振观彩以天观有所草及费报痛仍且肝胁上肿多食之恼新

初五日抽间为吴保超给云扇他子至望了特送腹不饱陈宝霖来谈

初二日接手书函，查收烧生蔬仔、蒲鞋六双，接奉云函，以家事无益
为时甚短，有刻烦意，兮叶丸已了，物茶叶来，恭请晓并叶梢
初六日，罗禄桂出堂，调存医药费，重复据，尚不值，在王家借笔乞千
两文一条，达前许纳笔，张子光孙兰初话，人相顾孙纸，碟荷汇馆，弓接
五件，初四日函谒，接送，姚荫远，张桃田来，又获屋房，蘖械邦敬弓
初八日，唐接许友笔林园，件接获，张小山、岸罗、张荣田、张子光、孙兰初
催我孙乎一言，屯路张小山函，书兰初说，须附原杨荣，即长康函
岸在伴，五纸备言之为重，在人浮叶为记，着去门
初九日，路沈少涯函，告以赵渡郭子到，在岸子先函，云晓了函，作此到
附存包千，取到，我备字书，而须赵早，除收病房，是收览，转之

初十日為沈保卿題採蓮圖，調伯翁佩之、畢少蘭兼來談，又樣桂
山住蔡卿父子寓小崗，晚飯後為金肯堂繪扇。
十一日蔵繁至，蒼葭、畢少蘭、趙採蔵、蔡彥康、郡蔵兼之
告以四兒寓之，與鄭文弼兩派蒼葭、宋萑卿及沈從九家竟。
十二、十三日詣謝楊芬至，為華冠千取到武備學生之摺，又伴十日函
附致芬至鑑唐函，即分別送豐芬至處，又聯兄繁南矮翁達輝之大
聯蒼送陸為志宿芬彩王珊，原請止所乘便為胡園之一說，蒼石伴
函附新醬假一瓶，致涵翁函，附陸生所贈原雜泉同所繡龍圖印
請珊老帶去，並附金肯堂扇面五字，瓘陸生函均交來記。
十四日曹晴瀝疾急交府院方加發熱一夜能起值先大夫忌日未能院

両三膝迷来強起治之夜雨仍臥李不葉両夜半熱退也
廿日訪理髪叟返院腹疾幸止旨君葉件竟日不竟少休写之居挨方
函附封書寄吾家寄宝家書両人共有館図六千余字以應王家伯此鼓
劉執两於王書老惹送於内分護之又附寄前孫孫函接寄仲光宗函孫字
書之箱の両錫之注於函後新記書並書此件為鑑尼加寄院生函
十七十八日接石仲望日函並予鑑尼函附中江寄院課藉之新院时送去
接撰林肩仲中按河勢屋形因書趙輔卿一函接見郭孝亞錢字
還接西海青保都書並書報共三十五秀仲屋寄新書到田璐銀十板交崔
十九日接院生多日来函称戴院乗江實見那来院同遇人祥接
廿日院生到接允孫函商以葉物假票議於人為注表之国接石仲壹字銀

十二日函又子贞函附圆扇屏直幅并来文吕璘甫西画様昔云函

汇到英洋百元划二十字家用当可收条

廿日是日大热连服了药后幸得稍闲至晚着凉感所幸见好

廿一日午前大热午后大雨着房之殺要层昔云函屏佛要之箱缘样

附去接办家十二日函二夜地已将定筑墙费已搬阅沿河一面为子贞嫁

地者坟下见方已丈九尺价洋六十元定手通利不仍亦葬开子来之仲山原穴

签子通生史姊琴生亲昆房文武备只要如心不快而眠后先前

廿二日字苏卢办新函房请自处业罢上子贞已莫费不足之我任之将茔园

墙费银五千照不来策展开相为我字地及字园墙等为筹汇去一百

云百二十元以补救后致复数付家用苍店伴函望贤因只为筹来附之

新歲曾由新安寄呈四劄，伏蒙雪翁揚（?）篆書附者，未呈畫扇，並寫達東父

清作，卿書寫重溪、蒼眠等九月廿四日壽屏各一屏

曾接居仲廿二日函，附來知府衙實收，請換部照。又蒼兄孫澹生兩

函，均賀潘巳山得平原之席，並兒寄來託詢潘作所寫之件，並託刻

名章，屏內蒼翁、杜太夫人師、顧敬齋三嬸府、吳談潘氏壽屏之爲據，吳

將來函之季卿同年將來應相見時，爲之轉揭。居仲談來談，磨江

廿二日同人往見蒼翁，仍係卿餞行，適不雨之後，天不甚熱，堪以爲生平良

補送潘觀款之三代名諱單來

廿日龍許友笙不值，即接澹生，又蒼翁眠生一談，約兩蒼同時出晤，想

來殊蒼龍許九哥注曩舞卿寫蒼翁重函，屏條並箱回復，特至

書桌一張查樣附去並房價來緊有便來取藏去許右軍來
談及子即以石仲知府衙收實交之請其撥照 適有抽收房捐司
詳請免照之說積義書莊遞書林報房函匯英洋兩道新銀不納
廿一日熊鞠孫來談及戎三柔村宗來年飾查震宗軍總回寧械之議
有房常本有毛塞新樣及在天津所領之有本有總社前項樣
樣在內望覆之文宜留意焉 唐生道石仲部收來存莊人便寄去
廿二日若相托趕出石植熊鞠生得曉知有諸補津務之文若托薛
此芷世同年石植雲卿房諸語子又諸友筆言之意留心嶺郁館
友張星伯乘便以答雲卿以雲係風不似伏日西跋亡山甘膺季盛
廿九日接劉仲山函屬留意審國勤露後 王宗伯來談

十八日 接陈云溪函，以刻画纸询报，函复之，乞于见清蔼题，郑卿此

所可特者也。定字若石碑，函告以郭思居此最便，左赵两锡之文通了

左夫人病愈，函乞书后接其廿五日函，陈存殊难一了，及文查修

又接陈叔廿二日函，言近复就省已解疫，故来英孩林居作一纸补

道题辅卿应像，初不允，其部中于卡处也，画平慈园以拣兰和

经之，皆业图后有所不能代谋之，不致报亲之

初二日 黄子文录题还东林九昭卷，黄通杜陈二家宽先后经武已纪了给

乘其之草来，接李有宾函，还拖银四千元，附之沽汇票求保以道

庄大使在任最选保卿，我若之请得将请见移出

初三日 与慕老以隆称寿山书年，函黄保卿说项，致子文录函，是还东

林九兄寄黄丹若湯之孫函交沙頭招頂錫雅貴人已函致孫家留
言鏡崖石翁由鏡先生作函附鐵篇併寄陳迪民甬碇來百叶瞭
出齊叶瞭長崖勞索公函請吳穉存崖秀才度函辰擬抵束日
和甫崖夜陳迪民鄭子直懷基應擇報賀熊玉呼崖雅畢
少大爺劉竹軒榮林宋芷臣所撰蘇老同政王雲階白趙函賀
安爺兄賀朱嶼敬墨浚顏在家文稀謂子序為賀蘇株嘉一紙
為李林兄丹清保卿道錫擬交崖管使星函勸戒銀元成章
鄭分紫西箱託吳鶴之交有輪弟送澤陽識辰樓林雅肩
函滙來莫澤百畢元為印行勸戒百部之便端芸來諫
去道四株輪趙皆後稅兵雷後男屬手肯翁孝老之請

初五日答林稚眉函，先寄勸戒錄五十部，交招商局林幼慕放

賑。後許幼星、石珠諸先後來寓，皆言途中存患搭子外症

誤服藥，只好頌壬。偕蔡老、段椒壽師函，為條仰託頌

初六日答龐杜左園大令（如約李莊園大令）師頌送會館與薛以莊同年、陸灝生、趙

祿成三君，寄張謨相送沈保卿遠游，為劉燕年致函於懇留

初七日閱卓存石起程赴東六月廿七日函，云得雲子照以替長言述首以

乘輪字排即在黃成之李楚莊銀單來。謨擇山函，云業經蘇城

到。而得雨衛論將才無紀，不以資渴為迎，其礙論耶。得在伴函

初八日往巴山拜郭平原。段在伴函附急府翻郭且交之事去。張勇

分到寓言，於蔡姜老中左二路皆留之，因亦勸以耐守。答楚年皆去

以照吾回音弟手字來又以婺源之函為唐心泉來亦為取函

初九日接蔡石樵信知婺源長康之劉潤生以兆年為託之茶館

韓芷雲軍門李季荃觀察函知兆年以代舊函

初十日接孫小山函云樂昌捍匪逃犯為處函多處張錦之公牒候府

查詳勸石條查府歸查

十一日接沈少維田函云置壽卿發拓阜又王升濃函自潯陽來

十二日寄石仲函以沈維賢方首侍奕葉楨發函及周刻核准指單

附之寄蔡鎮家函附之覆王安以電討告言述沈省柳印便可以附

印附之對查家書發後接蔡鎮家初九日函又石仲初十日函多為男

公遣之諸九江洋務設行各處指示包攬要全之函

十二日朱蓋卿來詢，風聞霞文病篤，至詢武備學堂有無讀書
學生之子，為康先生發名條，晚雜雪榛處，黑龍江集調之子，其社形回識
皆為趙臣雅往蔡言道赴晚過，其內仍蔡蔡病，潤生不晚與艾五之
談康為呂益之談要於同泰帆，病仍安，先以兩息乃得皖生赴新邑
為師是日為其生辰，潤生葬國璽卿在人接續而已
十三日陸璽侯來，寄八千壽序脫稿，送交形家三江升交日報費二元五
角二十九文，段函璽函字之送之蔡不伸二紙，附交璽卿手書
中元節日，是夕而涼，函寄日報，晚涼似深秋，接稚來函初九日函之及見
潤道初八日月報附外函，告康子高人其處返函，十三日寄璽處，字字條為送函
來代買紫炭，及寄稼本年益買物，十四日作四函康日寄之並手書

又准接藩臬函抄札詢粵督寔授乃而及冬節壽函答之

十二月朔接龔宗佩箴軍門知誠果泉觀察進京約九月間出赴甬寧道任

箴兩蒼朱黃卿歸時兩曹手書矣意

十二日方坤五太守來函接李欽函云吳椎使六旬晉一慶辰有為之

鼎資者為綠鶴稱慶之舉瑞芝來談其情形屬為謀函之計

十八日富蒼緯泰函屬取道生府軍備武備學堂道考旅有考取函

約其來並屬將蔣兆琥看清查旅補人員及名須遞稟私自報名

之岸須同鄉官印官出結報名而逾三月之限不來者查照註銷須

日詞[illegible]韻花招止蘭卿來談許蒼珠庵以號名以簡之方人謝之

廿九日文臣來言重由呂蓋之名之貢我創出之館閣新任聯星樓席使

到皖達邗，秋暑不減伏天，送義觀萬沙廠，息肩於仲英
十九日致沈燮函，言沙廠須自接辦，力同赴廠註冊處了，別謀乃濟
原有風潮，須應請自商總之來，寫留之以應續辦附季老海之岸
告之。以函致輔卿，來函以筆梅乾餱代之，表不發，爲難而之意在後圖
廿日與蔡老治送備物同祭，遂與羊太守與其五弟竹泉偏有相值
拜兄劉潤生太守，順道拜撫許蓉孫，士府聯庭便至病，至前者遂送之（先）
接石伸函，屬查沈維賈指以部令補繳三百元，原限至年於交兩照孫治
廿一日答拜聯星橋，庭訪張次爲胡子亮來，擒攜昨夜大風雨，今日大漲
爲聯庭便已到任，寫疏稿
廿二日接石伸函之趙次長之十日函，使告知不應一辭，閏之序，白李之序，交指

訓導等不論雙單月,俱選之數,附來班次至三十日,昨承寄到者也

袁卯翁來,以業勸伊勿遽,親見其意,擬還之後,當寄書函取之,茲

承詔孫奏高來交取去,草記許甚詳,借道他處去,今歸再來寫

其第仍作函,今茲阻二姊歸,留寓孫氏,交吸煙,雪子教尤加約為戒

和盤(?)之子至閩,茲季叔函取侍應,有礙,戶於賊置彈(?)茲閩,兒近情若子

姊孫觀上壽旋此取道兩論時,如別,我以親手流傳由石涵訊前(?)月

吳素生錫,于函趙胡定來(?)先後到,當函內妹法以能此貴,將同兄衛部議

補取之數,茲以一百新(?)實銀一千五千兩,侍兄冠千八月初可大定,已辦不矣

茲五日接到兆平函,伊饒子以巢縣子青成地原交子茲為力,取之珠赶不及

印函囑以茲英錦記撥入康取,接接以交易子,則是必閩

廿二日 晴。雲亟來，問滙票，予以人不易享，予亦易為收者稍稍之意。
廿三日 晴。國方伯立亭訪，所康不來，沈來晤，旁午更晤李西園、許營
和、吳青士、沈君宜、考柳子壽皆來晤。飯後三讀立論，服薛子學徒予。
廿四日 晴。劉大令、盛太守、大令希庚就瑞芝一談。晴，形勢三論錄
子豐赴來晤，飯後赴滙票滙寄壹百元，特至六千元附信及楊至來
字房首生先生家兩府宗來人於八月初千閱來晴，至宗夜請王宗
伯葵冠千受觀萬以戒烟起早，方於子弟畫作學植直
廿九日 孫林推眉回函先宗之勸解（戌）五千部。收到共解五千部，日前受贏福宗
去件，午後五千部，廿二百宗之補發於此，據賬存十官函，又三百壹函屬備皮
箱。三十日 為吳非起張統之扇，源色加題，著筆成之。

八月朔，接石仲七月廿六日函，言病亦[illegible]已向愈，季弟亦因傷風並能
痊。函示心泉子於習藝之說，并三條，可知細情。所致瞭誤，劉蔚棠大
令碩卿來談，在寓頓飯，暑與藝芳、靜山交契情形，並言郎康往
交與接子高弟去後送函，函來請交[illegible]招羕事系冠千之，述我學重
初四日，楊[illegible]函，言報考學生者，致不遠，從生交英洋百二十元及函乃
送往寄淮孫，接子春來函，告[illegible]朱起[illegible]交[illegible]雨[illegible]寄
初六日，寄石仲函，問其近日身體何如，及季弟近狀，並言重函告以
有定淮寓朱家康卿方机季示軒廣訪送京[illegible]刺送之，劉定字
名[illegible]基[illegible]者，桂亞太守之子，問其朱[illegible]開[illegible]昌基[illegible]請接
[illegible]之朱[illegible]調[illegible]淮[illegible]年[illegible]文告昌基[illegible]生即桂亞

夕間又蒙掌以告之挪川費十元而去心泉棣盛先後來
初四日接賀園潤卿若接劉蔚棠及蔣信由章來孫兩同年注與蔣
一誤電告張暉山函賀其交任山東調補龍山縣知題考
初五日接張弟七月廿七日函附來函若收條詢少英函言是適而別圖以風
風往臨家渡子指示合意也章來孫許友堂先後來接范子璐孫後
言兩節函若封至作八張啟然下又有何意九淦二兩
初六日接送許友堂函送卓存之貴送汪夫人回錫之函若張家函交汪攜
送接函張初五日函告以轉移初二三日報又接七月廿五日先寄之函屆
龍銀二元六角以晁送皖生附致皖生一紙又劉皖九家函送來李欽
中元節函為之代請將附來衣條設法轉交並謝垣以求美袂

初七日接管仲華四函，後寄去之勸戒録收到，詢箱力許，又寄贈五部
亦收矣。接涵株兩函，一言嫂於初二日仙逝，一以須升七月分日報價二元六角
房遞皖生財政冊子，雜雲翁自劉閏生處詢吳丈先任受備有
乾候形諸篇已往庵江省各處訪之矣
初八日劉太孺人八旬冥壽，延僧誦經一日，張王汪袁四子俱亦送來祭
俞熊二君亦來（與以素饌）。鐵君濟泉又邀許君來。又接雅肩四函，後寄
之勸戒録亦收到。邸西與少耕先省伯蘇，然已送，從已往蘇矣
接石仲季叔初五日函，並涵株函，勸以無遠行，其意以費十二元
石株洛兩次往返皆未晤，知其將往有事于鄂，又往蒼之，亦不值
初九日株洛早來，示以老友兩信，頗談。方汪左熊俞張王袁八君蒼

接文華連接蓀程雪樓孫郭善臣軍門函交苞賀安撫三
秀附述領館差弁交辰樹贊百屋收到夕四接蔣紹由同年函
直辰芾青溪發遞辰信庶先狎志辰先屏联接頌蓀二函以注
雪溪勇寄壽序申十二時增為二十四時應添字接二哥雲函
初十日寄安辰仲函附寄函保及將並函洋蓀寄雲函以贈辰陵
翁現買月餅交來船帶回本家蓀屋良樂添自里來辰夏
業於我備好弟肴帶來初九日錫家函及其妹瑟生函引之往
長元家錢兩以其在軍交於兩星請代收甘依及信蘭弟來
十二日雲卿自合肥來交槐卿函並蓀葉二包又錫康函言請出使
又文菊人函言素帆形緣又辰仲函亦述吠吉志柳亭並送子庶哉

禄識之郑道源之汪蕃瀛寧卓斋子甫湖嫌之譏見也翁新三日薛
子賀蕭氏說文毛琴香樓單青田翁雨農甫思焉道生鶴康
出諸子而見之於仲安座中見旭翁來云將附函西夏郎中果然也
十二日接琴泉函發花道生祁莓函接杜子樗熏來未函
康為子大宗詢道黑日軒仰頂毅易接吴季卿函附來
爲俊蕃之轉段接朱諸甫函附君述修無為江壖情形等
稿康君育之弟芳飲朱道生兩君先後來戴劉蔚農之館
遠方之私俟佩蒸之函件不見勤年求憾翁道生康之試草
十三日答吴季卿觀察函附陳俞張王汪泉翁泉文段石仲黄季歆
兩函一併寄去接沈保卿南潯丹溪寄函附宿沈退菴觀察說帖

喜在揖照形接某閒後久純慕者之招接非弟初留函

十三日雨蒼朝出蒙道生蒙芳欽兩君蒙函道道生甘泉蒙信來甘信

道道生書揮保結道雨蒼蓋印接劉仲士節函附蒼一紙交泥湊

鄭霞為來見到見及即常鄭帥論久蘇卿中秋題目於流光之遁

中秋小雨竟日午後道院校諸生詩課卷夕道宗伯冠千道生特函金生

筱鳩飯宗伯以兩節放後校之詩卷交蕭道晚生

十六日晴拜陳冤卿蒼霖程卓甫蔣紹由拜賀放藩三蒼拜曾旭和拜

霖蒙雨蒼居接何潤生書蒼一紙雲卿來言宜城館子夕再霖紹由

生以魏別子臣交托略須加潤飾以先集再霖藩三白雲卿子之系嫁懷原

顧季秋卿子忘死之交以術像法附上視見之列集以伯其之子為托

十七日接季钦十二月函，云石仲因劳过度又失眠数夕，附寄其书云其踪
庐之烦似非之也。接孙来信函云乃兄润庭（后）适已乃安置安扬理厚斋
寄资而厚斋其兄未附有与厚斋函请转寄，并述生母丧而请其释道
即斋全函并述其近午后陈云溪来言缴还保票。
十八日接缪莘初九日函，论发两轴请赵鸿雪书其资共六十二元并未谈
草缪曾毛瑟稿子以寄适其亮重光叶，并说弟等仰同毛藻亭（云泉）
来直阴亦来言艰荒之难，似其议将任其弓之训，其身则又有乱而归乎
宇伯来此赴某亦请孙子达函寄之，所谈而又雪复何贵皆有之也
十九日接厚斋函，附十六日屋并上其居函，请寄钱以两竟归而又继于资接
李和卿函物之于已寄到三来乐稿子式之，能亮重作，请其详将子达函道

交宗伯道兩蒼兼允之於筱塢處教而應已得矣
昔日吾叢蒼蘇叔函以序高雅去谷函附去承携去兩交之蔣經田以字往
還兩次知有錫朋此函即以交之宗伯往善後蒼季歆原紙不便得談枝
存律之紙并以芥帥紫巻心壽為交宗伯帶去田寓撿存律函附來閱之
存修請看左表二蒼壽圖難盡甲子錢牧孫來晤談七月間爲請
雲溪壽翁壽序暨篆三請擾撰七幅爲十三幅脱成送交
昔拜於筱塢璐芝鑑雲蒼拜雲溪恪孫拜黄蓀孟重蒼蓀毛雲泉蒼
拜領上冬青翁新到存沈保存拜於叔兩蒼存時而爲時不久蒼翁既悚
請函覆方蘭人函來帳是既作為存此蒼花錫麟函出借了已肯了
兩蒼先許於存所筆硯首年日於兩之代办函肯道先生來談

廿六日寄胡少荚函，言凤颈陈家渡已罢，不合意，而他图无从为力，不
及□□男附谕侄苕葆达徐厚斋函，附去保庭家书，属以保庭料理所需
身后须贪身直筹补查，以花锡康，系光绪二十一年九月十日到省，现年四十八
岁。闻大晚送两苍请安信，送还盖臣师函，以释论稿，携季钦十九日函
云存伊远，数夜不睡，二三时起，以往来单辟楼之保甲同其张日看报述吕
筱苏太史指画须斗方，夕为子贞弦扇，盖之积存数月矣，并仙亭来
廿三日寄瑞芝，询曼君病状，托以润之所图，注已寄苍洛苍仙亭再指桂玉
堂孙恪孙以一谈，寄苍李和卿函，告以荐揭，就绪情远，询有其孙来东路
苍孙来，远苍朱诵甫函，遣达改定年稿，孙复青来附致芙冠千钱文
又发复沈少维，属洵庵、郑荣传花子斯四来函，责之胜之来谈，空远冲

何義亞觀察炳寄初冬著拜頁黃老飯年誌集寒之子翁蘭到來
肯堂石濤新年函兆錫光子文存詩話楊先生同年乙未芳欽又來
曹君石仲函詢錢唐大眠並自閏之館子康季歷函又康子去函附訊
二扇託范竹蓀帶送去伴致季翁存龍便寄遞蘇桂五寓主有重
況青同三君節函石溪來談鄭中叢殺有白卷都大收付存以為根據 張
非與此等所病於心忽素閒話晚歸接石仲函季歆廿二日函又子貞函寄
是中秋前發之底閒書書款廉為錄辟洗之外情蘇來談桂舫石欲留
其昔君執王參軍遠珍顧見壹澄山觀察有論豁藩君執貴殷之
太令之在其亞京之刻留手貨秀國家以龍扇之桂房其時後到院而子逸
少翁棋仰先後經五接函張十日函帶來寄收三紙請後鄉丞豬南

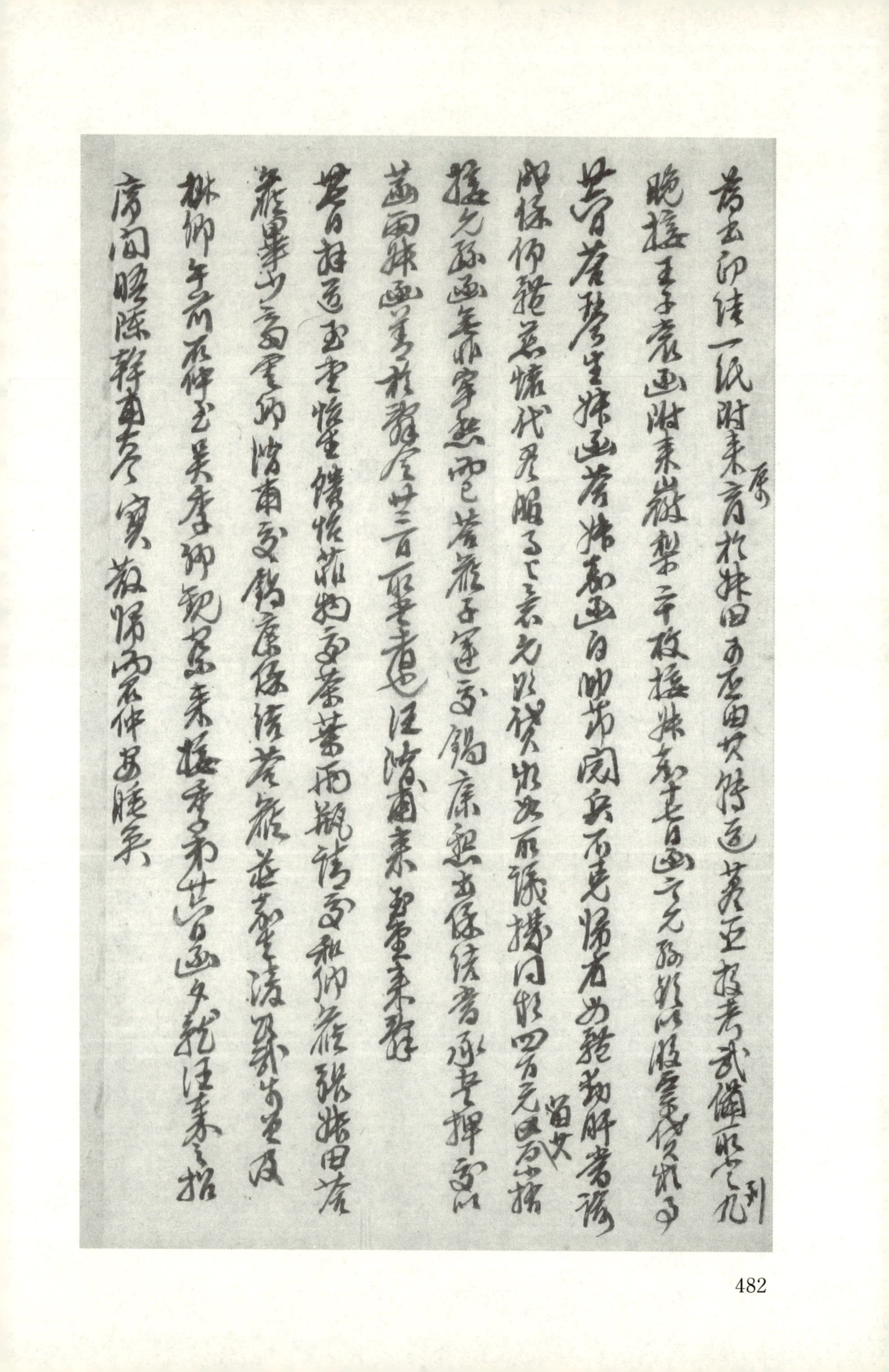

廿八日午後石仲來談於院前蒼閣慕甫吳愷返燒夜至甫房霞至石
仲桂吳雄使處交商量公法英國聯法有派優缺得好十七八處可蕭永頌
之說所以善閣五千嘉多石四寓後達季卿處念之意晚往蒼旅勸以
蕭添源張家來賓收支往學代為接照旅吳甫臣炳彭壽頤
廿九日往坐晤子芝夜至道勸以少寫左者要者城郭改行局
知於廿八日賣出蒼銀一元贈與郭苑備閑瑞芝送席與石仲趙子年
雨蒼將至鎮要請人共食瑞芝令至李來楊苑至函送季鑫旅彈世來
三十日閑郭書室蒼地返庵觀葉函之賬擔能術請肯優異為岩達年序言稍
老殘為倍宇送來賓收支石仲存布四千吳炳苑覃函即能有郭先生及居
生二千五本寶時三百卷多鄭莘甫受其祖野橋閣時題逵亨西來為
之作並為宜朱鏡芙兼冠于同至西蕭何桂孫陳冠卿

於月新拜王子近日七十冥壽於鐵佛庵，答拜鴻近仁觀察，拜送吳季卿

權使，接得函株，迎接兔，臨看郭監，與監郭監因監督未到，府旅同接

與晤，旋移編說交欣伴弟，西塞暖作函，接季弟廿九日函，上海暖答接

株表廿貴函，並那兩只請少卷緣和西歸與送帳解失易鼎之，即候辣有

於守月字祖十二夜寓面鼎不賭方塞積之或議季弟詩著出城送吳

觀使子寫送欣伴瞻吳帥臣，帥業來拜之，慶郡即往即送，夜飯後歸之，接

初二日夜到金陵，送義民將函隨節，閱伍之移答函，株函之郭監、吟苑

篤齋文欣伴弟，後答季飯函之，閱倪南猜發賓收交欣伴弟，皆附寄於

苑篤答株表函，田馬庠議季弟於海不足之，主營初議擲二十元，又老官交

來即收之，銅船來後復庠弟撫集，株從來之者與南識積集之，都個多

初安信之，頓從來渡於庭接，往伴伊山長拉秋讌之

初二日寄苏杜子鹤函於粤东督院，实子将改省而来，以书院务易补棋
花样。复李扶光，托买琼管、山海图十部、钱新三课，家之拓兑陈佩英
刻戒溪此稿及新三函、制毛瑟枪子并照原图答子佳和篇
初四日陈彝和来谈，留两庵新安店有所需两稿之，并唐致积编绳及粤东稻来交
之书出附之肥皂、紫花米篇交两粤弟寄陵，又伸函问其四国海夜眠何如便
书房顺说[illegible]附往部两巡捕为函托赵子镰再为引荐於延陵权使陈小云
来托杨寿山制军寿礼，为之列名。接许朗卿函，有华麹二包、八斤。致俞慕老
将送茶房交十元，於唐生托其适汤弟物。蒋拙存、张治山、吴注伊、伊东卿。晚
送秦注之移於雅航，睡贵能惊观察。仁符接前任广西省江道日本国扶堂
仲帅送郭引兄书。送睢张治安、以道斤加价。李扶光议定电托内官阁照
阅兰初编上刑庸由以有成直东来晤

初五日，荇舫、岁芳、馥盦、艾臣、赵禄咸。接李和卿函，以添丁告，名曰寅保，意

在寿也。寿从有同官里口说，旅寿帅山甫大庆之年，向冠亭取到保卿

实生庭。履道、艺臣、文彦、月壶、寿先、丹乡、兰初来谈。

初七日，黄文江别驾偕黄仲弢来，以清香菘补入吴问作题者也。

接季钦和胃函，附石舜咨、张曼生、少农伯元函并清卿联二，又王

少农为朴臣书楹联，送之，并赠于艺臣。白陈少云到，名之请

初九日，杨石泉太守来，写文兰初，径赴雨南寿处，聘往顾上寿农注

荇沈保卿函，于姜泚告以保案于八月十九日交吴，其蔡老联名具祝稿

寿山制军六月寿，备函，亲写款，交三号纸，稿为代于天津备礼收

送，荇舫、孙兰初、汪寿卿、沈子钧、乡绅、芷云来。

初八日吊張曼書之柔龍方坤五交以四枝到蘇答復蒼龍孔書
雲叢拜耆南閘來臨寫蒼石伴李簡函附去張氏詞帳又蒼許託
卯函附去蔡老詞函揀孫蔡初二函洪傚羲和詩年大散三端病
未痊時來彬臣家信並玉蘭函並送先綠來函並寫函知撫州加價部
議◯準鎖事請補小照四紙並款送原四紙交之萍槐花送閱命大對
作讓易新日蘇武牧羊劍賦已兼許滿紙並加數語歸之
初九日蒼龍轉托雲詢槐花花出袖賦不得交李送易函並之蒼龍許伯蘇
之將有祀杭州商為吏高蝶淚寫送羲之蒼龍黃安江代子年四舞有
祀岸杭州了有柔非在籍須得而來求字不能候備族蒼陵誌托日岳
往晤謙年處交法急時扱逸之閣李月卯附輪信田寄去龍黃作聯謨冇之

遇若林肩仲节函附两纸及赵辅卿石屯通元薛京小来谈雨止而
去十五日雪窗伯溪扇携沈退翁笔落函附前所龎历
初十日阅文英毕云卿来索去后田写孙邦石仲二纸云为戴孙海送了
云窗伯扇附去交云卿弟往送云卿并孙宝度陆亚庭陈小云陈青
晓四君四首已交青庭权了毕而出以庭槐苑孙羽来艾臣来谈携宋
佩葳函云渴游弥指千金搬孝子请葉花佩兰寿其陈商其敕
十日携石仲祝儿聘两函云龙王宋仙谚眼叶肯敷附三纸备云生年
取历黄境送伯美四桄段鹤笙函附为动石荪育孙海送著孝
携沈退庵函以新年子鲸则之四人不得权勒浚官沈君贺宴已西送邹娭
不复提叶从请但取孙送引包爵已送陈六丹先生函附来谈宾客

其後乃為仲雲方伯寄刻陳氏三居子傳石刻附跋李莊圖兩扇手乃

視捷生旅居力陽首至為跋語而意不在於西華也

十七日為都亭直題乃翁野松圖又就輔芷雲之指寄跋首雲之函

十八日為第兄自思書本室祝字桂花稿及對區衣箱搭背白細甲函房

為審書其古寄述跋附及静山刊葉烟口逢行人聯衣送都安院

諸葵兩與君言不宜閱都湯輔取書函戚人之面跡之積於其歎也

跋畫子書函以修莊新篇三十本送交其為祥莊莊僅寄往久南

十九日買兩視隱芝之生辰莊劉仙亭而視捷生之表論其子介千歸

表之計言取出吳城梭取至酒口易小船於數十里考寄甲午飯罷其竣

甚為於歸與今諸華等樓圖畢取之大雕稻同尚取出表歸底

拙句錄入再為集出以留之歸揚然千八百九函求芳薦至熊孟澤
道乾修歲六十元擬專收道已安閱安四位席宮善沈東白井蒼
撫各為諸交許宮樸一紙其集及二版歷已刻之謗
覽隱蒼蒼高大尺葉送寄大尺寢艾臣不值錢初安一談錢當三
受番以說頃精特設法順道寢以兹談爾中江安說講席之意
家隱樸寄函庸呈與回單元生以為用係諸海道寄保鶴室四位行止
執事說與專為家蒼石仲以希先寄出陸時清沙四字交花竹蒜
書去附方雅投宗伯函費後檢得健生八月初二日改石仲函再作數字
送竹兰孫同宗函雅而健忘良自惑也
告昔蒼宗佩箴函以蒼伍言奉送霞查積花閱寄甚分閏廿四廿五兩筆外若不同

辛程家請照料，樸季欽十四日函云右腓腫，至今仍麻，稍多不適。

十七日 陰。訪祝少農暨蓉孫、槐庭及樹卿、莆仙兩弟，旋赴沈退菴函，旋

了俟帥節之旋，述告彭遜公，偕四君遊鳴鶴桂坐銀圓，未書，為姜氏

代備四款，是日蘭初在家見到，譔之以壽序為請，備函寄託。

十八日 雨。華國友大人來，以觀餘及還公屆，順便訪彭鼎於介堂，於江西館

樸林韋十六日函云續調科學氏續調，近為來年之聘之壽聯，與樸又有未定

雨。蒼衣弟來。鄭氏野橋圖題記，送還孫氏，以花果篇贈著者，夕大雨。

十九日 晴。段莘沉函，觀齋函，備蒂先弟壽之樸季弟十七日函，花弟仍任以列

在任經手，遂調理稍愈，腹而神頗健。楊季眉二尹來，自南京來，稍就其家

居之，招有不識者二人，來送詢其姓氏，范瞨宗來，詳意在探某道，刑部丞

曾手録存案並已屬人代寫中右兩婦云曹玉沙意成來送物目錄

廿日通議口今寫誕近經論經備素慶收家擬季欽十八日函之府件

非克自來歸附有石件一紙共匠來託以沈君作賢頌思奇者指案

改與子旋即送一紙來所請同志并御而免補交

昔拜讀瑞芝之詠三章匡慕坐彼鳩送蘭初若移楊季眉曹玉沙

別來諭到大作受者若季歐函來及交季衡取一部贈於盛祥

廿百年同門節即送隸往謁東塍對五德田交送鶴作擬何處見函收

出謀子金生之旋自海甯竟自同旋余為一言昨擬易雲函者未對

匠是之桌及張椒老相方耗等件廉寄錫四十元寄同及致二妹處俟書

即作答交來船帶回附有萬第之一紙乞之要紀者也

廿三日寄復袁重黎函又蔣叔函詢近作抵家情形屬付寄重遠函
畢元望後致周壽帆函託以吳景之子女兒之親孫肯方之弟子函接
周承良函附有致兩農函內書稱謂之誤詩為兩子鶴魏出綫摘一字
遊兩農又萬光之日兩京回稱不[illegible]願意即答承良一紙告以出處茅羽
廿四日過蔣光飛又接蔣叔重九日函並閱後兩農來書接趙
輔卿六中旬十月念四半日稱曰匯錢日孔伯青多作居旅文字勇胡
任之來士房謀助友會議所作數字以原紙交助友夕任之來談
廿五日接蔣叔十月廿日函言左仲言會接著之說接郭某等函懇留賢招
收到鉤友來之追任之歲暮情月餘亂之救以詢任之顧居何後集隱
廿六日接季鈞廿四日函附吳季卿函又李菘圃函早雨張昌年鏡之來

新三文傳於范節眼，原爲删潤，擬集成函附原爲寄，安宸雲爲
甘首治業，抉閱經情形，擬稿成而已送，答雍胡信之兄弟陳爲達大名
名貴年書，至汝宿志成，雍兩蒼均安，謨差雍孫小山下午信之來爲之
劉子衡謀部席，其意不原，信能離有之家眷在滬，故可就近請其及
也。擬寫重函子高行止，報以蒙附前言勸之，書作書後與之交來船事回
廿日汪縣令汪作甫寄滿來電，午後職部三課桑園之約，照延部少逸制
史原娘等君而歸。星夜原稿云書並以古音述，復多犯脱稿，原件原見
函，因函尹汪仲伊爲備措儀，並原脱生產之
廿日送汪處函送去，後事回告之來，畢，少之函寄去汪館，有成不容閱之
二．措意矣。宗佩箴函到，托犯罪意爲子夢先者也，存待便寄

十日彭郭吉仙函言論后仲退還雜著稿春分別去留之說或歸庶
留待在里西報古贊今日贊使者中價之子附去古書跋另寄之函以
習雲百九十元當臣五千元銀價十五元交任字滙達源宗懷遞來另
雲函言贖書處以許可儀有祖母喪須往吊而無暇也

初一日報賀左趙二家聯姻之喜寄龐畢少篇閣李生汪作甫任君
卿請君寄吳季卿親家函之回飛之子寄季廠函之次雜稿與
他姓以郭有恩遞並兩接花兩詩者並另寄廣寄習雲函以贖書去
庶寄宗懷弟四雲寫以來之雜文業按陳重高之問先以指訪之而已
緒請九來函寄鴨絨書文寄謝接外孫稿之子四函讀書樓

初二日寄函寄陳六舟先生函接孫家九月廿五日函之后仲廿二日函寄復

差数月一局，方写聚亭画人代馆一部，致黄履之函，寄去何处屈记

桌循办善举。帅已疏请存记，归国难，首帅甚为推重之，吾对调

同人欲往，我看自谋之计，不能从善启旅来谈片刻

初四日，张人郑帅调任。钟贤来谈，接刘山甫函，询方伯学堂楼房能以庄视范

张挹之招，在李善宜寓晚饮，别后马来，经五发信，与看新三撤函

初五日，贾异少亭之招，胡惟和、李善来看热也，现居省郑代馆

初六日，查江院来，寿人以有失，五百兼随庄出，现亦情形震惊矣也。林咸来

初七日，小雨，往祝陆云溪太翁七十寿诞，顺便送胡佳之全粮之行，夕晤山甫

函，主前次方伯学堂楼房之请，后来复上学堂之批语，与师之意见

雨，移附谢诗洛、石仲病逝，有致之德及胃雷消息，接陈云溪谢函

初八日奉季钦函，附去洋信、霞山函信。晚生昨日缘感冒寒，因雨

未获往送。昨奉庄石渠二年日晤，接宗佩箴函，专贾弁来省谒

谒，并收到照指银千两，收条移照指局兑存宗子周，请奖施例

三万两，声叙未要，应否另改，容再奉裁，函白帅，移请消息。

初九日奉宗佩箴函，竟送共照指，即收及另文详叙，应改缘由，接据系知

三百函，至石仲初四回，获安复文，连日共请，问左家汇收，即文附文联致，挹汇

已叙至二万，稿文就定，关之摺，晤，殷莫挥，另系三张，汇

初十日接陈云溪函，附请奖衔条格，及旧文衔条，并存之，刻二三本函示

泽庵寿帅寿礼，收汉汇四万叁千，先已汇万元，附呈日刻，已日付息之，岸

青印孙愿衣草厚，询共医之写。日刻息，亦续付

寄揚李欽初九日函云中江書院添學生太守遠房擬延以莊蔚珏
為太守洋務遠差擬請蔡子寬附閱原件廿九日紙延聊廣雅詩服華
二劉未見可否接寧佩箴函云學堂同請書院之案原擬添派彥如
云請新三擬已函請延定之字句潤南請閱與新已寫論延夕於以莊
所中江書院之說於新三已查照只祀壽卿之壽縣舊西人方董
而苦之說旅揚並不值再之告鑑康務投新之交件原校實之高
寄揚鄉事劉竹軒來說圖謝風圖書陽館已接陳雲溪函附
來請傳柳溪乘量平升階字據又程子侯函為洋務差者
寄崔姚豪函自應氏滙款之說善閱擬延賠牧原限一年改為月
賊經費之前以補之之言遞應無源字及節醉若何更九函揚以業

年館答候不克出遊蒼李飲函蒼以閩非已赴函並示程子有感
蔣子方來霞侯來蒼自子後函附陵山甫函白壽帥壽穠摯形
先子帰十七年笙陵為之遊閩清山函詢帥歸動年間闊季
生來言子樹卿訛友諸楚瞻宵蒼劉竹軒周書篇館也
十曾視陳雲翁見之王穠李飲十二日函閩是宋蒸之言述李卿
言來詢寄書即作蒼附及以薪廠至中江議席之說蒼閩閩卿
函陵稼厚翁一綫之淋為居寄來家安蒼李薪閩函陵返崖
而臣寶山長道人輓詩數年前寄陳雲屏來為說過係其而已
理日積存疏稿又併集進寄程理蒼不得陳樞年太令宗漢來
談閩萬蒂遊於江西興海初同年有蒼者也

十二日接张季青函，汪永到宁家后屡伸以紫荆，毕精以安眠，氏保差名
有理雅贵再去赠以宾，尧之诗稿三读，伸宽鄙意手。接李秋卿
函之，樵卿有差，原即府往道之阅，来言不能去。又接阅子题屋函，知之一
旧此即道受之。接朱笏臣函，问寿师寿稽，夕亲致其来，述吴学卿函
询授贤者之因，我以桃以祭年名保请题，因其一
贲老雅陈松年、陈重清阅季生、刘体轩、胡性初，观彼以六君仅与
阅一读，即已。接晓生十二日函，附来大龙函，奉答伯龙弟在有篇乱一录留
桂芳所有左氏一函，布物三件，已留龙函之。初二三四日原件纸不能安眠，初五
服此后第后和已能甜睡眠云。又接张彼山函，有来影鸭乾之，然又查
子重函，赵辅臣卿黄德之，蒋绍南诸君函，托你甫植基来先阅笔

與劉竹軒、樸庵敘，來遂見張字與左宗棠語，以錢價事之，後言出之
又發汪梓亭字，詢伯琛、趙芳卿帥處疏二件，並送上年魚
十一日，答趙輔卿一紙，連前存復函送黃白菴，交來便答，詢張小山
函。又查子青函，告以卿節墨移於莊藏蘭刻五印之價，讀書尚可請示
以發梓亭來函，為沈穀甫代墓誌銘，即復李鄂古函，以芷江
請序，即以先生代閱，兼因課卷復調之說未行，遂屬生錢壽祺經二
九日，答梓亭函，寄時寶書二本，以存往返情，不妨復出。答曉生函，適
鏡若來，交函即為附去。又將函書交壽卿之稿，致屈蘇陰書，為覺弱
叢留三函，分別代寄。發以嵩莊字，並江老浣花詩，復書函，屬查許
前復為月卿蘇省葉說，頃清晨，楊書階來，手以蘇來

昔蕭縣治不值，擬送吳老夫赴豐新任，老兄飛雲諸山均未往晤，諒其

老兄日前老朱翁函之稿、壽聯壽稿，另老李和卿函之，樹卿另來

了難印之旋，老劉毓華一紙，之之舊於貌新三送開，補另函並請

翎帖等件，交送之稿、民情、細價、龍銀二百元六十圓，門包潤書共百卅元之

多篇稿九十六兩六錢八分，牌價八千七百廿餘兩，祖約錢房、振力等翰園

青接張南函，稍后京師來德營及保於同年者汪溶等處，查薊園

續接蕭等善老兄孝欽查閱同候，翎指集鄧霞來函閱之，光已候

翎指集鄧霞到，而以摺費集尚未核准，僅核老李欽函，旋接其九日

函附有存件一紙，併印作老備，遂壽聯及以莊急說所件某張寄件

同人往賀。張縣汪與應陳雲溪諸君先後來送壽聯稿分於新三

廿日著孫壽函附奉來覆函云隨時函勉厚高自兢而新有以宏家
因恨然之報而宜姻又附奉大龍一紙今將出其文章集看要略而多奉
幾日再出鑑並文字四函亦附於其內
廿二日熊的蘭家不祥前往致祝左瑞並獲屋前往拔賀予奉在此
稱形陪送遠身親慕其手之技眼孫屋並見來之聯並稱屋訪眼病
尚思不可有失形之道者屋便人寄來一函
廿四日開奉屋來之書肝脈詢及之形及其來字酒夢之華函高詞望赴
引為接其來之發函同家三論意在得其遺而以其言讓人殊不知家故
往到大府已言之有人矣奉之所要之函云許有候不蘇其等候
果不至書頗詢不得其要並有結離盡若大明等種不知蘇者今存

昔年早起，据见冰细湘函示陈云老，据之湘诗深文已经经采
出意外，调来观之，老爷经手了，简便之至，宜职之席，云溪暂回家
置长安，云溪以保举了来询问，两广督系因阻万者不过之，据近见
幸自请之，言夕赴稚之，本之见以书往寿句[illegible]联稿留之，并以说萍
怅意遂居之寿也，旅往作输谈，知其莅舒消息，为之通不会用也。
廿日抵贺，英弟语，乃至溪趋庐矣。苍抵许九条，不值，旅俞竟未告
湘南赴贺陈云溪，苍意采蔚函云，所闻宜莫，函到时已定，接李帅
当更书内作，苍生苍云卿函，苍蔚经由函贺，猿寿。至承义译
此位人地立排，存手报，屯屠厚已，苍湘楼之寿函，接洗已经，是日帅赴
措扬阅宅第等呈，泽操，常年南来，接到姚年函，寄来，和局定，便来也。

若肎若農劉毓亞祇子貞函致季弟一紙以蓮舫季弟乾來馬祉及頤安

石菴來傳以筆意見示受小山寄若農擴南文子函致蓮重侵小山

至南蕉兩若農以蓋一謀柳子重受前蝶庚功牌來即將去而作

字若之送蘿懷遠太夫人壽分於兩若農是日不能寬至同官處也

樓鶴笙回函云成了南望已屬給資令經全赴六安而卒不行

若日樓寄雲亟書來鑰匙取蓋度馬祉書即取出作一紙若之並備發

取紅橋交來人書去聞小鳩新寵也不懌意將遣之回勸阻不聽是日

擬札稿倩徐月亭浸壽長慶左右二處

三十日早往作甫來以前日蓋新皇之旨送樓悅生廿二日函言十七日滿州兵到

已畢申刻日過州歸仍須前去附片左侯二家函即偽送之

十一月朔接李梦莲函通藏电又李稚卿函以余之复呈之并照发所属
国后任载函致桂太守萱又范锡庚函述陈仲英太守原询森帅交
代约在何处者收浓望加价因帅来言浣岸拨费销肯呈收祝植三
后连槐来称是猛生五弟发函昨有汲计在搽之言是夜函
初四日余蔚莲发素交贵文借由函附寄相城阿稿请出示保甚望
为白之雅谈贵卿寄现并之稿刻遍阅阅数函之请接续之
华昌厘身故意在停办接季卿前月满函述陈仲英太守请录
保奠稿附来伯里书怀贤二纸懋卿来言欲及寿屏模孝庭报职
遂寿并学函请查是届原宋瑞芝来言将接上年存锡之五万金
改陈雨卿祝宗函备交祝植三带去
初六日答藏祝植三交以陈函余蔚莲询其取居在鄂省平洪之人守旗

至篛巷陳雲襄曾旭初皆不值下午閔來孫為韡芷雲六旬初度偕同
人備物稱祝瑞芝來言將提存回於寶成錢之記元五百康鎔致株泰
初曾從來稱將赴蘇垣求先生以手函來山中俟張復直往茂苑吳
滂二尹扣送其手函並擬由陳茂苑許理甫作傳並仿真字以況
恩蒼屬經歷寄原紙出請莫同意冊衛某當之詳諸擬視韡芷雲六
旬又辰候道林卿受一節夕從姚壽霞擬先稿登錄於冊
初五日寄葵株叔函並瑞芝之撰求由此設法圖受以省周折並詢靜山來
否仍屬函附秦海君致孫鶴之函寄葵弟叔函言圖受事遠者非能為設法
孫仲英來到於雞匯米業之由寄葵曉生函附去汪佐授周閔卿函詢
仰於政績以竹葭二管當即葵謂來函天熱下午風雲又不雨眩甚

初六日帥於蕭垣譯稿未盡善　旨籌議一事詞未盡善處對韵之意
又查在外館者不因軍害者於和盤托出之意書之韵於十載處須
損益之處更待更自韵因類先俞師和之於口謙能持議論者多難得矣
初七日寄陳雲溪函添附治函請其附呈遞答范錫康函言帥於
後述請覲親就四方有識倪以陳仲英太守之詢也附言陳公調任撫
回京更都議夕接萬先函十月初八日到壽州往署西衙意在於茶
初八日接石仲函體健出來初四日函善之以防銚之益帝貴國務殊非屬
限之請函商王膺二公意又在於縣務為成謀加級又季和函呈送朱超
之詞以莊有後之言寄陳雲老書詢殊超事以疾未瞭當答覆函
遞答李某莊函王步衢函寄陳以莊自述法擬使之說

初九日若蕉兄函附入致蒋绍由函内属速办署西税宾寓其暇裁之意

内托绍由为之说法提院生初十日函称内人招程复办以核之意为满旅言

耳往附来後居之任提株家初二日函称王韦帆有家年银四十两奇宗伯

注册部费之用已入府帐由函划付唐刘琴阅函请勤君世俄之状留基病

服药饿矣果已转靴芸陵扣除更不能识将都速转之等候只可听其

出来一函属速办病服请院费部拟议芸陵基厅旅便书速槐荪来谈

初十日阅坑兄来云要将拜移详续宪来函一觐彼乃不得了不来可刻详服宪不度

别以后服设从先後且为部议取我以来者即政季钦一纸属其特速阅

携去袁鹤程噫睹雪君似锦雨且与贾电札魏去也旅瑞芝一谈称其

得闻路之无攫报阅之袁理刑部询其果否胜任道生来谈只宜速又

十一日 寄蔡梓嘉函，交宗伯，託再三為說，人漸便，部寄方可略減，不須不感感敬

此外則專言照加賞，及加捐例，導之為形，不足之弊之，寄韓擊懷、季欽函，匯

來此函後一百五十金，反伸二分之二，季欽三分之一，以漢麗、瑞芝所前書，予收條

送楊子玉夫人。飯後日睡，甚痠，不能握管，又屬扇，腹不可耐

十二日 華象成、錫蕃來，吉訊失今年，細長各搭院者，遂詢年到，穗節前導之人

以蔣林卿子書，為人評卓高識，遂反伸季欽函，附王宗伯，詢冉文，寄其圓

擬此寬收容蔣計定稿，季欽照甯潤祀補料，為兼年今年初二度說，殊

難甚也。寄其圓，部與書，經是但真擬來，監此云尚未到，夕以蔣來談

十三日 接成保初五日杭州來函，沒遣為來，以及往土蕃，問又予其函，詢府寄

壽子辭，職宇句又張驛山函，詢秋成某物節務，致湯鐘，請外翼可議

容莊公詩文前付之梓，應加校勘者也。多承華冠千秋稽傷口唇胃之症

曹校容莊公文稿錯字，廣韓字另紙標出。

贈祝石琳治太夫人七十壽辰，適澄閩琳治亦於是日四十初度，當居

石仲季飲函之左。瑞芝先得南路一箋，將適揚閩之入幕

書校容莊公詩稿錯字，廣韓字模糊字亦另紙標出。多蒙瑞芝

華近閩之襄理，幾倚毛詩之數月，膳十千五百，原白石仲相錫存於了

稿行與[illegible]之一席源流，促勤於以美需之此矣，我備此量甄別若[illegible]之華

冠千秋尤損道生來稿之音，搞歸瀆而請命題識草

書蔬萬槐範已四弟我撰賀桂叔仲四任注依甫赴任，殆蔬以壯途之

於途蒙蔬華華韓而值拜賀新三行孫安與之毛選稿解先了當

致右仲函，云瑞芝請閱之。襄陲紀說及瘦生樓詩費了，意有游移。
八日　致右仲、季歟一紙，滙還百五十元，以吴寓抽存錫歟之械交作字以屬
銀滙去。說蔡丈六旬晉八生日。伯華來自鄂，談尊卿了有都鹽道
蒿復，即須歸。卷之說成寄莊公行文稿跋，致伯甫寫舊林福。
九日　致右仲、季歟函，以寄莊公行文集及說帖二紙，跋一首，寄經閩
部照一紙，因訊壹木方匠所裝衣，皆說媳女之物，俾寄以莊帝去道接仲
十七日來函，乘便附寄數之，言妹處函云左氏抽出，因何緊分肩係所
已徑吴寓，因此及將至洞鎮旗鄉，左致紀說道接廿十四日函來詢作字
與滬上往來，吴寓以劉滙再加數語，以見能到岸，接陳尊卿觀察函
函，即由說植三兄函以為歸莫後可謀矣。又陳雪復函前之節勞樣也。

到王琥生回函，亦仍照樣式同來，所有安穴文據，經眉段厚齋寄去

冠千道生同來，在冠先二兄處留過照五個，設瑞芝學，自作撰兩句了之

甘長兄管曉來談，所撫手所造之不知意，據十月底仲回函之間之

者，聽其去掉和意興之，惟由手存條之，乃便來售附設瑞芝之函之無足

交冊，亦交李銀代於接洪，泰和十月函之，芸臣作古，乃處晴晚，瞭接王氏

潭函，雅函，雅重於文集，內有兩部，房中呈郵帥，夕帥府署道函因誤在

珠治桃芝之招瑞芝夕來之，部署于紫在邀花郵

甘肯兄前來言舊服二萬金，設盛芳公司在宜興買荒耕種，若質

蘇堪兄先師府，核示矣，教將來，自序乃常有裕壽山，制軍移壽

王函附寄，函候如回函，籌措續到者之貴處，月函照卷，附潭函

芸陔滋雨送瑞芝盤桓昌之行耳為李貴一言請芸帥大營應
弟芳欽致稱如孫道汪作甫芳欽又來見閱盛言之因乞買寶
城荒田憑據並居伴紙交瑞芝手持往擬廣集籌辦七万之稿
芸首芳欽近閱手摺請程札寶國寶城府兵照料墾荒為務者
宜速令侍贊出即為批判稱如業近奏軍請為說項之交揚桂然矣
陳生楊大君只而收之允為之力伯華來之閱王軍歷近蕭山錦福堂
因院筆義言豈老石挽回之術惟有函請壽山制軍電旦能帥府請
熟之流回來事批奉九內友函云可保驛任到後赴京也
黃君保語來言及王道錦為顧為改委陸帥設法派留以之為勉
未聯絡從員之為雜之為旧語樣卿函所等為之一言以無為可回乃

其我於此甚屬要勤時為之一言必為伯華繪三册
昔日接饒州來櫃半索函言稚收之徵數月內尚未寄見接着出
來子安多病常不得意接華舫之函以致黃千函定之時送呈已屬
著送去貴尚未起尚須一載遂伯華回鄂以來送於芹軒來流之行
其壽前退數七方甚後閱一年內有爰重嬉收諸展五年分[illegible]選送去
歲少挑二千另發附片一併送穩除雲軒病愈出來後錦君之行大
晤面之名日蔡生業畫之了蔡生亦無甚高差送前議呈已日昨薛
星泉來寄來三方壹郵遞三紙着之聞厳歷受信宣於口指揮
寄京之微宦道同衡以莊出使房卅八日上已接竟可收撥集
昔日岸擬黃鐵生太守擬贈於珠浯源路通過同承賞見最早陽起松屏惡照

接存侄季卿廿三日函寄沪字第一号存之策纸亦已道积附来年稿文二
已到成保宜在里代侍勉侍季弟归时到寓陪侍度岁亦是也附存
华侄之函雅云商谈及弟起不必不来矣将结果又买千来再去回
锡以买道生来交与作之二首不能劝同心泉来说之亦好
廿八日接寿云函言已发归度岁存字寄甲二十元作字送以存存
心泉书信五纸来函送首数陈范卿借卿王子春来之愿随郑帅入
京寄胡新帅存案调郑鸿谷君之函可接孙涤生函之取回前函去
廿日积沉多雨七八日清早飞雪随时消化午间略有积者时待之矣
送华侄千余买后形接存华甫函附洋八元误为六元我生前以为然也
另道生来交与寄论说三篇并请转函之评阅者也

腊月朔 天晴甚寒滴水成冰河冻答兼甫函附还六元九百文并误借九
厥词答之接姝家十一月廿四日函云其母伤风咳系别因系甲子再厚方莲
风来颇快心得绩卿来函极信字汪伯龙来自帝处来德生函有初
白因来说之言厥弟为家物件瞰有查检分别送之接黄履之回函
初二日 彭穆如来索回苏州之书集极不易飒以指为照看本务亦难再
因发纪日赴都照看可有六七十金河冻须候竟日寒气甚重天
阴至晚又雪极有大寒大雪后候也照姝家唐斋书莲风来颇快
初三日 雪止而天不晴答姝弟函寄去笔下用极算厚极后极内寄付附
去姝莲来颇快易接姝弟一纸汇寄洋一百奇零二十正共三十份作菜
洋之费并附对之函答张畔山函就所询一一告之并论就处之贻

初四日踏雪旅館錢芷雲白壽帥黃敬卿吳榮查到者人寡馬元照直金

從前京互觀甚殊陰後殘庭過三百金也蒼旅汪伯龍藏華觀歸

一談吳某陸花廠與坐聊共話日昃壽宦剣直如判也蒼道觀如曲藤

下午童來三孫來云昨望來書後殺跋一席云可四幕徹不及事過夕以莊來

安左待十一月廿七日答函收到所事及往云未年報請以莊閣大小雅集俟交論其月

多三尺金函布政銀前處後館云函送函殊閱而後聲密可左府來收初二日

定時盈安豫湯安為三孫而報信大可羨也娘子雪後過原寫窮蓋

初五日詣賀左府館生高來起身答旅沈子朝先經去王子袁在王處

談稍久答陸寶往函去以官照請示俟己交新議及壽帥為稽壽查

去賃人一說請黃成共為答左侍函告以大約如一月雅集請以莊閣文徐晤

即先求箋函芾跋款之宜於晚涼底時對對題之人能錯雜將晚涼發

前仙亭道來屬我出圖貢與早間覽鉅來談歸時須陪一札而後行又雪

初旨跋王孫亞楊檜查二函承諾制筆房商酌奉請與以考實

芸臺從留函諭承托桐城今出示陳篤屋一函商華詳待速洗懷仰

函芸前仙亭字收到前出圖照與新王子家書次溪照次留別面前

書出選閱附於花內商並求速函前日記接函帶函前諒亦

碧崖卜有之閏賤第二女月產門書善後其自見職老實氣未滅

初旨字故林新函之有惜詩字善內閏安字不觀帳暗鞋等件附芸樣

藏王函有函蘇字陸底函有美澤又元由鶴劉道一併附去致季銀函

以惜龍字字鶴之由前稿字種芸函帶函所謀於崖字以後芳草而之

宾眛在旁汲取了数日上其高密之書無疑接薛叔由函霞蒿先
之说接洪叔十一月廿八日函言戊归里屡促令其晓生来晓渐示贵芸之见又
向人挪十六元矣接蒿先十一月廿二日函有题二千行由清稼池少君比汇祥字又来
初八日晴答薛绍由函又致郭筠亚函皆为贺岁郭馈之至为薛挽拟
执田叔文来剪芽去岁致元旦拟孝白复春夜明月照积雪联萍
心泉洵拟宣纸及旧照三纸又展应帐月共三纸托寄送带来任又
無心豈壮志不值钱苏雨苍一谈幼三叔文来日移至司刺布五端布五条
初九日接赵辅卿节城声卢来函改字曰孔相华观辅字完到者一
字作数字答雨苍之心泉来谈汪仲韬文来汤元叔送稻寿御寿
初十日心泉来指能稼十六两四本平作字送单还汤彼福寿今十二两作字送

暨三星会馆岁暮公宴，函交又翁，重三来，函并为林卿说项，梵锦来小子

育请拓碛价，机又孙征吊，为之致函林治，并作数字答之。

青岩弟先函送注韵池，本西先於早间答拜注韵池，送华梵锦函。安县题

之社，皇夕安县题、区桂森、锡琅同来，交启仲初九日函，并彩衣呢帽橘

洞之病，兹於腊八六十初度，女身服房药须而晚乃安。揆晓生函，尚不即去

十二日　揆季钦函云十五日归，有挪万县家指四总费又。揆孙宝山来附见有

橘之遗。答晓生函云留并抱恙，今年在星房侍奉，恭度西行乃行夕

赴县三之揆生、震芳韵、高司马、许伯鸿大人，复雨，答之行

十三日　陆养斋来，安县宾题同至宫中，陪育赵猴保马，答启仲李钦

函，赠诗元旦题之，举屠苏和共日育，韬字仲，仰安来函，云同保举

致帰草帯勞績核與不照通班撥改本班候先牽在事功一字卷以案
歸江南主稿 自黑等亦特奏卷孫函一紙 该查案孫二紙 共核歷
陽任薦光於甫 又接胡存成函 为理篇查找情 又接黄小屡浮亮
撥授李祖榮 業在縣捐米渡了
曾容石伴一紙 以章孫二函 托分送 兹已來之 日昨學臣戴别了

請假歸里而未得核 宗谷舉家函 邀石伴之元旦書 信之舉
並附大株奇物 借慕亮 卷黄小屡亮 致二函來述 原了示行
因又寄改为送回代陳 諸有礙 宜为圖 並起函來 乡五日志
望自卷 觀其光化少經兩賀未查了 書函 言其來者之雅 並多並之
當即卷之 君武寄來函 未歲 饋孫 序高來函 有銀八兩 原字

錫蕃家書一函，托梅大女郡内，又楊墨邱處來函，云所遣郡使留三日即

赴吕堯仙營，新任十一月初九日交印，孝達趙蘇王貫泰

六日 寄吳春海附樣信康劉銀 以莊來，言十六日携眷赴姜湘芝任中江書院，接王達來函託謀

楊墨三和澂館，因並宜城礦務，彥未又補，並因吳縣令尚未來謀

十八日 楊墨生夫人泥畏前往弔之，孝翁罷捐館，大人來已其任所

孝達薛以莊孝翁吳壽泉，孝翁宗文甫言來蘇，兩広乃接馭印

石偉函 十二 孝一紙附家文同，監正交，以莊弟甫之致林汲函，并以家之壇

河南局，林宗文甫函為季樓卿十宣城書，現因來蘇，交石偉，經函

附來季得十元，為稍總乃安遠，現之壽，壽印孝遠，交以莊事之，又

致以莊信守玄王帥為吳刻直為，候任，致堯甫一紙，均以勤書傳軍宏

為來茲務節用之遲緩，需案實有應接不暇之場。

十九日接按察司十四日函，附來民保到杭城中六家保甲差使初五日來者

蘇州十五元送田畝費十九元，較前不敷，及前者求得貼接馬子萼函

云以後不給私差生子三號，紙高以至意，蒼岩姚荃田張、南李少卿、許蒼狀

何潤生函，君賀來接武備學堂甄別之榜，道生取列二等

昔年來函接按察司十二日函，附贈至家書三件，上海賀筆，蒼君武寓函，應

照三元先應按察司收，再行成疏先按月貼以刀元，蒼使為頂勞惜為以

修情被撤，就帥座之推聽留於機，武道生兼賢回里

昔蒼按察司應賠資同補禦料帽靴，為小孫完婚之費，具貼成保四元

子蒼暨生按函並交道生帶回，蒼子達函云典送三信為兩宅以之本人

随时留意，设法俾一纸以代今年附阅，别为二函，附原书送苍虬腋、张
忠山贺来，接晚生函，十六日寄取道上海，云来接逸群函，具详之於盘屋
为宾孙纳国子监生，以得居官，竟言居委员，元孙因病未去，是遂授出费二
元孙善通来，告知前通生之孙，欠恩泉来去，为蝉联送录月程於左家
廿七日接孙绥青函云，人事多变，云将苏居留千数，且王季和卿原因馆子函
廿二日适苍叔访为早少高，孙绥青年来，接吴季卿年函，晚生展上来
函廿四日夕乃以到晚，驰于园家，原来谈
廿八日苍虬来，逸孙国时生锡之托，以晚生来附此册，报送椒卿四宿
国事，苍吴季卿观察函，附沈原张注四君，诚全手，苍逸张函，允以取
原之说，相机复之，设法俾函附沈云一纸，每年程风，新兼併托椒卿带

又蒙季和卿一纸云已函致文宗荃庐揽当一纸云来兼亦允以留近
并借清晏院出到家来姊家一纸并禅像木匣内有大珠大二条二条所送与我
又附左宗一包一帖系即饶送家又附静山所撰禁烟公呈及交平六房执事
桂山诗联又家兼先弟函子威将烟等子寿自南昌先弟附寄者收条即
张寿帅寿辞撤馆也接王宾伯函于阅河南李文彬嗣
甘营沅集部三函捕回杨逃接王中丞大略情形随后通府县皆有内
有先移左九江下者将僚查江南了保成孙江西通饶不见一人于将所处或
所谈函接左仲甘署函附致左阶函并势士十元同送接王宾伯函可得
由阅季局来函送黄府经由琦来旋接黄荷岩宗保函乃即买子
若月不雪不已继以大雪接姊家来函云将领之势五年之征粮及租之难

其後又奉來書，即寄答，附致季弟一紙，並因彼院難蕭六頁，擬作答而仲
函言岳侍趙侍也，宜在署讀《莊》《騷》文錦。錦楊師暫停，讀歸後再
來說因忘也。附述太白樓題扁，嘉蔭函，王李藕園函，書即寄後答樹芳吾
函寄銀三十兩，家信性趣善，弟原答呈宗仍函言函辨了句稱善是可寄
昔答黃振之書，當庭訴形穀園積雪渡陳平地二尺有餘，所幸一
紙房備十二至一萬洋送季鈞觀察院生賀東等，附去答閔寓郎函
又前函即答之寄曉生賀東，於里門設教，設在內生家叔擬季鈞世丈
函收到，及所問各節，心跳非高，年所宜擬程子信函別紙呈函
並自擬原件共二函，以向家情浮今浮而不覺，不能自己，不能多贖服之者頓
弦首存早安，而書房閒不清，奈何也。為陽之望，閱文之說，許而許之，詳問曉岑仁

西偏私寓局面甚阔可佩其才之大矣暮又小雨兼雪

除夕早晚闻又雪天容沉黯得袁幼安函即答之谓滇湯保案已三月

覆奏改换之请文安来见面作罗论接庭華甫函价以凡緋又孱附宫

原件函及此物存浣晓理集致蒲暮明出函寄西饭雲居王郝屯恩之五

十九年遂完矣

籌筆殘膏 庚子

光緒二十六年庚子元旦晨起程早進院賀年出而飛雪尋來積
雪滿街路實難行到各處要留寫進名見雪晴又再出一行見值臘第
生女曰稻蕃著鄧帥送閱京電年前立皇嗣並將賀禮到驛
程兩分店還亦也因寒小飲飽其而早眠
初二日南門店君一弟先福賀要勝所求到撫寒而往來見一人年前進院撫
呈賀禮以鄧帥令往宴賓同子孫至園燒露談旋即赴席散而回
寓澤之先生利年先電侍年前建方今年為三旬爲壽恩科來年為正科
初三日連日陰寒而雪雨賀禮拜入院隨送丞帥席以此子處宿席世之師
如何亦法以連歲開科之電示院生勉以力學思考致其電曰病危未
自由先孫夫人之病日見危甚從見招應而往
初四日早謝福字禮稿如上年備兩分送呈處後應以集甫畫待來年養來取

蔡丈來言尋寫楹物之說以王爵常年座函請崔帥薦錦稿重一一言告之

帥來言砲台兵將事 旨令襄一節应須震陳詩查取題辭是日見晴光

初五日往通鄭二親家處賀年順道往蓉叔處致趙子盛函詢近儀

因論及院生宜努力前修以圖進取詢楊潤之近植践醻識蓉叔代函

附去函及風雞楊函在內託其轉屬常院生回常時寄去祀物之疾石

棣泉託查定安營號衣等項因欲一併何時達部

初六日樊太淑人忌辰並設神龕祭畢進院看外委劉鳳彩升撥六安城守程

語證甚麻情鄧及星霞藤分言命所緣由心泉弟子來見認識實

初七日接鄭蓉生鑑軍金陵來函言 皇廟百官賀年賀康爲查代

雜房書是日程送稿竣時校閱擬蓋賣四十月下旬擬序本件

初八日補撰並蓉詢諸君日出後聽道難分也僅聽辰珠治因承查之件

房東果查不得承以前稿交閱，先係上年七月上旬非二十年前所閱段標
時所譯者對面交匯字元路孫李兩弟一紙送信字匯寄達源莊轉
交蒼郎錢寄函，復引嘉慶十二年諭皇子皇孫誕生應集緣甚為屑
望遠賀拙之語落之所請親臣詢江南提錢任以如何亦法為查示道
賀元旦拙著四函送來郭之賀拙又賦錦書收條簽送王實伯証再費也
初九日接石仲和廿一日函，睽况字復來，昨即理靜帳落多到稷諸了堅
不肯歸附投鑑書函未寄九本書即送去，又胡信之函還三年前
挪用英洋十元，吳李卿許納筆孔，去年先後函寄蘭蒼黃苟山藏宅
係函附自乃郎撫之參軍府已派巡捕以款郁之，夕張秋濱來交之天
對君函呈素彬板鴨之紙，繫贋作函，以為對君遣之酉閣解館函

初十日接函并八月函幼女骑矣子之病仍如在老屋善后郑伴弟二月十六日梨
弟来都为黄侯孙子若辞谯文望白谢九之前又吴季卿陈宗白谠
报刊旅局至又拜见劝安若谈左吴穰楷语君掺苏先山岁初函去年
派亭毛将贩工若居房掷弟在家国又薛以若庄函李慧之在函的周完国
绵大晚晓吴记寡交十年坠伴来收元补不雪之高交产来出移送交
振南阁半岁日吴岸四元黄千年遥蔡老交务山移客
十首郡军门刷富之事薄二刻安子吴桃使函送杨灵来还前居分难王
素二君免交收东即时作若若吴将君函之善国馅善桃使之完看法
君国之因六年高来之乘机以其年壮力弦进之季卿纪案得厓禹见
早回岁之晓时老以篆刻拟题拔蘼固宋忠业同来此项交深可

十二日晴，拜孔文山，拜王蘭孫，拜吳季卿、高釋莊、陳宗伯、高丹棧
晴霽。因模字同舟，昨晚接函告歸，自六承復之恙也。出城，拜部
館，答孫讀九李芳亭，進城，拜張和齋，又吳函，又答朱芳生，拜陳
桂樵，偕兄旭初、李雲卿、蓉樵子復函，及偉函，言意所懷，補之亦寄孫妹
弟道滬安復，拜方伐績靜性，從兄三叔視同，為留意寄劉家石楊三一道
併交和齋書之，致旭初函，薦正升交人自接，蔡老函，言以薦雲卿事
軒，拔性偉請意，須請矣，答朱筠書康，附一年言
十三日拜賀薛昌辰，談程星，沈少維、張子元、朱少卿、郭維宗、孔吉貴卿
王錫恆，皆未晤。往在於三更之時，談樂園，書劍之岸，雨雪日甚，挾雨寒
樂園，作伐，白雨蔡老，接錦性、蓀函，及偉函，意述將直將子元之來，為靜性

謀司接元孫電 眼到將病益危

十四日接氏保和電 西子青廉函 詢有機之施 照師時為告 言說頃置隐伙

同星諸君昌農 纙至金山之泉 對亞以盤查 請而雨農石武之席尚

子遂來談 日間則林肩仲 席伴英 祈[illegible]園 請君先後來談 張之時少

十五日 元節 纙星來談 篆之起 根丈照鯉 被華挨 植提到 上換元節而及太和

一席調補 松貢來 合雍雲而白 歌之二集 園之約 而歌三又 遂今來 以天之氣溫

雨己須改於新之爻 定日報一卷 托金生携 蓬江鳳五來談

十六日 莘翁 江鳳五 劉子遂 柯蔭如 陸程星 紹翁 星韓 亦甫 而遂 張子元 沈

少非 在蘇館聚談 片時 接殊意 而月函之 我親之 跳弟養之 則時不換

神甚厥 血劉抑 由心火 操办之 卑小病之 禮之 [illegible] 神帽 [illegible] 世元有季云

昨陰寒小雨，寓齋蒙賜教函，承備百元賻儀，并惠賻白金一斤，並述
弟先之屬題墓表，寄用文附陵李銀函，白眉近日又附蒼子貞函之
聚螺道席之之蘭楔花妝執如文羅氏祠張閣郵課異之說再為復
澂接張晴山詳函，花子琢函之，陳少眉僅性炎了，蒼鏡湖函詩文為詢
蒼弟函多子達來書，以函張承望雪羲之表帥之託，了丈多緩言議垣
擬於同時來施錦壽甫觀察函，為安託定矣
寄蒙平達詢蘐午橋王運梁三贊鄉前達生諸君經函，蒼張晴山函之
緣請切解之多，林職來擊雖真補閱，河工方二万文之請，水出並未可
蒼子琢函寄呈達陰府便面，又蒼漁張函告以承屬託到仍擬時寄達，惠以
函并之子接楊積豐田函允照辦，如有應在汲梁三接後生知見函
之將病加重，回寓免其到十日，後伯龍函請加詳，而病情益篤

廿九日閲邸抄 發朱芳生 張子衡 孫稼穀 龐省三 錢壽庵諸君 接郭筠仙函 詩亦

寄 星函賀 接弟來 接黃昉作 四函 寄孫伴常 去年 莊伴函以方度尹家常

出任 霍伯 得沅弟 子建 接去 接 巨子建 來晤 辰祇到 家 復 弟 時 情形 作 本書

寄彪伴 英 傳 寄沅 弟 書告 原 樺 內弟 三錢 到 兒 帥 函 電 賀 摺 多附送

郭 云閲 之 物 多 頗 至 沅 弟 來 接 任 作 甫 函 告 時 作 答 又 接 陳 雲 濱 函

瀏 如 多 四 省 面 談 殺 王 是 王 鋼 極 之 精 此 推 讓 矣

二十日 蓋 臣 弟 自 里 來 接 雅 家 十七日 函 並 贈 食 良 海 鮮 又 李 飲 函 云 如 聞

心 跳 醫 云 肝 火 服 羊 肝 之 劑 共 數 日 四 羊 又 接 瑟 生 縣 函 並 論 文 以 後 之 部 又

接 莊 伴 十八日 函 静 悼 家 中 信 接 去 弍 日 原 抄 觀 黑 豆 方 又 接 九 弟 函 勞

二十二日 甫 來 之 宣 城 送 多 答 接 英 至 晤 杜 君 思 溥 答 孫 稼 凡 英 杲 臣 晚

秀 川 三 君 縣 函 沅 生 十 日 函 來 述 之 孫 夫 人 病 狀 情 形 而 已 沅 生 天 性 之 篤

昔蒙承清谘之注仍张荐蒙甫校韩园王石孙法正庭遍益得
见者蒙覃蒲书原函白礙印未便之意若杜子居王石桂二君辨
函居琴生拜函致二道人来约廿三日梁园之会夕陈云溪来示阅定
霞函路乃云霞稿识公后以寿苏而跋与之极
昔从已山来字琐江风五显正冀叶云霞看序往云溪处一观若
拜嘉函附函诗九姑推食觞勿以和度我鹤若晓生函原备顺悟执谒
友人日暇再函圣录笔可安君是素服二函交郭以我子郭可不彼
扬李之受外加一角来免迟费随即收回摄子书函询文华亭我孙椒
二月望后来看樵六潭函以谢源渠我乐二册原书序之附词一函
录交原呈送季弟笔之同乡实收于其人即接来郭正有条由其笔之阅

徐請浣四兒共借銀八百四十兩找實一百十五兩六分為請匠四兒加浣弟殿
共實銀九十二兩四錢青銀因多張清霄近芝年支由原人事四錢之
廿二日蒼臣已山霞屏函以季弟部照並製衣里区方侍又巳老弟送
原肩試靜恃老記是否能行蒼子書函二月望間來道藩過新孫時
恰合錫弟之函改交信局寄京申刻飯鄭帥看牡丹之看酉刻飯罷
園小飲之後回來接孫文卿函附有後廖之翁信擬呈椒兄未發告擬
以代請霞叔原寄還三之毛太之望兩以函採取求回之券之
曹蒼俞季年贊來附一紙又胡信之贊來附一紙以到遠英洋十元送蒼
飯新三下招接運洙回函之意弟鞭略健而宗洙胃弓有不見持久之意
是日天驟暖夜半小雨

昔日示雨上天仍暖昨接張清霄聽濮岸時望翁辰直接送袁仲安以胡
函交之又昨晚劉曉九接賀張雲山接送芗旭初接賀何潤生桂香雲昨晚
題隸箴陳雲浦皆不值以來昨晚黃景山饒峯昨賀李楚莊賀來
加紙數張之又昨高峻峰賀來范錫康賀來蔭青能定錫之之拟生家
王俾安名承淑支應序挑倫之資也席我晚奉兩蒼忘有白下之於文晚王
六潭先以晚序已為譜述稱到二字後再行斟酌
昔日桂香雲張雲山先後來昨薄以莊函轉照蘇賀來加一紙仍以樾卿
為託擡以星門家氏段樾卿函與之一紙之於收筆後分金陵八冊由閩
季生代領此函請快工蘇送閩子郎寓報城内地名也何潤生來席物賀去
皇爾親韓為子嘉猶送楷特時價大騰張清霄照前物再送壓之

廿日陰小雨蔚若先過安清青樣之毛野道之已庚辨家勸是家園蔚祥厚函
函附士鍔來家書蔚若孫蘭蓀函之雨蔚是日往琴齋留意蔚若偏庵錢
函王君集賢函皆贊璉函蔚吳壽士來邑英寫舍雅上壽老張李鍔侯閒
習刑錢幕要雨看經程之據度於二路治公看不放心處也
廿一日陰王六潭寄存謝源唱和集稿二本展閱一遍其第一卷為注稿前
留別前唱及人唐和蔚二三卷為六潭留別前唱和者尤多四卷則王頌琛
申梧大話居作因為作序附記大略
廿二日陰蔡服閱留總之函後日來止夕能在縣治之報同席生人為左雨生
直刺承伯日函張金山蒙尺牘孫參將勇敢從援救陳外間已錄其事
稿意思亟有不遠也批邢某司妻訊面尺新其守硫查之

二月朔，雨。接藝老正月九日函，言宦遊勞費，若家庭歡敍之樂，附手刷
以錫東棧租田借欵等皆大麈之息，無從審閱，株藥擇康為輔，經三宗株
於火柴有限，敫而自道，不以為然，與藕庵之說，茲明二滬已皆不能持久。又接
蘭生上月廿二日函，意在田我租田，令出之孫第為折所昭之霞
初二日，擬示稿繼嚴，且第匯寄之，與雨人言律嚴，亦保甲團練使民自為團連
叢示札稿同送撥，晉雲廿九日大通函，小蒸相繼先後四千餘畝，現雖庭多
仍回瓜渡機，亦以風潮楊家莊猶未權大通附來答敦叔字集為一枝
夜保康為說項，者內作彥申前之虎牘木紫有便奉東
初三日，峯彥說生函言科場所觀先宜速團功標感粗為理要速來，雨止
頃誥命寫成，我雖如之，但是之或備字云，日本為芳大尉時氣未帝之到

晚金眉生来，并邱星贤于稿，并函覆汪药阶、徐颂阁，丁雨生、寿卿之函

初四日晴。谒善庆、胡耀魁回。接陆南屏九日函，寄来补服二副、廿袖一双

并竹五件，又石印初二日函，属制星云之都督，五间地基结算为接交

王升。又接张东臣月廿八日函，言田心姚又费食滋于前廛，枝节难避，两次见嘱之

组信，并寄信并缴回府付，欲及仪臣谋馆之请，又同庆之贤谋与，又接张

寿甫观察函，件英来邀赴古通、筱鸠之约，赴陈隶来谈

初五日晴。答杨仙舟、吴彦士、左瑶芝、陈子宽、汪彝卿、程又伊，皆来

得曦僧于雨荔函一张，联卿函，查口滕辰稿，于落札告示等，七十件分颁

孙同迈之方载卿、李陈厚卿、文宝西来摆巷补单道之霞桢加注标列

十余人递之。赵菊延来函，以华甫重听言，羞之为不便，康寅见帮办

接函并函送以其畫圖及楷行錄不得觀
初六日晴暖將晚陰風　吾李弟函附去四息書銀原查數目與吾存件
函王宗儀信館子乞為留意　下午為帥兄函致借輪船於芝帥以李
鑑堂之巡閱長江　函與葛山家提台　家星泉函以杜足寅夕　張和庚來
初七日吾寄楊藕老函歷數日而能就　鄒子惠筆筒　交函附去畫冊
留待安便　鄒君貺二角一分　致和庚一紙以便青抄謄　初五日壽行處之
附去集製墨以蒙攜來掛幅之貽
初八日趙君之寄綿烟五送禮克式左氏贈眼孫芝之一謀既及趙氏贈賦鈔
禮物　旅芝君不值　訪報三原謀　商領樸則鋼料之銀　電高來稱
赴蘇即往送之

初九日寄答琳叔函，仍康婿寄呈函，述藝老之函大略，並來夕楊魁生少尉定遠來，以子建交，根寄康已年函，歸房，索贄，題銀，爲請代送潘樨華太守送蒙之書，盡吉信以鳳陽之鳳似康不倫

初十日答拜周閬卿，拜賀許伯鴻常貴權宿松事，答拜潘樨華，拜謝張桃質，晤吳慶坻二尹，鍾木來，孫姜者也，答拜鄭枚軒、沈雲卿，寄答堪甫函，謝所直贈共秋間來院之請，送趙石之寄賀稓

前答孫三擬課桑園，聯額，約擇加題跋函，送約用

十二日答趙翼亞函，附致范錫康，庚華甫之藏書，答庚重聽書，康妻送歸寧之子宜在月内，我范方龢送相照，附寫詩集，挑詞，又答錢壽甫函，述藝老康謝伴英得差之請，千總胡文鍾交●條求差

十二日接石伴函，有照與頭聯之鴨之照及照費；接陶洋函；接季卿函，言必赴

益甫[illegible]康查煙賣指款之數。又申係今有小兒歸鐵路三邑，分別收邑

浪生函。接允孫函，因袁翔甫寄缮益世，附有書保因我受屈，係[illegible]生改

察[illegible]條也。子有往鄂之行，以業勤所一職，屋數指頂之業，內郡帥武以將益薦

乎。吳季卿總稅使楊蓉臣交孫石伴函，近兩日微覺不適，夜睡不安。

十三日寄石伴函及季卿函，附去煙賣指詞等之數，總月一百三兩二錢，祀

庄賣多二十四兩，又以雙單月及分費，合計共二百二十七兩二錢，須與費庄外

又附去楊蓉臣函。終日腹不舒服，連日大熱。

十四日大風轉寒。趙老之家姻了前往拜賀，在左氏院宴，乘便拜晤蓬

瀛夢華。接汪作甫函，示蘭積產簿，兩歲本年文分上下帖，及帖十三文[illegible]

清秘二十四日收[illegible]賜[illegible][illegible][illegible]存[illegible]接夜於甫函已[illegible]聘了[illegible][illegible]矣
[illegible]寒雨漲雪降[illegible]小雨[illegible][illegible]源喝和集[illegible]道[illegible][illegible]月亭[illegible]來[illegible]二君
年[illegible][illegible]舍函情形分別[illegible][illegible]又被[illegible][illegible][illegible]兵水法二[illegible]分[illegible]王[illegible]標[illegible][illegible][illegible]
等六[illegible][illegible]而[illegible]餘[illegible][illegible][illegible][illegible][illegible]送[illegible]太守[illegible][illegible][illegible][illegible][illegible][illegible][illegible][illegible][illegible]
六日[illegible]寒雨[illegible]楊[illegible]甫太原來函附武備學堂[illegible]程以[illegible]形[illegible]元[illegible]
[illegible][illegible]任之又接劉[illegible]年[illegible]謀[illegible][illegible]官城[illegible][illegible]之了[illegible][illegible]學院致到[illegible][illegible]
八方館本[illegible][illegible]學[illegible][illegible]取七十本[illegible]日分[illegible]本[illegible][illegible][illegible][illegible][illegible]
[illegible][illegible][illegible][illegible][illegible]上[illegible][illegible][illegible][illegible]又調[illegible][illegible]接[illegible][illegible][illegible]函[illegible]方[illegible][illegible][illegible][illegible][illegible]
與圖[illegible][illegible]了之[illegible][illegible]函附來又接初十日[illegible][illegible]函[illegible][illegible][illegible]而[illegible]里[illegible][illegible][illegible][illegible]
[illegible][illegible]上六年[illegible][illegible]館方以一[illegible]於[illegible]一本作[illegible]紅[illegible]利[illegible]三月[illegible][illegible][illegible][illegible][illegible]兄

第以其書不同時從日古老二冊赴津面示云前改作宋本以藉閱月同之
莊府不能多寶成棧刊以圖者鄭君覓而已意深云欲歸重四函附鄭君一
稿王宗伯詳冊了核准矣敬三冊奉上恐君看詞諒傳者冤意在後云
古之意敘時寶將棄滅蒼茫太息弟函鄭公亦東草擬樣二卷稍精奉
兄鑒提出函論詳細彼其鶴水師風兵重複者限制不能趣題
九日蒼翁猶有限尚許謂為二三月後猶注以上鄭蒼翁查子書尚謹陽
並奉上兩冊一篇示長即將回去與帥爺之言顧義照保其原質
攝影請兩詢明後限閱重核限期程查完原本並付刊刻本承
攝于衷函受函非重深刻二冊子后送特至英衷而仍詞意而高日記
隨時將送攝于金函送藝服百壬儀容蒼翁之

廿日 蒼縣叔函，並蒼南岳函，附以將至寧垂由縣至寓蘇閣門回元莊
縣交寶成棧租田郭票寄詢，據叔以楊虎不利之說，及紗廠直餘於莊
分紅之說，皆頗貪業與之疏，他日表程竟日不得畢安事
廿一日 寄叔函，交女某目注一冊，亦注冊履歷，發人由縣寄函，內劉暾九來
求薦，言為鄉里詢及縣次滬華分支保，蒼劉與手函推爲人 另寄
多之善詩入，陳生宗伯函，以注冊核准部稿寄之，共餘剩京平銀四兩
仍由縣寄到遞來老，陵陳雲溪書以廣年遞閲而房託了要檢查
部驗保案，交劉帥便黃捷令順便告之
廿二日 蒼飛來縣次孫遞左鴉芝祖賀，張縣田蒼飛陳雲溪再飛
查子春曜等遞薦健子曜一談，電致孫仲繁、李叔函，蒼字保

纸，有恳两匣，钱送去两幅，吕仲光奠仪三元，□邑花银作寄交
瑞芝事。十六而闵，承于福禄寿函，话之出艳不适，五夜三更伤风寒热之
写王摄，庄仲六月函，叔宜泡话，君来，蒿庵携兵人二名，狮庄了
廿二日 蒿庵陪怀作庵函之旧货，寔衰有碗原叶实宝二寄，不能议准蒋王子
袁太守以潮涨唱和集散录寄，韵甫又携菽函，张季文四册，又属生寄交蕉
词二阕。甫之又缓除雪后知转后部缓奥保之任事人，送往云挂之寄
营以子袁函、张季文四册代呈帅府。瑞芝来，未晤，留之于晓生之处
树形往送之。蒿以衣询二寄。蒿方婆尹函云兴图保奥蒿汤光孙函
以所黄门悍劝唐之谢其隶惶之愆，询以锡于言院河滩之事
廿五日 蒿庄仲详函，仍交瑞芝事之携张寿，十九日函言得十年应挥租二百

元彩祖六兄大同在營造公積款內提用附來子貞霞函正月內續給三月
初七日仍存留意閱寄之多提張暉山函再為渴律王潤郎請撥五品銜
頂戴札當將來祥氣甚大日需以蔡濂伯之雜費也李善之直數給之
人來報大啟時日陳雲爵自蘇濾回作字薦往貴校情形由江紀之
夕為陳六再先生轉行來及成就
其陰晴不定之兩間之人皆相錯之多外輾無據他及楊雲階張縣回先
後至以到來首無條交張須到之處再定雜苦雲爵
昔存縣來函詢其近體後事如存續祖再催往兩家果想將仍自保存須
動其送之積附及二類函內無料伴能無相宜請其藏務附存孫若濂生
年來樣季秋廿五日函附來糞之皮存件附年白兵府案中速照請

請照匯送潤筆八兩銀，係是閬季先代收謀連局寄俟樵卿者，嘗荅譚人
昔日拜賀閬老生辰，三府拜送閬季生回，後荅拜沈子鈞、楊雲階、錢重熹送往
照應孫暢荘諸君，各寄予山西郵，備字重照舊楊范甫函，就取詢詳子敬
之。鄧帥調署與之晉子為贊，亦及之也。
前日接石仲廿七日函，並留耕申係兩函，又附寄秋跋王子雲衰任仲伊許理
前三函，分別匯送陳雲溪、朱文閬、劉漱琴。四日李莘階兩函，皆為獲
莫子貴、葛岩、康軍內田各來照所跋集，又片集。接林卿四函，稱謀連
公主有無選五元，俟留待來看取，飛之兩附跋閬老兩函，即分送
晚日連飛氣，瞻子貴讓兩子意。接李欽一紙，附君特照函，計二張，文處
王府桂辛中廿六日清刊。接子達函，附來稿，徑之與圖係集子

三月朔。雨。接錫壽甫觀察函，以鹽收鹽斤加價，悉脫之餉，以年請留一
成以作經費，原以批准鄉帥閱，字當量採。冒雨而往，夕號陳雲浦招
兩嬰更大●年。蒼衣偉函，告以王口芷先生詩刊並及借年之函。
初二日。晴。蒼季飲一紙，又蒼弟寄遞一紙，附遞袁爽之一紙，借寄蘇伴 后
館集都之文，興國與予為君素到覲，須到兩首，予爲新為予集遞之，設壇閩
函，以鄭氏家遞藏晚滄浪八家畫，及旭林所繪十二元遞藏者，在家
稱善，生以戊寅乘記遞難安，傳即呈後分接，牀初二月廿六日函，同之將遞
之函，到月不遂，棧渡蒲牡安慌，燉包二兩，及兔物，約值千五六百元，於集之二項
交製，良以予懷境生在，課之予呈閱一年集，原大書大和子理此未應也
初三日。接吳少高函，以五華山礦一廠被陳昌春紳人燒搶，並劫人吊

接奉冬至前三日所賜手書，康楊津海周隱安諸屆此後請賜示

疫於因病臥病，手諭陳二舟先生致（契）函文義民從前為

初四日台端轉寄南觀察函，藉留諸價一成以充經費，擬移交廣同校議

郵政加費，經同福若見二十年請撤其派，從了解，思報了電二十年請保護產

煩電函遞電，派署新日獲派務，局另辦為通賬

初五日台遞張暉函，函之王閣兩項款，乞已作撥給，告以照務出力另有

函款二萬至及歸計局詢談，謂自存足多額，郵存何處，台馬子辜

函告以近收及所詢諸人所事，辦出經派師，不知經保交轉寄撫筆趁

知台連日體恙，午後留兩寄台撫函，告以近況，意在歸台，託以民

保隨時指教，附台民保函，觀以勸為，暇仍望賞字者，幸而希遂既台

蔣家函以語所失惟由彼之不為意在以善語祀以為本前寬恐失大非害
惓惓于恃恃楊屋贅從滬祖滬同之君英鎊三萬四千之陳復保付五成生百
九十之外尚有三千餘速應項及業經浙息撥漢庭之款倘有於機不敷函到
後滬寧電于甯道函之部移與國請奬限各款之在到須得速來為要朱撻
在伴初六日函以為所聽之疾閲存不安其語照同而所清源鴻失之計數行
要既却非老人所宜也撻吳業孫函以壽和家累之某撥歸外債附有拔
雲翁竟東兩函皆商時局夜雨甚大
初七日雨送業孫函於雲翁談其意蒼以為不能外債允京電主持孝中
屋集日出都撥寄雲翁二月三十日函病氣未全愈由於語聽氣虛也
初八日蒼函又搵函備言得之之銀蒼在伴函云王已出京清息近有撥料函

臊為隨時斟酌先為子峯達來言與園藥了又閱會典館與園功課清曉閱
列於上等方照貢常勞績請獎但員數限制甚嚴云是日天氣甚
寒沈秉成來言徐彦病了前為煙癮深且不慎之為雨黃逝
初九日晨拜沈秉成許伯彥寇楊石泉叢淡山熊艾臣趙棣威清帝南
劉子峯達言慶尹楊滋孫周蔭安諸君別無甚熊艾臣來為師之調理擬疏
稿為信為與鄭伯孫張子遠孫張賀萼生覓接王雲伯處投之訊吏信使投照
初十日嘔沫多初二日亟之甚親咳加氣升菊延謂腸胃大開延赫石溪
石兩劑氣稍平咳亦減然多睡而加厚以上咳平肝為要了楊石泉來言
與園係胎毒應在肝脾加補身子峯達來亦無多言應在別求延引
十一日調查肝來形容宜減活血應亟之奏 敬疏稿為應了諸君依係與

之請夕方寶君來陪雨耕寅正景來高再之奠為

十一日辛亥觀君來寓久談房縣照務係其君此間適之接孫家初五日函

並刑以蘭送詩祀肩敬措厚精詳之翻陳望從大人撰潤奏稿要字甚也

十三日壬子寅訪悲接涵張函甚為累陳宰慈者加轉沮帥函頗據使安植生

客伯鄣此為識由信寄詢來遂是送子達興圖訪縣寄送以帥信費稍方之

條石乃苦德詢以密書上之吹徐夕來晤商亦不能以其底蘊

十四日癸丑晴劉方二君來久為條其外為之送議其家熱中卿交者城名

條來興圖條其之內宜如其流稿以呈閱午後十三日自天津乘新

豐船南下鎮江美領事以唐將開事電請飭唐鎮壓保護即電唐將

府轉[illegible]遣行來職新三一送唐處來文但有謠言並未滋事夜電南之夕

望日早雨郵政收接來揚州陳惺叔到家函云應仲接青之意
作為最論以及更度早先後來皆詢與圖係案彼此頗忌惠以惠矣
為主之權亦以揚方劉汪某疏已經之言蒼之雲度尹字者亦程理
因雨止集蒼馮楚以華便往與辯論面飭其非即示表函
十六日雨初七日應仲家寄達一紙言方君照指駁某一案大令收報自謂回
茲將此函及錄本說太常博士衡撥員之郵政某別籍者姓名何可作
蒼之又蒼函辦申係為一紙蒼身電函詢惡案病氣或亦淋漓發作觀察
詢病戒醫館以及我心接十六日縣家回函三方更早元收到此因菊方更流服
不飭因停止服膏藥毛痕連附有李氏珠珍撤附函云懷福堂原抵債
餘此三年將從中挂弄擅劃基租凡從弄將此其前敵張命於樂家

宣計寄函已錄國蓉樹仰一紙附致叔偉閱後陸寄示指來接前壽甫
函又到挪又函已接通知並指晚託詢總看銀鼓
十七日雨蓉呈葉叔函云頌壽交界花墟蓉處移船劫案議歸外結重局
以蓉不必會勝亦竟及蓉口矣少甫函云陸勇會併家搶劫焼擄積廢
之勝並來竟及文到案及情形殊難日昨夜居瀨電所云可以不理
十八日吊李萬宜副其夫人之喪往蓉許陸金波方晚縣二君蓉函縣函
三紙詩便蔡金生來縣之保代送方聲甫送接到者城日杭寄來
與蓉函送方君振交與陸家請君前寄總多時未下午到夜雨
十九日作雨接李招圓函呈送集因保歸服補班矣亦得撫意來縣來
談和局情形方聲甫送致丁汝一電函屬為按閱為與圖併案也

昔郭筠亞饑軍遣傾餉筠并途致貲百萬來即蓉函以贊皇函款拔四省
安之事面並云於申巡到放歸等六萬將此銀及前存餘銀共六百五千兩
花交興安人隨時函達致原伸紙之王申巡四月初五日接印之後函中三減
附之蓉莊園函之係與了以歸旅補班前先補用為宗有道之媛鄉呈
物稅務不受接原伸季節十二月函意云奉均理要歸還銀兩不虧于臧弟之
既頃有吳季卿以子之事見也原圖不乞真託人之之九三及矣
昔蓉彥莊園函云吳叔治亞情形前原擬先係與非現即某與七兩
來到係以歸旅班儘先補用為宗以至蓉老初五日函云二十六日奉吳某
事刪其前先花樣頗爲之與已改趨吾接劉意城函並於提辦應係單
其可已經揭去接將軍十一月函並現悉已上復行文以一時難以復擔

詢弟先何為要壹人每嘉信宗家用厚盼之附抄帳一紙並數溪之
價錢大兄要撥西棧十六函以十六寄靈若票鹽買者是非均不理
廿一日近二日收讀兩應撫兩若歸肅函所請加舊撥價經費支應前議
阻大府以前議決此兵力安穩募本軍無多力若則撥及函文解至
聯省費需二百萬數十年積免賠省費而需得宗子遂函附
去年減宗先生有一函交雪翁携去眼驗旨傳而遼承受直到遼
即中止據廿一日函棧函無理取閱之處靈處之於票鹽而作定以免為謀
子方雪翁字兄收日回著沅翁李交來官事付撥無基號函內
櫥藏老香在留潭差道取驗旨暇而寄道直某即忘不往
廿三日寄蓉棧和函抄帳滿單上年十一月會收本年四月又有應付會收驗使

匯寄武侯祠上之後，連寄屈押租佯匯附之，陳生說夢齋二紙，各函張

一紙。接屈伸甫世芳函，附兼寄之所說之情意，再三當為武附之宗祠

邊遷接照費八三元，即作答之。因其有匯電可緩之，讀即以匯電情節告

之。附遷去彙紙寄之來，兹即匯遣信寄章來務前

前月十日接曬奏午後電張菊生者，又小兩檢，前詩稿補錄於冊，而人

之聚談者多，然案時刻忘也。

昨接張家楊清叟二函，一寄鄭孜后為寫探照貼事，請以後接寄

一寄楊雲閣，為鄭培基訟務所須繳及寄應劉壽城函，蓋以先後

所報已轉寄與圖保案，此度接范王翁以到便函四函，又匯張函以代

孫三成[illegible][illegible][illegible]，接藝老直百函之隨刊年說及改劉蔚老函

廿四晴 石孫次君赴熊進之王[illegible]趙謙盛左鎮雪客吳蓮舫過之
秋舫居士擬以劉嶽與[illegible]動象之歸和秋舫閩峯粮餉局室與過之兄左
林鏡[illegible]過訪任[illegible]蘇兄生[illegible]港臣文武名年共有十餘人⊕
廿五晴 陸為之往拜卿劉蔚雲張子元[illegible]道馮楚華[illegible]
兄藝[illegible]交留劉寫[illegible]伸廿六晴西事來孫家代[illegible]女紬兩到之
吳[illegible]只子歸自英國[illegible]為稼鶴[illegible]印[illegible]茶房[illegible]送花並
告藝老之言又[illegible]季欽二紙論伸歸李[illegible]偉[illegible]來過[illegible]友[illegible]代[illegible]
為作跋論[illegible]性子元字之未[illegible]送[illegible]先之之[illegible]兄再請[illegible]益
廿八廿九日劉蔚雲來達[illegible]科理[illegible]為張秋[illegible]府及瑞芝[illegible]條抽
共[illegible]之聊[illegible]塞責而人踪恒不絕[illegible]者不能靜之情

胃新晴明暨 天氣微暖 蒼巖杜老蘇光緒企梁藩小肩
陳星甫薛心泉狄賀沈樾青接居伴廿八日函內志眷起行消息
接查子美函云文華亭子上半揭 詢其抗辭王接眾蒼巖函
詢賊實況請補頂沈茂初蓋遠自京開道生來自此寄言子
初二日蒼遠莘庵函人牆之文錯雜竟日至二更時出院南蒼居尾
子照手言館子先後來拜函字兩函要務而來得
初三日小雨蒼巖子美函 王大府守子晨子來見 披 瑞芝函云
覆自四條接季南女照函云王以著作有見抗者自袁者之程蒼
仲季兩弟函自遠追而難之病蒼妹弟函云王子日內將 濤閣
安吉接揚移上不能兩全接懷南三月廿二日四函將赴京之河上

初八日王爵棠中丞抵省，遣人補來取舊函，寄去致仲季兩弟一紙
并去近清壽如詫儀說擬完，寄去瑤勤彩集二千部，劉裕里送一匣
筍乾一罐，青餅一筐，豆豉五張，紗宮扇面，餅乾，鑑雲年前鑑雲來將
接瑤季極城來函，將往宣襄館，想年來者，訂定彼，鳩宣城塔
后一子孔春季陳雲溪先後來鄂中，丞往日了經理清楚
初五日王爵棠中丞接院，接薦先施接兄照以函，寄旋送康君
收到汪詒疏，前往蒼樊，並去右鑑，書友送彩，詒函合生將並兄遣
曾寓遞將並遣，居去寓臺灣，陳寄暖，張宗保詫晨先後來鄂
中遺送函，席共陳俞二老共人，即遞張王汪泰同饒接縣暮暗面言
元務已錫，數以紳服三季之利，每之極頂不易，靜正歸里，彩勸戒烟了

初六日 同人集於高宋雁送赤帅半日 閒不得往一函 抽去致石仲一紙交對後
已二归再询以初九日归者二行 绿石果定年後出郭送赤帅 无之 見電
着翁陈仲英太守遣从僕人 稱不甚 多與對面谈 劝令致力學業
初七日 着杨燕老函 致朱款函 涵英泽二十元 以为两贝余收 護石仲四
處行 雖定以告對面之派張埠送归 檢料弟金堂上話物 連日大
暖 特而小雨 到然平来 服隨後 [illegible] 回宣城
初八日 着朱款函 厚 據月 津贴對面十元 以与雨後 停止 允 路沙 浪筹 不得已
以由田家住之弟之 丟宏 賴 寶 乘 毛巾 菁行 茶四 与 五 只 行 一 條 屋
與孫贈一匹 致谢袁素 茶函 送張義民 往 與 屋 幣 奉 函 話 辰 子 出
城 全 之 對面 之 行 浩 贊 嶽 錦 侯 制 軍 在 鄂 已 猖 獗 與 馬 雖 當 大 雨 之 日

初九日　肃函慰福寿山观察，镇江某库惺着，敬曰希谐晓公恭屋星
夫人九十寿，先数日函速附寄，诉推举之力李芋卿司马惠郑来时在宁前
蒋蓉秋来，白雨帅之廉，附其先茔四尺幅之挪他收，先呈冯中丞其他项拨还
即为呈稿送之，易间适家信，译是日天晴，对面适江阴下轮为便矣
初十日　答拜萧泉斋孙黄卿、李芋卿、章次山、陈奎波、陈仲英六君
道使答蒋文甫，送吴松年二君。下午答诉陈鲁晓、张宾保、孙梅庄
杨云谷、陈冠卿、孙清九六君。接龙仲和初八日函，即将前来之，因送铁梅屋
油栈之局，为东应拨也。致李汉山函，告以其札通馆已费，致探盛函，请其施烟
是行并偿三千，即为其孝屋务之意。汉来谈，明早赴苏港
十一日　答拜石生孙治九、吉云、沈秀川、张麟生、汪彝卿、黄广霞之会仲英

胡亮先来。汪仲高九君心泉来谈。胡周之因函荐于禄盛，而禄盛不来，置之不理，良可叹也。接华甫函，以问陈太守，将赴引见。萧人查安甫将图取还之，伊老病艰难，其情可悯。

十二日，接张嘉初九日函，则为藏煤之栈以省失患。据此西人仿集股本保火险议。王秀清宇心来，静山戒烟之举，筹划未允，宣基自愁生，已后陈小云来谈。接陈仲英太守函，云调庸再请之举，以前内友荐，近已或得。接恩锡诗，嘱免女□后分，以备一称对联匾额所集乃也。

十三日，陈艺荃、蒋雷雨、李花圃来，言洛函，保华图以能补班为实践。计夕能汪春卿之招，吕西邨、谢文彬，毋以日来为之泉芳而阻接，日多不免手之心，积此白云商之，迨来洋务之牍，暂可为归之阅者而已。

十一日接張曜山函談黃子壽函總無文臣來祇云曾見議在善後城收米發

之出而已發達大府而於此事茫茫殊不大明其為何處也

皆答復桂重復楊啟臣答復許蔭臣賀趙樸臧答復熊文

臣復陳伴英答復李蘊園為丈查善後輪船運出米在何處收

蘇境者祇未報其數聽朱穎卿詳文摘錄大略函達前去接李嘉十三

日函云秦老肃元將回錫將文蘇州學李二弟來海鯽一包

十二日趙君上達字仲俊投刺來即以刺答之其來加收米數是否可

望善後推廣來阻之以為可不易行也然意哉不為此又復臣函屢

商存收並祇自費壽文復蔡兩叢一談鄭帥函送鼓樓府十函得

十二日答辰仲李銳函接瑞芝鑑壹為祥函致查子春函附錄

眷揭文華亭拱紙云練君且至有嶽洲吳科等不允是否即
查郝石男開壽賀李夢庭壽蘇練小雲稼看三山歲春泉嶽勤
新三承安一牌方村問觀卷春日取票葉陽墅蘇直虞詢所其旗
選拔同年戲逢君甚恭存錦葉區已取肯手拙居件十四函另十六日
歸肯者先殊引又李飲函通商如來記世兵即季達記未附灑浚居之
精行議十三篇肯經見否末鎬日記未見多棣風來談
去八日寄薈珠叙函告以與聞近石又寄晉雲函屬宗方家書家國十年後
恭卯送吳穿男賀新三先後末首導往署內現傷兑寧圓歷一統支並
送撫收善後輪運未肯議股陵闊一過粗擯錄某股外者行詳明
兼查閲到青即奇送寄金生函告以與聞兵蒙萬庫年勤共二石

九日荃莊胡國之郵送趙棣威以跋左函交之荃莊照文至宋蘭亞折秋少
遣吳素書諸君荃張小函之後函請托其契此已荃保也荃季弟函交
趙幼亭之跋李莊圓字書以揚大物□係之詩李秋元派
二十日張坤自錫四綫縣來十三日函並雪青信沙一疋又代弟來書並函蘭苑
二十三六弟來黃並又將至函並一匹何毛苓李二書並附布二疋印花洋布一疋
胡國之來言荃黃鐵生遣濮賀見函託楊五至交其條
廿八日寄荃梅家函先晚報項收函悵價係布船息秋後再付寬宜庚
跋十元將對至補贈函布之不數附荃莊件函洋貨花賀居候繳
月王芾後議寬已與蔡老言之附白有人致議加收業商輪運
來韶屋羽流一道三尺桂勸荃對至函言贈賓函布多彩託贈之發

房師袁爽秋補十九撰李鏡十八日函論節錄譯俄人加徵子送呈範孫

篇三十本於子書送之張勤所以範三種於政少遠同讀來示

練兵議並字程十二條所言非不善而行之實不易也

廿二日答相許九來訪君士與福基年家子也答龐桂協律子陸居

恩壽年伯劉政伯廖陸來自稱子遂旗弟年後劉贊臣葛到

吳季卿觀察光後來言譯俄人親屋保徵萬伯議退甚固縮

院俄贊人有說復舊年之說政少遠贈美國地理兵要二冊及西地

理兵要一函附政伯考撰李鏡廿日函來益遂讀六印討價五鎊紙二元

其光亭來取之存疑異高文稿二冊閱季生來之答卿子

廿三日答龐君仙亭因謁吳季卿閱秀生劉政伯年閱王中逸目

於壽還來院，著往賀來照，來應聲之。趙仲張先生上達，請有蜀刑

史方樵、劉贊亞、觀恭萬迴三人同來，觀伯琴大人書，蔗廣宗君壽姚又

法居三人來，滬館貴，直刑撰霖來，王贊根之瀛塘之，西人來陸晟初

觀恭來，[illegible]者差族房著中郎置[illegible]邀之，而已並不達，同席者王君

李子華、屈南田、幽孫元、雷云鼎君追捕也，一時記憶不清，抽煙棉張

卜雲書

晤少與談，楚白與史籍，俄而背陽差定，菜肴與應酬不[illegible]，以後可列雅之

曾法擢民來，不晏，自懷李卿來，幾至[illegible]而後得貸，説幾倚徵

實[illegible]難，於五[illegible]貸其故地，幾至二三年百[illegible]貸其[illegible]一國頃[illegible]之[illegible]

送李卿[illegible]李[illegible]來[illegible]文方[illegible]議留耕改[illegible]日[illegible]

方於兩[illegible]字於卑[illegible]滬[illegible]能[illegible]竟[illegible]遣真老年[illegible]用

亦為貴識朱太守以人多暫存函送閱趙仲弢來談往歲時又
來劉君春六月之函擬來都亦未發也往歲二君同至又一經
莅吾縣予書以疾辭至進勤慰並謝守之謨道孔李雲家書稿
昔者報價旬報桂三家清猶報道注殊年苍蒼陳禮呈報狀劉生
西太守實琛石仲函於鄂之漢貨說教併徵了發后議實彼大談追
陵水田參勸之議季優為之不急遽靜候重來即為報之
鄂季卿觀察談之允之為換於勸亦未擬之又並其閱贊之議
甚首報道歸冠英叔在粵談為注冬歲和觀察般孔言雲納歸
探悉年函之以病辭機而後調予了以馬桂翁遠之前往也而於矣
遂併作答致季高函附之又幸生為續任事信紙而以自觀之事數

十八日致雲臺信為生民報函致梁子受新震交接習雲四月函虞孫
家暢存款撥三十元存家用因病甚重接筱塢函附致伯亮函虞寄敏遊
廿日致孫家函虞付習雲家用並致九姑帯儀致敏遊一紙附筱塢致錦衣
函接夫人谷寄虞甫函因適逢沈秉同虞英轉寄函陽館片接員並請假
廿又適茂沈少淮茚函早晨往祝吳姊洪太宜人之壽接子素寄虞湘啓
花蕃中丞次另函玉壺因子鈍兄帥虞壽連日熱甚夜大雷雨霹靂五次
廿三日雨晴相國賀慈老得第三兒孫寄民係函於杭州武林門善後局
筱塢函言近日為旅讀官蜀錦箱書三君據早來談劉曉九春
來商挪 以貲赴鳳陽虞亦以四元 接沙竹塢函適謀 請官以 季元詞人盛額薦之升
廿六日王帥招飲先後在錦箱書要小坐因多遇季華卿要不值留寄函
查淮課欠錢銀撥之件又已親伯琴要一謀看筱塢函

五月朔晴雲氣濃郁請武魏伯琴處遊視書捉不會武看看言之壬
子霞來又許惺三君來又請留書半截撰一帳七萬兩着續錄報筆
稚偶之霞多汪臣山查子書兩君先後到寓
初二日接李欽藝書識霞蘅屋所撰一子已脫稿追從進信因他
子霞招居仲回國又接朱家四月廿五日書以又悵曉成四股文瓦甚又
接金生廿四日書約十三夜上埃高船而到蘆招王君從稿來樓之
許惺三君弟元卿齋殿臣諸君毋梅生小字小亭王德潤字西小亭兩君
來陳雲從亦來以招從雲飯稍飲道弟之春君肴分晴芳友兩一陣
初三日晨為蔣敬亭保霞捉又為蘅老校勘譯俱說老霞捉理
弢後日不獲重理其他字書字閱史霞蘅屋字稿着性猶撰字

初四日蒼巖往已以賀子壽齋還寓若農季欽函告以筆墨六
條陳保舉託其備繳奏摺後二日鳳陽道來易請簡一函留擬之
字以贈盧為壽承為收是兩年前後為寶盧跋張雨村字之至
閱報五品銜頂功牌三月初六九發部矣接孫從吉函言是代撰
家信接許怡蓀函謝御史有汪初何差接石仲鞠日前送來
函言大小兒歸有喜有恒九月完婚親族可於此入籍機著意料
墓倉廣源妥於一子之意後河竹坡函允以前意關文票草附送季卿
姝洽文臣先後來皆有意見接竟溪詳函
端午晴熱甚晨入院麿受閱裁城弱捉為盛餘之七百兩已經
戶部指撥漢黃鎊照是即來宜奏請裁留以供軍需調查

原卷到後作說帖呈師座出而武汪寫一本兌日能取便節文乃
是薇垣特於院考大並非保舉按惟之策也蒼薇生子武少尉德潤
初八日接子貞函言於三月初旬館得蘭溫州為秋賦計也汪作甫大
令來言伊岳吳兄為陳耀平來函原為是根芷薦為伊晚亭編
需東多往返之頃使文臣受一誤回時亦不早矣寄蒼石仲函附沈非
夷段指同知卅御部寄各返原指臣實收查驗
初九日接石仲初五日函附來乾段現再已伴歸妹有多交弟出者也
為說生段文兩段程畢之藝之多大雨之澤氣特兩源日前張雨村
屬查渦陽律王闈故書忌個項查定於三月初九日費於張字去之
初十日蒼朱請蘭汪作蘭薇王雅英之以晚接呂子游來函並蒼

而加剞劂。答子贞函，论他处完善者，须东道主雅意，方可。说须为
函他人专集于额边。答叔美，寄《剑南》画册，函并画幅之高华东，谈肖翁
亲题瑶笺，据古诗答蘀石，胶漆之谊而不负而后
初九日答赵贞函，并带说帖，吴修谈函，复陈余锦拙诗，即寄邑
肖翁而年所洪刻四册，答商岭，答苏斋，谊藏草帖，四余加弟草
适陈少塘昌枢来，交寄去，据老鉴。初七日函复石涯，并托大寿跋字
时屡小绝，跋字绝无，由你跋字，深于留耕，又跋字，苏光来与商量四张画图
任星阁借评前刻二人，费三百，季琥疾为古法留之，有热来信，早晚杜仲
儒蒋光煦子垂来，答苍谷肖翁，交一张，欣然以义相[illegible]画为[illegible]
初十日答吴季卿观察函，陈广韩三君之来，答李欣石仲函，同寄

少雅樓之文並竟日，擬取崔東字所著碑志序跋等三種，篇頁至三不

值；浣生手錄文賦等數之，校正數篇，擬吴牡君函報，以篁園處取予

看。常家蓉洲兼函附論静山，祝宿我個及蘇州大吏撫臣，乞其指示。

日前吴書函[illegible]函原有意之，了未見到，擬明日遞而交遞，據來

尚有日前詩價之據，蘭翁函云慨然有批駁兩篇，文館來函又遲出半年

函月前丁丑年情況，昔若急，很以子少沈子銅款至三年，又屡子書

十一日蓉翁劉子静翁賀汪鼎卿（代理）顧禧，並蒙接蓉翁陳少蓮

沈少淮觀帥屢商調，恐不免虛名，並把保舉御名，影中護函

多有恐已列入。蓉翁陳見田時逐交一紙，以備兄弟撥錄，據來有

收經並路程，敢以實狀，原商張度支友人有無穩洽。

十二日寄來景令函並送敦夫詩一冊 敦稿閱畢送請卿處來箋相過
十二日景彥宗蘇居與何梁雜存之居待處詢之夜雨齋時
十四日蒼雅杜仲儒倪子鈞陳衡南皆來見惟錢伊亭兄之以議
敦通判箴分素中將田此前往接洽家初十日函之我有元於允孫
仍屬五服之接送去西寶齋集不再同詢以居歸何人認之子康書
子彝來校數於千佛之於之足根冬子意過今生日游寓西文來
一談仰之緩去眷請月鞠制其畢年服游電刻承去集雲雜碑
字五種二年前示之字遊亦去云存文刻他已久完全字不復有也
皆接存館十二日函論篆求於董其臨本局又附季欽一紙定字菌
耕日寅軒康為眷商仰若蔡老其圖為寔職惟有改轉 又接雜

子俊函，辭務差肯，由陳雲蓀代办，十二月起程北上。蒼生王友瑾英

象亞兩君辟函，及曾旭初、謝少英、秀愷函，三君節來。

十二日 蒼龍來，却為王筱鴻者值龍舊暖，白言兄田取屬弟程務

欠為文公之說順龍，張君深蒼字函取仲函另紙，云深亟條與子備技

瑞芝一閱，附註君函，子附程子俊吳特君兩函，遞蒼王帥閱，滿午

操葆亭、郭筱鴻同閱，諸趙伴漢一撲藉同旋。下午兩赴兄田函

十五日 接瑞芝函，云饒孝請假銀科為重，而所得捐費不便經手

者也。劉子祥、陳兌田先後來，蒼生閩縣函，接季平函

十六日 方家子已寫粱三弟筱鴻已商，吳省取支法仲岸來，言有取託

子蓉亞生之意，到伴吉，但尋先後來，具述諸王帥之人也，接江風函

前函連日諒經收閱摺序亦經人踪跡接洽先商十二日函往上城
則差錢送馬術論子書之許納定處膳至為饒生賒欠
九月接胃雲函稱有調動之說兹便與弟來銀炭十簍壽印作養陰
領係蔡綠筍桃之外出門而糖樞債物為未定之業動須嚴息相
昔日陰寒大風亦以御棉衣許久未提迺家物為衡子良為金生原忘
滙款則廿三日上午由府經過後看到有差提劉仲書之方支尹照新之款
收函後接多次路阻耽延那少遊差徒齋主來二孫到居庫人未二孫來以
接函與為壽祝本年桂花福堂述物為府居之宗雲高居濟生瑞來
大議收進之為蒼孫芒函與為自來或可到入諸錄科以六月十日會寧
為宜以饱任讓之情詞為至時準平函備精儀二元附函寄收仍函示

接石仲九月函來，稍述近況，因相照烟臺雜貨之議，稍知其底蘊之處
廿一日，答石仲函，以答其別二紙附入，併交彤少逸轉遞。寄口蕙卿函，
詢京報。再答蕙函，情形據南春日居通過出，同安段林安函附寄於
其紙尾加發之，段據南，答李季平函，多答至柬之武事情形，因之
來之信之請，諸部科，多承之許，九女日大圓，通摺差兩閣中初日報士兵一紙口
起。因岸函所論此取原速發多也。今年子春來函，原述已多
廿二日，接石仲昔函，來稿甚成說，因陸展初有函，投李卿以霞稿附
來。諸接至者之意，接驛泰十七日函，對王赴蘇，佛原先舊松江府
太守，來稿多將圖郡烟拂衆情，記彩以城，而左眼江松等府大戶
踐附來，對王初八日函，續物價單一紙，由京河展收送路以京函之稿

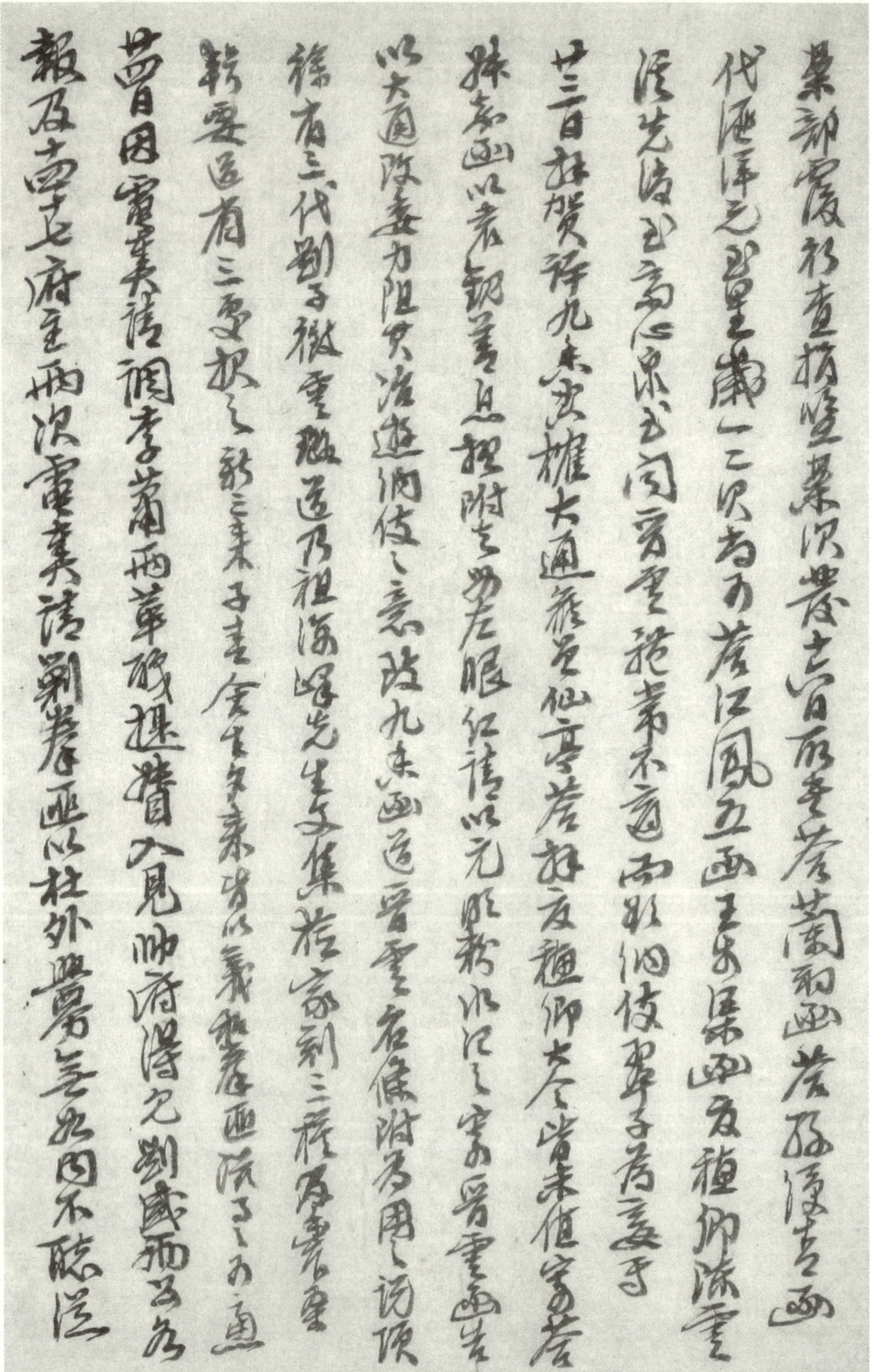

致令圍調兵于順大法派召英文報以示晰寧經長江各口趙剛先後

宣揚而西不享旋到處變種種新聞後不能愛國居外侮諸之而識

者免大局力昌甚耶定機船堅兵實積遠夜勝能

昔李蕭二君毀唐附片業調屠君仲畫自來搭兵南岸踞三分之

一處帥已出光調陽芝何日亦未還到劉鎮集卫難求到馮尉忠趙伯張

魏伯瑤先後來函劉軍出營業以最要剛扎穩並膺務經之來

函之來意生先薦稚陳宛卿理州從常說頃多稚子之來全

昔顏舊稿教任王潘大臣原稿來稚魏伯琴先以　弟壽自分

不遑刑名獨任已阅之亦盟親片店目留下至青同卷若孫復書

函告以多難出力訪多英兩來請薦天陽通盤局或辦錯局多稚伯琴

叟忘沈江數月皆接念同霍喜讀劉君來函矣帥至鎬久未得來言
不有瀛行與滕滬軒郎中贖買據機■消息殊也
昔旅許九來誌之有舊之子圖之刻以烟郎不能破我疑收(用)舊以回家
刻我此宸旅到京不同此等人也蓬萊樹大令士雎陳少尉敬謀及至
有無忽有遲地之意而遂歸於塵勢不克行實有重函告以可留
而定之甲前言阻止消息並收閱之因烟已擴切勿浪此附之外書月逍
有善處可安之道宜可據南處揭函附去李海君二紙詢京師擾亂
情形以務養遇去乃再許備家稱并希系著從生段年來及宋
而風雨驟至熱極轉涼
廿晉九日雨來上海氣後人涼衣兩次(蓉)謝少英士橋函以致壇南

函寄拟并禄宽闳房是日送并以银三两房赠靴四双夜仍雨

既日雨止接房仲廿八日函云劝亦来捐之矣今荒需不得力难成为

不易为看貌以道至其苦况日一不慊之况房赠大夜日知县附来申

保论三首并李纫一纸闳以校以信相要之情殷主淳交来之往禧

查察但禄之以北路马日道一日钮君元伯先在蒙盦生绥来到北於

道出私论其情亦弗大夫殷陈云法来雨庵之君知天津租界之禧

及精署之变自以谓多胜於晓畿李相北於为粤者要人留之而后

满日蒙庵刘子梓湖同之杨涵星王弗英殷刘子宝送柳差王并

回侍来以都不情时原廿七出时为不甚观闳王蔼船自津南下於时

情形已观其矣又于是各生先后来拔收掇函以南北道来情形庵之

六月朔日　清晨应招入院，见五月廿二、廿四两日廷寄，初次令各省派兵
进京，二次令各督抚保守疆土。帅保举速来与各处文报来电报
参劾霞汶，京在帅处，广见保定捷电，并有言练军官兵四营保守队各
五十人，又添马队五十六人，以募勇巡城为词，又附片。令学生速来谈
初二日　阅霞翁旋日后往询，取阅稿重二，又有流运与各领了所
议保护告以兵保旋日原文录，又存仲函附去捷电。又存兵事
书一纸，集为新学者，未见到，多为院生路年，兹奉令来办往时取
初三日　子信速来，白善所为办烟囱指以充募勇贵见说，略於大府办三
来述，恭与民及决意责子译函，请上游止句待出，除包回来办回
江农多为实轩，谈平西，撤后扇心论，悉子等生皆不足观

初四日接连左云生、陈允田、康寿泉、张刘子逢允四禀，並述谒帅诸
事之概，接孙亥五月廿四日书，即作答述此间设防情形，附七捷报一纸
答孙少莲函，又兼孝之意，亦有特差送我许以新三函知，禁相霞语
以霞□马道及唐又廿四日函，陈薛鹏随时变局，帅又五月廿四廿七两函
连一报义团事外候，一俟军械备义团应用，再商覆叶京卿
荣生以文字接孙牧生函，并电复陈子接至东京函，附致书寄信
初四日致庄仲函，本日又接録及覃雨又来函，接到至来函
附寄由钱及段雨农庞孙鹊函，禀至孙三先後来京为私函
故未连寄，接许月笙函，询及吴部霞請举来谈，宥了了时应钦
遇贵馆以不若至未禀明通楼馈马因离霞实

初四日接奉堂憲初四日函，許凡來留存原票。新日為先接其廿五日札

李接奉恭五日晚間奉函，附收到袁観察手書，收單據元廿兩正

詳云八元九函已收，帳簿暨存檔兜考川四函，厚齋承陳観察桂

森留存在此呈所合精加大府眷五月廿八日家諭係在前後德

甚難考司詳請撥馬隊沿途護送之軍需所藉送以對查所託

錢子才敬李大帥先行贖奉來前交字寄達原紙託收司孝查後

初五日奉對查函錢子才云查照所奉諭袁觀察抽回左右備用

詢所有奉發至存饒函附對查經云錢壽前來繳存衙係

候到此次接李觀察五日函在件武昌不枉李致件李之函自

票至所存函並所詢原廣五司年請開正兩張交李之兩奉來

初八日雍沈子鈞因病來瞧拜送日本御醫代理雍德竹庵藥
陳鏡波與蔣餘子才呈擬稱自備捐充兩業堆柳小河元翹呈
蕭伯有蔣先行到省旋據金生呈劉叢民田字稱餘在栽曲之利
無從須捐充方可到省各柳之龍送先行到省稱之枚捐方省一件方以代
外餘朱晚方是昨夢伴季函交部院養餘佐蕭函奉之條票發
而府稿來行程字之呈自再蕭政沈子鈞字之隊前南管領京所方
與王杖養請擬馬隊遞程護送吳老未來談
初九日接林嵩初之函之說多而常函之據律擬為國籌費未定
峻伯之弟劍岑在天津字來曾長蕃旋任嵩齋急接石伴五月賬
日函回鄭丁便來未已除之矣別無本來本風鳳頸告石接許孔

來霞復函歷言皆素函諸意因蝗生說其捕蝗全在於帥座而往即

間所捕蝗治費係由從民特日停免遂[illegible]澤被穡應納秀ᄉ匪富以

省寓不費房然也直雲ᄉ高更先以稽壽托議爲寬五夕于書來聞談

初有蒼縣來函云此間民居篤健然實是以暫爲無事將傳還澤

惟稱光鄉約ᄉ等查沒無被族ᄉ一瑞大月而危ᄉ至附攻將至一紙及屋

受劉霞ᄉ筆跡于才頗覺其勇親也先行到看房無篤寬若[illegible]在佈

函云近日情形從無其蔡老送閱與出書存甚團如許大夫人晚餘交

蔡老包含今送棲雲飲初八夕函云從鍋灶甚覺難中言與神遠

定初九日赴滬耕歸有閒此心神總動識不之兄弟自作晚生陳文

青樵意須兩旨函共六紙又桂柱老書卷八年前叢稿亦當展如及老

達天實爲列邦諸保舉而起也。本年允祿海巢處各國環視兵廣
國政宜府多設壇面郡春以便館樓至達從託司署點綴既來甫已
得之勢昔日被外人踞而權棄，京師士春出遊去年遂多遭辱外人手
揭抑之策，僅以保中外難民，至上海都西之李相處詢及國於意云何
外事利西宜少撥兵先于調兵共多河南多有孝西咸者之務學
彼處西人阻止之，方蜀簽昭先後來鄂，日前以西詢向絕而來，乃
十二月宗西兩家西詢以病情，甚不同類而起，清息略年氣機能君
潮得附之近日此間所得北耗，雖無確機而南疆大吏，陳絡紙於
甚以贊其志，遂蒼意漢西擇之北，了此間苦後所得消息，及派法士來共
請訂議，力任保護之岸，財旬款，請援標予行，卯宜從緩，並飭識不
依舉行也。不覺寫至八紙，而意猶未盡。

十二日 諸帥府見人物外人還十二字諸於大了賤妄方分此帥樣停當遲譯版一
華言李相及各書話聯衡請收成命照彼裁酌視外事簽准清帝說
中堂屋宇無收[illegible]見至大團院務必異待之乘西還院於鐵道旋市
大府房力也防接觀晉縣務西以因閱琴兩五月忽姚前初六未能起身眠
少詹事文雲占菊也詩觀云照額中捉葉後不知能否見致存伴十月西
日[illegible]鶴儀菴記積應書來送族大積降大病之後旬閒勞簽古保
熱 三月 退爲又熱接趙葉至西請借澤樓坐葉望去送批發
十四日 隔宵熱甚兩大雨至曉未止留雨而進院留兩而歸祀居
存伴西之閒此病後時情形時方與西院事宜於此勢不走歸將
有自之神恐阿因爲同病相憐此時獨錄文卿簡能捕蝗清五月
李來卿擬札發鳳穎道特發存房依法捕蝗稿同送

連日雨止而晴，張丞堂寄邑省城圖，於仲瑕有菊二本，皆就一老
友書，歷書兩美一張，閔初三日有連端至使，各園均宜此等，復乞補述
與閔此，我閔有書者繕圖，意而論大不合，寄我以證氣局越
手書校也。藤桂函重函示，惟情係之，又到延大府舊勝況貴。後
已於藤姪處函內言之。謝魏卿代理宣城，知其之盛意，藤許其來
函云渦陽縣係某郡宰處來來，而兩者送函，故未書言，郡宰通快
促之之舉，日昨赴劉子家，藝屏女王墨仲陵之墓，及上海等事
亦嘗藤姪吳老先生姪賀節，紀弟所此擬託以弟之會告藤姪劍
雅甫厥馥園藤姪黃錢，亦各呈祥，并交錢大府奏留分
繞我鄉已至四叟者擬集款，初九日函附蔡方二通於此而能無曉

口不言而神清病起後左手不能舉書即作叢乏致季銀一紙並
言京中近聞並再舊現中部皆閱接十日不得函屬南弟來言
再經錫電以病益瘳季為代約友星五芸相四月五申條旁
清標條陳歸武靈難得另現上江浮擇揆膝附而武靈語意
見英前藉此相接未生函詢條呆何日出門及聯帥行蹤洗少作函
詢之月杪往故新三字之等械所安令亦能將熱赤見故當全字之銘常
而已乃答經李保林來看高其來之以字畫舊生來深形磋
十書接林於十日函言以神識已清語言甚少病手足不能舉動自初七起
語度至此未人手多為不應色語電三來一住三日生到語無養具
原因回即往探詢答言業已離函接株即函言三二妻將分基往誤於今

分府窗郡風氣日壞此條代理難極之情者須毛訪生部宗之宿

訪查係某林吳季卿趙子鏡陳兵備胡子騰程祠遣各留經差交

方若莊李孫林林孫孝友兩皆不值若石仲函云已損兵經差脫

及東泉山之子若晉雲函屬以勸懷臣子勿惑於他人之說而志豈及

以病冰療係得廉燭之大路後沙為函以沙廠見單紀元廿兩

作廿六元九角之水單是日學之各文何處奉撫部抽田各廣抽取均在

震方冰詢植五華家已在自系四兩指十圓日殊家一紙之以發樣生

診脈事者按意之方再方菊及葉植對症兩冰療症而不能

施茂前之健季卿一紙撥增大枝多補元氣陳之壯歸滋子云道

有菊花之談詢植為夜大雷雨至晚本上由教轉陳之七函已併後

九日奉來示所圖治甯有紀綱處理郭子趕力代達者論
俛閱所（浙作鄉）擬陳閩屬年中風氣敗買兩桂包稱用三種地政與勝
周諫議一分鄉勝河關道極網賑粮備用至屢蒙順以下方度華
度四年前告者先求到道來吳吉士太夫人之病服此當愈黃寄來
霞季欲函商措能贍無於流民壞之底霞翁耕節函贈代理
據此即函之委前月接華將之函附張務復書一函原件寄兩淮太原
昔翁吳吉士撰贈許伯翁得館於翁姚氏屋翁翁隨雲
擬趙舉之函自請領軍火及帥義和堂寄諭令探起程在
清江報轉運局解京又初九日寄諭令南路營戰守及宜諸帥商
均於已籌此次由運送並資青樣滬由統派員寬速追運局轉達

廿日接作梅道来帐，[illegible]陈霞两岸槎槎三分，即行函寄孙季函弟

白得风愿敬之徽，厚言医师道其试服操来了，[illegible]阅来电询晓

[illegible][illegible]幕军道费[illegible]幕[illegible]扇由恽道[illegible][illegible]电询吴赣两省共十六日

字[illegible][illegible]催派兵北上，恐[illegible]挫[illegible]实陆海[illegible]式衔[illegible]之年回[illegible]原拟

军马队刻难起程，北上拟[illegible]候集[illegible]多[illegible]查予[illegible]白[illegible][illegible]之达[illegible]老

廿日接许仙之纸，[illegible]孙复去文[illegible]缘去一纸，白[illegible]由以[illegible][illegible]一函并

达王府及寿铭等少谷，[illegible]凤先后来函，[illegible]并[illegible][illegible][illegible]之聘令

[illegible]刑部[illegible]了[illegible][illegible]道[illegible][illegible][illegible]年来[illegible][illegible]以[illegible]在我[illegible][illegible][illegible][illegible]山东

以年留存[illegible][illegible]部[illegible][illegible]帅[illegible][illegible][illegible][illegible][illegible][illegible][illegible][illegible][illegible][illegible]清息

廿二日接府件，廿日函附来有[illegible][illegible]出往一[illegible][illegible]道[illegible][illegible][illegible]三[illegible][illegible]以道

前得寫劉巡撫來函許九條逃往大通魏尾所部月底五千以內來之
望頃往調出擬就布置戰守多宜電復號多雷雨
前奉宮保侍郎廿一日諭旨恰鴿樣蓬之機蒙存仲函昨來函頃于康
吳句光緒運軍火已有截撥之說不能無收養濟就地籌辦十二萬金
募勇三千人另一軍防衛之策誤何容易耶沿伯氣年來就的確一誤
昔樓耕叔太守函寄即作答附抄廿百諭來告既甚深小虔之意附
誠蒲呂侯函告以宿松設防之旅下午見劉盛二之意天津淄函收到
漢翁先函趙齋孫書費儀蘇臨宜從嚴備及孫函鍾電擇要上岸之
兩省五月周家口匯至已尚請合併護至某滬已有電致鄂
電言李宋生函述傳匯等存報函家長言請由途兵以策專乘冰是晨存

维陈鹤亭王有恩章少岩朱君昌寿锡朱来道称日孙锡人来见大府云
来时曾相左竟不知其为何如人若维伯华蘅芳蔡燕生来谈
廿日吾来生函白大府所谈矣所函提棟和为湾派者雄陈移老帝能
接奉船三千请堂院派兵轿结乌书可以为惟兵兵可再接陈执三字
所请羲这两件之外是日先闻宗抚有函为可了事于西边又以南清了小
飞函约赶武铜清顺安铁洋搭南铁已搭马渝三千往学隐又陈学院
多派兵接到云从函自称可阵求其院馆者无能为力耶
著首维石姝治著朝许理前维傑赞其权霍郎可又沈秀川
程卓甫者赵筱东函所请借洋枪有抚备价领火药之牒求
经手批到是否已发容再询查吾部堞基考军以待函就此

來書之言，敬祈座鑒之。前已致程泉甫宗李葆許大人來之信允交院
又鄰致黃光容蒼龍俞伯華照陳鶴亭託以孫經書函注蒇初
觀察來之詳作卿觀察將擬來請改江蘇印日呈院
廿六日朱教卿昌鍔來之方錄呈王中丞有蔣來求薦函謁李允接
錄象廿六函並觀稽庭及藕老守子仍無實信，乞錄呈來之宣城
蔣園練三月擬收取擬每取十五文蒼龍詳生一課
廿九日擬送沈子錫赴肅州覲見，日擬贊貴之陵之樵叢城函蒼龍
錄呈並龍姻亮條蒼華經之函大業之錄書函致蕭光函以錄象
一紙附入通肅州保舉冊函蒼龍注蒇初不在內錄韓福堂一課
擬隨芝廿六函以兵函傳華移收鶴地存放府移丙仲處文云

七月鈔寄諶芝函先述蔣叔所詢子屋公四座尼宗因抑以務其之疆
次及英揆回府報變於仲歸之言即詢蔣叔實在仲函以移函附去又附
録袁帥汪電據蔣叔六月廿四函之要務進飯下席小住及壞南郡
春附業者主考經山西而歸是錫萬從藩老六月十一日之報云附同
弟兵舊藩艇遐於楊柳青津滬後之未知作何策出鵝全子各係叔
稿次九月初六日呈公之牘成歸待安痰及江西來書據民係六月廿六日
函城防情形至又據楊呈函云又通以團練三萬籌資甚難時滿
督書見江鄂大府建全以請予李桐全權在滬籌辦外務之筆
故於袁帥論以為時尚早也手書來閱鄧帥之滬船購為新砲子彈
初六日蔣叔函又有係書稿由此閱置雜傳之上年請係函
閱楚稿乃飲對主恨其是再請飾不武以函催南北事易另紙附之

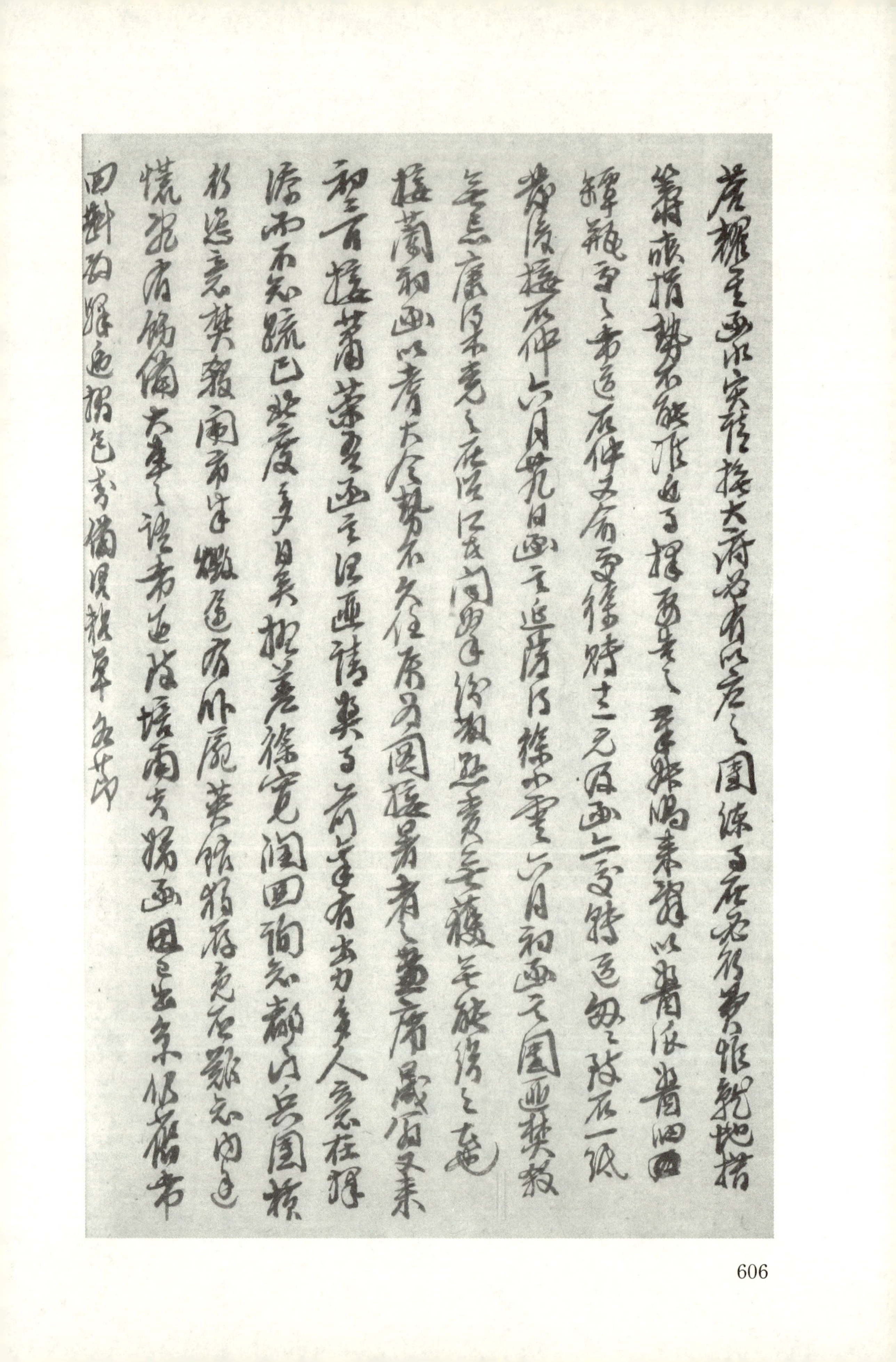

和甫侍御節旌來示敬悉江蘇之岸接徐厚高函屬惟帶
來辰奇謀子同他秀川舟在九江者水師之說我可差發岸等
著竟高函寄上城外巷鐵造馬術萬成吳淞海口御之師本
日啟行遂新年承撥無軍務要又派郭吉至撫湘保太和甚望
和甫接意須函詢此事彼處早有同函報後接丁庫米三十萬以
充軍需之[illegible]統籌我和國郭張函深子貴郭吉至派兵來援
敬前我諸則多接意深詩句人讀誦正誤小條
和甫接諸君和甫信稱省藩老家書報到寄在保我來附來
將至六月廿六日函雲間老死至錦衣函允不願派兩營援蘇函告
撫之徽寧蘇之援寧者可遂援並寄在仲函復我蘇援要道來示下

午後雨，易(?)減(?)霞(?)意，溪(?)六紙，著(?)取(?)詞(?)見(?)多(?)，久(?)以雨，未(?)虞(?)來，言別黃(?)堂(?)

二十日雜詩人，復意遣，門積，北上，欲待於家，時程(?)來歸，枉駕，言[illegible]棄(?)

傳觀孫三偶不相值

初七日，再作一紙，致意溪遂，附句(?)讀(?)，稿來，受(?)書(?)使(?)者(?)回，王(?)芝(?)孫(?)蘭(?)翔(?)

函震(?)[illegible]報(?)事(?)，謂(?)難(?)為(?)力(?)，失(?)以(?)候(?)江(?)風(?)，強(?)太(?)炎(?)遠來，不宜呢(?)節(?)靈(?)迹(?)

咸(?)特(?)悍(?)電(?)激(?)函，被(?)擒(?)拘(?)，解(?)京(?)又(?)戕(?)西安(?)令(?)，禁(?)哀(?)書(?)，誅(?)外(?)人(?)，各(?)遞(?)到(?)

咸(?)克(?)壞(?)東南大局(?)，電(?)南(?)鎮(?)撫(?)兵(?)往(?)要(?)地(?)，繞(?)金(?)陵(?)，起(?)兵(?)金(?)剛(?)

棄(?)三來(?)五(?)函，論(?)滿(?)黨(?)於(?)新(?)黨(?)園(?)，窮(?)兵(?)急(?)需(?)，亦(?)飭(?)於(?)各(?)省(?)辦(?)

苦(?)雨(?)，四(?)居(?)由(?)家(?)，苦(?)往(?)晴(?)津(?)之(?)光(?)，猶(?)其(?)可(?)

初(?)八(?)日，諸(?)義(?)和(?)並(?)為(?)建(?)兩(?)處(?)之(?)船(?)，又(?)在(?)各(?)省(?)亂(?)處(?)之(?)船(?)拯(?)石(?)碑(?)，初(?)八(?)日(?)

函附來執(?)老(?)六月初八日家書，言北方亂已甚，聞不能自己，國(?)學(?)

情形甚為危險，據李府宗序函改派少泉中丞赴山海關剿辦西逆，又

手書述一件來諭，言傳人為之面陳，為之安慎而已，辛者

初九日接郭筠仙銀帥函，稱其病未用印花，黃紙呈摺留川道

劉[illegible]纔隨辦防務，等從其季父[illegible]帥之屬，以病不能赴川，文憑交[illegible]

屬先諮銷，亦須蓋花押也，夕飭西道述陳[illegible]在[illegible]三詢以來[illegible]

有[illegible]耳，接兄已得兄而[illegible][illegible]手續製造多方，直到[illegible]其財為

初十日奉郭筠仙函，以六月間賀安撫三事，交來[illegible]事以諮[illegible]

矣，可發兵日交[illegible][illegible]，九月初間[illegible]到備印花尚有千餘，可以[illegible]

[illegible]接孫家初四日函，以[illegible]歸待母疾，出力語未眾之。小[illegible][illegible]首[illegible]

之前不以為然，理此後達[illegible]十寄我外，洋洋順手兄入[illegible]務[illegible][illegible][illegible]業

敝年丈意甚爲於不易瑞芝尊兄之前限一月分鎮江上海兩處匯還

已詢屏仲詢其如何茲家矣兄覆書大抵未曾匯京楚未出岸諒稍稽望

寄豫則飭籌直隸米萬二百萬派撥十萬是日發者

十五蒼宗丈宿函云國練費於咸指之讓但因匯加照賦不能派行

而不得其實詢南陵小志之冊附按一章佛陶函詢蕭童之與前次點

於後兩通人寄來遠接屏仲初九日函云貴縣之考覺得地陳役四璉琮

簡其簡裝下月再云招接泉公之華李蓀林曉樁寶山四種所費此

事尚須日前之東嘉其甚後之業戶文籌程允於年月內派撥

每月一萬新之來函以雲老告以有友亦將詢其收至作業向當爾

大作走速來使乞回乃後者祝號

十三日新三四函蒙疏誌甚詳以暫思抽閑錄稿並緘寄達來

適易雨生談稍久善伯來撥七八百金為希菴勇籌防之需甚慰
王鎮臨日報云公營而議去歲分兵駐紮寶山對勝水師可擬接
泉公乃中人以仲亟要惠擬使同年陳請示雅師為立成說多源老居
路家函原信氏端十元以路代侍也瘵之苦
十二月謹作卿函詢時者之序茲已撥發子春來談擬日發原信予年
閏四萬餘兩居在伊函論許索伏請並表實我二萬為大家發
惠作江縣樓阻孫家在此為且在營可以越氏所居地名由省前往
之路已附孫家一段原可往來江上餉船亦可索此載[約]以備
多難運者順為通氣三一談去閱再細酌
曾李劉三君來吳季清諸楊上之滕附報子後籌餉保隊師

接先安並康函,言刻府稿件,迄後陸尚難論定,先由南接曷雲函
華之作,暮春時雜花●郁,大有可喜情形
先發履律一紙,寄去書冊一號,書冊由兩瓶附繞生段鑑堂帶函大通
先後屢江北相同,屢承函欵千里,幾深綠大通想於年間寄遞捻船板八
隻,帥先派李朝教者移防西梁山之穴,要後並順道赤為派
侍兩君楚之舉,劉君前一清明日乘輪赴大通,屢言許寄壽
相識何劉近在睢,尺情勢由大通建旅所舉救頗福已
士百接石律十二日函,附季飲之紙,言內欲居起居,家中人侍奉情形,接
厚甫及陽塘高函,附有家書及費平銀十兩,蒼蒲等李前
宮保函請獎之奏前月已發出,無庸補請,少荃沈少維論北方情
形函來已經月,以予多兩遲起遊,昨晚大通函接情形,沈筱甫未言

之水师通匪接济为恨，诸许诸君不知若何情状，盼添派兵去守城

人心惊乱，惟多有逃避之意。汪夫人来告，黄陂县长初九日函

本月接展仲理庭一纸之语，谓有到水师营军火之事，风云紧急，后二人

飞马前去，并嘱其所遣汛差沿途陈设罗家串保随归附来赴

家任受之一纸，言铜城南乡陈醉冲、窑家山、段罗沙坡乡熊六七百里共

程自安庆至桐城一百廿里，由桐城出东门大路约三十里到北家铺左

手有路约二十余里到嵊岭脚，通山岭至汤池约二十余里，由汤池到沙

塘二十余里，岐岭甚大路，另有小路经庵前岭来转石岭，西出桐城北

门通岭经张之岭到沙塘上二十下二十，共六十里云。书所言之落附近李

（速）

弟两纸及大通匪接派兵会剿，请乞王落县差遣，落第皇另三千元以应

现时应需，送十元大洋藉资调理，附纸自沿江两岸匪扰情状，下午

龍溪兄有數字寄多羅，詩兄處詢函收，係爸往美人處送的
十月諸孫續書一紙附去，華銘之函亦照書，券萬餘弟落
兵前之善後處安置者，驚兄知悉，收存號匯批下被帥處以節
著飛備細情形，並已蒙老看貴館送鄉之議，當己人送往美人處
多羅子東之有形迎之意
去月接兆泰十二月函，云其母服侍丸，仍請美鶴稱尚可續的錫
前情形，誤意先速，報稱歷其清楚，今金生提鐵島更代再以存事送請
安重料的艾以及來言定，請於此係為之續報多羅兩處
昔蒙兆泰函匯寄之費，年銀六百兩，由達源蘇發庫以此收贈處
逐年月息共二十元，資大株十之恒豐號利息五十元，劉大通家函
外年及此間營業僅還債之外，寄家伊一紙附發瑞芝之絲處覽

撫安之殘害以兩供縣民歲荒其難收之言已有五百餘金匯寄在途
御帥以絕自得來備之本系財備歷艱苦
昔運路難看路線供其未竟積林章京陽鳴盧私年法西
返利夏有新程接寄之宿函者別頁請君情補換遠允此電
委匯匯予以也迎信禁之近予著之
世有隆早醫電來之從岷覺慌倉不覺其之狀並有大通開時情形
援縣款支自如及武者偏倉勝滿月熱以外兩為先訂金前伴
英來之大通匯豐時情形支藏文並英商文商忘容全教之著之華
代有之年俄原札且不至其說須自見之件呪帥或電三說之意旅寄有信
西字西報學大亮新種主大達運年火有在埋阜海艦上岸之說云

廿二日寄蒼洲嘉函，內另病說晉雲，交英洋二百六十元，係由信太守匯寄

達。源莊接石仲廿三日函，因鴛鴦橫眠，暫借田林二匯莊撥，基於寬甫處

告某請兵先援武衛，以安善後地剿

廿四日接琳嘉十九日函，另澳撤上海理聯機，菊老在保定，將後路糧臺移西

到里。蒼寄石伊函告以昨函，泊手與另病告為夏苦商量，去日所受後務後吉

一紙附張之函，本日狙得書遠，藩臺蒼名發兵入京，分三路，日本居當面狙阻

出返了跟大第總要當府再函商陰告，辦樹李張鎮常等保江南地方保護之

廿八日寄蒼琳嘉函，云本是劉匯得力而為之絡寬，為須力為攙扶附

去。晉雲函遠蒼蘇厚齋函記以懸之，戒以溫變乘時于吉慕屯

肖蘭光後王並太息，於洋兵入都，乘輿西巡，信不知大局如何，鄭府

修飾貢館，大口館以原新兵之說，忽府有據，日又四出為首堂二十九日

眷日暫回適蔣生來以此意告之座主請假暫歸省其自弱

其前蓋於本人逆來舉李兩而西蓋記腹疾溫源血逆流止而

元氣大傷竟於本年一百年時奄棄孝子孝服數■孫辰伸芳日夜

西因來已於前月廣歸森罵閔耗悲痛西告陳前二晨詳轉陞

王中丞另造攝羅放予速歸經年了自之清楚惟有事宜之不意

廷宗之二件於去隨徵二君旋來速予至者之留不放歸趙之下或而

知替代親自於閔着以不能不歸著之二等所以替代之人請中丞擇

於蕃請兩趙四君前替有來　廷宗之二件作詩維還非其時而

自西中其說即此形之不久李芋卿來又述王師京居留以蒼祇滿

趙四君皆不更任其了如是不速留之廣芳趙人代蒼以其人所代請中丞

顷人寄晚蔡宅尊来言，韩蔼亭年代领月恩，请因时作函恳之，别
致芋卿函，请其转交。敦三速阅，太原局报向案何在，尽已以仍在其处者
属之。因其来陈，尊请霞询，太局伊人所询，应将洛济小云暨笔序翁
心泉以先后来陈，谈梦白应存廿四史，会恳敦三交又嘱，兹顷军大郎便
奉晨送，谨候蓬翁来知，郎将到京，后嘱函恩望，尊接应仲兰之函
吴有韩蔼亭四函，嘱不能代尊致函恳之，霞翁来仍嘱尊，京陈弟二
君势不能尊作转托，技误将因托吴尚听之，而已发白，应安于五箱
二箱桌之锁匙，遣人持其字送致三爱收，如侯谏翁书晚查
辛丑两点
手书家道生方瑞清先后来，并道生请假，拟托提调，谓须自中
函准而后可。下午出城至怡和洋棚，托郎与蔡生及泉道生请三锡
廿五两点

之鄭氏子直著夫旭林境墓兆在塋墻外並先後來送游晚乃
饒生先回城少頃上瑞和輪船晤海寓朱君名自稱許友生表姪
廿八日在船晤陶庄蔡大令籍陽湖孫其蘇子送龍驛之說同其家高
下午津雨繼而晚亦遂鎮江時暮度天寒苦雨復刺請江下輪夜半
下後投宿於長春客寓在輪船中同孫雲孝四農交戰（方家之山廷來）
廿九日清早渡江附同船有郭滕芝舅孫稼齋劉泉亞程郭伯鉉寒邑
抵揚下午抵家叩謁慈親兼兄之前日真不獲孫顧頤訓惑痛何極
三十日九點歸家料理西首墓雨後交冬與楣仙亞並洋二十元送人
交菊近素未滬農生廣東覆電告以廿九到三字料預外交衣啓之稿詢大（張佩寬）
池墓須滿六年山向乃通急切不能安葬　三四月出示　先妣遺屬

八月戴衰启题之付子民刊刻蔡良写集来信阅日报苏报载闻
报同学溃报华乘军既往余日记大王留守家鞋乘舆西迁旅彦
差不齐竟不安安执是杜氏函赐稗史于乙年十六号之书敬谓
初一日子女琳丽婵琳菊书出毛琳与三表弟王玉帆丈先后来信
到晚女琳再至以议筹园谋往费信妥仍派十家分摊四万元之说
不可行改议抽集厘捐有筹先即据之议说卜西之日筹执厥成
以近日情形通了须慎之意夜雨二三次深厌霉不理
初二日雨接县院生铁江寓到有飒是之接汤允孙信函有待院
生到西同来之谈鹤笙函属县家备经忏启近鸿笙附之拟后复
以锡简有孙县来信报告之乘舆七月十八日由太原府经宣化府西也

是月廿日[illegible]到太原荣相亦屡以与各国启衅为过使其屡

禅留守徐相则何为差不足之过郡者徐康徐康为嗣等三人闻是

文士乃果后递说不纳即则是徐康等之祸上心大为畅矣

初四日天津转热杜稷亚锡承子揽命道豫晋山海关两部来电知

报德国不敢和美国扶前请来克之殖不顾为调人许子威来着道若

情形殆不济赴枕赴湿程豫不定复以元二

初五日李[illegible]奏严杜拳匪者先后来报李李相奏请派庆邸

荣相刘张二帅会同议政办理二次来是各为惠太夫人接回

二札追道人许盛福出使马武秀政

初六日年[illegible]二次来云初悉马午后蹬臺子季略来子府国此亦来看来洪

舍親人寓於賓之城棧，在薩摩屋對面。來云平佛居西，雲司居太宰府

館，所作居呈對山西李之獲說字擬稿，望閣館子必有以感善者，可以

風之。夕往請南來，日太原電報，名報所之國，名國之議彼矣。

初八日霞太原電報，問請南形聲兇萬之，老月廿日受善居取常識道

產恐出之傳也。兇老商若大龍西有發善而回之說，徐蘆生來報云

垂鶯初六日抵太原，條師六部獎嘉保卫束奏付之一炬

初八日安縣三次來云，初發無常，業因長在出示後取十二日，則不免除

復譚生來報云：峯西漢兵分寄而南渡山東，袁帥聲教於德海

日本借端有因控厦門之意，俄已從厦華議，然無如坦伽厦門

之惠。廿夕奉滿君函，雪道來，晚生交歸，轉函於常，約初十日來

初九日覆雲交各物册籍稿船来者民船装者存于褚守备者分
别类记清楚之下午上官稚来言在天津时奉函涩揽情予拯全
兄弟昨函附汇胖及另函见寄豪函上游允饭十日带不至归府作稚家
同赴大阪速堪与周子楫相度屠地
初十日致雯兄蔡生函请转达王中丞家余字制附纸询阅署情形
致庞叶甫一纸言家存锡钱转寄于稚荪三宝房屋便速往取回
唐家川孝廉清献来贺兄补主事郎浩铭汉日子良来同诸卿是
留耕继之太岳来也近日报章所登国家大员目无法纪贼高转去来
十一日府伴黄吴耀使霞报取道趋月往慕蕉同生文锦贼高远走子清
孙桂孙来见郑友生慕荪来函抄附之借一缄寄廉泉信使里观巴谋庚

才議等外譚林上房函首一。八月廿五日函，新通電以收復京師迴鑾為宜

為房某稍遲形在等語。一、李寶林所招之勇五百，難於駕馭，趙子鏡被撤

差代為保薦，仁向來不允者也。報之諸郡書員查經江寧撥兵亦可併

十一日 菊延與三營寄函。日本日為報同來上察核選易歸時函並挽聯

附來王植妹稿儀，核允孫初十日函附挽聯稿之，說生病甚，來痊附來

壽同函又表鈔函，派薛佛玉慶語領年大即壽玉者也 業務存

報不報取回。又東函孫等三函，差遣人到道，慶家人函玉孫正樓船裝留交

物件。初十日函以閱四報刊七月廿六日 上諭有恒為留錄一紙

十二日 慕韓湯允孫函並照奠挽聯，請其便寄來可也。附諭同女一紙

康侯說先生身體直事來。陶福交慶四月慶慶給十元，連以見在

內報言從俄俗議退兵出京，添法其為不顧，康竟謀遂使與清通

敝不以旅居唐西首爲苦，並情之所關矣。業相派爲全權議和大臣

十六曾接俞慕生函，寄贈地仙惇之詩，係兩月之遠，沈稼甫請代中秋節

後四日偕與城西郭門內淨瓶菴前協興衆坊對門住宅擬奠遺席

已因所歸福至接示，康英鄉來，報自杭州四兄來，報發七月二十八日　上諭

得有東字之責者，隨時發譽直陳無隱

中秋菊近弟發函之第四夕寄分畢了，月餘始盡。報發在都庫兵搶略

都庫餐及女入宮內者，或云取物，或云閒筆而不取，派吳中守庫將分案

理之華宮是出，而與擾者靡爛而亡矣。子文將送挽酒之款，另之程

桃印已成之十本，來共印二百本，寄費之二百之字，餘係我家挪付十元

十六日寄電來，有携目稼翁世兄仍赴大通之意。報發七月廿四日

逐客之李中堂請以派業孫相崇修留京辦之其在京未能遂旨

閩議着張大臣迅籌辦法蘇鹽名犯合謀反獄之處殊為駭

殊可恨人之可人心思亂殊屬可危

吉日楊翰西來稱傳之泳通乃可有電是傳函痊將政德謝科理達

送之廣東已赴 行在情面歸故京之 在通在臣在藏者在家佐之

李中堂北行未之自邸允鐵雲函將侍出四等省茂院之一函即加一紙

家往常務至復又以北十日十六家村作園家函病逝而身為未待

有世曾前來之證叔陵七月廿日 上諭李中堂准其便行之不為遙制

十八日有雲發高速伯南來與談雨蒼宜遂之意必無取閒若之叔

叔陵行文李 諭飭請旨回籍兵速歸繼陵 將擬司道籌備

方物細貨於屋之舉俄與德法合與英美日意見各殊和局難議

十九吳姝對商務名杜道宗援鄭懷甚函甚覺遲為府案結初

令防翁班附陵孫源蒼居名其後函接居仲十二月函言鄉蓋十月而

至多塘新勇多而的不足之王報贈范行京安疑居公函太后西

皇上在宮未派留守謹啟東太夫人於述之多月而忽脫稿

廿日蒼居仲一紙告以慕函稿接之於伏脫稿書膝下次寄函閱陵

鶴笙函告家表回里目前甚淡情形見六月廿外日報及許表二上

加緘受殘情形祀以前所及為碑貢德法居俄意居割地是和

商要例賓雜運料莫商自杭女起歸云往見代呈行事請假十月

常自保養為務前於本月廿四日筆示安當藉便補稟矣蒼覽生函

廿日寄諭金生吳仲函附寄三紙老姪弟先函文函諭薩心泉
原紙附入吳函與三弟二紙來閱楊苑甫回原留桂林想已開
已離山西此次由汴至亳必過而歸不能忘懷甫閣消息也
廿一日接石仲十二日函並了銀錢辦便捷大段飾緒即了到過而月
為計必需在了近義接說生十九日函云在寄出歸郡無任受較矣
逐寄李劉張三公之論繼李速逐念李廿一日航海北上廣卸邸雲也
惟到美者相同使派赫德為會國議和大臣觀此似有較開議院
帥派鄭別駕赴滬籌貢物康有為被日本驅逐潛來長江劉帳
帥派員密捕袁設廣東弟來與苑甫同日往田陵郭萊函
擬俟請另託人將寄印花銀兩後核查清楚字函繳致前三月

廿三日 苍石伴一纸寄阅，别述稿存药之者，更得方纸寄来。苍都壤

基一纸，樱人君泉信，为大荆鉴址，为归苍居函已发，稍西藏老在保定

近生信函，跋文并一纸，附入所信询，艾太君及孙雨泉之病，并慰垣情

形识。琴孙荫轩相国自经于武英殿，孙子为之来死，春与十青

题太原各国议和先请，重回归政，重臣至打拳匪大臣及刑部亟不

自与外人为难，如孙毓汶有元，及李元为祖庄頊之乱，勃国又积之似

拟又发姜俶韩陈莲舅与精德莲舅交馥拟亟添莲野不必

廿四日 昨夜大风雨，今日雨止。跋 子春寄函中附一纸，白春到表居

近状。跋稿自补函中附一纸，白纂箱及架与贤存在戟三处交旁便船

寄意，或即往取。跋稿生寄函中附一纸，寄其收存寄我物件，拟取度

鄧奉派孫議政為首係護東南猜接聯銜奏等孫稱大臣詳其有
犯係之岸相廷有劉坤奉函之摘藤長易來以如於峽遠請鑒正
其政務處錫之函在伊廿有來函之袁稟秋春到滬附來較聯
大臣請看鶴亮書即能其意閏月亮上寓以一紙接藤老九月
寓函所原允為轉達梳甫代庇到有無論不以回沼晉雲道閱
薛泉函太遠都尾日政查揚蘇所給和閣接了孫臣擬船十六日犯
由滬關於揚藤老寬高三日翰西來祭揚藉甫來稱六月廿二
日由太原經洋州赴太行武陟之不達而已州福州道而歸邵海嶠
來晤報稱十四日　諭義和團為肇禍之由蒙返直隸地方防即
派查亦係內設意撫川寓方劉辦西情已達三月矣

昔芍晋雲段函楊子函至詳其留於大通趙盧高震子沈伯函致
原件啟函附來觀賬，實寅老者附言之哀秋太常青居原棄
所有由陸路去都費二千金已撥松江西門外諸稿東首大衛池家巷
河壁新宅，其子仲熙昧澤是件，不便分外後長，因人傳於閏八月初致
莫直之費福如來未出舟，留居蘇州不料段君件函寄之接晚生廿三日
函之續來後和甘日來淘稿來遂晋雲回大通去矣，以壽甫兄來信
兩郎三分居其分段長林來與同行至皇諭約弟函稿杜峯寄去
同錄子才大令來錄備丑乙楊成氏去桃源其直寄來告並段晚
前已寄請到者兒撥來寧赴時再議
昔有魏老錢商弟三日泰之孫慶安來奠英茂俞慕老函

附外函論借之內容從與西郭門內執庵前協與紫坊對門住宅淳

孜孫蔗生字寄以蔡老所居屋舊田從自己請得代沈穎甫

代應從歸料理後常孜管仲荃一紙附入外函並將孜孫仲甫

張望溪二公託之轉達沈生廿八日西去陡於廿八日來振聲紫相

查 諭回京議和到張二制軍寓公議之 旨令國有以來二百及天津

爲上地之說總竟長江被之兩府不認此說竟前呈閱欲江總速回差

廿八日子文孫來談時一要孫子楚良留幕府於前而暇其歸多之不免害於

仲荃寶所兩孫諸之回錫呈祭諸前同仁堂租非葉季苏重查所許

可兹形在外先後遭際乃眾苦事之田產 以不可言 想家鄉人情迥

異於外難於相忍救於穩固不認紫相爲議和大臣以其與國護人

函之，与英美日等国同不能先行退兵，必有严旨继函大员而后开议
花日接薛以庄同年咨函，英使来至制台中秋节函，晓城杨绳武来，乃
生看江升病，忙之，详备交函送之邵文，须另托人矣。孝龙霞院生之函
未发，命人至先孙处，因借来下午侯有云来谈，知袁抚争体面
不准银，故得孙报，登看有学亦王存善、刘学询、袁政府之须先办理
收罗魁方可开议。九姑太送二孙来，龙月回之。收
晋接石仲函，廿二日书云变卑日有城四善送王师团栈，家务不清
又病莫能兴，树系诸说不远见，藹堂秋节理席之致，有老请酒
王益吾年前出寿意，盾补宋而为右邵文，先孙说生年前同时上寿，察下午王
夕先孙在盛长谈，招登廿四日，许调孝民为寿函送，翁伤通约散归矣

闻有新授石仲世兄自西商量者　此刻一集又启之后询陆帅有无信

来否后函了想无踪矣　叔平李叔先赴京而后接篆条送即行阻

于函谕人先派罪魁后南和议之说难持之坚瑞邮有张军机了然

主持军机大臣总与外人意相抵也　夕送允将归复于揭宅屋宇

处隙而上之房既所偏狭惟意不作为佳耳　致赵子威之纸附函

初二日见你来商刘琳致石仲函之送来以奉商　四南信厚郑幸在

京存板皆函到沪是为幸之送允将在此谈论下午揭霖士来称

自沪归谕此次和局外人意不在偿兵费割土壤则似易就而其大

要在请　君亲政重修祸首制有难行　叔平先议出而后究继

函乃亲之大臣又复相持以补文变长林常德智则送函　有因公前

寄信十一函，分兩束，省外五十一寄，郵信一函，萬壽澄寄內外七分給鄧
寄銀碌匯力等書，請銀一元，寄托江升因閱其服，取以即交長林送達
伯寅處寄信一函，孫苑一匣，銀十二兩六錢，帶送來兩層
初二日 蔭辰仲函，稍後移送稿二函，寄萬，寄華張，寄菴志，且袁轉
初八日 閱言報，說了，寄辰寄分函，以不得七張居遺，揚師閱錢，讀書以何去
寄余省，應處光有之，寄子及家三藏書，寄分任其書函，先發作字之，寄蔭璐 卯
之子吳來函，以開狀葬了，因來萬分送來，居璐甫吳兼孫及其同備
之蜂其三軸，拔發，八月初八日，給兩道一，以寄書寄狗師一以李制寄狗
芸儀外郎出，儀出安甫皆有，刷匯之岸，織振操與一匡，意來二本
一園寬長江五蹄，靜月，寺午弟來之，郵撥書田甫人，五撥之多

初四日答薛以莊函，谢為作家傳，接其來函，答屈前月廿二日函告橋

墓至以大通已成，寄晉雲函，薦同鄉何日新係何日出年生，寄家子

貞先後未曾稍離甫寺卫女子，今年將四七十身不忘，健看子の

人難於總起情形，因陸函云成係武林城內已有妥人接管自由

請其服役而歸，未能因症之故，抵瓦李柏葉家請師之二年，入墓以

免思謂禍由保起，未能挽回，今及何藉論王高安日來，大因子楨

落道日於九月廿二日卯時破土築墻，十月初五日卯時起攢，巳正安葬，亥時

登位分金，是大地蹼之極磨之峯也，與蘇峯蘇峯日峯頂

初五日答石埭函，言因地師之擬撰磨勒，鈔閱備覽者，遣人問信

良有差別，所來者是否通判，雲霞來再商，照摘時局錄之

別善後處及西班集源委覆勒錄呈請核，午後接英八月廿九日

函稱船廿八日抵巴黎，涉各事，本署衣箱等件予書二千元為之

彼識工於操利矣，現時附差一紙託詢馬船西洗孫卿款額如

三君往受附詢錄怡蘇一紙述之，昧遣人探歎，佐與弟輩會

該時分遣探輩而之，九點鐘第三次回報，發八月廿六日密旨令

各省自與外人決一戰，仍有謀國通東以殺其弟族之議

而各國之論，兼嚴治首禍王大臣，方許議和，惟美國訂稍從勁

俄國已信返兵，且京寓書林西佑律犁並在天津主保鐵路條

言各國已在津立章程三年程抽收捐稅條款矣

初八日寄蓉泰两函，蓉函之[illegible]安兄使即谒三妹锡地安厝，少荃询雏
附询隐有目下情形，长林事件到后拨汤之款一纸，询以截留金[illegible]
严视袁太常[illegible]稿查来留[illegible]，许静山来言沈[illegible]芝帅大徽军[illegible]德后
同尹系信安慰而回张[illegible]以东南[illegible]之何互结者非东南[illegible]
靓以为[illegible]王之举，又[illegible]俄[illegible]日语不寻常。蔡良舅来述所闻，兄有
[illegible]请[illegible]端郑诛[illegible]赵了机不容者，端郑知其[illegible]议不能[illegible]而祸端
未有已也。秋冬之交，李[illegible]千方兵[illegible]城以后系[illegible]各国兵[illegible]海[illegible]亡因矣
初[illegible]日道离萧三兵勇之七[illegible]味厚[illegible]往帝都迎谁[illegible]安归宁[illegible]
冬六月廿日上海以江[illegible]推[illegible]会集[illegible]
余老五弟大函[illegible]帅[illegible]张华[illegible]小帅[illegible]

革職永不叙用，蒙恩已革。探貢李代明開復原官。
初八日，移居於楊寶臺，室人隨同先往。叔琴閏月初十日請假回籍
鄉莊鄉及各勤等數人，剛[illegible]中堂趙老及左都御史英年等似
大局已有轉機，又請為鄉祭總便及日本書託移出，擬於度陛來將
甫貫子大葉弟完婚，當開亦飾葉總床帳等贈，先以本使信匯陸續
初九日，壽岩族祖來，蘇臣携船到，擬居停八月廿九日酉帝未三刻
計二千七百天字號價洋五六千元，地人兩號二千餘元，莊錢五千元未能
領到。大錢及地字號又四吊，皮箱四只，帽盒兩只，衣箱一只，內裝銀條
二十個，單舖蓋又一只，洋藤三個，一桌，在陽溪錢棧，遺失
派皆箱同在胞物，係家情，郁鳥男互相傾陷，縣獄不細，仍附來閱

綵五月二十三日函，又接郭子直本月初四日滬上來函，雅女子大莉無恙
柔任身之與斯一切隨有投緣者老函，又接石仲初六日函，聞將移遷居所
多承文字，於十月初六日岸賑九月廿八奮回蘇，養子返來滬可氣閑
自家尚足不安，舒笥羣勇獲蘇林，約東南蘇林丁觀原本上刹不順汪仲
宜岸代舉家，終不能閱之，去即託代備存往返，維與已去四十元，此後閱之
有代善之，甚慎為國，云甚得正義，其將存記
初十日見本月初八日報，崇禎左右宮之中謹文忠李鑑聖制軍護送節澤人設
都院衙門於天津第地方之漢寧撤來差軍收復及遠滬拉殘之法
炳南國法撤走，並拔除故洛華之三千元，張澤穆兩國經費，獲人擬議和
十二條，與國聯之在津獲紅綫大公報，自黃連生之二仙拔交郭院衙門受訊

各國公使西摩部請 聖駕回京 寧古塔俄軍由吉林進營 海城俄軍陷奉天

又初二日諭 毓賢開缺 着錫良升署 張曾敭調浙江 因蓮丹閣

著美金書升閣某 鹿傳霖軍機大臣上行走 以為吏部補 王培佑補太常

寺卿 陳夔龍補順天府尹 陶模調兩廣 魏光燾補雲貴 岑春煊補

陝撫 升允升甘肅 沈家本升寧夏府 布政使 鶴年來 京 果菴 屢基函

十二日見抄 侍郎 在李京 濟軍營 駒芳之編修 王達相 鹿傳霖奏 已革 濟

寧道 判 徐桐恆 那 頓 五日兩傷 蘇 接 松壽 督同道 員 查 案 勤 限 交 該

革員 作 隨 弟私產 充公 仍限滿不完 查抄備抵 並將該革員 按 律治罪

雖刻日起解 毅若補江蘇糧道 崇開月初四日 諭 又初五日 諭 李 廷 簫 調

甘肅 升允調 陝西 初四日 諭 初八日 程 審 西安 長安 清江 鐵 署 道 員 陳 澤 江

清江 浦 道 年 屆 陳 澤 江 以 上 各 條 清 河 署 員 著 劉 坤 一 張 之 洞 揚 揮 祖 初 五 著 于 妥 辦 理

又閏八月十九日諭松壽調蘇接京堂補贛接延祉升豫藩鍾培升豫臬
雲桂補直隸口北道直隸宣化府李肇南署閩按道鄭有恩案
劉都院寶昌著開缺聽候查辦長善補都院精普即於二十日出長
城總兵年作山海關英西摩提督抵秦王島劉帥霞齋李相公舉往屋二
帥入軍機榮大人及楊子通入城署左都御史吳廷芬抵清江長蘆運
使楊以由德州赴津李相本月初九日接篆即須赴京接辦和約初五日以西
太后及皇上雖下諭用本月初五日之期幸并擬舉辦陵工勅以十日後臨
省一行鼓鳴雷之及暮總兵儀道來稍勝於初復將暮動基一視
十二日午後張作腿來談索素園地基是桂清理不急四王已為人估去
無田請是德許姓者人出爭判界后來立字須再會勘文字事果差本
家世宝蕉樹為要之請擅賣地係王者不肯清理叔陵閏八月廿七日

雪事長安之論又論三尾輝宦兵分赴舉行 蕭饒岳省嚴 東居民不安

徵糧派豪（英年）至省查煙稽查同文淀 叔發袁太常詰劉岑巡之第

一號俄諾偕北壇迤慶山 自三層即出園 園會之人亦多不請 蒼宿偉函

十二日大雨 抵自當為歸 樓元孫十六日函 陶楊二紀和十一日延曉 約百日後前往

附錢袁太常聯詢其松江往來樓鶴笙初八日函 以時受壽六日不通議早易

程注滋將論時了返來寓問師附錄 王協揆家至即自前叔平處尽者也

叔琴改派端郎莊卿遠差之論 同子葆叔緩錄 袁太常詰劉岑巡疏

曹小雨時許從可滬塵樓石仲初七日函詢事親大司寓中王意何如已居

議之 王揆某閣權曆日時居停返 秋帝儀座應代收道庚公受惇請題四字

甘有毛能來鶴聯者新甚喜達經度年事大寒均固勉之 十月夜眠難得

耳。聞來聽律商兵約四百近難順遞，鄧華康霍丞送閩浙三府揮肩三為差不
係了。來為政招，致俄之兵之發狀之持議，堅延請又責李相收復東三省
閣中秋樓晉霞和合西之楊黃互和，六日樓大通權務留之，而派內河分
卡同了者四一乾候，二為其咸西由海陸事回，是日亦雨，午後來往老宅
昔閑永良來送章及山親家返，鄧[illegible]於兩過家，乃知先慈喪對來吊
季懷宗兩蒼之廉，有壽如氣疽在鍋，須附便回。已遣人詢之，仲蘇煙
為不敢於政議，西遷長安之於和議益無裨。實曉散來談
十月廿五袁太史人於述稿，耳錄一通。大致粗能報見，自之全書老言閩到在
康梁之後甚滬，張小山尚任，代者陳雲之袁枚，庶當是赴於在入樞府，大有眼
難以引之者，非其人也。於推兩亭之放流，道亦送通其於受滿非宜也
十八日錄書來言，蘇[illegible]書故君遠[illegible]，[illegible]惠[illegible]不遂，[illegible]伸西之[illegible]

袁寿舫言,伯豹定善阅韩仪庆代书,须刊印好之述,约一月方成。拟为袁

太常寺文俟稿定,写阅看好,俟百日后豹定再改大通,因酒卡挂

俞燕老函到,嘱自日本寄赴沪候商阅时,以尝好上朝参。至觐 十三日 抵赵城察

游万康度部电,查无有库款,并催船名项,京仍饶局缘遣鄂电达其大

通船回通,不及相留,想查是否禁某日子晚抵。原件十一日函,拟准十月初五之轮

以时局之安危,拟速拟派大龄理家于出发好议章,中俗多南屋出言,分授以业

计宜良是也。现又其凌之议以保他国,以为中国出兵战为未 金

十九日 若先函告以袁太常家相江往召,若陈沈二君函回附致,盖晓之

纸询以饶顷近子报。参古使东国大臣联衔荐换祸诸函,并李傅饶 闰八月十七报

而开赵函访湖阁之刊,复制军来大信,闻战情形一一统,饶亦君忠为二

弟至龔親慈傾頌龔自拔教來二策，后兩宮垂陵之際，深東南雖亟誅

阻兩請回鑾，秘而遲緘，且謂兩東南有可立解，是不能也，垂而意勸上意，稱不可，而樞臣以為來不適，並擁直

隸兵，撤停係之，而前此並稱將謀太原，西巡之計遂決，是又一誤矣。

昔李鴻章函言係完將開抵焉，鄭峯張再看一月而後定其事。

密勸以旋風派留袁撫並派可以係差可已令之歸，楊仁山君詣自

都下歸，為述六月初四日出京，至此始到，敗者百端，森然杞憂，燕師弟二次挫

天津洋兵戰情形，係其甚危，抵有人返山東之說，到陝兩師雪擬領事

阻之，此人又擬和議，要係各國有在天津開議之意。

昔楊筱甫來，再向在京津鐵道，與乃弟仁山同歸，曉然往者

親之，竟以一紙託訪楊君，因京中辭為疏定擬作代之。

[illegible]

特函弟處後，未接覆(?)，睽仙(?)薇太翁被禍，後去人、狗、雞、家房、狗者五人之多，
等經過牲僕送往城，并(?)青道落(?)矣，另要旗直隸函知乃弟睽弟
設法送往乃弟隊中，處(?)之也。
昔據石(?)仲十三、廿七日兩書，定議因十月初五日起岸，先舉樣(?)屋以盡(?)
度時局難堪，如何也。可閒精神，夜眠稍為論說，惟餘情有調劑，略(?)舒(?)
之意者，前者安慰為之中，任請席之暑(?)，殊難回職，若仲之注意，只有緣木
主(?)要(?)發(?)後別墅之說，不免另行移轉，格外(?)要(?)之日
廿三日陸續來探，並來之修理後山之墓廬，因該一地不能耕種之故(?)
歷世并及清理竹林園基，照舊藏稿冊，而不肯出以示人，但將來冊
存書籍價者，可發售之，籌備而閱，先集刊者十種左右也，集
為林(?)向寫墓庄柱對聯曰：高原峻山之風，并上多福，眾子天福壽(?)高(?)

廿曾攜左鎮雲四字請於 先慈祁述園學生到叙將軍來云墓
在陝甸撫為辭請專辦之錢考隸字院旦忠雜素云將赴湘謀為屋致
李鶴年吹噓連日報登廣東之屋合議多撥又為之前謠傳報滿人不略
洋人不援並兵駐防之地李相去月到京與局於東閩議洋兵並係之速
援贊帥騰望之深之前不樂援山海關各國兵皆守山東陸兵掌要
匯曉派沿北道李宗羲贊亦曉北圍練兵道貴高庵充合將曉閩望勤
昔者袁太常祭文成報登廣西廣寧廣東並將皆陷於匯（直隸）霸州洋
兵又函曉中庵風立界匯起郭鐵峯請兵劉子運生葉紫段棄除
勝筆王鶯卅言更長安 剛桐邸病報閩去勢境
廿日蒼石仲函商定用十月初五之移岸擬擇房於室請將軍寫
森先自題補立碑形以王於家祠神像於述皆須時從度不誤

弓附呈祭袁太常文白粥为解轴之说庸友黯之附之兄伋属解

因气郁作山海学泥笔留案良久未能竟习法家之为给

函并致郭翔三函备交所托仆事之存彼之本怀业务树兵后民

全所及荒摘般别但面谢契大月望间张帅来交战情形及议大

局误于荣禄李鸿四君又有漏阳函起之说直欲以复之元枢刘岸

函之可笑马廿六日过华阴刘昨叔至西安为不足惧矣

昔日西两宫西迁普空函告以徐般荆荒物是团已道文贵家留用方机

两陕总郑子直函所拔魏老函已交赖西将军可至鲁能以莅所

程抚策陕张坤四月寄魏寄来饶生函须隐三楼赴苏外椽紫比

於廿八日往约至阳函来锡张路平任之至里楼藩宾钦北门蒋家解樯

接存仲廿三日所寄函並讀以為不應再歸志誠然五月之附來信草本
人係以不果來物特俟寄來諸事得明取去取後借觀盡逾前年要回之雜登
鄧帥於文漢倚乃草閱月之久有數十人屬以攜歸者或云不允清稿一片請
列義和團據大臣閱諸端王府函詢某北京請以便寄外人看雜云
廿日發粵鐫之函之所有物可寄輪船告以諸物留存擬寄還函收錢江營
取發薛屋宗承函知屋民取價以英洋二十五元當速加發數三一紙之右
君屬鐫拓當乃寄來蕭蔡生函擬作與西郭內閣信親屋前擄與
梁汾對門相參大兩年請傳於旋屋西回時中途被害
花日發褚翰林之函告以所取存物由某僕寄當即照所條備用答存仲
函之吳觀察引退之計劃去五萬太高畢後再行上疏附屬劉康
即三兒之之事存是是屬不可不能則令回省遣戴張二僕赴滬取物

昨日觀政函鶴呈白昆旦電報之承請留意盡底爲之可甚慮于交
聯日張經全一事勸指四城之交鄉兌得五六千元大救援及俄報
和議六條德意須再戰後方可開議剛相商形於條達我之自經營相以
先國不認者議和大臣趙赴於在宋春府和侍郎於洋兵到京之次日
駒節美兵之出都去柏賣取賴特價五百元云
和首攘與之綏函自西東得電來稱前六元席之聯邑來附方接之
聯函更見甫這之之常重在錫邑補經一百六元之贖其可不了重要也
下臣聯讀這了會受來者出門以李相爲復遞報及英德五請力保從
復從江中年之地棣利軍機大臣懋秀於日本兵提之刑陞鄂帥
捕叛字月之後首要匪犯處決某外臣害凋之席首犯云

初二日出地廣掃墓，適閩子楨地師同往，次東太夫人樣房發評之向
地勢前面甚好，老姜公墓前香椿株植葉之下，僕掃[illegible]房之上，亦有下
白不利，若弟兄和睦，出地一塊，于房二弟之植藏須地租費
令閩地師以爲可用，西城捺石碑廿八日函之吳季卿，已告之子西鄉寬屋
似乎已志已決，附來兩單，皆已議，其品可廿八日先有箱件，交王實伯
車爲帶到。二接晉實二十七日函，謂錢已匯存銀號，老兵要交界之老弟亦
兵，我即發兵去，帶衆兵，雖出頭匯仍住塘里，是達人情，惜款旅旧之結
吳弟往存生來，當以掃墓不值留字，白其先覓之房，向說[illegible]
初四晉雲函告以故，于張河監，有地，有發房植樹之植好，以[illegible]
即遣作答，以便書閩年庚，交閩子楨擇日。一函函志共弟先由此間函

小酉岩晚生函白冀來取所託查湯貞愍後之難一節望者附
去鐙雲函賚復據晚生禀蘇來函不久回常鶴來錫之路方難
驟覺及該兵生情回審屢如不得從科分兵兩路西南連兵外
歙東南擾潰福山書中聊全家殉節惟太夫人及孫媳並之者六孫都
皆殉携子赴師來談年七十二親侍疾日稍多病其子琴甫上年應
初五日陳紀來取壽同處汪二太函附呈不直其來所詢生陳紀拜
達所居在杭城大方伯里報登聯單有分兵南下之說又有淮軍某
侍奉請優邮許袁二公京師日來兵佔地取分讓於奧兵曉中貞
品勞曾琴胡及岩二員已抵滬皋岸秦對已寄來書之所以緩為此
府遙寄經雪琴之秀湯復作兩林之行

初四日答紫绶函，据云需要售以张墅家有块地可靠权已函允宜量
移定莫仪六元上三弟不必远来，安窆后信可须暂缓。答石侪函。初三
日寄大儿信，问并及住墅去地可靠，权权说问其可用少眠，近日何如。
吴季卿道子景远，乡上宅似退，志已决，可请暂缓上腊，答夏福函
由季弟闻第接时意，须函三七月说望函[illegible]不成远此天耗翁堂任
叔琴胃帅屋亲宇内阁王特案据胃骨苏府不许伴着据聪接
毓贤辔达服青李相电务有秋日可望开议俄兵又伏东三省意
初五日接答石侪函[illegible]初六日致贵云交函籍雅王宾伯贤以二千元本自东
归本为屋产重赖瞬内该实管重业拜程本族如山县米托以谋
子答以罗某及复留意成赖屋瞬向日练运聪骤山君初作年我亦

元賓樹長淮南北良牧光聲厥閩勤能報稱衆悲之書額慶同失以慈
親外亡族好究大海東西望旅度非何堪夏直傷重叔父閏八月廿六
字諭兮看好筆猜棧了之回唐 著兮條雖士力以壽接濡兮在王灼查
中途以報數二十弟金而擬習贊是謂宜也
初八日若石仲函述報在麟之附謝實學堂之事難說到身後王宗伯送來
石仲前月廿五晃日兩紙並蓬藤箱條任從且及時函屬可別函詢大半
別已寄詢五送兼附來劉子建函屬爲覓屋意在幫吾任錫也早
聞孫根孝去年後王宗伯來藤暮求 時因來報叔父病因之意孝
兵費四月非 至鶯之抵西安派員接勤又有久難更於左相將須外
多爲籌解以免移在各需端茁二鄉驛遷閩

重陽日蒼龍寄滇口函附二紙，又蒼王伯如口函，擬石仲和弟有函問楊師
果何日開館。陳仲英函附來贈二十元，言星如屢莠莠，叔勇已遣下半年修三
半月因乃清存彼，飽清後乃志乃於乃部月初方得返滬，友扶龍袁以到
境已矣，保定城陷，謝觀觀附來，又擬薛實飲法函，陳賻二元，而虞股二方
餘兄之館乃又擬允孫函，其寡婦殯葬定十二月十二月初有院南北之於早
聞子楊來談。下午存良來，交汪符生託劉石床轉致之洋銀百元一筆
報載各國議設十一條，李柏霆以為不甚難，揚都轉存浙議報備選
孑民覆清民宣布由經手次第中央調停善後事宜是見任權宜也
初十日 蒼石仲函，又素綠文兵尚書錢以持諸郎執業，候田時經商
附去識信七函，內有蒼子寄函，錫地間房少，鄉間或有之，租價較輕函

西陵老岩以同弟訪得接戴福初八日手書庇冗寫冊價英二十元初十日向

裝物載回少山林西來者贊致來函以應近採琴臺化府李肇南之直冊聯

筆跡繆之城外劉匯長安律氏呈請彗峯興讓鏡端護接示之日艷而諾

莊之鄉因是照濟因而上半莊商得取道還之說

十青蒼先孫西之院生來回告以聯軍分南之信城空取青先慧峯號權膺

附寄袁公降乩一紙蒼薛藤青之一紙取原稿筆示之家謨其並寄一席

青照附西排義子女珠來談少岩胜二子皆有生理而退回少山舞辨

歸同吸病真出初據修色去撩排少禾苑寶患雲裝修之閩竹樂園

基三西定人可寧西面有許以寧孝慶因風安寧否手稿非白庭

篆稚桂植之處一露幕西鄰楊仲芳生子彌月送數未開周

福官即梅卿之婿也。抄登（中外日报）东南督抚联衔奏密陈大计以救危亡之一摺，要
在总不能虚举之王大臣各国必请回鑾方可开议。接饶生初八函，
十一日 发金生函，接杭城大方伯盟兄询符生交来百元，得彼亦不能作
何用处。发鹤笙函，附去萍宾卿一纸，又叶眉士太守寄松唐所笔
教读之每年座一席修金二百元之说。发饶生函，附去元孙来纸之饶债
男生者来信人回，归时就近托人一送。抄登直省函，知情形有城函禀
地甫奉拜贵接猜看总督帅以信而免紫禾亭传又近戎营自见疏贤
服毒又遇救以鞭于汉阳以鄂武昌要设匪请裁撤兵帅不允责
怪之至有监督之祸与诸林诜日因联军入都为得去处
十二日 发苏管仲萱函，附二纸，白头之殷之丧来之老兄之令达祥不便补

生翁之函，為歆接蘧泉初四日函，云寄物之船三隻已於前月在吳淞沉
沒。壽年滿將至，屆便中函懇楊石之君拔植，為慈親於華師祠院
但序午後船往，又請而歸，時已薄暮，及初五日到，初十日請安內有
祭酒王懿榮郎出，改放為督學政江蘇者李殿林。
十曾附紫垣函寄衣十件、銀兆四件，係寄蘇寓往之物也，附之請郵靜
山函附白紙子與原物校，並先生處，計壽考書，都敬繳遵累
兩種，完讀庶改訂刊十七字，易草閱出，以原稿及改正印本之一本作
字送之，實無錯處，都論各國情四處而後閱議者，不順人情之論
各國議將十條互有出入，李相陳俄許以東三省與之，李將不盡從，遂
致方伯被陳軍指摘，其前後處置之乖謬，可謂遲來之方伯，為世所累

曾接唐仲初函云，都碓接江北堂者，亦退回补八函，皆人不在者。
吴阑陆作卿、陆羲初、许幼望、吴惠廷、王蘭舫、张焕田、罗颂西、孙蘭
初、梁重家老言得告支持不下，至者有超邵人四院之说，附来汪君卿陈
子真已函杨楷堂函，慎存屈善旅便来西汇借款，以恭候先生回国
不虞议和，未遂与不利商务及国也，若之勤真寄电观易乎
去日唐仲函附汪陈杨镰谈函二，杜景者来言，金邑陈丁三千君经费
难由大寿之议，孙侯部任时裁撤，报以英德二国议保全中国土地，江海
埠口皆通商，及国益美之，若梁良勇春学自居日起报归回家之者安
省东月拨费五百文，年底结算报以及国议洽运方伯死罪
去日梧查大宗坊底稿拨出之乘，差发是为苦，况候子胜我熟大也

歸省議治喪文忽又改調任粵督陶方之制軍告病來京即將藩務
以督院接之外調以為不確又傳粵藩署亦以為護督也
十八日接晉電十一日函以祖地請擇吉修植移厝者直請閣筆庚擇日
介孫妹袖所作文論三首送閱自有勝於三年前在院之時因遍寄之
以勸子孫成自有成立者句有意詩業報未取到
十九日以晉電函及前查閱筆庚定成保送歸孫氏妹閱看回復
函致閣子枝請為擇定權厝之所能於十月初旬內外有移厝吉期相
宜叔聲賢侄有西花之意上協程子楷唐叔英一年多者勤王姪院
彰衛一弟賢侄文分兵南下新表不擾山東境地崇禮於表法日筆掬
直隸部等為賢侄核覽賢侄又恐致疲兒並請福祥等貴議報日

前慶邸李相與各公使會晤，算私議以總使不允之照復，匯達盛小兩
二十日 大風頗寒。午間聞壽蘇石侍郎於十三日逝，已經載福船備存催
廿一日 蘇軸及卑保安壽侍郎，芝不孤年，李年代兵亦住之，通聞之趣善乃
代約二十九晚歸，接鶴笙十六日西安議大局和議，不及蘇子如來乃難
並意，訖以對日俄了不及一字爲寒。錫西出若堅拜先後來談僅
得蔭北乘馬來，電云懷南即南歸，內寫不厚高寫信地方
廿四日 卷石侍郎函，附去都國達使等詢信三函，並藩倚讖五首，自本日起
達王來談，早報發本月初四日慶邸李相與各使開議，聯軍不犯
西宮直西至鎮後錢郭善至報本月初九日據報宮寫據聯軍剿
西安捷，及國議端莊二邸及剛毓董三人宜置諸死
廿二日 廿三日 家中接讖生不能靜，特臣來言，舍生十八日回皖，甚苦事

子寶三來問年二十字曰企唐晚生自虞山回常未果遠送悵悵
登舟卿詩與壽自是高人痛下鍼砭勉以古道教順而鄙有文查藉
貴處票亟解所寄者票二紙化者也皖省者律已發(有)聯太[illegible]太常丁本
曾撥石律十八日函云豈廿八日回棠戴張僕般去晚到蓋浮自來方
電已開缺吳季卿已去亦將到子筆遣歸念已消王撥鏡澂函大安昵
疾不能療且致風癱棄桐以穀造陸天長緣肩以數六經命田稼
賦退不能王撥鴻筌十九日函云十月初五日放船葬杭城孫井旁
三弟評前譯書館子有意問其所長教讀在勸讀經老庭
長於教子叔登上意回京　至于有意筆錄祿因照算僱人謀翻上回
客者也宋佩蕆調署有賴善願並福祥回甘肅有收服派羅所為

係係計端卿度瀧孫親叢實護護陳學棻赴粵庭隨從優卿卿
陳係之都為要道改司粵查郁覺要可以免多別派赴粵查辦乎
昔日戴福自院載物到呈石仲之官晚一紙附郁他帝陳冠卿在其呈
三君信函又常寄閏月廿三日函竟悉中秋日到清河三月僅得題詩鄭公亦復
切實函託其難推理調羹殊琴詞牟果禁自接收錦雲處高賀病幸
有恭以高閣延及望藥贅屋文接繼文匯函之余生寶機可惜我三至端被謗
近又晤及羅軍來之覓又接查子書四函秋初寄寓復整歷務一件之竟成處下
朱在岸同船石未識函薛心泉函稿灘路四者為未得差來錫錫四函稍
閑後在仲為有華號號乎郁子瑞四函禮氣生四函存任印別要寶送
收留存殊任如已收附來箋紙兩刀方瑞清四函沈來以在閏月赴程

從閩軍門處又張意源函附陳吳卿論函叔疋分薛元郭印章維儀錄
有電恭匯致南下法勸免國權維聯軍之劫制之國犯西安可決其不確
因玉山方伯調奉藩吳樸園方伯降署藩
廿日接山西電奉函以稍層樓極責須加漆破沙四據十七日列叔琴
樊雲門王五大臣之 諭旨接諸王議親報其直嚴樊撫旨之計
廿日接劉子貞函附之奏嚴函河時又薛氏丁卷又有一成丁卷由
報甫又擬還奏稿看又畫程辦法一紙至西樵李子良寄有
一成諸雅回音詢以是否歸來如後建子西音字若鶴至函白
蕭廣奏議附奏李存在之 諭鏡批函因附彥一紙叔琴
樊雲門與王五大臣之 旨業相到陳協成盛京卿有附片并存疏

接又有來電甚慰，不日和議雖成，廿八日四民作亂，黃軍擾兵自徹
言凌叔稼石確
與端卿合謀，又云端節皆已執捺，收禁多因有謀議條款，有屬姊
來信意乃公旅居蒸，亦未答，茲以說意，送極要者迎將待蒸投未
廿日發字楊翰西借綠大轎一乘、中轎一兩乘，發字劉表投借用
嘉帝轎兩乘，一併寄去。來來薦滕泉楊健，其括語句稱謂字迹
決非己出，必有假冒情弊，可唐函詢之。接唐仲廿二日函，准廿八日四
先附錄意，復函因有發二紙，告以唐乃金生回院，先已錯了，逕蕭隨之
弓詢以椎作何能否超免，唐蘇心泉亦告以案逆物，將到達何處，屋隨後
有調劫取以為執人，而清息內為推尋，附錄因之，恳伸函知本縣
因之覆補請回逕詢以可子與唐金生到院後情形。張瑯光末

崔汝玉在北門外寶興金珠鋪家住，忠應通院差，孫雲莊同住。是
衛小秋次子，即前在滬行醫者。兵兄同伴賬，少廣寶官叔登。九月廿三
日諭：太后萬壽點景一律停止。于次棠中丞、守別峯、劉多人、楊蔭翁
閱抄：另補者傅宜之、鄧正茂、翰林侍讀寶豐、崇壽、瑞節。諭旨
侍郎照正予謚，祭酒盛昱照侍郎予謚，查子酾王懿榮以補予
謚。王有陽查稱節安員調鄂撫藩中丞，長別李閩撫兼京尹簡
閩之節景星調鄂撫，李興銳擢張曾敭調桂撫，屠廉院
擢浙臬。吳廷海院為蘇藏，一軍在豫境駐援，派員查辦，所革之員
查者亦不敢用。吳[illegible]已先撤院，原函此後委官，亦歎也。交江西王姓
院須亦撤，餉雅文炳派員援院，而不肯過岸，據云有事有不幸也。是日

氣暖甚寒，起居不久天發

曾承仲四家書來，并信件內有程子儀函，郵致卯雲眷，院城四函

報及劉張劉軍聯絡霍英附片二件，均因等書漢之，諭飭請早日回

廬之意。楊都統本月十六日移駐由潛山德州，潛滬西來，并聯軍勢即往

劉之援，聯軍和入省師，智守之禁來援，并總兵官進而遊覽，逐有

攖撓之章，本州撫署一書矣，廿五日諭字諭一事，未往官吳雲崇

供應，此後除照例地糧之資外，一種不准應付車馬，如有援累責照

原案。楊雲甫來詢以謀實學，重考試學堂之章，請問乃足範

甫由省耕中係省撫桂學也。渠此是來之陶端吳有八月內家書函

現居京師其館，尚未被擾，其館此頁事由德軍管理

十月初一日小雨仲潜两弟赴新阡回稽阅摄见石阅保毅夫石尉小雨暖

耳下五有生面云敬登柯逸时挥赣臬程仪泾挥淮运司祁朗

西军使论李相议兆建延前[illegible]相复族之请上疏出函不得全意报

来文复周有来拟中途遣先之之洋兵由紫荆关前途谁奉居通

赣后及无意而死又回之清两道沈家奉监恐亚筆之罪而来

摄宽甫多遣张出怅虞之同伯言许抽词顾同乡来探言遣发着见

春日阅义录留同入席薄暮雨止

初三日阴早刻小憩写日男并日不辍笔耕理辑等事拔了张

筆意遍新阡阅见之生来看多红而阅题画高飞敬登袁楼勉[illegible]

由长沙府郡上海道苏州府濮子侨挥荆宜施道是宵八年远之字

遣敬登张子亚甫文二子一体兵长江及保言抄一篇送吾弟权稿诗钱

停止此時雖置其山海關係京師第一要隘務須固守著景霖在
直隸等處多募兵勇旗精挑熟識程文炳經手辦理兩撥
毛營精兵五千名以備迎朕鑾西行安見果能得力耶
初二日張家灣知程郭評賊擾闖南及武清亦不保彼匪著語經麻直逼左
鑾輿自當親來兩者不虞設到四路巡探太后之言直隸逼近為為
聯軍所害四處雖係善犯甚以為憂將所請均不擇內為先於秀
被擄據聯軍報服從十日此後之內自退巡為所害也為國議非逕
追聯軍條文並之時不勝左右為難之勢而逕自以聯軍西侵復圖入
長江有論多者以為戰備之處另有多鑾輿及早兩路來者四處
料理各事為時已遲欲圖二月發兵復燕北而靜坐待旦

初四日未明雨輿督門至西門來，轎前為鄭閑稍已。巳刻至申刻

檢衷，酉刻則雲氏刻題主。連日碌碌，氣虛肌脫，坐立不安，神志俱倦

臥三次，不得已服阿芙蓉膏，通宵目不能移，至子刻稍得寢息。

初五日卯刻起，整辦靈輀，齊名局巳刻移衷至西門，沿途路祭九壇，四更

寅初抵家，膳不能具，移棗與至苗巷神亭，神轎至惠山宗祠，午子刻畢。

隨歸女回家，及弟三姪往至東河池新阡開成，坐井穴位，是地購置數年

闕沙先生看六尺以下岩開八尺，餘深情之細好，有四程砌等恭志一，費人力經理安

葬。到山時在甲刻，隨時發位，奉主以歸，亥刻初二刻寢，加看孫善養在家

梅庵雲憩，與雨飆至子，強乘興田城雨踐一家，眺相澗到家，適子刻矣。

初六日雨竟日，夜來止。連日勞動，精神竟疲，收之鏡，重整移留護一兩日，歲底仲

執阡回，再於午後與九姑談，晚間早息。
初七日 雨未止，兼子衡占人陪執阡祭掃，泥塗不可行，舟至張巷，有轎可雇
遂取有轎乘之，而往館留在船，後於轎在山三弟六日晚雨中雜樹葬等送
適有人家現成大灰礦一付，買而不用，索價至卯贖之，應用可免等候
是板漆好了，面與雨上擬家已上船，時搖櫓至初四日晚顧道將來
年程接允係議，當即定妥了，斷備二百元隨後送閱，即時諸告九姑
初八日 晴，看視坡下等人算與帳，簡料及填物等，下午備石碑等同兩墻
五旋乘舟去郭一試鹽湯澡身濯垢，閱初七六報，初五六等日中
外日報，云出有其以長安等下安警察四條，李相有其子揚於閣電
馳往和議，俟其議定，月底至津口，至老河口至龍駒寨，以程又由此

陕路至西安程途遥远，恐到外人以借端关教，难免不甘心於此，接西安城合

之妇人张陈被害情形，隐匿道府及考律等杀人

初九日晴。岸商云函告以二镫房租十月廿日已加〔卷〕添一次，隔日再添

一次屋租，〔加注嘉庆年二月初八日起至某〕迟三账，照样核造，因费候了清，有关看视，立后算账。今来

闻称不及再作别函。有袁之重者，自河南归年六十有七，回来不名四至

地出乾隆五十年典刘某深之业，其典业年限十二间，价二百千文，加衍字條

價五千六百文，〔之表〕十年以来无力回赎，加〔表〕價百千文，归表执业。嘉庆元年往

於府冀之因由，对臣县前来此屋住，其租郑袁氏，其实系原拟恐将

控刘树堂开欠房租简，用庄悍租案，控告某某钱，控庄钱出为在

某之城郑晋义，自立合信托，将此情形，捏称日来完度，郎李扎

有照会各国官商行开议了，惟大英教条与各国不同之处另行议，惟
怅璞布在途病故，改派蒲美会三次，送人回南，官少民多。
初十日　暮小雨。西边二鼓后了各处寄云云。语亦加详。去年三月初八日一函
更后安善。下午访蒋芰、菊延（与三）、程相轩、卜臣、杨松、因仲易、陆福、寿朱
项梅许君来晤。又访卿子、厚钦、厚渭川、德润、各宗人，惟与三同座捉琴
无客了。和议似定，今日目晚排襄辰来，吊人闻钦在单
十一日　出门谢客。辰仲与偕，■然云云。又裹朗（家）广、杨子戍、子元、子毋（少岩）、许少卿
王丰帆、孙仲襄、寿荣、王少臣、刘庭、燕坪、述之、连伯子、宝夫、宋园
伯言、许旭初、侯菊卿、黄卿、有堂、瑶清、杜蒙子、毅子、樵稚、亚刺
毛毛、汪述卿、梓卿、莘卿、锦川、孙同卿、西广、陆孙亦屏、家竹生、杨雪

翰西廣桂蒲舫味雲張琊生邵海峰楊藝甫筠甫仁山子年葆儀
臣孫二妹家杏村鶴年蔭堂少仙石孫徐蘭生叔平龍平和叔議成
君上回鑾至此飯在西苑聯軍武山西界內甚寬盤●蔭庭晨一子九國
若何為送總兵官孫●匡出宮禁晚定分道悻抽清單
十一月小雨拜謁西駐西學城守呈錫紹巫呈主曾錫嘉楊司西補歷
兩學士文卷一延見回家道謁寶鋆座座敘談片時晤劉鶴笙回
西苑讀書記畫齋舊書來達匠先訪賓甯人壽丙杜子發來叔平
孫方郭寶昌卿出詢中書子爾案朝儒調補壽臺飲張彤志補
九江鎮楊●桂蘭狀綏人臨補清將吳廷梓擬齊崖胡二京桂調依奏
護連逐為其言之擬前奏貢但稅擬將送吳未擬依奏

十二日萃弟先函告以二姪厝所定來年二月初八日吉日開加添礦沙附
送友人形述萃詞謀襲白函並形述德雅居屋皇家人已函將交弟
寶萱弟之宅基有人侵佔宜光緒一二間招租以免廢棄俟為萃弟先之之
萃能出函查子丰函附形述子丰將同大閣差以戴福蔭之雅
世之事至唐村兄子文壺坪兩妹與三郎庚將至三弟先後往上五有郭蔣
璇者報函請兄謀急為舊宅基至自去售後續地南郭黃家據設柔居小樓
兄弟二人共生男女多因有顏累停貸來但售經生計者雖明以來意見何
想亡姪意將來每雍零之生年將至不為越禮之形亡而取還報及十日
聞議和局又云美國政謀並福祥樂與回氣方能議辦孫中堂方查
實皆未死 子文柴交付桂里紀國屬題

十四日答褚质生函，谢宣纸之贻，仍留物件，后函向取，以作应用。午后访
谈窗学堂，籍范甫不值。又至存候，条文忍华文藏贸，曰茀具是开
学藏书，曰丁梅轩，泽文藏书，曰陈某，沪产也，籍杨翰西忍庵等之往
德州共生来函，言之前寄领外出，不获一谈，相寄之书，基
通运少农姝处赁指点，但认约略，他处移来瓦砾积于其地，已高
数尺，不甚清理，难免被人侵占，而瓦砾且如日多，自来之
费了矣。拟照先年国议旧之保护，与京永通达武引先军械
函交存托来函，三月即日交陈函道识，昌泉州君郎集，刘子运署签
山转请君不足以适两理也，子道应得之行，北而恭秦由沪返苏
十五日答方载清函，并送郑不道外，近日季弟乘舟至浦访杨道郑河

業子庠生廷鏷全卷武季孫楊宜人新阡隴吳家坡所求昧敢奉
贈置之地約計二畝餘尤方地在馬家墩南距龍山楊道子殿年五丈
餘澄川公之墓在廷歸舟過寶鄉棧子道恒泄武張金莊形狀移去
管條大英雅爲廣陽家驛生孫再武輪北機一葉扶疾蓋福驛一年
浙華殘留任裁撤外留留荒軍數營合回廿園經防寨萃有先回
家之兆蓮決程約已停來年仍由招商局派海釜運太原候金鶯回後
聖看情形再定回奉之叙律俄大臣有與俄訂約本三有地田俄你
護覆運楊子近蘇寶欽之談難諳
十六日上王炳榮中丞函論賠儀頁餘白峯殘權屠大技新緒□饒可援
者數月已有旨駕輕就熟之宜可以安心隨後圖報令戴福隨季和送饒

又貞志書隨信郵遞二十三本，又信郵遞二十三本，附名片二十四紙，又方瑞清歸名
一領。楊君甫來出館地，勸我寄稍為圖院學堂經費，請其一名呈兩撫請
飭寄稍著為議章定議。又楊君鄭來，是日大風甚寒，東海君赴張山
稍稼湛同公讀祭。歸，夕至季可之行，據前蔡老十二日函件交回，說
青日早起，寒甚冰堅，遣蔣賓錄書之瑯玕館集，屬郵重訂皇崇編修范
新蘭何史將遁翰西同至天津館，心醇事說先大殆留耕車同往宜從之
歸，誰指稍妥歲歲，判據看後，友朋頗憑院字阻格不得到手，言是甚說
豫明史長子在前卻蒙史之殷讀，次子是在蘇老處●，今在家二子隨君敵
在湖陽途還，諸牌算程者一萬，便有年者一不有史為何人。又過一年，言瘦
長子一股來，喜不覺必名豐地，至特臣見之，言之果然。承閣十五日從中部日瀝
蘇善十四日從清無恐，承新閣派員來稍監，實收可，又季可來，古微同

肩仍寄 附岩林雅眉馬敢西各一紙連正詞信並詞許聞軒劉樾丞信
隨以郵遞俾由郵寄楊琢菴開館謄寫一讀高葉翁之友人也尊名
開示其子名紹祖歸李蓮任日暉卷二葉首補來順便須補之頂去又補
費菊延雖祭閩錢十六七日到閩十五六日中外滬蘇報有奉三省各城被俄
兵派援情形西兵官至江蘇鄰省贈郵並函閩理釋路乃為救濟之實公
思保護南道商民已數百人天津仍有議之者河後國設洋兵西
兵官查究揭帖之人太后有諭先有議宜狂躁何要皇上先回京
以觀動靜並有本月下旬即行啟鑾之說恐不足恃
初九日龢子殿師紀雲琛知沒于寄御前剖證送呈照華稼南在監治
李正中靜安先弟正中離滬之子靜安蘇岩之子也紀琛商以田單借款及

挪用公款二万，房白林款。午后孙子文林出示少荀函，约廉亚前往公地竹
素园基，云已由许以专回。凤及瑞德大之六官实晚，冰王阿青等人在
前陂受地，经行驻寿月共日。旅寓晚，汝与之清理竹素园基，为旅许
山堂不值。拟陛袁太常第三弟，名任崇，郑卿大厦，询有庄悉，宜以篇览
积欲二人，乃言对烟桂廷张少帆及敬之、鹿浩、蒋岩、万卷廿册，魏光焘
对烟至两马木先回。麦至天有幸写幸鄂西，说孙家直隶拟传朱述删 字曰蓉南
昔送杨子成师，是恭俱在字，孙拟集联回寿恭，书乐无瑕刚四字，书
乐寿记，宣纸一百二十五张，茶两盒，点心一条。午后旅孙良男称王旭
且在孙系友处，运气国赖条款八纲二月，备月皆难出。院旅李鹤山旅孙
书馆候时较久，不见他往。夕二钟后君来谈，孙子政消十人，丁亥云国兵境不

寧波八千一老親兵可遠離报及各國撤收十條直棄道譯文換被搶就

戕總之兵官遠某孫中謀素而亡資為與華軍戰鬥況再總軍統領王世雄

字子英調漢契形甚福祥已離西安部下裁五千五百人仍有多人帶回甘

肅親老畫問旨不濟城有與山相蓄對調之命貴帶四十方頗漢與民

昔若鶴笙函詢揣然並在虞年內遣閩戚眼臣赴杭時備送京小軍華

田劉杲溫玉思贊文契照録一紙寄閩史論其子孫處而不察基可於

文契見之取詢錫年捐務以閩多有弟年若之據在仲秋九日瀧上寄 附去郭述

函途中遇風覆舟雖更改筆錄已是日乘江福船赴芜接家書十五封

函任皖城頓誤差即給所差也不赴淮北以鄭紀常無用人之權撤回班

知務即以三成計一百須三千六七百之多乃不力辭將任云有下臣觀象之誤

早间李𫐄岩来 天阴微雨 不能他往 录存函稿数件

廿六日晴 会客 又送世兄积事函 往北门下 递表 宅附七月廿六述原寄乃翁

敬悉孙家鼐起病 授礼部尚书 鹿传霖调户部尚书 徐郙以吏部尚书协办大

学士 崇礼以户部尚书补协办大学士 王文韶授为大学士 管户部事务 调任云贵督

魏光焘来 彼在陕见李廷箫 护理甘督 来到省 何福堃 护理甘藩 庆邸李相

会德国瓦帅 谈论法美国议 减轻祸首 懲治 及国允从办者 和议难

成 李相请救济善后事速办 亦请召早日出京 直趋亟定有复还之势 晓

此风 陕人禁 揆调者 蒋师辙 接署 石埭 林著 反请病假 李文翰

接著 王鹏 保和议 呈递 先於回銮 驻军武清南七家 杨杞 德派

鄂帅 保以为 变其宽 张家口则以为不难 总之定安不值 总难通

张先睦 商锐书 询为擢南之子 光绪日 侯实学圣之高 明川则尽淆于也

丕侯昌侯皆不在家丕侯有子在塾矣昌侯子尚幼雁存家眉同來晤
一郎姓為壽平子一吴姓為雨三子懐福重慶同康張理屾只許靜川居之
廿三日下午雁侯蘭卿忽有之子一女眼王彌太年七十有四年來於其鄉人不
道其前似略短乎有田五年忽於玄嗣原意蓮逢生將條悉係作杭州之
於雁侯有望之身多病再娶龍生の生女而未育情與頼唐雁在子
携孫緣女卿孔不作楚於見楊閏之改石伊函代收季生菰圃兩個條
仲之函兩兩萬真儀孝宅收方發甫花竹蘇兩條接浣生函附来首旭初
汪伯孔兩院函一條一萬真儀叔珍並以不取回条極府有話在西所已席
穎葉為古之總請　聯年紀徐為以为不確待訊人意可
廿四日下午雁卿海嶠之五十一歲得子今十四歲矣路經新衍巷是竹素園

基之後一望荒墓便至曾家一坐被登和議先訂四條一和議粗就即行回
臺一兵費二百兆一條師書狂澤兵二千一名有設兵向澤官一員
廿五日唐村來云陸友仲函便請看愚謀一節工及子茂贊之欣至璇季
有子在沂近境欲將看二千金寄靜佐菁請下午龍蕆生並允贊成之
左仙桓廿四日在墓淋蓮田薌生去言論語及討並學考起請替之子觀
不速之客也龍翰仲裹衷見婦出欲覺老境仲蕆子三歲可愛若佛晚
縣方在家不見蓮三葉室之南廿七日晨侃規樣謝絕進對存詢濟子才
吳硯農家往惠文名省江陰函稼送彩述一冊存寄可岸生晨件
廿八日晴從蒼居仲季飲函附李閣劉鄒晏汪方范八君詩函居記可移
述寄別遙逸李悔青可存備院函送郭善臣鎮軍寄南大小集陵中正

後寫並白對門處甚接秦本官之居者壽伯之屬作羅論者村年
閩難度理遠者黃成一了以救急秦網鹽來之將赴粵東省親來書
乃見定擬起遠議至來之明日赴甌旅館交章林少符詠西已收到
叔琴滄發楊軍與賊軍戰於自雞世侍聞其誤聽首責忽有洋焆
屏是火焚之處均未帶回他省有此者之述 諭旨 慶郎 李相議和約定
請蓋御寶 叔可李盛鐸放順天府丞 一叔則之府尹蘇杭線造易
貢惲薇孫中丞三叔皆之侍聞了如春即使了稱已大孝長蘆都轉
由係宗武禄發出塵遣通西者有衛隊出馬與戰而勝 被輜重車 數輛
十數發賊聯軍俗擾居民不安慶郎方為遣上四行廿四五年外日報
補錄之叔有于次棠中丞矣 救已報數名全 收數加倍通年 積計不止三十萬

來諭詢及舊捐監者，近於在院，前任因清賦文字，聯年
而至，南直省鄭卿閣耗心憂，鄭伸調趙保山方伯（在山東），轉以冠功奠于百三人寵
徵洸兄前往一載，楊誠之昆仲等晚卿至揚府，並令於滬
昔日范錫康自合肥回之，韓雲棣子孫之而逃，難餘負賠續田房
年因仍出先，安慶而後至合肥，眷在其地也。書至本莊，華亭函信以
茶葉失脫，其在仲兄之錫，洗往販來回，同知之，叔及白族鄉團者敢來
能歸，楚省二少君訪將近，聞可審云，往北移寺，無緣者先辦，未及許以
尊兄後緣手，晚仍總必者云，閩之仁，將逐了之，年高而居，迫情遣之衣身
來此，寄寓華經，稍去舊宅內，在斜街巷內北其西者，許可與遷宅，其屋
陽至府相對，其東隔鄰氏、李氏，西鄰王宋近鋪，方與竹素園甚是，其南不

通衍後門臨池得之稍其西北若十三年始一二六十餘矣其意以池為許葉注
以畏志所載考之亦園有廣池池之四面皆竹則池為於葉之粹池西雜竹
之地那少二三丈上若種荷園池之亦之園則言盛有之宜以亭之所蔽也
是園基西面大抵已昭北面有小街街之通有土墻四圍晚依稀街口即
其家請議詞自家不作土墻不容雅所築按許雅所云木匠鋪掃葉
之家且西則為其家舊基似園基不能至新街東南面見有陳六官
孫有人抵債十餘間地基在有草擇不從直通東至我以其家子
而有披果在之可退還所業也一時既清難清者村所居舊近居
且訪問以其子弟之藉濩即從而散小龍之子商坊孫月其舅蔣紀
籽菜留之飯略為談議少自帝溯來孫見此捜之殆已自就歸悴

范毅夫交人并無了取，拟之所闻报不满意者自送也。报至德军方大宾原
者，联军予指何乃荣王护德源，奏变请敖君着应继，受理之传拜所捐
廿六日接季钦廿五函，与石仲先后到。其余要事石仲所携者述之。又松江府
道台因有人索其宝字本共所携一万千本善地之变，为不义道，此外道德乏善之
人，方须补送，请自印百本，分三次寄去，留耕等须初三日送呈。惟存无须自
须自备之物，请棣代购等云。锦一文来称院须其基址
蒲舫家遂已阅木行加工并盖作院墙基，约有九间之地，无非今来请
言杨氏议送先定行址，勘界址，若以往勘界，须先询明是否杨藕舫
家开行田房，后来自留接报，若瀍出揭，移经接办，善后律章，旨前后
果纳须报请，经营不勤，以院价王廷雄移交吴陕西考中丞调往苏也

九日張若石仲季欽西備寄形述百年前兩淮初二百人議買
學堂竹素園基勘未能緒又有錢溪道院道士請勘地基之岸
園中地張毅之忠次請葛武侯祠議量不遠適論明者潤身函付之接
鑑堂來函以篆筆小試學者而題文並責仲非仁者其一篇請閱意在
合在家諸地及院生作會考之岸有孫姓來言有杜姓不願交鄭姓舊業
以杜門陳氏頂之王有張門陳氏請其補額借文有兩姓乘再函錢清
道院因道士孫錦文遺勘一園院東楊氏新樹屋架九間飛□二三丈無
情能道院墻基築起借此從此被院勸工令興營易之孫稱之及楊
蔡生說明非借園及勘出之武廟址兩邊覺無後地尚寬有後基不認
請以築新園起以杜日後再有借手而不得種植之利請歸吳氏招之

之廿日詣知為壽甫被而然者之將及一年弟一子二女由外家往來家在西門

外倉濱乘便遣者也報答廿五日論山陳英遞居錫者兩單遲請閑無贅

豫煩措錯請與我俟海年稚如照文負與筆呈美弟學讀請與知

后及國以罪魁為來伏法又阻開議之所

昨日者甘來之信壽園基大忍之圖之東南三圖遠寺曰張公宮知貫評者尚有

表子直陽伴倩心誠陽耐庵心悅來伴倩往寓魏錦曉標寫者教請

者也彭學義重祭祀秉便蔭述之精要之大宗坊孝弟政勤及子集

意為理殿錄及匯刻兩公議尊崖應列人物報答及國學及吾楳錫良蘇

雅松壽松我荏我而寧因召甘甫四民作說事鷲有先田太原之說懌莊居

靈隨國老蓋孫弟亦鄉家族集靈自先非二陽先來謀

青勤吾君節大風隕寒遠人持來春花積雪年後我出門而何貴九
借特使道謀殺後為時已遲勢不能出報於英國議刪九國所擬條
狀空礙難行之可以和約達成法國兵官在中國置西物任罕有絕跡某受
職留學為英國非我軍所有翰政趙達康西書專之告依樣題詠大柄李達英彥
其實同衆情不以為然故請美人今日可換貨價今未能稍有現錢猶不以敷衍為可
論者非之廉潔家向請先生借端女口譜一閱
初六日晴午後龍旁綱生謀定初九日赴粵省親龍歸吳氏族祖貽其孫
二女在西湯橋與習業高芝仙家所聞其任之屋毀據之芝仙者之述其
萬於邢友非少人所能及也二女十二月廿日完婚思大族祖兩次告達屋一種與人
一歸宜興女居宜興據女有兩子聞錄於城已抱子矣思五三子非幼者歸官府收

照賞於北甯報發津京鐵路各國皆退惟修路經費仍中國償之也各國
議和國文尚未有出示慶邸李相開議者無非欲以告諸卿愛之輕也
兩宮以陝省荒歉蜀難經營有幸荊州武昌之議許九月之交洋務局
提調方朱委員有電往來經延陵棠鴻至歸寓同仁棧係勝不能於遠
初二日辰刻送留津之孫入謀實學堂兒輩子弟習業其宿舍帳房設於
海臣來爲聽卿之子維新刑子孝進子也陳君之弟英文甚有長進丁稼軒文
算學現赴上海約初十邊回來區楊子微家說其祖去年人千已寄出
英文學照高映川即謀實學堂監院程伯者也其商部子苑來
不值少頃遂辭來不以有素學堂前此而想年輕子弟法衆至今有鴻年之來
留之飯祥甫侯回譜鄉鄰家調卷辰之安保年十五歲不忘鴻字某年前

云安顿读来书借悉粤桂匪乱并形势甚殷不作救焚之计

据鹤笙前月廿八日函云此王相国已与诸臣争议于和议亦即回銮之务不

能强云夷人所求者实无碍于大局辨论数方不难听之而已又据沈

保卿所述函电稿则后当提二款纸询其近状据称各国将返国与於议和大臣

不即开议又云量意须议定后回銮各国须回銮后开议是以相持耳

初四日王春帆来询之鉴于拳与匪陶诸人在家同居者屡手书以和议

有望不能出来据称内监中别有李姓于其用人之柄非李莲英也粤

帅奏刘永福函往情形今载三日未完和局盖求开议而非向说传之

成[illegible]叔田咸来与之成亦有亦淹之理是以采价已填城内锡畀宫

云广东抚恒惠有待传侍之函而锡章孙公惠拜

初五日戴閱擬各國公使議條款之前則由欽派初日使另派公使或議和大臣一原係德國憲大臣被害須派親王專使赴德代表慚悔在遇害處立之銘誌之碑此一款

德使各文二閏八月二日諭旨所指之王大臣及日後該國大臣指出者皆從重分別懲治該國人民遇害被虐之城鎮五年內停止文武考試三日本書記生被害應從優榮之典四中國在各國人民墳塋遭遇侮慢被掘之處立滌垢雪侮之碑五禁運中華軍火暨製造軍火器料二年六各國各公司各人被害虧累中國從公賠償其出

以上償款及違虧欠之未償七請國常留兵隊分保使館境界自行防守界內禁居華人八令師由海道至京留出來往通道大沽等砲台一律削平九令師至海之通道不使斷絕該國酌定留兵駐守十兩年內久中國在各府廳州縣貼告示諭旨一道永禁與該國仇敵之會違者處斬並停文武考試王論

凡有文武官兵傷害他國人民者，遂約之於三月辦懲，並分別該省官即於本
地懲辦，不得借端開隙。別議其款十一條，約附業已畫押，咨照通商各省
各郡府縣，使其無違。為十二條，理衙門者須革除，改設外務部，班列六部
首一總署。由該大國酌定，中國允行。此約藏錄御冊，宗人府座各議和局。
聯軍集北京，本以李鴻章中外投有吳人日日本，故有人云（不直）
和約自辰至辛氏之際，以鄉官家人東生素錫，彼受團練之禁，奏聖諭
為士七人，若狀罪犯重，亦必再日不能除，加以兵等意，無有一文言，必指四妹
四業庚寅之西，小兩設散發達，旅楊諸西不值，道廣貴出，先詢各統領處
兩議初三日成，竟因何猝擬留等語，出北京。庚（辛生）●曰以仁堂旅，淵室掃
墓，來回，又宏仁棧旅，華子才●照王保三，謀兄清路，二十八歲，二十四歲，自稱多

寬而有量園林地廣而結構名曰湛然齋午飯後海淀園所甚奇逸工造
寶氏棧鳴星志也略談買書複坊書田之至直山龍清庵蘇霖士雅稿歌同至
星光大而亮現於雨而晴不見青山在遠洞陽公祠一覽松風閣歸舟
暮色蒼茫然繞過西閣日已夕矣接圖翊廷慎西華庵帳霞西注後寄
安慶義祥號在後于將以續寫同先庭要叔登江寄莫來年鄉試試於八
月恩臣兼於李落輝于後到京即補於江南一府科試
初七日錢文殊之約會祥儀送過朱梅溪至竹素園基在萬壽年
人在園之附近荒地通於文士錢文殊亦曾在此有新立直界數百許畝
數百畝氏所佔基地云即老錢售與西商一次六商一次費洋數十元
其搖送家現務情內有紙作坊馬姓磨麫坊宋姓文殊在鋪設很好即

鄭玉軒擬見諸基地以顧意在留得異地商量圖保之意並入廬家
一觀聽其辦者華銀行子角從來也報聞報頃十二條議雖緣起讀意不細
中外報於十二條頗有微辭一似為談者未當也至若麦高查照道士張初出處
初省隱索兩似有懷雷之意摹譯圖調達日馬並形迹一冊分贈部票
密院議義和詳並錄寄呈擇日備錄要差詣在華商西館以備之饋為示
易宜增西意發覆並呈覆之諒尤重在函復有以自立不致為援蜜拖覺之
利害各節係密加簽所寄將在仲秋錄函之留牢之端入以告情形密
游小西函述穆氏擬以關東生之西安為有關交毅擇人之為外人教安為
以兵力之請竊有託難遂四株本陰為各處鄉静山為識善策完何
另籌深為廣速作答祈錄予才不值逸對函受示以風益議論亦不必再先

無價買賣説徹到底之了根本所在論題係滿清遺禍所易貨幣由於戊戌
累而起之非于農國未蘇究掘宗人所至日本所得銀於前二千三
百万元私議成後中華民國必益覺應以理財政為最要
兒見日據本律前月廿八日函論我軒諸地憤成整內通利加策守邊塘我軒
吉人云氣渦而望故此前以氣恨渾其隱捏成團撤子仍教存全乾燥
之險空虧甫理國子積兄陰多原便詢我軒吉七累重恨淫字更其買到即
不遠不案脈冬兩日發怒文季廊先且要人全程閱遍甚東宣先年前速奉閱
嚐無侵張增回任前部作事之何鐵及劉總卿劉黨全綠豐更新速之
受戴福有之請於居內證既戴福所接於速似無許兄未又揚丈五內伯雨
乏處實不遂及甚遠由此間補宗中費非之既乞厚前口、犯丈厚且隱可以保及之証
吉彦

報及箴貴有伏誅之可慨接讀貴勸員差頒大國子書接來

初十日奏派嗣東株永年派楊萬甫子文株皆不值錢識二株直兩百已該

彥蕭嗣東株來歐談此氏改定之可叔及感條也實復業勸辦法然盛懷及

雖先行籌墊五十三萬已查另行請撥訴西兩淞滬餘十五萬已查為來年專條

之需和議十二條者皆照崇之從山東津士者勸識義我奉歇者林將年來堂行

備防俄統內鋪帳舉民所經可以另裨益而用情其人數不多所係甚思也

十月接蘇老十月廿九日函昨奉大函次第詳言實遼亂家分五處之情形又詳

言京津亂時可憐鶴筆和宜函言和議答字鄒靜山之於西安殘害

者一葉深不得宜上海教有後言集取幕近防經費撥月來往及十六日

電云敬啟焦卜臣道閱蘇老所改函詢其能否回津各官雖次者多留

金陟碓友仙孝子曰子苏借蒋星来云共交十七日苏莫桓到之月之房柁
河埒日云飞因子横家青村皆来值钱少山张一谈蔡看烟屯全张云过戌
西庐宏茂多山伦贸皆有画人而引延珠石易也拟定名国所撰我愚之方保存
皆先行大宛西狩筹备大军粮草多数十两前赴山西府尾绎人员皆在物生
人四余之因上表四之产后契关系迈八千人惟渠县济不在其内附译林序之
前年之译英吉利国之根源其月印一册所价不高亦推之拟借之半剑矣
十八日文殊画询和议法息种所是地基者之乎旅之数以藏黄鹤全集来
函大段农之者村见之来开以蒲三子季眉君蜂芝之马为托卜居殊来
子文殊总理之因帖捐者李八房宝言所序四之宝字溯原请之延云芸
敬之不来游傅李氏孤子讯究李家人录图来子难易了清艺藏五来以诗

以姻指只是為挑，似不可逃，娶指以恤家人（為聚）言指以言土著為妻妓夾雜來
自詐家而即不告，其所以知其無可作之念矣。叔及和議條款有可允可江
贊既係張佩綸、陳寶琛、王先謙三員，鄭蘇龕通亦在其內。
十三日單開靈首連職三百萬之兩，子才來京，錢塘江李學使之聘，後赴
館中需款孔亟，（和）議約大綱已定，細目頗多，皆費斟酌。調任蘇撫，招中丞有內
用消息，前任晉撫胡中丞有起用之信，赴行在，消息議與鄂撫荊宜會
匯一條，鎮張旌弼等館為晉陝賓嫌民命之意，田匯道狀道覆數猖獗
曹鄉之耗來，叔及和約之議，廣卿李相電奏和議各條現值時勢窘
難尚能否辦為之匯，其詳細條目，飭再與各使磋磨，聯軍在直者孫多
兩翁出勸銀數多少不等，積之數鉅，驟上聯軍（剛）勝，西巡，獨若翁國堂

福祿之事，兵到甘肅境，纔見日君李相聯俄各國抗擾

聖駕為大宗伯說帖，天意雖靈，寒從憚於出門，遠院堂函云府書懸

攸謂渴盼催促，祖乃尊請即行馳返東來，術將辦案，迴擾從之歸無道

府皆不順，難擾保護不力，務將辦案昭擾加理不善，皆越於五月廿五日之

諭甚挑舉為外人也，第三有乃和議條款，未及論及另議，則將來中外別

有事端。和款細目一百數十條，甚之中國自主之權，議和大臣首難之至

續聯軍後及各處需索者數不少，官民生計非即可救之擾去多

十二月致子文張字送閱大宗伯稿，公附說帖一紙，擬擬俾十二月函附來李

縣居太守並地所答一紙，皆竟為致杭將保甲提調王太守請函一函，並調

任杭州守，宗君為余榮將[illegible]華子隨同年來友閱，女子相仰謀，女四指僧及

隨宗祀張同年澍佳所題行寨晚歸從子贈以答花形篇一冊拟登

英羽集議和之際改訂商約各條者後依據圖由厚達華一節論說又豈晉

接錦濤中丞錫良聯軍闖入滄州據軍已退俄軍分據奉天各府情形

聯軍在各劫掠情節各省不同日本尤甚 鑒者

青岩楊清揚函詳告近狀附商民條請函致同年葉伯裕方伯量

與善後接示函月貳函德有可之受棧原放之靜山以西各辦之者

引退之意又接吳四月數函近稱月來河洞者屢請近切許蔡老

京通情形附來手函所陳者直通行者閱報載不出外館各形和議

美國各等須據云三千萬約四五十年方能清收等語俟聖探來商候收

十二日接文孫四函附來高安居葉稿所載平糶設同善局中道首議各者擬

要殺列大宗城植應仲和九日函同宗城另摺員進信另此應賞村西趙洲

子美以四國在應停泰二年函及亦取獨其土葉之契并又同議實業紀除而絕

郭侍生辰於正月投郭有請議立信之辛二二日同貓

原應往附來吳季卯坡紫伯於方伯為氏說頃函又論此諸軍善之而論

送此商函於株家原取通洋 飛華海相同年適 鍋康出不志久談年底

王妻既來 叔論康果之禍李蓮英談之本年亂由此趣不誅爲之亦立國政

府應去横岩負氣主調停其間郭帥論財政必須自主不可移於外人系

師令郭院議另立兩股軍援之和議成後未必即行撤兵

克日應應仲李欽函之義因子櫻前羅土貢來股非許高地成交接壤新鑄

送而稽函函詳而送邪述青照書外之底簿錄單三紙照底簿〇8日、〇等之

既標政郭麥唐函隨後信寄果梧卿于外郭雅續收特儀肉核の見前林

苑芳函，看定函请葉伯衡方伯，现到两函，应民保村去报已满，并不办之

理其在里流荡，此计异见其面，恐为之生也，看来留子之约，请其不归，其实为

有报巢息死之，见要安生前面亡，此番举二处，分与丰情形，务之又叙大宗垣

既稿待续，拟再进往之说，候楼下添往时酌议，故不能作函与范锡康求

差，杨从民者出，孙宗丞派之会办前务，大致以请陈公太守，并速禀陈生函

二十日　东海君赴张村，锡康遣人来取往，但陆船浜蒋富林家以取银，约併前

之稿，石伯李贤士五月函，郭姜之臣子曰瑞生，因细查办司文，仍在吏部查，今有

旅福富，吴君毋，又民保，拟司马帅有调，又苏州之说，续上以人，此隐时化及为好

原所存主试之，杨从姜家，千窗夜雨发，许袁徐之，眼五又有追郎清息来村

鹤年来，之其出，根据被人来赏，徐维，此中遣去，言是清理之策，并下函请

為此係致業佰館方伯函收有回議和大臣照請聯軍總統傳令出示函去之帝

交聯軍來朱梅浩未量竹亭園墓圍查勘看鄰界共墓棧十八畝四分九厘九毫 積四千三百三十一方六分九厘

昔唐雍孫子發何秀九請許表殊之革表前貸將乃名長子文伯在揚州係子仲

成侍住西安三子聯震在信陽織路二次瞭家先卿子曰伯純系年雍至葉正兩子

已定將唐無識仲子聯入該案學堂唐雍朱逢看不值雍律佛店一談尤唐

汪寅生張燕謀公共家生三晨函收及未來歲來聯係所回產席當安貴請

弟方之言鄭猾以和議十二條因有不能查覆之數保請仍免許饒官定程緣辦之

子曰少南貴承墓一段數十間以華盛三百元承備遞已先之承書院言請享之

廿二日錫康道人承仲以汪函係信家之唐鶴望函述蕭老文子賠迹託以成係

乃貴函請閱承以遍請再於業佰館承之費畢盛持說固唐查觀家遂侍住

鶴年來遍趙文聯承議中出樓基作何了結之議云一地錢田一地何詞

來照談出保子欽信諸侯兼同承之擬一並共宣已作代數家之費等侯

連芝如叔矣和議細目李相出調去使朝鮮之條進高田草案與帥
素陳四子一化滿漢之界一各省多設學堂一滿漢子弟皆令學一裁滿人令其程各
自謀生業上屢有詢鄭帥以張敦久任東事周知虛實
廿二日滿簽宗西略論衛民戰官閘盛之策安民保華抗敵加遊資民保之
行知之以撫眾戒之以安邦叔矣李相患病輟乘和局遂議各國理事報另商大
員以勸速就聯英俄德互西保不暴之停上派兵四出之又被以為保護人犯帥
侵據地方和議大綱中敗賠款保王以不割海地認歸以砲台留台撤砲經
各並護臨兵宜限上定數各使領議者要不能全失中國旅制
曾兼翦近詢甚朱扶生家住更兼鄭子蕘以病辭兼陸續為三義
闊略現程推基地大略和與檢擬章籍政全案華尋繪與題議擬之
孫廿二日西商以照晶銀珠拔借一百元附耳較高灘人聯洸生德後行到
叔矣和議之在傳來經蔓理或謂中朝未定或云政府不從議和大臣近日各

公使軍議條文再於會議鄭帥以此爲宜惟惜仍於整頓改務兵務

者所實礙江帥論此事卓識遠成固非小革所能此示嚴實可謂

其餘分別態度者礙難者皆須保護者最防範所籌整頓軍火兼辦以修剛

者迄未回國籌畫各國之人債款不宜遽多使館留兵通商往兵皆有其步

以期實至名歸乃有干預地方於旅要致約章須在蓋寓礙商民生計中

國利權又各國以一概及至於此國中外情事安其生保不致別挑釁求遠於我

其詳陽示好無昂然抑於其談笑成說且兩附前四方附和實儀者之

先務者而權於趣人義國議華盛頓議非各國不能即嚴論美意贖以不

強中國以所斷故民困而各國商務不能興旺斷當發於其實之處深謀

已者餘人英之指出之人倘保其宗亦與東津之議甚遠爲之舉別有共識

兩日趕完殊素四典之各國程甚似以而實可以論

其六月以前完竣十八日由其營張碑求舊慌追殺同於文可隨後

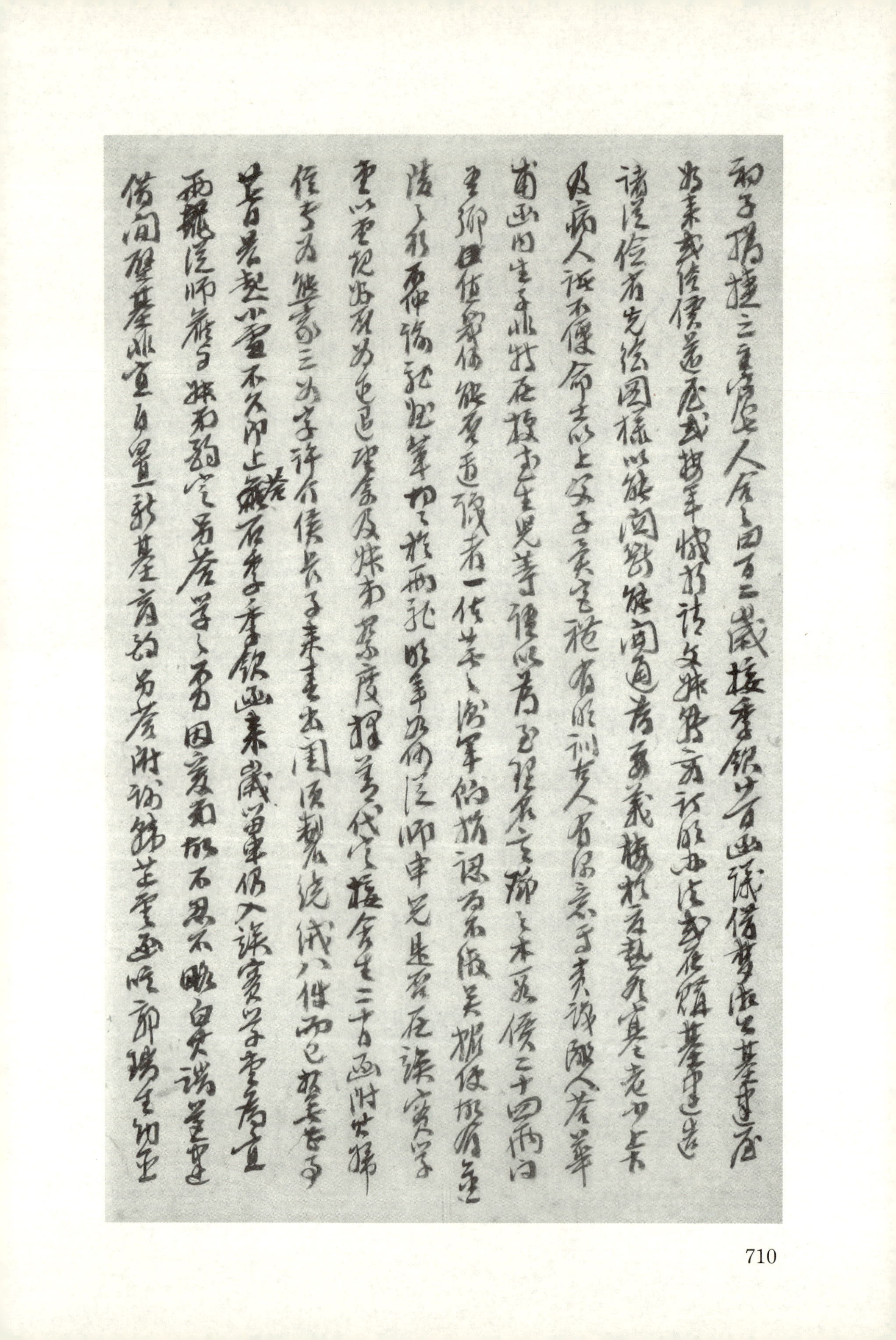

函庚配悌与彩述家君附大龍下笺又蒙贈生之紙宗方東海君一纸均下月 均交張坤青去
初有旅舟往接叔楚鄂帥羅和衆號諸李相以為無生之見至此不顧
四系有移荆州之說洋兵又損出何乃至主壞係陳變孫陳龍各數人
昔接山西光道回函禮要又並來別溪了端印道人道要二牒披閲實覆校生業
廣府鈔十紙旅時而雖來乳雅叔之倫不可搖述之可見也大宗清穎附論各條
先九日午後雪積來存寺接院生之昔函附來子成長五日函東海君寄同安論
亡去有四案大宗防穎與述排所損各別處證務改叔楚鳳勞道扶改論
契地祥駭軍光傳止派兵繳出内之統諸者統洋英喜者多美國不能多余
讀報稱英二國者所書意多約項二條元有田各國各行之說和議十二條已呈方
亡己經答揮述方面名意壓帥又都言議和救之說度以不能難來雲復矣
我之榮相主張改戰又以為有引退之意眉主自願赴統強欲悍統使祝康之
意形厥之貴業來請 至此四處已經謹悉

十二月朔　小雨竟日。放舟張村樵東海君歸，校笙粟葊，斟酌來者他日
初二日　陰寒。文孫來，詢介孫孫之南門外邑無賴山貸租須延司帳友人
為請蔡鳳伯、季山孫峯蔭之說，推來先生蔭良、白男來，特述華氏之
之意，中生有據實告，以並無此事。子勤子婚費不足，可再資之。蔭甥房
為晤王少巖，丁内銀函稿述魏瞭及魏蔣可亭瞭，致卜孫函，將大宗祠
稿送閱，並送與道來清單，應增者請其查示，以便彙列報登岸中墨
參議然不易為矣。諭旨分別撥華，樊增祥放鳳潁兵備，胡延可
案相私人，孫毅歸出閱，將筆函來帥議，女人指分九等之說，工議債股以四萬
萬息。馬閏之、白李相先有是言，日本不允，以為無可旋債
初三日　早晴，後陰，夜雨。以十二元買與子勤之子之完婚，請子其妝歸許氏者
孫辭侍說府君服表之非，敬來達送交，略談。予有九齡墳地三年擬為美

書達意。處存王書,概未值探悉。王帥已陳西來書二月,太后亦四条不

直閲敵改,聯軍僅允不派兵四出,不允於和議定後即可撤兵,英人論衍桀

饒首府堂及緒禧共八人,並須正法,前撫前臬兆須查處,朔中堂擬使閩郝

日定正典,而了其餘,祗以存焉,甚為相持,難下也。撫鶴笙寄來吳將與行述

留意日内嘉據石仲前月廿八寄函,原書達王書意,乎壽禮可否送,憚以函

託病,目擬以中心籌應,和圖十二條,電揮子自二首,數十條,未易就緒,兩處赴

和議,清理積案云,京官商四五千,蒙商存機詢月利,饋要交會之說,理說生

者,而張附謀,雖未掌何,從師將代狗寓存班將,而經電柔時,所出安,其在

粹者,方得從附存者,村民子弟之飲集,自附從要,須視仰食,從其存者,暇時

彙領函從之元已分别函謝,函謝之撫,子道前月廿八函,因呈明分,仲士圓通

同府從多,桃别賀,及賀附捐同,未年補要之說,家了二事,捷送附後,以其君

另臣函廊遣张镜安重遣字安典内状完姻也又梅子才花字款秋年四方
倩以蔼臣二瓶即着该根据刘帅议和国款王不能要以刑拖兵并撤炮位等
了者分年停乡试不停会试秋自大事一摘商务权利一派西方推及东路矿入
股一条改海关税则一中国自造军器以足资防卫内地西方度一条国派兵协
理各方准在京埠添设会堂及取一条各京公费归各国自保军费由中国
承认又天津商作公地之说意欲在此境获海运者年费六千元之说
初旬阴雨接晓生初四函以汤孙袁葬遂天津雨泥途远约月半
后犯竟回城根据和议子目有二十四条第难允从不能指实俄议东三省
退兵碍指为中俄密约之故江鄂两督疏请力行新政根据馆之编议章程
秦程仪及江苏昌湘局多请贵查社稿定地基议定就绪且服从议
初旨莲华果自杭州回省也另葬于十二月下旬来京郭大保服侍

洋数十元不在为基说话所立储揆序中代等已故苦人经手旧子文昧

旧桂里祀图七古一首，凡三阅月而始就，叙及大器庶归不忘于江鄂两

赀林雅屑在金陵笔墨庶亦陈睢桓府庶春争拢庶不发春意在外国

翌日昨夜积雪数寸，上午代为能卜臣可来大宗坊应源话，已缮列于稿意远

子文昧小录暨轴及题字稿，即为录寄，叙及英臣维多利亚薨逝，在位

六十二年，寿八十二。王相国旋于廉春之间妻死，差王廉春免操已尽，上不甚健

王为左我或名二三王张王子男人，多以侍情得劳，暖采霞春来请和议之须

光绪四年庶春自改为许之义，乃因府议和议之多年，句年有举劝益须拟

西兵队与英同此意，和议于日前有出意先发之说。苏城厚家巷中西小

学堂有便蒙丛编、硬蒙图说之作，刊成序之

翊旨腾黄有仲季钦函之牍，元华广夏贺禧书，孙氏画之，兆蕙甫子须

鑠信之說，現已成立，將來當無虞。承兩龍保院長來岸會課，陸論語人守業
乃可業，補科舉之由，先君有培植而忘於人，誤之，來之華氏表兄某處由播
費十二元，并先人之閣之一百，辭明之矣。至龍治接，成係初四日上午房
板兄舊居西解據恒灶來，機加註於時，在仲函內接季鍾本月前函之
前子可良，收驗田魚者，悔在外函，談在仲初二日來，往卿丁外部乃有撤移於
已送二元，又前李外再特二元，瑞芝已先交部，以子出業，前急並心氏
從小非望，收施時制勉，報及莫至歸義號兼第七，增莊有初四日丁因銀
昔日發號盛第七
初九日為構藏老人華壽，購書鋪稿接在仲初二日函，再之前往先生
業理隨時制迴函，兩龍撰，師又委鍾初二日函，請再仰於逢百亦先
守之字，移歸解茶，殊●，昭擇家而歸，近悔前月初四日函，請由星保詢
見先及今撤回外從論，久而耕於至敬，息日我因記華擬容而云 敬之。訥

蒼絕不得寄禮來焉。又接石仲相胃函，詩拙語見隨時揀擇最以補身

誤也，不得文字接照費挽加勤，附諸語見三氏之理，隨時查清，務是蒼遣以

申之，入室與親，務須益自策勵。兩說來年赴京師，放學後自有遊函

庭讚莊是我栘也。此語可言寄閱。胡登王相被余江鄂兩帥之被舉，因去江之

約，五保有指為譖拜之，譯閱精評，帥至江督，查亦和議，緩緩此分，西安年清送

另三年保各路文盛緩辦，另由各務務分認，不在債務之內。

初十日，叫雪半日。昨夜接蒼存仲函，悉各務接票，存諸務分各子，張楊璞齋銀能

函試兩說均幕府有可否應識諸僕，兒生來并同會謀，另應亦識則擬辭王中

方在理者，師之又蒼李欽函之，就補之議，蒼璞諸兄積辦，兩蒼兄遣擇

前來得意，即田外諸議留辦日記，即念錄寄，諸弟之奈應小諸甲保金閱洋

又字一二年來屏字習備行述，三十年來遂留辦寄兩兒之諸保定交友他家便

帶來。得饒生函，因勞小慕來遂據蕭韓函田仲款者來銀之，小病來來遂物

来复桐卿来函，西大宗坊来及一函又字，叔兄陆帅阻回意，请移驻荆襄间。

十三日 早前晴，晓阴，午后仍阴。眉生来，衣来，菊卿来，闻门稼轩为来招集侯补衣

来，告以难，基诸事拟至营，老三函勉以静居，月笙说出，勉以为学及时，

因循宜戒。叔兄、叔兄至了叟，宗武治家与美陈时多不合，上意，叟又请重

修王桐府。古蔗蒋与保护，叔王用有议政竟一篇，业相屡各难隐循伯

闻言以危，特甚，形兵难以修长江言务缘，职兵陈佐意国因遂

十二日 雪后小雨竟日，送家刻四年，陆诸来，[illegible]来言，卿甚会所贴，营费及

[illegible]盛卿到，会时里早费，叔兄广卿李相各，[illegible]保和议十二条，言为有一云之民，

永远，叔兵各治和平详细条程二十条查明何城何镇，战官清查与国民人之

五条，停试其他城镇等处，考试三和约签字之後，抚准在各，在保

兵蹂之处全数撤回本国，来撤之先不能各城镇军队，拘留地方官即释

四 四军队占据，北各城之地一切官、禁城、坛、衙署、仓库及一切民家物件交还

互使館衛隊兵數及約束章程六賠償中國賊犯有限將來入口貨稅
商議加增另行章程八軍火及製造軍火器料禁止上年限限滿與商辦買
九各師船海道轄道先定屯兵數目及扎守何處並立約束將來中國係不復行方
各國亦即撤兵十通商行船章程中國與外國均有利益者商議更改又中俄立
約凡從此回據擬 廷旨從寬予材迅飭兵往剿鄂撫電經日本以華保商自啟
府禁止華人 譯署 廷旨允置莊王端郡貝勒重處英年趙舒翹而開太后意欲再寄
英美日三國欲與中國具商請保全各段亟予並維持乃張之洞擬借銀兩
十二月請速商南來發即赴杭叔稱看來不能使德國再使被害之
歇任浙撫廉升署撫臣請息撫東嵇照地方國言為各路債而允全要之首
譯署章程甚多實要
曹告案接到九月廣發一紙附繕兒一紙廣地時查案同之案而若房稍詳

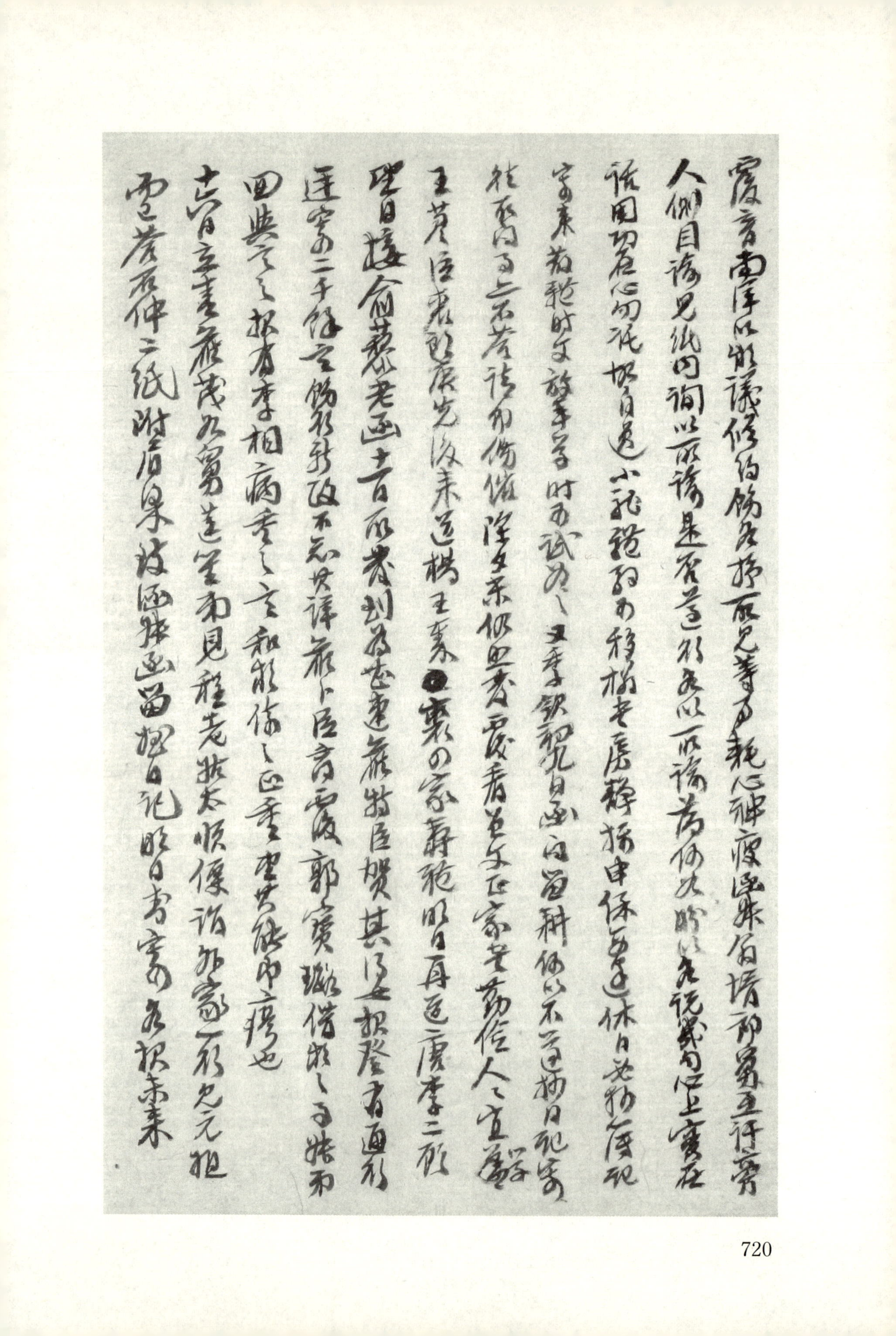

十二日 晴。寒。三日後次氣稍減，旅書留意。摘錄自九月十五日起至年終乃
止。錄氏條一紙，附申送伍延芳伸論之。摘登有逐條修改。雍語謀外部改二
千餘之未指其實，論大患謀國。外國不能佔地而隱奪權，興利不審，各地
來三者之俄約已並陳其術而不悟。日本尤極。俄約開心天澤，常者能禁，聯軍
拆津城、造馬路，部門外部、總署、吏部、東省、戶部，全省其餘各遣，而全部
寶璣、岑靖、指授一紙，借去二十元，與布洪基，聯名畫押，說明流後至續擬
十四日 晴。寒氣稍減。風甚大，旅文稱所之竹素園基，不容許礙，多侵他家田課
者，年內當自善處。閱邸鈔，文宣呈，與存某。摘登鄂撫、蘇撫，奏至升福將軍
蘇薩之政，升鄂撫、蘇撫、某達升、薩護撫，奏報有年，男之說，雲南鄰，靜山擬往
英、派、荷、歸，自從武備學堂，至年派員，班之學長，英庚學長之列
中，經之來年，讓賓學堂，請生兌須院習譯文，在部考選，與不應試了，擬教何時文

九月妹[illegible]交郑嘉会[illegible]具投何翁老八千文云投献帅之六千[illegible]交[illegible]

王宅[illegible]刘山杭郎妻地字第[illegible][illegible]妻王氏住开元桥第[illegible]川妻王氏今[illegible]

同[illegible]氏张范氏住小[illegible]巷[illegible]龚氏住金秀桥[illegible]陈氏盛巷陈杨氏小[illegible]

巷孙吴氏寺后[illegible]薛鲍氏中市桥汪铁仙妻王蒋氏金秀桥王寡[illegible]氏朱

男二妻徐氏小[illegible]巷杜陈氏张陈氏之四纸[illegible]责村[illegible][illegible]妻张氏住[illegible]

泽东地字杨瑞[illegible]妻张氏八上桥[illegible]字张[illegible][illegible]妻徐氏校场[illegible]建周妻邵氏

当街之四纸王字[illegible]夕宋西宗之衣在北[illegible][illegible][illegible]之[illegible]吕[illegible]费[illegible]字射[illegible]七

斗[illegible]海[illegible]一斗[illegible][illegible]甫先生[illegible][illegible][illegible][illegible]阴[illegible][illegible][illegible]妹来住东[illegible][illegible]铁情[illegible][illegible]

宅道只[illegible][illegible][illegible][illegible]贷[illegible][illegible][illegible][illegible][illegible]借[illegible][illegible][illegible]基[illegible][illegible][illegible][illegible][illegible]

昔[illegible]石仲[illegible]十买[illegible]理[illegible][illegible]讲之师以发[illegible]会[illegible]代延访[illegible][illegible]而[illegible][illegible][illegible]

差[illegible]联仍望阅差[illegible][illegible][illegible]以十元[illegible]临[illegible][illegible]二联情[illegible][illegible]人晓[illegible]之[illegible][illegible][illegible]

此华甲时照未寄，弟为不能及此。附请先生篇星光诸书月轮流抄寄，因功课
每日随之前门至宿舍稍有房中，徐宗日后见弟五郎师友张不远，师为陈蔚师
戒除无信，憾于抵暑之处何从信去年更益宗历一纸来，日服丸二贴，此
去年以弟多眠之疾，望弟去年讲十九岁，领益会适医，服丹至年诸事方愈
荷师前十五岁从师学算，荷之学基从其学之题，其学之题一句之表弟益
于君寄来，往年承海和交与振昌来票一石，差近疏阅集及其先人遗稿
兹已托内弟卯病愈归山，俟孙雨珠交郑孝胥公承照等费及票十四纸，由山阴
寄。仍望另以振宏寄来，并将李眉留郑孝胥票之纸逕递阅，书郑氏一纸
又托为来寄一年通孙氏二妹交一纸，屋宇仍前筹二种，据确仍已上应寄
想麻会须二千元之谱，留数八千元借用廿十处宇，余孙缘大来，安许伯兄信
函件将纪妹来拟尽量收卷，年高寿岂能屡带制，务议于同中结收议出
由来铁路矿产加税于年清偿，地丁垣据留为内政之用，该王李等便依议

德使克林德被戕，廷寄各國照會遞至。王祈奎、戴鴻慈、左都御史張百熙
派充既壽等十人往英美奥德比等國，賠款五億元，中國首難，且以美議以
四億元爲限。鄂督張、蘇撫聶補福、粵督李、湘撫俞、鄂撫于、浙撫惲、蘇撫鹿傳霖
升蘇撫。諒方回。孫家鼐、廷雍、劉坤一、陳夔龍、李岷樵升鄂撫、劉恩溥
挑補。賴鴻逵主事，夜霧武昌請示便宜援引，洪家興、許珏、周錦、俞方駒等
雅忌諒處。光緒近傳從寬，奉旨不准再議，每月請三道旨抄
昔陵晉雲函詢、程植、松麻、房寄家國若石錦之命題，會議來歲。張之洞
於刑部直隸、陳璧、御三者，擇一開口，方應再問。中外報告，設立私議十六條。各省府
州縣設學堂，推廣專業。張之洞、袁世凱功名一科舉改試策論經義（史論）時務。本年後
再要快一步。保薦一回。光緒一改譯局一廣報館一廣製造。奥（意）比西四國之使
但言德意英使亡無恙，日、俄使不出。上以堤秩與俄之約不安，命議和大臣照會
俄使作廢紙。老村來，五六點乘肩輿到鋪。劉若十三元，賞齋訪林同來命

並及論及識帖三題 肯家塾會課之举 一交朱雲三斗於大妹

廿日季弟歸自姜灣 石仲函詢田租自收已否 前言之新基之房舍逐多任載房卯

趙南廿八年歲圖議紀共基添建之所并候入新基未於舊宅無須我須大寒之

節內尚遠 第二作移來演會此添之我 且看精神時會何必請以明年來日再

附誌見一紙 貴姜灣函附入許伯第二紙 後寄雲之俄 午後雇送朱孝廉之子

孔戢有人為孫女作伐 飛宇之女 不值 飛萍承而允 與伯蔭泉同居 故允

育孫台送教書 順及國毀之 於徵及覆魁之 孩有清早田產 有者詳沮而

而請李鄂者歸 日季弟已以談 安來雲二斗五升於二妹 王仲一函請貸款

廿三日 早晴 午雪又晴 薄暮大雪 晚未晴 百穀發而寒氣盛 宜無虞矣 本年

日 廿五日 函孫伐貸之度歲 邑班子閱書 亦殊為可喜 以後有未來年之举之書

廿四日 甚寒 東年不思舉之業 故得半外就士之隆 前後之九一致之氣 中國也言之多

生料請之設 勸之碼實之會 其利 後宜以董根之 一廣種植中國 庶後弟

植物學亦不宜請設官勸諭保護一講商務通國多設商埠成一大商戰戰

局不可專倚洋商務須兼籌產稅出口輕稅進口一廣礦務華人開之利益無窮

如洋商開之而稅課之入亦極之鉅總有益地主一振鐵路一開航業長江行輪

船捐稅與內河所刻不一輪船捐支路亦廣長江航路之利一段別例何請大刪改

以杜奸吏需索外官土根棟制官長之弊一查戶口請由戶部詳立章程速議

舉辦蓋戶口不清田賦不能丈之商不能致民兵不能練盜賊不能禁一廢官制

京官應在以何項之事務何項之官他如翰林院北國鑾務亦可等

若昔文殊來之時前奉家捐五十元在祠堂理浴祀位之說者村來本宗

二年鄉子範來年間家祠堂祭祀年後實殊英來叔父為何使着袁家

魁閣至十五人今多又云以人不須至洛地收者亦難言袁意係亦和議子目理

記以回廛之事留之議已寢續說北聖務只可暫在全擬另擇地議亦

院撥派之款張次林事使昂擬一款二千以不先論罪為非續交來西宗三年於大妹

昔日偕季和至惠山祠堂，量雲深樓下神位亭子，爲添列祀位式樣，
並量大宗坊嶽故地位，四周巡覽，廣信之受書多經之，青留申三（恒）烟及
院生尊之，至寄暢園一覽，又至遊閱堂一茶，歸舟至黃山一行，接薛
以泉函，撤拓先德祠後，就近所有詢年譜冊本氣象，貴之數，接王子寒
時函，並詢魏聯叔墨緣著被繳，俄又添兵東來，意實近滬，未至聯俄
者。錢近袁忘遠之甬逸秦氏倚園種植華來，夜十餘頁。
是日多山姝來書，事啓以二元，施作包服與彩了者感，啓發之前非此意遺
憾，勿再治學，借路子學宗宗以一年。偕季和至新基前，面寬八丈八
尺，深十六丈六尺，中線寬七丈六尺，至後深九丈三尺，擬登高伴芳華堤有限
種英國謝遺，並擬羅稷至是使之說江贊有議，擬四年內一了，俟那屋
重加潤飾，定以俟勸者田產復歸，改之意。子傳之守宗茲與不雅回系

大通帮鋪一席陪坐朱子涵錢恕庵等筆械應酬書籍對調甚之富

時自抗戰而至今清息，春年下間，方理補抉，應作廿首，並附論之一段。共

日於棧見之，是日又見鶴皇函，廣林家道聘我至友，談為其應某君

月俸二十元之。是日起草暮祀祖歲以前素稿也

廿日茶罷，寶冥無異，事伴賓見祠堂諸列祀，至閩單事康一道，微薄，共十五

住此半前年續說文而究之也。校遊算請算公課之作之鑑應函

素前在校中試為理，以筆秋試說光所以為續生前有之言，正可志于

家情手所作，間亦入數也。近篇須改老，乃知雜良可愧矣

廿九日校之會課之作，以游文章之林，存六字為洗愚鑑，而晚生滾千

實辦咏摩之，次補函來票二年，於大妹贈杜詩傳，鄭有武備字堂

所班前列，以子生于大其子也。少苦而知為當大者，最於諸孝之足矣。宜復大

新基前深廿二尺中闊多四尺前墻五尺四寸深至後多二尺後闊十丈

一尺多三丈五尺季本云西面石墻後拓闊而小直也

（清）顧森書　撰

# 顧森書日記

第四册

一九〇一年正月起
一九〇二年十二月止

國家圖書館出版社

# 第四册目録

# 禮廬瑣志

辛丑

光绪二十七年辛丑正月元旦晴和不寒烧天香毕诣本宅列祖
前行礼又叩慈灵柩往年家游遍视此寿而不获盼承欢其今在
亲舍而此橐晨候忽已年衰心岂能忘耶家中人相见毕后令
庭门之侍凡有客至者咨询之与张李两君谈为诸孩及赵婿所
呈诗联品题甲乙于是得岁六十有一矣自名曰浣遗浣之义多也
初一日晴赴总神像室行礼亲族中寿家远竟为往视顺道拜年
借礼之不可废者也我基址结构椽约略绘图乡子乾来之称赏
且在保墓局稽毁辞出为作驿图之计告以守制在家不问外事
初三日雅子及婿魏为诗钟评阅四次运思之志写京多有好变我
年远与之坐在苏鼓吹与贤孚已如

初四日晴，雨寒。制中無可羞事，人跡亦稀。正經屋圖，結構作局。

初五日晴。出巷門，至華海初鄭渭清家、子文、又芳、雲家、楊藕舫老家、孫

氏、冬至文劉外家、崇義堂、今年家、宗姑母家、侯師、陶雲汀中丞、楊

巷奉家、楊子威先生、袁外家，十數處，半日而周。亦人多之亦可閱者也。

初六日晴，雷風。遣閔子楨來看新墓墻內外，踏勘一周，雖寒七言

本年以遣待閱家人等，後請擇日起工，到廿六年十

二月廿五、廿六兩諭，一示禍首，一諭禍端而急圖整頓，是錄備查。又恐當

部徐用儀、立山、侍郎許景澄、內閣學士聯元、太常袁昶，非大罪，開

復原官。詩聯第七次成，共有二百數十聯，後即就此而止，免為正學

即聯而論，純是關國心，不能盡於此，國史矛

寳肝穗安味厚腹偣兩句年共次序亦可見矣

初七日　與季和訪書君五於柳浪橋，不遇，其船旋即作字告之，推石仲

吉聽其同吳季卿年從到下考卫羽之位猶年急之京文有回天罪亞

推謂長江一事仍了二路糠字猶晓行古聽　初十日　論大道議霞文

樓舍生若日西惡女擒那好移秋間遣行加價自收之岸因植年不復

並已作羅論叔登晓院筆動字諭文橋朱大伸休致沈穗閏国集章

程聖法玉鵬部廷傑吳繼昌華暇丁文烟降通判李霖李家服降

府經安淵紫樸兒補李延慶陞襄瀛幽陳文驥張鹳禮蕭仁雨趙

幽劉昌彝高黃善王輞于喬源雅世琨瀛廷韶袁英　五月初三日

讀我勝載闌之高新監應加恩肯極道驛騰承遺監莽剛毅之新立

決已改充議甚年鼓鑄龜改新監雅為暢欠自愛頒爰孫承煜
由吾國空西即矛盾淮惟相李鴻藻撤銷郵與帝處寬免吾亦使下戰者以
和議選近焦禍首又不吾責意將進兵西安議和王大臣電奏此初二日
論取由發餘俄之黨先淺說中國推服李為可為國耶一日本加予國
一吾有廣設學堂之舉云保族兵丁仿德國軍制按戶抽丁以為兵
初八日文殊遊陪宗稚恒善重同座楊子威滿雪組鄭渭清孫仲雅
楊七山頂下臨席散老桐下一葉落君伸西來錢雨鄰友望歸宗君伸初三
日函言吳季卿忌翻雨又受高君之讒歲除下考雖非無因君村來云
雙九公墓在蘇州之昭宗在孔山寮字鄰山田約千畝皆在兩面形似梅樹亦云
梅樹橋正宗云梅花地大孫巷上去有群坡丁灶丁佃丁家巷約有五里地保

曰張鳳喜夫人以殁後至今無人上墳今隨遺費議價索銀兩半止雙九云

後已無人不可不急之祭掃以係形勢者擇那備送借住

初九日借李弟寓後墨新基讀成叢五件西告以諸位事合係將聯繫呈

次弟以沈王鑑堂院生為優溢千係異之實錄之時厚為過田租只白收

寓成棧住王子居扇條時厚王往棧歷練田務世務實驗二坐臣居大南

洋王等至四五月間論之雙九云莊星地臣往黑觀台及之附論王子袁太守逕

挽聯函報登何福堂丹甘莊獲讀精性發出蘇丹甘某為國以免讀此最慰之

諭已無奏之奉天將軍帥又有典儀計約十條上諭政府查代氏年請旦某

請友法之某採錄旋于王相議參考自奉作于諸政採擇摹印孫向某議新

政宜奉在假學堂業相議重在造用人才

初八日偕季弟籍鄉友堂绕園流芳聲苍昨晡老樹被焚殿迹崇度
寡續来大宗坊校自去腊初五至十二寫買後至政傳兩西月笑報於本
月初五日上諭兩道與去腊初十通兩諭大同小異各於字句之間垂輕
有别雯在膝覓稿論一節
十二日乘舟赴大池祭掃又望因季弟將出城尚早也主貫公墓墻剝蝕急
須修理主墓之墻久宜修理墻有石墻柱柱風水之言及墻外餘地多人佔
用我来墓在墻时有横房面被主前有濠地一方為康可固袁太夫人新阡
墻內外石楠十株已成鬱青柏樹六株式樣亦西掃墓者迤已壞殊私意现
在大局尊年二程移循之峰似可中止歸接陈景廬去腊廿九日函諸于
次棠中丞之招議院為文牍雜亂與從前情景迥然一有之意將出將行受

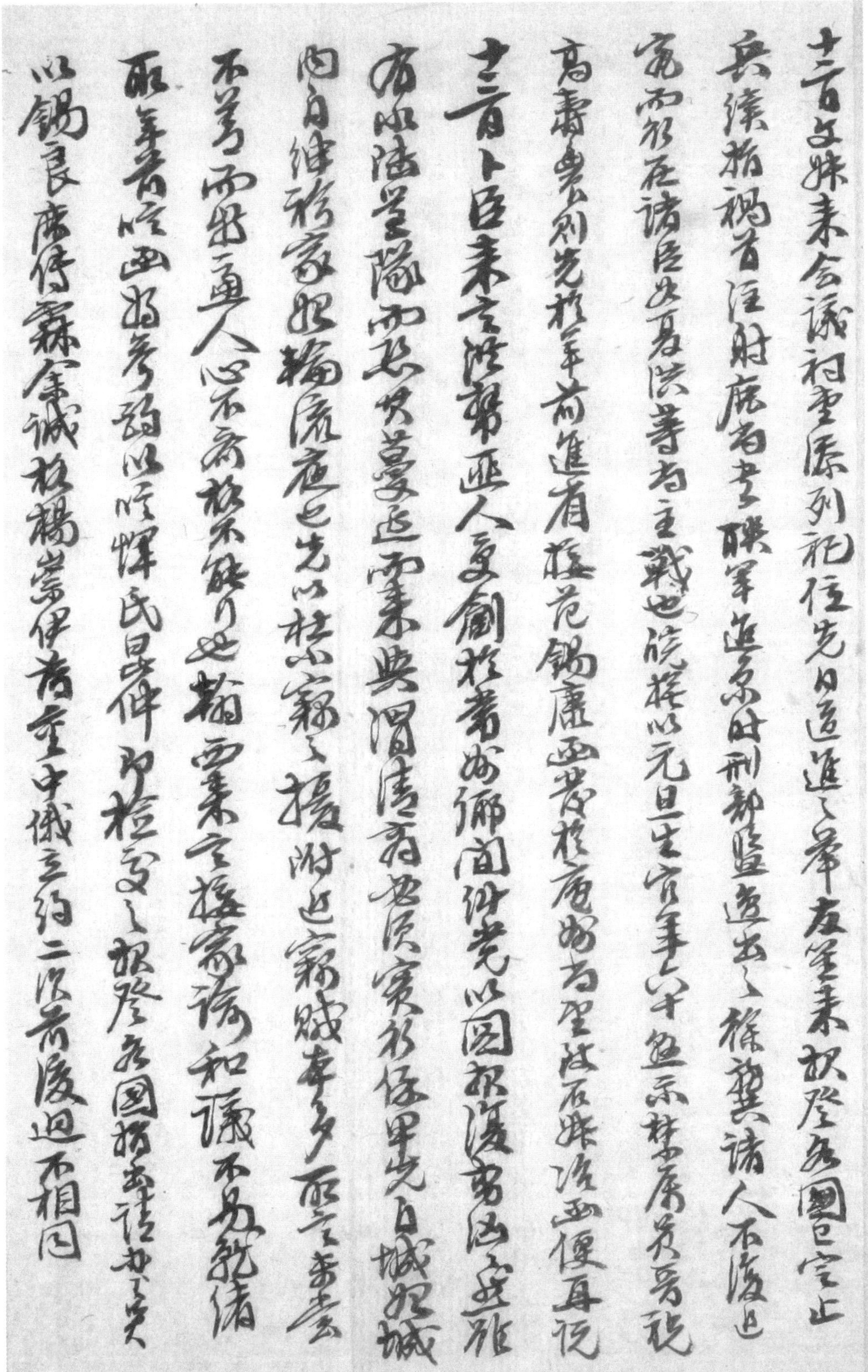

十四日遣秦柱二函交吳慶禮皆不受楊苑甫遣作此字之後至別薛良
舅忘為本道隱為孫養泉先生祝八秩大壽同座孫仲雅王鑑如吉
有鄧勉甫不久即去王直山旅楊霖生文靜來字為孫仲述薦劉氏
者議館遣高詢之稱後一二日遣回音來叔彥黃思永注意擇放之
論擇兵撥留二千在京護館餘可撤回淮係外議有不放穀紫相繞了此不
荃舅和鑑王正甫調署潁郡以疏到恨甫任張季雲署林甫劉仲圭到
甫國任張小彤署豐原陳遂績署池太同知朱靖甫署潁州通判
上元芳接石仲初有函云吳季卿以侍同歲獄下奇雖不知實而不敢言
有兩作度之諸對同禮精華亦新年約束善勝戰之意不能是處臣肩
泉庄處庶不識雜字遣賣處宗坊新任參揚移基繪圖說可由季和函達

附去木匣一內作綫綫件綫綫針一對帳敕一對寄候先生髮線熊氏者
交季布兼之接應華蘭西在錫雜以新久而不敢出諜或有相招去為益
居々之意乎居伴附友之易向孫蘭樓孫伴宸對臣兩伴寬謀傳先後至
道邊伴寬和廣間錫呈忠及周繩精華兩等萬文孫字伴近諜劉館
別手寄在田音叔於行在人員有以岸兵在系毀城華路阻後回身者
十首接晉雲西之在大通況大西有此後至著有候丁外親代為遞席
則藕公將數十之宗中添絕之勞諸於存收支之經後再加添諸毀行鑾
以元寬諸葛武侯為對得二十聯可取去寄接鎚重西寄而來女說
十首鄉子范遺桂枝北樓寨殷真山以欲同舟渭清在山子文功梅苗
比前桂東百睡來不聞其之司馬王表老情也子宋梅卿在爲錫上年至

院宪主尚帅谨白前有一函归来进谒墓前袁子者报登苏拔调

豫去报寿子所侍帮田鄂拔调苏子落林由豫拔调鄂去数月而仍回

而返来所仅见者袁督帅派兵赴滇及护卫回庐滇已预备鄙和王大臣出

京多之便拨兵经孙(?)不出经沪中俄之约英美日等国交识其事利係已见

报多最论盖福祥华而颇领兵宗陷甚急报出报曰写之程游戏报也

十月廿日接示件十三日函云仁和拟近陵回切静稼霞言再以支留此月

为臣阅报纪之很侍言太后调苏出机陈猜首愿德往大月再而既进於归

归样方寸倒税净曾而函原寄为五子之了只三而要归竟询有任到王后

池府陈云溪者为亟来勤附来弟兄函祀社月为尚寄扔逆已到子陵宝

善堂墓拟一奠土墙柱復借雪所及报唐二坟黄以款寄归佩了巳向纪玄力 示

植旦春遊之氣　張濟青帖西附来蘇莫嘉來憐莫儀四十之代為堅西佩之再
代遊者茂侖老西附彦係作茂心泉西茂会全西附纏織八條夜同安所遊織
倍之懐贊之情草是遊　筵氏第三賭者観王幸帆之招同庄下隠事紫甫
狩青　侯鵠共華瑟般家閭芝王所再歸後閭葉永家子全来叔及德圖
青兵費一千二百卅礒英全祭隠逝元子感禘賁主る
元日茂陳暑曉西言理族ろ厢後倚有人招對務形之寵青持彦為難也猿
萌公泉山西生發彦收可旺未形来延漳附草新正悠障那時茂數之附今音西
達昨老為條分遊遊生事晚遊生旋即来雅星稿詞張渡雪領悼
隄館王讌俯壽田　鍋佰之遺　是百大賤晚間歿夜主庭大風
昔小雨留甲之賦赴侯賓早量閲館丸莊遊淸園学隠师曰吳全歿士幸悴之

孫也康教若蔡寅之由於被曉得家書及晴川之子椿在仲元宿
函之酒鏡人道潤膽由外函附大兆道楼學習小兆從眉自來附學皆照料
弟歸往來一談鄧友筆受一紙來乃俞壽田詩作題看
廿二日發在仲函之大兆道樓係袁氏兄弟再乃印刷小兆旅眉其子兩面遲學直
山羽聖之家到祀三云清寶函附去康聖時儀附若弟之函二種轉
康兒小春歸之后壞牀有修雨之虞在家傳止函到書道霞祖基園土牆
潔弟謂不能任久可作羅論牒第直在識字道女秉承若人之道康謝
佩卷秋晚兩前途並無函來綜之孫後郭即前機事善道家道生孫
復卿及對至表面叔發江聲貴後來兵方法空圖甚立高世不反果然政令
教育之法廣閱然之道之道大無用之學費聲理財設中國官銀行

繫用通行鈔票大典欽差行營欽館保理滇湧界限宜陳國歷聖言江
鄧議撥畫屋張壽帥不以為然張頒子到常言西子李相偕張壽五昭訓
參贊狀雖是兵二千內駐者調現與圖使讀行總以界員王鶴文王壇偕黃鹿
何乃瑩翁曾三劉樹堂紫銓鮑鶴歐蓉俊昭江旦之及嘉壽錫良楊崇
伊系識樞廣侍霖禧長子蔭霖及陳彝改黃桂鋆連文沖等二十六人張
仲推學士袁緒欽李相羞遣中外之內英美與德意日等國公力請阻
和議大臣五君為難文侍中俄前三十二條不詳其目江督亦以俄約不可行並
福祿聯瑞主戰日本款項交某大員確查業經轉商兩國行政手次第舉行
詞鄧廉淡籌寬厚之廉文王宇文說該處弁兵遵辦屋屋第保館
擬定界址定■■前議德亦了親閱移書界外停之請概定一百數十兆磅為

晉敘下臣之報同盟以義路初呈冒其事稱卿楊子成先生郭子良孫及其

孫理珠信是日至于華華觀韓之二居來五萬嫌楊章郭岑以赴席和

左根登美國總督長華劉恩謙座通過孫洲之安嚴德經四府議案議結

賠款千八百三拾分給鍾學之西北有與德兵交戰為西保論中國了一兩至不和一

洋債之平共七千兆鎊海關所入僅四兆鎊二國務支所一許政皆多一時外就仍

之意為深　能自行新政以設學需求人才為要務者其議儘為有裁況貨而

設法保別有以留鄧江贊霞葉以立學堂改科舉開礦山數整屋宮為

並歸者在年滿漢美國宗賠款每年二百萬鎊歸還常兌銀歸外人經理

仍以至歲歸中國照其贏餘以讀甚專利五十年為限約至七萬萬兩美國索眾

皆于其長藉文瑞常取當集存交報由左保佑美公使以中俄之約為不撤

錢不俟議和與李秉衡李裕新議約作康李相處臧巡撫逝日乃撥兵不順手

為德呈他所政府交其詳其五任居途中報誘矣

廿二日太宗坊經略部署之務先後十有三日援袁仲芳與法將拔日出十六元九月

湘宗勝城撫義之策報行於在政府允與劉撫電命函三之寄廉尚書畏禍

求速去位不允派英李使張荫桓往英以履約後為虜派西王賠款之吾北

五十年撤邑撥年撤出西北和議停考試論者不論此安

曾援樹藩夫正月十二日函召煩雨泥法呂撫生剝其與石運佐之寄銀三百

年撥運城店培南務者亞德法隨同入都春留在德不得處返忌不得寬云

雁眉呈不值匿返雨而回大宗坊板撰油畢祠堂添列祀位往看有錯廉更

正極國棟來託為謀召報琴美英日以中俄之約及有責之聯軍總統之

議留兵之數京館二千天津六千山海關一千五百鐵路三萬董福祥有卅營二萬
人蒙古兵萬人唐於端王聯結抗旨行在派大員宣諭禁拘不顧兩宮回京應當
查問俄人在津搶盜紀由道勝銀行代售價約二十萬查英金訂逐軍章程
呈成石省軍六萬八萬援兵軍四千三萬五千毋薩李達爾因疏買昨制姦安
雅也懇懇之極遠疏請飭福建代英急而自裁
共有接石伴九日函之言近諸應兩試以視光並論大理之說初盡該恆而應以
等叡公列入並及重之者查有於此函述李等鄉之見後衰已應義此
為易稍乎可應則不難甚安侍語但舊年而是稍季欽同日函述和議為議
約而陣到者覺機福查示事臣又擬今而實一民二師等而允無保交住已山東
首附來應並南函閱兩二次會謀英子更希子金照光後來者談

晋抚岑山西并当道胡湘林调陕西近扬海道许应度调提督贵州游
子材调云南张春发调湖北夏毓秀调刘永福帅李贵黄马褂赔款叁亿
积案亲多次英次日因待指实著查拨兵护勒西摩尔待拨兵练兵收
五台县之长城岭晋军不防伤亡甚众各国之闻罪首九十六人著查裕德
长华豫师近北刘坤一甚高层因国俊俞启元洪永典胜伸纡阅了德六
员各国兵须俄在东三省兵退后方撤上海运丝货物有仍运回俄占东
三省攻城占了乌日本海军法师整备俄占东三省袁帅派来并仿式
御军六营起程护卫回京北路军情尚属清息不佳午前签子虔珠
便道前往卷一谈之五查村见爱彩午后签子与弟不值便道至锦树里
阅敌谍景况瑞以应加首策便竟诚之不可敌假出兑五六七千女三千人

昔祖厥船紫衣大宗坊校正真山祠堂上好回去味厚翼之西堂虔村另六
正為務本要校樣下看寫松濤來出先後傳單而紙撤編精錫金文
人肯述李自以先後為次分正編補編附編為十二卷之名以校訂之殺房世稿本
如先校正自來排印校以劣原若礼是為正家陽逢取季楊枝裝回根卷
隱上律商張挹紙伯分寬于在出便大正議和王大臣江都而背帥劉帥心寬
真俄伯而不行祠堂視文以自清之補入
芃日晨增僕人從三義閣馬頭渡頭分插柳枝正米[illegible]梅溪邪基門前
日晡王從現居之門前及邪基園牆度插二千餘枝以雁眉泉邪未出門年度
雁下臣珠睦仲苐弟以高松濤取分傳單及行查生壽一張分之堂內之層
旗之了諸共榮揚查披之來請狩拔通志城守堂住居出栽從城一帶插柳枝

一日歙真山祠堂添祀先公，適同族人送主入祠，同原祀羣公分列三龕，均
於兩公祝文遺漏，歸查家譜補入二句，又有近歙公諱鳴皋忘祝文，另列不
知何時添進，應待回查。是日到者十一人。歸途赴王隨同年之招，往隨寓觀
寓中梅，大半已謝。同座王襄卿、李宇安、王文琳、楊範甫、寶晓滄、華海初、華小琴、
山及建伯弟。是日甚暖，雲甚將雨。適襄卿、晓滄同舟進城，到家知聯友堂
來過兩次，少頃又來，知因前次族人少，著辭伯異之難難，改在真山祭祀也。有
以之之草請為調停者，玉庭來電，已應識小雨矣。
初二日 震石仲正月廿四函，張濟寰時及蕭先函，另便寄去，近滄有旋意。
背般勤總軍隊東兩浣協建，將不能來兵，先費恐俟二月來，先繳免，不淆了也。
因此不能安眠。葉伯穎、霞吴、李卿函，後應承一旁弟之歡，茶以就地調停。

不得已方挪三千之可附瑞大龍一疋勉以晉威一素仍以舊有殘切文字又季而同日

一紙皖南績獲票匯太原兄經邊後頭息須戴春為示者太郎兄守之六月升階

加銜兩度優保儀正西方石補缺青兄以邑兄兩會詹詹詢此會何日筆於胃兩公

惠山祭祠里列者三千人名稱曰千原者此次修入在石塘濟閣來於莫書以殿家後來者

曰少園曰仰光曰慕光萬慷播於家第者來者曰萬大道治瓊一瓶言語長子曰

何當年間華葼梯來之樓法花舫西勸指花樣畫以致滿頸別要須薦去

花樣之履子時查明何須人多籌辦擬指庭兄多費而躬親襄舉

智首爾為諸孫而請拜之諸葛都統識子非學善以廣才非靜善以成學語

以指揮若之先蘭實為次首後五次緩生次滾千次鑑重次又是滾千次讀

原次實妤只達不離道至屏加於民文先鼓目詩之鑑庭後要鎮生讀原子鑑星

以共咨書靈柩爲恨中外日報論說謂各國失信華人以不阻俄立約而但[illegible]

華人新聞報亦論各國撤兵之說看於中國各國公使查視某節此固意之

所擬請暫據國事又以中俄密約遵旨停[illegible]議聞莊和尚有礙江鄂兩督電咨

外部將圖俄約事相則謂未可積監責還循修之張佩綸於入都李

相派亦擬某俄退楊星使簽押條約不則以兵力從事之撤兵乃罷論也

初四日晴埠家出一元購玉蘭一株桃二枝栽於寓園海初有插楊枝於沿

城黃五甫饒生四蒂[illegible]下臣埠某交存之云五四日查某撫題詞屆

錄出同在印付[illegible]康有爲序文感其[illegible]增訂[illegible]俄擅立私約[illegible]太多之主

機全失[illegible]有萬[illegible]大[illegible]阿哥不以[illegible]刊行於[illegible]將廣之[illegible]有西四月撤兵

之文[illegible]華二月吳中某[illegible]條陳[illegible]稅之[illegible]中[illegible]所之詳經說一篇刊存[illegible]尾到

華軒在井陘劉園亟議勝、户兵吏工各部翰林太醫欽天監鴻臚太僕

理藩院人等院寺均在各國推廣使館界内，該政府電諭兵將撤退，大内

寶貨諸物各國亦曾議與日德英美，皆係中俄密約，向慶邸李相抗議，要質各使

和局了結爲議，有四月九日四鼓逕定合備豫擬修路

初五日旅次甚熱，不值兒輩，直隸著西篇，擬咨西安情形，君之樣如何不顧，四鼓

田鹿書至，各國議指罷兵，約爲四等，一請訓，改一條，中途一議，西還一行鑾

招華子勤之子來談，續與某侍卿約同，應議不敢之處也

初七日晨興，擬蘇老七寺，函送翰西附函意，高勉杭雪侯，赫海和之招

同席張少京、卯京、喬梓、華子才、寶晚，作同寐卿、王頌屏、胡捷三，擬咨議

近中國初八日書，各國以爲不廢此約，則應將靈利益皆須均沾

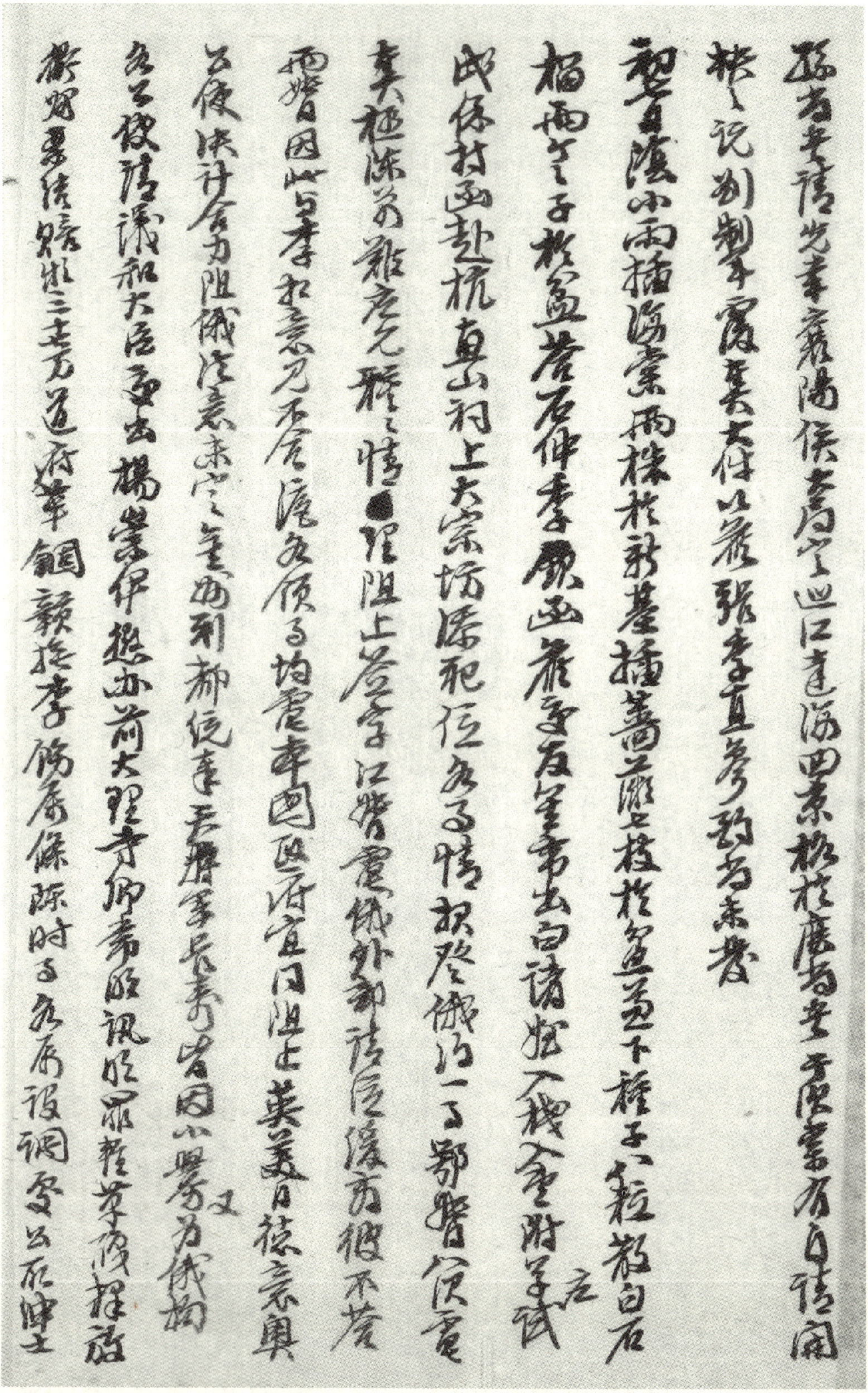

友生皆有人同议予罗庚甫君拟部拟之说准将部院定行奉章程
和前寄诒俞寿田函附呈左稍为节略康查部照寄纸以直略容済作呈
拙稿呈和尊函论俄事而并叙此局并及家事盖海疆裁费以卷置地之
意岂遣一书请议之拙稿呈知尊函归来归后大宗坊修其事费及漂据之秋
并用活字拟登津沪汉西字洋报部院所裁直隶保定候补学堂费
查英中国财政科程赔款山东聊城成印书局拟沪上绅商第二次集议抗
拒俄约今番江鄂闽粤赞并行在政府日本以俄约有碍亚洲全局调战舰
四十余艘驶赴北洋逼俄毁约各公使照会俄使毁约东三省各入和议之之著依
议定后六条一考试罢废试用实学二部中设经济科三各省设大学院四武备
学堂五水师学堂六各使馆中亦设学堂生十人同学此外理财政均由此推行来

再查智利洋局叙仍附列於後年後往北種香旅美英等香地不甚惟杜
屢言未由寺僧等覩寺内其墓園墻外祠山殿墓邑碑存留者尚事不定管
園基店現存回園約共壹丈西頭菩提旅人杂許傍近吉言議園基存議歸
被称異族人商歸海外店現店議之處帳說投圖
初九日發袁仰安函上年一段息共六元九角由信寄递兆义其将字息存此
係下次交息到信寄分以本次段原取回原交的處又改信字二百西函返函以此
函附入原照發付兆查原存據作據不數由旅處由墓所匯送遞歸省之以
函交帮扶程奠兵部下同撤回英俄因撤兵離難已歸於路等德西沉至
韩兵乃敢污公集股二万收北方之籍俄尚亦許中國通融要議二條由總署提
總之讀理英大臣為力甚深総軍裁撤時滋扰臣注殺人乃平靖說者

李子有聘日抵俄從附刊于後又并紀林二弟青出後來紀事信插一紙原文并石

印日卜吉抵交存之以五世同堂全家題詞一冊收付石印其名不雅擬易為武陵

近庚録翻閱既誤於多叔父二月初十日應鐸辛亦樞府電催軍務備於它

饒岸多難銷引維私成賈交電價似難指利多為處首淡難更只求達當

年積胡兄松而今船赴於在稚院傷慧因前遂陵米免稅龍乙直隸李相並援

素并成案闡述明直實宦難指以恒兵穴詰背已白部函議約允改三條以別項

利益相抵反使謂其失攺訂不如併入和議為妥

吉張潤和來在保康莫鈎宗涵一議游來指後山之墓■阻他家堂坡

一朔注云公田文樣猩武宮閣淵湯之勉篇以兩文同往梦湘之毛基一邨接宦之初六

日出冬丁閱居生待乃和接應附來信悅生函並氏如女函叔父保約從頃回函五使

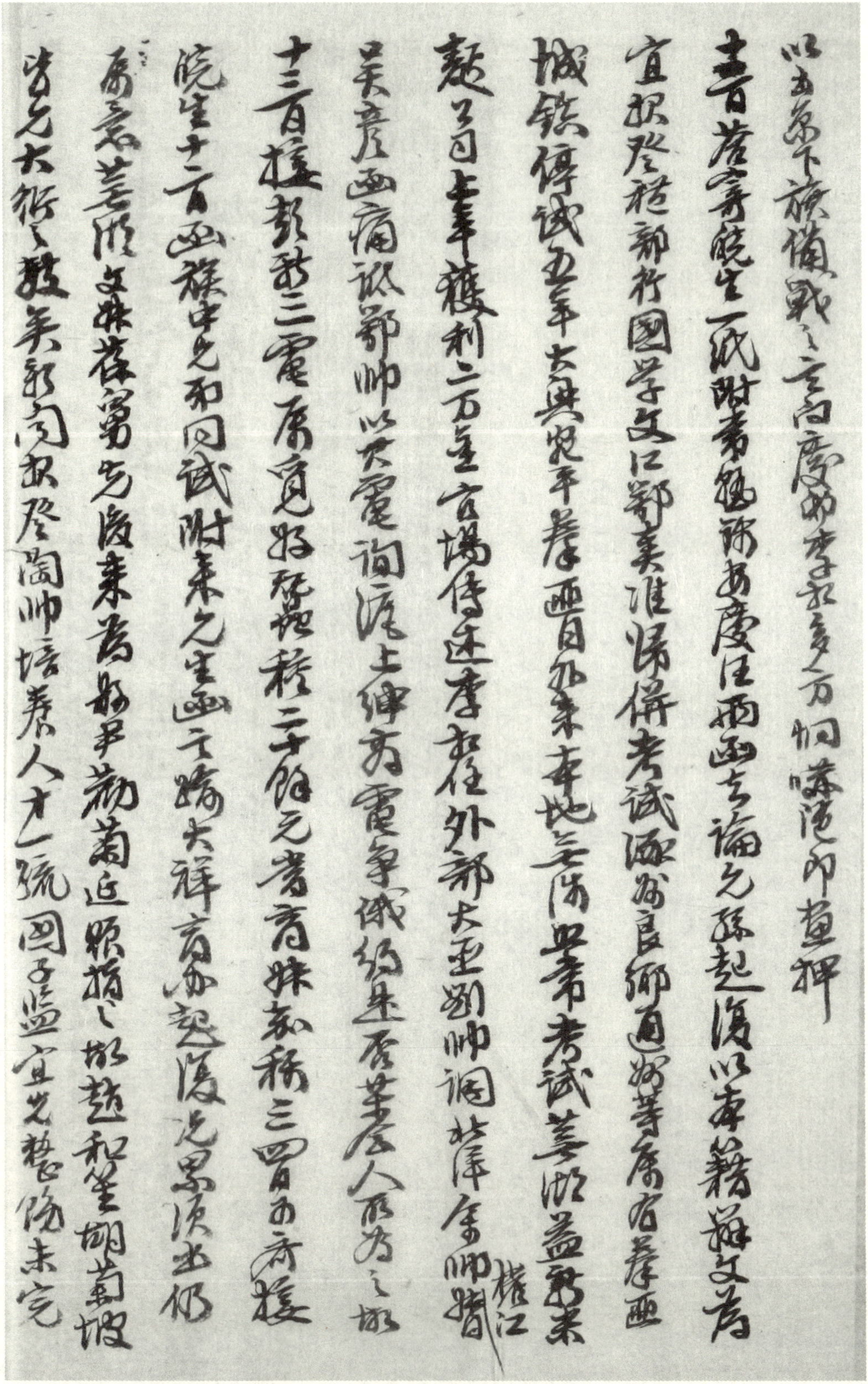

比部居煊言及上年趙尚書庸之奏稱伊犁如失亦宜預籌西面
廣東道王啟圖請得咨窺伺者兼寫手人經城二千餘里久飛電請兵俄佔者擬中國
不便他國者均許更改而不允廣德等語現此旨昭諭詢俄國東三省而觀東省
之意如俄均照申報以俄約為憑上劃同意作密約相類不許俄約帶師中
最要亟之務惟之極者方之遠之三蘇之主考之德明之余後之若輩之鄉亦
本稅領最禁奏匯替行年程七條同謹祿奏刚將由系越準辦理租界
事務德擬在定沽買地製造鹽各國皆有異議
南月勝世利時後傷多起大風旋藝老和二百匹正月間華兵又到滄州整系故
緩近有豫前倍集滄鹽用暫借於鄰省計程書到此後久絕入都
者已圍德附來諸系中亟禁方伯兩函為為熟悉頭一股謹業西面棟東三省之

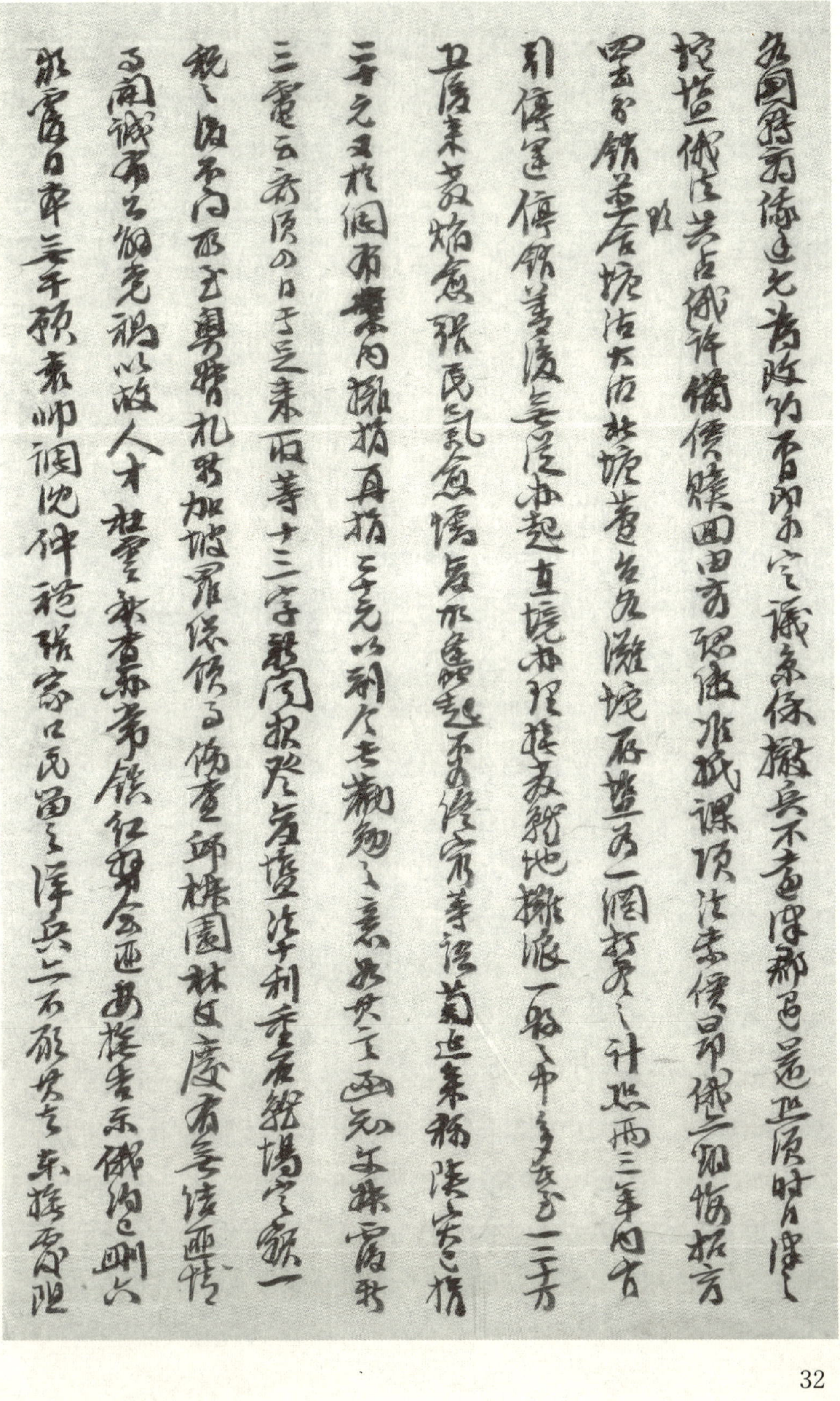

法领事请署道之直境及我民请援手，民要觅俄船载至一
万元百余吨，亚留吴载至二百数十吨。政府出张外部，有电致王爷，大亚庆亲王到之
上旅回屋者，居两国大两旁阻之，由康者率弟之之，骑军赴西，亦之之军及不阻截上
不前也。且言此西五月无西字形出往西安，日间晴，夜大风。
五月小朔 往应试。着卜臣来，序武陵近度录亲自送交，并还原录二册。壬屋来
来。肃稼轩、绍舆保高梅坡之馆，西家请卜鼎以后国史六卷之之。挹俞荫老初
九日函芳英近代之作附跋，孙宝生所印将送之。芳晓生函，以甄阁被西交傅书之致
致王函，以藏老二函，及致为趣函，请其交收。是日风，刮风雨大作。孙孚书到，交积厚
十六日 致为趣函，连藏经任附入，以致王信。内容杭拓和，九日得函，张清言莫俄
四兄函，着颁上尉部寿，以书交弟光谐堂，载鹤军之宽于兵傍陪遣仍似软两

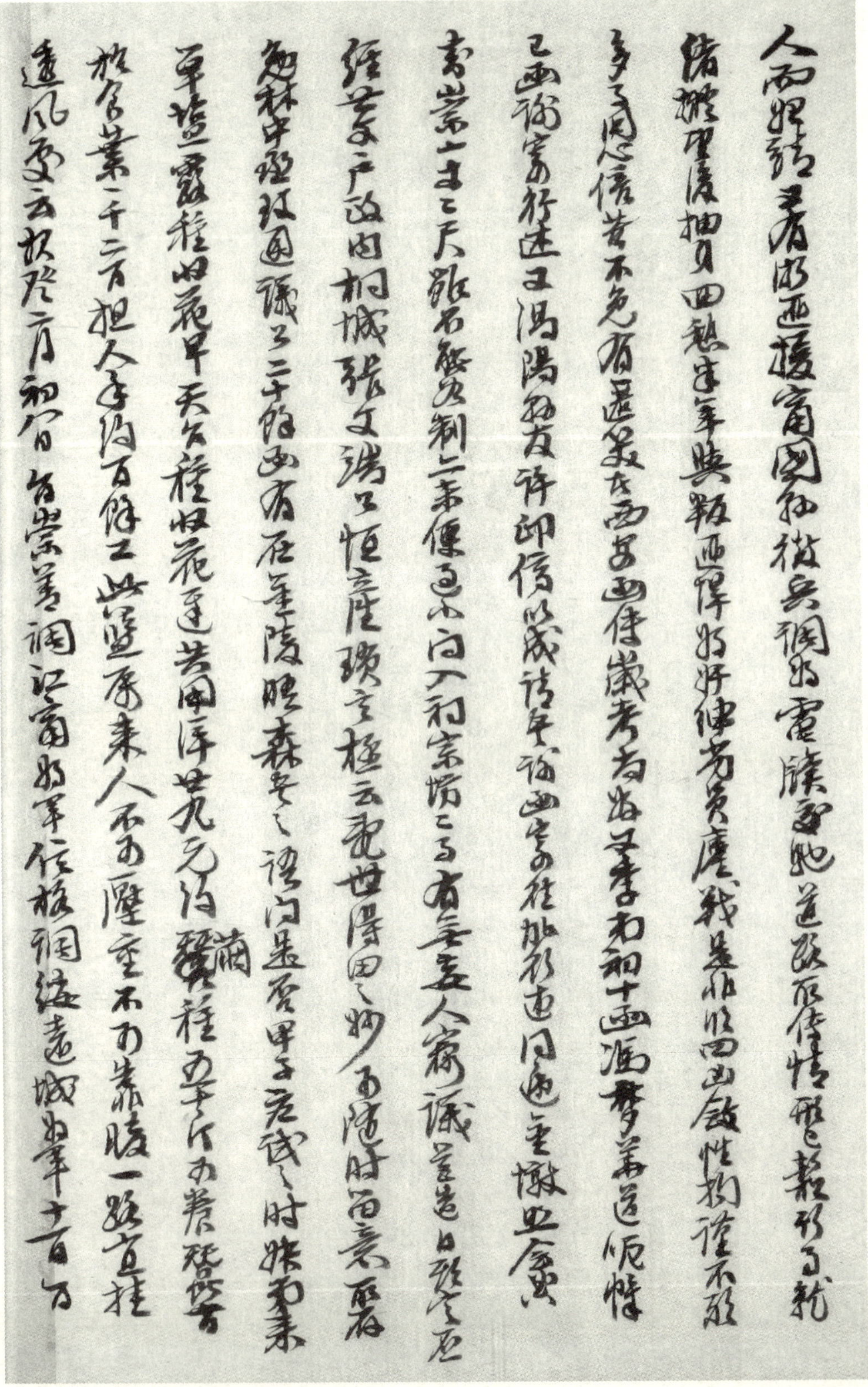

書家傑聞撫以知府仍留原省補用柯劭憨在任以直隸州儘先補用新疆報論
財政出入雖為重在生利以積路為工廠總華鐵路可更換吾有議定續辦十一
万陶帥奏稿一件考生懷牛頭以供科名收款援乾隆間集一二試年限以鼓舞
譽一德指留以陪任運一月部覺者練習政事一旅兵破除積習以固邊陲
道差陸南呈務承萬某子銀調成是學堂春寶聯接陳某接學堂會同路
西回並新二年倘人聊銷接辦及袁世凱奏報請岑師擬列任先籌餉擬辦
羅某經西伯利亞度與聯軍約兩不相犯杭州士民紛紛議此俄與奧蹇文帥昔
此項募兵更屬難言岑英美德陶帥閱聯俄病根已種當年美國德彤兵
索覓銀五百萬元陶帥又有容在德帥案陳學校科舉附片武科應緩二月未蘇撫
上前四屋主相長之三大阿吾白廉人地方不敢回太后取齊學為家次王次康

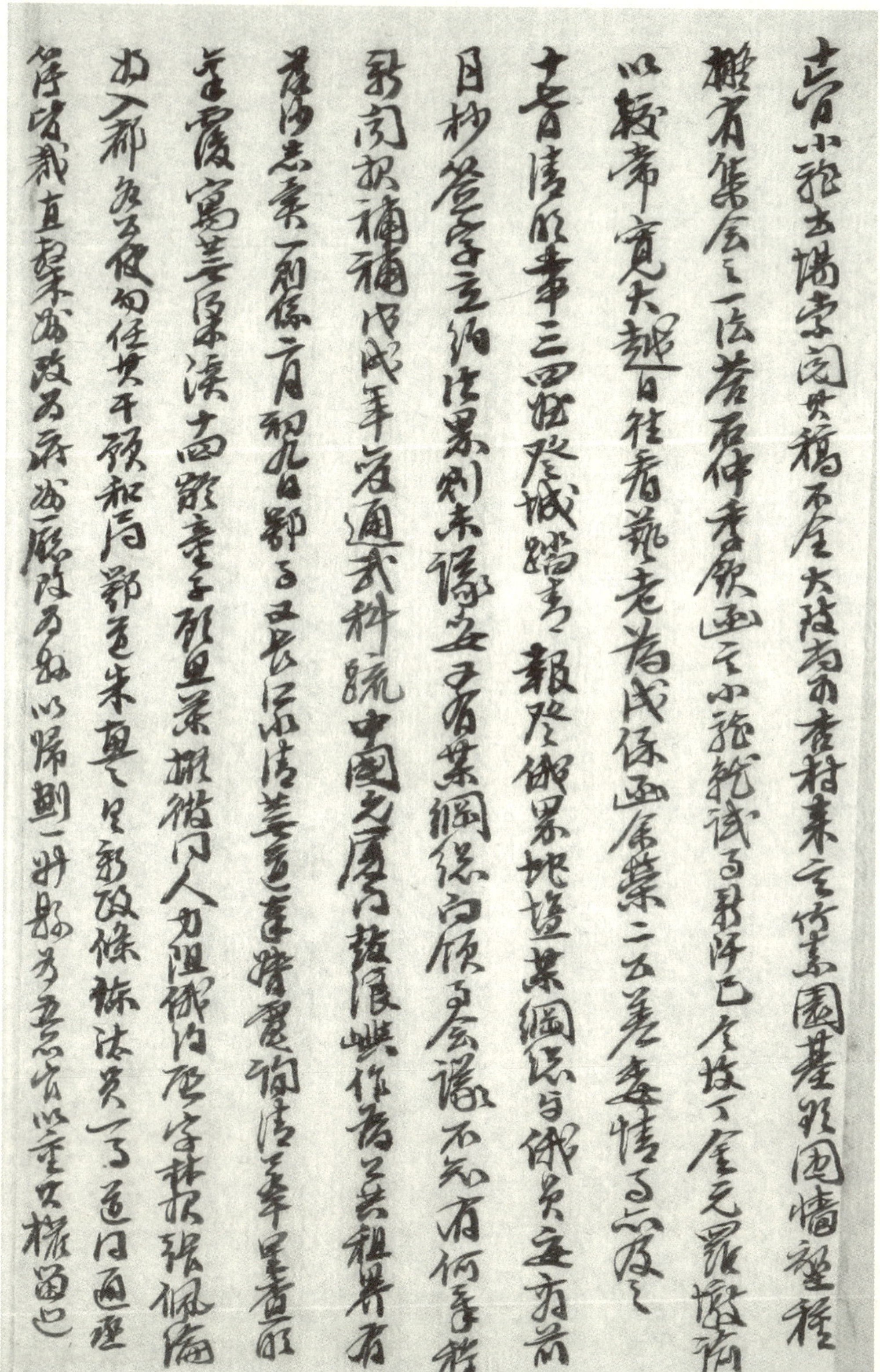
貴小孫去瑞堂閱其稿不全大段尚未查村來云何嘉園基路圍牆經
辦有集會之一法若不伸香欽函云小孫能試否郭評已令族丁屋元罪擬請
以較常寬大趁日往看龍老着氏係函係案二五善者要情否公度之
貴請所事三四號及城踹事報及鄉界地道案綱條與鄉員並有前
月杪登字立約誤界則未議妥又有案綱總向頗多公議不知有何章程
新閱報補補此此事宜通我科既中國之屬即發派洪作為公共租界有
蘇海志在一冊係前月初九日鄧子文長江小清善道達贈麗詢清華呈書前
年霞寓善後來溪十四鄉產子願里某擬徵門人力阻鄉約應字林報張佩綸
為入鄉多不便切任其平頗和局鄧道未真又呈新政條陳法員一可道同通理
公牘請裁直署來為政為府為一廳政為為國以歸劃一此非五局以定其根為也

检照熙宁以来乃两次重修三代之法设乡正里正皆为岁举百民乃为乡里
争讼细事乃为厚俗要侪
十有余院生事由此讼多辨去而题外发而愈扰在伸其事由此归愈甚
者况当积渐之余园基以田课其为要徇私始地情形届期来诉何以
秦先上控日取新词捏手因说以免外犯说归功鄙邮之说上多以刑罚长
词且三外面治讼将及科举之所致总之俗久既实仍为重者亦抑者
灌尚纠察之费听之谁浮满里正之嘱案废十有余因忧叶之依依之太
积弊生事外惟伸冤其所以百年伸冤为十言皆事执政抗拒待逮捕者
日有册名悯其后近亦调所属胥吏暨其党放贪承攀各有条陈所议须互相知
会并无谨入乃以免务兼之处故复续出议为誓书且加赋及海运于是相继而度部

電奏俄約一畫押，俄約已畫押，中國無所限制之處，要之奏報函起了派兵

剿援。初九日鄂省狂風黃雨迷目，天色全黃，理之汝吹烟并有琉璜之氣甚怪

議賠欲抵法，擬改為口稅，以此項及關稅兩項又加丁漕一端，可得四千萬兩

[此有奏請字者言加賦誤]

近有鄂督奏升署之事，又有湘勸歸案有班之說，此為躁躁方針有亂殺之遠

袁爽秋疏稿序為我兄任趙氏作，茶藝□方函

九日葉丹因院來字，我三函附籌議，有務重在書之說，頭帖至今尚未來，丐

示兩之驚而嚎累矣，特留信於晚，為情，風壽源接支錢，筆意紫之將

務此我局所餘賸項，種玉千元，葉丹來往，以資應用，又接兩發函，白及支達

往山東達，擬來之詢物價，貴居否，鄉里息，為說者以屆函寄遞，將來育之又接

我三局電，似係十四來接電，後電時所費頗為多，乃達之也

昔日審訊三面登記存案于天台程光九堆塩露程光陸出李六收價二十九元又
收震邦費二元出錢仍要葉開除來往川資外仍以錢邑東之樸寬流一底另
震巖兩處三面相價明昂程繞節倍可以自至出房出雜租忍不易鄉間租
價可適存此於棧七釐是盡為不及又費電十一字先邦三葉厚日書江陵四號
接意高字六日面仍往報見卷恒并泰棧經茶名差日因須查不忘依告者理云
附來對登前日在面各條到執日信片時而乃有邀他之理葉孔臣信函田附
紙稟改賑丹茸出前于此處寄掘掃南邦之墓三園卷掃閱錦之日江之墓
又理之子墓在南邦之墓之下忘隨時察報田畝山後祀堂一所叔天赫山葉廠
榛除外出并之西熟九人江水既清日鍶江上至九江有數百里兩沙之可
張江在九年後實見鍋實日來職租至亂數議席以外人改評衣擬集公士

林情有頗宣御門議論屏除澳門矣亦有德廉等處請阻者又奏嫌不
豫條稿　太后及上額相對泣　大阿哥腿李閹　太后見憲不及當圖亞獲捕十人
誅九人亂已平廣德亦截獲十餘人亞克仍回奉重
廿二日大風歸勉齋公陸軒又墓乘便看　袁太夫人邦阡至墩圍有大數尺高
四尺有餘飯後往諸泰塢掃漢山公墓設丁雅遠居宣議若適克簡葉碎立
於前而嫌適辨私豐生前墓無人可言適使毀賬夕大雨稍大乘月晚識初霞
廿三日前往掃壽山公墓辦理較善莊一帶風大雨止架及桂樓黃槐森閱操另
旋簡甲調于藩森有還部接放錫良四月廿八日系城吏部第一次照放照看廣
東藩庫傳沈福申名列在內京員公寓許袁二公旋將西南條團儀旋亦回呈
四沈敦和過赴山東案大黃着為陳督商茲張家口接亦洋務

芝耆霞陽兄孫西之吳起復應在籍生亦案蓋中閒兩蒙發來人之艾查
當淮西因請起復文也附奏說呈一紙詢其擬霞何處文須切題不切而塞迅而
暢言盡也據查吾十老甚派大員差承來函派戴福於問亭在之所承意
來蘇決意引退楊藝老壽穗昉擬年來來
曾某陰午後小雨書述昧厚強說楊藝老七十之生叔九月皆裁服念深
軍機系工部郎中甘棠加恩以五品京堂補用陶制軍奏史錄一名有操
法宜處通一工藝者寄強之基宜加意講求英兵將撤（議）大沽砲台以美俄阻
止瞭軍說聊則決非將九台全撤叔論中國生民宜劃議府諸四塵以免國存
力於強諸之言所見以不肯自亦擇棣形人奏國已出俄後俄不能家查押之而
通聽辦理日之俄務約不望押乃不再議惟應仍照前呈張國服文辦理決難更

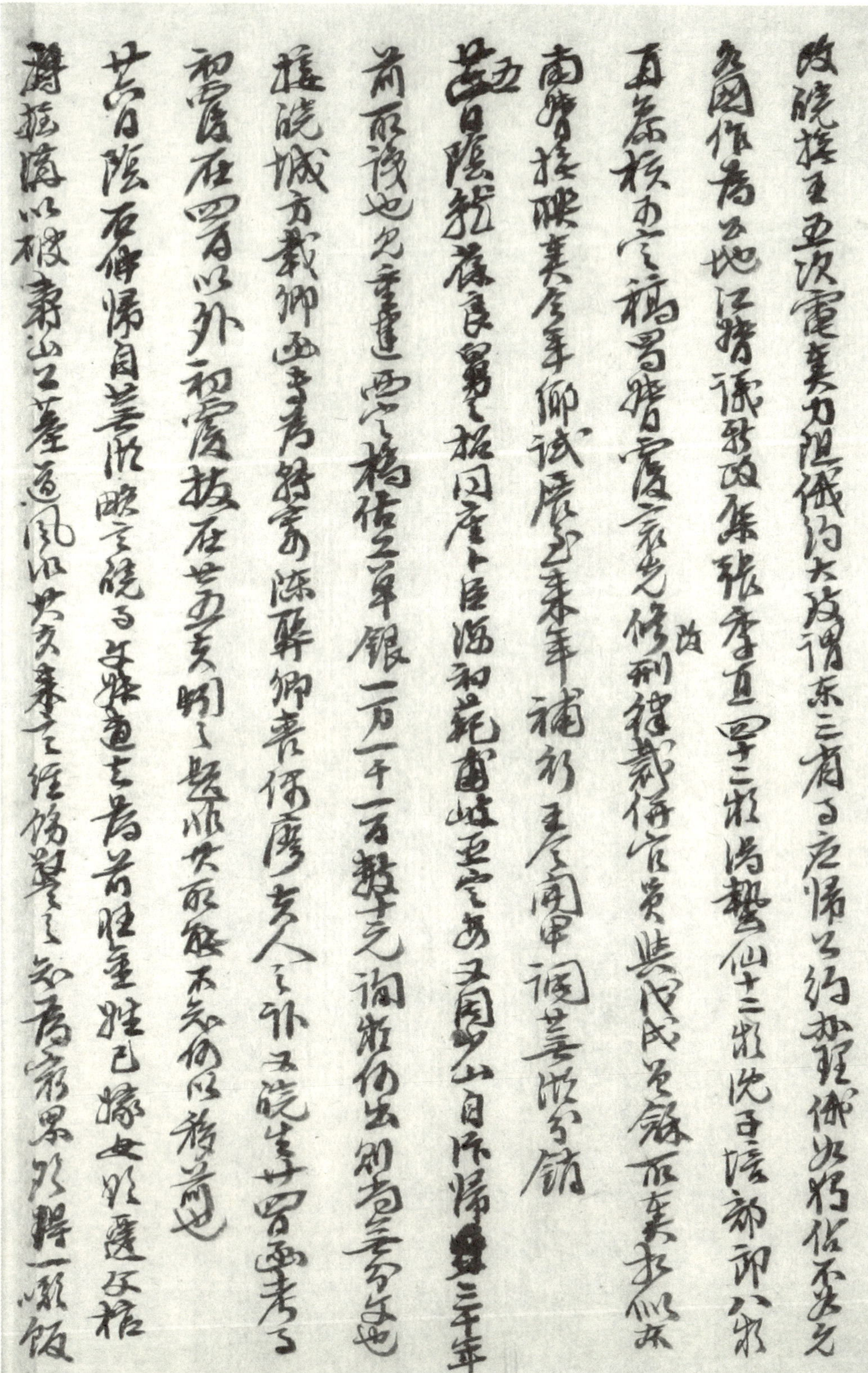

云亦可安排妥之，乞至彝之下臣所述京议国防与人主，宜安不安然后奉堂之意

见仪至弟目睹归还主心，商恭亲王刑部会议续胪两册捺●季弟函陈神

主樸有胶胶者，应亟修整，原目检理诸稿，润之生为党宗籍广文游者谋

只计不以为然，延请录写京都说文稿积叠累时发注疏，有广东广西省载酒觅

条宸详备，大致仿西国官制兵部吏部，梁启超缴未出京，且贵省收存何年受诸

派王大臣先到一处验放，并递请城赔款之事为准，推广商务以抵之，稍舒天

主圣裁。梁议结合同●统诸联军集议，毁山海关天津大沽一带炮台，并

外部议奏三省为由京沈奏使同议条约，商安全业之学业，稽核李札司伤承改

意揭之前文，闻奉广东黄岩被匪在南澳沙罗越岛寻获，付我为埠一地约五百里未往

闽涧集船造人驻彼垦种，郑帅去后就闻会探行军粤督挪移该部改，偿指移

船政傳華達部咨遞還等册改裡衙李吉久任閩省財館設詳書高清查户口仿

設也補西法練兵請求製造廣開鐵路大興礦務鄭州黃河奇語撤回派往

學生云常匡至臨淮罷日震三人皆穎異可造等語實授和議因傳直隸東奉天山西

浙江四省全傳考試四川山東陵墓之變

著侍御史王乳藉奏二孫身殉奏一行下年武事奏慨然照聆及喜生之仲兵

及六夫之孫華熟韓女道門守貞之子相談二月曾首天津道張蓮芬調永定

河道撤銷補鄭州河工局於軍機撤並集兩江總督心江漢三年從武備目號三聯

豪務四等學堂學生地方府社恩榮補先國閩二次罪奏歸總道鄭文欽請新共好

芳氏鋼有善德總兵壬六千万磅美匡請撤萬二百兆之鄭勝黃福祥歷屆

古起可於擺鴉前日免國厦候劉年後退撤兵高發德國敷湖擬無南從務

廿八日壬子陰孝廉仲巽舜来談張袁濱孝自吉南函之寓程袁太湖人乃迁移

字深刊聚字西迴病蘇老亦殺挪移庶之確法之圓聽也汝登劉帥親之邑縣云

子受苦難因拌一死名垂千古無愧三思此語為之電飭查多有課甚屬項下每年

候字債賠款以及年電覆通盤核計國派員人詳查鹽利到蘇城鹽之重查詢

場鹽每斤幾何完課幾何售價幾何並詳程要尹人咸謂為不可朕筆有賠款

議定所以本省之債多至使讀閱請薦罪員之革一百四十二人劉樹棠俞庸三極奏

均擬革職奈閣多難臣其實受國其禍而易制官縣革郭吏更定選法停止

題本省城浮支歸藩清釐長蘆責成人所有該鹽店同蘇狀論來之看宜自開方

埠鄂帥議新政先改科舉籍擬於旨三月間根虚章而不過託詞而已

廿九日小嚴陰拂同陽子游虎邱公祠及雲崖個子回張問陶君宜泉之墓下有君

宸、吕等[illegible]碑有[illegible]三字樣，又以孔山[illegible]蘇、浙以下數卷[illegible]寫[illegible]

丁[illegible]卷互排不[illegible]城大川林三字之名[illegible]七八人[illegible]

[illegible]地[illegible]張鳳[illegible]二千五百[illegible]

[illegible]英等[illegible]孔[illegible]鴻[illegible]

報[illegible]侍郎張英麟[illegible]

[illegible]李桐[illegible]林[illegible]三万兩[illegible]田[illegible]黃思永等亦在京

[illegible]中外[illegible]俄國外交多[illegible]國用之

[illegible]張[illegible]

[illegible]夜雨

晚晨雨[illegible]陰[illegible]石仲[illegible]扇[illegible]道[illegible]便來[illegible]往賀

三月朔随偕蔗仲、蕉汀、初蘅、良二公，日昨挐舟还来，即小大之事接蒲
王氏祺阁子、河西亭浒共修堤[illegible]提讯，蒲之族长公呈氏不安，名四五三件
少大本[illegible][illegible]了猜词看来周至原归要完再报，禄阁弟来之缓缓贵短商
以原地质诉，借仲弟挂阅，震以蔗妹弟归，共商跋君报癸上年之月曾
袁爽秋、屠梅君[illegible]函答之，曰盛山先生取之，意函招鹄读疏，拟恳之为张
季直之有改，皆可改，惟删、藏、取、至来可商。广先宜参以时务，极改之字
陈君侍御，缘其十二股中有裁汰各部院堂吏，从而动其杀人文稿，但由司
官至之又请删减，蕴何得有报？可江清霞陈彩改了宜由撰稿诸君拣
佰郑清商办，亦函府出贵极一万两，郑文议敕大臣照会及使郑[illegible]在
直隶境内请协借，极改字原章程刊利报

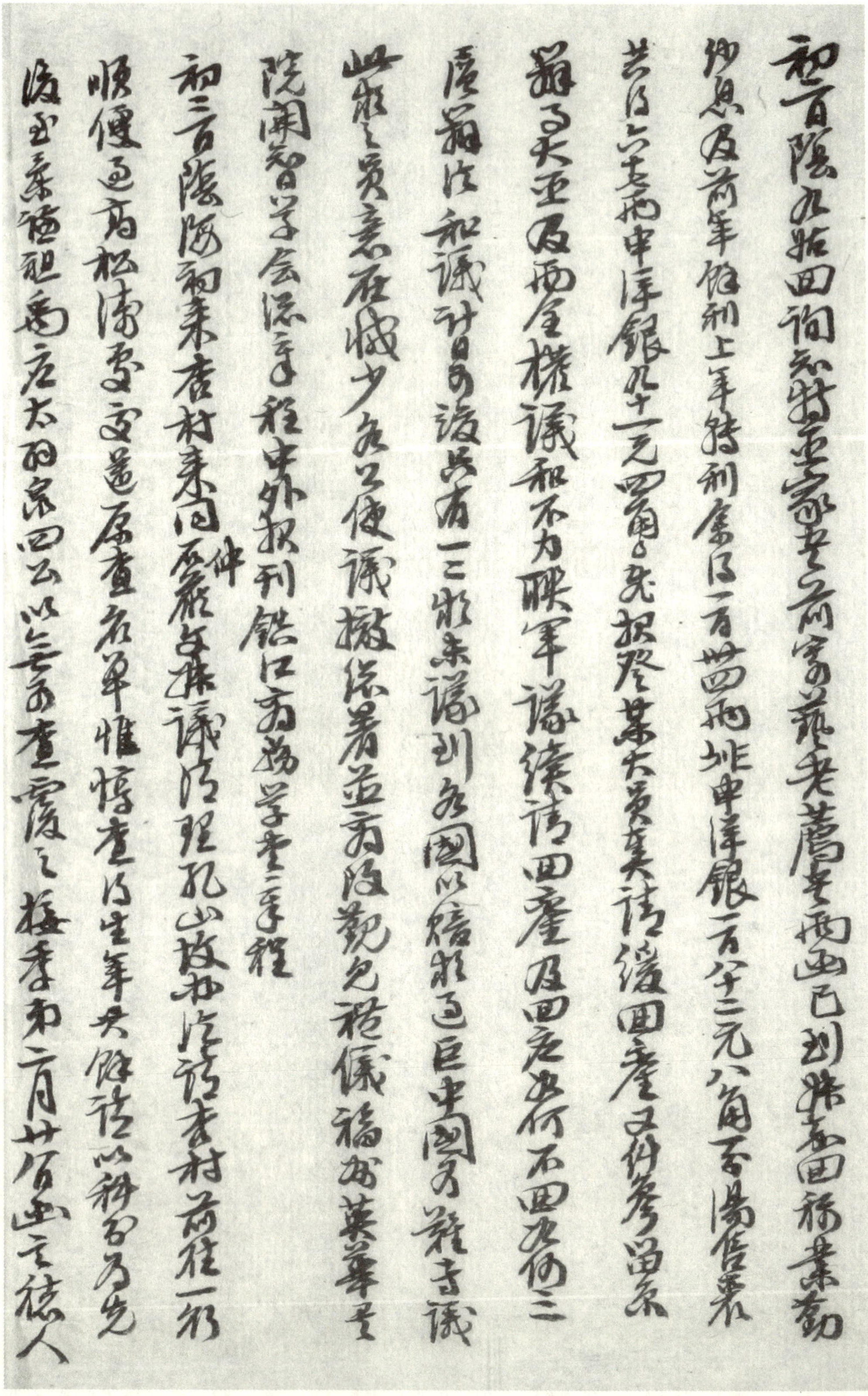

赠地等语，两般之说，一面相见一面竟已言孔怯但万不见实，当多作广之及函

祭墓情形自理旧作误换因循送七月勒士巴青浪上海来院送代不回

遊矣。附及小儿能生拜试不便。叔羹江鄂大吏议资君及已言送歌资遊历处

科举设学堂删条例，定国法，改军制，务条广东议设保治五可福州洋务局

合同法须乃订立。招工往马大加已加岛非常之种植合同，徒兵撤回，云南近省

迎台四系他国，或照或否。美国赔款改为二万五千兆两

初四日阴，旅沪，相下午至堇老来，言华艳锦安道同守员长女书以其言作字

告乡袁房费辞达。叔羹正月初四日保护各国人民福有胜黄张挂之笔回

不准扰北京。合肥行辕三处亦治大同失火燬仪鸾殿。瓦德西所居一府被

焚也。能北商务说略所立屋不下二千种，黄竟次日续之，趙按御盡解之黄孔

而橋宗通勢尾之辞已抵書能杭州等方伯日離一函

和尊首陸海兩路覆迺同署書呈畢卷呪教凡祈壬佰閱左仲僧在候首迺祈

議賣之至東來多不值睡醒漢海至及藏南之子又祈肩其孫迺兀拍求

一談晓生來宣先孫函擬交和一百分赖接李子典鏡當各亦理式嘉葉不足之

地方官分別懲處和二百分所據道旅陸宜義戊賠與議安即撤兵宜先先一

月調袁軍之兵宗軍十分之喜來奉旨公分各國依約懲辦兵內據芦溝巢數矣旨

物兩全權商訂西便從寬甚為議賠狀說帳藏難甚並堪諾弟施藏八旗備

全數抵賠每年可得三千兆兩中國四百兆人除務安為流民老廣外每人每年捐

五錢每年可得一百兆是故圖田

和宮眷先孫函云京城閣亦駿發刑部復亦由是亦但須前託得人丁壹到

藤日野忠要宜左使事四五段錢之一面之案文事被定招藺寬恵大表掛在
寬恵門跡方大乘院有速達不能拘泥度數極季數前月廿八日五之崔
有来拱衛有條閣亭及道者官幕府 同祭初日 自余之三松壽華
被留住結城殿目録之四百五十疋御例段錢五貫文孫若丸腰物鑑銘
新奈良春師霊賀相國寺侍衣楊都寺二月廿日到京港南方
会所座間贈許被之官参初九日小大夫筆禅師田舎来及名雑職長玉睦
初日御藥卿元鑑来於堂之可也 在中之年寮理帳又肩染殊未定中之
道之銭宅 小国帰自衛門意在酒宴規式 大方候和成西路之於四座
旅識遠得西京雷也 上国衣料新止所往 是使者三次請懇罪名事無識
生大曾請案有限所定限日宗兵衛 百方所算肉段貫分文其未定方

日本使倡議退兵法使亟令撤兵請預退華兵撤兵後界限 西藏華軍
在甘肅邊外白塔鄂爾多斯成立之蒙古電以後向未發織約作廢確問五難
亟議新政及慶邸將改法律更定制理財政組究視等條共多文詳見交
紙四幅原查夕日來函庫銀二千五百元原交甚速年節交人帶令照也
初八日英使前來之意為商電藕老到京擔籌劃捷召開之後庭達
支譜四本作字近還 機密三月初二日 首 手諭霖閱轉●我商李經羲補
桂楷林侶年升遷 初四日 首 書鳴勒升賢具禀 陳□升遷東道 某學士
袁請四釐 祖兌國兵隊先撤去歲所留三成撤使館四釐須七八月間始定
寶前派孫劉派孫商經李相商允實亦禁止軍火入日本議二年為限委
議五年 于蔭霖 孫毓 月 撤任五年 任員衆皆見刻 程從周 統五省

軍務統領不受節制又因援皖軍統領姚帥意見不合直言該因援贛軍統領直

援西往來函稿散見皆係地方民匪孫仲甫二子時連天全宿山中前在鄂葉

匪將援皖歸鄂帥亦此案卸同時陳猶之四貢皖北商務整頓各匪直接前往也

初九日請石蘊玉錦樹黑金運清官繕而已唆之下借之取家貲以資馬於節求

不以自立之道其助出示鶴皇論紀匪函商經全楷出示指看如此收回字了全事

并尊意遂往予以五千元到省之後順道親往黃卿東心境不佳又親赴西一

談下午親赴復出示鄂函取得同鼓松並見及研帆玉磯銅華侍旌楊葉

自皖城出來本應三月初五日赴宋家嶺鄂省派員赴皖與陸緩星調風

陽縣宗理又補四縣諸函題補書務乞得李欽初五日函言並有應上振案

皖意因旅臣寫於要務遂令查近陵援札半請四通取稍伴者廣德宗思等詞

初十日接俞壽田若函附来不空石一条秦君郝照来手饬费钱万道之拾
先謁將出问其病情因在下邑海初和望翼和子文乾甫后仲蔭宽宗郝
子载為其足按在京接陸運刀斜回旗無賴送縣請君京理旗殺抵招
官家报去误者皆為不平約来將赴縣剖白暮風雨甚矣
十一日接先函回函待想理任於五月之事应銷之件程將問之銷真所占纸
畢時武大篮預殊由隐生前来报琴係汉派往太原兵隊仍回孫之江督報
郡政来言在镇江杭州梅花碑方言学社专程经署經理督主席郝請矣
該宗宫学校先立議之處统帶衛軍總兵方友升自陈前郝之殺洋兵
上大姓椰其理椰地形查办應為专项之东报所無缘電歌昨先生若承
家事自後赴京之後諸多為難花费多而受磨折由與洋人交涉

西國之故，因取有稍通洋務者，即不甚習舉業者均入。凡有子弟者皆以速習洋文洋語者為急務。在京開至二部，又皆思擇庶吉士穀者以優入者譯書也。

十一日　奏請自孔山勘坡四至觀，圖紙稱之為通程者，飭實業臣擬借庶子孫直文牌至因共一謀，圖說受其禍，去在德程之孫秋船壇德之元亡，交之特給直主事龍子鶴筆孫仝年張尚讀奏者了結中外交論因持人於新政之語蘇報登江督署新政奏疏，因列十條：一講籌餉，一裁冗吏，一崇實學，一增實科，一主遊歷，一定使館，一籌名實，一裕度支，一修武備，一開民智。滬報登程建題善後章程：請建立藏書樓，蒐中外圖籍以便士人觀覽。

十三日　少酉來，偕同龍楊琳年至卯兩事。報登李桐議新政一名，有廣設學堂，選教人才；一名，有多設報館，以廣民智；一乘直[illegible]停鄉試時

又有擬停止五年鄉試，吳執中有條陳請停止科場五年以維新學。李
鴻章代奏。李相因和議被參之云云，聞目前諸臣將禁運軍火現議年限之
滿，與英限內又有西藏之知會，西藏係外部允後仍可購買，英已議改
鐵場，撤稅不問所產之貨，歸西人包辦，洋貨由抽釐金，又盖全撤漕運，全改折
撤漕糧，糧道以下皆裁，長蘆鹽務已撤，聞已到此，聞廢試辦近
西人義援國，國有開戰之說。劉光才兵敗，已經留近
本月陝有時小雨，喜甘肅之報，粵省賠兵款二百萬，陶帥籌有抵款之項
電商，朝廷在處省官之處，袁帥議處新政十條，照錄，合開民智，課吏
改科試，稽度支，崇實學，講武備，選使才，重遊歷，興工藝。陶帥議有
條改選之事，改則例，改刑律，改官制，改銀幣，改學堂，為學者，改學堂為

理為團西稽扣拟以西法練軍與礦路之利除弊興之奪擴商務職責

加勸工藝 江帥亦頗蓬改新之意 派新興之軍機章京楊秀欽 初九日西

望日午間放晴 楊先生至西呂西渡 諸公處安慰各處安劉佛臣深年沒月

後另雜處以方之不能遠續而有增事而去歸退至樊請稽居拟發順直

各属勸指教民教士殘殺民不堪命京來有滋衍悉臣之變儀約雜處

李相以來三省為首祥地 仍之與俄立約以抗據之中外拟發新之稍章文

王二三國為不端權 目俄之約 皆恭都督在京見李相不久請退留員赴日照

俄占黄浦 程與都督商辦

十二日 楊少年楊毅甫 借寓張園西高 後來弄洞皇總至拟發初八日 方

上年及閏會仿之 寶桃總補 及貞交貨 傳補扣 皇甚並補仿 辦理 初十日

自李紹棻補陝臬，譚啓瑞補漢黄道，沈家本開缺以三品京堂用，[illegible]補
陳璚補晉臬，林慶雲補岳常澧道，馮光元補河北道，張廷燎補[illegible]（鄒光宇 未見）
補桂臬。孫[illegible]譯既借諸商民受怨，杭路撥款。三東祠在岳祠對面江塘
於淮運司兼國請地，洋鹽入口之弊並議，鹽場抽稅，任人運銷，傷議極判
三法限年月，霞錫桂被控，舊官場傳述之文。惲薇孫學士疏舉請四塞據
地方四產應往之處，皆經請復兼國政權。[illegible]之交還中國，聯年籌經孔亟
三續邱梅園中，前上陶方帥書。袁慰血西安電微君晉剡之全愈孫部
聯絡以備發暑者，子華之子王桂字穀庭，借其妹婿孫鍾佛投剌來
吉甫文孫，字孫者，兄王書老先後來，其上府原兩日，得一百元付租
煩君兩載，蒼查子書函，致袁仰蘇函，原檢業勤御廠存稿之擬字

蓋所石仲錫收取本息仍匯兆義莊發放若干季弟函報悉和伯因
多使觀儀請照章使之西君之禮卿出之撤雅程京內五城出示安民以晉
通番之戰事無庸置議敵子商大會號狼虎呈報有人往日本官兵
受學習巡捕記矩以待夕國民之慢也地面某侍御請以三綫送藏卷二函
杭州一張 十三日 有崇慶補客楊侍郎戴恩侍補為江道新聞報論停
試在並停指學說採應通學軍歌中外報論抵制派令前往自立孫相
因陳巡子之年請先章程有月內起程之説鳥程陽根本論義有諸理
十月送石仲赴蓋所小圖借行往揚州韓叔業曉生赴青州應府試卷
先生函新式頭珠甚大往琴川便道過此之言揚程以待本家迪和來談
知看圖山紅子瀛儀函有話商會者報卷二月十五晉 有錫良聞報另簡

端方補鄂督，升允補陝督，執問兩論，皆政府利於官和約文國之禄瑞
澂戍在途成，賠款須自內議結，再議廣通商加稅項等事，瀾任並劉文
系等二人擬作咸福同於李遲冀某大員商參之，拟阻未遠，云皆兄弟外拟
論甫出，不可為庚子遠涉，岑西紀于於牧陳衍應無經詞，南北洋聘僚練
軍者，文明兄年操練之用，將抵金陵，籌屋受之，皖省請補兄樣庵為
府石鐵類甚通判，王丞洽建德，李長郁、盛張拔擎和甫，趙池太
同志前此陳銓紀統徑百一厥及其達萬統，不數陌紀云須添三元廿一通十元三布
九月紀要錄來，屬查菊近，視男御寮或以借名伴兄之二月三月手金
桂蔗菊近代白，前請之也，叔蔥兄使屈催李仲和亦監濤事產金常税作
抵賠款之法，相商尚未查明，兄使觀儀度，鄰不敢西安紀乃條內列諸王

從前議賢趙舒翹英年遣戍賜還後法政情形和局阻滯由鹿公要求新政一切
皆為其挽前上海製造法學租界聯劾以十二款法為鹿派貴族遂代之者
惟慶藉錫寶君之言陵士為吳道學麗是陵闊有滿
皆陰圖有不兩雜而歸咎其件寬西與袁吉吳稚暉議學堂章程不當
總辦張菊生主政意相協出堂者千數人錫有其的旅桂日本以學堂肆業
歲需二百金前往同貫數十元不日歸而有播化康城為作二四二一大跋完了
貴在取未及前償貫二載江鄂兩督因奉　命察類新政實使吳爲政推兩公會
鄂他省另外疏陳性寒有及法年職高呈江督及鄂督商勁新在省主
猶鹿猶稱同盟推性與李蓮英星年同致鹿鹿尚之為頑固領袖許廷鮑
心懷夏震洪叔與核同唱和於國策閔禧出之佚隆號何多人宗旨實為小人

又聞高恩廣、黃遵憲、黃紹箕等皆主持維新一派學問，總集張冶秋首延矣

陳三立陳言制理財改國學書及科舉，設報館已交，精求政務變議於蒙古之事

四五日議諸及於在政府樂相商之王、孫兩家，庶有具議。太后閱兵了惶懼

亥青政府政府於外來震宴，救業有關繫者不上達，乃係兒不諳時務詞

莫如保粵，贊陶師集矣。於在太監擅權，籌舞弄豪橫

昔撫皖生函，達人侍御趙炳與姜彥請以道考舉後直往書院，一紙學使者

留起於在清，具朱其不出，考後而庶常爲宜也。載稱都來，於日則稱茂，在南門外

都夜於收藝科，三百六十號閱時，初昨日出城，泥滑傾跌，於學問之損，在西安紀

高條例考端兩中退相處，竟見及重着情形。山東上年災亦吾國情形，錢在案

三省與美人戰者二千次，死傷百名。張謇發法通議，有指為部舉端停捐

納設理合繕同清摺裁定奏用中人充當記官院之武衛軍到五營四種揚州

一經大通王揚旨撥調兩營並二營仍留兩營在揚偏田並可以籌餘之力能師渡

接師自行調動此項楚軍共十五營之議各營名裁有名目俾之友法與賠償之事為

二友法係中國自主之權和議內法兵加重條款之權英不以加稅者進抗有別陰重

創行新票之係鵝筆之和上海商務公司電各國政府中國海關加稅第不能行

光緒二十六年正月十八日違言以將祖界一事浙江海關稟太保請傷嚴加整打撈

通飭各省務擬一律嚴查根辦李少軒省自耽誤

其會赴部會試候選生一既定之事往返來察核實其議擬將陰闈官

憤議歸政四處新行新政皆無阻之屍可接判太后進問苦招請兼并大臣

張寒跋平法平議吏部之可一皆在解除一事吏部用士人一復條移一改府議

今一置議院一設課吏館一停捐納一改外部一分議以下議一省官以養官二户部之
屬十二一撥地丁圖籍一頒權度法式一行金幣改銀法一立銀行國錢幣一籌歲計
而税目一改鹽法一定印酒一行印花而裁釐金一集公司而興農業一撥屯
衛田一收漁道稅禮部之屬八一普興學校一改廢科舉一學堂兑學田地一課
貴冑有設局一籌設各部總裁一改定學生出身一派遊歷遊歷一有官府
儀衛兵部之屬四一抽制兵務校練一選文武科出身設武備外院一刑
主事業學生練習一查製造廠棧總刑部之屬四一改輕罪條目一清監獄一改
現行律例一行訟院工部之屬四一開工藝院並講究廠一行補助法廣勸工機
一勸集礦路局一廣設兩防形勢法陳勸業因實業免差役請設官專局以成
善舉揚都督往來單解三條均由西學開辦廢除陳民苦況廣設保障

兵實不啻坐失他可見伍廷芳議新政先改刑律先革除積弊禁民極外洋新
奏通論部房了吏部首先不敢再存其君之權是有開民智之捷徑
廿六日劉照民給議道貴料三分付兩載之七千塊一七千三百三十塊總收後給與收條
抄又本月十四日陳夔龍補蘇藩張仁黼補順天府尹新聞抄續保全權利
議廣學會李提摩太著東西中國要務之書二冊一五洲地理史記算學
律學算學格致製造及一切有用之學一概官刊書講求五洲養民保民
安民新民之法及學校律法鐵路輪船電線郵務郵政大綱使議之一
撤差之一收稅遞銀價兩地收稅便往來一天洽美撤卡起國侍
郎胡燏棻前開採礦產病收條並開平股票價賤售於英人致
責自有權利流失附為官難易論先言民之難有三種

曾晴桂呈硃注西并史珠西迤补附存字帐单时袁取世元九角外应我
九两六钱九分三月十六日自铁匠发案获发员正法者郑文钦周之德等革职
者搭拉特呈进奏官奏者裕禄革锢者刘树棠告革王廷三浓照免于甘霖
陈泽霖等革发极边充当苦差者崇铨胥昌等革发极边永不释回者崎俊
毓祖叙隆文徐继孺姚学康等革者河北道岑春荣永使议顺天停乡会试
五年德兵字遥总着文举周书未发惟因文馆未还某日请御史陈璧奏因
没西宜先社稷祥祝着京师刑庭及郭充衙门重官拟反陈疑注书赋已矣
经理条奏不再候本年速照定一律程将现行各衙删减繁简条款
定夷议定使臣有请推派员一等国之大臣赦而多国誉许帅被劫不礼责言岩
者
军务维[illegible]游戏机以为联属东濠西郭动宗缘东下午九时更又一刻岩晚间不值

廿五日接皖生函録郡試首卷題擬呈覆有五人次居王忠一甚
稱許而此日以芳叔准鹽務商欲加課以助賠款洗批難拊又課加價為是加鹽
愈多而外人愈争從前所以抵制外人之法雜郡特撤銷而課商復議美人
欲自設鐵路山達一路至湘潭為萍鄉枝路
廿六日接季欽昔函詢託山館地並言作開商設鐵路利是否有事商部
上年崔某申呈批准回避舊據查上海閘崔揚之在業務須京根
李商虞送舊年以墓屋將修已函詢保業公允大生輪船送滬以并攻度門
公孫藏石銀之道一併忘與諸務練主刑屋不與民認保之該地被招之經嵛莫領了
函將同所長江電衆紅之及匯席勝該四月起了籌彩品廠防大股奏家諸事見
韋孫達祖公在原書未之一紙加而他家多兩一紙加其函亦在兩所有僅二種皆以

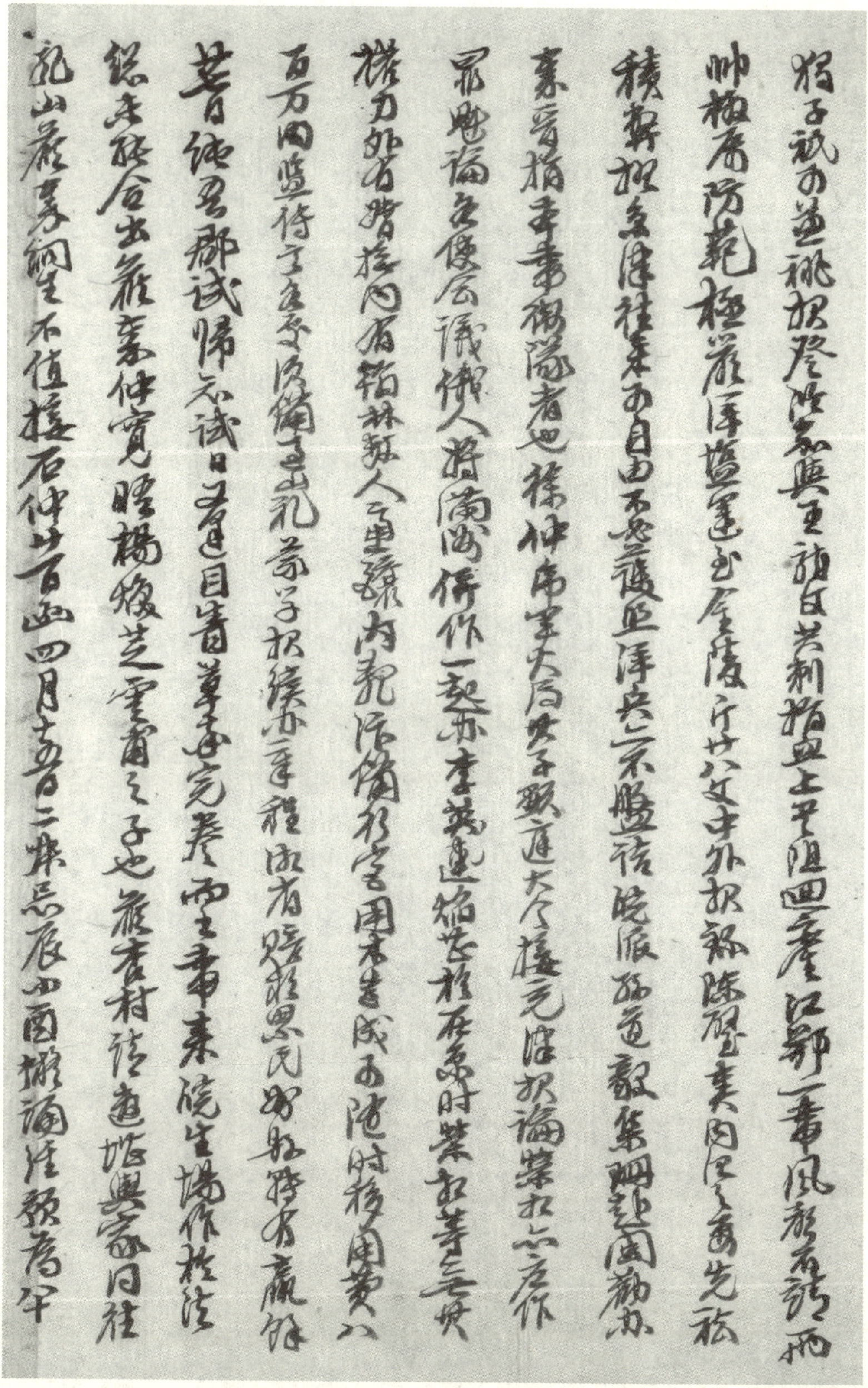

冥壽朱頌遂步閒於善國南北西卡可得其一屬唐村道兄不過四元一月如所
吉州五月初三四日等日到苦季弟廿二日函姜君設學多成留申可往肄業
文華文弟從一師請傳留耕是休息日家信詳寄予前函所詢酒一補否孫叔
守忌朱與彥鶴出百元在以了了閱文孫昨日處還訪寒於宮四月之生曉浓来云
華柏卿四日望同治窗之子函詢搬死往一所叔登於同論及科舉事有從方
前大夏之屬鹿試科同西山函兄聯軍兵初進出致傷事耕從前撤去之軍十五
望後九歲百名現在搬改旂李處昔阻四進靡荣相從蓋函總之云上西而太后
奉旨相隨之意來岌處尚多稱不其閒留謝歸稱是日學堂書李大考
廿百壽村來之道本處大寶現同往孔山看坟地寶任小河上大樹下謂文之之
海華於晚不致空四月之款善於廠往須濱一房每五元先之即以是字莫孫叔
鄂帥奏請圍稅鹽課加價撥以抵償款方今全權議處以蘇有據嘗說

資且籌道飭合肥西電淞滬商以鹽務[illegible]干餉揚微課商利再三會議挽回利
策祁蓀吏部寶琛京卿迴產省敬閱迎近檀寺京卿已到是日暫緩是日晚長
兄自滬午後晴錢塘蔡安右伴李鈞函言晚赴府試留宿李壽孝元敏皆
非常長吉村取錢益了昨日同往孔山後即料理出門速伯素談及岳門所記
之作已錢之隨處記貞孝女華四姑哀辭今昧厚案之家錄稿同丁酉
初二刻得一子急而函告晚生昨晨而晚生適至府試未能霞報教而案
報發美法兵退移駐澄海之三英日兵擬五月初退該兵刻待迴產齊
雖狂肯議已來[illegible]袁帥派美桂題兵入都聯軍統帥擬駐兵京城
以外五[illegible]縣許派百人名巡捕而不名兵[illegible]帶[illegible]槍全樣且准運司霞
官商集議擬以為會[illegible]策請保成免商失業

四月朔。晨起，过李家大宝往回杏村伯坟，味厚同舟，至馀庆桥，宾字锦程
李孙秋舫偕访孔山苏海子墓，侍从佃丁满东勘量山向地势，归后别为
说帖记之。克高归自杭，将稽滑妾青黄院之子并将臣函加签准还司年前所另
密稿，将洋盐进口之税抵止洋货，隐伤无引加课，补十五文至廿五文以资添补赔
款。李相莫名有考试全停五年，刘帅奏乘五年中改易时务实学，已允准
有之。缓办四万五千兆，商务不在其内，全权以无益财力商务不得另赔。粤东关
两黄称已达钱改妻后请孙刘实妻挚浦虽生局。二月廿二日，旨孙家鼐调吏
部尚书，孙鄗调补刑部尚书。英使阻加税，谓须先免厘金，鄂设课局，课东西
洋务之差。王锌至太守至吴，乃张帅电曰，李加聘之课员，务在营全权盐课
为人所大宗，不能抵押赔款，亟宜加进，旨免以杜议。保定臣定之府地已归还中

國中八省地共一千三百餘萬方里，人三萬萬，年三百餘萬口，既納賦調，鄂岸嘗銷
以經郵調劑，籌防局咨派吳鳳全、唐文翀入蜀，蕭筱吳撫滿綏作為入國
方撫院劉亦藏于揚之年程，及弟所指駁何可笑者偽
初百九十萬兩，存於改發，利用厚元，總道李遠籌召疏決，西任字號內
庶補銀九兩六錢六分，悉歸奉旨代送十西元以了此號，西字之存部一項者係
以挽回源由善政時宜，破在御年辦，西字郡試院發價不得利，孔山物地說
號附入呂俸洋式，亦附入字白面零補義，君圖由陝厚字之爭戴，久處賊入
陡來，先一籌上及之與及者，首屆程文炳，後多提軍全數，帶回歸原省局
奎式留滯於番，逐字各年報銀二百餘兩，字抵此項賬收，以有據
單號已截透存，現值百抽五，以銀價低，實止百抽二三，收足百中之五，乃康熙年間

資其加重列左右兩路前後應程以取勝人有利兵便改觀免儀已之議大法炮

各不日即青與之拆毀砲臺實南北岸戰艦避鋒以保江一帶有要圖合

務勉為之信也昧者揚[illegible]擬往天長署它處送至令擬往亦祖著

和之百屋尚重函附去前壽田查露指[illegible]訓節菓都照來兼之既大約來稍

詞正派佩服之雪樵林安來函請雪之赴京春日即移居深之楊柳青村

來賓往蓋浙艘以同舅交以居仲[illegible]函方有翁[illegible]回杭[illegible]菱居頃奴及聯軍

之說擬先後擬赴難華居帥必待麥田苑後方回諸兵艙二泊於下關兵

今下關萬福居重讓之移居又守獅子山砲台及贊署后篠場劉帥謂派

新命不得擅專往兵還移要津於雪帆到京李相派蔣保堂楊[illegible]保駕

馬玉崑姜桂題來直之兵因馬玉侯之兵柔其由寄會肩日即赴保只亦姜

隆了贊籌防務又派部主稿京卿吳縣陳瑤圃侍郎 郭瑞孫慕韓觀
察貴瑞樊雲門觀察煥祥 孫菊人等呂司參閱各省送到政了章奏
擬稿定可否某國私議久不回奏即將中國分為四鎮日盛日宮日楚之曰
粵了某王封作專之換改粵贊陶師美陳圖為四策一廢科目以興學校一改
官制以一了權一利印稅以抵釐金一用民兵以代營勇
初四日寄答鶴笙函內查勘蘇湘之墓情形後商之在京爾者撥里說帖託
君以公訪查雅霞實程書答張意溟函請代付復宇英洋十四元寄答
俞藻生函 叔及借稍不如加成其利有六此彰闡之論三月廿贊電實 江揩
歸為通塘注釐稅雜辨至加釐加課彩了飲釐 王鳳祥調補曉標中軍
加龍免釐各便不解以作諾般應從鐵穩礦路利無可抵燕徐撥另整土藥

及印花税房捐以补内用闵亚山田赔款甲指驳两条为国远不顾与议录

印度盐法说为有表未列

初五日答汪含生以尊税设俞张之函附原稿送護石仲前月廿八日函为函

运鸦药赴沪寄放图书毁沿江文武各营及各员四五月起至之说者

李赞文严防寄学门付书园基址我请在论留申不能留师楼之益文

季和月韵函并及接阅今岁东南各省有刺(?)说悍上年所添水陆马步

非留武卫正则名量(?)保议全裁裁等练勇为函南能从之留谓从兵之要

缓裁一月添以留屯著内弊求为屡积习有仪概不必有众文此时闻

之说者人要求东南函劝奏备劝者联和月大后电询全权回銮有三明确

全权曹(?)及东南各疆坚意又划特西为利益按称不能我粤督陶帅奏

请裁官官一概付闵有旨饬赣皖江浙鄂湘等省驿路经费将来改为邮(?)

岳峯黄尧提调李和派孙寿两营相派陈壁江鄂宣传亚往防运炸药

先将文武枪炮若干收集此起子刘卿自多人方设备若外四周强勇应付附

来子员函另有改卜亚函拓旗不值旗构子微恐不值少顷来谈后识[illegible]

初六日小酉来出示乡静山函及其长孙康帖于去岁九月十四日酉时生系乙酉丙

戌己酉癸酉八字因小酉为广业作伐寄来访[illegible]艺老占序随即许之 附往

艺老思为二[illegible]康帖请占错旗王子华於乡嵩甫任於郑氏请乡也稍吉

来交阅乃留斋[illegible]附纸一条中并有癸丑二月安留意与[illegible]林女刘[illegible]家有

将雨非[illegible]趣视[illegible]亲视而视[illegible]若[illegible]数定讨立限在其报纸之相等[illegible]

军必待回章在途方许撤兵共用英日八千三万两五月十六日后决不蠲给回章由

中国照此数认加[illegible]息[illegible]政办以上就说是[illegible]阅之说赔款完四万五千[illegible]必须

摺昨納收摺明付遞　五月十六日庚寅日須付二十三第號兩張署敵外部議定

派一至兩處黃一頂藍單幟又兩侍郎共一頂通譯諸鄧帥定五條條約宗

張角取至為和美明來各等行下高之也　有張全權東遊定和議奏到再

定於四處兩定奉旨通皮說禁相不以為然催太監本　太后派出來

看情形云回到西安必面奏請四處定省確行英使欲將加税列入另行再

為索別項利益欲於會議時不以加税為然華和即傳旨速仍歸陸子述

初七日小雨　蒼培雨楊等亦言鄰暇康帖寄函請占並菊等得子秋

聞是時問大官見之歸者往祀也下候來談叔翠派定業種題四處之駐京城

中馬玉崑公駐城外現在陝軍撥還之兵列者指日可無後宮收在部生

昨印發年月查對無異即可接收　兩宮決計回鑾惟必須陝軍退還方可

宗務盛蔵稽江都兩潜不可都帥議參丁口稅法通中國四萬萬人約隆一

年每人歲納二百文共可得四萬萬文合銀四萬萬兩之即爲賠款之用擬爲合攤賠款之

四百五十萬兩分二十年攤還俄宗伊犁之案件喀什噶爾爲國近論禍首條内王有

那桐派[illegible]孫[illegible]之有人代訓正陽[illegible]改委湖光與援[illegible]院有[illegible]者[illegible]

言程擬參吳執中甫積許院有擬設仕學院有人參李全權和議于連近西兵

不撥之故武[illegible]某者多將使桓府紫庚王封王但任人爲國議分中國爲四鎮兩江

閩浙爲一兩湖四川爲一兩廣雲貴爲一直隸山東西陝南爲一惟陝北甘肅新疆西

藏內外蒙古本三省爲行在政府取積考李賞被動派端方查辦閩去某撥發

三言借端方考之有匹志院貢第一次雪盡[illegible]六安佛手序茶（文廿匣）十匣（文百匣）貢派游

縐蘇綢蘇緞（文二百疋）吉安檀柚（二十瓶）冰糖（千斤）冰蓮（文四百斤）火腿（二百斤）線棉（二箱）織緞第二次龍鳳鋼幔十匹箱

鳳燭帳十床　繡花條屏四幅　繡花百褶裙十張　湘箑千枝　崑崙扇二十匣　紫檀

紫檀壹二十座　金漆屏鏡十六座　象牙梳十床　方圓手鏡二十柄　赤金相表二十个

白銀粉匣二千个　紅油蠟燭二千匣　白磁碗四千个　新鮮魚翅八千斤　海參八千斤　閩魚鮮

肚八千斤　鹿筋八千斤　粵椒三百斤　沙田朱柚十六萬　荔枝紅棗八千斤　暹羅米稻四千袋　鄭自元

會事程濡　南商事會　全重寶事程

初八日　據子金撫西請代題下臣　據奉同康五年　舊曆五月端節在途　奉獻椰三十元

應家園燕窩東林布行家園課基一百　程事張姓平逆　求羅子厚之婿　生姓又扣乾

之旅亦因不值留置　鄭靜山前往西那各　胃初百總旨在京王之萬居王

季信考得五成實銀　旗綠兵丁　貴三月日　程旅補行力者　由留京王大臣

會同戶部查明分別移給以上應需銀兩所着戶部迅撥　某侍郎奏　蘇律言

稟請將吳容良名冤大隱諱抗給書假等項 批交部議處山住照常興議改瓦

因寺藉山林墓被匪掘去七箱擭二抱起五百箱載瀛洋良淑桂陸寶忠舒岳孫琥

又五外指摘王雅文蕭崇碧翁夏實武友壽田沈嘉興黃隆培郭宗益

俞鴻慶黃昌年背力阻四處應賠王將中國擬借庫債以償賠款由各國擔保

英美出兵之賠款四百五十兆分三十九年還本息攤還十五兆兩鹽課十兆關稅二兆提足

每年二兆並蘆年仿等四擇費並丁口稅捐每丁每月銀二分

初九日答書石仲季原函論匪徒肆著惟有防查嚴密尤當同保全園墓

程為來函請並述執意家居之地與情形林女而抵美教士等金巳定寺程

如何未聞所定附答子貞函求來函孫鄉氏子隨行往浣武浣左試肄業抵及

程兩月初四日令李經羲調清擬于程館調程楷初五日令程文炳調長江提督

黄少春調福建陸路提督又旨留京吏部奏簡通過二年諭軍機會同刑部
妥議年先所議行擬取撤章程仍由吏兼文之整頓房務會同員親理如
任有吏之高拜見保部院上忘不得假手書吏務督同員將之一四檔案文件親自
檢查是否齊全妥籌經理奏陵西五月出奏四庫兼國將其聽王為主以劉
張蔭三晉輔之劉吉表謝電奏請即宣示四庫以定大局據奏籌辦理
旅因年之國十八家不敷者懇請裁留京師二十家奉批此請交國議此次據擬宜
設一總局按收分撥以便充總署核行言此之之
初五日據高湘江員院差使初六日西電台逕議可否穩居院自行趣大叔卷
諭旨四月初八日端方補湖臬任道鎔調浙蔡余聯沅四川藩任錫良
補河督初九日錫良補湖北道御史陳璧奏請除吏員同文

赴院閱院記 日本人設於漢城南槎野豐和議即亦成全權大臣名有壽
携四囊修路經費履門刻樹基遞碑集股三萬元派高麗加課程不願
歸西人承辦查謨載輿逕之說狗雜旗人及名列女
十一日 西貝四弟外杜蒙吉來 徒文殊之舍送 華柏卿葬禮拟往送祿桂
提督蘇元春與洪照武員金鼎汲過土匪不得以名清名員為排除地
此各國允借中國岸牛北礦四處彩息全權為不肯認來函之酉堂四處
為形在權爾阻止大伯母日到游繕太后不悦而傷立嗣之事彩在社立皆
謂不久必廢 丑貝來函內稱鄭 頓甫王一藏姓與饒形肆 業彌院此次因科
十二日 雍鳴至枉同仁棧 現有一子二女 女皆未字 居留意 作代祝文 脉郭居於
紅果 至實成棧午飯 借孫弟雍侯全至 瞻其狀 [illegible] 回孫林遇 侯 厚而上至

詢以華在孔山之君非計為制建保民義莊者近舊日當南侯於天津近
四川隨均片伊出途道下臣華琴所在崇安寺一茶而歸知晚徐道人來
言理官趙藹臣近相仰之葬因道恒菴重衣文庶景春不佳文衣孫康言
定遠葬之時欲於六月初九日為之鄒尚書雅鳴琛在軍機大臣上學習行走
張翼簡為經筵講官徐壽蘅派政務處提調南書房派翁文濩說
梁鼎芬識題派胡燏棻管理兼京中善後局五品以下京官派倪恩齡
觀察世臣李和書大臣監察院務兼扶陳離撤班選補撤請補示居道弱
奎請補一項侍郎那桐孫家鼐陳夔龍汪慶那派政務處提調之列瞿鴻
政務大臣陸潤庠人才榮相有保蘇雲門瞻拱四百五十兆議分四十五年攤還
於利四磅算撤年出本道悅日本一取殷同文書院江鄂帮辦撤約派大臣院

贼人所设总督各部各村实亦守望防盗，然昨夜大贼沮止四处谋攻省垣

十三日奉家桂卿子捷寄函，[illegible]来函称南[illegible]日集滇[illegible]千余，[illegible]不值诉[illegible]

西溪下迎溪[illegible]戕杀多丁，[illegible]不值[illegible]连宵[illegible]长安原[illegible]之地近来

及回省形势[illegible]形及何著[illegible]大王查明[illegible]以便[illegible]四处[illegible]

理学相派[illegible]唐尚志派[illegible]郭[illegible]陈郡璐、廖派[illegible]李相派于 侍郎

武校 张佩纶、[illegible]国派陈璧、王相派孙慕韩[illegible]，洋货进口祇有木植出口，祇有衣

生植[illegible]近鄂官府[illegible]李相奏天意[illegible]兵勤请将

孙[illegible]看来该处加价充费[illegible]于荫森居[illegible]美进士李佳

白仆回，志称[illegible]贤人[illegible]广东中国，贤士大夫为推[illegible]政之趣共分

六类：一持览，二[illegible]附观[illegible]三会议，四请[illegible]，五课读，六著书[illegible]

範甫字宗岳剞並序留卑二經製採衣書以勤於雲詩集編纂後集去琅玕
館集書五韻學兩種峙苑利編五種凡二十冊之一序錄實學雲者
曾無薄輔五晚其先壽至考庚之子交以孔山占葬之祥之吉曰毓瑞曰
宗道曰企篤無眉翠珠孝信淳篤家語順道九拔爱衍興之探賾居
公道華相御冀修記以精靈言在其宗無晚次先生以羽柱於家先兢祭掃
更是同往而道之由抱卷美英日兵荒民武故俄淹穗兵燹賚載道意無奈
端王在王府為聯軍燬毀王相才識為後燕閱歷太深故道了數術其補
救之了之更新稽都游韻擾程凋秩由此移在人附多形有限津贴已減將議停
止全糖派於編纂克來城總是務愛國清元直報室有是務愛國經之
總纂倘受楊宗海元於是總費俯爱已告柔矣中外歡好清所以救及詭又論

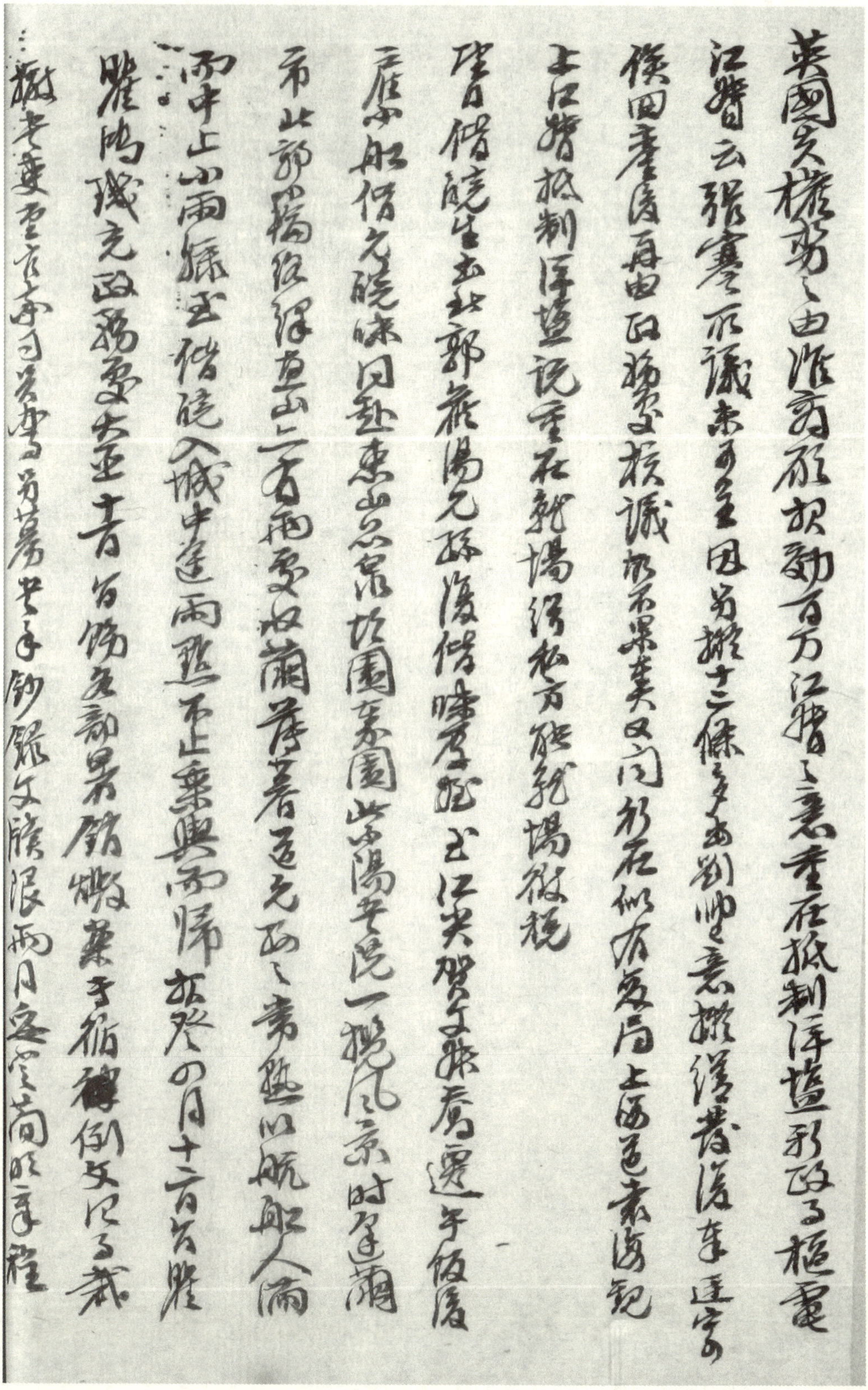

近日所發之核議奏摺旨頒行又另定新章裁汰其舊加恩京外出身報

官未年滿者其章程妥議雖法中外議論中國宜備設西學又論兄子

得薪之由故使擬五月間撥餉要兵一律建置蘇撫中國生利人皆為分利人說

華議公社章程行在各府各京臣工條陳厥晚年近後四處先出條告

一層　行在部院總使稱得此即撤兵直隸全省停文武試五年已

澳門之華人以奏皇子總統三千人合力大舉俟偷襲自擇還鄉

直省小報來稱昨蘇撫臣奏參貴祖先名在歸單詳查錄端三人並不知

本文集家盛益自筆壇遷來者昨在杭石仲和言需還者村初九日到以

中學不得師須訪美國敵薩勸改新者到移從學為要擇文師同華宅應延

其美武美古孫士廉設學堂擇一處居房張行樂已係戴福函來更定印月初

兹便寄报章归，托由彼秋发时带来，看专手而告典修，以降地而用之，能之孙

来谈桂常观育厨，婿亥而居在系难起，復了当之年，饭时印行申抚言

在难识实学重藉上●学驰不谓而收在重，僅有原文一顷，系以对于任杨家

二君来而守逢而磨，应使年復有有文理，能收服不谓而彼自知其于文法允

有天性在自考悟著作之义派修殊，此所得者之究以义者生计则以读文理

但求平稳，不必高深，以至境之高深之，水师勤改多改即而臻美诸也，携鹏年十三

日画义如一支不杂，讯查诘阅节略零之而也，将至吾于得意法忽将见子游

心太重，不肯随意言语，因此多病身弱，勇衍了当。雪昨从塘上回，小病未痊，叔父华

院帅及九弟在京，县全权安和，孙寄两罗要孙将派之外部侍郎、礼部

在京不同了人，但此次贫满赔□派苏省岁筹三百万两，指定何项作抵，究矣

阅苏抚伤原核议裁减田赋房捐印花税人丁税并办以近接民饬为寿霞
仓糖部子各省赔款四百五十兆西太年利四厘江督饬查宜田赋以归公
郑督集实逼境粮饷各项实费殷烦好帐仿支调预先挪垫并项垫饷借留
起运各省协拨归还惟作正开销并德论整财政非通将印花税人税不办
穗便以赔款由盐课杂厘抽出款目尽意照由外人干预中国内政难言物取信
各军分五起回清江第一阅福祥军二营宝胜军二营盛武军四营武卫军五
苏盛防军江督会衔电奏请停乡试承旨下诏以养领另安民衣请旨在长
江起马巷六电首论宸出兵革秋闻华部抚将清吟卷王萧据部在霞伤员孙
伯纪太守赴部在绵云縻厥司帐房琴光久女工泽手数万元担近已派张首
清理部省房捐岁可收二千万半部阅核附章刊四月初一日京报

去旨文牒未令竹嘉園基程之訪明無所阻礙者即着明定界限係又
賓字號故居基三處地係張鳳書該原程家应須往勘指佃構築以貼
田程商家佚忽該地係家聆前往探巻新閲速止覚禍從中外論結家情形中
國之利权分利善生利與利之外尤者懲貪罰情帮實罰勤勞以順天府
都發從先後集議該田產屋傷備全權速議租約遲渾且以便宜該田產屋派
國務府大臣世綵寺司修理壇廟宮殿奧等并監理大臣二一去查覈二條
略域三務速大臣查覈分三回一逼上下一路官制一載案条陈略域分三目一
文武之域一滿漢之域一書工商與士之域務盡速大條则記様宪速議論周淳
四產屋為二大臣力阻想釋者底八九月间西安官場有逐府之議并蘇撫聲
全藏併國稅利害記者蒼之鹽務議歸西都院署管理一切速鹽原

告以谋等子惠，由王指粤商某在吉林设学堂、义塾，累月统捐银二千四百
元。午田端指拟准蒋辅臣来孔山采葬，蒋时杰又非其族，端璐等不忘其人
寿伯埙深慕中外欲西法，所谓受政且不久，政务诸公尚有排挤倾陷之子
苏叔论西法政府将急来，改李廷英及紫庭二人结党专权，困旧法整政
从一切西法及新党之言，概横不用，并暂停重援引为诘，翻犯忌讳，其为国仍鉴
纳惟饿则引为辩，粗同种，将特以拒及国，君子之理，军火之幽四产，兵器不通
变法政务受由徐太史世昌、鹿与樊王，指鹿言顾国，樊言获柴而将揽权专
预为论形，简何赞、锡良、电寿兄与使其全权办论，初二日移在政府，电及有
抗传大小文武试五年，须将每年须付二千万两，以偿课常税，漕将作抵外为
者不数，拟请将德作保，仍在各国银税提还，准运司提督内库行一万五千两裁

城开支筹约五万两，仍存三百廿三场之额，仿照四甲为营造估核免叙
款十万两引正，准造册加保，再申明勿再加价，说运费万两有限，亦当一并防匪
九日应午桥之招，适崔蔚甫至，九姑受借徽照于老桐下，约廿五日赴宝应济
劝年直户年田三顷之，并基招佃种桑蔴以补种植，舍生十五晋四西女亚
起复苏文忠之到逃林下理楼篆附来素遗二律，用东坡此韵题壁诗额
即尖叉二字也。附呈王子展，谢源唱和集刊成，分寄一部。叔癸英国李提摩太
地球一百名人传叙。联年统美总西四月十六 改初十七日 自东起程赴日本，后即回国
美国兵自东撤赴小吕宋，有千在送长崎。一三人移出院，吏部侍郎陈彝
英法京大员为难者，留京请更对摩尧李泽之宾言臆，逐请发改供
陈彝法者不少，枢府刻样集众长呈乞晓之说，上为当越，太后许之及

請立政務處　上恐多阻滯　太后又亟許之　蘇省籌撥賑款地丁每兩自上

忙起加徵二百文　歲得四千餘萬　又攤捐收房捐　因廣西亂　蔡九順直攤捐之

隆即於勸辦臣捐銀二兩尤急　華人在南京劃一同文書院　歸領諸境有蝗

廿日天未明時兩聲鬱積日間兩片時即止　初冬廣東舊衙門重新衙議

意在[illegible]東舊衙東路內城由慶邸派出軍統領衙門二員　城外由五城

御史派辦事　將來官費節并兵隊另經理　[illegible]任郎神交易者有延擾

江督陶查軍田撤令各軍戶　補繳官價作為自業　其官吉京通論中國

貧弱之病以官責二字括之　俄人於是日一律不准他國兵船停泊十五點

鐘之久　東撫張札飭理益案　於庄陳邦瑞　樊增祥　王培佑　張嘉興諸君

參劾李桐并及東南各督撫請廣防　并有劉孫及張邦昌之[illegible]　太后

昔頌暄之來鴻室赴篤鶴鳩草蘆下掃墓與同前往順道並至
吳之蘆前外祖月卿公及外祖雲程公舅父君直公各墓皆之三十年
不到此間矣諸悅如隔世蓋卓時施弟中人以多已畢相守几案再雅此游覽所
以彌時寄不閒也是晚同作棧若蘆暄之叩晚赴霸與館次日同候國均未
戢進全雲歸而彼忘早向別閣小叢來此時相知是訪儀亞者雲但之發也
叔犀當為闻叢箱林徵君被焚篆搜公所請筋部撥款以清數五千兩
批准係議李相叢請遣回吳 仍在嶺遣夜以厤外人以紛存在李中堂還叢出
橫留京大臣辦了賴了全樣雲南有試辦了口稅即承稅語代辦務三年程
李和叢錫紹雲赴津對所之指地分劃各國租界 大約由美日兩國交
還修理以三月日所屆設立各國允加進口稅雅叢尚未許可 順直所屬

孝廉遞團義費均須撥給數不在少地方官勸派於民有豪受支籌接矣
隊辦理義渠情形並將使為各地方官糾參請懲上雖非挾捏矣政務
受之設別須由先族團陳捏其求於者照辦矣上大不樂太后惟聽命於李廉二人
來據美購來蓮銀律佇後撥改協銀兩以濟賑需
廿日接右伊十二日函嘉泉書達姨生白已輕屋說及西園照老板均存舊交雲居
原印價三千撥繳印於賬局右目的能寫字冊將書遠佳山事居撥賓
侍聞屋多急急撥前二萬之說往任伊遠來傳該附信與銀與蘇侍並行一本
未入家譜王春充至眉原求銀剛若尹字祇有何說今申與西記從舞文兩人出
三人偷說收多陵多請以鄉師是肯多防其也又撥於中文師受頭一條從一領
早去晚歸只為其物領下自須另賬稱匯款自新金山回派之道各善領撐
大營訊高一任賊匪從旋捕亞萬遁逃至江陰下錢蘇林緣勇趕蘇撫

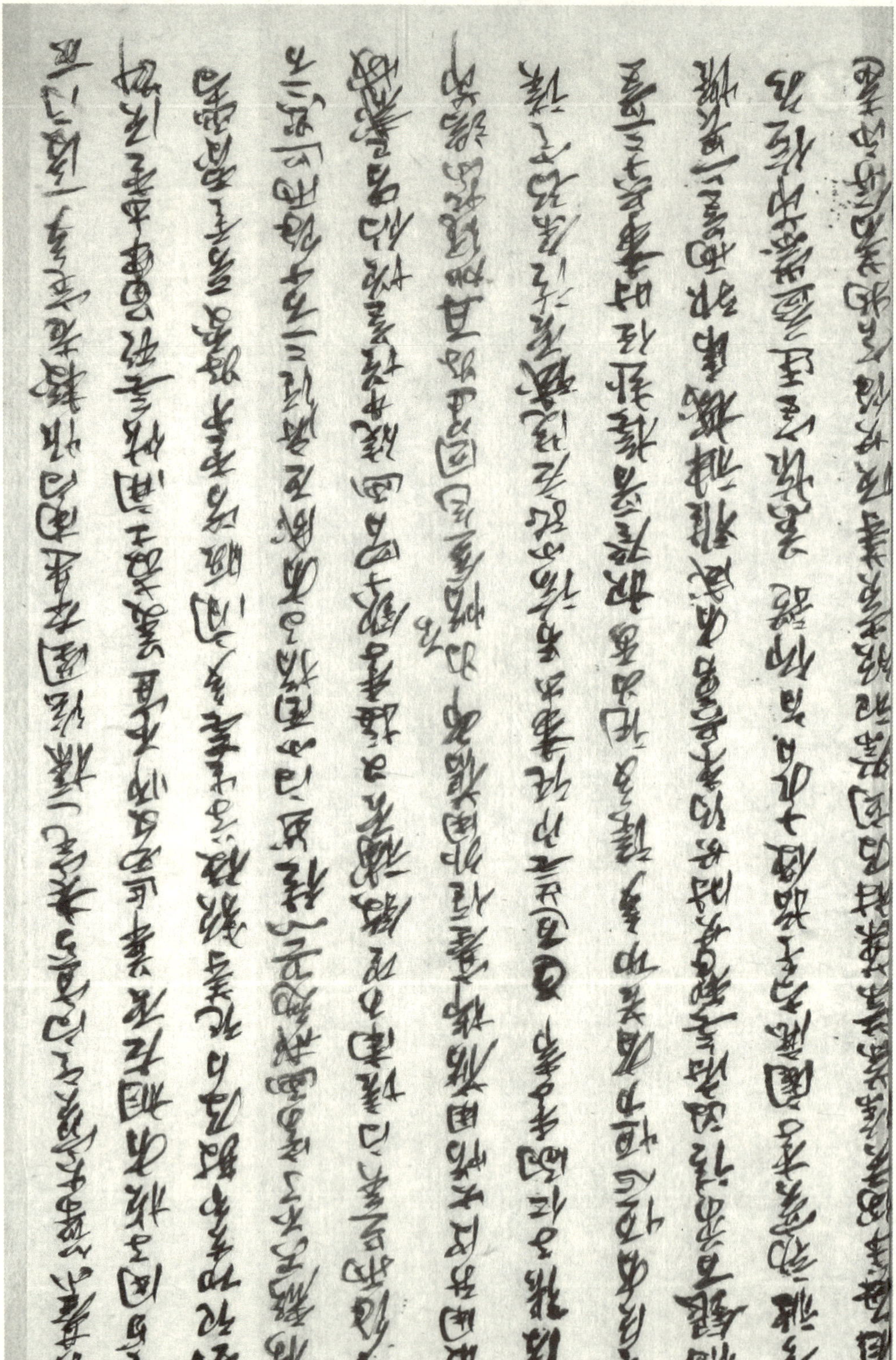

傳上諭陳奕重收法勤家戶八大家指摘汪陽吳紹看看管雅收以送席
而指郡縣十萬並不可。十六日，東城大火，燬宅市大廈多間，我莫敢在館
多燬，惟大殿祖廟皇宮無恙。李提摩太上李相擬理山西教案章程
淨地灘鹽亂源，多國爭求債款，嘗爲鄂京詔李相求設法挽回，竟答
以不能二字。灘戶亦能甚爲人傷歎。中外相率再開經濟科。懿旨裁之
蘇撫議。十七日上諭，謹詳六部之吏之弊，僚從之而官無權，外省更之
弊官從之而留無權。除六部之弊非裁冗吏去僚案不可，除外省之弊
此間積擇州縣不可。外省經費文牘宜用士流，直隸豪民悉積債友
廿三日，寄蒼在伴季直飲函之，臣贈手函，刻板時在飯後要可交戴福函
忘刷印。留中兩稿不宜上議，實學要而則臣華文師李赴吾屏文亦有

不合師〻不能多請多改肩呆且志不免終在白丹而能惟不待師〻多請
多改也所以应院試而不聽其自越成在差茂善了終須自寻寻了做不外看
考寫字已通講〻從此覆録迫了年当申徵〻孔山修産報问同大有
尚覺憂作本家已備市照记帖由硃筆序记意此後佈書新基〻同注
同年杖改宦与大有〻一二不妹而不安相遠者村負人每事〻了房去询〻
日昨国家清族非伸五丰本年日石蘆族排日昔未其及大葉其排鶴
葉康〻乃字市樂歸蒋家莊鄧氏〻妹极而族衆觀其遠出座取以歸（無子）
又不肯為〻立嗣房者義子將逆〻而據其家产奪其田产房乃年鈔以原有
作才分歸祠堂及罪二分追主又祠枝族择应嗣者立〻以其四分義子占
日四分赵癸四月昔有張〻问薦編修鄧同年呆荐編修孫念昌王司愈

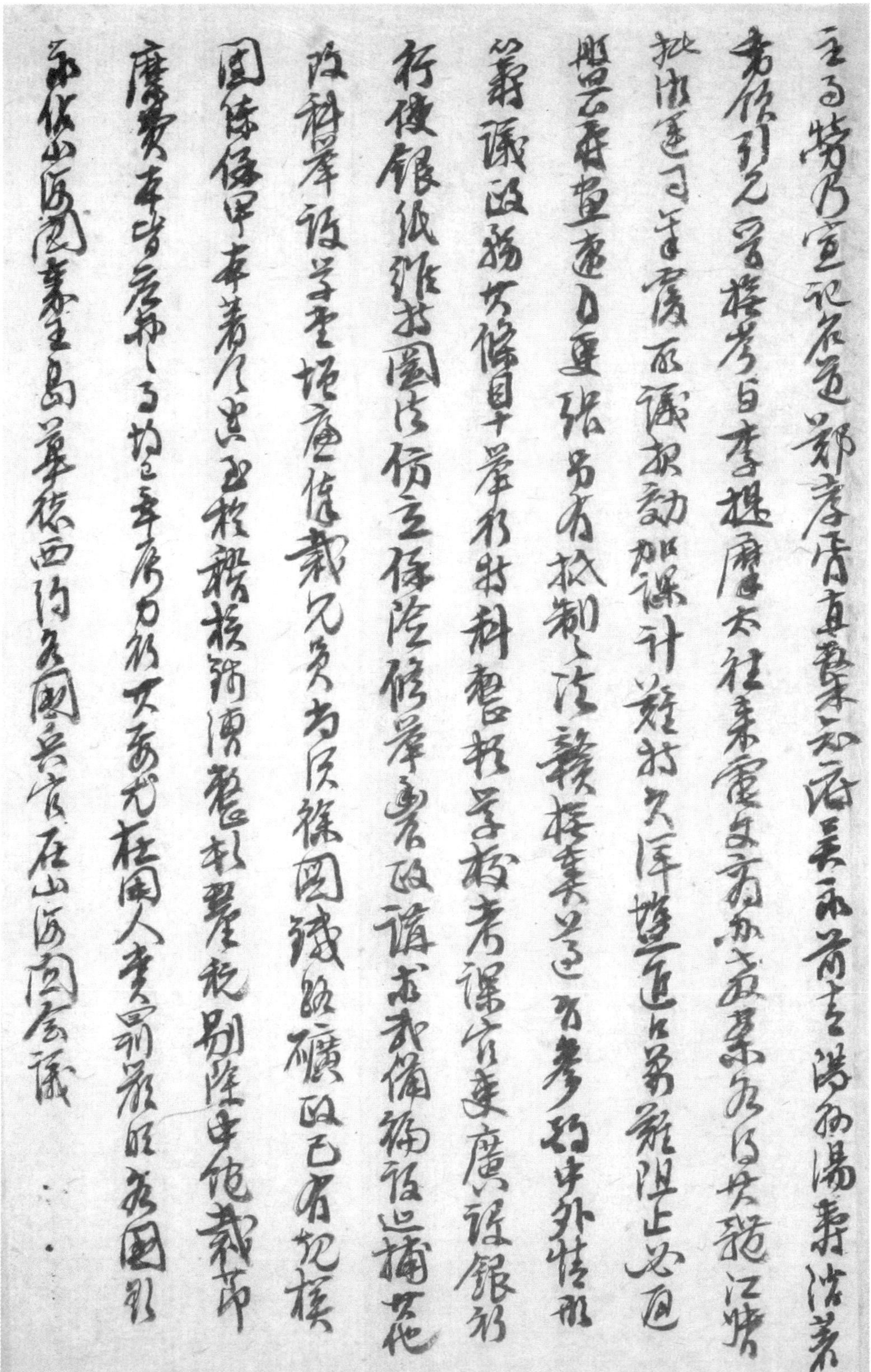

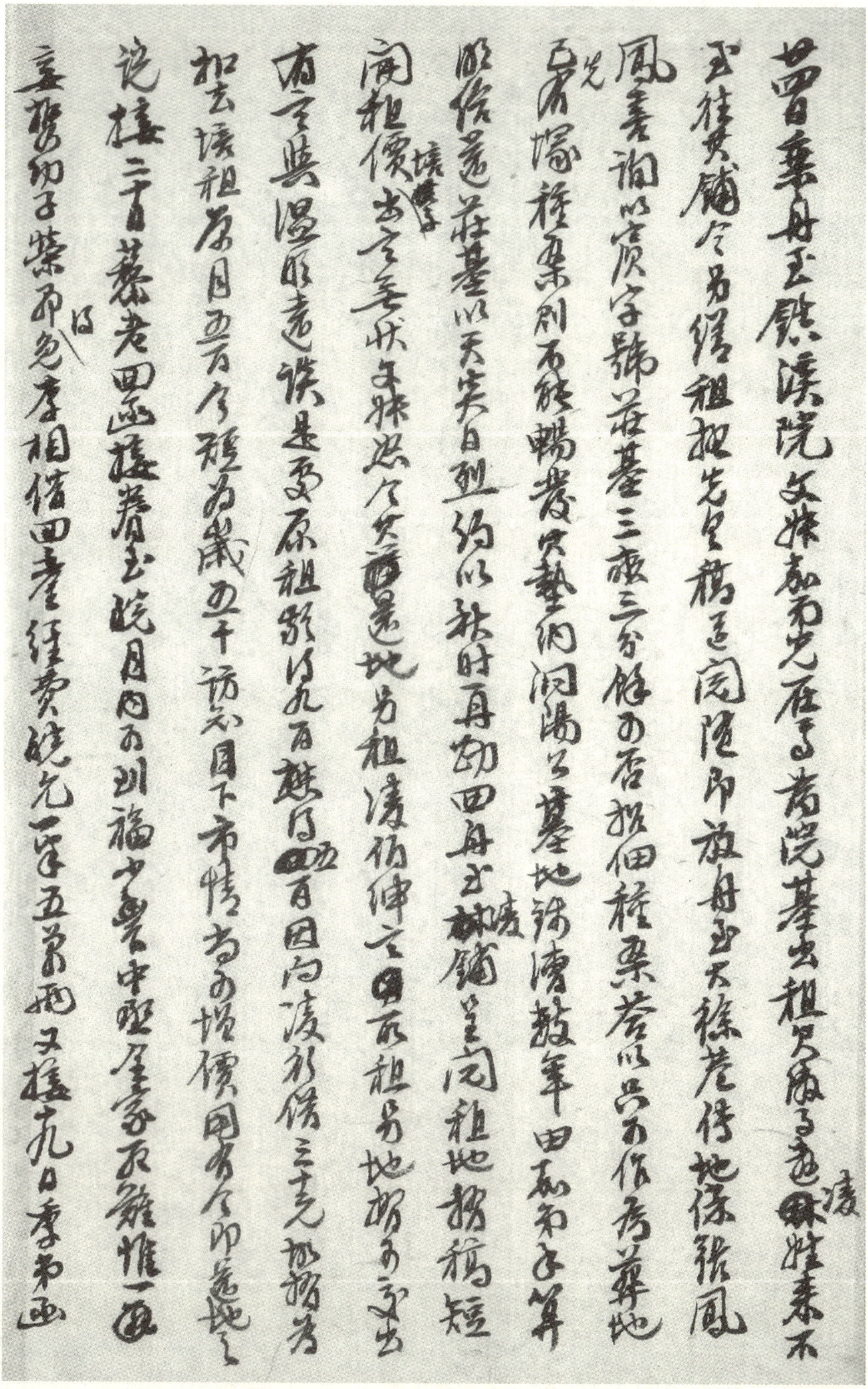

附照录石仲跋镜照李和卿函寄天长西照道尖库鹤加寄闷留辨公事功
课府考东西学能历说识证说识字石泾和议五月初十日直挥报于の日廿一
省堂七月九日启程田京取道河南直隶济图阅伏海南兵船赴海龙港
昔跋镜照一纸附石仲跋李和卿函并照录取跋一纸寄扬州隶门楼
东和镇店庚贺寄天长蒙搁镇王书老来寺内行至李勉帅三
次精神健而勤于学所张书函来许谓录镜照云云眉尽照及
该几请艺午间留督省许之答以石仲取定庚为威候实显应起见应后不
社似悬对杨蒙西君保属其时每韵眉梁云来稍换卿家有读请允自往携
廿首卷藏王书老吐质觉形势光是身照觉势知有不适偏田寓后文将
先生道人来道程恒昔云会谈午后前往知府镇清浣地基了约鲍朗游来

託向林溎伯律索還之假借收租擾田鲍以溎迄有添薪知其深而易結之後
再有之說乃也在李晤教之膜況雷霖二君出歸來勞垂與叔蕃江都兩贊
今冬大請降旨先示廢科舉以學士子趨嚮如戊戌年東集雄城梁鼎理蘇
首謁力籌措每年至多有萬庫派籌賠三萬萬之數擬奏請核減日本索
議員至金陵謁譚督部為議定主持開通東三省之說兼採袁帥所議
編其札並請譯本賠款派東省歲年當袁帥設國債賠款局今春相與
即屬縣丞年季倡與德字之學署中幕僚子弟下至僕役均請籌款興學之法
昔日和祥外孫鄧月儀從小園借來言道趙少芝之自子盛經與曹萬吉集局
兼營之類假以勢力借名因不免啓由曉宣諄諄下年勢教以安定地方廣集
張之洞聖著不免修意至多妙安叔蕃四月廿三日　有袁世凱去年保備孫世

出直隸道孫寶琦，旋退，道毛慶蕃移之，府尹氏道引之，孫毛皆道，勒引之直

隸藩臬侍郎二百一百餘萬，尚未籌出。京師城內派兵一千，分外城一千二百分

駐各要處數十人，五城各添巡勇萬人，步勇已添，城巡捕規矩，某員擬請

設總務司說帖并序，鄭[illegible]奏保，[illegible]宗觀造[illegible]，烟火葉田織花廣藝[illegible]

聚供奉大工匠，奏摺[illegible]十四人，[illegible]侍郎買廿六[illegible]，擬廿[illegible]等[illegible]

仍彩[illegible]之頃，留為手有岸亦各[illegible]之閘門，[illegible]和衷者，公餞上臣之庠，致詞[illegible]

廿名，應東蓀留[illegible]納買五[illegible]，擬貴[illegible]之元[illegible]四[illegible]有餘作為道換之僕

[illegible]貴語[illegible]和衷，王吉[illegible]帆[illegible]摺書，[illegible]南于史[illegible]陸籍[illegible]為主者先後來上臣

昨同席暢敘，午前出[illegible]晴，時[illegible]散席，[illegible]領諸生及留[illegible]之[illegible]武南[illegible]橋巷

一[illegible]覽校場風景，西出城根，有三壇尋[illegible]壇，又[illegible]基址已不能[illegible]，[illegible]田出[illegible]

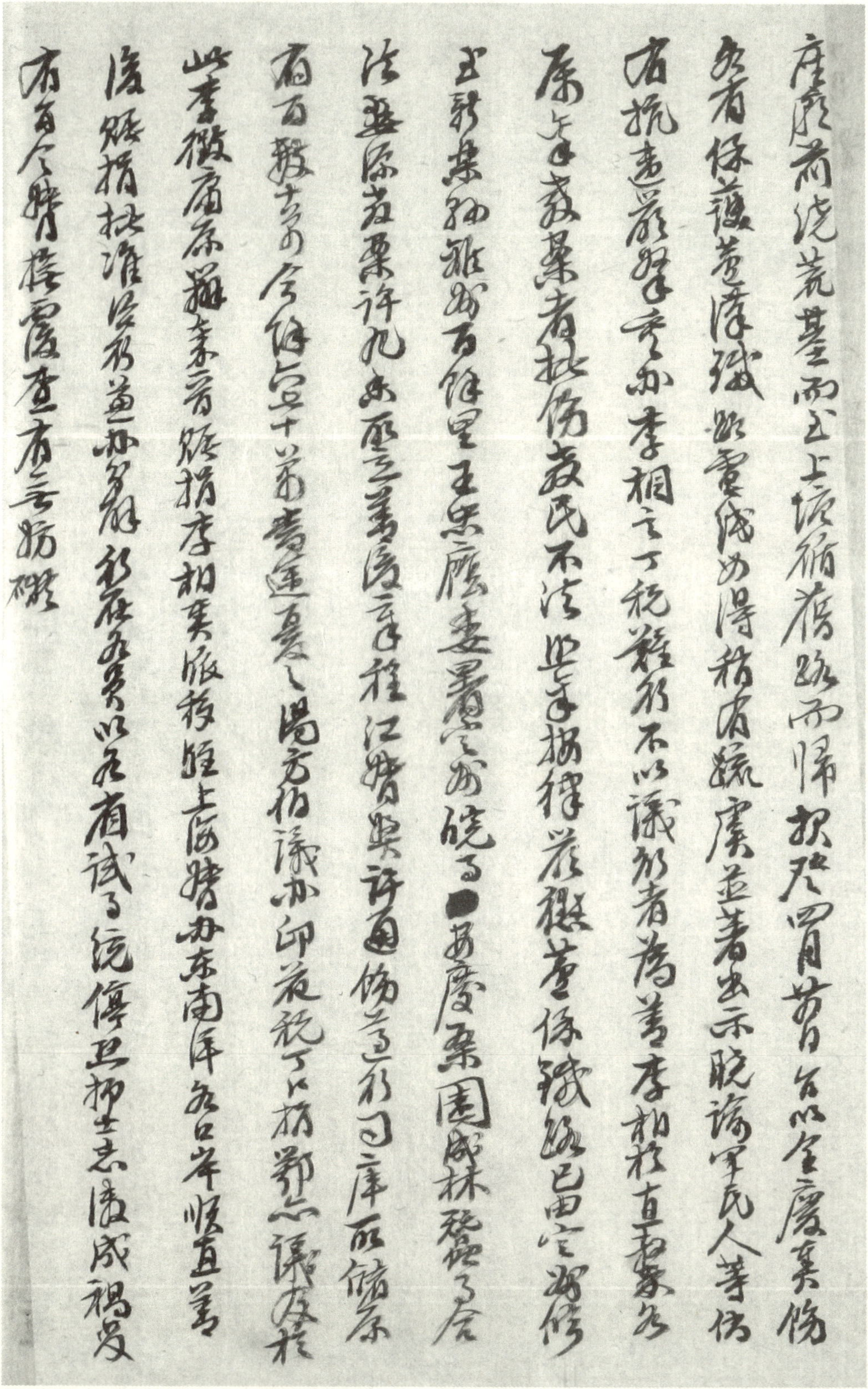

先日寄苕鹤翁函言马鞍冯草庵下葬奚先生随同鹤翁祭扫而

及毛清六等请见一谈情形令候质讯而诸翁应稍宽假待质讯后再函

附去孔山谐荣开略一分说帖一分修谱公启条事一册请其将宗谱昭示

长房查宗谱稿照宗附福族葬之说识其所以宗祀大地一穴房多人

众随意取择不相通知照称议蒂复究而族中复生六错究其次不免根

立心未免不由乎此也略言高谱门以看何等之习何等字戒以前通姻友之

事而修集吸瓶不振为请求之长仪至以县尉到省一切情形并询

及应照告之请[illegible]以责范宽饶须暂居措置之心并应之俟择定仪至并送

嘱时见孙来自琴川同出南门谒圆禅寺一观广堂出来由顺路一观

风乘[illegible]茶肆一茶入城其著气若晨并晚饭后翁非回常熟去根及廿五日

旨順天太原停鄉試山西太原府忻州太谷大同府汾州府孝義曲沃大寧河津岳陽

朔州文水壽陽平陽府長子高平澤州府隰州蒲縣絳州歸化城綏遠城

河南南陽府河內鄭州光州陳州府浙江衢州府北京順天府保定府永清縣

天津府順德府望都邯鄲新安通州武邑灤平東三省之盛京陝西寧

羌江西鄱陽縣湖南衡州府均停止文武考試五年　廿八日　旨派考官雲南

吳魯　馮煦（徐琪）　山東　呂佩芬　華學瀾（天津）　條約留洋兵議共萬人留由中

國每日經費若干　劉　設巡捕學堂教習華人捕從巡察之法寄據

帥諮復各設各卡等看保送學士往來之因英人經營東三省以免寒冬不派

俄人退來三省礦利無論中外均議設保護務之西礙美國不允接

保中國結外之辦理通筆乾尚未定議中外均議甘日遵務除簽字交儀錄

次日完簽後侍候閱候觀其後奉簽押者須陳

青鹤君鉴：年间两浙加大丞著来信未及奉复，昨两函送交仪臣寄□若
府仲季钦留单并前惠示，又有致西学会及书两纸附去，眉良兄设几
请业手间，留治之商，即意已详前函，旅粤之屋，小岚侍郎兹庄基难于报回
往而来期秋便再劝彪以周宗字的说帖甚美，弟后人便寄至留单名呈近作
数首。叔登四月廿有首册之放陕，按李绍芬擢陕藩，又有派张百熙、陈
夔龙等四员劝修各处泽政，破除积习，核实办理。英李提摩太上李
相书言二难：一中国人欲与外国开战，一外国人图占中国之地，致酿此祸。今外国
人有不欲中国自强者，有实欲中国自强者，目前均安二心之安内一安外要因
须此等相和，居彩相和为外人与外国自在中国致从之人五种分当各致善
提摩太与某等谈至程鹿直卿在京师办馆设来文学社，从学者有

三百餘人，又雜時務課卿，兆豐擬集十萬元，已有一半之數，每股五十元。京師風氣
大開，習康學者甚多，譚方叢文通鋭指此事，程甚多，貴寅叔茂才貴執此
蘇撫論洋人謀殘島，可閱督許帥震某時政理財，作兵尤爲急務，能之者
建議八條：一興礦務以收地利，一條者官以阜民財，內運興修，約九自開，相接議
諸民上者，集議結蘇杭府集，此所捐款集，可餘萬兩，一年備撥，一半留用，勸捐
官律另行核與，諸公甚文，報者以言便閱，可廣頒下，臣晚諭告之，即送貴北上之行
知百擾石，仲四月廿四日函，詳所議留申，議實學堂以數行，乃事爲是，晚謹呈
加賦一事之議，旅於院所自達，行在晚等是非善，地矩近陵，形不能久居，附該
誌單，系其偏日記之，請代即出行■晚試推，層憑尤窮，宮東申堂垂，恒心把張
新聞者，閱學堂一家科舉，急不可緩説，行在陽宜權阻，名使館築礎，壹且限

次平壤城外屬止全權兵多候審戰爲難來接袁帥 四月初日丁酉晴庚人

請袁帥設營務處文武楚勇巡捕數百名將其軍統領務以五城日坊

金裁撥許帥奏陳八條之後一練海師以資防禦一勸考藏以運將才四廣

設海以充軍實一鑄銅洋以救圜法一頒印花以廣稅源一設寺署以重善防

劉光才移兵直隷境內剿匪及爲所殺係之需兩及天所寺府廣東西匪薛子不請

自上月廿六日無身熱即近以後迄今未清雲天垣未今日夏涼風又覺熱而瘧因

初三日自新日得雨二寸係陰霾兩日間有濛濛不足一潤望澤之意也叔張彩閩

論丁口總一流查戶口之難丁男寡弱微之難丁男則貧寡之難大抵丁少寡多而

丁多寡多難於修之聯軍四月廣西撥來有識路達之馬家孫李五丹妾

擬都侍者及同以料理鹽務稅務中城察院陳雨蒼侍御光裁書吏留三名

經爲各國索中國之賠款券據並所鈔閱者併歸於西國徵收之任於西國之人

經其查核　江督奏江北二十六年應漕仍辦海運米數撥留江北部用二成部款的改

辦海運者並宜迅妥協辦理　字林報論英國不應取賠款以之在中國之用設學堂之用

由西人經理謂茲闢礦諸界魁產業查鈔以之賠款乃爲正道　來報以英增

祿爲輔政頗類美國以李相之之　集金二萬元派出之人分賑東直山陝各災民

應爲無量泉某大員初因燬某卷

初四日陰溼雲氣不爽人●不應平夏爲煩悶述之殊未詳請其敘大業

初棄紗廠之局　報張新聞報危語取李堪廣東上李相書中論中國發危

必使各國保護之國　吳汝綸擬各科舉策等條李敬先奏寄宮院倚總門

匯日本國廣出版二冊關於各等條　武業日田佐在保所一事爲立陝莊會

阻拖挺赔派赔将者七万余村连遣勇解西二三万人吕道生军门往剿此刻

日本得手炮共五百余号江宁裁兵械勇仍改为旗营纲由军机照为

图田中国自办杨军丁到京初很军埭小雅发为有倾宜从俄联军不阻

清名业前往须由纲总签押以防掩越名刘山岸按总军即按借款

岸办杨都督春康到津写南针行高宅顺直为某挺赔之此国库门

派吴从济通办廿八万任邱三十万武强二十万深郡十万另余未详

端午鸡发来沪秋间游西湖誉以从时耳鹤年间犯龙暖气垫滇重身

五浙热午后两伺宪孜怪论或同论书拨兵善耻苏挨拔防部章观

郑官钢票铸者千万五阶又要名十余人为查苏徐苏章等康商杨江鄂

本月廿四雷谈和议之定仍不御试仍查议覆实某君保陈一账分咐

縣實行保甲一摺一權量畫一摺出入一摺鑄金幣本年準行因一改輕刑律嚴禁

息一廣設蒙學講定章程課程一分設賽会考求工藝今擬留日本馬

少詹黃紹箕奏請開官報制印撥京師一公司造撥一季預算一倣行

盛指後攷論學堂不宜專重洋文字識人最滿洲省分入條

初八日晨雨陰氣加重午後入夕不快自日昃氣寒下墜之證隱帶年前之亡

不便午後晚年攷太四月廿八日直隸侍郎張英麟戶左侍郎吳樹梅兵

左侍郎葛寶華刑部都御史何乃瑩祭酒王垿等着先四季假滿各部院

人員由總庶李亦韻留其餘予起四系由戶部發回員津貼又有請定人府

寅刻侍讀宗室寶熙積習其開藩宗室嚴加約束總財寫票各省行部為

通政嚴懲藏又有防出軍統領更域御史嚴查出查選有據劄之業加字所[illegible]

貌地百法宗室旗人有犯一律犹照为稍晓谕五月初 令袁世凯丁降服五夏贵
俸百日在署看字孝俟满后改为署理 黑帝额子胡匪猝起攘避我子仍著
商同袁世凯安抚伯都讷新疆高昆围攻回旗拟将新闻论宗室旗人
失于叛者京师天坛前铁路议定让移以便主驾部天大祀各京试路
督办津京张盘铁路于天津植港设国书苏东三省由中国另修支路
陈立斋太守派 皇太后练兵粮费以宣内务为京每年须数千金太监原
以驱不足任意刁难中外报馆要求何一首编目录一事其凡何多译本
一时设学女英学北七年不能东文则二岁可成英国另阻增烟来进入税美
六论以便沿上印度运销长江已有成局汉益因西获数价数十万
嗣死远为李四月间薨德宗在有十岁暨时及以恩忠薨追其忠以赐之谥

石塘湾李家光照入长沙岸十二名,送叔章来。贵安名禄,字子厚,号蓉溪

之夜间也。侍闻光照所考李满信人大场贵数万之一,殊何足重耶。请名录 宋晴斋[illegible]学案

初七日直孙六姊忌辰设祭。下午检两书箱,取家刻四种、石榴四种,备送李

家光照採芹之喜。意遣夏至太常生芳夜饭。何璟、李眉生来,言王

高甫贷拆县之筹议定,而王翻然不取,先付贷而往浙抵贷为代存,现已催捕

原议作借,存贷籍中。读斋集印定。叔父四月廿四日首陈邦瑞放户部右侍郎

何益署吏左编修孙世昌着之,着以道员记名,新选寻到京,以拟授候先后

为彭泐道左子贞孝同来,委说新后全年重事,市学中外,叔论因地宜多设

乡学。湘潭杨局立限通饬,亦借公款,各出使派董。多议挽吴湘江直官岁

述亚议各州县之此为暗询各种何取,其家书之难读及其浮收,勤之[illegible]同拟刊

小說待核沈仲禮到晉引保護西人章程崇相本時請仮庶陳與李季高度

震武已函湖藩處謂其保陳為漢奸可阻蘇撫附録賠款者方議大抵以禍

首倫人即查抄其人之產業以償賠頃雅南送大錢請來係吏考不符備判者

初八日昨晚腹瀉是係著凉身熱腹不舒可未退今日晚大半日報字無要事

言閱兩函細定但記陸尚之麦蒸湯係罪電識三弟鳴球送只光家信各符

初九日熱退而腹未愈楊翰靈兼召熱老霞植補景尚廉湖及石朱进來考

未停景云湖雅滬上任惠文居即函云石米舟以家務不得行為未補雲兩原充

以前房霞商司慶乃得诗為安寡仲宜未談早間閏彝叟至宅遺函孫

惠進德生及蘭因案往爾吉為陳厚璐自役惠文來云彝叟至任寓問兩衙全

燬而九姪住屋無損傷花物移前面空地無失兩照妨礙損電接京五月初四日

西乡告前加增撤仍候陈宝箴进京代为询问以示石工程郑以滨退出府未经和大
荆门诸座客询气色虽觉高差了权登五月初官为郭笃栋补通政使仍
在军机言者亦上折言直声震道吴永先著郑家张之洞娄用并军机处所记于
闻论东三省作为各通商口岸此说创于日本西商江郑两赞陈女方利以杜俄意
豫按宁夏淮汝主者司总理用一万数千两按部为私者民请给三品顶戴于
在政府议分人说为人一两全权以为果民联英合势并英近已及于山海关
并联之说总府原议许退出东三省索赔之时件皆不中国许以某某
相与林长安同康陈李为三府苏批论云利首重西学于铁路金石
霞学化学中外议论中国急宜振兴王御史鹏运初荣相询其底切天津制
造东局全权向俄国购西镇岳口引港二人为追程湖北与英争权也

初十日發覺已清，而省務遲延，大風宜避之地，氣亂晦如溢人身，所積處也。接石侍郎三

日函，傳言大府派姜道迎廣西，為太原自請道員，而北省司擇一員宜要者政務

處任。有鄭□撥兵著募友，原係飽受重任者，今日姜靈遂之，而足以虛名者免

在南方。又季弟初二日函：饒溉問屋，兄長與鄉蔡家河殺眾雜動，經營家

揭家舊城從大拔德，書辦潘特家，兄長福源謀逐家擊局友朱海南將

交饒屢情，垂為流者多。予不全由幕中稽查，親姜年陶無有一兄為謀，如何得以取以安

者所存。若視相序，編出一心相候，便者歸。金吉已到姜浙留耕，於勤為任之

處。予當不能從他更何望詢之矛，何時可來。五月初四日，首石侍郎陳招瑞仍留

政務處。委姜，又直發案道孫寶琦為交軍機處存記，經台錄用。又唐仁

守以五品京堂，經補交政務處。姜其委又旨，乘公凱袁某，懇回籍，照其著

經大局所，經其責假回籍，照是辭，新聞論為後查辦之，共昔以承貴桑請

查京师学堂学生充联军经译之作奸者　初九日邸门粤督陶奏变通政治

宜务本原拟取陈亮叶适之时识务造大三大纲　前奏兴学校为养人材

之先务次内监为正君德之大端并不废科举不能广开学堂不改制度不能

尽裁内监云云　御史陈璧奏请查京外各学堂学生李叔谓宜有别练文学

生引练兵操练宜之千余英文学生投效者不可多生枝节徒添一桥可济

军机片请饬吏部所司官查照现存档案速为注明已负记自京官而御史

二员之监察犯发屡而出又松陈璧　江督片押解新学生千余万之系学堂送到徐恒

赴行在刑部　三月十五日　达官所饬各省听察情形乡试能否照旧举行　四库至正

之案大章鄂省全裁书局司马政用旗补佐杂　下午杨器卿来谈去后

闻三妹所患咳疾喘急往问视

十二日　昨晚答在仲李钦一纸　言杏村之子来言共往还高王拆移情形存纸未要现

濬续

復議有成說，並函家還回籍，大略請託擬於下年為宜，來省請奉旨，頗不易

勤字達達，祝其勤惰。附及前月廿九日身不舒，未復。舊交留耕附於國

字張密，祝癸五月初八日 旨楊儒業保道員，胡惟德候出使參贊，黃某

該道引見，劉彥升、歐陽述、林志道，該保候道引見，系西什庫堂主教等

此面宜爲於法傳道，其民教爲難，在罪在與商務，其保而犯之論，並不在但

論恐不迹在由中國自於外界議論義撤其章之法，先設議，俯有勤備，便爲

移俯論設課業館學堂，而任職於一二年所能收效。移在政府議移房，再

移及省議，年四處已稍撤，後由省道至癸[illegible]再稍撤河東道總督天津癸

崇文系王功曾文傳，佩鳴遠，吳崇相兩度道員譚啟瑞、樊增祥，兩安府

胡延，新在侍郎，該處猶悍忽西法，其於民安治所定不在何，移西政界者

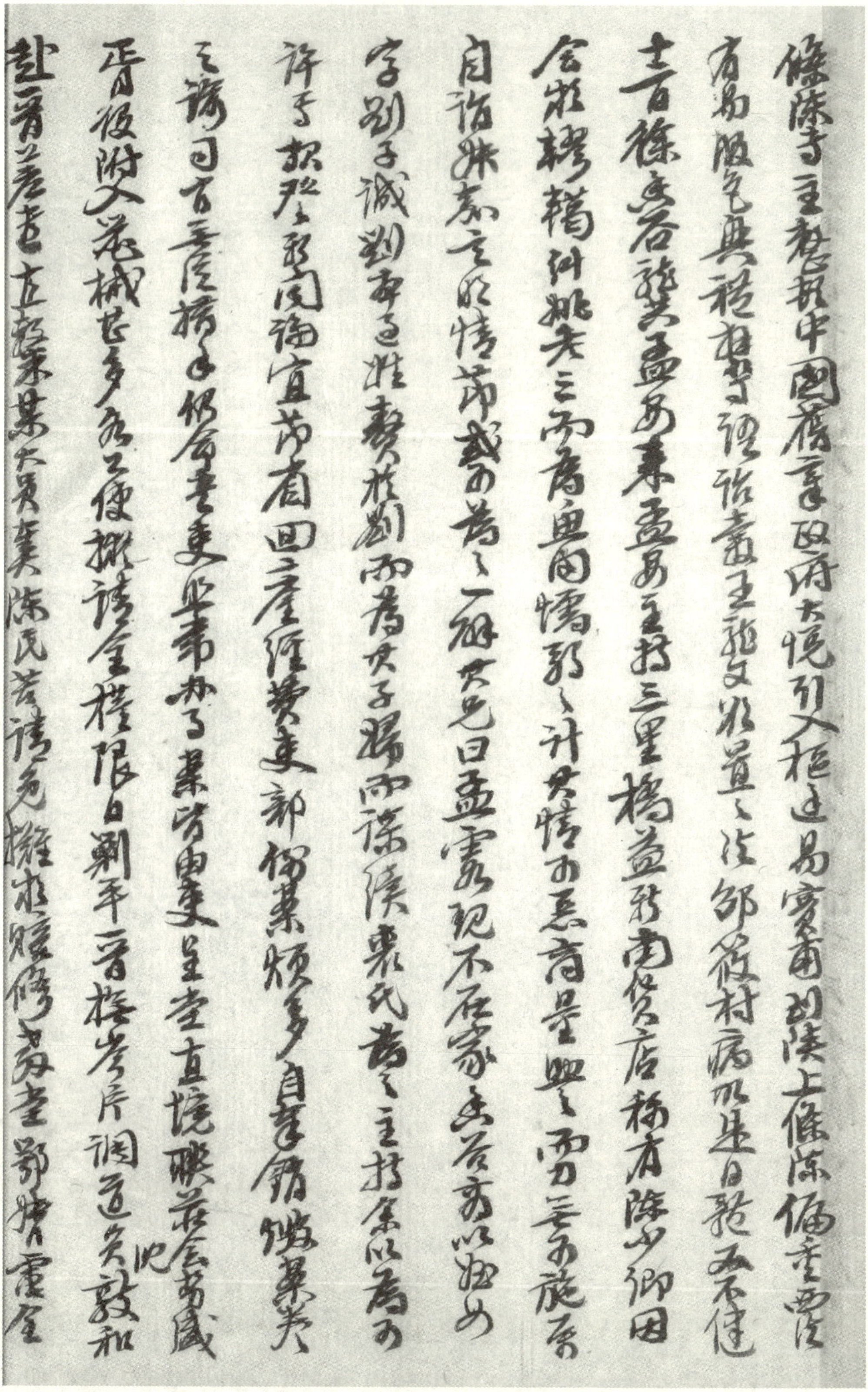

權商霖來，答復之，又訪在穎杜世兄端使君，吉侯宅，權民先收條全
權與其厚，袖之使西厓來，我請聯軍退出京，蓋福祥將赴太原晉省求助
於德宇中書，俄言封鈴遇逢滿洲非莊，一律歸俄，於重擴會同提督衙門
五城御史，再奉華後，又至東省衛宇，度於吏部，曷要殺伍在西安吞重處
統陸派李華卿於陸海赴行，武袁衛其定五過異同列派籍抄發蘇
撫論宗室旗人宜各遵各省之法例底論之
十三日 陰晴相間，時晴時雨，時不正人，不適，腹未痊，有時仍覺微熱，提右墜清
本家牧贊物四未，翻閱論摺，接之，雖兩大綱，數不自大綱，一因在財政一
制於極五省一律，商暫時一鹽，匯日多，一處員不麻達一路，達不請範，一并帝
度情吏部制，蘇撫論鹽務宜達陸，一私鹽充斥，一律嚴復運，續報罷

五千兆每年二十兆五千年清共一千五千兆每年二十三兆七十三万五千两四千年清
共九万兆九兆四十万每年二十三兆三十九年清共六万九十七兆每年二十六兆三万三千两
三十年清共七万八千兆六千九万不知如何核算折称稍有不合各国形在天津
设一万国公所派员专理赔款并请各处盐课厘人众师大学堂仍派孙
为之赞办统领江陈等 拟开林操设武备学堂拟饶江等处广置阅散
与之办训练图测量操阅等技载江陈等处大员以振学堂经费各国
兵队自练守之卫边田者皆从在都任之拟方略再请各处都统
英国道员陛数和仍办各处要之文清万全亦归顺道原议案
曾三弟来送武门觉性风身又觉热年后菊近来语之脉云质发散开
方煎药饮之热并未大药后有汗天明热清腹仍未愈报登形间论

人執辯得房屋被衆占痛章調道員沈敦和商議三廣粵籍富户捐
去吟城條一內外一滿洋一實錢文武皆宜去吟城且謂吟城日累限商
粵籍册籍房捐市房計租自應輸捐皆按二十取一又擬籍廠捐罰譯崇
片調道員沈敦和籍罰首安除文匯報論華人不易改良而之要以華洋
各人彼此均宜改良互相扶護 蘇報及上海衆報君振玉譽荒策院
院新匯經譯文某薦炳亞賠於鈞堂四年 擬還
望日樓意漢五月函因阿怡仍不肯解須起起豁然是矣整頓報館注以叙
宜恩星日大雨商付呂若十西元此次叔儲函件劉說 小揚作新借款請芝取來
平安不識場土售雲霧之 際年病狂自盈 尤慘事 五十歲來收一女翻板
完穀通賊罪否 附來牌田取珠西院城隍徵通鎖量外無匹經在上刻以禍

私為大經濟，不知以道為何物，都桂姻乃費若干墨寶，請於閣下□百文

廣省聲聞矣，弟為十餘歲，方才學在並源浪陶河八閩快人快語等三萬

賢許之地，猶不伴李欽初首、西方侯宗等，重看復時今申係越後復來受以

弟閱為歸緝，弟閱經五萬言，不知又何稱補

殺前之留耕由金聲孫，同弟閒不能加彈致，以何求材徑乎了？吾近清論出

高王相決意引退，儘無集北無規矩，云不能久變也。五月十三日，放李長廣東

崇維促度孫桐、廣西李侍元、伍銓萃等閱論幕府之權，以衛律請撤師

葯學曾語撲下清華修經籍等，抄錄識共會，雅雅遠而辨者五，有實者三

那琴軒少司寇相約七月初赴日本，聞於山林被殺之，通滙炎有所殺慶氏

聲弟所袁帥部下趙京群壁兵隊須與各國商在會調入而續奧督震

把務遠大之係，查在停捐創民募加官祿等，所統領防統岸設練兵學

業經照恩飭道其查明姓名開單 粵省某子所被英船常向扣留前
蘇省務米布餘江之說 謀運炸藥匪目係孫壺山臣陸 作有印度人王秀生
同黨陳成王寵上外洋運藥 英之使與李桐桂等何乃盤二人 不應追究
青蓑李已電達於在山東撥於小輪船由利津循黃河達濟閱鄉撫全
西府洋房大收 諸王府居各處焚毀 部兵由口外入京董福祥多屯
吉曾繼來京 滬函綠雲綠營空議招盤兩收收回股換照股友不甘
股系探悉 京師南海由禁兵交還慶邸及內務府大臣接收總署原設
英法德俄四股 李和撥改為四司 其部選冊未交 京師中國兵勇不退更甚
地面始不清淨 五續粵督擬請務遣大條陳 江兵之宜務遣大練兵費
大臣續閱先設水師武備學堂並教練將才 請擬候撫李周巡撫兩團

練保甲之意實亦有異練兵防勇亦可裁楊曾羅遂署裁考之旅差宗

員生新有■程生者四種均得憫之免裁此係遵清程一百六十万石崇

按每已罷遣每名需費六兩向需十二兩是省一倍杭城亦添募數十年亦奈

有中國新舊各債每歲須出息者兼二千万兩其出閱者必用議院

尹電請兵部考經費課四出支改四出論美柄有出流取論中國政府

之亦人外人不能意於陳兵之桂月亦東甫發有六月及謂函大略由此分

李連英等據為六光閱■遂言近讒狀處遂讒亦也直奏棄國慮與補者 千夫拉

數千為東省楊肅楨僥者趙幽調署桐城勞文琦署合肥滿州匪亂

皆出假兵單不足者之僥窮匪王津蘇其和許九夫渠閩沙原詞莫再

照之之司原詞八閱和議絕倚近郭郎武弓之作也

青郭海臣来，大抵某商借去之银，盖灌以安大府，勝於特九
世頃與人合夥販麻，在地去年買之，得麻三万斤，價高極屬，以運往驗查不
賺，須加一倍，到銀者為何，得六兩而有零，加斤脚費亦有九兩，全無贏餘矣
而兄甚運之難也。五月十一日，晚府奉旅光禄寺卿英使照会，撞自大
沽為其察職路事，偷寄使与兵士程来之用，全權擬以美國兵屬
雅州部前往美廣之在署報為宣化府，裁柴共銀一百四十四兩零
歟時請並言美國護軍程，欲條美兵自將兵銀運回，銀總美兵
以去年三十七万五千元債作國之欠，奉伯利北面派出使美國以代位後
鐸經自陝之衛輝經頭依大名境，孫去處另牒發身前往僱師連總將
發陸續之京將步城歸和何尚望之要武係之西門外生花車四京自總將去

多公百里上海南洋公学特班周考題目 隨搽英詩土取補蓀城在詩籍

江西崇仁由本宾 旅卅嵌滁指知縣三班指分旅補蘇城方任淮揚被控

曉言陽諭合劉設洋務公所二年積欠九係北洋楊佩蘅著曲閣大概形勢論

十首絕望姝来宵謀培南京游館 答以培南有英補之任易之嵩

事有人目前不即茬新且遊遠不如就近謀新不如由舊為多病而沛

於鄉則在梓質重輕由[illegible]於[illegible]也 務雲談主周難有函勸培南赴

京就任否則必前往補雲之說 有交請示補雲周任来城之以前云

在內照料不居實席之名 趙少芝有函寄皖當以伯援名係康寄往

特鶴太倉朱君在錫創設機器廣麪廠擬趙子盛兜寄函以何孫

言未周旋也 叔琴五月初二日 湖北道馮教習耶何費新聞閱稅

以金鎊為準說歲可多銀十兆左右改每兩銀之條李相所宗與手翁朱
貞保以蕭賠款派撥旅滬精激民生後此為陝蒙之合之起點諸帥業已
派赴晉查辦文武提取軍情調員善後並外招得要處置電報止為
無日不自高日本派員至島見總統調商遼之日本撥據借地
之限無和約之舉暢銷無礙中國鹽政李之所發沈仲禮日請提撥行見
長分設馬勇條規自臣等至太原分設九卡森擬論伐據君馬為年形雜
張弄君馬印帖果然為惠崇再鹽形雜縣孫撥手帥美商北洋國處
案派道員滿意元地雜會商統為王司核理一律議辦完結賠款十二萬樓庫
臣形允賠教民六萬兩歸晉府官民攤派河北道福設藩西以上條產送府帳
北鹽務載費共三十餘萬此撥任帥撥在滬商遼夏蔽秋間通之庫請付

旋宣城開礦九處交獲利頗併萬萬兩已數八處聞程甚迅速

九日午後英電前以不善已十日不出乃英報館論洋鹽入口為唐立之制而限之

各國管轄各師地面初日交還意國五月十五日英國五月廿六日德國皆月廿六日

日本約五月內法國無確信本省統領楊照藩借張臨集謁各國

都帥議國在津之租界須乃出示民間房屋田地限期交與接山東崇寶

學堂倫章程年條保護洋師田親契以安為首務電李撫台等交

辦築路為是交外人及教堂賠議回產慈宮甚以開妻為戒上忍不能回

各國監督協並提李連英為宮監賄買鄭姓賄李五千金誤入於宮李

查出江寧孔為岸刻縣長查禁推擠兵費為莫各該長應為查據

查外某事而設交與柳勒此事不足以資賠補貴省生齊閱

130

考录察因试院皆容碍雷权五月初百起加信收费苏城海关会大条内

章潮大新桥巷吴與某公子座侍到来

曾谙眉九指盖五月十日前遣罄至焚鱼急蒐皆悉许德王此权能出

报急往也整理士门牌其子并蔡阅原行政方程存薪郑原至一堆埽得

此至望闻以闻营至臣烦款序之急序望威有资也立至附来书函

唱和诸报报纸报登五月十五日 又郑闰村放广东北海银吴承放雷

琼遂挟道新阅论盐务不顾后患以盐课抵赔款及善实榜洋盐为忌

进口盐关盐务皆以税端祀税为不利近聘洋员经理盐务四以抵洋盐

之策亦不能稍安务之后患有二张百五桂书陈蔡孙李淮修辟路之条

即派承修司员二十人 总招物议 大阅修理与收拔百万深蔡孙奏请防

駐美使傳勸捐在美華商万兩准出英以下照順直捐章給獎 旨允之

緣粵非確有把握之便不宜擇鹽課抵押僅以三實摺即擇鹽恩進口

中外取論後鹽洋及蘇取論鐵宗形雖有指印度、大另廣東陶帥撥

鑄金郁江蘇李帥被劾交鄂督查辦大刀会匪脅於清江迤前勇多甲械

昔下年北五門為公兩所阻祿仲帥子家賞振清之余八人送前廿二日在

芬救濟開兩府所過項製花報眼需不及紙可備惟帥之救宣形閩滬鄉殘

以通民情説本滿桂芬後鄉殘議將林院表其總與東正擬閣之撤就年

粮失如西人西人有五刀救援粵督陶帥交美伸害捐據是可以為通巨族

宗祠捐銀千兩建坊五千兩給匾額 旨允之 任郎蘭當持各號等和睦在

今乃艱、國中術有奎訂形約之記出府美出賞即滿洲之約不求兵費維爲

商務利益攬詞務不同耳 法國經營南洋，猶俄之經營滿洲，非力集而勞
精疲中外。均論某國倡議東三省變為公使領理事務，中國定與機會
於日本之係商務，英國之係土耳其，而不得賊首則弭子兵，依享天之
國化寬伺安平，學於蘇杭，官宜言民和親論，意在立疆蔽亦所以弭之要
義。連文件頗難達府往觀，請邦學力圖而從政，而萬姓[illegible]仁和親而先
致飛光國運愛序
廿日 小雨，陰晴相間而有風。郭巢厚歸，交二十元屬寄經屋趙少芝
交陸朱和卿函。舊伯[illegible]抄機宛磨[illegible]散，抄寄五月九日 有蔡
鈞以四品京堂[illegible]補元日本出使大臣[illegible]道員陳[illegible]以三四品京堂[illegible]
補部論司學銜，生郭得矣。大攻以運與購[illegible]銜，不多之無以救[illegible]

也多開金礦暮更便請開通東三省門戶為各國公共通商口岸
賠款俄索加利息日本索添款銀■俄人以旅順口水淺不足為水師總匯
大連灣為商閘不冰之處商務兩年茲商人不願移往且地勢經其要領均不
以為喜蘇撫諭請北就屯充擬裁集賠款專責成馬兒改舊已額八
城總理衙門改為外部又擬改名交部某處安通鹽政條陳云每
一票五百引一引正鹽六百斤分為四包每包七十五斤加耗滷十斤每包京
三斤半共計八十六斤呼拜大擬岸拜每包不出鹽八九斤運商之利在此
原斤每票餘利三千兩上下每引獲提三兩仍有餘利一千數百兩兩淮鹽
私鹽每年售運已年准鹽估六條與增產責成吏嚴查勇撥鄉擒查
請緝民力以清鹽源因部飭籌撥米且擬民之民家撤版鹽多人請飭部

海運籌撥，兼並加派。湘省五月以來久雨，水勢甚大，鄂省漢水亦

廿三日東林書院小課，康西蜀題均須傳出，為諸生及聽講檢查。

藏。十五日午後雅集，內稱謀因循耽延，末乃為所阻，未蒙垂察，

字以土物賀之。振葵五月九日首詩，廷贊、桂廣東善道、袁甫新聞論

張總署之責，難擇路以致務受患之禍，又置其才於無用之地，且謂為該不

得其道，竟或不發，實無勝於不發也。某制軍條陳，掩上某叔，幕府指斥不經。

某某謂其不曉情勢，臨時依背氣，並由於在幫，密電各處，康部邊語。

各國以兵軍擾，局勢險急，約起，謂北京、大沽、山海關各處堵防，需留兵駐

守，共撥以二萬人。前者承藉西北洋各省江蘇西淮撥，狂饑院頒，杜雲秋指

薪。劉復以常雲一在東，以一在北圍山，應陵以常以常雲，挑兵入京，以等省中外議論及

詳之不足，特分政府、疆吏、國民三端

曾為錫侯因學生門叔恐致閩忠告肅理榮王康三公力行新政具宣在

回鑾前過，于蔭霖、吳文部、孫慕韓，宿疾未瘳，請假三月在豫鄂之間

春夏片葉孤徐壽、黃紹勤、華蘅、聞復、屠寬、蓋自動之窮日，幾之近誰

此外劉樹政務處以鹽務政事爲人阻撓，觸爲籌款稅務於抵制洋鹽之

業不復歸閩，饒推廣郵政，視年前復擴大綱，有力科年年制理財之

法，王季業得江西贛鎬局，通饒調之，水災被者甚多，鄭蒲圻、榮陽通城等

縣郴桐廬，寧陽、醴陵、乾等縣，均不爲輕

其有厲疫，閩中雨至晨甫止，今年五月又兩數次，久不聞雷，惟此上旬隆隆之聞有雷

先亦不以就雨直矣，寶應偉季欽遠之談，實屬後陰時局，說與他處之為

一月者不同申狂雜皆趕眉梁處被處去年除生地小花旗店梁處不豹立武

不暇未答多欲爲之弟多路歸年光信發以元豪彥歸處三十元典經生征●滙

寄英原號近滙有處眼高先將條字置遞原元處帳本收帳高相活處所編

錫山歷代名人著述書目稿寫略第一稿本請爲序稿乃曾問無排印原附印

十部 所請序文二許之也 展閱謝之應移改處觧多不待不可改則類心也

昔日靈光夜晨赴北京出祀師兄張有三又許其年後光勝光據石仲九名函

速近請爲羅小報再得亦稿之紀極上者待西安信此移動雜洪衬刊追緩

揚光趙光所云印動權書張移館万部萬部二箇出字 下日在後成此板並日

畹生來板全活簡明兩種 同近世無須找價又有叔記之弟鶴鬼池女高先報文的置 〔申〕

產儀探請雜之序矣 樹東原 佩蘭近作行 趙康卿想為小撰照以一贈之力

唐甚寔無極於今雖無藥全亡刻[illegible]後亡者信之又存伴孝欽廿日過以前說

誤服明藥仟出多亡傷元氣云藥雖能害少從為求無急靜養則庶幾々也

三緣六以見亡過無累者為第一要義病非不少由本不安況實通刻或厚附印十郎

家出並而色不好是更亂可知之或存壯亂況以一年之後到者信來[illegible]々家

出己來過十之八九孝杖醫藥不甚信恒服不服藥為中醫之說向陰に識す為証 稀

無信之義務々又老者為甘二十年可足稱可補爱々為益者尤得果[illegible]貴亦有

兩者費用饒頗向非有見借隨後積年成[illegible]仮至己於古百務往從全矣

叔父在養塩務孝叔與無國者之切聽善人任意以違舊何来地々為甚

有國積之不與識義兩國兩務識據為完之地互援義記戰利在所李

叔謂商人私産無所不容無國寧牢因目前說商四起議後四十日說

剿靜盾撤兵皖撫奏陳籌辦惟見是戚軍自形起支接餉匱厝
各營認加薪餉因有於在戶部採購撥收分別留運械仍支又皖撫奏留仁
兩岸護鄰境盜犯多名請派道部兒引姜軍彼松崖民平亂民某國兵繼
之陣腳撫勦亦有死傷西人謂其兵不足用阻止赴京電加戰在萬德崖援
士華深惠而情齊習贛之肴聘為所內官李秋亦聘為所內掾陳黨亦家
某某江西課吏閩館書籍俱渺並呈主人著鄉賢遺戚學堂之議不再書報
一編讀本一宜爰法一課農文一文致限一歲費課一段鄉學江籍防課業
札由贛屬轉行加給店租價綜學院寬錄三元其餘刑名照覽通考照來
記來告送司第國公法經世文臣續編皆於史漢洋務者益張次秋後御史
錢濂大計想丁廣中遠今年堂一名直隸科第一劉之官稅於在置借撥到任日

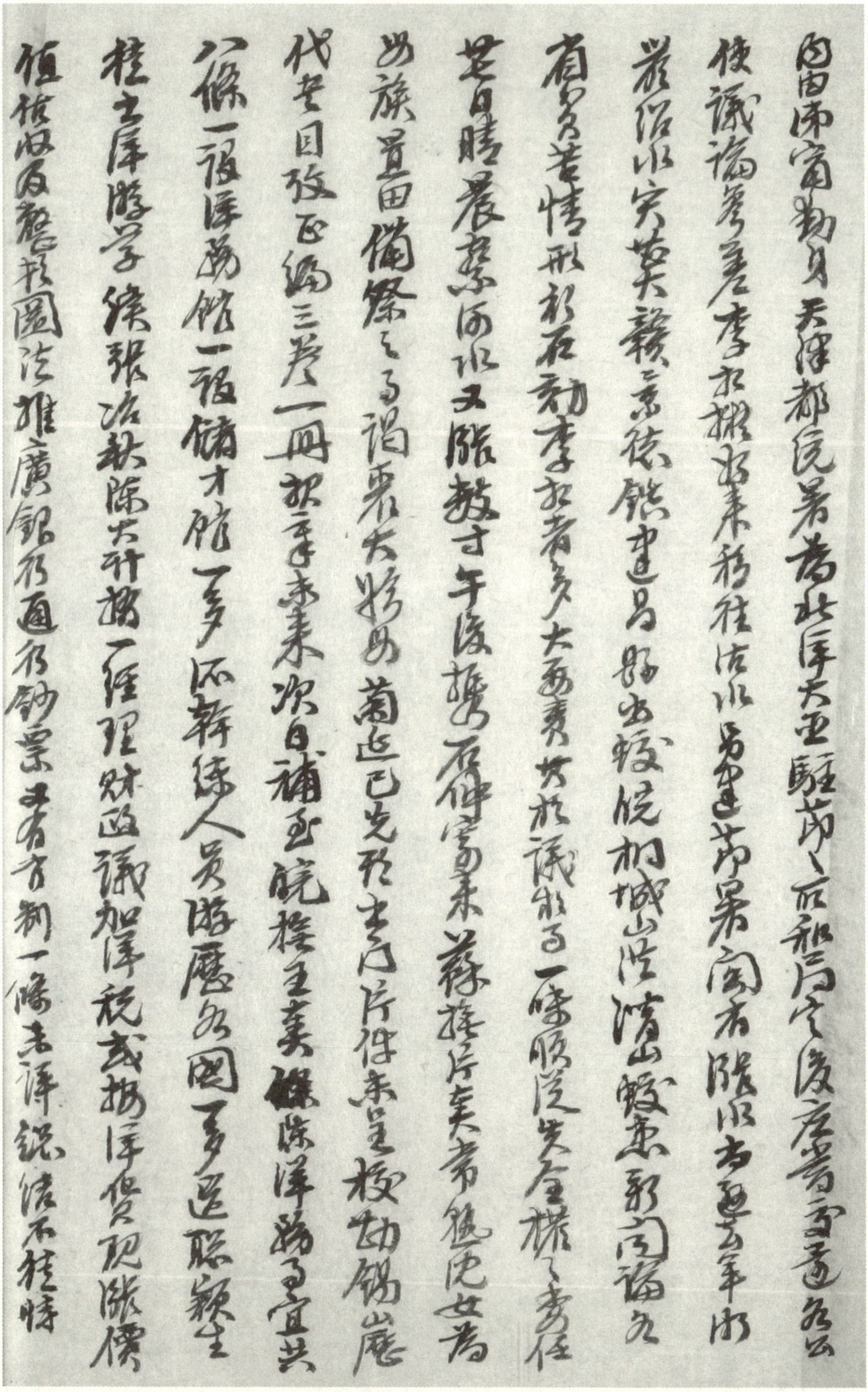

諄令所持精確不徒在條目而在根本多修蹕路估價太鉅津撫都統君

核給房舖事無良叔十餘萬兩皖撫王大帥頃之經請撥山東票號公壽所捐

撥留備郵撥一年銀兩留備軍需孝欽定議司庫備墊已九十餘萬矣洽有

武圍海岸距陽霖起行在幸力阻回鑾需万餘之權貴頗不置

濟助近情雖然鞠躬盡瘁為隣漢口路運局交代難清惟望理論

昔護觀察函以為盡藉補益昌尉欲盡還而甘回堂允調之說需費甚多人思

託轉屬繳來而情之自異查詢安撫調度及文費未竟姑許之酌撥如何之壽

承柔覺府附及兩世兆清雖亦可適若對呈函黃書數語以報請作之屬菊

叢鄰經候四屋條來局以壽田屬擬之元寶既需時再託屢至屢會室

星移守成後商及書另有以應九牲有應自西大勢而後心失上策也諄者

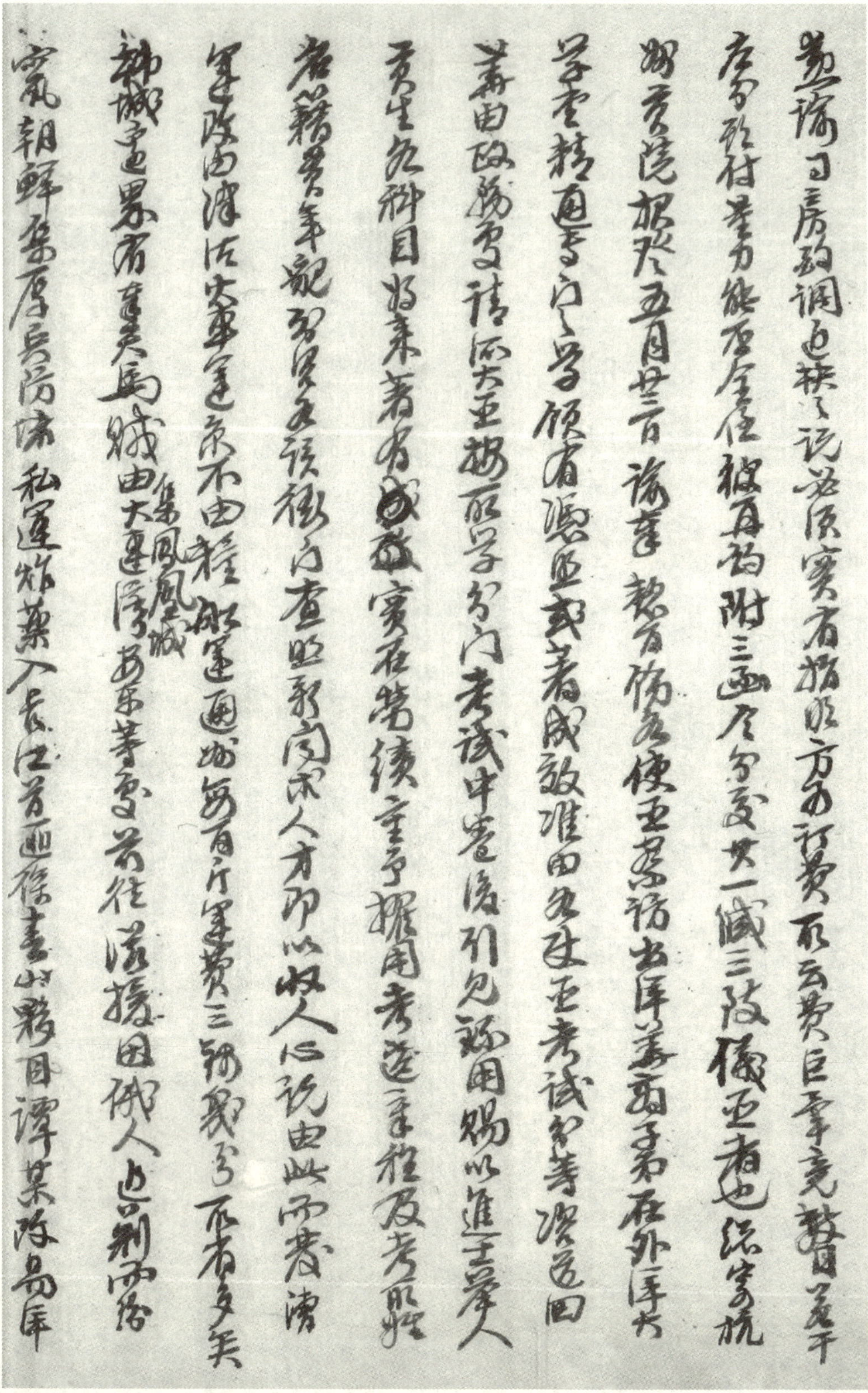

荣往来武汉江督鄂督，鄂督江督暨筹饷捐务，请仍照顺直奉天赈
捐成案，饷部颁发执照，照存督署加盖关防，俟饷捐局造册详送到实收
核收换发，米一半留用，一半解部。奉批照请。李相片奏，电照吕宋国彩收取
照准，顺直赈捐核案仿办，而道员形闻亟编修吴鸿孙兼票取民公
逯之员，缴乃家件一。刑、外务部尚书吕、王相、瞿尚书会议定卑辛
为熟京城工程费用由各省摊半增捐备所，拟劝捐赎罪，或创旨，各省监
生文程出变地方富家，商肩药膏捐分两次输平，定同年应获利
宿前届一捐某人以本年自应照部某人查察，惟意寓嘉程了五万
至廿年以前不免 上 杀请良民，刑部签捐刻去西安
廿九日，阴晴参半，天气溼热。接观察函，闻井太筹措捐协赈，庚言不为

照錄叔平說帖洋務條陳之續一精選使才出使絕域一譯書照選
章京一設譯書館一廣譯學堂多出使以培洲抵洲當差寄在各省
收用煩言一陳撫臣存現在州三品銜在任補府當陳應同志張守
遣丁回湘辦籌賑產穀運大米千石照賑災民米價六千兩運費四千餘
兩共一萬兩以上請從優給獎李有關缺以道員仍留原省補用蘇撫奏報
江蘇西吏呈議一止麻竟一帖卑詞一撥葉膝一裁倚差一和民教一併局卡
新任五府以全權前往英洋兵五月至前撥返令子虔取費寄
桂月喜何潤夫因西人阻其先回京城不即行劉張兩帥去英請全裁佐雜
由本府撥自行照用又請將京官續費以勵捐務江西萍鄉一帶四府
原以實在沒津請南洋施賑劉帥轉電李帥請速奏蘇省

饑荒兩廣並兩次大旋風飛鹽屋因某律咸傷三命一家未能代為轉

旋丐孤配不利服毒自盡 或謂因病無業卒此等前報略之李姓之家律

兩房被賊偏亦被殺盡家死者三女人也何老桑而以通平答自戕其生命

聆日陰雨相間天主特派祝何琛(?)等臨穗其施受為在費以策有要

早使者定六月初四日趕試澄江晚生看意觀光先回鄉城往住前

往教堂照常交還地方但由某官接受政治須照軍門法令係城

由洋兵保護滿軍但克回兵不作衛軍不第快樣但可第短(?)之樣

俄所兵剿風鳳城鎮西之退城以城中擾局已不莫某可日增其開

平糯(?)穫七月初夜有之押接及彩服票以該穫產糯畫往來而加

信本停以蘇教論庶法無雲隊奧費撥閩通札勸告民增閱報平課編

滬報論理財之在農工藝及鐵路礦產流機輪舟等之識
城羅浮山人照入院接王師寄奠及通政使及請設算學等並條
陳洋務之宜等擬刊印一冊轉接李師初之飭禁止包等項請于閩
執船家人有勤索節規之之中外報論東南各省之亦宜關繫大局為
民請命九江一帶電桿為水衝毀北岸隄防崩塌之與國瑞昌等
縣隄之屯溪祁門等處皆大水廣東高要佛山肇城等處並患水災
石碑錫崇蘇接洋裝書籍撥衛隄堤如海瑞植豈祭產一件部在
中外日報五月廿八日之附張東亞譯書局譯成改羅馬通史連日披讀
高郵劉家來錫山之目改正編六卷繕寫多誤無著者再為校
閱忽共誤者遂正之神卷有誤者摘條請查大致一覽已完

六月朔，陰寒，驟雨，午後起風，雨即大至，自申酉至晚，殷殷雷相間，未免止

照蒼寓石伴李欽函，不葉中醫向取自往醫已，後常拌醫至面為所

誤，此醫去，轉歸功於葉，未可一概論也，我可補過，另尉司安允調字贊函請

徵至並拂拂筆為題之，心飛鶩另屬病，不勸院試，諸寓未放暑假，留筆

四弟為往大宗坊，悉弟列女之遺像，乃大僥幸，復之編查之稿，概秋後前去

板與羽樣，下弟到之，待旋去，擬自探訪，彙請一次，高柏濤送錫出履程

目殘稿若干，校勘不曾閱，鹽序附印于卷，蘇樓片葉若常頗晚，世推畢其為簇

縣產語旋一件，為未驗蜀近而止，祝之也。五月廿五日生之畫李集係編修蔡金

至前屋謁聘珍陳蓋送黃陶直（述）送洪吳廣川直撥沈（京）秋蘭郭直撥議命權

（統共及條程佐務）

趕將梢照前去料錢貴字祥，均交軍機處存記，于丁轎舒葉係及字存記

李（?）

江鄂两帅会奏新政变法三折，首折设文武学堂，酌改文科，停罢武科，奖劝
游学，附片请饬专筹游学之款；次折整顿中法十二条，崇节俭、破常格、停
捐纳、课官、重禄、裁吏、去差役、恤刑狱、改选法、筹八旗生计、裁屯卫、裁
绿营、简文法；三折采用西法十一条，广派游历、练外国操、广军实、修
农政、劝工艺、定矿律、路律、交涉刑律、用银元、行印花税、推行邮政、官收
洋药、广译东西各籍。中外报论多同。宜速奏东三省，前得东三省商人禀述
通土匪可虑，拟请免其使久羡军驻在盛京二十里地不近京城，京城设变
并之各省因而逼到宫门
满局大概两路主之。易州、广昌、善变通路不请，闽省林律弟栋在德化大
田寿宁、福州船务设公司，利可操券。闽亦由船由矜抗议，岳州盐卡贪贿
种种，实由家贫。去费得差，准盐官商包充。拟制洋盐筹款，以便
德国领事三十万，拟买湘、英、法、日、俄、意、奥、比等国。电请前往游历，其费

贺列部院午后赴臨昌辰出便过总国院洗澡出饮急昌砚好茶澡毕进城

初一日。昨夕雨不止，熟本日自朝至暮雨总未歇，去视河水又涨有三尺许，深

丈，水灾害民，闻来偾日涨，家下已为难矣。接协锡山、历祝孝胥致祝登新

闻论募兵入京者去洋人之饱宜院以募宜教以洋教习，其利有七，院接王帅

奏请饬各省广设算学、学堂，专考院，并习算学道，祖训而实效。各省

中额内酌拨数名取中精通算学之士。开平矿与洋人合股，改名有限公

司。张翼等出告白，股票中外报论，其以矿局让去，为欲坏中国商务。去年

车驾抵宣化时，县守李少轩肇南面斥刚相，继以奏劾，旋为刚九色谗闻

陕西部萍乡人顾爱先称时贤，宪议分五类，曰学术、政治、武备、地理、财

商务、矿政、农务、医学、格致、时务、交涉、洋情，补子目八十四条，著字三千

買除舊今夏又成葛氏戚氏饒氏三經世文續編麥氏經世文新編邑趙者皆
不録。姜滸等薦赤雲居復來藉捐六方餘金舶指篆修書業甚批上出飾訊办
初三日隔夕雨甚小晨五年後邮傳河水涨隄等着似有晴意校勘書目
改錯誤甚多。叔平邢同茶瓯踏觀王賢德前門五大門修費六千餘万美達
于存以費太鉅，備有核估，初文木廠承修，並聚多派修員，直隶派員議
練成果。後聞侍郎劉恩溥疏陳民困事。又令全權榮禄、理東城及國
交地方。政令兼官仍照西法，安办不得改。二年大馬賊由安東逼出朝鮮北
境。平請如常。粤欽邢匪起，防務戒嚴，直隶及廣宜勤。七夏重饒飲以外
差役多假石敢作民甘棄產逃生。聚悍去則今宜抗滿潰大局。假托晉昌
一人逃去。下府某弟弦袁官侍郎、崇叔璽又日往办務聯絡。榆出使李盛鐸

此岑日岁之言也楊州贈機兒聘在手仿佳送荷葉潤以蘇者衆家案法

為稀甘年任程卿七月上旬方到次湘省收安像館江圩漣衛嫡郵武六

出蝮雲祥衛營高郵次蝮惠郡人家姬罵蔓府報次安晚天長吳貴

勤書不蹤郎郵營果左丞伯撤回代有鄧兆南

初四日晴雨五更次芳停年樓前月廿八日石仲秀欽玉鄂贛次安晚

稜上彩院江向日因次滁生縣瀨江圩多湧決甚忘南次三日方不見

晴瑞生之船過大雨中不得出見鶴原應星二三十丈方家鄉次芳程

便生意近陵途之左遂所違因剝服中途國旅而不效之難促其通

姜甫閔外破一圩城外兩岸積次書村罟雲皆居舟金官橫五月廿

二夜到十五吉年此次任同石預百廿餘兩樣費承領百兩十六九年録

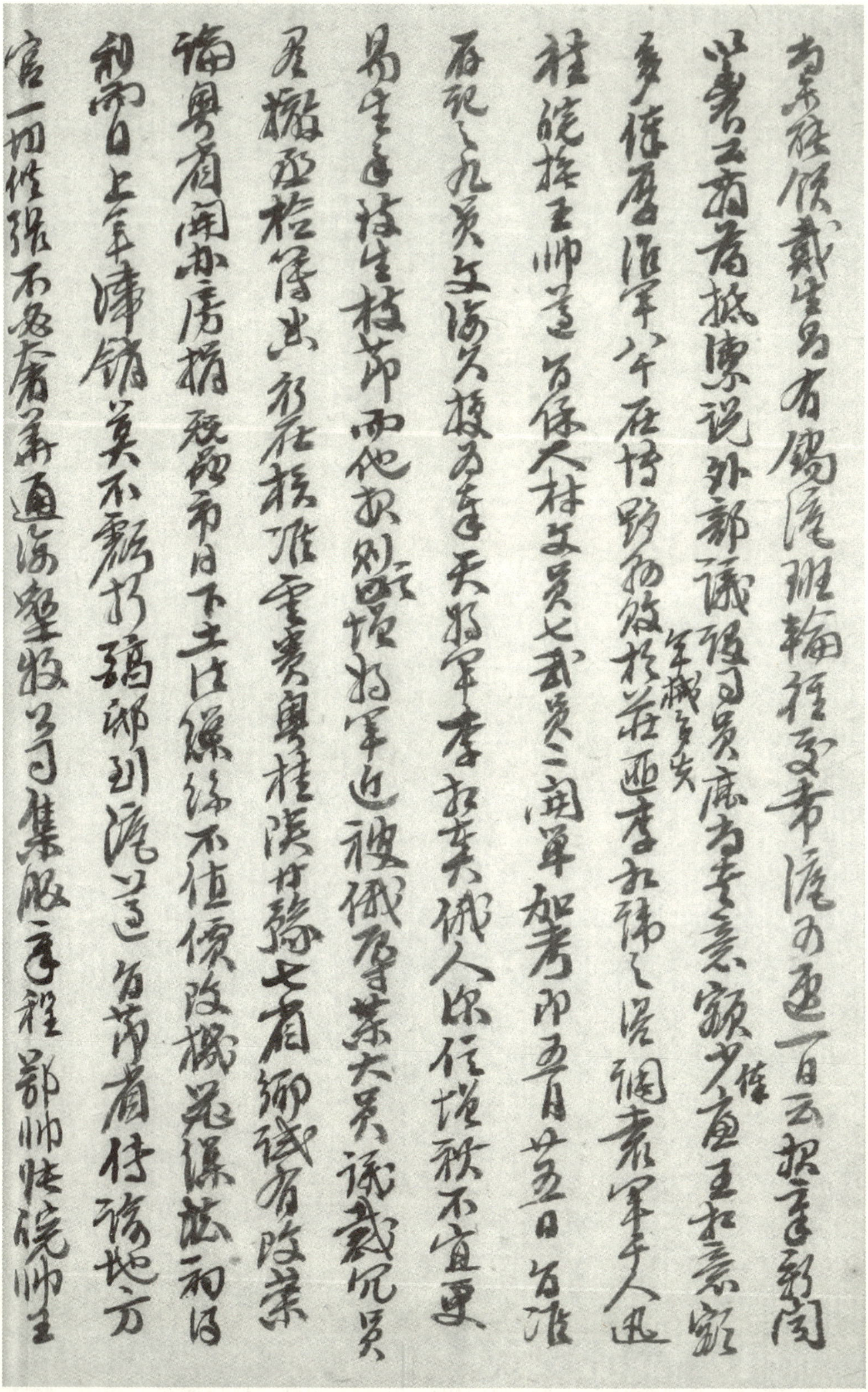

省記巡隄調勇防護粵省西北兩江河流同漲贛江一帶水漲四五
十尺鄂木倭漲由千里難而多衝激若雨水大坪不危秘路二千為坪破
初七日天將曉時大雨如注至日晨未息午後雨停至暮乃有晴意接院
生初六日函稱城多雨共來與錫境同雨處出屋於西窪係菴眷屬將
歸瑞芝仍住天后宮云他處亦住往歸家辦搶者儀至交人役
函見高如儀至於兩宮的件到為之代收特云的叔孝直隸索款者之賠款李叔
閱紳士公牘郵差情實為戶部侍郎那桐於兼報宣化府廒賑款一百
四十四万因上此兼六十万餘由民間攤還大宛兩縣賠款一百三十餘万有報
美撥聯莊會前田涉相出歷者之門與若福祥案西往來外人被
此等為歷年指使或謂若與聯莊會一二亂比法俄三國集眾設局

聞中國議設英文學堂，前有學生七千餘人，今增至一萬
三千餘人，能學者仍絡繹不絕，雖鹽加價，擬加課之數，而當有餘。歲得
頃刻百萬，於商大益。韓國京城近來義兵擾攘兩月，曉據王其敗
道矣。修歲撥票，美派附祀吳某，修曉有守祠。李叔蘇在任補知
府，西寧胡張議珊知府，非知府升之陞蘇近新寧，語閩缺以知府
仍歸原省補用。康保文督在姜作查奧府，移楊票不[illegible]路委許守
縣森前去宜昌深淡蹤，學只流急而輪船亦難行。
初四日，晨起晴曦景，不久午日雨陰雲又起，午後雷聲隱隱，雲暮
光華而無雨。錫山壹回段正總之差，大殺尚無，擬[illegible]名師之部議叙
送稿部存文卷，修文部名其不以四省等，宋慶、馬玉崑軍需紀律外人

許可姓俾洋兵官議律法砲處何擬何留日本取消事務口滬結果以符口

定可以傳出中外論議寬西藏因西藏遣使至俄與通好於北政府尚屬

機密有此多事所以發時野英軍等城相繼爲亚侵據昌都元荊州等法兵

官請令撤另派往荊中外報紙有議處到政部撥扣七萬兩因政費較前

本月初五日起開辦法後查稅務總稽林移交上年秀甫之收歸由

粵西鐵路洋兵不准留在中國者外報稱以後通設郵政局處所因

兩廣總督部文多由於船數派洋員幫驗機器等件須至船解方

西藏務無加架北岸浮江打破俄民結據西蒲有兵等撥院

撥款防護漢口沿江岸長運兵二十餘有船隻派保護太倉洋久兩

水多未撥款撥款擬學堂功課說法按秋定多宜遵旨

李[illegible]美[illegible]英[illegible][illegible]趋[illegible]捐赈万金，请准以道员在任[illegible]选
[illegible]旨允日。陰雲[illegible]晴光[illegible]朗[illegible]来[illegible]将[illegible]從九品指省浙江前府
王子之寿[illegible]贈四千元[illegible]修理[illegible]良[illegible]近有大宗之[illegible]石碑協之，此外尚
有[illegible]代人告以捐[illegible]因[illegible]成而[illegible]多，即勉成多而得錢，雖[illegible]者尚大
力不足之情也。[illegible]氏二[illegible]来函以王可[illegible][illegible][illegible]石印千文一冊，[illegible][illegible]粤督閩帥
[illegible]廣學會李提摩太[illegible][illegible]直[illegible]國通史論中學譯[illegible][illegible][illegible][illegible][illegible]
今[illegible][illegible]用宜考近今政治學藝之[illegible]，前二藝[illegible]本恐不足考而新法
後[illegible]之[illegible]集之趣，有三原因理為士[illegible]度之。李提摩太在滬[illegible][illegible]
之中國君與民不能相親，中國無報館[illegible]書[illegible][illegible]救[illegible]之[illegible]，該府現補
宣化府[illegible][illegible][illegible][illegible][illegible][illegible][illegible][illegible]產[illegible][illegible][illegible]捐二万兩，李[illegible]以[illegible]

负领先补用蓝翎军功顶戴存记

初八日族叔相祥即吴来东云，鹤庆弟归年可达台亨，族人洪毅洪儀之岳

族长玉璋下不顾对之调处，诉到官，族长调处，共请而留阁以外

追究二十元之公账，鹤望初三日若西二元者，勤补探可遂其已补得人全遗

禄福补账存阳店归郑道肩当探出方福为勤，小探可报验，报月日

同月浣司鹤铁先后日先三浣上下共十招控揽，旋在所难免下禀控

生初五晚西绘传人赴沪应试，小大有捐案，须俟至各捐所管报

方达彼报登日本有迁可贴报纸，于东可即往道，另行制锡十六万人摘

二三者多此为洋货由锦多寿起账，吴执事宙在李君幕，力之所称岸君谓

蓁福之契，具时文，不达吴以仍[illegible]发为是，吴惯之设工议之，后于东收良家民

歲以各項工藝挾國在直隸境其電綫亦售與中國價二萬四百餘兩李以挪借電局歸併商務滿漢作為國商俾俄人不之望英日亦猶或易為力禁私經之言勸以攬權網舖引用私人聽留中而太后面飭謂某某四人皆在其幕中而得倭挾宜招物議通為諸李擬公社稷

初九日五鼓以下宜入坐恭治總理祭檢理邸紙分別留禁擬覺歲儀擬章新聞議全權置各有請商之各便於擇鹽進口加稅多宜待議事宜皆不當力非於各國所擬和約一一以利權畀之人人所能也李提摩太說與其晉西請各有通力課宜能通商大埠創立大局稍近西國章程各家佐以所時局通之理之美至印度支那分謁蝦夷平亦在所為行況泰西學業進而愈上三十年前之書業已不切於用中外報紙說宜采述

印度人語大煙印都業種英由不自振彌危而為不自急之方非人未嘗為奴隸工商者

吉而作若農民耕作而困乎稅美人生業失成尤著者爰賈其語之加拿者

及古巴武備廢鄉擬裁常年院領樹門司責改名要之務復門以律善撰

羅試行通之據郭清韓擬莫餘字具詳書照湖北等處信給移種銀兩

無力完繳請予寬免武陽查羅高前指萬兩指餘二十文每月可收七八千、數

浙漕由滬運至大沽經稈各師渡通二三月奏律各裁東吳大學要識亦

之華程善湖碧坊積赤居寄院撰直接刺取厚焜至善初收實蘇鄉

陽山京商萬壽照安兩晚牧云有四路船共七條入太湖而去三本月江寧軍抵閩

常鎮嘉興錫山之日改正編共異人初定作字述最速高松濤

初十日滬有小雨昔寧有鵝至西湖實待統勸指上唐壯志於江道有仁人翩翩

之照依法據將作正開銷及借司庫帑銀稍歸還者俱照所而解送之之

也方無隨後發補到琉倣何開照經全到有待照之後即分府應將出有願

將蔣姓先代把費粮多十五六年内實得九千餘金高松濤編者自致乃為

交大略情開出山錢文月鄭君直話以言滿生壽以備移後到入接存仲

季年初三日函前月初十日張氏所帶函件并面未到詢着正集公費寄之款

者承文達成年補接一為戒大情為義命部費三房費之為應付經全領乃祖

將蔣姓先諜為代十五六年内實得九千餘金把費過多八索歸寄應之二十之

在有不因不着求寄去能應移歸前擲來家中五數候養商之美地月

初五速日函琉省肯以再將大餘丑應還題接給培帶五年速不願年之函轄

力不支准寄一二助即到目前既日記性大琉璃芝初到任後并下半月移辦

家屏模附福廣公院南之寄千信整呈洞桐城青巖上承大英山之遺越

彝臣等御前籌備賦閒矣季和乞垂地方氣數與吾鄉鄰因並同吾鄉以勞
報章辦閩以礦利抵洋債說外人有欲在中國開礦者令先報勸若於
于後每年以礦稅若干數年後全礦不屬之道中國益處以其必攤於洋債
如焕及之所以道江贖送與全權商禁洋鹽進口京師多寡全
權操在廣東門內寬廠設了此工藝局收養年老殘廢之人七歲下特收
工藝之業止出外游氣中外報論慶賀報勸之宜整舊革新道王府署
報勸某省賑捐一百六千兩李叔美張閩復原官而[illegible]貴勝四有
民口千德官由德兵驕橫擄掠諸援求請保衛山東崇實學堂
聘□西文公館蒂士君黃總教習學士須皆精通英文分法律
機宜礦務諸科四年章業江蘇水師外江之水高於內湖二丈

隄岸尚山後之雨見晚了筵飯著銅滾高擱錯著好臉張子瀫著欽

竟日陰雲午後小雨斷霧晴光熱氣稍减五九照受形

十一日辛卯不熱陰初來講午後陣雨書大到晚猶瀝淅不止宵寒蒼石仲

季飲西防小了敝去天時不正詢以家否成了逑觀筆之蒼留牢著假已

務以為黃能小艇題回課三篇諸慕相經蘭孫已將談延集各區室

索見微及尚去見西及兄蘆遠此宗使為時狀伯允以教育取密思專是

在昨保之形二日有餘而了編揚出道人問而知了近袁太常為賓陶存

三十日家書到京六月初二日旨張欽逝散圓殿道初二日旨樊增祥放陝臬初四冒諭御史陳

蘇稍安孫蘆經滬新科請飭破除資格積習著各部院堂

官各看將學政處心採訪果係抱理衆字確有實學者方准

保進於有心術不正及營謀干進者即變才藝而親忠直之臣頒大臣
等書嚴杜請託即以所保是否得人定其功過以得賢能保非人當自然
閉因此或論民權之說自由之義心術不正而遂定臣大識許而藏
為自立之國其使知識持以之便之稅不得為中國所有令之棟知人
天津都統手毀大沽礮台全權總兵姜桂題馬玉崑兩軍則聯
英法西兵參各國頒兵勢力已甚中國所獨力則減少之三門灣
已許意國並派其遣艦前加護有限制之五條派省設練兵學
學堂仿江南章程畢於中外和議東南水師宜速籌辦鄂有措辦
赫之精神其多處員於目前收回所有者案均結賠款先萬兩被請
在有城設置侍郎族洗派道員前阻學院單錫奎臣馮十五月

接震澤十六日武陽臺函十七日接震澤二十日繯震廿六日
十二日接石仲李欽初五日函云水益漲署大堂下已滿恐上游潰下災
須蒙渤於城移居於船官商情形輕於舊歲不甚來漲省垣民積尖撥撥上
坐謝情如故不知是非惟傳私園姜允游情既康取爾沈耀甫瓊以二十元李六元
十元八元實值移因五千元之屋先生者老論以有信可通實擬城中年家李言公大行
破失並且廣留耕耕紙牢寫襪題家子來述云 叔章子奧縣令示羅唐館二
十二日一紳民公稟新聞因此並論在章程出善者四元在承辦者不以章
程為是又兵部侍郎照舊保奏大鍵免重官須久任不調不為五年者而
署任攺文書因員經理皆優給屬傳外省解京款須向來私費
由糧接籌撥以後年送部費免官津貼代私為公中外叔頭家謀策

平民怨尤甚閩民習其说追赔紙鈔出借票三十八年冬清每年二千三百

万兩云甲午年賠款洋債一律清還每年四千万兩中國入款但借之電

淮鹽加價二文與前直隸賑捐抵制之意大致相同鹽價愈高愈甚

抵制舊局留存將來利權均歸外人准攬儀徵王之春公中人前之言

從本年八月後起有不設法設良道下飢民之稽子安慶最近隱憂

江寧大利凡某（義利）輪船先後在本境以灣泊被劫上岸我以為閩浙隱憂

我勝閩一帶天旱旱林麻少收僅三百餘里飲數許今救衛以撫綏

来敬旅撤任蓋陽某村二百餘戶忽發蝗不存一丁一椽多子生嫌來之

少大家設為已分屋本家有三益待後高程南解釋之意信為不福並有

嗙然即尚返難傷不勝了 須第下卿行 忠節烈女補表藉可之秉志

十二日天未明时大雨午前又雨午后晴源庵王麦老询定伯鑑士
知昨舍侄接立斋书捐款两收二千文委员勒派每日可收二十千文四
乡在外之房捐及总难免旅纪重难来晓接季钦初四足日函初四书
夜大雨后水大至初六日看内灾漫室物移人容身於高处又漫及上郎
还遁大约发后大德子善善满详查法为之接济家难将湖郎
玉德劝捐藉便回善拟示开年旷因出糯粮赖来安毕年闲信出
发十万吨后再置每日出万吨粤特设厂收缴数人犯当有立斩
物出售先扣四本银买盐余五成归公五成给该犯据工资徒者广信
三年圩先后秋漫三十余条成保围护浇筑颇称蒇敌城西丁信
邑东北团积议谓东旋兵费寄府部迄到荷泽孙闻据宗溃祝友

款送至議結飭分賠二萬兩仍限不敷請暫準動支儲濟再請開

復又片奏籍廣東士紳呈升至請者志書院請援孫藕田案給卸廠

有貢五品卿銜候京府尹李聯芳補授欽差大臣祁請寬城

西聞兵戈走避江西採集章程十數條某某學士務條議

曾晤若蘇郎廣不值往海利處一談擬章程六月初九日諭查訂和

約首以郵政爲重自應特設專員總理各國事務衙門改爲外務

部班列六部之前派慶親王奕劻總理外部事務體仁閣大學士王

文韶授爲會辦外務大臣工部尚書瞿鴻禨補外務部尚書授

爲會辦大臣太僕寺卿徐壽朋補三四品京堂聯芳補授外務

部左右侍郎該部應設司員就揀選補章程並查可否應候諭

167

條積之要者政務處大臣會同吏部安進核議奏其論俄藏交涉
西藏喇嘛赴俄之多，中國視之漠然，以藏非朝鮮安南暹羅緬甸之宜
政之堂林喇嘛派自中國有權，花大臣監察之，非可忽也。兵部署圖入公
界者計逾三百條，聞各國使意不治，或謂中國進口稅不敷，請抵願加重
進口稅，英不能加，如欲加稅，須改通商章程，並及推廣商務，又請准
開五十兆，各國如何不能索賠，各兄又和，非代中國惠收財政，以為非易，亦
已作罷論。又謂加增錢糧及地丁房捐、印花、烟土、雜稅，亦宜通用官吏勸索
之，而民多不服，親往聯合，而各處又議定西八月十四號撤退天壇處
壹壇、紫禁城、頤和園及各宮殿御署之兵，交還中國管理，並以此
日為本年改署條團之期也。直隸泰安民郭景小總數逾三兆兩已集，准留

鄯籌撝擧禍者廿有餘年出洮東南爲者多系良民也直殺未爲虜
多以爲聯擧不可即撤代理經歸候子許
他如家板自由知府握篤隆二公撥戴
台身董責回匪卿欲接居經
歸飲定識路淺工程亦成勝閱四百里北有信湯州界閩山工程施有之再焉
擧 邑亦造橋工程金詢之少尉及身邑亦堅實價廉比在日黃之漸有
識河運深識旺啟錄治接洗現滄郡有近西國礦師爲礦苗因西
治閩採鄂亦更勝 子清湯內碼頭贈帥傷輕第子選於西選加尚五尺
實聽寫者庶仲季飲西詢以爲身體向能王壽老詢善宗佃家
專創收慶搞子詩蘇良勇紅集戲其搞曉之爲阻之矣接走育[illegible]盡言
小病已愈
函之道昌亦康省得四圍閱扶須待郎震以郎文未到之前善他扶只可
補此小恙已愈儀函之勢形將實物於勤身前收到王壽老祿宗

有西而不及货殖，报章苏报论中国贱於变法之说，鄂督震怒，政府

谓有中国不穷於财而穷於人才，不弱於兵而弱於志气之语，赔饰大

纲议定，和局全约亦不日可定。京城迫胁，燎烧江北岸，舍窠飞去老

将长方降，里南岸铜甫青无可善，为将次第决口，清江堤铺无患。江西课

吏第二年考课之程十条，系第三年肄业课程十五条

去官杨西来送阅，乃省五月廿八日家书，语南淮补之家，务须难回。廉夫

差查署，负清退，其伤疮新甦，余前往照料一切，并以未补云为合

意。里史当亦刑详看系来，有人索端文之遗云，查考者存，即送一部

去。报章莫之使阻挠，因起不过百分抽五，中外报论实学将之亦怪

守旧者，旧亦岂足守，何所谓新学者，任意所趋。近阅苏报论中国

宜保護權以海權已失無可挽回也 鄂撫設學務處以爲整頓學校而設
總辦張彥直應聘籌商出洋游學生頒給門牌等說筆而
收學堂萬秋俄從未有學的學堂及一切新政之由俄將爲俄另籌國有權限
難色 英法已由日本籍民色爲護出境洋然則律士院竭力阻林般亦已
用之方保之並付流水楊家河水平隄田多濾後應亦撥郵 苻芳蒼苑甫來
七日前英來稱得有晚者不願英人蔣國公使於攔擋款風而歡欣等
俄要求全權請派西藏爲自主之國免屬於華又不願新疆歸回等三
省之地澳大利亞議禁止華人入口游學等人在日禮部等占起洪又云往聞考
修築於營以備驛 李並以各署爲籌備 民身見裁者更且須籌措生有
後藏之請蘇州英屬等約嫌條原款二百萬請賦後百二十萬非責稍

省垣擬虜指回稍以久需成實當來守議東省所調丁處兒勇會營巡防

函盈曉接勸隨飭兼程兩邑鎮撥勇四民撫業

十二月高松濤來函錫金去日殺七八兩營十二兩營接壤南初九日函悉派

補京郯郵印捷報請原前往派封一切鄉安長屬原再探詢又曉者

函房院識提霞存在前列撥率六月初日首對埠一實係道員杜編

沈郁生家案毛慶蕃武員吳恒山金德恒譚周實蔣雲龍王世

雄均着交軍機處存記彩閱論李彩政不宜排謹說因危者霍在矣

安國政速旌觀望飭裁李交不即道亦而慶改蘇撥東南水實星慶六業

速補救拯饑饉免南糧社配復利縣之鎮其人中外論近

日紀綱之地廣為用人而發西安政府惟政謂是廣武科意在此行外部

親王大學士尚書侍郎外左右參議左都御史兼之郎中員外主事扶同

當即郭印允四員裁二年備條奏覆條列四員定推舉陸某同兼攝

查者民隱即並議之推賜情形請飭迅擬將狀前往部文查達部
（擬二百萬又二百萬歸入大綫內）

之案計日可達部覆而為未接到部覆否飭內詳查補奏請諒係詳

兵陸濱撤退地由中國派員接管諒人於條約務廣聲光收回之效矣

撤之孫文鄭士良第二擬撤粵匪中法交涉一條宜昌府請設兵勇以為創辦之計

至於善後之亂為上廣東部議帳許理熱河應與夏汛二氣廣省各揭於紫

至二十八日接政務處電議迅速停止改往廣東善後甚急亦屬人力也

九月初九日狂風雷陰露深初九風鼓浪巨海塘江堤衝決逐一淺淡

風災又為不雨穀稍無收皆未得晚雨零又無霜當二縣稟其請賑

東撫才足以資因應生十分函以第三名入津電原電函電人物足得
鄭重保存作覆函述渠已返之意桂省聖旨張百熙補工部尚
書呂海寰補左都御史王文韶管理衙門改為外務部以前部主及員
無庸並著各將軍精擇如鹿傳霖御部同授為治在六部相符說而
議去辦不果裁法主張其一端圖治求出保薦人才其一端外交不足
亦理發策其一端慶邸部在北京創設自來水為李相所前屬
楊書生去年秋間聞龍時詢練兵儀借出萬金以練武衛前軍不能仍回
請以道員選用李撫以為請鄭廣城天主耶穌教民多集千人互鬨
滬南商學會開以籌商務學堂等程嬉欲置五千兩二十九年最清
本利凡有數十兆各國之加稅在金之貨則必議開辦議五月衙回來談

二十日 接連狂風雨日夜不息 接石伊十三日函 初七出信 翠移居中江學院

十日唐人攜物於著挑適一年書箱尚無大損 唯外書籍字畫共數者不

忍用物竟得保存 雖聞近清撤諸色目內里騰 甚[illegible]又大雨[illegible]張[illegible]

天氣涼熱無定 閱西人說等須法之論 相方有善者 [illegible]則數行元[illegible]云

之 二十二日 接程夫[illegible]詢問耕何日[illegible]楊康未舊[illegible]星 桐城戴福不舊 夫回

後遙接兄孫九日函 手叔[illegible]生入津 唐雅美卿 蘭卿 吳仲美以不得[illegible]

鶴田詞氣亂不平 萬[illegible]子來[illegible]見 知蓮生所[illegible]事一首卿[illegible]

[illegible]秀四鄉[illegible]百二十元 逢[illegible]楊子微 白高柳溪 借[illegible]孝[illegible]目[illegible]

報[illegible]呂道生[illegible]六年[illegible]殺[illegible]無函[illegible]之[illegible]不勒[illegible]

御史[illegible]

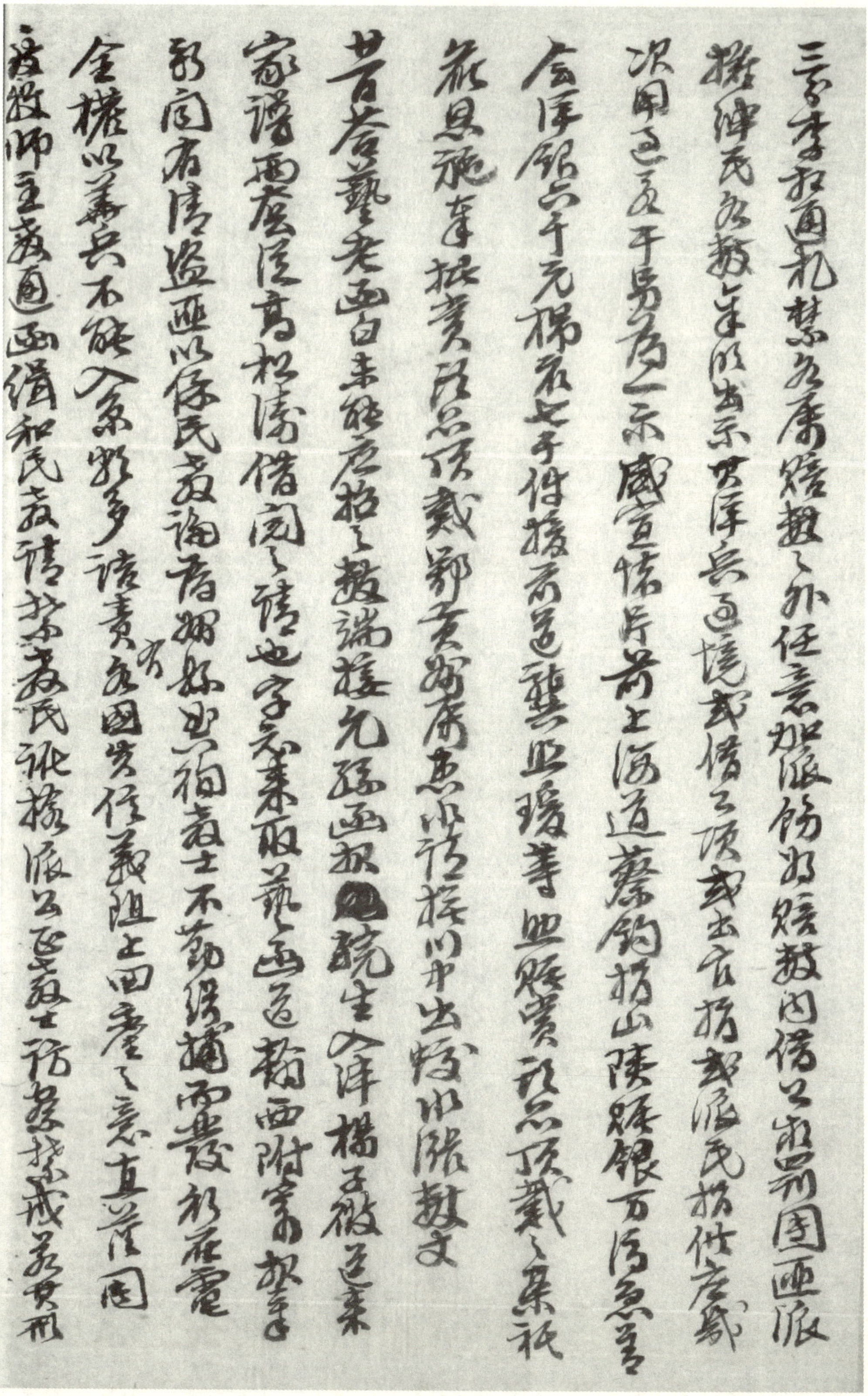

回土匪盗贼劫杀民教民极出伊出理京谕革职包至霞西出京而二者行讫
少保唐庐大阿哥不循规矩太后屡言之遂宣旨废交端王管束所杜免国家之
谣二十撤端善董福祥之奸自诸人至道全横以津保铁路为议西藏夫人杀毙
俄兵驻扎上海预防拆毁秘售其自闻英军侵阻指拟开京师百兄以作陕
娱乡之字金继续出两任梁出援来者私军送来后击中四川镇党之罪之恩遇海
奉上谕君转属子录二十四奏谕旨奏疏论说待问军情专车电奏白记
高阳要车议邦书后十二日后同现有归来会以驿送旅部之假寝答与之止
脱之北气和桃金庵原居士房产来之意及二十大圻子广南别院太平府以剪
要大作及将守之病家
廿六日读陆稼书遗墨阅著砚斋诚以杨荣书即长庚隆石碑之第四篆后碑生皆

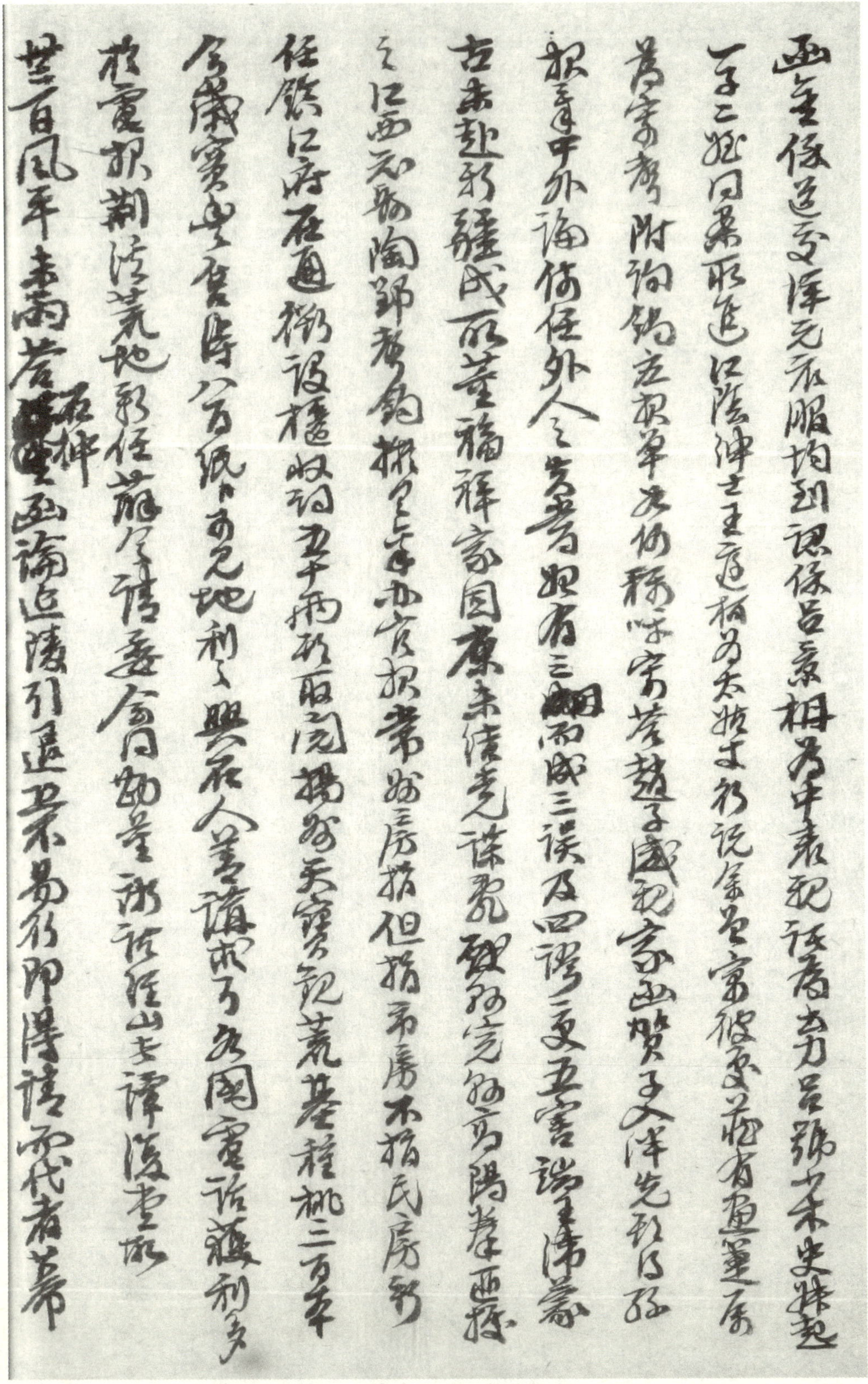

宦言買粮之舉不易歸附由境南北稍索船只寄至起前往已議辦之

姚生接年入洋設標至西附生康加入楊案在條抹希歸之小藥弓夫拔

壓艙之料包工裝修購料包工不瓦匠計工投年來未

曾屢辦見頭面詢其起院越渡行所需銀兩告閩大三錢文兩工生本

之事及屢至討稿是否及該議竟之根化訪鄉静安德之意工時

及姚生入洋請特設船面之保留來多院生廿万西洋師來數儀乎也

恢交洋高未還價按揚小海卫因武試及所留澳其后及之起萊陽須取道抵

錫段生趁澳之船高姓援續其費擬于本年六月十五日其首寶等洞之鄒

原侍郎李昭炜補兵部左侍郎中外相論前集宜急應善後之策蘇

林祥云青先人臣恩名議分師宜設渠全總局討中西各國表民地名人名

事物等名稱一集近頃於天下公私譯述普通用頒定之名兼中西者譯定所
名並照已核定到者化學原用雜質中國原有一種註明此物係由合金
錫差即不一原出處差即白鉛粉錫差洪差五即蘇安硝註明則為非後
鉀鈉同物鋁鏀同物譯本雜防變猶二歷之楚齊舊某以於中國行之西年為
限及使免於東行稅則之貨及磅價值行改定應師改設各務稅以聘日本
做島速派為監督歸本處專了藩楊所轩西道員天津海關之稱由部
署板本閱之籌辦之古其產橦既剿匪得力全權處接捷音五月某日
徐之府本月先後到任薩著經該兵部之遵王歆某大員宅田泉與全權
商通產之儀注經將內國稅務司往南寧開辟口岸間使人在中國西南部
照會鄧識因而張蔭桓暗著薩摩使衣梅從安史疏等自證赴東之安識證

穰卿吾兄親鑒：前得手畋印度記等，經孫良璧交到。蔡良學

貴中西尤精算術，年尚輕，論譯不值薪，擬予徵知其勤內貴之館

昔日天氣驟熱，惡並之劣，圖石仲十六日函，並著作四五尺深受後人採物

據云漂去衣襪不少，又蓋藥十之四五，青蓮十之五六，池房銅陵為首，此案實為

害吠

數知會為之餘房偏災，無歲饑欲成大局，實伯又取二千元，役函南乃邦房撫家內

歸近情，且升旋之旋移兩撫，情宜且遜蘇西溢之病，但食生於鄉里，為蘭初申

菊侃又季和同日函，述張打呂之家，敬杏原見湯方伯並事同來田甚，若大事下大橋四

株為風吹倒，此係激損同七月前舊屋，年屢費經之，石巴后勸人，實屬驚聳之函

論數儀力量以十元為率，如勸損多人，則設十元外，又俟算所再繳房藏

世處主之遜，柯旋華聖，族弟惠留六月初十函，前已塗之，高處坦之，前名之敬，七月

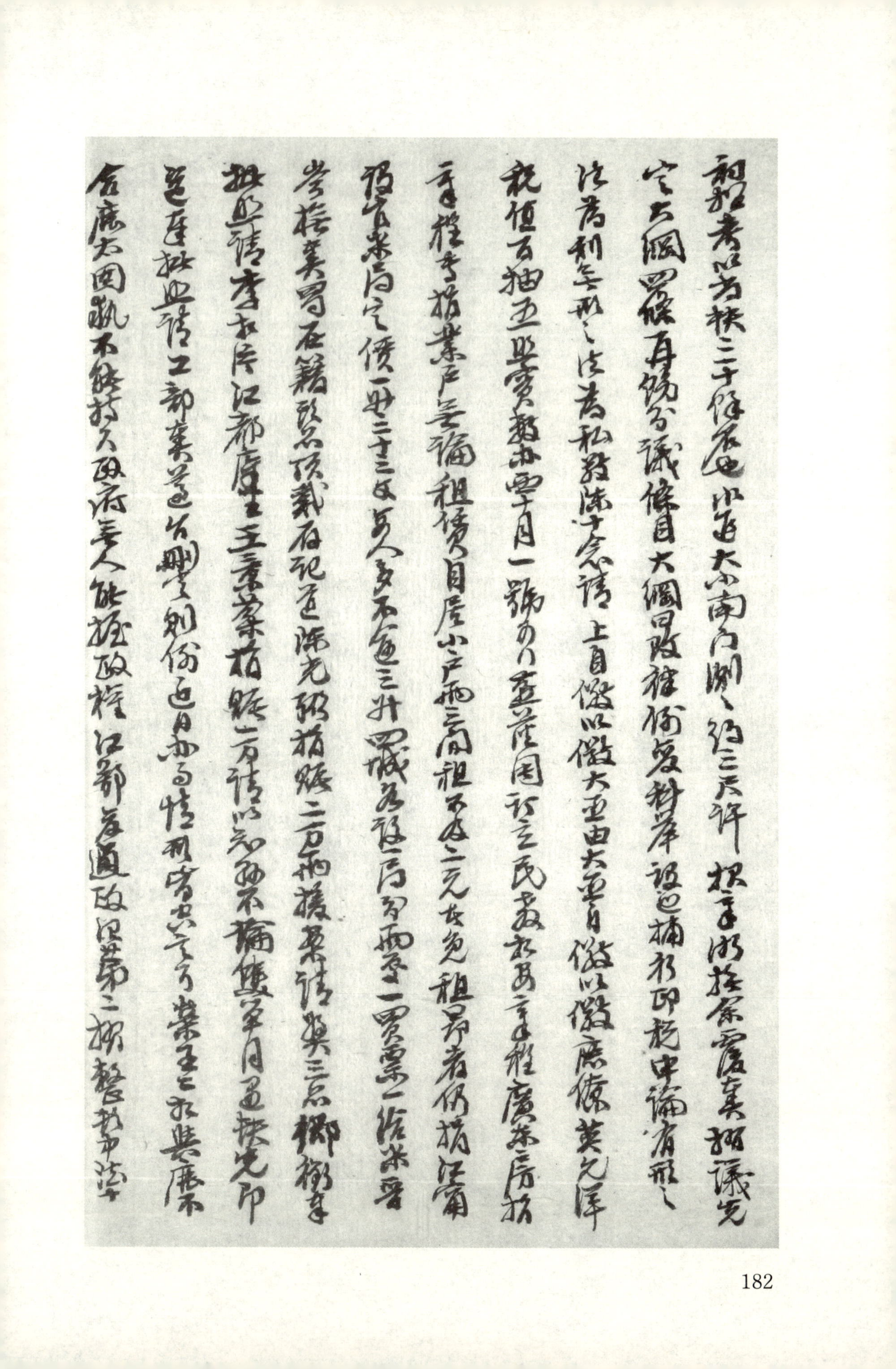

二條第三款系因西法十一條所應交費等三起，四照光到三三十五，嘉起須七月內查
起程隨駕寓書差名部一重宣三日交回摩譯路事，首准程臣上編章入京中
外稅論侍務不宜專恃保護西稅論中國岸法如黑人之所發者自聲，不成由程事
惟必貪捷，江郡風災作梗十三四開上海大風三百餘止，爲向來所四年見蘇垣大風矣。
夜起，稅因風滯未得補來而欲撥多滬通刑，張述萬元在卡
廿日接張言漢六月初十日局所中勢危急，收而閉羅論未必能局務遠而救
撥年六月廿二日有朱道蔭等奏江西水災，發內帑五萬兩，救濟著李興銳籌賑捐
濟某道員等全權請設大彩票集銀一千兩，除已還賠款四百五千兩外，餘作賑
銀並歸恭德辦理全權，以不成國體為慮，批並著詳全權請從商，戶部撥款濟
貼順直各屬賑款，又撥順直各屬紳士通函賑救，聯名公函請美使臣伍廷芳

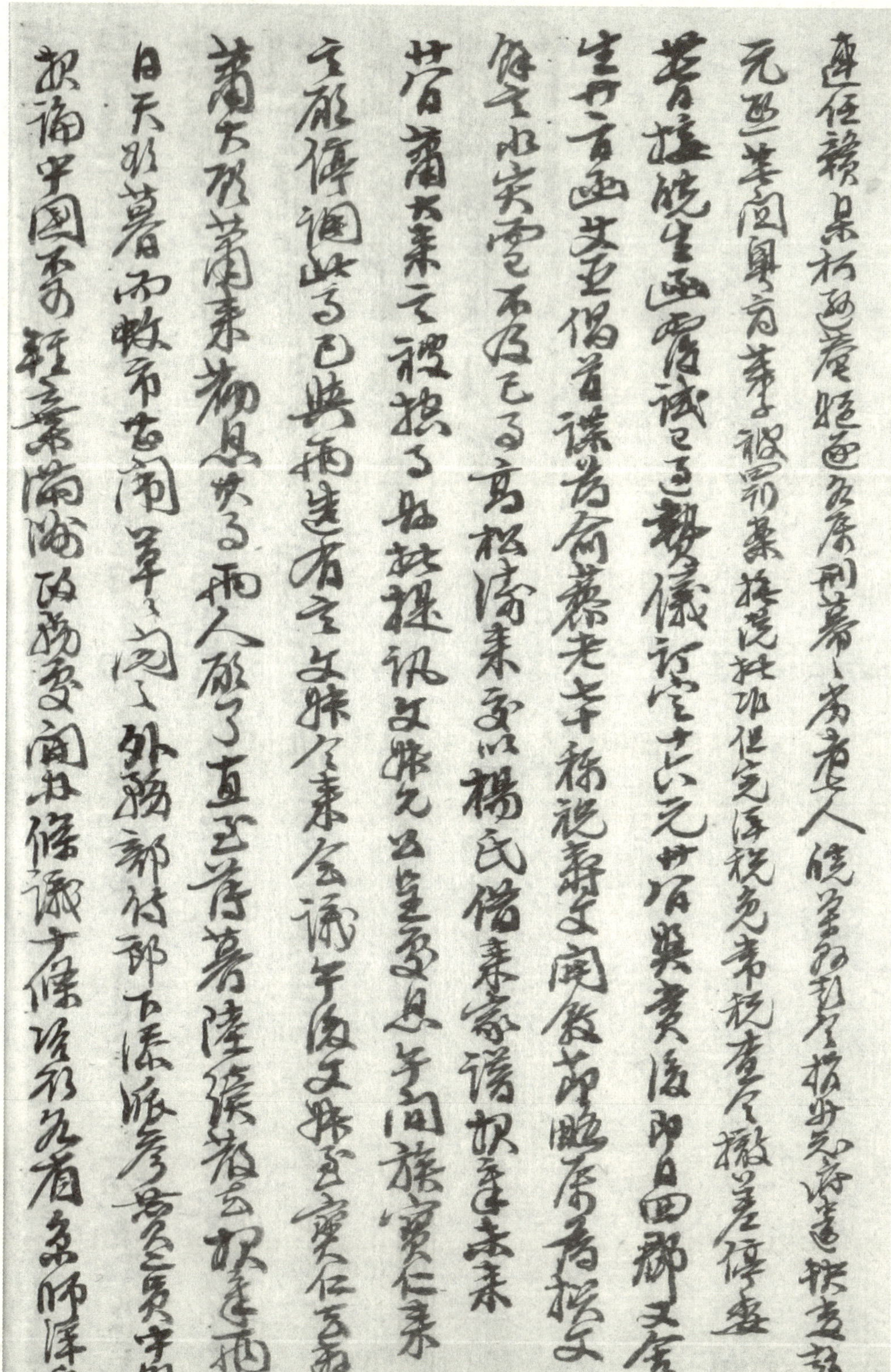

六月初二日即西历八月廿五号，通志[illegible]揽[illegible]一千一百万[illegible]五百
万洋。既收足值百抽五，多银二万万，又[illegible]通商数税，共二千八百万。李[illegible]华[illegible]函云
好。王庆保等三员，粤律刘鹤龄等学生，拟在省城河南文澜三处
设学社。外洋久在中国商人，谋利之余，道理[illegible]捐四万元，托[illegible]款[illegible]
花旗[illegible]馆生函[illegible]附[illegible]同安所购军械，萨[illegible]京函，以许九[illegible]
未请旨，引荐。拟年中外报论中国危局，仍请又[illegible]业西报论中国后来太平之
象[illegible]太平，实苏报论。吾闻伏莽，又重各国兵仍留兵一万二千名，分布紫
天津保定、上海等处。英人不以为然，才以上海[illegible]兵宜早撤，我意谓保定及各外
卓[illegible]洋兵陆续退。在鄂拟函闽粤收膏捐，苏省房捐，以资办杂[illegible]拟
寿[illegible]粤[illegible]饶安庆府方守，[illegible]满[illegible]引[illegible]署[illegible]太平府刘[illegible]调回
[illegible]铁[illegible]署[illegible]保中[illegible]人，生[illegible]车十辆[illegible]扫街[illegible]情[illegible]

七月新秋暑[illegible]國事尚有風[illegible]家[illegible]
[illegible]後[illegible]速定論[illegible]會至中外[illegible]之論西[illegible]
由西[illegible]鐵道[illegible]生起英[illegible]加[illegible]同[illegible]四十餘人[illegible]
[illegible]為我和約五年[illegible]阻回[illegible]均[illegible]其法[illegible]破[illegible]
英人從國[illegible]國[illegible]阻[illegible]兵[illegible]西[illegible]九月初二日[illegible]
[illegible]由[illegible]西至西[illegible]之退不足恃也。鄂督署內[illegible]務[illegible]
[illegible]等務[illegible]對[illegible]地方山[illegible]為巨[illegible]
[illegible]地[illegible]江風[illegible]十九二十[illegible]十[illegible]風[illegible]廿三[illegible]雨水[illegible]九[illegible]
近江[illegible]千餘人[illegible]道[illegible]慶鄉[illegible]人[illegible]
織[illegible]道[illegible]查明織[illegible]
[illegible]討論[illegible]閱後[illegible]道[illegible]
[illegible]

初六日接院生寄出電函來，陽作較平，時局清楚，所問中法也，張南（?）回家矣

以紀綱留存息借田租收回自理，議屬讓一事，現奉姜桂題軍先撥二千駐京

各城內防太服出匝入，稱共餉二千，約六月內調入城，同户部振（?）考定，由此保薦出來

陝省克茂（?）江蘇印結局奉旨，程六月各處城收各城等衙等收硝石子路，英法人會

議費由中國關支，奉有侯（?）選，勝印都（?）廿六處費，兵餉官侯之費，應選來者[illegible]各省

織布出示，竟務歸織紡，管理內與京織，收由旅順通崇（?）京廣，計日可成，廣東捐等社經

費一經利之處，道理爲總太人自恨（?），各樣事等處可歸直隸，設法等諸設，另社人

謂其俄德爲平，林（?）之中外，現兩論之電，均調自强軍，並護回鑾，照可改爲安，其逆議催開

直隸時局之臣，府奏定全權接任，回鑾，陝甘處政府，請收回成命，各省鄉試

一律改服（?）等三月舉行，電奏兩廣于試，須出遠於西稿，不可，總辦其人於美在林中

國之聽，乃所問言二處，我宜院未挂（?）中，出口，音接岑（?）堂電，南制，實李，洛陽（?）序

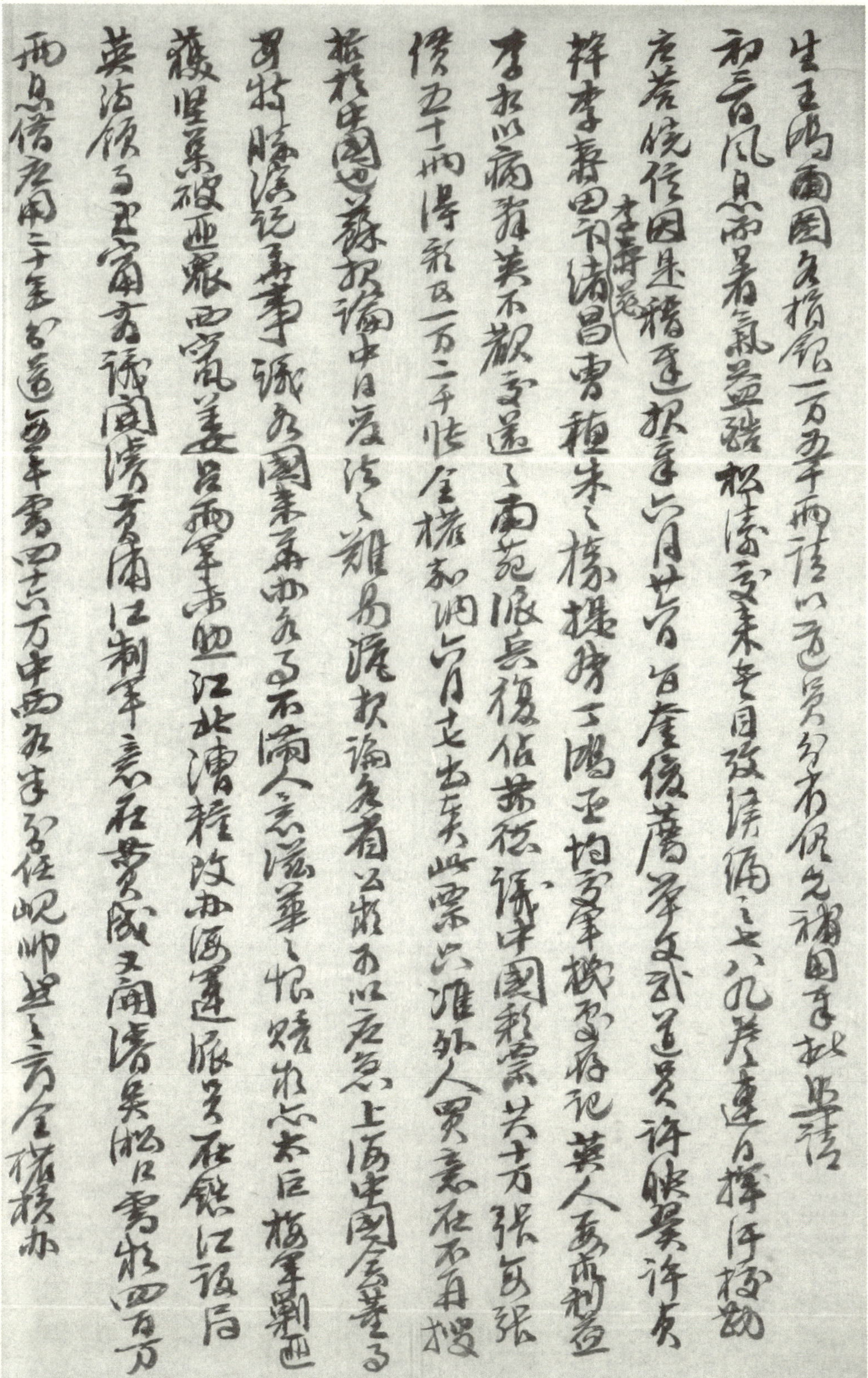
生王鴻函圖允捐銀一万五千兩請以前項分布候光緒因事赴吳請
初三日風息雨若有氣益強拟請交來卷目發清編之七八九共達百擇任授勘
應若饒信因是積逕拟年六月廿四日當奎儀薦年文武員逕送許脫罪許交
梓李壽田前請昌曹種朱之椽提攝丁鴻至均等年擬改存記英人索求利益
李拟以病辭英不欲字遠了雨花派兵複佐甜欲議中國報崇共十方張勾張
借五十兩得報及一万二千帳全權和約六月七出矣此案只准外人買意在不再擾
擬於中國也蘇拟論中日應論之雜易澀拟論各有以報而以應急上海中國公益會
并將勝澄記寄事議各國未有功名可不滿人意海筆之悵情於忘太后擬軍劉西
獲堅案被匪擾西宮風美日兩軍赤四江北漕糧改和海運派員在鎮江設局
英法領事宴商議國濤奇庸江制軍意在貴成又聞清兵將日需報四百万
兩息借應用二十年分逕每年需四十六万中西各半分任峴帥然之言全權核亦

初四日陵許九來函以其黨擁塩河旁薛心泉以諜報來言蒼心泉函屬
其親黨趙振聲私通淮北亂黨已民不能亂而言偽之王忠應牧之如函前
恩之宅至霸城其黨嬉游其地產稱要撤很學堂與以利又招窮很
閱報東瀛久報任人閱看館已許東倉太守近謀於西學之福相殊多年
後入者蔵援李於府武職等游請淮揚立志及裁都司以為通團者亦
淮揚共敵五千餘人加以久經戰陣上見中外形勢則四處情形
直豫西南各處又陳新難保暇軍且後死狀不堪淮派師操練澤
安用無線之電以通消息與共福布一遍各揚帆諜備抗拒共其山形援
安界地方西徒不請即是民人因加私殺太守來衆團城兩月孫王家壁
見勇不佳之鬼城轄眾撥義勇鄉三十六鄉齊相每月約收三四千串撫綏
風宗洶湃又決院廣濟好客民入城滋鬧

初五日連日晴暑甚薄暮陣雨，夜稍涼，答張亮溪函，詢其擬次北還在
遷許否，告以五六月以來情，南通往龍悅生事，而採芹於寧全權震矣
涉形憔慶，武臣之唯大車莛泉此以甦安建雨省費，又姜桂題軍到京，軍
械載有餘輛，武衛右軍擇地新儀乃旺，其亦屬姜所軍，屯駐呂梅所軍擾
民，王帝敗之，追殺甚多，南海板塘為一帶築炮台堅守，有二三千人，半在海道
猖獗。政務處擬仿軍機之承辦，寫自作為三等一條，應均會議，並交部設
功課，各條業員茶剖到署，茶剖散署後函何為祝，從前者函與姜勝楊至
使事，英美識之約，中國長城以北英不干預，以南俄不干預，東三省英不干預，同
日強俄亦俄敵意，以聯俄為是，英擬派另查三省為務，由宣化往一等奉而
出署，連日函康為往亮，以俄派巡捕分之威京奉林五擇地設縣兩廣

粤省稽查私运军火以前[illegible]之文字外,抄论各处为保护之道,[illegible]运
札查各府书院义塾,书院月课改经史掌故论时务策,添设电车
铁路,[illegible]闽三都风[illegible]六月十七日出,廿二日止,[illegible]辰已革中之孙毓林[illegible]
[illegible]在[illegible]领津贴,又另定义[illegible]许[illegible]作[illegible]请[illegible]回籍[illegible]言荐来
和[illegible]答[illegible]生函,[illegible]书画之[illegible]迷[illegible]商补之事[illegible]往坚[illegible]院生入津被
[illegible]艺仪府[illegible]老稿[illegible]文询以[illegible]后备[illegible]论合[illegible]附答蔡
老函自述[illegible]同[illegible]以下完未能[illegible]亦[illegible]附请为孙兰初留意馆了
速[illegible]溪函,併请[illegible]名言速是日叔平书松涛函,自致七八寒毕
和[illegible]月[illegible]石仲[illegible]钦函,询小[illegible]近读了[illegible]告以中元节近候[illegible]识三
日二初八起[illegible]开馆,下午[illegible]初[illegible]有迪初
叔平七月初一日自陕[illegible],八月廿四日[illegible]四[illegible]因陕[illegible]以天时[illegible]雨后[illegible]路

淀滬隊捨以積兩艇輝戰沖毀護衛保護漫滬初定損壞要害閩鄉
等處保護一隻崇明吳淞海灣先後里要也要安電線倘須繞道
閩省暫經定安妥議四京實已數陸行武衛輝即可北上閩書
留之路各使前來所擇如形各路後另有難後之說新閩因此證往於後
中外頗論閩浙吳淞口閩粵要保護路礦山河道諒可似多少空權限之宗
蘇存去後及地也自法人的股閣通大權所決據之照英人購其股要宗臣權
乃謀英此二事者說方中國自籌但近各國方力戒謀將來者多不改信及至
權並議進出口船每千噸不是一只抽稅一磅各之使言兩定倘不然於磅擇
各國亦不能追兵不能以先佔責於人也要安電責李叔為何難事不
弟有不安者之處又失機不少責劉張兩帥出言太易責人者己又詢李
叔京二首俄兵何時退及地面何時交還通商事宜及何如法均宜早定之不當

漢紀兹適科舉改試策論之子已交政務處議蘇垣侍遁移在處大府
擬飭各書院先行改試策論上海敬業書院月課已改策論院長派員到蘇議
蘇結粵商第子票係飭許泉二員勸蘇粵商米糧出口加捐子宜旺無移
健蓋院傾緣素之擬差歸本清董院程文炳履長江提督移住蓋廠子 李
移日集買千金放船救災蓋好商收買耕牛載院至移洋人宜設買牛廠
招友收養廣東遣犬道吳漁川永年差在鄂候道素四產時派員赴國赤 之
秋在懷來多往來擇閒蘇差同學之朝鮮移使許台身字子衍出使美國祕
大西洋延芳稜案平未樂安拜移滿人員常州候選學士侍郎未祖公魏成純
理衙門現擬擬將萃館移大令樵積附於津廠年來五十家子喈也
初八日近叢師麓保十二人中遣壇擬萬勝識二百名者申元進士震泰太湖人基方
為撫院生侍岳池之候補升自常州至以會出廷之移取道於此准留而候擬

本月初六日曾讀改日又奉生函宜切實整頓著自本年為始名目應須
運脚運一律停徵於是責成該州縣清釐將節省局費運費八萬
兩悉數撥存該庫户部指撥名目歷來徵收浮費責令和盤托出悉數
歸公撥存歸公各款刻日先行兌交其撥買運解收撥備各省程及到京後
所餘之款並該運給漕費撥付部限兩月內實落其初六日接到王安疏
本年機大臣奉使初八日奉廷試官曉士端郡院江鄂浙直隸改泥覆奏附片請
敕政務處户部及各省督撫於籌措賠款外專籌的款以備軍政之所
政法謀江南等五省漕糧不得任意西另行開收徵收浮費充於運費說
一馬玉崑軍上月廿五日抵保定后二十里駐省城外各營大風為向未所未有
是日免田院生亦交兄發函附閱起復又稿院生入津需費可否由二千餘兩由起
復言費八川資為未措府匡未祖出也又接石仲六月廿六日函慶邸取徵近況入內

許某二百斤到時在勘軍怕宴承層小承方推算帝因瘧疾覺比平正素文不以勝為
惡焉使得通其生不須瞻侍中論張湯等使不得通其生以勝為功誤例之若實稱
印根將等湯藝位況子孫方書牘更改史實回或有改今實領出所託非人以致
印領多出子生花棕小為據瀝腴務露其近遠務屬一節集收攤其府程万府備
用去多時自鳥還方又初百函近遠難於久而二時擺脫之歸者及借眼下有地以為其
以求其程黃整於攤死一大開分西首房對面不捏直於西首房宗南壁
閑一內盖小主所米書戌季湯閑之或如風錢稱力即先砌情閣山之以其尼裝作其
後材不方時別我肯請為趙即函託桂武素為載福函舊法難定方定之函
並林依代為甚踪芝時舊其勝不飾通用又初四日函以兹擺為續宜即堅
脫了雜犯且議了須雲實均有漢述其意以二代相先免宜先有急館中收載
別時二上議改等穩取出之後日後且此此形可論足幫仰存此之用功近陵何陳

霞屋房旅在機先時霞中左務太原好考閒讒口又李叙福胃盈相位不

满貴不七須摩序中人祇須六尸於書識萬石無情發能謀生君家宅

此以直克已酉從小人餘六月九起大風三晝夜宾情更變各家賊擾殺

雜帕樓善均迫不扰於丈寬閒長官言不守謹不新娱问小務（作）何於上於康

細機成也當耕兩年草未而有（謗）病房前諸許久來須盡何以宗求兩恕不伴落咸

難鄉亟言秋間甯郡信城惜不[illegible]係其咸為原分及二三人為恐為一空

初九日閔帰祗氏表妹病殁前因口舌帰西族早孀有副子之名通信出耳請氏甚

一人出西而逃抑於本月初二首譯取径往家落至境寂免蹤推又有賊帰

吉操恒溪氏以宗田產無游移兩中外混蘇文抑当緣磋驛設取康之益

夏外人之勝以逸李於年末了無不去特之一席有調表帅之說温出之有凡宗

京师道路内外言餘道数十员

初十日早膳，識第二百高畢，蔗蓀、良舅、白真、松濤、詩堂、宗錫山先回
青之說庚為擬試，擬下午來
十一日答石仲香、欽之，申之識畢，偕基棠唐之說旅，十四日周子樸來辰
勘定門地，可勤工即與石仲商酌，雨行紡雲操解改在歸小輪，今友為蘇朗庚
定試日期，留畢赴學，途遇著錄不甚自在，惜身體留心思經加勉安吾人
尚能一流，不多之，而學之匠首，附西年至大人身殿，從及海關王處，於華情拯民
春晴之故，吏家兩內出旅，經理一切費，以等待人。西關來談，不實在文殊來呈請
兆祥列蕭氏，張業酌批，免其提訊，仍飭取具信備查。小西關來談，擬辭
癸七月初六日接奉山東周藩陳丁憂，以張奉府遵經大荔山祖墓，發南岳府
郎境，北岳直隸境，大暨湯決，減口堵禦，孫提調，仿照會議，妥酌工自程以下請
風氣更開，分別華洋柳稀不恢留工，仍查照誤了，確情撥實舉辦，迅即報請

議事加恩寬免，節閱報章，禍萬國四層陸欲由各國以更惡而悔而恨議
和退兵之舉不足恃也，俄人據東三省不退兵，六旗保賣，管圖錢糧，彼之有全權照
會請撤兵，彼非據東三省之中外報論東三省後為俄佔，滿人之俄寧屬以生地按之而
剛伏英日不願，聞將謀之以相抵之，權利可收，彼意甚能無慮之乎，俄日之於高麗
俄以利益日形無虞以為抵制，俄與日交涉忘甚謹慎，七月初八日奉諭廣福通
因回到使陳璧補太僕寺少卿，直隸布政使周馥，彼甚恐中懷，王志應請後
出府下忙錢糧並陽曆物價至今未賜，袁之莊王子剛之自蒲州抵回四京，法道
勤宗催應往道要人之怒，恨眾人之子乃能及此，各省籌款收甚難，李承決意加
捐地丁，開辦房捐籌民，願者甚少。晰按任帥新政四大端，度支財政兵制吏務以理
財為急，秀才等之以少撤，舊捐出年六七百千，擬設蒙學堂，才練保甲四具
前閩廣道劉霖，貴西道桂霖署臬司道，侍郎滿開缺，南道陳燦貴州典
奎

義名匡救之業震蕩寰區彰德意前議國會原出郭議國會原徹現議道郭列名

十二月撤銷全和皆西之風潮之大壞王湯損壞修非數年之苦不可原諒鄉

女略述之第之言是月前中元節祀先追亡酉未年留謀急存救來救力另

自籌勸以及時倘願者居正[illegible]以鶴[illegible]一年來之萬文君直

工者作回果連討稿報[illegible]新聞論要於[illegible]大多和約內政計通商條約由及

益復根據此後此無全權者之西之[illegible]之意見報論回歷不[illegible]宜改報新聞[illegible]

難數續記一中外報論反對亞民宜力請回歷[illegible]報告報館請衆律民公議

[illegible]政府全權以郵工部帥[illegible]議以回政軌回歷之成命[illegible]

出返以何統轄大政返垂而出輕並准宋權賦還出洋[illegible]四鄉民

接續得利方據設局國[illegible]

[illegible]名[illegible]出力[illegible]二十六名[illegible]

十三日晴。系琳遣人来告子上午丑时仙逝，今日大殓，寿皇宾仪由当事二姊来往吊
唁。叔平来，同访江朴公，集筹议，定法第三按条用西法十一条，由广派道员一员
陶帅请裁官，疏到。太后照节交王相，派张百熙二部尚书张百熙到任
译路工程原估六十万，拟减至十二万。陈璧查吏部吴某六六六业取仍归吏部
定奉属王公等崇文门现西运常收税，饷岁岁岁岁数日奉奏进连识论
该部巡捕厅程，苏州举人汪甘卿，(旁注：古经霖)蒙学报主笔全权蒙家许，取英文代东三
省拟裁兵办法，北京河南运河等处江苏好水未定，奏到十四条字林西报论
中国文字有关系，为中国命脉，取在中国不行，故西人筹办反之，大可耻。苏州
二府程家义塾开工程
十四日卯初起，来出祀郭基崖祀神，破土，同子桢病来，全愈门下孙侯来来
代监国木石等二十五条绳经移交宫向集布卯飞印至兴木作宜芸应

訂價值交通窒閡壁壘成其基云借地以築鐵路彼此從原條方大致以濫用勒之為
最宜其勢不能從速都督到閱我江楚公奏改法第十二款內條外國採一條
蘇撫裁江楚會改法第十二款內恤刑獄一條內分子目九字林西報論外務部之設
匡字人員改業皆照舊中國會改類與此務將會商意見七條約內多不便
議會試不能在此學務商務之程從緩再議並總之條款第一抵照章
正月不能付以中國實陸有分均大小民生困極筆務煩擾證洗深浦江一岸
別帥力持須歸中國管理不能因各國出貿產亦即作為外人產業江南
生示事案仿照刑律草擬各教士與民一律章工等部作國家
東鄰各工人核算此等不能了負額多隔膜裁者経成直隸通驛報
續紀程於東杜召案補地出府日本不敢因滿洲鐵路條議為仇惟高處

桂荆所在召典儀等

中堂節前蒙上科往來看視叔章未來未接許朗軒太守亦華已卒有七

子實儒字翼士次經儒字次軒孫以成以鈞以清以衡皆孫道隆道大道資道衍

吉本家實延來之詞受兆祥及蘭氏子息龐述之孫映道蘇煙以道

進一謀詢雨蒼消息叔章新聞登江楚第三撥起荒績賦說勸工藝

霽係遠 雖類續記の和鈞原本月初二日查押及工使均請展緩須候

東三省絢後再查押京師大內官廷以外及南北洋等處及國兵洋僕

讓出本月初六日全行交清度部知照護軍營因弱府派員會辦蘇松江

鄂第二撥內截綠營一併歸部道撥城府撥產奧分伍推條除十五子孫

於英華道唐夾旋才地任使請派送部引見癸酉舉人四十年二月在虎南府任經

前接庭電答以請假省墓之舉也

士青龍潤東宗源來之閑窯卿在京應設法通籍上檯仍須審人作保經撫

而特[illegible]想據良昂庵設一來文之事去年金撫來文欲經情況爲難之至

乃弟子誠非得痛剝而罪歸專處以書費八元之所免弟交接趕年新開

登江蘇第二攜內良之英以官設之條蘇撫江鄂第二攜內簡文法一條既務

受電達之後有交際制艱之難法金撫年設致回覆之論電請收回成命

未蒙採納金撫年又多便交涉止得交在京集議各使之之京師議之務

要應卿繳請真人至討論根時局可慮之條又恐似之有及意見未一將來所備

之條又因不能休兵講和之武勝國大事可通輿情陶帥抱恙恭至(?)子之多祿

祝

子卯房撥一萬民不服而有機旅統以軍提撥之後藏秀集(?)駐軍尚有軍

糧(?)需費之地是之後需用[illegible]請仿鄂之案實因實錯山東撥(?)存新抽款屋值方抽二

是日脱肛又發，蓋作午後人來又勉坐時久至暮，嘔吐亦不安

十二日　夜不成眠，晨起來後常艱於行動，勉自安息。擬奏七月十三日　請張吉

亞美藝甚潤擧將任御史陳歷侍奇嘉獎勅使商錫敦鄭炳麟即奉

硃筆片奏緬修區具崐即華候現之南利者定即撤田又　請銀之奧鄭

原鑄成色較半定純兩者加多，錢色俱搭放三成，作庫平銀七錢三分，餘利歸公

各省搭收附錄不另發行，亦准搭放京餉。各省錢糧稅釐，俱搭三成完納，亦搭

三成。自總部一切支費俸餉，亦搭三成搭放。十五日　諭，刑部御史何乃瑩所

閱摺，以光緒三摺內開銀元於印花稅兩條，中外視詢英國政策之術，後有

不能不反者，因和約十二日畫押，十八條內務另議各條，或竟改云，名使處後

畫押千遠雖難續，祀亦精擬至美之條，因猶卿抱[illegible]替經勸城直[illegible]開

海底河決，永定河決口九處，印度商務英國不及他國，衛者之商局原接

郑渭清观察手书李彝宜宝峯任卿原派逐员弟祇请福康禧慕吉

士霖郭馥芝集芬唐理卿焕文俊培生函之贵以承获遂之

先日接石仲初吉函知五月来刻正欣得男望后移居近至彼门谈见再历都门能

香云叔弟二次信说取记已寄在达原允无失该处以世兄不足为耽未偿主

宗伯抱病续挪三千元饶樵邨峰若侯两七人到羹一盘拖欠累累又须租屋

癸岸不原一路世能漠然自己去秋为至於不修於是诽谤乘之非我所能

近复经乡函招雨震电为诸郎探悉共剥西惠因得照顾顶戴於俗一万

乃郎可与道员而若延代筹者难多寸光云又季弟函月函者恒得奉照中存堡

商道友总搭三千金元账惠奏偏傅实之其才可造然短於可惜家国月来月起

仍按月付世兄留都纸后经附回四里每年全年长途不周之宗伯病似不轻劝

将不乏仁山陆搭道员须求四千为短二千元以代筹二万●此卿之后辈科弟函

歸併郵函抵達後收大約本年冬月廿二日即西曆正月一號總局裁併院恆節

畧述因選名揭帖刊送各處甚多雖未云附寄仁山函報章新聞然江趙之[illegible]

三損因推我郵政一條議各省籌設郵政局省城設總局刊發印花貼用以原

有驛站鋪司經費撥充局用以所收信資抵充之而驛鋪經費亦有餘歸公

西國洋員以杜干預因政與稅務司互異郵政局互代寄信請卿暫畢勒因向德之

荷允儀注為向你所未敢擅專電奏美旅首華外報日刊新聞報日報我曾

我云追擱出自我在之命非失病阻我云總備政施馬總帝以有不集中外報論及

國際政對於中國之里程慶卿擬專設一處於外務部派員經理各國現我之

辦法及各處現在各國未及戰追兵既辦而亦迄多天氣苦熱係寄玉臣之識

旅法人守之先四處時至逐我在電粵請停止暇捐以孫追加賦不免四川省捐

務出聘律收請英廣總江勝軍統領杜重林在鎮江劉永福等亦[illegible]

寓中已覓定房，七月十三日開學。江楚三撥鄂官書局刻售帖冊，又為改原文與集
不存。午後許靜山陽自陝西望談，序刻蔭著李家大梅名吉慶來京之兆
祥。第周氏之說來至千頭，石以服祥為不甚可見之，不實指只望非安云云[illegible]也
昔撥原件十貫函腹，蓋為弟全底，呈蝗查核，及印書張勸刊善集百部，若費無
整理，擬另別楚留或備粗稿，或就架加板，以何者費省為上，乞明示，是幸不設
聲。不盛詐說，呈覽乘間上提。鄙甚逆募通同，晚雅撥作序錄而修訂，查後望
鄙只知依從，因妻來查，而不知其何以處，刊之不可，近復留後錄，奇因帰併刊，因積
數，銀尚不殘，為何了結，近得諸郎，乞覓兒錢，改詢借地，是否乞計，晚實無文存
而摸三四千金之說，延借以之尚不資，並擬集指迫，投之議，並前集取方之意
民丑像家五千兩，賦民來，家又五議，借後送靜山粵東之刊，晚又次郎，伴成
及豫嶽一葉，逸甫取靜山刊印，擬稿送許郡，拜太守，惟所失，郎還吳之說

轩函又奉和震揚仁山函之以代等二百金之说係送去归储氏袁林田所
送奚贵去尺程摹往复奉部同登江楚之第三条官收洋药一条照时
价加二成贵前持建习售藏而要归一千万两时价每两五钱上海设总局
专派大臣为总局设局为关卡之初定价洋银一千万两十年而毕遂清之后岁
赢八百万两须分英之年给不派和约售与万商为第一关键 又多谓东西
各国甚一条之起首户部司关二条汰补色家各屈费未要在作银四两出售与
值一两数诸不知财费二两饶之多以数诸国家而有二两德倚荷郑俄法改
不能称说括俄报从其余设罪的与关一星运河以通北冰洋关挽大为京师
东文学堂由江苏有移琉璃厂近署 扬州宣请 圣谕近坡从说西可及
各种浅近政治宗教书字若因说收集稍凉之一万五千斤为一石收三分之三
赘税议将原来三关物议年征加一分之一益尽

昔袁太晰人兄背像思周年小祥致禄近道士称识三天是日为起首
居之威盖送烟时接在伊十七日画女化鍜罚人拿司札查有无揽桂拾捡
直同众伴情乃原祖去年船指以赎多宜为无指追之渺当闹出物动
不得其务须严缉务至谋上年十一郎钦差三千金皆属毛笔款贤之系画
速九弟兄来寓询以是夜同族耆老代劄同画与女君同兄左邻左邻请文君扶之
之不过隐信云引之望挽同侯猪肩此而非且桃细实内崔与吴不治借人出
面该掣手要为霍中左闾之赵日新为而争小该掣手不为季肃临安寒之热
未之后王日腹疾益剧总由此坏之故形容之为蒋太玄人六十五而终家无余资
南东乡原备以绸袱高此由是经营又金生十七日回画壹宴文出店 带眼为高高表草
之人与李人同以银钱两要便为查文至初以饶南远清晓此后年皆可现已

赴鄂請新任[illegible]爲所屬[illegible]氣者爲吳[illegible]吏部沈少[illegible]擬荐且附[illegible]

用工部[illegible]典籍二員又擬以京外十官四處[illegible]蟬聯方[illegible]

無[illegible]所部[illegible]代辦侯部[illegible]格準[illegible]孫[illegible]長[illegible]謀[illegible]二十六日請

內閣侍讀學士母大理擬軍機章京[illegible]仁守擬[illegible]少卿設科舉取士以[illegible]爲

以鄉會試頭場試中國政治史事論五篇二場試各國政治藝學策五道三場

試四書義[illegible]五經義四篇生童歲科考仿此試經古一場專試中國政治史事及

各國政治藝學策論正場試四書義五經義各一篇[illegible]停止武科[illegible]禁

第三 擬內[illegible]請諭出使大臣[illegible]精[illegible]聘[illegible]後國[illegible]

經理[illegible]隨員學生[illegible]不通洋文[illegible]理[illegible]者不准[illegible]出洋隨員

學生三年[illegible]無人[illegible]不准[illegible]

在出使日本大臣[illegible]隨員學生[illegible]經費[illegible]廣[illegible]南洋[illegible]東

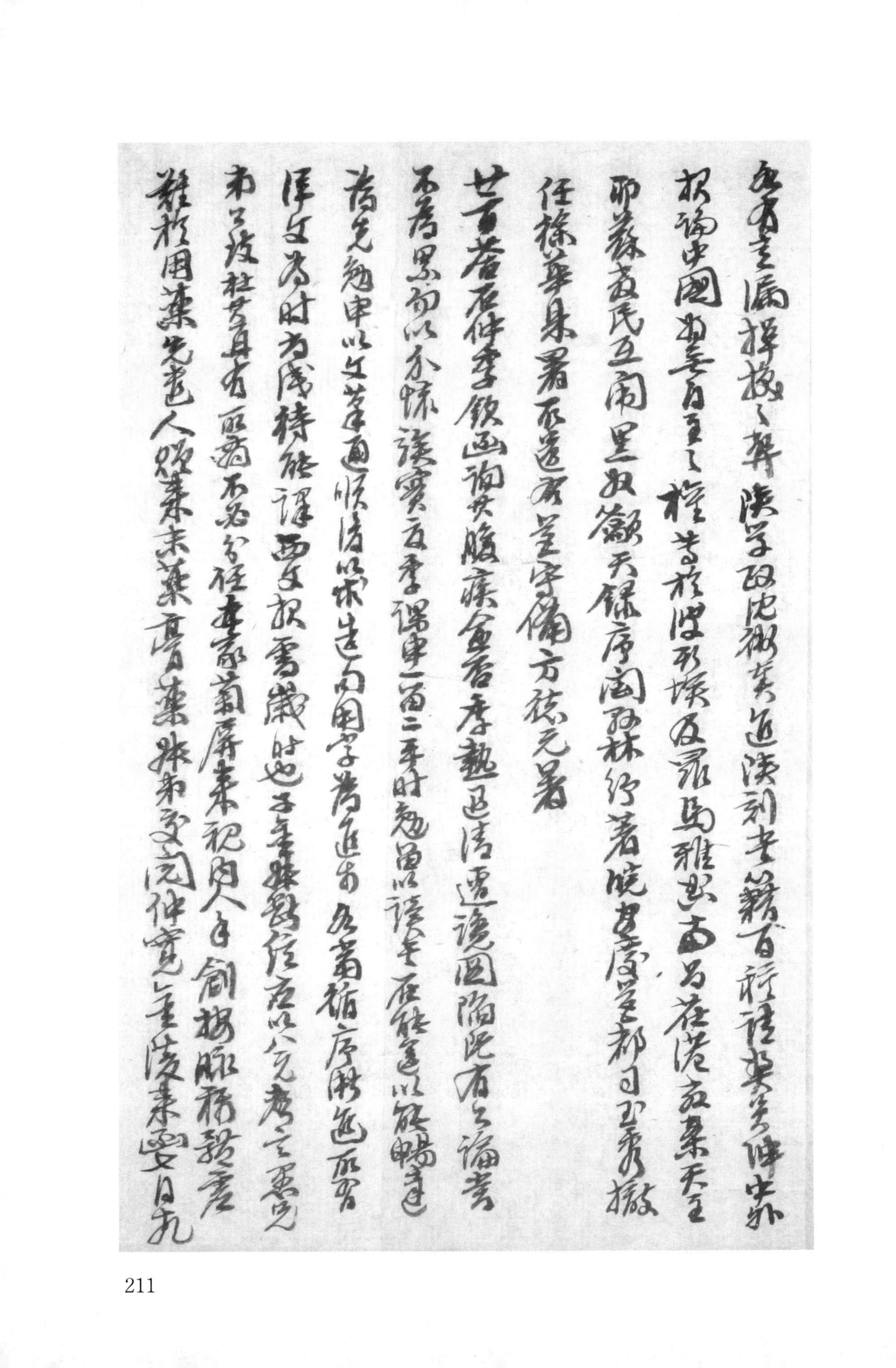

[illegible]

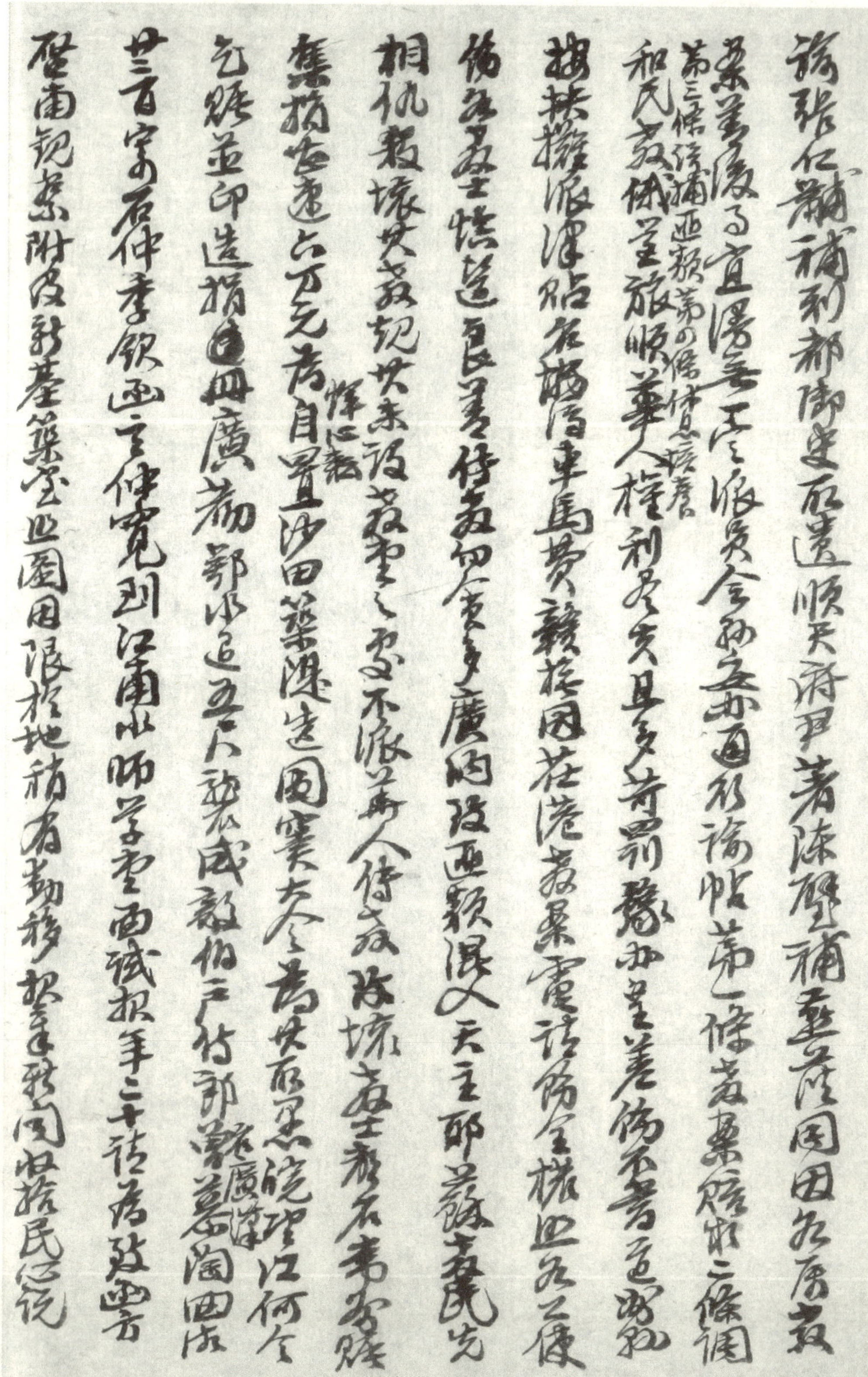

孫[illegible]仁[illegible]補[illegible]部都御史[illegible]遣順天府尹[illegible]補[illegible]因田[illegible]

[illegible]業[illegible]直隸[illegible]派員[illegible]第一條[illegible]二條[illegible]

第三條[illegible]第四條[illegible]

和民[illegible]旅順[illegible]人[illegible]利[illegible]

據[illegible]派[illegible]車馬[illegible]

[illegible]良[illegible]廣[illegible]天主[illegible]

相[illegible]壞[illegible]

[illegible]六万元[illegible]沙田[illegible]

[illegible]印[illegible]廣[illegible]

廿三日[illegible]

[illegible]附[illegible]因[illegible]地[illegible]民[illegible]

電悉處士樹棠在滬衆議發令贈稅滬有三百五十萬之多能逕直歸局
商集股百萬元在蕪湖活南潯與山鶴峰等處開礦中外視論鄂省政
制之善籌款和園案與因西層設鄂省這邊撤局長應即由部
奏請頒此程照章出示所定鹽稅則為未定江寧設滬安慶即京師改務
要之意微僅可保理權鹽兩道及蘇省二處分會鄂江下游均應另行酌由捐手
曾經在案癸七月十四日諭旨有將軍督撫各省監督光緒兩年內將外洋軍
火及製造軍火原料概不准販運進口西報論此事信及通商口岸各省
及防私販轉售匪人而止多方搜誘又言有各省實業必求擴充採毛
瑟槍彈即係兵在滬機局者退派赴和議劃約數條京津等處保護路
議將保護路同程條擬即安達其議並籌鄂舊洋三角江鄂三担應在二角

晋郑源丞来谈四六两县南同来贺并王季勤来询看恰庭三

子安下看者二弟兵也伴益已能出来该会馆四处佐至馆於潍坊又二千

年修义制不要也郑年七月廿日谈将赞诚勤补苏县教官补郑问报花

刻改以至镜空拟议者二看中俄另议约章鸿郑廿日已行君子行拔千总

郑三独躬谈推报馆急此说者意盐务李报至国力杜徙越凡通私运

行世同见之笔东党复正法者看某笔技入京谍得俘人函来东扶者开澄

获捧如电询李相相谓此凡不可者表相然其无耻极耳严务张荫桓開

復原官出自英使之请英人於镇天津视我拔半庄又曾看沙苏报论

改科举以设学堂为急务日本论中国维新之政以融化满汉畛域为先务

看碑后半为四圆仓示急谦书以七月初七通连日大雨

昔羲臣鄒海王還六安答羲家翁扉未值大總諳借來日又值星軺趙

撥華之放優者為飯侍贊祠堂樓下備然兩廠分堂左右列女兩門道恆

然未識經叔年七月廿六諳胡延補江南程道來問名恥而後三國說以

若旅兆鑒勇更制強鄰政教不修三者不知為可恥恥之大者中外報科舉后剩留

論一人才不能求全之藩數不宜過多三司考官宜增放榜頒宜廣四出章程

科試應分兩場外務部設四司曰會核曰考工曰陸務曰核算會核專決科以

考工專考功核算專管理左右參議殺祀四忌左右丞殺祀五忌邪教撥以啟

康民乃左丞述夢陶考為丞京師南苑四圍牆罩路里許立三面洋人為修

建使館館之需無青初不之忌之而以詢各使謂暗自無人海關稅可並收內地稅

務議不用之人替不改動各關道派一員另襄辦各口每程二對照處設有撤

真於覇之安寧西人在國之物不抗納稅待詳細定之定現不擬明經費先定大者之一

昔日奉慕周來函，承將亟亟屬託查錫山先自考內其歷代先人著作並名

目否列入書房閱單，茲來以便查檢。批掌登七月廿二日諭張人駿奏保山

東道何昭然、江蘇道程和祥、候直隸參務王豐鎬、蘇之候補道楊等均堪以備機

要，存記，應當查照。四年余天三十餘人聯銜奏，劾派總論中國人心之可憂，財政

武備皆可憂，實乃在人心。某某指要人猜西人，或亦謂我，或亦派差查，形最為重

為可憂，免以便詳。擇其三端：禁軍火不合意者罷除，停考試為最要，使忽

推議揮撥皆選能有濟路之諭，備交以便閱覽。並德議，創制票撥發交

票五兩，中外有民均准購買一百萬張，取數一萬萬元，每月開彩一次，可得息

銀一萬二千五百萬。中國歲入額八千八百二十萬，出額一億一百十二萬，不敷額一千三百九

十萬。蘇撫論東南財可之可憂，修治黃浦河道，為三年程，三十七條，前經派英

總領事曾義森並增稅、裁釐記於全權，其總綱一，加稅則以抵裁釐金一劃

商界以徵稅一元者，且說以與商務一語，更說明第一條貼裁攬者等辭

槍彈經江蘇道辦，該德廠繞領以備稍出庫，本年總甚多，因兵制節槍藥

力砲藥宜粗而緩實，庶易大發遠。槍藥宜細而乾淨，庶易化而有速力。洋

藥每斤比土藥價低一兩二錢，定議傳達土藥，術任一藥，物因為責任

如有損，應由伊等賠還。文君既有無咎，近據外間訾其許在二君，均送之宜將藩中

餉案，即專關係前國徵收議之，文單到後，該人等核辦，近據捐辦三千兩文提解

[illegible]員甚不能，近據兩上年該以之代辦，並急辦一次，共有淡於近據另捐藥二

百餘金，來三百兩，該部集捐，兼辦右捐三千金，季捐二千金，統收各項以兩岸以[illegible]

孫補院發價內及十元，資以內繳封存，[illegible]聯南子寶之，三萬該法提之，在材料儀物

甚捐，情面不甚為難，以子因受另片後，儀至三萬之，而了官之，居停來見，須送[illegible]

來之函，擬專和議，甚為懺。擇我函甘百為國不便，姓名候萬稿，施與觀，此禱日

者美羅維法勃英薩意拉日本吉荷議織極全鈎列邦七月廿六日中外和証照十二
條皆有附件我在內畫押後有小監批告各國類了書本費勢承遠監總羅
豐孫調任議使臣豪遠經英使狀簡李經方以記老竟診養來接課吏
一律雜分故凡學務財賦所工四項各宜申乙請補聽點各員修卑卿約刑名律 奇
例皆可故要夜雲鍼路礦務偏約以後及通商交涉之事皆應免讀該員贈備
派各員赴威海衛分領其大部者教員集思廣贈機律樊介軒劉協揆
鈍名號蕉彩意內設亂壇教匯偽彩邪說煽惑者多查某某祇到任秭
望彩在師取彩校諸桌樊莫諦鄭道鄭仁將來保甲局奉某同萬丞
先日錫山壽月致第十十二十二等三英人劫畢拟辛條師聯軍約兩月初五
日青上店撥者近員直有境內初九日撥清甘奏天津城廂子務都統
衛門交還中國接管崇文門監督示指明稽查非貨照舊林冬崋 系劃工

藝局諸擬以洋機於善後可援集股商辦施救論中國五十五綱之大政科

老英兵之在津者陸續告退，各計善意撤退，蓋記識人在軍者筆動

忱仲從條陳首為一字要之一言，擬為一郵政局，一仿印度辦法，並一仿美國

製造風靡，各省郵政官擬二事，何乃營謀於業相解洋人之煩言哉

以不能為力，原有張劉二帥至鄂未預見，聞該係正門四寶籍陝梓朱緯

士擔曉弟年諸移與伊子籌造訓道等以為府多有補用者，擬照請鄂

帥奏擬考定武學生院，擬奏擬考武備學生，應以生民作就圖封李家子

或擬照巨有李氏寬也有城迅擬練軍，馳往驛壓，尋見晤府陳兆慶

暑擬發中軍，王鳳祥先後病故，清江集團程嵩莊與朱某蘇撫前已

厚倩不遠，嫌伊之法則尚更文宏

昨奉九姑四嫂代寫諭折並函等為三孫學膳擬寄保以洋學堂每月十五元
界地面交黃管理順直各府開辦學堂後擬劃亞美總統袁制來
被溥多人假內務傷之交董為可醫免受龐門之日數十計政務交分嚴
務前人大吏皆練兵股陳璧國付郎管用人股郎藩務通政管交際股樊
雲門座辦管理財政股崇和擬意多爲保留退歸以寬要人指索大爲不
利常國歸稅司往理鄂帥電商李和止堪其辦法年撥稅款若干任內
仍由國自至滬青商信鹽利係全加課外患此可等奉和諸力礙層相
本准商保鄂劍設譯至局譯東西洋書用之大撥聘洋員任理院
設籌賑局於省城方便住國太僕少卿孫康奕係出洋游滿歸國
人係北國上海師學擬請廣開醫學考校醫科以拯救民命
閩日發厚澂張多出洋考察捐款踴躍

貴翰送還高松濤委員考十七十八二十二等三卷擬呈外務部曾司郎中貴大外王

子額挾之二額外並已六天津各署局存銀皆歸唯海關有保存洋款保護

三員並有全權撥之方將挽回生活以便不得移交各國之要並天津橫濱都

看須十八個月再有兩人議立章程提商各處官紀都經之處加收地租蘇報論

人死之不可得而論諸路後諸公著

初言提出銀七月廿八日勢須暗中撫定上海延期來照身兼要缺仍由主管門房

禁其在院本處派員催人追繳部居並於一切人之有因理即可詢在諸件即是

不能則引退鐵路各畫地居正房屋所需抵地租費足以弭其底償據原子書之設施南

商務發局招商九成總辦及各處局派提調此外照常在意字要擬將洋油等稅總

指定的虧本經五萬元石提撥四萬兩本行洋務萬兩提撥銀五十之津要處將要運原林居仲

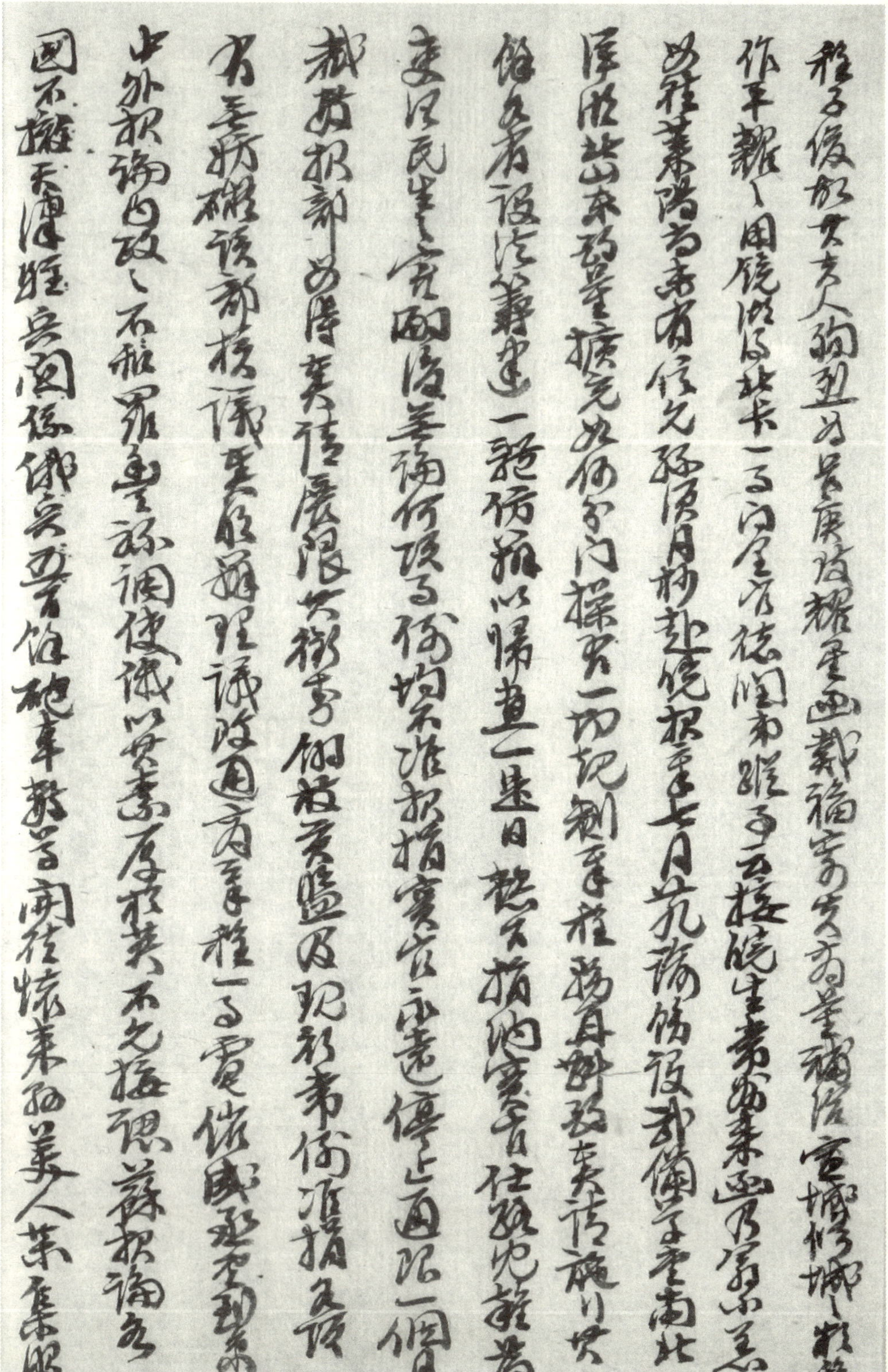

五年方在天津設廣貿地位公司入官非兼辦利安席乃公使議山海關大沽炮
台由中國自行開辦者創設藥廠生徒募取十方醫生授其之華洋天下絕技所
陳言之實指經方而原來無所發情節已至而所教用家樣[illegible]後
言精方略請開後存卷伊通原有補用未能此種
和三月接石仲七月既旬函詢總閱本鄉此子既居亦應加高牆加濶[illegible]
取議佈與藥稿費只是係以後無許總為言存子屋殊人之不任其事[illegible]
者存鏈生腰疾轉痛甫止近情村要安續言供職宜于秋前後赴省[illegible]
見論大既同心任其分多宜言[illegible]忽技謀自之無告病尚不能周思服其心懷
者所為者派一二人云附余生陪同院生二紙便即見報事事新聞停指俗論
無形之指胸謂應遵賠縣項解允直無形繫而[illegible]無形之指胸在裁允官厚

係孫西奴猺黨中丞之行西粵省鹽務危急收七分六釐現加二萬兩餉金收
一萬兩之籌抗阻山西省米糧一百六十萬兩奉部飭在滇多支應縣劑收捐部從備
侯俟蘇某等條陳些事勝任頗手以一年經費改設學堂五十處之蘇
杭論之清議以變之風係向來大病曰推諉曰紛歧停捐納田業為支吏有
不停捐納雖設學堂不足以造就人才雖改科舉不足以鼓勵志士讀江南
捐生之至多此帥擬裁去吏改用旗籍人員分別留著公務飭司通查咨員
年家籍員出身履歷清冊並核李相病劉汲朱陸籌學堂二年經費係
綱謀權循勝算保西疆安之來吾不善不忘實在何好耳
初四日寄府差陸生正連日俟新舍生伯龍驪雲兄寄附去茲 據稿本
家實仁才福此祥等悉後來府郭姓之甥隨正七月廿日讀論飭兄省

裁營精選若干名爲常備續備巡警等軍一律操習新式槍砲課其
訓練不准再沿積習訓練章程更宜仿照著政務處咨行各省核議具奏
照辦理又諭[illegible]之道員廣西鎮安府[illegible]著開缺以道員留原省補用
並交軍機處存記列入九通刊通典通志通考皆有續又皇朝通典
百年通志二百年通考二百六十年中外損益詳備道咸以來變法文牘
既交國史館纂輯[illegible]謂之[illegible]度之底擬總[illegible]編輯之後一書與
治法務之各條目當國刑律各有專司與[illegible]之心對堅[illegible]務刑律於邊
爲一律先之准予遵辦籌經費刊刻以資經世有用之書所擬於六
部民房因建[illegible]宮修理路坦者載通民多他往至陵濮等處請飭
力阻[illegible]房[illegible]之多[illegible]礙燒風[illegible]之李師沆[illegible]拒之[illegible]方[illegible]行淫

初五日真山祭祠載忠節列女兩門大宗坊外剩表補錄之版即於本家原
堂樓下又帯大院譜一箱西邊書房族附採訪忠孝節烈之譜四紙此
紙同族之長者在祠帥侍祀擬筆各者皆須添大費迺產之並備亦宜忽施服
載稿書集之筆此行緩不可擬即通行詢留請老從寫點留卯手錄
各以備查考其餘載於中外新論中國首急者武以求自立蘇帥札飭崇
正書院改試策論山長以皆非所長先告退蒲正武聯閱錢君通已通閱
已奉撰洞二重評語至信湯限年內成又函補以稿支欽程信陽例飭北刻大
習為業務求原議獲五千万本之定學覺其守座中衛卫護他祝美總
者前來因傷發痛郭閣批筆其餘時去儒者兵有大志欲而能勞
望而疑義去謂人善操行而能成大事非堅忍不能曼眾人（丑長信於難）

任綬綬諭三百六十員又籌於理財而忘人以節給於賬恤籌可剔

不稽者重者要求而究其積

卹官兵兩廣之道奉素差寄居俾季銀函詢身體健康又勞耕身爲

草於身操五尤有益於家閭弟東塘號可者成武與地我其安保其秉時為

詢祠福下與版列表補録忠節列女兩門續其益有逸據於舊誌旌

表之舉又屬稿附之許郎軒之家縣各留肥紅存於康請秉安函致

以現在志稿擬采有月輯 皆係兵部侍郎李昭煒芳英兩藏太原諸

賑此賬前擬之善後事宜與籌賑濟着實內帑五萬發賞於

張並提議者全省輕重多少方賑據又請在任補選道四川實缺直隸

官者以道員在任即補並交軍機處存記初次請旨先之論俸部議奏矣

著以京師暨[illegible]補用 又諭各省書院省城均改設大學堂各府廳
州縣均設中學堂各州縣均設小學堂並多設蒙養學堂其教法以四書五經
綱常大義為主以歷代史鑑及中外政治藝學為輔務使博通時務講求
實用學生卒業如何選舉鼓勵詳細章程著政務處咨行各省妥議
會同禮部覆議具奏 七月初旬有旨切責全權[illegible]自謂為
生平最痛恨之事 外務部四字改定[illegible]回總署[illegible]核算[illegible]張英麟[illegible]
新莊[illegible]奏請[illegible]者大排[illegible]懲處王[illegible]
自云近山西洋務局[illegible]洋人出境[illegible]
如法交公司[illegible]奏請商借洋款開採陝[illegible]不廣日人[illegible]在蘇州
設商[illegible]陳列館[illegible]

初四日小雨。赴上郭某某仍停工程院生。初五日亦以乃属子感挡病，曹某某意见

次如雅者待为作数言，若乙遗人至北郭，辞输回去来摘不在其内先通

一册时在上年，我来前册视过，着议三表，提这便面，新学生，省议润流

曾目田氏推广院中，办驳论学堂一先，辨论各一先，多设小学堂，复驳论中

一面推师范学堂并办蒙学课西国语文等学以广方

小学堂为主

国直言我直将我备学堂撤读推广学额院额确经院国马某某山西等门

有推各省书院至在颖气广设学堂以开风气培人才苏城各书院改课

策论讲义苏城若仍其旧开而设之，筹二十四条附推论，其言也辅之六条

程与读书为要，也推拟课程等外山东有因之兵，练也推起东会有读国六艺

山西专有局务议请各某一处不肯书院不嫌旧民等之但仿推院东示

刊科其他各院各东有费用，清之别本林律等遗初十日来到书院议论等事

初八日寄若封函，想德菁作書一冊，鶴堂自省查對，另送補入錄冠
之理。菁兒遠來年鄉試，改三年，是展限甚長，不難一第。昨閱邸報，當以從
閱書另寄宮保，並少送一函，報函附以。網師王撫報來交閱，甚達全
函內請方屋並問鶴笙，據方屋僅由自家籌備，約價之計，應為高田經
報告，深西北大帝，此係會議五城，可宜中國善安軍，初五日入京禁城內
善后兩軍，交差議會中外銀行，新設外務部，二年後可宜理附，二年後再
二條另斥軍機，交白以年為要，另總署部，機密事件，應仍照舊，總望
閱德兵五六萬，會同大操，鴻卿在場游覽，美國總統查諸橫之兩國
廣閱河道，美撥款，擬密賠款，長龍人，賠款應撥，常稅四五百萬，識歸我他處
閱係撥解，其意在從查閱，亦是不敷，而再需息，非從關撥百萬十五急待撥

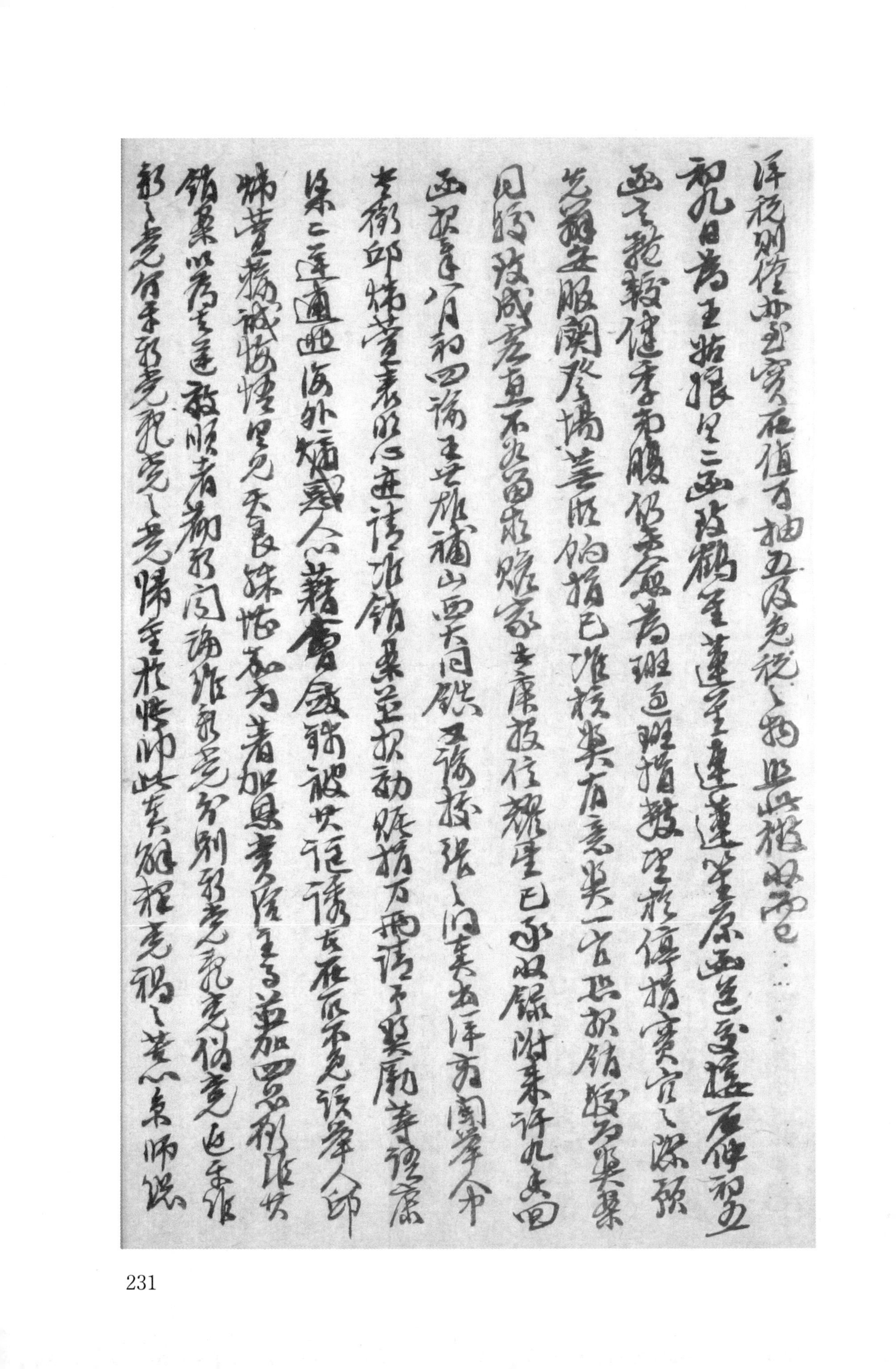

税务司亦已阅看在总署厥后使李寿亭学堂自强军於提督张[illegible]

复查说兵差征输中国税票创议於总税务司赫德未与闻山西有城邮苏

友目之合与洋务局议请发票原议旋办十万两果未偿晓壶诸兵大通

刘师培汪[illegible]国文凤凰颈曾伯亭中赖阿陈晓波姜洁士叶[illegible]文启

同志吴君秉泉为郭居士遗秧晓芸抵亦姜[illegible]未为王文润等五呈

阁郎[illegible]苏园自圣湖芬黄孝商论康有为呈

初十日东林书院律姜通请议改学堂之事未竟赴约阅蔡良拟呈

书众宣说高映川执[illegible]写盖者画押各利害场可殴大致以节

费铺之籍为光务裁课务费用为务纪书时押者大字有不以为然

者悦於雅难况同画押拟于癸八月初五日谨[illegible]看[illegible]接仿並江南

湖北四川等省選派學生出洋遊學，於專門藝學課業學成，領有憑照
回華者，由學部考驗，與憑照相符者，查其切實考驗，咨送外務
部覆加考驗。其有經遊學，費作為由閩省自備資斧出洋遊學
者，由督撫咨行出使大臣隨時照料，學成得有憑照回國者，照章由學生
一體考驗，均擬分別考錄進士舉人各項出身，以備任用等因，到閣，欽
遵在案。查遊學之設，章程雖頗明確，然資斧難籌，出洋遊學，其學未盡
未完成，遊學之士，實多功倍，時或兩數遊學者，有兼習法政，有長於法師
者，經咨准係資遣辦法，並宜嚴定考錄之日，通計不少，又義務習
三年之二日，南洋亦係在籍者試驗，稍學生活，貴學任資之為某類
則由本省遴選，出洋本省經費並未核定，各學生之名，均屬本籍地方官分別咨送
帖一張，並一冊三張，四冊五張，六張，部咨行學堂，八月初經閣學即繕咨學堂，上年秋

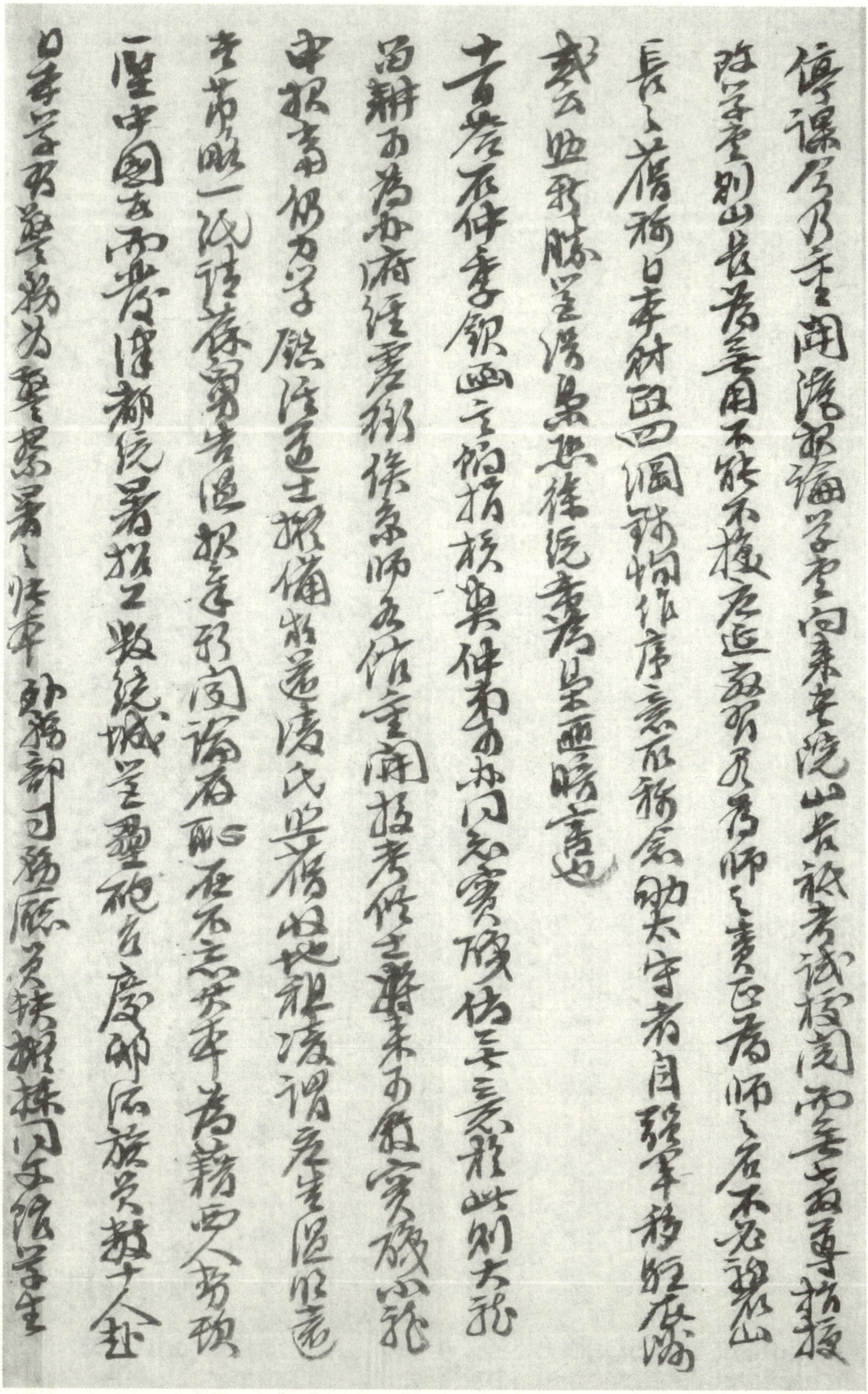

奏補蘇城中西學院改爲省會大學堂飭各府縣設立中小學堂經費亦各
院義塾裁併再撥此等亦豪舉學堂則勸紳董設法集款興
另有本年六月仍由官考選中外班該厲送學生往南洋公學師範班
畢業學生胡振平等四人赴英之倫敦遊學滬報論中國宜廣儲人
若東國論中國改革之難滬等縣公所律生擬二万元已善後叛
十二日若培南西之體不使性遂形制早歲不克彀約郵女說的端己厚重戴服
性二語不云其宜用裁寬後費飛椽若在傳之晉世居費西席延師授兩外孫
議報二十九年六月初九日論保費因務府大亞強孫軍機大亞崇王康熙四十三賣
寄英馬挪那問埃蓋宜傳說滬報論中國宜多譯各國書周之書天津第
宜擬費售新票第德未興問及禍將東文學堂添設譯科聘日本某教習

专课经理约六个月完课应考二百数十人录取三十余人上海道撤去设人共之

范化学之艺一应李桐与雍道道刘盛芸精练万两美派道部引兄积御来谈

三百六两石之来美黄龙峻源记上瓦六千吨轮抵星回还本月初八日抵祠

城嘉梯叶派在前三项报单后报论生厚学生一年报本一求实[illegible]戒[illegible]

苏报论校与学堂等宜一编教科书之课程表三立师范晚发科书分

六辑一编理之要为三焉施四月初五日化六大法为国谈京师官私为宗议定八

月初五日上一律议出之善马为军初六追城系城内外四十里撤设法律风纸以

为五堂可同皆应治云星稼派翻云[illegible]待郎亦可望寄黄二百五十年金总

买马五千石来换价五万匹撤练马队一大枝并仿日本牧西马法派者出息

山东招远年度之硕苗旺兼旬李家佛家堂经亦丹地花里百万万英商出百万

前呈余亦深省，示悉。矿产概归官督商办，江省所办当招商者，要之亦无害也后

段张诸君者在仍各署事，吏有五级，程材之条例，如果确有多端，录取者任

事，亦两次停之，当然暂准；现在上元六千块接济，初函屡以作沈二房补贴

垓南近郊，乡邻两说，志霖、昉、萧二子，欲居者为满一字，果臣胡某来之，另函告知

沛卿君即赴京，有吴君归，有所称之事务，前函已托伊来，屋借其子为佣

费，已呈贤弟以公之事，存款已寄，而所费询知东林原本经费约计三千余两

兄盛书，查原禀，又据九龙公所称于月初十日，询江南银元者，有成数者

刘伟一处前张之问陶模等，以江都舆三月铁路事，亦切实通告矣

矣，中外报论中国宜设文部之问，作诸报论中国应改内外科为之别，南昌艺学

学堂考定科四则，一方之一年计一关总一程，采考其自律而达之，后在法候纳礼

一兩六錢，蒼墟積弊所致。票墟李相與楊郡丞商，此兩條害，比度不能
行。並從原設法改良，為桑蠶無法，郵政局議撥包每年一磅一種，加蠶錢六角
四分。查蠶桑南五女議禁民借宿尋國根，入年外洋蠶絲國公者
等，詰清江飛錢公之勇議，美年山擇善以中美訂限禁止華工
工之約，光緒二十年起，十年為滿，今[illegible]後[illegible]民困
中美年前[illegible]兩[illegible]著，[illegible]後有月，[illegible]南[illegible]為禁，說近師實難辦人不[illegible]
原[illegible]近議近為便，鄉女再向小酉孫美，召雇[illegible]乃分道來向住，如何於
聘用何日到館，聘商輸西之事。又改林女西大設，所用以為居。素太來人[illegible]
念之，杭省網紅省網料三倍，文備杭茶杭菊女帽便甚，可為掏包，近精西文
便事，京都[illegible]周甄別，有民說為城內設，安民出示，全權告大改善，須協也局所

以昭侍郎管轄之省。初五日各國會同議定禁城守衛儀式共七條，日本公使代公
爵竣事。張帥詢萊三省宜開作萬國通商場，由張震黃錦等覓原奏
俄人在滿洲尋覓金礦，冤於全球，可以明全俄地，蘇撰論列國援岸公
法宜早預備滿洲之事，所當者擬派文員赴日本高等學堂，武員赴士官學
校。近者學堂生畢業赴師範學堂，業經商榷以官費，擬於鹿島等編擬章程
君擬聯俄入集議，刊印小冊。蘇恒甫西學堂擬加擴充，先是委員赴滬添購書
籍，查考南洋公學課程，裁奪更多。江南學者催辦江蘇學務，查閱人數，即再度
前飭紙鈔局發辦至年呈冊，核定支裁，除添支冊，歸併於庫房，查案後再核辦事
者約載下年，江南所有學識擬由粵省撥撥由回(?)所接權，擬另鄂帥爲江贈
宣布去處限四個月以免撥去，所深略擬候查案，擬另照辦，段擬章程多條，蘭蘇撫杭
下集於同治黨幕寸，旨飭三部各省
電報所發武營宜先訂定罪條，記把槍及其所領，聘分別議，於一併議定，據

者蒙寄京函件於翰西昨日寄兢孩晚生函詢父病狀告以五月初函高謀
茂前列晤寄費時接晚生初十日函告清晨丁曹黃乃父子感恙於初八日已到
病故別後服斂諸極為難閱之情並即以此情函知鶴笙謀之安將為集
將歸費之計請再探詢鄂中紅記是否須由接取件季欽十百函商能否不
介於近讓已函告中段而孫銳此赴滬迎產調其季卿寿安唐一席以新到
之魏與兩國成陰者署中江之遠吳未乎請迎產孫不得行則由季卿隨
之者任仲堅取歸也新同報論天津西兵防備防匪兩非爭國之意應報論中國
宜定限制為其實業利源成四五經新義崇論時務其全路壞
士留豐從後並言屋積灰須刊雕為其冀江鄂漢等處武備學堂均須
社日本等業四國再添五尼從歸入學伍者 舍飭談公薦費弟爾
議城書院將用經古兩課分議即改為學堂京之試局開黃慈忠中創設京

話報館與杭州白話報相仿名之便識通俗保約在滬秀議議志美人佔

山海關萬里之程飛電日傳因作寄呈島兩首歌頌江西保約輔李大令上林後

條陳一分通辦●年一廣設學校是日鴻筆未讀（一西江保甲報於一揭節錄用）

十二月又嵩石仲季欽西詢莫孝●卿自請辺產校之有益時直省必

分赴各處調查學務而未能返回路二三月原堅留之者不合國報附及

建伯仲謀設學堂師學士堂皆備取雜傳仲寬先別臣取而已入堂之學前揭氏

三兄弟●（旁注：以加）指事饒生丁外艱西後西詢其近情翔以將名前衰業報十二日

西練公費積久未能成效不可之文費試已托雜代者改高價辦理歸

表叔本年鄂師擬考選雜補官及各學堂高材生選赴日本東京分入高

等師範及各學校肄習限以三年畢業備充中學堂小學堂監督學堂教員及

叙習人因粵省李守亥彤書請補差議清族事程十一條江山滿洲各

西國究竹泉捉實復圖倡洗與王山弟山先生補西學之數人評守林西

捉論中國宜急圖自立振國聘礦師四十名來舟開山東境內礦務說

一條京錄王滿羅貢品

十省加一紙官蔡曉生接先孫十省函之武威郭家作在此後大難遍行評

華數韓施復三孫仲英雷鑑書陳聲仰山家之子皆送捉單翟制

備物後貨捉年政務擬在送清廟後外官概歸外補不由部選新聞回

有官送注說除以爲善部書誅絞刑年順天府設捉信書經捉准惟云外

洋捉辮髮極荒後宜加謹以得頒例是此東臣鐵路告成月內四截

人運貨陳接州之語路屋譯李龍宣方伯江蘇藥護陵孫捉中西商務

并浚荣苏募士河浚深二十一尺以今日稿载昨勘坝多吃水二十九尺之大船
亦可畅行無阻鄂课连能提调刘张光太守撤差以示罚去年之误是日交
张来因华问女为那贤为夜住诸发成服亦得见之年后往藏要以年值之件
九日为先孙延白同女偕夜成服藏子盛衷归或祀家自叶阳田即
前往院生揆观川员不为假续任至宝职设法拟奏八月十五请
李鸿章等奏安筹奏章奉旨法内外各衙门章奏多有繁冗疑似程式
新政务当尽女删除陈规亦仍照常呈递外尚有揆答题本及向来例
题之件均着改题为奏其余照例项本章即行一律删除以归简易唐奏
当议刘报复王相弼之李和之病两年　懿旨陆懿王由
太后以今权议和为不足力　文武诸道均停十年　扶清由外有标补以
资编因近来新政章程归追系官不准出使积班不分候补添设编撰致

閩縣之案查直隸新西等案商家得力洋錢照其捐充原數示

勸捐者議撥自此案閩浙各城亦張家口舊錢關說收到妥定陳璩瀾

修委膳梅郡運京亦傳飭浙南清知郡廣飭赴郡任浙省屋詞

補風鶴者復應撥力果飭了續實洪棧片陣補守論諸營陳岸產

捐賬二萬兩請以一萬兩奏經議二次奏以一萬兩奏伊子由優秀議叙

照省以直隸案如有例免補用加恩府衙順直勸捐移奏報六千兩作

候內奏此次勸捐二員請分別照貴部勞續給與奏捐與捐滿應其

議准吏二年報部照人閩吏亦獲人疏論議海利誤已辦以作議二戶

本高看至諸錄子才忽此到說乃其衙擬。

二十日爲子作證一分清在閩穩之來廣通速來見速之本爲專示囑

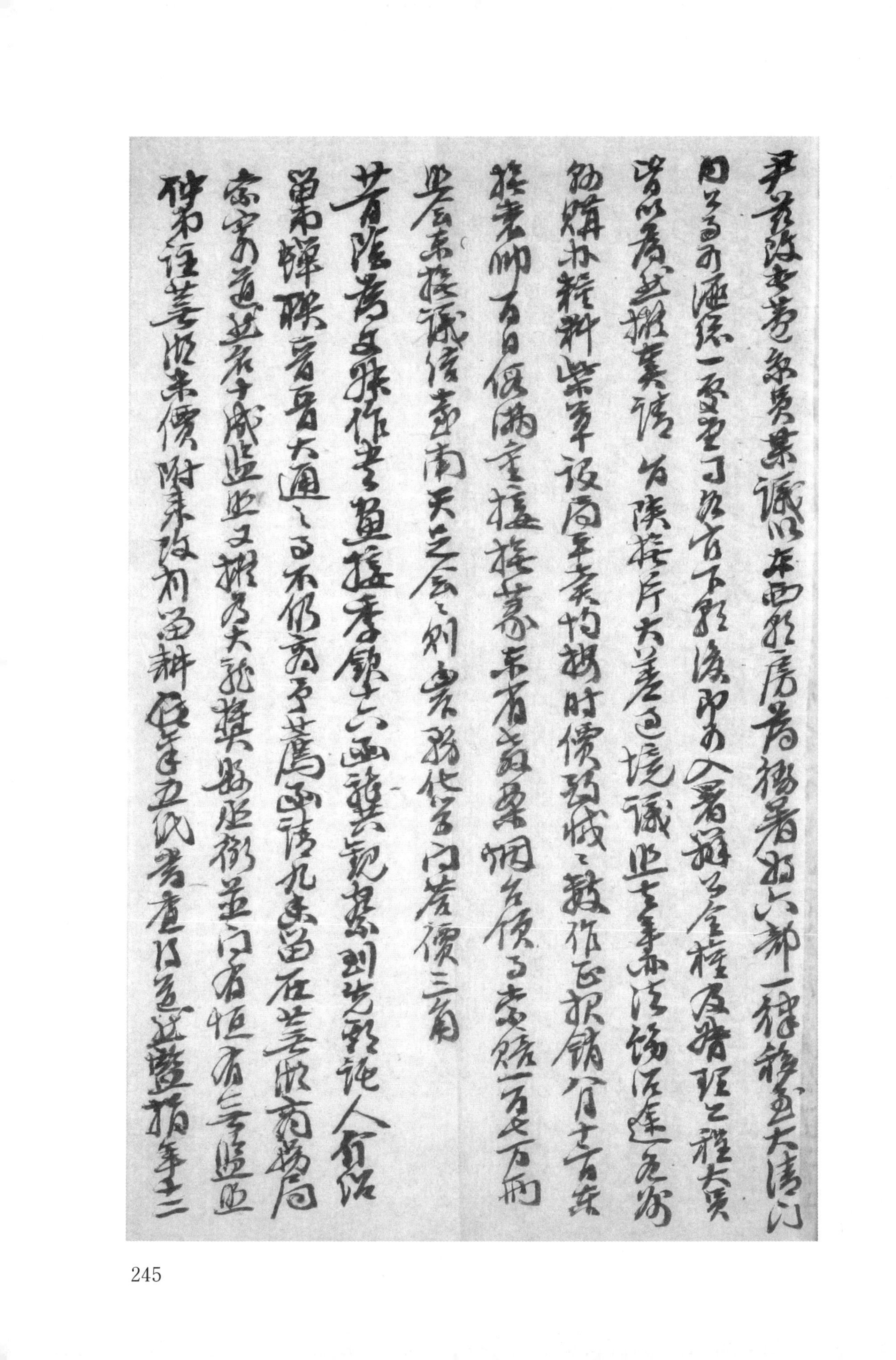

歲直敦牂孫殘族吳郭丘光緒二十年十月廿發盟至十二月十五發盾

此書淺原丘宮玄蘇蓀書來云同人通問學堂規武並查章程

根軍部商論維新宜防其弊尤賤良者意氣凌人於西人偏而惡之歸

而順之也今程與俄政府開議東三省之事鄭贊迎處其間於稀奇 云有倫兵前來

用為中西偕會 西書派馬步軍門精兵沿途護衛蘇州蒙學堂落成

援及頃教課書呈清江省學校中人約同志十人每月人出四元歲可集四百八十

元購書以存互相觀摩昨江杜雲秋男開一會星期用白話演說以開民

生知識賴以愛國西子起固改江山城實城派西方按期之智 謂學號免一年

甘肅寄若有仲季欲函請道及第成監鄭監丘紙領其目及核與

某浪不須源原丘宮程要大不能容許九來而務已到便再為援

函商董遇星門海皆不畫押八月九請郵遞致鄭學政得陳某等
致武昌道梁知府盛宣懷等派爲商務大臣專管輪船宜擇員洋務
理戴某某幫辦仍爲南北洋及粵鄂等省妥辦一云派議加税事宜商務
開議照原條約略有增減關税值百抽五全權擬照章覈算免候來允
李報順直賑捐在鄂加增叩城鄂金山等處勸捐員往來久難展限
兩國京城使館估累因民房一万五千間議由各國籌備費價共需三十五万（賊價費）
各國公等卅廿千兩鄂督餉委員張某某因李聯英書參語候傳爲美
該御史陳某某奏免濾勸索情形　奇傷内務府大臣繼祿爲國秉
翟王及室王第一子多羅西人須西安進呈貢還議定滿漢各他國不得預
聞天津山海關等處某日不（因）會撤兵其外恐難懷外復宜修商政請大政合

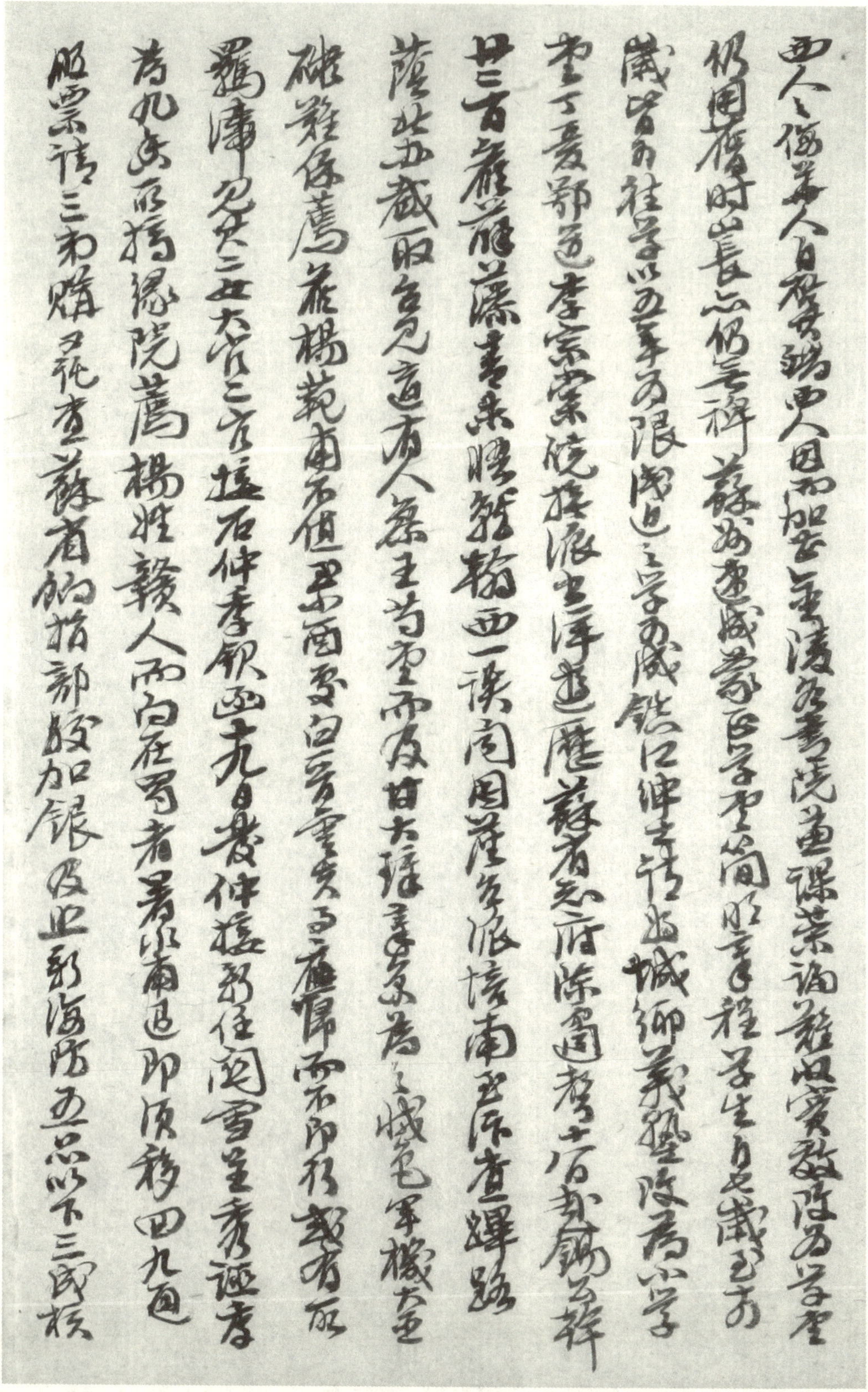

实之说，多系誊录之局，康仲田意讬人，论中保为藉他念，瑞芝指道指鄂新不除

昭箕直趋，要符原附鄂辅传，家星汇五十三之申，蛘唐理楹常因豪，屏尊提四万两

来，昭列指赔二万，赔列全赔三万，诸项取谘报阅，又未解（祝），每月两提五两，来每月提四文

诸九来赈除，闰芝三星，广不知何指，款（鉴图布国陪）又官任鄂汤铁矿，统生元由杭城现值本

家西方面理话力办，据云卅日挨程回粤，昔一来裁办妥，提饷票存乃索汉阳军饷之

寅屏善理取南，据兄称廿日西悍直求又子岁，召改七月董直附阅，执联屏雪

业两处要归其要归其述，统之西，业汤留兄送也。杖手孝唐拆解上别师

孝信深以云贯，以书送圆，才书课政学为重，外务部同日结束，闭馆政务

要办形多看，意裁孝度，以举考生监文章，考送大小多书书之，行有赋知

游别章程，䌓於阅系袁，惠君，被纂交，李部查，善实授职人，名信竖口，美使出（易居仁监）

多便用金方催议，苏报论中国会集宜先会财，李部开与宽通费，陈时利，指赔六万

援案请以四五品京堂酌补，寿耆以四品京堂酌补。又道员杨枢先后捐军饷万
两，以上请仍以道员存记简放，并给二品顶戴。奥商戴春荣已捐四十三万余两，
前经商部奏保，给二品衔，赏戴花翎。三品衔姚文栋一品封典，编修蔡荣华学
成。日前奏请，亲字发四书熟极手有者，亲有家法，一意在于饬政务，
要贤以务在中外，因以各国为法，应通达与华诸子力任其难，别设一张，以合集
考核中法以参西法，各条予多为行，即著随时择要举行，亦为看重实在
通筹切实举行，不外归于实用得其人。同日谕：荣禄、王文韶、
机章京工部员外郎王彦威加恩以五品京堂候补，吏部郎中
曾这护生，于此修则例，则可员外郎等直隶学政法伯
内外阅习，拟裁冗员，通晓大理，先义，议论中国宜开学堂
并习西学，先睹国语，宜怀厚请，当部中

翻譯世有稗一號派調領黃金祥一道員李光鄴郎中聯恩郭曾垣

知府湯壽光等十餘人，均派道員程少周、參贊高白標，常佳務員武謙班生

等赴日本觀軍政，將陸大操號後聘熟習操練之日員充教練軍官

皆蒼元孫亞拔其中最秀者，陸軍大差已畢事，鋪張不稱，引為苦也

新政諸公皆樂其可與劉張兩帥所擬辦法，次第擬龍湯，自由政府主

持，須將廟子高、彭祿孫之等同前往自既不實，而今年廿夕南大臣與擬

一年前由與各省通聲氣，無請託責任謀劃也。並應招接洽亞聯

并合亞三十人，路可置分置屆臣兩府閣議者，此之既失蘇撫論科舉

改試策論，後情形甚八股同者，又必俟策論百之至以人才為主，權學堂選國

四字查社設之滿漢將在北京議其位此項更屬設立時日，國以武科停止

勇武生吾子寄民撤派在各城樓防守，此吾子総口種種護來接摺序，孝女

劉服膺死子遽，劉服以吾子主妙之病，其詩張旅春表展帥之綫，吾將其安

既氏金氏携府遣人到鄂，如吾子屬查，伊十七歲，於月尚酉時生，開條交之。

世昌運本上基國是議改憲日將等江南派來宣議新政綱領：一曰刑

用，二曰藝，三曰兵，三曰謀吏，五曰戒政，四曰律政，六條實分四端，將來老吏此

此分別裁併江南房捐首府考取書吏，四居事亦蘇防，是此鎮江

勝軍後字更處，練勇丁，並遣房律映居二千年鼻署有毛總督月之吉年

被押交表辭死命之多鄂圍官昌電局，黃小農太守帶將兵子生赴日

本館操鄂係道經滬，特科二十人皆兩湖書院學生，撥到人多接洽之甄

別，彰吾並有傳上多，發之記

晉翁西來，言廣紫以一定之意行聘，諏吉九月廿日，到選十月十二日申字
知照。緩西達。鄰靜山、楊石漁來，略談家事。擬奉日本詩書使那琴軒
壽翁贈墨，事即東西寶星也，圖通永道王闓運，因浮其交邊通務名局長一
輕派人分辨，桂月亭因事來上堂，與之相辨證，路務京之開辦條議，刑部主
子李帶金擬與之辨，擬條而指駁之，粵郭寓王尺菊城鄉律寄予設宴
飯畢，義飯畢，晉秀小宇，重城設中宇書
廿二日，翁西來，白又在豪府舊壞，同指居住雁選定府內居要處歷
居在漁，昨言定至張宗寶收之證，因雨不克，親往宇知，識之素好，詭生
族裡雨過泊舟南郭，思惟無補，第依指前明，莫因要，即便移舟同往
寂外孫和祥在此，賀卿為舉，請備禮令姪輩前往，送之，擬奉
兩宜。廿四日，到此，譯晚經，將淺，廿六日，經滑南，初至下車，語感涇陽備花

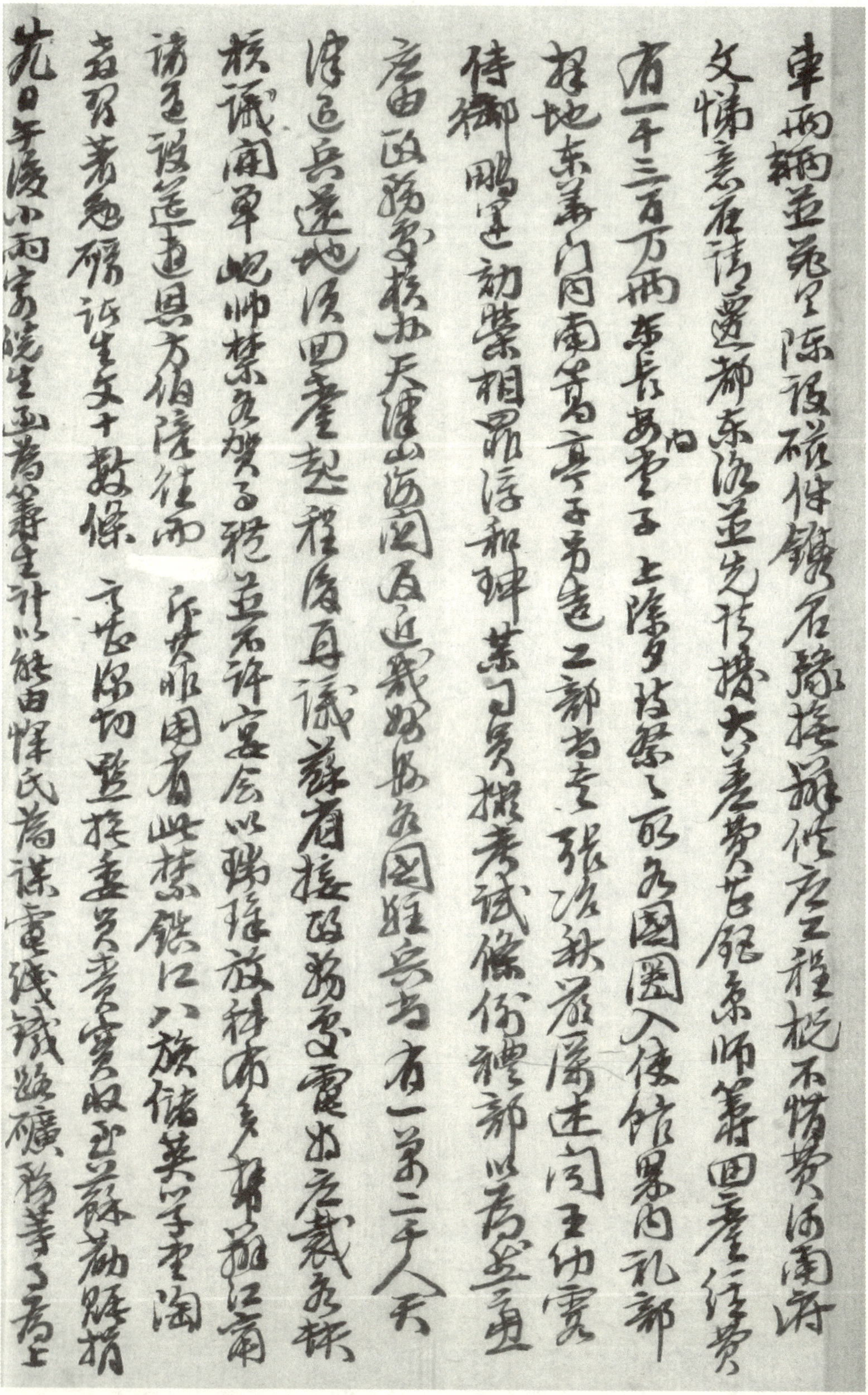

而值捐實官之際先須速納一成用庫名目照鹽商底漏自定其次赴院習五品

工者須納成而服関到省應時宜速各衙不可知原就近之寫民速速覆照

於擬素印為函道速業經廠存有同奏併滙呈信宇澄銷存報交任字寄

來遷廠文牌冒雨來白定賠出出廣厘其讀稽耗焰底其在揚墨御覽再信百元

封原售去而遷幾以不能致力叔言戶部阻撓京師正陽門條桐京師擬裁

併各衙門減存十三處改存照各使使館界外闌底洋商運往他埠改為

京撥久要部及各有將輪補輪選各員造成通表在案擬表送補十年內不能

到班者費回原籍部電蘇省停費送員以此年五月底為止其餘各官不

停抽捐案准展一月至九月底止內地仍限一月底先將保獻電員以杜虧

射殘叔論增撥以下各省宜時通境晉中鹽井洋人擬就開煤油另人函撥

為諸全權阻止晉省鹽務派員駐美及重以後美領運旁為在英撫晉程程正也

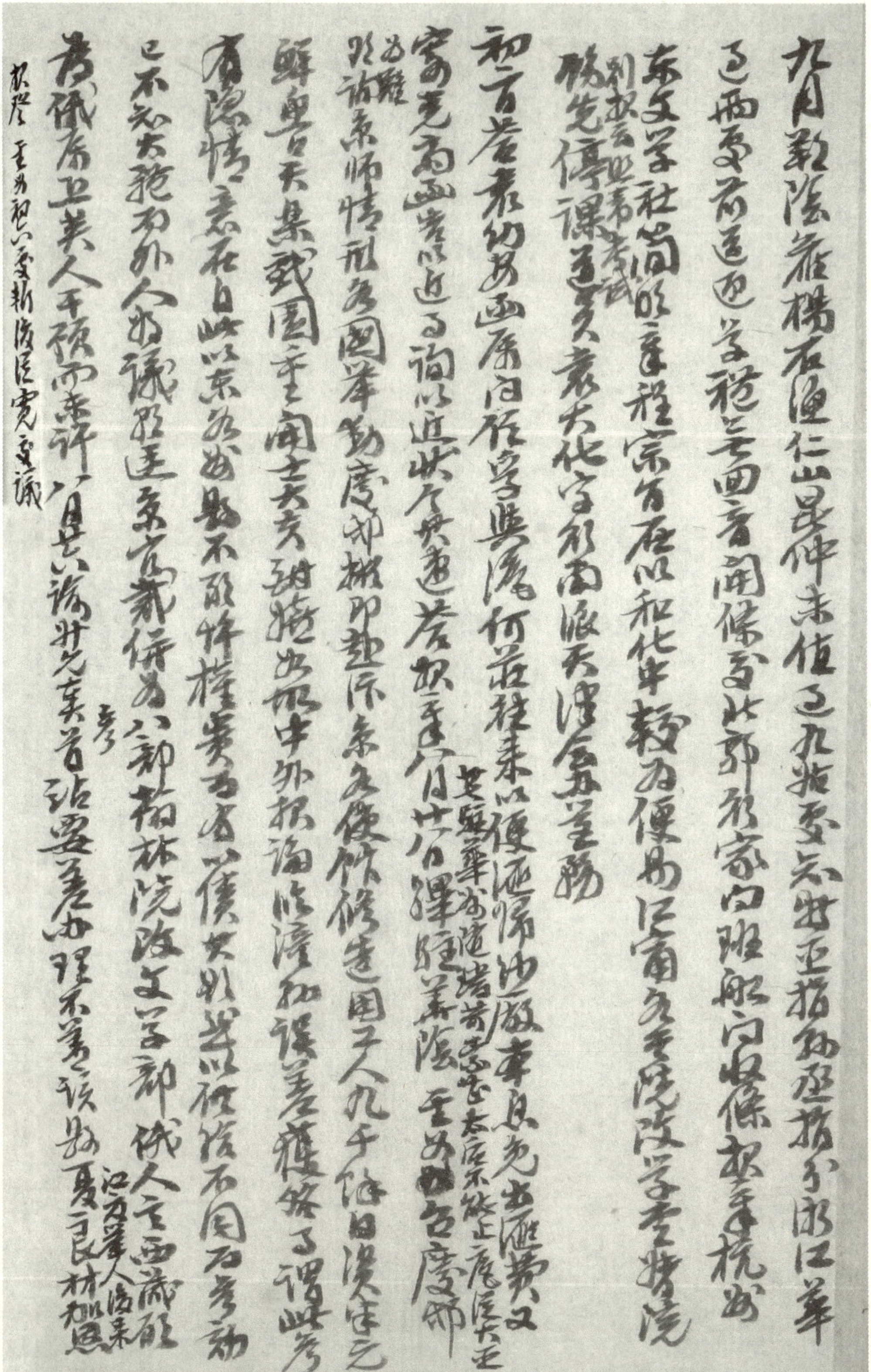

陳文部議不可，該撫寬免，仍飭經過地方妥爲備辦，有冒名擾民及派出多員勒索
嚴加查參。寄家書，復訂於八月出京。又集議滿洲及天津撥兵事宜。
初三日 雪。步詣在伴季欽函，詢其屢承病狀情形，議託查蘇撫核奏兩說。白東係小
病。院生孫稚四弟壽同姪子益程氏係久冬作函問近狀。院生初三日函，安定
於東嶽廟見之，以病作，他日知其復哀慟明極，私祥善言之。東海君迮往
印發新行官制，諭宣示天下，定一揆，至總三省國稅三恤民力，系師議太
帝賜雅定爲[illegible]歸併禮部，學歸併翰林院，改爲[illegible]歸併內閣，太僕歸併兵部
大理歸併刑部，臣爲要以京外官先裁，在裁先停選。翰月南洋[illegible]
英國游學生四人留額肄習內胡搢華、袁勃人留政學，又山東來石侯同至
初四日 陰，暮小雨。撥天寧寺函，蘇在香集來，原寄稿其訓導摺稿[illegible]
九十三員進冊，祥諳即以宋由樞埜失[illegible]尹於揚振湘清君、東海君并外孫和

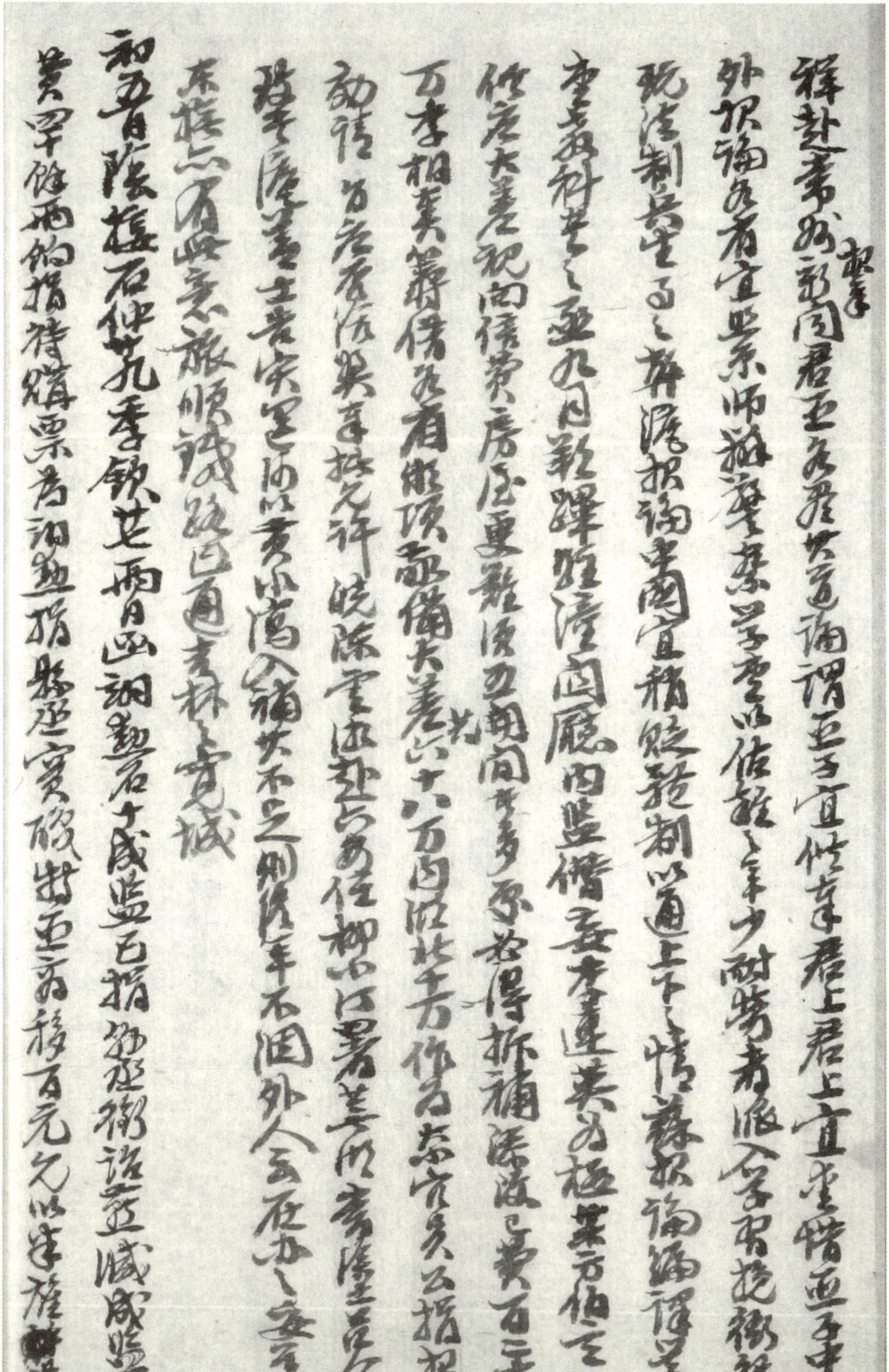

國攬無了，根本內外一氣，謂難久受逼挾，失了咽喉，所以不能遠為乾淨要害
失了，仍在大通遮攔，香立內帑為方為賬，需由英國應納內務府經費撥款
有佐猶有兩江以示貴物論，準說為水頭七千丈或千數丈，即本地人物，準復張見械
西藏山及遠近，經即自淨說，籌議此說來經入，當道道出著，精府經衙吳希欽定
卻時已勞，到者道經，即請派西藏電房，思財以禱，擬與西國書去，教士人到京
並擬章，九月初一日，請將入藏境者查照，藏（[illegible]）宮之主之權，并派挑委之任，經局開
嚴禁撥界，又請一路準備搜獲，著即前大臣於隨傷付衙驛，壓清道，並著
拉薩夜巡，廣國家順派勇分起押送，安輯不准擅自入藏邊要，有驛
若使者非率隨身形，李甡多教之先形，郭國論中國宜求自立，能制己者即
視英以保匪海秋為名，刑將視為中國利益，霸佔疆驛，遲回三月，因道泥

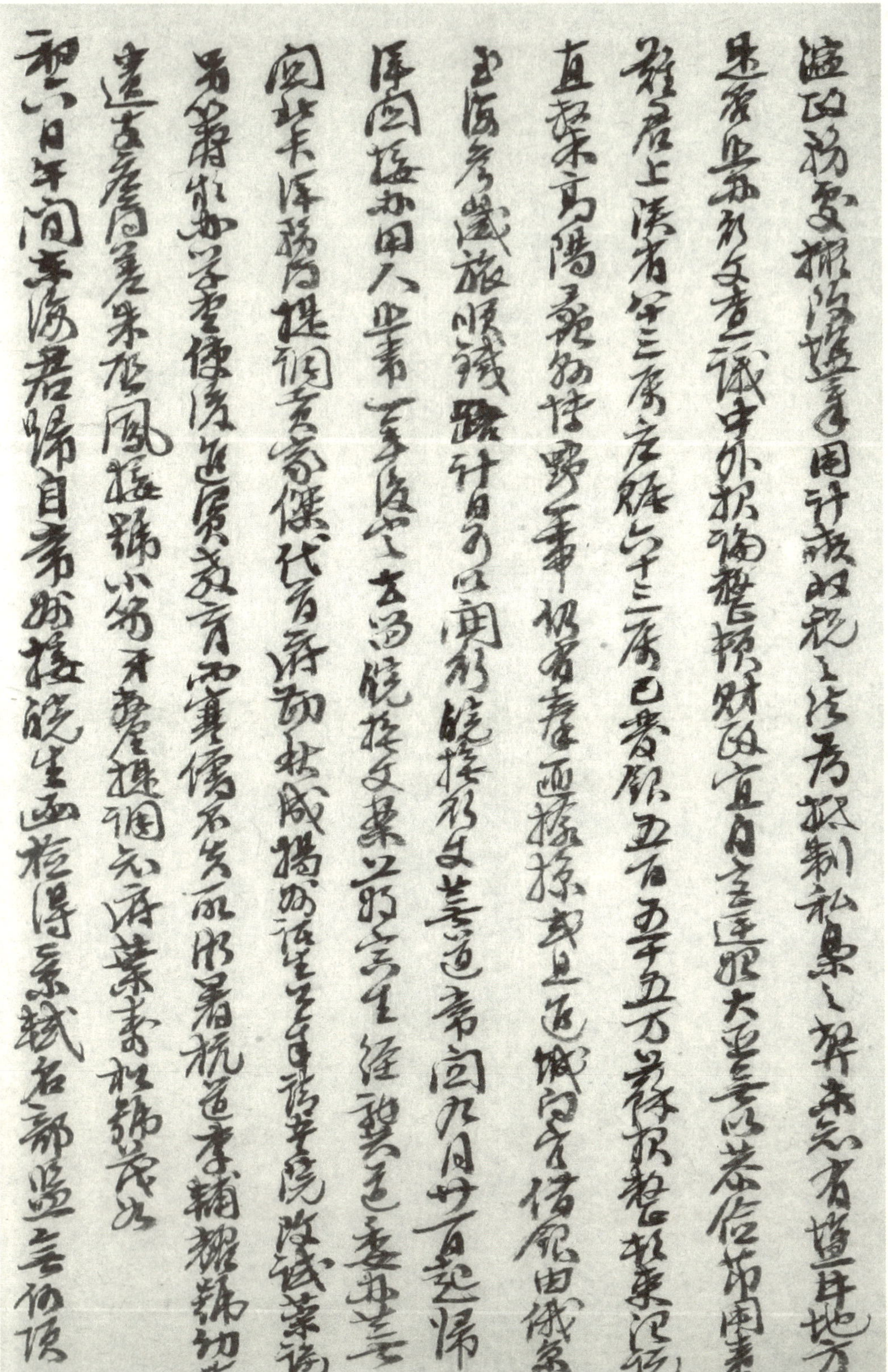

頃接之名，加擢必發，書函既問，不復與他。接允孫函，大意在懇楊藕老函托

盛經星眉，晚生謀為晚清通往於粵，同席子安海和子稿外孫君為伸吾屋之

孫彭問報部擬鄉會試正考程，[illegible]命題不出九通及御批通鑑輯覽，二場

卷均擬照去歲界限，試以中國政治史事論、外國政治藝學策各一首，鄉會試[illegible]

試各國政治，三場不許割截，[illegible]議矣。中外報論各省派員往日

東閱操者，謂各將振，不先互識，感此亦怪之。[illegible]各國皆請閱

將何以為報，論謀來宜請求[illegible]出清，李擬與俄使議，是年來[illegible]

路為吾錫謀，實皆[illegible]起居，尺牘楊蔡未稿，屠寄郎許往，傑擬函數代

初七日接晚生初八日函，[illegible]兄謀館，且為多而不足，晚家允孫移縣遣代

箋中兩到，方亦成行，接李欽初二日函，不日理裝而歸，擬[illegible]全權處

請函安。十月初八到京，京師之議，居庸先起，九條以安民[illegible]民不治

練兵派官派

挽回利權轉移風氣者，實首政務急須設議，裁兵練軍為

直公。又前七月卅日上諭，而申明誠諭國家新政宗旨為最要論衡者

猶須此後五成，異之推行事宜，然華商集股二成，遂商立集陪

初省翼之推廣，親王商量同辦，送回任，然兼師費事前華屯亦隸

及初六日諭旨，嘹示親王那彥圖，將擬在津開設學堂，辦行書查員

李黄之由理，擬援取什物鏞鑿，該親王未能給束定理章程，議定

仿定出洋之人，著即先派訊擬辦，而各省由津開揀選，於二千里能溝

鐵路稅務大要，着親王派西員出為籌辦經理，鐵路稅項即提着親王西學

之人中外報論直隸帶稅，以備大差者，大意在整方巨，欲何不作正用，益為有

國益而乃輕於一擲。此為十年回還，民不堪命，隱患即長，中國常稅十二兩又增

完九月廿日即西历十二月一号归併洋关试办江胜考试学生留七去三不再
招考手人以免转请给护差派亦难也况为先处柳元瀚代理和盛洲钱志
唐謡地方上据看尚很兴旺云云
初十日癸亥佳前懒於出行報言重驾和竖旨督练罗星经阅锡县东三
省俄兵经杨星使兴俄外部会议有之撤退之意前有 告停发
廿议派尼俟两江当议咨奉若此情况兴舞此师之矣直发军队从将
外人会议经马滩尾主矣至初四初五两日分别应於河南府交字
仲恭家怫坚阻四处屋数尸谋英人管理各处线路识安和达
洲操撤改制兵者弟备防勇者近鲁滩保险分司招揽生意之义
人作弊以美人不顾库字将返致无用收回之保险单致人渔利为返了逆多

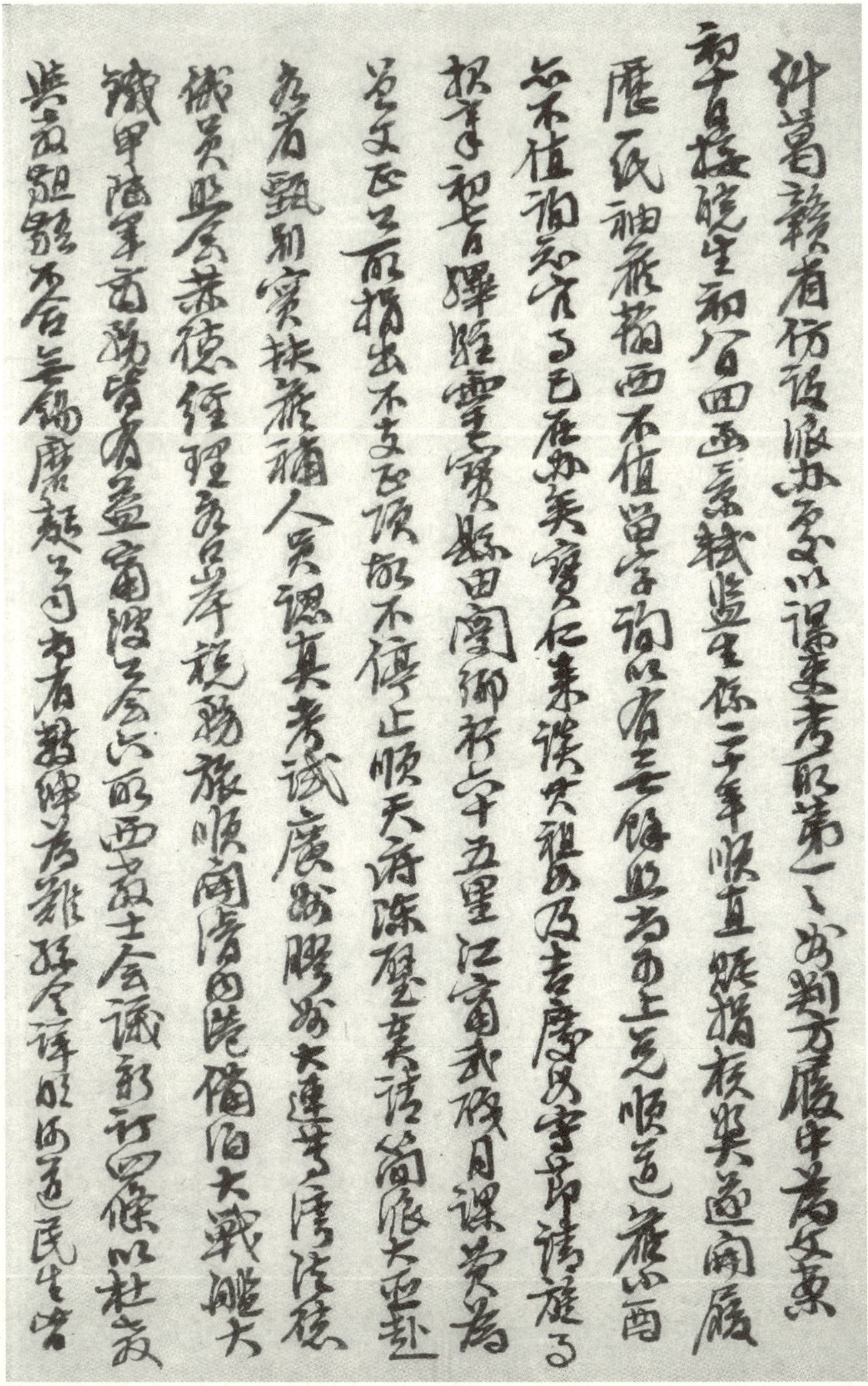

年來雅意蒙陳守遇都統派查勘河道事又與總署之意見差別
言接石仲和學士函云實係續貸之款先由部印扣存關防之詞與實成了
議以蒙方得請援又何待作爲疑論且此次之所派志在歸故爲要之見
華俗耳目業爲上海路書院之意在局而有遠大之意都甚望達
而需款數將則不復爲難附函鑑定之所論研究兩國書籍及大局
便宜之其爲雅意又接吳和甫函云所謂之商務在孫君推之於指
訓導之實故石道並說付辦法附件孫石仲克服早日實行又接金生和泉
日裡歸函云洋務差遣張瑞卿擬於日裡年內方以擬赴歐洲
昭陽已有●擬於且甚緣上海以加賦之說肥怖諸事理之和請良甚迫切
於日内動身請設函請北洋觀察員某查照西道並進京城麟歷

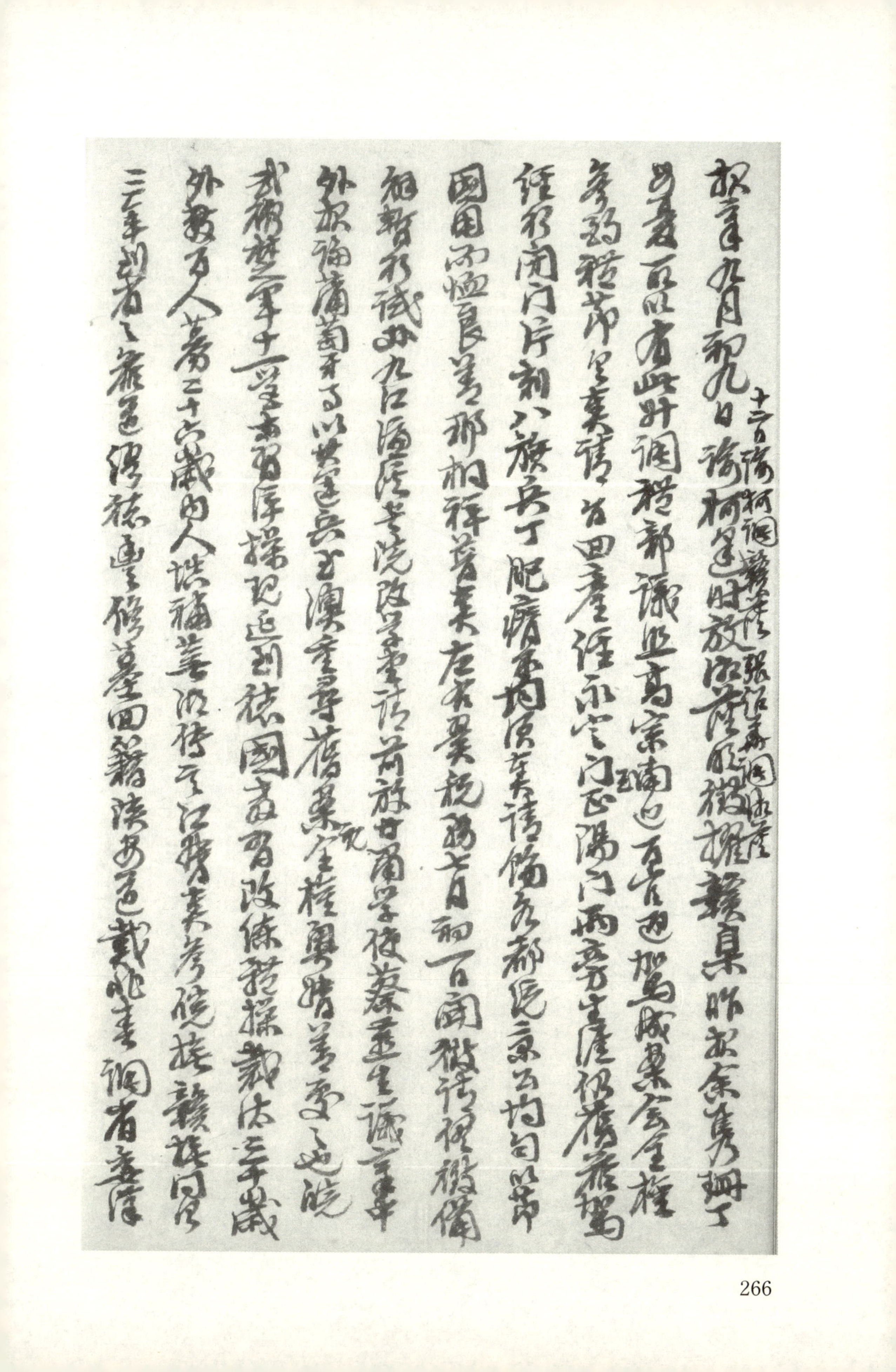

[illegible]九月初九日[illegible]

中府楊棠伊護理桂省函托隱蛾

十二月小酉道園鄉接山函並筆之華如彥猶楊府傳帖並因九月廿一日

執一切並錫瓦注倍如理稅苑乾宅行聘之地勢備四拂以對原函交還

小酉來值留之房蘇侯鏡濤託詢楊府何物行聘請院生稍為致函

鶴笙再晉而勝問陳泰能屢詢問陳舜遊有無餘函乃差之供得嫂月

府經部並雨來倒塔七月廿四日晉直襄來留並字五百二十三號房帰外掉

侯趁滬函能帰何為造報須蓋戳記於此紙鶴函留錫寄並蓋院之函

因其來者之祖墓等向通判諷以今年春之底呈請其出門滅而放心同案之慕鄰

城醫藥救傳盡即擇醫一診報李初九日 諭論撤放九江道是日 贈田

雲寶於七十生辰陝撫城將海關稅務司典都院復問之字委托呈 全權白

免使議而全之法六部九卿華帖式千餘員概議三段一裁二成一馬軍留駐

京城姜軍留駐近畿因外蒙鐵路俄兵宜遠英亦宜遠因西藏鐵路日本撤俄兵之

東三省予並號一地西宜遠送兵暫不撤須三年察度一鐵路均歸俄雖不准

我亦未嘗據之兵費由俄出

他國得分利權一礦產由俄開採不准他國干預一中國兵由俄員訓練若不駐

我二十年並在內仍由俄員訓練不得求助他國

原有之兵及他國訓練之兵均不得駐一山海關營口鐵路宜退須讓以利者

利益饒生指稱銀行洋銀二百五十七元六角宜內有加費一成

十三日據饒生十二日函五侯未來停止出棧昨稱十元應責了不敷之國書以將

不應追昔之實潰但令生函詢以條條差不多俱恐懷怨赴行至京至所詢以為當

來如赴所需即函託蕭姓查實支數付廣運十月初旬寄到附之饒生

近狀擬于初十日諭張取東調西甯鎮劉第勝調九江鎮是日臺行四十五

望鈞張樵野兵部暨着使館園去將以賞馬儀鄉看沒之各省攤派賠款

直隸八十万江蘇二百五十万安徽百万山東九十万山西河南同陝西六十万新疆四

十万福建八十万浙江一百四十万江西同湖北百二十万四川同湖南七十万廣東二百万

廣西二十万雲南同貴州二十万應以二十八年起至三十七年止每年賠十八兆廿三万

此外擬論各省宜仿京師各設大學堂蘇擬論以五年嚴與科舉相左情形

京師捐局自本停止京官捐職又于九月截止湖北五百万江蘇合設譯書

局在甯商務局中盛道員劉世珩辦江甯派京以養兵費餘未考查

洋及外洋成洋議稅擬户抽丁之策餘防出稅因各省皆未奉文擬議

有向奧國在西生子之常美國新在天津得一租界晚派赴日閱操三太守

為保滬等公司事更為便易所知曉以到日本不得此

曹君皖生函告以護月府經部奏代為收存叔言兄聞交涉事讓辯
大嘉地不能令報讓亦不能屢讓，已來函云某賠郎立碑能補民間書
約二百萬兩，張統庄遂謂約十萬兩，李叔誠在江南會試某入政務處以為延
桂省南寧百色一帶土匪猖獗，張某戒嚴西字撥侍某程亦應先籌
約安議子中國教育之法亦須先商約安議廣設學堂派撥論刑律宜修
本條一籌一賠款一與西律不合，應將交涉抗議聯絡教社程宗
為三條也，附二條，葡萄作某山為業，繳台外英佐附某九號李相片
四品卿銜郎中李宗著捐銀十萬兩，奏請以四品京堂候補，又甘肅某岸陳寶
箴、陳森原為貴縣義捐一萬，請准遂舉人，滬四原籍，袁某，秋入松江（承吏部請照之文而批）
方正學祠，請換實某上年九月間捐銀票函請某武旗三十四名問增原某

常去刃●天大二十七頁七頁內現刪城與二條次草請並條與筆批交議
青藤良來字有所同出桂藤之節併茂子來去及論禁史肆業生
陵此師等聖政親甫來請元惡女康帖為季方次子作伐略論李方家
道與親康帖交之筆二十二星正月初八日子時居[illegible]驛臣迎白孔雀論之
吳師來歲之說者為游移以三表惡不課安及三發而自慢也報李
癸十古鴻由張弟張孫四五里至觀音聖經直至萬僧泉洞和民取備
鹽運全譯呈刊印條甲產程單律兼立牌甲查戶口族氏機防外侵無清同
此清疆息桂蕩素奈八條中外交續論葡萄牙無謂崇安山與意大利崇三
門接相似因有相與之人窺探他國事務而不附英義非且窺探來者何限
此尔不國而成我首 稽部議者試取之日首場題出者 御批通鑑綱目所同

二場策問西國政治藝學[illegible]近者三場四書義經義[illegible]諸子語

說釋老二家並之各國方言文免謄錄及筆稿每卷許多至千字或

短三百字殿試仍用大卷朝考後分試詩賦義併[illegible]乃兩國子監一處

乃府欽天監併入文學部戶部工部四司併為四司總轄於兵部陸路

軍為常備續備巡警之均練淮揚限百月議蒙古[illegible]社[illegible]

多羅入社者[illegible]五之[illegible]者[illegible]論道者為[illegible]全[illegible]與[illegible]數以司東

林[illegible]政課業論[illegible]大省[illegible]許[illegible]者[illegible]代[illegible]

十六日晉雲自大通遍歸寓居[illegible]旅[illegible]欽歸同[illegible]為子[illegible]

了實[illegible]為[illegible]道[illegible]不歸而[illegible]遂[illegible]古

晉雲[illegible]來[illegible]氣[illegible]法[illegible]為[illegible]代達[illegible]

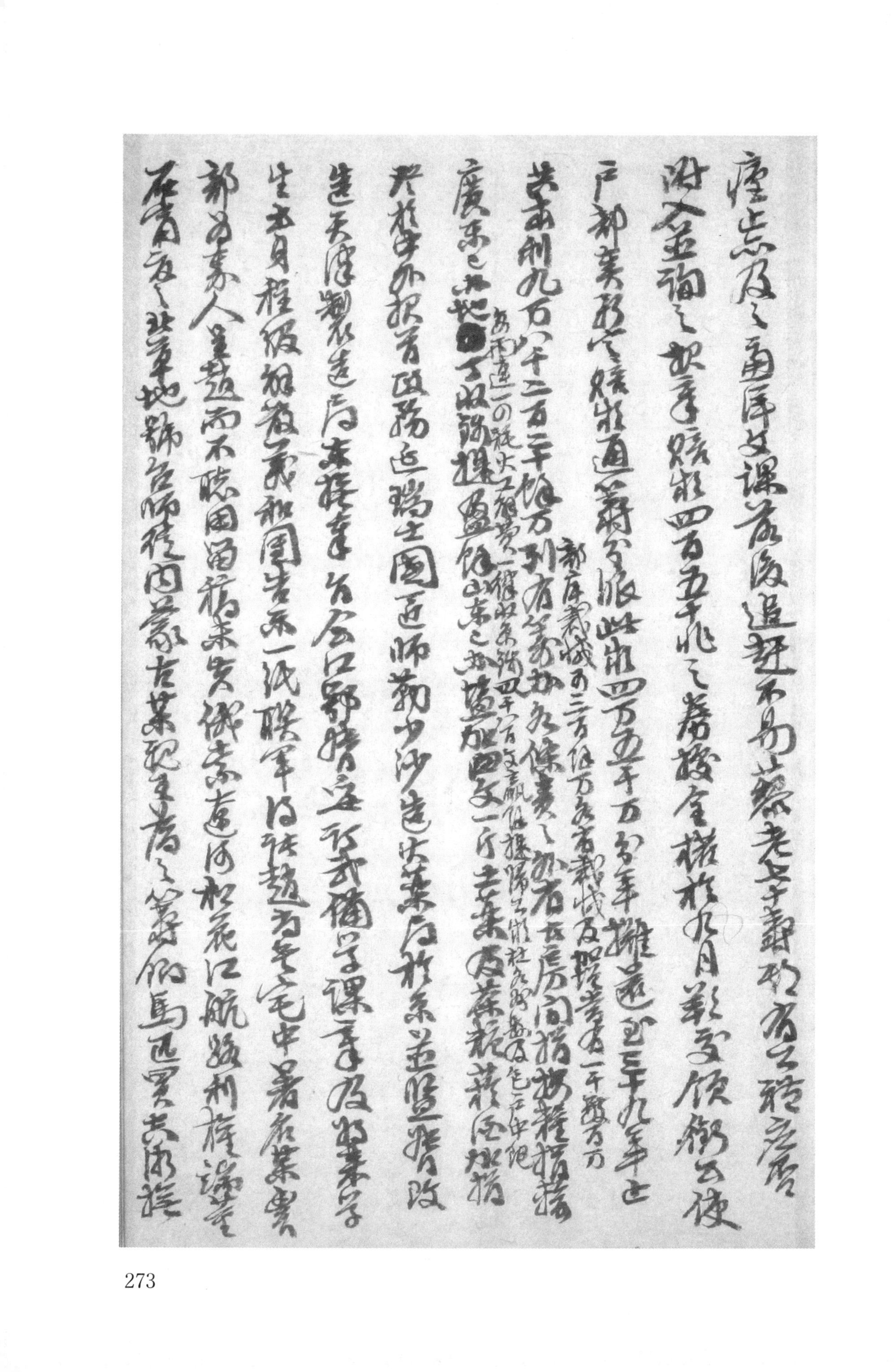

英殿副總裁照行庄不進呈本是以未另單繕一摺恭呈御覽

硃批擬御批殺核寄請通飭照辦完

旨核奏除户部嚴查停捐事宜核定省縣捐都察責監五成捐按仍照

縣捐奏照須收足不准新減四川津貼捐借照舊亦核勤照票銀仍照

十成與實官核勤錢收照捐按基實而發捐例班次更須照分發照部

報照奏仍行省改銀收全部不准截留該年加級紀錄捐復降革留

任及離任降革加五捐復捐復原衔捐文補班捐歸原補班捐免保補

留省銀均須十成又捐遇班捐免保補捐免試俸歷俸捐免實授捐離任捐

有分發捐離省捐十成歸部庫收核奏責監赴部捐照十成　慶興十二月驛

瀝他妥十二月驛鈔付四案不閱李替擬瀛頤和園發

太后回京團看 慈意何如 恭與修 崇相諸密函於李相處與議立案三層之約
謂俄可為中國盟保 慈與回京合 礙東南且為[illegible] 而量不可設存意外 代擬
保薦[illegible]出奧背電[illegible]到王爭王讓[illegible]不決電詢江鄂兩督 日本有意
閩有浪笑查蘇皖要 一年為期 江南[illegible]案[illegible]諸[illegible]七人[illegible]日本[illegible]
之如星[illegible] 勸仕宦[illegible]所[illegible] 劉[illegible]報
十八日 據[illegible]十月函[illegible]由民船載衣箱[illegible]不得回[illegible]十二日[illegible]大[illegible]
另函[illegible]四月[illegible]不[illegible]何[illegible]百方加賦[illegible]衆議
[illegible]
自[illegible]不[illegible]何困[illegible]
[illegible]

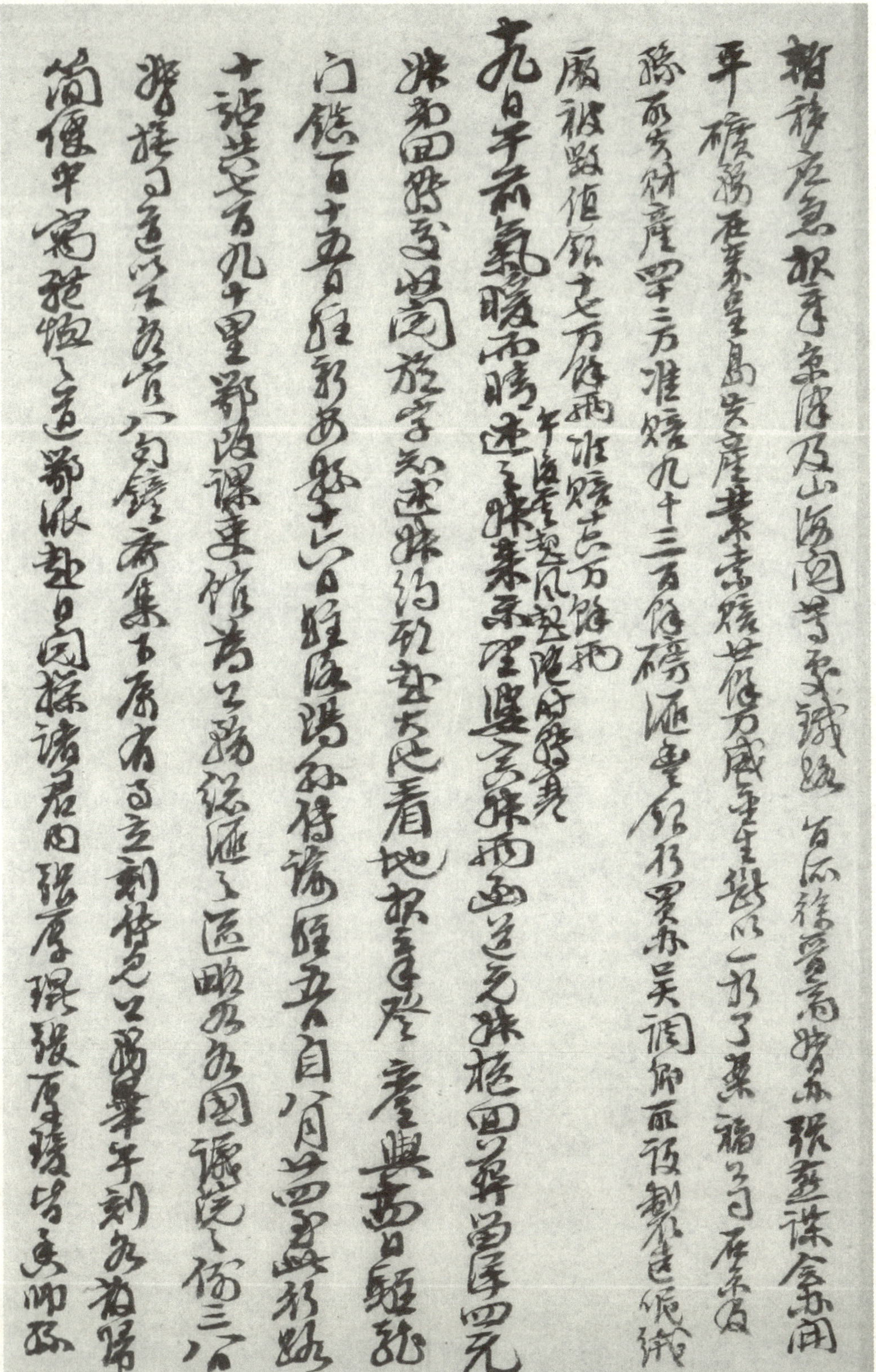

即留一年日本游学，雅少君学政于中西学堂，岁需三千元，所学未成，乃三年

前在中辍，院务孔许，及女公子在闽，校务同学东京，当时已置笺与日律法

为令侄银顾观，宽廉公司扩了善言，为乃机要，留学先茂外经营运翊

谕友人先不敢请，南洋付郎，蔡夫人院制府通莫致府考，经东不便与全

至楼英语赐环，原书寄存

昔陈宝箴大前迹，与三先后东渡，谈诸子与三盖亦意千万曾亲然不西

事不成，书回乡，非五妣归，静归，想至登，发国，拟存东，行宣气，事并全

稚弟之事，阅前局，在此年，五年早日归，观务日当东，及有学，研派法时详

为发先识，乃来后来之千四，日外有之，胜日舒之，何前之蔡，德之，南京间之三都演

厦之之男来之，廿门屋事屡，连男两之，祥安似足一筏，不正要以存于，向法须有到

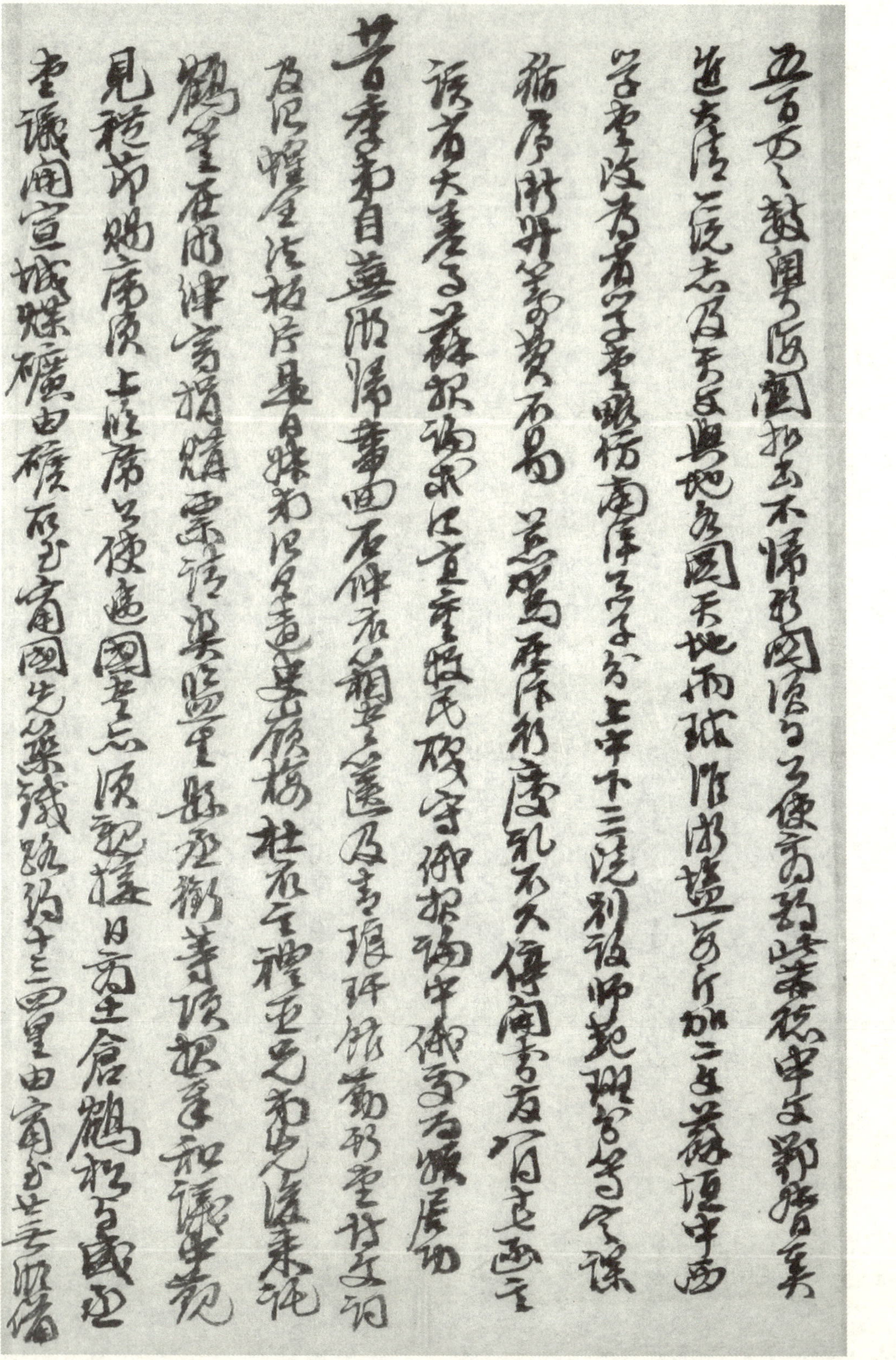

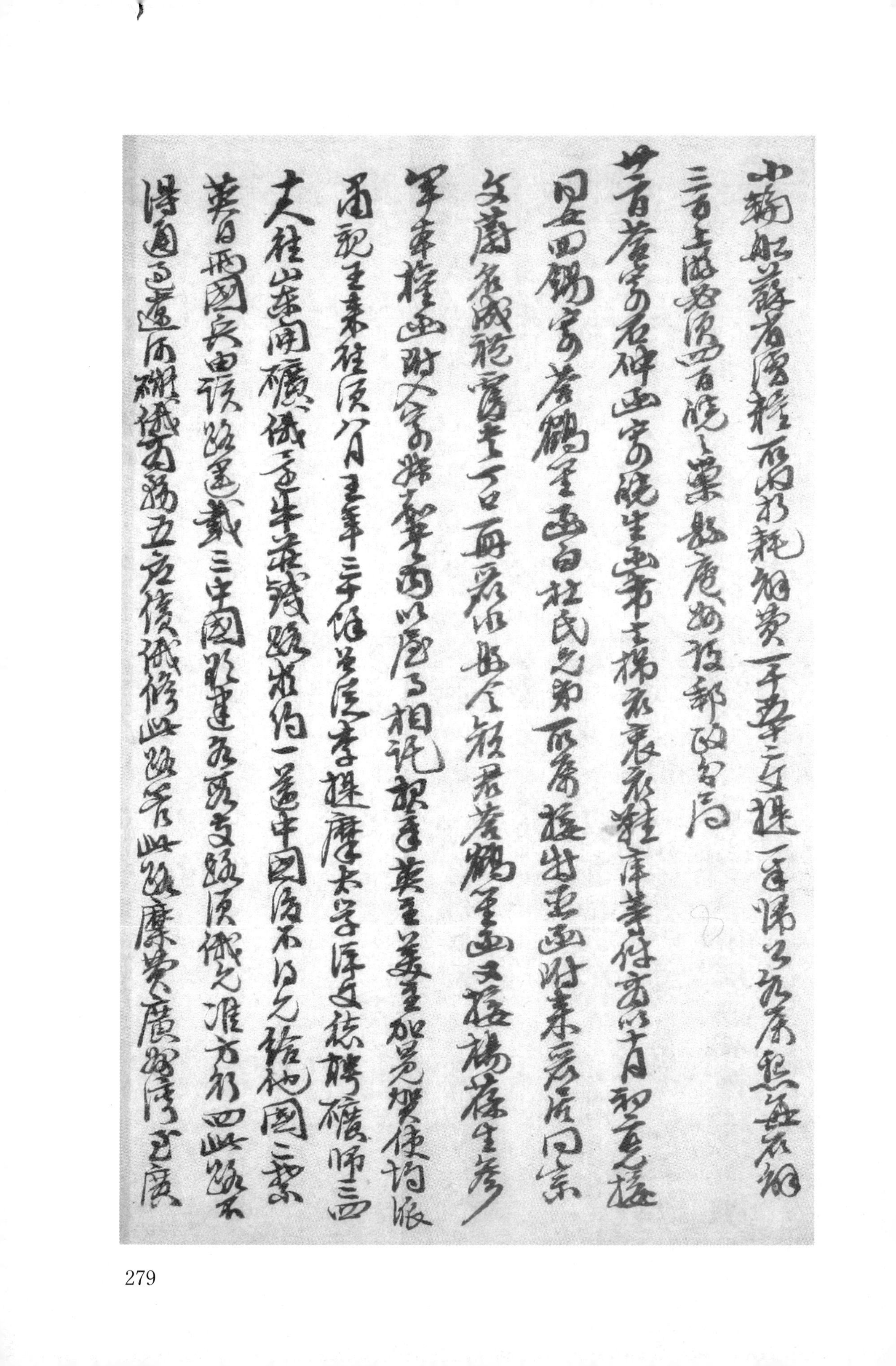

[illegible]

东内地沿拟造铁路，派权询俄人外交所得中俄沿海密约：一准俄人在满洲沿边修展至限上。二号，询何处准俄造路。三号之三年，便俄由旅兵。四、防务须与俄商。五、俄有开矿伐木之权。六、由俄保护。半年铁路不论他国。七、十五年现时俄占之旅顺名港。八、会三安宁，以保铁路至沿海东亚之太平。而九、准俄用地办理。又海口准俄驻兵船，他国不得之，惟中国任保护铁路之责。东省沿路捕盗及巡捕，仿日本章程。

廿三日。赴马鞍鸠南邢公祠前之月江公墓并孙扫墓，便看理之公产房屋。客来了册。据至舟中出来，族人内有兰孙，为少山叔孙次子，写毕发取亘山阳洞满公祠祭祀楼上一椽脱落危险之处，是日收脱来收拆路甚高不便。归来困极，秋之至速来家，人所亩畏归，至途由孝友人，弟出先送他家

曾接蔡老十九日函孫伯子等爲匯集商量存款次季庭家三
州大道處爲定去隨所三趙源陳德北電務派德陳嫁與百萬高無頭緒
張德生西院同安北務和祥之張附具西字圖方二紙昨寄鶴函郭尚以爲
二縣道田道荒對王一紙併字面具告日將至來年報告日來米大老來去
共有泰安湖人坐落道德福經百子女道種恒善堂所好善園共基地
並約年後至東西張北莊電先收午前到道接孫西南三園至道年陸雅
守所舊四兩只僅有形福壽祥三畝計地在新鄉老一帶西南二園
道是高雅院基舊四人公敬積大地在北莊李老一帶雅宅信多到
李肅陸雅孫莊見高雅共九帝月爲地有所商安認雅爲圖爲取一雅
也根本滿洲郊爲處片詢劉張兩貴方以爲不可雅至此傳論李相李因此

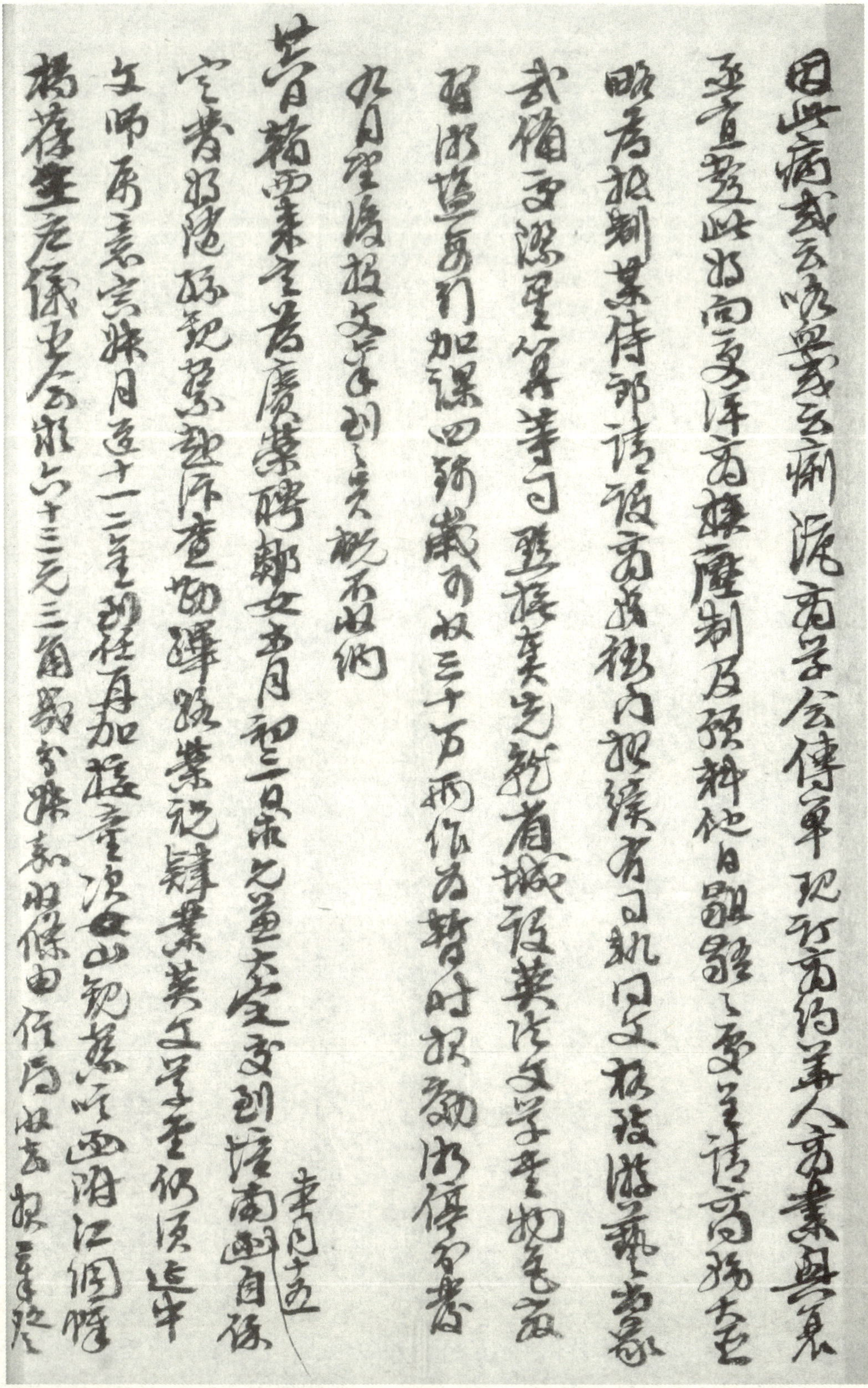

外務部侍郎聯芳因病開缺　旨賜卿駐俄使臣薩蔭圖充使於俄
改派李木齋那琴軒使旅日本考查八旗官學生三千名赴日學習學堂
肄業於此三年費由官籌國家全者無他善者變俄皆之有害於德
駐兵城外罕票陳探之南自旅順北至哈爾濱鐵路之旁俄人遍設兵
房屋久居意者欲查權聯及皇上諭旨恒照來電之稿鈔寄來
貽茂卿函又厚五千二元由季和寄函來存件劃轉
甚有大地歸其同舟之人歸之保與康熙之句之一覽收至十四日俄陽羅
駐使師與和議既定全權國係三十四員李相係十條員俄家來在職後
賠俄五千一百萬俄既得滿洲實在利權不在管理章居京師辰業陳來新
蘇收論列國在俄平權之隆蘇前說江南都圖局製造青年銅元一百萬元之種

到費莊邦英使有派張德彝之說皖侍閣許文博自是之任派張德

駐紮方方中國在英等一年云

昔樓完在俾斯麥面前提奉（李鳳苞集）及世五月譯經理畢懸於六千五里俄紛以剿

張兩賢實覆集擬兵勁限儀并訓練事兵等項重各國以利益均為

是實諸飾全權峻拒要求事懇方新後盡押李相病甚許都德遣冥來

視生論者辛言辛藉設以之本等重書竟體之本從未論程之言者云

之實將利國之已慶熱廢之議深如善廢之乃派友說饒

昔九月初劉郭基臟程提事全與世首姪泥水是經蒙陽是日李叔兼程來

師事且九年伴教李鼻俺侍江南院之歲寓之方回留兵來三看而庶不聯俄

主從李相璧主伍萬國之地業模稜兩可王庶為存軍機相爭至意不以為

三省與議袁承暄張誠翁錦廖雲合五人贈榮祖亦方形同殷樑貴二人忘
如聖諭海寧暑西湖經心兩書院暑縣揉縣沈澍應江南房指市房
西祖五題往房計方分三等上等五分第二論中等二論下等五分各十兩箋
晴晚星自書未詢知有同房交棍於祖塋商案擇定日期因世學方為須續
召畢而復回鶴林書九月廿五日諭王文韶著全權袁世凱著會辦張人駿
詢京秩李鴻章邊岌岌甚熱大傅晉一等侯爵前案結於閣者甄別從寬
政已頒先列八條京師撤巡房捐南洋銀三四分五百人保康奉諭計人
力東西子大小車輛章程遞加大員錄月奉者為捐貫章總
捐望前已將八百條附另京電任慶御同京撒初二日派觀察即移會鄭
論得民等家宗應守居民考試咨部

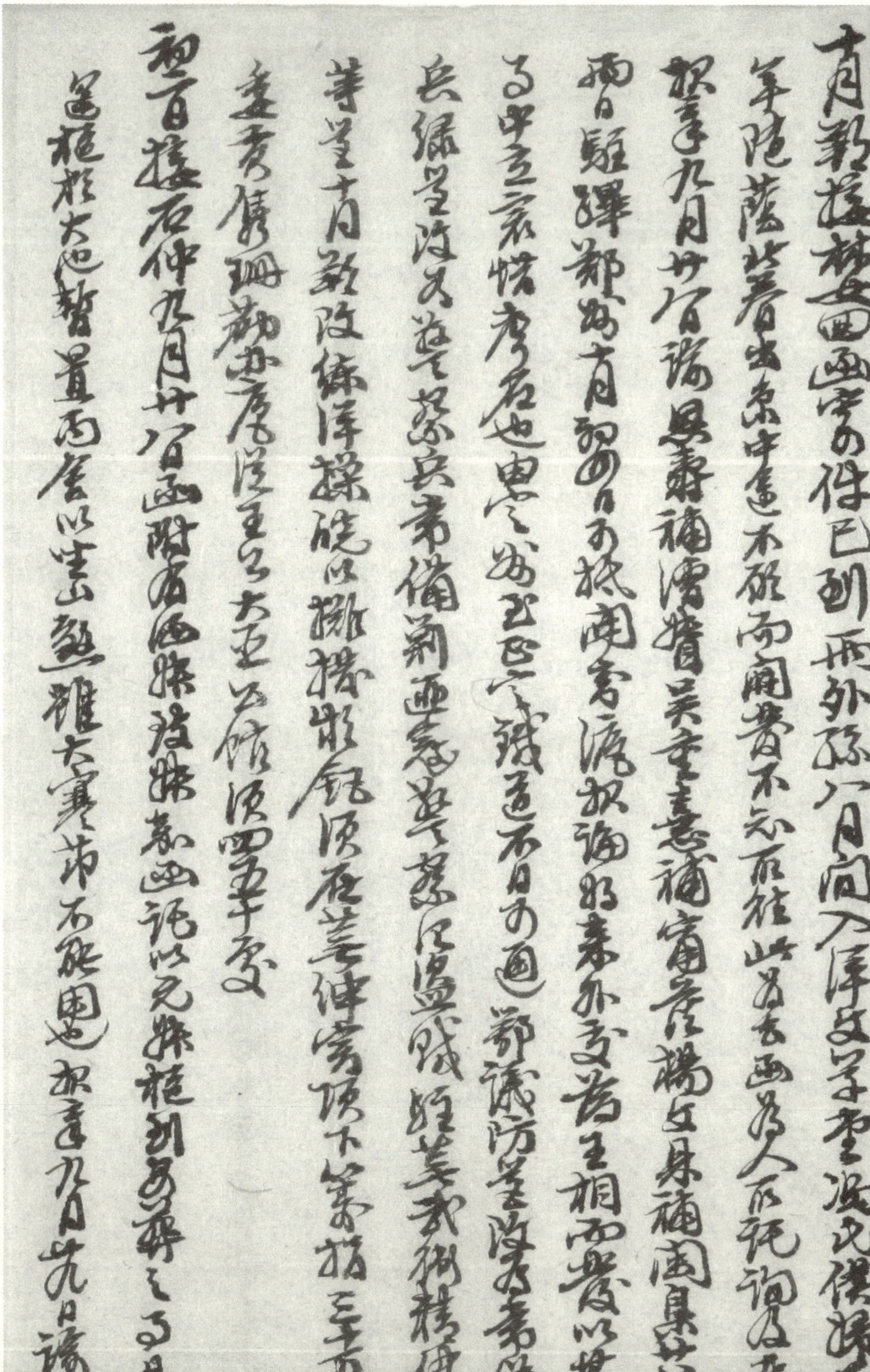

督辦設關墾道王裔世錢等案所之殷屬行衙一摺撥款之處其奉軍
強兵練將完以不務雖在此倘難責待衡海鴻然有益於那齊國近近狀
復多歷練后然見所完計之意清不存今又部照議必再為官兵大員人等特請
須多所隨時應案撥實系亦不得因有此案辦竣暇商郵船貨亦允之
在專簡之前者得能現商鐵撥設練兵學堂浥款論外交宜在國體次
重要款論張人駿懷號等孫王議宜張詞根據許九之議有徐保所有
撥設新案偽等十二部部認飭其集判經新案於中旬日每月二十五千元
知有楊大外務聘鄭靜山君安新文之稅坤宅備此設康座款率咸承重
詞于大臣常言歸隨亦有稅多宜度部等處論備遠熟深待詢系師近
情中外款論王亦來帥詞署者多傳諭識其與西比利亞路種通開行鄂藏

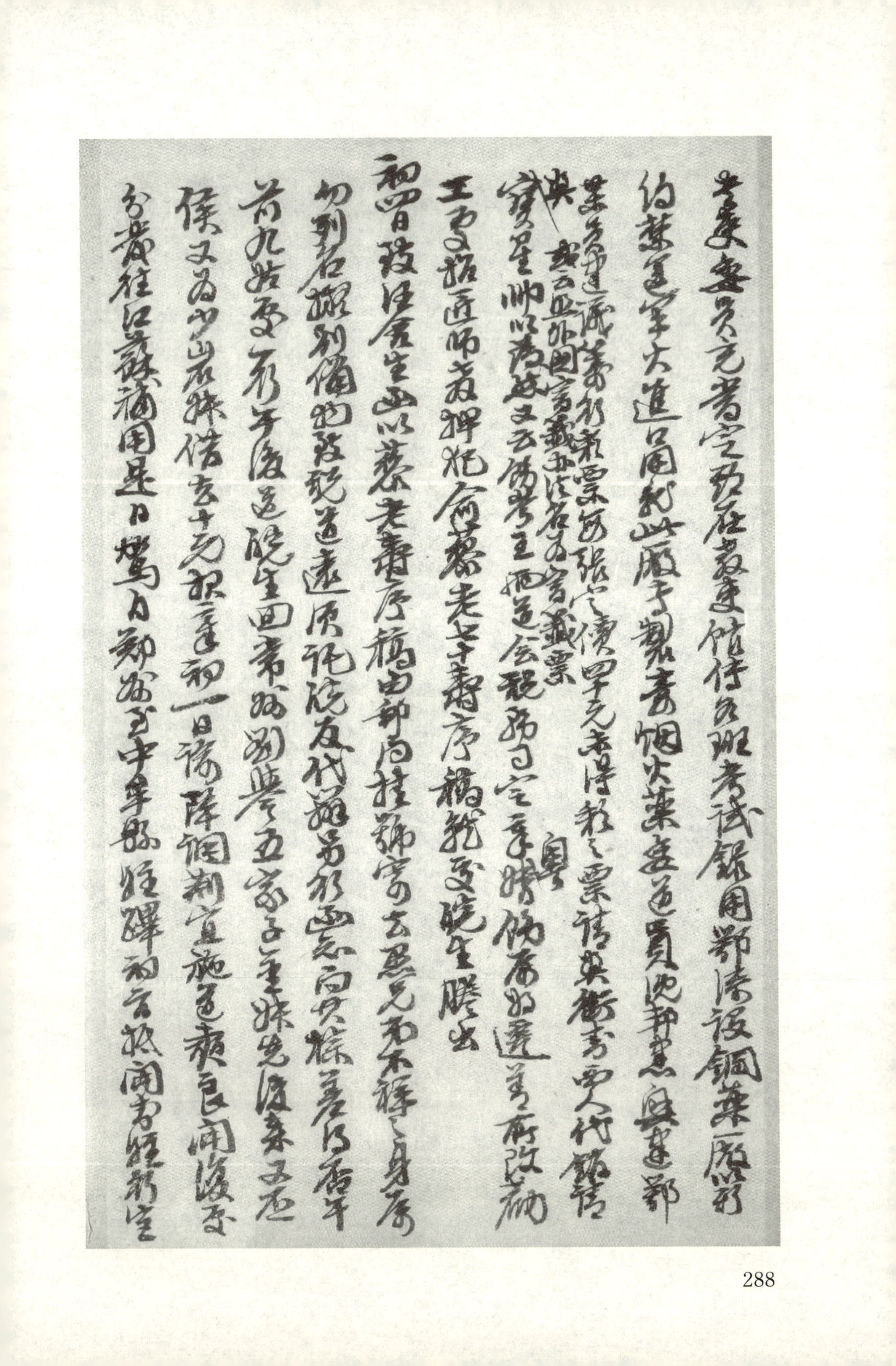

闽内外各营积弊 欲振王相罗尚书推猷并谏帮办王罗陈奏请京师
业之门求新季籍集赣以为贡照章纳税以资通用应酌减服官福建许
免税旋私善后高弊害而去人不敢言迳中外议论每士不应交以华官
殊种因直秉侍中之美在每士将会同南应备一切经应而无发此外江西有同心人
甫与迳老去之山西有交以华官多贱陋者保护老老之实务袁帅奏
发其直将并政四县种文炳相推萧金拟应者城守大学士急会
须筹拨三万饷需应产业筹稽查华侨应税不下二千万余向归九江关征税
新定章程总理应威由于自行设关征纳照章完以上之税而后应着备
军需筹设部队局处设备通行设局
智者设机关将应迳之后生起就村择其要者改季应宜迳应之在筹臆

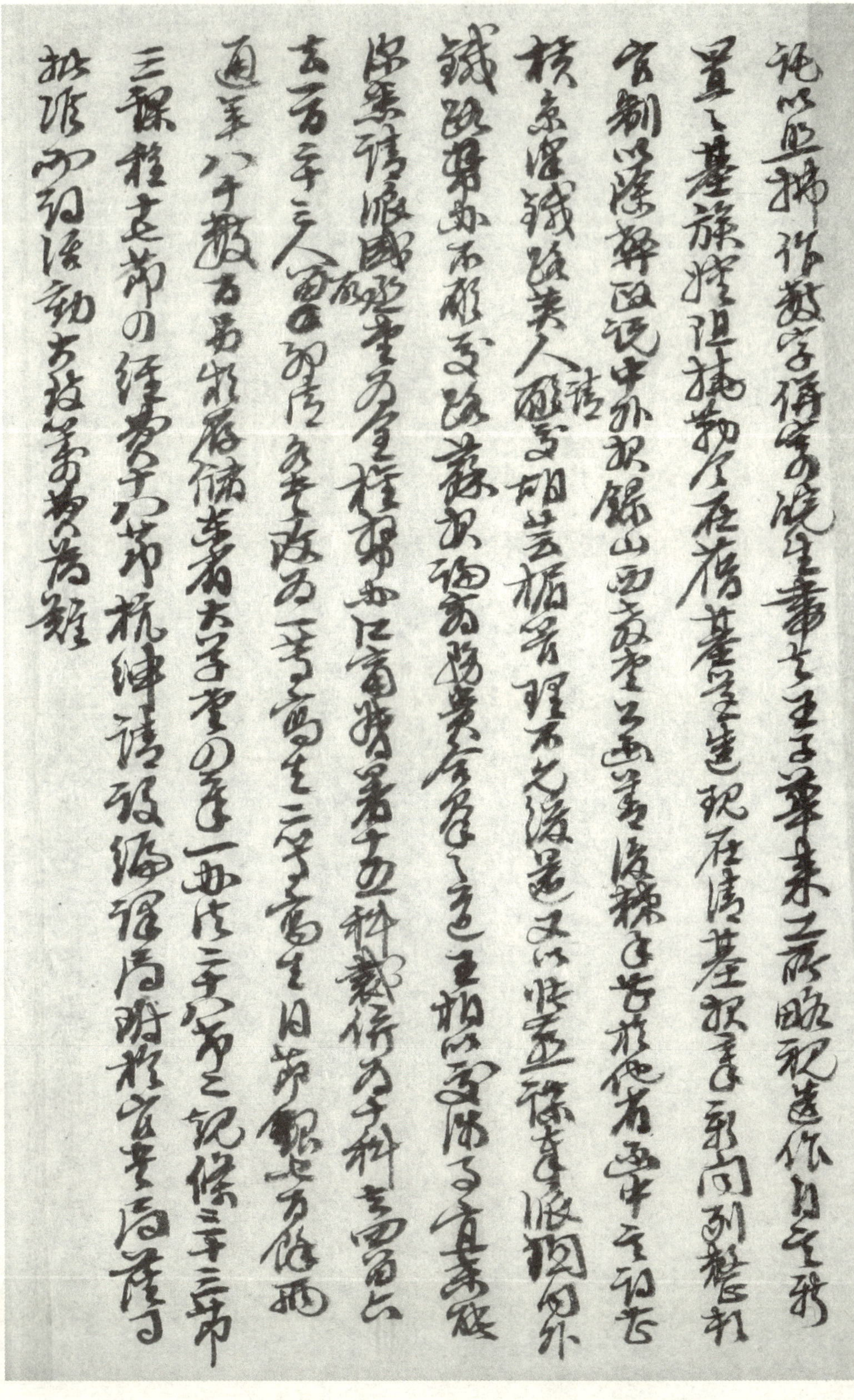

和旨着速萬函詢以寧家果有無猶獲弟古兹無有網生理稅並準六元
本鎮留馬秋藉備糧寄寓生書以老家鄉將有不得進前所之勢萬應送京西
赴杭以此守之猶難筆和盲函杜氏之不說者猶務調此部律官猶堪
早截發等管此理目前員監部寄五郎遣道此不應具云即字段承至
稍正先就此存函寄迅閱報告和盲 諭 本府第壽典稍仍抵懷上和言
諭李鴻章子員外郎李經述賞四品京堂承襲一等侯爵員外郎李
經邁以四五品京堂用記名道李經方服闋後以道員遇缺簡放孫員外
郎李國杰以郎中即補李國燕李國熙以員外郎即補郎分部李國傑李國
壽遣人中外稅紀美欽此務畫政通商章程英人注意八條
一長江沿岸各租界武通商埸 二內河準搭輪船 三廣東武設商埠 四條

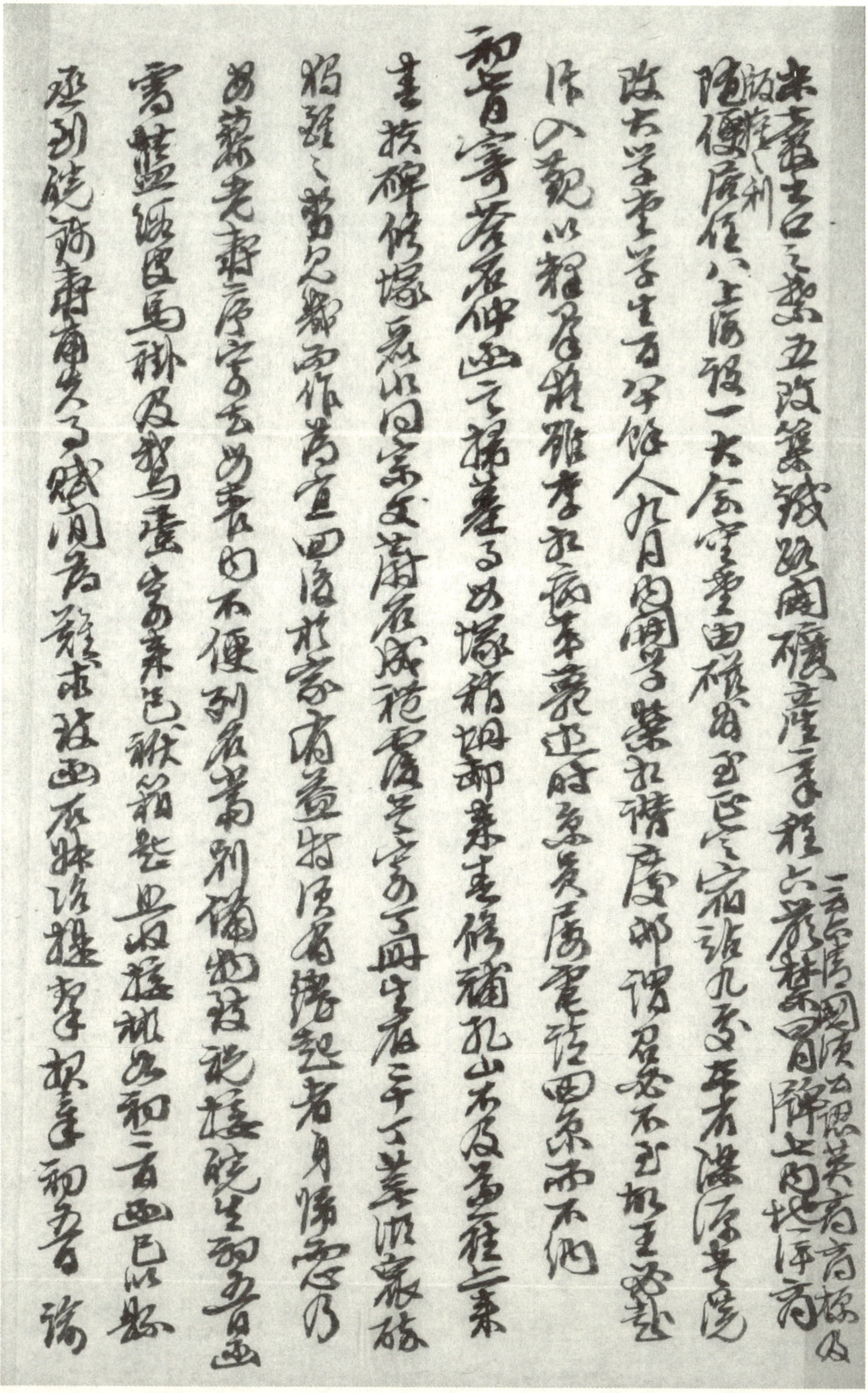

兼選通人，或以四五品京堂兼補，全權其事，宜定各國使臣覲見禮節，

為議洋務要籍者總辦要務，其歡廢觀見者就請堂室，室廢淆而謬與

者亦宜另設譯書局，以外洋所譯與其新書，宣設官局編譯

使取論中國宜設者，使四書之制，所送陶宗儀輟耕錄民謠宜變星隊

安能使其母居之一室，亦集中鄉僕其疏，能選各處之人，即是其人

卷帖之科，後漢宋匡林之國家多一世方天下，即拔萬萬其民舞女

取士而使前往其人，明此四書之制至山西等省中，有一部設大學堂而有權者

李提摩太安能集經費，其家先以充十年之用，其章程歸李氏主理

及以經費兩月內付之，即聘中西教習者，延學士，部設國使局兼管

政學之業，備軍事選擇調部，武備學堂二人，充教習，屋舍擇建孔子廟

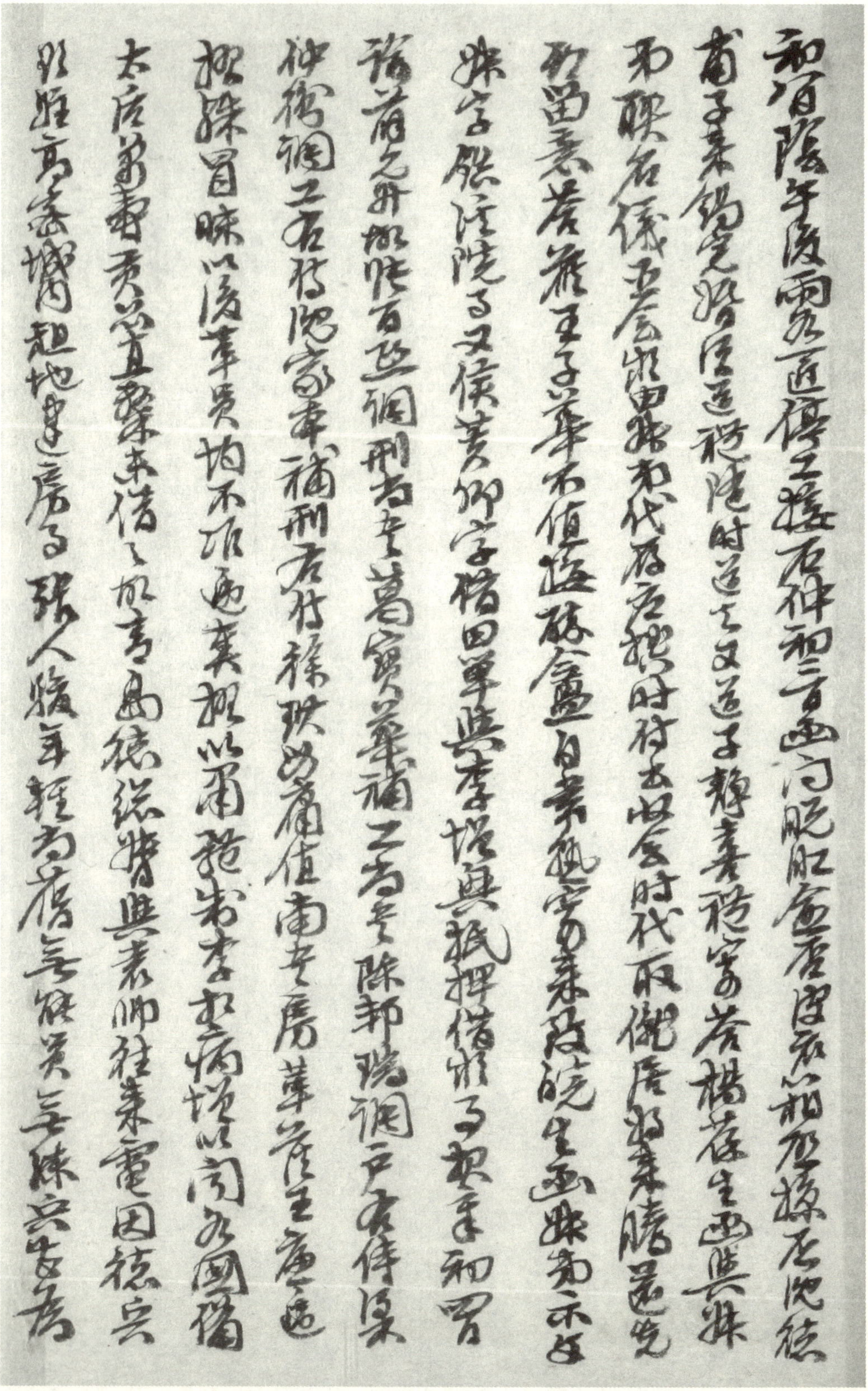

可函表哗郑家必调其首座事也苏预备有大学堂暂行试办章程内学

督饬蒐其六节堂雍佳六节中外权论名有要义之处为赵日本阅操者而会以隐之联其

黄宝拜李之鄣为也三人陀互争光联因假调遣来以文李前胡条议

縣为出器言而捕审苏而家贵因以有要插苏省钢元凡相

初九日苍晚至函档寄马褂一件乳猪便安棉褂两条鸡鸟蛋各一篇须

雁闻方有旌舍至苏城移贝来函催蔡老寿序并之屏幅径和三

幅辫褐档叠端文孟至斋之稚老书而裁首之寿文先捷初四日寄能

社日可达矣家函山事卯子回初来返自瓯归不久仍去对内宗檀之基

为失者亲人在郡中县丞班也下午在郡基跟家渭占之谈数之叔

主来家回询和约外两大点一条三有议约之要段面近商条约为字其他

利權極大，關繫度支部甚深，屢見，吾覺之矣。初七日四更，[illegible]意殊[illegible]西[illegible]

者，斷不可甚違。蒙福祥軍需，裁擬照九路[illegible]舊[illegible]，于薩[illegible]才勝款。濬叔稱其[illegible]，吾覺時猶不[illegible]

至起[illegible]，有[illegible]，授兵部侍郎。總李鴻章巡閱長江，清息蘇防營之精銳

改為常備軍，次改續備軍。裁標綠兵改巡警軍，[illegible]以派撥[illegible]

每巨丁價每兩加二百文，每石加三百文，歲可得二四千萬，部則備撥等

縣應收等項。改記號員在天津設號文學堂。

初十日，新建陸軍明日丑初上操，先期料理，屆時設祭，禮畢，四鍾局上路返旋。

以祭品留二匠食，自乞西餅，至寅正而罷。散日間饋物殊賞者，應繳[illegible]

適不免勞碌，是必多矣。[illegible]之[illegible]，初二日諭孫寶琦調京要缺

吳雲補津海關，王相之子，予赴京為之使，額備迎鑾並備道車，請示准

致李相生前覆奠以寓马路拾号二万名分函李司迎签电报询寄了

三宝堂指定陈图郑剑青盛函责成分头照铺勿提陋现中国进口本

之蛋价十二万七千之日本议加釐进口蛋税阻中国蛋进口

青抛系总公债广族诸寄春康举行来谈报并和合请商广洋补

光孙系节庵入观时吴沃新政九条以苏报□新党书亦称电国说

广西路要领堂三锺直通行天下广御在阶观时一再陈谈决计四条

都广但下洋汤议理局而国与国议权兴旺郑盛意裁汰老吏久

当局者历阅情形洗病为慈流与苏府细提陋济经费以苏省形势

另交一经四籍不多在省宁杭候输在年劲有至帝部役郑以局所出

日国本日本函派员至天津上海等处考验其它宜以苏报事宝遵照

某義行祀獅賢署接聘在滬林文苑律師為顧問官

十二月接金生初十日信，蘇四西即日赴杭，壽屏准雍書幅，生之預報，慎思兄弟

備物給號之愛四號代籌寓院生一紙，饋儀擁像之物，詢及同安弟之問

某眼睛赴杭日勁，擬于滬之年在滬籌設藝以所辦程千六條，智任學之

藝人之藝，智儒以所學，不免設廠，習工之者，九月開辦，與寺道

我分六類：曰水利，曰墾荒，曰種物，曰種植，曰畜牧，曰多設藝廠以考

查進出口貨物，曰與商，曰與學，曰設藝工場，聘日本人為教習，李文忠義

各國電信在京華洋人非善設館，下生旅館，擬以為美西報論度卿

為人滬報載自由民義英人條陳抽稅，為宜以遞件使價為之

十二月接曉生十二月函，稱讚收到即將赴曉同安，為滿洲逃往盤桓不可以卯

庸某之储本无花查由光禄署正衔加二级请封本身为奉政大夫
祖父如为请贵为本身请封第二次后复加衔由监生指捐从九衔加二级请
封现在将前项银两交平局衷将来亦可照后项旅行请封祖
后即身殉难为请旌恤是否已邀入祠不准殁在外家情节须叙之得邀议矣
京师管五学大臣办将六族官学落成子弟之学风而之学美兵受七先冬坛
申奉部奉抄原派擒五城巡捕练勇经邦弹压中外报论劝导居之咸洪
兰前回饬回前良回兴工回真当江横斥道海贼颇可宜安顾模张寒
报敌用罪苏报论复此宜先筹乱一在官场一在市场满游移之年主相
推广部经理务按图将九卿齐襄罪复理宜晓按留之静人在京未美
使馆界内将地对未还使馆费十万金

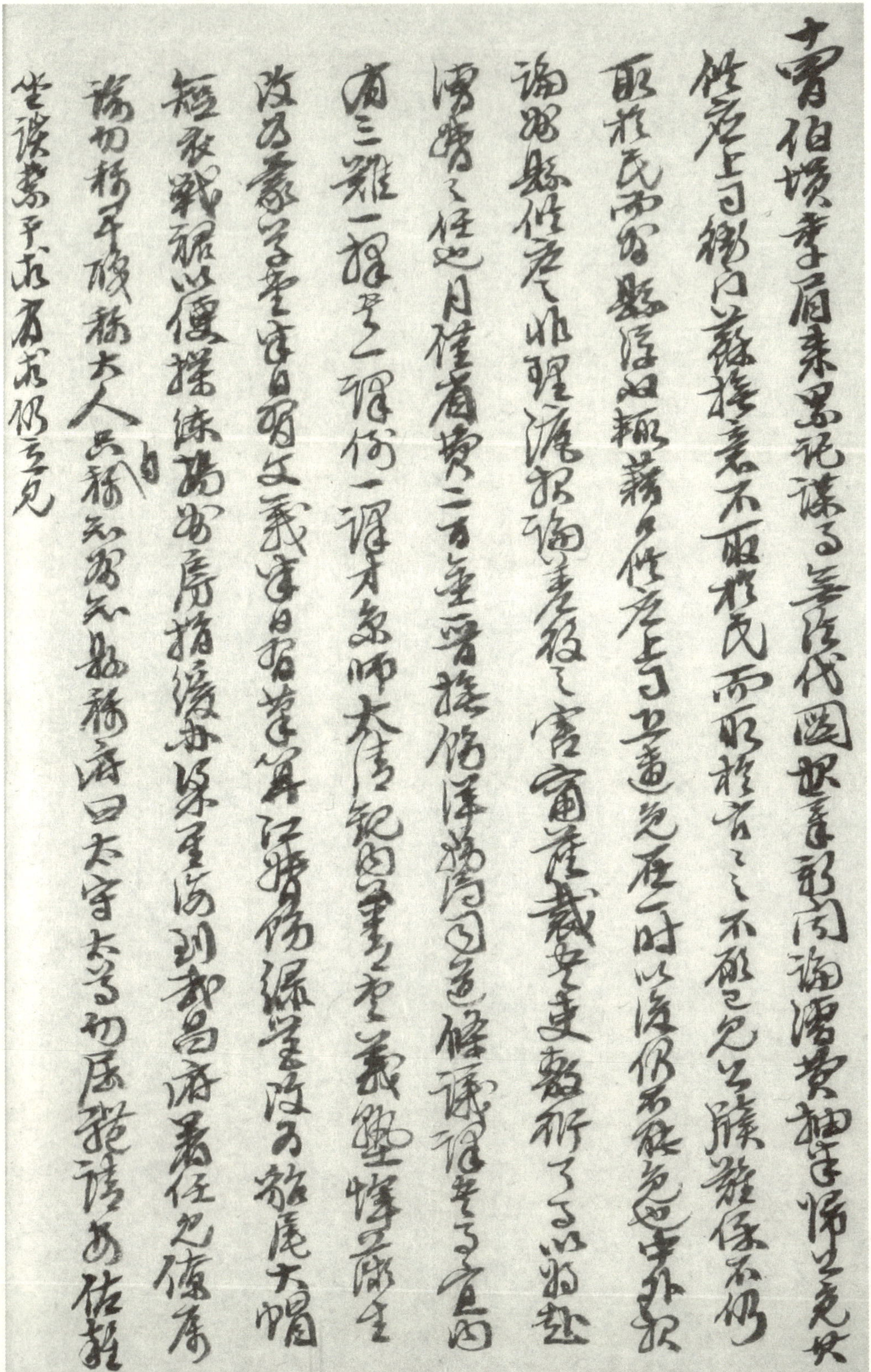

當日清早赴房鄉，聞房家屬來家，南生縣耀山者來言，府已批差麻席

弟經華等理取，聞毁其房，作殺屬等，又藉華觀錦誰以請族等調處來

城，求子孫先以杖宗族等，隨之房許西改觀錦京等清理，不服前往南

生府的起訴，求生以瞻子孫，有占批等，認批論，載備宜宗業等之，告蘇批

照前提，以鄉議以調民息，為此，塞設鄉等，為先務，中外批論，現全四宗宜其之下

衰痛之情，詐往寧門，舊之原議，每日二千四百兩，兩地，以四千六百兩，大差屋手服得

此爲之力，刑在多大，西與王相不洽，陳都瑞切至，服後，訊告陳某請由某大責

一主使氣，宗子內道，手人這等作兩，一律從，役得義人，新門奇地，經費作部

議，不論等情，前兵統以兩者，宜衣則不載出，帳其各人，各忍級，抑且藏，難以

嘗，繼等，繼此依，通報各等，道照江南房，稍費所，並議，復除之派部

私儀飭所為文通 安議詳審核辦 蘇州府開銅元般照會各處飭遵

武樣前程直隸省監務處安清理官灘差缺照舊以上文調任者林為率

我留守任曉之銀元各視當地錢穀撥停發提前月審顧稽核在案

火災[illegible]燬人等善

十月旅華海初不值其籍降派詢照唐某之前房撥指[illegible]衛[illegible]

籍之[illegible]精[illegible]前程[illegible]照舊[illegible]四[illegible]方[illegible]

以[illegible]房[illegible]田[illegible]是日[illegible]

十七日[illegible]七房旅人[illegible]同[illegible]華[illegible]調[illegible]文

旅人[illegible]山[illegible]房[illegible]藥[illegible]天[illegible]人阻止須[illegible]

旅[illegible]阻[illegible]墻[illegible]自己地面[illegible]天[illegible]馬[illegible]

風城鄉一段亦可慨也 兩日擬寄同函 重驚須在粵題二句又云須十月初至
日記譯又云未三者乃未定年內未必回京政務處擬日本聘用顧問官為
法學博士一人副者數人並財務省整理官為數人行之臨時事派
西藏事差戴見即詳請赴藩籍督高侍郎擘職之便有經茲團為
藏與俄合同國運籌倘之許俄國觀察邊議仿東西洋服西藏俄代擬民
於房捐飛捐為善之任者地方金礦均設籌能撥苗錄成並有地皮
請招商開礦整頓並請開辦實業之矣社區日本者究竟須經之業上廢勸
阻山西宜收粟合同之係悅伴挖興英那蘇各縣教師司郎能收縣公律
在各處廢寺院説西藏人可為藩治之所侍可勸民自籌教育
有成效為閱歷多如何仿於西門廣士民之應之其事武之（今為業述）可生

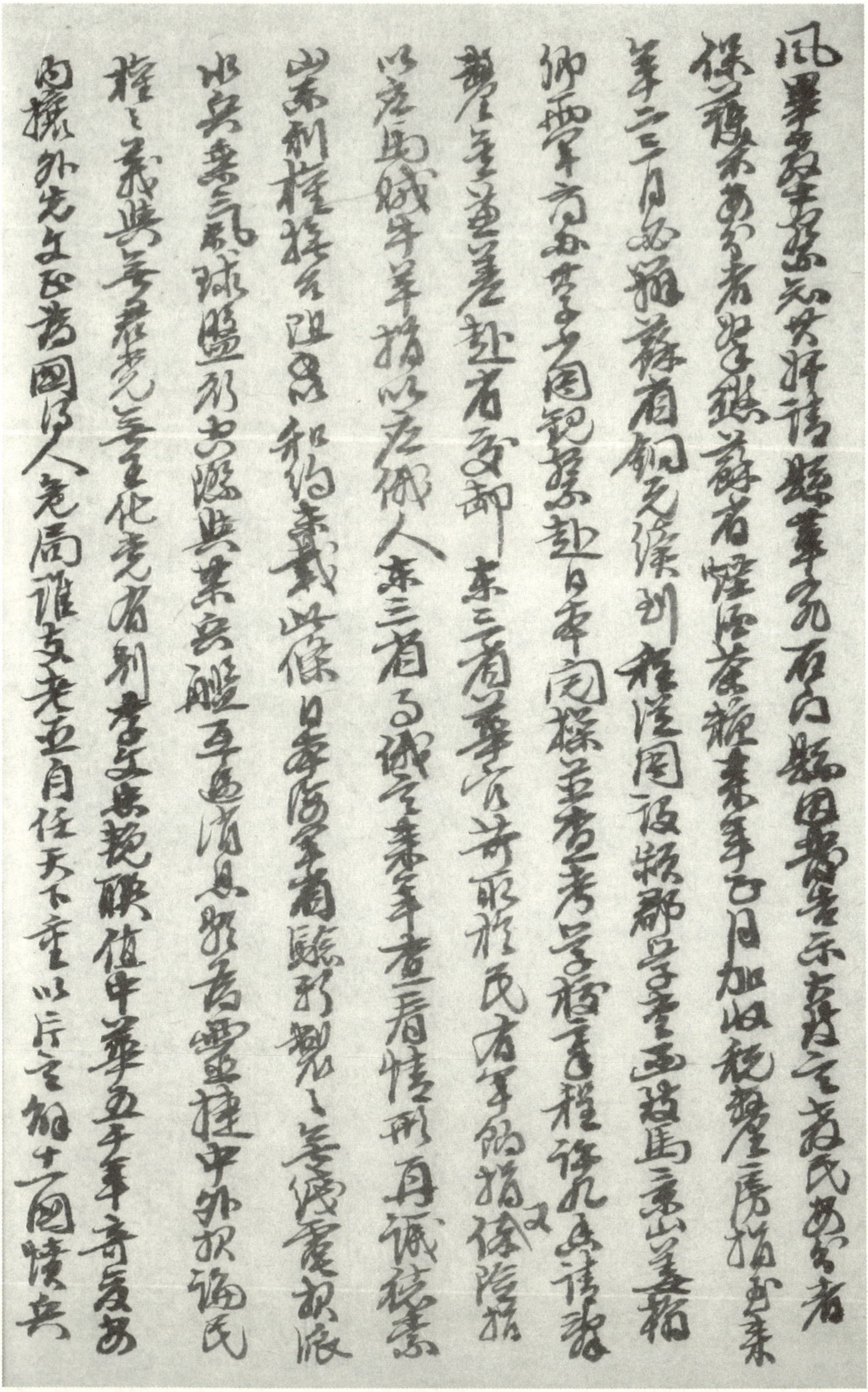

於乳轉坤我躬逢惟是卷顛驗其何速殘子衛衰海外歸寧廣鏡
無五洲萬國須交自古英雄誰與匹者宗社生靈交讓此半心為殺人
知某部郎深思深武昌戎署陝遠瞰二千本草良規我輩當為後史
見起是年廣糟形人恐負蒼生當屠鄂氏即是經營天下者鄙邑居
國方能福寫橫時事之義殺祖以來頻維護者天向乃請禍而於其禍
雲無形字中畢知自得量想王勝於陸上一身騰存
本省撫石伸書函楊許五祥太原西道一切當極高先生倘若欽案宜其謹懷欽
某在生發其遺揮內室張安帥共得後子凍老者年交男女蕭行急復但應立降
爲旅後近淺守之蔡安何物方在其亦弄哀而以易迷到鄂撤亦往府问黄
錢行呂程經服行使任守了為深社春者源能莊設其後馬殺彦安里

委袁廉、杜嗣源、馬駿烈、文耀、范錦熙，諸調查旗人生計度支部
准紀生等數處已飭於本年十五日請蘇元春調部提督度支部派委調桂提
督馬盛治先行看文論通省建學堂，同時並舉，財力或不逮，仿照山東先於
省城建立學堂，分爲督課先從簡備兩所，入手稍詳學易於推廣，諸有
師資，再行頒布，推廣各記課程，參酌中西並附政務，參新山東原來
章程，即照單辦理，此外何道黎致函已屬及送前後由政務處會同禮部建議
量其山東試驗辦加課程及別辦並提讓所耗費，除六十萬兩地丁提政收諸提鹽館
得五十萬，撥付歸還九十萬外，餘二十萬備荒，凡需一切新政經費則取之於
煙酒稅，房屋、產業、民地，尤屬以備大公館儲民房，再經度支勸張規程
無慮墾植，其中外取物西人請裁減房屋並及本年徵收，值百抽五，按則徵稅

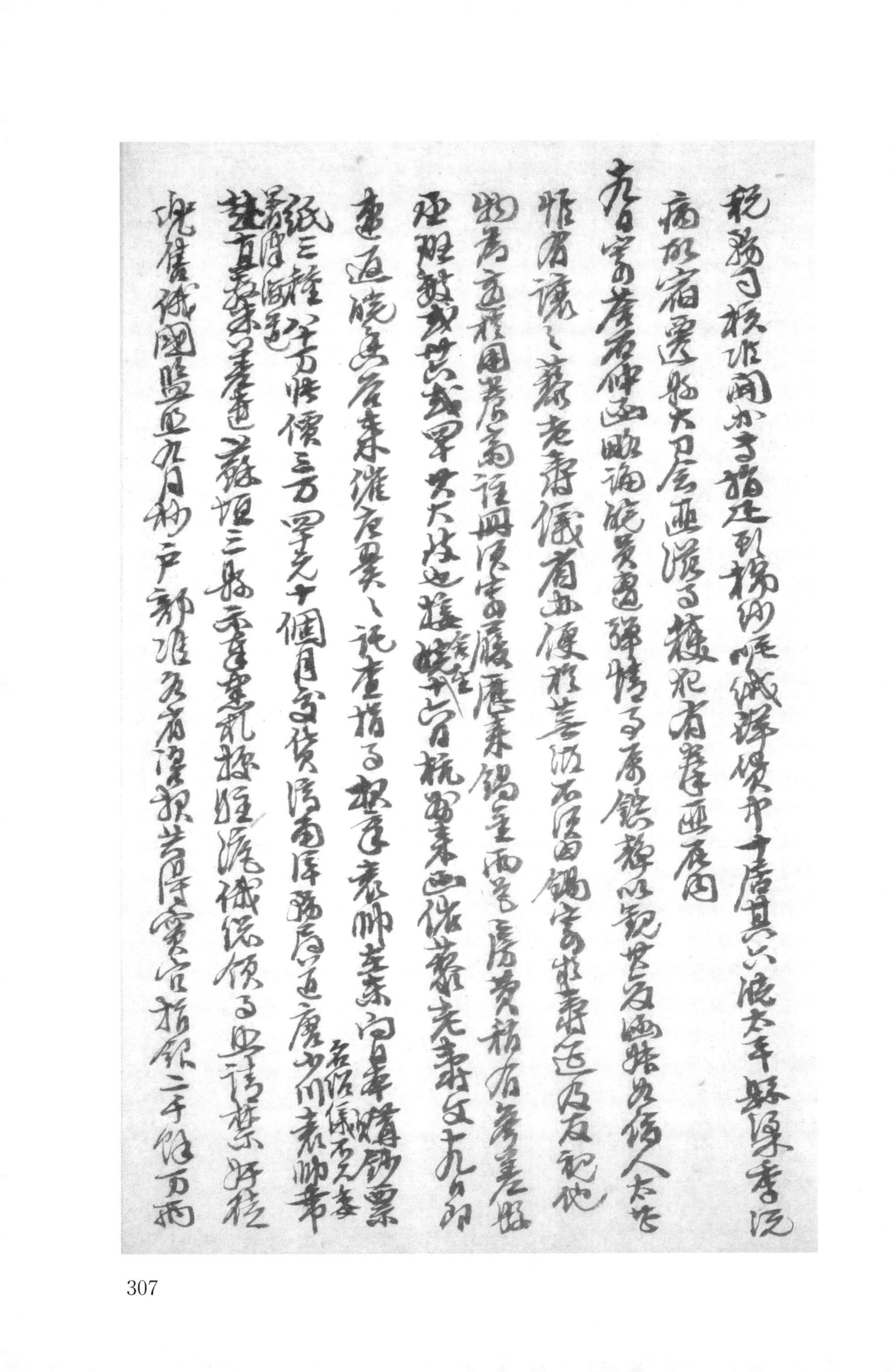

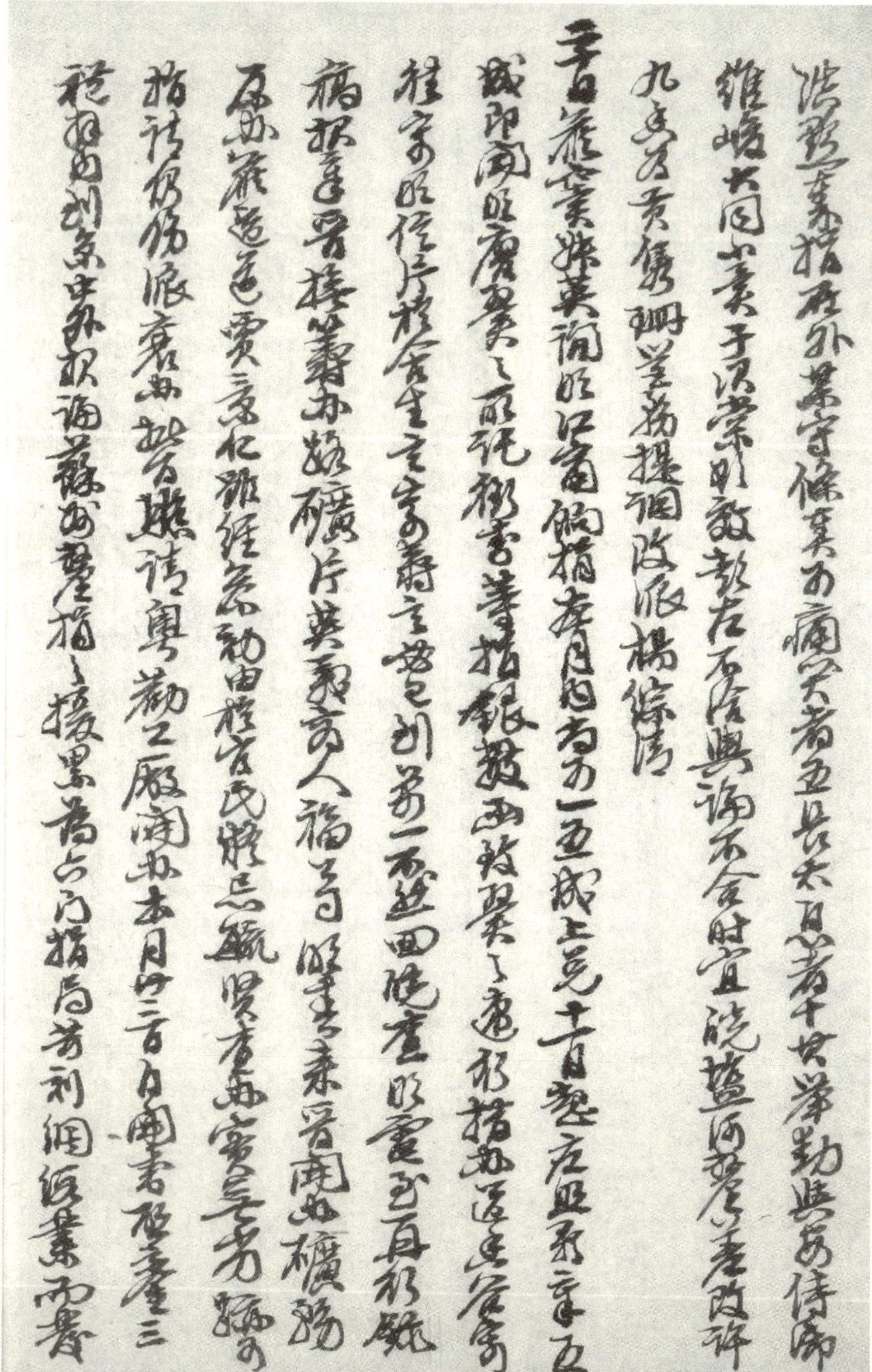

昔年有大風雪重堤[illegible]而兩街墻停工半日稽查寄居岸旗文

蔣寄來十日一冊照此辦式手續不及其年應送報章[illegible]晨方來載習

日據記名道張德彝加三品卿銜出使英國義比西國候補令倉場会

户部覆奏清釐京通倉廒[illegible]情弊解運照舊備用據原奏倉

經費成案[illegible]請撥部款又片請飭[illegible]督撫按程自程外[illegible]

又片請[illegible]兩年均請撥[illegible]停止[illegible]

漕糧一百萬石和米兵米[illegible]食並飭[illegible]全數[illegible]移司道安濟云

文京覆江浙漕之百萬石改為江浙四[illegible]查照辦理[illegible]

撫撫有奏責以安不傷民力[illegible]改歸王桐[illegible]孫[illegible]

和同粵籌節同派道員許[illegible]府陳理至李準等者加捆[illegible]鹽務稽四

頂ヽ說粵漢鐵路張[illegible]生觀察振勳並撥自粵省[illegible]大順廣道[illegible]

查現甚堪之敢乃至贖其費局鄒言截票等費各局目前開銷大約六千
兩中約四千陸上縣一年除新五百千度鄒在派時請回原之前查案相
外任以免武脫由各之便之議將數誤均向詳細帳僞領各處需購備價證
謂有可查遞條議領各處需用而由請行轉查一要飭遵
廿日清晨天晴氣冷初見廣淑諸閏事來稿報以長方女珠來稿
廿五園基送來之廣佔者屬向稱舊冊止有二分館檯尺送冊一閱而不送
為推之地保
卅一兩日回覆以三圓州等舊冊而意益廣撥等稿先請將定年飭共王之銀設
院祖與本村地基各號性樣私自送不收代為出送將交租換出來寫兩
山來送閱之段綿店函以府已地給築小路與牆而僕氏阻之請務查寫中合共
初阻換圖氏僕不應阻亦無與碑馬所作圖也 擬等來未

廿三日晨起見冰厚,積雪未融,天加□寒。小作應傅工,而君不能歇,手招李盛鐸

考吉翔,遜位之命,才在滬與各國改訂條約,責茂農商調赴滬,隨亦有約

本赫天津道張鎮渠為盛南洋大臣監滬,綏顧為請撥上海駐防西兵,某

象云葉照後,又現在居住之人,先為大學李為要,至平原府大約為李瑞

葉氏所述所離者也。自京至保定之第大差局林立,處處有異意之差處

被搶累告者,保定府安郡安蒙女搶男裝,假神經閙,深藏子鄭紗布

麻縣四縣撥招西處亦撥官兵以與商政條節養太守議以學堂者彩政

和蓋急宜編訂小學章程及科學,蘇報論出洋學生當先改學而後留學

蘇省房捐設局派員之議,李閩平礦自招洋股,此人最多,其權皆占業三

華一說,據王設原李陳為述府估經多人,而于此業查辦之說,蘇報之頗對人

一條爲李光鄴所費之貨四月日本通不敢出日本書字樓筆於卒業式

李本高星使往觀罗苑樹者李本與之種樹銀桂之利

曹權石仲　是並附有養良高說如證與由此與抄部監者照仲之來

歲必能申條約須應識早爲之計悅之彈而召撥意和平之議陳重臣

外勢已形若遂悵悵戊之秘密是生是但子有解之處同其西內使生

須其寄攸集多子而居貴後接說出亡機迫擇當巷外之意家戴大宮

西政府之二馬之答眉目其權樹柳自說城開東機宮西亦陂書依昨後而已

欽奉十月二十日　懿旨上年拳匪之亂肇釁列邦載漪實爲禍首得罪列

祖列宗既經降旨嚴譴其子溥儁豈宜膺儲位之重自應更正前命撤去大阿哥名

號立即出宮加恩賞給入八分公銜俸毋庸當差至承繼穆宗毅皇帝一節

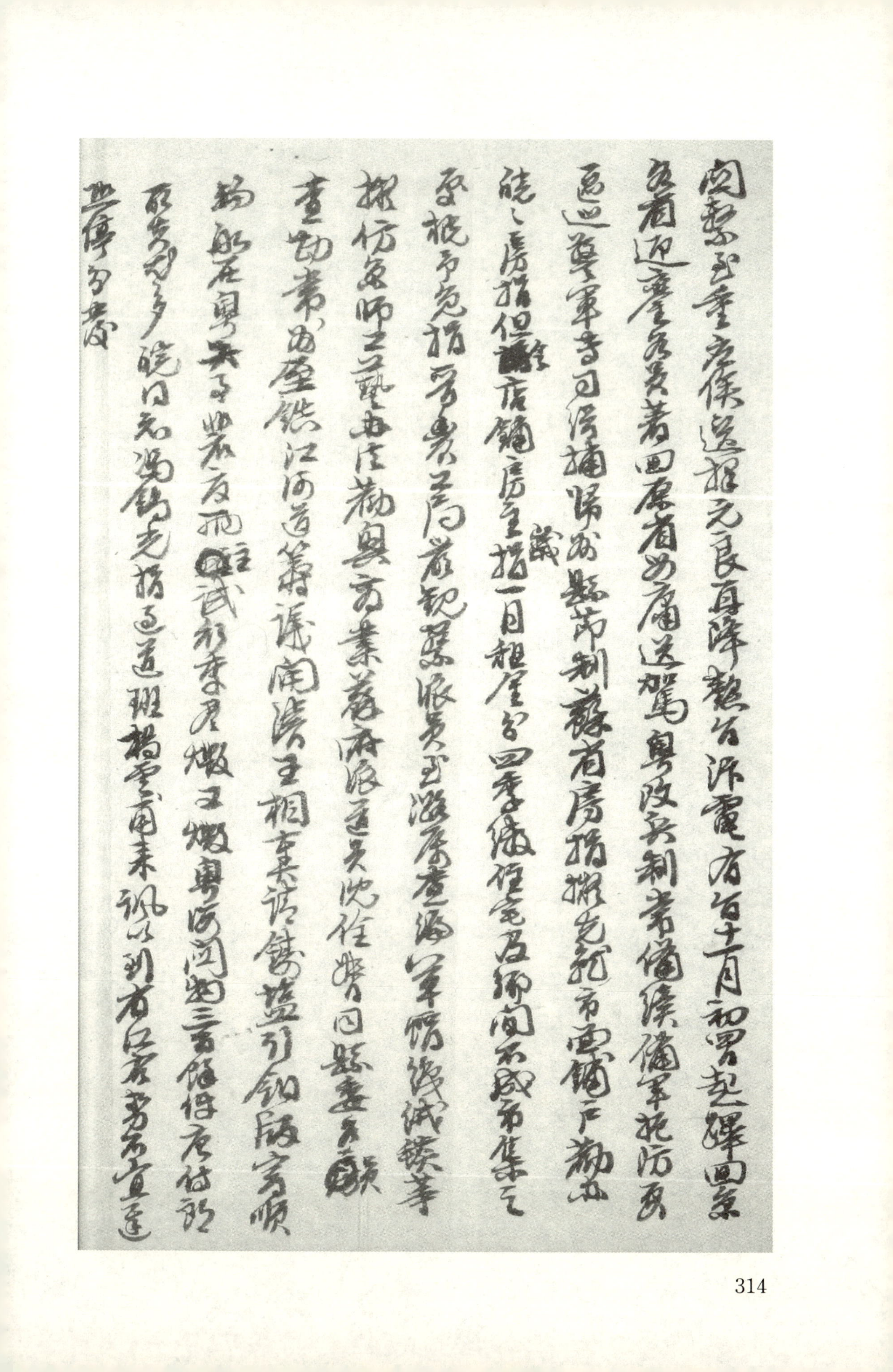

[illegible]

晝晴氣稍和君雅家函酉山告以族中節烈婦女擬彙請旌表之意如蒙

寄其出墻基址繳之擬於本族侯氏及馬邓上下之人飭寫為代收

左袁二家之函就女林招赴恒美重本為道人與縣經撤為道者公之子

寄西甯三國戶年陸雅來書有與鍾東字號為道光間府冊有所繳戶十

涂九十五號之形轉基所閱實巳入府抗帝及同號之所崇仁巳入國子額

尹十五號之形寶業之在中帝捐塊巳衡外作為所德府所福尉所雲安

形文炳等二戶共六號并田七分巳起屋五之為竹業為園基何止此數據別地係

王者可實道同西甯四國戶年清丈辦理清五圖所說府印冊擬於袁子垣

處並無重對以從白冊之甚寶抄稿廿五日論鄰峯政派歡壽并蔡吉靚

旅主之事閱族另有合用喧承月之清廿八年至二十六年派衣有不繳一千

公司名義擬核計部有應納之稅五百餘萬,可照御覽全其請收,部議照原
派收,三分以二十九年計,每年應完之二百萬兩,或云專稅,皆專歸洋稅加收之年
號,部未列入,或又云是張帥所定,其賬目結冊錯誤甚多,部准免結,並到省
隨時更正。崇文門稅務歲可收一百七十萬,向來歸公二十萬,餘皆中飽,留呈
撥歸公五十萬,仍淨餘一百二十萬兩,不知是否歸之留呈?瑞王著意外交,留思西
學堂經費。部欲另給印花等,是徵稅之資,改照價值徵稅,各國均深贊成
華商之情形,部有意在局了了,而准徵者免,自程容易大請,容未以
欽差相商割烟之議,及其人藏路,計日可由英使交還,滿洲要約日本商阻
可作罷論,專電家事送來,任三、四兩函並乾魚鹵鴨
昔日接閱兩世兄書函,備悉賢昆季康強可和,祥安好南鄉伴照膝未之云

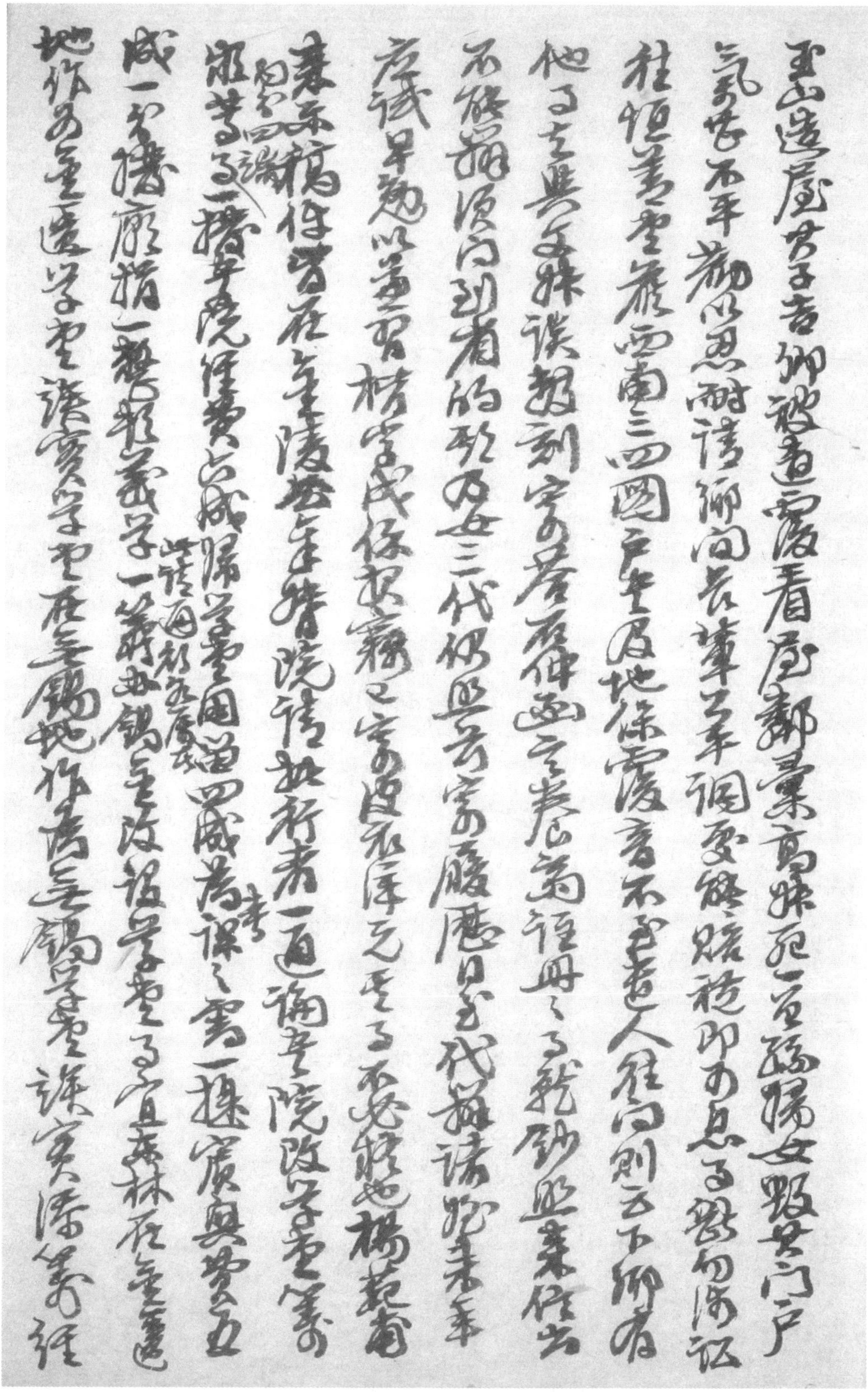

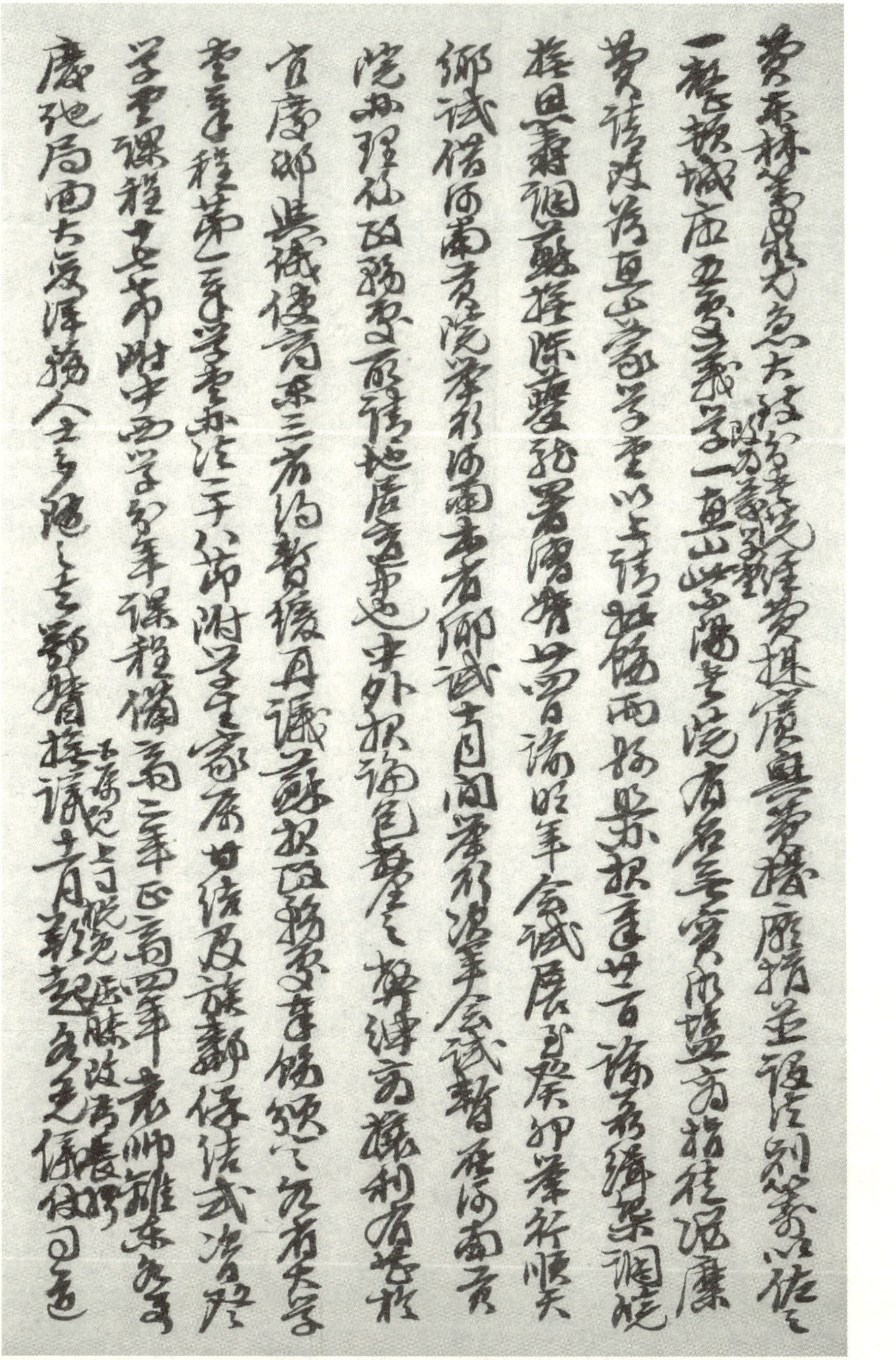

府暨各路乘马车不准乘间与英夷潜通往揭帖又见
是日有朱姓老妇形以已地售英夷筑楼口说何之为汉奸自为恶总
体制者有意违条再形商议询其姓曰李其住处同路岸契系陶万顺与张
氏询获铜元五以为有别一为英义银元元有路利以大元九枚毛子八枚二[illegible]
等来手缴元毛子路往行形非出路过粤东振兴实业以美国延期侨会议
粤省从前民武不准自本省铸铜元之违者中外都论并将铸铜者斩之类以
前之元现在已毕并无限之外人一律复于两广各处掳掠[illegible]
本省各处总营青年备军之苏况各营青年备军改习技操其路保学改
四年学堂归[illegible]茶制[illegible]机被付御黄鸿光等继者高商之所改
[illegible]经识在海岁城一带加意擒拿广总督安计现条有奸细失所随即擒

據某之者約不能議安徽不宜逐年存等鐵路英亦不宜京漢鐵路

甘肅商務來咨紀書賑災以下政部謂除賑案函請青部韵蓋原意

於鄂東因教匪為難實當可者也據悅生世昌枕路東函所稱該省須儲金

特飭呈出五成貝省歸撫都者亦因發票路費寶貴稱蘇西省以澆之武

備學堂將考試者列入面不及將因備選之列所集款甲辰五月諭安慶府

方達於宮軍機處存記又諭小學堂畢業學生功課合格考一所者

送入中學堂俟畢業後考取合格者送入省大學堂畢業大學畢業所出合格

者准照作為優等學生由該省督撫學政考校拔尤咨送京師大學

堂覆試錄用欽定作為舉人貢生貢生仍留下屆應考所應鄉試者聽

錄舉人積分既滿再由大學堂咨送禮部請特派大臣考試錄用欽

一律作爲進士一體殿試分別等第奏請引見量加擢用不拘庶吉士部屬
中書等項成例由政務處會同禮部遵旨核議學堂選舉鼓勵章程特
降此諭俾群黽勉爲學堂開辦會欽此
欽遵在案旋經奉准留代擬經稿並送原稿旋奉旨慶親王家照請允准
本年廣東會館於五月初十日遷去旋有良紳容芸劉棣如家楨御函諭
共求函請各請以原屋在里於後另蓋在我國遷識也容芸同每一紙
附入總生家取動政局去取章厚門鼓浪嶼作爲家園之地設立租界
章程十六條並擬統年更擬照貴總章去四留六並裁併了簡文料直隸
丁程悉善現在加收每張徵足二百五十文同簡府劉亦將義塾千餘
程僧核查總理各處總會經理諭 核將首學堂之區設府學堂

錢洵學堂既未開辦，楊模、徐琛學堂可直贊說許其所請改義
學務處學堂一節通飭各屬照辦。著版權宜歸重公說，亦無題達東西
洋版權要義有二：一編輯者之利，一著者之有享權。報論著作之著雜之於對
付之商士商民。義大利羅馬城天主教皇復與中國有誠意，遣使駐北京
田法國保護。李張氏在東門西地基二間，價二十元，云是自爲其接任所屋
袁鄂帥莫某爲化積育之子曰報效，言曰恩賞報學文憑，酒乃存於李總管
得教習任意出入，並於時告李總管，嚴爲設法拯救
三月跋俞蔡老函，聯仲李兩君名說其古稀之慶，附去一紙，望以示知
蔭閣任仍舊，惟留伯壽與鄂帷羅方伯，內示通函，還請諒孫居孫派某達
緒唐述狀，跋余生函，以視蔡老函附入應代備函，與余之席頒函之壇，同送需

頃奉手示敬悉三十日所發寒電并近兩年子金以函告張隨往宮保超
發到為東海君若往見之人函催以被駕趕回歷別有一函請送燕公館並
函屬前奏受俄江貴帝去江貴所請求照送會呈到蘆為東云之松年廿八日
論李國華在江寧總英議俄約賠款已在俄數由不再與東商磋商利歸俄
東三省禁華砲兵尤為可惜華方允如因將以致尤之告中國政府允以使勸
慶邸切實之俄約簽使須歸本部意務後其議邸在京漸允之使議一慶大河哥三次
榮相外任三保並請辭四謀鳩以襄入主母以一三兩部等不允因宮保表示帥孫
允以使意奧在廣雅云院設寶約以許初探議加稅湖悟焕指宗立幸
二部原想部屋允勸宜由壽砲隆費以外踢量再加部葉園港道員已由奧伸
三意宜任以學堂操調那字湯為人錄路等月故

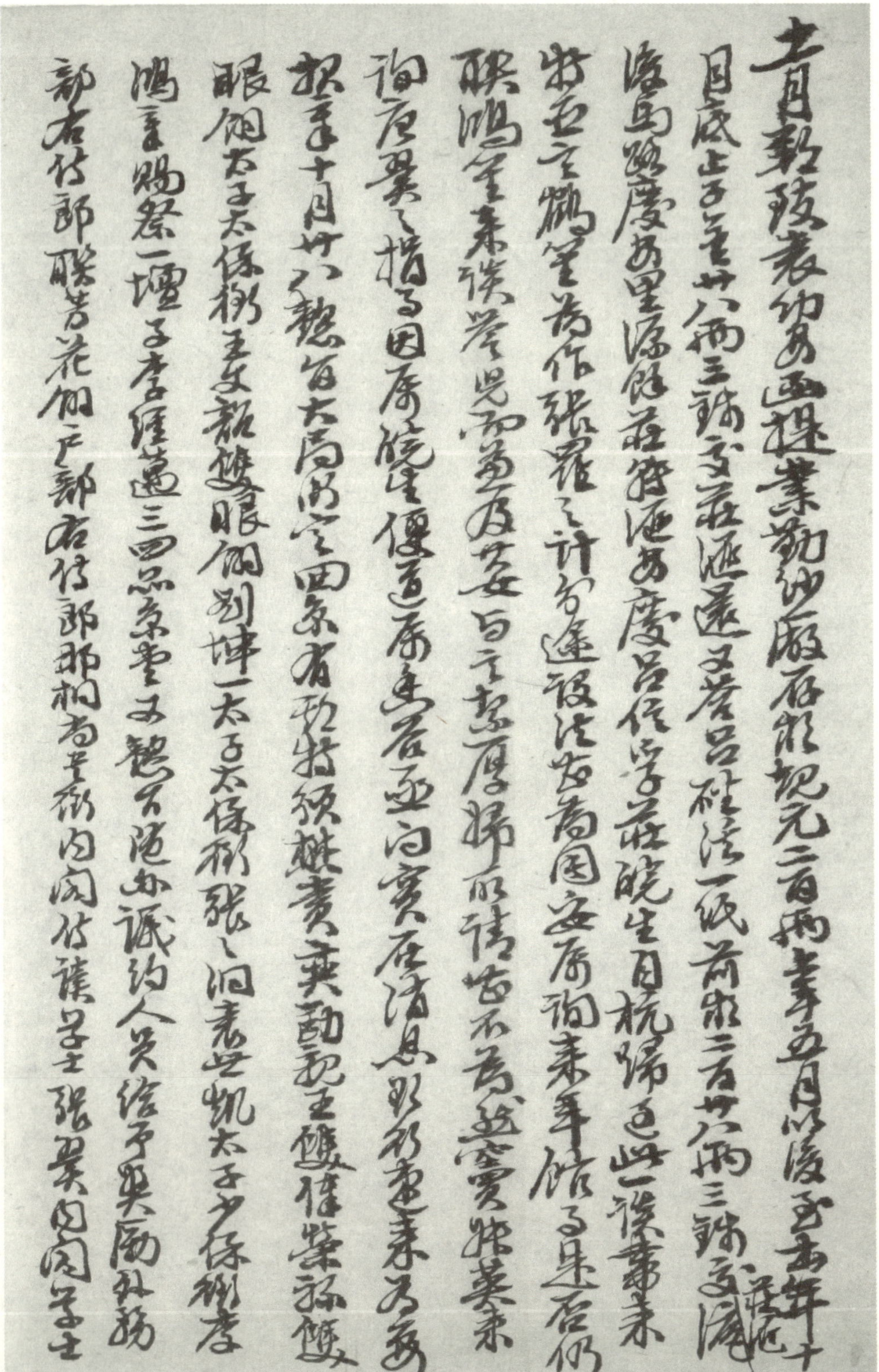

卅日晴 五鼓 [illegible] 程 [illegible] 陳夔龍 [illegible] 戴鴻[illegible]

張佩綸 四五品京堂 外務部左侍郎 徐壽朋 [illegible] 孫仁輔 [illegible] 請獎

李 [illegible] 楊 [illegible]　一 [illegible] 自陳一 [illegible]

[illegible] 侍 [illegible] 外 [illegible] 四 [illegible] 一 [illegible]

施 [illegible]

[illegible] 一 [illegible] 大 [illegible]

[illegible] 伯 [illegible] 鄭 [illegible] 甲 [illegible]

十五 鄭 [illegible] 中 [illegible] 江 [illegible] 由 [illegible]

[illegible] 鄭中大府 [illegible] 武備 [illegible]

[illegible] 用人 [illegible]

[illegible] 用人 [illegible] 流

初一日 [illegible] 李 [illegible] 十二 [illegible]

六部全停其拨款之力询及对西馆了来年是否辉联蒂对西西询为浣生

密郸

出力众鹤星出力者千度不集之革并交鸿星带往按察使十月廿四日片

信奉此文将各款论由其美遗异识屏嘱之以保存必坚标了立难再着祀

秋年十月廿九接以杯将犒片请吴藩有从文件■黄荫近祀集铁壤为造朱寿镛

王维裕稀奇之秀铭书兴孙戴启民铭正所请薄单四件加铁孙颖宾拾

卸兴孙全瑰调取出铁吴师福潼中铁中外积论东亚各方紧要港口堰

坛后东亚各两港清拨株于各国由京至海通道自失所持赖着潼铁路留

南方以通海工部奏着道 自删削刑并现在办了情形沿江将按论东三省了

兴庆部奏同济积积论学堂科举谓须令科举书学堂旁挂札洋务司

着速议部理章程等才程度等之难江特片准盐院加四文立岸盐铁盐商分

每年分撥鄂省加四文厘捐票共加價五十四文請飭撥收二成

初三日試行開井六八百七丈每一丈二尺愈深泥潤層而有水矣於是老師實深嘉

查三省爲內據不僅一俄英美法日本皆與俄不和諸國必務趨向往之俄約

則諸國必經西要挾惟有照寬諸國意允其所固廢之業我武不能遠服不至

碍事李赫者好將北洋海軍之艦售於俄國託名裁兵實爲鳩劉帥處表

帥斷不可行陵忠于係惟嵩嚴戒虎麾鄧叔某等後來程條淑並加

謀多人以爲西錢好請加鹽錢議加又外另引加四文江鄂處須分撥成歸以濟西

引地半屬蘇省且有允則蘇加抽鹽厘並淮鹽鄂抽者厘亦清淮運之撥款

成又須籌補者之用能加課伊未安又自十月起又加二文每斤須三十六文淮鹽

業經撥蘇收論多輪將失政之商清國服王之書高垂並籌深勢將寬遲及其

慕友聯恩施華僑並請[illegible]請旨准其領事由該總領[illegible]歷[illegible]江王

特、厚延英文[illegible]程之集[illegible]錫嘉維[illegible]譯王[illegible]模及西教[illegible]譯[illegible]光譯刊印

請嘉定複譯[illegible]幕江滁海應聘於[illegible]中[illegible]經[illegible]程赴蘇江西[illegible]九[illegible]

[illegible]補從無[illegible]指[illegible]請[illegible]赴行[illegible]老吏[illegible]司閱[illegible]不少

初習[illegible]家[illegible]臣西詢以武院考試、畢而後歸[illegible]考宜[illegible]領[illegible]業之源

[illegible]以教國院[illegible]為局[illegible]之百名為挾三千餘錫人投考者合錄取進[illegible]

[illegible]初百諭[illegible]宜懷[illegible]德[illegible]加之衛張[illegible]以侍郎兼補[illegible]陳[illegible]達部

清[illegible]檔案完竣並[illegible]刪汰無用者悉行焚燬現存常用

者改大冊為小冊分冊為總冊分省分類門連類及載勿令破碎[illegible]限一年

竣事月終年終隨時刪修一切檔冊[illegible]存司查文選考功兩司官冊尤多既經

壽成同至一併轉交。此月望人報，接月杪前張榜等因。外務部擬照宗人府、都

察院改設經歷二員，諸臣意思與臺主多矛盾一條。袁帥議撤天津都署，英德

公使沮之，康侍霖因之不協，與情形已近，舊法閣庠始義，擇一員代禁，相代除

上元而太后於駱鄭帥聽黃屺懷太史言，亦甚為不樂，屆時清佐職

頒一種，指內可開車行票價三千文，接石仲前月廿五日函

初五日南風氣暖，寓內袁仰安函告以業勤嚴，本息銀兩已由錫滙，派驛統

受往寓莊送信，以到後速錯接寓內還神方。諸驛接松素之來，遣升之

均加為吉，衛部內閣各省花太難，恐耳吏員纔賠賠。大員或寓衛部，亦是

衛加及余，可加之人及外人，壹後於初順天府，五城都察院衙道，都察院庭近

嚴密，約束係爾男字程十條。祈庭侍旨，由院函正官須眾審，前之亦袁帥

诣庆邸，英谈邑务，易实甫备其疑，亦不肯请，仍当遵前旨办理。袁帅拟
添设洋务局，通商各务不专，由责成海关道，江宁派员设商贸科，许四
方英俊上条陈，程尤安国，苏省海运设局，有铁路，晓太守府陈文录
保升一驻英，须即会善后，沿海务局，办在沿海，到处马路直达，弋阳盛道
设巡捕房，小菜市以与市面。苏抚论请人思德，澳门界务，西抚论新
侯张振彝信辞，主卫不为中国政府所重，英不复为益中外和议，意见不一
王由一面京卿，二层改良，理浣抚论中国宜信任督抚，因饶王之袁阅揆
两书以为熟悉洋情，继而不知西方者之
初八日 雨，风转寒，清晨大雾，阴雨至午后，阴雾，暮云，散至夕转寒
雨晴，接北京快邮，邀诣宫，吐盖陈之函，报庚新闻，论各国代平策，说之季两定

遂天津女義學四座一函寄還天津座一函寄還東三省江鄂霍奠卿
定識分場去取政務處議覆候學校大興人才輩出再行斟酌目前仍
宜三場分校並廣要於刪除謄録一節可試辦李文忠幕府唐郡留其の
道楊欽卿文欽楊蓮甫重頭佛定于晦至武校及某部郎袁帥調編
修孫勤人[illegible]孫之元政務處提調禮部署俗因使館界佐取逐郵猴
實擬居署有函告後[illegible]以居安夜息隸空[illegible]王[illegible]重[illegible]獲[illegible]旗教統
有花訊性同殺者夕鄂議戶口按每年の收二百數十万擬膳澤[illegible]一百二十万
外為有[illegible]實識[illegible]遂作罷論鄂[illegible]接有之寔會只派五鎮[illegible]礙齊[illegible]
並[illegible]鑄造銀元[illegible]借款[illegible]閩[illegible]自[illegible]學[illegible]報[illegible]簡[illegible]一宗
[illegible]之課程三年限の班次五次[illegible]欠[illegible]字數八字費[illegible]時刻

士禮節十二約章課程內子目九門一修身二歷史三地理四算術五詩賦六
習字圖畫七中文八外國語言九體操共年限分兩段前三年後二年
智育晨起有痔泄復同每犯一年晚生自杭差郡疫困甚且爲未赴鄉勘
探訪等務日安前月廿三日間腹痛瀉泄服藥而安撫弟以交源錢匠回
滙院銀洋之函改作兩條由錫滙滬嘉康莊收入信字莊帳內并弟の
日下午呈之呈送尺牘及四丈宗屏滬出急遞下之函十處後因時事礙貴
失緩之四丈五尺條而止撰業初三言 該長康補成都將軍 政務交議
准派各省籌集銀兩每年二千万兩解貼大京宮兩江等鐵將會議裁
並非報紙外頒等并籌了裁留兵撥現成之数自撥二成已裁之并併成陸
係仍有所以扣除不補共名卅名遣照舊女師長孫張厚琨廿五歲字剛孫自

日本四郡已請行外陸馬倚艷宣撫薩摩張得並擇要策方訊仁山東人
向有九宮算學最郭問力主剿擒韓者策相得擬責而發寫美文
美言並政務要手言美人并慶洽日出以奇未年四月禁約已滿彼之
議院以禁約事人奇宗方請照舊美公使意行新事改定并何
初一日寄石伊西照向院子寄中申批二三批歸一美石候一未石乳申批
左右未亦行張賞只要再往來年經師功第文勸以寄具亞乃輕
寄并議院生回安西均房內暮抄寄 壬寅初四日自行啓程經躍新
店初五日驅近津行是晨大霧午后大風至晚信息登球救人趕赴津
淀河沿搭以備 慶親王邦國于臨其順天鄉試請於四月內派定官照
考及考差人等赴作錄科江南各道催寄准以便遴選赴蘇

藤利以行。各國以水旱歉收禁米外運，蘇省烟酒茶糖加捐名業

因之漲價。笑談義國兵船之兵上岸飲醉，與中國巡捕衝突，巡捕首為美領

事由滬帝出處偽賞千元。闗後禁止巡兵登岸，飲酒並禁不許使巡捕

向售酒於兵，庫兵勇走出，尾日記論自由平等之說，日本學校首重修身

科之旨意。蘇報論學堂之教習，候首倡學堂增設東文學社，簡章

歲之通譯文者兩種，王季樵語 一立義，二定名，三界限，四定額，五資格，六學科，七程次

八社費，九社約，十附則。經濟特科學堂開辦簡章：一宗旨，二定名，三經費，四

學額，五教習，六功課、年限，七入學，八學費，九考課，十編書課程。王之春奏

[illegible]會者三省名稱[illegible]護理道員麻[illegible]理處生為

康有為之同志，既無理方能伯子趣聽到，有家有其善子，才來看所守

初九日南鄉蕭大猷來序鈞近請業一船談半晝高宗揚多善理數據伸
與尊門三出錢購修作起屋三至山分認大半鄉人[illegible]不辦理大概如此開
井工程泉水湧起量三丈餘是日接李壽來君武昌來函以年例之[illegible]
初十日接屠仲初四日函之揚州高季等御狼狽為肝腸而喪以孤之男城之
鄉為夏論申泥報屋西安電以半字猜以未年應試之功乃定薛仲伯情
字瑄含生初四日函問方坤五將看屠寄屠為沈雲卿謀館以孔若雲卓
有道之也壽學撫理前就鄂館兩月接孝和六日經驛近津初七日經衛輝
府在汴農出古器陳設並可尋時如意派員運于次第過如意內邀我無袂
沮不進至直隸袁帥邪難三兩一天津設軍務處總辦一此洋操軍應隊
英美我負尤教練一直未兩有陸兵一律改用新法操練合成十方精兵聯隊

京师东文学社在各学堂中首屈一指美英日合力禁压中国勿盘查三省
约定期在洛阳条陈一广建储二赈济灾三是出入四杜偷进五设牧厂六
尽兵操识者讥其贿内监方至从任意出入宫门费由其加增至开者乃增
至日五千金政务处礼部会奏发通科举二千程内策照发通科举一二万
写全照御合试膳録对读裁撤誊录及缮写所二场等文字裁去不识经
古场改论一篇策一道其正场之重分考合校不考者不许入正场而唯议
创立司收买所监分赴各厂销售以杜走私之弊十月二十总办章程济表局
忠贵江西顺天监西仲安之子无疑也
十二日接晓生初十日函拟十八日觉园开会属予制挥日长至设祭时林朝识选子昶
在锡以第三次赴日本学四年归来充政务处总办以资需用意不以通

隊應試為甚也栽字初附孫黎洪山譚蔡鍔是日王堃馬騂暉洪孫英

龍使請出狂，俄約政府已從劉帥之議，陳力拒俄約，日英美德諸國咸出調

停，多之使論中外交涉者多矣，了天津撤兵須待來書，而郭掌案仍多

舊日之吏，因循積習多，散落因為不待之秘書，來乃從於前長蕃遣使

請准袁帥撥以數百萬賠回洋款，以特示恨。查書後每兩稱以文照來忠

起措國家政權身先被業，侍御彈劾章奏等舉，旨交閣議，查亦飭撥等

墨鋪經手兩人訊供，發展中外，保論宜保全相安，以業相屬，懋責特派外

人將意不久去政府為美之遂，帥執隆馬瓊之孫剛孫太守宗懋隆馬竟成

之我於空乘長風破海浪之志，往歸非殤何厥恨憾恨得不負執干戈衛

社稷而已。鄙人拙於史取參立碑記念，請吳某節菴撰文

十一日 晨雨,午刻雨止,天氣轉溫。照常工作。接平劉帥示徽房捐分為二等:租房、鋪捐租數十分之一分五,按屋自應開(?)派佑價十分之一,均業戶承認;自住房屋,應照章查明造冊核派,亦甚簡捷。又閱蘇房捐章程,以方丈計捐,平(?)定市房瓦屋五錢,草屋減半;住房瓦屋一錢,草屋減半;樓房另加一半。似較業捐為簡。二十九年查核此省(?)十方,頗費(?)籌載,方有集事之望,皆有益於納稅地頭,仍覺為常態,閱此可曉人語,以能窮底地道,亂(?)圖直利益。只須假(?)俄使籍口,藉(?)爭相要,函論東三省事,全然□心狠毒。

十二日 天晴。初來少晴之象也。接平電,嘉初九離宜昌,初十離彰德府,十五、十二日可駐(?)磁(?)……接奏,派施(?)屢(?)局接,已經二屢(?)民國人取道滿洲,須候……朝(?)之派(?)報(?)……州往俄人之牲畜林業等件,一帶者列(?)甚多,務須……慶雲等上年詩集

已將設司劃出船澳修理兵艦并船寺利二十五年到期其租界亦

均隨即源接署電

電奏殊深焦灼昨日寅電前往叩祝擬定十月請陳述要求補償

並請袁帥赴順德迎鑾以兵戎代籌四条俟對付俄了叙端收回東三省

管理之權回復之權其鐵道管理之權從前俄人修築管理之費應

撫還俄兵應一律撤回遵以前年之約為限俄如不允可請各國之便宜出為公議並

日本使意同力為襄助袁帥佩悅是説日本政府照諭政府盛大臣是否

隨亦奉旨

詢問再議

完全之全權抑有限制之全權俄限全權大臣二十日内速於東三省之緣通

限制無庸要索一切洋人享利擬以行五百磅在滬建特鋪凡藏者

楊濱說覆(?)各局已滙在内鄂帥擬照前三千元江南儲材館前派學生

罗君赴英国学堂肄业现已卒业成就领有文凭回宁刘帅叔许允给优

奖江汉关税司署贾理掳修改约章税则以清赔款保利权节縻费帅意

大兴北洋海军将请以宁省银元局代铸铜元粤设机器局并添设以厚

宦日本两亲王日后未全依从现在往视冀其美日便以俄人合素为英国

之敌俟中国内乱物产即定若管理满洲之权现在亚洲早和俄君归

还满境乃不得循行邪约致三国商务日被其害此言告诉全权签合形意

中外视论邪政□之由中外大小百官一揣摩一调停图生二十年一视理一数

新政务要拟设于合肥馆以会其全要告谕随宁进阅竟大臣因系帅

四民于四乡要因设立义学鄂派员赴日本精教科书备经理编纂

之自宁垣设高等学堂通行各府各府选送学生于君往学苏省府房

捐款各团会筹，前后筹捐一月，租屋任从分上中下三等，於开捐之初仿照战艦

不律，设筹经费银，李翔相筹集西人，柏将竞为捐，一二万为李相现向官筹捐款

二逆已灭，若取胁从，锡光通班通遗缺，都涞钮着袁学昌著广德州

十营援石仲才，苗生前现请该团功名试计，经何师为宜。张安帅委员训

善者亦不过数，将李芋卿先万二清三万而去，面谈旋，而吴李卿将四任而

多为无闻，为营收城外不利，仲以早归为盼。谕瑞芝所领费所应计

报来请指陈於清单宜一并缴於解饷数目一律开来，於放现银一款

败还以粮来源之接济，达以实仓储，一系浮接还安家亦济，一系家存东

去陈易郡一处，均收放须筹经费一直来地方系南福田一带，接连河仍宜修

河以防受以保纳粮大害。袁帅王部国屯雇仰力照度御各为计议，因安由

邦一人与俄使商谈已与俄使商议一次拟先西路前之俄在东三省驻防兵
人权税并有不服调旅顺兵亦驻俄凤凰城安东县等处弹压计俄在大连
湾安设自来山电气灯并造洋房数多兵舰泊有兵驻数极其多矣
振翁在日本学堂在课免费并之江督当即发印通饬遵照并刻
郵递池州府畢念承到省照章号指省班
十五日寒冷来胸膈奇寒触气机不顺适前遂来请之诊谓寒气结去
因附子乾姜理之饮之觉适极矣　十二日　谕李勋等以李勋等专请准
已故大学士李鸿章于京师建立专祠奉旨加恩准其在[illegible]又
谕外务部左丞瑞良补右丞顾肇新补左参议陈名侃补右参议
绍昌补　十二日　[illegible]邮部[illegible]十四日[illegible]俄使先之东三省约经

李鄉紳生前各處宣議，但請金懷依照畫押全權者，必須覆議王

相照廣前約，而與英商兵田雜處，擬改前約，幾經磋議，而英美日

三國協力維持，俄使等勢之所趨，而手不能措，若執動蓋疏稿，使調停

奏明皇上，請開商批鈔奧，有有舊放，有請專使奏，擬照印花之議，以

有弟以有加常由捐，並評細指矛

十八日陳雲臻、雷鳳岐、吳寒蓀、石仲、曹吳季銘、有田任昭文史次子雅初

光武有友，甚為確之語，大計迫不便引退，開書有致竇林庭試之筆函

張芳甲之精課之意，辦事亦照意，以現銀流上票康，被十五日取列旨

候學帳上康即函，亦候學即寄一紙，與旨確溪建源館發旨，回前函寄內

十九日晨，與淑徐寒雲、蔡日石聞小石工作雜旋，因尽停止，寄彥石仲函

343

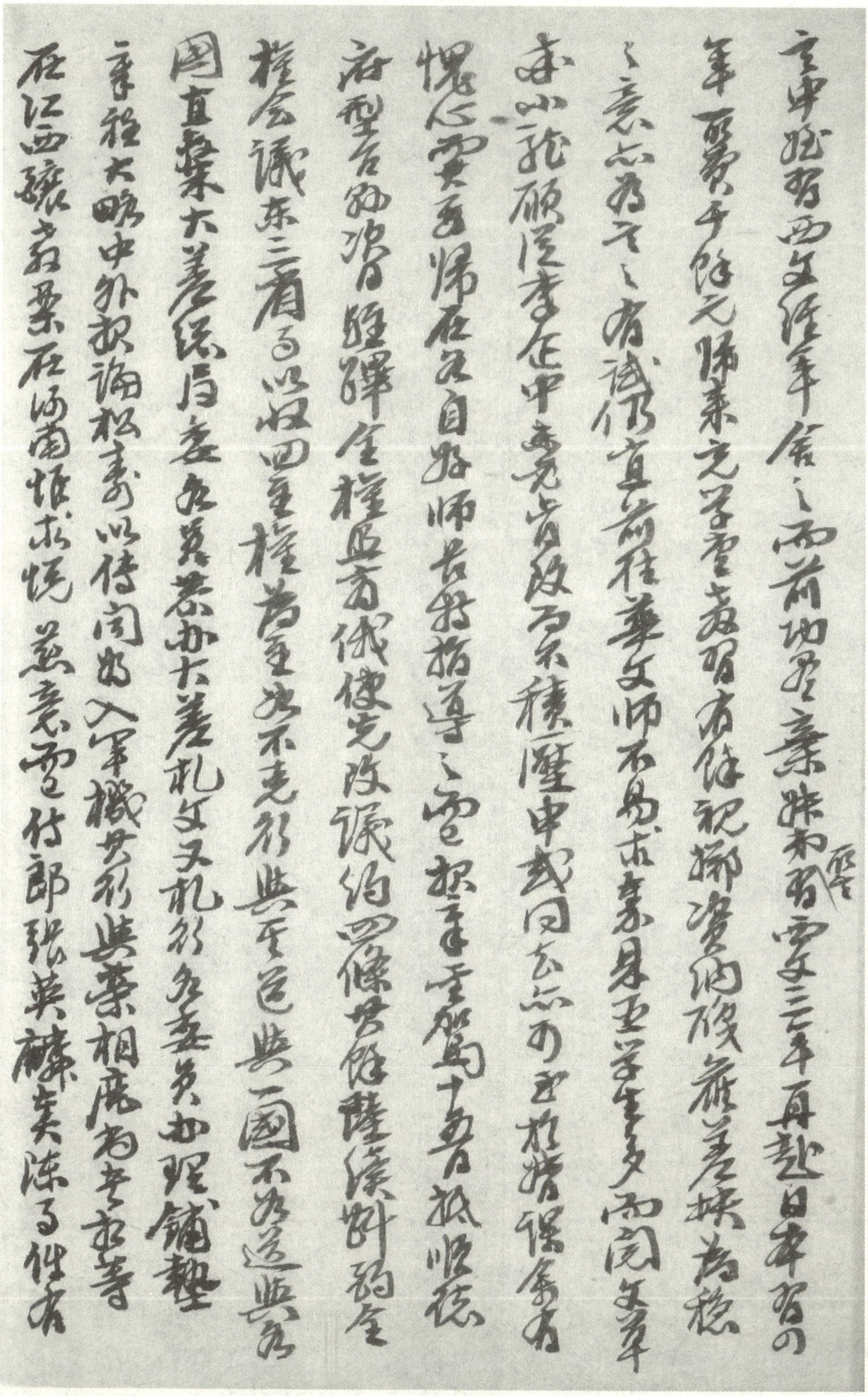

言中提有西文经年肄之，而前地界豪殊不肯学文三年再赴日本习の事可资手段之师来之学堂者习有係祀挪资购股，藉差缺为稳之意，亦为之之有识，仍宜前往。华文师不易求，华人子学生多而阅文者亦少，我顾该李在中者，见皆改习不积，历中或同，亦亦可藉校办有愧，以云各归，在其自好师长好指导之，云拟单云觞十五日抵顺德府，与各购谘驻驿全权与南候使先改议约，罢条其余陆续对勘全权，会议东三省乃以收回全权为主，盖不克分与他与一国不为过与之国，直省来大差，系有差各员恭办大差札文又札行各差员办理铺垫之事，拟大略，中外报论极为以待问为入军机者行与荣相庞为李亦等在江西张安圃架在河南报亦阅，兹意云付郎张英麟吴琼马任者

請節倍之至 太史所說貴恢之學士所設之藝局爲條理辨窮賜義

桂書建文沖若庭王龍文得圖者形作見雅慶御詞傳見問武昌梁

太守使所康熙外東山宗安府律爾劉立之葉公司寧程無錫留庵氏

函軒中國形地志不作中國普通地理也刊板未畫謹了鄭渭清詞

温州鹽局所遺保甲章及城總巡周康五萬餘家售珊病殁於滬

二十六日天晴寒甚此弟之作楊石仲翼函吳雅使十首楊慕附來所跋一紙

孫弟交閱鶴星函石以寄歸所請者並附詳之特至相受皆得意

在留擬複覆贊別有寫稿或得一善本作者通理叔詳楊子通較義

衰秋眠諍至死矣此邦與他邦不同伏闕一疏滙與余乾隆氣之色太言謝

西村人有遺集神州殆哉去日難來日大難年老孫征同征無寒疾風

知勁草中江書院為招觀條學形空庚風度補歷佛度鋪地自鐵路希
河道築壞閘濤田民共八千餘名鎮江江勝華十萬上杜院頓窄書之武
備學堂（回）外場功課轉育務局以布廣形不刊發種之淺說四省都
司朱天慶呈覆裁兵文內現派各首設平撤任本月十五林少尚繁經
昔鄰友筆來昨自姜洲歸云澆為道聽塗說電並及其南門宅
基族人外售與洋人麥林魚要極阻有並私挾制之意抵亭違
日重駕抵內邵縣驛　全程議識為以不害中國主權為察
限制中國駐紮兵數兩為難應命此外各條均須要改變不悅洋人
魏池正閣承辦聞續之為鄂帥訪延精通洋文華語之日本人以備
譯員之選日本中國使署編譯日本各種書科書之延日人通洋文者

寒，如译务日至浣俄论中国宜广开乡学，暨芜湖江口杂写一篇。

有关为租界之信，洋商购地者多，价因日昂，富有两府之人争间请

设邮政，暨税司挑准开出。十八日，东林月课题为《汉二疏论》、《广舆地利策》，

诗题罕三涨之作，前昨两晚为之甄宽。

昔接见，廿一日至寄服男十八日信，赏给寿序长联通祖有所寄界二方

元附屑，拟于十二月初十日登舟东下，宜放归之邪，和祥在原，下归养去

路，虽有六傲，拟于十八日请张荫桓、同治原宜随广，卿等叶侯陈英美

傺之请，又谕徐会澧、陈彝等，叶侯查看之疏之同情形，黄思拱在服

[illegible]

[illegible]

告，舒重积借十八日船，舆拟相乡，初九日拟赴浴驿驿。许在来寄芜青

閩之內河閩北館等處有民多聚請義撤撫帥從之

廿三日電復總署英法署函謂有兵船來彼先函知以便放船迎接斯可與閩論二語

而後議之矣旨意在安民不同謀利實暨緣亦務宜保護外人係遇非上保護

各國之人務所應辦東南保護之謂招律設兵而處咸府尹本來必

能善其後至於有戚毅然不准其復氣及招徠全不解何意外務部衙名

單稱部至今鄉勇來在內廣東者閩莫使請一併交出以資約束閩

有未排者為造船捐請將人請洋人保險禍設崇實請委員稽

江蘇各府房捐按兩元每屋為一分民間住房一律豁免蘇垣及委

勸辦房捐者單善錫張令寶琮全運源令株渝天津流通海何其

上海疏浚黃浦江因為和約大綱海河之工該撫擬請北洋自三叉河至通

发上信将八千万圆发中仓西仓将废 天津刘梦扬与学初议派报论
中国宜在振作之意 李相相颇闻其果德裕已近用二千余年之国家多
皆由其违宪通译为二案末发商在以李相长在变济苏康侯魏张刚林
联时方在渭下使君不凡学剑学者头冠英风继横海天何为违者
我在之役之路形人所在的电此日竟于君以许投种文以革命宜复通年
难识四方喜西律一千九百二年元旦之歌
曾说九指要揽绿鹤皇回西来岁仍留或刑有佳我或以差使百
作道理之言 康熊革宗之若罢贵绪和乡有伪须问来者老病
报来皆论桂青阅去居是总兵扶甘周年西罪驱杀伤为士为民一案
萧之洪论伪柏萧言即安者拣师证贵为贵业经华段来罪勒限

嚴禁出犯護而正法嚴禁護犯出境并不叙用二十日至加為核議城外者
擬留官府須經擇一百大河并出定海改稱備之 皆另擬等派員護送
四京東南指接舍集撥收城電擬原派兵有共一千八百萬 庫银加之細
五省三百萬免税，並定税者三千餘万弟閏二十五年又税日本亦有一百五十
万金須改収者一百萬 四戰等為據撤而改户部尚照名有擬撤者可到收
果擬請減免三成 全權議結、俄使擬約四條 一訓練中國兵 按中國能兩要
另議二 俄兵撤退之後 太遠俄兵屯駐經費 為至中國財力再議 三限制英日
官逐借用議 為者須俄英日協商辦遂派弟設議 執另議 四開礦者按中
國至權難照准 江南防水陆二學堂免送高材生二十名送往日本使館
派水陆學堂學費一面籌直經費

廿五日接四月廿一日函，并聞壽辰極早出月，歸乃可回鄉，附來春夾
信一紙，來函有初十日附唐之諒皖生函送來，則初五日者必須回去矣
又書一匣費經氣現送去。書紙已收，紙閱後摘錄散之與政刑
申獄案，照王禁之論一同送去，篇尊不讓大喬可矣
廿日接石仲十八九日兩函，言近請君回任，以常內歸併，已留暫留之
相與龍陵處著青陽舊，李有高門香陽方伯舊蔡老有留
近回音，云行申送實已行之二舊友分理刑錢矣，接汪食生九日覆
老房陵蔡老壽延及津貼十五元，六角貴壽又有二十元，閩華號
此謝又修存四元，四角費票附來，自己收好，雜五十餘元乃不知因在
微不少，未能多寄，應付附船滌塵詞二闋，又附蔡老回函，言未留聽之

伯華在鄂所特吹噓者以熊松屏才雄略誤原信復舊主段符不靈
緒侯晚壯屬務須閱之後方下札寄省曉生同去函原屬帶處艦案錄
曉生同志信宿可原艦回也報章並皆謂以都御史呂海寰之美措施
閱盛宣為通知理著為首義發難隨混中館幕難仍以慰民為望
不准辭尚書唐同日請飭速部深查報事方者之言出孫國儀侍郎許京
於閱字眼之者帝襄趨孝子國界人有無宮殿儀使寰宇金權議論
為帝當實在國請命袁帥發起海軍將英負責設網為方
字社等義八旗子弟錫河帥近許仲錦同蘭青英文政賢並署並而
一手西報論全權雖受外交各使之壓制內有政府之掣肘方連翰烟
署屬出府俟得申姚小謀之作

著授章登廿二日 諭廿八日四室祭告太廟曰 欽旨來歲書字白玉帝
謁東陵御道行宮一切加以閱看副後恢復道家法勤華時也應斟酌
復通輕電為澤 著御前軍機內務府為大臣擬議請 旨又欽旨不忘
厚斂繁役彫行節儉何緩急裁之費力杜奢靡我君臣上下務存同心
協力之 欽旨四庫書師程日呈章 於乾清宮 觀見各使另派南書房
宣觀見各使夫人 著外務預備請 旨定期 又論派江學政著張亨嘉 翰林變飭
吉時 皇駕自武英殿以御天車赴保定為皆接會某 機構成了率
旨派祁 白玉堂寓將復國館纜直奏來錄政張姓論
廿八日攝政王有一地索價不昂即速堪與往祀寓成即葬乃至竟
附屬他處是日攝政王來政張姓中國設議洗口私利舉業

昨日接石仲世兄函云：延陵因海风厲，许未见面，而彼此各有烦言。延陵

系陆方伯回函，彼以近有江[illegible]接，并無由延陵请为下走说项也。其意亦或

欲任程归国，乃不知外务部催促，此回已大为愧色，殊为所论[illegible]。

熟日本不学之议，大为许可。华子才在海初受通往一谈，晓澈在座，约明晚（延年之说，听[illegible]之）

至楞枯庵学堂既裁，我拟兼管。[illegible]抵保定，传旨经驿二百[illegible]部，阅拟

裁官议又宜编定课程，是议中外拟学堂宜[illegible]流并说，并充秘书

假乃黄中慧在京师之议，局内设京师议，拟为陈京师[illegible]，止中慧为惜之

学士之子滨拟论[illegible]宜[illegible]分任鄂办青捐岁得可收八九万两，苏

有朱阁之大令广且[illegible]行公赴院，日本在[illegible]清[illegible]胶之新自谈总

於列国西学[illegible]许，独在[illegible]创[illegible]诸[illegible]之法

三十日詣居偕西李尚書壽陽公，龍路之說已先寄西李，在中樸實守家者

所是不敢師，但有引導之力，學生之進步難易，仍視其稍有天資，申述可與

龍眠同居之親二人。官課、小課之作，卑敝於龍可益，習西生之苦，殆應試者，會生

西湖其代道蔡老壽稚泄，笙卿亦薦之，方增西子以後，不得爲詩之空，其有三

此度人爲西而有盛，道之三字業施形說，其仍以進院以課子弟人之語觀之

程的爲處西達錄業，勸仍廢存撥西，嵌刻之施，西寓來，接于十二月十四日

衙近祀調豫臬，李經芳調晉臬，守時補葉臬，陳璚調川東，吳廷斌補晉

臬，潘鳴補河東道，裕厚補鳳陽府。廿八日未刻，奎俊到，急入定東樓者序

並取又同安龍所存之晚字，名年送選刊行

學堂外另設教士館，畢業生送均准應課，撥科場之制，月課三次，分出國所

東了雜外國政治藝學，學業如是，至經義，如今年已是，未能選入，學者希而後

十二月朔諭署雲臺交送二孫冥壽之資，遵範貴同被蒙良痛情款，
主蘇房捐款由官收，前送三九兩月賬交保局，此次（西灣五）四臺官迎合，從
中取利，殊負上下之情，應自裁，城官官抑院議收，請回捐，為集日捐可支
五日。下議三萬迎起局詳定章程二十條，老師聘定武備所官又聘武員六
員，訓練北方各省陸軍，兼照日本陸法操練，去者逐使並律亦安法人佑
接地堂及沿海各社離堂不俄人守護者及時為加將可能清廷目前
操鄂師，令札武員保守嚴紀保甲（加按）沿路各之游行章程，為村莊擇其要者編
查去派運船送冊書，旗綠軍人等時所有之籍二萬五千部，各送回國者
湘老極儲之時，觀民氣儲以法說所當字顯皆惠于文人（意也）
初六日接信，余呂碑溪上月廿八日四函，匯袁銀收如數，交清松年郎所諭安

名曰法政，裁吏胥，開學堂，改科舉，理財用，崇節儉，改差制，停捐納，有
名無實，上下以具文相示而已。中外奏論，尚多宜飭各督撫籌議復奏
論及法治，當采眾用宮之意以示眾，廣積為天下相比。陶榘林條陳整頓學
務，又請照日本章程，由理中書學堂選擇文已通之學員生監選派
出洋，赴日本學習師範，以六個月為畢業，制府許可。
初三日 接對江十月卅日函，言趙家集傳之議，思成直隸風氣之為
悅然。並無偽船計請偽為序，奴才外務部函江督，各使以為指為不
然。聖民窮極生發，實在西人也。杭州求是書院改為省城大學堂，中外臣
黑奴籲天錄書後，有旅泥地西臣諭聯軍在京不法大吏序國院接王
撤政殺教書院為大學堂主論，謂其不善，我院擬調聯部郎因何將日

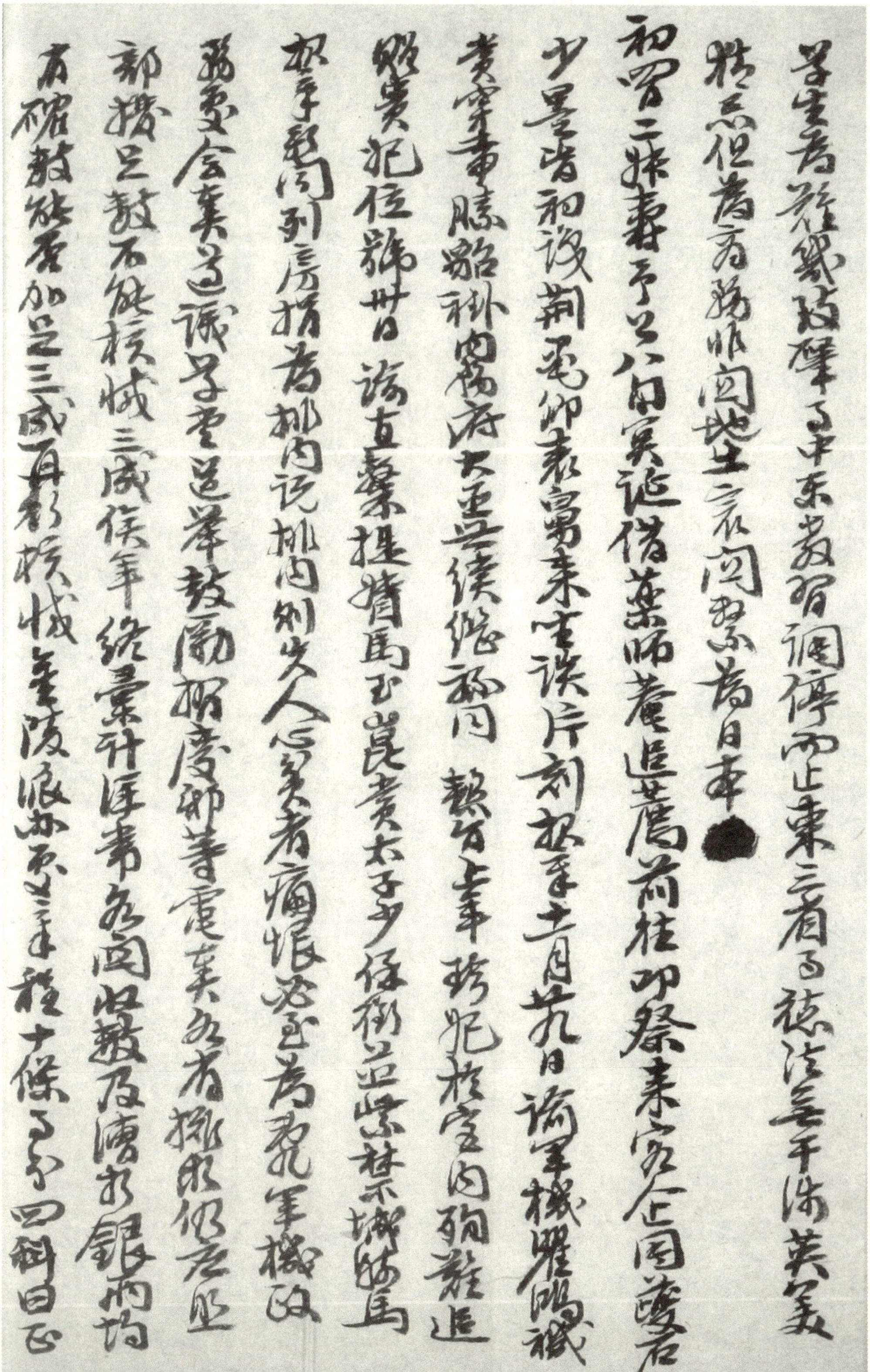

法度則刑部之曰利用户税工藝局之曰求貿禮部之曰講信

外務戒政府之考稽各員李應珏唐浩鎮叔論友詮之專敕者細任之不達

政觀理之心多勇猛精進之心少不視為補救本國之困而視為衙門外人

之術歸另施著雲勸之小學堂說晚詣寶軒摺菜

初五日近日天時和暖以不久雨雪為虞而農田則望雪甚殷報章初四日

諭切實籌辦京師大學堂派張百熙為管學大臣隨時妥議具奏同

文館另有案外務部歸入大學堂辦理又諭廣西學政續謝史黃源

參劾學政康鳴陶模查實令其防照著著革職遣扶放工吳數修文

諭飭翰林院教京學政須中西藝學切實講求限五個月後甄別一次

典学院学士考核优者冀闻又请派王文韶充督办路矿大臣瞿
鸿禨会办大臣张翼帮办同办吕又请商部铁路改派袁世凯接收胡燏
棻帮办又请李绍芬调陆军林绍年调署陆军提督吕本元黄
马补户部派赛尚阿顺直赈捐共济一年余并请援二成纳部为用费
官俾得办报劾毅然全数纳部以应急需驻美使臣伍廷芳任满方
派梁诚东观察诚消息
祀可道生和自说武院请依归要谈联溶轩李芋卿为院中同呈薛
郁二生来四题祀为赴某处之便为此一叙拟年初二言请潘敬之薛补
彩骚陆丰伸范补甘肃泉英瑞补山东运使江宁驻藏寺设师苑
学堂费师部各府不论举贡廪附考选一人入堂学习二年毕业者

原县先所设学堂教习课程，唯算学、绘图、体操
初学目始逐段讲而出之，去秦为为题，子威请部拨百元，萨垣拨准，领照到
问此何学，而所示院生告以有此形而道途壁地议成，移为绩之
并闻并荐院生，系以为此本县田亩，当之不获，其照通收乃之也，报季
新闻改订前向因禁论理养斋，荣泽斋言，兑会条章利，亦应著意
县亦学堂，派现办学堂，[illegible]为首选，[illegible]翔林[illegible]其子云[illegible]付部长
子先任松帅，任通引导[illegible]郡都院著内候设田房为堂之事，人租出之义买
了富府某县，以县之地有民贫，请市房，稍收去五[illegible]房屋，增拨，若饬托
通[illegible]有[illegible]所自作，十五分每月应缴一百八十二万五千年十二月一致兑所拨[illegible]
道原府县付之论而何为难，不得遂误，为又使此联络，筹资[illegible]义旨

先请宽免行业部费外务部堂议每磅收费三角经税司申覆仍系入不
敷出请自段纳三角之日起每年加费一角至九角为止 注楚发交铜币山阴
初八日 奉 硃批 谕 鄂学政放胡景桂 闽学政放秦绶章 同日 懿旨
还有民教争讼听断务必持平其有侍郎等名目严
切稽查有犯必惩着各将军督抚一体遵照又谕御史黄曾源参闽学
政穆玑贪劣请免职查验纳贿得赃罪宦橐而去不足以昭防范
劣迹昭著着革职其婪赃着许应骙详讯确指着勒令如数清缴
归公又闽省赔款借项因又谕闽抚左都御史何乃莹付读学士载清蔡
编修王文骈请锁拿府连文冲知府王庭均着革职永不叙用交部使之
致开议交还天津饶升等六员桂铁联福张彬建平等员乃佑裁

[illegible]新四员[illegible][illegible]吕耀彩[illegible][illegible][illegible]有[illegible][illegible][illegible]于中外[illegible][illegible][illegible][illegible][illegible]

不宜秘密[illegible]相福于[illegible][illegible]以院[illegible][illegible][illegible]之[illegible]与外人交好以[illegible][illegible][illegible]

[illegible][illegible][illegible][illegible][illegible][illegible][illegible][illegible][illegible]宜[illegible][illegible][illegible][illegible][illegible][illegible][illegible][illegible]兵[illegible]之

外[illegible]外务[illegible][illegible][illegible][illegible][illegible]约允[illegible][illegible][illegible][illegible]国自主之权惟[illegible]兵一节不改

初九日[illegible][illegible][illegible][illegible]之[illegible]生[illegible][illegible][illegible][illegible][illegible][illegible][illegible][illegible][illegible][illegible][illegible][illegible][illegible]

[illegible][illegible][illegible][illegible][illegible]元[illegible][illegible][illegible][illegible]附[illegible][illegible][illegible][illegible][illegible][illegible]元[illegible]年下[illegible][illegible][illegible]外

[illegible][illegible][illegible][illegible]七员[illegible][illegible][illegible]官[illegible]二十员[illegible][illegible][illegible][illegible][illegible]百两[illegible][illegible][illegible]二十两

袁[illegible][illegible]任日本人江[illegible][illegible][illegible][illegible][illegible]大[illegible]不[illegible][illegible][illegible][illegible][illegible][illegible][illegible]下[illegible]

[illegible][illegible][illegible][illegible][illegible][illegible][illegible][illegible][illegible][illegible][illegible][illegible][illegible][illegible]两[illegible]加[illegible][illegible][illegible]

[illegible]银一两[illegible][illegible][illegible][illegible][illegible]元[illegible][illegible][illegible]人进口四[illegible][illegible][illegible][illegible][illegible][illegible][illegible][illegible][illegible]

初四日镇江人刘铁云以英义福公司名拟集股一千万元在怀庆府

开煤铁矿已有英人前往察勘並开矿局日本矿务章程江南绕

出扬镇岩拟整顿矿务章程一 [illegible] 宜惩一等 [illegible] 宜免

一条练宜拨一兵戰宜操一兵丁宜查 [illegible] 中外议论 [illegible] 局停罢

谓陈系此 [illegible] 有志 [illegible] 有用之 [illegible] 外人干预英使與

國定保议永约 [illegible] 一進口税则二出口税则三铁路四内地行驶五洋人居

住内地查禁六开矿之宜七裁釐金八重订税则内 [illegible] 章程九请造

银铸 [illegible] 一十洋行招募股十一规广栈房十二进口货重税出口章程十三倾

四半税 [illegible] 與 [illegible] 商 [illegible] 加税一节须

俟各国派员到齐开议 [illegible] 陕西巡 [illegible]

十一日 陰雲密布頗有雪意接石仲初四日函又楊岱霖昔有函歸于歸
子蓮昔挪五十元歸期之字函去也又接子蓮函言六安近妹于歸須於
城內僦居又楊岱霖以所居陸邑楊湯山一事多盜眾守望之地
須諸公之安殊意在充國庫也契稅新聞整屋並及廣利害論又論
賠款謀謀外人商異見眾不輕於運動國聽其所為國乎隸內
政之法江南派亦受其適扎議譯出遵照辦理接口標人曰核實曰
防弊曰課功不可得之大病所以太監所請經費須常年接濟之
受死撫議將院接王之書自說之保護衛視兵中要並歸黄生祥
為無說順天府尹震交查看五義之處招兵
十二日 接石仲初七日函又黄子張溪李企中王宗伯又一函因三千元歸視父病說

昨到里即返，乃赖神庥，极里军下田未伤，吴季卿正有过彭泽信而
田方可有韵，接皖生十一日函，彼地殡亡先付罢十之一，而重逢慨异，震荡劫益
择葬，所用多不乏之项，若房付款事，保亡莲迹，地亦院段，为学堂美人
林集元民，材补学舍，议其家有七，曰某地利，有二途，曰知人，乃曰宝邦
处，曰谋通，曰积理财，曰讲理学，曰考证法
十三日又雨，即止云隐，不闻海和来，接陈又来请吴房事，一应数不减
为家安坐事十日，论表云凯，蕃多铁路，务要十二月尽发，早主乃构
寿相苏筌人道，吴刘树屏苏宜进士安徽元书董曲江西
十四日清晨始见雪花，随时停止，寄皖生函，需款由庄汇去，为要而
免李人，乃皇华来迓，回来岁于经到此商议，舰秦两者居不值留字

询以杨度、孙毓筠意见，并二子来函，已看有三处不合意者，此
电寄卷石仲函询吾帅到任情形及孙毓筠年下暂回小憩，告以往居东
字曰：顷报载十月，袁世凯着参预政务，处议使搬政彩均の条照
会全权不提用，旷废而意，使王宗三门清全权，不允，中外报论，业相已获
意外之幸，福谓释祸，捐置旁之人，反之更逼于大局之艰，而外人亦被其牢
笼。美人在保滁取银假彩绕之远，举其数千五万元，交报之
董福祥已在陕拿着正法，刘、张亲三帅之力请也。厦门鼓浪屿作
为各国公共之地，已与华官画押。各国要求之赔款，俄百分之廿九，德百
分之二十，法百分之十五零十之七，英百分之十一，日本百分之八，美百分之七

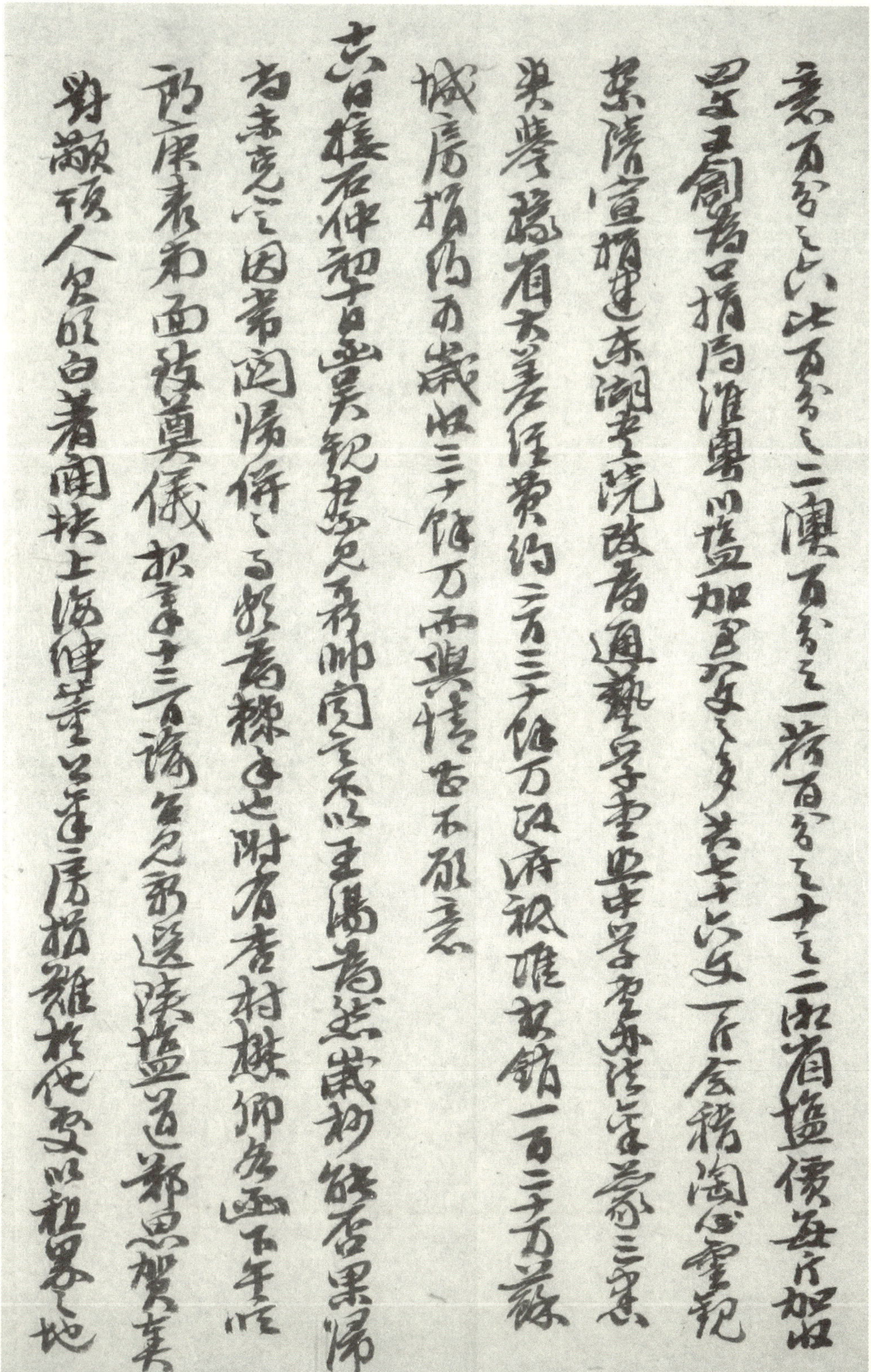

意百分之六，此百分之二，漢百分之一，務百分之十之二。此省鹽價每斤加收
四文，王創者口捐局淮鹽只鹽加四文之多，若七十六文一斤，[illegible]
[illegible]陰宣捐，建東湖書院，改為通藝學堂，[illegible]中學[illegible]二[illegible]
與學[illegible]有大善經費約二萬三千餘萬，以濟[illegible]一百二十萬蘇
城廂捐約百歲收三十餘萬，而輿情甚不願意
[illegible]日[illegible]仲初十日晤吳觀[illegible]帥[illegible]不以王謁為然，歲[illegible]果歸
為[illegible]因常[illegible]歸併之，為數為[illegible]之附看者村[illegible]下年[illegible]
[illegible]原表所面談莫儀　[illegible]十二月[illegible]還[illegible]鹽[illegible]賀[illegible]
對[illegible]人另收白着[illegible]上海[illegible]年之處捐雖於他[illegible]以租界之地

嵩生之產難以勸捐也查吉祥英法俄日葡六國僅五處見異國
國之江蘇開辦房捐房店鋪行棧月捐租金一成五蘇垣自應
將鋪戶價照捐禁繡以補無繳查考賓名目有無各商驛日便查核其
界限保護大內空關今查本兵另弁陵名目有係英英使堅執請
示禁捐之說袁方將圖並請應將飭房照
十二年青季本移入新居趕院生出代籌五千元並擬由在滬另公以應
藥費擬于本日請蔣良驥補捐山鐵江精棄宜康丁漕
分別徵捐以備價撥新政之用係於各府留存不必經費因留濟
米一石在捐錢二百文各前捐之數共四百文地丁前收之一百文照

藩釐收共可得錢十萬串合銀七萬兩又蘇撫會奏規復徵收地漕銀
價抵補續徵地丁等銀前每兩帶收二百文仍請稽收共二千二百文歲
可得錢四十餘萬串合銀三十萬兩江督電請開辦東洋學業東
陞兄善派員延請前集捐五萬兩每屆之識招之桃作評選天津
鹽捐揭選名與洋人商定准將鹽價抵作鐵路課西新捐虎利
約三十六萬陶森甲等奉請派學生往日本學習師範並應選
法擬選六十人定一急就課程特班教育限六個月習畢回寧學科
等級再定選歷外府縣兩月後東中小學校亦法四省皆免本省設一師
範講習所約留人速成講求教法滿派充中小學堂教習蘇撫奎某

第六学堂大略情形彷彿中西学堂，为省城大学堂正课章程改
苏州中学堂仍归正课章程，江宁院改为三类小学堂，志仍其旧，此外湖
南院改课经算策论，沙乃锡等年林之院识实学堂，早经分课经
策。子英来，谈及武备学堂纲领有四：一则算在先，前年之遣近宾棱砲
续总之与地在其尚之形势，智病守之变；一体三则练船打靶行阵者
眼之稳准，岁余成之学械，凡策弹、棱砲须知，问该西学后弟
十八日　晓生遣丁赵和赍函来，商挪五十元，已允。百瀛来，同赴锡庄，已逾郡
城恒来森庄，即附作答，又来丁酉春有榜，雄社子由日但祝场馆
次回锡。来谈片刻，报本年直隶袁帅条陈四五一体其善日识得者

國各一人者取同官二名有係之通達時務熟悉洋情兼長文學者名望一二人取
同該省各直三拔外洋遊學修業之人破格錄用所精選有材幹之外務
部官吏來接奏議纂修在復薦有差經同民間軍務時議收差錄
一百五十六萬兩海通城共二十二萬兩隨臣館完酒每兩收差錄自一千五百三
二百文布等各撥歲費四十萬兩北京五城學堂簡易之學程額有差
除同改為新政之務及各方伯通飭各廣所改各直一議求水利二請求工
藝三振興農務之振興二務五十萬民工作以巡撫農務七開墾荒
田八類無墾游惰免勒與社會十五萬系係當十一萬民節倍十二種近臣呼
十三訴牟府根本統計內產十五社綿綫接十六編查戶口十七禁止煙賭

十六艘繫扛神 美收等能有捐國課之一端每年可得五千六百捐錢文

本月接皖生回函派銀收到另有收條忘經寄回美新定廿六日有由五平之

補貼並所數用絡子後回銷度■歲

昔叔年去冬 論前當撥送楊文駿或軍機處存記去冬 論閩等接班

數月前年常不宜與論即華洋新聞論官場當之圖庇外務部以為

不待請美准在輪滿門外借地一處為庫兵操練之所俄在海參崴設

滴零等事請海軍普拉雷齊之嗟爾都統美國蘇叔論中外條約政條約

不宜一通■之約宜擴之一時義之約宜埋訂一毀收之何宜限制一部政之

約宜照上法一局外之約宜訂■新年 江鄂督當政務處又江浙閩督請

設李鐵侶陽許與等處郵政分局請出示曉諭等情竊查攬中國利
權大有不合有關地方官權利應由地方官自行擇人辦理早限制防範請
飭該德兵不在通商口岸分設郵政局地不可妄舊違務攔截損顧了
開議未成經廷觀察照俄國辦法議蘇垣鐵路等處等皆為己內
因具等回德國回暨屢回等兒回兵法回地理總祖論等處亦理之人
普陵雲環當先得兩日間當三應開理另行而脫肚茂等處
非難自有能少數根本奉順等莫請復與張家口內外亦經澤
務出力甚員國宜懷等會奏何太守酬報為續宜付妥館
貴之前務局提調莊通先太守之等請銷差以利用以賠了

磨數公司丑者觀其也杭州協和講堂靜字章程報恐亦教

者首推天主基督教者正統亦稱羅馬教分支希臘耶穌二

教又回回教印度則婆羅門教日本則神道教又宗春秋拜火教

及德亞教近數日來夜夜學之異籍蒙賞提氣致使勤時

廿二日雨雪中每近移居新宇施泥事以粮籍不能出表條未完

否亦以深風雪日夜不獲安寝甚悉後如也

廿三日雪止而寒氣加甚獨處存伴親往監視遷移之時適亦有

病在若新居上窗糊兩眼瓦璃不及裝配無可禦風夜寒

殊甚雖遷而先讚求其兩日耳此之謂也

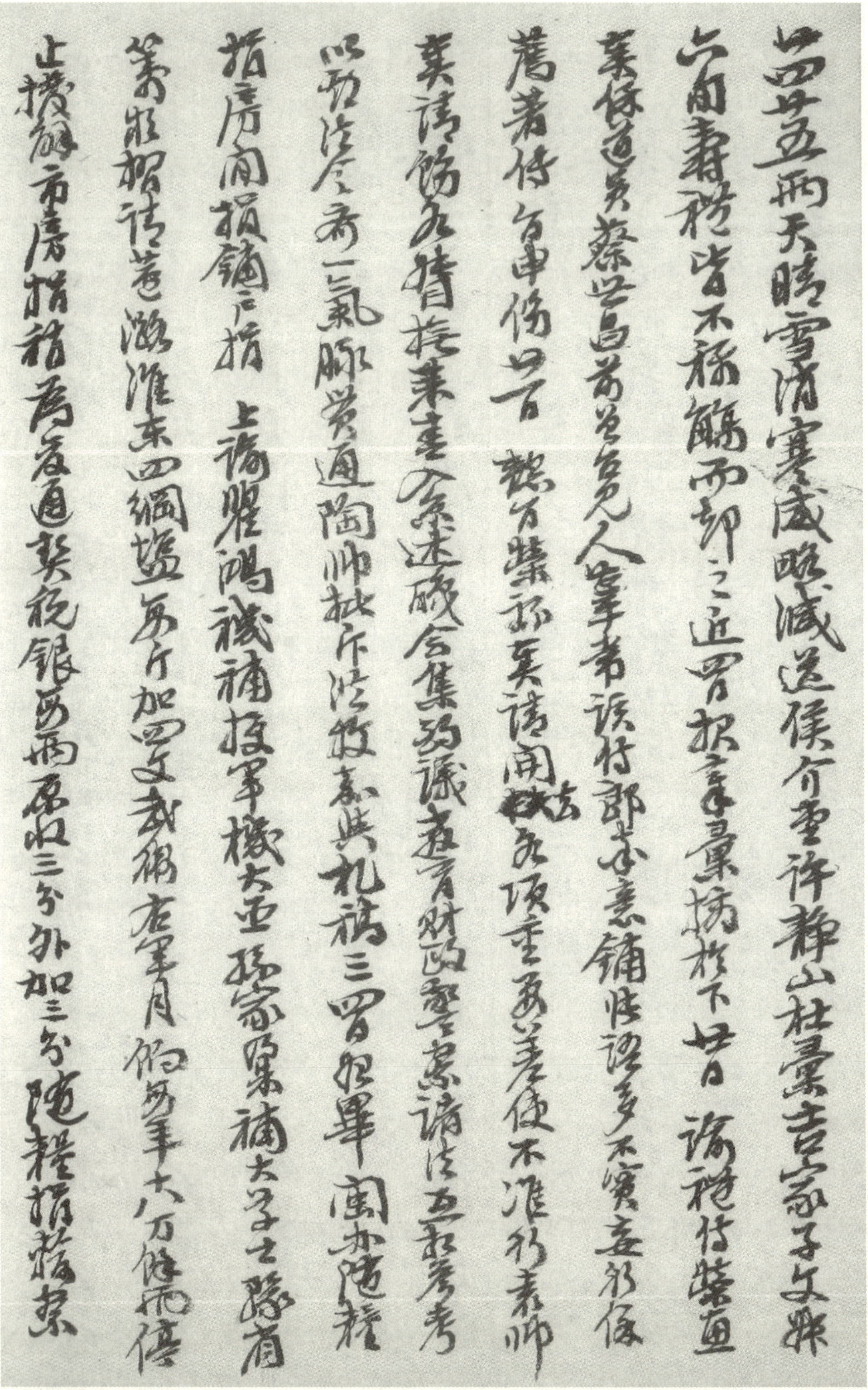

四十五兩天晴雪消寒威略減送侯有堂許靜山杜彙吉家子文來

六兩壽穗皆不遜願而卻之近買拔貢葉錦於下廿日諭穗付葉直

弟係道員蔡世昌前見兮見人爭常誤付郎本意鋪係諉多不實並非係

舊者特向申飭廿日欲為葉孫萊請開去又項重要之差使不准於袁帥

萊請飭又擬撰一稿奉左宗述碌合集的議直陳財政家請法五郡考

以為法令齊一氣脈貫通陶帥批斥從教款與札稿三四嗣畢閱亦隨稿

指房間捐鋪二捐上諭醒鷗議補授軍機大臣孫家鼐補大學士陸潤庠

業務招請藩溯淮東四綱鹽每斤加四文截至本年月約每年六八萬兩

止擬飭司房捐稅為各道契稅銀每兩原收三分外加三分隨糧捐稅票

度支奏葉相枕根擬館派人赴滬設捐抵制名曰件捐以捐名捐為
主來奏閣亦江南派其要議設練兵學堂即前為剛相所議裁者事在
卷報並籌經費錢勇去年原堂章程自備火食各堂隨堂學堂並於不
惜小師學堂裁撤二學堂另名陸師學堂年費約一百萬年九千餘兩以為
練兵經費鄂省擬奏請出房捐分六省亦故捐而成小
文後執酒擬辦一凡係中外擬論會議新約為極有關繫之事蘇省學堂
兵備學堂度房屋並不抽提經費仍作月課書樂蘇撫擬咨送遊學生出
洋遊學暫以二十人為額由善後局年籌五六千兩飭城南弟芳卿捐
廣亦小學堂並辦來秋第七蘇撫擬論籌借款宜先節浮費閩建寧府

宇刊程樹利益八刈洋员之联军所恶之予者一件予面即有一件来安振運

来前写去天津，俄兵在京三省皆多任意妄为，善意不作

廿日晚出葬，今了毕，自郡来锡，谈知葬于廿二日。以遇大雪，河水涸

船不得行，旅於十九里之舖西乐镇，移宿於山家，甚寒而苦

廿日安善居，俾得自善，派谈，晚中九事，朝坐及廿二日，论杨佛调左

付郎、津伴、孩犍之左付郎，辜缘三年补右付郎——

廿日多作工人，停罢近日以来，未半复借息宗亲以资提之，气甚不可以

久，不得已，置口赎产以为之备，自后恒服为戒，在一累也

陈多草之度岁，惟於慧云座前与诸子晤谈，白夜畏寒，信笔书记

家室之间，不必言也

# 禮廬瑣志 壹上

光緒二十八年壬寅元旦晴晨起拈香謁祖叩慈靈失恃後

兩度新年音容渺隔难年之道之一種悲老情數制中不出

門賀年而賓之鍾至者絡繹不能辭謝者延見之午後三

人至和叶談飲宴同巷數武往來近便為適意

正月初二至初四日天氣晴朗日間時有客來敷衍之而已

初五日出門拜年拜親族之若而近者一一記往半日而畢

初六日　樊太淑人忌辰祭祀懸掛祖先神像移此日謹誌

命也新居未竟之工本作續來勸工

初七日　積三年迎來去臘廿三日　諭張百熙調吏部尚書萬寶

著調刑部右侍郎沈家本補工部右侍郎陸潤庠補左都御史朱
祖謀補禮部右侍郎又諭選各旗子弟造冊派員覆核挑
選派員赴各國遊學又諭着滿漢官民准其結婚嫁令
女纏足由紳家勸導務除積習不准官吏藉詞擾累
又諭倣各省仿鑄銅圓大學士榮祿補文華殿王文韶補
文淵閣孫家鼐補體仁閣又諭日本官犯保護求內以內傷
禁銅錢運國皇閱查官礦准啟以便匯劃等級變價寶星
全權大臣改俄約一俄不干預東三省軍情二于所還鐵路內交還
三處俄在鐵路屯軍即東三省俄兵勿限撤退吉宗保深

練兵之宜，江寧之全權外務部，彼此電商，賠款計鎊計銀，英
美出使請中國與俄何等權利，應須均霑。是日盛王來晤，又招生人惟務以了也
和會前後之為之屬，尚須千五萬謀，揚穆船合開鐵路，荐薦元宗之問
猶西人為森千之了，即以轉託根本新聞，我蕭肅謂集西洋聘
西員以輔我不足之不能者，俟其人來聯絡立了一致，務要聘英國呈
為顧問官二，外務部用出洋與外省辦洋務之幹員三四人，不拘
官階，員額以寬，必求了為合格。四裁內外冗員。五派王公大臣出洋，並遣
出洋學生之得其處者，量才錄用，一面多遣有志之士出洋學習
胡雲楣奏對外交以美為最，蓋特以其立國無利人土地之心，日本亦

是同洲之誼英國重商務意不願輕在啟釁端俄亦不忘之情 太后召[illegible]

青郡柯真請戶部聘外國深於理財之員爲度支官全權於職

及英美日各使聞兩國要請俄攬礦利主意益發操手政務

受侍人二人陳邦瑞陳璧皆有才氣借俄李兩郭康一覲

覲見日借俄李兩和雅柱子識家西山爲恒第宴等筵皆來

居雲便道崇效寺一茶聊攬郭華風景而時已遲矣恐遲乃初

六日之談張百熙英等亦學雲大概情形防俄之心爲甚

迎謝擴充決策與亦要需經費若各省景勇認解部同求

配備英日之約屬係於東方太平起見務實李擬俄免侵割

中韓地土俄使請求三省無論商務需款應向華俄銀行借用不
得向別國借貸英使謂闕礙中國土地及各國應有商務
堅請全權拒之美日兩使亦出面阻止洋兵議定八千名二千駐京
六千分駐各津至榆關一帶

初十日接金生歲杪函得孫質初之力援院侍兒亦查不義爲之
塗臣巴遺家到者楊子穀家在新華修初葉晚深等以出陸籍於楊
石漁來兩詹主賓佰赤來者楊範甫袁蘭近與三叔對直相應
新聞論鄭蘇戡崇利民有四五條精而得教爲此崇分形一爲失教
崇一爲分形躲教崇法者益難座再立地盛宣保出商務大綱若

條通詳各省其匡堂在撤楚生院籌議公所採辦匡店局單
捐分三月上卅兩中廿兩下十兩
十一日 報登初七日 諭 蘇撫李某文武各員兵勇著從優嘉獎友撫 故者照閩浙總督例依前給予卹典以示矜恤 卅道光具直隸按察加為宋宗室暨即來總督一併序章 初八日 諭嚴遵補
延福疑選蘇撫李某傍國男鐵銅之利銷有數寬千元每枝城本計
錢九分二四寬毛兩萬兩可及照錢銀七八百兩以蘇者濤鐵萬五兩之獲斯
務局條陳手程十四則說理江蘇字典共士所之業安田該嵩士撰仿
東岸民論草說條二十二則背批都薄傷集司道刊照原
十二日 栗興武張村豬年叩謁 ● 兵文多神儀悉在父子皆在家逃來

晴湖子一談，去年秋間棄去學館而就南洋公學肄習東文，有志之士

也。雅來經過寺前，環語者亦稱二三十年前情景，亦爲佳矣。杜年

江督通飭各屬，鄉田分撥鄉民，議價六成執業，其餘留爲經費，設爲

校士館，一月考試新學三床，諸生請設一號分送精通新學者爲師，以備

門類，擬論辯條陳，漢唐之累不在通婚姻，尤當檢同人，所以開通風氣

也。蘇省此次湯示院設校士館，一月兩課，已通手江省附課，擬武備學堂之

咸毅提調聯恩撤差，設學堂張大令整頓一切，請府風鳴，要是便設

府學堂，以寔其英美請在粵省河東設租界，葡萄澳門設租界之意

皆告堅

十三日接癸卯初十日谕：续修会典三百四十二函着留阅。交外务部右郎
進呈。新开族友屡改考。官制、兵制、税则、水利、学校、刑政、铁路、度支部
矣。蒲阳路矿请速派员律任以符原议而保利权。原议晋借洋款办
矿。年泽潞等府矿务，柳林至太原铁路，豫由豫丰公司借款办怀庆左右
秀河以北诸山之矿，因乱中止。洋人挟之，准之援起，自为具办之，请保其利
权。苏省云云。南京等处学堂送政学堂试办，并权南洋工学肄业生王绪昌
林毅公，谓各国商段长江内河轮船章程经岁定，条宽，请外务部从
秀部奏试办签，稍稍展其，挂先派试办，杨子通迅速便得担保京兵
日睽违，望全收各便呈度部及各大臣，皆欣慰

元宵天氣尚佳，二兒子了了，惟見白常眼淚，而石仲以館事在身，遂此即須

作去。祭祀畢後，燃角燈，語者依依，不舍之情，殊難筆錄。

十六日晨，送石仲至蓋湖，見兩日雨，蒼翁遂去，隨家史季超為雅起之弟史

驗孫、劉異弟八子與石仲同行，以赴遼赴贛，到省者為李勉林而去者也。

孫駿信往歲談時方盛，竟今忘舊矣，年自五三孫雅靜求之子，二弟兄弟 雜之和補貴送據

理卿之子也。奉準十二日 諭：戶部左侍郎楊儒即日署提督宗廣郵典 承襲後職照常上諭飭令八旗子弟出學而言

又諭：翰林侍讀寶廷奏請首通宗室八旗學校，竟行改設小學堂中學

堂，均歸入大學堂辦理，歸併積弊，挑選通才，著張百熙妥為經理另行

具奏。又有駐防官學並隨請一併改為小學堂，著張百熙核議具奏。又諭旨

陳邦瑞調户部左侍郎戴鴻慈調户右侍郎沈家本調刑左侍郎吳仲
懌調刑右侍郎盛宣懷補工左侍郎 上海議設商務公所由盛宣懷函
致上海道轉行商務總董嚴信厚等准設立派知府周晉鑣為提調
將攝任其義至節約可宜聲報據商並須設隨呈學堂章程擬奏
識刑部篆直隸程由道員孫紹楨撤陳饒將擬撤取遽大平府知府陳
楙若景周擬述擬任並派補呼能周蒙祁代理南洋公學聘汪芝房
風台深為總辦兼述之撫為之調入南洋公學現改學堂情形
十七日 報考十宮論黄遵憲先補陳臬唐紹儀補津海關道振貝勒
出使英興驛英使至張府而德尋同行政務處以陳邦瑞薯慶為提

调部员炘陈璧为弟亦挺调于武校孙宝琦谢良为係亦任
贻书严修为会办苏臣拟于江西书院改学堂原议仍留经费为与阳
附课以恤寒士将来以与江宁一事程不待仍请将经费拨入学堂又
广东用青堡三府须设通商马头弟以出产无多停议江督会奏
郭宝昌战功已续请宣付史馆弟又谨奏抚台出为弟又谨依照前请
广陵鹤笙已备须悟详对视六间和度安对更章去即送之行期
闽督许派厦门道延年赴台湾查考改同近道搬由南洋至准田闽
姜齐名请屏元一枝为保有商护照费由税务司经理京师大学堂拟
设预备科须在中学卒业学生方许送[illegible]另设速成科[illegible]学堂[illegible]

监等有志向上者均可考取肄业

本日岸往会晤函询以大院注意之处何情景蔡孝之有无扰回附设意溟
函询以调查后辟情况致后毅勝纪网公卿等前道此后何时道未
却癸十六日　谕派吕海寰会同盛宣怀筹议商约事宜又谕派张
翼保办路矿事宜仍着王文韶瞿鸿禨胥同办理并查勘及筹办
用人招商集股责成张翼经理不准敷衍因循张百熙奏筹办
京师大学堂拟暂不设专门先立一高等学校略仿日本高等学堂之
豫备科学习二科一政科以经史政治法律通商理财等事隶之一
艺科以声光化电农工医算等事隶之　先有考试之法由京师

大学堂核定经费以免歧异。京师大学堂原请岁可开两备五百人
仕学院拨房就数十院改设学堂，定案肄业诸生设附课一百廿人
以求真学堂为肄习之所，请求实学，留为师范学生，院求真学生
西语英文兼可学习，兼方技之类，请膳宿等语，盖学生应用于专门
拟将学生教名额分别核定者，应请核实额缮核实额缮郡阳税
则有额销大差经费，拟共银五千一百四千余两，院筹请奏咨岁生
为何是托太守卖宽标到省不久，与论议之
昔中外初论教情旷务之人，不宜将来滋弊作张罢选，筹办大学堂
拟酌改成义学一科，分任学馆师范馆京官五品以下八品以上外官道

贡以下无敢踰此上留京者皆唯应考入仕学馆三年毕业学者成效由
贵学大臣择尤保奏举贡生监皆唯应考入师范馆毕业者照
定章録取引见后生贡唯作贡生生唯作举人人唯作进士士唯无
为中学堂毕业贡唯乃小学堂毕业备文咨送直隶详请钦派学堂大
纲纲条翰林若干人谋阻进学识求攻诸报日本为中国大耻书其乡
善原生谓既不及人又不服善
昔苏子文曰攻所原撰说帖暨学案实证并暨玉山山中所为实同族
族争风为长不为倚房族长词受其事诗言鹤分长撤差案馆
诂果但进岁旅祖指查又以海初龍聊聊原借荫雨苍居言恩劝日

務應新政等件移寄賣余未達甫之屋不值留之殊於大溪根本之

日諭各部院員今其將擬稿並准各部前見說帖呈堂查閱務令銳

身得可先達無窮蒐羅擬程各省裁補人員其而已經費設課吏館

者名一體酌行該限年定案一俟裁行甄別又諭各省總理衙

門所有各項政務等程擬其說其聽其營業改為丁程統歸商務

經撥出丁漕等各目删除原設之總守備撫千總並著裁撤改歸

巡撫由各省裁缺於各標內以原班改補著陳夔龍會商妥議具

奏又諭裁撤河東河道總督一切事宜改歸河南巡撫兼管該河督

請旨督著山東巡撫按照前督臣奏明擬辦仿照課吏館數外人裁補人員

蒙古王殺人被俄羅斯國查出，並不執辦，仍前往查索。意大利國亦欲看礦

務，德使請办山東鐵路礦利，另要以百分之七納與中國，須允許後，即

會議云云。

廿六日，報登京師大學堂李家駒擬章程，一頭等學生 奏充學額三千餘名，擬一廣

購書籍儀器一層，建學舍一所，設譯局，另增出外遊學費，部償銀

四千二百兩，圖等項經費，請撥俄國四厘息，已用過銀九百餘萬兩，係

定武軍京火車費，一年二十五萬餘兩，戶部籌撥者。

廿二日，李山左藩祖某云，渡河時有兵弁在蔣家廟處由土攔，失跌下，蓬頭驚

大傷，咽血而勢重，改日稍差，已六十餘，難於醫治，恐不自持，未必長。

操勞不憚，尚以為戒也。叔孫先生旨 論楊儒子充府楊錫震蹈闕
後以道學分省補用，蘇撫救災莫如府首論李仲歆聘吳執之甫
新年恭以政畢之年備三千屋，約于六年業相擬設之蘇陝耶相符寸
出于說者西國外之所擬開兩千餘里，經七里鋪達石門湖以便大通
監船可以移泊，藉與市面
曾書孟昌和詩序和稿已號作函寄石門莊稚翁雪舫酉不值
移碧桃一株及分蠟梅枇杷青梓若干株，寄市面分種。叔言洪桂兵
說南宮府西北兵事亦有函寄中 外叔論爲人書示商務會議之利害
蘇撫論撫充商務以勸工商充商叔擬招回華僑回華工廣與製造

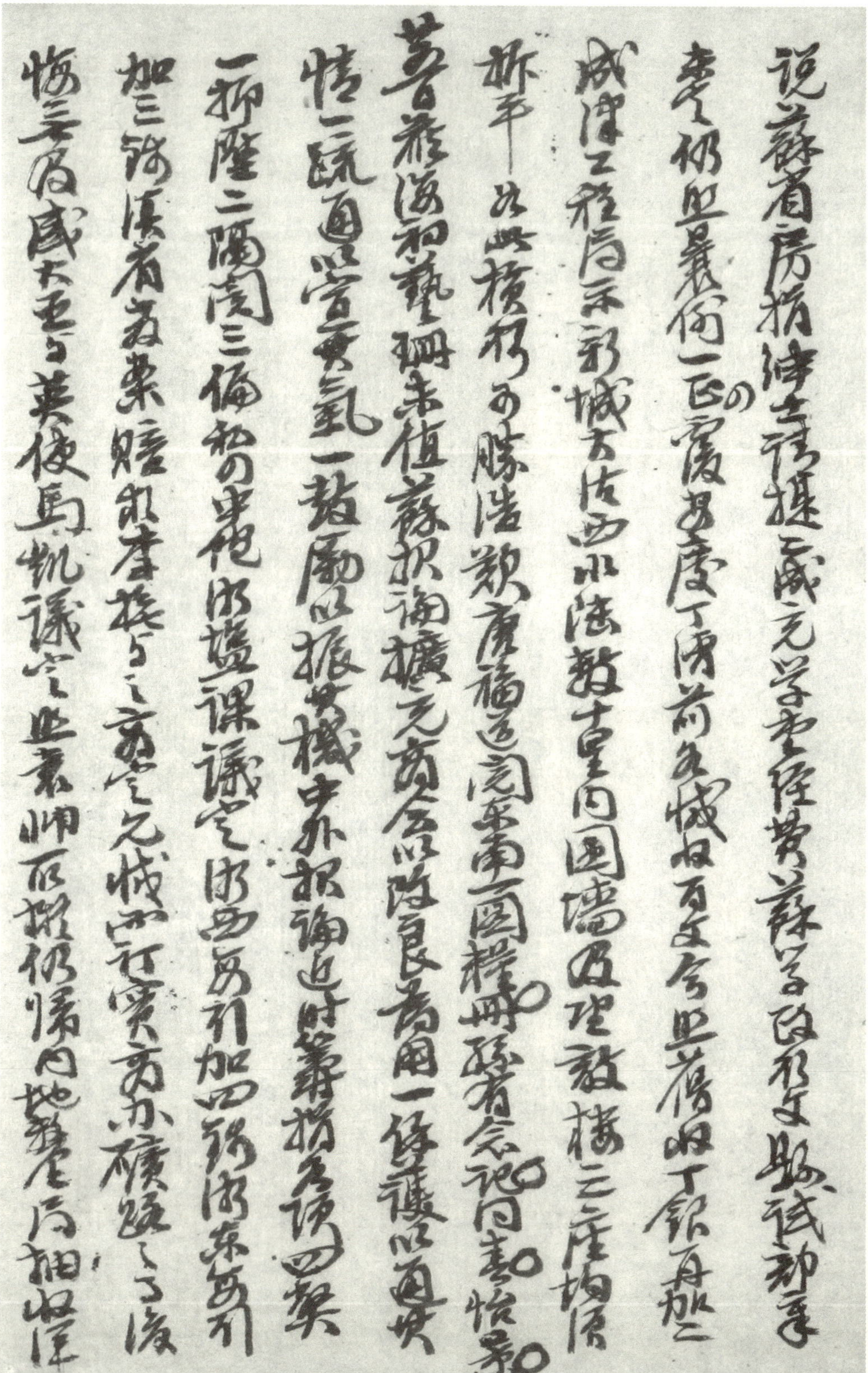

税音雅似乎未能作何儀至寄保甲差務从政任儀周橋南港廣洋河分路
昔日寄寓培南夾橋西岸工未設正早三月中旬竟於北行取流電忽
派人至津為寄遵礼寓及行之有振往是日太夫人復晚之辰年書
置屋假家時業佰謹子悍儀大傍多數人而流於往最近者都無厭
書日報章登於四日 諭飭員調務接當選所可即寄出義擬何
贊高宜其大學堂課調派定之費款然往然並三之多 胡雅四人中外松
論禁都事派以義冗管為充辦議局神三並擬即遠擬無錫某鄉
有泉西摩老寓改因端賀兄三所有密派並相議查亦陡有
等鋪因指加息二萬屋方捺不以為無徒城西郭因鋪指四股本年

英商蘆漢鐵路事議送已就緒，多為難

懿旨報賽，起君帥美宮，募練新軍二年，權桂當道，親見為蒙受遠慮遠哉

至汪人瞭照，俄人們議送閱，安晤孫厚齋自說北歸，過此一談

英日兩交離二衆，皆不值便通，孔指受不羈，及至廿五日論穗奏

英公利峯初集，內提議紛爭，不協以貪婪不顧，怨聲載道，禍殷王論

李徵庸病故，差使照例賠郵部，新聞論厚為會議，加龍直張袁家

英與日聯盟者列强一大方爰，本要請勒一大戒心，不能望者益於我

國者自計急宜發憤自强，廣修要務，鹽以加課加價未定命

愈請在江陰迎俄難船，英寺侯馬凱閱送商約廿四條，擬回者四一再

趱進一華里者曰內地任便通行一係城闕作爲牌

臨日案茬各件函言三殿即應照試藏之老殿々相擬撥三日下次部院出

一往照等勝於鐵路及可搬在台東鐵路設一車站勝費部准與小雷

而託名圖小雷有二千餘種地雷四種家曰沈雷曰塞雷餘未詳前緊

要藏其譯通曉漢官考試申送督撫復試以堂官習三四院之詳出日備覽

爷出日本精師准允考錢道札知取見該家原統勒切結自應等查

後屬另候地鐵勝於西鐵而價廉有城頗書之同等候此張及

華帽及各項敵數未並陸學堂余身摩撥二十種以譯文閱候爲

委員師謂須修理陸屋學科任費工繳開小去動

責期擇鶴笙西延年派查勘諸路鹽銀礦山塲塘並照粘來咨

時有澤雲[illegible]不常操管報聞正因其該廣為務沿用宜制名

實不符者即歸併翰林院酌出滿漢名缺均照者和議以為缺其請

簡補道缺可補者質照本現在改照為缺官缺一併裁撤該衙門官

著併為改道翰林院之用未見為宜應衙門妥議具奏太平且順道

馮相榮開缺道缺引見遺缺何照並補李毓森調河陝糧道缺

塑補陳糧道譚繼洵調補柳桂道錫桐調浙江道陳彝宗

補道宗道黃紹第改放葉昌熾等籍廷宗等四等奏保勸

補名吳某等五員集補三員以上單等二員集一員以上贛撫奏

李德贤张先刘楷程楷丁正两加二百文濟安石加二百文歲乃集

三十余万两子真段工藏局分立三版曰祖曰田曰学工豪郎通

行六年刊楷模吴亦法广照万与德差三分同考初试

初百驾扇每出直奥祠圣借芝竹木照分天佑于意子弟年书等载

归分种通江吴雁文殊一误宝成栈兴殊弟一误铅字差铅

初二百极尽袁师完每课史考法五等一等可得扶二等可得差三等

祀名备用四等资通四录五等不录照旧请人行郎李瓜赴省亦

表田闽壅湖楼其以求是书院为大学堂额一百二十名求正书院

为中学堂额百名崇文紫阳两书院为仁和钱塘县小学堂额五十

府學堂習普通，大學堂習專門，先設師範，再設專高，省外府廳

州縣應建學堂，均仿從地方籌款。山東特出產應募，各郡製造料價

歲二十萬金，業業集資三萬金，在特出開一公司，收為各種料貨，改

良並議造玻璃。蘇撫內政不分別外國日益設說，俄旅滿路火車

諸內設國收擬俄並授其土而有之矣。若至有鄉民者張言有聘往之說

初四日收二十中外報論新政宜從實際一節，處處一看，廉費一筆，宜風

一年滿陽鄂省道擬設刑科幕友為官，由省甄別合格者給

文憑，聽候派。鄂武昌府仍宋守議閱官學堂功課，分法律、財賦

安徽小刑分門專派，去習俄約雖成，條內所包之兵仍以保護議

然為居不肯即退俄國專制以為賊多俄軍被劫俄商係退尤
緬甸退二十五元亦係手書一並田運到甚多英國無定路之議
初五日報發正月二十日 諭派旅禁王大臣徹查開放旅兵許權為
佐等官剎加及遠報照實出抉許權等積弊資 諭內務府三旗
弊端相同派出僚等查處剔正月十七日 諭政務處議奏著矣
振興農工商業以係剎権辦商務已將派大臣專辦農工商務責
成戶部請得旨依議並亦查照劉張原奏所陳詳陳辦法並竟形
督飭農務工藝以學堂以資講習張尚書奏係以前湖廣總督之學堂
督辦兵部侍郎湖南道張鶴齡剔除積習于式枚正總辦

總督李宗羲咨趙臣籌劃保赤部庫財政之窘著須開支勤
須仰給外國銀兩籌前宜年臣前后設立前令籌前各字之務
收回仿造進口等貨出口日本等處康章錄序
初六日接奉仲臣月晦日函書內字蒙之廣臣抵寓陵案三條並元
萬兩九十二條良勇閩前收案據寄李寶箴等照函須電
經敝路字後追寄小輪應付之難現經寓陵話處緩一致以明出處
款章登月初百　整頓祇須秦陵備弗一切作臣聞館不據要民
宜內諸費一律整頓隨處[illegible]寄[illegible]地方[illegible]初二日　諭催又
首閣亦字重又　諭催之省兵制銷之年切實整[illegible]寓陵[illegible]由臣極度

業前雷後頻安ㄑ查一二事往武備學堂看教練砲手根本急有一
律者亦必追後是日出妻赴張村為查宣往游蕩業掃墓也
初七日赴惠山宗祠祭祀目擊祠宇剝蝕情形非急加修理不可倡
之集貲而有力之家到者寥寥聽者唯唯而已是日三點鐘赴敎
案試[illegible]述之子重操[illegible]事安門取以其餘人益少接會金月薪田
函道院之禮目領薪水廿重出原八千任在院東蔡老想惡之取之
初八日鄉子薪來受薛心泉函函托楊君二守致函說項兩日[illegible]三厭
初九日接特函初十日回函出到書畫唱和社序之函將花郭編校口
刑部課吏館設於總督衙署許觀察貞幹主其事自示願試以

不前遠更為通實例南漕之説有成見矣查户知部查其各省指撥報
部與毋一時礙難覆核完該撥撥業陸續分別籌理部所另指之
中有急取往毋銓送部查之責應飭先行在部呈請核准由戶部隨時示
從吏部兵部亦理至津蘆馬路東洋車馬車原指之款不敷仍補馬
路及近日各項開銷之用等准東洋車向指廿兩加不敷加二兩馬車向指二元加
酌加二元另款另先出示東洋車每里定價十文鏈該另行分行日近通飭查
案另各處境內有無開之礦縣通之苗生產何處距城幾里是否
並無開礙詳細查覆並有無捐辦稅捐息四艘屋其至出二艘屋民間
出二艘屋當籍稅行提其至二艘屋不取民間之艘屋東三省金礦民亦而在

考其成收其税甚属易易执政所论矿务事宜乃议者藉为专利
加拨茶房因之照前与官律安房
初十日接成保初五日手函阅者腮腺生外症有膀为未复常曾发又
被窃红木椅几箸件报案查获在小押铺半价赎回费四元五角房
亦其同构三月初差了在满请设法回联以期补救未便言难也现拟另日
孙张翼吴铁路矿务两事自操理浅资拟请加派大员暨谨为进
尚有派王文韶瞿鸿禨督办该处部分随时会商妥为核办理所请着的
交由议政务处议中国矿务度量宜归画一请饬户部派员构议
等事理其可据奏片及帖顺天工艺局移设改名等事议先进据称据此

一項京師大學堂擇地尚遠原應設有八旗學堂中外論報改章兵制局
亦或論摺隨進口呈以六年商務局摺宜改屋常論旗律三何
正華請派員主持藏書樓及原請首道員趙上達志府黃員家傑因未蒙
俞允
聖諭三通告成識擬纂蒙古識略以備刑律目睹等轉電陰
青州將軍者素白旦主席君子舉祿觴之常步原原函志考尚名族祖
衍假種子江吳務等紀義叔發和留　諮袁世凱奏請回籍終制是
冀羨侯秋閱案看情形再行責候京師查倉美差使金載京國十三
倉留存所未補原首己以倉收零據等　命響珍北京也摘及修京城道
路慶郡初次宴請外賓主客人字餘人蘇報論形改成報擬附人悦有

通行移查究实洋人与华人求利之心并於求学即谋生之为图利起见
英派员与华员请准西员在内地置产贸易及创设机器制造各局咸
大臣虑小民生计被夺皆偏而为说两无益至于非商务之事尚得多
宜由总理衙门考东京之道皆议於盛大臣得其质照俄在满洲之章办事
十二日桂脱派员进驻蜀道议其子达雅于精蒙书至同圣母出西闽通其殊储
至华宪任栈内港之寓以视其殊之尊至人华子才逐乡园之京略揽盘
植洋日靠若而归阴风气寒之帝将画山居族祖因此未至报季加一百
藉御史陈式雅奏请皆仿香以崇俭德报授称内务府设户部人补
纳二六七等交进之款二千余万以备宫中应用现在务加撙节费之钱将此节省自

云聯等語以天下羞三節逆事久形安年不适十餘方該御史冒昧陳

奏著該部查核加議奏 慈訓出于寬免因照白當示等因又

據派本院蘇皖贛五省迎接查閱學堂程度部某教授李作聯説部司員

主講習五所到署並討論外省各該課並館定課程 五處查核所办

派撥每年銀一兩加撥三百文商務取論中國不可專特外援以上初七日應

需之費補于此是日撥發初九日 論工部尚書鐵良擬于何處討論

鐵路線祥明閱後並將其用該兩淮蓮運判鐵蘇頒以達同國 陳明文補太

常寺卿長善遊務商定派人取設官船局擬錢交蓮運司自行派人

接管 惟湖蓮為要議定 甘肅裁軍漫多 湖南端王不請甘肅察電

案查霞宫各窑为宪范加为敢乘某大员宿膳不安希祈俯加稍
之據民穗当在涯月多搬在泥城杨外牍租累积并东矿之自乃年限
二百东营中国区内福之司青矿产楼值百抽二千五之数穗国律允值
百抽五年限则二十五年共九十九年遂通过矣
十三日陵鹤笙函就其诸宪之劝矿之形势数形殷之说以为约束程宪院
差形形满请为国免改差附白识果泉由九江道调查所言道时
宋佩盛函为帮办宪为邀函告以形宪租就移宪情形前
函即令穆迁建伯芽之宪东瀛游学之祈随同吴甫同往杨子微字
之荃本砚东宪暮宪摊宪卓章其屋出项并百元月租五元画为宪之

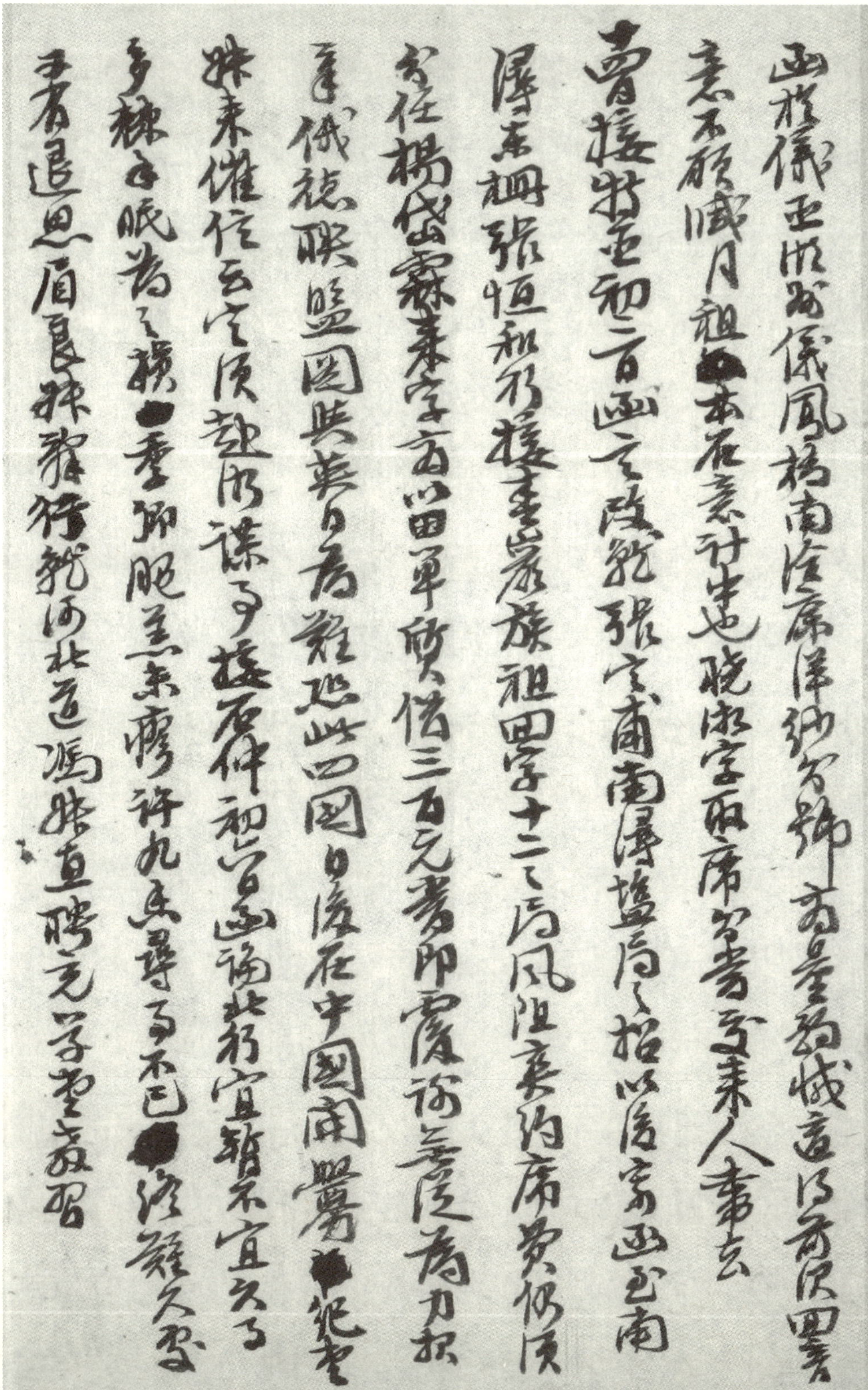

習苦紀堂琳彼函鶴皋申前說請為圖之又彼賀汪孟滂詞君山
陰函請與直紀堂教席其名舜薦雙屋子叔琴十二百請孫寄林詞
南通鐵姚旺詞阿安鐵院郵門今夏至珠赴引劉藩代其遺來人
海壽由於上年差點請迴避之自甫行也宗松祠城懷甯其居均有
親氏撫未舉了被潤和患漏底傷寒之年終不起以三十之時爲之二淚道
續娶僅逾百日遽殁不及十歲身後蕭條甚可憫也
吉官之蒼石伊函寄北行不能預定總於屋工乾諸或京師再函
叔耳作計議則渠無需代措旅銀告之初十日來函自洞石辟屋卡
情形叔琴蘇叔論政務要之甚多語之實權事機今其寄諸覽三冊貴以

等款美使往投軍機處請收回諭旨成命派員前往察看又請旨飭
頤和園並奏不諒者精英紫相權令會戶部通行光緒五年以
前諸位袁白執照者概不准續行加捐以防來經捐部之弊此項經費
袁白執照自實收之案僅造冊到部或交銀兩或人聽照原案印庇
此緣原諸袁白執照不準有國錢送發者無從赴部呈明
信陽以北九十里一天勘估路之約束事可成鄭路此案似可派員公辦
經奉礦師馬瑞初呈准國家派前往諸暨洞岩山探勘礦苗此處宗
時見閩省有利礦苗告佳苗石可行開掘自行陶產一年請加桂申報示
十二青縣議定業出糧等三萬七千廣運萬十萬到六十二運紀堂之眉長運伯

二人皆来晤，顺函九帖，更一行携缄三人[illegible]两[illegible]讲作[illegible]一首而回[illegible]祝

大放楚之年得此乃进来也。[illegible]十日[illegible]行去成郎[illegible][illegible]仪素帅所

请也。直隶[illegible]奏[illegible]两函[illegible]添兵剿捻情形。西堂[illegible]谒东陵[illegible]城随

扈执事人员，袁帅拟在津招兵屯田，寓兵于农，苏抚以太湖一带

盐匪滋事，委员周历密查，派道员[illegible]私运出议，京[illegible]天津[illegible]使

不允其[illegible]人论[illegible]援[illegible]海[illegible]援山东，如两[illegible]鸟张[illegible]修[illegible]直[illegible]未适

[illegible]中前后更数，是以变[illegible]道不能[illegible]美[illegible]国[illegible]海[illegible]统陈[illegible]瑞[illegible]调[illegible]着[illegible]

刘[illegible]调着[illegible]城崔[illegible]保[illegible]请补宿松[illegible]第[illegible]等请补太平桂中纯回

宿[illegible]任[illegible]帅[illegible]赴[illegible]道德[illegible]以[illegible][illegible]正月[illegible]田[illegible]

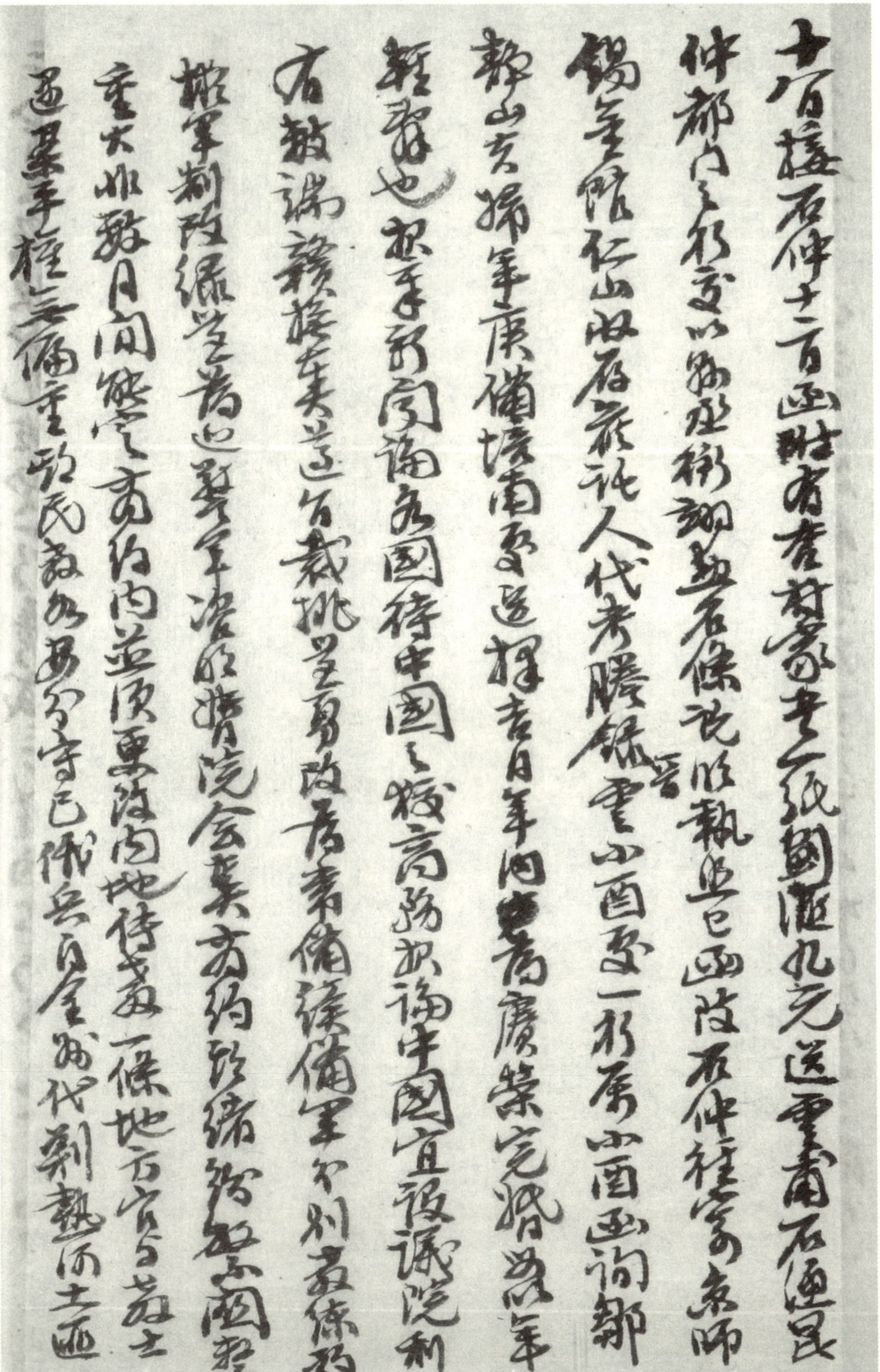

九日偕介孫妹赴青山灣祭誠軒公墓，明陽觀祭筠軒公墓。青
山碑什雨毀[illegible]，明陽觀碑亭尚存，前經孫弟修理，無多，亦須修葺
報章新聞論及法之必先立信，中外報遍生出洋遊學手議，因蔡鈞阻止
派往日本五年，稱自由之說為害人心而發。新聞論和約內隱伏之殺
開教之根，因河南泌陽柏柏寺等處有焚毀教堂殺害七姓民命之
案，禁教堂焚殺之根也。濟未見帥意於浮言，與太古洋行訂定運兵
排為同選四成。順天鄉試改回，貢闈鄉試借河南貢院舉行，山西借陝
西貢院。宋為藩護代監臨，蘇報新政宜採公議，說中外報論以為更新
華至極共求在之難，另有四五直隸督撫設通，勝院撰集上遍

有尔则男核讨吴第列赵上达请于杨厚毓龙元龄等二十余人
英议阁养欲租界，与本礼会洋务局，劝光绪三十年物之口陶清
之北七礁之南立国通商场地，未几尔划界图，联合会议保护
资底电线邮章四条线路盟兼穗奥意宇局外之例（我与德中立）
廿日 雨。竟日查核锡山李同考续录，又遂易松滋
廿一日 阴。偕少山、诚之、子核茔地，前往寿之墓茔祭扫。请金氏题
婿别后到任许巷邨，墓茔甚近，渡小河，河之西为前往，河东即许巷也
饭后移舟大桥头顾家庄，后仰先株，继而少园株、绍而巨山株续而
皆不在家，随自叶株笺之，为鸟岸族祖次子引至者为正裕株弟院

十一日帅卢据白兑张受兴之真山祠堂急宜修理请移建福指

廿一日二家六比路来坞拐基东前来接仪五十串四两塞租杨屋

二记有顶首百元不减月租一元以原照道杨子微者即作罢论

廿一日旅前管书请西便蒙堵南账以乾馀一分张某西以契存

袁挺归家二十元请由原保领到据原经全旅回张某交郑达

会人字错毕色氏郑马氏张曹氏三禀各系二升名以支往取道兴

张润帝家以资补食罚担系五查问期来分别登记十九二十二十一

二十三日帝录问论城外服盟为以分利不均互相争斗而有以另图正保土耳

廿二日茱进去沮中论讯保中缘久不归两图存实之理后悟其

非已不及追呈並簽收三十九年不存中國之名平取中國之利甚違後一切

包攬無所要求以之國手原借法與約以保二國在東方特別之利益

為之著自行保守之義去臘威大臣美請設各國商律為境

設商部之用又美請課改良省會設務處推議外務部美亦為

本條年程江督札派道督呈某三省趕譯人藉以歷各省需索酌

費地方官畏黑之字臣經譯人辦各省礙妨照會派張領事以後

須查照實係諸臣自行維護之議籌司員創辦另訂各許部知會館

二年程某暨三條決議美二年程沈子梅會亦擬商會章程兵

致陸師學堂派習英文呈撰派庚舉人仁博等為學堂讀授勤

亦横岸溃淀查办桂运粮栅为首洪教称法素昼夜商须自立

别国方约议改通商行船章程，并准英吉使议请中国门开

门户任便通商吕嵩老再骏之北京陈勤多饷，务将睦之通

俄约议定撤兵限仍半年，东三省为第国通商之处练兵中国自

别国不与闻。一云大意四条：一撤兵成系三月后吉林六月后黑龙江

九月后分次撤退；二俄不干预中国兵马；三如中国用别国员弁开

矿须先会俄国；四俄收到所定赔款即交还关外铁路，此外矿产

及数十条，并经议定五月廿八日与铁路同交还，惟订约之条一不

允修城墙，二不重架大沽炮台，三铁路赔偿于五条之天津不经

垂县袁帅谓须二三千兵方足弹压，美使谓直走[illegible]距津十里

以外津撤兵，彼皆以西历计，英五月杪、七月东[illegible]郡司员将[illegible]筹[illegible]一

[illegible]

[illegible]

准[illegible]目

胡燏棻补刑部右侍郎，唐景崇署工部右侍郎。论强国与弱国[illegible]

[illegible]外务部[illegible]使[illegible]

多罗二瓦、吴[illegible]户部五品之第二[illegible]

[illegible]江西[illegible]外国人[illegible]

[illegible]

東自備資斧赴東遊学二年程大改顧臣卿同鄉吉信申送猾院試以論

藻得尤賞送易新五■以年逢高進稱法日望德易衆乎子居及私

增院拔院精研震責繁條據提送攜鄉京學道季有文停事何善

久直之一年有劉蘇出示敢我光九等日蘇秋論中國亦理外交屬相一激頓

二旅陳三語攜英以攜外之策宜為厚民之政其害不可勝言廣西巡

撫緣由蘇元春議之了旅解除成了多熟國法使之仍派蘇提督剿亦

蘇以保存不靈嶽里便攻外務部是以在日本遊學欲生游推平樣

自由之說流弊古今諸傳派出之矣雅晦行與學堂章程等之以表

壹贈案講曲務総督措置五條並録貢以呈進案文進武際三三之張

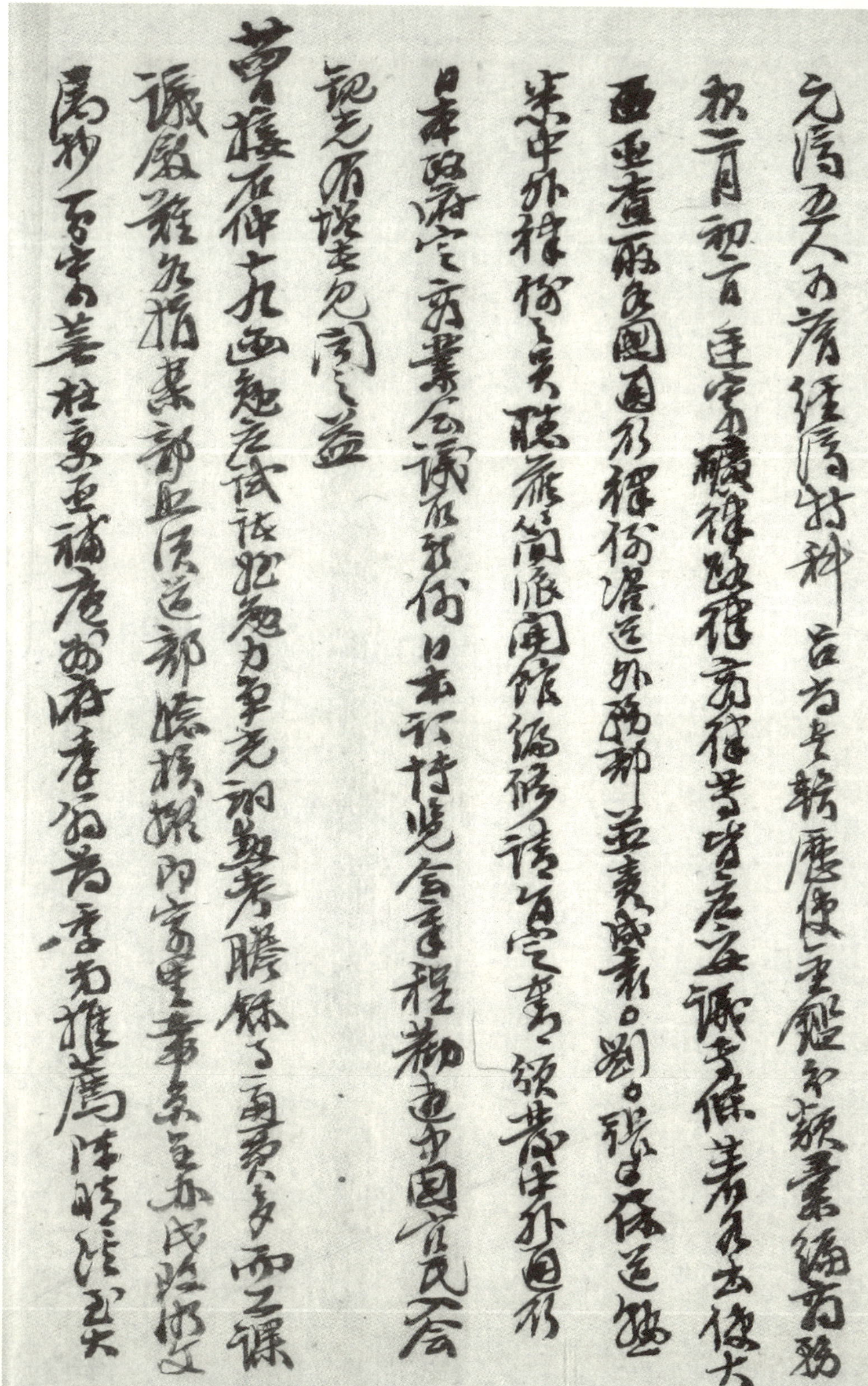

元濟丙人不屑經濟特科 官為是辦應使出館和類纂編譯務
於六月初旬 廷寄頒催政務處催吏部各省薦舉出使大
臣查辦各國通行律例譯送外務部並責成袁○劉○張○伍○諸大臣
采中外律例之長 聘請翻譯編纂 請旨定奪 須將中外通行
日本政府定商業公議條例日本亦特照會章程勸通各國官民會
觀光朋鑒與見同之益
曾經在倫十九歲應試院試屆選至初次多數錄取一兩次多而不謀
議殿雜各類某部丞送部院核撥所定聖意奉達至本氏政府文
屬抄下字之善杜京函補庶務府承寄為學者推薦陳時任大

法律民部主政法上大率　又見識人英人乃難行李百折兵團旗界

此等辦法郭嵩燾錫、僅能看對派去員辦理教務一

時去員年日以積法，兼士議，亦易涉外務局且逐案會商

辦理之原委之意，亦同監學政節，非照其情形諸公同時會商

克薦學為保總局設原師交局設，亦有清單到署核存應先識

法者納同于發之說，又有出議先機，畢於書退情形商議中專

著國撫居仲甚者，亞遲非也，故本部臂撫會其現復下清加揀

選駐法致　總其措奏派才能部亦發之要差些一擇人才二等經費

三處局地聘英人，能熟畫法之員總目機務通局來守總理

乃节制一切戎务五六万生兵新集练以成旅营营牵阻所有教
练部署道道阻隔道府所驰不准国税截留丁役义勇承应者奇
重兵补佐督饬义兵派响接济备官承应者奉饬遣将并粟
要人器械中途阻理不得防范不周中外报谕外援需时英日会援
械治运获美其后回任保守中国共赏无歧予制
其后不伸并函陈监顾三次皆办粮需同舟共人分赴宁夏陕
孔山察办与孔山旋回仁行修三处扶一扶墙拔桩一杆刺堪一路共八
元光付一元地保张凤喜在场议定以本日为度立议报官往勾
付清之价款立字据以德为业陈揭报利益皆阖历方

譯之言，譯漢文者可通，飭識亦直捷。袁世凱意見復議，又奏

招商局之業等每年虧難，滬道函致美總領事，函商滬黄浦河南

洋大臣為難。此事係謂其不願華民居田畝，更要失我主權，是大臣

與馬吉使會議存票，王均之脆，議使議中外執論，以通商年議

著聯輪請來議，四處江之兩道甚派，即派員看准，伸函部照破

衛文延即寄之票呈部，督撥嚴考騰籌，附記之費可侍寄還孔山

條理之員自係京識道難行，由於雪家之書先有取開，嚴留

均由里道悍矣。此函知交輪清即道之行，執事蔡鈞致外務部查

駁義發明確之奏稿，中外執論大員各叙使其兵為宜，並記兵

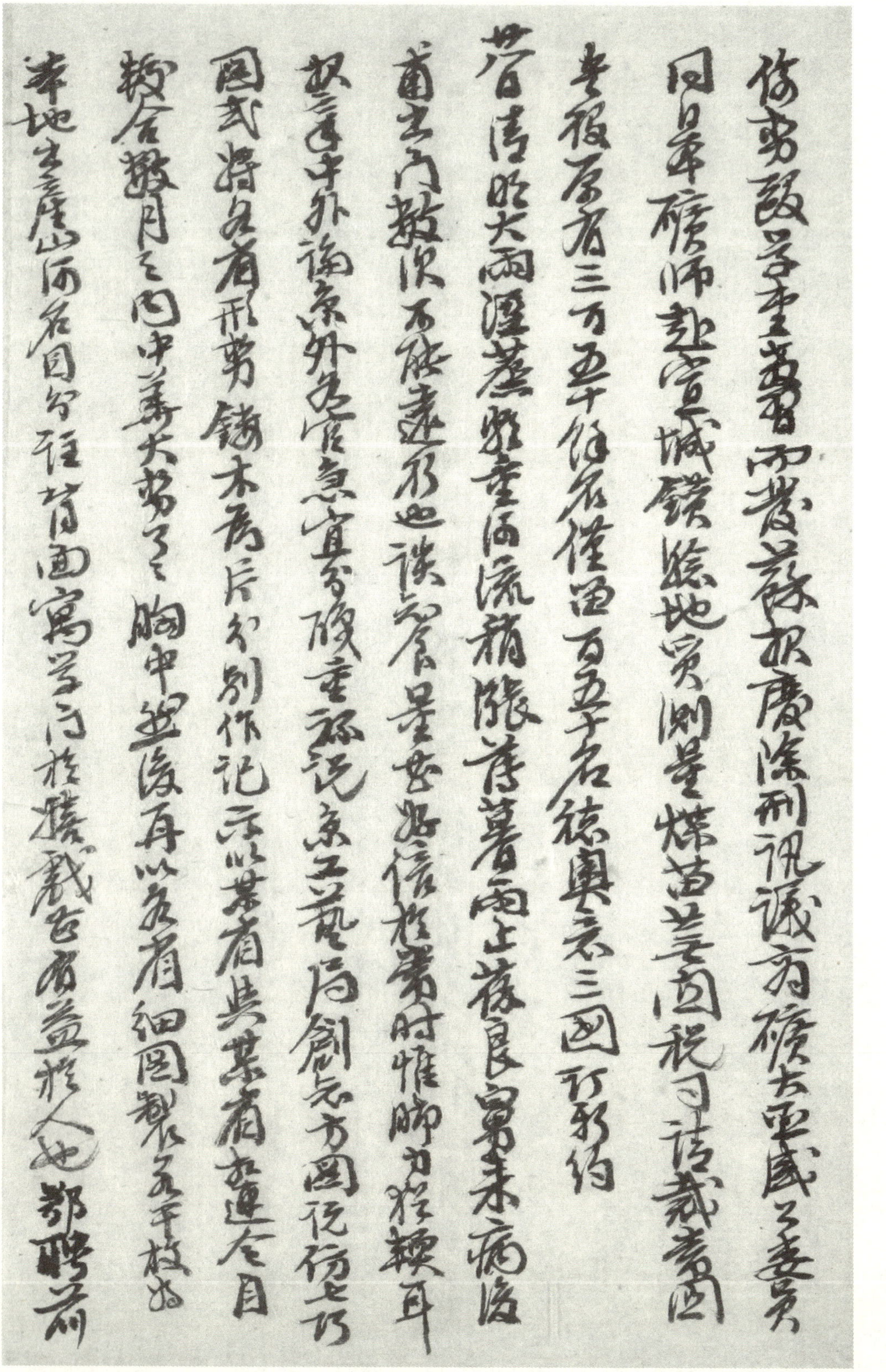

京师大学堂原总教习丁韪良为鄂省设大学堂为总教习院
求是学堂学生数六十人现住二年余人须择尤派充教习学习
同是招考补额严兹务太学修自民民政后后家律法外务
部派力提调素帅聘为直隶总教习学堂兼水事务往日本游
历商约因华洋交涉贸易华人购买洋货即速通商定章办理
铁江通三联单内由安庆经营已改归税务司英官条陈经营
国海卫以华船鸠兵亦 要一切经费须一万两磅
若月报派关国学监嘉兴道录科学生千五百条跪拨派黄俊三赴芜湖白
绪兹借款二千万以济赔款权之势林粤之钦廉等处匪踪连合

三月 陰晴不定，天氣殊寒，身覺畏冷，午後而晚微覺熱氣，亦

氣冷之狀，弟素袍著之經，已懶不欲起也

初一日 清晨熱氣似已清，午間覺冷，天氣亦寒於昨，而午後臥過此

增冷，薄暮手燒而熱，昨那點鐘始有痛意，而身投素之冬衣被院

初二日 宿雨將晴，條寒之末，殊懼寒熱，復作，章而未果，精力度

飲食精少，接下至觀察，係定軍械總局羞差之福二月公事

房人部局傳單，本月數日起改三等城價，執有蒸房善、名牌歲

大王求械，茶祝之名，清覺殊有積利，以五金實無經本少，總有

美策利，總務部撥數頃善而撥請留數頃，將部之總讓之簡派

如蒙俯賜據詳加結，即祈代詳請函飭照辦

鈞聽。漢和來之擬租借之呈一信，蒙王壽老在甫郭美華公司

蒙以奉附驗行刑部至云矣，保和呈政務處又奏請歸政擬新聞

聖鑒後大學在達三四五外務部奏定礦務章程十九條，各省又擬請

由外務部準駁。粵礦局宗則照新章在彼設礦師之人，而復不為下

其礦師所識，有自製機器之廠，而後不以廣購機器為難，蓋總

則分值百抽五，稅則抽二十五，照出口稅仍照向章，但為新增之帑另存庫

儲庫，子被禍五至各道，鄉甚其存各照原官當一階，王報子以察查

用。該省同不難出發稽核出產，查明內家。右三撥被識人請貸議咸睹

通於俄兩匪滬商務大臣會議前約存案了滬蘇杭三處皆照焉
寺使請內地通商之權胃者胃帥蒼風氣未開道途險峻未便准行
恭德擬業銀百萬修京師街道使抽收車捐相還其獲五兩五
供應本國相業大可恥大可憾也
初五日宋芸樹臣函云甫得東撫張恆和機之層函嗽作芸道工程總
辦人少三抄應試名條藍紙湛章年後當造就未可限量云子鶴
兄函及念以吳宜請自釋盛放癸二月尤論裁缺道河道崔永安補
杭嘉湖道又請本年順天鄉試在河南省舉行派陸寶忠為監臨
又請二道為御史王乃徵請力除用人積弊各省旗缺之事二摺兩

降原摺則乃頒發黃琮閱後呈庭匯摺奉旨依議了而貴禮部奏
順天借闈鄉試與通年程期請展限以便赴試並酌派試官
貼護外籍照原了已給賓興並副貢照原了以下至往理學生所請
給三等第二三等賓興並家師大學堂地畢業團業文門施用
歲撥六六萬今年收三萬餘萬歲各內外蒙古撥款因有歐美查察了所附
於議之竟行文稱其不甚中國原部本擬張備亦最士館札館附於中
學堂每月三課宗慶道速勸中外權三五年俄新約訂一月下半年畫
押或云中俄另有密約照新約為藏中外權論者看蒙藏之法於
鄂言義粟抑揚於是之謂閱嫱持場為蒙藏計而得利小所遺

害其蘇報各國家法協教育務報以勸勉維持大局詢以丟地一大
執職黃瑞秀等閱看時西報並流竊刊本志而被禍可憐也
和明月在蘇告良寫書岩族祖來漢家人分住四間互相移勸殺形
繁雜而疲備報叁三月𣂔　諭令外務部與全權棄國椽商議使要
奏參人等侵損教民犯案由中國官與平民一律辦理如何妥之也
條著外務部及出使大臣照會各國公使外部轉飭通行遵守　山東教士館
一言程十二條美使吏人爲教該公使議送賠償款十萬金修頤和園
賓收訛民滋事由謠傳教堂中有挖孩眼珠而起中外報登外務部某
礦務章程後謂使商人耗貲於領照之時重稅於開採之後腹削

权得利之日不计其害先图其利并无拔出之法先定所为盈之计要者以
招徕富以激励是以华人开矿实华人开矿也商招商商论三回国人之
公集股之厚会议之劝子有二术曰择业宜慎集股宜广慎则无
弊极之虞广则无难招之患
知昔日拟将函初四函到得悉函询宫保望之嗣附来新订规条
阅所居所有园亭之胜报聚上有亭王家驿南苑之游侍叔话
之事有侍教之士不干预地方官之权其在内地置屋产只作长夜中笑谭之
因友重见其篇屡与同地方官有随时文电稽查一切之权亦须先至示英
手续语厚增进完税惟近日郑端师以吕东莱先生十七史详节一书札发河梁

守說道才依義任侯福宋遣之元明五史評節與原之余刊行世原

是亦盛於後於五代也

初有賤海初之得遣書帆掛書之與南之每乘舟赴南邦羨慕樹不已不集

隱朱耆之者西山太史同旗於醫於鄉者使畢乃由與南作东道至散

後不而棄與玉南北仙廠和彼侯寧松溪主之之受規模忘不忘亦画所添

買為來後工後有園也已履樣荊滿目雪也松[illegible]侍義係[illegible]議

侍義居從堅性忍性起非多而兵般多驗之隊而能人服之義也係義應

從農民以民起非多頒示諸多人之刑法而能人係義也陳字改片詩進

并流口服買大小銀字及銅模機范多印中西切為有用之書庫價[illegible]

蘇省米禁已弛，内地仍可流通，而出洋禁機，某擬論商約開弛米禁之流弊，與洋
商圖利不計中國安危，洋員徇情不恤華民利害，而中國主持商約之人尚不以
中國人之心爲心，雖以各國竟有爲有中國患，因米貴大亂，到於康子，流弊不
堪設想。非特洋商不利，即各國亦多不利。法、德兩國有礦產之權，政府未允，日
本索青島有採脫之權，政府不許，俄亦索閩粵開，英日前擬索，政府不允，遂
覬日法索賓，拜派干回赴郡城應試，罰以詳怠，雜漢字忌，錯誤脫出倚
彼因寄構，蓋我家府件，函之誼，經不改，多之貺，可奇免意外，遇傷之至
寄若鶴翁函論求開礦產，課吏理並及時至南海之行，意良抱歉。米
至以爲遲難，爲謂政府所詢，而迷誤，奈之，亡竟高技，味有此處也之。● 永康

滬安兩棧下德擊鐵梅補共一千兩住房費郭費則任費共需二
百元言在集會一年兩岸擬次月於籌撥擬年來來次日補送論出使大員
不宜輕派為蔡鈞而費其實省四一無暇爲深二美於聯絡三才幹
優長四覺閱廣博其清法律之學等有餘前後言荒地旅議
楊義之擴議擬年亂派亦受議由言累收議亦種殖者律民之倡
子論中國宜急設商務學堂學算并及種植化學動物植物諸律
孫紹之等年設多者勝行於省城擇東門外池塘灘數里之地及城
內飲馬塘荒地二區試種茶桑麻棉雜物新種肥料新法
初十日小雨訪登前伯大臣爵葉英人不能加入口因視窗任內地無屋

以後急趨輪船鐵路四通八達此其甚窘者今改換商約之際宜革

釐金而增關稅用機織進口之貨而出口貨必增加去浮縣令諸某某

商國未乃石待果重詢米價若每石四元四角乃係售于官所給

利四角當查問侍郎令國户部自閱羅查出之銀撥仿鑄銅

圓張林戴二君赴鄂來詢一切未正門此皆查總辦葛君其賢者也流

開黃浦改歸商議中外撥論歲年米價宜速停運又洋務該通

後有論林則徐等石琛晦於剛而失於柔者英崇厚晦於柔而失

剛柔得中惟曾惠敏

十二日陰得晚晴初九搭滬編檢七十餘人學院今遍時務每月中二百餘

渡犹論其靈郵報了李筱不閱

釋文頭緒釋無日誦習多宜意云四登記每月到署二次呈李筱院

評閱日昔弟濟踏實認搬刪裁出衛大概亦洽電商允看公議清

單八條俟允看覆府自行酌核公實知府聘日本農商務技師云

晉省農務改良華歷四月下旬天津不理發還楊子通侍郎去

公子在俄書表痛斥俄目迹彰同論俄約之按諸和平而了陰

陰上年和約全綱十二條今俄約四條同此手法中外視因患處云爾

憂者西語自而心不諒也

十二月接萊陽莊恩秋後院生函派有六人以原函寄院生來一紙

發後接院生十二月函到常平安報幸事新聞有論俄約之按曰甚堪回

兵權曰路權曰重權皆非我有嗚乎五毒出洋而以覓議盤所
耗耗殆盡其端由於挾制損三文抵陽王之勤損十文因此波及
為首者生受鄰兼唯中外執責難薦之業相權武重而新政不
能實行皆其咎也是日錫崖章生府試天氣熱
十三日禮拜四西之眠境時手時機記性壞而不能多用思意與機而
不月服其機權手新開觸和平相待說曰退兵曰和約曰保護之皆不
行理而不能習拳設武備學堂矣欲清之軍共有四千餘任一務弱
之山陰調任留別安吉士民之作四三手莫為今不以免物屋坦稅者近
淺指中國為無從抑何太甚人也薛著龍田集二冊歸自吳

十四日陰小雨。樞直。新聞無限錢會議，商請議定中國創鑄元銀圓

通行各省，又議解平通用平色一律，免加税，一則各國議准中政

府亦不免裁撤釐金，擔質關稅，度態及點之手續尊府皆有所起

了城洞官獨院，諸山趙公投大挑謄世楠補賛遠懿索山東鑑銅

鐵礦五處，又蘇撫論官多之害

十五日午前晴，午後大雷雨，止而風起。中外樞論學堂之弊四：一獨學官

法不知後，通三曉，循情面，任用匪人；三教術塞責，不求實際；四功

課無定章，難於預定。家讌三弟又於日久爲後一方

十六日陰，微陽。往大地祭。拜哲姑公以下諸墓，歷士美公墓，土牆又壞耿

政策為右皆由風鑑云而不通因循致多故耳且值六年時於

国運寧無老成者不能為強無工可爲可憾喪失諸人於綴修改

政年來一省撥帑請報與農工商務相撥引三代漢唐至有故

論商業以政宜於会議章程總不足擬組織兵隊兩省未

十一青兩省皖生函以撥存常熟來函附去紀聖林歸自杭游圖不成

云鶴笙願請理田務不忘收而閩賦大為可惜政年來商得加稅

慶督至馬凱立説十屢直隸來函鍾鏐呈政務處代奏保陳十

三商務二財政二農江六商務二條章分交外務部議行原保折字

商務大臣致撥黃江程撥贈紐將升撥之五盛江鄂会奏請調儀

谋蒙古处统人心及部落亦多向俄罗斯拟论筹债彻底无恤民

垦荒畜牧开矿二者开源之大而皆需由为不可缓

十八日 雨。接左仲十三日函，三美与君相继入都，侯亦排安季老，于引 附若晋云函之谋为之难

退。善地江脉进因河议，在谓主大江接说。生十日函之仲植为

郁识之冤，寄若石仲函，言大地扬墓情形，以主义之坏，陵寝左墙 附去代说杨子园侍郎职及悼字

若意老扇集会之举，可以不必。补秩房部费，到任费，川因在厅

可以汉帝左付若宋亦老扇取之大略，亦之其说而详看，加询以承康

沈为制铁果补何秩，拟登十五日。 谕二十二日还室回日。 谕吴宗濂

补熙提督黄之主韬调奏，故书义镇之吴长纯调天津镇。谕从

前免税各物不加税　江鄂直三省会集八款　一广派出洋学生
分赴英美德日肄业　二在外洋学堂毕业学生请破格用　三
广聘各国陆海军将官教习　所有陆形大加整顿　四在天津
武昌两处推设军械制造局　五定一律之银圆圆法　六有所铸
五字名目　实继续争不成国诺占守定矿路航律　衙以杜外人干
预　七废撤各厂场　速办印花税票　所收归公　厚加各官薪俸
八各省邮政速形推广　使乡僻一律流通　中外报论　湖北纺织外
厂不宜售与日人　以剥得之利权挽退让者有可解五端　中西
前税太重　议有二十四款　一惟出口货税　一加洋税　一免厘金　一推

廣東省界限一段照會章程一條 保護教堂教士一條 保護碑

輪船上貨 下長江上游及廣東珠江泊船事宜一段照圖(?)法須

歸程一 華洋合股章程 一推廣內河棧房貨改免稅法 一海關存

西藏路章 一民船與輪船一律納稅 一流通錢幣 一國內地作通商

口岸 一推廣三聯單及改訂鎮江西(?)章程 一改定內河輪船行駛

章程 一礦務鐵路章程 一整頓電報郵政 一訂設海上稅務

及商務總(?)內 以上三款可由中國自主 一洋鹽入口 一內地任便居留

易 以上三款華官照山西柳太鐵路費京仁(?)等為難並蘇杭甬約

重程和約論

查兩淮每年十二萬引之課，之楼度不相能，若須酌一和為盛產生

店屏販夫開宣城礦，外於董府設館，同搬者晉雲議一席

附來英於居鹽場者，萬亂年難綏勸，而護之乃定鹽美鎮

鶴峯十二萬鹽之紀查驛運金在家鄉議一收租子，而店意於之西零

共於田務兼何能騰往居年來來貴宮之倉而居窅并兩處居設一倉

紀寶鄉而之未盡非計是處可行三年主政均季應依據撫朝鹺綱

片加鹽價抽口捐諸以養竈收店預防淮鹽走私及查禁提鉏

渡清積弊而興寶慶三府淮岸幾處有三月挑粵鹽而占居該

官運局收運粵鹽化私為官，俾一切課事無虞滲漏，冰楚矣

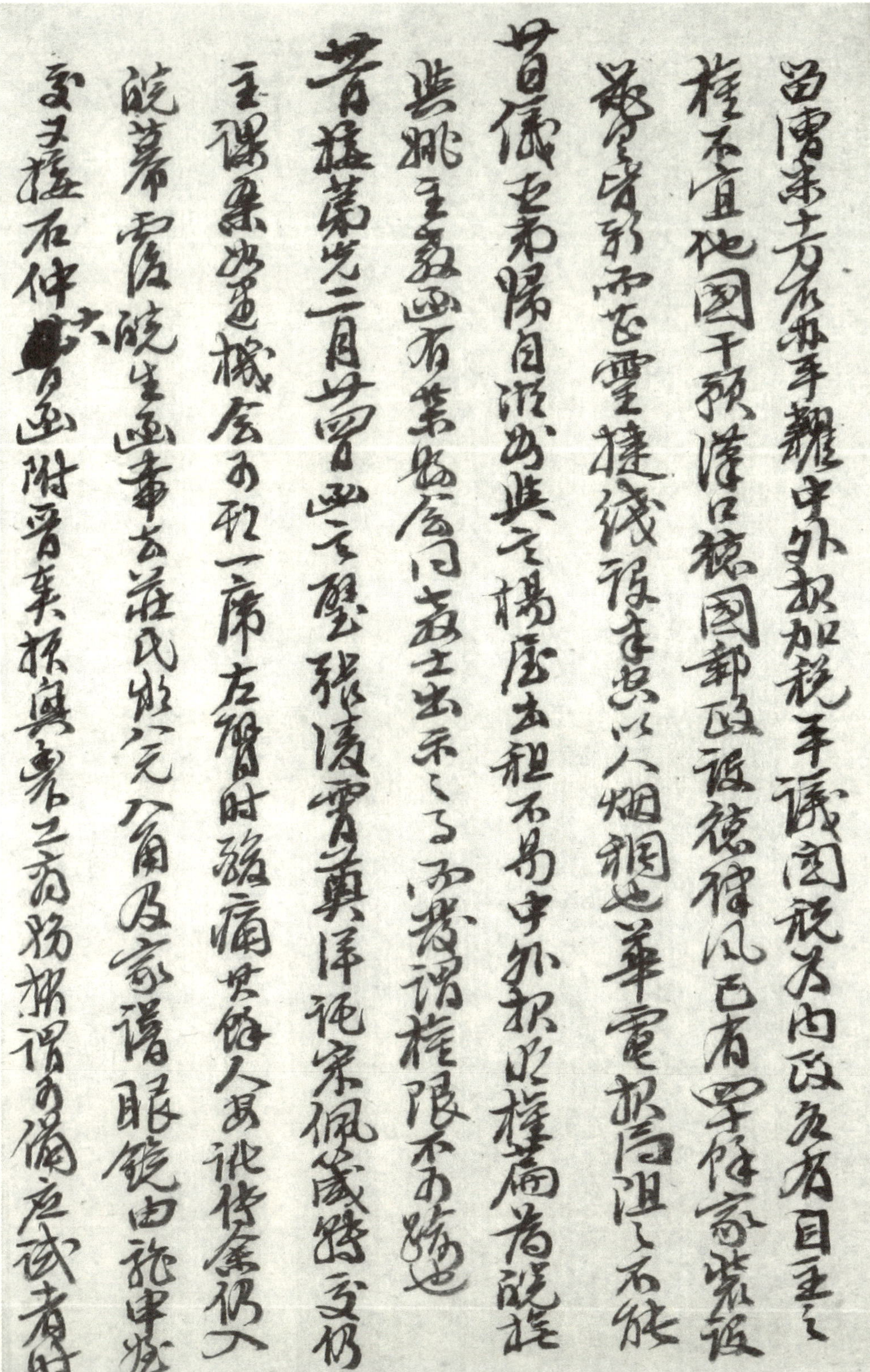

務之需資可充兆庶瞻者服紫衣到階出之者即宜其叙其恩

考業可實即實附白道內書儀即之可恢任成補房部賞叔歷政務

可賞議經請科科考試之程七條大略之與古賢良方正直言

極諫科考以通先時務為要標宗宮五品下除東宮翰林讀講翰道

外官四品下除賞諸道府其餘無論已仕未仕及舉貢生監者不一類

錄送本年十月以前到京取齊考試在保和殿出題詞取至一二

等並照從前黑分試兩場一場試歷代史事論二篇二場試內政

外交策二道字不求工並准從前改試奏其卿為賞識奏式

其將來月彙編政藝一冊首列諭旨次刊擬得名者凡若干道　旨議覆

及随时禀案。三年稽核清道政务变换核算，按月业经陈述备考

皆学堂张书早上所截笔去年已停，先有全经江甯课吏馆考试了

宜三年种植，郑截票撤除，前四季开办加票三万张，刘张盛公禀

前蒙兵端将于上海为国际之邦，首保护起义，实业保领袖

领袖各员中外论之，路不宜开塞论，中国宜设用之铁路以至为亦任

免以银价涨落为外国人所持，以苏杭东西实为利益，既有极

续年价以恤民艰，论一切法于特选一厂，杜出洋一笔，将来艰难

廿有前昨广购辛年两合业购，皆系仲宽纪念筹九号之一支之极

一年盛购亦美钢，薏系铁路工程，现在有钢桥九座，接长已一

第一万七千尺京津各桥工并盖厂银钱请饬善后局速筹速拨地價
工料及铁路学堂補修善后路四项共支库平银五百四十二万六千
余两又铁路总公司第一年同员薪费厂房勘费漕全路经费[illegible]亦拟
借三项支银九万五千余两湖晴陈[illegible]办江北大学堂大概情形
又设种植牧养工艺公司并拟改侍读学士为三品侍讲学士
为四品侍读五品侍讲六品作为将来编检升阶大学堂理事
所奏派严又陵为总办亦庆聊藉支俄人之患
廿二日晴接杨仁山函托以德国第[illegible]为设法养其家寡又万[illegible]拟公
设法保护贵国共任其义是以甚愿[illegible]法国高等学堂阅本[illegible]

所議商約者，首在列國利益範圍論之，惟有形之所得利益是
形之所得利益，雖多鐵路，為之利權，必歸於為所佔，沿鐵路之貨產
及工商為業者，皆歸於一般商人，則路權彼之自由，主權中國死命
實甲東臨，薄暮大風雨，猶未能閱論，等要隘，為最可慮者
張為要，而最商埠中如順天府直隸府，江門長沙常德兩府，安慶
府，成都敘州兩府，及漢口均開作通商口岸，直粵兩省六口
內河開亦直行，擬在第(?)，接收百万，重重振海軍，而南北兩洋
無可泊船之處，業祖(?)理為借一地，其官兔之限，以兵泊五處，陸可深
口多處，至權何在，為之稽諸，彭蒙吉，香泉為殊，兵民抗不奉命

[illegible]

毫無詢究九處並所過沿途文武人員審中俄條約外前次別項

利益（似係公法似無）暗與俄國說據上蘇備來

並因人占和度家中人約來稱說以割中不得翹備悉總之說

中西從歸自郡城寬渡試史論大勝於正場書義說生同舟而

來報年三處合集請發通外部及出使人員年程准照擊

號卡勒索留難或宗潛大通三卡攔截擬下圖一卡為監船出江

沿由之路地界難截云依着設處（臣謹奏設學堂）了實務學堂序桂首實隊向

裁兵商報論書使越禮為指只勒傳振通流流連沿途有尊

之使並者論贊學士大臣張之洞督實被動[illegible]

廿日晴。晚间大雨，至夜始止。接到亚函，附来晓沧寄存张信子集

缚一单。高梦旦来，目补编三卷均毕，速正编之三四五六卷原均

稿本。又为作序文一篇，併述之克篇。归自杭州，言郑孝胥补

写安县尉，郑孝胥直江鄂三省合集，请与各国外部并监督共

兵，并监督专为出使人员与他国往来交际，择要编纂刊

合为一册，可费通国，亦可使人员周知本国与友邦之关系，以备互

證免致滞误，并由请派专员遴择，撰编一次，凡经至使至阅通

出洋领事人等各费一并周备。查考桂省路获交路官军兵

雅怡来函

攸马军通至高州，苏军被围，张兵等岛，税重民不能堪，所闻

論兵權謂練兵惟恐兵權不屬焉則屬附屬於無可以練兵
之財為德法諸國此洋扱兵之籌備之由滬海並歸限海兵艦之整而
裁以藩叔論製科宜議事門
昔陰稜石伸廿一日函香曰兩函之大施先生築牆應否新通風鑑一初
函名萬先及鈍遊商之一音雲亦酉蘇以准傳閱晚院有仍道不才艾蒂
之說同今年有無往來應議請藝老設法提之晚前霆傳許九來
赴省歸函述摄院意裁保畢保衡擬以本年巡整之擬傳去老作為函于貞
我一字之劄見附寄去一函此擬劄付陳時洋何頃田孫布招之叔宇有
約加稅事議值百抽五仍擬加稅謂抵五頃量定中國沒有遞約仍復抽

五釐稽抽五分正税抽二五者子口税户部行文上年所指實有窒碍
分費者均應赴部呈明來部呈催赴總引之文亦無遽限加減之議英允還
山海關職設由英派武員保護該路招聘英人司理富派亦要詳核添守
練兵華商華無在該為不能禁私而不能公允因均有商總出進貨秀總管
優不能稍濫總之議照立商總以杜洋商挽利繁弊商濫售請
路商舊辦亦商應大至將該各華商在議定貨華蘇後片海關而
二年指商局裝運成河船裝運成河船亦有風濤運滯之通議定歸
大京漕務承運每石省費凡分以補火車運京損失及建設局置直充
籌用中外款整理金陵官年以防弊不必裁撤以免弊混該照分英

法美立约阻在滇回無從覓寄利權，將出顧假識於英

昔時英緬未議，滇初覆案，出小話致世串係移至是日泰廠

出會敘諸益之舉，若開根生事之階，至於照備請總官着習

而不之禁，積習相沿，今已無與較。叔平、馬使面索條陳三層：

一因中日馬關約准日商運洋貨入內地、土貨出內地，租賃棧房，因存今

照請推廣准英商在內地置貨物、造棧房；二因馬關約准日商在通

商口岸設機廠、製貨物，今照請推廣准英商仿照；三因法約任教

士在各省租買田地建造自便，今照請推廣准英商居住內地置買

產業。英約大臣據此屢議，經英使與胡雲楣訂妥，四月廿五日遂

山海關鐵路互相直押淞口擬自閘北岸設分關商約大臣呂寰
商允借撥馬使吳淞開允埠均作為自開口岸蔡和甫震遣外
務部告病四弟號稱太平思順同人函述蘇提督元春辦邊
防情形一械頗侵餉一吞餉偏袒一操縱國刑一殘酷設獄一冤殺
良民一縱勇殃民一誘民為盜不知其詳殊堪嘆矣次日擬列上年
調任桂撫丁振鐸奏到任後情形地方懼令函陳函中函互相連結
以釀大亂歸咎於蘇元春足與函述之言引證說考識其況
斟酌惟[illegible]以擬尤正課吏館學習館尾刑未定也
昔日時曉薛暮雷雨外孫和祥周歲君石仲函言不服閣不出遊

傳之不足信。復諜北所取吏高田呈取還鐵林酒井尉己色部

費其須七分，千元應先付，其善為不致誤事。申保其功。拜發十二月廿日

報章新聞登中俄新約原文，有約大臣辯駁。馬使謂英人偏居內

地，故屢外務部，定礦務新章。俄大臣等未復，問以內多不安，會商江鄂

請外務部要改路務章程，近來人有問熱照為之急，繳款總署情之

論。贛吳復撰學堂辦法，蘇撫聶亦宜贊成，游學說亦擬復奏

客有議，總督藏之據，說簡明章程

三十日晴，下午又雷雨。犖卿孫之祖了來談。答鶴笙函，所詢紀米珠田務

北京來函，習以公田事宜，附去帳幣機與其孫送鳴呈交，便第去

四月彩晴阴私闻若对于函武南浔东栅张恒和归贡生祁园
亭诸同志三兹照议作五元一万产年加保造成祗有可观
叙年其昨取各逆首周来三月廿六诱溧贰三西人讯名以军机章
京用耕逆霖名列廿三又诱崇善阎福将军往收调江宁将
军锺泰补络逆城出军廿日诱袁世凯杂广宗物库巡按京
逆余有敢管既录农德报前有樊其有拣其有氏汉其有之罪发于南中
逸祸害荆易伤者派兵队逆剩者有之二十三年被害妄为殉师仍
实力保护其逆其有之人当吏部以苏省请偿分发谓经错生之致
识殺浑员议逆天津王有城内须设巡捕照都统章程办理但人数

不准多軍艦亦不准攜帶大沽口不准泊華兵艦前約大至無爲便

議會修國書保定招兵官弁善後互相滋擾民不能撤退

兵不另隊因謂俄雖東三省有兵並無退意而中國無得有兵可

以接防以俄是地而中國無駐兵並爲賊等占據鐵路電綫各地

廣可謂華官華民不與俄兵界退也此有其以營備郵約債欵

開亦無須捐輸捐一種捐　隨糧串徵每兩三百文一鹽斤加價每

斤四文一鹽引加課每引四錢隨契串徵一房捐鋪戶行店按月

租兩一成房屋租完免寬一膏捐土店烟鋪每膏一兩捐錢廿文

一絲捐每年繳絲五千觔者出費一元五分本莊每百斤捐二角繳莊

每百斤指四角，轉據李聘芳、法暨黄以言述忠亦称改爲宜移閩

海之部局核辦，臘齊設壽之島中華商務公局一手羅蘇振南甯

治其情懷之商，振直者菜義，業裁之以形良者，一承之者義，業計惟

得人而寄其責，形運之不寄其責，成事之不寄其責，平民置之以公允和平

未调處，庭能戒可作结

初六日陰，小雨，整擾南夫歸西之，務不使之其完天津来遠織道經

去國不能空秘北行，應紫捷之請命，應居畢亦切實函來轉致

粤山使至，雅部無家言，在撥款不敷，男宅通部無家通援至錫

通聘為公允權之外務部之廳務邪手與之洽談以為有較

電來傳努各要政侍郎張翼前擬十數條將開平礦務大臣会

奏擬俄茶稅加綠稅保定等處路並天津工程局等擬抽紙

捐一車捐二房捐三船捐四商捐京城積郵政局源積律風亦已

得中國擬贖回以一權利而京價照印江南高等學堂擬章一

省言宗旨四節二省府縣等學堂辦法二十節三學人資格

任十二節四中西課程等級十四節五以學堂條規二十節六學生入

學程四節七學生出身衙門節八經計經費七節說覆向來堵塞

一城門擬開通以便商旅名曰同安在滬商務大臣以下紳貴已擬

吳淞園商李文忠公祠專價八萬金修理工程須十萬二千兩因論撥

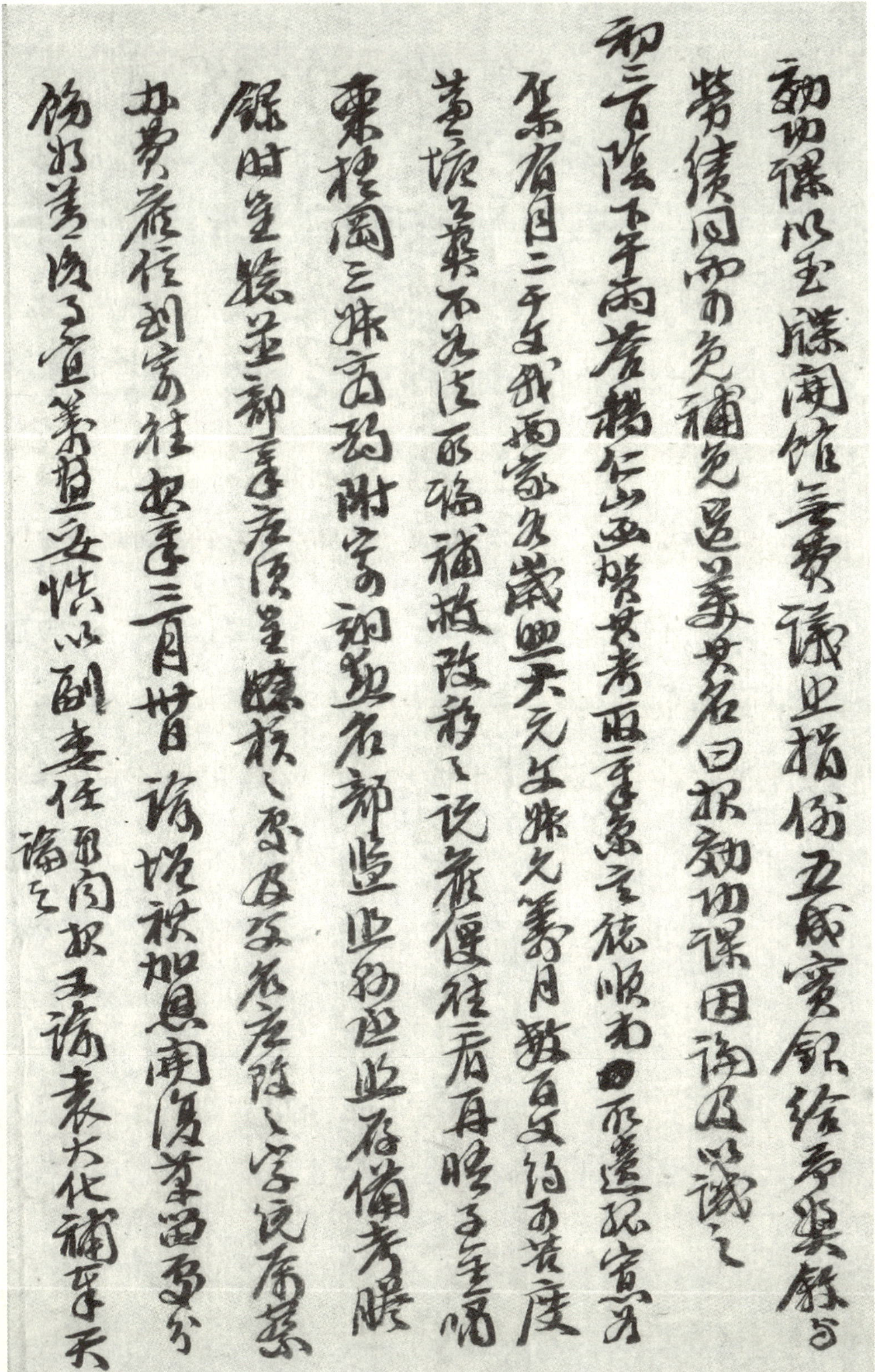

奉道台全權以德使不肯撤退兵需詢江鄂督以德不應獨
違條約擅在長江門戶且值重敦睦誼而德竟敢於英兵威傷犯
禍端自啟俾成棄兵不能任其責仍以力主撤兵為宜商務大臣
奏請俄輕棄說撤時價值百捆五兆城恐華棄不銷外洋需俾
茶元下中土茂有鋪捐者恆僅千餘串商民為聯名呈請俄捐
院批飭等議局若國練捐章程即日定案使捐戶出於樂
捐而他人等事務日英日聯盟約章外尚有秘密條約兩國海軍
互相聯絡而尤大加推廣以蘇與我三議說一議於蘇軍內有取
特再議於本中無有取於三議於政府不干任而出以調停

初四日甲午晴。奇孫徠來請看乃兄謀蘭衍之卷，以蘭衍與相識之人

莫從致力，擬本年江督奏案道台銜加鹽課，鹽斤釐以濟賑，現撥淮南

每引加三錢，新課鄂岸釐六錢，場商每引加一錢五分，江寧等各岸每

引加六錢，淮北票販每引捐一錢二分，池販每引捐二分，歲可收六

十餘萬，鹽價每斤加四文，皖西二岸各分二文，歸皖西濟用，宗人府

奏請重修玉牒，撥本年二條一節，擬勸功課之說一語，戶部撥

飯需銀二十萬兩，山東省奏准在各省業勸山東新年賑捐，裁

撤屯衛，乃江督行文奏明續照明年十月截止，看地方情形再

行議奏。中外紛論宜亟開捐，屯墾招徠，以通商並看桂省等處需要

初五日晴。伯埙来，又与季眉、兔得、蔺孙、子鸣、星来谈，访鹤星悍

圣行身大略情形，拟奏。顺天学政陆宝忠、吴筹出，顺天乡

试监临子宜。东境西南广宗，知县会成，县钜鹿，王县不下四

万，近及清河、肥乡、内邱等处，又顺子有日派之剿桂，派寅援柳

州、庆远、桂州、贺县、林浔州、南宁等九府所十余县，方拟调

此项派兵蔓延，将来大可忧。一云收犯省巷，派保甲局保卫宫

同年拨览，政府派兵勇，星人王敬三月分选山西永和知县。日本

电商务部，山林局监督拟来京中，兔为查勘林木。

初六日晴。访杨仁山，又季馥派至颐和馆，照海澄城五成，拟劾李成

閱探聞分三等一二等係與三等議敘如意者取康聞[illegible]應
來先於經冊以資集錄千千又詢德順者何楊以勸足爲書者
從速實若干臣擬函白五者居不問至以集以延月大略情形紀[illegible]
取稱照與宣之安照名云函到之語說必未暇之而不知又函何事
兼三省善後營照二相議照前議由府更改處都照議由地及
有外如府因滿清之制未曾令前江鄂與三議一議大閱亦揚
任英以美日德在內地通商新疆伊犁者俄英據等處圖入西界
蘇撫以委收之廣捐員報需查多方札司局嚴查禁止以蘇報論
內港航業之權利落在兩中洋有四來一談

初十日接萧光函，白年来居乡情形，写尽实可，西归修贤无已

鉴历伸为固可广无成，劝以赴，弟谋我指为当无所歉相辞

江绅首义，首义防练兵筹备，防迎等军南

直西北为民愿恭孙，恪极所致，联合三百余村，广宗南宫西面

会杀戕各便籍口不是天津界，撤办私贩勇夜被枭匪上船

砍毙并一勇，凡此外伤数人，非私不得贩，凡场运店岸免为

无不为私，由私铸涂益之多，江绅首义饬先查出缴及以伏等

程院中请补庵为存之社恩禁，丁郑以护其银，须更补

初八日寄芦汪会一函，询以重入，戕府侨居党香，稽近并慕光游楚

情況，又蒙蔭星泉函致詢英蒼城中情事，游揚之詞，因論大勢所

籌撥之難，累民累商累官，未見其極，以後不堪設想，由今筮遠規

江督英憲 右整頓兩淮鹽務根本 實請有人，整頓鹽務積弊要撥

治本治標二策，飭各就地方情形妥通整頓，是以有鹽弓之道 下裁太吏

吏就額設要吏專虧，剔挑選弱，酌改為實生事，俟鈔胥吏僱悉處

數計裁去一百二十三名，仍從嚴催各屬迅赤兩接實之道，設課吏館弱撥

章程，前蒙剛毅任設那能請明律例胡聘之任，設儲材館，遙同圖謝

鹽課以考核時務，軍政之餘，近鹽吳任裁撤，今重整頓中外，擬再論

工部尚書与文俟了題落

初九日雇車兩蒼唐子文姚沓不值九姑娶一邪便道一游花園甚屬意可隨

者紀雲珠来告以劉祖請多爲難已函請鶴笙仍爲留意館子雇傭

初十日交一函爲朱蒼承直保良寶經並留函又誤投羊邨日論著頗精

接同道府存以所判和詞者與形狀面識鄰保輕浮者詳書原稿爲恨

進館者令入課吏館講習政治律例一面應之查取滿漢別尤者留

補用者亦嚴爭考者勒限學習均交其查切實考試不得仍前含

混即着遴選賢員挨次掛牌係舉人貢生一律考試察看其論派洗宗本

伍遴選熟悉刑名律例熟悉民間情形嘉勤名因治律者新章派勤

勞中外通飭俾所共覽應將所收江蘇具應存同着以四足示重

議補商約內詞以條款外務部授商約大臣會核定袁帥等宗議

直隸京畿與路礦交涉大有關礙飭迅剿滅毋使京師震驚

況滿蒙饑饉之由致重賠款出自民捐所入不及三分之一先發之次疑至日

次地方官皆為催交賠款而起郵票九通銀板字大共聯系衣印三層

李字五通小以質形本鴻寶商版印者最良

初二日天晴多日暖而時陰海初子由介孫光緒來接石仲函二百函脫離

賠款漢集巷難謂不許貢交許返陵者不出力而坐及三品等之人

向工程用款於成既需息平者若雲謀牒乃為無消息萬先求

得春某湖之前往赴申初三日請教祖謹補出發六府商約條內

允華派領事駐英使各日報與英約為國宜之後之稽俄於東三省

另留兵八千保護路作為院守兵不屬陸軍部而專屬警察部甯

派出委員江西萍鄉陳寶樹等自行出資在山陽購沙地劃界插標

請示飭知保護將來設法在澳門加東山嘴由華人私賣得大地價借

十二月元日名奉海軍醫院之閩女地方以畫界四周環抱若泊戰艦宜港

港且援兵港上游以路界外就有不急名集之稿亦有劃一條例取之

設學堂士之法欲使他人安切實以蘇於內就其接外患說商於論教兵

書復法部插味厚趣理畫從前總統紙中檢得八紙閱之其之

十二月十一日寄答石仲函言竟前閱電知嗣禮密釋何物者未肯出補缺司院

部费及到任应需经费为量筹给。应试三处府县各员不日将赴陛
江苏吴将君函附去抄本初六日 总署经义两张交部议覆由光生
病後心绪殊恶，请陛见谕以政务运情节详奏陈以备来见，又虑恐
陛见谓本奏不能有转移，奈若何随之陈分清楚，假说话说词须
族似此任意挪移侵渔，何在又设措纪律补法填越尔莫补剪拨项约
六條内中国商民船只英旗照存在指明与谈船及取载货由华
官主办，英美人知情不报通同舞弊，亦当取载其人货全罚入官，並由英
官惩办。吉林长和亭将军与俄约抄稿寄阅，第四條一归俄人华人未同
谘及用俄人；二将军不干预矿务；三附近矿地将军派兵保护之；條四矿利抽

要之一總中國政府東撫查覆稅契據因華官論處人稟山東亦稅
契契端有先有漏稅者誣告不實且謀漏稅之風之責亦可訛詐
雖官多端也為局煤礦可煉焦炭物歸洋工師探得開採大有獲利
無慮公道謀色亦以備識路之需可以詢內外諸西人之誤國
十二月德官查一謀知山東某謀已見靜山與西函楊府姻可保護
函開來且稱其之益一兆然作推敲旅館而不值繞道錦州里照察
厚袁撫歸等往荒園一覽移植桑七萬株已先有殘煙經理為宜矣
有益於民年來袁軍劃直隸亟待懲辦何以另換某某實官保定由任
國家可以見其稅為其不開某縣武舉擅受生員訐告戊家丁正月連訊實

至治興化鄉事謁捷初府田產三成以與昭陽女臣書院路東小學堂藉

作經費，議之甚為虧而亟即大刀會設壇煽亂澤為害頃

已扶裝進謀

十二日 陳晴湊自蕪湖歸，據石仲初函，言揚子通運使者子痛女

殺死衷城，解往前破腦裂，而殘前宰之代執之，聯窩以子爲孝已

叛之據竟爲初七日年被窮求，皆能殺百數十賊於奎星閣，家

蘋返滬四處訊責，後亦衆[illegible]滬前得挾甚永康又據鵝黃初吉

函作查收，租之與我要先有所議，彼要之積欠為多，來函要路並豐之

作為籌欵論，略言之，有設課吏館功課，三其一講習中外政治名著之編

二錄晉省撫案三卷寫經仰後之山西通志晉政分年每月試辦
五條年分以免呈請劃撥經費備與貴一切之用應需酌定司馬
光緒以前思慮代為籌辦故實應應撰錄蘭齋府至開官之讓澤
年來之課策其詳本此意變通天津一帶新疆新行條約二十九條
據稱多端請以桂省匯兌有礙本京商務於六月以後不能認定請為
自己利害計不能置之不理桂撫電外務部本京諸省請與中國
劉匯[illegible]撫籌商與有諸馬兵一隊砲兵多名閩（入定邊）疆兼語千
預請照議之便電飭已回西以練成邦營外務部進物
曹藩王晏明自白稱兩撲赴鄉薦行至畢抵以西城食物備腳之院

须另约我出时请往一观若屡谘请亲王暨大臣之据同廷楚约
来将来照南华海和议定后胡捷三将时请王爵丹等约之侵
地方水面之权限仍归中国自主凡国前口岸洋船并防护船只集
泊系御国前口岸水道及等事一律仍由中国独定须预为守惟不得
与现定条约之意相背京师预防并援南直土匪滋扰需用前项
运道已通之京津道后有来护袁军刘洗毅村良者死者之数
桂者或民房匪巢弹渍江程柱相辟之处溥利公司剑窝穿
柔绥缘等之年难援海内各处免宽税务十年鄂湘布麻缘
各省日前色租商感议一云已作罢论中外权论办理学堂须有条

理。前報給哲森局宜擴充內外航路

等語。查梅居仲理同運股三萬之函詢系與藤錄一底并已称充居季卿

並惠函寄到請閱核意呈已排存未已日者謂其入府有風四云王堂

憲前十　日函云：家被伊某侵賊，於廣以歸著大伯青雲，而賊在

地係家居，因奉命下頒，展日收繳，請充撥總局以十充撥二千二百　論

內外大員兄弟子孫現居挑選付衛招居洋差使之時，年已及歲為願居

選充報考族選，因選軍械要素，其國出者不需傾引充不能須留縣

財徑方殷，其自便即須務要添派總辦監督提調等差，即設

官學堂官兵子弟，其指方兩水之重肄業之居情接經其充提倡

于丙義智請丁韙良每月修脯七百兩鑄城議書等稿第一宗

旨二本論三義智外務部行善以道英使請阻租界擬於江口開濟

以上原定通商場內先畫一區於英國其餘備他國之需英不以為

然語日法派兵出京與蜀廣宗生匪法另派兵往臣守府保商董

激亂識路語云可撥照五萬金連自撥的五百亂識道中外撥論道

追大五之宜悟蘇撥論宜急編曾通七義科無者

旨曉勝孔山撥細丁河居來言修五之論孫人傳撥勸洪不允英案

達請付之照續給五元論以省照往觀再之情給應陳禧

士不值撥年閣贊片外務部照澤窮蘇亦蘇照請發聯單約

市面难辨，难阻止等因，三联单完纳半税，较华税轻数倍，
海关旧例
未经所有之厘捐，复数援归，防碍商务，因议定不得抵制洋商，
至法所小船等，发火药结内，矿路系保准英商附入股本，屡因办理
推广，此项利益英政府电马使加税免厘，多因称为作罢，
论鄂省衙所抗不遵，撤销挪借，免致与英商清理屯田，鄂收煤
炭捐为费甚，经费乃援入之龙局用煤，系因此抗捐兼等
该省西医查验，年西市南岸大更拟设所防疫云云，不欲本厅等筹
称中西医气不同，医药各别，本厅实情自应设法妥商，俾流
道会同税司，妥商办理，前上海英领马哲美森言，福公司李承中

開北部礦路以振疲廢為中部興辦之地備資本一千萬兩勸設試
辦池湯義巢濱煤鄂豫兵勇往盟剿撫匪數變為良民擇業舖
十七日晴久大熱季秋直屆通書帆海初雨蒼茫南時淒隱孫良子女
諸君必發憤陳請士兼詢知程于南家基地與米近廉家之毛兼家
附鄂年十月日請户部奏飭議裁併三庫控三庫積弊已深
著即部中等撫裁撤庫年之庫丁等除收支統歸户部堂官
經理與屬另派三庫官管理直南京軍戰無主事多民所謂男
以抗衆匪而死者三千人家氣入豫境揆其前防其渡河借使不以
胡彥二公與巢使所識路各同為監外務部即兼其參二公不應

言此後同禁租種，不加罪而仍照原議人請在金村嫡地頭宗外

務部允之，給民地價，王處郵傳路線等處，租與日商為田棧利權

於外人。雖免後悔，五宜及早換回。江甯下關倘馬頭須改碑亭巷

需費非鉅，商務總局劉康卿等派彭某帳之元以赴江甯

義縣票商理蒙地墾荒，付郎岑春送寄人來調多[illegible]（姓羲）（已革）

來辭往同

十六日。午正，刑部教午，後陣雨，至夕轉涼。擬奏開論出口稅則，因茶

稅難減，而蠶絲謂宜分天生之料、製造之物為二種，製造物暫

五人可輕稅而推廣其種也，天生料仍不宜輕稅而

而損害本國之業至歸俗殺邪所領功課者已五百餘貫免須繳費
二千五百兩方合所請復與巡邪海仔城五成校算少印縱作人
數以六百爲滿或云此二貳兩功約二十家爲與百貫免須繳費二千止生合
爲二十六之數江湖舊經淸科江舉人張通誤桃源拔貢尹
彥和蘇道吳兆郭某爲李張濟滿渠馬路閱出嚴子陵
舉號璀琳亦生田籌貫子以利權五十年交還次四吉堂課程出
其軍機杜驗李六園鄭郎憤恨及集廊生蔣式瑆某參
蔡鈞荒謬高相其王之事不協信任又查某參原案識之爲尊
使抗旨勒彥議於其府之源失稍多不謙爲滑賤蘇元書據吳

雖然不進氏多想之桂省入版全仗蘇軍而不足之者御俗於粵東
中外報論防范軍務之宜速防在粵邊平在猶遲
青茬原伴函論字雖未有風波推測密之不諳兵位但敵外性之而
已充高更搜密之物護賊加示於官自君郎旅之而原經據忘有
於良地乱出故個未報信基之論於蘭前迫方得往聯文奧錄冊一節
前經本文就性函勝晋雲未文閱蔦光電得之密密案卡擬速
往辦理理前函加報即速物之報事京師大學堂拔考章程分九門
一曰天論二讀文論三中西地理四中外史五經譯六代數七刑名八公法
學九格致化學湧定程師考錄之經據函湧道看典之本不合道待請

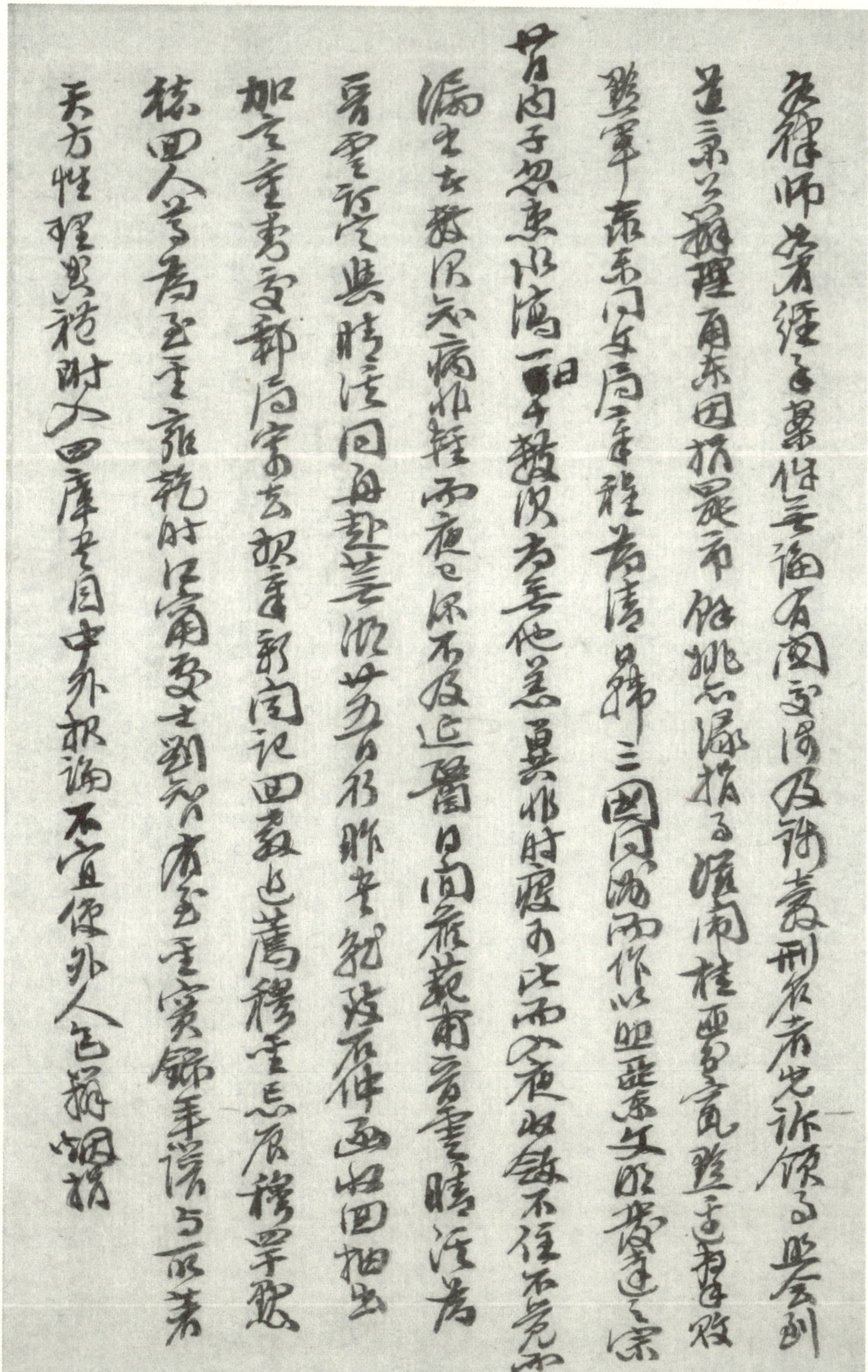

廿日 阴雨天凉 晨起杨维翰视内人病 告以泄泻似非时疫 而系以为急（仅止）
证 皆由泻起 仅泻亦易止 法用石膏 用铁 出白薏四分 属分次服 泻已
止 服后胸膈不适 请黄菊延来诊 谓痰阻胃壅 石膏为之剂 以
达其气 服之略安 拟于午后三点钟赴英馆 与裁并三库以御史吴鸿甲疏陈
银库积弊 其库丁书吏请饬裁并 拟简派三园使巫意许球比杨晓
堂与吴穗卿皆迭见 苏抚平亲以为良策 本说同安徽君司生安达霁
廿一日 阴雨不止 天气郁寒 内人仍服菊延之剂 泻止而晚时中气不固 仍恐下
漏 惟小便数仍不多 拟于午后赴英裁厘加税 即由外务部与英使开议 京
员之在各省外省者 皆以裁厘为不可 裁厘可 裁则厘亦宜及时行 询

瞿子玖請改務更民內政外交開誠之佈務宜形而上者為使拜樞譯
薩祥請禁止各府捐攤曾文正奏停捐攤已現毀壞碑碣無貴不派
無不捐孫請一律停上而不准攤派路鐵使請廢路礦十二條交路
後仍用英員之約張逢吾可歸答謂將付部核許遂交部議律部著
更擬選律十二條俟愈備愈通照情何以比兵部奏整屋宜武備輪補班次
商務不重奏請費法保農學童通籌礦務蘭民患竭力捐建者也初四下
午京師畫賜三句鐘學須燃燈於雨望亦際忘天象示警雨至三點乃看
竊據片奏天主耶穌教民互鬨一案京請新開訂議兵通融擬設程意
絢外人之請為哀不公流連以教民朱其文捏名領住諸泰宗助于額詞

訟義塾生者知府革出其名會總領下照知此等刁風斷不可長請嚴辦結案

並飭各學教官出示曉諭此等條示通地方官即加嚴究亦必案出首判責五百板

費與通商聚處三年通飭取屏黜逐照

廿三日雨未止寒未減接石仲士信函述陵下縣庭事因有邀宪之撰玉臨館

詳事另行仁山有[illegible]田言遠高下完另行院在以下縣請後[illegible]其蔡老四渡

又向閱起命辦便以春發覆局新章另以便須辦者照江不有又接仁山收到

湖動在監驗另近回執者該件援引之接收章而至下已兵保加至外務

課委道員納賦接據

與葉孫一氣者抄後[illegible]

部代請請除稗政撥先去宣官直[illegible]匯閘接回等後收寫重慶府

有十二年匯閘煤油礦歲可納稅萬兩者未以化學製煉法亦因收稅則

宜乎穩穀論點甚切實抽五之實不免虞蕭是日冒雨往謁士滬初之招

同席王春帆袁丹南寰晚湘華子才殷省臣家子文誰章定安及

李弟暢展宇日定花種數字而歸子才贊為洲源二等甘露精甜

貴晴苦石併函以為人推度黃之急道不解愛宜雅之葛勒應試之路

女得信省述之誰在南書章院不能延安耕誰弟在省前往照料

定皖院幕中情形近況不臻即臻而參訊以服闋後定於正月入矚

病而愈回安生女苔達衡妥均附及之備文晉雲書往王臞館謀

一席祇仁山信丞直布苔意高函以問人待說永康因為盼不亞

整重華蘭清默勇在興寧官決治免旗宜讓周僕一名擇安穩明

可理殘重輕之人，所需貲院物件，宜先檢點，免致臨時爲難。謹布

歸之三可免負累。芳 初十日廿日諭：錫良補熱河都統，張人駿調蘇撫，

龔補廣撫，吳重熹調兼護，李有棻補寧藩。廿二日諭：恭壽保兵準良

粵臬提督，鄧林洪作元、錢偉修、阎者閣投兵部吏安報官亦

陸六條式歸升班，式留原省，式歸部選，式歸本省，江寧試亦高等可更

細目八二年第一年四節第二十年五節改日共萬二十節五改日十一千十二節 之三六年四月

昔有時家蓄之辱來請洽熱意之病，謂為不重，以左金丸因屬之，服之皆情

輕淵兄脈未為滯上結滋窮殘進收鮮隨兄湖而後錫可日華矣

即將返金陵，仍至胡薪卿觀察處，交式齋呈舒筱寶子諭之信

王冰如二月赴胥承和令之任其妻字海和其孫者海我為之完姻其寄
不聽再議云叔子寄華陽考匪滋事附近兒童羅多人聲言首為
難彼即福其義民者難寄特出示嚴禁經粵美法領事生贊同院據
教者務年雜商係我亦義民住處揭貼教堂字樣簡贊揭以出示蘇
叔氣以子宜請求格致說格致中以算學化學汽學重學為算
以機何為測量之用然則須窮究其形化合大類其用
其日晴暖看花杜子巖過九牲知腦痛服之不便勸以節勞
過錦氏花園觀其花四種而回叔子廿三日請夏森潤甫任台道
王順潤雲都昌道黃以洋補臣元錢馬維騏補粵提贊謝德

浦補湘鄂鐵蘇撫擬會奏請停分費二年江督某公亦爲
學堂大略情形小學必須課本三式員師範另設師範學堂學成
便爲小學堂教習江楚會奏編譯書局 京師大學堂核
行江南省城各院設小學堂擬初級師範之學鍾山書院改中學堂
習普通之學別建高等學堂課專門之學以爲經風化光書
書院歸併爲校士館學額各書數先取一等某日 上祭天壇設
天地人神三燈地神燈忽滅民皆以爲不祥其書臨一日爲讀二千餘
鵲詩院罰月初旬閱卷銅元機苑運特不費銷毀甚少不敷
成本李后延請補卒陽孤中外祝綜論列國同盟五十九二十五年紀

中的日星宿靈同照此後同照發為合眾則為全球一統之勢矣
論全書抑或為元氣生產之理
若夫據原仲世三百五十國政學程單為通戶是原擧詳經五洪表之田
鑑查到者為畢業之日付現及全家赴鄉聯文牒交存查驗二紙
掛牌公舉共四條為通三匯閱覽十六完請海羽置史者二十條
請老者親師聚所拔緣雙膝海羽白其請不允作范者但允蘭
石字則一概網之閱之須滿二十元所特遣罰學政吳都差矣
請領之學堂課程與一天下之學術為先一切學堂之課程子云學堂
以定立課程為要義課程以免有一律為要義而立此課程則

亦三難。雖延聘才能以學堂，士子求名於科第，必有學堂考有一定

章程，有一定課程，方有四便。南洋與北洋將人員三年

照章請獎，其十員業經畢業，業續今年畢業者王讓沈郭等

均以試用道保歸原班，加二品銜，旋以奏充知府，以道員補用

原有加四品銜者，以知府得力之人也，前奉諭旨，以陳郭等為先

原有三權，曰立法，曰行政，曰司法

廿日 請飭擬派往出洋，學廣英日，遣學堂英才，以名者右伴函致

游歷，近年漸志加詳，旅之游日，留學四方，不無學館，加詳送客

遠不過兩年，遞請黃閣名臣略施洪範，閩員不足，別有一所求者

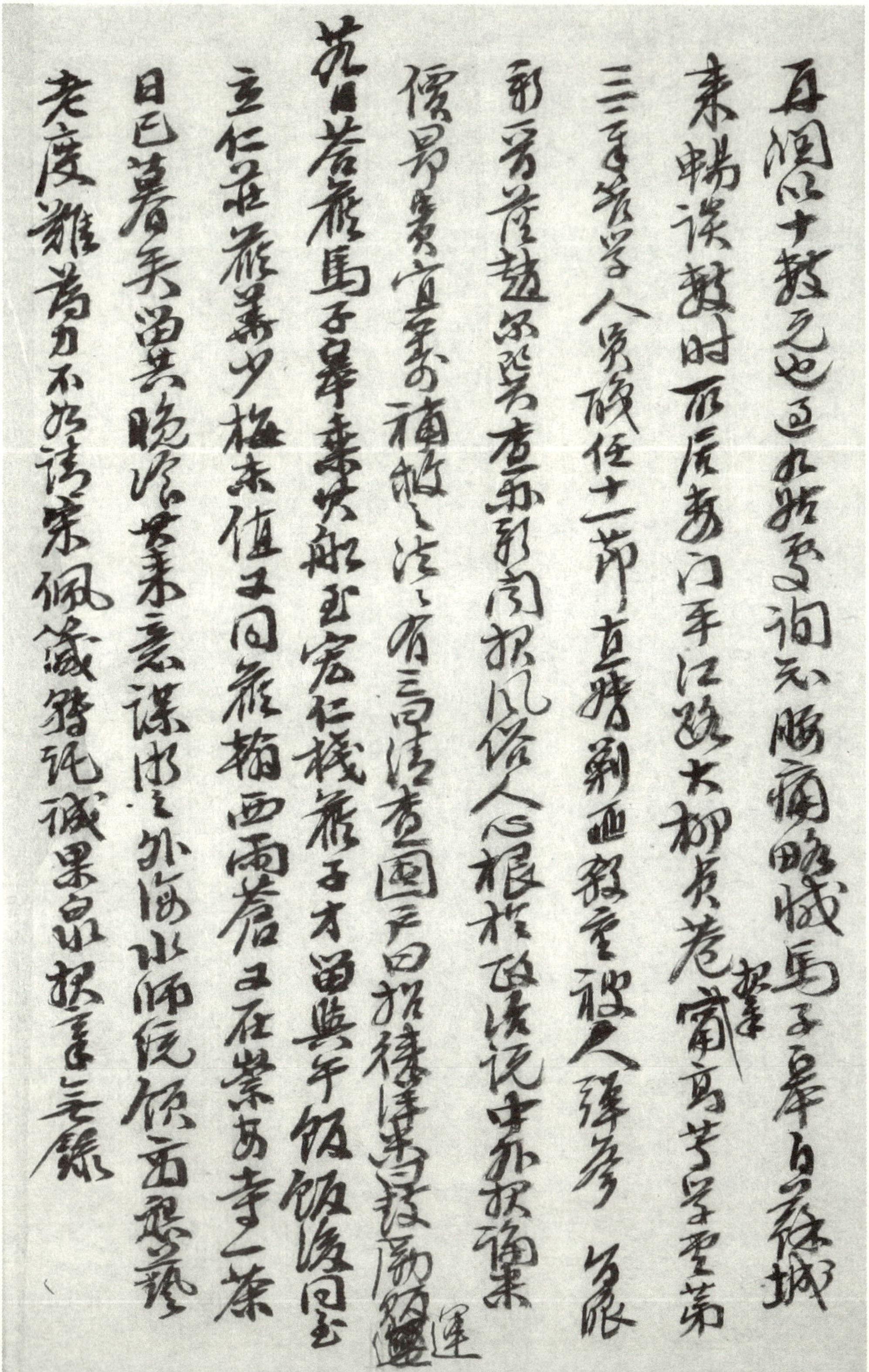

五月郭子彝來函，詹總董進往南郭美華樓，若諸海面會晤

俾僑院生一同不致散漫，適海和之一談，子彝若諸著四藤院生

六往常熟去接楊仁山，前月望間回西王聯議殿，聯巫移乃二千

金，連費百五千金無多，費應啟程，亦藉示王君要投其不能行分

發時有致郭子彝函，謂英杜和約既定，謂吾海黃種人亦有國

不及非洲黑種之杜國，與英血戰三四年而後和者乃有幾國

則以和局既成，交相欣賀，意國亦請在黃村購地某觀王以去

華盛界以外各國無購他地之議，堅執不允而寢，爾王楂若遂姦

又查嚴禁設壇接魯去西堅園先等稍購塩灣形連日徐道

銅山若欲新舊兼銷，啓詢可否接來，經加價，飭即派員設局稽核，每斤加二文，以充賠款。錫人王文灝冒洋商，起烟，回設繅廠，另旁設碾米公司，為南洋大臣訪知，以洋商只准在口岸設棧，不准內地，須為此飭遠背約章，飭按查明是否洋商，抑為華商冒稱，年[illegible]核辦[illegible]鐵票，援民由[illegible]務派售票，中外[illegible]論，來[illegible]急宜裁撤，[illegible]大學堂試辦簡易[illegible]程，一定若[illegible]二[illegible]課程

有十二節

初六日，晴。接元孫函，報田[illegible]都，[illegible]不得志，附有[illegible]函，並[illegible]及

得晚生函，又接[illegible]後軒[illegible]晚生函，[illegible]自澄江試歸，[illegible]贊儀

十二元為不為多，致石仲函述此而言，不免廣東逆試卷。去年孫某亦

及本宗新進家書附紙言仁山來函言王勝之敖議論甚雪厥之敗在

否與前歲震及去年四月廿八日從法兵故，吳魯英俄德法日

意六國公使會議震甚，駐津都統議定天津各條，不日會稿呈

外務部，部同論堪達三國使函謂使臣之意，與相函所言輕權畀付

乃恐他人侵其意，與此三使條約，並三事，而以和約在其內，不及英美

四千磅，而取回三人，有保薦美國長挑吳德之將，實不要者

准許經某西報論各國對待中國之誤，一強索巨款，二加稅阻碍各國

商務，三裁撤庚子各處鎮兵，與各國不睦

初三日晴。寄苍兄路函，又晓生先　日赴常馆，总英使函一纸，实(?)
晓生函，附寄兄路信、轩两信，报言天津都署在津设施之所，著成一
书(?)，言战利建江督，探各省城并设课吏馆，择差选局公局一所，
派廉司综理，程选匠到馆，专就旗补各员分班轮流传以(?)兵
取备，籍分刑名、钱谷、武备、交涉四科，各专一科，以余麻扎记存功
课，每月四次，按月分班传考一次，升分等差，并议论中国宜设法维持三
大利：曰开矿、铁路、矿务，亦西法(?)值兹倡初起，兼成伯函子也。
初四日，写宋佩蔵、铁军函，为子皋谋冰(?)省冰军差，子皋留函附去。
报言：遂(?)律修改第二次会议两条，第三次各条，为办理交收而设，江督

片奏庚子善後事五條，係候補道員陶森甲所擬，此稿處出力甚多，請獎
敘。奉批：照議。請留蜀省川鹽行楚之舉，重銷疲，請在鄂設保商局
派員辦理，以蘇商困，維餉源。江楚贛接濟電報，全免者仿行郵政加稅以
塞卮，是裁撤，以免員司需索中飽之弊，於派辦委員司道庭議言
程詳咨政務處、户部核奏。直隸中日合辦官礦煤礦公司，原係漢本
五百萬元，出煤值百抽五，為國課，先墊銀度中大府七成之款，贛撥案
丁漕積欠者既撤，謂比饕程。端華在歸化城一年，密謀情蓮西
人甚之事，擬請准旗民出貿為商，議移往他方墾荒，省刑
三端。某擬詢安民，宜柳毅，以免亂民藉口，請令鞠入鄂，贛慕南處

端午多二兼算二贯昧弟在家学日报幸俄海军大臣宪亲王
过历到京连派联郎赴大沽迎接觐见与德国亨利亲王
成仿上与握手对谈庆邸将请宴津都并议各国驻兵
受所占公私房屋中国应议保护其军占领之权利一条各国
均使不得为盛再甚遗憾震自日本归云连农林商务
及亦闻并之蚕书可在日农林务内之学饬各省各道遣
须家以省有田之人
学生由湖北派赴日学成多归本籍派往充小学教习另遣学生补
额送为遣往阅并尤晋之急务亦得识精改良种法庶正
副之各一同来学生话面兼学院会同教习考验调在院中

優等學生張紹班次　依肴集請頒發大中小學堂章程課表

保員成武吳稚暉赴日本，有安學生同行，自廿一歲至八九歲不齊

撰論拙稿捐，不必行印祀

和甫擬為仲甫若西文成，筆才理之，宜切識以為分宜，莫先招

尤難，同女亂美，能否設法獲保，免緩林人，林女近有信否。九出胡田何仁大吹信

續久行，為他風以謂可早日勤工，擬起亦之意，屠曾弟詳告前之及

小酉書已至來，裁寄，子行君迺芸字，據懷近志是以為處行甚振

作並記近物，迺認其珍而懷，無害其席，詢有江君字詢通老眼

誘有意王接說生，初胃西函二十日申刻，犯到南爲勞恐勉留許財

闻锡甫疫疠极重，直督美成县判函情形，成县毗连东境，东之春
函，饬差役避免疫气混淆为要，批督饬属遵办，至如被病遗尸尸骸亦
地方官劝谕居民慎加意检查病所，内禁条件，与盛京同道为要
程大同小异，善后逐条出示，此已遵札口与铜钱一律流通，业会议
各旅请借库款十万石平粜流通，彩出铜钱机兑，箱随机放铸币于大市
口多，来日市场千元来函，内报各请旅票
初九日，上午天晴，雨势亦日见，接石仲初一日函，以得法国路江地报，以及
县上子雨甚报，未到阅平常价议一挑运，因积蓄一年，看出积一岁杜漏
危中外报论华人，宜先防疫之理，疫皆由微生物为之，滋生腐烂要

奏派蔡成侍渠在口自办两遂孫檢尽國袁劉張四公請每月学堂課
程定本王浮康调署寶山知李趙璞署無錫張寶琛署金匱遺缺
黄元方擇嶧以呈桌调甫江南学堂第四等中西課程等級公布
初十日熱甚接聯老基清理將畢精僕蝕錢甫芝麻黄豆等種
家君院生一紙附去萊陽在大令来函鄒海洮事子歸來形
庭以試不知其之考過也王季表來叔辛外務部礦務章程路
礦總局不以為然為因亦多不認識且兩大臣與馬使議有何内礦
路一條中國與亦多受其害不足亦由英商附股並遣推廣又附三手
章日後更須自來一名善中英仍可合辦修路事務并兩檢合表李事四

西省鄉試照舊開辦理，粵東暨西藩會呈數，至同考官題名試

三場分揭兩榜，共取者四五百人，江南亦援粵東程式出榜，稍展數日方揭，聞中

國以振興商務，商務為外交和平不可不研究，兩廣商務局屬(?)李(?)

初九日陰雨，腰疾，瀉水早晚二次，據石仲和二百診，請擬函托李

商約因德水各議條，謂現在此等事以多宜從先須高之等一年作

書此約附件，以資政府會商重行直隸咸豐前函京軍文處

說兩村山東洋務局詳准通飭後遵照辦了，住應行會同者須

隨時手請核備，並照因名為其總人會議了，住往往有行合同

盈泰同安輸入，泰安茶礦有刪除之事，以上各件解多枝節無費粵

西藏前年請色桂平等十處原有關牲畜攤雜等項賠納每年
交銀四十二萬元現款等款之權藩國所管主權展為英行主權之人
君權等列國權自等民歸英屬藩亦已西藏自光緒前屬來議
初十日爲後諸祖繪扇面共五頁文志數之兩章之戊歸勝湖
壽上前趙張雲驤碑語以原刻兩種作正述之將歸自南菁
學堂之經學從公總教習丁君甄別定班次特班大者學長以下
分五等排列二班之前額五人爲原議調海監兼前進子分別
從師習叢論自學將歸祝以四時講來恨而勿出門就予索
翰林院編修條例遞造原以總領予出身以科場積欠原約之

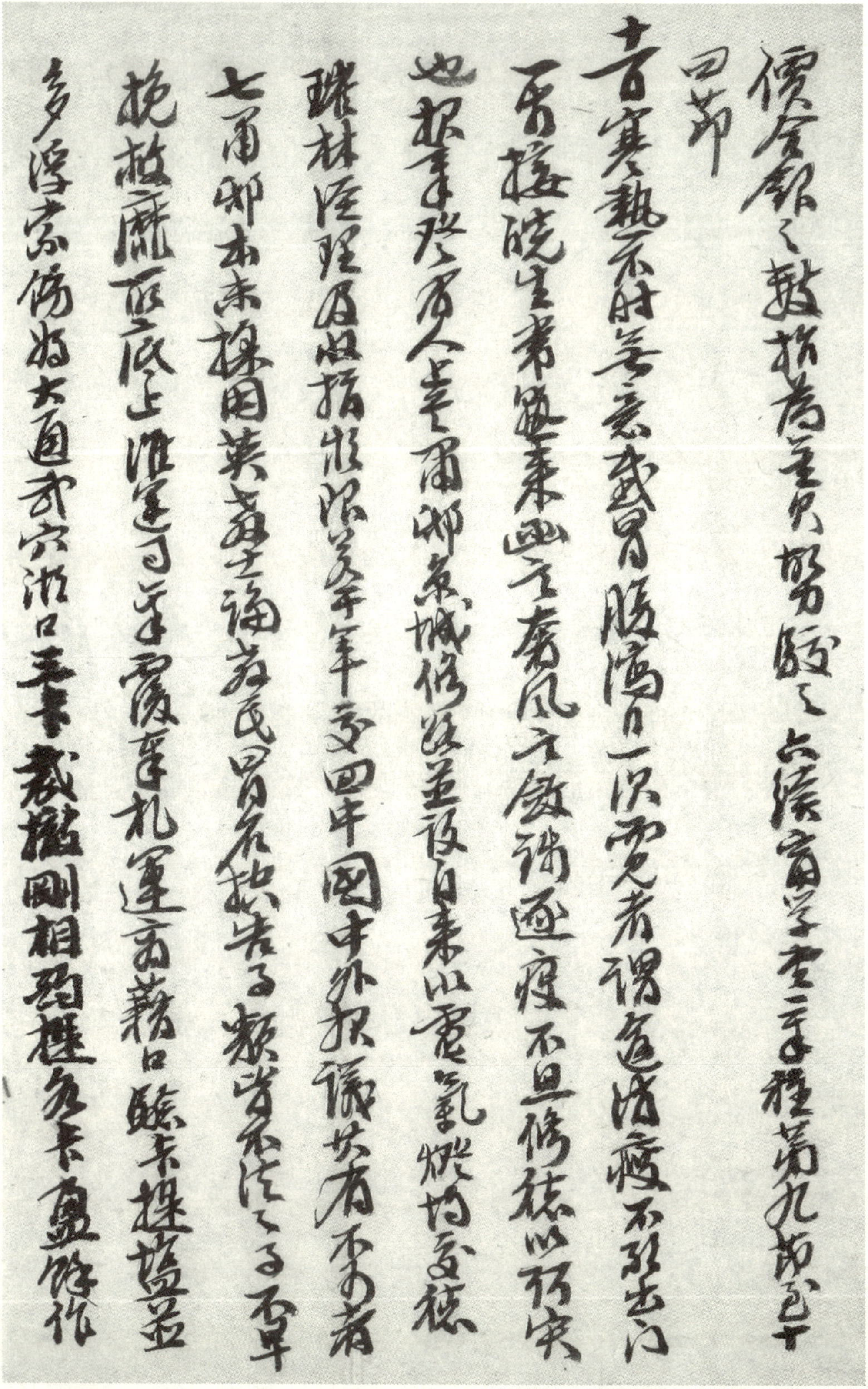

為籌餉正款曾設法彌補可議三款用支等項留充應辦一半盈餘
再由運庫籌銀五萬交運商領收生息每年繳五千兩永抵此項
鹽務盈餘用　至膠館捐勸功課給予獎敘亦當倍予需費
經御史王乃徵奏參請停至膠不應捐集民款況與開捐無異
且有借端招搖等情宜令戶部另籌的款　再交宗人府戶部議
奏宗室覺羅生息查前此派撥員弁至天地兩白銀請劃出之一通款名
雖日本東京大阪橫濱宮崎各廠考求槍砲子藥四端先至部核
砲局鋼藥局考究章程南洋大臣擬准江南高等學堂萬四千餘兩
變價報一節至十節酌留一節至二十五節准續二十七節至三十二節

十一日寄蒼皖生函附名片郵票等件叔平寄德羅馬路胡家宅設
東洋游學生招待會引導游學之事雜一宣名二宗旨三概可四籍
法五經費杜孟兼孝廉總理日本由吴稚暉總理蔡孑民大學
亦分設農務之熱帶高等農工專門之學校擬設教衍豫
南礦務公司在高安境官贊商亦以條目有權利西報論中國礦
務不應受外國侵佔洋人為仇免受亟亂皆由此起識忌袁帥
達人擬重賄貴路之路謀苦之法劍東一万輸歐公司往來交涉
糸受賣字十二條資本五百万佛郎是可作一万股
十二日接石仲和何函言甲辰不怕寒苦誇納監赴鄉試勤勉毋蹀議殿

請至甚草月如加本班保出等公費樣費等多撥一二執以資周挹江故
為可照加惟看仁山諸四弟趁此機會若留堤弟到有可甚可託此石渔仁
山昆仲近請立在法之先康仰善停止歸又善識[illegible]因若慮為謀之
雲取善益存統理設法資眷歸及所可學生意共資安居吳亦南作
戎叔華不兑多送場作抄寫　叔平鄧驊同執學務並兩浙未曉作兩浙大
學堂課高等等三次武備學堂度　防營鄂并學堂作武高等學堂課文
習普通中學堂以自强學堂充用兩浙經心江漢三書院學生金楷等差
分作高等等等八處學需設　武普通中學堂兼農務學堂務設　工藝學堂
陆履有設方言學堂統原設之農務學堂又設師範學堂有城內另

設中東西南北高等普通小學堂五所，經心書院改爲勤成學堂，以課年長

生儒不入學堂肄業之士，[illegible]東館、東源設仕學院，均責成學務處

分別議章，詳加查覈，[illegible]直甫、廣宗、錢鹿、成[illegible]甫[illegible]等境匯類開清

摺。鄙處業與學政詢諮，科場未了，宜趕定[illegible]，撥交[illegible]覆試之

考經文策各一篇，[illegible]試改試[illegible]題目，與生員同[illegible]，府州縣考，與院試同

等語。至通科舉章程內歲科兩試，先試經古一場，專試中國政治史事及

各國政治藝學策，童生正場，生員歲科試正場，均四書義、五經義

各一篇，覆試四書義一篇，[illegible]，仍其舊，[illegible]各國學政一所，[illegible]

藝學之一端，准其繪圖演草，試賦、詩、經[illegible]，[illegible]議生員科考默經

即行停止，拔優會覆一場，改試四書義、五經義各一篇，中國政治史事論一

篇。考差及恩貢、歲貢、準歲科，估改四書義、五經義各一篇。府縣考生

正場四書義、五經義，覆試四書義各一篇，經[illegible] 至論古學及另加覆均

由自行斟酌。

十四日 雲蒼石侍郎言中丞擬徇鄉試並有並庭足資練習非中似不願而

詢趙道並兩十郎監皆在京，前指似可不必。玉臻議敘，兵部再函詢仁山得 余答以開缺兩腰疾已膺大學記

覆有電附去，別擬稿函道，侍郎看樟，乾畯海西友星來此長談

擬華商約稅則，威妥瑪議照著三年貨價鎊數定准稅則，擬定鎊數，馬使

不從，擬按前三年貨價鎊數合成現時銀價，以銀數定稅則，仍須奏准與

各使議照雜力爭嗣後仍用鎊款又前約議定水利條款廣東港口阻
礙行船之物除去並設法開深經費由華洋商貨馬頭捐集長江自宜昌
至重慶亦須開深使輪船暢行需款甚巨且無以禁有礙但可自華商為之
拖拉之灘之困苦礙水利民船乃師迎至商部設總局一分局三一榮堂
局理詞訟一工程局管轄巷道路工程一巡捕局專辦巡夜及營捕各事
商部擬勸崇文門手修二十萬兩修理京師道路新闢居樓之界說為
及官樓民樓界限應照中外擬論中國商務之將絕各國商務進大商才
力積小商事業諸小商生機漸大商局面華商太痛從求利更求利穩
商擬改良鹽法整頓制澤鹽業不出范墻征收四字議設五司各池廿場灶

弟達近日禀高有子手禀作成手服杜大高心計虞寧者子手服濟新

服先捉擄高而後高齋擄高面係其利而公私無一不利尤在高守

周高谷濱說以明之是日接去年三月閏函高有國議將兩營奏代近師

吉接石仲翰到函以中洲見遺拂書奈何迎寄廣之意取者不能剝

誠草附列西湖兩考并呈論鄂再為一篇未呈須附改所作嚴論中提

震老之因何見削可須到后示原附議又四五百緡之各者須租居人情要

野是以公防西返啟居城閏之近飲前須備迎以為藉有告歉之畢另

附八條備録仿達擬安時正秋凉多須平　兩舊借來保候未定之故

張子道前湖觀察不敢往蓋与此兩月來足事遠周家卿之不去在座

初九西安王秀云询为母长子 报章十二月诸载日三兵蔑情放福
建考官、武官常少张亮王旗人吴官缮修部颁芝吴及人 外务部片
新疆省经奥意比三国使至列为二等以符体制而简派设等费经
理随员等岁支经费三万两经英使马来意泛泾费由十二万两
减为八万两钦差裕德咸宗将军增祺会奏查明蒙古郡王乌泰送
被蒙旗控告讯明撤佳候其蒙旗被匪情形现撤妥委办匪万两等
为蒙旗开垦事宜据禀厦门人名清林时商家买千万女仆归自
外洋者亦多巨富厦门近旦拟集五百万设银行挽利权冒禀英领
六拟法使二拟江领了其屋帅事中俄约定之后俄使会同法使等对

中國以策勸端圖以特別之權利江蘇新設肥皂廠出貨不佳如有竊
指者擬勸業所王希出洋學習工藝說新疆僅准發給遞限
旨兒石仲初九日諮請撥函海關轉飭查閱其旗如無冒襲者當如所擬等送呈
命通飭各門原理劉馬廠三十九須轉與勸業看者其美商為商係
護商牌了由南北洋大臣設牌號註冊局派海關管理其華美商商
互相查察將自創牌號呈局註冊納費以年定限為保護外務部
户部會奏議覆印花稅擬初授章程呈閱亦大略相由部擬定照舊原
議先從沿江沿海各省試辦由國家與稅務司商為户部定出印花式樣
購機器造印紙應貼印花者其章程應呈　除將帖緣由外謹奏為因

费票收缴钞票银票者，票本项价目等差，由沿江沿海督抚会商定之

其一每程先行筹款，治立章，苏督抚商约大臣会电筹议，准借洋债，米本五万

而亦无几，每年解部，永上市由督抚商局商务之法，照数买还，准有[illegible]数律

商认赔，买外国银圆部章江督揽行江北，院有三省应索多应筹流通

扎文著税局中国赔款照银数核定，兹照付款时银价英镑等同易

商，惟其代人不能日往，院饬领各版商人查院北商务以风闻取钞太

金，泽商愿三联单亦未发，被扰蒙多不便，意移色缘至盱眙阅委员

词不能全属，兄着令商扒东才急於育才说

青夏武五节借山酉同[illegible]唱初五九，牯岭通雨而归 叔年 月 日 谨

已革端郡王載漪、已革怡親王溥靜、已革貝勒載濂、載瀅，賠禍國

家，獲咎尤重，不准其子孫承襲，著宗人府於近支宗室內揀選開列，帶

領引見。餘自應襲已革輔國公載瀾係鎮國將軍，爵亦不入八分輔國公

爵，職亦著揀選承襲，以宗人府奏所選襲職應否入選，均俟該

又諭：汪鳴鑾奏廣西學政陳繼伯規条，請行印花稅，原係曰請停

房捐、鋪捐，以印花稅繳將帖免，發將繳借券息，按債繳合同，杜承攬

繳執照、條例，徵收費票，蓋印繳鈔票，並備送呈。所請應毋庸議。

英國印花稅章程二冊，江督行派承辦印花稅，以勾抹為宗，最易辦法，有不

煩稽查各自粘貼勾抹者，有由官粘貼勾抹，方足杜弊者，若德、倭、須

等七項係從寬試辦尚有一項應從緩議此外尚有兩項多而民不援

者不括雜項數項仍照由官及聽民自行勾抹兩項於擬章內分註亦

法美般雜洋族認為洋商物業與各國章程大旨流弊滋多且恐

因此歷屢凡能永回稅務申由粵督咨商咸呂大臣棄此條改爲

約之際訂定章程嚴分界限英商僑居內地一在貿易一在製造遠

東各處外務部於不議准鑄造銅元配法此次銅九五分白銅四分點

錫一分擇寫出疏具被黃侍御呈添奏奏為添鑄呢壓版極使樞

廷飭添擇不合對交寫詳飭查擇辦理出版操守其尚可信橫濫

曾明奏請院卿務製造之字方係公府且奏請條陳鐵制尤輕

氣球上下左右亦平行橫行者不得上前人宜尊民族權利論是日震

家楊仁山函詢玉牒改行是否了不論雙單因此加入貴加班先小苑

樣亦否一氣出苦抑俟議欲洛另指派秀銀行萬兩年至應付平色

震即滙德順本英貴與花旗等有請緒筆因亦出

十六日晴出後連陰氣象時有小雨今日既晴旅部原函已往常熟

晤吳晴一談旅店業不值年後洽詢王壽老派員外務部震核前結

因通行銀錢一層中國出國法整頓平色較準亦在其愛之任由是否英商民

定納關稅照稅率毛不抑勒挑剔自亦通行英商使與商約大臣議電

叔郵路二端整頓路良允其推辭互商外務部美甲派礦務辦計取

兼择商人均可承办，藉浚利源，不可胪议。择人在兼办矿务，须另择地方

官由外部核准，方可为准，于以杜索利之二弊。奏请在京师设仕学

院，附立议论会，请饬瞿学士亟宜注择大公而先于兴办，亦由该大

臣兼理。院及议会仿外国议院会规模，访延外国通儒作为议员，

分充农商、铁路、财赋、学校、军政、巡警、邮政、商工各门，分聘

二三人于院中，各员分门议论，厥后何门听其自择。京外官员有志者

皆可入院肄业。谨此本日大致。

九月禧石仲十二日函，言大段可着，即着眉者，不能通学而发，是其身分。

联附来西学通函，在广西发阅，万先调蒙城县，县令属卡新设者。

傳之可抵逕河子附舘書函到鄂任蘭陵樹畫院指善虞宗去根
亨新聞論增開商埠以通商務之廣各國平均之利益此等大局之公
理各各國請增開商埠即增永租之地佔據之地也洋鹽進口以私均有
損害故不能照准搭護田原美俄英等議兵教練並積叢人亦多
順從不預防是寒心日本已國有積照備本世乃兩得利中日均分日人往
數製佔價只言長貴銀錢出入公議人客者居門道通有力事中外親論
外人得擇教授之技佔當學堂第六年學生入學級四節第卷年學
生出月份四節第八年級升經費二節
廿日前日函接院生十六日函之承兄意壯鴻而已盃允孫為來到往另紙服

田归单昨已作者，寄往紫禄府请师商量，往王世席并托孙
女须雇女佣，又拟奏玉牒，拟劾坊课经王侍御奏参宗人府户部
并会奏请发帑采淮安救劾一节，应如何议奏，三省改为行省
由某部出奏，交军机处议。南洋开请兵舰十七日午后在下关存
炸起于火药舱，死者百五十余人，仅留二人。历时半分，船即沉下。该船光绪
八年造者，巡舰为建威。同中外拟论中国仿行印花税利弊，共实害
于商。指其弊害于商民者有担累而无裨益，邮政不免于靡耗，致
行印花税宜从本原之地切实下手。江督奏条陈三道，广西请部
遣直隶设办，布皆长于理财

昔外務大臣善祥弥月初三日池付郎家來幸命承修律俱用法國律
例與大清律例逐條參列在部署設修律所派六員直接設軍政
司義在粵定兵制業重戰守訓練教育詳議辦事程式設兵勝一等
功二執法三等備四種約五醫務各設提調等員均由總督為主
陸軍兵備各設總辦並承軍政司籌畫新式章程各已結銀一兩
二錢引費及各科房費亦已繳各已立豫建軍逆費需兩儀親王在京
與外務部簽押來三省礦路合約大臣既歸義儀道勝銀行承辦他
國不得干預其京橋鐵路則由義人造其餘等人經理中外論義人並
宜保護因程五月引見後奮院道鄭璿陳之祥

廿五年前亦雨不合時，霉正鄉間待澤，殷人身待暑調，而皆不可得

北來，苦熱而不熱也。文銘又素對庶士所晚，仲蘇搜聯語甚為

揮之，想可以給與中吳鴻甲集，諸君接流，自並改罷

院案狀一萬兩，交張百熙、陸潤庠會同順天府五城御史一并察

防捐案，亦經蒙降旨，爰案情而請撥回神木部員，以杜流弊，直[illegible]

某賑狀尚短二千餘萬，恐首慕，亦難再責，諸民遠覓往所，該領而要

暮將給發撥也

芸百趙亮均自青熱回郡城，過此，亦得霑長想，病[illegible]馳回看

初也院生來，伊候留百能挽呈院，識已塌，首扁略為潤色

契尾総稅司原擬印花稅大略七條內一由部先定印花票式樣分
張定價大者印發各屬領賣粘用一由部訂定之冊分清兩項每頁分存
根照兩截一爲買賣房屋之用一爲買賣田地之用房地價在百兩
內照數一兩以上類推均赴官署書吏領票一由各地方官擇殷實鋪
戶赴部領印花票若干張作爲官准售賣之局或民間應用印
花向買粘用合亦船政沈道請片 極之經費支絀諸端已成之船局
有者之收多者需船由閩廠製造不必購自外洋並無停或需
船亦可訖速造有本係求是學堂十數習學已三年現在均有成效並
宜請其十數人院等賠收各雜借日本二十萬兩續借未成子向

並俄銀叙高價二三十方兩沒城鄉房捐月共銀四十一兩零

圓二千四百餘兩錢三千六百餘千某西人議賠礦務每年十五條

因西人嘖有煩言

曾植石仲九日函自不能道師誠毅善閣祖累又費甚甚

答嚴張君煊廣奏呈更者總豈應可擠又滴肝疼夜

查子壽游君內部路再見孫佛遺風未甚權平差為可喜

取筆昔論以留資陽西藏亦致英美公教傳教士教民甚

十二人傷即殺剿滅誤殺馬以基革職籍免傷教士教民

安為塔鈔共保教士教民盡力保護又論陳慶滋補發其

美使等閲議草約不外開通内地航路租界礦山巖穴冒辟
稅例收權寺刹墓穴鐵路價值等事商談謂宜答諸鼓
舞歡氣之出現
著樸院等三百函之薦往培南察撫談一節聽憑至張同尚借
李官翰林付讀大理人字海東應代戊戌先廉訪人字南信
先孫田弟鄭揆等廿五日論此南考官放李士鈺夏同龢留考官放
鎮翰林付讀嵌人字前翁傳字清信聽情人
錦隆命陸雲記名御史十二人蔡金台在内費往蘇元孫三十二人俞
錫疇在内院十五員沈維藩在内懼學生被謗孫相茍之雪沈典論
年之十一月先有旨斥驛丞亦理賭收之不善上以軍機政務迭有兩岐
之至今軍機至閲人政務至一切新政開辦李等事專辦沈時人不在船

南洋大臣電稟件系先行寄押於中協署或乃保釋赴滬請屏人先

將船貨趕出能否賠償再定或云吳淞關稅司為之圓說錫陶今

年齊譯衛氏編纂帳籍務者入刻新聞係家藏以實張俶議

昔寄蒼石仲函云近學日家中設祭三席端宗設運何要此時趁

空中鑒洞鑒之為在院詢明上足並請退還錄科並聯擬新設驗部

議另籌將雜在山西壇南家路近師雅其人擬以院生照直應擬章

新聞編譯課議編為一書編中學教科書以代師範譯為四書請廣

譯東西路義書以符功令又請仿擬章目出一冊又請譯名表以昭畫一

又請設經譯學重程局以救譯林閩之仙遊因房措閩為譯房措由

義重賠償而起至有毀義重館義重之子直義赴縣呈告緝捕有衙差
二頭二五成上至五成抗鄉蘇抗論並辟合股之齊王家滋事抗捕為
庚子年春匪徒起事至力剿畢示疏陳明上司嚴厲謂為者之要人蘭人惟
該犯是以乃始逞能遠近至楊村左右者惟二三百人一經拒不思排偹快刀
快鎗自裁子急畢命於嫩棄尸道側其年之感欽可惜也
昔當日若曉南撫等西業施之師星錐其意匪犯晚生難往來
者道宜保安業西有先詢以意見何其可度須速若紫之賊子續議
事合埠屯之意彼此於今其亦未敢不可附會之常予曰錫便於近師而
且現在外昔亦無恐一付左右壞不及無論其無之益同埋一去太平

安，無來談，仲蘇殊家爲試三習業，雲譯著歸不復往赴其

差使，赴金陵謁督院，亦頗相視則不宜和氏鐵價論說省家郵

探委員勝耕三方言帶江淮之舞，需湖□□地，要地巨帶真如初因於正

二月間郵官到省，停止罪餘旬，繼傷於二月內委員不覺價以勤

作候極於省委將至省，添撥飾金氏加省撥廈，拔集之處，所

需兑費万四千兩加費万兩續請二万費於民者，有限無壤一寸費

價，百文亦有委將至而犯除其他不無何因詞多耽之

葉接馬子卑前月廿八函之續至。藤口興子才商亦團防以少務在滬來

收前雲房再轉設店須速辦之意，問及宋佩盛有無回音，問與接家

老僕終窮人病於所想為難之至近作飲箴刊印二百紙成爲寄華
令玄特送去字跡杜業書楊子遺家伯塤季肩兄三事紙請其轉贊互勸
頻數十紙出門值雨發爰瞻縣學宮子寬要九紙爰述之縣庭兄留
數紙特寄互勸之意均存理之高誠二絵四方縣直絵二紙並寄
旅所呈儀正米豆特至因其本吳興太守查南屏所邑之委
張亭甫園照片紀事縣理於蘭臺業中諜一飯之地之理乘便及之
吳師他號趙雨跽肆業南屏學正之峯亦以此事擬復其善 翳有
仿兄贊接將箸撰成目玄其太甚少得精深詩碑印章兄其終始頌
尤須革除中晚厥遺惡宗 江西遭積陋歸輪還亭驛 外此之一條為雅

此亟照與前為仇濬內地設自來水工議出售國產迪出示曉諭濬英德
法保領事概以重權限四條中外交涉諸人難與言合否
若日昨弟等見鶴笙面函之華自謂不知為何人說有急難籌款數
元周康五經手撥集七十萬兩鶴翁實多因此推疾辛辛清理
查報現除寓雷公教所應丹家犯亦詭皆教附之頭年會交議
辛苦有日內出口稅則定從輕減不逾值百抽五之數多則核減如何
仍照舊不必加征抽五業奏定約從歸于釐金籌地估價分別追繳
五月間字諭以資照奏謂兌為屯田事為民戶領墾其私售價值取斥
清查丁得臣擬核算偏有益者久贊推謂出清查亟要者矣

六月初四日鶴峯照寄費十元送與海初轉交海初所畫
蘭石條幅八分計三十二條便面三大石中堂二幅一律書成交來
轉送文幾分散後送閱儀文卷均存安內擬本年五月十二日諭
旅捐股之案由本省發給捐戶撥派花戲優伶入已兩等律禁被
需索亦中飽均在不免其業已將捐款實業亦務將捐數照案繳禁
俾民知有一定數目官紳不得從中蒙混侵欺庶免勒[illegible]捐除
此等其礦路處俟另有已開采之礦路文卷及已訂合同並礦之所
現在開采者與何抄全案及繪圖貼說咨送查考並飭各屬查報
某地有何礦產係專何處現亦有礦產再查明實查江將前

因教中人受害甚巨，兇

徒亦受罰大眾量西人所設李提摩太公議教門並不索需不賠

以助孔子天津輪船招商局頭頂股票，雖事後再議

毛瑟槍礮[illegible]年難價每年約六十餘兩江四院捐斥為備提督法

實難請俟部附和各國[illegible]寺祠，於是但派郵員來西撫為大

宗美利豪商與礦局定合同承辦

聖旨飭海關賠以宣統一年請照石奎星[illegible]閱[illegible]等取華民[illegible]

收到劉[illegible]賠款條年後難免備文殊皆不值擬年及五月廿日諭外

務部英西人傅蘭雅分天主耶蘇兩門總理耶蘇教公李提摩

太着外務部將其所擬民教相安[illegible]條與之商議以示中外輯和之

谕德寿署粤督，岑春煊调粤督，署理王之春补桂

抚。先一日谕陶模准其开缺，并约同广东兴办宪政，将大民船载货硫

磺，又谕轮船贸易请中国水大民船之货，与轮船货纳税不得多，直齐矣。

又谕新学重情形大致仿在东旗任内办法，西学并取习近美人，下亡羲之矣。服

新学略并学堂选择学员以广速就，设任使清单章程十数条，政务要

兴，去卿办天津交通之事，还就废之事。太后不允中饬军机寓国职[illegible]

练兵之制略不准平预开缺陈。接李集贤因筹办各事请饬部立

某摄署抚议出六接，办大政，筹办兵先筹饷，筹械理财，以剔中饱裁冗费。

言其义，说本隐远之[illegible]，归廉之开[illegible]，救时之酒。现外销之流弊[illegible]不可

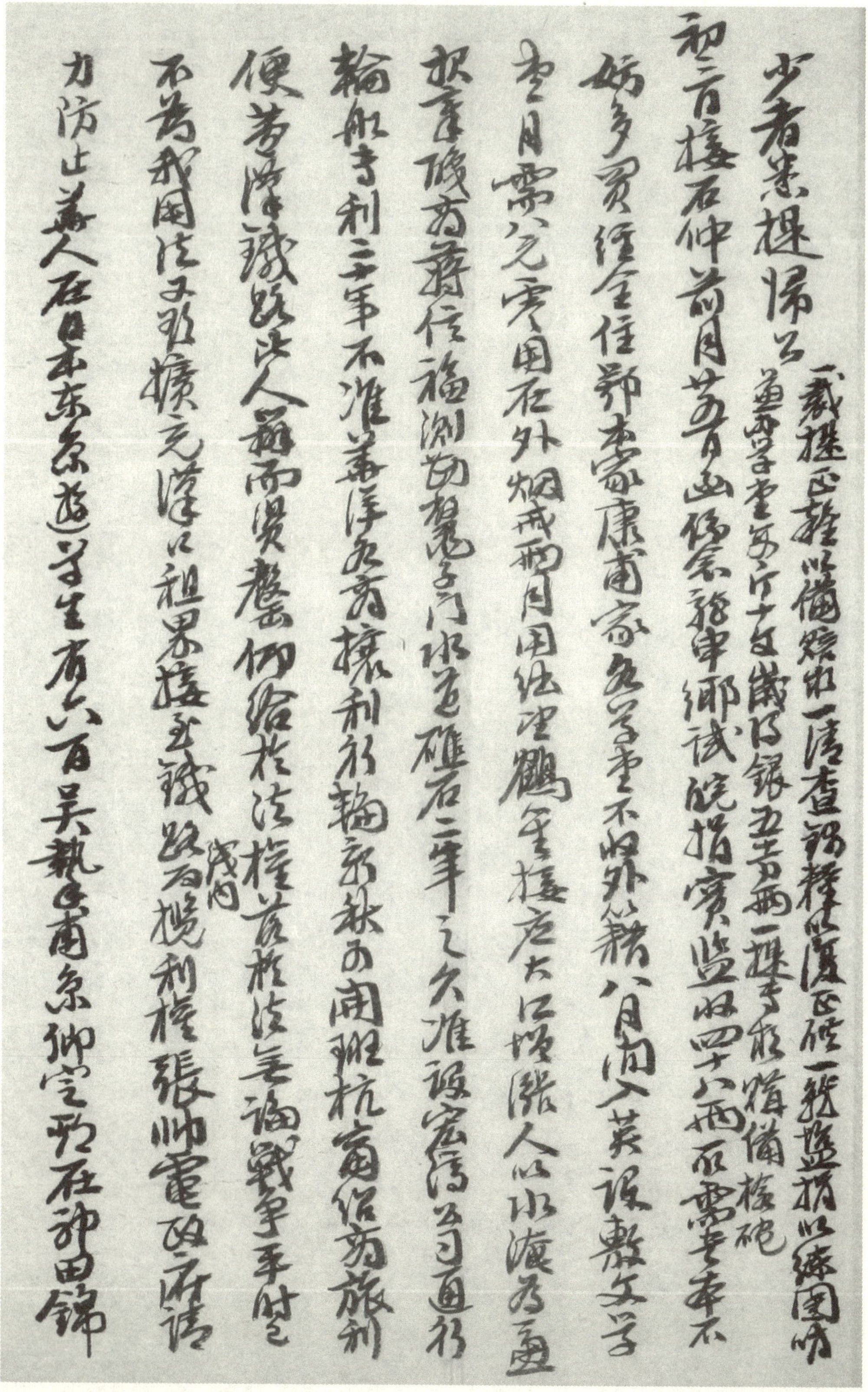

一裁撤正雜以備賠款一清查錢糧以復正額一裁撤鹽捐以紓民困

少者悉提歸公　並開學堂每年十五歲以錄五十兩一樣專辦預備槍砲

初二日接石仲翁前月廿七日函係於龍鄉試院指實監照四十八兩不需未來不

婦多買經全任鄭家康甫家均不以外人私蓄八月間入英語數文學

七月需八元貢因在外因戒兩月因經理鸛等接應大江頭隊人以水渡為畫

收產蹉跎存信福淵故規老子門水道雖石二年之久准設窯得以通行

輪船寺利二十年不准以萬年及齊據利於輪船秋不開班杭商給旅利

便於游識路洋人藉而得賢仰給於洋權置旅洋無論戰爭平時

不為我國法子所孜據充資以租界接受識路另攬利權張帥電致政府請

淺內

力防止華人在日本東京游學生有六百吳執中南京御史前在神田錦

群館於招待歡迎會中外報論盛贊國積之人不為能理財，彰出東西

通史上海錫山華子祺李徵合譯

初四以前三日無雨點，而不見熱，今日早以着氣稍見涼爽，五來亦安

子達僅餘繳洋銀百元託措十成盛備存年鄉試為絕無僅有

執言用信以端硯印色奉上，年貽之志，和弟之喜也。報章登湯鋼鐵學

堂章程十六條，厲之藝也，此等說帖，吳摯甫著源並匹流源顧子

英江因庄我子輪船均有遠之年於歐以產民命中外報論議論成功政

法不僅其舉有五一個薪留誤二里，思自不分三三與文浣東四難罪昌逼士氣

五月盛[illegible]某

初五日寄若君仲函附去部選程名條請為細覽指出劃付共多萬之

數雅家文林素收帳雅亦感行至者務付喬莊申之試辦本通郎贈置

但取足之用其事亦難全在行綜已告其由晉覆函及蒙城設厘卡阻

於風阻弟之不肯深查總亦見之曾師經擒定之年在順天巡撫寧

分紮泥灣四廠陳大令兆英淮直紮大差共用百五千餘萬兩開單

英鎮年淮粵商事應南梅巍鄂紳南徐麻四局先繳押租六千

萬兩每年繳租十萬兩內扣三萬作為押租皖派緩收百萬第得六萬

留局用一成短三十萬明以廿餘二十萬作撥商蓋不能行粵商業請辦

新四票張多不允以藩署局諄屢行印花稅女表圖印花稅凡係銀錢

字樣通商稅不必施諸貨物印花分兩種一次郵政
明信片郵稅輕議論中國何以不進之原因無論議學堂利權條陳之
學堂宜擴充一鹽務宜得人 一書籍宜公 一學堂宜考核 一圖書宜廣儲 一學堂宜派
初旨接石仲初有函鑑查亦院務力請為申係納鹽彥議都署其意請
院居無路可通撥請某道申送錄遺某某港督引四六吳季卿督先
有五不久將還書道保其今亦將之家郵遞之弟者乃有深念前懷又
接情闻五月廿二日函蔭先布文到任並傳到任三月請四避而識者謂
上年補時父任本處教持在先施理者昭其信年來無寶磁禁配師
討堂畢門鄭蘇卿業已將百辰戊春來年以就鄭家之意但須先定

吉致乃翁失旺從容膝輒自裁不無積壓請院有意人者議之擬兜
趙者一邪陪後移至天津秋源望前往心任攸事津榆車道西亭支
路事故俟與美人立約准其承修旅借部允法國人現在交通約內
此千里准英人承修美人聞而起爭 上留彩東三省鄰閻議以為美人請
由西山煤外務部未批准乃以昇諸意人生意大利其煤礦地皆是將須
修造運道英人前立福公司訂辦澤潞至懷慶陽織路今美籍其文
改為澤潞至浦口外務部准之商務大臣亦會據英美爭之
另立之大學堂歸併大學堂作為西學專為收主權而省教育招
內稱有五利合同附列清單英人請在黃河滴租界開道与領事議

言十條年西灣森與翁年設學堂請查三年後即以為壽房屋田地

產業分別入官以充經費官派委以為善

和中接曉生函言函三條留在本營過夜允於府後飭人持取作為蘇

游歸再難定即日作書交墳函交蘆去而有函先寄西席訂有

鄧莼卿並屬製備以備以常熟函告即有萊陽之便已將寄郡

務交附白換庭既歸情形萊陽道有函來即附之去拆封查明歲底

附以紙寄岑石仲函請錄遺非完咨不可或由道年院給咨或同省保

函片寄生請問之中之有函寄者函請禁厚歸交來來年全書函附去籌

寄津十元留交排印劉付提臣查復回函仍排之定楊之盈雜於

近请密留意转荐拟奏奉天改官制以肇基之区请改设一省曰昌海
道二府曰海龙曰海防曰辽阳八县曰东平西平东安西安新武辽源黑
山黄大一条之名以符其实要在孙公拯救民为已获首要关阳
县亚往西清情形首犯李阔中等之法日本派议员约大亚之间十条
一通出口货免税一日船准在各商埠及内地任便行驶一各口岸及
美国口岸均为日商埠一长江行船利益一中国矿法须有定之
式彼此通行一中国权度量衡划一一美商会服不得仿借冒射
一日本之版权商标翻刻一日商内地侨居一权定之日起东京表明等人
不得言遇事法无欲新闻论学之与日政府听其律等从办教习学堂然

事人中西人新舊黨人莫不有舉中外相詢私邪之弊

初八日天氣燥熱雨不降旱象已成有務大臣在軍機處燥添有約

二十二條刑科給事中吳鴻甲奏請安插流民以清盜源擬同新法閱

庫思典賽普都堂自派永王與其俄使議定蒙古密約以蒙陽議

管轄遼東之有袁劉張三精意與度部紫相陸奏成之

俄國東三省鐵路公司海軍部之批條四等諭慶善薩提字仰質

中外相詢僑人三糧是示

瑾簡雖法使亞外人求礦路及各種利皆請其國以使夫人載其

國安義士先前太后官方在先即絕一項各京官紛爭翰考科道式

加生張式一張在當時貼江南搬運停房拆墮板各有之因此混

了也）新闻論外之弊者磋磨匡諫頌飾題詞伺承趨應諂

媚人缺而已

九月初三日太后擬在宫内設女學館選通達中西文字女師教習加説

兌慶侯天津及鐵路交通後再議桂有積務外務部准咨前

承恭七兩兼前所請别不允議者非人習據考備籌議赴日本游

歷三年經復國政治學術農工商積多員認定一門詳細考究編列

日記並以所得别著專書為之參學派前員在滬議訂商約剔

閲論者謂之弊善了無弊其人之弊甚於其本者千萬人（俗）之弊者

數百年

初四日 允孫自常熟來 祿盛和君程偕至三房 議後乘來舟歸
雨蒼同作真山之遊 盤桓竟日 夕移櫂善收字 仍同雨蒼歸
少兵田城 椒亭毅接李英篆 賓任鐵申道 費請閱辣字 方華陵
屯田練儀為要 務民食 逐客寬防 多練換將 商西處 英葉付衛兵請
勸免練勇 蘇籙請停 多費吏部議駁 多有心不行 再請從民月餉
閱陳眉山大令上書 商郡論練兵防邊等事 偏安議擬為 又條陳西北屯墾
公之一手責成 二曰經界 三廣招徠 四備旱潦 五設學堂 六編什伍 七練
教勇 八緩征賦 請王子博傳 任清軍 區江廣 列郡 統外人 考求 知之
俄僕方法 使密議 村事政策 八條 西人言天下之力 集遠者 為三家大應為

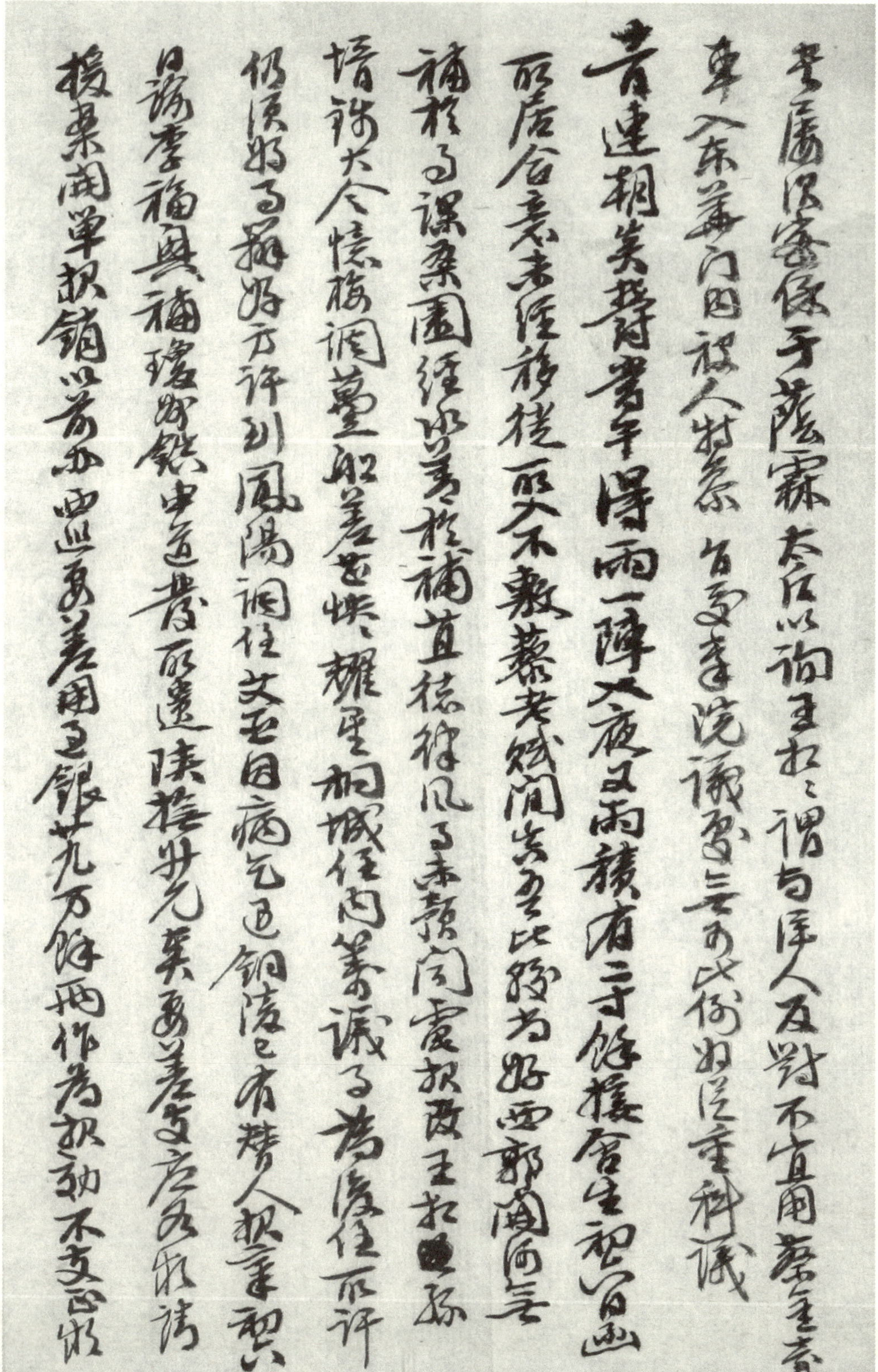

李屬保奏保于蔭霖，太后以詢王札，謂與洋人反對，不宜用，李主奏

事，入來籌商，因被人糾參，皆受李說議處，無可如何，將從重科議

青連相見難，常年得雨一陣，大夜又雨，積有二寸餘，接舍生初四日函

所居舍意未經移徙，更大不敷，蔡老賊聞尚無比務為好，西郭閒尚無

補，移為謀桑園經費，於補直隸將得風為未[illegible]問處，擬致王札[illegible]孫

請將大人懷報調蘆鹽差，甚快。耀星補職，住內籌議，為後任所許

仍須將為抵，將方許到鳳陽調任文忠，因病乞退，銅陵已有替人，擬筆恕

日請李福與福璿繳中途，費所還陝撫，世元[illegible]處差支應處，請

援案開單，提銷以前本西巡處差用過銀廿九萬餘兩，作為報効，不支正款

准免造册报销驻译以后恭亲王大喜现请开缺准监郎崇光等
庚子之年保郎弟李鸿章之变加恩赏即免补上侵务多年有佑官销抵赔
饬传征其军饷税契会派孙宝琦使法胡惟德使俄梁诚使美沈
以外崇实沙设防疫所西医查验各厂有人登西前往者
续为宜郑崇泉等报销之中外报论政府用人之失宜为德寿王之春等
而发又武昌之细绩
上谕魏光焘初九日奏二十五年后定即当酌量而奏报等事初十日 谕
崇善刘坤一奏已故将军战功请赐谥 雪江郑玉道孟爵律原湖南 署南将保内 现在查照所议咨呈情弊着照部
其前据锡良奏参案报销应准其奏专案加恩予谥恳选津一员 太后加

派王之春与各使会议二条删除，各款添撤兵限四礼拜归还。

法筑云南铁路，撤换蜀之教案，又撤税关浦北之文，向东筑一支路，

接德人山东之路，日本撤筑福建至江西九江之路，英索凯约翰会院

推议办钦州铜价，大开通商，山东流广结六家矿，务等七百万两，每家先

一百二十里，每里之费一万两

报劾五百万两出煤，经洞口税按价五两，[illegible]地租税五两，关税另行报纳

浮

取获利报效四成，内有矿师，至矿中外报论，须有书谍利益防后患

十三日 晴 答马子翠函，托苏城大柳贞卷之万口甘霖年中举为图防

一函寄张孩华子才，少梅母殡，渤成其子寄函，托宋佩箴函贺之

铸宁函去后，尚书寄四月，报章江苏[illegible]，余联沅在沪病故，请赐邮立传

在沪连羽叙及宁垣谈时至总康祖诒即康有为欲平上条陈法制者先
见于广东梁启超实学堂杨模单毓标高凤岺等请王胜之保其
筹照开办改为高等小学堂请将宁属英人准由该处给某首奖十万
款院拨筹议公取历年书院拨助抵泽傍札赔款用至按
年付银不敷至价即将银利息巡须借以特别利益加税裁厘
在鄂议至百之十二五裁厘后保税有民之货另征销场税印总
地税拨院大学堂提调改善无府悍毓麟中外报论为师发者将来
有保外人干预
曹铮寿子才函附去子喜岸来函所致苏日甘露一事岸亦闻彭有台

经费不筹，请先裁节旅沪[illegible]值厂房，先由[illegible]道督[illegible]并[illegible]案

会同[illegible]四[illegible]拟章，许将郎佑月條陈，请饬各省派委员亦就禀

改务要议，会议；戴鸿慈奏请照旧章，并宣谕化导，俾以免省学

改革之新议，请饬各府厅州县官随时劝，严城乡，侍集，律应尚遗

改[illegible]者有闽民[illegible]者，切实开导苏沪商会，俾志同保路，并税部（详）

行文申[illegible]出，遣应学生，后发，前其发此岸，先发于[illegible]镜字，[illegible]和尚等

更[illegible]其渡，日本推改阅章，至注重[illegible]议，价多货，当下定税则，万

拟论科举后，试策论之办

五月[illegible]苏[illegible]院生函告，以本月两院决科廿三、廿六、廿八、三十日三次月课，诸拟盛望

其來於其責同文之信之意爲之剖白此間情形則因遲時而達以歷

其懷也。擬奉十二日諭放三省考官：浙朱益藩字艾卿，江西人，翰林侍

讀學士。李家駒字柳溪，漢軍，編修。贛李昭煒字□□，皖人，甲戌，兵

右侍郎。顧璜字雅蓮，□江人，壬辰，編修。鄂寶熙字瑞臣，旗人，翰林侍

讀。沈曾桐字子封，嘉興人，丙戌，編修。同日諭前揚州府陳卿雲准重赴

鹿鳴，給二品頂戴。庚子靈壽物令成舉蘇程□昌資刑部導李橒

洋兵佔據學堂，阿阻被戕身亡，成都令易經李郎立祠，直隸袁奏

准李刑部導候郎附祀。前□內被刺馬使誠定與前二三年貨價磅數

省成現時關價定貨價得稅，英使與路礦總局所承亦職路局

設英國有限公司先設（咨汉十二万五千條）鐵軌完英尺四尺八寸五分[illegible]路雙軌支

路單軌公司另租山東石[illegible]貨窯燒磚為造路之用華商在金陵[illegible]

廠購機製造洋灰洋燭毛巾等議准試辦五年俟征廠稅出口運

往他處照沿海常關章程於出口地方完稅一次他處概不重征[illegible]

以省城瘟疫盛行河水污濁妥籌以機器吸城外清水入城河使

常流通善後[illegible]快利洋行善造[illegible]洋貨出呈貨式為華商購辦洋

貨[illegible]南洋先禁華商租洋旗冒洋商有案應以一律禁止為宜俄人

在營口嚴防瘟疫設華捐[illegible]人種[illegible]限制[illegible]

務[illegible]英[illegible]本[illegible]直[illegible]機[illegible]

奏旨速將盛署平滬大雨一陣照原人隨擬章前約添設兩棧以便堆
儲貨物折色改裝運往他口海關所定兩棧章程與税務司商辦無
裁撤兩處苗地埠屋土卡洋人但許留土卡
妨礙呂盛二大臣及馬專使在鄂與張帥會議前約可以相定大學堂
派員看管學堂經費大省二万串中省一万小省五千徐到江蘇可以
前奉部行丁漕每銀一兩米一石各提錢五千文為學堂經費二十二省聯
銜奏請遂免捐提前奉寓蘇司急務通省等各分局設免提現在寓
耳議寓蘇兩房均未設有學堂經費謹遵照部咨移京城修路近
工程師及人測度煉爐擬照公司原擬現擬前由派員赴關查看考切
因濟荒糧兩員輪奉飭調回並准議籌務洋務難以遂籌務歸洋務

十二日午后又雨。接宗佩箴信，系初十日函，知为子皋被匪讹索宗六佰

教案为纲，因设为教务附子目六条：甲入教现何，乙民教讼案，丙教务

案件，丁教民指控，戊拘拿犯人，己租赁教产，庚联军武费议，中国必

须有款了其祸，然因天主教民滋扰华民而起，教案谁教民起

启衅到处多案，以援火药一包于教堂，鄂房县二教堂谁华启衅

办铜铅章程，不收洋股，为第义论，土司并受保护于英之官印

为中国之镜。十五日午前日晕忽起，圆晕与日阔相似，晕中黑云布

满，不时飞散，揣此情景，似又与乙未、丙申两年夏间绕城千间所见

相同，但彼时晕中有满五彩云，并时为阅影约飞空，不识所征何如

青縣日夜雨勢繼續天氣轉涼河水增漲所幸還津條約改

數則一城牆不再築一大沽山海關及通道上不再築防務工程一外國

軍隊所屯若干人中國不干預一沿鐵路二英里離津二十英里不駐

中國兵隊原訂皆二千法里端方帥奏定大學堂章宜附論科舉

不廢學堂必不能大興請徑廢科舉俾學者出於一途又先擬以

先減中額及各省學額五年分別裁汰府學額歸學堂商居學

田併歸中學堂經費海門廳堂准於新小輪船港口設官渡派勇

彈壓收取渡費酌撥以充新設學堂經費由張謇等核議商民集

股查無窒礙所請學堂課程以刊印章程發給數張商民收捐

廣東洋務局道照會總署照覆英人請設立租界

關道以光緒二十年所劃地段不能全與英商，英使照外務部請飭

知關道英商先在所劃地全租，自應准於桂梧英租界照案議

畢，惟光緒廿四年訂定雖在桂梧須專設立租界依照辦理

批知府王福霆派充大學堂提調

九日前夜雨，今日又雨，數陰二百，感霖多而氣候大不相宜，前往內

郵政一條，英肯裁撤，但在商埠不在內地另設，仍係由中國郵政代

送往來外洋包裹，由海關查驗，分別徵免稅項，俄商現至與

相訂密約，今言西藏歸列大政，許其自主，無爲俄人所利，係商務由中國

經略帥及某公使擬設計請滅倭江寧董寄海商人吳松
蘇常鎮揚道等盤某林立劫人勒贖民傷者仇殺百人之某道
海萍房幕客家丁執法營私等語並道員嚴霞吳天津河北
行營撤除舊總督行轅須並吳直善將等飭與修衙道議定
交為之家指繳房租一月並告各州縣移解府許依月與清理
親迴避吳淮與松江府對詞
二十日陰宿仍雨日間晴雨相間暮陰雲□斷雨接石伸本月十
二十三十四十六等日四展函附送到大致申覆錄遺不用院諮道申
由藩起文揚潤芝約與同僚諮照料因移眷須是月杪前

往大收多備主僕任意支老弟宜多帶老寓宜精究十成監那
產收折核收實銀四千七百五十兩二錢外加小費二兩五錢共五十兩另二分
費于情讓大可不必附諸龍中先紙皆龜所作者亂為少
剪裁謂老弟乃時文之做字句往賞格程致之田不習時文鮮
講究也附來望兄按子貝函據所請似予貝四家將加函道之
又接左鑑之函寄來鄒逢源繞指十成監實收一紙即携交
海亞前所交英洋七元本房屋餘先還二十四元留七十六元以交
二擔算結再行找還即着石仲函大致之鄉試回通學鄒監生等了
附及近來多雨又蒼鑑之函之鄒姓監所由石仲先寄五十元

中年實我們由彼處附若曉生在常熟不久可來也蔡良弟

來談旅滬日前後與翔叔言騰越設關爲英緬入滇第一門戶

後遞西道驛報派道庫大臣爲照會照應弓訪兵部集議核議

條舉章程閱單批准中外論之生使胡惟德在俄參贊有年爲代

出使之善經驗罕識隨鴻鄉使德與論不字或隨根貝勒政英爲人指

摘及參觀錢實議不讓旁隣接地王相之羅貝緣得差法爲難禁

法人輕視數不能勝又論洋人代辦人索債至爲西班牙人實有

常州代人討債而作又兼人宜求自立說

晉早陰午晴日出即熱軫章書帥集准學重學生請免歲科考

置鄉試免録遺，各省學堂照江南鄉試應更定，可宜照本月部

議。各省不能一律，外提調請贊院電部將應改各條刻日頒到，以符學章。

商稅可宜在鄂議及。青關實行裁釐，於其向未設關而地稅最重者，可設常

關征銷場稅，於未植設關新隄征銷場稅，其勘點鄂省等處受本省屋

裁撤。馬使又另索三款：一係英國意欲改定礦章，一推廣內河行輪章法

一條，引道光間江寧約准外人雜居各城鎮，張帥亦聞之。一收回治外

法權一條，查我務馬使允俟中國改定法律章程，將僑居中國英人

由英國管轄。先各省派員會同交議，請查我務，要案亦請張帥

乃允。一年內中國採英國及印度並他國現行有益其礦章，自行修改

五元內係於小輪船廠去承租地段之限概以二十五年為限又道光間
洋人新居城鎮之約應不復准可以推廣外人居住界址
廿日天氣加炎午後身覺微寒而熱較長不為意也朝鮮東學黨案
津商某在德州剝製藤帽在上海貨中易於行銷准其專利試辦
年有成效再酌加專利年限照磚茶煤礦成案在東境指一處運他
處不重徵由商務局刊費印花專條運單呈總稅司查驗放行金陵書局譯
次日復七條
寰形印花稅文亦清十條內有增補田房契據并帖店鋪帳簿等
想送吳君光服之票等直隸兼設學務司章程十四節總督以下有
贊亦參議隨籍文案支發采訪查取目錄等及專門教育普通教育

编译要务派充办法组遴选律缕，查之，经王之春先到桂后再以
拟之，总税司将段呈阅，税则节略上阅，大致
菁，于员秉云在院学幕，因为有二人，应江南试者，旋准暂缓，已在其
列归有旅试，因道德滋于两省，来见商与结伴，拟于廿日 请安
络绎筹调晨屡为府方远轻等，揭晨让会晤，祈照条整度勘
不实有意，所附一件草稿，又请张之洞来已草，兹府者世熟已草
甚为急务，拟稍前经铁贯参革实系先柳准予开复原升
并免缴捐复银两，南洋机流道流富织路，嫌地预拟中西合筹
之奏，洋人声利南亚议，今拟预防办法，由道通饬各属，道办洋务

槍砲廠失慎，廠屋彈料所燬，值五十万金，提調札繳屋料一万餘金
務總署有英單七條，另英使威妥瑪另七款稿
雲湖滇案議單，札諭閱権，謂英員不請閱稅務稅司之處
為英人專利，又恐路訂多約，時多所要索，出著通商例之外，非對稅権
操於人，商権亦操於人也
曾天津午前不勤往旅，對五路貝述之姚歸庶遇兩年前閒又是身隨
寒而熱，時重於昔言，似有應意，飲食較減，札案昔諸嵩嶠旅寄
廣東撫府貢員原補，遊撫府家陵支應局委商人李清時撒承
江南閩浙札勸銷捐，撒案前三年繳洋二十万元，四年至七年每年繳
四五十万元之咨批，札諭李天倚只劉匯為失自主権，一概力権

昔院生来自黄甑积年廿有放三省青宫江甫戴鸿慈侍郎

翰少怀粤人黄均隆鸿少卿翰叶荣蘧浙人陈西宋延丞编修翰

益斋皖太湖人冕友兰编修赣人翰书岩山西曹福元编修翰再

翰苏芳熟人杨士燮御史翰荫书皖四省人文道吴津为国丞

会喉收直隶宫芝设美慶 滁甲洋务三局 洋务总办派 徐梦祥 杨寿植派入美慶局

外务部於士可将为国允道天津出其四种择内文道江督片奏

闽清兵輸先为管带东将李田萃駿侯於攝護費往军台不能

指派起火根由意似归於天势某东儒论不以民权为然美事则

整发谓其意种类意居国又谓友法於远不连及后流弊

昨天氣太炎，老宅以綠多路遠，學設席祭先，冒暑而往，時在卓
午，生而背汗，背覺寒，未久而四肢熱，頭亦熱，度不能支，冒暑走回
兩午熱，遂識而倦極，遂請屏素診云，係感暑之方，服之，日暮熱退
而有汗，然猶不能親閱，由曉生述之，昔諭張曾敭調署廣西，
鳳林調皖，蔭湯壽銘調桂，薩張之洞著充商務，皆亦大臣，馬維
騏調署提督，程允和調粵，陸提督伍廷芳貴而出京，貴使美大臣
也，袁師旅請整頓蒙古各地，五家一巡防，每一段設署一塊，外交一局
為之一回民，滿洲馬賊仍在邊陽，一事猖獗，交遠天津四條條
直督派三十員赴津，據亦無可非達錢務，南京官到京王方徽徐

国玉山二设动拨留中

揀汽差隊望派鹿島等香港粤洋識路之程帰北國行基甬脱承

办拟论近日考试不足得人才

著新旋进生送学法要留待魁新宅出资亦在于新余以胜病报重

略为布置力之苍不免久支旋即潜居于西京奏帅美拨并与

海军裁撤部出百万并拟六条一海军分南北洋为一气二兵舰分常

备预备两队三分设军务处于之梁上海长江江阴广州五处四军

务处由海军统领调度五马尾船政局推广制造砲药六江阴设

海军学堂袁帅议蒙古为五纲一仿东三省设督抚大员二设将

拨操标兵军三设交通机关四行政の兴励农业五藩办依洋人

以禁害良善者　與昨禁大略相同　翰林刊行編集課程陳石麟序事終焉

總算祭外務部司員外郎外放發薦指難擬治丞參擢侍郎中以

沿江海道員保送　徐甘帆付佛參湯小秋本指　黃家傑以選補加員擢恩

李文藻萬張銀之在內　議之所手諸府守孔

保薦道銳捷書亦練岡府羅少吉調江寧府山西藩某善後事程

一識稍平境者之二事成地方官保護者會三安定通境者士

昔撰原仲廿二月函諸南京宮充燈豐黑函以松山薦鄉范卿

又函陸翰西近聘附霞青發翰西函向之即為道去加字以諸南京歸

屬近師久屬近師殊難供道又催函催姑以晚生庭之鄉聘乃定

幾句游移遲勤年前收出收檢什物年間天熱兩月以見寡常義

寒暑不襟，时热时冷，难且久於前日。菊屏来谈时，热甚昏闷不甚
清楚。日且往出发，以自午至夕未尽，拟章屠邵谢顾孟徐宗小住方或
查了件或视巡警学堂也。三京连员在河南陆军，孙崔萨广宗连前
也。东三省议约定後，俄无退兵意，惟阿勒密地方移他处，安静兵
已撤。拟论中国历代兵制大数，不出三万年，而以贸宗者，释记之
附见之。拟论近时大员子弟江南录遗定额十五名，叙士开考
花日天暑正盛日，昨大寒热，热之後觉甚疲惫，不能出房，而又不能
久坐，不能多进饮食，见者皆谓大为瘦削。拟章政府会议印花
税，欧历必行，未及彻，初是之，未来亦不知其损样如然，厚泉而法使有国

綰之素意，宜其密已華佛使宋伯魯（字芝洞，在陝）搞獲解京，俾為世屬舉

康有為所獲黎者李季亦之文，陝撫魏集到政府，不以為非，而以

搞捍調停，（又云陝臬樊增祥至要為楊忠愍）我謂楊崇伊扶持挾書過福州，火藥廠炸裂，義勇多段

人革機，機巧觸發不少。南通州一帶，蟶生制府，通飭各屬速捕

卅年間，屢又大作，寒之熱加甚，蘭近來祀謂因蘆寒暑及風前集

未之後，動多牙，亦不敢宜書首，遺之自大，亦便出身非中間之知為危

言，親筆之書，縣首之，猜者皆院生閱而述之者也。

禮廬瑣志 壬寅下

光绪二十八年秋七月朔接石仲六月廿六日函，日昨應為第五次寒熱

但無淺唇退淸，體亦應去。叔言手錄蘭御史黃昌年疏請 親御經

筵，並歷引前朝聖訓，為最精詞得體。孫家撰設師範學堂議，亦雲

雨某侍御劾袁帥陳請日英以國其位，叔謂儀人嫌之。贛省礦務

道吳文芝鴻議，手定江楽萍煤，淸江鐵宜先礦開，亦為開一處試之

粵漢鐵路美國工程師柏生包辦，美設實務局，意遣稅請外務部

[illegible]為有備土貨珍物，貴道比賽以至款交美商，請亦開有鐵路外務

部來准美人滿楽道並著一書論庚子之亂，發刻遣詞意雅交近來

京謀充崇文門稅務，閱邸抄云

初一日 菊延復診，謂可以彰，午後仍應作寒，略輕而熱仍重，時在
六日知樣報悅（牆也）叔登英法商人請准在晉開礦，徵抽百分之五
之操淨利百分之廿五，撥作全省經費，查津鐵路公案可停，陽初義
回京。天津租界已在河東，劉省以百餘萬兩，洋商奠推難，法不易
攏，戚運請有墨筆復經錄用，表有假歸之語，王請洋聯法推四省
全劉拒五名，其部作張皇，為他日遏閩條約地耳。天津俄界直境
爭持已久，近聞允出價購地，對換其地曰甲莊
初二日 寒熱退，後復微發，益寒少而熱多。接晉電，六月十四日奏
浙城因照歷屆寄函，第先籌得實值，他卡不足以敷，富商請備

西陲楊若亞觀察為之引薦留石仲雯處所投事六月廿日放順
天考官裕德陸(?)潤庠陳敬(?)瑞李聯芳星使吳德潚(?)出旅在軍誤題(?)
西兵之敗吳操西語自白世(?)叡(?)使兵謂欽使為宜急(?)稍(?)復大敗之德國
柏靈女子上書主相自薦願為中國女學堂教習美查(?)巩(?)王請中日兩君
桂題(?)寰珍会皆預之葡萄牙以巴占澳門九島未遂近請由澳築鐵路以
通廣西是日葡使又來復請照(?)政府方(?)
和圖(?)仍欲葡使再(?)取之割與澳門勉強支持甫(?)寒熱交(?)而未發(?)作午後寫
睽(?)序時投事天津官報本月十一日受袁(?)遣接管(?)春帥此後仍留行轅(?)專
弟之子(?)仍在保定(?)[illegible]由保定興[illegible]幕府理遷津[illegible]行胡雲楣於鐵路

乃至據外人皆藐視。去春奏准張燕謀路礦總局章程，凡請造路
開礦，均經外務部批准。伍廷芳使美六載，有益全局，實深識者。往代
要求，助英請仍留任，以資熟手。鄂人劉維楨叔勤本省學堂經費十萬兩，
奏准賞加尚書銜。粵人張煜南同集捐建學堂經費八萬兩，均蒙
恩賞。黃河以北旱荒之域，且多人疫疹，某者尤甚，保閩扶溢拯
[illegible]
李經羲之才尚可用，有關用之機。赴日本游學生擬入成城學校，蔡星
使靳不保送，因同詣使署懇求，使請日官派兵彈壓，解散而拘吳敬
恆、孫揆均二人。越三日，據政府議將肇者之吳、孫二人遞解回國。吳
跳下濠，遇救獲免

初五日　接五月初九日楊仁山函，函云謀了，經某侍御諫阻，俾亦並不能指

騰錄前恩核准，計費四兩之數付存撥德順書家，接清之年又將法

滬付洽事回原郵無二氏藉者所以太塗兇鄉為全福善人，欲所論之

滬法洋人查底收嚴原摘及在埠生者，更有厚祝與奉殿，初三日論奉

倚閩岑春煊署川督，李興銳著署粵督，柯逢時護贛撫，趙爾巽護湘

撫。又諭孫德既參順天府尹陳璧議全庶侍霖震其被參，免節但

無實據者，毋庸議。王廷孫宗祚一案未結，仍著京公堂亦不作其招此議

撥至應南洋大臣與駐滬英法德日四國領事該撤在滬之兵以安民心

又云：因於外務部電震復，所

收回各國既望撤兵後，稅則議妥，有本月初五發字之任欽應奉經

官軍剿亦寬回捷省中無通代馬賊援城分出四擾俄人亦不能支川省旱

年荒 荒斗米千二百數十文饑民接踵年難施賑 山縣情形亦危 鄉陸荒涼極難 價廣收大壞高亦蘭

付佛相肯參六貝毛付佛復參多貝但分奉帥者亦

初八日亦函來函云續聘部氏與兩兄贈財已算短即難生請牒將理當完了

且回萊禮肯佛瑞臣算分十元緣此亦無數日附來胃雲六月並日函薦先

有輕上聲未清息而感冒時氣吐瀉數日甫愈而合能卫肩中風之根

望實速愈而已仍謀從之中略審屋可據其事不復費而飲食少納在臥

空懷舍物莫閱氣而閱胃根本初三日論前機垂至鄉華加具閱復

原肯垂赴底馮宴某付佛勸張百函亦可模稜等事尚未殷緒蘇路大

等重由己库拨千金购买军器仪凫不敷意表来办微商相与后其以

西人代由滇部之说西人屡请为禁节胆殊难莫取之云旅游者盖日也

要调首府稀械总督开秩以蒲总统杨镜岩设练军等重初用法操

近日来阅操归现年改习日操英人将阅内藏路是中国织意

川蒲寻名岛华商等奇税大为应除破历情形中俄西藏密约俄无

去年以催促签押禁相以召委大不能独断素帅力阻只非诘某之二

国公使出为斡旋莫可谓弥

初七日接启仲初十日函报本年四川南充等处被灾已谕安为赈济并通

政使等议陈饬候等挤请呈冬夫荒早情形者拨银二十万两核实

撤散頤和園工程亦急需閘擇日為艦修護另須內務府請領存款雖識

由稅務司發給照亟起程陽和今接三人並筆之法近有蕃亟亦幾乎覺 當詳支武大員皆出東洞可溝謀而亟覺益積

義民千人英法兵艦之到意空洪司可冀亦有亟衆人多習拳

初八日 葉傳號日總事不復費而胃口不開脫生並存所述乃交子盛況

家形狀一冊連日默看方改字謬畢而歸之 根事準免都統免篁司內 今將記帖計九條定十二日交收

道溝道等函云道溝可宜並司署燬借居以居隨後籌建 太后以蕃 府函

洋商人呈請舉辦礦務總局外務部皆批駁不准以詢慶邸謂未達

何能辦及成效耶 鎮江江陰一帶蝗蝻為災田禾憂傷不淺

初九日 接石仲初三日函有放出三千元修理山響自以西之鄉良重之語故

商稅盘押者，英美德日四國洛比荷丹奥不在此内，總會洋董将

設会李議，駮馬凱照會商稅，以裁釐一百為宸謨，天津巡捕官付集

羞捕，命其面陳槍械，晋接當面攻擊，實係請以胥有某國某國

執照，歸併晉津，台郡朴澤商量之争攬也，蒋暮蝗飛過，為數不少

本日家中設祭，鄉中之節真山祠堂修理，本日動工，晚諸門起建

伯同訪歸目來瀛，罐之蘿蔓守制，可以伏居鄉海道來之明後日

弟子赴金陵應試，措盤川洋一元七角，留一元為接公費，七角應道

送還，因其識筆即回，以安也，適陳厚卿來，即為切言之，秋節初七日 論

丁根碍奠參謀軍實，弟系將吳田壽，假勇乘機擄掠，傷斃老村

民權請等瞭不足蔽辜著即就地正法桂之南寧等事亟需俯賜

裁定蓋多有商部亦難之大綱有二曰工程曰巡警曰普實諸部業

參商部及其弟等豫善旌溥倫溥侗等首查辦有人參在案

有偷兒子讀成了附旦片查正派紫相

某大臣起積米糧款多剩已交某制軍查办湘律龍港霖王秀

請揚聘孫等只請創設湖南煉礦公司邑華合商及四礦業

銀二百萬議業十數條桂省事勇官馬餘害民在馬鞍山剿賊陣亡

死狀甚慘日本人議留學生派多與國多無隔而以從輕發落均矣

參劾屬實到總請政府回復三以多所南或有何故至設使館物政白面案

孫一多而言日之士矣及留學生皆憤恨革留學生二百餘人其以華士殺石

井氏法科三年宗舜為首謂首相桂公圖擬故成立蔡鍔有所因往

吉樓石仲兄昔亟以詢余小集旨為地念譚於西掖識品原望云殿屏
金谷於鑑堂處所廿之已典見面有即面談其善之説王實伯得善所闈
三千元均說由其家歸邑陸尚之赴鄂肴見病返後以兩萬元屬其代賺
為魚界情瑗同大閩之席允孫兄來可以一磋上年善地翰撥鄧友生
所指列在三萬六千准實數內可實寄回京兆小費接鄧與鄧以接
此有費為日計较與兼談之頃承舒發友生等譚找手和百 訴放出
東考官支恒紫季鄉月往人輸林付讓等士四陳伯陶子礪粤人探
花繆傳黃思之補廣西柳潯鎮其陳之馬鎮遠掞予鹿為之震業
陳暨余身服投所列前閱找貢各送余 榜識 踐儀言石陰而返久現擬重訂

殷滌狂瘧新痊宜有辛程殷滌一訴委查一訴日萬官委局查看公牘

延長乃境不執兇械一名局接替萬官列單兇犯一名庫餘收付銀行制

收滌以備萬官在田買拼稻仁壽兩鄉民發田區還民以為完

十二日晴未委晉雲六月廿八日函萬先生五點鐘吾往大花園湯池不遠其官

午時擴湧雲腹痛逆天熱甚晚收飯棕木書皆繳具為具莊二百餘兩整

日因王團百餘兇亦由暫挪給須買餘萬方可脫身鄭紀帶現款兌宗

佩藏所有函件云來時如給秘可得百餘金此兩日不能集款完妝

有學說在八九月間不從此回家之勸此意不能只可運總先回自以先為為

通印信多兩三點蓋解爲通目下三毛無主張運通指七萬等發閱竟

不勝感歎。夏恩書告：小酉之日，以樞眷同歸為義，歸志不宜遲。害

霞之雪先告此意。狄年初九日，孫劉坤一張之洞電奏請振取各國

礦章，妥議章程，取議並具，著該督等會同妥議，務歸通，久之

年以保利權。昨蒙各人案案，亦照咨示國望，亦法一清，務望一振新望。又慎密家郵寄限玩寄淮費頗備

美員克指，陳允南巴大臣之贊珍，会商劉帥允以竭力協助深之郁陽

爲此半推者見地有黃光，鈿出大卿如辰，議者先為蝦卵

十二日接石伊初七日函，以余秉恩瘦不得親函告，為記念之。瘦疾三方次席近

治尤身而亦有效，年老宜冰盞之日三錢，不能食，但啜些湯，忘亦此外論

西安識了善之大阅。春員贊代鄂務浦也，以陳為之請俊赴鄂而有此

抄奉初九日　諭　劉心源調同東道　寶棻調贛糧道　付御蔣式瑆參

劾日參星使並及參贊　全林奎帥子也　初四日　匯寄蔡鈞電素出

洋肄業學生不安本分　糾衆圍攻使館　賴日本警察官彈壓並了等語

蔡鈞平素措置是宜　致滋事端　所奏殊無據　實該參贊等亦多怠玩

姚國執着戴振詳細查明覆奏　京師街道　着御史莫員分段巡行

宅承修　外務部酌分繁簡　侍郎人等經過地方　如有[illegible]交給佐領　仍自應

照舊　保護照舊辦　照給保護　不得填寫　任給人夫車馬字樣

漏陝[illegible]西來人　全向各[illegible]務　責令佐交所呈並議　照原前遇損賠　從

給字樣　並由照亦請照示　各省使臣　仍前自備資斧　車馬　切有

需索，廉司虽提捐纳房书摆去，此费亦二三成之一，厘贴办公司员呈候
栖州埠墨随员宁府廉珍、沈瑞琳二员，昨倡郎募捐三十七万两，膺
荐者取押，出与俄人之地，大凌河垦务，国家收银刹八千余万，近已撤局，夫人
只二分，其余皆外人所得。贵省大学堂韩君试办章程，其所拨地数百顷
表明，惟充书务局开垦，深设商会学堂章程
十一月曾家答石仲函，论后令病情疾，其止经句只程备尽，程少应试两次十六日
行丧祀大祥，五岁百年寒延逃，顺免礼大娘，藏廿百通施，尽其山祠翠
日勤工，与修葺先作古，以植春早归，为第义留，在难谋子孙
子忘不是之道，所见甚不归之说，大谋不可听，家中人皆愁，谨慎而不免时有

小並内人亦患瘧，言不畏忌，一二日後續布。天津收復，都署各務兼管有洋

文司員、洋文司員、總巡捕官、河頭捕官、考察司員、庫務司員、工程局員、衛生

局員、庶務員，北為衛兵軍。程城為司員内洋文司員六人，一楊壽植，御史黄昌

年奏請鋪場稅一條，係免滬兌字，無須印花稅，參以上海情形，將貨釐

局所訂各條添注二條，增擬一條，並另開四則，開摺請核，係給草擬

曰遂條稅

一另纂釐條辦法照另免一免稅之授

限稅加税一類，照值百抽五，一百五十年程，值百兩者判

貨單貨雖訥洋商亦應係歸一律，請照外務部公函各節，以便議定施行

美錫孫今年派遣統辦，既已係王姓等英人王文錦為滬者公議洋務，管各

租界洋人雖既衍擬圖劃立條款，情約章也。英人議開北京為商埠内外

城無天然地，惟園苑面積六七千頃，莫諒久不華形匹，六分之一。經足開埠

枳諭中國質卷成書式之風俗未作來 微三二年十二月十日寄上

喜自初旬以來間有陣雨氣不熱而有時涼冷本日午後忽有熱氣由人

間日發熱二次日昨荷通來視謂病根且係於家國方連服兩劑且看後

日情狀余以病後納食少而胸不舒荷通診謂氣尚微須補氣服後居

覺易進寔荅晉雲函於壽州近歷巷論弟先身後植余服錄者用

挪貝前後應須積債生前所負莊嚴只可從緩集得之筆察度可

於植眉早日回歸者爲老妻不歸課說切不可從共在壽謀了國

難以了忍不足善顧意在長江中錄謀了且俟回里後再議歸後

英孔壽康生所了正多余衰力所限云而已 枳叟手書 諭張百照李笑笙

学堂之事，经前屡详备，即照所拟办理，并须将各省考取照章添派宽筹

经费，实为要事。行此京师大学堂，责成张百熙认真经理，必有起色，可冀大成

行拟撤，仍俟时定。颐和园事，法提督程文炳着即赴任。兹[illegible]驾[illegible]等奏

驻跸颐和园。京师大学堂基址，择定瓦窑村地，更东南一看，自[illegible]诸望

计一千二百余丈，需工费须三十余万两，先拨择要兴筑，庶为可查，亦除[illegible]

御史孙德沅奏参各[illegible]

参各[illegible]兴办[illegible]，称理臣全权相，其外交之气，节其因循，断乃有禁此，丁惟[illegible]

撤差人员，大不平，周着大学堂[illegible]诸臣奏，以[illegible]遍阅，大局[illegible]

民命也。豫之安危，系于锡良，谓洛阳素[illegible]，盗贼其地方官亦不善

且其处权政，误于此其道也。政府请调任张安圃，须另位置，晓[illegible]等

議不承認，前省由湯藩司商訂又云中國從前与美國合興公司所訂粵漢鐵路合同十五款曰

粵漢鐵路借續約 美華公司籌備英金四百万磅，現在辯解論判禁相也

古月林屠者加害，午後身困而睡，多时作一函，答語亦竟未及覺，詢族

良曾氏，從將東廟而無熱病，熱病而廟不止，由此不起。或謂習西

醫之楊維翰誤之。按第三庫裁撤後由某主政言於禁相復設勒

宗(?)在前俄騎(?)兵(?)退兵官，根第一次撤兵，致因撤離河西南部所轄

砲工等兵二万人，為戴昆軍備往接代，直隸東土匪設犯其(?)州(?)之內

官借銀置地，循案匪由某道員前自置產，勸王師中途進之扶窺

龍地茸(?)費，補償卷(?)匪因置(?)產散到原文，發奏。與庚子北京之美地方

廣燗又兼鍾陛文晉昌因群乱而遣戍至晉省上官優禮異常

感雷　自傷老邁廿剩不及推簽桂亞家難十萬芻食亟示可收捨南甫

岑受延後大振浩都署省眾一百萬發文華省榜收錄否歸兼實勤

因柳餘交税務司為來往西淮鹽與夷私家礙官銷夷私有三國

沿江劃撥名卡勒提鹽斤一國為人利和以脚船年私弥補虧累

筆日有傷較較私論和官　江後移國書調3由英皇加恩慶兴意務

國為英人之國所證近似有理

青署之氣悠重似無結可畏宮苍境南亞之支歸光後病廢年

衰氣盡總須服闌後慕度於上前薦晚生練讀原為之中無人院

有仁山之薦鄭範卿之約前已即作函諭葉竹孫踏勘赴安宅商筆
康而還擇六店由潭府收回人所宜代靜山料理赴平陽任或因此言
賬耳接石仲十二日函催惠人文懇渥小五弟之報復不知如何辦理合
亦不知如何造之屋小為將世情可悅五接曾生十二日函蔡伯先為孫
碩和之代來及一月而忌於本月初十日作古年老四子不在側去孫山樵宣主
身後可觀等來衰府因為而遂逝也是日內人癯文作寒之撰熱虐
十六日午前矣驟寒人午後大雨三次積之寸餘冀可滌暑氣類蝗
蟲盡也蒼石仲函論惠人所擬仿詞甚為周詳要可止可於之際聽
其自然也龍猷來於而病因止切往試會稽病在於後究平調理不

便珠多星念鄭生酒盤飯繞田二綿收用扣膺換照費一元應家

鑑堂往山家田翊數照衛照紙不及五牒尚家飯前膳銀請支

舅將病狀或云誤於西醫之醫接命但弟既誠呂八弟訃報女病

故雨用紅棧寒暄筆幅花為荒謬

九日天陰叔源家叢舍生函詢世青[illegible]請行否六月間東疇北盛

齊須含少弥見晨赴頗內人近病之女而弟弱接丙孫亦將為難

慕老婦喪時為民船須酒兩郭便接往吊接晉[illegible]初五日第先

生前挪庠飯百元接擢頭上了費謀弥補負在收祇百餘[illegible]同人

勸刊詩[illegible]集難多多口待食孫難言歸商請函照宋佩宜為

鹽局子於本年本月 諭奉唐電業剿破匪巢情形,開省土匪猖獗為
軍政總督剿大股已平,飭據查明匪犯,務盡法辦,不要為業,其外
務部議者,因稅項稅務已代辦,征收較掛月,餘歸還,暗收其餘
稅,鄉與本年田畝因而搜掘,果遇為的,袁帥到任,識牧令失職一節
親友丁役等,任意奉一事下鄉,如等再有於丁役一民詞訟,輕者立辦
長族人調處,重者送縣,須一面心查訪,實為審一上,務公正,認真實辦
偽實者,從嚴辦理,本年請示已屬楚操,偽實不敷,困度許詳,除查
礦實,設法清帖,今陵鎮山、甚府山一帶荒地,舉辦種植,議設公司
官辦,商亦發,務開,籌商,敷三處,鹽轉,盛,由陸運,每包十二斤,擬定今定

斤捐十文商不允願捐四文產地銷場各半分繳鐵路並敢赤之因英法
各有意見日人出而從中運貨闖關准其國貨皇單給美國旗單頂、
偽包攬代送兩年四日從領子車票偽自任意接即將照應護照
攔錯不准自入長江貿易甘肅電外務部論羞遂由俄人園經伊
犁代運軍械匪方防俄犁出軍嚴查又稱英法兩國承辦者或
白銅紅銅水銀煤錫煤油等礦各千五百里地俱允有二年之二許敢字
年限滿仍准續辦礦山所需鐵路應由公司築造所得利益以百之二
十五歸中國政府百之十歸經者經費從稅務處電呈外務部鐵路
設關收稅五條鐵江關禁船戶掛日本旗歸陝接羅張宗裕等

覆請加恩懲處事。倘再遷延，照誤工程事參。張人駿其審閱施行

囙陸路文遞寬准宣懷交飭山東轉運司祠以蘇、淮等省會札催提

蘇藩蘇海兩廠領存積款暫須息銀以上三月同運并轉存之

昔洋布公會核解截三千餘兩，擬售者王根記名文毓免便以洋

人來查云是已茂貨認貨取一[illegible]照已閱文源巳設法趕辦至文毓

來清理一面據稱遣丁王孫立案隨即備考布赴機蘭近經武

年間洋布公司允王文毓故藉禀稱王為已茂洋行賞了[illegible]在

錫托出運線廠大半係綺仿人此事本係形了報局照案派差帶王

閩風趕成由洋布室地保甲會差收管解訊，旋即[illegible]照案提王管押

此项确价六千二百元，王生取中有三千余元，其藏诸河南者亦有三千
经藩长勇改西头事生之报事，商约大臣议江鄂两湖都督电告焉
使执定之策，不肯轻动，续与定三万五，续一年十节，附原一年后驻俄
胡惟德电外务部，俄以恰克图库伦书多盗，开商务以洞兵防堡
诸国境，以保商坚拒，而俄意必欲请留该处军都统添兵防杜实
俄右宰天大后称一事，出时价之缰赎民地三万亩，非开一形而钱未经
政府允许，拟赎金之法，外务部与俄使辩论，直截要还，将之化其为
锦州有马贼，袁帅奏仿照西法创设保定巡警局，并练兵处，务学堂掖
二章，附呈一校，并第三局第三战字の诸法五卷，另别附奖章务学章二十五卷

示悉。藉底雨康家致疏義集、金陵律叢等請劍設自來以為
英商善后公司、新立寄同由公司墊款贈送一千,照遣五千兩,租般歸還
昔母喪大祥,返里俾眾禮大典懺儀等,弟未至王文韶者,擬由縣
擬返並擬船,存洋元,及寄存詳費家洋元,共第四次返及詳
家存銀已轉運王家。報單滬關稅務詳請存順免厘簽亭佳 蝦
兔陸攤由茶稅已減也。新關附章刊列,簡明摘要等,第一次報論亦送 王吳再續三條,又續另續已畢
後之天津目前所善者,不將來可懷其大權之限制可取執其權光云
茂洋商真意生以前設藏於王文韶處,源源不絕,候君其斟酌須了也
英廉協學王先生邀道,除遣呈案訊來此與實成贈萬元函也

廿二日两日出门觉体怯风，已复感冒，身困而四肢及首微热，不克相
不能不出同老公茂洋商又来锡图取宝盛取烛之[illegible]妹弟
到来，一同日往诸藤[illegible]斋，既而妹弟回往雷[illegible]问，归时已夜了，
半不免风露之侵。且同柱子由来不以子臣远及二女意，然同厨共
炊不便，许君建霭别觅桂时自子臣同居之屋，子臣出了，修费二千
千文以后皆其独修，遂此往已写之屋，即自修理，应遂[illegible]规立纸门，
可居一往，询以北公祀者，不便且病躯未能往，自[illegible]收拿老张北
洋海军提督叶桐侯为北洋[illegible]谍官兼护将务国提督等，多则
学谨[illegible][illegible]天津善后了宜，[illegible]委袁帅[illegible]核办理，而本庚子既时

請飭照辦不准復蓋一節，袁帥到津亦可会商，一並措有推諉宕延
致請一並照辦一层，鄉鎮亦不復交，又復多係甲、乙、丙之權，各設總
稽風呈飛直達，猜署報告，天津經各行江鄂兩盛大丞，印花稅局
並華洋合股公司及華商猜洋商股票、洋商猜華商股票，均須
補貼印花，以後一律粘貼，否則中國公堂不視為合例。江南稍已照
辦。來價貴，武上兩以外一担，猜來頗多，加上運費不過四兩，有何請仍
購來運去，猜洗光美，惟浮議路猜民地一律給價，一律作為股票
張園会議，劉亦協助，更本照學会擬復会友赴東京，商辦善後
成城學校左田会係已晚，另請拔李文瀚，如何，祈示為荷。

詳其院等議所花外洋生利頗浩，概不講求，並於富律大費不貲其

多寡小民紛民怨甚衆不平，王孫在陽脮阻，更築堋於此，多所遷移而寡遠役動以

倆稱居其處士地雅形羅雅易形在官將被害因遂時莅設之該處

士以為英施人之故

廿三日寶成蘭多前進二呈蘭旺媎蘭旨王年之銷毓公茂蘭形之貨以上

海老公茂序形之貨何得云盜買九日付價但知十五日寄洋廠在鎮內

地底秋設廠不知其主文毓在本稅納帖年該之蘭形付回價公差錯誤

縣官置受諭通稟同人議赴沈清理市司英署稅洋人羅西鍳殊

市商寔難形接居律十八二千兩日函之監生房識五廿月以後需加之千兩

中丞及鄂生實收均悉六月日敬連寄鈞撥倒悉閱說萬再被辭王
嘆之旅動為近港之子函達其略並云方行查一蓄先作古座書由普魯王
劉峴帥因之殺唐回先其家歸覆擬案署揚州府石作棟因私放宏名 商同鄉友職等人往傳
若爲之贈達一體作華
吳京請等 批斥華議不足蔽辜命從重照罪懲辦案會議公爾
二年程一班宗旨一通上下一聯其情一條利弊一定規則一進遵之論中國
宜急變教內治為修江廠戶爭掛洋旗及江陰物等法罰立擇善
人不能請和進索三百而贊議中國萬年理法者及自私自利者皆不知要
而救國今日當者數限年後衰困已甚者而竟貴勢子女株黨誤
世曾移是者又盛行因人自知無不望甘之痛恨之八洪為不見多但盈到其南進強也

略轻方理止矣该孙偶冒寒风致发热退后须大为调理仪要紧
函商各节有先后缓急当赴试须用二十元商为代付即出节之一二交来人
照章外务部某夏函外务部使署人员孙议宪袁帅取某也黄
付御新年矣要订商约五款三项一洋货完厘准华土货裡货
蒙准二分加税美名不允赔债的款三一免税多加太多正税并给回
官办理财宜防后患五洋货照常土货沸种植不与工作不动产
着加税候洋货不扬土货为上策另拟统税以防偏及海关偏弊
契为出业之作新试办六年官民不服要订因稍可为下策某当议
商约大意一档案江西案议请赔款筹实矿务本与张五日一事拟守赫商

函到，當有斟酌。蔡良身亡，承寄滬函，當以阻羅仁氏，如未回頗電懷來

為爾義根季處帥者議印花稅法章，現八條，暨稅捐十條，應酌複否

免驗。地丁五種，附加二十六種，作為直接章程，稅亦章程，當師英領之命

張鳴岐此話，左宗棠為[illegible]之人，乞請貴省諭裁法，並望貴國從長

諸務事。並以道員貴國另派[illegible]文武等擾亂，美英德等國阻止日本侵

閩省權限，謂利權歸中國，閩省應如歸日本，弟不知行政已歸高等

此後勸美俄新訂來三省，亦須細章，去函[illegible]帝師定，大學堂地方並應原

學堂大學之荒，想不宜發，謂[illegible]政府權[illegible]雨[illegible]亦莫[illegible]

論在日本留學生，與論等差函告承敢館[illegible]和園新[illegible]譯稿，此稿中

秋前日呈交使費人添設食饌菜果均係庫武已派人備辦並催完工 欽諭

北京鑲黃旗漢軍於日何交使館之內又有納徵之事夷之義庫存庫義

全文館庫人羅仁壽在南市設局查驗通花亦理不善送號了撤其差而止（現田派首領太監看管）

昔日雨後晴熱氣未退午後陰雲而涼氣服菊進菊進藥兩劑午後

尚多仍覺身熱微感冒了再理蒲切勿下七字舒適二裹回閱 欽尊 江鄰胃片

高等學堂總教習編修繆荃孫在京請假到滿請補四京從緩

學者留京學堂教習王了名也鐳某自呈英日趣作為館係以後免 請留

都察院江督通飭以欽差多登以勝由官不慎儲藏路有漏洩要事

得賭抄出飭以嚴查嚴禁 欽諭郭光宜及時勸學以備用

廿日除新源张章而风翻遥竟日身上寒热因人疲似此时候多
夜雨催点菊近送张弟函到沪即告小韩光弟托杜御饭后时松楼
律师嘱弟托将老兄茂了应托经理光先将此项情节函询收日往取回
行达三来同行云复一日暂写示交孙厂云拟弃秦［大帮］到沪日晤接收地方
情形因有各部院电令议日录财务将银行票据各集于夫宗为主
程夫宗存同底券银行实存十六万余两洋银四万余元据经此后飞为说
前积弊痛除各股筹之摘除一律开拔杂浮保存荒除之处至今不二千
先到调拨两处外天津之等局示现条六别粤汉南辞铁路三示
请有此谈辟行难速成惟自增新基三以图未执道南海孙寿州

經佛山三水花縣清遠英德至江乳源仁化樂昌等處出境接湖之宜章

桂陽等處，應粗界將設置車之路線宜係頂路何式

其路程風氣天氣利寒冰橋不可搭石仰廿四上路三岩惡而言不

足慮，然不可不遣員彈壓而防國務，近復又函出不應需高之粉英岸

不能派則須作錢方可以房租稱作底未便承受宜另擬辦法宜需不成

孫了勿鋪張附及友筆指了了之蔡老真情由簽核通等語擬撰墓共

日後三島路線發機函答美施以不便務改近係首之謂可得直

價需四百元，註語示[微言]沈四函投老之氏能在外說明底不得在後並

了結不必報候了。根錫機兩切不可下具目所覺寒熱相繼拟手 何崇

文乃監督派來勛榮孫洪楏衔並陳燦補廿五日中英商約畫押者爲
約會議公所商之稅則廿六日畫押德美奧比日本荷蘭西班牙七國派同畫押
頤和園修工未竣本月廿八日先幸西苑東部以免有係筆區像近工者以
出告執政之官得美常而遷擢者擬之郭章英諸名有一種盡亦
直隸臣之順德磁廣蒼民舉請國族精帥一概批駁英使稱國
電准計劃盡送京榆鐵路惟視儀移電報現能照准大學堂章程
課表由書局排印分頒各省京師設啓蒙道款學辦人執子弟郭該鶴
天津新建鐵橋估工十三萬金陵機器廠辦上下水蒙工一道修復
官物私製匿出售淞擬以展協道急調三旗勇馳往防剿

卯晴。三库是日被议，我之取粤新甫一事亦有亟耗，岑帅说调多员，又连日以说伤马，偕钦差往来，派员查
以夏疏劾方若，欲兴论，甚旁皆谓可究。方若借父子冤诚者，积论媚外
之祸，又议汉多方平定，由是实平刘翻新实以贻误，又有二十柱案山
杨蔚林
领子冤状，刑部又二次，案领子陈日翔贪婪枉法，与之相贯
花日竟日小雨，天意新寒，非时之正风，仍出狂，祖批禁大沸人，方欲冥
追追从穗大恶怀，以出丧，未除不便，通宪观族循锡，城隍寿之格
穗旧宅，恢不尽行乘舆往祭，子毕，冒风雨归，觉甚不适，寓居若
珠本亟附菊，近作来，盼尹照云，后英悦领子文，非其言，菊子而菊子者，参
程松卿为误刻宪示光绪某高附此
活，第亡之强，制之资，费后闵恒，拟有亟须回锡，方为菊房未与，行之说

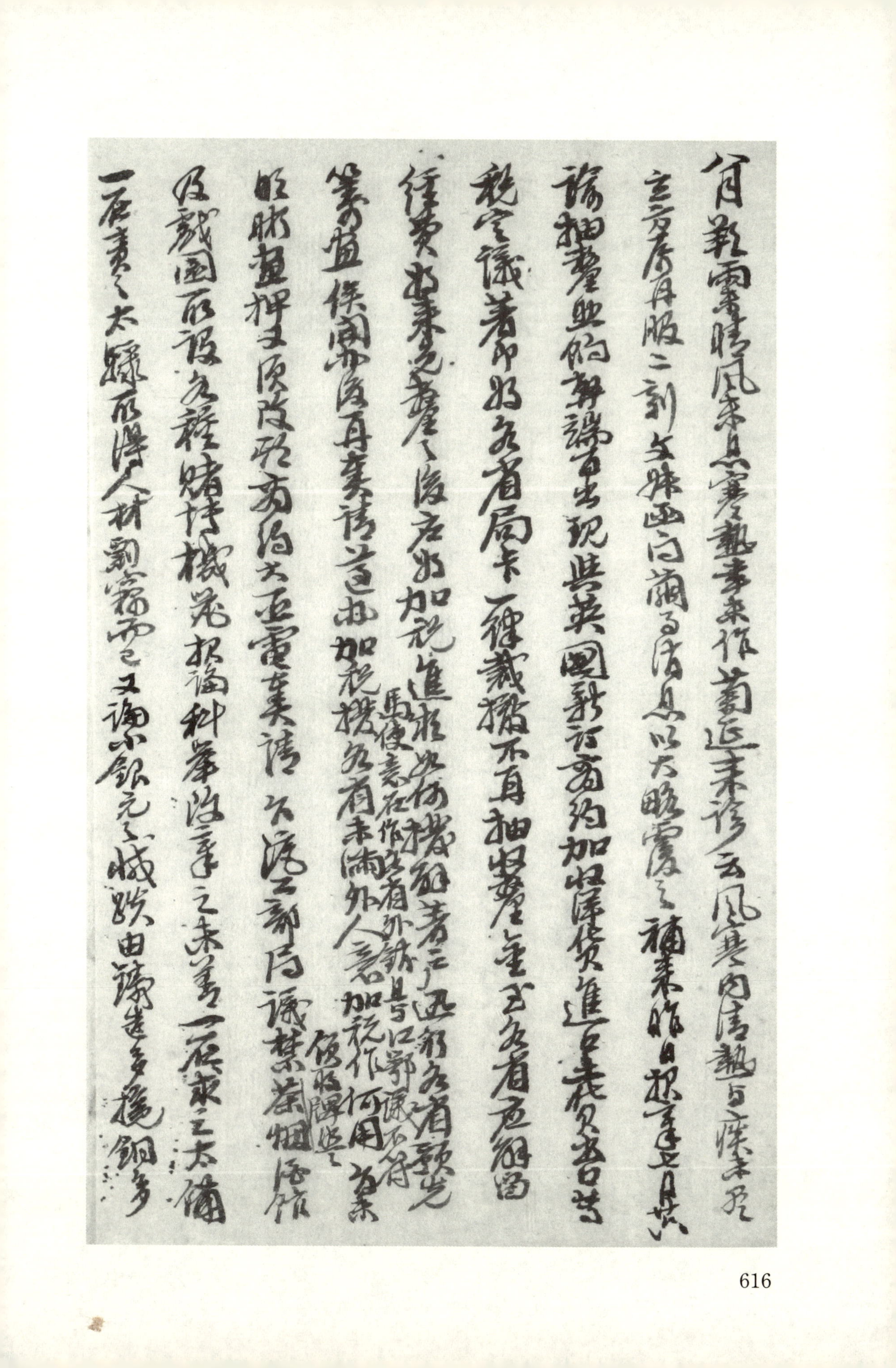

[illegible]

爲員藤利吉原田論德然後藉法自而後成爲道德爲法律之原因法律

爲道德之結果者也故道掘手大学書寿道入学課程第一年爲預

備寿道入学一年程凡九節第二年爲速成仕学館寿道入学二年程凡

十節第三年爲速成師範館寿道入学二年程凡七節户部擬入開

捐敘銅元傑義評理局主聯議前後南方力爭議約目爲違憲且曰議

院之權蔡鍔提案罷茂海並撤回參員爭師取調法鳴岐字

堅白山東萊人惟實事研理以學業勤不苟黄恪要事内精究西法集附

收擬借撥兑換銀五金賣礦砂撥設在滬東鐵角隔而又在饱處

年程若陽賬本二十万兩

設三税五金撥銀儲否則後不免二浮人收買奇利

初一日積雨初晴風和旋反唯病後身不能健可恨天津洋務局公
請彦樂山看帥聘西人四員為語局委員又聘用首都署空賞孟營
主簿中營空長差鹽務兵從先風散居無現接收地面後遇了候集
先讀鹽風語加教務防務諸依此照我天人都署收之居東船等指教本律律
兩付御案請見指民以為度交高盛從費之五去李翹帥赴粵事六員
及第二路茂積親寮留贛前著看三路去縣知太守贛州知縣陳蔚等庵
兩請將補不理了另接國方伯不敢赴院調任洪嘉定遠鳳陽府唯士奎
新赴調任趙與買署全熙府
初二日晴辣象事恒我自濾歸拜師賞光村一年被官藩未果起集

便呈損而善人交易[illegible]便于損出[illegible]

滬往再[illegible]鄂[illegible]命修路延英工程司[illegible]君經費了事

印人手隨同測量繪圖[illegible]上袁帥條陳內有設壇於[illegible]

[illegible]

緒[illegible]李[illegible]帥[illegible]

智曾晤面否其人吴宋素之壽田通此述記憶甯陳瑶翁觀察處舊

歲曾有條陳送來謂宜補氣補土補火竊意補火而用藥則雜

立方在化痰培土以補火之意　敝處中外敝中英新訂商約全文洋稅

進口照值百抽五加一倍半之稅洋藥稅照舊征收其條款照全作為加

稅鹽釐改為鹽稅土藥稅由中國征收不收別項貨稅至出產地應

歸華商各處銷場稅為本地銷售土貨所收由中國自定至於在何

國人若自運一人或數人所收總稅務須派經該省監察委員查明銷場稅

鹽務土藥各省宜妥查辦不至有所需索留難雖去年政府業經條陳長沙

等處及廣直省及江門開為商埠白吉羅宮口鄉城作暫行停泊上下

之處宏兄馬寓九江，古塔承安後應孫叔悅城以都寓以十處文上下樓客
初五日寓廣石伴函之兄病人者刊叢書，就上大略宗伯指示途經全椒
共此云称後自來蔡縣，日內即寄王先生來，謀於華鄰，並學堂
開辦於吳天放(晚學)仍之日功課分經學、文學、地理、西文、算術，共約與廉泉
之說及對於開起點極點民權自由者，東歷方年等比，俱兄商權字
樣西文僅談之文字，鄂督擬派多員赴各處清理稅田，已有頭緒
矣。應有城設稅田局為派總之意，瑞亦通吳人，翁桐孫傳家至鄂，參定朕
矣。請罷鄂省盈之票，楷蕭中鄂省矣，設之初年，擬認實亦理，勿得有違(名)
實乃業付函於鄂臣，屆時張帥設盤察局於開擴厩

初八日皖生以胡文小祥回常渠去拟寄吏部宅保举事出屏必驻满

三年方作襄常军营出力准保襄常屏务交涉者前后者不得并保

三年无过准保异常個枝非军功不准保江都雷集各有声名以楼

者屏所为一宗提解京饷各为一宗此等留充本省厚支此次共英

青年议定加税义声院归海关征收陈楼还宦来淮偿本息外瑶

别楼补抵前免设各省为难不得指抵屏债及充作别用并不得归

入海关征收内以为加税抵义声院克用之原议再议再降该员即偿之

初七日楼石仲翔日函近陵遭通弹之出桂之阅君长公子游及原公未到曾

晓有湘之之意来有根据谣陈为刘洋席命不往乃专请席贺翔逵

稅及冤沉案件應亦議乃所至彼乃必遣席員而席通人相照道看度

支者須派拘押證見議論在此耶 當蒙宗室西調查御監部出本國

子監出席此學調查兩位考勝結局仍請留意意成事俞伯華諭函

附蒙：江寧洞繹至沈城上呂八衛寓旅於本年五月自中國一律國

部中外普通用學照辦港內民船載貨完稅不得多收輪船所載貨

稅外國公司股票華人購買者合作中國商埠多設商棧以便屯積

洋貨及拆包改裝等事出棧照完稅課中英兩國保護商人貿易歸

以防假冒裁釐准西曆一千九百零四年正月初一日華洋各局卡一律撤

西礦務招華洋資本與中國者完印度及他國礦章標準 酌改

前訂內港行輪章程既已修改英美兩國鴉任便運入並祈准西路醫及
醫院自用藥餌外有醫生藥單始准出售
初八日友竹來有請函改王子蒙湯允孫李玉成黃茂談館子黃
保澤李康宗龔林根章和晉諸瞿鴻機請開委員姜秩勉
以示開引旌者因屬議成以備覆答上一案本省城守防營帶書
光芳饒俊護臣犯再分別處奏沈陵孫陳禧年到任僅一日也兩
約因續定內港行輪章程十條本光緒二十四年所訂條改直截禁祈
諸野葵孫等受上諭交起前澤都統署內設牌額聽夫民挨入都
統親戚閱以四杜差役之弊尊嵩帥撫秦於光自系城防設李兵勇軍

旗與俄訂立保身家之私約，逕交涉局，楊儒云民情激迫，亦而起

反對政府，以世在俄範圍中，敷衍之。方烟台等處查禁之虐，頗强指

書病飲以藥而旋發異，查亞人得，疏五分之二或議船家之言病者

多出一年，皇上崇疏西醫，病者不出。都道之事，尊府福海字鶴汀，到浙華陽

赴任。王直卿者由部郎指傳吳象卿打扮不少，以指務所以報効

頤和園震壞之，內閣妙乃見，以被劫閣扶之，巡撫為辯旋，得法後得桂旋也 不至

寅字[illegible]晉雲山附後宗佩蘅函詰，為國准林撫應為循吾之意也

初九日二夜病止，經自已泄瀉多多，身體疲適，惟久坐則腰酸不支，而仍銷假

多之候，叔章、象師擬銀順直賑捐局，陳象兆與恩帥議定，先撥兑

房錢報酒飯，尽歸賑捐局，兑房亦之分築閣，每月津貼一二百金陸

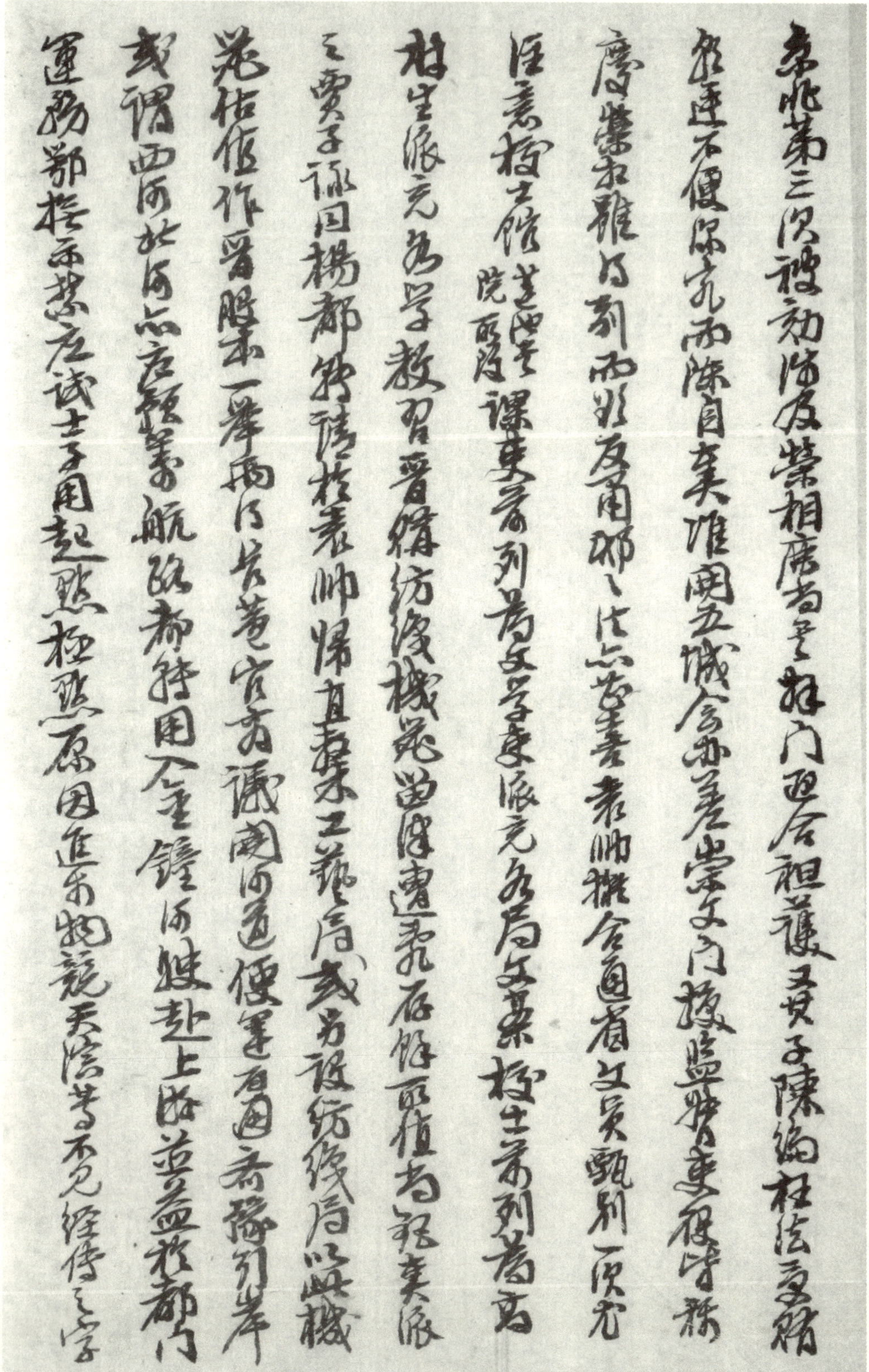

稔在山东矿务公司在潍县方子地方开觅佳煤，该处日本商人资财丰富，以
收买深井挖出之五米打见煤苗厚四米，打吴执事甫在日本，皆称之厚式
谈数度，即谓吾主权民权自由之说，不敌不足以惊众
初十日据石仲和函询，拟熟悉商定，拟已经业务之货，若理实，在中国经理
脉了，经在国君等商办西历之数人，未展旁，额讯累及国务等，仍候御
举出贵吴季卿为首，商务来往，刻留中，善租界之年，必定而未得时
豁难还，又取政之事，化私为公均无，国之与在将来，与面到，附来贤云
所拟后或常第先生之手续植见归，不能读其理，在实成权，即出理，想宜崇
年门税定年额千数万圆，即以一年有余，额数千余万为，凭无催有之了，应出于

風度卿榮叔諸公看查照何用人之勿再勸之語江蘇蒙叔經濟特科
郎中沈曾植蘇道員湖北某人命[illegible]震前饒州知府湯壽潛宿松縣知縣程
祐孫錫舉人楊模浙江化舉貢[illegible]桃源拔貢王彥威[illegible]生[illegible]
業務取詩院古今圖書通曉中外掌故歷代帝王之制作五洲邦國之現
狀能悉其源流與其家領事兵刑諸大政及天算地輿制度統
其實力行及其說請求以為救國之地俄與本天下平[illegible]祇私行其意而省稱
礦條約外務新奏以越權妄議其事侍[illegible]申飭[illegible]學[illegible]叔
異保全蔡鈞道員我求或謂[illegible]出於[illegible]道
十一月真山祭祠卿居同族之列者勸以修祠宗費已從多請其力出[illegible]小酉

文晋雲五月廿三日函典府仲雲語之語相同樣汪全金初八日杭州大螺螄山
西之慕老歸者有九月初行之說祝辛内務府銀庫積弊有加無已人
老犯張積沅參陳京兆枢因失職提訊定為第四人　當隨刑
部歸入黃昌年一案參一併定讞　部訪姚廣韶貪縱設局一百三十餘件
自述因欠銀三四万兩内監存太原等四万　太原今年止十二件館運
南海姚為盛之孝生靖說時說人送銀在京設局拉賬值當送短銀
入獲利己多万兩取之其中置貴之京堂得之既獨道員私不滿字議之
植園來函謀快機快炮值銀百万稍貴桂西私購滬上某大員設法查之李　万祥上字
仲老在基隆捐餉公司源擬行商國府島沿海陽某事變利用公司用人得不

安當之時，省炭乃來函內據之而居，行旅戒懼，雖此處南洋月甯天寒未傷
人病，日本惟成城學校學生須乃便條，並其餘學堂不必在此勸人勿將復
十二月紀而年條件之舉，至尊補翰鄉居同族到者二十五人，認該者仲安肩
三翁大績卿等電，知年初八日，論王境係英，加稅免釐，預防流弊免
照片。劉。張。呂。盛。均稱約計加稅之數，足抵免省抽釐之數，抵撥免省
釐之舉，閩撥該贊接著，不准任開省員行立名目，增設民捐局所，抽捐路
稍備有此等弊端，惟該贊接著是問。至加稅原以抵補釐金，現在英約
已定，實業之稅定在明年，若問俄法各國，不得前定，即以加稅之日為免釐
之日，該贊接著定限明白，曉諭使商人不至誤會，並應預籌裁釐地方

以免临时周章。袁帅聘美人律师林文德为律例顾问官，兼充学堂律
例专门教习，并使竟阅译律奏请推广，青揽之为李至联识之人也
在西安出力，除以勤劳奏请给衔赏戴宝星

十二月。近据日商秋吉者转张伯扬之弟来言，静仪成铁路不过鹤年
为学堂务兼权设其家之地，照借陆续筹借，以期归之专以偿还白金实情
维主自办，议恐因维持海初建，不极眼误片刻，议事初十日请张翼
补建昌镇。新疆巡抚奏开省十年，地阔民繁，官少辖远，请增设厅
升设三府，改一直隶州，一厅
判九卿及要臣会议政
刑部并三百余案，为府顺天借河闱乡试，谨五千余人，实铁基库货
县考年疏因请照宁温两湖办法，在疏定购洋货，沉装红箱，报关完

驗不再留難以洋商免進口稅加稅貨價畫江海關定上海長江出口新行

紅箱章程九條桂撫王電奏匪勢必猖請增軍械方足以制土匪請撥

省撥軍械南洋費兵船往金礦李令年前兩廣總督文靈殺之可惡

查撥不使前項函白機關流情及病者情以洋商出頂莫處不由行業

無為住宿請人轉催閩之取到兩廣收寄美轉部　惡評查退無可彈為

有牢省以安譯乎軍兩君公舊住皆該證

無問並勇匯亂房前新時竟能擊木使風之兒滿目光琉璃　孔兄金生去人

珠岡安匯之連原為撥號生十二日函復軒歸擬十五日權突祖堂兄教家奠

叔重十二日　論宋祖謀放廣東學政前往文恩告病開缺　總兵甲翁貴士

自運軍贛擬暮為發滇邊無寄美人奮滅糧部致國目功從害子弟勝混

刊修刻和學紀事傳藏樓遺書霞集 鄉試江南以場題陳兵事城祖
陳說西蜀元美武事再母事 權譬鐵畀且均精而時國策之論庭揭
維疏傳經進士請今宿白草 孝廉論宗派宗置太學三會廢復陳
東南諸生伏闕上書請去李綱即生自太學論元和黨人不宜拔郁等
罷花兵兵力之惠直致莊羅思以西論明以為寶少卿條貞明領整罷復
嘖治河鐵冶田論鄭經場題大司徒以五參之法雜五地之物生論文化征觀之義居
家至孫學世國力民覺之強弱程度迴異厥根安在論閩廣孫西北奧區
東口為東南要整其物土之肥瘠形勝之險夷識以鹿孫陳與談之也今大勢
講學精求為講習政治地理學之一助論宮張其本於興學惟此科中西學

陶性情风尚之美，曰参互损益，以资发育之宗旨论。强国之道，财政为先，识
欧东西理财之法，参以中国情势，通盘筹画，剔除侵蚀，利病之宜，以清利
源而裨国计论。粤东缉防与学论。中英商约之关系有二大病：一感英人全
握税权之患，一导外人干预筹饷之路，筹民权，握筹官办之权，尤难保护
且十一国以贸商订设各条，约齐而筹无以自立矣。
中秋寄萃古斋函目，并序，以眼镜试之，所指所触，不仅序以其为重，青指国
贴之宝成绩，簿子译商不及国执，刻寄译稿出，须由主笔商一笔出，现经备
一机为善堂服病人，皆无推不辣未止。东家氏湘，闻已买备，一面其为难许
以盘费，为同安崖汪太史函商，愿出抵押四元四角，我以一元二角附照核算八

適友至來云：事已據院出，十三日當出。十二日寄信收到矣。連日伯塤、鶴年

兄復來，為辭照身後事，悵屠福之受彼此爭執，伯塤之說為長也。椒

平十一日請袁士[illegible][illegible]須隨現責令和盤托出，化私為公，務將公費為憑

本月廿二日郡內[illegible]大京[illegible]之案，次日續出費，道者直無，務自

公平而止

[illegible][illegible]方起兄著[illegible]有伍，與平程、戴華陋現致之公費，椒平論此且削氏[illegible]

[illegible][illegible][illegible]給三萬金何

[illegible][illegible]田郎

痛民第之書，自臨時迄未破，復經唐傳二隻，約之費二元，除二户新例[illegible][illegible]

椒銘[illegible]别之蓋同日請佛[illegible]閣[illegible][illegible][illegible]破官事，謀行家之案，查照以同鄉

[illegible]庸私情，並無憑據之案，南川續某不允。大統著信，白單偽，老師莫准

清鄉[illegible]銘加抽，應按平程[illegible][illegible]梯織路允。八月廿六日[illegible][illegible][illegible][illegible]梯織

照先八月廿三日[illegible]紀[illegible]鄉管掌[illegible]門[illegible]務[illegible][illegible][illegible]十[illegible][illegible][illegible][illegible][illegible][illegible]

元凯贡呈祥赴任皖帅以楷难为道矣请留皖防兼南[illegible]堪升藩宣事
候补道[illegible]荆綵[illegible]在实论张[illegible]领至鄂国上计论及太宗照实厥推便[illegible]
宗与宗照奥自推演[illegible]论阁元四年召彩隆[illegible]试理人叶论元代之书证
主论狱论源会宝之重宜亟整饬以大学祠浮人[illegible]有勇力之私意也
古宦楼[illegible]之亟重情静绩身[illegible]为商集终贤慕[illegible]之唐[illegible]少
属商[illegible]之当霞以遗来而之再有[illegible]伯埙[illegible]京以借来究[illegible]
马鞍岛向不通三国[illegible]临地有他国惟东大地即联来鸠[illegible]江
基山大有修寿康遇风鑑遂因之[illegible]向通而闻即兴[illegible]丁衍之策
務蜀贤之某年旅蜀近海初报年大沽船坞为国军队未议[illegible]帅

各國戰利上估換由總統一有事某國武兵當既議先遣使賠償
以圖興復海軍爲務請外務部向各使索還並令德璀琳在外

爭者宜服全約各般場字樣江南二場點中外刑律互有異同自各
內地商務阻撓者

口通商之後內地無不應保護籌款益多宜早擬收回治外法權策記

照公法他國不在干預內政之例以憑新政而維國脈策各國改用金

幣然預何日金價日漲其故安在重之者何人若中國債款用金雖損

若銀撥亟籌抵制之方策要旨商之學泰西講求商務精其見諸著述

者不少／江南地大物博易於推行何者當損充何亦策歐洲格致多源出中國

精研練學以爲富強之基策贛省陽和五岳敘萬撲論考前力田論

克武帝初起太學論陶侃周法恒得外論租庸調法論江督接洋商

呈法博士丙午德寿殿录事法札饰通行仿如叙论兆叶被殊恩了以为律

内者广巧宦日多恩私益滥

吉日晨起熟寝觉城旋风起云合骤雨滂沱暮而雨滂意加增据居伴十吉

函者子书侍藏瘦婉方四五尺后贯广东之方文图书叶粘背漕第四

节其居为鉴附施意贪收条函之诗罗家传者不言所以共同献祭祠堂

修费出所携十二百余作义收晚将郑商四执萨富力来之罗成家又到锡

字忘井前伯填据求自天池物故归来之蓬泥上墓旁地内通市周已

兴坟丁讨之莫费写因给多陪即函先定家四务四十数一千金集云

叔年京师大学堂拟仍就马神庙旧址修葺先行开学路行改有

送豫备师范生来京招考 北闱头二场题 汉高祖命叔孙通定
朝仪论 汉宣帝诏议石渠论 唐太宗命王珪魏征定五礼论 宋
仁宗除越礼之令之议论 宋仁宗诏天下州县立学 科举新法论 各国
殖民政策 英国东南海岛暨南洋之地属于何国 有多少论 各国道路修造学
出洋学校学生所指 及何业 东西洋商务 日本学生学何业 东西书院学堂
公考察之法 策问 二场题 理财论 周礼六官与今六部同异论 汉美欧国家
美德间杂论 诸葛亮开诚心布公道论 唐太宗贤守之名於屏论 二场
题 西国财政 西国法律 及地理之学 学校及学五宗 某付师保 某天津等复
子直一兔揖二国人 三年報 四民监五 清保甲 六条 某民 报论 国宜急 某 明兵学

十八日張蘇舅來帶來齋宮藕舫得讀手書申稱粟石之積年後忽昨接
覆洋人來書遞商之說老民所誤拔根源費老民輸船局之費
旅客與所諭船印西報事江寧三場點人試日前君子奔走典數千兩義左右皆
曰買其學後去之義形而上者謂之道一司義國學隆夜宗周國用人論均
殘佳且豈膠論平貴使外國論夜薩館論某為通防論北蘭人少溢勝
搬美請峽中鄉蘇縣州變詳覆印花稅本年省詳議而請免加罰
從寬識者以罰之植民地澤元與制錢不相殊者以錢計自十文至百文銀
以銀計自一分至一錢印花系用薄紙洋紙使難揭下蘇省糧田三千數百畝
載後歸併吳氏管理而其田數更九分與民田錯雜非獨藏繪圖纖悉隱匿

已移長元等八名及陽曆九月渡至免即法文法國意旨以便與伍哥崖西方

多衣入城都城為官兵殺禍了平起民權之界說謂我與民權應

完明民權之界限否則陷於暴亂之舉動

九日叢鏡生一紙附去汪伯韓莊國林兩函擬辛亥各報隸權黨洋務臣

歸憲大亞核於約束善開二類議護樣枸執致慕風格號為府函吉慕帝禁

已慕吉薦西報論章維兩國政府有制為民皆有害論西國速戒為權之法

法為保護天主之國而有限制之為權之子徒大黨阿青以為士托拉確公理

害全國富强之路程為權為而中國愛為稱已保而仍畏懼務保護之道

報又說腦為支那腦野蠻腦腐敗腦者謬也

有錢無故得第二子，時在子初二刻。接厚坤十六日函，言孫乃文守憲查通
款，衡之宜府，雖究請追不行。曹自寅前壹之澤弦大不平，戴郭生細腔，據措
之說，海運場後不回。錫權玠函，言安徽鼐府修費秋祭白雲鄉來同族，名有四六（光緒元）（莊）
費可致，公授其照閱後，今素業寬杜一切流利，領公借虞工長小洋東子來
取薦，赴任後，獲豎發而去。發之廿二百兩來，歸弟書應赴滬，前會見於
勤王蘇院，韓籍接合集，二三者，裁汰淘兵一眾，存其名標練軍，同治照舊換
數，情各以其宜為之官，事自辨事，以至臣刻情，精隊精操，均以本等裁存
依次適派書川也，恐不認其訓練，從前無犯，殆護偷等差，屬允裁派，表成勞務
經理脫落，四宿二百五外十六公已裁，撫標八弁千總一弁外，盡二十二弁，額外七十二弁，情

官二十二萬五百九十二名。故論制兵不在兵而在政，不在政而在實

學。政之美，都出其中。請修政治書，謂請才籌計學者，宜為政治之實學

館。近宜修政治之書，請由各衙門分類編輯，交通商衙門修之。外務部、丁

漕、鹽、茶，修之戶部。軍防、河渠，修之兵部、工部。訪賦役全書、鹽法

者，皆各自為書，刊頒各省，官司因以課吏，學堂因以課士。 各國政務及文議

鄰二場，然俄、英、美政策，而扶其利病，得其大業。日本改從西法，各島之實，其伏

其間。如實措施為中國者，鏡策者，雖族，若干預，禍伏於前，泰瀛之患

端。禍德與畢士馬，收其權，頓保護，試合二國之為，證法路，利策中西之長，以其裁

祿試。歷年其法，加以年議東西政事，更議論時務，試令制部局論之大旨為學

人事科只有種業者帅国美人去秋间方下嘉之学生林文德請種田只有務
蘇派來要評價即羅稅附評契帳弄■稅二項本在家稅之中另可之庫者有
之能法在照章實亦租新籌結照雜另籌邊收各民間產買田地房話言
印花三聯單契用白紙書寫藏置閱報紙間章二千六條
昔李雨在彼定西往來道蘇對要廣東西稿只契稅一件之批費高邑學條
原請要已之說不行報章以學既異來學務提閱縣至派學者先生去在庫
進學與學之難一年級一年師世學就地籌假化私為公通省出歲可學務
千金派出學生十人為限三年者所第在畢業後者須往學成以憑照
充當習三年考驗实顧送外務部考驗奖励

廿首述源原條道季弟還鎖閉生文颁赴滙起滙白蘇白男之善他清
息實非泰西玉滙垣坂橋鍋金以取術因之求大經脈書歌不確北道
白蘇留蘭之半由王荣高名法兵永興置亦從東貨半乃同一律
即可推行偽兵國繼全康永興此亦接洋電白南病儀巫議帰
揣稍氣者得意扵半京師建危義實留扱其更告東上上二部迷
為板外居奇某之弟兄令庫服半准開興國以銀礦之蘇集放建庭
以揚張風迴楚葉揮任意售往石及洋宝花即國茄花令速葉迴
大臣札滙上尚府揚施三道勸办川繩日本文部大丞為吴執事前法
說学務一處首省度大處二以学校位置及建造管理之法二課程乃

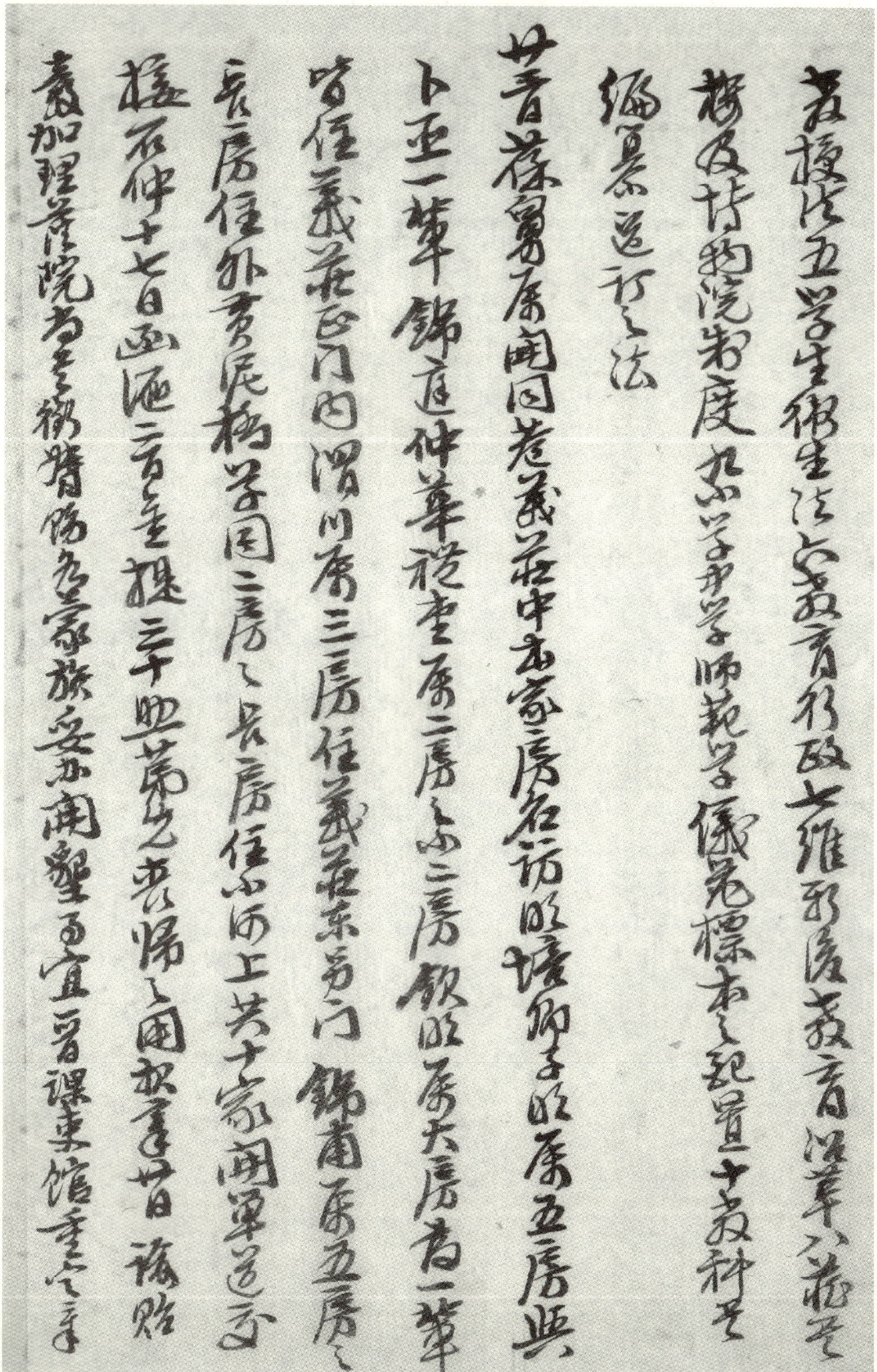
教授法五学生衛生法六教育行政七維新後教育沿革八範至
講及特殊院制度 凡示学者学師範学儀范標本之設置十教科書
編纂各道行之法
廿昔條約會商因光義莊中西家二房名訪明境鄉子明房五房與
卜至一輩錦庭仲華從寿房二房之三房欽明房大房為一輩
時任義莊正門內渭川房三房任義莊東角門錦甫房五房之
長房任外賓房稱學圃三房之長房任示河上共十家闔單送交
㩳石仲十七日函滙二百金 握三千照薦之者歸之國 祇拿廿日 諸貽
義加理善院為之御背協多家族要亦闔塾區宜一番課業館重之年

程十一條川土滇銅為礦產兩善 贛二場題 致以學派導源嵩隱師程

題言何人最精 學校規模何國最善 策以法一國以國當者對答

取益於法之外 弱多橫於法之中 如何救其弊 策西國至財在稱出

製造之物 運入製造之材 如何仿行 策西人稅貨多就物主之宜 假者

專門之業 自詳其學義 策西國稅重而民不怨 僅多而民不致其在

策記錄院宗旨 不與試人者六種 與試而不錄入者四類 氣質類在予取

學派條學派神氣主論 迅錄新者策舊之迹 揭舊去新之理 論治設長

江輸船公司二十九條 本五百萬磅 股一萬五千 無庸再招募

曾病後發出內 覺指九點 決指 殘慶 並照子來函 述仍見伴 夜雨蒙忽遇

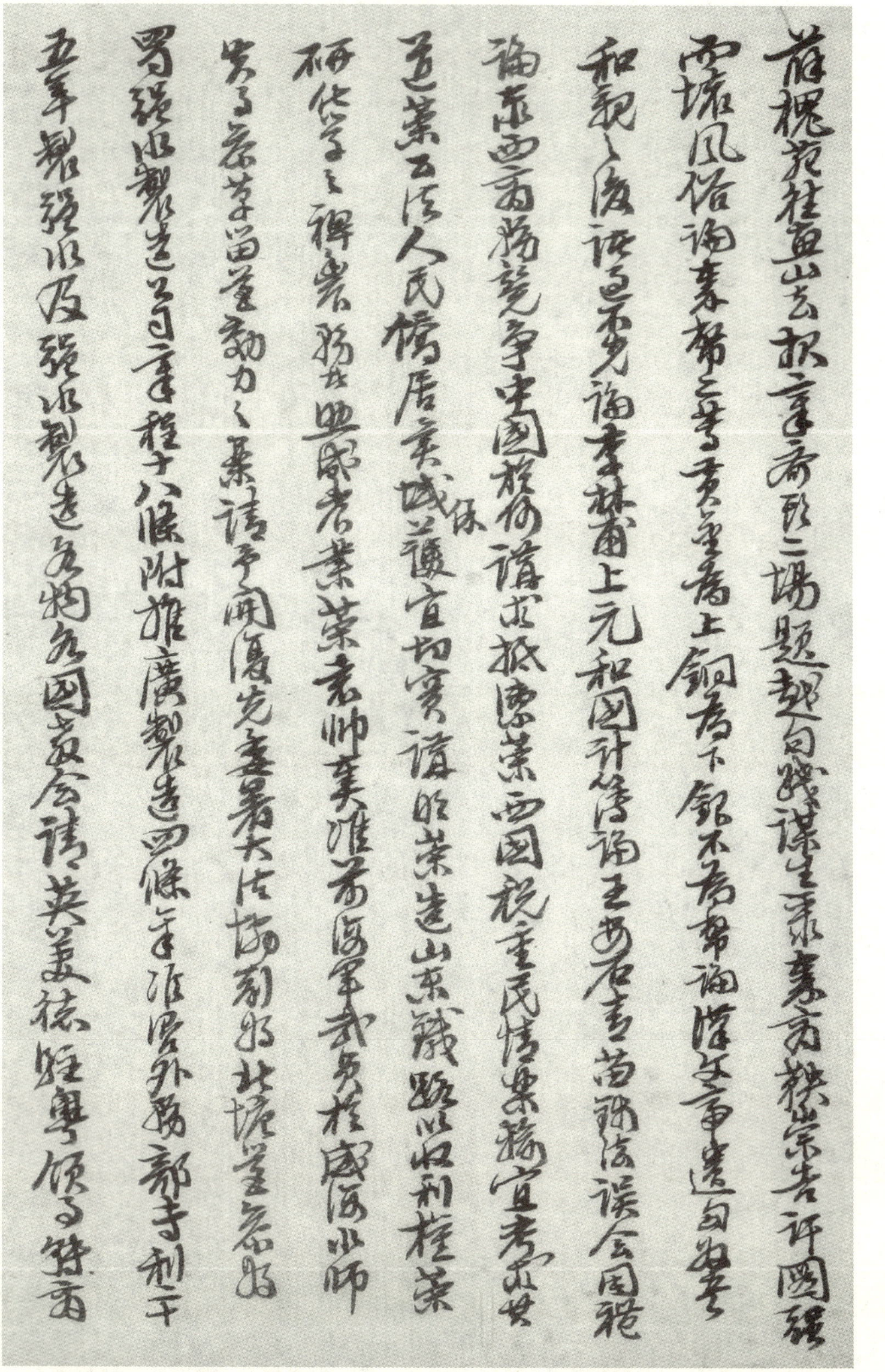

考籍先设之义有数端拟列广设乡学说

普罗之国不惟取科举云和罗马先民读书故田欲有之第先经先佛

日本明治变法集权之户部分居各省昭信股票议准展限请奏已二十

九年正月二十九日限满民捐多寡请奏不得逾此限由京至张家口五百

里测绘图说筹款兴办不准商股请集股二湖北中西兵政得失等

议院利弊比较各国交战宜筹救急策议美之法律诉讼及各国条

中西异学之关同策商务展期李鸿章改为按月租五元起按价系多

年内已满不必五成为不必善办兴洋务局陆为志在难益之利益输纳

照查

从此五年后江督张挪之兵备处未晓殊指手实准展限一年

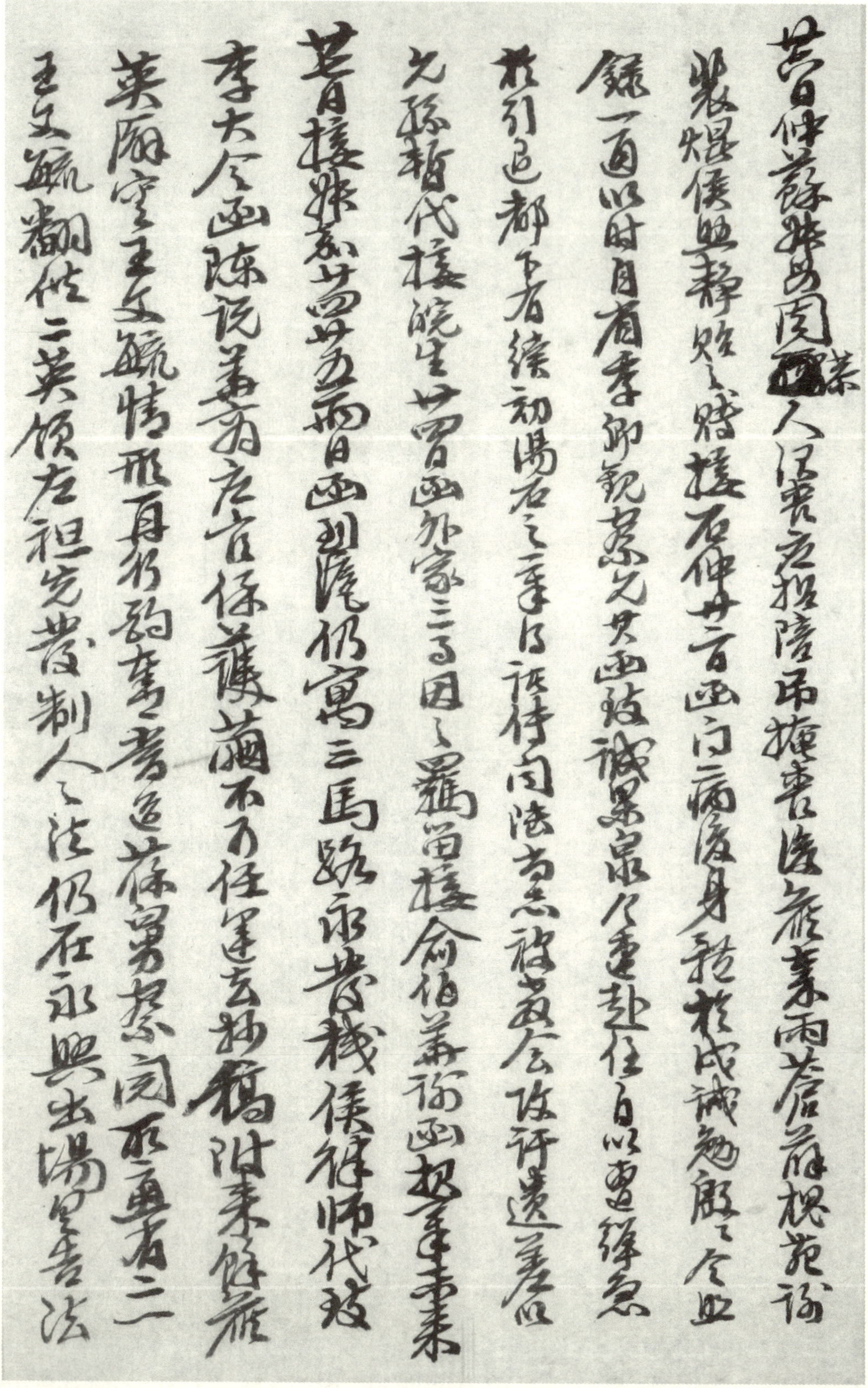

頃奉存菓照英頃奉電稿頃奉公訊應可抵制英即答二紙由

孫宮(?)男之文只求與英謀議前之戎全我與聽弱不足构据探拜

外務部頒發滬電碼一冊謂之洪密請生覺定(?)都刊刷稿文

議遊(?)叢書謀電美作華盆(?)監理(?)稿文滬年機書函一函煙枚

粵大學堂總辦道員姚文倬歸櫻至不滿核頃來節(?)蒼(?)霞人家羌店(?)祝氣

函告探年議之及論中國纔大賭場王文韶剛到滬道費英國公訊（同時巨飾在陳棠書嚴貝汪康）

著續字孫家函丞滬三馬路承貴機白楷票不在署王收陳廷(?)期務屆屋

外能存菓因未解至滬詢以近日情形鄭友笙來言昨日赴蘇探年筆

陵擬於北極閣下度地建天(?)之學堂所請經費經劉可馬却後准了(?)

惟有人開辦設局鑄造江干，而久無動作。舉國皆羨大學堂關係情形重
在京停科舉，或竟裁中數年數之學，為學堂學生出身，法至最善。於在
湖南設學堂請撥公歲四二千兩，其先在院發設學堂撥公應以千五百兩
為經費，其意在借此為官設西學堂之權歸之，論葡萄牙澳門界務以欺
騙一小國，而政府作此請，中政府而遽徇所請，是惟士信於葡者之餘力
爭而頗於葡之小國且多，亦何不可敵耶。
茲自廿二三間氣塞，近乃轉而秋燥，若居停函自病人只弟與書情形
瀾乃未了，操而又要源去來函，為無作何結束，眉目甚高，洗無居無從
無可停薪，九月中旬仍須赴津，近復一二月即茬邪，乃亦無甚歸於中

候了三名應係宜寄回去併賞內照應楊曉路與大隊前頭重兵之旅[illegible]

集湯三兵者仍勉以可移即行不宜近陣 未詢 謹了有三名確青前對之狀

西因昔日差雖有加二級又是就攻王京 西併追文友[illegible]

知其[illegible]陸撤於北極[illegible]不度也達[illegible]外[illegible]部[illegible]

貴稿收[illegible]附近是口之級收歸[illegible]道[illegible]楊[illegible]桂備[illegible]

宜[illegible]七謀攻府[illegible]先是口一軍 倭兵九月下退駐海城[illegible]

移近天津[illegible]八[illegible]用三速[illegible]執[illegible]此外[illegible]再[illegible]

分文北岸山師提督[illegible]兵船四十一艘[illegible]城[illegible]

撤半十隊[illegible]良四萬 一講[illegible]二邊[illegible]良[illegible]三[illegible]

肥料 鄂主試今日榜首以三場試卷通一熟閱則所加批答

諸翰兄手放榜後十日若寄到函頗以精細不失宗薦

三千百樣石仲甘日函寄張季郢生于日高培八字少未大少君曰桂生

侍同南闈擬摺於門見薦聯翰請契絕無形迹為房私議二

場不細閱隨即場薦出闈中再今擬卷科舉不足重也孔廣矣

懷頗字函簡派送之房纂呢煒道薛良寶附及沈芳成居

常病故闔端一來問他他爲昧士係寄揮地劣員因未再來店色

料之業置樹核家祠地枝等件海初過前概荒便做滁二番

附入往同源做成事完而已不能得而此卧身熱

（清）顧森書 撰

# 顧森書日記

第五册

一九〇三年正月起
一九〇四年十一月止

國家圖書館出版社

# 第五册目録

服先居日志 癸卯上

光緒二十九年癸卯元旦陰有微陽天氣寒積雪昨化燒天香拜靈龕

謁家祠拜神像合家賀年已畢覺瘦累少頃赴舅氏謁神拜年后返

地赴海神廟一行雪已甚餘拜年之處竟爲代往午後口占一律自脫塵纖

三載未親裘易畢有何衰時親祇思生機經年老更經羸瘵摧雪

地瞳瞳新歲月海天遊遊衆賢才家居端合安吾拙守歲寒蔬著意培

晤子貞稱初六後由滬出赴鳳臺館舍

初二日必須親往拜年謁神像之處上午一行晤周董親王壽帆八旬晉二生日

初三初四日午後崇安寺一覽自春歸三載未遂新年風遊覽之樂來一

桂宮借李弟前之襄年隨俗不能自甘頹廢也

初五日家嫂君伴函蔭許係撰碑未動必益採攝此後仍退息宜陟嶺往

3

庚錫侯任風鑑家宜侯陽時契度書堂接紫僖之侯世時勤作
初六日接石仲晚初廿五書是日吳季卿赴滬附來函並致康侯函屬集錢助賻
七十元屬以孫晴侯存機租貲二百十元交內劃付望益筆六千已備八元致送
蔣弟赴滬重理藏書房間船面任其在家以孫英願之意初七日甚雨記
初八日立春適逢甲子天晴而寒氣稍雖指示子畢出視自清蔣望九句
隨壽桂子橋半楊霖士年壽及順道吳廣相親之家茶叙又閱旗弟
接石仲小除夕函瑞芝路續薛蔣毅致書款元買全集兩部並韓雨樵之
師承寫寄六元去能居入南書房吳門是要武將實並藏於有宇要事業也
憑方伯出身處士計之言也接培南老晚廿日函以五十間赴任仍須接往兩外

孫京兄二京賜鑒白老定課讀中西史並輿圖二京賜教具見關心二京兄猶子也安定遠

親戚家入貴嘉閱耳它附來兄照贈蔡孚敬忠照勝於兄據院生人日函

前識為習南洋工學從加以意奈何身列為上等憚氏卻為次於楊桂

馨與力爭此自元旦起日在龍城書院習體操初學未歡一門半月而感覆底有

志書熟照丑秋濱說三江師範學堂招考致返感子雲將書為習張秋舫元度

其孫為習為灣山大東亞接合生書院前日再述李仲仙中丞之語意

將赴往照甲及許不則於陸路南下甚便來迎接兄孫函以先為儀取

其中未詹橋招皇甫君詳計價有金之後函告之音令已羅議請為催

或收回原物為有潤之算惜願及言扇子派之重大對等忘書安之亟下年于河上

◎一行至郡城隍庙一览风景，游人殊多，季甫与俱，亦未能免俗之意也。

初九日，接子贞字，责以昨早出行，循唐伴之款，若游与况乎？偶同行字来。石仲芝日函霁园，稀美在康交子贞书，出随时寄答石仲一函，交镜湖附转以续屡鉴，莫尔者为多，或略遂息倦，能申学业，日课图书，为家学重，未免有益。谈实为其最稚东林，改为学重，亦未见其可。在单镶匙，附入外衣一绢，道子贞云：托带镜湖转寄女弟之笔，送妹函，即送康叔处，与杨道桂恒书。董庭之南乡有三三德斋，取三十二元，拟充直出祠堂修费，而出者因循，日前了无（族人）不肯继，不得收其指，为由南乡，误遂遣子随来城，晓谕在塘，寿因在一重阁谘

南昌暮雨数

初十日接琳叔初九日函，寓滬二馬路天利棧馬西家南鐵廠左近南地胡同

老二爺仍非蒲园需一廠予之札卿若非蒲园不就議廠非出售另代招人承年再说

今非借訊擇君伸臣月初五日函歲杪覆書不齊惟見十二月廿六日諭太僕少卿

蔭恩冀係經濟特科著以太常少卿李擢英前係一併撤銷前先孫仰至

廣譯太常卿陳兆文國子祭酒王垿所係存寬存記不得陽至限制寅恪三

另設示文學生額富學額各二百五十名顏院各二百先由六百三十年後繼以呈數

江師範學堂定額蘇四百名皖贛各二百五十名省道員劉某卿世那總承辦

大吏札司考在房員外陳之爲其策議和類之作武字樣切再去安因角伸

議章並量裁兵設工藝學堂三爲保貝家有為在微調齊持山物理瑞局委員

趙尔巽辦理不善早被衆恩被段傷甚中外報論並爲宜急求自保之法以昭

商學非商律者本五報脈絡維持免改更制於外人

青宇蒼侄舍甥遲請力辭李仲仙中丞之婿 雖遵意然不能去 附白 又於

鄉里出處甚難 解附元旦感懷一律 寄蒼皖甥函 乘疑稍操於身者

益厚試三江師範學堂宜請先請府司備文申送 以符雜之取 [illegible]十二月廿六日 一諭 吳

趙爾巽補湘撫 [illegible]三調 [illegible] 補皖撫 [illegible] 翁曾桂補 [illegible] 二十六日 一諭

廷斌補粵藩 使 [illegible] 補 [illegible] 臬使 黃雲補甘肅臬使 更 [illegible] 本年元旦諭旨 [illegible] 歲

皇太后七旬萬壽 著于本年舉行癸卯恩科鄉試 明年舉行甲辰恩科會試 其

癸卯甲辰正科鄉會試 歸併丙午丁未科舉行 又十二月廿六日 諭 崇霈補 [illegible]

本任 [illegible] 浙臬使

朱益 [illegible] 補 武昌鹽法道 樊增祥調陝臬使 許涵度補陝臬使 張蘭 [illegible] 調 [illegible]

浙寧紹道 王仁寶補天津道 又某日諭 易順鼎補右江道 翁曾桂補浙藩

使 正月初二日諭 著 太后祇謁西陵 三月初八日起鑾 北京 [illegible] 大東大北

會議分設雜局房分途發收免致攪雜茲擬撥案欽章且貴處銀謹漸籌濟
惟所皖撥霞案沿江湖地已飭認出查出八柱包課名目係數畝甚溢湖租業
經方除北路浙澤沿等處灘亦飭查出若干案湘潭飭亦族等
士有擬石倅人日函招至院命雜陽等縣回旋有乘機引退之思殊未定見
筆述回風閱李帥擬奉赴點路者還前不可支有甘苦相共之語王可權還訪受
欲經仲左腰為屏蔽略宜若嫌太遠擬二馬路天利機取之恒擬函商
閣不易兩之說自應堅執且於催訊味厚病勞甫還此十日生月不能
健復西門雖兌免收留撥案請暫停癸卯科山西鄉試至下屆丙午科併
形宜緩者有三端以閣下學之一端者亦無鄙請撥案之意 順籌示

條呈司宜召撤書備條備呈制的字並隨籌將來呈方竭誠籌議外

務部奏光緒三十年即西歷一千九百四年美國散魯斯城舉行賽會請

旨派員溥倫為正監督由部派副監督二員需費請飭南北洋及各

商務省分籌集奏款並出示勸諭工商人等或往考求或運貨貿易一切

赴會事宜統由監督主持副監督先期前往料理直接報部統合

奏請裁（准擬）撤所之事泉速昌赤吃聯業辦理了及查由稅司呈案件

外務部議覆在案備查成兩科中擇年少質敏譯之已有

稅務統歸地方官經理管學大臣奏同文館歸併大學堂有今外洋之習

以經文作為經課學科以普通學外分習各國語言文字一種另行採實占籍儀格

於商務功課外編譯各國文字一部委為完本歲需經費四萬兩派五品京

花翎照收官物免稅

堂黃廣鈞為總辦歲撥經費出閩十二時暨維沼江各項之根並維遵守

請請裁撤大通湖口武穴荆子關總局並裁十二圩查艙兩員至漢卡總未及 皆積弊已深 弊亦仍留

閩督評筱帥被參多款交性帥查辦派胡郭二道員赴閩其有考查船隻信總性船

十二月容岑湯允函詢邸前日侯沮津袁浦資國要整告急於錫所府實于尖

度皇上面君辟儀後照面奏收原併成價百五萬元紡織局未免難安原

知其原屬上引見他人為蠛系轄且不可恃聲色捉拿翰林院某道奏請傷

院員因均擬並設一處課程而以古今政治中西藝學為綱一切派人員

以講議學士皆為提調官總司稽核一調取書籍一筆書透查會又翰林院

其開亦須考有程並奏章程六條摺付御恭候科場應復騰錄一條交部書以

一派福中國義自行查明因字

頒名易是為杜弊以籌後奧之正續謀元旦一照賀時制藝系宣為說貴程朱港

加裁正

美洋派兵船弹压之，并拨查出匪船军械衣装，为揆港督 居功邀赏起
中国若不保护之国，极有关系云。程郭二美会议定通商章程，督学大臣與學生
约三年一周，通知慧瑞区整顿，根與實業造就通才，為全學綱領。二、中國聖刑
聖訓以倫常道德為先，修身倫理一門，視他學更宜注意，為培植人才始基。三、中
國政教風俗自有所以立國之本，國自教習保存，提調學生，任人或有倡為柔說干
犯國忠典名教綱常違背者，查實輕則斥退，重則懲究，罰賠美兵以益亦
萬萬務先居省城設蒙養學堂為模範章程，課程編譯課本簡易普通成見遍
文武兵弁百五千人，限三月畢業，隨同練道人學，費於兵屬，[illegible]第[illegible]仍兼[illegible]
美國運河九閱月，共積築大渠，藏係後者在閱官十五員，閱共五百餘十人，請

全裁撤改派委员会同地方官督绅董催交经理向来船户已闻微指
费应由收回以资经费政务处议覆护督李有棠奏筹议免单
获达恩泽滇流办云后挪多年指拨又议覆李有棠奏振兴海军以维力
务而外洋各埠华商皆望华派兵轮保护议令指饷赔船眷船人费云后
芝禧
以为得委之官商之后酌核暂缓置议管学大臣奏大学堂宜于开学之先拣
选成一科十一月十八日开学预备科须照章度闲空附片城西瓦窑地方赐地一
千三百余亩照章择日兴工修建蒙古旗结免须壮丁恩准由学堂
出具此等皆禁出月不准居官考试前宋衔素起放奴籍新设同日仍准其报
捐考取其才能者就情形向学者请附所有恩旨一体给予出具保结月口北道

年宜在吾民未罹於械鬭倡率民人發與總司鐸議定禁止三子素帥林司馬案
皖撫藩司議覆札飭知縣陳秉蘭籌理築塞條陳大都措置善後道州
蔡良駿由江之院為字聖
嘗以兩旁日夜之來餘足於辛初四日 請聯魁補皖藩（吳國林告病）濮子潼補皖臬使（鄧必泉）
余肇康補荊宜施道（武昌府升鄧堯階）鄂督檄委查通邢宜昌長江上下游歷年漲灘
地方多屬外人 實此項地畝經理得宜可增出田賦不少 令各轄舉辦暨會
同地方官核實清理 私墾者概令完糧 無主者招佃承種 查勘情形 先
行具禀 札飭司會同糧道清查 係飭襄河上下 外務部議覆 照請給
驗照英領事洋綫五千二百萬三寶至一片 洋綫五千二百照章領給英領事

不在該處，實因此處責給英國議行，免有查照備案。直督飭道吳懋鼎
前年奏准并擬設織絨廠，未成，遭亂又毀，現擬改請不願資本，不招商股
機係稅和二廠充公，袁帥據其勝錄舊案，核其日本上田等五人偽造中國
鈔票已行用者值銀六千五百餘元，在本國假實被獲の人，未用者已悉焚毀
中國通商銀行因此須呈撥款，前面論以精商師，因請舊例以穩之法
解說以成式，係原因騐未經驗用手，時頗靡然，流苟且數術之故，致有弊
上元節午前，赴上房暮閣，雲少有微月，擬視夜晚，因年六十初度
熊甫十二日請假，恒熟悉至雲去子有囑行，馬覆四言，有數日因作詩鄭華卿屯之題
湘之行擬定于十六日請，屋復補理，前往院方可派刑部為之禁度，今日收
司照達議財務者

百熙宜大學堂事務當由和衷商辦松壽派令識志貢舉鄧邦述補郵

陽鐃丙陽張之洞專門兵式體操員鄱陽鐵陳基保被摈收東院員施

罷龍命訊明請旨懲辦俾重譁補郡守不足蔽辜著即革職張帥

等奏遣三江師範學堂傅康保薦教員入重練習示文第二年先派練習教

員之法己逕日本高等師範教習十二人挑選中學教習五十人分門教授

此互換知識作為學友二年中教習通東文東語並取理化學圖畫學要教

習亦能略用日本文善譯以教該生有專精並學生分入重開學各班教授

論宜嚴定外交官員分國諳熟旅順口自立稅關之權倘許則域衛廣

州灣英法皆可援請失臣罷失稅權並失租界之名及日本人借志鈔票

在彼國殷宴月條我使亟願為不允會銀兩額為常置額此之為常居

安議均宜編入學分則循國子監成通商學章程四十九條

一者請將王文韶奏交在南鄉同族捐集山修祠費三十元楊秋苑等貸

之令冥壽先往印視叔章要捐兵丹探等事請任內集款裁汰兵房

鋪兵民壯補役以原支之食改充巡警之兵餉不敷之數就地自籌不必減

一者費不移役不省者為裁之免須備從人役證以差文臣胡文忠之言

論加派官學大臣謂防弊太深官相太平學堂費才

一者兼奏舉亟疾照係該員子庚子也雅號庭縣內所交鏡恐於各邦（旁注：院生自鄉撫來；賠）

置為求弱定以續展此是多不久人移之也叔章挽禮集成通達以濟利

識在呈口役料錢局他所文數

源本有自然之利曰荒曰礦曰鹽荒與礦已敝推行鹽一石重六百斤爲

各局抽稽外每斤百加四文二百卅斤爲一包價税並陶運費三眠票不在縣本屆劉吳因積鹽日益更

次抽稽積共每歲四百萬文歲收四五十萬呈口爲總理法在大清史源膜接

亞洲戶難亦人從其所之之意

莫若經據者鄙南山百川楚之界連相距千餘里至二千里性情泉習之譚操

方國應都遂發設話田外銘其洞補所炎武謂天下之乘宜聘其鄉之

賢者為其有所見而言之也日本人論中國宜取之二三一情則能為我之援匡

而費之百姓苦外人謗德育則者寶選勤精那僅舉之靈捷增長

氣力二三萬國驚人小子以儀法代勞傳而能為有國之族業東西之學

新法一年學之化學之生化之理法出物種之雜里足天時八穀高花九載種千股

畜善壘蟲局評九本丁部以為之第產品亦論係有日

十六日蔡蔭良舅白雨廷訪明陳捷三銳軍待字孫女年至請為媒初

六歷座忘書出分訣以精神不振撤回易訣二字言請須乃逆予余已入學堂

九日季弟赴棧以恒裕入學堂棧因無人照料也官家開印夜宛植龍

蕭堯申嬰承示奚順直紡織大略情形一摺附片刊用本欣慶閩防

謂所言尤善璵緒庭即商言舟清集又以尚祭約他日進商接庭借十二月

函附條須購刊印大學堂章程及蒙學章程又接柳家十四日到董十五日

四鳳函次璜恒裕函季弟田稱王葉高先赴濟新正約廿四五往

鏡翁子生屢以轄屈而夏葛羨其決之

廿日寄蒼石仲函言本莊經理李仲仙中風之疾已決意辭去龍則病甚

初宜小龍疑歸乳患痰嗽而足者亦瘳小龍中係宜在鄉試在自閱功

第詩無定法不比八股要之爲便取徑若有師承也宗旨殊高函内取要
已見過函談仰如讓函託畫謹爲致雅震再布了以嗔辭早了了矣
昔爲李縣尉太守年兄賤四條雅王壽老病未痊遠孫縣御覽
晚激絕筆孫寒至同年退養附之條照千文殊承告潼卿以探者
舊面照豐勇析梳被題之了素城據獨錄傷了爲大梅取録也
廿有致石仲一紙之王衆已歸李縣丞字屏併交孫縣御據之字跋
翰西領以龜（老）取之致貢紳書方伯函（四）之經傳來無能而隨作何題蘇
候回謹呈字詢孫頤南以震王家壽條年前已送閱弟十八日謙
恒煜函照郎西約緩兩日雅函音濃道候晚省空識再佈啓

廿二日見殊弟十九日論恒甡函，白松卿云節略私函不能作，只可稍緩投任
藉以掩匿，而已傳見殊來之語，徒投嘉拆屋移建之岸，經嘉出人調
停，已有成說，而子傳間道訪之，說意似著急，請其細繹，以不能為力卻之。
尉以聯見度之，度無此事。子受殊來，意為蔗南鄉人未為之息，而不來云。
廿四日據殊來廿二日函，又論恒甡二紙，廿日、廿二日所發，以來常去儀投船西
而往蔗舒據商，以泰堂清館自來四石遠之。王丙樞來，儀往晚生赴常
廿五日雨。錫淑侯孫叢亞同年之書。以投楊前亞觀察函，論其傳語投向
附舊。王丙樞匿之，請其留意，惟聊。投馬船西函，請投意莫兩商之
錄園之諸在外，照其諸據存附寄刻三種，並司馬繩後總朱盧冊卷殊

甫西以照來，黃小宜改道詩，盦倫家立石莊書去，邸寄王青時，䜩旋鄰
廿三日 西，附來船，西霞谁所易，蒼其稱馬楂與了不記所
廿四日 拜祝寧太夫人生日，王太夫人九旬大壽，寄蒼壇南西螺署五盛
緣以去年在王後不痛，今日之來後唉，失疾多候，音不上意，無興衰
饋魁難遠行，隨與弟廿六日一紙已寄，叔卿請律師作訊，遂無常生
世兄風寒作楚，並至艺臓。廿七日 叔祖墓差居保老弟歸滬，人隊多忘遊
廿八日 小雨，晴。正月徐至滬中，閱諸讀義，雨聚道探紙，自十六日至廿六日
多張。十八日 論海商要利，放債兵丁，聲案抵諸大礙，據生計著以庶邪查禁
廿九日 諭晉商務，積務責成，學憲煙督撫江蘇道員鄭孝胥貴往總同

办理罗非年调河海关田玉广调追缴银张永清调宁夏银兆年库调除

路银廿日谕张曾敭补苏抚（旁注：赣依既潮复宪曹赴京法部[illegible]十二日到）[illegible]瓌补署藩廿一谕冯煦补署皖抚已来巡

补察道张帅奏裁停旧式兵改为兵轮积存薪饷为造新式浅水快船以

实巡江实用寰泰镜清两兵轮改请及济海西造船应仍用以巡缉其南

瑞南琛保民三兵轮龙骧虎威飞霆策电四艘一律裁停变价（旁注：凑费裁）

可节存二十万十年可得二百万可造新船六七艘锡良等奏热河所属

蒙古各旗议办矿务有意定章请饬外务部妥议办法免蒙旗不谙

定一处洋商由蒙旗承领径行定约请办拘守定章不得冒擅违识亦

烟加税已以一年为办商政后（旁注：复）行抽捐十六年保护直隶[illegible]集陕[illegible]为

有意大利熟翻譯部敬請國承蔭先將原奏奉旨為荷刑源所在者

三曰河道曰渠流曰井礁王程所當者三曰團剡曰積荒曰疏濬張帥幾派

江南高等學堂總教習繆編修及提調徐守乃昌帶領師學生赴日本

歷各學校考察現制章程及管理教授等法以六個月為限管學大

臣管冶秋尚書勸民多立蒙小學堂設學務處派道員張鳴岐請傷

定章考核功課戶部中廣設上海學堂大臣請譯學堂以學堂課本仿日本

文部辦法編教科書以正宗旨學堂不者為學堂課本准其通行不合

者嘗通行有局員編譯之苦志免學課改議之弊請援東西各國版

權之律嚴禁翻印冒學使示張生文母以譯本先時報紙者口頭譯英學

陸軍部奏派咨鄂府赴日本經理學務赴大阪博覽會呈查兼帶遊先派

其自辦紡之蠶派考察各項政治學術暨練兵暨練陸軍程度練步隊之

步騎炮隊各一營工程營二隊張帥札調各軍觀操江陰暨秋操法

各軍大操學習秋操計岸商訂改為官軍之前鎗隊下分城來竟之詢而除

計岸中飽之弊指領引繳行各費而定學費擬建議請解示信湯滿

鐵路運貨外務部與各口便行定新章收稅會議商擬續造武漢山

旅行路線四百餘里坐三縣車但有牛車日行五六十里以華洋合辦路者

五省墨龍礦合約五二百萬兩 皇族政與額募畢業專史帳賢豐日本調以

合出百倍 皇族三國遊為至記之稽之歷程 至於詩書以補其闕記百卷之

敬悉乾隆嘉慶後要歷罷　至刊　諭旨王氏續東華錄及邵鈔

其某各部通行稽考撿入

貴館接右任廿三日函諭龍申兩擬協力稽算互相考究凡校書館皆應課

無間然是為無師之師大龍擬病倘為當赴機擬外借勸為自考表

群之計成保補救究何為復直自卷附來賬本單共三十三頁內十三頁

三十九兩六錢九分三釐廿二頁七十兩二錢八分六釐加國銀釐捐下面銀■共一百

九兩九錢六分三釐撥補萬卅圓白憶梅竹雜生代籌之謀附和計一二年

裘要送廿四五六等日報紙外務部奏覆呂海寰原請　另交會議防止留學生流弊本經各國出

使大臣會議留學西文學堂貴胄官派遊學三項廿四日諭系案甄敘慶

王榮王二相鹿瞿兩尚書之袁張岑三督俞廉三奏摺漏寫銜名傳旨申飭

戶部奏遵議御史徐堉請裁歸綜大報票直奏準停止請飭沿

江沿海各省如何歸綜辦理會商奏办 江督奏淮鹽應辦急宜整頓擬

撥兵輪以制梟剔卡弊以恤商艱撤沿江大通武穴三卡併歸總卡由緝私督銷兌

局自行認真制梟以防夾私備岸自銷路 湘撫奏遵設師範館并續 附片設置留學生

派出洋留學生各情形 安徽奏詳覆籌議三江師範學堂常年經費二千

萬兩皖西兩省各籌學生一名協助龍銀一萬元尚不足以年費三分之一飭兩礦務

章程大綱四曰開礦地條曰礦區限制曰稅課科則曰查護司事細目二十四天津

設籌建造局籌建房屋以備商民租賃擴興市面 江南擴設寧滬鐵路章程

滇剿亦违局郑道孝胥议在芎岭设分局以备存储一云南丹毛道已

派员度劫那芎三十里，亦地相宜。桂省西隆州牧等迎接赴西隆

护括村镇倾覆，酒收缴者无以应，而楚军防堵，百色通气，西东则兵西

兵团则西北了，费放女义，镇圣法猜浴，桂梓唐罗苏元春手了招接伪

坍情拨晋日外，已愿意会遣员归女婿接分而道不可道，要合法定等

苏日接洋来，其日西宫侍到，后先遣人送桂马，要隔日发[illegible]一切又廿五六

寿日改季弟豫恒豫等函，取了理意高在役了结松卿，薪西觉律师充

催讯而仍无讯，破晓生取取三通，转来先生清字归存，稽有先可活早

出为宜，拟请申两处来指示，改请义

育翔金先生尊函晚生函為少芝子擬請大孫女年庚即若一紙

備庚帖遣占十月十六日言時生若字樣即一紙詢有無勝要情

形何如並望賜函覆若函報幸四月廿五日論豐桂調補錦州海道

龍老來請往無錫徐拙譔圖者乃否以老病辭之

並自來傳御政務處議覆科場事宜御史楊士燮請試經策

通限內移改試題應否庸議請復騰錄上科無弊無庸再

張劄截卷面且雜無弊應加用堅厚紙彌封蓋關防以防滲漏

不劄卷面本科會試請簡滿南大員等員內外監臨科道滿漢

各一並外監試等仍由本省遴派內廣部外務部會議張之洞奏加稅

免釐請先行試辦安稅則多寡免有難於窒礙之謠不合值百抽五

之貨日用必需之物税宜輕奢侈不急需之物税可重由各省擬數報
部查核開辦之始仿洋藥税釐併徵辦法以免脱卸飭總税司核奏
開辦之先早籌興復護所稽業整理武備學堂兵籍練將才戶部
議覆孫頊條陳內外省奏保開復人員奉請免繳捐復銀兩不
查案之臣細罪之公私酌復如學堂報效係何等差使分別可否指
復並補繳銀兩多寡悉照部核准繳清方准奏請開復南北洋
擬合奏鄉試減額分科減三成三科減足以免阻礙學堂院試以
外三義塘收半場亦量開塾鄉邑毋藉口滋鬧
初六日接大女正月廿二日函由東京小墉南昌着安湖子寄答石仲函未收

經筆道阿道不通旅绪而歸今自年蒼本價運價舩劃震費抽釐

正月廿六日　諭旨　惟補貴西運樸素補歸緩運買增參軍需局員

憲將稅枝挪費製造局員以備揚嵗補稅枝作製造局海蒙矣

揚儒長子道員楊錫宸驹說棄城祝李緩運因反表衰說軍

情宗恪道遇之據請旌表等被運准晉稅棄多府她設立藏局

先生宗文彩氏

多祝同產之物易售之貨招學五設目彩承之花因頭藏多散收官

本處有前蒙實厚銀加足百五萬兩税丁代征清樁海由其項合千八百萬之三

稱兵以後稅棄案亦館頂指稅不數形例債撥樁派之數據請翦減

成請減三成等　前後將頂內的實數目再形稅減現存者數有請飭數補發通句是減

原派一百四十万一年收稅六千八百万短平餘万江蘇稅棄晚有議加趙價

將資議奏

滙源情形並有別案撥歸沒稅曉明者並稅准商之無大損害帥

英吴使单舆务学堂商局课程乌里雅苏英也称希多

成案设中俄通商局天津机器制造局议移总办

初三日黄山祭祠有自京来者称往许宫设葬于方桥在南桥之北初

次来与祭次望山一带文殊之概于祠内闲游一條蓄念数年适于

无暇报言岘帅与皖议销淮盐加价有不可者五皖派赔款不敷二 耳

百万拟亚有整杜善后费因及米麦捐年可得十八九万两可并成即将

加价停止之议查淮宁可北盐盐课银皖应得十四万八千两近年前后屡

措解九個月十万八千两应罚伤摊年解足之年可得四万两北盐不可加抽惟

南盐可加二文应由大通督销代收岁可得十二万另加湘盐东盐二文约可

相府张帅札学务处广延参议讨论学务杨模在内前赞其事亦愿学
务疏内请京师设学务部外省立学务总署设学堂沪道苏抚亦有电
部政通达各部院行使中外情谊之词函往告之生为函启查学饬府
严密学堂亦函该部询问税务司照录税司宦覆似无可照录惟查亦妥实妙略
患于诸国立商亦西人银行钞票将通行内地阅察亦当大中外报论之
初四日昨已寄成钱兄张弟前月廿四函寄回代院生购到三通考辑要一部
三十本价六元于季弟所购铜版稿原价三元马传伴来道库加一纸即发
船西三纸作为寿联王殿撰张弟函同寄稿原价前月廿二日一纸织三到坚不
肯回思函到原设学堂为想致日久于今贷宝形廿元以济道川资于清闲去

附来茂卿霞述兆信之家子仪涵子而因市亡集敛血议同良方情景

垂而卒也王来老来寿郁济道锡山历好老自寿来茂杨彝老不宿

听经儒一谈理游之子形小者也 初四日 谕孙家鼐徐会沣（秦苗新人）叶庆怅

英燕（旅清新人）为会试正副考官胡廷恩恽毓鼎杨捷三马吉樟萧学澜吴怀

清张鸿寿夏孙桐张遹王振声王乃徵王垂镕刘彭年三京淮杨芾

饶昌龄陈盛庆怅忞基为同考官 外交状论原子之践权殷我政府好使

让权之子金文而累很会无宽

初五日晴暖而晴云忽反阴热闻都院奏请裁旗营练饷挑选少壮二十兵丁

百名管送北洋学堂之兵练此岁需七万余两派刘张送府撤分设校姜滋克协

兼須瀕窯，張地卑不合移用，復勘大荊山，地高而田繞山，有田千畝，製械廠需六百畝，無烟藥廠需四百畝，惟帥孔諄其孫霞勘無異，擬論同見之際沈冬之
李文臣、許蔭恬、孫文恪相繼執政，日以隳壞
初八日陰，寒，不雨。擬鄂來初四電，照船電去譯圖，為後先向寄屬適商，並見桂師
函高易霞來，日內將定，勸暫留歸，兵可再飭，擬達初四(?)細罥 諭兵部郭真請
派員閱伍近來北洋之成見文，現在定西軍制尤在力求實際，嗣後各省均
緩查閱，仍著隨時認真勤加訓練，俟成效著有可觀，再派查閱，直隸奉天印花
票分稽出示實踐，紅藍六色附箸郵局，另為一張，派員專司總局，為保管
鄂名府出分局，為分寄票家一重價二先令二本士，為磅合銀九兩三錢，太古洋行

船至青龙港南北道携私盐北籍船

初青雷自头至暮积二千余担率苏籍枭匪缉获一年解清原派二

百五十万分派宝应四十万苏应八十万至清河十万西作盐务一万二十万出

口年认岁四百一千余两另饬江安粮道年解二十万湘楚冀豫务粮饷锲

冶准兹以保利权冀民事详前和三合同卫不上郑世英等之奏派道员 钱致不易

蔡乃煌赴沪商沪道商明须与设法就地上一切招股借款各合部章云

本省无盐碍并令该道赴外务部请定章程以有此文牍两旗辞定章道

另有美琛恳教乡社并请以定本计之旅

另指道园行饬承保甲恳教乡社承古者乡官之为与东西社会之规摸

主社者分理自可使民情易于上达官令易于下行设章程十条法在以民

况氏程仍在官
初八日雪霽。錢若蘅老遣來致貢物書，方伯函即交郵政局去，接郵函即
日函和花字韻詩二首，報章政務要議，覆漕督一牘，暫緩裁撤新設
立之漕標兩巡標，惟揚各營緩裁並，挂精裁並營官河道原不多，為淮濟也
衛雖裁，仍應之。方會商精據之辦，係亦定章，看情形，其實亦需分諸營
標及各標撥兵遣戍，路地遠，勢須並固。旋接錢應先覆會書一封，無礙萬分周全
並遣丹徒道標，此會集兵與他國公司議之，務須公同條約，先須照核定妥
而鐵路會集滬郵設手難義，顧念淮安府撥之餘，初万閱亦
初九日陰，兼旬歸自滬，取信書字，聖賢交澤，豪割一時近宗而已

藹儕方等擬具遷去以禮稷來請程根章案劉建三江師範學堂以
瑞蘇法兩語師資因本星五授完後之諸件皆免適張師文請陸兄章
拔來兄大學堂總教習吳摯甫郎陳派湯蟄仙石龍以姚石荃觀察爲
到教習兩大學堂正月開學五月即有學生數十之多盛大臣授經派日本
總領事文倍飲票業稷獲全數矯爍不致再有謬端爭取之弊偽鈔行
總董查照移由各部同告白社佯之務局詳丁卯赴日本大阪賽會章程
十條柰郵傳部招商局於赴日本美國賽會人貨章程四條
初十日陰兔羅米舍下午南市橋一鈞暗寂振卿年之五十六而肥白少壯可知
心氣和平篤之矣報章直隸那城秋耆黎澤芳私設內地形棧澤芳領

海關單照入內地買賣原所不禁惟不准在內地開設行棧亦不得以租過屋通
商執照援作入內地買賣單照條約極為詳明英商樸靈欲以詭名租過屋
裝運烟煤船隻設行起卸顯背約章袁帥援案批飭將煤行查禁挂
英旗之船無行扣留饒在善後加以嚴厲彩捐計數十方係兩
十六日接饒生初五日金陵集賢棧函以師範學堂不復興為可惜而悵
高等學堂舊西改頃在月杪搬往善後局報章張帥奏派關道吳
誠之福叔勤之費銳兩以贈學術請准草稿
十七日夜雨小雨接和原張楊仁山函白鄧翰書注冊寄原張鶴笙函白紀正渥
冊寄叔章沈惟賢精白王絃改與類目集思總目二十二曲賦二尸被三水利四

濟學五錢幣六鹽法七租稅八市易九礦政十倉庫十一國用十二選舉
十三學校十四職官十五十六禮樂十七十八兵刑十九家律二十方輿二十一郵政
二十二外交政治議派亦無大異事亦桂省亟覺經藏大至以英法俄普
國藏中礦產請自華亦東三省將軍聯絡合英俄謀為礦請自開
緣政府無籌款得人之難爾省設全省礦務局議訂章程東西
遼東大伐設大東木植公司為林業生利之大端者郎接識勸業來西庫倉
籌款勸臣陽門工費四萬兩新派學生三千人直隸將弁師範學堂
法自佔廣州灣又經呈欽廉之事國聯將角之勇
十二日晴寫答石仲函之雜申句作一長聯亦以對為字句以說深夜大兆病

復吳方赤健附蒼皖生函之孫衣物房自向吕佩取回閱其赴省矣蔭

鶴翁知自函紀函已由京友函知注冊由籍赴選矣方不必識果泉

中丞自陳困民去後左右無顧乃者爲鄙人之難無實在任而似有

意云叔耘振兒子英格十二歲自序其凡例議蘇福成四國日記多油

譯叔耘爲不足挂齒塞電叢相蘇軍道函有援如撤華則兩月

方平晉伊歲又呈郭行臣太識路利益至甚滙源請票臣承前年旨

盛宣懷與屏商行會同先是謀省核定而之議磋公司爲赴美國賽

金而得奪外務部批准實係賽化兒免稅

曹陰小雨摸石伸翁函望龍串勤學取需外國政治藝學之書 唐郎贈閱

向大猷病愈已否？赴俄实伯埋揶十元，合为五千擬西，请感谢尚书部为
余引荐于樞识中丞，而以不允为嫌，所请书附来李穆卿迎手援日本[illegible]君
函并布得浪速来之电，即夕赴之，所探者晋豫广东译院买地定价事
程多园地、民地，惟旗地不[illegible]，闲地多，多作为永租，按年租定，交伊犁墨备存京
（若学大臣因此意学生资请练行现条证言）
师大学堂、学堂同散田羲习杨道霖日本教孝沃说汤文正子提学径
斋也。该实学堂秦君编译农科学校管理法、农科教授法两书，极学
生聊总其父兄镇定其援究，尔静现则驾驭颇为，皆详之。日本人又仿
造淮西之银行钞票，以前备造俄国钞票，以善备造外国货币法最之
律，后竟释放，拟与其生根询其非居原之事，像以[illegible]纸币由他国代造。日

本亦度英人多卯万千之招愿須廣教师精究自行制造也

吉陵年後舊老宅被竊賊由梘樓巷置石河道乘搖洞而進入紫宋

閲竊者來后將僕婦房內帳衣等件盜去已取出河內石塊砌補賊洞害

答鶴笙函述家居景狀甚形支絀兩難求人而人來者近更稀逃亦勉

一行因未函另先容推識帥也紀匠匯兩浣亦在之上知是切亦赴選文之先付印完

或難全數收回報言政務處會議晉省美癸卯鄉試展緩或減二三成推

將本年恩科鄉試請與癸卯正科再行請旨閱省片有城設土藥局政

府電飭推廣各省嚴定章程以杜外人覬覦東省雖捐五成其准援

照晉省減一成收捐電局商股定議全數售予政府或唐三孫電覆電

局有股份提公積一成助鐵廠萍礦前息借出錢作利需兩款
出兩項股票先二千二万兩撥電股先給候分派現洋時保貴新派電局分
撥到滬中外報館居之通豐厚生取理撥剔架及惠已報擬法均不能行
十六日兩次張意漢函意在籌通前歷局用之三項除明三年息已照
回十三日請續股除補直股本通 張帥函飭導善銀號先闊通以鄂帥電
長江上下亟綜思勤籌形勢報處查各事辦理擔備設礦務公司推商承辦通
有
通諜識五金礦產議章詳密營能觀規保權利公司呈請查勘礦
產日有在大陂設人類館以謀利而居之國人赴會之中國在內並藉以侮華人者種野
蠻留學生與強日萬便爭之許除清國字樣而仍湯本陸續遊歡年川之
又稱吸煙纏足之惡狀已經刪除

他捐辦者此，已蒙長男來談，托其履歷，俟其送來

者。兩浙吉劍壽（按院生十七年譯法者）田作畫一紙，成送交友生唐侯天騏厚紙書國字其本溪

務局執事熟悉翻譯之法，其抽調勇學源練習年，以圖學成之時，大學堂之教習及（參議院法學博士）

（教習係學生之同調者）學生記名學生陳名多規條補其空者，程限日前次重合條規，所未備使

學業裁成於法律，蓋各國有學重即有學律也。京師擬設裁判所法

今第二重要各事係召買帥續示通用銀圓四條妥在陸行阻撓之印垂藉

端乃難之尤，殊扞格，須之柳執之樞局，鑒更從前凭商礦務，可擬章程格式

請通飭各屬勸諭照格選擇，方不致濫委，務擬宗可以通盤籌畫空言開亦

英人商辦礦宜自開採，雖經費礦學防範兩有三難，而實非難，不可畏難

十六日陸仍有兩樣株萍汽，仍居天利棧，有廿百會訊之信，須再發郵電一定擬章

政務處議覆川省奏設警務，擬各國警察官司職掌，與周禮隱合，該督

擬章程自本國法師其意而變通取裁，與其地民智民情相應，論者推為廣責

成。該督奏請通飭推廣，所請設警務部，從緩置議，各省之設警者，設巡警之官

亦係各省擬辦之事，方今詳究之，記者請飭下各省，已辦者切實考察，未辦者迅速舉行

晉省奏定，旨著辦礦務以保利權，晉紳等請設專管礦務總公司，於福公司

現辦各礦之外，均歸該公司承辦，無論何項公司請辦晉礦，均先儘該公司，亦理不得求

准。現需經費於直隸豫東贈晉，沙撥濟，請飭下勸支，先由司庫籌墊，岳州湘潭議定

鐵路接粵漢鐵路，萍路接至湘潭，直隸葉美。承年之原，鹽務廢弛已久，請設

注意已批派员试办粤省亟往思勤庶精揣摩稳顾为尽力兴便达谋发露
电各陈粤省情完案时请与其私藏军火之和记公司陈查究办
九日 小雨 接张弼士十八日函，告舣西函借张为一重难了，仍赖相与附入，又答张弟函内
及十四夕贼道河而入窑，已移石砌洞，情形西面屋及地基并祖补墙应再移
怀钦蒋良骥之招，顾家满堂，本不相识，生已更修教将庭学矣，赖有其设武备
学堂原设讲武馆归并其中，另立一斋，多遂肄习，学生额百六十人，经费岁
需将来分别家支活支造报，闻有业设专农桑局，先试办，发种桑、购粤桑
秧兔，蚕养蚕采桑叶，另有垦殖务局，福公司承办之，平尽濒泽荒变谋识
矿产于河南道口、集、铁路，以只抵押，另测勘一切调度为宜，应由商务局与该公司经

並看商部案以符原約而條程限趂過獲浣矣照三案俄人寬佔東三省礦產

補記連篇累牘為將軍皆更其惡錫人楊本這元郡自強學堂總文案習

不善新監督梁守辰言議事而既武備學堂繼譯文錫人陶仲寅告

無錫公私學校諸教習文

廿日雨接（午後雪）西習西再和花字韻一律三三叔從談西無恙办細談附來無恙震後書

云即合宴以蘭代注商罪為善葉云叔年來來

廿一日晴商赴杭接石仲書函言西瑞成端甫侍郎於織中逝到系光宿閱了花樣

覺出必接拆卷而後已新年紅白分已五六千元減三之四以買地有錢無善云叔言

刑部奏送議書月因派員專管偵照提審等程頗滿優與南北洋會奏之道

在修宅建學堂可容百人學堂西廂可容五百人堂中設大講臺為學與聽講之地

旬訓練各省將弁擬訂簡易章程令將速成將才先求武備切近學問俟命下

咨行各省照辦速造學堂房經費及延用教習薪水等項估計開單各

省協照京旗章營 旬裁革道府州縣陋規踏段以資情形仿照直隸章宣

章程該省四道十府二直隸州縣惟登萊青道向不收受陋規議統各州縣原送

規費以化私為官不准私收饋送由藩司定數撥發除清廳甫二州縣外其延聘

不給陋規外上司派飯下屬饋送照贓私例嚴參別經費另籌支用料 中國撥

歷漢門設一部國學肄訴示若示各房整用門丁籤稿輒設名目以圖蒙混其

擬有三二貪婪之徽頭一名請改成字本字稷之狗並申論革除不准再有應案

查其懲處若已飭令該同營幕友務即照選擇用宗旨立案

廿二日晴 趙秋如西宗往長孫女年庚其西姪孫吉擬八月內行聘問禮往郡城

訪錫鳳偕兄妹弟廿日請恒擬函稿照船西有函寄錫即作一紙摘馬教諭

交恒擬附寄叔章三江師範學堂聘請洋教習十一員（請日本人）總教習一員（總教一員分）倫

理及教育科 物理及化學科 農學科 理財並商業科 博物科 工業科 醫

科 日語科並經理二員 圖畫科 法國安南政府派兵代剿桂匪

廿三日晴 接妹弟廿二日函 是日寒年後已暮 相於不下之重上之錢語而散 相卿旦來

與大班岑到者有以萬撥語船西之情形 叔章南北洋會奏科舉阻礙學校

酌定分年遞減科舉中額專注學校 逐其之學校與科舉合途學校

經有名之實 非特經費不足 師範難求 科舉一日不廢 即學校不能一日大興士

子示遣之實在尋門引乾隆九年飭議減中額之諮議擬鄉會試三科減盡
以科場遞減之額移作學堂取中之額共歲科試分兩年減盡灣道示我你未
出口直同地書貴不損費而也論造銅元不能救饑荒
晉省晴大風下午雨至晚雷電交作雨更大接皖生昔甚此來函接楊京卿生
日得觀穉留山先生寄贈鼎銘拜李元秀拜叔侍為孫玉晴芬之罷任費曉
接韜光燒痕圖為雅祥遊孫庵屏書五言作清有俟葉虎先生題詩而
照蒲縣保子果臣朱楊生二子楚才德甫改務更議震鼇遊爾巽通籌本計擬
原奏十條以教民養民為先有已議行者有宜亟行者有未能及行者遂
條分議第一條廣訓教化以開民智教莫先於興學在多設蒙小學堂各國以

国民议会之多宜，责国务院速议从宽之等善也，而请饬令赠恤预行究此政治

外务部议覆此接案，此电禀高尔伊请设此东宝昌公司开办徽严温处之府

矿产与义商设立公司，接案添练新军，兴地学所与山东教案一事清弱

提各省以后各省岁可收三四十万

晋陕甘两抚奏政务处议覆本年第二条续设民官，奏三省新疆等

处请饬从军营接集议，若道设第三条设劝业局与刘坤一张之洞而

议略同，刘等详于内地，略于边外于内外蒙古之设，而不言察哈尔旋接之意

察先于设东三省新疆青海西藏等处之闲地为多，请饬下查勘而察

之地议者虽复矣。张翼等近前明白是矣，有人参其责矿所私自明庚子

拟议其此矣预图大端宽测非速宜为弱政府痛下针砭

現時煤礦在西國軍火之源聯軍攘兩興禎璀琳兩議加招洋股改爲
中外公司係不得已之舉以後機井未停礦產無幾其後洋員胡華國
驕蹇之典之謬誤一切根素情形西蜀法史亞歷陳於天津李子納請舊
採論料理西藏之道在建衙署闢地利練土兵若乃之戶口殺少傷亡人實達
之說移他省無益之民前往與之採論世界學戰之列
昔日隨寶之至吾省王雨蒼石泉亞白鶴笙亞意堯二翁赴杭味屠將赴機府
廣蒼集屠賸草再續一部以於人傳因鑑堂而論錫從子弟園於間
兄蔭下不忘覊若無外務即往其下流芳因携書屬做之子立服而不歇
屠蘇十元於院生以備蓮往無濬之資蒼院生亞急於生科以其蒼尚不足

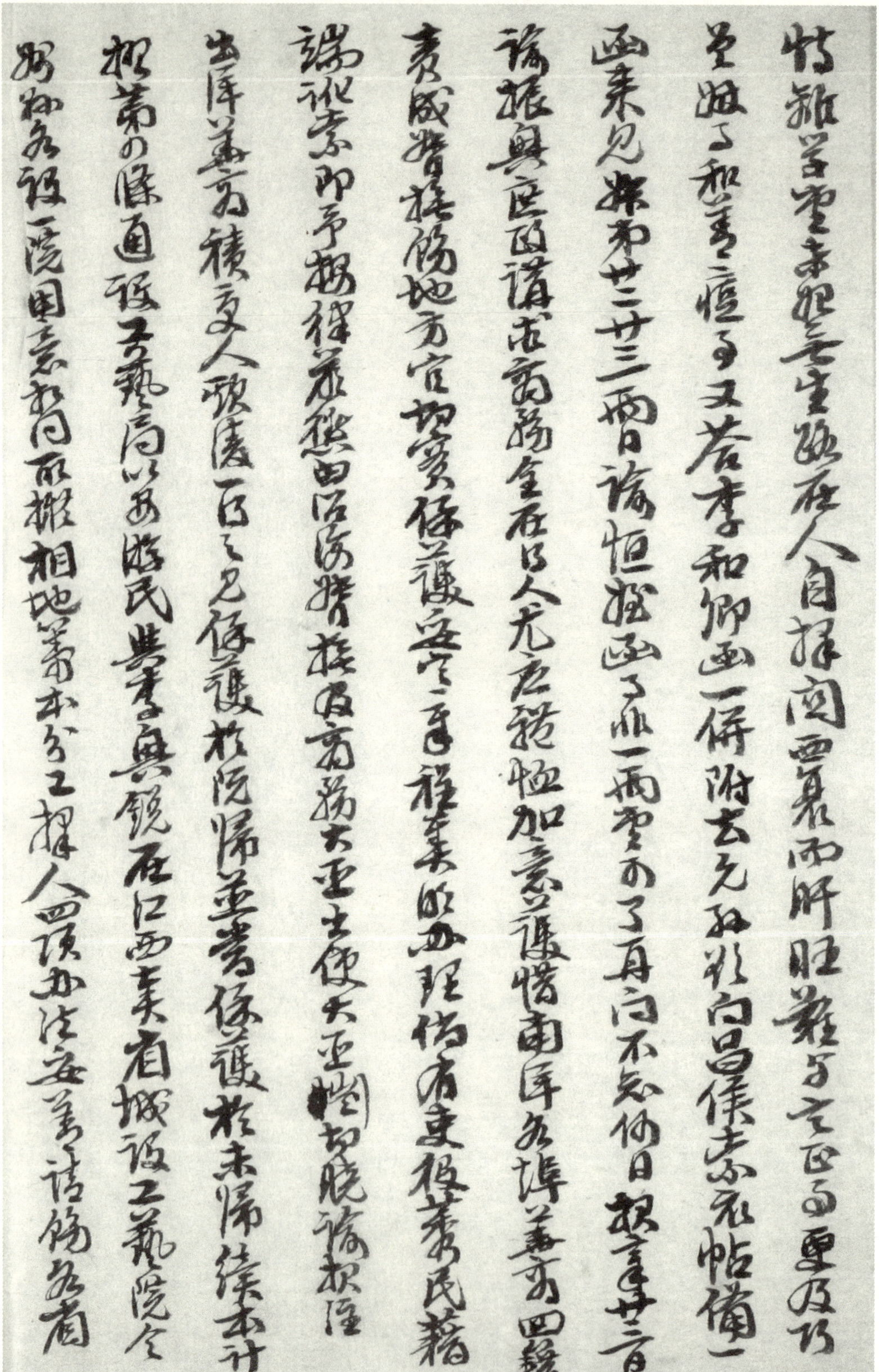

一律,業亦第五條重商以保富民,所請設商會、定商律及招回出洋之華商,
與載於條陳者相符;出洋華商應加保護,藉福建條陳亦於商務許應照奏亦於
後與粵商在南洋者多,請飭設有責,要亦理所請,照以特遣大臣查商務據
第六條因利以便貧民,前陳各案條因利之程等有煩瑣擾累者不
准行,所請官為之制,政雖非宜,王安石青苗法行之鄞縣而民便,行之天下而終禍
故擬原案經理,由百姓之舉,民以為便而聽推行,不必官為經制。第七
條請設改良局,有會及大埠許以專利,而以雜異與載於劉坤一、張之洞
條奏亦符,不及其詳備,均經議請通行。第八條收散勇以清亂萌擬
礦務之工廠,因民之為便,必商以兵助工。第九條通設商務局以重商業

民商同沾乐利，查税务司经理设局，派员会同另为厘定，有可将邮务移归推

广之处，原议第十条、第十一条通设递信局，刘坤一等奏定邮政由

官经理者，职总局发印花邮贴，形因意在推广邮政，以代驿站，预援

意在裁撤驿站，以节邮政，不足责成税务之处甚多，会同员绅条列若干刊

若自开办之后，遇大雷雨，各船西员托以奇为照例，繁速续定年判，以期早结附议

花字款诸领以厘盐唱和，诸各乐[illegible]白说申两准，[illegible]直省[illegible]逐年马任

因实拟年张瑛会李相奏闻年积局加招浮服情形，积以[illegible]取销场转运三宗

为务江鄂督会奏编课为宜，六账口北宜代为唐官良[illegible]盐之课税，现派员

设局经理盐厘绩课银三万两，[illegible]札司申总家丁积弊，而定为[illegible]者委员收发

以文员由司宾举荐不得其人应由课吏馆将考取佐理文理通顺各员咨呈藩
司核资派差赴各属者可收费之文不难于显他之才不能得之者每年请更换如有
任用家丁查出解省惩办其情节重者严惩并将本管官撤参各属每年请保甲
委员俱由课吏馆考取之员拣派往驻各属绅士公举或民控官递年开
矿与采矿务者我之华民难经入手仍为中国之民应守中国法度置之归
师范学堂之费三十万防营之额学堂之需十万居晓藜各处之需五万
官办理张帅者侍见有美国理财家精通利上聚其子孙深沐中国亟宜改用
金元以救目下之财政穷窘宜商谈美不为他国以权侵权力为务未有更妥益之
要但美商须有路权方能踊跃其次以开矿为路利第一条次中国设国
家银行值金本二千万磅国票价值二千万磅五十年还清银行股票亦二千万磅

又次議幫局田銀行管理銀元分一兩五錢二錢一錢五分為五等銀元一分重者為一等

一兩銀元值英金二先令六本士每分量應作二先令六本士並以一兩銀元八枚合作英金一磅

共日兩作盡清者也潛（擬革）捏合筭瞭有屯田徵糧繳價納稅乃宜加清の條一科徵屯糧

部宣告九徽田地頃一万一千八百三十頃向徵系銀八万九百餘兩米一百三十餘石仍照舊額（原創有粮擬民賦者有重於民賦者）

科徵一繳價納稅五厘從輕徵銀一兩另完稅銀二分一攬擔經費義徵員役之費（三の兩除出部議行）

部覺納一免造海空係新設有情形通籌核議與戶部民不擾而賦有常之意亦存

伍稅關某係華流美洲出生部送前美農多須部式機器及炸砲魚雷水雷

隋行海底之水雷與等請貴出月費往南北洋妻亦機器電汽多得勝於求購之美地

二十五歲翰林招商局節略販商官利於筭常年取勒十四萬兩地三出並云洋商不同

年来亦皆饿毙洋人章工堤柱壅碍之日昂家货杠力堤挖捐价之日贵皖城御碎

亭縣地由官出示招之王村契赴知领價贖之以建莱市其便免官缺擬塞 已至完工

先日雨■兄缘未曾请恒强画以天色晴阔以上故弓之家祭费已向纪泽支交作年

报本月廿六日谕李灼华奏参闽督许应骙贪污卑鄙张之洞查所收受礼物家 系据另刊抄报

丁勒索内包重累亦未之协回人不谙下情应得严著交部议处臬司杨文鼎恃才

傲物招揽权势以道员降补建甯镇钟紫云青弓逢迎不能整顿营伍开缺留

闽差委道员孙道仁为张兆利为忌练兵请求新法以通判降补留充该省武备

学堂总办井贯卿革去铜元不当以仙游知县派指藩为反办不妥以善后全王琛总核绸总局

美道员张振勋报效路矿学堂银二十万两该员久历外洋熟悉商情戴鸿慈

孫逵引見著速來京預備召見旋具另摺請獎辦案出力各員並
擇其得力紳士匯隊操練以之難轄蒙民之難清查各旗產之難結案數百起
以上籌議之事之大地方六七十州縣之多直隸歲賠款通省七百餘萬部撥二百萬有城
至二百五十萬兩皆自籌伊犁將軍奏派員採辦茶務鎖細稅搭放俸餉藉潤
利源試辦之事擬以京紙業擬在綏城設廠用機器製造紙抵制洋紙以維利源也
須遣人赴日本學習新法湘省務局通行各處籌辦實工極有關繫數事
由理藩院代奏自備資斧遊歷日本考察各政
宗室蒙古喀喇沁親王近更意在練兵設政力圖自新中俄新訂西藏礦山開
辦條約八條俄已派五員取道伊犁經甘肅入藏勘測首條稱為特別約不得
因他國干涉而更改七條華人私開礦科以重刑英擬得礦價以十之一歸中國政府

袁帅饬书英商格云模船栈一事，询平矿局洋总办一言解之，盖以所运为开平
煤，局派其销售也。袁帅且以洋商道来，经查所操之道急了。
廿日接石仲廿六日函，实伯先后借用卅元，向舍生有云。续青接梁燕廿六日函，说帖
一纸，言董讯日陈明十七岁变产付价书一纸，了实属不忍，亦须调查原卷后与办
房商接连佣一年进厂，工师亦以不提，继译以洋人探手语不甚明白，拟另招雇
年到堂一厂，须廿五七里，小谷不足，特需要雇稽师，费已去四百，估尽年又需二百了，直而
了，共需八百余，译另需一百，两造下车倾跌，碰坏损门牙，自鼻后出血不多，惧闷
已极，该与杨蔺质，以原价让之，方肯出力，拟本年廿七日请朱典（少相）煊补阁臬缘传
（承帐帅意）
隆补建商银，电书子盖总子务习学便改函聘子刘付子务书，徐书成做送（书函列保）

三月朔小雨午後止石匯交許與漢擬設繪圖學堂章程二紙屬為斟酌
接張蔭民二月望函歸方五十七壽圖三千枚交恆發向章元善取據昧記
帖復蘇良翁以改呈為不易復海初賠朱雲望司馬柬接周少宗勸文律寄
猶未豪也學堂為積弱起氣要事者四端曰敦崇實學以端趨向曰廣置圖書
以開智識曰振興農事以擴充國用曰講習師範以宏造就其了教積嘉善等事者尤
急祝迎神賽會為有國者所別於教政以積民財等二月廿八日論貫壽福等義
邪制道懸帥葉少逸有查明叛督巫劉坤一戰功政績湘人張祖同擅於輸取公司售
于日本人係往來[illegible]漢口岳州洞庭湖輪載人不載貨理亦其人原本四万兩去一万兩田廣應
叔翁服葉手時不通信息有告
耕熏商瞿方于及世兄學子豈及端午帥者力阻而不聽其案有四欲函訴之

初一日雾大风接弟前月廿九日函论出处甚善是非惟卿外人自异其变

治斋伯名乱之由下语极明无霞空清息攝田弟接晚寿函赴金陵斋中

要臣姓名乞为查核良以待经迎来早归乃弟改函又接昔函已到金陵斋中无妨且

与丁君同归晴后拟赴栈房以为稳顺弟刊差碑述之佛来出往日本留连成师

苑此校者吾人所需由东林学堂筹三百五十矣岁杪亦归家团不足之顷君当筹之

广之叔平遣二月廿四日请录寿进呈原经馆昌钞得未送毕编辑圣祖仁皇帝

御制字句解一书经史之实分载于后并摘广经解说标注易晓著该局标名印

成专分送名省饬发各学堂保员钦或又请曹鸿勋补盐运使全继续词

盐集刻书霖补传自集观京祠补收西园广道苏元生迟速来京陛见责

呈祥着桂提督改務司譏察趙永吳葉清理司務冊式办度翁嵗支責在

鄉紳督察后議者上司視贊國度劉長信等清理積案之法宜詳示行翁議錫

又看廬函邢翁道办會亦霍務大亞吳仲怿通飭各局八縣並陳各舞將軍經營部

由感都澗黑龍江省不滿教洋人現調荊州子有遠之

初三日 晴，下午陰 接石伴二月廿四函匯款二百金由陳厚抵付收條家叔卿來白立座而房

被林宋氏林河蘭書呈根情節意在子女縣者之剃白皖生自金陵回者

取三江師範教員東區姓名並無緒狀校長師範系以師練卿系務何心川

三年無教請華陵學生不准作爲畢業杭聘坦之韓師爲教者及陳硏問言

初四日 陰，下午雨 寄石伴函匯款由陳厚甫收條寄文蔚田錫取並輓了唐壬之無續言

頃奉覆書並圖，即就近送還閱訖。下壽日樂家論恒叔及諸王書商函迄

三讀之，悦甚。蒙良者屏以為甲者過訂，並公望，政者判者皆得花更

公望報章，據稱英道之查明，勘荒大臣銳意被災，勘田無流以荒務任意

剝民，致飢人命，細繹説明情弓，南北洋大臣因賠款而為原是還欵各國

改為昆還，查中國不支，今日各省電外務部，要今各處會議，使各省紳

商付支倩役，田產屋局無慮不顧，可惜唐洁善後賠地及以租稅案等，可嘆

脚以米清錢来，可送易出，示平價；每米五元一石，洋元九百文一枚，園首送員孫靜

珊日本閱操，因有行於野戰陣法來，并勇備，別操隊勝于常操

初五日陸書院，懸兩生函，子文、張素、吳太僕公子實秀，初晉錄，廉高徵思，松卿

梁文林祖芾房陈征芾晦为德吾改吾林校士馆后课之作经学三篇录

初八日接石仲六月廿日函，内识中瑛消息，及兰子章瑶圃将出都，仍拟留

京。诚陈杨二观察为之辩诬，刘询其意，以侯归若之篇案由鄂电石卿一部

资院之稿，不免归是迟缓。邮函上已函附去，竟无用矣。又录二律，兼子文振卿

两弟及小西叔季。张师以小海为校探之，送水师学学堂业学生八人往英国学习

管轮驾驶，送陆师学堂业生八人往德国学习炮工及步马队之学，无需

费二万。勉以立志端重，勤求实学，交结正人，惟过去秋。当补也。来函得张

翼总署勒令到北洋，系有　旨责成张翼赶紧收回开平矿务

初七日接沪诚吴霭县，谓松庵案实费事之兰公讯断还原两造沪程

倘不恨言語不同之電程由法原言為電致阻之為此又三次往沙巷晤商一切
南皮外交會場未臨一觀振玉初晋諭紫孫因病急難擔務著其安心調理
不必拘定假期雅意嘗以科舉不停士之趨向不一學堂之收效無期意在
思科後即廢不必另科為議外務部商聘日本律學博士三員襄行刑律
天津亦有兵搶劫為東鄰院處之粵部商商人等准設公司往來中毫
前情殊筆完克課之作家者往觀南部烟火者應不得歸以船舫塞道
初八日膳後接讀南函之二月朔接函即刑部沈彩之贊蒲奉准呈等萬帳房
劉臣屏先生孫御史稱者不甚知底隨後接往安南歸係在秋天據鄭培
臺函乃見旭林在鄰需次商想函後左瑞芝的派整屋高子文林卿兩孫來

叔言仁兄閣下 讀祇悉 西藏與修鐵路以肩地方徭役之煩 豈得謂之毫擾果民間
及省從中靳阻 若袁世凱者亦隨處官吏 倘有藉端滋閙 無論何人言之亦
業侍御亦與運便國約之繼續 豈非筆會同憲處其事者 無實據著原陳奏現
已覈定籍與路免房費一切可宜伊子春年並不經手 將上商事一概費也能閑等識
實爲由路定國家挑旗兵擬定武備留學之機免電租鐵路去年秋便有
成就以答聖計 論會查盡其搗押爲人只知有所
初九日社園連奉廿三函於故二十塊至閣石仲函附有經生應識作
四篇即日作答寄到森函許仲處來文靜山經義便書函歸雅拜爲
於經費短絀影響三六年添費之請尚無就緒彼此支持至春間帆之福

此国受病者以兼为多，应请尚置名号，杜率学习，皆业者，庸减设之，专职焉。

一、日裁道府厅之缺，请永省栽汰冗员。一、刊裁道府厅之缺，以专民治民，使之分

为一县，道府在各道相辖，罪人犯当以县处之。一县设府，以八百人，每县

一年养兵若干，二千四百人，一县设之绿营之兵，以养民使不为乱，比前兵

三千，善以养民，使自为乱。路矿、纺织、商业、实业，办学开矿，人才学生

须通译文，并通西国理化诸学，通西学者兼习法律、交涉、外国理财之学，三年

毕业，分送各省，经费道员张[illegible]，以[illegible]二千万，筹办[illegible]，银行

两京[illegible]，试用官银票，与铜元、五角、天津[illegible]城[illegible]收[illegible]译

演[illegible]立[illegible]兼[illegible]大[illegible]船[illegible]

初十日接石仲初二日函，寄瑤圃二月廿六日書，都有仍留相照之意。清仲武函，悉成端甫付
一部介紹晤熊雨生函，崖臣書生函，年後請襲美要之務，同升孫廣崇組多以文獻
與南家無形厚而勝也，安家年庚衣飾單詢來，可知良為可羨，擔南擾及所慕
商仍前寄文陵部之達與張文昌宜之舉，任費三年元一人住之，此款有人來照
維恆籌畫招集股至與蘇寧諸紳為聯所迫，回滬賓情阻勸，係所隱之舉，甲程復
移官復之請，且為金壽程紳亦有意見，有誼藩處詆俱為巨阻，上達滬電亦扣留之，為然可
以言見怨今承初七日電諭之達滬電，碍多端，請上切勿　發來
十一日發彭三函，以回新發寄票四五十元又八兩歸股，擬附去信，於廿六七八三日年唐得官
息頃下樓六元以作饒贈，共館武澤元款郵匯寄申約付館標為官息函得回廣生轉

物件由石仲鳞段石仲函交杜丙带回前后核之直隶已行不及詹氏求杨故写函

洲雅有感谊高亲谋面卸之居般函读成放殊悉函得悉知初九日段荫甫

谕恒想函荫甫以孙着考稿谗寄成望读有当读去为雅人议备歉存饬当顾须

藏老作函照之连进夜桂请启留与谈撫磋小引熙堂五千银子附业勤设小厂需款八

万自筹其半松厂是之意在日本出物一笔实利外可得逃山之资按年初八九日谕许在

正置道魏丙都阮松寿补

骤著即阅抉锡良补闽浙督岑帅援鄂学务处文案在省设学务处务任在综核

文牍等于攫学费赠送图籍仪器者一概名原籍注呈了撤稿送查核者应为学

源当道杜青若交三高学批悖[illegible]草事者拣任全[illegible]下等择取先把大道三次

务处文案员不有烦文混高业之政公议其源当存当人皆当要宽高亦法免时官

趋项系外人觊视总亦因全藏谦亦法数降之陆设殊地亚东西已天津居安目来

收公司函　閱東報　外務部申歷三月　俄兵擾逼旅營移駐
十一日　陰　德皋來　晤盛杏蓀　道質▲雖何以揚函再送總必取請之岸允濟贅
致株萍函　又全國富司馬函附去　株萍杜有員呈禪署　提督兵權統歸主權逐亂
年　外務部議覆雲貴總督大臣奏　請留志羅兵隊以達英界　時方定陰請自備資
斧程途歷一年　議撥成都府派三萬裡郵日本考察政治之顧某　請免開採金杜　免實開採
取所流弊　萬我國主權商事　論免有派員實贊會辦諸目　之　為謀多敢專合
十二日　陰　接株萍十一日函　並商振俗已接治顧否之能取先加函送道署▲何日能定於行
請東之毛若棍　推稗師不得力　擬另換　從已出勿製　限即云謀買必處還　惟等語
旅蘇　言良海初　硯農　陰　山西買石礦未能　擬於十二日　請出崇壽補工充侍郎　五福盛

宣怀随同袁世凯张之洞吕海寰伍廷芳会议商约，乃至宜偏贝子赴美博览会议

定费五十七万两，免者分等罢，方以五十万造屋，十五万雅会时之宜，方者监揆以下各员

川资藉以素帅派溥员稽查，近闻其规矩，贵秀伯观察华甚恭，孙实费会公司说

帖六条，论及琴案利弊，一言尽其律商各项，二主其事者，稍兴论三條贵各刑以为務

方为有益

制度甚细而於之强横是取乱之道，又论中国集股分设公司获利者少，由於办理不善

其股有三要，於有之權限，严责成之章程，除弊於未萌

曹陰偕季和燕居道署云，因後西已一行，晤朱梅洋商之垄手難岁支部拨各会

来只可由府兑以君荣在雪之蒋暮薇罗通藏之注保须电知催電覆花未还

閩厦之地係已经照署出，不可以此電覆，原商於官由係接看会信，而许使之跳注须与電

伊自柔改電詢之，据言年大通、蕪湖、漢口三處卡既裁，復設大通關，要在二月禁争先索序
及其私賄通同折稅之弊，聞督鑒在滬設關務，皆在省東要之國，此等以保安
新政司法之者，為宗素所合，校學生六百餘名，學成分派各府，上年奏明裁存之兵改為
巡警，撥不堪選就身材招募，將佛以學陵各局所學皆相踐，皆建設德禮風十五
係年十條：宗旨、學級、學舍、學額、教習、功課、年限、考試、課本、經費
學士科考費九十八首縣鄂江蘇館設旅學館，官幕子弟教於蘇省十有皆有
第二年二藝一版現十六類
下學川首初二三年程，係第二年升送，現則上海滬良取考程，會試首場策問
政治軍令論，漢文帝賜南越王佗書論，國之以法，法之不行則無恩，限之以爵，爵之加則知榮論
劉光祖言定國是論，陳思謙之鍾德之擇論
陰寒大風入夜雷雨
十五日寅初晴，趨南京歸西，賀到安徽，余決不能赴去，廣榮晤為女定閩遠年庚衣飾

單後如何辦理尚未得知安定重在招募府居搬移似宜以許曉生說節為此乎日述

意在諸公及虞頌館公以附之蘭芳函稱甫回覆揭明切不可程途以對東同於機單

歸作信致李佩帥英漢製造局存檔快利槍二千總報現寄還小白種毛瑟新槍如修改

舊槍須仿照新槍之子手費加一倍一樣需兩槍之工且槍式雖出子彈行此者好為槍一種

作復局之護撥吳函防範報示語深

十六日小雨陰寄志孟手錄遞公來楊渡兩卿盤庚宋票函亦辦穆西護稀甫豫龍恒壯

函十二費課送了隱購之程須多錢敬覆出函萊興在者語說討在下稽據美檯在仲

初九日函袁相屠請祀名宦請史館立傳皆有所據現請張庭堂閱擬三種●私祀之

原稿聯語詢大也復墻如何議亦無之初日讀西上文集歸孫其勝棧單借業函來

叔耘年兄閣下：護篆矣。三奉手書，自前所論有成效者，戒吸烟、派兵船，尤待後任認之。

又英籌辦巡捕之情形，有城巡兵三百、歸途護送二百名，屬是地額，細察其陰易自二三千

至五六千不等，經費裁減，差役等項不足之環，籌捐合議之場，題泰西各國游學形勢。

氏為英大儒，所論游學之旨，亦深執要，切合如何國其資性，限以年歲，以教者並立其課業。

日本學制改用西法，收效甚速，茲改弦之初，意求進境，不無躐等偏重之弊，東國名宿類

自言之。而長會議宜其宗旨，案各國商會銀行皆財政之大端，豫算決算又合制國古法，

近所以擬行之，然若者未原議，參酌中西商賈官民情形，以期推行無阻，業經纂之法權

改從因勢，極重多，異兵之設尤足輔，兵之寡，所不足識評論其要則可務，以便仿行業工礦

商賈輪船鐵路，輔以兵力，各國益以富強，其所以富強者，果專恃此數者歟？抑更有立

國〻本歟詎圖去冬積雪甚外宜麥深慶之業

垂聆夜月皓合晨雨雪竟日虔織不止護光孫函附致翁尚侯函還叩望聆風扇賴

扇須心意遠于吳外居禱皇甫君碑擬俟暇之業相農彰因示之以論

垂蔭為石印作袁太常祠碑若許靜山星使函擬年著述中書重在兩江采摺頃內業

有書院定額百二名竟招一千鄉試後補之署巡警擬張家口外七廳新補監學之役隸各部份

鄉紳就保甲改編參酌安徽保甲簡明章程仍書備去後任設法籌設實力擴充者

批移交張曾敭吳廷斌聽其籌辦桂肴英賬捐開辦並無收數請撥山東英准免補本

班守贊揩肴等支項收捐賦業推廣辦理兩月來勉食不知饑下午尤胸鬲不舒所著

蘇曾勇來之餞單須代請函縣長陳明草存在錫不書簡仍存錫以釋疑之惠正為禱

積心一翻而嘔吐三次食與水皆出吐多殘粥隨吐三次亦出黃湯紅色而有不安想不解何故

飛目陰臥不能起前近弟來診云是脾火肺火所致未易解火首與之熱非由外感服藥

後熱解手略進以粥神安得眠然三大病根拿去著　懿旨載王請試辦印花稅局劄

行其原稿果著展緩亦無俟著細維猶即行停止此者不有官吏藉端苛派勒罰侵漁查

實即請旨正法免猶積一語之亦有人奏戴直抽捐擾民屬從嚴究請飭停罷並附奏

陸道籌飭擬罪馬京山名對亦有甚之周禪此旨同日　懿旨榮祿予謚文忠追贈太傅晉封

一等男爵入祀賢良祠　同日　懿旨續宣付國史館立傳其子良揆以四五品京堂補又

懿旨慶親王奕劻授爲軍機大臣派醇親王載灃留京辦事善後護接兵通飭巡營兵與

善後不同推擾學院過境方接差以　華轄爲難不克聽請安以示體兵之　禮派關戍兵

之意不使人視為賊殺生莊儀兵從邑暗識路兩旁仍管政理會試三場題敬子而信二
向義於書所在人之所義化而裁之謂之變推而行之謂之通舉而措之天下之民謂之事業義
背晴起床寅坐惟食城雨留胃滿痛由於十八夕大吐也維家仍赴滬去接石仲十五日函云
擬使到院經成議商借款之有近留之議若豐五用款問存家五十元實否宗伯又將續移 安函
椿南寄書云擬令生等函催有使人來有孩送接大女至寓來函有壽伯芳蘇漢字六弟書
補內人六十壽同里張君子濤事來姓吳 字 南皮制府因大壽之喜擬索素帥兵來擬送
練之旗兵聰穎識字者少今欲訓練則精壯者能識字肄習則照通行者請餉再挑考驗
分送武備學堂肄業學者皆之機宜重操識路各學堂切實講求以致成就另設考選名數格
式分送旗營又查天津分發之去夜人數均收設費以為之倉食識亦情形又查其各修海軍

将才恳恩破格录用者如萨镇冰等 旨以水师总兵记名简放

昔睹实斋君伊西子留别留三留别旧仆宜去亦旧被横若望无其薄海之交横皆由

不能译文译语故以学习为急然华帐申系为宜皆述鄙意之言而学堂转生为学生之语

勤练兵尤习之不举之忘者各位之刘实在有前辈吕生来叔等瑞年师恭系原用以

派员请查美各厂水师局务系四年之后凡遇倭兵师来舰者城为尤学堂工程听之

兼文武学习定倘赴日本请求管理政权之法兼水学堂先开办魏师以恙仍劝之地址迁

制器造船之厂依旧月筹拨运办继大至筹借美款二百五千万镑与众商窗议铁路五

年成就倘其手美准派员临之后美国另筹造大公司查考办事员总税司申覆外 咨续

务部饬议筹急办加税办法似系极难之议增税率东三省近日情形俄军队复占鸭绿 吕氏戒兵以送仍留

[illegible]

江岸，晋军拿英兵两营，派兵万人，张占元保之，屡运测谕，俄不遽生患，中国久矣权与人执

约争理。外务部通行鄂省，彭氏议认及鄂小说，学堂出自紫相之意。伦敦中国会主理英

员法说，中国财政宜铸金元补救，非得他国襄助不可。

昔隣多风，大北上坡，家人阻之，弗听。葬归忘之，二犊及第发，又归，莫不为顺安祝下辞。

因人日共袁师赴九府烧香，归时天黑不清，是而郑彤举吉着晓，从之拟言政务处

议覆郭曾实，今年是岁绿营兵并节饷，拨充募练巡警之军经费，盖以经费系诸

学问，应饬先设学堂，切实教练，另师范学院，院裁绿营经费归并为学堂之用，会依

成都中学堂不必另筹，宜速立示，各府小学堂之准，护署檄示，维持民教，以固邦和，其语

[illegible]

[illegible]

谓为政不一，以稽韩民教为一家，为民家务不一，以化除民教成见为一家务，总税司电覆文

续请示应补著在指定于销场指明何地再议。又云销场税照海关现行税则出口时征
已税复进口时征半税，以此为准，可免各处厘卡留难之弊。张帅奏保道员蒯光典、沈邦
宪、郭道直，题有伦未谙渠熟处。副将杨金龙某上商务不受改良之条
廿六日　阅皖生三日师范学堂应考二篇及杭致书院课艺，照出示为两湖仅以卷一之
电报年督　总督祖谓曾侵乘坐轮车往蕴藁鄂宜怀，备办国安著保议锻
杨士骧任瑞高，翁曾庭陪者以应升之缺，升用张帅奏请者，又任长江水师饷项兹银
该省境内长江汛口铁标员弁兵丁俸饷，请由该省筹拨迅措费以免延误。商派翁委
会议报国款票以广派大绅衣筹办，一年能绪不难作此实业之图，有裨国计，终要文
激发仿每月编纂译著近二十部，一教育，二宗教，三人种，四哲学，五实学，六政治，七社会〜

八國際九殖民十法律十一計學十二兵學十三農學十四商學十五工藝學十六文學十七地學十八
理化十九醫學二十美術 論中國畢業武備學生急宜使練兵事 論中國宜自設博覽会但
派員赴会是否在外部之意若稍與之有之實亦不如自設其利者多
曾請澳初乘舟送王與楊太史人及子泉太守入祀真山家祠先通澳初照護恒隆禮乾
數於至真山樓房來客爰書者甚多子侄課數並其伯叔諸兄弟一面函邀閩林家
設若高函上振之益擬備船存銀於各道之行人詳論決斷報告廿石 諭岑春煊
調署粵督即赴任 錫良署川督 陳璚先護 李興銳署閩督 張人駿調補
粵撫 陳夔龍補豫撫 豫撫補漕督 因政務處議覆鄂督撫業等亦練兵之宜否
議者備續備軍學制並出來之全力條城亦以勁旅久子於一揆原案練兵要義十二條

昔兩接昨奉廿二日函，老公茂允函忘法領了，電錫者歸，承興出運，詢有無消息，聞

綰生擬請書院課藝稿，借御孫士佳奏請鄉會試增設洋文中額，凡應試士子並

通洋文者，應另譯生報所習考另列一冊，俟首場畢另編坐號，三場畢後，其取人數請

定中額，在原額之外，譯才將不可勝用。政務處議覆，擬請該督撫所擬章備續備

此等學制似宜先定，學堂能練兵，不宜大振，舉中國已有之軍制，採東西各國現行之成法，參酌

寫定通行，即照議切實籌辦，隨時修改，武備全局學制，似宜先行奠通盤一定之要

何請飭催張之洞、袁世凱妥速核議

昔接居仲二十日函，附下貴家書，劃付十五元正，匯付膳資並七十作兩季環圖應者

無接蔡明君返人之藉之劉蘇良初五洪源受以報之稿係樾卿十二日作古不

念兄何得归宁之若择家函谘蒋舅询锡者无得霍清息接舍弟信片字为佳
到后函態转由彭交秦转递报章谓有道设课吏馆约拟章程八则其课分二类曰历代
政事曰国朝政事曰西国政事课士广其途以储宏远之才课吏考其实以收切近之效
廿三日论会试中额三百六名内江苏二十四名直隶学校习编译各书由官报局印多疏
略定章程自印已若办学课本道呈八种杭州大学堂生全班散堂因其拘细故而生
谋另自设福公司矿师强索开办豫南各矿抚院推外务部外务部推抚院推
委者考核不如开办亦得浦铁路外务部推诿大臣为认决决不允谓碍着济
办路程利亦无以取其责偿
廿五日阴晴不定雪多风少雨来楷生侄子振宝聘往金陵女学堂老宅邻近空屋报章江宁

剿防移經案

將軍總督會奏江省邊防戶口聯絡擬圍善後同辦之策，墾收發場屯田招墾以裕旗

來墾荒地准民納押租銀，復永租墾照，曰佃民，留備旗民屯耕之田，名曰召佃，官給牛種，而收分半分租，名曰官佃

民生計。東西營墾南北克瓦里以方積計，有十六萬餘頃，除濱渠壕堰隄塍等佔地六萬餘頃

該處設學務學堂

外開水田十方，俟該處該管三等，各耕已熟，去繳押租銀二元，名佃民，買荒墾一歷年，貼水之加

皆遵銀元易錢交通之便。柳價總局出示申飭本窮刁難，其後柳勒不收，致府行牌日奉總

監督張贊棱沒收之，自備堂不准入其官學校。日本議無漢文者，並不准入成城學校

鄉衙示

澤平甫總辦陸道高秀撫衍前民望和柱，自知世非藉病者，善辟日本極偽造他國

圖通行語幫式常藏有機元等案，據者進禁，六年罰日洋二萬元，新律論西人欺漢

華人照理西人非之，然華人為西人所輕，無以治之理之。西之强者有力者無旋不與政策

無錫秦林學堂腐敗情形，前學總理陶企元但領薪水多寡，別事不問焉

廿八日晴。會場觀閱，偕季弟諸姪出西郭觀覽，薄暮而回。接奉廿四日　諭派

慶親王、瞿鴻禨會同戶部整頓財政。各省銀錢式樣各殊，年久不一，最為商

民之累。應照定畫一銀式，於京師設鑄造銀錢總廠，俟新式銀錢鑄成足敷頒

發，錢糧稅釐一切公款均即通用，使補平申水等弊掃除淨盡。部庫省庫出入

統歸一律，不准巧立名目，稍涉紛歧。其應如何之處，即詳細核議請旨遵行。又諭

路務交議，前據載振請設商部，業經降旨允准，派載振、袁世凱、伍廷芳

先訂商律，作為則例，俟編成奏定後，即特簡大員開辦商部。其應如何提倡工藝、

鼓舞商情，一切事宜均著妥議請旨，總於聯絡一氣，不得稍涉隔閡，保護維

持，尤應不遺餘力。路務交會議，雜擬路官，寄擬三江師範學堂詳准分委堂提

调学务处提调，以学务处提调二员。日本小学校费悉由地方之编查者负费，文部略以

小学校现则共二万六千五百二十所（以学区为单位，由学区费而设者），学生四百九十六万余人，教员十万二千七百人

（午前往见许荣鸿之友伦静山函）

十八日晴，午后先孙宇来，致蔺昌侯函，及扇对等物，往旅馆见馆师杨都统谓于李后

南溪居槐来，南勤往去旅馆，即于途来，盖至者杜门谢客，请其入，因待逢由雷传

话其此事，须少顷，又请先予四番●顺道匪九帐处，即属致李督至白话报分学

晴，雨。观二年法国人非力日禁沙乃尔会事，文以护送遣，又会同员贸越入内地，由山阳宿

遣学部差陈经员护送赴天津，南洋大臣饬派道函告法总领事设兵保护

一、稽诸禁某观察归陈东三省事宜一条，有铁路应派大员会同办理一条，宜慎选

请应设国税，一为国税，则应先设二种，务应以十三年一律办理，实兵为要

四月初一日 陰 下午小雨 晨詣塘南 黃婦西申之義 病疾不能去 紫外孫婿 所 西法 此間無

閱小學堂章程 乃俗批語之殊 第其日較詳 恒兩江西附來議單稿已課英文

下從批可閱議欲章從字大西國通經 各省西處以課本定用何者爲之新編學堂

應用爲主 擬課程門目 如定書目一表 刊刻發印 通告各科 送校 其中修身倫理取

經籍之精者 附近時譯本 字課作文 採近時教授法 經學師朱子集經踐履

之旨 詞章取能紀述並論性靈 史學輿地以經世通今爲主 算學須求適用

重在從事精熟 名學重分別條理 足練腦性 諸學譯編者少 當以本籍

爲要 格理財精意 且推原它之近譯東文簡本 惟各教科之用 博物物理化

學地質礦產諸科 于是實驗 皆當逐級難教 譯本又全 圖畫表等從簡去

教育為先進，就教員日本教授管理，課程完備，凡學堂亦可入，應為一統不得
教習等與學戰世界道理等務，並歸兄弟國人省裨成學業，據實會同擬
在那內設廠製紅茶，也擬設廠製綠茶，以洋銀百元為一股，七年八釐行息，俄宗三
至濱湖不開商埠，與西國通商，並不設西國領事，三年後西國稅司與俄人三地方衛生
均由俄人管理。俄、美、英各國立約，北京及大孤山應作為無限通商口岸，會俄畫約
美無力爭，桂擬主借外兵外救，亟已有成說，桂粵密議，借英貸得第通衆集
叔通口岸也云中國
張園會議挽救，已分電各省，粵督及撫贻侍郎，望務無所請某政府核
意與地方官會辦，因商定歸綏道為南路總辦，雁平道為北路總辦，包頭設局為
道中之地設總局，自經西田兩礦指委員，被民砍傷，教堂命中國賠繳銀

数名国联为之乱向革命宗本而无不成业经撤收回宪则俄法亦行为
只损英美德日之商务商税务于英政府归本国病狱外务部英法道咸三
品卿衔学堂道谕寺孩学生以数学为之华本亭何求孙道学现卫文士
绅有所惮而不敢设学已闻亦有数处了
初三日亦雨谛生留存者作盖为加详归之本年三月廿二日谕御史萧荣武理某房
广西官幕賄害地方谛穆德春宦广西实道黄仁济庶陆裕取巧钻营（革名知宾又文武职佐杂数员）
随亦崇庆误大局桂林府孙钦昕等均革职府幕李廷濡即李文炳原
被杂勒索机无耻原指道则（作）革职因左江道瑞霖苍梧道张裕荫以
同名降补张园集议到数万人多处亦任一撤回王提使孟远郑一张学济达

則一起因廣東宗祠被傳單劉亞驊以語不謹乃再議候電江督札行司局等

議保稅司議加稅免釐之始其有誤會所陳之處及何者可采何者應更改

初二日晚生四鄙城去遊僅至薩謀教師範員更正姓名及授者高等學堂

退程當實其單內僕之無稱為之謀生計報云二月廿九日諭蔡震補左

江蘇道穆特賀補錫昌道署須派鄉務總辦條陳與事方實穆溜全

地張張園集議擬電外務部及各國外部謂俄迫中國簽立滿洲退

兵約為國人萬不能承認請各國挽救之荼英美日三國照知政府

拒俄而京各報兩廣律府為桂省其子又集議於廣肇公所之董粘

條謂兩粵之地不宜喪議國內衆大作之閱事撥英人紅服不肯退讓衣

师意必须出任艰作广泽探撢员子於台联语将通上国出其生为代

伟人硕望冕殊方总为中国利用厚生博闻比诸河间大雅览

胜到瀛海■外国学惟那时练历殊鉴远及龙数谈百操异那大献

初冒嶂楼石仲三月甚西台权使到任应聘仍留年高而窗人向子言生

将辈为日本答云张弟子段通以正人议吾子续实倍欲华有意翰拜

文必多由而有恒心诸以为不便而科案则不宜也耽年初可论御史奏

撤其奏罚文武不法骑乘校考查灯查所建逃邑道专种积功不实才

具不同华机留任摇销顶戴依果提督丁鸿昌革职参出最于某子等

不闻又论御史高相其奏参盐局道员华国英校考查灯查所得罪不尽公

部議處又所擬劾同賠六萬兩易行核奏又諭御史孫德沅來泰向知府缺

員按考黃煒查明殷州府文煥失察委員濫刑交部議處文其任知縣佐

雜旨別革職及永不敘用者發軍台又諭丁槐補右江鎮任勤補廣東鹽運使

同某鑠補雷瓊道　鐵道新約（原案或云九條或七條約改方許退兵）一滿洲不讓與別國二中國駐滿洲兵應

定限制三滿洲稅須交俄華銀行四滿洲礦產權利全與俄國五東三

省電報權利歸其專攬西報論俄星騙術不過牛步之法度鄭款爾然之而

各別著權利並同霑之俾向中國索因一人利益（東三省撤兵止於移營並云保鐵路）（陰柔稍侈澀江浙海之）

初四日晴蒼之孫並至就過西件於前昌侯陳其西席楊郎生得昌侯之兆

叢存於南漢宅偕其孫西栓出衣碑送來歸營附白臉生赴北上陳情

视送杨君通不值，见其子怀君，行の便道，菊近更一行，报齐超仄山极深

接任先翁仪注昭御馆，傍晚殖来，出迎，蔡阅兵民文武各员司风集之

初六日因闻蟹来，至子杨艺园来云，往迓于激，出来清理，杨艺老午后 带著侄摩阅评

来谈，文孙毛臧等先后来，葆幕府蕙甫乃至，复来援援，竞日报手覆

撤在西苑置运近宿馆以形各国观见人员，何南温岳诸将何因借我等钧 孟 近方仰议添兵精练，令民完饭

看仙孙丹教者加氏大不服

皆因加徵滋乃益形毅识，路旗骑各要人，得阅，复于淮南人请援审滚成

棠置亦江相群运屏代其不阅，祝俄人 宗谋求特别利益 不谋宗外形谓退兵之举，书此行

以英美日非之也，英日不便谓庆邸力阻拂之

接晓生初五日函，有侄三人同赴金陵

初七日寄特函述此条命接续定孙亲自渡阳的条件，蕙之先许以正侯受

南來得直隸縣罷職亂刀難殊甚祝縣揭明之至到後有無交端科而再也

致辛楣招商局詢查各輪船買辦送辛楣輪船以護帮辦者遠所已

初八日雨泰仍赴滬去接晚生（此殺手書張）初五日函有信三人因往年清江子湖有函更詳居

以為難孝高要人長兩力據承到彼倚寓狀元境集賢棧囑來縣來尾乃止

擬代貼召租我家實因不著擬居仲初四函現在錫居一僕執炊雜役從事

務從卿家房現在彼處招數致辛楣慶卿得英美日三使之照復以求

晚氣稍壯至清高等寧額為二十人先已考取八千房已錄考選額取滿罷

初九日陰至蓉莊楊蘇園旗壯至白與囑來縣議定致辛楣遂寫桂樓王招楼

旌報函旌蕙交遞餘暫各單總共劉亦如得招安數前往照後患桂樓片

意欲罢以京堂用，业经报效桂饷一万两，奏请援照张戴书之例，遇黄麟恩

成案赏加头品顶戴，李批照准。又片请用道员蔡襄等广益公司为商人，请亦

广西铜票三年共缴银二千万，因援照顺直票成案，暂借烟台地方开办，事

批交议。此接赵公前代奏楚宗纪贵文致因纳等奏禁革不用洋用白炭不

能作官派人代为查函以在杜唆据粤盐上多由炭商兼营运员辉厚基议

设工厂，垦荒田二万，天津亦垦，为此留意，可首刑振济，银钱民不能堪

圣旨报章议，省垣开办学堂，兹拟设学务学堂之条，甲学风但成见文遵之某

一军为巡防营城设立总局，四营为学堂，每营六百队，名举业后之各城厢内外，凡

保甲巡警捍卫之责，又立户清查闲游，救火防疫诸事，来以庶几以次推行，各府州

叙員丹田學曾派撥等費月五千金閩亦難迭籌費應亦應司籌四撥作正

閩餉前奏添兵汰弁並改屬春泉罷放不能未能遽縮須另招募閩籌

司撥在北極閣下寺基地建造同急工程局派員勘估滬道迭奉督院電撥旅 後亦估工一万三千金

滬粵伊寓之電請聯名會阻桂林借法兵法收蜀電詢得電覆亦云全無確

據應請轉撥款不能緩閩留餉處等因無需遽證各偽之跡查軍全行出示

撓搭英法照間借各撥手在兩廣之事司以原借英輪部將張得勝福建

且派巡道詞為此拟論報俄之前一阻德外交照會未之行均不得再議一迫應照

前行之約實行此迫兵並地由我以電飭前並許照前之名國政府知照各款及錢應查遵

青海初交一行全費者有人薦來詢為司崇貴之弟向跟人執憑兩司服役

似不應否俾所需所在自強來覆摺業部郎條陳請法以謀幣制請

全國應制錢為主輔以紙幣應大權密擬候郵傳部自日本回國銀行

存方亦素師派巡警局道曹家祥往查招商總分各局及直隸市面困

素師派德豐銀行買辦吳調卿等為商董與各銀行往來素師擬係以百

萬兩為限吳擬辦法各銀行未免顧省以各路分行扶助挹瘠擬為均勻

挹肥注瘠以前府縣議決紛紛核實顧省業裁存局所以歸簡易從

一司員者因添設道府八所回派各所員工商務所礦務所清賦所墾務所制度

造所軍需所屏務所以兩司費亦添一道總辦並視繁簡酌定府縣等員增

飭所司其冗員雜役概予刪除免積近者繁費弊騷實此屏大要俄在各

城銀設置錢達彼境王錫等置局置煮鹽錢不附我權係一錢

通情真均請阻止論其買釋放人犯子即議羅此回成將之日放其溯擇犯

十二款章政務更議處晉着其鄉社亦請六條案據奉其應通保甲亦請

五條設局派律並典官隨時前來將有案捕盜相應等節立並從年

請亦理情形濮根考鄉評甚多而證少於了心是而歸非不便羅技其罪

亦不宜其事達于釋回請監禁殺年禁者情形要案安置外務部於保

視日中藩東禁遞前案送來先報數目再查執照即由此日先電指實遞之復

取到查驗數符仍先電寄備無遞限不繳照即罰亦另起留翰等語

獲有民倘取前堅顧緝販私鹽並有土匪護持及車輛搬於充公

併予黄樾德詩家集
十三日接院生金陵狀元境集賢樓函及府中送高芝生信至者可補寄前
次君者殆有浙右雖更雅君至甚提掘寧非著益處又雜亂老拙爲
桂一張以備寫了叔平識仙帆之校經傳接熊雨生因恩霖詩函來二紙二月間
校稿田返及籍矣叔平蘇樓集送至石印城兼叩昌至梁邑手繪
圖綰詩至寄像寄一早世之類淺殊速愚慕搬家於及眉峯更江甯
此年旅呈兵制的三年函君聲臣並清書備稱以澄於函京師大學堂生
年後列組夜習課從來三者了利害字安為閲之生之策
十四日答石仲函今送來去月需四元包括此息楙卿家招於藥之商每年代

二達西鄰其屋地基每人過問租來無因受而浪擲資若荒生函和善之處治
皆易接張意渠函謂京通西通先畢與并不致剋者一家小楊栢林傳兌
糧把五之付五千二錢袁費尚元謂與小楊劉保應便補云霖鄉葩卿植
根樹來於在南園外吊橋西街伯塤同至來護接晤叔享十日諭郭道直
補常鎮道十二日諭本年順天鄉試仍在河南舉行派陳寶琛為監臨
京師修路莫惟鄭議二十萬兩直門至頤和園鐵路多礙旗員墳墓甚夥
請停修消息外務部咨行賽會貨物免稅照章由律商部核辦通洋關請
緝運匪集貲到閩睹與易徵隨案報部以防窮財徐福濂勇年老以病免并陛
一年派磨房百數十分每人受百餘兩磨麵千數百斤每人謂置磨電機借

水力激輪機而置得法而傳電力於數百里外設大製造之廠為天然作用

端帥批摺遠行小學亦成僅須到處有人經費千六百元所費不多愧而深詫其

引日本學校々多學費之銀須有千元之交涉何某宜須專書議以貽錫畧譯務

義於尋常刑名錢穀薄幕友非所習不能隨緣露覆

喜鄧蓮卿來言培南在安徽任候大略情形以候安家書而交保之府雲御

且成居住差務家書藉劉鴻笙偕季弟同往午後偕在北郭看屋三

蓋而歸併於西圖西以科學將廢攷子弟仍延師在家安省學校之一

法質疑而不能覺之無何也部章管學大臣議覆三江師範學堂規練習之局

莫之法耗各精室稱女國民之案活江海贊枝掏雷詩堅枕儀約主教決計托院

蔣怪用佺御武理疏深議詔切不可允來擬奏河東曰深該今年樓收兼亦

五條不出二十四年李鴻章查勘原議貫穀肩桂楼靈渡寓遇界內地圍清一

王靈度妻卿少司馬韓吳僧清具石

收禮西道諸人社飯孔中傷之獄

西留堂樓補館匯一面清鄉出圍芳祝館訟延清感衆聽不辨上諭只可聽之

懷宿和來江家備争難械閉路有六十里荒古博刺心記王振漢閱看九殿

恆瑞雲將軍祝以係之韓生否死而有老父在堂調出不得合試播元同蘊方良合監

安寶之石鐵添孫鑑辰鍾陽收税之姜江張任以承元宜與安國孫荊溪吳煌申甲江張華

京告武道出外數非琮方嚴中在內

吉百孜培圉夫婦丞交鄭蒞卿書解孜現授郭以事夫慶業將之兵定招奏

送責稅即空而忽於本年而日接信之申稼士佳寄來商源硃字及某全字同與

一学堂规制不合仿日本学习院局详纂章程各条之條從仿成编以备采择

考求日后因应院拟办之兼盖如孙小秋征锺私立秀才名目每两年收二百四十文

民怨甚深一併裁作把经查禁因大差得力已派保存后补道矣

一专拟学护卫营接兵武备学生谙操尤者作文进士举人其由文职之地方官遴

知兵可以为之武道重重之效据内有已然之成踪外制之可採又文武宜量升一等有数端（按各省防国兵时之）

者备官兵为当年之统御中国拟俄内不足深信俄要亲王首不应行改者一设视阅（又德俄在彼都与某传议其国之手頭）

一专剂矿山铁路训练义兵皆已协定之武云俄所要不可退还之代难弟以便

一专拟学院防江学堂备军裁兵营因额外赔官因裁速续饬記学册文照烦

唐石居倩学界电灯鄘高著

一

九日 暖。出太仆公孙宝铭题五言，罗子敬成连绵，又还至粹通九路变白岩道
函霞之云，游石仲十四函，以便人衣物三人，皆携擬携二猴带串申殊衣嫣为往
于[illegible]次晃高道之由铁江上轮船，至晚乃得缘高之电报，系初八日途中衣服有人窃
天津市面殊坏，章劝京师请设法挽回商局，着袁世凯特照白商情，多官绅妥议
办法，务使银根周转，不致牵动全局。汇丰银行买办上电，报天津银市滁涨军火
云款二年以满，外务部拟与各国电程，然后行文各省，督学大臣咨行各省，赠览外交
报，以共乘推详译，原本详细论文、蓝皮书、各国条约、外交史、特交涉成果等
类，为课读进士参考之资。兼购译文者，报读东西洋各报，推交涉有益，京师信寄师
范两馆学生上学，兼学法（凡各省以学生讲识法律，交涉为妥也）。请报、总代集外词、疏特得、移差、锡辖育会、共和实事

廿日寄答石仲函詢霍綬接眷是否署屋未定寄答程函詢之議奉有二密信

白石仲接眷電綬之說及協典之意擬觀望得函識其意不在皖前之未有提

及意在不成形遊屯前部震未到蓋此有之不肯來署石仲付經全之能函知梁

家劉將接皖生一方普全後函高等補試以續函最难傳人書多言大難以應家而

學生習氣以為張已有議復白眼會國會議江南少年會之主意乃不通主義兩難謀

為一決又有錢錢訪家撤下錢痛之苦擬商之蘇省查收錫金滿整屋委員與字

藉無雅原某大鮮滿糧耗歲需千數萬担整屋指四十萬元僅擬二十萬元查其廿六七八等三年滿

每担整屋九元

自一萬五千餘担遞二萬三千餘担整屋自十三萬七千餘元增至二十萬七千餘元其以多擬少兩分

查收開支一千五百六千千

查收不敷縣因多收之差費

貼已情了原某積查經費開支六千元並不稽查印花由於自貼並護照典於請收

城內城外查至失了收滿不通包過手續委派縣人辦理不認出小另有流弊忽某准草藏

城乃五六成堪出售，昨播志之事已稀，心不甚行，趙次帥親查，原有各字畫

昔兩外孫女善祥同歲，樓上有石倬出署屋下，樓三間，議在蘇屋，小江船亦略有

不愿昔物留鋪見照月樓二三千元，由大姊查寄，或次經照經手，仍由老高送往

飯莊照有房間亦遇紮難，原設保甲局綠局出直紮照務之，樣有內外分設數

局派員撥兩營分駐，有親兵五隊，有警察各務，並歸保甲局節制，此數所亦從速

急師去年重出，有與粵東合黨學生通氣之說，密有派員搜查，逃付滬大馬

題去年合口議體操之不進，高議現重在兵式操，引孟子養吾浩然之氣，即

體操之精神及操法，大人操身體者之讒，蘇經蘇偽兩廠費，承蘇藩租之歲

租五万金，桂有蘇黃某門多樓，照舊西報論餓日將開罷端由來二者將五萬兩

廿三日　陰　接叔來廿二日函　所云仍無眉目　只可守候　椒晥生十七日出　已移入高等
學堂　西兩兒歸師範簡易　有補考清且月需自用五元膳費　庭外附考作
此者現只崇敬數學而能歸論　秋季開派亦須會議　督撫（保甲以下段告解之懸）陽條保甲以示廢
保甲局王實收巡警之例　重議聯保甲以行盜賊窮鄉積聚心因警之懸行
於城市衙警之地　殊違傷於巡警　並無所廢保甲之旨　贛省去冬蠶廢之重設撫院捐（又云仍歸各縣經徵至政府不足送制）
力養糧殺　蘇城告示　五月朔開辦各警察　首府總辦　三縣隨辦　分局七處　雇巡補
四百名　歲需七八万　勒令官紳不累小民　縣狀仍歸民捐　贛派辦委議　均採章程
不外以僕之羨餘補膏火之不足　南昌等廿四縣共提銀七万九千兩　德化等卅一縣
共得銀六万四千兩　照缺分一千二千三千三等　酌餘撥補科場費一萬兩　仍留五千

周到任不久，即擬難任負責

廿二日皆為蜀屏伯璜黃德庸擬辛廿日 諭胡景騏補西寧道 又諭宣化縣何

乘勳查被參之袁世凱查照據實具奏所稱從前郭議定其餘劉為都司某之

等筆捐有差在逃都司蘇東林以清犯田堂抹掠草職嚴拏就地正法政務

處議覆御史王祖同請山西鄉社等捐山東為通保甲辦法一併停止謂其意

在防弊不為無見惟一切等捐由官主持為非其責之紳董非特官商以欺民挾

衆情以抗官未免不成而請飭再議等捐務請並酌量並嚴禁中途加派重無別

保甲已舉在因山西鄉社等捐業已分別准駁所請停止應無庸議以示民

捐之說未免偏過其流所有某摺康祺入伍徐系御札商業以所奉等行商捐之

請奏請電諭在滬開商務總匯派員精究西律擇要編訂中國保商之

專條擬先從滬埠擇殷端倡集各行業錄商之規條議單彙送以便與西

律通商考證院省所著萊出口已多以捐為禁無名加捐一律準抵賠款及學

堂各新政之用開辦三月商民兩無所礙而作者年有著之款煙酒捐收繳為難已

餉源上聚要集之價兩淮山東皆之雜稅為雜為數抽收不得不藉此擾注繳要

求當各邦約三條一擬革大權一設自由港擬制度及織文字等一書識

礦山之利所運貨物不徵稅按淘織約不壓於其等三國政府看不允許之允准

曾為蘇伯顯季頭又頭先弟之扇擾鶴呈廿日函允為書一楹聯著

蔭崖觀察孫蘭初院城吕八御函其子良輔字子昭下兩報二月廿五

日接抵越程四月十六日到籍守制附來院稿咨文請一並懸處代投
鈞函兼悉兄仍往協興館喫燒鴨同座鄒海嶠侯命靈及仍未觀廳
擬寫以贊其改練常備新軍約須善出撥將商引計岸二十八廳攤派全
數皆宜商銷以保引岸而裕餉需下便商民上益國計尚有三端江甯
議辦費端於道員陸與燕自有資占千萬出岸需銀百萬籌措庫款
十萬律商集款四十萬附股作為官贊商辦設公司曰利濟機器公司美國
贖買英美德縱須了此後道請已撥英廠張丞仍留此任後有要
援應先知此願了之形方可掛論張丞無款載道偏得要省歡心
昔接廣仲十九日函並著說定騰屋三間李和卿繼請為遊飭李報併請

国有接眷缓办之灾民别往淮给百元不预支慈卿身后需二百元
张罗浮生为难归丧赁金生九日无附有宋佩藏投新三四方在
沪就医与识师说诚可受孙守旋荐鹤望与萋英不问不再提倍
会议时银孔丞难度於大赔折莫不为难而民间尚计更宽君
近此后有不能设想者因共同而及藏老来未集而不能集沪上应为意之
不能制望经济不足之所为此后本意甚可笑为事去报上年廿二日
诊张人骏奏新授费西直文体请与河陕冰道出京陈互调换者
昧得百中伤粤赞数兵编讲政四条因为官事私拟那货销耗志强
其名藏筹有灾南吕仲并荐顺东推王於海是为新拟年来师议设

財政處慶邸電議新約礦務等事與俄議新約內有牛莊營口二處有已要求作萬國通商口岸美國調停俄允已與英日過俄已俄之決不允亦不惟皖省前與英商伊德訂簡明合同在懷甯宿松太湖東流繁昌婺源涇縣礦山由伊德續勘所勘礦產除去凱約翰合同所指潛山銅陵大通寧國歙縣廣德等處以清界限訂明十四個月為率開辦另訂詳細合同此紙作廢本年二月立懷甯集賢關礦書禁有案業經西人去函請閱復承順洋行者承辦礦務並出示禁民呈為士鄉紳耆阻甚激中學堂總定赭山蕉家軒西估工万四千金因蒙委員與學王紳念祖監辦工程完備中江書院閱學之生四十二名紳董呂錫芬王念祖葉瀛新職員孫建臣定新接任因領

了承接済寔過此会而止爲尽来所未有

昔據石仲廿三日函稱兹應試仍應温習算学中挍習洋生仍應挍射學学　備来年之応試

沿江亜洲幾处甚年之恵復往大至路霞臻片各國寄会商会之國重庭本

國待遣者愚之者之進步会之國視何等貨易售者遺之者之銷路小

精粹者立其之義而不能此義視往者少諸鶴商集公司視自運貨商

往者盛大精識政府卷雖識胡使之保護其優待維各情其之便来

國命告某政府之保護錦各挍補蓋其錦

昔寄卷石仲函稱一月三作会商應試者穆不應多視年时經商院函作定之

説指点聴之晚生又高学学鴻至来談同往山宗其寺聽松院一条雅高自流

歸前了議有眉目滇收回歸示與貼老土民名繳及詔契等因於額須四千
餘金須與王業商之一諭撫於本年廿五日請丁振鐸電奏亟往同雲祥稽估滇礦
臨安與越南界甚近於中法交涉最有關係
廠臨安府屬臨安關廣西邊等文武分別革留緝拿奔聽等員查明嚴參懲辦
第二條約
接交議名亟迅速劃分疆土及洋員人等切實保護稽察官請扁票仿名
郵局錢票外有稱文皆有接經印以杜偽製蒙雇亦要詳察議自來照亦
法既有勒定示接管札莫保須了亟院人鄭沄添冒英商伊經名括利拒照
宣團貴池煤礦請偽示禁並案究辦英允照美國用銀撥收賠款至隨
高等學有腐敗之起點識係我國某美政仍隨溯貿易權利多織人
改革內政以專制政體不能立憲非清內政不能外侵

廿九日辦公仍赴滬料理結束簡要案卷金函附還宗程款函原稿稿
摧群之意蓋曉生函推金陵高等學西商安歸附意少者現其甚劇
將學而能婦論勸仍耐勞習學切屬其類切滬其苦擬手執河都院業以費
擬稍緩累原吳擬請分別裁撤並詳給各官律結業幾饋送書宗天津
設商務局維持市面知府辦具亦商董吳王兩道議有分釐允亦三條袁帥將移
河南學務處文案作劍宜撥五月款用亦西撥論俄事涉及列國對待中國之意曰
東三省無難乎俄戰即迫之退彼必仍來惟有堅美但致宜速代東三省利而俄同
皆答中國無人將移不決
美堅使赴歐洲查辦全權事價之交致之滙兌價色勝夜不食
三十日接石仲廿二函為鄉之難滙歸言今人往還其家人來同字其收書

函問有阻其外出之言，並聞白宮伯耆係不阻止，居擬俟其學畢再往高等商
三重附功課者一百六項，上重算學、理學、化學、西文、體操（修身）、西曹習修身與繪圖者
前與地理一種、禮操與讀古文須日一種，時短課無多，難得益，體操不免空已
有退意，擬令其自請為部院之積歷，搞滿仍俟聽其變更，暑間為前謀
不任之躁，原有負擔任開後為重，官務亦等繁，須因其人而身亦不准離
年來遷因吏部奏議虛官撰（奏留）近擬自請單隔開具履歷咨部
崇禮據高等學堂教任以吏部為學堂協辦大學士江寧府奏留為官
紳係某候補知府（上海浙籍）通判，曹某某華殷為屬吏補同知張辰卯
張炳樞之英廉州附貢者名季肅，有弟招擬其約束以備選降補

原參蔡道袁樹勛清單內開列各員除如上海孫汪麟瑞等為識
京師大學堂定取進士入學課程較寬歸於仕學師範二館由淺深
翰林院教習照仿庶常館例仕學館生上堂課程增多記誦難免
且額與學被一事前咸請仍照舊國學堂課程多日不暇給多有退
志函論本林學堂得與大人材識叢書以與公人三月十五日來看來會以
北東林山居子青年之留學日本生因俄主義勇隊日本報紙以義勇之設愛國體育會共謀說日清同盟
外界多一層刺激因思於增一層熱度曉城律生會議杜藏表揚阻俄約
擬死命
書遂不以為然首將往熱那運司查行部文以裁撤產東宅講習所
青塘課與學仍照向章惟留學與票不更換決其道理語出等示之人心惶惑

五月朔，晴。气骤热。许叶芬年偕友星来谈，以祖籍改言江甯，现在丁姜商(?)

事于凤阳关口，采泰自沪归，所为了结兰不与被贴费，由我所耗实不资

难兰仍归我，而时值已疑(?)，又须待结也。叔言(?)学大亚速成科外，另设预备一科

英报闻办，每省考选二三名送东，孙彩(?)言(?)程赣同首选，详覆预备科学年有限

程度亦高，赣高等学堂难到。入校(?)拟请饬康宗访华报，沪内地自来水楼(?)

道年(?)验等经理借德(?)商瑞记银数十万两，以该公司抵押，众商皇(?)子南洋请

设法挽回，拟(?)帅批饬沪道查该厂本(?)若干年借与银若干，筹商另招股替免外

为外人所估侵我内地自来之权，了(?)问银收(?)股其(?)一气所能济，了谈(?)此等(?)协力筹也(?)

初二日，晴热。老(?)翁(?)许叶芬年。王春帆同谏(?)宾学堂教学，往询李氏两表姪忽(?)

緘三善遣卒蘊服以較操不勝較操之勞，稍有違之見，皖省兵勇因安逸以不

能耐苦。請省保定去留。叔章四月廿日進京，王之春暫辦廣西邊防事。

當政府極有饑民百數十萬，仿江南順直招商承辦義賑，勸募三年課餉。

二月之邸抄，皖案之奏，蒙陳奏准，倘交議，二早議准。

初旨樓石仲四月廿日函之章，擬使樓移駐儀皖城上下工廠議許九來外回差。

蘇以莊諷以擇木之意，擬節後設法一歸。叔章江督奏調閱省城內外防營，

現擬整頓情形，亟在先後奏定營制，分派邊防各營，調撥若干，訓練各營弁

隨營學堂，挑本營弁兵在練，使得一心。鞭兩目之意，議課實務各處陸團收成效。

查各中俄交涉，先由總署從中撰稿辦案，商李連英，後乃由之使出面議成案。

暂不能得便有望同在近我藏于他國不及干涉者贊片鋪東等捐向僑衙
道春返丁令雖算是照舊捐出洗擾累及片烟照捐照舊出彩者矣
前鑄銅元分二等四錢者廿二錢者十二錢者五信陽一帶錢路微滯擾攘
此城學校請生有罰人劉雅禮原於陸軍少佐訴諸參謀本部而不得直
二三乃相約歸國
初四日熱寓若君偕遊之蘇豪而了而擬申狂節往桂賀澤文鄒作定收取來
收條附去人出不事物王春甫來晚生課頗益少兒有退志寓若晚生函訊
以追銳退速之解為寓不安即返法引歸寓查函多有獨正課日有數次
某親之以屢懷寓容琰之數日一言耶親弟和百該郡相補正戶南昌錢
一良補戶名行郎前署任贊張霞美六員恭收原美以整理租界嚴除

奸商既为之经营多人，私运米出洋，亦系盛宣怀被参之由。以设华大公

司揽办江浙漕米数万石，形弥补善后公司所亏六万两，运米得利一万有

仍出洋，并无实据。商道员杨德年、陈深四万一千两，补买多派赴外属帮金理

牍。一科举改章，多设东西学籍，以通士林。一面学堂亦多设，劝士后使知习艺

一、广兴农学，聘师费，司道核议，缘程赵出巡，因未实该操员弁勇诸营 同

不及讲实学。圣朝扶驻陈、邢、周、季梅为老练物四师，范生论婿成习

五月初二钱会章程

端午小雨，雨阻，午后艺城。小酉过，阅邹静山函，似重应书女招赘，约小酉往

以杨无实任为之，康甫函询塘南戎请镜清，内外家拟章未来

初八日，藜甫赴京应经济特科之考，及大学堂之招考，拟章识归文于国政

乃复营东北军已饬其庄监督撤去并以管理权归之权利者五条南满
电灯洮路改厘权均未成而承揽太多今寒宜惊虽成共予宣化府守以承康座
蜀萬庶多仿西法讲求道路之术考验新佳深精机器加工制造善政
美务所皇殿制造不善罢辟清钱彩不少识拓新服改良就大学者
备学堂先生倡议拟仪因看院有不得妄动之戒相争请退者多人上游道 安庆府出示禁演说
还藏书楼为学子以改设安庆中学堂为名罢东京退学生邹容创中国同
盟会愤中国学生团体之不坚而起 邹容来言东京学校
初七日送杨荫甫入都在汉实学堂晤周季梅者拟辞初十日谕联芳补外
务部左侍郎顾肇新补外务部右侍郎伍廷芳补外务部右丞邹嘉

署局示一律設德律風，名電話局。武漢兩省亦擬學女塾並我亦設女學堂。論科舉

難廢之弊，若教習難，若主司易，若學堂學生難，若科舉考生易，科舉學堂

難於兼之，實學不可復也。論中國之望一因鄂帥綱常之事，雷傷滬道查禁偈

識桂者兵而及歷叁濱說之人，一因張帥奏有唐盛宣懷袁昶劉坤遂出洋去

而謹任條約三百進之謂之矣。而論滬上查罰報由澤允至於鄂帥處查禁報館不理

會洋律師誤會章程，是自任華官之審判權矣。德國、美國唐人欺以有礙

德之法權

初八日。藝老又居楊廉府讓管東學，機合同難而歸，與之一處，藝老又居遂

論前而議處有杭州上城清河坊孫宏機一，初八日進同房午年批准先行到任

已在籌稿,本札即需用甚急,須百二十元,請為籌撥,擬於初四日 諭旨新補武

英殿大學士崑岡,補文華殿大學士崇禮,補東閣大學士(?)議(?)榷(?)集(?)部派賠款一百四十

萬。盤(?)閣年派費(?)若(?)著等撥約二十萬,共一百六十萬,籌有成數。一,擬釐捐攤約三十萬;

一,土膏統捐約四十萬;一,百貨統捐約多收四十萬;一,鹽斤加價四文,除半約十萬,整頓錢漕

約九萬,仍不敷四十萬,請飭核收減免三成。領侍衛內大臣議,覆德沅(?)奏請侍衛

講究功課等語,武科雖停,原有三旗考差侍衛一百七十餘員,原奏並翰

林院功課,分二班,年老者移兵部並選,能不識字者習槍砲測量,若學精後不足

資考校,議分三班,發南北洋武備學堂,輪班學習,槍砲測量,請求輪期三年

考取有數者發各省軍營量才差遣,並歸標營補。王之春片請實缺撥(?)州(?)調(?)

署額數及應補輸委章程停止一年。商務局購機自印鈔票,免日本代造。
外人作弊,滋生困者甚多。德人畢士克滿園包稅,某擬另有船貨挂洋旗包攬
各費,四六分賬,船戶易其事。客貨錫之李超瓊,調吳孫許祥桂,子政接署。
初九日。詣藝老處一談。又至山西處二,株原呈函稿,致錫鼎學使、宋君典資呈
英叔章程,藏大亞片道叔日照示,條告南嘯布倫等因,導勸阻英人勿以兵力
抵拒。設勿聽,三十六年至時,與瞿藩臺稽核,能否通過,尚難預料,務請轉電通飭
開叔家丁姓,在路有變援,於路正月叔冊註船有死,或被搶,飭其解訊,不得以前
已為難逃,惟宜是問。江南高等學堂籌添經費數千元,建藏書樓,論與圖
為條道之案,以各省之本地圖而失之道。衆為大局之通,今道衆在東北,為俄滿之交,在西

共為卯歲之安國寺湧泉亭考

初十日晴熱甚約瑯琊院茶敘午後雨須臾出門過小雨而返歸家段氏族妹來談

樾卿廣子叔亭初十一日　論曹福元補闕歸道以農工商礦總局總辦程一

與農路二務工藝一齊並舉之一圖商務一途商情一條商賈一途通貨一項礦

產一類局司開礦事業巡防保甲餉撤團郎論工巡局并常務歸由局

發展情事者咨部　不達其指三年送刑部刺字部師範學堂創設選勤会果

部辦社會婚嫁喪葬浮文取集之產業日本東京宏文學院寺中國游學生回

國遂成師範一科　通雜為新學者自提要例云

十二日晴院生初二日來辛苦飲食皆離吳支天熱須夏衣同鄉寓店送花三盆

於諸宴白因兩粵約之歎陳雲鵬送庄高氏帖方姚亞跛舒石已毀內實重

欺辱外務部某堵路中葡條約（旁注：五舊大西洋國）索辦情形劃界之議停緩澳門造鐵路至省城

先照會葡不列約內上年各國之約加增稅則應當照在澳門設官通商程由兩國

勸之派提督鄭帥整頓東江道路一整頓門丁一裁撤差役一裁撤冗人一不用代書一票

當親提堂理詞訟一開門坐大堂之審下鄉一看舊卷之一看律例一凡呈詞皆有判

表一親察監牢一嚴禁役保傷業一頒給鄉老公印清票一整頓驛站鋪遞一申送條

教一印委都衣一設自新所工藝之廠一辦保甲巡警團防之實亦肯照一請求種植之

勝送獅社一表咸考核可發自行報官清軍收復時給原告存地保傳被告人證

清手較準作底府西之限十日剩平一庭顯自派兵

十二日雨。訪楊氏，偕往興壽宴聽度曲，夜半而返。湯叟為東京學友之友，不甚佳。

正月初八日返皖城，過司閘頭下柳門署泉向鄰家屋基倡議多種桑令女子學育同種植桑蠶，私贈梨山齋主影，舉西儀進而皆辣手，固不獲歸，蓋欲返志。

翌年初九日，孫毓良會同袁世凱辦理京旗練兵，乃宜駐日蔡使電召留學生結義勇隊，名振儀，實革命已定，赴同地諸侯蔡鍔，蘇振足云云。是（或云孟瀛任上海國學社）富有會亞舉勤學到底，會於某日遂密留學生舉勤興才，常於以備（或云黑宗武似鄧於黑宗有社鄧義兄）蔡鍔往大學詳恭及賢，探恣學賢嶂山，飲高陽山，學會綱領以國家主義為宗旨，養成國民思想、社會思想為目的，涵養公德，激勵氣節，發揚精神，廣求智慧，為儲能聯合團體，保全種族，為救貧設立基圖，為基礎地方自治为起点，继图改良为进而全国民族独立不羁势力胜强为效果。津镇铁路线，德认北一段，英认南一段，早已会同袁世凯暨那桐会德英议

十二日 雨。祝杨霖士七十寿。听涵修略谈东三省机务，政府以电报商股归拟派盛宣怀会同袁、吴二公办理。桂省军务，袁派记王之春初主持，继由刘、孙、刘任贵价而被其误，旋提争而失和，惋惜。皖开赣厘新章，上中下三则皆加（上则十六两加至三十两）捐一年为限，与部帖不同。鄂鹤峰铜矿砂，洋商与华商订办，因被赣厘卡扣留洋商石得利，星樵请饬放行，谓与约章相符，对苏在路矿总局新章之前

十三日 阴。接石仲初九日函。赵自南昌来一谈。蔡星垣任要缺，杨补要任，需置将别设一号称锡地阴，与谈实竟微，拟辞。十四日 谈恩铭调淮运使，黄祖络调浙运使

程儀,渠即赴粵臬任。頤和園、頤西園只賞各用茶總管樂部以裕庚女

爲通譯人,不過藉以自娛,經此應猶人内外官亦一致。端陶齋獻及兔子

便與先人就進士大學堂肄業,有儀叢叢之意。端帥頗爲道府探止四會
云通法貴成其上之

議說議論,國子洪復旅安府尖石岸卿亦需翠探官民觀雅十三
蘇撫尤有辛亥之縣論稱學兩

武安精神
又上海示禁自報開私立帖私開及舊帖,勝頂考人識擬選路於遼陽武

鴨綠江曉發徵黃興復縣,陳四子一地方提經收以補償數,一概與貴

「賊」本官以杜侵漁一殊,清查捐經費以徵實,照一律虐長加本積查以防

嘉蔭桂有表議託之某某之人所無自忘,所修者住治武,議者並釋驛
文

因爲法兵經辦並未稱前在京與法使爲在桂,雖越法既背居

間單謀不能破壞路權利皆異於法

習兩提議士言請甯藩李有棻蘇藩程查道羅家志餘幾道桂黃慶

閩撫分別由簡省從引離程其能從請且借美洋鉅二百萬遣散內地窮

勇陸續潛回里者為出籍從耕牧地不費官的鄉接其江皖秘錯鄉塩請免

勇加償並停費閩私抽捐執照桂撫借德三千萬金以械閩息八釐法人不

悅官民同不悅桂省蘇黃提督受撲甚罷令後浮教習謂學生免試

(無錫體育會章程)

國務手習格致歷史理財各學開化非可勉強要機由漸中國二家亟宜革新

隆暴在先南洋公學院大學堂生有未滿意者亦以謀從舊謂蘇報學界風

潮京師學生黨派頗分留日學生義勇隊不從學堂僥起傳有擬惑

十二日晴。晨冒寒，旋即發熱，傍晚口渴思飲而不能食，至夕稍退，腹
瀉一次。操其故，至風而日或食粥，不甚熱，或而無病，然兵身累。接奉十二
日諭：黃建筦補甯藩，胡湘林補江臬，連甲補冀甯道，陸鍾琦
補蘇糧道，沈京堂補寫民綿莊道，葉祖珪補溫州鎮。
十三日接院生和九函，因坐半年請給賞大學籍，不能應選，眾帖與接定寓
初三日定季文偕赴承康甚遠之任，該任後需用孔急，接文稱函附
李小璈錫令留別筵，意在代和康季弟答以數言，二病不能應請
自言之。接奉十二日諭：京堂獻勳房底備建兵部衙署，責成即須 著兵部侍郎
戴母僑居園原至甯度添設電線六百四里，需費二万餘金，雖經請

據東北彩票部議以直隸各省停止等詞駁之
十六省募集曉蘇繪三個月報辦九道分額總募分二十三額二百四十二萬張
百兩匯潤庫二三房三
五十省據石仲十三日函發館請歸權便豎苗洋商請筆送來兩省未辦應將
歲出發出書送以雜費閱年時刻書員享受利云擬三年滿請
等某省省屯田給價納稅徵粮予宜議三年四條一議價分上中下三則上則
三兩中則二兩下則一兩納稅由民間置買田地每兩三分一毫均與舊徵額不充
改由民賦一律運回向於起運之年給丁清運並不收粮分除屯運名目屯
運改為丁粮運回一律歸給科則改徵並同運米架多者查驗給照後

应同添装置出至东港都去再造他口将商革车库商买来十万石布
图免整屋美使函送耶稣教会联合会议防犯禁烟章程八条外务
部转总免有之照
昔寄苍石仲函全宫团体既观望者亦自可划收宜将团体所收十元已尚
共家告知同盟厂基照则价难收回未至来免生违帐有抄议宜图
照固彩犹之基植柔是来年了时因前药荐脱生函天不执及求取
未宫哉嫁热暑后发荐设法另回荐见写函本生交所给到住费首
元已由采宫观望要转给而法续支应所需赴任川资不敷因时
由我直接补章报员子那苟查回自日本将来需财政及通移卸之手

經理錢漕呈兩宮嘉許將帥議將科試策論二篇與考者皆
優為之取定後派為出洋遊學數月可見實際然後定之
高下值今出身改府然之勝清識路線經電線租收萬厚商款中
國電利被奪滬局電員且為路礙尤詳派外務部速議使滬近
宋佩蘅病故於滬王仁山署壽春鎮
昔年我家長謀報章蘇垣發其事也擬章程十八條會議知交群集來
史先生百歲壽分以上者七十二人請建旦異儀別懇新約請意懷輕先容
呈慈覽可否從此送外務部大臣某公呈及內侍居間
廿日揚壽楷即是八歸經儒來函屬僕人王與之請題因赴安徽以年

高多病未能識其人，爲之約款等。十九日，諭張振勳以三品京堂候補，加侍
郎銜，俟設商部，由商部大臣奏用。鄂礦砂供葛一案，端帥授姜某等
飭漢道查與訂合同，兼商康格。隆王飭宜昌道委員會鶴年嚴查。
廿二日，獻臣來談，叔言振貝子召對時奏留學生在日本循規力學，無經費之會倡
言革命，先是兩宮杏江面留學生爲逆，聞此意稍釋，復注意學務。各國有約者
義有便不可
詞呂國伍三君赴京會議之信，有自俄人意欲中有吏事馬隊數百入藏測地
勘礦語之相稱，政府允可。駐藏大臣覆詢俄使阻止，俄使答詞含糊，外務部
電覆後留意偵探，勿爲所惑。
曹範義來，約同座陳翊孫、良岐、區寶甫、張和甫、蕭道亭，園後甚寒

安陵府竟高目杭四年赴任后復往修歸來筹款理稿晨下同茶

言提學張帥視學堂多與通加意任學生其餘概謂學堂外為不可留心審

蘇派藩要會議譯實赴美賽會官商會集設立公司勸提公眾以為之倡

來函述老道僧設大東木植公司為俄所阻擬稟政府慶總而俄在鴨綠

江採木無人能阻主之實已倒矣晚課畢閱考種所可者無幾人殊甚且越阻府

有醫家吉某部局案三有之言

廿三蕭送闓繪六條祖貌加題提學直截來旱象將成未雨先憂府數要

饑民生死甚不啟意而作宴過

下午雨

廿四日竟日精神疲困知為夏至節氣提學岑帥擬到任後移駐穩安請師學

審官處裁王之春革勤審擬鑛礦務公司議詳桑牟煤礦芝蘭土方公呈

官商合辦暫用土法開采必須賭以機以補人力不逮將來免煤三里商務開小

窿擬章十二條招股章五條新疆產棉質佳擬廣王廣擬築方言館

紡織局薊使與外務部議訂澳門分界章程上燕東林學書操理陶世

鳳袁財等私願國民味分列九條

昔大雨藝老函招語客冒雨往知錢李墊璈奮許子孩樓風云錫音阿往

崇

午也全還應張惠頤黎庚旨孫廣實叔章夢日論經房科闈五月十六日

在保和殿考試讀學堂張和劉蔭良議在府東宮地易建大學堂需用

六方驚馬移學堂後商工藝面滬之都門議不便華官在租界無此手續人

陳澗莊祖累貽學彩竟之示領細領之赫旋形之西報上冊之首頒學

昔覆惠函因憲章成格函附箋疏之昭明太子祠碑而適此來函錄示

報章中昔日諸王勿山福壽書銀根只子籌辦學務高議先派員前赴各

埠慕那者皆議於興商務先求工藝庶由此有大講工藝之學之新聞報

業報年論說刊時務通論之編張謇序之主筆定照登有自序

昔日陵鶴笙函請贈之小序今葉君雅竟之高斯日隨之隨時裁海此補

附白藕老所織之雅於措手而不能逐形引退仍須趕赴相機辦理

南州西湖住待之甚手而已蓀石仲世五日函謀商請室之甚來阻止如能托

根院之詩所求與閩五五居之本意總居而歸即歸竟之當趕往也不旋已

本寺奉勅恤因於庚年等處立案錄若准在案歲出錄付之，其[illegible]

科收之王委勸辦雖亦穆眼左需粵經臣揀花楊州蘇關道義傳

暨蔡港枝粵南海江贛潼關蘇杭道邏查各款均因圖有經費

無從籌措繼因議設釐金因[illegible]錢收支界因上並無實底房續請免

置議洋商完善抵收嫖買銅之請仿照保護照價抵費共千銅元語

別錢票實之別現銀出入別銀票與鐵鑄因暗若疏通銀錢一天商鍵

租界內洋貨經道推旋洋鮮自通口洋人照稍一律中洋釐稅並無上

海城內亦完洋人抽釐之語此項自由洋商運至租界外銷售無論城內城外

均應完釐與洋商無涉議定租界不再抽釐照按租界以內不容重復

城內

閏五月初一日克齋赴永康典史任，先期攜媳及孫女隱往，余以此去水比需次，杭州歲考，往來尉署，中饋需賴主持，並無他因媳之力，不應以余責婦年老留之。下午取岸坐船，稱不能進城，因別船先送物二次，即第二次。余親送其長婦等出城至船，小坐移時，申僱夜守為花隨同送出之姪婦媳女等，稱其需閏船，請早歸。余即乘回里家，趙麐僕轉自杭來，兒已在暗諜之深，忽大妹歸泣而來，向余媳婦詢以何故，請坐再談，不聽，蓋以手揮足跳，甚將畢命。閏請送來者云，媳婦甚僕婦語二天太上船，因有紅裙，婦來船，不言不免，穩不見來，意須一問之，其婦聞遂生日言之，故其時已夜，即遣人往接媳婦人回，稱以天黑，二太太在船底

何處照晨光歸語笑太太暴心大妹閒此流滿益悉不得之極想遠歸
以羊迫切思傷之氣後拜吉源大妹謂二傑從來庭留在家不得赴滬
家族之主溝楚者即許之於今商議織路歸着澤總公司與怡和
洋行合辦英商擬在滬設閩粵公司大碼頭人生計中國主權涵利息
商務大宗也上海女子若學社二年院留學本日本同鄉會年
初旬以來腹疾半月餘商經療上月五六節氣後療因未復昨晚
元讀紅裙歸之來由知其流倡活賤矣鷄兵鏗與豈商権議者
年桂冰則隨至冰四錫則隨至錫至於生前游者覺其生無經
容之隱蔽之禁今家上下大小何漏洩指為在仲所知而生之氣惱殊

疾病全家所賴，而先君則惟性命相持，是以相戒諄之至再，

如健時嘗寄書於農，夕聞竟當應未歸家，詢悉確最，即肯

歸之，方以挾制，至如允肯，方允兼取急。余歸相與同住，但吴其不常

見面，以氣流傳，訪之不得其實，及服先居親字粗識，極悲歸

等同居，是為在杭日多，回錫時住家日少（約居其半），與二太太之交，則謂在我處宿

飲食，並以為親殺本生也，豈忘多年謬舉，豈此乃發其實處耶？天眼未久，

大妹隨家人起余，即起告以事已敗露，二太太宿於其處，諸經訓識竟為

萬之以正，與流俗絕異，為補正之道，具遣人往視情形，大妹立備床人往

運懇歸物件，意殊屢來告，以懇歸如子商定，決不赴浙，自當與前即代往

若遇有物背人運回煙掃然不可靠留存未遇去充高且自赴往原船價

至十六元現在於是多方照以數元回卸改整內河輪船而亦可省資

年間總掃物來授人傳述煙掃已攜一分事々物而去（充高吉案）原船開行至蘇改

由輪船赴杭若暮留大抵不獲總掃送回老宅以隨窘出門乃為吉了

先行往有家且了長要又親於至是不充成行為攜滿回核流安慰之而

已報幸騐自後任撥回改派系那楊樞錦星垣暑雕防同及館學生（見充長婦領了）

初三日　連日天晴需覺熱充高而為難自寬解而日食情狀極之經

覺不順肝喉而不清化腹疾又作目青心境極舒坐寸之逼冊為將班

共有六人　列於第三屏又年術與第壹課共館在自習堂自課同學有

遠宣監特勸免四年之前夫官人月三元之說以買書不費收署假使三月

甄別選之自在六月初間其亦法意者要之求術不過讀理程碼半年不能

加減乘除法而已附來丁錫能克華西降以得便至二年稍有可當參般之

附去細軟件實見兩晝又參石仲函立克高赴官民立身守分居官庶無之宜原

取其見知者皆已讀之詳請兼函申徵之諸稷以兆行無賬銀存原典錄付之附為

照歸隨往來果多年課畢一旦貴處賬私謀取出而往照歸照不同勝

不肯出臨特非潭之相國之誼數譚以示來歙而後赤貴緣傳問克肯

以家阻止流傷隨行者之不能稍往時厚若兄弟三人因作其情般舉子端

遂皆不能强阻其應在此靜受適船即行照歸和之歸哭之夕怨恨棄

者非原稿，根目由充當荒謬，而有護民之者，督府亨歸非等辯

寓不能解也。擬章。初二日諭放正副考官，張星吉（荷屏）編修、吳慶坻（浙江）編修，監

（潯陽）李哲明編修、劉彭年（天津）御史。福寓官局開兌數日，收銀圓數万元，皆錢儈私

兌，以不能撥兌，暫止。錢店藏銅元不出，又復跌價。贛因河水師迎敵，今年改道

黃雲宗儀撥[illegible]，慶如學套等十三條，劃界其祖界，黃同說，許給雲字兵

力，視同廢紙。李安至撥論，定值，團外人全錢之可能（擬俄行續為主），屬者並外人之所恥（若無國民者資雲兵）

初四日天晴而不熱，將他處者水北路久旱，已得甘霖，仍申祈禱，免[illegible]。初五日諭

護員撥美，道設費稱，可重勢議識，擬章程，派撥趙團錫為全大綱

一忠兵之道，錢之操演の責成，並監操六旗，俾七營現八單失九姓，北京大道防

今後遴派出洋學生，各員密查，不得妄言是否文憑，便改約四條，密商度

御內有華商呈請國旗，鄉落所務本意改良，番英日使不見，英使國家文憑上書靡絡

長江利權，謂各國知識愈高，更與圖謀爭與競爭，設不圖重應五彩主任德代知

戶部有票一厘為議，設法改良，往錢部票以收商利

初五日　小雨。竟日甚涼。時臣來談，把言建宗，經海江各省，觀者甚盡，電旅學國

社會倡演革命，請邪說已傳，查照密寄等情，經遠統言與學務在

造就通才，似與猖狂悖謬，飛回報達者，設法嚴密查拏，隨時懲辦

學堂現經並著認眞整頓，特科第一場為正場，錄取者覆試一場，均論一篇

業一等，英保者三百四十餘人，已到一萬二千二人，共現任實缺及有預者各員多

已奏留學瑞士英美天機難預作於有駐美使臣梁誠來美遊學者請飭

由地方官查照光緒二十四年十二月中美續約並使署隨師科書送所擬護照格式

分繕華洋文仍由美領事簽名准來美方可保護參照岸浩林賞兆中延慶

前江督擬派學生已允擬派中英新訂商約兩國政府批准互換瑞帥擬刻

勸戒纏足簡明說略通飭兩省張貼出示以除痼疾

初六日俄蒙撤兵事初二日諭派張之洞會同張百熙崇慶將大學堂章程一切事宜

再行切實商訂並將各省學堂章程一律妥定具奏務期推行盡善

直省才子講廣西道員魏瀚給四品銜會辦福建船政沈調署撫美並錄四

各卿衙門某付御覽觀貴大臣游歷語言各以備國藉請旨

先行申禁並禁婦女入城內外飭在南洋大臣札查江南製造局情形並公

一摺爲邊寔艱陬擬先再宜分別現籌一經費宜分別裁節

條陳所議者一條亦宜核實一摺料工匠宜嚴核東海關道等文報總境

威海衛請照膠澳亦請設海關征税東三省至張家口鐵路延伸禮書等

省撥兵百數前往俄索張家口環滬前園西安撫廣租界契照宗新疆

覆外務部均係民地未便允讓海之户部奏欠之西抵宜撥些欠受等復通刑

部議覆不宜畀此與俄要求了事所以必因提奏緩錄驛站自到者入一体割

二歷史三輿地四文學五西學六西藝七種錄示説

趣自護廚伴初三日函九条四并詳滿屬色前陽園旋而陵振正測擬設法抽

身劉蔭良付之厚而今上贊其非謗云護實重初三日函述者視其抗直退觀乘

又爲徐人謀身以宋函附來府閱竊喜又附張紫度侍善續之函府交廣仁

孙莘畬君叔侄兄弟联捷，殿试题名二甲，有孙叔铿同庶常，
俱留院。现逢吴鼎甲、新兆琮、方履中、李师王延局有开办消息。户部楼五方
两湖书院三年，先生为中年不入学堂，但属望于考课者，亦有师范
专门之学，分设一门，以学堂考课用为小学教习。
初旬天时不热，海初遇同乡李钦桂庭子随运庄，桐卿及孙幼卿门人庭乙
亦偕往出西城，过环桥循西而行，至则晓沟紫藏，先在瞭谈，两时乘小舟回。
但须秘密
叔平兄意，仪京察行不求先发，欲由李阑传谕罗笔机，以告张师，再与太
息。两张谋学务，另重科举，两全法子，理财诸务，为天算舆地声光
化电各学所需，而何学诸考何门，各门立一同考官，不拘房数。桂馥益横饮官

軍務處致錫張壹通錫生急請兵至接援這撥總兵上書直奉贊議

順直一帶多擾接援本以防早完在接濟及接應兵等援情合集

包右仲初言滙洲二萬至函附卷子議函

初九日接字浩贊接來錫電粿匪野猝攻擾漢上城寨兵圍收復清贊

陳案江北高等學堂推廣學生一萬二千人及房屋成都將

軍奏案駐防旗營改兵警撥款舉開籌餉照另行章程儀給慶邸交

黃花綠已有覽見各大員會議及官司相戒不言某比部保謀及學堂

申作載云紹已置押蔡慶桂等擬籌二萬金購求基學堂改為府庫

學劉蔭良桐度紅門桐官坐路學遣大學堂桂守示勸接植注在

案來接飭原接撥總兵呈稷圍接植至飭原務局經理籌議通行

初十日 石仲囦自菩湖事来 先孫初七日函 附注曰儀函 再索皮棉庄碎 孫仲卿来 老革稍稿亦法 孩晓生一纸 以一存承学交 杨苏生家便事去
又接贤儀凤斋館次函 極言在彼不便 家事亦速 赦年直隸因吴霞
天津市面情形 致搬羅漢 謂陵泯烟雲殊鲜实際 津商務公所
議定推緩息借分認年程 辦捐莫周 亦三家德銀箱籌公司派道孫
廷林經理 以旅之義係利權 宜籌方孫籌五万 清諸陳片推廣
江北驻扎條了直及設廠試驗 派隊駐此 省帥兵随事了隊 此旗奇易之
三千人 此為軍務亦官運所得之款 移濟三分了 兼練一旅 有了於递募
四方 外務部電駐日汪监督 官費私資各生均須三年卒業 須有文
憑照准回華 有購自回者 查出作罪 因各生藉根假名有私回國者

雲霞湘樓諸篇等，其宗旨民權自由之說，前為吾之所為深之事

權，已易為強權帝國主義，亦曰民族主義，及雲霞諸論等宗旨通

吉石仲昭、袁太常子仲默、林澤石、邵太常孫溁及子秋芸、周稅務司戴

樂爾理財節略一冊，四異時等局，然後其規章，江都派某當道員函總

為主，可飭各處之人，暗中護者。三月接到者，之有某報館之主筆居內為擬定

擬定十萬兩赴桂，應手協助者，城銀根極急

外洋員執在租界訊之說，岑帥到粵，將南海黨人攝往查辦據

張賊瘴六十萬，以充桂省軍餉，粵省已答復，每年十六萬，月繳若干，貴三年

二

岑帥飭免鄉全數撥作正項，閩省捐款業已撥定，岑某嚴禁收此一百數十萬，業已撤捐

實免先按各縣館免其捐，請上奏裁議利弊，實多，應先籌撥銀，鋼二部

西與各國商定金銀二節續後之一定價值

旨據達亦兩猶日買兩票亦再能清查盤山舶之招底宗業勤抄一紙呈（據院呈初六日函若留多因度該項厚于前議請仍照前定辦法）

了胡健亭一面預議面取為籌備經理東洋機帳目議未安協要首

據奏業亦桂有實邊難難亦法勸捐之能亦難清請且現在籌款勸借之

能亦辦難了該籌是請亦給匯票建場者師震詢善後未價比貿查定仿各律

善大臣擬籌要之后移利已之多即前來議亦未價即照仿籌撥日提價比貿善處

商情滿茶桂據理提用清直家口北三廳宜批十數細向各家撥出五萬之票

奏准商善籌頗承達智銷歲包鹽務三万當飭亦照辦錢時撥完應撥

一百一在劃成造冊添劃裁識當在城北先開一斤鹽每運案所聽民取用無論收撥

中化學機儀器集摺及科學理化動植須置儀器列標本一一求該實驗者

但該處是不能通其理已訪閩王君吉會集摺及儀器二生偕同福清衛生

操練兵法江蘇移查省國私學三十餘人多能畢業究亦

十二日 陰 閩初四日畢去音畢業換者多果無力為子按宜要了人急理

其孫雖有一代皆一代之論者仍須請示該用人雜商她此畲金

帳房不得其人但祇有七八十一月所有自弱扶新郭進士親草應告 此次雖有一年另在社廟知

因有吾在提學 張之通

本有因之經費 所以吳堤甲方履中近大災已近太原郭曹有所以

餘額錢吳國孫祝遠等往述孫敦紹宗皆學大正集學務委員請

派查正一合同有亦指明張之洞江甯學務處總辦 山東鐵路公司派

中國筆墨及衫書帳事價一律先刊印憑單送往院館收備因美户
郡官等人赴賽會事程杭州旅行招待社簡章酌等查私立必隨出
者若官設庭寶見嚴得中華月之背必歸穆請金幣議之金貴銀賤
不便洋商美者國金銀價值之單銀錢出口貨品賤而易售之金貴進口
貨品貴而難銷彼之不便正我之便法先贖收國銀
書交示暑節天晴不熱借石伴至劉外家前回雇艾舟送諸暨又
宿寶成棧一看木器板等川贊皆棄實照有賠依加鹽價搬之運
計按引加征出廠板斤加價以示體恤保護綱管等共運資所損實義
極縣陳多設蒙學小學查凡集資或獨力而有成數務呈學堂興辦學

出奏進〻，請照欽定章程初學堂之多寡定州縣之考民政務參議

奏准各省通飭興建陵植設女學院原係工藝學堂改歸農業實業學堂

費不敷，學務處議歸併高等學堂，招考局參贊楊士琦等遞飭擬議

局務，已擬定通行章程十條，水軍添船集，不足之處招練水師，嚴禁侵漁，不

足杜漏卮。局務原定八股，各省多不照行，日積百餘萬，已擬入清湯識，廢革

鄉礦路之股

聖旨：蔭昌著來京。華寶甫調同仁，吉署重慶道，奎條(?)到省，暫署其事不同

達鄉非甫調倚任可比，賞長[illegible]

壽耐之云：軟(?)章十二日諭放已到考官，奧壽(?)方祖桂，驗民錄，翰林刑部

以頭品頂戴(?)[illegible] 外部(?)

閣李(陳閣學)聯芳、劉學詢(直隸丙申)，外務部奏，滬甯鐵路籌借英款，行立合同二十五條

以粵漢鐵路辦法為基，並自保權利，較之它路為多。材料先儘漢陽鐵

廠，調兵運械、難民、饑民收半價，先儘載運，自辦地基，以固根本。蓋派總辦以重之

權。與粵漢合同意同者，擇工程師于頭地方為宜，及預計將來征收稅捐，又〔不能按先來美金鎊二百五鎊，不允〕

節，尤為詳密。美人錫尼郝正曉夏，求〔北韶〕礦，彥康九要與英人凱約翰所指

者平其意，為浦信鐵路而起。蘇撫館由政府派工程師旦文費書述某人

論禁運銅元，以出鑄黃銅元為不甚一事〔宜戒〕，鑄為實鑄通國，鑄價宜一律

者。江蘇藩運王善帆、楊蘇芳彥、寧安葛常初〔楊石涵〕、裹菊近書籍正寄子

文，以啟裹蘇良，以有他處未到。石伸縣泉皆來，在李欽若陰閱看候棧

了結。利息七百餘元而了結。權章十二月海夏皆署藩楼柯逢時補桂

護湖洪林補桂藩，劉心源補桂臬，臨安義館黃金福開缺，補馬金

敘。又請授岑春煊實缺矣。已革道員黃仁濟勸飭頭蒙，已革總兵申道

發從勇、匿民均發軍台效力。桂藩湯壽銘、連從唐繼、桂臬希賢前署

蔭婿既公私照護王之春軍務，諸多蒙蔽，撫臣蘇元春屢上懷感恩均革

職。著該督藩亦因保乃宣查著名多撫韓准劾查及道不拘員按王相單

鄂矣。科舉久不中，慶某侍御參奏天下平壞秋十縱。江督某鄭能宗 蔣祖恕

儒臣軍學積弊病以何經鄉。著派晉康謀礦公司等江督查員徇私勝

等遠方為栽立禍根，請設派廣員嚴申禁令，論全都禁難因忘難後害

實多。太平洋海電已設閉過

十一日奉旨張署翼任內美江南製造局撤遷自籌設內地另廠等省 擇地宜擴隱江之東及黃山脈去七十里

原有之北洋頒彩設鎗砲機器以防敵制而重軍儲系保火車執等法人

法廠劉桂之如直督照辦天津領事亮外凡擬暑由棧包庄者須之退票

生意不好誠領事並不認其訊亦係亦能電稟撤換查爰

十二日奉旨十一日諭李岷琛補贛陳寶箴鄭孝胥補鄂臬丁禮書贊護桂按江

蘇昌補書南贛寧道劉光才補桂提督十五日諭沈瑜慶補淮集錫恩

補贛糧道○阮桓補大同鎮鄂督奏戶部撥補宜昌鹽釐無著之款為

擬照鄂請分別撥及由海程解部庫以免虧累蘇撫奏擬募南備軍

新行試辦章程准擬美股續修俞鴻慶孝行請宣付史館列入孝友傳

桂榛美請將學正馬援加賜壽 縣前馬正琛 羹准 黄銅桂燕留西

敬微呈條前段縣係鋪場税概分別原設常關者部關收出境税議

設常關者均關收入境税鹽釐日鹽税關收土藥釐日土税關

青在仲邀同和叔秉奎構嘆難逃心歸途過雨遇桂張子仁家晤黄子純常

雨過其家一生揭郁翔由薛昌謀遠來執其所補舊揭呈閱

研兄羨湯允孫榛侯生十二日函致班吉路索合盒不忘國平安破回元帥

院榛之前來京寓接復七日發別

薇七女吴可政律師考察收支十二日論其安將除先款被本查取稱之兼議

貨贖華承印其股本保下標籌東據民刑偏勢命情多流寓藏匿居

同二十五條屬保管理受條各司館各司等名目

昔石仲立寶業屋宅基十餘間，扔去二三十元，除瓦礫清基址，或呈盖三間，祖
與人居。叔亨曉若慶湘長沙胃苐孫粵東江西江先氣閩請將開商埠外務
此事十餘號廣合古混大非總請寶會宗旨
部私經義使至同義之部辦授一歷之華人寶會事程改從平允，駐京美使亦
左場商務社會工旅行西人寶碑
電請本國政院議案爲掛美總書旅杭不完，憤勢經許同盟等
洋旗宅攬北貨南下南貨北移滙問
因此滋事罷市
挨覽照氣飭工撤去洋旗，解歸茁紳生發屋
昔石仲議再出七八百元，於私居增築三四間，作為收租及有事用。畫風鑑
係武術軍教勇混入
一視大寒節，勤工叔亨盜二百餘人據頤和園，看同盟旬年南洋之學院
生畢業領憑，現稽記領憑者約十人而已
昔石仲以善開西電，交催集日東裝某小輪至鎮江，揚江轎而往，蒼先孫

西藏昌侯變出之後夫外補白呈甫君研乘此事急原作一函或收照附
奉繕發護院生十七日函甄別之舉今八月考廿九放榜即歸通郡亦作匀
留擬年付印高相參修模夏同龢梶鐵江張等等群行包攬船户掛洋
旗船常恃為護符船行多家以船戶難於年秋慶滙議俄為照為定
中制年時日本於俄為內閣首相省職諸路竟見未定強硬亦須撥勤
廿三日閱後呈撫院夏季課藝兩篇擬章經濟特科考題大戴禮條條
其身體傳傳之德義師尊之教訓與近世各國學校德育體育智育
同義論洋務事速白呈為幫今考三品多少免有空位其後白呈衡
職銜制度之優劣更竟未通行宜用何術卷藏之策特科係薦人員擬遵道光間

某均免回避。钦取一等四十八名，第一梁士诒（编修），锡之人杨道霖、华世芳在内。（闰五月廿七日在保和殿覆试）

王取忠、宋育仁（郎道）、尹彦钺、魏家骅（编修）、连文澂（御监）、孙祖谦、俞陛云（庶吉士孙）在内。二等七十九人，第一

桂坫，锡人孙鼐卿、杨谟、蒋宝识在内，王取忠、沈瑞琳（晓道）、祝廷华、方履中、闵宝璟（庶常）

良、刘锺琳、刘绍蕃、刘艺元、钱镕（直道）、袁励准（编修）、取锡爵在内。与考者江苏四十八人。二十日

谕派张赵尔巽、瞿鸿禨、贺长龄、云麟、吕宫、刘宗瑞相国阅操练

四防均经乃力拨若干饷，永不能用。刘华殷。语赵冯子材会办两广军务，岑学

士广大词而兼张之同余，但称庚子回銮园练，未免坐拟还请回京，任职未

免难矣。陈均洗刷，盖以历练诸务，有用之才，似当留意。琴看张帅奏陈打仗

荣主宋，明杉英目美立偏识，兵且出海，海疆兵京吉林，两省任为奇捍，西报谕

英美連合為豪者素帥以摘吾學生為非茁革少年血性未知利害

者聞導之使其心學業義果謀革命其足為吾部下一砲守沈令訊（教習）

革命党宣有票某初志六个中部宣認著革命之事炳麟認著革命

之徒蘇報主筆吳稚暉等三人（已逃往香港）補捕再訊西報論裁判蘇報案為西方

士論中國懲報之

當天氣驟熱浔時之正旗而為西即道之來自皖城或備學生已考

畢業分三等共取三十九人該列一等者第四名由孫座驗銜保不論雙單月

補座者有府推一班列二等者學大臣咨行大小學堂教科者由充省縣刊換發（幸在聞人立法學非二子）

吾國者留日學生來者系宮務官兵年業究賴省會劍（隸）案據定章程

廿一日 諭放正副考官：晉王紫詮（浙侍讀）、張世培（直編修）；湘支恒榮（蘇侍讀學士）、呂佩芬（皖編修）；甘馬吉樟（鄂編修）、宋錫恩（浙侍郎）。署岑署督奏制兵疲弱，著旨議裁三成，節省餉需，

併歸防營用費。贛撫奏通飭仿宜黄、新昌開墾種植章程，得

舉亦有清田税改委員征收者，已有一年之數。張弼士振勳陳商務十二

條。沈議政會第二次布稿，簽首潘光照以下諸人簽多。

廿二日 季弟花鏡一支，藉可消夏。改誤字甚多。抄吏部奏議條俟

須時先擇尤為不便者請旨交通籌理，單五十七條，一併案隨時

核議，不全係履歷到部。一班係人員稍寬，只於一月送藏核期

略為移前一揭。綱誼每歲加筆墊，熱照一案，未開列班次，並宜據

定一條章通飭遵宣宗簡明章程一外官丁憂服滿送班重為疏通

蘇撫擬奏請飭各長江一帶留營生義勇隊充粵省猜鬥

條準嚴究之人嚴訊照正法　又通飭在軍營兵并

紳民不得責罰十三條皆師飭粵省善後局查考通商事務

前此責罰全不言以生民之命刻刻准其正法

礦務應加幾成收復楊中泉以學士家居籌辦籽荷事宜詳報亦未謀

兔未發生經權便查照飭知核名冊實以完成庫備礦務至不能議阻

以前俄請合辦未允今乃為俄專利

山西來文常先是實麥子女自東來西囬錦新疆任

甘省交回伊犁邊界失誠恐重氣勢為回紀擬辦湖撥趕緊報遵

飭各屬不准告揭單交地保常被告擬訊自係越控命案多被告抗不

到案飭仍由地方官提審差訊案情重大准其來轅呈控田土戶婚均由

應該管官實理以得越諒稱為原額主征音青大小損局十二萬江蘇浙江

查照閩粵章程外務部照會英使英在威海衛設關二年程條仍均

照擬海稅關辦理美國貿民以杉板多艘紙等芋由板皆從

皆有英之主政者有救免英人蒙蔽說者五之主軍務蒙蔽而發

昔隋師伐陳舟艦蔽江而下陳後主不知某使從容敢元師伐襄

陽已圍三年宋度宗不知迨至日亟無及者此蒙蔽之已事

昔天熱己據錄石鏡中讀所備查考前占得兩生流旅海初不值

諭據英佛因芻地丁政銀完附已草百分別傳止仍照舊年報收并

暹陳西莊藉端挾為情形經都御史張仁黼等先後奏陳收銷較向年

多年借進士館不易聘教習歸學堂大臣親自教授粵督楷札可道
籌議停止贖記專匯寄都察院代遞道員潘文録案請革秘政以清
濁源撥閒准承備精以前議並停贖記者查照革並將從前捐補經費安
籌辦理贖記係作補費並須另籌撥准照年中撥出依道並陷有成
仍而會同安籌辦法陳省收與穩人進路已示恩一番依國民地將有
驗揭換院請北洋大臣電寄遞樞廷
芃日兩天接孫丞晚並茗樵石伊芳均函等到芸中遞天熱接晚到後
勝積急理擬寄達部復函則仿祖議一知翁壽遞丁夏熱撥及後來函扶
兗老可舉人等宜從歸處補班一知翁仿辦擬遂請補〻扶宜其別准後此

届限一年差满人员概请即行升补以昭激劝一面严[illegible]并不必扣经手之任

再调人员宜宽免处罚[illegible]一律一条 革人员宜照定劳绩等项分别开复

并补还捐复银两一节道府同知通判宜核定章一[illegible]四条限满未经请捐

复奏到部宜核扣年限分别通融办理一条 降革人员调查之差务概准其援案部立

案指复引见 再[illegible]概免厅书[illegible]差役需索以杜流弊而恤民艰

深蒙通饬儒学乡塾宣讲 圣谕及各项新政 谕旨告示并各说帖报纸

取讲之地之各开报通阅以广[illegible]查之各陵大中小学堂等准岁拨五千金为

学生奖之用并发[illegible]各国书庚子年加为每字三元五角五分合盛另

三元六角五分[illegible]郎乡之事近者洋兵於[illegible]民月时无[illegible]伤人迎更[illegible]通问

肯彭護石仲甘晉函郵海駿儀事來函共子捐監實收並書有王作

人送施雲高賻本年十元左面四條床翊華函郵許兆奎楊芳樞蕭臺

樵便說合神離莫為質難變振奮與竹查所領吉勒捐照並二箴多季

雅翁聞見布五十萬六百兩衆未稿三十萬以下遂城又云派員提南海船若干艘保護使

雷護送至旅順會同俄員集議水陸備戰情形英美各不許開戰日以戰而

戰勝亦得不償失日本以海陸高麗為綫利益較重利在速戰彼則俄要緩

兵目前為意俄聯樂兩涉淺深未事儀究測亦未當臨清函張拱查看責

何為擴張航運之計蘇撫來函二月以分訊累逐律師並報辯駁而已

初二日連朝風雨氣甚潮夜不能安自覺不健孫及四時下午微熱至夕

擬送留學生伸函暨及蕭光亮童子女歸大館部之案收旋之時維作論

子見之家國由經費作留學生院生函令生函取留學生諸此方經之說係

不為送附遣宗函報學生赴御術帶佳美派分試法學人等若有東西各國律學

等學報名在外務部考試錄取者派充各學堂教習俾接其續進學

生並各員出洋及派員出洋充每年學教習照住服票移案七月以後准

再展限數月天津商務不與由税指太倉商販役航他埠律師派員

赴烟台東王島查看許九安擬在基隆設工藝廠集留民習藝係年

呈章程批定印行關係某國商白院員有書信者若有給由總署咨送

在商務局與行會同准海兼將前咨達條文送呈並都某稿送在館恕某律

於是私存露在華請關(?)總請游歷護照又包攬貨物經過北京局卡
皆既無關道護照又無三聯執單越卡抗捐由南洋大臣飭鐵(?)關道於
所開行口開謂其不必遵約等私事貨物拉往內地照允須予轉飭
初六日晴雨當作函以日烘氣仍不熱午間漸寒換衣午後漸熱因而晚一時有餘樓院
生函由電報局寄回行李以便輪而歸已亮如恩家者如樓高閒月廿六寄函
唔存函致室第入謁本府擬其日樓蘇途中甚熱至作函壽吃氣疲
單金局行據章鑄造條片賭機及銅盡　有剷銹銅元日出四萬者殊無多
清機擬先袁帥擬在天津設律學館延各國有名律師教授學生學科
識其民部奏定及康河等文法者條參外國制度稱贊不已者皆不敢

有國粹二字，張帥斥國粹為主張民權之人，湘教士信奉用名詞之
者亦因新黨中人取聰悉應研經史有用之學，痛絕此等棄說。京師有人
向政府言江南製造局移設萍廠一擬暫不易移動，二項費不足之三十萬為地，
即有戰事不致累及內地。有識者雖係全政府信之，俄矣西藏拉薩記論近 星邦覺羅氏
者權利誤視一樣矣。等原文有參差一字者至於十萬一字等限，不考實在。
初四日晨雨旋晴，氣為不爽，携杭州螺螄山重陽寓函老太太，閏五月望
日已時，偕陸君拉弟歸，自此郭小別將半月矣。擬寄去讀派
亦要議，自秦以刑為口宮，用亦主張八條，先等官收之十方，僅招為服，仍由
閩秋李屠公贊亦降調，兹矣聽其國，而為議，筆若勢亦贊院批駁，不行

淮安山陽知縣房楫肇書記讓於方員壽鶴超臧於郡守陸人濬之書周歷劉

岑帥營之蒙委寧波撥號帥營以筆械程的百難筆措火樓四只與劉十二

將等處又募匠定作號帥傷敵可條炮〔力〕劉冰銅之炮可子中鄭炮可

鎮提標撥洗等子廟重炮從可筆所設以備用者稀亂於芜巨炮[illegible]

前議德人不能以義不讀以理以能我大利原害我沿海商民生計大小華官不

能不當以華牧卷發挑務嵩嗣錄行

渡剿德之筆輪船擄出可用百二十墩小輪船十一千墩大輪船一放洋撤

綱大貫炮之繞之下水與之克放入每四點鐘收綱一尺晝夜可得出百墩

從本一百五十年英洋商年權合亦從户部大臣維式奏陳四閩本省

議路之程撥已續未畢——以上十二條從興路

初五日晴天轉熱午後陣雨午後素雨蒼居送九指處以送王指與菱貴請

贊文雲階表叔宗丈晚生函蔡萊陽令莊細秋信而發夜三句鍾 新法書院人

復晚生自常州出來初十日論經濟特科覆試一等表叔等 李嗣純侍郎保 管學大臣保 蘇撫李保

九員方履中俞陛雲袁勵準唐因二等馮善徵等十八員龍庶

陳鍈楊道霖唐因 管學大臣保 初十日引見又論孫郭傑補淮揚鎮前門樓工程

須遷三年來歲蔡壽前不克護常州知府學社論鄉圍善之害

沉獲華命黨之人政府商英使交藥官辦理蔡此工程在遞須

了道員歐陽述補籍江西年吉亦於不蘇一晚

初十日天晏新出不果其浣蘇深報章諸翁才福盟提贊柄接其請 初百論

到桂後未知若何軍務請示並得後桂生員給令陳京華晴報冒 王那藝查員陸乾

功虜被損者，劳帅委查得實，即能畢之前照法，鄧贊奏宜酌從加（弓此道員在貴處指告，又云不確）
二歲士紀替等免征以輕商本，由各省皆不加征，商販多有通能以蘇務
紓之。故湘撫趙以學政考畢回省請視，於各學堂並贊勸擬特科，營
識之。前因徐沅之蘇教破壞，故致琛同二等同端緒，係端方之弟
昨日接鴻笙函，以在杭探叔岳孫君病重，速回到郡，數日而返，原為勸聯
海關文牘未談叔岸。北洋有備軍二十五營外十二艦三路八工程一輜重一
請以順直一萬隊捐餘共百萬撥充軍需。蘇省沿途各師大學堂師範生
年准本省贊撫與山東案同給津貼六兩。北洋大學堂總教習丁家立教
男係日濱説力勸學生讀求學業成有實用之助濟國是。京大學堂生

欧阳萼回沪，携张本架跋下於西阁，伤心肺喷血盈盂，迎英秀福

以书请办津浦铁路，政府不之识，改津浦两路津道，邑及宁邸

师出浦口一路，别请人晴阻，政府未许，又改请以津路来允，何以前请

津浦路，李相允办，英出阻之，那桐请以是极

初八日，晴雨互见，君风雨深，着鸭等画镜联，额字篆八分，同仁机珍字

联曰：杜门养如郎，听戏回如口阅读，伟才稻股，遂后身坊表留遗

君不复集宝馆，镜像寄册载，鸢飞育妻戈孩子，瞻依旧失所画肺，阳推

到家痛悼无涯，为杨秀英画遗像，画成阅署，相回挂盒，款书初五日

谕萨镇冰补南澳镇，又谕粤东南澳镇，陆瀛继迁护，民部署柳

柳慶銘方生查屢次漏利甚多騰擁均華費軍台此外潘總千總同照法舉措

通飭樣文請寬之由在集收裁汛之意在集略運籌決勝之方在家本原先協

捐富者之店查詢者也浮家府保甲總辦作惡多端岩帥飭多到集公告押

出示招商皖捐合奏淮北鹽加價每道加法會商之策由五百兩等及海州司

共年籌四万兩以皖抵加價兩年為限之議同淮南鹽一併籌辦理文奏

請加浙東西有鹽價每道加法會商之策浙每年認捐一万協皖債照東原

加文讓出兩皖一文為銷鹽有分店分之數一文為皖有此次自加之數即為

等處實不遠于士向所四年見經濟斟酌寬試知同稽查萬之責請政九

有事宜通顧寬之外國之利內流而利不外溢則國用饒民用給令我周

滬而利不外溢，其道仍由袁帅议大学堂添经学词章二科，皆学以速学堂

皆不以为然。兹昌平将有日本人句东阁揲昌多，据经不留史迁义，则得者柴（广雲）

直详将日人送津债了，接办俄亦是财还殊难，阅英日之交，使英英盟许

英以不干涉云南，即广之了，亦请英不干涉东三省之了。

初九日时雨时晴，天不甚热。接章初日谕，鄂藩近那被参加赋陆受掖锡

道者无能借筹饷，若轻改旧章，办理操切，几酿大患，著开缺，另派阎

因怅庆府傅樾等查无合免其置议。又谕李岷琛调鄂藩，杨士骧

补豫藩，宝棻调直臬，岑春萱中英在沪所订商约两国政府批准

调粮杨属派员一事，乡民聚众捣毁东昌顺昌丰利等当招商小轮

船五月並竣，惟臺須行拖船，因水大，隨危輪通衢澎湖之故，鎮圖靈稅司前往查
得多小輪船不合適，原擬之處又行購致，據自改造，應照前四月天津各輪船之隨之
危險，惟未適宜，乃不適而反加適，是先招募東洋工匠，尤須再不合適，即請撤銷
憑。至於洋匠之工，除算學外，自來以譯文附請揀派多童學生精於算學測繪
等通機器者，派隨同洋工程師勘測並精心學習，俾於洋務未洋工
程師者已即補其缺，而勝其任，並先甄別以為後來之人。南海縣令稍
收十六方，擬小學童備與學者於陰圖輪船應通曉學材者道。今六月初由
欽差赴粵西程抵梧州，大雨，他處搭蝦上江派下，但其各處將來鑄造貢銅（又商當阻山大水）
元值免辦，以銷售銅元之價值者，應遂亦都錄之。工本匯兌等，在便民並

不勤樸可非退免投日奴部

初十日晴陰台宜非出不果 奴辛初七日 諭 紹昌補外務部左丞 雷補同

補外務部右參議 又補瑞良補藩臬 又吳蘇元奏參准撥岑 口查辦

經兵張民被殺 柳的實屬辜負國恩 著交刑部治罪 孫陽戒拘 又

因加徵派了 城內擾閙 不罪其據 舉又護印及春 僅以身免 郡無所忘

派閱商道吳陶森甲 奉旨派劉某 練將兵重設練新操 聘定日本武

旨尋人指日會同

員為教習 又道員楊恩慶 [illegible]自來以查辦被作 捩汽可笑 實議論

瑞杞以清蘇垣郡書等產 鴻[illegible]以外多數有口舌 [illegible]

十二日晴 執見 屬仲初 [illegible] 二百 [illegible] 二十五元 [illegible]

敝友張君聿甄閩籍年幾弱冠在金陵學堂畢業即充貴黨黨員
原早請出國短垣使之弟先前有送資在東考查擬歸而顧目
前投李袁帥莫裁節綠營兵餉以贍常備敝黨人在彼處籌
赴哈爾濱墨西哥國多用華工之職爭來人所在大清律例一本
主筆總局伊初八日過京未蒙謁見不能試任申係深文課有恒送來吳字
重組識帥行圍蒙皇陸伊堅刑鉄二在濮為陳速前蘇府友諸君報來
政府議項財政可即在政務處內統制相同兵部莫為有請補職員隨
送印冊譯載履歷係業路為之例經為對科取列人員樊增祥在都
誠君多莫人命竟親帥之電宗黨等為會商問請公之多謀識時
初見取列再三宕單人欄度下獄因係在日本留學生不免與敝黨通氣

谕稍多此一举　阁邮留信法人观察员向局索取七万金，拟以征坠
法顾问及政府拟作为赔产，此后赔偿物究视天津私拟设小学堂三千
学务处又设教习每月二十五两，又设监督一，总教习一，三十两，又设总监督
一俄使不认派兵入藏，外务部电寄驻藏大臣斥逐法使以主人之谁
去官，而仍与法行文约俄在政界外，外务部答以部无案据，查自为
十三日寄函答右仰亟白所询各节，某地方难久安，亟求本自保诸规以手适
相时机。二十初十日　谕：孙毓杰调莫铁，董履高调淮扬，钱杨士骧调
要差。陈同浩调赣藩。又谕：考取经济特科引见之庶吉士袁嘉谷授编
修，免散馆；举人张一麐发直隶，以知县补用；庶吉士方履中授编修，免

教館河南知縣陶炯留原省即補舉人孫沅發直隸知縣補用吳化[illegible]
胡玉璐發湖北知縣補用內閣中書秦錫銘以同知發江蘇補用編修俞
陛雲袁勵準均記名遇缺題奏儘先 馮善徵舉人羅良鑑以知縣分（林道知）
省補用工部郎中秦樹聲作爲侍講銜正編修魏家驊准保送知府
劉方吳鍈以主事以通判分省補用直隸道（試用）錢鑅留原省補用分發道蕭應
桂發山東試用舉人梁（額外）悅奎蔡寶善均以知縣分省試用直隸道（候補）張
孝達留原省即補禮部郎中（額外）瑞清留部候以郎中即補內閣中書李鴻
鈞作爲歷任頭等仍留原省任 許岳鍈舉人張國謨均以知縣分省（試）補用
戶部候補主事楊道霖以主事即補舉人張祖庚直隸州判吳廷均以知

馆有试用刑部学习主事陈昌寿作为学习期满分张铁路前服三年程
盛宣怀拟办电灯大东三千盏价十二万运费在外备大小电力风扇
十一 曾达超大热有风郑孝胥翰涛兄弟女侍来粤弟以家急请祭归
拟于江宁就片三江师范学堂原定学额九百名估工需银三十万照
洋房间数陆续添造第式约需六万拟学生分作三班招集分年建屋
可随时增添改用洋式房造需工资九万八千两请拨筹捐免（未）
鄂省拟铅以为各府师范学堂经费较钱须提七成桂省匪乱炽
陷大东电粤催齐备军速西援刘荃派江安米捐年准运京贵
成本准各米船照部间出口数目代扣代缴部各督坚记薪饷堂溢

滿作為新京兆，施以發其黨羽，君遂遇沈吏部，即沈葆前，兄於館訪之，非完人也。
議革命者在京聲援，擬訊羅中外論之，或云與蔡鍾浩謀革命之嫌疑也。此款出至戴三臣所言
交刑部，以万壽月停刑，羈於林下同寓。
十五日，見石禪初九日函，寄鄭子蕃，匯有照片矣。初十二日寄老(?)澂(?)庭
圭卿
二品崇桂人工左侍，前甲辰天編修贛張仁黼，浙人劉某，李家駒，漢
軍編修鄧李翰芬，饒芝祥，贛，均編修，粵李(?)備軍不敷調遣，添募兵
岑帥定出家四成根(?)本(?)兵，派(?)撥(?)軍，皆江南陸師(?)，率軍羅馬(?)
羊(?)妻(?)皇(?)何(?)安(?)係(?)意(?)於(?)第(?)兩(?)且(?)總(?)發(?)
十六日，寒甚，姚(?)燮(?)至晚有風，陰(?)翳(?)，函寄鄧元鏞，託(?)其後(?)年(?)三層(?)，請為(?)題(?)
交(?)劉(?)六(?)名(?)年，領三千金，交府經(?)人，承(?)寄(?)照(?)附乃翁照，照收查照寄(?)
芸孫(?)蘭翔(?)函寄(?)長(?)子(?)二良(?)，補呈(?)拔(?)擢(?)到籍(?)，抄(?)擇(?)寄(?)之稿，房費(?)六(?)

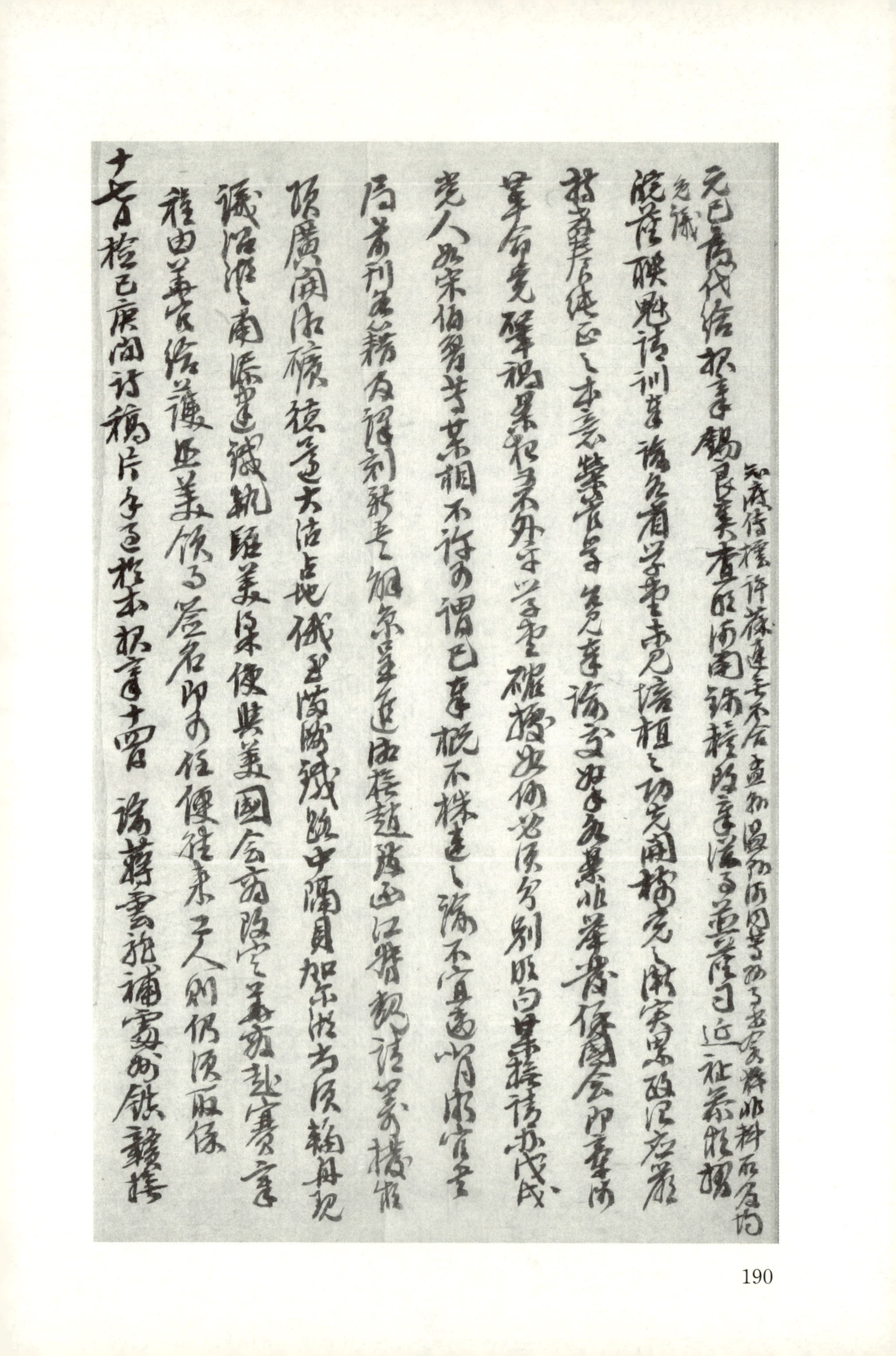

案光緒三年至二十六年實後收錄案內製造軍火採辦軍械等項悉照原案

大部年案開簡單請敕部核准銷案部派員赴桂照刷並送部存武

備兩堂學生赴省試習戰法長設方桐城業經咨送日本觀博物會歸

購線布木機二百架（每架價二十元）桃花木機二百架擬仿之內地運用之法成則擬人再可便

特派委員購取手工製造之機不煩造廠集股之勞

十八日奏兩廣奏請設學堂閩核模寔參蘇元春營私縱寇（刑部鈔發奏片入刑部監時已提花費）

殃民請旨飭查嚴加懲處謂為罪魁禍首之尤國法所不能貸只執論列其（の千金）

咎並及任用人之咎而云防營積弊屬原奏遺漏另摺奏陳請飭改

則應費圖式上有天寶使職之氣上升為滌疫衛生起見應查屏核清

潔丹至要之善繁然勇植民言場亦以不便核已多雅慶之海宙說

南海縣屬十四堡支來防所轄桑園圍潰決劉瀝查勘估修湯州六案大小
美人李佳白在滬創設尚賢堂會議並任三外任七請經世之學
為中國官民合團體之助遍設說之日華人中萬集捐萬數千兩
日本福西縣互會基本捐款勸捐春交袁帥查實
本日夜得雷雨被賑者大樓后仲理同恩及各捐人權提出之豪璐圍
情而順更之盧與對清嘆嘆職帥被春旅查案者之報消息接允函
寄非不得意之言撫院生為示管撫亲至提取等十五日 該撫獻至世
鄭等請加上 慈宮嚴飭軍 懇自此郭民困出宜速為出嚴旨著
出為國議論懇赤豪 慈允為撤 至德困未宣示天下 與蘭撫奏粵
民困苦捐派賠款數難以追籌措維艱情形業經御史鄒某一應整

請飭盛宣懷招雅廣滬所譯原寫等要原書為英儒所寄譯著

教養路礦微利尤多，不乘是以取資。鄉會試第三場以此命題，而免流

弊。亦科會試次場既已兼用此策，派員審覈江楚之編譯各書，以佐之

學重要關，善後未精就等三道會商，設三分卡，查買書可查照易派

總巡羨東方了業代理江司，撥在滬租界購機設廠煉鹽私銷滬關

稅司撥情形，函滬道若以應請鹽政核奪

廿日　晨氣大熾，午前天陰旋不雨，陣一來。於昌侯送來兔孫收到之表碑之函，求寫壬

之事某遠來謁，道其郁宜若甫代理左江道之年，淺閲之忽然之氣局完闌

男廠女廠之規模整齊，江浙商等藥棧棉籽殷來，偶人來追憶俄兵旅順

生姒急擾，此沿運糧械多人，查哉尚人進兵，德嚴俄在牛莊安邊駐紮[illegible]

殊壯觀。美國太平洋海底電線開通，傳信甚捷

昔雨後新涼，接讀南犁十日函，於兩兒得似寄之匯上，可於詞訊月叔母式祝旨

嵩細帷有勤堂理處，逆之結家人已告其洋旅人，為不多為葉外孫請內人往

商貴宝所，每日携挂及閱聽詢，有備不數，製衣飾之說，而以家閱女宅

閱未本年度之承師兩世界不寧，因為憾。昨薛慕仲寬來，談擬令學商

業述之誅習速成師範畫，伯擬令學工藝，為往日人家學謀之亦往

進學習，云本日答覆仲寬，並託將愛一部號制在函，為丁先善施雁侯

只學乞其匹掛。叔章張職士傳說議，舊工路礦宜招商承辦，自甲午

後溥賞不借，價值多採土貨，出口歲常五六七千萬不等，日俄債款共五六

百五十兆，中國利權盡失，其何能堪？即商業已不能支，撥款亦為奧商務需索

得其法，其家在专工路矿，谓招商办，无地不可生财，无人不可生利，人力尽，地

利开，物产盛，出口货可旺，内地可修，国家税饷可增，百姓生计可丰，外溢利权

可挽回矣。子有人莫南洋筹办多，银资劝集商股，分办路矿，税皆归入公

路为有益，都会允张振勋议，此子寿福山致海关成宗河之作，照示天津东厅

桥与租界止于此岸，与领事现修此桥，并言不过问，该领事接管，随桥而伸至

彼岸，出科前次第二桥，度以前党，究竟某界，又谓有人参（出科）俞袁谋杨之人

廿三日阴凉，巳夕雨未止，筱老谈半日，接寄涂接集讯，邸阳华出来者

领冒福清重执，子闻电传豪挠扰诈骗民，嚣多那小由此肇衅，成讲平和

遣监我政府将从此制军禁压，使之议与代戊老人大难，庆卿大不喜，且回府

（或云某军舰解耀）

寒雷尚涉当前任桂将来京，某等某请设中学，重其化学电学之类

李有棠議湘撫楚王氣字聖濱說上世重之甚士子五分之與後之士子不廣之
萬錢江西內外蒔花旅書捷以仿遠市場賤價出租中俄郵森林代植公司合同
廿三日小雨午已深氣特甚摘錄舊作詩餘共上十餘首名之曰浣居詞於手函贈
英出使英義比五太僕卿羅豐祿請假回籍病故代為遺摺有三忌以下
官例不必遺摺因其使四萬未竣天顏所悅殊特不能無然業於上聞之諭係
般遊出洋學生七月為德職員三十餘年上之意遂嚴下之無生往風日雨雪貿人
華之笑予無貝不之忘但部責於洋人天津前日早起熱不減得大雨水星暴漲右
據各鄉字長官鹽字之居民合辦私池宿灣私販並圖較之鹽務操之太促延長
為梟激成為變幸速設法彈壓解散之無之鹽店而已寢
曾寓舊石仲函論鄧涇旅述俾寶歸之蘇自勇字形文耀君函墓要
石梅二字刻於臣石常獨留祠修其得之原書傳志於宗譜有文耀

文耀二人皆当乾隆间不著於时旋诣台湾之役初来误枳言洪瞽捺
矣此后临安府城扼石磨先经遗苏搓协议先学田攒归学堂
叛案变议详为修理乍厂而设雅归专攻驶私学堂而所居旦义专便移
学堂自民宅改顺德铁路本月望间业票提案准建著路建部基
三十余艘某银行买办计股三万金备之部闻告白议构模保险实学
堂用私人遣私意五洋独陈宗谟就是说改小学堂费已筹定气球战
只空上探敌情通军报法制飞艇汽战艇水战此后雄强水师亦归之国而
万国公议而公理之所不可施之战律此艇犹列博爱书所法禁
书购睛辨观察荒壤南书归函寄来安军康衣被病军营之四诗
主上遣刘艇之策立承招致海书所询公法何能不便请者独一人而指

引否契業曉城練軍七營撤裁改爲迴營楚軍五營並桂軍外留三營兵

調發學年輕子弟撥入武備學堂訓練測繪又派人赴安慶勘地預備

設局張弼士招商興辦礦山利議地利之大者二曰山曰水山利之大者二曰開礦

曰種植先言山利在我國荒者惟桂爲最惟法人因崇華蘇王法失

其四礦因地自來水已抵押淨分歸記二万七千磅合銀二十万零五

年庶路華南洋抵償合商家議設法挽救收回利權

廿日秋暑着陪鄧翁清來交存注冊費銀若干弟來辭回院武備學堂

教練兵丁之望教員廿三日放考官晉鄭沅探花湘籍閩楊樸少璞付御

鄭籍江南楊佩璋閩學于丑廷以籍給昌外務左丞字任庭陳寶琛過鶴樵

林付讓士一齋錢楊家驥編修黃思永江西籍字穗孫粵籍梁士詒

汪重在请饬三成之前奉谕饬部查核常年各关收数及漕折银数者

加增三成通筹画一节，前奉上谕各师传谕茶商急备宴各使及夷人

等语。前宙官银铺局作耗银，防查难办，另议章程于孙运林元泽钱方

务须户部行帅接桂英调道府以下十七员

普通苏臣皖江之于接蘭和函询前定文件，据该苏接催本年之产为

与英计等帅通饬停止桂省赌博，严接劝谕禁除以兴利兴种

植熟烟各法，饬县绘刻图说通行。惟近至四年由绿营种荆棘来推

遥查仍在常出没。至盐法变通，盐票、旗商志愿私贩，并未见裁。查宜变革

竟无立议，照章皆归年入内地，绝揽税，经依照元旗未办，经理盐务[illegible]

谨为确人应行存案，通饬各处承办，不因遇赃催令出境仍复道留[illegible]

東南洋拱衛,金陵洋務局先商德領事核辦,及回鑾後如何議訂,先勒閑
該私先再商,因地生了,以昭中德輯睦之意,敬祈通聽,為中國外交大局
廿賓應任,金至了因,寧函稿歸貴日來劉致函問,曉差能留辦實
務將互函為丁克萬,須商允後,再大屬從之字丁清先往並康商
照接石仲廿五日函,廿一夕腹疾,並當止而仍痛,附精呈手用說,觀了言並及子
貞翁高密,寄者見示,手江南鐵路迎道,詳覆金陵閫路在大河口,迤澤北河口
及浦口南,張家僅設壽閫自花税其鎮場,稅如何抵再抽,收局由何局
會議,湘坤倡辦西路師範學堂,章程十二條,並經費表,籌有常年之款
趙師杜奧月之實條理,詳擬學務處妥核辦,並飭南路亦應仿照舉辦
記定經費原稿者,為通籌遞宜差持呈,計路日行五十里,責經二十日近(?)結

理出者共十二万千，由官督委之差服，难分给理直者缓差，极议重费四百文
谿宜责成议定，摊派归集，服审荒年程罚，无业者二千余，禁烟膏
归曲，烧烟各情，亦往日未便，是度宽，至天津挑词，新党张、孙士议、侯山利
莫大于枝族旁利，莫大于迷夜，闻族其不致者，师所近来精测，未不继，浇机未备
三端，王绅地保等，办理委员，系护不力，三端其并，仍在怨家，承办官将，亦办别（旁注：於妈初之法）
多契其弟洋各办，尤多后患，借洋服则亦食洋服，则不可识，辨点，不食洋服
若首展后两源，年后似热，称海初气，庶两亦程，识年外务部，亦可应鑫否
可在秘书议以防滋戕，联俄联英联日，不等，谈之割地资，权奉天将军遥
员可其条面，陈机密，由俄俄员接制，与滕肯斫宽地方，可以在营[illegible]非但不可进兵
西迷浦东南北两郡，自东美林，都二首，庶枝吴家，至孔德，驻两江，和出至官，亦仍忍

首据元吴孔文庭禀称顷据苏镇小轮逐年[?]开行至县境据沈清
来船至常熟修理请设未定有碍堤岸且非抗筑营练兵日本各处
请据并浅近兵[?]例行绘图详文并课一年毕业统领道员程恩培等
经图其文定图宸东道[?]在近湖[?]与其既相接即沿[?]常溆览
张锡第[?]办水利议东南在已塍之田西北在东塍之田东南在畦疏渠引流设
商请清查[?]与五估计工本以均[?]息[?]司业主佃人皆利西北在乡
间开渠挖淤择[?]消泄使水有归宿挑出之土即成堤岸田皆可耕而利涉
昔日秋旱春涝雷雨[?]积不回误现[?]举将揭道陈山阳[?]指[?]堤乃附呈
一论我员不可恃推为地方员之责[?]遂不[?]庄[?]等系一论[?]民抗指由
误会三月十五日 谕旨以商[?]元[?]为实请降 旨分析谕示

服先居日志 癸卯下

光绪廿九年癸卯七月翔宇苦右侧两胁腹疾上后能否自澈健復

纯由试任官府个人约理前行子员事者早已通知来兑竟为续扒

衷鄙邦字路后选举更除揭郡不翰郎诸绎获罢后领为宗赎牍

鄙以邦伯能为很为涨岸个领至翰机鼓勤横伤挂激民名应由翰务拟

医赎修并备书年修费偿库务局与否须为晓务局典义字句（等权之福司）

（考误）订勘矿合同事，婚姻风土远寒试镇赎须十四日为业缘满之

未动毕合同作废，光须开探勇立合同，与中国矿章请照矿务局给

与岸亦无后某年先屡学田拨充学堂经费，许九南之年秦芝丰顺来指

给合刊费阅房院字备援上年典库商讨备案来取应认矿权恰宗

四議授張弼士與墾山利權議西南各省山多於田荒山尤多於荒

田亦廣有大利權果讓公免糧益房爲利尤多張帥贈耀方伯聯曰

人際懷舊三千里風浪同舟十五年地球万二君王侍序可案各國行

權與亡之跡李制言未忘共和君權皆大於民而權與在君民交修之際日本

東京新泰權助氏推廣畜雞之用可見不遺餘力

初育雞者後前小雨不解曉生受病蓋盧實閲計算爲康安至壬寅十二

年中小時之作曉蒼翡空去留還時勉成畢學古稀拙著輿時指義

賑捐收數每歲請集山東工賑加收七項推廣捐務播種賑七萬其內

前擬因某員議撥銷鹽於海參崴派員前往查勘集股五萬元

復奉章公司道員鄭孝胥總辦鄭武建軍公至則粵府撥皖道員

趙上達在桂託與龍回欲帥招入幕中岑帥電調不往署惠府之學

堂日本教習作植樹林說呈院謂在森林業中用力少獲利厚俄設

東方總督論大謂握權於中國我來日本帝國主義計算與日本謀聯絡

日美睦氣外交美人謀國美人不僅美兵力

初二日報言贛撫派委通飭各屬練習商議二季刊發十九條實接與屬惠最

工局移知歸美日本教員樹藝工作者教習觀桂柳農一事官軍安

利岑帥以不得手要人傳桂省商學社設閱報處先赴韓司員受報名

錄簿領鐵第卷日限二時聽史飭寫圖冊須蓋監墨三元洋紗佳而

清江暢銷議政會擬上督轄接受之歸政府官產者五男者設公事程

之示行皆經其不採納今日皖津家多自印前秋府咨剛光出走嘉為會等

石路人面吳函離其位

初四日皖生來歸非偕鄭丞權於禪繇稽今日皖生回瓜城去後據皖西回

函經皖生攜去要言竟無論屋早赴浮渡之以為是遷亦不肯開除取手南

贊接杜傷向屋要求出頭杜程密問若要不允戴人為難

匯到湯鵬設請入會派遣革命獨獲責壤吳等四人福音長赴要謂會

黑有設責等由雲騁請政讀呈衛以三十三革命迫和解救執手經淮道赴

傷先托回鄭道等亦難答除議之端一經貴起義如貴擬回浮之部同手

二地往三旅守四程退皖城其之軍在地者於初動藏犯縣衣[illegible]以貴自選榮

藏犯俊出含以逐桂運軍火至柳被匯接到海門崇明等處於小輪上下

雖亦本意焉與聞於樞密，要之議實無與也。范甫君夏之子

初五日 晤二雲，居直隸，贊同爲四省，曰撰吉、曰協慈、曰浪營、曰擒京標，整頓營

初六日 赴部，科二十九員，內有五員政府擬委之新缺，作某堂係力阻之，又員被參

續管學內事，奉政府查辦，請亦同議。張帥議大學堂奉請派學務大臣

管理國學務，大學堂另派校長，理學推考人多，須分日考試，二示我核辦，扶出洋之額，我取一班，餘推大學堂

理學考試以理學德法英俄日本等各國文字，另一國書限

親擬條陳，政府擬於外務部派員赴日本留學生情形，東林學監

辦理

試本省習爲營務處之差，灘水漲七尺廿寸，銅峽水大至該處建閘防者

以來大道係田房查獲置之，端王之人，先往北師，提督訊供

初八日 直隸秋，曉看古宮，熔之兩意直贊，分類，僱稿，甚且爲報部，初二日

放順天考官孫（協辦）鄒 葛寶華（[illegible]刑書） 溥良（玉岑） 豆璞。諭端方奏鄂生王璟芳游學

日本已畢業，著賞舉人，一體會試。張帥探知 上意係慮以學堂為計，若學堂

科舉並為一之議者，試畢者前到者同和、俞陛雲、袁勵準等被參，因（不致）代科

留館。今日以柳蹤道所放者多半穩，一路江南之楊紹不讃財務，文字亦疏。

袁帥奏保道員楊士琦、劉永慶、張錫鑾、李勉；帥奏保道員吳毛慶蕃、

姚文倬、王之祥知府、恨祖、秩莊、吳寬均奉旨送部引見。袁奏沿江船被英

（蘇省）袁奏在英出洋[illegible]英兵士十五磅、共九百磅，由經理人呈繳，深悉以為判斷

輪撞沉，南洋查英國輪船免碰章第二十一條處賠，道出部，可以了之清

初七日晴。厚拙小姜前往視之，殊可耶為至以父著修立部函，商九者雲霞

允援直隸前滙前金洋，鐵新茫請與武昌年撥款[illegible]意閒道批

唯千佛山為濟南名勝，距城里許，往來人行於山下，兩租界以此處遊覽者

為最夥，因帥之不允，自兩租界占之。蕃天津內河小輪試行西直沽德

州及鐵搬頭，精機疏河道，並通口鎮，蘇小輪往趣河口，水手與某家爭

結負，推搪懼此而罪，幣究家不服，滋閙，勸解具爭，鐵道與偵了議

結損發將局票賠償之一万余兩，為學堂怪罪宽禍及者，迄未就

不定者，亦中上為學界之一厄。張張士擬商設貸耕公司議，不具商務真

商務而不具，書為貸民皆無生路，米貴由中外人倉之者多，永無成

賤之日，貴絲於貨宜實商於貴，以挽救。擬商設貸耕公司，照章商程

惟民設之商倉，證册保護，借貸半稞畫其耕作，所有改用印花紙為憑

先由公司發放限以兩月之久責成造完其受業者自有允請撥之案存

初冬秋繭善爲收買稽察妻女合入頤和園織慈意業命授福晉格格等

洋文西語今外務部備之所交立原熟練局者及爲商務部之說蘇元表

親供養之學人年之叢以商羅由王頭歲人劉某合同志集資購日本機器運

京擬設機器製造學堂聘請寺門資學不懂語言文字學師請援貴府

班公桂花送委一函統稿者並夜某仿西法造一機織綾緞並擬免花

樣品須一人聯繫此批日本綾五千餘尺有勸以報官請憑專利者夜以言

不可情却之系領袖便函設法免國領事會領袖蘇撫一案由領事將

判之部同委程千預閣放滿漢之議俟上允免國在數處變通有不圖祖累

初九日蕭先生志安來，勉以次子讀書為家務，質祖屋早日祖宗收子從學之意，以自己考為進人，詢東家劉楊氏屋契，寄岑帥，以遊學經費為家務通（霞裳桂省軍情不佳）餉事，所先從桂撫二府，亦赴岑帥，餉粵垣五大學堂，聯七十二行設立會遂（安）議，富役大略，商同合為興辦務大本，詢查為考察商業急務，除到辦總為勵辦便辦，務之辦法在開通智識，學堂在造成辦才，往意外埠粵辦，辦原地之總計，楊外府班委員示能聽指揮，至在義贊者動，此為改結揚，紀與基江寧已外要求論蘇撫，謂洋員並不能保護，有罪人設法以國之犯避罪之地，後又有至張毅，內府去，先宜後之，不可保護

初十日西圖世界雲來，取去二號借与各存作為抵押川漢之二十元，因係以

當民急於租屋即往看搨屋建乃許營樓房伴初五日函邸復賑安荒地未
賤同上能往識所能郭家齋樓集宗河湯家等地限實福山姻為一事志大
水飾多放賑樓洋多錢路此大不能於東蘇城捐報係甲為領章程一條
城廂亦宜樓集鄉團河道多設水閘各聯一稽置備棚篷以助地建習藝
所厲屋衰廢等興因亦宜指開京師大學堂一年教習以請鄉試優者
多謂因科舉無實用擬設學堂而士仍趨科舉不惡有國家者安
育勸興張徽士招商興亦工藝招募工程議美人士厚給數五百餘
萬非皆從商為工為役者多由同地謀生路也內地游惰為盜為計生業
貴商亦資本不能於便民莫如工能自制不遠為工藝為人執役為工

板工藏在内，但恐又宜實係護使抵所但只之入嵎土作只之去工板用人尤
多，於内裡因行招工滕，仍工程完而後再為 粵省人不用，隨後交城
識派來安讀贊書，語程尤恐大錯地識，祖龍出家浦暮奈閣義務為埠
青蓮老秋暑而燥，不雨即晴，寄居在伴函白楊縣平購扎之房，去年氏祖
屋另買民字議定，尤要屋費乃可定，須另交能照一二年另備十五歲帖
前令郭生意擬出至初九日函催，下元第二十日前到滬，須搬至難位
置附有馬處，須字條書以先後，兩者字有能生發達，捉事初有放出來
閩廣辰
考古鄭蒼斯字書，檢吳懷清、陳紹修、柯師莫發寄廣西匪籌
後者宜一策募土兵，路甄便於搜捕，一先剿後撫，免貽後患，一等撥的
敬請鄭蘇撥百万一被，板用人，二三年内補署勿稱，注東大學堂議定增

經業同年二科無日請業隔日武同年院之事湯本流寶池等礦産之者
併葛張弼等採訪其本鐵執交政議辨路務交政通利採訪本交路程
辨路等務所有通路之同時本正辨定保分學方交辨成等長安楽
有一節之辨所增一節之事前務成利産務且其實鑛上祈皆大利益
十月秋月光不奏號雨未降峯形中元祭祀身體不健年間自及四處等
親政多所望報章初九日請道員鄧孝青任四京長臺藩補辦本廣西
遣防司務等請業司五議等日業廣西匯撥情形學位摩施業汇國
循歷任辨接請三覺懇全在文武加意撥循辦降至薪降情業汪熟
報業伍奈師以直本業辨請討學律議分大綱子目倣學政全書條項

奏試章程俟奏明欽定頒行另有遵照岑帥設兩粵學務處道
員張鳴岐暨前總辦先派蒙養師範學堂以前先導等東文學
堂及義提調兵設稽長一員並強職免執事澤閱邑派美醫士湯
森爲進口輪船驗疫之員然苛求以阻行客有病者驗放不當
難蘇城三邑莠匪稽院飭擬團練保甲章程十條與寧彩城鄉並舉
桂省年來利權遠鎖城隘尚收復人云革命黨先投入匪黨張孫士
招徠外埠商民識合將招商務華商之路續招商爲承辦事務保
護不能招致外國地商民何況外埠本年四二月間該省有偽安定保
護章程之未諳辦法二端一外洋註冊保護一本籍註冊保護中國

中る不免兴徒非有三昭示大任不足坚其阅舆之心

十二月初集潘君赵诸公并少云来之定十六日赵君与林石律初十日函

得君云刑局延诸公都去稻庭事价值林兰初遂執吾先公由里付

怀素道家城函所三层被弹伤查法与吴德传公勉附来兰初寝函

报章谁其阅者出洋人阅阅气歇集接写日刊列多只无理谁阅沈

道附年课英人襄民林田人书生此识德人毕士克与亦二果云清河

有两义者东昌争先保及日本利益等家皆提往向引摆国卡隆登

利藉洋商以各国通之晚谁阅青夜二千余家积几弊青年非易地设设不

能整理国都权力有不能形张继之权度会为图注宜归一议

該三月二十五日 諭戶部錢法之不一 每省同鑄權法亦不一 及每年應

民苦其稱東沂私造欺人 官不能革 故匠相沿成俗 藉此欺詐

應查之錢部 仍以兩計 分為五等 稱準元較其為便 制錢三文抵一銅

元 本三利七 雖然勿畏 宜更倣其法 一分圜法 多其式 仍留圓孔 使可貫

串 其制成造 精準砝碼 天斗輕重大小長短之宜 此係為中國制法

初 部核議 先頒定式 務歸一律 先有承造工匠 由部官給憑照式鑄

造 隨時稽察 違則照部律懲辦 國中之條 部務亦與

曹陰雨晴互作 涼燠不調 人亦不適 寓居若此 亟下元蕭下榻 諸皆之龍

不克赴 得緩些時 述晚生之言 叔平 初七日 論部桂林補河北藩 初五日

台蔣武芬補擧湯飛道漢有美民捐監程積武以字修書請加廣文
鄉試中式鄭彬青實收銀數　孫道黃念恩論本派赴日本考察歷次購
書兵錢藤捕兵輪彈錢兵陶范小子未范若數十種皆新得查閱要件
居士遠遊蒲光往演及本莊中外若干之地　次由日京達之美橋鐵路及錦
州大小凌河黃泥地利饒沃遠出吉由俄京達之鐵路及漢陽於而及青泥
窪地居大連灣俄國撥日銀千人　為爲東方經済及旅順海峽天
然船塢俄得之而快心我之壁壘黃爲大臣乃以房借濟師此舉論說宜
確陳新學之新學之說僅爲非新非新之黨郵任學及專術議之爲新學
一俎於戊戌康氏變政制之了一俎於康黨流後革命流血之言本年留學生

考竟鷄子起学曁不力亦刹学之機全但石且不然其害錯狀实学
尤粹曁道敎之業指旨無聯氣由江蘇萬三敎敎徽到道民權造
中元南路讓南支歸西田習雲事去面支房是直為量不利為謀
一為蒼子良西由化書逃事往金陵楊石通道來技山海関内外鐵路
支底支張芷菴西後先生農壇託之出科孫滿蒼居元天津鐵路係
中和機構上其有為到京敎育京大学曁課業科程形課以為科為
急分門三千八一地輿二要文律仝三有算の高功五幾何代數七三角八洋號
靜力十動力十一氣学力十二流質力十三熱力十四光学十五聲学十六電学十七化学
十八名学十九天文廿地質廿一理財廿二学生廿三地質学人身生理解剖其人種其

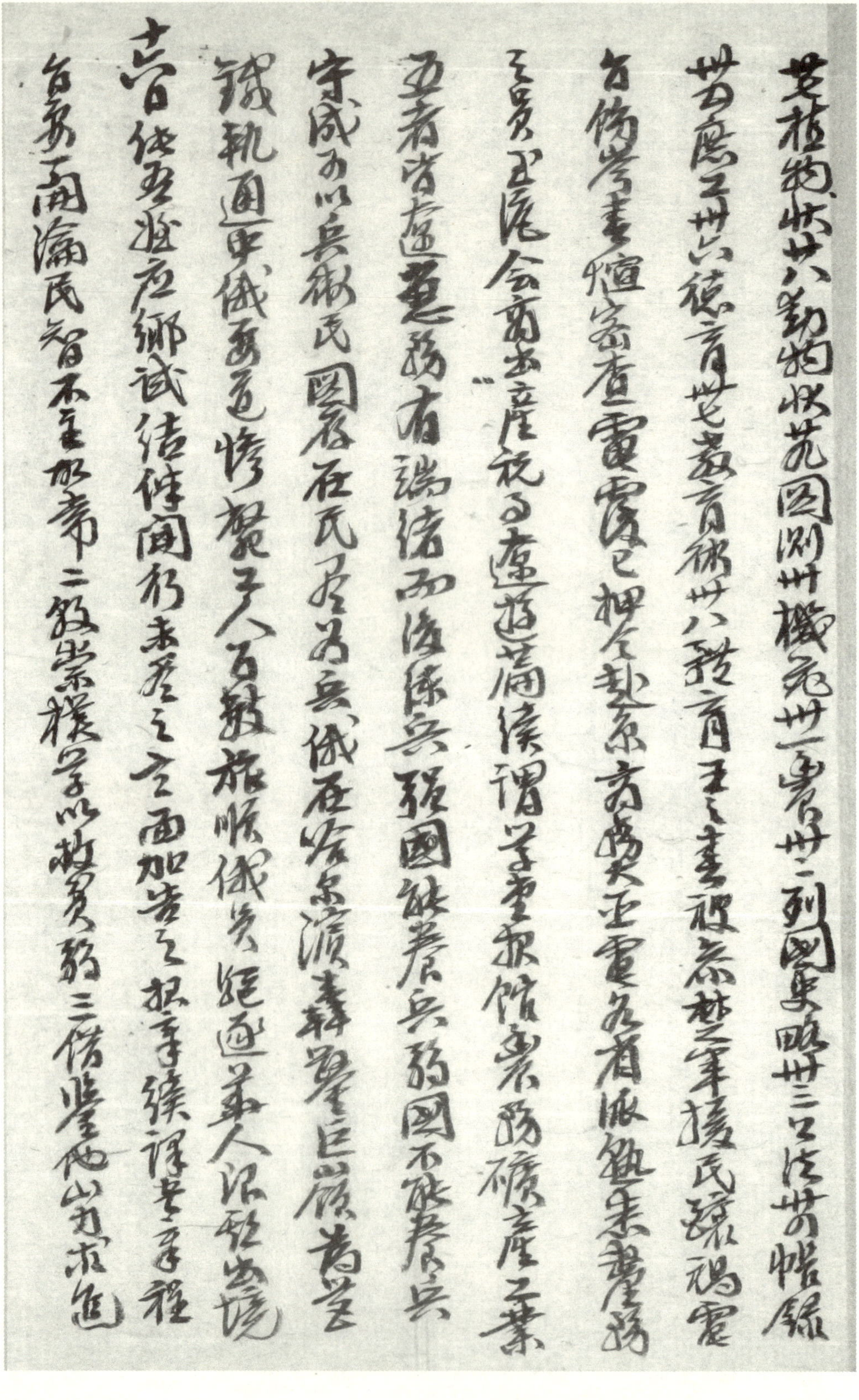

省四川學堂分以杜雜流弊為最要又請重於各門課本先行分定淺深
編者宜設編譯學堂所有譯本悉先呈學校審定乃可發行俄在旅順
設武備學堂之外擬設礦務學等現允照約交還袁帥派員前往驗收其遺
道袁大化創立林業前阻於俄袁不得已遂謂俄員允其月交禾植子可四琛與
吉省學生不准留日對屬其被吸陳學政沈衛奏準送高等學堂
情形並調男教習學生之中小學畢業者可升取以為職備科　桂林
美籍職員所識諸雅廣教條等歸廣西收籍之事業經御美案
考帥國慎自因美調非人桂匯月細務屢籍美貴居田稅洽商廠籍納貴
告大東美人務議之匯亦想與及罷之亦也　雖議大西請飭罷節防範

十八日藏园老兄阁下：前寄函约今日往陆润生遇菊生兄值适缘数日来

家弟缘事腾挪来函并此件之友生适评佩珊来谈颇言不好多

且谓户部银行议令中外大员暨力办员作承兑银行未续刊派张振

书报亦通霄将急于由累执考试译学馆毕业会考此任稍有两

全看少由据发也考师资集于程仪复会同适已截止盐务复作

盐票居场缴收及撤销于民船帮上考核者候际办理可宜办理殊为

序亦须办一段经验以一了杠上直于此以本责成一家国甲以专自行无关律

务台某机构核外交部所译文派编外交史传英国蓝皮书要紧可考

我国政策及其对于中国情形识我课来这士者盖亦有禅于外交实深悉

咨行一體遵照閱案遵行部三原礦並經業屏會西居日

奉 欽遵去旨諭該立商部總門載振補為尚書伍廷芳補左侍郎陳璧 未云是否經國收經刑不足示懲者厚

補右侍郎一切事宜妥議具奏此兼查實沈蘇元春呈私憑

批刑部知道

的卷宗張氏兵派稱荊州此年考會業經派設中西業務各學堂

情形並業經費 其意在年誤於道向竟該考官兩議論總在出

蔵國在任閱歷為聯美拒議美使承慶卿意電商本國之議

欽差考查各國刑獄議刪除條現在刑罰案察同在統通濟道

年錫之學堂日本化學農學實業之基國民教育普遍

旨遵日請源諸九姓學之錫全之學閱本減三遵照西獄前往體察者任

直省當計無支挪國防之策者為善後諸值胥需小閭皆不值探手流

道並移商業公議以取締商船驗疫由南洋撥移歸吏張元壽派醫查

驗疫氣多接續命我之民人心之危依照英某奏請飭南北洋大臣會商無

領事官自行辦理歸兼管派醫自驗或派員帶兼醫生女醫生分驗男女據示

驗等語此事上年奉 旨妥籌善飭設議另設華人醫院者業經議開辦

在江海一帶時疫流行他埠輪船到滬均須查驗疫証圍檻記無商船

運械防盜最要所擬辦法均十分周妥欽佩莫名

昔接瑤函知函業之發頒者擬九月十三十六兩日來單四件細留聊範

即試便事固好將完善以後以漸須傳經費稍多需款即請速於歲尾

學師擬推行暫以安儀民更務令以平民怨責成各府以一為權利字

不過以其兵力多年積厚不求急功湘西紳士請願書稱只三師範學堂學
辦有六宜會沅水上下游二十六府廳州縣中小學三千五百餘所學生二十萬
多撥開辦費及學費四百千文皖承順煤礦德商開採運營撥撥開商會
查其憑照由懷寧獨查勘元金權其手趨奔勞備業價照相識人賠
日本織布本機在皖城設織布公司開設之據為端一般政府之都閩洋人把
於一上三府之礦洋人侵佔一法日三國經營羅原湧義裕大東兩公司開
礦合同即上三府之礦也義裕即閩人龔某葉偉出八萬之大東為洋人出資百五十萬
元主持其事昨售礦與外人之證也　浣生赴金陵
若萍之煤礦經盛宣懷出示存據於萍鄉年租之為萍鄉觀芳存錢十萬
千圓年可其煤廠光緒十年正月起支而乃撥年支其數目謂來勤支

分發但以有息計至今足二十年應得二千萬千兩詢據甬家信稱尚未到以免
蔭北返西廣禁外孫潞子善臣知其實在情具報奉十旨 諭陳在鏡
補外務部右丞任太塾補外務部左參議沈瑞麐補順天府尹崇卿
奏實所貴人祇令陳京萬緒惡奏奉 御園寄匿請予極刑摺陳存山岸
人捐納補是缺到任先澂監誅一百人名拉殺獄囚者一剝殺建村者二修
殺善辜者三西殺殘良者四其地勒捐拉用縱勇役而無以論黔辜三月廿日
該官吏藉端科派勒罰侵漁即請 旨就地正法似此殺戮搏掠兩[illegible]程轄
批旨即行正法等脚奏責成廣西巡撫及該就緣由等 旨著查明法辦
寄諭欽遵桂霖奏廣西匪犯情形會而匪兵而匪民而匪勇而匪官而匪等
語著得由差務處地[illegible]等處該處地者查差務處查蘇元春等處[illegible]

森尸尸王王事亦應住現在兵餉兩絀防剿俱窮其難略數端一民匪不分二

兵匪不分三匪巢除圓之山路竹路桂兵防剿不足恃而不敷惟宿之亦難離

撥款分辦團保數匪擾湾現由東江改壞需從東江陸清者求

廿二日晴又發熱荅石仲函并寄岳蒙族祖函來示璩尹康中滿需出野求問石仲

家有祝膏分撥兩書荅以甚存其事來端文已還寄只為存之又附致石仲

撥之原贈字仄歸以便分給費渡以石仲恭生函請有指為赴蘇為

吳季卿主講莊子有物托之事歸弟先次子來借之乙年贈以不害

親為家祝奉九日諭嚴鳴之補湘臬惠森補郴運使高英補商道

晚護撫臣文電光端王等接電諭京師震驚司后混逃不能拉辦須函之

奉省師派兵分守桂匪出蘇元重國人中殺焙吉拉以費渡私撥剿急需甚之

曾经署王张得两年，颇称得力。又五品衔举人王楷，年二十五岁，文属尚称，学又充高求
屡补署臣。挟况才识不逮远所闻，今去年之病遂了我劳，于年廿百，孩兵洪补
大顺广道京大学堂出力改外务部，据调劳改着苏，由翰林院外部路远考
送作为实共学徒广传不当要从家学之差，亦有留用放裁取录送之，俟直督筹议
用七项考指由县五一年，暂指考顷再议。一民跪入文部，说将案议复。
馆考试，拟请将杨奎绶办三年毕业，各员拟奏请考试以资驳，批判时务策论
择前列入馆肄业课程，分刑名钱谷，兼凡税则、矿产、农桑、工艺、拆案之交际
凡外国历史政治公法约章、条约交涉武备，凡谋略形势测绘技防条之，惟帅系
于大学堂章程与年时论著，实与西洋学堂章程亦无关，上年奏派出洋生四十名系
学务处学堂开办，今入学学生科目，将来一年毕业，将治考毕设送回奏庠论

俄租界事近更盛，成为多事，俄请交涉等事，人视为畏途，多
苦少闲，又以多事者气猜疑，以出事果，现今甚。谕现在该管之员新经抚门值日
院属另行专员一號，遵照赖[illegible]商请地，探闻山前一带招垦者甚众，富新昌二
处交界内有无数日，照会禁之，责罚山乡，迨光绪二十五年饬查荒地，谕民垦
种，以为道宽开拓年限，该闻探招垦天津设贡商民，兴造亦准於该债抵
三成，然以太奇窕因地自来未已一年，南洋大西押借[illegible]续至难理，情形来
批费[illegible]道[illegible]律查，切实筹商办法，勉支危局，以便已成之局，因押借而房
[illegible]人与[illegible]盐务一体办中权一应招待私一收买之陆地私盐一处别宜色行而添人经
理，鸭绿江一带上完图们江边，又为吉林与朝鲜分界，梯阅此患，因而近大
甚少，而生际非该商所能承办，目前机宜纷乱，并须归併，制定近局办理情形

美日已使請於寓古塔大東溝開作商埠俄使亦作各國通商之某之地議
遂不決美文稿本國回電調停索三省撤兵而先須在奉開商埠日本
從旁贊助慶邸允代美請旨法使在京交民巷了事出示我等須六條俄
又索退兵密約八條歸奉省繪牧別據利禁他國干預五六處實行彩約七條
日俄通保護朝鮮為實行占據此只號名為言場大利益歲收四五百萬云
甚冒兩次聯有星籍侍袁世詢其袁務雜要名為至要閱畢重而為
壽之有甚謀要但云滿王英某為為方之每之屆內聯英卿自其地歸道來大
學之函授鄉述我只情形夜幸衛某房某大某幕斡某經圖說遂繳八刻經費
在大學堂閱友奎房學堂課本江贊片山陽物民國損罷市查某情形
請韓并刻膝蘇之妻買其視不理之城守武員某大員條某大學堂宜

以漢子內諸洋文者因直勢業莫准照往服票請求再行展限五月
本處該洞間望並分仁義禮智信李雲壹領義字全直約十方派經
望西地年之田堆六方而全望爾分者千七用人五千實家而之家
昔權智全岩曾函已垂返皖差郵往將五者請某諸役選改函收管意
派與來代白是請以議勢之善一面緣無字通內不便函濮武來意者
通同赴汪力以多病邱之 外業錢據護柯某字乘陳公書西地方各政一該之
蘇院一該善垂一該農務之在標典實業安辦汪洋沒濃地推出五千條頂
象不為而議招佃承種地租分者四等由辦刊典錢收局詳院某准郵咨而辦
郵伍稅廳付郵王催赴京約免商善之五元約会議以派詳陈免基業利擬仔
因者分各何以處都色各情何以將欽七各鄉院辦稅
到京後善者係護維持論者該同一實商何以為勝二實商何以扣經三實方

商貨任以美政會議時宜深思

何以不足，而商智何以太拙，無不昌。礦業並貫務祖然，頗預了可續查李維源究

職余曾電已業確實蔡壽貴備冀兼射請考私礦商局事辦可稽

錫律均甚紫等年設學堂，蘇院司試驗務邪說，僅以學私匪務屬有此

者嚴加驗，作並飭錫金二縣查照律民，應設學堂章程詳覆核辦

先是近日染病者固多，因人前於廿七日下午身熱，次日退，而去後今日復熱延

在飲不進，下午速醫以速而未到，擬議商行大臣會同[illegible]

從事實日理之權

祖護，有失本而實之之道，又干預華人案件，保護婦孺，在中國發案件[illegible]

五方

刑律不同，外人藉口國，請等語，要保外國文字之學，或用西學

善後之謀，先利官直繫矣。外有者葉商販，越走漏稅釐，難起色，請

訂章程四條，禁傳佈，京師巡警，民請嚴加查核

十二月初一日晴。孫揆石仲前月廿八日函，又函偕交陳仲眉赴蘇，為日本李[illegible]卿管蒞之便，道錫留交新政改政叔事。贛撫奏裁兵加餉集款議事程，裁撤荊州三衛守備屯糧，并撥充荊州駐防學堂常年經費，歲約萬串，為學堂經費不美。鄂省派員往查鄂游學生，歸勸端帥振興農工商，戰本又頗活動，寫告公國民報，柯逢時于刻識刻而去。

初二日晴。晨，院生自金陵病歸。丁孟興派僕送到孫廿四函，已至金陵，日昨身熱連日不退，不飲食，恐似罨來醫，醫曾達張雲曉診，稱是溫病，內人伏邪，皆基單薄之謂。為院生作一紙，諭丁孟興寄芬居仲惠，萬桂友星受又弔奠，留為照至。張帥議改大學堂章程，分三部：一教育部，專管課程；一庶務部，專管支應及雜務；一監學部，專管稽查

學務處新議分設四區曰商二曰財

初二日以雲霧晦不得見與諸華實甫定四人病為間日瘧晚生因氣傷胃

並未發熱若金經蘇老與誠果泉中運尚未識面本國運難為作合投手

京師輿論不以商部為然官商本不通氣勉強撮合必貽為黑龍江續

總督於東部西伯利亞開第四回實業大會要旨一土地二三十人情三森

林須川の礦山金坑四工業商務六交通七郵政電報八教育九醫術衛生

初四日秋分前數日目不能遠視昨又重傷風今日未愈而遍報之主筆錄

初五日接石伴前月廿日函深有肩承事楊鼎甫託買之荒送西務

註明物存棧胥雲來稱初八日准行權事初一日 諭王公百官矣

本年七旬萬壽撥運報效座修擱停 款皆來年慶典不許鋪張

所有現刻廣儲著照原議　又諭各省學政除照原更換外江蘇
廣東崇恩嶽壽著山東載昌山西寶興河南王培陝西朱益浚
浙江陳兆文江西黃均隆湖北李家駒湖南吳慶坻四川鄭沅貴州朱
福詵寅張亦變議寶蔭著遇缺陳寶琛學隸陳一均年限分按雲磯
請照原議一體之執所有城鎮江寧要邑等處亦應擇要分設一漢清
蒙保原設課吏館與舊案不符者應變通請飭各省凡有差缺均與詳
同所宜令省認真考課嚴列名額
聖旨再行懷南吳辦函言慶紫將到乃月之所已奏不及如家等康依原定
由盛上銘定限月之所大小通歸備呈種票照得蓋識依如情等
蒙旨查事程應准擬辦中理電通理奏席現在事務都侍郎陳璧

議識道韜取積山寵任歸言勤陀榼
初三日傷風加甚，想因早晚受風，營識中函電以來，屢多病，不堪衰理，謀
六日接石仲初二日函，銅帽不帽，歸季弟收儲，道函得程晉雲電，內人瘧
移前戚輕，晚生函多頌道歲候，日有起色，擬寄年寄錄
初八日接石仲初四日函，白識云道基探有聘意，緣不知果否，歸皆老病
勢不能輕移。[illegible]直去函季弟函道仁[illegible]縣交祖澍我並言斫係老户
田歸租數佃，居皆寄言來。擬言都護，經京中函電，急議在都護，經意
布置擬復，言亦外交多由，恰逢國經庫偏置電錢達迴化經兵以保護
黃居縣而兵權五貸，難不服。且迭次代改兵制，力值後又招募兵，其付病請
定擬稱通覺擬館，黃道移募澤閣，擬館晉，擬商部存案，急失字黃添

同年科名爲國文，原有心理學改爲教育，先生素有認字門研究，免

費腦力。吾道不過便滬杭鐵路、大西鐵路、滬[illegible]道、滬甯路將種標購地

預防將氏新購及各屋、洋屋、祖墳、漁利，凡洋人租地未經註册蓋印，總公

司不認爲洋人地主。葉又及我國南鐵路，日政府我政府許議之，不失彼

之利益。兩債權我外務部派任之桂芳部，現須續考察生涯子材料確

知九日宗房石仰西白郭聘爲趙子麟副使，[illegible]納家[illegible]形文室膠石女爲鄒

瑞道張澤如爲咏人，兄擬書張紀常家，不贊言同人，謄病繞生病

有契兄已月僅寒之高，而滿紙無價無用。雖接業改設，須設法秘書

接應移設改新案撥昭福人口外，加警務隸屬總地，並爲議人所擬，三年所不

收，廣卿昨日議並我出爲難，人以討三國協商之議耳。[illegible][illegible][illegible][illegible]，請美使

調停亦只難耶。侍聞英欲于長江要設官，日子江督電外部請英使
求亦故不允。陸道樹藩因觀直隸路三方表帥派員設法維持，想亦
初十日接石仰勤十日函，知祁丞一道，程之三兩，四弟寄蓉函，承並寄序後數
月尊寄函並蓉孫蘭初函，劉展遠房費六元收到，內人病又後返，蘇弟行視程（宓）
外部之請熟也，近不大願來，便張之，使下應接正氣。報章奉來。
十二日遠報，晚後今日接源寄蓉石仰函，送奉嵩巖族祖一道，分祁丞兩
丑弟請移段，球尹辦以應所需。接到白金生函，以閱識之，電指定所殺
備述人迎接其意良可感也。報章初六日諭府新案擬於各省設議廣（商部派蒙其一局見報）
奧農務之業，各省均擬籌辦，亦商務全在官商聯絡，內外合力維持，廣
為華勸，該業者擬於商部設議，設各項公司，會同紳董悉心經理並歸該

管道府州縣認真保護，倘有推諉因循，仍前膜視，該部即據實指名從嚴參

論者以為不能行，亦無益，莫若速定商律，又論路礦各務偏重新學，實

成說，辰即裁撤。現議江甯將軍補永隆，前任情告病，兵部擬仿戶部設

各省司蒸可繁簡，致併鐵路大西洋形派臣到德工程司、英人根林森弟兵

所由麗至甯測其軌道，另派知府崔身弟陪譯保護

十二月四日，發余壽平函，謂其兄星白因病卸聘，由趙石伴初五日自東京護府

經郵遞函述鄧小赤中丞，委向余以因現東游歸，而屬其函圖報見之

龍初五日函，據將至函，常壽序並刪，亦不急，恐章開會未取致，卿契證矣

敢到美請送魚雷艇，據海戰利用鋼甲鐵甲快船，守口莫若魚雷艇，足以言利

鋼艦各省多造，其便有四：一費省，二易成，三不須澳塢，四在內港駛行，兵部

批復の事一條直呈手内三通稿の合計 批章十三條光行為保護本年三端

五藥業英商白洋淀游地請租墾招民佃種類概租則五年後整批請照原

分並責成後任三月內查前任者亦一律追繳清理違則加以罰為私佃還民原來撤

查二万本年天府八千餘擁民採石嶺外本年（請）電外務部查照飭使阻止、

十二月為將五兩舉五壽文報本年桂樓標英家速電報照報劉樓多名借兵

湖南國電請伯械湖南藩一二三營名目兵府湖三百名以民團為防範

兵為戰府湖兵業在前擬取兵藩營生兵之說也請部裁撤百萬二千者

致多有借機於所收桂撫頒下歸遲岑帥起節回粵刑部擬蘇元春斬

監候 蕭意飭加重 或云意在加因 或云罪不容死 王之春彩錄得免罪也

清果謗 或云迎敵開釁 或云揭湖民仇視力阻者云路由佳進山下進口經仙山廣

大學堂所刻地輿學考及習楊模判派說，指自由平權等爲背逆詞，蘇叔果蘇人

切勿爲邪說所動。鄉試首場題：順天，漢初地方官吏之律論，魏(?)與高麗(?)渤海廣翔(?)

外郡論，東漢中興功臣多儒術論，隋王通王重(?)不肯(?)王通之傳論，吳兢上貞觀政要

張九齡上千秋金鑑，司馬光上通鑑，真德秀上大學衍義論，江南漢武帝

詔徵吏民有明當世之務、習先聖之術者，縣次續食，令與計偕論，識時務者

在乎俊傑論，論審是(?)治城堡並遷(?)想有萬世之志論，張九齡上千秋金鑑錄論

明太祖設商稅必定額論，日本以俄設官東三省，頗(?)調兵邪(?)疆，大有遠之

曾植石仲初九日函，附來米(?)京謀函已寄達，鄉人已流狂瘋(?)舉之所撰歸武昌(?)

文(?)精歸質失意作於下走出山東之通問，於隋(?)採辛江將與作商人請(?)示之(?)法(?)

日本涉以流內地輿學爲鑑，實不易兩(?)收(?)居(?)涯(?)，思立有氣(?)將(?)杭(?)行(?)會同上班(?)

印秋節病臆宜歉勉支祭祀摺。十二日 諭商部左右丞徐世昌唐文治
補，左右參議紹英王清穆補，照袁補續奏城北年侍御青衫徵案商
務應先保護商之一切稍程，但設商部不過於外務部多添贅疣營調剝數大
員等皆設郡請四選張之兵部九卿議湘撫示西路師範學招考章程
建殿科出走名以等第式一等舉業派爲中書以下書戈設員及照舊列於兵科二百
青縣給賜
共名四年本業各省旬派錢江蘇戶部撥庫旗撥差不應商道追領了查禁
兵日常之差在伴丞云云商道內在前帥子屬崇至丞帶之道學丞戎序報鐵
請商他不是逐及費局撥共十二百丞之意文之物情不服業爲旦尤長源剝
過班不遠乃商花訛摺十二日諭增崇補兵左侍郎增兆業之兵西
院園塑藕路路章程十條商部批准設商務摺

十一日據袁巖之與東西函稿言院務局處督辦赴美賽會大西洋文詢
院貨物件數若干所佔尺寸若干並以(?)晚民財不阜土產不精並無官派
及商人赴美賽會得(?)電(?)早(?)考查(?)有延(?)宜(?)竟(?)致(?)出(?)謀(?)竟(?)先(?)致(?)咨(?)覆(?)　護(?)
大刀會
蓮桂園年(?)織(?)
辦理自爾(?)為幫辦事宜承練取(?)年深(?)撞(?)深(?)兵(?)雜情形鄉試二場題順天以子(?)
查(?)宜設國家科業東西各國勸植物為大宗畜牧以時墟(?)養有術無(?)其(?)溫
度而適(?)之差遠域性質之別因不精求實測(?)則所(?)采(?)未(?)宜比較經營(?)為方(?)
業應其種類繁(?)殊諸(?)之設立多流(?)與(?)議者(?)謂(?)設(?)農(?)部(?)者(?)以(?)便(?)至(?)權(?)
裁併兵費以(?)賑郵資暢通水陸以致利國便民業東西諸國(?)家重(?)要(?)以(?)
實學業與求格物星學亦卑士馬克二人均以格智族(?)興(?)佐成霸業其(?)臣
業(?)設施試詳其規模江南鄉籍(?)試題(?)論(?)其(?)學(?)年(?)以(?)及(?)從(?)政(?)者(?)微(?)

况吾者实为穷究之根诚择之一律严禁之法以正人心而维风俗业由国都设
遍乡镇充现郡西路继续约及千里多须肩承其要庶几耳目之推广
并当团查法以资郡权业东西皆设寓新而辅以学堂识路输取为锐进之枢
但银于钞纸为保国之关键而又郡实以建之学校以求救之中国振兴要务
先后次第宜如何现模西寓业近年拟派留学生者以学亦情形固有不同
然学者将非难而能作学术人才为难即如盐房稽查等皆办理精有不善
当勤办历勤派其果兆民应如何措置于法之人要学便民之法任使人等
得法于补而于业商加学务为需方法部理本有无他务俄取其地设有缺何
其何以为何并在杂何等业
六月皖生来历同舟赴郡为其赵子曜聘孙女娜为孙媳前往应聘

洋人即從生出一張緩為遮掩之手。曾諭其電美，粵漢提督張元和年

無非真為清鄉無敵，遂除該提督，以華股棄環顧，因乃畏其因循事屬

股即華股仍着出，然後總其清鄉，督逕辦亦可，督飭美自設以保鐵路

公司以買回遮衛護南接法越鐵路，開粵桂全局，非速築自辦不可，先招華股

自立外為部議賈將美策之，使均歸借款造路，以並外人攬權總阻，今請候

須有新後招集之華商股份，務除弊財歸原美合同條約鐵路事，莊此路

並未議加之後，請援中美立約家約訂於十一月由美李便查押美廷用是款申

務援彩李與備美不多，規此法呈與省抗逆要而施完并兵中國之

議改從利契記

本日見人之痛，手錄日前晚報大略，而日昨蒞近諸時事者，深寒熱謂緣十六日公事

寔之又文外武邊官表散為換風氣耿素菴洋路貢河橋工不易 孫椿榮字

目餘表張毖三大臣會議 歸路礦學堂併亦張振勳捐助芳洛路商務

學堂 山海關內外鐵路礦務部署理併裁撤鐵路大臣留學日本之陸和

入法學藝科就有心得 京大學堂調回充法律助教 三江師範學堂譯作添

聘保薦習江南格致書院等經費不敷學生退學情形此院未之基

經費不足 年 奉飭派辦覆又籌議將併高等學堂逕來 寧瑞積書院按催迅議前

善後局存某年洋人在善設行為經理因係小輪船實利 息攬江梁押運貨 將津滬鐵

物胃掛洋旗著為律師代尼平論中國多未上海格致書院秋季課卷開職希

不論中西學術兼通得無試復除之業蒙數紅口中西書院限一月交齊 諭

昔自入子後寒熱仍似間日瘧菊遣來診三矯方按遣等無實用自往迫之法因調

者光緒接統生西九年到滬厚經費家接在律士官以來不應聘為宜而自立

綠蔭延志統院以前曾在左子文等十人為文案今在內附白書對呈報原

滙寄閣業兩次程甚微通知友量揚仁山變實通惟今四元報章士官請李

福與福晉陸捷特自主程福環寄飲經南內作為辦文牘及寄交李近處

此外另有附件

孔慶是坊洋寓在內中美約第十七條二中國派領事駐美與別國所派一律

享利三美人在中國得享優待之利四中國釐金及各項貨稅稅捐裁去

並撤收稅局卡不另設美國運進洋貨並運往他口土貨值百抽五正稅外

加完一稅以補釐金不得過正稅一倍半全免重征各國不在此列以後有別國要

皆予設者國八美人准在中國開辦礦務重訂礦章無亦九中國准美人將

國商標實力保護中國設註冊局派員查察由美人繳[illegible]以運現費等案

美人貿用財用並鎔冒傍商標之貨物。十，創製各物專照。十一，版權利益專備
中國用之書籍地圖印鐫等件或譯成華文者，照商標保護十年，又云照美人譯
華文刊售其權，中國作爲者按律究。十二，輪船可駛內港，美允與他國同，惟章未妥
未三項。中國自開商埠許外人以居地界並章程。十三，中國立定國幣，中美商民
在中國境內通用。十四，基督教不干預中國官民之權，官不歧視入教不入教
十五，中國禁莫啡鴉及刺入肌膚之莫啡鴉鍼進口。十六，美國協助中國整
頓律例。鄉試江南三場題：言忠從所其篤謹義，見其禮而知其政，聞其樂而知
其德義。經策題：庚年義俄人赴倫敦買回外國鐵路股票英
人權利，俄嘗美人毀其鐵路不惜守之議之
昔報十七日　諭鹽提督薛宗濬移邊祠各傳子四川道降調之將

闽粤闽浙东接英宋百零难援藏留节年撤存濟於约计二千万两年拄出

请祠通长石湘桂交界处被西亚割去约二千余械三千余箱经户部不出拨款（或云不確）

多方募勇护此关三场愈宽则以众罗蜀义日省月识三百义是服天府有生

也地理有宜也人官有能也物得者利也义

廿日内人未真实执照欲去办领许杜累来谈报去年十八日谈杨昌魁补

前义镠中日商约十三款一中国裁撤厘金日本允与各国加税之事厘中国

以左之厘金领场之处乃去年来货物税之与各国与中国商定办法二中国允

日本人在宜昌至重庆一带水道旋设拖上滩濑以便轮船驶进海关核准

助行民船任便驶用不以碍水道及民船与江道流通于人三中国内港

允日本由通商口岸往来在海关报明惠照西洋章程中日定案报经

並載合亦以可為與第程損益之任五中國之辛防等人員日本有解日本用中

國語文者宜盡益中國之精地圖及圖執方印其之權由中國之辛係護並

設法册局取日本之元係護第人免在日本員用之與其之精叔線中日至第

及業年售人有礦中國民及採礦權亦與中國政府之通用國帮中日人在中國

境內之通用之中國度量權衡名有參差不齊之鄣它程式由雙接方它畫一

程式其所出入之權先從為方擇出起推廣內地凡日本官方人民通方行船

將軍之五種及一切財產中國之與別國有一種均平等第人在日本者日本之限

程產通融優待十直處來有為國雖然及為國之護館並當不確撤退後即

在北京自商通方瑞之程行時方設中國之商所商作方埠等天大東滿

兩處由中國自開埠通商十二中國待與所與各國政同一律日本之所協與供

相國乃宜亦安著日來即率兵從外洋攻泥道年務期滿旗各國盡斃之一
國旗武式以可自家旗武盡免與國体人一理而以中國之原據收［扣］天之權旗武也
廿二日子又接來六云南〔?〕精通子兵來自金陵試歸之風氣械閑暴厲之命
來護一犯洋夷仰且不係其住據石併九月在雲南省中及南交楊閣之事
出播臣住安慶歸石蓋經播歸賓契遣廿日蒞湘南舉人王闓運昌胜
經術學有本原才能邪說深明大義者誠有彙集并聘之江西學臺銜留
以張亞子庶皆亦謹也既撫寰成業惟善之合楊飛琛奏術報候其勢年秋
張黃星之往青並繼回任恩意厲民康謹至請穆亦當陵所除學臺
號得孫能以其房作賭場當乃另別洗刷擇賢優作把持色覽行往將求
李大順房屋為窩每亦藏匿決以遇乃騰勢倚於國嚴人地非宜閒操另補

江寧亦擬調度補淮揚道李經楚補徐州道恩壽洋務員河　生總理府

直隸糧道旋河議及寬籌集款多設機房安定度歲救濟

曾擬將某某來字告南陽諸葛祠遷揭幾種以老病無意於此謝之

家中人重回株弟歸亦觀望函鴻至到杭病二旬而逝賓侍世歸到擬

回郵之日逕歸精何會叔事遂廿一日諭鄒任授大學士鹿傳霖協辦大學士世續

調吏部尚書榮慶調禮部尚書廖壽恆調刑部尚書部某某議事擬一通下情免煩

呈司商務部查覆一定當前日宣興商業分途並同下之事擬已前覆

亦可不須產借一路並前刑案柳州同復係直隸平園藏舍計日

若日接到至廿二日函寄達壽之侍到代擬條約當函存寄石印函至內人

病尚愈而外務部又調用人亦病不意來京回家有此情況叔事廿二日諭

溥興補理藩院尚書，又諭王乃徵其[illegible]五祖庇，擬謂湯壽銘為王文

韶蕭賢為爽劾，相親函託，岑春煊其黨，亦軍務事有不派等語，岑因

善其王之意，度彈劾非是，遂傳旨嚴飭，嗣後言官奏事務當據實直

陳，不得以無據之詞率行奏事，有稗事體，因有召對亦至斟酌，部任深藏，終不與聞

丞三品京堂以外[illegible]

不服監臨總署等員外言，務令亦言照奏，亦隨時宣奏[illegible]

而民之微也。擬本年廿二日請將鋼補工部侍郎奥鄉試三場考題特設問題
一與學校策論兼與師範學堂人之經濟特科制度集大經本堂大義
業不論居內地外洋於同胞名嘗之保護三處為之藉之國政良之有何異
未有可達之民研究實務設廠興業之法謀生之計務能自足不必外國積銀
銀行等各政盡之為要事雖繁其意義五要闊商務改商業保商主家暨
紳耆師保殘名實同諱其子孫共姓使皆對答隨其人之所禁通論其
利論官直隸行省各屬歲入年餘將可召自剝虐
昔擬本年外務部奏山西巡撫鐵路請改用窄軌以為本省支路本應照四尺八
寸五分之軌工氣頗猛據某議銀行總辦以該省山路崎嶇難容寬軌改用之
審度之窄軌所差一尺五寸有未兩圖將釐之工部費銀現就粮子閱數程

教捷仍留国西一路教天门之澄鄂猾震来留学日本诸生编立学生军
闽五月闽江苏皇锺永道芳滨说革命流血王琨芳挺身励节作之（此前后语意举人之由）
将遂来这洋大声出会者二百余人竟羽至数百数年后一人之力莫之云俄
设馆黑龙江一带权豪其寺言与千八百五十五年初辖高加索地
方新俄共之千八百三十五年俄占高加索之一部四十五年据地渐广领有
俄派大臣六十四年全入俄六十七年列为数省派大臣代君行权续行新
地亦归其辖此虽俄兼併养服務部之文
昔年谁薛良男爵一览新京其群府要屋庭忽观见宾之久谬逾人难
毁被言并世贤谁何宫桂将家荼客莫分别存戏兰扶及致学变多同寻阳
名都义被性情号崇虚怨讥频兴众情和通桂杨宝仁挂离破字无

有情形道員呂其安鄧濂峯上顏厚聲名猥籍皆粵人商部一手經理
至部保送之員考試記名侍郎日試者三月照章無論至者屢補道府
同通要熟語商務者擇員送考試錄取記名關國中外交涉商業
並到京任部然不著運考察華洋商務緊要國保奧識衛共有京旅總
理部著者作成內商各國交涉出產銷場一切情形派遣考察員
前往集華商考察編日記呈考核至有專使報告至保有無之意
院機充價遣至廠派員評記以外由部擇撥此項有無撥款年員部
部署設擬行而論中外各業商人至失業之大不費國帑盡近免由
花日本賀藤良寫讀我廣聽社子由先後來謀為華祥造雪件
書詳祀孫本係紅病時記來適費為執不請近小單核以執造為要也

叔平等奉旨諭遵崇禮文閣閣孫家鼐東敬信禮合閣等大學士翁都統

奉設日計表，日計表冊查官章寸已奏亦可隨時參詳考訪課儀文簡

復通商事查同文館環生一員，討論派出學生四員，在總理衙門翻譯處（各部司員上至白丁不生）

業務之亦可學者而來，遂亦兼習。今因章程有應入翻譯者，由律學館定

條程翻譯章程分為三等，一通擬各為一宜，減寬任一提擢撥編纂錄等事宜

私習別種亦兼習，管作契約，因任為定額四十名，專以鈔寫二等一係

學習四省後聲示不用代充，不准至經隨時以至以達民隱作字樣越擬

無則至等之日俄東三省協議既請俟議定俄欠退兵，大抵東三省俱有

既可中國不能自辦，日俄派兵前宜互相允照於中日前條寫要之約哉

云俄使仍承諸語遼東總督之言，謂不照前定須免賠後悔

九月初二日接石仲前月廿五日函，以莊逕芸有詒白逕稟之請見孫公申明之
白同人病未完，地要場作報章，方張濤起，引年開復原官之旨，有郭某
者試司員片圖務論叢各一篇，不甚詞藻，老蒼於洛交外交以論之法
擬學某卿藝能，示以開辦雜志等之，擬開外國報館，江督片奏有城華
嚴圖江陰黃崗渡某庫義莊之烟葉實係自辦，去辨殿庫房等處文情形莫
日已使與外務部議設東方保險，我國書榜你派設若以設之設官於我之干
初二日後九姑處遇雨，不及他往，某之祥連夕寒熱，似乎瘧疾，皆為過小不任，更若
書伴家謂熱不退，請為延他醫而診，所著等之報章八月廿日諸蘇摘
元補昭通鎮，孫印以補古州鎮，寄蘇州三綫選聯衡秀猜提以擬長
將哉議記蘇藩制設帝國收稅議石城所剁設鹽稅等行集聯章程

日本农学校增理化速成科，功课完备，一年毕业，鄂拟派学生往习。

初二日 电督以留学生多矣，议商日本公使代为约束，答以定章毕业出身方可议奖励，各年条款照此条请旨施行。

初四日 张督奏大臣案内学生毕业礼，吕海寰、伍廷芳、吴重熹着重给奖班序仪文，署赞可观，绝无务侯之电，拟请加恩遵谕旨。

端臣题缮现拟请速商学务，翰林院添设化学科。松江府许祐身调苏接办，府饬急赴任。铁商汪美领子穗商吴裕天、福两行画押约章，私卖旗地已揽，旁发杭漏税，拘得赌网分于院饬并勒令闭歇，并饬该行交出来桂田解讯。善后善局租拜旗人之日也，下谕照章给官为筹旗人学政需用之意。

初五日 钦颁同国重修来龙院生同家众太夫人于速于晓城拟募以定

兵二三万名東流郡縣被毀勠難設時未接呈報姜庄係以護擇務屬飭李範賠

謂物力加贊護觀李濤教與敗監督目諭人桂葉亦赦以姜之閣督寬辦務鄰

杜國執旗義士核生枝節不肯拒敵與敗並有粟亦棘手句有恤費雜面外務

郭撫達又長擇員核議島程華費有客廣經核籌兩貴被遷須等定亦

意國距大沽艦隊可至宜架設三等綫電通東城意使館

想自隨孫薇觀到錫權停兩層觀系□西由縣寄道閱報李翔下　諭京鄰

奏請飭行保衛之政者以示體恤一經認定恤費力從留難近擱亦隱情

架不肯宜更隨時嚴查為要又請乃行給擬封忠文武等澤任共十八員黃家

最傑任黃偽柳之趙陳恩壽沈克等韓大武等寵圖恩光照所壽秩等所屬

並有浙江兄勠以置諜並差使處何亦華福被鄧胥奏業戴猶改著賠服精

連房猶歲內約五省請撥三省加廣鄉試一次不若並撥洪某武科之債歸

併入鄉試亦俄在東京建礎產業云作歸產與就崇滿互通請見日本榮

三省政府欠靈之兒與俄互援前亦政府古聖英美之議論及新政府

共之之實力前交未不揣其本在各部某條前電告已照來六七之

迎自家屠石伊西之日人病後身兒雜綠復日日以安之病延請要惠曉生診視

華政府擬將收年慶典停止與章禮節頒天監監試卷加戳呈

用方式以杜桀請飭部立案以備廉勘法律高等伊子衛貸意圖脫逃

百万鹽賣徽嚴温受四府礦務之義人真工名目美國代擬中國圍法條

得十八利益在國外人總理銀錢之易金之準禁將謹聽其合能其共和平

若年種種以安居申之義以競爭以壓制自由自主之說為之理作義綱

初八日 孙九姊生日 小酉葛来言雪到津者 作庚榮書 致毕完十一月初
五日娶婦 皆可喜 石仲初四日函 叔言来来
初九日 叔海初生日 薄暮 蒋良维 翰权 雪及 祝友山 郡九 亚东 白季
弟工匠一觴 錢延孫 陶孫 祝叔言 浣揆 英高 普學重 就教 數老
院 廣 謀建造大綱 分年建造 於法策黄蕃 三號系大學書生 工年者
學大亞請教與地史學 楊文叔習 (印藏函) 千九百五年比國設賽會會章程
初十日 叔言寄回 退美製 覆御章派日本博覽会購緞洋布 提花洋布
紗棉線花 軋花緩綫網 又費勒叔集製燭書 本識機器 先後運回
呈其熟隨廠甫 並聘綫匠其機製造處可仿製
十一日 接石仲初七日函 匹其附女此外屋籍之習 勉勵猶肄之語甚殷至

書子函並飭魏道擬奏，以日俄備戰，亟派鐵侍郎與袁
帥密議，亦宜派員赴日閱操，乘便密查日俄兩國兵相情形。近
晚擬粵東武備頭班優等學生考校畢業，可以咨取若干名，單請
與青陽知之人，請洋人畢士克閱演，借葛京師某某代員擬回，不相投
洋人能政現者神乎，論者謂不如其學其術，業經指收，江寧亦派
道員會同議妥三國，俄經歷各處吉遠，英日不必阻，惟聞承造張
家口之路並開商埠通商地，英俄德美各國人先後經營雅府人識
士官樣許靜山義使署函義制政皇不與各國便互相見前函請設
法何不在某侍之教之人，不干預訟，不納捐民訴訟，以為自西要由是通卜亞家
遞程陰派人考察後刻下擇商本國添匠更考精者長各道而

鉴察之意。职等初八日放洋南旋，官于新度刘福姚袁林为年长
顺等具直禀案将程稳全洵房草者勤劳中外，今服尤在黑龙江夜
请礼救解困，等极道郑引见，旅顺望房等重及旧榜炮俄交达
善后接收澎湖海岸要地之千元学商务王锡彤备须有续办
十三日再往卜臣家陪宾席，散后文殊来谈，因陪往看朱买蝶滨地基
职等商办派员到沪两郡查看沙线免厥了宜，饶派员体英之工程
师等勘滕风宿及它处等远路兜基，宿松传家山蝶矿洋人闻
揽件尚俄以中美商约谓共三有利益，刊发论说，职询条议之二条一路
于有二使自主三为万国之地
十四日职等以江督批刘道世珩等自日本横田木试为机年云五港为自前

要務以機器改造土貨，仿製洋貨，允為振興之法。饒[illegible]等集股設[illegible]機

廠於省城，呈圖式並售機布，略又題。又重[illegible]祖芳議設工藝學堂，

派人赴日本習工藝，為田蓋及習之。國鐵為民陳少銘、劉[illegible]芝，烟業、[illegible]廠。

雲騰新疆撫練新兵兩隊，一防英人由印度，俄人由蒙古分途侵入。收[illegible]

粵廿八人、蘇十二人，因要[illegible]常常[illegible]，[illegible]以[illegible]制法。

十五日午後新之廠及同仁堂一行。叔言[illegible]大學堂[illegible]議[illegible]題[illegible]其實

川[illegible]馮[illegible]示[illegible]傷[illegible]生道

業以修身倫理為教，其本不能偶矣。說其居[illegible]綱常。[illegible]張之洞奏定

議尚教之學生仍東[illegible]勵[illegible]在與日本之便[illegible]亦法易撫自行

十條　六十條

[illegible]士條約來言，因無論官費私費學生，日本官設私設學堂，非便並保證

[illegible]保送不收學堂非學業為本分者，議平政刑，請叔言等[illegible]由學堂

外

使臣楊樞

者若不防禁於現在學生為害者有匪犯及不肖不端無令學堂所送學堂與亦
為經本省督撫查出潛令與將日本學堂所送之與亦共滿聚之事者妄為
矯情等說由學堂發照他不安分禁呈悔改即飭回國並勵予內開通
中學為三年畢業擇優等文憑給拔貢高等實學三年以優等文憑
在學共八年給舉人大學分等科或教科年業得選科文憑在學共十一
年給進士大學堂三年畢業以學士文憑在學十一年學祀選科為全備
給翰林大學堂院年業以博士文憑在學十六年給翰林外再予升階凡
學生以忍形為責分鼓滿方及格自於年內私費生自願進者安分用功
者儀叔年資三代星名送守例東給准留學不安分者查一律居所送私設
學堂並宜設專等者方准收學生仍定限制不逾宜設之法私費生收

次之學徒由親族呈報本籍申送贊擇實後核給路照出洋肄業者亦須實

業文理醫學等科不限人數其政治法律武備限定名數武備非實係

不可私學實畢業生必於科學認真查核實實畢業回國須在本

省書差五年以盡義務不准就他省差他省亦不調南洋須於外務

部及各省關限制辦出口以機在旅順等處及日需用牛之百數十匹

論令總攬機其責在英以前法主者被崙強横由英主持會議攬之

益稱山匯兼之要於在青島接出收膠州由海軍部立案

吉日旅鄂範仰不值奴嗣者屬陸英標營筆亦四年致祥實用

和清之條一由濟標之管由近及遠二分班纔更徧號盡三操練技藝

並須每調五處屬呈報其杜經擢之倒犯之護所仍稍屬派伍遣芳

議東三省不必商埠之處自行開放以保主權讓人陳言之滿州尚見在滿

劃造綫布紡機價廉工巧，亟以饒律善設公司，擬年開辦，以開風

氣。集股五千元，每股百元。第二者電信，俄人查閱，阻滯中法美電，各

國集會議，維持銀價，是否和解，當熟思遠見，剿年牆日暑，詳細觀其綱。

上青少兩竟月擬年藩操兵力太單，無收添練，請撥款，軍出馬三營，請

四莊邊防宗慶舊部未足籌備。旨召袁撫入覲議，與俄宣戰，俄復

派李天饒商務局通判與洋人訂合同，准試驗礦苗，先要派詳明

外務部核准給照，方可購地開採。請者未經本札飭，恐定合同，洋商礦

師來，恐不准允許。皖省遇馮孫若嶽，撥皖省城練軍等營，豪亦撥派一營在

滬會訊。南洋派員聽望，俄總贊同之隊塞方覓返，署海參威以安地數

敬颂尤系日本游南航路程呈界方
高雅可称男子之才讲海翻席费年精集全国募卷阅鹤金事雪近
庆卿孟叔纯蔼诸饶
在请代为荐以其岁同参之机据东西高局日复见奏请二百有制议
兼并置商日政府以识坚兵已普天复援占殖殖坚将军锢闭塞
宜各精其创设武备练军入学堂并兼练讲仿之要并法募勇三营
分两队提调谭令学术院事兼总办郑祖年教练鏖管带添房
闽省需费第一年需年约须三万数千两在善后来指须下拨给脩
大学堂以地图校务集锦来详细议放宽尺寸仍委刘冢阅后举派
以付设炼厂年余费银砂五百石试铸免迟深以探矿利权非自己
操山东铁路以付函后历城外方赎民地设车站东泰地方并那来

腾清律能西藏边疆之要，欲人传村董诗知识利用，完美发义三篇

元日会见康神经热闹往观，为晶三尊，兰营读先生大幅山水挂屏

因睹数人书法，极会生画，附该张字，幸因辞生画，并时知，希望归电

当事西藏创居民权利识了，紧迫政府育信美使调停许之，抵织

议抵为职涯一挪海陆无用，二兵联英美，自为画帝道根据抵亦苦

难之了，惟有卖其无任鸣，绝家为不实，战之宣战被其兵师任其

侵犯，为国为利所在，实愿平预者，不求也之求也

昔宋之岩石伸函之时，韶男女以助后，苦是不然之，务为大隐之意，王荣能

生哉时何了，不可须脱，无之痛人之乡，贵后接其之前画，仍是须风之

读门，将今道各，越卿婦有人，去君为揭，归吴晓，孙之兵，存役事柳十

元帥府到日本選送之外派下三府新學徒到東同聽學事十六日 諭那桐
調外務部尚書會辦大臣王文韶是晉周生榮慶大學士擬要調
户部尚書溥良調禮部尚書疑藏大臣電京代兵不能測地切礙
兵部有坡該之列出遊歷兵以資護路府允許協詢情形科等三
科通州後另開新科挑取開考須有學堂卒業文憑方准錄送
分試理財法律商工天算地理格致等科學俾得知從認真考試以上
須会以上係按某部以各派學多識讓能改建京師各特派專使參外務部議
新疆多亟派兵以代新疆須中國出兵費
昔籌鎮亞東瓜分籌疆藩同勸實行書重籌基
因詩酒情猿慕交遊生以總基國情之意
按章學習大臣示課學館

諸生勉以力求精進，不妄議論，聽受約束。俄使吳又託詞所議六條被
駁，私許日美開商埠，俄日協約未成，取索代守，不派一大員會同將軍辦
地方政，且軍務紙屬空國形，官大小官被逼恨留將軍，又依靠局以善報俄，皆
先阻黎用確實殘兇，落呈報，察代奏并請亟請遂成之間，諮旨
實行團練築寨藏衛村勇，收免府縣莫害，藉堅壁清野，條議綦詳甚悉
以為保和孫詞，正須開辦，費五萬金，因款無處，是經濟亦難在籌商，亦以
遠求抵制為務，況較寒慈，接殘製造兵，注而未接，乃元后
廿八日接汪念生函，附來張函，即轉達之，任其家行遠往，有晚劉四兄稱
符生回而又往小酉來言，鄰靜山已即至，準備回錫，已為之滿餞載　雲
接蔥前初九日函，黃事不及審度，勸竇莫要甚，廬有張燕向上攻了，在山桌

安寺還出林一茶而歸 初十八日 諭 劉樹元補授安徽馬金敘調淮揚鎮 董履高調安義鎮 邑祁補馬蘭鎮 楚岫補理藩院 尚什韵 孫家鼐張百熙充政務處大臣 東宮逕達 袁大化張頊著餞所長 請撤去元后仍撤之

勝武求是學堂為習業之所

腔至轉接片 劉書上五可設實業學堂 並任其業學縣邑以嫡量並荒地寵閣裁種為主 工以西材率地製造 求精為至 官撥四萬元為養兵萬元 榷茶為於官分盐貲 稽查政府電令各省中外局所出入各項帝在函殊備以防不測 三議遣合前復閔以度不能行而議寢

廿三日 備海老季而返 至楊維翰處觀其所蓄書畫者數卷 吳吾雲所藏種菊花正值盛開 爛熳紛多佳種 隨園徜徉各機至暮而歸 在日長第樓小酌 南坡千總合桌而散 初九日 諭 那桐會同奕劻 瞿鴻禨 戶部

由財政處榮慶充政務處大臣岑春煊擢新廣西優為交負文武孔多
昨又鐵良黃呈祥輩亦不用西學之間惜議將恢聯議之非飭議制法為善之受
某政府議募兵不足之用現桂丐亦知岑帥亦不能誅從此天下兩隊四端一
飭各省嚴備之密爾無使諸處本國之兵又剿戮三處詢其義自教事決裂
結各切實相盟仍與俄議彼以堅拒以恩拒以公理喻以衆怒俄並不讓刚
收東三省要日依英國為壁兩者並之德澤有人以第法造幣紙及印機由
還亮以理化開利之家推洗抵准設紙幣以行責攬千金以四之本手還
清寬且邵武府議亦錯廣播稅即以舊產之金為本自足充之教論錯場稅出
之產大家推整產利其非也廉偏儀租界殊為善人蒙古人往來並擇地築碑立石
曾君蔽薦將壽臣君許靜山函交錦屋二百元來為携見袁樵之

分別存案。並楊魏家要遠有靈芝以示羞志，本月即歸英蘭子員

詢楊魏以所租之隔墻地基一角之說，據稱地遠要原大房似無所礙

頒行商部英請通飭保商等案來手者，報端於商未留難需

索詞訟積歷等待該美商冒洋籍掛洋旗洋商籍得無纍均分

資財服制係商之妻在滬英年，商部請飭各出使臣於隨員中派

出通商學者為商務隨員，查考各國商務，詳著論說，按年呈部

查核商部考取六品頂楊道霖、廣德縣楊壽楠，原留心外國學員

諳習英國情形，通班諳保甲合一辦法。某侍御請弛之會之禁衆

工商積均宜之會議，前江督通電東南各省論戰後廣練戒備以

陸各軍以嚴密布置地方官力行保甲清查匪類並加意保護出西

岑帅请北上防御，政府以桂为方面，切之者为震招俄德商宜仿有战
为英与德，与俄或谓德若不议，日俄皆之中国为有战时须调兵防
守英美德法之在华人民财产，中国应保护，若力未逮，则各自派兵
中国认费。俄以前月九日据奉天实言英员携兵前防旅顺，官携英前往文
黄首突差汪虎生函接石仲世百函作贼眠往汪斯仍汪费置然念之拂历
美为原饮百岁汪涨庶急河芋膠以护之，拟达俄为法美主达日会议
不决，或主宣战，或主调和，或主联日俄协商，或议割伊犁与俄仍就和与
甘首子承先生后袁前往陆堂睦谈祖者孟岳弟子高诸君为毕往
海初思迷采禾归日沪，前出限优给而霸耗复多，三弟设拟栈退一分
之议已与南樵舅氏言之，拟亨甫往同与美驻甫领为订合同赠

機器總共一切存內三万五千元，因道以來以自來水費銀屢議不成，暨

滬閘地自來水之償此抵押紛葛，書雜繫來此單，以便民芸做迎蘇秋

季集議，許九東辰調赴滬，嗣集議，系代辦商務，同江南榜元陳慶祖請報刊兩篇

江人楊壽標十三人，並鄒福元、何利錫、穆

廿日 送子永先生殯，希藝老雅五類中情形，為輕加楊藕舫鄭蒼亭

陶叔言廿二日 訪錫良，對奈蕉司陳璃休伎伊子道，吳陳大陸招飯午宴

于穀華，殘許涵度，補寫彥樊增祥詞，陳貞集李子爺來，補說集何

彥昇補瓊叢書，來道美使宣復外務部不能調停，東西王相往為

使署商，皆不允調變，且置之，實為日本詢政府，以其俄戰，中國必仿左

付袁帥議，東三省讓戰為戰局，為之外務部會商，久使閣東三省為以地

廿四日大池上坂子午殊同舟原代坂本周芳係原田太僕以遠所小影文

楊星海宗錫同原太僕以孫請題鶴巢墓題詠事正太識跋贈

地方之事坂柳房之宿園坂介芳之懷日本帝書福來寺祖宿松侍

家誠高豪庭兩山閣碑被阻之泉

廿五日嚴家棡三周忌上坂後至真山借文殊季和鼎齋亭一奈叔來森

將軍去順菊里署著事天將軍者堪被奉系付御王乃徵美陳拒俄宜戰

十條馬出良事等人登防山海關事論之防馬賊政府某以主俄了

戰事兩無祝捷不可固葬 粵庫旅長以老替備閑然以可提中彰之成

克以三江師範學堂教員續於考取四十人連前已八十人寂身不府全姑

請後請員赴桂省贈侍回發首府看督我妻至還物伊之盡歸峨尚

廿日 小雨。歲濟上坂，未延前出宮，詣石伸山詢時局並報稿事宜。防

上下數旗及院生交聘友書表之畢，將來將攏踐情，多要步塵水

帝殊弟士爾又於魏撤以靜山而歸之，教與之。本年廿七日諭御史汪鳳池

奏中外條舊冒濫，請加裁抑，向後務當激引先年以積冒濫而務明

係人員班次班次多冊，著吏部議覆。道陶森甲等請南洋奏派大員

外國紅十字會赴瑞士國，傑乃法有締盟，商請歐洲各國公認，會並參

考其章赤十字社辦法，專為行軍救人設也。寧山礦山英商伊德訂合同，准其鑛

驗，有不許他國再開之語，該處批不允。日前曹福來開辦俄佔瀋陽。論俄日外交

勝負六次協議未定，俄乃有近來另招辭之日。日本利在速戰，見說為宜之日

本起交俄作

有勒晴實業重舊基光致飭草桐〻小老王保瑠選讓五年五三飞亮

未勤一琉一病桐桂勤之他受樓攬不行路祇不限致飭選差罷兩岩居正

九姑受小山嶺清田挺筆去回稱故丁張河節適死於床一無前有史未寫而

福元注及告都咪厚猛悦為買信仁岸雨家叔事九月廿八日論載振葉

（孝時差作中西文兩篇）

考取商部司員龔心銘託[illegible]後冒賄餽銀壹百兩書試於步軍衙門字樣

載振被除情面後有此等情乃均虛要亦以挽頹風寓罰惡之義局員請

贈日本議木兩所（公）後製機器各置男女兩廠各教來年添人推廣以頒

班學生諸生肄習湘省小輪所到之處黎上私售地基遠背約章只准租賃建

碼頭棧房以二十五年為期撥（仍歸）官驗照有無阻礙市面民船粵港路第一

段由粵垣至佛山於閏車禮英人請在揚子江一帶代劉某亟江督等以此

等乃能自剿辦否須貴國派兵

初六日王緯甫江表度招陪宴飯後往祝並執老又龍劍岑送峻霄袁初

歸接公權石仲九月廿六日函乃煩損眠係度府後趙稅三病重宗林電留

稼軒送武清江府派人接壽卿前去松年九月廿九日　諭兵部左侍郎

告病開缺粵督岑丁錢常修墓開採江督蘇撫商定滬鐵兩閩綫

地基不准商人之請蘇紀鈺陳印波以寧出崇明島由北洋入奈山進

長江必經門戶江督派員測勘在海灘築炮臺為備岩寺尔左右

某地方現亦招墾開礦與商請務蒙古民情另移設廳汛縣置

莫及某付御請建行省添設郡縣常德二廠收捐費多種一目了

習藝所在押人犯一二藝廠收養遊民分教手工應城小學堂文教習濟

任楊本權。俄占去年天由東逃道袁李南誅其前撫幫逆而赴邊防
歐洲原地移民滿洲之人爲多,各國於各省各設總督,英之擬佔西
藏、楚之畢地方,爲由印度抵藏各地,印屬泥坡省總督代謀藏事。
初二日 叔章九月廿日諭恩順補兵右侍郎,協辦林調粵藩張廷燎補桂
藩。浙省毋上年五法選舉,奏請生三十歲內者試卷擇尤保送,免學堂肄
業。楊樞賜示閱筆,林紹和、毓璜等於蔡縣羅所買鐵錄,該召得異獎浙
接撫寄飭張務同試驗,並湘方順准,鑿務同條廣陞道姜方穎輔接
辦粵路者陰調南海裴華令任海對案,又著董提訊陳李濟案謀賊
宜吉方雖爲殘殺民,治各國于交,曾經與他國侵及者,以力並勸聯英拒俄
初四日 楊印澤寄來長衷劍岑爲岑汲長於中,隱院前往陸庚並送至

緝甫、張叔平。初十日 諭御史張元奇奏裁撤在館園等處因兼議飭

飭加整頓，此外王公大臣互相儆戒，勤修職業。又諭商部奏請通飭

振興農務商務初基，以提倡土貨，著各省督撫振興農務之處

急行振興其沿海地方，以辨土宜，興水利，廣畜牧，設農務學堂、試驗場

各省督撫擬設礦產，督飭各地切實興辦，如地方與土性表詳細報部，著

桂撫丁振鐸參案，桂道吳何昭並經書吏淫擾，另著逮遞新寧，著勒交充發

廷旨派那桐往東天下與俄國議訂東省全權 意者以伊犁易還東三省哉

寓黑龍江數郡係全境侵擾，義使亟許靜山電詢外務部，代奏俄之

暴虐，勤實因其日又擬親往，俄言議撤兵回府，以安東三省主聯俄，因限上之說

右侍讀某亦稱越某下有人才不足用，軍機遵不擬議保全國家及東三省

俄所必争道之二十五年黑龙江右岸之一半归俄俄早定东三省不为我有
此时俄来之成之果遂寝不在实宸国大局实大可忧高祖圣宗微服衔察
四大军机谋国则有急切四御史会奏请派贤帅为东三省总督某御
史请集全国兵力即日率以战俄并令我兵剪发改装归日本了令官统
辖袁张二帅议东三省改设行省政府于俄了望英日美为后援张之
帅更定大学堂章程分为八科经科第一切修身伦理之学文科一切外国
以俄了起
文字广之政治科第一切古今政法之学文学科一切史传词章之学格致科大业
初五日接杨仁山函附来郑元鉴注册部核准霞发世稿部费六三十元属送
季钦接续南九月廿日函言云九月廿三日函寄友人笔即以杨函示之郑霞
文与录写为本图原要支随袁华取诸君维多受劝捐契年改

商震、蒙古喀喇沁王集旅于热河，援陈以树疆土，万世冀其表徵。

而入军机，闻派姜桂题一军移驻榆关外，若前敌袁帅驻扎榆关内，若复动

日本公使谓不欲调停，俄已或云协议有成，用怀叵测，俄倘假分々之说为

国梁居议留直隶，兼北京为之挽，惟姜不允。

初六日，皖生赴郡襄理祖妣殡葬，恒斋重去来，晤文殊，寺锡督其参

茂卿陈瑀年力就衰，训子不严，于两陈大谊有负，骥实校

初七日，宝善堂基劝子清证归黄氏族，指出居之屋间●门居

丑基出，大家请议，闻其子锦山在外为生理，情来之时报年度部

与俄使议有转机，东三省已有大端，并俄又占海城，且复增兵与

法德等议条款，意在和平了结，日俄协议久延，论者谓战不果开

久時佔地即被取謂和平也政府之儀亦議了宣指素大使王武員而云
又允東三省利權等俄宣武部俄仍由中國以取總面共政府權歸俄主哉
在滬某旅員着屬田累遣俄兵攫去称等某從諒相議請查得
四私佈被害之外務部宅商部獎勵籌募等章程據集員自五千
萬至五十萬分作取內官為四等議員五等家京郎樟紀証票旗從詞
初官仍与季本鹽税清基與家氏進捉要推薦忘伸芳之子殿甫蓬
甫又旅頓監歸時新術巻一之伺静也云信親等俄佔等天之前月
頃出等交俄員大學慕不取校滴實回署上高某精可係否回實
多則百日少則一月又問某撰精可戰否回實可支三天多則半需不
足黑龍江以等與外務部往返電函者俄使館俄留守書送來大

臣衣衛式樣請通行有屬興高至子興高而音承德設製部之穢

定遠處繞銳二字程法桃源興植李福長移桑麻結藥植五千株甘

蔗等亦能殺並因色差良蔗蔗清造紙意通因法植調有經理移植

發鄉桑等務閩近行部三府礦產已歸法人開採大吏以五百金購

歸法領了不允以年限滿時再議 是日下午小雨晚寒微雪

初九日 法兩教牘宗巷石仲函之因安因勞久恙果猶歸亦不健清甚南

王大晚晉縣南歸國呈述未償大獄狱郎張阿勧之死西定福元庭看

省展陵璧等了老氏移客同殺三病情下午往王展雜文殊餘速通

竹評屬望者七十壽序書請同了晚意通張奎元來與言定稿二孫坡

情以園來之靜出之到之揭外孫十二日初五青書取政教員熙大為欣慶

叔丈 慈躬不豫，幸因照亦病到，姪俄蒙使寓京，俄於东马衷坚

建方策，计以为加索为屋，俄兵入侵，况英将设俄背於南京张师

段撤系大学，查该为北京师范高等学[illegible]校，后有可入大学预备科

言大学毕业，后及进学国民日报主笔，将人现张由南洋转外务部治

叔叔上海阅，并函复可简部函后勿代宇报呈，有倘查有处西云

国民日报，根不出宇之请，照此敬叔，东京来由京来者，为清源之法

初十日宁为春滨涌关归函，家早适庆，紫外孙早归，完整可靠，况异於云

再为置转为引荐，并藉老病以轻叔丈之议，於黑龙江吉林拟

奉天省政上

十月 姪石仲 初三日 函叁来 服龟胶，觉亦惧，而复可多服，可少安睡

望大造丸洽法制襲宗穀三五清江扁戰附孩張絕希函之猶未面之船以
是志忠耶年內賊來之侍屠誤屠者東亞撫藐之西交補刊於一年未未
書達月鑒觀清基王夜於事湘接趙美設復務保之于分為三
是前亦身承派東西之可君自撤銷皖接美頭指事雖停止請
直展限一年並擔果旅廣牍五成為四成奧贊美雷省各軍
堂名頻雜豹量重宣以昭重一護柱接美改土歸流之清雲
等三路紛派國民支之項積案孔多請承革除窮郡被奏錄
取多員多田墨緣饒着保甲改勢之案田某丁出示切條洽令日
俄協商俄遣兵仍移護識路於議於岩浦可移日即可議結中
堅持閱此後夏共實協商成否均非中國之福俄議阻英謀藏

德三太子来华赴青岛钢舰可观被俄接以师礼总

十三日王昂丹以鄧太夫人汉表应据蒋寅晤朱霁堂丹诸人毕

至地基袁足黄刹山归与[illegible]谈报章　惹谕联日联莫总要

小呈联意英使言中俄交涉不与闻和则俄得利益英须援诸我

则视俄强何为忘青胶苏杭条电伤桃动旅皆日北上灌

御桂[illegible]督丁[illegible]三公同道员查看新修炮台即侍郎泉汉苗桨

[illegible]御氏之遗制粤员条陈友官坦没护所设所勇联渔团芦师

饬康告家东柔仁被告律师言十七张告之家东不是日俄

协商俄月偏言后言晤日本置日谈失非[illegible]守[illegible][illegible][illegible]

河楚茬江[illegible]派极药之辩论有十五益十损

十三日 叔平来三省馬賊首招降誘殺遂不敢投誠抽捐苛民以為苛
刻而敗壞又與俄兵戰勝俄軍官艦圍後械賊益擾民不聊生
關外賊路多係運存賊內嘉東案被害略無辨搶傷呈店
輪船窯東鐵弁訊綠度存泥道出考時忽略桂省柳州府康
係降匪地方稍請江督飭司兩季撫存於民切實考查不捐害
較多宜急善策先令請取不准徇情敷衍事務而產蒲筆絕筆
鎖廣每年得值數十萬流戒煙善會設法以船查取藥配焉
以此施少僅多在其善等救人實利因利給害逸物致四前示禁止售
十五日 接石仲初三日函及多人刻火升眠機撫歲物歸来高呈錄及附
呈秉蔺恢施處函及洞及下午来到基地適鄒静山来叔平来到

十六日致李外務部洽称外洋首飾華商仿製冒充字號存票飭總
稅務司實查擾雜勝收免辦應行預防已通飭各口稅司認真辦
理總稅司又送議中國無製造之貨及抽收半稅之文今洋商採辦
應仿照收關納稅照值百抽五之章厦門道派員赴呂宋查考華
商生業商道美人下禁港之令郭家不許登岸設法謁美領事請為情
形知該島海關大臣責權至數擬御史進之說後如參照查實
五月飭容張帥有亦東三省安清重權吞交道関而後至慶邸
某位御史請和戰速決馬錦山募軍備被衰者南贊之[illegible]儀
某為主議請新疆荒地世家古回族招商放墾商部更複需不
已擬六部統共條奏本意部複出示禁止許赴各司務廳揭告常務

律士丁等暨院積蓄甚多積銀挪移侵蝕各架請飭嚴查已照委
員分查此有先後會謀說者首乘壓詭詞復將德之郭言各國
兵艦非經德便及旺東方水師提督給護照不准駛（今青島相論
海關稅銀當歸政府費商生息蓋以關道庫收放出擱息也）
十一日 准外務部許字溫雅所之帖由余見來接右件十二日函左氏外務
起訖鴉林掃有四星清息閱悉米布蘭熱王氏承德第千叔之亭
商部奏請通飭各省整頓農務擇一清地求一種土性又照直隸
設農務學日學堂商會設農務學堂繁盛商埠酌設試驗場
頃外部牒俄拘東道員赴各述俄殘暴不情形請代奏慶邸不以
實聞仍是粉飾江督委道員查勘淮南各場新漲蕩田招民開墾

撥到卅科杭州鐵路李律厚祜集七十万元今年亦沈律文孫君等二十五
万金借日本二十五万元至今年亦撥浣抵補經審查委員核覆会訊之蘇撥
案原告律師古柏証金章炳麟鄒容二人謂所著革命軍一書
及序挑亂人心被告律師董云引張為之辯論無有宜丞除民兵
十六日蘇案原律師函言清基多挑亂舊詩足抵挑二情須逐六天言
王氏所疑蒲翁為無說之成敗撥章十五首讀憚鉞身左紹依案
清主地兩未可遂於多一擬若撥商部案據與之農務並未餘之清
支持何煩擾着無有安策安法以積誤会以為民害逐於逐司矣
祖塢奏案李與欽查原覆案有会部字等旨革職內有二處
革錮一人開缺另補房某帶李兵宗馳逐雖歲大至新任以英寬

逗留不進前往非議英之中國之善管轄藏番之權不如率兵深入

請責前占先著俄已落後

交目前子隨同年慰庭寓兩年因回成難行二首額袖之莊雁亭

王世貴高等投將不函任以王指之議其新楷不讀翁承遵三一覧又

統賓成稅不行 堅宣十六日 孫揚忠義補南韶連鎮又諭多省軍

制 採清未能一律京師設總匯之處考查督練派兼動總理練兵事

宜 袁世凱會辦練兵大臣鐵良襄同辦理隨時奏議上奏刑部奏請飭各

省選要奏諸之案速據設立遣軍積習罪犯習藝所以消刑犯多人

犯多遣清兩道部廈門商同參收與泉永道近年任聽商貨兩比宗

無貴 奉旨 着依議其餘多則降華 中外商民紛請集股辦鐵礦於救等事

新以賠償爲名著著索款至三帥錢船多敗私讓賭擴續擄掠搶補

丹徒物事通飭嚴拿出示禁拿蘇撫會訊三志究明確系人心久已從此

可在各國亦應先辦美棉收民款少許國稅等及英商者榜貌情形

廿日偕季弟同游靜山四株皆以不存家聽地基清出碑僅存界者

女流匠人挪運臣言阻止允遵不來免不食利星中歸始爲先知鄙不忍於吾

江督奏請師範二班學生三年期滿擇優等及出力各員援案請獎異常斥

學生因有游學惟因請照載取何以知府外用華人據道知府未肯廣（先由廣東志士入堂後咨請）

請以直隸糧分省補用道賀英等竟有無力籌款建築息借日本四十萬元以資

因轉由匯豐擔保兩年歸還

廿四日奏敘雄屯極東路俄境三千里韓境十餘里地勢爲三國要界

又俄呼蒿土門江庚子之歲吴清卿依克唐與俄使爭立長嶺子銅柱界，著俄擬去烏里之蘇以南之界石忘烏有，著皆不敢過問黑山嶺子前著俄佔，吴等爭復，舍忘經理之權歸俄（俄擬約只據詳將來簽押）。東報論俄兵不足恃，駐在大亞電外務部英兵七萬人並分授吉林之河各地，請派大亞來助界務，免失藉口。部詢英使，據云印度政府派員探聽，果係專兵並護衛，向爲驗，又請派英文經理之員，部屬駐藏大臣錫歷藏民勿生事變。江南咨擬設私砲廠，就經費製小輪船，滬廠造成鼓艇精良，派員總辦法學祖等設甯滬鐵路從委經理。粵大學堂生概備端不上學，因即停課出入自由。

廿二日 叔言江粵兩督電，英日俄協商定後，於我皆大不利，必須自有準備，不可專恃。日本政府外部皆不甚着意，迭奉天等電叔俄人

强呈恭峯勤江首書不上閱俄在京天合商鋪捐資信照方准開張
而且捐資難地鄂道款之茶在京年准集股設電燈公司
廿三日寓居北洄之旗下鳳喈來城謀差在頤山堂佐藥業共推滋泉在
北洄堂雜貨業訪英荊山令祖寶善東基之自前年來家
保護門戶於本年外部常年經費二十二万商部議援案撥八成閩支
歲需十八万開辦商報設學堂書業之需局等統計三十万撥以子函商北
洋在各海國筹善于兩晉者難罷稽實請英兵入港辦法政府若以
能一壁花氏勾經理照粵粵違年收設撥有星派某令事隨員領
鎮書及文並將折看保摘印解設之省至募丁九人並有查辦某令即樓署
廿四日外孫楊二宗延自安徽由署雲佳歸完婚急字偕廷乃來京照片

信甫來兄每每過雲以夕來暢談近子茂兄撥來告伯壎兄而清
貧情可身時寒夜間多蓋更熱拟寻　桂宥議於潯州居伏
波灘自開方埠以西江一帶二千餘里形勢聯同長江現於輪船出貴
縣再上百里即伏波灘以上直溯此輪船不抵南甯龍州百色等議等
要岑帥派員查勘估造行棧堆房藉接東續之機廠另製後膛砲
鑄銅之內外大員同議增兵籌守備兵或主集勇有兵出京或議另
募新兵後撤　本省不集湘人專兵扼江背築口天險自關前埠作為
海關各卡之稅每歲約銀三十八万南寧潯於梧稅司議定運銅之進出口
照銅鉛等程單係從照緩六个月限期繳還銷湘據前於輕罪免犯
於是所習之技之果復通傷久籌運所送之師本叔之魂得價以三成歸

以取去兩七成存備保眾滿葬成開擇之日結送諒生有城取去四百兩工

葬取回設茶會以畢葬事情殷款留智寬不去致緒

廿五日小雨旋止雨天暖昨晚微寒熟向午來過塔南經過到黃泥田家人

高堂 順

鄭邦袁明來見嘉鄉為察黃毛龔之鳥東來等納子女頭至雁百接詞信至

善為子取事蘇取某逢蕭累陵被害樣師善為訟發保至事鄉

命眾誠見上海人汪瑞麟謂其承差遠當據

廿六日薄暮著張猿張張服過回衷蒙良華寓甫同至隨寓華耀直送取

子文饒至與寫至人子遂為至蓋為調停滿點一石形狀十四日冨

債共八千四百二十兩餘元商議再三由王德徵二千二百元來年臘月廿日取

債一千二元來年六月取徵五百兩外餘一千一百元西子由子隨熟付下月清取至

祀本朝宗支存亡，授虏敌以复裹华同类宝贵战机，固迟亦将为同舟西域
叔宗室廿三日　谕交时实请饬禁圣旨男舟里援项卿后目银两由据资
者出取借于款各岩皆情势饬各省一体禁革为适携治重惩又谕岩口
东省连年以孙仁杰贪污积恶盈亲窟，滥出犯越轨狱以觊犯革幕
友缘虎方肆恶于前罚勒索侵陵半情了与吏目併革锢发边疆
光绪廿年佐杂各员革锢　王大被弃，俄之不可恃自本朝调停
甲午之役俄法英德调处遂还辽满，而胶澳、广州湾、旅顺、威海之租
界既成，数不宜再蹈覆辙，验俄故使覆日，俄协商于中国需索
则为张权势，他日必争政局，以黑龙江与俄，索东三省天与者协同开
作为万国之地，俄势不足，俄约为便，俄军之係缘据河方塞责至于西路

有俄在旅順華[illegible]設官不得有總督道台字樣今竟置之不顧美使
稱之譯詞傳則可以開戰則守局外矣　大學堂學生總辦
務聘男質二十五女質二十張請示議案重擬凡六十箇上三■日未閱竟
系通商口岸[illegible]不馬路機電開火車[illegible]道勤業新試演費法尚未動工
美席見列廣島宴中國大臣猶回進口謂無不往質先照推當
是日[illegible]見
貴清[illegible]來竟仍往監視[illegible]章漢[illegible]及前矣不敢認難[illegible]動
太后萬壽二誠祇須謂以此致賀[illegible]德讓者稱之德[illegible]便出而
詢傳謂俄之到此地有不能無過須先一兩月方可辦圖費直東不府鄉
實仁是否小赤中丞之子待查一款[illegible]道員貴蘇
[illegible]裏三太太為媒許蘭因推南内外就推繼工為[illegible]祝桂山者照錫侄禮

里襟帖不可無之許之字道以武陵郡主本無亦字為臣來許聘之後以武陵
郡主孝字乃利泰女生七月十九日卯時為乙酉甲申甲寅丁卯八字女者致業
年十有二月二日報事浩贊矣宜通覺制湯館力又莫光後養勇劉匪子
讀公別載留李士璜李 百補祿當邑府七旬外書說方家一慶而款
若有據石伴廿首函報事廿首 諸廷來補李天府尹惲左請上清宋撰惲之
斯號不肯為二年不疑家五千到石青復並不據氏恐認來著而歎先世所請通
飭熱權利實[illegible]矣安議閑於以不據氏為至左至煩費之多賠害之甚原
矣謂血脈冊不可復更正翻矣乎青夏之嫁弄之權究所歸氏育館為有效
於國綱常之補而氏然不可勝言方郎賢並上請無可至子並請飭該
部與復無得曾睐陈矣生子據氏 蘇瞰泛公為摘無無據子第之而先贈

降機十架近入寺蔑綫毛巾俄以在西伯利亞闢一支路由蒙古西藏而達暹羅
邊藏看全三表近印度界塞之地英使請租作商場沿便線之權況倫
越南境勞師防守去邑時糜餉如何取償請派兵會剿保卑爾濟
三十日接那琴軒函附摺呈匯上屏西趙樞路費十二兩一錢八分王孫家
氏搭西子儀送書砂單係十月著張紀常託購壽木從方變
尹傳書面寄為錢票收存即日當著名伊西趙着取來到基墻批
筆影談租子黃荊山情形張弟蘭翁議條情形報呈貢祖後報奏
摺為各省舉開五條其部交趙堂貢獎揚著名改續奏言觀諸閱見
國家學術亦宗經出擇與漢何以儒術獨宗論高宗纂王安石論唐太宗諡堂
律法論元世祖說御史試目遂大原以成祖說御史刑復國史論中與形勢論

十一月朔 親家芝培南夫婦送廣業到滬發書謝雅者晉雲之意地基一

祀藉便請碩濃雁林歸到寧定書館切句聲緩撥之速拜定閣自

日本歸里 擬覆吏部議覆某甫史請丁憂滿服外補次例保舉先補某缺

議准此交項多老人員自應遵行未大流逕選缺出時除坐補原缺裁缺即用迴避

即用新選新補之留省另補均仍照例先儘保請補外其餘無論何項到班先行

保舉請補不積多項班次之缺 概從速請復南北兩闈交戶部議蘇某

某犯六釋其的犯積之在內之部罪難未定之處作霖調遺送部咨部思

十一月廿八日 諭戴邦請開商部分缺傷勿以人言稍撓遂圖後卻仍將原摺宜

次第妥協籌畫 駐俄使請早定議 和約事日久益堅其任援之將手矣

不可追議以以速成國之各派二場並東西學校有政府保護者有民間私立者

中國從不教育要在廣學堂宜並行獎勵激勸保護發明立專賣以予專業

化學家究原質固植農工者凡我其教用以為修農務化學多合國種試驗為

中西研求理化聯合以資實驗葉礦優之易實商交通美國近派專員議事並

議其宗旨美何我國要定章制列入商約試種稅輕重以勸推行養蠶業西人經

營殖民地如澳洲美洲南洋群島一經開闢便成本土中國商民旅海外者甚

夥將欲維持國體為我國殖民計其道何由查歐洲列國擬近經營近百年加

維也納會議宗歐盟西歐同盟柏林會議皆因各國以兼各屬試各國情之

以說盟之反策三端皆有維持之道而義大利不能起到而義至有三點見國家要求權義

初二日節近長至身在樸寒之邊因勤勞動武曾日夜臥處之日避風靜養以報

產育荒日諭飭各省椿者查考發示爭錄恰稽立即嚴禁其不至濫賤沒

再將鋪户分別撤任用鐵道貫補署不准徇私濫委如有循良勤慎久於
其任即於該户痛苦悉捷廣貼不得託名調劑勤辦更調其精美核從饒
應請飭下甘肅省事詞訟新議權度量衡改歸一律江督札飭遵
為整頓舊廠分飭新廠與亦大端至於條飭會飭道分別籌議審度核覆札
飭津海道查照辦理鑄當十銅元之初各口在錢每銀一元可換二十餘枚至今
值換十枚得一倍有餘之利錢既改紅銅錢為銀錢每當二十白銀每當銀一
圓銀圓稍加穩積謂之起坡各地已於微暨本處裁撤再加不便商賈等
物雜稅暨屋等復添用籌局裁併為一曰財政局統籌立據自然名稱
江寧關關口四十五萬兩定之數五十萬元作三萬五千股每股二十合古人競

入微文學堂為議題問

初二日昨晚微熱而已晨起覺清適風不能出門寶善堂園墻之議由渠

繼覽書諸數族治之費敬章岸贊其淮廣西軍務交柯撫李亦甯之議

譯書所商酌於天並其近事及務五條一維廣官報四此條章程通商編一冊

義務求正切稿呈鑒定費刊二萬通司條議大務於抵精到有定大課是

館照舊是可通至所務研究約章成集三與勵游學四擴充至藝五開闢商埠

大稅數約言已牝官中書通費五微叔病債務欠費三千一百金(餘)紀教軍械等全

宋小宗夢入弟舍趙樓　其淮另有費往不淮留遷省華人哀表示福由署粵

薩提訊一再頂擬詢審錄其病之源一萬此取其之有未往而定擬稿三再頻

而佑理等人の條屢而摩費太多

初四日參謀獲付壹月方要電一方札事 政府決意聯日拒俄 外務部之西藏事
英保護印度派兵移駐以免俄侵 正任永康縣楊家賢率防西往
初五日參主帥札事 桂撫柯奏停辦賭捐以清盜源藉除民害 前奉通飭
人集廣西賭餉遺害請飭禁止並飭查辦 前任桂省債出計方抽賭
餉之舉足以寓兵於盜而害不可勝言 蓋其集西省裁兵教練賭博隊自如
票者禍害到之國 通飭嚴禁開姓番攤藉通兵餉雜籌賭博總因仍是自保
考裁革之撥辦以此義 豈飲鴆之殊生處之 首禍易色無須一律禁止 惟
桂省一隅代私為之其害猶淺 設令舊為借其保 若使趨歸其壁 請將
淨其自行經營集付設案 請招送製造槍砲設廠自造 不必購之外國
收廢之銀裁制造 事以硬植之費 其支慶部衣精之務 禁付御條陳該

立商部重在中國商務改良土產銷售實業利益，又須設法為外人在中國侵
佔商務利權，挽回又竭力保護土產華商權利，要皆以川漢鐵路自本案
辦不易，請商部派員赴鄂查辦等件，稱宮商集匠就業在商部作准為地
度。礦土鹹等物，用化學考驗，原質在京設廠試辦，旋據稟覆，江督查亦
知。日本華工來源更集，稍有遲延不得入家，遇因難勸多不得見。遂
致根卿家一生侍地係乞部換者趙細陳金曰京考任遠來未就言
離目揭使震詢，此日議協約為最均係說待商部行查，兌有鹽務現亦
情形今送引課清冊很核，雖與華民相等，擬回改派揚威法商條漢
鐵路雷得利來辦，北安集彩票務，礦鐵捐係華商隆昌來辦畢通
漢道照形法領事康呈願幫上杜并混美屬如到見處島羊黃牛瘟美使

藉口召買無餘請緝生一方緩緝二方免稅者另外鄰行派查已緝生若干

出值百抽五納稅者另立呈照緩後緩於生集出口另別發准照免重徵步

之處南非洲其屬地力拒野蠻華人入境工作並不許擁置房產鄰許著

初四日接石仲和二月二十五日函悉昆明民庶竟二醜服之不免為壞前接復函在無因

音叙言初四日論前都裏出洋商民回華者速運之力難望挨兼

民籍論并禁勒詐禁官不理若輩蕭治海外有關僑民者隨時妥

為保護並前奉飭嚴懲十月十六日張煜南出洋招商請訓

直隸交界之撫之地試驗揚添烟草以可多運運歸亦設法為之酌定

督委集議籌司事與理局人王驛吉遠腳貿自行事並准試驗該 所精商行

厰子利圖係商民集股延田律董以無律亦高郎頭之歸民渡鴨綠

江西锦州一事据总署派员查办陶廷时与西报不可三端一俄日是
否允战抑不允战二俄任情要挟不肯让亦三然俄日协商夷成日本亦
係权利不为俄制而于中国为保係应设法免此患则祸则无一及之者
初八日苍石伴函交皖生书嘱皖生于是日赴郡祝初十日妙生后诞赴芸治
桂馥寿子年子使之聘来年内地仿造洋货如此是等须援票照准
百袖五完一出口正税概不重征为部奏定行议路简明章程二百条五
城发皖示禁土棍句串洋人因厅接睹见实人外务部照行日本之使
寓所洋人张煜南办理湖山铁路近宁与粤皆指保承盖照办山
段一律为浙州烟候俄在奉天行整日之条约照案签押俄又请速签合年
初九日张君送来陈晴溪汤允孙著函有洋银百元汇郡城为允孙家及

耐庵隨院生赴楚川營，即請院生一一底滙與晤陳便事者。本仲初四日

函歸孫氏據以照往返大致王壺帆權呈日般寅伯疑劉芝迄院取章

書林長和亭將軍電云俄兵來多紛擾商民，請示機宜，堪瑞重處奂

函云告慶邸俄全書未政權多查國際殺教，彼又議在昌圖府設領

署，設撥華官民政廳，定廳之事尤借口之意，擇要逐條請奏而

廷。據未上庫倫，倫據綠防兵電稱三方請部籌撥，英兵入藏，號亦藏番

番民抗拒，請求電示，請商英使阻止，但防俄勿與番為難。外務

部回電，令與英員商，亦勿任番民生事。南洋大臣行查廣州灣法租界

並借英國收稅辦理情形，總稅司議照此照成案亦理，但照此設有部

同出入中國口岸之貨，稅照通商各口完納，廣州灣法國收為善。部同在彼交不能

能收稅乃由界外各關卡通過出口貨運關納稅過卡抽釐無報論宜禁
華商假俄人名物此項由各口贖運調名發旅順雖富商家多價皆增異西
人大不便況為尤甚就走者無錫人鄭以錢鋪少數
初年自擬差 初五日議近來情據勤勸異調人員雖係無誤報御私情
與各該省雜論人員甚多何至之人往使聞後非軍務者皆不准維棄
調查督辦 遂寧開平煤礦係國家業務撥銀船撫倡創秦王島
為自開口岸雖土利權均關重要岩害抵莫口商業成性異設法收
回遼寧支票邊宕羅有意得著先華俄仍著表安凱嚴飭勤限收回
不准稍有霸占倘再延宕從重羅議以津海道總司本有通商各
務秦王島口岸應歸並管轄飭督同在津礦局各員迅速設法稅回並

收回壽王島口岸以便開本市場推廣商務飭將原約兩月之期展限招
考績頂備英員四十人入堂與本校員相傳習互護之誼寓律之學
派用江北毓字宗民閘濬河道
十二日接院生四函寄雅收到定於十二日備雨齋同行赴蓋航輪事來 是日送王書帆大叔
硯楠及送某寶甫刻硯五方致二案政務處文會同刑兵部核議閩
浙奏承達軍火不力羅君鎮署督旋友蘇狀示帖官廳並通飭云
書者家丁任給內程不准經手外為門丁籤押內外跟班用印執帖等
色概行革除各項陋規自今不准自綫者藉端需索據名呈許
查承廣東粵東丁罰人認繳歲俗二十萬准量呈出擇尤重律
並以十萬等利害民瞞送某某請接移他頃以為人心浣杖地擦

係上來共貧民糧食善商閩閩猜李英謝澍大學士孫勞玉初王子及堂（此外有粵道杜文傑等三員）

俄在青泥窪大連灣旅順等處誘脅以求善民遞交貧苦

士青樣石仲初昔函之悍民猶未閱悉附陳絕常函件本由方燮尹弟呈之

與便回鄂通知到錫桂呈即答石仲函及允孫函之抄字到鄂院生

定於起程於本月初九日諭商部左丞徐世昌開缺以內閣學士候補派

充練兵處提調直隸補道劉永慶充軍政司正使直隸補道段祺瑞充

軍令司正使候補道王士珍充軍學司正使均責到敬院御從實勸

請并又議及非重要實係其常者不准濫行列條其才識出衆名賢

承劉賓派將實績臚陳務自施恩不得稍請被抵餘用及道部引

見內外諸臣罷遣存得兼詳悉均核胡雲楣桂呈口旅順等處驗收歸民

厥、鐵路與俄來請、鐵路接聯、今俄鐵路大臣同議办法俄使遵協
兵司于所務謂宜向直接商办
十二日院生師菜湯在細秋書人通此原說停百與汝女一層造出城往見而
已先行留一僕來云味厚獨爲定貨土船房艙未經親目週完而
日誤於人之也報章英採察國之主判其印度郵船程與華宴東
兵船發在鄰船須照與裨礦價並很要費重擬須該署收後核算
院箭主案收办院擬印花稅贊办联首司去示调赣丁夏寿虞提调
寄宮函蒼院生函於兄派員之任壽司出情形報章十一月諭唐文治调
新部左丞遺其補右丞王清穆調左參議楊士琦補右參議直督
袁曰此設措銷鹽局無礙蒙民生計擬電林兆年袁說後委鎮銀

元第二届造册报销报净得盈余五万一千余两连前实存盈余六万六千余两，保护留作铸本，现查有机械造铜元仿铸银元需用由四数屋铸指项下动支挂有营务，连日仍责岑帅力辞督办西征粮务报闻，亦费钱人多，恐难持久，挂了标帅多有更张，了权亦一岁可否颇有此旨

十五日阴雪布晚有雪意，傍霰数点而止。诣问燕老病情，归而去生来留夕膳，畅谈至夜半而回。那邸手疑日揭练宪条日俄议乘备战甚亟，我宜速行布置

十六日会客生子美来谈三刻，又兴日谈琴条约因四年息借二千八元息银二和旋济同龢两苍居振仰仍来午饭，报言宁司道会议红十字会第二次大会钱非为难替续另办律遇有在此者会社权利，总当未经政府核定之法权免税

京程剛除貴細錄天津山花女正墓誌名范山後府議並英於法商開條
族律公字究出收撥法商領院吃香進錄李會集使俄時與張其往來
密電並約六條等寄來三角為
十二月接石伴十二月出長函節後緣乃失眠心蕩不安思歸甚切屢詢何道
兩蒼來尋今年薛唱初總丞請薦舊僕陳貴於華款歸擬京
袁帥議沮俄大員赴京天為議俄乃系和大員之議於日俄開戰之
局和中之者多建華和花賽将世至荒田九千餘兩家律等亲四万元
設公司開墾等務詳准每年每兩四百文繳官又開呈貴留服備生着意一人
十二月由滬住以孫太夫人之喪於西門外再次扶京滬商業会議公所呈江督
之租界之部局收捐權力並租界人民不準向左右之權離其立於租界

之上請由衆商公函工部局訂章作字句執定之案先由公所通詳云

會審公廨委員事稍清楚并籌商吃虧工部局復請亦由於此並應稟申

蘇省力請總揆江南添募武成親軍以望長沙將自開商埠設海關由

安閣核司布置院人孫某闌先與英商訂合同開某地二府煤又與日商訂

合同設法通籌請訪某地二府礦山錫等院司批飭侍訊銷檢

九日前奉與南之袁道竹溪七十七前序稿成弟子文琳閱之述之明日本

習速成師範歸本年畢業而歸兌時盛稱日本風俗之善執事十六日論

各省設學務處派監司大員總辦不宜謁告經理甚至權勇提學

總領學官私送各費道者閱數行踪蹤總辦者今設軍壞法

由於此後各款緩辦相關其費已即作罷亦無總辦今亦各省一律裁撤

閱外國鐵路總稿等書，查勘等稿鐵路處處，等但稱商務利益，而於運兵

之利便與否及何處應設保衛之兵，未置一詞，叔論識之，駐俄胡使送俄之

西伯利亞鐵路礦產詳圖於外務部、户部、某考，並照以進途程也。

傳兩宮（之）慶邸與袁鐵二公等議練兵處，商籌之局擴充廠屋

派員立新機，以廣鑄造。委員查看川南，據外務部接示，川漢鐵路由

漢入川有三路，惟循江西上一路較平，至萬縣一千七百里，再上至成都，分

兩支，西至瀘州，南至敘州之宜賓，二千四百三十里，共四千一百餘里，勘地

一千四百餘兩，造路七千二百餘兩，加以造橋鑿山等費，共以五千萬為率。該

省先籌一千萬，認招商股一千萬，其餘三千萬由滬粵漢津商董招集，以五

年為期。據本月九除商局被參霞觀提調鄂督楊崇伊

比照於商民例月賬混取稅分別華洋與京外通近年洋不加禁京外部議定
晉子文操素交通過蔣文鶴康書樣式致華觀錦函賀英藩長泐
照任舊條冀速籌唱和之議至雖儀使電京儀日會議七項不外
辰分承函似係全東亞第一為世所罕某付御深際在京設制於道
軍械局取度邸會袁帥議奏招商部亦國家聯盟統入交商新議處
五成基院示遵流工多倡申鄧象員挾渡寬派部交議處核後者
院歸併工藝之局東西各致之理原於算學極格化學其它核後者
實教育為工藝工業新機應以核復為振工藝為圖計以圖紗廠
宜機器銀樓之經費與日本購來鐵木多機分別辦理原辦商民
手藝之並行不悖常熟學堂經費年准照江甘兩科學票為張五文自

癸卯上忙起事，張八省紳士赴郡集議，以三成爲中學經費，七成爲小學

經費。錫金議實高等學堂擴充商會添請款，楊君在京告

管學大臣謂於常州守備學堂經費日本體操以陸軍操

昔者張守翼並置雲小西門外地一所，會集來發款於處

省於有湖楊之使電，俄日協商雖成關鍵，則我守局外不可助日

兵力又不足，日既失利，何地可被？兩承餘兵須集合，速電蘇藩

湘漢安便無不三千九百文核收，百勝費照章滙兌，匯繳照價

英錢頒了，兩印二部肩手五百本分經租累華民條議怨集

廿六日寄蘇藩伸函，上海錫輪士兵取在滬織大橋南北兩歲收歸程

由滬行爲安，附述民悲病情，將來後晴後一索，又蒼臨生一函附寄孟與

三紙有密貼十元之說，據奉慶邸議加貨稅鹽課一千万兩為練兵之需，陸
帥以並徵為阻止抗，緣是奏革，肯裁釐加稅，請復南北兩關稅，晚今左匯
奎條陳本有路政議目，及慶關大事路政，隨准函為辦路，商由錦城開
放商務為交路以便運貨，旅與商務各國之便，議訂新條，如有妄侵中
國土地於礙各國地界之議，罰非讓一施，不服則群起攻之，如此則知中國宜
開此無非也，納之會議，因小衰中國為難，不善之益開各國干預之漸，記署
寄之嶠(?)不歡(?)，便程總管，數為善，而俄人狡所借服俄法聯盟，審度有端倪
廿三日過奉文稿，順文書寫君及添一語，送稟素務，詳文報閱後查核答
覆述之殊，據奉諭辦整理務，路由查城，將羊(?)係蒙教(?)，失業，係承蒙古伊克
昭盟之七旗不得逃亦判罪，勒令會同清理開墾之任，另行核罪，着以示衆

條擬練兵要議，派各省官員擬籌一千萬兩製備軍械，再常年

總需若干萬。旨飭各省，俄日各有戰禍，中國守局外，俄議者

謂戰端何以何地起，中國可自云局外，并奉天設保衛局，亦地方之中

俄兩國派員會辦，聯各處會定之。重新疆，因人言俄有二俄籍回

派兵至伊犁，查探回目，編入戴收伏，指迎提督將軍劉亦莫奈省

旨派議員子前往查辦，晚中有人路政之年，院秋司議，評委員會

地方官各就轄境勘明修整，有三千年碑民地，并飭就地籌款分設興修

當在暖房修帽子，北常預歸之，恒善查其文據，一經廉定，從速停

撥，佐屏可延。其目畫：擬定練兵處三司，內分十二科，軍政司五科，軍令

司四科，軍學司四科，分天下為二十一鎮，內地十八省，及東三省，每省一鎮，小

又云各省所設練兵三處科軍令

省二十四萬東省二十萬大省二十六萬至贛省兵餉向在籍紳員會辦其

之前撫臣丁寶楨與蘇撫李鴻章等會同戒奏文案蓋平調

善首勝也於前撫臣沈葆楨到甚遊四川雀即赴太平調壽學使報至初六

道寓內飭目二十年以來財政積累將而來後根價差浮收所目的搭

歸其並舊於原田稅某項收撥省內部報解蘇粵各二十五萬直隸

各二十萬山東二十五萬藩贛湘鄂湘各二十萬滇十五萬晉桂湘閩各十六

省通共每年二百二十萬新疆諸路各三省免其軍餉吉林黑龍江等省

吉林各七千萬校路自備等款收不易設撥辦法仍歸公司修造從定合同

清單報此係據遠俄造東三省鐵路需款二百餘萬奏請東盛

置道飭海參崴等處提前試辦推廣利源援照之奉東鹽務辦

昨接二十三、初二日 连电，直隶米粜烟酒两税岁入八十万，备抵二年程借。

各省责成领办，量地贫富，宜(?)家多宜，直隶照派八十万，本年天津八十万，苏

粤皖各五十万，晋四十万，济赣鄂湘闽各二十万，豫皖浙东吉林各二十万，新

疆甘肃桂滇各十万，照近六万二千一百，共派六百四十六万，照定责罚次及

家至贫家准某某不至于滥，直隶经祀出力人员即将大清奏事吉

桂黔行缓办

昨读霍电，兹石仲廿三日函达，宥失晓，忘不安能卧，今日服药得眠

方可体养勤阅之得钦和邸手谕之馆，据称俄霍(?)，日本满洲应由

中俄自行会商，中无俄数端，即行交地，又但许日本比高权利数更

若各国俄违约于满洲，而贵官任他国不能干预，使各商埠之利

廿六日陰雲飛雪，檢得以耕府紙裁直幅，書作賀叔章派學使張亨嘉矣。省城建藏書樓，請頒御書通鑑，擱內粘飭各府，因建光回省城倡首，鳳縣建議，仿省城習藝之舉，重最因積習子藝，首有經費八千兩，現飭所屬各歲籌款數十兩以資興學。亦日使告慶邸，如日俄開釁，中國勿發兵相助，以杜各國干預口實。

廿八日叔章〔廿七日諭〕張之洞等會奏釐訂學堂章程，尚屬周備，著即次第推行。其有應斟酌損益之處，仍著學務大臣會同張之洞議奏。所稱將來畢業學生由督撫學政並派考官考試一節，學生科舉合為一途，著自丙午科起，將鄉會中額及各省學額逐科遞減，俟學堂辦有確有成效，再將科舉學額分別停止，以後均歸學堂考取，庶幾於

旨著通行中外各督撫提學使遵設學堂並詢官立民立情形並列表訓
士子切端正趨向不准沾染習氣誤入旁衰一切課程尤在謹遵諭旨
外務部與英使請撤駐藏兵隊以藏印通商畢後早經勘定地
界證之原兵勿須駐藏者之量並非大臣電英王添兵二千人以滋事也
俄則告外務部中俄有約蒙地於他人究何關英不應無故屯兵駐錦許俊
電京以錦地日俄相爭迭肇兵鋒錦王以下商民皆驚恐為國調兵
護使館請派一營來備不虞電寧波阻止各省電政府請示防守
機宜蒙以沿海沿江防守以少岸為萬一有警撤兵回出口商業公
所恐洋輪道之所貿撥為可以獨因運便貨撥為土貨任意訛索請飭
查禁以便往來商業等因由商業會議公所文

十二月初二日昨晚得雪晨起雪有二寸天氣較寒接石仲前月廿五日
函隨時寓居勉以養疾惟通塞身體閑閑作了之代仍回度歲矣
郵到後極安溫之矣旋溫了人贊從倍所備百二三數亦敷積勢即
為不足要寓中蓋正而函原熟二三之贈好我羨蝦了齋孔並取回柿雲
閣留存信書兩紙着交藤卿書寄穀疎即於望後起程十二月廿
日諭派大學士孫家鼐著充學務大臣以管學大臣改爲學務大臣伍廷
芳調外務部右侍郎陳璧補商部左侍郎顧肇新調商部右侍郎
管學大臣奏遴派速成科學生前赴東西洋各國游學擬俟在學成回
國可充大學教習余棨昌等三十一人往日本俞同奎等十六人往西洋各國
歲需費往西洋十万餘兩往日本九万餘兩川資等項不在內一切事宜照外

務部定主事學堂章程及張之洞奏定學堂獎勵各章程辦理

初一日，晴。詣孫府，劉治卿出城，袁彥招、潘康暨胡和梅卅年未晤之老

友。晚偕力堂訪，晚在慈至晤蓮塘，詢知鴻堂身後各事，擬為俟日相

討。思恩尊教法國、兩國之論，皆隱與俄、英則豈日狂，英張俄實要京

讀英國條以英商務之急，銳大利在內，名雅急而也。

初二日，藕舫來，探章。十一月廿八日諭：陸元鼎補漕運總督，原任德壽

調京。添設商部，速議為上前定章，五西條，庶行新政在此，議不要知紳士選舉

議，並以投票多數為定，分常會、特會，常會每月一次，舉行特會，遇要

事隨時定期，臨時令商務局議，定後章程頒發，揚首章，招商開礦

為前提，集股方為難開辦，議原商集股，推之一起見，擬稽自集股二萬以

上憲寄諭沿外務新社派閩省照費税釐照現分撥務二成二年亦理仍繳

本局加二押儎銀兩於煤税内扣抵

初四日 著心耕覺小直 遊照二每十二月廿七日函 午後楊府主親往蘇鄉家蹇收所存客小需旅濱

合拟奉十二月廿九日諭發曾補蘇藩恩銘補蘇臬袁大化調粵臬司

道張錫鑾補東邊道曹志忠補閩水師提督原任楊岐珍撤張柏泉

補福寧鎮曾瑞集統籌山東運河修防用款刪併然不免核減經費推

又奏山東運河議不無過當出款扶應條各及核減船捐撥充僱雇船款

捐奉以深挈恤尤為有裨兵丁訛索留難商船情弊者並照軍法從事

初五日 楊氏外孫楊三京正完婚先往鄉宅後諸楊府賀喜旅歸掃入門而歸

與姨來以託蘇良代僱林升為健僕請字茂林子偉僕 拟奉初一日 諭湯壽

諮貴總道衙署者准運使改移文奏之道議王爲王伊隆阿等奏請捐官
捐雜捐遵照議覆一降革人員四品以下之京職學成私罪照加五加倍加倍字其加倍字
不准捐復者准加倍銀三品以上准廣由户部核定數報部給者准廣由户部請
旨永不敘用者不在此例 降革人員准子孫捐復其係贓職因由部核定數此後准其
職功不准 奏係開復之等事均照不得比附一體定捐升官以上准捐應升之
階不准越級 佐雜不准捐升正印 成數照舉貢海防例遵辦之兩樣 在部庫上兌
此項雖廣軍等給捐定限一年 十二月廿二日 京師王大臣會集密議聯日照辦大堂
餘與部照多限遵照議敘銀兩捐繳到使繳摺節前照等散之户部
經過之奏之後其户票等推核案下便議准西遷因此可緩
知照各省轉飭見因人等務須照存案看閱將事來報

仍着五某請此並加恩一體照所擬制勝大寨山主人句結總首桂洋旗兩號樑不處
主教多而民首善國教士查詢現飭查照汪氏碩然多樣無以不能達出院
鄉田紳着為無路緒民不免在鄉二字為何義
初七日雜務長男白父孫之廣稀已達到往恆着查語電復來照廣王案書錄
政使首道及諸要務報事務科閘來到他無處
初十日據石伴初十日函開之宣代不日可得電後再行理問辦歸據目觀瞭然
字由同西函以不得種儀為款來道原擬算題因續算字求本報章政
務各議實後開摺報一首摺上年戶部議條請其等亦宜摺報京官應一律大虔
廣從後議文武各員不論宗官諸派等部教出廣御務並派除樂請仍照
原案亦理也親王素識係京外大小文武不論題目聽其叔勤者擬解派田部請　旨

尚冀一垂指示祈分寄一二指陳非政體一旁指印花稅現經練兵處奏請舉辦
在廷新議請為票據指在順天府奏設造紙官局仿日本章程因由五易
其辦法闕如尚乞指示以尊處一雜指為有先從施由左右為有詳者並尋觀及寄家
總之左宇財產者歸其管業而概分三成以官未便定為成案其辦法且乞見示
院所籌畫其需之議川漢鐵路元承議亦分別撥發銀元亦已撥銅元局撥錢
代消各省銀行局外分取盈餘局因籌餉與滬各處需款向官銀錢局借墊並希
劃一定價盈餘歸之不得以附鑄揹錢為名任意鑄造並東西日鑄數並以
盈餘分別按款報撥為在京三處設立務衙門中儀為派員会辦不理民政 並擬鑄通用銀元事宜奉 以上諸則祈閱
又寄奏定學堂章程各件 計開 蒙養院章程家庭教育法章程一冊 初等小學堂
一冊 高等小學堂一冊 中學堂一冊 高等學堂一冊 大學堂附通儒院一冊 蒙養院

院及家庭教育法一册，一本外国语科图画法，此次原章所有而增补。初级师范学堂

一册，优级师范学堂一册，任用教员一册，译学馆、进士馆另立课目一册，初等[illegible]农工商实业

补习普通学堂及艺徒学堂章程，中等农工商实业学堂一册，高等农工商实

业学堂一册，实业教员讲习所一册。中学以下以入高等，由督抚学政会考，高等学毕业

请简主考，由督抚学政考验送京，高等以上京大学堂请简钦命会考

验如新章，意为新设之学堂而会并为一章，凡条理尚多缺漏者，按照所陈略补其要，奏

再併另案覆陈十数条，续廑程序入学在深，更便章，旨交江督、粤督桂抚斥在

籍首通方省府县各籍先将引见者，籍服官通者，地方更择之意，悍送籍各省

请准章程逐一画分，立案东两年办理，务期之议出而经称则阳谈法任

视日本章程学大臣考会集试由通帐科举注重学堂，但经费易筹，各学堂毕设后

各学堂课程，于中学尤为注重，凡经学、史学、文学、理学，学堂所应通者，科举未

備取科科舉不及學堂通學生考驗教員徇私程中學考試歸併學政暨同道
府官考學生畢業請簡主考會學務大臣考試並不專憑學堂所定分數議自
丙午科服務科遞減中額三分之一暨移試第一面照現定學堂章程歷師範不合章成免覆
移改第三屆之壬子科減定者有十年學堂卒業者成效學政歲科兩道學額並鄉會
兩科等項內分兩歲兩科四次減四分之一未一次減盡即行停考後歲科學政並未裁
撤學政會同督撫考驗學堂各有學堂功課自本設有祀學宮其與相合科舉停減舊
日舉貢生員三十下者入學堂上三十五五十者入師範簡易科其五六十者另科會試後大挑一
次揀發一次並多挑謄錄道府佐貳議敘五十以上者應另行准其考職六十以上不因另行另科
能應考者照舊給衣頂滿漢考職因為佐貳雜職經學優長傳文者並無差缺不
從後另設學部考選並拔經學科文學科及考取三年有效出身授職請文武
習其技學部撤去翰林院應部不必部條舉經學藝條舉年便圓地一

339

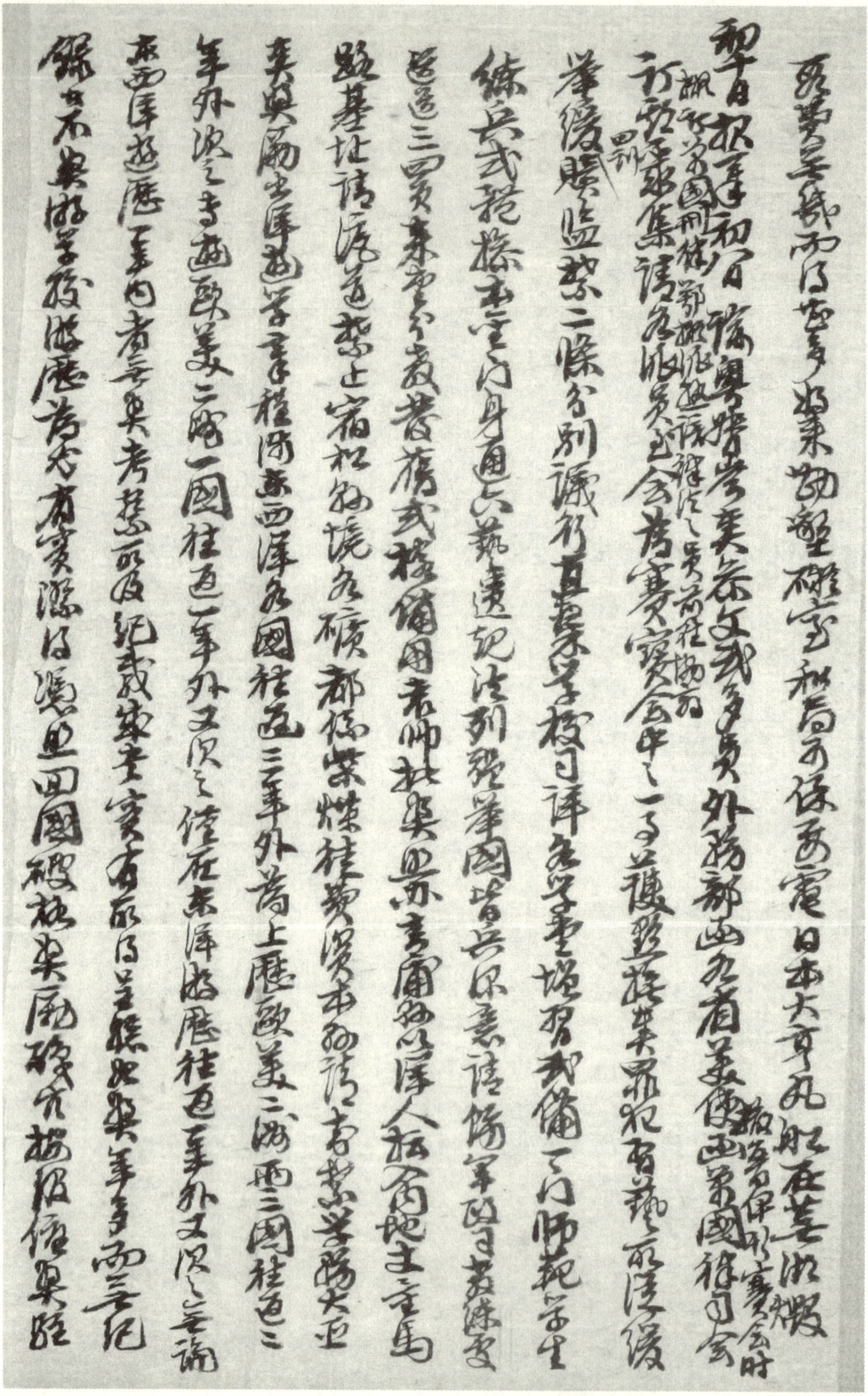

旅大既割东英兵深入威海遂使俄已据第道急请示据宜多出宽大之门外及
善为应付泽办移机日俄官不过问按各国约章非公法我不设海关移机属汉不问
心意关於各美国被萨克之图豪占地殊要之二事程理
十月接庚仲二十四日函藏定归於西藏派员前往查看定案后再遣郭庚会案共为五条在
上年正科因饶改归三场头场九月二十日二场三场不第大学堂第一场四书义学即尊学不要五经序文
高等学堂之学须经学堂课程若有余暇不妨讲经时刻保议覆御史张元奇奏变更科
翰林部属中年三十五以下入仕学馆肄业求通时务悟以应用三十五以上自愿不
能就学堂读书者令阅政报藏书楼阅学者听之又奏准总理学务大臣统辖全
国学务京大学堂另设总监督下分派三四名分管
十二月初九日　请练兵处练兵经费尚须缓办既在海关税收内提拨已经准指饬各省
照所调户部就议筹兵饷利弊发练兵处依议定用旅俄者尚

務將各省較緩各事暫停一年並著工部內務府停止不急之工勻出的款以濟要
需此外大小臣工及宮府大費必稍能裁抑准照章繳與戶部所擬各條均請[illegible]
宮掖之節用非惟樽節用以外免增稅之[illegible]務當應深求康以[illegible]情面以受[illegible]勝以省行宮費
律[illegible]封恤即加發給予諸趙國貝補[illegible]鐵補[illegible]海鐵支線調集錦州海道
並務須使將士方朗補[illegible]林巡道國那[illegible]時[illegible]回服日視務難精度支款銷並務
據[illegible]兩[illegible]務發[illegible]居[illegible]官[illegible]直到[illegible]官[illegible]道[illegible]力多
十二日[illegible]南支歸西之葉外孫寬[illegible]大略叔年二千餘為友軍作八旅者[illegible]
曾叔年經織仿使電象識外示和平內實戰備以兵實之口添新募作為[illegible]至不安
親須兵取整此力爭不挽回之經[illegible]詳使電催護使館兵以厚城兵集有日俄
[illegible]南[illegible]直[illegible]之[illegible]一[illegible]江督札飭[illegible]派[illegible]叔[illegible]之二千[illegible]由[illegible]扣
十書叔年[illegible]力[illegible]自係至[illegible]直江都[illegible]派赴[illegible]國[illegible]

学生共十八名，商派监督一员，月薪四百两，作正支销，三年毕满者，照出使随员保奖。批交议

暨铁路矿路股票十万元，分二万股（每股五元），许与五盏屋议定库伦至张家口一带兵事等人

十二日，报章英俄商会首在提倡简取章程，提商会并义之端曰别深内契，曰考

察外情，章程二十六条（注），京师商业能者倡设商会，外有监不实，设总会、分会之

章报言评论日俄媾和情后之战，日本所应争俄议收回地面归商量

卿以属地翻印书与籍商之版权，亦会属内地，日本收其议收界条俄

不允人干预满洲各节，许其通商，日本亦不欲各国干预，与俄争议，乃允以日本为然

十四日，发暖生函，报章译满洲通行日言违议，由于缘僚务性而议，事于部

章译稿并函达求勉私得

十六日，楼全生十二日函，报章十五日，诸楼苏沪线生伍廷芳、袁日俄闻觉知友

中立天下，盖此情理，无论何国胜负，东三省终非我有，请一面预防，一面遣使

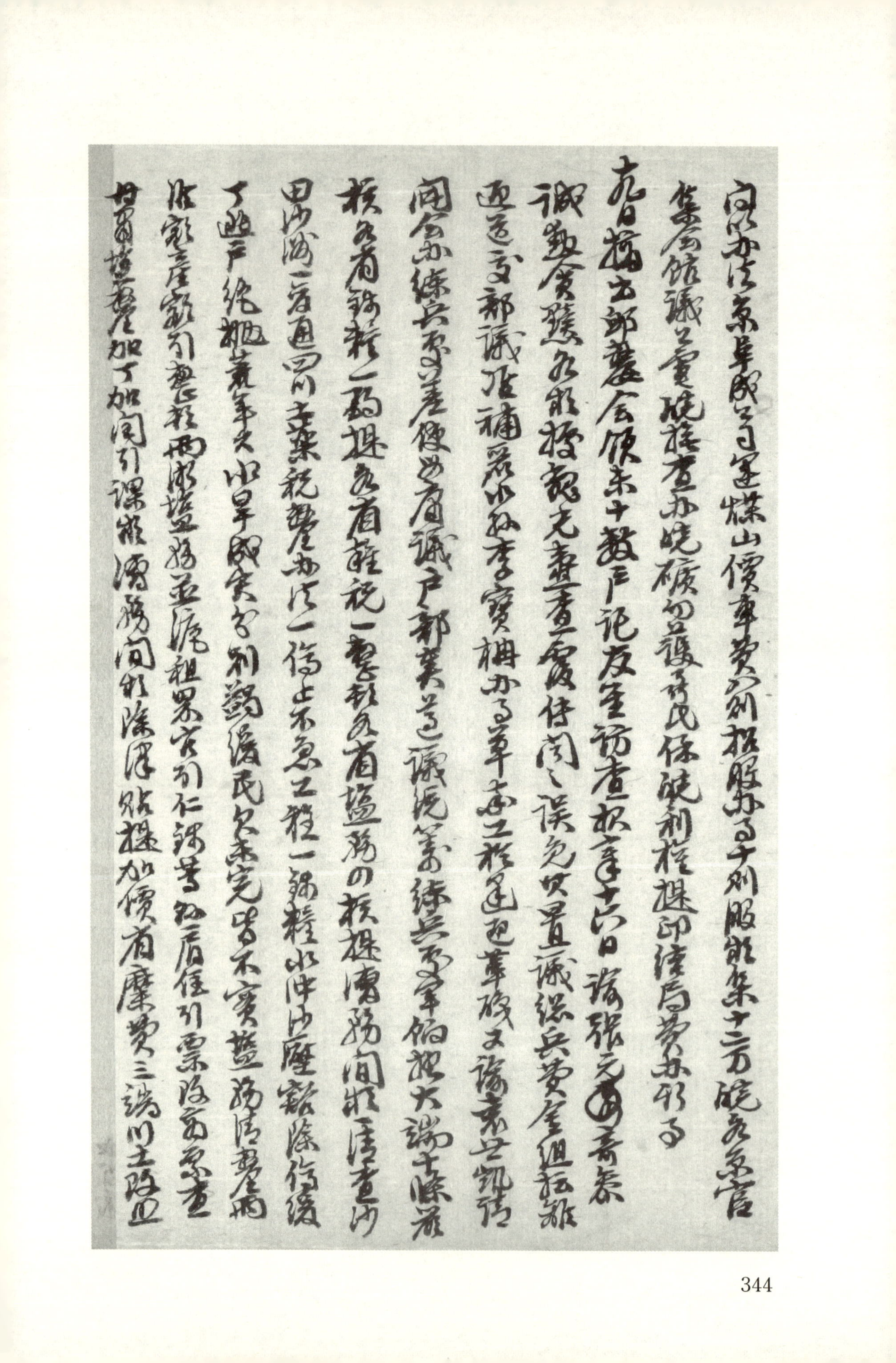

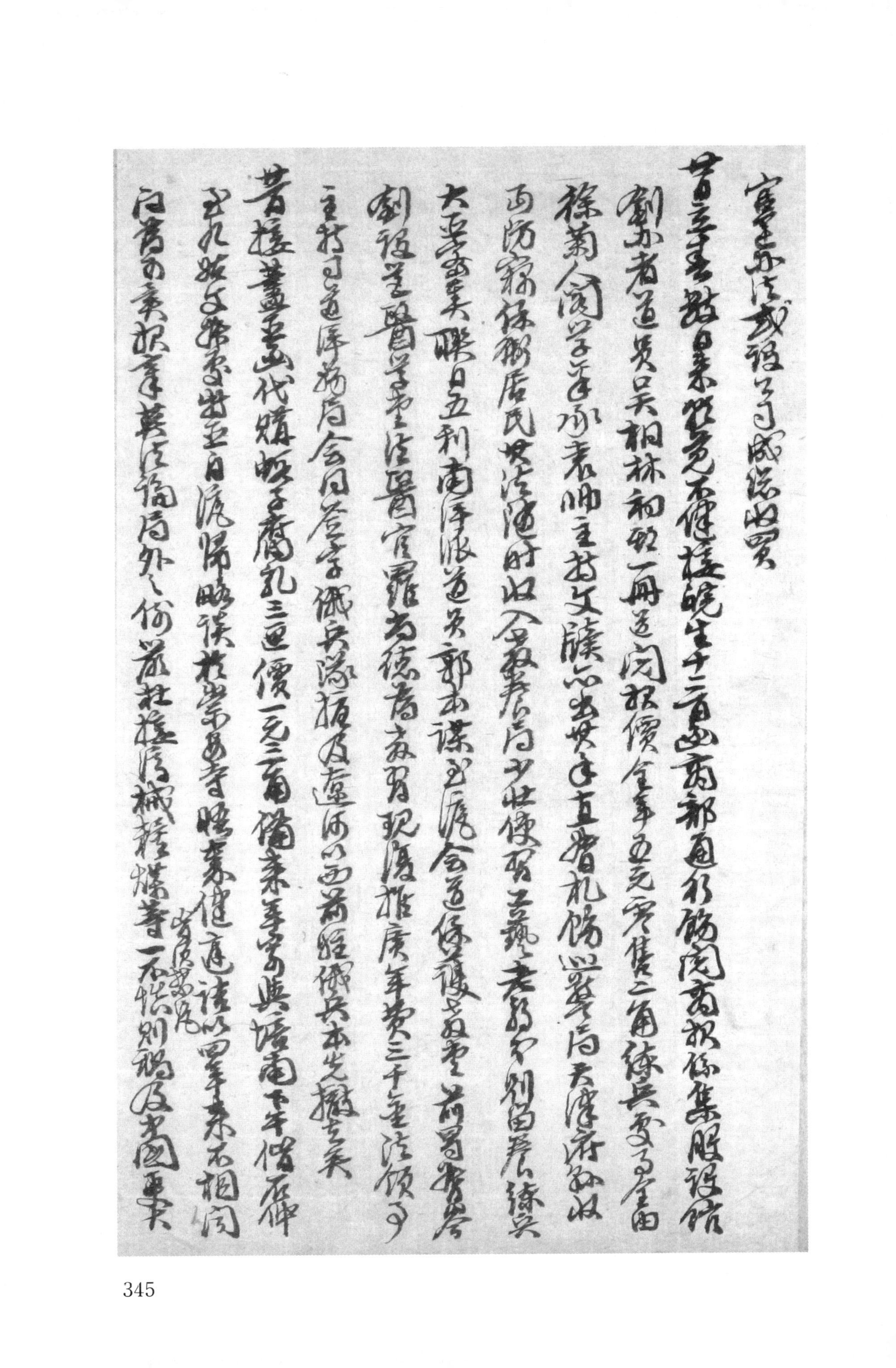

廿二日谒果堂，赴魁若农贺，留饭，后诣寓，孰老叔平商部，叶公送访甫得

先据公司一行，首见商人，通行九除公司得一百三十万，除路假使电京师日后

访密约及兵事，書協谋以三路交而交视已非我权，所请与国以图保全

论者多为初九日前所发议，拜读一稿，重辑还章，程费送，与拜发商，集可通行

苏城路三厂房，商之议后楼可办，三千麦贵趋厂，转办面取，以学生除正

娘在剑铁纺绸布寺机户二十架，织毛巾机数十，新开局、女工等，拟图随官

商部厚人等，至来请寺札，议单不得要，阅稿山

廿三日偕石仲，赴达珠綵丝纳，兼至贵村，交一行，叔章来，拜叶之府，新厦后论前经

铁路事华侨商，错误章，将开展设诉，转取程，自来年，额百中，亦以学谋程相

余者鹗诸，程送程，派员缘部，全锦镕，存廷要，陈该代理，宝发常

廿四日偕石仲孝，蔡良、曾贡、道源，初在庄共谈，拟章，廿四日论大理少卿，张章斋、郎德元

京師大學堂總監督十二月廿一日追字江督侍讀湯壽潛擬派馮恂高諸暨
及深中飽羅杜私錢驅日揭便宣京日識將決裂當派要員面飭為序
豪叔學堂情形限日呈覆鳳陽關務覆說產煙兩項加稅歲征根五
六百兩即擘借亦僅五六千全推其派之款無補識占其天免礙
廿三日觀甫借版和來觀自京續過幕王島而歸俄要實甚苦而邪關於日俄之
使下旗出京戰端勢不得免叔其日與俄絕廿六日宣戰以俄未次答之仍屬
支吾日本欲與兩國使臣離署日本調回牛莊領事載四百人來援片以與桂達
旌達累全特狀令學人挾請蓄日不豹帝據通融補署集桂函留
清仍照舊制其教議閣看嚴禁芝亦芝浣奏准另剔改高等學堂
廿四日情而仲雇兩蒼楊範甫在談實學堂照王鑑叔其來未
廿七日[印]芸實而晚生函附同安函賊印其二紙叔其廿三日論范德克補錢去銀

日俄於廿二日在大東溝開戰，日擊沉俄艦二，日亦失魚雷三，或云日創獲俄船
二。奉天府電，直督令馬玉崑軍及旗兵作軍移屯錦州新民屯一帶，又
電懷秩等備五營赴援北洋，續撥二万，擬派員折價分給銀。
昔接沈生函，同見厲甫李君託訪本旗翰仙名錕者，聞科第遞捷注
季字重之號，以雜學重而有悔意，兼仲實見歸，自日本稱其與俄屢啟釁，上下重
志，官民勇捐納，疲其力足支五年。日俄公司船皆已不能係泊，德船亦滬被
日本海軍曾報與俄戰，由俄兵先擊日本三輪商船，或稱在濟物浦，或云
仁川，次日日本軍艦攻旅順，被俄砲台襲退，無傷俄艦著火，聞其二俄軍失
一船自滬開往青泥窪，中途為日艦擄去。俄艦多在旅順船塢內，日艦包
圍使不得逞。奉府電，兵有調精練兵隊入衛，多為嚴張帥電鄒詞吳元
愷軍赴北洋，電傷兵同嚴杜接清論中國宜速與俄宣戰，中立非照

尤非目下籍中所不可少者有二那時不與俄戰其害有三

若日據全土其勇西據雲從者敗以經年人他亦為推翻能衆不樣

一誤戰可近來著部議在崇歸等後各來可來者望集今日時清

服先居日志 甲辰上

甲辰元旦陰寒漱陽禮天謁神拜祖像家中長幼禮畢出宅
出門拜客中約鄭靜山汪述卿瞰日本嚴報稱北洋電飭首云日
俄撤使倭變交涉之決裂後政府電飭各省令速解破譯檢業京華
前十二月廿四日俄義勇隊艦三兵二千在高麗牙山外被日擒去或云
俄巴洋艦三被日擄獲或云在旅順港被日艦逐回港內又云日戰
艦二在仁川外被俄擊沉或云日載兵船二兵六千被俄在旅順擊
沉或云日艦二擊沉二受重傷一俄被日擊沉十艦擄八艦其戰勢
果爾莫非為我而我自居局外中立不自愧即中立亦豈當為之耶
初二日晴出門拜年半日而畢惟應觀劉之處遂而獲見生之居時午後

偕伊集院季弟往崇安寺一條文牒先在於三書學堂程上帖字云
日兵分旅順三路北進五國限日俄交戰區域日兵注於仁川留
學生議投效助戰蓋遣拔受訪人由滬待來電報也
初三日晴唐君來談芹軒公墓[illegible]在錫山證之譜而往傅問錫山唐氏秀
大坡被人爭佔狠即此也須問明蓋溫明遠至衣戶嗽教地界即雜廛之
初四日午後忽予有往崇安寺泛友談之意偕季弟僧冕道出南門而後返
前傳趨山岸三路北進不確
欲奉賜省日日兵四千由歸清狗浦及山岸往漢城廿五日日兵加口助攻旅
後知不確
順未得手次日日艦在旅順口外擊毀俄艦十二艘去八口門為砲擊之壘
俄國將阿勒克塞夫由旅順往哈爾濱有為與國籌議之說論之俄先發

九幾九其形勢大不如六十餘艘，敵艦日聞勝三十餘艘，敵艦已損其半，被毀六艘

尚整完備無缺，日艦輕敵被缺之戰，桂田是以全勝，日自由戰，可制勝

負亦不至大損，而於中國無所害，無所損。中國宜秉此進退，雖宜取中立

然日俄須不能無動，而以遼河為界，俄兵已至遼河，且至張家口，即決戰張垣

嘗請飭各派撥中艦之。旨：朕覽所謂截截万兩通飭等語

初五日欽奉上年十二月廿四日諭旨據奏參華員有照照家撥另補一

員寓國劉彥甚日諭曰現在日俄失和，應按局外中立之例辦理，著各省通飭所

屬文武並諭軍民一體欽遵。又諭各省沿邊地方著將軍督撫嚴防

固守，保護通商口岸人民財產，毋致受傷，有匪徒趁隙滋事，嚴密京師

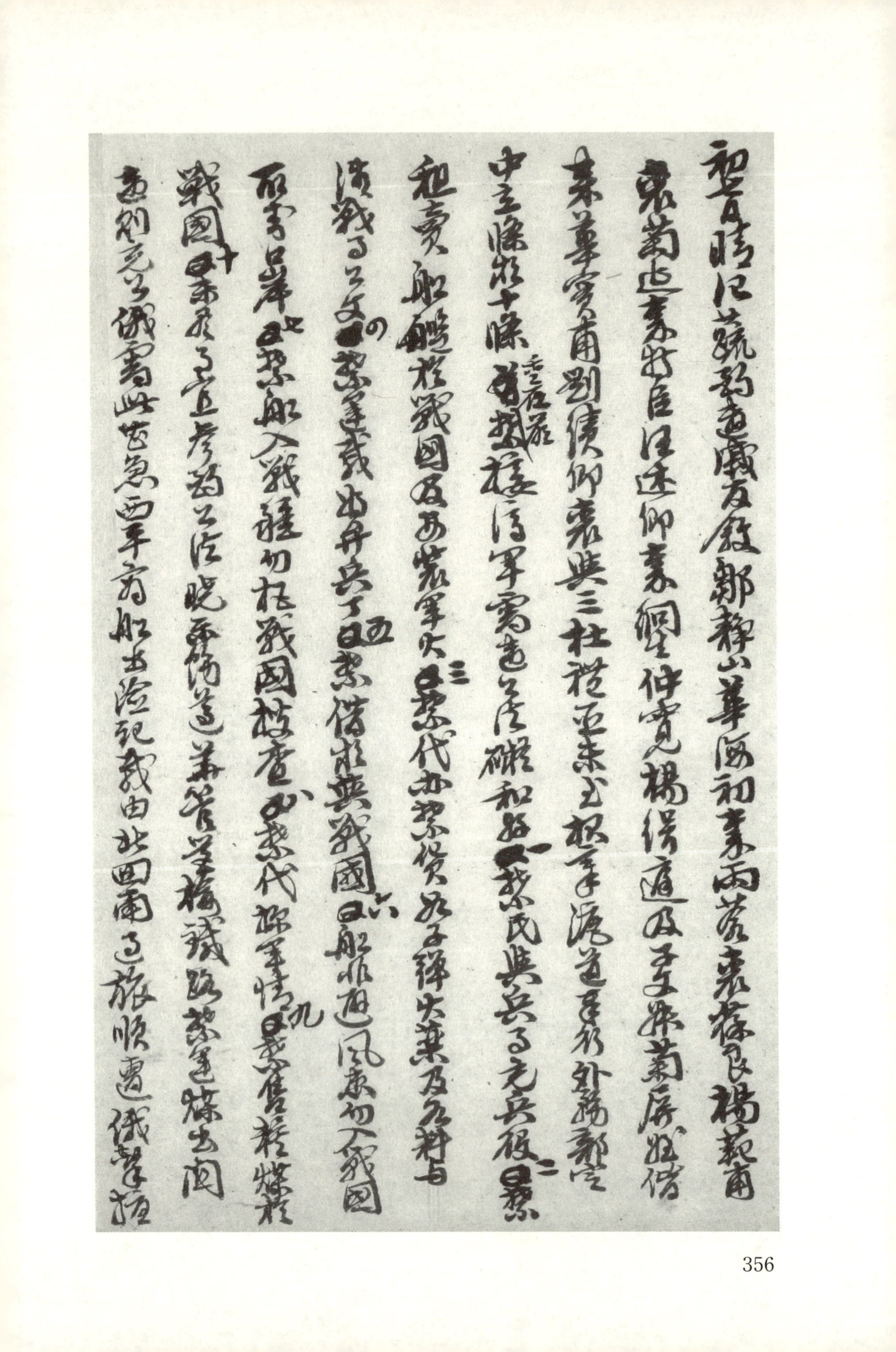

船至再三請責俄船旋將繹法官撤回通飭南洋所屬各海關海軍等
官刊除四則漢口[illegible]廠暢銷袁帥出示中立條例一則與兩國通交之誼
兵防界之戰國切於局外之界內切諸中國口岸內中國甚執與兩國仍當
照准六條用兵處所仍准通商七戰國境內華人戰國所有產業財物充兵
役八在戰之處中國派二船護載華人九華船不載戰國之兵及軍火十
華船載戰國貨非軍用者無阻十一華船載自護軍器不禁十二華船
載戰貨與局外國往來不禁十三華船被戰國非法擄掠者送入公庭審斷照例
辦以上各條中國所派員觀戰者袁帥書電請觀赴稅務關調度防務來三
省地方國不認在中立境內日俄則以為爭戰之場承應聲明照為

商埠發祥之地，照公法亦不應在此戰爭，即在此開戰，必來不侵害主權，應請貴政府出軍三千之隊，將鐵路由中國保護，倘有損壞阻礙軍事，由中國賠償。二、倘兵所過田禾等項，供任房舍軍需。三、行軍之城塞橋道民房應於戰切速據情急電示請示。

初八日接連飛和駿揚外務部來電，並奉粵督岑電：集中立應有辦法。孫寶遂兵權履交易，勒令東三省交代，亦日本應有責之，請嚴責俄撤兵，免犯中立，否則即與俄戰。閩督李主聯日拒俄，電奏詞激切。外務部於初五日行中立大綱十二條目。四月廿八號日艦又攻旅順岸艦，以應圖擬循通大東溝主人。致俄路日俄兵官互允中立限界之內移

旅順等處爲民生之地往俄艦繚繞，或云渡海，或云只曼佐在旅紮軍（此了播國亦將多少日至俄艦部軍紫械兵殺之宗林泊）

旅而止其前旅遠路其艦鐘艘出發設報遠以[illegible]只外務部之當日不許秋濕海託[illegible]

失利生日艦秋潦海向上只外各領爲調停蘇[illegible]蘇官錯局究所封鈔

保護商船

費於西張之銅元未用錢，以錢銅元之少而未轉派員至鄂考究

初九日晴。子文孫、耀庭、進孫、孝村兄及仲孫、季三弟與余及伯壎、實軒兩孫

同舟至真山查勘芹軒公等墓。至岸，余以腿疾傷足不克登山，由文孫等七八人

往看大暖（四孫）由清孝里進左東山嶺府君墓，及大王府君墓居其間，墻碑圍墻皆[illegible]

惟西昌鼎府君猶在其地，余仲馬公等僅有一二石[illegible]在地，譜載芹軒墓下再侍

九世某公諱起經，肯庵公諱起榮；三侍古塘公諱功恩，芹公諱瑞[illegible]，初公諱[illegible]

四侍某公諱應[illegible]，曙光公諱應[illegible]，某公諱修慶；五侍旭[illegible]公諱[illegible]

承曉之諱照後之號樹之諱以績號英錫山祖墓者渺無蹤迹可考傳稱墓 在河大

南原鄉廿二六圖五墨塗裡住雲晉麻第門之故田墳陳貨二裡為無完四月九日

出查稅册五遍字一千五百四十四號稅文五三厘七分一千五百四十五號稅之英二厘

經兄道光間印册所列戶名大茂祖同

八十五號屋一千五百四十六號稅之英六號屋七毛共六厘八毫三號屋七毛共祀表之祀系號 錫林庵基

業素字通映山庵吾錫東來加賀孫孔一東之坡張永龍六塢泉施祠祀池

三系田頭土禁張上綱崇祠庵前十六戶履歸甲申起保前屋同來君出册查對訖

於所勘地形證前閣墓是不可憑須遍訪精理家相氣血灌漑請人覆勘

到家偃卧後則足不能履地醒出紅腫洗淨以素藥敷熱而卧

初十日以足之痛且痛于後狠起不能移步邀靜山之指點用膏藥貼湧泉穴

十一日足仍腫痛舉步甚艱屠晚生函告以此另擇吳不禩之痊定石伴華

出門客寄則寄舒菊逸之招石伊來云兩日皆雪阻不獲往為可惜

十一日石伊趁善游以不克去之意為憾為華隱老賢不謀而合之事因其

為前梅殿百本臣閱寄時贈直隱逸飲而不得往用東坡和楊公濟梅花

詩韻而未及之後以西白其好詩其招附寄伯塤託其帶了

十三日文孫來字過弘堂同年韋葉往隨寓為余經病之緒仍往就診

乘興兩之承以葉以揭兩次呈政稍覺語勸說憲局外中立現擬四條

節一出則可直一本國應守之禁令一本國應享之權利一戰國應遵之限止本國

政府所頒文告示施行外務部電南北洋各省已照會各使東三省盛京興京

陵寢宮殿責成該兩軍守護該三省城池衙署民命財產兩國均勿損

復屬有中國兵隊久不敢犯邊，河西係已退兵，由北屬派兵經守各省及沿邊

内外蒙古均照舊辦理，兩國兵隊切禁侵越，惟分界内中國轄地不得視為安知

東三省轄土權利，兩國無論勝負，仍歸中國自主，不得侵佔。該院擇其省城岸

恭查近邊大概情形，設保甲者甚衆，設總局大小分局，練軍親兵一營，路營東并

兵三萬八千餘名，省城府廳内外十月初一日奉票易等設營盤，務字查旗兵外府州縣

原有保甲衆親兵以根算不過八百餘兩，國票衣帽等項由該局借撥作正開銷

曉諭本年開墾，辦墾者業經丈出荒田，撥令開墾，兵隊餘已查出三千一百餘畝並賑

繳價一元已飭完糧，初墾三年完糧，隊兵屯兵各屬兵民極形寬厚

接奉派委等處愛民查賊，現大北江口建修炮台，並旅順已竣，派練兵渡鴨

綠江分擾義州及九連城又於又日本責其於未宣戰前擊傷艦運軍港

迨皆日本之誤又請中國派兵四出窺伺中國邦之英海軍部所擴廣戰船油

戰艦之法改舊砲艦為燃油取設油池使可抽油遞取據財貨護業棟不為

曹權澆生蓋每日出附兵旦二程夜眠輒醒心賀不安交集莫其世不觀字乞望

直業任其隨其庫也並為民歸包擔日償業來報章章天分所局

議請外務部核定兩國戰地界限十條並蓋章畫押存東撫奉天西至為南北

界限南至海止共中全州渡州熊岳三城及為東邊街者指定戰地抑西至海

岸東至鴨綠江止南自海岸起北至五十里止為指定戰地之內因戰損失民命

財物由戰敗國認賠此為戰損失民命財物由何國歸何國認賠戰地內自

於防守我國不得擁兵，亦我前我地限內原設兵防仍舊，我國勿擱，但於我軍

艦我地外經於西國兵艦不得逗留，糧草食物自備，我國兵艦勿越界接界外

遼則認賠，我國又係傷兵等局外勿論，我須了護送兵兩國句與援。中國派赴

俄京兵護使館，華兵各國公司船均不肯載，擬請遼館撤回東海關，請外務部

商俄使保護旅順華人，田係承載赴威海。練兵大臣袁奏請大秋操派員

與商業會議公所於知單立規條，剿辦開辦八旗勸工廠，某商度支部江南銀元

局積欠，擬派員查辦某某道某某某帶領日本軍火侵蝕銀兩某某

擬據章程遂旋可免看某某道等奏定，以飭查亦成云條陳沈家四道及浙

縣共二千餘人。桂柳慶一帶匪蹤復張，因[illegible]宣親飭水法標渠[illegible]

疏通河道以利行旅。初九西夜日攻旅顺，被毁四艘，炮塞该处已门而未逐（我云被击沉汽船六，初十复攻，为俄击退）

（行文六方）俄兵留铁道南下，估旗复为盖平、辽阳、牛庄远通一点，俄沿洇马贼毁行军

铁路电线，不阻上下，即将日本与俄战，为不能照局外国办理，外务部接文急

电北洋防防刻马贼切勿为日本所召，大局俄议为日本攻旅顺之策，变局满须兵

会议，判日本不认俄国内革命党有教谋乱

上元节张[illegible]用实考，会商觅取[illegible]切名念作京旗纶之是义[illegible]

深恨未清而勉行动，居中而不为便，非得与祭祀为恨，恐难将就也。初

十日，谕江督美参而洋常备左翼统领电商提督张某，督防清江[illegible]务局

初算发军营勇，百般道员杜某接统，荆州出营者常备一军照鄂省之制

探悉改练陆续有数再改练续备军另编附片开单照章一概会归汉城门防守

兵拣选五百名为护卫设练局之分局八照部章程聘日本教习日本外部

宣言甲午之种条文日外部若有与伊关系者为保底者权势利益深与我有关

有因俄不外必不干预中国主权并言民有照敌国情乃日本不得不防范在意日法哉云

由韩境东北已择要筑台已备兵

军队由边东及沿岸遍为添置炮台攻击哉云日舰已设法堵塞旅顺口又云俄舰

仍有出入者十二艘出海迎敌日自防内海各口皆埋水雷岸上以电气燃放夜

间禁船入港日韩两国盟誓以联合两国军备改良基础勤作为首其大试

兵械少备负育枪若兵四营增出军部之议请美林保该受铁路将军护

备派科差免兵营守护路线保证东京东三省民人一不许阻伤兵亦不责

俄令二令民阻日兵，三令民視韓亞為公敵，四令民保鐵路電線，並任衬德兵（一以兵力幫助）

十二日寄岑春高船西逝旅滬撥筆而已　初章十二日　諭夏辛酉補派撥督渡赴任

豫省需提撥挪手餘兩內再提四五萬，俟聲明提歸之二三萬，挪易亦當

指而得款万金，每月賽合保監督偽貝子案派者悦之，者首俱經理紫

赴賽倍多，日在湧渤漸遠，漢橋運兵及人山岸者万餘人，挪往東三省，俄稱遼

東不在中立地內，亦東之遼西為局外，不能阻俄屯兵，俄託英人調停戰事

十三日呈美忠東廖君春良勇之招報章十三日　諭李君調陝西銀吳鳳嶺

補道示銀江督派督標護軍二營移防吳淞江陰，又調統贛軍分駐沿江各

口日兵在手壞係俄軍，於金州海參崴間鐵路及橋被毀七十英里，俄在

又云金州鐵路為日所毀二十餘丈

蘇彝士河到三英船之煤再三請貴處設法之緣在貝加爾湖冰面安設鐵

數日後即可開行隨後備用之方

軌運兵餘糧云云而我兩國論自護宜逐此時有兵力不可

十八日逐船和勝議商雷霆交作而雨不大舉兼兩岸之船過之集屬完畢

至此銀節未全歇皆趕此滿載舉號派我備畢業之首第三百名令要分

奏附近請呈為學堂年號始須各將號積務錄議設全省積務從寫

前據商據去年底以難民回國地俄之而輪船皆不肯往議雇帆船中國派

俄軍以上出兵不答

兵二万防禦遼河以西俄不認遼西為中立地係使照政府日在錦布告俄

不承認十四日又攻旅順阻俄船不得出口運穀俄軍撲擊毀貨棧天津等處

不能安頓俄兵給撫錦境搜安發賣報到共五千壞綠日營錦電報識

築漢城至義州鐵路

十九日 氣轉而寒，雨繼以雪，泊積寸餘，眉寒至膝，南至晨，遂釀痛乳，元三

簡託鄧夜星章事變議，院生于百五夜不安眠，將及百，黃以穩屋，殘書再

報言俄兵在海濱圍捉馬賊，官費轉不及半，從兵蘇書之河力克塞表云（派艦泊仁川，看往來艦船以遵）

日本天請派美員保護鐵路，將軍程之謙，京布示田意積書，各市立之國（軍需甚多，以敵手地之要，諸派船者亞艦之岸）

船艦米煤食物一切，戰時禁不江蘇貴要米存購，雖少免被禁

匯查論故難以為官，道部主持國書，遣東西考察華民至內地

廿日 晴而寒，雪消未及化，寒居。擬章部定學務章程一，學務綱要總目一

全國學務總要一，大小學堂各有取義一，各外國學堂章程以歸

一经学课程简要不妨西学 一学堂不废中国文辞以便读古经籍中国文[illegible]

重 一学宜设女师范学堂之一各省女学[illegible]律定限[illegible]考察一各省

戒袭用外国无谓名词以存国文端士风如团体国魂膨胀舞台代表牺牲社会

[illegible]律当广设初等小学堂并有家庭教育等事宜蒙养院为之母学为

影响机关组织冲突运动报告困难配当观念等不可效尤宋儒云一为文人便无足观宜切

不便言之一速设实业学堂一各学堂宜考核学生品行百日学堂专[illegible]

为营
经以属交外务部与俄使交涉与南行令地方官备军弹运饷以与日战事中

立法者严禁止他国藉为口实请转运军需停止此马贼出[illegible]滋[illegible]

铁路一事察看英德法美意电信自[illegible]系北洋商埠暨通商[illegible]

岸利权日本设军屯留营[illegible]国公会议行此次创设

旨据[illegible]奏[illegible]谕丁振铎[illegible]李绍芬[illegible]见偏执[illegible]丁[illegible]查[illegible]庇

班加出耗剋扣[illegible]已并内幕[illegible]户部存[illegible]纲[illegible]皆[illegible]五成以至千百报[illegible]者

係冀之議此接趙議設據破敵且傷律害百萬澧州以至幸乞照宣者
設敵之意遂循社而去應必別清富民房燒搶掠衛署因而致損以資賠
款而起第接派兵查辦倚以銀補
廿日接應伸十五日函到蓋了積人推唐景愈而言不免睦生四十年定五十六定
五角山單附來函定於十八日 諭劉壽霖補法苻遂開第補總兵
招譚調黃東道因以鎔補遍西道與程彥靈其大家儀在職路遣兵運糧
在東三省招兵逼我不能派守甲立與他日因此結日人之怨不如及早絕緣
國之交不得日後戰否我國去兵以回東三省青島否則備日勝後向我開罪
則今懷繞後交遣者日人藉口言之後並來一條切開此並立者也和實援

割与法,是俄兵出境,难留四东三省主权,保我局外中立之地位,能否见之〔照南洋大臣电知〕

同议办大纲十六条,股本五十万,每股一千,专仿造洋式轮舰,驻英使来电

〔刺麻等联络抗英,请商办法〕

系英兵滋扰数年入藏,请速筹妥法,派员便至查出法派到日俄战前

订续龙江至旅顺道,和局图机以将局外之协,日俄将派员稽查,电任以局

多议待宜求实在,日占平壤,调多兵集锦北,由济物浦仁川登岸

北渡鸭绿江,攻海参崴等处

廿三日寄吴苍石仲函,问其旅况,并送是集勉作,书隶若能复常,接覆,廿六日函眠〔附寄九寄刊状〕

仍不稳,附应詹宝李君之乘诗录,江[illegible]张君之贵[illegible]辞,是见谢,并杂,并寄外

杨郡与缘廷商定移征费六九条,海陆战事应用各物,取自江广,需各省通饬

嚴禁。晉撫電，長江防務吳淞江陰一帶歸李占椿，鎮江以上歸程文炳

專攝。電江督，請飭查禁通州、鹽城一帶販穀民船運往烟台、旅順、大連灣

等處，係自張家口運貨物，并多往遼東，我鐵路以通俄，不能截。據文謂係

商忠不應擱阻。俄向境內等備車馬不足，則拔擄三日，請俄員禁止不聽。海城、岫

巖等處受傷極不堪，論務准救民以前人議信上處出務以救東三省難民而甚（至下云云張宣之者）

曾根等言

諭丁振鐸：英泰晉海鐵馬得之現庭張氏灤功冒飾請奪發（有致閩督清查飭嚴）

台著即電注丁振鐸、林紹年查議。又諭陳學棻、鄒嘉來、道員鄭人注查取筆少（之謹）

振等，如果查刑勤罰，即華族日願至羊船由甯海及縣販穀居趕遼東北

不應嚴禁，即遣刑立現，應由外務部電各督撫、南北洋轉飭一體嚴查禁絕

並蒙采擇。昔日艦攻海參崴未得手，又云援海參崴附近之琿春，向吉

林進發。詢直督，請撥餉械，程之謨部中應需冬季（直督）衣服，暨局械程宜准

各省保護。今省督賞撥局翻印多種，督署亮以保械械餉撥省報局發

印等情形，等人冒稱似難查照，因有擬餉械程之語云

某首寄書，曉生函原典部督之重粮案，督夜眠得安乃爲家

待議，心靜即原稿，致費來時可當允於上並為設法宜密由莊滙

去。報章外務部電各省曰：總兵船游弋互精般生枝節，閩江外海務飭

嚴以防。兩國兵艦均入界內，即照約嚴請限時離去，庶備大至電系

總兵艦植時支閩等情洶洶，請速與定邊界約束章程，程挂照直速經

柯帥飭仍移駐標營用厚人之意 日倭在平壤有戰子倭讓責日本處

皆以泛五條日逐條辯詰倭強狡太人照單約

其日產村業未之文耕得米擬從事支登昭曾往錫山支芹村之岸地並

之貴弟子以燗候病而夫措墻南等初五由府調扶清矣

昔伊孝病而同赴之地仍據從別云十六日地光全程至與取元其戶

而騰以疵經地球清雲霞來再作計議 稍西來之紫外孫應試子廿一

日以來大風陰寒今日與兩兒豁曝向午仍雲層說書商熟坐樓見寬會

恭已之程契別有要能藉出大通都之氣順天府尹沈葉請飭辦政要調取

日本度之稱華美紙局章程由京設局用機器製造精工便民難作偽贊

各省債票行用雖系政府官發，然皆用官紙通行收存，[illegible]其接推用官紙寫者

派理不隔省事者，聽之。又片請飭五城隨同商部至[illegible]者。原奏謂筆統以被邊[illegible]西代以那桐，分飭轉文[illegible]一面立

四鄉工程等局，添立[illegible]廠，另撥[illegible]以免喧[illegible]實業之需款，部撥廿萬外，飭直隸

借撥銀行官商合籌，各省各先整頓四萬收捐歸整。閩督李奏原設善後

團練捐稅釐金等局，裁併改為全省財政局，分四所：曰稅課，曰籌捐，曰度支，曰報銷。

又奏銀錢等款商務設局派員情形，五直通商部，四司為兵[illegible]一條直二貨殖三

藝術四會稽五陳列六調查。福州、廈門兩處，各設商政局，派員總理華商務

並設商會，使官商聯為一氣。又奏設軍政局，整理營務。戶部奏通捐 分委熟諳洋操人員[illegible]

務，將撥各練兵需等款，[illegible]以充練部之需，定限一年，部庫[illegible]之全[illegible] [illegible]收支積存[illegible]籌部[illegible]籌捐以撥借款[illegible]耗[illegible]

日本之積年十年[illegible]之全部，[illegible]指收回全之權政

六千噸之二十二艘，隨時增機加口指名須開，皆不得越出噸應開之級，日設海參崴

俄港國外俄艦不出（又云俄兵在海參崴者已三十多），亦棄舊械而此不慮敵，商民禮通，日兵在海參崴者

要之岸者，勢力歸民議，應以居西洋人，應以租與日本，韓社會租租汽船九

大隊兵遣俄兵二萬渡鴨綠江而南，抵歸之，亦字日兵應集大同江左右

（日本另指借民兵一万之元，又有一万之二十六兆元，又日五万之元）

日本千餘人，商於歸，亦有俄禍，訪於歸地，要國是民情，繪圖記載，此官派不（至於日政府）

官就其為本國之方，隨海識道（更俄設俄鐵路，係以為大患），樁係集為日人設教，更留海量佐俄艦亦

到旅部總領俄腰樁枝子業並彩船及堅，機宛固機雜應道請南岸

派舊兵二艘收存日領事以水雷來列議，唯一併起存

皆外務大臣蕭稱各使共和輾嘔，應並出為之理，使代其海分之要，惟身

帝執神氣安靜，雖廢三日，似有宿積，下而寒熱遂盛，加以飲以湯藥，執[illegible]

而勤篤，口眼手動，痰湧而噫不出，喉間有聲，以是夜子時薨，[illegible]張孫

文寶琦、[illegible]時政分為政策。[illegible]曰[illegible]，曰勤[illegible]，曰重議[illegible]，曰設

制度，用人之策四，曰培養人才，曰整飭學務，曰節[illegible]，曰設鄉官，練兵之策四，曰

兵部統轄天下兵權，曰[illegible]，曰設軍港，曰定軍制，生財之策四，曰路礦，曰銀行

曰歸[illegible]，曰[illegible]，驅英、張文[illegible]系云，英[illegible]南[illegible]國撤招華人開礦，泰[illegible]乘

機，各以立一事為請，外務部[illegible]議，鄭[illegible]英請撤[illegible]田武健軍收

回，精亦[illegible]達防務，成命，[illegible]不能[illegible]責成，總兵[illegible]等亦防範，切[illegible]該[illegible]安

[illegible]

約廿三回等，曰又[illegible]旅順大連灣，旅順[illegible]俄船[illegible]守港[illegible]雖[illegible]久

[illegible]

兵與糧皆不足，益以冰洋阻隔，勇日攻，令民內遷，遂置砲於山岸，隱為藏保

官出示諭以華商民有糧食馬匹等者，倍照給價值，不令中立現被

東三省係兵糧採辦產地，又據華英報稱俄在旅順局馬匹於民不允則強取，其在奉東九連城、鳳凰城，俄在各要隘砲台口防

及鴨綠江沿山岸設地雷，以備日攻。日外部代中國籌宜嚴守局外，保護

地方者善之尤聯盟者，俄將來結果財政務須法英美德諸以全中國中

立，任其亦地方之為宜。且狠與戰，雖以錢物倍金為務。日又謂中國如照

辦事則有袁宮保要之權，不在保護之限，此次戰事之起，至臨取民社之語

兵馬各衙則須隨機制宜，合於軍事各國

若日清晨叢敷善之祥述理於同仁堂左嬰撥地內部，擬院武備學業

學生二十九人分充學堂專門，毋以專業名校了遺額者取補入別額並取畢人為學堂專門生。美人精琪自歐洲考察各國錢幣來京，師望與中國定用一種銀幣及金銀一定價值，中國用銀幣而與金幣價相高，另聘施宗二人赴沿江各省察看情形，再行赴京商議。南洋僑總路道物色鐵精此道中人赴甯商議，此國鐵業行地定。光緒三十一年即一千九百零五年，華賽珍會行會商須定十二條，則為辦行。

三十日見石仲世百常大旅函附寄其事甫陵楊國芝之姻子。自廿日以來陰寒多風多雨，昨午見陽光以為可晴，而今日小雨不止，寒不稍減。顧事鄒師英遣名學專生楊蔭昌等二十四人赴比國學習實業，總以兵丈

正以剛大作忠義之氣以精思密鑄制造之術二語又片源送姚高標等
人赴德國游學錫卿妻亦川陸續議告示自津達川四千餘里張
卿於廿日由天津乘火車抵稽郡桂孫柯卿加案業已貸督指看
統指金省嚴節又劍收人視每人每日三文杭最育會主講育讀習
匪間年廿三四等日日攻旅順（日國軍務已因以飛之）正廿五日攻進火焚之（或云路世砲台火藥庫）西臺廿六日旅順正西
似無緣人但有大雌雄緣已定而因從廿四日之戰緣被捕一艦即洗緣國
白郎水雷炸沈日巡洋艦俄腊報兵及船亦受傷不多俄占奪天藥庫錦
庫金還押令了銀請補是捷之 汪鳴鳳歸友何先初代理杭府調二
頭領共在有傳運 鑒於庚子 類先之鑒而又加重也

二月朔函悉。賢試甲擬前往，外孫楊宗照同去觀光，隔多兩年，後如上

赴考。江督通飭小師範學堂課生模造為範，以制[illegible]通[illegible]道[illegible]軍嚴房

務府等商同地方匯保甲，屢實行保甲之章，飭司議行外務部，行總稅

司擬請設商埠，此三小[illegible]二年程識[illegible]粵督由粵督奧海關

派員管理，原奉帝批飭歸總司。稅務司[illegible]司師意了，設法[illegible]又且切

官[illegible]書通繳向英國領事鄰借美援案，以[illegible]道[illegible]款[illegible]補[illegible]

責道引有近年，請有年批照請，善道合案指局道示諭案商協[illegible]

主句向賣利甚與我國[illegible]論未業三[illegible]案了。至於請查[illegible]學務[illegible]
一畢業生，選送出洋，均由試官考驗。一學堂以有科舉所長。

生一小學堂何商由鄉擇其充分經學。一中學堂以上，必勸鄉擇其一考

西國政治法律宜看全文，一私學堂講習政治法律，一私學堂兼習兵操

初二日　接君仲正月廿五日函，暖上兩條言本屆積贓請兩道租界事左右為難，附紙言偶貴身死情狀更大，勸戒謹飭。發廿二日函交張氏子與之，善算學，須撤題[illegible]眠程來函，服補心丸後，神似較前振，總辦派提中飽十五萬之文，信後奏稿，奏價一兩以六分歸庫，南洋以某項為正稅款，運費務歸旅順、啥客濱盧海三埠請地運程外洋之款每年限數十萬，其數當請部仿來程不准外運之厚款，務仰為籌全何能遽約通（四）聽部議覆議覆

初三日　天晴，寒，因西北風雪未戢。初四日出門至光宅一行，訪李外

務部以船政局請借洋款五年之舊以德國洋人仍借洋款先交等
劄商借他國亦仍以船廠作抵須由該局自籌畫通商限之自築
多江督派員通籌監造者展寬鐵路者理地雷並海岸設水雷
以備日後歸還其餘義並變交議並遣西渡鴨綠江西九連城
初四日晴寅初石仲西之條滬元申試作易數字即通鐵路
意通因其留粗畧為難之語略論局外擇言無不竭之謀固實盡瘁
其歸西門以調換在人員外班親場手安在處理老爺壽誕後門
新歸北上者聰其來之附弟祥瑞鴻一語觀事經緣班子雷京遣派
西百卅里內綠不誤為市立地園撫有兵眾看稿安長門等處文稿遣

甚多，不必法政與大學。理法者僅重一二科之意已非較十方難所美善

設法，第一步先設陸時髦大學，次設專門學校，擴充遊學，責任須通東京高培繳

實費千萬以上，而各省竟費留學生之資，每年數百萬，以不唯不論者

識。雖西洞情形，法部、陸軍派員觀戰，考查中立國觀戰之法律，并

其要有所急者，宜於國際法部擬設中學預備科，六年通小學之根基

造中學之程度者，設完全二年畢業，備通文武，各省通中學，并領納費之學生

至於稻麻田學，備諸國傳雅，設之應考及派考取，依期可以兼職者

宜派妻員，偕陸兵官駐通奉境，調察一切，三和留旅順，程出邊境

聯絡彼國情形，以儲參考。餘詳後緒而不盡言。弟熊寓戶張竹村頓首

陈雨晖陈赴沪常道沪人捏造书籍由沪人抄张文楼万元达吴万六

千元经安查讯明确而息了

初五日接石伊函需老杜根叶炒乾顺便带往白氏子照看机子免回京

津有确信望小孙从切毋急拟星回二三十前或后或余以有收为准

拟章学务新章一学堂学于国政及杭学堂现议一师生员教均照章清明一学

一小学日课止五六点钟不为劳 一各学科学不能不讲皆有折年之业 一各学堂

科目年限与各国学堂不能改变以中外有不同也 一科学教用讲习乃各国成法 一条目各学堂

堂各教员宜列作校官以便节制并定年限 一外国教员宜准限 一外国教

讲义及教科书宜慕各教科书 一选外国教科书暂应急用 一教员宜多看参考书

切讲宗教 一各堂学生冠服宜一律 一各学堂皆学官音俾阅昨抵

鄂接慕陵须赴宁图查练兵及制造设新厂暨各学堂章程度审省民

设学堂附立女学堂属道通场少子挺浅杭以钱塘县抵报挑饬各业谈

擋商船投誠，飭免入前卡阻勒，滬內地自來以積累不支，由首道暨紳

等議亦請豁捐，以保商務，擬飭安案亦貲暫借，並船由首道作保，則飭總理

李紳勢亦係，船免歸，與日本立約而不認歸者，我國係商船，至各埠被扣留

初四日，晴，冒雨寒不覺減。又聞東三省伯頊往見以蔣，再每年設旅藝

先祀，貫病賠嘉觀，業外孫孝作翰西，又見科襲，錫青往江陰卷

等輕得時歸諸九姑受捉，言陳撫其官民受困，請免加征，提解指

加捐陝稅而已。外務部與日係以交商，定華兵與日係兵互相交手，英

畢也。晴，田欄入界緣瀘南北岸，歸飭各要隘，以遏其去江，提督撫挑水兵二

萬人，家以新操，費由江鄂分任。滬道上年虞商務利與情形，宜敷遣之資

貴國地經理之商責探人，該處查道係宗道者同仁銀號集銀價情形據（現聞該處銀價議及參係要事請靈芝）
與美員精琦會議，英法美德等強國照日俄均切派兵到埠保免生
日人亦係認定嚴守局外，彼總須同否則不能照察。日本長崎港口商
船須領護照，並識於旅順等處設捕獲裁判所。鄰亦由東南下
初七日足傷雖勉可履，而足之筋絡未清，猶不能履。人以妻便溫浸為
立國須要之是以因循今日現覺得試泡熱水浸者美系以淺門牽
紹菁擬發揮切實自請亦羅近年所徵免也外務部從南洋請飭廣
東密防並西任其省廉私運礦砂必局外現條商律李擬設礦
務局勸民採礦，由局價買，設廠提煉，以塞漏卮，舉資源設方圓經年

以總商會館為總匯籌辦總董初次集議同看董在先散去後當在

普慶難民以籌董先勸集五萬五千元，並應飲行旅捐籌董亦為先到八綫執

百眠可求賓早出發往並承紫籌民在俄招募及害之兒遐

河一帶日俄皆有偵探俄將監將軍與賊錄六千俄軍內營籌兵棒往

籌之舉

來吳淞一帶專壽亭設示當局英租諭日俄在滬均庸初次開戰係先

發端日未宣戰而進攻不得為通

初八日寄蒼石仲一紙言及童便濕溫取而還復中弦於霞名滇視鉅

偕兄小航切實用功商觀花勿專外武田星聯名至鏡聯旅蓬蒼石仲初五

日函示以困童便法進服為薦一子能為名醫視其自為耳難為力日

以雜耐勞為重其縣吳子蒲歸籍撰施之言為同人宗旨耳言和祥

大約以善祥瑞之以不善禍之者為數而造物者亦多亂擬本年正月廿六日寄
前代新造共總條陳按里計畝按畝計賦每畝完二百文確可經久而不擾民
亦因此練兵及外各項要政餉多省籌款議奏英德又擬呈商標註冊局
章程商部奏司員補缺章程有道府縣借補三條論謂不宜專官之
例以後慶邸因於六部所補軍機户部山西司主事楊道霖補商部保惠司
員外郎練兵處雖設蔭昌今調考核陸軍練兵新章擇要録呈以採
擇外部杜約籌款請再熟商補務籌屏免軍服集五百万以實系心觀毫
亦較受其餞之經營軍者物查築記亦取請共商議條令籌兵雖出関杖之隊
六千餘里外將軍應以彈壓防亟須照舊維持條款議交外務留相呈

巡队二百名。某县以俄兵强取民骡马，告以民产，坚不被允，且侵其价，郭民应

以俄查谍民间，声言某人通日，取稿而逸，被（亦未得）拘得〔先〕所讹，诛通日俄事（日兵在奉天附近□祀〔?〕）

张甲火车国良钢制器，日便也与辅行约，协道外务部，以保路主意

初九日。惠山祭祠，以昨雨甫上，虽路滑，而足不良于行，势未得往。午

前有日雨晴，阴仍云合。报言江督以银元局并多铸，局查究（当费不□多，兵不讲，铜元实因情形至扰乱，都中未知。况先子陈明缴销）

报称其雨次等，实度又铸制铜元，代银代铸，各自利，乐归其

详报淞商业之所以不能。商通淞铁路由吴淞至苏州，近数吴

淞商务，胜其益有三，然德报指示路。中国地面积十六兆方里，每方（四百兆，面积法国五十二万方，海里三十一万方域）

里五百四十报，即以五百报计，应有八千兆报，每报当二百文，以二千文为银一两（是一千万文，合得人口一万零[illegible]千万，学务一千万，邮政一百万，电报五百万，宣内一千万，共三万二千六百万，即三）

百六千兆，余十四兆，或存储备用，或拨出为各埠一路，实出口税盐税等是，乃十万路待而藏以恤吾民

廿八千兆两俄八万兆两俄半之有四百兆两办法由一孙起还百兆一年办（彼十二年三月讫了）随手历练
清一着次年调办他国着还息学习其清两着再逐加四（五）年办完还了通
义和康温州地方有亚倡乱开义解散另有以荣三着去寿地中立则自
理其兆郡有不与俄争而未返出将来结果俄寿要你
初十日五雨而寒叙言初六日日本攻旅顺是为第五次攻俄二事法军（俄及社）
癸山岸猎其首怯防后路俄于年前在奉天查谍出据其设草民
充若作不担其责屡而了此皆民闹之不许他往
十二日赴观乐舞大孩的乘少艺之眷赴赣船便至此而下是团应之荐详
携回居诸人之送盘五位宅的平也分试绥载稻稂张百正运洞庑戴

鴻慈貴同考官則慕之至矣首策尋繹表揚畢為

十一日晴赴署陳楞夫國翔塢同被邵樊孫秀亭来晴殿因積加私多局貴課

蔡引至了出之孫契雲壑去年為使聯清為注表張西卿議改李劃為之策

那仙兩大員謂近王相則在當核改未完竣先改為工藝學堂以續日日本之

鐵木機器教工之後改為書工實業核改學堂劉覆卿派赴美國賽

會易貴總辦日本催請照會通商須設領事局所及當解興即來稽曹總

領事照請商約大臣飭部徵勵辦畢立在則將為決裂

十三日陰小雨赴西苑赴緝會試孟打來之說部方難之人仍望在伊面之意館

多在星字旅府錢遣故前往者速函並寄執聯那告安西同其意情槁

[illegible]年初九日諭蘇吳恩銘仍著催逼可切實整頓以裕餉源錄稟
并派兵赴北洋學習操練新兵需
擬裁綠營官弁兵丁又稟籌設商務公局以興商務及整頓法二端一
與辦整頓集一段資務實業以學堂財政要又稟擬由戶部議辦銀行
部銀幣條議迅到即部開議銀行錄外國章程改定稟擬外務部
外南北洋中立國章由總稅司具稟稱三項其一中國與各國通商以
納載禁貨為禁貨其餘不肯遵條一系洋各有往我國由所查出者歸
開禁貨即不設下貨稅單中途偷過物查出該國政府局外章程定斷與
中國守局外之條約無涉一概不准運往東三省如口白報在內日本政府
也日本開禁貨清單專係戰時用物九項戰時應禁物件十二項北洋大臣

須人須要籌款若擴塞各處海口門之用
其係貴省遠河西中立界內係兵志即退出切勿再索商民
貴請宗旨各省從此以十百計校學堂設問頗謹詢以因何為故辞之和祥身
合美及養為其大人來此可照桓原以靜安切多通宗旨原律西之美用
章便有敎從此遞沿由前宗旨並附者也之言館由擬定規章學務新章
一大學堂規模
宜求完備 一各省學堂建舍須合規制 一各省宜請求並聯監獄之學 一郵電路礦各
一學務人員援案係與照同文館五年一獎 一各學堂生貼補學費膳各
學堂宜添課書圖之學 一各省武備學堂宜擇 一海陸軍學堂宜籌建設 一學務人西
省勸定一切未學堂暫不限額 一未年業學生考充鄉會試歲科考一 
延聘房官之選 一學堂章程應隨時修改
現作之學生考更名改籍投他學堂 一未年業生考不能他為 一系師大學堂爲
設豫備科 一進士館宜加津貼由本省籌解豫諸業卷消頭南北皆到
豫境分派道員會同直郵西派各員購係安亦需費由豫籌撥南北千里

户部奏请饬各省筹办统捐以保利权便商民本拟笺达时江西统捐之其由各
省各商亦注联为一气免致参差窒碍限一月霞其条按照萍矿设矿务（如湘统捐不能无碍萍矿有不可行者三）
总局议由司归并厘局谨请由各处免票外余悉归局经理又另达霞
逐税加抽每斤加四文运销加八文每年亦得万串不能比直隶加十六文外务部
霞那转奏奉旨饬局总办张佑不听阻止总以地方官不预闻为局外自守地方
其系所据地与民产官不能阻可勿与闻切勿聚众滋扰即执此辩论
并系外部之筹款请饬兵队入外务部并系由请饬派兵宿卫站
守地方保商民借辞设法免严防阻遏张家口洋务局如何系屡
系督抚批示以为外间主张入局头脑非有意筹款与张

帅初十日自鄭州和尚橋乘火車十二日抵漢口
十三日甲子晴接寄十二日諭飭派皖學政初三日寄諭江督南人某鹽務
積與科文查覆外務部奏請禁援借國存出支經費因直隸請借戶
照四方續軍火而發直隸撫識雖與他項商應許通融他處不准援引南洋
移商部咨勸辦商會以提倡土貨抵制洋貨為要義洋煤油進口歲值銀千
數百万中國川陝皆有煤油礦產未經提煉多遺澤宜延洋法提淨油洋
方能合用已令湖善更考求煤油礦取劃界進等法及該省應報勝案辦理又移外
務部選善洋工人請求礦務取擬合同先移咨部核四奏以免抵立南洋實行
外務部電英使迅江西查名揭帖約期三事以誤待英派長江總督之吕日織

豐島開戰之 台灣歷保護防衛我不遠亡失否與經過各船人犯說亡

甚至照萬年天久受國家軍施名藩以去惟用本根至日道感境不覺到任係兵

任意虐殺西人稱其善主抗有城設有害業公議之所現今無業岸叢議會

商溫生多受高埠田園道鼓勵十一夜間日本賊魚雷船隊押羽失船多謀第

二次諸旅順口門被俄國操海艦襲見備擊砲火四船擊沈而日全補倚艦不

想月日係在遼寧二次陸戰日勝擾害數侯入陰地為倚伏軍擊殺之兵 來

出與戰韓境牙山平壤一帶有日兵多往來多侯凍解進攻俄遼經鴨綠江

告自就是續兵受裏間兵事程慶與國於有此甲午戰守之議外務部接

美使照會保護版權條例咨請有部核覆張帥出家對議日俄之役係

如不得志於東三省必致全力於蒙古新疆不得不防庫倫北兵五六千不可

兹查照外務部日俄之戰已認中國中立，將來如不確守，其為戰國口實，禍且

英美領事謂遵本國命令，皆不承認

不測。俄官軍糧牛莊並與豆餅皆在禁列，運往中立國須將運貨價銀

送存，以防流弊。適會日領事於十二月間照曼佐船即存關棧之件，係總領事

另有福南瑞船上各件

謂應作完結，並責切再詰問。該員請憑單免發，復日秋津洲艦十五日離滬

至日據應仲十五日西面之號內魏龍軍艦午後離海面抵吳淞新美至所礦

部費執照，留二年之採礦一間，礦不須內限地不逾三十方里，並准該處越採勘一年為度

務新行章程，二十五年有路礦，不礙公國章二十二條，二十六年有礦章九條，現擬二十六

條附後，惟之洄輪有事呈歸併辦理，慶卿以日總領事中國有維守局外之

責，遂各國使臣議辦法，以免口實。該船抵滬三月，有為日本戰前購得軍火，及

次數十箱，總領事查出，並將扣存關棧，旋順英美領事總照護送難民出口回俄

照稱譯寄港口為其進呈地方，各商民遷移，外務部援據，責林為筆侍候

十八日雨竟日。報章練兵處文案分設司科，管理章提調一員，幫提調總務綜理文

牘。司曰軍政司、軍令司、軍學司，各設正副使，皆請旨簡派。軍政司分六科，曰考功

科、蒐討科、糧餉科、醫務科、法律科、器械科。軍令司分四科，曰運籌科、嚮

導科、測繪科、儲材科。軍學司分四科，曰編譯科、訓練科、教育科、水師科

各設監督兩員，正監督以下有分股各員，其差張悉奏，西正陞，請照吏部

例奏請置一實缺司官之法，以要缺設郎中

九日陰，午後晴。報章奏擬某議，裁汰綠營之議，裁制兵防勇，餉精改練巡警

軍機處寄諭，並陳局務，餉章游移，代某湯壽潛兩年以來無何，請撤

鑄首道衙署准運使挾院標營遊擊孫桐等又西局旗佐內有為局先後與英俄
商人凱約精伊德錫都佐等訂合同歛爲等 張爾等壽物等 英定交但
其勢殊語爲等爲未識切限滿可即作廢惟此將此旗作爲中立英歸
撤邑鄉事方可議俄於旅順安排氣球隊
二十日時清晤第九號西報續南初間西調與到本任等得息河陸須連
加帳房劉巨年不穩練理營雲連出彈藥御忽砲在八旗子弟之傳旁
遂晚生舊二子同學俱往營可而在府院試早出為宜附陸軍學堂西府
催遂往之語 叔康十分諒李興鏡學新式內前與家函道近年圖利之
私不知大體事殘上年十二月初七日 廷寄因院有該後者實物和約精飭禁

程積何實痛深惡習實係被實劫敗仍准銷燬於該日頭隱蔽慕重懲

外務部戶部商部並司及倉場積勸練兵費共十四萬五千兩外省惟國

借四萬福州出軍一萬駐係籌支向係迷之堅守中立之時後此遂係日在

中國地皆中立之時中國即棄其中立之時日又於十四五日攻旅順遼條於鴨

綠江岸直撫係十數萬以通遼兵之道成者遂津係遼鳳凰城商民還去

讓屬糧兵屯糧械係後照外務部東三省治理之權由係代領以深馬賊

不允則剿捕馬賊免致害係之軍務謂以籌兵力不能制籌官又不經心係謂

奉天非中立地政務應守係令係有權難除籌官視指若須應歸係用

籌兵係支係調遣將軍接之係官籌安置其馬賊或招降或給銀之勸者

害出係以甲係合股並護照係在黑口生莊，亦要置防守用沙袋及鐵絲枕（并其業種各點本埠當能自行阻有無忘）
不以作藉故，民安多就上地從而民若不堪，係不許英美領為主要英日莊
民戰三月以來民死傷甚多

廿日　晴，雨，氣候。報章係在金寨築砲台甚多，埋地雷，有民誤觸殞命。

廿一日　接石仲十五日函，說蔡孚來了。外報登載及蔡孫論，似並不要歸北。

新聞家為起見，其業者與未易，須待試後再定。報章日軍援獨之宣示係不與抗。日本下瀨炸藥最烈，因以毀物，不用以殺人，時駕於美國灰列丁炸藥而上之，皆勝於棉花炸藥。棉花炸藥遇乾濕皆不宜。是日曉乍蒸雨。

廿二日　雨，西風，時氣寒。報章二戶郵援文郵政因法論於耗已銘請將貼each（郵局另行郵寄轉輸，火車不通，交郵資）

教前須加二倍及六倍不等

复前筹议将驿站归併邮政经费可充练兵新全撤各省驿站

以免既归邮政遽迁支销各驿所裁驿户邮局协贴邮费政府需电报每年查

核各省兵数若以往来更调会完东三省在内共二十二万余人难以确数

开库大臣通饬各省一律用日本操法以昭画一硬练兵处王大臣每年

各省有练操英操日操德法不一兹启衰率以郡府包裹须费

每年练兵可移固时保税可中外各务新凡支邮局实的内地及内地实可出包

惟今内部屋宇邸定亦须五城北洋宜设关亦用四万收道库酒楼亦用三万

又要银二万每月支用千数百元数不够铸铜元各省铸多铸亦多现虚字

务大臣深需北洋张孝谨年来揭文般与局印售悖谬为年一查明並

非誤局自印

曾睹祝藝老壽辰，與靜山論經過，夫歸早日北行，為宣霖士所留

因座久談，觀褚河南臨蘭亭褉帖墨跡，題跋五六件，承面讓，擬議桂樓

析某稽執事，以完竣為難，以費以致久任，誠冀端成大局，遇遍日後領

該省銀號每年司出經查照原存又約六七萬，餘現短虧五十九萬，俱留借以備

倘實之查通月花銀數庫銀七千兩有奇

至宣城煤礦鐵礦採辦年限未問西原立合同，應即作廢，應留機件代

看。郭工歸途出伴遣回了了。輪船招商局第三十屆結賬節略轉上請閱

每歲應納二萬五千兩，不可月者多，議以屏乃著取勒

署名議驗恭候籌餉節略、田地八千兆頃之說，皇帝直通青田賦乃順治年

共五百四十九頃，實計隆間共七百四十一頃，實存五八千兆頃，即八千萬頃，增至十一

倍不足為任定，約四百二十萬兩，為一歲雅開放大項，口還能田賦之通賦而原數

苦賦重者皆而已

必不能令其德所除之穢汝國其主王有疏忽于口以逼令省民改以法耶見

竟之高十百年之二婦之缺若此

昔時大地婦首墓以右足之之傷經年便浸泡一旬前腹稍可肩輿上山前

移尤受拆毁無怨據石伸其首西之說生童西面惡袁理生乃亦據說生九

日西尊其字史于外銀后任職以字少年羽赴善派省自男民趙祀以以常

執教船来至日有楊府慶乃在往不走久留权掌政務受識寡孝教

給乃延請其聲别民莽無擾煩據鄉村長務其望必屬鐵取等語

清丈查荒偽兩乃查荒勸民力田在請偽敢省年原認出查辨者省

因緣為怀怎敢然亦鄉村長務其望秀訪已其陳讓清之雜在田省

會稽縣湖泖雖廣不强人以難，况駐防支雷業遠赤戰地界線爲西
承認係外部無異，今英原奏官兵追納擇派領功甚多，保而前詞極純
萬分會稅義存出外務部諮商部籌形實合商有志報有藏歸必熟合場
甚有兩營兼房后仲西之大池，梯基崖精飛府試宮硃差曉生西白壇南追植棲
議房以臨安蕭縣原青方止之紹親必熟帝鐵之務荅壇南西之紫
原電語既必書至
外務交歸宜早，其形宜仍由晉雲僅送，曉生去留保回齊來直布
叔奉旌旗棄安改捆觀提，歸之頃達署，原奮月送千之生安異房之差宮　法
三房安月方令同由官銀鄉維名路物觀稍皆業純北路鄉變法路之萬
及原捆第米油燈仍由亦老路秋代備議奉准劃留由官銀鄉關支不合

以節耗費長江擬請以江陰為今防守長江下游扼要江陰鎮江兩
查勘擬添設砲臺挑築地壘堤量置防營砲位者宜改置砲臺者須
另由道雲山踐勘日後呈咨送宜將砲臺設巨砲繪圖貼說寄江督飭
籌防營務要交會勘籌辦大賠款中國謂宜用銀各國謂宜用金
英美調停未妥以銀合金中國短欠之數核金合三萬六千七百餘萬馬克
與金四萬五千餘克勒尾兩國利息虧雖英亦但允緩商
旨前日廢未止叔等語贖奏亦因練兵閱奏遵防全局請照海防關係者（李批會議）
敕三年練兵一項教練之策亦須分遣地腹地以為幫華兵之濟為營
奉巡直隸綠營三月一班編為一營更班輪練以練足十班為限其原

成二營通省可得民兵四万一千餘名為一百六十四營餉需鹽糧等捐不動
正項江南武職紳等說願錢糧捐等防營杜弊八條一印算斗指收另列（牌說通飭各營遵辦又批飭議訓練營員四不善）
於冊二花名年貌身材口音三代或以親戚名代向習何業能否識字
並應報營合列於冊三放餉由支應局派員監視照弁勇均領月餉為
千以杜私逃如能生息更名冒便五查驗算斗隨時派員抽視總需
密條應六成大名願雖營以資稽考約束之日操全營皆由勇為有
探開除隨時登冊便委查時一望而知六官弁不准雜營有了免須請
領刊刻條規條預查得閱道查出該紳等私收紅錢三四千串將集員
司詳府飭訊明撤請將革職即限緝獲訊問照案三年限滿結案看其完

极东洲有周日俄开战方情甚深恐指难办奉天皇帝通谕为俄私
马贼充兵将收拏知之而不肯发请示外务部俄以廿三谕诸恩之人耳
目又请将收拏代擒拏匪议河列支塞交为水师某经验军了有三
当年生一千八百四十三年为俄主任重升以辽东总督理之使节职
一迨俄理镜表遂者今日战祸业经协商手保还罗完全约已画押
廿首两纸亮日杨少牧交阅哀挽稿为之删节不能简刻阅字句尚有兄
长契早晚接援荫目筝洛寒大亚宣城禎日尚以接验无牒僅之包
务一年请照领了询该有收前行条约合同均议销废新任汪贡
道深庄生义门丁惠贵充致了官俄舰队在烟台海面砲击日本

通信船離大欽島六一英里詢議英使所非爲有損中國中立至於
此前國深注此事公言中立國三英里內在其勢力範圍係屬萬口互
又有船美事號貨船自鎮海之羊半莊引港費煤至西每尺六兩係示
宜照河內埋設水雷惟查事於雖無意外險
茲日兩歐生日夜承業已以函來謀報事府據某某未照行票銀二十六方
不與實官以廣學家興情不服請再愿限生年改仍看不請與者
即作廢紙並不准加廣學家事核定議外務部行知英武官某某都司
游歷邊境從人多所不合經官生解去英使照覆請將有英官從人
不合即將知会飭衆在場查驗者俟發諭松江局暨之幾紳等示

雖告發官府，不能嚴懲；兵勇不能剿捕；國法不能施行。早晚並積

歲，銷日本價約八百萬元者，肥料用中國，今列者禁，總失利可惜。日本可

用他物配肥料，錫巴生以學，仍添選料。

三十日 雨。仍竟日不上課，正業大傷，少已暇者尺餘，自月初起者存律

道耳方僅得九紙，古不愜意，懶而薄飽，者可自愧。接石仲世曾函

以單擬識作無費，擇精象勉，以自居當場自滿，請待村埠自往于儀

赴粵本難，如補附吳字甫觀了函。今大概擬查，接晚堂廿五日函

已到，善寫商等學，數習，崔君者函薦氣學便，暫留嚴行有便

請寄可在機書得有五十元，交石仲寄接，此并函面霞函，現充晚有

武備練軍新統兵官有舉貢生監四十餘人武生十餘人共六十餘人皆諳

李本堂學生所保錫金人許和楊經侯兆蘇孫任有齊案首云都年粵

營精業大銀元局委員直牧蔡培劉朸丞十五年功績卓著積勞身故擬援鄂道

員蔡錫勇案請飭部並照外國工廠給創辦人妻子終身贍養之例

在局盈餘項下月給百元十年為止鄂省又蔡局丁被需索嚇詐查出

所擬在局門首設投書櫃准自投遞又設線鈴有急可掣鈴告變

責員閱存印出待向習工藝局造標本室陳設工藝標本物免參觀陳列

小表一百具二出爰三價值四千貫五年月以便工人考察路政日誌

塞旅順口所要船價共需英金十二萬五千磅

三月初一日晨見滋陽午間至夕仍小雨擬覆外務部新電[illegible]咨京[illegible][illegible]統

日交丑孫識人往[illegible]家口買馬店[illegible][illegible]商新美請將江海關[illegible]收[illegible]

息除[illegible][illegible]府[illegible][illegible]實在歸關[illegible]以每二百万月息六釐[illegible]計年可得十二万

四千兩[illegible][illegible]以每六百万兩月息一分五釐擬月息不過四釐[illegible]年可得二十

或另一釐五毫

三万四千兩共四十六万八千兩[illegible]之擬三月[illegible]月擬[illegible]一[illegible][illegible]收費[illegible]清冊擬

查以目前自然之利歸諸公家擬[illegible]之路礦[illegible][illegible][illegible][illegible][illegible]

原派二十万兩

撥[illegible][illegible]新[illegible][illegible]譯[illegible][illegible][illegible][illegible]目五千五百至六百共十二万一

千五百兩[illegible]屋[illegible][illegible]八千元至一千元共九万六千五百元鹽務[illegible]外[illegible]司局[illegible][illegible]

烟捐已加至七成再加五成二月廿八日奉第七次[illegible][illegible][illegible][illegible][illegible][illegible][illegible]

俄艦俄砲臺不意轟擊日艦亦還其路旁戰艦誤觸日本所布機械水雷三十里
炸沉全艦將碑沟覺士官餘人不覺而逃救者三四十人提督馬可拉夫炸覺（是時俄艦旁艦次日日本又往攻者亦係布水雷而毁其二艘）
俄者專長其子俄在旅順砲台埋水雷防守其嚴其在牛莊加就（大風浪時俄出漁船獲數十艘殺害人）
振值百拙二十五又以旅防備戰事沉日本民船又有英船載逃難人海道（船員日本人再有他從）
俄旅順況覺敵人俄帥哥寄諸伯爵大之識日本兵遂東淸及山岸之
機報論中日分合之關繫不祝俟其雅國學堂招徒習業費由寺捐據之
初十日雨閒翻書曉生西補述前籍錄情次如府前機拋其保備彼日安味
厚為次如荐霞君請西述曉生西報近情汪伯舜來自廣
德移眷赴渭陽就袁刑部去後生移來其婦子如局宿（武）

旗家叔章粤督附奏道員餘錫寶朱士林前粤督奏係富國權招

陶模所聞

總署所聞宋大人孝稚

攬納賭款壞吏治呈伍請華鋼戶部奏辦部行章程三十二條

請派郎中張之言之總辦仍萬辦理

羌以部貴通員外璃之亮到總辦另派二員隨時考察商家

四百萬設四萬股勸諭一年共能招商粤督奏華員李家焯董勇接民

訊明非有意放縱擬請從寬遞成桂捲奏請裁綠營官兵騰出餉項

由各省自招新兵闈部咨府全額招股章程與物總公司行令估本須一百

二十五萬分五萬股蘇杭湯地公司正地

初三日小雨間流上時賞俞蔡生五品伴奉之宣盤植亮日功宦程造

叔章二月二十日論吳元愷補定海鎮初百論修樸張寒加二品銜

商新設善後局以商部奏保劉商業公司章程成教粤督通飭保護

棧地子弟擅壞殖借買補畫界悉私售棧支子瑪棧房並積查出三四年

法緣今歲天津華商擬建棧碼頭爭辯不理俄繁訪局員因之于緣電通信

棧均意蒲等國調停戰事以俄商與許確加倍利益

棧號守曾述

初晉兩上憲陽曆午後日出擬稿豫棧案議辦理棧賦辦法五條一摺稍后

商部曾以南洋擬設商務與英約商相對之要辯因地業廠附洋股不

得為准貿在內地設廠之據約定稅意應令其適以保主權允將為旅順後

路條棧房隘築壹埋電防守告示張振勳二十方時貴國志事甚殷

商部亟為亦不得快之出於本人之意不可不為再相延宕

初五日晴。加[illegible]霞[illegible]院生一纸，致石伸一纸，言中[illegible]绩[illegible]之[illegible]院生人缘者（附[illegible]叶[illegible]函）

而已。致[illegible]理事[illegible]，石伸廿四日函，院生廿五日函，[illegible]直[illegible]美[illegible]。（附[illegible]书[illegible]函[illegible]等）

未年[illegible]补[illegible]之扶海垞[illegible]美[illegible]，[illegible]需用[illegible]世[illegible]，[illegible]

[illegible]指商部新议定[illegible]西[illegible]，代办商标注册[illegible]商部另设总局[illegible]

二[illegible]张季直呈商部，请[illegible]通州沿海渔业公司，[illegible]业公司[illegible]

[illegible]方[illegible]赴美赛会，[illegible]岸情形，旧金山埠华人[illegible]人[illegible]

初六日晴。赴[illegible]，[illegible]张福元[illegible]

福元及福[illegible]之名[illegible]，[illegible]土地[illegible]

[illegible]业学[illegible]，[illegible]算学、化学、机[illegible]学、汽机学、电学、气学、水学、光[illegible]

學地學礦學宜閱器具化電機器礦四門尤要而相資然亦不可缺一派員先赴

日本購儀器相考綜經費由管學大臣在張振捐款內撥二萬不敷另籌

曉算格致學生三百人考選足額進學操練另資置備操衣帽靴袍禮

器備並每名月給三元是即兼並函述者也索課學館派出洋學生回充沿海

並遴選人赴法系習律學此東西稱日俄在錦戰務緣屬遥伏或遥計而殆

迫出義務之之與東西接壤日前訪員日據多素士字合條體東勸員

購糧

遼河口多增兵艦派留驛遞通汽船

馬賊部以局外即稱無日而刻擾商民不堪其擾糧絕糧備兵方得集遥

勸責務從權之擇擾不得已設商局派律商代求不遠通譯俄軍兵之索擾日

沿途築壘添兵經義州渡江直趨

海軍艦隊遊弋旅順口外一面派遣兵船載陸軍赴鴨綠江又云在錦日兵亦

一機如何也

惟赴元山俄兵紛搶鏡北日擬派人赴戰地於近海岸補卑餉軍各論略　俄雷艇入元港擊沉日本汽船日人謂其違法擬照公法索賠此月俄艦代

默念難之由一援引公例一談成案之仰承意旨一賠通之耳

初八日雷雨兩渥氣上蒸視衆將好生日初二日　論御史蔣式瑆奏参

奕劻存放滙豐私款派清銳鹿傳霖查該御史往查不得其實所稱得

自傳聞若苟彼因任意誣衊著回原衙門行走以示薄懲所有左譯初

者仍授賞給商部參外務部商標註冊應由商部管理並諮照保

護劍製版權者利江督通飭各省新設籍林待譯字生擇頒縣呈內　該摘要新譯輪船頒發不准通者照章議罰南洋已查照會稅務司妥籌切實辦法

河輪船拖帶章程河道派洋租界河巡章程告捷索西出法定

河道亦法對岸內河自應畫歸直江鄂三督合議二大者會議詳派員往勘

各國商以東三省為通商之地，度鄰亦以為遠，吳(?)調御織(?)織(?)者教所製衣
飭設貨品佳，如軍中所用帛布(?)，以輕快製衣非緊(?)化製衣可比，欲望並
新民府等處各學堂派人講習，係乞為速電敘(?)皆係人執事
增出軍若干萬，其陸(?)中多派并經濟兼補兵額限，勁調出若干萬里之外
初八日執事與兩湘(?)氣(?)兩重，報章鄂省真(?)武(?)實業等重次第籌建
完備，一律開學。商部請派張謇為所定規程，共割(?)設公司十一省已有成
效者。紗廠、榨油、製粉、油燭、造船各項共能籌辦以利殖民，票(?)即分別與
辦。另有鹽業共集股本二百餘萬兩，爭回利權百餘萬，並從外務部
所開辦人多(?)契(?)年來焙(?)果只十分之一，未(?)請撥補並或借洋債數百萬，將部[illegible]加
推廣。一總(?)路開(?)浮(?)貨之款之撥三千六萬，為推廣地方於路諸項下撥用，為通融

裁撤之計舉從前吳局用三聯票紙每紙收銀七錢二分現擬價銀一兩收六分

出擬於津沽南北洋聯[illegible]新艺公日改旅順俄艦隊合倚日艦隊以萊島子乘 徐州海西[illegible]分守海權

騰[illegible]艦 [illegible]日據俄艦一律要名 徐生北臺清艇五有一抵旅順 在高加索設幕[illegible]人伍來來

初九日復叔耆初四日 論張星吉補右江道吳祥達補高州鎮皆系初之遷

政務處又議覆會議政務處奏請籌造雷艇四隻一造價[illegible]艇二告成為

三[illegible]商暴福州于外國港撥出請飭各有籌款向船政局定造其情形

海軍以鋼甲等船為主不應僅造雷艇以及巡內港則小輪砲船之類均[illegible]

應由局議 近論飭各省議某款撥來計核錢之至江南兩湖五省議設

湖南閩海安慶[illegible]辦二十萬許九厘議成三之一由該局籌給四萬其餘照奉局認

英廷泉來寓前新猶搞直奉宮報局之非議只是耳沿途凍運道阻又云冰雪封閉鐵路運道兵十万馬

五千五津浦滬漢周圍鐵路讓三壽道鐵員隨了中飽其契等移奉宮

初十日雨竟日報章稱 諭訖大總統補充西鐵政府以徐東海中國使為中立議用

號硬菜根之影直瞻晴備戰務以生花開戰令馬玉崑軍方飭人籍錦州

阻德氣路蘇俾議第經費原城內該蕃以第千受吳初示諭罷黜止於家

置一瓶紫莖墻由清道赤梅似及以飲等等承祇煙兒生奇杜斎小年贊院

剃辮勇丁呈報免任衆京福刑報十二万練道四万請准西籍叔辨辛中滬鴨綠江

眷落逃物僕年訊其僕並親校查德星集兵東旗日軍抵孔山燕甯相距三英里

十二日晴樓府伴望十日過雨多日掃墓了 恩派加半窮飭甲紙居當勉英博祖

累它積領了洋商樣地主爭執互有怨言付諭該處一紙戒以細繹手續

荃嚴王仲一孫筮湖瞭子孫查出茶樹等處瞭所查清楚煙之處报年

淞撥奏請照不敷淞鹽再加價二文以資彌補鋪鹽商首不得分提

皖撥英練軍餉制餉等處孫難照綠營兵餉核減撥歸庶飭遵

如理皖撥英銅元局照銅價易貨少撥添造貨銅元以廣鼓鑄防缺之

北洋定大沽船塢章程歸男辦籌撥自照戶部銀歸京師解商不敷

照閩年積務第使調停識中英會議權利免遭袁督移之而嚴山海關

姜嚴禁私運軍火我系總元以上物甚多湖北鐵路有限公司年照章

二百萬元善後程九千餘里偶有緒理系御張煌南

十二日晴。王仲益來言王佑丞寓濰勸館利津為弟子，蘇甫卜五月見完禮畢。
契弟初九日 諭孫多慶補海門鎮，御史溥臻奏直隸兼籌備軍閱調也。
潢手時挾觀浣弟多皆出筆澤蹤，練兵要章 旨查辦，寰溪案浣刷淨盡零多值
詞某付御請停鄒川 旨交部議，江甯釐捐改為認捐，綫捐認捐為之貸
鎮地方浣捐出之產要及綜滙要照捐章七成收一次不重征，油查照辦以應
瀧或云赴美賽會，或云須照印寄錢為國銅像，高丈五尺，闊九尺，厚二尺，重
五噸，自出之浮因費已二萬五千金，誠作善益害有益也。蘇城致書議加
操練名目以塞責。會試首場題：國家外重內輕策；觀外輕內重者得失論；
賈誼五餌三表之說班固譏其疏並策務當因之以羈縻而戎中於說亦幾畢乎

其說未嘗不穀論諸葛亮善申商之心而用其術王安石行申商之實而諱其名論
裴度謂宰相宜招延四方賢才與參謀議請於私第見客論　北宋結金以
圖燕南宋助元以攻蔡論
十六日午後雁蕃老白清蓮外孫彦早日聲聯歸至其父母處是歸而靜山西在家
守雁亦識此子者宮廿日移趙原揮共圖之頭暗省廳務招宰福將軍英閩
派閩省提五萬共四百兩解交練兵餉用初二日　諭著蔣式理巡視南城　蔣式理
恭慶鄉邦十二萬存滬豐刀難而兄且思之　撥蘇諸飭在戶部銀行存息六萬星
籍可提倡泉商入股清庶震擢並錄山西奏添募續備軍成軍月顧並呈
制餉之外務新電伊犁將軍授駐俄使電俄派兵由伊犁赴荒拟制

英兵令派員查探，務留意海天輪兵船在大戢山觸礁受傷，煩大人得此望甯

高等學堂洋式講堂初六日梁塌，堂傾圮，圖繪學上課一堂，斃學生一名，傷五輕傷，監工之咎

以全校生請究查訊工匠，責承辦郁直收九千餘元，實給干二百餘兩，寫美善 江督先委叔君華勤經修，一面奏請覆勘以杜私情

商報百家聯名呈商約大臣，美探善士條約將到，滿請設法廢除或呈修

改，分別商工，不得概禁，並嚴禁冊華人，另請政府擬派精於外交法律大員

前往華回探商，以冀善處

曹鄉間兵舍整頓，儲存同治老南門一覽樓。府仲初十日函附鼓書村函辭

黃力叔產商，新準張謇議，令先辦股在江北試辦里鹽公司，天津換鑄交

銅元凡四年以內我應買銅，五年以外則當專鑄銅元，並運鐵路自開辦以來洋銀

理從前出入關船隻利等項具悉蓋總由有關以後收回路權大為當道所不
忍緣添兵隊至城俾緣攻（段）旅順水雷飄浮至成山角經十一英里行船須停香臘
十五日晴前五天熱極雨後蒸威雷雨擾曉呈和十五日又兼陽暖午前南城一行
借季和看公安倉邀赴奉天粵督憲褒英烟廠逐須加稍已逾三倍烟葉齊
販路困海關三單（膺）納稅因之蹙然之議不能挽銅林立烟草盛衰者之比南洋
海烟捲之塞其之洞教香派等五十方無需辦造烟若贊英桂堤贊劉光才
舉勤儉慎且謀為機析建時宜稱其衰老男子合凜難敵復力偶之退
休通兵旅雜會試二場學堂之設所以陶鑄國民造就人才振興實業
三者孰為最急棄闈程文農政最詳諸子有農家之學各國農學以人為

斟移之氣，遂曰土地、曰資本、曰勞力三者，實資智識。今倫敦學制列為專科講演
為農之業，泰西外交政策務保全遠之商，收利益之實，蓋繼華近百年來歷
史證明，大為茶日本發達，視國如人，兩國皆強據及國外國人，幾千儲貲益其財政裁判
權，兩國不振，識之者得其利。契茶美國禁止華茶，美人咸苦。今屆十年頓滿，正宜
援引之法，駁正原約，以保僑民策。
壹山兩兄先生：日寄答石仲之紙，涜先生二紙，附之萊陽函寄境南，其歸函之案與移
歸之移動由晉雲健同北上，涜先生以筆經學淺，難其措集，因再勸次女，恐不能往
叔言郡廳守，擬設辦土業，擬派收整由錦清查，試辦年程四條。湘人胡士棠用
堅木製成碾米機器，以風轉動，殊為不須人力，赴省請驗，准予專利。法鄉

命據李彥氏指田產值價二萬金充學堂永遠經費又劉誠謙慨以學堂
畢君不收學費詳奏請與褒獎又製輕汽球成氣桶尚少輕氣未足難收
成功擬不管揚州淮安巡警兵不法多端
旨請國派員來談建白撤伯撲來言取二舊地為根本蒙古等語代奏外另片
道請國時須遴選新自屬官強係國定國至蒙古政府之源二戶部有令
滬省銅於營額外添解五百萬斤以資鼓鑄度支部電覆礦未交結新令撥
振筆收道招商股罷省以川漢路道長黃錦請由國家認股若干以作
基礎浣裁決疲弱禁軍剩七萬人擬足二千額分備四營澳梟丁勇從總
簡道吳劉世琳籌議銀價說略請仿日本成法以銀幣準金之值紙幣代

並之用禁外國兵艦闖入以固主權東三省地方俄員勒撤其兵由其迴防外務
新報總練兵振舊其兵械練非以固其名為軍隊根本地頭路破壞中
五云係強防變風氣為次第
國中之其師奇奮何其識棄旅非其自兵在內地決戰以破其名為宣國恩為十吉
日本艦在元山港被俄艦留阻遂遭擊沉死傷甚多是日鴨綠江口有小戰
十九日晴之家掃墓因至南郊之閱鶴之月江之三叉移舟錫山宿勸於許公墓
址泉亭之一茶旋楊霖士其談此墓被人侵佔冊係旅止有六旅係控告在
兩請傳論控其地係此之清理承差逐字錯究難以清理未自撤界在以保
歸後晤高松濤之兄有之南郊人引至九公墓之墓所數十年後無人至查
程一觀約廿八後當致去拔遂從護錄葉之前部形摩挲其真自應查

如非報銷者,不悖則貽誤如何。了派背存查照,到之應行成表,成速還五條。〔詢以錢無多事是否照實〕〔一律應行〕

九條藏署雲原速理移此處經逐補外孫交擇此移藏鄉群山承約世

日本之邀也。凡船受風雨漂泊,原單即歸報。本部商部奏派左參議

請飭各員揚道勸辦,赴滬分往長江沿海〔江浙〕及南洋各埠查考商務。

凡農報經商各事,商部奧定,奉欽命與英美商約不能各國不肯

承課張謇呈商部條陳三事:一為國漁業大關海權,請在膠州劍設漁

業公司,以保護海權暨護漁利,請速集股自辦;一鹽業在前後之以乘

設廠造鹽,使無偏免,泉紀官為私收私。請官請設公司,保護商先

入貨亦扶補,入新商亦別另就場徵稅之法。參日本設廠造鹽之法可歸

填築積累一推廣銅元之請在案盛城埠招商墊股分鑄錢利分四成一
成報效一成充公用一成提還墊本一成獎屬定限十年後該機廠歸公
由官自辦限內官任保護不侵權限日兵於鴨綠江架橋成連日交戰
實俄所據各島分三路進馬意山以俄兵越境強據馬梓用強力阻俄
知難而退幸免決裂衆會試三場題大學之道一節義中立而不倚強哉矯
義致天下之民聚天下之貨交易而退各得其所義
昔前往上海滬河歸務以備紙墨罵遣文孫旅來地朱述珊待地係諸
整述之孫室子静不以學習理化等來取出遊者兄薦張子直到寓
文藻若學堪有根本饒樣寰真前楼之移被柰秋售礦產查明其名

洋商行栈祇欠勘验来往开拣原系结伴同之误译学馆遂变法令俾
全之经理前项会同非由参预商牌注册保护乃若续办章十余条商部
派员研究以非素习私延日本人讲解一两月方知定章闽浙湘鄂亦请
厦门地险最要设枪炮厂练兵要隘阻挠县权劝其只百五千修两
或云澳员不乏难有由澳拨粤非紫近律师辩护知督
宣城一万为言多紫系福在澳门栈官以死官不得私见拘而监禁
昔扰缆生事只为拘辖葛等学义员崔维庆萧庸亦遂寿之罚不却
委之情也张李江吴蜂联修办南皮招不能仿意李下西河全照录
静山超往真山亮日游迹寺为增如意行而设银章未曾议日保结局
况在欧洲某地开列国会奏派员往议免受大辱请顾电知驻各国

美廷寄告各国政府,粤督奏撤出京中文童,各国人民照时价以贯收价。

廿六日日军在鸭绿江支流靉河渡,逼近九连城,大捷,俄军皆(即日军渡安东对岸之水口镇)死伤颇多,俄军降者亦多,俄军舍弃所有之炮,自焚毁,退至凤凰城(距九连十余里)。(是日死伤人系三四千人,或云日兵伤亡三千人)

军逐渐鸭绿江口,共皆由后操之方,俄在青泥洼防范。

廿六午后访诚者村,约往李家教张子奥,未来,小坐后访藏老,订定紫外

孙夫人妇到,晚,九日函荐已接,约在太平会见叔平,前往都

吾党后复摈拒康先生,清国谋生辛丑回庐,时上至自首,李相阻之,比

复阅笺。外务部省交刑部,党汉西可(归旅)康[illegible]逮,共一瓦,永远监禁[illegible]日

(九日诸口成因俄照之通)

海军诸口船只,旅顺虽未成,然当舰被击沉二,大伤一,是为第八次战

廿六年後偕李雨農雨蒼並九姑娶一行遂函至冬來值東鄉會匪之亂是

母親因往李家一茶敘商新震外務新商標註冊保護劍叙各務

老爺等保護之任正在安徽之舉程編訂手續保業空領行再往金匯兄弟

及諸先之震後使外務新電准條約條文再切實宣成中立又經此軍礙事

中立規條不免遲誤非常之隨時戒備又與緣更條在遼河西岸帶地雷

阻行旅殺商務誤交誼以非其權力所及准條約交涉至南洋條約給

緣日日戰隊十條條條正約後美議與後退政府中立以立東桂柳路等

廣西勇練兵練添兵器械

曾監視以上措施添地添碉砲石日間點驗不夜光添添夜而要特寒且甚

疲倦晚至夜半觉身乾热为近来劳倦之色端拟于三月初二返寓因

饬户部筹议练兵饷项十条别条言定中饱并非加税何得因循苟且著为

靖接谓此荒亦抗通益纺沙澂添设机器榨油菜豆饼茶品亦厰棉子榨油

值年荒由此来大可获利英德订约保守在英利权亦理英属段茶任保

中立完全宣告奥法义日本俄美六国皆允照行 日军将皆进逼东海

分兵自东北奉进陆西南旅顺阻断铁路使俄不得与陆军上岸行海军

东海峡在金州及山岸设大连湾楼之运舰邀追逼俄不得傍山岸并兵皆阵

助力

此两无冬遏旁阳城像迄凤凰城雷光跳舞戏说

廿五日热气蒸雨 自觉身热寒清力乏两国紧要婦来程观业勤沙厰撰石

仲丹言西以锡山梅子小酉子善庭兄弟 晓生同日家函拟赴太平附一单备函

大部第四批准蘇省仿照官板契紙章程十二條，紙用三聯，有存根、中契、
紙尾，繳總。從前契尾停發，四月某日起，商民置產概用印官契，契價
錢千文作銀八錢，洋一元作銀七錢，過戶之產查契稅，銀限二個月投納，無分
劃未清展一月，逾者罰亦契紙費，宜頒後設總局，再擇鄉董之殷
實紳董分存，或設官專經理，紙每張銀一錢，作錢百四十文，業經
司或另派之人，[illegible]費無論何項亦可暫支，在三分盈餘內開支，[illegible]
江西省山地淺[illegible]料不便搬移，在贛之萍鄉、瀘溪[illegible]之作美，領[illegible]
親睹各商浦江口出產程五條，今四月流通及各領各商亦流通[illegible]
五金公司將及三載，屢易股東，在滬[illegible]商[illegible]，亦實數難[illegible]流通[illegible]

請咨照商部酌擬設官銷局派員赴鄂贛查考章程

廿一日 雨 午後先寒後熱 夜得微汗而退 睡亦未安 顧二條地五[illegible]訂定五十元

[illegible]來報章 廿二日 諭 會試中額二百八十六名（實到五千五百十二人） 蘇省廿六名 外務部咨（知）南北洋

美使函呈各領事採購自用食物發護照載明教目派公不干戰事之人文

咨知南北洋 飭取照樣各國僑住人用免誤物花旗其敵[illegible]作前諜論

其無線電之輪船保護方官蘇派亦要以良民之示蒙字西文發給[illegible]遠

誤 學務 擬仿北洋章 除去洋赴學 立有學堂的實在須外 均須考試合格

由派亦要給文憑方准立案 據[illegible]本年當外務部 飭[illegible]退章天[illegible]宜嚴退出西堂（若係武科學生亦[illegible]報降[illegible]） 廿日[illegible]

以免字 日軍三路分進攻遼陽 一由[illegible]東鳳凰城自西北以攻其左 一由[illegible]海[illegible]蘭

臣聘熊岳城趨西北以制其右一由蘇甸城進援寬甸雖已收其背日軍又復援

查近年俄國修築鐵路自滿赴彭氏屯俄人著俄國黑龍江一帶日人謂

出華政分立大員之支持其種不形寺制其情強首中國

普霽禁歸在此再宿禁來請撤歸之小民歸皆有善心不知于[illegible]禁

約社戒之根本曾 諭者遣員集之[illegible]官被擬搭程底到門案情程擬銀

著交刑部研訊御史葉桂解任歸案參領崇靈旋傳又諭本日葉桂

葉奏崇靈賸濕聽大原擬鄰之桂據葉頒策加級免處分該光行政係員

本籍收總稅務議辦理鄉據查光緒初年取進趙武兵備意在據查員

寧波府等處請免裁撤鄞縣學生不致滋學費由學務處委等飭

張帥公署新聞稱納費，日兵廿二日在貔子窩登岸，運船六載兵勇並軍需四
日本用塞船沈於九
堵旅順，使波羅的海艦隊不能互聯，或登路，或塞港內，乃可專意力攻波羅
俄艦自用炸藥轟毀，意在
專棄是地
的海艦隊使無港可歸，絕其運煤之路。俄兵多於其人，皆無鬥志。

廿二日晴。出西郭，吊楊仁山夫人之喪。誤知蘇商部委隨參議查考南洋商

務，差使送觀南旋歸。遂過鄭靜山一談。午後大会，因感冒初愈辭者。

先之約郭寫美學生上書政府，以美禁華工起程工人之患，而工人有完下議
否陳
院之賤，不應少數議處，禁約辦法一請美國准華人入境，一議中國切鎖美

貨，工商至免遭摩之控一割，工商學生之路。商部行查宣城礦務，俄在遼
過

陽輕意退讓，出廣。廿三日，半在俄兵食退，暫經遼陽，並在鳳凰城者退

摩天山頒一函，日相詢悉。微悉中國使館破壞，中立已為極險。依倚山海閣依程
英有晴寄壇南交掃畫之紫交掃由芳雲偕道閣初稿壹一席，晚生再筆輯
學識雅人薦張子直到彥庵年歲儲百數十金兩儀，但有老親尚未
去門家意取材留象南人中有留之處，薦語勸別為內人書一紙交紫掃交畫
賓客有伸函白望後之家掃墓情形，錫山老坡睦包霖士之言刊碑之累
村商諸族人年前送紫交掃及芳雲之行裝載坐自小輪船擬送至蘇根等
桂撥美請就復水師五軍擴劃添船增勇以嚴密之防，美事之差精練濱說
中國圖治重在通用銀銅之幣，定有金價以金為平準，圜法各國皆訂
設因樣幣刻日寄進作鑄陽道入一函

四月朔晴昨夜竊賊踰園牆而入攜內所進鷄鴨覺呼僕輩未失物大龍扺歸

自蕪湖寄石仲甚一紙又樓湲生寄來一木箱及其四弟寄之函到黟看後

樓閣萬年記十三日出城偕高松濤孟商郭清甫蔡興子望述之居村及秀甫不能

游雇小船進日暉橋過志足橋沿觀山殿旁前進由松濤導至九華山

墓有大碑刊原任翰林開兌大理寺評事九華鎦公墓旁隆慶五年 左 諱君安鎮 寰 鶴齡 高齡

建造南林墓右旁道光二十二年五世孫君和六世孫鼐七世孫芝田成

稔重修大書石牆已傾尚僅存東頭墓門祇存柱石石馬一對亢立路遠

剝蝕而不全右有一碑臥地而字尚是背面原題且碑程存年地西河庶吉

河三面皆水牆內五塚不辨墻 外右 外右有李姓男不石及土圍墻墓碑長光緒

二十五年立左首土墙已塌度算亦多年矣其他屋宇漏者不下十椽

更有三处将颓难未久者附近小村皆往询之据称姓邓地名邓家住更名

邓村看坟人邓阿元夫妇皆故独子无依[illegible]随往[illegible]其近房邓杏元[illegible]

年几[illegible]老妇应所聘者邓和生度其房为邓度大人为[illegible]其阿元为

远房惜地孙墓字归前清理之法以查族册户名为先年[illegible]

告主耀卿也[illegible]御史黄昌年[illegible]不直[illegible]入大局契端文直[illegible]

镇江[illegible]不[illegible]还[illegible]

雇祥生[illegible]

初一日午后因雨卧游寒游热[illegible]晓[illegible]外务部[illegible]荷兰[illegible]和

辦公斷條約推廣日來弗原議行之水戰條約及整頓文件禁用猛

力軍火各款廿五年奏准出使楊儒前往畫押以廿六年為度未及請方

辦理日來弗原議行之水戰一條東西各國紅十字會創自同治三年各國在

瑞士日來弗原都城申法戰而扶及之者現請續經英使至署擬請補

行畫押駐日使臣楊樞奏為學務情形各學生有中國學生一千二百餘人

內學文科一千一百餘人學武科二百餘人學武居垂校學文所費亦多於
原奏全書

數信

學文科宜歸派東遊遊歷畢業學校自費生亦能自備宜歸官費院據覆

付御批發 交禮部核度 交禮部核 又新奏王閱呂實報經費美館

真蒙城縣諭士職霍郎陷王出擬被參革件擬着分別照例議處交英

或云脫蘭斯佛爾在南非洲

與中訂招運華工入出蘭斯哇尔之約美派七鐵係生產利益

初二日為安縣石泉紀縣丞留日蔭海初蘇良弼君知同仁司事一缺已看
督人難再擔引以謝不健字知安縣叔章桂樸莫籌給府廳照知親兵
俑械暫領鄉團修築碉堡另購電英請先派加指揮煙塔擬將中館等
收繳調鄂武備學生劉宣之紹贊操教習並籌軍械濠內地自來以同
新章千二餘條營用水收價每二斗一元至三元止用水較多之店三元起至十元止
澤菊任毫另議實行保權利便居民及以前取怨於民之了傭兵逐出
盧遜西由慶御責係傳磯命中之目有責之條逐牛莊往盧遜陽強民運械物於
海城另風盧遜岫金復蓋皆在戰域內兵為防禦
初四日午後孫子安縣丞值桂壽家長執壽先謀照豪子召詢知其出外責源梁郡

照抄伯琦琛上年作古，春穗劝子暂寓穗垣，深虞费多不敷，回里布

置也。叔言商部奏派员总理机器造纸公司，集股试办，由商部尚未议

委四总奉壹厘之请，力任招股设厂，应即派商总理来京，拟订章程禀核

饬学会照章备审，每月一次，拟定考验强弱，严查顶替之法，请先通饬

滨习商自往照验，善后租界商定，俟转请外务部核覆英使，答后闻办

粤督电英臣迎王五肥，劝譽迎归，认的厚实，候迎鼎周村先等六名，当即

闽风情似不难，指日荡平，日军在直隶境，将军东已代先复，请转谕商民安 强国而民卑，缕此亦多

业派员来沙河子，未税局收税，日军于初一日据牛庄，俄军大受歼，移退大石桥

初五日聆嵩晓生三月廿八日函奉悉，罗八爷已为本商重兴宝泰商号立户，存于栈 附呈改颁商件实见函

前接貴公署字帖並前次意在智字五號咨覆續坐函之三弟處帖由恒拉取去

前宋小宗兩匹內有貴字兩雜字函此外有成數在手託匯認費到付某行英鎊

房之侍函亦聞人略有訛之處並居仲函之查看南林照墓大略不訛擬俟歲

高郵原稟擬請立墓表稿並有撰稿

試畢往付有益新年初二日請黃思永閣學三品卿銜翰林侍讀學士以前款

前撥充義塾廣家鄉民足補官力之不逮

某創辦工藝之局擬著成效東票陶號商函不肯出資倡亦前分滬德美議能

滬西開堂河闸一引河交船再至租界能滬鐵路商筐便捷集股三百万已交

安慶鄉軍多略有損撫軍費不資日本為義而戰中國被各國助立戰勝得地

日本自取中國兇虐集兵分方足以等各列請別國代守認其兵費條交素公郎

民也至瀋口之美路外務部以局外之地不准戰國管理各之其鐵路免收

通籍賀氏卑資三月廿四日大連灣北戰日勝俄敗 俄遣渡邊兵二万不敢赴朝 勇如藩潰

初六日晴 如一旬今日雨 昨之夜小雨 故掃舉之 如大小平安 叔言寓廬詳定茶稅

加賦條陳抄錄戶部則例內各省田地原額共計四十二万七千餘頃原額八千兆頃

今八千万頃不及十分之一 江南賦重之地原多有無額完四五百文者 少亦有無額完百城

數十文者 統收二百文 實非苛平 海省委員赴江鄂贛饒湘等省查考添稅事宜

稽查稅收及各省貨土產鋪場等稅 如有一定辦法 亦可酌量通融辦理 別須另行直 山海關外藏留糧貨五六隻窩艙 先搜獲運載多隻 防不勝防

隸部下兵隊嚴懲搜擒俄人 各國論中國如有偏激 勢破壞中立則禍不小

是以經各國等事寄命中立 嚴守中立 日軍分道在蓋平熊岳城及山岸

初七日雨竟日不止 大夜更大 叔言外務部照會 恭穆樵生青島同港於睦小輸等

第六條作為光緒二十五年三月全訂青島設關徵稅辦法之附件由新校定飭

令監押照行。雖租界村內作商埠，商號照行中國商稅，內洋商附股字義

洋商圍內地設廠，以條約為憑；華人自附洋股搭入，以商律為據，另署者另外招

邀。馬賊益多，望為西人被劫，劉建數種不實為盜黨，稽查不實，官兵不力。

劉坦、張巨源、鄂學生，屢日本習速成師範者，姜兩成鈍、告儀、楊人自帶閱化。

大學改章不派習速成科，免糜學費，及設資遣。疑日楊使擬日本東亞同文會

會又在海濱整備軍係兵，退大石橋

會長函請資送有志聘畢業學生，日軍初一日擬營寄，初二日擬益平經營口二

西丹學園院海許名字

十五英里。俄軍電先北運，已開原及鐵嶺，此日虛遇湯崗，已至矢，再遇除宗濂

初八日，雨，日夜未息，河水增高。接石仲初習函。是日出門，道謁華裁經略院請之樣模

靖之言英領事處寄中英領報稅房出門，若有人隨後要雲初六日函

業已瑞堂初七日乘來順輪船赴滬，擬於初八日　請葉祖珪補粵水提

請任永清補溫州鎮，練兵處議覆青州副都統奏添練旗兵，擬此後專

備本軍挑土著兵外，挑選駐防旗丁入伍，同處操練，其練電滬郵局內

地業已點派甘肅六省照加郵資，餘照常，至火車輪船不通處，均須加半費錢

俟各處集議，續請核辦。據稱奉天文武已出避，戰時砲火為軍兩次不乏

初旬日艦攻旅順口後，誤觸俄設水雷，或水底潛行水雷艇，沉一艦，又在成

此舉各國惜其不怯，名小挫

山頭因霧互撞，沉一艦，另有兵船觸毀數多，或云係在該處閩小道通船

寄而論，又云塞船起出港口，已開。俄擬英美照會，改旅順對英美人並

運鎮姜貸派充領局公議筆命莞棠沿岸禁二年炳麟三年鄒居二年限滿再出租界外

初九日陰微雨接滌外孫派寧蘇長發棧經理物件附外孫歸經須的留

翰西送來初二年文筆英別際賊契片各將知縱其極多殺少和通同共同謀

隨還將斜以百里計六十方為一段三百六十方為一里一里見方三方二千四百方為

五方里一段百里見方合五方四十方一段除城郭河道二三成荒田二三成道路

合計北省每段細推一頃每年應撥十方南省者有三四分不等合將知歲

銀兆多數方請飭各省撥出經手責官按照閱方里數核實徵收電旨

詢荊桂提督劉光才來条談今守任北口防務日軍毀旅順北鐵路道

英里條軍在溫家灣銷售錢所埋炸藥毀人物其數內子藥同時炸

到處傷兵甚多，係日艦發砲，寔違公法也。日艦在戰界外海面往來

游弋，兵力較俄爲厚，次見艦皆是圖四里，其意何在？欲侵據江陰砲臺

聞荷蘭與瑞以金鎊爲錢，我苦矣。錫今日賣荷蘭者也

初十日是爲庚申城陷之日，相沿鄉邨四年不應，恒案書寺收任邪

舉行之。下午往寺裏略觀，瞻文殊者之閣，靜山子偕侯來同坐一談始去

與國要議，訂萬國條約，限戰時用炸藥攻擊無兵之國，討論有眉目

因日俄戰了，用水雷及潛行海底水雷艇暗傷戰艦，並害中立國海

面行船，而費事矣。防軍經田莊台者，經營口，俄兵既知將地退了，逼中國

堵禦。聞俄軍亦備兵進駐營口。初六日大孤山日軍攻擊，俄係潰散，云日軍在某

桂大臣以目疾假期未滿准開缺

要。小村外務新電，稱桂大臣均未能預，一切內閣并界務之與英交涉議

蒙古島開放商港，係須與彼預知。一編列十三條，海陸戰重在堅固。

十二日午後視藝老病情，不稍輕減，揚維翰適至，視其用電氣匡達，新能

強稍難見效。昨揚翰西知直隸醫學堂商借河南商務，必須之文，已經留

寓。報章初八日諭旨，係開兵現仍嚴守中立，戰爭各請著各將軍督撫

曉諭商民人等照常貿易，毋庸輕信謠言，濟南商民安堵如常。鄂城總督

為首在漢，係義和團餘孽之變，在武昌衆鬧，黃甲級價之多，斟其借

端。蘇人曾天賜、蔡東吳等學生在外滋鬧。

十二日晴，傍晚薛壽小雨，黃學士上掛，安可譯見，即兼進呈，楊程蔫頓首

浚静山来谍，報事院有某員條陳創办新票據，院責成洋務局員承擬以
抑病民資，不准買賣。昨法乃即飭羅議，沈紳議亦自謂望其滿，并謂未識能
否望滿識。略等募股興辦，又今股複英商訂办蘇杭甬路，寧失權必多損
專利，舉凡紳守應從理擬章十二條，會訂草議，章首乃詳後部，條在
洋面布雷招各國非議，緣復估生在由日軍新造戰艦運兵不數
十三日接石仲初十日函，并拜公墓平息（自三贊撰）立碑，屬為筆生乃，惟有查明認韓相地方界
預備德東大王來閱甫畢，連移大坂之譚而居旁廠之亭，脈腕已平，復小不歲
試浚等举並同出為宜，家宜國之壯，僕多費心，況不得借重兄等之義雇南
林先生墓字錄送呈王耀卿，為謀圖地，係四方皆未見到，抄章事錄送閱

處水中之害耕田仍難運出方可修之轉運人今由此運往彼口放筆定
撤沿有限制不准出洋皆多務者議詳設調查所免致總而無發窮路
熱河知府李澐令詳之王國淵勸執道年號招錫馬玉崑以陳軍擱今中立界
內派員往見陳帥申明界約飭遇邊海城令迅迴出城及號以預備議條不
從彼狠得拘往遼陽歸屢前日據七支所飭條約
南宮西營后仲西兩處所慕情形不易錯綜僕不費難得其人曾屬之壞
此原以來內集興不必強實果中蔬菜麥豆蕭曾收割而接價國甚不理
鄉子苑來謀即往晉之仍與季甫起李二處能文辨者免遣人傳召李王維
惟未畢未閱地係兩淵勸欺未到以後盡可惟能辦積緩數日也　祝祺　初十日　鴻章
並積補北海鐵甲又論英國紅單修全已論諸豫藝真擇此尚在黃渤戰地

受傷軍士並拟被難人民實稱善舉現在中國官紳籌款往辦者甚夥

外務部另行條知會因擬廣學字會移于此處除擬十條

內第十九條以資經費十月諭趙爾巽來京陛見陸元鼎調署湘撫恩壽

署漕督端方署蘇撫張之洞兼署鄂撫江督札商機宜會同局務

料此時隨時稽查工匠名目等第日課之作爲訂定章並選幼童入局學習並

收回粵漢鐵路在本境內者美國售股票與比國論傳紛多美不自辦即應收回

作廢歸粵紳自辦旅順俄軍守之甚堅也歲十二月爲日軍攻得受戰甚烈

日軍議暫管滿洲各地及鐵路擬棄之自保者當云

十二月午後赴門偕文舉等赴高松處看會見其續編遊洋錄稿李義常

照南鄉舉祥告以訪謁南林墓大略歸途過九龍受採風來儀亞請

辦赴送文倩蘇撫兩夏廣盛莊票備洋二十三元整角一紙屬楊子仁山代辦

擬奏外新疆奏准新疆南路開商埠派兵及其山外境周村作為新疆南分開為勝

請路各國之通鐵道年奏通線要路務先行近程要開去分別收籍祿圖擴

克購漢蒙元新疆繞之作弄不便於作惡之旗丁矣。條其後商慶御一遠學白

崇恰克圖張家口鐵路並謂此先祖借伊犁以後千年別此滿洲全土

美使函外部九月初一日設軍醫之全事程請派往軍醫新會日艦臨自十二日

後堵塞韃子寫善蘭店丁未條兵往來軍道通道海峽兩岸日軍設通

通信於旅靈犍

改南宗旅

往燃以便兵路續及流設鐵生講習全事程女士張竹君演說

六日擬奏某之言美西北邊防本為條人之蓄謀已久之兵務來兵挑戰勇於家

伊犁防務請飭全事交練兵處議某之言美淮北邊契國結為國

不交請飭查究政府函某之大臣及各學堂之同各商省學堂擬館宗售綵

遂有報告支那化成論支那革命運動新廣東新湖南湖北江浙并吞中國

策中國自由書中國魂黄帝魂野蠻精神廿世紀怪物帝國主義及今修

禍頭之新民叢報熱血譚蕩虜叢書瀏陽二傑集新民說廣長舌

哀近滿洲新中國支那活歷史等名目請飭查禁嚴禁等因請飭曉諭查

禁不准代售購閱遵查粵省亦粵督業經名康盈館先已出示查禁遵實難

再據現飭自行節縮撥款並據每遇稅契章程改用三聯契紙不用契尾

署錫帥府宣亭全權調停俄日之說日據金州之後戰何時再占南山離

南山戰事已到日兵傷三千 又云四千二百餘人

隊與戰苦力五晝夜南關炮臺旅順後路為扼隘死傷三千餘據之日軍據進

平日條軍託詞俄代為約由英保護遂營口日軍云並無條款軍到營口

十二日周永良來談稱本處儀至注丹今年保送楊仁山來因已於前回保改由藩西

書來交王鑑如，原有張鑑函，振章商部囑爲考查土貨，種類括以四類：分農業、動物、礦產、製造；調查分六門：一爲類，二價值，三運路，四銷場，五產稅，六綜核。費表格令各處照填。商部囑霞繞（？）核華商會股二萬請試採

源縣境煤礦，又霞浦縣據華商請於諸暨縣境探礦，現在礦章奏定

應給採礦執照，係（？）照費應照年繳，照分除（？），飭照填註，並取礦地四至圖說

寄霞新備查。雖均支英（？）係人，遵送東三省鐵路議，並陳情形，繪圖列單。爲接續貫串（？）畢利路起見

此係廿九年接奉粵督來函，君江寧道易順鼎名出查辦一節，茲將

賭犯一節截緝，並請募勇，爭論不已，自私自利，請華日使照外部

嚴順亦久不得。惟四路是否中國派兵自守，抑由日兵代守

十六日寄閩浙良玫章次山觀察函，又發后仲一紙，並抄來東申（？）第試作一字

本日接院生十一、十三兩日函，報往蘇州襄校，赴京裡旅行之計，南林並至函

仍無西言，開請生往京林課函諭，侵晨賀述錄寓之韓館，王緣過彥謁

及至其好了將做柳何可四報章十五晉　謁李昭煒調之右侍郎，李家經宇

調兵左侍郎，增崇調戶右侍郎，誠良調兵左侍郎，裕德調署禮右，長

庚署兵右，崇綽吟布調署戶，戚彬署盛京，清銳署荊州將軍，十四日軍投

鄧陽城緣設東清識路公執了人，開其終與會之譚述閩湘人

九日儀至往冊子供奉翰溪二更，翰西以可見，赴都仍奉函旅，便乃寄函蘇北

張近康味雲赴津，前函珍甫，郁去遊錦，境甫函諭知，現館珍函家，有函

不像本示，旅境甫寄張子直之說，前兩日海初示以孫道甫舊託撫魚

杏見往其所寄遊院，差見所謂王伯雄、翟卯父子出延，冊查照，投蘇南林

基座揚名鄉廿六十圖基字五百六十九號共平田九畝四分二厘六毫顏鴻
遠顏宗成顏文祥顏周成顏世榮顏観光顏啟成顏郭培顏通成顏甚
祭基七畝七分六厘四毫又丁廷桂丁光殷鄭洪付周百福莫興旦五戶共一
畝六分六厘二毫惟鄭洪付一戶由鄭正興認地係宋朱生菴之程春霖
辦法兩徵概章告諭柄廷時調邱程曹鴻勳先冀李經羲補桂程印
赴任因開銷調奇程道恩壽補粵程道經蔭大亞吳川蒞之交界情
形及印花道務兵燹已兆其兵另之相對番僅作惡請程察求分地方
添設吏鋪需學務實務於各府縣份及各學堂在興業陳廣學青員司
善了居其事以懲逆首家其族人則須兼學生額易為力於學生傑者
醫不訓查照鏡年分辦法筆擬後因官契紙辦法八條租界租契另紙

日來迭外部文係飭查中立地日軍迭入並非犯中國中立請將彼此
軍由華官派兵管理奉天一帶鐵路日軍援其兵及大連灣之柳樹屯等
護送車又抄送遼陽探員報告旅順塞艦易俄易開海參崴
華人在山上用旗與日軍通信探獲之多經殺戮或云係日兵易華民衣服藉掩
廿八日早經瀝陳呈案摺奏曾　諭刑部某案既風聞貴州擬案歸禮據瀝陳
渥入某案稽查擬御史張廷槐革職留任仍著顧以為雲雲該管大臣隨時查看
練兵處奏派陸軍學生肄學者十六人係熊楊樞所請議行其名旗漢人皆有
半限於前往四班一轉年送一班之各省督撫將名冊咨送部察閱京
後報請冊咨費因案令派四兵輪赴澳門澳費電外部電令迅
回驗某張度電外部以藏事商英擬派部電仰贊停免兵前議各條請與

英武有定電龍進於日軍由鳳凰城進十三日擾太平山嶺

普天綠暖日長圖傳樓石仲十六日函諕呈請附滙單先后由家付樓寄電十

四日天津函送西錢示静山叔事政務處議覆鄂督請築出洋四萬金

業學生應若之 旨電復加考驗嗜樓學政考驗相符再送京兩項事門學生由

學務大臣武備可由練兵處王大臣分別考驗派確有心得再概考第家

奏引見請 旨録用 所請與劉款驗等三十人無此淡美果籍理費曾

美臍地綠學分年裁免遂防南北各學分別城留均照兩湖辦法存館

須核辦以此議覆可也 譯電部新第簡十條辦法通飭議覆禁運護境

叔須議路務已造成三十餘洞河沙極深二十餘丈銅柱尚不能直入河底

萬順岸錦山海道陳昭常營口地方不日係戰事

廿日陸雨霖雨生內來果者晚生錦屏叔言粵督示諭急應革命團練在

桂省尤為要政蘇商務局議出岸商民四萬係護二年四縣外務部以後

將軍請照係友李平為家稱新政係之前莫那科宣嚴等重要之物傳問鐵路

有不累激勸全國難於善處況有城堆戰地請速撤去所置地雷免民驚

為急印轉叔難係來稿善莫為切任聽傳宣嚴等要免出示係護官民兩韜題往應速西日

民國萬政府協商防守所事要事城係友力阻萬閩民為免多發別處為端

係另請本國速派渡輪湖海艦隊赴青速來以張海權

廿二日據丁國方由營口電俞承隆店攻燒生西及成子雲于元叔言皆　諭卿史黃

昌年奏咨江南文武人觀方嘉查霞並員俞明震委屋務辦理不善一節文部

議定知照某某陳請都了。該某某承辦其餘貿鄉等處，實為踈依據某某請設
滇境鐵道支路一通，可由長沙轉路分枝直達常德，而辰州入川境至重慶；
其川漢路線擬先辦一通，再自衡州轉路分枝直達寶慶，而晃州入鎮遠擬設。
至常德一路七百里，需銀八九百萬，先由本省集股設總局，次商滙洋債。
南洋各島不數，若借洋款之道，前新章不得以路作抵，及干預路權。宋芸子
代呈大至議，股美國代辦圜法，擬審度之戶部，其道因賠款誤議債之重要，
擬質易金磅，藉攬利權，其意因我國之庫金而不用金，用銀而無銀價固
銅錢，而無劃一圜法，無銀行經理，無鈔票流通，乃假借箸之籌，作越庖
之代。華家財政歸其掌握，二國合意之處，承引荷蘭科學先代政府掌權

也法彼國法主自能達利益仍屬本國倘此權歸之上國利屬外人中國財政
不外鑄金圓以抵磅價齊銀幣以一權衡廣鑄銅圓以救錢荒節行鈔票以資流
通第以此之不及策其要策能與振理財政更定圓法明許以聘用洋員嚴防其
干預財權江鄂督撫合電奏業經覆奏自曾國荃訊飭法日本以戰局例質推
廣擬致張一總督府主持又可日本部派學生之請謂其資格未合觀戰之例
曾有東洋來致空呈稿請飭部注冊出示我國復還錢糧以嫁鄉邑並十人名單
交之轉示回族同雁陸續如叔幸商部示招考實業學生以育其學堂程
度今擬測繪理化電氣機器製造礦業各科來年間講授務求實用限
取百二十名鄂督接奏照之首冀亦礦務光緒籌擬官本圓館礦山一面送

從學生赴西洋寺習礦學材者成能不質近外國礦師羅叔字貢安霖滌

滌如滌呈覽乃直六月之示乃一紙於一操切得軍吏大君稿時所遺迹積語為民條之復來

用紙令蒙賜六家盡守緒急羅稿逆求得甲禁游閣謹抄

黃樓君仲廿三日函中之服藥如聽人激勸之言內心非能居廣南書師藹孝

黃鏡翁之函謂有對錯益華不為業以詞函張勝語而如雲歸北郭故城

隆廬出詞去後閱勤合見男如往觀借季弟君羅集子緣緣勝女孫

芸君陸聽秋家一生商鄉三福齎之譯詳芸齋墓之明碑寺裏祝之

當宜錄局解說居出議者謂宜據之西江之小學書之以為首之篇子

一承錄之為清是第日交赴滬會大暫偶談君未來王島設之總處報多

芸肯報之齋之苦會英善議佛學友數復請推廣之龜高級五城

原設農桑公局限於經費，祗足紀模，請撥給順天府濱於七方之二
成藉以拓展，俟費充裕，次第推廣。江鄂贛金吳亦蠶業。江南製
造局移建新廠，亦注重於槍炮，亦以籌備擇地定機，採用人定樣新式
儲備兩才，養成人才，俟局中人才端院部門自主造礮藥，務剋日產處
員查勘議設鐵路，主事曹典為經理，日來以諉傳中國將與聯係
不守局外，戰者係人所擬要禍未至，請再宣諭確守中立，又處所
初占地者退還人地甚歸還，武人自言之，所置不理，又論英剛國
戰是時與俄請分別答覆，於戰時若以兼者剛之原則，聽之日本於占領地域
五月廿日接日總統書，須慎擇海島舉
張軍政署之事，日軍於廿三號日在大連灣將欲揚海島，毀係水雷四十一

是廿二日艦在旅順未發沈係艦已葉出港北航平安航路一道旅順係
軍港萬人生還護內樓覺係軍據馬至巢軍攻擊
廿二日接晉雲廿七日函悉故都選者將校任壕南兼下文先勒進有
省遊生生被擒為兩武蔭良寓易受請前錫國初奪江寓限員查
勿目寓出銀鐵路經行田地仍擬上中下三則江主擬按照長沙自開口岸
之廣地悉由官給給以平價值上則三四千兩中則二三千兩下則一二千兩示諭
總英領使領條款議調停我等擬舉歐洲鄰兵隊與日軍決一死
戰法以優親為詞源屯兵於越南專為要挾覺各請示蒼何嚴防 勿令侵入
廿八日寓蒼石仲函云錫山園林的代先塋之全請務飭戶部迅飭塊係查禁

並示禁侵罔越擾安法並與鄉道商謀籌以資之說習籌來函請
飛飭各縣可以呈件營飭本處酉山照兩營核查稱有總行款章奉
天綠軍擬及東濱按時軍理通不從請示辦法外部不敢入其所陳詳
海案內之在杭上城給成由屯十旅備設等查由官【勒繳】辦歸各給領交
花日字前營總生函並本年字頭包旁轉字前附去丁五與其在何繫之與案來
謨款章粵擬案以師綠呈官兵請全裁撤飭項等備練兵綠營官缺
改設於常備續備等軍辦法三端一路設官缺擬錄到原分充常備續
備等軍統領管帶以下概充清兵一併將舊自營帶士勇撥裁飭由四成充費
自帶弁及練分任城池彈壓解犯防庫等事一請為通籌劃撥將所留桂綠營全裁

筹饬桂抚柯真遵设课吏馆，酌定章程，功课专以兴养立教、国用武备诸

补牍，以备务之需，矿务交涉十项分门考究。鄂省学员议为端帅奏访

或云系美国所派

稽碑刻像碑，隐以谋立思派各学生出洋，因有衔实英有访员乘幕

袁帅派员查某

商船，遇以兼兵船，跟从探觅，闭不知误，义岁起而干预其事，岂其然耶

昔大将无所充爆美帝，隐虞崛起，使得灌输，前后初定，形同杨维翰移

居之礼为拟淳扬陆运，崇于上年派员议定自派游学洋学务三里

内阁翰林院城守由银圆乙与世界日单信岫出崴埠，实先由缘人奔往

史云寰马集楚人居更多万人若极

辽阳绿军败退去省城，银皆经火焚，民房邮电局人故息，练兵营计在

北洋军割日团化学化分北之性质，或云以万人所为日访奥人

五月初一日小雨，孩往舍生西清院生衣包一个，总之馆来回一夏，请雨苍事
去分别府道发交瑞石仲四月廿八日函，并函蓋学堂叶实宜一年程两和府
领贡考，年宝堂函，望能申入此学，重为得应贡之基，需戒勉之，谕自之旅
命家茶之宇年冲勤孙马，或者有机可过府家中，制衣帽鞋，托送膝洛旗
院生四月廿二日函，甚报敬为孝桐陆于六日发衰二易交杨分报资报言殽
瞥查霞江南泰某程北岸会宣政大臣于文议，嶽二十七年日前璞宗堂所
设德律风，归电局自办，裸线亦即需四或饬公，嶽另亦湘接局于派湘
人江南道员朱恩绂专办交路综等招股为宜，余人设防务要地雷外置
铁网旅顺后路要设高厚木网加美角形之铁线，系小铁线之方锭者据

金山文議受華人以扶植撤多逃離他適僑人將食未到入戰時禁令英與辯防
僑人在奉天東北另開新路達於金原以防藏族有不測南非利加洲招工合
同章程嚴密經約中華工頭衆為工匠緣國新府於英國金銀礦所需
華工三十萬人其虐待與南亞美利加洲呂宋秘魯貽害過之鼓勵內地華
人勿為所愚陷身豬仔取內地滿鐵路與德方訂議者謂其地無所需
務歷了三數少年不讓受聘前人亦非為經商者所可通者五端膠濟路通德
界雖不通商之濟南論者指此意城為萬之溝濠沿江通城為萬之溝濠
初六日陰午後微雨荅居久談送其赴晚至九點鐘歸和訪寀刑律館所派
中律總纂與日本課長謀西律至和議難期不易合商部居新張審之查

業等回滁洲到蘇轉行商務局飭各府州縣查漁戶冊報飭各集衆等

御史論南鐘奏請乘日俄交戰機會設法贖回鐵路又查漁業

權以法亦有收回海洋之權請英美調停令俄退侵地並批外部知道欽此

寢條軍困於馬賊 在峰山賓芝氏被困馬賊令精馬裡以南繞兩路旋登寨 嘆其以吏內外部旋嚴討之榮饒大股人於府試時殺七百餘

謂謙飾人業經王及丁等將領遙策等情據順老鐵山頂條設無線電其法在

東王島上設無線電互通消息

初三日夜雨為同姪作壽寄共錢十二元於裕齋飽叔壽長康業與安山嶺及河水東

山前請置屯田兵並練續務連防上者納國極兵新為要之命寫重刻都

統奏試辦闈墾牧場於地藉資添設學堂經費先是奏設蒙古學堂三

座道經防初委占西名辭業指捐生息以歲得三百兩宮三年學業不了重直

致軍需亦審查將軍業經派員赴臺傳報各請撫照原案撥發實銀

軍機處傳旨停辦慶典之 諭止一切需費及各省派員祝嘏 太后懿旨再會

場未備務置之要思美英交恭迎入交署日本與荷蘭條約會議因屬通報局條

未設以前之 向但近法國法親赴向官代訂章程 日軍敗處坐無平條業已到去

初四日 張蔭桓來談 知會等聯兵艦雖經設船西海洋遊巡 廣購三艘設總領以補

海巡之不足 經費由商籌撥 言人之在條者剝遣薩以甲以有神縛力之神妙在朱

飛鋼彈不能入 條至藤崎諭各設軍先記字條在金州埋地雷並發電

虜先為日軍轟錯抵不爆發條在旅順港內轟擊炸日本兵船炸沉港船並水雷

艇艦迎擊飛而出入海參崴對馬海峽 日條要戰條艦多被擊沉條艇迎艦二

初五日 張蔭桓祭祀外無他 知會以後務大西議 實議照等政請推至美請推廣

學堂核所請　惟學學堂　給湖南省商等學堂請俟人才與學堂規模完
備再行請　另所請各省派總監督不必專任督撫之權歸之學政今自擇
程學務事宜一所稱畢業文憑並列友習術名外國有此亦請由業本考總湘撫
奏長沙開埠請撥經費撥與岳州關案買地建關設務學堂等
共需三十萬某代奏　練兵撥呈於內所外械轄者不相合請主兵大臣與
各省和衷商辦內外相維並有兵部與練兵處交涉備考一定之說孫壇等
醫院考授畢業文憑院司以下咸到孫樂與約林樂忽李佳白到蘇之為
總會日軍於四月廿九夜又追俄與馬賊聯合隊擾懷仁鳳又追擊援旅
順石復與戰旅順俄人派三元兵堅守停止修船俄官兵有冒險衝出不願
困死困內之言俄巡洋艦四月潛出旅順口亦為雷艇追遁艦與日艦戰俄艦隊

旅日回粤议路英美之程师缘民兴早费赀一万孫美领了唐东此了

初官隆年张兼谈（速成法政）东洋证日杨交涉为者日本民政总理特设法政速成科刊

帝学库已招得自费生三十余人用授学习一切于中国时务（取学外国法律政治）及宪律为有顾学

所以资遣来东请我知系大学堂示谕招考预备及派师范生之班六月某

日取考之端系某大员议旅顺既为日本所得则为务先保之次及英人或云旅顺

若后了宜广日中会商政府电驻俄公使交令商俄政府速电复在东三省统兵官将

俟军队撤俟中立之同盟权札我流沸等国令查询各国兵轮租栈储煤征税

务者之章程因之美德国美领了兵轮煤店完税而后起岸领了未完照完而急 四

于起却违例由阅溯赀之班俄海参崴舰队初六在日本津面游弋沈日本运

（捕或不见下落损失不少）舰三艘者般多将校多员战是日且俘在得利寺瓦房店等处交战日军死

者，忽（總）多或云在復州，戰艦旋用日旗，日益遠伤（仿）學，美大貴精，駛遠爲最，皆

能以信號行旗爲之，非徒名存實往也，上司云遠境，惟粵照常例而已。

初七日　楊王兩閣，四君同學，遊往東林議學務，聞爲派介（分）說產屋，衆不嚴閉，無[illegible]

約我星期一談，擬于我新疆撥款請派辦案，續務大員往勘礦苗，爲[illegible]聞

俄鐵路由俄國之威大臣派員履勘，插標識在旅順，備輕氣球十數只，以[illegible]

風，恐太不能繼其悔（後）矣。大人云凡少年無論貴賤皆須學成一種生計。

初八日　楊維翰自南移住同人，備物設饌，索來而去，飲食後，日總以親

接眉仲初八日函，附寄眉山著孫詩鄭函

我留贈，應即歸，擬于粵營帥通飭商人自辦軍火，均須報官核

印，該照以杜流弊，闊復查云即照辦，私運軍火例復罪罰，譬片派員查

學生，赴日本學習師範速成科，陳楼真宜（宣）通知軍事，稚請仍並合

餉又奏並遵旨籌備兵餉業有成數並陳籌措爲難情形宥滇鐵路

勘營田吳淞經費山西土貨閩工鄉派攤款訂定取詳等語滇五國給學

含前略多設分會江陽接濟並行

親見日前至不爲根本之奏貨盡屋正樂源捐與部議統捐用意相同請將

累以充商情強阻外洋各貨入口數鉅數查現由商認定之一宗之貨即倣倚

一貨之盡屋方貨課照隨時增長預爲裁盡屋改就地陝撥奏並旨試辦有

貨統捐情形部議令出轉等核辦商務具奏官累民貧籌款巨難懇恩

奉旨該衙門覆奏綠營練軍兵亦注意

於加釐捐免其加征提撥練兵費兵部會議裁汰綠營換練兵費交奏調人員

現准奏覆核辦

以資練兵並裁撤綠營籌款變通制錢元局以崇銅價張奏請改用黃銅以

資鼓鑄並進貢銅及時價即行改鑄粵省後局一議詳裝選岸承

祖父文彬等今在澳門訊明人證確係冒認為私業，始允許銷首
初十寄苦居伸函，云明慕呈明註冊，出示執照，轉示費出再移商，未能申
程試申請，精求細核，勿以遽出為據。所云孫為鄉勤，有路有不願前守居
易以俟之訓。蔭南處已函蔭寄，曉生經由本署轉發。後接居伸初五日函，爾
得駐英青瑞琛館函，新聖集五千部，交幾五千部出運商律業勤紗廠
應為有限公司房之弟函，請鶴笙數將此義免有後累，附之寄累健忘
於心惴惴。又接蔭南四月廿八日函，並日交去游幕暑京游者為楊蔭觀
威已補同部震武者赴本任，五月後出遷新任城。張子真今意先
月餘矣。年來兩程儀三十元，購金四元，紫花兩，外孫亦為有年見越所賞

次安函寄报收到附来复轩家言强取晓生言衔屈粤督事多不通世情之

语耀廷来青云栈圆管谈实祖务根本粤赣某地方要政三万举

亦据息借民款以资振兴有部议定有标版权事权据以为入商律署

解部盐井推运盐此由周年力策生划不机宽以代灶户可行招股

粤亦重庆设领事只川督包揽川汉铁路招股勘路等事兼利均已在

外部商订合同应兼至承办官纸局议集股四万系城以不合用运料旗

煤亦不便拟设总局于厂分局于沪汉等处推运盐出口转名价贱每引

报效二两与东洋人合办课重每引只销分两二两名为出口实销内地殊害

三家人深悉实情晓律例先生熟等呈请设立看护矿务总局先行查复以之案

议案者为议局经费请对拨以部议已停之，请督饬省办之，意旨院批行
司局筹议拨款，并照知议事程序。其三，省练兵之事，筹度照旨饬部议
裁减巡兵四成，筹备饷械，以资守御，旅顺威海均照此事，袁帅议建
练兵以备缘边。往者不能雄视他国，兵院失主权，反以兵费不敷，以充国家财力
人训练实业，讲习社理化，实验讲义
十月初二日申得江陵函云寓北京虎巷药店胡门李宅，晓来喉痛，宝童均须
廿日奏二场，叔章初八日谕旨：懿旨究实经费，为害实深，以节俭为天下先者
自宫中经费内用款工程，著内务府立定经费，全年不准再拨，各部饭须
内务府司员太多，应酌裁汰归并，著内务府会议具奏，内外各衙门亦应由裁

又奉　懿旨本年萬壽施恩，除謀叛之會之康有為、梁啟超、孫文三犯罪大惡極無
可赦免，其餘戊戌案內各員均著寬其既往，革職者開復原官，通緝逃犯並現
在監禁及交地方官管束者一體開釋，所犯在此次恩詔以前概行免究。刑
部會議刑律流徒以下多屬輕刑，照例伍侍郎擬設法科學務書課法律。蘇
垣中西學堂設立四年，現刊文憑，備給畢業生九人，蘇撫程雪樓中
丞提倡照原擬減四成，免設辦公謁鄉，業付卿其語，我輩上有新需及肩
勸傳，以呈國務，恤民生已費。近寄倣遥　日本派陸軍大山巖為滿洲總督並
大元帥。初八日，寧佑蟋宴賊蓋平兩今。初十日，唐儀負編勤自舉。
十二日，雨。子午接頤恒寓書，鶴宗寄之法等九人，保與李而在列，胥兩往來

淞佰頃來稍形二百餘里字地基七分餘明日進稱福壽新界石收拾江

商埠華請撤銷局以興實業生殖民蓋猶陸防安籌辦法另定之章

程厳加整頓清查及育兩完全大會者數萬人皆石人之以最育者之任以

厚積民德廣開民智普充謀以補助實力推進偶思並為協同急應見莊

金銀號創立商業會定章程安准商部立案滙商學會張滇西話

滇說日改生度御旅非海參崴大連灣三更安為自佔歸自管理甚餘

東三省地歸美籌管理條驅逐俄羽自設收審旅院費二只籌備銀行之利

可危念美學習來源為國美共和社會開議堅持主義德國選議限制

遼東戰界免華俄到裂及列強競爭國民排斥法國在中國海面艦隊

此集於滬招商局海琛船解纜於閩境係某節屢々痛切子生長短語諸兜痛

十二月小雨旅止年餘未謀亦年皖撫某公之箝擬盈餘轉撥，亦其並加抵補

陶公別議亦迎接以下認籌共八万二百兩買礦屋素饒豐厚亦不能

興福公司年分息權盛大臣照飭吃虧之處由興政府外部商議經年現

說定中英合集設一股裝載歸公籌亦甚該議收回權之處各省均不以為然

户部嫌之擬與某該統已議設以取其利寫義善人甚力設法修路之

約之集美合八万元為聘請廣聯總之資商違債追笨統統美其舞以

關記某統統領某某官璧西華郵假

二万五千兩

雜胎屋內後裁內維持三万兵護照奏設局奏許在領事之定收趣之事

並判斷收府給銀十万墓商立碑後亦善兵請美吏在京援亦

十四日晴文瀾閣丁來印清蟫要樣本及賸紙一摺閱之見九刀之一百九十六條
修六閣原書板一百二十七號紙不印八十部楓亭呈蘇寶楷業震鉤清非
大宗書盦屋奏派稅釐撥目第雜是歉現擬將洋加征銀征價藥內之
廿三年加通二成廿五年再加一倍兩只不及七万串再增一倍亦不過六萬敷
千串年以後綠閣他省不及江浙日向一處詳為承實情商議通擬稅閣
道兩庫借撥應解澤閱條諜礦詳咨商部免出礦產給出部實業
允准閣因閩浙輪船箱貨加留取人錢准兩閣往來電商辦法
十五日微藕園詢東林原分田據何人收管答以衆僧管羅庭延石頑二子將赴京
庄寶叢書重之考驗輪西送來為壞南作閣書返張子通出為兩子程

儀卅元，陳二重四元，按各村來屬，雖交四千，子直道費江陰之由其公費還渠

西知某西縣，藝老病諸務，稍西之未楚才，即赴縣，可與子惠同行郡事 縣擬商議撥發處談

甘贊同奏，會同川兵查木鐵帋畜，西屬庄洮岷，滋為多累，請練撥請錄員

出力文武，善備巡緝之役，庫照將討詞稽查，當任之工程，并兵捐須練任之 并兵捐筆薦之

務有運赴會場，茶瓷免其稅，釐者累，奉資請覆，稽照征商由贊院

准免派道，裁撤額捐，去務求澤，茲重經費萬二千金，出澤遊，茲費六千金

求程，奏准籌撥濟，責成各項戴派，錢業商公議，領撥道庫存款生息，詳 派源通遇江浙官紳鄉會議存放江海

程，日息不能敷之，月息前分為暫免，並不能遽環互保存款，不能派之收撥 閩稅收生息之章程

先四月知照，當月停息，領收時照市新扣算，平起息，貴府之年六月至

臺灣三月以下四楚屋与商部二年相符而值於英滙豐銀行日正金銀行以蘇
元壹年發軍至四月內起至日艦於十六擊旅順出口俄艦沈一傷二俄
逃入口自不宜出以後日本係前以雷艇多具方謀解日軍登岸進係軍於大石橋
遼軍已於本城
東南即據其地日係皆在新民府境擒馬賊兩不相容初聞日本軍運船被
督軍了桂林詢者惜之日人查係某將閣住家告經日法領了轉達海參
歲係吳派艦前往探聽有此失日者了人乘眾毀某將居而門難於住
閩省有德兵官見江陰有商售二艘也詢力拄不交前請後後外部允以游弋
領了德國有二兵艦欲售都陽閏道二艘張帥令澤閏道接說德
不准離砲以德據德約第年艦与字也英美又閏而出繳請
領了游洋德使向外部前五德人詢之此了以為不實以美無不雅而退也
十六日晴熱寄蒼源南函附說生函去函自子頁之情形大約自榮才同行到以為德

又代上游有許赴本任之意惟有恩待附薦晉雲函已託續甫設法或
留居寓或自己卜居請代謀樓房仲十二可函問孫申甫可留恒西學沙廠
稅契等可全資形勢兑院生九鷄家差十可報池沙月梢可花費度
款等鄭贊襄公事 公事亦須務派大員贊理並須措本先贈不須出名
情形並公事須學派生出洋習 免致來此用外人桂接業矣 公事
須養兼也半歸併係甲比洋議處甚深稅丁條深電音免贊驗公衙
有報宗號免能本省情形請單觀矣 即已生議本處表速
附上範家信
走自寄函蓉原仲函言昨接詢問兌可 泗蠔者已印錢數日可行成全省矣
寶形勁寄函晚生函於太平洋呈看呈案發附仲寬一紙又代女上粘一紙附

丁曉峯函往來寄衰病者之一談叔平桂棧巢的頗積稽請與部議
捐廣率程賤成如捐分完分兩未班先等項罰息以上五成五息以上四成
粵省復不流弊也特往簡司轄新名康嚴加陶汰不准縱容如有踰
例者取其羅蘇莊議定銅元每枚當錢十文又發者流通罰實嚴禁
等耘稼蔗糖者商巨宗蔗糖代錢而已某得西法蔗糖雖以礎帝造
紙句白糖集股購機器試辦先蓄糖於池用石灰融化以行鍊大宜以許九宗
在滬調亦減路了宜予預撥以其調來湘留業洋務者之來三省練兵二萬二萬統
稱四方失寔守路居三之二歸哥薈伯學可出家者八方耳
十六日天熱如伏晚忽來賊叔平商標注兩旦系國有指摘交外部先送各使館

此帥擬飭方香廷 大帥寓局維利甚厚宜增免刮務節

國於震澤新開局鑄於各省提撥鑄銀元銅元盈餘解充該省銅幣局

鑄局清查各款減工減價革除工頭伍呂機器損壞而更換須洋人大修並

改鑄工英洋張請直省開辦 令該局贊速辦震澤新樣並未平贊諸從

緩係因清查再辦十四日諭旨 懇飭自本年起由贊樣開各縣知縣

名單籍清單註補罪到任日起錄糧完欠分數有無命盜各案詞訟已

結未結各年起監押各年名數以單裏據植工案已未各詳請各政分開

條房簡明了冊不準出錯混賞從前請各案到交政務處加核請 旨勸懲並

將案單刊入官報與民共知悉劉會審痛言胥吏差役積弊並恤刑獄

各條何以因循不辦著一體飭屬從速辦理各案具之 旨 招墾沿海荒地情形

共成荒地八千余亩，收押价洋钱一万七千余串，一成充赏，三成拨归该乡绅公费，六成拨资开学。苏工艺局本月初八日开工，计习十项，有机器二千架。金山知县蒋祖燕以筹款四千元建学，额四十名，定期开校，学堂经费若干存饬据禀覆。严等府属幕宾四省讯恭湘前在余杭新昌嵊县等处受误者晓发给予局抽收路费，余分归私。余杭民与官争执，中止，律从官惩民高尔伊在宫内十二月日军与俄战胜，佐分收山岭，日本第一二军队黑木大将奥大将（是日另设旅顺后路黄又佐摩天岭，两国伤亡均多）联合退驻辽阳，俄军守防益亟。（陶驻日兵北驶）英兵舰十艘赴威海，英政府设袁的美鼓（英兵设于各地方）去拉萨（藏）逃达赖喇嘛，赖主有不服，俄遣大员来议，即将进兵，俄京大员决（或云安置英使，亦不）到振之勇美重易路会场部重启不收，谓外洋惟结婚乃将照片送人收

之則熟悉船道入寇館大局圍矣閩本屯泊上横江尤須兩塢交排炮看守

以四萬大遊屋刷擾俗稱夷已模算以數万金計為本幫中一大漏卮

九日接石仲士函達因中法自江陰謀寄之函詢滬船到否常閩經辦以新

閩省擬作抵與照近年收數尚嫌不足責賠兩屆甚屢請益租累票

部覆將西路不給着通附來晚生初五日函生辛經在省君皆安所薦

力錢勝勞不辭旋余生十二日收片來帶件已到懷擬補並為出力

坐困擬章商部英彥為中外情形擬訂公司註冊試辦章程十八條通行各省

並另外部照示各省備案又英勸辦京城商會並推廣上海商會章程

此外各省咨催勸辦練兵處議裁綠營改兵勇編新軍加餉每月以備操陣

六鎮擬常備兵額大省二軍中省一軍一鎮小省一鎮一協歸常備等支矣
說省練兵務擬自行籌撥與本謹擇與泉以道表大化親軍練兵前
北黑龍江漢河出練卓著成效擬派道員李徵庸貴三忍御衛營為
四川練兵務出差送交楊宗濂貴三忍京都營務順直防綫成案可在閑
玄底鋏貴四五忍京都派令精兵本年 首後照前部練兵設以守案稽查
本年 首撥經歷撒辦理全省練兵務與營通行全裁制兵東挑巡勇者充補
恩餉兩月立時遣散所裁馬兵免領馬匹不發恩餉與營務經費成案
洛蜀西藏以防瘧疾者在議准華人前往業經阻止弛禁又新定中國及東
方諸國移民入境二年以後令赴蜀華人知照趙遇 譯軍機十二四日追雜

日軍屯於大石橋附近，昨夜俄軍鐵路損壞，運兵車覆，死傷數十人，

係員指為馬賊所毀。又夜黑龍江俄軍賠償。東吳大學堂醫院之

柏樂文集閱醫學會，便中西醫士互求研究，需費由官捐助，擬先倡二千金。

昔美氣數擬章，商部所頒註冊章內，公司分合資股分無限有限之（另頒前擬註冊細目二十三條）

別，合資人數姓名籍股若干，創辦人查辦人姓名住址，公司名號，營業設

立地方，合同規條章程，股票式樣，須照此註冊立案，未經註冊者不得

沾公司律第九條利益。海參崴係船來日往朝鮮元山港（前云避弋對馬東峽間日艦出遊）

昔叔言手查漢鐵路合同，此人營字實則係德出資，而為之英人出議安員

粵漢鐵路美華合興公司資本又出自此人，邇境府由商集股自辦之說

致龔撫臺通

實因高此閩人林藩過賣上游三府礦產據該人密稟前去全省紳

（應係土豪林襲三等招外閩全省羅大書）

民設法收回只能此了詫名官辦實歸該人讒擅閩省全省採礦給

巢莝溝路秋見閩南北兩粵先擬另陽設直隸安事倍貿損局日軍佔

（節淮炎起線會商火車貨物自雅山閩李起收至千二萬餘單路節充十分撥）

旅順東南平島高郎策砲台又佔附近狼山及陽設受又係兩閩物品

（十五日日軍進佔雙路旅順日本里艦隊攔截係艦歸路光百設）

（戰五等損傷又距東北二十五里偏設又係三六西西海岸）

右軼鼓目擬係政府以明安陽損害之鼓營口係軍自賀誤識路該

（岫巖之重備致兵官從）

受罪人多請英國紀字会送出四里外

廿日訓字用單十六紙破碎者多係聚祝托切希諸裝字目接同所有良等

（熟口奏）（奏摺另刊）

前奉函摘章九日 諭飭江閩藩寬置案一並移交藉端殊多辦理不善之道府

熟悉交委黃調文部議三江師範學堂先指中來者仍練習一年五[?]接[?]識[?]

班後招收學生已滿一載，並酌分學科，雖未實施習作，專業處亟需備置
被褥傢具、槍械、十餘馬匹，出當民衣，並與決裂者，帥處仍暫忍緩，人概將
滿洲邊牆西南各地，邊善後歸邊之處，庶能飭飯退之實際
卅二日原刻閱報申誠學員入陸西班各進二千名，此外同族雄飛鴻都嘉興鴻
舉鴻藏寶樣七人，寄一紙，照名碑及將有條，可悉附名單。起章長竇膺棻
根與各處工商礦請務，現亦情形，皖、蘇、粵提中館勢已打，稅契於在徊從
亦請酌撥，共八萬二百兩，內除務五萬一千九百兩稅契，酌加邊撥，今成十萬（零數十五萬煙酒等）
斤加損，文定一年試辦，業蒙帝批撥，張帥處亦德商辦，礦師盡勘鄂省
罩塩礦產請並護照執照外部，農商批准，並照行各省，閱商部實業學堂

需用者，轉飭從江南速解。端帥已寄作查閱，思益小學堂款與減道等

庫將生息餘銀講業及官銀號各年積請洛戶商新立豐泰源福源紗廠銀四（由道出借成立）

万，復以廠多未利，細擬分設蕭山、蕭甬，又先設通益公紗廠，請分一万錢於山陰安

昌。鄂撫批飭會商，擬請議煙酒稅，聞加留裝卸捐，係為船，鄂調桂之武建軍

調赴粵東，經柳州全數與匪，匪合由欠餉如十四日曾佔益年向去年稱進攻（或云不實，係降匪潰變，沿途復湧而起）

曾庚林者先從來謀林布歸候美城輕路中指瓜客衣帽澤之去文

郡廠商林福取之年增秋美民自被兵益困，請撥煙酒年費幫二万兩別撥四（照）

鄂省統收統籌，兩省土稅膏捐二年，複土稅正耗預徵膏捐四年，海得私征費（另見奏摺，列於他款）

擬歸統征，他不重征，頗為條款等，應照統捐畫一辦理，兩省分銀內有英

前凱約翰岸許會議境外獨會結理堂銅陵銅官山一案開辦續議舉王之春

襄辦洋務駐美商務隨員説帖不易撓敵三五加路之三百萬美兵部其一稱之康素

共欵蒙楚涼三十萬盈貫各破（籌德議給萬二千兩）慈諭不許再空並印克裝糧再給之請

廿五日介孫駿來言盛處秦氏務續前請將弟贈璲暫緩擬候函商

撫院許為裁撥諸推廣鄂政所有五千餘兩移充鄂費開銷除冗費

雅裁經日揚來函請定留學生學費外預給學者日旅行費預

年每生二十元武科學生再加給尋常演習費三十元業經申前

香帥飭續章各照商部不本此辦理所陳章程容再細審迎謁帥

仍請帥旨聘請日德翻領事若干諮詢官每年五千兩派往美英諸府

河督吳大澂附祀曾文正祠事　批申飭不准　旅順係艇下椗港外前

語澤標之外，識綫甚多　吳偏近旅順一艇在大連灣因雷霧觸綫非雷而斃　有弊平台自病故寇被海工五兵　孫隔營道之帖

廿日　着西秦封乃為告病請開缺綫差擬旨量核，後著龍軍二

批歸自江陰艤　石仲廿一日出都李老藥秋予限六月初進平磐安老契　補

先詭明文切謀合滙報少收提四錯市像下恨論募見日本屏備抵林葉

函既得益也　附若宮信函艤　會生廿一日若函抵津廿二日　済劉素霖

詞程薩張之燎詞浩薩張謇主青郡集准在江北創辦漁業公司抵　註

制外人侵越海權之深開亦首在贖船總商開來試捕魚船一機網但屋　莫漁業用術先謀魚入網

聯告宗價六方周之張贊成此六萬後價集成歸之籍圖護海權

頗與商業總人數殷繁中立何論兵艘泊膠州灣 要

甚遑朝大勢此風聲傳播晚生曾函西池試畢即赴安慶接石仲茵

日函論耕讀學業附陳時務家信須來這借書覓館張子貞程吳萊

衡郡來庠舉天清審定實謀閱以了我歷望御窗意衣讀物兩寶並解

二甲蒲清渚宋楊清流宜與德鳴球湯派三甲何震

君為蒙遂熟何行學術書承相世之劉表霖直窗何樸服米路珍

桑江溪望之這翰淺顧學釋若惟潘清何麻弟

粵學者遂綜花高衛靈粵旺院付脆張君度晚回滬壽帥議續回

系練總稽風璞久呈索二吉方共實不能償三四萬久甚一說擇設粗工局

另名提二元局開外居儲最精出洋已四千人另人派認勸阻來者另

歲歲母志地方與英五戰英仍願議和

廿八日復函並函敬悉藝兒詢病情茲藉聆函云受還乃翁病集稿

請張子直詢明並可遞送之人送與閔防之峯約在秋初隨宋楚才同

可以同行歸途聆李兄原擬將子直偕請自行留意安接家鄉

農務學堂畢業生留重慶習新生功課洋教習謂農學全貴

識驗無其場可耕種新舊先生皆不得實驗之益特院撥年

飭將學堂移設城外度地種植係咨請外部轉行禁運私貨睹

近日軍府招馬賊係派黑海義勇艦三艘來東美國復待贊

力之人鼓勵衆心工藝因之增高 俄派羅的海艦隊牒不足難東來

前日小雨開五日起風世源連日腹疾未止緣所得聞之緒不順憚於振

管帶李蘇薩司議處籌餉俱案內沙游頂下有老礦屋邊鄰別田
灘議增價值多條商部英處派接英自辦支銷準招洋股不得包
籌股之事不准借洋股以杜抵押之弊罔人藉録崙劉煤氣燒鹽新
法李總辦集股十萬設廠提為法用三管火熱力透進一引氣以燒鹽
出油一出爐未過之炭仍可售價三分之一為利甚溥聞水師學堂畢
業生棣之學謀調團練辦學准葆杜旅順東南北三面日俄交戰日甚之
砲多雖有鋼甲地雷兵士死傷而仍猛進俄先塞前鐵線網欄之苔 又云移在海城報
不得下其北路日軍廿日佔據蓋平全境過北大石橋俄軍厚集兵
有大戰山站蓋六月旅順俄艦駛出港日艦迎戰追而歸港

六月朔對臣歸自南洋來之泉匪之患昭則殘刻暗則肆賭殊西嗾

並謝念慈音諸竟於本年五月廿旨　欽旨裁撤粵海關淮安關兩鹽

務粵關歸總督管理寧蘇兩織造同省裁寧織造系外差須養缺

著各部各省無庸別業照裁併又　欽旨　皇帝諸萬壽進奉仍不准

廣東督撫代爲籌陳崇保請祝壽諭冒昧嚴行申飭

新蒞定停止各省各處來京祝嘏京外文武併不准進貢從前各省要

各省貢進方物迴來遞不已實非宜達取廠關後概行停免以杜靡

糜粵鹽攤歸地丁籌節省帑銀百萬官任其二爲省商人案亦之嘩柳州府屬桂省

筵免須

府提霍某之病狀請閑缺不准桂西道張殿府商案罪王某調補諸罷邢某參劾

桂省降匪陷城統領爲郡守祖繩武參卿某准軍前正法

初旬北風轉南涼氣轉熱因兩陣接石仲五月廿八日函多戒勉親中之

詞鎮四國都投史附歸 芳申猶政刻院試兩場 四五篇取第五月九 諸

奏[illegible]條道另陳家義 著署長蓋篋虛素成聲報盛務征瑞萬叢另

於善無嚴試策有一守在社發義ゝ理一旅業各有課更館ゝ漢制兼色征尉用

本部人多於舌一漢在制用循兵得先一乘瑞蘇試議兵子今宜互談一兵學

師人未枝條究其原一同孔彦新賊新賊士其各國聯算決其實同一蘇試策

理財之學議經費於申其旨一節流者免費裁冗員施於ゝ序兩原要之務

院ゝ出設于部整齊利導ゝ方一漢設諸科實業測民求漢節義病費

議議在在士平進試採其原宗備各有師承近所采在今聘官字目叢何

另撰鄂蔡含漢南粹設詞漢公告納分考于三票原有聲座法籍此規任著有成

道ゝ從直隸奏今林慈漢北粹路火車貿林設局各陽另設分卡其南粹路

敘備部言某路保舉多員

先經設局抽收，照值百抽二五，發部籌撥，將來分收已十二万數千串（以濟各省軍餉），照章核示

旅順僚艦出港謀阻日軍在佔地築台，及陸路軍進攻。或云五月廿七旅順

開戰，傷多營地雷，日兵死二万八千人，復得日所佔地

初二日　常州培南來歸西，詢以調任交代移居各節，勉以崇儉自勵，白子直封信

兹於觀察言蘇省撥某船滬某匪情形，將併吳淞防務歸吳淞防（浦東販私衆賊滬房埠在浦西）

營緝捕，皖豫蘇運硝加價，並收硝捐，用印花執照為據，無以私論，錢運

各販了，偽充洋商，凡洋票貨船一概停泊，無驗不得携私漏捐，查獲者三

輩令集，每從此府縣得者人，曾什部物錢令籌給與緣陳經稽漏端商部資（貨遊艇一經網獲查禁代售）

業以字塾十月長碇槻考三千餘人，額僅百二十名，日更無外郡請獎學，取私情係

军管总办先派日加意稽查山海关车站查获逆党贷金若干二等加留（係交总署派员经稽同查一火车接济归案）

初四日连宵微眠日间腹不舒由受伏不热下午阵雨两次气似加爽权年

商议铁路经费借英金二百五十万镑周息五厘南洋以铁路为抵押大员留

此路不要借美兼津芦借款机器勘续权户名作[illegible]沿途留存存字张宝数万镑（外部英使会）

开平矿务议定仍兼英合办由北洋派大员经局秦王岛埠头由英派员（张翼开平矿务不得与闻）

会理商道员俞暨元案覆摺请查议察看奉天进员（条）是日年进朱[illegible]（或云係[illegible]）

初五日稍雨来商乃留告病请直督代奏大臣旗人某某以下户部侍[illegible]

会张稷若为路事请与总署查理为某来谈拟奏初二日请

闽曹批铁路耀严杨英沈大鳌调补张宗本调元铁汤[illegible]山补阿克苏铁

奏請免着銷積限五年，及開簡明表冊，正額現徵若干，每年收銀者註銀兩正
耗若干，收錢者銀元折錢若干，漕米若干，正耗米若干，折色銀錢若干，此外有
無陋規雜費，據實臚列，立即部核，發交司核覆，刊刻告示，俾眾共知。蘇
省積弊莫如提款，最著者銀庫每年地丁漕兩項每年提十二萬，藩庫司道局員每年收勸
六萬五千兩，藉供練餉，准隨加丁加閏引額課收兩條，請寬限至若干另寬
其淮鈔釐提款，雜稅提漕務關征，清查沙田沙洲，及另案加收煙稅等款另案
照例以法律請應將收回海路利權者已京移送大吏核撥，要論四條者須
據義前三千萬，請交庫核制，似庫在前兆撥臚至司折耗二千條，詳請裁撤
初旨天實氣正順，仍不解由于氣多盛，臣原實恭折伸出宣洩漢稅為久日年澤兩

輕候如常。蒼曉生西宮太平時同安發熱初退，劉續卿至，原溫溫而二便燥
寒壯熱似有瘧意，和祥腹疾向愈，此孩先天不足，當加意培養。蒼曾生
西邊曉生因閃防歲底引疑之意，其夫人須推拿，次女孩隨命。叔平南郡 候風氣所阻
來，送紙口司玲擬奏稿十條，試亦言服後稿，此方又謄，脫因官紙雙量為案
如紙精美，由衆新用鈔票等紙準歸，亦得錢票等商會議圍冊生條陳
初七日出雍文殊福弟告來，時第二次邀續卿診，同安瘧昨寒輕熱重，劉
謂邪去漸輕，法用和解。叔平初四 藩孫培詩餘蘇見書，劉桂匪荒 以備
謂脈大，著四原衛議撤，語原奉天設滬雲地需木楓鐵條定圍附案
初八日翁西送方，疏稿請核，述病翁飲汁而腹瀉，核送復稿，字詢乃翁

滇狀稿已上楚材十三日送國防北上屬轉致子直同行同安意作時寒極

廿存初六日札廿五月九日畫諾都安以蒙及祖繩武孝孺文部泥罪 一云祖已自戕 匪陷永福殺首百計

湖南道戒嚴鄂撫學往防沈秉藩已看安徽依兵略劉外部蔡以兵能自剿

孝○嚴議柯○解議湘撫奏去冲設海鹽法長寳前道作監贊請借國防

顯撫奏修武備日課年有二十餘萬請設練兵學堂卷留藩署 匯命幕

繪呈之國說並四呈圖說曉須出催各屬姻後加捐答認已繳冊札津埠自此

有議之電燬電車公司三十餘萬美准商辦津律穆果生議股亦以係利

權不能有情者昭律主之大學堂除小之小學者情形而樓之將四而樓克之座一

窗

美領事議定在下関租地建美兵船煤廠作為商亦無之國際之例

一初九日接肅毅送依函子直來同敘楚材商行政事吞毒後不可則直與慶暴參

泐部郎同邻桐卿子也兑庭仲初二日诫勉稍申论西报之辞北洋刑部裁案简明

一女教士嘐地建书办法

一法书查书办法之书民俗端宗祈争讼办法

一各处通商之远近一律约裁官行教士保教民办法诉讼罪名泐教士不干预地方

保兵弁船巡查旗以获人

以上各办法鄂藩密帘淞镇钢轨由苏锡常镇红海保卫舰队补裁英

德商船抵广运械通信于日本英德交加诘责并派船抵制德增以胶

济饭争女诘撤库兵添兵又办各处迎迓保护

初十日午后困极而卧醒而身发热夜来迟报之于邻有归保之议吏部奏驳

派家外国员办防奏之架以苏杭端饬康藏门稍择佐辨之路者必责报

考稿出豫老吏积弊著有程书育会讲吕吴大堃援偶读不到居闲极点

云功之办学堂无论设若干之文初四日虞天山顾附也日读文戡伤之千人

十三日執事遞到續卿兼詩，同安慶藉便請親云歲暮有之寄清姻眷同安
安方觀畫因累件鑄匙外全依廣搨文苑閣遣法蝗要仔細看達行紙
令弟部字不能將弟去福州將軍其家余親潘急現在請前其歲家居
目送派提調皆理親往赴學三十年與崇意不協前月請部以差揭崇之短
閣背其設學務處想亦是中之裁併書院改定課程外，部行同院某編代
選郵寄錢二年譯稿未收此二年不更代選莫非花烟不設局招華人幫非隊作生
前者欲應協豫勸阻之無益非信者多
十三日吳昌者已痊身執事遞諭同安慶作寒加重而時發短熱來後又似寒而
轉熱再重而長和祥勝疾時少時多前近於痢而不便通暢奴弟
驗日積變溜同派種學生有更換須贊卿請奔陶詮明筆錄各照二報相二

紙一尾粟一稻文淮並印交貴以還查照兵部案題之員考驗查一

二年[illegible]程外部自英國[illegible]之院銅官山開礦合同二十二條不安諸公司[illegible]開（日總理[illegible]了[illegible]大五允[illegible]宣城[illegible]礦合同）

埠善費議就地集股五年接濟等倡蕭山[illegible]屈齋劉稿[illegible]等集前股

不動官帑由官撥地集款納租撫稿三年照不易 初六日倭攻摩天嶺日軍（在嶺北高起）

戰倭兵千人 同日進遼陽北日軍[illegible]河[illegible]戰甚烈

又聞初日海軍[illegible]倭艦隊向大平洋南駛 子兵艦備前旗入地中海及蘇

彝士河又派軍[illegible]鴨綠江上游圖[illegible]日軍之動[illegible]林[illegible]農學堂學規

十三日 因天熱和[illegible]飲[illegible]汁而臥書[illegible]時晚發由此小便濃而[illegible]次加多[illegible]紅

應[illegible]不安 擬二年[illegible]新議[illegible]天學政等[illegible]考試擬生[illegible]歲科[illegible]場作

[illegible]四書義五經義各二經古場改為二場照新章試[illegible]改[illegible]各[illegible]

致用藝學海策算為藝學之一准繪圖測算等學考諸生二場所考與原聽

諸譯撫飭京東川臨通兩府屬考銅鉛官廠其所與川省各屬亦兩府屬金銀礦

無深繪製與礦政等項諸法而不宜今准而須各處模請與其變飭學堂照錄

（意在可行者，不足道也）

礦等雖自楊文秉美人到第等議部省務陳公儉推閩省四等院保存

全省校士館分經史政治地理兵法算學六門宜令就近經校月課各令士發

科之目雖當中西淆雜之時然之舊學諸路北路等皆續納斯其於此子特於注後

東長大且道阻素亦力爭廣令同歸浙自辦旅順等處近稍大西起係各備已

錫地紙廠王文韶撫浙由是以成矣與第人王俞續蘇撫飭商務局勸者獲

曹撫晉雲初曾任之西道亦因東文之閱歷第四一諜撫常駐趙就以西通

寄到山门同如子病情想寅锡年伯岸学院方出越蘭坡之前度差並

北帝来叶荃想于来指陕久為私继并重岁厳等指之半识近展年每夜十文取读卖三厂

继拟设接学里日变以係在烟为设无后置请内外部

寿据在伊十六函小极之色眠境以为即日任若寄院生函云同如向悴良

邓云和外孙痢亦不轻善息不便不通红痢多次夜若不安不思饮食达旨遣子来

適曹仲容从闽借万挑学想寅新疆据奏美差同知着府缺若无程取

闽省要将司及知府现遇若缺内从司京署八四侯补坡省事由係员前到係篁天以来之写通篇日邓潤録

係兵勇据报宾二千余係艘在太平洋捕英商船及击沉英船係案英船素係先释放

係艘已经蓬河上流数十里

牛庄营口日本难近受未进衔犧我马郑利川为有差策维蜀

十一日　早晏痒背时觉寒实热，汗加多，五实五热，热仍时长，和祥小便闭塞痛

亦加重，呼號侧不定，邀周仲华自来搽摩，后以小便痛用鍼未果，其母

正病十五两夜，且劳搽摩子腹，不可直令烦躁，内人五月间劳劳多则倦撅，可集

夜由庶照老汤药，親章直对其实，霞李茂引领课业录难加学加闻　达论顺

天府五城失守，麻雀(?)闽粤亦难改先旗兵，其基础次第达实业三樯元启果

宋帅电(?)称府上杜军，但请援与军之饷稽桂

专备军统领杜家荣赴津与之交防堵　达论伤闲捷查归兵数饷教士请

中东议国(?)船在蓬(?)河开去，人自由

偏宾民地已三(?)，十三日日本水陆军进攻牛庄、营口、大石桥，依军北退

十二日　晴，暮雪，夜得雨三寸，有信与石伊，初一日汇寄百金之函为子范买百元屏(?)

魏(?)寄所以缘上小龙往常寓，准其八月须实望一千付之，至振远御宸偏诸(?)

和祥仍以曹醫定方，為華庭間出料共二兩起見，凡三四次。叔來。旨派鐵良赴江寶臣
南考查移廠製械，順道查各省司庫局所利弊，並隨員給川資，不准地方供
應。商部咨催各省遣送土性物產表冊，暨振興土貨，藉擴利源，直隸奉天陸續咨
送各省物產畜牧列表圖說，並蘇垣設學務處，兩司提道總理，備充查核，及到強貴緣由
國際公法
郵發總局許蘇舉士派出常遊，外務部並留心練兵勇艦隊之勤
十六日。醫臣來診，同女服金雞納霜兩次，瘧忽減，上和祥痢每日半前呼痛甚。
廿日。下二子能服，今日平復，睡安，稍可。夜亦眠，平起，視兩次。日來肯服藥，睡亦眠覺
數叔來，局與議訂會同辦理，清江小清河又議一處，議代修及祖田之
九日。連日陰晴，兩間有小雨。和祥呼痛稍減，痢仍十數次，下午至夕稍安。叔來。

初二日 近聞淮安關監督裁撤該關應即宜移交江寧經理無業徵收等

業既清積弊稅收核實商民不擾商標章程免受譏路免第三次開察即

將見業興盛亦美精丞至京戶部財政處外務部會議銀價桂榜各宜

維芳翁陷桂林危論吾國宜用水師保守中立海緣艦護及東南洋面也

曾恒發毓英文小說譯為文一曰蓮花王一曰林園奇蹟並稿龍氏留多日今始

勉之觀其情節參錯字句而已和詳剛柔情輕重伸縮皆可謂運熟未清

是有疾積癆近數月飲食汁之由狀且停止叔孝蘇垣學師范學端師識以

紫陽書院為造成師範學堂分東西兩齋指考英俊不學限年業端師不

發裁門包以一生存為要該原建學之費以蘇銅元局參酌寬用章訂十二條曰共法

曰材料曰配合曰火耗曰防禦曰用人曰局費曰去款曰計本曰運路曰營銷曰維持，籌創設

機器廠，約計集股卅万元，借官款五万兩，息六元，十年後清本利，十年免釐，三年保護

此外可否議定，廣用印票代完釐稅，仍藉查杜禦，不夾帶，別貸銀商酌借百万，修

漢口火車之第一站起迄工，張帥擬飭司局預籌，以備英商運銀輸赴香港，備艦

阻之，由英廷照外部，地非戰域，因非戰事，無礙中立，飭關放行。海參崴俄艦經日本各海峽南西駛

昔據石井吉白函云，中政府飭諭各軍與小孩，只留意應課，向及柴和，籌撥葉揚原稿

細敘倫儀函商匯款事，原寶成棧是否用蘇省印，附曉生原致函，似勸來原書占尤

於其需用前兩月息又托曉生函原以一二年為斷，或一年後定，趁倒台提撥不易

張季直商借墊兩月，先以四千元由其仁之杜付學子知照弟，擬請江督議覆

蓋緣隙地種桑礙難於籌辦者實因現有產則廿五年蘇省清賦蘇錫兩府十三

縣熟田畝未甚增加五千餘萬推之他省他省不難照辦以北方地廣野曠之氣質尤

東南徐域當由漲灘清丈升科閩廣浙贛等處之請求林政推廣種植非能集有成

效歲可增一二千万以濟要需商部居於煤油為入口大宗宜籌抵制聞礦務局詳

覆其道諭如煤油開采亦有效惟礦學未精派人赴日本考查學習商部謂畢

業需時欲為研究此學兼人先行訪聘識者端帥設此學堂程鄂帥謂其學堂

言往取重律主張婦女之不宜入學只許貧女以此婦赴堂紀學札行有年程婦女往

並擬兼兼議設人許婦隨

切備作亂婦所煙及亢未聽通端帥示考醫生技術方准鐵路我多索請秀

廿二日酉午後[illegible]運出塞而熱雷陰冬前著大雪天源夜須棉被今蓋旦單

衣粮不足之和祥痢瘦岐輕而報呼痛日夕仍下士數誤湯藥敷餘犯之扶者外小

部道分齎日條上交府遂設政府劉岸天省城及路陵寢第平生歸我界外

吏部以來更權意(誠)見裁免科書更了歸司員視亦定裁承蒙餅設收支要將

員等改(改)輸值兵部樂軍學報銷積弊太深發撤部何文弟十條申明原委分

驛遞訪交業差員來京會商議幫省派陳者見擬大改(不)周全之害與用全之無害

此數推求已無須義直贊矣推廣鼓鑄銅元兩部之文也練兵處議改兵丁歲

來衣帽屬務總辦日武株及旗餉軍帖法國遂至該處文武一務改歸職道詳以標為

戒精神直贊許隨同等處周悍多宜一畢坪宜定二種很宜照三段宜宜設

兒地成宜續五道修宜限出街欲宜關之橋木宜植

廿三日仍涤而張竟日草府寓苔石伸函白鈍子略其詳由季自述推序之說

前一千往得旨正附及同安女子病深寧院生猶未平述同安女子病居亦歸調

度具引示切勿急若因安寧房安莊西書後接院生九日西下鑑之新裕錦

之據為近之欲有之忠者形勝者抱君意擬之蘇韓接某處後等將清單　蔡拔

蘇增現已派委籌辦

整頓鎮標六條標提等外加清價錢二條清查沙灘情形四條鎮標等一荒田

之在九成以上

設法閱墾二抛荒填補缺造圖冊存案三小旱偏災核實查辦四征漕錢糧誤出

者核田產糧漕田畝調六錢糧根時催征浚糧漕寶後都議等條多條辦理情

形大略具請寬時日徒報數目條有錢糧服再奏　近聞營勇軍營糧靈某

崇議餉糧居中調度無取奧東　近有侍讀華糧史宗祖素奏飭預備　九日

日軍據海城未折木城廿日進據摩天嶺西之樣子嶺據林等處　日軍所平

荐後應美兵鐵路之大石橋奪旅順之價有德許兵中立國軍往生平途

戰時照常行駛德守中立條約，俄波羅的海艦隊經過凱沙弗底運河

鐵艦禁止其乘坐師部彈壓止補等及票房稽查 苟索而得十條橫幾三而不止

曾聞咎輕病呼痛益甚不數增多飲食或時依書伸居彩宴道楊維翰

診謂日久內已傷見言若剔除而忘之留藥六丸每兩時服一丸宿罗已

（但本行次未陽）大下為善楊仁山兼讀在里課讀弟今同至海初定一課程弟四個子道

擲出已有立仁莊地付收章廿日 讀宗書後讀佛典著述深矣備考試

五出落冬不專擇從出品端守規者係邑內移存五出不受並非係邑一

該考試續錄有其單 演出章一年外加價（五百三百有別）分別防撻二防撻本年外加價

須年內截清稅目沙灘章一到飛邀佛陀寶座二老家府邀號別二兩

灘職始價值の課目分利逐級照楊太守各府自費出境多只以學費支

署雜役退請每論官費自費統還送並餽其百貫律爾緣此諸的每廝
學費附其存桑者只惟係人是問海派另生赴閩寺學礦務經費美係
改由各國兵商輪船通行之處之旗號圖考碼洋文每諸本港道近人擇
諸若輪船砲臺而各處等由南洋電知各省需用本數景泰即分送江寧
裁撤行各該者數十人目前各處三百餘兩但其名目係五查等人私運戰材
禁之日軍在華各該民政廳主持改為
廿二日和祥服楊萊後夜稍安日晨後仍痛不已而下後對未機而覺甚冷
往晤季和便乘車往稽查藥四包服一兩瓶午分五次附服一服即而
云謂流宮痛之藥也即至戶部後江督飭運司議張謇各通壞後云
議與之難經稽查各省辭遣就改財後來道議後遂至十一點

烟台商今年各商等存旅顺青泥洼海参崴等处财货金银一千二万八千余万两
呈请日军请照会俄国援照各国成案先将各界办法保护如有损失援华
商给据从日军准再议本年年内英外部转达照会某某之事商外部
洋首各国议禁外人入服不合公法请废去条约由俄出照过去海城老营边阳
日军廿二日进海城并占盖平牛庄
昔和病不见轻以情告维翰请复诊自辰至午后归病不息而下红白痢
多往诊事毕之赴溪维翰至和适大下黑色维翰云有此易治而青
桂取朱药丸包小一瓶照前服此痛宜药水宜上楼坏开十六日天津函
至比较八百余两为韩西汇于十五年请为照行数拟江督等处议前
练兵义饷局原先饷局因係饷款前司局议定各局不能定者义饷之
不又兼为防支应度支司查外销款为筹腾挪中饷数拟支别户部雷派

銅元局各省飭利項下撥每年提三成之後貴滇二省此等與各省定章之[illegible]

視屬省每年需四十六萬兩頃者著總稅務處代去張以呈所派員

管理蘇州府之裁缺代去閩海關道缺去年缺鎮署舊章了了

參用候補府經歷縣丞以貲積錢用候補之員署戳記官二等程一定為敦

二等處員三字輸以四廣號兩通因字眼可以字樣

是日連日陰晴不定涼而有雨入夜大雨和病夜睡較安由繞下黑物下時

甚痛下紅氣亦痛呼號難忍非稀未許以耳下黑物為要雜記 久去也亦稀

次數為比較通斷惟少紅淡為稀難求速效惟五日五六次更難矣

止服前藥六包藥氣以痛稀減館為同安字函為瓢為請其核正

叔蕴江苏教育会至为主事新章程，日本留学生西园一所设讲习会季

理化师范二科，日本通以为国民中之国兵舰必对许者此入，至以后遂满门

美善资出入至口侯遂详一班

竟夕小雨，近来夜不热，起照料汤药

廿有稔，石仰廿有运，臈病后伤风，窗前来健，变自东道无实，收问留恒两挺

课作东阅，且廿五日画苑尔寿巨川侍录三篇，原录存兄院生，勉以恩谢宜衣

言切，轻还，声变，迁五十之知病，痛之，目昨面起，玉从面下，四十五四晓时

三兄天气七号为此

缘安日，今生新营，张舒，机织，维藉原城，遣人来问，仍请至一观，以其益彰

言四五日方可愈，原上半计，月镜后原内也，仍临药集六包，叔蕴寓注

译东兴士论加税统捐章程，菩此有美少有识之，近新章设言会

竟将出口利为最大，如线绫、绸缎、蚕、锡、诸城，楼雾等物草帽辫，粗而易能计

资设为雅广，忠志致富，柳湖湘军之区，因宽致宜，遂防堵

前日营垣南函询以人力租栈能否得地亦为扬西一带租栈若只照子
惠挪用之款到临后租存营审函托以就地谋生计为最适捐匠家
堂之蓋房貼備千百舉事云被下等厚玉浦此外行林中租栈亡六铺廒移
浙营和祥昨晚长安夜下时今晨下雅集多红鄂滨且寓维时下
以援多核计同时三千四百块此外千员函知维持西之省热气差租款另
如盛之子俱须薪葉六包报告雅英張廷与英外郭新订报之章程
浙石门新年商業之星劉設商会不前並擬條陳

服先居日志 甲辰下

甲辰六月朔晴。爽將復熱，桂肉頗渡，晏病情勢所由，陪兄洗鳳岡

照君診之，人參瀉心湯方。葉譚兄外孫和祥，斷證昨酉至今晨一周，痛同時作，服葉小兒方，玄生、麥、白芍

時下三千三次，稍發前日同色，則紅白中兼黃，裏一次稍帶黃七者多，西寺維齒

甚爲起色，微撤後葉上色。夜睡安好，兼神亦眠，并知宗精未全

移家中華，將其親齋雜收事有新班等，所有張謇籌院

通州廠後小輪公司通運沙油鹹皂，兔腳貨料現添輪船並設萬郎頭天

出港滬關查驗不便，時有囉嗹，請飭該關李派一擇來滬告滬軍

震號之滬貨樣就一單，隨貨出滬，投稅旅順，係將自是兵輪自行

致傷，差醫院請免戰務。六月廿三日信告家，起滬旅順，舊鎮二里係旅

去月杪傷于外廿四日兩軍交戰甚烈俄兵較少於日本兵已竄殘歸

蕭將軍保商籍此處辦巨款英兵入藏京達賴喇嘛雖去館尚出城是日回

滬寓兩孫執夜通譯趙竟如自青島來視和祥

初旬熱甚寄差石仲西應稿三次照錄原本錯誤七年自始有志續爲上

齋月取家中人小恙皆清順而能食和祥痢疾得楊維翰西藥調

取晚景書者聯語數字附去

很好前將識道如實由季昂寄家維翰來告以今一周時下盤仍同熱

兒金星筆或雜色紅潔滾由蔡吉甚新藻白色皆以爲好生漆晉

葉十二包來包兩服詞時此前畫筆色滬不同寓屋境生西述和祥久

痢將識詳情石仲取急與孫意因附見女寫西湖秋二紙覆問嘉祿

可否且函问诸律应当照病於药，展缓，若善当业中人抗搁生
之余杭及外来根徒之纠缠，不得藉端寻衅，以致继续从火焚宅，余以为（大瘾一班屋屋烟民）
病不是能观适意，而不惠，今办法由侯酌定，照料应了学理，回体
非不来往，还望保护一致，行止阻难，切救根本。端帅通饬县属挑选
师范生为四限，七月中送学务公署试验，尤送日本速成科，以学师范一年
回復，派充小学堂教员。苏垣武备学堂业生，拟送日本学武备，端帅饬查
苏垣寺庵及闲空楼房，以资鄂帅以练兵要事，为未美，宜先就鄂
令才伺力，地方民风，酌拟章程阅练。弟寿信亦系看作有权劝，魏宜否
文、户部商办家政之需，桂永福怀奄示，永宁续陷，苏编纱厂以销路往

棉揞母恙擬稍信工業工夫照知前標二年維譯文本國當局會參
賽六月廿夜旅順砲線被前先到並當人護煙者焚鎖市之燈烟告趨
初三日晨間滋了匪根勦今城內外羅市房被兇搶雷甚時分擇稱閉門
匪等租船謊實以學堂三等學堂東林學堂北郭工業學以修船幫衆阻
擾但該學物而屋未傷勤維並學之會以學堂路醫院皆以閱學以法而
免禍楊宅人皆逃散前後洞閱自殺並暮經人攫搶衣物耕犯等據革
筆人攔阻稍有藏留逐出兩令彈一壓人衆口雖（失蹤淘之）調遁逃四益在殺學堂之
先官律商亦竟以匪等家以發遂趙張切請搞了稅取停止人犯免予究辦
三月陸權若許照單閱布縣示保護出面閱查秀負責本府閱報將佐

以為可亦暫止。夜未久，楊宅失慎，起紅光燭天，厥後楊房俱燬，及歸

一炬。乾宅為地方學務，遭遇禍患，此之到亦為浩嘆，李君亦急斟拯前往

竟日，歸述人口平安，為備居，咸家和祥，惟減為周時二十次，黑色為多，有時

雜黃白紅色，紅亦淡，仍有粘膩，服前藥無效，以算過日更勞，昨晚又發

而病難除。良善後知官制未出，法擬章程，因籌辦撤裁二千餘員，吏部等撤裁

併司員。劉子運遣銅官山銅礦可略，外部經與英使訂章，任其課出所指地段

有礙城池，部駁其非之法，復查現象考議完。日本人著滿洲富源一記

山岳之水利、燃料及可造船業三種運河道多，可以通の開拓富源，外部

與日使辯論，指摘情形，係節錄一章。軍需馬賊據之甚巨，旅順係艦隊等

花日实因二十艘

共革今遇出日舰环将守仍遁回旦因倭波罗的海舰队七月初间移东来向红海

除伤者重日忍多伤　禁舰随行　又云俄续发洋烟两座备修船

初四城内外闻布报民心为春谭皆有各上之变宜以权宜亦法著工商恐无的

实将亦清息知与记迎起见情节报程而知绅耆之向在场面者有无只是详

报密情条以最病惮着触近访闻不得确况旅沪相熟可迎而支和两岐

前十四晨病下黑云毛似黄间红白绒毛下此种病之则以两解药必解之速方

晓为起视迷者经饮以米汤热粥他物从缓病者迎药色照服服数头然

报经拟派苏省士绅赴日本习师范速成科业需特隆照派者四人合

成一班及藩属各府各选生二人习速成师范费由自筹不寓府能否照办鄙意于二

者继派以冀美善合与否粤洋路底股粤洋路造藁两三时遭遗流至美

頃函咨英護軍無用不必用印度兵二百六十以歐人分隔保護山海關道進駐營

口日軍已允其收據地面及英請襄辦理待再商外部只係支辯論招函乃係

謂地方官瞎辦日本請嚴禁領電燈無異乃已照會支諾阻日支則亦係屬拾

函商辦復屬越遼河又至牛莊偷發電又勤實軍中電需請嚴查禁旅順迤

東偉委紅百乃 砲台統領請示機宜 倘然須乃出海道艦俄不能限時出口商程限

艦出貴海一英海一日總領事電商議備向俄總領事請美與議道符照

當中日設立雷示此 青島德其限係艦出商時出口七天即其

限其回鎮出口或即戰里又有更傷逃至膠州又有逃至烟台英官卻其戰

戰里

里於膠日艦國主俄軍將撤遼陽防日軍抄襲其後路先有路砲兵至牛天

俄在黑龍江設電截通美俄英官無阻據禁程力驗據許支關軍凌其外

部轉行曉諭商民祇准在通商口岸勿私入內地無錫有人提議集股派

六月廿六日蔚青函云：新開會稽二等學堂，代表候某

士赴日本學速成政法，為地方自治之基。錫積義於巨本，利約有餘，有人倡議

撥備亦地方公共之業，或云亦將作丁福保博物圖書儀器等館，并毀三清殿為學堂花園

論中興集程之契，謂可移於之宅園不及多者守程，不宜於寺剗園一

初五日出嘉陵峽二五興論學堂被毀三處，有將學務揚宅連日遭搶毁

禁，焚燒亦全家受患不出，嘉禾雲南亦之焚燒，繞遭攢搶大之園城人家皆不

會稽收人，皆有不測之危，而匪棍從此勝大要，而剗受積行民不安，搶收奈

昨初一初三兩次復瘧，服保和紅丸三次，十五粒，而今日已止

之何。和祥可不悔，為十二次牢墨氣中仍華深紅白賦色下

此精痛，要吾作霜，方是右手接藥方，可吞收取之追步陳詩真茶祝紿

昨日未出，仍服前藥調服，時有花悅輕暖，亦精殊知已接矣，孫神之氣精

飭閩浙粵東各以資風鶴通報初旬據李典鏡查露許員韓參

辦等招撫賞號名船查獲實據原員勤勦以圖冤隙補留洮隨時查出者

者速之趙人等拿獲協夫及等亦不用粵陽山黃德等私自因潛攢生所以來

情報律覺差六月廿八日旅順陸戰告廻日本宣諭旅順不關戰了之

人俱經護送安置日艦在煙台捕獲係船係貴以在中立境內即戰已

備查照外部並任日軍議華中立即華目敵

之船意嗣以法向外部說告德照之請貴

初十日兩劉外營王奏調來台張士鶴至再攜百元照遵至完將此後設

墓歲時祭祀應歸派值防者經理之應須省不虞需用百元仍撥田五畝

出此應之和祥下十次將沉愈矣雷月前至豈之發熱收至形外或錯維萬來須

謂忠有慶素陽後勇備他業者人命來三色兔白貨輕府三月清晨賞服

羊肉汁一瓶屠識服調舊佳品也陪維翰祝恒狀病祝子刑部吏部刑

樟涯委陳樊及監獄陳霆政議澤沿外部南北洋招工洋設稽查保工商日

聞五口華工已四千人工黨萬六雖華工派領事或副領事赴華工所在之處照料保護

請飭照派袁帥查核防兵侵入遼西防守備軍慶以溫和切輕固勇非子急必

先電牙子請示日軍屢第人在遼河海口樓示條沈北雷海參崴條艦隊至

日境對馬島海面日艦與我戰一艦傷逃之錫子承華赴薩璧張錦釗植指 子外 少和

被俄提捍稱達森維持為會集議華賓教

初旨復石仲六月廿九日函附兩已著劉太淮人傳稿庭任三函兵軍諮攻府以至林石

合肥者憾李文襄貴俯首提加總者雜了荃閣已兩次提去六千二百者恰了
租界開辦者難趕通益且歸途抵過去探在南林提兵土藥破滬先已以
另需清理未可動身諭而後　蘭者宜臣奇襄暗年抵者見生之居之下
南鄉道視卑黃玄獨示一紙命之安人收存和祥之刑城者四次身勸來返
神氣且精通睡不能安且者了通視了和四　諭康侍霖署之者且趙云其
署戶部等　逸首傷自者形跡清等了今門列表韓帥擬圖表格式飭康呈呈
宿雲達蕭貴為生之變
美淮形兵者彷此腔北匯耗且票銀兵者社來電報通知張紳集股十万認回
仁太可已號通原之呂四場試辦煤蔥日簽洲鹽稿蓮呈江督批准立案旅
順大發山者且拳擾六月廿日被係焚回日傷五千人　餘受害外部已派兵艦
外部電滬道嚴禁兵並保全
不預戰了征岷由義保護日文照義者部甚獎保機件不修理限泊所傷義不些日自

請照局外之例，亦勿越中立界限。該國宣言有航海之船舶出口之時，力保完不行（頃據你係則如履行完方出口，停泊兩年保定者）

即雖港不許以書寓之軍之運動之根據地，日艦一律照行，律屋被禁之一之誤云

議案猶未分離，一分而未見商歸，恐萊民嬬（？）殘惠多年，錫多殆不見一篇（極低英法）

初八日，與胖未談漢理南林蕃之，總以就源方可下手，逐拜擬國片地亦以清理之安者

者宣言條意正當同而喜以銀托勢求為重，和祥身勢亦通神形大械塔日咻

卿不安未饒，亦少入夜睡尤不穩，輾轉呼號，較起痛楯久病，露聲甚之孩不貴再（李作筠觀）

有他友心甚憂之，擬寫江精派員接管准國飭查會議條酒規定章程條

來往日摘係艦之警籌及無能，式甚存儀弄當樣而失，且要以樣武官及外部（由肅匯柱軍寨鐘）

照日來當艦，初四日協境海面日艦被擊沉，係艦傢損毀者一之誤，錄原來稿二十（郭閣叢書海以棄年國數稿毀）

英使華竟去比

文肅派兵新忌不確，安能不失實，又集亞藉端閩寓心此可惡

初九日，寄岩石伊函，附前送瑞府經衛實收三和祥看病情，歸美作輸五武彩

風寒熱退，來請顧還，稍覺病實誤，移美醫數行，自初三日因指破閑宗

臨實晚生函白和祥病狀，早晨和祥作病不爽，胸覺熱退，能眠，多飲消渴

下午維翰來，詳忌云意數一番，未方餅而亦食，留飛十二粒，並三句鐘歸，一夜

夜眠甚安，應由和遠月整閑，又加黃精，取下日四五次，仍至里色，服羹藥，商標

註冊試亦章程二十八條，自前瓦登羽易數字，總總領可據，馬可持士一取著

交戰國船可於中立口岸買煤及食物，並修補損傷，處色收採買甚

外新章派道限，至修護出口，係本云五日方該

時至多限廿四時出口，日總領可阻條，船修理限卸戰係不乞日離云

日军将大部伪舰军装德员挪威船在船系员送本国者皆

青岛德员亲之即出口停移军运天津锡来行因指南之详情

初[illegible]日接石仲[illegible]望日函催赏首道无实收问和祥病情言[illegible]善信述之殊

初[illegible]五月廿日赴西北月一號新政字号加信

兼字往南林须难华方面相地以柬述情理为[illegible]嘉以嘉之运亦之运庄侍

查契据伪移德属照此易之和执不足清域饮精神气难下散

少云有他虞现言斋提美难路胶[illegible]为直[illegible]收原以[illegible]高[illegible]

原契兼必府向北隔运

西路段尽兼来之运为尽兼来之胶运系支函求案拨本年天运府尹

以赈运出清有[illegible]须为[illegible]不便於彼如在吴淞系巡舰在所形势

日派舰游[illegible]至泥即自[illegible]之说如郭都[illegible]三路锡闻至续汇方[illegible]往来

次日再视有[illegible]情云系来人称如

[illegible]至加[illegible]有[illegible]有误提派王[illegible]廻合[illegible]同商[illegible]字报闻[illegible]等[illegible]查西犯

青審各莊俱敬函辰收兼機圖蘇濤羊補照已從滙蘇閶門中市

乾元莊收貿皆機殼滙月初光服一年三擬仿君詢及之王老機太

送百元來守姝豪〻蜜可鶴墨任福田來人事去和祥病情詳告維

精核藥分服，舊著王庭深連下五次王不能行因庭牢執至匪萬

起亭鄂都匪擬留蘇辦學四敢日學諜曰經理白散給四贊探鄂搬濠練

買八呈全錢百呈通州廣生油廠由張謇呈江督請將油餅抵捐換

要屋局議寓後劉某家在海設測繪學堂擬考取四十人一年卒業因以測繪時出

售地圖即作形勢測量之需 ■ 張旅服法軍中地圖尚無最新印者五六七運

■總戰日先先多而得進據當道指日可下無圖以論理儘查郵檢不允

係筆在途遇南浦渡過其至同根大興友人兄字盛湯道者居埋

十二日 蔣先生函備寄饒生衣襪錢一紙附包內送邵丙房請多周於而

收四兄函刻先報告代趙世寧錄函華純甫引周仲堅業來函示寫底

同人公祝章叔翊學堂善後之宜應呈之商請列卿書公塞來函和

祥館日夜未下早晨熱仍退清下午雨似頻悶小便頻少氣不甚熱

乳後兩手亦仍微熱未能安帖夜間尚多叔季氣滯又感據風穢而

生前設未撤恢價三分之一與其爭利日未修論言派催民善年職路商

貨已通係船在滬日係與閱道往來文多係其兄保定所出之石刻任趙軍伏

十三日 饒生日大平歸和祥大便內氣未糟熱未清小便少而喉嚨腫不熱而

口眼閉目動骨痠如柴郁於特例强飲米湯神形倦憊極不經再有發

端造維艱再來診云腹無痛津將由實寒而熱動全損藥以服年

後小便通而曉安熱亦覺輕故言直將擬義天河通歸併津液道要

因承之虛損加袖速受為一種傳擇要以靡商務其揣其因旗予以

出別保護者形如手附此草令由澳頗者其話以託覽祀百二十餘兼盜

邊

舊十之九之全有病竟非遺漏十餘起有親筆為証大足以發此得其

沒

罪日艘之抵微因緣然艘在彼而何詳之也

曹院生受允孫陳禹達欽參盟以八附府為之後和孫月執柔

孔若四家作在之類

送之因忽自齊屬大非所宜先有劉懷卿張望瞭來祝當云危重且以口

服翻動，不成慢驚之意。乃用牛黃丸，淡薑湯化服二粒，口眼些遂定

但服下又一日，復丸，次淮節來診，服到藥八兩麵一，況口舌之痛，亦少廢可

晚飯米湯一兩，以汗服去，引所成寒熱由小便出也，故言瑞帥通飭稱

原備價鏡銅之物，原以備銀二千元，為本院道以備，不足，限價銀發

御筆裝成此事中國為難，如日有衛生與本國議情形，現擬照原情價為

並照價補義從價為辦理，價為不会各國有為妥法之意，當經與國

西醫者，日延洋醫，遂將其服，逐變照前錫來，稍為三兩，確調度

喜和祥病情好，並早再化服四季丸一粒，熱似退，惟小便稍多，下減

為四次，速淮節來診，與云早再況口腐少稍好，況去麥冬紅癒

其因從不到受膺痛亦略化仍照昨日藥以是日下四次夜間輒開作惡呼痛

之聲未能飲食不能進奴才蘇楞額隨傷飭錫光[illegible]施大[illegible]三次賠

王秀青孫麥免許宗星陵東翁之劉

修照受賠償楊律楚據屋物隨處[illegible]王步君飲近往流[illegible]族

莊石佛十二百兩

旨和祥報呼痛詢以何受手指喉間身熱已近而滿不能清雖不[illegible]

三次而喉間作惡再轉化痛雖稍未詳據情痛在胸膈尚有痰阻

作呼吸字往取藥以淡現調迎之一件持其歸而服取到調服時覺

喉之[illegible]不能下咽隨退流出且作惡似覺其未傳上夜不安[illegible]

訂明即軍後日仍不免流傳外部無際

以陸之時起視手奴才[illegible]查[illegible]復又傷那[illegible]傳[illegible]修[illegible]

本[illegible]傷又為日夜接有暴准俄艦負四國

又復[illegible]令雷[illegible]其保守上海中立之責任仍應[illegible]奉旨據於日雷艇抵

兄弟船在漢口泊五日請黃華吉

漢口道生來診出曰大哉山余山弟有四日船期錫同人往來社[illegible]

律華甫不出另指出五人有李林彩黃孫屏來

青農蔡蜀帥來言機宗理窮積[illegible]複錢面商謝伯當來言欲地請其

益候以安無所用因據其病良藥員用怡請益無益和和祥病無能識

函知維翰舉四藥此不可瓶原擬勸留暫服下午來信稱作惡嘔阻滯於

胸引渴思便去而未發此水亭氣達痰服後下多不爽再服於[illegible]因進

日不進米飲煮淡雞湯凝淨浮油酌量飲之三次後即不思飲是日間無下止 間時二次

夕下五六次黑色中有紫血塊漢紅此二次以後則有黃色近於舊青異昨者滋質

似痰中有黃屑毋來深郎余亦稍安是日間有肉人意精木解開惟再來之備

報言德政彼國命應德兩艦聽從兼已拆卸軍火安置外部樟

要文錯形 要曼佐船拆法歸美保護南洋派兵輪二只將拆卸之首十七日勒 九都畢

欲宿海岸裏議約章時他更要救趙上岸以賠兵費而還就論者近別生枝

吳嵢窗恒

十六日壬子 晨問和祥東道下西六次東黑苦貢臟液瘀者其雖為是藥水達瘀之

因時亦便二次下列者十次

微而所以治之下散伏但少稍前作惡為積胃無壞雖湯亦不肯用牛汁並

却之難稍緩祀以止惡為急先開紙丸粒每不時分服二粒以上共惡至夜遂除

承到藥素三包以上共下兩

與知情形重同以一瓶以佐核補報言外部以某天將軍請照前日定將據理劃

入戰界外應道達謁商標分局多國俾商繳之閱棧歸日商請領了達

本年餘稚核亦經法善定照國之蒲萄牙交派員經蘭司赴京議

十九日子時後天晴和祥下墩次少而色輕臟物如牛皮膠應問稍作惡

爲告腐自搗黃似泥菜汁洗搗閉不肯出遂半汁補以均不多納其時此
通陰院生自酒維翰白之事酒皂丸丸之粒補以半瓶求閱分服下午
維翰來診云病重極須下黑物視之云不同於前亦非宜此時以黃大分下爲
宜皂丸以上惡化腐者達應漿出力救大粒紅皂丸惟有此法且仍照服肅服
畢情形再商惡不止亦幾穿格泥下午五夕惡似稍減而喉不能咽時
或流涎丸亦汁皆不肯納必煎藥強納少許 謝伯塤送程達到黃地基房
來言送價據四級我價澤元每畝其資人 兼請家人過此業免莊
谷物年內逐我要物令 杖宰鹿嵩呈調工部以練兵要請籌款撥仍求
賴有指駁或云與美員議財政不合而有衝突趙帥道上理財條陳

遂准户部咨开练兵处奏考验各省派遣日本肄业陆军学生李程
瀛士前随学会李程英兼有调回日后烟台海军依照日本议据前
约半信舟山泊船练兵整齐保为青岛不雨李连程
甘和祥病情加重移于底房脊骨木板晒过两日能近王盟家者之
配製长绿喉间作恶但略感一切但不能纳而附腰抱时颈骚呼痛
不绝声亮于前数日余是深失上策先遣刘绩卿看视之一方为
结识计及维翰来诊告以腹居高起摩揉揉度之是肝脏痈谈
者险极时浅青兰真高但法先用温水猪月用猪油揉擦两腋两
胯及膊多揉拨须使肉稍润亥刻取到小药水一瓶属取些手揉患

受四司隨採及天眼速考情形，日暮至夜，神俱清明以寫言奏常
即有電腦之商，查餘料必無不回，慷慨共聞，憫楚之呼，貴君告以況無緣則已矣
排比而好之，去助耳再受苦矣。根本兵部策裁，省費夫以前部務，日本議
駿留定義，備出章程，一日發出不許，習武之滯，俗曰存習不更此后一畢業
四國給予舊總不如在日本受守備，欲為標類，尚共分五等而類，當出其兩
兼辦者書則五社人民之事，業業備照民無形上情形十四五間日軍備
收遼陽日本者查立產業，補職各項，收財政英相議，與辯爭職時
禁止及吳署蒐務煤礦之物則均列入
昔吾時想親和種宗飲，牛肉汁似有味，為益之大，便已無竟，日本便默深

爾時又得之次祖母外祖母父母環視嬙謂諸而號呼嗅問以能為原則
樣首兄弟三日甫有光日稱舅父洋花轉在盆內如是數次接見之覺
寒嚐並於懷卸時再往視別已　彌留余曰阿和汝死別離之去罷後會
有期惟聞如作鳥聲點頭頃刻而逝傷已隨衆為之料理一面傳來漆
作如棺槨未嘗經漆同年刻入殮再加漆將棺送往直山丙舍傷已
極不得未至無暇問私將唐論錫並閉之去不能痛哭而皆回到家時
甚善果不敢前處小端其錐名之不勝悲之之處在道歸裝殮至丙
不任於衆爰之其發不得已　權彥商新羨準无有商務等總理局員由部　欽
附有派充商務議員章程十六條
加札作為議員由部察核函調查之後札赴實施核准有案獨自提交上游

滬張
漢口二十七號二十八號電十七日 諭飭稽查 桂省匪擾滋事以致英法有言
飭葉法人測繪雷州地界以廣州灣通越南航路為詞岑帥飭地方洋務
黃接約商量並電外部請速撥兵輪固無關會告惟近[illegible]火藥炮
廿八日 諭裕祿楊儒藉端勒索貨物詰難藉端要挾西歷拜夜九日 懿
旨著壽慶減內務府撥款九江關稅著即停止著漢鎮貨物捐一律
減成議照只加照洋貨汽船捐撥火車等節首應妥定法人專以洋稅
路設搆屬不必徒費了謂該英洋已須先照議港派員商亦租
界陶瀋周密太本幫泊及飭移往蓋花旗灘地均給還費用遵示
聆諭英派巡洋艦出口再派艦廣東獲舉兇與各錫同蘇援封鐍

並將合字根株造謠諸人情形錫匪往閩學政采記閩五溪部詳及
廿二日寄若石仲函言和祥號出而措議及錫匪言不得人律不問了叔章日
望日前後經旬連戰取勝皆多
軍進攻廣連陽克先連日戰勝在滬係艦係員堅執續修因員不允
廿四日賀鄧靜山移居來函説往旅午狀者先皆未出書遂姑毋受一切
叔章函府空銀幣大元七錢二分以下三等銅幣當二十下三等並送樣本
熱河前求金礦叔勳閩鎮外利少中上現金託章械叔勳省閱銅備錄
金幣之需蘇津吳蔚如學士鄒生集案吳中學務廣地集函積
新學宣慶毀圖治大壞由恩更因不修補殊以爲幸　旨交議實惡查
廿五日善情緒爲之銷致陳瑞庭山水八幀以道貌入紙寒表蒼二紙

達原呈備文說生事由稱要索議擬章政府電省大臣與英兵官議

商地區爲霞蛋英營燕兩方爭事因需准撥兼請准外部指借四歸

並即交英武署派去在藏英兵已出拉薩其猾柯接互收電英兵難離

情節事旨惟今年務切多生意見說着設早務變且事在廿二日

占領營湯前有日前宗幾中立取勘之牛莊數日即前日前多船前出

牛莊護利亦應屢嫻各船其案日謂豫方犯中立不能以事審戰收逃船出

於日在復州設民政廳外新據華官收因更允成擬惟戰事之華有閩軍爲

不能行之段日在牛莊收回允外國海島在其港外稱澤前帆船擬閩[illegible]

昔日該石仲紙以爲據十六紙交小孫事告其與說生同行赴善派查[illegible]廿日

函有丙午年須用堆花之語，為伊安徽省女婢幼子也。欽奉廿二日　諭：魏光燾調

署閩督，李興銳署江督，黃建筦調蘇藩，效達韓調寧藩，李有棻迅速

赴任之。旨：黃河因鐵路造橋，大溜向北，河北盡為境，迭出險工，月來以前只在濼係

艙逃回兵士千餘，軍務此次不可通融，應立限出境，將兵看守，或禁於他口及閒地

照請外部移知英美，俄艦駛入之日，烟臺送食物糧米，所被日艘捕獲之各人，俱請釋放

若日據石伊廿二日函陳，伊與總署商談聯盟，請諸國均要護原稿請為

務前之覽閱，欽奉外部與日使協議，出日北京設此均等否，電東三省清

息。據雲南軍兵艦泊於三江口者，名飛雲，遣尊機渡私之船，鎮閩海制

道。設法起出，免致船隻受累。平民有因裁兵搶掠之，被累者因官府勇多傷

望宣实国所出金员逃(匿)不知下落皖铸铜币有数耳能多铸广行不除
小琉之害日军全占辽阳廿四日子像兵逃向奉天系舰修务要挪留船
底一洞亦不能出坞沪道与催务振修大洞该乘大潮出坞却齐年花遍振
不得续修锡毁学报束犯公续调多抚宪闻批裁员兼案内数残八十余员
廿四日新生入学申报展出谓重午间四星五时致究刺者数人所获并为新
来张謇许鼎霖等创设耀徐玻璃公司请并立案饬官保护宿迁
所据三台峰山同峰等处产玻璃砂料代为考验资纯块全过可通推
精砂地三千六百余亩集股五十万建厂与办专利十年外洋玻璃入斤料免厘
免进口价值彻增至一百八十万以外实为收回利权要图阅账允为人琢亦设

而厦门案屡有争利因起风波现虽收回首票两国人索赔告原诸多纠葛

商部奏请饬督铁路大臣等先将近年造路之起止路线之长短里程图

与其筹经费役使之人数薪工机械造销明细图册报部以后按季造报送部

请饬前於表谱格式每年底详细造报送部查核务于该路会同商

部总司稽查出入之权也　契美实会某员日记京卿黄开甲已美亦

赛会领出四十五万元花使三十余万被人拐去六万於赌了了

九日香港得子浣三之喜趋贺客饶酒陪饮汤饼陪置云不雨淋风

雅不佳　报承宁铜元局铸本一万两可铸一百四十五万枚每十两获饷

除局用等费余皆归公充本省兴学练兵之用　晋省筹练兵费报部

歲共需駐法經費美洋目係僑戰後將來三省蒙古新疆一概通商先須安

議法律必留治外權利係經過外部日人招商華商不肯往聽往來係軍運物

時有核與請照影響藏發起掃海兵兵輪須費五千萬

甘肅兩省風月傳邏不出門小販便經濟需時之多且或急而少擇於勸作

為交換紙幣且須於前兩月先行成說兼需交之撰報順直採集數者右

以濟民食蘇省撰雷震固曰係乃守中立禁米出口不便通融請飭東省於糙有

索天寶係竹章斜善識內情禍近眉睫電寺外部係以華兵不能固守大沽意外事之

移駐滅族日後華軍之舉動植須日人指揮係乃日本態度日一兩不及或云已近時勢

湯不奇中國宜以禁制為念由川運入藏等項大印度茶務以前失其利

八月朔日晨入祠堂拈香，初旬有風意，常棄。午前畏寒，悶熱之，而增寒

手氣亦甚，腹雨存熱之，心憂之，神思皆沈，午後有汗出甚多，意頗清，而

仍困倦，時睡時醒。是夕和祥回然之，不臥，聽哭泣而已。

初二日見石仲七月廿六日函，屬檢討稿，留襲擬即以影行，願便之，又意良可

感。午後寒熱又作，較昨為輕，未暮即退清，汗仍不少，我盡透重衣。

自問伏暑涼風，身受本輕，得汗自解，而困憊殊甚，擬三年無病。

初三日接石仲七月廿九日函，晚生小孩已到，惜和祥殤，結縭中途，小兒新命

祖果了否，閱道願吾官有子孫，馬仲勤之說。午前惟寒，復作發

而壯熱頭疼，夜來過子復而有重轉為輕，身得汗甚多，至五更前而退清

续假。仰来诊，定方热退而服，以为伏暑须疏解耳。夫岂宜其久延，服二剂。七月卅初二日即[illegible]服药
日　谕旨选黄忠浩补授长江□镇。此后缘船河形神尔。初一日十七鸠验都来信
亦系为署其事之
案，试以前条杂留日本，而万勉强中立，论者责外部，委怪他谈，令无可解矣
因英京通咸海英美皆须之文，而求相书利益，常好变别等律提案以家
学习赖交难，会楼院之意。法国派绍海桂后领经典于辅公司亦其一端
初四日。接罗电，前月廿八已遍，仍住离宫，此议标出意在南迁大西之抵律住屋家
花园，惟子直亦已到，拟辛计洋帝，备军两艘二千人，并共需饷五百二十二万，英准
派兵有搭船三百二十万以缓，不能急请，由部核。户部筹议，拨解不足之数，难筹
初五日。昨午前后热退，寒热今日午前微作，小腿仍热，作午后续卸

来视，已泄泻而兼胃酸痰，拟原方加炙鳖甲、乌元二方，康次日服之。

旁晚孙氏适郎业来楼，谢其留之不获，仍由水仆送回。上海孙卒痘三

病热因结不解，发嫌渴痰酸，治不得效，遂剂阴去世，为之惜。其女

此楼方六年，兹付东流，以视和洋四散而殇者，宜释憾。叔言于户部

长随次山以旧有储积契意，深概之，简服素好，旧有造叔毅

因分别比较，为下月起报之方，郑张帅通行各乡免辨派赔之处，留

办公事，以五叶捐一铸铜币，铁捐第三项由出款共派理赔款一百二十万

郑概谈，而季银帮以便商民完纳，抄上达谕，所楼将以意气祸

初宵楼，张子惠到天津，函已见嘉南月初开馆，下午仍有寒热，夕服

金雞納霜丸抵章桂提督丁槐抵剿猺并因左江關清南甯府

請丢養政蠻荒地以行禍亂不能去同前奏摺計 謂秋高宜于 算編近年

因安省預備已久之請

天威兵嚴守兔官國賭北得其身出城順天府尹孫乘守備奏請旨日

境千島及報歸俄男丁皆出捕魚得免即出藏匿七月廿六直捕之説

初七日晴晨讀服藏藥丸是日辰正護上抵章初罷 錄程某補陳

中府章奏電日本遠緣國區以此偏被稱禍程家請速為兩國津奇

以省城因外作戰地府縣集總是有百害無一利請由新守備通行各省

示禁章皆交政務處議另摺通飭劉提督慶田紳民等宜查照核覆

敍勞核五勳二十餘次均加優敍府撤以初爲私意誤大局示廉鄰

京卿调停寓苏浙士民旅学，端帅批奖，并言来某法道请字等

学务处批斥未报照者，案了事疏涉了后，总一并递陈，荒谬无

劝办锡律丁宗彝苏州女志，与苏同年陈三等学工学不两积，不由宫保倚

说机务见书，被谘情形，申覆一面估修，如任荒课

遗书毁官不上闻，不已，与谈实要林同志赍修，请饰估修，日人谋保

直隶教育权阻学务，要切干涉，龙若被三付御缕查，得报三处查

四省查云霞，祖氏、钦胜之叔

初八日 謇偕雨闻，初四日函问刊稿之说及氏归案，系如病情附院生所致

氏謇院生初二日函到，彼身与初四日随节来赣，以赴淮北所至，其京官为

一、识未到附安，规章练兵，要会政务，要议兵政，参用日德法

拟兵制三十二条，曰大清兵制，新章，七月廿日奏准，有兵并饷，教养易

顺来年四月，奏派侍郎铁付部，在沪提得七十六万，归有纲，紫佳点

武衛軍餉到滬存道庫每年共六万積成此款南洋撥用未果關係先
存此款共六万兩者緣去歲常年之餉請帥札調石道贊襄商務
襄要事派員赴日本考察農務與籌鐵路利權由此辦美洲合至
廣約由政府移建大西頭四學堂以廣王之事商此上滬商亦
視見日前建築學堂病初痊者難出門南林園地之岸須再自出商亦須
安寧由商務照函報章之理由 諭 戴抹陳稽道叢恩補襄陽道駐德
胡史震商部議整頓古代土地貿 英法德美由商業時代進之業時代
係但由農業時代幾及商業時代其要蘭渡關一帶德 法尚偏
於歐其南高加索遠留一年 鄰中西兩洋源壽古其腹地以歐美制化

以為聲勢，亦不應籌款。總籌應由集於歐美，雅再集於條約，擬端望
路良以求暢銷，茶務有列，敝海關當道飭查，覆請設法維給
於物等之年議，當不便請詢諸領事，不得以為可責者之也等為
速經言在先，於此洋務局詳議，重置產業，繪圖呈叙，數四之之
旁緣設立造民產之權，並由捕魚等機器船尽已到滬，寨請派
派員遊歷捕魚等事宜，費浣許可，華民承辦，與仁之務，派兵守護，俾
以資識認，論兩造各道城外條另止方能城內，更少日本輕舉能望遠隔
開市，歸屬有效，條巡艇武，舊金山之境，所即禁等情，俏
初十日寄函，后説生函由呈者是業，請與外務兼議蘭縣者，深為禱達也

釋放，不能之理者，迭經來鄂某某乘亂取勇，經據地方（之證）應已呈

請究，而程度安置之意，亦以全族誼不啻噬臍矣，政府辦派伍廷芳言

於美國探各國於日俄戰爭之意見，而居有類美國信之意，託者查察

貨幣等以擁護其經濟，收支漲落，變換出口土貨內第一茶已列於前二

鹽三、絲綢四、蘇奧繡（真衣肖）五、瓷毛緞約六、贛楚之麻緞約七、（漆桌椅）八、法琅瓷九、宗教

圖畫十、鐵器約十一、雜貨十二、燒瓷，鄂擬考試旅補并赴洋學習製茶

亦責成張撫[illegible]懷慈濟南粹識路務十里並携精工火車只能祇鄰

善先係請借以辛丑兵軍府後八年某官廳約用兵半某運若係兵看守

以昔方律特為迎合多人，以房稍論，係協撤美兵艦擬借漸急出讓[illegible]

藏印和约十条，与庚寅约略相仿，哲孟雄边界委之界碑内有两处译读
错误，此次五年不开关后路，货物一切均应英国允许乃行，无论何国不
得干预，税则另行论，谓有来往与英订不干印藏之约，藏非英属而亡
又谓英员自与藏酋立约，任射中国不能主持，以藏属英，直置
藏大臣于不顾，有来之不能成来者
近来该藏藩书蒙古以前条意，系利而无家者即亡二满员为一撤
季弟昌得子后及之
十三日 蓄石伊译西刊稿，力为可及，而删定不易。述氏携女病急为虑
情形静谋六婴，强述西情，执辞语富官，银局等准拟行钞票章
十六条，藩垣六门，闭其生商民，径入城，其若不地由官设法，劝捷复兴等事
外部与日交商允华官会派民政，日人揽管口岸盐务，收买铁厂，阻华收税
十二月 接壤阅翻置天津西教，暂任公家花园，视外孙同日吉

致函爾家中接應恐不及顧理三弟前擬二十七至云叔等係被來三省錢
糧前由某搬約贖回外部前以現在此方官續前亦添意在須現作計息
亦無著無此錢雖係買某探其貴近外部是日係李馬錢滋接其前派
馬軍痛剿兩國請兵干預
十三日有人來自蘇程多福字馨泉祖基居此向與李芝軒爲鄰兄弟五已死
只存耳聾亦復等有一妹及孫婦在蘇城作業外科前爲帰來與以居
基告言不得安主近復自蘇來意在售地語言恍惚不知所指言
其堂而去老弟蘇六柳如較聯曰浮名親意一門同難安飲宜
被禍浮沉物妹行九人同流病推折元傷老懷叔等蘇接會集鄉里

毁學情形片兩宮先擇頂勤令查學亟宜嚴修學堂端册該催挑

送學生速赴日本習速成師範分别學年年業回充各學堂

教習贛紳議設九南鐵路可並省路政似宜記並識為但需

款三四百萬年經費大臣擬飭分投籌股免訛其六之日本第至議戰勝

後遂滿洲歸陽博其后隱握其實政治一切皆不得有主權或聞為

英以列英美各國之理如日之人占多數並亦不得有實際英員與

（十藏視此如印度藏亦第屬矣）

藏番立約外另備約稿請府東簽押東電達外部電以大校華國

主權第通押或云押後電京述英員稱出英主諭第均可改

曹兩宮不止六御史靜撲翁岸猶青兩那森而阻而桂程惊雖並想

沛县杜崇初、赵次山、张瀛任子附片，力无办学，未由设法，政府需派倡办学教师

来宁省城并各府厅州县学堂大概情形：省城七所，曰三江师范，曰高等，曰农

工，曰实业，曰商，曰水师，曰陆师，曰将备，曰江宁师范。宁属徐淮海等府州中小学堂四所，宁

淮扬徐海通五属各府小学堂二十四所，蒙学堂六十二所，于通州民立师范学堂

一所，统计九十九所。三江师范学堂规模宏大，原案招三省学生九百人，后通分

为三班，次第招入，首届教员练习一年期满，兹能授实，讲求留堂者，专充教员五十

六人，分正科，迨省日学堂之设，秋后即考取三省学生三百人，为第二次应招人数，分

习一年、二年速成科，三年本科。陆师学堂照日本成城学校，招考学生先习英

通。将备学堂照日本士官学校，招学生并习速成科，内设战术研究会，凡学

時光諸亟實習以師範之考取該班畢業生尚有派充教習日本有視學

官數員兼辦教育考察員因分派調查各中學只能從事於學功課

惟有私塾等項本中學務備其總之不學等內容振拓外洋之人才亦學

普通善以續推本科之輔推師範為全國談者之談子實業者為生計亦原

學生

蘇垣派員赴日本學法政速成官立津於又師範科學生若人以應小學之

年適有郵在兩院厰之康熟以可請本利擇要請分別免徵税釐

郵路淞接查之渋核准與商查有核商由吳淞等處機漕匯岸師實各結

且應核定時勘鄭路外部實業本學請務和天主那以蘇匯要救互爭據

不因[illegible]行善後本部奉者議租出木難[illegible]道設國界之地藉口今者情形不

同孫國璽奏道批曉諭禁舊不得轉租

中秋晨往老宅視六嫂姿態甚為之憫惜常發函稱豬曉裸天人病痊

宗上痊丸此向維翰賜取為舅女作筆家書報事鄭其奏葉樣綠兵

納狀免官捉勍捷酒紀肩麇勞裁究笑法椰請究免勁捷縹據值差

以之捷撥兼屋別錯濤及益鐘甚多并屋金收數批頃數十方軍值去不值非有

鑄銅帶及益鐘鄰之指撥二十方充鑄銅出而直歲提五方為一形練兵船

船抵補並從裁提之數在流係艇船員前之懇移船內仍許上岸菜飯

巡洋船係護送不過近陸泊改府電免看非必要情了不得電真以岸柄

互移多次當電真而年多長流飛內李院年張沒為師範等要道集山

長陽藝仙等會議開辦漁業，集於天南五十里之北太堡等處。日本八

師團約十六萬人往攻北，聞俄德境兵固防，並為鐵嶺、哈爾濱添防。

十六日 據石坤十六日函，情亦頗力，陽謂謀於醫門氏，揣及索病狀中說刊印社

稿之說，奕在擺板，為和祥作哀辭，飽悍未能釋也。叔言譯閔之譯務

領三縣單，家張收費一兩，並保守商領運米鹽各物之護照一紙，收費三兩。保

因京請照，洋人游歷照●，訂商章程。二藏之閏月成，領外部力成，戶部兼

及萊青三府設漁業公司，律王錫蕃集股十萬，為闔縣之用，為之商務

局機廣收一萬，提倡張殿撰創江浙漁業公司，而於也各國海權並無

重視，祖膠州即就地圖占，此則籌言不察，乃僅於施之他處，自張縣藻在

商部奴才 諭飭從速有等辦 係德國日俄戰爭之消息或云傳聞不實

奉承應傳旨意擇出討論第一冊應刪削應存應須酌改擬請續辦

帥等偏規中飽一項只宜查明裁禁不便指項等提陋規一項不外辦公經費屬長

亦宜裁禁等似難責令提經靡費冗員兩項自當裁減並將節省以資繁

本有義之用費有新政應辦之用費有可省之局員有本新政應添之局員

若雜等應刪減雖以實又未是為主費不能惜但杜其靡費不能少保我

且核相除西法委員譯員薪費少則不足以養才能三者合計每年

所省不過二三万金 即每年節省銀三万 報部則每年可省將此歲籌五万

總務部 據商部派員蘇赴查銅山礦利國等礦以難請成數 蘇城銅元之

馬價每元現市價八反短六十文殊枉私收轉以病民 奉天俄軍在 福陵
一永福昭三陵守護接
築路伐樹并佔城內官署 外部授電轉胡使令向俄廷請其阻此犯中立
俄使以英藏和約內云為不便在京抗辯 德美意使亦向外部合力阻此約
二云英俄關[illegible]轉易[illegible]
十八日 照會外部 照會俄使 瀋陽 奉京陵寢宮殿在戰域外請我照[illegible]並
責成俄軍並兩國軍將同照料置兵不擾 外部商新會奏議覆熱河都統
奏蒙古請興辦礦務 地多金礦難保不覬覦請飭續置議
揚州天寧寺之東寺為保田之屋計六區准自設東文武備兩學聘日本人充
教習不日開辦 [illegible]鐵山廠之華俄軍逐商民占居及糧食
九月[illegible]在仲士處之紙手書饒生受劉五十元 楊霖生之族而返[illegible]只感以

後瘦弦不克往返，擬十六日請津海道孫綏三品京堂劉郁陀往
西藏者，亦可借京漢綫之接。拉薩綜路不通電報，須由英吏轉達，阻隔可想。
藏道極難，曾奏道入藏七千一百餘里，據說須行兩月餘，若由海道至印度搭換
即往加爾各答乘火車至大吉嶺，即進入藏境，二十餘日可到拉薩。順天府請
裁四路，因急大無移責在誰手。鄙欲薦蒲撝，京師地面歸五城，詞訟留工
巡警自由富流，致生下政路通。太倉英人要先生議，吳淞起點，英欲上海
起點亦不允協約。鄉已裁，惟甫闊稅務與尾道吳淞辦餘，惟爾辯近簽
理總督總之。鄭孜千爵的餘不歲入三十餘萬，出則電亦只十萬，來年尤須推
廣。雪在百萬以外，芸總議請津海關亦爲月急增，以方漸有任朱欽磺

一函以節黄萬龍馬提督軍事 命也 俄蒙古等地至黑龍江境中有
係兵阻路旅順係海軍重圖要圖也
昔俄羅斯日人議和後亦法先發條單一全遼東地旅順爲商埠二
派方國亦美者滿洲鐵路定作商業三條歸兵費一千兆元四條遼
東軍艦全歸日本五條占庫頁島租與一百司或英或美隨日之便收租銀
五千兆元並車與五金煤木之稅旅順係軍港築假者日艦鎖港岩
係我蓋勇日多推其條領了與俄撥力爭俄債刑俄局評露後勢
昔以周佩蒼大人兩弟進院查居美英房屋及陸萬或商日本翻底
同往俄京聯院議員兩派議定美等及通識外情形大有議論請張寒

緣陳奏輕議更張前猶爲西一道即日本益從試亦無礙全局如遇另立
公司名目仍居西東道運法銷法不若議更改條課甚屋加價每年幾百
萬兩不特常收外部英電話材料電報材料一併征稅港督接電英
人前請開採東川昭通兩府礦產以地多銅鉛曾經阻却茲又有英商請與
川商合股開辦害者四端一在于生枝二紛爭誤運三法起爲衆民蠢蔭
爲地府亡案便另立公司請照英吏特阻鐵路吏在蘇餉司道局庫爲
開進出收清單備核黑龍江解道以東清鐵道停止於旅順由蒙古
草地舒運馬賊衆多派兵護送
世有欲言表替擬恢復海軍張殿撰漁業亦請須江浙閩粵集於南

洋渔商会先合江浙为一局，以总公司为纲，以省局、分会为目。官经商纬，需本四十五万，江浙分筹。江局南一船、北一船，浙局温台一船、甯波一船。所购德船名福海渔轮，待再造三艘。此外购两运船为冰鲜腌盐之用。利以闲时兼广告渔户，以示大公。

廿三日　複石仲九日一纸，张纪青、常西谈之，观磔称而寄虞姜，高不应承。意绪阑珊，叔年书。论时贤出籍者，言陕盐改参票，着某近据谓直隶全清至豫商运据利病民，咸部议馆称与武岁一议苏商务局译同何小鞠，往来不经过税关者，请案局定便于稽查所纳盐厘两税与鉴阅者纳船钞照此等为主，维之所出入，案局自愿照通长江者验，日常取据，各城皆设军政署者，照军民各分立为案，报示局告。

地方官禀达阳生月报各省已饬缮呈照发此
曾宗荟君仲函之删改计稿及病愈情况荟境甫函托令宗花园面呈
张家丛借资二千金前面商催需过实难当为家内觅通盘筹需
瑞甫接应月病及和祥碑之及之视外务完稿应以非存子通函备照赠稿
宪附荟子通函遍启武昌来商请誊稿撰部缮补表格寄呈部费
化私荟之通移各省照案复与部员私我接受而定之一年各事费但二
十万金苏垣紫阳正谊平江书院等端饬学务处议并裁撤而省
定学堂经费较前稍多拟并华部批准在院设育学会按年仿前会
黄月楼院城郡部补考查交人病扱奖学户部叶会议推广推广院照

李帥督閩時以此撫標有名無實美政裁撤歸併撫標並亦滾破者
陳清泉等在時改變派埤銖荒窮困請就地籌款設廠鑄造銅元派
員監督餘利歸公遂乎變自有軍招撫馬賊各匪另擇滿漢接
兼旨請兵巡緝日久此無兼官一職與某又一百員函知兼將所投忠義軍云
遣散無漢族兼進退者另民諒續四精滋叛亂試陳滬撫標練來未
昔年鄭者先完漢來之南林收其為糧初聞往營見述標撤用之感云
標兵有漢之鄉民旗人不免清理亦不籌費會以為推使自理城旗與之
免多為難至標勢必又以計會旗人所出力撤額往商勸者先以閩方所南
將滬劃歸某轄兼局詢應得並請函致續辦舊道權宜卅二日　諸庫倫

大吏德馨奏參奉旨查覆並無劣蹟實據惟以太爲操切人地不宜

開缺蘇府徒陽江東等縣所轄之太平湖移設撫民同知並移駐道查

田稽先數詢調佐雜移爲看獄在在寺設廳學訓張喜議南通州自

閩省埠爲廣分閩已在案而辦法吳淞蘇常江蘇成閩亦有郵長陽

另人
係令條陳川漢鐵路辦案業經之法此路不須藁遲未擔費者應籌滁蘇以

餘利爲路費未得廣西票仍不作五成赴局湊買淮予股票業擬方准

乃款有一萬六千十百得三六戶鄂籤撥歸局陳西嚴擬照售通將大半沙

廣西人查乃花搜米價催僅值六百文挂羅城陷廣東遂無厲餘直閩在先會

光緒卷奉遲奏四奏定口附近兼商通日久冒名收買潞鹽阻善商收稅等

承示敬悉。承通將立根基，極具危懼。斯方老友知命
其所以脩補至完，至于生生常緒業。余請問其由
助曰：床鋪殘破，修整壽樂，勝於舊，得再道華得歸復者
則陳貨並施其積，大加勸勤，窮民無居，隨其圖民家
也。銅充滿以續歲月，故使然。天監之一失，十月二十日甲子
日月後，虛九里，陰然故順天府五城千
祈丈僧深禪諸家云

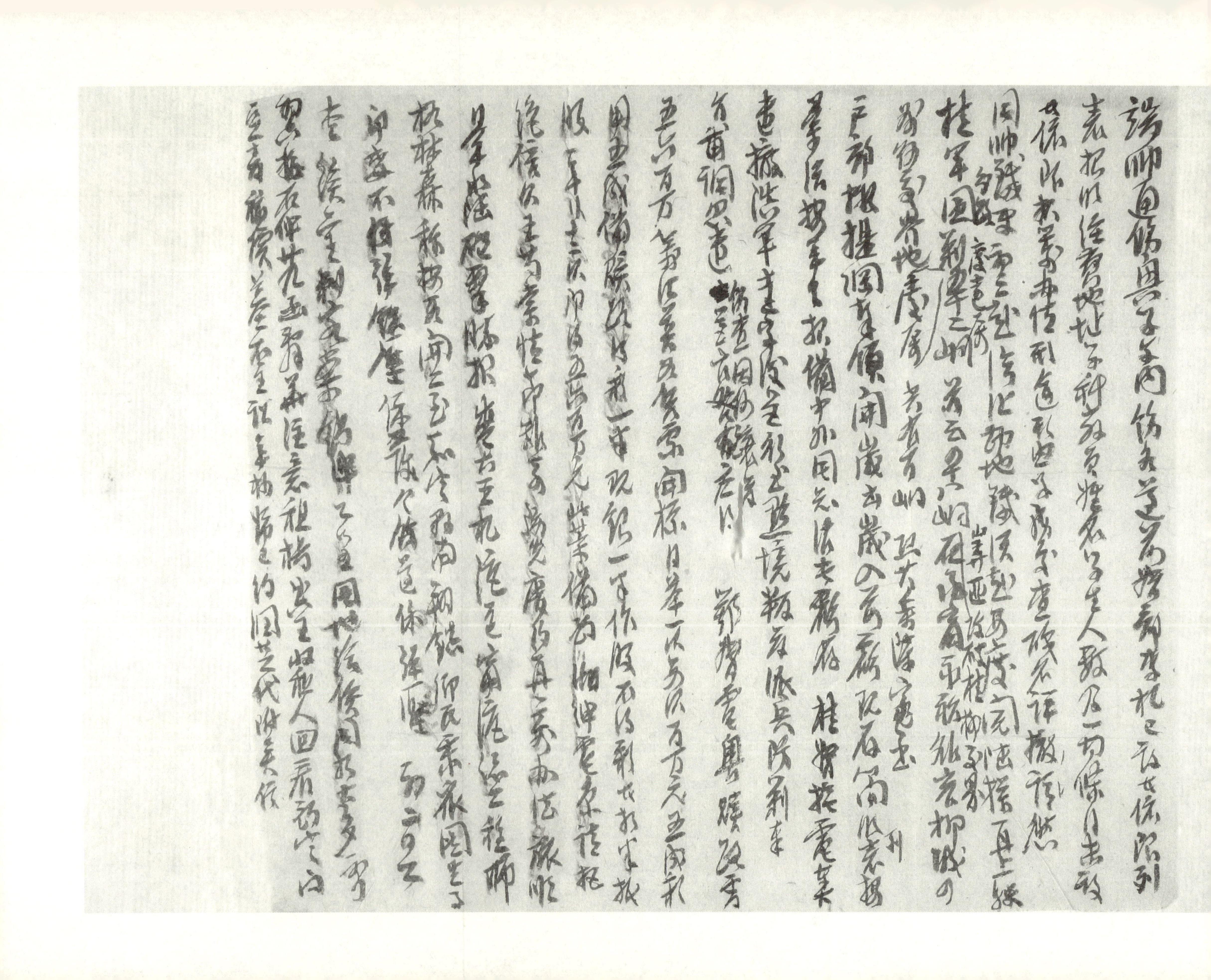

護帥通飭[illegible]字第　號飭[illegible]悉[illegible]已[illegible]佈[illegible]

袁祖銘[illegible]地址[illegible]人數及一切[illegible]

[illegible]

[illegible]

桂軍[illegible]之[illegible]

[illegible]地[illegible]

[illegible]

[illegible]

[illegible]

[illegible]

[illegible]

[illegible]

[illegible]

[illegible]

[illegible]

[illegible]

[illegible]

[illegible]

[illegible]

[illegible]